Eva von Engelberg-Dočkal

J. J. P. OUD

zwischen De Stijl und klassischer Tradition
Arbeiten von 1916 bis 1931

Gebr. Mann Verlag · Berlin

Eva von Engelberg-Dočkal

J. J. P. OUD

zwischen De Stijl und klassischer Tradition
Arbeiten von 1916 bis 1931

Gebr. Mann Verlag Berlin

Gedruckt mit Unterstützung des Förderungs- und Beihilfefonds
Wissenschaft der VG Wort

Zugleich: Dissertation Universität Augsburg

Bibliographische Information Der Deutschen Bibliothek
Die Deutsche Bibliothek verzeichnet diese Publikation in der
Deutschen Nationalbibliografie; detaillierte bibliographische
Daten sind im Internet über <http://dnb.ddb.de> abrufbar.

© 2006 by Gebr. Mann Verlag Berlin

Alle Rechte, insbesondere das Recht der Vervielfältigung und
Verbreitung sowie Übersetzung, vorbehalten. Kein Teil des Werkes darf in irgendeiner Form durch Fotokopie, Mikrofilm, CD-ROM
usw. ohne schriftliche Genehmigung des Verlages reproduziert
werden oder unter Verwendung elektronischer Systeme verarbeitet, vervielfältigt oder verbreitet werden. Bezüglich Fotokopien
verweisen wir nachdrücklich auf §§ 53, 54 UrhG.

Lektorat: Hans Georg Hiller von Gaertringen,
         Katharina Stauder (Katalog)

Herstellung und Gestaltung: Rüdiger Kern, Berlin
Reproduktionen: LVD Gesellschaft für Datenverarbeitung, Berlin
Druck: Druckhaus Köthen, Köthen

ISBN 3-7861-2498-1
ISBN 978-3-7861-2498-6

Inhalt

Vorwort 7

I. THEMA UND PROBLEMSTELLUNG . . 8

1. Einleitung 8
2. Forschungsstand
   und Zielsetzung 10
3. Quellenlage 12
   Planmaterial 12
   Korrespondenz 13
4. Bekanntheit und Wertschätzung
   einzelner Arbeiten 14
5. Erhaltungszustand und
   denkmalpflegerische Fragen 15
   Anmerkungen 19

II. BIOGRAPHIE 23

1. Herkunft und Ausbildung
   (1890–1912) 23
2. Die Zeit in Leiden
   (1913–17) 26
3. Etablierung in Rotterdam
   (1918–21) 28
4. Internationale Kontakte
   (1921–26) 30
5. Der Wettbewerb um
   die Rotterdamer Börse (1926/27) . . . 33
6. Bauen im Ausland (1927/28) 34
7. Redakteur von »i 10« (1927–29) . . . 36
8. Internationaler Ruhm (1927–29) . . . 38
9. Das Privatbüro in den 1920er Jahren . 40
10. Oud und die CIAM (1928–30) 42
11. Prominenz in den USA (1928–32) . . 44
12. Versuch einer Charakterisierung . . . 47
    Anmerkungen 51

III. OUD UND *DE STIJL* 68

1. Entstehung und Anliegen von *De Stijl* . 68
1.1. Zielsetzung und Vorgehensweise . . . 68
1.2. Die Zeit vor Gründung von *De Stijl* . . 69
1.3. Erster Jahrgang von *De Stijl* 71
1.4. Zweiter bis vierter Jahrgang von *De Stijl* . . 74
1.5. Oud und die Architektur von *De Stijl* . . 77
1.6. Die Künstlergruppe 81

2. Zur Definition einer
   »*De Stijl*-Architektur« 85

3. Die Architekturtheorie von *De Stijl* . . 93
3.1. Die architekturtheoretischen Beiträge
     in *De Stijl* 93
3.2. Vorstellungen der *De Stijl*-Mitarbeiter
     zur Architektur 93
3.3. Ouds Architekturauffassung gegen
     Mondrians »Neoplastizismus« 95
3.4. Zusammenfassung 97

4. Ouds Bauten als »*De Stijl*-Architektur« . . 98
4.1. Zielsetzung 98
4.2. Die Gemeinschaftsbauten 98
4.3. Farbige Architektur nach dem Bruch
     mit Van Doesburg 124
4.4. Destruktion und Flächenkomposition . . 127
4.5. Rundformen, Symmetrie und Serialität –
     Oud im Widerspruch zur »Nieuwe Beelding« . . 131
4.6. Abstraktion und Geometrie 132
4.7. Der Einfluß des Kubismus und
     der *De Stijl*-Malerei 135
4.8. Bauleitungshütte und Café de Unie:
     zwei Sonderbauten der »*De Stijl*-Architektur« . . 137
4.9. Der Einfluß von Wright und Van't Hoff . . 140
4.10. Zusammenfassung 142
     Anmerkungen 144

IV. DER *VOLKSWONINGBOUW* 168

1. Oud als Architekt der Gemeinde
   Rotterdam 168
1.1. Der Wohnungsbau in Rotterdam bis 1918 . . 168
1.2. Der *Gemeentelijke Woningdienst* . . . 171
1.2.1. Gründung und Zielsetzung 171
1.2.2. Der erste Direktor: Auguste Plate . . 172
1.2.3. Oud als Architekt des Woningdienst . . 173

1.3. Der *Woningdienst* unter Auguste Plate: Kommunalpolitik und Bauprojekte **174**
1.3.1. Die Entwicklung standardisierter Wohnungstypen . **174**
1.3.2. Spangen: das erste große Wohnbauprojekt der Gemeinde. **175**
1.3.3. Der Sozialdemokrat Arie Heijkoop als Wethouder für Soziales **176**
1.3.4. Die Betonbauten des Woningdienst **177**
1.3.5. Die Architektur des Woningdienst unter Heijkoop, Plate und Oud **179**
1.3.6. Auswirkungen der politischen Entwicklung. **180**
1.3.7. Ouds »Witte Dorp« als Teil des kommunalen Bauprojektes Oud-Mathenesse. **181**
1.4. Der *Woningdienst* unter De Jonge van Ellemeet: Einflußnahme der Politik. . . . **182**
1.4.1. Umstrukturierung des Woningdienst **182**
1.4.2. Kritik an Ouds Café de Unie und Diskussion um die Bauberatung **182**
1.4.3. Der Einfluß des Gemeinderats auf die Wohnbauten in Hoek van Holland und Kiefhoek **183**
1.5. *Volkswoningbouw* als erzieherisches Mittel . **184**
1.6. Die Weißenhofsiedlung – Wohnungsbau außerhalb des *Woningdienst* . **185**
1.7. Rotterdam und die Moderne – Ouds Einfluß auf das Bauwesen der Stadt . . **186**
1.8. Kritik und Entlassung aus dem *Woningdienst*. **192**
1.9. Zusammenfassung **194**

2. Städtebauliche Lösungen. **195**
2.1. Die Arbeitersiedlung Leiderdorp **195**
2.2. Die einheitlich gestaltete Häuserzeile **197**
2.3. Die Wohnblöcke im Neubaugebiet Spangen . **198**
2.4. Tusschendijken: der normierte Wohnblock als städtebauliches Element **200**
2.5. Oud-Mathenesse: Stadterweiterung und Idealstadtplanung. **201**
2.6. Die Siedlung Kiefhoek: Stadtbaukunst gegen modernen Zeilenbau **206**
2.7. Zeilenbau nach deutschem Schema: Weißenhofsiedlung und Blijdorp **208**
2.8. Zusammenfassung **211**

3. Organisation und Grundrißlösungen im Wohnungsbau **212**
3.1. Typenwohnungen **212**
3.2. Entwurfsprinzipien **217**
3.3. Raumtypen **217**
3.4. Orientierung **219**
3.5. Gemeinschaftsanlagen **220**
3.6. Haustypen und Erschließung. **221**
3.7. Baumaterial und Konstruktion **222**
3.8. Zusammenfassung **224**

4. Funktion und Gestaltung in Ouds Architektur. **225**

5. Die soziale Komponente in Ouds Wohnbauten **226**

6. Ouds Wohnbauten im zeitgenössischen Kontext **229**

6.1. Die niederländische Tradition des *Volkswoningbouw*. **229**
6.1.1. Der einheitlich gestaltete Wohnblock. **232**
6.1.2. Grundrisse und Erschließung. **234**
6.1.3. Innenhöfe **235**
6.1.4. Material und Farbigkeit **236**
6.1.5. Städtebau **237**
6.1.6. Zusammenfassung **238**
6.2. *Volkswoningbouw* im europäischen Vergleich **239**
6.2.1. Typenbildung **239**
6.2.2. Die »Farbenbewegung« **241**
6.2.3. Städtebau **242**
Anmerkungen **243**

V. OUDS WERK (1916–1931) IM KONTEXT SEINER ZEIT **262**

1. Die niederländische Bautradition. **262**
1.1. Oud und das »Entwerfen nach System« . . . **262**
Zusammenfassung **269**
1.2. Der Einfluß niederländischer Architekten auf Oud **269**
1.2.1. H. P. Berlage. **270**
1.2.2. Aufnahme von Einzelmotiven von Lauweriks und De Bazel **273**
1.2.3. Neugotik und die Verbindungen zur Amsterdamer Schule **275**

2. Klassische Entwurfsprinzipien **278**

3. Ouds Beitrag zur Modernen Architektur . . **287**
3.1. Oud und die Moderne Architektur in den Niederlanden **287**
3.2. Ouds Vorstellung einer »Internationalen Architektur« **291**
3.3. Ouds Moderne Architektur im internationalen Kontext **294**
3.4. Oud und die Kanonisierung der Modernen Architektur **300**

4. Anlehnung an internationale Vertreter am Beispiel Le Corbusiers **302**

5. Zusammenfassung **306**
5.1. Ouds individuelle Formensprache **306**
5.2. Ouds Position zwischen »Künstler-Architekt« und »gesellschafts-politischem Reformer« . . **307**
Anmerkungen **309**

VI. RESÜMEE **323**

VII. ABKÜRZUNGSVERZEICHNIS **326**

VIII. LITERATURVERZEICHNIS **327**

IX. KATALOG: PROJEKTE UND AUSGEFÜHRTE BAUTEN 1916 BIS 1931 . . . . . . **349**

Abbildungsnachweis **359**

Vorwort

Die Anregung zu dieser Arbeit entstand durch eine Vorlesung von Prof. Dr. Andreas Tönnesmann an der Universität Bonn, die unter den bedeutendsten Bauten der Moderne auch die Arbeiten von J. J. P. Oud behandelte. Das heterogene und wenig erforschte Werk des Niederländers barg eine Reihe von Widersprüchen, die eine nähere Beschäftigung lohnend erscheinen ließen. Mein Dank gilt daher in erster Linie meinem Doktorvater Andreas Tönnesmann für seine Betreuung, zahlreiche Anregungen und hilfreiche Gespräche. Das Zweitgutachten verfaßte Prof. Dr. Stefan Grohé, dem ich ebenfalls danken möchte.

Weiterhin danke ich allen Freunden und Kommilitonen, die mir mit Rat und Tat zur Seite standen. Besonderer Dank gilt meiner kritischen Korrekturleserin Julia Berger sowie Jürgen Hombeuel für die gemeinsame Erkundung zahlreicher Bauten. Meiner Mutter Christl Dočkal danke ich für ihren Zuspruch und ihre Unterstützung.

Das Nederlands Architectuurinstituut in Rotterdam stellte mir in großzügiger Weise einen Arbeitsplatz zur Verfügung und ermöglichte mir, den Bestand des Oud-Archivs – trotz laufender Inventarisierung – einzusehen. Ohne diese Unterstützung wäre meine Arbeit so nicht durchführbar gewesen. An dieser Stelle möchte ich daher der damaligen Direktorin Kristin Feireiss sowie Mariet Willinge als Leiterin der Sammlung danken. Mein besonderer Dank gilt Maartje Taverne und Martien de Vletter für den fachlichen Austausch und manche Hilfestellung. Die Initiatoren des »Oud-Projekts«, Prof. Ed Taverne, Prof. Dr. Bernard Colenbrander und Dr. Cor Wagenaar, standen mir für Gespräche zur Verfügung. Mein Dank gilt ferner Jean-Paul Baeten für seine Unterstützung, Joosje van Geest für ihre Hilfsbereitschaft sowie Kost & Logis und besonders Ellen Smit und Dr. Dolf Broekhuizen für ihre freundliche Aufnahme und zahlreiche Gespräche. Von deutscher Seite standen mir Dr. Ita Heinze-Greenberg, Prof. Dr. Winfried Nerdinger und Prof. Dr. Wolf Tegethoff für fachlichen Rat zur Verfügung. Prof. Dr. Roland Günter danke ich für die Einsicht in seine Unterlagen zum »Witte Dorp« sowie für viele Gespräche und schöne Stunden in Eisenheim.

Für ihre Hilfsbereitschaft im Rahmen meiner Recherchen danke ich den Mitarbeitern der Gemeindearchive in Katwijk aan Zee, Purmerend, Rheden und Rotterdam, dem Centrum '45 (Noordwijkerhout), der Historische Vereniging Den Helder, Legers des Heils (Heilsarmee Rotterdam), dem Stadtarchiv München, dem Stadtarchiv Oberursel, dem Verein der Freunde der Weißenhofsiedlung Stuttgart, vor allem Dorothee Keuerleber, der Wohnungsbauvereinigung Hoek van Holland, der Firma Sikkens (Sassenheim), der Stichting Museumwoning De Kiefhoek (Rotterdam) sowie Apostel meneer Van den Bosch (Hersteld Apostolische Zendingskerk, Amsterdam), J. P. van Brakel (Genootschap Oud Katwijk), Familie Brommer (Stuttgart), Leo Dubbelaar (Cuypersgenootschap), Ronald van Duivenbode (Architekturbüro Van Duivenbode & De Jong, Rotterdam), Anna Goebel (Leipzig), Jan Hartog (Gemeentelijke Woningbedrijf Rotterdam), Stev Jacobs (Museum in Purmerend), Hermann Nägele (Staatliches Hochbauamt Stuttgart), Simone Oelker (Potsdam), Frau Peereboom (Broek in Waterland), Mariël Polman (RDMZ Zeist), Ton Vermeulen (Firma Bols, Zoetermeer) und Doris Wintgens-Hötte (Stedelijk Museum de Lakenhal, Leiden).

Schließlich danke ich den Ländern Nordrhein-Westfalen und Bayern, der »Stiftung Doktorhut« der Universität Bonn und vor allem der Studienstiftung des deutschen Volkes für ihre großzügige finanzielle Unterstützung meiner Arbeit. Die Drucklegung meiner Dissertation wurde größtenteils von der VG Wort sowie mit Hilfe des »Universitätspreises 2003« der Universität Augsburg finanziert. Danken möchte ich zuletzt dem Gebr. Mann Verlag, vor allem Hans Georg Hiller von Gaertringen für das Lektorat, sowie Rüdiger Kern (Berlin) für die graphische Gestaltung des Buches.

I. KAPITEL
Thema und Problemstellung

1. Einleitung

Der Name J. J. P. Oud (1890–1963) ist seit den 1920er Jahren aus der Architekturgeschichte nicht mehr wegzudenken. In zahlreichen Publikationen wurden seine Häuserzeilen in Hoek van Holland*, die Siedlung Kiefhoek* und die Reihenhäuser der Stuttgarter Weißenhofsiedlung* abgebildet und als Höhepunkte der Internationalen Moderne gefeiert. Ähnlich verhält es sich mit dem Fabrik-Entwurf* und dem Café de Unie*, die in keinem Überblickswerk zur Kunst von De Stijl fehlen dürfen. Diese zu Ikonen erhobenen Bauten und Entwürfe versperren jedoch den Blick auf das in knapp sechs Jahrzehnten entstandene Gesamtwerk des Niederländers, der mehr als 100 (nur zum Teil ausgeführte) Projekte geschaffen hat. Gleichzeitig behindern die wenigen, immer wieder reproduzierten Fotografien der 1920er Jahre eine Auseinandersetzung mit den realen Gebäuden und transportieren ein bis heute unhinterfragtes Bild seiner Architektur. Gerade die prominenten Wohnbauten von Oud wurden jedoch als Teil des kommunalen Wohnbauprogramms und für einen konkreten städtebaulichen Kontext konzipiert.

Nach zwei summarischen Monographien aus dem Jahr 1984[1] wurde erstmals 2001 in einer Ausstellung des Niederländischen Architekturinstituts in Rotterdam (NAi) und dem gleichzeitig erschienenen Œuvrekatalog[2] das Gesamtwerk von Oud zum Gegenstand einer Untersuchung. Ihnen kommt das Verdienst zu, das Werk des niederländischen Architekten in zahlreichen oftmals unbekannten oder verstreut publizierten Entwürfen, historischen Fotografien und Modellen einer großen Öffentlichkeit vorgestellt zu haben. Ein eindeutiges Bild seiner Person und seines Werkes ergab sich hieraus jedoch nicht: zu heterogen erscheinen seine Arbeiten, zu gegensätzlich die Lebensabschnitte und Tätigkeitsfelder des Architekten, Städtebauers und Möbeldesigners. »Was J. J. P. Oud a great architect? Or even an interesting one?«[3] – Diese in Reaktion auf Katalog und Retrospektive aufgeworfene Frage blieb weiterhin bestehen. Ziel der vorliegenden Arbeit ist daher, charakteristische Aspekte seines zunächst widersprüchlich erscheinenden Werkes herauszustellen. Als Gegenstand der Untersuchung wurde eine zeitlich begrenzte Werkphase gewählt, die als Höhepunkt und als Periode einer gesteigerten Produktivität gelten kann: In die Zeit zwischen 1916 und 1931 fallen Ouds Mitarbeit in De Stijl, seine Tätigkeit als Architekt der Stadt Rotterdam und seine Rolle als Pionier des »International Style«. Um Ouds Arbeiten analysieren und bewerten zu können, wird dem Erscheinungsbild der ausgeführten Bauten und dem städtebaulichen Kontext besondere Bedeutung beigemessen, zwei Aspekte, die bislang wenig Beachtung fanden[4]: Kaum jemand, der nicht selbst in Rotterdam gewesen ist, hat eine Vorstellung der Bauten in ihren Größenverhältnissen, ihrer Materialität, der Farbigkeit und ihrem architektonischen Umfeld. So berühmt »J. J. P. Oud« auch sein mag, sind doch zahlreiche Entwürfe und ausgeführte Bauten bis heute (weitgehend) unbekannt geblieben.

Die fehlende Gesamtbewertung seines Œuvres ist nicht allein Folge des heterogenen Werkes, sondern auch einer durch die Jahrzehnte stark wechselnden Wertschätzung seiner Arbeiten. In den fast 100 Jahren seit seinem Erstlingswerk von 1907 haben Ouds Bauten unterschiedlichste Reaktionen hervorgerufen, vom höchstem Lob, über Gleichgültigkeit bis zu deutlicher Ablehnung. Obwohl Oud (mit Ausnahme seiner Reihenhäuser auf dem Stuttgarter Weißenhof*) ausschließlich in den Niederlanden gebaut hat, wurden seine Bauten zunächst im europäischen Ausland und in den USA bekannt. Der erste Höhepunkt seines Ruhmes lag zwischen 1925 und dem Beginn der 1930er Jahre. Allein in den 1920er Jahren erschienen annähernd 140 Publikationen zu seinem Werk.[5] Ein verstärktes Interesse an Oud wird danach erst wieder in den 1970er und 1980er Jahren im Zuge der allgemeinen »De Stijl-Renaissance« und der Forschung zum sozialen Wohnungsbau sichtbar. Die beiden 1984 erschienenen Monographien zu Leben und Werk des Architekten, die (unvollendet gebliebene) Darstellung des Oud-Experten Günther Stamm[6] und die niederländische Dissertation des Sohnes Hans Oud (1919–96)[7], blieben lange Zeit ohne Nachfolge. Am 9. Februar 1990 erinnerte kein einziges Museum an den 100. Geburtstag des vormals gefeierten Architekten: »J. P. Oud ist auch bei Fachleuten in der zweiten Reihe gelandet …«[8]. Erst im Jahr 2000 legte Dolf Broekhuizen seine (leider nur auf Niederländisch erschienene) Dissertation vor, die sich mit dem bis dahin vernachlässigten »Spätwerk« von Oud, der Phase von 1938 bis zu seinem Tod, auseinandersetzt.[9] Ein Jahr später folgte der in Zusammenarbeit des NAi mit der Rijksuniversiteit Groningen erarbeitete Werkkatalog. Die Ergebnisse des Katalogs, die in der Dissertationsschrift der Verfasserin (2001) nicht mehr berücksichtigt werden konnten, sind in der vorliegenden Druckfassung im Fall abweichender Thesen oder ergänzender Informationen aufgenommen, ebenso weitere seit 2001 erschienene Untersuchungen zu diesem Thema.

Ein weiterer Grund für die zögernde Auseinandersetzung mit Ouds Gesamtwerk liegt in seiner schwer zu erschließenden, komplexen Person. Seine bestimmenden Charaktereigenschaften, Fleiß, Sparsamkeit, (Über-)Korrektheit, Ängstlichkeit und Bescheidenheit, passen kaum in das Bild eines »Pioniers« der Moderne. Im Gegensatz zu seinen berühmten Kollegen Le Corbusier, Walter Gropius und Ludwig Mies van der Rohe, die als Lehrer, Herausgeber und Initiatoren von Kongressen und Ausstellungen in der Öffentlichkeit auftraten, wird Ouds Name nur mit seinen Bauten und Schriften in Verbindung gebracht. Auch die Vorliebe seiner Kollegen für die moderne Großstadt teilte er nicht: geboren und aufgewachsen in der nordholländischen Kleinstadt Purmerend lebte Oud, der offenbar von Kindheit an unter starken Depressionen litt, die meiste Zeit seines Lebens zurückgezogen. 1928, während der Bauausführung der Siedlung Kiefhoek*, verließ er Rotterdam und zog in den kleinen Küstenort Kijkduin südlich von Den Haag, Ende 1929 verlegte er seinen Wohnsitz schließlich in das nahe Rotterdam gelegene Hillegersberg.[10] Seit 1953 lebte Oud in Wassenaar[11], einem kleinen Ort zwischen Den Haag und Leiden, der mit seinen Wäldern zu den bevorzugten Wohngebieten der »Randstad« zählt. Am 5. April 1963 starb Oud an einem Herzinfarkt; seine Asche wurde auf dem Friedhof Driehuis-Westerveld bei Velsen (Ijmündung) verstreut.[12]

Die hier untersuchte Zeitspanne zwischen 1916 und 1931, die weitgehend mit seinen Lebensstationen in der Universitätsstadt Leiden (1913–18) und der Hafenmetropole Rotterdam (1918–28) zusammenfällt, ist somit untypisch für Oud. Dasselbe gilt für seinen Status als Angestellter des *Gemeentelijke Woningdienst* (Rotterdamer Wohnungsbauamt) von 1918 bis 1933 im Vergleich zu den insgesamt 42 Jahren als freischaffender Architekt. Allein in den 1920er Jahren ist zudem eine intensive Reisetätigkeit festzustellen, die 1928 abrupt endete. Die zu behandelnden 15 Jahre zeigen sich damit als eine konzentrierte Arbeitsphase, in der gleichzeitig eine Reihe seiner bedeutendsten Werke entstand. Die auf den ersten Blick willkürlich erscheinenden Eckdaten beziehen sich auf zwei zentrale Ereignisse in Ouds Leben: Das Jahr 1916 steht für die erste Zusammenarbeit mit Theo van Doesburg, dem späteren Kopf der Künstlergruppe *De Stijl*, das Jahr 1931 für seinen letzten Entwurf für den *Woningdienst*. Die in dieser Zeitspanne entstandenen Arbeiten wurden bisher nie als eine Einheit verstanden. Ausgehend von einer zeitlichen Abfolge von avantgardistischen *De Stijl*-Projekten, der (vermeintlich) konventionellen Wohnblöcken für die Stadt Rotterdam und der folgenden »weißen Wohnungsarchitektur« hat man die Bauten der *De Stijl*-Zeit getrennt von den Wohnbauten behandelt. Ouds Tätigkeit für die Gemeinde wurde dabei in erster Linie als notwendiger Brotberuf gesehen, der die Zusammenarbeit mit den *De Stijl*-Kollegen erschwerte und schließlich 1921 zum Bruch führte.[13] Die zahlreichen Ungereimtheiten zwischen den von der Forschung vorgeschlagenen Interpretationen und der realen Chronologie von Entwurf und Ausführung waren Ausgangspunkt dieser Arbeit. Die kleinen, stark farbigen Bauten dieser Werkphase sind zudem nur schwer mit den stilisierten, Expressivität und Monumentalität suggerierenden Schwarzweiß-Fotografien der 1920er Jahre in Einklang zu bringen, die bis heute – übereinstimmend mit der Vorstellung der »weißen Moderne« – das Bild von Ouds Architektur prägen.

Als Gründungsmitglied von *De Stijl* und Autor von elf Publikationen in der gleichnamigen Zeitschrift gilt Oud als wichtiger Theoretiker der Gruppe. Seine ab 1917, dem Gründungsjahr von *De Stijl*, entstandenen Bauten werden von der Forschung entsprechend der »*De Stijl*-Architektur« zugeordnet. Laut Günther Stamm etablierte sich Oud bereits im Juli 1917 mit seinen theoretischen Positionen und seinem Entwurf für eine Häuserzeile an einem Strandboulevard* als radikaler Führer der Gruppe und »geistiger Vater der ganzen späteren Stijl-Architektur«[14]. Aber auch die nach 1921 entstandenen Gebäude werden im Kontext von *De Stijl* gesehen, vor allem die als »Musterbeispiele der *De Stijl*-Architektur« geltende Bauleitungshütte* (1923) und die Fassade des Café de Unie* (1925). Einzelne Prinzipien der *De Stijl*-Kunst traten allerdings erst nach Ouds aktiver Zeit in seinen Arbeiten auf. Dies betrifft unter anderem die von Mondrian propagierten Primärfarben, die Oud erstmals bei der Siedlung Oud-Mathenesse* (1923/24) verwendete. Welche Kriterien in den vorausgehenden Arbeien der *De Stijl*-Kunst zuzuordnen sind, wurde bislang nicht überzeugend dargelegt.

Neben seiner Rolle als »*De Stijl*-Architekt« wurde Oud seit den 1920er Jahren zu den Wegbereitern des »Internationalen Stils« bzw. des »Neuen Bauens« gezählt. Obwohl bereits die Häuserzeile an einem Strandboulevard* (1917) mit ihren weißen Kuben und Flachdächern Elemente der Moderne zeigt, gelten erst seine Häuserzeilen in Hoek van Holland* (1924–27) als Durchbruch. Die stilistischen Unterschiede gleichzeitig entstandener Bauten und damit ihre Zuordnung zur *De Stijl*-Kunst (das Café de Unie* von 1925) oder dem »International Style« (die 1924 entworfenen Häuserzeilen in Hoek van Holland und die ein Jahr später folgende Siedlung Kiefhoek*) werden in der Forschung nicht thematisiert. Auch die Diskrepanz zwischen den progressiven *De Stijl*-Arbeiten und den zeitgleich errichteten »konventionellen« Wohnblöcken bleibt unbesprochen. Laut einer wiederholt formulierten These habe Oud sich bereits 1918 mit Antritt seiner Stelle beim *Woningdienst* von *De Stijl* gelöst.[15] Als Grund seiner Distanzierung gilt der Widerspruch zwischen den rein ästhetischen und oft utopischen Dogmen der Avantgarde-Gruppe und seiner Tätigkeit als Gemeindearchitekt: »Zu schwer trug der Architekt an der Verantwortung seines Amts, als daß er sich mit den oft Aufsehen erregenden Spielereien van Doesburgs auch nur entfernt identifizieren lassen wollte.«[16] Vor allem die nach 1921 entstandenen »Musterbeispiele der *De Stijl*-Architektur«, die Bauleitungshütte* und das Café de Unie*, sind auf diese Weise nicht zu erklären. In Anlehnung an Ouds eigene Argumentation wird daher meist auf die Funktion der Gebäude, temporäre oder (vermeintlich) weniger repräsentative Bauten, verwiesen, die der Architekt selbst nicht ernst genommen habe.[17] Dieser Erklärungsversuch kann angesichts des gestalterischen Aufwands beider Bauten – man denke allein an die buntfarbigen Bleiglasfenster der Bauhütte – jedoch nicht überzeugen.

Die Datierung der Arbeiten zeigt, daß weder die »*De Stijl*-Architektur« und die frühen Wohnblöcke noch *De Stijl* und »International Style« in der suggerierten chronologischen Abfolge auftraten. Für eine Zeitspanne von mehreren Jahren findet sich vielmehr eine zeitliche Deckung von *De Stijl*-Aktivität und Ouds Beitrag zu einer modernen Wohnungsarchitektur[18]: Oud, der seit Oktober 1917 in »*De Stijl*« publizierte, trat Anfang 1918 seine Stelle bei der Gemeinde an. Bis zu seinem Bruch mit Van Doesburg im Winter 1921 war er damit knapp vier Jahre sowohl *De Stijl*-Architekt als auch Angestellter des *Woningdienst*. Auch seine Zusammenarbeit mit Van Doesburg und dem *De Stijl*-Künstler Gerrit Rietveld fiel in diese Zeit; mit Farbentwürfen, Bleiglasfenstern und der Möblierung der Spangener Wohnblöcke* haben beide *De Stijl*-Künstler an den Wohnbauten der Gemeinde entscheidend mitgewirkt.

Die Arbeiten der 1930er und 1940er Jahre, vor allem der 1938–46 errichtete Verwaltungsbau der »Bataafse Import Maatschappij« (später Shell-Gebäude) in Den Haag (Abb. 103) und der Entwurf für das Hofplein in Rotterdam von 1942–46, werden heute generell unter dem Begriff des »Neo-Klassizismus« gefaßt. Als Teil einer gesamteuropäischen Entwicklung, wenn auch mit unterschiedlichen Ausprägungen in den einzelnen Ländern, standen diese Arbeiten keineswegs isoliert.[19] Die tonangebenden Architekturkritiker der Moderne sahen in dem klassizistischen Shell-Gebäudex vor allem jedoch einen radikalen Bruch in Ouds Werk: »Frankly to me the building looks like a return to Dutch tradition rather than the next step in International Architecture«[20]. Ouds Ansehen als Pionier der Moderne gehörte ab diesem Zeitpunkt der Vergangenheit an.[21] Seit den 1950er Jahren versuchte man, dieser Sichtweise entgegenzuwirken und die späteren Bauten als Fortsetzung seiner früheren Arbeiten zu interpretieren. 1951 deutet Jos de Gruyter die »traditionalistischen« Aspekte als Gegenposition zu einem erstarrten Formalismus[22], während Hans Oud auf die Kontinuität zwischen dem Shell-Gebäude und der traditionalistischen Strömung der niederländischen Architektur vor und während des 2. Weltkriegs verweist[23]. J. B. Bakema und J. H. van den Broek sehen im Shell-Gebäude dagegen eine Fortsetzung der klassischen Tendenzen in seinen früheren Bauten.[24] An diese These knüpfen Ed Taverne und Dolf Broekhuizen an und betonen, daß mit dem Shell-Gebäude kein markanter Bruch innerhalb von Ouds Œuvre vorliege.[25] Neben den klassischen Tendenzen gelte dies auch für das Erbe von De Stijl. Bereits 1993 hatte Taverne den Begriff des »Neo-De Stijl« eingeführt, der für einen Rückbezug des Shell-Gebäudes auf Ouds De Stijl-Bauten steht.[26] Neben Cor Wagenaars Artikel zum »Bio-vakantieoord« (»Bio-Ferienort«) in Arnheim (1952–60), in dem er eine Verbindung zu De Stijl erkennen möchte, wird diese These auch von Broekhuizen aufgenommen.[27] Unzweifelhaft ist, daß Oud noch Jahrzehnte später als »De Stijl-Architekt« auftrat und alles daran setzte, mit dieser Bewegung in Verbindung gebracht zu werden. Neben seinen Publikationen, vor allen seiner Autobiographie »Mein Weg in De Stijl«[28], gelang ihm dies in erster Linie durch die Farbfassung seiner Bauten. Abgesehen vom Shell-Gebäude und dem Bio-vakantieoord wurde die Verwendung der Primärfarben in Ouds Werk bislang noch nicht systematisch untersucht.

Der Übergang von Ouds Moderner Architektur der Zwischenkriegszeit zum »Spätwerk« ab 1933 ist in der Tat weniger abrupt, als lange Zeit suggeriert wurde: Während die Villa Johnson* (1930/31) bereits auf die Formensprache der späten 1930er Jahre verweist, stehen die zwischen 1933 und 1936 entworfenen Wohnbauten noch deutlich in der Tradition der 1920er Jahre, wie dem Dreifamilienhaus in Brünn* (1928).[29] Die Frage nach einem Qualitätsunterschied zwischen den frühen und den späten Bauten – »Beispiele für erschreckende Niveauverluste«[30] – ist nicht Teil dieser Untersuchung. Vielmehr sollen gerade die allgemein hoch geschätzten Arbeiten von 1916 bis 1931 auf ihre gestalterische Qualität geprüft werden. Zu fragen bleibt ferner, wo und in welcher Form De Stijl-Elemente in Ouds Arbeiten auftreten und seit wann klassizistische bzw. klassische Elemente in seiner Architektur nachzuweisen sind.

2. Forschungsstand und Zielsetzung

Ouds Bauten wurden bereits seit den 1910er Jahren in in- und ausländischen Zeitschriften vorgestellt. Die erste wissenschaftliche Untersuchung stammt von 1927, als Lawrence H. R. Graf, ein junger Architekturstudent an der University of Michigan (USA), seine »degree«-Arbeit über Oud verfaßte.[31] Im selben Jahr wurde unter dem Titel »Arbeiten von J. J. P. Oud – Rotterdam« eine monographische Ausstellung in den Räumen des Wasmuth-Verlags in Berlin präsentiert.[32] 1928 folgte Henry-Russell Hitchcocks »The architectural work of J. J. P. Oud«, dem sich drei Jahre später ein weiterer monographischer Aufsatz in den »Cahiers d'Art« anschloß.[33] Ebenfalls 1931 publizierte der niederländische Kunstkritiker Jos de Gruyter (1899–1979) in der populären Monatsschrift »Elseviers geïllustreerd Maandschrift« seinen Artikel »Moderne Nederlandsche bouwkunst en J. J. P. Oud«.[34] Da Hitchcock wie auch De Gruyter mit Oud befreundet waren, ist in ihre Publikationen viel von Ouds eigener Sichtweise eingeflossen. Im Zentrum ihrer – durchweg lobenden – Texte steht die ästhetische Qualität von Ouds Werk sowie die »Künstlerpersönlichkeit« des Architekten.

1936 wurde erstmals in den Niederlanden ein Überblick über Ouds Arbeiten in den Räumen des Rotterdamsche Kunstkring gezeigt.[35] Aus Anlaß von Ouds 60. Geburtstag folgte 1951 in dem renommierten Rotterdamer Museum Boymans van Beuningen eine Ausstellung über das Gesamtwerk.[36] Die 1953 von Giulia Veronesi verfaßte Monographie war Ausgangspunkt für zahlreiche weitere Publikationen italienischer Autoren[37], die generell großes Interesse an der niederländischen Moderne zeigten. Nach Ouds Tod veröffentlichte der niederländische Kunsthistoriker Karel Wiekart den Nachruf »De drie-eenheid van Ouds architectuur« und präsentierte im folgenden Jahr eine Ausstellung im Gemeindemuseum Den Haag.[38] Neu war hier die Auseinandersetzung mit den Grundrißlösungen der Wohnbauten, eine Thematik, die zuvor allein die Architekturzeitschriften (im Rahmen baumonographischer Artikel) berücksichtigt hatten.

Gemäß dem Forschungsschwerpunkt der 1970er Jahre wurden Ouds Bauten in Donald Grinbergs »Housing in the Netherlands 1900–1940« (1977) in ihrem gesellschaftlich-historischen Kontext untersucht.[39] Im selben Jahr publizierte der Kunsthistoriker Ben Rebel einen umfangreichen Aufsatz über Ouds Wohnbauten, in dem er sich (auf Basis eines knappen Forschungsüberblicks) kritisch mit dem überlieferten »Oud-Bild« eines sozial eingestellten Architekten auseinandersetzt.[40] Ausgehend von der bis dato einseitigen Konzentration auf ästhetische Fragen beschäftigt sich Rebel vor allen mit den Grundrißlösungen von Ouds Bauten, die ihm, wie im Fall der berühmten Häuserzeile an einem Strandboulevard*, als unzureichend ausgearbeitet und unfunktional erscheinen.

Ebenfalls 1977 publizierte Günther Stamm (1940–82), Dozent an der University of South Carolina, seine erste Arbeit über Oud, die sich dem bislang wenig beachteten Frühwerk widmet.[41] Die wiederum stilkritische Untersuchung erfolgte unter Hinzuziehung bisher unbekannter Skizzen und Entwürfe. 1978 erschien der Katalog der »The architecture of J. J. P. Oud 1906–1963« einer in der Fine Arts Gallery der Florida State University präsentierten Ausstellung, die im Jahr darauf in der Architectural Association in London zu sehen war.[42] Auch dort zog Stamm bisher nicht bekannte Entwürfe hinzu, die ihm Ouds Witwe zur Verfügung gestellt hatte. 1979 widmete sich Stamm den zwischen 1916 und 1919 entstandenen Projekten, wobei Ouds »Durchbruch« zur Moderne erstmals nicht als Zäsur, sondern als Folge einer kontinuierlichen Entwicklungslinie verstanden wird.[43]

Von Dezember 1981 bis Februar 1982 präsentierte die Rotterdamsche Kunststichting eine Oud-Ausstellung im Lijnbaancentrum, die anschließend in mehreren italienischen Städten (Como, Bologna, Neapel, Rom und Venedig) zu sehen war.[44] 1984 erschien posthum die unvollendete Arbeit des 1982 verstorbenen Günther Stamm sowie die Dissertation von Ouds Sohn Hans Oud, die sich beide dem Gesamtwerk des Architekten widmen.[45] Die Zeit zwischen 1916 und 1931 nimmt bei Stamm den größten Teil des Buches ein, bei Hans Oud jedoch nur etwas mehr als die Hälfte.[46]

Die Arbeit von Stamm, Ergebnis der 1978 präsentierten Ausstellung in Florida, ist die erste (und bis heute einzige) deutschsprachige Monographie zu Oud. Wieder legt Stamm den Schwerpunkt auf die formalen Lösungen, in denen er Ouds größte Begabung sieht. Zur Begründung verweist er auf Ouds eigene Gewichtung in den überlieferten Selbstzeugnissen. Auf eine Analyse des (von ihm kritisch bewerteten) Wohnungsbaus, die dieses Urteil stützen könnte, verzichtet er jedoch. Die Gliederung der Arbeit erfolgt nach biographischen Zäsuren: Frühwerk (1906–16), De Stijl (1917–21), internationaler Ruhm (1921–27), »die Jahre des Schweigens« (1928–37) und »Spätwerk« (1938–63). Die Zuordnung der einzelnen Arbeiten zu diesen Kapiteln ist zum Teil schwer nachvollziehbar.[47] Daß einige der von Stamm aufgeworfenen Fragen nicht konsequent verfolgt werden, mag an der unvollendet gebliebenen Arbeit liegen. Gerade sie sind jedoch entscheidend für das Verständnis von Ouds Werk. Mit an erster Stelle steht hier der bislang vernachlässigte Versuch, seine Bauten in den europäischen Kontext einzuordnen. Anhand

THEMA UND PROBLEMSTELLUNG   11

der großen Anzahl von wenig bekannten Arbeiten wird zudem eine Neubewertung des Œuvres vorgenommen. Erstmals weist Stamm dabei auf Ouds Vorliebe für eine monumentale Gestaltung, die bereits in den 1920er Jahren sichtbar ist. Als zentrale These formuliert er die Vielseitigkeit von Ouds Œuvre, die eine stringente Zuordnung seiner Arbeiten zu einer Stilphase ausschließe: So habe sich Oud in seiner De Stijl-Periode geweigert, dem Formalismus eines Van Doesburg zu folgen und sei in den 1920er Jahren durch expressive und visionäre Arbeiten aus dem strengen »Internationalen Stil« ausgebrochen.

Hendrik Emilie (Hans) Oud (1919–96), selbständiger Architekt in Wassenaar bzw. Friesland, hatte nach dem Tod seines Vaters dessen Kongreßhalle in Den Haag und das Rathaus in Almere fertig gestellt.[48] Seine 1984 vorgelegte Dissertation umfaßt das architektonische Werk sowie Angaben zur Biographie und war damit bis zum Rotterdamer Katalog (2001) der vollständigste Überblick zu Ouds Gesamtwerk und Leben. Die zahlreichen biographischen Angaben erscheinen aufgrund der offenbar gespannten Vater-Sohn-Beziehung jedoch zu subjektiv. Entsprechend kritisch wurde das Buch aufgenommen.[49] Die wiederum biographisch geordnete Arbeit gliedert sich in drei Teile. Der erste umfaßt Ouds Jugend (1890–1916) und seine Zeit bei De Stijl (1916–22), wobei als letzte Arbeit jedoch der Fabrik-Entwurf* von 1919 vorgestellt wird. Der zweite Teil behandelt Ouds Entwicklung zum »Neuen Bauen« (1918–33), die folgenden Jahre als freier Architekt (1933–37) und zwei Überblickskapitel zu den Wohnbauten und Ouds Verhältnis zum »Neuen Bauen«. Der dritte Teil stellt in einem chronologischen Abriß das zwischen 1937 und 1962 entstandene Werk vor. Obwohl laut Hans Oud die Perioden nicht scharf getrennt werden könnten und auch kein radikaler Bruchs mit De Stijl erfolgt sei, kommt es in den einzelnen Kapiteln zu keinen Überschneidungen.[50] Die Zuordnung der Bauten bleibt wiederum oft unklar.[51] Neben der fehlenden Einordnung des Werkes in den europäischen Kontext ist auch die ungleichgewichtige Dokumentation der einzelnen Arbeiten zu bedauern. Vor allem den drei Entwürfen für die Rotterdamer Volkshochschule* werden nicht mehr als eineinhalb Buchseiten gewidmet, dem Hotel Stiassny* und dem Dreifamilienhaus in Brünn* jeweils eine halbe Seite. Abweichend von Stamm formuliert Hans Oud die These, daß die Qualität von Ouds Architektur vor allem in den Grundrissen und Detaillösungen (und nicht in der Ästhetik) seiner Bauten zu finden sei.

Der Abriß der Siedlung Oud-Mathenesse* war 1987 Anlaß für eine Ausstellung im Museum Boymans van Beuningen mit einer begleitenden Publikation.[52] Parallel zu ihrer Rekonstruktion folgte 1990 eine Dokumentation der Siedlung Kiefhoek* einschließlich der aktuellen Baumaßnahmen.[53] Als Katalog einer Ausstellung im Boymans van Beuningen Museum publizierte Elisabeth Reinhartz-Tergau ebenfalls 1990 einen Überblick zu den Innenraumgestaltungen von Oud[54], ein Thema, das bis dahin unbeachtet geblieben war. Im Zentrum der Betrachtung steht die Ausstattung von Ouds Bauten mit den von ihm selbst entworfenen Möbeln. Hinsichtlich der Bedeutung, die Oud seinen Interieurs beigemessen hat, bildet das dort präsentierte Material eine wichtige Quelle für die Bewertung des Gesamtwerkes. 1996 schloß Tom Overtoom eine Untersuchung über die Möbelentwürfe von Oud ab; die an der Rijksuniversiteit Groningen verfaßte Examensarbeit wurde 1999 in gekürzter Form publiziert.[55]

Unter den zahlreichen Aufsätzen zu Ouds Werk ist Henk Engels Artikel »De Kiefhoek, ein Denkmal der versäumten Möglichkeiten?«[56] hervorzuheben, der sich mit Ouds Wohnbauten im Kontext des Woningdienst und des internationalen Städtebaus auseinandersetzt; ebenso Thomas Kellmanns Dissertation mit der Passage »Der Architekt Oud als Protagonist und Kritiker der ›Moderne‹«[57]. 1999 erschien als Einleitung seiner kritischen Oud-Bibliographie ein Essay von Donald Langmead, der Ouds Position in der internationalen Architekturgeschichte und seine Selbstvermarktung in Form von Publikationen und Vorträgen thematisiert.[58] Ouds Beeinflussung durch Frank Lloyd Wright wird hier als eine – im Vergleich zu den De Stijl-Kollegen – zeitlich verzögerte und pragmatischere Aufnahme beschrieben. Neu ist die (allerdings auf die Fabrik-Entwürfe* beschränkte) Beobachtung der geometrischen Grundrisse und der bei Oud wiederzufindenden Amsterdamer Entwurfstradition nach mathematischformalen Systemen. Die vor 1925 entstandenen Bauten, wie die Wohnblöcke in Spangen* und Tusschendijken* und die Siedlung Oud-Mathenesse*, bewertet Langmead als künstlerisch wenig innovativ und stellt abschließend die Frage, ob Oud tatsächlich ein Vorreiter der Internationalen Moderne gewesen sei.

1997 hatten sich das Nederlands Architectuurinstituut in Rotterdam (NAi) und das Instituut voor Kunst- en Architectuurgeschiedenis der Rijksuniversiteit Groningen zum Zweck einer breit angelegten Untersuchungen von Ouds Gesamtwerk zusammengetan.[59] Parallel zu den von einem Forscherteam durchgeführten Recherchen wurde Ouds Nachlaß durch Martien de Vletter neu inventarisiert. Im Jahr 2000 publizierte Dolf Broekhuizen seine Dissertation »De Stijl damals/J. J. P. Oud heute«[60], die sich anhand von elf Projektanalysen den Entwurfsprinzipien und -traditionen in Ouds späten, bis dato kaum untersuchten Bauten widmet. Jedes Objekt steht dabei für eine bestimmte Bauaufgabe (Wiederaufbau, Denkmale, der Zeilenbau etc.) oder einen Entwurfskontext (wie die Zusammenarbeit mit anderen Künstlern). Eines der zentralen Themen ist die nach Meinung Broekhuizens ab den 1950er Jahren forcierte Selbststilisierung Ouds zum Initiator und Vollender der »De Stijl-Architektur«. Hierauf basiert auch der Titel, der sowohl eine Publikation von Oud – »De stijl - toen en nu« (De Stijl – damals und heute) – als auch die Reaktion Joost Baljeus – »›De Stijl‹ toen en J. J. P. Oud nu« (›De Stijl‹ damals und J. J. P. Oud heute) aufgreift.[61] Infolge der umfassenden monographisch angelegten Einzeluntersuchungen mit speziellen Themenschwerpunkten wird die Fortsetzung des De Stijl-Erbes jedoch nicht systematisch für das Spätwerk untersucht. Auch ein Vergleich mit den zeitlich vorausgehenden Arbeiten mußte unterbleiben.

Die Ergebnisse dieser Dissertation sowie weiterer Untersuchungen an der Rijksuniversiteit Groningen gingen zusammen mit der mehrjährige Forschung am NAi in die Retrospektive und den Werkkatalog von 2001 ein.[62] Die auch in englischer Übersetzung vorliegende Publikation wird von dem Autorenteam als »Lesebuch« beschrieben, das in einer Abfolge von biografischen Lebensstationen, vor allem aber stilimmanenten bzw. zeitgeschichtlichen Phasen, Leben und Werk des Architekten vorstellt. Die vier Großkapitel (»formative years«, »Pionier der ›nieuwe architectuur‹«, »›nieuwe architectuur‹ in der Krise« und »Krieg und Wiederaufbau«) umfassen einleitende Essays, Objektbeschreibungen und eine Textauswahl mit Neuabdrucken der vor allem im Ausland schwer zugänglicher Texte. Laut Aussage der Autoren entspricht die Unterteilung den »deutlich voneinander unterschiedenen« Perioden in Ouds Leben.[63] Allerdings folgt sie weniger einer chronologischen Abfolge (und damit möglichen Zäsuren in Ouds Leben) als den Bauaufgaben bzw. stilistischen Ausprägungen der einzelnen Bauten. So fallen unter die »formative years« neben der Ausbildung und den ersten Jahren als selbständiger Architekt in Leiden auch sein Beitrag zur Kunst von De Stijl einschließlich des Fabrik-Entwurfs* (1919). Zum zweiten Großkapitel »Pionier der neuen Architektur« zählen sowohl die ab 1918 entworfenen Wohnblöcke in Rotterdam als auch die Reihenhäuser der Stuttgarter Weißenhofsiedlung* (1927) und das Dreifamilienhaus in Brünn* (1928). Auffallend ist wiederum die unterschiedliche Gewichtung der einzelnen Bauten mit einer relativ knappen Darstellung der »drei Villen« in Velp*, der Entwürfe für die Rotterdamer Volkhochschule*, des Hotel Stiassny* und des Dreifamilienhauses in Brünn*.

Gleichzeitig mit der Rotterdamer Ausstellung publizierte die Gemeinde Purmerend, Geburtsort und frühe Wirkungsstätte von Oud, einen gut bebilderten Führer zu den noch wenig erforschten frühen Bauten einschließlich eines Abrisses zur Stadtentwicklung der nordholländischen Kleinstadt.[64] Das Städtische Museum im ehemaligen Rathaus auf dem Purmerender Kaasmarkt widmet sich in einer ständigen Ausstellung den frühen Arbeiten von Oud.

Die Menge der Publikationen läßt zunächst ein gut dokumentiertes Gesamtwerk vermuten, ein Eindruck, der sich bei genauerer Betrachtung als Täuschung erweist. Abgesehen von einer fehlenden Gesamtbewertung von Ouds Œuvre sowie der Einordnung in den internationalen Kontext liegen über zahlreiche Bauten bislang nur wenig Informationen vor. Selbst so bekannte Arbeiten wie Ouds Fabrik-Entwurf*, der nach Langmead »been described and analyzed ad infinitum«[65], lassen noch zahlreiche Fragen offen. Mit der hier vorliegenden Arbeit sollen einige dieser »Forschungslücken« geschlossen werden. Ziel ist eine Charakterisierung der zwischen 1916 und 1931 entstandenen architektonischen und städtebaulichen Arbeiten[66], die als Schlüssel für das Verständnis von Ouds Gesamtwerk gelten können. Die erste Zusammenarbeit mit Theo van Doesburg und Ouds (vorläufig) letzter Wohnungsbauentwurf für die Gemeinde Rotterdam werden als Zäsuren in Ouds Biographie verstanden: Während die Arbeit innerhalb von De Stijl sein Selbstbild wie auch seine Architektur entscheidend prägten, folgte ab 1931 eine längere krankheitsbedingte Schaffenskrise. Die in diesen 15 Jahren entwickelte Formensprache bleibt jedoch auch in Ouds Spätwerk sichtbar. Die bislang nicht wahrgenommenen bzw. ignorierten Ungereimtheiten, vor allem was die Zuordnung einzelner Arbeiten zur De Stijl-Kunst oder dem »International Style« betrifft, werden versucht zu klären. Eine Überprüfung der bisherigen Deutung von Ouds Werk schließt notwendigerweise das Verständnis der Begriffe »De Stijl-Architektur«, »Neues Bauen« und »Internationaler Stil« ein. Im Fall der »De Stijl-Architektur« erfolgt eine Differenzierung bzw. Korrektur der bisherigen Vorstellungen, während beim »International Style« der Schwerpunkt auf dem von den Architekten selbst suggerierten und von der Forschung bis heute tradierten Bild der Moderne liegt.

Die Biographie (II) bietet einleitend einen chronologischen Überblick zu Ouds Leben. Der Schwerpunkt liegt auf den Jahren 1916 bis 1931, schließt jedoch Ouds familiäre Herkunft sowie die zeitlich vorausgehende Ausbildung und die ersten beruflichen Stationen ein. Ziel ist, die im Katalog vorgestellten Arbeiten in den biographischen Kontext einzubetten, wobei auch die Gleichzeitigkeit von Ereignissen und Aktivitäten deutlich werden soll.

Die Kapitel über Oud und De Stijl (III) und Oud und der Volkswoningbouw (IV) werden, anders als in allen früheren Untersuchungen, nicht als chronologisch aufeinander folgende Lebensabschnitte verstanden. Entsprechend der hier vorgeschlagenen Deutung umfassen die Kapitel jeweils die gesamte Zeitspanne von 1916 bis 1931. Mit einem Überblick zu Gründung und Entwicklung von De Stijl (III. 1.) wird ein Bild der Gruppe nach den heutigen Kenntnissen der Forschung gegeben. Ziel ist ein Faktengerüst, das in chronologischer Reihenfolge die zu einem bestimmten Zeitpunkt vorliegenden formalen Lösungen bzw. die unter den Mitarbeitern diskutierten Themen vorstellt. Auf diese Weise können Ouds Bauten den jeweils zeitgleichen Entwicklungen in De Stijl gegenübergestellt werden. Anhand eines Überblicks zu den in der Zeitschrift »De Stijl« erschienenen Texten wird der Frage nach einer eigenen Architekturtheorie nachgegangen. Auf eine kritische Betrachtung des Begriffs »De Stijl-Architektur« (III.2.) folgen Überlegungen zu einer Neudefinition (III. 3.).

Ausgehend von diesen Ergebnissen werden Ouds Bauten auf die Existenz von De Stijl-Elementen befragt (III. 4.).

Das Kapitel »Der Volkswoningbouw« untersucht die für Woningdienst bzw. Bouwpolitie en Woningdienst errichteten Wohnbauten in ihrem Entstehungskontext. Da Realisierung und Baugestalt maßgeblich von der politischen Situation und entsprechenden Vorgaben der Gemeindeinstanzen abhängig waren, wird auf die Wohnungsbaupolitik in Rotterdam, Gründung und Zielsetzung des Woningdienst und Ouds Stellung innerhalb des Gemeindeapparats eingegangen (IV. 1.). Es folgt ein Überblick zu den gestalterischen und typologischen Lösungen der Wohnbauten, die in den niederländischen und europäischen Kontext eingebettet werden (IV. 2.–6.).

Ein eigenes Kapitel behandelt die stilistische Entwicklung von Ouds Werk (V). Ausgangspunkt ist die Frage nach der niederländischen Tradition in Ouds Arbeiten (V. 1.), die anhand des »Entwerfens nach System« und stilistischen Einflüssen von niederländischen Architekten wie Berlage, De Bazel und Lauweriks sowie Beispielen der Amsterdamer Schule untersucht wird. Es folgt eine Analyse der klassischen Entwurfsmethode in Absetzung von klassizistischen Strömungen (V. 2.). In einem Überblick wird Ouds Entwicklung zur Moderne skizziert und zu seinen theoretischen Beiträgen in Bezug gesetzt (V. 3.). Die Rezeption von Le Corbusiers Bauten zeigt die zunehmende Adaption fremder Stilformen in der zweiten Hälfte der 1920er Jahre (V. 4.), die am Anfang einer Schaffenskrise steht. In einem zusammenfassenden Kapitel wird eine Charakterisierung von Ouds persönlichem Architekturstil versucht (V. 5.). Das Resümee schließt den Textteil mit einem Überblick über die Ergebnisse dieser Arbeit ab.

Ein eigenständiger Katalog (IX.) behandelt in chronologischer Reihenfolge die einzelnen Objekte samt Vorstudien und Varianten.[67] Er dient als Materialgrundlage, bietet aber auch abgeschlossene monographische Darstellungen zu den einzelnen Bauten.

Neben der umfangreichen Sekundärliteratur wurden alle Arten von Quellen wie Plan- und Entwurfsmaterial, Bauakten und Gemeinderatsprotokolle sowie Ouds Schriften einschließlich der Korrespondenz herangezogen. Zu den tatsächlich von Oud abgesandten Briefen kommen Konzepte und Durchschläge, die sich im Oud-Archiv des NAi befinden.

Bereits El Lissitzky mußte zugeben, daß er den Standpunkt Mondrians nicht kenne – »denn holländisch verstehe ich nicht«[68]. Um angesichts der zahlreichen niederländischen Texte (Briefe, Protokolle, Sekundärliteratur) mögliche Verständnisprobleme zu vermeiden, werden alle in dieser Arbeit vorkommenden niederländischen Zitate übersetzt. Für eine bessere Lesbarkeit erscheinen die Übersetzungen im Fließtext[69], auf den Abdruck der Originalzitate wurde verzichtet. Bei Zitaten aus Ouds Texten, die (für den deutschsprachigen Leser) oft schwer zugänglich sind, wird gegebenenfalls auf den Neuabdruck im Rotterdamer Katalog verwiesen.

3. Quellenlage

Planmaterial

Im Oud-Archiv des NAi befinden sich ca. 20.000 Pläne und Skizzen, eine Reihe von Modellen sowie etwa 5.000 Fotografien von Ouds Bauten. Zusammen mit Briefen, Zeitungsartikeln, Publikationen und einem Teil von Ouds Bibliothek kam das Material in vier Schritten zwischen 1973 und 1991 ins NAi.[70] Es handelt sich um den größten zusammenhängenden Archiv-Bestand zu Oud. Trotz seines Umfangs scheint mit dem dort bewahrten Planmaterial allein eine kleine Auswahl der ursprünglich existierenden Arbeiten vorzuliegen. Vor allem vorbereitende Skizzen und verworfene Varianten finden sich nur wenige. Dies ist um so erstaunlicher, als Oud sehr lange an seinen Entwürfen arbeitete und hierfür eine Vielzahl von Studien anfertigte.[71]

Neben dem NAi besitzen das Getty Research Institute in Los Angeles (GRI) und das Centre Canadien d'Architecture in Montréal (CCA) eine Vielzahl von Zeichnungen und Plänen von Oud, letzteres allein über 600 Blätter. Hinzu kommt das Royal Institute of British Architects in London (RIBA) mit einigen weiteren Zeichnungen.[72] Die Archive des *Gemeentelijke Woningdienst* bzw. der *Bouwpolitie en Woningdienst*, bei denen Oud von 1918 bis 1933 angestellt war und die daher eine Vielzahl von Plänen besessen haben müssen, wurden im 2. Weltkrieg zerstört. Das Gemeindearchiv Rotterdam bewahrt aus der hier behandelten Zeit einzig eine Blaupause des Centraalbouw*. Weitere Materialien finden sich in den jeweiligen Gemeindearchiven in Rheden (Wohnhäuser in Velp*), Purmerend (Fabrik und Lagerhaus*), Katwijk (Villa Allegonda*) und Stuttgart (Informationen zur Weißenhofsiedlung). Im Gemeentemuseum in Den Haag, im Letterkundig Museum in Den Haag (NLM) und in der Fondation Custodia, Institut Néerlandais in Paris (FC) werden weitere Skizzen, Blaupausen und Fotografien bewahrt. Die Plansammlung der TU Berlin besitzt eine Skizze von Haus Kallenbach*.

Einige Arbeiten von Oud wie der erste Entwurf für Haus Kallenbach*, der Entwurf für ein Landhaus mit Atelier und die Pläne für das Transformatorenhäuschen* in Oud-Mathenesse sind nicht überliefert. Andere Pläne, die noch 1986 in Umberto Barbieris Oud-Monographie publiziert wurden, sind heute unauffindbar. Hierzu zählt die 1924 entstandene zweite Fassung von Block V* in Tusschendijken (Abb. 210) sowie der erste Entwurf für eine Volkshochschule* (Abb. 242). Möglicherweise befindet sich zumindest ein Teil von ihnen in Privatbesitz.[73]

Von zahlreichen Arbeiten Ouds existieren Modelle, die bei verschiedenen Ausstellungen präsentiert wurden. Das NAi bewahrt mehrere nachträglich angefertigte Modelle von Arbeiten aus der Zeit zwischen 1916 und 1931: Die Häuserreihe an einem Strandboulevard* (1951), Haus De Vonk*, die Fabrik* (1951), die Siedlung Oud-Mathenesse* (1988), die Bauleitungshütte* (1951), die Rotterdamer Börse* (1998), zwei Modelle der Reihenhäuser in der Weisenhofsiedlung* (1981 und 1982) und die Villa Johnson* (1951).[74]

Korrespondenz
Im Oud-Archiv befinden sich annähernd 15.000 Briefe[75], die Oud von Freunden oder Kollegen aus aller Welt erhalten hat, darunter auch Briefkonzepte und Durchschläge von Oud selbst. Auch dort entsteht der Eindruck, als ob Oud allein eine Auswahl von Briefen aufbewahrt habe: Die beiden Entwürfe für Brünn, das Hotel Stiassny* und das Dreifamilienhaus* werden in den Briefen kaum erwähnt. Im Fall des Wohnhauses existieren weder Unterlagen über das Bauprogramm noch den Auftraggeber. Bereits in einer 1934 erschienenen vierteiligen Serie des »Noordhollandsche Courant«, die unter dem Titel »Onder de Menschen. Bij ons in Hillegersberg« Oud als prominenten Bewohner von Hillegersberg vorstellt, wird auf dessen Briefe zurückgegriffen. Als Zeichen seiner Bescheidenheit wertet der Autor die der Allgemeinheit vorenthaltenen Erfolge wie die zahlreichen Kontakte, Stellenangebote und Würdigungen. Die zitierten Briefe sind heute Teil des Oud-Archivs im NAi. Damit besaß Oud bereits in den 1930er Jahren ein Archiv, das er offenbar bewußt zur Dokumentation seiner Arbeit angelegt hatte.

Eine Reihe von Ouds Briefen bzw. Briefe, die an Oud gesandt wurden, liegen im Letterkundig Museum in Den Haag.[76] Weitere Briefe finden sich in den Nachlässen der einzelnen Empfänger. Cor Wagenaar hat eine Vielzahl dieser Briefe in zahlreichen Archiven ausfindig gemacht. Briefe von Oud an den *De Stijl*-Maler Piet Mondrian sind nicht erhalten, da dieser grundsätzlich alle Briefe vernichtete. Allein ein Briefkonzept wird in der Fondation Custodia (FC) in Paris aufbewahrt.[77] Hier befinden sich auch Mondrians Briefe an Oud. Der Nachlaß von Van Doesburg, verwaltet vom Instituut Collectie Nederland in Amsterdam/Rijswijk, schließt ebenfalls Briefe von Oud ein, die als Leihgabe im Rijksbureau voor Kunsthistorische Documentatie (RKD) in Den Haag liegen. Insgesamt sind jedoch relativ wenige Briefe von Oud an Van Doesburg erhalten.[78] Eine Aufarbeitung des Briefwechsels Mondrian – Oud – Van Doesburg steht noch aus. Die Korrespondenz zwischen Oud und dem *De Stijl*-Künstler Vilmos Huszár wurde 1985 im Rahmen der Huszár-Monographie von Sjarel Ex und Els Hoek publiziert.[79]

Neben den Briefen bilden vor allem die Protokolle der Gemeinderatssitzungen wertvolles Material zu den Wohnbauten des *Woningdienst*. Sie werden im Rotterdamer Gemeindearchiv als »Handelingen der Gemeenteraad Rotterdam« (HR) aufbewahrt, ergänzt durch die gedruckten »Verzamelingen Gemeente Rotterdam« (VGR).[80] Der *Woningbedrijf Rotterdam*, Nachfolgeinstitution von *Bouwpolitie en Woningdienst*, besitzt eine Dokumentation zu Renovierungen und Umbauten von Ouds Wohnbauten nach dem 2. Weltkrieg. Zudem finden sich dort Unterlagen zu den Bauschäden der Wohnblöcke in Tusschendijken* und den Siedlungen Oud-Mathenesse* und Kiefhoek*. Das Oud-Archiv umfaßt neben den Briefen auch Zeitungsartikel über Ouds Arbeiten bzw. Ausstellungen, an denen er mit seinen Bauten beteiligt war, Transkriptionen von Vorträgen und Interviews sowie Manuskripte und Veröffentlichungen von Oud selbst.

Biographische Angaben bieten vor allem die monographischen Arbeiten, wie die 1928 und 1931 erschienenen Publikationen von Henry-Russell Hitchcock und Jos de Gruyter[81], mit denen Oud in engem Kontakt stand. Oud selbst hat für Zeitschriftenartikel und Ausstellungen mehrfach die Stationen seines Lebens skizziert. Neben seiner 1957 verfaßten Autobiographie »Mein Weg in ›De Stijl‹« existiert auch ein undatierter autobiographischen Text, der im Oud-Archiv aufbewahrt wird.[82] Die lange Zeit umfassendsten und detailliertesten Angaben lieferte Hans Oud in seiner 1984 erschienenen Dissertation.[83] Dort wird erstmals das Elternhaus einbezogen und Ouds Persönlichkeitsstruktur samt seiner depressiven Veranlagung – wenn auch sehr subjektiv – beschrieben.

Oud war ein leidenschaftlicher Bibliophiler. Im Oud-Archiv finden sich zahlreiche Rechnungen in- und ausländischer Buchhandlungen, bei denen er seine Bücher bestellte. Bereits in den 1980er Jahren wurde Ouds Bibliothek von Bernard Colenbrander aufgelistet. Ouds Frau, Annie Oud-Dinaux, die nach dem Tod ihres Mannes weiterhin in Wassenaar wohnen blieb, starb 1990; im Jahr darauf wurde das Haus verkauft. Nur ein Teil der Bibliothek gelangte ins NAi.[84] Zur Zeit, als Langmead seine Oud-Bibliographie samt einer Auflistung von Büchern aus Ouds Bibliothek verfaßte, war dieser Bestand weder zugänglich noch sortiert. Seine Informationen basieren auf der ersten, provisorischen Liste, die nach bibliographischen Angaben korrigiert wurde. Die ca. 3.000 Titel stammen zur Hälfte aus dem Bereich Kunst, darunter etwa 500 Titel zur Architektur. Langmead gibt eine Auswahl dieser Titel zu den Themen Architektur und den verwandten Gebieten.[85] Im Rotterdamer Katalog erschien ein Beitrag von Bernard Colenbrander über den Bestand der Bibliothek.[86]

4. Bekanntheit und Wertschätzung einzelner Arbeiten

Die Verbreitung der einzelnen Arbeiten wurde von Oud gezielt gesteuert: er legte fest, welche Bauten in welchen Publikationen erscheinen durften und wählte hierfür die Pläne und Fotografien aus.[87] Wie die auf einem Plan der Siedlung Oud-Mathenesse* eingetragenen Pfeile (Abb. 226) zeigen, hat Oud selbst die Blickachsen für die fotografischen Aufnahmen vorgegeben. In der Tat folgen die im Oud-Archiv bewahrten Fotografien der Siedlung diesen Vorgaben (Abb. 230, 231, 239, 240). Die Häuserzeilen in Hoek van Holland* und die Siedlung Kiefhoek* wurden noch vor Fertigstellung publiziert.[88] Auf Fotografien der beiden Wohnkomplexe sind zudem Retuschen zu erkennen, die störende Hintergrundbauten unsichtbar machen.[89] Anhand der Veröffentlichungen wird deutlich, daß Oud einige Arbeiten bevorzugte, andere dagegen bewußt zurückhielt. Zu den häufig publizierten Arbeiten zählen die Villa Allegonda*[90], der Entwurf für eine Häuserreihe an einem Strandboulevard*, der Fabrik-Entwurf*, die Wohnblöcke in Tusschendijken*, die Häuserzeilen in Hoek van Holland*, die Siedlung Kiefhoek* und die Reihenhäuser der Stuttgarter Weißenhofsiedlung*. Alle diese Arbeiten wurden vielfach und in immer denselben Abbildungen publiziert bzw. auf Ausstellungen vorgestellt.[91] Zu den am stärksten verbreiteten Fotografien gehören die Aufnahmen E. M. van Ojens von der Villa Allegonda, der Siedlung Oud-Mathenesse* (Abb. 231), den Häuserzeilen in Hoek van Holland (Abb. 249, vgl. Abb. 13), dem Café de Unie*, der Siedlung Kiefhoek und den Häusern der Weißenhofsiedlung* (Abb. 317).[92] Seine Aufnahmen zeichnen sich oftmals durch einen extrem schrägen Blickwinkel – mit entsprechender Überbetonung der expressiv wirkenden Gebäudeabschlüsse – auf die makellos weißen Bauten aus. Dasselbe gilt für die Fotografien der Stuttgarter Reihenhäuser von Otto Lossen (1875–1938), der ab 1920 als Architekturfotograf tätig war. Zwei dieser Aufnahmen, die Straßen- und die Gartenfront von Ouds Häusern (Abb. 312), wurden auch als Ansichtskarten verbreitet.[93] Mit der gezielten Verbreitung ausgewählter Aufnahmen versuchte Oud ein ganz bestimmtes Bild seiner Bauten – und damit der Moderne – zu fixieren, das sich in einer dynamisch-monumentalen Erscheinung, einer konsequent modernen Formensprache und in modernen Materialien (Beton, Eisen, Glas) ausdrückte. Aufgrund der Wiederholung einzelner Bauten kam bereits 1936 ein Autor von »De Maasbode« zu dem Urteil: »Der übergroße Teil seines Werkes ist überbekannt …«[94]. In Wirklichkeit handelt es sich jedoch nur um einen Teil seiner Arbeiten, während andere selten publiziert wurden. Unveröffentlicht blieben zu Ouds Lebzeiten unter anderem die Entwürfe der Ambachtsschool Helder*, des Centralbouw*, des Wohnhauses mit Büroräumen* und des Dreifamilienhauses in Brünn*, der Stadterweiterungsplan Oud-Mathenesse*, der erste Entwurf für Haus Kallenbach* und alle Entwürfe für die Rotterdamer Volkshochschule*. Daß alle Entwürfe unausgeführt blieben, wird weniger entscheidend gewesen sein als eine befürchtete schlechte Kritik. So zeigen gerade die Entwürfe für die Volkshochschule und das Dreifamilienhaus in Brünn ein verstärktes Aufgreifen fremder Stilformen und Motive. Im Fall des Entwurfs für das Hotel Stiassny*, den Oud in sein »Bauhausbuch« aufnehmen wollte[95] und der 1927 in »Wasmuths Monatsheften für Baukunst« erschien, gab möglicherweise die Entscheidung für ein Konkurrenzprojekt den Ausschlag, auf weitere Publikationen zu verzichten. Eventuell war dies auch der Grund, weshalb Oud einige Arbeiten nur ungern publizierte, so zum Beispiel den Börsen-Entwurf* einschließlich des Plans zur Neugestaltung der Rotterdamer Innenstadt. Auch die Wohnzeilen für Blijdorp* wurden nur selten abgebildet, wozu die mehr oder weniger erzwungene Kündigung beim *Woningdienst* ihren Teil beigetragen haben mag. Einzelne Ansichten seiner Bauten hat Oud offenbar bewußt zurückgehalten. Dies gilt vor allem für die Fassaden an den Wohnstraßen der Tusschendijkener Blöcke* (Abb. 206), die durch ihr Schrägdach konventioneller wirken als die flach abschließenden und um ein Geschoß höheren Fassaden an den Verkehrsstraßen. Nur auf einer einzigen Fotografie sind die Schrägdächer im Ansatz zu erkennen, während zahlreiche Fotografien, darunter das zentrale Bild auf dem Umschlag von Ouds »Bauhausbuch«[96] – die Reihe der »modernen« Straßenfronten zeigen (vgl. Abb. 200). Auch der Kontext der jeweiligen Publikation ist aufschlußreich. So nahm Oud seine Siedlung Oud-Mathenesse*, die aufgrund der Vorgabe der Gemeinde Schrägdächer aufwies, nicht in sein »Bauhausbuch« auf.[97]

Die zurückgehaltenen Arbeiten wurden erst durch Stamm und Hans Oud bekannt gemacht. Die von J. J. P. Oud vorgegebene Gewichtung spiegelt sich jedoch noch heute im Dokumentationsgrad der Bauten. Über die Entwürfe der Volkshochschule*, des Hotel Stiassny* und des Dreifamilienhauses in Brünn* existieren nur wenig Informationen; auch die Pläne für die Stadterweiterung Oud-Mathenesse*, die Neugestaltung der Rotterdamer Innenstadt (Börsen-Entwurf*) und das Kirchengebäude* samt Küsterhaus* waren lange Zeit kaum bekannt. Erstmals publiziert werden hier die Grundrisse des Dreifamilienhauses*, die Variante des Kirchengebäudes* und die Vorentwürfe der Küsterwohnung*.

Ouds Arbeiten wurden seit jeher sehr unterschiedlich bewertet, und nur wenige Bauten stießen auf einstimmig positive Resonanz. Das Frühwerk gilt gemeinhin als wenig homogen und weitgehend konventionell. Ein Interesse bei der Fachwelt weckte erstmals der 1917 abgeschlossene Umbau der Villa Allegonda*, der Adolf Behne 1920 zu einem Abstecher nach Katwijk aan Zee veranlaßt hatte.[98] Das in zeitgenössischen Fachkreisen hochgeschätzte Gebäude wird auch heute noch als ein Vorläufer der modernen, reduzierten Bauweise der 1920er Jahre gesehen.[99] Eine der bekanntesten Arbeiten von Oud ist wohl der Entwurf der Häuserzeile an einem Strandboulevard* (1917), den Hitchcock über alles stellte, was Le Corbusier bis dahin geschaffen hatte.[100] Bis heute wird er sowohl als Initialbau der Moderne als auch der »De Stijl-Architektur« gedeutet. Das gleichzeitig entworfene Ferienhaus De Vonk* gilt dagegen seit jeher als konservativ.[101] Auch der im folgenden Jahr entstandene Entwurf für ein Doppelhaus für Arbeiter in Beton* konnte bislang keine positive Reaktion hervorrufen. Bereits Hitchcock nannte es »dull and ugly«, und noch 1996 und 1999 sah Donald Langmead in ihm nicht mehr als ein »stocky, charmless building«[102]. Ouds Fabrik-Entwurf*, die Bauleitungshütte* und das Café de Unie* wurden und werden in der Fachwelt dagegen als zentrale Beispiele der »De Stijl-Architektur« gefeiert. Während die Rotterdamer die Café-Fassade zunächst als Schandfleck der Stadt empfanden, bildet die (an anderer Stelle) rekonstruierte Fassung heute eine architektonische Sehenswürdigkeit. Block VIII* und IX* in Spangen sowie die Wohnblöcke in Tusschendijken* wurden aufgrund ihrer Strenge und Reduktion von den Zeitgenossen – mit Ausnahme der Innenhöfe – verurteilt. So nennt Jan Gratama sie »abschreckend durch ihre tödliche Eintönigkeit«[103], Gijsbert Friedhof etwas milder »beinah beängstigend durch ihre Askese«[104], während Walter Curt Behrendt eine »abstoßende Kälte« konstatierte: »… in such buildings as the large apartment blocks for workmen, erected in a suburb of Rotterdam, he even surpassed the master in puritanism [H. P. Berlage: EvE]. The plain blocks, built in brick, present an exterior of an almost repellent coldness and austerity.«[105] Auch in jüngerer Zeit fiel die Bewertung der Blöcke – falls sie überhaupt Erwähnung fanden – negativ aus. Ben Rebel sieht in ihnen die am wenigsten gelungenen Bauten Ouds, und Langmead spricht ihnen eine größere künstlerische Innovation ab.[106] Im Gegensatz hierzu war die farbenfrohe Siedlung Oud-Mathenesse* unter den Rotterdamern von Anfang an sehr beliebt. In der Fachwelt wurde sie jedoch bald zu einer Vorstufe der zeitlich folgenden »weißen Wohnbauten« degradiert, die selbst wenig bemerkenswert schien: »… there was little out of ordinary in the Witte Dorp of 1922–23.«[107] Mit den Häuserzeilen in Hoek van Holland* schien Ouds Entwicklung zum Architekt der Moderne den Höhepunkt erreicht zu haben. Bereits Philip Johnson stellte sie auf eine Stufe mit dem Parthenon[108], und bis heute hat sich an der grundsätzlichen Wertschätzung dieser Bauten aus Sicht der Architekturhistoriker nichts geändert. Auch die Reihenhäuser der Stuttgarter Weißenhofsiedlung* wurden und werden (mit Ausnahme der konservativen Kreise der 1920er und 1930er Jahre) hoch gelobt. Das Börsenprojekt* fand bei der internationalen Fachwelt – im Gegensatz zu den konservativen Rotterdamer Architekten – begeisterte Aufnahme, bleibt in der heutigen Architekturgeschichte jedoch weitgehend unbeachtet. Die Kirche* in Kiefhoek erntete von den »Propheten der Moderne« wie Hitchcock und Johnson höchste Anerkennung, »une des plus belles compositions de l'architecture moderne«, traf aufgrund der Verbindung von Sakralbau und radikal moderner Formensprache jedoch auch auf Kritik: Henri Polak sprach 1932 von einer »pilledoos« (Pillendose) und einem »mislukte bloembollenschuur« (mißratenen Blumenzwiebelschuppen), während H. P. Berlage den Mangel an Gefühl und Religiosität konstatierte.[109] Auch dieser Bau ist heute den wenigsten Architekturhistorikern bekannt. Die Villa Johnson* wurde auf der 1932 präsentierten New Yorker Ausstellung »Modern Architecture – international exhibition« zusammen mit Mies van der Rohes Haus Tugendhat in Brünn (1929–30) und Le Corbusiers Villa Savoye in Poissy (1929–31) gefeiert und geriet dann ebenfalls in Vergessenheit. Eine ganze Reihe der selten publizierten Entwürfe Ouds fand bis heute kaum eine nennenswerte Beurteilung. Erst in jüngster Zeit äußerte sich Langmead in eindeutiger Weise zu den Häuserzeilen in Blijdorp*: »The characterless barracks-like medium rise buildings, happily never executed …«[110].

5. Erhaltungszustand und denkmalpflegerische Fragen

Die selektive Würdigung seines Werkes spiegelt sich auch im Erhaltungszustand der Gebäude.[111] Während die wenigen international berühmten Bauten der 1920er Jahre (wenn auch zum Teil stark verändert) erhalten sind, wurde den unbekannteren, manchmal sogar gleichzeitig entstandenen Arbeiten wenig Interesse entgegengebracht. Von den hier untersuchten Bauten der Jahre 1916 bis 1931 haben nur wenige ihr ursprüngliches Erscheinungsbild bewahrt. Hierzu zählen Haus de Geus*, das jedoch in jüngster Zeit einige Veränderungen erfahren hat (Abb. 121), und das Ferienhaus De Vonk* (Abb. 137). Dort gelang es, trotz Anbauten aus den 1980er und 1990er Jahren, das ursprüngliche Erscheinungsbild weitgehend zu erhalten.[112] Die fünf Reihenhäuser der Weißenhofsiedlung* wurden Anfang der 1980er Jahre im Rahmen einer aufwendigen Sanierung der gesamten Weißenhofsiedlung instandgesetzt (Abb. 40). Hermann Nägele hat als Projektleiter die Maßnahmen in einer umfangreichen Veröffentlichung dokumentiert.[113] Als frühes Beispiel einer kosten- und zeitintensiven Sanierung Moderner Architektur der 1920er Jahre wurden sie zum Vorbild für weitere Projekte dieser Art. Hans Oud, der zu dieser Zeit an der Dissertation über seinen Vater arbeitete, reiste eigens nach Stuttgart, um sich dort über die Sanierung zu informieren.[114]

Im 2. Weltkrieg wurden sowohl das Café de Unie* am Calandplein als auch die in der Nähe des Hafens gelegenen Wohnblöcke in Tusschendijken* (Abb. 211) zerstört. Ein zur Hälfte erhaltener Block konnte 1948–50 durch eine modernisierte Ergänzung erhalten werden und vermittelt so zumindest ein vages Bild der ursprünglichen Gebäude (Abb. 201). Die übrigen Bauten von Oud hatten, da sie als Wohnkomplexe der ärmeren Bevölkerungsschicht außerhalb des Stadtzentrums lagen, die verheerenden Bombardements überstanden. Dennoch ist keines der Gebäude im ursprünglichen Zustand erhalten.[115] Die Wohnblöcke I und V* in Spangen sind nach zahlreichen, bereits in den 1960er Jahren begonnenen Umbauten heute kaum noch wiederzuerkennen: Die Straßenfassaden wurden nach vorne gezogen, ein weiteres Geschoß aufgesetzt, größere Fenster in die Wände gebrochen, Balkone angefügt und Türöffnungen geschlossen (Abb. 156, 157). Die Straßenfassade von Block VIII* erhielt einen hellen Verputz (Abb. 191), der das ursprüngliche Erscheinungsbild (Sichtbackstein) maßgeblich veränderte.[116] Auch die Kirche* in Kiefhoek hatte kurz nach dem 2. Weltkrieg eine veränderte Farbgebung erhalten. Oud, der alle Hebel in Bewegung setzte, um die ursprüngliche Gestalt zu konservieren, konnte durch ein Gerichtsverfahren die Neufassung des Gebäudes sowie seine Mitbestimmung bei anstehenden Umbauten erwirken. Während der Außenbau das ursprüngliche Aussehen weitgehend bewahrt, wurde der Innenraum nach Ouds Tod mehrfach umgebaut und zuletzt in den 1990er Jahren verändert (Abb. 338).

Bedauerlich ist auch das Schicksal der Villa Allegonda* in Katwijk aan Zee, die als eines der wenigen Gebäude der Küstenstraße den Bau des Atlantikwalls (Abb. 347) überstanden hatte. Nach zahlreichen Umbauten in ein Mittelklasse-Hotel (Abb. 348) ist von der Bausubstanz der 1920er und 1930er Jahre nicht mehr viel zu erkennen. 1957, als der erste eingreifende Umbau bevorstand, hatte Oud auch dort seine unentgeltliche Mitarbeit angeboten. Seine Bemühungen blieben jedoch erfolglos, ebenso der Einsatz von H. L. C. Jaffé, Autor der ersten wissenschaftlichen Publikation zu De Stijl und stellvertretender Direktor der Gemeindemuseen Amsterdam. Inzwischen ist das Gebäude als Denkmal der Gemeinde Katwijk aan Zee vor weiteren Eingriffen geschützt. Eine Ausweisung als Rijksmonument wäre abgesehen von der künstlerischen Bedeutung des frühen De Stijl-Baus auch aus historischen und städtebaulichen Gründen wünschenswert.[117]

Anders als bei den hier genannten, von der Öffentlichkeit kritiklos aufgenommenen Umbauten stieß der Abriß der Siedlung Oud-Mathenesse* (»Witte Dorp«) auf heftigen Protest (vgl. 69, 29, 232). Allerdings beschränkte sich dieser lange Zeit auf die Initiative des Bielefelder Professors Roland Günter, der unter anderem eine Unterschriftenaktion in Gang setzte.[118] Reaktionen von Seiten der Stadt Rotterdam blieben – trotz ausführlicher Presseberichte – aus: »Der Abrißbeschluß … hat die Gemüter nicht besonders bewegt.«[119] Der Sprecher der Rotterdamse Kunststichting bemerkte: »Wir haben wohl darüber gesprochen, aber der Beschluß ist nun einmal gefallen, mit Zustimmung der Bewohner. Von anderen Aktionen zur Erhaltung des Dorfes als Denkmal ist hier nichts bekannt.«[120] Das Hauptproblem bestand in dem maroden Bauzustand der für eine Dauer von 25 Jahren errichteten Siedlung, die neben entsprechenden Altersschäden auch durch eine mißglückte Renovierung im Jahr 1977 stark beeinträchtigt war. Trotz des anfänglichen Widerstandes der Bewohner, der jedoch in einer Bürgerinitiative mit dem (irreführenden) Namen »Witte Dorp Forever« aufgefangen wurde[121], sowie des Einsatzes in- und ausländischer Kunsthistoriker beschloß die Stadt 1985 den Abriß. Der in letzter Minute unternommene Versuch einer Unterschutzstellung durch die Denkmalbehörde, die zuvor nicht über die Abrißpläne informiert worden war, erwies sich als erfolglos.[122] Ausschlaggebend waren allein finanzielle Faktoren: Sowohl eine grundlegende Restaurierung als auch eine von Günter vorgeschlagene Rekonstruktion der Bauten hätten die Stadt mehr gekostet als der Abriß und der anschließende Neubau der Siedlung.[123] Selbst Annie Oud-Dinaux, die Witwe von J. J. P. Oud, zeigte keinen Widerstand, sondern erklärte, ihr Mann wäre mit dieser Lösung einverstanden gewesen.[124] Gerade Rotterdam, eine Stadt, die durch Kriegszerstörung bereits so viele Verluste hatte hinnehmen müssen und die sich letztendlich über die international herausragende Qualität ihrer modernen Bauten identifiziert, gab damit eines ihrer bedeutendsten Kunstwerke der Zerstörung preis. In der »Frankfurter Allgemeinen Zeitung«, die sich wie fast alle großen deutschsprachigen Zeitungen zum Fall »Witte Dorp« äußerten, bekannte Günter: »Eigentlich hätte man denken müssen, daß das ›Weiße Dorf‹ so unantastbar sei wie in seinem östlichen Nachbarland der Kölner Dom.«[125] Die an Stelle des »Witte Dorp« entstandenen Wohnbauten von Paul de Ley (Abb. 235) machen mit ihrer gleichförmigen Zeilenarchitektur den Verlust noch stärker fühlbar.

Die internationale Fachwelt reagierte bestürzt über den Abriß.[126] Unverständlich schien, wie eine Stadt mit einer Universität, der Kunststiftung und – in naher Zukunft – des Niederländischen Architekturinstituts zu dieser Entscheidung hatte kommen können. Franziska Bollerey und Kristiana Hartmann beklagten vor allem die Tatenlosigkeit der Rotterdamer Architekten[127], während Umberto Barbieri auf den Widerspruch zwischen dem Abriß der Siedlung und der Verlegung des Architekturinstituts nach Rotterdam verwies: »Una patetica contraddizione è la notizia, contemporanea alla decisione della demolizione del Witte Dorp, della costituzione di un Museo dell'Architettura Olandese in cui l'archivio di J. J. P. Oud giocca un ruolo determinante.«[128] Auch die »Bauwelt« hob hervor, daß sich Rotterdam auf diese Weise sein wichtigstes Bauerbe zerstöre: »Dieses Museum [NAi: EvE] wurde nämlich der Konkurrenz Amsterdam mit der Begründung abgerungen, in Rotterdam gäbe es so viele originale Bauten der klassischen Moderne.«[129] Das in den 1970er Jahren stark zunehmende Interesse am Erhalt historischer Siedlungen kam beim »Witte Dorp« nicht zum Tragen. Peter Karstkarel kritisierte die in seinem Land (selbst unter Fachleuten) vorherrschende Meinung, daß bei entsprechender Dokumentation Moderner Architektur einem Abriß nichts entgegenstehe.[130] Entsprechend gingen die Ergebnisse der vor dem Abriß des Witte Dorp durchgeführten Untersuchung in eine von Bernard Colenbrander redigierte Publikation ein, während die Zerstörung selbst ad acta gelegt wurde.[131]

Mit Ouds »Witte Dorp« ist der Verlust eines der frühesten und bedeutendsten Werke der Moderne zu beklagen, eine Schöpfung, die Henry-Russell Hitchcock 1932 als »an architecture that Vermeer might have painted«[132] charakterisiert hatte. Die streng symmetrische, auf dreieckigem Grundriß errichtete Anlage war mehr als ein moderner Wohnkomplex: Oud hatte sein Witte Dorp als Teil einer Idealstadt realisiert und damit der Bauaufgabe Arbeitersiedlung einen neuen Stellenwert verliehen. Von der Forschung bis heute unerkannt, wurde die Einzigartigkeit der Anlage bei der Frage nach Restaurierung, Rekonstruktion oder Abriß nicht als Kriterium herangezogen. Schließlich steht das »Witte Dorp« auch für eine »andere Moderne«, die von der kanonischen Geschichtsschreibung gerne ausgeblendet wird: Mit ihrem dorfähnlichen Charakter und der Verwendung von Schrägdächern nimmt Ouds Siedlung eine Stellung zwischen »klassischer Moderne« und traditioneller Gartenstadt ein. Auch die Forschung hat zu lange das Bild eines radikalen Erneuerers vermittelt, ohne diese für Oud charakteristische Seite zu erkennen und zu würdigen. Vor diesem Hintergrund erstaunt es nicht, daß als Argument zum Abriß des »Witte Dorp« der Erhalt der Siedlung Kiefhoek*, eines der bedeutendsten Werke des »International Style« angeführt wurde. So schrieb P. O. Vermeulen, zuständiger Referent für Stadterneuerung und Wohnungsbau: »Nach Ersetzung [sic] von ›Het Witte Dorp‹ wird Rotterdam nach wie vor einen Wohnkomplex besitzen, der von Oud erbaut ist. Wir hoffen, dass der Komplex ›De Kiefhoek‹ noch viele Jahre eine Wohnfunktion erfüllen kann und noch lange Zeit Architekturbesucher aus dem In- und Ausland durch seine Formgestaltung ansprechen wird.«[133]

Ein kurz nach dem Abriß von Günter angeregtes und vom Universitäts- und Stadtplanungsamt Dortmund unterstütztes Projekt an der Universität Dortmund zur Rekonstruktion des »Witte Dorp« kam nicht zu Stande.[134] Die Meinungen über einen Neubau der Siedlung in Deutschland waren erwartungsgemäß kontrovers.[135] Ein weiterer Versuch zur Rekonstruktion der Siedlung am Olgapark in Oberhausen scheiterte 2003.[136]

Gleichzeitig mit dem Abriß der Siedlung Oud-Mathenesse wurde eine andere Arbeit von Oud, die durch deutsche Bombenangriffe im Mai 1940 zerstörte Fassade des Café de Unie*, für zwei Millionen Gulden rekonstruiert (Abb. 33). Das im direkten zeitlichen Anschluß an die Siedlung Oud-Mathenesse ausgeführte Gebäude hatte als Musterbeispiel der »De Stijl-Architektur« internationale Bekanntheit erlangt. Die 1978 erstmals ins Gespräch gebrachte Rekonstruktion war bei der Denkmalpflege zunächst auf Kritik gestoßen: Neben der fragwürdigen Rekonstruktion eines Bauwerkes nach fast 40 Jahren war gerade das Café de Unie von Anfang an als temporäres Gebäude errichtet worden. Auf Privatinitiative wurde schließlich 1985/86 die Café-Fassade an anderer Stelle neu erbaut. Das Gebäude selbst folgt nicht dem ursprünglichen Entwurf: Abgesehen von zwei zusätzlichen Geschossen, die vier Meter hinter der Fassade ansetzen, nimmt es neben Café und Restaurant auch einen Versammlungssaal und Büroräume auf. Seit der Eröffnung ist die Fassade das Markenzeichen der dort ansässigen Kunststichting und des neuen Café de Unie.

Wenige Jahre nach der Rekonstruktion der Café-Fassade wurde auch Ouds Bauleitungshütte* rekonstruiert. Der nur für die Bauausführung der Siedlung Oud-Mathenesse vorgesehene Bau war bereits 1938 abgerissen worden. Mitte der 1980er Jahre sollte die Bauleitungshütte zunächst als Kiosk auf der Westblaak, eine der großen innerstädtischen Verkehrsstraßen Rotterdams, errichtet werden.[137] Statt dessen wurde sie 1992 aus Anlaß des 200-jährigen Bestehens von Sikkens-Farben auf dem Gelände der AKZO in Sassenheim (Dokumentationszentrum für Farbe und Architektur der Sikkens Foundation) durch Wytze Patijn rekonstruiert. Als Büroraum eines Werkangestellten und Werbeobjekt für Sikkens steht der Bau auf dem Werksgelände unmittelbar an der Schnellstraße zwischen Leiden und Haarlem.[138] Ein Jahr später entstand eine zweite Rekonstruktion der Bauleitungshütte – ein Geschenk von Sikkens – neben dem wenige Jahre zuvor abgerissenen und inzwischen »ersetzten« »Witte Dorp« (Abb. 30). Wie in Ouds Siedlung steht die Bauleitungshütte in der zentralen Achse der Wohnanlage. Während sie ursprünglich von den umliegenden Häusern verdeckt war, ist sie nun jedoch gut sichtbar am Rande der Siedlung neben dem vielbefahrenen Schiedamseweg und in unmittelbarer Nähe zum Marconiplein plaziert (vgl. Abb. 235). Die Hütte dient als Ausstellungsraum über Oud und das »Witte Dorp«. Interesse an weiteren Rekonstruktionen der Bauleitungshütte wurde von der Stadt Almere sowie aus Amerika geäußert[139]: Ouds temporäre Bauleitungshütte hatte sich 70 Jahre nach ihrer Entstehung in eine Pop-Ikone der »De Stijl-Architektur« verwandelt.

Ähnlich der Siedlung Oud-Mathenesse* zwangen auch in Kiefhoek* der Bauzustand und der geringe Wohnkomfort zum Handeln. Im Gegensatz zum »Witte Dorp« war die seit den CIAM II als Inkunabel der Moderne Architektur gefeierte Siedlung jedoch als *Rijksmonument* (Staatliches Denkmal)[140] ausgewiesen. 1985 erfolgte eine erste Instandsetzung der knapp 300 Wohnhäuser. Mit Zustimmung der Denkmalpflege wurden unter anderem die Holzfenster durch Kunststofffenster ersetzt, die das ursprüngliche Fassadenbild stark beeinträchtigten. Massive bautechnische Probleme machten weitere Eingriffe notwendig. Als Teil des Stadterneuerungsgebietes Bloemhof unterlag die Sanierung den Entscheidungen einer Projektgruppe, die ihrerseits ein Planungsteam, bestehend aus Vertretern der Bewohnerorganisation, der kommunalen Einrichtungen und des *Gemeentelijke Woningbedrijf*, benannte. Als Architekt wurde Wytze Patijn gewählt, der auch die Bauleitungshütte* rekonstruieren sollte.[141] Eine Untersuchung der acht im ursprünglichen Zustand erhaltenen Häuser am Hendrik-Idoplein lieferte wertvolle Informationen, die in eine Publikation unter Redaktion von Sjoerd Cusveller eingingen.[142] Aufgrund massiver Fundierungsprobleme, die nur durch ein (bisher fehlendes) Pfahlfundament zu beheben waren, fiel die Entscheidung für einen Neubau der Siedlung. Ziel war der Erhalt der städtebaulichen Struktur und des überlieferten Fassadenbildes, während der Verlust der originalen Bausubstanz hingenommen wurde: »Die Verwendung einer Außendämmung und der Ersatz von Bausubstanz wurde seinerzeit für Kiefhoek als akzeptabel erachtet, da nicht so sehr die Historizität, sondern gerade die Reinheit der ursprünglichen konzeptuellen Herangehensweise zählte. Einen Materialschutz haben wir also in Kiefhoek nur angestrebt, wenn dieser parallel lief mit dem Erhalt von Formmaß ›vormafmetingen‹ und Textur. Die Begründung bei diesem Verfahren war, daß bei einem jungen Denkmal die Authentizität und Reinheit des Formkonzeptes gegenüber der Ablesbarkeit von Geschichte und Alterungsprozessen überwiegen muß. Als Beispiel dafür kann die jüngst erfolgte Rekonstruktion des Barcelona-Pavillons von Mies van der Rohe gelten. Niemand hat da nach der Ursprünglichkeit der Bausubstanz gefragt und niemand wird das Gefühl haben, daß es sich hier allein um eine Replik handelt, da es gerade um die Authentizität des Formkonzeptes geht.«[143] Eine Rekonstruktion der ursprünglichen Grundrisse wurde mit Blick auf den gewünschten Wohnkomfort und die Gefahr einer einseitigen Mieterklientel (ausschließlich kinderlose Singles) abgelehnt. An Stelle der einheitlichen Hausgrundrisse sollten unterschiedlich große Wohnungstypen (2-, 3- und 5-Zimmerwohnungen) für eine gemischte Bewohnerstruktur entstehen, die das »Bild des ursprünglichen Entwurfs« nicht antasten durften.[144] Charakteristische Elemente, wie der Windfang und die Wendeltreppe, wurden als gelungene Einzellösungen in die neuen Wohnungen (allerdings in veränderter Größe) integriert. Im Fall der »überflüssig« gewordenen Haustüren entschied man sich entgegen der zunächst geplanten Schließung der Türöffnungen für Fenstertüren[145], ein Kompromiß der die ursprüngliche Fassadenstruktur erhalten, die neue Nutzung jedoch sichtbar machen soll. Die Kosten der seit Oktober 1989 durchgeführten Arbeiten beliefen sich auf 95 Millionen Gulden. Die ersten acht Wohnhäuser am Hendrik-Idoplein, die als Versuchsbauten für die verschiedenen Wohnungstypen dienten, waren im Juli 1990 fertig gestellt, die übrigen folgten bis 1995 (Abb. 35, 37, 263).

Der in Kiefhoek angestrebte Erhalt der Straßenfassaden im Sinne eines »Architekturbildes«, ist ein international häufig angewandtes Verfahren, um den veränderten Anforderungen an ein historisches Gebäude oder eine Baugruppe gerecht zu werden.[146] Eine Dokumentation der originalen Bausubstanz soll dem Interesse der Forschung Genüge leisten. In Kiefhoek wurde darüber hinaus eine Museumswohnung eingerichtet (Abb. 36), die mit einer weitgehend originalen bzw. nach originalem Vorbild rekonstruierten Ausstattung einen guten Eindruck der ursprünglichen Innenräume (Grundriß, Möblierung und Farbigkeit) vermittelt.[147] Daß die Siedlung Kiefhoek* unter großem finanziellen Aufwand neu aufgebaut, die Siedlung Oud-Mathenesse* jedoch abgerissen wurde, lag nicht zuletzt auch an der unterschiedlichen kunsthistorischen Wertschätzung der beiden Anlagen. Während das Witte Dorp mit seinen kleinen Häuschen und roten Schrägdächern für den Betrachter der 1980er Jahre konventionell bis rückständig wirken mochte, galt Kiefhoek mit seinen langen, flachgedeckten Häuserzeilen, den Fensterbändern und den dynamisch gerundeten Eckläden seit jeher als Meilenstein des »Neuen Bauens«. Die denkmalgeschützte Siedlung hatte somit ungleich günstigere Voraussetzungen als die weniger prominenten und scheinbar konventionelleren Wohnbauten von Oud, darunter auch Block IX* in Spangen.

Im September 1993, und damit während der Rekonstruktion der Siedlung Kiefhoek, wurde der Anfang der 1920er Jahre errichtete viergeschossige Wohnblock abgerissen (Abb. 195).[148] Kritik am Vorgehen der Gemeinde und eine Veranstaltung der Rotterdamer Kunststiftung, die im Frühjahr 1991 unter dem Titel »Die Abriß-Architekturpolitik in Rotterdam« (»Het slopende architectuurbeleid in Rotterdam«) abgehalten wurde, hatte nicht zum Einlenken der Entscheidungsträger geführt.[149] Block IX war der erste vollständig von Oud ausgeführte Wohnblock und sein bis dato größter Bauauftrag. Entscheidender ist jedoch, daß dort – erstmals in der Geschichte der Modernen Architektur – der Prototyp eines mehrgeschossigen Wohnblockes entstanden war, der in beliebiger Zahl und an beliebiger Stelle zum Einsatz kommen sollte. In der Tat konnte Oud kurz nach Vollendung von Block IX mit seinen (später im Krieg zerstörten) Wohnblöcken in Tusschendijken* eine geringfügig veränderte Fassung dieses Typs in fünffacher Ausführung realisieren. Die Bedeutung dieses Gebäudes für den Massenwohnungsbau des 20. Jahrhunderts wurde von der Forschung bislang nicht wahrgenommen. Auch die zum Hof gerichteten Wohnräume mit ihren Balkonen und Loggien sowie die einheitliche Gestaltung des Innenhofs fanden wenig Beachtung. Die reduzierten Straßenfassaden in dem landestypischen Sichtbackstein zeigten – im Gegensatz zur Bauleitungshütte* und der Café-Fassade* – kein extravagantes Erscheinungsbild, und auch in der Geschichtsschreibung der Moderne nehmen sie keine herausgehobene Stellung ein. Mit dem Verzicht auf eine Dokumentation von Block IX ging schließlich die letzte Möglichkeit, nähere Informationen über die Ausstattung und die ursprüngliche Farbfassung der Bauten zu erhalten, verloren.

Der jüngste Fall betrifft Ouds Häuserzeilen in Hoek van Holland*, die seit den 1950er Jahren mehrere geringfügige Veränderungen erfahren hatten. Oud selbst bemühte sich zu seinem Tod um den Erhalt dieser Bauten, die er als sein »liebstes Werk« bezeichnete.[150] Eine erste Sanierung im Jahr 1983 schloß unter anderem die Erneuerung der Fenster und Türen ein (vgl. Abb. 250). Ouds Witwe, die alle Baumaßnahmen begleitet hatte, nahm an den Feierlichkeiten zum Abschluß der Arbeiten teil. Bereits im November 1982 waren die Häuserzeilen als »vorläufiges« Denkmal (*Rijksmonument*) ausgewiesen worden; am 18. November 1984 folgte die Aufnahme der Bauten in das Denkmalregister.[151]

Bautechnische Probleme machten weitere umfassende Sanierung notwendig. Unter Verweis auf die restaurierte Weißenhofsiedlung sprach sich die Gemeinde Rotterdam (*Welstandscollege*) für die Heranziehung eines geeigneten Architekten aus: »Rotterdam kann Ouds Werk nicht mit weniger Sorgfalt behandeln als es Stuttgart getan hat.«[152] Als im März 1993 Wytze Patijn in die Planung eintrat, gingen noch alle Beteiligten von einer Sanierung unter Beibehaltung der Grundrisse aus.[153] Auch die Bewohner waren gegen eine Zusammenfassung der kleinen preiswerten Wohnungen, wobei das Bewußtsein, in einem Gebäude des berühmten Architekten Oud zu leben, mit eine Rolle spielte.[154] Dennoch wünschte die Wohnungsbauvereinigung eine Prüfung der wohntechnischen Fragen, um auch eine spätere Vermietbarkeit der Wohnungen sicherzustellen. Im September 1995 schlug Patijn schließlich vor, die Wohnungen vertikal zu zweigeschossigen Maisonettes zusammenzufügen: »Die Qualität des Entwurfs liegt nicht so sehr in der Bedeutung des Grundrisses, sondern in der architektonisch-städtebaulichen Behandlung des Baublocks.«[155] Die Denkmalpflege wollte diese Konzeptänderung nur mit Vorbehalt akzeptieren und forderte, von jedem Wohnungstypus einen zu erhalten. Weitergehende Untersuchungen über die ursprünglichen Interieurs und die Farbfassung wurden als sinnvoll erachtet.[156] Laut Patijn, der seit 1995 das Amt des *Rijksbouwmeester* bekleidete[157], war dagegen so wenig Originalsubstanz erhalten, daß aus denkmalpflegerischer Sicht derartige Forderungen wenig stichhaltig seien. Auch zeigten die Wohnungen in Hoek van Holland keine charakteristischen Elemente, die ein entsprechendes Vorgehen legitimieren würden: »Anders als zum Beispiel die Normwohnung in Kiefhoek mit ihrer vernünftigen räumlichen Organisation und ihren kennzeichnenden Einrichtungselementen (Treppe, Meßkasten, Schiebefenster und dergleichen mehr) haben die Wohnungen des Projektes in Hoek van Holland einen viel gewöhnlicheren Ansatz, der eher sorgfältig … als besonders genannt werden kann.«[158] Wichtig sei daher nur, die Wohnungen gut zu dokumentieren, um die historischen Kenntnisse zu bewahren. Mit Blick auf das ursprüngliche Formkonzept, das bei Denkmalen der Moderne als »ethisch-philosophischer Ausgangspunkt«[159] gewertet wurde, galt eine Rekonstruktion der Straßenfront in modernen Materialien (Beton) als geeignetes Mittel.[160] Hierin bestand ein Unterschied zur Siedlung Kiefhoek*, wo zwar nicht die originale Bausubstanz, dafür jedoch die Verwendung der selben Materialien als wichtig erachtet wurde.[161]

Eine Wende brachte eine Planänderung mit unterschiedlich großen Wohnungsgrundrissen, die eine bereits erteilte denkmalrechtliche Genehmigung (November 1997) hinfällig machte. Unter Verweis auf die originale Bausubstanz (samt Teilen der Inneneinrichtung, Abb. 252) und den gleichzeitig fehlenden Kenntnissen über Materialgebrauch und Farbigkeit[162] verweigerte die Denkmalpflege im Oktober 1998 ihre Zustimmung. Ausgehend von der internationalen Bedeutung des Objektes wurde erneut eine Untersuchung der Bauten gefordert: »Dazu kommt, daß die Wohnungen von Kiefhoek inzwischen vollkommen rekonstruiert sind, während in Hoek van Holland die ursprüngliche Bausubstanz wie auch die ingeniös ausgeführten Differenzierung von ›Minimumwohnungen‹ innerhalb eines einheitlich gestalteten Baublocks noch größtenteils erhalten sind … Obwohl in diversen Wohnungen verschiedene Veränderungen durchgeführt wurden, sind hier und da noch bedeutende Elemente des ursprünglichen Innenraums bewahrt geblieben, die ein gutes Bild von Ouds Interieurkunst liefern … Außerdem betrachte ich es aus Sicht der Denkmalpflege als sinnvoll, wenn nicht notwendig, daß eine weitergehende Untersuchung des ursprünglichen Farbigkeit durchgeführt wird in diesem – letzten noch größtenteils in der ursprünglichen Baumasse bewahrt gebliebenen ›weißen‹ Wohnungsbaukomplex von Oud sowohl was den Außenbau als auch was den Innenraum angeht.«[163] Nach einer Besichtigung im November 1998 wurde eine Untersuchung der Bibliothek und von vier Wohnungen festgelegt. Angesichts des zur selben Zeit begonnenen Abrisses und der (nicht genehmigten) Umbauten wandten sich Marieke Kuipers und Mariël Polman (RDMZ) am 18. November mit einem Hilferuf an das *Bureau voor Monumenten* (Denkmalamt Rotterdam).[164] Im Dezember 1998 erhielt schließlich das Büro Camp & Kamphuizen den Auftrag für eine architekturhistorische Untersuchung, die im Mai 1999 vorlag.[165] Im Januar 1999 wurden zudem die verloren geglaubten Bauakten samt der Ausführungspläne im Gemeindearchiv Rotterdam aufgefunden. Eine parallel durchgeführte Farbuntersuchung durch die Staatliche Denkmalpflege konnte aufgrund der fortgeschrittenen Entkernung der Bauten leider nur noch wenige Informationen liefern.[166]

Es folgte der Abriß der Fassaden im Obergeschoß, die durch Betonelemente ersetzt wurden (Abb. 251). Die Straßenfront zeigt nun an Stelle der ehemals homogenen Fassadenoberfläche eine Abfolge verputzter Betonplatten mit Dehnungsfugen. Verloren ging jedoch auch eine in ihrer Zeit beispiellose Grundrißlösung, die durch den regelmäßigen Wechsel unterschiedlicher Wohnungstypen – »eine ingeniöse Verbindung von Zwei-, Drei- und Vierzimmerwohnungen«[167] –, ein Miteinander verschiedener Bewohnertypen förderte. Auf der andern Seite erhielt der Aussenbau mit den im Jahr 2000 abgeschlossenen Arbeiten seine ursprüngliche Farbfassung und damit eines seiner bestimmenden Merkmale zurück. Leider werden drei der insgesamt vier Läden heute als Wohnungen (mit geschlossenen Brüstungen im Schaufensterbereich) genutzt, die zudem – entgegen dem ursprünglichen Erscheinungsbild – von privaten Gärten umgeben sind (Abb. 32).

1925 äußerte das Gemeinderatsmitglied De Korver die Befürchtung, daß ausländische Besucher Ouds Wohnzeilen in Hoek van Holland als untypisch für Holland und unpassend für die ländliche Umgebung empfinden würden: »Nun kommt hier ein Amerikaner oder Engländer her, der meint, etwas typisch Holländisches zu sehen und dann steht er vor einem lang ausgestreckten Lagerhaus ohne Dach.«[168] De Korvers Befürchtung war unberechtigt: Seit Jahrzehnten gelten Ouds Bauten als Musterbeispiel der niederländischen Moderne und locken Architekturinteressierte aus aller Welt in den kleinen Ort im »Winkel von Holland«. Seit kurzem weist auch eine Tafel[169] auf das aufsehenerregende Projekt hin, das bis heute einen Eindruck von Ouds Architektur vermitteln kann.

Anmerkungen

1. Stamm 1984; Hans Oud 1984.
2. Taverne 2001.
3. »Was J. J. P. Oud a great architect? Or even an interesting one? The exhibition at the NAi and the accompanying 576-page publication ... may fail to convince one (and indeed may not themselves be convinced) of the Dutchman's architectural genius.«: Raymund Ryan, Oud reassessed – the architect J. J. P. Oud, in: The Architectural Review, Bd. 210, Juli 2001, Nr. 1253, S. 20.
4. So auch – trotz der geographischen Nähe zu den Bauten in Rotterdam und Hoek van Holland – in der Ausstellung des NAi und im Rotterdamer Katalog: Taverne 2001. Die fehlenden Hinweise auf den aktuellen Bauzustand wurden auch in der Ausstellungsbesprechung der »Bauwelt« bedauert: Bernhard Schulz, J. J. P. Oud – Philip Johnson, in: Bauwelt, 23, 2001, S. 4.
5. Langmead 1999, S. 12; Langmead 2000, S. 303.
6. Stamm 1984.
7. Hans Oud 1984.
8. Stock 1990, S. 20. Vgl. Wim van Heuvel, Honderdste geboortedag van architect J. J. P. Oud vergeten, in: Cobouw, 7.2.1990. Die »Baukultur« gab aus Anlaß von Ouds 100. Geburtstag ein Themenheft heraus: Baukultur, 3, 1990. Vgl. De Bruyn 1990.
9. Broekhuizen 2000, mit englischer und französischer Zusammenfassung, S. 367–372; 373–379.
10. Kijkduin, Duinlaan 111 (nicht erhalten); Hillegersberg, Villeneufsingel 29: Hans Oud 1984, S. 238.
11. Wassenaar, Doormanlaan 43: Hans Oud 1984, S. 239.
12. Taverne 2001, S. 333. Als Todesdatum wird dort der 4.4.1963 genannt.
13. Vgl. zuletzt Taverne 2001, S. 191.
14. Stamm 1978, S. 25; Stamm 1984, S. 36.
15. »It was in some sense a break with his friends the theoreticians when he began to work for the City of Rotterdam and was forced to devote himself primarily to technical matters.«: Hitchcock 1929, S. 178. Vgl. Hitchcock 1931, o. S.; Ozinga 1932, S. 95; Polano 1977, S. 44; Posener 1979, S. 23.
16. Stamm 1984, S. 60. Vgl. De Gruyter 1931, S. 179; Ozinga 1932, S. 179; Searing 1982, S. 334; Troy 1982, S. 189; Magdelijns 1983, Nr. 21, S. 28; Rusitschka 1995, S. 184. Laut Steven Jacobs befürchtete Oud Konzessionen und wandte sich deshalb von De Stijl ab: Jacobs 1990/91, S. 124.
17. »Die Entwürfe heben sich auch etwas frivol von seiner strengen Suche nach der Wohnung (Grundriß) ab.« Übers. EvE: Vollard/Groenendijk 1982, S. 2.
18. Hierauf wies erstmals Ernst van der Hoeven: »Fast gleichzeitig mit seinem Antritt als Architekt beim Gemeentelijke Woningdienst kam Oud mit der niederländischen künstlerischen Avantgarde des Neoplastizismus in Berührung ...«. Übers. EvE: Van der Hoeven 1994, S. 36. Vgl. Taverne 2001, S. 191. Dort wird die Zusammenarbeit mit Van Doesburg bei den Spangener Wohnblöcken jedoch nicht im Kapitel »De Stijl: Van Doesburg und Mondriaan« (Formative years) behandelt, sondern in »Material und Farbe« (Pionier der ›neuen Architectur‹).
19. In den Niederlanden wurde das Gebäude allgemein gewürdigt: Magdelijns 1983, Nr. 21, S. 27f.; Hans Oud 1984, S. 138; Taverne/Broekhuizen 1995, S. 121. Die »Deutsche Zeitung in den Niederlanden« lobte 1941 Ouds Shell-Gebäude als ein imposantes repräsentatives Bürohaus: Architekten stellen aus. Eine aufschlußreiche Schau im Museum Boymans, in: Deutsche Zeitung in den Niederlanden vom 4.6.1941.
20. Brief von Philip Johnson an Oud vom 25.11.1946: nach Hans Oud 1984, S. 138.
21. Vgl. Taverne 1993; Taverne/Broekhuizen 1995. Vor allem in Amerika bekam das Shell-Gebäude ab 1942 negative Kritiken: Taverne/Broekhuizen 1995, S. 139; Langmead 1999, S. 1.
22. De Gruyter 1951a, S. 181.
23. Hans Oud 1984, S. 138.
24. Van den Broek 1963, S. 286.
25. Taverne/Broekhuizen 1995, S. 9, 153, 155.
26. Bei der Frage nach einem »Neo-De Stijl« werden Ouds Bauten der Vorkriegszeit generell als De Stijl-Architektur gedeutet: Taverne 1993; Taverne/Broekhuizen 1995. Vgl. die Dissertation von Sonja Rusitschka über Gerrit Rietvelds Nachkriegsvillen im Kontext der »De Stijl«-Bewegung, die eben diese Fragen für den De Stijl-Architekten Rietveld untersucht: Rusitschka 1995.
27. Wagenaar 1998; Broekhuizen 2000, u. a. Kapitel 11, 12. Zum Wiederaufgreifen von De Stijl-Formen beim »Bio-vacantieoord« vgl. Barbieri/Van der Ploeg 1990, S. 10. Unklar bleibt jeweils, was über farbige Elemente und die Beteiligung bildender Künstler hinaus (Charakteristika eines »Gesamtkunstwerkes« im allgemeinen) als De Stijl-Elemente verstanden werden.
28. Oud 1960a. Vgl. Broekhuizen 2000, Kap. 14, S. 278–302.
29. Vgl.: »Schets voor een huis op diep terrein« (Skizze eines Hauses auf tiefem Grundstück) von 1933: Stamm 1984, Abb. 83, S. 113; Barbieri 1986, Abb. 3, S. 129; Taverne 2001, Kat. Nr. 72. Elemente der Wohnhäuser tauchen am Shell-Gebäude wieder auf, so das verglaste, halbrunde Treppenhaus einer Villa (1933); ebenso die schmalen Fensterbänder von Haus Pfeffer-De Leeuw (1935/36) in Blaricum: Stamm 1984, Abb. 8, S. 118; Barbieri 1986, Abb. 1, S. 134; Taverne 2001, Kat. Nr. 77.
30. »Spätwerke von ... J. P. P. Oud [sic] ... sind Beispiele für erschreckende Niveauverluste gegenüber den Ausgangspositionen.«: Wolfgang Pehnt, Architektur, in: Giulio Carlo Argan, Propyläen Kunstgeschichte, Die Kunst des 20. Jahrhunderts 1880–1940, Berlin/Frankfurt am Main 1990, S. 333.
31. Brief von L. Graf an Oud vom 13.8.1927, Oud-Archiv, B. Oud sandte hierfür Informationen an Graf.
32. Die Ausstellung wurde organisiert von »Wasmuths Monatsheften für Baukunst« und der Zeitschrift »Städtebau«: vgl. Brief an Oud vom 11.6.1927, Oud-Archiv, B.
33. Hitchcock 1928a; Hitchcock 1931. Der bereits im Dezember 1928 begonnene Beitrag erschien aufgrund finanzieller Schwierigkeiten des Herausgebers erst im Oktober 1931.
34. De Gruyter 1931. De Gruyter war zu dieser Zeit Redakteur bei »Het Vaderland«.
35. Präsentiert wurden Arbeiten zwischen 1912/13 und 1936: u. a. die Wohnblöcke in Spangen*, und Tusschendijken*, das Haus Kallenbach*, das Café de Unie*, die Häuserzeilen in Hoek van Holland*, die Siedlungen Oud-Mathenesse* und Kiefhoek*, der Börsen-Entwurf*, das Hotel Stiassny*, das Dreifamilienhaus in Brünn*, die Häuserzeilen in Blijdorp* und die Villa Johnson*: Voorwarts 1936; NRC 1936; Rotterdamsch Nieuwsbald 1936; Maasbode 1936; Veth 1936.
36. Die Ausstellung wurde von Het Bouwcentrum und dem Architekten W. van Gelderen konzipiert. Katalog: De Gruyter 1951b.
37. Veronesi 1953. Vgl. Polano 1977; Polano 1981; Barbieri 1985; Barbieri 1986.
38. »Die Dreieinigkeit von Ouds Architektur«: übers. EvE; Wiekart 1964. Ausstellungskonzept von Wiekart und Van Stek.
39. Grinberg 1977. Die Analyse von Ouds Werk brachte aufgrund der breiten Themenstellung jedoch wenig neue Erkenntnisse.
40. Rebel 1977. Problematisch ist dort der – auch bei andern Autoren anzutreffende – unkritische Umgang mit den Schriften von Oud, die als authentisches Quellenmaterial zur Analyse des architektonischen Werks herangezogen werden.
41. Stamm 1977.
42. Stamm 1978.
43. Stamm 1979a; Stamm 1979b.

44 Engel 1981b.
45 Stamm 1984; Hans Oud 1984.
46 Möglicherweise hatte Stamm die Kapitel zum Spätwerk umfangreicher geplant, so daß die Gewichtung ähnlich wie bei Hans Oud ausgefallen wäre.
47 So wurde Haus Kallenbach* offenbar nur deshalb im *De Stijl*-Kapitel behandelt, weil die Einladung zum Wettbewerb noch im Jahr 1921 erfolgte. Unverständlich ist auch die Trennung von Block IX* in Spangen und den (darauf aufbauenden) Wohnblöcken in Tusschendijken*, die einmal zur *De Stijl*-Zeit, das andere Mal zu den »Jahren des internationalen Ruhms« gezählt werden. Dort unterscheidet Stamm zudem »klassische« (gemeint ist das klassische Repertoire von Ouds Bauten) und »unbekannte Arbeiten« und verzichtet damit sowohl auf eine stilistische als auch eine typologische Ordnung.
48 Hans Ond hatte eine Ausbildung zum »Zivil-Ingenieur« an der TH Delft absolviert: Hans Oud 1984, S. 246.
49 Vgl. Langmead 1999, Anm. 1, S. 22; S. 15, 159. Rezensionen waren entsprechend betitelt mit: »Ein Sohn rächt sich« (»Een zoon neemt revanche«), »Hans Oud und die Streitereien mit seinem Vater«, »Oud Junior schreibt enthüllendes Buch über Oud Senior«: Übers. EvE.
50 Allein die Spangener Wohnblöcke* werden sowohl im *De Stijl*-Kapitel als auch im Kontext des Wohnungsbaus behandelt, wobei sich Hans Oud jedoch einmal auf die Farbentwürfe Van Doesburgs, das andere Mal auf die Architektur beschränkt. Die Häuserzeile mit Arbeiterwohnungen* (1919) wird dagegen allein im Kapitel »Oud und ›De Stijl‹« untersucht, die Bauleitungshütte* und das Café de Unie* nur im Kapitel zum »Neuen Bauen«.
51 Eine ganze Reihe von Arbeiten, die Oud als Privatarchitekt entworfen hat, werden im Unterkapitel »Oud als architect in dienst van de gemeente Rotterdam 1918–1933« analysiert: so Haus Kallenbach*, die Entwürfe für die Volkshochschule*, der Börsen-Entwurf*, das Hotel Stiassny*, das Dreifamilienhaus in Brünn*, die Villa Allegonda* und die Villa Johnson*.
52 Colenbrander 1987.
53 Cusveller 1990a.
54 Reinhartz-Tergau 1990.
55 Overtoom 1996; Overtoom 1999.
56 Übers. EvE: Engel 1990.
57 Kellmann 1992, S. 160–168.
58 Langmead 1999, S. 1–28; vgl. Langmead 2000, S. 301–309.
59 Die Verantwortung lag bei Kristin Feireiss (NAi) und Ed Taverne (Rijksuniversiteit Groningen). Die Projektleitung hatten Bernard Colenbrander (NAi), fortgesetzt von Martien de Vletter, und Cor Wagenaar (Rijksuniversiteit Groningen): vgl. Taverne 2001, S. 11.
60 Übers. EvE: Broekhuizen 2000. Die Dissertation entstand bei Ed Taverne an der Rijksuniversiteit Groningen.
61 J. J. P. Oud, De Stijl – toen en nu, in: De Groene Amsterdamer, 12.1.1957; Baljeu 1960/61.
62 Zu nennen sind u. a. die Untersuchungen zur Architekturtheorie durch Cor Wagenaar, der zahlreiche europäische und außereuropäische Archive aufsuchte. Im CCA erfolgte zeitgleich eine Untersuchung zu den bisher nicht identifizierten Zeichnungen Ouds durch James Viloria.
63 Taverne 2001, S. 12.
64 Otsen 2001.
65 Langmead 1999, S. 9, mit Hervorhebung. Vgl. Langmead/Johnson 2000, S. 60.
66 Zu Ouds Möbelentwürfen, typographischen Arbeiten und Grabsteinentwürfen vgl. Reinhartz-Tergau 1990; Overtoom 1996; Overtoom 2001; Taverne 2001, Kat. Nr. 52, 53, 58, 59, 61, 62.
67 Der Katalog beginnt mit Haus De Geus* (1916), der ersten Zusammenarbeit von Oud und Van Doesburg, und schließt mit den Häuserzeilen in Blijdorp*, dem letzten Projekt, das Oud für die Gemeinde Rotterdam entworfen hat. Der unausgeführte Entwurf von Haus Blaauw in Alkmaar (CCA) ist der Verfasserin nicht bekannt und wurde daher, wie der auf die Inneneinteilung beschränkte Umbau des Wohnhauses Rapenburg in Leiden (Februar 1917), nicht in den Katalog aufgenommen.
68 Brief von El Lissitzky an Oud vom 24.6.1924: nach Taverne 1983, S. 7.
69 Die Übersetzungen versuchen möglichst nahe am Original zu bleiben. Die stilistischen Mängel mögen mit Blick auf Ouds deutschsprachige Texte entschuldigt werden: »Unter uns gesagt ist die deutsche Übersetzung doch mächtig schlecht: sie wimmelt von Hollandismen.« Übers. EvE: H. C. van der Leeuw über Ouds (auf Deutsch verfaßte) Autobiographie: nach Hans Oud 1984, Anm. 52, S. 26.
70 Zur Geschichte und Strukturierung des Oud-Archivs: Langmead 1999, S. 193–200; Taverne 2001, S. 11.
71 Auf diesen Umstand verweist bereits Stamm in Bezug auf die Häuserzeile an einem Strandboulevard*: Stamm 1979, S. 73, 76f.; Stamm 1984, S. 36.
72 Im RIBA finden sich Zeichnungen der Häuserzeile an einem Strandboulevard*, von Haus Kallenbach* und der Villa Johnson*.
73 Barbieri 1986. Vgl. Overtoom 1999, Anm. 3, S. 43.
74 Das Modell der Rotterdamer Börse wurde 1998 auf Initiative der Carel Weeber-Collectie hergestellt: Ziel der von der Rotterdamer Kunststichting 1989 begründeten Modell-Sammlung ist es, nie gebaute oder zerstörte Rotterdamer Bauten zu präsentieren. Zusammen mit einer Ausstellung zu Ouds Börsen-Entwurf* war das Modell vom 4. Dezember 1998 bis 3. Februar 1999 im NAi zu sehen. Das 1932 in der New Yorker Ausstellung »Modern architecture: international exhibition« gezeigte Modell von Haus Johnson (Abb. 353) ist verloren.
75 Taverne 2001, S. 11.
76 Darunter Briefe von Adolf Behne, László Moholy-Nagy und Arthur Müller-Lehning.
77 Briefkonzept von Oud an Mondrian von 1922, FC: Bois 1981, Anm. 65, S. 51.
78 De Vries 1997, S. 51.
79 Ex/Hoek 1985. Einzige Ausnahme sind zwei Briefe Huszárs an Oud vom 13.10.1919 und 20.5.1921, die bei einer Inventarisation verloren gingen. Der Nachlaß Vantongerloos, der sich im Besitz seines langjährigen Freundes Max Bill in Zürich befindet, wurde erstmals von Angela Thomas herangezogen. Sie berücksichtigt jedoch allein die Korrespondenz mit Van Doesburg und Mondrian: Thomas 1987.
80 Im GAR befindet sich das Archiv der Volkshochschule: Taverne 2001, S. 339. Material zum Börsenwettbewerb liegt im Archief de Beurs van Koophandel: Van Bergeijk 1993, S. 101.
81 Hitchcock 1928; Hitchcock 1931; De Gruyter 1931.
82 Oud 1960a; englischsprachiges Konzept, Oud-Archiv, C 1, 21 Seiten. Ins Niederländische übersetzter Auszug: Oud/Leertijd.
83 Hans Oud 1984. Vgl. Taverne 2001.
84 Langmead 1999, S. 213.
85 »J. J. P. Oud's Library«: Langmead 1999, S. 213–250. Neben Belletristik finden sich dort u. a. auch historische und philosophische Werke sowie Bücher über die Psychoanalyse.
86 »De orde van de bibliotheek«, in: Taverne 2001, S. 540f. Laut Colenbrander ist die Bibliothek größtenteils intakt geblieben.
87 So ging beispielsweise Adolf Behne, der für eine Publikation um Fotos der Villa Allegonda* gebeten hatte, leer aus. Oud begründete sein Verhalten mit seinem begrenzten Anteil an dem Entwurf und der generell eingeschränkten Publikationsfreiheit: Brief von Oud an Behne vom 14.11.1920: Blotkamp 1982b, S. 32.
88 Vgl. die Angaben im Katalog. Die Siedlung Kiefhoek wurde zudem bereits 1929 auf der CIAM-Ausstellung präsentiert.
89 Bei einer Fotografie im Oud-Archiv wurde ein hinter den Häuserzeilen in Hoek van Holland sichtbarer Schornstein wegretuschiert. Bei einem Blick in die Kleine Lindstraat der Siedlung Kiefhoek entfernte man die Bäume bzw. die umgebenden hohen Backsteinbauten; Abb.; Van der Hoeven 1990, S. 59.
90 Laut Rotterdamer Katalog habe sich Oud bemüht, Publikationen der Villa Allegonda in ausländischen Zeitschriften zu verhindern: Taverne 2001, Kat. Nr. 29; S. 325. Hätte Oud wirklich ein derartiges Interesse

gehabt, wäre es kaum zu den frühen Publikationen in deutschen und französischen Zeitschriften gekommen, u. a. Behne 1921/22b, S. 22f.; Kamerlingh Onnes 1924, Pl. 43, 44; De Fries 1925, S. 60f.

[91] Die Bauten in Hoek van Holland wurden zwar oftmals abgebildet, allerdings meist ohne Textbeiträge. Von den Tusschendijkener Blöcken* wurden in Ouds Auftrag Präsentationszeichnungen von H. J. Jansen und L. F. Duquet (Abb. 205) erstellt, die sich im Oud-Archiv befinden: Taverne 2001, S. 241; Abb.: Hoeven 1994, S. 57; Barbieri 1986, S. 84f., Taverne 2001, S. 239. Wann die Zeichnungen entstanden, ist nicht bekannt.

[92] Nennung Van Ojens als Fotografen: AR 1930, Bd. 68, S. 344, Nr. 4; Pommer/Otto 1991, Abb. 217; Van de Laar 2000, S. 360, 362, 367; GAR Topographisch-historischer Atlas 1978 2927, 1978 3405, 1978 3395. Vgl. Taverne 2001, Abb. S. 266–269, 272f., 280f. Vgl. das nach einem Foto Van Ojens gezeichnete Coverbild von Behrendt 1937 (Abb. 113).

[93] Vgl. Baumann/Sachsse 2004.

[94] Übers. EvE: Maasbode 1936.

[95] Vgl. Brief i. a. Moholy-Nagys an Oud vom 20.9.1926, Oud-Archiv, B.

[96] Oud 1926a. Der Umschlag wurde von Moholy-Nagy gestaltet: Roland Jaeger, Neue Werkkunst, Berlin 1998, Abb. 26, S. 20.

[97] Oud 1926a.

[98] Fanelli 1978b, S. 147. Zu Behnes Hollandreise vgl. Gruhn-Zimmermann 2000.

[99] Dagegen Taverne 2001, Kat. Nr. 29, vgl. S. 325.

[100] Hitchcock 1929 (1970), S. 177.

[101] Vgl. »III. 4.4. Destruktion und Flächenkomposition«. Langmead spricht von einem »highly conservative two-story building«: Langmead 1999, S. 5; vgl. Langmead 2000, S. 302.

[102] Hitchcock 1928a, S. 100; Donald Langmead, Willem Marinus Dudok, Westport/London 1996, S. 9; Langmead 1999, S. 9, 34.

[103] Übers. EvE: Gratama 1922, S. 219.

[104] Übers. EvE: Gijsbert Friedhof, Nieuwe boekwerken, in: BW, 5.3.1927, Nr. 5, S. 94.

[105] Behrendt 1937, S. 153.

[106] Rebel 1977, S. 160; Rebel 1983, S. 33; Langmead 1999, S. 12; Langmead 2000, S. 303. Eine der wenigen Ausnahmen ist Overy 1991, S. 124.

[107] Langmead 1999, S. 13.

[108] Brief von Johnson an Oud vom 2.9.1930, Oud-Archiv; B; vgl. Brief von Johnson an Oud vom 30.9.1931, MoMA: Riley 1992, S. 39.

[109] H. Polak, Kroniek, in: Vooruit, 23.1.1932; H. P. Berlage, in: Vooruit, 13.2.1932: Rebel 1977, Anm. 85, S. 166.

[110] Langmead 1999, nach S. 28.

[111] Eine allerdings nicht mehr aktuelle und vor allem unvollständige Übersicht zum Erhaltungszustand des Gesamtwerks findet sich bei Hans Oud 1984, S. 233–235. Der Rotterdamer Katalog geht auf diese Frage nicht ein. Bei einigen der dort behandelten Projekte bleibt unklar, ob sie überhaupt ausgeführt wurden bzw. ob der realisierte Bau den abgebildeten Entwürfen entspricht.

[112] Mit Dank für die Möglichkeit einer Besichtigung an die Stichting Centrum '45.

[113] Nägele 1992. Der ursprüngliche und der neue Bauzustand werden anhand von Grundrissen, Ansichten, Schnitten und Details bis zum Maßstab 1:4,5 gegenübergestellt.

[114] Hermann Nägele im Gespräch mit der Verfasserin am 12.10.2004.

[115] »Den Gemeindeinstanzen ist es dort mit etwas Ausdauer gelungen, in knapp zehn Jahren das gesamte Wohnungsbau-Œuvre von Oud – soweit nicht während des 2. Weltkriegs zerstört – zu vernichten.« Übers. EvE: Colenbrander 1994a, S. 47.

[116] Dasselbe gilt für den gegenüberliegenden »Superblok« von Michiel Brinkman.

[117] Eine entsprechende Anfrage der Cuypersgenootschap wurde noch nicht entschieden. Wünschenswert wäre eine Entfernung der späteren Anbauten, vor allem des aufgesetzten Geschosses und des Wintergartens.

[118] Zu der von Günter initiierten Brieflawine: Piper 1989. Peter Dellemann (Stadtplanungsamt Hannover), Knut Schlegtendal (Stadtplanungsamt Recklinghausen), Edoardo Vargas (Technische Universität Hannover), die Architektin Lucy Hillebrand und Günter gründeten ein Aktionskomitee zur Rettung des »Witte Dorp«.

[119] Übers. EvE: Bakker 1985.

[120] Übers. EvE: Reyn van der Lugt in »Elseviers Weekblad«: nach Bakker 1985.

[121] Die Bürgerinitiative »Witte Dorp Forever« setzte sich für einen Neubau an gleicher Stelle und damit den Abriß von Ouds »Witte Dorp« ein.

[122] Moscoviter 1985b.

[123] Im Fall einer Restaurierung hätte laut Aussage der Gemeinde für die nächsten 25 Jahre kein Geld für andere Denkmale zur Verfügung gestanden: Metz 1986a.

[124] So u. a. in zwei Fernsehsendungen. »Ich bin froh, daß das Witte Dorp abgerissen werden soll.« Übers. EvE: Oud-Dinaux 1986. Vgl. den Briefverkehr zwischen Günter und Oud-Dinaux von März und April 1986: Archiv Roland Günter, Bibliothek Janne und Roland Günter, Oberhausen.

[125] Günter 1985b, S. 13.

[126] In Günters privatem Archiv finden sich zahlreiche Briefe von Architekten, Kunsthistorikern und Vertretern verschiedener kultureller Institutionen, die sich für den Erhalt der Siedlung aussprechen und ihre Unterstützung zusagen: Archiv Roland Günter, Bibliothek Janne und Roland Günter, Oberhausen.

[127] »Es erstaunt, daß die neuen Ästheten der Rotterdamer Schule, unter anderem Wim Quist, Carel Weeber und die jungen Entwerfer wie Wytze Patijn, Piet de Bruin oder das Büro Mecano, sich nicht für den Erhalt eingesetzt haben.«: Bollerey/Hartmann 1987, S. 29.

[128] Barbieri 1989, S. 17.

[129] Piper 1989.

[130] »Während einer öffentlichen Diskussion vor zwei Jahren stiftete ein Dozent aus Delft Verwirrung, indem er behauptete, daß die Bauwerke der modernen Meister platt gemacht werden könnten, wenn sie nur ausführlich dokumentiert wären. Das wurde im Rotterdamer Bouwcentrum gesagt; und die Vertreter des Rijksdienst voor de Monumentenzorg fühlten sich angesprochen und verteidigten sich mit kaum überzeugenden Erklärungen und frommen Vorsätzen.« Übers. EvE: Karstkarel 1985, S. 10.

[131] Colenbrander 1987.

[132] Hitchcock 1932, S. 94.

[133] Brief von P. O. Vermeulen, *Wethouder van Stadsvernieuwing en Volkshuisvesting*, an das Komitee Weisses Dorf, Juli 1985. Archiv Roland Günter, Bibliothek Janne und Roland Günter, Oberhausen.

[134] Neben einem »Lehrstück« für die Studenten sollte nach Vorstellung von Günter ein Studentendorf sowie ein Museum zur Geschichte des »Weißen Dorfes« einschließlich zweier Museumswohnungen entstehen.

[135] »Das wäre die neue Form eines Neohistorismus: das totale Plagiat. Damit würde man zwar den architekturhistorischen Wert anerkennen, würde aber im Sinne des restaurativen Gehaltes des Postmodernismus die Form aus ihrem kulturhistorischen Zusammenhang lösen und somit dem reinen Warencharakter von Architektur das Wort reden.«: Bollerey/Hartmann 1987, S. 29. Vgl. »Het Witte Dorp! Wat nu?«, Projektgruppe »Weißes Dorf« an der Raumplanung der Universität Dortmund, Nr. 5, Juni 1987. S. 10: »Eine unerwartete Veröffentlichung des Fachblattes ›Baumeister‹ hat die Fachwelt schockiert. Zwei renommierte Kunsthistorikerinnen – bekannt mit ihrer Dortmunder Firmenbezeichnung ›B + H‹ – erteilten hier der Rekonstruktions-Idee eine Abfuhr erster Klasse: ›Plagiat!‹ Erschrocken halten nun die Planer in der Bundesrepublik inne.« Mit Dank für die Hinweise an Kristiana Hartmann im Gespräch mit der Verfasserin vom 17.9.1999.

[136] Günter hat seine Rekonstruktionspläne bis heute nicht aufgegeben. Ich danke Roland Günter für seine zahlreichen Hinweise und die Einsicht in sein Archiv.

[137] Karstkarel 1985, S. 10.

[138] Mit Dank für die Besichtigungsmöglichkeit an die Firma Sikkens, Sassenheim.
[139] Meurs 1995, S. 4.
[140] In den Niederlanden werden Denkmale des Staates »*Rijksmonumente*« und Denkmale der Gemeinden »*Gemeentelijke Monumenten*« sowie der Provinzen unterschieden.
[141] Cusveller 1990b, S. 9, 10.
[142] Cusveller 1990. Die Publikation entstand im Auftrag der *Stichting Museumwoning* (Museumsstiftung) De Kiefhoek.
[143] Übers. EvE: Brief von Patijn an Wethouder Meijer vom 21.4.1997, Archiv Bureau Monumenten Rotterdam: nach Steenhuis 1999, S. 63.
[144] Overmeire/Patijn 1990, S. 93. Die nur schwer in die Gebäudestruktur zu integrierenden 4-Zimmerwohnungen wurden von der Denkmalpflege abgelehnt: Cusveller 1990b, S. 10.
[145] Overmeire/Patijn 1990, S. 99.
[146] Die Deutung des Straßenbildes als alleiniger Ausdruck des zu erhaltenden Entwurfskonzepts findet eine Parallele in der traditionell auf Entwurfsprozeß und Formlösung konzentrierten Architekturgeschichte.
[147] Mit Dank für die Besichtigungsmöglichkeit an die *Stichting Museumwoning* De Kiefhoek.
[148] »Wer noch eine Reliquie von Ouds meisterlichem Block IX in Spangen sucht, kommt ein Jahr zu spät (er wurde plattgemacht und abtransportiert), aber wer schnell ist, kann vielleicht noch ein Stückchen authentisches Kiefhoek ergreifen aus den Trümmerhaufen, die in Rotterdam-›Süd op Zuid‹ kürzlich den jüngsten Beweis für die vielgerühmte örtliche Tatkraft lieferten.« Übers. EvE: Colenbrander 1994, S. 47.
[149] Ten Cate 1991. Kritik wurde auch von Vertretern der kommunalen Institutionen geäußert. Die Veranstaltung fand in den Räumen des Café de Unie statt.
[150] Oud 1950 in einem Brief an De Groot, Direktor der *Gemeentelijke Woningstichting*: Steenhuis 1999, S. 37, 38. Oud wurden die Umbaupläne jeweils zur Begutachtung vorgelegt.
[151] Steenhuis 1999, S. 41f., 47. Die vorläufige Aufnahme zieht nach dem niederländischen Denkmalschutzgesetz dieselben Schritte nach sich wie eine endgültige Ausweisung.
[152] Übers. EvE: Brief des *Welstandscollege* Rotterdam vom 28.11.1986 an die Teilgemeinde Hoek van Holland: nach Steenhuis 1999, S. 49.
[153] Wie die Wohnungsbauvereinigung Hoek van Holland betonte, bestünde auch in Zukunft Bedarf an kleinen Wohnungen: Steenhuis 1999, S. 51.
[154] Brief der Mietervereinigung an Wethouder Meijer vom 7.1.1997: Steenhuis 1999, S. 61.
[155] Übers. EvE: Patijn und Büro Van Kampen, Ergänzung der wohntechnischen Entwurfsstudie Häuserzeilen in Hoek van Holland, November 1995: nach Steenhuis 1999, S. 55.

[156] Beurteilung der Baupläne durch *Bureau Monumenten* (Denkmalamt der Gemeinde) und RDMZ, Oktober 1996: Steenhuis 1999, S. 58. Die *Commissie voor Welstand en Monumenten* (Denkmalausschuß) lehnte eine denkmalrechtliche Genehmigung für die Zusammenfassung der Wohnungen ab, da die ursprünglichen Grundrisse von zentraler Bedeutung seien: Archiv Welstand, Besprechungsbericht vom 16.1.1997: Steenhuis 1999, S. 62.
[157] Der *Rijksbouwmeester* ist an den *Rijksgebouwendienst* (oberste staatliche Hochbaubehörde) gebunden. Der auf maximal fünf Jahre ernannte *Rijksbouwmeester* berät den Direktor des *Rijksgebouwendienst* sowie das Kabinett im Bereich Architektur, Städtebau, Landschaftsplanung und Denkmalpflege. Durch seine unabhängige Position ist er zentrale Beratungs- und Anlaufstelle auch für die Provinzen, Gemeinden und andere öffentliche Institutionen.
[158] Übers. EvE: Brief von Patijn an Wethouder Meijer vom 21.4.1997: nach Steenhuis 1999, S. 63; vgl. S. 64. In der Listenbeschreibung der Wohnungen als *Rijksmonument* werden die Grundrisse als »sorgfältig entworfen« und nicht als »sehr besonders« oder »erhaltenswert« bezeichnet: Steenhuis 1999, S. 66.
[159] *Bureau Monumenten, Dienst Stedebouw en Volkshuisvesting*, Martin Bulthuis und Frank Altenburg, Bericht an Wethouder Meijer vom 2.10.1997: Steenhuis 1999, Beilage.
[160] »Sie begreifen, daß in meinen Augen daher nicht von einem ernsthaften Verlust historischer Werte gesprochen werden kann, wenn wir das verputzte Mauerwerk im Obergeschoß durch vorfabrizierten Beton mit einer neuen Putzlage ersetzen.«: Übers. EvE: Brief von Patijn an Wethouder Meijer vom 21.4.1997: nach Steenhuis 1999, S. 63.
[161] Cusveller 1990b, S. 10.
[162] So bereits Reinhartz-Tergau 1990, S. 47; Dočkal 1998.
[163] Steenhuis 1999, S. 78, 80.
[164] »Die Denkmalnot im Jahr 1998 scheint beinah so groß wie die Wohnungsnot der Zwanziger Jahre« Übers. EvE: *Archiv Bureau Monumenten*, Rotterdam, Fax von Kuipers und Polman vom 18.11.1998: nach Steenhuis 1999, S. 82.
[165] Die umfangreiche Untersuchung lag im Mai 1999 vor: Steenhuis 1999.
[166] Mit Dank für die Auskunft an M. Polman, RDMZ.
[167] Übers. EvE: nach Engel 1990, S. 35.
[168] Übers. EvE: Bericht vom 17.9.1925, HR, S. 773.
[169] Eine der wenigen ihrer Art an einem Gebäude von Oud. Vgl. die Tafeln an den Häusern der Weißenhofsiedlung* (sowie das Informationszentrum in der Siedlung) und einen Erinnerungsstein an einem der Ladenbauten in Kiefhoek*.

II. KAPITEL
Biographie

»P. S. Permit me to ask, What is the pronounsation [sic] of your name? Ood? Out? or Aut?"[1]

1. Herkunft und Ausbildung (1890–1912)

Jacobus Johannes Pieter Oud wurde am 9. Februar 1890 in Purmerend, einer knapp 6.000 Einwohner zählenden Stadt nördlich von Amsterdam geboren.[2] Oud, in der Familie »Ko« und von seiner späteren Frau und seinen Freunden »Bob« genannt, war der zweite von drei Söhnen des Ehepaars Hendrik Cornelis (1861–1939) und Neeltje Theodora Oud (1864–1932), geb. Janszen. Die aus dem Purmerender Umland stammende Familie Oud zählte zum Mittelstand der nordholländischen Stadt. Der liberal eingestellte Vater, Tabakhändler und Börsenmakler, hatte von 1909–15 den Posten eines *Wethouder* (Referent im Stadtrat) für Öffentlichkeitsarbeit inne.[3] Während seiner 20-jährigen Amtszeit als Vorsitzender der ortsansässigen Arbeitervereinigung Vooruit (Vorwärts) wurden 13 Arbeiterwohnungen (1902/03) sowie ab 1911 vier Arbeiterwohnungen und ein Versammlungssaal nach Entwurf seines Sohnes J. J. P. Oud errichtet (Abb. 1).[4] Auf Initiative von H. C. Oud – und offenbar vermittelt durch seinen Sohn J. J. P. Oud – entwarf der renommierte Amsterdamer Architekt H. P. Berlage in diesem Jahr einen Erweiterungsplan für Purmerend, der jedoch unausgeführt blieb.[5] Die aus Utrecht stammende Mutter Neeltje Theodora, nach Aussage ihres Enkels »streng reformiert«[6], war künstlerisch veranlagt, schrieb Gedichte und zeichnete. Sie konzentrierte sich stark auf ihren zweiten Sohn Ko, der in seiner Jugend ebenfalls ein nach innen gekehrter, ernster Mensch gewesen sein soll. Nachdem ihre drei Söhne das Haus verlassen hatten, unternahm sie einen Selbstmordversuch und verbrachte den Rest ihres Lebens in einer Klinik. H. C. Oud zog nach einer politischen Niederlage 1916 in das 30 km entfernte Amsterdam.[7] Der ältere Bruder von J. J. P. Oud, Pieter Jacobus (geb. 1886), hatte nach dem Besuch der Fachoberschule und einer juristischen Ausbildung 1917 im Fach Jura promoviert. Als Mitglied des VDB (Vrijzinnig-Democratische Bond) und Gründungsmitglied der VVD (Volkspartij voor Vrijheid en Democratie) machte er politische Karriere.[8] Von 1938–41 zur Zeit der Zerstörung der Stadt sowie 1945–52 war er Bürgermeister von Rotterdam.[9] Der jüngste der drei Brüder, Gerrit Kassen (geb. 1895), wurde Bankdirektor in der Heimatstadt Purmerend.

J. J. P. Oud interessierte sich früh für Malerei und Baukunst, eine Neigung, die bei seinem pragmatisch-kaufmännisch eingestellten Vater auf wenig Verständnis stieß.[10] Nach einem Gespräch mit dem aus Purmerend stammenden Architekten Jan Stuyt, einem Freund seines Vaters, beschloß Oud eine praxisorientierte Architekturausbildung zu absolvieren. Ab 1903 besuchte er für drei Jahre die Kunstnijverheid-Teekenschool Quellinus, die angesehene, unter der Direktion von C. W. Nijhoff stehende Schule für Kunsthandwerk und Zeichnen in Amsterdam.[11] Die 1879 auf Initiative des niederländischen Architekten P. J. H. Cuypers gegründete Institution war ursprünglich eine Kombination von Arbeitsstelle und Ausbildungszentrum innerhalb der Bauhütte des Amsterdamer Rijksmuseum. Cuypers' Anliegen war es, den Mangel an ausgebildeten Künstlern, die er für die Ausstattung seines Museums benötigte, auszugleichen. Die Schule, seit 1882 in einem eigenen Gebäude in der Frans Halsstraat, entwickelte sich zu einer staatlich geförderten Fachschule mit großem Fächerangebot, darunter Zeichnen, Modellieren, Bildhauerei, Malerei, Abgußtechnik, Stilkunde, Proportionslehre, Ornamentlehre, Kunstgeschichte und Bauzeichnen. Der dreijährige Kurs gliederte sich in Freihandzeichnen, Technisches Zeichnen und Modellieren. Oud erhielt somit neben den Grundlagen im Bauzeichnen eine breitangelegte künstlerische Schulung. Allerdings konnte er keine vollwertige Ausbildung zum Bauzeichner absolvieren, da zugunsten der ästhetischen Schulung die Bautechnik nur eingeschränkt gelehrt wurde.[12] Zusammen mit Oud waren rund 70 Schüler verschiedener Fachrichtungen an der Quellinus-Schule eingeschrieben. Einen Ausbildungs-Schwerpunkt bildete das Ornamentzeichnen sowie die zu dieser Zeit entwickelte Theorie des »Entwerfens nach System«.[13] Das Fach »Angewandtes Ornamentzeichnen« wurde von K. P. C. de Bazel gelehrt, der in den vorangegangenen Jahren zusammen mit J. L. M. Lauweriks Untersuchungen zur Proportionslehre vorgenommen hatte.[14] Lauweriks, selbst ein ehemaliger Schüler der Quellinus-Schule, vertrat ein auf Basis von Geometrie und Arithmetik entwickeltes Entwurfsprinzip in Anlehnung an E. E. Viollet-le-Duc und P. J. H.

1. Versammlungshaus und vier Arbeiterwohnungen der Vereinigung Vooruit, Purmerend, 1911/12, Fotografie 2004

Cuypers, dem Gründer der Schule. J. H. de Groot, während Ouds Lehrzeit zuständig für die Fächer »Entwurfslehre und Perspektive« sowie »Zeichnen von Ornamenten in großem Maßstab«, formulierte eine Entwurfsmethode für das Ornament, die als Teil der baukünstlerischen Ausbildung in den Niederlanden großen Einfluß erlangte.[15] Berlage, der sich mit diesen Theorien intensiv auseinandersetzte und in seinen eigenen Arbeiten anwandte, hatte von 1893–96 »Stil- und Ornamentlehre« gelehrt.[16]

Mit dem Besuch einer Kunstgewerbeschule entschied sich Oud für eine allgemein-künstlerische Ausbildung und gegen einen akademischen Ausbildungsweg an einer der Kunst-Akademien der größeren Städte oder an der TH in Delft. Bereits 1863 war die Delfter Akademie in eine polytechnische Schule umgewandelt worden, die eine eigene Architekturabteilung unter Leitung des deutschen Architekten Eugen Gugel (1832–1905) besaß. 1870 beschloß das Parlament, daß die neu gegründete Kunstakademie in Amsterdam (Rijksacademie) nur als Nebenfach Kurse zur Architekturästhetik anbieten und die eigentliche Architekturschule in Delft bleiben solle.[17] Als Folge davon wurde in den Niederlanden zunächst keine »Beaux-Arts-Tradition« gelehrt: Die Architekturabteilung der Polytechnischen Schule, die sowohl Architekten als auch Zivilingenieure ausbildete, vermittelte vor allem technisches Wissen, übernahm jedoch nicht die Aufgaben einer Kunsthochschule.[18] Oud, der weder ein Universitätsstudium zum Bauingenieur (Delft) anstrebte, noch eine der Kunstakademien besuchte, wählte mit der Quellinus-Schule eine betont praxisorientierte, breit angelegte Ausbildung.[19]

Nach seinem Abschluß an der Quellinus-Schule arbeitete Oud bis Mai 1908 als Bauleiter und Zeichner für das gemeinsame Büro von Jan Stuyt (1868–1934) und J. Th. J. Cuypers (1861–1949), dem Sohn von P. J. H. Cuypers. Bekannt war J. Th. J. Cuypers vor allem durch die ab 1895 errichtete St. Bavo-Kirche in Haarlem mit Malereien und Glasarbeiten von Roland Holst und Jan Toroop. Aus seiner Zeit im Büro Cuypers & Stuyt sind Aquarelle des Rathauses in Heemstede bei Haarlem und des auf 1907 datierten Wohnhauses in der Herengracht 14 in Purmerend erhalten.[20] Nach Fertigstellung des Wohngebäudes wurde er an das Amsterdamer Büro gerufen. Seit diesem Jahr baute Oud, damals siebzehnjährig, seine ersten Häuser, bei denen es sich zunächst um Aufträge von Verwandten für seine Heimatstadt Purmerend handelte (vgl. Abb. 2).[21]

1908 begann Oud eine zweijährige Ausbildung zum Zeichenlehrer für den Bereich Bau- und Maschinenzeichnen an der Rijksnormaalschool voor Teekenonderwijzers (Staatliche Pädagogische Hochschule für Zeichenlehrer) im Amsterdamer Rijksmuseum. Die 1881 gegründete, unter der Direktion von W. B. G. Molkenboer stehende Institution bot ähnlich der Quellinus-Schule eine dreigeteilte Ausbildung in Freihandzeichnen, Technischem Zeichnen und Modellieren an.[22] Oud unterrichtete bereits in dieser Zeit in der eigens für die älteren Schüler eingerichteten »Übungsschule« der Rijksnormaalschool sowie in der Zeichenschule in Purmerend, an der er selbst Kurse im Technischen Zeichnen besucht hatte.[23] 1908/09 war er Mitglied in der Schülerverwaltung der Rijksnormaalschool, die Exkursionen,

2. Haus Oud-Hartog, Purmerend, 1907, Straßenfront, Fotografie 2004

3. Kino Schinkel, Purmerend, 1912, hist. Ansicht

aber auch Ausstellungen und Wettbewerbe organisierte. 1909 gewann er den zweiten Preis im Bereich Entwerfen, 1910 den ersten Preis im Bauzeichnen.[24]

1910 entwarf Oud für das Büro Cuypers & Stuyt das Wohnhaus Beetz in der Herengracht 23 in Purmerend. Die Herengracht, bis zur Jahrhundertwende noch Teil der äußeren Stadtbefestigung, wurde ab 1905 beiderseits des malerisch angelegten und von Baumreihen gesäumten Wasserlaufs mit repräsentativen Wohnhäusern und Stadtvillen bebaut. Vier dieser Bauten kamen aus dem Büro Cuypers & Stuyt: das bereits erwähnte Haus Herengracht 14 sowie die Gebäude Herengracht 17, 18 (die Villen Maria und Schoonoord) und 23.[25] Das an der sog. Korte oder Verlengde Herengracht gelegene Haus Nr. 23 (Haus Beetz) war der bislang bedeutendste Auftrag von Oud. Das Wohngebäude mit angegliedertem Büro zeigt als Besonderheit eine offenbar englischen Vorbildern folgende repräsentative Treppenhalle.[26] Mit Hilfe eines Stahlträgers wurde die Straßenfassade im Erdgeschoß in ganzer Breite geöffnet. Im Vergleich zu der zeitgleich entstandenen Nachbarbebauung mit ihrer noch ungebrochen historisierenden Formensprache erscheint Ouds reduziertes Fassadenbild deutlich moderner.[27]

Das Jahr 1910, Oud hatte soeben das Diplom als Bauzeichner erhalten, markiert einen Wendepunkt in seinem Leben. Anders als sein bisheriger Werdegang erwarten ließ, zeigte sich der Zwanzigjährige nun zunehmend ambitioniert und selbstbewußt, eine Entwicklung, die offenbar durch seine neuen Kontakte zu Künstlern und Architekten geweckt oder zumindest gefördert wurde. Wahrscheinlich über seine Mitschülerin Corrie Berlage hatte Oud deren Vater, Hendrik Petrus Berlage (1856–1934), kennengelernt.[28] Spätestens seit der 1903 vollendeten Amsterdamer Börse (Abb. 90), die als erster moderner Bau der Niederlande gefeiert wurde, war Berlage das unumstrittene Vorbild der jungen Architektengeneration. Wann Oud in engeren persönlichen Kontakt mit Berlage trat, ist nicht gesichert, wie der Briefverkehr zeigt jedoch spätestens 1910.[29] Im folgenden Jahr begann Oud mit der Publikation seiner ersten Artikel[30], in denen er seine Vorstellungen von Kunst und Architektur darlegte. Nach dem 1911 fertig gestellten Entwurf entstand als sein erster anspruchsvollerer Bau das Versammlungsgebäude samt vier Arbeiterwohnungen für die Vereinigung Vooruit (Abb. 1). Oud zog dort, wie auch bei Haus H. J. Brand in Beemster bei Purmerend, den Graphiker und Maler Jacob Jongert (1883–1942) hinzu[31], mit dem er seit 1906 bekannt war. Die malerische Ausgestaltung des Innenraums stand ganz in der Tradition der niederländischen *Gemeenschapskunst*[32], deren bedeutendste Vertreter Berlage, Holst, Toorop und Anton Derkinderen waren. Die ab den 1890er Jahren verstärkt geforderte gesellschaftliche Aufgabe der Kunst, die eine demokratische klassenlose Gemeinschaft vorbereiten sollte, hatte zu einer Wiederbelebung der angewandten Kunst mit religiösen oder historisch-ideologischen Themen geführt. Als beispielhafte Umsetzung dieser Vorstellungen, die sich grundsätzlich am »Gesamtkunstwerk« der mittelalterlichen Kathedrale orientierten, galten Berlages Gewerkschaftshaus für die Diamantarbeiter in Amsterdam (1898–1901) und die Amsterdamer Börse (1898–1903).[33] Auch Ouds Ausbildung an der Quellinus-Schule zielte auf eine entsprechende Verbindung der Künste innerhalb eines Gebäudes.

Noch 1910 hatte sich Oud, der seine theoretischen Kenntnisse nach eigener Aussage als unzureichend empfand, für das Architekturstudium an der Hochschule in Delft eingeschrieben.[34] Anders als zu Beginn von Ouds Ausbildung stand das inzwischen zur Technischen Hochschule aufgestiegene Polytechnikum nun für eine »klassische« Architektenausbildung auf Basis der Beaux-Arts-Tradition, die dennoch ihre technisch-wissenschaftliche Grundlage beibehielt.[35] Ausschlaggebend hierfür war eine von Henri Evers (1855–1929), dem Nachfolger von Gugel, durchgeführte Reform der Architekturausbildung, die auf Kosten der technischen Fächer die Architekturgeschichte und die Entwurfslehre stärkte.[36] Als Gegenpart zu Evers lehrte in Delft J. F. Klinkhamer (1899–1924), ein Bewunderer der Gotik und Verfechter konstruktiv-sachlicher Bauten.[37] Über Ouds Tätigkeit an der Hochschule liegen keine exakten Angaben vor. Da ihm der schulische Abschluß für ein Studium fehlte, konnte er sich allein als Gasthörer einschreiben. Seine Bauaufträge, neben den Gebäuden für Vooruit auch Haus Brand in Beemster[38], werden ihm kaum erlaubt haben, dem Unterricht regelmäßig zu folgen. Allerdings nutzte er die Möglichkeit, seine frühen Arbeiten in der »Technische Studenten Tijdschrift« zu publizieren.[39] Anfang 1912 gab Oud das Studium wieder auf.

Eventuell auf Empfehlung Berlages ging Oud im Mai 1912 für drei Monate nach München[40], um dort im Büro von Theodor Fischer zu arbeiten. Ob sein Entschluß allein auf den persönlichen Kontakt von Berlage und Fischer zurückgeht oder ob sich Oud gezielt für Fischer entschieden hat, bleibt unklar.[41] Mit Blick auf sein bisheriges Œuvre stand er Fischer mit dessen Verbindung von Moderne und Tradition deutlich näher als den Lösungen eines Peter Behrens, einer der bedeutendsten deutschen Architekten des frühen 20. Jahrhunderts, bei dem zuvor Walter Gropius, Mies van der Rohe und Le Corbusier tätig gewesen waren.[42] Unklar ist, ob Oud im Büro von Fischer tatsächlich unterkommen konnte.[43] Ein Besuch seiner Lehrveranstaltungen ist wahrscheinlich, jedoch nicht nachweisbar.[44] Daß Oud während seines Aufenthaltes in München privat mit Fischer in Kontakt kam, wie es ein Jahr zuvor bei Le Corbusier (damals noch Charles Édouard Jeanneret) der Fall war, scheint dagegen sicher.[45] So spricht Fischer in einer undatierten Postkarte, offenbar ein Antwortschreiben auf Ouds Glückwunschtelegramm zu seinem 70. Geburtstag, von einem 20 Jahre zurückliegenden Zusammentreffen.[46] Auch aus dem späteren Kontakt zu Fischer ist auf eine erste Bekanntschaft zu diesem Zeitpunkt zu schließen.[47] Oud selbst verwies von Anfang an auf seine Zeit bei Theodor Fischer in München.[48] Erst in späteren autobiographischen Notizen gab er jedoch an, bei Fischer im Büro gearbeitet zu haben.[49]

Ein direkter Einfluß von Fischer ist in Ouds Werk nur schwer festzumachen.[50] Oud selbst erwähnte 1913 die Architekten Alfred Messel und Joseph Maria Olbrich.[51] Entgegen der Annahme von Hans Oud, sein Vater habe Bauten dieser Architekten in München gesehen, wird Oud auf der Hinfahrt nach München bzw. auf

4. Haus G. K. Oud, Aalsmeer, 1912,
Aufriß Gartenfront

seiner Rückreise nach Purmerend in Darmstadt Station gemacht haben.[52] Neben Messels 1905 vollendetem Landesmuseum war Oud sicherlich an den in Künstlerkreisen vielbeachteten Bauten der 1899 gegründeten Darmstädter Künstlerkolonie interessiert, vor allem an Olbrichs Wohnhäusern, dem Ernst-Ludwig-Haus und dem Hochzeitsturm (1907/08).

Noch 1912 entstanden das Wohnhaus für seinen Bruder G. K. Oud im südwestlich von Amsterdam gelegenen Aalsmeer (Abb. 4) sowie das Wohnhaus I. A. J. Beerens (Abb. 92) in Purmerend[53]. Auf Dezember 1912 datiert der Entwurf des Kino Schinkel (Abb. 3), das 1913 als erstes Kinogebäude der Stadt im Zentrum von Purmerend errichtet wurde. Die Fassade, die mit einem vorkragenden Betondach ein ausgesprochen modernes Formelement aufweist, galt in Purmerend als Attraktion.[54] Erstaunlich ist daher die Kombination mit der konservativen, dem Historismus verhafteten Bauplastik (vor allem den kleinen Atlanten unter dem Türsturz) von Willem Coenraad Brouwer (1877–1933) aus Leiderdorp, mit dem Oud hier zum ersten Mal zusammenarbeitete. Das Gebäude, mitten im Stadtzentrum gelegen, nimmt heute einen Supermarkt auf. Nach Entkernung und Umbauten ist das ursprüngliche Erscheinungsbild vollkommen zerstört.[55]

Im Mai 1913 nahm Oud erstmals an einem offenen Wettbewerb teil. Gefordert war der Entwurf einer Dorfschule für einen fiktiven Bauplatz, ausgeschrieben von der Vereinigung Niederländischer Backsteinfabrikanten. Die Jury, der auch Berlage beisaß, sprach Oud keinen Preis zu.[56]

2. Die Zeit in Leiden (1913–17)

Im Herbst 1913 zog Oud in die Universitätsstadt Leiden, um dort nach eigener Aussage bessere Aufträge zu erhalten.[57] Gleichzeitig inserierte er in der Purmerender Zeitung[58], wodurch er sich weitere Bauaufträge erhoffte. Ausschlaggebend für die Wahl seines neuen Wohnsitzes war die Freundschaft zu dem sechs Jahre älteren Architekten Willem Marinus Dudok (1884–1974), der seit April 1913 als Ingenieur und stellvertretender Direktor bei den *Gemeentewerken* (Städtisches Bauamt) in Leiden arbeitete.[59] Offenbar hoffte Oud, von dem Freund beruflich profitieren zu können.[60] Tatsächlich errichteten Oud und Dudok zwischen 1915 und 1916 24 Arbeiterwohnungen in dem kleinen Ort Leiderdorp nahe bei Leiden (Abb. 5, 64). Ein von beiden Architekten unterzeichneter Entwurf für eine Arbeitersiedlung mit insgesamt 150 Gebäuden (Abb. 65), die ebenfalls für Leiderdorp bestimmt war, spricht für weitere gemeinsame Pläne.[61] Im Anschluß an die Wohnanlage in Leiderdorp wurde Oud für das Gebäude des Leidsche Dagblad (Leidener Tageblatt) herangezogen, für das Dudok und Oud gemeinsam den Auftrag erhielten.[62] Oud führte dort vor allem die Bauaufsicht, da Dudok bereits im Mai 1915 bei der Gemeinde gekündigt und im Juli eine Stelle als Direktor der *Publieke Werken* (Stadtwerke) in Hilversum angetreten hatte.[63] Daß Dudok und Oud ein gemeinsames Architekturbüro in Leiden hatten eröffnen wollen, erscheint aufgrund der engen Beziehung zwischen den beiden Architekten plausibel.[64] Zu einer Realisierung etwaiger Pläne kam es jedoch nicht mehr.

Bereits kurz nach seinem Umzug nach Leiden hatte Oud 1913/14 in Heemstede bei Utrecht zwei Läden mit angegliedertem Wohnhaus errichtet (Abb. 6).[65] Hinzu kamen kleinere Aufträge in Purmerend, wie ein schlichtes eingeschossiges Wohnhaus am Achterdijk und der Umbau von zwei Ladenbauten.[66] Auf April 1914 datiert das Wohnhaus Houtmann am Zuiderweg in Beemster.[67] Ebenfalls für 1914 nennt Oud eine Italienreise, die bislang jedoch weder durch Reiseberichte noch Skizzenblätter bestätigt wird.[68]

Während des Krieges wurde es infolge der rückläufigen Baukonjunktur zunehmend schwerer, an Bauaufträge zu gelangen. In diese Zeit fallen zwei Wettbewerbsentwürfe für öffentliche Gebäude. Ende 1913 hatte die Amsterdamer Architektenvereinigung Architectura et Amicitia einen »Ehren-Wettbewerb« (»eereprijsvraag«) für ein Museum Indischer Kunst ausgeschrieben. Die Jury, darunter Berlage, vergab Oud den vierten Preis.[69] Kurz darauf entstand der Entwurf »Motto K« für ein Altenpflegeheim (Abb. 8) in der südöstlich von Amsterdam gelegenen Stadt Hilversum.[70] Parallel arbeitete Oud an zwei Entwürfen, die weder auf einen Auftrag noch eine Ausschreibung zurückzuführen sind: der auf Dezember 1915 datierte Entwurf für ein Soldatenheim im Marinestützpunkt Den Helder, Provinz Noord-Holland (Abb. 101)[71] und der Entwurf für ein Volksbadehaus (Abb. 93)[72]. In beiden Fällen handelt es sich um Varianten bzw. »Korrekturen« bereits existierender Bauten, mit denen Oud seine Architekturauffassung und sein architektonisches Können demonstrieren wollte.[73] Offenbar zielte Oud dabei auf eine Anstellung bei einer kommunalen Einrichtung, die als einzige noch Bauaufträge vergaben. Hierfür sprechen seine Konzentration auf öffentliche Bauten wie auch die stilistische Orientierung an der allgemein geschätzten Architektur Berlages (so auch beim Entwurf für Wohnhaus Blaauw in Alkmaar von Januar 1916[74]) und der Amsterdamer Schule. Mit Blick auf Dudok, der seinen Posten im Sommer 1915 verlassen hatte, wird Oud sicherlich auf eine Tätigkeit im Bauamt der Stadt Leiden oder auf eine Zusammenarbeit mit seinem Freund in Hilversum gehofft haben.

Ein bereits im Sommer 1915 entworfenes Landhaus für den nahe Hilversum gelegenen Ort Blaricum (Abb. 9) wurde im Frühjahr 1916 realisiert[75]; zwei weitere Entwürfe für ein »Landhaus in Blaricum für Herr und Frau Van Essen« folgten im November bzw. Dezember 1916 (Abb. 100)[76]. Beide Arbeiten weichen in Grundriß und Formensprache deutlich von dem ausgeführten Bau ab. Möglicherweise handelt es sich auch dort um »Korrekturen« des bestehenden Gebäudes, wobei sich Oud an Bauten der Amsterdamer Schule, vor allem den gleichzeitig entworfenen (und 1918 fertiggestellten) Villen im Park Meerwijk in Bergen orientierte.

Zu einer Anstellung bei der Gemeinde Leiden, die nach Dudoks Abschied zwei Spezialisten für Weg- und Wasserbau einstellte, kam es nicht.[77] Bereits im Oktober 1915 hatte Oud – eventuell aus Enttäuschung über die zerschlagenen Hoffnungen – eine Anstellung bei J. A. G. van der Steur angenommen, wo er bis April 1917 als zweiter Architekt an einer Filiale der Nederlandse Bank in Leiden, Rapenburg 1–3, tätig war.[78] Dort hatte Oud nur Zeichenarbeiten zu erledigen.[79] Der Auftrag zum Umbau eines

5. Arbeiterhäuser, Leiderdorp, 1914–16, hist. Ansicht

aus dem 17. Jahrhundert stammenden repräsentativen Wohnhauses am Rapenburg 45 wurde nicht oder nur in Teilen realisiert.⁸⁰ Der auf Februar 1917 datierte Entwurf im Oud-Archiv beschränkt sich auf eine Modernisierung des Innenraums und den Einbau einer Werkstatt.

Im Vergleich zu Purmerend bot Leiden ein deutlich anspruchsvolles künstlerischeres Umfeld. Eine wichtige Rolle spielten die nahegelegenen Küstenorte, in denen sich das gehobene Bürgertum seine Sommerhäuser errichten ließ. Bevorzugt war das Künstlerdorf Katwijk aan Zee, wo unter anderem Berlage eine Villa für den renommierten Maler Jan Toorop erbaut hatte.⁸¹ Noch im Jahr seines Umzugs war Oud in den örtlichen Kunstklub De kunst om de kunst (Die Kunst um der Kunst willen) eingetreten.⁸² Offenbar beabsichtigte er, sich in Leiden zu etablieren und so langfristig Aufträge zu erhalten. Im Februar 1916 zog der Maler Theo van Doesburg (1883–1931) nach Leiden, wo auch er Mitglied von De kunst om de kunst wurde. Mit seiner Propaganda für die abstrakte Malerei stieß er jedoch auf den Widerstand seiner Kollegen und wurde nach einem Jahr aufgrund nicht bezahlter Beiträge ausgeschlossen.⁸³ Oud hatte unterdessen in der Zeichenakademie Ars Aemula Naturae den jungen, aus einer Intellektuellen- und Künstlerfamilie stammenden Maler Harm Kamerlingh Onnes (1893–1985) kennengelernt⁸⁴, mit dem er später mehrfach zusammenarbeiten sollte. Über ihn erfuhr Oud von Van Doesburgs Plänen zur Gründung einer Künstlervereinigung.⁸⁵ Ende Mai wandte er sich an den streitbaren Maler und plädierte für eine Beteiligung von Architekten in dieser Gruppe.⁸⁶ Offensichtlich suchte er ein Forum, in dem er sich – anders als in De kunst om de kunst – gleichberechtigt neben den Malern behaupten konnte. Van Doesburg antwortete postwendend, daß er an einer persönlichen Zusammenarbeit mit Oud sehr interessiert sei. Wenige Tage später gründeten sie gemeinsam die Künstlervereinigung De Sphinx.

Bei der ersten allgemeinen Versammlung von De Sphinx im Oktober 1916 wurde der Vorstand mit Oud als Vorsitzendem und Van Doesburg als zweiten Sekretär gewählt.⁸⁷ Anzunehmen ist, daß bei der Gründung weder ein Programm vorlag noch konkrete künstlerische Ziele formuliert waren: Während sich Van Doesburg an kubistischen und abstrakten Bildern orientierte, arbeiteten die anderen Maler überwiegend im impressionistischen Stil. Neben Oud war mit Jan Wils (1891–1972) ein zweiter Architekt in der wiederum von Malern bestimmten Gruppe vertreten.⁸⁸ De Sphinx veranstaltete mehrere kulturelle Abende, an denen Gedichte von Van Doesburg, Anthony Kok und A. H. Feiss, der Frau von Van Doesburg, rezitiert sowie Musikstücke vorgetragen wurden. Die erste Ausstellung von De Sphinx und gleichzeitig die einzige, an der Oud und Van Doesburg beteiligt waren, fand vom 18. bis 31. Januar 1917 in den Obersälen des Café-Restaurant De Harmonie in Leiden statt.⁸⁹ Von Ouds Arbeiten wurde der Entwurf für das Soldatenheim (Abb. 101), der Entwurf seines »pyramidenförmigen Landhauses« (Wohnhaus Broek in Waterland »Plan A«*) sowie verschiedene Fotografien gezeigt, darunter das im Sommer 1916 errichtete Haus des Bürgermeisters De Geus* in Broek in Waterland.⁹⁰ Auf einer Versammlung im Mai 1917 entschied sich die Mehrheit der Mitglieder gegen eine Bestätigung von Van Doesburg und Oud in ihren Ämtern. Als diese ihrerseits versuchten, traditionelle Maler auszuschließen, wurden sie selbst aus der Gruppe gedrängt.⁹¹

6. Haus Van Bakel, Heemstede, 1914, hist. Ansicht der Hoffront

7. Oud in seinem Zimmer in Leiden, Fotografie 1917, mit Ausstellungsplakat von De Sphinx

Seit Ende 1916 waren Oud und Menso Kamerlingh Onnes mit dem Umbau der Villa Allegonda* in Katwijk aan Zee betraut, für die Oud offenbar die Grundrißlösung und die Ausarbeitung der Fassaden übernommen hatte. Einen eigenen Auftrag erhielt Oud erst wieder mit dem Ferienhaus De Vonk* in Noordwijkerhout, das nach einem Entwurf von September 1917 ausgeführt wurde. Währenddessen hatte Van Doesburg sein seit Jahren verfolgtes Ziel einer eigenen Künstlerzeitschrift in Angriff genommen: Nach Zusage des benötigten Geldbetrags traf er im Mai 1917 die Abmachung mit dem Herausgeber.[92] Trotz der Papierknappheit während des Krieges erschien im Oktober 1917 die erste Ausgabe von »De Stijl«, die bereits einen Artikel und einen Entwurf von Oud (Abb. 148) enthielt.[93] In den folgenden Jahren sollte eine große Anzahl seiner Arbeiten auf diese Weise internationale Verbreitung finden.

3. Etablierung in Rotterdam (1918–21)

Im Frühjahr 1918 trat Oud eine Stelle bei dem im Jahr zuvor gegründeten *Gemeentelijke Woningdienst* in Rotterdam an.[94] Oud verdankte diese zunächst befristete Anstellung seinem Mentor Berlage, der offenbar den Direktor des *Woningdienst*, Auguste Plate, der ein erklärter Bewunderer Berlages war, für seinen Schützling hatte gewinnen können. Ob Berlage zuvor versucht hat, Oud bei der Stadt Amsterdam unterzubringen, wo gerade das Stadterweiterungsgebiet Amsterdam-Süd nach seinen Plänen (Abb. 79) ausgeführt wurde, ist nicht bekannt. Da Berlages Arbeit von der *Schoonheidskommissie* nicht mehr uneingeschränkt unterstützt wurde, wären seine Erfolgsaussichten wohl nicht allzu groß gewesen. Ouds aktuelle Formensprache wich zudem deutlich von den Arbeiten der Amsterdamer Schule ab, deren Vertreter alle wichtigen Positionen der Stadt besetzt hatten.[95] Im Gegensatz zu Amsterdam war die neueingerichtete Rotterdamer Behörde unabhängig von einer lokalen Architekturströmung. Als erster und bis zu seiner Kündigung 1933 einziger fest an den *Woningdienst* gebundener Architekt hatte Oud dort die Möglichkeit, die architektonische Ausrichtung der Stadt im Sinne Berlages zu beeinflussen.

Die Stelle beim Rotterdamer *Woningdienst* bot Oud nicht nur ein gesichertes Einkommen, sondern auch die Möglichkeit, während des Krieges bauen zu können. Wie seine im Oktober 1917 erschienene Schrift »Het monumentale stadsbeeld«[96] zeigt, hatte sich Oud bereits vor seiner Anstellung bei der Gemeinde – eventuell mit Blick auf eine bevorstehende Berufung – mit dem städtischen Wohnblock und den damit verbundenen städtebaulichen Problemen auseinandergesetzt. Oud plädiert dort für die Errichtung großer, einheitlich gestalteter Blöcke, wobei er ein regulierendes Eingreifen der Behörden ausdrücklich befürwortet. Allerdings handelt es sich bei dem gleichzeitig publizierten Entwurf einer Häuserzeile an einem Strandboulevard* nicht um ein Beispiel des Arbeiterwohnungsbaus, und die für den sozialen Wohnungsbau relevanten Fragen blieben auch sonst unberücksichtigt. Dagegen folgt Oud in seinem Artikel den städtebaulichen Vorstellungen seiner Lehrergeneration einschließlich Berlages.[97] Ausschlaggebend für die Protektion durch Berlage und seine Anstellung beim *Woningdienst* war damit nicht ein besonderes Interesse am Arbeiterwohnungsbau, sondern Ouds künstlerische Haltung.[98]

Im März 1918 zog Oud nach Rotterdam[99], wo er sogleich mit der Arbeit an seinen ersten beiden Wohnblöcken, Block I und V* in Spangen, begann. Am 27. Dezember 1918 heiratete er Johanna M. A. (Annie) Dinaux, die er bereits Jahre zuvor kennengelernt hatte. Am 5. Oktober 1919 wurde der Sohn Hendrik Emilie (genannt Hans) geboren. Mit Familie und gesicherter Arbeitsstelle – auf Block I und V folgten Block VIII* und IX* sowie ab 1920 die Wohnblöcke in Tusschendijken* – versuchte Oud nun auch im Kunstleben seiner neuen Heimatstadt Fuß zu fassen. Im Vergleich zu Amsterdam und Leiden bot die Hafenstadt Rotterdam ein eingeschränktes Kulturangebot. Neben der im 19. Jahrhundert gegründeten Akademie sind hier in erster Linie die Künstlervereinigungen Rotterdamse Kunststichting (Kunststiftung) und De Branding (Die Brandung) sowie der Architektenbund Bouwkunst en Vriendschap (Baukunst und Freundschaft) zu nennen. Oud wählte die 1913 gegründete Vereinigung Rotterdamsche Kring (Rotterdamer Ring), deren Ziel in einer betont breiten Förderung des geistigen Lebens unter Einschluß von Literatur, Philosophie, Religion und Kunst bestand. Ihre Mitglieder setzen sich aus Intellektuellen und Künstlern sowie aus Vertretern der Finanzwelt zusammen, die zugleich potentielle Auftraggeber waren.[100] Interessant wäre für Oud sicherlich auch die 1885 gegründete, allein von Architekten und Unternehmern getragene Vereinigung Bouwkunst en Vriendschap gewesen, die wöchentliche Treffen, Vorträge und Wettbewerbe organisierte. Die einflußreiche Ver-

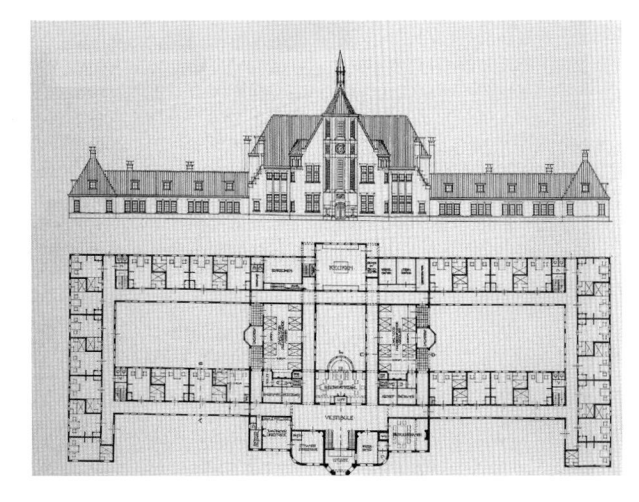

8. Altenpflegeheim, Hilversum, 1914/15, Aufriß, Grundriß EG

9. Landhaus, Blaricum, 1915/16, hist. Ansicht

einigung hatte mit ihren Mitgliedern den Wettbewerb zum Bau des Rotterdamer Rathauses (1913–20) bestimmt[101], das sich bei Ouds Ankunft noch im Bau befand. Nicht akzeptbel scheint für ihn jedoch die künstlerische Ausrichtung gewesen zu sein, die deutlich von seiner eigenen Auffassung abwich. Auch der als Sieger hervorgegangene Rathaus-Entwurf, eine historisierende Arbeit in Neurenaissanceformen von Henri Evers (vgl. Abb. 53), wird seinen Vorstellungen eines modernen Repräsentationsbaus nicht entsprochen haben.

Im Januar 1920 wurde auf Initiative von Willem Kromhout, Direktor der Architekturabteilung der Rotterdamer Akademie, die Künstlervereinigung De Opbouw (Der Aufbau) gegründet.[102] Zusammen mit Mitgliedern von Bouwkunst en Vriendschap entstand ein Forum für bildende Künstler, das einen engeren Kontakt zwischen den Künsten herzustellen suchte. Die Künstlervereinigung De Opbouw, die Lesungen, Vorträge, Ausstellungen und Exkursionen organisierte, vertrat keine bestimmte künstlerische Richtung.[103] Erstmals bestand damit auch für die progressiven Rotterdamer Künstler die Möglichkeit, sich in einer lokalen Gruppe zusammenzuschließen. Neben den Vertretern unterschiedlichster Strömungen stießen dort mit dem Architekten M. J. Granpré Molière auf der einen und Mart Stam und L. C. van der Vlugt auf der anderen Seite auch extreme Positionen aufeinander. Im Laufe der 1920er Jahre kamen zunehmend ortsfremde Künstler hinzu, die De Opbouw schließlich zu einer überregionalen Architektengruppe machten. Ob Oud bereits zu den Gründern zählte oder erst im Laufe des Jahres dazu stieß, ist unklar.[104] Während seiner Mitgliedschaft, über mehrere Jahre auch als Vorsitzender der Gruppe, lernte er eine Vielzahl von Kollegen und späterer Freunde kennen. Unter anderem traf er seinen Bekannten Mart Stam (1899–1986) wieder, der ebenfalls aus Purmerend kam und auf Anraten Ouds den Beruf des Architekten gewählt hatte.[105] Auch den Designer W. H. Gispen, der die Innenhofgitter der Tusschendijkener Wohnblöcke* entwarf, lernte er dort kennen.[106]

1921 entwickelte Oud zusammen mit einem Kollegen des Woningdienst, Th. K. van Lohuizen, einen Bebauungsplan für das Erweiterungsgebiet Oud-Mathenesse*. Das für 30.000 Menschen konzipierte Projekt bildete die erste städtebauliche Arbeit Ouds im großen Maßstab. In der ersten Hälfte des Jahres 1922 folgte die Siedlung »Witte Dorp« (Weißes Dorf) in Oud-Mathenesse*, bei der Oud sowohl die städtebauliche Planung als auch den Entwurf der 343 Häuser, der acht Ladenbauten und eines Verwaltungsbaus übernahm. Die in Anlehnung an De Bazels Weltstadtplanung konzipierte Siedlung erscheint als Fragment einer Idealstadt[107] und bildet damit eine der ehrgeizigsten Arbeiten seiner Laufbahn.

Ouds aktive Zeit bei De Stijl fiel beinah exakt mit seinen ersten Jahren beim Woningdienst zusammen. Entsprechend begeistert war Oud von der Vorstellung, seine De Stijl-Kollegen an den nun anstehenden Bauprojekten zu beteiligen.[108] Unbekannt ist, wie es ihm gelingen konnte, den Direktor des finanziell knapp gehaltenen Woningdienst von einer aufwendigen Ausstattung, einer Musterwohnung mit Avantgardemöbeln sowie Farbfassungen an den Außen- und Innenwänden zu überzeugen. Dank der aufgeschlossenen Einstellung Plates kamen bei Block I und V* in Spangen nicht allein die von Van Doesburg entworfenen Bleiglasfenster zur Ausführung, sondern konnte im Sommer 1920 auch eine Musterwohnung mit Rietvelds Möbeln und Van Doesburgs Wandgestaltung (Abb. 158–160) präsentiert werden.[109] Niemand dachte dabei an eine tatsächliche Ausstattung der Wohnungen mit den teuren und extravaganten Möbelstücken aus Rietvelds Sortiment[110], die Plate nach Schließung der »Ausstellung« für sich selbst erwarb. Im Fall der Farbentwürfe des Außenbaus (Abb. 23) schien jedoch nicht nur für Plate, der um das Ansehen des jungen Woningdienst bangte, sondern auch für Oud die Grenze erreicht.

Die im Sommer 1919 erstellten Farbentwürfe von Van Doesburg wurden auf Anweisung Ouds nur noch partiell ausgeführt.

Neben seinem Einsatz für diese Gemeinschaftsarbeiten im Rahmen des kommunalen Wohnungsbaus übernahm Oud auch in seiner Architektur die gleichzeitig in De Stijl entwickelte Formensprache. So folgen die Fensterglierung der für den Woningdienst entworfenen Behelfswohnungen unter einem Viadukt* wie auch der Häuserzeile mit Arbeiterwohnungen*, beide von 1918/19, den Gemälden bzw. Bleiglasarbeiten der De Stijl-Künstler.[111] Darüber hinaus versuchte Oud in seinen Wohnblöcken, vor allem in den Eckbauten von Block VIII* und IX*, Mondrians Vorstellung einer »Flächenplastik« umzusetzen.[112] Anfang 1920, als mit der Ausführung der beiden Blöcke begonnen wurde, trat Oud mit Mondrian in Kontakt und reiste schließlich im August zusammen mit seiner Frau für drei Wochen nach Paris.[113] Als im Oktober Mondrians Galerist den Anstoß für ein Modellhaus als Gemeinschaftsarbeit aller De Stijl-Künstler gab, wurde Oud als Architekt ausgewählt.[114]

Vier Monate später, im Februar 1921, hielt Oud vor De Opbouw seinen viel beachteten Vortrag »Über die zukünftige Baukunst und ihre architektonischen Möglichkeiten«[115]. Oud vertrat – als Zusammenfassung und Pointierung seiner vorausgegangenen Schriften – eine prinzipiell gegensätzliche Haltung zu Mondrian, der von Anfang an eine von funktionalen und konstruktiven Forderungen freie Architektur postuliert hatte.[116] Mit seiner Absetzung von Mondrians »Neoplastizismus«, der in dem Vortrag bewußt unerwähnt blieb, stellte sich Oud auch gegen den offiziellen Kurs von De Stijl. Allerdings zeigten sich Oud wie auch Van Doesburg zu dieser Zeit noch wenig konsequent in ihrem Handeln. Entsprechend nahm die Zusammenarbeit der beiden Freunde zunächst keinen Schaden: Im Sommer 1921 besuchte Oud Van Doesburg in Weimar, wo dieser an den Farbentwürfen der Wohnblöcke VIII* und IX* arbeitete. Auch diese Farbfassung sollte – den Vorstellungen der De Stijl-Maler folgend – der Geschlossenheit und Serialität der Architektur entgegenwirken. In diesem Sinne betonte Oud im Herbst 1921 seine Unzufriedenheit mit der (von ihm selbst propagierten) Normierung.[117] Van Doesburg, der schon zu Anfang des Jahres Mondrians Theorie zum Ideal von De Stijl erklärt hatte, war ebenfalls schwankend und äußerte sich noch im Oktober begeistert über die »Maschinenästhetik« und die Normierung in Ouds Bauten.[118]

Zur selben Zeit erhielt Oud aus Weimar die Farbentwürfe der Wohnblöcke VIII* und IX* (Abb. 25–27), deren Ausführung er nun jedoch ablehnte. In Verbindung mit Van Doesburgs Umschwenken zu Mondrian und Ouds Absage an das Projekt Rosenberg kam es im November 1921 zum Bruch.[119] Zweifellos hatten sowohl Oud als auch Van Doesburg ihre gegenläufige Entwicklung frühzeitig erkannt, vor den Konsequenzen jedoch die Augen verschlossen. Neben der ehrlichen Begeisterung Ouds für eine Zusammenarbeit mit (vermeintlich) Gleichgesinnten war für ihn als noch unbekannten Architekten die Verbindung zu De Stijl, vor allem die Werbekampagnen Van Doesburgs, von großem Nutzen gewesen. Van Doesburg hoffte seinerseits auf die Realisierung seiner Farbentwürfe im Rahmen von Ouds Bautätigkeit, der durch seine Anstellung beim Woningdienst als einer der wenigen Architekten in dieser Zeit bauen konnte. Daß neben den künstlerischen (und charakterlichen) Differenzen auch ihr persönlicher Lebensweg gegensätzlich verlief, kam als verschärfendes Kriterium hinzu: 1921 standen sich schließlich ein Provokateur und Dada-Künstler und ein Familienvater im Dienst einer kommunalen Behörde gegenüber.[120]

Enttäuscht über das gescheiterte Projekt einer modernen Gemeinschaftskunst begannen Van Doesburg und Oud das Ansehen des vormaligen Freundes systematisch zu untergraben.[121] Im Januar 1923 betonte Oud, daß er keinerlei Kontakt mehr zu

Van Doesburg habe.[122] Auch zwischen Mondrian und Oud war es infolge seines Vortrages zu einer heftigen Auseinandersetzung gekommen: im Sommer 1922 brach auch zwischen ihnen der Kontakt für einige Monate ab.

4. Internationale Kontakte (1921–26)

Unabhängig von dem Zerwürfnis und seiner Abkehr von De Stijl hat die Freundschaft zu Van Doesburg Ouds weiteres Leben entscheidend geprägt. Oud, der aufgrund seiner zurückhaltenden, (selbst-)kritischen Art und seiner depressiven Veranlagung weniger leicht Anschluß fand, wurde von seinem enthusiastischen und extrovertierten Freund in die internationale Kunstszene eingeführt. Neben dem Kontakt zu Mondrian und den anderen Mitgliedern von De Stijl bildete zweifellos auch sein Aufenthalt am Bauhaus (Sommer 1921) einen Höhepunkt. Die dort gemachten Bekanntschaften zogen zahlreiche weitere Kontakte, Ausstellungsmöglichkeiten und Publikationsanfragen nach sich. Ouds Bemühen richtete sich nun ganz auf eine internationale Karriere, die er mit großem Engagement in Angriff nahm. Für entsprechende anspruchsvolle und repräsentative Bauaufgaben galt es weitere Beziehungen zu knüpfen bzw. die bestehenden zu intensivieren. Besondere Möglichkeiten bot dabei das Nachbarland Deutschland, das der Architekturentwicklung in den (vom Krieg weitgehend unbehelligten) Niederlanden besonderes Interesse entgegengebracht.

Eine erste Chance ergab sich im September 1921, gleichzeitig mit Ouds Absage an das Projekt Rosenberg. Durch Vermittlung des Berliner Kunstkritikers Adolf Behne erhielt Oud eine Einladung zum Wettbewerb für das Wohnhaus Kallenbach*. Die Bauaufgabe, ein anspruchsvolles Wohnhaus im Berliner Villenvorort Grunewald, dürfte genau Ouds Wüschen entsprochen haben. Allerdings mußte er dort in Konkurrenz zu Adolf Meyer und dem Leiter des Staatlichen Bauhauses in Weimar, Walter Gropius treten, vor allem letzterer ein international bekannter Architekt mit weitaus größerer Erfahrung. Ouds konsequent moderner Entwurf setzte sich gegen das expressionistische Projekt von Meyer und Gropius (Abb. 215–217) durch. Der Entwurf, der neben den historischen Villen zweifellos eine Provokation dargestellt hätte, blieb aufgrund finanzieller Schwierigkeiten des Bauherrn unausgeführt. Im Bewußtsein, einen wertvollen Beitrag zur Modernen geleistet zu haben, fertigte Oud nachträglich eine Perspektivzeichnung, die ab Herbst 1922 in zahlreichen Publikationen erschien (Abb. 219)[123].

Die folgenden Jahre sind geprägt von Ouds Bemühen, seine Arbeiten durch Publikationen, Vorträge und Ausstellungen einer größeren Öffentlichkeit vorzustellen. Am 21. März 1923 hielt Oud am Berliner Kunstgewerbemuseum einen Vortrag über »Die Entwicklung der modernen Baukunst in Holland: Vergangenheit, Gegenwart, Zukunft«[124], der auch Beispiele seiner eigenen Arbeiten einschloß. Als Referent eines größeren Vortragszyklus erschien Oud dort in einer Reihe mit Thomas Mann, Oswald Spengler, Raymond Unwin und Wilhelm Worringer.[125] Durch Vermittlung von Bruno Taut, Stadtbaurat in Magdeburg, sprach Oud wenige Tage später im Bürgersaal des Magdeburger Rathauses.[126] Von weitreichender Bedeutung war seine Teilnahme an der Bauhaus-Ausstellung »Internationale Architektur«, die vom 15. August bis 30. September 1923 parallel zur großen Werkschau des Bauhauses gezeigt wurde.[127] Als wichtigste deutsche Architekturausstellung dieses Jahres stieß sie international auf großes Interesse. Oud zählte zu diesem Zeitpunkt bereits zu den wichtigsten Vertretern der Internationalen Moderne. Im Vertrauen auf sein Urteil bat ihn Gropius, die zu beteiligenden niederländischen Vertreter auszuwählen.[128] Am 17. August hielt Oud als einziger »Nicht-Bauhäusler« neben Gropius und Wassily Kandinsky einen Vortrag im Rahmen der Bauhauswoche (15. bis 19. August).[129] Gleichzeitig zur Bauhaus-Ausstellung waren seine Arbeiten im Rahmen der »Großen Berliner Kunstausstellung« im Landesausstellungsgebäude am Lehrter Bahnhof zu sehen, wo die Novembergruppe vom 19. Mai bis 17. September 1923 aktuelle Architektur präsentierte. Ludwig Hilbersheimer, der in seiner Besprechung die Bedeutung der jungen niederländischen Architekten für Deutschland hervorhob, verwies explizit auf Ouds Wohnblöcke in Spangen*.[130]

Nach und nach traten auch die anderen europäischen Länder in Ouds Wirkungskreis. Vom 15. Oktober bis 15. November 1923 waren seine Entwürfe erstmals in Paris zu sehen, dort jedoch noch als Arbeiten von De Stijl. Unter dem Titel »Les architectes du groupe De Stijl« präsentierte die Galerie L'Effort Moderne (Abb. 16) insgesamt 17 seiner Arbeiten.[131] Die Ausstellung wanderte weiter nach Nancy, wo sie (in veränderter Form) vom 22. März bis 30. April 1924 in der Ecole Spéciale d'Architecture zu sehen war. Ab 1924 erschienen seine Entwürfe in mehreren Ausgaben von »L'Architecture Vivante«[132], mit deren Herausgeber Jean Badovici er in engem Austausch stand. Neben Frankreich kamen nun auch seine Kontakte zu Schweizer Kollegen zum Tragen: Am 27. Februar 1924 hielt Oud einen Vortrag vor dem Zürcher Ingenieur- und Architektenverein, den er am folgenden Tag in Bern wiederholte.[133] Vom 2. bis 4. Juli 1924 nahm Oud am Internationalen Städtebaukongreß in Amsterdam teil[134], der mit insgesamt 457 Teilnehmern aus 20 Ländern ein ideales Kontaktforum bildete. Im Anschluß an die Tagung wurden verschiedene Exkursionen zu aktuellen Beispielen der niederländischen Architektur angeboten.[135] Oud übernahm die Führung durch Rotterdam (8. Juli 1924) und stellte dabei seine eigenen Wohnblöcke in Spangen* und Tusschendijken* vor.[136] Als eines der Zentren der Modernen Architektur nahm zu dieser Zeit auch die Tschechoslowakei den Kontakt zu Oud auf. Einer Einladung des Klub Architektů folgend sprach Oud Ende November im Prager Mozarteum und im Kunstgewerbemuseum in Brünn. An dem viel beachteten Vortragszyklus zur Moderne Architektur waren unter anderem Le Corbusier, Walter Gropius, Adolf Loos, Amedèe Ozenfant und Karel Teige beteiligt.[137] Aus dem Kontakt zu seinen tschechischen Kollegen gingen mehrere Publikationen hervor sowie die Einladung zum Wettbewerb für das Hotel Stiassny*.[138] 1924 nahm erstmals auch das außereuropäische Ausland von Oud Notiz. Nachdem bereits im März ein Themenheft zu Oud in der japanischen Zeitschrift »Sinkentiku« erschienen war[139], bemühte sich Prof. Emil Lorch von der University of Michigan in Ann Arbor (USA), Oud für eine Vortragsreihe zu gewinnen[140]. Obwohl sich Oud zu dieser Zeit sehr mobil zeigte, blieb sein Aktionsradius doch auf Europa beschränkt. Eine für Oktober 1924 geplante Amerikareise mit Erich Mendelsohn und dem Ehepaar Wijdeveld sagte er ab.[141]

Ouds früher internationaler Ruhm basiert vor allem auf seinen in »De Stijl« publizierten Entwürfen sowie den im Auftrag des Woningdienst errichteten Wohnblöcken und der Siedlung Oud-Mathenesse*. Die damalige Wertschätzung seines Werkes ging damit von ganz anderen Arbeiten aus als seine Stellung in der späteren Architekturgeschichtsschreibung: Erst 1924 entwarf Oud die bis heute als Höhepunkt seines Werkes geltenden Häuserzeilen in Hoek van Holland*, ein Jahr später folgte der Entwurf der Siedlung Kiefhoek*. Einem größeren Publikum wurden sie jedoch erst mit ihrer Fertigstellung im Jahr 1927 (Hoek van Holland) bzw. 1930 (Kiefhoek) bekannt gemacht.[142]

Im Frühjahr 1925 erhielt Oud seinen ersten größeren »Auftrag« außerhalb des Woningdienst. Nach dem frühen Tod von

Michiel Brinkman (Februar 1925), Hausarchitekt von Van Nelle und in dieser Funktion mit dem Neubau der Tabakfabrik betraut, wurde dessen 21-jähriger Sohn J. A. Brinkman Erbe des Büros. Nach Vorstellung des Direktors C. H. van der Leeuw sollte Oud die Pläne für den Fabrikbau in Arbeitsgemeinschaft mit dem jungen Brinkman fortsetzen.[143] Eine konkrete Zusicherung zum Bauen erhielt er jedoch nicht.[144] Die Situation stellte Oud vor eine schwierige Entscheidung. Auf der einen Seite stand seine gesicherte Stellung bei der Gemeinde, auf der anderen sein Wunsch nach einem großen repräsentativen Bauprojekt. Hinzu kam seine Unzufriedenheit mit der Situation im *Woningdienst*, wo er neben finanziellen Kürzungen nun auch mit Einschränkungen im künstlerischen Bereich konfrontiert wurde: Durch die Kritik des Gemeinderats war er im Herbst 1924 gezwungen worden, einen neuen Fassadenentwurf für die Häuserzeilen in Hoek van Holland* vorlegen; im darauffolgenden Frühjahr wurde die Ausführung der Siedlung Kiefhoek* von der Staatsregierung abgelehnt.[145] Obwohl Oud in dieser Zeit mehrfach seine Stellung aufgeben wollte[146], entschied er sich schließlich doch zu bleiben. Ausschlaggebend hierfür mag auch die Hoffnung auf eine Stelle als Stadtbaurat in München gewesen sein, die ihm sowohl Sicherheit als auch größere künstlerische Freiräume geboten hätte.[147] Im April 1925 betonte der einflußreiche Münchener Architekt Herman Sörgel: »Meine weiteren Bemühungen gehen dahin, Sie nach München – womöglich in eine leitende Stelle der Stadt – zu ziehen.«[148] Im Mai folgte eine lobende Beschreibung Ouds in der Münchener Architekturzeitschrift »Die Baukunst«, die ihn als den geeigneten Kandidaten für das Amt eines Stadtbaurats vorstellte.[149] Kurz darauf erschien sein Porträt mit einer Vorstellung seiner Person in der Rubrik »Architektencharakterköpfe« in einer Reihe mit Berlage, Theodor Fischer und Fritz Schumacher (Abb. 10).[150] Inzwischen entschied sich Van der Leeuw für den jungen L. C. van der Vlugt (1894–1936) als Architekt des neuen Fabrikgebäudes, das als eines der Schlüsselwerke der Moderne in die Architekturgeschichte eingehen sollte (Abb. 110).[151]

Ein weiteres Angebot erhielt Oud im August 1925 von der »Staatlichen Hochschule für Handwerk und Baukunst« in Weimar, die Otto Bartning als Nachfolgeinstitution des Bauhauses neu aufbauen wollte. Die gemeinhin als »Bauhochschule« bezeichnete Einrichtung sollte (abweichend vom Bauhaus) eine zentrale Architekturabteilung mit einem eigenen Architekturatelier erhalten.[152] Bartning dachte zunächst an die Einstellung eines Chefarchitekten, eines Ingenieurs, eines Bauleiters sowie verschiedener Lehrer für die allgemeinen Fächer. Im August 1925 wandte er sich mit Blick auf den Posten des Chefarchitekten an Oud.[153] Weshalb Oud dieses Angebot ausschlug, kann nur vermutet werden. Möglicherweise war sein persönlicher Einsatz für den Verbleib des Bauhauses mit ein Grund, eine Tätigkeit an der Nachfolgeinstitution abzulehnen.[154] Hinzu kam, daß Oud generell fürchtete, die eigene Bautätigkeit zugunsten der Lehre zurückstellen zu müssen, eine Angst, die er als Stadtbaurat in München nicht haben mußte. Die für Oud vorgesehene Stelle an der Bauhochschule erhielt schließlich Ernst Neufert, der im März 1926 zum Leiter der Bauabteilung berufen wurde.[155]

Eines der wichtigsten Kunst-Ereignisse des Jahres 1925 war die »Exposition des Arts décoratifs et industriels modernes« in Paris[156], die erste internationale Veranstaltung dieser Art nach dem 1. Weltkrieg. Neben anderen als bedeutend eingestuften Künstlern wurde auch Oud vom niederländischen Ausstellungsrat aufgefordert, drei Fotos seiner Arbeiten einzureichen, darunter ein Wohnblock in Rotterdam und das Haus De Vonk*.[157] Oud lehnte seine Beteiligung zunächst ab.[158] Auf wiederholte Nachfragen entgegnete er, daß er sich eher einer internationalen Strömung verwandt fühle als der niederländischen Baukunst. Um als selbständiger Architekt auftreten zu können, müsse er fünf Fotos an Stelle der üblichen drei ausstellen.[159] Oud, der ausdrücklich betonte, keine Erweiterung seiner Einsendung erzwingen zu wollen, wird sicherlich auf ein Einlenken der Kommission gehofft haben. Schließlich versprach die Pariser Ausstellung nicht nur eine europaweite Beachtung seiner Arbeiten, sondern erstmals auch eine Präsentation in einem offiziellen, repräsentativen Rahmen. Ouds Taktik ging auf: präsentiert wurden zwei Fotos der Siedlung Oud-Mathenesse* sowie drei weitere Fotos seiner Rotterdamer Wohnblöcke.[160]

Im Rahmen der Pariser Ausstellung wurde Oud mit mehreren (kunstpolitischen) Auseinandersetzungen konfrontiert, die auch seinen Einsatz bzw. eine Entscheidung forderten. Noch während der Vorbereitungen war Oud auf Bitte von Erich Mendelsohn für eine Beteiligung der boykottierten deutschen Künstler eingetreten[161], zu denen er seit Jahren in engem, zum Teil freundschaftlichen Kontakt stand. Charakteristisch an dieser Situation ist, daß Oud von sich aus jede Einmischung vermied, auf die Anregung dritter jedoch prompt reagierte. Neben dem (letztlich aufrecht erhaltenen) Boykott deutscher Künstler wurde in Künstlerkreisen auch der Ausschluß der Gruppe *De Stijl* kritisiert, die als bedeutende niederländische Avantgardegruppe keine Möglichkeit zur Repräsentation ihrer Kunst erhielt. Van Doesburg überreichte der niederländischen Ausstellungskommission ein entsprechendes Schreiben, das jedoch gerade von Mondrian, dem in Paris lebenden, bekanntesten Vertreter der Gruppe, nicht unterzeichnet war.[162] Auch Oud, der noch immer mit Van Doesburg in Streit

10. Porträtfotografie von Oud, 1925

lag, hatte nicht unterschrieben. Mit Blick auf die von der Amsterdamer Schule bzw. dem Haagse Stijl beherrschten Schau warf Van Doesburg ihm schließlich vor, zum »Liberty-Wendingenstil« übergetreten zu sein.[163]

Die am 28. April 1925 im Gelände zwischen Invalidendom und Petit Palais eröffnete Ausstellung zählte bereits in den ersten drei Tagen 40.000 Besucher.[164] Neben Fotografien seiner Bauten stellte Oud dort erstmals auch ein Möbelstück aus[165], ein vom Museum Boymans van Beuningen in Auftrag gegebener Schrank für die Graphische Sammlung von A. J. Domela Nieuwenhuis, der nun zur Präsentation für die Einsendungen der Gemeinde Rotterdam diente.[166] Im November 1925 erhielt Oud in der Abteilung Architektur die Medaille d'Or, in der Abteilung Interieur- und Möbelkunst die Medaille d'Argent.[167] Damit hatte Oud, der seit Jahren seine Stellung innerhalb der europäischen Avantgarde ausbauen konnte, den Durchbruch in der etablierten Kunstszene geschafft. Auch innerhalb des eigenen Landes schien er vom unbekannten, oft kritisierten Architekten des städtischen Wohnungsbauamtes zum preisgekrönten Vertreter einer modernen niederländischen Kunst aufgestiegen zu sein.

Im Frühjahr 1925 wurden Ouds Arbeiten erstmals auch dem britischen Publikum präsentiert. Im April kamen 120 Mitglieder des National Housing and Town Planning nach Rotterdam, wo sie unter anderem von Vertretern des *Woningdienst* mit M. J. I. de Jonge van Ellemeet, Oud und A. H. Sweys zwei Tage lang durch die Stadt geführt wurden. Das Programm sah die Besichtigung der Wohnblöcke in Tusschendijken*, der Siedlung Oud-Mathenesse* und (wahrscheinlich) der Wohnbauten in Spangen* vor.[168]

Auch die Verbindungen zu Deutschland konnten ausgebaut und gefestigt werden. Vom 30. Mai bis 30. Juni 1925 wurden zwei seiner Arbeiten im Rahmen der Jahresschau der Novembergruppe in Berlin ausgestellt.[169] Am 30. Oktober 1925 sprach Oud auf Einladung des Deutschen Werkbundes im »Haus des Deutschtums« in Stuttgart, womit er den Kontakt zu den Organisatoren der Mustersiedlung auf dem Stuttgarter Weißenhof festigen konnte.[170] Zunehmend wurde Oud nun selbst von verschiedenen Organisationen angesprochen. Walter Dexel bat Oud einen Vortrag in Jena zu halten, und der Kunstverein Gera sowie das Kunstkabinett Neue Kunst Fides in Dresden wollten seine Werke in ihre Ausstellungen aufnehmen.[171] Ouds Arbeiten, die auf keiner der großen deutschen Architektur-Ausstellungen mehr fehlten, waren schließlich auch bei der legendären Präsentation »Typen neuer Baukunst« in der Städtischen Kunsthalle Mannheim vertreten. Im Rahmen der von G. F. Hartlaub organisierten Schau fanden am 1. November 1925 zwei Vorträge statt: Mendelsohn sprach über Probleme der neuen Baukunst, Oud über »Die Entwicklung der neuen Baukunst in Holland; Vergangenheit, Gegenwart, Zukunft«.[172] Die Ausstellung wanderte weiter nach Hamburg, wo sie (erweitert durch die Abteilung »Neuzeitlicher Wohnungsbau« und »Nordische Beispiele«) vom 7. Mai bis 15. Juni 1926 gezeigt wurde. Der Hamburger Architekt Fritz Block war als Mitglied der Ausstellungsleitung zuvor nach Belgien und in die Niederlande gereist, wo er auch Oud einen Besuch abstattete.[173] Auf Einladung des BDA (Landbezirk Norden) hielt Oud am 3. Juni erneut seinen Vortrag zur Entwicklung der Modernen Architektur in Holland.[174] Anläßlich seines Hamburg-Aufenthalts wurde eigens eine Besichtigungstour geplant: »Herr Schumacher, der Oberbaudirektor von Hamburg … will uns sein Auto zur Verfügung stellen und uns alles zeigen.«[175] Auch als die Ausstellung im März 1926 im Neuen Museum Wiesbaden präsentiert wurde, hielt Oud einen Vortrag[176]; ebenso im Januar 1927 im Landesmuseum Oldenburg als dritter Station der Ausstellung[177]. Im Sommer 1926 erhielt Oud den Auftrag, im Rahmen der geplanten Musterausstellung des Deutschen Werkbundes in Stuttgart zu bauen. Wiederum wurde er gebeten, das Material der niederländischen Architekten für die parallel geplante Ausstellung »Die Wohnung der Neuzeit« zu sammeln.[178]

Zur Tschechoslowakei kamen als neue Betätigungsgebiete im Osten nun auch Polen und Österreich hinzu. Auf Initiative der Gruppe Blok präsentierte die polnische Künstler-Vereinigung in Warschau ab Februar 1926 eine Ausstellung über Moderne Architektur, unter anderem mit Beispielen von Oud.[179] Auch bei der Frühjahrsausstellung »Kunstschau« des Bundes Österreichischer Künstler stellte Oud seine Werke aus.[180] Im Mai 1926 waren seine Arbeiten schließlich im Künstlerhaus Wien zu sehen.[181] In diesem Jahr erhielt Oud zusammen mit Peter Behrens, Inno A. Campbell und Arnošt Wiesner eine Einladung zum Wettbewerb für das Hotel Stiassny*, einem der renommiertesten Bauprojekte der 1920er Jahre in Brünn. Laut Aussage des Breslauer Architekten Günter Hirschel-Protsch, der Oud während der Planungsphase in Rotterdam besucht hatte, entstand der Entwurf in Zusammenarbeit mit seinem »Mitarbeiter«, dem ungarischen Architekten Paul (Pali) Meller (1902–43).[182] Meller hatte sich nach seinem Studium in Wien und Karlsruhe bei Oud beworben.[183] In seinem Schreiben äußerte er sich begeistert von Ouds Arbeiten und verwies gleichzeitig auf seine mit Oud verwandte Haltung zur Architektur. Um die Ernsthaftigkeit seines Vorhabens zu verdeutlichen, betonte Meller, daß er bereits seit einiger Zeit Niederländisch lerne.[184] Als Oud eine Anstellung aufgrund fehlender Bauausführungen innerhalb des *Woningdienst* abwies[185], sandte Meller ein glühendes Plädoyer für die moderne, im Wesen sozialistische Architektur.[186] Offenbar beeindruckt von dem Temperament und Idealismus des jungen Kollegen sagte Oud zu. Allerdings wurde Meller nicht wie zunächst vorgesehen als Zeichner im Städtischen Wohnungsbauamt, sondern von Oud privat eingestellt. Da sich Meller noch auf Reisen durch Ungarn, Italien, Frankreich, Österreich und Deutschland befand, plante er Ende September 1925 in Rotterdam einzutreffen[187] – gerade rechtzeitig, um an den Entwürfen für das Brünner Hotel mitzuarbeiten. Die Entwürfe wurden ab 10. April auf Initiative von Arnošt Wiesner und des Künstlerclubs Aleš in Brünn ausgestellt.[188]

1926 begann mit den Häuserzeilen in Hoek van Holland* ein neuer Abschnitt in Ouds internationaler Karriere. Die im September begonnen Bauten wurden in Plänen sowie ab 1927 durch Baustellenfotos der Öffentlichkeit vorgestellt. Vor allem der Fachwelt galten die beiden Häuserzeilen als Inbegriff der Internationalen Architektur. In seiner Besprechung der »Großen Berliner Kunstausstellung« (Juli 1926) schwärmte Ludwig Hilberseimer: «Ouds Wohnhausgruppe für Hoek van Holland gehört zum Vollendetsten, was die neue Architektur hervorgebracht hat. Man könnte geneigt sein, diese Arbeit klassisch zu nennen, wenn dieser Begriff nicht so viele Mißverständnisse zur Folge hätte.«[189] Auch der Schweizer Kunsthistoriker Sigfried Giedion reagierte begeistert. Nachdem ein Wettbewerb zum Bau der Züricher Kunstgewerbeschule verbunden mit dem Kunstgewerbemuseum gescheitert war, plädierte er im August 1926 für Oud als Teilnehmer eines neuen Wettbewerbs: »Wir schlagen drei Namen vor: J. J. P. Oud, Le Corbusier und Mart Stam: J. J. P. Oud als jener unter den Leuten von Rang, der am fernsten einer Doktrin steht und am stärksten eine Architektur will, die Generationen überdauert … Diese drei Namen sind nicht willkürlich aus der Luft gegriffen. Sie bedeuten gleichzeitig die drei Etappen der neuen Architektur.«[190] Giedion konnte sich nicht durchsetzen; eine Berufung Ouds kam nicht zustande.[191]

Ebenfalls im Sommer waren Ouds Arbeiten im Rahmen der »Internationalen Kunstausstellung München« zu sehen, die erstmals eine eigene Architekturabteilung umfaßte.[192] Auch eine Anstellung Ouds bei der Stadt München war weiterhin im Gespräch: Im November 1926 plädierte Paul Renner, Leiter der Graphischen

Berufsschule in München, für eine Berufung Ouds als Stadtbaumeister der bayerischen Hauptstadt. Vergleichbar der Stellung Ernst Mays in Frankfurt am Main sollte dieses Amt mit besonderen Vollmachten ausgestattet werden. Wie Sörgel zielte Renner auf eine grundsätzliche Reform der städtischen Baubehörden und den Bau eines verkehrsgerechten, »neuen München«. Renners Forderung, die im Rahmen des Vortragsabends »Kampf um München als Kulturzentrum« in der Tonhalle vorgebracht wurde, fand große Beachtung. Auch hier konnten man sich jedoch nicht gegen die konservativen Kreise durchsetzen.[193]

5. Der Wettbewerb um die Rotterdamer Börse (1926/27)

Im Juni 1926 erhielt Oud eine Einladung zur Teilnahme am Wettbewerb um die Rotterdamer Börse*, eines der größten und aufwendigsten Bauprojekte der Stadt in den 1920er Jahren. Standort war ein bis dahin eng bebautes Terrain am Coolsingel, der sich mit der Errichtung von Rathaus und Postgebäude zum repräsentativen Boulevard der Stadt entwickelt hatte. Für Oud bildete die Bauaufgabe – nicht zuletzt mit Blick auf die 1903 fertiggestellte Amsterdamer Börse seines Mentors Berlage (Abb. 90) – eine besondere Herausforderung. Wie viele niederländische Architekten seiner Generation verstand auch Oud seine Arbeit als »Fortsetzung« des von Berlage beschrittenen Weges. Das Rotterdamer Börsenprojekt mußte Oud daher als Pendant zu dem seinerzeit bahnbrechenden Börsenbau am Damrak erscheinen. Dabei galt die Amsterdamer Börse nicht allein als erster moderner Bau der Niederlande, der zu einem verstärkten internationalen Interesse an der holländischen Architektur geführt hatte, sondern auch als unbestreitbarer Höhepunkt in Berlages Karriere. Auch für Ouds eigenen Werdegang nahm das Börsen-Projekt damit – als Höhepunkt seines bisherigen Œuvres und möglicher Initialbau einer neuen Architektur – eine besondere Stellung ein.

Die große Bedeutung, die Oud seinem Entwurf beimaß, spiegelt sich sowohl in der Einbeziehung der städtebaulichen Neukonzeption der Innenstadt als auch in der konsequent modernen Formensprache des Gebäudes. Bestimmend war die zugrundeliegende Eisenbetonkonstruktion, die sich als durchgängiges Fassadenraster am Außenbau abzeichnet. Vor allem die Parallelen zu dem 1924 entworfenen und 1926 begonnenen Messepalast in Prag von Oldřich Tyl und Josef Fuchs (Abb. 11) zeigen Ouds Entwurf auf einer Ebene mit den international modernsten, im konstruktivistischen Stil errichteten Gebäuden seiner Zeit. Auch innerhalb von Ouds Œuvre zählt der Börsen-Entwurf zu seinen anspruchsvollsten und besten Arbeiten. Oud, der sich der Bedeutung seines Entwurfs sicherlich bewußt war, rechnete mit einer Auszeichnung und damit dem lang ersehnten Großauftrag. Bestärkt wurde diese Hoffnung durch den (scheinbar glücklichen) Umstand, daß Berlage die Leitung der Jury innehatte und Auguste Plate, Ouds ehemaliger Chef im *Woningdienst*, als Schriftführer des Schatzmeisters im kleinen Komitee des Börsen-Neubaus saß.

Innerhalb der Einsendungen, die sich zwischen einer gemäßigten Moderne und einer stilistischen Anlehnung an die Amsterdamer Schule bewegten, nahm Ouds Entwurf eine Sonderstellung ein. Auch sein auf den großstädtischen Verkehr ausgerichteter Innenstadtplan mit extrem breiten Straßenzügen (Abb. 287) fand keine Parallele in den Plänen der übrigen Architekten. Anders als das bis heute suggerierte Bild der Stadt Rotterdam als Zentrum der Modernen Architektur und Gegenstück zur expressionistischen Metropole Amsterdam (Amsterdamer Schule) hatten konsequent moderne Arbeiten in dieser Zeit, zumindest bei städtischen Projekten, kaum eine Chance. Selbst bei den fern der Innenstadt gelegenen Arbeiterwohnungen konnte Oud seine Vorstellungen nur mit Mühe umsetzen. Vor allem mit dem historisierenden Rathaus (1914–20) gab sich Rotterdam keineswegs als eine in architektonischen Fragen progressive Stadt zu erkennen. Das 1923 fertiggestellte Postgebäude von Rijksbouwmeester Bremer hätte in seiner an der Amsterdamer Schule orientierten Bauweise genauso gut in Amsterdam entstehen können. Auch der Börsen-Wettbewerb wurde in diesem Sinne entschieden: Ausgewählt wurden die Entwürfe von J. F. Staal, W. M. Dudok und H. F. Mertens, während Ouds Beitrag bereits in der ersten Runde ausschied. Den Zuschlag erhielt nach einer weiteren Konkurrenz im Sommer 1928 der Amsterdamer Architekt Staal (vgl. Abb. 54), der als Vertreter der Amsterdamer Schule bereits den Länderpavillon auf der Pariser Kunstgewerbeausstellung errichtet hatte. Ausschlaggebend für die Ablehnung von Ouds Beitrag war nach Aussage der Jury sein Verzicht auf Dekoration und monumentale Gesten, die den Entwurf als ungeeignet für die Bauaufgabe einer Börse erscheinen ließen.[194] Als langjähriger Beobachter des Rotterdamer Bauwesens hätte Oud eigentlich mit einem entsprechenden Ausgang rechnen müssen. Dennoch scheint ihn die Entscheidung der Jury schwer getroffen zu haben. Seine Enttäuschung galt nicht allein der verpaßten Chance, endlich ein repräsentatives Gebäude errichten zu können, sondern vor allem der Tatsache, daß die Stadt Rotterdam, für die er alle seine international berühmten Bauten errichtet hatte, die vielleicht wichtigste Arbeit seiner Laufbahn zurückwies. Ein weiterer Aspekt war zweifellos das negative Urteil seines Mentors Berlage, der in seiner Ablehnung der rationalistisch-konstruktivistischen Formensprache seine spätere Kritik an der »Nieuwe Zakelijkheid« (Neue Sachlichkeit) vorwegnahm.[195]

Das im April 1927 verkündete Urteil der Jury blieb in der internationalen Fachwelt nicht unbeachtet. Über Walter Gropius, der sich im April bei Oud in Rotterdam aufhielt, erhielt László Moholy-Nagy erste Informationen: «gropius hat mir begeistert von ihrem börsenprojekt erzählt, ich habe auch den wunsch, dieses bald kennen zu lernen.»[196] Da Gropius in diesem Entwurf offenbar ein Musterbeispiel der von ihm propagierten neuen Architekturrichtung erkannte, ließ ihm das – seiner Meinung nach ungerechte – Urteil keine Ruhe. Am 3. Mai 1927 schrieb er an Oud: »ihre

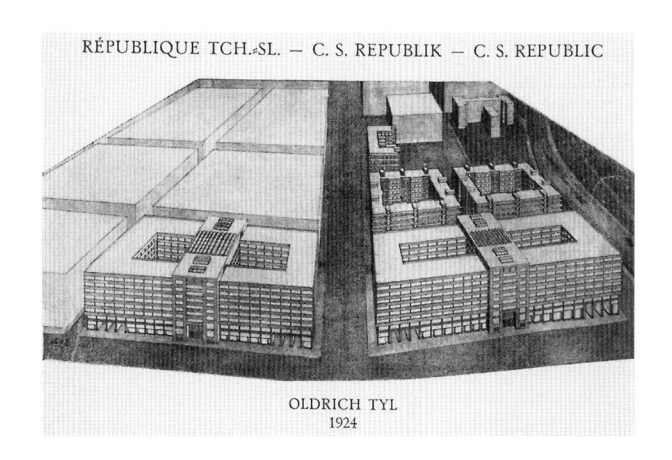

11. Oldřich Tyl, Wettbewerbsentwurf Messebauten, Prag, Perspektive, 1924

börsengeschichte geht mir im kopf herum, und ich möchte alles tun, um den falschen gang der dinge zu durchkreuzen. ich habe berlage einen langen brief geschrieben und zwar damit begonnen, ihm meine auffassung der beiden architekturrichtungen in holland im allgemeinen auseinander zu setzen. und daran habe ich dann ihren fall geknüpft. ich habe natürlich keine ahnung, wie er darauf reagieren wird. jedenfalls finde ich es wirklich notwendig, dass sie, der sie prinzipiell so viel zu sagen haben, einmal an einen grossen bau kommen, an dem man nicht vorüber gehen kann. das dudock-projekt [sic] habe ich gesehen. es ist so, wie es sein musste, ganz formalistisch, geschickt und den laien fangend. aber mit dem, was wir wollen, hat es absolut nichts zu tun.«[197] Berlage betonte in seinem Antwortschreiben vom 13. Juni, daß die Entscheidung *nicht nur* aufgrund von Ouds Formensprache erfolgt sei, die er selbst gar nicht ablehne: »was nun schliesslich das rotterdamer börsenprojekt von oud betrifft, so tut es selbstverständlich auch mir um ihn sehr leid. aber gegeben [sic] einmal eine konkurrenz, schon an und für sich eine missliche sache, konnte das projekt den anderen projekten gegenüber nicht den gewünschten erfolg erzielen. und das jedenfalls *nicht nur* aus formalen gründen. das wäre zu engherzig gewesen. umsomehr, als auch meiner meinung nach diese form als solche mehr oder weniger die zukünftige vorahnt. nur ein direkter auftrag ohne weiteres wäre das einzig richtige gewesen. war aber in diesem falle nicht zu erzielen.«[198]

Auch Bruno Taut sandte am 17. Mai einen Brief an Berlage. Taut betonte zunächst Ouds Talent und die herausragende künstlerische Qualität seiner jüngsten Arbeiten, die ihren Höhepunkt im Börsen-Projekt erreicht habe. Ein unsachkundiges Preisgericht könne diese Leistung jedoch nicht erkennen. Während er einerseits an die Auseinandersetzung um den Bau der Amsterdamer Börse erinnerte, appellierte er auf der anderen Seite an Berlages Stellung als Führer der jungen Architekten: »Es ist für uns deutsche Architekten ein leuchtendes Vorbild, dass Sie entgegen den sonstigen biologischen Gesetzen als Ausnahmefall dieser Gesetze im hohen Alter und nach einem reichen Lebenswerk als der Führer der Jugend dastehen, und zwar nicht bloss derjenigen Jugend, welche wie de Klerk und seine Nachfolger nach schweren Kämpfen zum Publikumsgeschmack breitgetreten worden ist [sic], sondern gerade derjenigen, welche darüber hinaus an der Weiterentwicklung der Baukunst arbeitet. Es ist mir ein Bedürfnis, Ihnen mitzuteilen, dass ich in Oud die grösste Hoffnung an dieser Weiterentwicklung der holländischen Baukunst sehe, und es ist mir um so mehr Bedürfnis, als die für uns so wichtige neue holländische Baukunst einer steten Weiterentwicklung bedarf, wenn sie die Führung behalten soll, die sie in den letzten Jahrzehnten innehatte.«[199] Auch Berlage antwortete Taut in einem ähnlichen Sinne wie zuvor Gropius.[200]

Im Gegensatz zu der verhaltenen Kritik in den Niederlanden selbst war aus dem europäischen Ausland auch weiterhin Protest zum Verlauf des Börsen-Wettbewerbes zu hören. Noch drei Jahre später urteilte G. A. Platz in seinem Propyläen-Band zur Modernen Architektur: »Der Wettbewerb um die Börse in Rotterdam gehört zu den Trauerspielen dieses Gebiets der Baukunst: der beste Entwurf Ouds verschwindet in der Versenkung, um als Idee des Ausführungsentwurfs fortzuleben.«[201] Bis heute ist der Wettbewerb um die Rotterdamer Börse einschließlich Ouds Entwurf in der internationalen Architekturgeschichte kaum präsent.[202] Ganz im Gegensatz dazu Le Corbusiers Entwurf für den Völkerbundpalast in Genf, der – als eines der Hauptwerke des Architekten – ebenfalls unausgeführt blieb. Oud selbst hatte sich für Le Corbusiers Beitrag eingesetzt als deutlich wurde, daß ihm ein ähnliches Schicksal drohte wie seinem Börsen-Entwurf.[203]

6. Bauen im Ausland (1927/28)

Die einzigen außerhalb der Niederlande entstandenen Bauten von Oud sind die zwischen Mai und August 1927 ausgeführten Reihenhäuser der Stuttgarter Weißenhofsiedlung*. Daß Oud einen Bauauftrag aus Deutschland erhielt, geht auf seine engen Beziehungen zu dem Nachbarland und seine Wertschätzung durch die deutschen Kollegen zurück. Im Gegensatz zu Rotterdam, wo sein Börsen-Entwurf unter anderem von Berlage abgelehnt wurde, konnte sich Oud bei dem Stuttgarter Projekt gegenüber der etablierten älteren Architektengeneration durchsetzen.[204] Da gleichzeitig zu Planung und Realisierung der Stuttgarter Bauten auch die Häuserzeilen in Hoek van Holland* errichtet wurden, übernahm Ouds Assistent Paul Meller die Bauleitung vor Ort (Abb. 12).[205] Oud selbst kam vor Beginn der Arbeiten, dann jedoch erst wieder im August nach Stuttgart.[206]

Die zügige Ausführung der fünf Reihenhäuser ist allein dem Engagement Mellers zu verdanken, der trotz massiver Schwierigkeiten die Arbeiten vorantrieb. Aufgrund der großen Entfernung zwischen Rotterdam und Stuttgart war Meller weitgehend auf sich selbst gestellt, und konnten Rücksprachen nur auf dem Postweg erfolgen. Als Oud während der entscheidenden Bauphase erkrankte, gingen die Bauarbeiten unter Mellers Leitung nahtlos weiter: »Liebster Vater Wie ich höre geht es Ihnen wieder nicht am schönsten. Dies muss aber verschwinden und ein neuer Charlestonschritt muss mehr Bedeutung für Sie bekommen wie Stuttgart – denn hier geht *alles* sehr gut.«[207] Ferdinand Kramer bezeichnete Meller entsprechend als »Mitarbeiter« von Oud.[208] Allerdings forderte Oud eine regelmäßige und detaillierte Berichterstattung über den Bauvorgang, wobei Meller alle Änderungen vom ursprünglichen Entwurf exakt darlegen mußte: »Ich zeichne jetzt mit Windeseile die Küche, und Sie erhalten dann gleich eine Pause. Auch einen Grundriss des Gartens sende ich ihnen, da dieser an Proportionen gelitten hat, weil unsere Masse nicht richtig waren ... Schneck [A. Schneck, Architekt des angrenzenden Hauses Bruckmannweg 1: EvE] scheint ein wenig herübergerückt zu sein.«[209] Selbst bei kleinsten Abweichungen war er gezwungen, eine Genehmigung einzuholen und Ouds Anweisungen genauestens zu befolgen: »Ich habe Ihre 13 Gebote erhalten ...«[210] In seinen Briefen erläutert Meller wiederholt Lösungsvorschläge für verschiedene technische Probleme und bittet Oud um seine Zustimmung.[211] Die unter wachsendem Zeitdruck stehenden spontanen Aktionen Mellers wird Oud mit größter Skepsis aufgenommen haben, so unter anderem seine Vorgehensweise bei der Gas- und Wasserinstallation: »Das war eins der schlimmsten Dinge, da ich heilig versprechen musste (bei der Rohbauabnahme) *nichts* von den Leitungen in die Wand arbeiten zu lassen und ich trotzdem *alles* in die Wand trieb und alle Öffnungen sofort mit reinem Zement zuschmieren liess.«[212] Vor allem bei Gestaltungsfragen blieb Oud unnachgiebig.[213] Nur in Ausnahmefällen und allein bei den Detaillösungen konnte Meller eigene Ideen einbringen. Im Fall der Terrassentrennwände schlug Meller vor, statt der geplanten Stützen auf halbrundem Grundriß richtige Rundstützen zu verwenden[214], ein Vorschlag, der schließlich realisiert wurde (vgl. Abb. 312). Allein bei den Innenräumen, die unter größtem Zeitdruck ausgeführt werden mußten, scheint sich Meller größere Freiheiten herausgenommen zu haben: »Im Falle es mir nicht gelingt die Möbelgeschichte durchzutreiben [sic], so wird es nicht viel ausmachen, wir machen dann folgendes: im Wohnzimmer kommen dann gestrichene Bücherbretter mit einer Unmenge Bücher holländischer Architektur. Die Nickelschiene für das Bild (wenn Sie keinen Mondrian schicken können, so bringt Ravesteyn mir meinen Ebneth [ein Bild des ungarischen Malers Lajos d'Ebneth: EvE] aus Sperrholz und es kommt dann eine gute Lampe von Gispen, blaues Linoleum, gute Farben und Schluss.«[215]

Bei der Eröffnung der Ausstellung am 23. Juli 1927 war ein Großteil der Siedlungsbauten noch nicht fertig. Auch Meller mußte sich noch mancher Herausforderung stellen: »Ich kämpfe mit Göttern, Döcker und Schmid und die Welt für unsere Sache! Gott erbarme der Siedlung! aber ich bleibe oben!«[216] Drei Tage später berichtete er nach Rotterdam: »Es ist zum wahnsinnig werden! Heute 5 Minuten vor dem Legen stellt sich heraus das nicht genug blaues Linoleum fürs Wohnzimmer da ist !! ... Bitte Express um ein Bild! oder soll ich doch den Lajos kommen lassen?«[217] Erst im August konnte er positive Nachrichten vom Baufortgang vermelden und erste Fotografien nach Rotterdam senden.[218] Noch während der Bauausführung berichtete Meller von den »paar hundert Führungen« durch Ouds Häuser[219], die offenbar kontrovers beurteilt wurden: »Liebster Herr Oud Es waren jetzt bewegte Tage. Dr. Block war hier mit dem Reichstypenausschuss eine grosse Anzahl Rindvieher [sic] verschiedenster Grösse, wie Schmitthenner, Mebes, etwas besser Bartning etc. Sie waren mehr als eine Stunde in Ihrem Haus und debattierten wie die Kampfhähne, Block brüllte, Bartning assoziierte, der Rest attackierte ... Das Waschküchenfenster könnte kleiner sein oder die Arbeit die erspart wird durch die Eimer unter den Tisch zu stellen würde 10-fach aufgehoben durch das ›zu viele‹ Glas am Küchenfenster etc. ... Heute erst wird ihr Haus geschlossen, nachdem Kramer und Lutz [die Häuser mit Möblierung von F. Kramer und R. Lutz: EvE] eröffnet wurden. Ich lasse Fußböden abreissen (Küche und Bad) und es kommen sehr schöne Fliesen. Auch sonst *alles* was sie angaben. Nebstbei hat das Haus Riesenerfolg!«[220] Noch zwei Wochen zuvor war über die Frage der Führungslinie durch die Häuser ein heftiger Streit zwischen Meller und Herrn Grosse von der Ausstellungsabteilung entbrannt. Grosse wandte sich schließlich hilfesuchend an Oud: »Ich bedaure als Vollverantwortlicher für die gesamte Weissenhofsiedlung nicht mehr mit Herrn Möller [sic] verkehren zu können, solange er sich nicht sowohl bei mir als bei den Herren *Brand* und *Rösch* entschuldigt und seine masslossen Beleidigungen mit dem Ausdruck des Bedauerns zurückgenommen hat.«[221] Bei einem weiteren Zusammenstoß war Grosse beauftragt, die Polizei zu rufen und Meller wegen Hausfriedensbruchs anzuzeigen. Auch von Seiten der Arbeiter, die zu einer Tracht Prügel rieten, sowie vom Oberbürgermeister kamen Beschwerden. Oud, der seine Arbeit durch die veränderte Führungslinie bedroht sah, stellte sich jedoch ganz auf die Seite von Meller: »Könnte man mit Taten dieser Art beleidigen, so wäre die Beleidigung, welche Sie mir durch die Art der Führung antaten, die Gröszere. Sie haben damit das Recht verloren sich zu beklagen ...«[222].

Neben Meller hatte auch die Spezialistin für moderne Haushaltsführung Erna Meyer (1890–1970) Anteil an der Konzeption der Stuttgarter Häuser.[223] Bereits Ouds intensive Auseinandersetzung mit der Gestaltung und Einrichtung der Küchen ist dem Einfluß Meyers zuzuschreiben. Von ihren »Richtlinien« wurden einzelne Aspekte direkt in Ouds Entwurf übertragen und zum Teil wörtlich in seine Erläuterungen aufgenommen. Meyer, die generell eine enge Zusammenarbeit mit den Architekten wünsche, stieß bei Oud auf offene Ohren: »Ich sehe doch immer mehr ein, dass man nur vorwärts kommt, wenn man den Leuten konkrete Beispiele zeigt und das könnte ich nur, wenn sich ein Architekt fände, der seine Bauten vom ersten Anfang an von mir durchberaten lässt und in ähnlicher Weise auf meine Vorschläge eingeht, wie Sie es getan haben.«[224] Wie der Briefwechsel zeigt, war Meyer neben der bloßen Beratung auch am Entwurfsprozeß selbst beteiligt. Nach Durchsicht der Pläne ging sie im Januar 1927 auf verschiedene Detailpunkte des Entwurfs ein.[225] Auch für die Realisierung der gemeinsam entwickelten Ideen machte sie sich stark: »Wegen der Möblierung Ihrer Küche konnte ich bisher mit Herrn Stotz noch nicht verhandeln.«[226] Oud seinerseits bemerkte in seinem Erläuterungsbericht: »Von vielem [sic] Nutzen waren die Vorschläge Dr. Erna Meyer's, mit der besonders die Kücheneinrichtung eingehend besprochen wurde.«[227] Zuletzt trug Meyer mit ihren Vorträgen und Veröffentlichungen maßgeblich zur Verbreitung von Ouds Küche bei.[228]

Die Stuttgarter Werkbundausstellung bildete eines der bedeutendsten Kunst-Ereignisse der 1920er Jahre. Ouds Häuser wurden von der Kritik generell positiv bewertet[229]: »In der Ausstellung jedenfalls überragt die Oudsche Lösung alle anderen.«[230] Auch Berlage bekannte, daß von allen Häusern diejenigen von Oud ihm am besten gefallen hätten.[231] Auf der parallel präsentierten »Internationalen Plan- und Modellausstellung« waren Fotos und Pläne der Wohnblöcke in Tusschendijken*, der Siedlung Oud-Mathenesse* und der Häuserzeilen in Hoek van Holland* zu sehen.[232] Die vielbeachtete Ausstellung ging als Wanderausstellung weiter nach Zürich (Januar 1928), Basel (Februar) und Rotterdam (April) und blieb den Sommer über in Berlin.[233] Insgesamt war sie in 17 europäischen Städten zu sehen.

12. Paul Meller (links) und Oud, um 1927

Obwohl die Werkbundausstellung Ouds internationale Bekanntheit weiter gefördert hatte, ergab sich daraus keine Änderung seiner beruflichen Laufbahn. Vor allem die von Oud erhofften Bauaufträge bleiben – trotz tatkräftiger Unterstützung seiner Freunde wie Erna Meyer – aus: »Meine Versuche, Ihnen einen grossen Riesenauftrag für die I. G. Farbenindustrie zu verschaffen, die ich weiter fortsetzen werde ...«[234]. Möglicherweise war dabei an den Hauptsitz der IG Farben in Frankfurt am Main gedacht, der schließlich von Hans Poelzig ausgeführt wurde. Ouds Hoffnung konzentrierte sich dagegen auf ein Wohnbauprojekt im hessischen Oberursel (Taunus).[235] Mit Blick auf das Bauvorhaben war Oberbürgermeister Karl Horn eigens nach Stuttgart gereist[236], wo er sich über die neusten Tendenzen im Wohnungsbau informierte. Horns Interesse galt vor allem Ouds Reihenhäusern und dem Wohnblock von Mies van der Rohe, wobei er eindeutig letzteren bevorzugte. Dessen ungeachtet wurde er von der Geschäftsstelle der Werkbundausstellung unter dem Hinweis, Oud könne ebenfalls solche Mietwohnblöcke ausführen, an den Rotterdamer Architekten verwiesen. Dieser erhielt gleichzeitig die Aufforderung, Kontakt mit dem Oberbürgermeister und dem dortigen Stadtbaumeister aufzunehmen und sich die Unterlagen für »sein neues Projekt« geben zu lassen; da in Oberursel Industrie ansässig sei, könne er bei einer Auftragsvergabe durch die Stadt auch mit privaten Aufträgen rechnen.[237] In seinem Schreiben an Oberbürgermeister Horn wies Oud auf seine Erfahrung im Massenwohnungsbau mit unter anderem »1.500 mehrstöckigen Wohnungen«. Zweifellos ging Oud von einem positiven Bescheid des Oberbürgermeisters aus und schloß seinen Brief in der Erwartung auf die Zusendung der Unterlagen.[238] Bruno Adler schrieb er wenige Tage später, daß er über seine Stuttgarter Reihenhäuser ein Angebot aus dem Ausland erhalten habe.[239] Zu seiner großen Enttäuschung bot ihm der Oberbürgermeister jedoch eine beratende Tätigkeit an und nicht den erhofften Bauauftrag.[240] Mit Blick auf die Bautradition der Nassauischen Heimstätte, die ihre Wohnhäuser auch weiterhin im Heimatschutzstil errichtete, hätte Oud als Berater wohl nur einige grundsätzliche Anregungen bieten können. Die vier Häuserzeilen in Oberursel wurden schließlich als »Siedlung Glöcknerwiese« am 15. April 1928 begonnen und noch im selben Jahr fertiggestellt.[241] Über eine Beratertätigkeit Ouds liegen keine Informationen vor.[242]

Ein weiterer Bauauftrag stellte ihm zur selben Zeit Sigfried Giedion in Aussicht, der im Oktober 1927 von einem Schweizer Wohnungsbauprojekt mit bis zu 100 Häusern berichtete: »Ich sprach hier mit einem Politiker wegen des Baus Ihrer Häuser. Natürlich kann man heute noch nicht sagen, ob der Versuch Erfolg haben wird, jedenfalls aber ist es nötig, dass Sie Ihre Pläne von Stuttgart und vielleicht auch von Hoek van Holland an die Firma Terner & Schoppard, Zürich ... baldmöglichst senden. Es ist die Betonfirma, die auch Corbusiers Völkerbundprojekt berechnet hat ... Sie wird die Berechnungen innerhalb der nächsten drei Wochen für Schweizverhältnisse und für fünfzig bis hundert Häuser vorschlagen.«[243] Oud bestätigte am 24. Oktober, daß die Zeichnungen so bald als möglich an die Firma geschickt würden[244]; ein Auftrag blieb jedoch aus.

Anfang Juli 1928 erhielt Oud als einer von acht auswärtigen Architekten eine Einladung zum Wettbewerb um die Siedlung Dammerstock in Karlsruhe.[245] Ausschreiber und Grundstücksinhaber war die Stadt Karlsruhe, als Bauherren traten verschiedene Bauvereinigungen auf. Die Aufgabe bestand in einem Parzellierungsplan und dem Entwurf von Kleinwohnungstypen für einen Teil des Gewannes Dammerstock. Für die geforderte Zeilenbauweise hatte Oud bereits mit seinen Stuttgarter Reihenhäusern* und der 1927 publizierten »prinzipiellen Situation« (Abb. 310)[246] ein Beispiel geliefert. Noch im selben Monat wandte sich Gropius mit dem Vorschlag an Oud, gemeinsam mit den übrigen Architekten gegen die mangelhaften Leistungen des Wettbewerbs, wie niedriges Preisgeld und fehlende Entschädigungen, anzugehen.[247] Zehn Tage später informierte der Karlsruher Oberbürgermeister über die Erhöhung der Preise sowie des Honorars von Architekten und Preisrichtern.[248] Gropius teilte Oud daraufhin mit, daß er sich, wie wahrscheinlich auch Mebes und Döcker, zur Teilnahme entschlossen habe.[249] Oud, der so lange auf einen weiteren Auftrag aus dem Ausland gehofft hatte, sagte seine Teilnahme ab.[250] Ein entscheidender Grund war sicherlich seine Krankheit, die ihn in diesen Jahren sehr stark beeinträchtigte, eventuell verstärkt durch die Enttäuschungen über die nicht realisierten Projekte wie die Rotterdamer Börse* und das Dreifamilienhaus für Brünn*[251]. Angesichts des Baubeginns der Siedlung Kiefhoek* im Sommer 1928 fühlte sich Oud mit einem weiteren Bauprojekt offenbar überlastet. Die Rotterdamer Siedlung war dann auch seine letzte für den *Woningdienst* realisierte Arbeit.

7. Redakteur von »i 10« (1927–29)

1926 begannen die Vorbereitungen zur Gründung der Zeitschrift »i 10«, die Oud als Redakteur entscheidend mitprägen sollte.[252] Bereits 1925 hatte der niederländische Anarchist Arthur Müller Lehning (1899–2000) dem in Paris lebenden Piet Mondrian von seinen Plänen berichtet. Ziel war eine Kulturzeitschrift, die sowohl Themen der bildende Kunst als auch der Literatur und Politik umfassen sollte.[253] Von Müller Lehnings Begeisterung angesteckt, schlug Mondrian vor, seinen ehemaligen De Stijl-Kollegen Oud mit dem Bereich Architektur zu betrauen. Müller Lehning, der zunächst offenbar andere Pläne hatte, berichtete im April 1926, daß er »... nach einer Besprechung mit Mondrian nun doch Oud als ersten fragen will.«[254] Schwieriger war es, Oud von dem Projekt zu überzeugen. Ouds Besorgnis galt vor allem einer möglichen politischen Ausrichtung des Blattes, die ihn in eine bestimmte Richtung drängen und damit Schwierigkeiten bereiten könnte. Mondrian entgegnete hierauf, daß es sich zwar nicht um ein reines Kunstblatt handle, aber – obwohl Müller Lehning Anarchist sei – auch kein Organ der anarchistischen Partei. Es biete vielmehr Raum für unterschiedlichste Ideen, so auch für ihre eigenen Vorstellungen: »*unsere Richtung* (das heißt also gegen Konvention, Kapital im falschen Sinn, Bourgeoisie, usw.) ...«[255]. Laut Mondrian würde Müller Lehning den Kommunisten Mart Stam daher nicht gerne in leitender Funktion sehen, während Oud »rein« sei, für das »Neue« und »Richtige« stehe und sich dennoch offen gegenüber anderen zeige. Sicherlich dachte Müller Lehning auch an Ouds weitreichende Kontakte im europäischen Ausland, die für seine international ausgerichtete Zeitschrift von größtem Nutzen waren.[256]

Obwohl er weder Mondrians Kunstauffassung noch Müller Lehnings politische Auffassung teilte, entschloß sich Oud, die Redaktion für den Bereich Architektur zu übernehmen. Schließlich bot sich ihm auf diese Weise ein weiteres internationales Forum zur Verbreitung seiner Arbeiten und Schriften. Bereits am 19. Mai 1926 berichtete Müller Lehning an seine Frau: »Oud stimmt zu. Ist selbst außergewöhnlich enthusiastisch und sichert die Mitarbeit von rund zwanzig in- und ausländischen Architekten zu ... es ist nahezu sicher.«[257] Da Oud jede Verbindung mit einer politischen Strömung vermeiden wollte, bat er Müller Lehning jedoch, den politischen Bereich zu streichen: »Es wäre mir persönlich nämlich sehr unangenehm, in ein politisches Bündnis gesteckt zu werden oder unbemerkt in etwas hineinzugeraten, wofür ich nichts fühle: das ›Bauhaus‹ in Weimar ging aus derselben Ursache zu Grunde und ich fühle letztendlich nichts, für welche politische Partei auch immer, so daß ich mir keine einzige Bürde oder Mühe dafür aufladen will (der Widerstand gegen das Werk ist schon groß genug) …«[258]. Müller Lehning erwiderte, daß er ein Blatt für die neuen, fortschrittlichen und bahnbrechenden Strömungen in allen Gebieten der Kunst und Wissenschaft sowie der Verhältnisse des Menschen anstrebe. Es gebe keinen Grund, weshalb die gesellschaftliche Revolution außen vor bleiben solle. Ziel des Blattes sei, verschiedene Meinungen nebeneinander zu setzen. Da das Blatt keine bestimmte doktrinäre Richtung vertrete, würde niemand einer politischen Richtung einverleibt. Als Redakteur für Architektur sei Oud zudem allein für seine Rubrik verantwortlich.[259] Die Offenheit des Blattes dürfte Oud Vorstellungen – vor allem angesichts seiner Erfahrungen mit Van Doesburg – zugesagt haben. Anders als dieser gab Müller Lehning die Verantwortlichkeit an seine Redakteure bzw. Mitarbeiter ab. Ouds Funktion als Architekturredakteur versprach daher eine weitaus verantwortungsvollere und befriedigendere Position als seine Tätigkeit unter der beherrschenden Regie Van Doesburgs.

Trotz seiner Bedenken hatte sich Oud bereits im Sommer 1926 für die Zeitschrift eingesetzt. Im Juni schrieb er an Wassily Kandinsky, der sofort seine Mitarbeit zusagte.[260] Im Oktober schlug Oud vor, die Zeitschrift »EEN« (EIN) zu nennen: »das kann bedeuten: ein Wille, Einheit von allen und allem, etc.«[261] Er drängte Müller Lehning zudem sich ans Bauhaus zu wenden, um dort weitere Mitarbeiter zu gewinnen. In der Tat fuhr Müller Lehning im Herbst 1926 samt einem Empfehlungsschreiben von Oud nach Dessau und erhielt dort von Moholy-Nagy, der für das Layout der Zeitschrift »bauhaus« verantwortlich war, detaillierte Vorgaben für die Typographie. Dort fiel schließlich die Entscheidung für den Namen »i 10«, der unter anderem als »10. Internationale« gedeutet wurde.[262]

Die erste Ausgabe der Monatszeitschrift »Internationale Revue i 10«, die allgemein als die letzte Avantgarde-Zeitschrift der 1920er Jahre gilt, erschien im Januar 1927 beim Verlag De Tijdstroom in Huis ter Heide. Bei einer Auflage von 400 Exemplaren wurden zwischen 180 und 250 Abonnenten gezählt.[263] Anfangs gab es mit Oud, Willem Pijper und Moholy-Nagy drei feste Redakteure, die für die Sparten Architektur, Musik sowie Film und Foto zuständig waren. Das erste Heft verzeichnet insgesamt 50 Mitarbeiter unterschiedlichster Fachbereiche und Nationalitäten. Die Einleitung zur ersten Ausgabe, die in vier Sprachen veröffentlicht wurde, nennt als Ziel einen allgemeinen Überblick über die Neuerungen in der Kultur.[264] Auf Müller Lehnings Einleitung folgt die »Richtlijn« (Richtlinie) von Oud, deren Kernsätze ebenfalls in Deutsch, Französisch und Englisch erschienen.[265] Ziel des Blattes sei demnach, den in der gesamten fortschrittlichen Kunst erkennbaren Willen zur Einheit darzulegen. Die verschiedenen, scheinbar voneinander abweichenden Wege sollten hier ein Forum finden. Oftmals werde daher eher auf eine bestimmte Gesinnung als auf ein Talent verwiesen.

Obwohl Oud im Impressum der Zeitschrift allein als Redakteur für den Bereich Architektur genannt wird, zählt er in seiner »Richtlinie« auch die bildende Kunst zu seinem Zuständigkeitsbereich.[266] Entsprechend sandte Kandinsky sein Manuskript mit der eindringlichen Bitte um korrekte Wiedergabe seiner Werke an Oud: »Ich bitte sehr, auf die richtige Stellung der Reproduktionen in der Zeitschrift aufzupassen! Sie werden nämlich oft verkehrt gestellt. Deshalb vermerke ich auf der Rückseite das ›OBEN!‹«[267] In einem Brief bestätigte Müller Lehning, daß Oud die Redaktion für beide Bereiche übernommen habe. Eine ausdrückliche Erwähnung der bildenden Kunst unter Ouds Namen schien ihm aus taktischen Gründen jedoch nicht günstig.[268] Die Bevorzugung der abstrakten Malerei und Bildhauerei in »i 10« scheint – mit Blick auf die Zuständigkeiten – daher auf Oud zurückzugehen.[269] Im Bereich der Architektur dominiert die internationale Moderne, wobei als Mitarbeiter die Architekten Victor Bourgeois, Marcel Breuer, Le Corbusier, Cornelis van Eesteren, Walter Gropius, El Lissitzky, Paul Meller, Hannes Meyer, Sybold van Ravesteyn, Gerrit Rietveld, Mart Stam und Szymon Syrkus tätig waren.[270] Allein innerhalb der modernen Strömung zeigte Oud sich tolerant und publizierte neben Mondrians »De woning – De straat – De stad«[271] auch das Manifest der radikalen Amsterdamer Gruppe De 8 samt Forderung nach einer »a-aestetischen« und »a-kubischen« Architektur[272]. Zudem erschien in »i 10« die Erklärung des 1. Congrès Internationaux d'Architecture Moderne (CIAM)[273], von dem Oud sich zurückgezogen hatte. Durch Ouds Redaktionstätigkeit erhielt die Architektur generell einen zentralen Platz in »i 10«. Große Bedeutung kam den aktuellen Themen zu, wie der Stuttgarter Werkbundausstellung und dem Wettbewerb um den Völkerbundpalast in Genf (1927) sowie der Ausstellung des tschechischen Werkbundes »Das Neue Haus« (1928). Insgesamt lag der Schwerpunkt jedoch auf der niederländischen Architektur[274] einschließlich Ouds eigenen Arbeiten wie den Häuserzeilen in Hoek van Holland*, den Reihenhäusern der Weißenhofsiedlung* und dem Börsen-Entwurf*. Oud selbst publizierte in »i 10« insgesamt neun Artikel und drei Buchbesprechungen.[275]

Trotz der im Programm formulierten Offenheit des Blattes zeigte »i 10« von Anfang an eine deutlich linke Tendenz.[276] Dies verstärkte sich noch durch die zunehmende Vereinnahmung der Zeitschrift durch De Opbouw, die mit ihrem neuen Vorsitzenden Mart Stam (ab 1927) und dem Austritt einiger konservativer Architekten der linken Bewegung folgte: »Zwar lag die redaktionelle Verantwortung der Rubrik ›Architektur‹ bei ›i 10‹ in den Händen des gemäßigten J. J. P. Oud, der auch grundsätzlich Einspruch gegen jede sozialpolitische oder zu einseitig radikale Ausrichtung der Beiträge erhob. Öfters jedoch konnten sich gegen ihn Cornelis van Eesteren und Stam bei dem Herausgeber, dem Anarchisten Arthur Müller Lehning, durchsetzen. Müller Lehning war in seinem Blatt weder an einer programmatischen Stoßrichtung, wie sie Stam forcierte, noch an einer liberal verhaltenen Homogenität, wie Oud sie einforderte, gelegen.«[277] Müller Lehning, der eine Gesamtschau der kulturellen Erneuerungen wünschte, setzte in der Tat zunehmend auf Van Eesteren. Dies sicherlich verstärkt aufgrund von Ouds Depressionen, die ihn in dieser Zeit häufig und für längere Zeit arbeitsunfähig machten. Bereits im Winter 1926/27 hatte sich Oud für mehrere Wochen zur Genesung in Italien aufgehalten, wo er sich jedoch nur scheinbar gut erholte: »Es geht mir momentan gut. Hoffentlich bleibt es so.«[278] Van Eesteren zeigte sich seinerseits interessiert an einer redaktionellen Zusammenarbeit mit Müller Lehning, Oud und Stam.[279] Entsprechend unterstützte er Oud bei seiner Arbeit für »i 10«, indem er Buchbesprechungen und zum Teil die redaktionelle Arbeit des zweiten Jahrgangs übernahm.[280]

Aufgrund der Kontakte zu Oud und Mondrian publizierten viele ehemalige wie auch aktive De Stijl-Mitarbeiter in »i 10«.[281] Rietveld, der bereits im Juni 1926 seine Mitarbeit zugesagt hatte, begründete seine Entscheidung mit dem besonderen Vertrauen zu Oud: »Du bist der einzige, dem ich vertraue, das ist auch der Grund, daß ich gerne bei der neuen Zeitschrift mitmache.«[282] Auch Vilmos Huszár erklärte sich zur Mitarbeit bereit, zeigte sich dann jedoch verärgert über Oud, der seine Reklame-Entwürfe nicht in der ersten Nummer unterbrachte.[283] Bois wertet »i 10« insgesamt als Neuauflage von »De Stijl«: »Tout porte à croire qu'en un certain sens du moins *i 10* fut conçu comme prenant la relève de ces périodiques: la présence de Oud à son comité de rédaction marque la volonté de défendre une ligne architecturale jugée alors plus avancée, à tort ou à raison, que celle de Le Corbusier, et la collaboration de la quasi-totalité des anciens membres de *De Stijl*, qui tous s'étaient disputés avec le difficile Van Doesburg et s'étaient rebellés contre son autorité abusive, indique très clairement que *i 10* entend bénéficier des acquis de la branche la plus importante du modernisme hollandais, et fédérer à nouveau ses membres qui se trouvaient alors sans organe porte-voix.«[284] Trotz personeller Übereinstimmungen vertrat »i 10« mit dem Nebeneinander unterschiedlicher Meinungen und seinem extrem großen Mitarbeiterstab ein vollkommen anderes Konzept als »De Stijl«, das sich als Organ einer einheitlichen Strömung oder Gruppe verstand. Van Doesburg, der »De Stijl« Ende der 1920er Jahre nur unter Mühen am Leben erhalten konnte, setzte seinerseits alles daran, Qualität und Bedeutung von »i 10« herunterzuspielen: »*i 10* war glücklicherweise keine Konkurrenz zu *De Stijl*. Es war schön gedruckt und auf gutem Papier, doch mit Ausnahme von einem einzigen Artikel war es mittelmäßig und vegetarisch-spiritualistisch.«[285] In der Jubiläumsausgabe zum 10-jährigen Bestehen von »De Stijl« behauptete er, daß in »i 10« zweitrangige Artikel publiziert würden, die zuvor in »De Stijl« erschienen waren oder die er selbst zuvor abgelehnt habe.[286]

Bereits nach einem Jahr war »i 10« aufgrund der kleinen Auflage in finanzielle Schwierigkeiten geraten. Versuche, einen anderen Verlag in Deutschland oder der Schweiz zu finden, mißlangen.[287] Der Stuttgarter Wedekind Verlag, der ernsthaftes Interesse an »i 10« zeigte, wandte sich mit der Bitte um Unterstützung an Van Doesburg.[288] Am 18. November 1929 schlug dieser vor, »i 10« und »De Stijl« zu verbinden: »Es sind meistens dieselben Mitarbeiter und es macht daher eigentlich keinen Sinn, zwei Zeitschriften zu haben, woran dieselben Leute mitarbeiten, he?«[289] Alle Bemühungen zur Rettung von »i 10« blieben jedoch erfolglos und im Juni 1929 erschien mit Heft Nr. 22 die letzte Ausgabe. Nach Einstellung der Zeitschrift wurden im Frühjahr 1930 Versuche zur Wiederaufnahme von »i 10«, diesmal als Organ von De 8 und De Opbouw, vorgenommen; Müller Lehning sollte Hauptredakteur werden; Oud und Van Eesteren erklärten sich zur Mitarbeit bereit.[290] Auch diese Pläne scheiterten. Statt dessen erschien 1932 »De 8 en Opbouw« als gemeinsames Organ beider Gruppen.

8. Internationaler Ruhm (1927–29)

Der Schwerpunkt seiner Kontakte blieb nach wie vor Deutschland, wo Oud – trotz seiner Krankheit – weiterhin Vorträge hielt.[291] Unter dem Titel »Arbeiten von J. J. P. Oud – Rotterdam« wurde von Mai bis Juni 1927 in den Räumen des Berliner Wasmuth-Verlags die erste monographische Ausstellung zu Ouds Werk gezeigt. Die von Oud selbst zusammengestellte Präsentation umfaßte Pläne und Fotografien der zwischen 1917 und 1927 entstandenen Bauten, darunter die Häuserzeilen in Hoek van Holland* und der Entwurf der Rotterdamer Börse*.[292] Zu Studienzwecken verblieben die Arbeiten nach Schließung der Ausstellung für einige Zeit in den Museumsräumen der TH Berlin.[293] Auch München zeigte weiterhin Interesse an Oud. Im November 1927 erhielt er eine Einladung vom Leiter des dortigen Wohnungsamtes Albert Gut, im Rahmen der Hauptversammlung der Kommunalen Vereinigung für Wohnungswesen über das Thema Wohnungsbau zu sprechen.[294] Hintergrund war eventuell der für das folgende Jahr geplante Bau von fünf Siedlungen durch die Gemeinnützige Wohnungsfürsorge AG GEWOFAG: Nachdem eine Kommission mit dem zweiten Bürgermeister Hans Küfner in die Niederlande gereist war,[295] wurde beschlossen, sich in Zukunft vom traditionellen Wohnblock zu trennen. Von Oud, der mit seinen Häuserzeilen in Hoek van Holland* und dem Entwurf seiner Siedlung Kiefhoek* (formale) Vorstufen des Zeilenbaus geschaffen hatte, scheint man sich nützliche Informationen versprochen zu haben.[296] Vor allem sein »typischer Ausschnitt aus einer Großsiedlung« mit den für Stuttgart entwickelten Reihenhaustypen* wird hier von Interesse gewesen sein.[297]

Ouds internationale Bekanntheit spiegelt sich auch in den Veröffentlichungen seiner Bauten. Laut Langmead, der im einführenden Kapitel seiner Oud-Bibliographie die Publikationsgeschichte von Ouds Arbeiten darlegt, markieren die Jahre 1927 und 1928 einen Höhepunkt. Das Interesse des Auslands, vor allem Deutschlands und Frankreichs, war zwischen 1925 und 1928 am größten. In weiter entfernt liegenden Ländern wie Polen, Spanien, Italien, Ungarn und Großbritannien fanden seine Arbeiten ab 1927 Erwähnung; in den USA bereits seit 1926.[298] Entsprechend dem sich ausdehnenden Wirkungskreis wurde Oud im März 1927 zur Teilnahme an einer Ausstellung über zeitgenössische Architektur in Moskau eingeladen.[299] Im Winter 1927/28 waren seine Arbeiten in Tokyo und Osaka in der Ausstellung »Western Art and Architecture Exhibition« zu sehen.[300]

Schließlich hatte Ouds wachsende Bekanntheit eine Reihe von Berufungen an ausländische Universitäten und Kunstschulen zur Folge. Bereits im Mai 1927 und damit vor der Eröffnung der Weißenhofsiedlung wurde Oud die Nachfolge von Wilhelm Kreis als Leiter einer Meisterklasse an der Düsseldorfer Akademie angeboten.[301] Aus seinen Nachfragen ist zu schließen, daß er das Angebot ernsthaft geprüft hat. Von zentralem Interesse war wiederum die Frage, ob er neben der Lehrtätigkeit weiterhin bauen könne.[302] Die bis zum 16. Juli geforderte Entscheidung wurde auf Ouds Wunsch, der sich nach eigener Aussage mit dem *Woningdienst* beraten wollte, hinausgeschoben.[303] Bereits im Juni 1927 berichtete die Presse von einer Berufung Ouds nach Düsseldorf.[304] Laut Professor Fritz Becker, der mit den Verhandlungen betraut war, schlug Oud das Angebot aus, da die Stadt Düsseldorf ihm keine Bauaufträge zusichern konnte.[305] Ähnlich wird er sich bei einem Angebot der ETH Zürich verhalten haben: Im März 1928 wandte sich Friedrich Gubler vom Zentralsekretariat des Schweizerischen Werkbundes an Oud und erkundigte sich, ob er gegebenenfalls eine Berufung als Nachfolger von Karl Moser annehmen würde. Hans Schmidt, der einzige Schweizer der neuen Bewegung und damit geeignet für diesen Posten, habe endgültig abgesagt. Bei ihm sei man bisher zurückhaltend gewesen, da er auch seine Berufung nach Düsseldorf abgelehnt habe.[306] Im März 1929 folgte eine Anfrage für den Direktorenposten der mit den Werkstätten Burg Giebichenstein verbundenen Kunstgewerbeschule in Halle/Saale, die seit dem Tod von Paul Thiersch unbesetzt war: »Ihr Name, als einer der bedeutendsten Architekten von Holland und, wenn ich es richtig sehe, als der in Deutschland bekannteste moderne holländische Architekt, ist mir dann in den Kopf gekommen ...«[307] Auch hier wird die geforderte Lehr- und Verwaltungstätigkeit Oud zu einer Absage veranlaßt haben.

Bereits seit 1924 stand Oud in Kontakt mit dem Schweizer Architekten Hannes Meyer, der im April 1927 seine Stelle als Meister am Dessauer Bauhaus antrat. Ziel war die Einrichtung einer bislang fehlenden Architektur-Abteilung.[308] Nach der Anstellung von Ludwig Hilberseimer und Hans Wittkower zum Wintersemester 1927/28 wurde ab 1928 eine geregelte, vierjährige Ausbildung angeboten. Von Juli 1928 bis Januar 1929 war zudem Mart Stam als Gastdozent am Bauhaus tätig. Im Juli 1929 erhielt schließlich Oud das Angebot, als Meister am Bauhaus zu arbeiten: »mein lieber j. j. p. oud, auf dem umwege über den kollegen forbat habe ich erfahren, dass sie evtl. gedenken, aus holland wegzuziehen und, obwohl ich ihrem talent und ihrem können eine bessere tätigkeit wünsche als sie hier in dessau möglich ist, wage ich doch anzufragen, wie sie sich evtl. zu einer berufung an unser institut stellen möchten. infolge verschiedener veränderungen (weggang oskar schlemmer usw.) sind wir in der lage, voraussichtlich in nächster zeit einen neuen meister ans bauhaus zu ziehen. wir würden sehr wert auf einen holländer oder auf einen skandinavier legen, weil diese beiden kulturkreise in unserem hause noch garnicht vertreten sind … würden sie mich bitte orientieren, ob es überhaupt einen sinn hat, dass wir verhandlungen pflegen. ich wage, wie gesagt, nur zu schreiben auf grund diesbezüglicher andeutungen des kollegen forbat …«[309].

Wie bei früheren Angeboten bekundete Oud auch hier sein prinzipielles Interesse und schloß ein Reihe von Fragen über die Art seiner Tätigkeit, die Höhe des Gehalts, den Antrittstermin, die Stadt Dessau und seine Unterbringung an.[310] Wiederum legte Oud besonderen Wert darauf, selbst bauen zu können. Glücklich, keine Absage erhalten zu haben, nahm Meyer zu Ouds Fragen Stellung: »mein lieber j. j. p. oud, ihr brief vom 4.8. lässt immerhin hoffnung, dass sie eine berufung als meister an das bauhaus nicht gerade ablehnen. ihre sachlichen fragen beantworte ich daher wie folgt …«[311]. Meyer betonte, daß ihm als Bauhaus-Meister genügend Zeit für private Arbeiten bleiben werde. Als Unterkunft biete sich das schön im Wald gelegene Meisterhaus von Gropius an. Allein das Gehalt falle niedrig aus, und auch eine Absicherung im Krankheitsfalle könne die Stadt Dessau nicht gewähren. Meyer, der seinem Schreiben einen Vertragsentwurf beigelegt hatte, hoffte auf eine Berufung Ouds bereits zum Herbst dieses Jahres. Abschließend verwies er auf die sich als Bauhaus-Meister bietenden Möglichkeiten: »insbesondere glaube ich, dass es von *hier* aus leichter ist, in deutschland weiter zu kommen, als wenn sie direkt aus dem ausland hier auftreten.«[312]

Trotz der Zusicherung, neben der Lehrtätigkeit auch private Bauaufträge ausführen zu können, lehnte Oud das Angebot ab. Als Begründung nannte er seine »Überanstrengung« und hielt sich damit eine Entscheidung für später offen: »Mein lieber Hannes Meyer, Vielen Dank für Ihre ausführliche Antwort. Nach reiflicher Ueberlegung kann ich ihnen folgendes sagen: Meine ›Krankheit‹ ist Ueberarbeitung: schon lange vorher war ich todmüde, hatte immer wieder neue Aufträge ausgeführt bis es … nicht weiter ging.«[313] Mit seiner »Überarbeitung« versuchte Oud offensichtlich seine Depressionen, eine Erkrankung, die in den 1920er Jahren noch stark tabuisiert war, zu verbergen. Mit Blick auf eine mögliche Zusage zu einem späteren Zeitpunkt kündigt Meyer am 28. August an, sich Anfang 1930 wieder an Oud zu wenden.«[314]

Ouds internationales Renommee führte schließlich mehrfach zu der Aufforderung, als Preisrichter in einem Architekturwettbewerb teilzunehmen. Auch dieser Aufgabe hat sich Oud offenbar – zumindest in den 1920er Jahren – nur ungern gestellt. Eine erste Anfrage erhielt Oud im Januar 1927 bezüglich eines parallel zur IX. Olympiade in Amsterdam (1928) geplanten Wettbewerbs auf dem Gebiet der schönen Künste. Verschiedene Arbeiten, darunter Beiträge für eine Ausstellung niederländischer Baukunst, sollten von einem Gremium unter Mitwirkung Ouds beurteilt werden.[315] Ein Jahr später wurde Oud gebeten, sich als Jurymitglied an einem von der Zeitschrift »Städtebau« initiierten Wettbewerb zu beteiligen. Thema war der städtebauliche Entwurf für die »Deutsche Bau-Ausstellung Berlin« im Jahr 1930, für den bereits ein Wettbewerb vom Verein Bauausstellung ausgeschrieben war.[316] Nach Meinung des Kritikers Max Osborn bot dieser jedoch keine Gewähr für eine großzügige Bebauung, da allein ein 15 ha großes Teilgebiet des insgesamt 100 ha Ausstellungs- und Messegeländes herangezogen wurde. Die Beurteilung der vom »Städtebau« geforderten Ideenskizzen für das gesamte Terrain sollte durch den Herausgeber Werner Hegemann sowie Paul Bonatz, Max Osborn, Günther Wasmuth und, als ausländischen Vertreter, Oud erfolgen.[317] Werner Hegemann, der sich am 17. März für Ouds Zusage bedankte, prophezeite bereits wenige Tage später, daß Stadtbaurat Martin Wagner ihn zum Rücktritt von seiner Gutachterposition überreden werde.[318] In der Tat führte die Ausschreibung des Wettbewerbes zu heftigen Protesten in der Architektenschaft, da hier ein Vorgehen gegen den Plan von Stadtbaurat Wagner und Hans Poelzig gesehen wurde.[319] Bruno Taut warf Oud vor, sich von Hegemann in seiner gegen Wagner gerichteten Aktion benutzen zu lassen.[320] Auch Mies van der Rohe wandte sich an Oud und erläuterte, weshalb er selbst es abgelehnt habe, zusammen mit Paul Schmitthenner als Ersatz-Preisrichter zu fungieren: Seiner Meinung nach sei Hegemann unzuverlässig und wolle sich selbst auf Kosten anderer hervortun. Wenn er von den Verhandlungen mit Oud gewußt hätte, hätte er ihm von der Teilnahme abgeraten.[321] Wagner selbst sandte Oud einen Durchschlag seines Briefes an Hegemann. Er kritisiert die ungenauen bzw. falschen Angaben und die fehlenden technischen Unterlagen der Ausschreibung, die keine sinnvollen Ergebnisse erwarten ließen. Wagner betonte, daß er seinen und Pölzigs Entwurf nicht als einzig mögliche Lösung verstehe, sich jedoch als Sachverständiger gegen die dilettantische Form dieses Wettbewerbs aussprechen müsse.[322] Oud, der sich – wie für ihn charakteristisch – nach einer direkten Aufforderung zur Mitwirkung bereit erklärt hatte, wird diese Entwicklung mit großem Unbehagen verfolgt haben. Generell versuchte Oud, sich aus Streitereien herauszuhalten, zumal er, wie in Fall des Berliner Ausstellungsgeländes, keinen Bezug zu dem Objekt hatte.[323] Bezeichnenderweise erfolgte sein Rückzug vollkommen »lautlos«: am 23. März ließ er Hegemann durch seine Frau ausrichten, daß er als Gutachter nicht mehr zur Verfügung stehe.[324]

Im Sommer 1928 wurde Oud zur Stellungnahme in der als »Zehlendorfer Dächerkrieg« bekannt gewordenen Diskussion aufgefordert.[325] Auslöser war die direkt neben der Siedlung »Onkel Toms Hütte« (Zehlendorf) errichtete Versuchssiedlung »Am Fischtal«, die von insgesamt 17 Architekten unter Leitung von Heinrich Tessenow ausgeführt wurde. Im Gegensatz zu den flach gedeckten Häusern der Nachbarsiedlung war dort ein um 45° geneigtes Dach vorgeschrieben. Die Siedlung Am Fischtal galt jedoch nicht nur als Gegendemonstration zur Großsiedlung Onkel Toms-Hütte, sondern zielte auch auf die Mustersiedlung des Deutschen Werkbundes auf dem Stuttgarter Weißenhof.[326] Als einer der Protagonisten der Werkbundausstellung wurde Oud auf diese Weise zum Gegenspieler Tessenows stilisiert, dies, obwohl er die Arbeiten des älteren Kollegen sehr schätzte und gegenüber Kritikern verteidigte: »Tessenow und Schmitthenner nennen sie in einem Atem! Sie, armer Dr. Hegemann!«[327] Am 24. August 1928 erschienen im »Berliner Börsen Kurier« die Stellungnahmen einiger namhafter Architekten und Kunstkritiker wie Adolf Behne, Sigfried Giedion, Josef Frank und Ernst May. Oud, der ebenfalls um eine Darstellung gebeten worden war, prophezeite, daß sich das praktischere Flachdach allgemein durchsetzen werde. Dennoch zeigte er sich anderen Lösungen gegenüber tolerant und sah es als selbstverständlich an, einem so »hochbegabten Künstler wie Prof. Tessenow« jede erdenkliche Freiheit zu gewähren. Allerdings kritisierte Oud, daß kein passenderes Terrain für die Siedlung zur Verfügung gestellt wurde, so daß »die schräge Bedachung des letzten Teiles der Siedlung am Fischtalgrund … städtebaulich zu bedauern« sei.[328]

Ouds internationaler Ruhm fand innerhalb der Niederlande keine Entsprechung. Bezeichnend hierfür ist nicht nur die Juryentscheidung gegen seinen Börsen-Entwurf*, sondern auch das öffentliche Meinungsbild nach Abschluß des Wettbewerbs im Jahr 1928. Im September dieses Jahres war Ouds Entwurf erstmals in den Niederlanden publiziert worden[329]; im Dezember folgte die Ausstellung aller Börsen-Entwürfe im Saal des Rotterdamsche Kring. Nach einem Besuch der Ausstellung berichtete J. B. van Loghem von den polemischen Äußerungen eines Besuchers, der Ouds Börse mit einem Fabrikbau verglich: »… das ist doch etwas arg, uns in der Van Nelle-Fabrik unterbringen zu wollen.«[330] Über das Vorgehen der Wettbewerbsleitung, die Ouds Entwurf für die zweite Runde abgelehnt hatte, das »Plagiat« von J. F. Staal jedoch lobte, empörte sich vor allem Paul Meller: »Vadertje Tu doch etwas gegen diese Schweinehunde ...«[331]. Ansonsten löste die Entscheidung des Preisgerichts in den Niederlanden wenig Kritik aus. Erst 1929 und damit mehr als zwei Jahre nach Einsendung der Entwürfe erschienen zwei Zeitungsartikel, die für Oud Partei ergriffen. Unter dem Titel »De victoire der pathetische architectuur« brachte »Het Vaderland« im Februar einen ausführlichen Bericht über die Börsen-Entwürfe, wobei sich der Autor für Ouds Beitrag aussprach. Diese Arbeit habe bereits im Vorfeld alle Kriterien der zweiten Runde erfüllt, während die anderen gravierende Mängel zeigten. Dies gelte vor allem für Dudoks Entwurf, dessen Handelsregister ohne Tageslicht auskommen müsse: »1928 *nach* Christus! Es lebe die pittoreske Architektur!«[332] Enttäuscht zeigte sich der Autor vor allem von Berlage, der noch immer als Vaterfigur der modernen Architekten gelte und auf den die Jüngeren ihre Hoffnungen gesetzt hätten: »Es ist tragisch feststellen zu müssen, daß die so vielversprechende Großtat Berlages nach dreißig Jahren faktisch *im Geist* der öffentlichen monumentalen Baukunst nichts verändert hat. Tragischer noch, daß der Mann, der den Kampf begann, kapitulierte. Denn tatsächlich bedeutet das Resultat dieses Wettbewerbs den Sieg der pathetischen Architektur über die rational elementare Bauform, wofür die Keime in Berlages Börse anwesend waren. Daß die anderen Jury-Mitglieder diesem Endresultat ihre Stimme gaben, ist nicht verwunderlich. Prof. Van der Steuer und Witteveen machten nie den Anschein, praktisch oder theoretisch zur Einsicht in das Wesen der Modernen Architektur durchgedrungen zu sein. Aber auf Berlage hatten die Jüngeren bis jetzt einige Hoffnung gesetzt. Dies blieb eitle Hoffnung. Trotz der Unterzeichnung der prinzipiellen Erklärung von Sarraz hat Berlage sich für die modernistische Romantik ausgesprochen. Ohne Protest hat er erlaubt, daß der einzige Entwurf, der die Aufgabe prinzipiell löste und der die Konsequenz der in seiner Amsterdamer Börse manifestierten Anfänge enthält, von der Möglichkeit einer weiteren Ausarbeitung und Revision ausgeschlossen wurde.«[333]

In der Tat stieß die konsequent moderne Formensprache von Ouds Entwurf in Rotterdam auf breite Ablehnung. Nicht einmal einzelne Vertreter der Jury, die ihn gegen die allgemeine Stimmung hätten verteidigen können, schätzen seine Arbeit: »Dreißig Jahre nach der Entstehung der Amsterdamer Börsen-Entwürfe wiederholt sich die Geschichte ... Das Tragische ist, daß der damalige Beurteilte nun der Beurteiler ist.«[334] Berlage hatte seine Börse (Abb. 90), die in ihrer reduzierten Formensprache selbst eine radikal neue Formensprache einführte, nur durch Unterstützung fortschrittlich eingestellter Gemeindevertreter realisieren können. Im Juni 1929 wies auch der »Noordhollandsche Courant« auf Berlages Börsen-Entwurf und die seinerzeit ablehnende Haltung von P. J. H. Cuypers: »Sonderbares Spiel des Schicksals, daß Berlage durch Cuypers verleugnet wird, während Berlage doch ein Geisteskind von Cuypers war. Und jetzt wiederholt sich die Geschichte, denn Berlage erkennt seinerseits sein Geisteskind nicht. Dies kulminierte im Börsen-Wettbewerb in Rotterdam, als Berlage das beste Projekt von Oud verleugnete. Da vergaß Berlage, daß, wenn er seinerzeit ebenfalls durch Treub [Mitglied der linken Radicaal-Partei und befreundet mit Berlage: EvE] und Polak [Mitglied der Sozialdemokratischen Arbeiterpartei im Stadtrat: EvE] mit seinem Börsengebäude und dem Gebäude des Diamantenarbeiter-Bundes in Amsterdam verleugnet worden wäre, er nie der Mann gewesen wäre, der die niederländische Architektur beseelt und bis vor zehn Jahren geführt hat.«[335]

Kritisiert wurde in »Het Vaderland« vor allem die konservative Haltung der Stadt Rotterdam, die in ihren öffentlichen Bauten der allgemeinen Entwicklung hinterherhinke. Nach dem Rathaus und dem Postgebäude setze sich dies nun bei der Börse fort. Vor allem die stilistische Anlehnung an die Amsterdamer Schule empfand der Autor als unpassend für eine moderne Hafenstadt, zumal dieser Stil inzwischen selbst in Amsterdam überholt sei.[336] Mit Blick auf den Völkerbundpalast in Genf sei der Rotterdamer Wettbewerb jedoch nur eines von vielen Beispielen für die Dominanz der konservativen Kreise: Auch Le Corbusiers Entwurf wurde zurückgewiesen, da er zu wenig repräsentativ erschien, und auch dort machte die Jury einzelne Lösungsvorschläge des Entwurfes zur Auflage für die neu zu erstellenden Pläne. Das Unrecht, das Ouds Börsen-Entwurf angetan werde, sei allein weniger offensichtlich, da die Sinnlosigkeit modernistisch pathetischer Elemente nicht so deutlich hervortrete wie der Stilpathos in den Entwürfen des Völkerbundpalastes.[337]

Oud, der in dieser Zeit unter starken Depressionen litt, mußte zeitweise vom Dienst beurlaubt werden. Als (erneuten) Auslöser der Krankheit vermutete sein Sohn Hans Oud Übermüdung, aber auch die Enttäuschung über die Ablehnung des Börsenprojekts.[338] In der Tat hatte Oud mit dem Börsen-Wettbewerb besondere Hoffnungen verbunden. Im Fall eines ersten Preises wäre seine bereits seit langem international anerkannte Arbeit für die Gemeinde auch in Rotterdam selbst gewürdigt worden. Auch sein Wunsch nach einem großen repräsentativen Auftrag erfüllte sich nicht. Ähnlich erging es ihm bei seinen drei Entwürfen für die Rotterdamer Volkshochschule*, die trotz seiner engen Kontakte zu den Mitarbeitern der Schule nicht realisiert wurden. Schließlich ging ein Auftrag an den Rotterdamer Architekten Van der Vlugt, der an Stelle von Oud auch den Auftrag zum Bau der Van Nelle-Fabrik (Abb. 110) erhalten hatte.[339] 1928 zog sich Oud in den Küstenort Kijkduin bei Den Haag[340] zurück, wo er von Kollegen und Mitarbeitern besucht wurde. Ende 1929 verlegte er seinen Wohnsitz nach Hillegersberg, damals noch eine eigene Gemeinde nahe bei Rotterdam. Da Oud nun außerhalb der Stadt Rotterdam wohnte, mußte er auch seine Funktion als Vorsitzender von »De Opbouw« aufgeben.

9. Das Privatbüro in den 1920er Jahren

Oud arbeitete während seiner Zeit beim *Woningdienst* immer auch als selbständiger Architekt. In seinem Privatbüro entstanden einige seiner berühmtesten Arbeiten, wie der Fabrik-Entwurf*, die Entwürfe für Haus Kallenbach, das Hotel Stiassny*, die Rotterdamer Börse*, das Dreifamilienhaus in Brünn, die Villa Johnson*, die drei Entwürfe für die Rotterdamer Volkshochschule* sowie die Umbauentwürfe der Villa Allegonda* und die 1927 ausgeführten Reihenhäuser der Weißenhofsiedlung*. Da ihm neben der Arbeit im Wohnungsbauamt nur die Abendstunden und Wochenenden verblieben, wird die Unterstützung durch einen Assistenten eine entscheidende Rolle für seine private Entwurfsarbeit gespielt haben. Der erste gesicherte Mitarbeiter war der 1902 geborene Architekt Paul Meller, der seit Herbst 1925 bei Oud tätig war (Abb. 12).[341] Abgesehen von der Mitwirkung am Entwurf des Hotels Stiassny* hat Meller die Bauausführung der Stuttgarter Reihenhäuser selbständig geleitet. Neben Ouds Privataufträgen war Meller jedoch auch an Bauten des *Woningdienst* beteiligt, so bei der Siedlung Kiefhoek einschließlich der Kirche*. Anzunehmen ist, daß Oud aufgrund seiner Krankheit die Arbeit nicht mehr allein bewältigen konnte. Im Falle des Kirchengebäudes* hatte er Meller offenbar die Bauleitung übertragen.[342] Anfang 1929 kam es zum Bruch zwischen Oud und Meller. Die Beziehung der beiden von Herkunft und Charakter so unterschiedlichen Männer war weit mehr gewesen als ein bloßes Arbeitsverhältnis. Im nachhinein sprach Oud davon, daß Meller ihm viel bedeutet und in schweren Zeiten außerordentlich viel geholfen habe.[343] Wie die Korrespondenz zeigt, hatte sich in den vorangehenden Jahren zwischen beiden eine Art »Vater-Sohn-Beziehung« entwickelt: der zwölf Jahre jüngere Meller redete Oud in seinen Briefen mit »Vadertje« (Väterchen) an, während er selbst in Ouds Bekannten- und Kollegenkreis als dessen »Sohn« bezeichnet wurde.[344] Obwohl Mellers temperamentvolle Art viele Zeitgenossen schockierte, waren die Reaktionen in Ouds Freundeskreis ausgesprochen positiv. Für die enge Beziehung zwischen Oud und Meller stehen auch die gemeinsamen Freizeitaktivitäten, vor allem die regelmäßig am Mittwoch besuchten Tanzabende. Gemeinsam mit Oud war Meller Mitarbeiter von »i 10«, publizierte eigene Artikel und war als selbständiger Architekt tätig.[345] Für Ouds Arbeiten zeigte er besonderes Engagement: Er führte Besucher zu den Rotterdamer Bauten[346] und kämpfte – wie im Fall der Stuttgarter Reihenhäuser* – für die Umsetzung von Ouds Vorstellungen. Für die Ausführung der Stuttgarter Bauten hielt sich Meller zwei Monate in Stuttgart auf. Neben der engen freundschaftlichen Beziehung sprach Meller jedoch auch von einer oftmals groben Behandlung durch Oud.[347] Grund für den Bruch waren mehrere Streitigkeiten, vor allem über die von Oud nicht akzeptierte Heirat Mellers, dessen Unzuverlässigkeit und Schwindeleien sowie ein Vorfall zwischen Meller und dem Bauherrn der Villa Allegonda*, Josse E. R. Trousselot.[348]

Zur Zeit seiner Anstellung bei Oud lebte Meller in Den Haag. Neben der Arbeit für Oud war er unter anderem bei dem Architekten Jos Klijnen beschäftigt.[349] Nach dem Zerwürfnis mit Oud plante er – offenbar da Oud ihm das Arbeitsverhältnis gekündigt hatte – die Niederlande zu verlassen.[350] Als letztes Zeichen der Freundschaft bat er um ein Empfehlungsschreiben: »Lieber Oud Dein definitiv scheint definitiv zu sein. Nun gut. Im Falle, dass es sich herausstellt, dass es doch einen Gott gibt so wird er Dich darum verurteilen. Erweise mir jetzt den letzten Freundschaftsdienst. Quasi das Begräbnis einer Freundschaft …«[351]. Meller hatte sich entschieden, nach Deutschland zu gehen: »*ich will weg von hier!* und habe auch schon Schritte getan. Ich schrieb an Moholy, an Mendelsohn an Gropius etc. Die Absicht ist, erst irgendwo in Deutschland zu sitzen ohne drückende materielle Sorgen, dann weiter ausschauen nach einer schöpferischeren Zukunft. Mendelsohn schrieb: schicken Sie Zeichnungen und ein Zeugnis von Oud. *Diese* [sic] *will ich Dich nun bitten*. Und zwar: schicke *mir* einen *Brief* den ich dem meinen einschliessen kann für Mendelsohn … Du handeltest sicher in meinem Interesse als Du seinerzeit an v. d. Zwaart sagtest: er arbeitet gut – aber ist unpünktlich, etc. Man kann doch nicht wissen wie der Empfänger auf so etwas reagiert. Darum nochmals die Begräbnisbitte: schreibe gut, und schicke mir den Brief schnell. Ich grüsse Euch alle herzlichst M.«[352]

Meller kam mit Hilfe von Ouds Zeugnis tatsächlich bei Mendelsohn unter: »Herr Meller bemüht sich, von der stilleren holländischen Landschaft in das aktive Berlin hinüberzudenken und wird hoffentlich bald soweit sein, wie ich ihn gern haben möchte.«[353] Nach der Zeit bei Mendelsohn machte sich Meller zusammen mit Ludwig Fütterer in Berlin selbständig. Von 1931–42 arbeitete er in Otto Bartnings Architekturbüro in Berlin, 1936 als alleiniger Partner von Bartning. Dort war Meller unter anderem am Bau der Gustav-Adolf-Kirche in Berlin-Charlottenburg (1932–34) beteiligt. 1942 geriet er durch Denunziation in Gefangenschaft und wurde ein Jahr später hingerichtet.[354] Ferdinand Kramer erinnert rückblickend an seinen Freund: »Paul Meller gewidmet, dem jungen, ungarischen Architekten und Bauleiter von J. J. P. Oud, auf der Weißenhofsiedlung in Stuttgart 1927, der 1942 von den deutschen Faschisten im Konzentrationslager Oranienburg ermordet wurde.«[355]

Über die übrigen bei Oud beschäftigten Zeichner ist auffallend wenig bekannt. Dies gilt auch für die Zahl der ihm unterstellten Mitarbeiter im *Woningdienst*.[356] Die im Oud-Archiv erhaltenen Baupläne des *Woningdienst* zeigen Namen verschiedener Zeichner[357], die jedoch allein die technische Ausführungen des bereits vorliegenden Entwurfs übernommen haben. Privat arbeitete Oud immer nur mit einem Assistenten zusammen[358], der – in der Zeit nach Ouds Kündigung bei der Gemeinde – mit in seinem Privathaus in Hillegersberg wohnte.[359] Die enge familiäre Einbindung Mellers scheint sich damit auch bei späteren Mitarbeitern fortgesetzt zu haben. Zu den hohen Anforderungen in Bezug auf Fleiß, Pünktlichkeit und Präzision der Arbeit überlieferte Meller Ouds extreme Sparsamkeit, die offenbar geringe Bezahlung seiner Mitarbeiter: »Zwei Dinge habe ich in der letzter Zeit gelernt. Erstens, dass das Gehalt welches man verdienen kann verkehrt proportional ist zum Quantum des ›für etwas Fühlens‹ auf menschlich und architektonischer Basis (Klijnen für den ich doch sicher mehr fühle als [für] Limburg en Co bezahlt schon weniger als diese …)«[360].

In wie weit Oud Ideen seiner Zeichner oder seines Mitarbeiters Meller aufgenommen hat, ist schwer festzustellen.[361] Einer Zusammenarbeit mit anderen Architekten stand Oud jedoch – nicht zuletzt aus seinen Erfahrungen in *De Stijl* – kritisch gegenüber. Vor allem die in späteren Jahren von Gropius geforderte Teamarbeit widersprach seiner Vorstellung vom Entwerfen: »Ich weiß aus Erfahrung, daß Architektur eine sehr persönliche Arbeit ist, wobei man höchstens praktische Fragen gemeinsam lösen kann. Da diese praktischen Fragen jedoch wieder so eng mit der Form zusammenhängen, führt das als Regel auch nicht sehr weit.«[362] Entsprechend führe die Teamarbeit zu einem Verlust geistiger Qualität: »Il lavoro in collaborazione indica, per me, una perdita in qualità spirituale, perchè il suo risultato manca della chiarezza e della purezza di una sintesi.«[363] Bei der Stuttgarter Weißenhofsiedlung* hatte Meller allein in Fragen der technischen Ausführung freie Hand, konnte sich in die Entwurfsfindung jedoch kaum einbringen.[364] Seiner eindringlichen Bitte, an Stelle der geschlossenen Wand des Wirtschaftshofs ein Gitter anzubringen, kam Oud nicht nach. Entsprechend beschwerte sich Meller, daß er allein Handlangerarbeiten ausführe, obwohl seine »Qualitäten höher sind als ihre Ausbeutbarkeit, die im Kartonkleben und mit Gips ausfüllen besteht.«[365] Jos de Gruyter, der in engem Kontakt zu Oud stand, bestätigte diese Hierarchie: »jede Zeichnung wurde kontrolliert und immer wieder verändert.«[366]

1927 und 1928, das heißt während Mellers Anstellung bei Oud, taucht in der Korrespondenz mehrfach der Name Ida Liefrinck (1901–2006) auf, die nach eigener Aussage zu dieser Zeit als Zeichnerin bei Oud tätig war. Die Innenarchitektin und Möbeldesignerin hatte bei einem Aufenthalt in Paris von Ouds »Rotterdamer Büro« gehört und sich daraufhin bei ihm um eine Stelle beworben.[367] Zusammen mit Oud zählte Liefrinck zu den ersten Mitgliedern von »De Opbouw«.[368] Da Liefrinck und Oud wiederholt zusammen genannt werden, ist (neben einer persönlichen Freundschaft) in erster Linie an eine private Anstellung bei Oud zu denken.[369] Sie übernahm Zeichenarbeiten[370], schrieb Artikel über Ouds Arbeiten[371] und kümmerte sich bei dessen Abwesenheit um die Besucher, unter anderem Pierre Chareau und André Lurçat. Letzterer bat Oud im Januar 1928: »… rappeler au bon souvenir de mademoiselle Liefrinck et de monsieur Meller« und ließ auch im April Grüße an beide bestellen.[372] An der eigentlichen Entwurfsarbeit war Liefrinck jedoch nicht beteiligt. Auch die Möblierung der Stuttgarter Reihenhäuser wurde ihr nicht übertragen.

Nach dem Zerwürfnis mit Meller war Oud bei der Bauausführung seiner Kirche* gezwungen, auf den Bauunternehmer zurückzugreifen: »Die weitere Arbeit für die Kirche ist so wenig, dass ich diese durch Tiemstra selber tun lassen kann.«[373] Vilmos Huszár, der die Fenster des Kirchenbaus entwarf, bestätigte, daß er erstmals in seiner Laufbahn nicht mit dem Architekten, sondern mit dem Unternehmer zusammenarbeite.[374] Mehrere Hinweise sprechen dafür, daß im Anschluß an Meller der niederländische Architekt Piet Elling (1897–1962) bei Oud tätig war bzw. als Schüler bei ihm lernte.[375] So befinden sich in Ouds Korrespondenz drei Skizzen für ein Wohnhaus von Elling (Hoflaan, Hilversum), die mit handschriftlichen Eintragungen von Oud versehen sind.[376] Laut einem Brief Ellings von Juli 1929 hatte Oud ihn als Architekt eines Musterhauses in Köln vorgeschlagen. Hintergrund war die für 1931 geplante Werkbundausstellung »Die neue Zeit« in Köln, in der Siedlungsbauten internationaler Architekten präsentiert werden sollten.[377] Auch Gerrit Rietveld war zu Ohren gekommen, daß Elling bei Oud arbeite und wandte sich diesbezüglich im Frühjahr 1930 an seinen Freund.[378] Im Juli 1930 bat die Amerikanerin Catherine Bauer nach ihrem Besuch bei Oud, dem »gentleman in your office« für seine freundliche Hilfe zu danken.[379]

Im Laufe der 1920er Jahre hatten sich zahlreiche ausländische Architekten um eine Stelle bei Oud beworben. Da Oud zwischen 1918 und 1932 kein offizielles Architekturbüro führte und auch nicht über größere finanzielle Mittel verfügte, wird ihm die Beschäftigung mehrerer Mitarbeiter kaum möglich gewesen sein. Neben Paul Meller, der möglicherweise aufgrund von Ouds Krankheit eingestellt wurde, sowie Ida Liefrinck und eventuell Piet Elling hatte Oud daher in diesem Zeitrahmen keine weiteren Mitarbeiter. Ob Oud Einfluß auf die Anstellung der Zeichner im *Woningdienst* hatte, ist nicht bekannt. Gegenüber Theodor Fischer erläuterte er, daß seine »Herren« alle von der Stadt angestellt würden, aufgrund der schlechten Wirtschaftslage jedoch in diesem Jahr (1922) bereits sechs entlassen worden seien.[380] Die (meist deutschen) Bewerber, die mit Blick auf die bekannten Wohnbauten sicherlich in erster Linie an eine Beschäftigung bei der Stadt dachten, erhielten alle eine Absage. Bereits im Juni 1922 war Franz Pöcher, ein Schüler Josef Hoffmanns in Wien, mit der Bitte um Anstellung an Oud herangetreten.[381] Im November 1922 versuchte Theodor Fischer seinen Schüler Fritz Köppen aus Bielefeld bei Oud unterzubringen.[382] Da Oud seinem ehemaligen »Lehrmeister« sicherlich gerne den Gefallen getan hätte, scheint auch die private Anstellung eines Architekten zu diesem Zeitpunkt nicht möglich gewesen sein. Als Köppen im Februar 1925 anbot, im Rahmen eines Studienaufenthaltes in den Niederlanden unentgeltlich bei Oud zu arbeiten[383], wurde ihm wohl auch dieser Wunsch ausgeschlagen. Ebenso erging es Architekt Hardt aus Frankfurt am Main, der sogar als bezahlender Schüler bei Oud arbeiten wollte.[384] Im Oktober 1926 stellte der tschechische Architekt Jan Višek seine Arbeitskraft zur Verfügung, falls in den Niederlanden noch Architekten gebraucht würden.[385] Im September 1927 bat der Breslauer Architekt Günter Hirschel-Protsch, der offenbar von einer Berufung Ouds an die Düsseldorfer Akademie ausging, bei der Einstellung von Mitarbeitern an ihn zu denken.[386] Die zahlreichen weiteren Bewerbungen aus den 1920er und 1930er Jahren stehen – abgesehen von der schwierigen Arbeitsmarktlage dieser Zeit – vor allem für Ouds internationales Ansehen als Pionier der Modernen Architektur.[387]

10. Oud und die CIAM (1928–30)

Eine zentrale Figur in der internationalen Architekturszene dieser Jahre war der Schweizer Kunsthistoriker Sigfried Giedion (1888–1968). Bereits im Sommer 1926 hatte er Oud seine Ideen über eine neue Architekturzeitschrift und eine Verbindung moderner Architekten dargelegt.[388] Nachdem Giedion mit einer Reihe progressiver Architekten in Kontakt getreten war, wurde im Juni 1927 die Gründung einer internationalen Organisation besprochen. Als Name schlug Giedion den Titel der 1849 erschienenen »Seven lamps of architecture« von John Ruskin vor.[389] Bei den – nach Vorschlag Mies van der Rohes – sieben Mitgliedern handelt es sich ausnahmslos um international renommierte Architekten: neben ihm selbst Le Corbusier, Cos van Eesteren, Walter Gropius, Hans Schmidt, Mart Stam und Oud. Als Zielsetzung formulierte Mies van der Rohe, die »Bewegung« durch eine »geheime Reinigung« »sauber zu halten«.[390] Hierfür sollten Ausstellungen organisiert und die Presse mit Artikeln versorgt werden.

Oud, der bei besagtem Treffen nicht anwesend war, erhielt Ende Juli einen Bericht. Eine erste Zusammenkunft der Mitglieder war anläßlich der Tagung des Schweizerischen Werkbundes für den 9. und 10. September 1927 in Zürich vorgesehen, zu der jedoch allein Gropius und Schmidt erschienen.[391] Im Oktober fand schließlich ein Treffen des »Ring« in Stuttgart statt. Aufgrund eines Streits kam es auch dort nicht zu dem geplanten Zusammenschluß: »Mendelsohn der Pseudoamsterdamer hat Mies angegriffen, was ja mit Eklat endete.«[392] Giedion besprach die Angelegenheit nochmals mit Gropius und Mies van der Rohe und regte gleichzeitig an, die seit langem geplante Architekturzeitschrift zu gründen. Die Zeitschrift sollte sich allein der Architektur widmen, wobei jedoch auch Fragen des Verkehrs, der Finanzierung sowie soziologische Erkenntnisse zu berücksichtigen seien.[393] Als fachkundige Redakteure wurden Oud (Wohnsiedlungen), Werner Gräff (Verkehrsfragen), Van Eesteren (Städtebau) und Stam (Großkonstruktionen) genannt. Der Text sollte zweisprachig in Deutsch und Französisch erscheinen, eventuell auch mit englischen Beiträgen. Geld und Verleger für das erste Jahr waren vorhanden, als Erscheinungsort wurde Zürich bestimmt.[394]

Die geplante internationale Architektenorganisation wurde mit dem ersten, von der Schweizerin Hélène de Mandrot initiierten Treffen der »Congrès Internationaux d'Architecture Moderne« (CIAM) in La Sarraz – wenn auch nicht als enger Zusammenschluß ausgewählter Architekten – Realität.[395] Konkreter Anlaß war die Ablehnung von Le Corbusiers Entwurf für den Völkerbundpalast in Genf (1927). Die CIAM verfolgten damit von Anfang an das Ziel, die Moderne Architektur gegenüber den traditionalistischen Strömungen zu stärken. Oud hatte die Nachricht des ersten Zusammenkommens (26.–28. Juni 1928) mit Begeisterung aufgenommen. Giedion, von de Mandrot in beratender Funktion hinzugezogen, zeigte seinerseits großes Interesse an einer Beteiligung Ouds, den er neben Le Corbusier und Stam zu den drei bedeutendsten Architekten der Zeit zählte.[396] Am 18. April 1928 wandte sich Gabriel Guévrékian, Sekretär der CIAM, mit der Bitte an Oud, auf dem für Juni geplanten Kongreß die Sektion »Urbanismus« zu leiten.[397] Ouds Antwort fiel grundsätzlich positiv aus: «En cas que la Municipalité de Rotterdam venut m'envoyer au Congrès de la Sarraz (et ce n'est paint du tout impossible) je veux présider avec beaucoup plaisir la question No. 4 ›L'Urbanisme‹ au Congrès. Quand on ne le voudra pas, c'est pour moi (je veux faire le voyage avec ma femme) un peu trop couteux.»[398] Guévrékian bedankte sich zwei Tage später für Ouds Zusage und sandte am 9. Juni die offizielle Einladung nach Rotterdam.[399]

Ähnlich den Berufungsverfahren und der Einladung zum Wettbewerb um die Siedlung Dammerstock zog sich Oud auch in diesem Fall nach anfänglichem Interesse zurück. Er bat Giedion, ihn nicht auf die Liste der Teilnehmer zu setzen und blieb dem Treffen fern. Aus Ouds Briefkonzept vom 18. August 1928 geht hervor, daß sich seine Vorstellungen über Sinn und Ablauf des Kongresses grundsätzlich von den Zielen der CIAM unterschieden: »Lieber Giedion, Sie wissen mit welcher Bewunderung ich den Sarraz-Kongress begrüsst habe: einmal fröhlich mit den Kollegen Zusammensein ein bisschen Reden (nicht zuviel und nicht zu wichtig) ein bisschen Spaziergänge [sic] in schöner Umgebung, ein bisschen Tanz, einige Schlussfolgerungen allgemeiner Art und dann: Ende. Nun erfahre ich von Moser und Stam, dass dies alles erst der Anfang sein soll eines Kongress-Bandwurmes und dieser Bandwurm scheint mir schlimmer auszusehen oder wenigstens gleich schlimm als alle Bandwürmer dieser Art von der ›Reaktion‹. Ich bin immer dafür, jedes Jahr ein bisschen zufällig, nicht sehr wichtig, aber schön und ein bisschen geistvoll und genussreich zusammenzukommen. Sie müssen mich aber entschuldigen, dass ich Sie bitte meinen Namen nicht zu nennen im Zusammenhange mit dieser Geschichte so lange ich nicht dazu Genehmigung verliehen [sic] habe. Ich möchte erst etwas mehr wissen und etwas bestimmteres: so wie es mir jetzt scheint, warte ich besser noch ein bisschen bis ich einen Bart habe, bevor ich so etwas mitmache! Ehrenmitglieder, Palmen, Orden: ich wünsche ihnen Glück zu dieser Umgebung!«[400]

Grund für Ouds Verhalten war neben seiner Abneigung gegenüber offiziellen Veranstaltungen wohl auch der Wunsch, unverbindlich zu bleiben und Konflikten nach Möglichkeit aus dem Weg zu gehen. Gerade der politische Charakter der Erklärung von La Sarraz wird Oud im nachhinein bestätigt haben.[401] Schließlich ist Ouds Absage als Reaktion auf die konzeptuelle Änderung des Kongresses zu deuten. Die ersten Äußerungen Giedions von Mai 1928 zeigen, daß Zielsetzung und Durchführung noch nicht klar umrissen waren: »Der Kongreß steht auf nicht allzu festen Füssen, es ist ja schließlich nur wichtig, dass man sich sieht. Die Deutschen machen eine viel zu tragische Geschichte daraus.«[402] Als Giedion von Ouds Absage erfuhr, betonte er noch stärker den experimentellen Charakter der Zusammenkunft, den auch Oud teilen könne: »Ihre Einstellung zum Kongress finde ich ausgezeichnet. Es handelt sich darum, auch hier ein ›Versuchslaboratorium‹ zu machen, ob und wie weit internationale Zusammenarbeit überhaupt möglich ist und ob sie überhaupt Sinn hat. Ferner wie dafür die Linien anzulegen sind.«[403] Der bewußt offene Charakter der Kongresse werde allein von Hugo Häring abgelehnt: »Wir hatten einen impertinenten Störenfried: Mr. Häring, der schon früher mit seiner Schulmeisterpedanterie den ganzen Kongress sabotieren wollte … Weder die Franzosen, noch wir, noch die Holländer wollen geschlossene Gruppen à la Ring, wir wollen ganz lockere offene Gebilde, Häring aber will ein starres organisiertes Ganzes, das die Hoffnung gibt, immer wieder Kompetenzstreitigkeiten anstatt objektiver Arbeit zu bewirken.«[404] Vor allem die inhaltliche Ausrichtung des Kongresses wird Ouds Zweifel bestärkt haben. Ursprünglich hatte Hélène de Mandrot Le Corbusier mit der Konzeption beauftragt, der primär ästhetische Fragen behandeln wollte. Dagegen setzten Mart Stam und Hans Schmidt durch, daß die wirtschaftliche Seite des Bauens zum zentralen Thema erhoben wurde. Weder die Abkehr von ästhetischen Kriterien noch der (in der offiziellen Erklärung hervorgehobene) Gedanke eines Kollektivs konnte Oud jedoch mit seiner Vorstellung des individuellen Künstler-Architekten vereinbaren.[405]

Giedion, der mit Ouds Ansichten offenbar wenig vertraut war, versuchte weiterhin, ihn für die Kongresse zu gewinnen. Mit Blick auf die CIAM II schrieb er im August 1928: » Lieber Oud, wir tanzen immer noch auf einem Vulkan. Es ist – scheint mir, die Stunde der Entspannung noch nicht gekommen, die das Plätschern gestattet … Der Sachverhalt ist einfach so, dass man Sie & Stam zu Vertretern von Holland gewählt hat … Kardinalfrage: Glauben Sie an einen sinnvollen Kerngedanken des Ganzen, so müssen Sie eben über die Nuance a, b, oder c, die Ihnen eventuell nicht passt hinwegsehen – wie alle andern auch – geht aber Ihre Kritik an den Mittelpunkt, was ich allerdings bei Ihrer sonstigen Anschauung nicht begreifen könnte, so würde ich ein definitiv ausgesprochenes Nein verstehen. S. G.«[406]. Oud änderte seine Meinung nicht. Dennoch bekundete er Bedauern über sein Fernbleiben und zeigte weiterhin Interesse an den Kongressen.[407] Im September 1928 erschien die offizielle Erklärung von La Sarraz in »i 10«.[408] Giedion, der seit Gründung der CIAM versuchte, eine eigene Zeitschrift herauszugeben, hatte damit bislang keinen Erfolg. Wohl aufgrund der finanziell schwierigen Lage von »i 10« traten Oud und Van Eesteren nun für einen Zusammenschluß mit der neuen Zeitschrift ein. Im November 1928 kam es zu einem Treffen zwischen Müller Lehning und Giedion, ohne daß jedoch eine Einigung erzielt wurde.[409]

Giedion war Ouds ablehnende Haltung gegenüber den CIAM unverständlich. Im Januar 1929 versuchte er erneut, Oud – mit Aussicht auf zwei Tanzabende – zu überzeugen: »Sie haben sich ja leider zurückgezogen. Aber, lieber Oud, ich hoffe, dieses Zurückziehen wird nur zeitlich begrenzt sein, denn es scheint mir auf die Dauer wirklich nicht gut vorstellbar, dass Sie sich geflissentlich ausschliessen, bloss weil Ihnen die Form von strengen Kongressen nicht gelegen ist. Der nächste soll, voraussichtlich wenigstens, im Oktober in Frankfurt stattfinden, und ich werde nicht versäumen, in Basel den Antrag zu stellen, dass auf das Kongressprogramm zu Ihren Ehren auch zwei Tanzabende offiziell festgesetzt werden, und dann hoffe ich, werden Sie schliesslich doch erscheinen, so widerwärtig und überflüssig Ihnen auch der übrige Ballast erscheinen wird.«[410] Am 30. August 1929 wandte sich Stam als Leiter des Vorbereitungskomitees an Oud: »Bester Oud. Ich hoffe, daß Du bereits durch ›Opbouw‹ von dem hier abzuhaltenden Kongreß gehört hast … Für das Zusammentreffen und für die Ausstellung hoffe ich auf Dich rechnen zu können. In jedem Fall müssen Deine letzten Typen für Hilledyk [die Siedlung Kiefhoek: EvE] und Hoek van Holland vertreten sein.«[411] Oud reichte daraufhin die gewünschten Pläne ein, die auf der parallel zum Kongreß gezeigten Ausstellung vorgestellt wurden. Trotz der Bemühungen seiner Kollegen konnte sich Oud nicht zur Teilnahme an dem Kongreß entschließen: »Von den bekanntesten Führern vermißte man nur Le Corbusier, Oud und Lissitzky.«[412]

Die unter dem Thema »Die Wohnung für das Existenzminimum« stehende Veranstaltung fand vom 24. bis 26. Oktober 1929 in Frankfurt am Main statt. Im Gegensatz zu dem relativ kleinen Kreis in La Sarraz waren nun 130 Delegierte aus 18 Ländern beteiligt. Grundlage der Diskussion bildeten die von Ländervertretern zusammengestellten Erhebungsbögen zum Arbeiterwohnungsbau. Auf der zeitgleich präsentierten Ausstellung wurden entsprechend 105 Grundrisse von Kleinstwohnungen vorgestellt. Der 1930 veröffentlichte Katalog nahm fünf Grundrisse von niederländischen Architekten auf, darunter mit den Häuserzeilen in Hoek van Holland* (Abb. 246) und der Siedlung Kiefhoek* (Abb. 268) die beiden Arbeiten von Oud.[413] Obwohl die Entwürfe der Siedlung Kiefhoek bereits 1928 in ausländischen Zeitschriften erschienen waren und direkt nach Fertigstellung der Bauten (1930) eine Reihe niederländischer Veröffentlichungen folgte, wurde sie erst durch die Präsentation auf den CIAM II zu einer international gefeierten »Inkunabel« des modernen Arbeiterwohnungsbaus. Oud, der sich selbst nicht zu den Mitgliedern der Kongresse zählen wollte, hat die sich bietenden Möglichkeiten dieser Veranstaltung richtig eingeschätzt und für seine Zwecke genutzt. Dies zeigt nicht zuletzt die auf den Ausstellungstitel anspielende Bezeichnung seiner Haustypen als »Wohnen für das Existenzminimum«.[414]

Daß die Verbindung zwischen der Siedlung Kiefhoek und den CIAM bis heute präsent ist, erreichte Oud vor allem durch seine zahlreichen, die »funktionalistische« Entwurfsbasis betonenden Erläuterungen in ausländischen Fachzeitschriften.[415] Wie Henk Engel hervorhebt, ging diese Interpretation an der eigentlichen Qualität der Siedlung als »architektonisches Objekt« vorbei.[416] Die von den CIAM erhobene Forderung nach optimaler Besonnung jeder Wohnung war, wie auch die Orientierung der Wohnräume zum Garten, in Kiefhoek nicht erfüllt. Offenbar bildete für die damaligen Betrachter die Formgebung als *Ausdruck* des minimierten, nach rein funktionalen Aspekten konzipierten Siedlungsbaus das entscheidende Kriterium.[417] Entsprechend lobte Karl Moser, noch unter dem Eindruck des Kongresses stehend, die formale Lösung der Siedlung: »Peter und Anni, Liebe Freunde, Ich kann Euch nicht sagen welche nachhaltige Freude mir der Besuch bei Euch gemacht hat, so kurz er leider auch war … Am nächsten Morgen spazierte ich in Kiefhoek herum, und freute mich an der Einheitlichkeit der Siedlung und der knappen Zusammenfassung der einzelnen Wohnungen – eine vorzügliche Illustration zum Kongreßthema. Du schaffst und wir theoretisieren!«[418] Auch Giedion zeigte sich begeistert und setzte sich im November 1930 erneut für Oud ein: »Wir wollen in nächster Zeit erreichen, daß von einem halb Dutzend europäischen Spezialisten in Zürich wirkliche Minimalwohnungen gemacht werden, auch von Ihnen!«[419]

Der nächste Kongreß war für das folgende Jahr in Brüssel geplant. Gegenüber Alberto Sartoris erklärte Oud – eventuell aufgrund seiner Erfolge bei den CIAM II – an diesem Kongreß teilnehmen zu wollen.[420] Entsprechend sandte Stam ihm im Dezember 1929 eine Liste der niederländischen CIAM-Mitglieder, die auch Oud einschloß. Da neben Rietveld als stellvertretendem Delegierten der niederländischen Gruppe noch ein weiterer Stellvertreter gewünscht war, bat er Oud, diese Funktion zu übernehmen.[421] Oud reagierte nun wiederum ablehnend: »Bester Stam: ich kann mich noch immer mit dem besten Willen nicht für den Kongreß in der Form, in der er jetzt besteht, erwärmen. Ich bleibe daher lieber außer vor. Streich mich s. v. p. als Mitglied falls ich etwa als derartiges notiert bin.«[422] Mit Blick auf die erfolgreiche Präsentation seiner Arbeiten in Frankfurt ist Ouds Verhalten zumindest als inkonsequent zu bezeichnen. Entsprechend versuchte Rietveld auch weiterhin, Oud zur Teilnahme zu überreden. Am 2. Juni berichtete er von einer geplanten Versammlung der Mitarbeiter und bat Oud um Angabe eines *ihm* passenden Termins.[423] Im November sandte er das Tagungsprogramm und schrieb, daß Giedion ihn nochmals angesprochen habe: »Giedion bat mich extra, Dich noch einmal zu bitten, daß Du kommst. Ich denke, daß es unnötig war, da ich dies weiterhin tun werde, bis Du kommst.«[424]

Oud ließ sich nicht umstimmen. Im November 1930 erhielt er eine Postkarte (Manneken Pis) mit der Unterschrift einiger Teilnehmer und ihrem Bedauern darüber, daß er nicht anwesend sei.[425] Wie bei den CIAM II wurde die Siedlung Kiefhoek* in die Publikation des Kongresses, die 1931 unter dem Titel »Rationelle Bebauungsweisen« erschien, aufgenommen.[426] Daß es sich bei Kiefhoek gerade nicht um einen Zeilenbau handelt, sondern der Zeilenbau durch die langen ungegliederten Häuserreihen allein formal-ästhetisch verkörpert wird, schien nicht von Bedeutung. Schließlich war die Siedlung auch in der ab Februar 1932 präsentierten Wanderausstellung des Museum of Modern Art in New York, »Modern Architecture – international exhibition«, vertreten. Wiederum wurde sie dort als ein Musterbeispiel des modernen, funktionalen Siedlungsbaus gefeiert.[427]

11. Prominenz in den USA (1928–32)

Einer der ersten Bewunderer Ouds in den USA war der amerikanische Kunsthistoriker Henry-Russell Hitchcock (1903–87).[428] Im Juli 1927 hielt sich Hitchcock im Rahmen einer Europareise in den Niederlanden auf, wo er unter anderem mit Oud zusammentraf.[429] Als Folge dieser Begegnung erschien im Februar 1928 Hitchcocks Artikel »The architectual work of J. J. P. Oud« in der amerikanischen Zeitschrift »The Arts«[430]. Die Veröffentlichung seiner gleichzeitig in Angriff genommenen Oud-Monographie für die »Cahiers d'Arts« verzögerte sich aufgrund finanzieller Schwierigkeiten des Herausgebers bis Oktober 1931.[431] Die in dieser Zeit entstandene Freundschaft zwischen beiden Männern war Ausgangspunkt für Ouds engen Austausch mit den USA: Während Hitchcock durch den international anerkannten Architekten ein Kontaktnetz in Europa aufbauen konnte, gewann Oud einen prominenten und engagierten Fürsprecher in den USA.[432]

Anfang 1929 versuchte Professor Morely Oud für eine Vortragsreihe in Princeton zu gewinnen: »from my friend, Mr. Henry Russell Hitchcock, I have learned that there might be some prospect of obtaining your consent to deliver a course of lectures here at Princeton University.«[433] Morely bot Oud 750 Dollar für acht Vorträge sowie die Möglichkeit, diese in der Reihe »Princeton Monographs in Art and Archeology« zu publizieren. Oud, der tatsächlich vorhatte, in die USA zu fahren[434], sagte die Reise aus unbekannten Gründen ab. Ebenso reagierte er auf den Vorschlag von Prof. Lorch, an der Universität in Ann Arbor zu sprechen[435] und auf das Angebot für mehrere Vorträge im Rahmen der »Kahn-Vorlesungen« in Princeton, ein »course of eight lectures and two seminars to be given the first two weeks in May 1930.«[436] Dank Vermittlung der amerikanischen Architekturhistorikerin Catherine Bauer, die ihn im Oktober 1930 besucht hatte, nahm Oud jedoch an einer Ausstellung zur Modernen Architektur mit dem Schwerpunkt Wohnungsbau in Chicago teil. Auch dort wurde ein Vortrag von Oud gewünscht – »… when are you coming to America?«[437] –, den er wiederum absagte.

1929 wurde Alfred H. Barr Direktor des neu gegründeten Museum of Modern Art in New York. Im folgenden Jahr begannen Barr, Hitchcock und Philip Johnson, soeben ernannter Direktor der Abteilung Architektur und Design, mit den Vorbereitungen für eine Ausstellung. Johnson, Harvard-Absolvent und Sproß einer vermögenden und einflußreichen Familie, war über einen Aufsatz von Hitchcock auf Oud aufmerksam geworden.[438] Im September 1928 besichtigte er Ouds Bauten in Hoek van Holland*, die ihn nachhaltig beeindruckten.[439] Rückblickend schrieb er über seine »Bekehrung«: «The moment of conversion came in 1929 when I read an article by Henry-Russell Hitchcock on the architecture of J. J. P. Oud. From that moment, I was only modern and only *that kind of* modern architecture which enthralled me … nothing but the ›pure‹ direction of Oud, Le Corbusier, Gropius (the Bauhaus), and Mies."[440] Als Freund und Vermittler sollte in den folgenden Jahren auch Johnson eine wichtige Rolle für Oud spielen.[441]

Im Mai 1930 setzten sich Hitchcock und Johnson, die gemeinsam eine Publikation zur Modernen Architektur planten, mit Oud in Verbindung. Oud, von dem sie sich Rat und Informationen erhofften, hatte mit seinem Bauhausbuch »Holländischen Architektur« (1926) bereits einige Ideen hierfür geliefert.[442] Im Gegenzug stellte Johnson eine entsprechende Würdigung seiner Arbeit in Aussicht: »… I see Kiefhoek is at last published in Die Form. I have yet so see [sic] anything else in Europe as good for that type of Siedlung. But I find the ignorance in Germany about your work perfectly abysmal. Our book ought to correct this if it ever comes to press.«[443] Auf der wohl seit Herbst 1930 geplanten Ausstellung «Modern Architecture – International Exhibition" sollten mehrere Arbeiten von Oud gezeigt werden, unter anderem die für Johnsons Eltern entworfene Villa*. Nach einem Besuch bei Oud im Sommer 1931 sagte Johnson ihm 100 Dollar für die Erstellung des Modells zu[444], dem in New York außergewöhnliche Bedeutung beigemessen wurde: »My director telegraphed yesterday WE MUST HAVE OUDS MODEL AT ALL COSTS. So you see how important it is for my head and position to get the model. And I am sure [you] underestimate the importance of it for yourself.«[445] Kurz darauf bestätigte er: «I am very glad that you are doing this house and do not regret the expense in the slightest."[446]

Im Fall, daß das Modell von Haus Johnson nicht rechtzeitig fertig werde, plante Johnson gemäß Ouds Vorschlag, ein Modell der Häuserzeile in Hoek van Holland* auszustellen. Schließlich hatte Oud betont, daß er das Modell nur schicke, »if it is just as goed [sic] as I like it«[447]. Am 18. November sandte Johnson ein Telegramm ins Rotterdamer Rathaus, in dem er schnellstmöglich um Nachricht bittet, welches Modell für die Ausstellung fertig werde.[448] Erst einen Monat später antwortete Oud »… Drawing and Model leave end december please not cable again Oud«.[449] Erleichtert bedankte sich Johnson: »THOUSAND THANKS WILL CABLE SIXHUNDRED DOLLARS …«[450]. Johnson versuchte nun seinerseits, den Druck des Ausstellungskatalogs zu verzögern: «We are holding the catalogue from the press as long as we can to be able to include an account of your house. I am so afraid that we will not have time to photograph it and put the notice of it in, which would be very sad as the house is really one of the prizes of the Exhibition … I am praying your model will come in time."[451] Das Modell traf unversehrt am 4. Februar in New York ein, noch rechtzeitig für die Aufnahme in den Katalog (Abb. 353).[452]

Die als Wanderausstellung konzipierte Schau wurde am 9. Februar 1932 als »Exhibition 15« im Heckscher Building in New York eröffnet. Zu sehen waren annähernd 100 Fotos in großen Formaten sowie Zeichnungen und Modelle (vgl. Abb. 13).[453] Während die breite Öffentlichkeit wenig Notiz nahm – die Ausstellung zählte nicht mehr als 33.000 Besucher[454] –, fand in der Fachwelt eine ausgebreitete Diskussion statt. Vor allem in den New Yorker Zeitungen und Fachzeitschriften wurde sie ausführlich besprochen.[455] Im Zentrum des Interesses standen die Arbeiten von Oud und Mies van der Rohe, wobei die Villa Johnson* auch Kritik erntete.[456] Laut Johnson hatte die in der Ausstellung verkaufte Oud-Monographie von Hitchcock großen Erfolg.[457] Als begleitende Publikation zum Katalog erschien Hitchcocks und Johnsons »The International Style: Architecture since 1922«[458], die den Stilbegriff des »Internationalen Stils« prägen sollte: Aufgrund seiner zentralen Stellung innerhalb der Ausstellung galt Oud fortan als einer der herausragendsten Vertreter dieses »Stils«.

Die Ausstellung war von großem Einfluß sowohl auf die weitere Architekturentwicklung als auch die Architektenausbildung in den Vereinigten Staaten.[459] Für Oud bedeutete sie den Siegeszug in Amerika, wo er nun – auch dank des weiteren Einsatzes von Johnson – zu den Pionieren der Moderne gezählt wurde. Im November bemühte sich Johnson um einen weiteren Auftrag für Oud in den USA: «I know you will laugh at me for writing this, saying Philip will never get anything practical done etc., but I think I may be able to get you a job here doing a country house for my publisher. The only difficulty now seems to be how you can design a house so far away, or how to get money enough to bring you over here. If you were willing I should think the client could consult with you there and build it here somehow. However those things are still in the realm of dreams."[460] Offenbar planten Johnson und Oud auch die Gründung einer Zeitschrift: «Not in the realm of dreams is our idea to start a magazine next year. There are no awful [sic] good things built here yet, but a magazine would sell anyhow and we could put European things in."[461]

Anfang der 1930er Jahre hatte Oud den Höhepunkt seines internationalen Ruhms erreicht. Jean Badovici, Herausgeber von »L'Architecture Vivante«, zählte Oud zusammen mit Le Corbusier und Walter Gropius »le triptyque Oud – Le Corbusier – Gropius«, zu den bedeutendsten Architekten seiner Zeit.[462] Johnson nannte Haus Tugendhat (1929/30), die Häuserzeilen in Hoek van Holland* und den Parthenon in einem Zug: »I wish I could communicate the feeling of seeing the Bruenn house of Mies. I have only had similar architectural experience before the Hoek and in old things the Parthenon.«[463] Im November 1933 bekannte er gegenüber Oud: »In a general canvas of architectural schools we find that your name is the best known of all the modern architects and the only one to which no exception could be taken as would be the case of Mies or Le Corbusier.«[464]

Ouds internationales Renommee spiegelte sich weder in seiner Position innerhalb der niederländischen Architekturszene noch in seiner Stellung als Beamter des Rotterdamer Woningdienst.[465] Oud war es letztendlich nicht gelungen, sich in Rotterdam als Architekt zu etablieren. Neben seinem Entwurf für die Rotterdamer Börse* und dem städtebaulichen Plan für die Rotterdamer Innenstadt blieben auch seine Projekte für die Rotterdamer Volkshochschule* und die Häuserzeilen im Stadterweiterungsgebiet Blijdorp* unausgeführt. Die erste monographische Ausstellung zu Oud fand nicht etwa in Rotterdam, sondern in Berlin statt.[466] Eine Präsentation seines Werkes wurde in den Niederlanden erst im Herbst 1932 gefordert, als Ben Merkelbach eine möglichst vollständige Übersicht von Ouds Arbeiten im Rahmen der Rotterdamer CIAM-Ausstellung »Rationelle Bebauungsweisen« vorschlug.[467]

Eine weitere Niederlage erlebte Oud innerhalb von De Opbouw, wo er zunehmend von den politisch links orientierten Vertretern auf die Seite gedrängt wurde.[468] Nachdem er bereits 1929 seinen Vorsitz aufgeben hatte, kündigte er im Mai 1933 auch seine Mitgliedschaft. Als Grund gab er an, daß sich die Vielfalt der ästhetischen Vorstellungen in De Opbouw nicht mit bestimmten politischen Einstellungen verbinden ließen. Die so entstehende Einschränkung wolle er nicht durch seine Mitgliedschaft unterstützen.[469] Dem voraus ging eine Ansprache des Vorsitzenden J. B. van Loghem, in der eine mehrheitlich vertretene, deutlich links eingestellte Gruppe benannt wurde. Hiervon wichen Oud und Jos Klijnen durch ihren »rechten« Standpunkt ab. Darüber hinaus strebten sie nicht nach einer sozialen Umwälzung mit dem Ziel einer sozialistischen Produktion und Verteilung von Gütern. Mitglieder, die diese Ziele nicht teilten, sollten jedoch, so Van Loghem, die Gruppe verlassen.[470]

Noch im Januar 1932 bekräftigte Oud, daß er bessere Aufträge erhalten wolle »than those damned minimum houses of which I am a ›specialist‹ now.«[471] Sein Wunsch sollte sich nicht erfüllen. Statt dessen verlor Oud auch seine Stellung beim Woningdienst. Auf Drängen der Raadscommissie voor Volkshuisvesting, die Ouds Entlassung wünschte, entschied er sich im Herbst 1932 nachzugeben. Aufgrund des mangelnden Vertrauens in seine Person kündigte er das Arbeitsverhältnis zum 1. April 1933.[472]

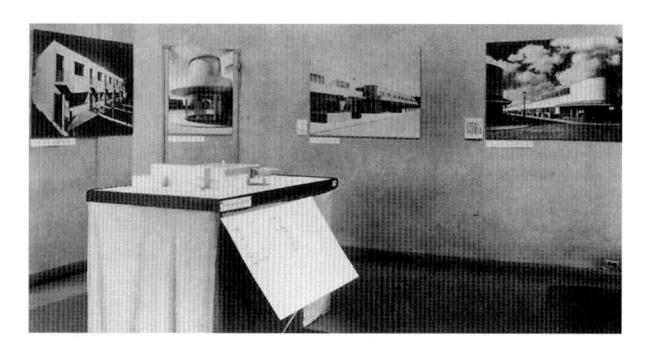

13. Ausstellung MoMA 1932, Modell der Villa Johnson, Fotografien von Ouds Bauten

Ursache für die Unzufriedenheit mit Oud werden neben den Baumängeln an seinen Wohnblöcken in Tusschendijken* und den Siedlungen Oud-Mathenesse* und Kiefhoek* auch seine häufigen, krankheitsbedingten Ausfälle gewesen sein. Oud selbst muß es als letzte Niederlage empfunden haben, daß die Stadt seinen Entwurf für die neun Wohnzeilen in Blijdorp* nicht zur Ausführung brachte.[473]

Nach außen vermittelte Oud, daß er aufgrund der Situation des *Woningdienst* aus freien Stücken seine Stellung verlassen habe. An Merkelbach schrieb er: »Vielleicht interessiert es Dich zu wissen, daß ich eine Abfindung beantragt habe. Hoffentlich bekomme ich sie: das Rotterdamer Bauamt ist gegenwärtig von der Art, daß es schlimmer ist als die ›malaise‹ selbst.«[474] Im »Nieuwe Rotterdamsche Courant« erschien im Januar 1934 ein vierteiliger Artikel über Oud, der als Grund für seinen Abschied allein die wirtschaftliche Lage angibt: »Für ihren Architekten für den Bau von Volkswoningen hat die Stadt Rotterdam in diesen Krisenzeiten von sich aus keine Beschäftigung.«[475] Offenbar ausgehend von einem Interview bemerkt der Autor, daß Oud über die Kündigung nicht traurig sei: »Denn nachdem er fünfzehn Jahre lang im Büro der Gemeinde immer wieder Komplexe dieser bescheidenen Behausungen entworfen hat, ... will ein Meister wie er, für den sie wohl überall die Türen weit öffnen würden, um dort zu arbeiten, seine Flügel auch wohl einmal weiter ausstrecken ...«[476].

Die Realität sah anders aus. Die mehr oder weniger erzwungene Selbständigkeit zeigte keine Erfolge; fehlende Aufträge und schwere Depressionen bestimmten die folgenden Jahre.[477] In seinem Haus in Hillegersberg verfolgte Oud abgeschieden und zunehmend isoliert von der Umwelt das Baugeschehen seiner Kollegen. Entsprechend vorsichtig erkundigte sich Moholy-Nagy, der Oud für eine Eröffnungsrede gewinnen wollte: »Glaubst Du, daß ich das verlangen darf, den großen Einsiedler aus seiner Höhle zu holen?«[478] Ouds Hauptbeschäftigung der folgenden Jahre waren Möbelentwürfe (zum Teil für Metz & Co) und Inneneinrichtungen sowie eine Reihe unausgeführt gebliebener Wohnhausentwürfe[479]. Zu den prominentesten Arbeiten zählen mehrere Räume auf der Nieuwe Amsterdam, dem damals größten niederländischen Luxusliner der Rotterdamer Holland-Amerika-Linie.[480] Ouds Möbelentwürfe waren nur teilweise erfolgreich und trugen aufgrund der ungewöhnlichen Verbindung von dicken Polstern und Stahlrohr den Spottnamen »olifant-ree« (Elefanten-Reh) Kombination.[481]

Ouds Architekturentwürfe waren nach seinem Austritt aus dem Gemeindedienst größtenteils beim *Woningdienst* zurückgeblieben.[482] Drei Jahre nach seiner Kündigung, Anfang 1936, wurden seine Arbeiten im Rotterdamer Kunstkring ausgestellt. Erstmals in den Niederlanden war hier ein Überblick seines Werkes zu sehen.[483] Während Aufträge im eigenen Land weiter ausblieben, häuften sich die Anfragen aus dem Ausland. Als Folge der New Yorker Ausstellung, die in weiteren 14 amerikanischen Städten zu sehen war, kamen die Nachfragen mit Schwerpunkt aus den USA. Im November 1933 wurde ihm vom Museum of Modern Art und der Columbia University angeboten, für die Dauer von zwei Monaten in den USA Vorträge zu halten und mit Studenten zu arbeiten.[484] Philip Johnson wollte ihm für diese Zeit sein New Yorker Appartement zur Verfügung stellen: »... it would be very good for modern architecture in America if you could come.«[485] Offiziell aus Angst vor erneuter Überarbeitung lehnte Oud ab.[486] Dennoch zog Johnson in Erwägung, Oud das Museum of Modern Art bauen zu lassen.[487] Obwohl seine letzten realisierten Projekte, die Siedlung* und die Kirche* in Kiefhoek, bereits drei Jahre zurück lagen, wollte Oud sich diese Möglichkeit allein für den Notfall vorbehalten: »Ich hoffe *hier* wieder einmal in Gang zu kommen. Geschieht dies nicht, ja, dann werde ich schließlich wohl müssen, aber so weit ist es noch nicht.« Noch zuversichtlich, was die Auftragslage im eigenen Land anging, bekannte er: »... also habe ich nach Amerika geschrieben, daß ich das Angebot sehr schätze, aber daß ich vorläufig mein Glück weiter in Holland versuche.«[488] Der Kontakt zu Johnson blieb trotz Ouds Absage und dem nicht zu Stande gekommenen Auftrag für die Villa Johnson* gut.[489]

Im Juni 1936 reiste Alfred H. Barr in die Niederlande und legte Oud einen detaillierten Anstellungsvertrag der Harvard University als Professor of Design vor. Die für den 1. Februar 1937 zu besetzende Stelle wurde mit 10.000 Dollar pro Jahr vergütet.[490] Auch Joseph Hudnut, Dekan der Faculty of Design, kam eigens nach Holland, um ihn zu überzeugen.[491] Laut De Gruyter hatte Oud auch diesmal erwogen, das Angebot anzunehmen.[492] Daß schließlich Gropius und nicht Mies van der Rohe berufen wurde, ging laut Johnson auf das Einwirken von Barr zurück: »... I knew the dean very well, but I told him to ask for Mies. So he did. But then at the same time, Alfred Barr said, ›Well, we've got to have more than one, so let's say Mies and then Gropius and then J. J. P. Oud‹, the three architects that we pushed. So we asked Mies, but Mies found out that Dean Joseph Hudnut was asking Gropius too. His attitude was, ›I'm not going to a university that would even conceive that there would be a connection or an equivalence.‹ Mies refused."[493] Daß Johnson von Anfang an Mies van der Rohe bevorzugt habe, wie er auch in seiner Ehrenrede zu dessen 75. Geburtstag zum Ausdruck brachte – »Oud, the young Dutch genius, but I thought Mies was much better, much the best«[494] –, widerspricht zumindest dem an Oud vermittelten Auftrag für die Villa seiner Eltern.[495] Noch 1933 betonte Johnson, daß seine architektonischen Versuche viel stärker zu Oud tendierten als zu Mies van der Rohe.[496] Wie Oud selbst rückblickend berichtete, kam die Idee, Gropius zu berufen, von ihm selbst: »1936 empfing ich eine Einladung für eine Professur in der Architektur an der Harvard-Universität in Amerika. Ich fühlte mich dadurch geschmeichelt und erwog es also ernsthaft. Obwohl ich nicht unterrichten kann! Aber der Mangel an Kontakt mit der direkten Materie – 4 Tage pro Woche beanspruchte der Unterricht – ließ mich dann schnell absagen ... wir schlugen ihm vor, Gropius zu nehmen, der als Emigrant in England saß. Dieser wurde später ernannt.«[497]

Noch im selben Jahr erhielt Oud 1936 den Bauauftrag für das Wohnhaus des Direktors der Koninklijke Maatschap De Wilhelminapolder (1936/37)[498], gefolgt von der Hauptverwaltung der Bataafsche Maatschappij (1937–42) in Den Haag. Die Zeit der Isolation, die über fehlende Aufträge hinaus auch eine künstlerische Krise war, schien damit überwunden. Vor allem seine letzten Arbeiten, wie die unausgeführten Entwürfe für das Dreifamilienhaus in Brünn*, die Villa Johnson* und die Häuserzeilen in Blijdorp*, zeigen in ihrer engen Anlehnung an fremde Vorbilder einen deutlichen Verlust an künstlerischer Innovation und Selbstbewußtsein.[499] Erst mit der Bataafsche Import Maatschappij (das spätere Shell-Gebäude) fand Oud zu der ihm eigenen kreativen Formgebung auf der Basis der für ihn typischen klassischen Grundrißstrukturen zurück (Abb. 103).[500] Eine Entwicklung, die von der Außenwelt ganz anders beurteilt wurde: Als Reaktion auf diesen Bau setzte eine Flutwelle von Kritik ein, die ihn des Verrats an der Moderne beschuldigte und seinen Namen schließlich in Vergessenheit geraten ließ.[501] Die Kritik kam dabei weniger aus den Niederlanden, wo sich beispielsweise Gerrit Rietveld und Piet Elling positiv über den Bau aussprachen, sondern aus den USA.[502] Hitchcock, der Oud in einer Publikation zum Thema »20 Jahre International Style« ignorierte, bekundet in der 1966 erschienen Neuauflage von »The International Style: Architecture since 1922«, daß die Niederlande in der legendären New Yorker Ausstellung besser oder ebenso gut von Rietveld hätten vertreten werden können.[503]

12. Versuch einer Charakterisierung

Ouds Lebensweg, der bis Anfang der 1930er Jahre durch einen stetig anwachsenden internationalen Ruhm gekennzeichnet war, hatte viele, nach außen hin sorgsam verdeckte Schattenseiten. Neben seiner untergeordneten und zunehmend problematischer werdenden Stellung im Rotterdamer Wohnungsbauamt kamen die bereits nach kürzester Zeit aufgetretenen Bauschäden an seinen Wohnhäusern. Eine große Zahl seiner Entwürfe blieb unausgeführt, darunter mit dem Börsen-Entwurf* eine seiner wichtigsten Arbeiten. Hinzu kam die für Oud sehr schmerzliche Abwendung seines Mentors Berlage, der als Jury-Mitglied des Börsenwettbewerbs seinen ehemaligen Schützling nicht mehr protegiert hatte. Sein Versuch, sich in Rotterdam als Architekt zu etablieren schlug schließlich fehl. Stutzig macht angesichts dieser Situation, daß Oud zahlreiche Angebote ausschlug und seine Stellung als Gemeindearchitekt der Position eines »Bauhaus-Meisters«, des »Chefarchitekten« der Weimarer Hochschule und des Direktors der Kunstgewerbeschule Halle/Saale sowie Professuren in Düsseldorf und Harvard vorzog. Welchen Anteil seine Depressionen an diesen Entscheidungen hatten, bleibt Spekulation. Als bestimmend erweist sich der Eindruck mangelnder Risikobereitschaft und einer Scheu vor neuen Aufgaben, die sich vor allem in der hartnäckigen Weigerung, außerhalb der Niederlande eine Stelle anzunehmen, äußert. Das durch seine Vita entstehende Bild eines in sich gekehrten, ängstlichen und bescheidenen Menschen ist jedoch keineswegs erschöpfend. So zeigte Oud in Bezug auf die künstlerische Qualität seiner Arbeiten ein ausgeprägtes Selbstbewußtsein, das ihm half seine Vorstellungen gegen alle äußeren Widerstände zu verteidigen und sein Werk in der gewünschten Form zu propagieren. Im Kreis seiner Freunde und Bekannten galt Oud als geselliger Mensch, der das Tanzen liebte und mit Mondrian das Pariser Nachtleben genoß.

Einer von Ouds zentralen Charakterzügen war sein hoher Anspruch an sich selbst und seine Arbeit, der sich in seiner Ernsthaftigkeit, seiner Selbstdisziplin und seinem Fleiß äußerte. Als Gemeindearchitekt lebte er in relativ einfachen Verhältnissen, die vor allem für Außenstehende in einem merkwürdigen Widerspruch zu seinem internationalen Ansehen standen. So stutzte Fritz Schumacher, als er im Sommer 1930 das Ehepaar Oud in dessen »bescheidenen Vorstadthäuschen« in Hillegersberg aufsuchte: »Ich hatte mir diesen siegreichen Mann persönlich ganz anders vorgestellt.«[504] Ouds Weltbild umfaßte neben dem protestantisch-reformierten Gedankengut vor allem die im »Zeitalter des Humanismus« geprägten Vorstellungen[505]: »Nimmt man den Menschen als Maß aller Dinge, dann hat man eine glänzende ›Meßskala‹ [›schaal-meter‹], die eine gute Chance auf Harmonie bietet ... Umgang, tief und fortwährend, mit dem Menschen ... als Grundlage für Architektur, ist die schönste Richtlinie für harmonisches Bauen, die wir uns denken können.«[506] Sein Ziel bestand nach eigener Aussage darin, das Leben der Menschen zu erleichtern, zu verschönern und so durch Architektur positiv zu verändern. Ausgehend von den Prinzipien der Aufklärung war Oud, wie auch viele seiner Zeitgenossen, davon überzeugt, daß eine »gute« (funktionale und gestalterisch qualitätvolle) sowie »ordentliche« Architektur die Menschen »verbessern« könne: »Stellen wir also der üblichen Architektur ... eine Baukunst gegenüber, die mit Absicht den Anforderungen des heutigen Lebens gewissenhaft folgt, dann wird diese Architektur auch durch ihre äußere Form einen Einfluß auf die Menschen ausüben, den sie in gleichem Maße sittlich erhebt, wie sie selbst erhaben ist.«[507]

In seiner Familie fand Oud, dessen Vater vor allem kaufmännische Interessen verfolgte, wohl wenig Verständnis. Die fehlende akademische Ausbildung empfand Oud immer als Manko, das er durch weitere Studien, wie seine zwei Semester an der Technischen Universität Delft, durch Reisen und ein enormes Lesepensum zu kompensieren suchte. In seiner umfangreichen und vielseitigen Bibliothek[508] fanden sich unter den »Kunstbüchern« sowohl Werke zur zeitgenössischen Architektur als auch Bücher über niederländische Malerei, zahlreiche Titel zur italienischen Kunst der Renaissance und des Barock sowie zur französischen Kathedralgotik. Auch Publikationen zur orientalischen und antiken Kunst sowie zur modernen Malerei (Lyonel Feininger, Pablo Picasso) waren vertreten. Unter den Künstlermonographien fällt eine größere Anzahl von Werken über Andrea Palladio auf. Bei den kunsttheoretischen Schriften bildeten die Arbeiten der zeitgenössischen, vor allem deutschsprachigen Autoren die Mehrheit: Jacob Burckhardt, Max Friedländer, Richard Hamann, Julius Meier-Graefe, Max Raphael, Alois Riegl, Karl Scheffler, Wilhelm Waetzoldt, Heinrich Wölfflin und Wilhelm Worringer. Trotz des weiten inhaltlichen Spektrums zeigt Ouds Bibliothek allein eine Sammlung der damals gängigen Titel; nichts deutet auf ein eigenständiges, individuell ausgebildetes Interesse für weniger populäre Themenbereiche. Die Auswahl der Kunstpublikationen entspricht letztendlich dem Programm, das auch Ouds Vätergeneration – sprich sein Mentor Berlage – studiert hatte.[509] Das Vorbild seines väterlichen »Lehrmeisters« spielte offenbar auch in dieser Hinsicht eine entscheidende Rolle.

Zu Ouds idealistischem Anspruch kam ein ausgeprägter persönlicher Ehrgeiz. Oud setzte alles daran, bedeutende Aufträge zu erhalten und als großer Künstler in die Kunstgeschichte einzugehen. Auch aus diesem Grund wird er den Kontakt zu bedeutenden Künstlern seiner Zeit wie H. P. Berlage, Theodor Fischer, Heinrich Tessenow und Henry van de Velde gesucht haben. Neben Anregungen in künstlerischer Hinsicht konnte er mit ihrer Hilfe ein breit gefächertes Kontaktnetz aufbauen. Die wichtigste Verbindung dieser Art bestand in seiner frühen Bekanntschaft mit Berlage, den Oud als Künstler und als Mensch bewunderte. Auch die Freundschaft zu Theo van Doesburg wird Oud mit aus diesem Grund – trotz wachsender Entfremdung – über längere Zeit aufrechterhalten haben. Nach dem Zerwürfnis war er unermüdlich damit beschäftigt, die entstandenen Kontakte zu erhalten bzw. auszuweiten und sich so als Pionier der Moderne bzw. wichtigster De Stijl-Architekt zu behaupten.

Wie zahlreiche andere Architekten dieser Zeit, etwa Frank Lloyd Wright und Le Corbusier, verstand sich Oud in erster Linie als Künstler, dessen Werke auf Inspiration und Talent basierten. Den Entwurfsprozeß seiner Häuserzeilen in Hoek van Holland* beschrieb er entsprechend als einen unerklärlichen, rätselhaften Vorgang, der von einem festen »Bild« im Kopf des Künstlers seinen Ausgang nahm.[510] Gegenüber Werner Hegemann betonte er, beim Arbeiten allein einem inneren Drang zu folgen: »... einem äusserlichen Erfolg habe ich nie nachgestrebt (kein Architekt ist hier unbeliebter als ich): ich habe immer bloss versucht zu machen wozu ich innerlich getrieben wurde.«[511] Auch in seiner 1933 verfaßten Schrift »Wie ich arbeite« berichtete Oud: »Ist eine Arbeit ›innerlich fertig‹, so fühle ich dieses ganz bestimmt und kann nicht weiter. Ich kann dann nichts mehr ändern und muss es bauen, sowie ich es als ›notwendig gelöst‹ empfinde, es sei gut oder schlecht.«[512] Diesem Künstler-Ideal entsprechend bewunderte er bei Wrights Bauten das Unerklärliche, Nicht-Nachvollziehbare: »Wright verehre ich, weil der Entstehungsprozeß seiner Arbeiten mir völlig fremd, gänzlich Geheimnis bleibt.«[513] Auf die Frage seines späteren Mitarbeiters Jan Albarda, weshalb er die beschwerliche Arbeit des Architekten gewählt habe, entgegnete er: »ich habe nicht gewählt, ich wurde dazu erwählt.«[514]

Trotz Talent und Berufung empfand Oud das Entwerfen als einen harten, kräfteraubenden und oftmals langwierigen Vorgang: »Es besteht nicht immer direkt in der ersten Komposition das richtige Gleichgewicht zwischen den Vorgaben und dem

Äußeren ... Dann muß dort gesucht und gefeilt werden, solang, bis all diese Konflikte gelöst sind und gleichzeitig am Äußeren nichts mehr vom Suchen und Feilen zu sehen ist, bis das Bauwerk den Eindruck macht, seine Aufgabe wie selbstverständlich zu erfüllen, bis eine vollständige und scheinbar natürliche Einheit besteht zwischen den gestellten Forderungen und der Art wie diese verwirklicht sind.«[515] Auch die in seinem Nachlaß erhaltenen Varianten einzelner Bauten lassen ahnen, wie mühsam ihm das Entwerfen war. Offenbar verstand er diese Arbeit jedoch als eine notwendige, durch Talent und Berufung auferlegte Pflicht, die er – als zentrale Aufgabe des Künstlers – keinem Mitarbeiter überlassen konnte.[516] Entsprechend wird Oud nur bei den ersten Ideenskizzen »nebenher«[517], ansonsten jedoch konzentriert im Büro entworfen haben. Die mühsame Detailarbeit schilderte Oud am Beispiel seiner Häuserzeilen in Hoek van Holland*, wo ihm das nach unten gebogene Dach der Ladenbauten eine ganze Woche gekostet hatte. Sogar nachts sei er aufgestanden, um weiter zu zeichnen und am Modell zu arbeiten. Erst als das Vordach so vorlag, wie es sich heute zeigt, war das Werk für ihn vollendet.[518] Ähnlich ging es ihm offenbar beim Verfassen seiner zahlreichen Artikel: »Das Schreiben ist für mich im Grunde eine sekundäre Angelegenheit: wie für Ludwig Börne ist es für mich eine Qual welche mir aufzuerlegen ich nicht immer Mut habe ...«[519].

Die Vorstellung, zum Architekten »berufen« zu sein, bildete einen zentralen Teil seines Verständnisses als »Künstler-Architekt«. Abgesehen von den Vorbildern aus der Architekturgeschichte stand Oud damit auch in der Nachfolge von Berlage, der dem Künstler (und nicht dem Ingenieur) die entscheidende Rolle zugesprochen hatte. Entsprechend betonte Oud, daß der funktionalen Architektur etwas hinzugefügt werden müsse, um von der »Baukunde« zur »Baukunst« zu werden.[520] Zu seinem Selbstbild paßt auch die von seinem Sohn überlieferte – und sicherlich auf Oud selbst zurückgehende – Äußerung, er habe bereits in jungen Jahren Maler werden wollen.[521] Anzunehmen ist, daß Oud hier einem Topos folgte: Mit der (vorgegebenen) Doppelbegabung als Architekt und Maler stellte er sich in die Tradition der großen Renaissancekünstler wie Alberti, Bramante, Raffael, Leonardo da Vinci und Michelangelo. Auch die niederländischen Klassizisten wie Jacob van Campen, Salomon de Bray, Pieter Post und Philips Vingboons könnten als Vorbild gedient haben. Dies gilt auch für zeitgenössische Architekten. Oud selbst erwähnte, daß Berlage vor allem der Malerei zugetan gewesen sei.[522] In das Bild des »auserwählten Künstlers« paßten schließlich auch seine Depressionen, die er vor der Öffentlichkeit verbarg, für sich selbst jedoch als »Stigma« des Künstlers deutete. Seine lange währende »Schwermut« akzeptierte er daher als Teil seiner Berufung: »es gehört das auch zur ›Künstlerschaft‹...«[523]. Auch seine Mißerfolge und die teilweise Geringachtung seines Werkes entsprachen dem Bild des verkannten Künstlers. Allein der Nachwelt komme es laut Oud zu, den künstlerischen Wert seiner Arbeiten zu beurteilen.[524] Die Auseinandersetzungen um die Amsterdamer Börse sah er als eine Gesetzmäßigkeit, die auch seinen Börsen-Entwurf* zu Fall gebracht hatte: »... so wiederholte sich auch hier die alte Geschichte von Verspottung und Feindseligkeit, welche anfangs so oft bedeutenden Kunstwerken zuteil wird.«[525]

Abweichend vom Bild des »auserwählten Künstlers« gab sich Oud nach außen bewußt bescheiden. Entsprechend überrascht äußerte er sich über die positive Resonanz zu seinen Stuttgarter Reihenhäusern*: »... weil ich überhaupt nicht erwartete, dass mein Haus in der Ausstellung auf irgendeine Weise ein grosses Interesse erwecken sollte: es ist doch nichts mehr als ein Versuch ein richtiges Wohnhaus zu bauen: ein Problem, welches kaum auf das Gebiet der Architektur kommt.«[526] In Wirklichkeit war Oud von der Qualität seines Haustyps überzeugt. Gegenüber Bruno Adler bekannte er selbstbewußt, daß es seiner Meinung nach kein derart durchgearbeitetes Normhaus gebe wie seine Reihenhäuser der Weißenhofsiedlung.[527] Auch seine Rotterdamer Arbeiterhäuser wollte er als »Kunst« verstanden wissen. Auf die Forderung Piet Mondrians, die Architektur wieder als Kunst zu betrachten, entgegnete er: »Ich bin überzeugt, nichts zu bauen, das – in höherem oder tieferem Sinn – keine Kunst wäre.«[528] Er scheute sich auch nicht, die Bedeutung seiner Bauten über die eines Frank Lloyd Wright zu stellen. In seinem 1925 erstmals publizierten Artikel »Der Einfluss von Frank Lloyd Wright auf die Architektur Europas« sprach er dem europäischen Kubismus, als dessen Hauptvertreter er sich selbst bezeichnete, die Führungsrolle zu. Obwohl Wright ein großer Visionär und begabter Individualist sei, habe der Kubismus den Weg für die von Genauigkeit, Einfachheit und Regelmaß bestimmten zukünftige Architektur bereitet.[529]

Sein internationales Renommee verdankte Oud – neben der frühen Verbreitung seiner Arbeiten durch Theo van Doesburg – vor allem seinen Publikationen, Vorträgen und der Teilnahme an zahlreichen Ausstellungen. Eine der wichtigsten Veröffentlichungen war die als zehnter Band der »Bauhausbücher« 1926 erschienene »Holländische Architektur«, die auch einen Überblick seiner Bauten gibt.[530] Selbst in seinem Aufsatz über Wright, der im »Bauhausbuch« erneut abgedruckt wurde, war Oud in erster Linie an einer Propagierung seiner eigenen Arbeiten interessiert.[531] Bei der Datierung seiner Bauten wählte er grundsätzlich das Datum des Entwurfsbeginns, um so seine Vorreiterrolle zu untermauern. In den Kontext seiner Selbstpropagierung zählen auch die autobiografischen Schriften von 1957 und 1960, die beide in deutscher Sprache verfaßt wurden. Im Vergleich zu niederländischen Texten konnte auf diese Weise ein deutlich größerer Leserkreis erreicht werden. Gerade das deutsche Publikum zeigte aufgrund der generellen Wertschätzung niederländischer Architektur, vor allem aber wegen der engen Verbindung zwischen Oud und seinen deutschen Kollegen ein starkes Interesse an diesen Schriften.[532]

Unter den großen Architekten der abendländischen Kunstgeschichte wählte Oud offenbar die Renaissance-Architekten Leon Battista Alberti und Andrea Palladio als persönliche Vorbilder.[533] Neben einer formalen Anlehnung an Palladios Villen ließ Oud auch Formulierungen von Alberti, wie dessen Definition von Schönheit als »Harmonie und Einklang aller Teile«, in seine Schriften einfließen: »Die Baukunst der Gegenwart – selbst in ihrer am höchsten entwickelten Form – kennt nicht die Gespanntheit, wie sie sich ästhetisch verwirklicht in dem großen Rhythmus, in dem gleichgewichtigen Komplex von gegenseitig sich aufeinander beziehenden und einander beeinflussenden Teilen, wovon der eine die ästhetische Absicht des anderen unterstützt, wo weder etwas hinzugefügt noch etwas abgenommen werden kann, wobei jeder Teil in Stand und Maß so sehr im Verhältnis steht zu den anderen Teilen, für sich selbst und als Ganzes, daß jede – auch die kleinste – Veränderung eine völlige Störung des Gleichgewichts zur Folge hat.«[534] Vor allem den »uomo universale«, der nicht allein in den verschiedenen Künsten, sondern auch als Kunsttheoretiker und Philosoph tätig war, scheint sich Oud zum Vorbild genommen zu haben.[535] Ouds hoher Anspruch wurde so bereits in Albertis »Re Aedificatoria« formuliert: »Eine große Sache ist die Architektur, und es kommt nicht allen zu, eine so gewaltige Sache in Angriff zu nehmen. Einen hohen Geist, unermüdlichen Fleiß, höchste Gelehrsamkeit, und größte Erfahrung muß jener besitzen und vor allem eine ernste und gründliche Urteilskraft und Einsicht haben, der es wagt, sich Architekt zu nennen.«[536] Sein Künstlerideal verbot ihm schließlich die gleichberechtigte Zusammenarbeit mit andern Architekten. Oud entwarf prinzipiell allein und überließ seinen Assistenten nur die

Zeichenarbeit.[537] Möglicherweise lag hierin auch ein Grund für Ouds Absage in Harvard: »Intuitiv muß er gefühlt haben, daß das wissenschaftliche Klima in Harvard, das vor allem auf die professionelle Berufsausbildung (teamwork, management) und auf neuste technologische Entwicklungen innerhalb des Baufachs (Industrialisierung) orientiert war, wenig mit seinen Auffassungen über den Architekt als Künstler übereinstimmte.«[538]

Dem Vorbild des »uomo universale« entspricht schließlich auch Ouds schriftstellerische Tätigkeit, die seine Entwurfsarbeit Zeit seines Lebens begleitete. Neben Erläuterungen seiner Bauten, kunsttheoretischen Schriften und architekturhistorischen Arbeiten versuchte er sich 1924 sogar im Verfassen von Aphorismen.[539] Von diesem Künstlerbild ausgehend sah Oud den Architekten als Teil einer bürgerlichen Intelligenz, dem eine geistige Führungsrolle innerhalb der Gesellschaft zukomme. Offenbar bewirkte dieser Anspruch – in Verbindung mit seinen (selbst empfundenen) Bildungsdefiziten – ein gewisses zwanghaftes Verlangen, Bildung und damit die Zugehörigkeit zu diesem kulturellen Milieu unter Beweis zu stellen. In Ouds Schriften und Briefen finden sich zahlreiche Verweise auf die Werke deutscher Philosophen und Literaten, wie Hegel, Goethe und Thomas Mann. Auch das häufige Zitieren bekannter literarischer Texte ist für Oud charakteristisch. Bereits in einem seiner ersten Artikel über Moderne Architektur zitiert er aus dem »Faust«, wobei das Zitat zwar durch Anführungsstriche kenntlich gemacht ist, die Quelle jedoch als bekannt vorausgesetzt wird.[540] Auch hierin folgte Oud seinen Lehrern und vor allem seinem Mentor Berlage, dessen Schriften eine Kompilation von Zitaten ohne Angabe der Quellen darstellen.[541]

Inwieweit Oud tatsächlich in diese intellektuelle Welt eindrang, muß offen bleiben. Daß er sich mit einzelnen Themen und Fragestellungen aus dem Bereich der Philosophie und Literatur intensiv auseinandergesetzt hätte, ist – etwa in Form von Briefen an Freunde oder Kollegen – nicht zu belegen. Der frühe Briefverkehr mit Van Doesburg zeigt vielmehr, daß Oud zu kunsttheoretisch-philosophischen Themen wenig eigene Gedanken einbrachte. Die Teilnahme an Kongressen, auf denen theoretische Fragen zur Architektur besprochen wurden, lehnte Oud ab.[542] Seine Vorliebe für das Zitieren könnte somit auch als Übernahme einzelner »moralischer Leitsätze« gedeutet werden. Vor allem Goethe stand für eine vollkommene Kunst und feststehende Werte, denen in einer Zeit rasanter Veränderungen und der Suche nach einem allgemeingültigen Stil besondere Bedeutung beigemessen wurde. Beispielhaft für das isolierte Aufgreifen einzelner Sentenzen ist Goethes »Bilde Künstler, rede nicht«, von dem Oud sein »arbeiten nicht schwätzen«[543] ableitete.

Seinem »klassischen« Ideal folgend strebte Oud nach einer zeitlosen, harmonischen und ruhigen Architektur. In seinen Schriften finden sich Begriffe wie »vollendete« und »göttliche« Kunst; gleichzeitig betont er ein »Bedürfnis an Zahl und Maß, an Reinheit und Ordnung, an Regelmaß und Wiederholung, an Vollkommenheit und Abgerundetheit«. Im »Kubismus«, in dem sich die Architektur erstmals seit der Renaissance wieder rein äußere, sah Oud schließlich den »Anlauf zu einer neuen Formsynthese« und einem neuen »unhistorischen Klassizismus«.[544] Entsprechend zeigt sein Werk Parallelen zu Palladio und Schinkel sowie generell zur Beaux-Arts-Tradition.[545] Der wiederholt (auch von Oud selbst) gezogene Vergleich mit Heinrich Tessenow[546] ist daher mit Blick auf dessen schlichte, an klassischer Architektur orientierte Sprache berechtigt. Ouds Forderung nach dem Allgemeinen und Objektiven steht wiederum im Einklang mit Goethe und dessen Ablehnung des Subjektiven.[547] Auch in seiner Goethe-Verehrung folgte Oud dem Vorbild seiner Lehrergeneration mit Berlage, De Bazel und Lauweriks sowie Theodor Fischer, der 1932 »Goethes Verhältnis zur Baukunst« publizieren sollte.[548] Bereits Berlages einflußreichem Artikel »Baukunst und Impressionismus« (1895) war das Goethewort »In der Beschränkung zeigt sich der Meister« vorangestellt.[549]

Generell sind in Ouds Schriften keine Äußerungen zu gesellschaftlichen und politischen Fragen zu finden. Oud, dessen Einstellung wohl am ehesten als liberal-konservativ zu bezeichnen ist, wollte weder selbst politisch aktiv werden, noch wünschte er, die gegebenen gesellschaftlichen Verhältnisse grundsätzlich zu ändern.[550] Seine Entwürfe für repräsentative Villen der Oberschicht mit ihrer strikten Trennung von Personalbereich und Wohnräumen zeigen, daß er die gesellschaftliche Hierarchie (und deren Repräsentation durch Architektur) nicht in Frage stellte.[551] Ouds Ideal war ein bürgerliches Leben, das von Ordnung, Pflichterfüllung und Verantwortungsbewußtsein geprägt war, das aber auch der Bildung und der Kunst (Annie Oud-Dinaux soll eine ausgezeichnete Pianistin gewesen sein[552] einen zentralen Platz einräumte. Auch seine Arbeiterhäuser sind im Prinzip bürgerliche Wohnungen (einschließlich der Raumfolge aus »Salon« und Wohnraum), die allein in Größe und Ausstattung reduziert wurden. Ein Interesse an der Neuorganisation des Wohnens und an Experimenten mit zentralen Einrichtungen, wie Großküche und Kinderhort, sind für Oud nicht nachweisbar. Oud, der sich niemals in theoretischer Form mit dem Massenwohnungsbau oder städtebaulichen Konzepten auseinandersetzte, entzog sich damit in weiten Teilen der gesellschafts-politischen Debatte der 1920er Jahre. Auch mit Methoden zur Rationalisierung des Bauens, einem der zentralen Themen dieser Zeit, beschäftigte sich Oud nur im Fall konkreter Sparauflagen innerhalb des *Woningdienst*, zu allgemeinen Überlegungen hinsichtlich neuer Baumethoden und Technologien kam er jedoch nicht. Sein Interesse am Betonbau und der Standardisierung zielte entsprechend primär auf einen formal-ästhetischen Ausdruck der Moderne. So lange er durch die Bauform und den weißen Verputz den *Anschein* von Betonbauten vermitteln konnte, war auch die von der Gemeinde vorgegebene Verwendung von Backstein unproblematisch für ihn.[553] Da Oud kein konkretes politisches Ziel verfolgte und seine Bauten nach eigener Aussage bereits genug Kritik und Ablehnung erfuhren, wollte er politischen Auseinandersetzungen möglichst aus dem Weg gehen: »Ich fühle schließlich nichts, für welche politische Partei auch immer, so daß ich mir keine einzige Last oder Mühe dafür auf den Hals laden will.«[554] Gegenüber Giedion bekräftigte er: »Ich habe nur einen Wunsch: Bauen. In Rotterdam habe ich ohne Kongresse gegen jeden Widerstand gebaut was ich wollte. Meine feste Überzeugung ist: die Kongresse und das viele Reden verderben einem jede Möglichkeit zum neuen Bauen. Arbeiten, nicht Schwatzen: dieses leitet immer zum Ziel, wenn das Ziel Existenzberechtigung hat … Bauen. Pep. Bauen! Meer und Tang und Liebe zu 99/100 von der Menschheit, die Wohnungen braucht.«[555]

Insgesamt war Oud damit in seinen formalen Lösungen weitaus fortschrittlicher als in seinem Denken: Weder griff er die in den 1920er Jahren präsenten gesellschaftspolitischen Fragen auf, noch schuf er in seinen Bauten die Möglichkeit zu einer grundsätzlichen gesellschaftlichen Veränderung. Die Kluft zwischen Ouds konservativen Ansichten und seiner konsequent modernen Formensprache muß als Widerspruch in Ouds Wesen bestehen bleiben. Auch in der Architektur selbst zeigt sich eine gewisse Diskrepanz zwischen der durchgehend traditionell-akademischen Grundstruktur und den progressiven Stilformen, wie beispielsweise in den streng symmetrischen Wohnzeilen in Hoek van Holland* mit ihren gleichzeitig seriell aneinandergereihten typisierten Bauelementen und der vermeintlichen Betonkonstruktion. Im Gegensatz zu den CIAM-Mitarbeitern vertrat Oud noch 1951 die Meinung, daß durch das Wohnen in Hochhäusern der Bezug »zum Boden« verloren gehe und daher für Familien nicht geeignet sei: »It is true that claims are made for dwellings at high levels as giving purer air and wider views, but these are abstract benefits compared with the real benefits of fresh country air and contact with nature such as are obtained properly by rural dwellers and, to some extent, by residents in garden suburbs.«[556]

Dieselbe Diskrepanz zeigt auch der Vergleich zwischen Ouds Schriften und seiner Architektur. Bereits bei seinem ersten Beitrag in »De Stijl« »Het monumentale stadsbeeld« (Oktober 1917)[557] wird deutlich, daß es sich dort – ganz im Gegensatz zu seinem an gleicher Stelle publizierten Entwurf der Häuserzeile an einem Strandboulevard* – keineswegs um einen Beitrag mit ausgesprochen progressivem Inhalt handelt. Die Thematik eines harmonischen Stadtbildes auf Grundlage einheitlich gestalteter Wohnblöcke war im benachbarten Deutschland bereits vor dem Krieg diskutiert worden und über Berlage auch in den Niederlanden bekannt.[558] Ebenso verhält es sich mit Ouds Plädoyer für eine geschlossene Straßenbebauung (Mai 1919)[559], die in ähnlicher Form bereits in Amsterdam realisiert wurde. Auch sein Einsatz für den Beton als neues Baumaterial war nicht neu, wenn auch im Wohnungsbau noch nicht gebräuchlich. Im Gegensatz hierzu stehen die gleichzeitig von Oud beschriebenen formalen Lösungen (wie das Flachdach, weite Überspannungen und die Verwendung von Primärfarben auf verputzten Wandflächen), die ausgesprochen progressiv sind und Oud als einen frühen und konsequenten Vertreter der Moderne zeigen.

Ausgehend von Ouds moderner Formensprache wurde bei ihm lange Zeit eine linke Gesinnung vermutet.[560] Entsprechend galt der Volkswoningbouw als ein bewußt von Oud gewähltes Betätigungsfeld. In Wirklichkeit basierte seine Tätigkeit für den Woningdienst keinesfalls auf einem speziellen Interesse am Arbeiterwohnungsbau, sondern ergab sich aus der schwierigen wirtschaftlichen Situation dieser Jahre. Die einzige Möglichkeit, eine feste Anstellung zu erhalten, bot Berlages Kontakt zum Direktor des neu gegründeten Woningdienst, der durch Ouds Affinität zu den künstlerischen Vorstellungen der beiden Männer bestärkt wurde. Oud machte keine Unterscheidung zwischen den einzelnen Bauaufgaben und ging mit demselben ästhetischen Anspruch an seine Arbeiterwohnungen, den Fabrikbau, luxuriöse Villen und den Kirchenbau. Sein Ziel war, eine künstlerische Qualität zu erreichen, die seine Bauten auf das Niveau der Architektur erhebe: »Diese Sphäre, diese geistige Synthese, bleibt für mich oberste Bedingung«[561]. Sein soziales Engagement als Architekt wurde damit weniger von sozialistischen Zielen bestimmt als von seinem klassisch-humanistischen Weltbild. Bereits Alberti hatte der Schönheit in der Architektur, die auch Oud für alle seine Bauten und damit auch seine Arbeiterwohnungen einforderte, moralische Qualitäten beigemessen.[562] Entsprechend beschränkte sich Oud während seiner Zeit beim Woningdienst nicht auf den sozialen Wohnungsbau, sondern bemühte sich auch um andere Aufträge. Die Anzahl der für den Woningdienst entstandenen Wohnbauten und der als freier Architekt erstellten Entwürfe[563] hielt sich dabei ungefähr die Waage.

Daß der Arbeiterwohnungsbau als ebenso ehrenwert wie alle anderen Bauaufgaben bewertet wurde, war in den 1920er Jahren – trotz einer deutlichen Aufwertung dieser Bauaufgabe – noch keineswegs selbstverständlich. Ouds Bekenntnis – »Das Göttliche ... ist jeder Schöpfung inhärent: einer Wohnung ebenso sehr wie einer Kirche«[564] – hätten sich zahlreiche seiner Kollegen nicht angeschlossen.[565] Sicherlich war Oud durch seine Bekanntschaft mit Berlage, der sich intensiv mit der Frage des Arbeiterwohnungsbaus auseinandergesetzt hatte, entsprechend vorgeprägt. Wie bereits vielfach in der Forschung dargelegt, bildete der kommunale Wohnungsbau mit seiner erzwungenen Kostenreduzierung zudem einen wichtigen Faktor bei der Entwicklung der Modernen Architektur. Auch Oud bemerkte rückblickend, daß ihn seine Beschäftigung mit dem sozialen Wohnungsbau zu der neuen Formensprache geführt habe: »Die Annäherung an die Realität von Form und Inhalt hatte ich dadurch erreicht, daß ich mich mit Objekten äußerster Utilität beschäftigte: Arbeiterwohnungen.«[566]

Dennoch litt Oud unter der Schwierigkeit, außerhalb des Woningdienst Bauaufträge zu erhalten. Entsprechend begeistert zeigte er sich im Oktober 1921, mit Haus Kallenbach* endlich wieder eine eigenständige (»auf-sich-selbst-stehende«) Arbeit liefern zu können. Dies auch, da ihm seine Tätigkeit aufgrund der behördlichen Einschränkungen und der ungelösten städtebaulichen Aufgaben immer weniger gefalle.[567] Von Sommer 1925 an finden sich wiederholt Andeutungen, daß Oud den Woningdienst verlassen wollte.[568] Ende 1928 schrieb er an Giedion, daß er bei einer sich ergebenden Möglichkeit im Ausland dem Woningdienst den Rücken kehren und öffentliche Bauten errichten wolle.[569] Mit dem »Auftrag« für die Villa Johnson* schien Ouds Wunsch nach einem anspruchsvollen Wohnbau endlich erfüllt zu sein: »I think I could do now a big thing after so many experiences with other things and it must be ›herrlich‹. To make important buildings in good material, to make ›Raum‹ has also to do something with architecture and until now the ›Raum‹ I could make were nearly only streets: interesting also of course but it has to be combined with ›Raum‹ inside also and the labourer dwellings of very low prices are not the best objects for this.«[570] Nach dem Scheitern dieses Projekts blieb Oud weiterhin nichts als »those damned minimum houses«[571].

Trotz seiner Kündigung beim Woningdienst sagte Oud alle Angebote für Lehrtätigkeiten ab. Sein Ziel war weiterhin zu bauen, und zwar vor allem in den Niederlanden. An Johnson schrieb er 1934: »Dear Philiph, Why don't you send me a word? ... Are you angry that I did not come to America? Why? I told you very exactly the reason. I am not so fond of lecturing (›Bilde Künstler, rede nicht‹). Working with students is quite another thing. Aber ... the principal matter now is for me to build! When I am always far from Holland they say here: we cannot let that man build because he is never here. I want ›Verbindungen‹ now – I lost them being architect of the town for 15 years and have to find new ones again now. Of course what you proposed was very nice but the only ›reality‹ with it was lecturing. Since 5 years I had not one thing of importance to build. Drawings, designs, models ... do imagine that this as well as lecturing is not the thing an architect wants! For that I am fighting now for ›realities‹. So please do understand this and dont be angry boy."[572] Gerade in den Niederlanden galt Oud noch immer als Spezialist für Arbeiterwohnungen, ein Image, von dem er sich nun endgültig lösen wollte.[573]

Bei der Suche nach Aufträgen bzw. einer Neuanstellung war Oud nicht nur auf Sicherheit bedacht, sondern zeigte sich in Gelddingen auch ausgesprochen geschäftstüchtig. Generell versuchte er, das Bestmögliche aus jedem Auftrag herauszubekommen. Im Januar 1929 hatte Oud ein Angebot von Prof. Morely aus Princeton erhalten, der ihm für acht Vorträge 750 Dollar zahlen wollte. Oud zeigte grundsätzliches Interesse, verlangte jedoch 1.080 Dollar.[574] Ähnlich verhielt es sich mit seinen mehr oder weniger direkt ausgesprochenen Forderungen gegenüber Philip Johnson. Hinsichtlich der Kosten für das Modell der Villa Johnson* (Abb. 353), das auf der New Yorker Ausstellung präsentiert werden sollte, schrieb dieser im Juli 1931 voller Zuversicht: »... if you need another hundred dollars for the model or for the work, that can easily be arranged.«[575] Alfred H. Barr, Direktor des Museum of Modern Art, sah dies offenbar anders: »I have a slightly guilty conscience when I see the Director of my museum because, all in all, we are paying twice as much for your model as for the others.«[576] Obwohl Oud 600 Dollar für sein Modell erhalten hatte, bemühte sich Johnson weiterhin darum, ihm Geld zu verschaffen: »I hope the six hundred dollars reached you all right. I didn't dare ask my committee for any more as it would be hard to explain what the money is for. You are the only architect to whom we have had to pay more than just the cost of the model, and hence there is always a difficulty with the committee. I shall try to get you some more money but it will have to raised privately which in these days is quite a problem.«[577] Im März 1932 schien das Museum schließlich jede weitere Zahlungen zu untersagen: «I am very sorry to report that I can get no more money from the Committee but I will see that you get the 32 guilders you had to pay for the box …"[578].

Oud, den Philip Johnson als «such a dear man"[579] beschrieb, war bei Freunden und Kollegen ausgesprochen beliebt. Alfred Roth charakterisierte Oud rückblickend als einen besonders liebenswürdigen, wenn auch distanzierten Menschen: »Wir Jungen bekundeten für Oud eine besonders grosse Verehrung, hauptsächlich wegen seiner ausgesprochen sozialen Gesinnung und seiner strengen letzte sinnvolle Einfachheit erstrebenden Denkweise. Er war ein äusserst freundlicher, gleichzeitig aber auch Abstand wahrender nobler Mensch.«[580] Bestimmend für sein Wesen scheinen auch seine Depressionen gewesen zu sein, die ihn lange Zeit an einer schöpferischen Tätigkeit hinderten. Fritz Schumacher lernte Oud bei seinem Besuch in Hillegersberg daher als einen »mit dem Leben hadernden Menschen« kennen.[581] Auch Giedion beschrieb ihn als einen Menschen, der »viel mit sich selbst diskutiert« und »künstliche Mauern um sich legt«: »… als Mensch sind Sie ein fast weiblich-zarter Beobachter, ein Richter aus Instinkt, ein ewiges Fragezeichen.«[582]

Daneben hatte Oud jedoch noch eine andere Seite, war äußerst gesellig, liebte Feste und schätzte Freundschaften. Nach seinem Aufenthalt bei dem Ehepaar Block in Hamburg berichtete er: »Es war entzückend und ich fühle mich wieder wie neu-geboren! In der Erinnerung verbinde ich stündlich die Zeit hier mit unseren Unternehmungen zur selbigen Zeit in Hamburg … Nun ja, es kann nicht immer Faulenzen sein und die Arbeit hat auch wieder seine schöne Seite (heute noch nicht: es war innerlich noch zu viel »Rondeel-Teich« dabei!).«[583] Als Kind seiner Zeit begeisterte er sich für Autos[584] und liebte das Tanzen, vor allem den Jazz – »Als wir in Paris tanzen gingen, war die Musik nie ›hot‹ genug.«[585] Erich Mendelsohn schrieb im Sommer 1926 an Oud: »Mir ist es in absehbarer Zeit nicht möglich, nach Holland zu kommen, selbst bei der schönen Aussicht, gemeinsam zu tanzen. Ich habe 25 Pfd. abgenommen und danke dies Ihrer plötzlich auftretenden jugendlichen Erscheinung.«[586]

Anmerkungen

[1] Brief von Takao Okada, Hrsg. der japanischen Zeitschrift »Sinkentiku«, an Oud vom 10.9.1927, Oud-Archiv, B.

[2] Ouds Geburtshaus liegt am Koemarkt in Purmerend: Otsen 2001, S. 1. Das 1340 erstmals in schriftlichen Quellen genannte Fischerdorf erlangte 1484 Marktrecht.

[3] H. C. Oud wurde von Hans Oud als »vooruitstrevend liberaal« (fortschrittlich liberal) bezeichnet: Hans Oud 1984, S. 15. Der Ankauf einer kleinen Gemäldesammlung und die finanzielle Unterstützung einer Fayencefabrik lassen auf ein gewisses Kunstinteresse schliessen.

[4] Das Vereinsgebäude und die Arbeiterhäuser in der Vooruitstraat waren die ersten Bauten außerhalb des Grachtengürtels (Wasserlauf um die mittelalterliche Stadtbefestigung): Otsen 2001, S. 9f.

[5] Hans Oud 1984, S. 17. Stadterweiterungsplan Purmerend: Polano 1987, Abb. 315, S. 198.

[6] Hans Oud 1984, S. 15. Laut J. J. P. Ouds Anmeldeformular in München vom 14.5.1912 war er selbst religionslos: Stadtarchiv München: PMB O 34. Seine spätere Frau bestätigte, daß er mit der Kirche »nichts im Sinn« gehabt habe: Brief von Oud-Dinaux an Tischer vom 24.5.1988: Tischer 1993, S. 161. Sein Bruder J. P. Oud war ab 1911 Mitglied verschiedener Freimaurerlogen.

[7] Angaben zu Ouds Familie: Hans Oud 1984, S. 15f.

[8] P. J. Oud (1886–1968) war zunächst Mitglied des Parlaments, dann Finanzminister im Kabinett Hendrik Colijn (1933–37), Oppositionsführer (1952–63) und schließlich Staatsminister (bis 1968). P. J. Oud verfaßte eine Reihe von Fachpublikationen (Parlamentsgeschichte) und erhielt mehrere Auszeichnungen.

[9] P. J. Oud wurde auf seine Bitte hin zum 10.10.1941 durch den »Reichskommissar für die besetzten niederländischen Gebiete« als Bürgermeister von Rotterdam entlassen.

[10] Nach Aussage seines Sohnes wollte Oud eigentlich Maler werden, fügte sich jedoch dem Willen seines Vaters. Während seiner Zeit an der Quellinus-Schule erhielt er Zeichen- und Malunterricht und unterrichtete selbst ab 1909. Um 1910 sollen Ölgemälde entstanden sein: Hans Oud 1984, S. 15–17, 26; Anm. 51, S. 207.

[11] Der Name geht auf Artus Quellijn d. Ä., Bildhauer am Amsterdamer Rathaus, zurück. Zur Quellinus-Schule: Martis 1979. Aus der Quellinus-Schule ging die heutige Rietveld-Akademie hervor.

[12] Martis 1979, S. 129, 131.

[13] Vgl. »V. 1.1. Oud und das ›Entwerfen nach System‹«.

[14] Martis 1979, S. 125f.

[15] Der Unterricht im Zeichnen mit Lineal, Winkel und Zirkel erhielt in diesen Jahren zunehmende Bedeutung: Martis 1979, S. 126f.

[16] Koch 1988, S. 15. Singelenberg 1972, S. 108. Berlage war seit 1887 Lehrer an der Quellinus-Schule. Aufgrund seines Auftrags zum Bau der Amsterdamer Börse gab er seine Lehrtätigkeit 1896 auf. Hans Oud gibt irrtümlich an, sein Vater sei von Lauweriks unterrichtet worden: Hans Oud 1984, S. 70. Als Lauweriks 1916 Direktor der Schule wurde, löste er die Architekturklasse zugunsten des Kunsthandwerks auf: Wijdeveld 1918, S. 12; vgl. Trappeniers 1979. Laut Rotterdamer Katalog hatte Oud zudem Unterricht bei Willem Kromhout (1864–1940), Architekt des berühmten Hotel-Café-Restaurant American in Amsterdam (1902): Taverne 2001, S. 160.

[17] Architectura 1975, S. 24; De Groot 1982, S. 46; Buch 1997, S. 28.

[18] De Groot 1982, S. 46f.

[19] Möglich wäre für Oud auch eine Ausbildung an der Architekturschule der Amsterdamer Gesellschaft Architectura et Amicitia gewesen.

[20] Rathaus Heemstede, Aquarell im GRI: Abb. Taverne 2001, S. 61. Das Haus Herengracht 14 entstand im Auftrag von Ouds Vater: Otsen 2001, S. 22; Aquarell Herengracht 14 im Oud-Archiv: Stamm 1978, Fig. 2, S. 12; Hans Oud 1984, Abb. 7, S. 20; Taverne 2001, Kat. Nr. 2. Das Aquarell zeigt verschiedene Abweichungen vom ausgeführten Gebäude. Die Jahreszahl ist in das rautenförmige Ornamentfeld an der Fassade eingelassen.

[21] Ouds erster Bau war das Wohnhaus für seine Tante A. Oud-Hartog in Purmerend, Venediën A 120. Die Baugenehmigung wurde am 22. März 1907 erteilt: Archiv Gemeente Purmerend.

[22] Martis 1979, S. 118.

[23] Hans Oud 1984, S. 17; Taverne 2001, S. 56.

[24] Taverne 2001, S. 57.

[25] Oud hatte bei den Villen Nr. 17 und 18 die Bauaufsicht: Otsen 2001, S. 22.
[26] Grundriß: Stamm 1978, Fig. 3, S. 12; Barbieri 1986, S. 13. Dagegen sehen die Autoren des Rotterdamer Katalogs vor dem Landhaus in Blaricum (1915) keinen Einfluß englischer Architektur: Taverne 2001, S. 62.
[27] Die repräsentativen Wohnhäuser der Herengracht sind wie auch die Bauten der Vooruitstraat als Denkmale der Gemeinde Purmerend geschützt: Otsen 2001, S. 12.
[28] Colenbrander 1982b, S. 154; Stamm 1984, S. 16f.
[29] Der erste erhaltene Brief Ouds an Berlage datiert auf den 16.10.1910. Oud selbst gibt an, daß er Berlage auf der »Normaalschool« (offenbar die Rijksnormaalschool voor Teekenonderwijzers) kennengelernt habe: englischsprachiges Konzept, Oud-Archiv, C 1, vgl. Oud/Leertijd, S. 7. Stamm nennt als Jahr der Bekanntschaft 1909: Stamm 1984, S. 19.
[30] Eine (leider nicht vollständige) Übersicht zu Ouds Schriften findet sich bei Taverne 2001, S. 567–573. Neben den drei genannten Artikeln von 1911 ist in diesem Jahr auch ein Beitrag von Oud im Gedenkbuch der Zeichenschule erschienen: J. J. P. Oud, Gedachten over bouwkunst, in: Gedenkboek, uitgegeven ter herinnering aan het 10-jarig bestaan der Vereeniging van Leerlingen der Rijksnormaalschool voor Tekenonderwijzers, Amsterdam 1911: Colenbrander 1982, S. 155.
[31] Das Gebäude dient heute als Werkstatt. Die Wandmalereien sind nicht erhalten: Purmerend 2000, S. 10f. Jacob Jongert war ab 1899 in Purmerend ansässig. Von ihm stammt auch der Entwurf für das Bleiglasfenster im Saal des Purmerender Rathauses (1912). Als einer der niederländischen Pioniere auf dem Gebiet der corporate identity arbeitete er ab 1913 für die Rotterdamer Tabak- und Teefirma Van Nelle sowie von 1915–24 für die Spirituosenfirma Wed. G. Oud Pzn. & Co., die sich im Besitz von Ouds Familie befand.
[32] Zum Begriff »Gemeenschapskunst« vgl. »III. 1.2. Die Zeit vor Gründung von *De Stijl*«.
[33] Auch die St. Bavo-Kirche in Haarlem von Stuyt und Cuypers könnte Oud beeinflußt haben, v. a. da Jongert ein Schüler des dort tätigen R. Holst war.
[34] Hans Oud 1984, S. 17. Vgl. Brief von Frau Berlage an Oud vom 26.09.1910, Oud-Archiv, B: Taverne 2001, S. 16. Ouds Ausbildung bezeichnet Günter als: »eigentümlich: ein bißchen diffus, aber vielfältig«: Günter 1992, S. 163. Oud, der das Ideal des gebildeten Architekten verfolgte, wird einer akademischen Ausbildung sicherlich große Bedeutung beigemessen haben; vgl. autobiographischer Text: Englischsprachiges Konzept, Oud-Archiv, C 1; Auszug auf Niederländisch: Oud/Leertijd, S. 7.
[35] De Groot 1982, S. 48, 49; Baeten 1992.
[36] Evers wurde selbst an der Kunstakademie in Antwerpen nach dem Prinzip der französischen Ecole des Beaux-Arts ausgebildet. Von 1902–26 war er Dozent für »Schone Bouwkunst« in Delft: Baeten 1992, S. 4.
[37] De Groot 1982, S. 50.
[38] Der undatierte Entwurf im Oud-Archiv ist mit »J. J. P. Oud Delft« bezeichnet, Abb.: Taverne 2001, S. 7.
[39] J. J. P. Oud, Arbeiderswoningen van J. Emmen, in: Technische Studententijdschrift, 15.03.1911; ders., Woonhuis Herengracht 23, in: Technisch Studenten Tijdschrift 1.02.1912, S. 228. Vgl. J. J. P. Oud, Opwekking, Studentenweekblad vom 10.03.1911.
[40] Aus seinem Meldebogen bei der Stadt München geht hervor, daß Oud am 11. Mai 1912 in München eintraf. Zweck und Dauer des Aufenthaltes waren »unbestimmt«; als Abreisedatum nach Purmerend wird der 2. August 1912 angegeben. Oud hat mindestens zwei Mal seinen Wohnsitz in München geändert: Stadtarchiv München: PMB 0 34. Mit Dank an Archivamtmann Löffelmeier. In der Literatur wird mehrfach das Jahr 1911 genannt: u. a. Hitchcock 1932, S. 99; Stamm 1984, S. 15; Langmead/Johnson 2000, S. 58.
[41] Hans Oud betonte die Verbindung von Fischer, Camillo Sitte und Berlage und äußerte (mit Verweis auf Singelenberg) die Vermutung, daß Berlage Oud empfohlen habe: Hans Oud 1984, S. 17f.; vgl. Singelenberg 1972, XII.

[42] Vgl. »V. 2. Klassische Entwurfsprinzipien«. Behrens war zudem, wie Nerdinger hervorhebt, nicht als Lehrer tätig: Winfried Nerdinger in einem Gespräch mit der Verfasserin vom 16. Juni 1999.
[43] Die Angabe, daß Oud bei Fischer gearbeitet habe, taucht erstmals 1925 auf: Sörgel 1925b, S. 103. Vgl. auch Liefrinck 1927a, o. S.; De Gruyter 1931, S. 170; Hitchcock 1931 o. S.; Hitchcock 1932, S. 99. In späteren Publikationen wird diese Angabe ungeprüft übernommen: Wiekart 1965, S. 6; Grinberg 1977, S. 44; Fanelli 1985, S. 184; Hans Oud 1984, S. 17; Stamm 1984, S. 15. Die Information stammt wahrscheinlich von Oud selbst. Laut Nerdinger konnten Oud und Le Corbusier keinen Platz im Büro Fischers finden: Nerdinger 1988, S. 90; vgl. Taverne 2001, S. 58. Allerdings existieren keine gesicherten Angaben darüber, wer zu dieser Zeit in Fischers Büro tätig war: Winfried Nerdinger in einem Gespräch mit der Verfasserin am 16. Juni 1999.
[44] Laut Langmead besuchte Oud Fischers Klasse: Langmead 1999, S. 2.
[45] Laut Van Bergeijk war Oud während seines München-Aufenthaltes mehrmals bei Fischer zu Besuch: Van Bergeijk 1994, S. 12.
[46] Das am 28. Mai 1932 gefeierte Jubiläum lag genau 20 Jahre nach Ouds Aufenthalt in München. »Verehrter Herr Oud! Daß Sie sich so freundlich meiner erinnern; ist mir eine große Freude. Ich danke Ihnen herzlich für die guten Wünsche. Ist das wirklich schon 20 Jahre her, daß Sie hier waren? Nun, Sie haben die Zeit gut genützt und sind ein Führer und Vorkämpfer geworden. Ich entbehre die Kenntnis Ihrer Werke im *Zusammenhang*. Nur immer Einzelnes ist mir da und dort zu Gesicht gekommen. Es hat freilich genügt, um mir ein Bild von der Klarheit und Vernunft, mit der Sie arbeiten, zu geben … Ich freue mich sehr, daß unsere Wege sich einmal gekreuzt haben. Mit bestem Gruß Th. Fischer«: Karte Th. Fischers an Oud: Oud-Archiv, C 32 Hervorhebung Fischer. Robert Vorhoelzer hatte Oud an Fischers Geburtstag erinnert: Brief von Vorhoelzer an Oud von März 1932, Oud-Archiv, B.
[47] Im Herbst 1922 besuchte Oud Fischer in München: vgl. Brief von Th. Fischer an Oud vom 10.11.1922, Oud-Archiv, B.
[48] Oud 1922h, S. 189; »meinem Lehrmeister Prof. Fischer«: Durchschlag von Oud an Albert Gut vom 27.11.1927, Oud-Archiv, B. Oud schreibt, daß er nach seiner Zeit an der TU Delft im Büro von Fischer wieder die Praxis gesucht habe: Englischsprachiges Manuskript, Oud-Archiv, C 1; Auszug auf Niederländisch: Oud/Leertijd, S. 7.
[49] »Praxis bei Theodor Fischer in München«: Durchschlag des Antwortschreibens an Eduard Brockhaus, April 1954, Oud-Archiv, C 22. »Büro: Dr. Theod. Fischer, München«: Oud 1957b, S. 192.
[50] »Es wäre naiv, das Werk der Fischer-Schüler nach Bezügen zum Lehrer abzusuchen. Zwar lassen sich viele Einflüsse direkt nachweisen … aber die Bedeutung der namhaften Schüler liegt unter anderem gerade darin, daß sie mit Konventionen gebrochen und völlig Neues geschaffen haben.«: Nerdinger 1988, S. 16. Vgl. Van Bergeijk 1994, S. 12.
[51] Oud 1913b.
[52] Laut Hans Oud war sein Vater dort von der »Energie«, dem »Wagemut« und der »Frechheit« eines Messel und Olbrich beeindruckt gewesen: Hans Oud 1984, S. 18. In Wirklichkeit bezieht sich Oud in dem genannten Artikel jedoch auf die deutsche Architektur im Allgemeinen. Allein der neben Messel und Olbrich erwähnte Martin Dülfer hat tatsächlich in München gebaut.
[53] Vgl. den datierten Grundstein in der Fassade, Julianastraat 54 (Februar 1912).
[54] Das im November 1913 eröffnete Kino befindet sich in der Dubbele Buurt, der heutigen Fußgängerzone von Purmerend. Der Inhaber N. H. Schinkel war zuvor mit Pferd und Wagen von einem Volksfest zum anderen gereist: Osten/Jacobs 1996, S. 8. Taverne 2001, Kat. Nr. 17. Vgl. Bergerfurth 2004, S. 158–160. Im GRI befindet sich ein Aquarell der Fassade (Abb.: Taverne 2001, S. 88), offenbar ein Präsentationsblatt, das eine Variante des ausgeführten Baus (Lage und Form der Fenster und Türen, Fassadenbehandlung, Ornamentik) zeigt. Die jugendstilartige Fassade wirkt konventioneller als die realisierte Fassung, die einige der für Oud charakteristischen Merkmale (reduzierte Bauformen, Flächigkeit der Backsteinwand) aufweist.

⁵⁵ Ende der 1950er Jahre wurde das Gebäude durch J. Plas modernisiert. Zu dieser Zeit war der überdachte Eingangsbereich bereits geschlossen: Abb. Otsen 2001, S. 30. In den 1980er Jahren mußte die Familie Schinkel den Kinobetrieb einstellen: Otsen 2001, S. 4.

⁵⁶ Vgl. Oud 1922h, S. 189. Für die Übersetzung aus dem Tschechischen danke ich Anna Goebel. Entwürfe der Schule im GRI: Taverne 2001, Kat. Nr. 18.

⁵⁷ Oud wohnte vom 7.10.1913 bis 16.03.1918 in der Mariënpoelstraat 7 in Leiden: mit Dank für die Auskunft an R. C. J. van Maanen, Gemeentearchief Leiden. Englischsprachiges Manuskript: Oud-Archiv, C 1; Auszug auf Niederländisch: Oud/Leertijd, S. 8.

⁵⁸ Anzeigen finden sich ab dem 14. September 1913 im »Schuitemakers' Purmerender Courant«:»J. J. P. Oud Architekt, Purmerend: Herengracht, Leiden Mariënpoelstraat 7«: Hans Oud 1984, S. 18; Otsen 2001, S. 4.

⁵⁹ Dudok war zuvor als Offizier in Fort Spijkerboor bei Purmerend stationiert gewesen, wo sich die beiden Architekten kennenlernten: Oud-Archiv, C 22. Als Datum des ersten Zusammentreffens nennen Hans Oud und Langmead das Jahr 1911: Hans Oud 1984, S. 17; Langmead 1999, S. 2. Laut Van Bergeijk ist dies jedoch nicht gesichert: Van Bergeijk gegenüber der Verfasserin am 23.6.1999. Direktor der *Gemeentewerken* war von 1901–27 G. L. Driessen. Zu seiner Entlastung wurde ein stellvertretender Direktor, zunächst unter der Bezeichnung »Ingenieur«, eingestellt, der vor allem mit dem Entwurf öffentlicher Bauten betraut war: Dröge/De Regt/Vlaardingerbroek 1996, S. 30–34.

⁶⁰ Van Bergeijk 1995, S. 16.

⁶¹ Vgl. »IV. 2.1. Die Arbeitersiedlung Leiderdorp«.

⁶² Das Gebäude des Leidsche Dagblad am Witte Singel 1 wurde 1915 vom Gründer und Eigentümer der Zeitung, A. W. Sijthoff, in Auftrag gegeben, der einen Ersatz für das alte Verlagsgebäude (Redaktion und Druckerei) an der Doezastraat 1 wünschte. Der Auftrag ging an Dudok und Oud, die gemeinsam die Leistungsbeschreibung unterzeichneten. Der Bauschmuck stammt, wie beim Kino Schinkel in Purmerend, von W. C. Brouwer. Das Leidsche Dagblad war bis 1994 in dem Gebäude untergebracht. Ende der 1990er Jahre wurde es umgebaut und beherbergt heute das Kantongerecht (vergleichbar dem deutschen Amts-, Bezirks- und Kreisgericht). Abb.: M. Cramer, H. van Grieken, H. Pronk, W. M. Dudok 1884–1974, Amsterdam 1980, S. 18, Abb. 16, 17, 18; Van Bergeijk 1995, Abb. 24.1, 24.2, 24.3, S. 146. Vgl. Joyce Brink, Dudoks idee van een krantgebouw, in: Leidse Dagblad vom 9.7.1988; Hillen 1994, S. 47–51; Van Bergeijk 1995, S. 146f.; Dröge/De Regt/Vlaardingerbroek 1996, S. 107; Taverne 2001, Kat. Nr. 22, S. 103.

⁶³ Der auf Juni 1916 datierte Entwurf zeigt allein die Unterschrift von Dudok. Auch die Formensprache des Gebäudes (die Kleinteiligkeit des Entwurfs, das steile Dach, die schmiedeeisernen Schriftzüge und die Ornamentik) machen Dudok als alleinigen Entwerfer wahrscheinlich. Im Eingangsbereich befindet sich eine Wandfliese mit der (fragmentarisch erhaltenen) Aufschrift »WM DUDOK ARCHITECT«. Da Dudok bereits in Hilversum arbeitete, übernahm Oud neben der Bauleitung auch die Detailbearbeitung: Van Bergeijk 1995, S. 17. Im Rotterdamer Katalog wird vermutet, daß Oud an der Innenraumgestaltung beteiligt war: Taverne 2001, S. 103. Der Ausstellungsraum im Obergeschoß läßt in seiner Anlehnung an die Amsterdamer Schule jedoch wiederum auf Dudok als Entwerfer schließen. Mit Dank für die Besichtigung an die Mitarbeiter des Kantongerecht.

⁶⁴ So die Vermutung Van Bergeijks: Van Bergeijk 1995, S. 16. Van Bergeijk nimmt zudem an, daß Dudok Oud bei seinem Wettbewerbsentwurf für ein Pflegeheim in Hilversum (Abb. 8) beigestanden hat: Van Bergeijk 1995, S. 17. Oud selbst schrieb: »Mit Dudok habe ich allein Arbeiterwohnungen in Leiderdorp entworfen … Weiter habe ich für ihn das Gebäude des ›Leidse Dagblad‹ in Leiden ausgearbeitet und den Bau geleitet (als Freund: weil er aus Leiden wegging nach Hilversum und ich in Leiden blieb). Wir machten niemals etwas zusammen. Ich arbeitete auch nicht bei ihm und er nicht bei mir. Ich wohnte am Anfang in Purmerend; er auch. Er war Offizier (Pionier) im Fort Spijkerboor bei Purmerend. Später wohnten wir beide – zufällig – in Leiden. Wir waren befreundet. Weiter keine Zusammenarbeit.« Übers. EvE: Oud-Archiv, C 22. Ouds autobiografische Texte sind als Quelle jedoch nur unter Vorbehalt verwendbar.

⁶⁵ Pläne der beiden Gebäude für C. L. J. van Lent und G. S. van Bakel im CCA und Oud-Archiv. Taverne 2001, Kat. Nr. 10, 11.

⁶⁶ Das inzwischen abgebrochene Wohnhaus des Schiffsbauers F. Moerbeek und zwei Läden in der Hoogstraat: Otsen 2001, S. 15; Taverne 2001, Kat. Nr. 4, 6.

⁶⁷ Taverne 2001, Kat. Nr. 8.

⁶⁸ Oud an F. A. Brockhaus im April 1954: Oud-Archiv, C 22; vgl. Hans Oud 1984, S. 237. Möglicherweise folgte Oud damit allein einem Topos der Architektenausbildung. Vgl. Ouds Hinweis auf Berlages einjährigen Italienaufenthalt: Oud 1919d, S. 195 (abg. in Taverne 2001, S. 171–181). Berlage wies dem Italienaufenthalt für Architekten große Bedeutung bei: Van Bergeijk 2003, S. 10.

⁶⁹ Taverne 2001, Kat. Nr. 23. Entwurf und Zeichnungen im GRI.

⁷⁰ Ausschreibung 1914 durch Het Verzorgingshuis te Hilversum. Ouds Entwurf erhielt keinen Preis. Pläne im NAi und CCA: Stamm 1978, Fig. 13, S. 17; Barbieri 1986, S. 30ff.; Taverne 2001, Kat. Nr. 24. Ein Lageplan mit Erweiterung wurde 2001 auf der Oud-Ausstellung im NAi gezeigt.

⁷¹ Die Entwürfe für das Soldatenheim im Oud-Archiv und GRI tragen den Titel »Militair tehuis Den Helder«; Abb.: Stamm 1977, S. 262; Stamm 1987, Fig. 10, S. 17; Colenbrander 1982b, Abb. 5, S. 165; Taverne 2001, Kat. Nr. 25. Kurz zuvor waren in Den Helder bereits zwei Bauten dieser Art errichtet worden: Dudoks »Tehuis voor Militairen« (1909–12) am Kanaalweg, das bis in die Nachkriegszeit bestand, und Piet Kramers Marinehaus (1913/14) am Bahnhofsvorplatz (Abb. 102), das im 2. Weltkrieg zerstört wurde.

⁷² Abb.: De Gruyter 1931, XXXIII; Barbieri 1986, S. 18; Taverne 2001, Kat. Nr. 26. Der mit »Volksbadhuis« bezeichnete Entwurf macht keine Angaben zur Datierung und Ortsbestimmung. Woher die in der Literatur kursierende Bezeichnung »Blaricum« stammt, ist unklar. Im Rotterdamer Katalog wird der Entwurf mit einem Wettbewerb in Den Haag in Beziehung gebracht.

⁷³ Vgl. »V. 2. Klassische Entwurfsprinzipien«. In Anlehnung an Ouds eigene Aussage gehen Stamm und Hans Oud von Wettbewerbsentwürfen aus: Hans Oud 1984, S. 18; Stamm 1984, S. 29.

⁷⁴ Der Entwurf wurde nicht ausgeführt. Pläne im CCA und GRI: Taverne 2001, Kat. Nr. 13.

⁷⁵ »Schets voor een landhuisje in Blaricum/Leiden 26.8.1915«: Oud-Archiv; Abb.: Taverne 2001, S. 77. Der in geringfügiger Veränderung (Reetdach statt harte Deckung; abweichende Fensterformate) ausgeführte Entwurf ist erstmals publiziert in: BW, 37, 13.5.1916, Nr. 2, S. 23f.

⁷⁶ »Landhuisje in Blaricum voor den heer en vrouw Van Essen, Leiden 11.11.1916« und «Landhuisje in Blaricum voor den heer en vrouw Van Essen, Leiden Dec. 1916«: Oud-Archiv; letzterer: Barbieri 1986, S. 20.

⁷⁷ Nachfolger Dudoks wurde H. F. de Jong (1915/16), gefolgt von D. G. G. Margadant (1917–19): Dröge/De Regt/Vlaardingerbroek 1996, S. 34.

⁷⁸ Laut Hans Oud nahm er diese Stelle an, um dem Militärdienst zu entgehen: Hans Oud 1984, S. 18.

⁷⁹ Der Entwurf des Bankgebäudes stammt von Van der Steur: Dröge/De Regt/Vlaardingerbroek 1996, S. 106. In dem 1919 fertiggestellten Gebäude ist heute eine Klinik untergebracht. Vgl. Taverne 2001, S. 94.

⁸⁰ Auftraggeber des Umbaus war der Ingenieur A. Rappard: Taverne 2001, Kat. Nr. 20. Das aus drei Einzelhäusern (Rapenburg 41, 43, 45) bestehende Gebäude wurde von dem Bauunternehmer Willem Wijmoth im Sinne eines herrschaftlichen klassizistischen Wohnhauses mit Mittelrisalit und Pilasterordnung errichtet. Im Haus Nr. 45 befindet sich noch Stuck aus dem 18. Jahrhundert: Dröge/De Regt/Vlaardingerbroek 1996, S. 125.

⁸¹ Die 1899 entstandene Villa wurde, wie viele andere Gebäude des Ortes, während des 2. Weltkriegs zerstört: Polano 1988, S. 157.

⁸² Blotkamp 1982c, Anm. 72, S. 31. Die 1896 gegründete Gruppe setzte sich aus Malern und Architekten zusammen. Die Maler (darunter auch Amateure) standen außerhalb der etablierten Kunstakademie Ars

Aemula Naturae. Während diese an der romantischen Tradition festhielt, zeigte sich De kunst om de kunst offen gegenüber neuen Strömungen. Vorherrschend war eine Orientierung am niederländischen Impressionismus der Haagse School, worauf auch das »L'art pour l'art« des Namens weist. Zur Kunstszene in und um Leiden: Wintgens-Hötte/De Jongh-Vermeulen 1999; Stoop 1999. An den Versammlungen der Gruppe nahm Oud jedoch nicht aktiv teil: Auskunft von R. C. J. van Maanen, Gemeentearchief Leiden. Das Archiv von De kunst om De kunst befindet sich im Gemeentearchief Leiden.

[83] Heijbroek 1980, S. 155. Es ist anzunehmen, daß Oud, inzwischen befreundet mit Van Doesburg, ebenfalls aus der Gruppe austrat.

[84] Hans Oud 1984, S. 18. Die 1799 gegründete Ars Aemula Naturae ist eine der ältesten Akademien der Niederlande.

[85] Bereits in einem Brief Mondrians an Van Doesburg vom 20. November 1915 war von einer Künstlervereinigung die Rede.

[86] Vgl. »III. 1.2. Die Zeit vor Gründung von *De Stijl*«.

[87] Es handelte sich um eine Neubesetzung des Vorstandes, wobei Oud den Vorsitz von Dirk Roggeveen übernahm: De Jongh-Vermeulen/Van de Velde 1999, S. 173f.

[88] Die meisten Mitglieder waren gleichzeitig auch in De kunst om de kunst vertreten: Heijbroek 1980, S. 155.

[89] Heijbroek 1980, S. 155; Blotkamp 1982b, S. 29. Für den 25. Oktober und den 28. Dezember 1916 sind Lesungen überliefert. Genauere Informationen liegen über die »Tweede soiree« vom 15. Dezember 1916 vor, bei der u. a. Musik von Debussy und Chopin gespielt wurde. Die erste Ausstellung war für Dezember 1916 geplant, konnte jedoch erst im Januar eröffnet werden. Das Plakat, eine in grün und schwarz gehaltene Lithographie, stammt von Harm Kamerlingh Onnes: Sammlung Galerie Dr. Louise Krohn, Konstanz (vgl. Abb. 7).

[90] Blotkamp 1982c, S. 30. Van Doesburg, Schilderkunst, in: Eenheid, 3.2.1917: »Een piramidevormig huis«.

[91] Annie Dinaux-Oud an Heijbroek am 8.7.1979: Heijbroek 1980, S. 159; De Jongh-Vermeulen/Van de Velde 1999, S. 188.

[92] Ex/Hoek 1985, S. 35–37. Im November 1916 berichtete Van Doesburg, daß die Finanzierung der Zeitschrift zugesichert sei: Brief von Van Doesburg an Oud vom 16.11.1916, FC: Colenbrander 1982b, Anm. 15, S. 164.

[93] Oud 1917a.

[94] Ouds Anstellung bei Van der Steur endete im April 1917. Damit bestand die Gefahr, daß er zum Militärdienst eingezogen wurde: Hans Oud 1984, S. 28, 63. »Er mußte wählen zwischen dem Bau von Arbeiterwohnungen oder dem Militärdienst. Von zwei Übeln hat er das kleinste gewählt: Arbeiterwohnungen.« Übers. EvE: Annie Oud-Dinaux, in: De Volkskrant vom 25.5.1985.

[95] Möglicherweise hatte Oud mit den früheren, an die Amsterdamer Schule angelehnten Entwürfen (Pflegeheim, Soldatenclub, Landhaus in Blaricum) versucht, eine Anstellung bei der Stadt Amsterdam zu beförderen.

[96] Oud 1917a.

[97] Vgl. »IV. 6.1.1. Der einheitlich gestaltete Wohnblock«.

[98] Wie seine Schriften und die Korrespondenz belegen, bildete der Wohnungsbau zu keiner Zeit ein bevorzugtes Arbeitsgebiet von Oud. Angesichts der von deutschen und niederländischen Städteplanern seit Jahren geforderten »einheitlichen Blockfront« ist es nicht verwunderlich, daß sich Oud zu diesem Zeitpunkt für eine ebensolche Straßengestaltung unter Eingriff der Behörden aussprach.

[99] Auskunft R. C. J. van Maanen, Gemeentearchief Leiden. Die Familie wohnte im Westen der Innenstadt, am Schiedamse Weg 110a: Hans Oud 1984, S. 237.

[100] Mitglieder waren u. a. C. H. van der Leeuw, Direktor der Van Nelle Fabrik, K. P. van der Mandele und R. Mees, Gründer des Eerste Rotterdamse Tuindorp, F. Schmidt Degener, der Direkor des Museums Boymans van Beuningen, die Architekten M. Brinkman, M. J. Granpré Molière, J. Klijnen, P. Verhagen, A. Plate, Ouds Chef im *Woningdienst*, der Designer W. H. Gispen und der mit Oud befreundete J. Jongert. Zum Rotterdamsche Kring: Van der Pot 1962.

[101] Zum Rathaus-Wettbewerb: Vermeer/Rebel 1994, S. 21f.; Van Bergeijk 1997, S. 38f. Vgl. Abb. 97.

[102] Das Archiv von De Opbouw wurde 1940 zerstört. Zu De Opbouw: Rebel 1983, S. 10–46. Vgl. »V. 3.1. Oud und die Moderne Architektur in den Niederlanden«.

[103] Die im Juni 1929 angenommen Statuten fordern allein die Solidarität der Mitglieder: Statuten en Huishoudelijk Reglement van »Opbouw«. Statuten: NAi, Archiv Piet Zwart, Inv. Nr. 150.

[104] Offenbar war Oud im Dezember 1920 als Mitglied von De Opbouw an einer Ausstellung über die Stadt Rotterdam beteiligt. Die Ausstellung wurde von fünf Vereinigungen, darunter De Opbouw, organisiert: NRC, 28.12.1920, Avondblad. Laut Jeroen Geurst trat Oud jedoch erst später zu De Opbouw: Geurst 1984, S. 10.

[105] Ebenfalls auf Ouds Empfehlung absolvierte Stam eine Ausbildung zum Zeichenlehrer an der Rijksnormaalschool voor Teekenonderwijzers: Stam im Gespräch mit Simone Rümmele zwischen September 1985 und Januar 1986: Rümmele 1991, S. 9. Stam lebte ab 1919 ebenfalls in Rotterdam. Oud und Stam waren 1923 auf der Bauhauswoche in Weimar vertreten und beteiligten sich beide an der Weißenhofsiedlung in Stuttgart.

[106] Gispen 1925, Abb.: 22, 25, 46. 1926 war Gispen unter Ouds Vorsitz Sekretär von De Opbouw: Laan/Koch 1996, Anm. 11, S. 43: Rotterdamsch Jaarboekje, 1926, XV.

[107] Vgl. »IV. 2.5. Oud-Mathenesse: Stadterweiterung und Idealstadtplanung«.

[108] Vgl. »III. 4.2. Die Gemeinschaftsbauten«.

[109] Vgl. »IV. 1.3.5. Die Architektur des *Woningdienst* unter Heijkoop, Plate und Oud«.

[110] Dagegen Taverne 2001, S. 117, 194f.

[111] Vgl. »III. 4.6. Abstraktion und Geometrie«.

[112] Vgl. »III. 4.4. Destruktion und Flächenkomposition«.

[113] Blotkamp 1982c, S. 38; Hans Oud 1984, S. 237. Zu Ouds Aufenthalt in Paris vgl. Brief von Rosenberg an Van Doesburg vom 20.9.1920, RKD: Bois/Troy 1985, S. 27.

[114] Briefe von Rosenberg an Van Doesburg vom 16.10.1920 und 19.10.1920, RKD: Troy 1983, S. 76, Anm. 7; Bois/Troy 1985, S. 27. Vgl. »III. 1.5. Oud und die Architektur von *De Stijl*«.

[115] Oud 1921a (abg. in Oud 1926a, S. 63–76; Taverne 2001, S. 182–187).

[116] Vgl. »III. 3.3. Ouds Architekturauffassung gegen Mondrians ›Neoplastizismus‹«

[117] Vgl. undatierter Brief (Oktober 1921) von Oud an van Doesburg: Esser 1982, S. 151.

[118] Postkarte von Van Doesburg an Oud, Poststempel vom 3.10.1921, FC: Boekraad 1983c, S. 138.

[119] Vgl. »III. 1.5. Oud und die Architektur von *De Stijl*«.

[120] Vgl. Hans Oud 1984, S. 50.

[121] Oud äußerte sich gegenüber deutschen Kollegen negativ über Van Doesburg. Vgl. Briefe an A. Meyer, W. Gropius, L. Moholy-Nagy, S. Syrkus und A. Behne: Ex 1996, S. 100.

[122] Brief von Oud an Jozef Peeters, Januar 1923, Oud-Archiv, Fa 29.

[123] Oud 1922c, S. 344.

[124] Vgl. Brief von Heinrich de Fries an Oud vom 16.3.1923, Oud-Archiv, B. Oud 1926b.

[125] Der Kontakt war über den Vorsitzenden des Vereins für deutsches Kunstgewerbe, Peter Behrens, entstanden, den Oud im März 1922 durch Rotterdam geführt hatte. Behrens zeigte im folgenden mehrfach Fotos von Ouds Bauten in seinen Vorträgen: vgl. Brief von Behrens an Oud, 25.8.1922, Oud-Archiv, B.

[126] Vortrag am 27. März 1923. »Holländische Baukunst in Magdeburg«: Magdeburger Zeitung vom 29.3.1923, Nr. 160; Brief von Bruno Taut an Oud vom 21.3.1923, Oud-Archiv, B.

[127] Vgl. Behne 1923; Schürer 1923; Dauer 1992.

[128] Vgl. »V. 3.4. Oud und die Kanonisierung der Modernen Architektur«. Oud nannte H. A. van Anrooy, R. van't Hoff, J. B. van Loghem und G.

128 ...Rietveld, später noch J. Wils: Brief von Gropius an Oud vom 31.5.1923, Oud-Archiv, B. Im Namen von Gropius forderte Oud im Juni 1923 die Architekten H. A. van Anrooy, J. Greve, J. M. van Hardeveld, J. B. van Loghem, Raedemaker und C. Meijer, Rietveld und Wils auf, ihre Arbeiten einzusenden. Zu den Ausstellenden zählten Le Corbusier, W. Gropius und A. Meyer, H. Häring, E. Mendelsohn, L. Mies van der Rohe, H. Poelzig, M. Stam, die Brüder Taut und F. L. Wright. Ein Ausstellungskatalog existiert nicht.

129 Oud: »Das neue Bauen in Holland«; Gropius: »Kunst und Technik – die neue Einheit«; Kandinsky: »Über die synthetische Kunst«. Oud war von Behne empfohlen worden: Gruhn-Zimmermann 2000, S. 130. Die Ausstellung ging weiter nach Hannover, wo sie von der Kestner-Gesellschaft gezeigt wurde. Alexander Dorner bat Oud aus diesem Anlaß, einen Vortrag zu halten: vgl. Briefe von Dorner an Oud vom 22.11.1923 und 10.12.1923, Oud-Archiv, B.

130 Hilberseimer 1923b.

131 Vgl. »III. 1.5. Oud und die Architektur von *De Stijl*«.

132 U. a. Badovici 1924; Badovici 1925.

133 Einladung für die IX. Sitzung des Zürcher Ingenieur- und Architektenvereins im Vereinsjahr 1923/24 mit Vortrag von Oud am 27.2.1924, Oud-Archiv, D, Rubrik 5/3. De Fries berichtete von einer kritischen Aufnahme der holländischen Kunst und einer entsprechenden Opposition gegen Oud: Brief von Heinrich de Fries an Oud vom 23.11.1923, Oud-Archiv, B. Vgl. Brief der Sektion Bern des Schweizer Ingenieur und Architektenvereins an Oud vom 18.2.1924, Oud-Archiv, B.

134 Stübben 1924, S. 7. Aus Rotterdam beteiligten sich neben Oud sein ehemaliger Chef im *Woningdienst* A. Plate, der aktuelle Direktor M. J. I. de Jonge van Ellemeet, die bei der Gemeinde angestellten Ingenieure Th. K. van Lohuizen und H. S. de Roode sowie der Chef der Abteilung Städtebau und Bauwesen W. G. Witteveen. Eine Ausstellung im Amsterdamer Stadtmuseum präsentierte gleichzeitig städtebauliche Pläne und Siedlungsbauten: Scheffler 1924; Stübben 1924, S. 15f.

135 Stationen waren Bussum, Hilversum, Delft, Den Haag, Utrecht und Rotterdam: Deutsche Bauzeitung, 58, 1924, Nr. 80, Beilage Stadt und Siedlung, S. 84.

136 Stübben 1924, S. 23f. Eine weitere Exkursion der Commissie voor Bijstand des Rotterdamsche Kring (1924) führte unter Leitung von Oud nach Spangen* und Oud-Mathenesse*: Van der Pot 1962, S. 146.

137 Brief des Klub Architektů V Praze an Oud vom 14.11.1924; Briefe von Markalous und Vaněk vom 3.12.1924 an Oud, Oud-Archiv, B; Grondslagen der moderne architectuur, in: NRC, 19.4.1925, S. 1.

138 Nach einem ersten Artikel von 1922 erschien Ouds Werk 1924/25 in mehreren Ausgaben der Zeitschrift »Stavba«, u. a. Stavba, I, 1922, S. 125; Oud 1922f; Karel Teige, De Stijl a Hollandsá moderna, in: Stavba, III, 1924/25, Nr. 9, S. 33–41.

139 Takao Okada, Sutemi Hougichi u. a., Sinkentiku, 22.3.1924, Nr. 2, mit 33 Abbildungen zu Ouds Arbeiten.

140 Vgl. Brief des dänischen Architekten Knud Lønberg-Holm an Oud vom 21.10.1924, Oud-Archiv, B. Lønberg-Holm (1895–1972), der über Moholy-Nagy mit Oud bekannt war, lehrte 1924/25 in Ann Arbor. Er setzte sich für Oud und für Cor van Eesteren ein.

141 Stephan 1998, S. 84.

142 In beiden Fällen wurden noch vor Fertigstellung der Bauten Pläne sowie bei den Häuserzeilen in Hoek van Holland die noch unfertigen Bauten veröffentlicht.

143 Möller 1997, S. 49. Van der Leeuw war gemeinsam mit Oud Mitglied im Rotterdamsche Kring und saß mit Plate im Vorsitz der Rotterdamer Volkshochschule*, für die Oud 1923/24 einen Neubau entworfen hatte. Zu Van der Leeuw: De Klerk 1998, v. a. S. 231–236.

144 »Dies [die Anfrage bei Oud: EvE] bleibt erfolglos, da Van der Leeuw Oud nicht im Voraus die Sicherheit der tatsächlichen Ausführung der Fabrik geben will. Unter diesen Voraussetzungen möchte Oud seinen Job bei der Gemeinde nicht aufgeben.« Übers. EvE: Rebel 1983, S. 23.

145 Vgl. »IV. 1.4.3. Der Einfluß des Gemeinderats auf die Wohnbauten in Hoek van Holland und Kiefhoek«.

146 Vgl. Brief von Josef Chochol an Oud vom 22.4.1925, Oud-Archiv, B. Vgl. »… es wird mich interessieren zu hören, ob Ihre Absichten sich jetzt realisieren und ob der Weggang vom Stadtbauamt sich verwirklicht.«: Brief von Hannes Meyer an Oud vom 31.7.1925, Oud-Archiv, B.

147 Vgl. Dočkal 2001. Dagegen Taverne 2001, S. 39, wonach Oud, der vom *Volkswoningbouw* »völlig genug hatte«, auf dieses »Angebot« nicht einging.

148 »Ich werde in dem Augustheft der ›Baukunst‹, das bayerische Städtebaufragen behandeln wird, Gelegenheit nehmen, auf Sie nachdrücklichst hinzuweisen. Wir brauchen hier in München unbedingt eine Auffrischung.«: Brief von Herman Sörgel an Oud vom 25.4.1925, Oud-Archiv, B.

149 Die Baukunst, I, Mai 1925. »Der zukunftsreichste, klarste und bestfundierte Architekt Hollands ist heute der junge 35jährige J. J. P. Oud, Stadtbaumeister von Rotterdam.«; »J. J. P. Oud interessiert uns deshalb, weil er trotz seiner Jugend … heute der führende Architekt der Moderne ist, der sich am klarsten und zielbewußtesten zu den kommenden Problemen einstellt …«; »Oud ist gut orientiert über das Ausland, insbesondere über Deutschland, dessen Sprache er vollkommen beherrscht. Er hat im Bureau Theodor Fischers gearbeitet, ist in seiner Empfindungswelt durchaus deutsch und möchte wohl gerne wieder im Süden tätig sein.«: Sörgel 1925a, S. 86, 103.

150 Sörgel 1925b. Sörgel setzte sich auch später für Oud ein. Aus dem Jahr 1931 datiert eine Liste, die Oud unter den insgesamt zehn Architekten für Sörgels utopisches »Atlantropa-Projekt« nennt: Wolfgang Voigt, Atlantropa: Weltbauten am Mittelmeer, Ein Architektentraum der Moderne, Hamburg 1998, S. 34.

151 Der Bau entstand 1926–30 in Zusammenarbeit mit Mart Stam. Zur Van Nelle-Fabrik: Rebel 1983, S. 23–27; Möller 1997, S. 49–53.

152 Die Schule eröffnete im April 1926. Aufgenommen wurden Studierende mit Abschluß einer Baugewerbeschule oder dem Vordiplom einer Technischen Hochschule: Schädlich 1991, S. 57; Nicolaisen/Van Rossem 1991; Nicolaisen 1996.

153 Brief von Bartning an Oud vom 23.8.1925, Oud-Archiv, B.

154 Oud war Mitunterzeichner des Protestschreibens an die Landesregierung Thüringen, der den Verbleib des Bauhauses in Weimar bewirken sollte.

155 Nicolaisen 1996, S. 33; Wolfgang Voigt, Vitruv der Moderne: Ernst Neufert, in: Prigge 1999, S. 21. Oud reiste im März 1928 für einen Vortrag nach Weimar: Nicolaisen 1996, S. 32.

156 Vgl. Catalogue général officiel. Exposition internationale des arts décoratifs et industriels modernes Paris. Avril – octobre 1925, Ministère du commerce et de l'industrie des postes et des télégraphes. Section des pays-bas, S. 428f.

157 Brief der Ausstellungskommission an Oud vom 15.9.1924, Oud-Archiv, B.

158 Ablehnung Ouds im Oktober 1924: vgl. Brief der Ausstellungskommission an Oud vom 4.12.1924, Oud-Archiv, B.

159 Oud an die Ausstellungskommission als Antwort auf ein Schreiben vom 4.12.1924, Oud-Archiv, B.

160 Vgl. Briefe der Ausstellungskommission an Oud vom 3.3.1925 und 17.3.1925, Oud-Archiv, B. Insgesamt waren etwa 250 Architekturfotografien ausgestellt.

161 Vgl. Briefe von Mendelsohn an Oud vom 10.7.1924 und 22.8.1924, Oud-Archiv, B; Oud an den niederländischen Ausstellungsrat vom 23.7.1924, Oud-Archiv, B.

162 Vgl. »III. 1.6. Die Künstlergruppe«.

163 Van Doesburg 1925b, S. 157f. Die Zeitschrift »Wendingen« (1918–26) war Publikationsorgan von »Architctura et Amicitia« und damit Sprachrohr der Amsterdamer Schule. Der v. a. mit Henk Wouda in Verbindung gebrachte Haagse Stijl gilt als niederländisches Pendant zum Art Déco: vgl. Timo de Rijk, Hrsg., De Haagse Stijl. Art déco in Nederland, Rotterdam 2004.

164 Zu den wichtigsten Beiträgen zählen der Pavillon L'Esprit Nouveau von Le Corbusier, der Pavillon du Tourisme von R. Mallet-Stevens, der rus-

sische Pavillon von K. Melnikov sowie der österreichische Pavillon von J. Hoffmann und P. Behrens. Der niederländische Pavillon wurde mit dem Architekten J. F. Staal und den beiden Bildhauern Hildo Krop und John Raedecker von Vertretern der Amsterdamer Schule errichtet, die sich nach außen damit als die vorherrschende Stilrichtung der Niederlande präsentierte: Mariette van Stralen und Bart Loosma, Jan Frederik Staal. »Zuiver een mensch van zijn tijd«, in: Forum, 36/3–4, 1993, S.42f. Von den 237 niederländischen Künstlern stammte die Mehrzahl aus dem Umkreis der Amsterdamer Schule: BW, Nr. 20, 16.5.1925, S. 281; J. De Bie Leeuveling Tjeenk 1926; Eliëns/Groot/Leidelmeijer 1997.

[165] Oud hatte bereits zuvor zahlreiche Möbel entworfen: vgl. Reinhartz-Tergau 1990; Overtoom 1996 und 1999.

[166] Brief des Museums Boymans van Beuningen an Oud vom 26.1.1925, Oud-Archiv, B. Der Auftrag ging wahrscheinlich auf die Freundschaft zwischen Oud mit dem Museumsdirektor D. Hannema zurück. Der Schrank wurde bis 1935 genutzt. Als das Museum in das jetzige Gebäude umzog, blieb er im Schielandhuis zurück und ist heute verschollen: Reinhartz-Tergau 1990, S. 44; Overtoom 1996, S. 48. Vgl. Taverne 2001, Kat. Nr. 62.

[167] Vgl. eine Urkunde, verliehen durch die Ausstellungskommission Vereinigung der niederländischen Abteilung vom 1.11.1925, Oud-Archiv, B. Im Katalog der niederländischen Beiträge wurden die Wohnblöcke in Tusschendijken* und der Schrank aufgenommen: L'Art Hollandais 1925.

[168] Engelsche architecten, in: NRC, 15.4.1925, Nr. 104.

[169] Die Ausstellung wurde in den Räumen der Berliner Sezession gezeigt. Offensichtlich ging die Anregung von Oud selbst aus: vgl. Briefe der Novembergruppe an Oud vom 28.2.1925 und 14.5.1925, Oud-Archiv, B. Allerdings war bereits im Juni 1923 die Aufnahme Ouds erbeten worden: Brief der Novembergruppe an Oud vom 26.6.1923, Oud-Archiv, B. Aus den Niederlanden waren zudem W. M. Dudok, C. van Eesteren, S. van Ravesteyn, G. Rietveld und J. Wils vertreten. Ab 25. Juli wurden die Arbeiten im Rahmen einer Architekturausstellung in Kassel präsentiert: Brief der Novembergruppe an Oud vom 11.6.1925, Oud-Archiv, B.

[170] Kellmann 1992, S. 167; vgl. Kirsch 1997, S. 36f. Laut Rotterdamer Katalog am 23.10.1925: Taverne 2001, S. 292.

[171] In Gera wurden Ouds Blöcke in Spangen* und Tusschendijken*, die Siedlung Oud-Mathenesse* und das Café de Unie* gezeigt: Brief des Werbeleiters Skrebba an Oud vom 16.3.1925 und 30.10.1925, Oud-Archiv, B; Brief des Geraer Kunstvereins an Oud vom 25.11.1925, Oud-Archiv, B. Neben Oud stellten u. a. die Brüder Taut, Hilberseimer, Mies van der Rohe, die Brüder Luckhardt und H. Häring aus. Brief von Dexel an Oud (Datum unleserlich), Oud-Archiv, B, Nr. 20; Brief von König an Oud vom 15.1.1926, Oud-Archiv, B.

[172] Oud 1926b. Vgl. Brief der Städtischen Kunsthalle Mannheim an Oud vom 27.8.1925, Oud-Archiv, B, Nr. 25. Einladung mit Programm der Vorträge: Oud-Archiv, D, Rubrik 5/4; NRC 1925. Die Ausstellung fand vom 25. Oktober 1925 bis 3. Januar 1926 statt. Aus den Niederlanden waren neben Oud u. a. Dudok, J. B. van Loghem und H. A. Anrooy vertreten, aus Deutschland E. Fahrenkamp, Th. Fischer, Gropius, Hilberseimer, W. Kreis, Mendelsohn, Mies van der Rohe, H. Poelzig, H. Scharoun, F. Schumacher und die Brüder Taut.

[173] Brief des BDA an Oud vom 1.4.1926, Oud-Archiv, B. Block war am 9. April 1926 zu Besuch bei Oud.

[174] Hamburger Anzeiger; Hamburger Vortragsabend. Die Entwicklung der modernen Architektur in Holland, in: Hamburger Fremdenblatt vom 9.6.1926; Holland und die Baukunst, in: Hamburger Correspondent, 5.6.1926. Die anderen Vorträge wurden von Block, Schumacher und Gropius übernommen. Block bat Oud darüber hinaus, bei ihm zu Hause vor etwa 20 ausgewählten Leuten zu sprechen: Brief von Block an Oud vom 12.5.1926, Oud-Archiv, B.

[175] Brief von Block an Oud vom 29.5.1926, Oud-Archiv, B.

[176] Vgl. Briefe des Nassauschen Kunstvereins Wiesbaden an Oud vom 10.12.1925 und 29.3.1926, Oud-Archiv, B.

[177] Bericht in »Nachrichten für Stadt und Land Oldenburg i. O.« und »Oldenburgische Landeszeitung« vom 22.1.1927.

[178] Briefe von Mies van der Rohe an Oud vom 9.4.1927 und 4.5.1927, Oud-Archiv, B.

[179] Szczesny Rutkowski unternahm für die Ausstellung eine Studienreise durch Frankreich, Deutschland, Österreich, die Tschechoslowakei und die Niederlande. Die Niederlande waren durch Oud und Rietveld vertreten. Vgl. Brief des Polski Klub Artystyczny an Oud vom 17.5.1926, Oud-Archiv, B.

[180] Oud wurde nun zum korrespondierenden Mitglied des Bundes Österreichischer Künstler und der Zentralvereinigung der Architekten Österreichs gewählt: Brief des Bundes Österreichischer Künstler an Oud vom 20.10.1926, Oud-Archiv, B; Brief der Zentralvereinigung der Architekten Österreichs an Oud vom 14.1.1925, Oud-Archiv, B. Bei der »Kunstschau« waren u. a. Arbeiten von P. Behrens, J. Frank, J. Hoffmann, O. Strnad und H. Tessenow vertreten.

[181] Brief des Preisgerichts an Oud vom 19.5.1926, Oud-Archiv, B.

[182] Hirschel-Protsch 1927, S. 300.

[183] Meller wurde 1902 in Ödenburg (Sopron)/Burgenland (ab 1922 Ungarn) als Deutschösterreicher geboren. 1920 schloß er die Hochschule in Sopron ab. Von 1920–23 studierte er fünf Semester Architektur an der Technischen Universität in Wien, 1923–25 weitere vier Semester an der Universität in Karlsruhe. Die von André Koch vermutete Tätigkeit Mellers in Basel beruht offenbar auf einem Mißverständnis: Koch 1988, Anm. 234, S. 217. Zu Meller: Karin Kirsch, The Weißenhofsiedlung, New York 1989, S. 206, nach Informationen von Paul Mellers Sohn Pali Meller-Marcowicz vom 24.3.1988.

[184] Brief von Meller an Oud vom 6.4.1925, Oud-Archiv, B.

[185] Oud erwähnt ein Projekt größeren Umfangs, offenbar die Siedlung Kiefhoek*, das von der Stadtverwaltung zwar bewilligt, von »höherer Instanz« dagegen abgewiesen wurde. Zudem habe er bereits einem Schüler von Theodor Fischer seine Hilfe angeboten. Bei Genehmigung des Projektes sei allerdings die Anstellung von zwei Kräften nicht ausgeschlossen: Briefkonzept von Oud an Meller vom 6.4.1925, Oud-Archiv, B.

[186] Brief von Meller an Oud vom 3.5.1925, Oud-Archiv, B. Mellers Brief gingen Empfehlungsschreiben von Prof. Caesar, Rektor der Technischen Hochschule Fridericiana in Karlsruhe und Prof. Rehbock der Universität Karlsruhe voraus: Brief von Caesar an Oud vom 31.1.1925; Brief von Rehbock an Oud vom 15.4.1925, Oud-Archiv, B.

[187] Briefe von Meller an Oud vom 4.6.1925 und 15.9.1925, Oud-Archiv, B.

[188] Während von Behrens und Oud nur die Wettbewerbsentwürfen zu sehen waren, präsentierte der ortsansässige Architekt Wiesner zusätzliche Zeichnungen und ein Modell seines Baus. Heinrich Blum, Angestellter beim Bauunternehmen Eisler, befürchtete eine Bevorzugung Wiesners und forderte Oud daher auf, seine Arbeit zurückzuziehen. Zur Bekräftigung sandte er eine Kritik der »Deutschen Zeitung« nach Rotterdam: vgl. Briefe von Blum an Oud vom 3.5.1926 und 10.4.1926, Oud-Archiv, B.

[189] Hilberseimer 1926.

[190] Sigfried Giedion, Gesichtspunkte zum Neubau der Züricher Kunstgewerbeschule, Manuskript für die »Neue Züricher Zeitung«: Archiv Sigfried Giedion, Zürich: nach Georgiadis 1991, S. 136.

[191] Aus dem zweiten, eingeschränkten Wettbewerb (1926/27) ging der Entwurf von Karl Egender und Adolf Steger hervor.

[192] »Wir haben hier auf der Bau-Ausstellung München 1926 Photographien nach Siedlungsbauten von Ihnen gesehen ...«: Brief der Schriftleitung der Kunst an Oud vom 24.7.1926, Oud-Archiv, B. Die Architektur wurde nicht im Glaspalast, sondern in einem eigenen Pavillon präsentiert. Veranstalter war die Ortgruppe des BDA, der Münchener Bund und der Kunstgewerbeverein. Ausgestellt wurden u. a. Arbeiten von P. Behrens, G. Bestelmeyer, P. Bonatz, Th. Fischer, J. Hoffmann, W. Kreis, P. Mebes, O. Strnad und H. Tessenow.

[193] Ein entsprechender Antrag kam nicht vor den Gemeinderat. Oud erhielt ein Exemplar der unmittelbar nach der Tonhallenkundgebung erschienenen Publikation der Vorträge zugesandt: vgl. den auf einem

Interview mit Ouds basierenden Artikel: NRC 1934. Zu Renners Vorschlag: Dočkal 2001.

[194] Jury 1929b, S. 172.
[195] Vgl. Interview mit Berlage in: Vooruit, 13.2.1932. Bereits in Berlages Schrift »De ontwikkeling der moderne bouwkunst in Holland«, Amsterdam 1925, wird Oud nicht erwähnt. Zu Berlages Kritik vgl. Bock 1983, S. 61.
[196] Brief von Moholy-Nagy an Oud vom 11.5.1927, Oud-Archiv, B.
[197] Brief von Gropius an Oud vom 3.5.1927, Oud-Archiv, B.
[198] Abschrift eines Briefes von Berlage an Gropius vom 13.6.1927, Oud-Archiv, B.
[199] Kopie eines Briefes von Bruno Taut an Berlage vom 17.5.1927, Oud-Archiv, B: »Bei meiner kurzen Anwesenheit in Rotterdam war es mir eine Freude die klare architektonische Auffassung Oud's in seinen neueren Arbeiten weiterentwickelt und ausgereift vorzufinden. Seine Wohnungsgruppe in Hoek van Holland überwindet schon das starr Theoretische, welches immer das Kennzeichen einer Anfangslinie sein muss. Besonders aber fand ich die Richtigkeit und Klarheit seiner Auffassung in seinem Entwurf für die Rotterdamer Börse bestätigt, für den am meisten und damit auch schliesslich völlig ausreichend die ausgezeichnete Grundrissdisposition spricht. Auch habe ich das Gefühl, dass die Massengliederung dem sehr wenig schönen Platz einen grossen Halt geben wird, soweit, wie dies überhaupt noch möglich ist, angesichts der Gebäude, die ohne jedes Kompositionsgefühl dort in der Nachbarschaft herumgestellt sind. Aus der flüssigen, leichten und in ihrer Art wunderschönen Wohnungsanlage in Hoek van Holland habe ich den Eindruck, dass Oud dem Bau der Börse in der Ausführung eine ähnliche Note geben kann, welche über das Skeletthafte hinausgeht. Allerdings kann der Entwurf einem Laienpreisrichter nichts oder nur wenig davon sagen; es bleibt nur das Vertrauen zu einer solchen Begabung wie sie Oud darstellt übrig, die einzige Basis für die Entstehung bedeutender und über die Zeit hinausragender Bauten. Haben Sie dies doch selbst seinerzeit bei dem Bau Ihrer Amsterdamer Börse erlebt und gleichzeitig das schreckliche Gefühl, das die Entstellung dieses Baues durch die Nachbargebäude hervorgerufen hat in einer Zeit, nachdem Ihr kunsthistorisch überragendes Werk schon längst dastand.« Italienische Übers. des Briefes in: Bollerey 1990, S. 112f.
[200] Abschrift eines Briefes von Berlage an Bruno Taut vom 13.6.1927, Oud-Archiv, B.
[201] Platz 1930, S. 130.
[202] In den letzten Jahren erschienen einzelne Aufsätze: Van Bergeijk 1993; Engel 1997; Broekhuizen 2003. Vgl. Taverne 2001, Kat. Nr. 57.
[203] Vgl. »V. 4. Anlehnung an internationale Vertreter am Beispiel Le Corbusiers«. Im Oktober 1927 wurden von verschiedenen Architektenverbänden Stellungnahmen zum Wettbewerb um den Bau des Völkerbundpalastes verfaßt. Oud hatte sich offenbar an den BNA gewandt: vgl. Brief von Gubler an Oud vom 4.10.1927, Oud-Archiv, B.
[204] Mies van der Rohe wollte zunächst Berlage zur Teilnahme auffordern, entschied sich dann aber für Oud: Kellmann 1992, S. 167.
[205] Meller traf am 7. Juni 1927 auf dem Weißenhof ein. Zu Meller vgl. »II. 9. Das Privatbüro in den 1920er Jahren«. Auf Vermittlung von Hugo Keuerleber kam Meller in der Nähe der Siedlung, im Viergiebelweg 3, unter: undatierter Brief von Meller an Oud, Oud-Archiv, B.
[206] Erna Stotz erinnert im Februar 1927 an einen Besuch Ouds bei Familie Stotz in Stuttgart: Brief von Erna Stotz an Oud vom 10.2.1927, Oud-Archiv, B: Kirsch 1997, S. 152. »Ab Mittwoch den 10. VIII. 1927 können Sie wann immer kommen – denn dann ist Ihr Haus fertig.«: undatierter Brief von Meller an Oud, Oud-Archiv, B (abg. in Kirsch 1997, S. 203). Vgl. Brief Ouds vom 13.8.1927 aus dem Schloßgartenhotel Stuttgart: Oud-Archiv, B. Frau Dorothee Keuerleber, Tochter von Prof. Hugo Keuerleber, erinnert sich, daß Oud und Meller zum Essen bei ihnen waren: Frau Keuerleber im Gespräch mit der Verfasserin am 5. Juli 1999.
[207] Brief von Meller an Oud vom 19.7.1927, B, Hervorhebung Meller (abg. in Kirsch 1997, S. 192f.).
[208] »Wir drei jungen Architekten auf der Weißenhofsiedlung, Alfred Roth, der Bauleiter von Le Corbusier, der Ungar Paul Meller, der Mitarbeiter von J. P. Oud, und ich, aus dem Team von Ernst May, wir waren befreundet, besprachen unsere Probleme, diskutierten und feierten zusammen.«: Kramer 1985, S. 106. Vgl. Hirschel-Protsch 1927, S. 300.
[209] Brief von Meller an Oud vom 19.7.1927, Oud-Archiv, B.
[210] Karte von Meller an Oud vom 19.7.1927, Oud-Archiv, B (abg. in Kirsch 1997, S. 193f.). Meller sandte u. a. Proben der Vorhangstoffe nach Rotterdam, um sie von Oud begutachten zu lassen: Brief von Meller an Oud vom 19.7.1927, Oud-Archiv, B.
[211] So schlug Meller die Verschiebung des Gaskessels in die Mitte der Raumwand vor: Brief von Meller an Oud vom 24.6.1927, Oud-Archiv, B.
[212] Brief von Meller an Oud vom 19.7.1927, Oud-Archiv, B, Hervorhebung Meller.
[213] Meller plädierte an Stelle der lichtabweisenden Mauer des Wirtschaftshofes für ein Gitter: undatierter Brief von Meller an Oud, Sommer 1927, Oud-Archiv, B, Nr. 48 (abg. in Kirsch 1997, S. 183–185).
[214] Undatierter Brief von Meller an Oud, Oud-Archiv, B, Nr. 48 (abg. in Kirsch 1997, S. 183–185). Die schönste Lösung wäre nach Meller, auf die Stütze ganz zu verzichten. Vgl. auch Mellers Sonderkonstruktion für die Eisentüren am Garten: undatierter Brief von Meller an Oud, Oud-Archiv, B, Nr. 48 (abg. in Kirsch 1997, S. 212).
[215] Karte von Meller an Oud vom 16.7.1927, Oud-Archiv, B.
[216] Expressbrief von Meller an Oud vom 3.8.1927, Oud-Archiv, B (abg. Kirsch 1987, S. 95).
[217] Karte von Meller an Oud vom 6.8.1927, Oud-Archiv, B.
[218] »Lieber Vater Oud Endlich ein paar gelungenere Fotos vom Haus. In Wirklichkeit natürlich viel schöner. Um Haus 8 (von unten) fertig zu kriegen (sie wissen, dass aus Versehen zu wenig Linoleum hier war) liess ich das Blaue so legen … natürlich nur provisorisch bis das Blaue ankommt … Betten von Lämmle kommen Mittwoch, Küchengeschirr habe ich genug. Blaue Möbel längst fertig. Jetzt bettelte ich noch um elektr. Bügeleisen, Theekocher Lampen etc und jetzt noch einen Spiegel fürs Portal (fürs Schlafzimmer habe ich bereits einen) und Sie können kommen … auch schöne Lampen kommen aus Frankfurt für Küche, Eimerausguss und Portal (wasserdicht!!!)«: Brief von Meller an Oud vom 10.8.1927, Oud-Archiv, B.
[219] Undatierter Brief von Meller an Oud, Oud-Archiv, B, Nr. 48 (abg. in Kirsch 1997, S. 201, 202).
[220] Brief von Meller an Oud vom 22.8.1927, Oud-Archiv, B, Hervorhebung Meller.
[221] Brief von Grosse an Oud vom 6.8.1927, Oud-Archiv, B, Hervorhebung Grosse.
[222] Undatierter Durchschlag von Oud an Grosse, Oud-Archiv, B, Nr. 43. Vgl. den Briefdurchschlag und einen Plan mit eingezeichneten Führungslinien: Oud-Archiv, B. Der von Oud vorgesehene Weg führte von der Gartenseite (Besuchereingang) durch eines der Häuser hindurch und beim Lieferanteneingang an der Straßenseite wieder hinaus.
[223] »Obwohl die räumlichen und funktionalen Lösungen der Küche ihr [E. Meyer: EvE] zugeschrieben werden müssen, nennen die Abbildungsunterschriften stets ›Entwurf: J. J. P. Oud‹«. Übers. EvE: Casciato 1989, Anm. 28, S. 106. Oud und Meyer hatten sich bereits 1925 kennengelernt. Vgl. »IV. 3.3. Raumtypen«.
[224] An Oud richtete sie die Frage: »Darf ich übrigens gelegentlich erwähnen, dass ich Sie bei den Stuttgarter Häusern hauswirtschaftlich beraten habe?«: Brief von Erna Meyer an Oud vom 13.10.1927, Oud-Archiv, B.
[225] Brief von Erna Meyer an Oud vom 24.1.1927, Oud-Archiv, B (abg. in Kirsch 1997, S. 145–147); Brief von Erna Meyer an Oud vom 2.2.1927, Oud-Archiv, B.
[226] Brief von Erna Meyer an Oud vom 14.4.1927, Oud-Archiv, B.
[227] Bau und Wohnung 1927, S. 94.
[228] Die Küchen von Oud und A. Schneck wurden in ihren Vorträgen und Publikationen als einzig vorbildliche Lösungen dargestellt: Kirsch 1987, S. 92; vgl. Erna Meyer 1927b, S. 304; Erna Meyer, Anregungen zur

Küchengestaltung auf der Werkbundausstellung, in: Stein Holz Eisen, 44, 1927, S. 1004: Beer 1994, S. 196f.; Meyer Erna 1928a, S. 145. Meyer wollte in Saarbrücken über »Wohnungsgestaltung und Hauswirtschaft« sprechen und dort Dias von Ouds Arbeiten zeigen: Brief von Erna Meyer an Oud vom 29.9.1927, Oud-Archiv, B. In der zweiten Ausgabe von »Der neue Haushalt« wurde ein Bild von Ouds Küche aufgenommen: Meyer Erna 1928b.

229 Zu den wenigen kritischen Stimmen zählte der Herausgeber der »Wasmuths Monatshefte« und des »Städtebau« Werner Hegemann: »Eines der traurigsten Kapitel der Ausstellung waren die Häuser des Rotterdamers J. J. P. Oud …«: Hegemann 1928, S. 8–10. Am 12. März 1928 sollte Oud in der Berliner Kunstbibliothek einen Vortrag halten, wo er die herbe Kritik von Hegemann zur Sprache zu bringen wollte. Hegemann reagierte auf Ouds Ankündigung mit Verständnis: »Ich gestehe, daß ich auf ihre Unzufriedenheit gefaßt sein muß. Und daß Sie, wie Sie schreiben, mich in Ihrem Berliner Vortrag … nun ein wenig ärgern müssen, kann ich verstehen. Ich werde Ihrer freundlichen Anregung folgen und nicht hingehen.«: Brief von Hegemann an Oud vom 9.2.1928, Oud-Archiv, B. Hegemanns Beitrag stieß auch bei Ernst Wedepohl auf Kritik. Vgl. Wedepohls Brief an Oud vom 19. Januar 1928, Oud-Archiv, B.

230 Wedepohl 1927, S. 394.

231 Berlage an Oud vom 8.10.1927, Oud-Archiv, B.

232 Neben den Architekten der Weißenhofsiedlung waren u. a. vertreten: P. Artaria und H. Schmidt, V. Bourgeois, J. A. Brinkman, C. van Eesteren, R. Gutkind, H. Hoste, Büro Luckhardt und Anker, K. Malewitsch, H. Meyer und H. Wittwer, R. Neutra, die Brüder Rasch, S. van Ravesteyn, K. Schneider, J. Višek, L. C. van der Vlugt und J. Wils: vgl. Brief des Ehepaars Stotz an Oud vom 8.12.1927, Oud-Archiv, B.

233 In Rotterdam wurde die Ausstellung von De Opbouw vom 5. bis 28. April 1928 unter dem Titel »Internationale architectuur« im Café de la Paix gezeigt. Der Schweizerische Werkbund bat Oud, parallel zu den Ausstellungen in Zürich und Basel einen Vortrag zu halten: vgl. Brief von Fr. Gubler an Oud vom 30.7.1927; Telegramm von Gubler an Oud vom 11.1.1928, Oud-Archiv, B. Oud nannte offenbar ein Honorar, daß den Etat des Werkbundes weit überstieg: vgl. Telegramm von Gubler an Oud vom 19.1.1928. Ein neues Angebot sah 500 Franken vor: Brief von Gubler an Oud vom 20.1.1928, Oud-Archiv, B.

234 Brief von Erna Meyer an Oud vom 11.8.1927, Oud-Archiv, B.

235 Die Umstellung der Oberurseler Motorenwerke auf Rüstungsindustrie hatte zu einem starken Zuzug von Arbeitern geführt. Bei der Reichswohnungszählung (16. Mai 1927) wurde daher ein großer Wohnungsmangel festgestellt. Das städtische Wohnungsbauprogramm sah zunächst den Bau von 107 Wohnungen vor. 1927 erwarb die Stadt das Terrain neben der Motorenfabrik an der Hohemarktstraße. Träger waren die Nassauische Heimstätte und die Südwestdeutsche Gemeinnützige Wohnungsbau A. G. Frankfurt a. M. (Süwag), die Ausführung wurde der Oberurseler Handwerkerbaugenossenschaft übergeben: Heike Drummer und Jutta Zwilling, Nassauische Heimstätte, Frankfurt am Main 1997, S. 34–36; Bericht über die Verwaltung und den Stand der Gemeindeangelegenheiten der Stadt Oberursel (Taunus) für die Zeit vom 1. Januar 1926 bis 31. Dezember 1929, Stadtarchiv Oberursel, S. 15, 18–20.

236 Vgl. Brief der Geschäftstelle der Werkbundausstellung Weißenhof an Oud vom 3.10.1927, Oud-Archiv, B. Ein weiteres städtisches Bauvorhaben betraf 35 Heimstätten als Fortsetzung der Siedlung Damaschkestraße. Horns Besuch in Stuttgart wird jedoch mit dem größeren Bauvorhaben an der Hohemarktstraße in Verbindung gestanden haben.

237 Brief der Geschäftstelle der Werkbundausstellung Weißenhof an Oud vom 3.10.1927, Oud-Archiv, B.

238 Durchschlag von Oud an den Oberbürgermeister K. Horn vom 6.10.1927, Oud-Archiv, B.

239 Durchschlag von Oud an Adler vom 14.10.1927, B.

240 Brief des Oberbürgermeisters von Oberursel, K. Horn, an Oud vom 25.11.1927, Oud-Archiv, B.

241 Heike Drummer und Jutta Zwilling, Nassauische Heimstätte, Frankfurt am Main 1997, S. 34–36. Der Stadtbaumeister Corinth war erst zwei Wochen zuvor auf diese Stelle berufen worden.

242 Mit Dank für die Informationen an das Stadtarchiv Oberursel.

243 Brief von Giedion an Oud vom 19.10.1927, Oud-Archiv, B.

244 Brief von Oud an Giedion vom 24.10.1927, Oud-Archiv, B.

245 Neben Oud die Architekten R. Döcker, W. Gropius, O. Haesler, H. Herkommer, P. Mebes, F. Roeckle und M. Schmechel: Stein Holz Eisen 1928, S. 623, 849; Mehlau-Wiebling 1989, Anm. 60, S. 214.

246 Klein 1927, S. 298; Oud 1927f, S. 382.

247 Brief von Gropius an Oud vom 7.7.1928, Oud-Archiv, B.

248 Brief des Oberbürgermeisters von Karlsruhe an Oud vom 17.7.1928, Oud-Archiv, B. Demnach habe er einen Vorschlag im Stadtrat eingereicht, der die Erhöhung des Gesamtbetrages für Preise und Ankäufe von 13.000 auf 18.000 RM vorsehe. Nicht ausgezeichnete Arbeiten sollten statt einer Sondervergütung von 300 RM nun mit 1.000 RM entschädigt werden. Zudem seien drei Ankäufe à 1.200 RM geplant.

249 Brief von Gropius an Oud vom 21.7.1928, Oud-Archiv, B.

250 Vgl. Brief des Oberbürgermeisters von Karlsruhe an Oud vom 4.8.1928 mit Verweis auf Ouds Brief vom 26.7.1928: Oud-Archiv, B. Oud wurde von Riphan & Grod ersetzt: Oelker 2002, S. 151.

251 Die exakte Situationsbestimmung des Dreifamilienhauses und die deutschsprachige Beschriftung lassen auf einen konkreten Auftrag oder einen Wettbewerb schließen. Anstelle von Ouds Entwurf wurde auf dem Grundstück ein anderer Bau ausgeführt.

252 Das Archiv der Zeitschrift »i 10« ist seit dem Krieg verschollen: Bois 1984, S. 19.

253 Arthur Lehning nannte sich seit seiner Schulzeit Arthur Müller Lehning. 1940 griff er auf seinen ursprünglichen Namen zurück. Der hier behandelten Zeitspanne entsprechend wird er im folgenden Müller Lehning genannt. Vgl. Van Helmond 1994a, S. 10.

254 Übers. EvE: Brief von Müller Lehning an De Ligt vom 27.4.1926, FC: Van Helmond 1994b, Anm. 12, S. 17.

255 Übers. EvE: Brief von Mondrian an Oud 22.5.1926, FC: Van Helmond 1994b, S. 18 mit Hervorhebung.

256 Wie Mondrian berichtet, habe Müller Lehning neben Oud auch an Van Eesteren gedacht, wobei er (Mondrian) sich jedoch für Oud ausgesprochen habe: van Helmond 1994a, S. 227.

257 Übers. EvE: Brief von Müller Lehning an Annie Grimmer vom 19.5.1926: Van Helmond 1994b, S. 17.

258 Übers. EvE: handschriftliches Konzept von Oud an Müller Lehning vom 7.10.1926, Oud-Archiv, B. Vgl. Müller Lehnings Antwort vom folgenden Tag: Brief von Müller Lehning an Oud vom 8.10.1926, Oud-Archiv, B; Van Wijk 1980, S. 90.

259 Brief von Müller Lehning an Oud vom 8.10.1926, Oud-Archiv, B.

260 Kandinsky bedankte sich für Ouds Brief vom 25. Juni 1926 und erklärte sich bereit, an der Zeitschrift mitzuarbeiten. Er versprach einen Aufsatz und die Zusendung von Abbildungen: Brief von Kandinsky an Oud vom 1.7.1926, Oud-Archiv, B.

261 Übers. EvE: Müller Lehning erhielt Ouds Karte am 7. Oktober 1926: vgl. Brief von Müller Lehning an Oud vom 8.10.1926, Oud-Archiv, B.

262 Brief von Müller Lehning an Oud vom 5.11.1926, Oud-Archiv, B. Müller Lehning an Oud: »I 10 beteekent ›10de Internationale‹«: Brief von Müller Lehning an Oud vom 14.11.1926, Oud-Archiv, B. Zu den verschiedenen Namensversionen: Lehning 1928; Lehning/Schrofer 1974, S. 7; Lucia Moholy, Internationale Avantgarde 1927–1929, in: DU, März 1964. Vgl. Bois 1984, Anm. 26, S. 109.

263 »i 10« wurde privat finanziert, u. a. von Ina de Ligt, der Frau Bart de Ligts, und Charly Toorop: Van Helmond 1994b, S. 26f.

264 »Da diese Zeitschrift keine Richtung dogmatisch vertritt und sie kein Organ einer Partei oder Gruppe ist, wird ihr Inhalt nicht immer absolut homogen sein und oft mehr einen informativen als programmatischen Charakter haben.«: Lehning 1927.

265 Oud 1927b. Oud war der einzige Redakteur von »i 10«, der seine Zielsetzung formulierte.

266 Oud 1927b, S. 3.

²⁶⁷ Brief von Kandinsky an Oud vom 29.9.1929, Oud-Archiv, B.
²⁶⁸ »Es war immer meine Meinung – ich schrieb Dir darüber schon vor einem halben Jahr aus Paris – daß Architektur und bildende Kunst zu sehr ineinander übergehen, um sie zu trennen. Und daß ich ohne Deine Zustimmung niemals jemand anderen darum bitten würde, auch keine Mitarbeiter. Dasselbe gilt für die industrielle Kunst, worüber Du damals noch extra schriebst. Ich schrieb Dir ausdrücklich, daß ich es selbst sehr schön fand, daß Du das alles unter Deine Redaktion nimmst. Es ist wohl selbstverständlich, daß ich im Augenblick noch dieselbe Meinung habe. Wir haben noch darüber gesprochen und da ist kein Mißverständnis möglich. Daß Du jedoch ›UND BILDENDE KUNST‹ in der Überschrift des Blattes haben wolltest, wußte ich erst, als ich Deine Korrektur sah, als ich in Amersfoort den letzten Probeabzug durchsah. Hätte ich das früher gewußt, dann hätten wir darüber sprechen können und dann hätte ich Dir gesagt, daß es mir taktisch besser schien, es weg zu lassen. Das war nicht mehr möglich, es war auch nicht mehr möglich, diese Korrektur für den Druck durchzusehen. Und ich habe nichts dem Drucker selbst überlassen können, sicher nicht die Überschrift. Hättest Du eher Probeabzüge gehabt und hätten wir darüber gesprochen, dann wären wir wohl zu einer Übereinstimmung gekommen, da es hier absolut nicht, wie Du schreibst, um eine *prinzipielle* Schwierigkeit geht. Eine Differenz über das Prinzip besteht hier zwischen uns nicht. Wir sollten also darüber noch sprechen und im Prinzip bin ich, wenn Du das sehr entschieden wünschst, nicht dagegen, es bei einer folgenden Nummer zu ändern.« Übers. EvE: Brief von Müller Lehning an Oud vom 28.1.1927, Oud-Archiv, B, Hervorhebung Müller Lehning. Später erinnerte sich Müller Lehning, daß Oud die Rubrik bildende Kunst unter seine Leitung bekommen wollte: Bois 1984, S. 18. Entsprechend äußerte er rückblickend: »En plus de l'architecture, le travail rédactionnel d'Oud comprenait les arts plastiques.«: Strasser 1989, S. 21. Vgl. Maristella Casciato, Traces de l'avant-garde: i 10 et l'architecture, in: Strasser 1989, Anm. 4, S. 48. Im Juni 1928 kündigte Müller Lehning an, im Impressum künftig allein Ouds Namen mit seinem Ressort zu verbinden, ansonsten jedoch keine Redakteure für spezielle Bereiche mehr zu kennzeichnen: Brief von Müller Lehning an Oud vom 22.6.1928: Van Helmond 1994a, S. 254.
²⁶⁹ Vgl. Van Wijk 1980, S. 20f., 79. Im Reprint von »i 10« verweist Müller Lehning auf Ouds Probleme mit der Publikation von Picassos (figurativem) Gemälde »Fenêtre Ouverte«. Vgl. Maristella Casciato, Traces de l'avant-garde: i 10 et l'architecture, in: Strasser 1989, Anm. 4, S. 48.
²⁷⁰ Moholy-Nagy hatte zunächst Bedenken gegen Meller. Durch Ouds Fürsprache wurde dieser jedoch aufgenommen: Brief von Müller Lehning an Oud vom 5.11.1926, Oud-Archiv, B. Die Vorankündigung nennt zudem Lønberg-Holm aus Ann Arber (USA), der seit 1922 mit Oud in Kontakt stand und v. a. Fotomaterial beisteuerte. Wie Müller Lehning berichtete, wurde auch die Aufnahme J. F. Staals gefordert, den die anderen Mitarbeiter jedoch nicht als modernen Architekten gelten ließen: vgl. Brief von Müller Lehning an De Ligt vom 10.10.1926: Van Helmond 1994b, S. 21. Bois sieht bereits bei den Werken Van Ravesteyns »une certaine souplesse da la part de Oud«: Bois 1989, S. 12.
²⁷¹ Piet Mondriaan, De Woning – De Straat – De Stad, in: i 10, I, 1927, 1, S. 12–18.
²⁷² Manifest von De 8: i 10, I, 1927, S. 126.
²⁷³ Sarraz 1928.
²⁷⁴ Publiziert wurden Arbeiten der Niederländer J. A. Brinkman und L. C. van der Vlugt, P. Elling, C. van Eesteren, B. Merkelbach, S. van Ravesteyn, G. Rietveld und M. Stam. Internationale Architekten waren allein mit F. Block, V. Bourgeois, K. Malewitsch (»suprematisme architectonique«) und Van der Meulen Smith vertreten. Zur Architektur in »i 10« vgl. Casciato 1994; Maristella Casciato, Traces de l'avant-garde: i 10 et l'architecture, in: Strasser 1989, S. 48–57.
²⁷⁵ Oud 1927b-g; Oud 1928b; Oud 1928c; Oud 1929a-c.
²⁷⁶ »i 10« orientierte sich u. a. an der 1910–32 erschienenen deutschen Zeitschrift »Die Aktion« von Franz Pfempfert, die künstlerische Zielsetzungen mit radikalen politischen Forderungen verband: Van Wijk 1977, S. 7; Van Wijk 1982, S. 300.
²⁷⁷ Möller 1997, S. 70f. Im 3. Heft erschien De Opbouws programmatischer Text zum Städtebau: Over stedebouw, in: i 10, 3, 1927, S. 81.
²⁷⁸ Postkarte von Oud an Mies van der Rohe vom 5.1.1927, MoMA: nach Kirsch 1997, S. 140.
²⁷⁹ Brief von Van Eesteren an Müller Lehning vom 16.7.1928: Van Helmond 1994a, S. 258. Vgl. Möller 1997, S. 71.
²⁸⁰ Van Helmond 1994b, Anm. 28, S. 21; Somer 1994, S. 111.
²⁸¹ So H. Arp, C. Damela, C. van Eesteren, V. Huszár, B. van der Leck, G. Rietveld, K. Schwitters, G. Vantongerloo und F. Vordemberge-Gildewart. In einem frühen Stadium (vor dem 5. August 1925) hatte sich Müller Lehning auch an Van Doesburg gewandt: Van Helmond 1994b, Anm. 49, S. 33.
²⁸² Übers. EvE: Rietveld an Oud, Ende Juni 1926: nach Van Helmond 1994, S. 18; vgl. undatierter Brief von Rietveld an Oud, Oud-Archiv, B, Nr. 35. Rietveld freute sich auf diese Art auf dem Laufenden gehalten zu werden, da er außerhalb von De Stijl wenig Kontakt habe: undatierter Brief von Rietveld an Oud, Oud-Archiv, B, Nr. 48.
²⁸³ Brief von Müller Lehning an Oud vom 29.1.1927; Brief von Huszár an Oud vom 1.2.1927, Oud-Archiv, B. Während eines Besuches bei Müller Lehning kritisiert er, daß »i 10« zu sehr »in Richtung Bauhaus« tendiere und zu viel »alte Sachen« abgebildet würden.
²⁸⁴ Bois 1989, S. 7.
²⁸⁵ Übers. EvE: nach Schipper 1974, S. 184.
²⁸⁶ Van Doesburg 1927a, S. 7. Tatsächlich versuchten einzelne Autoren, ihre Beiträge gleichzeitig in »De Stijl« und »i 10« zu publizieren. Müller Lehning berichtete, daß Vordemberge-Gildewart ihm einen Artikel geschickt habe, der kurz zuvor in »De Stijl« veröffentlicht worden war. Auch bei Domela wäre eines der Clichés bereits in »De Stijl« erschienen: Brief von Müller Lehning an Oud vom 3.9.1928, Oud-Archiv, B. Van Eesteren publizierte in der dritten Ausgabe seinen Entwurf für den Rokin, der ebenfalls zuvor in »De Stijl« erschienen war.
²⁸⁷ Die erste Nummer des zweiten Jahrgangs erschien mit siebenmonatiger Verspätung im Juli 1928 und mußte in eigener Regie herausgegeben werden. Der Umfang des Blattes wurde daraufhin radikal eingeschränkt. An Stelle von 12 Ausgaben mit insgesamt 460 Seiten waren für den zweiten Jahrgang nur noch 10 Nummern mit 200 Seiten angekündigt. Der Abonnementpreis wurde gleichzeitig von 15 auf 10 Gulden gesenkt. Der Kulturphilosoph Bart de Ligt unterstützte »i 10« mit 1.000 Gulden, und Van Eesteren und A. Boeken gründeten einen Fonds zur Finanzierung des zweiten Jahrgangs. Dennoch erreichte die Auflage nur 400 Exemplare, und mußte in Heft 19 die Einstellung des Blattes angekündigt werden: Van Wijk 1980, S. 20, 75–79.
²⁸⁸ Vgl. Brief von Van Doesburg an Rinsema vom 15.11.1928: Van Helmond 1994b, Anm. 42, S. 27.
²⁸⁹ Übers. EvE: Brief von Van Doesburg an Oud vom 18.11.1929, FC.
²⁹⁰ Somer 1994, S. 115, 124; Van Helmond 1994b, S. 33.
²⁹¹ Oud sagte aufgrund seiner Krankheit eine ganze Reihe von Vorträgen ab. In einigen Fällen ist nicht gesichert, ob Oud die vereinbarten Termine tatsächlich wahrnahm.
²⁹² Die Ausstellung wurde vom 16. Mai bis 15. Juni in den Räumen des Verlages, Markgrafenstr. 31 in Berlin, gezeigt: Chronik, Ausstellung der Bauten von J. J. P. Oud-Rotterdam in Berlin, in: WMB, XI 1927, Heft 7, S. 223; Adler 1927c, S. 294.
²⁹³ Vgl. Brief an Oud vom 11.6.1927, Oud-Archiv, B.
²⁹⁴ Die Hauptversammlung sollte vom 23.–25. Mai 1928 stattfinden. Auch Th. Fischer begrüßte dieses Vorhaben: Brief von Gut an Oud vom 3.11.1927, Oud-Archiv, B. Oud, der sich zunächst einverstanden erklärte, sagte seinen Vortrag trotz wiederholter Aufforderungen ab: vgl. Briefe von Gut an Oud vom 29.12.1927 und 13.1.1928, Oud-Archiv, B; Durchschläge von Ouds Briefen an Gut vom 27.11.1927 und 4.12.1927, Oud-Archiv, B. Oud setzte durch, daß der Direktor des *Woningdienst* De Jonge von Ellemeet einen Teil des Vortrags übernahm.
²⁹⁵ Exkursion in die Niederlande im Oktober 1927: Stockmann 1996, S. 9.

²⁹⁶ Die Bedeutung, die seinem Kommen entgegengebracht wurde, zeigt Guts Reaktion auf Ouds Absage: »Unter diesen Umständen bitte ich Sie, hochverehrter Herr Stadtbaumeister, freundlichst noch einmal überlegen zu wollen, ob Ihre Absage tatsächlich eine endgültige sein soll. Ich würde mich aufrichtig freuen, wenn meine vorstehenden Ausführungen Veranlassung geben könnten, daß Sie ihre Absage wieder zurückziehen.«: Brief von Gut an Oud vom 29.12.1927, Oud-Archiv, B.

²⁹⁷ Oud 1927f, S. 382.

²⁹⁸ Langmead 1999, S. 12–14.

²⁹⁹ Die für April 1927 geplante Ausstellung stand unter der Leitung der Wissenschaftsabteilung und des »Komitees zeitgenössischer Architektur«. Die an ein Laienpublikum gerichtete Schau sollte neue Bautypen und Konstruktionsweisen vorstellen: Brief der Ausstellungskommission an Oud vom 15.3.1927, Oud-Archiv, B. Die Ausstellungskommission bildeten Feodoroff-Davidoff, Wesnin und Ginsburg.

³⁰⁰ Brief von Takao Okada an Oud vom 5.12.1927, Oud-Archiv, B. Im Januar 1928 erschien zudem eine Sondernummer der japanischen Zeitschrift »Sikentiku« über Oud.

³⁰¹ Prof. Fritz Becker erkundigte sich zunächst, ob eine Berufung an die Düsseldorfer Akademie Ouds Interesse finden würde: Brief von Becker an Oud vom 30.5.1927, Oud-Archiv, B.

³⁰² Vgl. Brief von Becker an Oud vom 2.6.1927, Oud-Archiv, B.

³⁰³ Brief von Oud an Käsbach vom 15.7.1927, Oud-Archiv, B.

³⁰⁴ Vgl. Heizer 1927, S. 160.

³⁰⁵ Heizer 1927, S. 160. Dagegen Taverne 2001, S. 39. Auch Bruno Taut hatte ein entsprechendes Angebot inzwischen abgelehnt. Nachfolger von Kreis wurde schließlich der Österreicher Clemens Holzmeister.

³⁰⁶ Brief von Gubler an Oud vom 27.3.1928, Oud-Archiv, B.

³⁰⁷ Übers. EvE: Brief von Wilhelm Ulrich vom Kuratorium der Kunstgewerbeschule Halle an Oud vom 3.3.1929, Oud-Archiv, B. P. Thiersch starb im November 1928. Als Lehrer für Architektur war vor kurzem Hans Wittwer ernannt worden, der zusammen mit Hannes Meyer einen Entwurf für den Völkerbundpalast erstellt hatte. Zwischen Meyer und Oud bestand bereits seit Sommer 1925 ein engerer Kontakt: Brief von Hannes Meyer an Oud vom 31.7.1925, Oud-Archiv, B.

³⁰⁸ Vgl. Schädlich 1991; Kieren 1999.

³⁰⁹ Brief von H. Meyer an Oud vom 22.7.1929, Oud-Archiv, B.

³¹⁰ Briefkonzept von Oud an Hannes Meyer, 4.8.1929, Oud-Archiv, B.

³¹¹ Brief von H. Meyer vom 8.8.1929, Oud-Archiv, B.

³¹² Brief von H. Meyer an Oud vom 8.8.1929, Oud-Archiv, B: »die ausgestaltung ihrer stellung als meister liegt grösstenteils in ihrem belieben. es ist ihnen vollständig überlassen, ob sie in form von vorlesungen wirken wollen, oder ob sie die studierenden einzeln, bezw. in gruppen, am brett in demonstrationen verwickeln. – zeit und gelegenheit für private arbeiten haben sie selbstverständlich. wir machen es so, dass die privatarbeit der meister (entwurf und ausübung) durch die bau-abteilung des bauhauses erledigt wird. d. h. es steht jeweils zu diesem zweck die bau-abteilung zur verfügung unter verrechnung auf grundlage von ›richtlinien‹, welche hierfür aufgestellt sind. die verrechnung der honoraire geschieht zur zeit wie folgt: nach abzug aller unkosten wird das netto-ergebnis jedes auftrages verteilt mit 10 % für das bauhaus, 10 % für die bau-abteilung, 40 % für den meister und 40 % für die studierenden zusammen. – der eintrittstermin kann variabel fixiert werden, d. h. ich muss rechzeitig wissen, ob und wann ich auf sie rechnen kann. könnte es diesen herbst noch sein? – die stelle als meister ist eine städtische stelle, aber dies ist nur eine formalität. wir sind nicht pensionsberechtigt und das gehalt ist relativ wenig, d. h. es garantiert das lebensminimum mit ca. mk. 8000.-, dazu kämen die einnahmen aus der beteiligung an den ausführungsarbeiten der bau-abteilung. diese ausführungsarbeiten hängen ganz von unserer energie ab.- die stadt hat bei allen meistern ein jahr probezeit ausbedingt; das wird auch für sie willkommen sein, da die verpflichtung dann nicht zu weitgehend ist; später wird ein vertrag auf 3-5 jahre abgeschlossen mit 1/2jährlicher kündigung seitens des meisters. -- die wohnfrage wäre augenblicklich wohl gut zu lösen, weil infolge weggangs von zwei meistern das eine oder andere meisterhaus (gropius, burgkühnauer-allee) freigeworden ist, welches dem neuberufenen meister zweifellos durch die stadt zugewiesen werden könnte. sie müssten nur in ihrem anmeldeschreiben die zuteilung eines meisterhauses als wohnung zur bedingung machen. sie wohnten also frei im walde und nicht im siebenten stockwerk in der stadt. – ich weiss, dass sie kränklich sind und ich glaube, dass ihnen eine solche stellung ganz besonders zusagen würde, weil sie nicht überanstrengt und eine mehr freie betätigung darstellt. zur allgemeinen orientierung lege ich ihnen heute einen vertragsentwurf, wie ihn die übrigen meister haben, bei. – wir haben im letzten jahre mit der bau-abteilung hier in dessau sozusagen nichts getan in baulichen ausführungen, dies infolge der politischen lage: wir hatten die wiederbestätigung des bauhauses auf weitere 5 jahre, ferner die wiederwahl des bürgermeisters abzuwarten; beides ist nun in den letzten drei monaten geschehen. – dessau ist ein ›vorort‹ von berlin (in 2 stunden erreichbar) oder von leipzig (1 stunde distanz). – richtig ist zweifellos ihre bemerkung, dass die stadt dessau, falls sie hier krank werden, nicht die dauernden verpflichtungen übernehmen könnte, und dass sie also in dieser hinsicht rotterdam gegenüber besser [?] gestellt sind. ich kenne den grad ihrer krankheit nicht und muss es ihnen überlassen, zu beurteilen, ob sie aus diesem grund das wagnis, nach dessau zu kommen, unternehmen können. sicher ist, dass der freie aufbau des bauhauses gelegenheit genug bietet, den weiteren ausbau des instituts und damit auch ihrer stellung so vorzunehmen, wie es ihrer expansionskraft entspricht. insbesondere glaube ich, dass es von hier aus leichter ist, in deutschland weiter zu kommen, als wenn sie direkt aus dem ausland hier auftreten. wäre es nicht am günstigsten, sie würden zur prüfung der ›örtlichen lage‹ selbst hierher reisen? ich gehe nicht in die ferien und stehe also jederzeit zu ihrer verfügung. auf jeden fall ist ihre baldige entscheidung für mich sehr wichtig, da ich es mir sonst angelegen sein lasse, in anderer richtung fühlung zu nehmen, ich sehe also mit grossem interesse ihrer nachricht entgegen ...«.

³¹³ Briefkonzept von Oud an H. Meyer, Oud-Archiv, B, Nr. 57. Fortsetzung: »Ich ging dann auf 3 Monate ins Bett. Da ich aber mit einer ganzen Arbeit schon 4 Jahre beschäftigt bin (... Läden, Speicher, Kirche, Spielplätze. – kleines Dorf!), habe ich nicht auf die weitere Ausarbeitung [unleserlich] wollen und deshalb nicht soviel Ruhe genommen als notwendig war. Hier am Meere habe ich viel gearbeitet und die letzten Wochen arbeitete ich schon wieder ganze Tage. Bis jetzt ohne Nachteil und hoffentlich kommt jetzt nicht wieder ein Rückfall wie schon einige Male denn dieses weiss man nie im Voraus. ›Ruhe‹ habe ich nun nicht [unleserlich] diese verdammte Arbeit fertig ist: eine Arbeit welche so lange dauert wird einem eine Qual! Nun würde es mir sicher zusagen nachdem die Arbeit fertig ist, zur ›Erholung‹ einige Jahre im Bauhaus zu arbeiten, zu ›lehren‹ ... könnte man dann alles dann auch ... sehen in wie weit man Lust hat zur ›Expansion‹ zu kommen. Es wird aber sicher noch 3, 4 Monate dauern bis die Arbeit fertig ist erstens und zweitens weiss ich ueberhaupt nicht wie es dann mit meiner Arbeitskraft sein wird. Vielleicht bin ich dann wieder ›neugeboren‹ ... vielleicht ganz ... ›faul‹. Es ist also wirklich etwas so Unsicheres. Dabei, dass ich momentan unmöglich einen Entschluß fassen kann und mich lieber frei halte ... Ich habe mir nun gedacht, falls Sie eine *holländische* Kraft wünschen – ob da vielleicht Van Loghem was für Sie wäre?«

³¹⁴ »... ihre ausführliche antwort vom 18. d. m. ist soeben hier eingegangen, und ich freue mich über den optimismus, der aus ihren zeilen spricht; ist er doch ein beweis, dass es ihnen gesundheitlich wieder besser geht, und dass sie uns allen in neuer frische als schlagfertiger kamerad auf dem gebiete der architektur wie bisher zur seite stehen. ihrem wunsche gemäss werde ich bis etwa neujahr 1930 warten, bis ich wieder an sie gelange.«: Brief von H. Meyer an Oud vom 28.8.1929, Oud-Archiv, B.

³¹⁵ Brief des Niederländischen Olympischen Komitees an Oud vom 29.1.1927, Oud-Archiv, B.

³¹⁶ Zum Wettbewerbsprogramm: Zentralblatt der Bauverwaltung, 48. Jg., 14.3.1928, Nr. 11, S. 187.

[317] Einsendefrist war der 30. April 1928. Aufruf zur fruchtbaren Kritik am Wettbewerbe für die Bau-Ausstellung Berlin 1930, in: WMB, Jg. 12, 1928, S. 141–143; Zentralblatt der Bauverwaltung, 48. Jg., 28.3.1928, Nr. 13, S. 205. Vgl. Max Osborn, in: Vossische Zeitung vom 6.3.1928, Nr. 112. Die Aufgabe bestand darin, fünf Terrains organisch zu verbinden. Der »Städtebau« garantierte allen Teilnehmern die öffentliche Ausstellung der Entwürfe, den drei besten Einsendungen einen Preis von 500 RM und eine Publikation in der Mai-Ausgabe der Zeitschrift. Zudem wurde eine Veröffentlichung aller Arbeiten in Aussicht gestellt.

[318] Briefe von Hegemann an Oud vom 17.3.1928 und 22.3.1928, Oud-Archiv, B.

[319] Zum Generalplan von Poelzig und Wagner vgl. Matthias Schirren, Hrsg., Hans Poelzig. Die Pläne und Zeichnungen aus dem ehemaligen Verkehrs- und Baumuseum Berlin, Berlin 1989, S. 113f.

[320] Brief von B. Taut an Oud vom 26.3.1928, Oud-Archiv, B.

[321] Brief von Mies van der Rohe an Oud vom 23.3.1928, Oud-Archiv, B.

[322] Durchschlag Brief von Wagner an Hegemann vom 23.3.1928, Oud-Archiv, B.

[323] Dolf Broekhuizen zeichnet für die späteren Jahre das durchaus konträre Bild eines engagierten Architekten: Broekhuizen 2000.

[324] Durchschlag von Annie Oud-Dinaux an Hegemann vom 23.3.1928, Oud-Archiv, B. In der April-Ausgabe wurde Ouds Rücktritt bekanntgegeben: Der Städtebau, April 1928, Heft 4, S. 93. Stadtbaurat Berg stellte sich kurz darauf auf die Seite des »Städtebau«: Zentralblatt der Bauverwaltung, 48. Jg., 4.4.1928, Nr. 14, S. 233f. Zum Gegenwettbewerb des »Städtebau«: Zentralblatt der Bauverwaltung, 48. Jg., 30.5.1928, Nr. 22, S. 352–355.

[325] Vgl. »V. 3.3. Ouds Moderne Architektur im internationalen Kontext«.

[326] Vgl. Posener 1982, S. 19. Beide Siedlungen bestehen aus individuellen Bauten, die jedoch aufgrund gemeinsamer Gestaltungsmittel eine Einheit bilden. Prägend für die Berliner Versuchssiedlung waren neben den Satteldächern eine symmetrische Fassadengestaltung, Sprossenfenster, Fensterläden und Holzspaliere.

[327] Durchschlag von Oud an Hegemann vom 4.2.1928, Oud-Archiv, B.

[328] Oud 1928e. Vgl. einen Brief von Tessenow an Oud: »Aehnlich so, wie Sie meine Arbeiten zu studieren scheinen, verfolge ich Ihre Arbeiten immer mit besonderem Interesse und mit grosser Freude; wir beide sind ja so ein wenig aus verschiedenen Generationen, und so ist es wohl natürlich, dass auch unsere Arbeitsarten sich von einander unterscheiden«: Brief von Tessenow an Oud vom 30.5.1928, Oud-Archiv, B.

[329] Oud 1928b, S. 26, 27.

[330] Übers. EvE: Brief von Van Loghem an Oud vom 19.12.1928, Oud-Archiv, B.

[331] Undatierter Brief von Meller an Oud, Oud-Archiv, B, Nr. 55. Zu Staals »Plagiat« vgl. »IV. 1.7. Rotterdam und die Moderne – Ouds Einfluß auf das Bauwesen der Stadt«.

[332] Übers. EvE: Vaderland 1929, mit Hervorhebung.

[333] Übers. EvE: Vaderland 1929, mit Hervorhebung.

[334] Übers. EvE: Vaderland 1929.

[335] Übers. EvE: NRC 1929.

[336] Vaderland 1929.

[337] Vaderland 1929.

[338] Laut Hans Oud hatte sein Vater in den Jahren 1911, 1923, 1925 und ab 1926 mehrere Zusammenbrüche: Hans Oud 1984, S. 113.

[339] Auch beim Wettbewerb um den Bau des Warenhauses Bijenkorf am südlichen Abschluß des Coolsingel (August 1928) wurde Oud nicht beteiligt. Der repräsentative Bau entstand 1929/30 nach Entwurf von Dudok: Van Bergeijk 1995, S. 209. Vgl. Abb. 61, 62).

[340] In Kijkduin wohnte Oud in einem Haus von B. Bijvoet und J. Duiker, das inzwischen abgerissen ist: Hans Oud 1984, S. 238.

[341] Zu Meller siehe: »II. 6. Bauen im Ausland«.

[342] Vgl. undatierte Briefkonzepte von Oud an Meller, 1929, Oud-Archiv, B, Nr. 60.

[343] Undatiertes Briefkonzept von Oud an Meller, Oud-Archiv, B, Nr. 60.

[344] So ließ Moholy-Nagy Grüße auch an den »anderen Sohn Meller« ausrichten: Brief von Moholy-Nagy an Oud, Oud-Archiv, B, Nr. 33.

[345] Als eigenständiges Werk von Meller ist das Wohnhaus »aan den Bergschen Plas« überliefert, das in der Ausstellung von »i 10« im Rotterdamsche Kunstkring gezeigt wurde. Im September 1927 spielte Ernst Weissmann auf einen Artikel von Meller an: »… wenn Sie die Güte hätten Ihren Mitarbeiter Ing. Meller dazu zu bewegen uns seinen Aufsatz über die holländische Baukunst zur Übersetzung und Veröffentlichung zu überlassen.«: Brief von Weissmann an Oud vom 19.9.1927, Oud-Archiv, B. Hans Oud nennt in seiner Publikationsliste ebenfalls einen Artikel Mellers, der von der Verfasserin jedoch nicht ausfindig gemacht werden konnte: Paul Meller, Holland und die neue Architektur, in: Die Wohnung der Neuzeit, 9, 1926, Heft 3, S. 9f.

[346] Meller berichtete, daß er Hugo Keuerleber (1883–1949), seit 1926 Prof. an der TH Stuttgart, zweimal durch Rotterdam geführt habe: undatierter Brief von Meller an Oud, Oud-Archiv, B, Nr. 48 (abg. in Kirsch 1997, S. 183–185).

[347] »… Du hast mein Verhältnis zu Dir nie ganz richtig verstanden: Du dachtest, dass ausser einer grossen Bewunderung für Dich als Architect [sic], diese menschliche Schätzung hauptsächlich auf Deiner Art mich zu behandeln beruhte – von Freund bis Knecht. Überhaupt das ich mich *behandeln* liess und lasse. Annie nannte es ja meine ›Perversion‹ …«: undatierter Brief von Meller an Oud, Oud-Archiv, B, Nr. 60, Hervorhebung Meller. »Lieber Oud ich habe Deinen mit – Meller, – beginnenden Brief erhalten, jener sympathischen Art der Ansprache für Hunde und Kammerdiener«: undatierter Brief von Meller an Oud, Oud-Archiv, B, Nr. 60.

[348] Anfang Februar 1929 verkündete Meller, daß er gegen den Willen von Oud heiraten werde: Brief von Meller an Oud vom 2.2.1929, Oud-Archiv, B; Offenbar lieh sich Meller Geld von Oud und erschien unregelmäßig zur Arbeit: undatierte Briefe von Meller an Oud-Archiv, B, Nr. 55.

[349] Zu Van Klijnen: Schipper/Van Geest 1999.

[350] »Ich bitte Dich! Du musst doch einsehen, dass nachdem Du uns herausgeschmissen hast – eine Tat die Dir nicht ähnelt – Du eine Stunde später dich [sic] schon anders dachtest; aber auch wenn Du Schmeisser [sic] bliebst: so weit entartet Freundschaft doch nie um bei einer Gebärde bleiben zu müssen die ihr Klimax beim Verhältnis Herr und Hund erreicht.«: undatierter Brief von Meller an Oud, Oud-Archiv, B, Nr. 60.

[351] Undatierter Brief von Meller an Oud, 1929, Oud-Archiv, B, Nr. 60.

[352] Undatierter Brief von Meller an Oud, 1929, Oud-Archiv, B, Nr. 60, Hervorhebung Meller.

[353] Brief von Mendelsohn an Oud vom 20.7.1929, Oud-Archiv, B. »Haben Sie herzlichen Dank für die Auskunft über Ihren Mitarbeiter Meller. Ich bin einverstanden, dass er zu mir kommt und habe ihn gebeten, auf seiner beabsichtigten Reise nach Ungarn sich bei mir … vorzustellen. Ihr Zeugnis genügt mir.«: Brief von Mendelsohn an Oud vom 26.4.1929, Oud-Archiv, B.

[354] Nach der Inhaftierung in Plötzensee kam Meller in verschiedene Konzentrations- und Arbeitslager im Umkreis von Berlin: Angabe von Mellers Sohn Pali Meller-Marcovicz vom 24. März 1988 gegenüber Karin Kirsch: Karin Kirsch, The Weißenhofsiedlung, New York 1989, S. 206. Meller wurde im März 1943 in Brandenburg-Görden hingerichtet. An der Gustav-Adolf-Kirche, Herschelstr. 14, Berlin, Ortsteil Charlottenburg, befindet sich seit 1984 eine Gedenktafel: »ZUM MAHNENDEN GEDENKEN AN DIPL.-ING. PALI MELLER *18.6.1902 †31.3.1943 ARCHITEKT BEIM BAU DIESER KIRCHE UMGEBRACHT IM ZUCHTHAUS BRANDENBURG VOM NATIONALSOZIALISTISCHEN REGIME AUS RASSISCHEN GRÜNDEN«.

[355] Kramer 1985, S. 105; vgl. Kirsch 1989, S. 83.

[356] Vgl. »IV. 1.2.3. Oud als Architekt des *Woningdienst*«.

[357] Vgl. u. a. die Baupläne für die Siedlung Kiefhoek*, die zwischen August 1925 und März 1929 entstanden sind.

[358] Laut J. J. Vriend habe Oud: »meistens mit einem einzigen Mitarbeiter neben sich« gearbeitet. Übers. EvE: Vriend 1955. Vgl. De Gruyter 1964, S. 394.

[359] Colenbrander, in: Taverne 2001, S. 540.
[360] Undatierter Brief von Meller an Oud, 1929, Oud-Archiv, B, Nr. 60.
[361] Meller gebraucht in einem seiner Briefe, dem er die Zeichnung eines Gartenzaunes beifügte, das Wort »schets« (Skizze). Als Argument für eine Entwurfstätigkeit ist dies jedoch nicht ausreichend: undatierter Brief von Meller an Oud, 1929, Oud-Archiv, B, Nr. 60, Übers. EvE: »mit gleicher Post: Skizze für den Zaun!«
[362] Übers. EvE: Brief von Oud an die Dagelijksch Bestuur van de Nederlands Israelietische Gemeente te Rotterdam vom 3.1.1949, Oud-Archiv, Fa 15.
[363] Oud 1952c, S. 9.
[364] Vgl. »II. 6. Bauen im Ausland«.
[365] Undatierter Brief von Meller an Oud, 1929, Oud-Archiv, B, Nr. 60.
[366] Übers. EvE: De Gruyter 1964, S. 394.
[367] Vgl. Holsappel 2000, v. a. »Op het bureau van J. J. P. Oud«, S. 6f. Die Informationen gehen zum Teil auf ein Interview mit der Künstlerin vom 29.02.2000 zurück. 1933 heiratete sie den späteren Minister für Wirtschaftsplanung in Brandenburg, Otto Falkenberg, mit dem sie zunächst in Amsterdam lebte.
[368] Liefrinck stand bereits seit 1920 in Kontakt mit Mart Stam, den sie bei einem Jugendbundtreffen in Purmerend kennengelernt hatte: Möller 1997, S. 48, 130. Im Juni 1929 wird Liefrinck in den Statuten von De Opbouw als Schatzmeisterin genannt: Rebel 1983, Anm. 1, S. 358. Nach ihrer Rückkehr in die Niederlanden (1933) war sie Redaktionssekretärin von De 8 en Opbouw: Holsappel 2000, S. 7f.
[369] Laut Reinhartz-Tergau war Liefrinck als Volontärin bei Oud tätig: Reinhartz-Tergau 1990, Anm. 79, S. 60. Dagegen Molenaar, der sie als Ouds rechte Hand innerhalb des *Woningdienst* bezeichnet: Möller 1997, S. 48, nach Joris Molenaar, Mart Stam »My name was not to be mentioned«: Mart Stam and the Firm of Brinkman and Van der Vlugt. A Conversation with Gerrit Oorthuys, September 23, 1989, in: Wiederhall, 1993, 14, S. 27. Im Oud-Archiv sind Fotografien Liefrincks aus den Jahren 1925–29 erhalten. Hans Oud nennt zudem C. Vos, eine Freundin von Liefrinck, die als Innenarchitektin bei Oud gearbeitet haben soll: Hans Oud 1984, Anm. 164, S. 113.
[370] »Ida arbeitete als Zeichnerin mit am Entwurf der Küchen für die Wohnungen von Oud. Sie kündigte den Auftrag, da sie nach eigener Aussage keine blasse Ahnung von haushalten hatte.«; »Ida musste eine Wand zwischen Küche und Wohnraum, die aus einer Tür mit Durchreiche und einem Gitter bestand, viele Male neu zeichnen, da Oud mit den Proportionen nicht zufrieden war.« Übers. EvE: Holsappel 2000, S. 7, vgl. S. 32. Im September 1927 hielt sich Liefrinck in Stuttgart auf: Karte von Liefrinck und Alfred Roth an Oud mit Poststempel vom 9.9.1927, Oud-Archiv, B.
[371] Liefrinck 1927a; Liefrinck 1927b. Oud sandte eine von Liefrinck verfaßte »Biographie« an Okada, der sie in seiner Zeitschrift veröffentlichen wollte: Durchschlag von Oud an Okada vom 6.11.1927, Oud-Archiv, B.
[372] Briefe von Lurçat an Oud vom 2.1. und 4.4.1928, Oud-Archiv, B. Chareau wurde bei seinem Besuch in Rotterdam (1927) von Liefrinck zu Ouds Bauten geführt: Brief von Chareau an Oud vom 17.12.1927, Oud-Archiv, B. Auch Mendelsohn korrespondierte mit Liefrinck: vgl. Brief von Mendelsohn an Oud vom 4.4.1928, Oud-Archiv, B.
[373] Undatiertes Briefkonzept von Oud an Meller, 1929, Oud-Archiv, B, Nr. 60.
[374] Brief von Huszár an Oud am 15.10.1929, Oud-Archiv, B.
[375] Bevor sich Elling 1930 als Architekt selbständig machte, war er bei K. P. C. de Bazel sowie bei J. Duiker tätig gewesen.
[376] Oud-Archiv, B, Nr. 55. Abb. Wohnhaus Hoflaan (1928), Hilversum: Berlage 1932–35, Nr. 6, Het groote landhuis en het groote stadshuis, Rotterdam 1933, S. 20f.
[377] Brief von Elling an Oud vom 22.7.1929, Oud-Archiv, B. Elling erkundigt sich dort, was er noch unternehmen könne, um seine Chancen zu erhöhen. Im April hatte Gropius Oud um Adressen begabter Architekten gebeten: Brief von Gropius an Oud vom 18.4.1931, Oud-Archiv, B. Aufgrund der Weltwirtschaftskrise und der zunehmenden Auflösung des Deutschen Werkbundes wurde das Projekt aufgegeben.
[378] Undatierter Brief von Rietveld an Oud, Frühjahr 1930, Oud-Archiv, B, Nr. 62.
[379] Brief von Bauer an Oud vom 17.7.1932, Oud-Archiv, B.
[380] Briefkonzept von Oud an Fischer vom 16.11.1922, Oud-Archiv, B.
[381] Brief von Pöcher an Oud vom 27.6.1922, Oud-Archiv, B.
[382] Brief von Fischer an Oud vom 10.11.1922, Oud-Archiv, B.
[383] Brief von Köppen an Oud vom 2.2.1925, Oud-Archiv, B.
[384] Brief von Hardt an Oud vom 6.1.1926, Oud-Archiv, B.
[385] Brief von Višek an Oud vom 1.11.1926, Oud-Archiv, B.
[386] Brief von Hirschel-Protsch an Oud vom 19.8.1927, Oud-Archiv, B. Laut Hirschel-Protsch seien in Breslau mit Adolf Rading, Hans Scharoun und ihrem Kreis genug Architekten vor Ort, um die wenigen modernen Auftraggeber zu befriedigen.
[387] Im Januar 1923 bat der Bauhaus-Schüler Fred Forbat Oud um eine Anstellung. Falls Oud ihn nicht beschäftigen könne, solle er seine Anfrage an Kollegen weiterreichen, eventuell an ehemalige Mitarbeiter von *De Stijl* wie Van't Hoff oder Wils. In einem weiteren Schreiben verwies er auf die, laut Moholy-Nagy, günstigen Bedingungen für *De Stijl*-Architekten: Briefe von Forbat an Oud vom 12.1.1923 und 25.2.1923, Oud-Archiv, B. Knud Lønberg-Holm wandte sich kurz vor seiner Übersiedlung in die USA an Oud, da auch er eine Anstellung in den Niederlanden, nach Möglichkeit in Ouds Büro, wünschte: undatierter Brief von Lønberg-Holm an Oud (vor Februar 1923), Oud-Archiv, B, Nr. 10. Selbst Bruno Taut, der nach Fertigstellung des Magdeburger Generalsiedlungsplanes eine neue Arbeit suchte, hoffte auf ein Angebot von Oud: Briefe von B. Taut an Oud vom 23.10.1923 und 4.11.1923, Oud-Archiv, B. Taut bat darüber hinaus um persönliche Vermittlung und informierte sich über Ouds Kontakte nach Skandinavien und zu Henry van de Velde. Der Berliner Architekturpublizist Heinrich de Fries sprach sich für die Anstellung von zwei jungen Schweizer Architekten (u. a. sein Schwager Max Haefeli) aus: Brief von De Fries an Oud vom 27.8.1924, Oud-Archiv, B. Im Januar 1928 bewarb sich Heinrich Blum aus Brünn um eine Anstellung: Brief von Blum an Oud vom 15.1.1928, Oud-Archiv, B. Heinrich Tessenow sandte ein Zeugnis von Rudolf Wolters, der bei Oud arbeiten wollte: Brief von Tessenow an Oud vom 31.3.1929, Oud-Archiv, B; vgl. auch das Empfehlungsschreiben Tessenows für einen seiner Schüler: Brief von Tessenow an Oud vom 18.7.1929, Oud-Archiv, B. Am 20. Mai 1930 bewarb sich Walter Tralau, ehemaliger Bauhaus-Student und Mitarbeiter von Walter Gropius und Otto Haesler: Brief von Tralau an Oud vom 20.5.1930: Oud-Archiv, B, mit Zeugnisabschriften von Gropius und Haesler. Berlage bat, den Sohn seines Freundes Otto Eisler als Praktikanten aufzunehmen: Brief von Berlage an Oud vom 24.6.1932, Oud-Archiv, B. Mies van der Rohe setzte sich für die Anstellung einer Schülerin ein, die aufgrund der Schließung des Bauhauses nicht mehr beschäftigt werden konnte: Brief von Mies van der Rohe an Oud vom 3.7.1933, Oud-Archiv, B.
[388] Vgl. Somer 1994, S. 111–134; Möller 1997, S. 60.
[389] Ruskins »Sieben Leuchten der Architektur« umfassen sacrifice, truth, power, beauty, life, memory, obedience. Die Übereinstimmungen zwischen Ruskin und der Moderne der 1920er Jahren sind vielfältig. So u. a. die Forderung nach Anpassung an die neuen Erfordernisse und Materialien. Auch Ruskin unterschied zwischen »Architektur« und »Bauen«: während letzteres die Reduktion auf die reine Nutzfunktion bezeichne, fordere die »Architektur« ein Mehr an schönen, unnötigen Dingen, etwa das Ornament. Vgl. Krufft 1985, S. 380–383.
[390] Pommer/Otto 1991, S. 158. »Wissen Sie durch Mart Stam, dass man im Juni in Stuttgart beisammen sass und von Mies glaub ich, die Idee ausging: ›Die Bewegung muss jetzt sauber gehalten werden‹? Man nannte eine Anzahl von Namen, die die geheime Reinigung vollziehen sollten.«: Brief von Giedion an Oud vom 17.11.1927, Oud-Archiv, B. Auf Veranlassung von Giedion und Stam wurde Hilberseimer ausgeschlossen.
[391] Brief von Gubler an Oud vom 30.7.1927, Oud-Archiv, B.

³⁹² Brief von Giedion an Oud vom 17.11.1927, Oud-Archiv, B.
³⁹³ Gegenüber Le Corbusier beschrieb Giedion seine Zeitschrift als «revue internationale où le mouvement moderne de l'architecture est developpé en toute liberté et sans restriction ... en organ de combat et de réunion contre la réaction. Une revue qui est en communication avec l'industrie et la pensée pure.» : Brief von Giedion an Le Corbusier vom 14.4.1927, FC: Somer 1994, S. 113.
³⁹⁴ Brief von Giedion an Oud vom 17.11.1927, Oud-Archiv, B. Bereits im Sommer hatte Van Eesteren in Ascona verschiedene Vorschläge zum Layout unterbreitet. Demnach sollten die Blätter allein auf einer Seite bedruckt werden, damit die Seiten herausgenommen und geheftet werden könnten: Brief von Van Eesteren an Giedion vom 2.6.1927, Van Eesteren-Archiv, NAi: Somer 1994, S. 124.
³⁹⁵ Vgl. Steinmann 1979; Mumford 2000. Bereits Anfang Oktober in Stuttgart war ein Zusammentreffen in La Sarraz beschlossen worden: Schirren 2001, S. 48.
³⁹⁶ Vgl. »V. 3.1. Oud und die Moderne Architektur in den Niederlanden«.
³⁹⁷ Brief von Guévrékian an Oud vom 18.4.1928, Oud-Archiv, B.
³⁹⁸ Oud an Guévrékian vom 24.4.1928, Oud-Archiv, B.
³⁹⁹ Brief von Guévrékian an Oud vom 26.4.1928, Oud-Archiv, B; Brief von Guévrékian an Oud vom 9.6.1928, Oud-Archiv, B. Auf Ouds Antwortbrief schrieb Guévrékian: «Nous vous remercions de votre acceptation d'assister au Congrès et nous comptons absolument sur vous pour la Présidence de la question No 4.«: Brief von Guvrékian an Oud vom 11.6.1928 , Oud-Archiv, B. Im Kongreßprogramm, das Oud zugeschickt wurde, ist für den Städtebau als vierter Themenbereich Ouds Name als Leiter – entsprechend den anderen Beteiligten (Le Corbusier, W. Gropius, H. Schmidt, A. Perret und E. May) – nachträglich neben den Erläuterungstexten eingetragen: »Congres international d'architecture moderne«, S. 4, Oud-Archiv, C 24.
⁴⁰⁰ Briefkonzept von Oud an Giedion vom 18.8.1928, Oud-Archiv, B. Fortsetzung: »Die Folgen! Habe ich Moser richtig verstanden, so ist schon die ›offizielle Erklärung‹ ein diplomatisches Kunst-stück. Es soll nämlich nur die ›offizielle Erklärung‹ von den erwähnten Herren unterschrieben sein und nicht die ›Punkte‹. (Die Punkte könnte doch ein Berlage nie unterschreiben) Das fängt dann Kunst-politisch schon gut an, doch Politik-in-der-Kunst überlasse ich gerne der Reaktion ... Ich bitte also nicht ›eingereicht‹ oder ›eingerahmt‹ zu werden, bevor ich nachdrücklich zugestimmt habe.«
⁴⁰¹ Erklärung von La Sarraz: Sarraz 1928. Vgl. die geforderte Verbindung der Architektur mit Fragen der Wirtschaft, eine planmäßig betriebene kollektive Bodenwirtschaft und die Überführung des »ungerechtfertigten« Mehrwertgewinns an die Allgemeinheit. Der Wohnstandard solle verbindlich festgelegt werden, da ein zu hohes Niveau große Teile der Bevölkerung einschränke.
⁴⁰² Brief von Giedion an Oud vom 9.5.1928, Oud-Archiv, B.
⁴⁰³ Brief von Giedion an Oud vom 22.6.1928, Oud-Archiv, B.
⁴⁰⁴ Brief von Giedion an Oud vom 25.8.1928, Oud-Archiv, B.
⁴⁰⁵ Vgl. die Forderung nach einer kollektiven Bodenwirtschaft und der Überführung des »ungerechtfertigten« Mehrwertgewinns an die Allgemeinheit. Städtebau verstanden die Teilnehmer der CIAM als Organisation aller Lebensfunktionen. Ausgangspunkt sollten ausschließlich statistische Angaben sein: »Stadtbau kann niemals durch ästhetische Ueberlegungen bestimmt werden, sondern ausschließlich durch funktionelle Folgerungen.«: Sarraz 1928, S. 30.
⁴⁰⁶ Brief von Giedion an Oud vom 25.8.1928, Oud-Archiv, B.
⁴⁰⁷ »Es tut mir so leid, dass ich nicht in Sarraz war: hätte gern näher gesehen und ausführlicher gehört ... und eben weil ich hörte, dass ich mit Stam für Holland ›Vertreter‹ bin, scheint es mir doch angebracht, dass man weiss wofür man Vertreter ist!«: undatiertes Briefkonzept von Oud an Giedion, Oud-Archiv, B, Nr. 55.
⁴⁰⁸ Sarraz 1928.
⁴⁰⁹ Offenbar hatte sich Müller Lehning mit Blick auf einen Zusammenschluß der beiden Zeitschriften zur Publikation der Erklärung von La Sarraz bereit gefunden: Somer 1994, S. 123. Der Grund für die gescheiterte Verbindung lag wohl bei Giedion, der auf eine Fachzeitschrift mit deutlich kämpferischer Ausrichtung setzte.
⁴¹⁰ Brief von Giedion an Oud vom 22.1.1929, Oud-Archiv, B. Oud schrieb später: »Lieber Sep Giedion Sie irren sich. Ich habe ›mich vom Kongress‹ – nicht – ›zurückgezogen‹: Ich schrieb Ihnen ›Sie müssen mich aber entschuldigen, dass ich Sie bitte, meinen Namen nicht zu nennen im Zusammenhang mit dieser Geschichte *so lange ich nicht dagegen genehmigung verliehen habe* [sic] ... so wie es mir jetzt scheint, warte ich noch ein bißchen bis ich einen Bart habe bevor ich so etwas mitmache! Ehrenmitglieder, Palmen, Orden u. s. w. ich wünsche Ihnen Glück zu dieser Umgebung! Daraufhin haben Sie geschrieben, ich solle mich ans *Sekretariat* wenden. Dieses tat ich bis jetzt nicht (eilt gar nicht) und so habe ich mich nicht zurückgezogen, sondern Sie mich herausgeschmissen! (Was ich Ihnen übrigens gar nicht Übel nehme, doch feststelle). Mir ging es immer nicht gegen ein [sic] Kongress sondern gegen *die Form* des Kongresses (ich bitte meine anfängliche Bewunderung für Sarraz nochmals zu lesen!). So lange ich aber nicht selber einmal da sein kann und gegen die Erstarrung und Wichtigkeit, welche man will, sprechen kann, so lange beschäftige ich mich wahrscheinlich besser nicht damit ...«: handschriftliches Briefkonzept von Oud an Giedion, Oud-Archiv, B, Nr. 61, Hervorhebungen Oud.
⁴¹¹ Übers. EvE: Brief von Stam an Oud vom 30.8.1929: Oud-Archiv, B.
⁴¹² Joseph Gantner, Bericht über den II. Internationalen Kongreß für Neues Bauen, Frankfurt am Main, in: Das Neue Frankfurt, 11, 1929. Unter den Teilnehmern befanden sich die Niederländer A. Boeken, J. Duiker, C. van Eesteren, J. B. van Loghem, B. Merkelbach, S. van Ravesteyn, G. Rietveld und L. C. van der Vlugt.
⁴¹³ CIAM 1930.
⁴¹⁴ J. J. P. Oud, Gemeentelijke Woningbouw »Kiefhoek« Rotterdam, Oud-Archiv, C 36.
⁴¹⁵ Vgl. Oud 1930a; Oud 1930b; Oud 1930c; Oud 1931a; Oud 1931b; Oud 1931c; Oud 1931d; Oud 1931e.
⁴¹⁶ Engel 1990, S. 38f.
⁴¹⁷ Vgl. »V. 3.3. Ouds Moderne Architektur im internationalen Kontext«.
⁴¹⁸ Brief von Karl Moser an Oud vom 30.12.1930, Oud-Archiv, B.
⁴¹⁹ Brief von Giedion an Oud vom 19.11.1930, Oud-Archiv, B.
⁴²⁰ Vgl. Brief von Sartoris an Oud vom 12.1.1930, Oud-Archiv, B: »Comme vous, j'espérais vous voir à Bruxelles, mais une indisposition m'empêche de m'y rendre.»
⁴²¹ Brief von Stam an Oud vom 4.12.1929, Oud-Archiv, B. Neben Oud sind dort aus Rotterdam Van Loghem und Van der Vlugt, aus Den Haag Van Eesteren, aus Amsterdam Boeken, Duiker und Merkelbach sowie aus Utrecht Rietveld und Van Ravesteyn vertreten.
⁴²² Übers. EvE: Durchschlag von Oud an Stam vom 11.12.1929, Oud-Archiv, B.
⁴²³ Brief vom Rietveld an Oud vom 2.6.1930, Oud-Archiv, B, Übers. EvE: »Ich weiß nicht, ob Du Mitglied von dem Kongreß bist oder nicht, aber es wäre doch sehr schön, wenn Du zu der Versammlung kommen würdest, die wir bei Duiker in der Minervalaan 34 abhalten wollen ... wann kannst Du am besten?« Bereits im Frühjahr 1930 hatte Rietveld mit Beilegung der Kongreßunterlagen geschrieben, daß er selbst die Funktion als Mitarbeiter auf sich genommen habe. Dies wolle er jedoch nur solange tun, bis Oud sich für den Kongreß interessiere, was ihm sehr notwendig erscheine: Brief von Rietveld an Oud, 1930, Oud-Archiv, B, Nr. 61. Am 8. April 1930 bekundet er: »Ich finde es sehr schade, daß Du nicht beim Kongreß mitmachst, denn dadurch gibt es zu wenig Einheit.« Übers. EvE: Brief von Rietveld an Oud vom 8.4.1930, Oud-Archiv, B.
⁴²⁴ Übers. EvE: Brief von Rietveld an Oud mit Poststempel vom 12.11.1930, Oud-Archiv, B.
⁴²⁵ Postkarte einiger Teilnehmer der CIAM III in Brüssel an Oud vom 28.11.1930, Oud-Archiv, B.
⁴²⁶ CIAM 1931, Nr. 7.
⁴²⁷ In der April-Ausgabe von »Shelter« wird Kiefhoek als lobendes Bei-

spiel dem amerikanischen Siedlungsbau gegenübergestellt: Riley 1992, S. 193.
428 Zu Ouds Bedeutung für Hitchcocks Architekturgeschichtsschreibung vgl. Scrivano 1997/98.
429 Hitchcock hatte ursprünglich vorgehabt, Oud in Rotterdam zu besuchen. Aus gesundheitlichen Gründen mußte er das Treffen jedoch absagen: Brief von Hitchcock an Oud vom 26.7.1927, Oud-Archiv, B. Wie es dennoch im Sommer 1927 zu einer ersten Begegnung zwischen Hitchcock und Oud kam, ist unklar: Scrivano 1997/98, S. 92.
430 Hitchcock 1928a. Im Mai folgte ein Artikel in »The Architectural Record«, der ebenfalls auf Oud einging: Hitchcock 1928b.
431 Hitchcock 1931.
432 Vgl. Scrivano 1997/98, S. 94. Scrivano sieht in der Freundschaft zwischen Oud und Hitchcock eine gleichberechtigte Beziehung. Entsprechend wird Oud als Intellektueller charakterisiert, der mit der Welt der Kunsthistoriker und Sammler vertraut gewesen sei: »Oud, intellettuale raffinato e poliglotta, amico di Piet Mondrian, sembra proporsi a Hitchcock in una luce non dissimile da quella sotto la quale doveva apparire un personaggio come Bernard Berenson … Il mondo degli storici dell'arte e soprattutto dei collezionisti, ad esempio, è familiare a Hitchcock quanto a Oud«; »La corrispondenza, a tratti assai fitta, con Oud svela un rapporto non gerarchizzato ma fondato sul dialogo critico«: Scrivano 1997/98, S. 92, 94. Unbeachtet bleiben die großen Unterschiede in Bezug auf Bildung und biographischen Werdegang: Im Gegensatz zu dem Harvard-Absolventen Hitchcock, der sich seit Jahren intensiv mit Kunstgeschichte beschäftigte, war Oud ein praktisch ausgebildeter Architekt, der sich im Eigenstudium mit Architekturgeschichte auseinandersetzte.
433 Brief von Morely an Oud vom 4.1.1929, Oud-Archiv, B.
434 Es sei ihm eine Freude, im Frühjahr nach Amerika zu kommen: Briefkonzept von Oud an Morely vom 20.2.1929, Oud-Archiv, B. Aus Princeton erhielt Oud Nachricht, daß er 1.000 Dollar erhalten könne: Brief von Morely an Oud vom 28.3.1929, Oud-Archiv, B. Vgl. Briefwechsel von Oud und Thérèse Bonney, Oud-Archiv, B; J. J. P. Oud, in: NRC, 29.1.1929.
435 Brief von Lorch an Oud vom 11.10.1929, Oud-Archiv, B. Bereits 1927 hatte ein Student von Lorch seine »degree«-Arbeit über Ouds Werk verfaßt und war hierfür mit Oud in Kontakt getreten: Brief von Lawrence Graf an Oud vom 13.8.1927, Oud-Archiv, B.
436 Brief an Oud vom 20.12.1929, Oud-Archiv, B.
437 Catherine Bauer: »If you are by any chance planning to come to the USA this winter«: Brief von Bauer an Oud vom 10.10.1931, Oud-Archiv, B; Brief von Bauer an Oud vom 27.11.1931, Oud-Archiv, B. Oud hatte Fotos für die Ausstellung im »Walden Bookshop« gesandt.
438 Hitchcock 1928a. Zur Biographie von Ph. Johnson vgl. Villa Johnson*.
439 Broekhuizen 1999, S. 55.
440 Philip Johnson, Writings, Oxford 1978, S. 268 mit Hervorhebung. Als Johnson den Artikel über Oud las, wollte er nach eigener Aussage selbst Architekt werden; vgl. Langmead 1999, S. 14; Langmead 2000, S. 304.
441 Der aus der amerikanischen High-Society stammende Johnson muß ein Gegenbild zu dem bescheidenen und zurückhaltenden Oud geliefert haben. Ouds Frau beschreibt Johnson als einen »nonchalant reiche[n] Mann. Ich meine: er war daran gewöhnt, reich zu sein und alles mit Geld machen zu können«. 1934 sei Johnson mit einem Sportwagen der Marke Lord bei Ihnen vorgefahren: »Die Sitze waren von grünem Leder. Ich erinnere mich, wie er mitten in einem Gespräch sagte, ›Jetzt fahre ich kurz nach London‹ und dann kam er zwei Tage später zurück.« Übers. EvE: Postma 1998.
442 Oud 1926a. Undatierter Brief von Johnson an Oud, Oud-Archiv, B, Nr. 64 (abg. in Broekhuizen 1999, S. 58f.).
443 Undatierter Brief von Johnson an Oud, Oud-Archiv, B, Nr. 64 (abg. in Broekhuizen 1999, S. 58f.). Für die Publikation wünschten sie Abbildungen der Siedlung Kiefhoek* samt Kirche* und eine Nordansicht der Villa Allegonda*: Brief von Johnson an Oud vom 19.7.1930, Oud-Archiv, B. Johnson reiste im Sommer 1930 nach Rotterdam. Bereits im Mai 1930 hatte Hitchcock erklärt: »I would have liked to come to Rotterdam but as I have neither the time nor the money for such a trip this letter must serve its purpose.«: Brief von Hitchcock an Oud vom 10.5.1930, Oud-Archiv, B.
444 Brief von Johnson an Oud vom 14.7.1931, Oud-Archiv, B.
445 Brief von Johnson an Oud vom 8.7.1931, Oud-Archiv, B.
446 Brief von Johnson an Oud vom 7.8.1931, Oud-Archiv, B.
447 Brief von Oud an Johnson vom 14.10.1931, MoMA: Riley 1992, S. 50. Als Ersatz für die Villa Johnson bevorzugte Barr die Reihenhäuser der Weißenhofsiedlung*, während Hitchcock die Kirche* in Kiefhoek vorschlug.
448 »I feel like an ogge writing all the time to see how you are coming with the model, but by now if you have been unable to take the time to finish it, I hope work has been begun on the Hoek van Holland model, so that it can come to me by the first of december. Would it be too much trouble for you to cable me on receipt of this letter so my mind may be at rest knowing what stage the model has arrived at …«: Brief von Johnson an Oud vom 11.11.1931, Oud-Archiv, B (abg. in Broekhuizen 1999, S. 60). «PLEASE CABLE PHILJOHN NEW YORK PROGRESS ON HOUSE VERY ANXIOUS TO KNOW WHETHER HOUSE OR HOEK OF HOLLAND STOP ANYHOW MODEL MUST LEAVE HOLLAND EARLY DECEMBER AFFECTIONATELY PHILIP JOHNSON«: Telegramm von Johnson an Oud vom 18.11.1931, Oud-Archiv, B. Einige Tage später folgte ein Telegramm mit der Bitte, die Pläne zu schicken; das Modell müsse Rotterdam am 20. Dezember verlassen: Telegramm von Johnson an Oud vom 24.11.1931, Oud-Archiv, B. Vgl. Telegramm von Johnson an Oud vom 19.12.1931, Oud-Archiv, B.
449 Telegrammzettel für ein Telegramm von Oud an Johnson, Oud-Archiv, B, Nr. 67.
450 Telegramm von Johnson an Oud vom 30.12.1931, Oud-Archiv, B.
451 Brief von Johnson an Oud vom 4.1.1932, Oud-Archiv, B (abg. in: Broekhuizen 1999, S. 61). Johnson bezeichnete das Modell als das »most important project in the last six years«.
452 Telegramm von Johnson an Oud: »MODEL ARRIVED IN FINE SHAP HOUSE …«: Oud-Archiv, B, Nr. 68. Im Katalog, der eher eine Ergänzung zu den gezeigten Arbeiten bildet, wurden sieben Projekte von Oud gezeigt: eine Innenansicht von Haus De Vonk*, die Häuserzeile an einem Strandboulevard*, die Wohnblöcke I und V* in Spangen, die Siedlung Oud-Mathenesse*, die Häuserzeilen in Hoek van Holland*, die Kirche* und die Villa Johnson*: Hitchcock 1932.
453 Zur Ausstellung: Riley 1992. Die Ausstellung war in 14 amerikanischen Städten zu sehen: Philadelphia, Hartford, Chicago, Los Angeles, Buffalo, Cleveland, Milwaukee, Cincinnati, Rochester, Worcester, Manchester, Toledo, Cambridge, Hannover.
454 »I may safely say that there was not one really critical review of the Exhibition. For the most part the critics either make excerpts from the catalog or if they are constitutionally opposed to modern architecture, they merely remark that the Exhibition displeases them.«: Brief von Johnson an Oud vom 17.3.1932, Oud-Archiv, B.
455 Riley 1998, S. 43.
456 Kritik kam u. a. von F. L. Wright: vgl. Brief von Johnson an Oud vom 14.7.1932, Oud-Archiv, B. Vgl. «V. 3.4. Oud und die Kanonisierung der Modernen Architektur".
457 »Both of your books, the Bauhaus one and the one by Hitchcock, are on display at the Exhibition, and the Hitchcock book especially is selling extraordinarily well for America.«: Brief von Johnson an Oud vom 17.3.1932, Oud-Archiv, B.
458 Hitchcock/Johnson 1932.
459 1936 erhielt Mies van der Rohe die Leitung der School of Architecture am Armour Institute in Chicago, Gropius wurde Leiter der Architekturabteilung in Harvard. In ihrer Bedeutung für die amerikanische Kunst wird die Ausstellung im MoMA mit der »Armory Show« von 1913 verglichen: Peter Blake, Philip Johnson, Basel, Berlin, Boston 1996, S. 12f.
460 Brief von Johnson an Oud vom 11.11.1931, Oud-Archiv, B (abg. in Broekhuizen 1999, S. 60).

461 Brief von Johnson an Oud vom 11.11.1931, Oud-Archiv, B.
462 Undatierter Brief von Badovici an Oud, Oud-Archiv, B, Nr. 62.
463 Brief von Johnson an Oud vom 2.9.1930, Oud-Archiv; B. Entsprechend ein Brief von Johnson an Oud vom 30.8.1931, MoMA: Riley 1992, S. 39; Riley 1998, S. 36.
464 Brief von Johnson an Oud vom 23.11.1933, Oud-Archiv, B.
465 Barbieri 1990, S. 90; Scrivano 1997/98, S. 93.
466 »Arbeiten von J. J. P. Oud – Rotterdam« (1927) in den Räumen des Wasmuth-Verlags in Berlin.
467 Brief von Merkelbach an Oud vom 26.9.1932, Oud-Archiv, B.
468 Vgl. »V. 3.1. Oud und die Moderne Architektur in den Niederlanden«.
469 »Ich mache von diesem Schreiben gleichzeitig Gebrauch, um meine Mitgliedschaft von ›Opbouw‹ aufzukündigen. Die Anfänge im ästhetischen Bereich, wofür der Vorstand einzutreten wünscht, sind von zu allgemeiner Art, als daß sie mit bestimmten politischen Konstellationen – welche auch immer – verbunden werden könnten. Die Verkuppelung dieser Art, die der Vorstand in letzter Zeit versucht durchzusetzen, führt zu einer Beschränkung dieser geistigen Auffassungen, die ich nicht durch meine Mitgliedschaft als richtig anerkennen möchte.« Übers. EvE: Durchschlag von Oud an den Vorstand von De Opbouw vom 25.5.1933, Oud-Archiv, B.
470 Rebel 1983. S. 11. Zu Jos Klijnen und De Opbouw: Schipper/Van Geest 1999, S. 37f., mit Zitat eines Briefes von Klijnen an Oud vom 22.1.1932, Oud-Archiv, B.
471 Brief von Oud an Johnson vom 18.1.1932, MoMA: Riley 1992, S. 50.
472 Vgl. »IV. 1.8. Kritik und Entlassung aus dem *Woningdienst*«.
473 Die Entwürfe für Blijdorp scheint Oud bewußt zurückgehalten zu haben. Bei einer Besprechung der Arbeit in »De Telegraaf« verschwieg er ihre eigentliche Bestimmung und sprach allgemein von Entwürfen für lärmgeschützte Wohnblöcke: Telegraaf 1934.
474 Übers. EvE: Durchschlag eines Briefes von Oud an Merkelbach vom 18.2.1932, Oud-Archiv, B.
475 Übers. EvE: NRC 1934.
476 Übers. EvE: NRC 1934.
477 Zu Ouds Krankheit vgl. Hans Oud 1984, v. a. S. 113.
478 Brief von Moholy-Nagy an Oud, Oktober 1934, Oud-Archiv: nach Stamm 1984, S. 115.
479 Vgl. Hans Oud 1984, S. 113, 114; Stamm 1984, S. 115–119; Barbieri 1986, S. 129–134; Taverne 2001, Kat. Nr. 71–78.
480 Vgl. Hans Oud 1984, S. 135f.; Barbieri 1986, S. 136f.; Taverne 2001, Kat. Nr. 69.
481 J. B. van Loghem, De stoel gedurende de laatste veertig jaar, in: De 8 en Opbouw, 6, 1935, 1: Taverne 2001, S. 377.
482 »… ich habe kein Material (das hat die Gemeinde) …«. Übers. EvE: Durchschlag von Oud an Van Loghem vom 24.3.1933, Oud-Archiv, B. Nach eigener Aussage hatte Oud Probleme, seine Entwürfe zusammenzubringen: »I should like very much to send you the material you asked. The difficulty with it is that the houses you mentioned are build for the city of Rotterdam. As I am no more Architect of this City at present I have a lot of trouble in collecting the material and at all events I can not bring together so good a collection as should like to send you«: Durchschlag von Oud an Aronovici, Direktor der Orientation Survey, Committee on Research in Housing, Columbia University New York, vom 21.3.1934, Oud-Archiv, B.
483 NRC 1936. Zu sehen waren hier auch die selten gezeigten Entwürfe der Wohnzeilen in Blijdorp* und des Hotel Stiassny* in Brünn.
484 Vgl. Brief von Johnson an Oud vom 23.11.1933, Oud-Archiv, B; vgl. Riley 1998, S. 37, Anm. 18, S. 66f.
485 Brief von Johnson an Oud vom 23.11.1933, Oud-Archiv, B.
486 Durchschlag von Oud an Johnson vom 11.12.1933, Oud-Archiv, B. Vgl. eine frühere Absage Ouds: Brief von Oud an Johnson vom 3.5.1932, MoMA: Riley 1998, S. 66f.
487 Van Rooy 1981; Hans Oud 1984, S. 114; Postma 1998.
488 Übers. EvE: NRC 1934, Hervorhebung Oud.
489 Entsprechend erinnerte sich Annie Oud-Dinaux an einen Besuch Johnsons in Hillegersberg im Jahr 1934: Postma 1998.

490 Stamm 1984, S. 116: nach Aussage von Annie Oud-Dinaux. Barr hoffte offenbar auch, Oud als Assistent für Entwurf und Ausführung des neuen Museums gewinnen zu können: Taverne/Broekhuizen 1995, S. 97.
491 J. J. P. Oud, Manuskript zu Architecturalia, Oud-Archiv, C 20.
492 De Gruyter 1964, S. 394.
493 Philip Johnson, The Architect in his own words, Hilary Lewis, John O'Connor, New York 1994, S. 23.
494 Ehrenrede von Johnson am 7. Februar 1961 in Chicago, in: Philip Johnson, Writings, Oxford 1979, S. 207.
495 Im September 1930 schrieb Johnson aus Europa: »Mies is the greatest man that we or I have met. Oud I like better, I almost love Oud, such a dear man he is besides being a genius, but Mies is a great man.«: Brief von Johnson an Mrs. Homer H. Johnson vom 1.9.1930: Riley 1992, S. 23.
496 »… I discover that all my trys at designing my house come out looking much more like yours than like Mies'«: Brief von Johnson an Oud vom 23.11.1933, Oud-Archiv, B.
497 Übers. EvE: J. J. P. Oud, Konzept für Architecturalia, Oud-Archiv, C 20, S. 22f. Vgl. auch einen Brief von Oud an Johnson: »May I remind you too that it was Mr. Barr who – because of my ›leadership‹ – offered me (in the name of Mr. Hudnut) a professorship in Harvard! And that it was me who advised Mr. Hudnut to ask Gropius for it.«: Brief von Oud an Johnson vom 28.8.1955: Broekhuizen 1999, S. 77.
498 Taverne 2001, Kat. Nr. 79.
499 Vgl. »V. 4. Internationale Einflüsse am Beispiel Le Corbusiers«.
500 Dagegen die Darstellung im Rotterdamer Katalog, der zwischen 1927 und 1932 den Abschluß einer von Experimenten geprägten Zeit sieht und gleichzeitig einen Neuanfang in Ouds Denken konstatiert: Taverne 2001, S. 321.
501 Zum Shell-Gebäude vgl. Taverne/Broekhuizen 1995; Broekhuizen 2000. Vgl. »V. 2. Klassische Entwurfsprinzipien«.
502 Magdelijns 1983, S. 27.
503 Hitchcock 1951; Hitchcock/Johnson 1932 (1966), x-xi.
504 Schumacher 1936, S. 171. Vgl. das von Oud 1933/35 umgestaltete Arbeitszimmer in seinem Wohnhaus: Reinhartz-Tergau 1990, Abb. 61, S. 86; Taverne 2001, S. 385.
505 Gemeint sind die den Stiltheorien der Renaissance zu Grunde liegenden Überzeugungen, wie sie Rudolf Wittkower in seinen »Architectural Principles in the Age of Humanism«, London 1949, dargelegt hat.
506 Übers. EvE: Oud 1963, S. 51f.
507 Oud 1925a, S. 26, 27. Vgl. »IV. 1.5. *Volkswoningbouw* als erzieherisches Mittel«; »IV. 5. Die soziale Komponente in Ouds Wohnbauten«.
508 Langmead veröffentlichte im Rahmen seiner Oud-Bibliographie eine Liste ausgewählter Titel aus Ouds Bibliothek: »J. J. P. Oud's Library«: Langmead 1999, S. 213–250. Vgl. Colenbrander »De orde van de bibliotheek«, in: Taverne 2001, S. 540f.
509 Colenbrander, in: Taverne 2001, S. 541.
510 »… selbst dann noch, wenn man, so wie ich, davon überzeugt ist, daß eine gesunde Baukunst auf einer Basis von Vernunft fußen muß, selbst dann bleibt der eigentliche Entstehungsprozeß noch ein Geschehen, das man nicht erklären kann … Das Kuriose dabei ist … daß man, auf das Baugelände kommend und wissend, was dort entstehen muß, fast sofort ein Bild davon, wie es aussehen muß, in sich hat.« Übers. EvE: Oud 1927a, S. 38.
511 Durchschlag Brief von Oud an Hegemann vom 2.10.1927, Oud-Archiv, B, Hervorhebung Oud.
512 J. J. P. Oud, Konzeptschrift »Wie ich arbeite« vom 29.9.1933: Antwort auf einen Fragenkatalog von »Architektur der U. D. S. S. R.«: Oud-Archiv, B. Mit Blick auf das gebogene Dach seiner Ladenbauten in Hoek van Holland* betonte Oud, daß bei jeder kleinsten Veränderung die gesamte Architektur zerstört werde: »Provi a immaginare che ne sia tolto, o variato: L'intera architettura scadrebbe …«: nach Veronesi 1963, S. 83.
513 Oud 1926c, S. 78. Die Mystik aus der Anfangszeit von *De Stijl* teilte Oud allerdings nicht, auch wenn er einige Ausdrücke Van Doesburgs

aufgriff, die in diese Richtung weisen. Die unterschiedlichen Geisteshaltungen der beiden Freunde zeigt wohl am deutlichsten Van Doesburgs Bewertung des Ferienhauses De Vonk*: »Wenn Sie nicht glauben, daß von der modernen Kunst eine wahrhaft religiöse Sphäre ausgehen kann, dann gehen Sie einmal in das Ferienhaus ›Buiten Bedrijf‹ in Noordwijk und schauen, was Oud und ich dort erreicht haben. Was zuvor die Kirche durch Vermittlung der Kunst vermochte, das kann nunmehr in Zukunft die Gestaltung *selbst* nämlich: direkte Verbindung zu Gott!« Übers. EvE: Brief von Van Doesburg an Hoste vom 20.7.1918: Hoste 1919, Hervorhebung Van Doesburg. Vgl. Smets 1972, S. 145.

[514] Übers. EvE: Albarda 1963, S. 433. Albarda war 1937–42 bei Oud tätig.

[515] Übers. EvE: Oud 1927a, S. 38.

[516] Vgl. »II. 9. Das Privatbüro in den 1920er Jahren«. Hans Oud erinnert sich, daß sein Vater die Entwurfsarbeit niemand anderem überlassen wollte: Hans Oud 1984, S. 5.

[517] »Am Anfang jedes Entwurfs stand eine Eingebung, meistens eilig auf einen Fetzen Papier skizziert, der zufällig greifbar war: die Rechnung eines Restaurants, ein Briefumschlag, ein Straßenbahnticket.« Übers. EvE: Wagenaar 1998, S. 71.

[518] Veronesi 1963, S. 83. Ostendorf gibt eine ähnliche Schilderung seiner Entwurfsweise, die Oud möglicherweise kannte: Friedrich Ostendorf, Sechs Bücher vom Bauen, I, Berlin 1914², S. 4.

[519] Durchschlag von Oud an Adler vom 14.11.1927, Oud-Archiv, B.

[520] Oud 1924e, S. 344.

[521] Hans Oud 1984, S. 207.

[522] Oud 1919d, S. 194 (abg. in Taverne 2001, S. 171–181). Berlage hatte, bevor er sich der Architektur zuwandte, an der Akademie für Bildende Künste in Amsterdam Malerei studiert. Von Ouds »Lehrer« Th. Fischer war bekannt, daß er ursprünglich Maler werden wollte. Zu nennen wären weiter P. Behrens, R. Riemerschmidt und H. van de Velde, mit dem Oud in engem persönlichen Kontakt stand. Auch Le Corbusier, den Oud als seinen stärksten Konkurrenten empfand, war Architekt und Maler.

[523] Briefkonzept von Oud an Bruno Taut vom 17.6.1923, Oud-Archiv, B.

[524] »Wir können es in derartigen Fällen ruhig der Zukunft überlassen, ein Urteil zu fällen, das mehr Sicherheit bietet, dauerhaft zu sein …«. Übers. EvE: Oud 1932b, S. 225.

[525] Oud 1919d, S. 217 (abg. in Taverne 2001, S. 171–181).

[526] Oud an Hegemann vom 12.10.1927, Oud-Archiv, B. Vgl. Kirsch 1987, S. 99.

[527] Durchschlag von Oud an Bruno Adler vom 14.10.1927, Oud-Archiv, B. Wagenaars Frage, ob Oud »falsche Bescheidenheit« zeige oder aus innerer Überzeugung spreche, kann damit beantwortet werden: Wagenaar 1998, Anm. 12, S. 72, vgl. Taverne 2001, S. 40, 303.

[528] Übers. EvE: Brief von Oud an Mondrian von September 1921: nach Blotkamp 1982c, S. 39.

[529] Oud 1925e, S. 87f.

[530] Mit Abb. der Häuserreihe an einem Strandboulevard*, des Fabrik-Entwurfs*, der Wohnblöcke in Spangen* und Tusschendijken* und der Häuserzeilen in Hoek van Holland*: Oud 1926a.

[531] Oud 1925e; Oud 1926c. Vgl. Langmead 1999, S. 11. Im Katalog einer Wright-Ausstellung, die erstmals 1951 in Philadelphia gezeigt wurde, zieht Oud Parallelen zwischen H. H. Richardson und P. J. H. Cuypers sowie zwischen L. Sullivan und Berlage. Wright bleibt als dritter amerikanischer Architekt ohne Pendant. Offenbar zielte Oud damit auf eine Parallelsetzung zwischen Wright und sich selbst.

[532] Oud 1957b; Oud 1960a; Oud 1924e.

[533] Vgl. »V. 2. Klassische Entwurfsprinzipien«.

[534] Übers. Oud 1926a, S. 68f: Oud 1921a, S. 154. »Die Schönheit ist eine Art Übereinstimmung und ein Zusammenklang der Teile zu einem Ganzen, das nach einer bestimmten Zahl, einer besonderen Beziehung und Anordnung ausgeführt wurde, wie es das Ebenmaß, das heißt das vollkommenste und oberste Naturgesetz fordert.«: L. B. Alberti, De Re Aedificatoria; Übers. Max Theuer: nach Georg German, Einführung in die Geschichte der Architekturtheorie, Darmstadt 1993, S. 58. Van der Hoeven nennt Oud den »twintigste-eeuwse Alberti« (Alberti des 20. Jahrhunderts): Van der Hoeven, 1994, S. 12.

[535] In Sörgels «Theorie der Baukunst», die sich in Ouds Bibliothek befand, wird auf die ethisch soziale Denkweise Albertis wie auch Leonardos Forderung nach dem gebildeten Architekten verwiesen: Herman Sörgel, Theorie der Baukunst, München 1921² (1918), S. 20, 23.

[536] L. B. Alberti, De Re Aedificatoria, Buch IX: Übers. Max Theuer: nach Georg German, Einführung in die Geschichte der Architekturtheorie, Darmstadt 1993, S. 52.

[537] Vgl. »II. 9. Das Privatbüro in den 1920er Jahren«.

[538] Übers. EvE. Taverne/Broekhuizen 1995, S. 97.

[539] Oud 1924e; Oud 1925d.

[540] »Was glänzt ist für den Augenblick geboren. Das Echte bleibt der Nachwelt unverloren.«: Oud 1916a, S. 342.

[541] Vgl. Bock 1983, S. 130; Kohlenbach 1991, S. 13; Van Bergeijk 2003, S. 28.

[542] Vgl. »II. 10. Oud und die CIAM«.

[543] Undatiertes Briefkonzept von Oud an Giedion, Oud-Archiv, B, Nr. 55.

[544] Oud 1925e, S. 89; Oud 1926c, S. 82.

[545] Vgl. »V. 2. Klassische Entwurfsprinzipien«.

[546] Vgl. «Ouds minimalistische Grund- und Aufrißtypologien wirken dabei nicht selten wie eine kongeniale Übersetzung des sinnverwandten traditionalistischen Gedankenguts Heinrich Tessenows in die Sprache der ›klassischen Moderne.‹»: Werner 1990, S. 12.

[547] 1927 schrieb Wölfflin über Goethes Kunstbild: »Damit ist die Wendung zum Typischen in der Kunst besiegelt. Das Einmalige, Bloß-Individuelle, der Sonderfall verliert an Interesse. In allem Einzelnen soll das Allgemeine durchleuchten … der klassischen Klarheit und Strenge widerspricht grundsätzlich jedes Sichgehenlassen und jeder Rauschgenuß.«: »Klarheit und Ruhe«, Auszüge aus Heinrich Wölfflin's Vortrag »Goethes italienische Reise«, in: WMB 1927, S. 168f. Goethe beschreibt in der Italienischen Reise die Schönheit als Harmonie der Teile nach bestimmten Gesetzen, deren Geheimnis man jedoch nur fühlen könne.

[548] Vgl. Reinink 1972. Theodor Fischer, Goethes Verhältnis zur Baukunst, München 1932.

[549] »In der Beschränkung zeigt sich erst der Meister«: Motto zu: H. P. Berlage, Bouwkunst en impressionisme, in: Architectura, Nr. 22, 1895, S. 93. Berlage verwendete auch Goethe-Zitate als Motti seiner Entwürfe: »Es bildet ein Talent sich in der Stille, ein Charakter in dem Strom der Welt« (1888); »Über allen Gipfeln ist Ruh«: Kohlenbach 1991, S. 9; Kohlenbach 1994, S. 70.

[550] Die von Rebel vermutete »rechte« Einstellung Ouds findet in seinen Schriften und Briefen keine Bestätigung : Rebel 1983, S. 15, 45.

[551] Vgl. die Entwürfe für Haus Kallenbach*, das Hotel Stiassny*, das Dreifamilienhaus in Brünn* und die Villa Johnson*.

[552] Van Moorsel 2000, S. 71.

[553] Vgl. »V. 3.3. Ouds Moderne Architektur im internationalen Kontext«.

[554] Übers. EvE: handschriftliches Konzept von Oud an Müller Lehning vom 7.10.1926: nach Van Helmond 1994a, S. 229.

[555] Undatiertes Briefkonzept von Oud an Giedion, Oud-Archiv, B, Nr. 55.

[556] Oud 1951b, S. 193. Ebd.: »There is evidence that man loses vital strength from loss of contact with the ground; his fecundity decreases; his children, becoming fewer in numbers, are handicapped in obtaining that liberty of action that is so necessary to the proper development of young life. The type of dwelling provided in high buildings is more suited to the life of a bachelor than to family life."

[557] Oud 1917a.

[558] Vgl. »IV. 6.1. Die niederländische Tradition des *Volkswoningbouw*«.

[559] Oud 1919a.

[560] Vgl. »V. 5.2. Ouds Position zwischen ›Künstler-Architekt‹ und ›gesellschafts. politischem Reformer‹«.

[561] Übers. EvE: NRC 1934.

[562] L. B. Alberti, De Re Aedificatoria: Kruft 1985, S. 52.

⁵⁶³ So der Fabrik-Entwurf*, die Entwürfe für Haus Kallenbach*, das Wohnhaus mit Büroräumen*, das Dreifamilienhaus* in Brünn, die Rotterdamer Börse*, das Hotel Stiassny*, die Villa Johnson*, die Entwürfe für die Volkshochschule*, die Umbaupläne für die Villa Allegonda* und die Kirche in Kiefhoek*.
⁵⁶⁴ Konzept von Oud als Antwort auf eine Umfrage des Kultdienst Dresden vom 16.9.1930, Oud-Archiv, C/2.
⁵⁶⁵ So lehnte beispielsweise Le Corbusier 1917 eine Stelle bei der Stadt Frankfurt ab, und schied Adolf Loos 1924 nach dreijähriger Tätigkeit aus dem Siedlungsamt Wien aus freien Stücken aus.
⁵⁶⁶ Oud 1957b, S. 190. Dagegen: Taverne/Broekhuizen 1995, S. 147; Taverne 2001, S. 40f.
⁵⁶⁷ Brief von Oud an A. Behne vom 15.10.1921, Bauhaus-Archiv, Berlin, BAB 44: Gruhn-Zimmermann 2000, S. 127 (z. T. abg. in Taverne 2001, S. 314). Vgl. auch Brief van van Doesburg an Oud vom 12.9.1921, FC: Boekraad 1983c, S. 136. Ebenfalls noch Anfang der 1920er Jahre schrieb er an Van Doesburg: »Die Gemeinde langweilt mich auch. Nun da sich meine 1000 Wohnungen im Bau befinden und ich die Normierung im Griff habe, ist das Interessante weg und ich sehe kein Heil mehr darin.« Übers. EvE: undatierter Brief von Oud an van Doesburg, RKD: nach Hans Oud 1984, Anm. 159, S. 111.
⁵⁶⁸ Vgl. »II. 4. Internationale Kontakte«; Dočkal 2001.
⁵⁶⁹ Brief von Oud an Giedion vom 11.12.1928: Archiv des Instituts für Geschichte und Theorie der Architektur, ETH Zürich: Wagenaar 1997, S.55.
⁵⁷⁰ Brief von Oud an Johnson vom 12.11.1930, Registrar's Archiv, MoMA: nach Riley 1992, Anm. 19, S. 204, mit Hervorhebungen.
⁵⁷¹ Brief von Oud an Johnson vom 18.1.1932, MoMA: Riley 1992, S. 50. Vgl. Schumacher 1936, S. 171.
⁵⁷² Oud an Johnson vom 14.5.1934, Oud-Archiv, B.
⁵⁷³ »... Durch den Bau von Arbeiterwohnungen in den letzten Jahren bin ich nun bombardiert [sic] zum Arbeiterwohnungsspezialisten, während andere Dinge scheinbar nicht mehr in Betracht kommen. Dies ist deshalb um so merkwürdiger, als die Aufträge aus dem Bereich des Arbeiterwohnungsbaus, die ich ausgeführt habe, beinah immer in die 100.000, einige Male auch bis in die Million liefen, und so Fragen des Städtebaus sowie der Organisation von Großbauten betrafen. Hinzu kommt, daß ich früher allerlei gemacht habe: Kino, Bankgebäude, Kirche, große Landhäuser und so etwas mehr, wobei man in meinen Entwürfen neben einem Projekt für die Rotterdamer Börse unter anderem antreffen wird: ein Hotel, Schulen, ein Badehaus, eine Fabrik und so weiter ... Dies alles hebt jedoch scheinbar nicht auf, daß ich als Spezialist für den Arbeiterwohnungsbau gebrandmarkt bleibe, wie sehr ich mich auch danach sehne, mich endlich wieder einmal auf breiterem Terrain, wo ich früher tätig war, bewegen zu können. Nicht, daß die Frage des sozialen Wohnungsbaus mich nicht mehr interessieren würde: im Gegenteil. Gerade an so einem Problem weiterzuarbeiten bietet stets wieder neue Möglichkeiten, den Menschen so angenehm und bequem wie möglich auf kleinem Raum unterzubringen, während es so eng mit dem ganzen Organismus des Städtebaus zusammenhängt, daß man sich stets breiter orientieren muß und zu immer neuen Schlußfolgerungen auch auf anderem Gebiet kommt. Und von dem Gewinn, den dieses letzte bringt, wird man dann doch zurecht einmal profitieren wollen, indem man einen Auftrag ausführt, der größere architektonische Möglichkeiten bietet.« Übers. EvE: J. J. P. Oud in: NRC 1934.
⁵⁷⁴ Brief von Morely an Oud vom 4.1.1929, Oud-Archiv, B; Briefkonzept von Oud an Morely vom 20.2.1929, Oud-Archiv, B. Aus Princeton erhielt Oud Nachricht, daß er 1.000 Dollar bekommen könne: Brief von Morely an Oud vom 28.3.1929, Oud-Archiv, B.
⁵⁷⁵ Brief von Johnson an Oud vom14.7.1931, Oud-Archiv, B.
⁵⁷⁶ Brief von Johnson an Oud vom 7.8.1931, Oud-Archiv, B.
⁵⁷⁷ Brief von Johnson an Oud vom 4.1.1932, Oud.-Archiv, B (abg. in Broekhuizen 1999, S. 61).
⁵⁷⁸ Brief von Johnson an Oud vom 17.3.1932, Oud-Archiv, B.
⁵⁷⁹ Brief von Philip Johnson an Mrs Homer H. Johnson vom 1.9.1930: Riley 1992, S. 23.
⁵⁸⁰ Roth 1973, S. 32.
⁵⁸¹ Schumacher 1936, S. 171.
⁵⁸² Nach Flagge 1992, S. 52.
⁵⁸³ Brief von Oud an Block vom 8.6.1926, Nachlaß Fritz Block: nach Jaeger 1996, S. 42. Gemeint ist der Rondeelteich am nördlichen Abschluß der Außenalster.
⁵⁸⁴ Oud plante im April 1930 ein Auto zu kaufen. Rietveld redete ihm zu in der Hoffnung, Oud dann öfter zu sehen: »Ich hoffe, daß Du bald das Auto kaufst und daß Du den Weg nach Utrecht sehr schön finden wirst.« Übers. EvE: Brief von Rietveld an Oud vom 8.4.1930, Oud-Archiv, B.
⁵⁸⁵ Übers. EvE: Oud 1955. »... ich gehe Mittwochabend nach Rotterdam zu Opbouw. Aber wenn Du Lust hast, am Mittwoch tanzen zu gehen, ruf mich an und ich lasse Opbouw fahren.« Übers. EvE: undatierter Brief von Meller an Oud, Oud-Archiv, B, Nr. 55. Giedion versuchte Oud durch die Aussicht auf zwei Tanzabende zur Teilnahme am CIAM-Kongreß zu überreden: Brief von Giedion an Oud vom 22.1.1929 Oud-Archiv, B.
⁵⁸⁶ Brief von Mendelsohn an Oud vom 26.6.1926, Oud-Archiv, B.

III. KAPITEL
Oud und *De Stijl*

1. Entstehung und Anliegen von *De Stijl*

1.1. Zielsetzung und Vorgehensweise

Ziel dieses Überblickes ist, ein chronologisches Faktengerüst der Entstehung und Entwicklung von *De Stijl* zu schaffen, in das sowohl Ouds Bauten als auch seine publizistischen Arbeiten eingeordnet werden können.[1] Die in ihrem Stellenwert für *De Stijl* bis heute unterschätzte Architektur findet dabei verstärkte Beachtung. Der Überblick dient insgesamt als Einführung und notwendiger Hintergrund für die folgenden Kapitel, in denen Ouds Stellenwert als Architekt von *De Stijl* sowie seine Entwürfe und Bauten als »*De Stijl*-Architektur« behandelt werden. Gleichzeitig erfolgt damit eine Korrektur hartnäckig wiederholter Vorstellungen, wie die Deutung von *De Stijl* als eine von allen Traditionen gelöste Avantgardegruppe sowie die Existenz einer gemeinsamen Theorie und eines einheitlichen, auf Mondrians »Neoplastizismus« basierenden Formenkanons.

Neben der inhaltlichen Bestimmung orientiert sich auch der zeitliche Rahmen dieses Überblicks an Ouds Person. Oud beeinflußte bereits vor Gründung von *De Stijl* das zukünftige Konzept der Gruppe und war mit seinen Arbeiten trotz des fast zwei Jahre zurückliegenden Zerwürfnisses mit Theo van Doesburg bei der ersten *De Stijl*-Ausstellung in Paris (Herbst 1923) vertreten. Die Darstellung beginnt mit Van Doesburgs Plänen zur Gründung einer Zeitschrift während des 1. Weltkrieges und seinem ersten Zusammentreffen mit Oud im Mai 1916. Die vier Jahrgänge von der Gründung von *De Stijl* im Sommer 1917 bis zum Bruch zwischen Oud und Van Doesburg im November 1921 werden anhand zentraler Ereignisse innerhalb von *De Stijl* vorgestellt. Der Überblick endet mit der Pariser Ausstellung, auf der bereits die Arbeiten von Van Eesteren und Van Doesburg als »Erfüllung« der »*De Stijl*-Architektur« propagiert wurden. Die Zeit nach 1923 wird anhand einzelner Fragestellungen in diese Darstellung einbezogen. Mit der Selbstpropaganda der Künstler und dem Aufbau des »*De Stijl*-Mythos« stehen hier zwei Faktoren im Zentrum, die für das heutige Bild von *De Stijl* maßgeblich verantwortlich sind.

Die Literatur zu *De Stijl* ist ausgesprochen umfangreich.[2] Höhepunkte sind die in den 1950er Jahren erschienen Schriften, darunter Veröffentlichungen der vormaligen *De Stijl*-Mitarbeiter, Publikationen aus den 1980er Jahren anläßlich von Van Doesburgs 100. Geburtstag und schließlich 2000 der zusammen mit einer Ausstellung in Utrecht und Otterloo vorgelegte Œuvrekatalog zu Van Doesburg[3]. Jüngst erschien eine Dissertation zum Thema des geometrischen Ornaments und der monumentalen Gestaltung in *De Stijl*[4] sowie eine Studie zu *De Stijl* im Kontext der niederländischen Moderne[5]. Trotz der Vielzahl von Publikationen wurden bislang weder der Charakter von *De Stijl* noch die Existenz einer *De Stijl*-Gruppe erschöpfend untersucht. Widersprüchliche Aussagen blieben lange unkommentiert bestehen. Bereits Hans Ludwig C. Jaffé, der 1956 mit seiner Dissertation die erste wissenschaftliche Arbeit zu *De Stijl* vorgelegt hatte, lehnt die Vorstellung einer homogenen Gruppe ab, geht gleichzeitig jedoch von gemeinsamen Prinzipien der *De Stijl*-Künstler aus.[6] Die Frage nach einer einheitlichen Gruppenstruktur und -ideologie wird erstmals in Michael Schumachers Dissertation (1979) explizit behandelt. Schumacher sieht einerseits eine relativ große Gruppenkohärenz im theoretischen und praktischen Bereich, betont andererseits jedoch die zahlreichen Konflikte und die hohe Fluktuation der Mitarbeiter, die sich oftmals gar nicht kannten.[7] Die Konsequenz aus diesem Widerspruch wird erst in dem von Carel Blotkamp 1982 herausgegebenen Band »De beginjaren van De Stijl« (Die Anfangsjahre von De Stijl) gezogen, der die Vorstellung von *De Stijl* als einem Künstlerkollektiv mit klar gefaßtem Programm korrigiert.[8] Die Aufmerksamkeit richtet sich dort auf die einzelnen Künstler, die von verschiedenen Autoren in eigenständigen Kapiteln vorgestellt werden. Mit seinem zeitlichen Rahmen (1917–22) weicht Blotkamp von der bis dahin üblichen Beschränkung auf die mittleren Jahre von *De Stijl* ab. In eine ähnliche Richtung zielt auch Nancy Troy, nach der allein die Zeitschrift »De Stijl« den Anschein von Gemeinsamkeit unter den Mitarbeitern erwecke. Unter *De Stijl* verstand Troy daher die Zusammenarbeit von Künstlern auf der lockeren Basis einiger gemeinsamer ethischer und ästhetischer Prinzipien.[9] Mit dem zunehmenden Interesse an den Künstlerindividuen trat das gemeinsame Anliegen von *De Stijl* immer mehr in den Hintergrund. Van Doesburg wurde vorgeworfen, mit *De Stijl* allein die Verbreitung seiner Werke und Theorien verfolgt zu haben, während *De Stijl* als ein Forum progressiver Künstler verschiedenster Gesinnung und Nationalitäten erschien[10].

Hiervon abweichende Sichtweisen sind die Ausnahme. Ausgehend von der Frage, was die Gruppe letztendlich zusammenhalte, findet Yve-Alain Bois 1983 seiner Definition von *De Stijl* als »Idee«.[11] Wie viele andere Autoren geht Bois in erster Linie von den Zielsetzungen Mondrians und Van Doesburgs aus. Auch Steven Jacobs beschränkt sich in einem 1990/91 aus seiner Dissertation hervorgegangenen Aufsatz über Theorie und Praxis von *De Stijl*[12] weitgehend auf diese beiden Künstler. Mit der Vernachlässigung der übrigen Mitarbeiter wird damit (vor allem vor dem Hintergrund von Blotkamps Publikation) eine bereits revidierte Sichtweise vertreten. Dagegen kommt Paul Overy in seinem kritischen Überblick zu *De Stijl* zu einer neuen Interpretation: »However, although in many ways De Stijl could be regarded as an entrepreneurial operation, it cannot be reduced to an idea constructed single-handedly by Van Doesburg, or to a loose association of individual artists and designers.«[13] Zu den jüngsten Arbeiten zählt Blotkamps 1996 (nur auf Niederländisch) erschienener Fortsetzungsband »De vervolgjaren van De Stijl 1922–1932«[14], der das System der monographischen Untersuchung fortsetzt. In seiner Einleitung geht Blotkamp jedoch sowohl auf die Forschung der letzten 15 Jahre ein als auch auf die Kritik an seinem ersten Band. Diese betraf gerade die isolierte Betrachtung der einzelnen Mitarbeiter ohne einen Zusammenhang zwischen ihnen herzustellen und Gemeinsamkeiten aufzuzeigen. Entsprechend beinhaltet der Fortsetzungsband nun auch Übersichtskapitel zum Einfluß von De Stijl in Deutschland, Ost-Europa, Belgien und Frankreich sowie zu den 1922 bereits nicht mehr zur Gruppe zählenden Künstlern. Mit dieser differenzierten Sichtweise zwischen beiden Extrempositionen wurde das Wesen von De Stijl bislang am überzeugendsten beschrieben.

Grundlage dieses Überblicks bilden neben monographischen Arbeiten zu den einzelnen Künstlern vor allem die zwei Publikationen von Blotkamp[15]. Trotz der Vielzahl von Veröffentlichungen existiert heute keine, auf den neueren Forschungsergebnissen basierende umfassende Gesamtschau von De Stijl.[16] Dieser Überblick muß daher notwendigerweise Schwerpunkte setzen und beispielhaft auf Sachverhalte verweisen.

1.2. Die Zeit vor Gründung von De Stijl

De Stijl stand ursprünglich allein für den Namen der ab Oktober 1917 erschienenen Zeitschrift und wurde erst später mit der Gruppe der dort publizierenden Künstler gleichgesetzt. Organisation und Verantwortung von »De Stijl« lagen bei dem Maler Theo van Doesburg (1883–1931), mit dessen Tod im März 1931 – abgesehen von einer retrospektiven Ausgabe durch Oud und Van Doesburgs Witwe – die Zeitschrift eingestellt wurde. Die Idee zur Gründung einer Zeitschrift bestand bereits vor Ouds Zusammentreffen mit Van Doesburg. Dieser hatte in den vorangegangenen Jahren mehrere erfolglose Versuche in dieser Richtung unternommen. Anders verhielt es sich bei der Gründung einer Künstlervereinigung: Mit De Anderen und De Sphinx hatte Van Doesburg zwei Gruppen ins Leben gerufen, in denen bereits mehrere der später für De Stijl wichtigen Themen formuliert wurden.

Bereits während seines Militärdienstes von August 1914 bis Februar 1916 hatte Van Doesburg, zu dieser Zeit noch Christian Emil Marie Küpper, den belgischen Dichter und späteren Mitbegründer von De Stijl Anthony Kok kennengelernt, mit dem er seinen Plan, eine Zeitschrift zu gründen, besprach.[17] Im Sommer des folgenden Jahres machte Van Doesburg Bekanntschaft mit dem niederländischen Maler und Schriftsteller Erich Wichman. Zu diesem Zeitpunkt erfolgten erste konkrete Überlegungen zur Herausgabe der Zeitschrift. Ziel war ein kulturelles Blatt, das sich von den bestehenden konservativen Zeitschriften abheben sollte.[18] Als Mitarbeiter dachte Van Doesburg an den in Paris lebenden Maler Piet (Pieter Cornelis) Mondrian (1872–1944), mit dem er seit Herbst 1915 in Kontakt stand.[19] Dieser lehnte seine Beteiligung zunächst ab, da ihm das Vorhaben mit Blick auf die aktuelle Kunstentwicklung verfrüht erschien.[20] Mondrian, der sein Pariser Atelier nur für einen kurzen Heimatbesuch hatte verlassen wollen, war durch Ausbruch des Krieges gezwungen, in den Niederlanden zu bleiben. Er ließ sich in der Künstlerkolonie Laren nieder, wo er neben anderen Künstlern, Dichtern und Philosophen im Frühjahr 1916 den Malerkollegen Bart van der Leck (1876–1958) kennenlernte.[21] In den folgenden zwei Jahren fand ein intensiver Austausch zwischen Mondrian und Van der Leck statt, aus dem sich die erste Gruppierung innerhalb von De Stijl, vor allem aber Mondrians »Neoplastizismus«[22] entwickeln sollte.

Im Gegensatz zu Mondrian konzentrierte sich Van der Leck, der eine Ausbildung an einer Kunstgewerbeschule absolviert hatte, auf baugebundene, »angewandte« Malerei. Unter dem Einfluß seines Kollegen zeigte auch Mondrian, der bislang für eine autonome, international orientierte Malerei eingetreten war, ein wachsendes Interesse an der Verbindung von Malerei und Architektur. Dasselbe gilt für die von Van der Leck seit Anfang 1916 bevorzugt verwendeten Primärfarben. Bereits in Mondrians 1916 formulierter Theorie der »Nieuwe Beelding« (Neue Gestaltung)[23] wird mit der Propagierung von Primärfarben und der Verbindung von Malerei und Architektur der Einfluß Van der Lecks faßbar. Im Gegenzug zeigt dessen Terminologie ab 1916 mit Begriffen wie »reine Verhältnisse« und »Destruktion« ihren Ursprung in Mondrians Schriften.[24] Auch die ab diesem Zeitpunkt zu beobachtende Abstraktion basiert eindeutig auf Mondrians »Plus-Minus-Bildern« mit ihren Kompositionen aus kurzen senkrechten und waagerechten Strichen. Nachdem sich Van der Leck 1918 von De Stijl distanziert hatte, kam er auf die gegenständliche Malerei zurück. In den dazwischenliegenden zwei Jahren schufen beide Künstler Bilder mit rechteckigen Farbflächen auf weißem Grund. Während sich Van der Leck auf die reinen Primärfarben beschränkte, verwendete Mondrian, der seine Farbpalette bereits stark reduziert hatte, Primärfarben in stark aufgehellter und abgedunkelter Form. Eine wichtige Inspirationsquelle für Mondrian war der in Laren ansässige Theosoph Matthieu Schoenmaekers, der ebenfalls eine Beschränkung auf die Primärfarben forderte. Auch die Reduzierung auf senkrechte und waagerechte Bildkomponenten findet sich in Schoenmaekers Theorien.[25] Ein weiterer Kontakt bestand zu Vilmos Herz (1884–1960), sei 1904 Vilmos bzw. Willy Huszár, der in Voorburg bei Den Haag lebte und seit 1914 oder 1915 mit Van der Leck bekannt war. Der aus Ungarn stammende Maler hatte wie Van der Leck eine Ausbildung an einer Kunstgewerbeschule, der Königlichen Kunstgewerbeschule, in Budapest, erhalten, wo er von 1901 bis 1904 Wandmalerei studierte.[26] 1916 fand Huszár in seinen Glasarbeiten zu abstrakten Darstellungen aus geometrisch-rechtwinkligen Formen, die in enger Verbindung zu Van der Leck und Mondrian stehen.

Unter den drei späteren De Stijl-Malern Mondrian, Van der Leck und Huszár hatte sich damit bereits 1916 ein gemeinsamer Malstil entwickelt, der durch eine eingeschränkte Farbpalette und einfache geometrische Formen unter Betonung der Vertikalen und Horizontalen gekennzeichnet ist. Der später mit De Stijl in Verbindung gebrachte Formenkanon entstand somit vor der Gründung der Zeitschrift und unabhängig von ihrem Initiator Van Doesburg.[27] Dieser hatte im März 1916 zunächst gemeinsam mit Wichman die Künstlergruppe De Anderen gegründet. Mitglieder waren ausschließlich Maler, darunter auch Mondrian, Huszár und Van der Leck.[28] Die erste Ausstellung wurde im Mai 1916 in Den Haag eröffnet. Nachdem Van Doesburg endlich einen Mäzen für seine Zeitschrift gefunden hatte, trat er im Dezember 1916 aus De Anderen aus.[29]

Ein erster Kontakt zwischen Oud und Van Doesburg erfolgte ebenfalls Anfang 1916. Beide waren Mitglieder der Leidener Künstlervereinigung De kunst om de kunst (Die Kunst um der Kunst willen), wo sie den jungen Maler Harm Kamerlingh Onnes, Sohn des in Katwijk aan Zee lebenden Malers Menso Kamerlingh Onnes, kennenlernten. Vor allem zwischen Oud und Harm entwickelte sich eine enge Freundschaft, der Oud mehrere Bauaufträge verdanken sollte. Über Harm oder Menso erfuhr Oud von Van Doesburgs Plänen, in Leiden eine vergleichbare Vereinigung wie De Anderen zu gründen und nahm daraufhin Kontakt zu ihm auf. In seinem ersten Brief vom 30. Mai 1916 plädierte Oud, sicherlich mit Blick auf seine eigene Person, für die Aufnahme von Architekten in die neu zu gründende Künstlergruppe. Als Begründung verwies er auf die aktuell geforderte Vereinigung der Künste – und damit auf eine an die Architektur gebundene Malerei – wie sie bereits in der Blütezeit der Gotik bestanden habe.³⁰ Ouds Plädoyer für eine angewandte Malerei stand ganz in der Tradition der niederländischen *Gemeenschapskunst*³¹, die eine Verbindung der Kunstgattungen mit christlich-sozialem Inhalt propagierte und die mit der Amsterdamer Börse von H. P. Berlage und den dort realisierten Wandmalereien von Antoon Derkinderen, R. R. Holst und Jan Toorop ein prominentes Vorbild lieferte. Weder die reine Architektur noch die Staffeleikunst hatten nach dieser Vorstellung eine Berechtigung. Auch Ouds Ausbildung an der Quellinus-Schule war auf das Ideal der *Gemeenschapskunst* gerichtet, das sich entsprechend in seinen frühen Bauten niederschlug. Beim Gebäude der Vooruit-Gesellschaft in Purmerend arbeitete Oud mit dem Maler Jacob Jongert zusammen, dessen Fresken Anfang 1916 kurz vor ihrer Vollendung standen.³² Mit seinem Verweis auf die mittelalterliche Kathedrale berief sich Oud neben der neugotischen Richtung von P. J. H Cuypers, Gründer der Quellinus-Schule und Altmeister der niederländischen Architektur, auf eine aktuelle Strömung der zeitgenössischen Kunst. Ein Beispiel sind die Künstler aus dem Umkreis des »Sturm«, besonders Bruno Taut und Paul Scheerbart, die bereits 1914 ein »Gesamtkunstwerk« in Anlehnung an den mittelalterlichen Dom gefordert hatten.³³

Die Verbindung der Künste war zuvor auch von Van Doesburg in Schriften und Vorträgen postuliert worden, so unter anderem in seiner 1913 erschienenen Artikelreihe »Unabhängige Betrachtungen über die Kunst«.³⁴ Nach Meinung Van Doesburgs sei eine »monumentale Kunst«³⁵ nur dann zu erreichen, wenn die Vertreter der einzelnen Gattungen eine gemeinsame Geisteshaltung aufwiesen. Die Vorstellung eines allen Künsten gemeinsamen Stils stand schließlich in enger Beziehung zu dem seit der Jahrhundertwende diskutierten «Entwerfen nach System«. Auch hier bestand eine Verbindung zu Oud, der seine Ausbildung bei den Protagonisten dieser Bewegung erhalten hatte und in seinen Arbeiten auf dieses Entwurfssystem zurückgriff.³⁶ Im Oktober 1915 wiederholte Van Doesburg seine Forderung nach einer Verbindung der Künste und dem sich daraus ergebenden neuen Stil. Die ab Mai 1916 in »Eenheid« veröffentlichte Rede³⁷ war möglicherweise konkreter Anlaß für Oud, um mit Van Doesburg in Kontakt zu treten. Auf Ouds Brief antwortete Van Doesburg postwendend am 1. Juni 1916.³⁸ Begeistert darüber, einen Gleichgesinnten gefunden zu haben, beschreibt er das Gefühl als das gemeinsame und höchste Bestreben aller Künste. Als einzig angemessenen Platz für die moderne Malerei sieht er – an Stelle des traditionellen Ausstellungsraumes mit autonomen Gemälden – das neue Interieur im Sinne einer architektonisch gestalteten »Sphäre«: »Und wer soll besser dazu im Stande sein, diese Sphäre zu schaffen als der Architekt? ... Und wer schafft das neue Interieur? Der Architekt.«³⁹ Folglich bestehe eine enge Abhängigkeit zwischen gleichgesinnten Malern und Architekten: »Es wird Sie daher nicht verwundern, daß ich sehr nach einer Zusammenarbeit mit Ihnen verlange.«⁴⁰

Kurz nach Erhalt dieses Briefes verfaßte Oud seinen Artikel »Over cubisme, futurisme, moderne bouwkunst, enz.«, den er im September im »Bouwkundig Weekblad« publizierte.⁴¹ Auch dort ging Oud auf die zukünftige Verbindung der Kunstgattungen ein: Die Entwicklung der Malerei zu einer monumentalen Kunst zeige prinzipielle Verwandtschaft mit der Modernen Architektur. Ziel beider Künste sei die Wiedergabe des Gefühls mit rein künstlerischen Mitteln. Nach Kubisten und Futuristen hätten die Abstrakten zu einer vom Abbild der Natur unabhängigen Gestaltung durch Form und Farbe gefunden. Die Flächen, in denen der »Raumkünstler« seine Emotionen zum Ausdruck bringe, könnte von eben dieser Malerei »beseelt« werden. Anderseits schafften die Architekten eine »Sphäre«, die den Geist für die Malerei empfänglich mache. Die moderne Malerei trete somit nicht mehr als Staffeleimalerei in Erscheinung, sondern – »architektonisch gesprochen« – als angewandte Malerei.

Eindeutig greift Oud in seinem Artikel die zuvor von Van Doesburg formulierten Thesen auf. Einzelne Begriffe und Vorstellungen wie die Idee des Raumes als »Sphäre«, die Abhängigkeit von Architektur und Malerei und das Ziel einer »Ergriffenheit« des Betrachters werden wörtlich übernommen. Auch die Forderung nach einer abstrakten Malerei und deren Deutung als direkter Ausdruck eines Gefühls gehen auf Van Doesburg zurück.⁴² Dennoch wertete Oud die Architektur weiterhin als die fortschrittlichere Gattung: »Es vollzieht sich in der modernen Malerei eine Evolution, die nun in ein Stadium gekommen ist, worin sie große geistige Verwandtschaft mit der Architektur zeigt und ein engerer Kontakt der beiden Künste kurz bevorzustehen scheint.«⁴³ Erst wenn die Malerei das (höhere) Entwicklungsstadium der Architektur erreicht habe, sei nach Meinung Ouds jedoch eine Verbindung der Künste möglich. Entsprechend der Tradition der *Gemeenschapskunst* blieb die Architektur für Oud zudem immer die übergeordnete Gattung, die der angewandten Malerei erst ihre Existenzgrundlage liefere. Ganz anders war das Verständnis Van Doesburgs, der noch im Juni 1916 den höheren Stellenwert der Malerei hervorgehoben hatte: »Die Intimität des modernen Hauses ... wird allein durch die moderne Malerei erreicht ... Die Wand ist das Sinnbild des Abschlusses. Die Wand ist flach und

14. Theo van Doesburg, Porträtzeichnung von Oud, 1917

begehrt ebenso wie alles was leer ist der Füllung oder Brechung. Das moderne Kunstwerk erfüllt diese Forderung vollkommen und stellt auf diese Weise den Kontakt mit dem Universum her ...«[44].

Festzuhalten bleibt, daß Oud und Van Doesburg von Anfang an den Stellenwert der beiden Kunstgattungen für eine gemeinsame monumentale Kunst unterschiedlich bewerteten. Die eigentlich fortschrittlichen Ideen, wie die Neubewertung der Malerei innerhalb des »Gesamtkunstwerks« und die abstrakte Wandmalerei im Gegensatz zu den allegorischen Bilderzyklen der *Gemeenschapskunst*, stammten eindeutig von Van Doesburg. Erst die Bekanntschaft mit Oud lieferte jedoch den Anlaß für seine verstärkte Auseinandersetzung mit der Baukunst, die in *De Stijl* eine zentrale Stellung einnehmen sollte.[45] Nur Ouds Einwirkungen ist es zu verdanken, daß in den beiden von Van Doesburg initiierten Künstlervereinigungen De Sphinx und *De Stijl* auch Architekten einbezogen wurden. Schließlich erhielt Van Doesburg erst durch Ouds Vermittlung seine Aufträge im Rahmen eines »Gesamtkunstwerks«.

In seinem Antwortschreiben vom 1. Juni 1916 verkündete Van Doesburg, daß er trotz der »künstlerischen Rückständigkeit der Leidener«, eine Gesellschaft in Anlehnung an De Anderen gründen wolle. Durch Ouds Brief sei sein Plan, den er bereits beiseite gelegt habe, wieder aktuell geworden. Er bezweifle jedoch, daß Oud in der neuen Vereinigung auf Gleichgesinnte treffen werde: ›Ob von uns gegründete Leidener Vereinigung Sie mit ihren Ansichten befriedigen wird, bezweifle ich, da sie das auch bei mir nicht tut.«[46] Dagegen plädierte er für eine Zusammenarbeit zwischen ihm und Oud, um ihr »gemeinsames Ideal« zu verwirklichen: »Was mich betrifft, glaube ich, daß eine *individuelle Zusammenarbeit von uns beiden* erfolgreicher sein wird.«[47]

Noch im selben Monat gründeten Van Doesburg und Oud die Gruppe De Sphinx.[48] Als Gründungsdatum gaben sie den 31. Mai 1916 an, ein symbolisches Datum, das offenbar die Bedeutung von Ouds ersten Brief an Van Doesburg (30. Mai 1916) für ihre Freundschaft und Zusammenarbeit hervorheben sollte. Neben den vielzitierten endlosen Diskussionen bei »nächtlichen Spaziergängen rund um Leiden«, die allerdings Ouds Autobiographie von 1960 entnommen sind, sprechen die gemeinsamen Arbeiten für den unmittelbar einsetzenden Austausch der beiden Künstler.[49] Bereits im August 1916 vermittelte Oud seinem Freund den Auftrag für ein Bleiglasfenster, das in die Hintertüre von Haus De Geus* eingesetzt werden sollte. Die »Glas-in-loodcompositie I« (Abb. 20) war Van Doesburgs erster an ein Bauwerk gebundener Auftrag. Mit dem Medium des Bleiglasfensters, einem typischen Element der *Gemeenschapskunst*, hatte Van Doesburg bis dato noch keine Erfahrung: »Ich habe niemals einen Auftrag von diesem Architekten gehabt, doch ich muß mir die Technik noch zu eigen machen.«[50] Hierfür griff Van Doesburg auf die Hilfe von Huszár, seinem Kollegen in De Anderen, zurück.[51]

Die Gruppe De Sphinx veranstaltete mehrere kulturelle Abende, in denen Van Doesburg Gedichte von sich selbst und von seinem Freund Anthony Kok vortrug. Auf der ersten Ausstellung von De Sphinx (18. bis 31. Januar 1917) präsentierten Oud und Van Doesburg ihre Arbeiten.[52] In einem Artikel der Zeitschrift »Eenheid« wies Van Doesburg auf die Zusammensetzung der Gruppe, die nun – im Gegensatz zu De Anderen – auch Architekten einschloß.[53] Zu den ausstellenden Architekten zählte unter anderem der spätere *De Stijl*-Mitarbeiter Jan Wils (1891–1972). Wils hatte sich nach seinem Austritt aus Berlages Büro im Jahr 1916 in Voorburg, in unmittelbarer Nachbarschaft zu Huszár, als selbständiger Architekt niedergelassen. Der Kontakt zwischen Wils und Van Doesburg ging wohl auf die Initiative des letzteren zurück: Nach seinem Auftrag für Haus De Geus* suchte Van Doesburg weitere gleichgesinnte Architekten, mit denen er zusammenarbeiten konnte. Im November 1916 ließ er sich dafür von Oud Namen von Architekten geben, die dieser bei Berlage kennengelernt hatte.[54]

In seiner Ausstellungsbesprechung ging Van Doesburg auch auf die architektonischen Werke der De Sphinx-Mitglieder ein.[55] Im Zentrum standen die Arbeiten von Oud, vor allem das bereits im Bau befindliche Haus De Geus*[56]. In einem allgemeineren Teil brachte Van Doesburg verschiedene, später auch für *De Stijl* behandelte Themen zur Sprache, darunter die der Theosophie entlehnte Vorstellung eines »universellen Raumes« und einer »religiös-mystischen Baukunst«. Ouds Arbeiten, in denen Van Doesburg eine Auseinandersetzung mit diesen Themen zu erkennen meinte, wurden dort als Vorbild für die zukünftige Architektur hervorgehoben: »Eine Baukunst, die uns mehr vom universellen Raum sagt, so wie er in dieser Ausstellung in den Entwürfen von J. J. P. Oud vorhanden ist, wird uns näher zu dem Ideellen bringen als eine Baukunst, die uns *meßbare Größe* zeigt. Deshalb ist diese Baukunst von so großer Bedeutung, sie ist die Verkörperung der Sucht nach Abstraktion und der daraus von selbst hervorgehenden Reinheit des Stils ... Es ist herrlich zu beobachten, daß sich die jüngere Generation entlang dieses Weges mit Sicherheit fortbewegt. Ich sage ›mit Sicherheit‹, doch das gilt nicht für alle, nur für die, die wie der Architekt Oud nach Reinheit streben ohne das mystische Element, die Innigkeit zu verlieren. Als Beispiel hierfür würde ich z. B. sein pyramidenförmiges ›Landhaus in Broek in Waterland‹ nennen wollen.«[57] Zu den Arbeiten von Wils äußerte sich Van Doesburg deutlich zurückhaltender: »Obwohl die Einsendung von Jan Wils aus Den Haag mir auch sehr sympathisch ist, läßt mich sein Werk doch noch nicht das Bewußtsein der absoluten Reinheit fühlen.«[58] Streitigkeiten innerhalb der Gruppe führten dazu, daß Oud und Van Doesburg kurz darauf aus der Vereinigung austreten mußten.[59]

Nach Haus De Geus* beteiligte Oud seinen Freund auch weiterhin im Rahmen der von ihm errichteten Bauten. Im Frühjahr 1917 verschaffte er ihm den Auftrag für ein 2 m hohes Bleiglasfenster in der nach Plänen von Oud und Menso Harm Kamerlingh Onnes umgebauten Villa Allegonda* in Katwijk aan Zee (Abb. 130, links). Im April folgten vier weitere Bleiglasfenster für Haus De Geus*, wobei es sich erstmals um abstrakte Kompositionen handelte (Abb. 20, oben). Aus dieser Zeit datieren offenbar auch zwei von Van Doesburg gezeichnete Porträts von Oud, die ebenfalls weitgehend abstrakt sind (Abb. 14).[60] Im Mai 1917 erhielt Van Doesburg – sicherlich aufgrund der erfolgreichen Zusammenarbeit mit Oud – seinen ersten Auftrag von Wils. Auch hierfür schuf Van Doesburg ein abstraktes Bleiglasfenster.[61]

1.3. Erster Jahrgang von *De Stijl*

Im Frühjahr 1917 kam Van Doesburg auf seinen lange verfolgten Plan zur Gründung einer Zeitschrift zurück. Mit der Wahl des Namens »De Stijl« (Der Stil), der im Mai 1917 feststand, wurde bewußt eine Verbindung zur niederländischen Kunsttheorie der letzten Jahre hergestellt. 1915 hatte Schoenmaekers in seiner Schrift »Das neue Weltbild« den Begriff »stijl« (übereinstimmend mit Van Doesburgs Ideal einer ganzheitlich gestalteten Umgebung) im Sinne eines Lebensstils verwendet.[62] Über Van Doesburg wurden Schoenmaekers Texte schnell zu einer wichtigen Inspirationsquelle für die Maler der Gruppe. Oud als Architekt wird mit dem Namen »De Stijl« andere Schriften assoziiert haben: Neben Gottfried Sempers »Der Stil in den technischen und tektonischen Künsten« (1878/79) wurde auch Berlages, in Architektenkreisen viel beachtetes Werk »Gedanken über Stil in der Baukunst« (1905) mit »der Stil« bzw. »de Stijl« abgekürzt.[63] Der als Reaktion auf den Stilpluralismus entstandene Wunsch nach einem zeitgemäßen Stil bildete in den Niederlanden unter Architekten, Vertretern der angewandten Künste sowie unter den

Theoretikern um Berlage, J. L. M. Lauweriks, K. P. C. de Bazel und J. H. de Groot (Ouds Lehrer an der Quellinus-Schule) seit den 1890er Jahren ein zentrales Thema.[64] Als Grund für den Stilpluralismus galt die verlorene Kenntnis von den Proportionen, die mit Hilfe von arithmetischen und geometrischen Entwurfssystemen kompensiert werden sollte. Gesucht wurde daher ein allgemeines Prinzip, mit dem die Bautradition auf Basis »überhistorischer« Formen fortgesetzt werden könne.[65] Oud, der den Historismus ebenfalls ablehnte, sah vor allem in Berlage den Pionier dieser neuen Architektur.[66]

Daß der damals über 60-jährige Berlage nicht nur für Oud ein Vorbild war, zeigt die Rezeption seiner Bauten und Schriften durch die übrigen *De Stijl*-Mitarbeiter. In den ersten Jahren orientierten sich in ihren Texten auch Wils und der kurzzeitig in *De Stijl* aktive Architekt Huib Hoste (1881–1957) an Berlage.[67] Als wichtiger Vertreter der *Gemeenschapskunst* (und damit Befürworter der angewandten Malerei) sowie als Begründer der modernen niederländischen Architektur stand Berlage für die zentralen von *De Stijl* verfolgten Ziele.[68] Entsprechend hatte Van Doesburg Oud bereits im November 1916 gebeten, Berlage bezüglich einer Mitarbeit in *De Stijl* anzusprechen.[69] Im Frühjahr 1919 waren Berlages Schriften mit insgesamt neun Publikationen am häufigsten in der »*De Stijl*-Bibliothek« vertreten.[70] Selbst Mondrian bezeichnete Berlage als »den *einzigen*« – wenn auch »altmodischen« – Architekten[71].

Im Mai 1917 konnte Van Doesburg von seinen bisherigen Erfolgen berichten.[72] Neben dem Titel war nun auch der Herausgeber, C. Harms Tiepen aus Delft, gefunden, und Van Doesburg beschränkte die Auflage »bescheiden« auf 1.000 Exemplare.[73] Mondrian und Van der Leck hatten sich definitiv zur Mitarbeit bereit erklärt, und Huszár beschäftigte sich bereits mit dem Anwerben von Inserenten. Im August wurde schließlich in verschiedenen Zeitungen das neue Blatt mit einer Liste der Mitarbeiter angekündigt.[74] Genannt sind Vertreter unterschiedlichster Kunstrichtungen wie Archipenko, Berlage, der Maler Van Hengelaar, Huszár, Kok, Van der Leck, Mondrian, Oud, Picasso, Severini, Toorop, Wichman und Wils. Hinzu kam der Journalist Dop Bles.[75] Mondrian schlug darüber hinaus die Beteiligung von Kandinsky, Léger und Braque sowie Schoenmaekers und später Madame Blavatsky vor.[76]

Die Mitgliederliste zeigt, daß bei Gründung der Zeitschrift kein konkretes künstlerisches Programm oder eine feste Theorie vorlagen. Wie zuvor bei De Sphinx wurden Kunsttheoretiker und Vertreter verschiedener Kunstgattungen, darunter die Architekten Oud, Wils und Berlage, ausgewählt. *De Stijl* sollte damit zu keinem Zeitpunkt eine reine Maler-Vereinigung sein. Die Einbeziehung von Toorop (1858–1928) und Berlage entspricht der seit Jahren von Van Doesburg propagierten Verbindung der Künste, ein Ziel, das auch Oud und die aus dem Kunsthandwerk kommenden Mitarbeiter teilten. Wie bei der Namensgebung »De Stijl« wird auch mit den Vertretern der älteren Künstlergeneration der Wunsch nach einer Einbindung in die Tradition sichtbar.[77] Obwohl eine internationale Ausrichtung der Zeitschrift von Anfang an gewünscht war, wurden einige prominente Künstler offenbar auch aus Prestigegründen gewählt, so sicherlich im Fall von Picasso.

Den Kern der sich tatsächlich formierenden Gruppe bildeten schließlich Van Doesburgs Freunde der letzten Jahre sowie die Mitglieder von De Anderen und De Sphinx wie Huszár, Kok, Van der Leck, Mondrian, Oud, Wichman und Wils.

Die erste Ausgabe von »De Stijl« erschien im Oktober 1917 mit dem Untertitel »Maandblad voor beeldende vakken« (Monatsschrift für bildende Künste) und einem Holzschnitt von Huszár auf dem Cover. Finanziert wurde das Blatt von dem Herausgeber C. Harms Tiepen, Van Doesburg und dem bald darauf hinzugetretenen Architekten Rob van't Hoff (1887–1979).[78] Das erste Heft enthält Beiträge von Van Doesburg, Kok, Van der Leck, Mondrian und Oud. Das Vorwort der Redaktion, datiert auf den 16. Juni 1917, gibt die Zielsetzung des Blattes bekannt.[79] Prophezeit wird ein neuer Stil, der von den Vertretern der verschiedenen Kunstgattungen geschaffen werde und nicht mehr auf dem bisher herrschenden Individualismus basiere. Der Künstler habe nicht nur die Aufgabe, diesen Stil zu entwickeln, sondern auch, ihn der Öffentlichkeit verständlich zu machen. Ein zentrales Anliegen der Zeitschrift bestehe in der Zusammenführung der Künstler, wodurch ein konkreter Beitrag zur Entwicklung des neuen Schönheitsbewußtseins geleistet werde.

Mit der ersten Ausgabe von »De Stijl« bis einschließlich Oktober 1918 erschien Mondrians Kunsttheorie als Fortsetzungsreihe unter dem Titel »De Nieuwe Beelding in de schilderkunst« (Die neue Gestaltung in der Malerei)[80]. Mondrian, der aufgrund von Alter und Status eine Sonderrolle unter den *De Stijl*-Mitarbeitern einnahm, konnte als einziger bereits mit der ersten Ausgabe eine fertige Theorie präsentieren. In der erst 1917 formulierten Einführung des ersten Heftes fordert er für die Malerei die Verwendung von geraden Linien und rechteckigen Flächen in den Primärfarben.[81] Parallel zum ersten Erscheinen von »De Stijl« schuf Mondrian Bilder mit rechteckigen Farbflächen auf weißem Hintergrund, in denen er sich jedoch – entgegen seiner eigenen Theorie – nicht auf die reinen Primärfarben beschränkte. Van der Leck malte in dieser Zeit sowohl abstrakte als auch figürliche Kompositionen in Primärfarben, Huszár abstrakte und figürliche Darstellungen in einer breit angelegten Farbpalette. Van Doesburgs Bilder zeigen bei wechselnder Anlehnung an die Arbeiten der einzelnen *De Stijl*-Maler einen betont freien Umgang mit dem dort entwickelten Formenrepertoire.

Aus dem Bereich Architektur erschien in der ersten Ausgabe ein Beitrag von Van der Leck über die zukünftige Verbindung von Malerei und Baukunst, Ouds Artikel zum »monumentalen Stadtbild« mit Ansichten und Grundrissen seines Entwurfes für eine Häuserzeile an einem Strandboulevard* sowie eine Besprechung dieses Entwurfs von Van Doesburg.[82] Ouds Beitrag, der einzige, der sich in der ersten Ausgabe ganz der Architektur widmete, bekam – zumindest für die frühe Architektur von *De Stijl* – programmatischen Charakter.[83] Das von Oud behandelte Thema, die Stadtgestaltung auf Grundlage einheitlicher Straßen- und Blockbebauung, hatte aus Deutschland kommend über Berlage Eingang in die niederländische Architekturtheorie gefunden. Oud schloß sich in seinen Formulierungen fast wörtlich den Aus-

15. Villa Henny, Huis ter Heide, Rob van't Hoff, 1914–19, Ansicht mit Terrasse

führungen Berlages an.⁸⁴ Auch in späteren Beiträgen sollte Oud, ebenso wie sein *De Stijl*-Kollege Hoste, auf Berlages Schriften zurückgreifen.⁸⁵ Ungeachtet dieser Hommage distanzierte sich Berlage nach kurzer Zeit von *De Stijl*, ohne dort etwas publiziert zu haben.⁸⁶

Bevor sich Berlage zurückzog, vermittelte er Oud jedoch den Auftrag für das Ferienhaus De Vonk* in Noordwijkerhout und initiierte damit indirekt ein frühes Gemeinschaftswerk von *De Stijl*: Auch dort gelang es Oud, seinen Freund Van Doesburg mit verschiedenen Arbeiten zu beteiligen. Noch vor der Grundsteinlegung im Februar 1918 entstand der Entwurf für das abstrakte Fassadenmosaik (vgl. Abb. 22). Es folgten die Farbfassung von Fensterrahmen und Fensterläden, die Gestaltung des Fliesenbodens in Halle und Treppenhaus (Abb. 21) und die Farbgebung der Türen im Innenraum (Abb. 142).⁸⁷ Vorausgegangen waren bereits Arbeiten für das von Wils errichtete Haus in Alkmaar. Im September 1917 berichtet Van Doesburg diesbezüglich, daß er in dem gesamten Haus die Farbgebung bestimmt habe.⁸⁸ Das Treppenhausfenster von Haus De Vonk übertrug Oud dagegen nicht Van Doesburg, sondern Harm Kamerlingh Onnes. Obwohl Harm kein Mitarbeiter von *De Stijl* war und sich auch nicht von De Sphinx losgesagt hatte, zeigen seine Arbeiten einen deutlich Einfluß der *De Stijl*-Mitarbeiter.⁸⁹

Etwa gleichzeitig mit Entwurf und Ausführung von Haus De Vonk* unternahm Rob van't Hoff, der Ende 1917 zu *De Stijl* gestoßen war, Anstrengungen für ein weiteres gemeinsames *De Stijl*-Projekt. Van't Hoff, Sproß einer wohlhabenden Rotterdamer Familie, hatte mehrere Jahre in Großbritannien Architektur studiert.⁹⁰ Aufgrund seiner Begeisterung für Frank Lloyd Wright war er bereits 1914 in die USA gereist, wo er den amerikanischen Architekten selbst kennenlernte. Der Kontakt zu *De Stijl* entstand über den Belgier Hoste, der sich seit Kriegsbeginn in den Niederlanden aufhielt und als Redakteur des »De Telegraaf« eine Rezension der ersten Ausgabe von »De Stijl« verfaßt hatte.⁹¹ Als er Van't Hoffs bahnbrechende Villa Henny in Huis-ter-Heide (1914–19, Abb. 15) sah, verwies er ihn an Van Doesburg.⁹² Mit seinem Beitritt zu *De Stijl* begann Van't Hoff ein Hausboot als Wohnung für sich und seine Frau zu bauen, das im Sommer 1918 fertiggestellt war.⁹³ Van't Hoff, der die Gestaltung des Bootes (den Vorstellungen der Gruppe entsprechend) einem *De Stijl*-Maler überlassen wollte, wandte sich für die Farbgebung zunächst an Van Doesburg, entschied sich dann jedoch für Van der Leck. Als dieser den Auftrag ablehnte, erstellte im Frühjahr 1918 schließlich Huszár einen Entwurf.⁹⁴ Offenbar plante Van't Hoff auf seinem farbigen *De Stijl*-Schiff auch Ausstellungen von Van der Leck, Van Doesburg und Oud zu organisieren. Dieses Vorhaben war nicht der erste (gescheiterte) Versuch einer *De Stijl*-Ausstellung und damit einer Präsentation von *De Stijl* als Gruppe: Zwei für Herbst 1917 und 1918 geplante Ausstellungen wurden ebenfalls nicht realisiert.⁹⁵

Bei den frühen Gemeinschaftsprojekten von *De Stijl* war die Initiative zur Zusammenarbeit – so weit bekannt – von den Architekten ausgegangen. Auch Van Doesburg, der seit Jahren eine Verbindung von Malerei und Architektur forderte, setzte sich erst im Rahmen seiner von Oud vermittelten Aufträge konkret mit angewandter Malerei und Bleiglaskunst auseinander. Im Anschluß an seinen Beitrag für Haus De Geus* und der Villa Allegonda*, beide noch vor Gründung von *De Stijl*, sowie für Haus De Vonk* entwarf Van Doesburg ab Oktober 1918 auch die Oberlichter über den Eingängen der Wohnblöcke I und V* in Spangen (Abb. 155), die Oud im Auftrag des *Rotterdamer Woningdienst* errichtete. Erst ab diesem Zeitpunkt bemühte sich Van Doesburg selbst um architekturgebundene Aufträge, womit er zunächst erfolgreich war: Nach dem Treppenhausfenster für Haus Lange in Alkmaar entwarf Van Doesburg, ebenfalls für Wils, die Farbgebung des Hotel-Restaurant De Dubbele Sluitel in Woerden.⁹⁶ Im Dezember 1918 berichtete er: »Mit meiner praktischen Arbeit bin ich viel beschäftigt; ich bin für Oud tätig, für Wils und für De Ligt.«⁹⁷ Mit letzterem sprach Van Doesburg über den Umbau eines Hauses von Van't Hoff (Lage Vuursche), ein Auftrag, den er wohl über Bart de Ligt erhielt, der zuvor zusammen mit Van't Hoff Haus De Vonk* besichtigt hatte.⁹⁸

Der Arbeitseifer und die Begeisterung der Mitglieder bei den ersten Gemeinschaftsbauten und den ersten Ausgaben der Zeitschrift sollten bald durch erste Streitigkeiten gedämpft werden. Bereits im Mai 1918, das heißt acht Monate nach Erscheinen der ersten Ausgabe von »De Stijl« schrieb Van Doesburg an seinen Freund Oud, daß die Einheit in *De Stijl* gebrochen sei.⁹⁹ Van der Leck hatte sich bereits nach seinem zweiten, im Februar 1918 publizierten Artikel von *De Stijl* distanziert. Entsprechend seinen Äußerungen aus den 1950er Jahren erklären die meisten Autoren dies mit seinem Vorbehalt gegenüber Architekten, die angeblich entgegen einer Absprache mit Van Doesburg an *De Stijl* beteiligt worden seien.¹⁰⁰ Die Aufnahme von Architekten in der Vorgängervereinigung De Sphinx, die vorläufige Mitgliederliste (mit Nennung von Berlage, Oud und Wils) sowie die prinzipiell gewünschte Zusammenarbeit mit Architekten spricht jedoch gegen eine gezielte Beschränkung auf Maler. Für diese frühe Zeit, als noch kaum gemeinsame Ziele von *De Stijl* formuliert waren, scheinen künstlerische Gegensätze, wie die Auseinandersetzung um eine abstrakte oder figurative Malweise, als Ursache für Van der Lecks »Austritt« ebenso unwahrscheinlich.¹⁰¹ Als Grund sind damit in erster Linie persönliche Probleme mit dem als streitbar und wechselhaft bekannten Van Doesburg anzunehmen.¹⁰²

Ähnlich erging es offenbar Hoste. Dieser publizierte im Anschluß an seinen ersten Beitrag in »De Stijl« (Juni 1918) einen Artikel in »De Nieuwe Amsterdamer«, in dem er nach Meinung Van Doesburgs den Prinzipien von *De Stijl* und seinen eigenen, zuvor formulierten Ansichten widersprochen habe.¹⁰³ Laut Van Doesburg vertrete Hoste, der zu alledem noch römisch-katholisch sei, ein den gereinigten und modernen Vorstellungen von *De Stijl* entgegenstehendes »barockes Prinzip«. Hoste akzeptiere sogar gegenständliche Malerei, was von Van Doesburg, der inzwischen rein abstrakt malte, nicht geduldet werden konnte. Mit diesem Generalangriff gegen Hoste wurde erstmals ein Mitarbeiter offiziell aufgrund seiner künstlerischen Haltung kritisiert.¹⁰⁴ Mondrian teilte Van Doesburgs Ansicht: »Was Du über Hoste schreibst, wußte ich schon vor zwei Jahren, damals ist er ein paar Mal bei mir gewesen, und ich sah seine Halbheit.«¹⁰⁵

Im September schrieb Hoste seinen zweiten und letzten Beitrag in »De Stijl«. In einem offenen Brief betonte er, daß er die Ansichten der übrigen *De Stijl*-Mitglieder nicht in jedem Fall teile. »Wenn ich in De Stijl über Architektur schreibe, dann soll das nicht heißen, daß ich die Meinung über Architektur der anderen Mitarbeiter teile, geschweige denn die Meinung über Malerei.«¹⁰⁶ Im Namen der Redaktion reagierte Van Doesburg mit einem Pamphlet, in dem er gegenüber Hoste den Vorwurf bewußter Täuschung und Verrat erhob.¹⁰⁷ Ein Gesamtangriff gegen dessen Fähigkeiten als Kritiker bildete den Schlußpunkt der Verbindung Hostes mit *De Stijl*.¹⁰⁸

Ein zentraler Diskussionspunkt innerhalb von *De Stijl* war die Frage nach der geeigneten Farbskala. In der August-Ausgabe von 1918 besprach Huszár die ab 1916 in mehreren Auflagen erschienene »Farbenfibel« von Wilhelm Ostwald (1853–1932)¹⁰⁹, dessen Thesen großen Einfluß auf *De Stijl* ausüben sollten. Ausschlaggebend hierfür war unter anderem die von Huszár konstruierte Parallele zwischen der modernen, formal-geometrischen Formensprache und Ostwalds »Geometrie der Farben«. Der Chemie-Nobelpreisträger Ostwald argumentierte streng wissenschaftlich: Grundidee war eine exakte, auf Messungen beruhende Farbbestimmung, die eine gesetzmäßige Verbindung der einzelnen Farben ermöglichen sollte. Unterschieden wurde zwischen unbunten und bunten Farben. Einen zentralen Stellenwert nahm Grün (»Seegrün«), neben Rot, Gelb und Blau eine der vier »Urfarben«, ein. Mit seinen acht Hauptfarben (vier »Urfarben« und deren »Gegenfarben«) wandte sich Ostwald bewußt gegen die Beschränkung auf drei Primärfarben (Rot, Gelb, Blau) und deren Komplementärfarben: »Die frühere Annahme von 6 Hauptfarben und 3 Urfarben ist unrichtig«.[110]

Huszár sah Ostwalds Theorie als Ausgangspunkt der neuen Malerei und bezeichnet die »Farbenfibel« entsprechend als »het a. b. c.-kleurboek« (das ABC- Farbenbuch).[111] Auch in Deutschland, wo Ostwald eine Schlüsselstellung im Deutschen Werkbund innehatte, fand er zahlreiche Anhänger.[112] Gerade die wissenschaftliche Basis seiner Farbsysteme und die exakte Berechnung und Benennung von Farbtönen wird die *De Stijl*-Mitarbeiter im Hinblick auf den gesuchten allgemeingültig-objektiven Stil angesprochen haben: »Ostwald wurde im Kreis des ›Stijl‹ gewissermaßen zu einer Kultfigur …«.[113] Mondrian, der in *De Stijl* die Verwendung von Primärfarben propagierte, dies jedoch in seinen eigenen Bildern zunächst nicht umsetzte, wurde in seiner Farbenwahl (getrübte Farben und Grün) von Ostwald bestätigt. Neben Huszár zeigte auch Van Doesburg lange Zeit eine Vorliebe für Grün.

Unter dem Einfluß seiner Kollegen wuchs auch Mondrians Interesse an der angewandten Malerei: »ich fühle so, daß mein Werk an einem Platz und in Verbindung mit dem Platz selbst gemacht werden muß.«[114] Im Januar 1918 ging Mondrian zum ersten Mal in »De Stijl« auf den gebauten Kontext von Gemälden und damit auf die Architektur ein.[115] Angesichts der starken Abhängigkeit der Malerei von der sie umgebenden Architektur forderte er, die gesamte Umwelt neu zu gestalten. Dennoch war Mondrian anfangs, wie auch Van der Leck, äußerst skeptisch gegenüber den Kollegen – »den Architekten von De Stijl mißtraue ich immer« – und sprach sich gegen eine Gleichsetzung ihrer Architektur mit der »Nieuwe Beelding« aus.[116] Am 9. Juli 1918 bekannte er: »Und nun über die Architekten im Allgemeinen – ich muß Dir sagen Does, ich habe es bei der Gründung von De Stijl Dir überlassen, aber ich war nie mit Dir einer Meinung, als Du die Architekten mit uns, *mit unserer NB* [Nieuwe Beelding: EvE] auf eine Linie setztest.«[117] Alle neuen Errungenschaften schrieb er daher den *De Stijl*-Malern zu: »Was das Neue beinhaltet, mußte das meiste doch von den *Malern* kommen. *Ich muß noch die Konsequenz* bei den Herren Architekten sehen.«[118]

Für das erste Manifest von *De Stijl*, das ab Sommer 1918 unter den Mitarbeitern diskutiert wurde, hatte Mondrian eine Erläuterung seiner Kunsttheorie (»Nieuwe Beelding«) vorgesehen. Offenbar gelang es ihm jedoch nicht, eine allgemein akzeptierte Fassung zu formulieren. Mondrian weigerte sich daraufhin, Abbildungen seiner Arbeiten in Verbindung mit dem sehr allgemein gefaßten Manifest zu publizieren. Möglicherweise fürchtete er, daß auch Abbildungen anderer Künstler, vor allem von Architekten, hinzugenommen würden und einen falschen Eindruck seiner Vorstellungen vermittelten.[119] Nach seinem Artikel vom Januar 1918 äußerte sich Mondrian erst wieder im September dieses Jahres im Kontext seiner »Weltstadt«-Idee zur Architektur.[120] Demnach sei die von ihm geforderte Flächenplastik entsprechend den Aussagen der Architekten am besten in Beton zu verwirklichen.

Trotz dieses wachsenden Interesses an der Architektur, das sicherlich durch die ersten Gemeinschaftsarbeiten von *De Stijl*-Malern und Architekten gefördert wurde, blieb Mondrian lange zögerlich. Noch im Juni 1919 berichtete Van Doesburg, daß Mondrian an einigen ihrer Themen, darunter der Architektur, vollkommen uninteressiert sei.[121] Entsprechend kannte er die Architekten zunächst auch nicht persönlich. Mit Oud als Gründungsmitglied und langjährigem Mitarbeiter von *De Stijl* trat er erst Anfang 1920, als er längst wieder in Paris lebte, in schriftlichen Kontakt. Noch im Dezember 1919 äußerte er gegenüber Van Doesburg seine Zweifel an einer erfolgreichen Zusammenarbeit: »… ich habe kein Vertrauen in die Gruppe Van't Hoff, ich bin mit Dir einer Meinung, daß sie zu oberflächlich sind.«[122]

1.4. Zweiter bis vierter Jahrgang von *De Stijl*

Im November 1918 erschien im Namen der Redaktion die von Van Doesburg verfaßte Einleitung zum zweiten Jahrgang von »De Stijl«. Demnach hätten die Künstler im vergangenen Jahr durch klarere Formulierung ihrer Ideen viel zum Verständnis des neuen Kunstbewußtseins beigetragen. Dies solle als Ansporn genutzt werden, die ästhetische Bildungsarbeit fortzusetzen. Der sich gerade vollziehende gesellschaftliche Neuaufbau gründe auf dem sich in der »Nieuwe Beelding« ausdrückenden »harmonischen Verhältnis zwischen dem Besonderen und dem Allgemeinen«[123].

Das im selben Heft erschienene und in vier Sprachen übersetzte erste Manifest von *De Stijl* wurde von Van Doesburg, Huszár, Kok, Mondrian, Van't Hoff, dem im Sommer 1918 zu *De Stijl* gestoßenen Bildhauer Georges Vantongerloo (1886–1965)[124] und Wils unterzeichnet, die hierfür ein »medewerkersdiploma« (Mitarbeiterdiplom) erhielten. Nicht unterschrieben hatten die beiden Architekten Oud und Hoste.[125] Das Manifest konstatiert ein altes, auf das Individuelle gerichtete Zeitbewußtsein, sowie ein neues Zeitbewußtsein, das sich dem Universellen zuwenden müsse. Das neue Zeitbewußtsein werde Realität, wenn die alte Welt mit ihren Traditionen und Dogmen beseitigt sei. Auch der Krieg diene der Vernichtung der alten Welt. Sympathie gebühre all denjenigen, die materiell für eine internationale Einheit von Leben, Kunst und Kultur kämpften. Ziel von *De Stijl* sei vor allem die Darstellung dieser neuen Lebensauffassung.

Gemeinsam ist den Vorworten zum ersten und zweiten Jahrgang sowie dem ersten Manifest die Forderung nach einem neuen Stil. Eine konkrete Formensprache wurde zu diesem Zeitpunkt noch nicht propagiert. *De Stijl* habe vor allem die Aufgabe, den Kontakt zwischen den Künstlern herzustellen und den neuen Stil in der Öffentlichkeit zu vertreten. Damit definierte sich *De Stijl* in erster Linie als Medium zur Verbreitung dieser Ideen und nicht als eine Gruppe mit festen Mitgliedern. Der neue Stil sollte vielmehr in Zusammenarbeit aller gegenwärtigen Künstler entstehen. Entsprechend wurde im ersten Manifest die Internationalität der neuen Bewegung hervorgehoben und zur Übersetzung und Verbreitung der in »De Stijl« veröffentlichten Ansichten aufgerufen.

Der Architektur kam in *De Stijl* zunehmend größere Bedeutung zu. Noch in der zweiten Jahreshälfte von 1918 wurde von Seiten des Herausgebers, eventuell auch aus den Reihen der Architekten, die Einsetzung eines Redakteurs für die Baukunst gefordert. Als Alternative könne eine Umstellung des Blattes auf den Bereich Architektur erfolgen.[126] Möglicherweise wurde bereits zu diesem Zeitpunkt Oud als Redakteur ins Spiel gebracht.[127] Van Doesburg reagierte auf diese Forderungen, in dem er das Übereinkommen mit Tiepen löste und nun selbst als Herausgeber fungierte. Mondrian hatte ihm von diesem Schritt abgeraten: »Behalte Du – meine ich – auch die Redaktion über die Architektur und plaziere was Dir gut erscheint, dann kann es nicht schlecht sein. Ich kann nicht über Architektur schreiben, weil ich kein Architekt bin … Ich rate Dir, Dir keine Sorgen zu machen über die Architektur, die kommt später von selbst, wenn die Zeit so weit ist.«[128] Angesicht seines generellen Mißtrauens gegenüber der Architektur schien er schließlich doch zufrieden mit Van Doesburgs Entscheidung: »Ich bin froh, daß Du *De Stijl* so selbst in Händen hältst; sonst wird da nichts daraus … Stell Dir vor: De Stijl allein mit Architekten!«[129] Im November 1918 wurde der

Name des Herausgebers gestrichen, und ab Januar 1919 entfiel auch die Nennung der Mitarbeiter. Die verbleibende »Redaktion Van Doesburg« zeigt die zunehmende Identifikation Van Doesburgs mit De Stijl. An Stelle einer heterogenen Meinungsvielfalt der Mitglieder wollte er vor allem seine persönliche Kunstvorstellungen vertreten wissen. Beiträge, mit denen er nicht übereinstimmte, erschienen nur noch nach vorangestelltem Kommentar im Namen von De Stijl.

Anfang 1919 distanzierte sich auch Wils von De Stijl. Ursache war wiederum ein Streit zwischen ihm und Van Doesburg, in diesem Fall über die Finanzierung des gemeinsam durchgeführten Umbaus von De Dubbele Sleutel. Wils war zudem in verschiedenen anderen Gruppen aktiv geworden und hatte in der Zeitschrift »Levende Kunst« und »Wendingen«, dem Organ der Amsterdamer Schule, publiziert. Van Doesburg warf Wils daraufhin vor, aus »Levende Kunst« ein »Ersatz-Stijl« machen zu wollen.[130] Die ablehnende Haltung Van Doesburgs, der Wils schließlich mit dem Gerichtsvollzieher drohte, wurde eventuell von Ouds Rivalität gegenüber dem Architektenkollegen noch verstärkt.[131] Im Mai schrieb Van Doesburg an Oud, daß Wils und Huszár »out« seien. In der Tat hatte auch Huszár bereits im Frühjahr 1919, wohl aufgrund eines Konfliktes mit Vantongerloo, De Stijl verlassen.[132] Als »Ersatz« kam spätestens im Sommer 1919 der Möbeltischler Gerrit Rietveld (1888–1964) und übernahm sogleich die Möblierung der Musterwohnung von Block I und V* in Spangen (Abb. 158).[133]

Unabhängig von diesen Geschehnissen zeigten Wils und Huszár weiterhin Interesse an De Stijl. Auch in der Formensprache ihrer Arbeiten ist kein Bruch festzustellen.[134] In Zusammenarbeit von Wils und Huszár entstand 1921 das Fotoatelier Berssenbrugge in Den Haag, das 1922 in »De Stijl« publiziert wurde.[135] Ebenfalls 1922 erschien eine Abbildung des Papaverhof in Den Haag von Jan Wils.[136] Beide Arbeiten galten damit offiziell als »De Stijl-Werke«.

Im ersten Manifest von De Stijl wurden (abgesehen von einer kritischen Äußerung Van't Hoffs zum Verhältnis von Kunst und Kapitalismus[137]) erstmals politische Fragen angesprochen. Thema waren der gesellschaftliche Neuaufbau, die Neuordnung der materiellen Verhältnisse, Sinn und Zweck des Krieges sowie der Kampf um eine internationale Einheit von Kunst und Leben. Nach Kriegsende verstärkte sich zunächst das politische Interesse innerhalb von De Stijl. Folge war eine Polarisierung zwischen den eigentlich unpolitischen Mitgliedern Kok, Van der Leck, Mondrian und Oud und den politisch links eingestellten Vertretern Van't Hoff, Mitglied der Kommunistischen Partei, und Wils.[138] In Van't Hoffs Augen war »De Stijl« zweifellos eine politische Streitschrift: »Jeder, der das russische Manifest im letzten De Stijl liest, kann nicht an der Haltung unserer Bewegung gegenüber dem neuen Kommunismus zweifeln ...«[139]. Als Konsequenz dieser Sichtweise beschränkte er sich von diesem Moment an auf den sozialen Wohnungsbau: »Ich selbst bin davon überzeugt, daß wir eine Sowjetregierung bekommen werden, auch wenn der Übergang einigen von uns das Leben kosten wird. Ich versuche durch Entwürfe für den Massenwohnungsbau, also nicht mehr private Villen, alles vorzubereiten für die Ausführung nach diesem Umsturz.«[140] Auch Vantongerloo, der sich im Juni 1919 zu seiner kommunistischen Haltung bekannte (»... im Leben bin ich Revolutionär vielleicht und beinah sicher Bolschewist«[141]), nahm – in Absetzung von den »un-revolutionären Impressionisten« – Partei für die politische Fraktion in De Stijl.

Die Polarisierung innerhalb von De Stijl spitzte sich zu, als Van Doesburg ein von mehreren Mitarbeitern unterschriebenes Gesuch an die Tweede Kamer zur Aufhebung des Briefboykotts gegen Rußland nicht an die ausländischen Kontaktpersonen weiterreichte. Im Oktober 1919 kam es darüber zum Bruch mit Van't Hoff, der sogleich die finanzielle Unterstützung der Zeitschrift einstellte, sein eigenes Abo kündigte und das Hausboot »De Stijl« verkaufte.[142] Aus Enttäuschung über die weitere politische Entwicklung zog sich Van't Hoff schließlich ganz aus dem künstlerischen Leben zurück. Zuvor wurden jedoch noch zwei seiner Bauten, Haus Verloop (1914/15) und die Villa Henny (1914–19), als Beispiele einer De Stijl-Architektur publiziert.[143] Mit Van't Hoffs Austritt und der Distanzierung von Hoste und Wils blieb Oud als einziger Architekt innerhalb von De Stijl zurück.

Aber auch Van Doesburg zeigte sich – der Zeitströmung folgend – von den politischen Ereignissen, vor allem den Geschehnissen in Rußland, beeinflußt. Im Herbst war er kurzzeitig Mitglied des »Verband van Revolutionair-Socialistische Intellektueelen«, einer parallel zum deutschen Arbeitsrat der Kunst und der Novembergruppe gegründeten sozialistischen Künstlervereinigung. Einer der Mitbegründer, Bart de Ligt, gab in Folge zwei Häuser bei De Stijl-Künstlern in Auftrag.[144] Gegenüber Kok verwies Van Doesburg auf den notwendigen Untergang der bestehenden ökonomischen Strukturen und den unausweichlichen Kampf des Proletariats gegen Bourgeoisie und Kapital. Die neue Kunst werde dem Privatbesitz von Bildern schließlich feindlich gegenüberstehen.[145] Seine bald nachlassende Begeisterung für den Kommunismus sowie Van't Hoffs Austritt aus der Gruppe verhinderten jedoch eine tiefergehende Politisierung von De Stijl: Der geforderte gesellschaftliche Umschwung wurde nun als rein geistige Revolution gedeutet und konnte daher auch von Oud und den anderen, unpolitischen De Stijl-Künstlern mitgetragen werden.[146]

In den künstlerischen Werken der De Stijl-Mitarbeiter zeigte sich weiterhin eine große stilistische Vielfalt. Auch eine konkrete Vorstellung des ersehnten neuen Stils fehlte lange Zeit. Dies gilt – entgegen der vorherrschenden Meinung – auch für die Frage nach der »richtigen« Farbskala. Strenge Verfechter der Primärfarben waren allein Van der Leck und Mondrian, der wiederum unter dem Einfluß von Van der Leck und Schoenmaekers stand. Abweichend hiervon zeigten sich Huszár und anfangs Van Doesburg als Anhänger von Wilhelm Ostwalds Farbenfibel[147], die eine Mischung der Farben mit Weiß und Schwarz sowie die Verwendung von Grün einschloß. Vor allem Huszár versuchte, Ostwalds Farbtheorie in De Stijl zu etablieren. Ab April 1919 gehörten insgesamt drei Publikationen von Ostwald zum Bestand der »De Stijl-Bibliothek«.[148] Im Gegensatz hierzu entwickelte Vantongerloo, nachdem er Anfang 1919 nach Belgien zurückgekehrt war, seine eigenen, von insgesamt sieben Farben ausgehenden Farbsysteme.[149] Von Frühjahr 1920 an korrespondierte er hierüber mit Mondrian, der sowohl Ostwalds als auch Vantongerloos Farbpalette ablehnte.[150] Van Doesburg, der sich zunehmend als Repräsentant von De Stijl darstellte, schloß sich Mondrians Kritik an.[151] Vantongerloo warf er vor, seine Farbtheorien, die den Zielen von De Stijl entgegenstünden, mit Gewalt durchsetzen zu wollen. Mit Van Doesburgs Erklärung, er selbst und Mondrian bestimmten, was in De Stijl vertreten würde, wurde Vantongerloo aus dem Kreis der Mitarbeiter ausgeschlossen.[152] Daß hierfür in erster Linie Vantongerloos Anspruch und sein überaus selbstbewußtes Auftreten verantwortlich waren und weniger die Verwendung seiner Farbsysteme, zeigt die ausgesprochen breite Farbpalette der anderen De Stijl-Mitarbeiter. So traten in den Entwürfen und ausgeführten Arbeiten generell (mit Ausnahme der Gemälde Van der Lecks, der De Stijl jedoch Anfang 1918 verlassen hatte) die Farbe Grün sowie Mischfarben aller Art auf. Van Doesburg selbst verwendete die Farbe Grün durchgehend bis 1923 (vgl. Abb. 23, 25–27).[153] Auch Mondrian arbeitete bis 1920/21, wohl unter dem Einfluß von Ostwald und damit entgegen seiner eigenen Theorie, mit gebrochenen Farbtönen sowie Grüngelb und verschiedenen Grüntönen.[154]

Eine strenge Beschränkung auf die Primärfarben findet sich in den Werken der *De Stijl*-Mitarbeiter – jedenfalls in den ersten Jahren – nur vereinzelt. Frühe Verfechter waren Van der Leck, der bereits in seinem Gemälde »Der Sturm« (1916) allein Primärfarben verwendete, und zunächst auch Vantongerloo. Dieser schuf 1918 mit »ocno 9« (Abb. 44) eine Skulptur sowie ein Jahr später einen Tisch, die beide in den Primärfarben gefaßt waren.[155] Der sogenannte »Rot-Blau-Stuhl« von Rietveld (Abb. 160) erhielt dagegen aller Wahrscheinlichkeit nach erst 1923 seine Farbfassung.[156] Auch Mondrian, der im Juni 1919 nach Paris zurückgekehrt war, entwickelte den für ihn später charakteristischen Formenkanon, ein Rechteckraster aus schwarzen Linien vor weißem Hintergrund mit einzelnen, in den Primärfarben gehaltenen Flächen, erst 1920/21. Gleichzeitig wurde auch die Farbe Grün mit ihrer Assoziation der Natur zum Tabu. Eine auf die Primärfarben beschränkte Farbpalette wie auch die für Mondrian charakteristische Formensprache entwickelten sich damit erst während der ersten Jahre von *De Stijl* und lagen bei Gründung der Zeitschrift noch nicht vor.[157]

Auch in der Einleitung zum dritten Jahrgang äußerte sich Van Doesburg im Namen der Redaktion zu der bisherigen Entwicklung von *De Stijl*.[158] Demnach verfolgten die fortschrittlichen künstlerischen Kräfte – trotz unterschiedlicher Auffassung über das Neue in Kunst und Kultur – ein gemeinsames Ziel. Für die bereits im ersten Manifest geforderte Stileinheit hätten die Mitarbeiter von *De Stijl* die Grundlage geschaffen. *De Stijl* sei damit nicht nur Teil der internationalen Kultur, sondern übernehme auch eine Führungsposition. Um den internationalen Einfluß von *De Stijl* deutlich zu machen, publizierte Van Doesburg eine Liste der inzwischen eingegangenen Sympathiebezeugungen aus ganz Europa.

Das im April 1920 erschienene zweite Manifest von *De Stijl*, das sich ausschließlich mit der Literatur auseinandersetzt, wurde allein von Van Doesburg, Kok und Mondrian unterschrieben. Im August 1921 folgte das dritte Manifest unter dem Titel »Tot een nieuwe wereldbeelding« (Zu einer neuen Weltgestaltung)[159], diesmal unterzeichnet mit *De Stijl*«. Offenbar wollte Van Doesburg auf diese Weise den Eindruck eines nur von wenigen Mitarbeitern getragenen Manifestes vermeiden. Thema ist der Beginn einer umfassenden »Weltgestaltung«, die auf der Kraft des Geistes basiere. Die Vertreter dieser neuen Gesinnung kämen in allen Völkern und Ländern zum Vorschein, ohne dabei eine Sekte, Kirche oder Schule zu bilden. Mit dieser Konzentration auf das Geistige wird hier auf die theosophisch gefärbte künstlerische Richtung Mondrians zurückgegriffen. Gleichzeitig fand eine Distanzierung von den politischen Fragen statt: Sowohl Kapitalisten als auch Sozialisten werden als Betrüger bezeichnet, und die Sozialistische Internationale als lächerliche und folgenlose Aktion abgetan.

Mit der Schrift »Die neue Gestaltung in der Malerei«, die als Fortsetzung in insgesamt 12 Heften erschien, hatte Mondrians Theorie von Anfang an eine besondere Stellung in *De Stijl* eingenommen. Von Juni 1919 bis August 1920 wurden unter dem Titel »Natuurlijke en abstrakte realiteit«[160] die Kernaussagen, darunter die Forderung nach der »Nieuwe Beelding«, in einer weiteren Artikelfolge wiederholt. Ab Januar 1921 erschien schließlich die Bezeichnung »Nieuwe Beelding« in der Abkürzung »NB« auf dem Titelblatt von »De Stijl«, womit die Verbindung von Mondrians Theorie mit den Zielen von *De Stijl* offiziell vollzogen war. Gleichzeitig mit dem Kurswechsel von *De Stijl* änderte sich auch das Format des Blattes. Neben der »Nieuwe Beelding« wurde als konkretes Formvokabular schließlich der »Neoplastizismus«, die Bezeichnung der von Mondrian 1920/21 entwickelten Gestaltungsweise, propagiert.[161] So bezeichnete Van Doesburg Mondrians Publikation »Le Néo-Plasticisme« (1920) als Manifest der »Nieuwe Beelding« und damit – entsprechend dem Titel der Zeitschrift – auch als Manifest von *De Stijl*: »Sowohl nach Inhalt als auch der Form nach kann diese Schrift als ein *allgemeines Manifest der Nieuwe Beelding* in all ihren Ausdrucksformen betrachtet werden, wie: Malerei, Architektur, Bildhauerei, monumentale Kunst, Literatur, Musik, Schauspiel, Tanz usw.«[162] Im September 1922 bezeichnete Van Doesburg »De Stijl« schließlich als »das Organ der Nieuwe Beelding«.[163] Da Mondrian um 1913 als erster zur Realisierung der von *De Stijl* verteidigten neuen Gestaltung gelangt sei, werde er nun als Vater der »Nieuwe Beelding« begrüßt.[164]

Die »Nieuwe Beelding« und der »Neoplastizismus« wurden jedoch allein von Mondrian und Van Doesburg, von letzterem nur für kurze Zeit, vertreten. Differenzen hinsichtlich der Realisierung des »Neoplastizismus« in der Architektur sowie Van Doesburgs Einführung diagonaler Gestaltungselemente im Rahmen des »Elementarismus« führten bereits 1925 zur Distanzierung Mondrians. Auch in den Jahren zwischen 1921 und 1925 herrschte keine absolute Übereinstimmung in künstlerischen Fragen. Gegenüber Oud bekannte Van Doesburg im September 1921: »Piet hat mich – wie ich Dir schon schrieb – in *vielen* Dingen sehr enttäuscht.«[165] Bereits zu diesem Zeitpunkt sprach er der »Nieuwe Beelding« – zumindest für den Bereich der Architektur – jegliche Bedeutung ab.[166] Vor allem mit Blick auf die Tätigkeit der übrigen Mitarbeiter wird die Gleichsetzung der »Nieuwe Beelding« und des »Neoplastizismus« mit *De Stijl* als theoretisches Konstrukt sichtbar. Der »Neoplastizismus« kann daher auch für diese Zeitspanne nicht mit der Kunst von *De Stijl* gleichgesetzt werden.

Das ursprüngliche Anliegen von *De Stijl*, Gesamtkunstwerke in Verbindung von Architektur, Malerei und Bildhauerei zu schaffen, wurde auch während des dritten und vierten Jahrgangs weiter verfolgt. Bereits im Sommer 1919 hatte Oud seine Freunde Van Doesburg und Rietveld aufgefordert, für die geplante Fabrik* in Purmerend eine Innenraumgestaltung zu entwerfen und von dieser ein Modell zu erstellen. Das Projekt kam (wohl aufgrund finanzieller Schwierigkeiten) nicht zur Ausführung; allein Ouds Entwürfe erschienen im März und im September 1920 in »De Stijl«.[167] Im Sommer 1920 wurde schließlich die Musterwohnung für Ouds Wohnblöcke I und V* in Spangen mit einer Wandbemalung nach Entwurf Van Doesburgs und einer Möblierung von Rietveld präsentiert (Abb. 158). 1921 folgten die Bauten von Cornelis R. de Boer (1881–1966) in Drachten, für die Van Doesburg die Farbgebung bestimmte.[168]

Trotz der Vielzahl der inzwischen realisierten Gemeinschaftsarbeiten konstatierte Van Doesburg, der generell ein stärkeres Mitspracherecht der Maler forderte, daß von einer neuen Architektur als Einheit aller plastischen Künste noch keine Rede sein könne.[169] Allerdings entstand durch die Zusammenarbeit der Künstler eine zunehmende Konzentration der Maler auf eine architekturgebundene Malerei und damit auf die Architektur selbst. Bereits im November 1919 hatte Mondrian begonnen, sein Pariser Atelier in der Rue de Coulmiers umzugestalten, in dem er die Möbel bemalte und farbige Kartons an den Wänden anbrachte.[170] 1921 folgte sein Atelier in der Rue de Départ.[171] Auch Vantongerloo hatte zu dieser Zeit sein Atelier in Meudon künstlerisch gestaltet.[172] Van Doesburg plante seit Herbst 1919 den Bau eines Atelierhauses mit einem eigens gestalteten Interieur zur Präsentation seiner Arbeiten, wozu er Oud als Architekten heranzog.[173]

Van Doesburgs wachsendes Interesse an einer architekturgebundenen Kunst wird auch in der konsequent vorangetriebenen Ausweitung seines Aufgabenbereichs deutlich. Bei Haus De Vonk* folgten auf seine Backsteinmosaike an der Eingangsfront die Gestaltung des Fußbodens sowie die Farbgebung der Türen und Fensterläden. Im Fall der Blöcke I und V* in Spangen wurden ihm nach dem Entwurf der Bleiglasfenster über den Haustüren auch die Farbgebung der Musterwohnung und die Farbentwürfe für die Fassaden übertragen. Dem schlossen sich 1921 entsprechende Entwürfe für die Blöcke VIII* und IX* an. Selbst auf die Gestaltung der Türen versuchte Van Doesburg Einfluß zu nehmen.[174]

In das Jahr 1921 fällt schließlich seine erste Beschäftigung mit der Architektur selbst. Im Rahmen der Planung für das Haus Rosenberg, dem als Gemeinschaftsarbeit von De Stijl zu errichtenden Haus des Pariser Kunsthändlers Léonce Rosenberg, äußerte sich Van Doesburg zur architektonischen Gestaltung des Hauses und zu technischen Details wie der »Heizung«.[175] Entsprechend nannte er sich in diesem Jahr erstmals »Architekt«.[176] Auch Mondrian, der am längsten an seinem Selbstbild als freier Künstler festgehalten hatte, erklärte sich in Verbindung mit dem Rosenberg-Projekt zu einer Zusammenarbeit mit Architekten bereit. Bereits im Oktober 1920 hatte er Oud verteidigt: »In Bezug auf Oud mußt Du bedenken, daß seine Stellung ihn bindet und daß doch langsam in ihm das Wahre wächst und daß er außerdem außer uns der einzige ist, der rein sieht.«[177] Dennoch verschwand seine Skepsis nie vollständig. Noch im März 1922 bezeichnete er – ganz im Sinne des autonomen Künstlers – die Architekten als »faule Architekturknechte der breiten Masse (›publiek‹) und des Geldes.«[178] Zwei Monate später schlug er in »De Stijl« (entsprechend Van Doesburgs Ausweitung seiner Tätigkeit) die Bündelung aller Gestaltungsaufgaben in einer Person vor: »Architekt, Bildhauer und Maler, *in ihrem essentiellen Wesen*, bringen alles *gemeinsam* zustande oder vereinigen sich in *einer Person*.«[179] Vollkommen unverständlich erschien ihm dann auch, wie Oud zu der traditionellen Idee einer Trennung von Konstruktion und Malerei habe zurückkehren können.[180] Seine weitere Beschäftigung mit der Architektur führte Mondrian nach eigener Aussage auf die Auseinandersetzung mit Oud zurück.[181]

Van Doesburgs Werbung für *De Stijl* setzte keineswegs (wie in der Literatur allgemein angenommen wird) erst 1921 in Verbindung mit seinem Umzug nach Weimar ein. Bereits im Mai 1919 hatte er Friedrich Wilhelm Huebner, einen der bedeutendsten Kunst-Journalisten der Weimarer Republik, kennengelernt[182], der von nun an in seinen Artikeln für *De Stijl* warb. Auch der Berliner Architekturkritiker Adolf Behne zeigte schon früh Interesse an *De Stijl*.[183] Im September 1920 reiste Behne in die Niederlande, wo er mit Van Doesburg und Oud zusammentraf und sowohl Haus De Vonk* als auch die Villa Allegonda* besichtigte.[184] Kurz darauf erschien in der Zeitschrift »Feuer« sein Artikel »Von holländischer Baukunst«, in dem er Oud und die anderen *De Stijl*-Architekten vorstellte.[185]

Im Februar 1920 fuhr Van Doesburg zum ersten Mal nach Paris. Über Mondrian lernte er dort einige der wichtigsten Vertreter der Pariser Avantgarde kennen, darunter E. F. Tommaso Marinetti, Fernand Léger und den Kunsthändler Léonce Rosenberg. Rosenberg, der gerade seine Galerie »L'Effort Moderne« eröffnet hatte, wo er mit Bildern von Picasso, Léger und Mondrian handelte, zeigte großes Interesse an *De Stijl* und wurde in der Folge ein wichtiger Förderer der Gruppe.[186] Offenbar sprach er Van Doesburg, der mit »De Stijl« über eine eigene Zeitschrift verfügte und sich als Gründer und Kopf der Gruppe ausgab, große Bedeutung in der internationalen Kunstszene zu. Van Doesburg seinerseits scheint *De Stijl* als eine aktive und homogene Künstlergruppe dargestellt zu haben. Einen besonderen Stellenwert nahmen dabei die Arbeiten des einzigen verbliebenen *De Stijl*-Architekten ein. Oud, der zu diesem Zeitpunkt noch kaum bekannt war, erhielt so die Chance auf einen großen repräsentativen Auftrag. Im September 1920 sprach Rosenberg von Oud als »une personne de cette qualité du grande problème de l'architecture moderne« und bedauerte, ihn während dessen Paris-Aufenthalt nicht kennengelernt zu haben.[187] Einen Monat später bat er ihn um Fotos seiner Arbeiten und kündigte gleichzeitig an, in drei oder vier Jahren ein Haus mit modernem Garten als Gemeinschaftswerk mehrerer Künstler errichten zu wollen.[188] Im Dezember versprach er schließlich, die von Van Doesburg und Oud anzufertigenden Modelle für sein Landhaus auszustellen.[189] Offenbar war daher schon Ende 1920 Oud als Architekt von Haus Rosenberg vorgesehen.

Auf Vermittlung von Behne reiste Van Doesburg Ende 1920 nach Berlin, wo er am 19. Dezember im Haus von Bruno Taut mit Walter Gropius, Adolf Meyer und Fred Forbat zusammentraf. Anhand von Fotos präsentierte Van Doesburg die Werke der *De Stijl*-Mitarbeiter und stellte einzelne Ausgaben der Zeitschrift vor.[190] Mit Van Doesburgs Aufenthalt in Berlin und seinem anschließenden Besuch am Weimarer Bauhaus entstand ein erster direkter Kontakt zwischen *De Stijl* und der deutschen Kunstszene, der sich wiederum für die Verbreitung von Ouds Arbeiten positiv auswirkte. Bereits am 29. April 1921 siedelte Van Doesburg mit der Redaktion von »De Stijl« nach Weimar über.[191] Neben einem Werbefeldzug für *De Stijl* versuchte er dort, Vantongerloo wie auch sich selbst eine Stelle am Bauhaus zu verschaffen. Während sein Bemühen im Fall Vantongerloos erfolglos blieb, stand eine Anstellung Van Doesburgs laut den Versammlungsprotokollen des Bauhauses tatsächlich zur Diskussion.[192] Die Proteste von seiten der Studenten bei der Ernennung des expressionistischen Formmeisters Lothar Schreyer und eine kurz darauf einberufene Versammlung der Dozenten zeigen, daß Van Doesburg offenbar für diese Stelle im Gespräch gewesen war.[193] Laut Van Doesburg ergriffen zumindest die Studenten eindeutig für ihn Partei: »Die Jungen haben mich in einem feurigen Moment als ihren Führer ausgerufen …«[194]. Schließlich konnte er Oud berichten: »Ich bringe hier den ganzen Betrieb in Aufruhr und die Leute, die mir nachfolgen, wollen mit Fahnen, auf denen ›Wir wollen De Stijl‹ steht, gegen das Bauhaus ziehen.«[195]

Durch Van Doesburgs Umzug nach Weimar und das Interesse deutscher Kritiker konzentrierte sich die Verbreitung von *De Stijl* in den ersten Jahren auf Deutschland. Auch Ouds Arbeiten wurden daher – zunächst noch als Beispiele einer »De Stijl-Architektur« – zuerst in Deutschland bekannt. Hierauf folgten Italien mit Van Doesburgs Artikeln in »Valori Plastici«[196] und das Nachbarland Belgien, wo sich vor allem der Maler Jozef Peeters mit Vorträgen aktiv zeigte[197]. Im März 1921 unternahm Van Doesburg eine Propagandareise für *De Stijl* durch Belgien, Italien, Deutschland und Frankreich, wo bereits der Kontakt mit Rosenberg bestand und Mondrian mit seinen Arbeiten erste Erfolge erzielte. Im September 1921 zeigte Van Doesburg dem Wiener Kunsthistoriker und Universitätsprofessor Josef Strzygowski, Mitunterzeichner des »Aufrufs zum farbigen Bauen«[198], Zeichnungen von Ouds Häusern und bat Oud, ihn auf dessen Reise nach Amerika in Rotterdam zu empfangen: »Er ist ein bescheidener Mann (›envoudig manetje‹) und wir können ihn für De Stijl als Propagandist in Amerika gebrauchen. Wenn Du ihn nun vor seiner Abreise bearbeitest, ist alles in Ordnung. Ich habe das meine schon getan … Er muß *Dich* in Amerika einführen …«[199]. Im Januar 1922 beteiligten sich mehrere aktuelle wie auch ehemalige Mitarbeiter von *De Stijl* an dem zweiten Kongreß für moderne Kunst in Antwerpen, der von Hoste und Peeters organisiert war. Oud und Huszár hielten einen Vortrag, Vantongerloo stellte einige seiner Arbeiten aus.[200]

1.5. Oud und die Architektur von *De Stijl*

Im Februar 1921 hielt Oud vor der Rotterdamer Künstlervereinigung De Opbouw seinen berühmten Vortrag »Über die zukünftige Baukunst und ihre architektonischen Möglichkeiten«[201]. Bereits der Untertitel »Ein Programm« zeigt die Bedeutung der hier vorgetragenen Thesen für Oud. Stutzig macht, daß trotz der engen Zusammenarbeit mit Van Doesburg *De Stijl* mit keinem Wort erwähnt wird. Auch die von Oud propagierte Formensprache zeigt keine Verbindung zu dem gleichzeitig in De Stijl eingeführten »Neoplastizismus«. Allein durch Diapositive wurden Arbeiten der De Stijl-Mitarbeiter vorgestellt, die jedoch ohne konkreten Bezug zu Ouds Ausführungen blieben. In der Folge entwickelte sich ein intensiver Briefwechsel mit Mondrian, der sein Bedauern über den fehlenden Verweis auf De Stijl äußerte. Er zeigte sich insgesamt jedoch verständnisvoll, da in einem Vortrag auf das Publikum geachtet werden müsse und Ausführungen zu De Stijl zu gewagt hätten sein können.[202] Um Klarheit zu schaffen und Oud vom rechten Weg zu überzeugen, verfaßte er einen Essay, der 1922 unter dem Titel »Die Realisierung des Neo-Plastizismus in weiter Zukunft und in der heutigen Architektur«[203] in »De Stijl« erschien.

Oud, der sich verstärkt um die Veröffentlichung seines »Programms« bemühte, wollte hierfür nicht auf »De Stijl« zurückzugreifen. Die erste Publikation, der zahlreiche weitere in verschiedenen internationalen Organen folgten, erschien am 11. Juni 1921 im »Bouwkundig Weekblad«, dem offiziellen Organ des Bund Niederländischer Architekten. Dennoch sind Vortrag und Publikation nicht als eine demonstrative Abkehr von den offiziell in De Stijl vertretenen Auffassungen zu deuten. So finden sich unter den Abbildungen auch ein Gemälde von Mondrian und eine Innenansicht von Haus De Vonk* mit Van Doesburgs Bodengestaltung. Schließlich war Oud zu diesem Zeitpunkt noch in eines der zentralen Gemeinschaftsprojekte von De Stijl eingebunden. Bereits im Oktober 1920 hatte der Pariser Kunsthändler Léonce Rosenberg mitgeteilt, daß er ein Landhaus als Gemeinschaftswerk aller De Stijl-Künstler plane.[204] Wenig später berichtete er Van Doesburg: »Si vous et Monsieur Oud vouliez exécuter des maquettes représentant vos constructions et vos intérieurs en miniature, je serais disposé à en faire ici l'exposition à mes frais l'année prochaine.«[205] Im Februar 1921 wurden Rosenbergs Pläne im Rahmen seiner Hollandreise konkretisiert. Van Doesburg sah in dem Projekt die Möglichkeit zu einer einzigartigen Präsentation der Ziele und Vorstellungen von De Stijl und wollte umgehend mit der Arbeit an den Zeichnungen und Gipsmodellen beginnen. Eine erste Skizze Van Doesburgs zeigt die Umsetzung von Rosenbergs Vorstellungen.[206] Im April 1921 wurde festgelegt, die Entwürfe des Hauses mit Fotos, Zeichnungen, Modellen sowie – entsprechend anderen Gemeinschaftsbauten von De Stijl – mit Malerei und Bleiglasarbeiten in der geplanten Ausstellung zu präsentieren.[207] Nach Mondrian sollten Oud und Van Doesburg gemeinsam einen Entwurf erstellen, während er selbst als Berater fungiere.[208] Nach dreieinhalb Jahren De Stijl erklärte sich Mondrian hier erstmals bereit, mit Architekten zusammenzuarbeiten.[209]

Rosenberg hatte inzwischen eine exakte Auflistung der gewünschten Räumlichkeiten erstellt und einige Skizzen angefertigt. Van Doesburg sandte diese zusammen mit einer Erläuterung Rosenbergs und weiteren Skizzen an Oud.[210] Allerdings zeigte sich Rosenberg wenig begeistert von dem Vorschlag, nur drei De Stijl-Mitarbeiter (Van Doesburg, Oud und Mondrian) und nicht die gesamte Gruppe zu beteiligen. Nach einem Gespräch mit Mondrian versuchte Van Doesburg daher, die aktuellen wie auch die ehemaligen Mitarbeiter zu mobilisieren. Mit der Begründung, daß für ein derartiges Projekt alle kleineren Differenzen beiseite gelegt werden müßten, forderte er Oud auf, sich mit Van't Hoff und Huszár in Verbindung zu setzen. Rietveld solle für Arbeiten an den Modellen herangezogen werden.[211]

Noch im Juni 1921 äußerte sich Van Doesburg optimistisch zur Realisierung des Gemeinschaftsprojektes. Ganz im Gegensatz zu Oud, der zur selben Zeit die fehlende Zusage Rosenbergs zum Bau des Hauses anmahnte. Er verlangte Garantien, daß Rosenberg das Projekt auch tatsächlich ausführen und sich nicht nur auf einfachem Wege einen Entwurf sichern wolle.[212] Die ausweichende Antwort des Kunsthändlers bestätigte Ouds Bedenken: Da sich das Haus nicht auf ein bestimmtes Terrain beziehen solle, wurde die Frage nach dem Baugelände – ein Grundstück X, Y oder Z – weiterhin offengelassen.«[213] Von Van Doesburg verlangte Oud daraufhin exakte Angaben, was er zu entwerfen habe.[214] Ouds Beharren auf einem konkreten Bauauftrag mit detailliertem Bauprogramm wird allgemein als indirekte Absage an das Projekt gedeutet. Letztendlich ist sein Verhalten jedoch weniger aus der Unsicherheit bezüglich einer Realisierung des Hauses zu erklären als durch die unterschiedlichen künstlerischen Vorstellungen von Oud und Van Doesburg. Schließlich hatte sich Oud immer an Wettbewerben beteiligt und auch ohne Auftrag Entwürfe erarbeitet.[215] Offenbar kam Rosenbergs Zögern für Oud genau zum richtigen Zeitpunkt, um sich – ohne Eklat – aus der Zusammenarbeit zurückziehen zu können.[216] Wann sich Oud definitiv gegen eine Mitarbeit entschied, ist nicht bekannt.[217] Noch am 12. September schlug Van Doesburg vor, das Modell in den USA auszustellen: »Haben wir so ein Modell einmal ... dann kann ich es bei Man Ray in New York ausstellen. Faktisch ist es nirgends gut in Europa. Ich würde am liebsten aber radikal nach Amerika gehen. Mit dem ganzen Haufen: Euch, Lena, Nelly.«[218]

Im September 1921, etwa zeitgleich mit seinem Rückzug aus dem Projekt Rosenberg, wurde Oud zur Teilnahme am Wettbewerb für Haus Kallenbach* in Berlin-Grunewald eingeladen. Ein Vergleich der von Van Doesburg und Rosenberg erstellten Skizzen für Haus Rosenberg mit dem Ende 1921 entstandenen Entwurf des Berliner Wohnhauses zeigt deutliche Parallelen. Nicht bekannt ist, ob Oud bereits selbst Skizzen für das Landhaus angefertigt hatte, die er als Grundlage seines Berliner Entwurfs verwenden konnte. Unabhängig davon scheint mit Haus Kallenbach eine (dem Bauprogramm geschuldete) abgewandelte Fassung der Landhaus-Skizzen vorzuliegen. Hierfür sprechen neben der direkten zeitlichen Abfolge und der ähnlichen Aufgabenstellung auch die übereinstimmenden Entwurfslösungen.

Ähnlich den Vorstellungen von Rosenberg, der ein Landhaus in der Umgebung von Paris wünschte, war Haus Kallenbach als ein anspruchsvolles Wohnhaus in der Berliner Villenkolonie Grunewald geplant. Van Doesburg hatte das Bauprogramm sowie die Skizzen von Rosenberg und ihm selbst bereits im April 1921 an Oud weitergereicht, ebenso einige Gedanken zur Gestaltung des Gartens: »Er denkt sich das Ganze umgeben von einem Garten, mit Mauern von der Außenwelt abgeschieden ... Das Haus liegt um einen Hof mit Bassin, in dem sich ein Springbrunnen befindet (mein Monument [Van Doesburgs Entwurf eines Springbrunnens für Leeuwarden: EvE] beispielsweise ist hierfür sehr geeignet). In den oberen Etagen sind Terrassen angegeben.«[219] Die sinnfälligste Übereinstimmung zwischen diesen Skizzen und Ouds Entwurf für Haus Kallenbach ist das zentral plazierte Wasserbassin. Rosenberg hatte schon im Februar 1921 ein an drei Seiten von den Häuserflügeln eingefaßtes Wasserbecken ins Gespräch gebracht, das Van Doesburg in seinen Skizzen in ein vierseitig umschlossenes Bassin umwandelte.[220] Bei Haus Kallenbach wurde das Motiv auf einen quadratischen Teich im Winkel des L-förmigen Hauses reduziert (Abb. 220), der durch seine ungewöhnliche zentrale Lage jedoch (wie auch der Vergleich mit dem Konkurrenzentwurf von Gropius und Meyer zeigt[221]) auf Haus Rosenberg verweist. Darüber hinaus erhielt Haus Kallenbach einen kleinen Hof mit Springbrunnen entsprechend Rosenbergs Forderungen. Das Motiv des von einer Säulenhalle umgebenden Bassins findet sich bei Haus Kallenbach schließlich in dem an zwei Seiten von den »Pfeilerportiken« (Fenstertüren von Musik- und Speisezimmer) flankierten Bassin. Auch die Terrasse, die bei Oud erhöht über der Hausmeisterwohnung liegt, könnte von Rosenbergs Vorstellungen inspiriert sein. Gemeinsam ist beiden Projekten auch die aufwendige, geometrisierende Gestaltung des Gartens mit eine genauen Angabe der Bepflanzung.²²²

Erst Anfang 1923 wurde im Rahmen der De Stijl-Ausstellung die Planung für Haus Rosenberg wieder in Angriff genommen. Das zusammen mit Cor van Eesteren (1897–1988) entworfene Modell (Abb. 16) markiert einen vorläufigen Höhepunkt von Van Doesburgs – seit der Zusammenarbeit mit Oud – stetig gewachsenem Interesse an der Architektur. In Übereinstimmung zu Haus Kallenbach zeigt das Modell einen L-förmigen Bau, der mit seinen zwei Flügeln ein großes quadratisches Bassin umfaßt.

Das Zerwürfnis der beiden Freunde im November 1921 wird allgemein als Folge der Auseinandersetzungen um Van Doesburgs Farbentwürfe der Spangener Wohnblöcke* gesehen.²²³ Allerdings hatte Oud bereits ein halbes Jahr zuvor in seiner programmatischen Rede vor De Opbouw die Existenz von De Stijl unterschlagen und damit der »Nieuwe Beelding«, die seit Januar 1921 als offizielles Ziel von De Stijl galt, jede Bedeutung für die Architektur abgesprochen.²²⁴ Auch die Auseinandersetzungen über die Fassaden der Spangener Blöcke und die Farbgebung der Türen in Haus De Vonk* deuten darauf hin, daß sich die beiden Freunde schon seit längerer Zeit in unterschiedliche Richtungen entwickelten. Bereits im Juni 1918 war die Zusammenarbeit der beiden auf die Probe gestellt worden. Damals hatte Van Doesburg die exakte Ausführung seines Farbentwurfes für die Türen in Haus De Vonk verlangt oder aber den vollkommenen Verzicht auf seine Mitarbeit: »alles oder nichts also«.²²⁵ Spätestens im Sommer 1921 war auch Van Doesburg die Kluft zwischen ihnen bewußt: »Bei seinem letzten Besuch mit seiner Frau in Weimar merkte ich schon, daß wir uns nicht mehr gut verstanden.«²²⁶

Dennoch zeigten sich die beiden Freunde bis 1921 immer wieder um ein Verständnis der jeweils anderen Position bemüht. In einigen Punkten herrschte auch durchaus Einigkeit. So plädierte Van Doesburg im Winter 1920/21 – ganz im Sinne von Ouds Schriften – für eine an die industriellen Fertigung angelehnte Ästhetik und verwies dabei auf Ingenieurbauten wie Brücken, Silos, Fabriken, Autos und monumentale Wohnkomplexe.²²⁷ Dasselbe gilt für seinen Aufsatz »Die Bedeutung der mechanischen Ästhetik für die Architektur und die anderen Künste« (Juli/August 1921), der einzelne Vorstellungen von Ouds »Architekturprogramm« aufgreift.²²⁸ Van Doesburg hatte in Oud lange einen der wichtigsten Mitarbeiter und den zentralen Architekten der Gruppe gesehen und war mehrfach zu nachträglichen Änderungen seiner Entwürfe bereit gewesen. Im Rahmen seiner Farbentwürfe in Drachten zog er Oud entsprechend als Fachmann hinzu.²²⁹ Oud seinerseits zeigte nicht nur durch seine Publikationen Engagement für De Stijl, sondern beteiligte Van Doesburg seit ihrem ersten Zusammentreffen im Frühjahr 1916 an allen seinen Bauaufträgen. Noch im September 1921, als sich Van Doesburg und Mondrian bereits zu den eigentlichen Repräsentanten von De Stijl bzw. Vertretern des »Neoplastizismus« stilisiert hatten, bezeichnete Van Doesburg sich selbst und Oud als Vorhut der niederländischen Künstlerschaft: »Wir sind doch die einzigen modernen Menschen in Holland, nicht wahr, und es ist allein uns zu verdanken, daß alle Welt Holland beachtet …«²³⁰.

Den Endpunkt ihrer Auseinandersetzung markierte Ouds Widerstand gegen die von den De Stijl-Malern einschließlich Van Doesburg geforderte »destruktive Farbgebung« und damit die Dominanz der Malerei über die Architektur. Im Dezember 1921 brach der Kontakt zwischen Oud und Van Doesburg endgültig ab.²³¹ Es folgten heftige gegenseitige Angriffe, die von Anfang an auch ihre persönliche Stellung innerhalb von De Stijl betrafen. Im Sommer 1922 erschienen in »De Bouwwereld« zwei Artikel von Van Doesburg, in denen er Ouds Bedeutung für De Stijl abzusprechen versuchte. Auslöser war eine Bemerkung des Architekten und Kritikers Jan Gratama, der Oud als »Vorläufer der Kubisten« in der Baukunst bezeichnet hatte.²³² Für diese Stilrichtung, die unter anderem in einem der Spangener Wohnblöcke zur Ausführung gekommen sei, habe Oud in De Stijl Propaganda betrieben. Van Doesburg legte im folgenden dar, weshalb Oud weder für die kubistische Architektur noch für De Stijl von Bedeutung gewesen sei. So stamme die Villa Allegonda* keineswegs von Oud, sondern von Menso Kamerlingh Onnes, für den er allein die technische Ausarbeitung übernommen habe. Bereits bei seinem Amtsantritt im Woningdienst sei Oud kein Mitglied von De Stijl mehr gewesen und habe zudem keinen seiner »kubistischen« Entwürfe realisiert.²³³

Bereits Van Doesburg verfälschte damit die Tatsache, daß zu dem Zeitpunkt, als Oud seine Stelle als Gemeindearchitekt annahm, die Veröffentlichung der ersten Ausgabe von »De Stijl« gerade einmal drei Monate zurücklag. Insgesamt war er daher dreieinhalb Jahre sowohl aktiver Mitarbeiter von De Stijl als auch Angestellter des Woningdienst. Um seine Sichtweise zu verbreiten, scheute Van Doesburg nicht davor zurück, Ouds Tätigkeit bei der Gemeinde zurückzudatieren: »Soweit mir bekannt ist, datiert Ouds Ernennung zum ›Gemeindearchitekten‹ erst um 1920, also gerade auf den Zeitpunkt, als er auch selbst die Konsequenzen mit der Feder und der Reißschiene aufgab.«²³⁴ In seinem zweiten Artikel in »De Bouwwereld« versuchte er schließlich, Ouds Bedeutung als De Stijl-Architekt in Abrede zu stellen: »Unter einer aktiven Mitgliedschaft in einer Gruppe muß etwas mehr verstanden werden als vor zweieinhalb Jahren eine neutrale Kritik über italienische Baukunst veröffentlicht zu haben (in ›De Stijl‹, Red.) oder vor zwei Jahren einen Entwurf für das Lager einer Fabrik, das nicht ausgeführt wurde.«²³⁵ Auch am Weimarer Bauhaus scheint Van Doesburg kein gutes Wort für seinen ehemaligen Freund gefunden zu haben. So berichtete Moholy-Nagy gegenüber Oud: »Selbstverständlich gab es seit unserem letzten Zusammensein verschiedene Angriffe und Gerüchte und Auseinandersetzungen über ihre Person (Sie wissen, an wen ich in dieser Hinsicht denke) …«²³⁶.

Obwohl kein Kontakt mehr zwischen den beiden De Stijl-Gründern bestand, erschien noch im Dezember 1922, anläßlich des fünfjährigen Bestehens der Zeitschrift, ein Text von Oud in »De Stijl«. Allerdings handelte es sich dabei allein um ein kurzes Zitat aus seinem ersten Beitrag vom Oktober 1917.²³⁷ Die Aufnahme

16. De Stijl-Ausstellung in der Galerie L'Effort Moderne, Paris, 1923, Modell von Haus Rosenberg (Tisch), an der Wand Ouds Fabrikentwurf

Ouds in die Jubiläumsnummer gründete offenbar allein auf Van Doesburgs Wunsch, *De Stijl* als konstante Gruppe darzustellen.[238] Aufgrund des Zerwürfnisses mit Van Doesburg und des unterbrochenen Kontakts zu Mondrian hatte Oud gegenüber den Architekten Wils und Van't Hoff, die ebenfalls keine Mitglieder mehr waren, weniger Platz zugewiesen bekommen. Auch Abbildungen seiner Bauten wurden nicht mehr aufgenommen. Oud war seinerseits sehr darauf bedacht, seine eigene Stellung in *De Stijl* – vor allem gegenüber dem nun gezielt propagierten Wils – hervorzuheben. Entsprechend beklagte er die Geringschätzung seiner Person in der Jubiläumsausgabe: »Du hast gesehen, wie er mich jetzt in ›De Stijl‹ bei seinem Résumée zwar nicht zu negieren wagte, aber doch ganz am Schluß und abgesondert ein Zitat plaziert, während ich doch der erste architektonische Mitarbeiter von ›De Stijl‹ war ...«[239].

Der internationale Erfolg der Nieuwe Beelding stellte sich nicht so rasch und unproblematisch ein, wie Van Doesburg wünschte. Einer der Wendepunkte war die Ausgestaltung des von Walter Gropius und Adolf Meyer umgebauten Stadttheaters in Jena. Gropius, der zunächst wohl Van Doesburg die Ausmalung des Baus überlassen wollte[240], entschied sich schließlich für Oskar Schlemmer. Zusammen mit der gescheiterten Berufung zum Bauhaus-Meister war dies ein weiterer Grund für die Distanzierung zwischen Gropius und Van Doesburg. Letzterer schürte die Spannungen zusätzlich, indem er Polemiken gegen das Bauhaus publizierte. Der Konflikt brach offen aus, als Van Doesburg im Mai 1922 eine Hetztirade gegen die »unkultivierten« und »kranken Auswüchse« des Bauhauses veröffentlichte und die Schule als eine »Parodie der ›Nieuwe Beelding‹« bezeichnete.[241] Höhepunkt der Streitigkeiten zwischen De Stijl und dem Bauhaus war Huszárs Forderung nach Schließung der Schule: »Die Unproduktivität des Bauhauses, wie es heute besteht, läßt die Fortführung des Instituts als ›Meisterschule‹ als ein Verbrechen gegen den Staat und die Zivilisation erscheinen ... Man schicke die ›künstlerischen Meister‹ fort ...«[242].

Vom 8. März bis 8. Juli 1922 hatte Van Doesburg in Konkurrenz zum Bauhaus seinen *De Stijl*-Kurs abgehalten.[243] Da das Bauhaus erst ab 1927 über eine Architekturabteilung verfügte, konnten die Bauhausschüler bis zu diesem Zeitpunkt ihre Praxiserfahrungen allein über Studienaufträge im Büro von Gropius gewinnen.[244] Je nach Auftragslage entstanden dort jedoch Engpässe. Neben der neuen progressiven Kunstästhetik von *De Stijl* war damit sicher auch die Einbeziehung der Architektur in das Lehrprogramm des *De Stijl*-Kurses von entscheidender Bedeutung für die positive Aufnahme seitens der Bauhausstudenten. Insgesamt fanden zehn Unterrichtsabende statt, wobei 24 Teilnehmer (darunter 14 ständige Besucher) nachgewiesen sind. Ziel war die Vermittlung der »*De Stijl*-Ästhetik« sowie die Etablierung von *De Stijl* am Bauhaus. Der theoretische und praktische Unterricht umfaßte Übungen zur Malerei und Architektur, wobei die Grundlagen anhand von Werken der *De Stijl*-Mitarbeiter erläutert wurden. Dies betraf – trotz der bestehenden Konflikte – vor allem die Arbeiten von Oud. Unter anderem forderte Van Doesburg den Entwurf eines Interieurs für die Wohnungen in Spangen*.[245] Die von Van Doesburg im nachhinein publizierten Schüler-Arbeiten sollten vor allem seinen Einfluß auf das Bauhaus und die deutsche Kunst im Allgemeinen verdeutlichen: »... um 1921–23, beherrschte der Neo-Plastizismus des *Stijl* von den zwei Zentren Weimar-Berlin aus das ganze moderne Schaffen ...«[246].

Zur Gedenkausstellung am Bauhaus (15. August – 30. September 1923) wurden sowohl der *De Stijl*-Mitarbeiter Rietveld als auch die ehemaligen Mitarbeiter Oud und Wils eingeladen.[247] Van Doesburg verstand die Teilnahme an der Bauhaus-Ausstellung prinzipiell als Verrat an *De Stijl*. Kurz vor Ausstellungseröffnung schrieb er an Rietveld, daß er von ihm sehr enttäuscht sei, von Oud und Wils jedoch nichts anderes erwartet habe: »Oud in höchsteigener Person hält einen Vortrag über die Entwicklung der Modernen Architektur in den Niederlanden. Denselben wie in Berlin: die Darlegung ist gegen De Stijl gerichtet. Daß jemand, der so wenig zu unserer Richtung beigetragen hat, Gehör findet und sich Urteile anmaßt, ist wirklich ziemlich traurig.«[248] Gerade Oud war mit seinem Vortrag während der Bauhauswoche wie auch mit seinen ausgestellten Arbeiten außerordentlich erfolgreich. Allerdings wurden seine Bauten noch immer mit *De Stijl* in Verbindung gebracht, wofür auch die weiterhin bestehenden und von Oud bewußt gesuchten Kontakte zu *De Stijl* ausschlaggebend waren.

Einen Höhepunkt dieser Bestrebungen stellte seine Beteiligung an der Pariser *De Stijl*-Ausstellung im Herbst 1923 dar. Im Mittelpunkt dieser Präsentation stand das Modell von Haus Rosenberg, von dem sich Oud kurz zuvor zurückgezogen hatte.[249] Als Ersatz diente der junge Architekt Cornelis van Eesteren, Preisträger des Prix de Rome, der auf Anregung von Behne ans Bauhaus gegangen war. Dort nahm er an Van Doesburgs *De Stijl*-Kurs teil und kam so in näheren Kontakt mit dem *De Stijl*-Redakteur. Im Januar fand ein Treffen zwischen Van Doesburg, Van Eesteren, Rietveld und Wils statt, bei dem die Aufgabenverteilung für Haus Rosenberg neu verteilt wurde.[250] Der architektonische Entwurf des Hauses ist in erster Linie Van Eesteren zuzuschreiben.[251] Van Doesburg sollte die Farbigkeit des Baus bestimmen, was er im Gegensatz zu den beiden anderen in Paris präsentierten Entwürfen, der Maison d'Artis und der Maison Particulière, jedoch nicht tat: «La maquette elle-même est entièrement blanche parce que Rietveld, qui en est l'artisan, l'a terminée au tout dernier moment, et il ne restait plus de temps pour y apporter les couleurs.»[252]

Die Ausstellung «Les architectes du groupe De Stijl» war vom 15. Oktober bis 15. November 1923 in der Galerie L'Effort Moderne zu sehen (Abb. 16). Sie bildete die erste Präsentation der *De Stijl*-Gruppe außerhalb ihrer eigenen Zeitschrift.[253] Aufgrund der Beschränkung auf Architektur und Innenraumgestaltung waren weder Mondrian noch Vantongerloo vertreten. Dafür stellten neben den aktiven *De Stijl*-Mitarbeitern, Van Doesburg, Van Eesteren, Mondrian und Rietveld, und den »ausgetretenen« Künstlern, Oud, Huszár und Wils, auch Mies van der Rohe und Willem van Leusden (1886–1974) ihre Arbeiten aus. Mit der Beteiligung ehemaliger Mitglieder und Architekten verwandter Strömungen zielte Van Doesburg wiederum auf die Demonstration einer star-

17. Willem van Leusden, Trafo- und Toilettenhäuschen, 1923, Modell

ken und einheitlichen Gruppe. Auch Oud hatte zweifellos großes Interesse an der Präsentation seiner Arbeiten. So berichtete Rosenberg: »Je reçois à l'instant une lettre de M. Oud me demandant d'exposer des photographies de lui, ce que j'accorderai très volontiers étant donné la *qualité* ou plutôt la valeur de cet architecte dont j'aime beaucoup les productions.«[254]

Mies van der Rohe war neben Werner Graeff, El Lissitzky und Hans Richter einer der maßgeblichen Mitarbeiter der Zeitschrift »G – Material zur elementaren Gestaltung«. Die neugegründete Zeitschrift galt als Sprachrohr der progressivsten deutschen Künstler, die über El Lissitzky auch in Kontakt mit der russischen Kunstszene standen. Entsprechend wird die Beteiligung Mies van der Rohes bei der Pariser Ausstellung mit Van Doesburgs Interesse an »G« verbunden sen.[255] Wie Fanelli anmerkt, hätten die neuesten Arbeiten von Mies van der Rohe, die 1923 entstandenen Entwürfe für Landhäuser in Beton und Backstein, eine Einreihung unter die *De Stijl*-Architekten eher gerechtfertigt als das ausgestellte Hochhausprojekt.[256] Daß Van Doesburg einen anderen Entwurf auswählte, mag angesichts des bahnbrechenden Entwurfs seines deutschen Kollegen auf eine befürchtete Konkurrenz zu *De Stijl* zurückzuführen sein. Im Gegensatz dazu hatte sich der Maler Van Leusden, der seit 1919 mit Rietveld in Kontakt stand, an den ästhetischen Vorstellungen der *De Stijl*-Künstler orientiert.[257] Als farbige Flächen-Kompositionen bilden die in Paris ausgestellten Architekturmodelle (Abb. 17) in erster Linie Varianten der von Van Doesburg und Van Eesteren geschaffenen Arbeiten.[258] Van Leusden wurde allein für die Pariser Ausstellung als *De Stijl*-Künstler aufgenommen, möglicherweise, da sich alle anderen Architekten inzwischen distanziert hatten.[259]

Ein Katalog gibt Auskunft über die ausgestellten Werke und Fotografien.[260] In fünf Sälen wurden insgesamt 52 Objekte präsentiert. Oud war mit sieben Arbeiten vertreten.[261] Sein Entwurf einer Häuserzeile an einem Strandboulevard*, eine »maison de campagne« (offenbar Haus D Vonk*[262]) und sein Fabrik-Entwurf* wurden zusammen mit den drei Modellen Van Doesburgs und Van Eesterens in Saal 1 und damit dem zentralen Raum der Ausstellung gezeigt (Abb. 16). Die übrigen Werke, seine Wohnblöcke in Spangen* und Tusschendijken* sowie die Bauleitungshütte*, waren in Saal 3 zusammen mit Arbeiten von Huszár, Van Leusden, Mies van der Rohe, Rietveld und Wils ausgestellt.[263] Gerade dieser Saal, der den Abschluß der Ausstellung bildete, wies durch die vermeintlich große Anzahl von Mitgliedern und ausgeführten Arbeiten, wobei vor allem Ouds Bauten für den *Woningdienst* zu nennen sind, auf den Erfolg der «*De Stijl*-Architektur«. Insgesamt nahmen Ouds Arbeiten auf der Pariser Ausstellung eine prominente Stellung ein. Eine besondere Genugtuung war für ihn sicherlich, daß auf der ersten *De Stijl*-Ausstellung, die zudem ganz der Architektur der Gruppe gewidmet war, seine Bauleitungshütte, das gebaute Manifest seiner Vorstellung von »*De Stijl*-Architektur«[264], präsentiert wurde.

Van Doesburg hatte geplant, am Tag der Eröffnung Flugblätter aus einem Flugzeug über Paris abzuwerfen. Weder diese Aktion noch die Publikation seines Manifestes auf den Einladungskarten konnte er jedoch gegenüber Rosenberg durchsetzen.[265] Die Ausstellung brachte nicht den erwarteten Publikumserfolg und wurde lediglich in drei Presseberichten erwähnt. Obwohl Le Corbusier bei der Eröffnung anwesend war, erschien erst in der Dezember-Ausgabe von »L'Esprit Nouveau« eine verspätete Reaktion auf die Ausstellung.[266] Mondrian bekannte gegenüber Oud, daß die Ausstellung der *De Stijl*-Architekten interessant sei, dies vor allem im Sinne einer Demonstration. Die Fotografien von Ouds Arbeiten habe er mit Gefallen betrachtet, wobei ihm die Fabrik* mehr zusage als die Bauleitungshütte*.[267] Der enttäuschte Van Doesburg fuhr noch vor Schließung der Ausstellung nach Weimar zurück, wo das Landesmuseum von Dezember 1923 bis Januar 1924 die drei Architekturmodelle von Van Doesburg und Van Eesteren präsentierte. Als zweite Station war die *De Stijl*-Ausstellung vom 22. März – 30. April 1924 an der Ecole Spéciale d'Architecture in Paris zu sehen[268], wo nun zusätzlich auch Gemälde gezeigt wurden. Die Architekturentwürfe konnten zudem in Form von Modellen vorgestellt werden, die von den Schülern der Architekturschule angefertigt worden waren. Im Gegensatz zu der ersten Ausstellung hatte diese, weitaus anschaulichere Präsentation deutlich größeren Publikumserfolg. Als letzte Station wurde die *De Stijl*-Ausstellung schließlich vom 12. bis 31. März 1926 in den Galeries Poirel in Nancy gezeigt.

Die für die Ausstellung bei Rosenberg geschaffenen Arbeiten von Van Doesburg und Van Eesteren bilden die ersten Beispiele einer vollkommen neuen Architektur, die in der Formensprache stark von Ouds Bauten abweicht.[269] Zur Erläuterung erhielten die Ausstellungsbesucher der zweiten Pariser Schau das Flugblatt »L'architecture et arts qui s'y rattachent«, unterzeichnet von Van Doesburg, Van Eesteren und Rietveld.[270] Als 5. Manifest erschien es unter dem Namen von Van Doesburg und Van Eesteren als »Vers une construction collective« 1924 in »De Stijl«.[271]

Im Frühjahr 1924 wurde den *De Stijl*-Mitarbeitern erneut Hoffnung auf ein Wohnhaus-Projekt gemacht. Hermann Lange und Josef Esters, die geschäftsführenden Direktoren der Krefelder Firma Verseidag, planten den Bau von zwei Wohnhäusern für ein bereits erworbenes Grundstück in Krefeld, wobei sich der Jurist Esters um die geschäftlichen, Lange um die gestalterischen Fragen kümmerte. Letzterer schwankte in der Wahl des Architekten – wohl beeinflußt durch die Pariser *De Stijl*-Ausstellung – zwischen Oud, Van Doesburg und Van Eesteren.[272] Zunächst scheint sich Lange auf Oud konzentriert zu haben, der als einziger über ausreichend Bauerfahrung verfügte. Allerdings berichtete Graf Kielmansegg im Sommer 1924, daß Lange den Auftrag noch nicht an Oud vergeben habe und sich weiterhin für die Werke Van Doesburgs interessiere.[273] Im März 1925 traf Lange schließlich mit Van Doesburg zusammen, wobei er sich begeistert über Haus Rosenberg äußerte.[274] Lange versprach, nach Paris zu kommen, um dort Näheres zu besprechen. Gleichzeitig plante er jedoch eine Reise nach Rotterdam, wo er mit Oud zusammentreffen wollte.[275] Van Doesburg, der hoffte, mit Van Eesteren endlich ein *De Stijl*-Haus realisieren zu können, sah in diesem Fall keine Chance für einen Auftrag. Entsprechend schlug Van Eesteren vor, daß Lange zu ihm nach Den Haag kommen solle, ohne zuvor Oud besucht zu haben.[276] Die Angst der beiden *De Stijl*-Künstler war durchaus berechtigt: Im September äußerte Lange den Wunsch, Ouds Bauten sehen zu dürfen und bereits Anfang Oktober bedankte er sich bei diesem für die freundliche Aufnahme in Rotterdam.[277] Aber auch Oud ging leer aus: 1927 vergab Lange den Bauauftrag an Mies van der Rohe und gab damit den Plan, sein Haus durch einen *De Stijl*-Architekten errichten zu lassen, endgültig auf.

1.6. Die Künstlergruppe

»De Stijl« erfuhr im zweiten Jahrgang eine inhaltliche Erweiterung zum »Monatsblatt geweiht den modernen bildenden Künsten und der Kultur« (maandblad gewijd aan de moderne beeldende vakken en kultuur). 1921 lautete der Untertitel bereits »Internationales Monatsblatt für neue Kunst, Wissenschaft und Kultur« (internationaal maandblad voor nieuwe kunst, wetenschap en kultuur), wobei die Bezeichnung »International« und die Aufzählung mehrerer ausländischer Erscheinungsorte auch auf den größeren geographischen Einflußbereich verweisen. Bis 1922 war die Auflage von »De Stijl« tatsächlich kontinuierlich bis auf zuletzt 400 Exemplare gestiegen.[278] Gegenläufig hierzu wurde der Kreis von festen Mitarbeitern immer kleiner. Ab 1923 erschien das »Monatsblatt« nur noch in unregelmäßigen Abständen.[279] Entsprechend sahen sich die verbliebenen Mitarbeiter nach anderen Zeitschriften um, in denen sie ihre Texte publizieren konnten. Selbst Van Doesburg wurde im Oktober 1924 fester Mitarbeiter der Architekturzeitschrift »Het Bouwbedrijf«, wo sein ehemaliger De Stijl-Kollege Wils als Redakteur tätig war.[280] Mondrian hatte bereits Anfang 1924 seinen letzten Beitrag in »De Stijl« publiziert.[281]

1925 kam es nach Meinungsverschiedenheiten zum Bruch zwischen Mondrian und Van Doesburg.[282] Die gängige Lesart, wonach Divergenzen über die Verwendung der Diagonale zur Trennung geführt hätten, ist (vor allem mit Blick auf Mondrians frühe »Rautenbilder«, Abb. 47[283]) nicht überzeugend. Weitaus plausibler erscheint das abweichende Architekturverständnis der beiden Künstler: Während Mondrian eine Architektur propagierte, die unabhängig von Zeit und Raum existiere und erst in ferner Zukunft möglich sei, dachte Van Doesburg an eine durchweg diesseitige, sofort umsetzbare Baukunst.[284] Gleichzeitig mit Mondrians Distanzierung von De Stijl intensivierte sich dessen Beziehung zu Oud, mit dem er seit Herbst 1923 wieder in Kontakt stand. Die Initiative ging offenbar von Mondrian aus, der sich dadurch unter anderem Unterstützung beim Verkauf seiner Bilder erhoffte. Tatsächlich übernahm Oud, der zeitlebens ein großer Verehrer von Mondrians Malerei war, von nun an den Verkauf der Gemälde in den Niederlanden.[285]

Van Doesburg hielt trotz seiner zunehmenden Isolierung an der Propaganda für De Stijl fest. Bezeichnend ist, daß er sich selbst und den De Stijl-Malern sprach er eine Vorreiterrolle zusprach, während die Architekten der Anfangszeit (wie Van't Hoff, Oud und Wils) seiner Meinung nach weiterhin von der Tradition gefangen seien.[286] Im Bereich Architektur wollte er damit allein die neueren Arbeiten von ihm und Van Eesteren, vor allem die in Paris präsentierten Modelle, als »De Stijl-Kunst« anerkennen. Im Rahmen der Pariser »Exposition Internationale des Arts Décoratifs et Industriels Modernes« (1925)[287] versuchte er ein weiteres Mal, De Stijl als Gruppe zu präsentieren. Abweichend von den Zielen der niederländischen Ausstellungskommission, die durch eine Vielzahl individueller Arbeiten ein möglichst umfassendes Bild der aktuellen Kunst vermitteln wollte[288], forderte Van Doesburg die Einrichtung einer eigenen De Stijl-Abteilung. Als ihm diese verweigert wurde, versuchte er die aktuellen wie auch die ehemaligen De Stijl-Mitarbeiter von der Teilnahme abzuhalten. An Oud richtete er die Bitte, andere Künstler zu einer Gegenausstellung zu überreden.[289] Mit Karel Teige, dem einflußreichen tschechischen Kunstkritiker und Redakteur der »Stavba«, traf er entsprechende Vorbereitungen, die jedoch zu keinem Resultat führten[290]; allein ein Protestschreiben in »De Stijl« kritisierte den »Ausschluß« der Avantgarde-Gruppe von der offiziellen niederländischen Einsendung.[291] Das Schreiben wurde zwar von Van Eesteren, Huszár, Rietveld, Wils und einer Vielzahl außerhalb von De Stijl stehender Künstler unterschrieben, auf die Solidarität der Mitarbeiter oder ehemaligen Mitarbeiter konnte Van Doesburg jedoch nicht rechnen: Mondrian weigerte sich, den Text zu unterzeichnen und äußerte sich in der August-Ausgabe von »Het Vaderland« schließlich positiv über den (im Stil der Amsterdamer Schule errichteten) niederländischen Pavillon von J. F. Staal.[292] Von den ehemaligen De Stijl-Mitarbeitern beteiligten sich Oud und Wils an der Ausstellung. Oud erhielt eine Gold- und eine Silbermedaille: ein Zeichen seines Erfolges unabhängig von De Stijl und ein weiterer Keil zwischen Oud und Van Doesburg. Van Doesburg reagierte mit einem Pamphlet, »Nein und Ja; oder der abgespaltete Irre. Dem Erneuerer Oud (Alt) gewidmet«, und warf Oud vor, zum »Liberty-Wendingen-Stil« übergetreten zu sein.[293]

Fast alle ehemaligen De Stijl-Mitarbeiter fanden ein Forum in der von Januar 1927 bis Juni 1929 von Arthur Müller Lehning herausgegebenen Zeitschrift »i 10«.[294] Mondrian stand bereits seit 1925 mit Müller Lehning in Kontakt und zählte zusammen mit Vantongerloo zu den ersten Mitarbeitern für den Bereich Bildende Kunst. Auf Initiative von Mondrian kam auch Oud frühzeitig zu »i 10«, wo er als einer von drei Redakteuren für Architektur und Bildende Kunst verantwortlich war. Vom ehemaligen Kern von De Stijl publizierten dort neben Mondrian, Oud und Vantongerloo auch Van Eesteren, Huszár, Van der Leck und Rietveld.[295] Von »De Stijl« waren dagegen nur noch wenige Ausgaben erschienen: 1926 zwei Nummern, 1927 drei und 1928 weitere zwei Nummern. Van Doesburg, der verzweifelt versuchte die Zeitschrift zu halten, stand »i 10« von Anfang an feindselig gegenüber. In der Tat versuchte Oud, die wichtigsten Avantgarde-Künstler, darunter viele vormalige De Stijl-Mitarbeiter, an »i 10« zu binden. Dennoch bestand zwischen De Stijl und »i 10« aufgrund der unterschiedlichen Ausrichtung beider Blätter keine direkte Konkurrenz. Anders als Van Doesburg zielte Müller Lehning auf ein Blatt, das im Sinne der Vielschichtigkeit des modernen Lebens ganz bewußt unterschiedliche Strömungen und Meinungen zuließ. Obwohl er die Hauptredaktion innehatte, trugen die drei festen Redakteure für ihr jeweiliges Ressort daher die volle Verantwortung.

Zum zehnjährigen Bestehen von »De Stijl« erschien eine Jubiläumsausgabe mit Beiträgen samt Werkauswahl der ehemaligen und aktuellen Mitarbeiter. Van Doesburg nutzte die Gelegenheit, um De Stijl – entgegen der gleichzeitigen Auflösung der Gruppe – als bestimmende Kunstrichtung der Gegenwart darzustellen: »Aus De Stijl als Idee entwickelte sich allmählich De Stijl als Bewegung. Und diese breitete sich in schnellem Tempo von Jahr zu Jahr aus. Wurde sie am Anfang nur durch eine kleine und schüchterne Gruppe geformt, so tritt De Stijl jetzt, wo diese ›Gruppe‹ teilweise aufgelöst und größtenteils durch neue Kräfte ersetzt ist, als Forderung stark und international ans Licht. Daß schon jetzt die ganze Entwicklung der modernen Kunst ... auf De Stijl gerichtet ist ... wird wohl niemand mehr leugnen können.«[296]

Bis dahin hatte Van Doesburg sich selbst zusammen mit einer (je nach Gruppenkonstellation wechselnden) Auswahl von Mitarbeitern als Initiatoren von De Stijl propagiert. In den ersten Jahren kam diese Rolle vor allem Oud zu, der Van Doesburg von Frühjahr 1916 bis Winter 1921 an allen seinen Bauten beteiligt hatte und schließlich zum Architekt von Haus Rosenberg bestimmt wurde. Nach dem Bruch mit Van Doesburg trat für die nächsten vier Jahre Mondrian an diese Stelle. In der Jubiläumsausgabe von 1927 nannte Van Doesburg rückblickend sich selbst, Kok, Huszár, Mondrian und Oud als Gründer der Gruppe. Die Wahl dieser fünf Künstler, die sich inzwischen alle von De Stijl distanziert hatten, zielte ganz bewußt auf das Bild einer gattungsübergreifenden Avantgardegruppe, wobei die »Nieuwe Beelding« als eine von Vertretern verschiedener Künste gemeinsam entwickelte und somit allgemein gültige Formensprache erschien. Mondrian, der seine Theorie von Anfang an als Fortsetzungsreihe in »De Stijl« publiziert hatte, war nicht nur der erfolgreichste De Stijl-Maler, sondern galt auch als wichtiger Theoretiker der Gruppe. Mit Huszár war ein Maler, Innenarchitekt und Glaskünstler, mit Oud ein Architekt vertreten. Der Schriftsteller Kok erweiterte den Aktionsradius auf den literarischen Bereich. Die Unterschlagung Van der Lecks, der ebenfalls im ersten Heft publiziert hatte und dem durch die Propagierung der Primärfarben ein zentraler Anteil bei der Formulierung des »Neoplastizismus« zukam, geht wohl auf seine gegenständliche Malweise und seine nur kurze aktive Mitarbeit zurück. Auch die in den ersten Monaten hinzugetretenen Künstler wurden nicht als Gründer der »De Stijl-Bewegung« verstanden. Im Fall Vantongerloos, der ab Juli 1918 in »De Stijl« publiziert hatte, war offenbar seine selbstbewußt propagierte Farbtheorie ausschlaggebend. Die beiden Architekten Wils und Van't Hoff, die bereits im Januar bzw. März 1918 ihre ersten Artikel in »De Stijl« veröffentlichten, erschienen Van Doesburg wohl aufgrund ihrer kurzen Mitgliedschaft und der geringen Anzahl ausgeführter Bauten als zu unbedeutend.

Im Gegensatz dazu war ihm Oud besonders wichtig, da er mit mehr als vier Jahren relativ lange als Mitarbeiter tätig war, mehrere Artikel in »De Stijl« publiziert hatte und im Vergleich zu Van't Hoff und Wils eine deutlich größere Zahl von Bauten realisieren konnte. Diese hatten Oud zudem als einen Vorreiter der Moderne international bekannt gemacht, was wiederum ein günstiges Licht auf De Stijl warf. Dennoch sparte Van Doesburg nicht an Kritik und Polemik gegenüber Oud.[297] Dabei verwies er auch auf die vermeintliche Diskrepanz zwischen Ouds Tätigkeit bei der Gemeinde und den avantgardistischen Zielen von De Stijl. Wenig konsequent ist dabei, daß in der Jubiläumsausgabe auch später entstandene Bauten von Oud abgebildet und damit nach außen als »De Stijl-Architektur« vertreten wurden. So erschienen zusammen mit dem Entwurf für eine Häuserreihe an einem Strandboulevard* und dem Fabrik-Entwurf* auch die soeben fertiggestellte Häuserzeilen in Hoek van Holland* und seine Reihenhäuser in der Stuttgarter Weißenhofsiedlung*[298], die international bereits große Beachtung gefunden hatten.

Entgegen Van Doesburgs Propaganda verstanden sich die einzelnen De Stijl-Mitglieder – auch während ihrer aktiven Zeit – nur bedingt als Künstlergruppe. Bereits im September 1918 betonte Hoste seine Unabhängigkeit gegenüber den Vorstellungen der übrigen Mitarbeiter: »Wenn ich in De Stijl über Architektur schreibe, dann heißt das nicht, daß ich die Vorstellungen der anderen Mitarbeiter über Architektur teile, oder gar die Gedanken über Malerei.«[299] Mondrian vertrat noch im April 1921 die Meinung, daß eine De Stijl-Gruppe nicht existiere[300], während Oud nach seinem Ausscheiden erklärte: »Ich war und bin kein Anhänger von ›De Stijl-Auffassungen‹, sondern veröffentlichte Gedanken über Baukunst nebst Entwürfen in De Stijl, die zusammen mit dem, was andere Mitarbeiter aufs Tapet brachten – wenn man möchte – zu ›De Stijl-Auffassungen‹ wurden.«[301]

Allerdings konnte am Beispiel der Maler Van der Leck und Mondrian sowie der frühen De Stijl-Architekten dargelegt werden, daß durchaus (wenn auch in wechselnder Zusammensetzung und nur über einen kurzen Zeitraum) ein persönlicher Zusammenhalt und eine verbindende Formensprache zwischen den Mitarbeitern bestand. Entsprechend arbeiteten einige Künstler noch Jahre nach ihrer Distanzierung von De Stijl mit ihren früheren Kollegen zusammen. Beispielhaft hierfür sind die Entwürfe von Van Eesteren und Oud für Huszárs Landhaus mit Atelier in Gelderland (1924/25), das schließlich 1933 von Wils ausgeführt wurde.[302] Im April 1927 bat Oud seinen Freund Rietveld, für die Stuttgarter Reihenhäuser* eine Musterwohnung einzurichten, im Juli 1929 folgte das Angebot an Huszár für die Bleiglasfenster seiner Kirche*. Neben den Fenstern des Kirchensaals hat Huszár möglicherweise noch andere Arbeiten an diesem Gebäude, die Gestaltung eines Nebenraumes »und noch mehr«[303], ausgeführt. Angesichts der Glasfenster, die sich an die frühen De Stijl-Bilder anlehnen, ist auch für das Interieur eine entsprechende Gestaltung anzunehmen.[304] Auch Ouds Beteiligung ehemaliger De Stijl-Mitarbeiter bei »i 10« spricht für ein Gemeinschaftsgefühl. Wohl auf Anregung von Oud erhielt schließlich der Wintergarten der Villa Allegonda* in den 1930er Jahren einen Teppich von Van der Leck (Abb. 345, 346). Werke früherer Mitarbeiter wurden zudem noch Jahre später in Vorträgen der ehemaligen De Stijl-Künstler vorgestellt. So bat Huszár den vormaligen De Stijl-Architekten Oud um Diapositive seiner Bauten, da er in seinen Vorträgen ständig Arbeiten von Van't Hoff zeige.[305]

Mehrere Mitarbeiter versuchten bereits in den 1920er Jahren ihre persönliche Bedeutung für De Stijl und damit für die Entwicklung der modernen Kunst hervorzuheben.[306] Am stärksten ausgeprägt war dies sicherlich bei Van Doesburg und Oud. Im November 1920 betonte Oud seine eigene, führende Rolle für die Architektur von De Stijl: »... du [Van Doesburg: EvE] warst, als wir uns kennen lernten, im Bereich Architektur insgesamt noch nicht auf der Höhe...«[307]. Van Doesburg präsentierte sich seinerseits als Organisator und Theoretiker der Gruppe: »Obgleich ich wohl weiß, daß die Idee, auf der ›De Stijl‹ als Bewegung und Organ gründet, nicht das Privateigentum einer Person ist ... so lag in dem von mir 1912 geäußerten Gedanken ›Zieh die Form von der Natur ab und du behältst Stil zurück‹, der Keim dessen, was sich erst fünf Jahre später als Stijl-Idee und Organ realisierte.«[308] Mit der Ausweitung seines Tätigkeitsbereichs beanspruchte er zunehmend auch eine Führungsrolle in der Architektur. So bezeichnete er seine 1923 in Paris gezeigten Entwürfe und Modelle als bedeutendste Zeugnisse der neuen Baukunst und verkündete, daß von einer Architektur bis und einer Architektur nach 1923 gesprochen werden müsse.[309] Damit erreichte er nicht zuletzt auch eine Abwertung der frühen De Stijl-Architektur mit Oud als ihrem führendem Vertreter. Dagegen sprach Oud sich das Verdienst zu, die Errungenschaften der modernen Malerei in die Architektur übertragen zu haben.[310] Der »Kubismus« in der Architektur wird jedoch sogleich als bloße Vorstufe der neuen Architektur in seiner Bedeutung relativiert: »des maisons cubiste, intéressantes seulement par leur effort de donner une architecture pure.«[311] Oud verweist damit auf die höhere Entwicklungsstufe seiner aktuellen Bauten gegenüber den Arbeiten der De Stijl-Zeit. Sein internationaler Ruhm, der vor allem auf den Wohnbauten der letzten Jahre basierte und der ihm die Teilnahme an der Stuttgarter Weißenhofsiedlung* eingebracht hatte, gab ihm hierbei recht. In diesem Sinne ist auch der Entwurf seiner Kirche* zu deuten, den den international bekannten und als »De Stijl-Architektur« gefeierten Fabrik-Entwurf* in einer modernen, geklärten Formensprache zitiert.[312] Auch Oud konstruierte damit ganz bewußt eine Entwicklungslinie, die ihn selbst als Gründer der »De Stijl-Architektur« und Vollender der dort vorbereiteten Baukunst auszeichnete.[313] In dieselbe Richtung zielte sein Engagement für die Anfang 1928 in Aussicht gestellte Werkmonographie in den »Cahiers d'Art«. An Stelle von Mondrian, der zunächst als Autor vorgesehen war, setzte sich Oud für den jungen amerikanischen Kunsthistoriker Henry-Russell Hitchcock ein.[314] Offenbar wollte er damit eine kritische Besprechung seiner Arbeiten ausgehend von Mondrians »Nieuwe Beelding« vermeiden.[315] Hitchcock schien dagegen die Wertschätzung seiner Bauten als frühe und qualitätvolle Beispiele der Internationalen Moderne zu garantieren. In der Tat betonte er die Bedeutung von Ouds Arbeiten sowohl für De Stijl als auch für den »International Style«[316], eine Würdigung, die von Mondrian in dieser Form nicht zu erwarten gewesen wäre.

Um ihrem eigenen Werk im Kontext von De Stijl eine größere Bedeutung zuzusprechen, nahmen einige der Mitarbeiter auch Fehldatierungen vor. So datierte Rietveld sein 1919 entstandenes Buffet (Abb. 159) in das Jahr 1917 und damit in das Gründungsjahr von De Stijl.[317] Auch Vantongerloo nannte als Datum für zwei 1918 entstandene Arbeiten das Jahr 1917.[318] Auf diese Weise konnte er sich als Mitarbeiter der ersten Stunde bezeichnen, obwohl er Van Doesburg erst im Frühjahr 1918 kennengelernt hatte.[319] Van Doesburg versuchte dagegen, Ouds Ferienhaus De Vonk* vorzudatieren, damit das seiner Meinung nach traditionelle Äußere des Baus nicht mit De Stijl und seinen eigenen, dort integrierten Arbeiten in Verbindung gebracht würde.[320] Für Oud ist eine Tendenz zur Datierung auf den frühestmöglichen Zeitpunkt zu beobachten. Die Bildunterschriften zu den 1921–23 ausgeführten Wohnblöcken in Tusschendijken* nennen daher fast immer die Jahreszahl 1920, den Zeitpunkt des Entwurfs.[321]

Der bei einigen Mitarbeitern erkennbare Versuch, sich selbst eine zentrale Rolle innerhalb von De Stijl zuzuschreiben, wurde von den Kollegen jeweils mit Argwohn betrachtet. Schon früh ergab sich dadurch eine Konkurrenzsituation unter den *De Stijl*-Künstlern. Auch Van Doesburg, der selbst mehrere Mitarbeiter aus der Gruppe gedrängt hatte, fühlte sich als Opfer der – seiner Meinung nach – selbstsüchtigen Mitarbeiter, die allein von seinem Enthusiasmus lebten: »… obgleich nur ein einzelner begriff und ein noch geringerer Anteil *sah*, wollte jeder ein Stijl-Führer sein, wollte jeder … Propagandavorträge halten. (für sich selbst?). ja … eine Diktatur ausüben.«[322]

Am 7. März 1931 starb Van Doesburg in Davos an einem Herzkrampf. Die ehemaligen *De Stijl*-Mitarbeiter zeigten sich erschüttert über seinen frühen und unerwarteten Tod. Van't Hoff, der sich zu dieser Zeit ebenfalls in Davos aufhielt, schrieb bestürzt an Oud: »… heute im N. R. C. vom Montag gelesen, daß v. Doesburg hier gestorben ist. Es tut mir entsetzlich leid, daß ich nicht wußte, daß er hier war. All das Vergangene vergessend, hätte ich vielleicht noch etwas bei ihm sein können … wie sehr ich mich auch von ihm wegorientierte, denke ich doch noch immer häufig an die ›Stijl‹-Zeit, das Zimmer von ihm, wo doch so ein Stück Leben von uns geblieben ist.«[323] Auch Rietveld war erschüttert, zeigte sich jedoch weniger emotional als Van't Hoff: »Als er noch lebte, habe ich seine Meinung immer sehr gewürdigt – und ich finde, daß er stets gut erkannt hat, in welche Richtung die Kunst sich entwickeln würde – aber nun, es ist, als ob alles zur Vergangenheit gehört, und wie nötig es damals auch war, dies präzis festzustellen, so überflüssig scheint dies nun, da er nicht mehr ist. Was sein Werk betrifft, hat er meines Erachtens gerade lang genug gelebt …«[324].

Kurz nach Van Doesburgs Tod beschlossen Nelly van Doesburg und Lena Millius, die Witwe und die geschiedene zweite Frau von Van Doesburg, eine letzte »De Stijl«-Ausgabe zum Andenken an den Verstorbenen herauszugeben. Die beiden Frauen wandten sich diesbezüglich an Oud, der seinerseits Van't Hoff, Rietveld und Mondrian um Mithilfe bat. Van't Hoff bot seine Unterstützung an, betonte jedoch, daß er kein Bedürfnis nach würdevollen Worten habe und daher nicht aus freien Stücken und eigener Überzeugung einen Beitrag liefern könne.[325] Auch Rietveld war gegen eine weitere »De Stijl«-Nummer: »Es ist gerade so, als ob sie sich verpflichtet fühlen, nach seinem Tod etwas wieder gut zu machen.«[326] Unabhängig davon versuchten sich die ehemaligen *De Stijl*-Mitarbeiter nun wieder ins Gedächtnis zu rufen. Van't Hoff äußerte mehrfach gegenüber Oud, wie gerne er an die ersten Jahre in *De Stijl* zurückdenke. Für die letzte »De Stijl«-Ausgabe hoffe er auf eine Hervorhebung der frühen Jahre[327], die Zeit, in der er selbst Mitarbeiter der Zeitschrift war. Vantongerloo ging offenbar von einer Art Verschwörung gegen ihn aus und beschwerte sich im Juli 1931 darüber, daß Oud ihn bei der letzten »De Stijl«-Nummer übergangen habe: »Allein bin ich sehr verwundert, daß Du nicht mehr zu wissen scheinst, daß ich ein Mitarbeiter von De Stijl war und zwar von Anfang an. So wie ich zu Piet [Mondrian: EvE] sagte, wäre es wohl etwas korrekter gewesen von dir, Bob, wenn Du mich dazu gebeten hättest.«[328] Gleichzeitig betonte er seine Unabhängigkeit von dem erfolgreicheren *De Stijl*-Kollegen Mondrian: »… was ich in der modernen Kunst bin, ist doch nicht beiseite zu schieben, noch ist es zu verschweigen. Und die Leute kommen mehr und mehr dahinter. Ich habe nie die Kunst von Piet nötig gehabt, so wenig wie er meine ….«[329]. In den bisher unpublizierten Briefen Vantongerloos wird erstmals die Mythenbildung um *De Stijl* angesprochen, die vor allem in der Nachkriegszeit zu einer von den früheren Mitarbeitern getragenen »*De Stijl*-Renaissance«[330] führen sollte. Ensprechend kritisierte er – ähnlich wie zuvor Rietveld – die Heuchelei hinter der Hommage an Van Doesburg: »Wie wir *ALLE* über De Stijl denken … brauche ich nicht sagen.«[331] Die Vorstellung einer einheitlichen Gruppe lehnt er entschieden ab: »Es geht darum, die Menschen nicht länger in dem falschen Glauben zu lassen, den Does mit Absicht verbreitet hat … War das übrigens nicht das ganze System von Does? Er greift auf Mitarbeiter von De Stijl zurück. Er nennt es eine Bewegung. Nennt es selbst eine Gruppe. Manchmal auch die Redaktion, und in Wahrheit kennen sich die Mitarbeiter nicht … Was ist das dann für ein Kasperltheater, der Stijl, und ein die Menschen für dumm vekaufen mit Reklame für Does.«[332]

Van Doesburg, dessen Ruhm vor allem auf Kosten der Mitarbeiter gegangen sei, sprach Vantongerloo jede Bedeutung für die Kunst ab.[333] Mondrian beschuldigte er, mit Van Doesburg gemeinsame Sache gemacht zu haben: »Piet, der sehr eitel ist, fand es sehr schön, daß Does ihn als Sockel verwendete. Während sie das taten, schwiegen sie über die anderen und so waren es immer Does und Piet und Piet und Does.«[334] Auch Oud wurde angegriffen, der von allem gewußt habe, das Spiel jedoch mitmache: »Warum gibst Du Dich dafür her, den Betrug noch länger in den Köpfen der Öffentlichkeit zu belassen und dadurch diese Lüge wieder einmal zu bestärken. Die Sache ist nun einmal geschehen und mit dem Todesfall von Does abgelaufen. Um Himmels willen Bob, laß die Sache ruhen … Zieht man die sieben Mitarbeiter ab, dann bleibt von De Stijl + Does nichts mehr übrig. Das weißt *Du*, das weiß *Piet* auch. Und doch seid Ihr Lumpen genug, um nicht einmal mehr eine saubere Meinung zu haben. … Für diese Stijl-Nummer *gebe* ich mich *nicht* her, und ich bin verwundert, daß *Du* Dich dazu hast überreden lassen. Über Piet bin ich nicht verwundert. In Paris ist man da schon dran gewöhnt. Das Konsequentsein von Piet!!!? … Ich will nicht mitschuldig sein an der Gaukelei. Dies ist der Vorwurf, den ich Dir und Piet mache.«[335] Auf der anderen Seite forderte Vantongerloo eine größere Beachtung seiner Person und seines Beitrages für die abstrakte Kunst. Schließlich drohte er, eine Gegendarstellung zu veröffentlichen. Er sandte Oud eine hierfür verfaßte »note historique«, in die die Existenz einer *De Stijl*-Gruppe bestritten und sein eigener Beitrag für die Skulptur hervorgehoben wird: »Ce que Mondrian et d'autres ont fait pour la peinture, je l'ai fait pour la sculpture.«[336]

Oud macht in seinem Antwortbrief deutlich, daß er Vantongerloos Anschuldigungen als Hirngespinste betrachte und sein Verhalten dem Gefühl des »sich-zurückgesetzt-Fühlens« zuschreibe.[337] In Wirklichkeit war Vantongerloo, der sicherlich zu übertriebenem Pathos neigte, nur der erste der ehemaligen *De Stijl*-Mitarbeiter, der Van Doesburgs Geschichtsverfälschung und dessen hemmungslose Propagierung der eigenen Person in dieser Deutlichkeit ansprach. Die im Januar 1932 erschienene »dernier numéro« war noch ganz dem positiven Gedenken Van Doesburgs gewidmet, wobei die *De Stijl*-Gruppe und die Einheitlichkeit der Bewegung betont wurden.[338] Einleitend zu den Beiträgen der Mitarbeiter schrieb Van't Hoff: »Van Doesburg ist gestorben – und weil er und ›De Stijl‹ ein und denselben Kern einer Gruppen-Bewegung bildeten, haben wir das Bedürfnis gehabt, uns in dieser letzten Nummer zu vereinigen.«[339] Und Oud ergänzte: »Wir verdanken seiner Besessenheit ›de stijl‹ und die ersten Jahre davon werden uns, Mitarbeitern von damals, wohl immer unvergeßlich bleiben.«[340]

Das mit Van Doesburgs Tod abgeschlossene »Experiment *De Stijl*« war Teil einer äußerst aktiven Kunstszene zu Anfang des 20. Jahrhunderts. Gerade in den 1910er und 1920er Jahre ist ein sprunghafter Anstieg an neugegründeten Künstlervereinigungen und Avantgarde-Zeitschriften zu verzeichnen. Im Gegensatz zu den kriegführenden Ländern setzten sich die Neugründungen in den neutralen Niederlanden auch während des 1. Weltkrieges fort.[341] Die meisten Vereinigungen bestanden aus Künstlern einer bestimmten Region, die ihre Werke in kleineren Ausstellungen einer begrenzten Öffentlichkeit präsentierten. Obwohl sie in der

Regel nur wenige Jahre existierten, bildeten diese lokalen Vereinigungen lange Zeit die wichtigsten Foren für zeitgenössische Kunst. Auch ein Großteil der neugegründeten Zeitschriften mußte nach wenigen Ausgaben wieder eingestellt werden. Meistens waren die Künstler gleichzeitig Mitglied mehrerer Vereinigungen und publizierten ihre Theorien und Manifeste in verschiedenen Zeitschriften. Auch für die De Stijl-Künstler war ihre Zeitschrift nur eines von mehreren Organen, in denen sie ihre Ideen verbreiteten.

Die Konzeption von »De Stijl« ist im Vergleich zu anderen niederländischen Zeitschriften und Künstlergruppen in zweierlei Hinsicht von Bedeutung: So wurden hier Vertreter aller künstlerischer Disziplinen einbezogen, und die Herkunft der Mitglieder beschränkte sich nicht auf ein geographisch festgelegtes Gebiet. Die zunehmende Internationalisierung in den 1920er Jahren und die Verbindung verschiedener Gattungen teilte »De Stijl« allerdings mit der konkurrierenden Zeitschrift »Wendingen« (1918–31), die als Publikationsorgan von »Architectura et Amicitia« vor allem die Arbeiten der Amsterdamer Schule propagierte.[342] Ausstellungen wurden auf Initiative von De Stijl – trotz mehrfacher Versuche – nicht organisiert. Auch offizielle Versammlungen der Mitarbeiter fanden nicht statt. Die Auflage wie die Zahl der Abonnenten von »De Stijl« lagen in dem für eine Avantgarde-Zeitschrift dieser Zeit üblichen Bereich.[343]

Ungeachtet der zahlreichen Avatgardeströmungen dieser Zeit sprach Van Doesburg De Stijl eine Monopolstellung in der internationalen Kunstszene zu: »Wie sich übrigens jeder erinnern wird, formte das Streben nach einer ›Gesamtarbeit‹ die Grundlage der modernen Kunstbewegung in Holland, welche um 1916 in der bescheidenen Zeitschrift ›De Stijl‹ ihre Ideen propagierte und eine kollektive Gestaltung gegenüber einer individualistischen verteidigte. Damals, mitten im Krieg, war in anderen Ländern keine Spur von diesem Streben zu erkennen, und das ist auch verständlich, wenn man bedenkt, daß diese neue Tendenz eine internationale Ausrichtung voraussetzte.«[344] In Wirklichkeit entsprachen die inhaltlichen Schwerpunkte der Anfangszeit von De Stijl, wie das theosophische Weltbild, die Suche nach einem universellen Stil und das Bekenntnis zur Abstraktion, den bereits seit Jahren in der Kunstwelt diskutierten Themen. Auch eine Verbindung von Kunst und Leben und damit einer umfassenden Neugestaltung der Umwelt wurde von einem großen Teil der Künstler gefordert. Dasselbe gilt für den Wunsch nach Internationalität, das Interesse für neue Baumaterialien und -konstruktionen sowie deren formale Umsetzung, die von verschiedenen progressiven Künstlergruppen geteilt wurden.[345] Im Unterschied zu den meisten Avantgardegruppen blieb De Stijl jedoch (abgesehen von einer kurzen Phase nach der Novemberrevolution) unpolitisch.[346] Daß sich die Zeitschrift »De Stijl« – trotz der zumeist auf Niederländisch erschienen Beiträge – unter den internationalen Avantgardeblättern über eine so lange Zeit (1917–31) behaupten konnte, verdankt sie neben dem unermüdlichen Engagement Van Doesburgs vor allem der Beteiligung einiger der progressivsten und bekanntesten Künstler dieser Zeit. Aufgrund der starken Fluktuation, der sporadischen oder fehlenden Kontakte der Künstler untereinander[347] und der unterschiedlichen Ausrichtung der Mitarbeiter konnte sich jedoch keine einheitliche Gruppe mit gemeinsamen künstlerischen Zielsetzungen (ausgenommen den allgemein in dieser Zeit diskutierten Themen) herausbilden. Allerdings ist abgesehen von den Gemeinschaftsarbeiten, die eine Abstimmungen der einzelnen Beiträge verlangten, eine starke wechselseitige Beeinflussung der Künstler zu beobachten. Für die De Stijl-Maler wurde dies am Beispiel von Van der Leck und Mondrian dargelegt. Dasselbe gilt für Vantongerloo und Van Doesburg, die sich stark an den Werken der übrigen Mitarbeiter orientierten.[348] Die Anfang 1921 offiziell mit der De Stijl-Kunst gleichgesetzte »Nieuwe Beelding« und der Neoplastizismus standen dagegen weder für eine gemeinsame Theorie noch für einen allgemein akzeptierten Formenkanon und waren keinesfalls repräsentativ für die Kunst der aktiven De Stijl-Mitarbeiter.

Nach allgemeiner Vorstellung stehen vor allem Mondrians Gemälde der Pariser Jahre, die Architekturmodelle Van Eesterens und Van Doesburgs, das Schröder-Haus von Rietveld (Abb. 18) sowie dessen farbig gefaßte Möbel stellvertretend für die De Stijl-Kunst.[349] Von Oud werden zumeist die Bauleitungshütte* und die Fassade des Café de Unie* genannt. Die angeführten Architekturbeispiele entstanden alle zwischen 1923 und 1925, eine Zeit, in der De Stijl als Gruppe bereits auseinandergebrochen war. Abgesehen von den bevorzugt verwendeten Primärfarben sind gerade diese Arbeiten kaum auf einen stilistischen Nenner zu bringen. Außen vor bleiben bei dieser Definition von De Stijl zudem die figurative Malerei von Van der Leck und Huszár und die lange Zeit zentrale Bedeutung der Farbe Grün. Generell erhält die Architektur im Vergleich zur Malerei und den Interieurs der Gruppe nicht die notwendige Aufmerksamkeit. Unter Beachtung auch dieser De Stijl-Arbeiten muß eine Definition von De Stijl als Gruppe und Idee sehr weit gefaßt werden. Dennoch scheint sie angesichts der starken gegenseitigen Beeinflussungen der Künstler und der realisierten Gemeinschaftswerke berechtigt. Keineswegs darf die Gruppe jedoch auf Mondrian, Van Doesburg und Rietveld beschränkt werden. Wie dieser Überblick zeigen sollte, waren auch die (heute) weniger bekannten Mitarbeiter für die Entwicklung einer De Stijl-Kunst verantwortlich: Van der Leck, der die Primärfarben einführte, Vantongerloo, der diese in die Skulptur übertrug sowie Van't Hoff, Hoste und Wils mit ihrer für die frühen »De Stijl-Architektur« charakteristischen Wright-Rezeption. Oud war keineswegs, wie in der Literatur oftmals unterstellt wird, nur »halbherzig« an De Stijl beteiligt.[350] So ging die Teilnahme von Architekten bei De Stijl in erster Linie auf sein Engagement zurück und er war es auch, der durch die Hinzuziehung Van Doesburgs die ersten Gemeinschaftsarbeiten der Gruppe initiierte.

2. Zur Definition einer »De Stijl-Architektur«

Im Gegensatz zu ihrer Gewichtung in der De Stijl-Forschung hat die Architektur sowohl für die De Stijl-Gruppe als auch in der Zeitschrift immer eine große Rolle gespielt. Auch die von Anfang an diskutierte und bald geforderte Verbindung der Künste wies der Architektur eine zentrale Rolle zu. Auf Ouds erste Zusammenarbeit mit Van Doesburg im Sommer 1916 folgten weitere »Gemeinschaftswerke«[351], denen sich entsprechende Projekte der anderen De Stijl-Künstler anschlossen. Die Architektur stand dabei als eine der Kunstgattungen gleichberechtigt neben der Malerei und der Plastik.[352] Mit Oud, der bereits mit Van Doesburg die Vorgängervereinigung De Sphinx gegründet hatte, war von der ersten Stunde an ein Architekt in De Stijl vertreten. Die Ankündigungen der ersten »De Stijl«-Ausgabe nannten zudem die Architekten Berlage und Wils als zukünftige Mitarbeiter[353], zu denen Ende 1917 und Sommer 1918 Van't Hoff und Hoste hinzutraten. Auch den Architekturbeiträgen in »De Stijl« kam sowohl von ihrer Anzahl als auch inhaltlich große Bedeutung zu. Wenig beachtet wurde bislang, daß die berühmte De Stijl-Ausstellung von Herbst 1923 auf die Präsentation architektonischer Werke beschränkt war (vgl. Abb. 16).

Entsprechend behandelt auch die erste wissenschaftliche Publikation zu *De Stijl*, Bruno Zevis »Poetica dell'architettura neoplastica« (1953), allein die Architektur der Gruppe.³⁵⁴ Eine ganz andere Ausrichtung zeigt H. L. C. Jaffés Dissertation zu Kunst und Theorie von *De Stijl* (1956)³⁵⁵, die mit ihrem Schwerpunkt auf der Malerei das Bild der Gruppe entscheidend geprägt hat. Ausgangspunkt der »*De Stijl*-Architektur« waren für Jaffé – wie in der Folge für die meisten Kunsthistoriker – die Vorstellungen der beiden *De Stijl*-Maler Van Doesburg und Mondrian.³⁵⁶ Das Interesse an der »*De Stijl*-Architektur« konzentriert sich seitdem verstärkt auf die Pariser Ausstellungsmodelle von Van Doesburg und Van Eesteren (vgl. Abb. 16, 45) sowie Rietvelds Schröder-Haus in Utrecht (Abb. 18), in denen man eine Umsetzung von Mondrians »Neoplastizismus« zu erkennen meint. Gleichzeitig treten die auf den ersten Blick weniger spektakulären Arbeiten der frühen *De Stijl*-Architekten in den Hintergrund.³⁵⁷ Eine entsprechende Charakterisierung von »*De Stijl*-Architektur« als asymmetrische Kompositionen mit Wandflächen in den Farben Rot, Gelb und Blau wird (von wenigen Ausnahmen abgesehen) bis heute tradiert. Eine Extremposition vertritt Yve-Alain Bois, der die Architektur von *De Stijl* auf die Flächenkompositionen der 1922/23 entstandenen Pariser Ausstellungsmodelle und das Schröder-Haus von 1924 reduzieren möchte.³⁵⁸ Mit Blick auf den von Anfang an hohen Stellenwert der Architektur in *De Stijl* erscheint eine Beschränkung auf die wenigen, zwischen 1922 und 1925 entstandenen Arbeiten jedoch kaum gerechtfertigt. Entsprechend fordern Ezio Godoli und Paul Overy, die Bauten der frühen *De Stijl*-Architekten stärker als bisher zu würdigen.³⁵⁹

Zweifellos wurden von den *De Stijl*-Architekten, zu denen neben den vier Architekten der frühen Jahre auch der Maler Van Doesburg und der Möbeltischler Rietveld zählen, äußerst heterogene Arbeiten geschaffen. Dies mag mit ein Grund sein, weshalb bis heute eine wissenschaftlich basierte Definition und eine Charakterisierung von »*De Stijl*-Architektur«, das heißt der frühen wie der späteren Arbeiten der *De Stijl*-Mitarbeiter, fehlt. Die gängige Vorstellung von »*De Stijl*-Architektur« als asymmetrische Flächenkompositionen in den Primärfarben ist mit einem Großteil der von den *De Stijl*-Architekten geschaffenen Bauten nicht zu vereinbaren.³⁶⁰ Gerade die Arbeiten der frühen Jahre sind nur schwer unter einen gemeinsamen Nenner zu bringen. Aber auch das Bild der auf den ersten Blick homogen erscheinenden »neoplastizistischen Bauten« wird zu korrigieren sein.

Dem Forschungsschwerpunkt folgend liegen trotz zahlreicher Publikationen zu *De Stijl* bis heute nur zwei monographische Arbeiten über die Architektur der Gruppe vor: Zevis »Poetica dell'architettura neoplastica« (1953)³⁶¹ und Fanellis »Stijl-Architektur« (1983)³⁶². Im Gegensatz zu Zevi, der nur eine durchgehende Strömung der »*De Stijl*-Architektur« beschreibt, unterscheidet Jaffé in seiner drei Jahre später vorgelegten Dissertation³⁶³ zwei unterschiedliche Phasen. Wohl in Anlehnung an Van Doesburg, der von einer »Architektur bis« und einer »Architektur nach 1923« gesprochen hatte³⁶⁴, deutet er die Pariser Ausstellung als Wendepunkt: Während sich die erste Phase mit den Architekten Oud, Van't Hoff und Wils durch ihre kubischen Baukörper auszeichne, zeige die zweite Phase Flächenkompositionen und fließende Übergänge zwischen Außen- und Innenraum. Eine »Verwirklichung der *De Stijl*-Architektur« sieht Jaffé erst in den Entwürfen der zweiten Phase, wie den Pariser Ausstellungsmodellen und dem Schröder-Haus.

In Nachfolge von Jaffé wurde in der Literatur sowohl das Modell der zwei Phasen³⁶⁵ als auch die Konzentration auf die Zeit zwischen 1922 und 1925³⁶⁶ übernommen. Allein Nancy Troy unterscheidet in »The De Stijl Environment« (1983) drei Phasen der »*De Stijl*-Architektur«³⁶⁷, die maßgeblich vom Verhältnis zwischen Malerei und Architektur bestimmt werden: In der ersten Periode (1916/17 bis 1921) war die Malerei der Architektur untergeordnet, wobei die Farbe auf die von der architektonischen Struktur festgelegten Flächen beschränkt blieb. In der zweiten Phase nahm die Bedeutung der Malerei soweit zu, daß sie gleichwertig mit der Architektur oder sogar höher stand als diese. Ab Mitte der 1920er Jahre klafften die Ziele von Malerei und Architektur zunehmend auseinander. Während die Architekten auf eine funktionale Architektur zielten und Farbe weitgehend ablehnten, strebten die Maler – ohne Rücksicht auf architektonische Strukturen – nach abstrakten Farbkompositionen.³⁶⁸ Angesichts der geringen Zahl von »*De Stijl*-Bauten« erscheint eine derart differenzierte Phaseneinteilung jedoch schwierig. Die (farblose) funktionalistische Architektur entspricht zudem der allgemeinen Architekturentwicklung der 1920er Jahren und bildet daher kein Kennzeichen von *De Stijl*.

30 Jahre nach Zevis Publikation erschien Fanellis »Die Architektur des De Stijl«³⁶⁹ als bislang umfassendste Untersuchung zur »*De Stijl*-Architektur«. Unter den insgesamt neun Einzelanalysen finden sich mit der Bauleitungshütte* (1923) und der Fassade des Café de Unie* (1925) zwei Arbeiten von Oud. Im Zentrum steht jedoch der Maler Van Doesburg, der sich erstmals 1922/23 und damit fünf Jahre nach Gründung von *De Stijl* als Architekt betätigt hatte. Als Charakteristikum der frühen Jahre nennt Fanelli die Rezeption Frank Lloyd Wrights, die er an Van't Hoffs Villa Henny (Entwurf 1914) und Wils' Umbau des De Dubbele Sleutel (1918/19) aufzeigt. In diesen beiden Bauten sieht er gleichzeitig die wichtigsten architektonischen Arbeiten der Gruppe, während er Van't Hoff als Schlüsselperson der frühen »*De Stijl*-Architektur« deutet.³⁷⁰ Ouds Werk findet im Gegensatz dazu kaum Erwähnung. Eine »wirkliche De Stijl-Architektur« sieht auch Fanelli erst in den Pariser Ausstellungsmodellen. Als Erfüllung von Van Doesburgs Schrift »Tot een beeldende architectuur«³⁷¹, die als Manifest der *De Stijl*-Architektur zu verstehen sei, erscheint wiederum das Schröder-Haus.³⁷² Leider verzichtet Fanelli auf eine Definition des Begriffs »*De Stijl*-Architektur« und geht erst bei der Besprechung der Pariser Ausstellungsmodelle auf die Unstimmigkeiten zwischen den bis dahin in »De Stijl« publizierten Arbeiten ein: »Di queste opere alcune sono precedenti alla fondazione di ›De Stijl‹ (van't Hoff), altre frutti di esperienze piu o meno autonome rispetto al gruppo (Rietveld, van Leusden), mentre le rimanenti non presentano sufficiente omogenità perché si possa ritenere fondata la pretesa esistenza di una ›architettura De Stijl‹.«³⁷³

Entsprechend der allgemeinen Forschungsmeinung deutet auch Sonja Rusitschka in ihrer Dissertation über Rietvelds Nach-

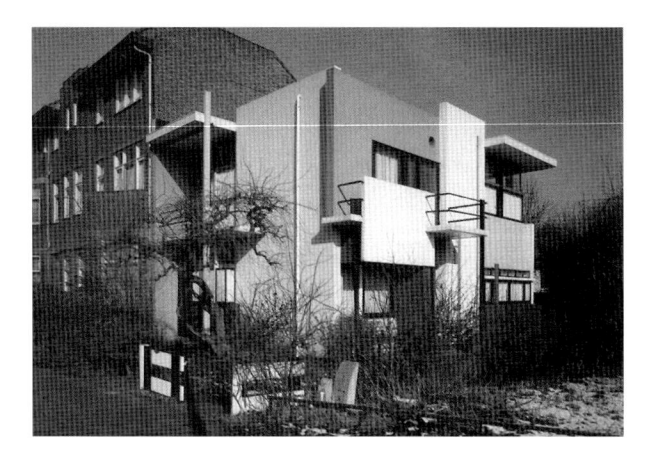

18. Schröder-Haus, Utrecht, Gerrit Rietveld, 1924/25

kriegsvillen im Kontext von *De Stijl* (1995) das Schröder-Haus als konsequenteste Realisierung einer »*De Stijl*-Architektur«.[374] Wie Overy betont, sind die allgemein der »*De Stijl*-Architektur« zugeschriebenen Charakteristika – mit Ausnahme des Schröder-Hauses – jedoch niemals alle in einem Gebäude zu finden.[375] Ed Taverne hat jüngst daher auch die Bedeutung des Schröder-Hauses für die «*De Stijl*-Architektur" in Frage gestellt: »Although always presented as the sublime embodiment of all De Stijl ideals in the field of architecture, it has nevertheless remained unclear, right up to the present day, which relationship this ›unique‹ dwelling actually has to De Stijl.«[376] Die Frage nach einer gemeinsamen Formensprache der *De Stijl*-Architekten ist bis heute damit unbeantwortet.

Aufgrund einer fehlenden, allgemein akzeptierten Definition von »*De Stijl*-Architektur« gehen auch in Bezug auf Oud die Meinungen stark auseinander. Während einige in ihm »die beherrschende Architektenfigur der frühen Entwicklungsphase von de stijl« sehen[377], meßen andere allein seinen Schriften Bedeutung bei: »Oud's architectural projects from his De Stijl period are of limited interest …«[378]. In monographischen Arbeiten wird Oud generell als *De Stijl*-Architekt gesehen, wobei jedoch Werke verschiedener Schaffensphasen zur Begründung dienen. Ausnahmslos gelten jedoch seine Bauleitungshütte* (1923) und das Café de Unie* (1925), die beide nach Ouds aktiver *De Stijl*-Zeit entstanden, als Musterbeispiele der »*De Stijl*-Architektur«. Die ab 1918 unter Beteiligung Van Doesburgs errichteten Wohnbauten in Spangen* gelten dagegen (mit Ausnahme der Ecklösungen) nicht als *De Stijl*-Architektur. Stamm geht in seiner Oud-Monographie (entsprechend Troys Periodisierung) von einer frühen, einer mittleren und einer späten *De Stijl*-Phase aus. Die Häuserzeile an einem Strandboulevard* (1917) zählt Stamm zur frühen, den Fabrik-Entwurf* (1919) zur mittleren Phase, während er die späte Phase von den Pariser Ausstellungsmodellen und Rietvelds Schröder-Haus verkörpert sieht.[379]

Bereits 1977 hatte Sergio Polano kritisiert, daß die Geschichtsschreibung zwar immer auf Ouds Mitgliedschaft in *De Stijl* verweise, die konkreten Bezüge jedoch ungenannt blieben.[380] Bis heute gründet die Bewertung von Ouds Arbeiten nicht auf einer klar definierten Vorstellung von »*De Stijl*-Architektur« und einer davon ausgehenden Analyse seiner Bauten. Die Problematik einer Definition von *De Stijl*-Architektur beginnt bereits mit der undifferenzierten Verwendung der Begriffe »neoplastizistische Architektur« und »*De Stijl*-Architektur«. Hier steht die »*De Stijl*-Architektur« im folgenden für alle architektonischen Arbeiten der *De Stijl*-Mitarbeiter, die »neoplastizistische Architektur« allein für die Übertragung von Mondrians Theorie des »Neoplastizismus« in die Architektur. Letztere wurde nur in einigen wenige Fällen, vor allem den Pariser Ausstellungsmodellen und Rietvelds Schröder-Haus, realisiert. Für den umfassenderen Begriff einer »*De Stijl*-Architektur«, die sowohl die frühen Arbeiten als auch die »neoplastizistische Architektur« einschließt, liefert die Forschung bislang keine Definitionsvorschläge.

Die Kritik der *De Stijl*-Künstler an den gleichzeitig entstehenden Bauten ihrer Kollegen zeigt, daß selbst sie kein einheitliches Bild einer »*De Stijl*-Architektur« vor Augen hatten. Zum Ferienhaus De Vonk*, dem ersten großen Gemeinschaftswerk von *De Stijl*, äußerte sich Huszár noch während der Bauarbeiten im Dezember 1918. Seiner Meinung nach sei das für den Flur geforderde »Gleichgewicht« durch Reduzierung von Gegensätzen reiner Humbug.[381] Im März 1919 erschien in »De Telegraaf« ein Artikel von Hoste, in dem er auf funktionale Mängel wie die zu schlecht belichtete Treppe mit ihrer »wertlosen« Brüstung verweist und die Verwendung von Dekorationsformen (Fensterrahmung, Pilaster), die vernachlässigte Gestaltung der Seitenfassaden, die »verwirrende« Dachlösung und die »stocknüchternen« Terrassen von Haus De Vonk* kritisiert. Vor allem das zuvor in »De Stijl« abgelehnte Satteldach wird als inkonsequent bezeichnet.[382] Oud selbst sah in seinem als »*De Stijl*-Werk« propagierten Treppenhaus kein gelungenes Beispiel einer »*De Stijl*-Architektur«: »… obgleich ich in die Richtung strebte, die wir in ›De Stijl‹ versuchen so ein bißchen vorzugeben, ist die Halle meiner Ansicht nach dafür wenig charakteristisch und ziemlich neutral …«[383]. Auch die Häuserzeile an einem Strandboulevard* fand nicht Hostes Zustimmung[384], während er die kurz zuvor entworfene Villa Allegonda* lobend erwähnt: »La villa de Oud témoigne de la naissance d'une art qui s'annonce plein de promesses.«[385] Ouds Fabrik-Entwurf* wurde überwiegend positiv bewertet. Vor allem Mondrian äußerte sich begeistert: »Das beste, was ich jemals auf diesem Gebiet sah«.[386] Auch Van Doesburg, der in »De Stijl« auf die dekorativen Elemente des Entwurfs verwiesen hatte[387], brachte seine Bewunderung zum Ausdruck: »eine Zeichnung seiner Fabrik: ausgezeichnet«.[388] Rietveld schloß sich der Meinung seiner Kollegen an: »Eine schöne reine Zeichnung in De Stijl …«[389].

Für Van Doesburg galten Ouds Bauten – zumindest bis zu ihrem Zerwürfnis im Winter 1921 – als Verkörperung der »*De Stijl*-Architektur«.[390] Entsprechend sollte Oud die Entwürfe für Haus Rosenberg, das geplante Ideal-Haus von *De Stijl*, liefern. Im Rahmen seines Vortrags »Der Wille zum Stil« (1922) präsentierte Van Doesburg eine Auswahl von *De Stijl*-Bauten, darunter eine der beiden Villen von Van't Hoff, Wils' De Dubbele Sleutel und die Villa Allegonda*.[391] Vor allem in letzterer sah Van Doesburg das »architektonische Prinzip der Zeit« verkörpert. Im Gegensatz hierzu wurden seine eigenen Farbentwürfe für die Wohnblöcke in Spangen* und die Reihenhäuser in Drachten nicht publiziert. Offenbar entsprachen weder die mehrgeschossigen Wohnblöcke von Oud noch die konventionellen Wohnzeilen De Boers seinen Vorstellungen von »*De Stijl*-Architektur«.

Auch die nach 1921, dem Zerwürfnis zwischen Oud und Van Doesburg entstandenen Arbeiten wurden von seinen ehemaligen Kollegen unterschiedlich bewertet. Rietveld äußerte sich im April 1922 positiv zum Entwurf für Haus Kallenbach*, der er »ehrlich« finde im Sinne von «richtig».[392] Anfang 1927 gekräftigte er, daß ihm die Häuserzeilen in Hoek van Holland* am besten von allen Bauten des »Bauhausbuches« gefalle: »Am schönsten finde ich die Arbeiterwohnungen Hoek van Holland«. Vor allem das runde Vordach und die Rundung des Grundrisses fanden seine Zustimmung: »Es scheint mir das schönste, was ich jemals gesehen habe«.[393] Allein Van Doesburg zeigte sich kritisch bis ablehnend und bezeichnete die beiden Häuserzeilen als »Van de Velde-Architektur«[394]. Bereits 1925, als im Rahmen der Pariser Kunstgewerbeausstellung der Streit erneut aufgebrochen war, hatte er die Bauleitungshütte* und das Café de Unie* mit dem in *De Stijl* verpönten Jugendstil bzw. der Amsterdamer Schule verglichen.[395]

Aufschlußreich für die Frage nach einer »neoplastizistischen Architektur« ist Mondrians Reaktion auf die Pariser Ausstellungsmodelle von Van Doesburg und Van Eesteren, mit denen er keineswegs hundertprozentig zufrieden war. So lobte er deren offene Form, kritisierte jedoch die dynamische Komponente und die Gruppierung der Bauelemente um einen festen Kern.[396] Wie Mondrian betonte, interessiere ihn die Ausstellung der niederländischen *De Stijl*-Architekten vor allem als Demonstration. Die Fotografien von Ouds Arbeiten habe er mit Gefallen betrachtet, wobei er die Fabrik* besser finde als die Bauleitungshütte*.[397] Mondrian, dem im Gegensatz zu Van Doesburg eine Realisierung seiner Vorstellungen erst in ferner Zukunft möglich schien, äußerte sich sehr verhalten zur aktuellen Architektur. Gerade gegenüber Rietvelds Bauten und damit dem Schröder-Haus blieb er zurückhaltend.[398] Oud seinerseits hat Rietvelds Schröder-Haus als »Architektur« nie ernstgenommen. 1935 bemerkte er zu den jüngsten Arbeiten seines Feindes: »… und was mir persönlich so auffällt ist, daß du so viel ›architektonischer‹ wirst …«[399].

Um Ouds Bauten als Beispiele der »De Stijl-Architektur« untersuchen zu können, müssen zunächst Art, Umfang und Entwicklung der »De Stijl-Architektur« geklärt werden. Voraussetzung hierfür ist eine (bis heute nicht vorgenommene) Bestimmung der Bauten, die zur Architektur von De Stijl zählen. An erster Stelle stehen die Bauten und Projekte, die von Mitarbeitern während ihrer aktiven Zeit bei De Stijl geschaffen wurden. Ein Problem bildet hier die Definition der »aktiven Mitarbeit«, da die Grenze zwischen einer konstanten Tätigkeit und sporadischen Publikationen oftmals fließend ist. Dasselbe gilt für die Unterscheidung zwischen einer engen Zusammenarbeit und einem losen Kontakt unter den Künstlern. Auch bei den Arbeiten, die als Gemeinschaftswerke von De Stijl-Mitarbeitern und außenstehenden Künstlern entstanden, ist die Zuordnung schwierig. Da die Mitarbeiter nach ihrem Ausscheiden meist keine Änderung der Formensprache zeigten, werden hier in Übereinstimmung mit der aktuellen Forschung auch später entstandenen Bauten und Entwürfe herangezogen.

Einen weiteren Anhaltspunkt bilden die von der Gruppe selbst als De Stijl-Bauten ausgewiesenen Arbeiten. Dies kann durch Publikation in »De Stijl« oder aber durch Präsentation auf einer De Stijl-Ausstellung geschehen. Auch hier muß jedoch differenziert werden. So waren auf der Pariser Ausstellung auch Bauten von Mies van der Rohe und Van Leusden zu sehen, die ansonsten keinen Kontakt zur Gruppe hatten. Als mit dem Ausscheiden von Oud allein Van Eesteren und Van Doesburg als Architekten zurückblieben, mußte letzterer, um das Bild einer einheitlichen starken Gruppe aufrecht zu erhalten, auf ehemalige Mitarbeiter zurückgreifen.[400] Entsprechend wurden Bauten früherer Mitarbeiter in Publikationen und Ausstellungen als aktuelle »De Stijl-Architektur« ausgegeben.[401] Problematisch ist prinzipiell die Einbeziehung von Bauten, die vor der Gründung von De Stijl entstanden, aber als De Stijl-Bauten präsentiert wurden. Hierzu zählen vor allem die beiden Häuser von Van't Hoff in Huis ter Heide, das Huis J. N. Verlopp (1914/15) und die Villa Nora für A. B. Henny (1914–19), die im Januar und Mai 1919 in »De Stijl« erschienen.[402] Für die zwei Villen, denen in der De Stijl-Forschung ein zentraler Stellenwert zukommt, prägte Fanelli den Begriff der »architettura proto-de Stijl«[403]. In der Tat stehen beide Arbeiten unter dem Einfluß von F. L. Wright, ein für die Anfangsjahre von De Stijl typisches Merkmal.

Den Schwerpunkt bilden im folgenden die frühen Jahre mit Oud als aktivstem Architekten der Gruppe: Oud war bis zu seinem Zerwürfnis mit Van Doesburg im Winter 1921 insgesamt vier Jahre, Wils nur etwas über ein Jahr, Van't Hoff zwei Jahre und Hoste nur wenige Monate Mitarbeiter von De Stijl.[404] Rietveld begann erst 1921 zu bauen, in dem Jahr, als sich Oud durch seinen Vortrag vor De Opbouw von De Stijl distanzierte.[405] 1922 machte Van Doesburg seine ersten Architekturentwürfe und band hierfür Van Eesteren an De Stijl.

Die Vorstellung von De Stijl als einer Künstlergruppe mit einheitlichen ästhetischen Zielen wurde von einzelnen Mitarbeitern, allen voran Van Doesburg, bereits früh vertreten. Wie der Überblick zu De Stijl gezeigt hat, liegt die Wahrheit zwischen den beiden Extremen einer homogenen Avantgardegruppe und einer losen Verbindung unabhängig arbeitender Künstler. Vor allem nach Van Doesburgs Tod, dem zuletzt isoliert stehenden Einzelkämpfer, und verstärkt nach dem Tod Mondrians (1944) wurde das Bild einer einheitlichen Künstlergruppe von den noch lebenden Mitarbeitern mit Nachdruck propagiert. Hierbei handelte es sich mit Oud, Van Eesteren und Rietveld ausschließlich um die Architekten von De Stijl.[406] Selbst Van't Hoff, der nur kurze Zeit als Mitarbeiter von De Stijl tätig gewesen war, bemühte sich um ein Wiederaufleben der Zeitschrift und der »Gruppe«.[407] Um ihre Arbeiten als Produkte der nun international bekannten Avantgardegruppe aufzuwerten, stellten sie sich ganz gezielt in Abhängigkeit zu Mondrian, dem bekanntesten und erfolgreichsten Künstler von De Stijl. In einer Ausstellungsbesprechung bekannte Oud im Namen aller De Stijl-Architekten: »Es ist wohl deutlich, daß sein Hang, Raum zu gestalten, die Architektur sehr genau traf. In dem Saal, der ›De Stijl‹ gewidmet ist, kann man sehen, wie wir in dieser Zeit versuchten, stimuliert durch seine Ideen, die in der Malerei gefundenen Tendenzen in die Architektur zu transportieren.«[408]

Seit 1948 waren Van Eesteren, Rietveld und Oud mit der Ausrichtung einer Übersichtsausstellung zu De Stijl beschäftigt, die schließlich 1951 im Stedelijk Museum in Amsterdam präsentiert wurde.[409] Daß die Geschichte der Modernen Architektur von den Protagonisten selbst geschrieben wurde, war in den Niederlanden bis in die 1960er Jahre hinein gängige Praxis.[410] Van Eesteren beteiligte sich noch 1985 an der Konzeption einer Ausstellung über De Stijl und die Architektur in Frankreich.[411] Auch Oud versuchte Einfluß zu nehmen, schrieb Katalogtexte zu Ausstellungen seiner eigenen Arbeiten, intensivierte seine Kontakte zu Kritikern und Kunsthistorikern, publizierte zahlreiche Aufsätze und verfaßte schließlich 1957 seine Autobiographie[412]. Oud stand zudem in enger Verbindung zu Jaffé, für dessen Dissertation »De Stijl, 1917–1931, the Dutch contribution to modern art« er das Vorwort schrieb.[413] In Anknüpfung an entsprechende Bestrebungen in den 1920er Jahren präsentierte sich als zentraler De Stijl-Architekten.[414] Hierfür berief er sich auf Mondrian und betonte gleichzeitig seine enge Verbindung zu Van Doesburg als Herausgeber und offiziellem Gründer von De Stijl. Anläßlich der Amsterdamer De Stijl-Ausstellung (1951) verweist Oud auf seine enge Freundschaft zu Van Doesburg, wobei er die früheren Anfeindungen bewußt ausklammert: »What I miss today very much is the presence of my friend Van Doesburg … I remember out of the days before the ›Stijl-movement‹ began his visits to my room at 3 o'clock in the morning by throwing a stone at my window. We walked day and night through Leiden planning ›De Stijl‹.«[415] Mehrmals führte Oud die Gründung von De Stijl auf die gemeinsame Idee von Van Doesburg und ihm selbst zurück: »Später kam uns nach endlosen Spaziergängen und Gesprächen der Gedanke, eine Zeitschrift zu gründen.«[416] Auch die künstlerische Zusammenarbeit mit Van Doesburg wurde in diesem Sinne stilisiert. Zu der De Stijl-Ausstellung in Rom und Mailand (1960/61) reichte er – als Beispiel einer Gemeinschaftsarbeit – Van Doesburgs Farbentwürfe für die Wohnblöcke I und V in Spangen* ein (Abb. 23), deren Ausführung er seinerzeit verhindert hatte.[417] Indem Oud seine Bauten als Umsetzung von Mondrians Malerei interpretierte, stellte er sich schließlich ganz bewußt außerhalb jeder architektonischen Tradition und erschien somit als Pionier der »De Stijl-Architektur«.[418] Auch die Stilbezeichnung »Kubismus« weist auf die Malerei als Grundlage seiner Architektur. Selbst die Farbfassung seiner Bauten führte er auf Mondrian zurück und bezeichnete die Primärfarben als »Mondrian-kleuren«.[419] Wie der Titel seiner Autobiographie »Mein Weg in De Stijl«[420] zeigt, versuchte Oud schließlich, sein gesamtes Werk auf De Stijl zurückzuführen. Entsprechend sind auf dem Umschlag sein Fabrik-Entwurf*, der allgemein als erstes und zentrales Beispiel der »De Stijl-Architektur« gilt, und sein letztes Werk, das 1957 begonnene Kongreßgebäude in Den Haag, abgebildet. Oud stilisierte sich damit sowohl als Erfinder als auch Vollender der »De Stijl-Architektur«.

Die Geschichtsmanipulation der ehemaligen De Stijl-Architekten blieb in der Literatur lange Zeit unerkannt.[421] Bis heute haben nur wenige Autoren die Vorstellung einer »De Stijl-Architektur«

hinterfragt oder, wie Casciato, Panzini und Polano, zu Gunsten einer »Architekten von De Stijl« aufgegeben: »… da genau betrachtet das, was realisiert wurde und unmittelbar auf die Bewegung zurückzuführen ist, zwar sehr wichtig oder besser vorbildhaft ist, aber von geringer Zahl.«[422] Der Begriff »De Stijl-Architektur« erschien nun aufgrund der komplexen Beziehungen und heterogenen Werke als zu große Vereinfachung.[423] Manfred Bock betont entsprechend, daß die De Stijl-Prinzipien angesichts der unterschiedlichen Vorstellungen und formalen Lösungen sehr weit gefaßt werden müßten. Es sei grundsätzlich problematisch, die Architekten und Maler von De Stijl als Gruppe zu betrachten. Möglich erscheine ihm jedoch, Oud, Wils und Van't Hoff (trotz weniger Gemeinsamkeiten und ihrer nur kurzen aktiven Teilnahme an De Stijl) als Gruppe von Architekten zu interpretieren. Eine Gruppe aller De Stijl-Architekten habe jedoch nie existiert.[424] Obwohl die Zerstörung des »Mythos De Stijl« für eine objektive Bewertung unentbehrlich war, sind Gemeinsamkeiten zwischen den einzelnen Mitarbeitern nicht zu leugnen. Dies gilt neben der Malerei mit ihren stilistisch zum Teil eng verwandten Lösungen auch für den Bereich der Architektur. Auf Grundlage der Einzeluntersuchungen in Blotkamps De Stijl-Publikationen von 1982 und 1996[425] müßte eine Bestimmung individueller und gemeinsamer Anschauungen für einzelne Zeitspannen und Künstlergruppen noch geleistet werden. Eine zu eng gefaßte Definition von »De Stijl-Architektur« ist dabei weder möglich noch sinnvoll.

Eine Gemeinsamkeit der frühen De Stijl-Jahre ist die Orientierung an Frank Lloyd Wright (1867–1959). Zu den ersten Autoren, die sich in diesem Sinne äußerten, zählt Adolf Behne mit seinem Aufsatz zur holländischen Baukunst (1921/22).[426] Bereits im Juni 1921 hatte H. T. Wijdeveld provozierend erklärt, daß die »De Stijl-Architektur« eigentlich nur eine niederländische Variante von Wrights Bauweise darstelle.[427] Auch Zevi betont die führende Position des amerikanischen Architekten gegenüber De Stijl: »Wright fu neoplastico prima di De Stijl – e dopo.«[428] Eine differenziertere Sichtweise findet sich erst in den 1980er Jahren: »In Wirklichkeit gehen viele der Arbeiten, die man traditionell als repräsentativ für De Stijl bezeichnet – man denke an das Werk von Van't Hoff von 1916 in Huis ter Heide – auf Wright zurück … Das schließt jedoch nicht aus, daß das Experiment von De Stijl diese Architekten tiefgehend beeinflußt und Elemente dieser neoplastizistischen Poetik daher in fast allen ihren Produkten zu finden sind.«[429] Die »De Stijl-Architektur« erscheint damit als eine Verbindung von Wrights Formensprache mit den Theorien oder Formlösungen von De Stijl.[430]

Im Vergleich zu anderen europäischen Ländern bestand in den Niederlanden ein sehr breites und frühes Interesse an Wright.[431] Dies gilt auch für die De Stijl-Maler, die vor allem von Wrights Bleiglasarbeiten beeeinflußt waren.[432] Im Fall der »De Stijl-Architektur« bleibt die Frage, inwieweit die Wright-Rezeption in den Bauten von Oud, Van't Hoff, Hoste und Wils tatsächlich eine eigene, gemeinsame Ausprägung zeigt und damit ein Charakteristikum der Gruppe bildet. Dieser Aspekt fand bislang allein bei zwei Autoren Beachtung: Ezio Godoli sieht die Charakteristika der Wright-Rezeption in De Stijl in einer reduzierteren und objektivierteren Formensprache, während Heidi Kief-Niederwöhrmeier auf das ausgeglichenere Verhältnis von Horizontale und Vertikale und ein verändertes Verhältnis zur Natur verweist.[433] Zweifellos entwickelte jedoch jeder De Stijl-Architekt eine persönliche, mehr oder weniger stark von Wright abhängige Formensprache. Laut Fanelli tendierten vor allem Van't Hoff und Oud zu einer Neuinterpretation der Wrightschen Formen.[434] Dagegen sieht Kief-Niederwöhrmeier bei Oud eine weniger starke Anlehnung an Wright.[435] Die Frage, inwieweit sich die De Stijl-Mitarbeiter an Wright orientierten, kann im Rahmen dieser Arbeit nicht geleistet werden. Für das Verständnis von Ouds Werk scheint jedoch wichtig, wann und in welcher Form die De Stijl-Künstler mit Wrights Architektur in Berührung kamen.[436]

Auffallend ist die große Präsenz von Wright vor allem im ersten und zweiten Jahrgang von »De Stijl«. Im Januar 1918 erschien Ouds Artikel »Kunst en machine«, ein Kommentar zu Wrights Vortrag »The Art and the craft of the machine« (1901)[437], in dem er sich für die maschinelle Fertigung und die Verwendung neuer Materialien im Bauwesen aussprach. Als Beispiel für eine entsprechende Architektur verweist Oud auf die Arbeiten des amerikanischen Architekten.[438] Im Februar 1918 folgte Ouds Besprechung des Fred C. Robie House in Chicago (1907–09), in der er auch in allgemeinerer Form auf Wrights Architektur eingeht.[439] In Anlehnung an diesen Artikel erschien im Februar und März 1919 Van't Hoffs Besprechung der Unity Church in Oak Park, Illinois (1905–07), die er (wie auch das Larkin Building) während seines USA-Aufenthaltes selbst gesehen hatte.[440] In der »De Stijl-Bibliothek« wurden ab April 1919 drei Publikationen zu Wright angeboten.[441] Auch die in »De Stijl« publizierten Bauten zeigen oftmals einen engen Bezug zu Wright. Im Juni 1918 veröffentlichte Wils seinen Entwurf eines Landhauses aus Beton, das sich in seiner Formensprache an Wrights Prairie-Houses orientierte.[442] Im Januar 1919 folgten Van't Hoffs Villa Henny in Huis ter Heide (1915 begonnen), im Februar Wils' Gasthaus De Dubbele Sluitel in Woerden (1918/19) sowie im Mai Ouds Entwurf für ein Doppelhaus für Arbeiter in Beton*.[443] Obwohl Oud den ersten Artikel über Wright in »De Stijl« verfaßte, geht die Wright-Rezeption in De Stijl keineswegs auf ihn zurück: Bereits vor Gründung der Zeitschrift war Van't Hoff in die USA gereist, wo er den amerikanischen Architekten persönlich kennenlernte.

Die Arbeiten Wrights waren dem europäischen Publikum seit der 1910 erschienenen Monographie des Wasmuth-Verlags zugänglich.[444] Eine größere Publizität erreichte er durch das 1911 bei Wasmuth erschienene und weitaus preisgünstigere Buch von C. R. Ashbee, das erstmals auch Fotografien der Bauten enthielt.[445] Gerade niederländische Architekten zeigten ein großes Interesse an der zeitgenössischen amerikanischen Architektur. Entscheidend hierfür war das Engagement Berlages, der nach seiner USA-Reise vom Winter 1911 die amerikanische Architektur durch Vorträge und Publikationen bekannt machte.[446] Bereits im Juli 1906 hatte er den amerikanischen Architekten W. G. Purcell und dessen späteren Partner G. Feick Jr. kennengelernt, die eigens in die Niederlande gekommen waren, um auf Anraten von H. L. Sullivan die Amsterdamer Börse zu besichtigen.[447] Der seit langem geplante USA-Aufenthalt führte Berlage über Chicago nach Minneapolis, New Haven, Cleveland, Buffalo und zurück nach New York.[448] Sein Wunsch, Wright persönlich kennen zu lernen, erfüllte sich jedoch nicht.

Im Jahr nach seiner USA-Reise hielt Berlage mehrere Vorträge über Wright und publizierte den Aufsatz »Neue Amerikanische Architektur«[449]; 1913 folgten als Zusammenfassung seiner Eindrücke die »Amerikanischen Reiseerinnerungen«[450]. Berlages Werbung für die amerikanische Architektur in Verbindung mit der allgemeinen Amerika-Begeisterung dieser Jahre führte vor allem bei jüngeren Architekten zu einem verstärkten Interesse an Wright. In den niederländischen Architekturzeitschriften war Wright, der dort den Namen »Berlage van Amerika« erhielt, ein zentrales Thema. Bereits in den 1910er Jahren finden sich zahlreiche Bauten, die den Einfluß des Amerikaners verraten. Dies betrifft mit Oud, Van't Hoff, Hoste und Wils sowohl die Mitarbeiter von De Stijl als auch Vertreter der Amsterdamer Schule.[451]

Neben Berlage spielte Van't Hoff eine wichtige Rolle für die Wright-Rezeption in den Niederlanden und in De Stijl. 1913 bekam der junge Architekt von seinem Vater eine Ausgabe der Wasmuth-Publikation mit Ashbees einleitendem Text nach London gesandt. Im Sommer 1914 reiste er in die USA, wo er Wright kennenlernte und mit ihm seinen Auftrag für die Villa Henny besprach.[452] In seinem Reisegepäck hatte er eine Reihe von Illustrationen von Wrights Bauten, die in Europa noch nicht publiziert waren.[453] Der Entwurf der Villa Henny wurde zusammen mit dem seines zweiten Hauses in Huis ter Heide 1914 fertiggestellt. Beide Bauten lehnen sich eng an Wrights Arbeiten an und zählen damit zu den ersten eindeutig von Wright beeinflußten Gebäuden in den Niederlanden. Langmead geht noch einen Schritt weiter und wertet sie als die ersten realisierten Wright-»Kopien« in Europa: »The concrete Villa Henny cloned the American's cubic esthetic and the Verloop house mimicked the prairie houses.«[454] In der Tat zeigen beide Häuser das für Wright typische Aufbrechen der Blockform, die Betonung der Horizontalen durch schmale Gesimsbänder und das bis zum Fensteransatz heruntergezogene Dach bzw. eine vorkragende Dachplatte (Abb. 15). Wie in den Prairie Houses durchbricht auch in Haus Verloop der Kamin den horizontal gelagerten Bau, während Rietveld im Auftrag des Bauherrn J. N. Verloop einige Möbel von Wright kopierte.[455] Die Villa Henny zeigt große Ähnlichkeit mit dem 1910 in der Wasmuth-Publikation abgebildeten Haus von Mrs. Thomas H. Gale in Oak Park (1909), ebenfalls ein zweigeschossiges Haus mit Flachdach (Dachplatte), Balkonen und Gesimsbändern. Zudem griff Van't Hoff auf einige von Wright eingeführte Detailformen wie die schmalen, durch Wandstreben getrennten Fenster und die langen Blumenkästen zurück. Im Innenraum wurden der für Wright charakteristische kreuzförmige Grundriß und der zentrale Kamin übernommen (Abb. 19). Dagegen findet die für die Prairie Houses typische Verbindung mit der umgebenden Landschaft – trotz der freien Lage inmitten eines großen Gartens – keine Entsprechung. Vor allem die strenge Symmetrie der Villa Henny kann nicht mit Wrights Wohnhäusern in Verbindung gebracht werden, die sich gerade durch ihre Asymmetrie bzw. ein Zusammenspiel symmetrischer und asymmetrischer Elemente auszeichnen.[456]

Die Villa Henny wird in der Literatur nicht nur als eine der konsequentesten Wright-Rezeption, sondern auch als Initialbau von *De Stijl* gesehen. Wie dargelegt, entstand der Bau jedoch lange vor der Gründung einer Zeitschrift oder Künstlergruppe.[457] Den Forderungen von Mondrian und den in Anschluß an die Pariser Ausstellungsmodelle festgelegten »De Stijl-Kanon« stand die Villa mit ihrer symmetrischen Grunddisposition, der bestimmenden Horizontalität, dem (flach) geneigten Dach und den axialsymmetrischen Fassaden jedoch diametral entgegen.[458]

Oud und Wils wurden (anders als Van't Hoff) durch Berlage auf Wright aufmerksam gemacht.[459] Oud stand spätestens 1910 in engem Kontakt zu Berlage und verkehrte bald regelmäßig in dessen Haus. Wils arbeitete von 1914–16 in Berlages Büro und wird dort aus erster Hand von den neusten Entwicklungen in der amerikanischen Architektur erfahren haben. In enger Anlehnung an die Formensprache Wrights stehen der Umbau von De Dubbele Sleutel in Woerden (1918/19) sowie der Papaverhof in Den Haag (1919–21). In den Arbeiten von Wils, der im Freundeskreis auch »Frank Lloyd Wils« genannt wurde, ist jedoch schon 1916 eine Beeinflussung durch Wright festzustellen.[460] Im Fall seines *De Stijl*-Kollegen Oud finden sich, wie detailliert darzulegen sein wird, erst 1917/18 eindeutig auf Wright zurückgehende Formen.[461] Im Gegensatz zu Wils sind seine Bauten meist symmetrisch[462], und auch die für Wright typische Auflösung der Blockform fehlt bei ihm. Zevi beklagt entsprechend, daß Oud die Formen von Wright ohne Verständnis aufgegriffen und übernommen habe.[463] Laut Godoli sei Oud, dessen Wright-Rezeption sich auf die maschinelle Fertigung beschränke, zu keinen qualitätvollen Lösungen gekommen.[464]

Ebenfalls zu den von Wright beeinflußten *De Stijl*-Architekten zählt der in der Literatur wenig beachtete Huib Hoste, der nach einem Streit mit Van Doesburg bereits Ende 1918 die Gruppe verlassen hatte. Hoste war offenbar über Van't Hoff, den er seit 1916 kannte, mit Wrights Werk vertraut.[465] Sein Entwurf für ein Gartenhaus[466] steht mit seiner asymmetrischen Gestaltung, der schmalen vorkragenden Dachplatte, den vertieftliegenden Fenstern, den Gesimsen und Blumenbänken sowie dem vorgelagerten Weiher deutlich unter dem Einfluß des Amerikaners. Anders verhält es sich mit dem Entwurf für ein Landhaus (1917)[467], das zwar in den Detailformen auf Wright zurückgeht, in Grund- und Aufriß jedoch streng symmetrisch ist. Damit folgt Hoste – wie auch im Fall der ummauerten Terrasse in der Mittelachse – Van't Hoffs Villa Henny. Auch andere Arbeiten von Hoste sind symmetrisch konzipiert und stehen damit den Bauten von Van't Hoff und Oud nahe.[468] Nach dem Krieg kehrte Hoste nach Belgien zurück, blieb jedoch weiterhin Abonnent von »De Stijl«.[469] Auch seine Formensprache behielt er bei, wobei neben einer Anlehnung an Wright auch enge Bezüge zu Wils erkennbar sind.[470]

Als Charakteristikum der Wright-Rezeption in *De Stijl* erscheint ausgehend von den hier gemachten (notwendigerweise summarischen) Beobachtungen eine abstrakt-reduzierte Gestaltungsweise mit zum Teil stereotyp sich wiederholenden Einzelmotiven. An Stelle der organisch aufgebauten und in ihre Umgebung eingebundenen Prairie Houses treten geometrische Formen sowie bei Oud, Van't Hoff und zum Teil Hoste symmetrische Fassaden und Grundrisse.[471] Während die betonte Geometrisierung von Grund- und Aufrissen auf *De Stijl* zurückzugehen scheint, ist der Verzicht auf eine raumgreifende Architektur auch in anderen von Wright beeinflußten europäischen Bauten zu beobachten.[472] Im Fall der Symmetrie muß vor allem zwischen den Bauaufgaben differenziert werden: Ausgehend vom Larkin Building in Buffalo (1904/05) und der Unity Church (1905–07), die beide streng symmetrisch aufgebaut sind, scheint eine Anlehnung der *De Stijl*-Architekten an die monumentalen repräsentativen Bauten von Wright – im Gegensatz zu den in der Literatur angeführten Prairie Houses – wahrscheinlich. Allerdings finden sich auch dort einige (weitgehend) symmetrische Bauten, wie Haus Winslow (1898, Abb. 48) und das Robie House (1907).

Wright, der vor allem in der zweiten Wasmuth-Publikation als ein Verfechter der industriellen Bauweise und Verkünder der neuen Architektur gefeiert wurde, schien in den Augen der *De Stijl*-Architekten dieses Ideal selbst nicht zu erfüllen.[473] Offenbar widersprachen die Asymmetrien und die landschaftliche Einbindung der Prairie Houses ihrem Bild einer maschinell gefertigten Architektur, die das Unregelmäßig-Willkürliche der Natur durch

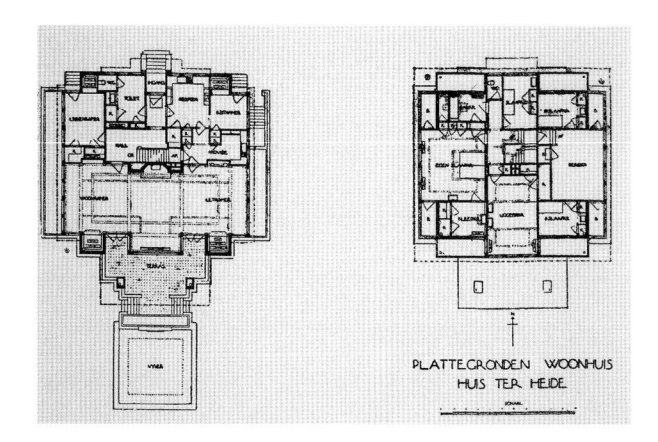

19. Villa Henny, Huis ter Heide, Rob van't Hoff, 1914–19, Grundriß EG, OG

Ordnung und Regelmaß ersetzen sollte. Auch Berlage bezeichnete Wright, der den Beinamen »Poet der Maschine« erhalten hatte, als »Romantiker«.[474] Oud sah in Wright vor allem den Individualisten mit visionären Fähigkeiten: »Wright verehre ich, weil der Entstehungsprozeß seiner Arbeit mir völlig fremd, gänzlich Geheimnis bleibt.«[475] Das Robie House beschrieb er als pittoresk, wobei er die malerische Komposition des Hauses kritisierte. Gleichzeitig verwies er auf das vorbildhafte, streng symmetrische Larkin Building, das in Kürze in »De Stijl« erscheinen werde.[476] Van't Hoff äußerte sich detailliert zur (symmetrisch gestalteten) Unity Church, die er als Vorläufer der neuen Architektur ansah.[477]

Wrights Einfluß auf die De Stijl-Architekten schloß auch dessen Zeichenstil ein. Vor allem Van't Hoffs akkurate technische Zeichnungen gehen auf die Wasmuth-Monographie zurück. Dasselbe gilt für die vereinfachte, abstrakte Grundrißdarstellung mit Wiedergabe verschiedener Ebenen in einem Schnitt.[478] Entsprechend Wrights Entwurfszeichnungen nimmt die Darstellung auf den Blättern von Van't Hoff und Wils oftmals nur die obere Hälfte des Papiers ein, und sind die Gebäude von dunkel abgesetzten Bäumen flankiert. Aber auch Oud zeigt in einer Darstellung seines Fabrik-Entwurfs*, die sich durch gegeneinandergesetzte schwarze und weiße Flächen auszeichnet, den Einfluß von Wright.[479] Oud und Wils übernehmen zudem mehrfach die von Wright liebevoll gezeichneten Blumen in den hierfür angebrachten Blumenkästen der Hausfassaden (Abb. 145, 162).[480]

Auch in ihren theoretischen Schriften setzten sich die De Stijl-Architekten mit Wright auseinander. Wils publizierte drei Artikel über Wright, die jedoch alle außerhalb von »De Stijl« erschienen.[481] Auf Ouds »Kunst en machine« folgte in der nächsten Ausgabe von »De Stijl« sein Beitrag über das Robie House.[482] Nach Meinung Ouds zeigten Wrights Bürobauten zugleich sachliche wie ästhetische Lösungen, während bei den Prairie Houses die zugrundeliegende innere Struktur aufgrund der malerischen Massengruppierung weniger deutlich sei. Im Fall des Robie House kritisierte er die »unreine« Backsteinverkleidung der aus Beton gearbeiteten Terrasse und schloß sich dabei Berlages Urteil über eine entsprechende Baupraxis in den USA an.[483] Laut Langmead bezeugt Ouds Aufsatz ein frühes Verständnis von Wrights Wohnarchitektur – »perhaps before anyone else in Europe«.[484] Zweifellos zählt Oud auch zu den frühen Propagandisten des amerikanischen Architekten. Das später so berühmte Robie House war vor der Publikation in Ouds »De Stijl«-Artikel (Februar 1918) allein in Form eines Grundrisses und einer (allerdings untypischen) Ansicht in der ersten Wasmuth-Ausgabe erschienen. Offenbar war Oud daher mitverantwortlich für die besondere Wertschätzung des Robie House in der europäischen Architekturgeschichte.[485] Auch in der Publikation seines Vortrags vor De Opbouw, den er Anfang der 1920er Jahren in mehren europäischen Städten wiederholte, wurde das Robie House aufgenommen.[486]

Der 1925 in »Wendingen« veröffentlichte Artikel »The influence of Frank Lloyd Wright on the architecture of Europe« erschien ein Jahr später erneut in Ouds »Bauhausbuch«.[487] Anders als der Titel vermuten läßt, wird Wrights Bedeutung für die Moderne Architektur hier deutlich relativiert: laut Oud beschränke sich der Einfluß, den Wright auf die amerikanische und europäische Architektur ausgeübt habe, vor allem auf die äußere Formgebung, während das Wesen seiner Arbeiten unberücksichtigt bleibe. In der »Halbheit« dieser aus zweiter Hand stammenden Formen sah Oud eine schädliche Auswirkung auf die europäische Architektur. Ebenso bedeutend für die europäische Baukunst sei der gleichzeitig zur Wright-Verehrung entstandene Kubismus.[488] Die Kennzeichen der modernen europäischen Architektur (wie Flächenkomposition, auskragende Platten und die dominierende Horizontalität) gingen daher auf zwei unterschiedliche Quellen zurück. Übereinstimmungen zwischen Wrights Formensprache und dem Kubismus erkannte Oud in der Vorliebe für rechteckige Formen, der Auflösung des Baukörpers und der Verwendung neuer Materialien und Konstruktionen. Dennoch komme der »kubistischen Architektur« die Führungsrolle zu: Während Wrights Arbeiten überschwenglich und sinnlich seien, bilde der Kubismus mit seiner puritanischen Askese, Enthaltsamkeit und Abstraktion den Ausgangspunkt einer neuen Architektur. Mit der Genauigkeit der Form, Einfachheit und Regelmaß stehe der Kubismus am Beginn des neuen »unhistorischen Klassizismus« und damit des zukünftigen Architekturstils.

Neben den frühen De Stijl-Bauten zeigen auch die ab 1922 entstandenen Arbeiten von Van Doesburg und Van Eesteren in ihren dynamisch bewegten Flächenkompositionen und auskragenden Vordächern Elemente von Wrights Architektur. Anders als in der Frühzeit von De Stijl ist dort jedoch kaum noch von einer direkten Formübernahme zu sprechen. Durch die frühen De Stijl-Architekten war die typische Bauweise von Wright bereits zum Bestandteil der De Stijl-Architektur geworden, auf die nun zurückgegriffen werden konnte. Aber auch außerhalb von De Stijl finden sich frühe Beispiele der niederländischen Wright-Rezeption. Beispielhaft seien das Frühwerk von Johannes Duiker und Bernard Bijvoet, darunter der Entwurf für die Rijksakademie in Amsterdam (1917), die Landhäuser in Kijkduin (1920) und der Entwurf für die Ambachtsschool in Scheveningen (1921/22), genannt sowie Van Loghems Holzhäuser (1919–21) in Haarlem.[489] Vor allem aber Dudok zeigt sich von Wright beeinflußt. Im Bereich der Inneneinrichtung ist auf das Interieur von Hendrik Wouda für Dudoks Villa Sevensteijn in Den Haag (1920) zu verweisen, das sich eng an die Prairie Houses anlehnt. Allgemein wurden sowohl Wrights Möbel als auch seine Bleiglasarbeiten im niederländischen Wohnungsbau kopiert. Der Einfluß von Wright in den Niederlanden beschränkte sich damit nicht auf die frühen Architekten von De Stijl, sondern trat annähernd gleichzeitig auch bei Vertretern der konkurrierenden Amsterdamer Schule und bei streng rationalistischen Architekten auf. Den jeweiligen künstlerischen Vorstellungen entsprechend wurden dabei einzelne Aspekte von Wrights Architektursprache isoliert und in die eigene Formensprache integriert.

Das Interesse der De Stijl-Architekten galt neben Wrights Formensprache auch der Verwendung von Beton. Hierfür stehen Wils' Entwurf für ein feuerfestes Haus in Anlehnung an einen entsprechenden Vorschlag von Wright (1906) sowie die teilweise in Beton ausgeführte Villa Henny.[490] Angenommen wird, daß die De Stijl-Architekten in Wrights Arbeiten vor allem das Vorbild für einen kostengünstigen Wohnungsbau sahen. Fanelli nennt als Beispiele neben der Villa Henny auch Ouds Entwurf für eine Häuserzeile an einem Strandboulevard* und das Doppelhaus für Arbeiter in Beton* sowie Wils' Entwurf für ein Haus aus Hohlbetonsteinen.[491] Keiner dieser Bauten und Entwürfe war jedoch auf ein kostengünstiges Bauen ausgerichtet. Neben der Faszination für neue Baumaterialien und den maschinelle Fertigung bestand auch hier in erster Linie ein ästhetisches Interesse.[492]

Erstaunlicherweise setzte die Wright-Rezeption in den Niederlanden nicht sofort nach Erscheinen der beiden Wasmuth-Publikationen (1910 und 1911) und Berlages USA-Reise (1911) ein. Bei Berlage selbst können nur wenige Elemente auf Wright zurückgeführt werden.[493] Die früheste und zunächst isoliert stehende Aufnahme von Wrights Architektursprache in den Niederlanden findet sich bei den 1914 entworfenen und bis 1919 ausgeführten Villen Van't Hoffs in Huis ter Heide. Bei den übrigen De Stijl-Architekten setzte die Wright-Rezeption 1917/18, also mehrere Jahre nach Berlages USA-Aufenthalt und seinen Publikationen zur amerikanischen Architektur ein. Auslösender Faktor für den verstärkten Rückgriff auf Wright scheinen damit die Bauten von Van't Hoff und (für die De Stijl-Architekten) der Austausch innerhalb von

De Stijl gewesen zu sein.[494] Bei Oud, der Wrights Arbeiten bereits 1912 kennengelernt hatte, zeigt sich erstmals 1918, dem Jahr als Van't Hoff zur Gruppe stieß, ein Einfluß von Wrights Bauten. Auch anhand der Einzelformen wird deutlich, daß sich Oud vor allem an Van't Hoffs Villen orientierte. Ausschlaggebend hierfür war offenbar, daß mit Van't Hoffs Bauten erstmals reale Beispiele einer von Wright beeinflußten Architektur vorlagen. Die Wright-Rezeption in den Niederlanden basiert damit sowohl auf Berlages Vermittlung als auch auf Van't Hoffs Villen. Welche Rolle Oud dabei spielte, wird an anderer Stelle zu untersuchen sein.[495]

An die frühen, durch ihre spezielle Wright-Rezeption charakterisierten *De Stijl*-Bauten schloß sich vier bis fünf Jahre später die »neoplastizistische Architektur« von Van Doesburg, Van Eesteren und Rietveld an. Diese war weder in der Theorie noch in der Formensprache so einheitlich, wie von der Forschung suggeriert wird. Selbst die drei Modelle der Pariser *De Stijl*-Ausstellung (1923)[496] folgten keineswegs einem verbindlichen Formenkanon. Während das Haus Rosenberg (vgl. Abb. 16) eine aus mehreren Baukörpern zusammengesetzte Komposition mit schmalen auskragenden Vordächern und einen angefügten Garagenkubus zeigt, gruppieren sich bei der Maison Particulière (Abb. 45) und in ähnlicher Form bei der Maison d'Artiste einzelne Gebäudeflügel um eine zentrale Achse. Hinzu kommt eine größere Anzahl von Vordächern sowie die (auch für Haus Rosenberg geplante) Farbgebung in den Primärfarben mit rechteckigen Farbflächen auf den Wänden. Die ebenfalls farbig abgesetzten Dachplatten weisen bereits auf die Flächenkompositionen – das »kaartenhuisprincipe« (Kartenhausprinzip)[497] – der späteren Bauten.

Van Doesburgs wohl 1922/23 und damit kurz vor der *De Stijl*-Ausstellung entworfener Erfrischungspavillon bestand im Gegensatz hierzu aus mehreren unterschiedlich großen Kuben, die zu einem Gebäude verbunden wurden.[498] Das erste Modell von Rietvelds Schröder-Haus in Utrecht (wohl 1923) zeigt nur einen geschlossenen Kubus.[499] Hiervon weicht wiederum das 1924 realisierte Gebäude (Abb. 18) ab, das durch Vor- oder Zurücksetzen der Außenwände sowie vorkragende Balkone und Vordächer den Eindruck einzelner zusammengestellter Flächen vermittelt. Die Eigenständigkeit dieser Flächen wird durch ihre Farbgebung in Weiß, Schwarz und verschiedenen Grautönen betont, während sich die Primärfarben auf die strukturellen Elemente wie Metallstützen, Tür- und Fensterrahmen beschränken. Damit besteht ein prinzipieller Unterschied zu Van Doesburgs und Van Eesterens Ausstellungsmodellen, bei denen die Flächen selbst farbig gefaßt waren.[500] Bei der 1924 von Van Eesteren und Van Doesburg entworfenen Ladengalerie für die Laan van Meerdervoort in Den Haag (Abb. 46) fällt die Farbe abweichend von den Pariser Modellen wieder mit der Struktur des Baus zusammen: die Bodenflächen eines Geschosses sowie die vertikalen Trennwände sind jeweils in einer Primärfarbe gehalten, nur das Café, das die Ecke des langgezogenen Gebäudes einnimmt, zeigt unterschiedlich gefaßte Wandflächen.

Zur »neoplastizistischen Architektur« zählen auch die Entwürfe des Malers Van Leusden[501], der mehrere Modelle auf der Pariser *De Stijl*-Ausstellung präsentierte. Van Leusden stand in engem Kontakt zu Rietveld und kannte somit auch die Modelle von Van Doesburg und Van Eesteren. Seine Entwürfe, Kompositionen aus unterschiedlich großen und farbig gefaßten Flächen, sind als direkte Folge der dort entwickelten Formensprache zu verstehen. Neben den ausgestellten Modellen, dem Wartehäuschen mit Blumenkiosk, einer Garage mit Laden und dem Urinoir mit Transformatorenhäuschen (Abb. 17), schuf Van Leusden noch weitere Entwürfe dieser Art.[502]

Die ebenfalls auf der Pariser *De Stijl*-Ausstellung präsentierte Bauleitungshütte* von Oud weicht mit ihren drei geschlossenen Kuben von allen genannten Beispielen der »neoplastizistischen Architektur« ab. Trotz der unterschiedlichen Formensprache wird sie bis heute mit den gleichzeitig entstandenen Arbeiten der *De Stijl*-Künstler in Verbindung gesetzt. Die grundsätzlichen Unterschiede zwischen der symmetrischen Bauhütte und den asymmetrischen Flächenkompositionen von Van Doesburg und Van Eesteren bleiben dabei unbenannt.[503]

Weder die frühe, von Wright beeinflußte »*De Stijl*-Architektur« noch die ab 1922/23 entstandene »neoplastizistische Architektur« bilden – trotz mancher Gemeinsamkeiten – einheitliche, klar zu definierende Stilphasen. Hinzu kommen die größtenteils gegensätzlichen Charakteristika beider Phasen (Blockhaftigkeit gegen Flächenkomposition, Sichtbackstein oder heller Verputz gegen großflächige Farbfassungen), die in der Forschung bisher nicht zufriedenstellend gedeutet wurden. Als lange Zeit einzige Stimme hat Banham auf die Beeinflussung des Schröder-Hauses (Abb. 18) durch Ouds Fabrik-Entwurf* (Abb. 180) aufmerksam gemacht und damit eine Verbindung zwischen den beiden Strömungen gezogen.[504] Danach ging erst wieder Godoli auf dieses Problem ein. Seiner Meinung nach sei es falsch, zwischen beiden Entwicklungen einen Schnitt zu ziehen und die wrightsche Phase damit zu isolieren. Generell würden die Beiträge von Oud, Van't Hoff und Wils, das heißt die frühen Jahre von *De Stijl*, in ihrer Bedeutung für die spätere *De Stijl*-Architektur und die Theorie eines Van Doesburg unterschätzt.[505] So habe beispielsweise Van't Hoff mit seiner Villa Henny (Abb. 15) die «Auflösung der Schachtel«, ein zentrales Kriterium des späteren »Neoplastizismus«, vorweggenommen. Allerdings stehe das vier Jahre später entworfene Doppelhaus für Arbeiter in Beton* mit seinem geschlossenen Baublock dieser Entwicklung entgegen: »La casa operaia, se valutata nella prospettiva delle realizzazioni di van Doesburg, Rietveld e van Eesteren degli anni 1923–24, appare – ed è – assolutamente estranea alla linea evolutiva che lega la genesi dell'architettura neoplastica alla dissoluzione della scatola volumetrica attuata nelle opere di Wright.«[506] Während jedoch Ouds Doppelhaus im Gesamtaufbau, Dach- und Fenstergestaltung sowie Materialwahl den Einfluß der Villa Henny verrät und damit für die enge Verbundenheit der frühen *De Stijl*-Bauten steht, scheint die Bedeutung von Van't Hoffs Villa für die »neoplastizistische Phase« geringer als Godoli annimmt. So zeigt die Villa Henny im Gegensatz zu Wrights Bauten einen relativ geschlossenen Baukörper, der zudem – anders als bei der »neoplastizistischen Architektur« – vollkommen symmetrisch ist.

Auch Fanelli geht bei den Ausstellungsmodellen von Van Doesburg und Van Eesteren nicht von einem Bruch aus, sondern sieht verschiedene Vorläufer innerhalb bzw. im Umkreis von *De Stijl*.[507] Ouds Fabrik-Entwurf* deutet er als »stärkste Annäherung« an die Formensprache, die dann in den drei Ausstellungsmodellen als »*De Stijl*-Architektur« kodifiziert wurde.[508] Banhams These einer Beeinflussung des Schröder-Hauses durch den Fabrik-Entwurf wurde auch in den beiden Oud-Monographien von 1984 aufgegriffen.[509] Als erste Umsetzung von Mondrians Forderungen ist die Vorbildfunktion dieses Entwurfs für die weitere Architektur von *De Stijl* nicht erstaunlich.[510] Tatsächlich entstanden in der Zeit zwischen dem Fabrik-Entwurf (Sommer 1919) und den Ausstellungsmodellen von Van Doesburg und Van Eesteren keine weiteren Flächenkompositionen.[511] Sicherlich hat Ouds damit wichtige Anregungen für diese, Jahre später entstandenen Arbeiten geliefert und so die allgemein als »*De Stijl*-Architektur« bezeichnete Bauweise mitbestimmt.[512] Nicht zu leugnen sind trotz allem die grundsätzlichen Unterschiede zwischen der kleinteiligen, aus Flächen und Kuben zusammengesetzten Plastik, die dem Baukörper der Fabrik quasi vorgesetzt wurde, und den aus rechteckigen (Farb-)flächen zusammengesetzten »neoplastizistischen Modellen«.

3. Die Architekturtheorie von *De Stijl*

3.1. Die architekturtheoretischen Beiträge in *De Stijl*

Trotz Zweifel an einer einheitlichen Künstlergruppe gehen die meisten Autoren von der Existenz einer »De Stijl-Theorie« aus. Als zentrale Punkte gelten die Forderung nach einem radikalen Bruch mit der Kunsttradition und nach einer weitestmöglichen Abstraktion der Formen und Farben: »Bekanntlich läßt die entwickelte De Stijl-Theorie nur die drei (positiven) Primärfarben gelb, rot, blau und die drei (negativen) Farben weiß, grau und schwarz zu …«[513]. Dasselbe Phänomen zeigt sich im Fall einer Architekturtheorie von *De Stijl*. Bereits 1977 forderte Polano, die Beziehung zwischen Ouds Werk und der *De Stijl*-Theorie zu klären.[514] Obwohl er die Verwendung des »abgenutzten« Begriffs »De Stijl-Architektur« ablehnt, »Zum ersten existiert ebenso wenig eine Stijl-Architektur wie zum Beispiel eine expressionistische, eine funktionalistische oder eine modernistische Architektur …«[515], handelt es sich seiner Meinung nach bei einigen Schriften der *De Stijl*-Mitarbeiter a posteriori um eine Art Architekturtheorie. Diese sei jedoch keineswegs geradlinig und bestünde zudem aus verschiedenen, nur scheinbar miteinander verbunden Phasen. In Van Doesburgs »16 Punkten zur Architektur« (1923) sieht Polano – wie die meisten Autoren nach ihm – den Höhepunkt der Architekturtheorie von *De Stijl* und bezeichnet diesen Text entsprechend als »architectuur-Manifest van De Stijl«.[516] Generell werden die (anläßlich der *De Stijl*-Ausstellung formulierten) Vorstellungen von Van Doesburg und Van Eesteren als theoretische Basis auch der anderen *De Stijl*-Mitarbeiter gedeutet. Oftmals finden sich dabei Vergleiche früher Werke mit diesen, Jahre später entstandenen Schriften. Daß die Mitarbeiter verschiedene, zum Teil gegensätzliche Vorstellungen vertraten und auch die Ansichten der einzelnen Künstler nicht konstant waren, bleibt unberücksichtigt.[517]

Rusitschka geht in ihrer Dissertation über Rietvelds Nachkriegsvillen im Kontext von *De Stijl* explizit auf die Architekturtheorie der Gruppe ein.[518] Ziel ihrer Arbeit ist es, neben den formalen Lösungen auch das ideologische Konzept von *De Stijl* zu bestimmen und die unterschiedlichen Vorstellungen der Theoretiker zu vergleichen. Entsprechend Jaffés Ansatz (1956) sieht sie den Ausgangspunkt von *De Stijl* in der Malerei: »Da der Ursprung des Stijl in der Malerei liegt, entwickeln sich auch daraus die Theorien der Stijl-Architekten …«[519]. Mit der Beschränkung auf die Vorstellungen der drei *De Stijl*-Maler Mondrian, Van Doesburg und Van der Leck bleibt die Frage nach einer Architekturtheorie der *De Stijl*-Gruppe als Ganzer weiterhin offen. Angesichts der von Anfang an beteiligten Architekten ist der Ausschluß ihrer Beiträge bei der Bestimmung einer Architekturtheorie von *De Stijl* nicht schlüssig. Gerade in den ersten Jahren stehen den Schriften der Maler mit Texten von Oud, Van't Hoff, Hoste, Scheltema und Wils zahlreiche Äußerungen von Seiten der Architekten gegenüber. Vor allem rein architektonische Fragen wie Materialwahl, Konstruktion und Bauformen werden auf diese Weise nicht berücksichtigt.

Trotz der zahlreichen Publikationen existiert daher bis heute keine Übersicht der in *De Stijl* vertretenen Architekturvorstellungen. Selbst Untersuchungen zu den Architekturtheorien einzelner Mitarbeitern liegen allein im Fall von Mondrian und Van Doesburg vor.[520] Ein Grund für dieses Versäumnis mag neben der ungeklärten Frage nach dem Gruppencharakter von *De Stijl* in den meist schwer verständlichen Texten der *De Stijl*-Künstler liegen. Hinzu kommen oft sprachliche Schwierigkeiten: Mit Ausnahme einzelner Texte von Mondrian und Van Doesburg sowie den Schriften ausländischer Autoren sind alle Beiträge in »De Stijl« auf Niederländisch verfaßt.[521] Obwohl 1968 ein kompletter Nachdruck der »De Stijl«-Hefte erschien, liegt bis heute keine Übersetzung der Gesamtausgabe vor.[522] Auch die 1970 von Jaffé herausgegebenen Texte in englischer Sprache stellen nur eine Auswahl der in »De Stijl« publizierten Schriften dar.[523] Die Übersetzungen einzelner Texte sind losgelöst vom Kontext der jeweiligen Ausgabe und den zugehörigen Abbildungen zudem nur bedingt aussagekräftig. Entsprechend dem allgemeinen Forschungsinteresse wurden bislang vor allem die Schriften Mondrians und Van Doesburgs übersetzt.[524] Ouds Texte sind dagegen nur in Einzelfällen erneut veröffentlicht und übersetzt worden.[525]

Ausgearbeitete architekturtheoretische Programme erschienen in »De Stijl« einzig im Sommer 1922 mit Mondrians Schrift »Die Realisierung des Neoplastizismus in ferner Zukunft und in der heutigen Architektur«[526] sowie 1924 mit Van Doesburgs Architektur-Manifest »Zu einer gestaltenden Architektur«[527]. In dem hier behandelten Zeitraum von 1917 bis 1921 sind nur wenige Texte entstanden, die sich primär mit architekturtheoretischen Aspekten auseinandersetzen. Oud publizierte zwischen Oktober 1917 und Januar 1920 acht Beiträge in »De Stijl«[528], womit er die Führung unter den frühen *De Stijl*-Architekten einnahm. Von Wils erschienen im ersten Jahrgang zwei Aufsätze über die moderne Baukunst[529], Van't Hoff veröffentlichte ab März 1918 eine dreiteilige Artikelfolge zur Entwicklung der Architektur[530] sowie im folgenden Jahr Besprechungen von Arbeiten seines *De Stijl*-Kollegen Wils und des italienischen Architekten Antonio Sant'Elia[531]. Die beiden Architekten Hoste und Scheltema publizierten je einen Beitrag.[532] Rietveld, der sich erst als Architekt betätigte, als Oud *De Stijl* bereits verlassen hatte, veröffentlichte ab Februar 1922 seine Architekturentwürfe und ausgeführten Bauten, ohne sich jedoch in schriftlicher Form dazu zu äußern.[533]

Ausgehend von dem in *De Stijl* geforderten »Gesamtkunstwerk« als Verbindung aller Künste wurden auch von den Malern Aussagen zur Architektur getroffen. Bereits im ersten Jahrgang fordert Van der Leck die gleichberechtigte Zusammenarbeit von Maler und Architekt.[534] Im Mai 1918 folgte ein Beitrag von Huszár zu diesem Thema.[535] Im Januar 1919 publizierte Huszár zudem einen Vergleich von Van't Hoffs Villa Henny mit einem gleichzeitig entstandenen Bau der Amsterdamer Schule.[536] Van Doesburg hatte ebenfalls bereits in der ersten Ausgabe von »De Stijl« eine Besprechung zu Ouds Häuserzeile an einem Strandboulevard* veröffentlicht[537], dem sich zwei Artikel zum Ferienhaus De Vonk* und ein Beitrag zum Fabrik-Entwurf* anschlossen[538]. 1919 verfaßte er eine weitere Besprechung zur Villa Henny.[539] Mondrian publizierte ab der ersten Ausgabe seine Theorie der »Nieuwe Beelding« (Neue Gestaltung)[540], in der er sich zunehmend auch mit der Architektur auseinandersetzte. Im Februar 1921 widmete er schließlich der Farbigkeit in der Architektur ein eigenes Kapitel.[541] Bei Mondrian wie auch bei den übrigen *De Stijl*-Malern ist ein wachsendes Interesse an der Architektur festzustellen, das in ihren Texten entsprechenden Niederschlag fand. Während sie sich anfangs zur freien Malerei (Mondrian) bzw. zur malerischen Gestaltung der Innenräume (Van der Leck und Huszár) äußerten, richtete sich ihre Aufmerksamkeit nach einiger Zeit auch auf das »Gesamtkunstwerk« und damit auf die Architektur. Van Doesburg, der bereits im Juni 1921 einen Brief mit »Van Doesburg architect« unterzeichnet hatte[542], betätigte sich seit den Pariser Ausstellungs-Modellen (1922/23) selbst als Architekt.

3.2. Vorstellungen der *De Stijl*-Mitarbeiter zur Architektur

Die in »De Stijl« publizierten Texte machen deutlich, daß die Autoren sehr unterschiedliche Ansichten zur Architektur vertraten. Dies liegt neben der individuellen Geisteshaltung der einzelnen Mitarbeiter, die das gesamte Spektrum zwischen Theosophie und praktisch-funktionalem Denken abdecken konnte, auch in der Ausbildung und dem Tätigkeitsbereich des jeweiligen Künstlers begründet. Die konträrsten Positionen werden in dem hier behandelten Zeitraum von Oud, dem wichtigsten Architekten der Anfangsjahre, und Mondrian als führendem Vertreter der freien Malerei vorgebracht. Zusammen mit Van Doesburg, Organisator, Herausgeber und Redakteur von »De Stijl«, waren sie die wichtigsten Protagonisten der ersten Jahre.

Oud, der eine praxisorientierte Ausbildung erfahren hatte, setzte sich in seinen Artikeln überwiegend mit konkreten Bauaufgaben auseinander. Die Baukunst habe nach Oud immer funktionale und formale Anforderungen zu erfüllen, so daß in ästhetischer Hinsicht Kompromisse eingegangen werden müßten.[543] Für die Entwicklung eines Baustils sei die Funktionalität bedeutender als die Ästhetik. Allerdings basiere der neue Stil nicht allein auf der Anwendung moderner Bautechnik, sondern müsse diese auch zum Ausdruck bringen. Aus ökonomischer wie ästhetischer Sicht forderte Oud die Normierung von Bauteilen, eine maschinelle Fertigung und den Einsatz moderner Materialien.[544] Um einheitlich gestaltete Straßenzüge zu erhalten, plädierte er für ein aktives Eingreifen der Behörden.[545] Die Farbe war für Oud ein wichtiges Mittel zur Rhythmisierung der Straßenwände und damit zur Vermeidung eines eintönigen Stadtbildes. Im Fall seiner Häuserzeile mit Arbeiterwohnungen* nannte er als Grundfarbe Weiß sowie akzentuierte Einzelteilen in den Primärfarben. Aber auch große kontrastierende Farbflächen wurden positiv bewertet.[546] Als wichtigste Bauaufgabe der Zeit wertete er den Wohnungsbau, der als Blockbau zu realisieren sei.[547]

Im Gegensatz zu Oud forderte Mondrian eine von allen funktionalen Anforderungen freie Architekturgestaltung.[548] Da dies in der gegenwärtigen Gesellschaft nicht möglich sei, ließen sich seine Vorstellungen erst in ferner Zukunft, wobei er an einen Zeitraum von mehreren tausend Jahren dachte, verwirklichen.[549] Als Ziel der Architektur nannte Mondrian die Realisierung innerer Visionen, wodurch die Umwelt verändert werde und schließlich der neue Mensch und eine neue Gesellschaft entstünden. Von seinem theosophischen Weltbild ausgehend prophezeite er eine zunehmende Vergeistigung, die für die Kunst eine stärkere Abstraktion der gestalterischen Mittel zur Folge habe. In letzter Konsequenz führe dies zur geraden Linie, den Primärfarben und den drei Nichtfarben.[550] Während Oud relativ wenige konkrete Vorgaben machte, stellte Mondrian ein ästhetisches Dogma auf, das neben den genannten Punkten auch eine Beschränkung auf horizontale und vertikale Formen einschloß.[551] Die Differenz zwischen den beiden erreichte im Dezember 1918 ihren Höhepunkt: Im Gegensatz zu der von Oud vertretenen plastisch geschlossenen Baukunst solle sich die zukünftige Architektur laut Mondrian einer offenen Flächenkomposition (»vlakplastiek«) nähern.[552] Die Farbe sei dabei keine spätere Zugabe (wie bei Oud), sondern notwendige Voraussetzung für die Realisierung der Flächenarchitektur.

Trotz vielfältiger und oftmals gegensätzlicher Vorstellungen der Mitarbeiter wurden einzelne Forderungen gegenüber der zukünftigen Architektur von allen De Stijl-Künstlern gemeinsam, zumindest aber von einer größeren Gruppe erhoben. Zentral war die Suche nach einem neuen, allgemeinen Stil, der den modernen Zeitgeist zum Ausdruck bringe. Da sich dieser Stil allein im Zusammenwirken der einzelnen Künste entwckeln könne, stand das »Gemeinschaftswerk« im Zentrum der frühen Beiträge von Van der Leck, Mondrian, Van Doesburg und Huszár. Von den Architekten äußerten sich Oud und Van't Hoff positiv über ein entsprechendes Zusammengehen der Künste.[553] Eine farbige Gestaltung der Architektur wurde von allen De Stijl-Mitarbeitern gefordert, wobei die Farbgebung selbst ausschließlich von den Malern bestimmt werden sollte.[554] Eine generelle Beschränkung auf die Primärfarben vertrat allein Mondrian, während Oud eine Farbgebung in Gelb, Rot und Blau nur als Vorschlag einbrachte. Als geeignetes Material für den neuen Baustil nannten alle De Stijl-Mitarbeiter moderne Baustoffe, in erster Linie Beton.[555] Der neue Stil wurde allgemein mit den Adjektiven »klar« und »rein« beschrieben, die Verwendung von Ornamenten wurde abgelehnt. Eine Beschränkung auf horizontale und vertikale Formelemente vertraten vor allem Mondrian, Van Doesburg und Van't Hoff, wurde jedoch auch von den anderen Mitarbeitern positiv bewertet. Entsprechend forderten alle Autoren das Flachdach an Stelle der traditonellen geneigten Dächer.

Die gemeinsamen Vorstellungen der De Stijl-Mitarbeiter gründen in erster Linie auf der gegenseitigen Beeinflussung der Künstler. Dabei wurden nicht nur einzelne Begriffe übernommen, sondern auch Ideen aufgegriffen und weiterentwickelt. In einigen Fällen blieben die Gedanken jedoch isoliert und können daher nicht als Teil einer eigenen Kunstauffassung gewertet werden. So rezipierte Oud von Mondrian Formulierungen wie »gleichgewichtige Verhältnisse«, »rhythmisches Spiel von Fläche und Masse« und die Gegensatzpaare »subjektiv-objektiv«, »individuell-universell«, nicht jedoch deren theosophischen Bedeutungsgehalt.[556] Auch sein Vorschlag zur Verwendung von Primärfarben geht auf Mondrian bzw. Van der Leck zurück, wobei die Farbe jedoch eine vollkommen andere Funktion erhielt. Eine Beeinflussung durch Texte der De Stijl-Kollegen wird vor allem bei Van Doesburg deutlich. So verwies er in Abhängigkeit von Ouds Schriften auf die funktionalen Vorgaben der Architektur und forderte, daß der Außenbau die innere Raumorganisation zum Ausdruck bringe.[557] Das Wesen der Architektur beschrieb er im Sinne der De Stijl-Architekten zunächst als plastisch und damit raumgestaltend.[558] Ein halbes Jahr später griff er auf Van der Lecks Theorie zurück und forderte nun eine optische Auflösung der Wandfläche.[559] Gleichzeitig übernahm er Mondrians theosophisches Weltbild[560], ebenso dessen ästhetisches Diktum der geraden, vertikalen und horizontalen Linie sowie der flächenhaften Gestaltung.[561] Selbst Mondrian, der bei Gründung der Gruppe bereits auf seine Theorie der »Nieuwe Beelding« zurückgreifen konnte, zeigte sich offen gegenüber Vorstellungen de De Stijl-Mitarbeiter. So bemerkte Van Doesburg gegenüber Oud: »... daß Piet sich, seitdem er mit uns Umgang pflegt, schon sehr verändert hat. Vor einigen Jahren hätte er sicher niemals die mechanische Ausführung von Kunst akzeptiert. Er entwickelt sich also auch noch weiter.«[562] Auch in den Schriften von Huszár, Van't Hoff und Wils werden Einflüsse anderer Mitarbeiter deutlich. Insgesamt sind von ihnen jedoch zu wenige Texte erschienen, als daß eine individuelle Architekturtheorie und eine Beeinflussungen durch ihre Kollegen festzumachen wären.

Konkrete Aussagen zur Architektur wurden in den Anfangsjahren nur von den Architekten vorgebracht. Allein sie gingen in ihren Texten auf die gegenwärtige Baupraxis ein und machten Vorschläge zur Bewältigung architektonischer und städtebaulicher Probleme. Als eine der wichtigsten Aufgaben wurde die Neugestaltung des Stadtbildes gesehen, wobei sie im Gegensatz zur individuellen Formgebung von Einzelhäusern für eine einheitliche Gestaltung ganzer Straßenzüge bzw. Stadtgebiete plädierten. Um den Anforderungen der Zeit zu genügen, müßten neue funktionale Grundrisse entwickelt werden, die in der äußere Gestalt der Gebäude zum Ausdruck kommen sollten. Aus ökonomischer und ästhetischer Sicht forderten sie den Einsatz neuer Konstruktionsformen und Materialien. Die Normierung von Bauelementen oder ganzer Häuser und eine maschinelle Fertigung im Bauwesen vertrat vor allem Oud.[563] Generell zeigten die De Stijl-Architekten großes Interesse an der zeitgenössischen Modernen Architektur. Entsprechend wurden in dem hier behandelten Zeitraum Theorien und Bauten von Berlage, Wright und den Futuristen Antonio Sant'Elia und Mario Chiattone vorgestellt und erörtert. Die Ansichten der De Stijl-Architekten finden Parallelen bei anderen fortschrittlichen Architekten dieser Zeit, wobei neben Le Corbusier, Tony Garnier, Adolf Loos und Bruno Taut vor allem Wright und die futuristischen Architekten mit ihrer Begeisterung für die mechanisierte Welt zu nennen sind. Auch die in De Stijl geforderte Farbigkeit der Architektur war zu diesem Zeitpunkt keine Neuheit in der Architektur, trat bislang jedoch nicht in Verbindung mit der in De Stijl propagierten konsequent modernen Formensprache auf. Parallelen zeigt am ehesten der von Oud besprochene Entwurf Chiattones mit großen kontrastierenden Farbflächen.[564]

In den ersten Jahren von De Stijl blieben sowohl die Architekten als auch die Maler in ihren Vorstellungen und Zielen dem eigenen Tätigkeitsbereich verhaftet. Entsprechend forderten die Maler eine grundsätzlich andere Architektur als die Architekten. Ausschlaggebend hierfür scheint der bereits im ersten Heft erschienene Artikel Van der Lecks, wonach die Wandflächen durch Malerei optisch aufgebrochen werden sollten, um eine Kontinuität des Raumes zu suggerieren. Diese destruktive Funktion der Malerei wurde von Van Doesburg und Huszár aufgegriffen und vom Innenraum auf den Außenbau übertragen.[565] Für sie dienten die Gebäudewände in erster Linie als Malgrund, der sich entsprechend unterzuordnen hatte. Für die Architekten stand dagegen die Architektur in ihrer plastischen Erscheinung an erster Stelle. Entsprechend erklärte Oud, daß er die Farbe ausschließlich zur Belebung und Rhythmisierung seiner Bauten verwende.[566]

Die Forderung der De Stijl-Maler nach einem optischen Aufbrechen der Wände bedingte in letzter Konsequenz die Dominanz der Malerei gegenüber der Architektur. Die De Stijl-Architekten sahen dagegen die Architektur weiterhin als übergeordnete Gattung an. Eine Orientierung bot Berlages 1903 vollendete Amsterdamer Börse, der Initialbau der niederländischen Moderne, bei der die Wandflächen von unterschiedlichen Malern, darunter Derkinderen, Holst und Toorop, freskiert wurden. Die Bedeutung dieser Wandmalereien für die Gesamterscheinung des Gebäudes ging dabei nicht über frühere Arbeiten, wie beispielsweise die Bauten der Arts-and-Crafts-Bewegung, hinaus.[567] Die Theorie der De Stijl-Maler mit ihrer Forderung nach optischer Destruktion durch abstrakte Wandmalerei war zu dieser Zeit ohne Vorbild.[568] Als Grundlage für die in Zusammenarbeit mit den Architekten realisierten Interieurs bildet sie eine der wichtigsten Errungenschaften von De Stijl. Die hiervon abgeleitete Vorstellung der zukünftigen Architektur beschränkte sich dagegen auf eine reine »Negativdefinition«: Geeignet sei allein eine großflächige Architektur, die Gliederungen und große Wandöffnungen zu Gunsten der Malerei vermeide.

Eine dritte Position neben den Architekten und Malern der Gruppe vertrat Mondrian mit seiner Forderung nach einer offenen Flächengestaltung an Stelle einer geschlossenen Architektur. Als einziger ging er dabei konsequent von einem theosophischen Ansatz aus und konzentrierte sich ganz auf eine andere, in ferner Zukunft liegende Realität. Die Farbigkeit von Architektur, in der eine Offenbarung des Lichtes und eine Vergeistigung der Materie sah, erhält bei ihm mystischen Charakter. Während Mondrian die Verwirklichung seiner Theorie zukünftigen Generationen überlassen wollte, richtete sich das Interesse der übrigen De Stijl-Mitarbeiter auf die Forderungen der Gegenwart.

In Anbetracht der heterogenen Vorstellungen der einzelnen De Stijl-Künstler kann in den ersten Jahren nicht von einer einheitlichen Architekturtheorie der Gruppe gesprochen werden. Zu den unterschiedlichen Ausgangsbedingungen trat die hohe Fluktuation der Mitarbeiter, die der Entwicklung gemeinsamer Gedanken entgegenwirkte. Dennoch sind Gemeinsamkeiten festzustellen, die über die allgemein in dieser Zeit vertretenen Vorstellungen von moderner Architektur hinausgehen. So plädierten alle Mitarbeiter für Abstraktion, was in der Architektur den vollständigen Verzicht auf Dekoration und eine betont reduzierte, klare Formensprache bedeutete, sowie für den Einsatz moderner Materialien und Konstruktionen und für eine farbige Architektur.

3.3. Ouds Architekturauffassung gegen Mondrians »Neoplastizismus«

Oud hatte in seinen »De Stijl«-Artikeln von Anfang an einen von der Funktion und Konstruktion bestimmten Baustil gefordert, den er in seinem Beitrag »Orientatie« (Dezember 1919) näher präzisierte.[569] Zusammen mit den übrigen De Stijl-Architekten vertrat er damit eine eigenständige Position innerhalb von De Stijl. Indem Mondrian seine – für die Malerei entwickelte – Theorie auf die Baukunst übertrug, entstand innerhalb von De Stijl eine zweite, grundsätzlich neue Architektur-Auffassung. Van Doesburg, der anfangs viele Ansichten von Oud aufgegriffen hatte, ließ sich nun zunehmend von Mondrians Vorstellungen einnehmen. Mit Ausnahme einiger weniger Aspekte, wie die von ihm geforderte Darstellung von Bewegung in der Architektur und seine Konzentration auf die Gegenwart, schloß er sich der »Nieuwe Beelding« an. Da Van Doesburg als einziger Redakteur, finanzieller Träger der Zeitschrift und (seit 1918) Herausgeber von »De Stijl« quasi allein die inhaltliche Ausrichtung der Zeitschrift bestimmte, bildeten die Beiträge von Mondrian und ihm selbst ab 1919 den Hauptbestandteil der Hefte. Bereits die Einleitung zum ersten Jahrgang (Oktober 1917) nannte die »nieuwe beelding« als Ziel von De Stijl.[570] Solange die »nieuwe beelding« klein geschrieben wurde, war die Gleichsetzung mit Mondrians Theorie jedoch noch nicht vollzogen. Dies geschah erstmals in Van Doesburgs Einleitung zu Mondrians »Le Neo-Plasticisme« von Februar 1921.[571] Seit dem ersten Heft des vierten Jahrgangs (Januar 1921) trug das Couver von »De Stijl« zudem das Kürzel »NB« für »Nieuwe Beelding«. Damit standen die Auffassungen von Oud, dem einzigen noch aktiv beteiligten Architekten in De Stijl, nicht nur im Gegensatz zu Mondrian als wichtigstem Theoretiker der frühen Jahre, sondern auch zur offiziellen Zielsetzung der Gruppe. Gleichzeitig näherte sich Van Doesburg immer stärker dem Part des Architekten an und entwarf schließlich 1922/23 zusammen mit Van Eesteren die Architekturmodelle für die Pariser De Stijl-Ausstellung.

Ebenfalls im Februar 1921 hielt Oud vor der Rotterdamer Vereinigung De Opbouw seinen spektakulären Vortrag »Über die zukünftige Baukunst und ihre architektonischen Möglichkeiten«. Der Text wurde im Juni 1921 im »Bouwkundig Weekblad«, dem Organ des BNA (Bund niederländischer Architekten), sowie im folgenden in mehreren internationalen Zeitschriften publiziert[572], nicht jedoch in »De Stijl«. Bereits der Zusatz »Een programma« und die Länge von insgesamt elf Seiten verweisen auf die besondere Bedeutung dieses Textes innerhalb von Ouds Schriften. In der Tat faßte Oud hier seine bereits in Einzelbeiträgen vorbereitete Architekturtheorie zusammen. Als »Architekturprogramm« wurden die Forderungen nun allgemeiner formuliert und konzentrieren sich nicht mehr auf den Wohnungsbau. Neu ist die konkrete Beschreibung der zukünftigen Formensprache, die bereits die Ästhetik des »International Style« zum Ausdruck bringt.

Einleitend bezeichnet Oud den gegenwärtigen Zeitpunkt als äußerst bedeutend für die zukünftige Entwicklung der Baukunst. Wie die Kunst im allgemeinen habe auch die Architektur die Aufgabe, das Lebensgefühl ihrer Zeit darzustellen. Im Vergleich zu den Fortschritten im geistigen, technischen und gesellschaftlichen Bereich sei sie jedoch nicht auf der Höhe ihrer Zeit. Dagegen würden in der Malerei und Bildhauerei, vor allem im Futurismus und Kubismus, bereits neue Ausdrucksformen gefunden. Als bedeutendste Kunstgattung wirke die Architektur daher zum Teil hemmend auf die allgemeine Entwicklung. Dies gelte unter anderem für den Wohnungsbau, der noch von einem vorgefaßten Schönheitsideal beherrscht werde. Ziel sei daher, die jeweils funktionalste Lösung auf technisch fortschrittliche Weise zu realisieren, wobei aufgrund des natürlichen Schönheitsdranges der Menschen von selbst eine ästhetische Form entstehe. Entsprechend fordert Oud den Einsatz maschinell gefertigter Bauelemente und moderner Baustoffe wie Eisen, Glas und Beton. Im Gegensatz zum unverputzten Backsteinbau könnten mit Beton straffe Linien und homogene Flächen sowie weite horizontale Überspannungen erreicht werden. Beim Backsteinbau sei die Farbfassung zudem problematisch, da die Steine ungleiche Farbwerte besäßen und sich ihre natürliche Farbe unter Einfluß des Wetters verändere. Neben klaren Glasflächen und glitzerndem Stahl nennt Oud eine glänzende, reine Farbigkeit als Kennzeichen der zukünftigen Architektur. Ornamente, deren Funktion allein in der Kompensation baukünstlerischer Mängel liege, seien nicht mehr notwendig. Als bestimmende Charakteristika bezeichnet Oud klare Proportionen, Formen und Farben, einen immateriell, schwebenden Charakter sowie die spezifische Ästhetik der Materialien. Das Kräftespiel von Stütze und Last sowie Zug und Druck zeige sich in Rhythmus und Gleichgewicht der Teile, die auf die Gesamtkomposition bezogen sei. Nichts könne daher hinzugefügt oder weggenommen werden, ohne das Ganze zu zerstören.

Im Anschluß an die Publikation dieses Vortrages entwickelte sich ein intensiver Briefwechsel zwischen Oud und Mondrian, in dem die beiden *De Stijl*-Kontrahenten ihr jeweiliges Architekturverständnis darlegten.[573] Mondrian äußerte sich vor allem enttäuscht darüber, daß Oud den »Neoplastizismus« mit keinem Wort erwähnt hatte. Oud konnte dagegen in Mondrians Theorie auch weiterhin keinen geeigneten Ausgangspunkt für die Moderne Architektur sehen. Mit der Bitte, ihm nicht mehr zu diesem Thema zu schreiben und der Feststellung, daß nun jeder seinen eigenen Weg gehen solle, beendete Mondrian den Briefwechsel im August 1922. Bereits im März und Mai dieses Jahres hatte Mondrian als direkte Antwort auf Ouds Vortrag seinen zweiteiligen Artikel »Die Realisierung des Neoplastizismus in ferner Zukunft und in der heutigen Architektur«[574] in »De Stijl« publiziert. Im ersten Teil erläutert er, daß sich die Kunst durch »Zerstörung« und den Bruch mit der Tradition erneuere. Die herkömmliche Kunst, Ersatz für die im Leben fehlende Schönheit und Harmonie, gehe dabei verloren: aus den einzelnen Künsten entstehe Architektur, aus der »Baukunst« »Bauen«. Laut Mondrian wurde *De Stijl* nicht gegründet, um den Menschen »einen Stil aufzuzwängen«, sondern um das zukünftige »Allgemeine« zu erkennen und zu verbreiten. In der Malerei habe sich der Ersatz der traditionellen Kunst durch den »Neoplastizismus«, der eine prinzipiell andere Kunstform darstelle, bereits vollzogen. Dieser müsse nun solange bestehen, bis von ihm ausgehend eine neue, harmonische Realität errichtet werden könne. Die Zerstörung habe insgesamt zu früh eingesetzt, da mit dem alten Material noch kein Neuaufbau möglich sei.

Im zweiten Teil kommt Mondrian konkret auf die Architektur zu sprechen. Während einige Architekten bereits erfolgreich versucht hätten, die »Nieuwe Beelding« in die Praxis umzusetzen, seien andere fortschrittliche Kräfte, die außerhalb des »Neoplastizismus« nach demselben Ziel strebten, weniger erfolgreich. Die neue Umgebung könne nur dann entstehen, wenn aus dem Bauen Kunst werde. Die vollkommene Realisierung des »Neoplastizismus« sei jedoch allein in einer Vielheit von Gebäuden, in Städten, möglich. Aufgrund der Unfreiheit der Architekten existierten bislang nur isolierte Bauten, in denen die »neoplastizistische Idee« umgesetzt wurde. Die »neoplastizistische Architektur« fordere eine kostspielige und aufwendige Ausführung, die in dieser Gesellschaft nicht möglich sei. Mondrian plädiert daher für die Gründung eines technischen Laboratoriums zur Entwicklung neuer Lösungen. Wenn sich die Bestimmung mit der ästhetischen Idee decke, könne die Baukunst in ferner Zukunft zum bedeutendsten Träger eines Stils werden. Während die Vorstellung einer dreidimensionalen Architektur der traditionellen perspektivischen Sichtweise entspreche, beruhe die neue Sichtweise nicht auf einem festen Augpunkt, sondern sei – wie die Relativitätstheorie – frei von Ort und Zeit. Die Architektur werde dabei als eine Vielheit von Flächen und damit als »Flächenbild« gesehen. Um die Flächen real werden zu lassen, fordere die »neoplastizistische Architektur« Farbe. Diese dürfe allerdings nicht den Charakter des natürlichen Materials annehmen und sei daher auf reine, »flächige«, »scharf begrenzte« Primärfarben und die drei Nichtfarben zu begrenzen. Der Einsatz neuester Technik unterstütze die »neoplastizistische Kunst«, so im Fall des Betonbaus, der im Gegensatz zum Backstein zu einer geraden Raumabdeckung führe. Obwohl die «neoplastizistische Ästhetik« aus der Malerei komme, gelte sie für alle Künste. Damit könne eine Person die Funktion von Architekt, Bildhauer und Maler übernehmen.

Im Oktober 1922 erschien im »Bouwkundig Weekblad« Ouds Reaktion auf Mondrians Artikel.[575] Auch hier distanziert er sich deutlich von Mondrians Architekturtheorie. Oud kritisiert die beherrschende Rolle der Malerei und lehnt ein Zusammengehen beider Künste strikt ab. Da Farbe im hohen Maße die plastische Wirkung der Architektur beeinflusse, könne auf diese Weise keine ordentliche Architektur entstehen. Einzig bei »subjektiver Architektur« sei eine Verbindung der Künste möglich. Notwendig erscheine Oud dagegen ein neuer Klassizismus, das heißt die Beherrschung von Gefühl.

Im folgenden Jahr publizierte Mondrian seinen Artikel »Muß die Malerei minderwertig sein gegenüber der Baukunst?«[576], in dem wiederum die – aus Mondrians Sicht – führende Stellung der Malerei hervorgehoben wird. Auf die Kluft zwischen Oud und Mondrian verweist nicht zuletzt der theoretisch-abstrakte Sprachduktus dieses Beitrags. So definiert Mondrian Architektur und Malerei als konsequent durchgeführte Kompositionen sich aufhebender Geraden »in unveränderlicher rechtwinkliger Anordnung«. Zwischen der Ästhetik der Baukunst und der Malerei existierten laut Mondrian keine Unterschiede. Entsprechend der Malerei, die im »Neoplastizismus« einen reinen Zustand erreicht habe, sei die Baukunst bereit, dieselben Konsequenzen zu ziehen. Durch die einheitliche Ästhetik könnten Architektur und Malerei schließlich eine gemeinsame Kunst formen und ineinander aufgehen.

Van Doesburg hatte bereits im Sommer 1921 unter dem Titel »Die Bedeutung der mechanischen Ästhetik für die Architektur und die anderen Bereiche«[577] sein Programm einer »offenen Architektur« formuliert. Wiederum lehnt sich Van Doesburg eng an Mondrians Theorie an. Im Gegensatz zur geschlossenen Formplastik der alten Kunst sei die neue Kunst formlos. Gerade die Architektur habe jedoch die Form noch nicht überwunden. Hier solle in Zukunft die Farbe mit ihrer ausdehnenden Wirkung der Schwere des Materials und der Geschlossenheit der Konstruktion entgegenwirken und dem architektonischen Raum einen immateriellen Akzent verleihen. Jede raumbegrenzende Fläche schaffe somit eine kontinuierliche Raumwirkung.

Wenig später sollte auch Van Doesburg einen eigenen Weg einschlagen. Im Gegensatz zu Mondrian, der seine Forderungen auf eine zukünftige Kunst richtete, war für Van Doesburg der langersehnte Zeitpunkt bereits gekommen. 1924 erschien das im Jahr zuvor aus Anlass der Pariser *De Stijl*-Ausstellung von Van Doesburg und Van Eesteren verfaßte Manifest V »Vers une construction collective«.[578] Da Kunst und Leben nach Meinung der Autoren nun nicht mehr getrennt seien, habe der Begriff »Kunst« seine Bedeutung verloren. An seine Stelle trete der Aufbau der Umwelt nach festen Gesetzen. In kollektiver Arbeit werde eine plastische Einheit (»unité plastique«) entstehen, die auf einer harmonischen Ordnung als Ausgleich von Kontrasten und Spannungen basiere. Die Bewunderung der Maschine sei bedeutungslos geworden und – wie Futurismus und Kubismus – nichts als eine Illusion. Die Pariser Ausstellung habe die Möglichkeiten der kollektiven Gestaltung auf den von De Stijl erarbeiteten Grundlagen gezeigt. Im Anschluß an diesen Text erschien von denselben Autoren die Schrift »-□+=R4«[579], die in acht Punkten die Ergebnisse und Forderungen der »kollektiven Konstruktion« zusammenfaßt: Da die Architektur als plastische Einheit aller Künste zu einem neuen Stil führe, habe die Farbe getrennt von der architektonischen Konstruktion keine Berechtigung mehr. Die Epoche der Destruktion sei beendet, die große Zeit der Konstruktion, des Aufbaus habe begonnen.

Im selben Heft publizierte Van Doesburg unter dem Titel »Zu einer plastischen (›beeldende‹) Architektur«[580] sein Architekturmanifest in 16 Punkten, das von der Forschung bis heute als »Architekturtheorie von De Stijl« gedeutet wird. Abweichend von Mondrian fordert Van Doesburg eine ökonomische, funktionale Architektur sowie die Überwindung ästhetischer Formschemata. Im Gegensatz zum »Neoplastizismus« steht auch sein Begriff einer »zeit-räumlichen Gestaltung«, die zudem eine dynamische Komponente enthält: So solle der Raum bei optischer Durchdringung von innen und außen unendlich fortsetzbar erscheinen, die Raumzellen vom Mittelpunkt des Baus »nach außen geworfen« werden und die Trennwände im Innern der Gebäude mobil sein. Daraus ergebe sich eine antikubische, asymmetrische Architektur ohne Wiederholungen, Normierung und Frontalität – eine Spitze gegen Ouds typisierte Wohnbauten für den Woningdienst. Während die Reduzierung der Wände auf wenige Stützpunkte eine offene Architektur mit schwebendem Charakter schaffe, werde die harmonische Gestaltung ungleicher Elemente durch Farbe sichtbar gemacht. In einem weiteren Stadium sei die Farbe durch Materialfarbe zu ersetzen.

Deutlich wird, daß Van Doesburg zu diesem Zeitpunkt – trotz zahlreicher Anleihen bei Mondrian – keineswegs dessen Ansichten in Gänze übernommen hatte. Vor allem die Zentrierung und die Einbeziehung des Faktors Zeit standen im Gegensatz zu Mondrians »Neoplastizismus«. Entsprechend zurückhaltend äusserte sich dieser über die Pariser Ausstellungsmodelle von Van Doesburg und Van Eesteren (Abb. 16, 332), die nach außen als Verkörperung der »De Stijl-Architektur« präsentiert wurden.

3.4. Zusammenfassung

Wie die anderen De Stijl-Künstler stand auch Oud unter dem Einfluß seiner Kollegen. Bereits in seinen ersten Texten übernahm er bestimmte Begriffe und Formulierungen sowie einzelne Ideen der De Stijl-Mitarbeiter einschließlich seines Kontrahenten Mondrian. Insgesamt zeigen Ouds Schriften jedoch keine grundsätzliche und tiefgehende Beeinflussung durch die De Stijl-Kollegen. Beispielhaft hierfür ist die von den De Stijl-Malern übernommene Forderung nach einer farbigen Architektur, der Oud eine vollkommen andere Funktion zuwies. Auch der Einfluß Mondrians ist nur in Form einzelner, isolierter Begriffe festzustellen. Dabei folgte Oud weder Mondrians Reduzierung auf vertikale und horizontale Linien und Formen noch dem Ideal einer Flächenplastik. Nicht einmal die Beschränkung auf die Primärfarben hat Oud in seine Schriften aufgenommen.

Auf der anderen Seite wird Ouds Einfluß in den Texten der De Stijl-Architekten Wils und Van't Hoff sowie in den Baubesprechungen von »De Stijl« spürbar. In Hostes Texten finden sich Anleihen mit fast wörtlichen Übernahmen aus Ouds erstem »De Stijl«-Artikel.[581] Dasselbe gilt für den Beitrag »Die neue Baukunst« von Wils, der deutliche Parallelen zu Ouds »Kunst und Maschine« zeigt.[582] Im Fall von Mondrian reichte Ouds Einfluß jedoch weiter: So konnte Mondrians Interesse an der Architektur, das sich erst in den De Stijl-Jahren entwickelt hatte, maßgeblich auf Oud zurückgeführt werden. Eine übereinstimmende künstlerische Haltung der beiden De Stijl-Mitarbeiter entstand dadurch jedoch nicht. Die Konzentration Mondrians auf die Architektur, die Oud als Eindringen in seinen Zuständigkeitsbereich empfand, führte schließlich zum Konflikt zwischen den De Stijl-Künstlern. Eine Folge dieser Auseinandersetzungen ist Mondrians Konkretisierung und pointierte Zusammenfassung seiner Architekturauffassung in »De Stijl«.[583]

Van Doesburg, der sich zunehmend mit Mondrians Theorie identifizierte, entfernte sich immer weiter von Oud. Der Bruch zwischen den beiden Freunden und De Stijl-Gründern war damit unausweichlich. Mit Sicherheit nahm Oud jedoch nicht erst mit dem Zerwürfnis im Herbst 1921 Abstand von De Stijl. Bereits der Vortrag vor De Opbouw (Februar 1921) zeigt in der dort propagierten Formensprache wie auch der Tatsache, daß weder De Stijl noch der »Neoplastizismus« erwähnt werden, eine bewußte Absetzung vom aktuellen Kurs der Gruppe. Entsprechend publizierte Oud sein »Architekturprogramm« auch nicht in der Zeitschrift »De Stijl«, die seit einem Monat das Kürzel von Mondrians »Nieuwe Beelding« auf dem Cover trug, sondern in der neutralen Fachzeitschrift »Bouwkundig Weekblad«.[584]

Die Diskrepanzen zwischen Oud und Mondrian bzw. Van Doesburg gründen im wesentlichen auf den gegensätzlichen künstlerischen Auffassungen der De Stijl-Architekten und der De Stijl-Maler. Die Zusammenarbeit mit Van Doesburg war für Oud solange problemlos, als die Malerei eine Ergänzung des architektonischen Entwurfes bildete. Sobald Van Doesburg versuchte, die Grundstruktur der Bauten durch die Malerei aufzubrechen, standen sich die unterschiedlichen Zielsetzungen von Malern und Architekten gegenüber. Die anfängliche Zusammenarbeit von Van Doesburg und Oud wurde daher auf ein Mißverständnis zurückgeführt, das sich erst peu à peu aufgedeckt habe.[585] In Wirklichkeit bestanden die unterschiedlichen Vorstellungen von Oud und den De Stijl-Malern jedoch von Anfang an und waren durch die Publikationen in »De Stijl« auch nicht verborgen geblieben. Nur die anfängliche Begeisterung über eine Zusammenarbeit, Ouds anhaltende Bewunderung für Mondrians Malerei und die faszinierende Persönlichkeit Van Doesburgs mögen die Diskrepanzen eine Zeit lang überdeckt haben. Ouds Experimente mit dem »De Stijl-Vokabular«[586] zeigen vor allem seine Offenheit und die Bereitschaft, andere künstlerische Konzepte zu erproben. Daß der Grund für Ouds Umschwung auf einem plötzlichen Bewußtwerden der Sachlage beruhte, ist angesichts dieser »Experimentierphase« auszuschließen. Zwischen seinen Versuchen, Mondrians Flächenplastik in die Architektur umzusetzen (1919 bis Anfang 1920)[587] und dem Zerwürfnis mit Van Doesburg (November 1921) lagen fast zwei Jahre. Auch sein letzter Artikel in »De Stijl« war bereits im Januar 1920 erschienen. Spätestens mit seinem Vortrag von Februar 1921, als er sich eindeutig zu einer anderen Formensprache bekannte, müssen ihm die unüberwindlichen Gegensätze klar gewesen sein. Wahrscheinlich ist daher, daß Oud die Aussprache mit seinem Freund, dessen Enttäuschung ihm sicher sein konnte, scheute. Schließlich mag Oud auch auf einen anderen Entwicklungsverlauf von De Stijl bzw. einen Kurswechsel im Sinne seiner Vorstellungen gehofft haben. Erst als Mondrians theoretische Führungsrolle feststand, hat er für sich die Konsequenzen gezogen.

4. Ouds Bauten als »De Stijl-Architektur«

4.1. Zielsetzung

In den meisten Publikationen zu De Stijl und in allen Oud-Monographien werden seine Bauten, zumindest aber einzelne Arbeiten als »De Stijl-Architektur« bezeichnet. Dabei herrscht in der Forschung weder Einigkeit über Existenz und Wesen von De Stijl als Gruppe, Kunsttheorie oder Stil noch liegt eine schlüssige Definition des Begriffs »De Stijl-Architektur« vor. Im Gegenteil scheinen sich die Autoren zunehmend darauf zu einigen, daß eine einheitliche Gruppe mit festem künstlerischen Konzept niemals existierte.[588] Auch aus dem Überblickskapitel zu De Stijl ging hervor, daß die Mitarbeiter kein einheitliches Konzept verfolgten. Selbst unter den vier Architekten Oud, Van't Hoff, Wils und Hoste herrschte (abgesehen von der Anlehnung an Berlage und Wright) keine Einstimmigkeit. Ungeachtet dieses Konglomerats von Meinungen und künstlerischen Zielsetzungen erklärte Van Doesburg im Januar 1921 Mondrians Theorie der »Nieuwe Beelding« (Neue Gestaltung) zum offiziellen Kurs von De Stijl. 1923 wurde schließlich mit den Pariser Ausstellungsmodellen von Van Doesburg und Van Eesteren die »neoplastizistische Architektur« als Realisierung dieser Theorie vorgestellt.[589] Weder bei den zuvor entstandenen Arbeiten noch bei den sogenannten »neoplastizistischen« Bauten der folgenden Jahre ist jedoch ein klar abzugrenzender und von allen De Stijl-Mitarbeitern geteilter Stil auszumachen. Allein die Arbeiten der (meist kurzzeitig bestehenden) Gruppierungen innerhalb von De Stijl sowie die Gemeinschaftsarbeiten können daher für die »De Stijl-Kunst bzw. für bestimmte formale Charakteristika von De Stijl stehen.

Untersucht wird im folgenden, inwieweit sich Forderungen der De Stijl-Mitarbeiter in Ouds Arbeiten niederschlagen und wo eine stilistische Beeinflussung durch die Werke dieser Künstler vorliegt. In Abhängigkeit hiervon bleibt zu klären, ob es sich bei Ouds Bauten um »De Stijl-Architektur« im Sinne eines von den De Stijl-Mitarbeitern gemeinsam vertretenen Formenkanons handelt. Mit dieser Frage wird schließlich Ouds Position zwischen einer unbedeutenden Randfigur – »sein Beitrag zu De Stijl beschränkt sich ausschliesslich auf einige theoretische Äusserungen«[590] – und dem »L'architetto officiale del movimento«[591] bzw. dem »jungen, radikalen Führer der De Stijl-Architektur«[592] zu bestimmen sein. Eine fundierte Analyse von Ouds Bauten auf Grundlage dieser Fragestellung wurde – mit Ausnahme von Blotkamps Artikel über Mondrians Beitrag zur Architektur – bisher noch nicht vorgenommen.[593]

Wie gezeigt stilisierten sich sowohl Oud als auch Van Doesburg als »Erfinder« einer »De Stijl-Architektur« und als der »eigentliche« und wahre De Stijl-Architekt. Nach ihrem Zerwürfnis leugnete Van Doesburg in polemischen Artikeln Ouds Bedeutung für De Stijl. Im Sommer 1922 verbreitete er, daß Oud mit Antritt seiner Stelle beim Woningdienst kein De Stijl-Mitglied mehr gewesen sei.[594] Damit konstruierte Van Doesburg mit Oud als Mitarbeiter von De Stijl und Architekt des Woningdienst zwei sich gegenseitig ausschließende Positionen, die in der Realität so nie existierten. Neben dem Interesse an neuen Baumaterialien zeigt auch der Protest von Wils gegen den vom Gemeinderat befürworteten Bau von Alkovenwohnungen, daß die De Stijl-Architekten den sozialen Wohnungsbau durchaus als zentrale Bauaufgabe verstanden.[595] Van Doesburgs Talent als Propagandist war jedoch auch hier erfolgreich[596]: Bis heute werden die zwischen 1918 und 1920 und damit in Ouds aktiver De Stijl-Zeit entworfenen Wohnblöcke in Spangen* und Tusschendijken* nur in wenigen Ausnahmefällen zur »De Stijl-Architektur« gezählt, obwohl Van Doesburg selbst an der Ausstattung der Spangener Blöcke beteiligt war. Anderseits gilt Ouds Fabrik-Entwurf* (1919) als Musterbeispiel »De Stijl-Architektur« und auch die späteren, nach seiner aktiven De Stijl-Zeit entstandenen Bauten für den Woningdienst wie seine Bauleitungshütte* und die Fassade des Café de Unie* werden als De Stijl-Arbeiten gesehen.[597] Zu diesem Zeitpunkt (1925) bemerkte Van Doesburg: »die Stijl-Künstler selbst rechnen den Herrn Oud schon seit Jahren nicht mehr zu ihren Kollegen.«[598]

Die Widersprüche zwischen der Entstehungszeit der Bauten und ihrer Zuordnung zur De Stijl-Architektur sowie die extrem unterschiedliche Beurteilung einzelner Arbeiten ziehen sich auch durch die monographischen Untersuchungen zu Oud. Laut Stamm fanden sich in den nach 1921 ausgeführten Bauten nur selten De Stijl-Elemente, während in Zeichnungen und Studien eine durchgehende Faszination für dieses Vokabular bis 1925/26 festzustellen sei.[599] Dagegen vertritt Hans Oud die Meinung, daß sich bei der 1922 entworfenen Siedlung Oud-Mathenesse* in Verwendung des Materials, der Form und Farbe zum ersten Mal ein deutlicher De Stijl-Einfluß in Ouds Arbeiten zeige.[600] Ganz anders ist die Einschätzung von Fanelli in seiner Publikation »Stijl Architektur«, wonach sich Oud mit seinen Wohnanlagen (Hoek van Holland*) von grundlegenden Prinzipien der »De Stijl-Architektur« distanziert habe.[601] Im Gegensatz dazu meint Barbieri, Oud habe in Oud-Mathenesse und Hoek van Holland auf die ästhetischen Forderungen von De Stijl zurückgegriffen.[602]

4.2. Die Gemeinschaftsbauten

Das zentrale Anliegen von De Stijl war die Verbindung der einzelnen Kunstgattungen, wobei Architektur und Malerei im Vordergrund standen.[603] Im Unterschied zur Gemeenschapskunst verfolgte De Stijl jedoch keine Wandmalerei mit sozialen, christlichen oder historischen Themen, die als Vorbild für die Gesellschaft dienen sollte, sondern eine primär ästhetisch begründete farbige Architektur. Eine farbig gefaßte Architektur wurde von allen De Stijl-Mitarbeitern vertreten und bereits in den ersten Heften postuliert. Da sich jeder Künstler auf das Tätigkeitsfeld beschränken sollte, in dem er ausgebildet war, lag die Farbgebung der Bauten allein in den Händen der Maler.[604] In bezug auf die Funktion der Farbe zeigten sich jedoch früh die unterschiedlichen Auffassungen von Malern und Architekten. Während sich die Maler zum Ziel setzten, die Wandflächen durch Farbe optisch aufzulösen und im Interieur eine Öffnung des Raumes zu suggerieren, sah Oud, der unter den Architekten die deutlichste Position vertrat, in der Farbe ein der Architektur dienendes Mittel, das die Bauten rhythmisieren und damit Eintönigkeit vermeiden solle. Für seinen in »De Stijl« veröffentlichten Entwurf einer Häuserzeile mit Arbeiterwohnungen* schlug Oud daher vor, einzelne Bauelemente als farbige Akzente in den Primärfarben zu fassen, als Grundfarbe jedoch Weiß zu wählen.[605] Eine bewußte Beschränkung auf Primärfarben, wie Mondrian sie gefordert hatte, findet sich bei Oud nicht.

Die Realisierung der Gemeinschaftswerke in Ouds Œuvre nimmt – entsprechend ihrer zentralen Bedeutung innerhalb von De Stijl – den größten Raum in dieser Untersuchung ein. In der Literatur wird mehrfach erwähnt, daß sich Oud nicht nur der destruktiven Tendenz von Van Doesburgs Farbentwürfen widersetzt, sondern die Verbindung von Architektur und Malerei generell abgelehnt habe.[606] Ouds theoretische Äußerungen wie auch die mehrere Jahre währende Beteiligung der De Stijl-Maler an seinen Bauten erwecken jedoch einen anderen Eindruck. Dabei besteht eine zeitliche Diskrepanz zwischen der bereits vor Gründung von De Stijl im Sommer 1916 einsetzenden Zusammenarbeit mit Van Doesburg und entsprechenden theoretischen Darlegungen Ouds in »De Stijl«: Nachdem Oud im Mai 1919 auf die Farbgebung seiner Häuserzeile mit Arbeiterwohnungen* eingegangen war, äußerte er sich erstmals im August dieses Jahres zur Gemeinschaftskunst, die er als allgemeines Ziel der Moderne verstand. Demnach wirke sich die Formzerstörung in der Malerei auf die entwicklungsgeschichtlich rückständige Architektur aus, die noch ganz auf die traditionelle Wandmalerei ausgerichtet sei.[607] Zu untersuchen bleibt daher, inwieweit Oud die Maler tatsächlich an der Konzeption seiner Bauten beteiligte und eine Realisierung der in *De Stijl* entwickelten Vorstellungen ermöglicht und unterstützt hat.[608]

Bereits bei seinen frühen Bauten hatte Oud im Sinne der *Gemeenschapskunst*, mit der er abgesehen von der allgemeinen Traditionslinie durch seine Ausbildung an der Quellinus-Schule vertraut war, andere Künstler herangezogen. Im Fall des 1911 ausgeführten Gebäudes der Arbeitervereinigung Vooruit in Purmerend ging der Auftrag zur Ausmalung des Versammlungssaals an den ortsansässigen Maler Jacob Jongert (1883–1942).[609] Jongert, von 1904–07 Assistent bei Roland Holst, zeigt in seinen Arbeiten eine deutliche Abhängigkeit von seinem Lehrer. Die Darstellungen, darunter Allegorien des »Abends« und des »Morgens«, entsprechen den in dieser Zeit üblichen Themen. Auch die Funktion der Malerei als Dekorationselement steht ganz in der Tradition der *Gemeenschapskunst*, die der Architektur – im Gegensatz zu den *De Stijl*-Malern – die führende Rolle unter den Kunstgattung zuwies. Ouds Besprechung des Vooruit-Gebäudes macht deutlich, daß er der Innenraumgestaltung im Sinne eines ergänzenden Elements zweifellos große Bedeutung beigemessen hat.[610] Neben der Wandmalerei war Oud auch bemüht, plastische Arbeiten in seine Bauten zu integrieren. Ein frühes Beispiel bildet sein Kinogebäude in Purmerend (Abb. 3), entworfen im Dezember 1912, für welches Willem Coenraad Brouwer (1877–1933) die Bauplastik lieferte. Brouwer, den Oud spätestens in De kunst om de kunst kennengelernt hatte, wurde auch später zu verschiedenen Arbeiten herangezogen.[611] Für Ouds Frühwerk sind schließlich auch Bleiglasarbeiten an den Innentüren des Landhauses in Blaricum (1915/16) überliefert, ebenfalls ein gängiges Dekorationsmotiv der Zeit.[612]

Eine Wende in Ouds Auffassung vollzog sich unter dem Einfluß von Van Doesburg, dessen Schriften er 1916 kennengelernt hatte.[613] Bereits in seinem ersten Brief an Van Doesburg vom 30. Mai 1916 griff er das Thema der Gemeinschaftsarbeit auf. Van Doesburg, der sich mit diesen Fragen bereits seit Jahren beschäftigte, hatte in seinen Texten mehrfach hierzu Stellung genommen. Erst durch die Auseinandersetzung mit Oud begann Van Doesburg jedoch, seine Ideen über die Verbindung von Malerei und Architektur zu konkretisieren. Daß die Zusammenarbeit mit einem Architekten zu diesem Zeitpunkt noch vollkommen neu für ihn war, zeigt auch seine Äußerung vom 22. Juni 1916: »Verbindung mit Architekt, will Zusammenarbeit mit mir. Neuer Gedanke«[614].

Im Juli 1916 hatte Oud den Entwurf für das Wohnhaus De Geus*, Bürgermeister von Broek in Waterland, fertiggestellt. Etwa gleichzeitig vermittelte er Van Doesburg den Auftrag für ein farbiges Bleiglasfenster in der zum Garten (und damit dem Hafenrak) orientierten Haustür. Sie bildet den Abschluß eines langen Korridors, der vom Hauseingang an der Straße in gerader Linie durch das Gebäude führt und die rechts des Eingangs liegenden repräsentativen Räume wie Küche und Sprechzimmer auf der linken Seite trennt. Nach Durchqueren des Windfangs fällt der Blick des Eintretenden direkt auf das gegenüberliegende Fenster, das einen Schwan, das Wappentier des Ortes, in einem stilisierten Flächenmuster zeigt (Abb. 20). Die einzelnen Glasteilchen sind in kontrastierenden Farben, vor allem in Gelb-, Rot- und Grüntönen, gehalten, während ein Rahmen aus blauen Gläsern die Komposition einfaßt. Die unregelmäßig geformten Gläser mit mehrfach gebogenen Linien stehen in der Tradition der »Nieuwe Kunst«, die noch zu dieser Zeit den Stil der niederländischen Bleiglasarbeiten bestimmte.

Anfang 1917 erhielt Van Doesburg den Auftrag für vier weitere Fenster, die im April des Jahres an Stelle einfacher Glasscheiben über der Türe angebracht wurden (Abb. 20, oben). Sie wiederholen das Motiv des Schwans in abstrahierter Form, das nun gespiegelt und gedreht in vier verschiedenen Varianten erscheint. Damit treten erstmals spiegelsymmetrische Kompositionen in ausschließlich geometrisierenden Formen auf, die zudem die modifizierte Wiederholung als Stilmittel einführen.[615] Van Doesburg, der zu diesem Zeitpunkt noch keine Glasarbeiten ausgeführt hatte, wurde von Huszár, seinem damaliger Mitstreiter in De Anderen, mit der Technik vertraut gemacht. Im Gegensatz zu dem eher konventionellen großen Fenster lehnte sich Van Doesburg bei den vier kleinen Glasarbeiten an dessen modern-abstrakte Formensprache an.[616] Auch die Rotation und die Spiegelung waren als Gestaltungsmittel bereits in Huszárs Gemälden aufgetreten.[617]

Van Doesburgs Bleiglasarbeiten kommt aufgrund des Anbringungsortes in der Gebäudeachse sowie der Darstellung des Ortswappens als Verweis auf den Bewohner des Hauses zentrale Bedeutung zu. Das dem Haus zugrundeliegende Konzept eines die Funktionsbereiche trennenden Korridors tritt im symmetrischen Entwurf des »Präsentationsblattes Plan A« noch deutlicher zu Tage (Abb. 122). Der Korridor verläuft dort genau in der Mitte des Hauses, wobei die Axialität durch einen zweiseitigen Treppenaufgang an der Straßenseite noch wird. Das Bleiglasfenster hätte in diesem Fall eine deutlich prominentere Stelle eingenommen als in dem realisierten asymmetrischen Entwurf.[618]

Als zentraler Bestandteil der künstlerischen Gesamtkonzeption gehen Van Doesburgs Fenster – trotz der abgeschwächten Wirkung durch die Asymmetrie des Hauses – über ein rein dekoratives Element hinaus. In ihrer Bedeutung für das Gesamtwerk bilden sie eine Vorstufe zu den zeitlich folgenden Gemeinschaftsarbeiten von *De Stijl*.[619] Die Fenster von Haus De Geus waren zudem Auftakt für eine Reihe weiterer Bleiglasfenster in den Bauten der *De Stijl*-Architekten. Diese in der niederländischen Tradition verankerte Kunstgattung wurde somit zu einem zwar umstrittenen, jedoch zentralen Medium der Gruppe.[620] Auch bei den folgenden Bauten war Oud, der die Aufträge an seinen Freund Van Doesburg und andere Künstler vermittelte, Initiator dieser Arbeiten.

Ebenfalls in die Zeit vor Gründung von *De Stijl* fällt Ouds Zusammenarbeit mit dem Maler Menso Kamerlingh Onnes, dessen Sohn Harm und Theo van Doesburg beim Umbau der Villa Allegonda* in Katwijk aan Zee. Harm, ebenfalls Mitglied in De kunst om de kunst und De Sphinx, hatte den Auftrag an Oud weitergereicht, dem es wiederum gelang, Van Doesburg zu beteiligen. Offenbar sollte Oud, ausgehend von den Vorstellungen Menso Kamerlingh Onnes', einen Bauplan erstellten. Welchen Anteil er konkret an dem Entwurf hatte, ist bis heute unklar.[621] Die 1916 vorgelegten Pläne wurden im Laufe des folgenden Jahres ausgeführt. Harm entwarf ein Namensschild aus Keramik, das an der Straßenfront angebracht wurde (Abb. 129).[622] Eine aus starken Holzlatten gezimmerte Sitzbank auf der Veranda stammte eventuell von Menso Kamerlingh Onnes, der sich auch als Möbelschreiner betätigte (Abb. 132, 322). Van Doesburg entwarf mit Komposition II wiederum ein Bleiglasfarbfenster, das wahrscheinlich im Mai 1917 fertiggestellt war und an der Südseite des Hauses angebracht wurde (Abb. 20, links). Es zeigt 18 Felder aus rechteckigen Glasflächen in Rot, Gelb und Blau, wobei drei Grundmuster – entsprechend den vier kleinen Fenstern für Haus De Geus* – gedreht und gespiegelt wurden. Allerdings arbeitete Van Doesburg hier bereits vollkommen abstrakt und verwendete zudem eine stark reduzierte Farbskala.[623] Mit 225 x 75 cm handelt es sich um das erste großformatige Bleiglasfenster Van Doesburgs.

Im Widerspruch zu Größe, gestalterischem Aufwand und künstlerischer Qualität befand sich das Fenster in einem Verbindungsgang zwischen dem Treppenhaus und Schlafzimmer im Turmanbau und damit an einer wenig repräsentativen Stelle des Hauses. Obwohl es sich um die Südseite handelt, war das Fenster durch den vorspringenden Hauptblock bereits am Nachmittag verschattet. Damit kommt ihm keine große Bedeutung im Gesamtentwurf des Hauses zu.[624] Dasselbe gilt für das dekorative Namensschild an der Eingangsfront und die Sitzbank auf der Veranda.

Die vermeintliche Existenz eines zweiten Bleiglasfensters bzw. eines Fensterentwurfs für die Villa Allegonda kursiert seit 1932 in der Literatur.[625] Hierfür fehlen jedoch konkrete Hinweise: Keine der Fensteröffnungen zeigt ein entsprechendes Format, und auch Oud nennt in seiner Besprechung des Gebäudes nur ein einziges von Van Doesburg entworfenes Glasfenster.[626] Damit ist nicht nur die oftmals hergestellte Verbindung mit Komposition V (vgl. Abb. 20, rechts), sondern generell die Existenz eines zweiten Buntglasfensters für die Villa Allegonda auszuschließen.[627]

In der ersten »De Stijl«-Ausgabe (Oktober 1917) erschien ein Beitrag von Van der Leck, in dem er seine Ansichten über die zukünftige Zusammenarbeit zwischen Architekt und Maler darlegt.[628] Demnach werde der Maler die gebauten Wände als Untergrund seiner Werke nutzen und so eine Einheit aus Architektur und Malerei schaffen. Neu und von entscheidender Bedeutung für De Stijl ist Van der Lecks Charakterisierung der beiden Gattungen. So bezeichnet er die Architektur als plastisch-geschlossen, die Malerei dagegen als destruktiv und raumschaffend. In Ouds Bauten zeigt sich ab diesem Zeitpunkt eine Öffnung gegenüber diesen, von der *Gemeenschapskunst* deutlich abweichenden Vorstellungen, die wenig später auch von Van Doesburg und Huszár übernommen werden sollten.[629]

Bereits im Sommer 1917 hatte Oud vom Leidsche Volkshuis den Auftrag erhalten, ein Ferienhaus für Arbeiterkinder in Noordwijkerhout zu errichten. Berlage, der durch seine Arbeit für die Familie Kröller-Müller gebunden war, vermittelte den Auftrag an Oud, der wiederum Van Doesburg und Harm Kamerlingh Onnes hinzuzog. Die auf September 1917 datierten Entwürfe wurden ab Februar 1918 ausgeführt. Da die Vorarbeiten für die erste »De Stijl«-Ausgabe im September abgeschlossen waren, ist durchaus möglich, daß Oud zum Zeitpunkt der Entwurfserstellung Van der Lecks Text kannte.

Ouds Fassadenentwurf zeigt noch nicht die von Van Doesburg gestalteten farbigen Backsteinkompositionen.[630] Dennoch wurde das größte der drei Backsteinmosaike, das sich direkt über dem Eingang befindet, noch vor Grundsteinlegung des Hauses entworfen. So schrieb Van Doesburg am 1. Januar 1918 an den *De Stijl*-Kollegen Anthony Kok, daß der Entwurf fertig sei und Oud sein Bestes tue, um die passenden Steine in den richtigen Farben zu bekommen.[631] Sowohl der frühe Zeitpunkt des Entwurfs als auch das Bemühen Ouds bei der Realisierung der Mosaike zeigen die große Bedeutung, die er diesen Arbeiten beigemessen hat. Wie bei Haus De Geus* wurde auch hier ein zunächst kleiner Auftrag nachträglich ausgeweitet: Nachdem Van Doesburg Ende 1917 die drei Backsteinkompositionen für die Eingangsfassade fertiggestellt hatte, erhielt er Anfang 1918 den Auftrag für die Gestaltung des Fliesenbodens in der »Eingangshalle« und dem ersten Obergeschoß sowie für die Farbbestimmung der Innentüren und der Fensterläden. Auch der das Haus umgebende Zaun wurde nach Entwurf Van Doesburgs gestrichen.

Das zentrale Fassadenmosaik (Abb. 22) besteht aus einzelnen abstrakten Kompositionen, die entsprechend den Bleiglasfenstern von Haus De Geus* und der Villa Allegonda* gegeneinander gedreht und gespiegelt sind. Die beiden seitlich des Eingangs angebrachten Mosaike zeigen spiegelbildliche Kompositionen, wurden jedoch in unterschiedlichen Farbvarianten ausgeführt.[632] Die von Van Doesburg gewählte Farbskala Grün, Gelb und Blau sowie Weiß und Schwarz folgte nicht der von Mondrian bereits im ersten »De Stijl«-Heft geforderten Beschränkung auf die Primärfarben. Der Dreiklang aus den Farben Gelb, Blau und Grün bestimmte auch die späteren Arbeiten Van Doesburgs, wobei die Farbe Grün durchgehend bis 1922 auftrat. Die drei Mosaike dienten – zumindest für Oud – allein als Schmuckform zur Akzentuierung des Eingangs und mußten sich der symmetrischen Struktur des Gesamtbaus unterordnen. Sie sind damit nichts anderes als eine Variante der zunächst von Oud selbst geplanten symmetrischen Backsteinkompositionen über und seitlich des Eingangs.[633] Eine Besonderheit bildet in dieser Zeit allein die konsequent abstrakte Darstellung, die sich zudem durch Drehungen und Spiegelungen auszeichnet.

Im Gegensatz zu den drei Backsteinmosaiken steht die bewußt asymmetrische Farbgebung der an den Erdgeschoßfenstern angebrachten Läden (Abb. 135, 136). Bei den zu Dreiergruppen gekoppelten Fenstern waren die Läden an der Fassadenaußenseite jeweils in einer dunklen, die zur Fassadenmitte liegenden in einer hellen Farbe gehalten, so daß sich insgesamt eine symmetrische Fassadenkomposition ergab. Dies betraf jedoch nicht die einzelnen Läden, die je zwei durch einen weißen Anstrich hervorgehobene Holzlatten zeigten: Während sich bei einer Fenstergruppe die waagerechten Latten absetzten, waren es bei der anderen Fenstergruppe die senkrechten. Mit Blick auf die Gesamtfassade ergab sich somit ein asymmetrisches Bild. Ähnlich, jedoch gegenüber Haus De Vonk stark vereinfacht, gestaltete Van Doesburg die Fensterläden bei Van Eesterens Haus van Zessen in Alblasserdam (1923), bei dem die Läden einmal weiß und einmal schwarz gestrichen sind. Für Haus De Vonk vermutet Evert van Straaten eine Farbgebung entsprechend dem später ausgeführten Zaun in Blau, Grün und Orange.[634] Wie Entwurf und Vorentwurf der Fassade zeigen, waren ursprünglich keine Fensterläden geplant. Van Doesburg hätte ihre nachträgliche Anbringung sicherlich begrüßt, da so eine asymmetrische, der Fassadenkomposition entgegenwirkende Gestaltung erzielt werden konnte. In der Tat dürften die unterschiedlich farbigen Fensterläden das Gesamtbild deutlich beeinflußt haben. Sie waren jedoch kein fester Bestandteil der Architektur und konnten damit relativ einfach wieder entfernt werden. Wann dies geschah, ist nicht überliefert. Allerdings wurden die Läden bereits ein halbes Jahr nach der Eröffnung zumindest teilweise überstrichen. Oud selbst war mit der Gestaltung der Läden zufrieden gewesen.[635] Auch zur sonstigen Farbfassung äußerte er sich positiv: »Das Ferienhaus … finde ich durch die Farbe ausgezeichnet gelungen.«[636]

Die insgesamt 20 Türen im Innenraum (Abb. 142) wurden nach Entwurf Van Doesburgs in Gelb, Schwarz, Weiß und Grau bemalt, wobei das mittlere Türfeld, der Türrand und der hölzerne Türrahmen jeweils unterschiedlich gefaßt waren. Das mittlere Feld setzte sich durch eine schmale weiße Rahmung vom Türrand ab. An den Türen zu den Zimmern der Direktorin fehlte die Zwischenstufe Grau, um sie von den anderen Türen abzuheben. Van Doesburgs Farbgebung ging bewußt nicht auf die architektonische Struktur des Baus ein. So wurden weder die symmetrische Anlage des Gebäudes noch die Reihung identischer Türen in der Farbgebung aufgegriffen.[637] Obwohl die Kombination der Farbtöne kein Konzept erkennen läßt, war für Van Doesburg allein diese Lösung, bei der sich die unterschiedlich gestalteten Türen nach seiner Aussage gegenseitig ergänzten, verbindlich. Im Juni 1918 verlangt er von Oud daher die exakte Ausführung seines Entwurfs, oder aber den vollkommenen Verzicht: »*alles* oder *nichts* also«.[638]

Der Boden von »Halle« (Abb. 21, 141) und Flur (Abb. 142) besteht aus gelben Fliesen sowie Fliesen in Schwarz, Weiß und Grau, die jeweils in gleicher Anzahl auftreten. Die Komposition zeigt – entsprechend den vorausgehenden Bleiglasfenstern – einzelne gespiegelte und gegeneinander gedrehte Motive.

Für den Betrachter wird dieses Prinzip jedoch nur an wenigen großflächigen Abschnitten, wie dem quadratischen Eingangsbereich, deutlich. Auf den ersten Blick wirkt die Anordnung der Fliesen dagegen rein zufällig. Vor allem steht die komplexe und asymmetrische Komposition in keinerlei Bezug zur Architektur und erscheint damit als eine nicht näher bestimmbare dekorative Fläche.«⁶³⁹ Van Doesburgs Ziel war es in der Tat, den konstruktiven geschlossenen Charakter des Baukörpers zugunsten der ästhetischen Raumwirkung aufzubrechen: »Der Boden ist die am stärksten geschlossene Oberfläche des Hauses und fordert darum aus ästhetischer Sicht eine gegen die Schwerkraft angehende Wirkung durch flächige Farbe und offene Raumverhältnisse.«⁶⁴⁰ Seine Intention entsprach dabei ganz den im Oktober 1917 in »De Stijl« publizierten Vorstellungen Van der Lecks, der eine Destruktion der Architektur durch die Malerei angekündigt hatte. Weder für Van der Lecks Vision noch für deren Umsetzung existierten bis dahin Vorbilder.

Neben Van Doesburg wurde – wie bereits bei der Villa Allegonda* – auch Harm Kamerlingh Onnes zur Gestaltung von Haus De Vonk herangezogen.⁶⁴¹ Er bestimmte die Farbigkeit der einzelnen Zimmer und entwarf ein großformatiges fünfteiliges Fenster für das Treppenhaus (vgl. Abb. 136). Die Fenster zeigen stilisierte, jedoch noch figürliche Darstellungen und sind insgesamt von dunkler Farbigkeit. Damit bestand ein großer Unterschied zu den vorausgegangenen Arbeiten Van Doesburgs für Haus De Geus* und die Villa Allegonda, die sich generell durch kräftige Farben und, im Fall letzterer, eine vollkommen abstrakte Darstellung auszeichneten. Die Zimmer wurden laut Van Doesburg in einem eintönigen ungebrochenen Grün gestrichen.⁶⁴² Daß Oud hierfür nicht einen der De Stijl-Maler wie Van der Leck oder Huszár heranzog, ist wohl auf seine persönliche Beziehung zu Harm Kamerlingh Onnes und dessen Vater zurückzuführen.⁶⁴³ Für Oud war die Integration von Kamerlingh Onnes Fenster in seinen Bau nicht problematisch: Da sich die »Halle« gegenüber den Bestrebungen von De Stijl neutral verhalte, zeige auch das Treppenhausfenster wenig, was der Architektur entgegenstünde. Allein die Verbindung von Van Doesburgs Arbeiten mit Harms Fenster bewertete Oud negativ.⁶⁴⁴

Im Fall der Treppe von Haus De Vonk (Abb. 141) wurde mehrfach an der Autorschaft Ouds gezweifelt. Während Nancy Troy hier ein Gemeinschaftswerk von Oud und Van Doesburg sieht, hält Kenneth Frampton Van Doesburg für den Urheber der Treppe, die schließlich in veränderter Form im Straßburger Café Aubette wiederkehre.⁶⁴⁵ Auch für Hans Oud sprechen die Treppe im Café Aubette und Van Doesburgs Treppe in Haus Lange in Alkmaar für eine Autorschaft des bisher nur als Maler und Glasbildner hervorgetretenen Van Doesburg. Obwohl die Konsequenz und Exaktheit des Entwurfs Ouds Arbeitsweise verrate, sei eine vergleichbar »destruktive« Formgebung in seinem weiteren Werk nicht zu finden.⁶⁴⁶ Die Treppe in Haus Lange ist jedoch nicht zwingend vor der Treppe in De Vonk entstanden und zeigt außer einem rechtwinklig gestuften Muster in der Treppenwange keines der charakteristischen Merkmale.⁶⁴⁷ Die große Ähnlichkeit mit der erst 1927 entstandenen Straßburger Treppe ist dagegen als ein bewußter Rückgriff Van Doesburgs auf Haus De Vonk zu deuten, das er als das gelungenste Beispiel einer »De Stijl-Architektur« ansah. Für eine Zuschreibung der Treppe an Van Doesburg fehlt damit jeder Anhaltspunkt.⁶⁴⁸ Die Einbindung der Treppe in das Gesamtkonzept des Hauses zeigt vielmehr, daß sie zusammen mit dem Gebäude – und damit von dem Architekten Oud – entworfen sein muß.⁶⁴⁹

Nicht nur aufgrund ihrer Lage in der Mitte des symmetrischen Gebäudes, sondern auch durch ihre Funktion bilden »Eingangshalle«, Treppe und die angrenzenden Flure das Zentrum des Hauses. Die »Halle« dient einerseits als Verkehrsfläche mit Zugang zu den einzelnen Räumen, andererseits als Treffpunkt für die Feriengäste, wobei vor allem die Sitzbank im Obergeschoß (Abb. 142) zum Verweilen einlädt. Die Raumwirkung der Halle wird maßgeblich von den Arbeiten der drei Künstler, die ungewöhnliche, scheinbar frei in den Raum eingestellte Treppe, die farbige Bodengestaltung, die Farbfassung der Türen und die Treppenhausfenster, bestimmt. Die in De Stijl geforderte Verbindung der Künste, ihre Gleichwertigkeit und die strikte Trennung nach Aufgabenbereichen wurde somit erstmals umgesetzt.⁶⁵⁰ Vor allem die Zusammenarbeit zwischen Oud und Van Doesburg mit dessen raumauflösender Farbfassung und Bodengestaltung war – im Sinne von De Stijl – erfolgreich.⁶⁵¹ Auffallend ist jedoch die Diskrepanz zwischen Innenraum und Außenbau. Während mit dem Treppenhaus und der »Halle« einer der ersten Gemeinschaftsbauten nach den Vorstellungen von De Stijl realisiert wurde, erhielt der Außenbau allein farbig gefaßte Fensterläden und dekorative Fassadenmosaike. Gerade am Außenbau blieb Ouds Architekturentwurf damit bestimmend. Eine Parallele hierzu findet sich bei dem kurz zuvor entstandenen Haus Lange von Wils, das ebenfalls allein im Innenraum eine Farbgestaltung und im Treppenhaus drei große Bleiglasfenster nach Entwurf Van Doesburgs aufweist.⁶⁵²

Daß bei Haus De Vonk kein gemeines künstlerisches Ziel verfolgt wurde, äußerte Van Doesburg bereits kurz nach Fertigstellung des Baus. Seine Kritik richtete sich auf die Arbeit von Kamerlingh Onnes, vor allem die Farbgebung der Zimmer, die durch »grelles Überstrahlen« die Wirkung seiner Flurtüren zerstöre. Aufgrund dieses schrillen Kontrastes übertreffe das Innere von De Vonk alles, was in Holland an »modernem Barock« entstanden sei. Folgerichtig forderte er von Oud die sofortige Entfernung dieser Farbfassung und bot gleichzeitig an, die Farbgebung der an den Flur grenzenden Räume selbst zu übernehmen.⁶⁵³ Auch in der Dunkelheit des Treppenhaus, maßgeblich verursacht durch die Glasfenster von Kamerlingh Onnes, sah er einen störenden Faktor für die Gesamtkomposition. In diesem Sinne empfand er den Maler-Kollegen als »noch nicht reif« für die Architektur und damit für das Gesamtkunstwerk von De Stijl.⁶⁵⁴ In einem polemischen Brief wandte er sich im August 1918 an Oud: »Auch habe ich eben noch nach den Überbleibseln der Halle geschaut. Lieber finde ich auf jeder Stufe einen Nachttopf, auf jedem Quadratdezimeter Flur eine Matte, als was hier nun geschehen ist. In den fünf Fensteröffnungen sind fünf große Lappen farbiger Glasscherben angebracht, Scherben ... von einer beengenden Farbatmosphäre, worin jeder frische Gedanke, jedes gesunde Atemholen verpestet wird. Das Licht ist der Raum. Wo hier nun ein nicht nachdenkender Dilettant den lieben Himmel durch eine ungeheuerliche Glasgestaltung in bunter Unordnung von düsteren, launenhaften, überwiegend Blau und gemein roten Farben versteckt hat, welche mit noch nicht mit Ölfarbe bedeckt sind, spricht es für sich, daß das bißchen Raum, das von uns mit Mühe und Sorgfalt geschaffen wurde, total zerstört ist und die Halle umgewandelt wurde in einen düsteren Gang, wo auf dem Boden einige Fliesen durcheinander liegen.«⁶⁵⁵ Im November wiederholte er seine Kritik öffentlich in »De Stijl«.⁶⁵⁶ Aber auch Oud äußerte sich gegenüber Kamerlingh Onnes zu den gegensätzlichen künstlerischen Vorstellungen der beiden Künstler: »Das Problem ist, daß Deine Farben und Auffassungen und die von Van Doesburg nicht zusammenpassen.«⁶⁵⁷ Dennoch blieb Oud gegenüber Van Doesburgs Kritik und Forderungen standhaft. Im Sommer 1918 berichtete dieser von einigen geringfügigen Veränderungen in der Farbfassung der Türen, die er als Reaktion auf Kamerlingh Onnes Arbeit vorgenommen habe. Offenbar mußte er sein Handeln gegenüber Oud verteidigen: »Ich habe dies veranlaßt und glaube, nicht gesündigt zu haben: ich meine, das liegt noch in meinem Zuständigkeitsbereich.«⁶⁵⁸

Anfang 1918 und damit kurz nach der Gründung von *De Stijl* trat Oud seine Stellung als Architekt des *Gemeentelijke Woningdienst* an. Die Gleichzeitigkeit von Ouds Tätigkeit für den *Woningdienst* und seiner Mitgliedschaft in *De Stijl* ist für das Verständnis der in dieser Zeit entstandenen Bauten – vor allem der Wohnblöcke in Spangen* – entscheidend. Seine ersten Wohnbauten, Block I und V*, wurden im September 1918 begonnen. Auch hier erhielt Van Doesburg kurz nach Baubeginn den Auftrag zur Gestaltung von Bleiglasfenstern, diesmal für die Oberlichter der Eingangstüren zur Belichtung der Flure und unteren Treppenläufe. Van Doesburg legte mit den Kompositionen VIII (Abb. 155) und IX zwei verschiedene Entwürfe vor.[659] Beide Arbeiten gehen auf gegenständliche Gemälde zurück, die den Ausblick aus seinem Leidener Atelier zeigen. Die ab 1919 realisierten Fenster bestehen aus unterschiedlich großen, rechteckigen Glasstücken. Von beiden Kompositionen wurden mehrere Farbvarianten realisiert. Van Doesburg, der auch Violett und Grüntöne verwendete, beschränkte sich wiederum nicht auf die Primärfarben. Bei der Plazierung der Fenster ging er offenbar von einer bestimmten Abfolge der Farben aus. Zudem wurden die Fenster spiegelbildlich zueinander angeordnet.[660] Die Bleiglasfenster traten am Außenbau kaum in Erscheinung und auch von innen konnten sie aufgrund der engen Flure und Treppenhäuser kaum Wirkung entfalten. Ähnlich den Fassadenmosaiken von Haus De Vonk* handelt es sich damit um ein traditionelles Dekorationselement, das allein durch die abstrakte Gestaltung eine besondere Note erhielt. Offensichtlich fanden sie in dieser Funktion jedoch großen Zuspruch. So baten J. C. Meischke und P. Schmidt, die Architekten der beiden repräsentativen Blockfronten zur Bilderdijkstraat, um weitere acht Buntglasfenster für die dortigen Eingangstüren.[661]

Ganz anders war die Resonanz bei der von Van Doesburg entworfenen Farbfassung der Wohnblockfassaden. Die Forderung nach farbigen Hauswänden war in Deutschland im Zuge der »Farbenbewegung« bereits um 1900 aufgekommen, konzentrierte sich zunächst jedoch auf getönte Putzflächen und farbig gefaßte Fensterrahmen und Türblätter.[662] Ziel war eine harmonische Gesamtwirkung durch Verwendung »gesunder«, »fröhlicher« Farben als Gegenentwurf zu den vorherrschenden freudlosen Häuserfronten. Beispiele von kräftigen Farbakzenten in Form farbiger Wandflächen lagen 1919, als Van Doesburg mit der Farbgestaltung beauftragt wurde, jedoch kaum vor. Die frühesten realisierten Farbfassungen zeigen Bruno Tauts Siedlung Reform in Magdeburg (ab 1913) und die Gartenstadt Falkenberg in Berlin-Grünau (1913–16), deren Farbpalette Adolf Behne als »ein leichtes Rot, ein stumpfes Olivgrün, ein kräftiges Blau und ein helles Gelbbraun« beschrieb.[663] Jedes Haus erhielt eine eigene Farbe und wurde so als eigenständiges, individuell gestaltetes Gebäude innerhalb einer architektonisch gleichförmigen Häuserzeile sichtbar. Die Farbe schuf zudem ein abwechslungsreiches, »harmlos-heiteres« Straßenbild, das den ästhetischen wie auch emotionalen Bedürfnissen der Menschen entgegenkommen sollte.[664] Diese »volkstümliche Buntfarbigkeit« war jedoch nicht Van Doesburgs Anliegen, und auch Oud hatte andere Vorstellungen.

Mitte August 1919 sandte Van Doesburg seine ersten Farbkompositionen für die Außenfassaden an Oud.[665] Zehn Tage zuvor hatte dieser ihn um Vorschläge für eine Farbfassung gebeten: »Der Maler fragt mich, welche Farben ich für Dachfenster und Regenrinne (Häuser Spangen) vorgesehen habe und ich weiß es nicht! Hast Du schon eine Idee dazu?«[666] Für die Farbgestaltung der Außentüren muß Van Doesburg jedoch schon früher einen Auftrag erhalten haben. Die Entwürfe lagen Anfang August in Rotterdam vor und wurden von Oud in den höchsten Tönen gelobt: »Du begreifst, daß ich nicht beabsichtige, die Türen zu verändern. Sie sind *prächtig*.«[667] Bislang existieren keine Informationen darüber, ob Oud die Beteiligung Van Doesburgs allein zu verantworten hatte oder ob sie vom *Woningdienst*, besonders von Direktor Plate, unterstützt wurde.[668] Grundsätzlich entsprach die Farbfassung von Hausfassaden den kurz zuvor auf dem Amsterdamer Wohnungsbaukongreß (Februar 1918) vorgetragenen Ideen Van der Waerdens, der sich hiervon »lebendige« Straßenfronten erhoffte.[669] Offenbar mußte Van Doesburg jedoch den *Woningdienst* wie auch Oud von der Nützlichkeit seiner Farblösung überzeugen: »Ich habe … viele Studien gemacht, bis ich schließlich diese Lösung fand, die außer der gestaltenden (destruktiven) Wirkung den Vorteil einer *preiswerten Ausführung* hat. Dies schien mir für die Normierung ein glücklicher Einfall …«[670]. Vor allem seine Bedenken, ob Oud die Ausführung der Entwürfe tatsächlich durchsetzen könnte, sprechen – zumindest was die Wahl des Künstlers angeht – für ein eigenmächtiges Vorgehen von Oud.[671]

Ein Farbentwurf im Oud-Archiv (Abb. 23) zeigt einen Ausschnitt der Straßenfassade mit den von Van Doesburg farbig abgesetzten Fensterrahmen, Türen, Gaubendächern und Regenrinnen. Als Pendant zu den schwarz hervorgehobenen Sockelbändern sollten auch die Regenrinnen der Gauben und die Fensterrahmen der Treppenhausfenster schwarz, die Regenrinne an der Traufe grau gefaßt werden. Wie Van Doesburg erläutert, war er bei seiner Farblösung von roten Dächern und nicht – wie Oud nun hervorhob – von schwarzen Dachziegeln ausgegangen.[672] Die dem Brief beigelegte veränderte Fassung, bei der die schwarz wiedergegebenen Elemente als Kontrast zu dem dunklen Dach eine andere Farbe erhielten, ist nicht überliefert. Für die Türen hatte Van Doesburg eine Farbfassung in Grau, Grün und Gelb vorgesehen, wobei die mittleren Türfelder sowie je zwei horizontal und zwei vertikal verlaufende Balken unterschiedliche Farben zeigen. Auch für die Fenstergruppen sah Van Doesburgs Entwurf eine Farbgebung in Gelb, Grün und Grau vor. Dabei werden jeweils die einzelnen Fenstergruppen durch eine einheitliche Farbgebung zusammengefaßt, nicht jedoch die axial übereinander liegenden Fenster oder die Fenster eines Geschosses. Vielmehr schlug Van Doesburg vor, jeweils zwei diagonal angrenzende Fenstergruppen durch eine gemeinsame Farbgebung optisch zu verbinden. Mit ihren diagonalen Kompositionslinien, eine bis dahin beispiellose Lösung, weicht die Fassadengestaltung bewußt von der architektonischen Struktur mit ihren klassisch-symmetrischen Fassaden ab. Laut Entwurf sollten zudem nur einzelne Teile der Fensterrahmen gestrichen werden, wodurch weitere diagonale Bezüge entstanden wären: ähnlich den weißen Balken der Fensterläden von Haus De Vonk* werden so bei den hohen, jeweils in zwei Hälften unterteilten Fenstern einmal die vertikalen Rahmenteile, das andere Mal die horizontalen Elemente farbig hervorgehoben.

In seiner Farbwahl folgte Van Doesburg auch hier nicht Mondrians Forderung nach einer Beschränkung auf die Primärfarben. Die Kombination von Gelb, Grün und Grau läßt dagegen auf eine Anlehnung an Ostwalds Farbenlehre schließen, die Huszár im August 1918 in »De Stijl« vorgestellt hatte.[673] Gegenüber Oud bezeichnete Van Doesburg diese Farbverbindung als »Dreiklang«, ein Begriff, den auch Ostwald verwendete. Zudem verweist er auf die von Ostwald propagierten Farbverhältnisse und folgert daraus, daß die vorliegenden Entwürfe für Block I und V besser gelungen seien als die früheren, noch gefühlsmäßig bestimmten Entwürfe für Haus De Vonk.[674]

Laut einer handschriftlichen Eintragung auf der Gouache war für alle anderen Holzelemente wie auch die Unterseiten der Traufen und die Dachabschlüsse der Gauben ein weißer Anstrich vorgesehen.[675] Daß die Farben durch den Kontrast zu Weiß noch stärker zur Wirkung kommen, hatte bereits Taut in seiner Siedlung Falkenberg vorgeführt. Entsprechend betonte Van Doesburg mit Blick auf seinen Präsentationsentwurf: »Natürlich würden die Farben an der Fassade noch schöner herauskommen, wenn das Weiß hier auch eingetragen wäre.«[676] Noch konsequenter war Oud, der im Mai 1919 für seine Häuserzeile mit Arbeiterwohnungen* einzelne Bauteile in den Primärfarben in Verbindung mit weißen Wandflächen vorgeschlagen hatte.[677] Einen Anstrich der Hauswände, vertrat Van Doesburg – trotz der Anregung durch Ouds Häuserzeile – erst Anfang 1920. Ausschlagebebend hierfür war offenbar die Abneigung gegen Sichtbackstein – denn die Farbe des Backsteins entspreche keiner Farbe – und weniger der Wunsch nach farbigen Hauswänden.[678] Entsprechend äußerte sich kurz darauf auch Mondrian: »Backstein (Holländischer) scheint mir kein schönes Material zu sein.«[679]

Wie aus einer späteren Darstellung Van Doesburgs zu schließen ist, wurde der Farbentwurf für Block I und V nur in Teilen ausgeführt.[680] Zwar hatte sich Oud noch im August 1919 positiv zu den Entwürfen geäußert[681] und stand prinzipiell auch weiterhin hinter der von De Stijl propagierten farbigen Architektur[682], allein gegenüber den Vorschlägen Van Doesburgs scheint er seine Meinung geändert zu haben. Die nur partielle Ausführung der Farbentwürfe wurde schließlich gegen den Willen Van Doesburgs durchgesetzt. Dieser konstatierte daraufhin, daß sein Werk nun zerstört sei: »Es ist mein Werk nicht mehr, wie Du weißt.«[683] Zu der ausgeführten Farbfassung wollte er sich nicht bekennen.[684]

Was Oud konkret an Van Doesburgs Arbeit auszusetzen hatte, ist nur mühsam aus einzelnen verstreut überlieferten Äußerungen zu rekonstruieren. Van Doesburg selbst bemerkte zu seinen späteren Entwürfen, daß er nun auf alle »Irrtümer« einer »zu stark detaillierten Einteilung« geachtet habe.[685] Offenbar hatte Oud die Farblösung daher als zu kleinteilig und unruhig empfunden. Im Oktober 1921 bezeichnete er Van Doesburgs Entwürfe für Block VIII* und IX* (Abb. 25–27) als »viel besser«, da nun die Architektur »intakt« bleibe und die Entwürfe »praktisch ausführbar« seien.[686] Dort richtete sich Ouds Kritik somit gegen die diagonalen, asymmetrischen Kompositionslinien der Farbgebung, die der Grundkonzeption seiner Bauten entgegenstanden. Dies erstaunt zunächst, da Oud selbst in seiner Häuserzeile mit Arbeiterwohnungen* diagonale Kompositionslinien in die Fassadengestaltung eingeführt hatte. So werden – entsprechend dem späteren Farbentwurf Van Doesburgs – jeweils zwei diagonal liegende Schlafzimmerfenster durch eine identische Gestaltung, hier in Form der asymmetrischen Fenstergliederung optisch verbunden. Der im Mai 1919 in »De Stijl« publizierte Entwurf hatte Van Doesburg zweifellos beeindruckt. Anzunehmen ist, daß er mit seinen diagonalen Kompositionslinien im Farbentwurf für Block I und V auf diese Arbeit Bezug nahm.

Mit der praktischen Ausführbarkeit der Farbfassung kann Oud allein die Kosten des Anstrichs bzw. die zu erwartende Haltbarkeit gemeint haben. Da die Realisierung eines anderen Farbentwurfs kaum preiswerter ausgefallen wäre, spricht dieses Argument jedoch eher für eine vorgeschobene Rechtfertigung. Ausgenommen hiervon ist die Verwendung von hellen, kräftigen Farben, die nach Ouds Aussage (eventuell aufgrund der schnellen Verschmutzung) teuer waren und daher für Block I und V nicht in Frage kamen. Allerdings scheint Oud von Anfang an andere Vorstellungen von der Farbgebung seiner Bauten gehabt zu haben. Bereits Anfang August 1919 betonte er, daß er ein verhältnismäßig neutrales Gesamtbild mit einigen wenigen Farbakzenten – ähnlich seinem Vorschlag für die Häuserzeile mit Arbeiterwohnungen* – bevorzuge: »Ich *habe kein Geld*: keine teuren (grellen/hellen) Farben s. v. p. *und* nicht zu viel absetzen. Ich stellte mir stets vor, die Türen als große helle Farbflecken gegenüber einem verhältnismäßig neutralen (Farbe) Ganzen zu plazieren ...«.[687] Offenbar war für die Fenster daher keine oder aber eine relativ dezente Farbfassung vorgesehen. Dennoch bekräftigte Oud im Sinne der von De Stijl propagierten Aufgabenverteilung, daß Van Doesburg in seiner Arbeit alle künstlerische Freiheit besitze: »*Aber* Du hast natürlich freie Hand«.[688]

Trotz Ouds Kritik wurde Van Doesburg auch für die Farbgebung der zeitlich folgenden Wohnblöcke, Block VIII* und IX* in Spangen, herangezogen. Mit der Beteiligung eines De Stijl-Malers und dem Verzicht auf gestalterische Vorgaben folgte er wiederum den Prinzipien von De Stijl. Die Differenz zwischen seinen eigenen künstlerischen Vorstellungen und den Zielen von Van Doesburg und den anderen De Stijl-Malern schienen für ihn offenbar kein unüberwindbares Hindernis zu sein. Ob sich Oud für die Realisierung von Van Doesburgs Farbentwurf eingesetzt hatte oder ob er auf einen Kompromiß in Form nachträglicher Planänderungen bzw. einer nur partiellen Ausführung zielte, muß offen bleiben. So ist als Grund für den unvollständig ausgeführten Farbentwurf für Block I und V auch ein Eingreifen Plates denkbar. Einwände von Seiten des Woningdienst könnten sich sowohl aus den anstehenden Kosten einer Farbfassung wie aus ästhetischen Überlegungen ergeben haben. Obwohl Oud in künstlerischen Entscheidungen generell freie Hand hatte und auch bei den späteren Betonbauten des Woningdienst mehrfach farbige Anstriche realisiert wurden, liegt bei den beiden Spangener Wohnblöcken doch ein besonderer Fall vor.[689] Block I und V waren die ersten Arbeiten, die Oud für den Woningdienst geschaffen hatte, und galten damit als eine Art Probe für den jungen, in Rotterdam noch unbekannten Architekten. Gleichzeitig handelt es sich um das erste Bauprojekt des neugegründeten Woningdienst. Für die Gebäude des Neubaugebiets Spangen wurde zudem eine einheitliche Gestaltung angestrebt.[690] Im Vergleich zu den angrenzenden Wohnblöcken in Sichtbackstein hätten Block I und V in der von Van Doesburg geplanten Farbfassung sowohl durch die Quantität der kontrastierenden Farben als auch durch die asymmetrische, von Diagonalachsen bestimmte Komposition den denkbar stärksten Kontrast gebildet. Letztlich stellte Van Doesburgs Farbentwurf eine vollkommen neuartige Lösung dar, die jeden zeitgenössischen Betrachter vor den Kopf stoßen mußte. Wie groß die Vorbehalte gegenüber einer der architektonischen Struktur widersprechenden Farbgestaltung waren, zeigt Van Doesburgs Farbfassung für die Bauten von Cornelis R. de Boer in Drachten (Friesland). Während die Farbgebung der insgesamt 16 Wohnhäuser axialsymmetrisch angelegt ist und in dieser Form im Herbst 1921 auch realisiert wurde, blieben die auf diagonalen Prinzipien basierenden Entwürfe für ein Schulgebäude unausgeführt.[691] Aber auch die Wohnhäuser gerieten als »Papageiensiedlung« bald in die Kritik und erhielten bereits Anfang 1922 einen neuen Anstrich.[692]

Neben der Farbgestaltung des Außenbaus zog Oud seinen Freund auch für die Innenraumgestaltung der Wohnungen heran. Da Van Doesburg bereits Anfang September 1919 einen ersten Entwurf erwähnt, hatte sich Oud offenbar im Sommer dieses Jahres, im Anschluß an die Auseinandersetzung um die Farbfassung des Außenbaus an ihn gewandt.[693] Gesichert ist, daß sich Ouds Auftrag nicht auf die Wohnzimmer beschränkte und damit die Schlafräume, eventuell auch Küchen, Flure und Treppenhäuser einschloß. Der Auftrag umfaßte die Farbfassung von Wänden, Türen, Schränken, Kaminen und Fensterrahmen. Voraus ging Ouds Entschluß, an Stelle der herkömmlichen Tapeten abwaschbare Wandflächen zu erproben. Entsprechend wurde unterhalb der in Türhöhe verlaufenden Bilderleisten eine wasserfeste Beschichtung aufgetragen, während die Wände oberhalb der Leisten einen weißen Verputz erhielten.[694]

Der erste Entwurf von Van Doesburg war von Oud als zu »einseitig-ästhetisch« und als »Detailarbeit« abgelehnt worden.[695] Über die von Van Doesburg gewählte Farbgebung existieren keine Angaben. Anhaltspunkte können möglicherweise jedoch zwei spätere, im Centraal Museum Utrecht erhaltene Farbentwürfe für einen Wohnraum und ein Schlafzimmer von Block IX* (Abb. 28) bieten.[696] Die Farbpalette besteht hier aus Orange, Gelb, Rot/Lila und Grün, während der Kamin eine Komposition aus blauen und grauen Steinen zeigt. Da die Entwürfe relativ kleinteilig ausfallen, könnte der erste Entwurf für die Blöcke I und V neben einer vergleichbaren Gestaltung auch eine ähnliche Farbigkeit aufgewiesen haben. Die Autorschaft dieser Entwürfe ist bis heute jedoch unklar. Möglicherweise handelt es sich, wie Van Straaten vorschlägt, um Schülerarbeiten aus Van Doesburgs De Stijl-Kurs in Weimar, die damit unabhängig von den für eine Ausführung vorgesehenen Entwürfe Van Doesburgs entstanden wären.[697]

Im Fall des zweiten, im Oud-Archiv bewahrten Entwurfs für Block I und V (Abb. 24) wurde die Farbe der Wände im Vorfeld festgelegt. Van Doesburg mußte seine Lösung entsprechend den neuen Anforderungen anpassen.[698] Ob die Farbe von Oud oder dem Woningdienst bestimmt wurde, ist nicht bekannt. Das gebrochene Gelb wird Van Doesburgs Vorstellungen – trotz wohlwollender Äußerungen über die Wahl dieses Farbtons – kaum entsprochen haben.[699] Offenbar war ihm jedoch bewußt, daß er sich bei Aufträgen dieser Art kompromißbereit zeigen mußte. In einem Brief an Oud deutete er die Vorgaben sogar positiv und demonstrierte damit, daß er der geeignete Mann für diesen Auftrag sei: »Ich habe keine Angst vor einigen praktischen Einschränkungen, denn meine Meinung ist, daß vollkommene Freiheit (a la den Impressionisten [sic]) gerade dem Barock zugearbeitet hat. Die Einschränkungen, die uns die Architekturpraxis auferlegt, bilden doch gerade günstige Bedingungen für eine harmonische Zusammenarbeit. Überlasse die Sache daher ganz mir.«[700]

Der erhaltene Farbentwurf für die Wohnräume der Erdgeschoßwohnungen entstand zwischen dem 8. und 12. September 1919. Über die ebenfalls geforderte Farbgebung der übrigen Räume ist nichts bekannt. Van Doesburg wählte für die untere Wandzone den vorgegebenen Gelbton, die Türen wurden gelb und grau oder auch nur grau gestrichen. Die in allen Wohnungen integrierten Schränke sind in Blau und Gelb gehalten, die vertikalen Elemente der Fensterrahmen sowie zwei der horizontalen Streben in Blau, die übrigen Teile in Weiß. Der von Oud entworfene Kamin zeigt verschiedene Gelbtöne, Rot und Schwarz. Für die Bilderleiste, Türrahmen und eine die Wandflächen umgebende Rahmung war Schwarz vorgesehen. Während sich die Wandflächen damit auf Gelb und Weiß beschränken, wird die feste Einrichtung durch starke, kontrastierende Farben hervorgehoben. Da allein ein gebrochenes Gelb auftritt und die Farbe Rot nur in geringer Menge zu finden ist, kann von einer bewußten Verwendung der Primärfarben nicht gesprochen werden.[701] Gegenüber Oud erläuterte Van Doesburg, daß die gewählten Farben mit der »Umgebung und dem Hausrat« harmonierten, was weder bei weißen Wänden noch bei einer Farbgebung in Gelb, Rot, Blau zu erreichen gewesen wäre.[702]

Gesicherte Angaben darüber, ob die Wohnungen der beiden Blöcke tatsächlich nach Van Doesburgs Entwurf ausgeführt wurden, existieren nicht. Daß Van Doesburg von einer Farbfassung aller Wohnungen ausging, zeigt sein erneuter Verweis auf die für den Massenwohnungsbau geeignete Farbgebung: »es ist alles ganz einfach und ganz und gar für die Normierung geeignet.«[703] Trotz der vergleichsweise gedämpften Farbfassung werden die Interieurs, vor allem die zweifarbigen Türen und die farbigen Fensterrahmen, bei den Zeitgenossen auf Ablehnung gestoßen sein. Bereits bei Haus De Lange in Alkmaar war Van Doesburgs Farblösung nicht unbeachtet geblieben: »Alkmaar revoltiert!«[704]

Das Mobiliar der Musterwohnung (Abb. 158) von Block I und V stammte von Rietveld, war jedoch nicht eigens für Ouds Wohnungen entworfen worden. Es bestand aus einem Stuhl, einem Stuhl mit Armlehnen, einem Lehnstuhl (Abb. 160), einem Tisch und einem Buffet (Abb. 159). Am 26. Februar 1920 berichtete Rietveld, daß er eventuell noch einen Kinderstuhl und ein Bett fertigen würde und, falls notwendig, ein paar Bettgestelle und einen Wäscheschrank. Zeichnungen sollten ergänzen, was noch fehle.[705] Alle Holzmöbel waren gebeizt, nur beim Buffet wurden die Schnittflächen der Holzleisten weiß und die Kanten rot gefaßt. Möglicherweise war auch der Stuhl mit Armlehnen an den Schnittstellen farbig bemalt.[706] Von wenigen Ausnahmen abgesehen zeigen Rietvelds Möbel bis 1922 außer an den Schnittflächen noch keine Farbfassung. Auch der sogenannte »Rot-Blau-Stuhl« erhielt seine charakteristische Farbigkeit erst 1923/24.[707]

Für Rietveld handelte es sich bei der Einrichtung der Musterwohnung um seine bisher umfangreichste Präsentation in Verbindung mit De Stijl. Daß die Möbel als Standardeinrichtung übernommen werden sollten, ist sowohl aus Kostengründen als auch mit Blick auf die avantgardistische Formensprache auszuschließen.[708] Gegenüber Oud äußerte Rietveld prinzipielle Zweifel, ob die von ihm entworfenen Arbeiten als Standardeinrichtung verwendbar seien: »Ich habe so das Gefühl, daß es keine Wohltat ist für die Menschheit ... Antworte mir dann bitte ganz schnell, ob es nicht vielleicht besser ist, derartige Dinge als Studien zu betrachten ... Laß vor allem nicht zu, daß es irgend jemand aufgezwungen wird.«[709] Er gestand zudem, daß er seine Möbel nicht nach den Vorstellungen und Bedürfnissen des »Volkes« entwerfe, sondern – entsprechend der Ausrichtung von De Stijl – allein künstlerische Ziele verfolge.[710]

Die Spangener Musterwohnung war die erste öffentliche Manifestation von De Stijl in Form einer Interieur-Gestaltung.[711] Im Rahmen privater Bauaufträge finden sich jedoch, abgesehen von einer Reihe unausgeführter Entwürfe, zwei weitere »De Stijl-Interieurs«. So die Raumgestaltung für Bart de Ligt in Katwijk aan Zee (1919/20), wofür ebenfalls Van Doesburg die Farbgebung der Wände bestimmt und Rietveld Möbel geliefert hatte[712], sowie ein Interieur von Huszár (1919) mit einer von der architektonischen Struktur unabhängigen Farbfassung[713]. Im Gegensatz hierzu konnte in den Spangener Wohnungen die von den De Stijl-Malern geforderte optische Auflösung nicht erreicht werden. Die der Fensterfront gegenüberliegende Wand erhielt sogar eine der architektonischen Lösung entsprechende symmetrisch angelegte Farbfassung. Allein bei der Umrahmung der Wandflächen, die so als eigenständige Flächen und nicht mehr als Wand charakterisiert wurden, ging Van Doesburg neue Wege. Daß die Musterwohnung nicht in »De Stijl« publiziert wurde, läßt auf eine gewisse Unzufriedenheit Van Doesburgs mit seiner Arbeit schließen. Von Interesse sind in diesem Zusammenhang die beiden Entwürfe für den Wohn- und Schlafraum von Block IX* (Abb. 28), die mit ihren komplexen, kleinteiligen Kompositionen einer optischen Auflösung des Raumes weitaus stärker entsprochen hätten. Auch dort steht die großflächige Verwendung von Lila und Orange im Widerspruch zu der von Mondrian geforderten Farbskala.

Die im Sommer 1920 präsentierte Musterwohnung war offenbar dennoch von Einfluß auf die anderen De Stijl-Mitarbeiter. In der Folge entstanden zahlreiche Wohnräume, die als Gemeinschaftsarbeiten von Huszár, Rietveld und Wils gestaltet und eingerichtet wurden.[714] Eine Fotografie vom 14. August 1921 zeigt ein Interieur des Architekten P. J. Elling mit dem von der Musterwohnung übernommenen Mobiliar Rietvelds wie dem Buffet, dem »Rot-Blau-Stuhl« und einem Stuhl mit Armlehnen.[715]

Noch 1919 planten Oud und Van Doesburg zwei weitere gemeinschaftliche Arbeiten, die jedoch beide nicht zur Ausführung kamen. Bei dem ersten Projekt handelt es sich um ein hölzernes Wohnhaus mit Atelier für Van Doesburg. Bereits im Oktober 1919 hatte sich dieser an Oud gewandt, der den Entwurf nach seinen

OUD UND *DE STIJL* 105

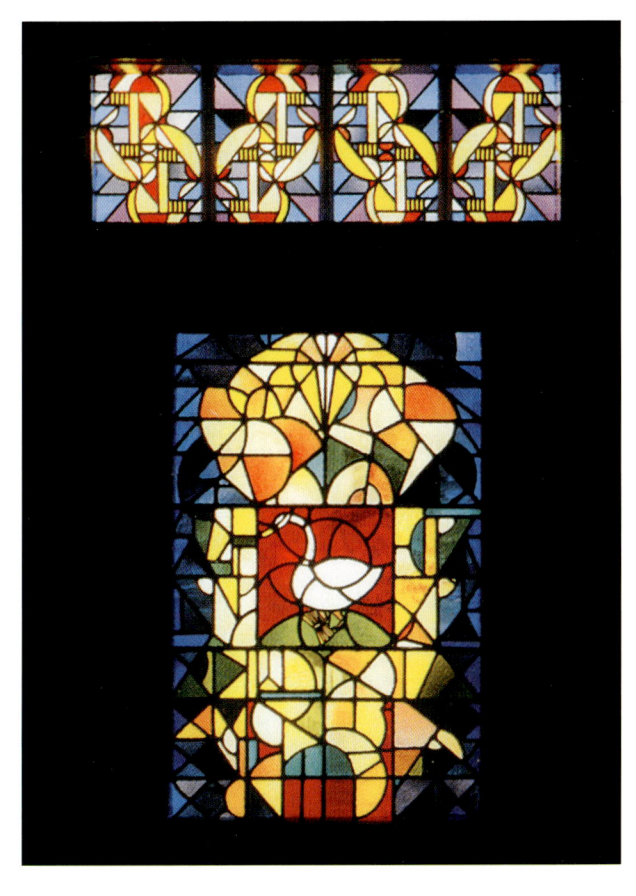

20. Haus De Geus, Broek in Waterland, Gartentür mit Glasfenstern, Theo van Doesburg

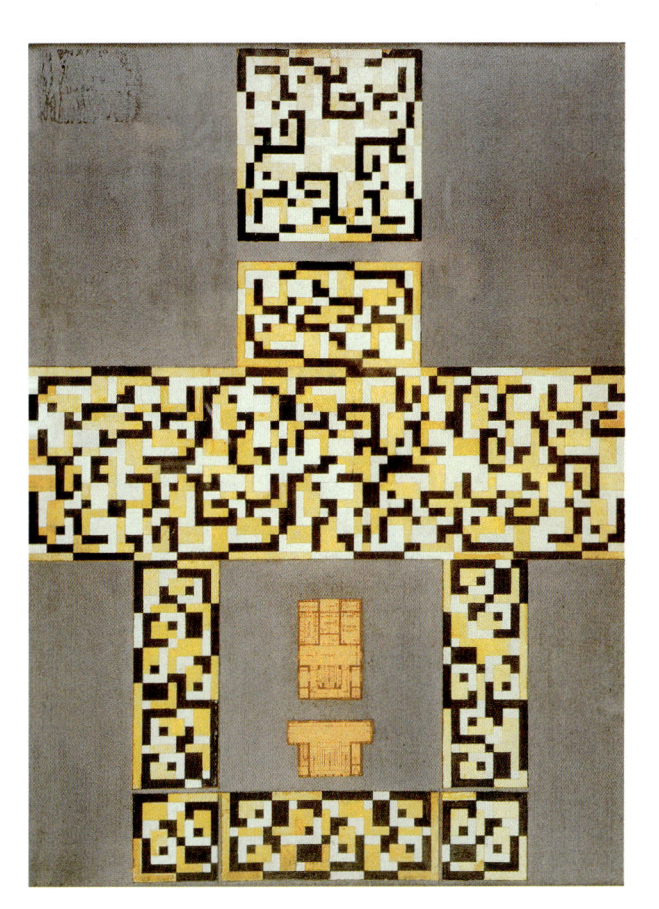

21. Theo van Doesburg, Haus De Vonk, Noordwijkerhout, Entwurf Fliesenboden EG

22. Haus De Vonk, Noordwijkerhout, Eingang mit Mosaiken von Theo van Doesburg, Fotografie 2004

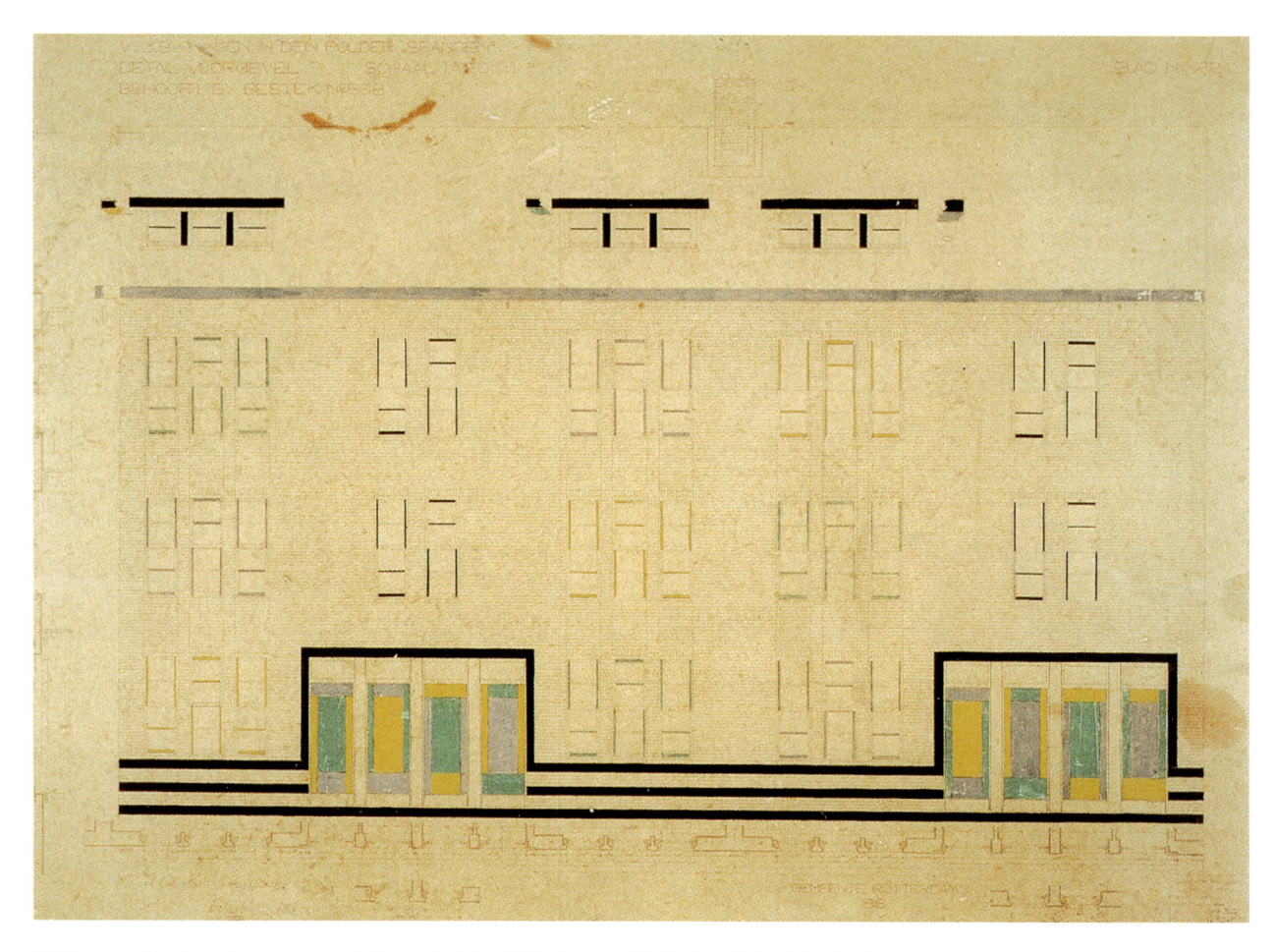

23. Theo van Doesburg, Fassadenausschnitt von Block I und V in Spangen, Rotterdam, Entwurf der Farbfassung

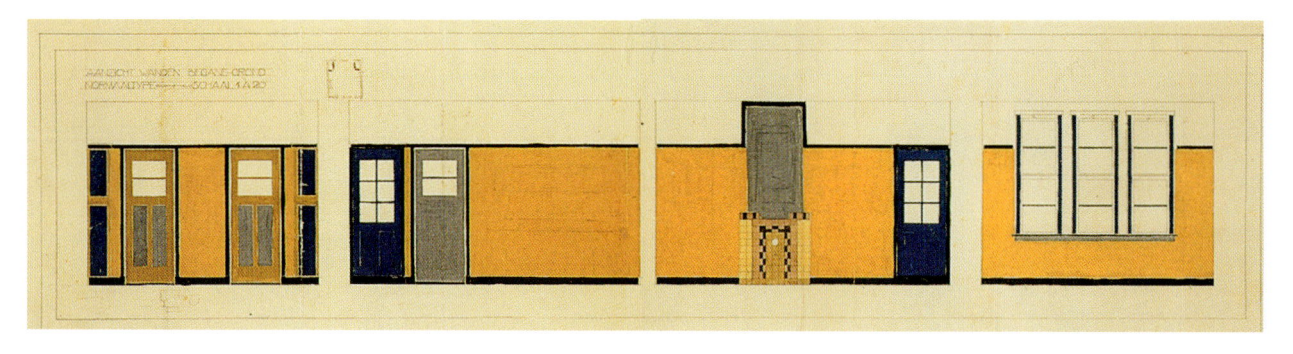

24. Theo van Doesburg, Block I und V in Spangen, Rotterdam, Farbentwurf Wohnraum

25. Theo van Doesburg, Block VIII in Spangen, Rotterdam, Farbentwurf Fassade Potgieterstraat

26. Theo van Doesburg, Block VIII in Spangen, Rotterdam, Farbentwurf Hoffassade

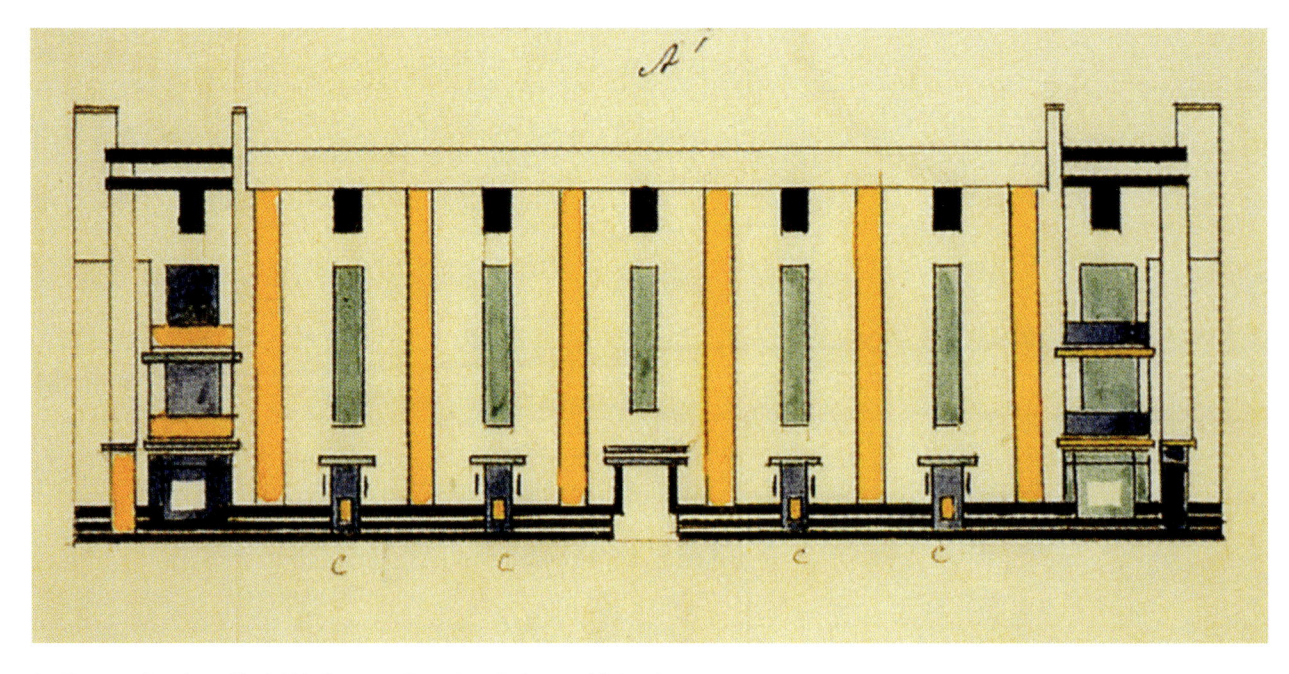

108 III. KAPITEL

27. Theo van Doesburg, Block IX in Spangen, Rotterdam, Farbentwurf Schmalseite

28. Block IX in Spangen, Rotterdam, Farbentwurf Wohnraum

OUD UND *DE STIJL* **109**

29. Siedlung »Witte Dorp«, Rotterdam, Blick aus der Brikstraat auf die Kreuzung Boom-/Karveelstraat, Fotografie 1985, mit veränderter Plinthe und Fassung der Fensterrahmen

30. Bauleitungshütte der Siedlung »Witte Dorp«, Rotterdam, Rekonstruktion in Oud-Mathenesse, Fotografie 2001

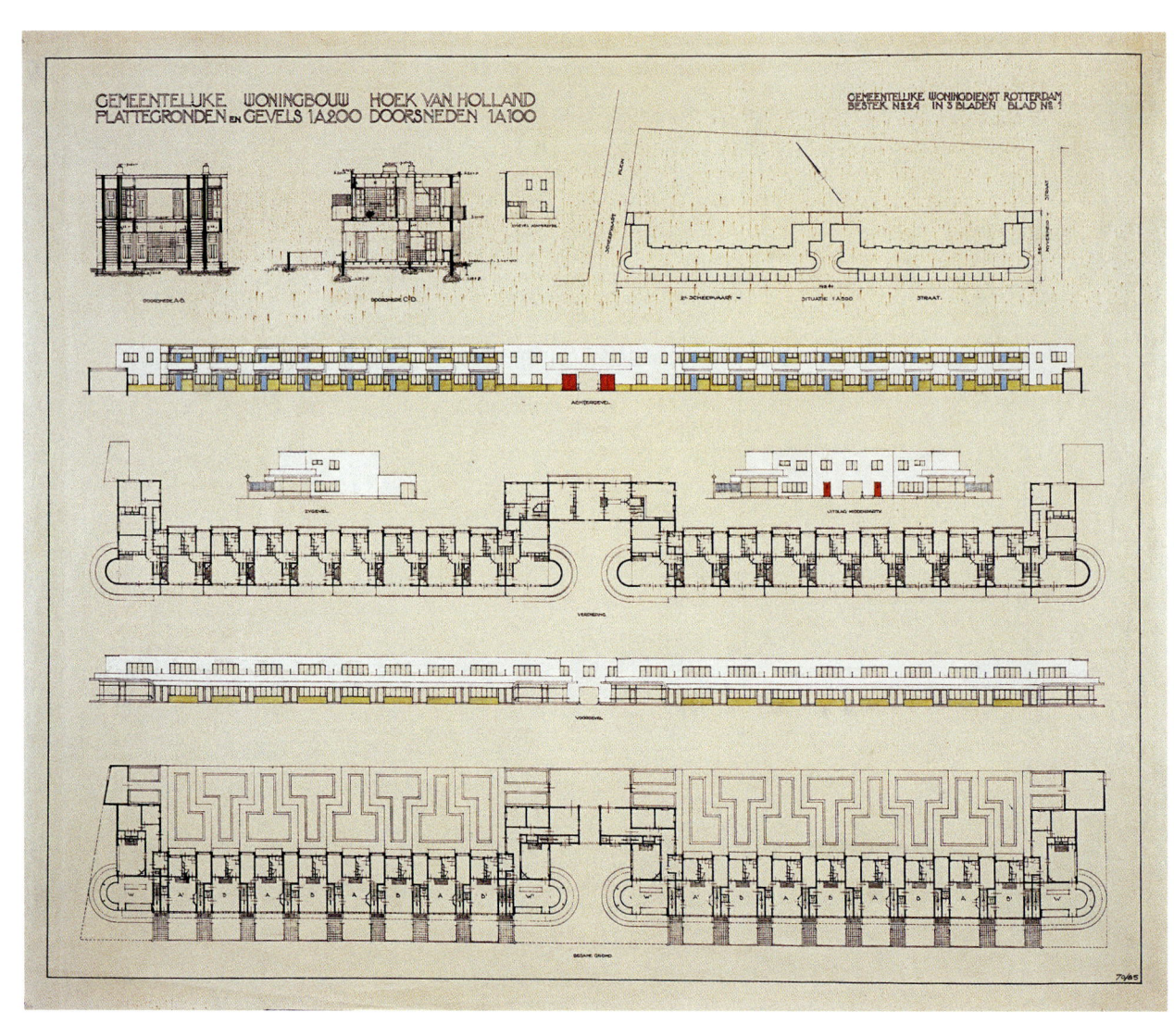

31. Häuserzeilen in Hoek van Holland, Grundrisse, Aufrisse, Schnitte

32. Häuserzeilen in Hoek van Holland, Zwischenbau, Fotografie 2004

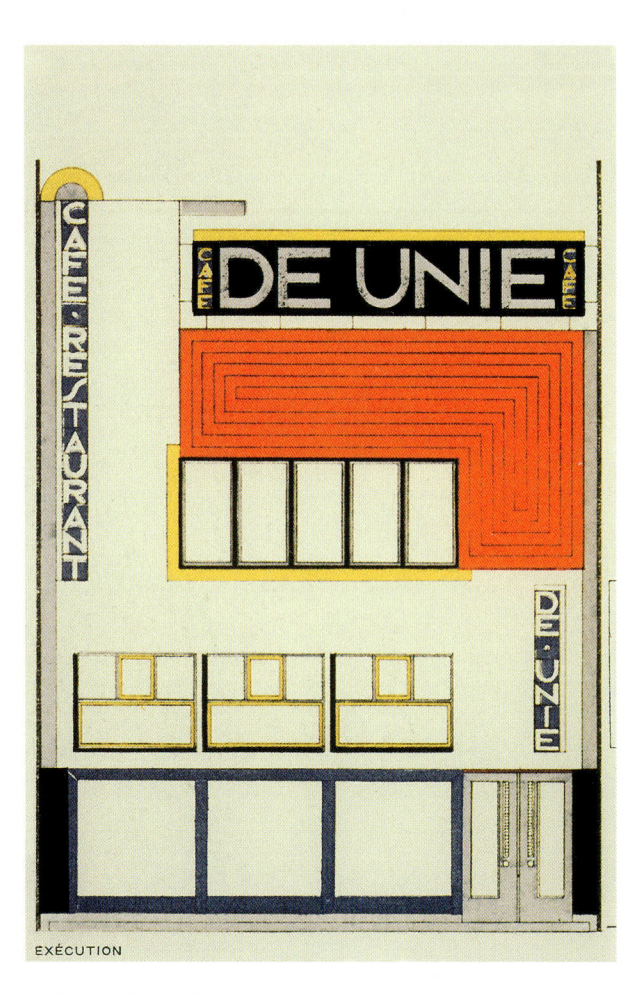

33. Café de Unie, Rotterdam, Farbentwurf

34. Café de Unie, Rekonstruktion am Mauritzweg, Rotterdam, Fotografie 2004

35. Siedlung Kiefhoek, Rotterdam, Blick vom Groene Hilledijk auf einen Laden, Fotografie 2001

36. Siedlung Kiefhoek, Rotterdam, Museumswohnung, Wohnraum mit
    Ofenplatz, Treppenaufgang, Küchentür (links)

37. Siedlung Kiefhoek, Rotterdam, Wohnhäuser für Großfamilien, Fotografie 2004

OUD UND *DE STIJL* 115

38. Kirchengebäude in Kiefhoek, Rotterdam, Eingang am Hillevliet, Fotografie 1998

39. Küsterhaus in Kiefhoek, Rotterdam, Straßenfront, Fotografie 2001

40. Reihenhäuser in der Weißenhofsiedlung, Stuttgart, Gartenfront, Fotografie 2004

41. Häuserzeilen in Blijdorp, Rotterdam, Blick von der Dachterrasse auf die Grünanlage

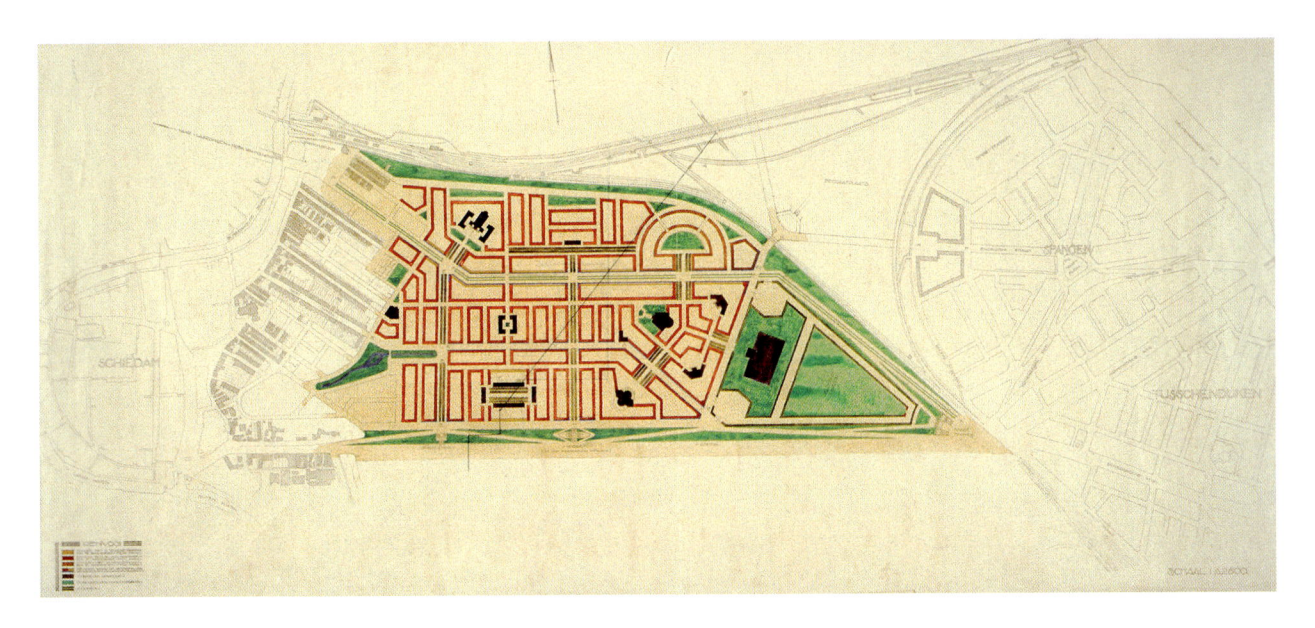

42. Stadterweiterungsplan Oud-Mathenesse, Rotterdam, im Oud-Archiv

43. Herbert Bayer, Kiosk-Entwurf, 1924

44. Holzskulptur »Ocno 9«, Georges Vantongerloo, 1919

OUD UND *DE STIJL* **119**

45. Maison Particulière, Theo van Doesburg und Cor van Eesteren, 1923, Axonometrie mit Farbfassung

46. Cor van Eesteren, Ladenzeile mit Café, Laan van Meerdervoort,
Den Haag, 1924, Perspektive mit Farbfassung von Theo van Doesburg

Vorstellungen ausarbeiten sollte.[716] Die Gestaltung des Inneren wollte Van Doesburg selbst übernehmen: »Die Idee läßt mich nicht los, daß es [das geplante Haus: EvE] mir eine prächtige Gelegenheit bietet ... im eigenen Atelier auszustellen und das Interieur zu verwirklichen.«[717] Im November äußerte sich Van Doesburg positiv zu Ouds Zeichnungen und berichtete von seinen Bemühungen, geeignetes Bauland zu erwerben. Ein 150 m² großes Grundstück »hinter den Dünen« schien ihm hierfür geeignet.[718] Über die in der Korrespondenz erwähnte Zeichnung von Oud liegen keine weiteren Informationen vor.[719] Bereits im Dezember 1919 zerschlug sich das Vorhaben aus finanziellen Gründen.[720]

Das zweite unausgeführte Projekt betraf das Fabrikgebäude* und Lagerhaus* für die in Purmerend ansässige Spirituosenfirma von Ouds Familie. Laut Korrespondenz plante Oud auch hier, seinen Freund Van Doesburg für die Innengestaltung heranzuziehen. Darüber hinaus sollte der *De Stijl*-Kollege Rietveld an dem Projekt beteiligt werden und ein Modell von Ouds Bauplänen erstellen.[721] Die Baugenehmigung für Fabrik und Lagerhaus wurde um den Jahreswechsel 1919/20 erteilt. Im Februar und März 1920 erkundigte sich Rietveld mehrfach nach dem Fortgang der Arbeiten.[722] Aber auch dieses Projekt scheiterte aus finanziellen Gründen.

Nach dem 1. Weltkrieg gewann die Farbe in der Architektur zunehmend an Bedeutung. Im September 1919 publizierte die »Bauwelt« Bruno Tauts »Aufruf zum farbigen Bauen!«, der von einer großen Anzahl von Architekten unterzeichnet wurde: »An Stelle des schmutzig grauen Hauses trete endlich wieder das blaue, rote, gelbe, grüne, schwarze, weiße Haus in ungebrochen leuchtender Tönung.«[723] Die ersten Experimente in dieser Richtung wurden von Oud mit größtem Interesse verfolgt. Nach einem Aufenthalt in Hamburg äußerte er sich im April und Juni 1920 positiv über farbig verputzte Bauten, wobei er vor allem auf die unter Fritz Schumacher entstandenen Betonbauten verwies.[724] Entsprechend den Vorstellungen der *De Stijl*-Maler war die Farbigkeit der Außenwände auch dort von einem Kunstmaler und nicht von dem Architekten bestimmt worden. Van Doesburgs experimentelle Farbfassungen von Haus De Vonk* sowie Block I und V* in Spangen fanden damit auch außerhalb von *De Stijl* eine Parallele. Erst mit Tauts Berufung zum Stadtbaurat von Magdeburg und dessen farbigen Fassadenbemalungen sollte die Zusammenarbeit von Architekt und Maler auch in Deutschland in größerem Umfang realisiert werden.[725]

Inzwischen war Van Doesburg mit der Farbfassung der Wohnblöcke VIII* und IX* beschäftigt, wofür er Oud am 1. Oktober 1920 um Grundrisse und genaue Angaben zur Farbe des Backsteins bat.[726] Mit der Frage, ob die Fassaden nun weiß sein sollten, bezog sich Van Doesburg wohl auf Ouds Vorschlag von Mai 1919. Die ersten, im Mai 1921 vorliegenden Farbskizzen konnte Oud im Juli 1921 während seines Aufenthalts in Weimar sehen. Im September berichtete Van Doesburg, daß er die Entwürfe nach Ouds Besuch verändert habe und nun – im Zuge einer neuen Entwurfspraxis – auch den Innenraum einbeziehen wolle: »Ich habe nun eine Arbeitsweise gefunden, die prächtig ist: nämlich erst den Innenraum auszuarbeiten und dann Rahmenholz usw. nach außen laufen zu lassen, so daß innen und außen dann in einer Farbe gefaßt werden können. Ich mache dafür Farbgrundrisse. Mit den Schnitten usw. kann ich mir den Innenraum ganz vorstellen und weiß dann auch präzise wie es werden wird ...«[727]. Bereits Anfang Oktober 1920 hatte er Entwürfe für den Innenraum angekündigt.[728] Die Farbgebung der Wohnungen findet auch in einem späteren Brief Erwähnung, Entwürfe sind jedoch nicht erhalten.[729]

Mitte Oktober 1921 sandte Van Doesburg die fertigen Farbentwürfe für den Außenbau nach Rotterdam. Offenbar hatte er die unverputzten Backsteinwänden akzeptiert und seine Farblösung auf das Rot der Backsteinfassaden abgestimmt. Die Entwürfe beziehen sich daher wiederum (abgesehen von einigen schwarzen Farbflächen bei Block VIII) allein auf die Holzelemente, das heißt Fenster und Türen, Regenrinne und Gaubenbedachung. Um die Farbwirkung zu erhöhen und den direkten Kontakt von farbigen Bauteilen mit der Backsteinwand zu vermeiden, sollten alle Fensterstöcke und Türrahmen weiß gestrichen werden.[730] Van Doesburgs Ziel war es, sowohl die Horizontalität der geschlossenen Blockwände als auch die Dominanz des roten Backsteins zu brechen.[731] Der Farbe Gelb kam dabei besondere Bedeutung zu, da sie dem Wesen der Architektur prinzipiell entgegenstehe: »Ist Gelb bereits als Farbe gegen das statische Prinzip, die anderen Farben sind es durch ihren *Anbringungsort* an der Fassade.«[732] Neben Gelb wählte er die Farben Grün und Blau sowie Schwarz und Weiß. Daß Van Doesburg auch hier unter dem Einfluß von Ostwalds Farbenlehre stand, zeigt seine Betonung des »dissonanten Dreiklangs (grün-gelb-blau)«.[733] Neu gegenüber der Farblösung von Block I und V* ist neben der Verwendung von Blau auch der komplexe, konsequent durchdachte Entwurfsaufbau, der jeder Fassade ein individuelles Erscheinungsbild zuweist.

Die Farbfassung der Schmalseite von Block VIII (Abb. 25) folgt in der Anordnung der Farben nicht dem symmetrischen Aufbau der Fassade.[734] Wie eine Farbkomposition in der Pariser Fondation Custodia zeigt, ging Van Doesburg von einem Schema sich überschneidender Kreissegmente aus, wobei die gelben und schwarzen Schnittflächen axialsymmetrisch angeordnet sind, die grünen und blauen Schnittflächen jedoch »vertauscht« wurden.[735] Schwarze Farbfelder an den geschlossenen Wandflächen der Eckrisalite und an der zur Pieter Langendijkstraat gerichteten Balkonbrüstung sollten als Reklamefläche der beiden Eckläden dienen.[736] Erstaunlicherweise umfaßte Van Doesburgs Farbkonzept alle vier Fassaden von Block VIII und damit auch die von anderer Hand errichtete Front an der Van Lennepstraat.[737] Die Langseite an der Pieter Langendijkstraat zeigt ebenso wie der Entwurf für Block IX (Abb. 27) vertikale Kompositionsachsen, wobei die übereinanderliegenden Fenster jeweils in derselben Farbe gehalten sind: die Treppenhausfenster blau, die beiden Fensterachsen dazwischen gelb bzw. grün.[738] Offenbar handelt es sich hier jedoch um eine spätere Lösung: Aus der Korrespondenz ist zu schließen, daß Van Doesburg für Block VIII zunächst eine Lösung vorgelegt hatte, die (vergleichbar dem Entwurf für Block I und V*) die übereinanderliegenden Fenster in unterschiedlichen Farben darstellte. Oud, der die Horizontalität der Fassade durch eine Betonung von Vertikalen ausgleichen wollte, bat Van Doesburg um eine Korrektur seiner Pläne.[739] Wie die Entwürfe zeigen, hat Van Doesburg die Vorgaben weitgehend akzeptiert. An Oud schrieb er, daß dem horizontalen Charakter der roten Backsteinwand die Vertikalen in den Farben Grün und Blau gegenüberstehen sollten.[740] Allein bei der Fassade zur Potgieterstraat hielt Van Doesburg an seinem ursprünglichen Vorschlag mit übereinanderliegenden Fenstern in unterschiedlichen Farben fest.[741] Auch die Hofseiten beider Blöcke (Abb. 26) folgen nicht der von Oud gewünschten vertikale Ausrichtung.[742] Mit der Farbgebung der Schmalseiten scheint Oud dennoch zufrieden gewesen zu sein: »... je länger ich es ansehe, desto besser gefällt es mir!«[743]

Obwohl Oud seinem Freund vollkommene Freiheit zugesagt hatte, mußte Van Doesburg seine Farbentwürfe noch mehrfach abändern: »Nach Deinem Besuch [Ouds Aufenthalt in Weimar: EvE] habe ich die Skizzen für die Häuser wieder vollkommen umgearbeitet und jetzt, wo ich von Dir höre, daß ich in den oberen Partien doch mit *Gelb* arbeiten kann, arbeite ich die Sache nochmals um.«[744] Mit den im Oktober 1921 vorliegenden Entwürfen hatte Oud schließlich seinen Frieden gemacht: »Ich bin sehr erfreut darüber und finde es prächtig. Viel besser als die ersten Blöcke, da es nun auch die Architektur intakt läßt, praktisch ausführbar ist und – wie Du schreibst – auch malerisch ist in Deinem Sinne. Ich sehe keinen Grund, warum Veränderung nötig wäre: Es wird, wie Du es angegeben hast, und allein wird ... Schwarz auf Stein vielleicht zu Schwierigkeiten bei der Realisierung führen, aber das werden wir dann schon sehen ...«[745]. Wie Van Doesburg später betonte, war damit die vollständige Ausführung der Entwürfe beschlossen: »Du fandest diese Lösung selbst ›prächtig‹ ... und verspracht eine vollständige Ausführung ...«[746]. Dessenungeachtet kündigte Oud wenig später Änderungen der Entwürfe an. Erst jetzt reagierte Van Doesburg verärgert über die Wechselhaftigkeit seines Freundes und die Geringschätzung seiner künstlerischen Arbeit: »Nun – nach Deinem letzten Brief – willst Du den ganzen Kram verändern und eine meiner besten Lösungen ermorden. Alles paßt haargenau zueinander und es stehen nicht nur das Äußere, sondern auch das Innere miteinander in Kontakt. Jede Veränderung, ... wie gering auch, macht meine Lösung zur Karikatur.«[747] Schließlich stellte er Oud vor die Wahl, seinen Entwurf auszuführen oder die Zusammenarbeit mit ihm einzustellen: »Angesichts also der Tatsache, daß jede Veränderung das Ganze zerstören würde, angesichts der Tatsache, daß meine Lösung durch ihre lebendige Abwechslung das manchmal mehr oder weniger Eintönige der Normierung aufhebt; angesichts der Tatsache, daß eine vollständige Ausführung zugesagt war, angesichts der Tatsache, daß ich kein Anstreicher bin, sondern diese Dinge ernst nehme, angesichts der Tatsache, daß ich Van Doesburg bin, *habe ich, nehme ich mir das Recht, zu rufen: NEIN – NEIN – NEIN. Entweder so – oder nichts.*«[748] Van Doesburg, der die Spangener Wohnblöcke als Gemeinschaftsprojekt im Sinne von *De Stijl* verstand, erinnerte hier an die Ziele der Gruppe: »Ich bin nicht nur mir selbst gegenüber Verantwortung schuldig, sondern auch der Sache, für die wir alle kämpfen.«[749]

Wie zuvor bei Block I und V wurde auch hier allein ein Teil des Entwurfs ausgeführt.[750] Wieder konnte Van Doesburg seine Vorstellungen nicht in Gänze durchsetzen. Mit Blick auf die vielfachen Umarbeitungen war Van Doesburg letztendlich in weitaus stärkerem Maße zu Zugeständnissen bereit gewesen, als bisher ausgehend von seinem »dominanten«, »cholerischen« Charakter angenommen wurde. Ouds Kritik zielte dann auch auf die Eigenständigkeit der Farbentwürfe, die sich nicht dem architektonischen Konzept unterordneten. So warf er Van Doesburg vor, die Architektur »vernachlässigt« und keine Einheitlichkeit zwischen den Blockfronten erzielt zu haben, wodurch sich die Fassade an der Potgieterstraat dynamischer zeige als die Langseite. Abweichend von Van Doesburgs Entwurf plädierte Oud daher für einen Anstrich der Dachfenster in Grau, Weiß und Schwarz.[751] Auch Van Doesburgs Lösung für die außerhalb des *Woningdienst* errichtete Gebäudefront von Block VIII fand nicht Ouds Zustimmung.[752] Selbst die schwarzen Reklameflächen, gegen die Oud zunächst nichts einzuwenden hatte – »dafür werde ich mein Bestes tun«[753] –, wurden nun als »Löcher« und bloße Dekoration abgetan.[754] Schließlich kam Oud zu dem Schluß, daß Backstein doch nicht für eine farbige Gestaltung geeignet sei.[755]

Ouds scheinbar plötzlicher Meinungswandel und der Beschluß, Van Doesburgs Entwürfe nicht auszuführen, waren die logische Konsequenz einer sich seit längerem abzeichnenden Entwicklung. Die von Anfang an bestehenden Differenzen zwischen *De Stijl*-Malern und *De Stijl*-Architekten und somit auch zwischen Van Doesburg und Oud wurden allein durch die anfängliche Begeisterung für das »*De Stijl*-Projekt« eine Zeitlang verdeckt. Nach den ersten Farbexperimenten bei Haus De Vonk* und den Blöcken I und V* hatte Oud jedoch die Grenzen einer Zusammenarbeit erkannt. In einem Brief an Van Doesburg fand Oud zu einer aufrichtigen und glaubhaften Erklärung. Wie Oud betont, habe er Van Doesburgs Entwicklung zu einer destruktiven Farbgebung als das Richtige ansehen wollen, obwohl er innerlich immer dagegen gewesen sei. Nicht in Van Doesburgs künstlerischem Werk, sondern allein in der Verbindung mit seiner Architektur lag für Oud daher das Problem: »... mir ist es außerordentlich unangenehm, immer wieder deine Arbeit anzutasten, die als *Auffassung* natürlich genauso Recht hat wie die meine und die durch Veränderungen *als Ganzes* nur verlieren kann.«[756] Schließlich gestand Oud, für *De Stijl* in seiner derzeitigen Form nichts mehr zu fühlen. Wie ein Brief von Lena Milius zeigt, war auch Van Doesburg die wachsende Kluft zwischen ihm und Oud sehr wohl bewußt: »... du hast selbst doch schon lange beobachtet, daß Oud nicht mehr Deinen Ideen folgt ...«[757].

In seinen Publikationen versuchte Oud im nachhinein, die Ablehnung der Farbentwürfe durch den unpraktischen hellen Anstrich der Türen zu rechtfertigen: »So entwarf van Doesburg für einige meiner Arbeiterwohnungen weiße Türen; die Praxis aber hatte mich gelehrt, nichts von bleibendem Wert zu schaffen, dem nicht auch im Entwurf Rechnung getragen wurde, wie es auch das Leben normalerweise verlangt. So muß ein Gebäude auch schmutzige Hände ertragen können, wenn es einen bleibenden Gemeinschaftswert besitzen soll.«[758] An anderer Stelle betonte er, daß Van Doesburg allein künstlerischen Zielen gefolgt und die Forderungen des Alltags negiert habe: »Wieviel ich auch von Van Doesburg und Huszár lernte, doch kam es am Schluß zum Konflikt mit Van Doesburg, weil er, nach meiner Auffassung von Architektur, die Forderungen des täglichen Lebens zu sehr seinen Maler-Wünschen unterordnete. Da für mich die Praxis des Lebens Ur-Anfang ist von neuer Architektur, ... mußte unsere Zusammenarbeit schief gehen.«[759] In beiden Fällen bleibt die Problematik der abweichenden künstlerischen Haltung unausgesprochen. Durch die Beschränkung auf die rein praktischen Aspekte der Farbentwürfe profitierte Oud von Van Doesburgs Ruf eines exzentrischen, launischen und jähzornigen Menschen, während er sich selbst als praktisch orientierten Architekten im Dienst der Gemeinde darstellte. Auch hier zeigt sich Ouds Wunsch, *De Stijl* als eine einheitliche Gruppe und sich selbst als einen der Protagonisten und führenden Architekten von *De Stijl* darzustellen.

Die Farbentwürfe der Spangener Blöcke bilden eines der wichtigsten Experimente der *De Stijl*-Gruppe. Alle hier besprochenen Entwürfe entstanden im Auftrag von Oud, auf dessen Initiative oder zumindest mit dessen Einverständnis. Bereits im August 1919 hatte Oud bezüglich der Farbfassung seiner Wohnblöcke mit Van Doesburg kommuniziert und sich bis zum Abschluß der Entwurfsarbeit im Herbst 1921 mit den einzelnen Arbeiten auseinandergesetzt.[760] Van Doesburg, der sowohl Ouds Vorstellungen berücksichtigte als auch wiederholt auf dessen Änderungswünsche einging, verstand seine Farbentwürfe als Teil der in *De Stijl* angestrebten Gemeinschaftsarbeit.[761] Die Entwürfe entstanden damit keineswegs, wie oftmals suggeriert wird, durch ein eigenmächtiges Vorgehen Van Doesburgs. Ouds Unzufriedenheit mit Van Doesburgs Arbeiten basiert primär auf den grundlegenden künstlerischen Differenzen zwischen den beiden *De Stijl*-Gründern. Obwohl Van Doesburg Zugeständnisse machte und auf Ouds Forderungen einging, fühlte sich dieser zunehmend unterdrückt: »... ist es die Absicht, daß die traditionelle Diktatur des Architekten in eine Diktatur des Malers übergeht?«[762] Mit Blick auf die abweichende Haltung der beiden *De Stijl*-Künstler ist die Ablehnung von Van Doesburgs Entwürfen schließlich wenig erstaunlich. Der Wunsch nach einer gleichberechtigten Zusammenarbeit hätte allein auf einer gemeinsamen Kunstauffassung aufbauen können. Da sich diese nicht entwickelt hatte, war das Scheitern der Gruppe – zumindest in ihrer ursprünglichen Zusammensetzung – vorprogrammiert.

Der bereits im Sommer 1919 von Van Doesburg vorgelegte Farbentwurf für Block I und V* wurde in der Literatur lange Zeit übersehen. Oftmals stehen daher die zwischen Oktober 1920 und Herbst 1921 entworfenen Farblösungen für Block VIII* und IX* für die erste Auseinandersetzung Ouds mit farbigen Hausfassaden. Tatsächlich erhielt jedoch schon Haus De Vonk* im Sommer 1918 farbige Fassadenelemente (Fensterläden und eventuell Fensterrahmen) nach Entwurf Van Doesburgs.⁷⁶³ Spätestens mit den Farbentwürfen für Block I und V setzte sich Oud nachdrücklich für eine Farbfassung seiner Bauten ein. Daß er sich auch selbst mit der Farbgebung seiner Arbeiten befaßte, zeigt sein im Mai 1919 publizierter Entwurf der Häuserzeile mit Arbeiterwohnungen*, für die er weiße Wandflächen und einzelne Bauglieder in den Primärfarben vorschlug. Während es sich hier noch um einen unausgeführten Entwurf handelte, beschäftigte sich Oud wenig später auch mit der Farbfassung seiner Spangener Wohnblöcke. Dabei kritisierte er nicht nur die von Van Doesburg vorgelegten Lösungen für Block VIII, sondern brachte auch konkrete Korrekturvorschläge ein. So empfahl er, die übereinanderliegenden Fenster in jeweils derselben Farbe zu fassen, diese jedoch – zur Vermeidung eintöniger Fassaden – in jeder Achse zu variieren. Anstelle eines harmonischen Gesamtbildes solle ein Überraschungseffekt durch die Abfolge der Farben gewahrt bleiben.⁷⁶⁴

Aus einer Skizze im Oud-Archiv schließen Taverne und Broekhuizen, daß Oud bereits 1919 und damit vor Van Doesburg an einer Farbgebung für den Außenbau von Block VIII gearbeitet habe.⁷⁶⁵ Die Skizze zeigt einen Fassadenausschnitt von Block VIII mit quadratisch abgesetzten Flächen in jedem Stockwerk. Laut einer wohl von Oud eingefügten Beschriftung sollten diese Quadrate eine Farbgebung in Rot, Blau und Gelb erhalten. Ob sie sich auch plastisch von der Fassade abheben sollten, bleibt unklar. Anders verhält es sich bei zwei weiteren – ebenfalls undatierten – Entwürfen für Block VIII (Abb. 190), wo diese Flächen eindeutig als plastische Erhebungen wiedergegeben sind.⁷⁶⁶ Aufgrund des Baubeginns von Block VIII im Jahr 1920 datieren Taverne und Broekhuizen die beiden Entwürfe wie auch die Skizze auf 1919. Der Vergleich mit dem ausgeführten Bau zeigt jedoch, daß die Entwürfe eine frühere Planungsphase als das ausgeführte Gebäude und die Skizze wiedergeben.⁷⁶⁷ Die Skizze mit den Farbangaben könnte damit auch während der Bauausführung oder erst nach Fertigstellung des Gebäudes entstanden sein. Die beiden älteren Fassadenentwürfe geben – trotz der abgesetzten Wandflächen – noch keinerlei Hinweis auf eine von Oud bestimmte Farbgebung. Anzunehmen ist, daß die Skizze nach Van Doesburgs Farbentwurf für Spangen I und V* und gleichzeitig bzw. im Anschluß an dessen Entwürfe für Spangen VIII und IX entstand. Für letzteres spricht, daß Van Doesburg im Herbst 1921 selbst mit plastisch abgesetzten Wandflächen – hier mit schwarz gefaßten Reklameflächen – experimentierte.⁷⁶⁸ Möglicherweise plante Oud nach dem Zerwürfnis eine eigenhändige Farbfassung seines Wohnblocks, wie er sie erstmals in Oud-Mathenesse* und danach in allen seinen Wohnbauten für den Woningdienst verwirklichen sollte. Dem entspricht eine Aussage von Lena Milius, wonach die Bauten eine Farbfassung nach Ouds Entwurf erhalten hatten.⁷⁶⁹ Sicher ist, daß die reduzierte Fassung nach Van Doesburgs Entwurf nur kurze Zeit bestand. Milius zufolge, die zusammen mit Ouds Frau während der Bauausführung Spangen besucht hatte, wählte Oud dieselben Farben wie Van Doesburg, ordnete diese jedoch so, daß jedes Stockwerk in einer einheitlichen Farbe gehalten war: Die Fenster des Erdgeschosses und ersten Stockes in Gelb, die des zweiten Stockes in Blau und die des obersten in Grün. Oud sei mit dieser Lösung jedoch unzufrieden gewesen und habe daraufhin beschlossen, bei Backsteinbauten zukünftig die Wände grau zu bemalen.⁷⁷⁰ Wie zeitgenössische Fotografien (Abb. 187) zeigen, wurden schließlich alle Fenster und Türen in derselben Farbe gestrichen. Für die Türen von Block VIII und IX nannte Ouds Frau eine grüne Fassung, die in Kontrast zu dem roten Backstein stehe.⁷⁷¹

Mit der realisierten Farbfassung wich Oud von seiner eigenen Forderung ab, den horizontalen Charakter des Baus durch vertikale Kompositionslinien zu kompensieren. Die Farbgebung steht hier nicht gleichberechtigt neben der Architektur, sondern betont allein die vom Bauwerk vorgegebene Struktur. Wie bereits die zahlreichen Änderungswünsche zeigten, war Oud zu dieser Zeit wenig konsequent in seinem Handeln. Zweifellos befand er sich in einer Übergangs- und Experimentierphase, in der er angeregt durch Van Doesburg und die übrigen De Stijl-Künstler nach eigenen Lösungen suchte. Während er sich anfangs intensiv mit der Idee des Gemeinschaftswerks auseinandersetzte und Van Doesburg zu entsprechenden Arbeiten heranzog, geht die ausgeführte Farbfassung seiner Wohnblöcke letztendlich nicht über eine bloße Farbdekoration der Bauten hinaus.

Das letzte geplante Gemeinschaftsarbeit mit Oud als Architekt, das bereits im Herbst 1920 in Aussicht gestellte Haus Rosenberg, war gleichzeitig auch das bislang anspruchsvollste Vorhaben der Gruppe. Léonce Rosenberg, Mondrians Galerist in Paris, wünschte ein Wohnhaus mit Galerie als Gemeinschaftswerk der De Stijl-Gruppe, das auch Bleiglasfenster und Wandmalereien einschließen sollte. Vor allem Van Doesburg sah hier eine Möglichkeit, ein Meisterwerk des De Stijl zu realisieren.⁷⁷² Vorgesehen war eine Zusammenarbeit von Oud, Van Doesburg und Mondrian unter Hinzuziehung der ehemaligen De Stijl-Mitarbeiter Huszár und Van't Hoff. Im Februar 1921 entstanden erste Skizzen nach Vorstellung von Rosenberg, zwei Monate später sandte Van Doesburg eigene Skizzen und das Raumprogramm an Oud. Die Umsetzung des Bauprogramms im Entwurf für Haus Kallenbach* läßt auf eine intensive Beschäftigung Ouds mit dem Projekt schließen. Der Grund für seinen Rückzug im Herbst 1921 wird daher primär in seiner Ablehnung des offiziellen De Stijl-Kurses gelegen haben, der ihm die Mitwirkung an einem Gemeinschaftswerk unmöglich machte. Der Entwurf für Haus Rosenberg entstand schließlich als Gemeinschaftsarbeit von Van Doesburg und Van Eesteren, der als Ersatz für Oud die Rolle des Architekten übernahm. Zusammen mit der »Maison Particulière« und der »Maison d'Artiste« lagen im Herbst 1923 drei Entwürfe vor, die Van Doesburg auf der Pariser Ausstellung als beispielhafte De Stijl-Bauten präsentieren konnte.

Oud, der sich selbst als rechtmäßigen Architekten von De Stijl verstand und Mondrians »Nieuwe Beelding« für die Architektur ablehnte, versuchte der »Maison Rosenberg« ein Idealhaus nach seinen Vorstellungen entgegenzusetzen.⁷⁷³ Die Anfang 1923 und damit ein halbes Jahr vor der Ausstellungseröffnung errichtete Bauleitungshütte* in Oud-Mathenesse weist bereits durch eine betont aufwendige Gestaltung auf ihre besondere Bedeutung hin. Vor allem mit dem Bleiglasfenster und der großflächigen Farbfassung in Rot, Gelb und Blau besteht ein direkter Bezug zu De Stijl: Zweifellos nahm Oud die Bauleitungshütte zum Anlaß*, um seine eigene Auffassung von »De Stijl-Architektur« zu demonstrieren und gleichzeitig seine Bedeutung als erster Architekt der Gruppe in Erinnerung zu rufen. Mit der selbständig festgelegten Farbgebung verstieß Oud zwar gegen die frühe »De Stijl-Regel« (Aufgabentrennung von Maler und Architekt), folgte dabei jedoch dem aktuellen Diktum Mondrians (Mai 1922): »Architekt, Bildhauer und Maler, in ihrem grundsätzlichen Wesen, realisieren alles zusammen oder vereinigen sich in einer Person.«⁷⁷⁴ Auch die Primärfarben der Außenverkleidung und des Bleiglasfensters entsprechen Mondrians Theorie der »Nieuwe Beelding« und damit dem aktuellen Kurs von De Stijl. Gleichzeitig nahm Oud eine Gegenposition zu Van Doesburgs Farbentwürfen für die Wohnblöcke in Spangen* ein, die noch keine größeren Farbflächen zeigten und zudem die Farbe Grün integrierten. Die drei in Rot, Gelb und Blau gefaßten Kuben der Bauleitungshütte stehen zudem im Widerspruch zur »De Stijl-Maxime« einer Flächenplastik und einer optischen Auflösung des Baukörpers, die Oud nach wenigen Experimenten in den Jahren 1919/20 aufgegeben hatte.[775] Mit dem Bleiglasfenster knüpfte er dagegen eine von ihm selbst mitbegründete Tradition innerhalb von De Stijl an.

Auch bei den gleichzeitig mit der Bauleitungshütte errichteten Wohnblöcken in Tusschendijken* wurde kein De Stijl-Maler für die Farbgebung herangezogen. Ein Fassadenausschnitt im Oud-Archiv zeigt graue Fenster- und Türrahmen, wobei die abgesetzten Felder der Haustüren in Rot, die der Lagerräume in Blau wiedergegeben sind.[776] Über die tatsächlich ausgeführte Farbfassung existieren keine Informationen. In einem Artikel des »Bouwkundig Weekblad« werden allein die »mit großem Geschick gewählte Farben« der Innenhöfe gelobt und auf die Verwendung heller Farben verwiesen.[777] Aus der Erwähnung der »Backstein Farbe« ist jedoch zu schließen, daß nur Baudetails, wie die Fensterrahmen und Türen, farbig gefaßt gewesen sein konnten. Offenbar beschrieb der begeisterte Autor das Gesamtbild des Hofes, das sich aus dem Rot des Backsteins, den hellen Fensterrahmen und Gartentürchen sowie der grünen Rasenflächen und den bunten Blumen in den Privatgärten zusammensetzte. Dies wird von Fotografien der 1920er Jahre bestätigt, die für den Außenbau und die Hoffronten Sichtbackstein zeigen.[778]

Festzuhalten bleibt, daß sich Oud in den ersten Jahren von De Stijl ausgesprochen offen für eine Zusammenarbeit mit anderen Künstlern zeigte. Bei allen seinen Bauten der aktiven De Stijl-Zeit wie Haus De Geus*, der Villa Allegonda*, Haus De Vonk* und den Spangener Wohnblöcken* setzte er sich für die Beteiligung der De Stijl-Kollegen ein. Neben der Farbfassung einzelner Bauglieder oder Wandabschnitte spielten hierbei die Bleiglasfenster, die nicht zuletzt durch Ouds Engagement zu einem zentralen Element der De Stijl-Kunst wurden, eine entscheidende Rolle. Bei der Musterwohnung* der Blöcke I und V in Spangen konnten durch die Einbeziehung von Rietvelds Möbeln erstmals drei Kunstgattungen zu einem Raumkunstwerk verbunden werden.

Obwohl die Farbfassung seiner Bauten eindeutig auf den Einfluß der De Stijl-Maler zurückgeht, ließ Oud seinen Maler-Kollegen zumindest im Bereich des Außenbaus keine freie Hand. Im Fall der Spangener Wohnblöcke* war Van Doesburg mehrfach gezwungen, seine Entwürfe den Vorgaben Ouds anzupassen, die dennoch nur partiell zur Ausführung kamen. Auch während seiner aktiven Zeit in De Stijl lehnte Oud somit eine den eigenen architektonischen Grundsätzen widersprechende Farbgebung ab. Eine Ausnahme bilden allein die nach Entwurf Van Doesburgs asymmetrisch gestrichenen Fensterläden von Haus De Vonk*, bei denen es sich jedoch nicht um feste Architekturelemente handelte. Im Bereich der Innenraumgestaltung war Oud dagegen weitaus offener, wofür als bestes Beispiel die »Halle« von Haus De Vonk zu nennen ist. Vor allem Van Doesburgs Fliesenboden und die Farbfassung der Türen standen im Widerspruch zu der streng symmetrischen Struktur des Gebäudes. Neben den Grundsätzen von De Stijl mag dort auch die Tradition der Gemeenschapskunst ausschlaggebend gewesen sein, die den Malern generell große Freiheiten bei der Gestaltung des Innenraumes zusprach. Auch dieses Beispiel blieb jedoch singulär: bereits die Musterwohnung von Block I und V* in Sapngen zeigte wieder eine weitgehend symmetrische und damit der Raumstruktur entsprechende Wandgestaltung. Die Bleiglasarbeiten, die sich von Haus De Geus* bis zum Kirchenbau* in Kiefhoek durch Ouds Werk ziehen, waren generell kaum mehr als dekorative Elemente. Die einzige Neuerung gegenüber den traditionellen niederländischen Buntglasfenstern sind die den De Stijl-Gemälden nachempfundenen modern-abstrakten Formen. Die architektonische Lösung blieb durch die Bleiglasfenster unangetastet bzw. wurde, wie bei Haus De Geus und Haus De Vonk, durch die Plazierung des Fensters in der Mittelachse noch verstärkt.

Die gegensätzlichen Vorstellungen der De Stijl-Maler und De Stijl-Architekten führten schließlich bei den Spangener Wohnblöcken zum Eklat. Waren zuvor noch Kompromisse wie eine Farbfassung an beweglichen Bauteilen (Fensterläden) oder eine relativ freie Gestaltung im Innenraum möglich gewesen, traten die Widersprüche nun unvermittelt zu Tage. Nachdem sich die anfängliche Euphorie über eine Zusammenarbeit mit den De Stijl-Malern gelegt und die unüberbrückbaren Differenzen nicht mehr zu leugnen waren, entschied sich Oud gegen die Ausführung der Farbentwürfe. Nach dem Zerwürfnis mit Van Doesburg arbeitete er nicht mehr mit anderen Künstlern zusammen. Dennoch hielt er an einer Farbgebung seiner Bauten fest, die er im folgenden selbst bestimmte.[779] Dies gilt auch für die Innenraumgestaltung bzw. Möblierung wie bei den Wohnungen in Oud-Mathenesse*, den Häuserzeilen in Hoek van Holland*, der Siedlung Kiefhoek* (vgl. Abb. 36) und dem von Oud eingerichteten Reihenhaus in Stuttgart* (Abb. 316, 317). Damit folgte er dem aktuellen, von Mondrian bestimmten Kurs in De Stijl, der eine Bündelung der Aufgaben in einer Person akzeptierte. Erst Ende der 1920er Jahre kam Oud zum ursprünglichen De Stijl-Konzept mit seiner strikten Aufgabenteilung zurück. So übernahm Huszár für den Kirchenbau* in Kiefhoek die Gestaltung der Fenster, und wurde die Villa Allegonda* mit einem Teppich von Van Der Leck (Abb. 346) ausgestattet.[780]

Die hier vorgestellten Gemeinschaftsarbeiten im Rahmen von Ouds Bauten liefen parallel zu anderen Gemeinschaftsprojekten der De Stijl-Mitarbeiter.[781] Im Anschluß an seine ersten Arbeiten für Oud entwarf Van Doesburg 1917 die Farbfassung und ein Bleiglasfenster für Haus De Lange in Alkmaar. Bereits dort versuchte er die von Van der Leck geforderte Destruktion der Architektur umzusetzen.[782] Ebenfalls für Bauten von Wils entstanden im selben Jahr Wandgestaltungen in Schule und Lehrerwohnung von St. Anthonipolder sowie 1918/19 die Farbfassung für den Umbau von De Dubbele Sleutel und die Innenraumgestaltung von Haus De Ligt in Lage Vuursche von Van Doesburg und Van't Hoff.[783] Diesen Beispielen folgten bis in die 1920er Jahre hinein weitere Gemeinschaftsarbeiten der De Stijl-Mitarbeiter.[784]

4.3. Farbige Architektur nach dem Bruch mit Van Doesburg

Nach dem Zerwürfnis mit Van Doesburg setzte sich Oud weiterhin mit dem Thema Farbe auseinander. Im Oktober 1922 publizierte er einen Aufsatz über die farbigen Bauten seines Freundes Bruno Taut, in dem er sich auch in allgemeiner Form zum Verhältnis von Farbe und Architektur äußert.[785] Oud vertrat dort eine den De Stijl-Maler entgegengesetzte Haltung, die bereits im Jahr zuvor zum Eklat geführt hatte. Laut Oud sei durch die wachsende Bedeutung der Malerei die klassische Führungsrolle der Architektur bedroht. Auch in den Bauten von Taut nehme die Malerei zu viel Raum ein. Vor allem stehe sie nicht in Bezug zur Architektur und zerstöre damit die architektonischen Strukturen sowie die plastische Wirkung der Bauten. Als Beispiel nennt er das Ledigenheim (1919/20) in Berlin-Schöneberg, das auch durch eine Abbildung des ausgemalten Festsaals vertreten ist. Im Gegensatz zum Innenraum werde die Farbe am Außenbau beherrscher und in kleineren Flächen eingesetzt, so daß der Konflikt dort weniger stark zum Tragen komme. An dieser Stelle verweist Oud auf seine eigenen, mißlungenen Versuche in Zusammenarbeit mit Van Doesburg und zieht den Schluß, daß die Verbindung von Malerei und Architektur prinzipiell keine »ordentliche Architektur« zulasse.[786] Bei den unter Bruno Taut als Stadtbaurat von Magdeburg (1921–23) entstandenen Bauten wurde laut Oud ein engerer Zusammenhang von Malerei und Architektur erreicht, nicht zuletzt da die Farbe dort zurückhaltender sei. So zeige die im Sommer 1922 errichtete Cacao-Trinkstube »Hauswaldt« von Carl Krayl aufgrund ihrer »tendenziell destruktiven« Architektur »ein organisches Ganzes von durcheinandergeschobenen Flächen, Linien, Farb-Massen«.[787] Abschließend plädierte Oud – entsprechend seinen Vorbehalten gegenüber Van Doesburgs Farbkonzepten – für die Überwindung des Expressionismus: »Klassizismus ist was wir jetzt brauchen: das heißt Beherrschung und noch einmal Beherrschung von Gefühl.«[788] Oud schlug in der Praxis dann auch eine vollkommen andere Richtung ein als Taut oder Van Doesburg, wobei er auf das bereits im Mai 1919 in »De Stijl« dargelegte Prinzip einer Akzentuierung von farbigen Einzelteilen auf weißer Wandfläche zurückgriff.[789]

Eine entsprechende Farbgebung realisierte er erstmals in der 1922 entworfenen und ab März 1923 ausgeführten Siedlung Oud-Mathenesse* (vgl. Abb. 29 mit späteren Veränderungen). Die standardisierten Wohnhäuser waren weiß verputzt und besaßen blaue Türen, gelbe Fenster- und Türrahmen sowie eine gelbe Regenrinne. Die Schrägdächer wurden entsprechend den Dächern von Fritz Schumachers Siedlung Langenhorn (1919–21) in Hamburg mit roten Ziegeln gedeckt, die durch ihr freundliches Erscheinungsbild Ouds Anerkennung gefunden hatten: »Sehr schöne rote Dachziegel brachten Farbe in das Ganze.«[790] Der untere Abschnitt der Hauswand war im Sinne einer Plinthe mit ockergelbem Backstein verkleidet. Wie bei der Bauleitungshütte* beschränkte sich Oud auch dort auf die von Mondrian geforderten Primärfarben, die bei den Dachziegeln und der Backsteinplinthe jedoch als Materialfarbe auftraten. Hierin bestand ein wesentlicher Unterschied zu Van Doesburgs Farblösungen, der bei den Wohnhäusern in Drachten (Herbst 1921) unabhängig von den Sichtbacksteinfassaden und der Farbe der Dachziegel die Primärfarben einsetzte.[791] Bei den acht Ladenbauten in Oud-Mathenesse, die sich in der Gestaltung von den Wohnhäusern abheben sollten, verzichtete Oud auf die blauen Türen, so daß das Farbtrio unvollständig blieb.[792] Die gelbe Plinthe wurde zudem durch einen Sockel mit grauem Terrazzo ersetzt, während die erhöhte Fassade einen Teil des roten Daches verdeckte. In Angrenzung zu den privaten Wohnhäusern zeigten die von allen Bewohnern gemeinsam genutzten Bauten damit eine Reduzierung der Farbpalette, die zusammen mit den weißen Wänden im Sinne einer Nobilitierung wirkte.

Im Gegensatz zu Van Doesburgs asymmetrischen Farbentwürfen für Spangen (Abb. 25, 27) wird die architektonische Struktur bei Ouds Siedlung in keiner Weise verunklärt oder aufgebrochen. Die einheitliche Farbgebung diente in erster Linie dazu, den Bauten ein freundliches Erscheinungsbild zu verleihen und die Wohnhäuser als Teil der Siedlung zu kennzeichnen. Entsprechend wurden neben den Wohnbauten auch die Läden, das Transformatorenhäuschen* und die Bauleitungshütte* in das ästhetische Grundschema mit Sockel, verputzter und weiß gefaßter Wandfläche sowie farbig akzentuierten Baugliedern eingebunden. Während die Farbfassung einzelner Bauteile wie Türen und Fensterrahmen durchaus in der Tradition des niederländischen Wohnungsbaus stand, waren die weiß gestrichenen Wandflächen ohne Vorbild.[793] Entsprechend wurde die Siedlung als »Witte Dorp« (Weißes Dorf) bezeichnet und nicht, wie andere farbig gefaßte Wohnkomplexe dieser Zeit, als »Kolonie Tuschkasten« oder »Papageiensiedlung«.[794]

Indem Oud die Farbgebung der Bauten selbst bestimmte, distanzierte er sich von dem zentralen Glaubenssatz des frühen De Stijl. Allerdings hatte sich zu diesem Zeitpunkt in De Stijl bereits eine Wende vollzogen. Auch Van Doesburg, der sich seit Juni 1921 als Architekt bezeichnete und in diesem Bereich tätig wurde, folgte nicht mehr dem von Van der Leck aufgestellten Diktum.

Schließlich akzeptierte Mondrian im Mai 1922 eine Verbindung von Architekt, Maler und Bildhauer in einer Person.[795] Van Doesburg, dessen Farbfassung in Drachten bereits entfernt worden war, äußerte sich spöttisch über Ouds schlichtes Farbkonzept: »Obwohl du behauptetest, die Farbe aus der Architektur heraushalten zu wollen ... streichst du nun selbst alle Türen blau ... Ist das die Lösung für die [Verwendung von] Farbe in der Architektur?«[796]. Oud, der auf die positiven Faktoren einer Farbfassung nicht mehr verzichten wollte, bestimmte auch bei den zeitlich folgenden Bauten die Farben selbst. Ganz anders verlief die Entwicklung in Deutschland, wo nach Bruno Taut nun auch Otto Haesler einen Maler (Karl Völker) für die Farbgebung seiner Bauten heranzog.[797]

Mit der Farbfassung einzelner Bauglieder blieb Oud im Rahmen dessen, was im niederländischen Wohnungsbau dieser Zeit üblich war. Der Farbfassung ganzer Wandflächen, wie sie vor allem Mondrian forderte und Wils für seine Bauten vorgesehen hatte[798], stand Oud während seiner aktiven De Stijl-Zeit jedoch kritisch gegenüber. Allein bei einem Entwurf von Mario Chiattone (Januar 1920) kam Oud zu einem positiven Urteil über farbige bzw. (wie bei Chiattone) schwarz und weiß gehaltene Wandflächen.[799] Mit der Bauleitungshütte* griff er jedoch auf diese Forderung von De Stijl zurück. Erstmals wurden dort die Wandflächen farbig gefaßt, wobei sich Oud – wiederum in Übereinstimmung mit Mondrian – auf die drei Primärfarben beschränkte (vgl. Abb. 30). Bei der 1925 entstandenen Fassade des Café de Unie* finden sich sowohl Farbakzente in den Primärfarben als auch eine große rote Wandfläche (vgl. Abb. 33, 34).[800] Wie Oud betont, sei die Farbe fester Bestandteil des Entwurfs und wurde nicht – wie sonst üblich – nachträglich zugefügt.[801] Auch damit rückte Oud von der bisherigen Arbeitsweise in De Stijl ab, bei der die Maler allein für bereits realisierte Bauten Farbentwürfe erstellt hatten.

Bei den beiden 1924 entworfenen Häuserzeilen in Hoek van Holland* griff Oud wiederum auf das bereits im Mai 1919 vorgeschlagene Schema mit weißen Wandflächen und farbigen Baudetails zurück (vgl. Abb. 31). Wie Untersuchungen ergaben, waren die Wandflächen in einem gebrochenen Weiß gehalten, das Oud selbst als »lichte blonde kleur« (leichte hellgelbe Farbe) in Anlehnung an den Farbton der Dünen beschrieb.[802] Allerdings wollte Oud damit wohl nur den Verputz samt hellem Anstrich rechtfertigen, der in starkem Kontrast zur angrenzenden Bebauung in Sichtbackstein stand. Im Gegensatz zur Siedlung Oud-Mathenesse* mit ihren auffallend roten Dächern sowie den farbigen Fensterrahmen und Türen sind bei den flachgedeckten Häuserzeilen in Hoek van Holland die weißen Wandflächen beherrschend. Neben den Türen wurden allein die Balkongitter und Lampen farbig gefaßt, wobei Oud wiederum auf die drei Grundfarben (allerdings in aufgehellter Form) zurückgriff. Außergewöhnlich ist das Hellblau der Türen und Balkongitter, das in den folgenden Jahren zum Kennzeichen von Ouds Bauten und Möbeln werden sollte.[803] Die Türen der den vier Läden zugeordneten Wohnungen sowie der Zugang zur Bibliothek heben sich durch eine rote Farbgebung von den übrigen Wohnungstüren ab (Abb. 32). Die Gartenmauern und Plinthen aus ockergelbem Backstein vervollständigen das Farbentrio. Die zur Markierung der Läden angebrachten Lampen bestehen aus einem schmalen dunkelgrauen Betonfuß, auf dem über einer leuchtend roten Stütze eine runde Glasscheibe in hellgelbem Rahmen befestigt ist. Auch die Wohnungen in Hoek van Holland waren offenbar – zumindest teilweise – farbig gefaßt. Welche Farben Oud genau verwendete, kann aufgrund der zu spät angeordneten Farbuntersuchung nicht mehr festgestellt werden.[804]

Auch bei der Farbgebung der Siedlung Kiefhoek* verwendete Oud das bereits in Oud-Mathenesse* und Hoek van Holland* erprobtes Schema: Die Türen sind rot, die Gitter der Gartenmauern blau und die Fensterrahmen im Obergeschoß gelb (Abb. 37). Die Gartenmauern und Plinthen bestehen entsprechend den beiden älteren Wohnkomplexen aus ockergelbem Backstein. Wiederum faßt die einheitliche Farbgebung der Häuserzeilen die Einzelbauten als Siedlung zusammen, wobei sich die weiß verputzten Häuser von der ringsum anschließenden Bebauung in Sichtbackstein (vgl. Abb. 260) abheben. Dem Prinzip von Oud-Mathenesse folgend wurden alle vom Normhaus abweichenden Gebäude durch eine besondere Farbgebung gekennzeichnet. Bei den beiden privat genutzten Werkstätten erfolgte dies in Form einer Reduzierung der Farbpalette mit einheitlich blauen Türen und blauen Fensterrahmen. Gleichzeitig ersetzte eine niedrige graue Wandverkleidung die ockergelbe Plinthe.[805] Im Gegensatz dazu nahm Oud bei den zwei Ladenbauten und der *Waterstokerij* die Farbe Grün hinzu, die dort erstmals bei Oud am Außenbau auftrat. Im Fall der *Waterstokerij* sind der markante Schornstein, das Türgewände und die verbleibende Wandfläche im Erdgeschoß grün gefaßt.[806] Bei den Läden, die als Eingangsmotiv der Siedlung besonders hervorzuheben waren, sind die farbig akzentuierten Bauteile vollständig durch farbige Wandflächen ersetzt.[807] Indem die gesamte Erdgeschoßzone einen grünen Anstrich erhielt, werden die Läden sowohl im Kontext der Siedlung (Farbe Grün) als auch für die Passanten am angrenzenden Groene Hilledijk (großflächiger Farbanstrich) zum entscheidenden Blickfang (Abb. 35). An Stelle der rein ästhetisch begründeten Farbigkeit von *De Stijl* diente die Farbfassung hier zur Kennzeichnung und Akzentuierung einzelner Bauten. Wie eine Fotografie im Oud-Archiv zeigt, wurde neben der geplanten Autoverleihstelle eine Lampe aufgestellt, die sich eng an die Ladenbeleuchtung in Hoek van Holland* anlehnt.[808] Anzunehmen ist daher, daß auch die Lampe in Kiefhoek farbig gefaßt war.

Auch im Innern der Wohnhäuser verwendete Oud kräftige Farben. Der Wohnraum, die Küche, der Treppenaufgang (vgl. Abb. 36) und das Podest im Obergeschoß wurden von der Farbe Gelb beherrscht, wobei Türen, Schränke, Regale, die Fliesen der Kaminstelle, die Treppe und der Boden des Podestes in einem leuchtenden Gelbton gefaßt waren. Einen Kontrast hierzu bildete die bis zur Höhe des oberen Türabschlusses blattgrün gestrichene Küchenwand. Mit der bestimmenden Farbkombination aus Gelb-Grün wich Oud im privat genutzten Innenraum ganz bewußt von Mondrians Farbschema ab.

Im Gegensatz zu den Bauten des Rotterdamer *Woningdienst* verwendete Oud bei den Reihenhäusern der Weißenhofsiedlung* keine Farbe am Außenbau (Abb. 40). Der glatte Verputz erhielt einen weißen Anstrich, die aus Metall gefertigten Fenster und Türen wurden anthrazitfarben gestrichen. Die Beschränkung auf Weiß und Grau entsprach den Vorstellungen des künstlerischen Leiters Mies van der Rohe, der die einheitliche Verwendung eines hellen Farbtons (ein gebrochenes Weiß) empfohlen hatte.[809] Wie andere Bauten der Weißenhofsiedlung, besonders die beiden Wohnhäuser Le Corbusiers, die Häuser von Bruno und Max Taut und die Häuserzeile von Mart Stam zeigen, war eine neutrale Farbgebung jedoch nicht zwingend. Auch Mies van der Rohe wählte für die Fassaden seines Wohnblocks ein helles Rosa. Vor allem das Wohnhaus von Bruno Taut, das Ouds Reihenhäusern direkt gegenüberlag, erhielt rote, gelbe, grüne und blaue Außenwände.[810] In der Tat wollte Mies van der Rohe von strikten Vorgaben absehen: »Es ist natürlich jedem selbst überlassen einzelne Teile besonders farbig hervorzuheben.«[811] Hätte Oud den Wunsch gehabt, Baudetails farbig zu fassen, wäre dies somit zweifellos möglich gewesen.[812] Eine Erklärung für seinen einheitlich weißen Anstrich formulierte er im Oktober 1927 in einem Brief an Edgar Wedepohl. Demnach habe er beschlossen, Farbe allein noch in der Großstadt anzuwenden, wo entsprechend starke Akzente notwendig seien. Im Grünen bevorzuge er dagegen die natürliche Atmosphäre, wie die Farbe der Bäume und Blumen.[813] Angesichts der in einen Siedlungszusammenhang eingebundenen Reihenhäuser und ihrer beabsichtigten Verwendung als »Bausteine« eines größeren Zeilenbaukomplexes (Abb. 310) ist diese Erklärung jedoch wenig überzeugend.[814] Dies gilt vor allem mit Blick auf die kurz zuvor (1926/27) errichteten farbigen Häuserzeilen in dem kleinen Ort Hoek van Holland*. Wahrscheinlicher ist, daß Oud angesichts der farbigen Nachbarbebauung keinen weiteren Farbakzent setzen wollte. Damit spielte offenbar auch bei den Stuttgarter Häusern die gebaute Umgebung eine entscheidende Rolle bei der Gestaltfindung. Hinzu kommt die gegenüber den Rotterdamer Bauten veränderte Funktion der fünf Reihenhäuser. Während letztere im Rahmen einer vielbeachteten Musterausstellung den Prototyp eines an verschiedenen Orten zu realisierenden Reihenhauskomplexes vorstellten, mußte mit den Rotterdamer Siedlungen ein positives Lebensumfeld für eine große Anzahl meist kinderreicher Familien geschaffen werden. In Stuttgart wurden schließlich allein fünf Häuser ausgeführt, so daß die sozialen Aspekte einer Farbfassung, wie die gestalterische Einheit einer Siedlung als Identifikationshilfe und die Markierung öffentlicher Bauten, kaum eine Rolle spielten. Die Stuttgarter Häuser zielten auch weniger auf kinderreiche Familien der unteren Einkommensschichten als auf eine mittelständische Klientel. Anzunehmen ist daher, daß Oud im internationalen Kontext der Werkbundausstellung ganz bewußt das neutrale, »vornehmere« Weiß wählte und nicht die kräftigen, »volkstümlichen« Farben seiner Arbeitersiedlungen.[815] Mit dem Verzicht auf Farbe am Außenbau folgte Oud schließlich auch der aktuellen Entwicklung der Moderne, die im Zuge einer sachlichen klassischen Architektur vermehrt zu weißen Wandflächen tendierte. Gerade die Weißenhofsiedlung war Höhepunkt und Abschluß einer vielseitigen und farbenreichen Moderne, die zunehmend von uniform weißen Zeilenbauten verdrängt wurde.[816] Ouds Reihenhäuser, Prototypen einer neutralen Basiszelle des Zeilenbaus, standen damit an der Spitze der aktuellen Architekturentwicklung. Allerdings hatte sich Oud nicht grundsätzlich der »Weißen Moderne« verschrieben, sondern wählte, je nach Funktion der Bauten, auch weiterhin farbige Fassungen. Entsprechend erhielt die zeitlich folgende Wohnsiedlung in Kiefhoek* die in seinen früheren Bauten entwickelte Farbgebung.

Auch die Innenraumgestaltung der Stuttgarter Reihenhäuser zeigte entsprechend den Rotterdamer Bauten farbige Akzente wie einen blauen Linoleumboden im Wohnzimmer, ein blaues Treppengeländer und blau gefaßte Metallmöbel. Nach einer Farbskizze im Oud-Archiv sollten zudem die Schränke und Zimmertüren im Wohnraum hellgelb und rot gestrichen werden, so daß wiederum die Primärfarben vereint gewesen wären. Auch bei den Stuttgarter Bauten unterschied Oud daher strikt zwischen Außenbau und Innenraum. So gelten die Reihenhäuser in erster Linie wegen ihrer Außenerscheinung als konsequente Verkörperung einer Formensprache, die wenig später als »International Style« bezeichnet werden sollte.

Entsprechend den früheren Rotterdamer Bauten zeigt auch der Entwurf für die Häuserzeilen in Blijdorp* weiße Wandflächen mit farbig gefaßten Baugliedern (Abb. 41).[817] Auffallend ist jedoch, daß die Gartenseite deutlich stärkere Farbakzente aufweist als die Straßenfront. Wiederum vermitteln die Bauten nach »außen«, das heißt in der zur Straße gerichteten Fassade, das Bild einer »Weißen Moderne«, während die von den Flachbauten abgeschirmte Gartenfront als farbenfrohes Ensemble mit gelber Gartenmauer, roten Türen und blauen Balkongittern in Erscheinung tritt. Offenbar versuchte Oud hier das ästhetische Ideal der »Weißen Moderne« mit der für ihn charakteristischen und funktional begründeten Farbigkeit zu kombinieren.

Der Versammlungssaal der Hersteld Apostolische Zendingsgemeente*, der innerhalb der Siedlung Kiefhoek liegt und daher vom »Gemeindearchitekten« Oud gestaltet wurde, paßt sich in Formensprache und Farbgebung den angrenzenden Wohnhäusern an. Die Grundfarbe des Gebäudes ist entsprechend Weiß, während die einzelnen architektonischen Elemente in den Primärfarben gefaßt sind: Die Gartenmauer sowie der untere Wandbereich des Seitengebäudes bestehen aus ockergelbem Backstein, die Gitter und die Gartentüren sind blau. Der Haupteingang am Hillevliet (Abb. 38) erhielt eine zweiteilige blaue Tür in gelbem Rahmen sowie zwei rote Rundpfeiler, die das Vordach stützen. Der rechts des Eingangs liegende Zugang zum Fahrradraum zeigt dieselbe Gliederung mit nur einem Rundpfeiler. Der südliche Eingang zur Kirche besitzt eine rote Tür in gelbem Rahmen. Da die Tür von der Straße aus zusammen mit einer der blauen Gartentüren gesehen wird, ergibt sich auch dort das bekannte Farbentrio.[818] Ein dem Schornstein der Waterstokerij entsprechender Rauchabzug an der Langseite des Gebäudes ist farblich nicht hervorgehoben. Allein der untere Bereich, der als Treppenwange des Seiteneingangs dient, war offenbar, wie eine kolorierte Fotografie im Oud-Archiv zeigt, grün gefaßt. Damit wurde der Kircheneingang durch den vertikalen Akzent des Schornsteins, die von der üblichen Farbskala (Primärfarben) abweichende Farbe Grün sowie durch den großflächigen Anstrich markiert. Der Rauchabzug selbst blieb dagegen weiß. Diese Farblösung ist durchaus schlüssig, da im Gegensatz zur Waterstokerij, in der große Mengen von Wasser erhitzt wurden, der Schornstein bei einem Kirchenbau kein charakteristisches Merkmal ausbildet.[819]

Das angrenzende Küsterhaus erhielt als Farbakzent allein zwei rote Türen an der Nordseite und gelbe Fensterrahmen (Abb. 39), letztere allerdings nur an den durch die Gartenmauer verdeckten Nordwest- und Nordostfronten. Die von außen einsehbaren Stahlfenster zum Garten (Südostseite) zeigten dagegen einen hellgrauen Anstrich. Auch die fehlende Backsteinplinthe (Gartenfront und Nordostfassade) hebt das freistehende, villenartige Gebäude von den übrigen Siedlungshäusern ab. Nur die ockergelbe Gartenmauer mit blauem Gitter, die Küsterhaus und Kirche zusammenfaßt und optisch an die Siedlung bindet, zeigt die übliche Farbskala. Die sparsam eingesetzte Farbe am Küsterhaus entspricht dem in der Siedlung angewandten Farbsystem, das privat genutzte Bauten durch eine reduzierte Farbpalette hervorhob. Ähnlich den Reihenhäusern der Weißenhofsiedlung* wird durch das »vornehmere« Weiß dabei der gehobene Anspruch des Gebäudes zum Ausdruck gebracht. Schließlich folgt die reduzierte Farbpalette am Außenbau auch dem sich etablierenden »International Style«. Dagegen wird Oud im Innenraum weiterhin eine kräftigere Farbgebung gewählt haben.[820] Noch heute sind Holztreppe und Geländer senfgelb gefaßt.

Oud setzte sich unter dem Einfluß der De Stijl-Maler erstmals mit dem Thema Farbe in der Architektur auseinander und realisierte zusammen mit den De Stijl-Kollegen mehrere Bauten mit farbigen Elementen. Auch nach seinem Zerwürfnis mit Van Doesburg (Herbst 1921) griff er auf dieses Gestaltungsmittel zurück. Dabei wandte er sich sowohl von den »destruktiven« Farbentwürfen Van Doesburgs als auch von dessen Farbpalette ab, die in Anlehnung an die Theorie von Ostwald aus dem »Dreiklang« Gelb, Blau und Grün bestand. Mit seiner Beschränkung auf die Primärfarben folgte er nun den Theorien Mondrians und damit dem aktuellen Kurs in De Stijl. Da eine entsprechende Farbdoktrin erst nach Ouds Distanzierung aufgestellt wurde, muß die gängige Vorstellung, Oud habe die »De Stijl-Palette« nach Verlassen der Gruppe beibehalten[821], korrigiert werden. Vielmehr versuchte er in Übereinstimmung mit der aktuellen Entwicklung von De Stijl und parallel zu Van Doesburg und Van Eesteren, seine eigene Vorstellung einer »De Stijl-Architektur« umzusetzen.[822]

In den 1920er Jahren sah Oud im Einsatz von Farbe zunächst ein wirkungsvolles und preiswertes Mittel, um die langen Häuserfronten zu gliedern und den Wohnkomplexen ein freundliches Erscheinungsbild zu verleihen. Noch wichtiger war für ihn jedoch, die einzelnen Wohnhäuser durch ein einheitliches Farbsystem zu einer Siedlungseinheit zusammenzubinden und einzelne Bauten gemäß ihrer Funktion hervorzuheben. Entsprechend sind alle vom Normhaus abweichenden Einzelbauten – je nach Nutzung – durch die Hinzufügung von Grün oder die Reduzierung des Farbentrios Rot, Gelb und Blau gekennzeichnet. Die reduzierte Farbigkeit steht dabei generell für eine Nobilitierung der Bauten. Den größten Gegensatz bildeten entsprechend die stark farbige Bauleitungshütte*, die als temporärer Funktionsbau die unterste Hierachiestufe einnahm, und das villenartige, weitgehend weiß gefaßte Küsterhaus* in Kiefhoek. Die rein künstlerisch-ästhetisch begründete Farbgebung in De Stijl wurde damit durch ein Farbschema ersetzt, das von der Funktion des Einzelbaus ausging. Das Normhaus, das sich mehrere Hundertmal in einer Siedlung wiederholte, erhielt unabhängig von seiner Lage innerhalb der Siedlung immer denselben Farbanstrich.[823] Damit besteht ein entscheidender Unterschied zu den Siedlungen von Bruno Taut, wo die Häuser individuell gestaltet wurden und Lage wie Orientierung der Bauten die Farbgebung bestimmten. Erst in der zweiten Hälfte der 1920er Jahre faßte Taut bei einigen Siedlungen einzelne Bereiche durch eine einheitliche Farbgebung optisch zusammen.[824] Im Gegensatz zu den Vorstellungen der De Stijl-Maler und den farbigen Wohnbauten seiner deutschen Kollegen trat die Farbe bei Oud nicht großflächig auf. Allein die Ladenbauten und die Waterstokerij in Kiefhoek wurden durch ihre grünen Wandflächen als »öffentliche« Bauten gekennzeichnet. Ausnahmen bilden die Bauleitungshütte* und die Fassade des Café de Unie* mit großen farbig gefaßten Fassadenflächen, die jedoch eine Sonderrolle in Ouds Œuvre einnehmen.[825]

Im Innenraum zeigte sich Oud generell freier und betont experimentierfreudig. Bestand und Überlieferung der ursprünglichen Farbgebung lassen jedoch keine umfassende Analyse zu.[826] Gesichert ist allein, daß Oud kräftige Farben bevorzugte, wobei die Farbgebung jedoch (soweit aus dem überlieferten Bestand zu ermitteln) keinem bestimmten Schema folgte. Offenbar sollte durch kräftige, kontrastierende Farben vor allem ein positives Gesamtbild vermittelt werden. Beispielhaft hierfür stehen die Wohnungen in Kiefhoek* mit ihrer Farbkombination aus Gelb und Grün. Insgesamt fällt Ouds Vorliebe für helles leuchtendes Blau auf, das er sowohl im Innenraum als auch am Außenbau einsetzte.

4.4. Destruktion und Flächenkomposition

Mondrian hatte bereits in der ersten Ausgabe von »De Stijl« die Abstraktion unter Beschränkung auf rechteckige Flächen sowie vertikale und horizontale Linien propagiert.[827] Im Februar 1918 wies er auf die Notwendigkeit einer ausgeglichenen Gestaltung, die an die Stelle der symmetrischen Kompositionen treten solle.[828] Mit Blick auf die Architektur folgte im Dezember 1918 seine Forderung nach einer offenen Flächenkomposition im Gegensatz zu den traditionell geschlossenen Baukörpern.[829] Abweichend hiervon sprach sich Oud stets für eine plastische Baukunst aus und entwarf bis 1918 ausschließlich Bauten mit symmetrischen Fassaden oder Fassadenabschnitten. Gerade in der Anfangszeit von De Stijl, so bei dem Entwurf für eine Häuserzeile an einem Strandboulevard* und dem Umbau der Villa Allegonda*, zeigen seine Kompositionen mit ineinandergeschobenen, sparsam gegliederten Baukörpern einen stark kubischen Charakter. Aber auch später bleibt diese Bauweise, wie der Entwurf für Haus Kallenbach*, die Bauleitungshütte* und die Reihenhäuser der Weißenhofsiedlung* zeigen, für Oud charakteristisch. Dennoch ist mit dem ersten Kontakt zu seinen *De Stijl*-Kollegen eine Veränderung in seiner Formensprache festzustellen.

Mit Haus De Vonk* wurde erstmals ein Gemeinschaftswerk der *De Stijl*-Mitarbeiter realisiert. Im Gegensatz zu den Beiträgen von Van Doesburg und Harm Kamerlingh Onnes, die mehrheitlich aus der Anfangszeit von *De Stijl* (Sommer 1918) stammen, lag der Entwurf für das Gebäude bereits im September 1917 und damit vor der ersten Ausgabe der Zeitschrift vor. Entsprechend wird Haus De Vonk als traditioneller Bau, zumindest jedoch als ein in Nachfolge Berlages stehendes Gebäude, gedeutet.[830] Eine Ausnahme bildet Stamm, der eine Neuorientierung in Verbindung mit der Gründung von *De Stijl* zu erkennen meint.[831] In der Tat treten auch in der Architektur von Haus De Vonk einige Aspekte auf, die allein aus diesem Kontext zu erklären sind. Voraussetzung hierfür war der Kontakt zwischen Van Doesburg und den in Laren ansässigen Künstlern, der zu einer frühzeitigen Auseinandersetzung Ouds mit den später in *De Stijl* dikutierten Themen führte.

Auffallend, jedoch von der Forschung bisher unbemerkt, ist die Ausbildung isolierter, dem kubischen Baukörper »vorgeblendeter« Wandflächen, die sich als rein dekorative Fassadenelemente zu erkennen geben. Dies beriff zunächst die Giebelfelder der Risalite, die im Widerspruch zur verwendeten Massivbauweise gegenüber den unteren Wandpartien hervortreten und zudem bis zu den Fenstern des Obergeschosses hinunter reichen (Abb. 135). Diese Lösung geht, wenn auch in stark abstrahierter Form, auf den Fachwerkbau zurück und zeigt mit Ausnahme der reduziertabstrakten Gestaltung noch keine Verbindung zu den Theorien der späteren *De Stijl*-Mitarbeiter.[832] Entsprechend brachte Hoste in einem Artikel des »Telegraaf« sein Unverständnis über dieses »unklassische Element« zum Ausdruck.[833] Allerdings führte Oud die hervortretenden Wandflächen auch an den Mittelpartien von Vorder- und Rückfront sowie an den Schmalseiten des Gebäudes weiter, wo sie sich als eine Art Gebälk um das ganze Haus ziehen. Das auffälligste Element der Eingangsfassade bildet jedoch die seitlich bis in den Bereich der Risalite hineinragende Balkonbrüstung, die sich so als ein rein dekorativer »Wandstreifen« zu erkennen gibt.

Als weitere Besonderheit zeigt die Fassade ein deutlich ausgebildetes Raster aus rechtwinklig angeordneten Baugliedern oder Dekorationsformen. Bestimmend ist wiederum die Balkonbrüstung, die sich in Form eines von zwei Rollschichten markierten Bandes um das ganze Haus fortsetzt. Vertikale Bauelemente wie die pilasterartigen seitlichen Begrenzungen der Risalite und die plastisch abgesetzten »Lisenen« zwischen den Fenstern schneiden sich rechtwinklig mit dem horizontalen Band. Auf diese Weise entsteht der Eindruck eines elastischen Schmuckbandes, das wie bei einer Webarbeit abwechselnd in einer höheren und einer tieferen Ebene der Fassaden verläuft: Während es als Balkonbrüstung die oberste Position einnimmt, tritt es im Bereich der Risalite hinter die Ebene der »Lisenen« und »Pilaster« zurück. An den Schmalseiten liegt es plan in der Wandfläche und setzt sich allein durch die Rollschichten vom Mauerverband ab. Als Pendant zu dem exakt auf halber Fassadenhöhe verlaufenden Band treten als weitere horizontale Gliederungselemente das »Gebälk« sowie der Sockel auf.

Weder die von der Konstruktion unabhängigen, dem Gebäude vorgeblendeten Wandflächen noch der Aufbau eines Rasters aus vertikalen und horizontalen Elementen sind aus der Bautradition Berlages zu erklären. Dagegen handelt es sich bei dem Raster und der Flächenausbildung um Kennzeichen der *De Stijl*-Malerei, die hier offenbar erstmals in Architektur umgesetzt wurden. Als Auslöser für die in Haus De Vonk gewählte Lösung erscheint daher der enge Austausch mit Van Doesburg, der wiederum mit Mondrian in Kontakt stand. Bereits bei Haus De Vonk, Ouds erstem Bau nach dem Zusammentreffen der zukünftigen *De Stijl*-Mitarbeiter, sind somit Anklänge an Mondrians Malerei zu finden.[834]

Neben diesen auf *De Stijl* verweisenden Lösungen weicht Haus De Vonk noch in einer weiteren Hinsicht von der zeittypischen Bauweise ab: Die Seitenfronten des Gebäudes bleiben fast vollständig ungegliedert und treten so als glatte homogene Wandflächen in Erscheinung.[835] Auch hier ließe sich an eine Verbindung zu Mondrians Forderung nach Abstraktion und Flächigkeit denken. Allerdings finden sowohl die Flächigkeit als auch eine reduzierte Formensprache Vorläufer in Ouds früheren Arbeiten, so daß Mondrian den von Oud bereits eingeschlagenen Weg nur bestärkt haben wird. Ähnlich verhält es sich mit der vermuteten Annäherung an die Vorstellungen Van der Lecks[836]: Die von dem *De Stijl*-Maler geforderte neutrale und ornamentlose Bauweise, die in erster Linie eine autonome Bemalung der Innenräume sicherstellen sollte, entspricht dem allgemeinen Trend der Modernen Architektur; ein konkreter Einfluß durch Van de Leck ist nicht nachweisbar.

Die von Mondrian seit Dezember 1918 für die Architektur geforderte Komposition aus horizontalen und vertikalen Flächen[837] wurde dagegen erstmals in einem Entwurf von Oud umgesetzt. Der in der ersten Jahreshälfte von 1919 entstandene Fabrik-Entwurf* fällt vollkommen aus Ouds bisherigem Werk, das sich primär durch kubische geschlossene Baukörper und eine symmetrische Grundstruktur auszeichnet, heraus. Vor allem die ausnahmslos aus der Schrägsicht wiedergegebene Eingangsfront (Abb. 180)[838] zeigt eine kleinteilig-asymmetrische Komposition aus unterschiedlich großen, vertikalen Kuben und horizontal auskragenden Vordächern. Eine derartige Gestaltungsweise war zu diesem Zeitpunkt ohne Vorbild in der europäischen Architektur. Eine Begründung der Formgebung mit Blick auf die innere Aufteilung des Baus ist mit Blick auf den konventionellen Grundriß auszuschließen. Bereits 1927 stellte Gijsbert Friedhof fest, daß die vielen An- und Aufbauten nicht alle »sachlich« seien und die Fenster, Türen und Dächer den zuvor verschmähten »Verzierungen« glichen.[839] Auch für Hitchcock handelt es sich beim Fabrik-Entwurf um ein: »… intricate play of rather meaningless horizontal and vertical geometrical masses of different sizes and shapes …«[840]. In der Tat sind die Flächen und Kuben dem Baukörper als reine Verzierung aufgesetzt. Die bis in die 1980er Jahre anzutreffende Behauptung, die innere Aufteilung und die an den Bau gestellten Forderungen würden in der Fassadengestaltung zum Ausdruck gebracht[841], dienten in erster Linie als Rechtfertigung dieser unkonventionellen Formgebung. Oud selbst suggerierte, daß sich seine Architektur von »innen heraus« entwickle. Allein in seinem Architekturprogramm (1921) gab er zu, daß er das dekorative Element beim Fabrik-Entwurf noch nicht ganz überwunden hatte.[842]

Eine Verbindung zwischen Ouds Fabrik-Entwurf, in dem erstmals eine asymmetrische Komposition von Flächen und Kuben auftrat, und Mondrians Forderung nach einer gleichwertigen Flächengestaltung ist offensichtlich. Neben den in »De Stijl« erschienen Schriften scheint jedoch auch eine Beeinflussung durch Mondrians Gemälde (Abb. 47) mit ihren orthogonalen und asymmetrischen Linienrastern möglich. Dies vor allem, da Oud das metaphysische Weltbild, das Mondrian seinen Forderung zugrundelegte, nicht teilte. Noch deutlicher sind die Bezüge bei den als Gattung näher stehenden plastischen Arbeiten aus dem Umkreis von *De Stijl*. Diese Vermutung äußerte erstmals Stamm in einem bisher kaum beachteten Aufsatz von 1979.[843] Die dort als Vergleich gewählten Skulpturen von Vantongerloo, »ocnos 13« und »ocnos 14«, wurden zwar vor dem Fabrik-Entwurf in »De Stijl« publiziert, müssen deshalb jedoch nicht früher entstanden sein.[844] Unabhängig davon kannte Oud wahrscheinlich noch andere Arbeiten dieses Bildhauers: Nachdem die im Juni 1918 entstandene »Construction de la sphère« (»ocno 2«) im Winter 1918 im Amsterdamer Stedelijk Museum ausgestellt war, tauschte Van Doesburg sie gegen sein eigenes »Blaues Bild« ein. Oud konnte Vantongerloos Arbeit somit jederzeit bei seinem Freund studieren.[845] Stilistische Parallelen zum Fabrik-Entwurf zeigt vor allem »ocno 9« (Abb. 44), eine in den Primärfarben gefaßte Skulptur aus unterschiedlich großen Quadern. Van Doesburg, der die Skulptur im Oktober 1918 bei Vantongerloo gesehen hatte, setzte sich in der Folgezeit intensiv mit dieser Arbeit auseinander.[846] Neben Vantongerloos Skulpturen könnten schließlich auch die Möbel von Rietveld (Abb. 159, 160) als Vorbild gedient haben. Der Kinderstuhl, die erste Publikation von Rietvelds Arbeiten in »De Stijl«, erschien im Juli 1919.[847] Im Gegensatz zu den aus Quadern zusammengesetzten Skulpturen Vantongerloos und den aus schmalen Holzlatten konstruierten Möbeln von Rietveld kommt Ouds Fabrikfassade mit ihrer Durchdringung von Kuben und schmalen Vordächern der geforderten Flächenkomposition bereits sehr nahe. Entsprechend lobte Mondrian sie als das: »beste, was ich jemals in diesem Bereich gesehen habe.«[848]

Ein weiteres Beispiel für die Umsetzung von Mondrians Vorstellungen bilden die Eckbauten der Wohnblöcke VIII* und IX* in Spangen, die spätestens im Februar 1920 im Entwurf vorlagen. Bei Block VIII betrifft dies vor allem die beiden parallel angeordneten Vordächer, die zwar als Bedachung der Schaufenster und Ladentüren dienen, deren doppelte Ausführung jedoch funktional unbegründet ist. Bei Schrägsicht auf die Gebäudeecke – die von Oud bevorzugt abgebildete Ansicht – erscheinen die Dächer als große, waagerecht in den Baukörper eingeschobene Platten (Abb. 187). Die untere der beiden ragt im Bereich der Eingangsnische frei in den Raum hinein (Abb. 192), wodurch der Eindruck eines eigenständigen dynamischen Bauglieds noch verstärkt wird. Das Motiv der verdoppelten Platten wird von den zwei bzw. drei parallel verlaufenden Sockelbändern aufgegriffen. Als vertikale Akzente dienen die turmartig erhöhten Bauabschnitte und die seitlichen Schaufensterbegrenzungen an der Pieter Langendijkstraat, die sich oberhalb der Vordächer als freistehende Mauerfläche (Balkoneinfassung) fortsetzen. Wie bei der Fabrikfassade* stoßen somit auch bei den Eckbauten von Block VIII senkrechte und waagerechte Bauglieder aufeinander. Als »stärkeres«, weil dynamisches Element erweisen sich dabei die Vordächer, die sich scheinbar in den Baukörper schieben und die turmartigen Abschnitte und die Balkoneinfassungen waagerecht »durchschneiden«. Deutlich wird dies auch bei den gekoppelten Eingangstüren des »Turms« und der Ladentür, wo sich die untere Platte zwischen Tür und Oberlicht schiebt.

Trotz der Flächenbildung in Dachplatten und Balkoneinfassung sowie der Durchdringung vertikaler und horizontaler Bauglieder fand Oud nicht zu der von Mondrian formulierten Flächenplastik durch »Zertrümmerung« der Form: Entsprechend den dekorativ aufgesetzten Kuben und Dachplatten der Fabrikfassade* handelt es sich auch bei den Vordächern und der Balkoneinfassung von Block VIII um eine dem Gebäudeentwurf nachträglich hinzugefügte Dekoration, die sich nicht auf die Grundstruktur des konventionell als Massivbau errichteten Wohnblocks auswirkte. Wenige Jahre später, als Oud eine schlichte, reduzierte Formensprache im Sinn der »Weißen Moderne« bevorzugte, distanzierte er sich selbst von den dekorativen Vordächern: »Die Doppelplatten sind eine Unzulänglichkeit in meiner Arbeit: jede Ornamentik, jede Überflüssigkeit zu überwinden und ohne jede Hinzufügung äußerlicher Art zu einer schönen und klaren Form zu kommen, das ist unendlich schwer ...«[849].

Bei dem annähernd gleichzeitig entworfenen Block IX* wurden die zurückspringenden Gebäudeecken zu beiden Seiten von Schornsteinen flankiert, die sich als vertikale Akzente vom Erdboden bis über die Dachkante hinaus erstreckten (Abb. 194).

Durch den Fassadenrücksprung lagen die in die Gebäudefronten integrierten Schornsteine zur Blockecke hin frei, wo sie als Seitenbegrenzung der unteren Balkone dienten. Die zweite Balkoneinfassung und damit ein weiteres vertikale Gliederungselement bildeten wiederum zwei senkrecht zur Fassade stehende Wandflächen. Hinzu kamen die kannelurartigen Profilierungen oberhalb der Ladentüre, die den abgeflachten Gebäudeecken das Aussehen eines Pilasters verliehen. Auch bei Block IX traten zu den vertikalen Bauteilen waagerechte Elemente, vor allem die hervortretenden Betonplatten über den Schaufenstern, den Ladentüren und an den Balkonen sowie die plastisch abgesetzten Ränder des Dachgesimses. An den Blockfronten wurden die Durchgänge zum Hof – entsprechend den Vordächern von Block VIII – durch eine Verdoppelung der Betonplatte betont. Anstelle eines abschließenden Gesimses finden sich die bereits von Haus De Vonk* bekannten aufgesetzten Wandflächen, die vor dem Rücksprung abrupt enden. Während Oud hier auf eine dynamische Durchdringung der vertikalen und horizontalen Formen verzichtete, bildeten die einzelnen Bauglieder eine kleinteilig asymmetrische Komposition aus Kuben und Flächen. Generell sind die von De Stijl und konkret Mondrian beeinflußten Formen bei Block IX jedoch weniger deutlich ausgebildet als bei Block VIII und werden in den zeitlich anschließenden Wohnblöcken in Tusschendijken* noch weiter zurückgenommen.

Ähnlich dem Kontrast zwischen Gesamtbau und Eingangsfassade des Fabrik-Entwurfs* zeigen sich auch bei Block VIII und IX große formale Unterschiede zwischen den Blockseiten und den Ecklösungen. Während die Blockfronten durch die serielle Reihung der Fenster und Türen und eine insgesamt reduzierte Formensprache auf ein gleichförmiges Fassadenbild zielen, sind die Ecken durch auffällige Einzelmotive und – im Fall von Block VIII – eine dynamische Durchdringung der Bauglieder akzentuiert. Mit Blick auf die städtebauliche Funktion der monumentalen Wohnblöcke verstand Oud die Blockfronten als neutralen Hintergrund für hervorgehobene Bauglieder oder freistehende Gebäude.[850] Während er damit der zeitgenössischen Städtebautheorie mit ihrer Forderung nach einer einheitlichen Blockfront folgte, bildeten die Eckbauten eine Umsetzung der in De Stijl diskutierten Themen. Allerdings waren zu diesem Zeitpunkt sowohl die konsequente Serialität und Gleichförmigkeit der Blockfassaden als auch die vertikale und horizontale Durchdringung der Bauelemente noch ohne Vorbild. Bei Block IX gelang Oud die Verbindung der beiden Zielsetzungen jedoch nur bedingt. So zeigt sich die mit Blick auf den Gesamtbau extrem kleinteilige Eckgestaltung allzu deutlich als eine aufgesetzte und damit nicht organisch aus der Architektur hervorgehende Lösung.[851]

Von den Zeitgenossen wurden Ouds Wohnblöcke in Spangen durchaus als »De Stijl Architektur« verstanden. Auch Jan Gratama, der Oud als Vorläufer der »Kubisten« in der Baukunst bezeichnete, verwies dabei auf einen der Spangener Blöcke.[852] Eine andere Meinung vertrat Van Doesburg, der Oud nach dem Zerwürfnis im Herbst 1921 jegliche Bedeutung für De Stijl absprechen wollte: »Diese Häuserkomplexe, mit wieviel Überlegung und Gefühl für gute Verhältnisse sie auch zusammengestellt sein mögen, können nicht als Beispiel einer ›kubistischen Architektur‹ gelten ...«[853]. Schließlich behauptete er, Oud habe mit seiner Anstellung bei der Gemeinde die De Stijl-Ideen preisgegeben.[854] Wie so oft setzte sich Van Doesburgs Sichtweise durch. Bis heute werden die Spangener Wohnblöcke kaum als De Stijl-Architektur gesehen.[855]

Der direkt nach dem Zerwürfnis entstandene Entwurf für Haus Kallenbach* (1921/22) zeigt einen kubisch geschlossenen Baukörper, der auf den ersten Blick nichts mehr mit den komplexen Ecklösungen der Spangener Blöcke gemein hat. Dennoch finden sich auch hier Verbindungen zu De Stijl. Der weitläufige

Garten gliedert sich in verschieden große, rechteckige Terrains, die durch unterschiedliche Höhenlagen, vor allem aber durch niedrige Mauerzüge (Abb. 219) voneinander getrennt werden. Offenbar sollten diese Mauern wie auch die Hausfassaden weiß geschlemmt werden und so nicht als gemauerte Abgrenzungen, sondern als homogene Flächen in Erscheinung treten. Im Zentrum der Anlage liegt das von Mauern eingefaßte Springbrunnenkarree, von dem aus sich die Mauerzüge in den Garten hinein erstrecken. Die Komposition aus unterschiedlich langen, rechtwinklig stehenden Mauerzügen findet ein Pendant in der Gestaltung der Gartenfront. Dort werden die Mauerbrüstungen der Terrassen und Treppenaufgänge sowie die sechs Wandstützen zwischen den Fenstertüren mit ihren waagerecht auskragenden Vordächern zu einer Komposition aus vertikalen und horizontalen Einzelflächen verbunden. Die Kombination von weit ausgreifenden Mauerzügen und kurzen Mauerabschnitten zeigt Ähnlichkeit mit Mies van der Rohes Entwurf für ein Landhaus in Backstein (1923/24).[856] Die Abhängigkeit dieses Entwurfs von De Stijl wurde bereits früh erkannt, wobei vor allem Vergleiche zwischen Mies van der Rohes Grundrißzeichnung und Gemälden der De Stijl-Maler gezogen werden. So zeigen die Arbeiten Van Doesburgs, wie auch die vom Gebäude ausstrahlenden Mauern des Landhauses in Backstein, zentrierte Kompositionen.[857] Dies gilt jedoch auch für Ouds Entwurf von Haus Kallenbach, der sowohl was die Gattung (Architektur) als auch die Bauaufgabe (Landhaus) betrifft, Mies van der Rohes Entwurf noch deutlich näher steht. Möglich wäre daher, daß dieser nicht von den Gemälden der De Stijl-Maler, sondern von Haus Kallenbach beeinflußt war bzw. durch Ouds Entwurf auf Van Doesburgs Kompositionsprinzip aufmerksam wurde.[858]

Ein im Oud-Archiv bewahrter Alternativentwurf für die Eckbauten in Hoek van Holland* zeigt ebenfalls eine Durchdringung vertikaler und horizontaler Flächen.[859] Auch dort findet sich (wie bei dem Fabrik-Entwurf* und Block IX*) ein teilweise in den Bau integrierter Schornstein, der die Dachkante durchbricht. Die schmalen Vordächer und plastisch abgesetzten Gesimse erinnern in ihrer Kleinteiligkeit vor allen an den Fabrik-Entwurf. Eine weitere Skizze im Oud-Archiv zeigt zwei schmale Wandflächen, die zwei nebeneinanderliegende Läden flankieren, sowie eine dritte, seitlich angefügte kleinere Wandfläche. Obwohl sich die Flächen nicht mehr durchdringen, wecken die schmalen Wandscheiben Assoziationen an die von Mondrian geforderte Flächenkomposition. Da diese De Stijl-Elemente um 1924, als der Entwurf der Häuserzeilen entstand, nicht in Ouds Werk zu finden sind, ist hier von einer späteren Entstehungszeit, etwa parallel zu Ouds Kirchenentwurf*, auszugehen.

Auch der Ende der 1920er Jahre entstandene Kirchenbau in Kiefhoek erhielt einen hohen, in den Baukörper integrierten Schornstein, der wie auch die Verbindung des weitgehend ungegliederten Hauptbaus mit mehreren kleinen Anbauten Anklänge an den Fabrik-Entwurf* zeigt. Die Hauptfassade der Kirche (Abb. 335) greift dabei auf den Baukubus für den Warenumschlag zurück, der ebenfalls symmetrisch und mit einer Doppeltüre versehen ist. Vor allem die bevorzugt wiedergegebene Schrägsicht auf den Kirchenbau[860] – eine Entsprechung zur Perspektivansicht der Fabrik – läßt mit der asymmetrischen Komposition kleinerer Baukörper samt Vordächer an den Fabrik-Entwurf denken. Die rund 10 Jahre später entworfene Kirche weist eine deulich geklärte und vereinfachte Formensprache auf, wobei die Kleinteiligkeit der Komposition wie auch die Durchdringung von vertikalen und horizontalen Flächen bzw. Kuben aufgegeben ist. Allerdings wird durch den zitathaften Rückgriff auf den bereits weltweit bekannten Fabrik-Entwurf ganz bewußt eine Verbindung zu De Stijl hergestellt: Oud versuchte mit seiner Kirche nicht allein eine Kontinuität der »De Stijl-Architektur« vor Augen zu führen, sondern auch die Weiterentwicklung der frühen Formensprache von De Stijl zu einer höherstehenden Stilform aufzuzeigen. Die Parallelen zwischen der Kirche und dem Fabrik-Entwurf wurden von verschiedener Seite hervorgehoben, so zunächst von den Kritikern des Kirchenbaus, die eine deutliche Kennzeichnung als Sakralbau vermißten. Joseph Buch deutet die Kirche schließlich als »gebaute Ausführung« des Fabrik-Entwurfs.[861] Allerdings wird der Kirchenbau dem Anspruch einer «De Stijl-Architektur« – zumindest was die von Mondrian geforderte Flächenplastik angeht – nicht gerecht.

Weitere De Stijl-Zitate finden sich im Entwurf der Villa Johnson*. Dies gilt vor allem für die langgezogenen Gartenmauern, die zusammen mit der Bodenplatte und dem waagerechten Dach des »garden-house« eine Komposition von horizontalen und vertikalen Flächen ergeben.[862] Da sich die am »garden-house« zusammentreffenden Mauern nicht berühren und auch das Dach allein auf schlanken Rundstützen aufliegt, wird der Eindruck einzelner, frei stehender Flächen unterstützt.[863] Ähnlich dem Kirchenbau*, der sich an den älteren Fabrik-Entwurf* anlehnt, zeigt die Villa Johnson eine Parallele zur Gartengestaltung des acht Jahre zurückliegenden Entwurfs von Haus Kallenbach. Im Gegensatz zu seinem eigenen Wohnhaus-Entwurf und Mies van der Rohes Landhaus in Backstein, die beide in Abhängigkeit von De Stijl stehen, wurde die zentrierte Komposition dort jedoch aufgegeben. Selbst in Ouds Nachkriegswerk finden sich Reminiszenzen an die frühen De Stijl-Bauten. Unter den späten Arbeiten zeigt vor allem der Entwurf für das Wohnhaus von Auguste Plate (1960) eine Komposition aus farbig gefaßten Wandflächen im Sinne von Mondrians »Nieuwe Beelding«.[864]

Bereits das Ferienhaus De Vonk*, das parallel zu Ouds erster Kontaktaufnahme mit den De Stijl-Mitarbeitern entstand, zeigt mit seinen flachen, dem Baukörper vorgesetzten Wandflächen und dem rechtwinkligen Kompositionsraster einen Einfluß der De Stijl-Maler, vor allem Mondrians Theorie der »Nieuwe Beelding«. Die im Dezember 1918 von Mondrian geforderte Flächenkomposition tauchte bereits wenig später in Ouds Bauten auf, so in der Eingangsfassade des Fabrik-Entwurfs* (Sommer 1919) und den zeitlich folgenden Ecklösungen der Blöcke VIII* und IX* in Spangen. Neben Mondrians Schriften scheint Oud auch durch die plastischen Arbeiten der De Stijl-Künstler, Vantongerloos Skulpturen und Rietvelds Möbel, beeinflußt worden zu sein. Selbst die rechtwinklig angeordneten, langgestreckten Gartenmauern im Entwurf für Haus Kallenbach* können – wie auch Mies van der Rohes zeitlich folgender Landhausentwurf – mit Mondrians Theorie bzw. der De Stijl-Malerei in Verbindung gebracht werden. Beispiele, die nach Ouds aktiver De Stijl-Zeit entstanden, wie die Skizzen für Hoek van Holland* und der Entwurf der Villa Johnson*, zeigen zwar ebenfalls diese Gestaltungselemente, sind jedoch in erster Linie als Reminiszenzen an den Fabrik-Entwurf bzw. Haus Kallenbach zu deuten. Dies gilt vor allem für den Kirchenbau*, der in erster Linie als Zitat des zehn Jahre älteren Fabrik-Entwurfs eine Verbindung zu De Stijl erkennen läßt.

Obwohl Oud eine Vorreiterrolle in der Umsetzung der Flächenplastik einnahm, zeichnen sich seine Bauten im Allgemeinen durch eine kubische Gestaltung aus. Diese ist jedoch höchstens in sehr allgemeiner Form, wie der von Mondrian geforderten Abstraktion, auf De Stijl zurückzuführen. Wenig verständlich ist daher, daß in der Literatur immer wieder gerade die kubischen Bauten von Oud als Beispiele einer »De Stijl-Architektur« angeführt werden.[865] Die kubische Gestaltung findet sich bei Oud sowohl vor, während als auch nach Mondrians Forderung einer Flächenplastik.[866] Die aus rechtwinklig angeordneten Flächen oder Kuben zusammengesetzten Bauglieder sowie die in späteren Arbeiten zitathaft aufgegriffenen Formen erscheinen damit – vergleichbar Ouds kurzzeitigem Engagement für eine Zusammenarbeit mit den *De Stijl*-Malern – als eine Zwischenphase in seinem Gesamtwerk.

Wie mehrfach bemerkt wurde, standen sowohl die Pariser Ausstellungsmodelle von Van Doesburg und Van Eestern als auch Rietvelds Schröder-Haus unter dem Einfluß von Ouds Fabrik-Entwurf*. Als erstes und bis zur *De Stijl*-Ausstellung im Herbst 1923 einziges Beispiel einer Umsetzung von Mondrians Theorie kam diesem Entwurf für die »neoplastizistische« Flächenplastik zweifellos zentrale Bedeutung zu. Als Vorbild für die genannten Arbeiten war der Fabrik-Entwurf schließlich auch für die Entwicklung der – im nachhinein – als «*De Stijl*-Architektur« gedeuteten Bauweise bestimmend. Dennoch bestehen wesentliche formale Unterschiede zwischen der vorgeblendeten, dekorativen Fassadengestaltung des Fabrik-Entwurfs und den späteren »neoplastizistischen« Flächenkompositionen.

4.5. Rundformen, Symmetrie und Serialität – Oud im Widerspruch zur »Nieuwe Beelding«

Die horizontale und vertikale Linie sowie die Rechtwinkligkeit waren von Anfang an zentrale Gestaltungsprinzipien der »*De Stijl*-Kunst«. Bereits im Mai 1917, ein halbes Jahr vor Erscheinen der ersten Ausgabe, bemerkte Van Doesburg: »Die Zeitschrift wird sich nur mit dem modernen Stil befassen (dem rechteckigen im Gegensatz zum barocken) …«.[867] Als Name der Zeitschrift schlug er daher »de rechte lijn« (die gerade Linie) vor.[868] In seiner Besprechung der Häuserzeile an einem Strandboulevard*, die in der ersten Ausgabe von »*De Stijl*« erschien, bestätigte er, daß der moderne Arbeiter dem »›scheefrond‹ van het barok« das Quadrat gegenüberstelle.[869] Die Verwendung des Adjektivs »schiefrund« und die Absetzung von der Barockkunst zeigen jedoch, daß Van Doesburg in der Anfangszeit von *De Stijl* nicht – wie oft unterstellt – das Runde, sondern in erster Linie das Unregelmäßige, Geschwungene, in seinem Vokabular das »Subjektive«, ablehnte. Einfache geometrische Rundformen und Kreissegmente erschienen in seinen Arbeiten bis einschließlich 1917, unter anderem in den Bleiglasfenstern für Haus De Geus* (Abb. 20). Auch sein Farbentwurf für Block VIII* in Spangen basiert auf einem kreisförmigen Farbschema.[870] Anders verhält es sich bei Mondrian, der mit der ersten »*De Stijl*«-Ausgabe rechteckige Farbflächen als einziges mögliches Gestaltungsmittel propagierte und seine Vorstellungen im Dezember 1918 auch auf die Architektur übertrug.[871] Spätestens im Januar 1921, als Van Doesburg die »Nieuwe Beelding« als offizielle Theorie von *De Stijl* proklamierte, bildeten Mondrians Forderungen ein festes Formdogma der »*De Stijl*-Kunst«.

Die 1924 entworfenen, in einem Halbrund endenden Häuserzeilen in Hoek van Holland* stehen im deutlichen Widerspruch zu der in *De Stijl* geforderten Rechtwinkligkeit. Mit Blick auf die im Herbst 1923 vorgestellten Ausstellungsmodelle von Van Doesburg und Van Eesteren, die unter Berufung auf Mondrians »Nieuwe Beelding« die aktuelle »*De Stijl*-Architektur« präsentierten (Abb. 16, 45), erscheinen die Häuserzeilen als konsequenter Gegenentwurf. Entsprechend reagierte Van Doesburg, der die Bauten kurz nach Fertigstellung als »van de Velde-architectuur« bezeichnete und damit in die Nähe der verwerflichen und überholten Jugendstilkunst rückte.[872] Eine »Steigerung« gegenüber den Häuserzeilen in Hoek van Holland bildeten die 1925 entworfenen Ladenbauten der Siedlung Kiefhoek*, deren Grundriß einen Kreisausschnitt mit gerundeter Spitze zeigt. Damit ging Oud von den einfachen geometrischen bzw. stereometrischen Formen (Halbkreis und halber Zylinder) ab, die mit den frühen Grundsätzen von *De Stijl* nach Abstraktion, Regelmaß und Objektivität noch vereinbar gewesen waren.

Die Bedeutung der in Hoek van Holland* und Kiefhoek* gewählten Lösungen wird allein mit Blick auf Ouds Selbststilisierung zum »*De Stijl*-Architekt« verständlich. Aufschlußreich hierfür ist die Verwendung von Rundformen während seiner aktiven Zeit in *De Stijl*. Das früheste Beispiel bilden die 1918 entworfenen Wohnblöcke I und V* in Spangen mit ihren konventionellen Rundbogenportalen als Zugang zu den Innenhöfen. Da in der Anfangszeit von *De Stijl* geometrische Rundformen (mit Ausnahme von Mondrians Theorie) noch nicht geächtet waren und Oud bei seinen Wohnblöcken allein ein gängiges Portalmotiv aufgriff, sind hieraus noch keine Schlüsse über seine Haltung zu *De Stijl* abzuleiten. Anders verhält es sich bei den 1919/20 entworfenen Portalen von Block IX* und den Tusschendijkener Blöcken (Abb. 202), die nun einen – durch das verdoppelte Vordach betonten – geraden Sturz aufweisen. Offenbar folgte Oud hier dem sich mehr und mehr durchsetzenden *De Stijl*-Dogma der Rechtwinkligkeit. Auch alle anderen Entwürfe der Jahre 1919 und 1920, seiner aktiven Zeit in *De Stijl*, verzichten konsequent auf Rundformen.[873]

Den umgekehrten Fall zeigt einige Jahre später sein Entwurf für ein Wohnhaus mit Büroräumen* (um 1922/23), der hier als Prototyp eines Einfamilienhauses gedeutet wird. Der Entwurf entstand genau zu dem Zeitpunkt, als Mondrians »Nieuwe Beelding« mit *De Stijl* gleichgesetzt wurde und einige Monate nach Ouds Zerwürfnis mit Van Doesburg. Mit den Rundfenstern, einer gerundeten Eingangsfassade und den beiden Balkonen in Form von Viertel-Kugeln tritt dort eine ganze Reihe von Rundformen auf.[874] Gleichzeitig realisierte Oud an den stumpfwinklig abknickenden Häuserreihen der Siedlung Oud-Mathenesse* jeweils halbe Rundfenster, die sich optisch zu einem Okulus verbinden, zwei weitere Rundfenster tauchen an der Rückseite des Verwaltungsbaus in Oud-Mathenesse (Abb. 234) auf. Die halbkreisförmige Treppe des Transformatorenhäuschens* (Abb. 239) wird durch ihre Lage auf der Mittelachse der symmetrischen Siedlung eigens hervorgehoben. Schließlich wählte Oud auch beim Bleiglasfenster der Bauleitungshütte* Kreise in Kombination mit jeweils drei Quadraten in den Primärfarben. Bei einem programmatischen Bau wie diesem, der Ouds Position als *De Stijl*-Architekt befestigen sollte, kommt den Rundformen eine besondere Bedeutung zu.[875]

Die bevorzugte Verwendung von Rundformen ab 1922 zeigt, daß Oud ganz bewußt eine Gegenposition zu Mondrian und damit der aktuellen Entwicklung in *De Stijl* einnehmen wollte. Die halbrunden Zeilenabschlüsse in Hoek van Holland* und die markanten Eckläden in Kiefhoek* weichen demonstrativ von den Forderungen der »Nieuwe Beelding« ab.[876] Mit den einfachen geometrischen Bauteilen im Wohnhaus mit Büroräumen*, den Häusern der Siedlung Oud-Mathenesse* und den Häuserzeilen in Hoek van Holland griff Oud bewußt auf die in der Anfangszeit von *De Stijl* akzeptierten Formen zurück. In seinem Festhalten an den Formvorstellungen der frühen *De Stijl*-Jahre stand Oud zu dieser Zeit jedoch nicht allein. So malte Rietveld 1922 einen markanten farbigen Kreis an die Wand des Sprechzimmers von Dr. Hartog in Maarssen, und zeige die von Van Leusden auf der Pariser *De Stijl*-Ausstellung präsentierte Garage mit Laden einen Kreis auf heller Grundfläche.[877] Keineswegs wurde Mondrians Theorie daher von allen *De Stijl*-Mitarbeitern kritiklos akzeptiert. Oud blieb bei der nun gefundenen Formensprache und verwendete auch weiterhin einfache Rundformen, die schließlich zu den bestimmenden Merkmalen seiner Architektur gezählt werden können.[878]

Neben der bewußten Absetzung von Van Doesburg und Mondrian und damit dem aktuellen Kurs in *De Stijl* mag bei der Verwendung von Rundformen auch der enge Kontakt zu Bruno Taut, zu dieser Zeit Stadtbaurat in Magdeburg, eine Rolle gespielt haben. Der Austausch zwischen beiden Architekten hatte sich durch Ouds Aufenthalt in Magdeburg (Februar 1923) und Tauts anschließenden Besuch bei Oud intensiviert.[879] Taut vertrat Anfang der 1920er Jahre noch eine betont expressionistische

Formensprache, wobei er formale Einschränkungen prinzipiell ablehnte: »Ich hoffe, dass sich Oud wie Taut ebensowenig mit der geraden wie mit der krummen Linie abgeben wird.«[880] Im November 1923 verkündet Taut selbstbewußt: »Es lebe die Kurve – und die Gerade!«[881] Ähnlich argumentierte Oud wenig später gegenüber Walter Gropius: »Ich glaube, daß Sie der Rechteckigkeit zuviel Wert beilegen.«[882] 1925 bekundete er in seinen Aphorismen: »… ich sehe keinen Grund dafür, daß die neue Baukunst auf das Runde verzichten sollte.«[883] Van Doesburg kommentierte dieses Bekenntnis seines früheren Freundes lapidar als »amüsanten Katechismus eines Wirrkopfes«.[884]

In der Literatur wurde wiederholt der belgische Architekt Henry van de Velde (1863–1957) als mögliche Inspirationsquelle für Oud, vor allem was die Rundformen betrifft, genannt.[885] Stamm vertrat die im nachhinein mehrfach aufgegriffene These, wonach Oud bei den Häuserzeilen in Hoek van Holland* einen Vorschlag Van der Veldes aufgenommen habe.[886] Van Doesburg, der Ouds Arbeiten 1927 als »Van de Velde-Architektur« bezeichnete, verwies dabei in erster Linie auf die in Avantgardekreisen abgelehnte Jugendstilarchitektur.[887] An eine tatsächliche Anlehnung Ouds an die Bauten des belgischen Architekten wird er kaum gedacht haben. Möglicherweis war Van Doesburg auch verärgert über den engen persönlichen Kontakt zwischen Oud und dem etablierten Architekten.[888] Tatsächlich bleibt eine konkrete Beeinflussung Ouds durch Van de Velde Spekulation.

Mondrian lehnte in seiner Theorie der »Nieuwe Beelding« sowohl die Symmetrie als auch die serielle Abfolge von Formen (»herhaling«) ab und betonte statt dessen die Notwendigkeit einer gleichgewichtigen Komposition. Erste konkrete Äußerungen hierzu finden sich im Februar 1918 in »De Stijl«.[889] Für Van Doesburg war die Symmetrie zunächst ein legitimes Kompositionsmittel. Entsprechend positiv konnte seine Beurteilung von Ouds Treppenhaus in Haus De Vonk* ausfallen[890], und auch seine eigenen, die Symmetrie betonenden Fassadenmosaike (Abb. 22) bereiteten ihm offenbar keine Probleme.[891] Seine Einstellung änderte sich jedoch unter dem Einfluß der übrigen De Stijl-Mitarbeiter. Wichtig ist hier ein Artikel von Wils, der im Oktober 1918 unter dem Titel »Symmerie en kultuur« in »De Stijl« erschien.[892] Die Symmetrie bzw. Asymmetrie eines Gebäudes war für Wils der entscheidende Gradmesser für die Entwicklungsstufe eines Kunstwerkes. Seiner Meinung nach sei die moderne Baukunst als am höchsten entwickelte Kunstform grundsätzlich asymmetrisch, da sie dem inneren Aufbau eines Gebäudes folge. Entsprechend forderte auch Van Doesburg in seiner Architekturtheorie (1924) unter Punkt zwölf eine asymmetrische Gestaltung.[893]

Im Gegensatz dazu entwarf Oud bereits seit 1912 symmetrische Bauten, die allein im Detail Abweichungen zeigen (Abb. 4).[894] 1915 weisen seine Bauten erstmals streng symmetrische Grundrisse und Fassaden auf (Abb. 8), ein Merkmal, das auch Ouds spätere Werke auszeichnet. Ausnahmen hiervon bilden zwei Arbeiten, die beide in besonders enger Beziehung zu De Stijl stehen[895]: Die Eingangsfront von Ouds Fabrik-Entwurf*, die mit der Durchdringung von vertikalen und horizontalen Elementen Mondrians Theorie umzusetzen versucht, und die Fassade des Café de Unie* (1925), eine Umsetzung der De Stijl-Gemälde in die Architektur.[896] Das gleichzeitig mit der Fabrik entworfene Lagerhaus*, das nur wenige Meter neben der Fabrik entstehen sollte, ist dagegen konsequent symmetrisch angelegt. Das gleiche gilt für Haus De Vonk* und die Bauleitungshütte*, die durch ihre Farbgebung zum Musterbeispiel der »De Stijl-Architektur« erhoben wurde. Festzuhalten bleibt, daß die symmetrische Gestaltung ein Charakteristikum von Ouds Arbeiten bildet, das er allein in zwei Fällen aufgegeben hat. Ähnlich den Rundformen stand Oud auch mit seinen symmetrischen Entwürfen nicht allein unter den De Stijl-Künstlern. Zu nennen sind hier vor allem die Arbeiten von Van't Hoff, wie dessen Villa Henny von 1914/15 (Abb. 19), die als vorbildlicher Bau in »De Stijl« publiziert wurde, und der um 1918 entstandene Entwurf für ein Vierfamilienhaus[897].

Die Diskrepanz zwischen dem offiziellen Kurs von De Stijl und Ouds symmetrischen Bauten wurde von den Zeitgenossen durchaus wahrgenommen und kontrovers diskutiert. Der einflußreiche Architekturkritiker Werner Hegemann sprach sich 1925 für die Symmetrie als Kennzeichen jeder großen Architektur aus und ergriff damit Partei für Oud: »Daß gerade ein Architekt in mancher Hinsicht von den van Doesburgschen Folgerungen abweichen muß, wird niemand bezweifeln, der im folgenden liest, daß z. B. gerade ›Formlosigkeit‹ als wesentlich für die Doesburgsche Architekturauffassung erklärt wird, oder daß gerade die Symmetrie (wirkliche oder scheinbare) abgelehnt wird, die den größten Baumeistern aller vergangenen Glanzzeiten der Baukunst und vielen der Besten unter den Jüngsten (z. B. Tessenow und J. J. P. Oud) ebenso wesentlich gilt wie dem ewigen Baumeister, der die inneren Unregelmäßigkeiten des menschlichen Leibes (Maß aller Dinge!) unter einer ziemlich symmetrischen Hülle verbarg.«[898] Die Symmetrie als Kennzeichen der traditionalistischen Architektur wurde bereits in den 1920er Jahren zum Gegenpol der De Stijl-Kunst und der Modernen Architektur erklärt. Obwohl immer wieder auf einzelne symmetrische Bauten hingewiesen wurde, gilt die Symmetrie bis heute nicht als ein Kennzeichen des De Stijl-Architekten Oud.

Charakteristisch für Oud ist neben der Symmetrie auch das Motiv der Serialität.[899] Eine Verbindung beider Prinzipien findet sich erstmals beim Entwurf für eine Häuserzeile an einem Strandboulevard* (1917), bei dem sich die einzelnen symmetrisch gestalteten Kuben scheinbar endlos aneinanderreihen. Ein weiteres Beispiel bildet Block VIII* in Spangen mit seiner standardisierten Fensterfolge an der 187 m langen, in sich wiederum symmetrischen Blockfront. Auch im Fall der Serialität hatte Van Doesburg, beeinflußt von den De Stijl-Mitarbeitern, seine ursprüngliche Meinung geändert. Während Mondrian die Formwiederholung von Anfang an als Kennzeichen des Individuellen und Natürlichen ablehnte, hatte Van Doesburg in der ersten »De Stijl«-Ausgabe die identischen, aneinandergereihten Kuben von Ouds Häuserzeile an einem Strandboulevard noch gelobt.[900] 1919 äußerte sich auch Wils positiv zur Normierung und damit indirekt zur Wiederholung einzelner Bauglieder.[901] Van Doesburgs Meinungswandel hin zu Mondrians »Neoplastizismus« war spätestens im September 1921 vollzogen. In seiner Architekturtheorie von 1924 lehnte er die Wiederholung von Bauelementen schließlich kategorisch ab: »Die neue Architektur hat sowohl die eintönige Wiederholung als auch die starre Gleichheit von zwei Hälften, also das Spiegelbild, und die Symmetrie vernichtet. Sie kennt keine Wiederholung, keine Straßenwand oder Normierung.«[902]

4.6. Abstraktion und Geometrie

Die von den De Stijl-Malern geforderte Abstraktion wurde wiederholt als Kennzeichen einer »De Stijl-Kunst« beschrieben: »Die Kontakte zwischen den Künstlern führten … in den Monaten unmittelbar vor und nach der Gruppenbildung auf den Gebieten der Malerei, Architektur und des Möbeldesigns zu Ergebnissen, die einen völlig gleichartigen Abstraktionsgrad zeigen.«[903] Im Fall von Oud ist eine reduzierte Formensprache mit weitgehend ungegliederten Wandflächen und frei in die Fassade gesetzten Bauteilen jedoch für das gesamte Werk charakteristisch.[904] Entsprechende, bereits vor Gründung von De Stijl auftretende Tendenzen, wie in der Fassade des 1914 errichteten Haus van Bakel (Abb. 6), erklären sich sowohl aus der niederländischen Bautradition als auch aus der persönlichen Vorliebe Ouds für schmucklose Wandflächen. Offenbar wirkte der Einfluß der De Stijl-Künstler bei Oud jedoch verstärkend: Während beim Entwurf der drei Villen in Velp* die Mauerstärke durch Archivolten und Bauornamente noch erfahrbar ist, finden sich bei der 1917 in »De Stil« publizierten Häuserzeile an einem Strandboulevard* bereits vollkommen plane, »entmaterialisierte« Wandflächen.

Neben der flächigen Wandgestaltung zeigen Ouds Bauten einfache, auf ihre Grundform reduzierte geometrische bzw. stereometrische Formen, die den Forderungen der De Stijl-Maler nach einer »objektiven«, regelmäßigen Gestaltung entgegenkamen. Auch diese Formen treten vereinzelt schon vor 1917 auf. Ausschlaggebend dürfte hier das »Entwerfen nach System« gewesen sein, mit dem Oud durch seine Ausbildung an der Quellinus-Schule vertraut gemacht wurde.[905] Stamm sieht gerade in diesen geometrischen Formen ein gemeinsames Kennzeichen der De Stijl-Kunst: »Malerei, Architektur und Design zeigen eine sehr ähnliche Verwendung von geometrisch-abstrakten Formen …«[906]. Diese These wird im folgenden näher zu untersuchen sein.

Charakteristisch für die seit 1916 in den Bleiglasarbeiten entwickelte Formensprache ist eine Unterteilung der Fenster in unterschiedlich große Rechtecke, die als horizontale und vertikale Farbflächen rechtwinklig aufeinanderstoßen. An Stelle eines gleichförmigen Orthogonalrasters entstehen hier – ähnlich den Gemälden der De Stijl-Maler – asymmetrische abstrakte Kompositionen aus schwarzen Bleistegen und farbigen Gläsern. Die frühesten Arbeiten dieser Art schuf Huszár 1916, gefolgt von Van Doesburg, der entsprechende Bleiglasfenster 1917 und 1918/19 für die Villa Allegonda* (Abb. 130) und die Blöcke I und V* in Spangen (Abb. 155) realisierte. Auch Oud entwarf bei seinen Bauten Fenster mit einer geometrischen Gliederung ähnlich den Bleiglasarbeiten seiner De Stijl-Kollegen. Das früheste Beispiel findet sich bei den Behelfswohnungen unter einem Viadukt* (Abb. 170) von Oktober 1918 und damit gleichzeitig zu Van Doesburgs Oberlichtern in Spangen, gefolgt von den Schlafzimmerfenstern der Häuserzeile mit Arbeiterwohnungen*. Während bei den Behelfswohnungen die Fenster der drei Schlafräume und das kleine Fenster in der Eingangstüre durch Streben asymmetrisch unterteilt sind, zeigt das Fenster der rückwärtigen Küchentür eine diagonale Strebe, eine Lösung, die sich auch in Van Doesburgs, Van der Lecks und Mondrians Arbeiten dieser Zeit findet.

Van Doesburg verwendte in seinen Arbeiten, wie den Fenstern von Haus De Geus* (Abb. 20) und den Wohnblöcken I und V* in Spangen (Abb. 155) sowie den Fassadenmosaiken (Abb. 22) und dem Fliesenboden (Abb. 21) in Haus De Vonk*, bevorzugt einfach oder auch zweifach gespiegelten Motive.[907] Dasselbe gilt für Ouds Fensterkompositionen der Behelfswohnungen unter einem Viadukt* und der Häuserzeile mit Arbeiterwohnungen*. In der Beschränkung auf wenige Motive, die gespiegelt oder farblich variiert werden, scheint damit ein weiteres Charakteristikum der »De Stijl-Kunst« zu liegen. Auch in der Architektur selbst treten neben einfachen spiegelsymmetrischen Bauelementen zweifach aneinander gespiegelte bzw. an einer diagonalen Achse gespiegelte Formen auf. Ein Beispiel bilden die als Spiegelbild zu den Wohnungsgrundrissen erscheinenden Gärten in Hoek van Holland* (Abb. 31)[908] und die Fassade des Café de Unie*, die mit der weißen und roten L-Form zwei zwar unterschiedlich große, in ihrer Grunddisposition jedoch spiegelsymmetrische Flächen zeigt. Ob die (doppelte) Spiegelung tatsächlich von der Glaskunst in den architektonischen Bereich übertragen wurde, ist nicht mit Sicherheit zu sagen. Als eine Inspirationsquelle für die De Stijl-Maler dienten sicherlich die Bleiglasfenster mit gespiegelten Motiven von Wright[909], dessen Arbeiten auch für die Architekten der Gruppe von großer Bedeutung waren.

Geometrisch-abstrakte Formen zeigt auch die Häuserzeile mit Arbeiterwohnungen*. Der Übergang zwischen der Wand und der vorgesetzten Wandebene wird dort durch eine dreifach gestufte, rechtwinklig verlaufende Profilierung akzentuiert, die jeweils die Schlafzimmerfenster von zwei nebeneinanderliegenden Wohnungen rahmt. In der Gesamtansicht erscheint die Profilierung als ein über die gesamte Fassadenhöhe verlaufendes Band, das sich wie ein Mäander scheinbar endlos fortsetzt.[910] Weitere geometrisierende Formen finden sich bei den schmiedeeisernen Türgriffen von Block VIII* und IX* in Spangen und der mehrfach profilierten Tür- und Fensterrahmung des Fabrik-Entwurfs*. Auch der Portalvorbau des Doppelhauses für Arbeiter in Beton* zeigt eine aufwendige geometrische Komposition, die mit De Stijl in Verbindung zu bringen ist. In der mehrere Jahre später entstandenen Bauleitungshütte* (1923) griff Oud bei der ornamentalen Holzverkleidung und dem Bleiglasfenster (Abb. 238) auf die geometrisierenden Formen der frühen De Stijl-Jahre zurück. Dasselbe gilt für die Verkleidung der Café-Fassade* (1925).

Bei einer Reihe von Bauten der De Stijl-Architekten wurde bewußt gegen die herrschende Sehgewohnheit einer soliden, massiven Bauweise verstoßen, so bei den (farbigen) Flächenkompositionen der Pariser Ausstellungsmodelle von Van Doesburg, Van Eesteren (Abb. 45) und Van Leusden (Abb. 17) und Rietvelds Schröder-Haus in Utrecht (Abb. 18).[911] Hier besteht eine direkte Verbindung zu der seit 1917 in »De Stijl« geforderten destruktiven, die Architektur »auflösenden« Farbfassung und Mondrians Vorstellung einer offenen »Flächenplastik«.[912] Neben den scheinbar instabilen Lösungen entstanden mit dem oftmals kleinen Maßstab der Gebäude und ihrer Farbfassung in den Primärfarben Assoziationen zu Miniatur- oder Modellbauten, die frei sind von den üblichen funktionalen Anforderungen. Auch im Werk von Oud finden sich entsprechende Motive, zum Teil bereits Jahre vor den oben genannten Arbeiten.

Der Entwurf für die Ambachtsschool Helder*, das Haus De Vonk*, die vier Wohnblöcke in Spangen* und die Blöcke in Tusschendijken* zeigen jeweils drei (bei der Schule vier) dunkel abgesetzte Steinbänder im Sockelbereich, wie sie vor allem für die Bauten De Bazels (Abb. 96) charakteristisch sind.[913] Bei Block I und V* wurden diese Sockelbänder erstmals mit einem weiteren Motiv kombiniert: Während die beiden unteren Bänder im Fall der Ambachtsschool Helder (Abb. 133) und Haus De Vonk (Abb. 135) durch die Türlaibungen unterbrochen werden, zieht sich das oberste Band bei den 1918 entworfenen Wohnblöcken um die Türen herum (Abb. 152, vgl. Abb. 157). Ähnlich mittelalterlichen Gesimsen oder Sohlbänken, die bei wechselnden Geschoßhöhen rechtwinklig verspringen, wird hier der statische Charakter des Gesimses bzw. Sockelbandes unterlaufen. Berlage und andere Architekten dieser Generation, die in Anlehnung an mittelalterliche Architektur rechtwinklig gebrochene Profile verwendeten, setzten diese allein als Fensterdekorationen ein. Durch die Verlagerung des Motivs in die statisch wichtige Sockelzone entstand bei Oud ein vollkommen anderer Eindruck. Indem das Sockelband die Türen bzw. Türgruppen umfaßt, erscheint es als ein bewegliches und elastisches Gebilde, Eigenschaften, die dem Wesen der Architektur grundsätzlich widersprechen. Als Folge hiervon erhalten die Fassaden einen spielerisch-instabilen Zug, der (verstärkt durch die regelmäßige Wiederholung des Motivs) gerade bei den monumentalen Wohnblöcken deplaziert wirkt und beim Betrachter entsprechende Irritationen hervorrufen mußte.

Daß Oud dem geknickten Sockelband besondere Bedeutung zusprach, wird durch das mehrfache Aufgreifen dieses Motivs in den zeitlich folgenden Wohnblöcken deutlich. Ähnlich ging es offenbar Van Doesburg, der die Sockelbänder im Gegensatz zu ihrer natürlichen grauen Farbe in seinem Farbentwurf (wie auch die Regenrinne der Dachgauben) schwarz hervorgehoben hat (Abb. 23). Prinzipiell entsprach die optische Wirkung der Sockelbänder dem, was Van Doesburg – entsprechend den Theorien in De Stijl[914] – mit seinem Farbentwurf anstrebte: eine Auflösung der architektonischen Struktur und damit eine optische Destabilisierung der Bauten. Möglicherweise hatte Van Doesburg jedoch schon vor seinem Entwurf für Block I und V (Sommer 1919) einen einen ähnlichen Gedanken verfolgt. So berichtete er im September 1917 über Haus Lange in Alkmaar: »… um das ganze Haus lasse ich ein schwarzes Band laufen, welches ich mit weißen Flächen aufbreche, so daß das Haus hierdurch aus seiner Stabilität gerückt wird.«[915] Das Motiv der Sockelbänder von Block I und V* wird in der Literatur häufig den Architekten Meischke und Schmidt zugewiesen[916], die mit dem Entwurf der Blockfronten an der Bilderdijkstraat verantwortlich waren. Wie Oud im September 1920 berichtete, seien die beiden Architekten ihrerseits bereit gewesen, ihre Entwürfe hinsichtlich der schwarzen Sockelbänder anzupassen.[917] Das Motiv des abknickenden oberen Bandes findet sich zudem nur in den von Oud gestalteten Abschnitten, während Meischke und Schmidt eine isoliert stehende Tür- bzw. Schaufensterrahmung verwendeten. Die Sockelbänder, die rechtwinklig auf diese Rahmung stoßen, brechen dort in traditioneller Art ab.

Bei dem zeitlich folgenden Block VIII* variierte Oud das Motiv des rechtwinklig die Türen umfassenden Sockelbandes. Aufgrund des Geländeanstiegs liegt die Schmalseite an der Van Harenstraat etwas höher als der Eckbau Pieter Langendijkstraat/Van Harenstraat. Anstatt den Höhenunterschied zu kaschieren, greift Oud dort auf das in mittelalterlichen Bauten vorgebildete (und im 19. Jahrhundert aufgenommene) Element des rechtwinklig verspringenden Gesimses zurück: Alle drei Sockelbänder knicken im Bereich des Eckrisalits an der Van Harenstraat rechtwinklig ab und verlaufen, den Geländeversprung markierend, auf dem höheren Niveau weiter (Abb. 187). Neu ist hier die Verdreifachung und damit die Betonung dieses Motivs.[918]

Ein ähnliches, wiederum der Statik des Baus widersprechendes Motiv verwendete Oud bei den Hofportalen von Block IX* und den Wohnblöcken in Tusschendijken* (Abb. 202). Dort setzt sich das oberste Sockelband bis in den Durchgang hinein fort, um dort als seitliche Portalrahmung nach oben abzuknicken. Die Wände zu Seiten des Durchgangs scheinen so in der Luft zu schweben und widersprehend damit dem Bild einer massiv gemauerten Fassade. Indem die beiden Vordächer die Breite des Durchgangs (Sockelbereich) aufgreifen, werden die frei auskragenden Mauerabschnitte optisch noch hervorgehoben.[919] Ein quasi spiegelsymmetrisches Motiv verwendete Oud bei den Schaufenstern der Eckwohnungen von Block IX und den Wohnblöcken in Tusschendijken (Abb. 194, 200), die jeweils bis auf die Höhe des mittleren Bandes hinunterreichen. Hierfür knickt das obere Sockelband beiderseits der Schaufenster rechtwinklig nach unten ab, wo es mit dem mittleren Band zusammenfällt. Allerdings macht es der Fensterfront nicht in ganzer Breite Platz, so daß zwei schmale Fensterstreifen seitlich des zentralen Schaufensters zurückbleiben. Auch hier sind die Bänder nicht Ausdruck des architektonischen Struktur des Gebäudes (Markierung des Sockels), sondern geben sich als eigenständiges Dekorationselement zu erkennen. Daß die rechtwinklig abknickenden Sockelbänder in Verbindung zu *De Stijl* stehen, wird durch die 1923 in Paris präsentierten Aufnahmen gestützt. So wurde bei Block VIII* eine Fotografie gewählt (Abb. 187), auf der die Schmalseite an der Van Harenstraat mit dem Höhensprung der Sockelbänder deutlich sichtbar ist.[920] Die Beziehung zu *De Stijl* zeigt auch eine ähnliche Lösung in der Tanzschule von Jan Wils in Den Haag (1920), die offenbar unter dem Einfluß der Spangener Wohnblöcke entstand.[921]

Als eine Variation der abknickenden Sockelbänder kann auch die profilierte Wandlaibung im Entwurf einer Häuserzeile mit Arbeiterwohnungen* gelten. Die rechtwinklig verlaufende Profilierung, die jeweils die Schlafzimmerfenster von zwei benachbarten Wohnungen umrahmt, scheint in Breite der anschließenden Fassadenabschnitte hinter der oberen Wandschicht weiterzuführen und kommt – je nach Fassadenvariante – bei der nächsten Gruppe von Schlafzimmerfenstern oder aber im Bereich der Wohnzimmerfenster wieder zum Vorschein. Im Vergleich zu den Sockelbändern der Wohnblöcke in Spangen* und Tusschendijken* tritt das rein dekorative, der Statik widersprechende Motiv hier noch stärker hervor. Vor allem die von Oud vorgesehene Farbfassung der Bauglieder in den Primärfarben[922] hätte den dekorativ-spielerischen Charakter der Fassadenkomposition betont.

Ein ähnliches Beispiel zeigt auch der Fabrik-Entwurf* mit seinem plastischen Türrahmen an dem ansonsten vollkommen ungegliederten Kubus für den Warenumschlag (Abb. 180). Die massive, mehrfach profilierte Rahmung ruht auf zwei wuchtigen Podesten beiderseits der Tür, die den Kontrast zwischen dem glatten Kubus, der einfachen Tür und dem überproportionierten Rahmen noch verstärken. Letzterer gibt sich als eine vierseitig geschlossene, allein von der Doppeltür durchbrochene Rahmung zu erkennen, die an der Schnittstelle abrupt abbricht. Eine Steigerung dieser aufwendigen, jedoch gänzlich unfunktionalen Lösung zeigt die Übertragung des Rahmens ins Obergeschoß, wo er als Fensterrahmen des Schlafzimmers dient. Indem das Fenster wiederum den unteren Teil der Rahmung durchbricht, erscheint es analog zum Erdgeschoß als eine Tür, die hier jedoch ins Nichts führt.

Ebenfalls rein dekorativ ist das von zwei Bändern eingefaßte flache Fensterband der Fabrikfassade, das scheinbar durch den Schornstein hindurchführt und am anderen Ende wieder zum Vorschein kommt. Ein ähnliches Motiv findet sich bei der Dachgestaltung des Transformatorenhäuschens* in Oud-Mathenesse (Abb. 240), das ein zweites kleines Satteldach erhielt. Hierdurch entsteht der Eindruck, als ob sich in dem Gebäude ein weiteres kleineres, die Dachzone durchbrechendes Haus befände. Dem kleinen Transformatorenhäuschen, das dennoch wie ein Wohnhaus mit Sockel, Treppenzugang und ziegelgedecktem Dach konzipiert war, wird in der Vorstellung des Betrachters somit ein noch kleineres Haus beigestellt. Im krassen Gegensatz zur Funktion des an ein Spielzeughaus erinnernden Transformatorenhäuschens steht seine exponierte Lage innerhalb der Siedlung sowie seine betont repräsentative Gestaltung mit symmetrischer Fassade und hohem Sockel. Vor allem die dem Verwaltungsbau gegenüberliegende Treppe auf halbkreisförmigen Grundriß (Abb. 239), die zu einem nur für die Angestellten des Elektrizitätswerkes zugänglichen Eingang führt, zeigt die im deutlichen Widerspruch zur Funktion des Baus stehende Formgebung.

Ähnliche Charakteristika sind – wie erwähnt – auch bei anderen, mit *De Stijl* in Verbindung stehenden Architekten festzustellen. Bois spricht dem *De Stijl*-Künstler Rietveld eine »moral du joujou« zu, die dieser der »Moral des Funktionalismus« entgegengesetzt habe. In Rietvelds Arbeiten sieht er eine ironische Umkehrung des Gegensatzes »Träger – Getragenes« bzw. eine Anzahl von Elementen mit verschiedenen Funktionen (tragend und lastend) gleichzeitig, wodurch die »funktionalistische Moral« untergraben werde. Aufgrund dieser Ironie in Bezug auf den konstruktiven Aufbau eines Gebäudes bezeichnet er Rietveld als den einzigen Architekten von *De Stijl*.[923] Gerade dieser »spielerische Zug« und die Diskrepanz zwischen Form und Funktion erscheinen jedoch ebenso und vor allem weitaus früher in den Bauten von Oud. Damit kann auch dieser »spielerische Aspekt« als ein allgemeines Charakteristikum der »*De Sijl*-Architektur« bezeichnet werden.

4.7. Der Einfluß des Kubismus und der *De Stijl*-Malerei

Eine Verbindung von Ouds Architektur mit der zeitgenössischen Malerei wurde erstmals in »De Stijl« gezogen. Bereits in der ersten Ausgabe verwies Van Doesburg auf Parallelen zwischen der Häuserzeile an einem Strandboulevard* und »guter moderner Malerei«.⁹²⁴ Die Vorstellung einer analogen »Geisteshaltung« von Architektur und Malerei, Voraussetzung für die Realisierung einer monumentalen Kunst, vertrat Van Doesburg schon seit längerem. Auch in seinem ersten Brief an Oud von Juni 1916 bekräftigte er: »Der Unterschied besteht meines Erachtens allein im Unterschied des Materials [›stof‹], in welchem sich der ›gleichgestimmte‹ Geist ausdrückt [›afdrukt‹].«⁹²⁵ Diese optimistische Sichtweise teilten jedoch nicht alle *De Stijl*-Künstler. So forderten Oud, Van der Leck und Huszár zwar eine Verbindung von Architektur und Malerei, gingen jedoch weder von einem gemeinsamen Ursprung der Künste noch von einer gleichen Entwicklungsstufe aus.⁹²⁶ Für Mondrian war die Architektur ein derart rückständiges Medium, daß ihm eine Verbindung mit der Malerei erst in ferner Zukunft möglich schien.⁹²⁷ Die *De Stijl*-Künstler folgten damit der allgemeinen Sichtweise ihrer Zeit, wonach die Malerei als fortschrittlichere Gattung der Architektur den Weg weisen sollte. Bis heute gilt die Vorstellung, daß die (vermeintlich) entwicklungsgeschichtlich höher stehende Malerei die Architektur des frühen 20. Jahrhunderts beeinflußt habe. Kritische Stimmen, beispielsweise zur Übertragbarkeit formaler Lösungen in eine andere Gattung, bilden die Ausnahme.⁹²⁸

Im Juli 1922 erschien ein Artikel des Architekten Jan Gratama, in dem er Oud als »Vorgänger der Kubisten in der Baukunst« bezeichnete.⁹²⁹ Als Van Doesburg kurz darauf mit einer polemischen Gegendarstellung reagierte, war ihm der Begriff einer »kubistischen Architektur« noch nicht geläufig.⁹³⁰ Oud selbst folgte der Darstellung Gratamas und brachte in seinem Artikel »Bouwkunst en kubisme« (August 1922) – wenn auch unter Vorbehalten – die Architektur im allgemeinen sowie seine eigenen Arbeiten mit dem Kubismus in Verbindung.⁹³¹ Demnach stehe der Kubismus für den notwendigen Prozeß von Auflösung und Wiederaufbau, solle jedoch, sobald er seine Aufgabe erfüllt habe, durch etwas Neues ersetzt werden.⁹³² Oud hatte schon früher eine Verbindung zwischen Malerei und Architektur gezogen, zunächst allerdings beschränkt auf den Futurismus.⁹³³ Im Januar 1920 berichtete er über Sant'Elia und Chiattone und verwies dabei auf die höhere Entwicklungsstufe der futuristischen Malerei gegenüber der Baukunst.⁹³⁴

Eine grundsätzlich neue Situation ergab sich nach dem Zerwürfnis mit Van Doesburg und der Pariser *De Stijl*-Ausstellung (1923), auf der die Modelle von Van Doesburg und Van Eesteren als Hauptwerke der »*De Stijl*-Architektur« vorgestellt wurden. Oud versuchte nun verstärkt, sich als ersten und einzig rechtmäßigen Architekten von *De Stijl* zu positionieren und griff dabei auf den Vergleich zwischen seinen Bauten und dem Kubismus zurück. Gegenüber Jean Badovici, Redakteur der Zeitschrift »L'Architecture Vivante«, sprach er seinem Fabrik-Entwurf* eine Pionierrolle zu: »Après 1920 on a bâti en Hollande des bâtiments qui ressemblent beaucoup l'usine et souvent on se trompe et croit que le projet de moi est l'imitation. C'est injuste; quand je projetais le plan de l'usine in n'y était pas de cubisme en architecture en Hollande du tout …«⁹³⁵. Weitere »kubistische Arbeiten« von seiner Hand datierten laut Oud bereits aus dem Jahr 1917. Gegenüber Gustav Adolf Platz bezeichnete er sich entsprechend als Vorreiter einer »kubistischen Architektur«, die von anderen Architekten aufgegriffen und nachgeahmt worden sei.⁹³⁶ In seiner Abhandlung über den Einfluß Wrights auf die europäische Architektur (1925) ging Oud ausführlicher auf den »Kubismus in der Architektur« und damit indirekt auf seine eigenen Bauten ein: »Zur Zeit … als die Vergötterung der Wrightschen Werke bei seinen Kollegen diesseits des Meeres einen Höhepunkt erreichte, gärte es in der europäischen Baukunst selber [sic] und der Kubismus ward geboren.«⁹³⁷ Der »kubistischen Tendenz« wies Oud generell größere Bedeutung zu als dem Einfluß des Amerikaners. Wrights Ziel, eine Architektur von Genauigkeit, Einfachheit und Regelmaß, sei bereits »mit mehr tatkräftiger Konsequenz« vom Kubismus in Angriff genommen worden.⁹³⁸ Als Kennzeichen des Kubismus nannte er den Willen zum Rechteckigen, das Zergliedern und den Wiederaufbau der Baukörper, die Dreidimensionalität, die Verwendung neuer Materialien und Bautechniken sowie puritanische Askese und Abstraktion. Den von der Kritik als kubistisch bezeichneten Ausstellungsmodellen von Van Doesburg und Van Eesteren sprach Oud jedoch – trotz ihrer Auflösung in Rechteckflächen – jede Verbindung zur Malerei ab.⁹³⁹

Neben dem Kubismus berief sich Oud auch auf Mondrians Malerei, so erstmals 1921 in der vielbeachteten Publikation seines Architekturprogramms.⁹⁴⁰ In der Bildunterschrift zur oberen Halle von Haus De Vonk* verweist er auf ein (ebenfalls abgebildetes) Gemälde Mondrians aus dem Jahr 1918 und spricht von dem Versuch, das was Mondrian im Zweidimensionalen erreicht habe, ins Dreidimensionale umzusetzen.⁹⁴¹ Allerdings zielte diese Aussage allein auf Van Doesburgs Fliesenboden, der zwar den Eindruck des Innenraumes maßgeblich bestimmt, jedoch nicht Teil der architektonischen Konzeption war. Nach Ouds damaliger Auffassung sollte die Architektur gerade nicht dem »Neoplastizismus« und damit Mondrians Forderung nach einer – allein für die Malerei berechtigten – Flächenplastik folgen. Eine tatsächliche Bezugnahme seiner Architektur auf Mondrian erfolgte daher erst im Juli 1926, mehrere Jahre nach Ouds Distanzierung von *De Stijl*. Seit diesem Zeitpunkt bezeichnete er Mondrians Gemälde als Ausgangspunkt der »kubistischen Architektur«: »Der architektonische Kubismus geht auf Mondrian, nicht auf Wright zurück.« Gleichzeitig betonte er die Verbindung zwischen seiner eigenen Architektur und dem »Neoplastizismus«: ».. die Ideen von Mondrian brachte ich in die Architektur.«⁹⁴² Mit der späten Berufung auf Mondrian, dem zu dieser Zeit erfolgreichsten *De Stijl*-Künstler, stellte Oud seine Arbeiten ganz bewußt in den Kontext der Gruppe. Seine Bauten erschienen damit nicht nur als früheste Verwirklichung einer »kubistischen Architektur«, sondern auch als die erste und eigentliche »*De Stijl*-Architektur«.⁹⁴³ Die häufig zu findende Parallelsetzung von Ouds Arbeiten mit Mondrians Bildern beruht daher primär auf Ouds eigener Propaganda. 1927 ging Oud noch einen Schritt weiter und führte auch seine im »Internationalen Stil« errichteten Bauten auf die Malerei des Kubismus bzw. auf Mondrian zurück.⁹⁴⁴ 1932 bekräftigte er: »Wie merkwürdig es auch klingen mag, die ›Neue Sachlichkeit‹ ist zu einem großen Teil aus der Entwicklung hervorgegangen, die die freie Kunst – vor allem die Malerei – eingeschlagen hat … Horizontales und vertikales Durchdringen von Bauteilen, schwebende Platten, Eckfenster usw. waren eine Zeitlang sehr gefragte Objekte, deren Ableitung aus der Malerei und Bildhauerei einfach zu zeigen ist und die mit oder ohne praktisches Ziel fortlaufend angewendet werden.«⁹⁴⁵

Nach Gratamas Vergleich wurde eine Verbindung seiner Arbeiten mit dem Kubismus (abgesehen von Oud selbst) erstmals wieder im November 1927 und zwar von der mit Oud befreundeten Innenarchitektin Ida Liefrinck gezogen: »Le projet d'une fabrique, en 1919, est la première réalisation d'une architecture nouvelle forte et nette, seins décorations, sans formes séduisantes, procédé analogue à la peinture cubiste, qui décompose les formes naturelles, pour les reconstruire dans un ordre spirituel.« Dies sei der Ausgangspunkt der »kubistischen Architektur«, die sich vergleichbar der freien Kunst entwickelt hätte.⁹⁴⁶ In den folgenden Jahren schlossen sich zahlreiche Autoren dieser Interpretation an.⁹⁴⁷ Walter Curt Behrendt sprach schließlich von der

»cubistic school in architecture« und nannte Oud den »leading representative of this new school«. Zusammen mit Mondrian und Van Doesburg habe er *De Stijl* »as a center for the development and interpretation of the theory and principles of the new style of cubism« begründet.[948] Im Zuge dieser Entwicklung bezeichnete De Gruyter auch die aus einzelnen Baukuben komponierte Häuserzeile an einem Strandboulevard* als »kubistisch«.[949] Damit berief er sich nicht mehr auf den Malstil des Kubismus (Zerlegung plastischer Körper), sondern auf die Kennzeichen der Modernen Architektur.[950] Ähnlich verhält es sich bei Hans Oud, der eine Verbindung zwischen der kubischen Villa Allegonda* und dem »Neoplastizismus« sieht.[951] Auch Ouds Propaganda bezüglich einer Verbindung seiner Arbeiten mit Mondrians Malerei war erfolgreich.[952] Dies gilt sogar für Bauten, die nach seiner aktiven *De Stijl*-Zeit entstanden. So charakterisiert Hitchcock die Bauleitungshütte* als eine ins Dreidimensionale übertragene neoplastizistische Malerei, und Curtis sieht die farbigen Details in Hoek van Holland* »... inevitably recalling the character of Mondrian's paintings ...«[953].

Ouds Architektur wird bis heute von der vermeintlich höher entwickelten Malerei, vor allem dem Kubismus und Mondrians »Neoplastizismus«, abgeleitet. Alle Verweise dieser Art bleiben jedoch höchst allgemein und ohne Begründung.[954] Auch der Begriff einer »kubistischen Architektur« wird undifferenziert verwendet.[955] Tatsächlich läßt eine Überprüfung von Ouds Bauten, anders als bei dem 1910 einsetzenden Tschechischen Kubismus[956] oder dem »Neoplastizismus« der *De Stijl*-Künstler, keine konkreten Verbindungen zur kubistischen Malerei erkennen. Der vielbeschworene Einfluß des Kubismus auf Ouds Architektur ist damit nur über den Umweg der *De Stijl*-Malerei faßbar. Für die Malerei von *De Stijl* war der Kubismus dagegen zweifellos von entscheidender Bedeutung. Mondrian, der bis 1914 in Paris gearbeitet hatte, kam über seine kubistischen Bilder und die »Plus-Minus-Malerei« zu seinen charakteristischen Farbflächen und Linienrastern. Ähnlich verhält es bei Van Doesburg, dessen Arbeiten noch 1918, das heißt ein Jahr nach Gründung von *De Stijl*, eine dem französischen Kubismus verpflichtete Malweise zeigen. Für Oud war wiederum die *De Stijl*-Malerei eine der wichtigsten Inspirationsquellen. Daß er ganz konkret unter dem Einfluß seiner Maler-Kollegen stand, konnte an mehreren Beispielen dargelegt werden. Am sinnfälligsten ist sicherlich die (zum Teil großflächige) Farbfassung seiner Bauten seit seiner Zusammenarbeit mit Van Doesburg. Allerdings folgte Oud dabei vor allem den Vorstellungen der *De Stijl*-Maler von einer farbigen Architektur und stand weniger unter dem Eindruck bestimmter Gemälde. Der Forderung einiger *De Stijl*-Maler nach einer optischen Auflösung der Bauten kam Oud nicht nach. Hierfür steht vor allem die Häuserzeile mit Arbeiterwohnungen*, die allein Baudetails in Rot, Gelb und Blau erhalten sollte. Ouds Vorliebe für Primärfarben, die er Zeit seines Lebens beibehielt, geht sicherlich auf Van der Leck und Mondrian zurück. Auch die Fenstergliederung der Behelfswohnungen unter einem Viadukt* und der Häuserzeile mit Arbeiterwohnungen folgt den Arbeiten der *De Stijl*-Maler, vor allem den asymmetrischen Rechteck-Kompositionen und den gespiegelten Motiven der Bleiglasarbeiten und Gemälde. Am Beispiel der diagonalen Kompositionslinien der Häuserzeile, die sich durch eine entsprechende Plazierung der verschiedenen Fenstermotive ergab, zeigt sich der wechselseitige Einfluß zwischen den Vertretern der beiden Kunstgattungen. So legte Van Doesburg wenig später sein Farbkonzept für Block I und V* vor, das ebenfalls von diagonalen Kompositionsachsen bestimmt ist. Auch der Versuch, die Stabilität der Bauten zu unterlaufen, wurde gleichzeitig zu den Farbkonzepten der Maler in Ouds rechtwinklig abknickenden, scheinbar elastischen Sockelbändern umgesetzt.

Eine konkrete Beeinflussung durch die *De Stijl*-Malerei zeigt die Fabrikfassade* mit ihrer Komposition aus plastisch hervortretenden, unterschiedlich verschatteten Rechtecken sowie horizontal und vertikal angeordneten Bauteilen. Zweifellos orientierte sich Oud hier an Gemälden Mondrians und anderer *De Stijl*-Maler mit ihren rechteckigen, in unterschiedlichen Farben gehaltenen Flächen und Linienrastern. Entsprechend erläuterte Oud in seiner Autobiographie: »Im Jahre 1919 machte ich den Versuch, in einem Fabrik-Entwurf dreidimensional das zu erreichen was Mondriaan in seiner Malerei verwirklichte. Den Gegensatz von Linien und Farbflächen übersetzte ich von den Bildern in die Architektur dadurch, daß ich Offenes gegen Geschlossenes stellte, Glas gegen Wand.«[957] Im Gegensatz hierzu sieht Stamm in Mondrians Gemälden dieser Zeit eine wesentlich einfachere Struktur als in der Fabrikfassade.[958] Da Oud über die aktuelle künstlerische Entwicklung des in Paris lebenden Malers keine Informationen besessen habe, könne der Fabrik-Entwurf nicht von Mondrian beeinflußt sein. Vielmehr, so die Vermutung von Stamm, habe Ouds Entwurf auf die Arbeit des Malers Einfluß ausgeübt: der Fassadenentwurf erscheine insgesamt fortschrittlicher als Mondrians Gemälde, die erst seit 1921 vergleichbare Asymmetrien aufwiesen. In der Tat sind Mondrians Bilder regelmäßiger konzipiert als die Fabrikfassade, können aber dennoch als Vorbild für Ouds »Flächenkomposition« herangezogen werden: Da Mondrians Gemälde bereits 1919 in »De Stijl« veröffentlicht wurden

47. Komposition Nr. 10, Piet Mondrian, 1919

(Abb. 47), waren sie Oud zweifellos bekannt. Eine ähnlich komplexe Struktur wie die Fabrikfassade zeigt zudem ein Bild Van Doesburgs, das im April 1919, und damit kurz vor Entstehung des Farbikentwurfs, in »De Stijl« erschien.[959] Als Entsprechung zu den beiden Gesimsen des Fensterbandes finden sich dort jeweils zwei parallel verlaufende schwarze Linien. Aufgrund der vollkommen neuartigen Fassadengestaltung, die mit der kleinteiligen Durchdringung von Flächen und Kuben auch in Ouds Œuvre keine Vorstufen hat, ist eine Beeinflussung Ouds durch die neusten Arbeiten der De Stijl-Maler wahrscheinlich.

Auch die Bauten, die nach Ouds aktiver De Stijl-Zeit entstanden sind, weisen Einflüsse der De Stijl-Malerei auf. Bei Haus Kallenbach* erinnern die unterschiedlich langen, von der Springbrunneneinfassung ausgehenden Mauerzüge an Gemälde Van Doesburgs, die im Gegensatz zu Mondrians gleichförmigen Kompositionen eine Zentrierung der Linien auf einen Punkt zeigen.[960] Auch die Kreisformen in den Skizzen der Siedlung Kiefhoek*, die offenbar für farbig abzusetzende Kreise an den Hauswänden stehen, finden Vorbilder in der De Stijl-Malerei.[961] Das wohl sinnfälligste Beispiel einer Anlehnung an die De Stijl-Malerei bildet die Fassade des Café de Unie*, die jedoch, wie auch die Bauleitungshütte* in Oud-Mathenesse, eine Sonderstellung innerhalb von Ouds Œuvre einnimmt.

4.8. Bauleitungshütte und Café de Unie: zwei Sonderbauten der »De Stijl-Architektur«

Die Anfang 1923 errichtete Bauleitungshütte* der Siedlung Oud-Mathenesse und die zwei Jahre später entstandene Fassade des Café de Unie* wurden bereits in den ersten wissenschaftlichen Publikationen zu De Stijl als repräsentative Beispiele einer »De Stijl-Architektur« bezeichnet.[962] Diese Sichtweise vertreten auch die Autoren der Oud-Publikationen: Stamm erkennt in beiden Bauten eine »virtuose Handhabung des De Stijl-Kanons«, während Hans Oud von einem »Architektur gewordenen Neoplastizismus« spricht.[963] Für Barbieri bildet das Café de Unie den »orthodoxesten Ausdruck des Neoplastizismus«.[964] Ausschlaggebend für diese bis heute gängige Interpretation ist die Farbgebung der Bauten in den Primärfarben einschließlich Schwarz, Weiß und Grau und die Beschränkung auf rechteckige Formen, Gestaltungsmittel, die allgemein mit De Stijl verbunden werden.[965] Aufgrund ihrer »untektonischen« Farbgebung vergleichen zahlreiche Autoren die Café-Fassade zudem mit Gemälden Mondrians. Eine Ausnahme bildet allein Jean Leering: »die Farben ausgenommen: kein ›De Stijl‹!«[966]

In der Literatur wurde bisher nicht explizit dargelegt, daß die Bauleitungshütte wie auch die Café-Fassade eine Sonderstellung innerhalb von Ouds Werk einnehmen.[967] Hans Oud betont zwar eine (im Vergleich zu den früheren Arbeiten) verstärkte Annäherung an die Vorstellungen von De Stijl, gibt hierfür jedoch keine Begründung.[968] Untypisch für Oud sind bis zu diesem Zeitpunkt sowohl die großflächige Farbgebung als auch die Verwendung reiner Primärfarben und die von der Struktur des Baus gelöste Farbgebung. Verschiedentlich wurde zudem auf die »Bretterverkleidung« der beiden Bauten und ihre temporäre Bestimmung verwiesen.[969] In der Tat sollte die Fassadendekoration beider Bauten die Assoziation von Holz und damit eines leichten, nicht dauerhaften Materials wecken. Hans Oud sieht in der temporären Bestimmung der Bauten schließlich die Chance für formale Experimente, auf die Oud bei seiner Arbeit für den Woningdienst ansonsten habe verzichten müssen.[970]

Wichtig für eine Interpretation der beiden Bauten ist, daß sie einige Zeit nach dem Zerwürfnis mit Van Doesburg (Herbst 1921) und damit nach Ouds aktiver Zeit in De Stijl errichtet wurden. Bereits der Bauleitungshütte waren sowohl die Auseinandersetzung mit Mondrian um die Übertragbarkeit des »Neoplastizismus« in die Architektur als auch der in »De Bouwwereld« ausgetragene Streit mit Van Doesburg über Ouds Bedeutung für die »De Stijl-Architektur« vorausgegangen. In der Jubiläumsnummer zum fünfjährigen Bestehen von »De Stijl« (Dezember 1922) wurde Oud entsprechend wenig Platz eingeräumt.[971] Mit Blick auf seine wachsende internationale Reputation und das gleichzeitige Auseinanderbrechen der Gruppe drängt sich daher die Frage auf, weshalb Oud gerade zu diesem Zeitpunkt den Vorgaben von De Stijl und damit Mondrians Formenkanon gefolgt sein soll. In der Literatur wurde dieser Sachverhalt zwar zur Kenntnis genommen, jedoch nicht hinterfragt: »… aber es ist und bleibt eine Tatsache, daß die reinste Stijl-Architektur, die Oud je schuf, nach seiner Loslösung von De Stijl im Jahre 1921 zustande kam, nämlich die Bauleitungsbaracke Oud-Mathenesse 1923 und das Kaffeehaus De Unie 1924.«[972] Laut Stamm habe sich Oud nicht gescheut, auch nach dem Verlassen der Gruppe den De Stijl-Kanon anzuwenden, während Lawrence Wodehouse sogar von einer »Rückkehr« Ouds zur De Stijl-Ästhetik spricht.[973]

Einen ersten und bisher einzigen Erklärungsansatz für die Diskrepanz zwischen Ouds Distanzierung von De Stijl und der Realisierung zweier »Musterbeispiele« der »De Stijl-Architektur« lieferte 1983 Barbieri: Seiner Meinung nach könne die Café-Fassade als »ironische Reaktion« auf die theoretische Reinheit von De Stijl interpretiert werden.[974] Auch Roland Günter sprach wenig später in bezug auf die Café-Fassade von einer »Ironisierung«.[975] Hierauf griffen 1996 Taverne und Broekhuizen zurück: »… auf den ersten Blick können [Bauleitungshütte und Café-Fassade: EvE] als ›ironische‹ Reaktion Ouds auf die theoretische Reinheit von De Stijl betrachtet werden, wie sie sowohl von Van Doesburg als auch durch Mondrian betrachtet wurde.«[976] Ausschlaggebend für die formale Lösung sei der Kontrast zu den weißen Wohnhäusern von Oud-Mathenesse bzw. den das Café flankierenden historistischen Bauten gewesen.[977] In dieselbe Richtung zielt Cor Wagenaar, der beide Bauten in Anlehnung an Äußerungen Ouds als einen »architektonischen Scherz« wertet.[978]

Entgegen der vorherrschenden Meinung ist aufgrund der unterschiedlichen Bauaufgabe von Bauleitungshütte und Café-Fassade, der abweichenden Formensprache und der zeitlichen Differenz von mehr als zwei Jahren (Anfang 1923 bis Sommer 1925) nicht von einer identischen Lesart beider Bauten auszugehen. Beide Bauten müssen daher zunächst isoliert betrachtet werden.

Die im Frühjahr 1923 fertiggestellte Bauleitungshütte* besteht aus drei unterschiedlich großen, ineinandergeschobenen Kuben, die sich zu einem symmetrischen Gebäude formieren. Die Eigenständigkeit der Kuben wird durch ihre Farbfassung in jeweils einer der drei Primärfarben, unterschiedlich hohe Plinthen und eine Wandverkleidung mit konzentrisch angeordneten Holzlatten betont (vgl. Abb. 30). Wie dargelegt, ist die Verwendung geschlossener Kuben für Oud durchaus charakteristisch, steht jedoch im Widerspruch zu den Forderungen des »Neoplastizismus«. Auch die vorgeblendeten Holzlatten widersprechen der von Mondrian geforderten Flächigkeit und der generellen Ablehnung von dekorativen Elementen in De Stijl. Bei der Schriftform »DIRECTIE« über dem Eingang wurde im Gegensatz zu den Schriften des »De Stijl-Typographen« Huszár zudem Rundformen verwendet, die auch Mondrian strikt ablehnte.[979] Dagegen folgen die Primärfarben und die großflächige Farbfassung Mondrians Theorie, wobei vor allem letztere neu war für Oud.[980]

Von besonderem Interesse ist im Fall der Bauleitungshütte das auffallende Mißverhältnis von Funktion und gestalterischem Aufwand, der vor allem in der großflächigen Farbfassung, der Holzverkleidung und dem Bleiglasfenster (Abb. 238) zum Ausdruck kommt. Auch der streng symmetrische, kreuzförmige Grundriß trägt zu diesem Eindruck bei. Die Bauleitungshütte als eine ironische Reaktion auf die dogmatische Theorie des »Neoplastizismus« zu deuten, erscheint angesichts von Ouds Auseinandersetzung mit Van Doesburg und Mondrian zunächst naheliegend. Auch die temporäre Bestimmung würde einer derartigen Interpretation entgegenkommen. Von Bedeutung ist schließlich die Lage der Hütte auf einer von Wohnhäusern umbauten und damit schwer zugänglichen und von der Straße kaum einsehbaren Grünfläche der Siedlung (Abb. 227).[981] Die Bewohner des »Witte Dorp«, die mit einem ironischen Pamphlet gegen eine (ihnen sicherlich unbekannte) Kunsttheorie kaum etwas hätten anfangen können, wurden mit der ungewöhnlichen Architektur der Hütte nicht konfrontiert. Die einzige Ausnahme bildeten die Bewohner der direkt angrenzenden Häuser sowie die Besucher des Verwaltungsbaus, von dessen rückwärtigen Balkon aus die Hütte sichtbar war. Dem mit De Stijl vertrauten Fachpublikum wurde sie dagegen durch (positiv berichtenden) Publikationen vorgestellt.

Eindeutig gegen diese Lesart sprechen jedoch die allzu großen Abweichungen von Mondrians Theorie, während im Fall einer »Ironisierung« des »Neoplastizismus« eine überspitzte, überdeutliche Erfüllung dieser Forderungen zu erwarten gewesen wäre. Eine vollkommen andere Architekturauffassung zeigen auch die 1922/23 entstandenen Modelle für die Pariser De Stijl-Ausstellung von Van Doesburg und Van Eesteren, die sich im Sinne von Mondrian aus einzelnen farbigen Wänden zusammensetzen. Entsprechend wurde die Bauleitungshütte nicht wie ältere Arbeiten von Oud im Hauptsaal mit den drei Modellen von Van Doesburg und Van Eesteren ausgestellt, sondern in einem anderen Saal zusammen mit den Werken verschiedener, zum Teil unabhängig von De Stijl arbeitender Künstler. Auch der Kontrast zu den umgebenden Wohnbauten als Argument für die ironische Grundhaltung der Bauhütte[982] ist weniger deutlich als allgemein angenommen wird: Zwar zeigt die Bauleitungshütte größere Farbflächen als die übrigen Häuser und das von Oud bevorzugte Flachdach im Gegensatz zu den rot gedeckten Satteldächern, andere Gestaltungselemente binden den Bau jedoch bewußt in den Siedlungskomplex ein. Hierzu zählt die Farbpalette (Primärfarben), die von der Wandfläche abgesetzte Plinthe und der plastisch aus der Fassade hervortretende Schornstein.

Ein Schlüssel zum Verständnis der Bauleitungshütte ist ihre ungewöhnliche Formensprache. Die moderne und im Vergleich zu ihrer Funktion betont aufwendige Gestaltung steht in der Tradition des von den Kommunen in Auftrag gegebenen »straatmeubilair«. Vor allem die Stadt Amsterdam setzte sich für eine einheitliche und anspruchsvolle Gestaltung aller stadtbildprägenden Bauten ein.[983] Weitere mögliche Vorbilder, die eine Deutung der Bauhütte als ernst gemeinten künstlerischen Beitrag unterstützen, sind die unter Führung von Bruno Taut als Stadtbaurat von Magdeburg errichteten (bzw. umgestalteten) Kleinbauten, besonders die expressionistischen und farbig gefaßten Bücher- und Zeitungskioske sowie die Trinkstube auf der MIAMA.[984] Die von Carl Krayl entworfene Cacao-Trinkstube »Hauswaldt« wurde in Ouds Besprechung, die am 21. Oktober 1922 und damit kurz vor dem Bau der Bauleitungshütte im »Bouwkundig Weekblad« erschien, als ein ganzheitliches Kunstwerk aus Architektur und Malerei gelobt und mit insgesamt drei Abbildungen illustriert.[985] Obwohl Oud auf die Gefahren der »destruktiven« Farbigkeit hinwies, präsentierte er die Magdeburger Bauten ausgehend von ihrem temporären Charakter als positive Beispiele farbiger Architektur.[986] Die kurz darauf entstandene Bauleitungshütte, bei der die drei Kuben in je einer der Primärfarben gefaßt waren, geht entsprechend von der »destruktiven« Farbgebung ab, folgt ansonsten jedoch einem ganz ähnlichen künstlerischen Konzept. Die Nähe der Bauleitungshütte zu den Magdeburger Bauten beweist schließlich auch die begeisterte Reaktion von Taut: »Lieber Herr Oud! Dank für Ihr kubisches – so gar nicht programmatisches Wohnhäuschen! Aus welchem Material sind eigentlich die blanken ornamentierten (-aber Herr Oud!!) Flächen? Viva el stilo bizarro! ›Bizarro‹ heisst auf deutsch: stattlich, mutig. Der nächste Baustil wird der Bizarre sein …«[987].

Unabhängig von möglichen Vorbildern in Amsterdam und Magdeburg verkörpert die Bauleitungshütte in erster Linie Ouds Wunsch, seine eigenen Vorstellungen von »De Stijl-Architektur« deutlich zu machen und damit seine Position als Architekt der Gruppe zu sichern. Dies war gerade zu dem Zeitpunkt notwendig, als Van Doesburg versuchte, Ouds Bedeutung für De Stijl durch seine Pamphlete abzuwerten und seine eigenen, zusammen mit Van Eesteren erstellten Ausstellungsmodelle als die wahre »De Stijl-Architektur« zu propagieren. Mit der betont plastischen Architektur der Bauleitungshütte einschließlich Rundformen und dekorativen Elementen wandte sich Oud ganz bewußt von Mondrians »Neoplastizismus« ab. Seine eigene Architekturauffassung als erster und – seiner Ansicht nach – einziger rechtmäßiger De Stijl-Architekt wurde somit als Gegenkonzept zum aktuellen Kurs von De Stijl präsentiert. Gleichzeitig übernahm Oud jedoch – erstmals in seinem Werk – die von Mondrian propagierten Primärfarben, die in der Fachwelt inzwischen zum Synonym für De Stijl geworden waren. Kurz nach Fertigstellung der Bauhütte wählte Oud die Primärfarben auch für seine 1924 entstandenen Cover-Entwürfe der belgischen Zeitschrift »Het Overzicht« und für die Broschüre »Outlines of extension and housing« des Rotterdamer Woningdienst.[988]

Das 1925 im Zentrum Rotterdams entstandene Café de Unie* unterscheidet sich in Form und Funktion grundsätzlich von der Bauleitungshütte. Das nur 10 m breite Grundstück zwischen zwei historischen Gebäuden sowie die Nutzung als Café/Restaurant forderten ein individuelles und auffälliges Erscheinungsbild. Entsprechend entwarf Oud eine mit der angrenzenden Bebauung kontrastierende Fassade mit großen Schriftzügen, einzelnen, in den Primärfarben gefaßten Bauelementen und einer roten Verkleidung (vgl. Abb. 33, 34). Anders als beim Warenhaus Barasch in Magdeburg (1921/22), das im Kontrast zu den angrenzenden historischen Häusern allein eine expressive Bemalung erhalten hatte[989], konzipierte Oud eine neue, strukturell eigenständige Fassade mit betont untektonischem Aufbau. So liegen die Fenster des Obergeschosses versetzt zu dem im Erdgeschoß sichtbaren Stützensystem, und werden die Fensterbretter seitlich bis über die Höhe der Fenster hinaus nach oben fortgeführt. Als Grund für diesen »destruktiven Charakter« der Fassade nannte Oud die temporäre Bestimmung des Gebäudes, die auf diese Weise zum Ausdruck gebracht werden sollte.[990] Ausgangspunkt seines Fassadenentwurfs sei schließlich die Funktion des Baus gewesen: »Beim Entwerfen habe ich folglich das Café Café sein lassen, d. h. eine Eß- und Trinkgelegenheit, die mit allen dafür geeigneten und passenden Mitteln, wie Lichtreklame, Aufschriften, Form, Farbe usw., alles tut, um Aufmerksamkeit auf sich zu ziehen. Abgewichen wurde dabei insoweit von dem gewohnten Gang der Dinge, als diese Mittel nicht später zur Hilfe gerufen wurden, wie es gebräuchlich ist mit all den unordentlichen charakterlosen Folgen davon, sondern, daß sie bereits von vornherein zu einem Ganzen komponiert wurden.«[991] In der Tat wurden die Schriftzüge nicht nachträglich aufgesetzt, sondern waren zentraler Bestandteil der Fassadenkomposition. Eine weitere Besonderheit bestand in der Bildhaftigkeit der Fassade, die ebenfalls auf die spezifischen Anforderungen dieses Auftrags zurückzuführen ist: Sowohl das Grundstück (schmale Baulücke) als auch die Funktion der Fassade (Blickfang für die Passanten) verlangten eher ein Flächenbild denn eine plastische Architektur. Entsprechend blieben die Gestaltungsmittel wie Fenstergliederung, farbig gefaßte Bauteile und Wandverkleidung ganz der Fläche verhaftet, und zeigt die Fassade auf diese Weise Parallelen zu abstrakten Gemälden dieser Zeit. Mit der Beschränkung auf die Primärfarben ist dabei in erster Linie an die Malerei von *De Stijl* und die asymmetrischen Gemälde Mondrians zu denken.[992] Die enge Verbindung von Schrift und Flächenkomposition verlieh Ouds Fassade jedoch, abweichend von Mondrians Arbeiten, den Charakter einer Reklametafel: »Diese Fassade vergisst man nie mehr, und die Schrift wird ebenfalls zum Bild (einzig der Name DE UNIE ist wirklich lesbar), beides zusammen, Schrift und Bild, ist ein einziges, einprägsames Zeichen!«[993] Der Deutung der Café-Fassade als Reklamewand entspricht auch Ouds zeitgleiche Tätigkeit im Bereich des Designs und der Typographie. So entwarf er 1924 für den Städtebau-Kongreß in Amsterdam ein Plakat sowie ein Jahr später das Titelblatt für eine Ausgabe des »Baumeister«.[994] Die Parallelen zu Mondrians Gemälden und der zeitgenössischen Werbegraphik wurden mit Blick auf die großflächige Farbgebung, den untektonischen Aufbau und die Schriftzüge mehrfach hervorgehoben.[995] Als Besonderheit von Ouds Fassade erscheint jedoch vor allem die Verschmelzung von Reklame und Architektur und damit die Verbindung zweier Gattungen.[996] Eine Umsetzung von Mondrians Flächenplastik hat Oud entgegen der Meinung Fanellis dabei nicht angestrebt.[997]

Inspirierend für die Gestaltung seiner Café-Fassade dürfte Ouds Aufenthalt in Magdeburg (März 1923) gewesen sein, wo er erstmals die unter Taut entstandenen farbigen Hausfassaden und Zeitungskioske selbst gesehen hat.[998] Insgesamt fand Oud jedoch zu anderen Lösungen. In einem Brief an Van Doesburg verglich er dessen drei Jahre zurückliegende (und von Oud abgelehnten) Farbentwürfe für die Spangener Wohnblöcke* mit Tauts Experimenten in Magdeburg und nannte beide dekorativ, inhaltslos und subjektiv.[999] In der Tat ging Oud von Tauts expressionistischen, autonom künstlerischen Gestaltungen ab und realisierte statt dessen eine von der Funktion bestimmte Fassadenlösung. Eine Verbindung von Architektur und Werbegraphik zeigt sich kurz vor Ouds Café-Fassade in der osteuropäischen Baukunst. Als Anregung für Oud ist, ausgehend von seinen Kontakten zu Prag und Brünn, vor allem an tschechische Architektur zu denken wie Jaromír Krejcars Olympic Building in Prag und Evzen Linharts Entwurf für das Bürohaus von Pneu Pirelli (beide 1923).[1000] Diese Bauten boten jedoch weder für die farbigen Architekturelemente noch für die Verschmelzung von Architektur und Reklame ein Vorbild. Letztendlich handelt es sich bei den tschechischen Bauten um herkömmliche Architekturfassaden, die an den hierfür geeigneten Stellen nachträglich mit Reklamezügen versehen wurden.[1001] Besondere Bedeutung erhält daher das 1924 in Zusammenarbeit von Van Eesteren, Ouds »Nachfolger« in *De Stijl*, und Van Doesburg entworfene Café an der Laan van Meedervoort in Den Haag, das ebenfalls einen Schriftzug und eine großflächige Farbfassung in den Primärfarben zeigt (Abb. 46).[1002] Im selben Jahr – und sicherlich unter Einfluß Van Doesburgs – entstanden Herbert Bayers Entwürfe für einen Multimedia Messestand und der Entwurf eines Zeitungskioskes (Abb. 43), wiederum mit Schriftzügen und einer Farbgebung in den Primärfarben.[1003] Als einer der ersten ausgeführten Fassaden, die bewußt als Reklamewand mit integrierter Werbeschrift gestaltet wurden, war das Café de Unie zweifellos von großem Einfluß für die Verwendung von Reklame in der Architektur. Erich Mendelsohn argumentierte in der Erläuterung seines Kaufhaus Schocken in Stuttgart (1926/28) ähnlich wie vor ihm Oud: »Ich bemerke, dass die Buchstaben von Anfang an ein Teil des Entwurfes gewesen sind und infolgedessen ein Teil der Gesamtarchitektur. Daher schwimmen sie nicht irgendwo an der Front, sondern sind mit dem Schaufenstervorbau und seinem Material als zugehöriger Bauteil organisch verbunden.«[1004]

Die Deutung der Café-Fassade als Bildfläche mit Reklamefunktion, die sich formal an die *De Stijl*-Malerei anlehnt, widerspricht der Sichtweise von Taverne und Broekhuizen.[1005] Demnach zeige die Fassade, wie sehr Oud noch an der kubischen dreidimensionalen Fassadenkomposition hing, wofür als Argument die Fotografien des Baus aus der Schrägsicht (Abb. 256) angeführt werden. Da die Fassadenfläche die Baulücke vollständig ausfüllte, war der sich in die Tiefe des Grundstücks erstreckende Gebäudekörper für den Passanten jedoch grundsätzlich verdeckt. An plastischen Elementen sind – auch aus der Schrägsicht – allein die vorgesetzten Schriftzüge mit ihren Vordächern sichtbar, die der Fassade zwar ein Relief, nicht jedoch plastische Qualitäten verliehen. Die Schrägaufnahmen sind (wie auch die Nahaufnahmen) durch die Baumbepflanzung am Calandplein begründet, die das Gebäude bei einer Frontalaufnahme verdeckt hätten. Allein das große Schriftfeld, das als eine isolierte, von schmalen Stützen gehaltene Plakatwand identifiziert werden sollte, war nur aus der Schrägsicht bzw. aus der Bewegung des Flanierenden oder des Autofahrers heraus erkennbar.[1006] Godoli verweist auf Wils Tanzschule Gaillard & Jorissen in Den Haag (1921)[1007], deren Fassade in der Tat Parallelen zur Café-Fassade zeigt. Allerdings vermittelt die Sichtbacksteinfassade weder den Eindruck eines Flächenbildes, noch kommt sie als Vorbild für die Farbgebung der Café-Fassade in Betracht.

Mit Blick auf die Bezüge zur *De Stijl*-Malerei und zur vier Jahre zuvor entstandenen Tanzschule von Wils bleibt hier nach dem Verhältnis der Café-Fassade zur zeitgleichen *De Stijl*-Architektur zu fragen. Als Vergleich bieten sich die zwei Varianten des von Van Eesteren 1924 vorgelegten Wettbewerbsentwurfs für eine Ladenzeile mit Café an der Laan van Meerdervoort in Den Haag (Abb. 46) an, für die Van Doesburg das Farbkonzept entwickelt hatte. Van Eesterens Entwurf erschien in mehreren Abbildungen in »De Stijl«.[1008] Bestimmend ist die Teilung in einen langen Bauriegel und in das erhöhte Eckgebäude, in dem das Café untergebracht werden sollte. Die Ladenzeile basiert auf einem einfachen Stützenraster, wobei die Farbgebung zur Verdeutlichung der konstruktiven Elemente beiträgt: die horizontale Trennung zwischen Ladenzeile und Wohngeschossen ist gelb, das Abschlußgesims blau, während die Ladentüren einen roten Anstrich erhalten sollten. Beim Eckgebäude wird das Stützsystem durch vorgeblendete Mauerflächen verunklärt. Ähnlich den Pariser Ausstellungsmodellen von Van Eesteren und Van Doesburg erhält jede Wandfläche eine eigene, von der Funktion unabhängige Farbe (Weiß, Gelb, Blau), wobei die weiße Fläche zur Straße mit einem großen schwarzen Schriftzug versehen wurde. Trotz der übereinstimmenden Verwendung von Primärfarben und Schriftzügen sowie einzelner gemeinsamer Bauelemente (die großen Schaufenster im Erdgeschoß, drei große Fenster im ersten Obergeschoß und die geschlossenen Wandflächen im obersten Geschoß) zeigt die dreidimensionale Komposition aus Einzelflächen ein grundsätzlich anderes Architekturverständnis als Ouds bildhafte Café-Fassade.

Auch mit seinem Café folgte Oud nicht der in *De Stijl* geforderten Übertragung des »Neoplastizismus« in die Architektur, orientierte sich jedoch an der von Mondrian in seinen Gemälden realisierten Formensprache. Die Gestaltung der Fassade als Flächenbild war allerdings allein durch die besonderen Vorgaben dieses Bauauftrags (schmales Grundstück) und die Funktion der Fassade (Blickfang) möglich und fand daher keine Nachfolge in Ouds Bauten. Weder die Bauleitungshütte noch das Café de Unie entsprachen als Gesamtbauten dem aktuellen Kurs in *De Stijl*. 1925 schrieb Van Doesburg in »De Stijl«, daß Oud sich schon seit einiger Zeit faktisch zum »Liberty-Wendingstijl« bekehrt habe, wie die Bauleitungshütte und die »dekorative Fassadenarchitektur« des Cafés zeigten. Entsprechend plädierte er dafür, beide Bauten nicht in die *De Stijl* gewidmete Ausgabe von »L'Architecture Vivante« aufzunehmen.[1009] Erst Jahre später, als

Oud sich erfolgreich zum führenden *De Stijl*-Architekten stilisiert hatte, wurden auch diese beiden Bauten mit *De Stijl* in Verbindung gebracht.[1010]

Interessant ist Ouds eigene Deutung der Café-Fassade, die in Rotterdam – im Gegensatz zur (versteckt liegenden) Bauleitungshütte – heftige Proteste selbst von Mitgliedern des Gemeinderats hervorgerufen hatte.[1011] Da die Arbeit des *Woningdienst* von der Zustimmung des Gemeinderats abhängig war, bedrohte die Kritik an der Café-Fassade nicht allein Ouds Position bei der Gemeinde, sondern auch die Zukunft des *Woningdienst*. Entsprechend versuchte er in der Erläuterung seiner Café-Fassade, die er drei Wochen nach Erscheinen eines anonymen »Hetz-Artikels«[1012] im »Bouwkundig Weekblad« publizierte, die von ihm gewählte Fassadengestaltung zu rechtfertigen.[1013] Oud berief sich zunächst auf die Funktion der Fassade als Blickfang für die Passanten. Indem die auffälligen Schriftzüge allein nach vorne und zur Mitte der Fassaden und nicht zu den seitlich angrenzenden Bauten gerichtet seien, nehme der Entwurf dabei größtmögliche Rücksicht auf die bestehende Bebauung am Calandplein. Das kritisierte »Auseinanderfallen« der Fassade deutete er als Ausdruck der temporären Bestimmung des Gebäudes.[1014]

Ganz anders fielen die Erläuterungen gegenüber der internationalen Fachwelt aus. Bereits im Juli 1925 hatte Oud gegenüber Werner Hegemann von einer Formauflösung im Gegensatz zur vollendeten, klassischen Architektur gesprochen. Abweichend von seiner beschwichtigenden Erläuterung im »Bouwkundig Weekblad« betonte er dort die Neuartigkeit und den »Witz« seiner Erfindung und sprach der Formgebung so einen Eigenwert zu. Nur durch die »formauflösende Gefühlsekstase« könne, laut Oud, das Neue entstehen: »Ich baue jetzt ein kleines Café, es ist nur semi-permanent (und so darf ich mir allerlei erlauben!), wobei die Form aufgelöst ist; ein bißchen Dada also, nur damit nicht in einer Formfestigkeit erstarre, bevor die Form verdient, befestigt zu werden.«[1015] In einem wohl Ende 1925 verfaßten Briefkonzept an Hannes Meyer wertet Oud die Fassade ähnlich losgelöst von funktionalen Fragen als »künstlerischen Befreiungsakt«, spontanen Ausbruch und virtuoses Einzelwerk, die somit einen Gegenpol zu seinem Ideal einer klassischen, beherrschten Baukunst bilde: »Bisweilen habe ich nötig mich ›künstlerisch‹ auszutoben und wieder neue Beherrschung zu sammeln – aber weiter auch um nicht zu erstarren in einer schon erreichten ›Klarheit‹ von Formen, welche nicht höher aufzuführen ist, falls sie nicht immer wieder zerstört wird! Also das Café ist eine Befreiung und Vorbereitung, ein Witz, Dada aber doch grosser Ernst!«[1016] In ästhetischer Hinsicht sah Oud bei seiner Café-Fassade jedoch deutliche Mängel. Entsprechend lautet auch sein 1926 durch Emil Strasser überlieferter Kommentar, nach dem er beim Café De Unie seine Auffassung einmal in grotesker humorvoller Übertreibung habe zum Ausdruck bringen wollen.[1017] Auch Hegemann gegenüber beschrieb er das Café wie auch die Bauleitungshütte als einen »Spaß«, den er sich bei provisorischen Bauten erlaubt habe und verwies dabei auf das Buch von Strasser: »... Sie machen hoffentlich nicht der [sic] Fehler von Herrn Klein und von einem belgischen Kollegen (der deswegen nicht mehr im Stande war eine Arbeit über mich zu beenden!) mich zu beurteilen nach meinem ›Kaffee-haus‹ oder nach meiner ›Baubude‹! Sie zitieren einmal ein schönes Wort von Goethe, das ungefähr so war: ›Man ist nur vielseitig wenn man zum niedrigsten greift aus Spass und zum Höchsten kommt weil man muss‹. Sollte es wirklich nicht erlaubt sein bei *provisorischen* Bauten einen Spass zu machen und gerade das Zeitliche in der Form auszudrücken? Sind wir solche Philister heute, dass man wie Heine zu seinem Kellner sagen muss: ›es gibt auch Ironie in der Welt‹? Sonst lesen Sie einmal das kleine Buch von Strasser über ›Holländische Architektur‹ und erfahren daraus aus welchem Grunde ich diesen Spass machte.«[1018] Zweifellos hat Oud seine Interpretation der Café-Fassade damit dem jeweiligen Rezipienten, das heißt der sich provoziert fühlenden niederländischen Öffentlichkeit und der internationalen Fachwelt, angepaßt. Neben Erklärungs- und Rechtfertigungsversuchen im eigenen Land bestand der Wunsch, sich im Ausland als großer Architekturvirtuose zu stilisieren, der sich durch Humor aus der herrschenden Bautradition befreit und damit zum Vorreiter einer neuen Baukunst wird. Die Deutung der Fassade als individuelles Kunstwerk sollte Oud Zeit seines Lebens beibehalten.[1019]

Im Gegensatz zum Café De Unie, das innerhalb von Ouds Gesamtwerk einen durch Funktion und Standort bedingten Einzelfall bildet, konnte er mit der Bauleitungshütte seine Vorstellungen eines *De Stijl*-Gebäudes verwirklichen. Als Träger eines Architekturprogramms wurde der temporäre kleine Nutzbau für Oud zu einer seiner bedeutendsten Arbeiten. Die stilistische Sonderstellung von Bauleitungshütte und Café-Fassade innerhalb von Ouds Œuvre basiert auf ganz unterschiedlichen Voraussetzungen. In beiden Fällen war die Realisierung dieser »Werbe- oder Propagandabauten« jedoch nur bei temporären Gebäuden und damit nicht bei seinen Wohnkomplexen für den *Woningdienst* möglich gewesen.

4.9. Der Einfluß von Wright und Van't Hoff

Der Einfluß Frank Lloyd Wrights bildete in den ersten Jahren eines der zentralen und verbindenden Elemente der »*De Stijl*-Architektur«.[1020] Noch vor Gründung von Zeitschrift und Gruppe hatte Rob van't Hoff mit der Villa Verloop (1914/15) und der Villa Henny (1914–19) zwei Wohnhäuser in Anlehnung an Wrights Formensprache errichtet.[1021] Wie der Vergleich mit den amerikanischen Vorbildern zeigte, übernahm er jedoch nur bestimmte Aspekte von Wright. Dasselbe gilt für Hoste und Oud. Kennzeichnend ist, daß sich die Bauten der drei *De Stijl*-Architekten weitaus stärker als bei Wright durch abstrahierte, geometrisierende Formen und einen symmetrischen Aufbau auszeichnen. Für Oud wurde bislang nicht detailliert untersucht, in welchen Bauten (und damit ab welchem Zeitpunkt) er auf die Architektur von Wright zurückgriff und wie er diese Einflüsse verarbeitet hat.

Ein erster Hinweis für die Auseinandersetzung Ouds mit Wright findet sich in seinen Schriften. Besondere Bedeutung kommt dabei zwei Artikel in »De Stijl« zu, die in Heft 3 und Heft 4 des ersten Jahrgangs erschienen. Sein Beitrag »Kunst en machine« von Januar 1918 ist ein Kommentar zu Wrights – bereits 17 Jahre zurückliegendem – Vortrag »The Art and the craft of the machine« (1901), in dem er die Maschine als das »Werkzeug der Zivilisation« verherrlicht. Oud schließt sich Wrights Sichtweise an und fordert neben der Verwendung neuer Materialien die maschinelle Produktion im Bauwesen.[1022] In seinem Aufsatz über das 1907 fertiggestellte Robie House gibt Oud eine Charakterisierung von Wrights Architektur. Hervorgehoben wird die horizontale Ausrichtung, das »Aufbrechen« der Baukörper, die malerische Massengruppierung und die Verwendung von Beton.[1023] Für eine spätere Ausgabe von »De Stijl« kündigte Oud die Publikation des Larkin Building in Buffalo an, die jedoch nicht mehr erscheinen sollte.[1024]

Nach Ouds eigener Aussage wurde sein Interesse an Wright durch Berlage geweckt.[1025] 1952 schilderte er rückblickend den nachhaltigen Eindruck, den Wrights Arbeiten auf ihn machten: »1912 unternahm Berlage eine Reise durch Amerika und ich erinnere mich noch als wäre es gestern gewesen, wie dieses Werk bei uns einschlug, als er in Vorträgen darauf aufmerksam machte.«[1026] Im Rahmen seiner Selbststilisierung zum *De Stijl*-Architekten und dem Versuch, sich als Pionier der Modernen Architektur – auch gegenüber Wright – zu positionieren, bestritt Oud jedoch eine Beeinflussung durch den amerikanischen Architekten. Deutlich wird dies auch in seinem Artikel »The influence of Frank Lloyd Wright on the architecture of Europe« (1925), in dem er sich selbst an die Spitze der »kubistischen Architektur« stellt: »Der Kubismus in der Architektur ... entstand völlig selbständig, absolut frei von Wright ...«[1027]. Zwar sei er zunächst (durch Berlages Vorlesungen) unter den Einfluß von Wright geraten, habe sich nach seinem Wohnhaus in Aalsmeer jedoch nur noch an Berlage angelehnt.[1028]

Auch die frühen Kritiker von Oud – zumeist Freunde des Architekten – sahen in seinen Arbeiten keine oder wenige Bezüge zu Wright. So betonte Van Doesburg im März 1920, daß der Fabrik-Entwurf*, der an gleicher Stelle als Musterbeispiel einer vollkommen neuartigen »De Stijl-Architektur« präsentiert wurde, unabhängig von Wright entstanden sei.[1029] Im Gegensatz hierzu erkennt die spätere Forschung durchaus Bezüge zwischen Ouds Bauten und den Arbeiten des Amerikaners, vor allem beim Fabrikentwurf* und dem Lagerhaus*, der Häuserzeile mit Arbeiterwohnungen* und dem Doppelhaus für Arbeiter in Beton*.[1030] Die Verbindung zu Wright wird dabei generell in der maschinellen Fertigung und der Verwendung von Beton gesehen und weniger in den ästhetischen Lösungen.[1031]

Oud selbst gab an, bei seinem 1912 erbauten Haus für Gerrit Oud in Aalsmeer (Abb. 4) unter dem Einfluß von Wright gestanden zu haben.[1032] Obwohl die Datierung des Hauses und Ouds erster Kontakt mit Wrights Arbeiten zusammenfallen, fehlen hierfür konkrete Anhaltspunkte. Gerade das steile Dach, der geschlossene Baukörper und die Symmetrie von Grund- und Aufriß sprechen – vor allem bei einem freistehenden Wohnhaus – gegen eine Beeinflussung durch Wright. Interessanter in diesem Kontext ist das ebenfalls 1912 von Oud entworfene Kinogebäude in Purmerend mit einem für diese Zeit außergewöhnlichen frei auskragenden Vordach aus Beton (Abb. 3).[1033] Möglicherweise zeigt sich in diesem Baudetail eine erste Reaktion auf das Werk des Amerikaners.[1034] Auch bei Block VIII* verwendete Oud das Motiv des auskragenden Betondachs, hier jedoch in Form zweier scheinbar in das Gebäude eingeschobener Platten (Abb. 187). Die Vordächer erhalten dadurch einen vollkommen anderen Charakter, der eher auf De Stijl als auch Wright verweist.[1035]

Donald Langmead sieht in der Villa Allegonda* mit ihrem Versuch, einen fließenden Übergang zwischen Innen- und Außenraum zu schaffen, eine mögliche Beeinflussung durch Wright.[1036] Im Bauzustand von 1917 finden sich jedoch allein kleine Fensteröffnungen, die diesen Eindruck nicht bestätigen können, während die großen Fensterfronten von 1927 bereits ein allgemeines Kennzeichen der Modernen Architektur bilden. Auch die übrige Gestaltung des Hauses zeigt keinen Einfluß von Wright. Anders verhält es sich beim wenig später entstandenen Haus De Vonk* mit seinem kreuzförmigen Flur und den seitlich des Hauses angefügten Terrassen.[1037] Ein weiteres von Wright beeinflußtes Motiv sind die niedrigen Mauerbrüstungen der Terrassen und Balkone am Haus De Vonk und dem zeitlich vorausgehenden Entwurf der drei Villen in Velp*. Hinzu kommen die bepflanzten Blumenkästen, die Oud, angeregt von Wrights Präsentationsentwürfen der Prairie Houses, in seinen Vorentwürfen für Haus De Vonk (Abb. 145) und Block V* in Spangen (Abb. 162) übernahm. Der Vorentwurf für Block V entstand in der ersten Hälfte von 1918 und damit zeitgleich zu Ouds Aufsätzen über Wright.

Eine weitere Parallele zu Wright bildet das Motiv der abknickenden Bänder, das in den Prairie Houses in Form eines Fensterrahmens, so bei den Kellerfenstern der Häuser für F. B. Henderson und für W. E. Martin in Oak Park (1901 bzw. 1902), auftritt. Der für die Spangener Wohnblöcke bestimmende Eindruck eines elastisch um Fenster oder Türen geführten Sockelbandes findet sich dort jedoch nicht. Die Verbindung zu Wright zeigt sich daher vor allem in der perspektivischen Ansicht von Block VIII* (Abb. 190), bei der die Kellerfenster von einem dunklen Band gesondert gerahmt werden. Auch die den Backsteinwänden plastisch aufgesetzten Steingesimse an den Schornsteinen und den seitlichen Balkoneinfassungen von Block VIII und IX* (Abb. 194) erinnern an vergleichbare Lösungen bei Wright.

Die gleichzeitig entstandene, mehrfach auf Wright zurückgeführte Häuserzeile mit Arbeiterwohnungen*[1038] zeigt dagegen nur in sehr allgemeiner Form, wie der geometrischen Fassadendekoration, eine Parallele zu den Bauten des Amerikaners. Ganz anders verhält es sich mit dem Fabrik-Entwurf*, bei dem mehrere Elemente auf Wright verweisen. Hierzu zählen die schmalen, weit auskragenden Vordächer, der allein durch ein Portal gegliederte Baukörper für den Warenumschlag und das Fensterband mit vortretenden ornamentierten Stützen unterhalb des Daches (Abb. 180)[1039]. Der flache, in den zentralen Baukörper eingeschobene und im Verhältnis zum Gesamtbau überproportionierte Schornstein findet Vorläufer in den Prairie Houses. Auch das auffällige Motiv der mehrfach profilierten Tür- und Fensterrahmung kann auf Wright zurückgeführt werden. Frühe Beispiele sind Haus Emma Martin in Oak Park (1901) mit einer dreistufigen Profilierung sowie ein Fensterrahmen im Innenraum des Larkin Building. Wright war seinerseits von Arbeiten der Wiener Sezession wie den Gebäuden von Joseph Maria Olbrich und Josef Hoffmann beeinflußt, die seit 1900 die Mehrfachrahmung verwendeten. Nach seinem Wien-Aufenthalt von 1910 wurde die Mehrfachrahmung zu einem gängigen Motiv seiner Bauten.[1040] Auch für Oud ist nicht auszuschließen, daß er die Mehrfachrahmung direkt über Olbrichs Arbeiten kennenlernte. Ein mögliches Vorbild wäre der Hochzeitsturm in Darmstadt (1907/08) mit seinen Turmgiebeln sowie der Portal- und Fensterrahmung, den Oud offenbar 1912 auf der Hinreise nach München bzw. der Rückfahrt in die Niederlande gesehen hat. Da es sich hier jedoch nicht um konzentrische Rahmungen handelt, stehen Wrights Lösungen dem Fabrik-Entwurf insgesamt näher. Hinzu kommt daß Wils, der ebenfalls unter dem Einfluß von Wright stand, bereits 1917 ein ähnliches Motiv am Eingang von Haus De Lange verwendet hatte.[1041]

Das im Mai 1919 publizierte Doppelhaus für Arbeiter in Beton* wurde vielfach unter dem Einfluß Wrights gesehen. Langmead meint hier sogar eine Parodie auf Wright zu erkennen: »The stocky, charmless building ... was a parody of Wright's pre–1910 work.«[1042] Als eine deutliche Anlehnung an Wrights Bauweise sind jedoch allein die schmale, vorkragende Dachplatte, das Vordach am Hauseingang und das Baumaterial (Beton) zu nennen. Der geschlossene Baukörper und die Symmetrie des Gebäudes[1043] scheinen Wrights Formensprache zunächst zu widersprechen. Dies gilt jedoch nicht für das 1910 in der Wasmuth-Publikation abgebildete Winslow House (1893, River Forest, Illinois), das nicht nur einen kubischen Baukörper, sondern auch eine symmetrische Eingangsfront, den akzentuierten Eingangsbereich,

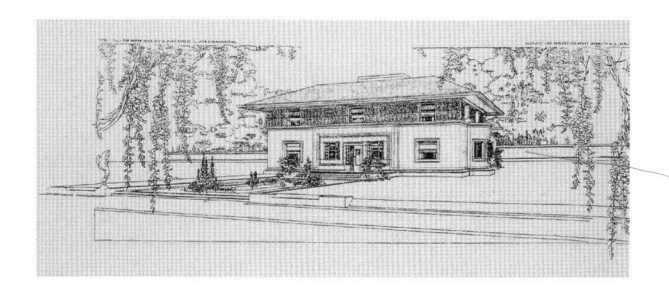

48. F. L. Wright, Haus Winslow, River Forest (Illinois), 1893, Perspektive

das unterhalb des Daches zurückspringende Obergeschoß, die Dachplatte und den gestuften Sockel zeigt (Abb. 48).[1044] Im Entwurf des Bootshauses Yaharn in Madison/Wisconsin von 1902 (Abb. 49) finden sich zudem deutliche Parallelen zu Ouds Lagerhaus*: Beide Bauten besitzen neben einem symmetrischen Gesamtaufbau zwei seitlich aus der Flucht hervortretende Baukörper, ein auskragendes Dach mit darunterliegendem Fensterband, bei dem die Fenster durch Mauerstreben getrennt werden, und zwei seitlich angeordnete Schornsteine.

Von den späteren Bauten zeigt die Bauleitungshütte* mit ihrer geometrisierenden, streng symmetrischen Innenausstattung Ähnlichkeiten zur Unity Church.[1045] Auch der kreuzförmige Grundriß des kleinen Holzbaus könnte (wie bei Haus De Vonk*) auf Wright zurückgehen, ist jedoch insgesamt charakteristisch für Oud. Ein weiterer Bezug zu Wright ist allein noch im ersten Entwurf für die Rotterdamer Volkshochschule* zu finden, dessen Figurengruppe mit Weltkugel an die Fassade des Larkin Building erinnert.

Entgegen Ouds eigener Aussage[1046] ist ein Einfluß von Wright für seine zwischen 1917 und 1920 entstandenen Arbeiten eindeutig nachweisbar. Durch seinen Verweis auf das vermeintlich von Wright beeinflußte Haus Gerrit Oud in Aalsmeer (1912, Abb. 4), ein früher und für seine weitere Entwicklung eher wenig bedeutender Bau, hoffte Oud offenbar, weitere »Enthüllungen« dieser Art zu vermeiden. Zumindest bei seinen frühen Kritikern hatte Oud damit Erfolg. Festzuhalten bleibt, daß sich in Ouds Werk (mit Ausnahme des isoliert stehenden Vordachs beim Purmerender Kino) erst in der Zeit von De Stijl, das heißt seit 1917, ein konkreter Einfluß von Wrights zeigt. Dies ist deshalb bemerkenswert, da Oud schon 1912 mit dem Werk des amerikanischen Architekten bekannt war.[1047] Mit Ouds Distanzierung von De Stijl in den frühen 1920er Jahren nahm auch der Einfluß von Wright ab. Damit ist Ouds Wright-Rezeption eindeutig auf den Austausch der De Stijl-Mitarbeiter zurückzuführen.[1048]

Die von Wright übernommenen Formen wie das Vordach, die Sockelbänder, die profilierten Rahmen und die unter dem Dach verlaufende Fensterreihe beschränken sich auf einzelne Motive. Da Ouds Tätigkeit zwischen 1917 und 1920 fast ausnahmslos im Bereich des sozialen Wohnungsbaus lag, wird eine weitergehende Anlehnung an die luxuriösen Villen des amerikanischen Architekten kaum möglich gewesen sein.[1049] Entscheidender als die unterschiedlichen Bauaufgaben war jedoch die grundsätzlich unterschiedliche Formensprache der beiden Architekten. Vor allem Ouds Vorliebe für symmetrische, geschlossene Bauten steht in prinzipiellem Widerspruch zu den auf freiem Grundriß errichteten, weitläufigen Prairie Houses.[1050] Parallelen zu Ouds Bauweise finden sich somit primär in Wrights repräsentativen, symmetrischen Bauten wie dem Larkin Building und der Unity Church, dem Entwurf für das Bootshaus Yaharn sowie dem von Oud besprochenen Robie House, das (aufgrund des Parzellenzuschnitts) ebenfalls symmetrisch ausgebildet ist.

Zu fragen bleibt, ob Oud zu den Wright verpflichteten Formen über die direkte Kenntnis von Wrights Werk kam oder aber von den vorausgehenden Bauten seines De Stijl-Kollegen Van't Hoff beeinflußt wurde. Letzteres wird nicht allein durch die große zeitliche Differenz zwischen dem ersten Kontakt mit Wrights Werk (1912) und der hier beschriebenen Formübernahme ab 1917 bestärkt, sondern auch durch einen Vergleich zwischen Van't Hoffs Villa Henny (Abb. 15, 19) und Ouds Entwürfen für das Lagerhaus* und das Doppelhaus für Arbeiter in Beton*.[1051] Allen drei Bauten gemeinsam sind die Symmetrie und die zentral im Obergeschoß angeordneten Fenster. Das zweigeschossige Lagerhaus zeigt zudem zwei übereinanderliegende Fensterbänder, eine für Wright generell untypische Lösung. Auch die in der Mittelachse plazierte Tür findet kein Vorbild bei Wright. Darüber hinaus könnte der kreuzförmige Grundriß von Haus De Vonk* und der Bauleitungshütte* von der Villa Henny inspiriert sein, ebenso die symmetrischen Terrassen von Haus De Vonk mit ihren in der Mittelachse liegenden Anbauten (Abb. 138). Der quadratische Teich von Van't Hoffs Villa findet sich schließlich im Entwurf für Haus Kallenbach* wieder. Banham erwähnt in diesem Zusammenhang die plötzliche Begeisterung Ouds für das Robie House, das bis zum Zeitpunkt seiner Publikation in »De Stijl« in Europa kaum bekannt war, von Van't Hoff jedoch besonders geschätzt wurde.[1052]

Aus diesen Beobachtungen ist zu schließen, daß Oud in erster Linie über Van't Hoff den – seiner eigenen Architektursprache eher fernstehenden – Bauten von Wright nähergebracht wurde. Van't Hoffs Villen gehen zwar direkt auf die Prairie Houses zurück, übersetzen deren Formensprache (zumindest im Fall der Villa Henny) jedoch in ein abstrakt-symmetrisches Vokabular. So lange Oud aktiv in De Stijl tätig war und mit den Vorstellungen und Zielen der anderen De Stijl-Architekten konfrontiert wurde, bemühte er sich, die dort als ideal verstandene und sicherlich auch von ihm selbst geschätzte Architektursprache des Amerikaners in seine Bauten aufzunehmen. Durch seine Distanzierung von der Gruppe ging dieser Impuls verloren. Im Vergleich zu Van't Hoff und Wils, die direkt von Wrights Bauten beeinflußt waren, griff Oud über den Umweg der Villa Henny deutlich später auf Wright zurück und gab dessen Formensprache auch bald nach seiner aktiven Zeit in De Stijl wieder auf. Wie die überlieferte Korrespondenz zeigt, war Oud jedoch weiterhin an Wright interessiert.[1053] Ein Grund hierfür war der von Wright verkörperte Typus des Künstler-Architekten, ein Ideal, dem auch Oud Zeit seines Lebens nachstrebte.[1054]

4.10. Zusammenfassung

Ausschlaggebend für Ouds Mitarbeit in De Stijl war neben der Verbreitung seiner Arbeiten durch Van Doesburg vor allem das Interesse an bestimmten, in der Gruppe diskutierten Themen. An erster Stelle stand dabei die Suche nach einem allgemeingültigen, die neue Zeit zum Ausdruck bringenden Stil auf Grundlage abstrakt-geometrischer Formen. Mit Hilfe dieses Stils sollte eine Verbindung der Künste ermöglicht und schließlich ein »Gesamtkunstwerk« geschaffen werden. Im Zentrum der Diskussionen stand daher das Verhältnis von Malerei und Architektur bzw. die Farbfassung von Gebäuden. Mit diesen Themen war Oud bereits durch seine Ausbildung an der Quellinus-Schule und seinen Mentor Berlage konfrontiert worden. Entsprechend aufmerksam verfolgte er die theoretischen Ansätze und formalen Lösungs-

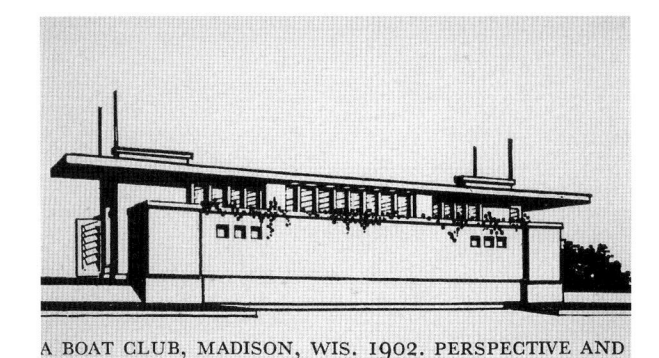

49. F. L. Wright, Bootshaus Yaharn, Madison (Wisconsin), 1902, Perspektive

vorschläge seiner *De Stijl*-Kollegen, die er auf eine mögliche Übernahme in die Architektur prüfte. Dabei zeigte sich Oud auch offen für Ideen, die seiner eigenen Architekturvorstellung entgegenstanden. Ergebnis dieses Austauschs war die Realisierung einzelner Forderungen der *De Stijl*-Maler und die Übertragung von Stilelementen der Gemälde und Bleiglasarbeiten in seine Bauten.

Die vorgeblendeten Wandflächen von Haus De Vonk* sowie die aus horizontalen und vertikalen Flächen komponierten Fassaden des Fabrik-Entwurfs* und der Eckhäuser von Block VIII* und IX* in Spangen wurden als früheste Beispiele einer architektonischen Umsetzung von Mondrians »Flächenplastik« gedeutet. Spätere Entwürfe anderer *De Stijl*-Architekten, wie die Pariser Ausstellungsmodelle von Van Doesburg und Van Eesteren (1922/23), sind in Abhängigkeit von diesen Experimenten zu sehen. Neben diesen »Flächenkompositionen« wurden bestimmte Charakteristika von Ouds Bauten, vor allem die abstrakten und geometrischen Formen, die Spiegelungen und die »spielerischen«, untektonischen Lösungen, in Beziehung zu *De Stijl* gesetzt. Letztere basieren auf der Forderung der *De Stijl*-Maler nach einer »Auflösung« des statischen Baukörpers, die Oud auf diese Weise in seine Architektur zu übertragen versuchte. Beispiele sind die scheinbar elastischen Sockelbänder von Block I und V* in Spangen und die diagonalen Kompositionslinien der Häuserzeile mit Arbeiterwohnungen*, die den Bauten einen instabilen, dynamischen Charakter verleihen. Da wenig später auch in Van Doesburgs Farbentwürfen Diagonalen auftraten, wurde hier auf eine wechselseitige Beeinflussung der Gattungen Architektur und Malerei geschlossen.

Als ein Kennzeichen der »*De Stijl*-Architektur« gilt die Rezeption der Arbeiten von Frank Lloyd Wright. Wie gezeigt wurde, betraf dies zunächst nur die Bauten von Van't Hoff und Wils, die in unterschiedlicher Form auf Wright reagierten. Erst über die Auseinandersetzung mit Van't Hoffs Villa Henny in Huis ter Heide (1914–19) fand Wrights Formensprache – wenn auch beschränkt auf Einzellösungen – Eingang in Ouds Werk. Van't Hoffs eigenständige Interpretation von Wrights Bauten sowie Ouds Rückgriff auf Van't Hoffs Arbeiten führten zu einer für *De Stijl* charakteristischen Wright-Rezeption, die sich durch stark abstrahierte, oftmals symmetrische Formen auszeichnet. Entscheidend für die Vorliebe der *De Stijl*-Künstler für Geometrie und Abstraktion war nicht zuletzt das in den Niederlanden verbreitete »Entwerfen nach System«. Vor allem Oud stand unter dem Einfluß dieser Entwurfsmethodik, die auch noch sein späteres Werk bestimmen sollte. Die über Van't Hoff vermittelten Motive und Stilprägungen von Wright spielten dagegen nach Ouds Distanzierung von *De Stijl* kaum noch eine Rolle.

Auch mit dem Gemeinschaftswerk und der damit implizierten Idee einer von den *De Stijl*-Malern frei zu bestimmenden Farbgebung hat sich Oud nur während eines kurzen Zeitraums auseinandergesetzt. Dasselbe gilt für die von Mondrian geforderte Flächenplastik. Die Zeitspanne zwischen 1917 und 1920/21 umfaßt genau die Jahre, in denen Oud aktiv in *De Stijl* tätig war und in engem Kontakt zu Van Doesburg und anderen *De Stijl*-Mitarbeitern stand. Nach seiner Distanzierung von der Gruppe wurden diese, seiner eigenen Architektursprache fremden Ideen nicht weiterverfolgt. Bei den Flächenkompositionen seines Kirchenbaus* und der Villa Johnson* handelt es sich entsprechend um isoliert stehende Zitate seiner frühen, international erfolgreichen Entwürfe. Ouds Bemühen um eine von Van Doesburg bestimmte Farbfassung seiner Bauten wie auch die (Teil-)Realisierung einer Flächenplastik und die Rezeption von Wrights Formensprache standen damit in direkter Abhängigkeit von den persönlichen Kontakten innerhalb von *De Stijl* bzw. von den Anregungen der gleichzeitig in »De Stijl« publizierten Schriften und Bauten.

Im Fall der Farbgebung hat Oud – mit Ausnahme des frühen »*De Stijl*-Interieurs« von Haus De Vonk* – die Vorstellungen der *De Stijl*-Maler nur in Ansätzen akzeptiert und zur Ausführung gebracht. Ausschlaggebend hierfür waren die der architektonischen Struktur widersprechenden Farbentwürfe von Van Doesburg. Dies gilt bereits für die ersten realisierten Farbkonzepte, wie die asymmetrisch gefaßten Fensterläden an der symmetrischen Fassade von Haus De Vonk. Auf die anfängliche Begeisterung Ouds über das scheinbar näher gerückte Ziel eines abstraktmodernen »Gesamtkunstwerks« folgte daher bald Ernüchterung. Vor allem bei den mehrgeschossigen Wohnblöcken in Spangen wurde Van Doesburgs Farbkonzept zu einem Gebäude und Straßenbild bestimmenden Gestaltungsmerkmal. Im Zuge der immer stärker werdenden Differenzen zwischen den *De Stijl*-Malern und -Architekten kehrte Oud schließlich zur traditionellen (auch von Berlage vertretenen) Sichtweise zurück, die der Architektur eine Führungsrolle unter den Kunstgattungen und dem Architekten die Entscheidung über die Farbfassung der Bauten zuwies. So beschloß er, die (auf seinen Wunsch hin entstandenen) Farbentwürfe der Spangener Blöcke* nur partiell auszuführen. Kurz darauf wurde die Farbfassung wieder entfernt und durch eine der architektonischen Struktur entsprechende Farbgebung ersetzt.

Angeregt durch die *De Stijl*-Maler und das Thema der farbigen Architektur hatte sich Oud jedoch schon früher mit der Farbgebung seiner Bauten auseinandergesetzt. Bereits im Mai 1919 forderte er für seine (unausgeführt gebliebene) Häuserzeile mit Arbeiterwohnungen* weiße Wandflächen mit farbig abgesetzten Baugliedern in den Primärfarben. Mit dieser »Kompetenzüberschreitung« wich Oud zwar vom offiziellen *De Stijl*-Kurs ab, übertrug gleichzeitig jedoch – als erster Architekt überhaupt – Mondrians Farbpalette in die Architektur. Nach seiner Distanzierung von der Gruppe verwirklichte er entsprechende Farbfassungen in der Siedlung Oud-Mathenesse* und den zeitlich folgenden Wohnbauten für den *Woningdienst*.

Die Kompositionen aus horizontalen und vertikalen Flächen an den Eckhäusern von Block VIII* und IX* (1919/20) stammen aus der Zeit seiner engsten Verbindung zu *De Stijl*. Es handelt sich gleichzeitig um Ouds zweites und drittes Jahr beim *Woningdienst*, wo ihm ein großer gestalterischer Freiraum zugebilligt wurden. Die allgemein vertretene Meinung, wonach Ouds frühe Wohnbauten nichts mit *De Stijl* zu tun hätten, muß daher (abgesehen von der Teilrealisierung von Van Doesburgs Farbentwürfen) auch mit Blick auf die Flächenkompositionen korrigiert werden. Ebenso verhält es sich mit den Fenstern der Behelfswohnungen unter einem Viadukt* und der Häuserzeile mit Arbeiterwohnungen*, die, wie gezeigt, auf die in *De Stijl* entwickelten Formlösungen der Bleiglasfenster und Gemälde zurückgeht.

Als Oud seine Wohnblöcke in Spangen* und Tusschendijken* entwarf, hatte Mondrians »Neoplastizismus« mit der Propagierung des individuellen, von jeder Funktion freien Kunstwerks noch nicht die Oberhand gewonnen. Gerade die serielle Reihung maschinell gefertigter Bauelemente, das bestimmende Merkmal von Ouds Wohnblöcken, war zu diesem Zeitpunkt ein zentrales Anliegen der *De Stijl*-Architekten. Auch Van Doesburg folgte noch nicht konsequent Mondrians Kurs. Im Dezember 1920 und im Januar 1921 schloß er sich Ouds Forderungen nach einer modernen »Maschinenästhetik« an und verwies auf die architektonische Qualität der modernen Ingenieursbauten, wie Brücken, Silos, Fabriken, sowie der Autos und monumentalen Wohnkomplexe.[1055] Noch im Oktober 1921 bekannte er sich zur Ästhetik von Ouds Wohnblöcken: »Diese Normierung finde ich doch ein prächtiges Moment in deinem Œuvre.«[1056] Erst jetzt und damit parallel zu den Auseinandersetzungen mit Oud wandte er sich Mondrian zu, dessen »Nieuwe Beelding« er Anfang 1921 zur offiziellen Theorie von *De Stijl* erklärt hatte. Entsprechend deutete er seine Farbentwürfe für die Spangener Blöcke* als Versuch, die Eintönigkeit der aus standardisierten Bauelementen bestehenden Wohnblöcke aufzulockern und diese zu einmaligen Kunstwerken zu machen.[1057] Nicht allein Oud, sondern auch Van Doesburg durchlief damit in den frühen Jahren von De Stijl eine Phase des Suchens und Experimentierens, bis er sich schließlich für eine Seite – Mondrians »Neoplastizismus« im Gegensatz zu Ouds Moderner Architektur – entschied.

Der in den Anfangsjahren von De Stijl geforderte Einsatz moderner Materialien und Konstruktionsformen spiegelt sich in Ouds Bemühen um die Verwendung von Beton, Glas und Metall.[1058] 1919 entstand mit dem Doppelhaus für Arbeiter in Beton* Ouds erster eindeutig als Betonbau ausgewiesener Entwurf. Oud folgte damit sowohl den Bestrebungen von De Stijl als auch den aktuellen Interessen des Woningdienst, der in dieser Zeit Hunderte von Betonwohnungen errichtete.[1059] Da Oud primär an den ästhetischen Möglichkeiten des Materials interessiert war, handelte er hier jedoch in erster Linie als De Stijl-Künstler. Gesellschaftliche Utopien wurden in der Gruppe zwar wiederholt thematisiert, waren jedoch nur äußerer Anlaß für die Suche nach einer neuen Formensprache. Die Vorstellung einer »sozial-utopischen Ästhetik« von De Stijl ist generell abzulehnen.[1060] Entsprechend seinem Ideal des Künstler-Architekten konzentrierte sich Oud von Anfang an auf formale Lösungen, eine Schwerpunktsetzung, die durch seinen Austausch mit den De Stijl-Kollegen nur bestätigt wurde. Ouds Auseinandersetzung mit dem Volkswoningbouw, dem er sich ebenso ernsthaft widmete wie allen anderen Bauaufgaben, resultierte allein aus seiner (zufälligen) Anstellung beim Woningdienst. Dank seiner Position konnte Oud jedoch bereits zu einem frühen Zeitpunkt als einziger Architekt der Gruppe eine größere Anzahl von »De Stijl-Bauten« realisieren.

Oud erklärte seine Distanzierung von De Stijl rückblickend durch das strenge ästhetische Dogma der Gruppe. Tatsächlich wurde der formale Kanon des »Neoplastizismus« 1921, dem Jahr seines Austrittes aus De Stijl, zur allein gültigen De Stijl-Sprache erklärt.[1061] Hiervon versuchte sich Oud mit seiner Bauleitungshütte* abzusetzen. Der kleine aber – trotz seiner temporären Funktion – aufwendig gestaltete Nutzbau wurde hier entsprechend als Ausdruck seines persönlichen Architekturprogramms interpretiert. An dem für die Öffentlichkeit nicht zugänglichen, zeitlich begrenzten Bau demonstrierte Oud, welche Elemente er von De Stijl übernehmen konnte (Bleiglasfenster, Primärfarben) und welche er aufgrund seiner Überzeugungen ablehnen mußte (Flächenkomposition, Asymmetrie).

Daß Oud als erster und in den Anfangsjahren wichtigster Architekt der Gruppe das im November 1918 erschienene erste Manifest von De Stijl nicht unterschreiben wollte, hat immer wieder zu Spekulationen geführt. Ouds Handlungsweise relativiert sich jedoch angesichts seiner generellen Weigerung, Programme dieser Art zu unterzeichnen. Der entscheidende Grund scheint sein Selbstverständnis als individueller Künstler-Architekt gewesen zu sein, das im Widerspruch zur kollektiven Ausrichtung in De Stijl stand. Hinzu kam, daß Oud mit den theoretischen Äußerungen und dem sozial-politischen Inhalt des Manifestes (man denke an die Begriffe eines »Universell-Innerlichen« und den »Weltkampf«) wenig anfangen konnte. Verschiedentlich wurde bemerkt, daß Oud als »besonders vorsichtiger Mann« Sanktionen von seiten der Gemeinde befürchtet habe.[1062] Hier wird sicherlich auch Van Doesburgs Propaganda gefruchtet haben, der Oud bereits 1925 als einen Mann von 30% Zweifel, 30% Furcht, 33% Bürgerlichkeit und nur 2% Verständnis und 5% Modernität charakterisiert hatte.[1063]

Anmerkungen

[1] Wie diese Untersuchung zeigt, ist eher von wechselnden Gruppierungen in De Stijl als von einer einheitlichen De Stijl-Gruppe zu sprechen. Im folgenden wird jedoch die allgemein übliche Bezeichnung »Gruppe« unter Hinweis auf diese Einschränkung weitergeführt. Der Name De Stijl steht für die Zeitschrift »De Stijl«, die Gruppe und die von ihr vertretenen Ideen. Da eine klare Abgrenzung meist schwierig ist, wird De Stijl – mit Ausnahme einer eindeutigen Bezugnahme auf die Zeitschrift – einheitlich kursiv geschrieben.

[2] Vgl. Die umfangreiche Bibliographie zu elf Künstlern von De Stijl einschließlich Überblickswerken zu De Stijl und verwandten Gruppen bzw. Kunstströmungen: Langmead 2000.

[3] Hoek 2000. Vgl. auch die in Nachfolge der niederländischen Ausstellung stehende Präsentation in der Villa Stuck, München: Birnie Danzker 2001. Eine Untersuchung von Sjarel Ex über die Beziehung Van Doesburgs zum Bauhaus, die bereits 1996 auf Niederländisch (Ex 1996) erschienen war, wurde aus Anlaß dieser Ausstellung als deutschsprachige Monographie herausgegeben: Ex 2000b, S. 7.

[4] Münch 2003.

[5] White 2003. Der Schwerpunkt liegt auf der Abstraktion in Malerei und Bleiglaskunst, dem Städtebau, Werbung und Design sowie der Innenraumgestaltung. Vgl. die Rezension von Paul Overy, Revising De Stijl, in: Oxford Art Journal, Bd. 28, 2005, Heft 3, S. 491–495.

[6] Jaffé 1956; Jaffé 1965, S. 19, 40. So auch Polano 1977, Anm. 1, S. 49; Fanelli 1985, S. 12, 107. Naylor betont die fundamentale Kluft zwischen den De Stijl-Malern und den Architekten der Gruppe: Naylor 1975, S. 98.

[7] Schumacher 1979, S. 304f.

[8] Blotkamp 1982a, S. 9. Englische Ausgabe: Blotkamp 1986.

[9] Troy 1982; Troy 1983, S. 3, 168. Vgl. Taverne 1999, S. 93: »The only cohesive factor binding this group of artists ... was their contribution to De Stijl (1917–1931), that small-scale-magazine ...«.

[10] »... the contributors to De Stijl did not have a common program, never mind a coherent, esthetic theory.«: Taverne 1999, S. 94. Vgl. Taverne/Broekhuizen 1996, S. 365.

[11] Bois 1983a, S. 45.

[12] Jacobs 1990/91.

[13] Overy 1991, S. 10.

[14] Blotkamp 1996.

[15] Blotkamp 1982a; Blotkamp 1996.

[16] Neuere Überblickswerke: Warncke 1990; Overy 1991. Vgl. White 2003 und Fanelli 1985. Fanellis Publikation von 1983, die zwei Jahre später als »Stijl-Architektur. Der niederländische Beitrag zur frühen Moderne« auf Deutsch erschien, gibt eine chronologische Darstellung bis 1931, beschränkt sich jedoch auf die Architekturbeiträge und eine Auswahl theoretischer Schriften.

[17] Van Doesburg 1927, S. 2.

[18] Blotkamp 1982b, S. 18f. Ex und Hoek gehen davon aus, daß ursprünglich Wichman die Idee zur Gründung einer Zeitschrift hatte, die Van Doesburg aufgegriffen und allein verwirklicht habe: Ex/Hoek 1985, S. 35.

[19] Van Doesburg publizierte am 6. November 1915 einen Artikel über Mondrian in »Eenheid«, dem sich ein Briefwechsel mit dem Maler anschloß: Blotkamp 1982b, S. 19.

20 »Ich glaube, daß die Zeit dafür nicht reif ist. Erst muß mehr in dieser Richtung in der Kunst geleistet sein. Ich kenne beinah niemand, der in unserer Richtung wirklich Kunst macht … Es wird nicht genug Material geben für ein festgelegtes ›bepaald‹ Blatt …«. Übers. EvE: Brief von Mondrian an Van Doesburg vom 20.11.1915: nach De Stijl 1951, S. 71.
21 In Laren hatten sich seit 1870 zahlreiche Künstler niedergelassen, zu denen Anfang des 20. Jahrhunderts Anarchisten, Theosophen und Dichter hinzukamen. Mondrian und Van der Leck setzten sich mit ihrem Malstil deutlich von der Schule in Laren ab. Vgl. Lien Heyting, De wereld in een dorp. Schilders, schrijvers en wereldverbeteraars in Laren en Blaricum 1880–1920, Amsterdam 1994; Blotkamp 1994, S. 96.
22 Der für Mondrian charakteristische Formenkanon mit schwarzem Raster und Flächen in den Primärfarben. Mondrian verwendete diesen Begriff seit 1920.
23 Mondrians Theorie wurde erst 1917 und 1918 publiziert: vgl. Mondrian 1917a; Mondrian 1917b; Mondrian 1918a; Mondrian 1918b; Mondrian 1918c.
24 Vgl. das Kapitel »Mondriaan en Van der Leck«, in: Blotkamp 1982c, S. 28f.; Blotkamp 1994, S. 96–101; Gage 1994, S. 257. Eine Verbindung von Malerei und Architektur taucht bei Mondrian erstmals im Januar 1918 auf: Mondrian 1918a, S. 31.
25 Laut Schoenmaekers nehme der Mensch seine Umgebung allein durch den Gegensatz von Vertikale und Horizontale wahr. Mathieu Schoenmaekers, Het nieuwe wereldbeeld, 1915; ders., Beginselen der beeldende wiskunde, 1916. Auch die Bezeichnung »Nieuwe Beelding« hatte Mondrian von Schoenmaekers übernommen.
26 Es folgte ein kürzeres Studium der freien Kunst an der Akademie der Bildenden Künste in München.
27 In den folgenden Jahren lehnte sich Van Doesburg an die Malweise seiner De Stijl-Kollegen an. Laut Jaffé glichen sich die Bilder von Van Doesburg, Van der Leck und Mondrian bald so sehr, »daß man – wenigstens für die Beginnphase des ›Stijl‹ – ohne Bedenken von einem kollektiven Werk sprechen kann.«: Jaffé 1964, o. S.
28 Auch Oud nahm im Mai 1916 auf einer Versammlung von De Anderen teil, wird als Architekt jedoch kein Mitglied gewesen sein. Vgl. Brief von Van Doesburg an Oud vom 1.6.1916, FC: Boekraad 1983c, S. 133.
29 Huszár folgte ihm Anfang 1917: Ex/Hoek 1985, S. 37.
30 Brief von Oud an Van Doesburg vom 30.5.1916, FC: Blotkamp 1982b, S. 23.
31 Zum Begriff Gemeenschapskunst vgl. Boot/Van der Heijden 1978, v. a. S. 36–47; Blotkamp 1994, S. 138; Van der Woud 1997, S. 313, 401–404; White 2003, v. a. S. 6–9.
32 Reinhartz-Tergau 1990, S. 20f.
33 Vgl. Bruno Taut, Eine Notwendigkeit, in: Der Sturm, Bd. 4, Nr. 196/197, Februar 1914, S. 174f.: Herrel 1994, S. 100. Die Hochgotik des 13. Jahrhunderts taucht in der Architekturgeschichtsschreibung dieser Jahre immer wieder als Vorbild der Moderne auf.
34 Übers. EvE: Theo van Doesburg, Onafhankelijke bespiegeling over de kunst, in: De Avondpost, 1.8.1913; 12.10.1913; 18.10.1913; 23.10.1913; 8.11.1913.
35 Der Begriff der »monumentalen Kunst« ersetzt die ältere Bezeichnung Gemeenschapskunst.
36 Vgl. »V. 1.1. Oud und das ›Entwerfen nach System‹«.
37 Theo van Doesburg, De ontwikkeling der moderne schilderkunst, Vortrag vom 30.10.1915, in »Eenheid« publiziert zwischen dem 27.5.1916 und 12.8.1916: Blotkamp 1982c, S. 29; Van Straaten 1988, S. 24. Vgl. das Architekturprogramm des Arbeitsrates für Kunst (1918), das eine Verbindung aller Künste forderte: »Erst die vollständige Revolution im Geistigen wird diesen Bau schaffen«: Flugschrift von B. Taut, D 1487 Werkbundarchiv: A. Günter in Brenne 2005, S. 14.
38 Brief von Van Doesburg an Oud vom 1.6.1916, FC: Troy, 1982, S. 165 (vollständig abg. in Boekraad 1983c, S. 131–133).
39 Übers. EvE: Brief von Van Doesburg an Oud vom 1.6.1916, FC: Boekraad 1983c, S. 132.

40 »Sie können um unsere realisierte Ergriffenheit einen Raum, eine Sphäre schaffen, die unserem Kunstausdruck zu ihrem Recht verhelfen wird, wir können Ihre durch Raum und Sphäre realisierte Ergriffenheit zu ihrer vollen Selbständigkeit bringen.« Übers. EvE: Brief von Van Doesburg an Oud vom 1.6.1916, FC: Boekraad 1983c, S. 132.
41 Oud 1916c (abg. in Taverne 2001, S. 169f.).
42 Vgl. Ouds Verweis auf Van Doesburgs Artikelserie: Oud 1918a, S. 156.
43 Übers. EvE: Oud 1916c.
44 Übers. EvE: Theo van Doesburg, De schilderkunst en haar omgeving, 1916, in: Van Straaten 1988, S. 12f.
45 »Mit einigem Recht kann sogar gesagt werden, daß im Juni 1916 Van Doesburgs Ehrgeiz, eine Rolle in der Architektur zu spielen, entsteht.« Übers. EvE: Van Straaten 1988, S. 26. Das grundsätzlich Neue einer derartigen Zusammenarbeit war auch Van Doesburg bewußt: »Verbindung mit Architekt, will Zusammenarbeit mit mir. Neuer Gedanke«. Übers. EvE: Postkarte von Van Doesburgs an Kok vom 22.6.1916, RKD: nach Van Straaten 1988, S. 26.
46 Übers. EvE: Brief von Van Doesburg an Oud vom 1.6.1916, FC: nach Boekraad 1983c, S. 133.
47 Übers. EvE: Brief von Van Doesburg an Oud vom 1.6.1916, FC: nach Boekraad 1983c, S. 133, mit Hervorhebung.
48 Van Straaten 1988, S. 26. Zu De Sphinx: Heijbroek 19180; De Jongh-Vermeulen/Van de Velde 1999.
49 »Auf nächtlichen Spaziergängen rund um Leiden beredeten Van Doesburg und ich bis ins Unendliche die Probleme von dem neuen Impuls und den neuen Strömungen in der Kunst«: Oud 1960a, S. 10.
50 Übers. EvE: Brief von Van Doesburg an Kok vom 4.8.1916, RKD: nach Van Straaten 1988, S. 26.
51 Blotkamp 1982b, S. 23.
52 Der Katalog nennt 59 Arbeiten von 22 Künstlern: RKD, Ausstellungsbesprechungen: Eerste tentoonstelling van »De Sphinx«, in: Leidsch Dagblad vom 22.1.1917; Gezelschap »De Sphinx«, in: NRC, 22.1.1917, Avondblad, S. 1.
53 Van Doesburg 1917c.
54 Ex/Hoek 1982, S. 190; vgl. Brief von Van Doesburg an Oud vom 16.11.1916, FC: Taverne 2001, S. 111.
55 Van Doesburg 1917c.
56 Präsentiert wurde auch der Vorentwurf von Haus De Geus*; vgl. »pyramidenförmiges« Landhaus De Geus: Van Doesburg 1917c.
57 Übers. EvE: Van Doesburg 1917c.
58 Übers. EvE: Van Doesburg 1917c.
59 »Der Verein führte bald ein kümmerliches Dasein, weil wenig überzeugte Mitarbeit da war und unser Versuch, die schwachen Elemente daraus zu entfernen, bloss zur Folge hatte, daß wir selber, ich als Vorsitzender und er als Sekretär, dran glauben mussten und wir den Verein sich selbst überliessen.«: Oud 1960a, S. 10. Vgl. die Beschuldigung von Dirk Roggeveen, Van Doesburg wolle ihnen deutsche Kunst aufdrängen: Holland Express, Bd. 10, 1917, S. 445; Oud 1917b. Harm Kamerlingh Onnes stellte auch weiterhin bei den Ausstellungen von De Sphinx aus. Die letzte Ausstellung fand im Herbst 1925 statt.
60 Vgl. Hoek 2000, Nr. 563, S. 214.
61 Haus Lange in Alkmaar. Blotkamp 1982b, S. 27, 28; Hoek 2000, Nr. 554.1, S. 197f.
62 Mathieu Schoenmaekers, Het nieuwe wereldbeeld, 1915.
63 Vgl. H. P. Berlage, Beschouwingen over stijl, in: De Beweging, Nr. 1, S. 47–83. Berlage, der sich selbst stark an Semper orientierte, machte das niederländische Publikum mit dessen Ideen bekannt: Doig 1986, S. 107. Vgl. Henry van de Velde, Der neue Stil, Weimar 1906; ders. Vom neuen Stil, Leipzig 1907.
64 Vgl. »V. 1.1. Oud und das ›Entwerfen nach System‹«.
65 Wichtig ist daher die Benennung als De Stijl und nicht nur Stijl bzw. de stijl, womit irgendein beliebiger Stil gemeint sein könnte. Vgl. Overy 1991, S. 8.
66 »Es ist das große Verdienst Berlages, in dieser Zeit die Richtungslinie gezeigt zu haben zu einer Baukunst, welche nicht mehr eine Zu-

sammenstellung alter und neuer Stilformen, sondern eine ästhetische Gestaltungsform von sozialen Notwendigkeiten seiner Zeit war.«: Oud 1919d, S. 202 (abg. in Taverne 2001, S. 171–181).

67 Vgl. »V. 3.2. Ouds Vorstellung einer ›Internationalen Architektur‹«. Vgl. Banham 1964, S. 124; Naylor 1975, S. 98; Fanelli 1985, S. 11. Kritisch äußerte sich dagegen Van der Leck, der während seiner Zusammenarbeit für Frau Kröller-Müller schlechte Erfahrungen mit Berlage gemacht hatte: Brief von Van der Leck an Frau Kröller-Müller, Ende 1916: Blotkamp 1982c, S. 29.

68 Die dekorative Malerei sollte nach Berlage die unschöne Farbigkeit und Oberfläche der zukünftigen Betonbauten neutralisieren. Berlage 1905b: Berlage 1922, S. 116.

69 »Frag auch Berlage, ob er an dem Blatt mitarbeiten will.« Übers. EvE: Brief von Van Doesburg an Oud vom 16.11.1916, FC: nach Colenbrander 1982b, Anm. 15, S. 164; Taverne 2001, S. 111, mit Datum 13.11.1916.

70 Im April 1919 erschien eine Liste mit Publikationen, die sich auf die Neuformung der Kunst im Sinne von De Stijl bezog. Die Bücher konnten bei den De Stijl-Mitarbeitern angefordert und für zwei Wochen ausgeliehen werden: Boeken, in: De Stijl, II, 6, 1919, S. 70–72. Van Doesburgs Meinung bezüglich Berlage änderte sich mit seiner Hinwendung zu Dada: »Berlagebrij, Rolandholstmarmelade met Konijnenburgsaus«: Van Doesburg 1925b, S. 157.

71 Brief von Mondrian an Van Doesburg vom 15.9.1920: Bois 1987, Anm. 79, S. 128. Berlage selbst äußerte sich nicht zu De Stijl. Vgl. Singelenberg 1972, S. 198.

72 Brief von Van Doesburg an Kok vom 19.5.1917: Blotkamp 1982b, S. 29.

73 Die tatsächliche Auflagenstärke war wahrscheinlich geringer: Langmead 2000, S. 441.

74 Blotkamp 1982b, S. 29. Ankündigungen in: Eenheid, 4.8.1917; BW, 29.9.1917, 39, S. 54.

75 Blotkamp 1982b, S. 29. Van Doesburgs Bemühungen um den tschechischen Maler Emil Filla blieben ohne Erfolg: Vojtech Lahoda, Emil Filla en Nederland, in: Jong Holland, 9, 1993, Heft 3, S. 55.

76 Gast 1996, S. 155; Mondrian 1995, S. 36. Die Einladung Schoenmaekers wurde später zurückgezogen: Blotkamp 1982b, S. 40.

77 »In den Anfangsjahren von De Stijl werden die historischen Entwicklungslinien noch gesehen und selbst betont.« Übers. EvE: Bock 1985/86, S. 100.

78 Fanelli, 1985, S. 22, 27; Broekhuizen 1996b, S. 40. Vgl. Taverne 2001, S. 111, 113.

79 Van Doesburg 1917a. Der 16. Juni wird daher allgemein als Gründungsdatum von De Stijl genannt.

80 Mondrian 1917a; Mondrian 1917b; Mondrian 1918a; Mondrian 1918b; Mondrian 1918c.

81 Mondrian 1917a, S. 3.

82 Van der Leck 1917; Oud 1917a; Van Doesburg 1917b. In Koks Artikel, De moderne schilderij in het interieur, finden sich keine konkreten Aussagen zur Architektur.

83 Vgl. »III. 3. Die Architekturtheorie in De Stijl«.

84 Vgl. »IV. 6.1.1. Der einheitlich gestaltete Wohnblock«.

85 Hoste 1918b.

86 Laut Blotkamp bereits nach Erscheinen der ersten Nummer: Brief von Van Doesburg an Kok: Blotkamp 1982c, S. 29. Vgl. Briefkarte von Berlage an Van Doesburg vom 2.8.1920: Taverne 2001, S. 112.

87 Vgl. »III. 4.2. Die Gemeinschaftsbauten«.

88 Brief von Van Doesburg an Kok vom 9.9.1917, RKD: nach Blotkamp 1982c, S. 33.

89 Die Beeinflussung durch De Stijl geht offenbar auf den Austausch mit Oud zurück. Trotz der Flächigkeit und Geometrisierung seiner Bilder wehrte sich Kamerlingh Onnes jedoch gegen das Dogma der Abstraktion: De Jongh-Vermeulen/Van de Velde 1999, S. 135.

90 School of Art in Birmingham und wahrscheinlich Architectural Association in London: Langmead 2000, S. 157.

91 Huib Hoste, De Stijl, in: De Telegraaf, 17.11.1917, Nr. 9935, avondblad, S. 7. Hoste wurde 1916 Redakteur für die Architekturchronik in »De Telegraaf«: Smets 1972, S. 14.

92 Jonker 1979, S. 6; vgl. Smets 1972, S. 43. Hoste war Ende 1916 nach Soesterberg gezogen, wo er Van't Hoff kennenlernte. Da Hoste von November 1914 bis Januar 1916 in Leiden tätig war, ist auch ein frühzeitiger Kontakt zu Oud möglich.

93 Ab November des folgenden Jahres gab Van't Hoff als seine Adresse »woonschip De Stijl« an. Das 16 m lange Boot ist nicht erhalten: Vermeulen 1982, S. 221f.

94 Ex 1982, S. 108. Entwürfe von Huszár: Taverne/Broekhuizen 1996, S. 391. Von wem die auf Fotografien erkennbare Farbgestaltung stammt, ist nicht zu klären: Vermeulen 1982, S. 222.

95 Ex 1982, S. 108; Hilhorst 1982, S. 182.

96 Hoek 2000, Nr. 610, S. 239–241.

97 Übers. EvE: Brief von Van Doesburg an Kok vom 5.12.1918, nach Hoek 2000, S. 241.

98 Thomas 1987, S. 111; Taverne/Broekhuizen 1996, Anm. 124, S. 390.

99 Brief von Van Doesburg an Oud vom 21.5.1918, RKD: NAi Microfiche 42.

100 Banham 1964, S. 126, 127; Oxenaar 1976, S. 121f.; Troy 1982, S. 171; Troy 1983, S. 16: »Van der Leck's aversion to architects in general became so strong that in 1917, as soon as he discovered that several were involved with the newly established De Stijl, he immediately broke all ties with the magazine«. »Van der Leck quitta De Stijl à la fin de 1918 sous le pretexte que les architectes prenaient de plus en plus d'importance dans la revue»: Troy/Bois 1985, Anm. 59, S. 83. Laut Hilhorst distanzierte sich Van der Leck, da »De Stijl« eine Architekturredaktion erhalten sollte: Hilhorst 1982, S. 182.

101 Dagegen Bois 1983a, S. 46.

102 Vgl. den Streit um die Ausmalung des Hausbootes und die Publikation von Werken Peter Almas: Blotkamp 1982c, S. 33.

103 Van Doesburg 1918b.

104 Doig sieht in Hoste nur eine marginale Figur von De Stijl, dessen »Exkommunikation« als Exempel für die anderen gedacht war: Doig 1986, S. 59.

105 Übers. EvE: Brief von Mondrian an Van Doesburg vom 9.7.1918: nach Blotkamp 1982c, S. 33.

106 Übers. EvE: Hoste 1918c.

107 Van Doesburg 1918c.

108 Van Doesburg unterzeichnete als »Redactie«, in: De Stijl, I, 11, 1918, S. 136.

109 Huszár 1918b.

110 Wilhelm Ostwald, Die Farbenfibel, 12. Auflage, Leipzig 1926, S. 17. Vgl. Peter Weibel, Hrsg., Wilhelm Ostwald, Farbsysteme. Das Gehirn der Welt, Ostfildern-Ruit 2004 mit Nennung der wichtigsten Literatur.

111 Huszár 1918b, S.113.

112 Auf der Ersten Deutschen Farbentagung in Stuttgart von September 1919 wechselten die Sympathien jedoch von Ostwalds wissenschaftlicher Farbenberechnung zu Adolf Hölzels subjektivistischer Anschauung: Gage 1994, S. 257.

113 Gage 1994, S. 257. Vgl. Ostwalds »Farbenatlas« (1920) mit einer exakten Bezeichnung jeder Farbe durch eine Zahlen-Buchstaben-Kombination.

114 Übers. EvE, Brief von Mondrian an Van Doesburg vom 16.5.1917: nach Blotkamp 1982c, S. 29. Wie Blotkamp darlegt, entwickelte Mondrian unter dem Einfluß von Van der Leck und Van Doesburg sein Interesse an der Baukunst und der Zusammenarbeit beider Künste: Blotkamp 1994, S. 138, 139.

115 Mondrian 1918a. Vgl. zum Thema Mondrian und die Architektur die sehr gute und ausführliche Darstellung von Carel Blotkamp: Blotkamp 1982c. Blotkamp untersucht, welche Bedeutung die Architektur für Mondrian hatte und wie Mondrian in seinem Werk auf die Architektur reagierte.

116 Übers. EvE: Brief von Mondrian an Van Doesburg vom 3.9.1918: nach Blotkamp 1982c, S. 34. Vgl. das Kapitel »Mondriaans scepsis tegenover de architecten van De Stijl«, in: Blotkamp 1983c, S. 33, 34.

117 Übers. EvE: Brief von Mondrian an Van Doesburg vom 9.7.1918: Blotkamp 1982c, S. 33, mit Hervorhebung.
118 Mondrian im Oktober 1918. Übers. EvE: Blotkamp 1994, S. 139, mit Hervorhebung.
119 So Blotkamp 1982c, S. 33.
120 Mondrian 1918c: De Stijl, I, 11, 1918, S. 126.
121 »Viele Themen, wie Architektur, Kommunismus usw. sind ihm gleichgültig.« Übers. EvE: Brief von Van Doesburg an Oud vom 24.6.1919, RKD: nach De Vries 1997, S. 52.
122 Übers. EvE: Brief von Mondrian an Van Doesburg vom 4.12.1919: nach Blotkamp 1982c, S. 35.
123 Van Doesburg 1918d.
124 Im März 1918 hatte sich der belgische Bildhauer, Maler und Möbelentwerfer Vantongerloo, der sich wie Hoste als Kriegsflüchtling in den Niederlanden aufhielt, an Van Doesburg gewandt. Kurz darauf besuchte er Van Doesburg und zeigte ihm seine Schriften. Ab Juli erschienen diese unter dem Titel »Réflexions« in »De Stijl«: Vantongerloo 1918. Vgl. Brief von Vantongerloo an Van Doesburg vom 23.3.1918, Nachlaß Vantongerloo, Zürich: abg. in Thomas 1987, S. 64.
125 Hoste wurde das Manifest noch vor seiner Auseinandersetzung mit Van Doesburg zur Unterzeichnung vorgelegt: »De Stijl muß ein Manifest herausgeben, daß mir zur Unterzeichnung zugesandt wurde; da dort jeder Religion der Krieg erklärt wurde, habe ich es nicht unterzeichnet …«: Übers. EvE: Brief von Hoste an Van Doesburg von Sommer 1918: nach Smets 1972, S. 146.
126 Vgl. Brief von Van Doesburg an Vantongerloo vom 10.11.1918, Nachlaß Vantongerloo, Zürich: Thomas 1987, Anm. 1, S. 113; Blotkamp 1982c, S. 33.
127 So Lutz 1988, S. 30, Anm. 53 ohne Angabe der Quellen. Laut Lutz habe Oud diese Position abgelehnt. Vgl. Taverne 2001, S. 112.
128 Übers. EvE: Brief von Mondrian an Van Doesburg vom 9.7.1918: nach Blotkamp 1982c, S. 33.
129 Übers. EvE: Brief von Mondrian an van Doesburg im Oktober 1918: Blotkamp 1982c, S. 33.
130 Brief Van Doesburgs an Vantongerloo vom 22.5.1919, Nachlaß Vantongerloo, Zürich, nach: Thomas 1987, S. 123. Vgl. Fanelli 1985, S. 41.
131 »Um den Frieden zu wahren, mußte Van Doesburg Oud wiederholt versichern, daß er der einzige wahre Stijl-Architekt war." Übers. EvE: Ex/Hoek 1982, S. 189.
132 Brief von Van Doesburg an Oud vom 20.5.1919. Schon im Dezember 1918 hatte Huszár gedroht, seine Mitarbeit aufzugeben, falls Vantongerloo weiter in *De Stijl* bleibe: Brief von Van Doesburgs an Kok vom 5.12.1918: Ex 1982, S. 109.
133 Hans Oud erwähnt die Kopie eines Briefes von Rietveld an Oud (13.8.1919) in seinem Besitz: Hans Oud 1984, Anm. 33, S. 65. Vgl. einen Brief von Rietveld an Oud vom 19.8.1919, in dem er Oud noch mit der förmlichen Anrede »Weled. geb. Heer…« anspricht; Rietveld benutzte erstmals im Januar 1920 die vertrauliche Anrede »Beste Oud«: vgl. Briefe von Rietveld an Oud, Oud-Archiv, B.
134 Vgl. Ex/Hoek 1982, S. 189.
135 De Stijl, V, 1, 1922, nach Spalte 24.
136 De Stijl, V, 12, 1922, nach Spalte 208.
137 Van't Hoff 1918/19, S. 58.
138 Vgl. Overy 1991, S. 32f. Wils schrieb im Mai 1919: »Daß heute oder morgen der Kommunismus auch in unser Land einziehen wird, steht für mich felsenfest« und bekennt, daß »ich von ganzem Herzen Kommunist bin … mit Leidenschaft und für immer.« Übers. EvE: Brief von Wils an Beekman, Mai 1919: nach Freijser 1989, S. 11.
139 Übers. EvE: Brief von Van't Hoff an Beekman vom 2.5.1919: Vermeulen 1982, S. 228. Vgl. Botman 1983, S. 24.
140 Übers. EvE: Brief von Van't Hoff an Beekman vom 2.5.1919: nach Botman 1983, S. 24; vgl. Vermeulen 1982, S. 228.
141 Übers. EvE: Brief Vantongerloos an Van Doesburg vom 3.6.1919, Nachlaß Vantongerloo, Zürich, nach: Thomas 1987, Anm. 5, S. 132.
142 Jonker 1979, S. 6. Vgl. Broekhuizen 1996b.
143 De Stijl, II, 3, 1919 (Januar 1919), nach S. 26, S. 33; De Stijl, II, 7, 1919 (Mai 1919), S. 83.
144 Den Umbau des Hauses Bart de Ligt in Lage Vuursche (1918) durch Van't Hoff und Van Doesburg und das Interieur von Haus Bart de Ligt in Katwijk aan Zee durch Van Doesburg und Rietveld (1919/20): Hoek 2000, Nr. 611, S. 241f.; Nr. 642, S. 261f.
145 »Das schönste von allem ist die Tatsache, daß die alte, verrostete ökonomische Konstruktion nicht mehr zu kitten ist. Ich stimme voll und ganz mit den großen Menschen aus dem Osten überein; die alte Staatsmaschinerie muß erst radikal kaputtgeschlagen werden, wenn es eine neue und bessere geben soll. Gegen die bewaffnete Bourgeoisie, das geschützte Kapital, muß sich das bewaffnete Proletariat stellen, die geschützte Arbeit … In wie weit dies alles in Verbindung steht mit der neuen Gestaltung in Europa wirst Du erkennen. Ebenso welchen Platz wir darin einnehmen müssen. Die neue Kunst steht in ihrem Wesen dem Privatbesitz von isolierten Bildern immer feindlich gegenüber, gegenüber jeder Separierung.« Übers. EvE: nach Botman 1983, S. 25, ohne Angabe.
146 »Der Künstler ist weder Proletarier noch Bourgeois und was er schafft, gehört weder dem Proletariat noch der Bourgeoisie. Es gehört *allen*. Die Kunst ist eine geistige Tätigkeit des Menschen …«. Übers. EvE: Theo van Doesburg, Anti-Tendenzkunst, in: De Stijl, VI, 2, 1923, S. 17, Hervorhebung Van Doesburg.
147 Im Mai 1920 publizierte Ostwald selbst in »De Stijl«: Wilhelm Ostwald, Die Harmonie der Farben, in: De Stijl, III, 7, 1920, S. 60–62.
148 Vgl. Boeken, in: De Stijl, II, 6, 1919, S. 70–72.
149 Zu Vantongerloos Farbtheorie vgl. Vink 1996.
150 Mondrian bekräftigte schließlich, daß er Vantongerloos Farbauffassung diametral entgegenstehe: Brief von Mondrian an Vantongerloo vom 23.9.1920: Thomas 1987, S. 158.
151 Vgl. Vink 1996.
152 Brief von Van Doesburg an Vantongerloo vom 11.10.1920: Thomas 1987, S. 160. Vantongerloo gab zwar zu, daß seine Theorien nicht mit Van Doesburgs Auffassung übereinstimmten, sah darin jedoch keinen Widerspruch zu den Prinzipien von De Stijl: Brief Vantongerloos an Van Doesburg vom 20.11.1920: Thomas 1987, S. 161.
153 Vgl. die Wandgestaltung von Schule und Lehrerwohnung in St. Anthoniepolder (1917), die Farbgebung von Haus De Lange in Alkmaar (1917), die Farbentwürfe für De Dubbele Sleutel (1918), das Interieur der Häuser von Bart de Light in Lage Vuursche (1918) und Katwijk (1919/20), die Farbentwürfe für Ouds Wohnblöcke VIII* und IX* in Spangen (1920/21), die Glasfenster der Landbauschule in Drachten (1921/22), der Farbentwurf für die Fassade des Streekmuseum in Drachten und für Van Eesterens Entwurf der Amsterdamer Universität (1923). Um die Einheitlichkeit der *De Stijl*-Bewegung zu demonstrieren, veränderte Van Doesburg nachträglich die Farblösung im Entwurf des Zimmers für Bart de Ligt (Katwijk aan Zee): Während der 1920 entstandene Entwurf in Weiß, Schwarz, Orange, Blau und Grün gehalten war, zeigt er in der 1925 erschienenen Publikation nur noch die Primärfarben: L'Architecture Vivante, 1925, Nr. 9, S. 12; vgl. Bois/Troy 1985, Anm. 30, S. 83.
154 So Mondrians »Komposition in Rot, Blau und Gelbgrün« (1920), Wilhelm-Hack-Museum, Ludwigshafen: Düchting 1996, S. 121. Düchting geht abweichend von der hier vertretenen Sichtweise davon aus, daß sich die Mitarbeiter nach einer anfänglichen engen Anlehnung an Ostwald zunehmend größere Freiheiten herausgenommen hätten. In der Architektur habe der »farbige Purismus« nicht »durchgehalten« werden können.
155 Datierung von »ocno 9« auf Spätsommer/Herbst 1918: Thomas 1987, S. 100. Die Skulptur befindet sich in Privatbesitz: Gast 1982, Abb. 228, S. 243. »Table basse« ocno 15, Nachlaß Vantongerloo: Thomas 1987, S. 131.
156 Küper/Van Zijl 1992, S. 76.
157 Vgl. Overy 1991, S. 11: »… many works produced while their authors were involved with De Stijl are composed of diagonal lines, ›secondary‹ colours (such as green, orange and violet) or are symmetrical in form.«

[158] Van Doesburg 1919b.
[159] Manifest III.
[160] Mondrian 1919/20.
[161] Der Name »Neoplastizismus« geht auf eine 1920 erschienene Schrift mit dem Titel »Le Néo-plasticisme« zurück, die eine Zusammenfassung von Mondrians bis dahin erschienenen Texten darstellt. Mit dem Begriff »Neoplastizismus« wird auf die von Mondrian entwickelte Formensprache verwiesen, während die »Nieuwe Beelding« in allgemeinerer Form den Willen zu einer neuen Gestaltung beschreibt. Fanelli versteht den »Neoplastizismus« dagegen als Übersetzung von »Nieuwe Beelding«: Fanelli 1985, S. 206.
[162] Übers. EvE: Theo van Doesburg, in: De Stijl, IV, 2, 1921, S. 18, Hervorhebung Van Doesburg.
[163] Übers. EvE: Van Doesburg 1922b, S. 142.
[164] Van Doesburg 1922c, S. 177f.
[165] Brief von Van Doesburg an Oud vom 12.9.1921, FC: nach Boekraad 1983c, S. 135, mit Hervorhebung.
[166] »Eine Sache weiß ich nun jedoch sicher: daß der Zeitaspekt in der Malerei seine Lösung noch nicht *auf Art der NB* gefunden hat. Ich würde, vor allem mit der Architektur als Ausgangspunkt, hierüber gerne sehr lange mit Dir sprechen.« Übers. EvE: Brief von Van Doesburg an Oud vom 12.9.1921, FC: nach Van Straaten 1988, S. 75, mit Hervorhebung.
[167] De Stijl, II, 5, 1920, nach S. 44; De Stijl, III, 11, 1920, nach S. 96. Vgl. »III. 4.2. Die Gemeinschaftsbauten«.
[168] Vgl. Hoek 2000, Nr. 670, S. 279–290.
[169] Theo van Doesburg, Is een universeel beeldingsbegrip thans mogelijk?, in: BW, 41, 1920, Nr. 39, S. 230f.
[170] Brief von Mondrian an Van Doesburg vom 4.12.1919: Blotkamp 1982c, S. 35. Van der Leck, der an einer Kunstgewerbeschule ausgebildet wurde, hatte schon 1913 sein Atelier künstlerisch gestaltet. Farbige Akzente in Kontrast zu den weißen Wänden und Möbeln setzten Gegenstände in den Primärfarben, so Kissen, eine Tischdecke und Bodenbeläge: Oxenaar 1976, S. 72.
[171] Vgl. Postma/Boekraad 1995.
[172] Vgl. Brief von Vantongerloos an Van Doesburg vom 15.5.1920: Gast 1982, S. 256f. Fotografie in: Thomas 1987, S. 176.
[173] Brief von Van Doesburg an Oud vom 7.11.1919, Poststempel vom 8.12.1919, RKD: Van Straaten 1988, S. 71. Van Doesburg erwähnt eine Zeichnung von Oud: Brief von Van Doesburg an Oud vom 5.11.1919, RKD: Van Straaten 1988, S. 71. Eine Skizze im Oud-Archiv wird allgemein als die von Van Doesburg genannte Zeichnung identifiziert. Abb.: Stamm 1984, Abb. 29, S. 54; vgl. Taverne 2001, Kat. Nr. 33. Vgl. weitere Skizzen in Oud-Archiv. Die Abhängigkeit von Ouds Bauleitungshütte* und Georg Muches Musterhaus in Dessau (1923) sprechen jedoch für eine 1924/25 entstandene Ideenskizze für Huszárs Landhaus.
[174] »Wäre es nicht möglich, die Türen ganz in ein ›Relief‹ flach zu unterteilen. Ich habe hier in Weimar von Van de Velde derartige Türen gesehen, die wirklich ausgezeichnet waren …«. Übers. EvE: Brief von Van Doesburg an Oud vom 12.9.1921, FC: nach Boekraad 1983b, S. 134.
[175] Bois/Troy 1985, S. 31. Zu Haus Rosenberg vgl. »III. 1.4. Zweiter bis vierter Jahrgang« und »III. 1.5. Oud und die Architektur von De Stijl«.
[176] Brief von Van Doesburg an Evert Rinsema von Juni 1921: Fanelli 1985, S. 141. Van Doesburg hatte bereits zuvor Gespräche mit Hagemeyer & Co, Amsterdam, über den Bau von Bürogebäuden geführt: Brief von Van Doesburg an Oud vom 6.7.1919, RKD: nach Hans Oud, S. 43.
[177] Übers. EvE: Brief von Mondrian an Van Doesburg vom 8.10.1920: nach Blotkamp 1982c, S. 37.
[178] Übers. EvE: undatierter Brief von Mondrian an Van Doesburg von März 1922: De Stijl 1951, S. 72.
[179] Übers. EvE: Mondrian 1922, S. 70, Hervorhebung Mondrian.
[180] Brief von Mondrian an Oud, 1922, FC: nach Bois 1981, S. 46.
[181] Brief von Mondrian an Oud, 1.8.1922: FC: nach Bois 1981, S. 44.
[182] F. W. Huebner, der als freier Mitarbeiter für verschiedene Zeitungen schrieb, berichtete von Den Haag aus über niederländische Kunst und Kultur. Laut Van Doesburg hatte Huebner bereits 1918 Kontakt zu *De Stijl*: Van Doesburg 1927b, S. 53.
[183] Vgl. Gruhn-Zimmermann 2000.
[184] Van Doesburg 1927b, S. 53; Fanelli 1978, S. 147; Ex 1992, S. 74.
[185] Behne 1921, Abb. von Haus De Vonk: S. 283. Der Berliner Architekturpublizist Heinrich de Fries publizierte zu dieser Zeit einen Artikel über Wils in »Wasmuths Monatshefte für Baukunst«: De Fries 1920/21.
[186] 1920 gab Mondrians »Le Neo-Plasticisme« heraus und publizierte später selbst in »De Stijl«.
[187] Brief von Rosenberg an Van Doesberg vom 20.9.1920, RKD: nach Bois/Troy 1985, S. 27. Oud hatte sich im August 1920 für drei Wochen in Paris aufgehalten.
[188] Brief von Rosenberg an Van Doesburg vom 19.10.1920, RKD: Bois/Troy 1985, S. 27.
[189] Brief von Rosenberg an Van Doesburg vom 3.12.1920, RKD: Bois/Troy 1985, S. 28.
[190] Vgl. Gruhn-Zimmermann 2000, S. 118, 130 mit Anm. 74, S. 143.
[191] Als Verwaltungsadresse von »De Stijl« verblieb von Februar 1922 – Mai/Juni 1923 Van Doesburgs Privatwohnung in dem (von Wils errichteten) Papaverhof, Den Haag.
[192] Vgl. die Absage von Gropius im Brief an Van Doesburg vom 22.4.1922, Nachlaß Vantongerloo, Zürich, nach: Thomas 1987, S. 175f; Ex 1996, Anm. 25, S. 74.
[193] Ex vermutet dagegen, daß Van Doesburg in Konkurrenz zu Kandinsky als erster abstrakt malender Meister am Bauhaus gestanden habe: Ex 1996, S. 85.
[194] Übers. EvE: Brief Van Doesburgs an Oud vom 3.10.1921: nach Ex 1996, S. 84.
[195] Übers. EvE: undatierter Brief Van Doesburgs an Oud: nach Ex 1996, S. 84.
[196] Van Doesburg hatte offenbar noch vor Kriegsende Kontakt zu den Futuristen aufgenommen: Banham 1964, S. 153. Eine erste Publikation Van Doesburgs in »Valori Plastici« findet sich in der April/Mai-Ausgabe von 1919. In der Juni-Oktober-Ausgabe bezeichnet er Oud als Gründer des neuen Stils in den Niederlanden: Theo van Doebsurg, L'arte nuova in olanda, Teil II, in: Valori Plastici, Anno I, Nr. VI-X, S. 24. In der Januar/Februar-Ausgabe von 1920 erschien eine Werbeanzeige für »De Stijl«. Van't Hoff hatte Marinetti und andere Futuristen bereits vor dem 1. Weltkrieg in London kennengelernt: Banham 1964, S. 133.
[197] Vgl. Van Doesburg 1927b, S. 53.
[198] Bruno Taut, »Aufruf zum farbigen Bauen«, in: Bauwelt, 10. Jg., 18.09.1919, Heft 38. Eine weitere Veröffentlichung folgte 1921 in »Frühlicht«.
[199] Übers. EvE: Brief von Van Doesburg an Oud vom 12.9.1921, FC: nach Boekraad 1983c, S. 137, mit Hervorhebung. Strzygowski begab sich 1922 auf eine Vortragsreise in die USA.
[200] Gast 1996, S. 161f. Oud hielt seinen Vortrag an Stelle von Van't Hoff, der krank war: Ex 1982, S. 117.
[201] Erstmals publiziert: Oud 1921a (abg. in Oud 1926a, S. 63–76; Taverne 2001, S. 182–187). Vgl. »V. 3.2. Ouds Vorstellung einer ›Internationalen Architektur‹«.
[202] Brief von Mondrian an Oud vom 17.8.1921: Blotkamp 1982c, S. 39.
[203] Mondrian 1922.
[204] Vgl. Brief von Van Doesburgs an Oud mit Poststempel vom 19.10.1920, FC: Troy 1983, Anm. 7, S. 76.
[205] Brief von Rosenberg an Van Doesburg vom 3.12.1920, RKD: Bois/Troy 1985, S. 28.
[206] Skizze Van Doesburgs in Brief an Kok vom 24.2.1921, RKD: Van Straaten 1988, S. 108f.
[207] Undatierter Brief von Van Doesburg an Oud, April 1921, RKD: Bois/Troy 1985, S. 30.
[208] Brief von Mondrian an Oud vom 9.4.1921: Blotkamp 1982c, S. 38.
[209] Vgl. Blotkamp 1982c, S. 39.
[210] Undatierter Brief von Van Doesburg an Oud, April 1921, RKD: Bois/Troy 1985, S. 30.

211 Van der Leck müsse aufgrund zu großer formaler Abweichungen jedoch ausgeschlossen bleiben, während Mondrian seinerseits die Mitarbeit Vantongerloos abgelehnt habe: Brief von Van Doesburg an Oud vom 21.4.1921, FC: Hoek 2000, S. 345.

212 Vgl. Brief von Van Doesburg an Evert Rinsema vom 23.6.1921: Blotkamp 1982c, S. 39; Schippers 1974, S. 174, 175.

213 Brief von Rosenberg an Oud vom 6.9.1921, FC: Bois/Reichlin 1985, S. 32.

214 Brief von Oud an Van Doesburg vom 7.9.1921: Hans Oud 1984, S. 42.

215 Vgl. den zur selben Zeit entstandenen Entwurf für ein Wohnhaus mit Büroräumen*.

216 Vgl. Bois/Troy 1985, S. 32, 34. Oud erklärte rückblickend: «Da ich mir aber ein Bauwerk schwerlich losgelöst von seiner Umgebung zu denken vermag, sagte ich ab»: Oud 1960a, S. 19. Diese Begründung für seine Absage wurde in der Literatur allgemein übernommen wurde: vgl. Hans Oud 1984, S. 42; Stamm 1984, S. 54; Taverne 2001, S. 116.

217 Bereits im Juni 1921 hatte Van Doesburg mitgeteilt, daß Oud das Risiko angesichts des hohen Arbeitsaufwandes nicht tragen wolle: Brief von van Doesburg an Evert Rinsema vom 23.6.1921: Schippers 1974, S. 175.

218 Übers. EvE: Brief von Van Doesburg an Oud vom 12.9.1921, FC: Boekraad 1983c, S. 136. Lena Milius war Van Doesburgs zweite Frau; 1928 heiratete er Petronella (Nelly) van Moorsel.

219 Übers. EvE: Brief von Van Doesburg an Oud vom 21.4.1921, RKD: nach Van Straaten 1988, S. 109. Vgl. undatierter Brief von Van Doesburg an Oud, April 1921, RKD: Bois/Troy 1985, S. 30.

220 Brief von Van Doesburg an Kok vom 24.2.1921, RKD: Van Straaten 1988, S. 108f. Van Doesburg verweist dort auf seinen Brunnenentwurf für Leeuwarden.

221 Der Entwurf von Gropius und Meyer zeigt ebenfalls ein Wasserbecken, das jedoch an der Schmalseite des Hauses und damit am Rand des Grundstückes liegt (Abb. 216).

222 Rosenbergs Skizze deutet ein in einzelne rechteckige Abschnitte unterteiltes Grundstück an, das zusammen mit dem quadratischen Grundriß des Hauses ein geometrisches Muster ergibt. Die streng geometrische Gestaltung findet Parallelen in zeitgenössischen französischen Gärten, worin sich möglicherweise Rosenbergs Forderung nach einem Haus, das dem »Pariser Geschmack« entspreche, wiederspiegelt: Brief von Rosenberg an Oud vom 6.9.1921, FC: Bois/Troy 1985, S. 31.

223 Vgl. »III. 4.2. Die Gemeinschaftsbauten«.

224 Vgl. »III. 1.5. Oud und die Architektur von De Stijl«.

225 Übers. EvE: Karte von Van Doesburg an Oud vom 17.6.1918, RKD: NAi Mikrofiche 42, Hervorhebung Van Doesburg.

226 Übers. EvE: Brief von Van Doesburg an Kok vom 9.2.1922, RKD: Hoek 2000, S. 292.

227 Theo van Doesburg, De taak der nieuwe architectuur, in: BW, 50, 11.12.1920, S. 278–280; 51, 18.12.1920, S. 281–285; 1, 8.1.1921, S. 8–10.

228 Van Doesburg 1921. Vgl. Fanelli 1985, S. 56.

229 Brief von Van Doesburg an Oud vom 17.10.1920, FC: Hoek 2000, S. 279.

230 Übers. EvE: Brief von Van Doesburg an Oud vom 12.9.1921: nach Boekraad 1983, S. 135.

231 Vgl. den Briefwechsel von Dezember 1921: Taverne 2001, S. 119f.

232 Gratama 1922.

233 Während Ouds Fabrik-Entwurf* unausgeführt blieb, könnten die Wohnbauten in Spangen* nicht zur kubistischen Architektur gerechnet werden: Van Doesburg 1922d, S. 229.

234 Übers. EvE: Van Doesburg 1922b, Anm. 1, S. 141.

235 Übers. EvE: Van Doesburg 1922e, Hervorhebung Van Doesburg.

236 Karte von Moholy-Nagy an Oud vom 14.1.1923, Oud-Archiv, B.

237 J. J. P. Oud, in: De Stijl, V, 12, 1922, S. 207f. Es handelt sich dabei um einigen Auszug seines ersten Artikels in »De Stijl«. Zum Kontaktabbruch zwischen Oud und Van Doesburg vgl. Kopie eines Briefes von Oud an Jozef Peeters, Januar 1923, Oud-Archiv, Fa 29.

238 Vgl. Fanelli 1985, S. 66. Entsprechend hatte Van Doesburg neben Rietveld auch die ehemaligen De Stijl-Mitarbeiter Oud, Huszár und Wils um Einsendung von Arbeiten für die »I. Internationale Kunstausstellung« (28. Mai bis 3. Juli 1922 in Düsseldorf) gebeten.

239 Übers. EvE: Kopie eines Briefes von Oud an Peeters vom 7.2.1923, Oud-Archiv, F a 29.

240 Ex 1996, S. 82.

241 Theo van Doesburg, Rondblik, in: De Stijl, V, 5, 1922, S. 71–73.

242 Vilmos Huszár, Das staatliche Bauhaus in Weimar, in: De Stijl, V, 9, 1922, S. 137.

243 Die Kurse wurden zunächst im Atelier des Bauhausstudenten Karl Peter Röhl, später in Van Doesburgs Atelier in Weimar abgehalten. Vgl. Herzogenrath 1988; Hemken/Stommer 1992, Herzogenrath 1994; S. 169–177; Ex 1996, S. 85–92.

244 Vgl. Dearstyne 1986; Wolsdorff 1988; Schädlich 1991; Kieren 1999.

245 Von Egon Engelien sind zwei Fotos von Interieurentwürfen erhalten: Van Straaten 1988, S. 106.

246 Theo van Doesburg, Der Kampf um den neuen Stil, in: Neue Schweizer Rundschau, 22, Januar 1929: nach De Stijl 1951, S. 536. Vgl. Van Doesburg 1923.

247 Daneben waren von den niederländischen Architekten auch Dudok, Van Loghem und Stam eingeladen.

248 Übers. EvE: Brief von Van Doesburgs an Rietveld vom 10.8.1923: nach Casciato 1994, Anm. 7, S. 102. Wohl in Reaktion auf diesen Brief schrieb Rietveld an Oud, daß er selbst unmöglich Material nach Weimar schicken könne: Karte von Rietveld an Oud mit Poststempel vom 5.9.1923, Oud-Archiv, B.

249 Zur Pariser Ausstellung vgl. Bois 1983b; Bois/Reichlin 1985, v. a. Bois/Troy 1985; Hoek 2000, Nr. 702, S. 343–438.

250 Demnach sollten Wils und Van Eesteren für die Architektur, Rietveld für das Interieur samt Möblierung sowie Van Doesburg und Mondrian für die Farbgebung zuständig sein. Auf Anraten von Rietveld wurde Wils jedoch (aufgrund abweichender Vorstellungen) ausgeschlossen: Bock 1996, S. 250f.

251 Rietveld hatte eine eigene Version des Rosenberg-Hauses entworfen, die er aus Zeitgründen jedoch nicht ausstellte.

252 Brief von Van Doesburg an Kok vom 18.12.1923, RKD: Übers. Bois/Troy 1985, S. 172. Van Straaten 1996, S. 26, 27, 29. Zur Maison d'Artis und Maison Particulière vgl.: Hoek 2000, Nr. 702, S. 343–368.

253 Die Kosten einschließlich der Herstellung der Modelle und der Einrichtung der Ausstellungsräume mußten von den Ausstellenden selbst getragen werden: Bock 1996, S. 253.

254 Brief von Rosenberg an Van Doesburg vom 13.10.1923, RKD: nach Bois/Troy 1985, Anm. 100, S. 84, mit Hervorhebung.

255 Fanelli 1985, S. 73.

256 Fanelli 1985, S. 73. Entsprechend gab Mies van der Rohe an, eine Fotografie seiner Villa in Beton an Van Doesburg gesandt zu haben: Mies van der Rohe, Mies van der Rohe-Archiv, Division of manuscripts, Library of Congress Washington, container 2, Private 1923–40, V: Bois/Troy 1985, Anm. 93, S. 84. Das Landhaus in Backstein entstand offenbar erst nach der Pariser Ausstellung Anfang 1924: Tegethoff 1981, S. 38.

257 Van Leusden und Rietveld waren beide Mitglieder im Utrechtse Kunstkring: Redeker 1974, S. 27. Van Leusden beschaffte Rietveld den Auftrag zur Umgestaltung des Sprechzimmers von A. M. Hartog in Maarssen: Adelaar 1990, S. 83f.

258 Die Modelle und Entwürfe Van Leusdens sind nicht datiert. Redeker schreibt von einigen Modellen und einer Tafel mit zwei Blättern aus dem Jahr 1923: Redeker 1974, S. 33. Van Leusdens Kiosk wurde erst in der Mai/Juni-Ausgabe publiziert, ebenso das Sprechzimmer von A. M Hartog in Maarssen: De Stijl, VI, 3/4, 1923, nach S. 40, 64.

259 So Adelaar 1990, S. 90.

260 Manuskript in der Abteilung für Angewandte Kunst, Stedelijk Museum Amsterdam. Auflistung in: Troy, 1983, S. 200f. Diese Angaben müs-

sen jedoch nicht vollständig sein. So hatte Van Leusden zwei Modelle ausgestellt, von denen jedoch nur eines verzeichnet ist: Fanelli, 1985, S. 73.

261 Die Arbeiten Nr. 10–12 und 32–35: Fabrik-Entwurf*, »Maison de campagne«, Entwurf für eine Häuserreihe an einem Strandboulevard*, Arbeiterhäuser und Innenhof der Arbeiterhäuser, Wohnblock Spangen VIII* und die Bauleitungshütte*: Ausstellungskatalog »L'Architecture et les Arts qui s'y rattachent«, L'Ecole Spéciale d'Architecture, Paris 1924: Bois/Reichlin 1985, S. 173.
262 Da laut Katalog jedoch Fotografien des ausgeführten Baus gezeigt wurden, kann hier nicht Haus Kallenbach* gemeint sein. Möglicherweise wurde der progressive Wohnhausentwurf als Konkurrenz zu dem Entwurf für Haus Rosenberg gesehen.
263 Bois/Reichlin 1985, S. 140: Rekonstruktion der Ausstellung.
264 Vgl. »III. 4.8. Bauleitungshütte und Café de Unie: zwei Sonderbauten der De Stijl-Architektur«.
265 Bois/Troy 1985, S. 50.
266 Le Corbusier in Form eines Dialoges zwischen Léger und »X«: »Salon d'Automne«, in: L'Esprit Nouveau, Nr. 19, Dezember 1923: »Avez-vous remarqué chez Rosenberg L'Exposition des architectes hollandais?«
267 Brief von Mondrian an Oud vom 12.11.1923, FC: Bois/Troy 1985, Anm. 120, S. 85.
268 Organisiert wurde die Ausstellung wahrscheinlich von Studenten und dem Architekten Rob Mallet-Stevens, der gerade eine Anstellung als Dozent an dieser Schule erhalten hatte. Der im Zusammenhang mit der Ausstellung erhobene Vorwurf gegen Mallet-Stevens, er würde schlechten Einfluß auf die Studenten ausüben, führte nach einem Skandal zu seiner Entlassung: Bois 1983b, S. 110f.
269 Vgl. »III. 2. Zur Definition einer De Stijl-Architektur«.
270 Die Schrift wurde offenbar erst 1924 in der Ecole Spéciale verteilt, da die Kritiken zur Ausstellung in der Galerie Rosenberg das Manifest noch nicht erwähnen: Bois 1983b, Anm. 55, S. 118f.
271 Van Doesburg/Van Eesteren 1924.
272 Van Straaten 1988, S. 171.
273 Brief von Graf Kielmansegg an Van Doesburg vom 6.7.1924, RKD: Van Straaten 1988, S. 171.
274 Vgl. Brief Van Doesburg an Van Eesteren vom 17.3.1925, NAi: Van Straaten 1988, S. 171.
275 »Er plant auch, mit Oud zu sprechen« Übers. EvE: Brief Van Doesburg an Van Eesteren 17.3.1925: nach Van Straaten 1988, S. 171.
276 Van Eesteren vom 22.3.1925, RKD: Van Straaten 1988, S. 171.
277 Briefe von H. Lange an Oud vom 19.9.1925 und 9.10.1925, Oud-Archiv, B.
278 Schumacher 1979, S. 217.
279 Erste Unregelmäßigkeiten waren bereits 1920 aufgetreten.
280 Vgl. Boekraad 1986.
281 Piet Mondrian, Geen axioma maar beeldend principe, in: De Stijl, VI, 6/7, 1924, S. 83–85.
282 »Mit Mondrian mußte es zu einem absoluten Bruch kommen ... hauptsächlich Schizophrenie.« Übers. EvE: Brief von Van Doesburg an Kok vom 5.6.1925: nach Van Straaten 1996, S. 38.
283 Die Bilder wurden um 45 Grad gedreht und damit auf der Spitze stehend aufgehängt.
284 Blotkamp 1982c, S. 41–43; Blotkamp 1994, S. 147. Offenbar bestanden auch persönliche Probleme zwischen den beiden Malern: vgl. Van Straaten, 1996, S. 42f.
285 Mondrian schickte zuweilen drei bis vier Bilder nach Rotterdam, die Oud für 400 Gulden pro Stück verkaufen sollte. Wenn dies nicht gelang, wurden die Gemälde für 150 Gulden von Mondrians Freunden erworben: J. J. P. Oud, Over en rondom Piet Mondrian: Konzeptschrift: Oud-Archiv, Fa 23, S. 4f. Oud war u. a. gelungen, J. E. R. Trousselot ein Gemälde für die Villa Allegonda* zu verkaufen: »Es ist nicht wegen des Kunstprodukts ... aber ich kann Oud nichts abschlagen«. Übers. EvE: Karte von Trousselot an Oud vom 8.8.1928, Oud-Archiv, B. Philip Johnson bat Oud, ein Gemälde von Mondrian für ihn zu erwerben:

vgl. undatierter Brief von Johnson an Oud (1930), Oud-Archiv, B, Nr. 64. Auch Ouds Nichte kaufte ein Bild von Mondrian: Oud 1955. Oud selbst besaß fünf Gemälde von Mondrian. Offenbar hatte er zweimal das Glück, über eine von Freunden initiierte Lotterie ein Bild zu gewinnen: Bois 1984, S. 21; Anm. 32, S. 114. Ein Gemälde bekam Oud von Mondrian geschenkt.
286 Van Doesburg 1925a, S. 15, 20.
287 Vgl. »II. 4. Internationale Kontakte«.
288 Die einzelnen Künstler konnten sich selbständig um die Teilnahme bewerben.
289 Brief von Van Doesburg an Oud vom 9.10.1924: nach Gast 1996, S. 176.
290 Otakar Mácel, Karel Teige und die tschechische Avantgarde, in: Archithese, 1980, Nr. 6, S. 21.
291 Darunter W. Gropius, G. Guévrékian, J. Hoffmann, A. Loos, F. T. Marinetti, A. Perret, K. Schwitters, O. Strnad, T. Tzara: Appel 1925, S. 149f.
292 Joosten/Welsh 1996, II, S. 129.
293 Van Doesburg 1925b. Nein und Ja; oder der abgespaltete Irre. Dem Erneuerer Oud (Alt) gewidmet«: unpubliziertes Typoskript: Taverne/Broekhuizen 1996, S. 374.
294 Vgl. »II.7. Oud als Redakteur von ›i 10‹«.
295 Auch Bart de Ligt, der sich als Auftraggeber für De Stijl-Künstler hervorgetan hatte, publizierte in »i 10«.
296 Übers. EvE: Van Doesburg 1927a, S. 5f.
297 So betonte er, daß Oud Mitarbeiter von »tweedehandsche« Zeitschriften gewesen sei, in denen die von De Stijl abgelehnten Artikel erschienen, eine Anspielung auf Ouds Stellung als Redakteur bei »i 10«. Schließlich sei Oud nicht ohne Zögern zur Gruppe getreten und habe aus Vorsicht keine Manifeste unterschrieben: Van Doesburg 1927a, S. 7.
298 De Stijl, VII, 79/84, S. 41–44.
299 Übers. EvE: Hoste 1918c, S. 135.
300 »Du hast von dem großen Plan von Rosenberg gehört. Es scheint mir ziemlich unmöglich, weil noch keine Stijl-Gruppe als Einheit besteht oder eigentlich keine Stijl-Gruppe existiert.« Übers. EvE: Brief von Mondrian an Oud vom 9.4.1921: nach Blotkamp 1982c, S. 38.
301 Übers. EvE: Oud 1922b, S. 245.
302 Bei einigen Zeichnungen im Oud-Archiv handelt es sich möglicherweise um Ideenskizzen für Huszárs Haus: drei Skizzen auf Millimeterpapier; Bleistiftskizze »Atelier in de duinen«: Esser 1982, Abb. 130, S. 142; Stamm 1984, S. 54; Van Straaten 1988, Abb. 55, S. 72; Taverne 2001, Kat. Nr. 33 (jeweils als Entwurf für Van Doesburgs Atelier von 1919/20). Huszár hatte offenbar Oud und Van Eesteren gebeten, für sein Landhaus in der Veluwe (Provinz Gelderland) Entwürfe auszuarbeiten. Während Van Eesteren seine Entwürfe Ende 1924 fertigstellte, mußte Oud im März 1925 an das Vorhaben erinnert werden: Karte von Huszár an Oud mit Poststempel vom 2.3.1925, Oud-Archiv, B. Zu Van Eesterens Entwurf: Ex/Hoek 1985, Anm. 1, S. 216; Bock 1996, S. 282f., Abb. 221. Vgl. das von Wils für Huszár errichtete Haus in Hierden: Ex/Hoek 1985, Abb. 215, S. 133.
303 Vgl. Brief von Huszár an Oud vom 15.10.1929, Oud-Archiv, B.
304 Die Kirchenfenster passen nicht in Ouds zeitgleiches Werk. Die Wahl Huszárs scheint daher aus persönlichen Gründen, ausgehend von ihrer gemeinsamen Mitgliedschaft in De Stijl erfolgt zu sein.
305 Karte von Huszár an Oud vom 23.3.1922. In einem Brief mit Poststempel vom 16.5.1922 betont Huszár, daß er die Bilder für Vorträge und Artikel benötige: Ex/Hoek 1985, S. 211.
306 Zur Selbststilisierung der De Stijl-Mitarbeiter in der Nachkriegszeit vgl. Taverne/Broekhuizen 1996, S. 151; Taverne 2001, S. 112. Vgl. Brief von Van Doesburg an Oud vom 11.11.1920 und den Antwortbrief von Oud vom selben Tag, FC: Taverne 2001, S. 113f.
307 Übers. EvE: Brief von Oud an Van Doesburg vom 11.11.1920, FC: Taverne 2001, S. 114. Zu Ouds Selbststilisierung vgl. auch »III. 4.7. Der Einfluß des Kubismus und der De Stijl-Malerei«.
308 Übers. EvE: Van Doesburg 1927a, S. 2, 4f.

309 »1923 bedeutet die Wende in der Architektur, und es ist sicher nicht zufällig, daß die größten Fortschritte, die die Architektur im Ausland vollzieht, erst nach 1923 möglich schienen …«. Übers. EvE: Van Doesburg, 1927b, S. 56, Hervorhebung Van Doesburg.

310 »Par cette collaboration j'arrivais à transformer dans l'architecture les principes de l'art plastique«: Oud 1927j, S. 39.

311 Oud 1927j, S. 39.

312 Vgl. »III. 4.4. Destruktion und Flächenkomposition«.

313 Ouds Selbststilisierung begann daher nicht erst in den 1950er Jahren: so Broekhuizen 2000, S. 290.

314 Oud hatte Hitchcock im Jahr zuvor kennengelernt: Scrivano 1997/98, S. 98.

315 Mondrian hatte sich 1923 zwar positiv zu Ouds Fabrik-Entwurf* als Architektur der »Nieuwe Beelding« geäußert, gleichzeitig jedoch seine Bauleitungshütte* kritisiert: Brief von Mondrian an Oud vom 12.11.1923, FC: Bois/Troy 1985, Anm. 120, S. 85.

316 Die Publikation erschien erst 1931: Hitchcock 1931.

317 Fanelli 1985, S. 103.

318 »Ocno 2« entstand laut Angela Thomas im Juni 1918, wird von Vantongerloo jedoch auf 1917 datiert; »Ocno 9«, laut Vantongerloo von 1917, datiert Thomas in die zweite Hälfte von 1918: Thomas 1987, S. 82, 100, 109.

319 Gast 1982, S. 235; Brief von Vantongerloo an Sandberg 13.12.1954, Stedelijk Museum Amsterdam: Thomas 1987, S. 178.

320 Brief Van Doesburgs an Oud vom 13.3.1918: Hans Oud 1984, Anm. 135, S. 40.

321 Dasselbe gilt für die Nachkriegszeit: Im Katalog der De Stijl-Ausstellung, an deren Konzeption Oud maßgeblich beteiligt war, erscheint als Bildunterschrift zu dem 1925 entstandenen Café de Unie* das Jahr 1922: De Stijl 1951, Café de Unie nach S. 96. In einer biografischen Skizze im Ausstellungskatalog des MoMA, die sicherlich auf Ouds Angaben zurückgeht, findet sich bereits unter dem Jahr 1915 der Eintrag »Met Theo van Doesburg. Beginning of association with abstract painters«: Hitchcock 1932, S. 99.

322 Übers. EvE: Van Doesburg 1927a, S. 2, 8, Hervorhebung Van Doesburg.

323 Übers. EvE: Brief von Van't Hoff an Oud vom 11.3.1931, Oud-Archiv, B.

324 Übers. EvE: undatierter Brief von Rietveld an Oud, Oud-Archiv, B, Nr. 66; ebenda: »… ich wollte direkt etwas schreiben – aber es gelingt mir nicht – Ich beginne und beginne immer wieder, aber es geht nicht.«

325 Briefe von Van't Hoff an Oud mit Poststempel vom 7.4.1931 und 29.5.1931, Oud-Archiv, B. Der Briefkontakt zwischen Oud und Van't Hoff wurde bis Anfang 1933 fortgesetzt.

326 Übers. EvE: Brief von Rietveld an Oud vom 27.4.1931, Oud-Archiv, B. Vor allem Van't Hoff unterstellte er Heuchelei und bezeichnete dessen Brief an Oud als »oude juffrouw«-Brief (Alt-Fräulein-Brief).

327 Brief von Van't Hoff an Oud vom 11.3.1931 und Brief mit Poststempel vom 29.5.1931, Oud-Archiv, B.

328 Übers. EvE: Brief von Vantongerloo an Oud vom 31.7.1931, Oud-Archiv, B.

329 Übers. EvE: Brief von Vantongerloo an Oud vom 31.7.1931, Oud-Archiv, B.

330 Vgl. Broekhuizen 2000, S. 279–302.

331 Übers. EvE: Brief von Vantongerloo an Oud vom 31.7.1931, Oud-Archiv, B, Hervorhebung Vantongerloo.

332 Übers. EvE: Brief von Vantongerloo an Oud vom 16.8.1931, Oud-Archiv, B.

333 »Alle sind sich einig, daß Does absolut keine künstlerische Bedeutung hatte. Sein Schreiben über das Abstrakte war widersprüchlich, und mit großer Gebärde sprach er unwissend über die vierte Dimension, nicht-euklidische Geometrie, Dissonanten etc.« Übers. EvE: Brief von Vantongerloo an Oud vom 16.8.1931, Oud-Archiv, B.

334 Übers. EvE: Brief von Vantongerloo an Oud vom 16.8.1931, Oud-Archiv, B.

335 Übers. EvE: Brief von Vantongerloo an Oud vom 16.8.1931, Oud-Archiv, B, Hervorhebungen Vantongerloo.

336 Brief von Vantongerloo an Oud vom 16.8.1931, Oud-Archiv, B.

337 Durchschlag von Oud an Vantongerloo vom 31.8.1931, Oud-Archiv, B.

338 Nach Texten Van Doesburgs erschienen dort Beiträge von Oud, Van't Hoff, Mondrian, Kok und Van Eesteren sowie von A. Elzar, E. Rinsema, D. Nieuwenhuis, F. Kiesler, K. Schwitters, J. Hélion, A. Sartoris und K. Schwanhäusser.

339 Übers. EvE: Rob van't Hoff, 7 maart 1931, in: De Stijl, dernier numéro, 1932, S. 45.

340 Übers. EvE: Oud 1932a, S. 47.

341 Zu den wichtigsten fortschrittlichen Gruppen während des 1. Weltkrieges zählten: De Anderen (Den Haag), De Branding (Rotterdam), De Onafhankelijken (Amsterdam), De Rotterdammers (Rotterdam), Het Signaal (Amsterdam) und De Sphinx (Leiden). An Zeitschriften bestanden u. a. »De Beweging«, »Eenheid«, »Levende Kunst« und »De Wiekslag« sowie nach dem Krieg »La revue de feu«: vgl. Ida Boelema, De Branding. Federatie van Rotterdamse beeldende kunstenaars ca. 1917–1926, in: Museumjournaal, 17, 1972, S. 254–262; Wendingen 1992.

342 Die beiden Zeitschriften werden meist als Konkurrenzblätter gesehen: vgl. Wendingen 1992.

343 Im März 1918 hatte De Stijl 120 Abonnenten, im Oktober desselben Jahres 200. Im Jahr 1922 betrug die Auflage 400 Exemplare. Für 1927 wurden 331 Abonnenten bei einer Auflage von 700 Stück verzeichnet: Schumacher 1979, S. 217.

344 Übers. EvE: Van Doesburg 1927c, S. 556.

345 So beispielsweise von den Futuristen und der Novembergruppe.

346 Vgl. Schumacher 1979, S. 10, 82ff.

347 Selbst die langjährigen Mitarbeiter kannten sich zum Teil nicht persönlich oder trafen sich nach Jahren zum ersten Mal. Oud und Mondrian lernten sich erst 1920 kennen, als letzterer schon wieder in Paris lebte. Mondrian und Rietveld haben sich nie getroffen. Vgl.: »die Person Mondrian (den ich niemals getroffen habe)« Übers. EvE: Rietveld 1955, S. 127. Vantongerloo lernte neben Van Doesburg nur Wils persönlich kennen.

348 Nicolette Gast, Rezension zu Angela Thomas, in: Jong Holland, Nr. 4, 1988, S. 34.

349 Vgl. »III. 2. Definition einer ›De Stijl‹-Architektur«.

350 So Polano 1977, S. 42. Fanelli sieht in Wils' Hotelumbau De Dubbele Sleutel das wichtigste Werk für die Entwicklung von De Stijl. Gleichzeitig nennt er Van't Hoff als Schlüsselperson der ersten De Stijl-Phase mit der Villa Henny als bedeutendstem Architekturbeispiel: Fanelli 1985, S. 9, 27.

351 Vgl. Haus De Geus*, die Villa Allegonda*, Haus De Vonk* und die vier Wohnblöcke in Spangen*. Unter »Gemeinschaftsbauten« werden alle Gebäude verstanden, an denen neben dem Architekten auch Vertreter anderer Gattungen beteiligt waren.

352 »Im Gegensatz zu den ausschließlich architektonischen Blättern wird die Architektur in ›De Stijl‹ immer als Kunst behandelt.« Übers. EvE: Van Doesburg 1920, S. 44.

353 Wils publizierte im Februar 1918 seinen ersten Artikel in »De Stijl« und arbeitete seit diesem Jahr mit Van Doesburg zusammen.

354 Zevi 1953. Auch die erste große De Stijl-Ausstellung der Nachkriegszeit, die 1951 im Stedelijk Museum in Amsterdam stattfand, widmete sich im großen Umfang der Architektur der Gruppe: De Stijl 1951.

355 Jaffé 1956; Jaffé 1965b.

356 »De Stijl, of beter … Mondrian en Van Doesburg …«: Jacobs 1990/91, S. 126. Yves-Alain Bois vertritt die Meinung, De Stijl sei zu Beginn eine Verbindung von Malern gewesen: Bois 1983a, S. 46. Vgl. Düchting 1996, S. 120: »… so wandten sich tatsächlich einige Mitglieder der Gruppe dem Möbeldesign und der Architektur zu. Die Architektur des De Stijl folgte dabei im wesentlichen den gleichen Prinzipien, die Mondrian für die Malerei aufgestellt hatte.«

357 »The founder-architects … were at that time in no sense radical.«: Naylor 1975, S. 98. Bereits Barr wertete Ouds Werk im Vergleich zu den

späteren Arbeiten von Van Doesburg und Van Eesteren als konservativ: «Oud was the greatest but at the same time the most conservative of the Stijl architects": Barr 1952/53, S. 9.

[358] Bois 1983a, S. 50. Die Bauten von Van't Hoff bezeichnet er als »Wright-Pastiches«, die Arbeiten von Wils werden dem Art Deco und die Bauten von Oud dem »Internationalen Stil« zugerechnet. Vgl. Bois/Troy 1985, S. 11–23.

[359] Godoli 1980, S. 8, 9; Overy 1991, S. 103.

[360] Vgl. Overy 1991, S. 103. Das einzige Haus, das all diese Eigenschaften erfülle, sei Rietvelds Schröder-Haus.

[361] Zevi 1953. Der von Zevi verwendete Begriff »neoplastizistische Architektur« ist irreführend, da er auch die frühen, vor Mondrians Formulierung des »Neoplastizismus« entstandenen Arbeiten behandelt.

[362] Fanelli 1985.

[363] Jaffé 1956; Jaffé 1965b, u. a. S. 64, 174, 198, 201.

[364] Van Doesburg, 1927b, S. 56.

[365] Vgl. u. a. Godoli 1980, S. 22; Kief-Niederwöhrmeier 1983, S. 226.

[366] Bereits die Ausstellung im MoMA (1952) beschränkte sich auf die Jahre 1920–28. Vgl. Blotkamp 1996, S. 12.

[367] Troy 1982; Troy 1983. Die 1983 erschienene Arbeit ist eine erweiterte Fassung ihrer 1979 eingereichten Dissertation »De Stijl's collaborative ideal: the colored abstract environment«, Yale 1979.

[368] Troy 1983, u. a. S. 6f.

[369] Fanelli 1985.

[370] Fanelli 1985, S. 27, 186.

[371] Van Doesburg 1924a.

[372] Fanelli 1985, S. 78f., 159.

[373] Fanelli 1983, S. 132 (1985, S. 140).

[374] Rusitschka 1995, S. 4, 13, 17. Vgl. Carsten-Peter Warncke, der in »Das Ideal als Kunst. De Stijl 1917–1931« (1990) das Schröder-Haus als die »entschiedenste Umsetzung der ›Stijl-Formprinzipien‹ bezeichnet: Warncke 1990, S. 134.

[375] Overy 1991, 103.

[376] Während das Wohnkonzept innerhalb von De Stijl isoliert bleibe, stehe das Interieur in Widerspruch zu den gleichzeitig von Van Doesburg vertretenen Vorstellungen: Taverne 1999, S. 93–107, Zitat S. 101.

[377] Banham 1964, S. 125.

[378] Polano 1982, S. 94. »Mit Ausnahme eines Entwurfs für eine Fabrik aus dem Jahr 1919, die stark von Wright beeinflußt ist, wird das Schaffen von Oud im wesentlichen durch die Wiederholung und die Symmetrie charakterisiert; sein Beitrag zu De Stijl beschränkt sich auf einige theoretische Äußerungen.«: Bois 1983a, S. 49.

[379] Stamm 1984, S. 51, 54.

[380] Polano selbst sieht Ouds Beitrag zu De Stijl nur bis Anfang 1920, als dessen letzter Artikel in »De Stijl« erschien: Polano 1977, S. 42; Anm. 2, S. 49.

[381] Brief von Huszár an Beekman vom 6.12.1918: Ex/Hoek 1985, S. 201f.

[382] Hoste 1919.

[383] Übers. EvE: Brief von Oud an Kamerlingh Onnes vom 12.12.1918, Privatbesitz: nach De Jongh-Vermeulen 1999, S. 247.

[384] Huib Hoste, De Stijl, in: De Telegraaf, 17.11.1917, Nr. 9935, avondblad, S. 7. Die Einteilung der Wohnungen beschreibt Hoste dort als »troosteloos banaal«: Van der Perren 1980, S. 11; vgl. Smets 1972, S. 44.

[385] Hoste 1918a: nach Smets 1972, S. 43f.

[386] Übers. EvE: Brief von Mondrian an Oud vom 16.12.1920: nach Blotkamp 1982c, S. 38.

[387] Van Doesburg 1920, S. 46.

[388] Übers. EvE: Brief von Van Doesburg an Vantongerloo vom 20.3.1920, Nachlaß Vantongerloo, Zürich: nach Thomas 1987, S. 146; Vgl. Taverne 2001, S. 152. Oud selbst gab zu, daß das dekorative Element noch nicht ganz überwunden sei: Oud 1921a, Bildunterschrift zu Abb. 6.

[389] Übers. EvE: Brief von Rietveld an Oud, 20.8.1920, Oud-Archiv, B.

[390] Van Doesburg wählte 1920 den Fabrik-Entwurf*, das Treppenhaus von Haus De Vonk*, die Häuserzeile an einem Strandboulevard* und die Häuserzeile mit Arbeiterwohnungen* für eine Publikationen aus: Brief von Van Doesburg an Oud vom 1.10.1920, FC: Taverne 2001, S. 127.

[391] Van Doesburg 1922a.

[392] Brief von Rietveld an Oud 24.4.1922, Oud-Archiv, B.

[393] Übers. EvE: Brief von Rietveld an Oud vom 17.1.1927, Oud-Archiv, B; Oud 1926a.

[394] Van Doesburg 1927a, S. 7.

[395] »Dieser doch bekehrt sich schon seit langem und in der Tat zum Liberty-Wendingenstil (man sehe den Cottage-Bau ›Oud-Mathenesse‹ in Rotterdam und die dekorative Fassadenarchitektur des Café ›De Unie‹).« Übers. EvE: Van Doesburg 1925b, S. 157f, Hervorhebung Van Doesburg. Entsprechend wollte er, daß die Häuserzeilen aus der De Stijl gewidmeten Ausgabe von »L'Architecture Vivant« ausgeschlossen würden: Overy 1991, S. 131.

[396] Auf die Frage, ob er die Pariser Ausstellungsmodelle würdige, antwortete Mondrian: »Ja insoweit, als keine geschlossene Formen auftreten und man die rechteckigen Flächen, die den Raum einteilen, ins Unendliche verlängern kann.« Übers. EvE: Piet Mondrian, in: Het Vaderland, 17.10.1924: nach Blotkamp 1982c, S. 43.

[397] Brief von Mondrian an Oud vom 12.11.1923, FC, Nr. 1972-A. 408: Bois/Troy 1985, Anm. 120, S. 85.

[398] Bois 1981, S. 40.

[399] Übers. EvE: Oud an Rietveld vom 29.1.1935, RSA, Utrecht: nach Rusitschka, S. 172.

[400] Nach einem gescheiterten Versuch bei Wils versuchte Van Doesburg, sich an Ouds Arbeiten zu beteiligen. Vgl. Taverne/Broekhuizen 1996, S. 382; Ex/Hoek 1982, S. 204. Nach dem Zerwürfnis mit Van Eesteren nahm er 1924 erneut Kontakt zu Oud auf: vgl. Brief von Van Doesburg an Oud vom 11.11.1924: Taverne/Broekhuizen 1996, S. 374. Aus Anlaß der Jubiläumsausgabe von »De Stijl« wandte sich Van Doesburg an die früheren Mitarbeiter und forderte sie auf, eine Übersicht ihrer Werke einschließlich aktueller Entwürfe einzureichen: vgl. Brief von Van Doesburg an Oud vom 1.11.1927: Taverne/Broekhuizen 1996, S. 393.

[401] Der Wohnkomplex Papaverhof (1919–21) wurde 1922 in »De Stijl« veröffentlicht, obwohl Wils die Gruppe bereits 1919 verlassen hatte: De Stijl, V, 12, 1922, nach Spalte 208. Van Doesburg zeigte in seinem Vortrag »Der Wille zum Stil« Abbildungen der 1914 entworfenen Villa von Van't Hoff, der Villa Allegonda* und dem Umbau des De Dubbele Sleutel durch Wils (1918/19), obwohl Van't Hoff und Wils bereits 1919 und Oud 1921 De Stijl verlassen hatten: vgl. Van Doesburg 1922a, S. 37f. Bei seinem De Stijl-Kurs (1922) präsentierte Van Doesburg wahrscheinlich die Villa Allegonda und das Interieur des Spangener Wohnblocks sowie das Fotoatelier Berssenbrugge von Wils und Huszár in Den Haag (1921): Hemken/Stommer 1992, S. 172; Anm. 21, S. 177, nach dem Modell von Engelien: Studien für eine malerische, aus der architektonischen Einteilung entwickelten Raumgestaltung, Nachlaß Theo van Doesburg, RKD.

[402] Abb.: De Stijl, II, 3, 1919, nach S. 26; De Stijl, II, 7, 1919, nach S. 84 (Abb. 19). Der Bauherr A. B. Henny hatte die noch unfertige Villa 1917 verkauft.

[403] Fanelli 1978, S. 51.

[404] Die Architekten der ersten Jahre waren fast gleichaltrig: Van't Hoff wurde 1887, Oud 1890 und Wils 1891 geboren, allein Hoste bereits 1881.

[405] Oud 1921a. Vgl. «III. 1.5. Oud und die Architektur von De Stijl«.

[406] Der Maler Vantongerloo widersprach dagegen einer Gruppe mit einheitlichen Zielen.

[407] Taverne/Broekhuizen 1993, S. 38, 49.

[408] Übers. EvE: Oud 1955, S. 9.

[409] Die Ausstellung ging 1952 weiter nach New York und Venedig. Vgl. Taverne/Broekhuizen 1995, S. 153; Broekhuizen 2000, S. 285–291. An der Organisation war auch Nelly van Doesburg beteiligt, die sich schon 1934 für eine De Stijl-Ausstellung eingesetzt hatte: Van Moorsel 2000, S. 157. Bereits die Auswahl der Arbeiten zeigt, daß hier keine kritische Aufarbeitung von De Stijl stattfand. Von Van Eesteren waren

der Entwurf für ein Haus am Fluß und die in Zusammenarbeit mit Van Doesburg erstellten Pariser Ausstellungsmodelle vertreten, von Oud die Häuserzeile an einem Strandboulevard*, der Fabrik-Entwurf*, die Bauleitungshütte*, das Café de Unie*, die Siedlung Kiefhoek* und die Häuser der Weißenhofsiedlung*.

410 Nach dem 2. Weltkrieg zeigte sich in den Niederlanden ein verstärktes Interesse an der eigenen Architekturgeschichte. Vor allem die modernen Strömungen der 1920er Jahre mit De Stijl und dem »Nieuwe Bouwen« wurden als kulturelle Errungenschaften des Landes gewertet. Ausdruck bzw. Folge dieses neuen Verständnisses waren zahlreiche Ausstellungen zu diesem Themenbereich und die Etablierung einer wissenschaftlichen Architekturgeschichtsschreibung der Moderne. Dennoch blieb die Architekturgeschichte noch bis in die 1960er Jahre hinein weitgehend von den Architekten bestimmt: vgl. Baeten o. J., S. 13.

411 Vgl. Bois/Reichlin 1985, vgl. S. 4.

412 Publiziert: Oud 1960a. Vgl. Broekhuizen 2000, »Mein Weg in De Stijl«, S. 279–302.

413 Jaffé 1956.

414 Bereits im Juni 1948 hatte Oud in einer Vorbesprechung zur Amsterdamer De Stijl-Ausstellung dafür plädiert, den persönlichen Beitrag jedes Mitarbeiters an De Stijl darzustellen: Protokoll vom 19.6.1948 von der Besprechung vom 11.6.1948: Oud-Archiv, C 27. Vgl. Broekhuizen 2000, S. 279f.

415 Text eventuell als einführende Rede zur De Stijl-Ausstellung am 6.7.1951 (mit Bleistift angefügt): Oud-Archiv C 27.

416 Brief von Oud an Smithson, Sommer 1957, in: Alison und Pester Smithson, Die heroische Periode der modernen Architektur, Tübingen 1981, S. 8. »Nach und nach regte sich das Verlangen, selbst eine Zeitschrift zu haben … und wir machten ernsthafte Pläne in dieser Richtung.«: Oud 1957b, S. 188.

417 Vgl. Brief des Ministerie van Onderwijs, Kunst en Wetenschappen an Oud vom 20.6.1960 an Oud: Brief Oud-Archiv, C 27. Farbentwurf Van Doesburg: De Stijl 1960/61, Kat. Nr. 49.

418 Vgl. ein Manuskript über Mondrian 1961: Oud-Archiv, Fa 23. »Man muß dabei jedoch bedenken, daß in dem Augenblick, als das formuliert wurde (1957/58), durch Jaffés Buch ein neues Interesse an De Stijl einsetzte und daß Mondrian einerseits ein enger Freund von Oud war, andererseits der einzige Künstler aus De Stijl blieb, dessen internationale Reputation nicht in Vergessenheit geraten war. Es lag also auf der Hand, daß Oud sich auf Mondrian berief.« Übers. EvE: Stamm 1979, S. 77.

419 J. J. P. Oud, Konzept für Architecturalia, Oud-Archiv, C 20, S. 26.

420 Oud 1960a.

421 »Initiative, Organisation und inhaltliche Verantwortung der Ausstellung lagen größtenteils bei praktizierenden Architekten, die selbst Objekt der Ausstellung waren: Oud, Rietveld, van Eesteren.« Übers. EvE: Baeten o. J., S. 13. Fanelli hielt sich in seiner Monographie zur »De Stijl-Architektur« (1983) noch ganz an die von Oud und Van Eesteren formulierten Thesen: vgl. Boekraad 1988, S. 44–47. Zu Oud vgl. Broekhuizen 2000, S. 279f.

422 Übers. EvE: Casciato/Panzini/Polano 1980; S. 83.

423 Vgl. die Kritik am Katalog der De Stijl-Ausstellung im Walker Art Center (1982): Polano 1982, S. 88.

424 Bock 1982, S. 199.

425 Blotkamp 1982a; Blotkamp 1996.

426 Behne 1921/22b, S. 7. Vgl. Boeken 1927, S. 216.

427 Diese Bemerkung fiel während des Aufenthalts von Erich Mendelsohn und H. T. Wijdeveld in Weimar: Ex 1996, S. 82. Vgl. Brief von Van Doesburg an Oud vom 21.6.1921, FC: Taverne 2001, S. 156.

428 Zevi 1974 (1953), S. 90. Vgl. Polano 1977, S. 47: »l'architettura wrightiana, uno dei pochi riferimenti comuni agli architetti del De Stijl«. Vgl. Fanelli 1985, S. 26f. Eine Ausnahme bildet Troy, nach der Wright keine bedeutende Rolle für die De Stijl-Architektur gespielt habe: Troy, 1983, S. 10.

429 Übers. EvE: Casciato/Panzini/Polano 1980, S. 83.

430 Vgl. Freijser 1989, S. 32.

431 Vgl. Americana 1975; Landmead/Johnson 2000; Bergerfurth 2004, S. 18, 48–56.

432 Vgl. Beckett 1980, S. 216; Münch 2003, mit Abb. der Deckenverglasung in Wrights Unity Church, Abb. 26.

433 Godoli 1980, S. 20. «Der Einfluß von Wright ist seit 1916, dem Baujahr der beiden Häuser von Robert van't Hoff, durch die Stijl-Bewegung abgewandelt worden: Die damals vorherrschende Horizontale wird nun durch ein Wechselspiel von vertikalen und horizontalen Bewegungen abgelöst.«; »In der ersten Phase des Stijl besteht eine große Affinität zu FLW aber auf völlig unterschiedlicher ästhetischer Basis: sogar Oud, Wils und van't Hoff zeigen schon immer ein weit distanzierteres Verhältnis zur Natur als Wright.«: Kief-Niederwöhrmeier 1983, S. 234, 244.

434 Fanelli 1985, S. 119.

435 »Oud läßt sich in diesen Jahren nicht so überdeutlich wie van't Hoff und Wils durch das Vorbild Wrights verleiten.«: Kief-Niederwöhrmeier 1983, S. 236. Bereits Van Doesburg hatte Wils vorgeworfen, Wright zu kopieren: vgl. Brief von Van Doesburg an Oud vom 12.06.1920, FC: Taverne 2001, S. 115. Daß Wils sich besonders eng an Wright anlehnte, wird allgemein gesehen: vgl. Kief-Niederwöhrmeier 1983, S. 232.

436 Zur Wright-Rezeption bei Oud vgl. »III. 4.9. Der Einfluß von Wright und Van't Hoff«.

437 Oud 1918a.

438 Oud 1918a. Ähnliche Forderungen wurden in derselben Ausgabe von Wils und Van't Hoff sowie im Juni 1918 von Hoste vertreten. Wils 1918a; Van't Hoff 1918/19, S. 57–59; Hoste 1918b.

439 Oud 1918c.

440 Van't Hoff 1918/19, S. 40–42, S. 54. Langmead 2000, S. 157.

441 Boeken, in: De Stijl, II, 6, 1919, S. 70–72.

442 Wils 1918b.

443 Abb. Villa Henny, Huis ter Heide: De Stijl, II, 3, 1919, nach S. 26, S. 33; Abb. De Dubbele Sluitel: De Stijl, II, 5, 1919, nach S. 58; Abb. Doppelhaus in Beton: De Stijl, II, 7, 1919, S. 83.

444 F. L. Wright, Ausgeführte Bauten und Entwürfe von Frank Lloyd Wright, Berlin 1910.

445 C. R. Ashbee, Frank Lloyd Wright. Ausgeführte Bauten, Berlin 1911. Bereits vor den Wasmuth-Publikationen erschienen in amerikanischen Zeitschriften einzelne Aufsätze über Wright: The House beautiful, 1896/97; Robert C, Spencer, Jr., The work of Frank Lloyd Wright, in: The Architectural Review, 7, 1900, S. 61–72. Vgl. Rudolf Vogel, Das amerikanische Haus, Berlin 1910, mit Abb. der Prairie Houses.

446 Berlage verwies neben Wright auch auf die ältere Generation amerikanischer Architekten wie H. H. Richardson und H. L. Sullivan, den er persönlich kennengelernt hatte: Berlage 1913, S. 33. Die Bedeutung der zeitgenössischen amerikanischen Architektur für De Stijl zeigt ein Vergleich von W. B. Griffins Wohnhaus in Evanston, Illinois (1907) mit Bauten von Wils. Eine Abbildung von Griffins Bau erschien zusammen mit Berlages Vortrag in der »Schweizerischen Bauzeitung« (1912). Vgl. Vernon 1996, S. 131–151.

447 1904 war eine Auswahl von Fotografien und Zeichnungen Berlages auf der Louisiana Purchase Exposition in St. Louis, Missouri zu sehen, auf der die soeben fertiggestellte Börse eine Bronzemedaille erhielt. Wright und seine Schüler besichtigten die Ausstellung. Das von Purcell organisierte Treffen mit Berlage wurde zu einer zweitägigen Rundreise zu dessen Bauten in Amsterdam und Den Haag ausgeweitet: Vernon 1996, S. 132; Anm. 4, S. 149. Laut Purcell war Berlage schon zu diesem Zeitpunkt mit den Arbeiten von Sullivan und Wright vertraut. Im März 1908 sandte Purcell ihm die aktuelle Ausgabe von »Architectural Record« mit Wrights Manifest »In the cause of architecture«: Brief von Purcell an Berlage vom 4.3.1908, NAi: Vernon 1996, S. 134f.

448 Berlage traf am 7. November 1911 in New York ein und kehrte am 12. Dezember 1911 in die Niederlande zurück.

449 H. P. Berlage, »Nieuwe Amerikaanse architectuur«; H. P. Berlage, Neue Amerikanische Architektur, In: Schweizerische Bauzeitung, Bd. 60, Nr. 11, 12, 14.–21.9.1912.

450 Berlage 1913.

451 Vgl. Eliens/Groot/Leidelmeijer 1997, S. 146. Dagegen Anthony Alofsin, der erst für die 1920er und 1930er Jahre einen Einfluß sieht: Alofsin 1994, S. 36.

452 Jonker 1979b, S. 21; Fanelli 1985, S. 182; Langmead 2000, S. 158. Van't Hoff wollte zunächst Haus Henny errichten und dann wieder in die USA zurückkehren, um mit Wright zusammenzuarbeiten: Langmead/Johnson 2000, S. 22, 23. 1922 erinnerte sich Wright, den jungen Van't Hoff persönlich kennengelernt zu haben: Brief von Wright an Berlage vom 30.11.1922, Berlage-Archiv, NAi: Bruce Pfeiffer, Hrsg., Letters to architects, Frank Lloyd Wright, Fresno/California 1984, nach Buch 1993, S. 111; Langmead 2000, S. 158. Vgl. Brief von Wright: »Dutch patriot Van't Hoff made his appearance in Chicago very early in my day and took home something of what he then saw there on the Chicago prairie.«: Oud 1951.

453 Langmead/Johnson 2000, S. 23; 58.

454 Langmead 1999, S. 7. Vgl. »Wright-clone« und »Europe's first built copies of Wright's work«: Langmead 1996, S. 7, 11; vgl. Langmead/Johnson 2000, S. 23, 55.

455 Laut Godoli erfolgte der Auftrag gleichzeitig mit der Fertigstellung van Haus Verloop und damit vor oder parallel zu der ersten Version von Rietvelds »Rot-Blau-Stuhl«: Godoli 1980, S. 20. Damit stünde Wright auch am Ausgangspunkt von Rietvelds progressiven Möbelentwürfen. Vgl. Brown 1958, S. 23. Rietveld kam über diesen Auftrag in Kontakt zu Van't Hoff, der auch seine Möbelentwürfe zum Teil in dessen Werkstatt fertigen ließ: Banham 1964, S. 132.

456 Fanelli sieht Van't Hoffs Villen daher in Abhängigkeit zu den »kleinen Prairie Houses« (1900–1910), die sich durch eine vereinfachte Formensprache und symmetrische Grundrisse auszeichnen: Fanelli 1985, S. 117.

457 Dieser Umstand wird in der Literatur meist übersehen. Eine der wenigen Ausnahmen ist Kief-Niederwöhrmeier 1983, S. 228, 231. Vgl. Overy 1991, S. 104.

458 Vgl. Gert Jonker, der sich mit Blick auf die Villa Henny für eine stärkere Differenzierung der »De Stijl-Architektur« ausspricht: Jonker 1979, S. 8. Zum »De Stijl-Kanon« vgl. Van Doesburg 1925c.

459 Laut Oud und Wils wurden Wrights Arbeiten erst durch Berlage in den Niederlanden verbreitet: Oud 1918c, S. 39; »Bis vor einigen Jahren war sein Werk hier noch nicht bekannt, und wir verdanken es Dr. Berlage, der uns nach seiner Reise nach Amerika damit bekannt gemacht hat.« Übers. EvE; Wils 1918d, S. 210. Vgl. Brief von Berlage an Oud vom 7.03.1912: Taverne 2001, S. 57. Rückblickend nannte Oud den amerikanischen Architekten seine »jeugdliefde« (Jugendliebe): Oud 1951. Oud berichtete wiederholt von der Begeisterung der jungen Architekten, die über Berlage einen ersten Eindruck von Wrights Bauten erhielten: Oud 1951; Oud 1952b; Oud 1959. Oud lernte Wright erst 1952 in Paris kennen.

460 Godoli 1980, S. 25; Kief-Niederwöhrmeier 1983, S. 233. Eine Beeinflussung durch Wright zeigt auch das Motiv der mehrfach gestuften Türlaibung in Haus De Lange in Alkmaar (1917). Vgl. Fanelli 1985, S. 26f.

461 Vgl »III. 4.9. Der Einfluß von Wright und Van't Hoff«.

462 Vgl. »V. 2. Klassische Entwurfsprinzipien«. Dasselbe gilt für die Bauten von Van't Hoff. Die Asymmetrie bildet damit keinesfalls ein Charakteristikum der De Stijl-Architektur, wie in der Literatur allgemein vertreten wird.

463 Zevi 1974 (1953), S. 150.

464 Godoli 1980, S. 16, 22f. Langmead betont dagegen Ouds Interesse an Wrights Grundrissen: Langmead 1999, S. 10.

465 Smets 1972, S. 43.

466 Abb.: Smets 1972, S. 42.

467 Abb.: Smets 1972, S. 44.

468 Vgl. die Entwürfe für ein Monument in Amersfoort und ein Landhaus, beide 1917: Smets 1972, Abb. S. 41, 44.

469 Vgl. Brief von Van Doesburg an Hoste vom 20.7.1918; vgl. Smets 1972, S. 145.

470 Vgl. den Entwurf für ein Wohnhaus in Alkmaar (1918) und den Entwurf für ein Haus mit Atelier: Ex/Hoek 1982, Abb. 178, S. 194; Abb. 182, S. 196 (engl. Ausgabe).

471 »La ›nieuwe Plastiek‹ wrightiana filtrata al vaglio di un'oggettività costruttiva che nulla concede all'effetto gratuito rappresenta il minimo comun denominatore di una serie di progetti di Oud, van't Hoff e Klaarhamer del periodo 1917–19.«: Godoli 1980, S. 20. Vgl. Fanelli, der von Verhärtung spricht: Fanelli 1985, S. 14.

472 »Es scheint, als seien Rezeptionsinteresse und Rezeptionsmöglichkeiten durch die topographischen und siedlungsgeschichtlichen Differenzen zwischen Europa und den USA limitiert worden: die relative Enge dicht besiedelter europäischer Zonen zwang dazu, den für Wrights Architektur so wichtigen Faktor virtueller Unbegrenztheit aus der Aneignung seiner architektonischen Errungenschaften auszuklammern.«: Tönnesmann 1998, S. 19.

473 Während die erste Wasmuth-Publikation Wright als einen Naturverehrer vorstellt, betont das zweite Buch die Bedeutung der Maschine für Wrights Architektur.

474 H. P. Berlage, Frank Lloyd Wright, in: Wendingen, Bd. 4, 1921, Nr. 11.

475 Oud 1926c, S. 78.

476 Oud 1918c, S. 40. Auch Berlage hatte das Larkin Building besonders geschätzt: vgl. Langmead/Johnson 2000, S. 27.

477 Van't Hoff, S. 40–42.

478 Kief-Niederwöhrmeier 1983, S. 233; Fanelli 1985, S. 117.

479 Die im Oud-Archiv bewahrte Zeichnung wurde erstmals auf dem Cover von Ouds Autobiographie publiziert: Oud 1960a. Für eine frühere Entstehung liegen keine Anhaltspunkte vor.

480 Vgl. Van der Woud 1975, S. 29.

481 Wils 1918d; ders., De nieuwe tijd, Eenige gedachten bij het werk van Frank Lloyd Wright, in: Wendingen, II, 1919, Nr. 6, S. 14–18; ders., Frank Lloyd Wright, in: Elseviers Maandschrift, 31, 1921, 61, S. 222.

482 Oud 1918a; Oud 1918c. Möglicherweise war Oud durch Van't Hoff auf das Robie House aufmerksam worden.

483 Oud 1918c, S. 41; vgl. Berlage 1905b, S. 105.

484 Langmead 1999, S. 5f.

485 Das Bild von Wrights Architektur war in Europa lange durch das Larkin Building und die Unity Church geprägt.

486 Oud 1921a, Abb. 16.

487 Oud 1925e; Oud 1926c.

488 Wichtig zum Verständnis des Textes ist, daß sich Oud als erster »kubistischer Architekt« stilisierte. Vgl. »III. 4.7. Der Einfluß des Kubismus und der De Stijl-Malerei«.

489 Van de Beek/Smienk 1971, S. 18f. Auch der Grundriß von De Bazels Nederlandsche Handelsmaatschapij (1919–26) geht auf das Larkin Building zurück: Godoli 1980, S. 14.

490 Wils 1918b. Zur Konstruktion der Villa Henny: Fanelli 1985, S. 113.

491 Fanelli 1985, S. 116f.

492 Dagegen Langmead 1996, S. 12: »He [Oud: EvE]…was more interested in his [Wrights: EvE] technology than in philosophy or aestetics.«

493 Der Entwurf für ein Haus aus Beton, der kurz nach seiner Rückkehr aus den USA im Januar 1912 entstand, zeigt keine Verbindung zu Wright. Vgl. Eliens/Groot/Leidelmeijer 1997, S. 144. Laut Langmead und Johnson entwickelte Berlages Architektur nach und nach Charakteristika von Wright: Langmead/Johnson 2000, S. 32.

494 Laut Rotterdamer Katalog wurde Oud dagegen erst über Van Doesburg auf die Bedeutung von Wright aufmerksam gemacht: Taverne 2001, S. 154.

495 Vgl. »III. 4.9. Der Einfluß von Wright und Van't Hoff«.

496 Hoek 2000, Nr. 702, S. 343–368.

497 Jos Bosman verwendet diesen Begriff für Van Doesburgs »contra-composities«: Bosman 1997, S. 40.

498 Hoek 2000, Nr. 674, S. 312.
499 Abb.: Küper/Van Zijl 1992, S. 98.
500 Vgl. Boekraad 1988, S. 48; Rusitschka 1995, S. 161.
501 Fanelli verweist auf die Fortschrittlichkeit Van Leusdens, der in der Fachliteratur bisher kaum gewürdigt wurde: Fanelli, 1985, S. 73.
502 Abb. Wartehäuschen: Fanelli 185, Abb. 88–90, S. 72; Abb. Urinoir: L'Architecture Vivante, Herbst/Winter 1925, S. 17, Pl. 19; Fanelli 1985, Abb. 91, 92, S. 73. Bekannt sind sieben Modelle von insgesamt circa 25 architektonischen Arbeiten: Adelaar 1990, S. 93. Laut Redeker bevorzugte Van Leusden eine Farbgebung in Schwarz, Weiß, Grau und Gelb: Redeker 1974, Abb. 12, S. 33.
503 So beschreibt Searing die Bauleitungshütte als »cubic volumes painted in primary colors explode centrifugally from a central core«, eine Charakterisierung, die zwar für die Maison Particulière, nicht jedoch für den streng symmetrischen, statischen Bau von Oud zutreffend ist: Searing 1982a S. 334. Stamm meint in der Bauhütte einen Vorläufer des Schröder-Hauses zu erkennen: Stamm 1984, S. 75. Barbieri 1990a, o. S.
504 Banham 1964, S. 166.
505 »... non è tuttavia lecito inferire da tale considerazione ... che nella vicenda dell'architettura neoplastica esista uno iato tra la fase wrightiana e quella delle opere-manifesto.«: Godoli 1980, S. 9. »Tuttavia la tendenza ad isolare nella vicenda dell'architettura neoplastica la ›fase wrightiana‹ come un momento transeunte, come un episodio in sè concluso, ci pare non abbia consentito di cogliere a pieno il nesso che collega quell'esperienza alla codificazione di una nuova sintassi architettonica formulata nel 1924 da Theo van Doesburg in ›Tot een beeldende architectuur‹.«: Godoli 1980, S. 8.
506 Godoli 1980, S. 19, Zitat S. 22.
507 So im Amsterdamer Schmuckgeschäft G. Z. C. von Rietveld, den Projekten von Van Doesburgs »De Stijl-Kurs« und in Entwürfen von Van Leusden (Abb. 17) und Mies van der Rohe. Fanelli 1985, S. 155. Abb. Schmuckladen: Fanelli 1985, Ab. 45, S. 40. Abb. der Arbeiten aus dem De Stijl-Kurs: Hemken/Stommer 1992, Abb. 12, S. 174; Abb. 17, S. 176. Gerade die Arbeiten der beiden letztgenannten Architekten entstanden jedoch annähernd gleichzeitig zu den Ausstellungsmodellen und offenbar unter deren Einfluß. Rietvelds Schmuckgeschäft wie auch die Arbeiten des »De Stijl-Kurses« zählen in ihrer kubischen Ausbildung dagegen eindeutig zur frühen Phase von De Stijl.
508 Fanelli 1985, S, 37.
509 Stamm sieht jedoch sowohl im Fabrik-Entwurf* als auch der Bauleitungshütte* einen Vorläufer des konsequenteren Schröder-Hauses: Stamm 1984, S. 75. Hans Oud stellt fest, daß die drei Ausstellungsmodelle unter dem Einfluß von Oud standen: Hans Oud 1984, S. 49. Laut Rusitschka komme im Fabrik-Entwurf bereits das De Stijl-Programm der Flächenzerlegung zum Ausdruck: Rusitschka 195, S. 182.
510 Siehe das Kapitel »III. 4.4. Destruktion und Flächenkomposition«.
511 Die Arbeiten Van Leusdens werden hier in Abhängigkeit von den drei Modellen von Van Doesburg und Van Eesteren gesehen.
512 Rietveld war zur Zeit der Bauausführung des Schröder-Hauses mit Mondrians Schriften offenbar nicht bekannt: »Ich habe selbst niemals die Artikel von Mondrian gelesen.«: Rietveld an Bakema vom 24.9.1960, in: Form, 15, 1960/61, 4, S. 133: nach Rusitschka 1995, S. 100. Da das Schröder-Haus bereits 1924 ausgeführt wurde, können auch die Artikel von Van Doesburg und Van Eesteren, »Vers une architecture« und »Tot een beeldende architectuur«, kaum als Anrgung gedient haben: Van Doesburg/Van Eesteren 1924; Van Doesburg 1924. Rietveld wird sich daher allein auf Ouds Fabrik-Entwurf und die Ausstellungsmodelle gestützt haben.
513 Stamm 1984, S. 63.
514 Polano 1977, S. 46.
515 Übers. EvE: Polano 1982, S. 88.
516 Polano 1982, S. 90, 95. Van Doesburgs 16 Punkte zur Architektur: Van Doesburg 1924a; vgl. Van Doesburg 1924b. Der Titel lehnt sich an Le Corbusiers «Vers une architecture" an. Eine zweite Fassung des Textes mit 17 Punkten erschien 1925: Van Doesburg 1925a.
517 Auch nach Meinung Fanellis entstand eine Architekturtheorie von De Stijl erst 1923 mit den Schriften von Van Doesburg und Van Eesteren. Vor allem Ouds frühe Arbeiten wie Haus De Vonk* und die Villa Allegonda* werden mit späteren Schriften konfrontiert. Der Fabrik-Entwurf* (1919) erscheint dabei als »die Phase stärkster Anlehnung an jene Kompositionstendenzen, die dann 1923/24 von van Doesburg und van Eesteren als ›de Stijl-Architektur‹ kodifiziert werden.«: Fanelli 1985, S. 37, 78.
518 Rusitschka 1995.
519 Rusitschka 1995, v. a. S. 4f.; Kief-Niederwöhrmeier 1978, S. 157.
520 Bois 1981; Blotkamp 1982c; Boekraad 1983a; Henkels 1983; Bois 1987; Blotkamp 1990a.
521 Vgl. Blotkamp, der auf die Tatsache hinweist, daß die Texte selbst für Niederländer schwer verständlich seien: »... auch wir Landsmänner dieser schöpferischen Figuren haben ein halbes Jahrhundert danach manchmal keine blasse Ahnung mehr davon, was sie meinten.« Übers. EvE: Carel Blotkamp, Rezension zu Troys »The Stijl Environment«, in: Wonen TA/BK, 24, 1983, S. 30.
522 Peters 1968. Im Rahmen seiner De Stijl-Bibliographie veröffentlichte Langmead eine Übersicht der einzelnen Beiträge in »De Stijl« einschließlich späterer Publikationen und Übersetzungen: Langmead 2000, S. 443–477.
523 H. L. C. Jaffé, De Stijl, London 1970: Übers. Jaffé 1967.
524 Auswahl von Schriften in deutscher Übersetzung: Bächler/Letsch 1985; italienische Übersetzung von Van Doesburgs Texten: Polano 1979; englische Übersetzung von Mondrians Schriften: Holtzman/James 1986.
525 Auszüge finden sich im Katalog der Amsterdamer De Stijl-Ausstellung (1951) und der Publikation von Jaffé (1970): De Stijl 1951, S. 74–81. Polano publizierte einen Aufsatz mit Schriften von Oud in englischer und italienischer Übersetzung: Polano 1977. Übersetzung sind dort Oud 1917a; Oud 1918a; Oud 1918c; Oud 1918d. Vgl. die Übersetzung des »Bauhausbuches« (Oud 1926a) als »Architettura Olandese«: Polano 1981. Die im Rotterdamer Katalog aufgenommenen Oud-Texte der 1920er Jahre wurden für die englische Ausgabe übersetzt: Taverne 2001. Vgl. die Oud-Bibliographien: Langmead 1999; Langmead 2000.
526 Übers. EvE: Mondrian 1922.
527 Übers. EvE: Van Doesburg 1924a.
528 Oud 1917a, Oud 1918a, Oud 1918c, Oud 1918d, Oud 1919a, Oud 1919b, Oud 1919c, Oud 1920a. 1927 und 1932 erscheinen noch zwei weitere Beiträge von Oud in »De Stijl«: Oud 1927j; Oud 1932a.
529 Wils 1918a, Wils 1918c. In einem weiteren, wohl ebenfalls von Wils verfaßten Artikel wird ein neues Betonbauverfahren für Notunterkünfte vorgestellt: Wils 1918b.
530 Van't Hoff 1918/19.
531 Van't Hoff 1919a, Van't Hoff 1919b.
532 Hoste 1918b, Scheltema 1919.
533 Schaufensterfront des Juweliers in der Kalverstraat 107, Amsterdam: De Stijl, V, 1922, 2, nach Spalte 24.
534 Van der Leck 1917, Van der Leck 1918.
535 Huszár 1918a.
536 Huszár 1919.
537 Van Doesburg 1917b.
538 Van Doesburg 1918a, Van Doesburg 1918e; Van Doesburg 1920.
539 Van Doesburg 1919a.
540 Mondrian 1917a, Mondrian 1917b, Mondrian 1918a, Mondrian 1918b, Mondrian 1918c.
541 Mondrian 1921.
542 Brief von van Doesburg an Evert Rinsema vom 23. Juni 1921: Blotkamp 1982c, S. 39. Eine in der Dissertationsschrift der Verfasserin zusammengestellte chronologische Übersicht der De Stijl-Texte zur Architektur (1917–20) konnte in die Druckfassung nicht aufgenommen werden.

543 Oud 1918d, S. 77.
544 Oud 1918d; Oud 1919a.
545 Oud 1917a, S. 10.
546 Oud 1918d, S. 82; Oud 1920a, S. 26. Die Innenräume sollten ebenfalls farbig gestaltet werden.
547 Oud 1917a, S. 10.
548 Zu Mondrians Vorstellungen über Architektur vgl. v. a. den fundierten Aufsatz »Mondriaan architectuur«: Blotkamp 1982c.
549 Mondrian 1917a; Mondrian 1918a, S. 31.
550 Mondrian 1917a, S. 3.
551 Mondrians Theorie ist in weiten Teilen von dem belgischen Philosophen Schoenmaekers abhängig, der u. a. das Gegensatzpaar Vertikale/Horizontale, die Verwendung der Primärfarben und den Begriff »Nieuwe Beelding« propagierte.
552 Mondrian 1918c: De Stijl, II, 2, S. 19. Dies im Gegensatz zu der verbreiteten Meinung, nach der Mondrian erst in den 1920er Jahren seine Theorie des »Neoplastizismus« auf die Architektur übertragen habe. So Frits Bless, A propos de Van Doesburg, Rietveld et l'architecture néo-plastique, in: Lemoine 1990, S. 118. Zu Mondrians Forderung nach einer Flächenplastik, die zunächst nur in einer Fußnote auftauchte: Blotkamp 1982c, S. 35.
553 Die Verbindung von Architektur und Malerei innerhalb von *De Stijl* ist grundsätzlich von der niederländischen *Gemeenschapskunst* zu unterscheiden. Der Ende des 19. Jahrhunderts von Jan Veth im Zusammenhang mit Anton Derkinderens Stadhuis in Den Bosch eingeführte Begriff bezeichnet eine Verbindung der einzelnen Künste im Rahmen öffentlicher Bauten, wobei die Malerei von Themen aus Religion oder Geschichte bestimmt wird. Vgl. Boot/Van der Heijden 1978, v. a. S. 36–47; Blotkamp 1994, S. 138; White 2003.
554 Allein Wils äußerte sich nicht zur Farbigkeit der Bauten.
555 Eine Ausnahme bildet Wils, der im Beton schon nicht mehr das moderne, zukunftsorientierte Material sah und zudem von technischen Schwierigkeiten ausging: Wils 1918a. Wenig später wurde der Betonbau jedoch auch von ihm propagiert: Wils 1918b.
556 Vgl. Bois 1981, S. 44. Blotkamp betont den Einfluß Mondrians auf die Terminologie und Theorien von Oud, wie »Het monumentale stadsbeeld« (Oud 1917a) und »kunst en machine« (Oud 1918a): Blotkamp 1982c, Anm. 88, S. 31.
557 Van Doesburg 1917b; Van Doesburg 1918a. Dies im Gegensatz zum Rotterdamer Katalog, wonach Van Doesburg Oud stimuliert habe, architekturtheoretische Artikel über die Normierung im Wohnungsbau, die technische Entwicklung und das zeitgenössische Stadtbild zu verfassen: Taverne 2001, S. 114.
558 Van Doesburg 1918a.
559 Van Doesburg 1918d.
560 So die Vorstellung einer zunehmenden Vergeistigung, Objektivierung und Verallgemeinerung des Lebens sowie einer höheren Stufe der Geistigkeit, die ihren Ausdruck in »Harmonie« und »Spannung gleichwertiger Verhältnisse« finde: Van Doesburg 1917b; Van Doesburg 1918d; Van Doesburg 1920, S. 45.
561 Van Doesburg 1917b, S. 12.
562 Übers. EvE: Brief von Van Doesburg an Oud vom 12.9.1921 (abg. in Boekraad 1983c, S. 134–137).
563 Positiv äußerte sich auch Van Doesburg als Nichtarchitekt zu diesen Themen: Van Doesburg 1917b.
564 Oud 1920a, Abb. nach S. 25.
565 Van Doesburg 1918d; Van Doesburg 1918e; Huszár 1918a.
566 Allein Van't Hoff sprach sich ein Mal für die Auflösung der Wände in Farbe aus, propagierte ansonsten jedoch ebenfalls eine plastische, kubische Architektur: Van't Hoff 1918/19: De Stijl, I, 5, 1918, S. 57.
567 Vgl. die Auseinandesetzung zwischen Berlage und Derkinderen, der für seinen eigenen künstlerischen Beitrag mehr Raum einforderte.
568 Vgl. u. a. das Architekturprogramm des progressiven Arbeitsrates für Kunst (1918), das die Vereinigung aller Künste unter der Führung der Baukunst propagierte: A. Günter in: Brenne 2005, S. 14.

569 Oud 1919c.
570 Van Doesburg 1917a, S. 1.
571 Van Doesburg, in: Mondrian 1921, S. 18.
572 Oud 1921a. Zu den weiteren Publikationen vgl. Langmead 1999; Taverne 2001, S. 182–187. Adolf Meyer wurde gebeten, den Vortrag als Druckvorlage ins Deutsche zu übersetzen. Dies scheint sich für Oud jedoch zu lange hingezogen zu haben, so daß er schließlich selbst eine Übersetzung anfertigte und zur Korrektur an Meyer sandte: Briefe von Adolf Meyer an Oud vom 9.1.1922 und 17.5.1922, Oud-Archiv, B. Vor der Publikation im »Bouwkundig Weekblad« hatte Oud den Text bereits an Freunde und bekannte Architekten verschickt, u. a. an H. Kamerlingh Onnes und H. van de Velde: vgl. Briefe im Oud-Archiv, B.
573 Briefe von Mondrian an Oud: FC. Vgl. Blotkamp 1982c, S. 39f. Englische Übersetzung der Briefe: Boekraad/Postma 1995, S. 64–73. Vgl. Taverne 2001, S. 120–123.
574 Übers. EvE: Mondrian 1922. Als Architektur wird in der Unterüberschrift die gesamte, »nicht-natürliche« Umgebung verstanden.
575 Uitwijding bij eenige afbeeldingen (Erörterung zu einigen Abbildungen): Oud 1922d.
576 Übers. EvE: Mondrian 1923.
577 Übers. EvE: Van Doesburg 1921.
578 Van Doesburg/Van Eesteren 1924.
579 Van Doesburg 1924b.
580 Übers. EvE: Van Doesburg 1924a.
581 Rebel 1983, S. 53. Oud 1917a; Hoste 1918b.
582 »De nieuwe bouwkunst«: Wils 1918d; Oud 1918a. Fanelli bezeichnet Wils' Artikel daher als eine Paraphrase von Ouds Text: Fanelli 1985, S. 26.
583 Mondrian 1922.
584 Oud 1921a.
585 So Bois/Troy 1985, S. 33f.
586 Vgl. »III. 4. Ouds Bauten als ›De Stijl‹-Architektur«.
587 Vgl. »III. 4.4. Destruktion und Flächenkomposition«.
588 Vgl. »III. 1.1. Zielsetzung und Vorgehensweise«.
589 Vgl. »III. 2. Zur Definition einer *De Stijl*-Architektur«.
590 Bois 1983a, S. 49.
591 Bois 1983a, S. 49.
592 Zevi 1974, S. 150.
593 Stamm 1984, S. 36.
594 Blotkamp 1982c, S. 38–40. Wie Blotkamp einleitend feststellt, ist Mondrians Bedeutung für die Moderne Architektur nur schwer zu präzisieren: Blotkamp 1982c, S. 13.
595 »Der Architekt J. J. P. Oud ist, seit er als Gemeindearchitekt in Rotterdam arbeitet, kein aktives Mitglied mehr von ›De Stijl‹.« Übers. EvE: Van Doesburg 1922d (abg. in Taverne 2001, S. 238). Zwei Jahre später behauptete Van Doesburg, Oud habe mit seiner Anstellung bei der Gemeinde die De Stijl-Ideen preisgegeben: Brief von Van Doesburg an Oud von 1924, RKD: Van Doesburg-Archiv, NAi, Microfiche Nr. 46.
596 Zur Entscheidung des Gemeinderates am 14.10.1920 und der folgenden Kritik von Wils in »Het Vaderland« vgl. Fanelli 1978, S. 137. Allerdings war Wils zu diesem Zeitpunkt schon nicht mehr aktiver Mitarbeiter von *De Stijl*. Auch sein Wohnkomplex für die Genossenschaft Daal en Berg, der Papaverhof in Den Haag (1919–22), sowie sein Entwurf für eine Wohnanlage in Serienbauweise (1921) entstanden nach seiner Zeit bei *De Stijl*: Abb.: Fanelli 1985, Abb. 59, S. 50. Van't Hoffs Projekte für den Massenwohnungsbau fanden aufgrund seines vollständigen Rückzugs aus der Kunst keine Umsetzung.
597 Die Vorstellung eines Gegensatzes zwischen den Theorien von *De Stijl* und Ouds Tätigkeit für den *Woningdienst* zieht sich durch die gesamte Literatur. Vgl. Polano 1981, S. 14, 81. Eine Ausnahme bildet Scrivano 1997/98, S. 92.
598 Vgl. »III. 2. Zur Definition einer ›De Stijl‹-Architektur«.
599 Übers. EvE: Van Doesburg 1925b, S. 158.

600 Stamm 1978, S. 5. Später zählte Stamm allerdings auch realisierte Bauten der 1920er Jahre zur »De Stijl-Architektur«: »Er scheute sich jedoch nicht, auch in späteren Jahren [nach 1921: EvE] den ›De Stijl‹-Kanon zu verwenden, wenn es ihm angemessen erschien.«: Stamm 1984, S. 13,vgl. S. 65.
601 Hans Oud 1984, S. 69.
602 Fanelli 1985, S. 93.
603 Barbieri 1990, S. 88.
604 Bereits 1905 hatte Berlage die zentrale Rolle der dekorativen Wandmalerei für die zukünftige Architektur hervorgehoben: Berlage 1905b, S. 116. Zu den Gemeinschaftsarbeiten von De Stijl vgl. Troy 1982; Troy 1983.
605 Bereits Holst hatte die Architekten dazu aufgerufen, den Malern freie Hand zu lassen – «… laß den Maler vollkommen frei in den Bildern, die er in ihrer Architektur malen möchte, und verteidige seine Freiheit mit aller Kraft …«. Übers. EvE: Roland Holst, Over de grondslagen, in: Architctura, 22.4.1911, S. 122.
606 Oud sprach sich nur einmal für kontrastierende Farbflächen aus: Oud 1920a, S. 26.
607 Nach Engel habe Oud angesichts des statischen, geschlossenen Charakters der Architektur eine »Vermischung« der beiden Gattungen abgelehnt: Engel 1981, S. 34. Vgl. Taverne 1983, S. 7; Taverne 1999, S. 98.
608 »Es muß außerdem allgemein erkannt werden, daß die Führungsrolle innerhalb der revolutionären Kunstbewegung im Augenblick nicht bei der Architektur, sondern bei der Malerei liegt, und daß eine gründliche Abrechnung mit historischen Formtraditionen in der Baukunst niemals in demselben Maß stattgefunden hat wie in der Malerei. Das alte Formelement ist in der Baukunst nie zerstört worden, und was an moderner Formgebung entstanden ist, war immer eher Umgestaltung und Abstraktion als Neuschöpfung von Formen (selbst für Arbeiten von Künstlern wie Wright und Sant'Elia gilt dies zum Teil). Dies kann nun von der Malerei nicht gesagt werden, weil in ihr jede Formtradition so radikal ausgerottet wurde, daß ihr ganzes Existenzrecht in der gegenwärtigen Form angetastet ist. In dieses Stadium gekommen, erhielt ihre Entwicklung allgemeine Bedeutung: zum ersten, weil diese neuen, aus der Formzerstörung geborenen Anfänge von allgemeinästhetischem Wert sind; zum zweiten, weil sich in monumentaler, in Gemeinschaftsarbeit entstandener [›samenwerkende‹] Kunst (worauf das moderne Zeitbewußtsein gerichtet ist) die mitarbeitenden Elemente gegenseitig beeinflussen und zum Beispiel die Baukunst in ihrer gegenwärtigen Form noch ganz auf das Wesen der alten Malerei eingestellt ist, sei es, daß diese sich auf Leinwand oder in ›handwerklicher Reinheit‹ auf der Wand verwirklicht (welch letzteres noch keinen wesentlichen Unterschied in der Gestaltung bildet).« Übers. EvE: Oud 1919b, Hervorhebungen Oud.
609 Im Fall der Projekte, bei denen Van Doesburg herangezogen wurde, stützt sich diese Darstellung vor allem auf Van Straaten 1988.
610 Bis 1914 entstanden dort oberhalb der Holzverkleidung großformatige Fresken. Die figürlichen Darstellungen wurden erst 1917 vollendet. Jongert hatte ebenfalls die Quellinus-Schule in Amsterdam besucht und Oud wohl 1906 kennengelernt. Im Purmerender Museum befindet sich ein von Oud entworfener Kamin mit einem Gemälde von Jongert, der 1912 für das von Oud errichtete Haus Brand geschaffen wurde: vgl. Reinhartz-Tergau 1990, S. 19.
611 J. J. P. Oud, Schoorsteen in het gebouw der werkmansver. »Vooruit« te Purmerend, in: Klei, 4, 14.11.1912, Nr. 22, S. 338.
612 So beim Gebäude des Leidse Dagblad, das Oud zusammen mit Dudok errichtete, und dem von Harm Kamerlingh Onnes gestalteten Namensschild der Villa Allegonda*. Um 1920 zog Brouwer Oud zur Fertigstellung seines in Katwijk errichteten Hauses heran: Brief von J. P. van Brakel an Hans Esser vom 2.4.1982: Durchschlag GAK; Brief von J. P. van Brakel an die Verfasserin vom 12.11.1997.
613 Oud 1916b.
614 Vgl. »III. 1.2. Die Zeit vor Gründung von De Stijl«.
615 Übers. EvE: Karte von Van Doesburgs an Kok vom 22.6.1916, RKD, nach Van Straaten 1988, S. 26.
616 Van Straaten erkennt hier die abstrakte Darstellung eines Aktes: Van Straaten 1988; Reinhartz-Tergau 1990, S. 28.
617 Vgl. Blotkamp 1982b, S. 23.
618 Bei Huszár taucht das Gestaltungsmittel des gedrehten Motivs bereits 1916 auf: Sonnenblumen, in: Celant/Govan 1990, Abb. 3, S. 41. Bei Van Doesburg findet sich das Motiv in einem Fenster mit Tanzfiguren von Anfang 1917: Blotkamp 1982b, S. 25.
619 Dem Korridor des ausgeführten Gebäudes wurde zudem ein Windfang eingefügt, so daß die Gartentür erst nach Öffnen der Zwischentür sichtbar wird.
620 Van Straaten beurteilt das Ergebnis dagegen als »wenig beeindruckendes Zusammengehen von Baukunst und Malerei«. Übers. EvE: Van Straaten 1988, S. 27. Auch Blotkamp spricht von einem sehr bescheidenen Auftrag: Blotkamp 1990b, S. 22, 31.
621 Vgl. Van Straaten, der die Bleiglasarbeiten der De Stijl-Künstler in den Kontext der Gruppe einbindet: Van Straaten 1989; Van Straaten 1990.
622 Während die Grundrißlösung für Oud spricht, ist bei der Fassadengestaltung eine Zusammenarbeit zwischen Maler und Architekt oder auch eine beratende Funktion Ouds denkbar.
623 Die Ausführung übernahm Brouwer, der bereits bei Ouds Kinogebäude in Purmerend sowie beim Leidener Tagblatt herangezogen worden war und der auch für Wils, den Kollegen aus De Sphinx, arbeitete.
624 Ausgangspunkt der Darstellung soll ein Mädchen mit Stickarbeit am Strand sein: Reinhartz-Tergau 1990, S. 31. Die Farbangabe basiert auf der Aussage von Alfred Roth, nach dem das Fenster vor allem in den Farben Rot, Gelb und Blau gehalten war: Roth 1973, S. 128. Zur Komposition des Fensters vgl. Doig 1986, S. 76.
625 »… ces vitraux [die Bleiglasfenster in Haus De Geus und der Villa Allegonda: EvE] restèrent des œuvres d'art isolées et en tant que telles, un example relativement traditionnel de l'utilisation de l'art plastique dans l'architecture.«: Blotkamp 1990b, S. 31.
626 Gouwe 1932, S. 57.
627 Oud 1918b, S. 30.
628 Auch ein Kaminentwurf Van Doesburgs, der mehrfach der Villa Allegonda zugeschrieben wurde, entstand nicht für dieses Gebäude, sondern für Haus Lange in Alkmaar: Blotkamp 1982b, S. 30; Blotkamp 1986, S. 19; Anm. 28, S. 37.
629 Van der Leck 1917.
630 Vgl. »III. 3. Die Architekturtheorie von De Stijl«.
631 Vgl. Präsentationsblatt und Ansicht im Oud-Archiv. Ansicht: Barbieri 1986, Abb. 2, S. 37.
632 Brief von Van Doesburg an Kok vom 1.1.1918, RKD: nach Van Straaten 1988, S. 48.
633 Zur Komposition der Mosaike vgl. Doig 1986, S. 63f.
634 Präsentastionsblatt im Oud-Archiv. Vgl. Michael White, der in der dreieckigen Komposition der Mosaike ein Pendant zu den Giebelschrägen sieht: White 2003, S. 32f. Möglicherweise hat Van Doesburg in seinem mystischen Kunstverständnis den Mosaiken jedoch religiöse Funktion zugesprochen; vgl. De Jongh-Vermeulen 1999, S. 242.
635 Van Straaten 1988, S. 49.
636 So schrieb Van Doesburg »Gut, daß Du sie auch schön findest.«: Übers. EvE: Karte von Van Doesburg an Oud vom 12.10.1918: RKD, nach Hoek 2000, S. 224.
637 Übers. EvE: undatierter Brief von Oud an Van Doesburg, FC, nach Hoek 2000, S. 292.
638 Allein die vier äußeren Flurtüren im Obergeschoß entsprachen in ihrer Farbfassung jeweils den diagonal gegenüberliegenden Türen.
639 Übers. EvE: Karte von Van Doesburg an Oud vom 17.6.1918, RKD, Van Doesburg-Archiv, NAi, Microfiche 42, Hervorhebung Van Doesburg.
640 Zur Komposition des Fußbodens vgl. Doig 1986, S. 64f.
641 Übers. EvE: Van Doesburg 1918e, S. 12.
642 Van Doesburg entwarf zudem die Farbgebung der Garderobe und des gegenüberliegenden Raumes: De Jongh-Vermeulen 1999, Anm. 94,

S. 256. In einem Brief an Oud bot Van Doesburg an, die Farbgebung der für diesen Raum vorgesehenen Schränke zu bestimmen: Brief von Van Doesburg an Oud vom 6.7.1918, RKD: Van Doesburg-Archiv, NAi, Microfiche 42.

643 Brief von Van Doesburg an Oud vom 6.7.1918, RKD: Van Doesburg-Archiv, NAi, Microfiche 42.

644 Nach De Jongh-Vermeulen ging die Auftragsvergabe an Kamerlingh Onnes auf Emilie Knappert zurück: De Jongh-Vermeulen 1999, S. 244. Van Doesburg bat Oud, Kamerlingh Onnes von der Architektur fern zu halten: Brief von Van Doesburg an Oud vom 6.7.1918, RKD, Mikrofiche 42.

645 »Der Punkt ist der, daß Deine Farben und Auffassungen und die von Van Doesburg nicht zusammengehen. Das ist schade, aber obgleich ich in die Richtung strebte, die wir in ›De Stijl‹ versuchen so ein bißchen vorzugeben, ist die Halle meiner Ansicht nach hierfür sehr wenig charakteristisch und ziemlich neutral, so daß Dein Fenster in der Halle wenig zeigt, was der Architektur entgegensteht. Vor allem ist es schade, daß nicht Du sowohl Fenster und Farbe gemacht hast oder Does Fenster und Farbe gemacht hat.« Übers. EvE: Brief von Oud an Kamerlingh Onnes vom 12.12.1918, Privatbesitz, nach De Jongh-Vermeulen 1999, S. 247.

646 Troy 1982, S. 164; Frampton 1982, S. 101, 109. Treppe im Cafe Aubette, Place Kléber in Straßburg, 1927, Abb.: Hoek 2000, 803. VI., S. 471.

647 Hans Oud 1984, S. 40. Wo Hans Oud bei der betont kubischen Treppe eine destruktive Form zu erkennen meint, bleibt offen.

648 Es handelt sich dort um einen traditionellen Treppenlauf mit schrägem Handlauf. Vgl. Hoek 2000, 554. III, S. 200.

649 Auch in Van Doesburgs Œuvrekatalog wird bemerkt, daß ein dokumentarischer Beweis für dessen Beteiligung an der Treppe fehle: Hoek 2000, S. 219.

650 Eine Skizze für Haus Kallenbach* zeigt ebenfalls eine rechtwinklig abgestufte Treppenbrüstung: Oud-Archiv.

651 Troys Interpretation – »Because the colour scheme of De Vonk was contained within architecturally defined surfaces, in an important sense Oud retained ultimate control over the spatial design« – trifft für »Halle« und Flur nicht zu: Troy 1983, S. 23.

652 Dagegen Hitchcock 1948, S. 32: »The tiled floors and stained glass windows which Van Doesburg designed for the heavy and rather barren houses the architect Oud was building in Holland during and just after the war were still essentially decorative accessoires.« Bois bezeichnet Haus De Vonk als gescheiterte Zusammenarbeit zwischen Maler und Architekt: Bois 1983a, S. 49.

653 Die beiden äußeren Fenster sind in den Primärfarben und Schwarz gehalten, das mittlere in den Sekundärfarben. Als Kompositionsprinzip finden sich wiederum die Spiegelung und die Drehung einzelner Motive.

654 Brief von Van Doesburg an Oud vom 6.7.1918, RKD: Van Doesburg-Archiv, NAi, Microfiche 42. Brief von Van Doesburg an Oud vom 19.8.1918, RKD: Hoek 2000, S. 220.

655 »Onnes ist noch zu jung, um ernsthaft mit Architektur zu arbeiten. Es ist ihm noch nicht eigen an Geist und Seele … Halt ihn weg von der Architektur!« Übers. EvE: Brief von Van Doesburg an Oud vom 6.7.1918, RKD: Van Doesburg-Archiv, NAi, Microfiche 42. Kamerlingh Onnes Vorstellungen bezeichnete Van Doesburg entsprechend als »ungemeinschaftliche Idee«. Brief von Van Doesburg an Oud vom 29.8.1918, RKD: Van Doesburg-Archiv, NAi, Microfiche 42. Vgl. Van Doesburg 1918e, S. 12.

656 Übers. EvE: Brief von Van Doesburg an Oud vom 19.8.1918, RKD, nach Hoek 2000, S. 220.

657 »Die Entwicklung und Ausarbeitung dieser ganzen Komposition – konstruktiv-destruktiv – kann allein am Platze selbst gesehen werden, wo leider durch das zu dunkel gefärbte Bleiglasfenster das Licht, einer der wichtigsten Faktoren der monumentalen Raumkunst, viel von der Wirkung verloren gehen läßt.« Übers. EvE: Van Doesburg 1918e, S. 12.

658 Übers. EvE: Brief von Oud an Kamerlingh Onnes vom 12.12.1918, Privatbesitz: De Jongh-Vermeulen 1999, S. 247.

659 Übers. EvE: Brief von Van Doesburg an Oud vom 6.7.1918, RKD, Van Doesburg-Archiv, NAi, Microfiche 42.

660 FarbAbb. Hoek 2000, 612. I, 612. II, S. 243.

661 Hoek 2000, S. 242.

662 Brief von Meischke & Schmidt an Van Doesburg vom 15.10.1920, RKD, Nr. 1253: Van Doesburg-Archiv, NAi, Microfiche 272.

663 Vgl. Ferdinand Avarius, Die Furcht vor der Farbe, in: Der Kunstwart, 9. Jg., Heft 21, 1896; Fritz Schumacher, Farbige Architektur, in: Der Kunstwart, 14. Jg., 1901, Heft 20.

664 Adolf Behne, Die Bedeutung der Farbe in Falkenberg, in: Die Gartenstadt, Mitteilungen der deutschen Gartenstadtgesellschaft, 7. Jg., Dezember 1913, S. 249f. Zur Farbigkeit von Tauts Siedlungen vgl. zuletzt Brenne 2005, S. 59–61.

665 Vgl. Brülls 1997, S. 75. Vgl. »IV. 6.2.2. Die ›Farbenbewegung‹«.

666 Van Straaten 1988, S. 60.

667 Übers. EvE: Brief von Oud an Van Doesburg vom 4.8.1919, RKD, nach Hoek 2000, S. 255.

668 Übers. EvE: Brief von Oud an Van Doesburg vom 4.8.1919, RKD, nach Hoek 2000, S. 255, mit Hervorhebung.

669 Da Van Doesburg bereits im Sommer 1918 Interesse an einer Farbfassung der Bauten zeigte, ist von einem entsprechenden Insistieren seinerseits auszugehen. Vgl. Postkarte von Van Doesburg an Oud vom 31.7.1918, RKD: Hoek 2000, S. 254.

670 Van der Waerden 1918. Vgl. »IV. 1.3.1. Die Entwicklung standardisierter Wohnungstypen«.

671 Übers. EvE: Brief Van Doesburg an Oud vom 14.8.1919, RKD: Van Straaten 1988, S. 61, mit Hervorhebung.

672 »Ich … hoffe von Herzen, [daß] Du die Ausführung durchbekommen kannst«. Übers. EvE: Brief Van Doesburg an Oud vom 14.8.1919, RKD, nach Hoek 2000, S. 255.

673 Brief von Van Doesburg an Oud vom 16.8.1919, RKD: Hoek 2000, S. 255.

674 Vgl. »III. 1.3. Erster Jahrgang von ›De Stijl‹«.

675 Brief von Van Doesburg an Oud vom 14.8.1919, RKD: Van Straaten 1988, S. 61.

676 »all das übrige Holzwerk weiß«. Übers. EvE: Van Straaten 1988, S. 60.

677 Übers. EvE: Brief Van Doesburg an Oud vom 14.8.1919, RKD, nach Van Straaten 1988, S. 60. »Die Farbe der Häuser erhält ihre volle Kraft erst durch den leuchtend weißen Anstrich der Fensterrahmungen, Fensterkreuze und Fensterläden«: B. Taut in Adolf Behne, Die Bedeutung der Farbe in Falkenberg, in: Die Gartenstadt, 7. Jg., Dezember 1913, S. 899.

678 »Für das Mauerwerk ist weiß vorgesehen mit Lösungen in den Primärfarben für untergeordnete Teile.« Übers. EvE: Oud 1919a, S. 82; Anm. 1, S. 84.

679 »Backstein wird nicht mehr geschätzt. AUF WEISSEM Papier entwirft man (konstruiert man) ein Haus ALSO, … entsteht das Haus dann auch in verputztem weißen Material« Übers. EvE: Brief von Beekman an Oud vom 15.1.1920, Oud-Archiv, B, Hervorhebung Beekman.

680 Übers. EvE: Brief von Mondrian an Oud vom 23.1.1920: nach Blotkamp 1982c, S. 38.

681 »Bei den vorigen Blöcken habe ich Veränderungen zugelassen …«; »Darum so oder nichts. Aber auch nicht teilweise, wie bei dem vorigen Block.« Übers. EvE: Brief von Van Doesburg an Oud vom 3.11.1921, FC: nach Boekraad 1983c, S. 139, 142, mit Hervorhebung.

682 Van Doesburg entgegnete daraufhin: »Es freut mich, daß du die Lösung schön findest.« Übers. EvE: Brief von Van Doesburg an Oud vom 16.8.1919, RKD, nach Hoek 2000, S. 255.

683 Vgl. Oud 1919c, S. 15.

684 Übers. EvE: Brief von Van Doesburg an Oud vom 3.11.1921, RKD: nach Boekraad 1983c, S. 139. Bereits im Herbst 1920 hatte Van Doesburg über die schwerfällige Zusammenarbeit mit Oud geklagt: Blotkamp 1982c, S. 37.

685 Gegenüber C. R. de Boer bemerkte er: »Der Auftrag ging damals nicht durch, so daß ich nicht zur Ausführung kam.« Übers. EvE: nach Van Straaten 1988 S. 85.

686 »Ich trug jedoch allen Irrtümern betreffend der zu stark detaillierten Einteilung Rechnung …«. Übers. EvE: Brief von Van Doesburg an Oud vom 3.11.1921, FC, nach Boekraad 1983c, S. 139.

687 Brief von Oud an Van Doesburg vom 20.10.1921, RKD: Hoek 2000, S. 291.

688 Übers. EvE: Postkarte von Oud an Van Doesburg vom 4.8.1919, RKD, nach Hoek 2000, S. 255, Hervorhebung Oud. Das Adjektiv »hel« kann sowohl »hell« als auch »grell« bedeuten.

689 Übers. EvE: Postkarte von Oud an Van Doesburg vom 4.8.1919, RKD, nach Hoek 2000, S. 255, mit Hervorhebung.

690 Vgl. »IV. 1.2.2. Der erste Direktor: Auguste Plate«; »IV. 1.3.5. Die Architektur des *Woningdienst* unter Heijkoop, Plate und Oud«.

691 Vgl. »IV. 1.3.2. Spangen: das erste große Wohnbauprojekt der Gemeinde«.

692 Vgl. Hoek 2000, S. 296.

693 Hoek 2000, S. 279f. Das Schulgebäude wurde erst 1988 gleichzeitig mit der Restaurierung der Wohnbauten nach Van Doesburgs Entwurf gefaßt. Eine ähnliche Farbgebung wie im Entwurf für Block I und V und damit eine Isolierung der vertikalen und horizontalen Fensterelemente wurde erstmals in Wils' Papaverhof in Den Haag (1919–21) realisiert. Möglicherweise stammt die Farbgebung ebenfalls von Van Doesburg. In einer Publikation aus Anlaß der Restaurierung des Wohnkomplexes werden Van Doesburg und Huszár als mögliche Entwerfer genannt: Freijser 1989, S. 141. Die ursprüngliche Farbgebung konnte durch Untersuchungen bestimmt und rekonstruiert werden. Im Unterschied zu Van Doesburgs Entwurf für Spangen wurden dort gelbe horizontale gegen blaue vertikale Rahmenteile gesetzt und umgekehrt. Gleiches gilt für den schwarz-weiß gehaltenen Gartenzaun.

694 Vgl. Briefe von Van Doesburg an Oud vom 8.9.1919 und 12.9.1919, RKD: Hoek 2000, S. 256.

695 Oud 1920d, S. 219 (abg. in Taverne 2001, S. 226).

696 Briefe von Van Doesburg an Oud vom 8.9.1919 und 12.9.1919, RKD, Hoek 2000, S. 256.

697 Centraal Museum, Utrecht, AB5616; AB5617. Abb.: Hoek 2000, Nr. 632. II–1 (Abb. 28), 632. II–2, S. 256.

698 Van Straaten 1988, S. 61; Hoek 2000, S. 256. Auf der Rückseite beider Blätter steht in Nelly van Doesburgs Handschrift »Schüler von Does Weimar«. Van Straatens These, es könne sich hier um die ersten Entwürfe Van Doesburgs für Block I und V handeln, ist aufgrund der Zimmeraufteilung und der Kamingestaltung auszuschließen.

699 »Für die Mauern habe ich die Farbe vorgesehen, die du angegeben hast.« Übers. EvE: Brief von Van Doesburg an Oud vom 12.9.1919, RKD, nach Hoek 2000, S. 256, Abb.: Nr. 631. II.

700 Brief von Van Doesburg an Oud vom 12.9.1919, RKD, nach Hoek 2000, S. 256.

701 Übers. EvE: Brief von Van Doesburg an Oud vom 8.9.1919, RKD, nach Hoek 2000, S. 256.

702 Eine Skizze auf der Rückseite des Fundamentplanes von Block V im CCA zeigt eine Wandgestaltung in den Farben Rot, Blau und Grün, die jedoch nicht mit dem Wohnzimmer der Blöcke I und V zu identifizieren ist. Auch eine gesicherte Zuschreibung ist nicht möglich: Collection CCA DR 1984:0496 verso.

703 Brief von Van Doesburg an Oud vom 12.9.1919, RKD, Hoek 2000, S. 256.

704 Übers. EvE: Brief von Van Doesburg an Oud vom 12.9.1919, RKD, nach Hoek 2000, S. 256.

705 Brief von Van Doesburg an Kok vom 9.9.1917, RKD, Hoek 2000, S. 203.

706 Brief von Rietveld an Oud vom 16.2.1920, Oud-Archiv, B; vgl. Küper 1982, S. 273.

707 Vgl. Küper/Van Zijl 1992, S. 77.

708 Küper/Van Zijl 1992, S. 76.

709 Im Rotterdamer Katalog werden Rietvelds Möbel dagegen als »Protomodelle« bezeichnet, die im Auftrag von Oud als Standardmöblierung für die Spangener Wohnungen konzipiert worden seien: Taverne 2001, S. 117, 194f.

710 Übers. EvE: Brief von Rietveld an Oud vom 4.5.1920, nach Küper 1982, S. 273, mit Hervorhebung.

711 »Daß ich meine Möbel nicht für das ›Volk‹ mache, d. h. daß ich das Volk fordern und urteilen lasse (die Bedürfnisse von anderen). Aber ich bin selbst einer aus dem Volk und mache sie nach meinem eigenen Bedürfnis.« Übers. EvE: Brief von Rietveld an Oud 4.5.1920, Oud-Archiv, B. Vgl. Brief von Rietveld an Oud vom 23.1.1923, Oud-Archiv, B.

712 Küper 1982, S. 279.

713 Interieur von Haus Bart de Ligt in Katwijk aan Zee: Hoek 2000, Nr. 642, S. 261f. Rietveld äußerte sich am 28. Februar 1920 zur Möblierung des bereits Ende 1919 ausgemalten Raums: Blotkamp 1982, S. 42; Küper 1982, S. 273.

714 Huszár, Ruimte-Kleur-Compositie eines Wohnzimmers (1919), Abb. in De Stijl, V, 5, 1922, S. 78.

715 Vgl. v. a. Blotkamp 1982a; Troy 1983; Blotkamp 1996.

716 Elling hatte das Buffet und zwei Stühle erworben: Esser 1982, S. 267; Abb. 253, S. 268. Für die Musterwohnung war eine etwas abgewandelte Form des bereits existierenden Buffets entworfen worden: Küper/Van Zijl 1992, S. 78; Abb. auf S. 79.

717 Brief von Van Doesburg an Oud vom 27.10.1919, RKD: Van Straaten 1988, S. 71. Vgl. Taverne 2001, Kat. Nr. 33.

718 Übers. EvE: Brief von Van Doesburg an Oud vom 7.11.1919, mit Poststempel vom 8.12.1919, RKD, nach Van Straaten 1988, S. 71.

719 Brief von Van Doesburg an Oud vom 5.11.1919, RKD, nach Van Straaten 1988, S. 71.

720 Eine Skizze im Oud-Archiv wird allgemein als die von Van Doesburg erwähnte Zeichnung identifiziert. Die Abhängigkeit von Ouds Bauleitungshütte* und Georg Muches Musterhaus in Dessau (1923), die beide ein entsprechendes Oberlicht aufweisen, läßt jedoch eher an eine 1924/25 entstandene Ideenskizze für Huszárs Landhaus denken. Die von Stamm angeführten Parallelen zu Ouds Fabrik-Entwurf* sprechen, wie eine Skizze der Häuserzeilen in Hoek van Holland* zeigt, nicht zwingend für eine Datierung um 1919. Abb.: Stamm 1984, Abb. 29, S. 54; Esser 1986, Abb. 130, S. 143; Baeten 1995; Taverne 2001, S. 158.

721 Vgl. Briefe von Van Doesburg an Oud vom 7.11.1919, nach Poststempel jedoch vom 8.12.1919, RKD: Van Straaten 1988, S. 71. Van Doesburg dachte in der Folge an ein zweigeschossiges Haus mit Atelier für seine Mutter, seine Frau und ihn selbst, das jedoch ebenfalls nicht realisiert wurde.

722 Anfang November wartete Rietveld noch auf die letzten Zeichnungen, um mit der Arbeit beginnen zu können: Esser 1982, S. 145; Taverne 2001, S. 150. Der erste schriftliche Kontakt mit Rietveld fand im August 1919 statt. Hans Oud erwähnt die Kopie eines Briefes von Rietveld an Oud vom 13.8.1919 in seinem Besitz: Hans Oud 1984, Anm. 33, S. 65; vgl. einen Brief von Van Doesburg an Oud vom 8.11.1919: Küper 1982, S. 282.

723 Briefe von Rietveld an Oud vom 26.2.1920, 12.3.1920, 16.3.1920, Oud-Archiv, B.

724 Bruno Taut, Aufruf zum farbigen Bauen!, in: Bauwelt, 10. Jg., 18.09.1919, Heft 38.

725 Oud 1920b, S. 93. Die Farbfassung erfolgte nach Entwurf von Otto Fischer-Trachau.

726 Entsprechende Aktivitäten Tauts, der 1921 als Stadtbaumeister von Magdeburg mit Carl Krayl einen künstlerischen Berater für die Farbfassung von Häuserfassaden einstellte, erfolgten nach – und eventuell sogar nach dem Vorbild – der Zusammenarbeit von Oud und Van Doesburg.

727 Brief von Van Doesburg an Oud vom 1.10.1920, Poststempel vom 19.10.1920, FC: Troy 1983, S. 75.

728 Übers. EvE: Brief von Van Doesburg an Oud vom 12.9.1921, FC, nach Boekraad 1983c, S. 134.

[729] Brief von Van Doesburg an Oud vom 1.10.1920, Poststempel vom 19.10.1920, FC: Troy 1983, S. 75.
[730] Brief von Van Doesburg an Oud vom 3.11.1921, FC: Boekraad 1983c, S. 139. Van Straaten sieht es als nicht gesichert an, daß tatsächlich ein Farbschema für den Innenraum vorgelegt wurde: Van Straaten 1988, S. 74.
[731] Brief von Van Doesburg an Oud vom 13.10.1921, FC: Hoek 2000, S. 293; »Der Fensterstock *bleibt* überall weiß (Elfenbein mit Kreide).« Übers. EvE: Brief von Van Doesburg an Oud vom 7.10.1921, FC, nach Hoek 2000, S. 293, mit Hervorhebung.
[732] »mit Farbe gegen den dominierenden Backstein; mit der Komposition gegen die dominierende Horizontalität.« Übers. EvE: Brief von Van Doesburg an Oud vom 17.10.1921, FC, nach Hoek 2000, S. 295.
[733] Übers. EvE: Aufschrift der »Teekening A en A'«, FC, nach Van Straaten 1988, S. 75, mit Hervorhebung.
[734] Über. EvE: Brief von Van Doesburg an Oud vom 3.11.1921, FC, nach Boekraad 1983c, S. 139.
[735] Abb.: Hoek 2000, Nr. 671a2 und 671a3, S. 293. Entwürfe in der FC.
[736] Abb. Hoek 2000, Nr. 671a1, S. 292. Farbkomposition in der FC.
[737] Weitere schwarze Farbflächen waren für die Gebäudeabschnitte mit Balkon vorgesehen: vgl. undatierter Brief von Van Doesburg an Oud, FC: Hoek 2000, S. 295.
[738] Vgl. Brief von Van Doesburg an Kok vom 9.2.1922, RKD: Hoek 2000, S. 292. Ein ausgearbeiteter Fassadenentwurf ist hierfür jedoch nicht überliefert. Entgegen der Darstellung im Rotterdamer Katalog stammen auch die Fassaden der beiden Schmalseiten von Oud: vgl. Taverne 2001, S. 228, 234f.
[739] Abb. Block VIII: Hoek 2000, Nr. 671f, S. 295. Abb. Block IX: Hoek 2000, Nr. 671d, 671e, S. 294f. Entwürfe in der FC.
[740] Undatierter Brief von Oud an Van Doesburg, RKD, Jaffé-Archiv: Hoek 2000, S. 291.
[741] Undatierter Brief von Van Doesburg an Oud, FC: Troy 1982, S. 176.
[742] Brief von Van Doesburg an Oud vom 7.10.1921, FC: Hoek 2000, S. 293.
[743] Nach Ansicht Van Doesburgs zeigen sie jedoch eine der architektonischen Gliederung entsprechende »ornamentale« Wirkung. Brief von Van Doesburg an Oud vom 13.10.1921, FC: Hoek 2000, S. 294. Abb. Block VIII: Hoek 2000, Nr. 671g, S. 295; Abb. Block IX: Hoek 2000, Nr. 671b, 671c, S. 294. Die Entwürfe in der FC.
[744] Übers. EvE: undatierter Brief von Oud an Van Doesburg, RKD, nach Hoek 2000, S. 293.
[745] Übers. EvE: Brief von Van Doesburg an Oud vom 12.9.1921, FC, nach Boekraad 1983c, S. 134, mit Hervorhebung.
[746] Übers. EvE: Brief von Oud an Van Doesburg vom 20.10.1921, RKD, nach Hoek 2000, S. 291.
[747] Übers. EvE: Brief von Van Doesburg an Oud vom 3.11.1921, FC, nach Boekraad 1983c, S. 139.
[748] Übers. EvE: Brief von Van Doesburg an Oud vom 3.11.1921, FC, nach Boekraad 1983c, S. 139.
[749] Übers. EvE: Brief von Van Doesburg an Oud vom 3.11.1921: FC, nach Boekraad 1983c, S. 140, mit Hervorhebung.
[750] Übers. EvE: Brief von Van Doesburg an Oud vom 3.11.1921, FC, nach Boekraad 1983c, S. 139.
[751] Vgl. Brief von Van Doesburg an Oud vom 3.11.1921, FC: Boekraad 1983c, S. 140. Dem entspricht eine Beschreibung der teilweise ausgeführten Farbfassung: vgl. undatierter Brief von Lena Milius an Van Doesburg, RKD: Hoek 2000, S. 292.
[752] Vgl. Brief von Van Doesburg an Oud vom 3.11.1921, FC: Boekraad 1983c, S. 140.
[753] Oud wollte, daß diese Fassade vollständig grau gestrichen werde: vgl. Brief von Van Doesburg an Kok vom 9.2.1922, RKD: Hoek 2000, S. 292.
[754] Undatierter Brief von Oud an Van Doesburg, RKD, Hoek 2000, S. 293.
[755] Brief von Oud an Van Doesburg von Oktober 1921: Hans Oud 1984, S. 43.
[756] Laut eines undatierten Briefes von Lena Milius an Van Doesburg habe Oud festgestellt, daß Farbe auf Backstein nicht möglich sei und er nun alle weiteren Blöcke grau streichen lassen wolle: Taverne/Broekhuizen 1996, S. 367.
[757] Übers. EvE: undatierter Brief von Oud an Van Doesburg, FC, Hoek 2000, S. 292, mit Hervorhebungen.
[758] Übers. EvE: undatierter Brief von Lena Milius an Van Doesburg, RKD, nach Hoek 2000, S. 292. »Bei seinem letzten Besuch … in Weimar bemerkte ich schon, daß … wir uns nicht mehr gut verstanden.« Übers. EvE: Brief von Van Doesburg an Kok vom 9.2.1922, RKD, nach Hoek 2000, S. 292.
[759] Oud 1960a, S. 23, nach Stamm 1984, S. 157. In Wirklichkeit hatte Van Doesburg keine weißen Türen geplant. Für die Eckläden waren gelbe Türen vorgesehen, ansonsten ein dunkler mehrfarbiger Anstrich in Grün/Blau, Blau/Gelb und Schwarz. Allein die Türrahmen sollten weiß abgesetzt werden.
[760] Übers. EvE: J. J. P. Oud, Konzept zu »Architecturalia«, Oud-Archiv, C 20, S. 26.
[761] Noch im September betonte er seine Abscheu vor Sichtbacksteinfassaden: »Backstein ist der Tod für alles und verdirbt mir jede Stunde des Tages. Ich sah hier ein weißes Haus zwischen Backsteinhäusern und alles wurde schmutzig und ekelhaft dagegen.« Übers. EvE: Brief von Oud an Van Doesburg vom 7.9.1921, FC, nach Hans Oud 1984, S. 70.
[762] »Ich hatte schon noch gehofft, diese Lösungen, wovon ich noch alle Skizzen habe, als Beispiel für die Erläuterung von Farblösungen in Zeit und Raum verwenden zu können.« Übers. EvE: Brief von Van Doesburg an Oud vom 3.11.1921, FC, nach Boekraad 1983c, S. 142.
[763] Übers. EvE: undatierter Brief von Oud an Van Doesburg, FC: Hoek 2000, S. 292.
[764] Laut Rotterdamer Katalog sollen die Fensterläden erst 1920 farbig gefaßt worden sein: Taverne 2001, S. 143.
[765] Undatierter Brief von Oud an Van Doesburg, RKD, Jaffé-Archiv: Hoek 2000, S. 291. Keineswegs zielte Oud allein auf eine horizontale Behandlung der Fassaden zugunsten einer zurückhaltenden Straßenfront: So Taverne 2001, S. 194.
[766] Taverne/Broekhuizen 1996, Abb. 290, S. 366; Abb. Taverne 2001, S. 229 (hier seitenverkehrt).
[767] Taverne/Broekhuizen 1996, Abb. 291, 292, S. 366f. Die Flächen sind dort auf das erste und zweite Obergeschoß beschränkt.
[768] Während die beiden Entwürfe zwei Eingänge pro Treppenhaus und je ein Treppenhausfenster zeigen, ist auf der Skizze bereits die ausgeführte Form mit nur einem Zugang zum Treppenhaus und zusätzlichen Treppenhausfenstern zu erkennen. Auf die schwarz umrahmten Kellerfenster wird verzichtet.
[769] »… Reklame Flächen, die soweit möglich erhöht (Relief) angebracht werden müssen; schwarz gefaßt.« Übers. EvE: Van Doesburg auf einem Entwurf mit Farbschema für die Fassade an der Potgieterstraat von Block VIII, nach Hoek 2000, S. 292. »Es wäre hier zugehöriger *Relief*stein zu verwenden …«. Übers. EvE: Brief Van Doesburgs an Oud vom 7.10.1921, FC, nach Hoek 2000, S. 293, mit Hervorhebung.
[770] Undatierter Brief von Milius an Van Doesburg: Taverne/Broekhuizen 1996, S. 367. Laut Taverne und Broekhuizen entstand der Brief zwischen 3. November und 4. Dezember 1921.
[771] Undatierter Brief von Milius an Van Doesburg: Taverne/Broekhuizen 1996, S. 367.
[772] Stamm 1984, S. 63.
[773] Vgl. »III. 1.4. Zweiter bis vierter Jahrgang von ›De Stijl‹«; »III. 1.5. Oud und die Architektur von *De Stijl*«.
[774] Vgl. »III. 4.8. Bauleitungshütte und Café de Unie: zwei Sonderbauten der *De Stijl*-Architektur«.
[775] Übers. EvE: Mondrian 1922, S. 70, Hervorhebung Mondrian.
[776] Vgl. »III. 4.4. Destruktion und Flächenkomposition«.
[777] Hans Oud beruft sich bei der endgültigen Fassung von Block IX* in Spangen offenbar fälschlich auf diesen Entwurf: Hans Oud 1984, S. 69.

An anderer Stelle identifiziert er den Farbentwurf irrtümlich mit der ausgeführten Fassung der Blöcke I und V*: Hans Oud 1984, S. 43.
[778] Mieras 1923, S. 384.
[779] Die Autoren des Rotterdamer Katalogs schließen dagegen auf ein Farbprogramm, das Oud unabhängig von Van Doesburg speziell für die Innenräume und die Hoffassaden entwickelt haben soll: Taverne 2001, S. 242.
[780] Nicht gesichert ist bei der Bauleitungshütte* die Autorschaft der Aufschrift und des Bleiglasfensters.
[781] Für die zeitlich folgenden Bauten vgl. Broekhuizen 2000.
[782] Bereits 1916 wurde ein Raum im Haus des Ehepaars Kröller-Müller in Wassenaar durch Berlage und Van der Leck eingerichtet, was allerdings zu Streitigkeiten zwischen den beiden Künstlern führte. Vgl. Hilhorst 1982, S. 173.
[783] Blotkamp 1982c, S. 33; Hoek 2000; Nr. 554, S. 197–204. »Um das gesamte Haus lasse ich ein schwarzes Band laufen, das ich mit weißen Flächen unterteile, so daß dem Haus damit seine Stabilität genommen wird.« Übers. EvE: Brief Van Doesburg an Kok vom 9.9.1917: nach Blotkamp 1982c, S. 33. Vgl. »roode vlakken stuk«: nach Ex/Hoek, S. 192.
[784] Sint Anthoniepolder: Hoek 2000, Nr. 532, S. 189; Leeuwarden: Hoek 2000, Nr. 558, S. 208; Woerden: Hoek 2000, Nr. 610, S. 239f.; Lage Vuursche: Hoek 2000, Nr. 611, S. 241f.
[785] Vgl. Troy 1928; Troy 1983. So u. a. Stand Bruynzzel für die Utrechter Börse von Van der Leck und Klaarhamer (1919); Atelier Berssenbrugge in Den Haag von Wils und Huszár (1920/21); Tanzinstitut in Den Haag von Wils unter Mitarbeit von Piet Zwart (1920/21); Wohnbauten in Drachten von De Boer mit Farbgebung von Van Doesburg (1921).
[786] Oud 1922d.
[787] Oud 1922d, S. 423.
[788] Übers. EvE: Oud 1922d, S. 423f.
[789] Übers. EvE: Oud 1922d, S. 424.
[790] Oud 1919a, S. 82.
[791] Übers. EvE: Oud 1920b, S. 93.
[792] Hoek 2000, Nr. 670, S. 279–290.
[793] Über die Farbgebung des Verwaltungsbaus und des Transformatorenhäuschens existieren keine gesicherten Angaben. Damit bleibt offen, ob sich die beiden Bauten ebenfalls durch ihre Farbgebung von den Wohnhäusern absetzten.
[794] Vgl. »IV. 6.1.4. Material und Farbigkeit«; »IV. 6.2.2. Die ›Farbenbewegung‹«.
[795] So Bruno Tauts Siedlung Falkenberg bei Berlin (1913–16) und die Wohnbauten in Drachten (1921).
[796] Mondrian 1922, S. 70.
[797] Übers. EvE: Brief von Van Doesburgs an Oud, 1924, RKD: Van Doesburg-Archiv, NAi, Microfiche Nr. 46.
[798] Vgl. Oelker 2002, u. a. S. 198, und die noch nicht abgeschlossene Untersuchung zu Karl Völker von Sabine Meinel, Halle.
[799] Wils machte in seinen Werkzeichnungen Angaben über Farbflächen, die sich asymmetrisch über die gesamte Fassade erstrecken sollten: Ex/Hoek, 1982, S. 203.
[800] »... das Arbeiten mit Farbgegensätzen auf Mauerflächen ... ist ein neues Element, das auf ein Bedürfnis nach Kontrastwirkung verweist ...«. Übers. EvE: Oud 1920a, S. 26.
[801] Ein Aquarell der Café-Fassade im Oud-Archiv zeigt eine alternative Farbfassung, bei der auf Blau verzichtet und Grün in die Farbskala aufgenommen wurde, Abb.: Warncke 1990, S. 108; Taverne 2001, S. 340. Möglicherweise wurde diese Skizze jedoch nachträglich angefertigt.
[802] »Hierbei wurde insofern von dem herkömmlichen Gang der Dinge abgewichen, als die Gestaltungsmittel nicht später zu Hilfe gerufen wurden, so wie es damals gebräuchlich war mit all den unordentlichen und charakterlosen Folgen davon, sondern daß sie bereits von Anfang an zu einem Ganzen komponiert wurden.« Übers. EvE: Oud 1925b, S. 398f.
[803] Oud 1927a, S. 42.
[804] Nach einem Konzept für »Architecturalia« hat Oud die Eingangstüren dunkelblau, die Gitter hellblau gestrichen, die Regenrinnen hellgelb, die Türen am Mittelbau und an den äußeren Enden waren rot und die Fensterrahmen grell gelb: Oud-Archiv, C 20, S. 27.
[805] Bei der Entkernung der Häuserzeilen seit Herbst 1998 meinte man zunächst auf eine Untersuchung des Baubestandes verzichten zu können. Die ursprüngliche Farbfassung konnte daher nur noch an wenigen Details festgestellt werden. Mit Dank für die Auskunft an M. Polman, RDMZ.
[806] Die Fensterrahmen der Werkstätten wurden bei der Rekonstruktion der Siedlung in den 1990er Jahren gelb gefaßt.
[807] So bei der Rekonstruktion der 1990er Jahre unter Wytze Patijn.
[808] An Stelle der roten Türen tritt bei den Läden zudem eine zweiteilige graue Tür.
[809] Vgl. Oud 1930c, S. 427; Oud 1931b, S. 151. Vgl. Fassadenaufrisse mit Laterne im Oud-Archiv.
[810] Vgl. Briefe von Mies van der Rohe an Gropius vom 30.5. und 5.6.1927, MoMA: Tegethoff 1987, S. 219; vgl. Brief von Mies van der Rohe an Behrens vom 4.6.1927, MoMA: Kirsch 1997, S. 178.
[811] Vgl. Pommer/Otto 1991, S. 59f.
[812] Brief von Mies van der Rohe an Behrens vom 4.6.1927, MoMA: Kirsch 1997, S. 178.
[813] So war es allgemein freigestellt, einzelne Partien farbig abzusetzen: Tegethoff 1987, S. 219. Zu den originalen Farbwerten der Häuser auf dem Weißenhof vgl. Hammerbacher/Keuerleber 2002, S. 108.
[814] Briefkonzept von Oud an Wedepohl vom 27.10.1927, Oud-Archiv, B (abg. in Kirsch 1987, S. 99; Reinhartz-Tergau 1990, S. 67; Nägele 1992, S. 84f.; Kirsch 1997, S. 212–215).
[815] So weist die 1923/24 auf freiem Feld errichtete Siedlung Oud-Mathenesse* die stärkste Farbigkeit unter Ouds Wohnsiedlungen auf.
[816] Bereits 1919 hatte Behne auf die Assoziation Weiß und Vornehmheit – allerdings als Plädoyer für die Farbe – verwiesen: »Farbe ist nicht ›fein‹. Fein ist perlgrau oder weiß. Blau ist ordinär, rot ist aufdringlich, grün ist kraß, die Farblosigkeit ist das Kennzeichen der Bildung, weiß gleich der Farbe europäischer Haut!«: Adolf Behne, Die Wiederkehr der Kunst, Leipzig 1919, S. 102, nach Winfried Brenne, Wohnbauten von Bruno Taut. Erhaltung und Wiederherstellung farbiger Architektur, in: Nedinger 2001, S. 276f.
[817] Pommer/Otto 1991, S. 80. Vgl. aus der Sicht des Jahres 1930: »Weiß! Warum heute alles weiß gestrichen wird? Weil dieses Weiß – nicht die Farbe, der Farbstoff, sondern der Farb-Ton Weiß, einen neuen Klang bekommen hat und aus dem neuen Zeitgeist heraus geschaffen, als Begriff neu erfunden, neu erlebt und gewiß zu unserem neuen Weltbild zu eben diesem erstmaligen Zeitgeist als organisch notwendig empfunden wurde.« »Es ist gewiß nicht Zufall, daß zum Beispiel in Dessau die Häuserfassaden der Maler-Künstlerkolonie blendend weiß gestrichen – gleichsam als Protest gegen sinnlose Buntheiten vergangener Jahre – und so auf laubgrünen Wäldern, auf natürlich farbigem Hintergrund rein zur Wirkung kommen.«: Hammann 1930, S. 121f., Hervorhebung Hammann.
[818] Wieder war für die Einfassung der Privatgärten ockergelber Backsteinen vorgesehen, und sollten die Balkongitter und die Metallgitter zwischen den Gärten einen blauen Anstrich erhalten. Für die Eingangstüren wie auch die Türen in den Gartenmauern war ein orange-roter Anstrich geplant. Die Wandflächen um die Eingangstüren sollten blau, die Fensterrahmen grau gefaßt werden. Die Seitenflügel zeigen die ockergelbe Plinthe, blaue Geländer auf dem Dach sowie blaue Türen.
[819] Im Rotterdamer Katalog findet die Farbfassung des Kirchenbaus keine Erwähnung, auch ein Bezug zu De Stijl wird nicht gesehen: »In seinem ersten Entwurf für ein öffentliches Gebäude wählte Oud nicht De Stijl, sondern einen ›modernen Stil‹ ...«. Übers. EvE: Taverne 2001, S. 288.
[820] Angaben zur ursprünglichen Farbgebung des Innenraums liegen nicht vor. Auch die Farbigkeit der von Huszár gefertigten Bleiglasfenster ist nicht überliefert. Da Huszár jedoch generell eine breite Farbpalette benutzte, ist auch hier von buntfarbigen Fenstern auszugehen.

821 Vgl. Bruno Tauts Direktorenwohnhaus (1930/31) in Celle mit monochromem Außenbau und farbigen Innentüren: Simone Oelker, Vortrag im Rahmen des Kolloquiums »Otto Haesler und die farbige Architektur« am 11.6.2005, Celle.

822 Zuletzt Van der Hoeven 1990, S. 74.

823 Van Doesburg, der 1921 Mondrians »Nieuwe Beelding« offiziell zur Theorie von De Stijl erklärt hatte, verwendete selbst erstmals 1922 ausschließlich Primärfarben.

824 Auch Otto Haesler hat Wohnbauten mit unterschiedlich großen Wohnungen farblich unterschieden. So befinden sich im blau gefaßten Block des Italienischen Gartens (1924/25) in Celle größere Wohnungen als im nebenliegenden rot gefaßten. Zum Italienischen Garten vgl. Oelker 2002, S. 50–59, 285. Die Häuser erhalten bis 2006 wieder ihre ursprüngliche Farbigkeit.

825 Vgl. u. a. die hufeisenförmige Bebauung in der Hufeisensiedlung in Britz (1925–30), den »Schollenhof« (1927/28) in der Siedlung Freie Scholle und die sich jeweils gegenüberliegenden Wohnhöfe der Wohnstadt Carl Legien (1928–30), alle in Berlin.

826 Vgl. »III. 4.8. Bauleitungshütte und Café de Unie: zwei Sonderbauten der De Stijl-Architektur«.

827 In Oud-Mathenesse* befand sich unterhalb der Bilderleiste eine Tapete, über deren Farbigkeit und Musterung jedoch keine Angaben vorliegen. Die Wandfläche darüber war weiß. An der Ofenstelle wurden der Boden und die Wand bis in eine Höhe von 1,25 m mit roten Fliesen verkleidet.

828 Mondrian 1917a. Vgl. »III. 3. Die Architekturtheorie von De Stijl«.

829 Mondrian 1918a, S. 45.

830 Mondrian 1918c, S. 19.

831 Vgl. »V. 1.2.1. H. P. Berlage«. Bereits Hitchcock hatte Haus De Vonk zusammen mit den Rotterdamer Wohnblöcken als »heavy and rather barren houses« bezeichnet: Hitchcock 1948, S. 32. Fanelli nennt den Außenbau entschieden traditionell: Fanelli 1985, S. 14; vgl. Flagge 1992, S. 56; Henning 1996, S. 41; Langmead 2000, S. 302.

832 Stamm 1977, S. 263; dagegen Taverne 2001, S. 141.

833 Vgl. »V. 1.2.3. Neugotik und die Verbindungen zur Amsterdamer Schule«. Eine ähnliche Lösung findet sich bereits bei Haus De Geus*.

834 Hoste 1919. Hoste verweist auch auf die konstruktiv nicht notwendigen Lisenen zwischen den Fenstern.

835 Vgl. Stamm 1977, S. 263. Blotkamp weist darauf hin, daß sich Ouds Werk 1917 unter dem Einfluß der De Stijl-Mitarbeiter eingreifend verändert habe: Blotkamp 1982c, S. 31f.

836 Entsprechend bemerkt Hoste, daß die Seitenfronten so konzipiert seien, als ob noch etwas angebaut werden sollte: Hoste 1919.

837 »Im Laufe des Jahres 1917 veränderte sich sein [Ouds: EvE] Werk tiefgreifend und kam ein ganzes Stück näher an das von Van der Leck formulierte Ideal einer neutralen, profil- und ornamentlosen, rein plastischen und raumbestimmenden Architektur.« Übers. EvE: Blotkamp 1982, S. 31.

838 Mondrian 1918c, S. 19.

839 Die Perspektivzeichnung wurde nach ihrer ersten Veröffentlichung im März 1920 vielfach publiziert: Van Doesburg 1920, Abb. nach S. 45.

840 Gijsbert Friedhof, Nieuwe boekwerken, in: BW, Nr. 10, 5.3.1927, S. 95. Vgl. Leering 1990, S. 31.

841 Hitchcock 1928a, S. 100.

842 »Aber in dem Mittelteil ... sieht man eine erste konsequente Anwendung des Prinzips, unter striktem Ausschluß jeder ornamentalen Zufügung, mit einzig konstruktiven Mitteln also, die inneren Forderungen des Gebäudes nach außen sprechen zu lassen ...«. Übers. EvE: De Gruyter 1931, S. 176. »Der Funktionalismus offenbart sich dem, der den Grundriß betrachtet: einfach und lebbar und von daher Ausgangspunkt für den Aufbau von Mauern und Dach.« Übers. EvE: Wiekart 1964, S. 8. Vgl. Polano 1981, S. 21.

843 Oud 1921a, Bildunterschrift zu Abb. 6.

844 Stamm 1979, S. 77; Stamm 1984, S. 48. Da Stamm den Fabrik-Entwurf nicht genau datieren konnte, unterliefen ihm dabei jedoch einige Ungenauigkeiten bei der chronologischen Einordnung. Zu Vergleichen mit Arbeiten von Van Doesburg, Huszár und Vantongerloo vgl. Ehrmann 1972, S. 61; Naylor 1975, S. 101.

845 De Stijl, III, 2, 1919, Abb. nach S. 22. Im November 1919 hatte Vantongerloo Fotografien seiner Arbeiten an Van Doesburg gesandt: Brief von Vantongerloo an Van Doesburg vom 25.11.1919, Nachlaß Vantongerloos, Zürich: Thomas 1987, Anm. 1, S. 143.

846 Van Doesburg besaß zudem die vier Konstruktionszeichnungen zu »ocno 2«: Thomas 1987, S. 82, Anm. 2. Abb.: Gast 1982, Abb. 223, S. 241.

847 Thomas 1987, S. 109. Oud hatte wohl im November 1918 eine (nicht bestimmbare) Skulptur Vantongerloos bei Van Doesburg gesehen und sich lobend dazu geäußert: undatierter Brief Van Doesburgs an Vantongerloo, November 1918, Nachlaß Vantongerloo, Zürich: Thomas 1987, S. 113.

848 De Stijl, II, 9, 1919, nach S. 102. Der Briefverkehr zwischen Oud und Rietveld setzte im August 1919 ein. Zum Einfluß von Rietveld auf Oud vgl. Brown 1958. Auch Blotkamp weist auf die Bedeutung Rietvelds für die »De Stijl-Architektur«, sah jedoch vor allem eine Verbindung zu Van Doesburgs Architekturentwürfen: Blotkamp 1984 (1975), S. 12f.

849 Übers. EvE: Brief von Mondrian an Oud vom 16.12.1920, nach Blotkamp 1982c, S. 38. Mit Blick auf die Fabrikfassade wirft Stamm die Frage auf, weshalb Oud erst 1919 und nicht bereits 1916, als Van Doesburg und Mondrian durch ihr Werk Anlaß zu entsprechenden Lösungen gaben, mit dem Vokabular von De Stijl experimentiert habe. Stamm konstruiert eine Entwicklungslinie, die über die Villen in Velp*, die Treppe in Haus De Vonk* und die Häuserzeile an einem Strandboulevard* zur »De Stijl-Architektur« führt. Erst nachdem Oud eine »Reinigung« seiner Formensprache erreicht hatte, sei er bereit gewesen, die De Stijl-Formen anzuwenden: Stamm 1979, S. 71, 77. In der ersten Hälfte des Jahres 1919 bestand jedoch weder eine gemeinsame Architektursprache in De Stijl noch ein »De Stijl-Vokabular«, das Oud sich hätte aneignen können, und auch Mondrians Forderung einer Flächenplastik war gerade erst publiziert worden. Oud reagierte damit ausgesprochen schnell und zudem als einziger der De Stijl-Architekten auf Mondrians Forderungen.

850 J. J. P. Oud, in: WMB, 1925, S. 260, zitiert nach Leo Adler, in: WMB 1927, S. 15. Vgl. Boeken 1927, S. 215.

851 Oud 1920d, S. 222. Vgl. »IV. 2.3. Die Wohnblöcke im Neubaugebiet Spangen«; »IV. 6.1.1. Der einheitlich gestaltete Wohnblock«.

852 Vgl. Stamm 1984, S. 59.

853 Gratama 1922. Vgl. »III. 4.7. Der Einfluß des Kubismus und der De Stijl-Malerei.«

854 Übers. EvE: Van Doesburg 1922d, S. 229 (abg. in Taverne 2001, S. 238).

855 Brief von Van Doesburg an Oud, 1924, RKD, Van Doesburg-Archiv, NAi, Microfiche Nr. 46.

856 Vgl. Barbieri/Van Ploeg 1990, S. 8: »Es ist hier absolut noch nicht die Rede von abstrakten Linien, Flächen und ihrem Zusammenspiel.«

857 Zum Landhausentwurf in Backstein: Tegethoff 1981; Schulze 1986, Abb. 73, S. 114.

858 Tegethoff 1981, S. 50f. Dies im Gegensatz zu den Gemälden Mondrians, die ein Raster ohne Schwerpunkt aufweisen und sich über den Bildrand hinaus fortsetzen. Der immer wieder angeführte Vergleich mit Van Doesburgs Gemälde »Russischer Tanz« (1918) und Mies van der Rohes Landhausprojekt in Backstein findet sich erstmals bei Alfred Barr, Cubism and Abstract Art, New York 1936, S. 156f. Vgl. Van Heuvel 1986b.

859 Ouds Entwurf erschien im Sommer 1922 in Bruno Tauts »Frühlicht«: Oud 1922g, S. 200f.

860 Abb.: Stamm 1978, Fig. 32, S. 37; Stamm 1984, Abb. 49, S. 76.

861 Vgl. die Angaben im Katalogteil, u. a. Hans Oud 1984, S. 94; Stamm 1984, Abb. 58, S. 83; Barbieri 1986, Abb. 5, S. 112; Taverne 2001, S. 288.

862 Buch 1997, S. 180; vgl. niederländische Ausgabe (1993), S. 206.

863 Vgl. Fotografien des Modells von 1951 im Oud-Archiv: Veronesi 1953, S. 119; Wiekart 1964, S. 22; Taverne 2001, S. 324–326.

864 Vgl. Wodehouse, der die Verbindung zu *De Stijl* jedoch nicht näher erläuterte: Wodehouse 1991, S. 19.

865 Abb.: Baeten 1995. Vgl. Wagenaar über den Aussichtsturm des Biovacantieoord: »… ein Aussichtsturm, der den Eindruck macht, als sei er aus frei schwebenden Platten erbaut – eine Erinnerung an De Stijl …« Übers. EvE: Wagenaar 1998, S. 69; vgl. Broekhuizen 2000.

866 »Unter den ausgeführten Arbeiten von Oud in dieser Periode scheint [die Villa: EvE] Allegonda im Sinne von De Stijl weiter entwickelt zu sein als das, was darauf folgte.« Übers. EvE: Hans Oud 1984, S. 39.

867 Vgl. »V. 3.3. Ouds Moderne Architektur im internationalen Kontext«.

868 Nach Oxenaar 1982, S. 73.

869 Hans Oud 1984, S. 27.

870 Van Doesburg 1917b. S. 12.

871 Abb.: Hoek 2000, Nr. 671A1, S. 292.

872 Mondrian 1918c, S. 19.

873 Van Doesburg 1927a, S. 7.

874 So die Behelfswohnungen unter einem Viadukt*, die Häuserzeile mit Arbeiterwohnungen*, das Doppelhaus für Arbeiter in Beton* und der Fabrik-Entwurf*. Die einzige Ausnahmen sind die halbrunden Treppen zu den Sandkästen in Tusschendijken*. Dagegen Hans Oud, S. 80.

875 Eine Variante des Wohnhauses mit Büroräumen* im Oud-Archiv zeigt zudem gerundete Anbauten. Vgl. Skizzen von Haus Kallenbach* mit einem sich über die Gebäudeecke ziehenden Rundfenster im Obergeschoß des Treppenhauses: Plansammlung der TU Berlin (Blaupause im NAi); Behne 1925, S. 3.

876 Vgl. »III. 4.8. Baueitungshütte und Café de Unie: zwei Sonderbauten der *De Stil*-Architektur«.

877 »Natürlich ist die gekrümmte Linie als wesentlicher Bestandteil der geschlossenen Form das polemisch verstandene Gegenteil von der von Van Doesburg verteidigten Raumformung durch rechteckige Flächen, welche ›an sich keine Endform haben, mit anderen Worten unendlich sind.‹« Übers. EvE: Taverne 1983, S. 7.

878 Abb. Rietveld: Overy 1991, Abb. 75, S. 94. Abb. Van Leusden: Bois/Troy 1985, S. 47.

879 Auf die sechs Balkone in Kiefhoek*, die in Form eines halbierten Zylinders ausgeführt wurden, folgten der zylinderförmige Heizungsanbau im Entwurf für eine Volkshochschule*, die halbrund schließenden Treppenhäuser und runden Badezimmerfenster im Entwurf für ein Dreifamilienhaus* sowie das Solarium der Villa Johnson*.

880 In Magdeburg und Rotterdam wurden jeweils die Bauten des Kollegen besichtigt. Vgl. die umfassende Korrespondenz zwischen Oud und Bruno Taut im Oud-Archiv und im Stadtarchiv Magdeburg.

881 Brief von B. Taut an Oud vom 5.10.1923, Oud-Archiv, B.

882 Karte von B. Taut an Oud mit Poststempel vom 4.11.1923, Oud-Archiv, B, Nr. 14.

883 Brief von Oud an Gropius vom 24.2.1924: nach Tischer 1993, S. 26; Oud 1925d, S. 144. Taverne erwähnt in diesem Zusammenhang einen Brief El Lissitzkys: »Die moderne Maschine braucht das ›Runde‹ denn ihre Vorteil ist die Kreisbewegung … Wenn die Wohnung, das Haus ein Apparat zur Unterbringung unserer Körper ist (so wie die Kleidung), warum soll er dann nicht das Runde haben.«: Brief von El Lissitzky an Oud vom 30.6.1924: nach Taverne 1983, S. 7; vgl. S. Lissitzky-Küppers & J. Lissitzky, El Lissitzky, Proun und Wolkenbügel. Schriften, Briefe, Dokumente, Dresden 1977, S. 125. Als dieser Brief entstand, hatte Oud die Rundform in seinen Arbeiten bereits etabliert.

884 Nach Oud 1925d, S. 144.

885 »Sein Bekenntnis (im Sinne von: ich liebe das Gerade – aber ich sehe nicht ein, warum das Krumme nicht möglich ist), publiziert im Almanach von Gustav Kiepenheuer, ist der amüsante Katechismus eines Wirrkopfes.« Übers. EvE: Van Doesburg 1925b, S. 158.

886 So u. a. Henry-Russell Hitchcock, Architecture of the 19th and 20th century, Harmondsworth 1958, S. 378.

887 Stamm 1978, S. 37.

888 Van Doesburg 1927a, S. 75.

889 Vgl. die Korrespondenz zwischen Oud und Van de Velde im Oud-Archiv.

890 Mondrian 1918a, S. 45.

891 Van Doesburg 1918a, S. 72.

892 Die drei Mosaike sind in ihrer Anlage symmetrisch, zeigen in der Binnengestaltung durch Farbwechsel und Rotation der Motive jedoch Variationen. Zu den Kompositionsschemata vgl. Beckett 1980, S. 214f.; Doig 1986, S. 62–64.

893 Wils 1918c.

894 Van Doesburg 1924a, S. 81.

895 Vgl. »V. 1.1. Oud und das ›Entwerfen nach System‹«.

896 Ebenfalls nicht symmetrisch sind die am Typus des englischen Landhauses orientierten Bauten wie das Wohnhaus in Blaricum (1915) und Haus De Geus*.

897 »Man kann nicht anders als feststellen, daß Oud wohl versuchte, zu Formen zu kommen, zu denen Mondrian den Weg gewiesen hatte, aber nicht aus innerer Überzeugung und Annahme. Aus der stets zurückkehrenden Symmetrie, auch im späterem Werk, kann abgeleitet werden, daß er eigentlich nicht bereit dazu war.« Übers. EvE: Hans Oud 1984, S. 78.

898 Abb. Vierfamilienhaus: Fanelli 1985, Abb. 28, S. 25.

899 Hegemann 1925b, S. 503.

900 »V. 3.3. Ouds moderne Architektur im internationalen Kontext«; vgl. Dettingmeijer 1982, S. 34, zu den Häuserzeilen in Hoek van Holland*.

901 »Da der Künstler … die Einheitlichkeit der Funktion in allen Häusern begriffen hat, konnte er ein bestimmtes Motiv, sowohl im Innern als auch außen, wiederholen. Nicht eintönig, sondern voll lebendigen Ausdruck in der Spannung von horizontalen und vertikalen Verhältnissen sehen wir dieses Motiv das Ganze beherrschen.« Übers. EvE: Van Doesburg 1917b, S. 12.

902 Jan Wils, De hedendaagsche stroomingen in de bouwkunst, in: Beweging, 15, 1919, S. 84–98, 257–268: nach Fanelli 1985, S. 42. Ebenso verhielt es sich mit Van't Hoff, der sich allerdings aus politischen Gründen auf den Massenwohnungsbau beschränken wollte. Vgl. Brief von Van't Hoff an Chris Beekman vom 2.5.1919: Botman 1983, S. 24; vgl. Vermeulen 1982, S. 228.

903 Übers. EvE: Van Doesburg 1924a, S. 81.

904 Stamm 1984, S. 35.

905 Vgl. »V. 5.1. Ouds individuelle Formensprache«.

906 Vgl. »V. 1.1. Oud und das ›Entwerfen nach System‹«.

907 Stamm 1984, S. 35.

908 Zu den komplexen Kompositionsschemata im Werk Van Doesburgs vgl. Beckett 1980; Blotkamp 1982b, Doig 1986, v. a. »Elementary means and the development of the painterly conception of architecture«, S. 58–81.

909 Vgl. »V. 1.2.2. Aufnahme von Einzelmotiven von Lauweriks und De Bazel«.

910 Vgl. Münch 2003, Abb. 26, dort ein Ausschnitt der Deckenverglasung im Unity Church mit entsprechend gespiegelten Kompositionen.

911 Pommer und Otto sprechen hier von einem: »alternating relief of the De Stijlish recessed frames«: Pommer/Otto 1991, S. 120.

912 Eine umfassende Darstellung dieses bisher unbeachteten Aspektes der »*De Stijl*-Architektur« kann im Rahmen dieser Arbeit nicht erfolgen. Zu den Ausstellungsmodellen: Hoek 2000, Nr. 702, S. 343–368. Zu Van Leusden: Redeker 1974; Fanelli 1985, S. 73f.; Adelaar 1990.

913 Van der Leck 1917; Mondrian 1918c; vgl. »III. 3. Die Architekturtheorie von *De Stijl*«.

914 Vgl. »V. 1.2. Der Einfluß niederländischer Architekten auf Oud«.

915 Vgl. v. a. die Theorie Van der Lecks: »III. 3. Die Architekturtheorie von *De Stijl*«.

916 Übers. EvE: Brief von Van Doesburg an Kok vom 9.9.1917, RKD: Hoek 2000, S. 204. Laut Fanelli meinte Van Doesburg nicht das Wohnhaus, sondern den Gartenpavillon: Fanelli 1985, S. 21.

917 So u. a. Engel 1990, S. 20; Van der Hoeven 1994, S. 38f.

918 »Die Architekten, die Herren Meischke und Schmidt, erklärten sich nach Rücksprache bereit, die Geschoßhöhe, die 3 schwarzen Bänder der Plinthe, das Dach mit Regenrinne etc. so in ihrem Entwurf zu verarbeiten, daß die Baublöcke vervollständigt werden, ohne die Fassaden zu unterbrechen.« Übers. EvE: Oud 1920d, S. 222 (abg. in Taverne 2001, S. 226). Vgl. Oud 1924f, L.

919 Eine weitere Variante findet sich an den Langseiten von Block IX*, wo das obere Sockelband die Tür zum Lagerraum und ein farbig abgesetztes Wandfeld samt angrenzendem Fenster zusammenfaßt.

920 Vgl. eine Bleistiftzeichnung von Block IX* im Oud-Archiv, die zeigt, daß Oud die Breite der Vordächer entsprechend konstruierte.

921 Bois/Reichlin 1985, S. 159.

922 Abb. Fanelli 1985, S. 130f. Über den Türen befinden sich die von Block VIII* bekannten Betonplatten, die über die Breite der Türen hinausragen. Als eine Art Mischung zwischen Sockelband und Vordach verläuft ein plastisch abgesetzter Streifen auf halber Höhe der Türen, der bei den Portalen wie bei Ouds Hofzugängen um die Ecke herum weitergeführt wird. An zwei Stellen wird dieser Streifen ähnlich Ouds Vordächern verdoppelt. Die Eingänge der Tanzschule liegen zurückgesetzt in einer Nische, die sich im Sockelbereich so weit verengt, daß allein ein Durchgang in Breite der Türen verbleibt. Dieses Motiv ist im Vergleich zu Ouds Wohnblöcken quasi ins Gegenteil verkehrt, wobei der für Ouds Lösung bestimmende instabile Charakter vermieden wird.

923 Oud 1919a, S. 82.

924 »Wenn Rietveld der einzige Architekt der Stijl-Bewegung ist, dann darum, weil er der Moral des Funktionalismus eine andere, neue gegenüberstellte: die, die Baudelaire seinerzeit als ›moral du joujou‹ bezeichnet hatte. Dies alles wird einzig aus dem Grund inszeniert, damit wir unserer intellektuellen Lust frönen können, Möbel und Architekturen Stück für Stück zu zerlegen … Aber trotz dem ›Kind im Intellektuellen‹ von Baudelaire, das die ›Seele‹ des Spielzeugs in seinen Elementen sucht, lernen wir im Grunde nichts über diesen Vorgang der Demontage …«: Bois 1983a, S. 51. Vgl. Bois/Reichlin 1985, S. 10.

925 Van Doesburg 1917b, S. 12. Er ließ jdoch offen, worin diese Gemeinsamkeiten bestehen sollten.

926 Übers. EvE: Brief von Van Doesburg an Oud vom 1.6.1916, nach Boekraad 1983c, S. 131f. Vgl. Theo van Doesburg, De nieuwe beweging in de schilderkunst, in: De Beweging, 12, 1916, Nr. 5–9.

927 Unter dem Einfluß Van Doesburgs bemerkte Oud 1916: »Es vollzieht sich in der modernen Malerei eine Evolution, die nun in ein Stadium gekommen ist, worin sie große geistige Verwandtschaft zeigt mit der Architektur und worin eine engere Beziehung der beiden Künste kurz bevorzustehen scheint.« Übers. EvE: Oud 1916c, S. 156 (abg. in Taverne 2001, S. 169f.). Diese Haltung änderte sich jedoch während seiner Zeit in De Stijl. Bereits 1919 sprach er der Malerei die Vorreiterrolle zu: Oud 1919b, S. 113; Oud 1919c, S. 13, 15. Oud stand hier offenbar unter dem Einfluß von Van der Leck, der bereits im Oktober 1917 die führende Rolle der Malerei hervorgehoben hatte: Van der Leck 1917.

928 Vgl. u. a. Mondrian 1917a; Mondrian 1918a.

929 Vgl.: »Kiefhoek finde ich sehr – schön, vor allem *jung*, mutig … Ich glaube nicht, daß Sie noch so viel von Mondrian lernen müssen, aber der Vergleich zwischen zwei Künsten von so unterschiedlichem Ausgangspunkt, ist sehr schwierig.« Übers. EvE: Brief von De Gruyter an Oud vom 5.9.1930, Oud-Archiv, B, Hervorhebung De Gruyter. Eine frühe Untersuchungen dieses Themas bietet Hitchcock 1948; vgl. Banham 1964, S. 131. Zu Mondrians vermeintlicher Rolle als Vorläufer der modernen Architektur: »Pas un historien de l'architecture qui ne le donne, à un moment ou à autre, pour une sorte de précurseur … comme si l'architecture avait attendu le néo-plasticisme pour magnifier l'asymétrie ou le rythme vertical/horizontal«: Bois 1981, S. 39. Vgl. Blau/Troy 1997.

930 Übers. EvE: Gratama 1922, S. 219.

931 Vgl.: «sogenannte ›kubistische‹ Architektur«; »der ›Kubismus‹ – wenn er diesen Namen denn haben muß …«. Übers. EvE: Van Doesburg 1922d, S. 229 (abg. in Taverne 2001, S. 238). Van Doesburg betonte schließlich, daß er den Begriff »Kubismus« allein in Anlehnung an Gratama verwendet habe: Van Doesburg 1922b, S. 141f.

932 Übers. EvE: Oud 1922b.

933 Oud 1922b.

934 So im Fall von Wrights Robie House, das er im Februar 1918 angesichts der »Herauslösung« der Bauteile aus dem Gesamtbau mit dem Futurismus verglich: Oud 1918c, S. 40. Vgl. Oud 1919b, S. 113.

935 Oud 1920a, S. 25. Vgl. Brief von Alberto Sartoris an Oud vom 7.8.1930, Oud-Archiv, B: »… vous êtes un de premiers étrangers ayant parlé de l'architecture futuriste mentionné …«.

936 Brief von Oud an Badovici vom 22.6.1924, Oud-Archiv, B.

937 Abschrift eines Briefes von Oud an Platz vom 25.11.1925, Oud-Archiv, B: »Als ich in Holland vor ungef. 10 Jahren im Kubismus vorging [sic] …«; »Meine Nachahmer in Holland und die Kollegen die meine ersten kubischen Versuche dann ›formell, der Form nach‹ weitergebildet haben …«.

938 Oud 1925e, S. 87, zitiert nach der deutschen Übers.: Oud 1926c, S. 80.

939 Oud 1926c, S. 81. So schrieb Oud noch 1952: »Es ist nicht richtig, wie behauptet wird, daß mit Wright der Kubismus in der Baukunst begann. Äußerlich gab es Übereinstimmungen, aber die Tendenz zum Kubismus ist eine andere als die von Wright.« Übers. EvE: Oud 1952b.

940 »L'Amusement d'entasser des cubes, des prismes etc. était né: architecture sans tension, d'une composition accidentelle, sans forme, nouvelle architecture décorative, estampillée comme ›architecture cubiste‹ par une critique qui était aussi aveugle que les artistes profiteurs; ›architecture cubiste‹ qui a moins à faire avec le cubisme que l'architecture d'auparavant.«: Oud 1927j, S. 39.

941 Oud 1921a.

942 Oud 1921a, Bildunterschrift zu Abb. 4, S. 150.

943 Übers. EvE: Brief von Oud an Gustav Platz 8.7.1926: nach Hefting 1975a, S. 105.

944 Vgl. Oud 1933b, S. 252; Nieuwe architectuur. Architect J. J. P. Oud spreekt voor de vereeniging «Blaricums Belang", in: Algemeen Handelsblad, 19.2.1935; Oud 1935a, S. 20; J. J. P. Oud im Rahmen der Rotterdamer De Stijl-Ausstellung von 1951: Oud-Archiv, C 28; Oud 1955, S. 9; Oud 1957b, S. 188: »Unter dem Einfluß des Kubismus und Futurismus in der freien Kunst wurde meine Einstellung zur Architektur um 1915 innerlich revolutionärer Natur … Meine Versuche führten zu einer Umwälzung, ähnlich der in der Malerei und Skulptur. Es waren die ersten Äußerungen baukünstlerischen Kubismus und Neo-Plastizismus.«

945 Oud 1927j, S. 39; vgl. Taverne 2001, S. 156 mit Teilabdruck des Textes.

946 Übers. EvE: Oud 1932b, S. 225. Gleichzeitig bezeichnete er Mondrian als »jemand, dem die ›Neue Sachlichkeit‹ in der Baukunst viel zu danken hat.«: Übers. EvE: Oud 1932b, S. 225.

947 »C'est là le point de départ de l'architecture cubiste, laquelle se développe esthétiquement d'une façon comparable à l'art libre, tout en adoptant cependant pratiquement les lois des matériaux modernes.»: Liefrinck 1927a.

948 Vgl. u. a. Hitchcock 1928a, S. 100; Hitchcock 1929, S. 178; De Gruyter 1931, S. 174.

949 Behrendt 1937, S. 149–153.

950 De Gruyter 1931, S. 176; vgl. NRC 1936.

951 Auch Behrendt nennt als Kennzeichen des Kubismus in der Architektur Festigkeit, Strenge, Sparsamkeit, Eleganz, Exaktheit, weiße, verputzte Fassaden, das Flachdach und die Beschränkung auf Zylinder, Kugel und Kubus: Behrendt 1937, S. 151f. Vgl. Taverne 2001, S. 20, Übers. EvE: »… der überraschende Entwurf für einen Strandboulevard (1917), der zu Recht als eine architektonische Fingerübung in kubistischer Arbeitsweise genannt werden kann.«

952 »1917 baute er in Katwijk am Meer eine Villa im Sinne des Neoplastizismus um, die später weltbekannt wurde.«: Hans Oud 1987, o. S.

953 So im Einzelfall auch zu Arbeiten der anderen De Stijl-Maler. Stamm vergleicht den Entwurf der drei Villen in Velp* mit Van Doesburgs »Kar-

tenspieler« (1916/17) und Van der Lecks »Sturm« (1916), die Häuserzeile an einem Strandboulevard* mit Kompositionen von Mondrian, Van der Leck und Huszár: Stamm 1984, S. 35. Vgl. Jaffé 1965 (1956), S. 172; Blotkamp 1982c, S. 31; Fanelli 1985, S. 17.

[954] »painted in primary colours produces a composition quite like a Neoplasticist painting developed in three dimensions«: Henry-Russell Hitchcock, Architecture of the 19th and 290th century, Harmondsworth 1958, S. 377; Curtis 1996, S. 252. Vgl. De Gruyter zu den Stuttgarter Reihenhäusern*: »… die äußerst ausgewogene Fassade, die spirituelle Strenge hat etwas von einer Malerei Mondriaans …«. Übers. EvE: De Gruyter 1951a, S. 185.

[955] Sting weist in »Der Kubismus und seine Wirkung auf die Wegbereiter der modernen Architektur« auf die Auflösung der Baukörper, die additive Grundrißgestaltung und die Verwendung des Flachdachs als Gemeinsamkeit beider Gattungen: Sting 1965, S. 100–103. Blotkamp beont die grundsätzliche Schwierigkeit, Mondrians Bedeutung für die Moderne Architektur festzumachen: Blotkamp 1982c, S. 13. Laut Fanelli habe »trotz der äußerlichen Verbindung zu den Prinzipien von Mondrians Malerei … eine direkte Bezugnahme auf seine Bilder keinen Sinn«: Fanelli 1985, S. 171.

[956] So auch in dem Kapitel »Kubistische architectuur: J. J. P. Oud«, in dem die zwischen 1916 und 1931 entstandenen Arbeiten von Oud behandelt werden: Taverne/Broekhuizen 1996, S. 366.

[957] Vgl. auch die 1912 im Salon d'Automne präsentierte »Maison cubiste« von Raymond Duchamp-Villon und André Mare, die sich mit prismatisch gebrochenen Fassaden konkret an die Malweise des französischen Kubismus anlehnt.

[958] Oud 1960a, S. 17.

[959] Stamm 1984, S. 48.

[960] Kompositie X (1917/18): De Stijl, II, 6, 1919.

[961] Vgl. »III. 4.4. Destruktion und Flächenkomposition«.

[962] Wann diese Skizzen entstanden, ist nicht gesichert. Vorläufer finden sich in Rietvelds Sprechzimmer von A. M. Hartog in Maassen (1922) und in Van Leusdens Garagenmodell, beide mit farbig auf die Wand aufgemalten Kreisen: vgl. »III. 4.5. Rundformen, Symmetrie und Serialität – Oud im Widerspruch zur ›Nieuwe Beelding‹«.

[963] Zevi 1974 (1953), S. 157; Jaffé 1965, S. 35; Polano 1977, Anm. 13, S. 49; Fanelli 1985 (1983), S. 93f., 170, 185; Barbieri 1984, S. 2; Barbieri/Groenendijk/Vollard 1984, S. 2.

[964] Stamm 1984, S. 80. »Der Neo-Plastizismus scheint Architektur geworden zu sein …«. Übers. EvE: Hans Oud 1984, S. 78. »Der Fassadenentwurf zeigt Verwandtschaft mit den abstrakten Kompositionen Mondriaans …«. Übers. EvE: Hans Oud 1984, S. 85. Vgl. Hans Oud 1984, S. 52, 88, 207.

[965] Barbieri 1986, S. 54. Vgl. Reedijk 1971, S. 56; Searing 1982, S. 334; Van der Lugt 1990, S. 22.

[966] Die Rundformen in den Schriftzügen der Bauleitungshütte und der Café-Fassade sowie der dort zu findenden halbierte Zylinder blieben in diesem Kontext bisher unerwähnt.

[967] Leering 1990, S. 32. Dettingmeijer deutet zudem an, daß dieCafé-Fassade nicht den Vorstellungen Van Doesburgs entsprochen habe: Dettingmeijer 1988, S. 355.

[968] Vgl. Fanelli 1985, S. 170.

[969] Hans Oud 1984, S. 86.

[970] Hans Oud 1984, S. 86. Vgl. Fanelli 1985, S. 93.

[971] Hans Oud, S. 86. Vgl. Dettingmeijer 1988, S. 357. Auch Taverne und Broekhuizen sehen in der »low-budget«-Architektur vor allem eine Möglichkeit zum Experimentieren: Taverne/Broekhuizen 1996, S. 373; vgl. Taverne 2001, S. 341.

[972] Von Oud wurden nur 16 Zeilen seines ersten Artikels in »De Stijl« (Oud 1917a) abg. in J. J. P. Oud, in: De Stijl, V, 12, 1922, S. 207f.

[973] Reedijk 1971, S. 56. Vgl. Rusitschka 1995, S. 182.

[974] Stamm 1984, S. 13; Wodehouse 1991, S. 19. Barbieri bemerkt, daß Oud nach seiner Distanzierung von De Stijl weder auf die theoretischen Prinzipien noch auf die formale Sprache der Gruppe verzichtet habe: Barbieri 1986, S. 34. Laut Rotterdamer Katalog entstehe dagegen der Eindruck, als ob Oud sich als De Stijl-Architekt habe anpreisen wollen, obwohl er mit der Bewegung formell keine Bindungen mehr hatte: Taverne 2001, S. 341.

[975] Barbieri 1983a, S. 133.

[976] Günter 1985a, S. 83. Wie Annie Oud-Dinaux überlieferte, habe Oud den Auftrag für die Café-Fassade »wie ein Spiel« genommen: Günter 1984a, S. 83.

[977] Übers. EvE: Taverne/Broekhuizen 1996, S. 371.

[978] Taverne/Broekhuizen 1996, 373.

[979] »Der Architekt konnte sich, trotz aller Programme und Manifeste, so ab und zu auch ruhig einen Scherz erlauben. Oud hat das in seinem Café de Unie … und in der Bauleitungshütte von Oud-Mathenesse getan.« Übers. EvE: Wagenaar 1997, S. 55. Laut Wagenaar habe Oud es bedauert, wenn Kritiker diese Scherze ernst genommen hätten: Wagenaar 1997, Anm. 2, S. 58. Vgl. Taverne 2001, S. 335, 342. Bauleitungshütte und Café werden hier als Provokation mit dadaistischen Zügen beschrieben.

[980] Hans Oud vergleicht Huszárs Schriftzug »Ornament van de twintigste eeuw« mit Ouds Schriftform und meint dort Parallelen zu erkennen: Hans Oud 1984, S. 79.

[981] Erst bei den Läden und der Waterstokerij in Kiefhoek* (Ausführung 1928–30) verwendete Oud wieder farbige Farbflächen.

[982] Dagegen: »Das hölzerne Gebäude stand genau in der Mitte des dreieckigen Platzes.« Übers. EvE: Taverne 2001, S. 256.

[983] Taverne/Broekhuizen 1996, S. 373; Taverne 2001, S. 256. Vgl. Johnson/Langmead 1997, S. 238: »… there was little congruence (in form or theory) between the conservative forms of his ›semipermanent‹ houses of the Oud-Mathenesse Witte Dorp (1923) and the site office of the same development.«

[984] Vgl. Greves Bauleitungshütte aus Schlackenbeton im Wohnkomplex Spoorwijk 1 in Den Haag, die noch vor Juni 1920 entstand: Freijser 1989, S. 118.

[985] Mitteldeutsche Ausstellung für Siedlung, Sozialfürsorge und Arbeit in Magdeburg. Abb.: Manfred Speidel, Magdeburg, in: Bruno Taut. Natur und Fantasie 1880–1938, Berlin 1995, VII-25, VII-26, S. 203; Oud 1922d, S. 422.

[986] Abb.: Oud 1922d, S. 422.

[987] »Durch den zeitlichen Charakter des Bauwerks war weniger ›Rücksicht‹ hinsichtlich der konstruktiven (in allgemeinem Sinn) Faktoren nötig, so daß die destruktive Tendenz bis zu einem gewissen Grad auch in der architektonischen Formgebung zum Ausdruck kommen konnte.« Übers. EvE: Oud 1922d, S. 423. Allein die Verwendung des Wortes »destruktiv« zeigt, daß Oud Parallelen zwischen Tauts Bauten und den in De Stijl diskutierten Vorstellungen sah.

[988] Brief B. Taut an Oud vom 30.7.1923: nach Van der Hoeven 1993, S. 47. Einen Brief von 22.8.1923 an Oud schloß Taut mit »Es lebe der bizarre Stil«, Oud-Archiv, B. Offenbar hatte Oud bereits kurz nach der Fertigstellung Fotografien an Taut gesandt, der in der Bauleitungshütte zunächst ein Wohnhaus vermutete.

[989] Farbabb.: Baeten 1995; Taverne 2001, Kat. Nr. 58, 59.

[990] Warenhaus Barasch, Breiter Weg, Magdeburg. Fassadenbemalung nach Entwurf von Oskar Fischer 1921/22, Abb.: Oud 1922d, S. 419; Gisbertz 2000, Abb. 421.

[991] »Der Kritiker, der in einem lokalen Blatt schrieb, daß ›das Ganze etwas auseinanderfiele‹ sah dies … gewissermaßen nicht so falsch: Form und Farbe beabsichtigten im destruktiven Charakter ihrer Erscheinung Nachdruck auf das Element von Zeitlichkeit zu legen, wobei gleichwohl – dies versteht sich von selbst – nach Gleichgewicht der Komposition gestrebt wurde …«. Übers. EvE: Oud 1925b, S. 399.

[992] Übers. EvE: Oud 1925b.

[993] In einem Brief an Hannes Meyer verwies Oud selbst auf das Werk von Mondrian und El Lissitzky, mit dem er seit 1922 in Kontakt stand: Taverne/Broekhuizen 1996, S. 374, ohne Quellenangabe. In einem Briefkonzept kritisierte Oud seine Café-Fassade als zu dekorativ: un-

datiertes Briefkonzept von Oud an Hannes Meyer, Oud-Archiv, B, Nr. 27.

[994] Bosshard 1995, S. 10. Fanelli spricht von einer Art »Layout«: Fanelli 1985, S. 171.

[995] Beide Arbeiten im Oud-Archiv, Abb.: Baeten 1995 (Plakat); Taverne 2001, Kat. Nr. 59.

[996] Vgl. Barr 1952/1953, S. 10; Hitchcock 1948, S. 32; Hans Oud 1984, S. 85; Fanelli 1985, S. 171; Hartmann 1990, S. 25.

[997] Vgl. Dexel 1926/27, S. 47: »Das erste Beispiel einer einheitlichen Durchformung von Architektur und Werbung ist das Café de Unie des holländischen Architekten J. J. P. Oud in Rotterdam …«.

[998] Fanelli 1985, S. 171.

[999] Vgl. Prinz 1997, Kat. Nr. 11, S. 309; Anm. 172, S. 86. Tauts Interesse an der Reklame, die er als typische Erscheinung der Gegenwart verstand, manifestierte sich in seinen »Richtlinien für Reklame«, dem von Taut initiierten Wettbewerb für Hausanstriche und Reklame und seinem Angebot an die Kunstgewerbeschule, im Bereich Reklame mit der Stadt zusammenzuarbeiten. 1923 berief Taut dafür eigens den Graphiker Johannes Molzahn nach Magdeburg.

[1000] Brief von Oud an Van Doesburg vom 16.11.1924: Taverne/Broekhuizen 1996, S. 374, Anm. 45 ohne Angabe.

[1001] Abb.: Rostislav Švácha, The architecture of new Prague 1895–1945, Cambridge, Mass./London 1995, S. 247, 225.

[1002] Als elementarer Bestandteil der Fassade tauchen Schriftzüge parallel zu Ouds Café de Unie nur in der »Stadtküche Krafft« der Gebrüder Luckhardt und Alfons Anker (1924/25) auf. Zur Stadtküche: Reichlin 1995, S. 39.

[1003] Blotkamp 1996, Abb. 220, X.

[1004] Hajo Düchting sieht Parallelen zwischen Bayers Kiosk-Entwürfen (1924) und Ouds Café de Unie. Laut Düchting verwendete Bayer bei seinen Farbentwürfen für Messe- und Ausstellungspavillons die Primärfarben allein aufgrund ihrer Signalwirkung: Düchting 1996, S. 120. Anzunehmen ist jedoch, daß Bayer wie auch Schlemmer in Anlehnung an die Architektur von *De Stijl*, wie die Pariser Ausstellungsmodelle von Van Doesburg und Van Eesteren, und Van Leusdens Kiosk und Wartehäuschen wählte. Damit waren nicht allein die Signalwirkung, sondern ihre Bedeutung als »*De Stijl*-Farben« ausschlaggebend. Vgl. Bayers Kinoentwurf, circa 1925: Farbabb.: Norbert M. Schmitz, Moholys Filmkunst oder Warum das Bauhaus dem Kino fernblieb, in: Fiedler/Feierabend 1999, S. 307.

[1005] Brief von Mendelsohn an das Stadtarchiv Stuttgart: Regina Stephan, Studien zu Waren- und Geschäftshäusern Erich Mendelsohns in Deutschland, München 1992, S. 114: vgl. Reichlin 1995, S. 39.

[1006] Taverne/Broekhuizen 1996, S. 373; Taverne 2001, S. 342.

[1007] Die drei Fotografien, die Ouds Erläuterung des Cafés im »Bouwkundig Weekblad« (August 1925) und in »Die Form« (Januar 1926) illustrieren, zeigen den Bau aus drei unterschiedlichen Perspektiven: aus einer annähernd frontalen Perspektive, aus einer gemäßigten Schrägsicht sowie einer extremen Schräganischt. Der als Vergleich angeführte Juwelierladen von Rietveld aus dem Jahr 1922, dessen Schaufenster sich aus mehreren Glaskuben zusammensetzte, zeigt keine Übereinstimmung mit der flächigen Front des Café de Unie, Abb.: Oud 1926b, S. 45; Taverne/Broekhuizen 1996, Abb. 297, S. 374.

[1008] Godoli 1980, S. 52; vgl. Fanelli 1985, S. 129; Abb. S. 130f.

[1009] De Stijl, VI, 12, 1925. FarbAbb. Der Variante mit Schriftzug: Blotkamp 1996, Abb. 220, X.

[1010] »Dieser [J. J. P. Oud: EvE] bekehrte sich jedoch bereits seit langem *in der Tat* zum Liberty-Wendingenstil (man siehe seine Hütte ›Oud-Mathenesse‹ in Rotterdam und die dekorative Fassadenarchitektur des Café ›De Unie‹)«. Übers. EvE: Van Doesburg 1925, S. 157f., Hervorhebung Van Doesburg. Overy 1991, S. 131. »Wendingen« war das Publikationsorgan der Amsterdamer Schule.

[1011] In der *De Stijl*-Ausstellung in Rom waren die Bauleitungshütte und eine Zeichnung der Café-Fassade ausgestellt: De Stijl 1960/61, Objekt 52, 54.

[1012] Vgl. »IV. 1.4.2. Kritik an Ouds Café de Unie und Diskussion um die Bauberatung«.

[1013] Periskopius 1925, S. 369.

[1014] Oud 1925b.

[1015] Oud 1925b, S. 399.

[1016] Zitat nach einem Brief von Oud an Hegemann, in: Brief von Hegemann an Oud vom 27.7.1925, Oud-Archiv, B. Ouds Argumentation findet ein Vorbild in Tauts Vortrag »Wollen und Wirken« von September 1923. Im Rahmen seiner Erläuterung des 1921 entstandenen Entwurfs für ein rundes Parkwächterwohnhaus sagt Taut dort: »Es ist auch eine Entgleisung unserer Zeit, dass man in der Architektur ganz übersehen hat, was sich schickt und was sich nicht schickt. Man ist grabesernst dort, wo man vergnügt sein sollte, z. B. bei Theatern und Wohnhäusern nach dem Prinzip des Tempels und Palastes.«: Bruno Taut, Wollen und Wirken, Vortrag gehalten am 22.9.1923 in Den Haag und am 27.9.1923 in Utrecht, in: Landeshauptstadt Magdeburg, Hrsg., Bruno Taut in Magdeburg. Eine Dokumentation: Projekte – Texte – Mitarbeiter, Magdeburg 1995: nach Prinz 1997, S. 311.

[1017] Undatiertes Briefkonzept von Oud an Hannes Meyer, Oud-Archiv, B, Nr. 27.

[1018] Strasser 1926, S. 20.

[1019] Durchschlag von Oud an Hegemann vom 2.10.1927, Oud-Archiv, B, Hervorhebung Oud. »… unter, sagen wir ›Dadaistisches Intermezzo‹ bringe ich einige provisorische Bauten (›De Unie‹ u. s. w.) wobei ich absichtlich das ›zeitliche in der Form‹ betone – auch das destruktive um mich selber beim Suchen nach Formklarheit für [sic] Erstarrung zu behüten.«: Durchschlag von Oud an Bruno Adler vom 14.10.1927, Oud-Archiv, B.

[1020] »Entspannend finde ich so ab und zu auch einmal ›form-los‹ meinen Weg gehen zu können … So wie ich es bei ›De Unie‹ tun konnte oder bei dieser kleinen Bauleitungshütte in ›Oud-Mathenesse‹ …«. Übers. EvE: Oud 1963, S. 62.

[1021] Vgl. »III. 2. Zur Definition einer ›De Stijl‹-Architektur‹«.

[1022] Zu Van't Hoff: Jonker 1979a; Jonker 1979b; Leering 1979; Vermeulen 1982; Fanelli 1985, S. 27–30, 35, 113–118.

[1023] Oud 1918a.

[1024] Oud 1918c.

[1025] Oud 1918c, S. 40.

[1026] Vgl. Oud 1918c, S. 39. Vgl. »III. 2. Definition einer ›De Stijl‹-Architektur‹«.

[1027] Übers. EvE: Oud 1952b. Entsprechend ergänzt er einige Jahre später: »Als junger Architekt sah ich sein Werk erstmals an einem Abend im Hause von Berlage, als er – nach seiner Amerika-Reise – u. a. auch Bilder vom Werk Wrights zeigte. Ich war entzückt: es war eine Offenbarung für mich und Berlage …«. Übers. EvE: Oud 1959.

[1028] Oud 1925e, zitiert nach der deutschen Übersetzung: Oud 1926c, S. 81. Vgl. auch Ouds Haltung gegenüber Le Corbusier in: »V. 4. Anlehnung an internationale Vertreter am Beispiel Le Corbusiers«.

[1029] Text im Rahmen der *De Stijl*-Ausstellung 1951 im Museum Boymans van Beuningen, Oud-Archiv, C 28. So auch in Ouds autobiographischem Text: Englischsprachiges Konzept, Oud-Archiv, C 1. Auszug auf Niederländisch: Oud/Leertijd, S. 7. Aufgrund der übereinstimmenden Äußerungen in beiden Texten, scheint auch die autobiographische Skizze in den 1950er Jahren entstanden zu sein.

[1030] »Ich denke, daß die Häuser des Amerikaners Wright so gut sind, weil kein ästhetisches a priori hinzukam. Darin liegt das Geheimnis der Ursprünglichkeit. *Oud* weiß das. Sein Entwurf ist dadurch frei von Wright-Einflüssen. Er steht damit in keinerlei Verbindung, da es die Konsequenz eines bereits arbeitenden eroberten Baubegriffs ist.« Übers. EvE: Van Doesburg 1920, S. 45, Hervorhebung Van Doesburg. Laut De Gruyter war Wrights Einfluß auf Oud nur von begrenzter Dauer und insgesamt wenig fruchtbar: De Gruyter 1931, S. 174.

[1031] So u. a. Zevi 1974 (1953), S. 150; Searing 1982, S. 333; Kief-Niederwöhrmeier 1983, S. 236f.; Hans Oud 1984, S. 45, 47f., 51; Stamm 1984, S. 44, 50–53, 77. Vgl. Taverne 2001, Kat. Nr. 37.

1032 Vgl. u. a. Godoli 1980, S. 22.
1033 Englischsprachiges Konzept, Oud-Archiv, C 1. Auszug auf Niederländisch: Oud/Leertijd, S. 7.
1034 Das Gebäude kam im folgenden Jahr zur Ausführung: Oud 1914.
1035 Wrights Motiv der auskragenden Betonplatte wurde später auch von anderen Architekten übernommen: Bock 1988, S. 120.
1036 Dagegen Barbieri 1983, S. 130.
1037 Langmead 1999, S. 5.
1038 Fanelli 1985, S. 14. Beckett weist zudem auf die Parallelen zu Wrights Haus Martin (1904): Beckett 1980, S. 208f.
1039 De Gruyter 1931, S. 174; Hans Oud 1984, S. 45.
1040 Fanelli 1985, S. 120. Als Vorbild könnte auch die Fabrik der Kölner Werkbundausstellung von Walter Gropius (1914) gedient haben. Vgl. Langmead 1999, S. 9.
1041 Vgl. Alofsin 1993, »The Multiple Frame«, S. 179–189. In Wien konnte Wright u. a. den Ausstellungsraum der Wiener Werkstätten (1904) und den Kunstschau-Pavillon (1908) mit entsprechenden Dekorationen sehen. Vgl. auch die Darmstädter Bauten von J. M. Olbrich, die Wright während seines Europa-Aufenthalts besichtigt hat. Das bezeichnendste Beispiel der Mehrfachrahmung in Wrights Werk ist wohl das Portal im Entwurf des Verwaltungsbaus der San Francisco Call Zeitung (1914); Alofsin 1993, Abb. 182, S. 189.
1042 Zu Wils: Godoli 1980, v. a. S. 25ff; Ex/Hoek 1982; Fanelli 1985, v. a. S. 26f., 42f. Auch das von Walter Gropius unter dem Einfluß von Wright errichtete Haus Sommerfeld in Berlin-Steglitz (1920/21) zeigt einen Eingang mit entsprechender Rahmung. Vgl. auch Th. Fischers Landesmuseum in Wiesbaden (1912–15) und H. Billings Kunsthalle in Mannheim (1907).
1043 Donald Langmead, Willem Marinus Dudok, Westport/London 1996, S. 9; vgl. Langmead 1996, S. 12; Johnson/Langmead 1997, S. 237; Langmead 1999, S. 9; Langmead 2000, S. 302; Langmead/Johnson 2000, S. 59.
1044 »Ma questo rimane sempre una scatola massiccia e sorda che invano l'asimmetria delle finestre laterali tenta di vitalizzare.«: Zevi 1974, S. 150; vgl. Taverne 2001, S. 212.
1045 Frank Lloyd Wright, Ausgeführte Bauten und Entwürfe, Berlin 1910, Taf.1.
1046 In Ouds Nachlaß befindet sich ein Foto des Kircheninterieurs: Oud-Archiv, D, Rubrik 3/13. Bereits im Februar 1919 war parallel zur Besprechung des Gebäudes eine Fotografie des Außenbaus und ein Grundriß der Kirche in »De Stijl« erschienen: Van't Hoff 1918/19, S. 40–42, Abb. nach S. 42.
1047 Englischsprachiges Konzept, Oud-Archiv, C 1.

1048 Vgl. Fanelli 1985, S. 26; Langmead 1999, S. 8.
1049 Stamm weist darauf hin, daß der Einfluß von Wright auf Ouds Arbeiten nach 1920 stark zurückgegangen sei: Stamm 1984, S. 51. Vgl. Langmead/Johnson 2000, S.59, die Oud jedoch erst ab 1918 unter dem Einfluß von Wright sehen.
1050 Dies gilt vor allem für die von Blotkamp genannten Merkmale, wie die offenen Grundrisse und die ineinander übergehenden Räume, die weit vorkragenden Dächer und die Horizontalität der Bauten: Blotkamp 1982c, S. 31.
1051 Diese Aspekte von Wrights Architektur bleiben in Ouds Artikeln unberücksichtigt. Vgl. Fanelli 1985, S. 26.
1052 Zu einem möglichen Einfluß der Villa Henny auf das Lagerhaus vgl. Hans Oud 1984, S. 48, Abb. 33, 34.
1053 Banham 1964, S. 131.
1054 Zur Korrespondenz zwischen Oud und Wrigth vgl. Hefting 1975b; Van der Woud 1975; Bruce Brooks Pfeiffer, Ed., Letters to architects: Frank Lloyd Wright, London 1984. Zu einem möglichen Treffen zwischen Oud und Wright in den 1950er Jahren vgl. Langmead/Johnson 2000, S. 65, 179.
1055 Vgl. Zevi 1974, S. 150: »Per tutta la vita, manterrà una devozione incondizionata per il genio di Taliesin.«
1056 Van Doesburg 1920/21. Vgl. Van Doesburg 1921. Van Doesburg verwendete hier Bezeichnungen, die Ouds Formulierungen in seinem Vortrag vor De Opbouw ähneln: Fanelli 1985, S. 56.
1057 Übers. EvE: Postkarte von Van Doesburg an Oud, Poststempel vom 3.10.1921, FC, nach Boekraad 1983c, S. 138.
1058 »Angesichts der Tatsache, daß meine Lösung durch ihre lebendige Abwechslung das manchmal mehr oder weniger Eintönige der Normierung aufhebt …«. Übers. EvE: Brief von Van Doesburg an Oud vom 3.11.1921, FC (vollständig abg. in Boekraad 1983c, S. 139–142).
1059 Vgl. »V. 3.3. Ouds Moderne Architektur im internationalen Kontext«.
1060 Vgl. »IV. 1.3.4. Die Betonbauten des Woningdienst«.
1061 Dagegen Beckett 1978, S. 5; vgl. Stamm 1984, S. 41.
1062 Die von Oud angeführte mangelnde soziale Komponente scheint als Grund dagegen nur vorgeschoben zu sein: J. J. P. Oud, Boekbespreking, in: Forum, 1956, 11, Nr. 10, S. 355.
1063 Banham 1964, S. 140; Fanelli 1985, S. 30. Hans Oud weist darauf hin, daß »De Stijl« nur von einer kleinen Gruppe Interessierter gelesen wurde und daher keine Folgen für Oud zu erwarten gewesen seien: Hans Oud 1984, S. 50.
1064 Van Doesburg 1925b, S. 158.

IV. KAPITEL
Der *Volkswoningbouw*[1]

1. Oud als Architekt der Gemeinde Rotterdam

Ein Großteil der hier untersuchten Bauten entstand im Auftrag des *Gemeentelijke Woningdienst* (Wohnungsbauamt der Stadt Rotterdam), für den Oud ab 1918 tätig war. Obwohl die Errichtung dieser Wohnbauten in direkter Abhängigkeit zur politischen und wirtschaftlichen Situation der Stadt stand, wurden sie bislang nicht im Kontext der kommunalen Bautätigkeit betrachtet.[2] Im folgenden soll daher für die Zeit von der Jahrhundertwende bis zu Ouds Entlassung im April 1933 ein Überblick zum Bauwesen der Gemeinde gegeben werden. Der Schwerpunkt liegt auf der Wohnungssituation in Rotterdam, der kommunalen Stadtplanung sowie der Struktur und Tätigkeit des *Woningdienst*. Darüber hinaus wird auf die staatliche Wohnungsbaupolitik einschließlich ihrer Manifestation in Baugesetzen und der Vergabe von Subventionen eingegangen. Die weitgehend chronologische Darstellung soll die konkreten Entstehungsbedingungen der einzelnen Bauten im Kontext der kommunalen Bautätigkeit deutlich machen. In diesem Sinne werden auch andere Projekte, die Oud als freier Architekt für die Stadt Rotterdam entworfen hat, in die Betrachtung einbezogen. Dies betrifft die Rotterdamer Börse* mit dem Entwurf für eine Neustrukturierung der Innenstadt, die Volkshochschule* und die Wohnzeilen in Blijdorp*.

Eine der wichtigsten Publikationen zur Wohnungsbaupolitik und der Bautätigkeit der Stadt Rotterdam in den 1920er Jahren ist Rob Dettingmeijers »Open stad« (1988).[3] Auch Len de Klerks Dissertation über das private Engagement für Wohnungsbau und Städtebau in Rotterdam (1998) bietet – als Gegenpart zu den Aktivitäten der Gemeinde – wertvolle Informationen.[4] Eine eigene umfassende Studie über den Rotterdamer *Woningdienst* existiert bislang nicht. Für die vorliegende Untersuchung wurden daher die Protokolle der Gemeinderatssitzungen ausgewertet.[5]

1.1. Der Wohnungsbau in Rotterdam bis 1918
Die wirtschaftliche Situation Rotterdams hing seit jeher eng mit der Entwicklung des Hafens zusammen.[6] Durch den Bau des Nieuwe Waterweg (1863–68) und den seit 1870 rasant zunehmenden Schiffsverkehr zählte Rotterdam binnen kürzester Zeit zu den führenden Hafenstädten Europas. 1906 entstand mit dem Rotterdamer Waalhafen der größte und modernste Hafen der Welt (vgl. Abb. 50). Im Gegensatz zu Hamburg oder Antwerpen konnte Rotterdam jedoch nicht auf eine Tradition als Handelsstadt mit großen, alteingesessenen Reedereien zurückblicken. Auch eine lokale Industrie existierte kaum, so daß mit Ausweitung des Hafenbetriebs Arbeitskräfte aus den ländlichen Gebieten herangezogen werden mußten. Rotterdam fungierte somit in erster Linie als Umschlagplatz für Güter aus dem Hinterland. Die Wirtschaftslage der Stadt war entsprechend stark von anderen Industriezentren abhängig, allen voran dem Ruhrgebiet, das über Rotterdam und den Nieuwe Waterweg einen Zugang zur Nordsee erhalten hatte.

Charakteristisch für Rotterdam in dem hier behandelten Zeitraum ist ein liberales, stark kommerziell geprägtes Klima. Die Geschäftswelt konzentrierte ihr Interesse vor allem auf eine Ausweitung der Hafenaktivitäten, Wissenschaft und Kultur spielten – im Gegensatz zur größeren Schwesterstadt Amsterdam – eine eher geringe Rolle im öffentlichen Leben. Folge dieser Liberalität war eine relativ passive Haltung gegenüber dem Wohnungsbau und der allgemeinen Gesundheitsvorsorge. Vor allem im Bereich der Stadtplanung zeigte sich Rotterdam – im Vergleich zu Amsterdam – als rückständig.[7] Besondere Relevanz erhielt dieser Aspekt durch den sprunghaften Anstieg der Einwohnerzahlen in der zweiten Hälfte des 19. Jahrhunderts: Während 1849 noch rund 90.000 Bewohner verzeichnet wurden, waren es 1900 bereits 318.000.[8] Entsprechend schnell stieg auch die Nachfrage nach preiswertem Wohnraum. Die Stadt reagierte mit großflächigen Eingemeindungen, die den Baugrund für neue Wohngebiete lieferten. Für die Erschließung dieser Gebiete und die städtebauliche Planung fühlte sich die öffentliche Hand jedoch nicht verantwortlich. Die Bauspekulanten hatten damit freies Spiel, in den Stadterweiterungsgebieten eine möglichst rationale und kostensparende Bebauung durchzusetzen. Der Struktur von Poldern und Entwässerungskanälen folgend entstanden meist parallel verlaufende Straßenzüge, an denen sich die Wohnbauten auf schmalen, tiefen Parzellen aneinanderreihen. Als gängiger Haustypus etablierte sich das Mietshaus mit »alkoofwoningen« (Alkovenwohnungen), die sich durch gefangene Räume ohne direkte Belichtung und Belüftung auszeichnen. Die mangelhaften hygienischen Verhältnisse in Verbindung mit der Überbelegung von Wohnungen führte zur Verbreitung von Krankheiten und damit zu einer hohen Sterblichkeit.

Zur Kontrolle und Lenkung des Wohnungsbaus wurde 1901 das staatliche *Woningwet* (Wohnungsbaugesetz) verabschiedet[9], das gleichzeitig mit dem Gesundheitsgesetz zum 1. August 1902 in Kraft trat. Das *Woningwet* verpflichtete alle Gemeinden ab 10.000 Einwohnern zur Vorlage eines Stadterweiterungsplans, der für die zukünftigen Bauherren bindend war. Gleichzeitig wurden Richtlinien für die Bauordnungen der Gemeinden aufgestellt. Diese waren verpflichtet, Informationen über Anzahl, Qualität und Mietpreis der Wohnungen zu sammeln. Das *Woningwet* bot zudem die Möglichkeit, Wohnungen für unbewohnbar zu erklären sowie ganze Wohngebiete zu enteignen und abzureißen. Ein weiterer zentraler Punkt war die Bereitstellung von Krediten zur Finanzierung neuer Wohnbauten. Die Gemeinden verfügten damit erstmals über ein Mittel, um aktiv in den Wohnungsbau einzugreifen.[10]

Mit der Verabschiedung dieses Gesetzes folgten die Niederlande einer allgemeinen europäischen Entwicklung: Bereits 1889 war in Belgien ein Arbeiterwohnungsgesetz und 1890 ein ebensolches in Großbritannien eingeführt worden; 1903 schloß sich Italien mit einem entsprechenden Gesetz an.[11] Wie diese Gesetze markiert auch das niederländische *Woningwet* den Übergang vom ausschließlich privat finanzierten zum staatlich unterstützten Wohnungsbau. Prinzipiell unterstützen sowohl die erstarkende Arbeiterbewegung als auch das Bürgertum das neue Gesetz, letztere, da sie sich von besseren Wohnverhältnissen eine Eindämmung von Epidemien und damit langfristig eine Steigerung der Arbeitskraft versprachen. Gleichzeitig regte sich dort jedoch Widerstand, da durch den subventionierten Wohnungsbau eine Konkurrenz zu privaten Mietwohnungen entstand und die Eigentumsverhältnisse angetastet werden konnten. Als problematisch erwies sich zudem, daß die Subventionen antizyklisch zur wirtschaftlichen Situation des Landes vergeben wurden und so gerade in Rezessionszeiten preiswerte Wohnungen auf den Markt kamen. Im Gegensatz zum bürgerlichen Lager empfand die Sozialdemokratische Arbeiterpartei (SDAP), die für weitreichende gesellschaftliche Reformen eintrat, das Gesetz als zu uneffektiv.[12]

Im Vergleich zu Amsterdam hatte sich die Arbeiterbewegung in Rotterdam erst sehr spät etabliert. Die Masse der vom Land zugewanderten Bevölkerung verstand sich zunächst nicht als zusammengehörige soziale Klasse und stand dem 1881 gegründete Sociaal Democratische Bond lange Zeit skeptisch gegenüber. Auch die 1894 gegründete SDAP fand in erster Linie unter den Amsterdamer Arbeitern Anhänger. Noch 1905 erhielt die SDAP in Rotterdam prozentual nur halb so viele Stimmen wie in Amsterdam. Als erster Sozialdemokrat trat 1901 Hendrik Spiekman (1847–1917) in den Rotterdamer Gemeinderat ein.[13] Die SDAP war die erste politische Partei der Niederlande, die über ein Programm zu den Bereichen Wohnungsbau und Stadterweiterung verfügte.[14]

Als Folge des *Woningwet* erstellte Gerrit Johannes de Jongh, Direktor der *Gemeentewerken* (Stadtbauamt), 1903 einen Erweiterungsplan für Rotterdam[15], der am 29. März 1906 im Stadtrat angenommen wurde. Allerdings handelte es sich dabei nicht um eine umfassende Neuplanung, sondern allein um eine Zusammenfassung der bereits vorliegenden Teilpläne. Im Bereich Stadtplanung änderte sich daher zunächst wenig.[16] Vor allem der flexibel auf die aktuelle Wirtschaftslage reagierende Hafenbau mit seinen weit ins Landesinnere hineinreichenden Hafenbecken und die notwendigen Eisenbahnlinien zur Erschließung der Häfen standen einer verantwortungsvollen langfristigen Planungstätigkeit im Wege. Eine eindeutig positive Entwicklung im Wohnungsbau brachte dagegen die erste Rotterdamer Bauverordnung von 1906, die den Mindestabstand zum angrenzenden Haus, die Höhe der Bebauung und die Mindestgröße einer Wohnung festlegte. Ferner bestimmte sie, daß Eingangstüren nicht mehr direkt in den Wohnraum führen dürften und Wohnraum wie Küche eine direkte Belichtung und Belüftung erhalten sollten.[17] Da die gesetzlichen Vorgaben den Wohnungsbau jedoch nicht nur verbesserten, sondern gleichzeitig auch verteuerten, verlor er als Spekulationsobjekt schnell an Attraktivität. Entsprechend wurde der Wohnungsbau auf Grundlage des *Woningwet* vor allem von gemeinnützigen Vereinigungen getragen. Als Verbindung zwischen den Wohnungsbauvereinigungen und den Gemeinden entstand 1913 der *Nationale Woningraad*, der als Bündelung verschiedener Institutionen konkrete Hilfestellung bieten konn-

te. Dennoch kamen die Möglichkeiten des *Woningwet* in den ersten Jahren nur selten zur Anwendung, am ehesten noch in Amsterdam mit einer starken sozialdemokratischen Fraktion im Gemeinderat. Die Rotterdamer Behörden zeigten sich dagegen zögerlich und schreckten lange Zeit vor dem Eingriff in das freie Spiel von Angebot und Nachfrage zurück. Ausgehend von einem für die Gemeinde rentablen, privat finanzierten Städtebau wurden allein für die Anlage neuer Hafenbecken öffentliche Gelder zur Verfügung gestellt.

Einen Gegenpol hierzu bildete die Gesundheitskommission, die im Bereich von Wohnungsbau und Städtebau für ein aktives Vorgehen der Gemeinde eintrat.[18] Offen für wissenschaftliche und technische Errungenschaften der Zeit forderte sie Untersuchungen zur Klärung der hygienischen Versorgung und machte konkrete Vorschläge zur Verbesserung der Wohnsituation. Mit der Einführung des *Woningwet* hatte die Gesundheitskommission zudem einen neuen Status erhalten. An Stelle einer beratenden Kommission, die vom Gemeinderat eingesetzt wurde, kontrollierten sie nun die Durchführung der im *Woningwet* festgelegten Auflagen und führte Untersuchungen zum Zustand der Wohnungen durch. In Rotterdam war das Verhältnis zwischen Gemeindeverwaltung und Gesundheitskommission gespannt. Letztere kritisierte den Unwillen der Stadt zur Unterstützung von Wohnungsbauvereinigungen, die unzureichende Bauordnung, die als einzige in den Niederlanden nicht für jede Wohnung eine eigene Toilette fordere, die unseriöse Vergabe von Grundbesitz sowie die allgemeine Passivität gegenüber der wachsenden Wohnungsnot.[19]

Dem Ideal der liberalen Gesellschaft folgend, die den Behörden allein unterstützende und leitende Funktion zuwies, übernahm das wohlhabende Bürgertum eine Reihe von sozialen Aufgaben. Entsprechend zeigten die Rotterdamer Privatleute auch Interesse am Wohnungsbau für ärmere Bevölkerungsschichten. Um 1910 war ein regelrechtes Netz von Wohnungsreformern entstanden, aus denen sich die Mitglieder der verschiedenen sozial tätigen Vereinigungen rekrutierten. Die Geschäftsleute vertraten im Bereich Wohnungs- und Städtebau dabei deutlich fortschrittlichere Ansichten als die Gemeinde. Hierfür steht auch, daß eine Vielzahl der sozial engagierten Bürger gleichzeitig Mitglied der Gesundheitskommission war.[20]

Seit Anfang des 20. Jahrhunderts wurden Versuche unternommen, die Rotterdamer Innenstadt den Erfordernissen der sich schnell ausdehnenden Stadt anzupassen. Vor allem das Gelände der ehemaligen Befestigungsanlagen schienen geeignet, um

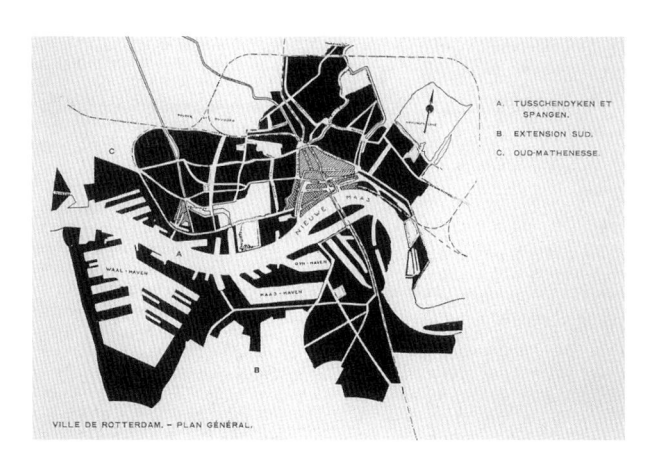

50. Schemazeichnung Rotterdam 1925, mit hist. Stadtdreieck (grau)

ohne Eingriff in die bestehende Bausubstanz neue Verkehrsstraßen anzulegen. Neben einer verbesserten Infrastruktur war hiermit auch der Wunsch nach einem repräsentativen Zentrum für die Rotterdamer Bürgerschaft verbunden, die zunehmend in das nahegelegene Wassenaar abwanderte: Rotterdam war zwar eine blühende Hafen- und Kaufmannsstadt, trat im sozialen und kulturellen Bereich jedoch hinter andere Städte zurück.[21] 1906 kam es anläßlich der Frage nach einer Neugestaltung der Innenstadt zur Auseinandersetzung zwischen Bürgermeister A. R. Zimmerman (1906–22) und Wethouder De Jongh[22], aus der Zimmerman als Sieger hervorging. Zimmerman setzte durch, die Coolvest, eine der Grenzen des alten »Stadtdreiecks« (Abb. 50), zu einem repräsentativen Boulevard (Coolsingel) und zum neuen Zentrum der Großstadt Rotterdam umzugestalten. Mit der Zuschüttung der Coolvest wurde 1913 begonnen. Als erster monumentaler Bau sollte das neue Rathaus entstehen, wofür das engbebaute Gebiet um die Zandstraat, das traditionelle Viertel der Seeleute, abgerissen werden mußte.

Die Gestaltung des Coolsingel als neues administratives Zentrum und repräsentatives Geschäftsviertel wurde in den 1920er Jahren zum wichtigsten Bauprojekt der Stadt (vgl. 62, 53).[23] Hinzu kam die Verbreiterung und Verlängerung der Meent in Form eines 20 m breiten Durchbruchs durch die innerstädtische Bebauung (Abb. 51). Ziel war die seit langem geforderte Ost-West-Verbindung durch die Innenstadt sowie die Anlage einer weiteren großen Geschäftsstraße. Der »Meentdurchbruch« ermöglichte zudem, die Börse in einer Reihe mit der Post und dem Rathaus zu errichten, was wiederum dem Wunsch nach einer repräsentativen Bebauung des Coolsingels entgegenkam. Großflächige Enteignungen sowie der Abriß der Paradijs Kerk und die Zuschüttung der Delftse Vaart wurden hierfür in Kauf genommen.[24] Mit der Sanierung der historischen Innenstadt und der Neugestaltung eines bürgerlichen, repräsentativen Stadtzentrums stand Rotterdam in dieser Zeit nicht allein. Die hierdurch bedingten Umsiedlungen der mehrheitlich armen Bewohner in (oftmals von der Kommune errichtete) Neubauviertel am Rande der Stadt hatten meist auch einen sozial-politischen Hintergrund.[25] Im Fall von Rotterdam besteht ein Zusammenhang zwischen der Stadtsanierung und der Errichtung von Arbeiterwohnungen auf der linken Maasseite, darunter Ouds Siedlung Kiefhoek*, sowie der Bebauung von Spangen* und Oud-Mathenesse*. Der Vorschlag zum Meentdurchbruch wurde im Juni 1913 im Stadtrat angenommen. Erst sieben Jahre später waren die Enteignungen, die hohe Entschädigungszahlungen nach sich zogen, abgeschlossen. Die ursprünglich geplante Bebauung mit Arkaden wurde nicht realisiert (vgl. Abb. 60).[26]

Als Nachfolger von De Jongh wurde 1912 A. C. Burgdorffer zum Direktor der *Gemeentewerken* ernannt, der im Rahmen einer Neuorganisation des Amtes die Abteilungen Architectuur en stedebouw (Architektur und Städtebau) und Stadsuitbreiding en Gebouwen (Stadterweiterung und Bauten) einrichtete. Neben dem wachsenden Interesse an der Stadtplanung fand unter Burgdorffer erstmals auch der Wohnungsbau größere Beachtung. Laut eines 1913 veröffentlichten Programms sollte die Gemeinde den Bau einfacher Wohnungen fördern, falls notwendig selbst als Bauherr fungieren und die ärmere Bevölkerung damit unterstützen. Eine vorausschauende Baupolitik verlange von der Gemeinde den Erwerb großer zusammenhängender Bauflächen und die Erschließung privater Baugebiete durch geeignete Verkehrsmittel.[27] Auch die Forderung nach einer »Beherrschung der Massen« durch den Wohnungsbau wurde hier formuliert. Burgdorffers Programm folgend wurde seit 1913 für den ein Kilometer von der Innenstadt entfernt liegenden Polder Spangen ein Bebauungsplan erstellt (Abb. 67). Erstmals entstand damit ein Gesamtplan, der sowohl das Straßennetz, die Größe der Wohnblocks und die sozialen Einrichtungen umfaßte.[28] Auch die Integration eines Sportgeländes und die räumliche Nähe zu den Hafenanlagen (vgl. Abb. 199) und damit den Arbeitsstätten der zukünftigen Bewohner folgte den von Burgdorffer formulierten Zielen.

Obwohl die Niederlande im 1. Weltkrieg neutral geblieben waren, hatte dieser weitreichende Folgen für die wirtschaftliche Situation des Landes. Einerseits führte die fehlende Konkurrenz zu einem starken Aufschwung einzelner Wirtschaftszweige, andererseits bedingten Handelsembargos und der durch den U-Boot-Krieg eingeschränkte Seehandel starke Preissteigerungen. Besonders betroffen war die Baubranche, die aufgrund der Verteuerung der Baumaterialien und Arbeitslöhne wie auch der unsicheren politischen Situation große Einbußen zu verzeichnen hatte. Vor allem der Wohnungsbau brachte keine Gewinne mehr ein und stagnierte: Während 1913 private Bauunternehmer noch 20.292 Wohnungen errichtet hatten, lag ihre Zahl fünf Jahre später nur noch bei 2.522.[29] Insgesamt wurden Ende des 1. Weltkrieges rund 60.000 fehlende Wohnungen registriert.[30]

Folge dieser Notsituation war eine verstärkte wissenschaftliche Auseinandersetzung mit der Wohnungsproblematik. Bereits die im Rahmen des *Woningwet* geforderten Erweiterungspläne sowie die Qualitätsgarantien für Neubauten hatten die Nachfrage nach Fachleuten in der Baubranche erhöht. Im November 1917 erschien ein Manifest des *Nationale Woningraad*, in dem eine systematische Wohnungsbaupolitik zur Behebung der Wohnungsnot gefordert wurde. Mit einer Reform der Baupraxis beschäftigte sich vom 11. bis 12. Februar 1918 der internationale Wohnungsbaukongreß in Amsterdam.[31] Im Anschluß hieran wurde das Nederlandsch Instituut voor Volkshuisvesting ins Leben gerufen, das sich mit Produktion, Transport und Verteilung der Baumaterialien sowie der Förderung des Massenwohnungsbaus durch normierte Bauelemente auseinandersetzte.[32] Im Juni 1918 konnte schließlich das *Woningnoodwet* verabschiedet werden, das unter anderem den Bau provisorischer Wohnungen regelte.

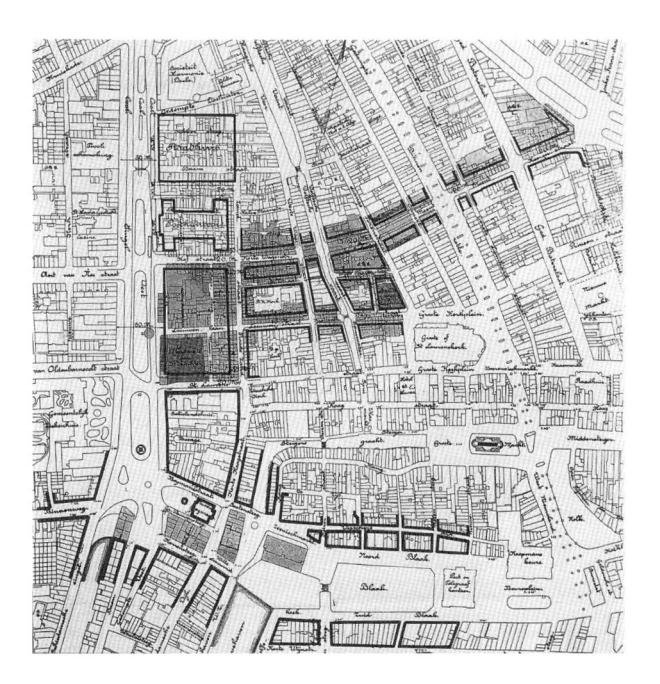

51. Stadtplan Rotterdam, 1913, mit geplantem Meent-Durchbruch (oben) und Blaak (unten)

Auf Basis dieses Gesetzes erhielten die Gemeinden Unterstützung für den Bau von Notwohnungen, konnten im Gegenzug aber auch zur Bereitstellung von Wohnungen gezwungen werden.

Die Einwohnerzahl Rotterdams stieg zwischen 1910 und 1920 von 426.000 auf 515.000.[33] Aufgrund der stagnierenden Wohnungsproduktion während des Krieges, aber auch durch den Abriß innerstädtischer Wohnviertel, verschärfte sich die Wohnsituation zunehmend. Für die Bereitstellung von Ersatzwohnungen fühlte sich das liberale Rotterdam – im Gegensatz zu anderen niederländischen Gemeinden – nur bedingt zuständig. Unterstützt von der Gesundheitskommission entstanden daher die ersten sozialen Wohnbauprojekte Rotterdams als private Unternehmungen der seit einigen Jahren im Wohnungsbau aktiven Bürgerschaft. Mit dem Ziel, für die ärmere Bevölkerung Gartenstädte zu errichten, war bereits 1913 auf Initiative des Bankiers K. P. van der Mandele die Gesellschaft Eerste Rotterdamsche Tuindorp (Erste Rotterdamer Gartenstadt) gegründet worden. Die Rotterdamse Droogdok Maatschappij (Rotterdamer Trockendock-Werften) errichtete schließlich ab 1914 die Siedlung Heyplaat als erste Rotterdamer Gartenstadt (»Fabrikdorf«) mit 400 Arbeiterwohnungen, einer Reihe von öffentlichen Gebäuden, Läden und zwei Kirchen.[34] Zwei Jahre später folgte die international bekannte Siedlung Vreewijk.[35] Erst im November 1917 nahm dagegen der kommunale *Woningdienst* seine Arbeit auf.

Nach Ende des Krieges erholte sich Rotterdam – verglichen mit dem allgemeinen Aufschwung auf dem Weltmarkt – nur langsam. Aufgrund der geringen Auslastung der Hafenanlagen stieg die Arbeitslosigkeit rapide an und führte zur Verarmung weiter Bevölkerungskreise. Schwierigkeiten bei der Verteilung von Nahrungsmitteln brachten Engpässe bei der Grundversorgung. Mit Blick auf die Geschehnisse in Rußland und Deutschland wurde das soziale Gefälle bald als ernsthafte Bedrohung erkannt. Tatsächlich rief der Sozialistenführer Pieter Jelles Troelstra am 11. November 1918 offen zur Revolution auf. Obwohl die Aktionen der Arbeiterschaft schnell wieder eingestellt wurden, zeigten sie doch, daß ein Eingreifen des Staates zur Beseitigung der Notstände erforderlich war. Neben einer wachsenden Gewaltbereitschaft führte schließlich die zunehmende Zahl an Arbeitsniederlegungen zum Einlenken der staatlichen Institutionen. So wurde 1919 das Wahlrecht für Frauen eingeführt und eine Verbesserung der Arbeits- und Wohnsituation zugesagt. Auch das Engagement für den sozialen Wohnungsbau basierte zu großen Teilen auf der Angst vor Unruhen und einer möglichen Revolution. Selbst die SDAP zeigte erst vor diesem Hintergrund ein verstärktes Interesse am Wohnungsbau für die unteren Bevölkerungsschichten.

1.2. Der *Gemeentelijke Woningdienst*
1.2.1. Gründung und Zielsetzung

Mit Blick auf die katastrophale Wohnsituation war bereits 1916 die Gründung eines Wohnungsbauamtes als selbständige kommunale Einrichtung diskutiert worden. Bislang existierte allein eine Unterabteilung der *Plaatselijke Werken*, die sich um die Errichtung von Dienstwohnungen für Angestellte der Gemeinde kümmerte; die Masse der Arbeiterschaft blieb jedoch unberücksichtigt. Vor allem Hendrik Spiekman, Vertreter der SDAP im Gemeinderat, setzte sich für eine Förderung des kommunalen Arbeiterwohnungsbaus ein. Für Spiekman war gerade die Wohnsituation ein entscheidender Faktor, um die Lebensbedingungen der ärmeren Bevölkerung verbessern zu können: »... Die Wohnungsfrage wirkt sich auf den körperlichen Zustand aus, auf den moralischen Zustand, auf das Familienverhältnis, auf den sozialen Stand, auf Krankheitssymptome und auf das Verhältnis der Eltern zu den Kindern.«[36] Auch die Gesundheitskommission unterstützte ein starkes, für alle Bereiche des Wohnungsbaus zuständiges Bauamt; allein die Bauaufsicht sollte von der *Bouwpolitie* übernommen werden.[37]

Im März und April 1916 fand im Gemeinderat eine kontroverse Diskussion über die Zuständigkeit für den Wohnungsbau statt. Sowohl Wethouder A. de Jong als auch Bürgermeister A. R. Zimmerman sprachen sich entschieden gegen den Bau von Wohnungen durch die Gemeinde aus. Im April wurde schließlich ein gemeinsamer Vorschlag vom Vrijzinnig Democratische Bond, der Liberale Unie und den Vrije Liberalen angenommen, nach dem die Gemeinde bei Bedarf selbst als Bauherr im Bereich des Wohnungsbaus fungieren solle.[38] Am 10. Mai 1917 bestätigte der Gemeinderat die Einrichtung eines selbständigen Wohnungsbauamtes mit Wirkung zum 15. November 1917.[39] Über die Besetzung des *Woningdienst* herrschte zu diesem Zeitpunkt noch Uneinigkeit. De Jong wies daher explizit auf die Bedeutung von Fachkräften hin: »Es kommt mir dann auch so vor ... als ob wir allein einen Direktor bekommen sollen, einen fähigen Mann, der für seine Aufgabe geeignet ist, mit einigen notwendigen Beamten und weiter nichts. Daß also beispielsweise an Architekten und Ingenieure nicht gedacht wird.«[40] Auch J. Verheul, Vertreter der Vrije Liberalen im Gemeinderat, sprach sich mit Blick auf das Amsterdamer Wohnungsbauamt für die Einstellung von Architekten und Ingenieuren aus.[41] Spiekman hatte schon zu einem früheren Zeitpunkt die Fachkompetenz eines Architekten für die anstehenden Bauaufgaben gefordert: »... Eine Stadtanlage, die, was die Erweiterung betrifft, das Auge des genialen Architekten unmöglich missen kann, ist die erste Voraussetzung für den Bau der modernen großen Stadt.«[42]

Als Ratgeber bei der Einrichtung des *Woningdienst* fungierten der Direktor des 1915 gegründeten Amsterdamer Wohnungsbauamtes Arie Keppler und dessen Kollege aus Den Haag P. Bakker Schut. Die Gemeindeverwaltung von Amsterdam, die eine starke sozialdemokratische Fraktion aufwies, hatte eine in der Tradition der großen Stadterweiterungspläne stehende, planmäßige Ausdehnung der Stadt unter besonderer Berücksichtigung der Wohnungsbauprojekte beschlossen (Abb. 79). Die große Bedeutung, die dem Wohnungsbau dort zugesprochen wurde, zeigt sich nicht zuletzt in dem Bemühen, renommierte Architekten wie H. P. Berlage, K. P. C. de Bazel, Jan Gratama, J. E. van der Pek und G. Versteeg für diese Aufgabe zu gewinnen.[43] In Rotterdam fand diese Entwicklung in abgeschwächter Form sowie zeitlich verzögert statt. Der Gemeinderat setzte sich im Jahr 1916 aus einer Mehrheit von Christdemokraten, gefolgt von den Liberalen und den Sozialdemokraten an dritter Stelle zusammen. Erst die Wahlen im Frühjahr 1919, als die Sozialdemokraten 43 Prozent der Stimmen erhielten, veränderten die Machtverhältnisse. Jetzt konnten zwei der fünf *Wethouder*, darunter der *Wethouder* für Soziales, von Mitgliedern der SDAP besetzt werden.[44] Eine großangelegte städtebauliche Planung vergleichbar der Schwesterstadt Amsterdam wurde aufgrund der Dominanz der Hafenbelange und der grundsätzlich liberalen Haltung des Gemeinderats dennoch erst 1924 mit der Einstellung W. G. Witteveens als Chef der Abteilung Städtebau und Bauwesen in Angriff genommen.[45]

Durch die Wohnungsnot gewann die Wohnungsfrage zunehmend an Bedeutung. 1916 wurden erstmals private Bauunternehmer und Wohnungsbauvereinigungen finanziell unterstützt und Grundstücke zu günstigen Konditionen vergeben; der *Woningdienst* sollte nur dann eingreifen, wenn sich diese Maßnahmen als unzureichend erwiesen. Die Frage, was unter der Formulierung »unzureichend« zu verstehen sei und in welchem Umfang die Gemeinde ihre Aufgabe als Bauherr zu erfüllen habe, sorgte weiterhin für Diskussionen: Während die Vertreter der linken Parteien für weitreichende Unterstützungen durch die Gemeinde eintraten, plädierte die Mehrheit für eine nur kurzfristige Stimulans des Wohnungsmarktes. Die negative Entwicklung auf dem Wohnungsmarkt machte ein aktives Handeln von Seiten des *Woningdienst* schließlich unumgänglich.⁴⁶ Im November 1916 standen der Gemeinde Grundstücke für 1.530 Wohnungen zur Verfügung, 1917 begann der Bau der ersten kommunalen Wohnhäuser in Rotterdam.⁴⁷

Die Aufgaben des *Woningdienst* wurden in einer 14 Punkte umfassenden Verordnung festgesetzt. Entwurf und Ausführung von Wohnbauten nahmen nur einen kleinen Teil des Zuständigkeitsbereichs ein. Daneben standen Fragen der Stadterweiterung und Verkehrsregelung, die Aktualisierung von Bauverordnungen und die Kontrolle ihrer Durchführung, Enteignungen, Beratungen im Bereich der Bodenverteilung und der Finanzierung von Wohnbauten, Analysen der aktuellen Wohnverhältnisse, der Austausch mit Wohnungsbauvereinigungen sowie die Vergabe von Hypotheken. Allein Punkt 11 betraf die Vorbereitung einer – eventuellen – Wohnungsbautätigkeit von seiten der Gemeinde sowie die Verwaltung dieser Wohnungen.⁴⁸ Ausgehend von der zeitlichen Begrenzung dieser Aktivitäten war ein zentraler Aspekt die Vorbildfunktion dieser Wohnbauten für private Unternehmer.

1.2.2. Der erste Direktor: Auguste Plate

Der erste Direktor des Rotterdamer *Woningdienst* war von Oktober 1917 bis Januar 1923 der Ingenieur Auguste Plate (1881–1953). Plate kam aus einer großbürgerlichen Rotterdamer Familie, die durch Unternehmergeist und gesellschaftliches Engagement hervorgetreten war.⁴⁹ Nach seinem Studium in Lausanne und Delft trat er zunächst in den Dienst der Hollandsche Yzeren Spoorweg Maatschappij (Holländische Eisenbahn Gesellschaft). 1912 übersiedelte er nach Indonesien, wo er als Direktor des Bauamts einen Bebauungs- und Erweiterungsplan für Semarang erstellte. Plate besaß weitreichende Kenntnisse in Philosophie, Politik, Kultur, Wirtschaft und Technik, die sich in zahlreichen Publikationen niederschlugen. Seine Hauptinteressen lagen im Bereich Wohnungs- und Städtebau sowie in der Wirtschaft und Betriebsorganisation.⁵⁰ Plates Ansichten waren fortschrittlich-liberal mit einem sozialistischen Einschlag. Im Bereich der Architektur zeigte er sich als großer Bewunderer von H. P. Berlage. Auch dessen Eintreten für eine neue Gesellschaft und Kultur fand seine Zustimmung.⁵¹

Die Tätigkeit des *Woningdienst* wurde in den ersten Jahren maßgeblich von Plate bestimmt. Wichtig für das Verständnis der frühen Bauprojekte sind daher Plates Vorstellungen von der Bedeutung und Aufgabe des Wohnungsbaus. Hierzu äußerte er sich im September 1918 in einem ausführlichen Schreiben an den *Wethouder* der *Plaatselijke Werken*.⁵² Plate betrachtete den Wohnungsbau im Kontext der allgemeinen ökonomischen Situation von Staat und Gemeinde. Gerade die Wohnverhältnisse wertete er als entscheidenden Faktor für den Zustand einer Gesellschaft.⁵³ Eine höhere Wohnqualität bringe der Gesellschaft aufgrund höherer Arbeitsleistungen vor allem wirtschaftliche Vorteile. Ziel sei daher, den Wohnungsbau aus seiner Krise herauszuführen und wieder zu einem gesunden Wirtschaftszweig zu machen. Nur im Ausnahmefall, wie der aktuellen Wohnungsnot, dürfe der Bau von Wohnungen subventioniert werden.⁵⁴ Als einzige Möglichkeit für eine langfristige Selbstfinanzierung sah Plate die Neuorganisation der Bauwirtschaft, die Einführung neuer Bautechniken und die Erarbeitung rationaler Wohnungstypen. Im Mai 1919 behandelte er diese Themen in seinem Bericht »Faktoren der Wohnungsfrage«; im November und Dezember 1921 folgte ein Artikel zur Bedeutung des Betonbaus für die Bauwirtschaft.⁵⁵ Voraussetzung für die notwendige Reform seien demnach Großunternehmen, die als kontinuierlich arbeitende Baubetriebe große Wohnblöcke oder Wohnkomplexe errichteten. Insgesamt stehe der Wohnungsbau hinter anderen Produktionszweigen, die bereits auf Arbeitsteilung und Spezialisierung setzten, zurück.⁵⁶ Die Beibehaltung traditioneller Baumaterialien und Konstruktionsformen in Verbindung mit dem aktuellen Rückgang handwerklicher Fähigkeiten werde laut Plate unweigerlich zu einem Qualitätsverlust führen.⁵⁷ Dennoch zeigten die letzten Jahre, daß der industrialisierte Wohnungsbau in den Niederlanden wie auch in Deutschland und Großbritannien eingesetzt habe. Die Aufgabe der öffentlichen Hand bestehe nun darin, diese modernen Baubetriebe zu unterstützen. Hierzu zähle vor allem die Vergabe von Grundstücken, die den Bau großer Wohnkomplexe ermöglichten. Im August 1921 forderte Plate erneut, diese Aufgabe den großen Wohnungsgesellschaften zu übertragen.⁵⁸ Als wichtigsten Schritt zur Massenproduktion nannte er die Normierung von Bauelementen und Wohnungstypen. Bereits 1920 hatte er für einheitliche Fensterformen plädiert, die in unterschiedlichen Formaten von der Industrie anzufertigen seien.⁵⁹ Im April 1922 versuchte er auf Basis der inzwischen erzielten Resultate eine kontinuierliche Wohnungsbauproduktion mit 1.000 bis 2.000 Wohnungen pro Jahr zu erreichen.⁶⁰

Plates Forderungen wurden in den Niederlanden bereits seit einigen Jahren diskutiert. 1917 sprach sich der *Nationale Woningraad* für eine systematische Wohnungsbaupolitik zur Rationalisierung des Bauwesens aus. In die gleiche Richtung zielte Jr. J. van der Waerden, Direktor der Amsterdamer *Bouw- en Woningtoezicht* (Bauaufsichtsbehörde), der auf dem Wohnungsbaukongreß von 1918 die Normierung von Einzelbauteilen und eine zentrale Festlegung von Wohnungstypen forderte.⁶¹ Nach Meinung Van der Waerdens solle das industriell gefertigte Baumaterial über einen zentralen Verteiler an die Baustellen geliefert werden. An Stelle von Einfamilienhäusern plädierte er für große Häuserblöcke. Der Vorschlag Van der Waerdens wurde von Seiten der Arbeiter wie auch der Architekten scharf kritisiert. Während erstere eintönige und trostlose Häuserzeilen fürchteten, sahen die Architekten in der Normierung eine Einschränkung ihrer individuellen Gestaltungsfreiheit. Auch die Angst vor Arbeitslosigkeit durch rationalisierte Baubetriebe mag hier eine Rolle gespielt haben. Wenig später sprach sich auch Berlage für die Normierung im Wohnungsbau aus, wobei er im Gegensatz zu Van der Waerden die Notwendigkeit einer ästhetischen Gestaltung im Massenwohnungsbau betonte.⁶² Die Massenproduktion dürfe in keinem Fall zu einer minderwertigeren Qualität der Bauten führen, sondern solle vielmehr durch die Wiederholung gleicher Wohnungstypen demokratischen Geist zum Ausdruck bringen.

Berlages Vorstellungen fanden keine Zustimmung. In einem Artikel des »Bouwkundig Weekblad« (Februar 1920) äußerte eine vom Nederlandsch Instituut voor Volkshuisvesting benannte Kommission generelle Bedenken gegen die Normierung: Die Festlegung von Wohnungstypen unterbinde jede weitere Entwicklung und führe gleichzeitig zu einem eintönigen Erscheinungsbild. Zeit- und Kostenersparnisse seien zudem gering. Als Aufgabe des Instituts wurde entsprechend die Beratung und die Vorstellung beispielhafter Wohnungstypen und Bauteile gesehen.⁶³ Plate folgte im wesentlichen der Meinung des Nederlandsch Instituut voor Volkshuisvesting. Wie er im Dezember 1924 betonte, sei prinzipiell zwischen der Normierung von Bauelementen als Grundlage des Montageprinzips und einer Uniformierung ganzer Wohnungen oder Häuser zu unterscheiden.⁶⁴ Während normierte Bauelemente Variationen und beliebige Gruppierungen der Einzelteile erlaubten, handle es sich bei letzteren um stereotype Wiederholungen exakt desselben Haustypus'.

Plate besaß zwar ein ausgeprägtes Interesse an Architektur, vermißte bei sich selbst jedoch die »Gabe des Entwerfens«. Seiner Meinung nach sollten Bauingenieure grundsätzlich nicht bauen, sondern dies den Architekten überlassen.⁶⁵ Eine klare formal-ästhetische Ausrichtung ist bei Plate nicht festzustellen. Dennoch zeigen seine Schriften eine deutliche Offenheit gegenüber den modernen zeitgenössischen Architekturströmungen. Bereits 1912 bemerkte er, daß Bauten rein konstruktiv behandelt werden müßten und von bloßen Verzierungen abzusehen sei.[66] Auch den Einsatz moderner Materialien befürwortete er. Ausdruck seines Interesses an neuen Baumaterialien und Konstruktionen ist etwa sein Bahnhof in Semarang (1913) mit Kuppeln und Säulen in Beton. Auch in Fragen des Städtebaus vertrat Plate keine festen formalen Grundsätze. Wichtig waren ihm dagegen große zusammenhängende Planungen. Entsprechend kritisch äußerte er sich zur städtebaulichen Praxis in Rotterdam. Nachdem die Gesundheitskommission Burgdorffers Pläne für Rotterdam-Süd negativ bewertet hatte, erstellte er selbst einen Plan für die Gebiete südlich der Maas.[67] Die mangelnde Qualität der städtebaulichen Lösungen führte Plate unter anderem auf die unzureichende Koordination des *Woningdienst* mit anderen städtischen Einrichtungen zurück. Entsprechend bemüht war er um eine Ausweitung der Kompetenzen des *Woningdienst*. Im April 1922 schlug Plate vor, die Vergabe von Baugrund auf dem linken Maasufer und im Stadtteil Blijdorp dem *Woningdienst* zu übertragen. Die Einteilung des Terrains sollte ihm selbst und dem *Dienst Publieke Werken* überlassen bleiben.[68] Wichtig erschien ihm vor allem, die sozial-ökonomische Struktur der Stadt zu verbessern, eine Verbindung der einzelnen Stadtteile zu schaffen und damit eine harmonische Gestaltung zu ermöglichen. Gartenstädte lehnt er prinzipiell ab, da die notwendige Infrastruktur zu hohe Kosten verursache.

1.2.3. Oud als Architekt des Woningdienst

Als Stellvertreter Plates wurde der Vorsitzende des Nederlandsch Instituut voor Volkshuisvesting, Jonkheer M. J. I. de Jonge van Ellemeet, ernannt. Die Gemeinde hatte zudem beschlossen, neben den notwendigen Zeichnern und Ingenieuren auch einen eigenen Architekten einzustellen. Berufen wurde der 27-jährige, in Leiden ansässige Oud, dessen Stelle bei J. A. G. van der Steur im Frühjahr 1917 abgelaufen war. Außer dem Vooruit-Gebäude (1911/12, Abb. 1) und dem Kino Schinkel (1912, Abb. 3), beide in seiner Heimatstadt Purmerend, hatte Oud zu diesem Zeitpunkt nur kleinere Privathäuser errichtet. Im Bereich des sozialen Wohnungsbaus konnte er einzig den mit W. M. Dudok ausgeführten Wohnkomplex in Leiderdorp (1915/16, Abb. 5) vorweisen. Oud verfügte damit weder über ausreichende Erfahrung im Wohnungsbau, noch hatte er sich außerhalb Purmerends einen Namen gemacht. Anzunehmen ist daher, daß er die Stelle durch Vermittlung seines Mentors Berlages erhalten hat.[69] Gemeinderatsmitglied Spiekman, der sich schon seit längerem für die Berufung eines Architekten eingesetzt hatte, stand zu dieser Zeit in Kontakt mit dem Amsterdamer Architekten. Anlaß war Berlages soeben fertiggestellter zweiter Entwurf für Amsterdam-Süd (Abb. 79), den Spiekman als Vorbild für Rotterdam ansah. In der Tat zeigt die Planung für Spangen, das erste große Bauprojekt des *Woningdienst*, eine deutliche Orientierung an Berlages Formensprache (vgl. Abb. 161). Plate kannte Berlage bereits seit 1911 und verkehrte regelmäßig in dessen Haus.[70] Einer Empfehlung des hoch geschätzten Architekten wurde daher sicherlich besondere Bedeutung beigemessen. Oud hatte seinerseits mit seinem Artikel »Das monumentale Stadtbild« bewiesen, daß er neben einer formalen Anlehnung an Berlage auch hinter den städtebaulichen Theorien seines Mentors stand.[71] Das Stadterweiterungsgebiet Spangen diente Oud in Folge als Versuchsfeld, auf dem er sich als Gemeindearchitekt bewähren mußte. Nach Aussage seines Sohnes trat er die Stelle als »eerste hoofdarchitect« am 19. März 1918 an.[72] Die zunächst vorläufige Anstellung wurde 1922 in eine feste Stelle als »Architect eerste classe« umgewandelt. Nach einer Umstrukturierung durch Zusammenlegung von *Woningdienst* und *Bouwpolitie* war Oud seit 1925 Abteilungschef. Am 1. April 1933 wurde er auf eigenen Wunsch hin entlassen.[73]

Über die genaue Struktur und Zusammensetzung des *Woningdienst* existieren nur wenige Angaben. 1930, als der *Woningdienst* bereits mit der *Bouwpolitie* verbunden war, wird als eine Unterabteilung das Baubüro mit Architekt, Leiter und einer bedeutenden Anzahl von Beamten genannt.[74] Wethouder Arie Heijkoop erwähnt in einer Rede vor dem Gemeinderat, daß die Beamten des *Woningdienst* zwischen 1921 und 1923 von 80 auf ungefähr 40 reduziert worden seien.[75] Da das größere Institut in Amsterdam 65 bis 70 Mitarbeiter umfaßte, erscheint diese Zahl realistisch. Unklar bleibt, wie viele Zeichner für Oud angestellt waren und ob er auf ihre Einstellung Einfluß ausüben konnte.[76] Im November 1922 erwähnte Oud gegenüber Theodor Fischer, daß seine »Herren« auf seinen Vorschlag hin von der Stadt eingestellt würden.[77] Aufgrund der wirtschaftlichen Situation seien jedoch in diesem Jahr bereits sechs von ihnen entlassen worden.

Die häufig anzutreffende Bezeichnung Ouds als »Stadtarchitekt« von Rotterdam stimmt nicht mit seiner tatsächlichen Position innerhalb des *Woningdienst* überein. Hierauf verweist bereits Hans Oud und fügt hinzu, daß sein Vater nicht die Autorität besaß, die ihm vor allem in Deutschland zugesprochen wurde. In der Tat verwendeten Nicht-Niederländer von wenigen Ausnahmen abgesehen den Titel des Stadtbaumeisters, »architect of the City of Rotterdam« oder bezeichneten Oud als Leiter des *Woningdienst*.[78] Wie Hans Oud bemerkt, war sein Vater an dieser Deutung nicht ganz unschuldig.[79] Tatsächlich scheint Oud die Bezeichnung des »Stadtbaumeisters« selbst angegeben, zumindest aber nicht verbessert zu haben. Entsprechende Formulierungen finden sich daher in Publikationen, die auf Informationen von Oud zurückgehen.[80] Bei Briefen ins Ausland hat Oud den Titel des »Stadtbaumeisters« selbst verwendet.[81] Diese Bezeichnungen waren bald so geläufig, daß sie auch Bekannte und Kollegen von Oud übernahmen. Zu ihnen zählt Bruno Taut, der seit 1921 mit Oud in Kontakt stand und dessen Entwürfe im »Frühlicht« publizierte. Dort erscheint Oud (entsprechend Tauts Position in Magdeburg) mehrfach als Leiter des Städtischen Bauamtes Rotterdam.[82] Auch auf einer Teilnehmerliste der Stuttgarter Werkbund-Ausstellung von Oktober 1925 erhielt Oud den Titel des Stadtbaumeisters. Aufgestellt war die Liste von Mitarbeitern des Deutschen Werkbundes in Stuttgart, die mit Oud gut bekannt oder (wie im Fall von Gustav Stotz und Mia Seeger) sogar befreundet waren.[83] Auch in neueren Publikationen wird die Bezeichnung Ouds als Stadtarchitekt bzw. Leiter des Wohnungsbauamtes häufig verwendet.[84]

Obwohl Oud der einzige festangestellte Architekt des *Woningdienst* war, wurden zeitgleich auch von anderen Architekten Wohnbauten für die Gemeinde errichtet.[85] Inwieweit er auf die Projekte der freien Architekten ausüben konnte, ist unklar.[86] Auf keinen Fall hatte Oud jedoch uneingeschränkte Weisungsbefugnis in Fragen der Bauproduktion des *Woningdienst*.[87] Neben Plate als Direktor und seinem direktem Vorgesetzten war der Gemeinderat die zentrale Instanz, der alle Entwürfe vorgelegt werden mußten. Es kam durchaus vor, daß Pläne verändert oder gänzlich abgelehnt wurden. So forderte der Gemeinderat im Fall der Wohnzeilen in Hoek van Holland* eine andere gestalterische Lösung.[88] Ouds Aufgabenbereich umfaßte neben dem Entwurf von Wohnbauten bis hin zu ganzen Wohnsiedlungen auch die Entwicklung von Normgrundrissen für den Gemeindewohnungsbau und die Untersuchung neuer kostengünstiger Bauweisen.[89] 1920 reiste er im Auftrag des *Woningdienst* nach Deutschland und England, um dort bereits erprobte neue Baumethoden kennenzulernen.[90] Auch bei der Erstellung von Bebauungsplänen wurde Oud beteiligt, wobei nicht nur Bauprojekte der Gemeinde, sondern auch Bauvorhaben privater Baugesellschaften vorbereitet bzw. eingereichte Pläne korrigiert wurden. Neben dem städtebaulichen Entwurf für den Polder Oud-Mathenesse* (Abb. 42) betraf dies auch Pläne für die Gartenstadt Vreewijk und den Varkenoordsche Polder.[91]

Unklarheit besteht bis heute über Ouds Verhältnis zu Plate. Plate zeigte grundsätzlich keine Ambitionen, sich in künstlerische Fragen einzumischen und wird Oud daher freie Hand gelassen haben. Kritik an Ouds Entwürfen ist entsprechend nicht überliefert.[92] Dennoch scheint es in Detailfragen Meinungsverschiedenheiten gegeben zu haben. Wie Hans Oud beschreibt, wurde die Art der Wandbehandlung in den Spangener Wohnungen* Thema einer Auseinandersetzung zwischen »der Gemeinde« und Oud. Da Oud die bereits angekauften Tapeten häßlich fand, erwog er, sie mit der Rückseite nach vorne anzubringen.[93] Auf der anderen Seite zeigte Plate Interesse an De Stijl und ermöglichte die Beteiligung der De Stijl-Künstler an den Spangener Wohnblöcken. Schließlich erwarb er selbst die von Rietveld gefertigten Möbel der Musterwohnung von Block I und V*.[94]

1.3. Der Woningdienst unter Auguste Plate: Kommunalpolitik und Bauprojekte
1.3.1. Die Entwicklung standardisierter Wohnungstypen

Für den Rotterdamer Woningdienst war die ab 1917 verstärkt diskutierte Normierung im Bauwesen ein zentrales Thema.[95] Ob Plate und Oud im Februar 1918 am Amsterdamer Wohnungsbaukongreß teilnahmen, ist nicht überliefert. Zweifellos waren sie jedoch mit dem Inhalt der Vorträge vertraut. Den wichtigsten Beitrag lieferte J. van der Waerden (Direktor der Amsterdamer Bouw- en Woningtoezicht) mit seiner Forderung nach einem zentralisierten Wohnungsbau auf Basis festgelegter Wohnungstypen und der Verwendung normierter, nach Möglichkeit industriell gefertigter Bauteile.[96] An Stelle von Einfamilienhäusern propagierte er große Häuserblöcke mit zentralen Einrichtungen wie Heizung, Belichtung, Warmwasser und Gemeinschaftsküchen bzw. für die Großstadt auch Hochhäuser. Die fähigsten Architekten sollten durch Gruppierung, Variation der Gebäudehöhe und Farbigkeit ein lebendiges und harmonisches Stadtbild schaffen. Grundsätzlich habe die Bereitstellung von Wohnraum jedoch Vorrang vor der ästhetischen Lösung.[97] Erst wenn die Wohnungsnot behoben sei, solle wieder die herkömmliche, individuelle Bauweise zugelassen werden.

In Reaktion auf Van der Waerden betonte Berlage den ästhetischen wie psychologischen Aspekt des Massenwohnungsbaus. Massenproduktion dürfe nicht zu einer minderwertigen Qualität der Wohnbauten führen, die sich letztendlich negativ auf die Gesellschaft auswirke. Die Wiederholung gleicher Wohneinheiten könne dagegen – im Gegensatz zu einem von der »feindlichen Klasse« beherrschten, individualistischen Stadtbild – als Ausdruck des demokratischen Geistes verstanden werden. Die Verwendung von Typenwohnungen stelle in künstlerischer Hinsicht sogar eine Notwendigkeit dar, da allein durch die rhythmisierte Gruppierung der Wohnungen Ordnung und Regelmäßigkeit zu erreichen seien. Die seit Jahren propagierte einheitliche Blockfront könne den traditionellen, vom bürgerlichen Individualismus geprägten Städten entgegengestellt werden.[98] Für Berlage war die Normierung im Bauwesen damit kein zeitlich begrenztes Mittel zur Behebung der Wohnungsnot, sondern bildete die Grundlage der zukünftigen Architektur.

Im Mai 1918 publizierte Oud seinen auf Februar/März datierten Artikel »Bouwkunst en normalisatie bij den massabouw« (Baukunst und Normierung im »Massenbau«).[99] Oud übernahm Berlages ästhetisch-psychologische Argumentation für die Normierung, verzichtete jedoch auf den politischen Tenor. Demnach solle die neue Bauweise zwar aus dem Wesen der Gesellschaft hervorgehen, eine direkte Verbindung der Normierung mit dem sozialistischen Gedankengut wird jedoch vermieden. Wie Berlage sah auch Oud die zukünftige Aufgabe des Architekten vor allem im städtebaulichen Bereich, wo dieser als »Regisseur« die normierten Bauelemente zu einem »monumentalen« Gesamtbild komponieren solle.

Berlages Forderung nach einer einheitlichen Häuserfront, seit längerem ein zentrales Thema der deutschen Städtebautheorie, setzte Oud in seinen Spangener Wohnblöcken* und im Entwurf für eine Häuserzeile mit Arbeiterwohnungen* um.[100] Letzterer wurde ein Jahr später im Mai 1919 zusammen mit Ouds Artikel »Massabouw en straatarchitectuur« (Massenwohnungsbau und Straßenarchitektur) publiziert.[101] Auch wenn hier kein konkreter Auftrag des Woningdienst vorlag, steht der Entwurf doch in enger Verbindung zu Ouds Tätigkeit bei der Gemeinde. In seinem Artikel greift Oud Passagen von Berlage auf, läßt jedoch wiederum die politische Dimension des Wohnungsbaus ausgespart.[102] Entsprechend Plates Vorstellungen betont er die ökonomischen Vorteile des Entwurfs wie die Verwendung eines einheitlichen, nach wirtschaftlichen Kriterien gewählten Moduls, eines normierten Konstruktionsrahmens für die Trennwände und die auf ein Minimum reduzierte und damit materialsparende Fassadenbreite. Als Grund für die komplexe Erschließung mittels zweier gegenläufig drehender Treppen (Abb. 173) verweist Oud auf die Platzeinsparung und die aus hygienischen Gründen reduzierte Anzahl von Treppenhausbenutzern. Auch in seiner Erläuterung zu Block I und V* in Spangen geht Oud auf die Normierung im Bauwesen ein.[103] Entsprechend Van der Waerden und Plate betont er die Notwendigkeit einer Zeit- und Kostenersparnis sowie den Wunsch nach größerer Einheitlichkeit durch normierte Fensterformate. Angesichts der unregelmäßig geformten Grundstücke und gekrümmten Fluchtlinien der Fassaden (Abb. 151) plädiert Oud für einen einfachen, rechteckigen Straßenplan, der eine schnelle und wirtschaftliche Abwicklung der Entwurfsarbeit garantiere.

Bereits im Oktober 1917 hatten der Direktor der Bouwpolitie (Bauaufsicht) und der stellvertretende Direktor der Gemeentewerken zwei Wohnungstypen entworfen, die für temporäre Bauten Verwendung finden sollten.[104] Auch Ouds Nachlaß bewahrt eine Vielzahl von Entwürfen für normierte Arbeiterwohnungen. Offensichtlich wurde parallel zur Diskussion um die Normierung im Wohnungsbau versucht, einen Grundstock von optimierten und kostengünstigen Typen zu entwickeln. Alle Wohnungstypen besitzen ausschließlich Schlafräume mit Außenfenster und setzen sich damit von dem in Rotterdam bis in die 1930er Jahre verwendeten Alkoventypus ab. Das Verbot zum Bau von Alkovenwohnungen wurde hier – als letzte Stadt der Niederlande – erst 1937, nach Amsterdam (1905) und Den Haag (1906), verhängt.[105]

Um finanzielle Unterstützung vom Staat zu erhalten, mußten die Wohnungen verschiedene Vorgaben erfüllen. So durfte nach einem Rundschreiben vom 25. Juni 1919 eine Arbeiterwohnung nicht mehr als fünf Zimmer aufweisen und eine maximale Größe (300 m³) nicht überschreiten.[106] Ein im Juli 1920 veröffentlichtes Schreiben des Arbeitsministeriums bestimmte als Mindesthöhe der Wohnräume 2,70 m und der Schlafräume 2,40 m.[107] Im Dezember 1920 publizierte das Ministerium einen Band mit 50 Wohnungsentwürfen, die im Hinblick auf die Quadratmeterzahl mit einem staatlichen Darlehen gebaut werden könnten.[108] Die Architektenschaft reagierte auf diese Vorschläge ein Jahr später mit dem Buch »Arbeiderswoningen in Nederland«, in dem Ouds Wohnblöcke I und V* in Spangen aufgenommen sind.[109] Der Akzent lag hier weniger auf einer Reduzierung der Grundfläche als auf der Ästhetik des Arbeiterwohnungsbaus unter Berücksichtigung des städtebaulichen Kontextes.

Entsprechend Plates Forderung nach großen Wohnkomplexen mit einheitlichen Wohnungstypen konnten die Normtypen des *Woningdienst* in den folgenden Jahren in verschiedenen Varianten realisiert werden. Bei Block VIII* und IX* in Spangen verwendete Oud standardisierte Grundrisse (Abb. 189), die im Anschluß auch bei den Wohnblöcken in Tusschendijken* herangezogen wurden.[110] Mit dem Centraalbouw* lag erstmals der Entwurf eines typisierten Wohnblocks vor, den Plate in größerem Maßstab erproben wollte.[111] Erst mit Block IX kam jedoch ein einzelner Blocktypus zur Ausführung. Um die investierte Entwurfsarbeit ökonomischer nutzen zu können, sollten weitere Wohnblöcke des dort erprobten Typus entstehen. Als Ergebnis dieser Überlegung präsentierte Plate im November 1920 Ouds Entwürfe für Tusschendijken.[112] Möglicherweise gingen seine Überlegungen dahin, den Blocktyp noch an anderer Stelle der Stadt zu wiederholen.[113]

1.3.2. Spangen: das erste große Wohnbauprojekt der Gemeinde

Das erste Großprojekt des *Woningdienst* bestand aus einer Reihe von Wohnblöcken im Neubaugebiet Spangen (Abb. 161, 199), das wie die historische Altstadt auf der rechten Maasseite liegt. Neben Oud als einzigem festangestellten Architekt des *Woningdienst* wurde hierfür von der Gemeinde eine Anzahl freischaffender Architekten herangezogen. Bis August 1918 konnte Plate Michiel Brinkman, Jac. van Gils, M. J. Granpré Molière, C. N. van Goor, J. C. Meischke & P. Schmidt, P. G. Buskens, Verhagen & Kok sowie W. Kromhout gewinnen.[114] Mit Willem Kromhout und Marinus Jan Granpré Molière waren somit neben Oud zwei weitere junge talentierte Architekten mit dem kommunalen Wohnungsbau betraut.[115]

Oud hatte den Auftrag für die Blöcke I und V* direkt nach seiner Einstellung im Frühjahr 1918 erhalten. Es handelt sich um seine ersten Bauten dieser Größenordnung, die als städtische Wohnblöcke zudem eine neue Bauaufgabe für ihn darstellten. Oud verwendete nach eigener Aussage Standardgrundrisse des Rotterdamer Architekten C. N. van Goor (1861–1945), die er im Hinblick auf eine stärkere Systematisierung überarbeitete.[116] Außergewöhnlich an Ouds Lösung ist neben der betont klaren, einfachen Grundrißstruktur die Beschränkung auf jeweils nur ein Fenster- bzw. Türformat. Ouds Interesse an der Normierung, wie es sowohl in seinen Schriften als auch seinen Bauten zum Ausdruck kam, war sicherlich durch Plate und die sich an den Wohnungsbaukongreß anschließende Diskussion bestärkt worden.[117] Gemäß den Forderungen Van der Waerdens zeigen die beiden Blöcke eine rhythmische Gruppierung der Fenster- und Türen, während sich die gewünschte Farbfassung zur Vermeidung eines eintönigen Erscheinungsbildes in Van Doesburgs Farbentwürfen wiederfindet (Abb. 23).[118]

Die Wahl des Sichtbacksteins und des Schrägdaches ist im Vergleich mit Ouds zeitgleich entstandenen Entwürfen, etwa der Häuserzeile an einem Strandboulevard* (1917), dem Wunsch nach einer einheitlichen Gestaltung des Neubaugebietes geschuldet. Allerdings wurden Flachdächer vom *Woningdienst*, wie Brinkmans sogenannter »Superblock« (Justus-van-Effenblock, Abb. 52) sowie Block VIII* und IX* zeigen, nicht grundsätzlich abgelehnt.[119] Oud, der zunächst nur vorläufig angestellt war, kam mit Block I und V, die sich einerseits ihrer Umgebung anpassen, andererseits die Normierung zum Hauptthema erheben, Plate wie auch Berlage entgegen. Da Plate ihm im Anschluß an Block I und V – trotz der Kritik des Gemeinderates an diesen Bauten – den Auftrag für zwei weitere Wohnblöcke gab, scheint er mit Ouds Arbeit zufrieden gewesen zu sein. Allerdings wandte sich die Kritik der Gemeinderatsmitglieder weniger gegen die gestalterische Lösung als gegen die zu kleinen Wohnungen und eine angeblich schlechte Ausführung.[120] So befürchtete Gemeinderatsmitglied De Korver, daß aufgrund der kleinen Grundrisse allein Mieter der ärmsten Bevölkerungsschichten, nicht jedoch die gewünschte Klientel der Arbeiter erreicht würde.[121]

Im September 1918 reichte Plate den Entwurf des Centraalbouw* bei der Gemeinde ein (vgl. Abb. 165). Der Wohnblock war für ein Grundstück vorgesehen, auf dem später Block VIII errichtet wurde (Abb. 186). Als Besonderheit zeigt der Entwurf einen Laubengang an der Hofseite (Abb. 163), große Gemeinschaftstreppenhäuser, mehrere Gemeinschaftseinrichtungen sowie verschiedene technische Neuerungen, darunter einen Lift (Abb. 167). Für einen späteren Zeitpunkt wurde mit Verweis auf die integrierten *Waterstokerij*[122] eine Zentralheizung für alle Wohnungen in Aussicht gestellt. Weiterhin waren Müllschlucker geplant, die den Abfall aus den Wohnungen in zentrale Behälter im Innenhof befördern sollten. Plate ging in seiner Erläuterung auch auf soziale und baukünstlerische Aspekte ein. So forderte er anstelle der traditionell engen dunklen Holztreppen zweiseitig beleuchtete Steintreppen mit einer Stufenbreite von mindestens 1,40 m. Die großzügig bemessenen Treppen wie auch der 2 m breite Laubengang sollten einen öffentlichen Charakter aufweisen. Die extrem kleinen Küchen wurden als optische Vergrößerung zum Flur offen gelassen (Abb. 164). Bereits beim Centraalbouw war das später fortgesetzte Grundschema der Gemeindewohnungen ausgebildet: kleine Küchen, der Verzicht auf eine zweite »Gute Stube« und die Reduzierung der Flure zugunsten eines größeren Wohnraums.[123]

Um zu verhindern, daß sich die Bewohner einem Experiment unterworfen fühlten, wünschte Plate den Bau mehrerer Wohnblöcke dieser Art. Die privaten Architekten seien daher aufzufordern, die angrenzenden Wohnblöcke in ähnlicher Form zu konzipieren. Allein auf diese Weise könne geprüft werden, ob der Centraalbouw als grundsätzliche Lösung geeignet sei.[124] Neben der ungewöhnlichen Erschließungsform sowie der Vielzahl von technischen Neuerungen und sozialen Einrichtungen war vor allem das Konzept eines typisierten Wohnblocks einzigartig für diese Zeit.[125] Obwohl sich im Januar 1919 die Mehrheit der Kommission für die Realisierung des Centraalbouw aussprach[126], blieb der Entwurf unausgeführt. Eventuell hatte Plate erkannt, daß sich das gegenüber liegende Grundstück von Block IX* (Abb. 193) eher für einen Blocktypus (und damit als Experiment für eine spätere Vervielfältigung) eignete als das extrem langgestreckte, schmale Terrain von Block VIII.

Erfolgreich war dagegen Plates Versuch, den Centraalbouw zur Ausgangsbasis für weitere Bauten zu machen. Ebenfalls 1918 präsentierte er den als Zusammenschluß von Block VI und VII

52. »Superblock« in Spangen, Rotterdam, Michiel Brinkman, 1918, Innenhof mit Galerie, Fotografie 2004

entstandenen Superblock (Abb. 52, 161) von Michiel Brinkman (1873–1925).[127] In der Mitte der Anlage wurde ein Gebäude für die zentrale Warmwasserinstallation, das Badehaus, ein Waschraum und eine Spielterrasse für Kinder eingerichtet. Zudem sollte eine gemeinsam zu nutzende Dachterrasse entstehen.[128] Sowohl die Galerieerschließung als auch die zentralen Treppenhäuser und Gemeinschaftseinrichtungen fanden sich gleichzeitig beim Centraalbouw. Auch die ungewöhnliche Breite von Brinkmans Galerie mit 2,2 m bis 3 m, die es den Lieferanten erlaubte, mit ihren Wagen dort entlangzufahren, führte den Gedanken der halböffentlichen Galerien des Centraalbouw weiter. Da exakte Angaben über die Auftragsvergabe fehlen, ist schwer festzustellen, ob die Grundidee von Oud oder Brinkman stammte.[129] Für Oud als Urheber spricht, daß der Centraalbouw den Ausgangspunkt für weitere Experimente bilden sollte und zudem von Oud und damit dem Architekten des *Woningdienst* entworfen wurde. Laut Len de Klerk lag Brinkmans Entwurf dagegen bereits im Januar 1918 und damit vor dem Entwurf des Centraalbouw vor.[130] Am wahrscheinlichsten ist daher, daß die verschiedenen Konzepte innerhalb des *Woningdienst* von Plate, Oud und eventuell anderen für die Gemeinde tätigen Architekten diskutiert bzw. gemeinsam entwickelt wurden. Ähnlich erfolgte wohl auch die Zusammenarbeit von Plate und Brinkman bei dessen Superblock.[131]

Der Justus-van-Effenblok wurde erst nach langer Diskussion im April 1920 vom Gemeinderat akzeptiert. Kritikpunkte waren die Galerie und das frei zugängliche Flachdach, die als sittengefährdend angesehen wurden.[132] Der *Woningdienst* verzichtete in der Folge auf weitere Projekte mit Galerien. So konnte bei einem Wohnblock des Architekten P. G. Busken für Spangen die ursprünglich geplante Galerie nicht ausgeführt werden.[133] Auch der an Stelle des Centraalbouw errichtete Block VIII erhielt keine Galerie. Wie wichtig der Gemeinde eine tadellose Lebensführung ihrer Mieter war, zeigen die regelmäßig durchgeführten Kontrollen in Spangen durch eine eigens hierfür angestellte Inspektorin.[134]

1.3.3. Der Sozialdemokrat Arie Heijkoop als Wethouder für Soziales

Die Tätigkeit des *Woningdienst* stand in direkter Abhängigkeit zur politischen Entwicklung in Rotterdam. Im Frühjahr 1919 war es infolge des neuen Wahlrechts zu einer deutlichen Machtverschiebung gekommen. Während sich der Gemeinderat 1916 (und damit noch ohne Wahlrecht für Frauen und ungeschulte Arbeiter oder Arbeitslose) aus einer Mehrheit von Christdemokraten gefolgt von den Liberalen zusammensetzte, kamen die Sozialdemokraten nun auf 43 % der Stimmen. Damit konnten zwei der fünf *Wethouder* von Mitgliedern der SDAP besetzt werden. Im September 1919 wählte der Gemeinderat den Magistrat, wobei Wethouder A. de Jong von der Anti-Revolutionaire Partij durch Arie Heijkoop (1883–1927) von der SDAP für den Bereich Soziales ersetzt wurde.[135] Während der politischen Unruhen im November 1918 war Heijkoop, in dieser Zeit Mitglied der Tweede Kamer, als Gewerkschaftsführer der Hafenarbeiter hervorgetreten. Zusammen mit seinem Parteikollegen Arie B. de Zeeuw, seit 1919 *Wethouder* für Bildung und Kunst, galt er als Initiator der revolutionären Bewegung in Rotterdam. In Heijkoops Zuständigkeit fiel der soziale Wohnungsbau als ein zunehmend wichtiger Aufgabenbereich der SDAP. Bereits 1918 hatte er die Gründung der Stichting tot Exploitatie en Beheer van Gemeentewoningen (Stiftung zum Betrieb und der Verwaltung von Gemeindewohnungen) in die Wege geleitet. Sein Engagement für den Wohnungsbau gewann in den folgenden Jahren entscheidenden Einfluß auf die Arbeit des *Woningdienst*.[136]

Heijkoop führte die aktuelle Wohnungsnot auf die Vernachlässigung der Wohnungsfrage zurück.[137] Wethouder De Jong warf er vor, die von Plate vorgelegten Baupläne nicht umzusetzen.[138] In Anlehnung an Spiekmans Programm forderte Heijkoop vor allem bessere Wohnungen für die unteren Einkommensschichten: »Wohnen ... ist der Anfang aller Kultur. Guter sozialer Wohnungsbau erhebt ein Volk, fördert Reinheit von Körper und Seele und nur in einer wirklich guten Wohnung kann ein harmonisches Familienleben erblühen.«[139] Neben den sozialen Beweggründen wies Heijkoop auch auf den gesellschaftlichen Zugewinn durch Stärkung der »Volkskraft und Kultur« hin.[140] Aus demselben Grund plädierte er für die Finanzierung hygienischer Einrichtungen in der Siedlung Kiefhoek*: »Wenn man ihnen eine Dusche gibt und man gibt ihnen eine Abwasserleitung und einen gefliesten Abfluß hinter dem Haus, kostet es uns ein paar Cents, aber ich glaube, daß dieses Geld seine doppelte Rendite einbringen wird, da wir diese Menschen anspornen und erziehen müssen, weil wir sie zu guten Wohnsitten, zur Zivilisiertheit, zu Regelmaß, Ordnung, Reinheit und allem dergleichen bringen müssen, damit ... daraus Ehrlichkeit, Sittlichkeit, Kultur entstehen kann und dies ist im Wesen der Sache eine Art Kampf gegen die Unsittlichkeit und Kriminalität.«[141] Neben einer quantitativen Steigerung der Wohnungsbauproduktion – »besser eine kleine Wohnung als keine Wohnung«[142] – forderte Heijkoop preiswerte und gleichzeitig qualitätvolle Wohnbauten. Die Gemeinde solle Vorbilder für gute Wohnungen liefern, die den Wohnungsbauvereinigungen und privaten Bauunternehmen als Anleitung dienen könnten.[143] Gegenüber seinem Nachfolger De Meester, der die fehlenden praktischen Erfolge des *Woningdienst* kritisierte, verwies er auf die »idealistische« Aufgabe der Gemeinde im Sinn einer Stadtbildpflege.[144]

Im Unterschied zu Plate, der für eine Selbstregelung des Wohnungsmarktes eintrat, kämpfte der Sozialdemokrat Heijkoop für die schnelle Bereitstellung guter und preiswerter Wohnungen. Ansonsten verfolgten beide Männer ähnliche Ziele. Entsprechend Plates Engagement zur Entwicklung von Wohnungstypen für die Bauindustrie setzte sich Heijkoop für beispielhafte Lösungen bei den Gemeindebauten ein. Fragen der formalen Gestaltung überließen sie ganz bewußt den dafür zuständigen Fachleuten. Deutlich wird dies in Heijkoops Plädoyer für die Wohnzeilen in Hoek van Holland*, die von einzelnen Mitgliedern des Gemeinderats aufgrund ihrer Formgebung abgelehnt wurden: »Es [Oud: EvE] ist in jedem Fall ein fähiger Mann, und all diejenigen, die mehr davon verstehen als ich, – und ich stehe hier nicht als jemand, der etwas von architektonischer Kunst versteht – sagen, daß es doch hübsch ›aardig‹ ist.«[145] Die Bereitstellung von Wohnraum besaß auch für Heijkoop oberste Priorität: »Nun kann man sagen: ich hätte lieber ein Schrägdach darauf, ich hätte es lieber etwas anders, das ist für mich von ganz untergeordneter Art. Ich schwärme von dieser Architektur auch noch nicht, aber von viel größerer Bedeutung ist die tatsächliche Notwendigkeit, daß in Hoek van Holland gebaut wird ...«[146] Auch hinsichtlich der stark kritisierten Fassade des Café de Unie* bekannte sich der Sozialdemokrat zu Oud: »Ich bewundere den oberen Teil von diesem Café ... er ist, glaube ich, schön rot ... und da fühle ich mich sehr verwandt mit.«[147]

In der Baubranche zeigte sich auch nach Kriegsende kein Aufschwung. Die internationale Krise hatte die niederländische Wirtschaft nachhaltig geschwächt, wobei Rotterdam aufgrund seiner Abhängigkeit vom Hafenbetrieb besonders betroffen war. 1920 betrug der Anteil von privat errichteten Wohnungen gemessen an der gesamten Wohnungsbauproduktion der Niederlande nur noch 13 %. Demgegenüber war die Zahl der von niederländischen Gemeinden errichteten Wohnungen durch die Einrichtung kommunaler Wohnungsbauämter und der Ausweitung von Finanzhilfen von 82 im Jahr 1913 auf 8.242 im Jahr 1920 gestiegen.[148] Sozialpolitisch wie ökonomisch bildete der von Staat und Gemeinden subventionierte Wohnungsbau nach dem 1. Weltkrieg die wichtigste Bauaufgabe. Ein Grund für den Rückgang der privaten Bauaktivität waren nicht zuletzt die Konkurrenz zu den subventionierten Wohnungen und die Mieterschutzgesetze, die eine große Gewinnspanne für die Hausbesitzer ausschlossen. Im Gegensatz zu Heijkoop wollte die Regierung daher die Marktverhältnisse der Vorkriegsjahre, das heißt den sich selbst regulierenden Wohnungsbau, wiederherstellen. Als Stimulans für den privaten Bausektor erhielten seit Juli 1919 auch größere Arbeiterwohnungen sowie seit November 1919 sogar Mittelstandswohnungen stattliche Finanzierungshilfe. Ein im November 1920 eingeführtes Prämiensystem, das jedem Bauherren einen festen Geldbetrag zusprach, diente als weiterer Anreiz.[149] Parallel hierzu wurden die Subventionierung einfacher Wohnungen im Rahmen des *Woningwet* eingeschränkt und die Mietgesetze schrittweise außer Kraft gesetzt. Der allmähliche Rückgang der Baukosten unterstützte die staatlichen Maßnahmen. In letzter Konsequenz bedeutete dies das Ende des sozialen Wohnungsbaus. Der Schwerpunkt der Wohnungsbauindustrie lag nun wieder auf den Wohnungen des Mittelstands, die noch immer den größten Profit für Bauunternehmer und Hausbesitzer lieferten. Der Bedarf an preisgünstigen Kleinwohnungen blieb weiterhin ungedeckt.

Trotz dieser für den kommunalen Wohnungsbau ungünstigen Entwicklung nahm die Gemeinde 1920 mit Unterstützung von Wethouder Heijkoop in den Stadtgebieten Tusschendijken und Blijdorp zwei weitere Großbauprojekte für 2.000 bzw. 2.500 Wohnungen in Angriff.[150] Als Architekt des *Woningdienst* entwarf Oud für Tusschendijken* acht aufeinanderfolgende Wohnblöcke (Abb. 197), wofür er von dem bestehenden städtebaulichen Plan in Einzelaspekten abwich. Die Wohnblöcke sollten insgesamt 1.000 Wohnungen sowie Geschäfte, eine Platzanlage und aufwendig angelegte Innenhöfe mit umzäunten Rasenflächen und Sandkästen aufnehmen. Mit der einheitlichen Gestaltung eines größeren zusammenhängenden Wohnkomplexes folgte der *Woningdienst* einer bereits 1919 von Plate erhobenen Forderung. Die Verantwortung für den gesamten Wohnkomplex lag zudem in der Hand eines einzelnen Architekten.

Ebenfalls 1920 wandte sich die Gemeinde an den renommierten Architekten Willem Kromhout (1864–1940), der einen Bebauungsplan für den Polder Blijdorp erarbeiten sollte.[151] Darüber hinaus wurde ihm der Entwurf der Wohnbauten und die architektonische Leitung der Arbeiten in Aussicht gestellt. Damit hatte Kromhout (als Steigerung zum Aufgabenbereich in Tusschendijken) die Gesamtkonzeption eines ganzen Stadtteils unter sich.[152] Für diesen Großauftrag mit städtebaulichem Anspruch wählte die Gemeinde ganz bewußt einen – im Vergleich zu Oud – erfahreneren Architekten. Ausgangspunkt für Kromhout war die durch eine neue Eisenbahnlinie und den geplanten Hauptbahnhof notwendige Erneuerung des Bebauungsplans von 1915. Kromhouts anspruchsvoller Entwurf sah eine streng axialsymmetrische Anlage mit gestaffelter Bebauungshöhe von bis zu vier Geschossen vor. Heijkoop, der ganz Blijdorp der Arbeiterklasse vorbehalten wollte, plante neben den Wohnbauten auch einen großen Park und einen Sportplatz.[153] Mit 12 ha Park, 3 ha Sportareal und zwei Weihern erwies sich Kromhouts Entwurf letztendlich jedoch als so kostspielig, daß er 1921 aus finanziellen Gründen aufgegeben werden mußte. In Tusschendijken konnten dagegen fünf der geplanten acht Wohnblöcke mit insgesamt 588 Wohnungen nach Ouds Plänen ausgeführt werden (Abb. 199, 200). Die Wohnbauten befanden sich zwar am westlichen Stadtrand von Rotterdam, lagen im Gegensatz zu den Arbeitersiedlungen auf der linken Maasseite und dem Neubaugebiet Spangen jedoch in relativer Nähe zur Innenstadt. Als aufwendig konzipierte Wohnbauten in einer vergleichsweise teuren Wohngegend kommt den Tusschendijkener Wohnblöcken damit eine besondere Stellung innerhalb des kommunalen Wohnungsbaus dieser Zeit zu.

1.3.4. Die Betonbauten des Woningdienst

Sowohl Plate als auch Heijkoop setzten sich entschieden für die Erprobung neuer Baumaterialien im Wohnungsbau ein. Grund hierfür war die unzureichende Backsteinproduktion in Folge einer Verteuerung der Steinkohle. Vor allem der Betonbau versprach bei einer großen Anzahl normierter Wohnungen niedrigere Fertigungskosten und Zeitersparnis.[154] Generell bestand in den Niederlanden – wie auch in den anderen europäischen Ländern – großes Interesse am Betonbau. 1912 erschien die erste Ausgabe der Zeitschrift »Gewapend beton«, sechs Jahre später wurde eine Professur für Betonbau an der Technischen Hochschule in Delft eingerichtet.[155] Jan Styt, in dessen Architekturbüro Oud seine praktische Laufbahn begonnen hatte, errichtete 1911 in Zusammenarbeit mit dem Ingenieur J. G. Wiebenga bei der Abendmahlskirche in Groesbeck die bis dahin größte Betonkuppel Europas. Im selben Jahr entstand Berlages Betonhaus in Santpoort für die amerikanisch-niederländische Monogram Construction Company. Die Kenntnis von Wrights Werk, wofür nicht zuletzt Berlage verantwortlich zeichnete, hatte das Interesse am Betonbau weiter gefördert.[156] Dennoch war im niederländischen Wohnungsbau bis 1920 (mit Ausnahme von Berlages Haus in Santpoort und zehn Wohnungen in Spijkenisse von 1916) kein Beton verwendet worden.[157] Ausschlaggebend hierfür war der bis zum Ausbruch des Krieges niedrige Preis für Backstein, der für Experimente mit neuen Materialien keine Veranlassung gab. Daß dennoch ein künstlerisches Interesse am Wohnungsbau in Beton bestand, zeigen entsprechende Entwürfe von Berlage, Klaarhamer, Van't Hoff, Oud und Wils.[158]

In Deutschland und Großbritannien waren bereits zu einem früheren Zeitpunkt Experimente mit neuen Baumethoden durchgeführt worden. Anfang 1920 machten Heijkoop, Plate und Oud eine Studienreise nach Deutschland, um die dortigen Betonbauten zu besichtigen.[159] Stationen waren Bremen und Hamburg, wo der Hamburger Baudirektor Fritz Schumacher Siedlungen von der Betonbaufirma Kossel hatte errichten lassen. Im März dieses Jahres reiste Oud im Auftrag des *Woningdienst* nach England, um dort weitere Betonbauten und die verschiedenen Bautechniken kennenzulernen. Er besuchte unter anderem die Building Trades Exhibition in London, auf der insgesamt 40 Firmen ausstellten. Ouds Aufgabe bestand darin, unter den vorgestellten Betonbausystemen geeignete Bauweisen für die Wohnbauten des *Woningdienst* zu finden.[160] Seine Ergebnisse faßte er in einem ausführlichen Bericht zusammen, der in zwei Teilen im April und Juni im »Bouwkundig Weekblad« erschien.[161] Oud stellt hier die Vor- und Nachteile der einzelnen Techniken dar, wobei die deutsche Firma Paul Kossel & Co als positives Beispiel hervortritt.

Plate hatte sich bereits im September 1918 für neue Techniken und Materialien im Wohnungsbau ausgesprochen, mußte jedoch feststellen, daß der Betonbau noch zu teuer war.[162] Nicht zuletzt auf Grundlage von Ouds Bericht konnten schließlich im Frühjahr 1920 konkrete Pläne zum Bau von Betonsiedlungen gefaßt werden. Am 29. April 1920 nahm der Gemeinderat Heijkoops Antrag zur Prüfung von Betonbausystemen für Gemeindewohnungen an. Rotterdam war damit die erste niederländische Stadt, die im Rahmen des kommunalen Wohnungsbaus Betonbauten errichten wollte.[163] Widerstand kam vor allem von dem liberalen Ratsmitglied und Architekten J. Verheul sowie von seinem Kollegen H. Diemer von der Anti-Revolutionaire Partij. Als Argumente führten sie die fehlende technische Erfahrung und die Gefahr eines eintönigen Erscheinungsbildes an. Da der Zement in die Niederlande importiert werden müsse, bringe der Betonbau zudem weniger Einsparungen als in anderen Ländern.[164]

Streitigkeiten entstanden auch darüber, ob an Stelle der von Oud vorgeschlagenen Firma Paul Kossel nicht niederländische

Betonfirmen heranzuziehen seien. Als Argument für die deutsche Firma nannte Heijkoop deren Erfahrung mit den Bauten in Hamburg und Bremen sowie Ouds positives Gutachten. Die niederländischen Firmen hätten laut Heijkoop den deutschen Standard bei weitem noch nicht erreicht.[165] Die Entscheidung für Kossel ist sicherlich dem Einfluß Ouds zuzuschreiben, dessen Bericht auch von B & W hervorgehoben wurde.[166] Dennoch beschloß der Gemeinderat die zusätzliche Beteiligung von drei einheimischen Firmen. Zwei dieser Firmen, die N. V. Internationale Gewapendbeton-Bouw (IGB) und die Firma v/h P. Bourdrez, hatten zu diesem Zeitpunkt bereits mit dem Bau von Betonwohnungen in Scheveningen begonnen. Wie auch bei anderen Gemeinden wurde die Entwurfsarbeit den Firmen selbst übertragen. Diese beauftragten ihrerseits Architekten, die ihre Entwürfe unter Absprache mit dem *Woningdienst* erstellen mußten. Die Firma Kossel wählte für ihre Bauten den Architekten J. Hulsebosch, die IBG entschied sich für J. M. Hardeveld.[167]

Trotz des Widerstands im Gemeinderat wurde der Vorschlag zum Bau der Betonwohnungen im Frühjahr 1921 angenommen. Bereits im Herbst 1920 hatte Scheveningen mit den ersten Probebauten begonnen und auch in Amsterdam schritten die Planungen voran. Die von der Rotterdamer Gemeinde in den folgenden Jahren errichteten Betonsiedlungen umfaßten insgesamt 1.300 Wohnungen. Die ersten Bauten wurden seit Mai 1921 nach Plänen von Hardeveld als Komplex Stulemeijer I mit 127 Wohnungen ausgeführt; 1923 folgte Stulemeijer II mit 362 Wohnungen. Die Wohnanlagen Kossel I und II wurden zwischen Sommer 1921 und 1924 mit 743 Wohnungen und 20 Läden nach Plänen von Huelsebosch errichtet.[168] Im April 1923 entwarf Architekt R. J. Hoogeveen in Zusammenarbeit mit dem *Woningdienst* für das Gebiet der späteren Siedlung Kiefhoek* weitere Wohnbauten in Beton (Abb. 74). Der unausgeführte Entwurf umfaßte 358 Wohnungen und 13 Läden.[169] Die Rotterdamer Betonbauten wurden alle auf dem linken Maasufer realisiert, wo der Baugrund relativ günstig war. Bereits vor dem Krieg hatten die steigenden Bodenpreise auf der rechten Maasseite zu einer verstärkten Bautätigkeit in den zunächst wenig geschätzen südlichen Stadtteilen geführt. Um auf teure Fundamentpfähle verzichten zu können, entstanden dort generell nur zweigeschossige Bauten auf einfachen Bodenplatten.[170]

Im Sommer 1918 berichtete Hardeveld in der Zeitschrift »Wendingen« über zwei aus Betonplatten zusammengesetzte Wohnhäuser in New Jersey und forderte im Schlußsatz seines Artikels eine neue Formensprache für den Betonbau: »Wer ist das technisch-ästhetische Genie, das uns die Formen schafft, mit denen wir arbeiten können?«[171] Die Gestaltungsfrage erschien vielen Kritikern noch ungelöst. Zu erkennen waren die Betonbauten in der Regel allein an dem vorherrschenden Flachdach, einer farbigen Fassung der Wände und Fensterrahmen sowie dem plastisch vorkragenden Gesimsen. Die Zeitschrift »Klei«, Organ der Backstein-Industrie, bewertete den Betonbau insgesamt positiv, lehnte jedoch das Flachdach ab: »Bei aller Einfachheit, wozu man aus ökonomischen Gründen beim sozialen Wohnungsbau gezwungen ist, ist es gerade das Spiel der schrägen Dachflächen, das diesen neuen Siedlungen Abwechslung und Leben gibt.«[172] Entsprechend kritisch äußerte sich der Gemeinderat über den Stulemeijer-Komplex mit seinen Flachdachbauten.[173] Dagegen bemerkte Plate, daß die zum Teil mit Schrägdach ausgeführten Kossel-Wohnungen gerade hinsichtlich der Dachlösungen noch zu sehr auf dem Backsteinbau basierten.[174] Auch A. H. Sweys, Ingenieur des *Woningdienst*, sprach sich in Anlehnung an Plate gegen das Steildach bei Betonbauten aus.[175]

Die frühe Realisierung von Betonbauten in Rotterdam ging neben Plate vor allem auf das Engagement von Heijkoop zurück[176], der schließlich den Beinamen »Arie Beton« erhielt.[177] Aber auch Oud spielte eine bedeutende Rolle bei der Entscheidung für dieses Baumaterial: Bereits in seinem ersten, im Oktober 1917 publizierten Beitrag in »De Stijl« hatte er sich für den Betonbau ausgesprochen und betonte auch in der Folge wiederholt die Möglichkeiten und Vorteile dieses Materials.[178] Sein Entwurf für ein Doppelhaus für Arbeiter in Beton* lag spätestens im Frühjahr 1919 und damit ein Jahr vor Heijkoops Antrag im Gemeinderat vor. Da es sich hier explizit um ein Arbeiterwohnungen handelt, ist von einer Verbindung zu den Bauprojekten des *Woningdienst* auszugehen. Ein undatierter Entwurf des *Woningdienst* kann zudem als Variante* dieses Hauses gelten. Ob Oud hier nachträglich eine kostengünstigere Fassung seines eigenen Entwurfes geliefert hat oder aber der *Woningdienst* von Ouds Entwurf ausgehend einen neuen Plan erstellte, muß offen bleiben.[179]

Mit Heijkoops Einsatz für die Betonwohnungen hatte Rotterdam die Vorreiterrolle unter den niederländischen Gemeinden eingenommen.[180] Im Hinblick auf Ouds frühes Engagement für den Betonbau scheinen erste Anregungen jedoch von ihm ausgegangen zu sein. Offenbar traf Ouds ästhetisch motiviertes Interesse für den Beton mit Heijkoops Wunsch nach einer kostengünstigeren Wohnungsbauproduktion zusammen. Oud selbst kam durch Berlage und die anderen *De Stijl*-Architekten mit dem Betonbau in Berührung. Zu nennen sind hier vor allem Van't Hoff und Wils, aber auch der eng mit der Gruppe verbundene Architekt P. J. C. Klaarhamer, die alle stark unter dem Einfluß von Wright standen. Daß tatsächlich ein Bezug zwischen der Avantgardegruppe und den Betonwohnungen der Gemeinde bestand, zeigt nicht zuletzt die Publikation von Hardevelds Bauten in »De Stijl« (Dezember 1921).[181]

Die Gründe, weshalb Oud keinen der Aufträge für Betonbauten erhielt, sind vielfältig. Zunächst wurden die Architekten nicht von der Gemeinde bestimmt, sondern von den jeweiligen Baufirmen ausgewählt. Diese bevorzugten Architekten, die bereits Erfahrung mit dem Betonbau vorweisen konnten. Für einen entsprechenden Auftrag hätte Oud zudem kaum Zeit gehabt: Auf den Bau der vier Spangener Wohnblöcke* folgte direkt der Auftrag für die acht Wohnblöcke in Tusschendijken*, die nach Wunsch der Gemeinde so schnell wie möglich errichtet werden sollten.[182] Diese seit 1921 ausgeführten Bauten entstanden gleichzeitig mit den großen Rotterdamer Betonsiedlungen Kossel I und II sowie Stulemeijer I und II. Die Tusschendijkener Blöcke waren zudem ein weitaus repräsentativeres Bauprojekt als die Betonbauten: Zum einen stellte Tusschendijken mit seinen über 1.000 Wohnungen das bislang größte vom *Woningdienst* realisierte Projekt dar, zum anderen lagen die Wohnungen am westlichen Stadtrand in einer deutlich besseren Gegend als die Betonsiedlungen auf der linken Maasseite. Der höhere Anspruch zeigt sich nicht zuletzt in der Anlage des Groote Visscherijplein (Abb. 197), der Einbeziehung von Geschäften und Gemeinschaftseinrichtungen sowie der aufwendigen Gestaltung der Innenhöfe (Abb. 203). Oud hatte mit dem Bau der Tusschendijkener Wohnblöcke somit die weitaus prominentere Aufgabe zugesprochen bekommen. Darüber hinaus fand hier die vom *Woningdienst* angestrebte Entwicklung von Wohnungs- und Blocktypen ihren vorläufigen Höhepunkt. Als Demonstration der bisher geleisteten Arbeit des *Woningdienst* kam den Tusschendijkener Blöcken somit besondere Bedeutung zu.[183]

Abgesehen von der Variante des Doppelhauses für Arbeiter in Beton* griff der *Woningdienst* bei seinen Betonwohnungen noch weitere Elemente von Ouds Arbeiten auf. Die als Kossel II bezeichnete Erweiterung der ersten Betonbauten in Rotterdam-Süd wurde nach Heijkoops erneutem Amtsantritt im Sommer 1923 in Angriff genommen. Da inzwischen nicht nur die Finanzierungsmöglichkeiten durch den Staat eingeschränkt, sondern auch die Grundstückspreise gestiegen waren, mußte eine höhere Wohndichte als in Kossel I erreicht werden. Hulsebosch entwarf daraufhin 500 Wohnungen, die als parallel verlaufende Häuserzeilen angeordnet sind.[184] Die Grundrisse der dreigeschossigen Bauten lehnen sich eng an Ouds Entwurf einer Häuserzeile mit Arbeiterwohnungen* an, die bereits 1919 publiziert worden war.[185] Übereinstimmungen sind in der Kombination von je zwei Moduleinheiten mit Wohn- und Schlafräumen und einer weiteren Einheit mit Treppenhaus, Küchen und Balkonen zu finden. Die Eingänge liegen wie auch bei Ouds Entwurf an der Straßenseite, die gekoppelten Balkone der Küchen sind zum Garten gerichtet. Ouds Formensprache wird vor allem bei den hintereinanderliegenden Schlaf- und Wohnräumen sichtbar, die je ein Fenster in der Mitte der äußeren Zimmerwand besitzen, durch eine Türe in der Mittelachse verbunden sind und symmetrisch angeordnete Schränke aufweisen. Die Fassadengestaltung orientiert sich mit den kleinteilig versproßten Fenstern und den ornamental abgesetzen Putzstreifen dagegen an Bauten der Amsterdamer Schule.

Auch Oud zeigte in seinen ausgeführten Wohnbauten Interesse am Betonbau. Erste Experimente finden sich bei seinen Wohnblöcken VIII* und IX* in Spangen und den Tusschendijkener Blöcken*, die jeweils Treppenhäuser aus Beton aufweisen.[186] Bei der temporären Siedlung Oud-Mathenesse* war die Verwendung von Beton von vornherein ausgeschlossen. Allein das Transformatorenhäuschen* erhielt daher einen Betonsockel und eine Betontreppe (Abb. 239). Auch die Häuserzeilen in Hoek van Holland* zeigen nur einzelne Betonelemente. Die Wohnbauten der Siedlung Kiefhoek* waren dagegen sowohl zur Ausführung in Beton als auch in Backstein geeignet. Aus Kostengründen wurden jedoch wiederum nur Einzelteile wie Böden, Decken und Treppen in Beton gefertigt. Generell führten bautechnische Mängel, die Skepsis der Rotterdamer Bevölkerung[187] sowie das Ausbleiben der erhofften Kosteneinsparungen bald zur traditionellen Backsteinbauweise zurück. Die ersten Betonbauten, die Oud errichtete, waren somit die Jahre später und unabhängig vom Woningdienst entstandenen Reihenhäuser in der Stuttgarter Weißenhofsiedlung*.

1.3.5. Die Architektur des Woningdienst unter Heijkoop, Plate und Oud

Die lange Zeit bestimmende Laisser-faire-Politik der Stadt wurde mit Einrichtung des Woningdienst und dem Auftreten von Plate und Heijkoop für einige Jahre unterbrochen. Ihr Einsatz für eine industrialisierte Bauwirtschaft mit normierten Wohnungstypen, standardisierten Bauelementen sowie neuen Materialien und Konstruktionsweisen brachte eine Reihe wegweisender Experimente auf den Weg. In Rotterdam-Süd entstanden die ersten großen Wohnkomplexe mit Betonhäusern in den Niederlanden. Als neuer Wohnungstypus im Geschoßwohnungsbau konnte die zweistöckige Maisonnette in Brinkmans Superblock sowie in Ouds Wohnblöcken in Spangen* und Tusschendijken* eingeführt werden. Die in den Niederlanden ungewöhnliche Erschließung über außenliegende Galerien wurde nach dem Entwuf des Centralbouw* (Abb. 163) erstmals in Brinkmans Wohnblock umgesetzt (Abb. 52).[188] In Block VIII* orientierte Oud seine Wohnräume nicht mehr zur Straße, sondern auf den großen und gut belichteten Innenhof.[189] Auch öffentlich zugängliche Innenhöfe mit Gemeinschaftseinrichtungen, die in Amsterdam bereits verschiedentlich zur Ausführung gekommen waren, traten in Rotterdam erstmals beim Centralbouw auf und wurden in Brinkmans Wohnblock sowie in Ouds Block IX* und den Tusschendijkener Wohnblöcken (Abb. 203) realisiert. In Brinkmans Superblock konnte zudem die erste Zentralheizung in einem niederländischen Arbeiterwohnblock installiert werden.[190]

Heijkoops Engagement richtete sich ganz auf eine zur Not auch risikobereite Erprobung neuer Wohnungstypen und Baumaterialien zur Lösung der anstehenden Aufgaben: »... ich will dann auch, daß die Gemeindeverwaltung von Rotterdam etwas anpackt und etwas tut, auch dann, wenn die Gemeindeverwaltungen von Gouda und Utrecht oder Buiksloot es noch nicht tun.«[191] Im Gegensatz zu ihren Amsterdamer Kollegen überließen Plate und Heijkoop die gestalterische Lösung dem jeweils zuständigen Architekten. Auf diese Weise wurden im Rahmen des Gemeindewohnungsbaus auch formale Neuerungen ermöglicht. Wie Ouds Entwürfe zeigen, konnte er in dem Maße, wie das Zutrauen in seine Person wuchs, frei agieren: Während sich seine beiden ersten Wohnblöcke noch weitgehend an einem traditionellen Gestaltungsschema orientierten, stellen die Blöcke VIII* und IX* in Spangen sowie die Bauten in Tusschendijken* mit ihrer seriellen Fassadengestaltung und reduzierten Formensprache eine eigene, progressive Lösung dar. Die künstlerische Freiheit galt jedoch auch für Vertreter anderer Stilprägungen, wofür beispielsweise der Superblock stehen mag.

Oud, der wenige Monate nach Gründung von De Stijl seine Stelle beim Woningdienst antrat, hatte bis zu diesem Zeitpunkt kein explizites Interesse am sozialen Wohnungsbau gezeigt. Statt den von Heijkoop und Plate angestrebten minimierten Wohnungstypen und kostengünstigen Baumethoden zielte Oud in seinem Verständnis als Künstler-Architekt auf die Entwicklung eines neuen, zeitgemäßen Stils. Die Wahl von Beton sowie die Normierung von Bauteilen oder ganzer Gebäude war für ihn vor allem ein ästhetisches Mittel. Gegenüber seinem De Stijl-Kollegen Theo van Doesburg äußerte sich Oud daher auch unzufrieden über die andauernde Beschäftigung mit Normwohnungen und deutete an, seine Stelle beim Woningdienst aufgeben zu wollen.[192]

Neben Fragen der Grundrißlösung, Erschließung und Bautechnik war der Woningdienst auch an der Inneneinrichtung der Gemeindewohnungen interessiert. Vor allem Einbauschränke zählten im Hinblick auf eine raumsparende Möblierung zum festen Bestandteil der Wohnungen. In der Regel wurden zudem preisgünstige, im Handel erhältliche Möbel ausgesucht und nach Abschluß der Bauarbeiten in einer Musterwohnung präsentiert. Ziel war es, die Bewohner zum Kauf neuer Möbel zu animieren und so eine Weiterverwendung ihrer alten (für die minimierten Wohnungen oft ungeeigneten) Möbel zu vermeiden. Bei Oud ist generell ein ausgeprägtes, sicherlich durch die Ausbildung an der Quellinus-Schule bestärktes Interesse an der Einrichtung seiner Wohnungen festzustellen. Für die frühen Wohnbauten entwarf er nicht nur Schränke, sondern auch Betten, Türen und Kaminverkleidungen, für die Siedlung Oud-Mathenesse* zudem Spiegel und Ablagebretter.[193] Im Sommer 1921 richtete er zusammen mit Van Doesburg und Rietveld eine Musterwohnung in Spangen ein. Auch mit der Gestaltung der Wandflächen setzte sich Oud auseinander. Überliefert ist, daß er die Farbgebung der Wände bestimmte und mit neuen Wandverkleidungen experimentierte. Im Fall von Block I und V* führte dies zu Auseinandersetzungen innerhalb des Woningdienst, da hier die Verwendung der üblichen Tapeten vorgesehen war.[194] Grundsätzlich hatte Oud jedoch auch hier freie Hand. Dasselbe gilt für die übrigen am Gemeindewohnungsbau beteiligten Künstler. So wurden in den Interieurs der ersten Betonbauten in Rotterdam-Süd Entwürfe der Architekten Piet Kramer und Grimmon, beide Vertreter der Amsterdamer Schule, realisiert.[195] Oud nahm schließlich an einer Ausstellung von Arbeitermobiliar in der Gartenstadt Vreewijk teil, die in ihrer traditionellen Formensprache einen Gegenpart zu seinen eigenen Bauten bildete.[196]

Mit ihrem Engagement schufen Plate und Heijkoop die Voraussetzung für die mit Abstand produktivste Phase des Woningdienst vor dem 2. Weltkrieg. So konnte die Gemeinde in den ersten fünf Jahren insgesamt 6.569 Wohnungen errichten.[197] Ernst van der Hoeven weist mit seinem Begriff des »legendären Trios« (*Wethouder*, Direktor und Architekt des *Woningdienst*) erstmals auch auf die Bedeutung von Oud für die Erfolge des *Woningdienst*.[198] Auch im Ausland wurde die Architektur der neuen Rotterdamer Wohngebiete positiv aufgenommen. Bruno Taut berichtete im Anschluß an seine Hollandreise im Februar 1923 von der imponierenden Wohnbautätigkeit in der Peripherie der Stadt: »Gegenüber den sonst vielleicht vorhandenen Schwächen der Stadtverwaltung, die … merkwürdigerweise sehr viel unschöne Bauten hervorgerufen hat (Rathaus, Postamt, Stadtschulen und sonstiges), muss hier doch der Mut zu einer klaren und modernen Gestaltung der neuen Anlage anerkannt werden.«[199]

1.3.6. Auswirkungen der politischen Entwicklung

Bereits 1921 fand die fruchtbare Phase des *Woningdienst* ein Ende. Grund war der Rücktritt Heijkoops, der ein Abstimmungsergebnis im Gemeinderat als generelle Ablehnung seiner Politik gedeutet hatte. Im Zentrum der Auseinandersetzung stand die Frage, ob private Bauunternehmer für den Bau von Alkovenwohnungen weiterhin finanzielle Unterstützung durch die Gemeinde erhalten sollten.[200] Die Einrichtung von Schlafkammern ohne natürliches Licht und direkte Belüftung wurde seit langem kritisiert und war in anderen niederländischen Gemeinden längst verboten. Die Stadt Rotterdam hatte dagegen noch 1920 Mittel zum Bau von Alkovenwohnungen im Neubaugebiet Spangen vergeben.[201] Nachdem auch der Staat die Finanzierung von Alkovenwohnungen eingestellt hatte[202], sprachen sich der *Woningdienst*, Heijkoop und mit ihm die Fraktion der SDAP gegen eine weitere Subventionierung von Alkoven durch die Kommune aus. Ungeachtet dessen wurde im Gemeinderat am 6. September 1921 mit 23 zu 21 Stimmen für eine Unterstützung des umstrittenen Wohntypus gestimmt. Ausschlaggebend war der Antrag von De Meester und Diemer, kein Mittel zur Eindämmung der Wohnungsnot – und damit auch den Bau von Alkovenwohnungen – ungenutzt zu lassen. Heijkoop, der sich von der Mehrheit des Rates nicht mehr getragen sah, trat noch im September zusammen mit dem zweiten *Wethouder* der SDAP zurück. Ein Jahr später wurde vom Arbeitsministerium eine Untersuchungskommission eingesetzt, die sich ebenfalls gegen eine Unterstützung der Alkovenwohnung aussprach. Infolge kam es 1923 in Rotterdam zu einem Verbot von Schlafnischen, dem sich jedoch erst 1937 das Verbot zum Bau von Alkovenwohnungen anschloß.

Die liberale Haltung der Gemeinde erhielt ein Gegengewicht im Engagement der Rotterdamer Bürgerschaft, die sich um soziale Einrichtungen, den Wohnungsbau und das Stadtbild kümmerte. Zu den wichtigsten Institutionen zählten der 1919 gegründete Verein für Stadtverbesserung Nieuw Rotterdam (Neues Rotterdam) und eine seit 1922 bestehende städtische Kommission aus Mitgliedern verschiedener privater Vereinigungen.[203] Im Auftrag von Nieuw Rotterdam entstand 1921 im Büro Granpré Molière, Verhagen und Kok ein weiterer Plan für Rotterdam-Süd.[204] 1923 kritisierte Nieuw Rotterdam, daß sich die Gemeinde bis zu diesem Zeitpunkt nicht um die Stadterweiterung gekümmert habe: »Wer hat jemals von einem allgemeinen Verkehrsplan gehört, der zu Straßendurchbrüchen im Rotterdamer Zentrum … führen würde? Oder von einem Bebauungsplan, der den Hintergrund zu der jüngsten Grenzregelung mit Schiedam bildete? Wie sehr man auch seine Ohren spitzt, in den Gemeindebüros ist allein Grabesstille zu vernehmen. Man zeige solche Pläne falls es sie gibt. Aber hat die Stadtverwaltung durch die Annahme von privat initiierten Plänen … nicht ihr eigenes Versäumnis zugegeben?«[205] Auch an einem ästhetischen Stadtbild bestand in Rotterdam im Vergleich zu anderen niederländischen Städten wenig Interesse. Ein Gegenbeispiel bildet Amsterdam, wo bereits im 19. Jahrhundert eine *Schoonheidscomissie* zur Kontrolle der städtischen Bauwesens bestand. In Rotterdam war eine erste Initiative in dieser Richtung von Plate ausgegangen, der 1921 einen Vorschlag zur Bebauung des 750 m langen Mathenesserweges eingereicht hatte und einen von der Gemeinde zu bestimmenden Architekten für die Fassadengestaltung forderte.[206] 1923 verfaßte er einen Bericht über die deutsche Bauberatung, die als vermittelnde Instanz zwischen dem Bauherrn und der Baugenehmigungsbehörde eine Schädigung des Straßenbildes durch Neubauten verhindern sollte. Im Fall eines ablehnenden Gutachtens mußten konkrete Vorschläge für eine Umgestaltung unterbreitet und neue Entwürfe vorgelegt werden.[207] Nach Meinung Plates solle in Rotterdam mit Ausnahme von wichtigen Straßenzügen und bedeutenden Gebäuden eine entsprechende Beratung auf freiwilliger Basis erfolgen. Den privaten Bauherren könnten bei Grundstücken der Gemeinde – wie in Deutschland – Architekten zugewiesen werden.[208]

Heijkoops Nachfolger wurde T. de Meester von den Vrije Liberalen, der entsprechend dem zuständigen Minister für Fragen des Wohnungsbaus, P. J. M. Aalberse (Ministerie van Arbeid), die privaten Bauunternehmer unterstützte.[209] De Meester stand dem *Woningdienst* prinzipiell kritisch gegenüber: »Bevor der Woningdienst eingerichtet wurde, war ich ein sehr enthusiastischer Verfechter, aber ich bin davon doch einigermaßen abgekommen, weil ich fand, daß diese Einrichtung, wenn ich so sagen darf, etwas zu idealistisch arbeitete, so daß von dieser Einrichtung zu wenig praktische Arbeit ausging.«[210] Neben der bereits rückläufigen Unterstützung von staatlicher Seite wurde der kommunale Wohnungsbau nun zusätzlich durch De Meester behindert. Betroffen von dieser Entwicklung war zunächst die Realisierung der beiden Großprojekte Tusschendijken* und Blijdorp*.[211] De Meester versuchte zudem, unterstützt von Ratsmitglied Verheul, die Errichtung weiterer Betonbauten hinauszuzögern. Der von Verheul geforderte Preisvergleich zwischen Beton- und Backsteinbauten führte schließlich 1923 als sogenannte »Waalsteenaffaire« zur Kündigung Plates.[212] Ausgangspunkt war ein von der Nijmegener Backsteinfirma Waalsteen zu entwickelnder Alternativplan für den Baukomplex Kossel II, der – als Konkurrenz zur Betonbauweise – in Backstein ausgeführt werden sollte. Plate weigerte sich, dem Unternehmen genaue Angabe über das Projekt zu liefern. Als er vom Gemeinderat dazu gezwungen wurde, trat er – nachdem er selbst am 15. Januar 1923 um seine Entlassung gebeten hatte – von seinem Posten zurück. Ausübender Direktor des *Woningdienst* wurde sein Stellvertreter De Jonge van Ellemeet.

Auch Ouds persönliche Situation innerhalb des *Woningdienst* gestaltete sich zunehmend schwierig. Zum Verlust seiner beiden Mitstreiter Plate und Heijkoop kamen massive finanzielle Kürzungen. Seit November 1922 war eine staatliche Unterstützung an verschiedene Forderungen, wie getrennte Schlafmöglichkeiten für Eltern, Jungen und Mädchen sowie eine direkte Belichtung und Belüftung der Räume, gebunden.[213] Im selben Jahr wurden die staatlichen Krisenbeiträge und 1923 die Mietzuschüsse eingestellt. Gebaut werden konnte schließlich nur noch, was von der Gemeinde selbst finanziert wurde.[214] Die einzige Ausnahme bildeten Notwohnungen, die weiterhin unter das *Woningnoodwet* fielen. Folge dieser Entwicklung war ein sprunghaft ansteigender Wohnungsbau der privaten Unternehmer: Während diese 1920 nur 13 % der Gesamtproduktion in den Niederlanden übernommen hatten, waren es 1923 bereits 65 %. Aus Angst vor Überproduktion entschied sich die Regierung Ende 1923 für die Einstellung der Prämienregelung. Als Ausgleich wurden verschiedene Maßnahmen gegen Spekulation und Mietwucher erhoben. So durfte die Miete einer Arbeiterwohnung 5,5 Gulden pro Woche nicht überschreiten.[215]

Bei den Gemeinderatswahlen im Sommer 1923 fiel die SDAP von 19 auf 16 Sitze zurück. Dennoch wurden Heijkoop und sein

Kollege De Zeeuw wiedergewählt. Die Situation des *Woningdienst* hatte sich durch die Sparmaßnahmen und die Neubesetzung von Plates Posten jedoch vollkommen geändert. Die geplanten Betonbauten, insgesamt fast 800 Wohnungen, kamen dank des Einsatzes der sozialdemokratischen Tageszeitung »Voorwaarts« zur Ausführung. Auch in Tusschendijken* konnten fünf der acht geplanten Blöcke gemäß der von Plate gewünschten schrittweisen Ausführung realisiert werden.[216] Dagegen blieb die Zukunft des ebenfalls von Oud entworfenen Block V am Groote Visscherijplein lange Zeit offen: 1923 hatte die Gemeinde vergeblich versucht, einen Teil des Blocks an private Bauherren zu verkaufen. Die Kritik an dem angesetzten Mietpreis von 6,5 Gulden führte schließlich zu einem Neuentwurf des Gebäudes, den Oud im Februar 1924 vorlegte (Abb. 210). An Stelle der ursprünglich fünf Läden waren nun 17 Läden bei einer gleichzeitig reduzierten Anzahl von Wohnungen vorgesehen. Im März 1924 sprach sich Verheul in der *Commissie voor Volkshuisvesting* und im Gemeinderat vehement gegen die Ausführung von Block V aus. Kritisiert wurde vor allem der Vorschlag, den Baugrund der Gemeinde zur Reduzierung der Mieten günstiger zu veranschlagen als er tatsächlich war. Heijkoop setzte sich dagegen (wie bereits drei Jahre zuvor, als der Gesamtplan für Tusschendijken vorgestellt wurde) für den Bau von Block V ein. Der Antrag zur Ausführung von Ouds Entwurf wurde schließlich mit 26 zu 15 Stimmen angenommen.[217] Obwohl Block V damit die Gemeindeinstanzen durchlaufen hatte, scheiterte das Projekt an den Vorgaben der Provinz Zuid-Holland. Im März 1925 erschien in der Zeitschrift »Klei« ein Plädoyer für die Realisierung von Ouds Entwurf. Verwiesen wurde dort auf die Einheitlichkeit des Baukomplexes, die bei einem Entwurf von fremder Hand nicht gewährleistet sei: »Nicht ungestraft wird man beim Anblick des Ganzen das große Mittelstück wegfallen lassen können ... diese acht Blöcke formen ein Ganzes ... Man wird verstehen, daß es aus dem Blickwinkel der Stadtgestaltung absolut nicht gleichgültig zu nennen ist, ob der fünfte Block auf diese Weise zu Stande kommt, oder ob er, unabhängig von den anderen, eine eigene Architektur zeigen wird.«[218] Als Begründung für die Einstellung der Kredite nannte der Provinzialausschuß die zunehmende Schuldenlast der Gemeinde sowie fehlende Sicherheiten. Zudem wurden der Gemeinde große Verluste durch den *Woningdienst* und den Betrieb der Gemeindewohnungen vorgeworfen.[219] Rotterdam beschloß gegen diese Entscheidung in Berufung zu gehen. Heijkoop, der den Auftrag hatte, die Stadt vor dem »Rad van State« zu vertreten, konnte sich jedoch nicht durchsetzen. Block V wurde daraufhin als Gemeinschaftsbau verschiedener Bauunternehmen in veränderten Formen ausgeführt.

1.3.7. Ouds »Witte Dorp« als Teil des kommunalen Bauprojektes Oud-Mathenesse

1921 gelang es der Gemeinde einen großen Teil des westlich der Innenstadt zwischen Schiedam und Rotterdam liegenden Polders Oud-Mathenesse zu erwerben.[220] Dort sollte das bislang größte Stadterweiterungsgebiet mit 7.000 Wohnungen für 30.000 Einwohner, vor allem Arbeiter, entstehen. Als fester Bestandteil waren Läden, öffentliche Bauten und Grünanlagen vorgesehen. Für ein dreieckiges Grundstück an der Ostspitze des Terrains wurde langfristig eine Nutzung als Stadtpark festgelegt.

Am 1. März 1921 trat der als Straßen- und Wasserbauingenieur ausgebildete Theodor Karel van Lohuizen (1890–1956) seine Stellung beim *Woningdienst* an.[221] Van Lohuizen, der zuvor beim *Rijkswaterstaat* tätig gewesen war, beschäftigte sich hier mit Fragen der Verkehrsregelung und der Bebauungsdichte.[222] Für die Stadterweiterungen Blijdorp und Oud-Mathenesse übernahm er die Konzeption der Eisenbahnlinien und bestimmte den Verlauf der Verkehrswege.[223] Van Lohuizen gilt als einer der Begründer der modernen, auf wissenschaftlichen Untersuchungen basierenden Stadtplanung in den Niederlanden. 1923 wurde er Mitglied des *Stedebouwkundige Raad* des *Nederlandsch Instituur voor Volkshuisvesting en Stedebouw*, der wichtigsten Vereinigung von Städteplanern in den Niederlanden. Grundlage der städtebaulichen Entwürfe wie auch Van Lohuizens theoretischer Untersuchungen war die vorherrschende, wenn auch irrtümliche Meinung, Rotterdam würde sich in den folgenden Jahren zu einer Metropole entwickeln. Seine Arbeit fand in Rotterdam jedoch keine Zustimmung.[224] Mit Gründung des selbständigen *Dienst voor Stadsontwikkeling* im Jahr 1926 durfte der *Woningdienst* keine städtebaulichen Planungen mehr durchführen. Van Lohuizen blieb dennoch beim *Woningdienst* und beschäftigte sich von nun an mit der Vergabe von Grundstücken und der Sanierung des alten »Stadtdreiecks«.[225]

Da der geplante Stadtpark von Oud-Mathenesse erst ab einer bestimmten Einwohnerzahl notwendig erschien, sollte für die Dauer von 25 Jahren eine rentable Nutzung für das Terrain gefunden werden.[226] 1921/22 wurden daher die Pläne für eine temporäre Siedlung auf dem Parkgelände in Angriff genommen. Als zuständiger Architekt für die städtebauliche Anlage der Siedlung und den Entwurf der einzelnen Bauten wurde Oud bestimmt, der parallel dazu mit dem Bau seiner Tusschendijkener Blöcke* beschäftigt war. Im Fall des Stadterweiterungsgebiets Oud-Mathenesse legten sowohl Oud als auch Van Lohuizen städtebauliche Entwürfe vor (Abb. 42, 225). Es handelt sich hier um Ouds ersten städtebaulichen Entwurf größeren Maßstabs, der zudem ohne Bindung an bereits vorliegende Pläne entstand. Aufgrund der zunehmend schwieriger werdenden finanziellen Lage wurde die Ausführung des neuen Stadtteils zurückgestellt. Erst in den 1930er Jahren konnte er nach veränderten Plänen durch private Bauunternehmen realisiert werden.

Anders verhielt es sich mit der von Oud entworfenen Siedlung (Abb. 199, 227). Auf einer Gemeinderatssitzung im Juni 1922 äußerte sich De Meester, entschiedener Gegner der Betonbauten, ausgesprochen positiv zu den vorliegenden Plänen und bedauerte angesichts der günstigen Lage in Hafennähe deren temporäre Bestimmung.[227] Die Ausführung der Siedlung wurde mit 23 zu 18 Stimmen beschlossen. Inzwischen hatte die Räumung von Altstadtwohnungen zu einer rasant steigenden Nachfrage an preisgünstigem Wohnraum geführt.[228] 1923 demonstrierten in einer bislang beispiellosen Aktion Rotterdamer Obdachlose für die Bereitstellung von Wohnraum zu niedrigen Mietpreisen.[229] Unter Eindruck dieser Ereignisse wurden in der geplanten Siedlung 74 Wohnungen für das Sozialprogramm der Maatschappij voor Volkswoningen reserviert. Ziel war es, Bewohner von beaufsichtigten Unterkünften und Übergangswohnungen in regulären Arbeiterwohnungen unterzubringen und somit wieder in die Gesellschaft einzugliedern. Da der hierfür benötigte preisgünstige Wohnraum nicht zur Verfügung stand, hatte das Programm bislang nicht bis zu Ende durchgeführt werden können.[230]

Außergewöhnlich war die für das rechte Maasufer ausgesprochen niedrige Miete von vier Gulden pro Woche, die nun tatsächlich Wohnraum für die ärmste Bevölkerungsschicht bot. Möglich wurde dieser Mietpreis durch eine radikale Beschränkung auf das allein Notwendige an Raum und Ausstattung sowie durch den Verzicht auf ein Pfahlfundament. Das ebenfalls reduzierte Angebot an Gemeinschaftseinrichtungen umfaßte neben acht Läden eine große öffentliche Freifläche auf dem zentralen Platz der Siedlung (Abb. 239). Obwohl Ouds Entwurf mit Sandkasten und verschiedenen Spielgeräten[231] nicht zur Ausführung kam, wurde der Platz als Spielwiese bezeichnet und genutzt. Auch der 1925 erstellte Entwurf für Kiefhoek* nahm zwei große Spielplätze auf. Erst ein Jahr später erschien ein Bericht über den Bedarf und die Bedeutung von Spiel- und Sportplätzen in Rotterdam, wobei die Bereitstellung entsprechender Anlagen als Aufgabe der Gemeinde gewertet wurde.²³² Mit der Einrichtung großer Spielplätze in seinen Siedlungen war Oud dem sozialen Programm der Gemeinde bereits einen Schritt voraus.

1.4. Der *Woningdienst* unter De Jonge van Ellemeet: Einflußnahme der Politik

1.4.1. Umstrukturierung des Woningdienst

Mit Blick auf Kosteneinsparungen und eine Vereinfachung von Arbeitsprozessen wurde im Mai 1924 die Zusammenlegung von *Bouwpolitie* und *Woningdienst* diskutiert. Wethouder De Meester, der den *Woningdienst* als unproduktiv kritisierte, sprach sich für den Leiter der *Bouwpolitie* als Direktor der neuen Institution aus. Am 27. November 1924 wurde jedoch De Jonge van Ellemeet und damit der Direktor des *Woningdienst* mit dieser Funktion betraut.²³³

Über das Verhältnis zwischen Oud und De Jonge van Ellemeet ist wenig bekannt. 1930/31 ließ dieser sein Arbeitszimmer im Rotterdamer Rathaus von Oud neu gestalten. Anzunehmen ist daher, daß neben einer persönlichen Beziehung auch eine gewisse Wertschätzung von Ouds Arbeit bestand.²³⁴ In seinen Schriften geht De Jonge van Ellemeet nur sehr verhalten auf architektonische Fragen ein. Im Mai 1931 nannte er die städtebauliche Lösung von Kiefhoek »eine reine und doch interessante Lösung«, wobei Grünanlage, Spielplatz und die verbreiterte Nederhovenstraat (Abb. 264) eine »angenehme Erweiterung« gegenüber den Wohnstraßen brächten. Andererseits kritisierte er Ouds Lösung der weiß verputzten Fassaden, die bei Rißbildung ein besonders mangelhaftes Erscheinungsbild lieferten.²³⁵

Als führender Stadtplaner der Gemeinde wurde zum 1. Juni 1924 der Zivilingenieur Willem Gerrit Witteveen (1891–1979) zum Chef der Hoofdafdeeling III voor Stadsuitbreiding en Gebouwen (Hauptabteilung III für Stadterweiterung und Gebäude) ernannt.²³⁶ Witteveen war ein Jahr jünger als Oud und hatte 1914 sein Studium in Delft abgeschlossen. Seit 1916 arbeitete er für den Dienst Staatsspoorwege, den Vorläufer der Nederlandse Spoorwege, wo er sich mit der Einbindung der neuen Eisenbahnlinien in die Bebauungspläne der Gemeinden beschäftigte. Als sein Stellvertreter wurde der Architekt A. van der Steur (1893–1953) ernannt, der zuvor für die Nederlandse Spoorwegen tätig gewesen war. Van der Steur kümmerte sich primär um die architektonische Gestaltung der städtischen Bauprojekte wie Schulen und technische Bauten, entwarf aber auch den Neubau des Museum Boymans-van Beuningen (1929–35). Seine Bauten zeigen eine reduzierte konservative Architektursprache in Anlehnung an die Amsterdamer Schule. Witteveen konzentrierte sich auf die Organisation städtischer Funktionsbereiche, die Infrastruktur und eine harmonische Gestaltung der neuen Stadtteile. Sein Festhalten an der traditionellen Typologie von Straße, Platz und geschlossenem Wohnblock brachte ihm die Bezeichnung als »letzter vor-funktionalistischer Städteplaner« ein.²³⁷

Unter Witteveen wurde nach langer Zeit erstmals wieder eine Stadtplanung in größerem Maßstab betrieben²³⁸, wobei nun auf Van Lohuizens Untersuchungsergebnisse zurückgegriffen werden konnte. Noch im Jahr seines Amtseintritts legte Witteveen einen Stadterweiterungsplan vor. Ziel dieses ehrgeizigen Projektes war die Eingemeindung von insgesamt 17 Kommunen, was zu einer Vergrößerung um 13.096 ha und einen Bevölkerungszuwachs von 105.100 auf insgesamt 650.000 Einwohner geführt hätte. Zwischen 1925 und 1928 wurde der Plan für »Groß-Rotterdam« ausgearbeitet und im Juni 1928 dem Gemeinderat vorgelegt.²³⁹ Trotz Zustimmung im Gemeinderat scheiterte die Umsetzung am Widerstand der Nachbargemeinden und der ablehnenden Haltung des Staates. Bereits 1926 war Witteveen zum Chef der neu eingerichteten Abteilung Stadsontwikkeling ernannt worden und hatte damit die Funktion eines Stadtbaumeisters übernommen. 1931 wurde die Abteilung in eine selbständige Institution mit Witteveen an der Spitze umgeformt.²⁴⁰ Witteveen, der von seinem Plan eines »Groß-Rotterdam« nicht abgehen wollte, entwarf in der Folge Pläne für die einzelnen Stadtgebiete als Teile der Gesamtplanung.²⁴¹ Im Bereich des Wohnungsbaus trat Witteveen für eine Liberalisierung ein und verzichtete auf die Entwicklung bzw. Erprobung neuer verbesserter Wohnungstypen. Die Berufung Witteveens wird entsprechend als Bruch mit der durch Engagement und Experimentierlust gekennzeichneten »Blütezeit« des *Woningdienst* gewertet.²⁴²

Mit der Anstellung Witteveens im Juni 1924 hatte ein auswärtiger Zivilingenieur den Posten des Städteplaners erhalten. Oud als inzwischen erprobter Architekt des *Woningdienst*, dem sich immer weniger Möglichkeiten zum Bau von Gemeindewohnungen boten, schien für diese Stellung offenbar ungeeignet. Daran konnten auch seine Erfahrungen im städtebaulichen Bereich durch die Zusammenarbeit mit Van Lohuizen nichts ändern. Auch sein internationales Renommee half ihm nicht weiter. Mit Blick auf Witteveen und Van der Steur wird Oud schon aus künstlerischen Gesichtspunkten nicht in Betracht gekommen sein. Daß Oud wenig Rückhalt in der Gemeinde fand, zeigt schließlich der für die Industrieausstellung (Sommer 1928) errichtete Pavillon der Gemeinde durch das Büro des zum Stadtarchitekt avancierten Van der Steur.²⁴³ Witteveen und Oud hatten nicht nur abweichende Auffassungen über die Aufgaben des *Woningdienst*, sondern auch unterschiedliche künstlerische Vorstellungen. In einer Rede vor dem Gemeinderat betonte Heijkoop: »Jeder weiß, daß unser Stadtarchitekt, der Herr Witteveen, ein außergewöhnlich fähiger Mann ist, der Herr van der Steur ebenso, gleichfalls der Herr Oud, aber jeder weiß, daß diese drei Menschen nun bestimmt keine Dreieinigkeit bilden...«²⁴⁴. Im Hinblick auf eine mögliche Zusammenarbeit der drei Männer innerhalb der *Welstandscommissie* fürchtete Heijkoop daher auch Auseinandersetzungen über gestalterische Fragen: »Verzögerung, Schwierigkeiten und architektonische und ästhetische Debatten«. Für die Kommission forderte er entsprechend einen Architekten, der keiner bestimmten architektonischen Richtung verhaftet sei.²⁴⁵

1.4.2. Kritik an Ouds Café de Unie und Diskussion um die Bauberatung

Im März 1925 äußerte sich Plate erneut zu den Einflußmöglichkeiten der Gemeinde auf die Gestaltung von Neubauten. Um ein einheitliches Straßenbild zu erhalten, sei eine Neuregelung der Grundstückspolitik unabdingbar. Nur bei einer freien, durch die Gemeinde geregelten Vergabe könnten den Unternehmen große zusammenhängende Parzellen zugesprochen werden. An Stelle einer *Schoonheidscomissie* plädierte Plate wiederholt für eine freiwillige Bauberatung nach deutschem Vorbild. Notwendig hierfür sei die Einstellung von Architekten, die Entwürfe hinsichtlich ihrer architektonischen Qualität beurteilen und wenn nötig selbst Korrekturen vornehmen könnten.²⁴⁶ Eine stärkere Reglementierung forderte der Rotterdamer Architekt Albert Otten, der auch die städtischen Bauten kontrolliert wissen wollte. Otten folgte damit der aktuellen Entwicklung in Amsterdam, wo die *Schoonheidscomissie* im Jahr zuvor ihren Einflußbereich hatte ausweiten können.²⁴⁷ Besondere Aktualität erhielten diese Fragen mit der von Oud errichteten Fassade des Café de Unie* am Calandplein. Nachdem mehrere Entwürfe eines Privatarchitekten von *Bouwpolitie en Woningdienst* abgelehnt worden waren, wurde Oud als Architekt dieses Amtes mit der Erstellung eines neuen Entwurfs beauftragt. Neben einer architektonisch qualitätvollen Gestaltung sollte auf Wunsch des Bauherrn auch die Werbewirksamkeit der Fassade in die Konzeption einbezogen werden. Die zwischen zwei historistischen Gebäuden gelegene Fassade am Abschluß des repräsentativen Coolsingel (Abb. 256) hatte heftige Proteste zur Folge. Kurz nach ihrer Fertigstellung im Sommer 1925 wurde daher Ottens Forderung im »Bouwkundig Weekblad« aufgegriffen.[248] Der anonyme Autor des Artikels sah in der Café-Fassade, die er als »Demonstration ultra-moderner Verzweiflungstheorien« und »übermütiges dadaistisches Beispiel« bezeichnet, eine schwerwiegende Schädigung des Stadtbildes.[249] Vor allem die Farben verursachten körperliche Qualen und stünden im Widerspruch zu der feinen grauen Atmosphäre Hollands (vgl. Abb. 33, 34). Die scheinbar weitgreifende Forderung Ottens erweise sich angesichts der Café-Fassade daher äußerst berechtigt: »Es ist sehr zu wünschen, daß dieser Mißgriff die Vaterschaft einer Baratungs-Kommission zur Folge haben wird und daß die Juli- und Augustsonne die Farbfestigkeit der verwendeten Farben auf eine extra schwere Probe stellt.«[250]

Im September 1925 wurde sogar im Gemeinderat Kritik an dem Bau laut: »... was uns dort auf dem Calandplein geliefert wird, geht meines Erachtens entschieden zu weit, und dafür huldigte der wethouder dem Entwerfer noch. Ich nenne es einen Skandal, daß durch die Mitarbeit der Gemeinde, in casu ... durch einen Gemeindebeamten der Volkshuisvesting solch ein Produkt als trait d'union zwischen zwei guten, großen Gebäuden zu Stande gekommen ist. Wann und durch wen wurde Zustimmung gegeben, daß ein Beamter im Dienst der Gemeinde uns auf diese Weise auffrischen soll mit solch einer entstellenden Reklamefassade, die als temporäres Bauwerk uns über Jahre als ›Witz‹ auf dem Gebiet der Architektur gezeigt werden soll und uns immer hinderlich bleiben wird?«[251] Trotz dieser Stimmen setzte sich im liberalen Rotterdam weder die Forderungen nach einer freiwilligen Bauberatung noch nach einer übergeordneten *Schoonheidscomissie* durch.

1.4.3. Der Einfluß des Gemeinderats auf die Wohnbauten in Hoek van Holland und Kiefhoek

Nach der Neustrukturierung des *Woningdienst* wurden von der Gemeinde nur noch zwei Wohnkomplexe, beide nach Entwurf von Oud, realisiert: die beiden Häuserzeilen in Hoek van Holland* und die Siedlung Kiefhoek*. Die *Commissie voor Volkshuisvesting* hatte sich mit den Wohnungen in Hoek van Holland erstmals im Juni 1924 auseinandergesetzt. Im September des folgenden Jahres wurde der Bauantrag im Gemeinderat diskutiert.[252] Neben einigen Vertretern des Rates, die sich kategorisch gegen den Bau weiterer Gemeindewohnungen aussprachen, bezweifelten andere, daß diese Wohnungen gerade in Hoek van Holland benötigt würden. Viele äußerten Bedenken, ob die Wohnungen in der kleinen Ortschaft zum Preis von fünf Gulden zu vermieten seien. Erschwert würde dies durch den fehlenden Dachboden und den Platz für Hühner. Zudem besäßen die Wohnungen keine »Gute Stube«, auf die eine Arbeiterfrau unbedingt Wert lege.[253]

Auch die ästhetische Lösung der Bauten (Abb. 249) wurde scharf kritisiert. Nachdem bereits im August 1924 Bedenken gegen den Entwurf laut geworden waren, erhielt Plate eine Aufforderung zur Erarbeitung neuer Pläne.[254] Auch Heijkoop befürwortete eine Neugestaltung: »Wir waren uns damals völlig einig [›roerend eens‹] darüber und haben dann den Direktor gefragt, ob er unseren ersten Architekten des Woningdienst einmal bitten wolle, ob er in dieser Richtung nicht etwas versuchen wolle. Der erste Architekt des Woningdienst, der ein sehr talentierter und in jeder Hinsicht beinahe in ganz Europa gepriesener tüchtiger junger Mann ist, hat sein Bestes getan ...«[255]. Bei einer Besprechung im Dezember des Jahres erschien der neue Entwurf jedoch allgemein als schlechtere Lösung: »... alle zusammen fanden wir damals das zweite Projekt, daß daraufhin entstanden ist, weniger gelungen als das erste. Darauf habe ich mit meinem Laienverstand (leekengemoedelijkgheid) meine Bedenken gegen den ersten Plan aufgegeben.«[256]

Gemeinderatsmitglied Verheul, der seine Kritik bereits der *Commissie voor Volkshuisvesting* vorgetragen hatte, sprach sich weiterhin gegen eine Realisierung der Pläne aus: »Wenn auch ... die Einteilung der Grundrisse, für sich gesehen, nicht ohne Verdienste ist, das Äußere der Wohnungen finde ich alles andere als gelungen. Die Fassade ist außergewöhnlich gestreckt, eintönig und öde und paßt meines Erachtens nicht zum Charakter von Hoek van Holland, wo eine derartige ›quasi-moderne‹ Auffassung des Äußeren nicht am Platze ist. Der Verzicht auf ein sichtbares Dach, so wie es hier beabsichtigt wird, kann in einigen Fällen sicher befriedigen, doch bei diesem langen Flachbau, in dieser Umgebung, paßt das schräge Ziegeldach, das auch ein gutes Dach ist.«[257] De Meester schloß sich der Kritik Verheuls an: »Ich habe die Zeichnungen auch gesehen und möchte sagen, daß in der Tat ein derartiger Bau für einen ländlichen Ort wie Hoek van Holland absolut falsch ist.«[258] Auch De Korver äußerte sich zur architektonischen Lösung, die er in scharfer Polemik kritisierte. »Er [Verheul: EvE] hat die Zeichnung gefaltet vor mich hin gelegt und fragte mich: ›rate nun einmal was die Ober- und was die Unterseite ist‹. Ich habe die Zeichnung dann ein paar Mal umgedreht und ja, als ich sie genau betrachtete, konnte ich sehen, was oben und was unten liegen mußte. Darauf fragte Herr Verheul mich: ›Und was denkst du nun, was das ist?‹ Ich antwortete: ›nun, das ist ein Lagerhaus für gefrorenes Fleisch‹. ›Nein‹ antwortete er: ›Du bist nahe daran, es ist ein Lagerhaus für lebende Menschen.‹«[259] Auch De Korver sah in Ouds Architektur einen Widerspruch zum ländlichen Charakter von Hoek van Holland und forderte eine grundsätzliche Neubearbeitung. Die Befürchtung eines Ratsmitglieds, mögliche Mieter würden von der architektonischen Lösung der Häuser abgeschreckt, wurde mit dem Verweis auf das Café de Unie* untermauert.[260] Wethouder Heijkoop, der sich leidenschaftlich für den Bau der Wohnungen einsetzte, hatte ebenfalls Schwierigkeiten mit der »strengen« und »hypermodernen« Gestaltung.[261] Aber auch andere Mitglieder der Gemeindeinstanzen standen Ouds architektonischer Arbeit kritisch gegenüber.[262]

Tatsächlich blieb Oud mit seiner künstlerischen Arbeit innerhalb der Gemeinde unverstanden. Die einzige Unterstützung erhielt er – trotz abweichender ästhetischer Vorstellungen – von Heijkoop, der sich in gestalterischen Fragen auf den internationalen Ruf des Architekten verließ: »wie man die Sache auch wendet und betrachtet, der Architekt des Woningdienst wird sowohl durch seine Kollegen als auch durch andere sehr gepriesen«. Seine Kritik an Ouds Lösungen äußerte Heijkoop daher »mit mehr Scheu, weil ich ein Laie bin«.[263] Entsprechend forderte er, Oud in seiner künstlerischen Arbeit nicht zu beschränken: »... ich kann schließlich einen Künstler nicht zwingen, es steht einem Anstreicher nicht zu, Rembrandt zu schmähen, und es steht mir am allerwenigsten zu, einen sehr großen Architekten, den wir als ersten Architekten an den Woningdienst gebunden haben, von meinem Standpunkt aus so schlecht zu machen ... In jedem Fall kann ich schwerlich einen Architekten zwingen, etwas anders zu machen, als sein Talent und seine Einsicht ihm eingeben.«[264] Vor allem Verheul widersetzte sich dieser Sichtweise: »Obwohl der Architekt – vermutlich nach seiner eigenen Meinung – von europäischer Berühmtheit ist, für mich ist das nicht der Fall. Wo die Berühmtheit bei einem noch so jungen Mann herkommen soll, einem Architekten, der noch kaum am Anfang seiner Laufbahn steht, ist mir momentan unbegreiflich.«[265] Verheul irrte: Ouds frühe Entwürfe und Wohnbauten hatten ihn tatsächlich in der internationalen Fachwelt bekannt gemacht. Parallel zu dieser Diskussion begann zudem die Planung für die Siedlung Kiefhoek*, die neben den Häuserzeilen in Hoek van Holland für Ouds weiteren internationalen Ruhm verantwortlich war.

Durch Mieterhöhungen und den Abriß innerstädtischer Wohnbauten war die Anzahl preisgünstiger Wohnungen weiter zurückgegangen. Auch nach Abbruch des Zandstraatquartiers und dem Bau von Post und Rathaus am Coolsingel wurde kein neuer Wohnraum für die aus ihren Häusern vertriebenen Bewohner bereitgestellt.[266] Nachdem De Jonge van Ellemeet 1925 den Mangel an preiswerten Wohnungen angeprangert hatte, forderte die *Raadscommissie voor Volkshuisvesting* die Konzeption eines Wohnkomplexes für rund 300 Großfamilien auf der linken Maasseite.[267] Noch im selben Jahr entstand Ouds Entwurf der Siedlung Kiefhoek*, wobei er – wie in Oud-Mathenesse* – für den Entwurf der städtebaulichen Anlage wie auch der einzelnen Bauten zuständig war. Obwohl der *Woningdienst* bereits im Mai 1926 einen konkreten Auftrag zur Erarbeitung der Ausführungsentwürfe erhalten hatte, verzögerte sich die Realisierung aufgrund von Unstimmigkeiten zwischen den Gemeindeinstanzen bzw. zwischen Gemeinde und Staat um fast zwei Jahre: Nachdem sich die *Raadscommissie voor Financien* in Oktober 1926 negativ über Ouds Entwurf geäußert hatte, beantragten Heijkoop und zwei weitere *Wethouder* eine erneute Behandlung des Projektes im Gemeinderat.[268] Erst im März 1927 wurde dem Antrag stattgegeben und eine Sitzung einberufen.

Die dort geführte Debatte zeugt – wie zuvor bei der Einrichtung des *Woningdienst* – von den gegensätzlichen Auffassungen der Ratsmitglieder in bezug auf die Aufgaben der Gemeinde[269]: Ein Teil der Mitglieder war der Meinung, daß den ärmeren Familien aufgrund eines ohnehin nicht zu erwartenden gesellschaftlichen Aufstiegs keine Hilfe von kommunaler Seite gewährt werden solle. Angesichts der großen Zahl von Gemeindewohnungen wurde andererseits gefordert, die ärmeren Bevölkerungsschichten in den vielfach leerstehenden Betonbauten unterzubringen. Eine dritte Fraktion setzte auf eine Korrektur durch die Gesetze des freien Marktes und sprach sich daher für eine minimale Unterstützung durch die öffentliche Hand aus. Entsprechend plädierte Ratsmitglied Bos für eine reduzierte Ausstattung der Wohnungen, die er durch die angebliche »Wasserscheu« der Bewohner zu rechtfertigen versuchte.[270] Im Gegensatz hierzu argumentierten die links gerichteten Parteien mit einer Disziplinierung und Kontrolle der Massen mittels besserer Wohnverhältnisse, wodurch auch die Kosten für Armenfürsorge und Polizei sinken würden.[271]

Schließlich konnte durch die Zusage, Wohnungen für Großfamilien mit geringem Einkommen zu schaffen, die Rooms-Katholieke Staatspartij für den Bau der Siedlung gewonnen werden. Ende 1927 erhielt der *Woningdienst* die Zusage für ein staatliches Darlehen[272], und im Frühjahr 1928 wurde mit dem Bau begonnen. Bei der Frage des Baumaterials fiel die Entscheidung zugunsten des traditionellen Backsteins. Ausschlaggebend hierfür waren die Kosten – das Bauen in Beton erwies sich als teurer als die traditionelle Bauweise in Backstein – wie auch die Erfahrungen mit den Betonbauten der Gemeinde[273]: Während diese schwer zu vermitteln waren und vielfach leer standen, erfreute sich die auf private Initiative in traditioneller Form errichtete Gartenstadt Vreewijk ausgesprochener Beliebtheit.[274] Neben der Ausführung in Backstein war Oud zu weiteren Zugeständnissen an den Gemeinderat und die staatlichen Stellen gezwungen. Sein Entwurf, der – als besonders fortschrittlich für diese Zeit – Duschen, Kücheneinrichtung, Bügelbrett, Kohlenkasten und Durchreiche vorsah (Abb. 267), erschien als zu luxuriös für staatliche Subventionen. Die Einrichtungen wurden daher mit Ausnahme eines Küchenschränkchens ersatzlos gestrichen.[275] Aus finanziellen Überlegungen verzichtete man zudem auf Pfahlfundamente und verwendete statt dessen einfache Betonplatten als Unterbau[276], die bald zu gravierenden bautechnischen Problemen führen sollten.

Unabhängig von ihrem internationalen Erfolg wurde die Siedlung in Rotterdam von Anfang an aufgrund ihrer Formensprache kritisiert. Nach Meinung von Oud nahm auch das »Bouwkundig Weekblad« als Organ des BNA (Bund Niederländischer Architekten) Abstand von dieser Lösung.[277] Eine Ausnahme war somit der SDAP-Politiker J. ter Laan, von 1929–31 *Wethouder* für *Volkshuisvesting*, der vorgab, die Wohnhäuser keineswegs häßlich zu finden. Er erkenne in ihnen einen eigenen Stil und werte das Erscheinungsbild als grundsätzlich freundlich.[278]

In seiner Funktion als Architekt der Gemeinde hatte Oud schließlich die Möglichkeit, auch das Kirchengebäude am Hillevliet zu errichten. Bereits 1920 war das Terrain für den Bau einer Kirche ausgewiesen.[279] Die Vergabe des Grundstücks wurde offenbar zusammen mit dem Bau der Siedlung diskutiert. Wie Oud nach dem 2. Weltkrieg betonte, hatte sich die Herstelt Apostolische Zendingsgemeente seinerzeit zu einer formalen Anpassung der Kirche an die Siedlung verpflichtet. Architekt des Kirchenbaus sollte auf Wunsch der Gemeinde er selbst werden: »Das Grundstück der Kirche ... wurde damals der Herstelt Apostolische Gemeente von der Gemeinde Rotterdam zugewiesen unter der ausdrücklichen Bedingung, daß Form und Farbe des Bauwerks durch mich bestimmt werden sollten ...«[280]. In einem Brief an *B & W* bestätigte Oud, daß er als Architekt der Gemeinde fungierte und neben seinem Gehalt keine weitere Bezahlung erhalten habe.[281] Die in Anlehnung an die umgebenden Wohnhäuser gewählte Formensprache war für eine Kirche extrem modern und fand in dieser Zeit kaum Vergleiche. Kritisiert wurde dann auch die Reduzierung auf einen nüchternen, schmucklosen Kubus, der seine Funktion als Sakralbau nicht zum Ausdruck bringe (Abb. 260, 335).[282] Der sowohl in der Oud-Literatur als auch der internationalen Fachwelt wenig beachtete Kirchenbau wird bis heute nicht mit der Bautätigkeit der Gemeinde in Verbindung gebracht.

1.5. *Volkswoningbouw* als erzieherisches Mittel

Die 1921–23 nach Ouds Entwurf errichteten Blöcke in Tusschendijken* bildeten mit ihren 588 Wohneinheiten einen Höhepunkt des kommunalen Wohnungsbaus in Rotterdam. Im folgenden hatte der *Woningdienst* nur noch eingeschränkte Baumöglichkeiten. An Stelle großer mehrgeschossiger Wohnblöcke entstanden kleinere Wohnanlagen, bei denen noch stärker als bisher auf eine kostengünstige Ausführung geachtet werden mußte. Mit finanzieller Unterstützung des Staates errichtete Oud 1923/24 die temporäre Siedlung Oud-Mathenesse* mit 343 Wohnhäusern und 1928–30 die Siedlung Kiefhoek* mit weiteren 294 Wohneinheiten. Erstere entstand am äußersten Stadtrand von Rotterdam, zweitere auf preiswertem Baugrund südlich der Maas. Im 30 km entfernt liegenden Hoek van Holland wurden 1926/27 die bereits 1924 entworfenen Häuserzeilen* mit 42 Wohnungen ausgeführt. Neu war für Oud die Beschäftigung mit dem städtebaulichen Entwurf wie auch der Gebäudetyp des zweigeschossigen Reihenhauses. Diese boten den Vorteil, auf das kostenintensive Pfahlfundament verzichten zu können.[283]

In Hoek van Holland weist der Widerspruch zwischen der geringen Anzahl von Wohnungen und den eigens hierfür entwickelten Grundrißtypen auf die implizite Vorbildfunktion der Bauten. Auch der komplexe Wechsel zwischen Wohnungen für Klein- und Großfamilien wird erst bei einer größeren Anlage – als gewollte Durchmischung der Bewohnerschichten – sinnvoll. In einer Entwurfsvariante erscheinen die Häuserzeilen bereits als Teil eines größeren Wohnkomplexes (Abb. 254). Wie die strahlend weißen Häuserzeilen mit ihren langen Balkonreihen und den großen gebogenen Schaufensterflächen zeigen, wurde auch im abgelegenen Hoek van Holland auf eine ästhetisch anspruchsvolle Architektur geachtet (Abb. 249). Mit Blick auf weitere Eingemeindungen kam dem kommunalen Wohnungsbau in den neuen Stadtgebieten besondere Bedeutung zu[284]: Während mit dem qualitätvollen sozialen Wohnungsbau auf die Vorteile einer Eingemeindung verwiesen wurde, diente die großstädtische Architektursprache – gerade durch ihre Randlage – als Vorgeschmack auf »Groß-Rotterdam«. Ähnlich verhält es sich bei der Siedlung Oud-Mathenesse, die in ihrer Anlehnung an Idealstadtplanungen auf eine Aufwertung der abseits liegenden neuen Wohngebiete zielte.[285]

Über die erzieherische Bedeutung von Wohnung und Wohnumgebung waren sich der *Woningdienst* und Wethouder Heijkoop einig. Die Wohnung galt als entscheidender Faktor für ein geregeltes Familienleben und damit in letzter Konsequenz für die Stabilität der Gesellschaft.[286] Im Bemühen um gesunde Wohnverhältnisse spielte die Hygiene eine zentrale Rolle. So erhielten etwa die Küchen in Kiefhoek*, da die üblichen geschlossenen Schränkchen unter der Spüle »oft verborgene Abfallbehälter zu werden pflegen«, ein Spülbecken auf eisernen Stützen.[287] In diesem Zusamenhang bemängelte De Jonge van Ellemeet den Verzicht auf einen Wasseranschluß im Obergeschoß der Häuser.[288] Auch Oud kritisierte die Einsparungen: »Die zusätzlichen Ausgaben ... für eine Dusche ... und ein Ausguß im Dachgeschoß wurden vom Staat nicht bewilligt. Vor allem der Wegfall des Waschbeckens im Dachgeschoß ist zu bedauern, da die Kosten hierfür nicht bedeutend waren und nicht erwartet werden kann, daß in großen Familien dieser Art fortwährend Wasser von unten nach oben und umgekehrt geschleppt wird, so daß eine der ersten Möglichkeiten zur Reinlichkeit dort aus unverständlichen Gründen unterbunden wird.«[289] Die *Commissie voor Volkshuisvesting* sprach sich ebenfalls für den Einbau von Duschen aus: »Es geht hier doch darum, eine Kategorie der Bevölkerung zu respektieren, die, anders als die erwerbsfähigen Arbeiter, nicht ganz aus eigener Kraft einen kulturellen Aufstieg erreichen kann und für die eine besondere Unterstützung zur Erhöhung der Wohnsitten und der Sorge um körperliche Reinheit, die ihrerseits einem Streben nach gesellschaftlichem Aufstieg zuarbeiten können, am Platze ist.«[290]

Neben den sanitären Einrichtungen wurde auch der optischen Erscheinung der Häuser ein großer erzieherischer Wert zugesprochen. Oud äußerte sich hierzu in seinem 1925 erschienen Artikel »Erziehung zur Architektur«[291]. Entsprechend der zu dieser Zeit unter Architekten und Wohnungsreformern vorherrschenden Auffassung war auch Oud der Meinung, Architektur wirke sich maßgeblich auf das Befinden und damit auf das Verhalten der Bewohner aus. Demnach erzeugten Bauten, die sich durch Ordnung und Regelmaß sowie eine sorgfältige Ausführung auszeichnen, den Wunsch, diesen Zustand auch zu erhalten.[292] Dieses Ziel verfolgte Oud unter anderem durch die Bilderleisten, die das willkürliche Anbringen von Nägeln verhindern und das Bedürfnis nach sauberen Wänden bestärken sollten. Die Grünanlagen bildeten für ihn generell einen Schwachpunkt in der Ästhetik der Wohnanlagen. Er forderte daher, die Privatgärten bereits vor dem Einzug zu bepflanzen, da diese dann besser versorgt würden als die noch unkultivierten Flächen. Auch Wege und eingezäunte Spielbereiche unterstützten seiner Ansicht nach den Erhalt der Anlagen. Da Bretterwände zum Aufbewahren »völlig nutzloser Gegenstände« verleiteten, plädierte er statt dessen für niedrige Hecken zur Abgrenzung der Grundstücke. Der freie Blick auf das Nachbargrundstück trage zudem – wie auch die gemeinschaftlichen Grünanlagen – zur gegenseitigen Kontrolle und Erziehung der Bewohner bei. Da in Kiefhoek* aus Platzgründen keine Gemeinschaftsanlagen realisiert werden konnten, versuchte Oud die Sicht auf die erwartungsgemäß unordentlichen und verwahrlosten Privatgärten so weit als möglich zu verdecken (vgl. die Plazierung der Wohnungen für Großfamilien, Abb. 37, 261).[293] Um ein ordentliches Erscheinungsbild zu garantieren, wurde in Hoek van Holland* das Aufhängen von Wäsche auf den zur Straße liegenden Balkonen verboten.[294] Der Entwurf der Wohnzeilen in Blijdorp* sah dafür – ähnlich wie bei den Stuttgarter Reihenhäusern* – kleine, von einer 2 m hohen Mauer umschlossene Hofplätze vor (Abb. 41, 313). Ein Verbot des Wäschetrocknens auf den Balkonen schien Oud damit gerechtfertigt.[295]

Um die Anlagen vor Beschädigung zu schützen, plädierte De Jonge van Ellemeet für die Errichtung von Gartenmauern mit eisernen Gittern (vgl. Abb. 264): »... denn nichts verleiht einer Siedlung so schnell einen armseligen Charakter wie zerstörte Hecken und Zäune an der Straße und dies muß unvermeidlich zurückschlagen auf die Bewohnbarkeit.«[296] Auch die Backsteinplinthen der Wohnbauten in Oud-Mathenesse, Hoek van Holland und Kiefhoek sollten dazu dienen, die Bauten sauber zu halten.[297] Die weiß verputzten Wände der Wohnhäuser wurden tatsächlich positiv aufgenommen. Ein Bewohner beschrieb das »Witte Dorp« entsprechend als ein »reizendes [›koket‹], liebes und angemessenes Dorf mit frischen schimmernden weißen Häusern, schönen Fassaden.«[298] Trotz der Backsteinplinthen zeigten sich die Fassaden jedoch sehr anfällig für Verschmutzungen, die vor allem durch spielende Kinder entstanden: »Junge Leute fanden es schön, mit einem schmutzigschwarzen Ball Kreise auf die grellweiße Fläche der Seitenfassaden zu werfen.«[299] Dasselbe galt für die Hausfassaden in Kiefhoek: »Sie [die Schuljugend: EvE] fühlt sich von der nahtlosen Fläche scheinbar außerordentlich angezogen, denn hell gestrichener Verputz übt eine unwiderstehliche Anziehungskraft aus, um mit Farbkreide bewaffnet ihr Zeichentalent zu zeigen und den Geisteszustand von Schulfreunden darauf festzuhalten.«[300] Bereits in den Innenhöfen von Tusschendijken* waren nur die Sandkästen den Kindern vorbehalten, während die Grünanlagen mit niedrigen Eisengittern von den umgehenden Wegen abgetrennt wurden (Abb. 203). Der Verweis auf die großzügigen begrünten Anlagen, die als Spiel- und Kommunikationszone dienten, muß daher relativiert werden.[301] Die Vorstellung, durch Ausweisen eigener Spielbereiche die Anlagen in Ordnung zu halten, hatte jedoch weder in Tusschendijken noch in Kiefhoek zu dem erhofften Ergebnis geführt. Oud entschloß sich daher, die beiden Spielplätze in Kiefhoek mit 1,5 m hohen Zäunen und Stacheldraht einzufassen. Darüber hinaus wurde ein Wachdienst eingestellt, der die Spielplätze nur noch zu bestimmten Zeiten unter Aufsicht zugänglich machte.[302] Grund für dieses rigide Vorgehen war, daß die Kinder beim Spielen Sand von den Spielflächen auf die Straße geworfen und damit – nach Meinung Ouds – das Erscheinungsbild der Siedlung beeinträchtigt hatten.

Die von der öffentlichen Hand gewünschte Kontrolle der Bewohner fand bereits bei der Konzeption der kommunalen Wohnbauten Beachtung. Bei Brinkmans Superblock wurde die ungehinderte Polizeiaufsicht mittels der durch den Innenhof führenden Straße positiv hervorgehoben.[303] Im Fall der Siedlung Kiefhoek sprach sich Heijkoop für eine Beaufsichtigung und Kontrolle der Bewohner aus. Wie an andere Stelle bereits von einigen Wohnungsbaugesellschaften und der Gemeinde praktiziert, forderte er eine Wohnungsinspektorin, die das Verhalten der Bewohner zu überprüfen habe.[304]

1.6. Die Weißenhofsiedlung – Wohnungsbau außerhalb des *Woningdienst*

Bereits 1925 wurde Oud als Privatarchitekt zur Teilnahme an der 1927 in Stuttgart präsentierten Ausstellung des Deutschen Werkbundes aufgefordert.[305] Gezeigt wurden experimentelle Wohnbauten international führender Architekten, die als Teil des städtischen Bauprogramms anschließend vermietet werden sollten. Trotz der Einbindung der Musterhäuser in den kommunalen Wohnungsbau basiert die frühe Entscheidung für Oud in erster Linie auf dessen Formensprache und nicht auf seinen Erfahrungen im sozialen Wohnungsbau. Hierfür steht neben der Haltung des künstlerischen Leiters Ludwig Mies van der Rohe auch die ursprünglich an Oud gestellte Bauaufgabe, die ein anspruchsvolles Einfamilienhaus und ein Appartmenthaus vorsah.[306] Dennoch waren die umfassend publizierten Rotterdamer Wohnbauten ausschlagegebend für das in Deutschland vorherrschende Bild von Ouds Architektur. Abgesehen von dem 1922 in deutschen Zeitschriften veröffentlichten Entwurf für Haus Kallenbach* (Abb. 219)[307] hatte Oud vor allem mit der Siedlung Oud-Mathenesse* sowie mit den Häuserzeilen in Hoek van Holland* und der Siedlung Kiefhoek* Aufsehen erregt. Auch die beiden letztgenannten, 1925 noch nicht realisierten Wohnkomplexe könnten aufgrund von Ouds zahlreichen Kontakten in Deutschland bekannt gewesen sein. Neben seinen Arbeiten hatte sicherlich auch seine Selbstdarstellung als »Stadtbaumeister von Rotterdam« Einfluß auf seine Reputation.[308]

Ouds Beitrag auf der Werkbund-Ausstellung umfaßte fünf Reihenhäuser sowie die Präsentation seiner Arbeiten auf der »Internationalen Plan- und Modellausstellung neuer Baukunst«.[309] Als Architekt des *Woningdienst* mußte Oud seine Teilnahme an der Ausstellung genehmigen lassen. Dasselbe galt für die Präsentation der sich im Besitz der Gemeinde befindenden Baupläne der Rotterdamer Wohnbauten. Im August 1926 erhielt Oud die entsprechenden Zusagen von der Gemeinde.[310] Mit Blick auf sein angeschlagenes Ansehen innerhalb der Gemeinde kamen ihm die Anfragen aus Stuttgart sicherlich sehr gelegen. Ähnlich wird es sich ein Jahr später bei seiner Berufung an die Düsseldorfer Kunstakademie verhalten haben. Um mit seiner Dienststelle Absprache halten zu können, wurde auf Ouds Bitte hin die Entscheidungsfrist verlängert.[311] Möglich ist, daß Oud auf diese Weise Zugeständnisse aushandeln wollte. Ob er dabei an neue Bauaufträge dachte oder an eine erweiterte Machtbefugnis in seinem Amt, bleibt Spekulation.

Ouds Beitrag bei der Werkbund-Ausstellung fand international große Beachtung. Auf seine Stellung bei der Gemeinde wirkte sich dies jedoch nicht aus. Als repräsentativ für die niederländische Reaktion auf die Stuttgarter Ausstellung mag ein Artikel im »Bouwkundig Weekblad«, dem Sprachrohr des BNA, stehen. Der Autor A. H. van Rood äußert sich insgesamt kritisch gegenüber den formalen und technischen Neuerungen der ausgestellten Bauten. Der Verwendung des Flachdachs spricht er jeden Sinn und Zweck ab, »Wofür das nötig und nützlich ist, weiß ich nicht«; auch der weiße Verputz im Gegensatz zur herkömmlichen Backsteinwand fand nicht seine Zustimmung.[312] Er bezweifelte zudem, daß die neuen Konstruktionen weniger Arbeitszeit erforderten als die alten und hoffte diesbezüglich auf genauere Angaben.[313] Abschließend lobte er die Bauten von Peter Behrens, Hans Scharoun und Oud. Allerdings publizierte er keine Abbildung von Ouds Reihenhäusern und bemerkte entgegen dem sonstigen Lob zu Ouds Küchen, daß die Frankfurter Küche nirgends übertroffen worden sei.

1.7. Rotterdam und die Moderne – Ouds Einfluß auf das Bauwesen der Stadt

Für die seit langem geplante Börse am Coolsingel standen nach dem Bau von Rathaus (1914–20) und Postgebäude (1915–23) zunächst keine finanziellen Mittel mehr zur Verfügung (Abb. 53).[314] Ende 1925 wurde daher die Errichtung der Börse von Vertretern der Rotterdamer Handelswelt selbst in die Hand genommen. Das Engagement finanzkräftiger Privatpersonen beim Bau eines für die Stadt derart bedeutenden Gebäudes stieß jedoch, vor allem von seiten der Sozialdemokraten, auf heftige Kritik. Ihrer Meinung nach versuchten sich die Alt-Liberalen hier an einer Aufgabe, die allein von der Gemeinde zu tragen sei.[315] Ungeachtet dieser Proteste konnte im Sommer 1926 ein beschränkter Wettbewerb für die Börse, die – als Neuheit für ein öffentliches Gebäude in den Niederlanden – auch andere Einrichtungen wie Cafés, Restaurants, 11.000 m² Bürofläche, Garagenplätze und Läden umfaßte, ausgeschrieben werden. Der multifunktionale Neubau sollte an der Kreuzung von Meent und Coolsingel, den beiden zentralen innerstädtischen Verkehrsachsen, in einer Reihe neben Rathaus und Post entstehen (Abb. 51). Funktion und Standort machten die Börse damit zum prominentesten Bauvorhaben im modernen Zentrum von Rotterdam.[316] Zur gleichen Zeit wurden weitere innerstädtische Bauvorhaben wie die Umgestaltung des Verkehrsknotenpunktes Hofplein (Abb. 58) und der Bau des Warenhauses Bijenkorf am Coolsingel (vgl. Abb. 61, 62) diskutiert. Demgegenüber war der kommunale Wohnungsbau aufgrund der reduzierten Bautätigkeit des *Woningdienst* aus dem Blickfeld der Öffentlichkeit geraten.

Oud wurde als Privatarchitekt zur Teilnahme an dem beschränkten Wettbewerb aufgefordert. Die Auswahl der Architekten geht auf die Jury, bestehend aus Berlage als Vorsitzendem, Witteveen und Van der Steur als Vertretern der Gemeinde und A. J. M. G. Goudriaan und K. P. van der Mandele (Direktor der Rotterdamsche Bank) als Vertretern der Geschäftswelt, zurück. Die in Fachzeitschriften bzw. dem avantgardistischen »De Stijl« publizierten Entwürfe von Oud werden für die Entscheidung der Jury keine

53. Coolsingel, Rotterdam, Blick nach Norden mit Rathaus und Post (rechts), Ansicht 1928

54. Calandplein und Coolsingel, Rotterdam, Blick nach Norden mit Rathaus, Börse, Café de Unie, Passage, Fotografie 1940

Rolle gespielt haben. Hier zählte vielmehr seine Arbeit für den *Woningdienst*, durch die er sich in Rotterdam einen Namen gemacht hatte. Gerade bei seinen Wohnblöcken in Spangen* und Tusschendijken* sowie der Siedlung Oud-Mathenesse* handelt es sich um Bauten, die – mit Sichtbackstein und Schrägdach – auch einem konservativen Publikum akzeptabel erschienen. Die progressiven, vom Rotterdamer Gemeinderat kritisierten Häuserzeilen in Hoek van Holland* wurden erst 1926 begonnen und konnten sich damit nicht negativ auf die Auswahl der Jury auswirken. Auch die in erster Fassung vorliegenden Entwürfe für die Siedlung Kiefhoek* waren nur einem kleinen Kreis von Interessenten sowie den zuständigen Vertretern der Gemeindeinstitutionen bekannt. Die Tatsache, daß Ouds ehemaliger Mentor Berlage den Vorsitz der Jury innehatte und sein vormaliger Chef im *Woningdienst*, Auguste Plate, im Komitee aktiv war, wird sich ebenfalls auf die Entscheidung der Jury ausgewirkt haben.

Der von Oud unter »Motto ›X‹« eingereichte Börsen-Entwurf* zeigt mit Fassadenraster und großen Glasflächen eine – auch in Ouds Œuvre – neuartige, konsequent moderne Formensprache. Ein beigelegter Plan zur Neustrukturierung der Rotterdamer Innenstadt sah den Durchbruch breiter Verkehrs-Trassen und eine umfassende Neugestaltung des Coolsingel samt umliegenden Straßen vor (Abb. 288). Für die Straßenfronten plante Oud eine der Börsen-Fassade entsprechende einheitliche Gestaltung, die den Verkehrsfluß ästhetisch umsetzen sollte (Abb. 289). Der nicht allein für Rotterdam bahnbrechende Entwurf entstand in unmittelbarer Auseinandersetzung mit den Arbeiten der Rotterdamer Gruppe De Opbouw, die zu diesem Zeitpunkt maßgeblich von der konstruktivistischen Formensprache und der Großstadtthematik Mart Stams beeinflußt war.[317] Oud, seit Anfang der 1920er Jahre Mitglied in De Opbouw, gelang mit seinem Entwurf eine direkte Umsetzung dieser radikalen Forderungen.

Ouds progressiver Börsen-Entwurf schied bereits in der ersten Runde aus. Als Sieger ging aus der zweiten Runde der Amsterdamer Architekt Jan Frederik Staal mit einem an der Amsterdamer Schule orientierten Bau hervor. Die Ablehnung von Ouds Entwurf erscheint angesichts der Zusammensetzung der Jury nicht verwunderlich. Ein künstlerisches Interesse vertraten allein Berlage und Van der Steur sowie im weiteren Sinne Witteveen. Auch sie befürworteten jedoch eine – im Vergleich zu Oud – konservativere Formensprache.[318] So umfaßte die Bewertung von Ouds Entwurf auch Anmerkungen zur ästhetischen Lösung, die das rationalistische Fassadenraster als zu wenig repräsentativ und nicht zum benachbarten historischen Rathaus passend kritisierte: »Die Jury kann sich des Eindrucks nicht erwehren, daß der Entwerfer sich etwas allzu sehr von dem System hat leiten lassen. So auch was den Charakter der Architektur betrifft. Die Jury ist dann auch der Meinung, daß die Art, in der diese Auffassung zum Ausdruck kommt, etwas allzu sehr abweicht von dem, was für dieses Ziel und dort an Ort und Stelle wünschenswert ist.«[319]

Ouds Ausscheiden aus dem Wettbewerb führte vor allem im Ausland zu Protesten. Walter Gropius und Bruno Taut wandten sich schriftlich an Berlage und betonten sowohl die künstlerische Qualität von Ouds Entwurf als auch die Bedeutung dieser Arbeit für das Stadtbild von Rotterdam.[320] Obwohl die Proteste nichts an der Entscheidung der Jury änderten, zeigte sich die Jahre später nach Plänen von J. F. Staal errichtete Börse doch eindeutig unter dem Einfluß von Ouds Entwurf: Nachdem Staal – durch Übernahme von Ouds Gebäudekonzeption – die zweite Runde des Wettbewerbs für sich entschieden hatte, folgte er bei seinem dritten, 1933 vorliegenden Entwurf auch in der Fassadengestaltung Ouds Vorbild.[321] Der durch große geschlossene Mauerflächen gekennzeichnete Entwurf der zweiten Runde wurde nun am Coolsingel durch einen Skelettbau mit durchgehenden Fensterbändern ersetzt, wobei die Stützen des Erdgeschosses – wie bei Oud – hinter die Schaufenster der Läden zurücktreten. Ähnlich Ouds Grundkonzept entwarf Staal an der Platzseite ein Hochhaus, das im endgültigen Entwurf (1938) jedoch wieder aufgegeben wurde (Abb. 54).[322]

Ein Jahr nach dem Börsen-Wettbewerb nahm Oud Einfluß auf ein weiteres großes Bauvorhaben der Stadt. Bereits 1924 hatte die Gemeinde das im Südwesten an die Innenstadt anschließende Land van Hoboken erworben, das nun (auf Wunsch der Reederfamilie Van Hoboken) den Namen Dijkzicht erhielt. Der erste Entwurf für das 48 ha große Gebiet stammt von dem Rotterdamer Architekten und De Opbouw-Mitglied L. C. van der Vlugt, der 1925 sowohl die städtebauliche Lösung als auch einen Bebauungsvorschlag in der Zeitschrift »Bouw« publizierte (Abb. 55).[323] Als Ziel nannte Van der Vlugt, das noch unbebaute Land in die Stadt einzubinden und als Ort der Erholung nutzbar zu machen. Das Zentrum des Terrains sollte aus einer weiten Rasenfläche bestehen, die von rechtwinklig verlaufenden Straßen durchzogen wird. Die umgebende Bebauung mit öffentlichen Gebäuden und Wohnhäusern zeigt im Entwurf eine betont moderne Formen-

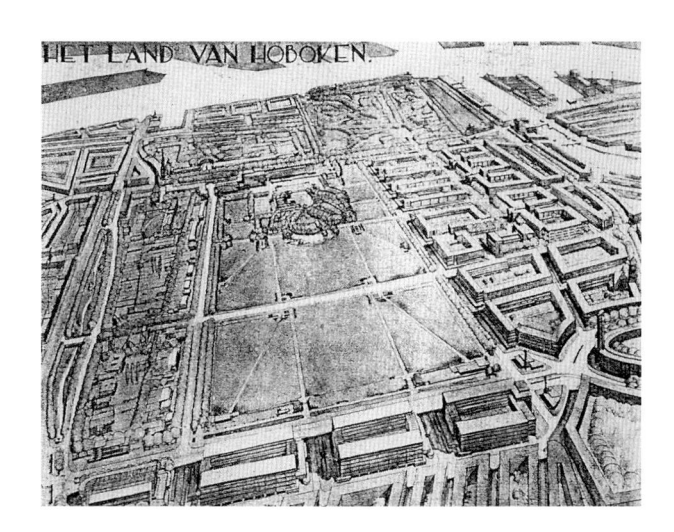

55. L. C. van der Vlugt, Stadterweiterung Land van Hoboken, Rotterdam, 1925, Vogelperspektive

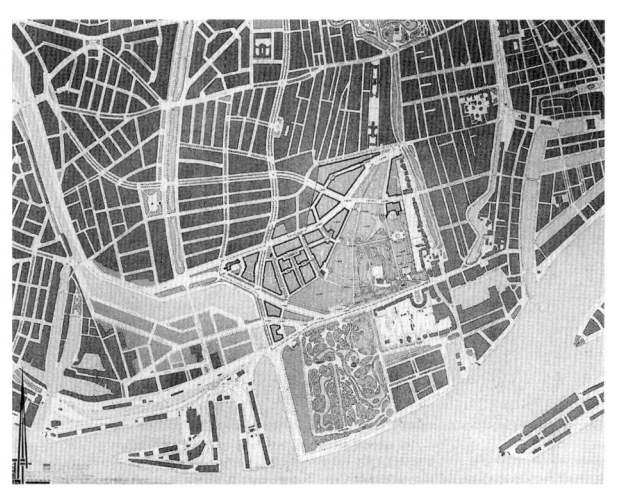

56. W. G. Witteveen, Stadterweiterungsplan Land van Hoboken, Rotterdam, 1926, im Zentrum der von Oud gewählte Bauplatz für die Volkshochschule, rechts die Altstadt

sprache mit Fassadenraster, Fensterbändern und großen Glasfronten. Als Wohnbebauung wählte Van der Vlugt einseitig aufgebrochene Wohnblöcke und parallel verlaufende Häuserzeilen.[324]

Im folgenden Jahr legte Stadtarchitekt Witteveen einen weiteren, von Van der Vlugts Entwurf stark abweichenden Plan vor (Abb. 56). Mittels einer fächerförmigen, zum Stadtzentrum spitz zulaufenden Grünanlage verbindet Witteveen den bereits bestehenden Park an der Nieuwe Maas mit der Innenstadt. An die Stelle der rasterartig unterteilten Rasenfläche tritt hier eine unregelmäßig-malerische Grünzone, die an den seitlichen Begrenzungen eine dichte Baumbepflanzung aufweist. Als Vorbild für die sich verengende Parkzone dienten die amerikanischen Parkways, die sich als ein System von Grünstreifen von den Randbezirken in die Innenstadt ziehen. Zusammen mit seiner Erläuterung des Entwurfs publizierte Witteveen 1927 weitere detailliertere Pläne (Abb. 57) sowie Ansichten des Geländes aus der Vogelperspektive und Perspektivzeichnungen einzelner Bauten.[325] Vor allem dort wird der Gegensatz zwischen Van der Vlugts progressivem Entwurf und Witteveens traditionellen, mit Satteldach versehenen Wohnblöcken deutlich. Der Entwurf Witteveens fand im Gemeinderat zwar positive Resonanz, kam in den folgenden Jahren jedoch nur partiell zur Ausführung.[326]

1927 feierte die Rotterdamer Volkshochschule ihr zehnjähriges Gründungs-Jubiläum.[327] Obwohl sie seit langem einen zentralen Platz im öffentlichen Leben der Stadt einnahm, verfügte sie noch immer nicht über angemessene Räumlichkeiten. Oud, der in engem Kontakt zur Rotterdamer Volkshochschule stand und bereits in der ersten Hälfte der 1920er Jahre Ideen für einen Neubau eingebracht hatte, legte in diesem Jahr einen weiteren Entwurf vor. Im Gegensatz zu dem fiktiven Grundstück seines ersten Entwurfs geht diese Arbeit von einem konkreten Grundstück aus (Abb. 299). Der offenbar von Oud selbst gewählte und damit als Vorschlag zu verstehende Bauplatz war Teil von Witteveens Plan für das Land van Hoboken. Es handelt sich um ein dreieckiges Grundstück mit abgeflachter Spitze, für das Witteveen eine geschlossene Wohnanlage mit Gärten im Innenhof vorgesehen hatte (Abb. 57). Durch seine Nähe zum Zentrum und die exponierte Lage an einer Kreuzung war es jedoch als Standort eines öffentlichen Gebäudes geeigneter.[328] Eine der Langseiten des Grundstücks grenzt an den Park und sollte nach Witteveens Vorstellung die auf das Stadtzentrum ausgerichtete »perspektivische Wirkung« der Parkrandbebauung unterstützen. Wie bei anderen Wohnblöcken befindet sich an der kurzen Blockseite eine Öffnung zur besseren Belichtung und Belüftung des Gebäudes, die Oud in seinen Entwurf übernahm. Die ähnlich dem Börsen-Entwurf konsequent moderne, an konstruktivistischen Bauten orientierte Formensprache stand mit den großflächig verglasten Fassaden und dem hohen Schornstein der Heizanlage (Abb. 300) in starkem Kontrast zu der von Witteveen vorgeschlagenen, gemäßigt konservativen Bebauung. Dagegen zeigt Ouds Entwurf Parallelen zu dem 1925 entstandenen Bebauungsplan seines De Opbouw-Kollegen Van der Vlugt (Abb. 55). Anzunehmen ist daher, daß Oud mit dem Entwurf Van der Vlugts vertraut war und von diesem Anregungen erhielt.[329] Mit der Vorlage eines Alternativvorschlags folgte Oud gleichzeitig den aktuellen Tendenzen innerhalb von De Opbouw.[330]

Die kontroversen Haltungen von Oud und Witteveen führten möglicherweise bereits hier zu einer Konkurrenzsituation zwischen dem Architekten des *Woningdienst* und dem Chef der Abteilung Städtebau und Bauwesen.[331] Als gegensätzliche Lager innerhalb der Gemeinde sind Witteveen und Van der Steur auf der einen sowie die Vertreter des *Woningdienst*, De Jonge van Ellemeet und Oud mit Unterstützung von Meller, auf der anderen Seite zu nennen.[332] Aufgrund finanzieller Probleme der Volkshochschule wurde die Planung für den Neubau zunächst zurückgestellt. 1930/31 entstand auf dem Grundstück im Land van Hoboken das Bürohaus für Unilever nach Plänen von H. F. Mertens (Abb. 304, 305).

Ein neben der Börse zentrales Bauvorhaben der Stadt bildete die Neugestaltung des Hofplein (Abb. 58), für den Berlage bereits 1922 und 1926 Entwürfe vorgelegt hatte.[333] Im Oktober 1927 erhielt Witteveen über den *Dienst van Gemeentewerken* den Auftrag, innerhalb von drei Monaten einen neuen städtebaulichen Plan zu erarbeiten.[334] Im Gegensatz zu Berlages geschlossenen Platzfassaden und rechtwinklig einmündenden Straßen versuchte Witteveen durch breitere, flach gebogene Fahrtrassen den Forderungen des Verkehrs gerecht zu werden. Als nördlicher Abschluß des Coolsingel hatte sich das Hofplein innerhalb der letzten Jahre zum wichtigsten Verkehrsknoten von Rotterdam entwickelt. Die Gestaltung des Platzes bildete damit – entsprechend der gleichzeitig geführten Diskussion um die Bebauung von Rokin und Dam in Amsterdam – eine der Kernfragen bezüglich der Selbstdarstellung der Stadt: »Denn das Hofplein wird, viel mehr als der Beursplein heutzutage, der große Mittelpunkt der neuen Stadt sein ... Wir sind überzeugt, daß sich das Hofplein in Zukunft zu einem Zentrum ausweitet, das mehr oder weniger Zeugnis von der Würde Rotterdams als Hafenstadt ablegt.«[335] Neben Witteveen sprach sich auch Plate für eine Neugestaltung der Innenstadt aus: »Aber zum Schluß muß der feste Wille da

57. W. G. Witteveen, Stadterweiterungsplan Land van Hoboken, Rotterdam, 1927, Grünzone und geplante Wohnbebauung

sein, der Wille, Rotterdams Innenstadt den Charakter zu geben, den auch seine Häfen haben, das heißt, aus einer unordentlichen Provinzstadt eine ordentliche Großstadt zu machen.«[336] Dieses Urteil findet sich bereits 1923 in Bruno Tauts Reiseerinnerungen: »Die Stadt Rotterdam enttäuscht bei ihren ersten Eindrucken [sic] ein wenig ... Es ist dort der Stadtverwaltung noch nicht gelungen, das äussert stark pulsierende Hafenleben mit seinen neuartigen Anforderungen in die entsprechende Form zu bringen, ja nicht einmal in praktischer und verkehrstechnischer Weise zu bezwingen ... die sehr ausgedehnten, zum Teil neuangelegten Hafenbecken stehen im Gegensatz zu einer gewissen Kleinlichkeit aller Bauten, die sie umgrenzen ... Rotterdam macht den Eindruck einer Stadtanlage, der das alte Gewand zu eng geworden ist und die noch nicht den rechten Mut hat, ein neues Gewand anzulegen.«[337]

Witteveens Vorschlag zur Neugestaltung des Hofplein wurde 1928 zur Ausführung bestimmt.[338] Wie zuvor bei Berlages Hofplein-Planung formulierte De Opbouw am 16. Februar 1928 eine Protestschrift gegen diesen Entwurf.[339] Darüber hinaus wurde ein Alternativentwurf (Abb. 59) erstellt, der – entgegen Witteveens Kompromiß »zwischen Stadtbaukunst, Verkehrsforderung und Privatinteressen« – die Lösung der Verkehrsfrage zum Ausgangspunkt nahm. Der Platz zeigt sich entsprechend als große freie Fläche, die von einheitlichen, konvex gerundeten Häuserfluchten eingefaßt wird, während die bewußt breiten Straßen einen ununterbrochenen Verkehrsfluß ermöglichen.[340] Laut Stam ging das Projekt auf De Opbouw zurück und wurde auf der Grundlage mehrerer Besprechungen von ihm selbst ausgearbeitet.[341]

Obwohl Oud demnach für den Gegenentwurf nicht verantwortlich war, wird die Kritik an Witteveen auch auf ihn als zentrale Figur von De Opbouw zurückgefallen sein. Dies um so mehr, als der Entwurf eine Fortsetzung von Ouds Börsenprojekt* samt angrenzenden Straßenfassaden (Abb. 289) bildet und letztendlich als Umsetzung seines städtebaulichen Plans für die Rotterdamer Innenstadt (Abb. 288) zu deuten ist. So finden sich beim Hofplein ebenfalls die dem Verkehr geschuldeten, breiten Straßenzüge, und wurde Ouds Forderung nach einer gleich hohen und nach Möglichkeit einheitlichen Gestaltung der »Boulevardwände« in den gebogenen Platzfassaden realisiert. Obwohl Ouds Börsen-Entwurf samt Erläuterung erst im September 1928 publiziert wurde, kann er unter den Mitgliedern von De Opbouw als bekannt vorausgesetzt werden.[342] Dies vor allem, da Ouds Ausscheiden in der ersten Runde internationales Aufsehen erregt hatte. Wie zuvor Oud[343] kritisierte Stam sowohl Berlages Entwurf als auch Witteveens Vorschlag, die beide das alte Stadttor inmitten des Platzes schonen wollten.[344] Der Einfluß war jedoch wechselseitig. So zeigte bereits Ouds Börsen-Entwurf, der in formaler Hinsicht von seinem früheren Werk abweicht, eine deutliche Anlehnung an Arbeiten der De Opbouw-Architekten.[345] Nach der Bombardierung Rotterdams 1940 knüpfte Oud schließlich mit seinen (nicht realisierten) Hofplein-Entwürfen an das selbstgewählte Thema von De Opbouw an.[346]

Neben dem Alternativvorschlag zur Bebauung des Hofplein beeinflußte Ouds Börsen-Entwurf noch andere Bauten und Projekte der Stadt. Eine weitere Rezeption innerhalb von De Opbouw zeigt Van Loghems Entwurf für die Bebauung der Meent (Abb. 60), dem nördlich der geplanten Börse verlaufenden Straßendurchbruch.[347] Den Auftrag für die Gestaltung des neuen Straßenzuges hatte Van Loghem (Vorsitzender von De Opbouw) im Juni 1930 erhalten, nachdem er von Oud zuvor bei der Gemeinde eingeführt worden war.[348] Übereinstimmungen mit Ouds Börsen-Entwurf zeigen sowohl die als Einheit konzipierten Straßenwände als auch die Stützenraster und großen Glasfronten.[349] Weitere Beispiele außerhalb von De Opbouw bilden die in der zweiten Wettbewerbsrunde vorgelegten Börsen-Entwürfe von Staal und Dudoks Warenhaus Bijenkorf, das 1929/30 als südlicher Abschluß des Van Hogendorpplein und damit in Sichtachse des Coolsingel errichtet wurde (Abb. 61, 62). Wie von Oud gefordert und in dessen Börsen-Entwurf umgesetzt, wird der Verkehrsfluß von Coolsingel bzw. Schiedamsche Singel in den extrem langen Fensterbändern zum Ausdruck gebracht. Im Unterschied zu Dudoks Börsen-Entwurf setzten sich die zwischen den Fenstern verbleibenden Wandstreifen dort als Balkone fort und führen so zu einer verstärkten Dynamisierung. Oud selbst war zu dem im Sommer 1928 ausgeschriebenen Wettbewerb um den Bau des Warenhauses Bijenkorf nicht eingeladen worden und auch in den folgenden Jahren erhielt er keinen der großen repräsentativen Bauaufträge.[350]

Die Wohnsituation in Rotterdam war auch in der zweiten Hälfte der 1920er Jahre keineswegs zufriedenstellend: Noch immer herrschte ein Mangel an bezahlbarem Wohnraum, und ein Großteil der Wohnungen erfüllte nicht die notwendigen Qualitätskriterien. 1927 sprach sich Plate daher für eine Akzentverschiebung hin zur »Wohnstadt Rotterdam« aus: »Die Stadt, die wegen ihrer Häfen berühmt, aber für ihr Bauen berüchtigt ist, wird sich mit einem Mal auf den Weg machen, um große Wohnstadt zu werden.«[351] Auf der im Sommer 1928 eröffneten Industrieausstellung »Nijverheidstentoonstelling II« präsentierte sich Rotterdam

58. Hofplein mit Delftsche Poort (rechts), Rotterdam, Fotografie 1929

59. De Opbouw, Hofplein-Entwurf, 1928, mit Ansicht von Rathaus und Post am Coolsingel

neben einem großen Hafenmodell auch mit Ouds international bekannten Wohnbauten.³⁵² Dennoch ging Ouds Tätigkeit für den *Woningdienst* dem Ende zu. Zwischen 1928 und 1930 wurden die seit 1925 vorliegenden Pläne der Siedlung Kiefhoek* ausgeführt, während der Entwurf für die Häuserzeilen in Blijdorp* (1930/31) wohl nicht mehr im Auftrag der Gemeinde entstand: Für den Wohnungsbau des Neubaugebiets griff diese bereits auf andere Architekten zurück.³⁵³

Ende der 1920er Jahre zeigte der niederländische Wohnungsbau eine zunehmende Beeinflussung durch die zeitgenössische deutsche Architektur. Vor allem Berlin und Frankfurt am Main mit ihren progressiven Stadtbauräten Martin Wagner und Ernst May konnten herausragende Ergebnisse im sozialen Wohnungsbau vorweisen. Als wichtiges Bindeglied zwischen beiden Ländern fungierte Oud mit seinen zahlreichen Kontakten zu deutschen Kollegen wie Peter Behrens, Walter Gropius, Ludwig Hilberseimer, Erich Mendelsohn, Hannes Meyer und Bruno Taut.³⁵⁴ Ein weiterer Vermittler war der ebenfalls aus Purmerend stammende und mit Oud bekannte Architekt Mart Stam, der 1928–30 unter May in Frankfurt gearbeitet hatte. Sein Zeichner Ben Merkelbach kehrte 1928 in die Niederlande zurück und propagierte unter anderem durch das Instituut voor Volkshuisvesting en Stedebouw die in Deutschland entwickelten Lösungen. Vor allem über Oud und De Jonge van Ellemeet, Mitglied dieses Instituts, drangen diese Ideen direkt zum Rotterdamer *Woningdienst* vor.

Oud selbst realisierte für die Gemeinde mit seiner Siedlung Oud-Mathenesse*, den Wohnzeilen in Hoek van Holland* und der Siedlung Kiefhoek* drei im internationalen Vergleich frühe und qualitätvolle Werke der Modernen Architektur. Vor allem Kiefhoek mit ihren extrem langen und gleichförmigen Häuserreihen stieß auf großes internationales Interesse. Die Siedlung wurde bei den CIAM II vorgestellt und in die Publikation der CIAM III aufgenommen. Auf Anfrage der Kongreß-Leitung erklärte sich Oud zudem bereit, den Themenbereich Urbanismus zu übernehmen, sagte sein Kommen dann jedoch ab.³⁵⁵ Über De Opbouw blieb er weiterhin in Kontakt mit der niederländische CIAM-Gruppe, die beschlossen hatte, die Ausstellung des dritten Kongresses »Rationelle Bebauungsweise« zusammen mit einem Gutachten in den Niederlanden zu präsentieren.³⁵⁶ Bevor der von De 8 und De Opbouw gemeinsam erarbeitete Bericht erschien, wurden 1931 zwei Artikel zu diesem Thema in der Zeitschrift des Instituut voor Volkshuisvesting publiziert.³⁵⁷ Im Zentrum stand die natürliche Belichtung der Wohnungen, die durch nord-süd-gerichtete Zeilenbauten zu erreichen sei. Als Beispiel wurde Stams Siedlung Hellerhof in Frankfurt am Main (1929/30) mit rechtwinklig an die Häuserzeilen angefügten niedrigeren Bauten vorgestellt. Bereits 1930 hatten Merkelbach, Ch. J. F Karsten und Willem van Tijen einen alternativen städtebaulichen Entwurf für die Wohnblöcke des Indische Buurt in Amsterdam als Vorbereitung für die CIAM III erarbeitet (Abb. 63a, b).³⁵⁸ Die nord-süd-ausgerichteten Bauten sind – deutschen Vorbildern folgend – durch eingeschossige Flügel miteinander verbunden.

Die Kritik von De Opbouw an den städtebaulichen Projekten der Stadt Rotterdam verschärfte sich Ende der 1920er Jahre. 1929 legte Witteveen einen neuen Bebauungsplan für die Gebiete Bergpolder und Blijdorp vor, der sich seinem Entwurf für Groß-Rotterdam einfügte. Der im Oktober 1931 vom Gemeinderat angenommene Plan zeigt abweichend von den Bestrebungen De Opbouws und der CIAM eine symmetrische Anlage mit unregelmäßig geformten Wohnblöcken (vgl. Abb. 355). Als Reaktion auf den Plan von Witteveen, der inzwischen zum Leiter der Abteilung Stadsontwikkeling aufgestiegen war, verfaßten Van Loghem und Paul Schuitema (Vorsitzender und Sekretär von De Opbouw) eine gemeinsame Bittschrift.³⁵⁹ Sie bedauerten, daß bei der Vorbereitung keine Hilfe von fortschrittlichen Architekten eingeholt worden sei, die aufgrund ihrer Erfahrungen die bestmöglichen Lösungen hinsichtlich Parzellierung und Bebauung hätten finden können. Bei der Grundstücksvergabe sollten in Zukunft die neuen Strömungen unterstützt und somit Rotterdams Entwicklung zur modernen Wohnstadt gefördert werden.

Auch von seiten der Bauunternehmer stieß Witteveens Plan auf Kritik. Bestimmen war, daß mit den festgelegten Wohnungstypen und den komplexen Eckbauten die Errichtung preiswerter Wohnungen unmöglich schien. Das Verbot von Wohnungen mit Zwischenzimmern und Alkoven ließ zudem den alten Alkovenstreit wieder aufflammen: Im Juli 1931 organisierten die wichtigsten Wohnungsbauvereinigungen eine Protestveranstaltung, auf der die Arbeit der Gemeinde offen kritisiert wurde.³⁶⁰ So sei es bislang nicht gelungen, hygienische Nachteile bei Alkovenwohnungen zu beweisen. Die Gemeindeinstitutionen selbst hätten zudem noch keinen in großem Maßstab realisierbaren, gleichwertigen Wohnungstyp entwickelt.

Als Folge eines Boykotts der Bauvereinigungen wurden schließlich in einigen Straßen Wohnungen mit Durchgangszimmern zugelassen. Daneben beschloß die Gemeinde, Wohnbauten in eigener Regie zu errichten. Das letzte im Besitz der Gemeinde verbliebene Bauterrain wurde dabei für die Präsentation exemplarischer Lösungen bestimmt.³⁶¹ 1931 entstanden an der Kreuzung Stadhouderslaan und Statenweg die ersten Entwürfe des »Centraalplan« durch J. H. van den Broek, A. P. B. Otten und W. Th. ten Bosch³⁶², die allerdings vier geschlossene Wohnblöcke des traditionellen Typus vorsahen. In »Het Bouwbedrijf« wurde die Gemeinde daher aufgefordert, Experimente mit neuen Wohnungstypen und Bebauungsformen zu wagen.³⁶³ Von den Bauunternehmen werde im Gegenzug erwartet, daß sie die von der Gemeinde erprobten Typen zur Ausführung brächten. Bereits 1929 hatte Wethouder Ter Laan neben den sozialen Aspekten auch eine qualitätvolle gestalterische Lösung gefordert³⁶⁴, wobei den kommunalen Wohnbauten Modellcharakter zugesprochen wurde. Gegen die Befürchtung, die Baublöcke könnten ein eintöniges Erscheinungsbild liefern, verwies er auf die gelungene Bebauung von Amsterdam-Süd. Um auch in Rotterdam ein ge-

60. J. B. van Loghem, Ladenzeile Meent, Rotterdam, 1930–32, Perspektive

schlossenes Stadtbild zu erhalten, forderte Ter Laan schließlich die Vergabe größerer Grundstücke.³⁶⁵

Von verschiedenen Architekten wie Van den Broek, Van Loghem, Van der Vlugt, Van Tijen und Oud wurden – zum Teil in privater Initiative – Alternativpläne zu Witteveens Bebauungsplan erstellt. Mit Ausnahme eines Hochhaus-Entwurfs von Van Loghem blieb Witteveens Plan in seiner Gesamtstruktur dabei unangetastet. Van den Broek legte 1929/30 insgesamt acht Varianten zu einem Gebiet in Bergpolder vor, im Winter 1930/31 folgte Oud mit seinem Entwurf für ein Terrain in Blijdorp*.³⁶⁶ Wie zuvor bei den Siedlungen Oud-Mathenesse* und Kiefhoek* übernahm Oud hier die städtebauliche Anlage wie auch den Entwurf der Wohnungen. Die acht bzw. neun in Ost-West-Richtung verlaufenden Häuserzeilen setzen sich konsequent von Witteveens traditionellem Typus des geschlossenen Wohnblocks ab (Abb. 356, 360). Vergleichbar dem Konzept von De Opbouw, progressive Gegenentwürfe zu bestehenden Bauprojekten zu erstellen, bildete Ouds Blijdorp-Entwurf eine Alternative zu den konventionellen Plänen der Gemeinde. Oud, zu dieser Zeit noch Mitglied in De Opbouw, wurde dort sicherlich mit dem aktuell diskutierten Gutachten zur offenen Wohnbebauung konfrontiert. Entsprechend finden sich Parallelen zwischen Ouds Blijdorp-Entwurf und dem früheren Plan von Merkelbach, Karsten und Van Tijen für den Indische Buurt (Abb. 63b). Dies betrifft vor allem die Zeilenbauten mit niedrigen Querbauten, aber auch Einzellösungen wie eine Dachterrasse und Abstellräume im Erdgeschoß sowie die Unterbringung von Seniorenwohnungen.³⁶⁷

Der Kritik an Witteveens Plänen schlossen sich auch einzelne Wohnungsbauvereinigungen an. Hierzu zählten die Vereinigung Eendracht und die Wohnungsbaukooperation der öffentlichen Angestellten, die gemeinsam einen der Wohnblöcke am Vroesenpark realisieren sollten. Parallel zu den Vorstellungen von De Opbouw formulierten diese 1929 ein Bauprogramm mit einem Gemeinschaftsgarten, Abstellräumen und Spielraum im Erdgeschoß unter den Wohngeschossen, eine Nord-Süd-Ausrichtung und eine Öffnung des Blocks zur Südseite.³⁶⁸ Mit Ausnahme des Spielraums unter dem Erdgeschoß traten diese Elemente kurz darauf auch in Ouds erstem Entwurf für Blijdorp* auf. Oud ging hier jedoch einen Schritt weiter und ersetzte die geschlossenen Baublöcke durch Zeilenbauten. Im Juni 1931, als Ouds Entwurf für Blijdorp* bereits vorlag, unternahm Wethouder Ter Laan mit Vertretern verschiedener Wohnungsbauvereinigungen und zwei Beamten von Bouwpolitie en Woningdienst eine Studienreise nach Deutschland, um die dortigen Wohnblöcke zu besichtigen. Von einer Beteiligung Ouds, der seinen Gegenentwurf offenbar auf eigene Initiative erstellt hatte, ist nichts bekannt. Eine von insgesamt vier Städten, die im Rahmen dieser Reise besucht wurden, war Berlin. Als bemerkenswert hob Ter Laan hervor, daß dort alle Wohnungen über ein Bad verfügten und die Wohnblökke an den Schmalseiten aufgebrochen seien, um die Belichtung und die Luftzufuhr zu verbessern. Die genannten Aspekte sollten in Zukunft auch bei den Rotterdamer Wohnbauten Berücksichtigung finden.³⁶⁹

Wie die weiteren Diskussionen zeigen war die Bebauungsart des Gebiets zu diesem Zeitpunkt noch vollkommen offen. Im Winter 1931 wurden Bedenken laut, ob bei den zu erwartenden Mietpreisen die Klientel der Arbeiter überhaupt erreicht werden könne. Verheul sprach sich generell gegen Arbeiterwohnungen in Blijdorp aus, da diese nicht in die repräsentative Umgebung des neuen Stadtteils mit breiten Prachtstraßen, aufwendigen öffentlichen Bauten und Apartmenthäusern [›flatwoningen‹], »woran sehr hohe architektonische Anforderungen gestellt werden sollen«, paßten.³⁷⁰ Im Gegensatz hierzu forderte Gemeinderatsmitglied Renderink, daß die Gemeinde alle in Blijdorp zu errichtenden Arbeiterwohnungen selbst ausführen solle.³⁷¹ Tatsächlich wurde nach der Neuausschreibung der Grundstücke im Dezember 1931 ein Kostenvoranschlag für Ouds Häuserzeilen erstellt. Weshalb Ouds Entwurf keine Unterstützung fand, bleibt unklar. Neben finanziellen Engpässen der Gemeinde könnten auch die Bauschäden an Ouds Rotterdamer Siedlungen und die hierzu laufenden Untersuchungen eine Rolle gespielt haben.³⁷² Obwohl Oud seinen Entwurf geschätzt haben muß – laut Van den Broek hing eine der Perspektivzeichnungen der Häuserzeilen (vgl. Abb. 358) in seinem Arbeitszimmer im Rotterdamer Rathaus³⁷³ – wurde er zu seinen Lebzeiten nur selten publiziert.

Die hohen Grundstückspreise und die zahlreichen Vorgaben der Gemeinde führten zu einer starken Verteuerung der Bauten.³⁷⁴ In der Folge wurde für Bergpolder eine Bebauung mit Arbeiter- und Mittelstandswohnungen festgelegt, während man Blijdorp zum gehobeneren Wohngebiet mit ausschließlich Mittelstandswohnungen erklärte. Die vier zentralen Wohnblöcke in Blijdorp waren erst 1938 fertig und konnten daher nicht mehr die gewünschte Vorbildfunktion übernehmen. De Opbouw erklärte das Gesamtprojekt Blijdorp im nachhinein für gescheitert: »Es ist nicht erfreulich, feststellen zu müssen, daß Blijdorp und Bergpolder ein Fehlschlag geworden sind. Dieses vollkommen neue

61. Calandplein, Rotterdam, Luftbild mit Warenhaus Bijenkorf und Passage (links), Fotografie 1930

62. Coolsingel und Calandplein mit Warenhaus Bijenkorf von W. M. Dudok, Rotterdam, hist. Ansicht

Stadtviertel mit der Einwohnerzahl einer kleinen Stadt wurde der Spekulationssucht geopfert. Es ist dort nirgends Menschlichkeit zu spüren. Neben der unnötig breiten Straßentrassierung der Stratenlaan ... gibt es unzählige Straßen, die durch eine viel zu enge Bebauung [›nauw profiel‹] und durch zu viele charakterlose drei- oder viergeschossige Etagenwohnhäuser zu einem systematischen Fehlschlag geworden sind.«[375]

1.8. Kritik und Entlassung aus dem *Woningdienst*

Bereits Block I und V* in Spangen, die ersten für den *Woningdienst* errichteten Wohnbauten von Oud, wurden vom Gemeinderat aufgrund ihrer angeblich schlechten Ausführung kritisiert. Am 3. April 1919 und damit vor Fertigstellung der Wohnungen fiel der Beschluß, eine unabhängige Untersuchung der Gebäude durchzuführen.[376] Auch die folgenden Bauten von Oud zeigten nach kurzer Zeit zum Teil gravierende Bauschäden. Bei den Häuserzeilen in Hoek van Holland* drang über die Balkone Wasser in die Erdgeschoßwohnungen ein, während sich bei der Siedlung Kiefhoek* große Risse in den Häuserwänden bildeten.[377] Oud, der dort nach Absprache mit De Jonge van Ellemeet auf Fundamentpfähle verzichtet hatte, wurde von verschiedener Seite angegriffen.[378] Als einer seiner erbittertsten Gegner erwies sich Stadtarchitekt A. van der Steur. Im November 1930 trat Van der Steur mit Verweis auf die Verantwortung des Architekten an die Öffentlichkeit. Vor allem Ouds Entscheidung, aus finanziellen Gründen auf die übliche Fundamentierung zu verzichten, wurde dabei in Frage gestellt[379]: »Hier macht der Architekt, was er einem privaten Bauherrn vorwirft, selbst: er vernachlässigt fundamentale Konstruktionsanforderungen, um etwas Preiswertes zu schaffen.«[380] Im Dezember 1930 forderte der Vertreter der Vrije Liberalen J. Verheul Konsequenzen für den *Woningdienst*: »Ich frage mich dann auch, ist die Abteilung des Woningdienst, die diese Arbeit entwarf und ausführte, wohl angemessen dazu in der Lage gewesen und kann sie so weitermachen oder ist hier nicht eine große Veränderung notwendig? Wenn bei einem anderen Bauwerk ein privater Architekt durch konstruktive Fehler so ein schlechtes Ergebnis geliefert hätte, würde er vielleicht ein Vermögen an Schadenersatz zu bezahlen haben und Zeit seines Lebens unglücklich sein. Hier kräht kein Hahn danach; die Gemeinde soll immer alles bezahlen!«[381] Laut Verheul bleibe die Gemeinde nun »auf einer Ruine von 800.000 Gulden sitzen.«[382]

Im März 1931 erläuterte De Jonge van Ellemeet, daß beim Bau von Kiefhoek* die Höhe der Lehmschicht bekannt gewesen und man daher schon im Vorfeld von Rißbildungen ausgegangen sei.[383] Die Risse seien jedoch stärker ausgefallen als erwartet. Die Frage, ob die Entscheidung von *Bouwpolitie en Woningdienst* zum Verzicht auf Fundamentpfähle richtig gewesen sei, könne unterschiedlich beantwortet werden. Er gebe jedoch zu, daß Risse an verputzten Wänden grundsätzlich alarmierender wirkten als bei gefugtem Mauerwerk und der Verputz somit – in diesem Fall – keine geeignete Lösung darstelle. 1935 bemerkte er rückblickend gegenüber Oud: »Der Verputz von Kiefhoek (und von Hoek) sieht in der Tat alles andere als schön aus. Es ist das bekannte Problem, über das ich bereits vor dem Bau nachdachte, aber das ich doch noch unterschätzt habe: eine Fassadenfläche, die eine regelmäßige Instandsetzung verlangt, ist doch für Arbeiterwohnungen eigentlich nicht brauchbar.«[384]

Auch in der Siedlung Oud-Mathenesse* traten nach einiger Zeit Risse in den Fassaden auf. Darüber hinaus sackten die in der Mittelzone gepflasterten Straßen ein und zeigten an einigen Stellen tiefe Löcher.[385] Ursache der Schäden war wiederum die Verwendung von Betonplatten an Stelle von Fundamentpfählen, die für die leichten und temporär gedachten Bauten nicht notwendig schienen.[386] Obwohl die Absenkungen nach kurzer Zeit zum Stillstand kamen, war das Erscheinungsbild der Siedlung stark beeinträchtigt. Die Zeitschrift »Klei«, Organ der Backsteinindustrie, veröffentlichte im Juni 1931 Abbildungen der beiden Siedlungen.[387] »Es wird den Leser interessieren, auch einmal etwas von den berüchtigten Teilen Rotterdams zu sehen. Wir zeigen jedoch keine Fotos von seinem internationalen Hafen, der Bevölkerung, dem Chinesen-Quartier usw., sondern von Teilen der Neubauten, die in den letzten Jahren unter direkter Leitung und Ausführung des *Gemeentelijke Woningdienst* entstanden sind.«[388] Unabhängig davon, daß diese Bauten im Ausland als niederländischer Beitrag zur »Neuen Sachlichkeit« gepriesen würden, sei zu prüfen, ob es sich bei dieser Art des Bauens um einen Fortschritt oder Rückschritt der niederländischen Baukunst handle. Die Auswahl der Fotografien diente zweifellos zur Demonstration des – für das niederländische Klima – ungeeigneten Verputzes sowie des Groninger- und Ijsselstein an Stelle der bewährten Materialien Backstein und Holz. Zu sehen sind entsprechend abbröckelnde Farbe und ausgebesserte Risse, die sich von den weiß verputzten Mauerflächen absetzen. In Oud-Mathenesse kommen die abgesackten Straßen hinzu, die sich in Folge von Regenfällen in Schlammwege verwandelt hatten. Die Siedlung mache auf den Autor insgesamt einen verfallenen und hoffnungslosen Eindruck, und auch Kiefhoek wird nicht nur als konstruktiver, sondern auch als ästhetischer Fehlschlag bezeichnet.[389]

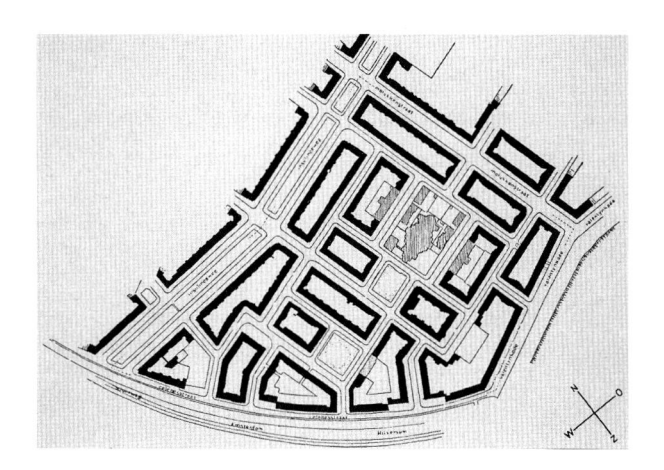

63a. Stadterweiterung Indische Buurt, Amsterdam, Schemaplan mit geschlossenen Wohnblöcken

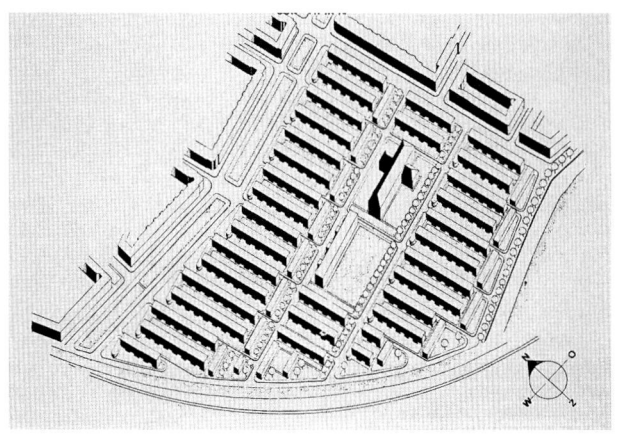

63b. Ben Merkelbach, Chr. J. F. Karsten, Willem van Tijen, Alternativentwurf Stadterweiterung Indische Buurt, Amsterdam, 1930

Die harsche Kritik an Ouds Bauten wird erst vor dem Hintergrund der sich absenkenden Wohnblöcke in Tusschendijken* verständlich. Im Dezember 1930 berichtete Verheul von den gravierenden Schäden an den ehemals teuren Wohnblöcken: »Bei einem Teil der durch Pfähle gestützten, großen, kostspieligen Wohnkomplexe in Tusschendijken, speziell denen, welche in der Taandersstraat und in der Haringpakkersstraat liegen, sind die Rißbildung und das Absacken hoher Mauern sehr schlimm, und es mußten bereits kostspielige Vorkehrungen getroffen werden.«[390] Das Ausmaß der Schäden führte zu erbitterten Diskussionen über eventuelle Versäumnisse des Architekten und lenkte die Aufmerksamkeit verstärkt auch auf die übrigen Bauten von Oud. 1930 hatten B & W bereits eine unabhängige Untersuchung der Siedlungen Oud-Mathenesse* und Kiefhoek* sowie der Tusschendijkener Wohnblöcke gefordert. Den Auftrag erhielten die beiden Privatarchitekten C. N. van Goor und Ir. A. D. Heederik, die einen 17-seitigen Bericht ihrer Arbeit vorlegten. Nach längerer Verzögerung wurde dieser am 26. Juni 1931 an den Direktor der *Bouwpolitie en Woningdienst* weitergeleitet und im Dezember zusammen mit einem Nachwort von Van der Steur im »Bouwkundig Weekblad« publiziert.[391] Die Untersuchung sollte feststellen, inwieweit Oud persönlich für die Schäden verantwortlich war sowie Maßnahmen zur Wiederherstellung bzw. zum Erhalt der Bauten aufzeigen.

Durch das Gutachten wurde Oud zumindest teilweise entlastet. Festgestellt wurde, daß die gewählte Fundamentkonstruktion der Tusschendijkener Blöcke angemessen und auch die Ausführung sachgerecht erfolgt sei. Die Ursache der Bauschäden könne damit allein in der ungleichmäßigen Absenkung des Bodens liegen. Grund hierfür waren offenbar die Jahre zurückliegende Aufschüttung des Terrains, Baugrundverschiebungen und eine allgemein heterogene Struktur des Bodens mit unterschiedlich wasserhaltigen Lehmschichten. Als besonderer Umstand wird hervorgehoben, daß unter den ersten vier Blöcken ehemals ein Deich, »het Groene Dijkje«, verlaufen sei (Abb. 208). Dennoch hätte nach Meinung der Gutachter bei einem derart umfangreichen Bauvorhaben die Frage nach einer besonderen Fundierung gestellt werden müssen. Eine Wiederherstellung des Bauzustandes sei nach Meinung der beiden Sachverständigen erst nach Abschluß der Absenkungen möglich. Sollte sich der Zustand so verschlechtern, daß die Wohnungen nicht mehr zumutbar seien, könne allein ein neues Fundament Abhilfe schaffen.[392]

Auch im Falle von Kiefhoek* galt die Frage, ob Fundament und Konstruktion zu verantworten waren. Prinzipiell wurde auch hier das gewählte Fundament als angemessen bewertet. Neben der Absenkung des Bodens müsse jedoch auch die Konstruktion mit Fassadenträgern einbezogen werden, wobei letztere bei Temperaturschwankungen ihre Länge veränderten. Auf die notwendige Anbringung von Fugen zum Ausgleich dieser Verschiebungen sei mit Blick auf eine homogene Fassadenoberfläche verzichtet worden.[393] Bei der Siedlung Oud-Mathenesse* waren die Absenkungen längst zum Stillstand gekommen, und die Schäden wurden insgesamt als unbedenklich eingestuft. Der Eindruck von »Dürftigkeit« läge daher nicht am Verfall der Bauten oder an konstruktiven Mängeln, sondern allein am Verputz der Außenmauern, der für das landestypische Klima unpassend sei. An der sorgfältigen Vorbereitung der Konstruktion und Ausführung der Bauten bestehe kein Zweifel.[394]

Neben Ouds Wohnbauten traten auch bei der Kirche* in Kiefhoek Schäden im Verputz auf. »Nach nicht allzu langer Zeit fühlten wir uns betrogen, da sich der Verputz der Mauern löste; der von den Häusern zuerst; später der von der Kirche. Wir machten es dem Architekten zum Vorwurf; er hätte für besseres Material sorgen müssen. So wurde die erst so gerühmte Reinheit zu einer Verhöhnung, und wer nun die Kirche sieht, erschrickt; es sieht schrecklich aus, alle Weihe ist verloren.«[395] Auch die 1927 errichteten Reihenhäuser der Stuttgarter Weißenhofsiedlung* wiesen bereits nach einem Jahr gravierende Mängel auf. Vor allem in den Tür- und Fensterbereichen zeigten die Putzfassaden starke Rissbildungen.[396] Von den Bewohnern der Reihenhäuser wurde in erster Linie die Feuchtigkeit der Räume beklagt. Den ersten Mietern war die Nutzung der Kellerräume nicht möglich gewesen, und eine Bewohnerin berichtete, daß im Wäschekammer Schuhe von Schimmel befallen seien.[397] Ursache war eine ungenügende Wärmedämmung verbunden mit einem völlig unzureichenden Heizsystem, die zu feuchten Innenwänden und einem klammen Raumklima führten. An den einfach verglasten Metallfenstern und -türen bildete sich Schwitzwasser und Schimmel.[398]

Unabhängig von der mangelnden Haltbarkeit der Wohnbauten wurde in dieser Zeit auch vermehrt Kritik an Ouds Architektursprache laut. Ein zentraler Angriffspunkt waren die Putzfassaden, die als ungeeignet für das niederländische Klima galten, während der unverputzte Backstein es »durch die Jahrhunderte hin ruhmreich hat aushalten können«.[399] Van der Steur äußerte in seinem Nachwort zum Bericht sowohl Bedenken hinsichtlich der Formensprache als auch der davon abhängigen konstruktiven Lösungen.[400] Ausgehend von seinen eigenen Berechnungen sah er die Konstruktion (wie bereits in seinem früheren Artikel) als an der Grenze des Verantwortbaren. Insgesamt warf er Oud mangelndes Gefühl für die technischen Seiten eines Bauwerks vor. Da er dies jedoch als Zeiterscheinung deutete, richtete er gleichzeitig eine Warnung an die jungen enthusiastischen Architekten, »vor allem an die, welche aus Prinzip weiß bauen und flach«.[401] Entsprechend verwahrte er sich gegen eine Reduktion der Architektur auf das rein Formale und gegen die Verherrlichung der »modernen normierten Technik«. Wenn sich Oud über das Dogma der gleichförmigen Baublöcke hinweggesetzt hätte, wären die Folgen, laut Van der Steur, anders ausgefallen. Insgesamt zeige die Siedlung Kiefhoek ein schäbiges, baufälliges Erscheinungsbild mit einer entsprechenden psychologischen Wirkung auf ihre Bewohner.

Obwohl Oud keine direkten schwerwiegenden Fehler oder Versäumnisse nachgewiesen werden konnten, hatten die Schäden an seinen Wohnbauten doch ein negatives Bild seiner Arbeit hinterlassen. Anzunehmen ist, daß dadurch auch sein Ansehen innerhalb des *Woningdienst* Schaden nahm. In der Oud-Literatur blieben die gravierenden Bauschäden seiner Wohnkomplexe und die massive Kritik an seiner Arbeit weitgehend unbeachtet.[402] So behauptete Hans Oud mit Blick auf die Wohnblöcke in Spangen* und Tusschendijken*, daß »... sich nach 60 Jahren ununterbrochenen Bewohnens die Häuser noch in gutem Zustand befinden, ohne Risse und nicht versackt.«[403]

Zum 1. April 1933 wurde Oud nach 15 Dienstjahren aus seiner Stellung bei der Gemeinde entlassen. Nachdem die *Commissie voor Volkshuisvesting* bereits im Jahr zuvor auf diesen Schritt gedrungen hatte, entschied Oud – aufgrund »mangelnden Vertrauens« in seine Person – nachzugeben. Am 15. Oktober 1932 bat er in einem Schreiben an B & W um eine ehrenhafte Entlassung samt Abfindung.[404] Oud, dem beide Forderungen erfüllt wurden, ließ sich als Privatarchitekt in Hillegersberg nieder.[405] Seine Entwürfe blieben im Besitz des *Woningdienst*.[406]

Als mögliche Gründe für die Entlassung seines Vaters nennt Hans Oud finanzielle Engpässe, die durch Personalabbau entschärft werden sollten, die zahlreichen Beurlaubungen für Vortragsreisen und Aufenthalte in Stuttgart sowie krankheitsbedingte Ausfälle. Auch Ouds Berühmtheit könne Probleme innerhalb der *Bouwpolitie en Woningdienst* geschaffen haben.[407] Diese Vermutung wird durch einen sarkastischen Artikel in »Het Bouwbedrijf« unterstützt: »Der auch außerhalb unserer Landesgrenzen sehr bekannte und ganz sicher außerhalb unseres Landes viel mehr als in unserem Land gewürdigte Architekt J. J. P. Oud wird zum 1. April 1933 den Dienst bei der Gemeinde Rotterdam verlassen und sich als Privatarchitekt niederlassen. Es ist für die niederländische Baukunst zu hoffen, daß dieser unermüdliche und talentierte Pionier, dieser ausgewiesene Kämpfer für neue Ideen in der Baukunst in der freien Berufsausübung eine größere und wichtigere Wirkungssphäre bekommen kann, als in einem amtlichen Verhältnis mit einer kommunalen Institution, bei der die Führung ganz und gar nicht durchdrungen war von dem Geist, der Ouds Wirken und Streben beseelte.«[408] Auch der Vorwurf bautechnischer Fehler wird dort in ironischer Form angesprochen: »Wenn dann auch bei dem Versuch, so preiswert wie möglich die Wohnbedürfnisse der Kreise zu befriedigen, die allein einen minimalen Betrag für das Wohnen verwenden können, das Experiment mit einer vereinfachten Fundamentsetzung nicht ein vollkommen befriedigendes Ergebnis geliefert hat, dann darf so etwas keineswegs zum Vorwurf gegen den Architekten und noch weniger zur Kritik an der von ihm bevorzugte Architekturrichtung führen.«[409]

Auch als Mitglied der Gruppe De Opbouw, die massive Kritik an der kommunalen Bautätigkeit übte, wird Oud – innerhalb der Gemeinde – ins Abseits geraten sein.[410] Ouds Gegenposition zeigt sich vor allem bei seinen Entwürfen der Volkshochschule* und den Häuserzeilen in Blijdorp*, die in der Tradition von De Opbouw Alternativvorschläge für Witteveens Plan lieferten. In diesen Kontext gehört auch der 1928 von De Opbouw vorgelegte Gegenentwurf für das Hofplein, der sich als eine Weiterführung von Ouds (kurz zuvor abgewiesenen) Börsen-Projekt* zu erkennen gab.[411] Die progressive Formensprache von De Opbouw, die auch Ouds Arbeiten beeinflußte, stieß bei der Gemeinde allgemein auf Ablehnung. Als Architekt von *Bouwpolitie en Woningdienst* stand Oud letztendlich zwischen den Fronten von De Opbouw und den in formalen Fragen konservativen Gemeindevertretern.

Allerdings wurde nicht nur Ouds Arbeit, sondern auch die Institution des *Woningdienst* vom Gemeinderat in Frage gestellt. Vor allem Verheul äußerte sich kritisch: »Der Woningdienst hat in verschiedenen Fällen versagt. Früher herrschte die Meinung vor, daß auch die Erweiterungspläne durch dieses Amt entworfen werden müßten, was durch den früheren wethouder Heijkoop stark gefördert wurde. Der Woningdienst brachte in dieser Beziehung jedoch nicht viel zustande und dies wohl wegen eines Mangels an Kenntnis der allgemeinen lokalen Zustände und an Erfahrung bei derartiger Arbeit.«[412] Eine Auflösung des Baubüros würde zu einer finanziellen Entlastung führen: »Das ganze Baubüro, eine Unterabteilung des Woningdienst, das neben dem Architekten und Leiter eine bedeutende Anzahl Beamte umfaßt, soll, wo wir doch mit Blick auf die finanzielle Stellung der Gemeinde in allem stark sparen müssen, meines Erachtens dann auch aufgelöst werden können.«[413] Der Arbeit des *Woningdienst* sprach Verheul schließlich jeden Wert ab: »Diese Abteilung hat mit eigenen Bauten nicht viel Erfolg gehabt und ist auch hierin gescheitert. Sie hat bei dem, was durch ihr Zutun zu Stande kam, viel zu viele Konstruktionsfehler gemacht, die viel Instandsetzung erforderten oder ein Vermögen kosten, wenn sie wiederherzustellen sind.«[414] Ouds internationaler Ruhm schien ihm daher nicht gerechtfertigt: »Und doch wird für den Baumeister von all diesen Bauwerken immer die nötige Werbung durch Aufnahme der sogenannten Prachterzeugnisse der modernen Rotterdamer Gemeindearchitektur in Zeitschriften gemacht, doch unter Verschweigen der großen konstruktiven Mängel … sehr viel Freude haben wir an dieser Abteilung nicht gehabt und je eher sie verschwindet, umso besser wird es sein. Die Arbeit, die dort gemacht wird, kann durch andere Dienste ausgeführt werden.«[415] Alternativ zu diesen Vorschlägen wurde eine Reduzierung des Personals von *Bouwpolitie en Woningdienst* gefordert.[416] Kurz zuvor hatte der Direktor angeboten, drei Mitarbeiter seines Amtes zur Verfügung zu stellen.

Die Entlassungen innerhalb der Gemeindedienste weisen bereits auf die zukünftige Entwicklung in Rotterdam. Van Loghem bemerkte 1936 in »De 8 en Opbouw«: »Einzelne Büros der Gemeinde oder privater Architekten sind überfüllt, aber der Großteil der Architekten muß die jungen Kräfte entlassen, weil Rotterdam doch ohne Künstler auskommen kann … Rotterdam geht auch durch Banalität zu Grunde und niemand in dem Land wird trauern, denn über das Banale wird niemals getrauert … Rotterdam hat Hafeninteressen, aber braucht keine sensiblen Menschen, die etwas für die Stadt tun können, die von früheren Generationen vernachlässigt wurde und auch durch diese Generation vernachlässigt wird.«[417] Gleichzeitig kritisierte Van Loghem die Vorgehensweise bei der Gestaltung der Meent: »Durch politisches Ränkespiel wurde ein Versuch, die Meent angemessen zu bebauen, zum Tode verurteilt. Wenn nicht in letzter Minuate eine Gruppe von Männern mit Rückgrat aufsteht, wird dieser bedeutende Verkehrsweg im Zentrum der Stadt ebenso engstirnig und kleinbürgerlich ›benepen en burgerlijk‹ werden wie Blijdorp und Bergpolder.«[418]

1.9. Zusammenfassung

Abweichend von der liberalen Haltung der Gemeinde, die zur Bekämpfung der Wohnungsnot in erster Linie private Bauunternehmer unterstützte und dafür sogar den Bau von Alkovenwohnungen zuließ bzw. subventionierte, setzten der Direktor des *Woningdienst* Auguste Plate und Wethouder Arie Heijkoop im Wohnungsbau auf eine aktive Rolle von Gemeinde und Staat. Im Auftrag (und damit finanziert) von der öffentlichen Hand sollten neue Wohnungstypen entwickelt und neue Baumaterialien erprobt werden, um damit sowohl die Qualität der Wohnungen zu verbessern als auch die Baukosten zu senken. Als einzigem festangestellten Architekten des *Woningdienst* bzw. Abteilungsleiter von *Bouwpolitie en Woningdienst* wurde Oud ein großer Teil dieser Projekte übertragen. Entgegen der vor allem in Deutschland vorherrschenden Meinung war er jedoch keineswegs Stadtbaumeister von Rotterdam. Diese Position nahm ab 1926 sein Kontrahent W. G. Witteveen sowie später A. van der Steur ein, die beide im Vergleich zu Oud eine deutlich konservativere Architekturrichtung vertraten. Als Angestellter einer Gemeindeinstitution war Oud den Anweisungen seiner Vorgesetzten, Auguste Plate bzw. dessen Nachfolger M. J. I. de Jonge van Ellemeet, verpflichtet. Allerdings konnte Oud seinen Einfluß in den ersten Jahren deutlich ausbauen: Während er sich bei den Spangener Blöcken* noch der städtebaulichen Planung unterordnen mußte, wurde der Bebauungsplan von Tusschendijken für die von ihm entworfenen acht Wohnblöcke im Detail verändert. Für das Stadterweiterungsgebiet Oud-Mathenesse*, das 30.000 Menschen beherbergen sollte, erstellte Oud zusammen mit Th. K. van Lohuizen einen Bebauungsplan und übernahm für das innerhalb des Terrains liegende »Witte Dorp« sowohl die städtebauliche Planung als auch den Entwurf der Bauten. Dasselbe gilt für die zeitlich folgende Siedlung Kiefhoek* mit ihren knapp 300 Wohnhäusern. Mit den finanziellen Schwierigkeiten des *Woningdienst* und Ouds Kritik an Witteveen schränkte sich sein Betätigungsfeld zunehmend ein. Dessen ungeachtet konnte er noch 1928 seine Interessen bezüglich der Kirche* in Kiefhoek durchsetzen. So legte die Gemeinde fest, daß der Bau nach Ouds Entwurf in Anlehnung an die Architektur seiner Siedlung auszuführen sei. In den folgenden Jahren, als Ouds Wohnbauten aufgrund von Bauschäden in Verruf gerieten, fand er innerhalb des *Woningdienst* keinen Rückhalt mehr.

Bei der Gestaltung seiner Bauten wurde Oud von seiten der beiden Direktoren des *Woningdienst* weitgehend freie Hand gelassen. Dies gilt auch für Wethouder Heijkoop, der Oud als Künstler verstand und dessen Arbeit akzeptierte. Im Gegensatz hierzu versuchten einige Mitglieder des Gemeinderats Einfluß auf die architektonische Form seiner Bauten zu nehmen. Neben der Bestimmung formaler Details wie der Verwendung des Schrägdachs in der Siedlung Oud-Mathenesse* sind hier die Forderung nach einem neuen Entwurf für die Wohnzeilen in Hoek van Holland*, die reduzierte Ausstattung der Wohnungen in Kiefhoek* und die Wahl des Baumaterials für die Häuserzeilen in Hoek van Holland und Kiefhoek zu nennen.[419] Vor allem von den konservativen Gemeindevertretern wurde Ouds künstlerische Arbeit wenig geschätzt. Die Vertreter der linken Parteien setzten sich zwar für einen starken *Woningdienst* und die Realisierung von Ouds Entwürfen ein, waren jedoch in erster Linie an einer Zunahme der Wohnungsbauproduktion und an funktionalen Wohnungen interessiert. Auch Plate und De Jonge van Ellemeet zeigten allein Interesse an den städtebaulichen Lösungen, wobei die Einheitlichkeit der Wohnkomplexe an erster Stelle stand. Die Gestaltung der einzelnen Bauten war für sie dagegen von untergeordneter Bedeutung. Mit der Durchsetzung seiner konsequent modernen Formensprache hatte Oud vor diesem Hintergrund durchaus Mut bewiesen. Andererseits wurde Ouds internationales Renommée mit Blick auf das Ansehen des *Woningdienst* auch positiv gewertet und gefördert. So erhielt er die Erlaubnis, seine Arbeiten bei Ausstellungen zu präsentieren und wurde für die Teilnahme an der Stuttgarter Werkbundsiedlung freigestellt. De Jonge van Ellemeet publizierte zwei Artikel in der »Tijdschrift voor Volkshuisvesting en Stedebouw«, in denen er die Siedlungen Oud-Mathenesse* und Kiefhoek* als positive Beispiele des aktuellen Wohnungsbaus vorstellte.[420] Oud selbst hat die im Ausland verbreitete Vorstellung, er habe den Posten des Stadtbaumeisters von Rotterdam inne, nicht korrigiert. Entsprechend wurde er mit den Stadtbaumeistern anderer Großstädte auf eine Stufe gestellt und sein Werk mit den Arbeiten dieser Männer verglichen. Architekten in Ouds Stellung erreichten jedoch selten seine künstlerische Bedeutung und seinen – von Oud gezielt geförderten – Bekanntheitsgrad.[421]

Rotterdam verdankte seinen Ruf als Stadt eines progressiven Wohnungsbaus an erster Stelle den von Oud errichteten Wohnbauten, Michiel Brinkmans Galerieblock und den Betonbauten der Gemeinde. Entscheidend waren die ersten Nachkriegsjahre, als der *Woningdienst* von Plate geleitet wurde und entsprechende Unterstützung vom Staat erhielt. Innerhalb der Niederlande hatte Amsterdam mit seinem über Jahre hinweg kontinuierlich verfolgten Wohnungsbauprogramm deutlich früher Erfolge im kommunalen Wohnungsbau erzielt. Hinsichtlich der Entwicklung neuer Wohnungstypen und der Erprobung neuer Baumaterialien und -techniken war Rotterdam der großen Schwesterstadt jedoch überlegen.[422] Arie Keppler, Direktor des Amsterdamer *Woningdienst*, würdigte 1938 die Vorreiterrolle Rotterdams und berief sich dabei auf den Wohnungsbau in Beton, die Erschließungsform über außenliegende Galerien und die frühen Beispiele des Neuen Bauens. Als problematisch wertete er jedoch die fehlende Nachfolge dieser positiven Errungenschaften. So habe der Galeriebau keine Fortsetzung gefunden, und sei der Betonbau in den Niederlanden auf wenige Beispiele beschränkt geblieben.[423]

Das Interesse des *Woningdienst* am Betonbau kann zum Teil Oud zugeschrieben werden, der sich bereits im Rahmen von *De Stijl* mit diesem Baumaterial auseinandergesetzt hatte. Neben dem Erwerb des technischen Know-how im Vorfeld der Planung dienten seine Entwürfe offenbar auch als Vorbild für die zur Ausführung bestimmten Bauten.[424] Plates Initiative zur Entwicklung normierter Bauelemente und standardisierter Wohnungstypen traf mit Ouds künstlerischem Interesse zusammen, der die typisierten Grundrisse erstmals architektonisch umsetzte. Ein erster standardisierter Wohnblock lag mit seinem Entwurf des Centraalbouw vor. Die in Block VIII* in Spangen verwendeten Grundrisse konnte Oud als Wohnungstypen in Block IX* und in Tusschendijken* übernehmen. Der in Spangen IX* realisierte Wohnblock kam – wiederum als Typus – in fünffacher Wiederholung in Tusschendijken zur Ausführung. Auch die Wohnungstypen der folgenden Bauten wurden als vorbildliche Lösungen für den *Volkswoningbouw* entwickelt und ausgeführt. Die Erschließung über eine außenliegende Galerie, wie sie im Centralbouw und Brinkmans Superblock auftrat, wird ebenfalls unter Mitwirkung von Oud konzipiert worden sein.

In Rotterdam entstanden durch die Konstellation von Heijkoop, Plate und Oud außergewöhnlich fortschrittliche Lösungen im Bereich des kommunalen Wohnungsbaus. Der Umfang der Bauproduktion durch die Gemeinde blieb im Vergleich zu Amsterdam jedoch gering. Selbst 1925, als die Bauproduktion in Rotterdam stark rückläufig war, entstanden in Amsterdam noch fast 8.500 Wohnungen.[425] Während dort die Gemeinde konkret gegen die Wohnungsnot vorging und tatsächlich bessere Wohnverhältnisse für die Massen schuf, zeigte der Rotterdamer *Woningdienst*, wie gute und preiswerte Wohnungen aussehen können. Die erprobten Wohnungstypen sollten in dem geforderten Umfang jedoch von privater Hand errichtet werden.[426] Zwischen 1920 und 1930, dem »Mekka van de volkshuisvesting«, bauten die niederländischen Gemeinden insgesamt doppelt so viel Wohnungen wie die Wohnungsbauvereinigungen. In Rotterdam hielt sich die Anzahl von Gemeindewohnungen und privat errichteten Wohnungen dagegen die Waage.[427]

2. Städtebauliche Lösungen

2.1. Die Arbeitersiedlung Leiderdorp

Ouds erste städtebauliche Arbeit steht in Verbindung mit den 1915/16 zusammen mit Willem Marinus Dudok (1884–1974) errichteten Arbeiterhäusern in Leiderdorp bei Leiden (Abb. 5, 64).[428] Der von der Vereinigung Dorpsbelang in Auftrag gegebene Wohnkomplex bestand aus 23 Arbeiterhäusern und einem Wohnhaus mit angegliedertem Laden und Friseursalon.[429] Hinzu kamen eine Brücke über den Kanal, zwei bepflanzte Grünstreifen und ein Brunnen oder Denkmal. Die auf Dezember 1914 datierten Pläne sind von Oud und Dudok unterzeichnet.[430] Dudok, der seit seiner Stationierung in Purmerend mit Oud befreundet war, hatte zum 1.

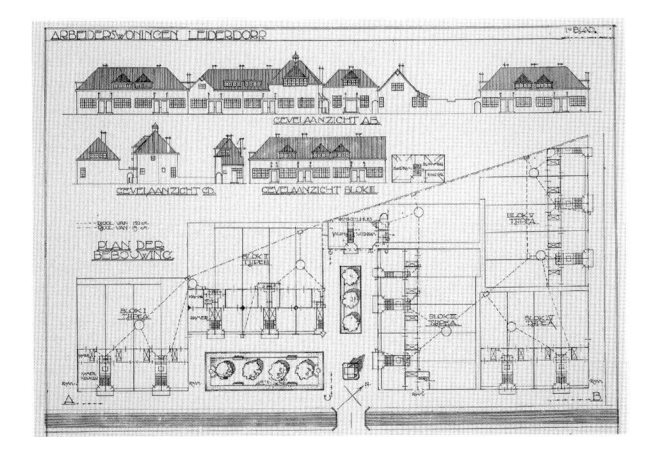

64. Arbeiterhäuser, Leiderdorp, 1914, Aufrisse, Lageplan mit Grundrissen

April 1913 eine Stelle als Ingenieur und stellvertretender Direktor des städtischen Bauamts in Leiden angetreten. Welchen Anteil Oud an den Entwürfen hatte, ist nicht gesichert. Bei den ebenfalls gemeinsam unterzeichneten Plänen für das Gebäude des Leidener Tageblatts (Juni 1916) übernahm Oud die Bauleitung vor Ort, während der Entwurf selbst auf Dudok zurückgeht.[431] Im Fall des früheren, jedoch weniger repräsentativen Auftrags für Leiderdorp läßt dagegen die reduzierte Formgebung, die bereits Ouds Frühwerk auszeichnet, auf seine Beteiligung am Entwurf schließen.[432] Hierfür spricht auch ein in seinem Nachlaß bewahrtes Aquarell mit der Aufschrift »Perspectivisch aanzicht eener Arbeiderswijk te Leiderdorp« (Perspektivische Ansicht einer Arbeitersiedlung in Leiderdorp)[433], das nach Schrift und Zeichenstil von Oud stammt. Die Häuserzeile, offenbar eine Variante der ausgeführten Bauten, zeigt in der Platzanlage und Gebäudegruppierung Übereinstimmungen mit dem ausgeführten Wohnkomplex. Dasselbe gilt für die kurzen Häuserzeilen, die durch Mauern mit rundbogigen Toren verbunden sind, sowie die großen, kleinteilig versproßten Fenster und die ungegliederten Wandflächen. Im Vergleich zu den Gebäuden des Aquarells, die polygonale Erker und hölzerne Veranden aufweisen, erscheinen die ausgeführten Bauten jedoch reduzierter und beruhigt. Die 24 Gebäude wurden 1978 abgebrochen und durch Neubauten ersetzt.[434]

Die städtebauliche Lösung des Baukomplexes wird von zwei Achsen bestimmt. Die zentrale Achse zeigt eine Abfolge aus Brunnen oder Denkmal, Grünstreifen und, als optischem Abschluß, der axialsymmetrischen Fassade des Hauses mit Friseursalon. Der zweite Grünstreifen liegt rechtwinklig hierzu und damit parallel zum Kanal. Das Eckhaus, Bindeglied zwischen beiden Achsen, wurde als erhöhtes Gebäude mit Dachreiter, vergrößerter Gaube und diagonal liegendem Eingang hervorgehoben.

Neben den 24 ausgeführten Häusern existiert ein städtebaulicher Plan für eine Arbeitersiedlung in Leiderdorp mit insgesamt 150 Bauten (Abb. 65).[435] Der im Oud-Archiv bewahrte, undatierte Entwurf nennt als Architekten wiederum Dudok und Oud. Der realisierte Wohnkomplex ist weder Teil dieser städtebaulichen Planung noch wurde er zusammen mit dieser publiziert.[436] Aufgrund der übereinstimmenden Ortsbezeichnung und den jeweils von beiden Architekten unterzeichneten Entwürfen ist jedoch ein Zusammenhang denkbar. Da auch für die Siedlung Reihenhäuser mit rückwärtigem Garten vorgesehen waren, könnte eine Realisierung auf Basis der ausgeführten Gebäude geplant gewesen zu sein. Bestimmend für den städtebaulichen Entwurf ist seine Randlage zwischen einer offenbar bestehenden Bebauung und der noch unbebauten Umgebung, die viel Platz für Grünflächen (private Nutzgärten) bot. Die Einzelbauten sind zu unterschiedlich langen Häuserzeilen aus zwei bis neun Gebäuden zusammengefaßt. Nur an einer Stelle findet sich ein einzelnes, rechtwinklig zur Zeile liegendes Haus. Von wenigen Ausnahmen abgesehen werden die Häuserzeilen durch vor- oder zurückspringende Bauten am Zeilenende gegliedert. Einige Zeilen erhalten ein spiegelbildliches Pendant in der gegenüberliegenden Hausreihe, wodurch abgeschlossene, mit Bäumen bepflanzte Straßenräume entstehen. Ein Straßenzug, der sich am Kreuzungspunkt mit zwei weiteren Straßen verbreitert, dient als Dorfplatz. Ein eigenes Motiv innerhalb der Gesamtanlage bilden die rund 60 schwarz hervorgehobenen Bauten. Vier rechtwinklig angeordnete Häuserzeilen, die mit ihren Gärten einen Spielplatz umschließen, formen mit weiteren, das Geviert seitlich einfassenden Zeilen eine weitgehend symmetrische Anlage. Offenbar dient dieser Bereich als Bindeglied zwischen der älteren geometrischen Straßenstruktur und der variationsreichen malerischen Siedlung am Übergang zur freien Landschaft. Als direkte Fortsetzung der bestehenden Bebauung scheinen die dunkel abgesetzten Häuser einen ersten Bauabschnitt zu markieren, der in einem zweiten Schritt durch die übrigen 90 Häuser ergänzt werden könnte.

Der Siedlungsentwurf steht unter dem Einfluss der frühen Gartenstädte, die seit Anfang des Jahrhunderts nach dem Vorbild der Londoner Siedlungen Letchworth (1903) und Hampstead (1909) entstanden. Im Gegensatz zur ursprünglichen Idee Ebenezer Howards, der im Rahmen eines siedlungspolitischen Programms autarke Satellitenstädte mit maximal 30.000 Einwohnern vorschlug, handelt es sich bei den realisierten Beispielen (mit Ausnahme von Letchworth) um Stadterweiterungen in Form kleiner durchgrünter Stadtrandsiedlungen.[437] Kennzeichnend sind die malerische Komposition der Bauten unter Vermeidung starrer Symmetrien und die zentrale Bedeutung von Grünanlagen und Gärten. Bereits der von Raymond Unwin entwickelte Plan für Letchworth zeigt kurze Häuserzeilen, die sich zu Straßenräumen verbreitern oder kleine Plätze ausbilden. Auch die für Leiderdorp vorgeschlagene, von Privatgärten eingefaßte Grünanlage (Spielplatz) ist hier zu finden. Während Letchworth auf einem einfachen rechtwinkligen Raster basiert, wird der Entwurf für Leiderdorp von einem gekrümmten Straßenzug bestimmt. Denkbar ist ein Einfluß durch die Kruppsche Arbeitersiedlung Margarethenhof in Essen (1902) oder die nach einem Bebauungsplan von Richard Riemerschmid ausgeführte Gartenstadt Hellerau bei Dresden (1907/08). Als direktes Vorbild könnte auch Dudoks Erweiterungsplan für Hilversum (Dezember 1915)[438] gedient haben.

Der Entwurf für die Arbeitersiedlung in Leiderdorp stand keineswegs am Anfang der Gartenstadtbewegung in den Niederlanden.[439] Als Arbeitersiedlung im Grünen war bereits 1885 der Agnetapark in Delft realisiert worden.[440] Die 1905 gegründete »Nederlandsche Tuinstadbeweging« (Niederländische Gartenstadtbewegung) machte das Konzept der Gartenstadt in den Niederlanden publik. Wichtige Beispiele sind die beiden auf Privatinitiative entstandenen Rotterdamer Gartenstädte Hijplaat und Vreewijk.[441] Die 1913 von H. A. J. Baanders geplante und ab 1914 ausgeführte Siedlung Hyplaat der Rotterdamer Trockendockgesellschaft umfaßte 400 Wohnungen, mehrere öffentliche Gebäude und zwei Kirchen.[442] Die Siedlung Vreewijk wurde im Laufe der Jahre zu einem Komplex von insgesamt 5.000 Wohnungen erweitert und zählte damit zu den größten Siedlungen dieser Art in Europa.[443] Ausgangspunkt war eine im Auftrag der Eerste Rotterdamsche Tuindorp (Erste Rotterdamer Gartenstadt) durch H. P. Berlage entworfene Anlage mit 500 Wohnungen.[444] Cha-

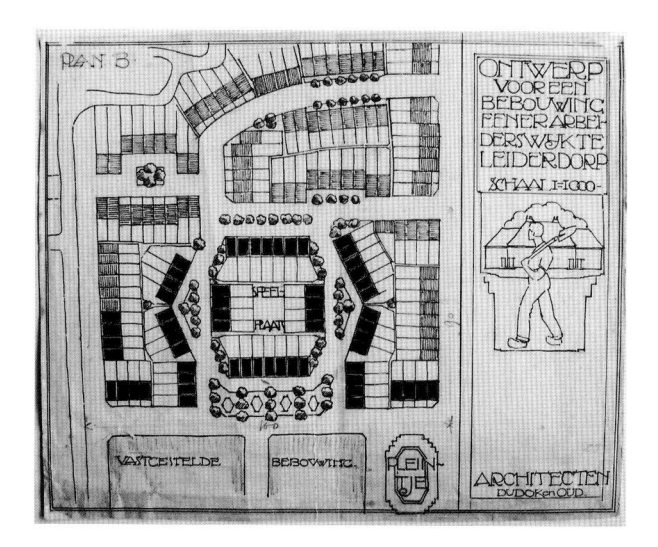

65. Arbeitersiedlung Leiderdorp, Lageplan

rakteristisch sind die durch Vor- und Rücksprünge gegliederten Häuserzeilen, die symmetrische Straßenräume ausbilden, sowie die starke Durchgrünung mit mehreren von Bäumen eingefaßten Grünflächen, Alleen und einfachen Baumreihen. Auch das Motiv der an vier Seiten von Häuserzeilen umgebenen Hofanlage ist hier zu finden. Die im November 1913 vorgelegten Pläne wurden im Mai 1916 vom Gemeinderat genehmigt. Oud und Dudok, die beide in persönlichem Kontakt zu Berlage standen, werden diese Pläne sicherlich gekannt und mit Blick auf ihr Vorhaben in Leiderdorp mit Interesse studiert haben.[445]

2.2. Die einheitlich gestaltete Häuserzeile

Im Oktober 1917 publizierte Oud seinen auf Juli 1917 datierten Entwurf für eine Häuserzeile an einem Strandboulevard*.[446] Die Perspektive (Abb. 146) zeigt eine beliebig fortsetzbare Häuserreihe ohne seitliche Zeilenabschlüsse (Kopfbauten). Da auch Angaben zum Grundstück fehlen, gibt sich das dreigeschossige Gebäude als Typus einer am Meer gelegenen Wohnzeile zu erkennen.[447] Zwischen den versetzt neben- und übereinander gestaffelten Baukuben verbleibt Platz für Terrassen, die auf die Orientierung dieser Gebäudefront zum Strand verweisen. Für eine Ergänzung der Häuserzeile durch weitere Wohnzeilen existieren keine Hinweise. Parallel verlaufende Zeilen, entsprechend den 1923 entworfenen Terrassenhäusern von Adolf Loos[448], sind angesichts des gewünschten Meerblicks unwahrscheinlich. Denkbar ist daher allein eine Verlängerung der Zeile zu beiden Seiten.[449]

Im Mai 1919 publizierte Oud seinen Entwurf einer viergeschossigen Häuserzeile mit Arbeiterwohnungen* (Abb. 172).[450] Wie bei der Häuserzeile an einem Strandboulevard* liegt hier eine prinzipielle Lösung vor: Wiederum fehlt eine konkrete Ortsbestimmung und erscheint die Zeile als beliebig fortsetzbar. Sowohl die vier Fassadenvariationen als auch das Mäandermotiv zielen auf eine Ausführung in größerem Umfang. So kommt der Mäander nur bei einer größeren Längenerstreckung zur Wirkung, während die unterschiedlichen Fassadenbilder gestalterische Abwechslung garantieren.

Bei der Häuserzeile mit Arbeiterwohnungen sind jeweils zwei spiegelsymmetrisch angeordnete Wohnungen abwechselnd zur Vorder- und Rückseite des Baus ausgerichtet (Abb. 173). Die Orientierung der Räume spielte für Oud demnach keine Rolle. Trotz der alternierenden Ausrichtung der Wohnungen unterscheiden sich die beiden Fassaden eines Gebäudes durch die Lage der Eingangstüren auf der einen und der Balkone auf der anderen Seite. Oud spricht in seiner Erläuterung von den Vorder- und Rückseiten der Bauten sowie im Fall der Eingangsfassade von der »straatcompositie«.[451] Die Balkone an der Rückseite der Zeilen lassen entsprechend an angrenzende Gärten oder eine Grünanlage denken.

Die Konzeption der alternierend angeordneten Wohnungen in einer Hauszeile zeigt Parallelen zu Theodor Fischers 1918/19 errichteter Siedlung Alte Heide in München (Abb. 66).[452] Oud, der 1912 eigens nach München gereist war, um bei Fischer zu arbeiten, wird sicher auch dessen weiteren Werdegang verfolgt haben.[453] Fischer ordnete seine in der Regel aus fünf Wohnungen bestehenden Häuserzeilen in drei Reihen parallel hintereinander an. Die Erschließung der Bauten erfolgt über rechtwinklig zu den Zeilen verlaufende Verkehrsstraßen mit kleinen Fußpfaden entlang der Häuser. Zwischen den Zeilen liegen jeweils zwei Reihen von Privatgärten. Rückschlüsse auf eine entsprechende Lösung bei Ouds Häuserzeilen sind aufgrund einiger Abweichungen jedoch nicht möglich. Einen entscheidenden Unterschied bilden die auf beide Gebäudeseiten gleichmäßig verteilten Hauseingänge bei Fischer. Während Fischer mit seiner Lösung auf zwei gleichwertige Fassaden zielte, wählte Oud die alternierende Anordnung der Wohnungen aus ökonomischen Gründen. So erhielt mit seinen zwei gegenläufig drehenden Treppen zwei eigenständige Treppenhäuser auf kleinster Grundfläche[454]. Dennoch behielt Oud die traditionelle Unterscheidung in eine repräsentative Straßenfront und eine private Gartenseite bei.[455] Die in vier Varianten vorliegende Straßenfassade entspricht Ouds Erläuterung, in der er eine geschlossene Bebauung von Arbeiterwohnungen als Grundlage für ein ganzheitliches Straßenbild fordert.[456] Die fehlenden Hofzugänge und Wohnungstüren zur Gartenseite lassen bei Ouds Entwurf – im Gegensatz zu einem Wohnblock mit Innenhof – auf parallel stehende Zeilen schließen.[457] Dabei würden zwei Häuserzeilen entweder die Gartenzonen beider Bauten einfassen oder aber eine Straße und den Garten einer Zeile.

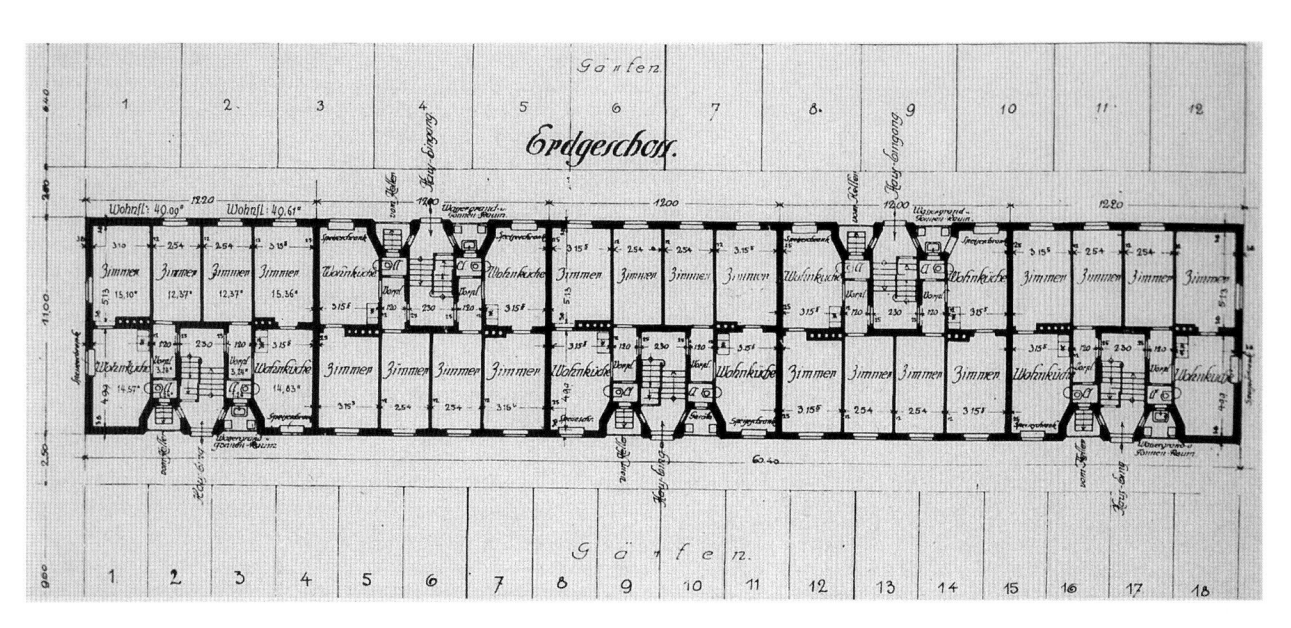

66. Wohnkomplex Alte Heide, München, Theodor Fischer, 1918, Grundriß EG

Ersteres scheint aufgrund der unterschiedlich charakterisierten Gebäudefronten wahrscheinlicher. Gartenzonen und Straßen würden in diesem Fall jeweils von zwei identischen Fassaden flankiert. Die alternierende Ausrichtung der Wohnungen ist bei der unterschiedlichen Charakterisierung der Fassaden als Vorder- und Rückseite jedoch in keinem Fall konsequent.

2.3. Die Wohnblöcke im Neubaugebiet Spangen

Der städtebauliche Entwurf für das 63 ha umfassende Neubaugebiet Spangen entstand 1913 als Teil des von den *Gemeentewerken* unter A. C. Burgdorffer erstellten Stadterweiterungsplans (Abb. 67).[458] Die ersten Bauten wurden 1918 nach einem veränderten städtebaulichen Entwurf realisiert, der aus Kostengründen eine stärker verdichtete Bebauung vorgab. Während auf eine Kirche und mehrere öffentliche Gebäude verzichtet wurde, verlegte man die Schulbauten, die zunächst als repräsentative Blickpunkte der Straßenachsen gedacht waren, in die Innenhöfe von Block I und V* (vgl. Abb. 161).[459] Wie die anderen Architekten hatte sich auch Oud bei seinen vier Wohnblöcken dem städtebaulichen Plan unterzuordnen.

Das Neubaugebiet Spangen, das einen Kilometer außerhalb des bebauten Stadtgebiets lag, wird im Westen von der Eisenbahnlinie, die Verbindung zwischen dem Hafen und der Linie Rotterdam-Den Haag, in einem großen Bogen eingefaßt (Abb. 199). Im Osten bildet die Delfshavensche Schie, im Süden der Mathenesserdijk die natürliche Begrenzung. Eine direkte Anbindung an die Stadt wurde infolge des Krieges erst 1923 mit der Mathenesserbrug geschaffen.[460] Dank des relativ gleichmäßig geformten Terrains konnte ein symmetrisches Straßennetz mit dem P. C. Hooftplein als Zentrum angelegt werden.[461] Die Huygensstraat bildet die zentrale Spiegelachse, von der mehrere Straßen diagonal abzweigen. Am Endpunkt der Huygenstraat liegt das bereits 1916 von J. H. de Roos und W. F. Overeynder errichtete Spartastadion. Das an ein Schloß erinnernde Clubhaus »Het Kasteel« verweist auf das im 19. Jahrhundert abgebrochene, mittelalterliche Schloß Spangen.[462] Der Bebauungsplan bestimmte als Gebäudetypus den mehrgeschossigen, allseitig geschlossenen Wohnblock. Die Wohnungsgrößen waren auf Arbeiterfamilien bzw. Familien kleinerer Angestellter oder Beamter zugeschnitten. Der einheitliche Charakter der Bauten läßt darauf schließen, daß konkrete Vorgaben über Gebäudehöhe, Dachform und Baumaterial existierten. Der städtebauliche Plan zeigt mit seiner symmetrischen Grundkonzeption, den akzentuierten Diagonalachsen und den mehrgeschossigen langgestreckten Wohnblöcken Parallelen zu Berlages Entwurf für Amsterdam-Süd (1915–17; Abb. 79).[463] Die dort vorgesehene traditionelle Gliederung der Blockfassaden mit Mittel- und Eckrisaliten diente bei der Realierung von Spangen als Vorbild.

Die beiderseits der Bilderdijkstraat liegenden Wohnblöcke I und V* wurden Oud nach seiner Anstellung beim *Woningdienst* als erstes Projekt übertragen. Die Bilderdijkstraat als eine der diagonal von der Huygensstraat abzweigenden Straßen bildet die Hauptachse des westlichen Teils von Spangen. Beim Zusammentreffen mit der Spaansche Bocht, die dem Verlauf der Eisenbahnlinie folgend Spangen umfaßt, weitet sie sich zu einem kleinen Platz (Abb. 161). Mit Blick auf die spätere Verbindung nach Schiedam bzw. Overschie könnte die platzartige Erweiterung als Torsituation interpretiert werden. Die Bauparzellen an der Bilderdijkstraat befanden sich im Besitz der Wohnungsbaugesellschaft Onze Woning, die den Auftrag für diese beiden Blockfronten an die Architekten J. C. Meischke & P. Schmidt übertrug (vgl. Abb. 68, 151). Die Fassaden lehnen sich in wesentlichen Punkten an Ouds Entwurf an und ermöglichen so eine einheitliche Gestaltung der Blockfronten.

Die beiden in der Größe geringfügig abweichenden Blöcke sind spiegelsymmetrisch konzipiert, wobei die Blockfronten an der Spaanse Bocht dem gebogenen Verlauf der Straße folgen. Im Hinblick auf die geforderte zügige Ausführung kritisierte Oud die – aus städtebaulichen Gründen gewählte – unregelmäßige Form der Grundstücke: »Der Verlauf dieser Fluchtlinien, die in spitzen oder stumpfen Winkeln aufeinandertreffen, und im Fall der Spaansche Bocht eine unregelmäßig gebogene Linie zeigen, verursachte bei der Erstellung der Ausführungszeichnungen und bei der Gliederung viel zeitraubende Zeichen-, Anpassungs- und Meßarbeit. Im allgemeinen ist ein einfacher rechteckiger, jedenfalls gleichmäßiger Straßenplan von großer Wichtigkeit für ein schnelles und ökonomisches Zustandekommen eines Gebäudes, was heutzutage zwingend notwendig ist. Alle guten Vorsätze dazu schlagen fehl, wenn dem nicht bereits bei Festlegung des Straßenplans Rechnung getragen wird.«[464] Die ausgeführten Blöcke weichen in einigen Punkten von der städtebaulichen Planung ab (Abb. 67). Zwischen Block I und dem Sportzentrum sollte ursprünglich ein weiterer Wohnblock eingefügt werden, der jedoch mit Block I zusammengefaßt wurde. Der Platz an der Bilderdijkstraat fiel im Entwurf breiter und weniger tief aus und hätte sich damit stärker zur Grünzone an der Eisenbahnlinie bzw. der Polderlandschaft im Westen geöffnet. An der Potgieterstraat sollte durch einen Fassadenrücksprung in Block V ein kleiner Platz in der Achse der Pieter Langendijkstraat entstehen. Die Einfügung der zusätzlichen, den Superblock durchziehenden Justus van Effenstraat (und damit die Verschiebung der Pieter Langendijkstraat) führte dort zwangsläufig zu einer veränderten Situation. Insgesamt zeigt die ausgeführte Fassung eine vereinfachte, von größeren Einheiten bestimmte und verdichtete Form, der schließlich auch die Reduzierung der Straßenbreite von 15 auf 12 m geschuldet ist.[465]

Oud wählte bei seinen Blockfassaden an der Potgieter- und Roemer-Visserstraat mit Eckrisaliten und zentralen Portalbauten (Zugang zu den Innenhöfen) eine symmetrische Fassadenkomposition (Abb. 151, 153). Mit dieser Lösung folgte er der durch Berlage, K. P. C. de Bazel und J. E. van der Pek vertretenen klassischen Gestaltungstradition.[466] Bereits 1917 hatte Oud, sicherlich unter dem Einfluß Berlages[467], ein einheitliches Straßenbild gefordert. Dies versuchte er neben den symmetrischen dreige-

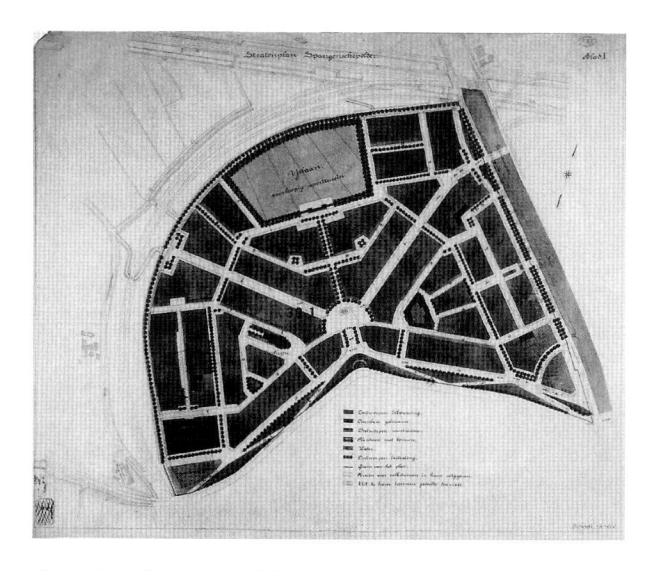

67. Stadterweiterungsgebiet Spangen, Rotterdam, städtebaulicher Plan, 1913

teilten Fassaden durch eine strenge rhythmisierte Abfolge der normierten Fenster und Türgruppen zu erreichen. In seiner Erläuterung der Wohnblöcke wird allein dieses moderne Gestaltungsmittel beschrieben: »Aus praktischen sowie aus ästhetischen Gründen wird nach Einförmigkeit der Teile gestrebt – was letztere betrifft aus der Überlegung heraus, daß eine Straßenwand nicht die Aufmerksamkeit auf sich ziehen soll, sondern durch entschiedene Unauffälligkeit und gleichmäßig-rhythmische Bewegung ... die architektonische Wirkung der dafür in Betracht kommenden wichtigen Ecklösungen oder freistehenden Gebäude unterstützen muß.«[468] Entsprechend beklagte Oud die Plazierung der Schulen in den Innenhöfen von Block I und V, da diese als wichtige städtebauliche Elemente dem Stadtbild nicht vorenthalten werden sollten.[469]

Weitere in seinem Artikel erhobene Forderungen wie die »radikale Abrechnung mit dem Scheindach«[470] wurden bei Block I und V nicht umgesetzt. Die Wahl des flachen Satteldachs mit Dachgauben ist hier jedoch der Anpassung an die umgebenden Wohnbauten geschuldet und bildet keine kategorische Forderung des *Woningdienst*. So besitzt der im Anschluß an Block I und V ausgeführte Block VIII* mit Ausnahme der Schmalseiten, die wiederum als Übergang zu der von anderer Hand errichteten Blockfront (Van Lennepstaat) und dem gegenüberliegenden Block V dienen, ein Flachdach. In diesem Sinne kann auch Ouds Bleistiftskizze von Block V (Fassade Potgieterstraat)[471] gedeutet werden, die einen viergeschossigen Risalit mit Flachdach, entsprechend dem benachbarten Wohnblock von Brinkman, zeigt. Das Flachdach war – entgegen anderer Behauptungen – damit auch bei den frühen Bauten des *Woningdienst* möglich gewesen.

Kennzeichnend für die beiden Wohnblöcke ist ihre bewußte Anpassung an die gebaute Umgebung, wofür neben der Materialwahl und Anzahl der Geschosse vor allem die klassisch-symmetrische Fassadengestaltung und das Schrägdach stehen (Abb. 161). Angesichts der Fassadenlängen kam mit der rhythmisierten Gruppierung standardisierter Bauteile ein modernes Gliederungselement hinzu, das sich in das symmetrische Grundmuster einpassen mußte. Allein bei den gebogenen Fassaden an der Spaanse Bocht verzichtete Oud auf eine Dreiteilung durch Eckrisalite und einen zentralen Portalbau. Damit wurde gleichzeitig zwischen den zur Bahntrasse orientierten Gebäudefronten, die allein durch die rhythmisierte Abfolge der Bauteile gegliedert sind, und den repräsentativeren symmetrischen Fassaden an den innerhalb der Siedlung liegenden Straßen unterschieden.

Der Auftrag für Block VIII* umfaßte die Längsseite an der Pieter Langendijkstraat und die beiden Schmalseiten, während die Längsseite zur Van Lennepstraat durch private Bauunternehmer ausgeführt wurde (Abb. 68, 186).[472] Anders als bei Block I und V*, wo Oud die Gestaltung der Straßenfronten von Meischke & Schmidt beeinflussen konnte, war hier die Blockfront zur Van Lennepstraat einschließlich der beiden Eckgebäude bereits im Bau. Um ein einheitliches Gesamtbild zu erreichen, zielte Oud wiederum auf eine gestalterische Verbindung der Blockfronten.[473] Hierzu übernahm er den Entwurf der dreigeschossigen Eckbauten samt Schrägdach an der Pieter Langendijkstraat und wählte für die zwischen den Eckbauten eingespannten Schmalseiten ein flach geneigtes Dach. Die Blockfront an der Pieter Langendijkstraat erhielt dagegen vier Geschosse und ein Flachdach, das durch ein schmales gesimsartiges Band am oberen Fassadenabschluß noch betont wird (Abb. 187). Die Gestaltung der Schmalseiten und der Längsseite korrespondiert gleichzeitig mit den gegenüberliegenden Wohnblöcken: Die Schmalseiten zeigen eine traditionelle Lösung mit Eckrisaliten und Satteldach sowie – als Pendant zu Block V – Gauben, Sockelbänder und die dort eingeführten Fensterformate. Im Gegensatz hierzu steht die moderne, streng rhythmisierte Längsseite der Pieter Langendijkstraat als Ensprechung zu dem ebenfalls viergeschossigen flachgedeckten Superblock von Michiel Brinkman.

Eine der Hauptschwierigkeit dieses Wohnblocks bestand darin, die an den Blockecken zusammentreffenden unterschiedlich gestalteten Fassaden optisch zu verbinden. Die Lösung fiel entsprechend komplex aus: Die Fassade an der Pieter Langendijkstraat wird von zwei turmartig erhöhten, flachgedeckten Baukörpern eingefaßt, an die sich zwei aus der Gebäudeflucht zurücktretende Bauabschnitte anschließen. Diese Abschnitte sind Teil der Eckrisalite der Schmalseiten, deren Gesimsband sich in der Balkonbrüstung und dem Wandstreifen zwischen den oberen Fensterreihen der Längsseite fortsetzt. Die Höhe der turmartigen Bauglieder orientiert sich zudem an der Dachkante der Eckbauten. Eine weitere Verbindung von Schmal- und Längsseite erfolgt durch zwei waagerecht auskragende Vordächer über den (schräg stehenden) Ladentüren, die sich über die Ecken des Blockes hinweg erstrecken und schließlich in den Vordächern der Haustüren an allen drei Fassadenseiten aufgegriffen werden.

Auch bei Block VIII bilden die Blockfronten abgeschlossene gestalterische Einheiten: Während die Schmalseiten die bekannte klassisch-symmetrische Komposition mit zwei Eckrisaliten zeigen, wird die Längsseite von den beiden turmartigen Bauteilen eingefaßt. Einziges Gliederungselement sind dort die in gleichmäßigem Abstand folgenden Treppenhäuser, die durch abweichende Fensterformate, in der Höhe verspringende Fenster und schmale Wandvorlagen hervortreten. Die Längsseite zeigt insgesamt nur zwei verschiedene Fensterformate, die, wie auch die Türen, in regelmäßiger Abfolge plaziert sind. Angesichts der 187 m langen Fassade wird das Prinzip der seriellen Reihung hier zum bestimmenden Gestaltungsmittel. Dies betrifft neben den Türen vor allem für die Fensterreihe des obersten Geschosses, die nicht von den Treppenhäusern unterbrochen wird und so – betont durch das waagerechte Gesimsband – als eine sich endlos fortsetzende Fensterfolge erscheint. Mit dem Motiv der Serialität führte Oud ein von der Fassadenlänge bestimmtes Gestaltungselement ein, das in den 1920er Jahren zum charakteristischen Merkmal der modernen typisierten Architektur wurde. Die Längsseite an der Van Lennepstraat steht dagegen für den – angesichts der Längenerstreckung mißlungenen – Versuch, die Fassade nach dem klassischen Schema symmetrisch zu gliedern.

Die beengte bauliche Umgebung zwingt dazu, den Wohnblock aus der Schrägsicht zu betrachten (Abb. 87). Die akzentuierten Gebäudeecken mit der komplexen Verzahnung der dort zusammentreffenden Fassaden bilden somit die Hauptansichten des Gebäudes. Die Längsseite wird dabei entsprechend der seriellen

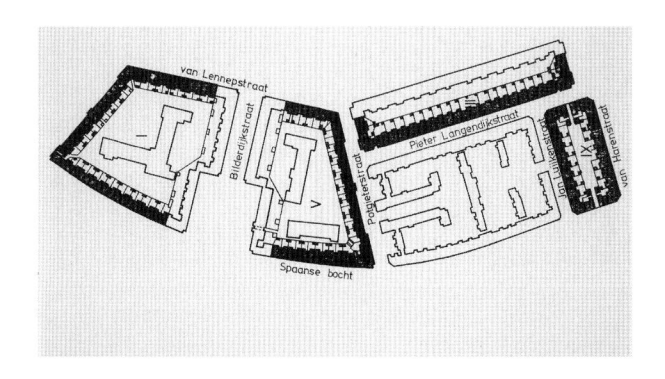

68. Wohnblöcke in Spangen, Rotterdam, Schemazeichnung mit den von Oud errichteten Bauabschnitten

Abfolge von Baugliedern, die im Gegensatz zur symmetrischen Gestaltung keine Frontalansicht verlangt, in perspektivischer Verkürzung wahrgenommen. Diese Blickachse wählte Oud auch für die Perspektivzeichnung im Oud-Archiv (Abb. 190), die Parallelen zu der annähernd gleichzeitig entstandenen Ansicht der (ebenfalls aus der Schrägsicht wiedergegebenen) Fabrikfassade* (Abb. 180) zeigt.

Rückblickend erschien Oud der für die Schmalseiten gewählte künstlerische Kompromiss nicht gerechtfertigt: Sowohl hinsichtlich des Stadtbildes als auch mit Blick auf die Architektur selbst sei eine Gruppierung eigenständiger, durch niedrige Zwischenbauten verbundener Baukomplexe vorzuziehen.[474] Wie die aus der Flucht zurückgesetzten Bauteile an der Pieter Langendijkstaat und die flankierenden turmartigen Abschnitte zeigen, hatte Oud diese Methode in Ansätzen jedoch schon angewandt. Auch die im Mai 1919 geforderte Betonung der Gebäudeecken als vertikale städtebauliche Akzente wurde hier realisiert.[475] Ergänzend fügte Oud im September 1920 an, daß die Blockseiten durch eine zurückgenommene gleichförmige Gestaltung die bedeutenderen Ecklösungen bzw. freistehenden Bauten hervorheben sollten.[476] Auch dies hatte er mit den gleichförmigen horizontalen Fensterreihen an der Pieter Langendijkstraat bereits umgesetzt.

In der Erläuterung seines Entwurfs der Häuserzeile mit Arbeiterwohnungen* nennt Oud eine weiße Grundfarbe mit einzelnen Elementen in den Primärfarben.[477] Eine entsprechende Farbfassung wurde bei Block VIII* nicht verwirklicht. Auch Van Doesburgs Farbentwürfe (Abb. 25, 26) und eine Skizze von Oud mit eingetragenen Farbwerten geben keinen Hinweis über einen geplanten Verputz, der nicht zuletzt aufgrund der geforderten Anpassung an die Umgebung auszuschließen ist. Neben den farbigen Türen waren die Fensterrahmen wohl kurzzeitig farbig gefaßt, wurden dann aber durch einen einheitlichen Anstrich ersetzt.[478]

2.4. Tusschendijken: der normierte Wohnblock als städtebauliches Element

Der unausgeführte Entwurf des Centraalbouw* zeigt einen extrem schmalen und langgestreckten Wohnblock, der das Terrain von Block VIII* einnimmt (Abb. 68, 165). Oud entwarf zwei Varianten des dreigeschossigen Baus, der laut Plate als Normtyp für weitere Wohnblöcke dienen sollte.[479] Der allseitig geschlossene Block besitzt an den Schmalseiten je einen Zugang zum Innenhof. Die Fassaden werden wie bei den wenige Monate zuvor entworfenen Blöcken I und V* durch die Gruppierung der normierten Fenster und Türen rhythmisiert. Eine der Entwurfsvarianten zeigt eine Akzentuierung der an den Längsseiten liegenden Treppenhäuser in Form mehrfach profilierter Rücksprünge (Abb. 166), die sich in den Obergeschossen als schräge Wandlaibungen fortsetzen. Sie bilden das einzige vertikale Gliederungselement der langen einförmigen Blockfronten. Eckbetonungen, sei es in Form erhöhter Eckgebäude oder Risalite, fehlen gänzlich.

Da der Wohnblock als Prototyp für weitere Bauten entwickelt wurde, nimmt er, soweit aus den Grundrissen zu schließen ist, keinen Bezug auf die gebaute Umgebung. Die einzige Ausnahme bilden die Fenstergruppen aus zwei bzw. drei Fenstern, die ähnlich Block V* auf dem angrenzenden Grundstück im Wechsel auftreten. Möglicherweise berücksichtigte Oud auch den seit 1918 geplanten Superblock an der Pieter Langendikstraat, der ebenfalls ein Flachdach, relativ geschlossene Straßenfronten und eine Galerie zum Innenhof (Abb. 52) aufweist. Ob Brinkmans Pläne zu diesem Zeitpunkt bereits vorlagen oder allein die Grundkonzeption des Baus feststand, ist unklar. Die Fassadengestaltung des Centraalbouw erscheint insgesamt schlicht und wenig einfallsreich. Die Form des Blocks folgt dem extrem schmalen Grundstück und sollte bei einer Wiederholung des Typus sicherlich der dortigen Situation angepaßt werden.

Zur Ausführung kam ein Jahr später ein anderer von Oud entworfener Blocktypus. Mit Block IX*, seinem letzten Auftrag für Spangen, konnte Oud erstmals einen gesamten Wohnblock nach seinem Entwurf realisieren.[480] Der relativ kleine Wohnblock schließt an den Superblock an und steht rechtwinklig zu Block VIII* (Abb. 68, 199). Von Brinkmans Wohnblock übernahm Oud den braunen Backstein und das Flachdach, während die Fassaden mit ihrer seriellen Reihung standardisierter Fenster und den dunklen Sockelbändern die Gestaltung von Block VIII* aufgreifen. Alle vier Fassaden werden von schlanken, die Dachlinie durchbrechenden Schornsteinen eingefaßt, die für eine Eckbetonung jedoch zu klein ausfallen (Abb. 194). Ähnlich dem Centraalbouw* sind die Blockecken damit kaum akzentuiert. Entsprechend entstand ein relativ neutraler, von der baulichen Umgebung unabhängiger Blocktypus mit vier identischen Fassaden. In ihrer Serialität zeigen die Blockfronten jedoch eine fortschrittlichere und qualitätvollere Gestaltung als beim Centraalbouw*.

In Tusschendijken* konnte Oud seinen Blocktypus in größerer Anzahl realisieren. Der bereits vorliegende Bebauungsplan für das Neubaugebiet mußte hierfür zum Teil modifiziert werden.[481] Unter Beibehaltung der wichtigsten Straßenzüge entstanden aus vier annähernd gleich großen Grundstücken und zwei größeren Terrains sieben weitgehend identische, aneinandergereihte Grundstücke mit einer breiteren Parzelle in der Mitte (vgl. Abb. 197). An die Stelle einer symmetrischen Anlage trat dabei eine Reihung identischer Wohnblöcke, die vor allem im Vorbeigehen oder aus dem fahrenden Auto heraus erfahrbar wurde (Abb. 200). Die insgesamt acht Blöcke werden an den Schmalseiten von breiten Straßenzügen eingefaßt, während rechtwinklig hierzu die Zufahrtsstraßen verlaufen. Dabei handelt es sich abwechselnd um eine breitere Verkehrsstraße und eine schmalere Wohnstraße, wodurch jeweils zwei zu Seiten einer Wohnstraße liegende Blöcke zu einer städtebaulichen Einheit verbunden werden. Neben insgesamt drei Blockpaaren und einem einzelnen Wohnblock entwarf Oud für das größere Grundstück einen L-förmigen Block (Block V) mit Grünanlage.

Der in Block IX* in Spangen erstmals realisierte Blocktypus wurde hier mit Blick auf die städtebauliche Situation in Teilen verändert. Entsprechend der Differenzierung von Wohn- und Verkehrsstraßen unterscheiden sich die Gebäudefronten in Geschoßzahl, Dachform und Fassadengliederung. So finden sich an den Verkehrsstraßen die von Block IX bekannten viergeschossigen und mit einem Flachdach schließenden Fassaden, an den Wohnstraßen dagegen dreigeschossige Bauten mit Schrägdach (Abb. 206). Diese erhielten abweichend von der seriellen Fensterfolge an den Verkehrsstraßen eine betont plastische, rhythmisierte Gliederung: Während die Treppenhäuser durch axial angeordnete Dachgauben betont werden, waren für einige Fassadenabschnitte axial übereinanderliegende Balkonreihen vorgesehen.

Der Lageplan zeigt für die Wohnstraßen eine Fassadengliederung mit Eck- und Mittelrisaliten (Abb. 197). Die Eckrisalite nehmen die Breite von zwei Häusern ein, während in der Fassadenmitte ein einzelnes Haus aus der Flucht hervortritt. Indem die gegenüberliegenden Gebäudefronten spiegelbildlich gestaltet sind, entstehen dort abgeschlossene symmetrische Straßenräume. In Verbindung mit der geringeren Straßenbreite, dem Satteldach und den Balkonreihen setzt sich das Straßenbild bewußt von den Verkehrsstraßen mit ihren gleichförmigen viergeschossigen Fassaden ab. Oud kombinierte somit zwei unterschiedliche städtebauliche Elemente: den reduzierten Baukubus (Wohnblock) als Baustein einer größeren städtebaulichen Einheit und die abgeschlossene, Ruhe und Schutz bietende Wohnstraße mit symmetrischen, von Eckrisaliten eingefaßten Fassaden.

Die differenzierte Gestaltung der Wohn- und Verkehrsstraßen fand in der Forschung bislang keine Beachtung.[482] Zeitgenössische Fotografien zeigen generell die Fassaden der Verkehrsstraßen, die mit ihren vier Geschossen und den Flachdächern weitaus moderner wirken und so der Vorstellung eines großstädtischen Bauens entsprachen.[483] Risalite und Schrägdach schienen generell nicht in die stilistische Entwicklung von Oud zu passen, der bereits in den Blöcken VIII* und IX* in Spangen das Flachdach verwendet hatte. Daß die Fassaden der Wohnstraßen tatsächlich mit Schrägdach ausgeführt wurden, ist anhand einer Fotografie gesichert, die an einer Blockecke den Dachansatz zeigt. Diese Fotografie wurde in den 1920er Jahren nur zweimal publiziert.[484] Weitere Fotografien der Wohnstraßen sind trotz einer Vielzahl von Abbildungen der Wohnblöcke nicht überliefert.

Da bis auf einen Abschnitt von Block VI (die Fassaden von zwei Verkehrsstraßen) alle Wohnblöcke zerstört sind, bleibt zu fragen, ob an den Wohnstraßen die Lösung mit Risaliten oder geraden Gebäudefluchten ausgeführt wurde. Eine Perspektivzeichnung von H. J. Jansen zeigt eine Wohnstraße mit durchlaufender Fassade (Abb. 205). Als undatiertes (und somit eventuell später entstandenes) Präsentationsblatt bietet diese Zeichnung jedoch keinen Beweis für eine entsprechende Realisierung.[485] Einen Anhaltspunkt liefern dagegen die Anfang März 1925 publizierten Pläne mit dem Ausführungsentwurf von Block V (Abb. 210), der zur Jan Kobellstraat (Wohnstraße) keine Risalite zeigt. Der Lageplan scheint somit eine frühere, nicht realisierte Entwurfsphase wiederzugeben. Der Verzicht auf Risalite entspricht der hier skizzierten Entwicklung vom individuell gestalteten Wohnblock zum Blocktypus. Entsprechend schwand auch Ouds Interesse an einer städtebaulichen Einbindung der Blöcke, was sich unter anderem in der Zurücknahme der Eckbetonung manifestiert: Während Block IX* zumindest noch rahmende Schornsteine erhielt, verbleiben in Tusschendijken allein die aus der Flucht zurückgesetzten Balkone bzw. die Schaufenster im Erdgeschoß (Abb. 201).

Neben dem ursprünglichen Entwurf mit Risaliten wurde auch die Konzeption von Block V einschließlich des Platzes verändert. Der ältere Entwurf zeigt im Winkel des L-förmigen Wohnblocks ein öffentliches Badehaus mit zweiläufiger Freitreppe (Abb. 197), während die sechseckige Grünanlage von einem schmalen, diagonal auf das Badehaus zulaufenden Weg geteilt wird. Die Form des Sechsecks sowie ein quadratisches Rasenfeld erinnern an geometrisierende, axialsymmetrische Barockgärten. Dagegen zeigt die spätere Fassung von Block V eine schlichte dreiseitige Platzfront mit annähernd gleichlangen Fassadenabschnitten.[486] Die ausgeführte Anlage nimmt allein ein kleines Transformatorenhäuschen an der Block V gegenüberliegenden Seite auf, bleibt ansonsten jedoch ungestaltet (vgl. Abb. 199). An Stelle eines repräsentativen axialsymmetrischen Platzes mit einem öffentlichen Gebäude trat somit eine Anlage mit deutlich reduziertem Anspruch.

In der Literatur wurden die Bauten als streng, abweisend und monoton bewertet.[487] Sogar Jos de Gruyter fand kritische Worte und konstatierte einen »Mangel an abwechselnden Elementen« und eine »Erstarrung im Wiederholungsrhythmus«[488] Diese Eindrücke gehen sicherlich auf die Ansicht der großen Verkehrsstraßen (Gysing- und Roesener Manzstraat) zurück. Der sich dem Passanten erschließende Wechsel von Wohn- und Verkehrsstraßen mit entsprechend differenzierter Fassadengestaltung lieferte kein derart monotones Bild. Die Gruppierung von je zwei Wohnblöcken ergab zudem eine gewisse Rhythmisierung der aufeinanderfolgenden Bauten.

Außergewöhnlich an den Tusschendijkener Wohnbauten ist die mehrfache Wiederholung eines standardisierten Wohnblocks.[489] Aufgrund dessen bemerkte Ludwig Hilberseimer nach Fertigstellung der ersten fünf Blöcke: »Oud hat mit seinen Häuserblocks die ersten Bausteine einer neuzeitlichen Stadtbaukunst geliefert.«[490] Oud wies in seiner Erläuterung auf die schwirige Einpassung des Blocktypus in das unregelmäßige Straßennetz hin: »Es hat keinen Sinn hier hervorzuheben, welche technischen Schwierigkeiten mit der Anwendung von ›Normwohnungen‹, wie hier beabsichtigt, bei Straßen verbunden waren, von denen die Längenmaße nicht in geringsten normiert waren, während verschiedene Ecken verzogen waren [›geerden‹] und auch die im vorhinein festgelegte Breite der Straßen Schwierigkeiten hinsichtlich der Höhe der angenommenen Modelle lieferte.«[491] Die Blöcke waren zudem unterschiedlich lang, was jedoch allein bei genauerer Betrachtung der Grundrisse auffällt. Die städtebauliche Qualität dieses Wohnkomplexes liegt in der Systematisierung der Anlage durch Unterscheidung breiter Verkehrsstraßen mit viergeschossigen Blockfronten und schmaleren Wohnstraßen mit dreigeschossigen Fassaden. Letztere wiesen im frühen Entwurfsstadium eine plastische Gliederung mit Risaliten, später nur noch Satteldach und Balkone auf. Ungewöhnlich für die Entstehungszeit ist auch der Umfang der geplanten Anlage mit acht Wohnblöcken und insgesamt über 1.000 Wohnungen. Der großstädtische Charakter, der aus dem Bauprogramm und der modernen Formgebung spricht, wurde im Laufe der 1920er Jahre zum Kennzeichen der Modernen Architektur. Entsprechend enthusiastisch beschreibt Gustav Lampmann seinen Eindruck der »Rotterdamer Mehrstockhäuser, mit denen der Stadtarchitekt Oud ganze Viertel bebaut hat«: »Man kann sich kaum etwas Eindrucksvolleres vorstellen, als diese langen Straßenzüge mit ihren flächigen roten Backsteinfronten, ihren großgliederigen Formen, den langen Fensterreihen und den wirkungsvoll hingesetzten Straßenabschlüssen.«[492]

2.5. Oud-Mathenesse: Stadterweiterung und Idealstadtplanung

Als Architekt des *Woningdienst* war Oud auch an der Erstellung von Stadterweiterungsplänen beteiligt. Neben seinen Siedlungen Witte Dorp* und Kiefhoek* sind die Entwürfe für eine Gartenstadt im Varkenoordsche Polder[493] und der Erweiterungsplan für den Polder Oud-Mathenesse* erhalten. Ein weiterer Plan im Oud-Archiv bezieht sich auf das 16 ha umfassende Kerngebiet der Siedlung Vreewijk, wofür Berlage bereits 1913 einen Entwurf vorgelegt hatte.

Auftraggeber der Siedlung Vreewijk war die Eerste Rotterdamsch Tuindorp, die im südlich der Maas liegenden Karnemelksepolder, einem von der öffentlichen Hand bis dahin vernachlässigte m Gebiet, eine Gartenstadt errichten wollte. Das von einem Wassergraben (Lede) durchzogene Terrain wird vom Groene Hilledijk im Westen und dem Langegeer im Osten begrenzt. Berlages im Mai 1916 genehmigter Plan umfaßte rund 500 Wohnungen einschließlich einer Schule, eines Sportplatzes sowie eines Bade- und Waschhauses. Um finanzielle Unterstützung von Gemeinde und Staat zu erhalten, wurde 1916 die Maatschappij voor Volkshuisvesting ›Vreewijk‹ (Gesellschaft für Wohnungsbau ›Vreewijk‹) gegründet. Der Plan kam ab 1917 in veränderter Form zur Ausführung. Die Architekturentwürfe lieferten die von Berlage empfohlenen Rotterdamer Büros M. J. Granpré Molière, P. Verhagen und A. Kok sowie J. H. de Roos und W. F. Overeynder.[494]

Der im Oud-Archiv bewahrte städtebauliche Plan für Vreewijk zeigt eine Variante von Berlages Entwurf.[495] Autorschaft und Entstehungszeit sind unbekannt, mit Blick auf die Bauausführung dieses Siedlungsabschnitts ist jedoch eine Datierung auf 1916/17 anzunehmen. Anlaß für die Erstellung dieses Entwurfs war eventuell die 1916 beschlossene Teilfinanzierung der Siedlung durch die Gemeinde. Abweichend von Berlages meist rechtwinkligen Häusergevierten mit symmetrischen Straßenfronten wird er durch gleichförmige langgestreckte Häuserzeilen charakterisiert, die an einigen Stellen unterbrochen sind und geringfügig versetzt weiterführen. Entsprechend finden sich bei den polygonalen Häusergevierten abwechselnd geschlossene Ecken und breite Öffnungen zum Innenhof. Die zentrale durch den Wasserlauf bestimmte Achse ist bewußt asymmetrisch gestaltet. Der Straßenzug Dreef, der bei Berlage in zwei neobarock gebogenen Straßenzügen auf den Groene Hilledijk führt, wird durch eine schlichte Weggabelung mit geraden Straßenzügen ersetzt. Während Berlage mit seinen geometrischen Formen und Symmetrien auf ein städtisches Gesamtbild zielte, betont der Entwurf im Oud-Archiv den malerischen Charakter einer »Gartenstadt«.[496] Die ausgeführte Siedlung folgt dem Entwurf im Oud-Archiv, zeigt jedoch eine stärker systematisierte Form mit betont langgestreckten Häusergevierten.

1921 wurde Oud mit einer weiteren Planung der Maatschappij voor volkshuisvesting ›Vreewijk‹ konfrontiert, die nun eine Gartenstadt für 1.300 bis 1.400 Wohnungen im Varkenoordsche Polder errichten wollte. In ihrem Auftrag legte Alph. Siebers aus dem Büro Granpré Molière, Verhagen und Kok einen Entwurf vor, der als Teil eines groß angelegten Grüngürtels gedacht war. Im Sinne Plates, der östlich der Eisenbahntrasse ein Industriegebiet, zumindest aber eine stärker städtisch geprägte Bebauung wünschte, entwickelte Oud einen »Gegenentwurf«, der jedoch ebenfalls nicht zur Ausführung kam.[497]

Ouds Plan zeigt eine weitgehend symmetrische, auf einem Rechtecksystem mit Diagonalen basierende Grundstruktur. Eine von Nordost nach Südwest verlaufende Straße, die in einem großen Sportfeld am Westrand der Siedlung mündet, bildet die zentrale Achse. Hiervon zweigen zwei diagonale Straßenzüge ab, die damit das von Berlages Plan für Amsterdam-Süd geprägte Y-Motiv aufgreifen (Abb. 79). Der am Kreuzungspunkt der Straßen entstehende zentrale Platz nimmt in traditioneller Form eine Kirche auf, die jedoch aus der Straßenflucht zurückgesetzt ist und so die entwurfsbestimmenden Sichtachsen frei läßt. Als zweite wichtige Verkehrs-Trasse dient die südliche Diagonalachse und ein vom zentralen Platz nach Norden abzweigender Straßenzug. Bestimmend sind die langen symmetrischen Straßen, die teilweise durch Rücksprünge mit Baumbepflanzung gegliedert werden, sowie die ebenfalls weitgehend symmetrisch angelegten Plätze. In den offenen Häuserblocks befinden sich fast ausschließlich Privatgärten, nur in zwei Fällen sind gemeinschaftliche Grünanlagen ausgewiesen.

Die gleichzeitig entstandene Planung für das Stadterweiterungsgebiet Oud-Mathenesse* bezieht sich auf ein Terrain in unmittelbarer Nähe zu den rechts der Maas liegenden Hafenanlagen (Abb. 50). Für die Bebauung des Polders Oud-Mathenesse existieren zwei städtebauliche Entwürfe, die als Arbeiten von Oud (Abb. 42) und Th. K. van Lohuizen (Abb. 225) zu identifizieren sind. Auf Van Lohuizen, der Weg- und Wasserbaukunde studiert hatte und seit März 1921 für den *Woningdienst* tätig war, geht offenbar die Verkehrsplanung zurück, während die städtebauliche Ausarbeitung in einem Fall von Oud, im anderen Fall von Van Lohuizen stammt. Beim Erweiterungsplan für Oud-Mathenesse handelt es sich um die erste städtebauliche Planung Ouds, die er selbständig und frei, das heißt ohne Bindung an eine bereits bestehende Bebauung entworfen hat. Als Stadterweiterung für insgesamt 30.000 Einwohner übertraf er in Größe und Anspruch zudem alle bisherigen städtebaulichen Arbeiten von Oud.

Die Stadterweiterung umfaßt einen Teil des Polders Oud-Mathenesse, der sich zwischen der Rotterdamer Innenstadt und der im Westen liegenden Gemeinde Schiedam erstreckt. Die insgesamt 7.000 Wohnungen sollten die beiden nur 1 km voneinander entfernt liegenden Orte verbinden. Laut Legende waren hierfür zwei- und dreigeschossige Wohnblöcke sowie öffentliche Gebäude vorgesehen. Ouds Entwurf zeichnet sich durch eine Zusammensetzung einzelner axialsymmetrischer und geometrischer Kompositionen aus. Im spitz zulaufenden Ostteil ist ein dreieckiges Terrain, das Gelände des späteren »Witte Dorp« (Abb. 199), als eigenständiger Bereich ausgewiesen, dem sich spiegelsymmetrisch dazu eine zweite dreieckige Anlage anschließt. Dreieck und Quadrat werden durch eine weitere geometrische Grundform, einen Wohnblock auf halbkreisförmigem Grundriß, ergänzt. Die Zentren der einzelnen geometrischen Kompositionen bilden kleine Plätze. Hier wie an anderen markanten Punkten, vor allem dem Abschluß der Straßenachsen, waren öffentliche Bauten vorgesehen. Große Bedeutung kam der Grünplanung zu. Einzelne Straßenzüge sollten eine Baumbeplanung oder Grünstreifen erhalten, und auch für die Deichschräge im Süden mit ihrer aufwendigen Treppenanlage war eine Bepflanzung vorgesehen.

Entsprechend der langgestreckten Form des Geländeabschnitts dominieren die in Ost-West-Richtung verlaufenden Straßen. Ein breiter Straßenzug, der das Terrain in ganzer Länge durchzieht, ist an beiden Seiten von längs zur Straße liegenden Wohnblöcken flankiert. Der auf diese Weise betonte Verkehrsfluß kennzeichnet die Straße als zentrale Verkehrsachse des neuen Stadtteils. Im Gegensatz zu den sonst vorherrschenden zweigeschossigen Bauten waren dort dreigeschossige Gebäude mit Läden vorgesehen, die einen entsprechend großstädtischen Charakter vermittelt hätten. Das Basiselement der Bebauung bilden rechteckige Wohnblöcke, die meist rechtwinklig zu den Bauten der großen Verkehrs-Trasse liegen. Auffallend ist die Beschränkung auf wenige Grundtypen in Form großer, einfach strukturierter Blöcke.[498] Die fünf Blöcke am Schiedamse Weg sowie einige weitere Blöcke greifen in Größe und Format auf die in Tusschendijken* realisierten Wohnblöcke zurück. Möglicherweise sollte daher die einmal gefundene Lösung – reduziert auf zwei- bzw. dreigeschossige Bauten – weitergeführt werden. Plate hatte bereits im November 1920 vorgeschlagen, die für Spangen entworfenen Typen in Tusschendijken zu wiederholen und somit den Arbeitsaufwand ihrer Entwicklung zu rechtfertigen.[499] An die Form von Block V in Tusschendijken (vgl. Abb. 197) erinnern zudem die zweiflügeligen Blöcke mit öffentlichen Gebäuden im Winkel der beiden Flügel.

Insgesamt sind in Ouds Entwurf mit seinen langen, geraden Straßenzügen, der auf einem Raster basierenden Grundstruktur, den axialsymmetrischen Einheiten und den monumentalen Wohnblöcken Kompositionsprinzipien barocker Stadtanlagen auszumachen. Damit steht der städtebauliche Plan für das Erweiterungsgebiet Oud-Mathenesse in der Tradition von Berlage, vor allem dessen 1915–17 entstandenem Entwurf für Amsterdam-Süd (Abb. 79), von dem 1922 bereits große Teile ausgeführt waren.[500] In beiden Fällen sind die übersichtliche Gesamtstruktur mit großangelegten symmetrischen Kompositionseinheiten das entscheidende Charakteristikum. Übereinstimmungen zeigen jeweils auch die Rasterstruktur von Straßennetz und Wohnblöcken, die kleinen in die Gesamtstruktur eingebundenen Plätze, die langen Straßenzüge und die Monumentalität der Blöcke. Die hervorgehobene Verkehrsstraße mit längsgerichteten Wohn- und Geschäftsbauten findet eine Entsprechung in Berlages Y-förmigem Straßenzug (heute Vrijheidslaan, Churchillaan und Rooseveltlaan). In Berlages erstem, bereits 1905 vorgelegten Plan, findet sich – ähnlich dem Entwurf im Oud-Archiv – ein auf halbkreisförmigem Grundriß angelegter Gebäudekomplex, der in dem späteren Plan durch einen Wohnkomplex in Form eines halben Ovals ersetzt wird.[501]

Eine weitere mögliche Anregung mag von Ebenezer Howards »Garden cities of tomorrow« ausgegangen sein, der die Anlage von Trabantenstädten als Alternative zu den überfüllten Industriestädten propagierte.[502] Die auf kreisförmigem Terrain zu errichtenden autarken Gartenstädte sollten eine zentrale Parkzone erhalten, die sich als Erholungsgebiet um das Stadtzentrum legt. Eine schematische Zeichnung Howards zeigt eines von insgesamt sechs Kreissegmenten einer solchen Gartenstadt einschließlich des geforderten Parks (Abb. 70). Das zur Nutzung als Militärgelände vorgesehene Terrain im Erweiterungsplan für Oud-Mathenesse kommt der Form dieses Parks sehr nahe. Selbst die gekehlte Spitze des Dreiecks und der von drei Häusern in der Flucht eines Kreissegmentes gebildete Abschluß des späteren »Witte Dorp« (Abb. 226) entspricht Howards Darstellung. Howards Ideen waren in den 1920er Jahren – zumindest unter Architekten – Allgemeingut und Oud daher mit Sicherheit bekannt. Eine Verbindung des Bebauungsplans für Oud-Mathenesse mit Howards Gartenstadtidee erscheint auch im Hinblick auf Van Lohuizens Tätigkeit naheliegend. Bereits seit Jahren beschäftigte er sich mit den theoretischen Grundlagen des Städtebaus und führte hierzu wissenschaftliche Erhebungen durch. Nach Van Lohuizen sollten zukünftige Stadterweiterungen in erster Linie das wilde Wachstum der Städte verhindern. Ausgehend von der Vorstellung, Rotterdam würde sich in den folgenden Jahren zu einer Metropole entwickeln, hatte Van Lohuizen bereits 1922 auf die Notwendigkeit eines städtebaulichen Plans für Groß-Rotterdam verwiesen.[503] Eine Orientierung an Idealstadtplanungen liegt daher nicht fern.

Die Siedlung »Witte Dorp« war Teil des geplanten Erweiterungsgebiets Oud-Mathenesse*. Für die östliche Spitze des Terrains, die in den städtebaulichen Entwürfen noch als Kasernengelände ausgezeichnet ist und langfristig als Park dienen sollte, wurde im Mai 1922 der Bau einer Siedlung beschlossen. Das Gebiet zwischen Rotterdam und Schiedam war zum Zeitpunkt der Planung noch unbebaut, die Siedlung lag damit isoliert von der Stadt nahe dem Rotterdamer Industriegebiet Hafen-Nord (Abb. 199).

Der Grundriß der Siedlung besteht aus einem gleichschenkligen Dreieck, das mit seiner Spitze nach Südosten in Richtung Innenstadt weist (Abb. 226, 227). Das sechseckige Damloperplein, das als Spielplatz und Wochenmarkt genutzt werden sollte, bildet das Zentrum der Anlage. Zwei konzentrisch um den Platz verlaufende Straßen übertragen die sechseckige Form in die städtebauliche Komposition. Auf den durch die Dreiecksspitzen verlaufenden Achsen finden sich weitere kleine Plätze. Die Spitzen selbst werden von jeweils zwei Zufahrtsstraßen als selbständige Einheiten abgetrennt. Die nur 7 bis 9 m breiten Straßen erhielten einen 3 m breiten Mittelstreifen aus Klinker, Trottoirs fehlten. Der Bepflanzung (aus Weiden, Linden und Pappeln sowie Ligusterhecken) kam insgesamt große Bedeutung zu.

Die Bebauung bestand mit Ausnahme der Eckwohnungen, den acht Läden und dem Verwaltungsbau aus einem einzigen Haustypus, der zu unterschiedlich langen Zeilen aneinandergereiht wurde. Je zwei spiegelsymmetrisch angeordnete Bauten bildeten eine Einheit mit einer Doppeltüre in der Fassadenmitte. Die Zusammengehörigkeit der Bauten war neben der konzentrischen Gesamtanlage durch die einheitliche Fassadengestaltung und die durchlaufenden Dächer, Plinthen und Gartenmauern gegeben. Indem bei längeren Häuserzeilen die äußeren Bauten aus der Flucht nach vorne sprangen, entstanden abgeschlossene Straßenräume. Bei einigen dieser Bauten waren die Dächer oberhalb der Türen bis zum Vordach heruntergezogen, so daß der Abschluß der Straße auch durch die vermeintlich niedrigeren Bauten zum Ausdruck kam (Abb. 69). Unterstützt wurde dies durch niedrige Mauern, die als Fortsetzung der Plinthen im rechten Winkel zu den Fassaden in die Straße hineinragten.

Einzelne städtebaulich hervorgehobene Häusergruppen setzten sich auch in ihrer architektonischen Gestaltung von der übrigen Bebauung ab. An der Fregat- und Galjoenstraat, in den beiden Spitzen am Fuß des Dreiecks, waren die Häuser nicht spiegelsymmetrisch angeordnet, sondern schlicht aneinandergereiht. Die nun einzeln auftretenden Eingangstüren wurden durch Vordächer mit Stützen betont. Auch an der Spitze der Siedlung waren die drei identischen, zu einem Kreissegment geordneten Bauten nur aneinandergereiht. Indem die Dächer dort bis zum oberen Ansatz der Fenster heruntergeführt wurden, schotteten sie die Siedlung optisch gegen ihre Umgebung ab. Eine besondere Gestaltung zeigten auch die drei Häuser an der Boomstraat/Karvelstraat auf der zentralen Achse der Siedlung (Abb. 230): anstelle des Backsteinplinthen verband dort eine hohe, weiß verputzte Wand die drei Häuser. Beim mittleren Haus, dem einzigen isoliert stehenden Wohnhaus der Siedlung, war das Dach wiederum bis zur Verbindungsmauer nach unten gezogen. An den Langseiten des Damloperplein befanden sich je vier Ladenbauten, die sich durch eine veränderte Fassadengestaltung von den Wohnbauten absetzten. Da die Läden eine größere Tiefe aufwiesen als die Wohnhäuser, traten sie aus der Häuserflucht hervor (Abb. 231).

Trotz des streng symmetrischen Entwurfs und des sich wiederholenden Typenhauses wirkte die Siedlung nicht monoton. Die dreieckige Grundform führte zu einer Vielzahl von Blickachsen, die generell schräg auf Fassaden und Häuserensembles trafen. Die zentrale Spiegelachse war entsprechend nicht als Sichtachse ausgebildet, sondern durch das Transformatorenhäuschen*, den Verwaltungsbau und die Bauleitungshütte* »verstellt« (Abb. 227). Zwischen Verwaltungsbau und Transformatorenhäuschen wurde zudem eine Laterne angebracht, die den unverstellt frontalen Blick auf die beiden Bauten verhinderte (Abb. 239). Die Bedeutung, die Oud diesen Blickachsen beimaß, zeigen entsprechende Eintragungen auf einem der Entwürfe im Oud-Archiv (Abb. 226). Auffallend ist, daß nur sehr wenige Achsen einen Ausblick in die freie Landschaft erlaubten. Die Abgeschlossenheit der Straßenräume wurde damit auch auf die Ebene der Siedlung übertragen.

Die Dreiecksform der Siedlung war zwar durch das Gelände vorgegeben, verlangte jedoch nicht zwingend eine gestalterische Umsetzung. Neben Beispielen von Siedlungen aus den 1920er Jahren[504] stehen hierfür auch die Planungen für den Neubau des »Witte Dorp« und das ausgeführte Projekt von Paul de Ley (Abb. 235). Der von der Dreiecksform bestimmte Siedlungsentwurf ist damit als eine bewußte gestalterische Lösung zu werten. Aufgrund ihrer symmetrischen Grundstruktur erscheint die Siedlung als eine der geometrischen Kompositionseinheiten der Stadterweiterung Oud-Mathenesse. Die konsequente, bis ins

69. Siedlung »Witte Dorp«, Rotterdam, Fotografie 1985

Detail durchgehaltene Symmetrie ist im Siedlungsbau dieser Zeit vollkommen neuartig. Frühere, in Anlehnung an Howards Gartenstadtgedanken entstandene Wohnkomplexe zeigen generell asymmetrische Kompositionen und kleine Gebäudeensembles, die primär auf den Eindruck einer natürlich gewachsenen Anlage zielten. Dies galt im wesentlichen auch für die von Oud und Dudok entworfene Siedlung in Leiderdorp (1915/16)[505] und Ouds Plan für Vreewijk (1916), während der Entwurf für den Varkenoordsche Polder (1921) bereits eine symmetrische Struktur mit geometrischen Kompositionen zeigt. Im »Witte Dorp« erinnern nur noch die schmalen Straßen, die niedrige Bebauung sowie die aufwendige Bepflanzung samt Spalierbäumen an die Idee der Gartenstadt. Mit der streng symmetrischen Konzeption vermied Oud ganz bewußt den Eindruck einer historisch gewachsenen Struktur. Die Symmetrie als Kennzeichen einer auf dem Reißbrett entstandenen Siedlung bringt Ouds Entwurf vielmehr in Verbindung mit Idealstadtplanungen.[506]

Auffallend ist, daß Oud keine symbolische Form (gleichseitiges Dreieck, Kreis oder Quadrat) wählte, wie es in den 1920er Jahren durchaus üblich war.[507] Abgesehen von dem vorgegebenen Grundstück widerspricht das gleichschenklige Dreieck jedoch keineswegs einer Interpretation als Idealplanung. Vielmehr weist die Form – entsprechend dem Kreissegment – auf eine mögliche Ergänzung durch identische Siedlungseinheiten zu einem Polygon. Auch kreisförmige Anlagen wie Howards Gartenstadt oder der Entwurf für Groß-Berlin von Rudolf Eberstadt, Bruno Möhring und Richard Petersen (1910) könnten als Ausgangspunkt von Ouds Entwurf gedient haben.[508] Möglicherweise wurde beim »Witte Dorp« das Kreissegment des Gartenstadtschemas (Abb. 70) in ein gleichschenkliges Dreieck und damit eine quasi modernisierte, dem technologisierten Zeitalter entsprechende Form umgewandelt. Eine Parallele zu Ouds städtebaulicher Lösung mit dreieckigem Grundriß und symmetrischer Anlage zeigt am ehesten Hannes Meyers Siedlung Freidorf in Muttenz bei Basel (1919–21), auch wenn hier der symmetrische Straßenverlauf nicht in dieser Konsequenz verfolgt wurde. Meyer selbst verwies durch Bezeichnungen wie »sozialer Kleinstaat«, »Musterdorf« oder »Mustersiedlung« auf eine Deutung seiner Siedlung als Idealstadt.[509]

Beim »Witte Dorp« wäre im Fall einer Vervielfältigung zu einem Polygon – ausgehend von den im Winkel von 41 Grad angeordneten Schenkeln des Dreiecks – allein ein Oktogon als ideale Endform denkbar. Tatsächlich würden acht Siedlungseinheiten mit dazwischenliegenden, radial zum Zentrum verlaufenden Straßen ein Achteck ergeben. Als Vorbild für ein entsprechendes Oktogon könnte man an Filaretes Entwurf der Idealstadt Sforzinda (um 1465) als erste illustrierte »città ideale« der Renaissance denken. Verbände man die Zacken von Filaretes sternförmigem Stadtplan, ergäbe sich ein aus acht gleichschenkligen Dreiecken bestehendes Oktogon. Hanno-Walter Kruft weist darauf hin, daß dort erstmals die unbeschränkte Repetition und Reihung identischer Häuser formuliert wurde, womit eine weitere Parallele zu Ouds Siedlung gegeben wäre.[510]

Neben Sforzinda finden sich weitere Beispiele, die als Anregung für Oud gedient haben könnten. An erster Stelle ist eine Illustration von Vitruvs Stadtplanung zu nennen, die ein Achteck, aufgeteilt in acht gleichschenklige Dreiecke, zeigt.[511] Mit Blick auf die niederländische Architekturgeschichte scheinen die auf regelmäßigem Grundriß errichteten Festungsstädte des 16. Jahrhunderts von besonderer Bedeutung. Hierzu zählt Coevorden, das einen radial-konzentrischen, wenn auch siebeneckigen Plan aufweist.[512] Ein näherliegendes Beispiel ist die 1589 publizierte achteckige Idealstadt von Daniel Speckle (Abb. 71), die in zahlreichen Handbüchern zum idealen Festungsbau auftaucht.[513] Abgesehen von den acht Kompartimenten findet sich dort entsprechend dem Damloperplein im »Witte Dorp« eine freie Fläche im Mittelpunkt der Anlage, während in den Idealstädten der Renaissance diese exponierte Stelle Monumentalbauten vorbehalten blieb. Ähnlich Filarete sprach sich auch Speckle dafür aus, daß alle Häuser seiner Idealstadt in einer Flucht liegen und gleich hoch sein sollten. Darüber hinaus forderte er ein gemauertes Erdgeschoß, ziegelgedeckte Dächer, vergitterte Fenster und verstärkte Tü-

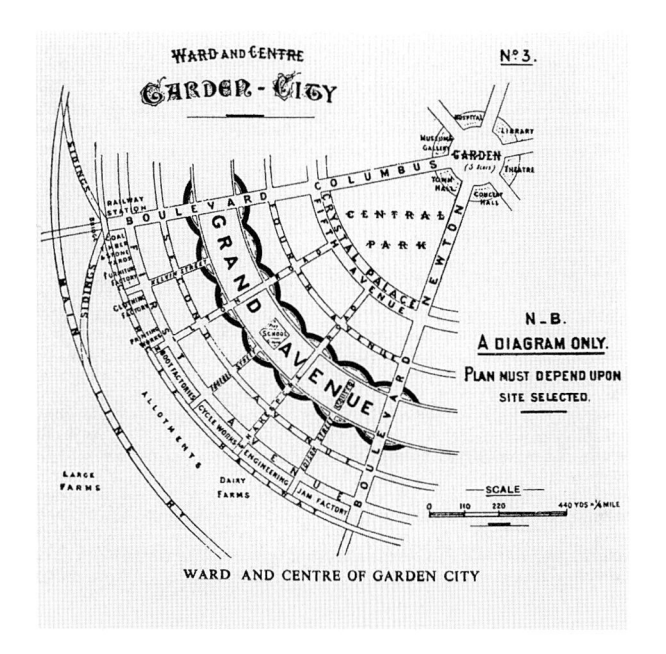

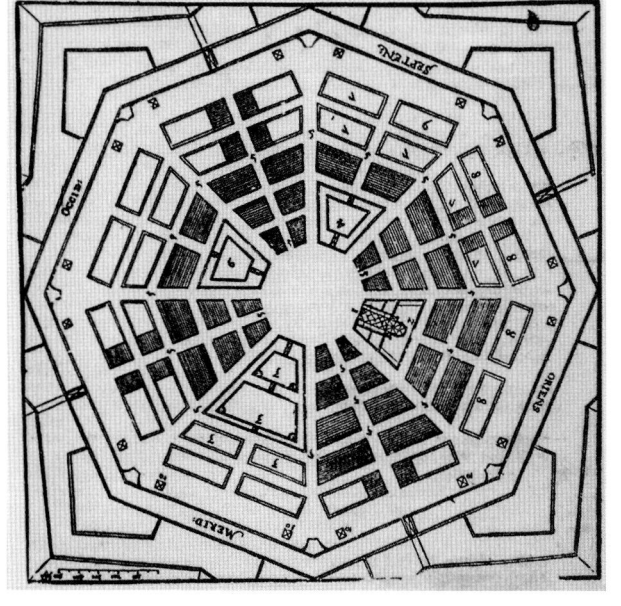

70. Ebenezer Howard, Diagramm Garden-City, 1898

71. Daniel Speckle, Entwurf für eine Festungsstadt, 1589

ren, aus denen notfalls geschossen werden könne.[514] Mit Ouds Backsteinplinthen, den Ziegeldächern, den plastisch vortretenden Fensterkreuzen und den senkrechten Briefschlitzen liegen sogar formale Analogien zwischen Specklins Idealstadt und den Wohnbauten des »Witte Dorp« vor. In seiner Funktion als Wohnsiedlung für sozial Schwache erinnert es schließlich auch an die Fuggerei in Augsburg (ab 1516), die im Sinne einer »Stadt in der Stadt« errichtet wurde. Übereinstimmungen zeigen vor allem die identischen, zu langen Reihen verbundenen Häuser und die geschlossene Gesamtanlage.

Unter den barocken Stadtplanungen ist als mögliches Vorbild Karlsruhe zu nennen. Das kreisförmige Terrain mit dem Schloß als Mittelpunkt wird radial in verschiedene Zonen unterteilt, wodurch sich – vergleichbar dem späteren Schema von Howard – einzelne Kreissegmente ergeben. Als eine weitere »Idealstadt« des Barock wurde das italienische San Leucio unter Ferdinand IV., König von Neapel und Sizilien, von Francesco Collecini in den späten 1780er Jahren projektiert und in Teilen ausgeführt. Die auf kreisförmigem Terrain geplante Anlage zeigt vier Segmente mit gekehlter Spitze, die stark an die Form des »Witte Dorp« erinnern.

Sieht man von diesen Vorbildern der älteren Architekturgeschichte ab, sind vor allem zwei Projekte einer Idealstadt zu nennen. 1905 entwarf K. P. C. de Bazel im Auftrag des »Bureau voor Internationalisme« eine »Welthauptstadt«, die in der Nähe von Den Haag gebaut werden sollte (Abb. 72). Seine aus zwei sich überlagernden Quadraten gebildete achteckige Stadt basiert auf den genannten Idealstadtplanungen der Renaissance.[515] Wiederum waren ein Park im Zentrum und acht radial verlaufende Verkehrswege vorgesehen. Der mit Blick auf den geplanten Friedenspalast diskutierte Entwurf wird Oud sicherlich bekannt gewesen sein, zumal De Bazel 1905, als Oud dort seine Ausbildung absolvierte, Lehrer an der Quellinus-Schule war. Ein noch engerer Bezug besteht zu Berlages Erweiterungsplan für Den Haag (1908/09), der De Bazels »Welthauptstadt« in abgewandelter Form integriert (Abb. 73). Insgesamt zeigt Berlages Entwurf eine geschlossenere und strenger symmetrische Form. An Stelle eines fließenden Übergangs zur umgebenden Landschaft bildet der äußere Rand der Siedlung hier eine strikte Grenze. Neben der größeren Kompaktheit betont ein kreisförmiger Ringweg zudem die streng geometrische Gesamtform des Plans.[516] 1915 folgte Berlages Entwurf für ein »Pantheon der Menschheit«[517], das den Mittelpunkt zweier sich überlagernder Oktogone bilden sollte. Mit Hilfe von Radialstraßen entstehen wiederum gleichschenklige Dreiecke, die insgesamt jedoch weniger deutlich hervortreten als beim Stadterweiterungsentwurf für Den Haag. Ein Vergleich zwischen dem »Witte Dorp« und Berlages Erweiterungsplan zeigt, daß Oud neben der Form des gleichschenkligen Dreiecks vor allem ästhetisch-formale Lösungen von Berlage übernahm.[518] Bekräftigt wird diese Beobachtung ebenfalls durch den Umstand, daß Oud in den 1940er Jahren ebenfalls (nun im Rahmen eines Denkmalentwurfs) auf Berlages Pantheon zurückgriff.[519] Formal am nächsten steht jedoch der 1910 von Jean-Marcel Auburtin entworfene Erweiterungsplan für Antwerpen, der unter anderem eine halbkreisförmige Anlage, bestehend aus drei sowie zwei halben Kreissegmenten mit abgeflachter Spitze, zeigt.[520] Entsprechend Ouds Lösung wurde dort bei jedem Segment die verbleibende Spitze durch eine konzentrisch um den Mittelpunkt geführte Straße abgetrennt (vgl. Brikstraat) und ist der hintere Abschnitt durch einen zentralen Platz mit strahlenförmig abzweigenden Wegen (vgl. Dremmelaar-, Kano- und Emerstraat) gegliedert. Hier findet sich schließlich auch die von Oud durch die Anordnung der öffentlichen Bauten hervorgehobene Mittelachse.

Die Symmetrie ist generell ein charakteristisches Kennzeichen von Ouds Bauten.[521] Beim »Witte Dorp« wurde somit ein für ihn typisches Gestaltungsprinzip auf die städtebauliche Ebene übertragen. Auch der dreieckige Grundriß der Siedlung entspricht Ouds Vorliebe für einfache geometrische Figuren. Unabhängig davon ist die beispiellos strenge Symmetrie der städtebaulichen Anlage zusammen mit der ungewöhnlichen Form des gleichschenkligen Dreiecks hier als Idealstadt bzw. Ausschnitt einer Idealstadt zu deuten. Die Suche nach Ideallösungen für Wohnungsgrundrisse, Blocktypen und städtebauliche Planungen war kennzeichnend für Ouds Arbeiten für den *Woningdienst*. Aufgrund der geringen Anzahl realisierbarer Projekte sollten Musterbeispiele präsentiert werden, an denen sich die privaten Bauunternehmer orientieren konnten. Mit Oud-Mathenesse demonstrierte Oud, wie mit einem Haustypus und wenigen abweichenden Gebäuden eine Siedlung mit eigenem Versorgungszentrum entsteht. Obwohl Oud seine Siedlung in die Tradition der klassischen Idealstadt einband, fand er zu einer Neuinterpretation des Themas. Während Filarete und Speckle die Wohnbauten ihrer Idealstädte nur als »Füllwerk« der durch Monumentalbauten bestimmten Stadt-

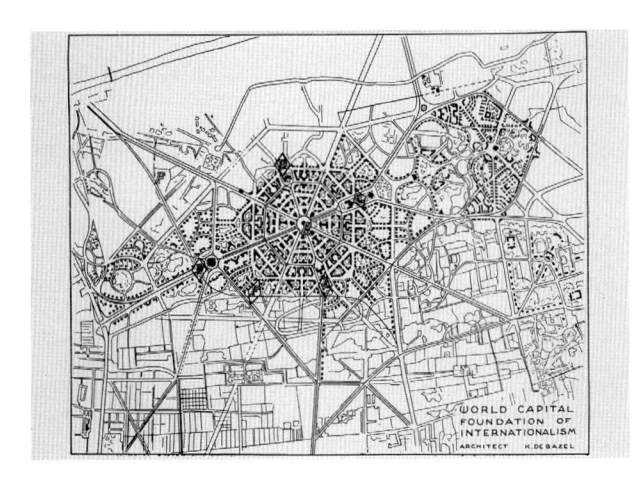

72. K. P. C. de Bazel, Entwurf der Welthauptstadt, 1905

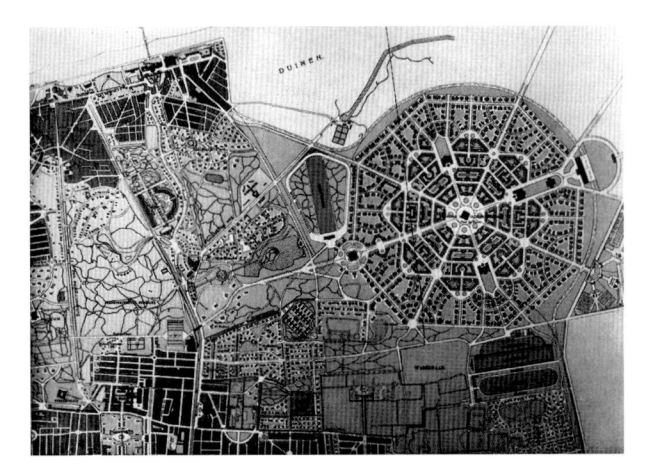

73. H. P. Berlage, Stadterweiterungsplan Den Haag, 1908, unter Aufnahme von De Bazels Welthauptstadt

anlagen betrachteten, stellte Oud die Wohnbauten ins Zentrum seines Entwurfs: monumentale Großbauten fehlen gänzlich und Wohnhäuser sowie eine Spielfläche für Kinder rücken in den Mittelpunkt der Komposition.

Das im Rahmen des kommunalen Bauprogramms ausgeführte »Witte Dorp« nimmt eine Zwischenstellung zwischen Dorf und städtischer Siedlung ein. Während das Einfamilienhaus mit Schrägdach, die Straßenräume und die Bepflanzung einen ländlich-traditionellen Eindruck hervorrufen, stehen die Betonung des Normhauses und die langen Häuserzeilen für einen modernen, rationalisierten Wohnkomplex. Die Bewertung des »Witte Dorp« fiel daher – je nach Standpunkt – sehr unterschiedlich aus. Im Vergleich mit anderer Vorkriegsarchitektur erkannte W. C. Behrendt das moderne Moment der Siedlung: »Es handelt sich um einen Wohnungscomplex großstädtischen Charakters, um eine Siedlungsanlage im Rahmen der Großstadt, mit einer großen Anzahl gleichartiger Wohnhäuser, die massenweise nach ein paar einheitlichen Typen ausgeführt sind«. »Es wird kein ländliches Motiv nachgeahmt und jeder pseudodorfähnliche Charakter ist bewußt vermieden.«[522] Autoren jüngerer Zeit kritisierten dagegen gerade den vermeintlich dörflichen Charakter der Anlage: »L'immagine è quella di una comunità paesana …«; »La notevole qualificazione formale d'assieme reinventa il classico *dorpje* olandese«.[523]

Aufgrund der ungewöhnlich streng durchkomponierten symmetrischen Form wurden immer wieder Parallelen mit Gefängnisanlagen und Wohnkomplexen für »unzumutbare« (ontoelaatbare) oder unsoziale (onmaatschappelijke) Familien gezogen, die in dieser Zeit in Amsterdam, Den Haag und Utrecht gebaut wurden.[524] Wie das »Witte Dorp« lagen diese Siedlungen isoliert am Rand der Städte und zeigten ähnliche Wohnungstypen und städtebauliche Lösungen.[525] Auch der am Damloperplein gelegene Verwaltungsbau schien dem zu entsprechen. Von einem zentralen Bürogebäude aus wurde in den »Siedlungen für asoziale Familien« das Verhalten der Bewohner – dort von einem Aufseher – kontrolliert. Wie bei Gefängnisanlagen lag das Büro so, daß alle oder zumindest ein Großteil der Straßen überblickt werden konnte. Eine entsprechende Deutung des »Witte Dorp« als »Wohnkomplex für asoziale Familien« widerspricht jedoch der Planungsgeschichte und Nutzung der Siedlung: Neben der normalen Arbeiterfamilie war nur ein kleiner Teil der Wohnungen für Familien vorgesehen, die nach ihrer »Rückführung« in die Gesellschaft wieder selbständig und ohne Kontrolle in ihren Wohnungen leben sollten. Der Beschluß, im »Witte Dorp« Wohnungen für diese Familien bereit zu stellen, wurde erst während der Bauausführung gefaßt. Zudem war die Siedlung Teil des Stadterweiterungsgebietes Oud-Mathenesse und sollte damit nur für eine bestimmte Zeit isoliert am Rand der Stadt liegen. Schließlich bot auch der Verwaltungsbau (Abb. 231, 232) keinen Einblick in die Straßen, sondern allein auf den öffentlichen Platz im Zentrum der Siedlung.[526]

2.6. Die Siedlung Kiefhoek: Stadtbaukunst gegen modernen Zeilenbau

Bevor Oud seine nächste Siedlung realisieren konnte, entwarf er 1924 die Wohnzeilen in Hoek van Holland*. Auf einem langen schmalen Grundstück entlang der 2e Scheepvaartstraat entstanden zwei identische zweigeschossige Häuserzeilen (Abb. 243), wobei der schmale Streifen zwischen Gebäude und Straße erstmals bei Oud für Vorgärten genutzt wurde. Als Verbindung der beiden Zeilen dient ein von der Straße zurückspringender, U-förmiger Baukörper mit Durchgang zu den Gärten im Nordosten. Mit der symmetrischen Gesamtkomposition, dem zentralen ehrenhofartigen Platz in der Mittelachse und den geometrisch angelegten Gärten stehen die Häuserzeilen in der Tradition barocker Gebäude oder Bauensembles.[527]

Auch bei den Häuserzeilen in Hoek van Holland handelt es sich um eine prinzipielle Lösung, die als Vorbild für weitere Projekte dienen sollte. Hierfür spricht die aufwendige Entwicklung von drei Wohnungstypen bei nur 32 Wohnungen. Dasselbe gilt für den komplexen Wechsel der unterschiedlich großen Wohneinheiten mit dem Ziel einer sozialen Durchmischung, die allein in einem größeren Wohnkomplex bzw. durch Wiederholung des Entwurfs Sinn ergibt. Weniger überzeugend ist eine Skizze im Oud-Archiv, die statt zwei nun drei Häuserzeilen in einer Reihe nebeneinander zeigt (Abb. 253).[528] Indirekt wird damit auf die Ausführung beliebig vieler Zeilen verwiesen, die jedoch in Widerspruch zu der geschlossenen axialsymmetrischen Gesamtkomposition mit zentraler Hofanlage steht. Auch die mögliche Anordnung dieser Häuserzeilen bleibt unklar. Prinzipiell denkbar wäre eine Zeilenbauweise mit parallel hintereinander gereihte Häuserzeilen. Allerdings war der Zeilenbau 1924, als Ouds Entwurf entstand, noch keineswegs etabliert. Allein Otto Haesler in Celle, Ernst May in Frankfurt am Main und Gustav Oelsner in Altona beschäftigten sich zu diesem frühen Zeitpunkt mit Fragen der Orientierung und Anordnung von Wohnzeilen.[529] Im Gegensatz zum Zeilenbau mit parallel liegenden Häuserzeilen in Nordsüd-Ausrichtung blieb Ouds Lösung unentschlossen. So könnten die Zeilen in traditioneller Weise spiegelsymmetrisch (mit gemeinsamer Gartenzone zwischen zwei Häuserreihen) angeordnet werden oder aber – im Vorgriff auf den Zeilenbau – parallel hintereinander. Aus ästhetischer Sicht läßt die abgeschlossene symmetrische Komposition eigentlich nur eine weitere Reaslisierung dieses Typus an anderer Stelle zu.[530] Der Entwurf für Hoek van Holland nimmt damit eine Zwischenstellung zwischen einem frühen Prototyp des Zeilenbaus und einer traditionellen Wohnanlage auf Basis ästhetisch gestalterischer Kriterien (symmetrische Grundstruktur, repräsentative Balkonreihe zur Straße) ein.

Während Oud mit der Ausführung des »Witte Dorp« beschäftigt war, wurde im Auftrag des *Woningdienst* durch Architekt R. J. Hoogeveen ein erster Plan für ein Baugebiet in Kiefhoek erstellt (Abb. 74).[531] Der im April 1923 vorgelegte Entwurf umfaßt 179 Häuser mit insgesamt 358 Wohnungen und 13 Läden. Für den Platz am Hillevliet war eine große Kirche mit Einturmfassade vorgesehen. Der städtebauliche Entwurf wird durch große, unterschiedlich geformte Wohnblöcke bestimmt, die mit Ausnahme eines freistehenden Gebäudes im Zentrum der Anlage die Randbebauung fortsetzen. Zwischen den Längs- und Schmalseiten der Blöcke bleiben (wohl für eine verbesserte Belichtung und Belüftung der Innenhöfe) Zwischenräume ausgespart. Die einzelnen Fassaden werden als symmetrische Einheiten aufgefaßt und durch Eckrisalite gegliedert. Die Gesamtanlage basiert auf dem Typus der Gartenstadt[532], wofür vor allem der mehreckige, unregelmäßig geformte Platz im Süden der Siedlung und ein von dort ausgehender geknickter Straßenzug stehen.

Hoogeveens Entwurf kam aus finanziellen Gründen nicht zur Ausführung. 1925 wurde der neue Direktor des *Woningdienst*, De Jonge van Ellemeet, aufgefordert, den Bau von 300 Wohnungen für große Familien vorzubereiten. Noch in diesem Jahr legte Oud seine städtebauliche Lösung für das noch unbebaute Terrain vor. Abweichend von Hoogeveen entwarf Oud zweigeschossige Häuserzeilen, die keinerlei Gliederung durch Risalite oder Rücksprünge mehr aufweisen (Abb. 261). Sechs lange, von Nordwest nach Südost verlaufende Zeilen bestimmen die Hauptausrichtung. Kürzere, rechtwinklig liegende Hausreihen verbinden jeweils zwei der Zeilen zu einem rechteckigen Geviert, das die Gärten umschließt. An den Schmalseiten bleiben wiederum Zwischenräume bestehen, die dort vor allem die Eigenständigkeit der einzelnen Zeilen betonen.

Auch in den übrigen Bereichen des unregelmäßigen Terrains stehen die Häuserzeilen im rechten Winkel zueinander, werden dort jedoch zu symmetrischen Einheiten verbunden. Bestimmend ist der quadratische Abschnitt im Westen (Nederhoven-/Lindt-/Eerste Kiefhoek-/Groote Lindtstraat) und das dreieckige Hendrik-Idoplein im Osten. Auch hier finden sich damit die für das Stadterweiterungsgebiet Oud-Mathenesse* charakteristischen geometrischen Kompositionseinheiten. Einzelne Gestaltungsmotive werden als Variationen an anderer Stelle wieder aufgegriffen. Am Eernstein steht die in einem Halbrund schließende Grünanlage der diagonal verlaufenden Platzfront der Spielfläche gegenüber, während beim Hendrik-Idoplein ein dreieckiger Platz mit einem Spielterrain verbunden ist, das zur Platzseite ein Kreissegment aufweist. Keineswegs handelt es sich hier um »beiläufig« entstandene symmetrische Kompositionen[533], sondern um bewußt gewählte Lösungen.

Insgesamt sind zwei rechtwinklig zueinander stehende Hauptachsen auszumachen, die auch als Blickachsen fungieren. So führt die Groote Lindtstraat exakt zur Mittelachse der Grünanlage am Eernstein, die durch eine Fahnenstange innerhalb des Küstergartens betont wird (Abb. 342). Im Fall der Heer Arnoldstraat, die fortgesetzt als Eerste Kiefhoekstraat durch die gesamte Siedlung läuft, ergibt sich ein bewußt komponiertes Bild. Beim Blick vom Groene Hilledijk auf die tiefer gelegene Kreuzung am Hendrik-Idoplein sieht der Betrachter genau auf einen der beiden Läden (Abb. 35), die mit ihren gebogenen Fronten ein betont modernes, großstädtisches Erscheinungsbild liefern. Erst auf Höhe des Hendrik-Idoplein kommt der zweite Laden als symmetrisches Pendant zum Vorschein (Abb. 263).

Die Anzahl der Plätze wurde in Ouds Entwurf von fünf auf drei reduziert. Im Gegensatz zu Hogeveens kleinen, abgeschlossenen Einheiten versuchte Oud möglichst großflächige Freiräume zu gestalten: »Nicht nur Sonne, sondern auch ›Raum‹ (Gefühle des Raumes und der ›Geräumigkeit‹) halte ich für ganz wesentlich für das gute Wohnen.«[534] Die Kirche steht entsprechend nicht mehr in der Mitte des Platzes, sondern wird bis an den Hillevliet zurückgesetzt. Auf diese Weise verbinden sich die öffentliche Grünanlage, der Garten der Küsterwohnung und der Spielplatz zu einer großen Freifläche im Zentrum der Siedlung. Ein geschlossener Straßenraum findet sich allein noch an der Nederhovenstraat (Abb. 264). Durch tiefe Vorgärten zu beiden Seiten der Straße entsteht dort ein repräsentativer Straßenraum, für den De Jonge van Ellemeet die Bezeichnung »luxe-straat« prägte.[535] Erweiterungen oder Verengungen von Straßen treten an mehreren Stellen der Siedlung auf. So verbreitern sich die Hendrik Idostraat und die Straße Eernstein als Vorbereitung auf die anschließenden Plätze (Hendrik-Idoplein, Eernstein), während sich die Kleine Lindtstraat im Sinn einer »verkehrsberuhigten«, von kinderreichen Familien bewohnten Straße verengt.

Die Kleine-Lindt-Straat bricht sich als schmaler Stichweg durch die langen Häuserzeilen und öffnet so die beiden an drei Seiten geschlossenen Häuserblöcke. Die vier freistehenden Wohnbauten für Großfamilien (Abb. 37) sind beiderseits der Straße angeordnet, wobei der freie Einblick in die Gärten versperrt wird. Dasselbe Ziel verfolgte Oud bei den Mauerbrüstungen zwischen den Häuserzeilen: »Ein Einblick in die Hintergärten ist absichtlich behindert: es werden hier die ärmsten Arbeiter wohnen, und die Erfahrung hat gelehrt, daß bei Bewohnern dieser Art eine richtige Versorgung des Gartens im allgemeinen nicht zu erwarten ist.«[536] Da die Siedlung tiefer liegt als die umgebenden Bereiche, vor allem der Groene Hilledijk, ist die angrenzende Bebauung von jeder Stelle aus sichtbar. Durch den starken Kontrast der flachgedeckten weißen Häuserzeilen mit den hohen Backsteinbauten wird die Siedlung als gestalterische Einheit erfahrbar.

Auch beim Siedlungsplan für Kiefhoek zeigt sich die Bedeutung der formal-gestalterischen Lösung für Ouds Werk.[537] Dies gilt in erster Linie für die von städtebaulichen Kriterien bestimmte Ausrichtung der Häuser nach vier Himmelsrichtungen. Die langen parallel verlaufenden Zeilen sind zudem spiegelsymmetrisch angelegt, wodurch sich die Wohnräume einmal nach Südwesten und einmal nach Nordosten orientieren. Auch in der Nederhovenstraat (Abb. 264) mußten die Bewohner zugunsten der städtebaulich-gestalterischen Lösung (Straßenraum) Kompromisse in Kauf nehmen. Vor allem den Eckhäusern blieb nur eine minimierte Gartenfläche, während andere Häuser derselben Straße einen großen Vorgarten und einen Nutzgarten erhielten. Um städtebauliche Akzente zu setzen, ging Oud in Einzelfällen von seinem Grundschema ab. So entstanden durch die Eckläden am Hendrik-Idoplein geschlossene Blockhälften an Stelle der freistehenden Zeilen. In einer Perspektive im Oud-Archiv (Abb. 265) sind diese Bauten aus der Flucht der Wohnhäuser in der Hendrik Ido- und Tweede Kiefhoek-Straat nach vorne gezogen, wodurch das Zeilenende betont und der Straßenraum optisch abgeschlossen wird. Auch bei den Häuserzeilen mit einer ungeraden Anzahl von Bauten wurden an städtebaulich markanter Stelle die Zeilenenden betont.[538] Hierfür erhielt das letzte, ohne Pendant verbleibende Haus einen kleinen halbrunden Balkon oberhalb der Eingangstür.

Die geometrischen Grundformen und symmetrischen Kompositionen stehen generell im Widerspruch zu einer streng rationellen Anordnung der Wohnzeilen, wie sie gleichzeitig in den Bauten Otto Haeslers in Celle und der Dammerstocksiedlung in Karlsruhe realisiert wurden. Gerade in der gestalterischen Lösung liegt jedoch die Qualität von Kiefhoek: »Über die herrschende Doktrin des progressiven Städtebaus, allen Häusern ein Höchstmaß an Sonneneinstrahlung zu sichern, setzte er [Oud: EvE] sich zugunsten räumlich erlebbarer Straßen- und Platzwirkungen hinweg.«[539] Oud selbst konnte nicht mit dem gebotenen Selbstbewußtsein zu seinem Entwurf stehen. Bei Fertigstellung der Bauten galt die Ausrichtung der Räume nach den Himmelsrichtungen als zentraler Faktor für die Wohnqualität. Um sich zu rechtfertigen, deutete er die unterschiedliche Orientierung der Häuser als Chance zur Erfüllung individueller Vorlieben. Daß ein Teil der Wohnungen keine optimale Belichtung erhalte, sei somit nicht störend, »denn nicht jedermann ist ein begeisterter Sonnenliebhaber«[540]. Wie Oud berichtet, hatte durch die Bindung des Straßenverlaufs an einmündenden Straßen kein reiner Zeilenbau realisiert werden können, was theoretisch zu wünschen gewesen wäre. Die Aussage, daß er mit seinem Entwurf dem fließenden Verkehr Rechnung tragen wolle, ist angesichts der schmalen Straßen allein als Zugeständnis an die aktuelle Entwicklung im Städtebau zu verstehen.[541]

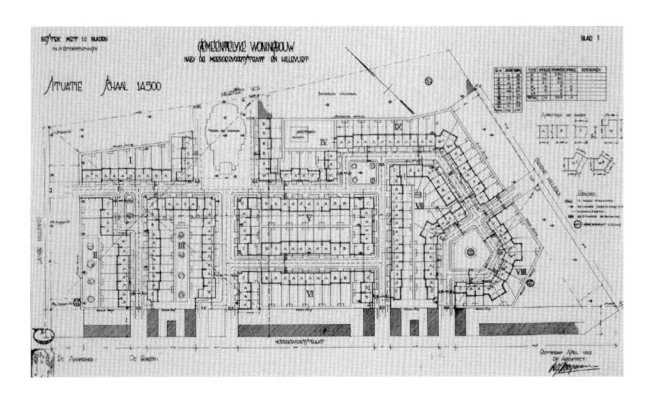

74. R. J. Hoogeveen, Siedlungsentwurf, Rotterdam, 1923

Dennoch zeigt Oud mit den parallel verlaufenden Häuserzeilen eine Lösung, die – zumindest formal – auf den Zeilenbau verweist. So wurden die Zeilen- bzw. Straßenabschlüsse abgesehen von dem Straßenraum an der Nederhovenstraat und den Straßenverengungen oder -erweiterungen allein durch die kleinen Balkone akzentuiert. Das Bild der langen ungegliederten Zeilen blieb damit bestehen (Abb. 263). Entsprechend fiel auch die Kritik der Zeitgenossen aus: »But the symmetrical general plan is open to criticism and the long lines of houses are somewhat monotonous without trees or vines for variety and shade.«[542] Durch das orthogonale Straßennetz und die langen ungegliederten Häuserzeilen wurden Reminiszenzen an die traditionelle Dorfform grundsätzlich vermieden.

Mehrfach wurde ein Vergleich zwischen Ouds Wohnblöcken und seinen vermeintlich nach außen abgeschlossenen Siedlungen gezogen.[543] Gerade die Siedlung Kiefhoek zeigt sich jedoch offen zur umgebenden Bebauung und dem städtischen Umfeld. So wird das Groote Lindt-Plein als Bindeglied zwischen der Siedlung und angrenzender Bebauung auch von Sichtbacksteinhäusern eingefaßt. Die Kirche* am Eemstein weist mit ihrer Eingangsfassade zum außerhalb der Siedlung verlaufenden Hillevliet und bildet gleichzeitig das städtebauliche Pendant zur gegenüberliegenden Maranathankerk (Abb. 260). Auch mit den Eckläden am Hendrik-Idoplein versuchte Oud an das städtische Umfeld anzuschließen. So fällt der Blick vom Groene Hilledijk frontal auf einen der Läden, der in seiner konsequent modernen Formensprache stellvertretend für die Siedlung steht (Abb. 262). Die Schlußfolgerung, »Oud war, anders als Berlage, kein Städtebauer«[544], sondern habe allein abgeschlossene Siedlungseinheiten geschaffen, ist in dieser Form damit nicht haltbar.

Ouds städtebaulicher Entwurf zeichnet sich durch ein klares Raster aus rechtwinklig verlaufenden Straßenzügen aus. Der Verzicht auf Gemeinschaftsgärten und Risalitbildung ermöglichte es, die Häuserzeilen in geringem Abstand voneinander anzuordnen. Daraus ergab sich nicht allein eine höhere Bebauungsdichte, sondern auch die Möglichkeit, größere zusammenhängende Freiflächen auszubilden.[545] Angesichts des unregelmäßig geformten Baugrunds bleibt es erstaunlich, wie selbstverständlich sich die effiziente Parzellierung in das Terrain einpaßt.[546] In der Gesamtkonzeption von Kiefhoek ist entsprechend eine von Ouds größten städtebaulichen Leistungen zu sehen. Verschiedentlich wurde bemerkt, daß sich der Siedlungsentwurf an das ursprüngliche Grabennetz zur Entwässerung des Polders anlehnt.[547] Damit führe Oud die pragmatische, von der topographischen Situation ausgehende Parzellierungsmethode des 19. Jahrhunderts weiter. Die ausgesprochen geschickte und ästhetisch qualitätvolle Lösung des städtebaulichen Entwurfs ist jedoch keineswegs auf die Übernahme eines Parzellierungsmusters zu reduzieren, das sich zudem einzig im Richtungsverlauf der zentralen Straßen wiederfindet.

2.7. Zeilenbau nach deutschem Schema: Weißenhofsiedlung und Blijdorp

Die Planung für die Mustersiedlung des Deutschen Werkbundes auf dem Stuttgarter Weißenhof lag zunächst in den Händen des Stadterweiterungsamtes und wurde im Oktober 1925 dem künstlerischen Leiter der Ausstellung, Ludwig Mies van der Rohe, übertragen.[548] Die städtebaulichen Entwürfe zeigen für die später Oud zugeteilten Grundstücke unterschiedliche Bebauungsformen. Auch die angrenzende Platzanlage differiert in Größe und Gestaltung. Der erste Plan vom 23. Juli 1925 weist für Ouds Grundstücke zwei Doppelhäuser aus[549], wobei eines der Häuser die seitliche Begrenzung eines langgestreckten baumbepflanzten Platzes bildet. Ein auf Skizzen Mies van der Rohes zurückgehender Lageplan vom 14. Oktober sah für dasselbe Terrain einen L-förmigen Wohnblock vor.[550] Indem die gegenüberliegenden Häuser von der Straße zurückweichen, entsteht zusammen mit dem Vorplatz des Wohnblocks eine größere Freifläche. Die endgültige Planfassung von Sommer 1926 zeigt einen zweigeschossigen Wohnblock mit vier Etagenwohnungen und ein anspruchsvolleres Einfamilienhaus. Die Straßenkreuzung bildet zusammen mit dem Vorplatz der Häuser den zentralen Platz der Siedlung (Abb. 307).

Im Sommer 1926 wurde Oud offiziell zum Bau des zweigeschossigen Wohnblocks und des Einfamilienhauses aufgefordert.[551] Da er zu diesem Zeitpunkt mit mehreren Bauprojekten betraut war, konnte er zum vorgegebenen Termin am 20. Dezember 1926 noch keine Entwürfe vorlegen. Einer Bestimmung des Stuttgarter Gemeinderats folgend, die vermehrt preisgünstige Häuser für Arbeiter und Angestellte forderte, nutzte Mies van der Rohe den Terminrückstand und bat Anfang Januar 1927 um eine Planänderung.[552] An Stelle des Wohnblocks mit Etagenwohnungen sollten nun vier Reihenhäuser und ein Einfamilienhaus entstehen.[553] Zwei Tage später berichtete Oud, daß er bereits mit dem Entwurf von Reihenhäusern begonnen habe.[554] Der Vorentwurf ging am 17. Januar an den Bauleiter Richard Döcker. Entgegen den Vorgaben hatte Oud auf das Einfamilienhaus verzichtet und dieses durch ein fünftes Reihenhaus desselben Typs ersetzt (Abb. 311). Sein eigenmächtiges Handeln begründete er mit der Verringerung des Kosten- und Zeitaufwands, wodurch er statt zwei schlechten einen guten Typus liefern könne.[555]

Auch die städtebauliche Situation hatte sich mit der neuen Bauaufgabe verändert. Entscheidend ist, daß Oud den Vorplatz aufgab und die aus fünf Einfamilienhäusern bestehende Häuserzeile bis an die Straße heranrückte.[556] Dadurch verkleinerte sich die Freifläche im Zentrum der Siedlung, während gleichzeitig mehr Platz für die südlich anschließenden Gärten der Reihenhäuser verblieb. Wie beim Eemstein und dem Groote-Lindt-Plein in Kiefhoek*, die allein durch die umgebenden Häuserzeilen begrenzt werden, erhielt der zentrale Platz der Weißenhofsiedlung eine lockere Einfassung durch Ouds Reihenhäuser, den Wohnblock von Mies van der Rohe und die Häuser von Walter Gropius und Bruno Taut.

Die zweigeschossigen Bauten geben sich als Typen zu erkennen, die in beliebiger Anzahl aneinandergereiht werden können. Gegenüber Döcker schlug Oud vor, ein weiteres Haus dieses Typs quer zur Häuserzeile zu errichten.[557] Das sechste Haus sollte auf dem dreieckigen Terrain westlich der Häuserzeile entstehen. Ein Plan im Oud-Archiv zeigt das rechtwinklig an die Häuserzeile anschließende Haus, das mit seiner Langseite an den Pankokweg bzw. den Platz grenzt (Abb. 309). Um einen Zugang von der Straße über den Wirtschaftshof zu ermöglichen, ist das sechste Haus spiegelsymmetrisch zu den anderen konzipiert. Mit dem isoliert stehenden Bau an der zentralen Zufahrt der Siedlung hätte Oud einen wichtigen städtebaulichen Akzent gesetzt, wobei die Gartenfassade mit ihrem auskragenden Balkon zum einleitenden Motiv der Siedlung geworden wäre.

Der Vorschlag, ein weiteres Haus rechtwinklig anzufügen, widerspricht dem von Oud selbst in der »prinzipiellen Situation« propagierten Zeilenbau mit streng Ost-West-verlaufenden Häuserreihen (Abb. 311).[558] Für ein sechstes Haus in Weiterführung der Zeile wäre durchaus Platz vorhanden gewesen. Ein Grund für die 90°-Drehung des Hauses wird daher wiederum der Wunsch gewesen sein, ein Haus isoliert zu stellen und so den verwendeten Typus sichtbar zu machen.[559] Dementsprechend wird auch das abfallende Gelände am Weißenhof durch einen Höhenversprung der Bauten ausgeglichen und nicht durch einen (in der Höhe variablen) Sockel[560]: Durch die Höhenstaffelung der Häuser, die von der schwarzen Dachleiste zusätzlich betont wird, entstand statt einer durchlaufenden Zeile eine Abfolge von

Einzelhäusern. Darüber hinaus verzichtete Oud bei den beiden äußeren Bauten auf seitliche Fenster und verwies somit auf die prinzipielle Fortsetzbarkeit der Häuserreihe.

Unabhängig davon zielte Oud auch hier auf eine von der realen Situation ausgehende gestalterische Lösung. So erschienen die Bauten im Fall des rechtwinklig angefügten Hauses nicht als Fragment einer Zeile, sondern als eine Häusergruppe. Auch die ausgeführte Fassung mit fünf Häusern gibt sich als gestalterische Einheit zu erkennen. Bezeichnend hierfür ist, daß der Garten des Eckhauses (Pankokweg 1) und die Grünfläche in dem verbleibenden dreieckigen Terrain von einer weißen Mauer eingefaßt werden, die zudem – als Zugeständnis an die städtebauliche Situation – an den beiden Straßenecken gerundet ist. Auch die umgebende Bebauung beeinflußte die Formfindung der Häuser. So verzichtete Oud in Nachbarschaft zu den unterschiedlich gestalteten und zum Teil farbigen Bauten auf die Farbfassung einzelner Bauelemente und verwendete allein neutrales Weiß für die Hauswände und Anthrazit für die metallenen Fensterrahmen und Türen. Deutlich wird hier, daß Oud vor allem künstlerischen Kriterien folgte und somit über eine rein funktionale Aneinanderreihung seines Haustypus hinausging.

Der städtebauliche Entwurf mit dem Titel »ein typischer Ausschnitt aus einer Großsiedlung« wurde zusammen mit Ouds Haustypus Ende 1927 publiziert (Abb. 311).[561] Nur Oud und Mart Stam hatten für ihre Stuttgarter Bauten eine »prinzipielle«, vom konkreten Bauplatz unabhängige Lösung erstellt.[562] Bei den insgesamt sechs als fortsetzbar gekennzeichneten Nord-Süd-Zeilen verzichtete Oud sowohl auf die Ausbildung von Plätzen als auch auf akzentuierte Zeilenabschlüsse. Auch die gerundete Mauer der Eckbauten ist hier durch eine rechtwinklige Mauerecke ersetzt. Zwischen den Gärten im Süden der Häuser und den Nordfassaden der folgenden Zeile verlaufen Straßen, die über rechtwinklige Zufahrtsstraßen derselben Breite erschlossen werden. Grundgedanke des Haustyps waren zwei unterschiedlich zu nutzende Zugänge (Abb. 314): Für Lieferanten und Bewohner mit Fahrrad steht der nördliche Eingang über den Hof zur Verfügung, für Besucher der südliche durch den Garten. Der Zugang über den Garten führt direkt ins Wohnzimmer, während man über den Wirtschaftshof zunächst in die Waschküche gelangt.[563] Bei den ausgeführten Bauten verläuft im Norden eine Verkehrsstraße (Pankokweg), die von Lieferanten und Fahrradfahrern genutzt wird. Ein schmaler Fußweg im Süden bleibt den Fußgängern vorbehalten. Entsprechend betonte Oud die unterschiedliche Funktion der beiden Straßen, nicht jedoch deren Wertigkeit: »Sie sollen beide gleich anständig sein: nicht einerseits eine repräsentative Strasse und andererseits ein Wirtschaftsgang. Sie sollen sich nur durch ihren Charakter (gemäss ihrer Funktion) unterscheiden.«[564] Gleiches gilt für die Gebäudefassaden, wobei die Nordfront mit den angefügten Kuben und hohen Mauern der Wirtschaftshöfe einen geschlossenen Eindruck vermitteln sollte (Abb. 313), die Südseite dagegen in beiden Geschossen große Fensterflächen zeigt (Abb. 312).

Mit der »prinzipiellen Situation« vollzog Oud den Schritt zum Zeilenbau, der – wenn auch nicht in konsequenter Form – 1926/27 mit Gustav Oelsners Wohnkomplex in Altona (Bunsenstraße) realisiert worden war.[565] In der zweiten Hälfte der 1920er Jahre wurde der von künstlerischen Aspekten bestimmte Städtebau zunehmend vom funktionalen Zeilenbau verdrängt. Möglicherweise hat Oud daher seine »prinzipielle Situation« vorgelegt, um sich in die aktuelle Entwicklung im Wohnungsbau einzugliedern. Auch für seine Siedlung Kiefhoek* verfaßte er wenig später einige Artikel, die ganz gezielt die modernen Aspekte des Entwurfs hervorheben. Im Hinblick auf seine Stuttgarter Bauten betonte er die kostengünstige Ausbildung schmaler Straßen bei einem gleichzeitig abwechslungsreichen Straßenbild durch unterschiedlich gestaltete Fassaden. Die schmalen und gradlinigen Straßen, die eine vereinfachte Polizeiaufsicht zur Folge hätten, würden durch die Gärten optisch vergrößert.[566] In späteren Jahren versuchte Oud wiederholt, seine Bedeutung für die Entwicklung des Zeilenbaus hervorzuheben: »Heute ist das Reihen-System (›Zeilen-Bau‹ heißt es jetzt) im Städtebau allgemein üblich. Soweit mir bekannt, waren meine Häuser und die Häuser Stam's in Stuttgart die ersten Beispiele dieser Art.«[567]

Die »prinzipielle Lösung« mit strengen Zeilenbauten fällt durch ihr starres Schema vollkommen aus Ouds übrigem Werk heraus, das sich stets – trotz Anwendung von Typenhäusern – durch eine individuelle künstlerische Gestaltung ausgezeichnet hatte. Der Zeilenbau-Entwurf war zwar für seine Zeit fortschrittlich und auch im Hinblick auf Belichtung und Erschließung optimal gelöst, Ouds eigentliches künstlerisches Talent kam hier jedoch nicht zum Tragen.[568] Für die »prinzipielle Lösung« hat Oud dann auch, im Gegensatz zu Stam, keine perspektivische Ansicht erstellt. Die Bedeutung seines Entwurfs liegt somit primär in der Gestaltung des Haustyps, wie vor allem in der differenzierten Ausbildung von Garten- und Straßenseite. Besondere Beachtung verdient die Rhythmisierung der Straßenfront durch die eineinhalb-geschossigen Kuben, die in ihrer Plastizität eine eintönige Abfolge der Bauten verhindern.

Bei seinem folgenden Entwurf für die Häuserzeilen in Blijdorp* wählte Oud wiederum den Zeilenbau. Stadtarchitekt W. G. Witteveen hatte in seinem 1929 erstellten städtebaulichen Plan für das Neubaugebiet Blijdorp vier parallel aneinandergereihte, viergeschossige Wohnblöcke vorgesehen (Abb. 355). Oud, der offenbar aus eigenem Antrieb im November 1930 mit der Entwurfsarbeit begann, entschied sich für parallel liegende Häuserzeilen mit einheitlich orientierten Wohnungen. Er legte insgesamt zwei Entwürfe mit jeweils viergeschossigen Zeilen vor, wobei einmal acht (Abb. 360), das andere Mal neun Zeilen (Abb. 356) an die Stelle von Witteveens Blöcken treten. An den Schmalseiten sind den Zeilen eingeschossige Flügel angefügt, zwischen denen sich die gemeinschaftlichen Gärten erstrecken.

Die Häuserzeilen sind in gleichmäßigem Abstand zueinander angeordnet, wobei sich die Räume nach Nordwesten (Schlafzimmer) und Südosten (Wohnraum, Küche) richten. Oud verweist in seiner Erläuterung auf die Vorgaben des Bebauungsplans, spricht im folgenden jedoch von einer Ost-West-Orientierung der Zeilen. Die Ausrichtung der Wohnräume nach Süden bezeichnet er als eine gute Lösung, da bei den relativ kleinen Zimmern eine zu starke Sonneneinstrahlung bei Westlage vermieden werde. Die nach Norden liegenden Schlafräume würden durch hohe Fenster ausreichend belichtet.[569] Die zwischen den Zeilen verlaufenden, nur 4,5 m breiten Stichstraßen sollten als Einbahnstraßen genutzt werden, während die umgebenden Straßen entsprechend dem Bebauungsplan als breitere Verkehrsstraßen angelegt sind. Allein zwischen der sechsten und siebten Zeile verläuft mit der Abraham Kuiperlaan eine breitere Straße zur Anbindung der benachbarten Wohngebiete. Die vom Straßenplan vorgegebene Differenzierung in schmale Stichstraßen und breitere Verkehrsstraßen unterscheidet den Entwurf von der 1927 publizierten »prinzipiellen Lösung« mit jeweils gleichbreiten Straßen.[570] Wie bei den Stuttgarter Häusern sind auch in Blijdorp die Zeilen einheitlich gestaltet, wobei Eingangsseite und Gartenfront unterschieden werden.

Die umliegende Bebauung gibt Oud in summarischer Form in Anlehnung an Witteveens Plan wieder (Abb. 358). Seitlich der Zeilen schließen sich große, dreigeschossige Blöcke mit begrünten Innenhöfen an, wobei die zum Noorder Haven situierten Blöcke deutlich breiter ausfallen als im Plan von 1929. Bei einem nördlich gelegenen Wohnblock ist im Gegensatz zu Witteveens Entwurf eine Blockseite aufgebrochen. Offenbar versuchte Oud ter Abschnitt zur Verfügung. Diese etwa 40 m² großen Wohnungen waren für Singles oder kinderlose Ehepaare gedacht. Bei den anschließenden Wohnungen und den Wohnungen darüber handelt es sich mit rund 60 m² um den größten Typus, während über den Singlewohnungen die Wohnungen mittlerer Größe (50 m²) liegen. Die Wohnräume nehmen generell 18,3 m² ein und fallen daher (vor allem beim kleinen Typus) großzügig aus. Im Gegensatz zu allen früheren Wohnungen, besonders den vorausgehenden Haustypen in Kiefhoek* und Stuttgart*, nimmt der Flur mit bis zu 4 m² relativ viel Platz ein.

Bei seiner zweiten Fassung kam Oud zu einer grundsätzlich anderen Lösung: Die drei Obergeschosse (Abb. 359, oben) nehmen jeweils zehn identische Wohnungen mit dem üblichen Raumprogramm zuzüglich einem Bad mit Dusche auf. Als Besonderheit entwarf Oud in Anlehnung an die Stuttgarter Häuser kleine ummauerte Höfe zum Trocknen der Wäsche. Die Wohnfläche beträgt circa 60 m² mit 18,8 m² großen Wohnräumen. Die Häuserzeilen werden in gleichgroße Abschnitte unterteilt, wobei auf drei Abschnitte ein einzelner Abschnitt mit dem Treppenhaus folgt. Jede Wohnung beansprucht drei Abschnitte sowie Teile der Zwischenabschnitte. Die Wohnräume nehmen in der Breite etwas mehr als zwei und der Flur etwas weniger als einen Abschnitt ein, während Küche und Bad Teile von zwei Abschnitten beanspruchen. Mit dieser Grundrißlösung ging Oud von der einfachen, klaren Aufteilung seiner früheren Entwürfe ab. Allein im Erdgeschoß (Wasch- und Abstellplatz) folgen die Räume in Größe und Lage dem Grundschema. Insgesamt sind die Wohnungen breiter und weniger tief als in der früheren Fassung und zeigen damit günstigere Lichtverhältnisse.

Oud war bei seinen Wohnblöcken und Siedlungen immer bemüht – trotz der beschränkten Anzahl von Wohnungstypen – Varianten in bezug auf Größe und Zuschnitt der Wohnungen anzubieten. So konnten die Bewohner der Wohnblöcke in Spangen* und Tusschendijken* zwischen einer Erdgeschoßwohnung mit eigenem Garten, einer Obergeschoßwohnung mit Balkon oder einer zweigeschossigen Maisonnette wählen. In allen Wohnkomplexen finden sich zudem Wohnungen für Großfamilien, die möglichst gleichmäßig über den Wohnblock oder die Siedlung verteilt sind: Während in Block VIII* in Spangen zusätzliche Räume oberhalb des Treppenhauses lagen und von einer der angrenzenden Wohnungen genutzt werden konnten, finden sich in Tusschendijken* Bauabschnitte mit weiteren Schlafzimmern in den Längsseiten der Blöcke. Dabei achtete Oud darauf, die kinderreichen Familien an den wenig befahrenen Wohnstraßen unterzubringen: »Die ... größeren Wohnungen, bestimmt daher für kinderreiche Familien, sind an den Wegen, die in der Zukunft am wenigsten Verkehr aufnehmen werden, angeordnet, so daß die Gefahr auf der Straße dort am geringsten ist. Darüber hinaus sind sie so gut es geht über die Baublöcke verteilt, so daß einzelne Innenhöfe nicht überlastet werden.«⁶³⁷ Dasselbe gilt für Kiefhoek*, wo vier Bauten mit zusätzlichen Schlafzimmern an der wenig befahrenen Kleine Lindtstraat plaziert wurden. In Hoek van Holland* wurden Wohnungen mit ein, zwei oder drei Schlafzimmern kombiniert, die jedem Mieter eine Wohnung nach seinen individuellen Wünschen bieten sollten. In Ouds erstem Entwurf für Blijdorp* wurde dieses Prinzip – nun verlegt in den Etagenwohnungsbau – weitergeführt.

Neben den Grundrißtypen für städtische Wohnblöcke, Arbeitersiedlungen und mittelständische Reihenhäuser entwickelte Oud auch Häuser-, Wohnungs-, und Raumtypen für Einfamilienhäuser der gehobenen Mittelschicht. Beim Entwurf für ein Wohnhaus mit Büroräumen* (um 1922) handelt es sich um ein Musterhaus für eine mittelständische Familie, das an beliebiger Stelle errichtet werden konnte. Hierfür sprechen das (annähernd) quadratische und damit offenbar fiktive Grundstück, die symmetrische Gesamtstruktur und die vier – unabhängig von ihrer Nutzung – quadratischen Räume an den Enden der Gebäudeflügel. Der 1928 entstandene Entwurf für ein Dreifamilienhaus in Brünn* umfaßt drei identische, übereinanderliegende Wohnungen für eine gehobene Bewohnerklientel. Die Wohnung des Chauffeurs, der offenbar für alle drei Mietparteien zuständig sein sollte, die Gemeinschaftseinrichtungen und die für alle Bewohner zugängliche Grünanlage lassen sich mit keiner der damals gängigen Wohnformen in Einklang bringen. Möglicherweise bestand eine Verbindung zur gleichzeitig geplanten Werkbundausstellung »Neue Wohnung« in Brünn, die mit ihrem experimentellen Charakter das ungewöhnliche Bauprogramm inspiriert haben könnte. Die Typenwohnung des Dreifamilienhauses wäre damit als Vorschlag für eine neue Wohnform zu deuten, wobei vor allem eine temporäre Nutzung der Wohnungen denkbar ist.

Wie bei seinen Wohnungstypen für den *Woningdienst*⁶³⁸ griff Oud auch bei den singulär auftretenden Einfamilienhäusern einzelne Grundrißlösungen immer wieder auf. Der bereits bei Haus Kallenbach* 1921/1922 entwickelte L-förmige Bau mit einem Flur im Winkel der beiden Flügel wird im Wohnhaus mit Büroräumen* und dem Dreifamilienhaus in Brünn* weitergeführt, wobei sich die extrem schmalen Flure, die an Gänge in Eisenbahnwaggons erinnern, auch in der großbürgerlichen Villa Johnson* wiederfinden. Entsprechend der Typenwohnung und dem normierten Wohnblock im *Volkswoningbouw* sollten auch diese Einzellösungen optimiert werden und – dem industriellen Zeitalter gemäß – schnell und kostengünstig einsetzbar sein. Besonders deutlich wird dies bei den typisierten Zimmern im gehobenen Einfamilienhaus, die teilweise in serieller Abfolge auftreten. Im Nordwestflügel von Haus Kallenbach* finden sich drei als Gäste- bzw. Mädchenzimmer dienende Räume, die allein in der Anordnung der Fenster und Schränke differieren. Auch die das Badezimmer flankierenden Schlafzimmer sind mit Ausnahme der Fensteranordnung und einem (für die Fassadensymmetrie notwendigen) Balkon identisch, hier jedoch ihrer repräsentativeren Funktion gemäß spiegelsymmetrisch angeordnet. Im Wohnhaus mit Büroräumen* übernehmen die vier quadratischen Zimmer als Schlafraum, Büro und Salon unterschiedliche Funktionen. Entsprechend wurde auch im Dreifamilienhaus in Brünn* nicht mehr zwischen elterlichem Schlafzimmer, Kinderzimmer und Gästezimmer unterschieden. Dasselbe gilt für die Küsterwohnung* in Kiefhoek mit vier wiederum spiegelsymmetrischen Wohn- und Schlafräumen. In der Villa Johnson* wurden drei identische Gästezimmer aneinandergereiht, ebenso die Mädchenzimmer im Personaltrakt.

Ein durchgehendes Charakteristikum der Typenwohnungen ist die Unterteilung der rechteckigen Grundrisse in einzelne (mit Ausnahme der Siedlung Oud-Mathenesse*) quer zur Blockseite bzw. Häuserseite liegende Abschnitte. Die Breite der Abschnitte gibt jeweils ein Grundmaß vor, das die Größe der Räume und der einzelnen Bauteile bestimmt. Eine konsequente Umsetzung dieses Modulsystems findet sich in den unabhängig von einem Bauauftrag entstandenen Arbeiten wie dem Entwurf für eine Häuserzeile an einem Strandboulevard*, dem Doppelhaus für Arbeiter in Beton* und der Häuserzeile mit Arbeiterwohnungen*. In seinem Artikel »Massabouw en straatarchitectuur«, der eine Erläuterung der Häuserzeile mit Arbeiterwohnungen einschließt, weist Oud allein auf die konstruktiv-ökonomische Grundlage seiner Grundrißsystematik hin.⁶³⁹ Damit wird auch das entwurfsbestimmende Quadratraster zum bloßen Hilfsmittel (»hulpmiddel«) degradiert.⁶⁴⁰ Zweifellos lag Ouds Grundrißsystematik jedoch auch ein formales Interesse zu Grunde, das sich neben dem Raster und der seriellen Reihung identischer Baueinheiten auch in Symmetrien und einfachen geometrischen Formen äußerte.⁶⁴¹ Für eine formal-ästhetische Komponente spricht nicht zuletzt,

Einzelhäusern. Darüber hinaus verzichtete Oud bei den beiden äußeren Bauten auf seitliche Fenster und verwies somit auf die prinzipielle Fortsetzbarkeit der Häuserreihe.

Unabhängig davon zielte Oud auch hier auf eine von der realen Situation ausgehende gestalterische Lösung. So erschienen die Bauten im Fall des rechtwinklig angefügten Hauses nicht als Fragment einer Zeile, sondern als eine Häusergruppe. Auch die ausgeführte Fassung mit fünf Häusern gibt sich als gestalterische Einheit zu erkennen. Bezeichnend hierfür ist, daß der Garten des Eckhauses (Pankokweg 1) und die Grünfläche in dem verbleibenden dreieckigen Terrain von einer weißen Mauer eingefaßt werden, die zudem – als Zugeständnis an die städtebauliche Situation – an den beiden Straßenecken gerundet ist. Auch die umgebende Bebauung beeinflußte die Formfindung der Häuser. So verzichtete Oud in Nachbarschaft zu den unterschiedlich gestalteten und zum Teil farbigen Bauten auf die Farbfassung einzelner Bauelemente und verwendete allein neutrales Weiß für die Hauswände und Anthrazit für die metallenen Fensterrahmen und Türen. Deutlich wird hier, daß Oud vor allem künstlerischen Kriterien folgte und somit über eine rein funktionale Aneinanderreihung seines Haustypus hinausging.

Der städtebauliche Entwurf mit dem Titel »ein typischer Ausschnitt aus einer Großsiedlung« wurde zusammen mit Ouds Haustypus Ende 1927 publiziert (Abb. 311).[561] Nur Oud und Mart Stam hatten für ihre Stuttgarter Bauten eine »prinzipielle«, vom konkreten Bauplatz unabhängige Lösung erstellt.[562] Bei den insgesamt sechs als fortsetzbar gekennzeichneten Nord-Süd-Zeilen verzichtete Oud sowohl auf die Ausbildung von Plätzen als auch auf akzentuierte Zeilenabschlüsse. Auch die gerundete Mauer der Eckbauten ist hier durch eine rechtwinklige Mauerecke ersetzt. Zwischen den Gärten im Süden der einen Zeile und den Nordfassaden der folgenden Zeile verlaufen Straßen, die über rechtwinklige Zufahrtsstraßen derselben Breite erschlossen werden. Grundgedanke des Haustyps waren zwei unterschiedlich zu nutzende Zugänge (Abb. 314): Für Lieferanten und Bewohner mit Fahrrad steht der nördliche Eingang über den Hof zur Verfügung, für Besucher der südliche durch den Garten. Der Zugang über den Garten führt direkt ins Wohnzimmer, während man über den Wirtschaftshof zunächst in die Waschküche gelangt.[563] Bei den ausgeführten Bauten verläuft im Norden eine Verkehrstraße (Pankokweg), die von Lieferanten und Fahrradfahrern genutzt wird. Ein schmaler Fußweg im Süden bleibt den Fußgängern vorbehalten. Entsprechend betonte Oud die unterschiedliche Funktion der beiden Straßen, nicht jedoch deren Wertigkeit: »Sie sollen beide gleich anständig sein: nicht einerseits eine repräsentative Strasse und andererseits ein Wirtschaftsgang. Sie sollen sich nur durch ihren Charakter (gemäss ihrer Funktion) unterscheiden.«[564] Gleiches gilt für die Gebäudefassaden, wobei die Nordfront mit den angefügten Kuben und hohen Mauern der Wirtschaftshöfe einen geschlossenen Eindruck vermitteln sollte (Abb. 313), die Südseite dagegen in beiden Geschossen große Fensterflächen zeigt (Abb. 312).

Mit der »prinzipiellen Situation« vollzog Oud den Schritt zum Zeilenbau, der – wenn auch nicht in konsequenter Form – 1926/27 mit Gustav Oelsners Wohnkomplex in Altona (Bunsenstraße) realisiert worden war.[565] In der zweiten Hälfte der 1920er Jahre wurde der von künstlerischen Aspekten bestimmte Städtebau zunehmend vom funktionalen Zeilenbau verdrängt. Möglicherweise hat Oud daher seine »prinzipielle Situation« vorgelegt, um sich in die aktuelle Entwicklung im Wohnungsbau einzugliedern. Auch für seine Siedlung Kiefhoek* verfaßte er wenig später einige Artikel, die ganz gezielt die modernen Aspekte des Entwurfs hervorheben. Im Hinblick auf seine Stuttgarter Bauten betonte er die kostengünstige Ausbildung schmaler Straßen bei einem gleichzeitig abwechslungsreichen Straßenbild durch unterschiedlich gestaltete Fassaden. Die schmalen und gradlinigen Straßen, die eine vereinfachte Polizeiaufsicht zur Folge hätten, würden durch die Gärten optisch vergrößert.[566] In späteren Jahren versuchte Oud wiederholt, seine Bedeutung für die Entwicklung des Zeilenbaus hervorzuheben: »Heute ist das Reihen-System (›Zeilen-Bau‹ heißt es jetzt) im Städtebau allgemein üblich. Soweit mir bekannt, waren meine Häuser und die Häuser Stam's in Stuttgart die ersten Beispiele dieser Art.«[567]

Die »prinzipielle Lösung« mit strengen Zeilenbauten fällt durch ihr starres Schema vollkommen aus Ouds übrigem Werk heraus, das sich stets – trotz Anwendung von Typenhäusern – durch eine individuelle künstlerische Gestaltung ausgezeichnet hatte. Der Zeilenbau-Entwurf war zwar für seine Zeit fortschrittlich und auch im Hinblick auf Belichtung und Erschließung optimal gelöst, Ouds eigentliches künstlerisches Talent kam hier jedoch nicht zum Tragen.[568] Für die »prinzipielle Lösung« hat Oud dann auch, im Gegensatz zu Stam, keine perspektivische Ansicht erstellt. Die Bedeutung seines Entwurfs liegt somit primär in der Gestaltung des Haustypus, wie vor allem in der differenzierten Ausbildung von Garten- und Straßenseite. Besondere Beachtung verdient die Rhythmisierung der Straßenfront durch die eineinhalb-geschossigen Kuben, die in ihrer Plastizität eine eintönige Abfolge der Bauten verhindern.

Bei seinem folgenden Entwurf für die Häuserzeilen in Blijdorp* wählte Oud wiederum den Zeilenbau. Stadtarchitekt W. G. Witteveen hatte in seinem 1929 erstellten städtebaulichen Plan für das Neubaugebiet Blijdorp vier parallel aneinandergereihte, viergeschossige Wohnblöcke vorgesehen (Abb. 355). Oud, der offenbar aus eigenem Antrieb im November 1930 mit der Entwurfsarbeit begann, entschied sich für parallel liegende Häuserzeilen mit einheitlich orientierten Wohnungen. Er legte insgesamt zwei Entwürfe mit jeweils viergeschossigen Zeilen vor, wobei einmal acht (Abb. 360), das andere Mal neun Zeilen (Abb. 356) an die Stelle von Witteveens Blöcken treten. An den Schmalseiten sind den Zeilen eingeschossige Flügel angefügt, zwischen denen sich die gemeinschaftlichen Gärten erstrecken.

Die Häuserzeilen sind in gleichmäßigem Abstand zueinander angeordnet, wobei sich die Räume nach Nordwesten (Schlafzimmer) und Südosten (Wohnraum, Küche) richten. Oud verweist in seiner Erläuterung auf die Vorgaben des Bebauungsplans, spricht im folgenden jedoch von einer Ost-West-Orientierung der Zeilen. Die Ausrichtung der Wohnräume nach Süden bezeichnet er als eine gute Lösung, da bei den relativ kleinen Zimmern eine zu starke Sonneneinstrahlung bei Westlage vermieden werde. Die nach Norden liegenden Schlafräume würden durch hohe Fenster ausreichend belichtet.[569] Die zwischen den Zeilen verlaufenden, nur 4,5 m breiten Stichstraßen sollten als Einbahnstraßen genutzt werden, während die umgebenden Straßen entsprechend dem Bebauungsplan als breitere Verkehrsstraßen angelegt sind. Allein zwischen der sechsten und siebten Zeile verläuft mit der Abraham Kuiperlaan eine breitere Straße zur Anbindung der benachbarten Wohngebiete. Die vom Straßenplan vorgegebene Differenzierung in schmale Stichstraßen und breitere Verkehrsstraßen unterscheidet den Entwurf von der 1927 publizierten »prinzipiellen Lösung« mit jeweils gleichbreiten Straßen.[570] Wie bei den Stuttgarter Häusern sind auch in Blijdorp die Zeilen einheitlich gestaltet, wobei Eingangsseite und Gartenfront unterschieden werden.

Die umliegende Bebauung gibt Oud in summarischer Form in Anlehnung an Witteveens Plan wieder (Abb. 358). Seitlich der Zeilen schließen sich große, dreigeschossige Blöcke mit begrünten Innenhöfen an, wobei die zum Noorder Haven situierten Blöcke deutlich breiter ausfallen als im Plan von 1929. Bei einem nördlich gelegenen Wohnblock ist im Gegensatz zu Witteveens Entwurf eine Blockseite aufgebrochen. Offenbar versuchte Oud mit diesen Änderungen, den älteren Entwurf als Ganzes zu korrigieren. Hierzu zählt auch die großzügige Bepflanzung der Innenhöfe, Gärten und Trottoirs.

Der Zeilenbau war 1930/31, als Oud seinen Entwurf für Blijdorp erstellte, in Deutschland bereits mehrfach zur Ausführung gekommen. Vor allem die CIAM III, die vom 27.–29. November 1930 in Verbindung mit der Ausstellung »Rationelle Bebauungsweise« in Brüssel stattfanden, brachten den Durchbruch.[571] Oud selbst weist in der Erläuterung seines Entwurfs auf Karlsruhe, Celle und Berlin hin, ohne jedoch konkrete Vorbilder zu benennen.[572] Eventuell hatte Oud bei seinem Hamburger Aufenthalt von Juni 1926 Oelsners Bauten in Altona bzw. dessen Entwurfsplanung kennengelernt.[573] In der Dammerstocksiedlung in Karlsruhe (1929) findet sich die bis dahin konsequenteste Umsetzung dieses städtebaulichen Konzepts. Da Oud selbst zur Teilnahme am Wettbewerb aufgefordert worden war[574], wird er die weitere Entwicklung sicherlich verfolgt haben. Für die von Oud erwähnten Zeilenbauten in Berlin kommen mehrere Beispiele in Frage, so unter anderem Bruno Tauts Siedlungsabschnitt südlich der Parchheimer Allee in Britz (1929/30) und Hugo Härings Zeilen in der Siemensstadt (1929–31). Ein mögliches Vorbild wäre auch die 1930 fertiggestellte Siedlung Hellerhof in Frankfurt am Main, die Oud durch seinen Kontakt zu Stam sicherlich kannte.

Die niederländischen Architekten und Oud im besonderen waren mit dem sozialen Wohnungsbau der Weimarer Republik durch Publikationen und persönliche Kontakte vertraut. Da Oud in enger Verbindung mit den Mitgliedern der CIAM-Gruppe stand[575], wird er auch die in Brüssel ausgestellten Projekte gekannt haben. Im Anschluß an die CIAM III hatte die niederländische Gruppe beschlossen, die Ausstellung über rationale Siedlungskonzepte zusammen mit einem Gutachten in den Niederlanden zu präsentieren. Das Gutachten entstand in Zusammenarbeit mit der Amsterdamer Gruppe De 8 und der Rotterdamer Vereinigung De Opbouw, in der Oud seit Jahren aktives Mitglied war.[576] Bevor das Gutachten 1932 vorlag, erschienen zwei Artikel zu diesem Thema in der Zeitschrift des *Instituut voor Volkshuisvesting*. Im Mittelpunkt des ersten Aufsatzes von Februar 1931[577] stand die natürliche Belichtung der Wohnungen. Wie der Ben Merkelbach (Vorsitzender von De 8) darlegt, könne bei Nord-Süd-gerichteten Zeilen mit weniger tiefen Wohnungen das Sonnenlicht die gesamte Wohnung durchdringen. Der geschlossene Baublock müsse verschwinden, da dort stets eine Anzahl nach Norden gerichteter Wohnungen auftrete und die Eckwohnungen in der Regel ungünstig geschnitten seien. Zur Illustration wählte er die Frankfurter Siedlungen Hellerhof (1929/30), Westhausen (1929–31) und die als Plan und Modell vorliegende Siedlung Goldstein. Hinzu kamen Haeslers Siedlung am Friedrich-Ebert-Ring in Rathenow (1929/30), Th. Fischers Alte Heide in München (1918/19, Abb. 66) sowie die »Ringsiedlung« in der Berliner Siemensstadt (1929–31).[578] Im zweiten Artikel von April 1931[579] betonen die Autoren Merkelbach und Van Tijen, daß der Zeilenbau insgesamt preisgünstiger sei als der geschlossene Baublock. Die neue Lebensweise stehe der Abschottung durch geschlossene Baublöcke zudem entgegen. Wichtiger als ein eigener Garten seien gemeinschaftliche Grünanlagen für Sport und Entspannung, die darüber hinaus einen positiven Beitrag zum Stadtbild leisten. Abgebildet waren unter anderem der 1930 entstandene Alternativvorschlag für den Indische Buurt in Amsterdam (Abb. 63b) sowie Van Tijens Entwurf für einen Wohnkomplex in Rotterdam-Süd.[580] Im Sommer 1932 lag das Gutachten mit dem Titel »Die organische Wohnsiedlung in offener Bauweise« vor[581], dessen Inhalt Oud jedoch schon früher gekannt haben dürfte. Propagiert wurden eine Trennung von Wohn- und Verkehrsstraßen sowie die Unterbringung von Geschäften entlang der Verkehrswege. Als beste Lösung nennen die Autoren eine Nord-Süd-Ausrichtung der Zeilen mit quer verlaufenden Fahrstraßen.[582]

Die Abkehr vom geschlossenen Baublock und die Ausbildung Nord-Süd-gerichteter Zeilen mit breiten und weniger tiefen Wohnungen waren zu dem Zeitpunkt, als Oud seinen Entwurf für Blijdorp erstellte, in den Niederlanden ein hoch aktuelles Thema. Bei Oud treten alle in den Publikationen genannten Aspekte auf, so die Trennung von Verkehrs- und Wohn- bzw. Stichstraßen und die Anlage von Grünzonen zwischen den Bauten. Da Ouds Entwurf gleichzeitig mit der ersten Verbreitung dieser Ideen in den Niederlanden entstand, ist neben dem Austausch in De Opbouw auch eine Beeinflussung von deutscher Seite anzunehmen. Als Besonderheit zeigt der Blijdorp-Entwurf die eingeschossigen Flügel als seitliche Begrenzung der Gärten. Auch hierfür existierten Vorbilder in Deutschland. Von großem Einfluß dürfte vor allem Stams Wohnanlage Hellerhof in Frankfurt am Main (1929/30)[583] gewesen sein, auf die auch Merkelbach, ehemaliger Zeichner bei Stam, in seinem Aufsatz verweist.[584] In dem 1930 für den CIAM-Kongreß erarbeiteten Alternativentwurf des Indische Buurt (Abb. 63b) wurden den dreigeschossigen Nord-Süd-Zeilen eingeschossige Flügel an den Verkehrsstraßen angefügt. Im Süden befinden sich freistehende zweigeschossige Bauten mit Wohnungen für Senioren und junge Familien.[585] Auch Ludwig Hilberseimer, der seit Jahren mit Oud bekannt war, publizierte im August 1929 seinen Entwurf »Streifenbebauung« mit flachen Seitenflügeln.[586] Etwa gleichzeitig zu Oud legte Van Tijen seinen Plan für Rotterdam-Süd vor, der ebenfalls Nord-Süd-gerichtete Zeilen mit anschließenden Flügeln zeigt.[587]

Bei den genannten Beispielen wurden in den niedrigen Anbauten zumeist Läden untergebracht.[588] Auch das im Sommer 1932 vorliegende Gutachten propagierte die Einrichtung von Läden entlang den Verkehrswegen. Neben der günstigen Lage werde auf diese Weise Straßenlärm abgehalten, ohne den dahinterliegenden Gärten zu viel Licht zu nehmen. In diesem Sinne erläuterte Oud 1934 seinen Entwurf für Blijdorp: »Für diejenigen, die in der Stadt wohnen müssen, soll alles getan werden, um den aufreibenden Lärm fernzuhalten, und daß dafür nicht sofort der Gebrauch von extrem teurem Material notwendig ist, habe ich in einem Projekt mit Arbeiterwohnungen für eine große Stadt zu zeigen versucht. Diese Wohnsiedlung liegt zwar nicht in der Innenstadt oder in der unmittelbaren Umgebung eines Industriegebietes, aber es sind dort doch bedeutende Verkehrsadern vorgesehen, die, wir wissen es nur allzu gut, entsprechend Lärm mit sich bringen. Im rechten Winkel zu diesen Verkehrswegen stehen die Wohnbauten in hintereinander liegenden Komplexen. Zwischen diesen Komplexen liegen stille Wohnstraßen mit Bepflanzung, von denen der Verkehr ferngehalten wird und zu denen höchstens die Zulieferer, wie Milchhändler, Metzger und Lebensmittelhändler, Zugang haben ... Am Ende jedes Komplexes liegen zu beiden Seiten entlang der begrenzenden Hauptwege eingeschossige Wohnungen mit einem Dachgarten. Diese Wohnungen habe ich für alte Menschen vorgesehen ...«[589]. Abgesehen vom gewünschten Lärmschutz entsteht durch die rechtwinklig angefügten Flügel eine Art offene Hofsituation, die dem Bedürfnis der Bewohner nach nachbarschaftlichen Einheiten entgegenkommt (Abb. 41). Allerdings sollten in Ouds Anbauten keine Läden untergebracht werden, sondern – direkt an den verkehrsreichen Straßen – Wohnungen für Großfamilien und alte Menschen. Die auf dem Dach vorgesehenen Terrassen wären nur über enge Wendeltreppen und damit für alte Menschen nur unter großen Schwierigkeiten erreichbar gewesen.

Das als individuelle Reaktion auf die CIAM gedeutete städtebauliche Konzept, »... ein Versuch, die abstrakte Form des Zeilenbaus mit der figurativen Beschaffenheit des geschlossenen Blockes zu kombinieren«[590], war – wie gezeigt – bereits von anderen Architekten erprobt worden. Ungewöhnlich, zugleich aber auch wenig überzeugend, ist Ouds Plazierung der Wohnungen für Großfamilien und Senioren an den Verkehrsstraßen. Während er in seiner frühen Entwurfsfassung die Zugänge zu diesen Wohnungen an der Straße angeordnet hatte, liegen in der späteren Variante zumindest die Eingänge zu den Seniorenwohnungen an den Fußwegen im Garten. Bedenkt man Ouds umsichtige Verteilung der Wohnungen für kinderreiche Familien in Tusschendijken* (Wohnstraßen) und Kiefhoek* (Kleine Lindtstraat), so wird dieses Niveau in Blijdorp nicht erreicht. Die von verschiedener Seite geäußerte Kritik an dem Entwurf basiert daher möglicherweise auf dem Vergleich mit der – gerade in städtebaulicher Hinsicht – herausragenden Siedlung Kiefhoek. So sah Taverne in Ouds Blijdorp-Entwurf eine »unleugbare Monotonie und den Überdruß von seiten des Architekten«[591] durchschimmern, während er für Van der Hoeven die architektonische Glaubenskrise illustriert, die Oud schließlich dazu gebracht habe, das Wohnungsbauamt zu verlassen.[592]

2.8. Zusammenfassung

Bereits in Ouds erstem städtebaulichen Entwurf, der zusammen mit Dudok konzipierten Arbeitersiedlung in Leiderdorp (Abb. 65), zeigt sich im Kernbereich der Anlage die für Oud charakteristische symmetrisch-geometrische Struktur. Dabei wird im Gegensatz zum Gesamtentwurf, der dem zu dieser Zeit bestimmenden Muster der englischen und deutschen Gartenstädte folgt, auf malerisch-gekrümmte Straßenzüge und vorspringende Zeilenenden verzichtet.

Im Fall der Wohnblöcke in Spangen* waren mit dem Bebauungsplan auch die Fluchtlinien und die Anzahl der Geschosse vorgegeben. Oud versuchte hier, durch Fassadengestaltung, Dachform und Ecklösungen eine Verbindung zu den angrenzenden Bauten herzustellen und damit die Forderung nach einheitlich gestalteten Straßenzügen zu erfüllen.[593] Während er mit Block I und V* noch traditionell symmetrische Fassadeneinheiten mit Eckrisaliten schuf, zeigt Block VIII* bereits eine, der extremen Längung des Blocks geschuldete, serielle Abfolge der Bauelemente. Ziel waren sowohl eine Formensprache, die das (im Wohnungsbau neuartige) Prinzip der Typisierung repräsentiert, als auch eine gleichförmige Straßenfront als Hintergrund für städtebaulich hervorgehobene Bauten.

Mit dem Entwurf des Centraalbouw* hatte Oud seinen ersten standardisierten Wohnblock entwickelt, der als ein von der topographischen Lage unabhängiger Typus auf Eckbetonungen verzichtete. Gleiches gilt für Block IX* in Spangen, mit dem erstmals ein Blocktypus von Oud – wenn auch nur als Einzelbau – realisiert wurde. In veränderter Form findet sich dieser Typus schließlich in den Tusschendijkener Wohnblöcken*, wo er als Basiselement des neuen Stadtviertels in achtfacher Ausführung entstehen sollte. Erstmals wurde dort das Prinzip des typisierten Wohnblocks durch die Vervielfältigung und serielle Reihung identischer Blöcke zum Ausdruck gebracht.

Ouds Entwürfe für eine Häuserzeile an einem Strandboulevard* und eine Häuserzeile mit Arbeiterwohnungen* zeigen prinzipielle Lösungen, die als beliebig fortsetzbar gedacht waren. Beide Entwürfe verzichten daher auf einen seitlichen Abschluß. Die Häuserzeile mit Arbeiterwohnungen wurde hier als Straßeneinfassung gedeutet, die ebenso wie Block VIII* in Spangen eine einheitliche Straßenfront ausbilden sollte. Dem entspricht auch die mäanderartige Fassadengliederung, die erst bei einer gewissen – nur im großstädtischen Kontext möglichen – Längenerstreckung zur Geltung kommt.

Im Rahmen seiner Tätigkeit beim *Woningdienst* war Oud schließlich auch mit Stadterweiterungsplänen befaßt. Der Entwurf für den Varkenoordsche Polder zeigt eine deutlich an Berlage orientierte Anlage mit diagonalen Straßen sowie symmetrischen Straßenzügen und Plätzen. Auch der Plan für das Neubaugebiet Oud-Mathenesse* lehnt sich stilistisch an Berlage, vor allem an dessen Entwurf für Amsterdam-Süd (Abb. 79), an. Deutlicher als bei dem älteren Entwurf seines Mentors kommen in Oud-Mathenesse jedoch die für Oud charakteristischen einfachen geometrischen Kompositionseinheiten zum Tragen. Die stärkere Systematisierung und die orthogonale Struktur des Terrains sind bereits Kennzeichen der späteren Stilstufe.

Mit seinem in das Stadterweiterungsgebiet zu integrierenden »Witte Dorp«* entwarf Oud erstmals eine ganze Siedlung. Trotz traditioneller Motive der Gartenstadt, wie geschlossene Straßenräume, kleine Kompositionseinheiten und der bewußte Einsatz von Bäumen und Hecken, kam Oud durch seine strenge Axialsymmetrie zu einer vollkommen neuartigen Lösung. Ausgehend von der Grundform des gleichschenkligen Dreiecks, das vervielfältigt ein Oktogon ergäbe, wurde der Entwurf in Beziehung zu Idealstadtplanungen der Renaissane und des Barock gesetzt und entsprechend als Teil einer Idealstadt interpretiert. Ein konkreter Bezug besteht zu De Bazels Entwurf für eine Welthauptstadt (Abb. 72), der in Berlages Erweiterungsplan für Den Haag (Abb. 73) aufgegriffen wurde.

Den Intentionen des *Woningdienst* entsprechend, der den privaten Bauherrn beispielhafte Lösungen an die Hand geben wollte, sind auch die Häuserzeilen in Hoek van Holland* als vorbildhafter Wohnkomplex mit unterschiedlichen Wohnungstypen zu deuten. Allerdings steht die strenge Symmetrie der Anlage in einem gewissen Widerspruch zu einer beliebigen Vervielfältigung des Entwurfs. Auch die Siedlung Kiefhoek* nimmt eine Position zwischen dem traditionellen, von ästhetischen Kriterien bestimmten Städtebau und dem gleichzeitig in Deutschland aufkommenden funktionalen Zeilenbau ein. So wird der Zeilenbau zwar durch die extrem langen ungegliederten Häuserreihen formal vorbereitet, die Wohnungen orientieren sich jedoch nicht nach den Himmelsrichtungen. Bedeutend für Kiefhoek ist vor allem die Einpassung der auf geometrischen und axialsymmetrischen Strukturen basierenden Anlage in die bestehende Bebauung, die zu den herausragendsten Leistungen im Städtebau dieser Zeit zählt. Wie auch an anderen Beispielen deutlich wurde, zeigte Oud vor allem bei konkreten Bauaufgaben, das heißt innerhalb einer vorgegebenen städtebaulichen Struktur, sein größtes Talent. Der künstlerisch-gestalterische Ansatz wird auch bei den Stuttgarter Reihenhäusern* deutlich, die sich ebenfalls an der an der baulichen Umgebung und an der topographischen Situation des Weißenhofs orientieren. Dagegen besitzt die auf der Basis der Stuttgarter Haustypen entwickelte »prinzipielle Situation«, ein frühes Beispiel des Zeilenbaus, nicht die Qualität seiner an den Ort gebundenen, individuell gestalteten Siedlungen. Ähnlich verhält es sich mit dem unter deutschem Einfluß stehenden Zeilenbauten für das Neubaugebiet Blijdorp*. Auch dort reagierte Oud sehr schnell auf eine neue Strömung, der Entwurf bleibt insgesamt jedoch akademisch trocken und erreicht nicht die Lebendigkeit und die Ideenvielfalt von Kiefhoek.[594]

Die in den 1920er Jahren entstandenen städtebaulichen Entwürfe der niederländischen Architekten wurden – vor allem mit Blick auf die Entwicklung in Deutschland – bislang kaum gewürdigt.[595] Allerdings existierte, als die städtebaulichen Pläne für Spangen* (1913) und Kiefhoek* (1925) entstanden, auch in anderen Ländern noch kein Zeilenbau mit einer konsequenten einheitlichen Ausrichtung der Wohnungen. Obwohl die deutschen Beispiele früher entstanden als in den Niederlanden, liegt die Chronologie (wie generell in den 1920er Jahren) sehr eng. So datieren die frühesten Zeilenbauten in Celle und Altona auf 1926/27, während Ouds »prinzipielle Lösung« auf der Basis des Stuttgarter Haustyps 1927 vorlag.

Von seinen Zeitgenossen wurde Oud für seine städtebaulichen Leistungen durchaus geschätzt. Daß er in den 1920er Jahren nur zwei Siedlungen nach seinen Entwürfen ausführen konnte, spielte dabei offenbar keine Rolle. Beim ersten CIAM-Kongreß 1928 in La Sarraz sollte er den Bereich Städtebau leiten, was Oud zunächst auch zusagte.[596] Das Interesse an Oud ging in diesem Fall wohl auf die »prinzipielle Situation« zurück, der durch die Werkbund-Ausstellung eine große Popularität erreicht hatte. 1927 zählte er damit – zusammen mit seinem Landsmann Mart Stam – zu den Vorreitern des Zeilenbaus. Auch Ouds Pläne für Hoek van Holland*, die durch die Fotografien in Schrägsicht eine parallele Reihung der Häuserzeilen suggerierten, waren zu diesem Zeitpunkt bereits publiziert.[597] Im Juli 1928 wurde Oud schließlich zur Teilnahme am Wettbewerb um die Siedlung Dammerstock in Karlsruhe aufgefordert[598], für die der Zeilenbau bereits vorgeschrieben war.

3. Organisation und Grundrißlösungen im Wohnungsbau

3.1. Typenwohnungen

Der Begriff der Typen- oder Normwohnung steht für Wohnungsentwürfe, die über einen konkreten Bauauftrag hinaus für eine Realisierung in größerem Umfang konzipiert waren. Der Entwurf von Typenwohnungen zielt in erster Linie auf eine Optimierung der Grundrisse, auf Zeitersparnis im Planungsprozeß und eine möglichst kostengünstige Ausführung. Die notwendige Kostenreduzierung machte die »Wohnung für das Existenzminimum«[599] zu einem zentralen Thema im Kampf gegen die Wohnungsnot. Der *Gemeentelijke Woningdienst Rotterdam* sah seine Aufgabe daher primär in der Entwicklung qualitätvoller Wohnungstypen und weniger – wie das größere Amsterdamer Wohnungsbauamt – im tatsächlichen Bau von Wohnungen.

Mit seinem Amtsantritt beim *Woningdienst* im Frühjahr 1918 wurde Oud mit dem Entwurf von Wohnungstypen konfrontiert. Eine ausdrückliche Bezeichnung der Wohnungsgrundrisse als Typen findet sich im Mai 1918 in seinem Artikel »Bouwkunst en normalisatie bij den massabouw« (Baukunst und Normierung im »Massenbau«).[600] Ein Jahr später verwies Oud in »Massabouw en straatarchitectuur« (»Massenbau« und Straßenarchitektur) auf die Notwendigkeit sorgfältig ausgearbeiteter Grundrisse (»planvormen«), da nur so ein ökonomisches, schnelles und qualitätvolles Bauen möglich sei und – auch bei minimaler Grundfläche – ein Höchstmaß an Komfort geboten werden könne.[601]

Gleichzeitig zu den typisierten Arbeiterwohnungen für den *Woningdienst* entwarf Oud Typengrundrisse für anspruchsvollere Wohnbauten. Die Entwicklung von Typen stellte für ihn damit – unabhängig von konkreten ökonomischen Zwängen – eine prinzipielle gestalterische Aufgabe dar.[602] Entsprechend forderte Oud 1919, die maschinelle Fertigung und Typisierung auf das gesamte Bauwesen auszudehnen und – als Audruck der Zeit – formal umzusetzen: »Obengenannte Faktoren werden nicht nur beim Massenbau [sic] in Betracht kommen, sondern auch beim Bau von besseren Einzelhäusern und öffentlichen Gebäuden von überwiegendem Einfluß auf die Herstellung sein müssen, damit die Vorteile technischer Fortschritte nicht wegen sentimentaler und romantischer Erinnerungen dem Baufach vorenthalten werden und die Baukunst der Zeit nachhinkt [sic]. Es hat im Gegenteil die moderne Baukunst die Aufgabe, sofort die technischen Verbesserungen heranzuziehen und sie auf ästhetische Weise zu nutzen.«[603]

Seine ersten typisierten Arbeiterwohnungen, vier Wohnhäuser im Anschluß an den Versammlungssaal der Arbeitervereinigung »Vooruit« in Purmerend (Abb. 1), entstanden bereits 1911/12.[604] Die spiegelsymmetrisch liegenden Einfamilienhäuser umfassen im Erdgeschoß zwei Wohnräume (einschließlich des üblichen Alkovens) und eine Küche, im Dachgeschoß zwei Schlafräume und den Dachboden. Die zur Straße (Süden) orientierten Schlafräume sind spiegelsymmetrisch angeordnet, wobei sich die beiden hohen Gaubenfenster optisch zu einem großen Fenster verbinden.[605] Die abwechslungsreich gestaltete Straßenfront zeigt eine Abfolge von Dachgaube und Schrägdach im Obergeschoß sowie – versetzt hierzu – je ein Wohnzimmerfenster und zwei gekoppelte Eingangstüren im Erdgeschoß. Auch die Gartenfront (Norden) erhielt eine betont plastische Gliederung durch je zwei hervortretende Küchentrakte und die erhöhten Wohnbereiche.

Mit den gekoppelten Schlafzimmerfenstern und Küchentüren entstanden größere Gliederungseinheiten, die eine monotone Aneinanderreihung der Bauteile verhindern. Vor allem die fehlenden Vertikalachsen schaffen ein rhythmisiertes, horizontal strukturiertes Fassadenbild, dem sich die Einzelhäuser unterordnen. Die Hausgrenzen zwischen den gekoppelten Türen bleiben entsprechend unsichtbar. Die prinzipielle Fortsetzbarkeit der Häuserreihe wird durch die geschlossene Seitenwand der äußersten Wohnung sinnfällig.

In dem 1914–16 gemeinsam mit Dudok errichteten Wohnkomplex in Leiderdorp wurden für die insgesamt 24 Häuser zwei verschiedene Wohnungs- bzw. Haustypen entwickelt (Abb. 64).[606] Beide zeigen im Erdgeschoß einen kleinen Windfang, den Wohnraum und ein Schlafzimmer sowie im Dachgeschoß zwei weitere Schlafräume. Damit war das gewünschte Standardprogramm aus drei Schlafräumen erreicht, das neben dem Schlafzimmer für die Eltern, die Mädchen und die Jungen die Möglichkeit zur Geschlechtertrennung bot. Der bei fünf Bauten verwendete größere Haustypus verfügt über eine eigene Küche im Erdgeschoß, beim kleineren Typus mußte im Wohnraum gekocht werden. Auf diese Weise wurde der Wohnraum gleich mitgeheizt, was Einsparungen beim Brennmaterial mit sich brachte. In seinem »Woon-Ford« der Siedlung Kiefhoek* griff Oud auf diese Lösung zurück.

Angesichts eines Mietpreises von nur 2,15 Gulden pro Woche wurde für beide Wohnungstypen ein möglichst schlichter und kompakter Grundriß gefordert. Um keine Wohnfläche zu vergeuden, verzichteten die Architekten auf einen Flur.[607] Küche und Schlafraum (Erdgeschoß) waren damit allein über den Wohnraum zugänglich, der jedoch vergleichsweise groß ausfiel (etwa 17 m² von rund 70 m² Gesamtfläche des kleineren Haustypus). Diese Gewichtung von Wohnraum und Verkehrsfläche wurde bei den Bauten des *Woningdienst* weitergeführt.[608]

1915 entwarf Oud ein Pflegeheim am Rand von Hilversum (Abb. 8). Die um zwei große Höfe gruppierte Anlage umfaßt im Erdgeschoß 30 normierte Einzelzimmer. Die jeweils vier bzw. sechs aneinandergereihten Zimmer eines Gebäudeflügels werden durch 80 cm breite Gänge erschlossen, an denen die Toilettenräume und die Treppen zum Dachgeschoß liegen. Die Zimmer bestehen aus einem Wohnbereich mit Tisch und Schrank sowie einer 2 m tiefen Nische für das Bett. Die Schlafnischen mit jeweils zwei kleinen Fenstern liegen abwechselnd zum Außenraum und zum Flur. Ausgangspunkt hierfür ist eine Abfolge aus breiten Grundrißabschnitten mit den Wohnbereichen und schmalen Abschnitten, die jeweils zwei Schlafnischen von zwei nebeneinanderliegenden Zimmern aufnehmen. Die rationelle Aufteilung der Wohnungen in einen breiten Abschnitt in Größe des Wohnraums und einen schmaleren Abschnitt zur Unterbringung der übrigen Räume findet sich auch in Ouds späteren Bauten und bildet damit ein charakteristisches Motiv seiner Grundrisse.

Ebenfalls noch vor seiner Zeit beim *Woningdienst* entstand der Entwurf für eine Häuserzeile an einem Strandboulevard*. Aufgrund der zurückspringenden Geschosse werden die Wohnungen bei gleicher Breite und identischem Aufbau nach oben hin kleiner (Abb. 147, 148). Aus dem erhaltenen Planmaterial geht nicht hervor, ob es sich um eine Aneinanderreihung von dreigeschossigen Wohnungen oder um drei einzelne, übereinanderliegende Wohnungen handelt; auch die geplante Nutzung der Wohnungen ist unklar. Zweifellos handelt es sich bei der als fortsetzbar gekennzeichneten Häuserzeile jedoch um eine prinzipielle Lösung unter Verwendung des vorgegebenen Wohnungstypus. Ähnlich dem Entwurf für ein Pflegeheim gliedert sich die Zeile in eine regelmäßige Abfolge von breiten und schmalen Abschnitten, die jeweils zwei größere Räume bzw. die kleineren Zimmer und die Treppe aufnehmen. Die beiden großen, spiegelsymmetrischen Räume sind durch eine Doppeltür verbunden. Dieses aus dem bürgerlichen Wohnungsbau übernommene Motiv findet sich bereits bei früheren Entwürfen von Oud und wird auch in den zeitlich folgenden Bauten weitergeführt.[609] Typologisch betrachtet handelt es sich um das Wohnzimmer und einen Salon, bei Oud treten die Räume jedoch auch als Wohn- und Schlafraum auf. Die geplante Nutzung ist daher nicht mit Sicherheit festzumachen. Möglicherweise hatte Oud hier den Typus einer Ferien- oder Wochenendwohnung vorgelegt und damit einen frühen Beitrag zu dieser neuartigen Form des »Massenwohnungsbaus« geliefert.

Für den *Woningdienst* entwickelte Oud zwischen 1918 und 1919 neun Wohnungstypen für Etagenbauwohnungen, die offenbar losgelöst von einem konkreten Bauauftrag standen.[610] Wie bei den Häusern in Leiderdorp wurde hier auf einen zentralen Flur verzichtet: Der Eingang führt über einen kleinen Windfang meist direkt in den Wohnraum, Küche und Schlafräume sind oft nur über den Wohnraum zu betreten.

Bei seinen ersten ausgeführten Wohnbauten für den *Woningdienst*, den Blöcken I und V in Spangen*, verwendete Oud nach eigener Aussage Grundrisse des Architekten C. N. van Goor (1861–1945), bei denen er jedoch die Lage von Kamin, Fenster und Schränken veränderte (Abb. 154).[611] Grund hierfür war eine aus ästhetischen Gründen gewünschte Systematisierung von Innenraum und Außenbau.[612] Darüber hinaus weist Oud auf die Zeitersparnis durch die Beschränkung auf wenige Fenstertypen.[613] Mit nur einem Fenster- und Türformat erreichte Oud eine weitestmögliche Reduzierung der Bauformen, die ihren Ausdruck in den Tür- und Fenstergruppen fand. Diese bereits bei den Vooruit-Wohnungen zu beobachtende Rhythmisierung der Fassaden ist charakteristisch für Ouds Umgang mit der Normierung in einem größeren Bauzusammenhang.

Die drei unterschiedlichen Wohnungstypen der dreigeschossigen Blöcke umfassen im Erdgeschoß zwei und im ersten Obergeschoß drei Schlafräume. Im zweiten Obergeschoß und dem Dachgeschoß, das über eine Innentreppe erreichbar ist, finden sich drei Schlafräume mit einem weiteren Schlafplatz für ein Kind.[614] Die Wohnungen sind nach dem bekannten Schema in einen breiten und einen schmalen Abschnitt unterteilt. Der breite Abschnitt nimmt den Wohnraum und daran anschließend die Küche mit Balkon bzw. Veranda und einen Schlafraum auf, der schmale Abschnitt die übrigen Schlafräume, Toilettenraum und Treppe. Von den nur 41 m² großen Wohnungen fällt der Wohnraum mit 15,7 m² wiederum vergleichsweise groß aus, während die übrigen Räume auf ein Minimum reduziert sind. Ungewöhnlich ist, daß der Schlafzimmergrundriß – im Sinne eines normierten Bauteils – mehrfach verwendet wurde. So finden sich im Erdgeschoß zwei identische, allein spiegelsymmetrische Schlafräume sowie im ersten Obergeschoß drei identische Schlafräume, von denen zwei spiegelsymmetrisch angeordnet sind und der dritte um 90° gedreht wurde. Die beiden Schlafräume im zweiten Obergeschoß übernehmen die Form der Schlafzimmer im ersten Obergeschoß.

Beim unausgeführten Centraalbouw* wurde im Gegensatz zu den übrigen Wohnblöcken in Spangen* und Tusschendijken* nur ein einziger Typus für alle drei Geschosse verwendet (Abb. 164). Der vor dem 28. September 1918 und damit kurz nach Block I und V* entstandene Entwurf lehnt sich in Wohnungsgröße (rund 45 m²) und Raumprogramm an diese Wohnungstypen an. Allerdings können in den größer ausfallenden Schlafzimmern anstelle von drei nun fünf Betten untergebracht werden. Ausschlaggebend für den Flächenzuwachs ist die Erschließung über zentrale Treppenanlagen an Stelle der innenliegenden Treppenhäuser von Block I und V. Die einzelnen Wohnungen sind hier über einen den Hoffronten vorgesetzten Laubengang zu erreichen. Folge dieser neuen Erschließungsform waren eine höhere Wohndichte und der Verzicht auf private Balkone.

Im Vergleich zu Block I und V* zeigen die Wohnungen des Centraalbouw eine deutlich größere Systematik. An Stelle eines breiteren und eines schmalen Abschnitts wird der Grundriß nun in drei gleich breite Abschnitte unterteilt. Während in den früheren Wohnblöcken die beiden spiegelsymmetrischen Schlafzimmer von Erdgeschoß und erstem Obergeschoß auf zwei unterschiedlich breite Abschnitte verteilt waren, nehmen sie hier exakt die Breite eines Abschnittes ein. Zudem liegen sie in der Flucht des Wohnraums, der die Breite von zwei Abschnitten aufweist. Die Breite der Abschnitte (1,96 m) bildet damit ein Grundmaß, das den Wohnungsgrundriß bis ins Detail bestimmt. So entspricht die Breite von Küche, Flur, Abstellkammer und Toilettenraum jeweils der Hälfte dieses Maßes, die Breite des Wohnraumes dem doppelten Maß. Neben diesem Grundmaß und der Normierung von einzelnen Räumen ist der Wohnraum durch eine streng symmetrische Wandgestaltung gekennzeichnet, die allein durch den Kamin unterbrochen wird.

Die Normwohnung von Block VIII* in Spangen (Abb. 89), die mit rund 68 m² deutlich größer ausfällt als die vorausgehenden Etagenwohnungen, zeigt auch andere Proportionen als bei Block I und V* und dem Centraalbouw*: Die beinahe quadratischen Wohnungen sind weniger tief, dafür jedoch breiter als die früheren Typen, wodurch sich die Belichtung der Räume verbessert. Über zwei identischen Wohnungen im Erdgeschoß und ersten Obergeschoß liegen jeweils zwei Maisonnettewohnungen, die das zweite Obergeschoß und das Dachgeschoß beanspruchen. Auch hier nehmen die Wohnräume mit 17,5 m² (Erdgeschoß und erstes Obergeschoß) bzw. 15,7 m² (Maisonnettes) relativ viel Platz ein. Die Grundrisse folgen wiederum einer strengen Systematik, wobei die Wohnungen der beiden unteren Geschosse entsprechend der halb so breiten Maisonnettewohnungen in zwei gleich breite Hälften unterteilt werden. Allein an der Straßenseite sind sie aufgrund der eingeschobenen Treppen in drei Abschnitte (zwei Räume plus Treppenhaus) untergliedert. Die Wohnräume mit Balkon nehmen jeweils die Breite einer Wohnungshälfte ein.

Im Unterschied zu Ouds früheren Typenwohnungen enthielt Block VIII einen Raum, der variabel als Wohn- oder Schlafzimmer dienen konnte und ähnlich dem Entwurf für eine Häuserzeile an einem Strandboulevard* durch eine Doppeltür mit dem Wohnraum verbunden war. Bei einer Nutzung als Wohnraum und Salon würde das dritte Schlafzimmer, Voraussetzung für die gewünschte Geschlechtertrennung, entfallen, für kinderlose Paare oder Kleinfamilien entstand jedoch ein anspruchsvolles Wohnprogramm mit Salon. Möglicherweise sollten so auch kleine, besser situierte Familien als Mieter gewonnen werden, die mit zu der gewünschten sozialen Vermischung der Bewohner beitragen konnten. Neben der flexiblen Raumnutzung stand die oberhalb des Treppenhauses verbleibende Fläche einer der beiden Maisonnettewohnungen als weiteres Schlafzimmer zur Verfügung. Damit umfassen die Maisonnettes abwechselnd drei oder vier Schlafzimmer. Auch hier zeigt sich der Wunsch, trotz der Verwendung von Typenwohnungen ein gewisses Maß an Variabilität in Größe und Raumprogramm zu erreichen.

Die Wohnungen von Block VIII* wurden bei Block IX* in Spangen als Normtypus (»normaaltype«) übernommen.[615] Hier konnte Oud erstmals einen ganzen Wohnblock im Sinne eines Typus realisieren, der anschließend in mehrfacher Ausführung in Tusschendijken* entstand.[616] Im Vergleich zu den Wohnungen von Block VIII* und IX* wurden in Tusschendijken einige Veränderungen durchgeführt. So erstrecken sich die Veranden nun über die gesamte Breite der Wohnungen, und erhalten damit auch die zum Hof liegenden Schlafzimmer und Küchen einen Zugang zum Garten. Dem entspricht ein zweiter Balkon im ersten Stock, womit ein für den *Volkswoningbouw* dieser Zeit geradezu luxuriöses Programm vorlag. Die durchgehenden Balkonreihen an der Hofseite bezeichnete Gustav Adolf Platz – im Gegensatz zu den üblichen »schmachvollen Küchenbalkonen«- als »Balkonterrasse« und lobte den zusätzlichen »Wohnraum im Freien«.[617] Die mit Block VIII* eingeführten variabel zu nutzenden Räume wurden hier durch eingeschobene Bauabschnitte mit je zwei Schlafräumen pro Geschoß ergänzt (Abb. 207). Je nach Bedarf konnten beide oder nur einer der Räume von einer der angrenzenden Wohnungen genutzt werden.

Im Mai 1919 hatte Oud seinen Entwurf für ein Doppelhaus für Arbeiter in Beton* publiziert, das zwei identische spiegelsymmetrische Wohnungen mit dem gängigen Standardprogramm aufnimmt (Abb. 176). Vollkommen neuartig war hier, daß der Grundriß auf einem Quadratraster basiert, das die Raumformate exakt vorgibt. Die beiden quadratischen Haushälften werden jeweils in weitere 3 x 3 Quadrate unterteilt. Das Wohnzimmer als größter Raum beansprucht vier dieser Quadrate, der Flur mit Treppe und die beiden Schlafzimmer im Obergeschoß zwei, das Schlafzimmer im Erdgeschoß und die Küche je eineinhalb. Die Schlafzimmer im Obergeschoß sind identisch, wurden jedoch um 90° gegeneinander gedreht. Auffallend ist der quadratische Wohnraum, der gleichzeitig bei den Maisonnettewohnungen in Spangen* und Tusschendijken* sowie in Ouds Häuserzeile mit Arbeiterwohnungen* (mit jeweils etwa 4 x 4 m) auftrat. Für das Doppelhaus für Arbeiter in Beton* ist daher ein entsprechendes Maß anzunehmen.

Auch die Häuserzeile mit Arbeiterwohnungen* basiert auf einem Quadratraster (Abb. 173). Vier Quadrate mit einer Kantenlänge von 4 m werden hier zu großen Quadraten von 8 x 8 m zusammengesetzt, die im Wechsel mit halbierten Quadraten (8 x 4 m) die Grundeinheit der Häuserzeile bilden. Die Quadrate gliedern sich in zwei Abschnitte, wobei ein Abschnitt jeweils einen wiederum quadratischen Wohnraum (4 x 4 m) und zwei Schlafzimmer (je 4 x 2 m) aufnimmt. Auch die zwischen den großen Quadraten liegenden Abschnitte werden unterteilt, weichen hier jedoch vom Raster ab. Eine Wohnung setzt sich jeweils aus der Hälfte eines großen Quadrats, das heißt einem Wohnraum und zwei Schlafräumen, und der Hälfte der zwischen den Quadraten liegenden Abschnitte zusammen. Ähnlich den Typenwohnungen des Centraalbouw* entstanden so drei gleich breite Abschnitte, wobei der Wohnraum und zwei Schlafräume zwei Abschnitte beanspruchen, während der dritte die Küche und ein weiteres Schlafzimmer aufnimmt. Die Häuserzeile folgte einem noch strengeren formalen Raster als der Centraalbouw. Da Oud jeweils zwei spiegelsymmetrische Wohnungen abwechselnd zur Straßen- und zur Rückseite ausrichtet, ist der Gesamtaufbau hier jedoch komplizierter.

Bei der Siedlung Oud-Mathenesse* treten an die Stelle von Typenwohnungen normierte Einfamilienhäuser. Von den insgesamt 343 Gebäuden wurden 331 nach einem Haustyp ausgeführt, der mit etwa 57,6 m² Nutzfläche deutlich kleiner ausfällt als noch in Leiderdorp. Die Grundrisse sind hier weniger stark einem Raster und normierten Maßangaben unterworfen als die Typenwohnungen in Spangen* und Tusschendijken*. Das Erdgeschoß gliedert sich – abweichend von allen anderen Wohnungsentwürfen – in einen quer gerichteten Abschnitt mit Schlafzimmer, Toilettenraum und Küche sowie einen Abschnitt doppelter Breite, den den Wohnraum und die Treppe aufnimmt (Abb. 228, links). Weitere Schlafzimmer finden sich im Dachgeschoß, das in zwei gleichgroße Bereiche unterteilt ist. Mit der Orientierung der Räume (Wohnraum zur Straße und Küche zum Garten) und der Nutzung des Dachgeschosses für Schlafräume griff Oud auf tradierte Wohnungstypen zurück. Dagegen sind die klare Unterteilung und die relativ breit gelagerten und damit besser belichteten Räume ungewöhnlich für ihre Zeit.[618] Ähnlich den Wohnblöcken in Spangen* und Tusschendijken* wurden auch im »Witte Dorp« einzelne größere Wohnungen ausgeführt, die den Mietern eine gewisse Auswahl ermöglichen sollten (Abb. 228, rechts). Hier handelt es sich um die in den Straßenknicken liegenden Wohnungen mit einem weiteren Schlafzimmer im Erdgeschoß.

Die zweigeschossigen Häuserzeilen in Hoek van Holland* weisen bei nur 42 Wohnungen drei verschiedene Wohnungstypen auf. Während sich im Erdgeschoß Wohnungen mit einem und drei Schlafzimmern abwechseln (Abb. 244), sind die Wohnungen des Obergeschosses mit jeweils zwei Schlafzimmern alle identisch (Abb. 245). Die geringe Anzahl von Wohnungen zeigt, daß Oud vor allem an der Entwicklung neuer Wohnungstypen und an einer Verbindung der unterschiedlich großen Wohnungen interessiert war.[619] G. A. Platz lobte vor allem die funktionalen Vorteile: »Der empfindliche Fehler im Reihenhaus: die Treppe, die zwei Stockwerke verbindet und den Haushalt erschwert, ist dadurch vermieden, daß kleine und große Wohnungen ineinander-geschachtelt sind.«[620] Als besondere Leistung ist in der Tat die Verbindung der unterschiedlich großen Wohnungen in einem Geschoß zu werten, die wiederum auf eine soziale Vermischung der Bewohner zielte. Allerdings erscheint der Grundriß der Obergeschoßwohnungen kleinteilig und wenig systematisch. Auch die für Oud charakteristischen symmetrischen Raumwände fehlen hier, während aus Platzgründen einige Kompromißlösungen gewählt wurden. So mußte im Wohnraum eine Ecke abgetrennt werden, um ausreichend Raum für den Flur zu erhalten, in der Küche behalf sich Oud mit einer abgeschrägten Schrankwand, ohne die der Durchgang zur Balkontüre zu eng gewesen wäre.

Auch die Häuserzeilen in Hoek van Holland durch den konstanten Wechsel von schmalen und breiten Bauabschnitten gegliedert. Die schmaleren Abschnitte umfassen, ähnlich der Häuserzeile mit Arbeiterwohnungen*, Räume von beiden angrenzenden Wohnungen. Die Wohnfläche der Obergeschoßwohnungen beträgt 40 m², wobei der Wohnraum mit 18,8 m² sehr groß ausfällt. Größenmäßig sind sie daher mit den Erdgeschoßwohnungen von Block I und V* in Spangen vergleichbar. Die Balkone an der Gartenfront und die durchlaufenden, als »Dachgarten« bezeichneten Balkone zur Straße – letzterer mit 6,5 m² pro Wohnung – macht diesen Typus jedoch deutlich komfortabler als die älteren Wohnungen in Spangen.

Auch die Siedlung Kiefhoek* basiert (im Gegensatz zum älteren Plan von R. J. Hogeveen mit sechs verschiedenen Typen) auf nur einem Haustyp. Zu den wenigen abweichenden Bauten zählen die vier Häuser für Großfamilien, wiederum mit seitlich angefügten, zusätzlichen Schlafräumen. Die zweigeschossigen Normhäuser (Abb. 266) zeigen das übliche Raumprogramm, fallen im Vergleich zu Ouds früheren Wohnungstypen jedoch extrem schmal aus. So wird der 3,88 m breite Wohnraum nicht zum Maßstab für einen Grundrißabschnitt, sondern bestimmt die Gesamtbreite des Hauses. Insgesamt beträgt die Nutzfläche nur 48,5 m² (Bruttogeschoßfläche 62 m²) und bleibt damit hinter Ouds Einfamilienhäusern in Leiderdorp und Oud-Mathenesse* zurück. Dabei waren die Bauten ausdrücklich für kinderreiche Familien, das heißt für Ehepaare mit bis zu sechs Kindern, vorgesehen. Der Wohnraum beansprucht mit 17,8 m² wieder relativ viel Platz, während die Schlafräume auf ein Minimum reduziert sind.

In Kiefhoek zeigt vor allem das Obergeschoß die für Oud typische Systematik. So wird die rechteckige Grundfläche in zwei gleich breite Hälften mit zwei identischen, spiegelsymmetrischen Schlafräumen an der Straßenseite sowie dem Treppenlauf und dem kleineren Elternschlafzimmer an der Gartenseite unterteilt. Durch Abschrägung der drei Raumecken entsteht auf der Mittellinie ein rautenförmiger Treppenabsatz, der als zentraler Verteiler fungiert. Beide Schmalseiten erhalten im Obergeschoß ein Fensterband, das sich erstmals bei Oud über die gesamte Breite des Hauses zieht. Die Optimierung der Raumbelichtung war notwendig, da der Haustyp unabhängig von der Ausrichtung der Bauten Verwendung finden sollte. Entsprechend wurden in Kiefhoek auch Häuser mit Wohnräumen nach Nordosten realisiert.

Durch die Beschränkung auf das unbedingt Notwendige kam Oud hier zu kostengünstigen Wohnungen bei einer maximal zu nutzenden Wohnfläche. Wie bereits die Häuser in Leiderdorp besitzen die Wohnungen keinen Flur und dient allein ein kleiner eingeschobener Windfang als Puffer zwischen Straße und Wohnraum.⁶²¹ Oud selbst verglich seine Normhäuser mit dem ersten serienmäßig hergestellten Kleinwagen Ford: »Es wurde versucht, die Aufgabe zu lösen, ähnlich wie Ford seine Wagen preiswert und gut macht: möglichst wirtschaftliche Ausnutzung von Raum und Material, praktische Konstruktion und Arbeitsweise. Ein ›Wohn-Ford‹.«⁶²² Entsprechend sollten die typisierten Bauelemente seiner Häuser industriell gefertigt werden können. Bereits 1923 hatte Ludwig Hilberseimer in einer Besprechung von Ouds Wohnbauten auf die Parallele zwischen der Autoindustrie und der Grundrißoptimierung verwiesen: »Wie etwa die Auto-Industrie wird auch ein industriell betriebener Hausbau durch Normierung und ihre Auswertung zu immer reineren Typen, zu immer vollendeterer Gestaltung kommen.«⁶²³ Die Grundform von Ouds Einfamilienhäusern zeigt schließlich Übereinstimmungen mit Le Corbusiers Maison Citrohan von 1920 (Abb. 115), deren Name sich ebenfalls an eine Autofirma anlehnt: »Maison en série ›Citrohan‹ (pour ne pas dire Citroën). Autrement dit, une maison comme une auto, conçue et agencées comme un omnibus ou une cabine de navire.«⁶²⁴ Bereits Le Corbusiers Haustyp zeichnet sich durch seine längsrechteckige Form, geschlossene Langseiten und vollständig durchfensterte Schmalseiten sowie das Flachdach aus.

In der Besprechung seiner Siedlung wies Oud daraufhin, daß sein »Wohn-Ford« weitere Elemente wie einen Wasseranschluß im Obergeschoß, eine Dusche, einen Kohlenplatz, eine Durchreiche und ein Bügelbrett umfasse, die in Kiefhoek aus Kostengründen gestrichen worden seien: »Es gehört aber all dieses Erwähnte zu dem *ursprünglichen* Entwurf für den ›Wohn-Ford‹. Bei Wiederholung dieses Typs kann es durchgeführt werden.«⁶²⁵ Das einzige »luxuriöse« Element bilden die kleinen, zur Straße liegenden Balkone am Ende einiger Häuserzeilen, die allerdings zu klein ausfielen, um dort Wäsche zu trocknen. Sie dienen in erster Linie als städtebaulicher Akzent, können jedoch auch als Zitat der repräsentativen bürgerlichen Wohnkultur gedeutet werden.

Donald Grinberg verweist auf die Gemeinsamkeiten des Kiefhoeker Haustyps mit einem 1915 entstandenen Entwurf des Architekten A. Pet.⁶²⁶ Das Erdgeschoß zeigt in der Tat eine vergleichbare Anordnung von Wohnraum, Küche und Treppe, einen kleinen Windfang sowie eine Wendeltreppe mit darunter liegendem Toilettenraum. Allerdings handelt es sich hier um ein verbreitetes Schema, das Oud in der für ihn typischen Weise zu einem klar gegliederten und systematisierten Grundriß umformulierte. Ben Rebel führt speziell das Obergeschoß auf eine Arbeiterwohnung von De Bazel (1917–19) zurück, die ebenfalls einen rautenförmigen Treppenabsatz zeigt.⁶²⁷ Auch dies war jedoch ein gängiges Motiv dieser Zeit⁶²⁸, das Oud als zentrale geometrische Form in seinen streng komponierten Grundriß mit Mittelachse und zwei identischen, spiegelsymmetrischen Schlafräumen integrierte.⁶²⁹ Auch für den eingestellten Windfang an Stelle eines Eingangsflurs existierten Vorläufer⁶³⁰, die sich Oud zu eigen machte.

Für die Ausstellung des Deutschen Werkbundes in Stuttgart entwarf Oud ein Typenhaus (Abb. 314), das in fünffacher Ausführung auf dem Weißenhof* realisiert wurde. Abweichend von seinem Auftrag, der vier Einfamilienreihenhäuser und einen Bungalow forderte, beschränkte sich Oud auf einen Haustypus.⁶³¹ Im nachhinein publizierte er eine »prinzipielle Situation«, die sein Reihenhaus als Basiselement des Zeilenbaus zeigt (Abb. 311).⁶³²

Der Stuttgarter Haustypus übernimmt vom Normhaus in Kiefhoek* den schmalen, zweigeschossigen Baukörper in Breite des Wohnraums, das sich im Wohnraum über die gesamte Front ziehende Fensterband und den eingestellten Windfang. Die stärker gelängten Reihenhäuser kommen den Proportionen der Maison Citrohan dabei näher als die Rotterdamer Normhäuser.⁶³³ Mit 5,10 m Breite und 8,55 m Länge zuzüglich des Anbaus mit den Trockenräumen sind die Stuttgarter Bauten zudem deutlich größer als in Kiefhoek. Auch das Bauprogramm wurde gegenüber der Rotterdamer Minimalwohnung erweitert: Mit Badezimmer samt Badewanne, Fahrradabstellraum, Trockenraum, Waschküche, Balkon und Terrasse sowie dem Toilettentisch für die Dame erscheint der Stuttgarter Wohnungstypus als Mittelstandswohnung. Der Wohnraum ist mit 21,2 m² der bislang größte unter Oud Typenwohnungen. Trotz des gehobenen Bauprogramms waren die Wohnungen offiziell für Arbeiter bzw. einfache Angestellte vorgesehen, während die Häuser in Kiefhoek achtköpfigen Familien Platz bieten mußten. Hier kommen nicht zuletzt die Unterschiede zwischen den deutschen und niederländischen Wohnstandards zum Tragen. So bezeichnete Werner Hegemann die – für niederländische Verhältnisse großzügig bemessenen – Bauten als »Junggesellenheim«.⁶³⁴ Aber auch von deutscher Seite erhielt Ouds Haustypus Beifall, etwa von Gustav Adolf Platz: »Die Aufgabe, Typen zu zeigen, wurde von wenigen nur erfaßt, am besten wohl von Oud-Rotterdam und Frank-Wien in ihren Reihenhäusern.«⁶³⁵ Der niederländische Architekt Jos Klijnen bestätigte dieses Lob, in dem er für Arbeiterhäuser in Meezenbroek, Heerlen (Provinz Limburg) die Ausführung dieses Haustypus – »type woning ›Oud‹« – vorschlug.⁶³⁶

Für die Häuserzeilen für Blijdorp* entwarf Oud zwei Varianten. Während der frühere Entwurf 512 Wohnungen verteilt auf alle vier Geschosse aufwies, sind im Erdgeschoß der späteren Fassung mit 306 Wohnungen nur Wirtschaftsräume untergebracht. Der ursprüngliche Entwurf sah einen Wechsel von Wohnungen mit einem und drei Schlafzimmern im Erdgeschoß sowie zwei und drei Schlafzimmern in den Obergeschossen (Abb. 362) vor. Die ungewöhnliche Kombination unterschiedlich großer Wohnungen innerhalb eines Geschosses hatte Oud bereits in Hoek van Holland* erprobt. Ähnlich dem Entwurf einer Häuserzeile mit Arbeiterwohnungen* gliedern sich die Zeilen in gleich große Abschnitte in Breite der Wohnräume. Im Unterschied zu dem älteren Entwurf sind die Wohnräume nun jedoch im Sinne des Zeilenbaus alle gleich orientiert. Um die unterschiedlich großen Wohnungen einzupassen, verlegte Oud die Treppenhäuser in die schmalen Grundrißabschnitte und schuf somit Platz für die angrenzende Wohnung. Da im Erdgeschoß jeweils einer der schmalen Abschnitte vom gemeinschaftlichen Treppenhaus eingenommen wird, steht der anschließenden Wohnung insgesamt nur ein breiter Abschnitt zur Verfügung. Diese etwa 40 m² großen Wohnungen waren für Singles oder kinderlose Ehepaare gedacht. Bei den anschließenden Wohnungen und den Wohnungen darüber handelt es sich mit rund 60 m² um den größten Typus, während über den Singlewohnungen die Wohnungen mittlerer Größe (50 m²) liegen. Die Wohnräume nehmen generell 18,3 m² ein und fallen daher (vor allem beim kleinen Typus) großzügig aus. Im Gegensatz zu allen früheren Wohnungen, besonders den vorausgehenden Haustypen in Kiefhoek* und Stuttgart*, nimmt der Flur mit bis zu 4 m² relativ viel Platz ein.

Bei seiner zweiten Fassung kam Oud zu einer grundsätzlich anderen Lösung: Die drei Obergeschosse (Abb. 359, oben) nehmen jeweils zehn identische Wohnungen mit dem üblichen Raumprogramm zuzüglich einem Bad mit Dusche auf. Als Besonderheit entwarf Oud in Anlehnung an die Stuttgarter Häuser kleine ummauerte Höfe zum Trocknen der Wäsche. Die Wohnfläche beträgt circa 60 m² mit 18,8 m² großen Wohnräumen. Die Häuserzeilen werden in gleichgroße Abschnitte unterteilt, wobei auf drei Abschnitte ein einzelner Abschnitt mit dem Treppenhaus folgt. Jede Wohnung beansprucht drei Abschnitte sowie Teile der Zwischenabschnitte. Die Wohnräume nehmen in der Breite etwas mehr als zwei und der Flur etwas weniger als einen Abschnitt ein, während Küche und Bad Teile von zwei Abschnitten beanspruchen. Mit dieser Grundrißlösung ging Oud von der einfachen, klaren Aufteilung seiner früheren Entwürfe ab. Allein im Erdgeschoß (Wasch- und Abstellplatz) folgen die Räume in Größe und Lage dem Grundschema. Insgesamt sind die Wohnungen breiter und weniger tief als in der früheren Fassung und zeigen damit günstigere Lichtverhältnisse.

Oud war bei seinen Wohnblöcken und Siedlungen immer bemüht – trotz der beschränkten Anzahl von Wohnungstypen – Varianten in bezug auf Größe und Zuschnitt der Wohnungen anzubieten. So konnten die Bewohner der Wohnblöcke in Spangen* und Tusschendijken* zwischen einer Erdgeschoßwohnung mit eigenem Garten, einer Obergeschoßwohnung mit Balkon oder einer zweigeschossigen Maisonette wählen. In allen Wohnkomplexen finden sich zudem Wohnungen für Großfamilien, die möglichst gleichmäßig über den Wohnblock oder die Siedlung verteilt sind: Während in Block VIII* in Spangen zusätzliche Räume oberhalb des Treppenhauses lagen und von einer der angrenzenden Wohnungen genutzt werden konnten, finden sich in Tusschendijken* Bauabschnitte mit weiteren Schlafzimmern in den Längsseiten der Blöcke. Dabei achtete Oud darauf, die kinderreichen Familien an den wenig befahrenen Wohnstraßen unterzubringen: »Die ... größeren Wohnungen, bestimmt daher für kinderreiche Familien, sind an den Wegen, die in der Zukunft am wenigsten Verkehr aufnehmen werden, angeordnet, so daß die Gefahr auf der Straße dort am geringsten ist. Darüber hinaus sind sie so gut es geht über die Baublöcke verteilt, so daß einzelne Innenhöfe nicht überlastet werden.«⁶³⁷ Dasselbe gilt für Kiefhoek*, wo vier Bauten mit zusätzlichen Schlafzimmern an der wenig befahrenen Kleine Lindtstraat plaziert wurden. In Hoek van Holland* wurden Wohnungen mit ein, zwei oder drei Schlafzimmern kombiniert, die jedem Mieter eine Wohnung nach seinen individuellen Wünschen bieten sollten. In Ouds erstem Entwurf für Blijdorp* wurde dieses Prinzip – nun verlegt in den Etagenwohnungsbau – weitergeführt.

Neben den Grundrißtypen für städtische Wohnblöcke, Arbeitersiedlungen und mittelständische Reihenhäuser entwickelte Oud auch Häuser-, Wohnungs-, und Raumtypen für Einfamilienhäuser der gehobenen Mittelschicht. Beim Entwurf für ein Wohnhaus mit Büroräumen* (um 1922) handelt es sich um ein Musterhaus für eine mittelständische Familie, das an beliebiger Stelle errichtet werden konnte. Hierfür sprechen das (annähernd) quadratische und damit offenbar fiktive Grundstück, die symme-

trische Gesamtstruktur und die vier – unabhängig von ihrer Nutzung – quadratischen Räume an den Enden der Gebäudeflügel. Der 1928 entstandene Entwurf für ein Dreifamilienhaus in Brünn* umfaßt drei identische, übereinanderliegende Wohnungen für eine gehobene Bewohnerklientel. Die Wohnung des Chauffeurs, der offenbar für alle drei Mietparteien zuständig sein sollte, die Gemeinschaftseinrichtungen und die für alle Bewohner zugängliche Grünanlage lassen sich mit keiner der damals gängigen Wohnformen in Einklang bringen. Möglicherweise bestand eine Verbindung zur gleichzeitig geplanten Werkbundausstellung »Neue Wohnung« in Brünn, die mit ihrem experimentellen Charakter das ungewöhnliche Bauprogramm inspiriert haben könnte. Die Typenwohnung des Dreifamilienhauses wäre damit als Vorschlag für eine neue Wohnform zu deuten, wobei vor allem eine temporäre Nutzung der Wohnungen denkbar ist.

Wie bei seinen Wohnungstypen für den *Woningdienst*⁶³⁸ griff Oud auch bei den singulär auftretenden Einfamilienhäusern einzelne Grundrißlösungen immer wieder auf. Der bereits bei Haus Kallenbach* 1921/1922 entwickelte L-förmige Bau mit einem Flur im Winkel der beiden Flügel wird im Wohnhaus mit Büroräumen* und dem Dreifamilienhaus in Brünn* weitergeführt, wobei sich die extrem schmalen Flure, die an Gänge in Eisenbahnwaggons erinnern, auch in der großbürgerlichen Villa Johnson* wiederfinden. Entsprechend der Typenwohnung und dem normierten Wohnblock im *Volkswoningbouw* sollten auch diese Einzellösungen optimiert werden und – dem industriellen Zeitalter gemäß – schnell und kostengünstig einsetzbar sein. Besonders deutlich wird dies bei den typisierten Zimmern im gehobenen Einfamilienhaus, die teilweise in serieller Abfolge auftreten. Im Nordwestflügel von Haus Kallenbach* finden sich drei als Gäste- bzw. Mädchenzimmer dienende Räume, die allein in der Anordnung der Fenster und Schränke differieren. Auch die das Badezimmer flankierenden Schlafzimmer sind mit Ausnahme der Fensteranordnung und einem (für die Fassadensymmetrie notwendigen) Balkon identisch, hier jedoch ihrer repräsentativeren Funktion gemäß spiegelsymmetrisch angeordnet. Im Wohnhaus mit Büroräumen* übernehmen die vier quadratischen Zimmer als Schlafraum, Büro und Salon unterschiedliche Funktionen. Entsprechend wurde auch im Dreifamilienhaus in Brünn* nicht mehr zwischen elterlichem Schlafzimmer, Kinderzimmer und Gästezimmer unterschieden. Dasselbe gilt für die Küsterwohnung* in Kiefhoek mit vier wiederum spiegelsymmetrischen Wohn- und Schlafräumen. In der Villa Johnson* wurden drei identische Gästezimmer aneinandergereiht, ebenso die Mädchenzimmer im Personaltrakt.

Ein durchgehendes Charakteristikum der Typenwohnungen ist die Unterteilung der rechteckigen Grundrisse in einzelne (mit Ausnahme der Siedlung Oud-Mathenesse*) quer zur Blockseite bzw. Häuserzeile liegende Abschnitte. Die Breite der Abschnitte gibt jeweils ein Grundmaß vor, das die Größe der Räume und der einzelnen Bauteile bestimmt. Eine konsequente Umsetzung dieses Modulsystems findet sich in den unabhängig von einem Bauauftrag entstandenen Arbeiten wie dem Entwurf für eine Häuserzeile an einem Strandboulevard*, dem Doppelhaus für Arbeiter in Beton* und der Häuserzeile mit Arbeiterwohnungen*. In seinem Artikel »Massabouw en straatarchitectuur«, der eine Erläuterung der Häuserzeile mit Arbeiterwohnungen einschließt, weist Oud allein auf die konstruktiv-ökonomische Grundlage seiner Grundrißsystematik hin.⁶³⁹ Damit wird auch das entwurfsbestimmende Quadratraster zum bloßen Hilfsmittel (»hulpmiddel«) degradiert.⁶⁴⁰ Zweifellos lag Ouds Grundrißsystematik jedoch auch ein formales Interesse zu Grunde, das sich neben dem Raster und der seriellen Reihung identischer Baueinheiten auch in Symmetrien und einfachen geometrischen Formen äußerte.⁶⁴¹ Für eine formal-ästhetische Komponente spricht nicht zuletzt, daß Oud diese Prinzipien auch außerhalb des *Volkswoningbouw* anwandte. So zeigt die Häuserzeile an einem Strandboulevard* eventuell ein frühes Beispiel für den Typus der Ferien- oder Wochenendwohnung, während mit den Reihenhäusern der Weißenhofsiedlung* und den großen Wohnungen in Blijdorp* Wohnungstypen für den Mittelstand konzipiert wurden. Im Wohnhaus mit Büroräumen* entstand der Typus eines freistehenden Einfamilienhauses für eine mittelständische Familie. Auch die typisierten Räume, die seriell aneinandergereiht oder in gespiegelter Form auftreten, bleiben nicht auf den *Volkswoningbouw* beschränkt.

Die Bedeutung der Typisierung für Ouds Werk und seine Errungenschaften auf diesem Gebiet wurden von den Zeitgenossen durchaus gewürdigt. Unter dem Eindruck einer Ausstellung zum »neuzeitlichen« Wohnungsbau schrieb Fritz Block: »Die ersten erfolgreichen Versuche zur Typisierung finden wir in der Ausstellung in den Bauten von Riphahn (Köln), Bourgeois (Brüssel), Le Corbusier (Frankreich) ... vor allem aber in den Wohnblöcken und Siedlungen des Holländers J. J. P. Oud, dessen Siedlung Oud-Mathenesse ein ausgezeichnetes Beispiel einer durchaus modernen Schöpfung darstellt, bei der vielleicht am stärksten das Rationelle mit dem Schöpferischen verbunden ist.«[642]

3.2. Entwurfsprinzipien

Symmetrische Kompositionen sind für Ouds gesamtes Werk charakteristisch.[643] Auch in seinen Typenwohnungen für den *Woningdienst* verwendete er – von der Forschung bislang unbeachtet – symmetrische Bauglieder und Raumlösungen. Streng symmetrische Grundrisse, die auch die Lage von Fenster und Türen einschließen, waren hier aufgrund der kleinen Grundfläche nicht realisierbar. Sehr nahe kam Oud seinem Ideal jedoch bei den größeren Erdgeschoßwohnungen in Hoek van Holland* (Abb. 244), wo allein der seitliche Zugang und der Kamin vom axialsymmetrischen Schema abweichen. In anderen Wohnungstypen wird Ouds Bemühen nach symmetrisch angeordneten Räumen deutlich. So besitzen die Wohnungen von Block I und V* in Spangen (Abb. 154), dem Centraalbouw* (Abb. 164) und der Siedlung Kiefhoek* (Abb. 266) jeweils zwei spiegelsymmetrische Schlafzimmer.[644] Darüber hinaus finden sich von Anfang an Räume mit symmetrisch gestalteten Wänden, die auf diese Weise ein repräsentatives Erscheinungsbild erhielten. Aufgrund der begrenzten Raumgrößen im *Volkswoningbouw* konnte dieses Gestaltungsprinzip jedoch nur bei den Wohnräumen umgesetzt werden.[645] Beispiele sind die Vooruit-Häuser in Purmerend (1911), die Behelfswohnungen unter einem Viadukt* (Abb. 169, 171), das Doppelhaus für Arbeiter in Beton*, der Centraalbouw*, die Blöcke VIII* (Abb. 189) und IX* in Spangen, die Blöcke in Tusschendijken* sowie die frühe Entwurf für Blijdorp* (Abb. 362).[646] Bei einigen Bauten, wie der Häuserzeile mit Arbeiterwohnungen*, versuchte Oud, alle Raumwände symmetrisch zu gestalten, was jedoch (meist wegen der Türen) nicht konsequent durchzusetzen war. Auch die Gebäudefassaden, das heißt Blockwand oder Häuserzeile, wurden nach Möglichkeit symmetrisch angelegt. Beispiele sind die Fassaden von Block I und V* und die Schmalseiten von Block VIII* in Spangen, die jeweils von Eckrisaliten eingefaßt werden, sowie die streng symmetrischen Häuserzeilen in Hoek van Holland. Bei dem freistehenden Doppelhaus für Arbeiter in Beton* und den zu Doppelhäusern verbundenen Normhäusern des »Witte Dorp«* (Abb. 240) konnte Oud axialsymmetrische Fassaden realisieren.

Festzuhalten bleibt, daß Oud sowohl repräsentative Wohnhäuser als auch Arbeiterwohnungen nach Möglichkeit symmetrisch gestaltete. Indem er dieses Gestaltungsprinzip vom gehobenen Wohnbau in den *Volkswoningbouw* übertrug, versuchte er diesen aufzuwerten. Entsprechend wurden auch die für Oud charakteristischen geometrischen Grundrißformen[647] im *Volkswoningbouw* eingesetzt. Vor allem quadratische Grundrisse oder Gebäudeabschnitte sind dort häufig zu finden.[648] Einzelne Bauelemente zeigen andere geometrische Formen wie Achteck, Kreis und Halbkreis, so die gerundeten Zeilenabschlüsse in Hoek van Holland* und die halbrunden Balkone in Kiefhoek*.[649] Das vor allem im bürgerlichen Einfamilienhaus bevorzugt verwendete Grundrißraster[650] fand dagegen nur vereinzelt Aufnahme im *Volkswoningbouw*, der weitgehend von der Aufteilung in breitere und schmale Abschnitte bestimmt wird. Nur das Doppelhaus für Arbeiter in Beton*, das allerdings eher den anspruchsvoller gestalteten Einzelbauten als dem *Volkswoningbouw* zuzurechnen ist, basiert auf einem entsprechenden Quadratraster. Der gleichzeitig publizierten Häuserzeile für Arbeiterwohnungen* liegt dagegen kein strenges Raster zu Grunde, da die schmaleren Grundrißabschnitte eine andere Struktur zeigen als die breiteren.[651]

Eine spiegelsymmetrische Anordnung der Wohnungen findet sich durchgehend seit den ersten Arbeiterwohnungen in Purmerend (1911).[652] Kennzeichnend für diese Bauten ist die Rhythmisierung der Fassaden durch Koppelung der Eingangstüren und Fenster. Eine serielle Reihung der einzelnen Wohnungen zeigen dagegen die Häuserzeile an einem Strandboulevard* und die Reihenhäuser in der Weißenhofsiedlung*. An die Stelle der rhythmisierten Straßenfront tritt hier die Betonung der einzelnen Wohnung bzw. des Hauses.[653]

Entsprechend den Grundrißlösungen strebte Oud auch eine Systematisierung seiner Wohnblöcke oder Häuserzeilen an.[654] Ausgangspunkt ist die Unterteilung der Wohnungsgrundrisse in breitere und schmalere Abschnitte, die (in Abhängigkeit von einer spiegelsymmetrischen oder seriellen Anordnung der Wohnungen) in unterschiedlicher Abfolge kombiniert werden. Bei der Häuserzeile mit Arbeiterwohnungen* (Abb. 173) nimmt ein Abschnitt jeweils Räume von zwei angrenzenden Wohnungen auf. Damit wird nicht mehr die einzelne Wohnung, sondern vielmehr die ganze Häuserzeile in eine Folge von Abschnitten unterteilt. Ein ähnliches Prinzip wandte Oud bei den Häuserzeilen in Hoek van Holland* (Abb. 244) und der ersten Fassung für Blijdorp* (Abb. 362) an, wo in einem Geschoß unterschiedlich große Wohnungen kombiniert sind. Auch hier wird die ganze Zeile in abwechselnd breitere und schmalere Abschnitte unterteilt, in die sich die Wohnungen einpassen müssen. Sein Ziel, die einzelnen typisierten Wohnungen in ein System einzubinden, verfolgte Oud bei diesen Bauten in konsequenter Form von der Häuserzeile aus, die als Einheit aufgefaßt und gestaltet wird.

3.3. Raumtypen

Die Wohnräume nehmen gemessen an der Gesamtfläche der Wohnungen einen auffällig großen Anteil ein. In den Obergeschoßwohnungen in Hoek van Holland* beanspruchen sie fast die Hälfte der Wohnfläche. Die Größe der Wohnräume liegt zwischen 20 m^2 in den Stuttgarter Reihenhäusern* und 15,3 m^2 in der Siedlung Oud-Mathenesse*. Daneben werden die Wohnräume durch eine besondere Gestaltung wie ein quadratischer Grundriß, symmetrische Wandaufrisse und große, axial angeordnete Fensterfronten hervorgehoben. Als ein charakteristisches Motiv verwendete Oud bereits bei den Arbeiterwohnungen für Vooruit die von Fenstern gerahmten Fenstertüren, die in Block VIII* und IX* Spangen sowie in Tusschendijken* (Abb. 203) wieder auftreten. In den Typenwohnungen für Spangen und Tusschendijken wurden den Wohnräumen in ganzer Breite Balkone angefügt, die mit knapp 4 m^2 sehr groß ausfallen.

Einen Sonderfall bildet die Anordnung von zwei Wohnräumen »en suite«, die meist durch eine Schiebetür auf der Mittelachse zu einem größeren Raum verbunden werden konnten.[655] Oud verwendete diese, aus dem bürgerlichen Wohnprogramm kommende Raumfolge bereits 1907 in seinem Wohnhaus Oud-Hartog in Purmerend (Abb. 85) sowie in der Folge in zahlreichen weiteren »bürgerlichen« Wohnhäusern. Hervorzuheben ist die Häuserzeile an einem Strandboulevard* (Abb. 148), eventuell Ferienappartments oder anspruchsvollere dreigeschossige Wohnungen, mit zwei exakt gleich großen Räumen und symmetrisch angeordneten Schränken beiderseits der Tür. Das Motiv trat auch in Ouds Arbeiterwohnungen auf, dort jedoch in reduzierter Form. Im Fall der 1919 entwickelten und in Block VIII* in Spangen erstmals realisierten Typenwohnungen (Abb. 189) ist dem Wohnraum ein kleiner, variabel als Eß- oder Schlafzimmer zu nutzender Raum zugeordnet. Da dieser jedoch aus der Mittelachse (Tür) gerückt wurde, bleibt das repräsentative symmetrische Raummotiv unvollständig. An Stelle der Schiebetür tritt zudem eine einfache Doppeltür. Die für den Woningdienst entworfenen Wohnungstypen mit Eckwohnung erhielten ebenfalls zwei unterschiedlich große, nun jedoch in einer Achse liegende Räume.[656] Die Erweiterung des Raumprogramms auf einen zweiten großen Wohnraum war sehr beliebt, wurde aus Kostengründen jedoch selten realisiert. Das Fehlen einer »mooie kamer« (Guten Stube) führte oft dazu, daß die Bewohner eines der Schlafzimmer umfunktionierten und damit die übrigen Schlafräume überbelegten.[657] Als Vorläufer von Ouds Lösung können die ab 1914 ausgeführten Wohnungen der Rotterdamer Gartenstadt Heyplaat gelten, die ebenfalls einen zweiten Wohnraum aufweisen und entsprechend als »kleine burgermanswoningen« (kleine Bürgerwohnungen) bezeichnet wurden.[658]

Im Gegensatz zu den Wohnräumen sind die Schlafzimmer generell auf ein Mindestmaß reduziert. Beispielhaft hierfür stehen die für zwei Personen vorgesehenen Schlafräume in den Behelfswohnungen unter einem Viadukt* mit 6,1 m², ein Schlafzimmer in der Häuserzeile mit Arbeiterwohnungen* von 4 m² und die Schlafräume im Erdgeschoß der Siedlung Oud-Mathenesse* von 4,6 m². Die größten Schlafzimmer sind das Elternschlafzimmer in den Stuttgarter Reihenhäusern* mit über 9 m². Durch die reduzierte Raumgröße sollte neben einer Minimierung der Grundfläche auch der ständige Aufenthalt in den Schlafräumen verhindert werden. Zur optimalen Ausnutzung der Räume verwendete Oud unterschiedlich große Betten, die sich in Länge und Breite den Raumproportionen anpassen mußten. In einigen Wohnungen wurden Kinderbetten eingeplant[659], Doppelbetten waren generell nicht vorgesehen.[660]

Auch die Küchen blieben auf das notwendigste beschränkt: »Wie bekannt ist, wurden die Küchen derartiger Wohnungen absichtlich klein gehalten, mehr als Koch- und Spülplatz behandelt, um zu verhindern, daß die große Stube ihrer eigentlichen Bestimmung entzogen und die Küche zum Wohnzimmer erhoben wird.«[661] Die kleinsten Küchen innerhalb von Ouds Bauten zeigt der Centraalbouw* mit nur 2 m² (Abb. 164). Um die Räume optisch zu vergrößern, wurde dort die Wand zum Flur geöffnet. Bei den kleinen Wohnungstypen in Leiderdorp (Abb. 64) und in den Normhäusern in Kiefhoek* wurde auf einen Herd verzichtet: »Die Küche ist Ausguß, Abtropfbrett, Schrank. Sie ist primitiv ausgestattet, weil die betreffenden Bewohner mittels ihres Kochherdes das Wohnzimmer zu gleicher Zeit zu heizen pflegen: die Küche ist deshalb mehr Spülraum.«[662] Den besser gestellten Bewohnern stand in Kiefhoek Gas zur Verfügung, ein Angebot, das aus Kostengründen jedoch nur von wenigen genutzt wurde. Trotz der extrem reduzierten Ausstattung plante Oud dort ein ausklappbares Bügelbrett und eine Durchreiche, zwei im Rahmen des Volkswoningbouw luxuriöse Einrichtungen, die beim Staat dementsprechend auf Ablehnung stießen.

In den Niederlanden wurden Konzeption und Einrichtung von Küchen seit Anfang der 1920er Jahre verstärkt diskutiert. Vor allem die 1912 gegründete Nederlandsche Vereeniging van Huisvrouwen NVH (Niederländische Hausfrauenvereinigung) war in dieser Zeit mit der Präsentation von Musterküchen, als Initiator von Ausstellungen und bei der Entwicklung der sogenannten »Holland-Küche« aktiv.[663] Oud selbst hatte sich 1921 anläßlich der Ausstellung für Wohnungseinrichtung im Amsterdamer Stedelijk Museum kritisch über die Sorglosigkeit der Architekten in bezug auf die Küchengestaltung geäußert.[664] Obwohl er vor allem in Kiefhoek* Interesse an der Küchengestaltung zeigte, hielt er sich weiterhin an die vom Woningdienst geforderte schlichte Spülküche. Erst 1927 entstand sein detailliert ausgearbeiteter Entwurf für die Stuttgarter Küchen* samt Ausstattung, die weitere Anschaffungen in Form von Küchenmöbeln und Beleuchtungskörpern überflüssig machte. Welche Bedeutung Oud seinem Entwurf beimaß, zeigt eine zusammen mit den Grundrissen publizierte Axonometrie des Raums (Abb. 315).[665] Im Rahmen seines Erläuterungsberichts wurden die Küche und ihre Ausstattung zudem ausführlich beschrieben.[666]

Ouds Engagement für die Stuttgarter Küche geht zu großen Teilen auf den Einfluß der Küchenspezialistin Erna Meyer (1890–1975) zurück. Meyer hatte sich bereits im Dezember 1925 auf Anraten von Bruno Taut mit Oud in Verbindung gesetzt.[667] 1926 war Meyers »Der neue Haushalt. Ein Wegweiser zu wirtschaftlicher Hausführung« erschienen und mit 30 Neudrucken in einem Jahr zum Bestseller avanciert.[668] Ausgangspunkt ihres Buches bildeten die Publikationen »The New Housekeeping. Efficiency Studies in Home Management« (1913) und »Household Engineering: Scientific Management in the Home« (1915) der Amerikanerin Christine Frederick, die Frederick Taylors Ideen der modernen Betriebsführung auf Haushalt und Küche übertrug.[669] Eine weitere Anregung bot die im Frankfurter Hochbauamt von Margarete Schütte-Lihotzky entwickelte und ab Mai 1926 realisierte »Frankfurter Küche« als erstes europäisches Beispiel einer nach Fredericks Vorstellungen konzipierten rationalen Arbeitsküche.[670] Die komplett eingerichtete Normküche orientierte sich an Schiffskombüsen und Speisewagen und beschränkte sich dabei auf eine Grundfläche von 3,44 x 1,87 m.

Auf Veranlassung der Ausstellungsleitung für die Weißenhofsiedlung erstellte Meyer 1926 die »Richtlinien für die Gestaltung der Küche«, die auf eine Reduzierung von Kosten, Zeitaufwand und Kraftanstrengung bei der Haushaltsführung zielten.[671] Meyer propagierte möglichst kurze Arbeitswege, die Anbringung der Gerätschaften am Ort ihrer Verwendung, eine gute Belichtung und geeignete Arbeitsplätze. Dem amerikanischen Modell nach Frederick stand Meyer kritisch gegenüber. Mit Blick auf die rückständige Haushaltsführung in Deutschland sprach sie sich gegen Küchenmaschinen und standardisierte Schränke zur Aufbewahrung von Konserven aus, die sich noch nicht in Europa durchgesetzt hatten. Auch die minimierte Frankfurter Küche schien ihr allein für Haushalte mit Küchenpersonal geeignet, da Platz für spielende Kinder oder Küchenhilfen fehlte. Die vom Wohnraum abgeschlossene Küche biete zudem keine Möglichkeit, die Kinder zu beaufsichtigen.[672]

Meyers Vorgaben folgend fällt die von Oud entwickelte Küche mit 3 x 3,23 m deutlich größer aus als die »Frankfurter Küche«. Entsprechend können dort auch die Mahlzeiten eingenommen und eine Küchenhilfe beschäftigt werden. Ouds Küche ist damit der traditionellen Wohnküche stark verwandt, die sowohl vom Woningdienst als auch von den fortschrittlichen deutschen Architekten abgelehnt wurde.[673] Auch in zahlreichen weiteren Punkten hielt sich Oud an Meyers Programm. Als zentraler Faktor wird dort die Beleuchtung von Anrichte, Herd und Spüle genannt. Da Schattenwurf durch die arbeitende Person vermieden werden solle, müsse künstliches Licht grundsätzlich verschiebbar angebracht sein. Oud entwarf daraufhin eine Lampe, die an einer

Schiene befestigt wurde und mit Hilfe eines langen Kabels horizontal bewegt werden konnte. Anders als in der »Frankfurter Küche« mit einer in der Mitte des Raumes verlaufenden Schiene befestigte Oud seine Lampe direkt über dem Arbeitstisch. Meyers Forderung nach einem begehbaren, nach außen belüfteten Speiseschrank wurde von Oud in Form eines schlichten Schrankes mit Gitter zur Außenwand umgesetzt. Auch dem Wunsch nach Klapptischen kam Oud in der Küche (Abb. 318) und der Waschküche nach. Insgesamt zeigt die Einrichtung zahlreiche Parallelen zur »Stuttgarter Kleinküche« von Meyer und Hilde Zimmermann, die wie Ouds Küche eine nahezu quadratische Grundfläche aufweist.[674] Von der minimierten »Frankfurter Küche« übernahm Oud dagegen nur Detaillösungen, wie den vom Flur aus zugänglichen Besenschrank (gegen Staubentwicklung in der Küche), die hygienische Hohlkehle der Schränke und den schwarz gefliesten Fußboden.[675]

Die direkte Umsetzung der »Richtlinien« und der enge persönliche Kontakt zu Oud sprechen für einen weitreichenden Einfluß Meyers auf dessen Küchenentwurf.[676] In Werner Graeffs Publikation über die Innenräume der Stuttgarter Musterwohnungen wird Meyer dagegen nur eine beratende Funktion zuerkannt.[677] Auch die Bildunterschriften der zahlreichen Publikationen beschränken sich auf Ouds Namen. Ausschlaggebend hierfür dürfte nicht zuletzt die betonte Zurückhaltung Meyers gewesen sein.[678] Aus dem erhaltenen Briefwechsel spricht dagegen, daß sie den Entwurf von Anfang an mit Oud diskutiert und die einzelnen Pläne durchgearbeitet hat.[679] Damit scheint Meyer über eine bloße Beratertätigkeit hinaus auch am Entwurf selbst beteiligt gewesen zu sein.

Nachdem Meyer am 10. Januar 1927 eine Zusammenarbeit vorgeschlagen hatte, äußerte sie sich bereits 14 Tage später zu den Plänen.[680] Hier wie in den folgenden Briefen analysiert sie ganz konkret einzelne Aspekte von Ouds Entwurf. Zunächst kritisiert sie den zu kleinen Windfang und schlägt vor, ihn in der Tiefe zu verdoppeln, um so an einer Wand Garderobenhaken anbringen zu können. Besucher könnten ihre Sachen bereits am Eingang ablegen, während für die Bewohner ein Platz im Treppenhaus vorzusehen sei. Als Ergänzung zu Ouds Entwurf plädiert sie für einen Schmutzausguß und einen nach außen entlüftbaren Speiseschrank, der die sitzende Tätigkeit an der Arbeitsplatte nicht behindern dürfe.[681] Oud realisierte sowohl den Schmutzausguß als auch den Speiseschrank, allein mit der Vergrößerung des Windfangs scheint er nicht einverstanden gewesen zu sein.[682] Anfang Februar plädierte Meyer für ein kleineres Wohnzimmerfenster, um – bei einem gleichzeitig verlängerten Windfang – einen von außen nicht einsehbaren Eßplatz zu gestalten: »Das Entree scheint mir unbedingt auch eine grössere *Breite* zu erfordern; es genügt ja auch, wenn das Zimmer 4 x 4 m wird.«[683] Gleichzeitig macht sie Oud darauf aufmerksam, daß die Durchreiche keine Möglichkeit zur Beaufsichtigung der Kinder biete. Auch dieser Punkt wurde in Form einer verschiebbaren Glasscheibe an der Durchreiche berücksichtigt.[684] Über das vorliegende Ergebnis äußerte sich Meyer schließlich begeistert: »Von den Einbauküchen ist eine der lehrreichsten wohl die im Block von J. J. P. Oud, Rotterdam.«[685] Auch die Zusammenarbeit mit Oud wertete sie positiv.[686] Oud seinerseits wird die Chance, eine anspruchsvolle moderne Küche realisieren zu können, sicherlich gerne ergriffen haben, vor allem, da die rationale Küche inzwischen zu einem zentralen Thema des Wohnungsbaus avanciert war.[687]

Mit den kleinen Wirtschaftshöfen der Stuttgarter Reihenhäuser* kam Oud zu einer ungewöhnlichen Lösung, die er im Entwurf für Blijdorp* wieder aufgriff. Die von einer hohen Mauer geschützten Höfe dienen der Warenanlieferung und zum Trocknen der Wäsche. Wie Karin Kirsch vermutet, geht die Idee hierzu auf ein Mißverständis von Oud zurück, der sich möglichst eng an die Vorgaben von Meyer halten wollte: »Beim Entwerfen des Typs habe ich versucht, den Vorschlägen der Hausfrauen Stuttgarts, Dr. Erna Meyer usw. – weil ich diese als Grundlage für sehr nötig und sehr wichtig halte – genau möglich [sic] Folge geleistet ... Dadurch bin ich dazu gekommen, den Nord-Garten so klein wie möglich zu machen als Raum und denselben nicht als Garten (zwecklos!) doch als Hof für Küche usw. zu gestalten.«[688] Hierfür kommt allein Meyers Forderung nach einem Arbeitsbalkon mit geschlossenem Mauerrand von nicht mehr als 3/4 m² in Frage: Offenbar hatte Oud den Dreiviertelmeter mit 3 x 4 m verwechselt.[689]

3.4. Orientierung

Bei den Arbeiterwohnungen für Vooruit (1911) liegt jeweils ein Wohnraum an der Straße, der andere an der Gartenseite, die Küchen orientieren sich wie üblich zum Garten. Dieselbe Anordnung findet sich bei späteren Entwürfen mit zwei Wohnräumen.[690] Im Fall nur eines Wohnraumes liegt dieser – der Tradition entsprechend – zunächst an der Straße: so bei den Wohnungen in Leiderdorp (Abb. 64), Block I und V* in Spangen und dem Centraalbouw*, bei dem Oud erstmals den gesamten Block entwarf.[691] Wie bei den folgenden Wohnblöcken wird die Ausrichtung der Wohnungen allein vom Verlauf der Blockfronten bestimmt, wobei einige der Wohnräume auch nach Nordosten weisen.

Die Wohnräume der Typenwohnungen von Block VIII* in Spangen, die als Prototyp für Block IX* und die Tusschendijkener Blöcke* herangezogen wurden, orientieren sich dagegen zum Innenhof. Allerdings waren den Wohnräumen im Erd- und ersten Obergeschoß kleinere, variabel als Eß- oder Schlafraum zu nutzende Räume angefügt, die ihrerseits zur Straße liegen. Damit bleibt bei einer Nutzung als zweiter Wohnraum die traditionelle Konstellation eines (wenn auch untergeordneten) Wohnraums zur Straße bestehen. Im Fall der Maisonnettes, die über keinen zweiten Wohnraum verfügen, wurden erstmals bei Oud die Wohnräume konsequent zum Innenhof orientiert. Die großen, den Wohnräumen zugeordneten Balkone befinden sich bei allen Wohnungen an der Hofseite (Abb. 188). Oud begründete diese neuartige Lösung mit einer Verlagerung des Wohnbereichs auf den Innenhof, wobei er bereits auf die Tusschendijkener Blöcke mit ihren aufwendig gestalteten Höfen (Abb. 203) verweist: »Bei späteren – jetzt in Ausführung befindlichen – Plänen, die im wesentlichen auf demselben Wohnungstypus basieren, wurde konsequenter nach der Ausrichtung des Wohnakzents auf den Innenhof an Stelle der Straße gestrebt ...«[692]. Die Konzentration des Wohnbereichs auf den Innenhof erklärte er mit den zur Verfügung stehenden Freiflächen, die für eine gute Belichtung und Belüftung notwendig waren: »Da in der Regel die Breite der Innenhöfe die Breite der Straßen erheblich übertrifft, sind die Wohnräume nicht an den Straßen, jedoch an den Innenhöfen situiert.«[693] Die Höfe selbst beschreibt Oud als Idylle: »Die Kinder spielen auf den Plätzen ... Die älteren Bewohner spazieren oder sitzen um die Rasenflächen herum. Jede Wohnung hat Aussicht auf dieses ruhige, fast ländlichen Charakter tragende Bild ...«[694]. In der Tat wurden die 25,6 m breiten Innenhöfe noch Jahre später als vorbildliche Lösung gelobt.[695]

Der Kontrast zwischen der Stadt und den ruhigen, abgeschlossenen Höfen war für Oud gleichzeitig Ausgangspunkt der architektonischen Lösung.[696] »Das Wohnen in der Stadt bedeutet die Eroberung der städtischen Betriebsamkeit (»bedrijf«): fordert Schutz gegen diese Betriebsamkeit. Dies praktisch und ästhetisch auszudrücken, war beim Entwerfen der hier reproduzierten Wohnblöcke beabsichtigt. Die Straße: die Betriebsamkeit; der Innenhof: das Wohnen. Beide streng getrennt und gegensätzlich im Charakter.«[697] Mit der Neuorientierung der Räume und der Umsetzung dieses Konzepts im architektonischen Entwurf schuf Oud einen vollkommen neuartigen Typus des städtischen Wohnblocks: Die Wohnräume präsentieren sich nicht mehr durch große Fenster und Balkone nach außen, sondern orientieren sich zum hellen, besser belüfteten und ruhigeren Innenhof. Die Straßenfront bleibt zum Schutz vor Lärm und Schmutz möglichst geschlossen und zeigt eine bewußt reduzierte Gestaltung (Abb. 200). Damit bestehen Parallelen zum römischen Wohnhaus mit seinen weitgehend fensterlosen Außenwänden und den zum Atrium geöffneten Wohnräumen. Bereits 1905 hatte Berlage in seinem Vortrag »Über die wahrscheinliche Entwicklung der Architektur« in Anlehnung an die antike Baukunst eine Orientierung der Wohnungen zum Hof vorausgesagt.[698]

Ouds Siedlung Oud-Mathenesse* wurde auf noch unbebautem Gebiet außerhalb der Stadt errichtet und forderte daher keine Abschottung der Wohnungen nach außen. Ganz traditionell orientieren sich die Wohnräume daher zur Straße bzw. zu den Plätzen. Im Gegensatz zu den Wohnblöcken in Spangen* und Tusschendijken* mit ihren breiten Innenhöfen sind die Gartenzonen hier zum Teil schmaler als die Straßen. Entsprechend hätte eine Orientierung auf die Gärten keine Verbesserung für die Belichtung der Wohnungen gebracht. Hinzu kommt, daß dort gerade die Straßen und Plätze als Gemeinschaftszone verstanden wurden, auf die sich die Haupträume öffnen sollten. Wiederum spielten die Himmelsrichtungen keine Rolle für die Ausrichtung der Wohnräume.

Im Gegensatz zu Oud-Mathenesse entstand die Siedlung Kiefhoek* in städtischem Gebiet. Obwohl hier durch rechtwinklig angeordnete kurze Häuserzeilen Hofsituationen angedeutet wurden, griff Oud nicht auf das Konzept der Wohnblöcke zurück. Dem traditionellen Schema folgend orientieren sich alle Wohnräume – unabhängig von der Himmelsrichtung – zur Straße. Anders als bei den städtischen Wohnblöcken handelt es sich dort jedoch nicht um stark befahrene Verkehrsstraßen, sondern um schmale Erschließungsstraßen innerhalb der Siedlung. Fensterbänder über die gesamte Breite der Häuser sollten (vor allem bei einer ungünstigen Ausrichtung) möglichst viel Licht in die Wohnungen bringen. Auch die Wohnräume in Hoek van Holland* sind zur Straße orientiert und erhielten – der Tradition folgend – im Obergeschoß einen großen repräsentativen Balkon. Auf diese Weise konnte dort eine Ausrichtung der Wohnräume nach Südwesten sowie für die Schlafräume und Küchen nach Nordosten gewährleistet werden. Die Reihenhäuser in der Weißenhofsiedlung*, Prototypen des Zeilenbaus, richten sich mit den Wohnräumen dagegen ganz bewußt zum Garten (hier im Südosten). Auch in Blijdorp* liegen die Wohnräume im Südosten zu den gemeinschaftlichen Grünanlagen, die Schlafzimmer im Nordwesten.

Wie auch Ouds Privathäuser zeigen, hatte eine Ausrichtung der Wohnräume nach Süden oder Westen keine Priorität. Entscheidend war vielmehr die Öffnung zum Garten. So sind die Haus Kallenbach* Musikraum und Eßzimmer als die beiden großen zentralen Wohnräume zum Garten gerichtet (Abb. 220), in diesem Fall nach Südosten und Nordosten. Auch beim Entwurf für ein Dreifamilienhaus in Brünn* liegen die Wohnräume und Gästezimmer zum Garten im Südosten (Abb. 334), ebenso beim Küsterhaus* in Kiefhoek (Abb. 341). Im Fall der Mädchen- und Diener- bzw. Chauffeurwohnungen war dagegen allein die Trennung von den Räumen der Herrschaft entscheidend, wofür sowohl im Haus Kallenbach als auch dem Dreifamilienhaus in Brünn und der Villa Johnson* (Abb. 350) ungünstige Lichtverhältnisse in Kauf genommen wurden.

3.5. Gemeinschaftsanlagen

Mit der Ausrichtung der Wohnräume zum Innenhof realisierte Oud in Spangen* und Tusschendijken* erstmals an Stelle von aneinandergereihten kleinen Privatgärten einheitlich gestaltete Gemeinschaftsanlagen (Abb. 193, 198). Gemeinschaftlich zu nutzende Grünanlagen existierten in Amsterdam seit J. E. van der Peks Wohnkomplex für die Baugenossenschaft Rochdale von 1911/12.[699] Allerdings bildeten Gemeinschaftsanlagen bei großen städtischen Wohnblöcken noch lange Zeit die Ausnahme. Auch Oud hatte Anfang 1918 bei Block I und V* in Spangen noch Privatgärten vorgesehen, während der Großteil der unregelmäßig geformten Innenhöfe für Schulen samt Schulhöfen genutzt wurde (Abb. 151, 161). Oud sprach sich im nachhinein kritisch über die Lage der Schulen aus, die aus städtebaulichen Gründen markante Plätze im Stadtbild besetzen sollten.[700] Den Wunsch nach einer besonderen Hofgestaltung äußerte er jedoch nicht.

Bereits für sein folgendes Projekt, den im September 1918 vorliegenden Entwurf des Centraalbouw*, war für den Innenhof eine Gemeinschaftsanlage vorgesehen (Abb. 165). Der schmale Hof wird der Länge nach in drei rechteckige, wohl als Rasenflächen gedachte Bereiche unterteilt. Die Zugänge an den Schmalseiten des Blocks führen jeweils zu einem freistehenden Treppenhaus, das in der Mitte einen Durchgang zum Garten frei läßt (Abb. 166). Hier gabelt sich der Weg und umläuft die gesamte Grünanlage. Die dreigeschossigen Hoffronten zeigen in den beiden unteren Geschossen Arkadengänge sowie im obersten Geschoß einen offenen Laufgang zur Erschließung der Wohnungen (Abb. 163). Die einheitlich gestalteten Hoffassaden treten im Gegensatz zu Block I und V* nicht mehr als »Rückseiten« in Erscheinung. Die Arkaden dienen als Regenschutz und können entsprechend den Galerien im gegenüberliegenden Superblock von Brinkman (Abb. 52) als Spielplatz genutzt werden.

An Stelle des Centraalbouw* von privater Seit und dem Woningdienst errichtete Block VIII* erhielt erstmals sich zum Hof öffnende Wohnräume. Da der Woningdienst nur eine Hälfte des Hofes beanspruchen konnte, mußte Oud auf eine einheitliche Hofgestaltung verzichten. Die Rücken an Rücken liegenden Privatgärten beider Gebäudeabschnitte werden durch einen schlichten Bretterzaun lieblos getrennt (Abb. 188). In Ouds Gebäudeteil erhielten alle Obergeschoßwohnungen einen breiten Balkon, wodurch sich im zweiten Obergeschoß mit den aneinandergereihten Maisonnettes eine durchgehende Balkonreihe über die gesamte Front erstreckt. Noch deutlicher als bei den Laubengängen des Centraalbouw zeigt sich hier der Wunsch nach einer repräsentativen Hoffassade.

Mit Block IX* konnte Oud erstmals einen ganzen Wohnblock nach seinem Entwurf realisieren. Im Gegensatz zum Centraalbouw*, bei dem keine Privatgärten vorgesehen waren, erhielten die Erdgeschoßwohnungen einen kleinen Garten, die Obergeschoßwohnungen Balkone. In der Mitte des Hofes blieb jedoch ausreichend Platz für eine Gemeinschaftsanlage (Abb. 193), für die eine mit Bäumen bepflanzte Rasenfläche geplant war.[701] Wie beim Entwurf des Centraalbouw wurde der Hof durch zwei Durchgänge an den Schmalseiten betreten. Diese weiten sich zu kleinen Freiflächen, von denen aus schmale kiesbedeckte Fußpfade um die Grünanlage herum führen.

Bei den Innenhöfen der Tusschendijkener Blöcke* (Abb. 198, 203) nahm Oud einige Veränderungen zur Aufwertung der Anlagen vor. So wurden die Fußpfade mit Basaltsteinen gepflastert, die Rasenflächen von einem Metallzaun eingefaßt und in jedem Hof ein Sandkasten angelegt. An Stelle der kleinen Schuppen in den Privatgärten traten vier L-förmige Schuppen in den Ecken des Hofes. Die beiden Schuppen zu Seiten der Hofzugänge wurden jeweils zu einem Tor verbunden (Abb. 209). Wie Oud 1923 schrieb, sollte mit Hilfe der aufwendigeren Ausstattung noch konsequenter als zuvor der Wohncharakter des Hofes betont werden.[702] Im Vergleich zum Amsterdamer Wohnungsbau sprach Gustav Adolf Platz hier von »Balkonterrassen«, die den Wohnhof wieder zu Ehren gebracht hätten.⁷⁰³ Auch heute noch läßt sich die einst euphorische Reaktion der Zeitgenossen – »Dieser Innenhof war für mich eine Offenbarung«⁷⁰⁴ – im einzigen erhaltenen und (nach Kriegszerstörung) ergänzten Wohnblock nachvollziehen (Abb. 204).

Den Spielplätzen kommt generell eine zentrale Stellung in Ouds Wohnkomplexen zu. Wie bei den Gemeinschaftsanlagen führte Oud hier eine Tradition der Stadt Amsterdam weiter, wo bereits 1879 und 1881 die ersten Plätze entstanden waren. 1902 wurde mit Unterstützung der Gemeinde ein »buurtspeeltuin« (Stadtteil-Spielplatz) angelegt, der das ganze Jahr über geöffnet war. Bis zum Sommer 1925 hatte die Stadt bereits 24 Spielplätze eingerichtet.⁷⁰⁵ Bei Oud zeigt erstmals die Arbeitersiedlung in Leiderdorp (Abb. 65) einen kleinen Spielplatz im Innern des zentralen Häuserkarrés. Es folgten die gemauerten Sandkästen in den Wohnblöcken in Tusschendijken* (Abb. 203), die nicht nur den Mittelpunkt der Innenhöfe bildeten, sondern mit zwei halbrunden Treppenanlagen auch aufwendig gestaltet waren. Wie die späteren Beispiele liegen die Sandkästen erhöht, um den Sand schnell trocknen zu lassen. In der Siedlung Oud-Mathenesse* diente das zentrale Damloperplein als Spielplatz, der von einer Mauer mit hölzernem Zaun eingefaßt wird (Abb. 239). Ein unausgeführter Entwurf im Oud-Archiv zeigt verschiedene Spielgeräte auf dem Platz. An den drei Zugängen wurden lange Bänke plaziert, die allein schmale Öffnungen an den Seiten freiließen. Auf diese Weise sollte verhindert werden, daß die Kinder direkt vom Platz auf die Straße laufen. In der für kinderreiche Familien errichteten Siedlung Kiefhoek*, in der zu Anfang 1.200 Kinder wohnten, konnte Oud zwei relativ große Spielplätze realisieren (Abb. 260).⁷⁰⁶ Am zentralen Eemstein wurde der Spielplatz durch zwei Rampen gegen die Straße abgeschlossen. Bei den Stuttgarter Bauten* war in der dreieckigen Freifläche am Pankokweg ein Bereich für Spielsand eingeplant. In einer früheren Entwurfsstufe hatte Oud für die Freifläche südlich des Fußgängerweges eine Grünanlage mit Sandkästen vorgschlagen (Abb. 309).⁷⁰⁷ Den Spielplätzen kmmt insgesamt eine bedeutende Stellung in der Gesamtkonzeption der Siedlungen zu: Das große Damloperplein diente (abgesehen von der zeitweisen Nutzung für den Wochenmarkt) in erster Linie als Spielplatz. In Kiefhoek lag der Spielplatz in Hoogeveens Entwurf noch am Rand der Siedlung (Abb. 74), während die beiden Plätze im ausgeführten Entwurf zwei Zentren der Siedlung ausbilden.

Dem allgemeinen Trend im sozialen Wohnungsbau folgend hatte Oud auch andere Gemeinschaftsanlagen für seine Wohnblöcke und Siedlungen geplant. Der Centraalbouw* sah verschiedene zentrale Einrichtungen wie eine Wäscherei, einen Trockenraum und eine *Waterstokerij* vor (Abb. 167). Eine Vielzahl von Ouds Wohnkomplexen erhielt Läden zur Versorgung der Bewohner.⁷⁰⁸ Darüber hinaus wurde in Kiefhoek eine *Waterstokerij* eingerichtet sowie im Zwischenbau in Hoek van Holland* eine Bibliothek (Abb. 247).

3.6. Haustypen und Erschließung

Oud verwendete im *Volkswoningbouw* meist gängige Haustypen wie das zweigeschossige Reihenhaus, den mehrgeschossigen städtischen Wohnblock und die mehrgeschossige Häuserzeile. Hinzu kamen jedoch abweichende Typen mit neuartigen bzw. ungewöhnlichen Erschließungsformen, die neben der Suche des *Woningdienst* nach neuen kostengünstigeren Lösungen auch für Ouds Experimentierfreude stehen.

Eine erste ungewöhnliche Lösung bilden die Maisonettewohnungen im dritten und vierten Geschoß von Block VIII* (Abb. 189) und IX* in Spangen und den Tusschendijkener Wohnblöcken*. Im eigentlichen Sinne bezeichnet die Maisonette eine sich über zwei oder mehr Ebenen erstreckende Wohneinheit, die auf eine spezifische Wohnatmosphäre mit einem zweigeschossigen Wohnbereich zielt.⁷⁰⁹ Bei Ouds Typus handelt es sich dagegen um einfache zweigeschossige Wohnungen mit schmalen Innentreppen zur Erschließung der oberen Geschosse.⁷¹⁰ Damit hatte Oud eigentlich zweigeschossige Reihenhäuser in seine Wohnblöcke integriert. Ausgangspunkt dieses Konzepts war laut Oud eine größtmögliche Reduzierung von Treppenwegen. An Stelle von weiteren eingeschossigen Wohnungen im dritten und vierten Geschoß wurden hierzu die tagsüber ungenutzten Schlafräume ins oberste Geschoß verlegt. Auf diese Weise blieb das dritte Geschoß ganz dem Wohnen vorbehalten. Da die Schlafräume zudem keine besondere Isolierung erforderten, bildete die Maisonnette gleichzeitig eine betont kostensparende Lösung.⁷¹¹

Für seine Häuserzeilen in Blijdorp* plante Oud in der endgültigen Entwurfsvariante drei Wohnetagen in den Obergeschossen und Wirtschaftsräume wie Wasch-, Trocken- und Fahrradräume im Erdgeschoß (Abb. 395). Die Trennung von Wohngeschossen und Wirtschaftsräumen war durchaus verbreitet, allerdings lagen letztere gewöhnlich im Dachgeschoß oder Keller. Indem Oud die Nutzräume ins Erdgeschoß verlagerte, wurden die Wohnungen über die Straße erhoben und waren damit besser gegen Schmutz und Verkehrslärm geschützt. Die etwa gleichzeitig entstandenen Entwürfe von Merkelbach, Karsten und Van Tijen für Häuserzeilen im Indische Buurt in Amsterdam zeigen erstaunliche Übereinstimmungen mit Ouds Entwurf, die wohl auf den engen Kontakt der De Opbouw-Mitglieder zurückzuführen sind. Die viergeschossigen Zeilen der drei Architekten nehmen ebenfalls drei Wohngeschosse sowie Nutzräume im Erdgeschoß auf, und auch die Anordnung der Räume und die Grundrißaufteilung sind ähnlich.⁷¹² Schließlich könnten auch die vielbeachteten Bauten Le Corbusiers Oud dazu inspiriert haben, die Wohnetagen über den Erdboden zu erheben.

Besonderes Interesse zeigte Oud an der Erschließung der Wohnungen bzw. der Konzeption der Treppenhäuser. In seinen ersten Wohnbauten für den *Woningdienst*, Block I und V* in Spangen, verwendete er eine Mischform der »Portiekwohnung« (ein gemeinsames Treppenhaus für alle Geschosse) und der in den Niederlanden bevorzugten Erschließung über private Haustüren an der Straße. So verfügen die Erdgeschoßwohnungen über eine eigene Eingangstür und einen eigenen Flur, während die beiden Wohnungen der Obergeschosse über eine gemeinsame Haustür und ein innenliegendes Treppenhaus zugänglich sind. Oud fand damit einen Kompromiß zwischen dem ökonomischen Gemeinschaftstreppenhaus und den auch aus hygienischen Gründen gewünschten Einzelzugängen.

Bei seinem Entwurf einer Häuserzeile mit Arbeiterwohnungen* erfand Oud ein besonderes Erschließungssystem, das nach eigenen Angaben vor allem ökonomischen Gesichtspunkten folgte.⁷¹³ Ein Eingang führt jeweils zu drei übereinanderliegenden Wohnungen, wobei zwei geschlossene Treppenläufe in einem Treppenhaus untergebracht sind. An Stelle eines Kompromisses versuchte Oud hier beiden Anforderungen (Hygiene und Wirtschaftlichkeit) gerecht zu werden: »Zwei Treppenkomplexe drehen sich ohne Raumverschwendung in entgegengesetzter Richtung schraubenförmig um die Trennmauer, so daß jedes Treppenhaus tatsächlich zwei eigenständige Treppenhäuser umfaßt, die vollkommen voneinander getrennt sind und ermöglichen, daß nicht mehr als drei Familien gemeinsam eine Treppe benutzen.«⁷¹⁴ Realisiert wurde eine entsprechende Lösung erst zehn Jahre später in einem Wohnkomplex der N. V. Maatschappij voor Modernen Woningbouw »Amsterdam« unter Direktor H. van Saane.⁷¹⁵

Der Entwurf des Centraalbouw* zeigt eine für den niederländischen Wohnungsbau vollkommen ungewöhnliche Erschließungsform.⁷¹⁶ In den beiden unteren Geschossen erstrecken sich an der Hofseite zwei Arkadengänge und ein offener Laufgang im obersten Geschoß, von denen aus die Wohnungen zugänglich sind (Abb. 163). Die Gänge werden über insgesamt sechs zentrale Treppen erschlossen. Zwei davon befinden sich als freistehende Treppenhäuser im Innenhof (Abb. 165). Auch die vier Aufgänge an den Längsseiten sind nur vom Hof aus zugänglich. Der für die Gemeinschaftseinrichtungen geplante Lift (Abb. 167) ist – im kommunalen Wohnungsbau dieser Zeit – ebenfalls ungewöhnlich. Bereits bei dem 1915 entstandenen Entwurf für ein Pflegeheim (Abb. 8) hatte Oud einen Lift vorgesehen, der hier allerdings durch die Bauaufgabe gerechtfertigt ist. Die Galerien des Centralbouw, die laut Plate eine Breite von 2 m einnehmen sollten, waren eventuell – worauf auch der geforderte »öffentliche Charakter« verweist – für eine Nutzung durch Lieferanten vorgesehen, die so ihre Wagen über die Lifte nach oben befördern konnten. Eine entsprechende Funktion hatten auch die Lifte und Galerien in dem unter Plates Regie entworfenen Superblock (Abb. 52).[717] Eine Erschließung über Galerien findet sich in zahlreichen historischen Gebäuden, beispielsweise den Innenhöfen von Renaissancebauten. Als Anstoß könnte auch Berlages Amsterdamer Börse gedient haben, wo im zentralen Börsensaal, der mit seiner Glasbedachung an einen offenen Hof erinnert, drei Arkadengänge übereinander liegen. Im Wohnungsbau wurde der Laubengang vor allem wegen der kostengünstigen Erschließung über gemeinschaftliche Treppen eingesetzt.

Wie Henk Engel darlegt, könnte der Centralbouw* von Wrights Francisco Terrace (1895) oder dessen Lexington Terrace (1909) Anregungen erhalten haben.[718] In der Tat wäre die langgestreckte Francisco Terrace in Chicago mit einer Galerie im Innenhof und Zugängen an den Schmalseiten als Vorbild denkbar (Abb. 75). Allerdings ist sie als zweigeschossiger Bau mit 23 Wohnungen im Obergeschoß weitaus kleiner als der dreigeschossige Centralbouw mit rund 60 Wohnungen pro Etage. Die Lexington Terrace (Abb. 76) setzt sich aus zwei ineinander gelegten Gevierten von Wohnbauten zusammen mit nur einem Hofzugang an der Längsseite. Die Wohnungen sind neben vier Treppen in den Hofecken über eine Vielzahl dezentralisierter Treppen zwischen den Wohnungen zugänglich. Die aus Einzelhäusern bestehende Lexington Terrace und der geschlossene Wohnblock des Centraalbouw bilden damit zwei grundsätzlich unterschiedliche Typen.

Bei Block VIII* in Spangen (Abb. 189) realisierte Oud zum ersten Mal den fortschrittlichen ökonomischen Typ eines Gemeinschaftstreppenhauses, das auf jeder Seite zwei Wohnungen erschließt (Zweispänner). Allein die Obergeschosse der Maisonnettes sind über innenliegende Treppen erreichbar. Entsprechend verhält es sich bei Block IX* und den Wohnblöcken in Tusschendijken*.

Beim Wohnhochhaus im zweiten Entwurf für die Volkshochschule* werden je zwei spiegelsymmetrisch angeordnete Wohnungen über Treppenhäuser an den Schmalseiten des Gebäudes erschlossen (Abb. 301). Auch hier wählte Oud einen Kompromiss zwischen einer ökonomischen Lösung und dem Versuch, die Anzahl der Treppenbenutzer auf wenige Personen zu beschränken. Bei den Häuserzeilen in Blijdorp* verwendete er die inzwischen gängige, kosten- und platzsparende Erschließung über Gemeinschaftstreppenhäuser für jeweils sechs Wohnungen.

Bei den übrigen Wohnbauten konzipierte Oud unterschiedliche Lösungen. Im Fall der Häuserzeilen in Hoek van Holland* griff er auf die traditionelle Erschließung mit separaten Zugängen für jede Wohnung zurück. Für die Obergeschoßwohnungen bedeutet dies, daß ein schmaler Treppenaufgang von der Eingangstüre direkt nach oben in die Wohnungen führt. Bei den Reihenhäusern in Kiefhoek* sind die in den Niederlanden untypischen Wendeltreppen (Abb. 266) hervorzuheben, die außerhalb des kommunalen Wohnungsbaus auch bei den Ladenwohnungen in Oud-Mathenesse* (Abb. 233), dem Café de Unie* (Abb. 257) und der Villa Johnson* auftreten.[719] Die Reihenhäuser der Weißenhofsiedlung* zeigen als Besonderheit eine doppelte Erschließung von der Straßenseite über den Wirtschaftshof und die Küche sowie von der Gartenseite direkt in den Wohnraum. Entsprechend sollte der Nordeingang von Lieferanten und Fahrradfahrern (Fahrradabstellraum im Hof), der Südeingang von Fußgängern genutzt werden.

3.7. Baumaterial und Konstruktion

Die modernen Wohnbauten von Oud werden vielfach mit neuen Baumaterialien, vor allem Beton, in Verbindung gebracht.[720] In Wirklichkeit schuf Oud erst 1927 mit den Stuttgarter Reihenhäusern* seine ersten Betonhäuser. Die frühen Wohnhäuser und die Wohnblöcke in Spangen* und Tusschendijken* sind traditionelle Backsteinbauten. Unabhängig hiervon beweisen einzelne in Beton ausgeführte Bauteile Ouds Interesse an dem Material. So wurden in Block VIII* und IX* in Spangen und in den Tusschendijkener Blöcken* die Treppen der Gemeinschaftstreppenhäuser in Beton gefertigt, eine Lösung, die bereits Van Goor 1914 bei seiner Typenwohnung I gefordert hatte.[721]

Bestärkt durch seine Kollegen in De Stijl setzte sich Oud auch in den folgenden Jahren mit dem Betonbau auseinander. Bereits in der ersten Ausgabe von »De Stijl« forderte er, daß sich die charakteristische Schönheit des modernen Baublocks in modernen Materialien äußern solle.[722] Sein gleichzeitig publizierter Entwurf für eine Häuserreihe an einem Strandboulevard* wurde entsprechend – trotz fehlender Angaben zum Material – als Be-

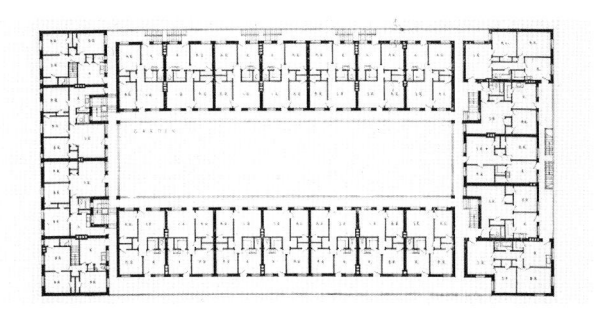

75. F. L. Wright, Francisco Terrace, Chicago, 1895, Grundriß OG

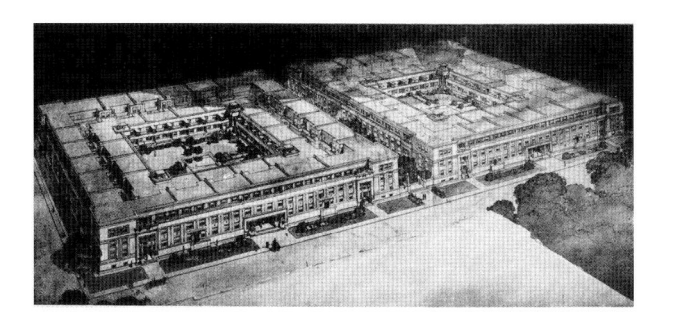

76 F. L. Wright, Lexington Terrace, Chicago, 1909, Perspektivzeichnung

tonbau gedeutet.⁷²³ Der erste mit Sicherheit in Beton geplante Bau war das im Mai 1919 in »De Stijl« publizierte Doppelhaus für Arbeiter*, bei dem Oud jedoch allein auf die künstlerischen Möglichkeiten des Materials einging: Die Bauaufgabe Wohnungsbau wurde weder explizit erwähnt, noch argumentierte Oud mit einer kosten- oder zeitsparenden Bauweise. Die an gleicher Stelle publizierte Häuserzeile mit Arbeiterwohnungen* sollte weißes Mauerwerk und Baudetails in den Primärfarben erhalten. Da der Entwurf nicht wie das Doppelhaus unter der Überschrift »Gewapend beton en bouwkunst« (Armierter Beton und Baukunst) erschien, war hier offenbar noch an einen traditionellen Backsteinbau gedacht. Mit dem Farbanstrich wandte sich Oud von dem für die Niederlande charakteristischen Sichtbackstein ab.⁷²⁴

Anfang 1920 unternahm Oud mit Wethouder Heijkoop und dem Direktor des *Woningdienst* eine Studienfahrt nach Deutschland, um die dortigen Betonbauten zu besichtigen.⁷²⁵ Im März reiste er weiter nach Großbritannien, wo er sich über die verschiedenen Techniken des Betonbaus informierte. In dem nach seiner Rückkehr verfaßten Bericht ging Oud erstmals konkret auf die Möglichkeiten des Betonbaus im kommunalen Wohnungsbau ein.⁷²⁶ Ausgangspunkt war die Erkenntnis, daß die Wohnungsnot mit den herkömmlichen Baumethoden nicht zu beheben sei. Sowohl der Mangel an geschulten Arbeitskräften als auch die hohen Materialpreise machten Experimente mit anderen Baumaterialien erforderlich.⁷²⁷ Die Realisierung von Betonbauten war Oud jedoch – zumindest im Rahmen seiner Arbeit beim *Woningdienst* – nicht vergönnt. Die für eine Dauer von 25 Jahren errichteten Einfamilienhäuser des »Witte Dorp«* forderten eine besonders preiswerte und leichte Bauweise. Experimente mit Beton waren (mit Ausnahme der Fundamentplatten) daher ausgeschlossen. Entsprechend wurden Dach und Boden aus Holz gefertigt, die Mauern bestanden aus einer Verbindung von Ijsselstein und Kalksandstein. Erstmals bei Oud sind die gesamten Außenwände oberhalb einer Backsteinplinthe verputzt und weiß gefaßt. Während der Verputz hier die kostengünstige Bauweise verbarg, wurde er im folgenden auch bei Backsteinbauten eingesetzt.

Die in Backstein errichteten Häuserzeilen in Hoek van Holland* erhielten als Besonderheit die bereits 1922 für Haus Kallenbach* geforderten metallenen und damit besonders schmalen Fensterrahmen. Daneben wurden – erstmals bei Oud – die Balkone an der Straßenseite wie auch die Vordächer und die Rundstützen der Läden als Eisenbetonkonstruktion errichtet. Bei den ebenfalls in traditionellen Materialien erbauten Häusern der Siedlung Kiefhoek* bestanden allein die Fundamentplatten, Träger und Schornsteinschächte aus Beton. Im Gegensatz zu den schlichten Einfamilienhäusern in Oud-Mathenesse suggerieren sowohl die Häuserzeilen in Hoek van Holland als auch die Reihenhäuser in Kiefhoek mit ihren Flachdächern, dem weißen Verputz und den breiten Fensterfronten bzw. Fensterbändern die Verwendung von Beton (Abb. 249, 262).⁷²⁸ In Hoek van Holland wurde dieser Eindruck noch bestärkt, die mit ihren großen gebogenen Fensterflächen und den von außen sichtbaren Innenstützen eine entsprechende Konstruktion für das gesamte Gebäude vortäuschen. Die Backsteinplinthen im Kontrast zu den verputzten Wandflächen zeigen dabei Ähnlichkeit mit den zeitgleich entstanden Rotterdamer Betonwohnungen des *Woningdienst*, deren Sockel zum Schutz vor Verschmutzung mit Wandplatten verblendet wurden. Entsprechend Van Loghems Betonbauten in Amsterdam Watergraafsmeer (1922/23) setzen sich bei den Reihenhäusern in Kiefhoek zudem die Fensterbänder plastisch von der Fassade ab.⁷²⁹

Wie die Entwurfsgeschichte zeigt, sollte Kiefhoek* ursprünglich in Beton errichtet werden. Bereits 1923 hatte Hoogeveen einen Entwurf für Betonbauten an Stelle der späteren Siedlung erstellt. Offenbar wurde Oud zwei Jahre später damit beauftragt, die Siedlung unter veränderten Vorgaben und in neuer Formensprache auszuführen. Nach Aussage von Oud sollten die massiven Mauern und die Treppen aus Beton gegossen und die Zwischendecken aus Betonhohlbalken gefertigt werden. Aus Kostengründen kam diese Konstruktion nicht zur Anwendung.⁷³⁰ Oud betonte später, daß die Mauern ohne Schwierigkeiten in Beton hätten ausgeführt werden können – »sie sind ganz leicht auch mittels einer Normalschalung in Beton herzustellen« –, eine Bauweise, die zudem vorteilhafter sei als der Steinbau: »Hoffentlich wird man bei einem späteren Bau dieses Typus einsehen, daß die anfänglich vorgeschlagenen Konstruktionen soviel praktische Vorteile haben, daß die etwas größeren Kosten zu verteidigen sind.«⁷³¹

Daß die Bauweise so kurzfristig geändert werden konnte, lag an den sowohl für Backstein wie auch für Beton konzipierten Bauplänen: »Um möglichst billig bauen zu können, wurden weiter die Häuser derartig entworfen, daß sie genau so gut in Beton wie in Backstein gebaut werden konnten; hieraus ergab sich die Unabhängigkeit von den wechselnden Preisen von Backstein und Beton«⁷³². Bereits 1924 hatte der beim *Woningdienst* angestellte Ingenieur A. H. Sweys gefordert, das Baumaterial im Einzelfall nach der aktuellen Preislage auszuwählen.⁷³³ Allerdings befürchtete Sweys hier negative Auswirkung auf die Gestaltung: »Ein Nachteil dabei ist, daß das Produkt architektonisch einen amphibischen [sic] Charakter haben wird, wodurch es weder in Beton noch in Backstein ganz befriedigen wird.«⁷³⁴

Auch die Häuserzeilen in Hoek van Holland* waren möglicherweise zunächst als Betonbauten geplant, womit sie sich – wie die Planung für Kiefhoek – in die Betonbauten des *Woningdienst* eingereiht hätten. Ratsmitglied Verheul, der schon im April 1920 gegen den Bau von Betonwohnungen durch die Gemeinde gestimmt hatte, sprach im September 1925 mit Blick auf Ouds Entwurf von einer »umständlichen und teuren Betonkonstruktion«, die er angesichts der finanziellen Situation nicht erproben wolle: »Ich habe keine Lust mit solch einer Bauweise in Hoek van Holland einen Versuch zu unternehmen, dafür sind die Zeiten zu schlecht.«⁷³⁵ Unklar ist, ob Verheul allein auf die Konstruktion der Läden anspielte, oder aber die Häuserzeilen in ihrer Gesamtheit meinte. Da die Wohnungen schließlich jedoch in Backstein ausgeführt wurden, könnte auch hier ein für beide Bauweisen geeigneter Entwurf vorgelegen haben.

Durch die bewußte Angleichung seiner Einfamilienhäuser an die Form von Betonbauten konnte Oud zwar den befürchteten »amphibischen« Charakter vermeiden, suggerierte nun jedoch eine andere Bauweise als sie tatsächlich vorlag. Entsprechend wurden die Wohnbauten in Hoek van Holland* und Kiefhoek* von Zeitgenossen meist als Betonbauten bezeichnet.⁷³⁶ Dies galt auch für Bekannte und Freunde von Oud. So behauptete Adolf Behne in der »Bauwelt«: »Die Häuser sind in Gußbeton errichtet.«⁷³⁷ Ouds Freund, der Kunstkritiker Jos de Gruyter, betonte, daß bei den Bauten in Hoek van Holland alle Möglichkeiten des Betons genutzt worden sein. Die Siedlung Kiefhoek bezeichnet er an selber Stelle als »weißes [›blank‹] und buntes Beton-Dorf«⁷³⁸. Auch Hitchcock verwies auf die neue Konstruktion der Häuserzeilen in Hoek van Holland: »pour la juste application des nouveaux principes constructifs et sociaux.«⁷³⁹ Oud selbst scheint dieses Mißverständnis nicht nur gewünscht, sondern auch aktiv gefördert zu haben. Über die Bauten in Hoek van Holland schrieb er 1928 in »Die Form«: «Die Konstruktion ist Beton mit Füllmaterial ...«⁷⁴⁰. Bis heute werden die Häuserzeilen in Hoek van Holland und die Siedlung Kiefhoek daher häufig als Betonbauten beschrieben.⁷⁴¹

Neben Beton plädierte Oud auch für die Erprobung anderer Konstruktions- und Fertigungsweisen. In seinen Erläuterungen zu Kiefhoek betonte er, daß die standardisierten Bauteile der Typenhäuser in der Fabrik vorfabriziert werden könnten. Durch das Ineinandergreifen würden Fahrlässigkeiten bei der Ausführung, die beim Massenbau üblicherweise vorkämen, verhindert.[742] Die Fassaden verstand Oud dabei als eigenständige Bauteile, die am Ende eines Bauprozesses als lose Platten vorgesetzt werden sollten.[743] Durch den Beschluß, die Fassaden als Hohlmauern zu errichten, wurde jedoch auch dieses Vorhaben fallengelassen. Mit der Beschränkung auf nur ein Typenhaus, den standardisierten Fenstern und Türen sowie der Möglichkeit, zwischen Backsteinbau und Betonbau zu wählen und Einzelteile in der Fabrik vorzuproduzieren hat Kiefhoek einen wichtigen Beitrag zur Industrialisierung des Wohnungsbaus geleistet. Eine Parallele bildet die 1926–28 ausgeführte Siedlung Törten in Dessau, bei der Gropius neben Versuchen mit Betonbausteinen eine Vorfertigung von Bauteilen durchsetzte. Im Gegensatz zu Törten wird Kiefhoek aufgrund der gewählten traditionellen Materialien jedoch gemeinhin jede Bedeutung für die Erprobung neuer Baumethoden abgesprochen.[744]

Bei seinen Wohnbauten in der Weißenhofsiedlung* konnte Oud (von einzelnen Bauteilen abgesehen) zum ersten Mal tatsächlich in Beton bauen. Auflage für die Architekten der Mustersiedlung, unter anderem unterstützt von der Reichsforschungsgesellschaft für Wirtschaftlichkeit im Bau- und Wohnungswesen, war die Erprobung neuer Bautechniken. Oud, der seine Häuser ursprünglich in Schwemmstein hatte errichten wollen, entschied sich aus Kostengründen für eine Ausführung in Gußbeton.[745] Er wählte das Betonbausystem der Bremer Firma Paul Kossel[746], das er bereits während seiner Studienreise 1920 kennengelernt hatte und mit dem in der Folge mehrere hundert Bauten in Rotterdam errichtet worden waren. Das Kossel-System sah Wände aus Leichtbeton mit Zwischenwänden aus Drahtziegeln sowie Decken und Böden aus Eisenbeton vor. Auch Treppen, Gartenmauer, Balkonplatten, Sitzbank, Windfang und das oberste Brett im Wohnzimmerregal wurden aus Beton gefertigt. Wie Oud hervorhob, kamen dabei sechs verschiedene Betonsorten zur Anwendung. Im nachhinein kritisierte er die Ungenauigkeit der Betonbauweise, vor allem die schlechte Ausführung der Innenräume.[747] Auch der Architekt vor Ort, Ouds Mitarbeiter Paul Meller, klagte: »Man fuscht [sic] herum und rettet!!!«[748]

Die Häuserzeilen in Blijdorp* hatte Oud als Stahlskelett geplant, eine zu dieser Zeit relativ neue Konstruktionsform, die entsprechend eine Begründung verlangte: »Bezüglich der Konstruktion des Wohnkomplexes ist anzumerken, daß eine derart rationale Einteilung, wie sie hier verfolgt wurde, allein durch eine Ausführung der Häuser als sogenannter Stahlskelettbau möglich ist. Dieses Bausystem … findet im Wohnungsbau in der letzten Zeit mehr und mehr Anwendung. Da es gegenüber Backstein eine Einsparung an Raum und Kosten einbringt (Erfahrungen der letzten Zeit weisen darauf hin, daß das Preisverhältnis zwischen beiden in Abhängigkeit von der Art der Aufgabe schwankt), scheint mir alles dafür zu sprechen, dieses System hier anzuwenden, da es die Gelegenheit bietet, einen Wohnungstypus zu schaffen, der in Backstein nicht – oder nur unter großen Schwierigkeiten – auszuführen ist und der, wie es mir scheint, eine reizvolle Wohnung liefert.«[749]

Insgesamt ist ein wachsendes Interesse Ouds an der Anwendung und Erprobung neuer Materialien festzustellen, das jedoch neben einer möglichst kostengünstigen Ausführung auch bauästhetische Gründe hatte. Prinzipiell besteht damit kein Unterschied zu seinen repräsentativeren Bauten. So wurden die unausgeführt gebliebenen Entwürfe der Rotterdamer Börse*, des Hotel Stiassny* und der zweite Entwurf der Volkshochschule* als moderne Skelettbauten geplant. Die 1929 errichtete Kirche* in Kiefhoek erhielt Stahlstützen zwischen den Backsteinschalen, die über Stahlträger das Dach tragen.

3.8. Zusammenfassung

Als besondere Errungenschaften von Oud zeigen sich eine im Volkswoningbouw bis dahin vorbildlose Systematik der Grundrisse, die Entwicklung von neuen Wohnungs-, Haus- und Blocktypen sowie das Experimentieren mit unterschiedlichen Erschließungsformen. Hinzu kam die grundsätzliche Neukonzeption des städtischen Wohnblocks durch die Orientierung der Wohnräume und Balkone auf den Innenhof. Kennzeichnend für die Bauten des Woningdienst sind die großen und repräsentativ gestalteten Wohnräume bei gleichzeitig möglich klein gehaltenen Schlafräumen und Küchen. Damit wurde den Bewohnern ein bestimmtes Wohnkonzept vorgegeben bzw. nahegelegt. So sollte die Küche nicht als Eßplatz, der Wohnraum nicht als zusätzliches Schlafzimmer genutzt werden. Charakteristisch sind zudem die zugunsten der Wohnfläche reduzierten Flure. Im Fall der Reihenhäuser in Kiefhoek* und Stuttgart* wurden den Wohnräumen an Stelle eines Flurs Windfänge auf minimaler Grundfläche eingestellt.

Die im Auftrag des Woningdienst entworfenen Wohnbauten sind nicht von Ouds sonstigem Werk zu trennen. Im Volkswoningbouw wie in den repräsentativeren Einzelbauten zeigt sich Ouds Vorliebe für Symmetrien, geometrische Formen und einfache Proportionen. Aus dem bürgerlichen Wohnungsbau wurden die symmetrisch gestalteten Raumwände, das Motiv der en suite liegenden und durch eine Doppeltür verbundenen Wohnräume sowie große Balkone und Fenstertüren übernommen. Im Gegenzug finden sich typisierte Grundrisse auch in Ouds privaten Einfamilienhäusern. Insgesamt wird durch die Gleichsetzung des Volkswoningbouw mit repräsentativen Bauten Ouds Wertschätzung dieser Bauaufgabe deutlich, die – trotz des in dieser Zeit zunehmenden Interesses am Siedlungsbau – keinesfalls selbstverständlich war.[750]

In den frühen, noch zu Ouds Lebzeiten entstandenen Publikationen wurden seinen Wohnbauten generell ästhetische und funktionale Qualitäten zugesprochen.[751] Eine Untersuchung der wohntechnischen bzw. funktionalen Lösungen erfolgte erstmals 1977 durch Ben Rebel.[752] Rebels Interesse an diesem Thema, das auch die Entstehungsbedingungen und die gesellschaftliche Bedeutung der Wohnbauten einschloß, steht im Kontext der 1970er Jahre und ihrer Befreiung von der Vorstellung des autonomen Kunstwerks. Ausgehend von einer Analyse der Werke folgert Rebel, daß Oud als Künstler-Architekt dem ästhetisch-kreativen Prozeß generell Vorrang vor funktionalen Aspekten eingeräumt habe.[753] Diese Gewichtung habe sich mit seiner Anstellung bei der Gemeinde noch verstärkt[754]: »Die wohntechnischen Qualitäten, geprüft an den Normen der Zeit, lassen im allgemeinen ein viel weniger günstiges Bild erkennen.«[755]

Rebels Kritikpunkte betreffen jedoch nur Einzellösungen oder Detailfragen. So bemängelt er die schlechte Zugänglichkeit einiger Zimmer aufgrund fehlender Flure, eine Lösung, die Oud zu Gunsten größerer Wohnräume bewußt gewählt hatte.[756] Die (zu) kleinen Rundfenster der Eckhäuser in Oud-Mathenesse*[757] sind in der Tat rein ästhetisch begründet, bleiben jedoch auf vier Häuser (mit größerem Raumprogramm) beschränkt. Im Zentrum seiner Kritik steht die – von ihm als Arbeiterwohnungsbau gedeutete – Häuserzeile an einem Strandboulevard*, bei der die Obergeschoßwohnungen nur über die Wohnungen im Erdgeschoß zugänglich sind und Räume von ungefähr 3,5 m² eingeplant waren.[758] Die zurücktretenden Wohnungen erhielten nur wenig Sonnenlicht, vor allem da sich in Anbetracht des Küstenverlaufs in den Niederlanden die Terrassenseite wohl nach Nord-Westen gerichtet hätte.[759] Da es sich hier um den Prototyp einer Häuserreihe ohne Bezugnahme auf ein konkretes Grundstück handelt, und auch die Nutzung der Wohnungen nicht geklärt ist, sind diese Argumente jedoch zu relativieren.[760] Auch Hans Oud nennt funktionale Mängel wie die unpraktischen Eckgrundrisse in Spangen* und Tusschendijken* sowie die schwer zugänglichen Balkone in Kiefhoek*.⁷⁶¹ Auch hier betreffen die Kritikpunkte jedoch nur einzelne, vom Normgrundriß abweichende Lösungen (Eckwohnungen). Die insgesamt sechs Balkone in Kiefhoek, die den Normhäusern angefügt wurden, hatten rein ästhetisch-städtebauliche Funktion und waren sogar zum Trocknen der Wäsche zu klein.

Ein insgesamt negatives Urteil über die wohntechnische Qualität von Ouds Bauten erscheint damit nicht berechtigt. Seine Wohnbauten zeigen durchweg klare, funktionale und raumsparende Lösungen. Die Entscheidung für traditionelle Materialien und die nach kurzer Zeit auftretenden Bauschäden⁷⁶² sind nicht Oud anzulasten. Mit der Orientierung der Wohnräume auf den Innenhof, den ungewöhnlichen Wohnungstypen (Maisonnettes, variabel zu nutzende Räume), Erschließungsformen (Laubengänge, gegenläufig drehende Treppen) und Funktionseinheiten (Gemeinschaftseinrichtungen, Wirtschaftshof) hat Oud zweifellos neue Lösungen für den Volkswoningbouw entwickelt und erprobt. Eine angemessene Würdigung dieser Leistung fand bislang jedoch nicht statt.⁷⁶³ Allein Hans Oud bemerkt: »... vor allem die originellen [›ingenieuze‹] Grundrisse ohne Raumverlust und die beharrliche Genauigkeit der Detaillierung waren Ouds Stärke.«⁷⁶⁴

4. Funktion und Gestaltung in Ouds Architektur

Ouds Ruhm als »Pionier der Moderne« gründet in erster Linie auf der künstlerischen Qualität seiner Bauten. Im Hinblick auf die zwischen 1918 und 1931 bestimmende Bauaufgabe Volkswoningbouw mit ihrer Forderung nach einem kostengünstigen Bauen auf minimierter Grundfläche stellt sich hier die Frage nach dem Verhältnis von funktionalen und formal-ästhetischen Faktoren.

Interessant ist vor allem die Zeit seiner aktiven Mitarbeit in De Stijl. Wie dargelegt, zeigen die Wohnbauten dieser Jahre trotz der Verwendung von Wohnungstypen und einer betont sparsamen Ausstattung formale Elemente, die dem Einfluß von De Stijl zuzuschreiben sind.⁷⁶⁵ Auch in seinen Aufsätzen in »De Stijl«, die parallel zum Bau der Spangener Wohnblöcke* erschienen, verband Oud Themen des Massenwohnungsbaus mit der progressiven Ästhetik der Avantgardegruppe. Anfangs standen der Betonbau sowie die Normierung und maschinelle Fertigung ausschließlich für eine neue, progressive Formensprache: In der ersten Ausgabe vom Oktober 1917 und damit vor Ouds Anstellung beim Woningdienst setzte er sich für den Wohnblock an Stelle von Einzelhäusern und die Verwendung moderner Materialien im Wohnungsbau ein, wobei er als Begründung ein einheitliches Stadtbild und das »rhythmische Spiel von Fläche und Masse« nannte.⁷⁶⁶ Noch im selben Jahr folgte ein Plädoyer für die maschinelle Fertigung von Bauteilen, und auch hier werden in erster Linie künstlerische Aspekte angeführt.⁷⁶⁷ Im Frühjahr 1918, das heißt zu Beginn seiner Tätigkeit beim Woningdienst, sprach sich Oud für die Normierung im kommunalen Wohnungsbau aus und formulierte dabei sein Diktum eines funktionalen Hauses als Voraussetzung für den neuen Baustil: »Für die Entwicklung eines architektonischen Stils ist daher ein *gutes* Haus (im Sinne von technisch und praktisch rein) wichtiger als ein *schönes* Haus.«⁷⁶⁸ Ein Jahr später plädierte er für eine geschlossene Straßenbebauung, die Wiederholung von Bauteilen als Folge der Normierung und eine systematisch-konstruktive Struktur der Bauten. Neben der neuen Formgebung forderte Oud hier erstmals explizit ein ökonomischeres und schnelleres Bauen.⁷⁶⁹ Bei dem an gleicher Stelle publizierten Entwurf einer Häuserzeile mit Arbeiterwohnungen* wurden entsprechend die funktionalen Aspekte betont.⁷⁷⁰

Innerhalb der »De Stijl«-Artikel ist somit in einem Zeitraum von wenig mehr als eineinhalb Jahren ein grundlegender Wandel in der Gewichtung von funktionalen und gestalterisch-formalen Aspekten zu beobachten: Bereits kurz nach Antritt seiner Stellung beim Woningdienst ging Oud von der rein ästhetischen Orientierung der frühen Schriften ab und forderte eine auf Funktion, Konstruktion und Wirtschaftlichkeit basierende Gestaltung. Ein Jahr später formulierte er die These einer »organischen Gestaltungsform«, die eine Ableitung der Architekturform von den funktional-technischen Faktoren beschreibt.⁷⁷¹ Auch für den Volkswoningbouw bedeutete dies eine Verbindung der funktionalen und gestalterischen Faktoren: »Die Aufgabe wird nach dem Krieg sein: im kleinsten Raum die größte Bequemlichkeit in reinster ästhetischer Gestaltung zu schaffen.«⁷⁷² Entsprechend wandte sich Oud in seinem Architekturprogramm (1921) gegen das Primat der Formgebung im Wohnungsbau: »Es stellt sich die Baukunst nicht mehr als Ziel, die wünschenswerteste Art des Beherbergens in schöner Form zu verkörpern, sie opfert dagegen alles und alle einer von vornherein festgestellten Schönheitsanschauung ...«⁷⁷³. Grundsätzlich solle die Funktion am Anfang eines Entwurfs stehen, während die Formgebung den eigentlichen künstlerischen Beitrag liefere. In seinen Aphorismen (1924) formulierte Oud: »Ich sehne mich nach einer Wohnung, welche alle Anforderungen meiner Bequemlichkeit befriedigt, doch ein Haus ist mir mehr als eine Wohnmaschine.«⁷⁷⁴ Die Ablehnung von Le Corbusiers »Wohnmaschine« basiert (wie bei zahlreichen Zeitgenossen) auf dem Mißverständnis einer rein funktionalen Lösung ohne Beachtung der ästhetischen und sozialen Kriterien: »... für mich ist das Rationale nur Ausgangspunkt (ganz gewissenhaft [sic], doch nur Ausgangspunkt) Funktion und Form sind in stetiger Wechselwirkung und so entsteht der Bau. Warum sollte ich es leugnen, das [sic] ich dieses Fenster in diesem Raum schön finde. Ich pfeife auf die reine Funktion ohne Form: auch auf die Wohnmaschine!«⁷⁷⁵

Oud zufolge gründen seine Bauten auf der jeweiligen funktional-technischen Lösung und werden in einem zweiten Schritt zum ästhetisch hochwertigen Kunstwerk erhoben. Das tatsächliche Verhältnis von Konstruktion und Gestaltung widerlegt jedoch eine derartige Vorgehensweise: So entwickelte Oud mit den Wohnzeilen in Hoek van Holland* und der Siedlung Kiefhoek* zwar eine den neuen Bautechniken und Materialien gemäße Formensprache (homogene Wandflächen, große Glasfronten, freistehenden Stützen), realisierte beide Wohnkomplexe jedoch in Backstein.⁷⁷⁶ Der Formensprache dieser Bauten kam daher – unabhängig vom tatsächlich verwendeten Material – vor allem ein künstlerisch-ästhetischer Wert zu.⁷⁷⁷ Dasselbe gilt für die Typisierung von Bauelementen, die ein grundsätzliches gestalterisches Anliegen von Oud war und daher auch bei repräsentativen Bauten auftrat.⁷⁷⁸ Generell wurde die Typisierung in Form seriell aneinandergereihter bzw. gespiegelter oder zu Gruppen verbundener Bauteile und Grundrißpartien sinnfällig. Auch die Siedlungen, bei denen Oud ein Typenhaus in großer Anzahl vervielfältigt und zu langen Häuserzeilen verbunden hat, unterliegen diesem Prinzip. Um den Haustypus sichtbar zu machen, wurde ganz bewußt jeweils ein Haus isoliert gestellt: Auch hier war die Typisierung nicht nur ökonomische Notwendigkeit, sondern sollte auch als künstlerisches Prinzip erfahrbar sein. In Oud-Mathenesse* befand sich das freistehende Typenhaus an der Schnittstelle von Karveel- und Boomstraat (Abb. 230)⁷⁷⁹ und damit an prominenter Stelle auf der Spiegelachse der symmetrischen Gesamtanlage. In der Siedlung Kiefhoek* wurde Vergleichbares bei den vier Einzelhäu-

sern für Großfamilien erreicht, die aus freistehenden Typenhäusern mit zwei niedrigen flankierenden Kuben bestehen (Abb. 37).
Im Fall der Stuttgarter Reihenhäuser* hatte Oud ein sechstes, isoliert stehendes Haus rechtwinklig zu der Häuserreihe vorgeschlagen (Abb. 309). Die einzelnen Häuser werden dort zudem durch die schwarzen Dachkanten hervorgehoben, die aufgrund des Geländeabfalls eine Höhenverschiebung von 15 cm zeigen.[780] Generell bleiben bei den Typenhäusern der Siedlungen in Oud-Mathenesse* und Kiefhoek* sowie in der Weißenhofsiedlung* die Seitenwände auch an den Zeilenenden geschlossen. Damit wird nicht nur der Haustypus sichtbar gemacht, sondern auch auf die prinzipielle Fortsetzbarkeit der Zeilen verwiesen.

Einen Sonderfall bildet der 1917 publizierte Entwurf für eine Häuserzeile an einem Strandboulevard*, der mit seinen versetzt hinter- und übereinander gestaffelten Quadern eine Komposition identischer Typenwohnungen suggeriert. So berichtete Van Doesburg in seiner Erläuterung in »De Stijl«: »Das Äußere ist Ausdruck des Inneren ...«[781]. Noch in den 1960er Jahren wurde gelobt, die Fassade sei »eine treue Wiederspiegelung dessen, was an Räumen vorgesehen war.«[782] In Wirklichkeit sind die Wohnungen (oder Wohneinheiten) jedoch unterschiedlich groß und beanspruchen jeweils einen sowie Teile des angrenzenden Quaders. Erstmals war damit das ästhetische Prinzip der Typisierung wichtiger als die tatsächliche Verwendung von Wohnungstypen.

Ein nicht nur ökonomisches, sondern auch ästhetisches Interesse an der Typenbildung zeigen auch die 1918 für den *Woningdienst* entworfenen Wohnungstypen von Block I und V* in Spangen. Die Grundrißtypen basieren auf einem Grundriß von C. N. van Goor, jedoch mit einer abweichenden Anordnung der Schornsteine, Fenster und Schränke.[783] Als Grund nannte Oud eine regelmäßigere Gestaltung des Außen- und Innenbaus als Grundlage einer von ihm geforderten gleichförmigen Straßenwand.[784] Entsprechend entwickelte Oud bei Block VIII* eine standardisierte Fenstergröße, die als Basiselement für verschiedene Fensterkombinationen dienen sollte. Auf diese Fensterformate griff Oud auch in Block IX* und den Wohnblöcken in Tusschendijken* zurück. Damit fand Oud zu einem generell verwendbaren Fenstertypus, der nicht mehr nur die Fassaden eines Gebäudes, sondern das Bild einer ganzen Straße bestimmen konnte. Neben der Kosteneinsparung (Anfertigung identischer Fenster in großer Stückzahl) und dem reduzierten Entwurfsaufwand gibt sich die Ökonomie der Mittel hier wiederum als ein übergeordnetes Ziel zu erkennen, das unabhängig von der Bauaufgabe seinen künstlerischen Ausdruck suchte.

Der Vergleich mit zeitgenössischen Wohnbauten zeigt, daß auch die für Oud charakteristische Grundrißsystematik über das funktional notwendige Maß hinausging. Ben Rebel weist auf die Parallelen zwischen den Typenhäusern in Kiefhoek* und einem 1917/18 entworfenen Reihenhaus De Bazels für Bussum.[785] Ouds Grundriß erscheint im Gegensatz zu De Bazels jedoch weniger kleinteilig und deutlich klarer gegliedert. Während bei De Bazel das Obergeschoß asymmetrisch unterteilt ist und unterschiedlich große Räume aufweist, zeigt Ouds Entwurf eine symmetrische Gliederung auf Grundlage zweier rechtwinkliger Spiegelachsen. Bestimmend für Ouds Typenwohnung ist darüber hinaus der ästhetische Raumeindruck mit klar gegliederten, hellen Zimmern. Während in Kiefhoek Vorder- und Rückfront der Obergeschosse in ganzer Breite durchfenstert sind, findet sich an der Rückseite von De Bazels Haus nur ein einziges kleines Fenster; abgesehen von der unbelichteten Treppe wird das Podest zudem über dem Treppenlauf durch einen Schrank und die Toilette verstellt. Im Gegensatz hierzu erhielt Ouds Elternschlafzimmer ein zweites Fenster zur Treppe (Abb. 272), wodurch der kleine Raum von zwei großen, rechtwinklig aneinanderstoßenden Fensterflächen belichtet wird.[786]

Ähnliches läßt sich im Fall der kleinen, von einer Mauer eingefaßten Wirtschaftshöfe der Stuttgarter Reihenhäuser* beobachten.[787] Richard Pommer und Christian F. Otto sehen hier einen Einfluß englischer Wohnbauten des 19. Jahrhunderts, bei denen die Küchen ebenfalls über kleine Hinterhöfe erschlossen werden.[788] Allerdings zeigen diese Bauten mit ihren formal untergeordneten Hofwänden keine mit Ouds Reihenhäusern vergleichbare Lösung. Bei Oud bilden die Wirtschaftshöfe das bestimmende Gestaltungsmittel der Straßenfront, wobei in Verbindung mit den Anbauten ein Wechsel von geschlossenen und »offenen« Kuben (Höfe) entsteht. Weitaus größere Übereinstimmungen bestehen daher mit Le Corbusiers Entwurf für Betonbauten in Troyes (1919)[789], die ebenfalls einen die Straßenfront bestimmenden Wechsel von Gartenmauer und hohen Kuben zeigen. Damit schloß sich Oud weniger den typologischen Vorläufern seiner Höfe (englische Wohnbauten) an, als einem aus gestalterischen Gründen zum Vorbild gewählten Entwurf eines Zeitgenossen.[790]

5. Die soziale Komponente in Ouds Wohnbauten

Den Rotterdamer Wohnbauten wurden von Ouds Zeitgenossen besondere soziale Qualitäten zugesprochen. 1929 formulierten Helena und Szymon Syrkus den Begriff der »menschlichen Siedlung« («colonies humaines») für Ouds Wohnanlagen.[791] Giulia Veronesi bemerkte zur Siedlung Kiefhoek*: »E che una simile semplice bellezza definisca abitazioni operaie dimostra come in essa l'architetto abbia finalmente risolto anche il dato sociale«[792], während Karel Wiekart auf die Spielplätze und Läden des »Witte Dorp« verwies.[793]

In den 1970er Jahren wurden Ouds Wohnbauten verstärkt unter gesellschaftspolitischen Aspekten betrachtet. Laut Ben Rebel habe sich Oud nur in einer kurzen Zeitspanne seines Lebens mit dem Wohnungsbau beschäftigt[794], wobei den funktionalen und gesellschaftlichen Fragen generell weniger Beachtung geschenkt wurde als den gestalterischen[795]: »Verglichen mit einer Anzahl Kollegen aus der Rotterdamer Vereinigung ›Opbouw‹ schien Oud eine farblose Figur zu sein, die sich in keiner Weise über die Rolle der Architektur in der Gesellschaft auslassen wollte.«[796] Ouds ablehnende Haltung gegen jede Vermischung von Architektur und Politik habe zu seinem Austritt aus De Opbouw geführt: »Er zog sich jedesmal zurück wenn er auch nur vermutete, daß es sich um eine (linke) politische Einstellung handelte.«[797] Ouds politisches Weltbild schätzt Rebel als konservativ ein, da er im Gegensatz zu seinen sozialistischen Kollegen keine gesellschaftlichen Veränderungen propagierte.[798] Hans Oud bestätigt, daß sein Vater mit der Stellung beim *Woningdienst* allein dem Militärdienst habe entgehen wollen, sich dann aber ernsthaft mit dem *Volkswoningbouw* auseinandergesetzt habe. Während sich Rebel weitgehend auf wohntechnische Aspekte konzentriert, geht Hans Oud auch auf die Wohnqualität, das Angebot an Gemeinschaftseinrichtungen, die Mieterstruktur und die Identifikation der Bewohner mit »ihren« Häusern ein. Dabei schließt er erstmals emotionale Faktoren in die Bewertung ein: »Die Atmosphäre die dort herrschen muß sicherlich mit zu den sozialen Errungenschaften gerechnet werden ...«[799]. Als wichtigen Punkt nennt er die architektonische Gestaltung, die sich auf das Wohlbefinden und die Identifikation der Bewohner auswirke.

Das Bild eines Architekten mit primär ästhetischen Interessen findet sich bis heute.[800] Auch seinen Schriften werden gesellschaftspolitische und soziale Themen gemeinhin abgesprochen.⁸⁰¹ Ouds Abneigung gegen politische Stellungnahmen betraf jedoch vor allem tagespolitische Fragen: »Da bei mir die Überzeugung stets stärker wird, daß zeitweilige politische Strömungen von geringer Bedeutung für die Entwicklung der Idee sind, für die ich selbst in meinem Werk aufkomme, während eine Berührung mit einer von diesen Strömungen dagegen fortwährend unnötig der Entwicklung zu schaden scheint, die ich auf meinem Gebiet zu fördern wünsche, habe ich mir heilig vorgenommen, jeden direkten oder indirekten Kontakt mit tagespolitischen Ideen zu meiden.«⁸⁰² Entsprechend wehrte er sich gegen eine parteipolitische Inanspruchnahme: »Es wäre mir persönlich nämlich sehr unangenehm, in ein politisches Bündnis gesteckt zu werden oder unbemerkt in etwas hineinzugeraten, wofür ich nichts fühle … ich fühle letztendlich nichts, für welche Partei auch immer.«⁸⁰³ Soziale Aspekte seiner Bauten werden in seinen Schriften dagegen häufig thematisiert. So begründete er die Ausrichtung der Wohnräume zum Innenhof durch die Ruhe und Abgeschlossenheit gegenüber der Stadt, betonte die gleichmäßige Verteilung kinderreicher Familien in seinen Wohnblöcken, erwähnte die Aufstellung von Bänken für alte Menschen und die Einbindung von Spielplätzen und sprach der Farbgebung seiner Bauten eine freundlich-belebende Wirkung zu. Aber auch prinzipielle Überlegungen zum sozialen Stellenwert der Wohnung und der Wohnumgebung werden wiederholt angestellt. So vertrat Oud in seiner Schrift »Erziehung zur Architektur« (1925) die These, daß die gebaute Umgebung maßgeblich auf das sittliche Verhalten der Bewohner einwirke: »Sobald die materielle Not beseitigt oder wenigstens gemildert ist, wird der Mensch für die Aufnahme geistiger Eindrücke empfänglich. Als Vermittlerin dieser Eindrücke ist die Architektur von großer Bedeutung.«⁸⁰⁴ Nach Meinung von Oud werde der Mensch in dem selben Maße sittlich erhoben, als die Architektur erhaben ist. Ausgangspunkt der architektonischen Konzeption sollten die Anforderungen des täglichen Lebens sein: »Eine Baukunst, die die Bedürfnisse des menschlichen Daseins ohne Vorurteile anerkennt und sie auf gesunde und klare Weise befriedigt, wird zweifellos für die Erziehung des Menschen von höchster Bedeutung sein und ihm den Sinn des Lebens schneller und eindringlicher erschließen als alle gutgemeinten Vortragsabende.«⁸⁰⁵ Eine qualitätvolle und sorgfältig ausgeführte Architektur erzeuge generell den Wunsch, diesen Zustand auch zu erhalten: »… nun die Wände sauber waren, entstand von selbst das Bedürfnis, sie auch sauber zu erhalten, weil nun Unsauberkeit mehr als früher störte.«⁸⁰⁶ Ein harmonisches Familienleben in gepflegten Wohnungen sei daher auch über die architektonische Qualität der Bauten zu erreichen. So habe die gleichwertige Gestaltung beider Hausfassaden zur Folge, daß die bisher als Rückseite verstandene Hof- oder Gartenfront ebenso geschätzt und entsprechend behandelt werde. Auch der bereits beim Einzug angelegte Garten erhalte mehr Pflege als der unkultivierte. Durch Beseitigung der trennenden Bretterwände und die sich so ergebende Einsicht in die Gärten entstünde zudem eine soziale Kontrolle unter den Bewohnern. Im Innenraum verhinderten Bilderleisten eine willkürliche Anordnung von Bildern sowie die Beschädigungen der Wände durch Nägel.

Mit dem Glauben an eine direkte Einflußmöglichkeit der Architektur sprach Oud – wie zahlreiche seiner Kollegen – dem Architekten eine zentrale gesellschaftliche Aufgabe zu. Seine sozialpolitischen Vorstellungen standen in Übereinstimmung mit den Zielen des *Woningdienst*, der für die einkommensschwache Bevölkerung geordnete Familienverhältnisse, eine Verbundenheit mit ihren Häusern und damit deren Seßhaftigkeit anstrebte.⁸⁰⁷ Entscheidend ist, daß Oud die sozial-funktionalen Aspekte nicht von der formalen Frage trennte. Die qualitätvolle, Ordnung repräsentierende Gestaltung und sorgfältige Ausführung seiner Wohnbauten war vielmehr Teil des Erziehungsprogramms und erhält damit – in einem weiteren Sinn – funktionale Bedeutung. In einigen Fällen wurde die Ästhetik (in ihrer erzieherisch-sozialen Aufgabe) auch über den konkret praktischen Nutzen gestellt. So mußten die Bewohner der Tusschendijkener Blöcke* auf einen privaten, »die Aussicht verstellenden Schuppen« in ihren Gärten verzichten.⁸⁰⁸ Betroffen waren auch die Spielplätze in Kiefhoek*, bei denen sich Ouds Hoffnung, durch Ausweisung von Spielbereichen die übrigen Grünanlagen gegen Beschädigungen zu schützen, nicht erfüllt hatte. Oud entschied somit, die Spielplätze durch 1,5 m hohe Zäune und Stacheldraht abzugrenzen. Zudem wurde ein Wachdienst eingestellt, der die Spielplätze nur noch zu bestimmten Zeiten unter Aufsicht zur Verfügung stellte: »Die Praxis hat inzwischen bereits gezeigt, daß die gute Absicht, welche bei der Anlage dieser Spielplätze bestand, nicht erfüllt wurde. Direkte oder indirekte Verbindung des Spielterrains mit der Straße, was mir so verlockend schien, ist hier unerwünscht. Die Kinder holen den Spielsand von den Plätzen auf die Straße und wimmeln wie Ameisen überall herum, ohne daß noch zu unterscheiden wäre, was Straße und was Spielterrain ist. Das Resultat wird nun sein, daß die Spielterrains vom Bond van Lichamelijke Opvoeding in Gewahr genommen werden und nur zu bestimmten Zeiten den Kindern zur Verfügung gestellt werden sollen.«⁸⁰⁹ Die ästhetische Beeinträchtigung durch Zaun und Stacheldraht wurde zwar bedauert – »Die 1,5 m hohe Abtrennung mit Zäunen und Stacheldraht … wird inzwischen die Sache äußerlich nicht anziehender machen«⁸¹⁰ –, aber für ein ordentliches Erscheinungsbild in Kauf genommen. Dieses und die ihm zugeschriebene soziale Bedeutung wog mehr als die Tatsache, daß in einer Siedlung für kinderreiche Familien (mit zu Anfang 1.200 Kindern) nur zu bestimmten Zeiten die Spielflächen genutzt werden konnten.

Zweifelte Oud an der Achtung und Erhaltung seiner Architektur, erhielten die Gebäude bzw. Anlagen entsprechende Schutzvorrichtungen. So wurden die Rasenflächen in den Innenhöfen der Tusschendijkener Blöcke* mit Metallzäunen eingefaßt (Abb. 203), während die Gartenmauern in Kiefhoek* durch Eisengitter verstärkt sind (Abb. 37).⁸¹¹ In Kiefhoek* wollte Oud den Blick in die Gärten möglichst verdecken: »Da bei betreffendem Komplex nicht erwartet werden kann, daß die Gärten an der Rückseite so hübsch aussehen werden, wie man es wünschen sollte – auch wenn natürlich alles dafür getan wird! – wurden die Rückseiten so weit als möglich verdeckt. Deshalb wurden in die ›Kleine Lindtstraat‹ zwischen den Blöcken noch einzelne Häuser des Normaltypus mit Anbauten gesetzt.«⁸¹² Ein zentrales Thema war daher auch das Aufhängen der Wäsche, das Oud – wie zahlreiche andere Architekten dieser Zeit – als negativ für das Erscheinungsbild der Bauten bewertete. Für die Häuserzeilen in Hoek van Holland* wurde das Trocknen der Wäsche auf den großen, nach Südwesten orientierten Balkonen verboten.⁸¹³ Bei den Stuttgarter Reihenhäusern* sorgten die ummauerten Wirtschaftshöfe (Abb. 313) für »einen sauberen Anblick von außen«.⁸¹⁴ In Blijdorp* hatte Oud Höfe mit 2 m hohen Mauern vorgesehen (Abb. 41), um den Anblick auf die Gartenfassade der Häuserzeilen nicht durch aufgehängte Wäsche zu beeinträchtigen. Gleichzeitig plädierte er für ein Verbot, Wäsche auf den Balkonen zu trocknen: »Zu diesem Typus bin ich gekommen, weil sich der Mangel an Wasch- und Abstellraum in der Praxis, durch die Tatsache, daß man überall einen nachlässigen, unübersichtlichen und bedrückenden [›bezwaarlijk‹] … Zustand antrifft, verursacht durch das Hinunterwerfen von Heizmaterial, Müll usw. in die Gärten und das beliebige Aufhängen von gewaschenen Kleidern, wiederholt rächt. Nicht allein daß dieser Zustand dem angemessenen und angenehmen Wohnen schadet, das unordentliche Bild, das dies nach außen liefert, beeinträchtigt die Häuser und damit den gesamten Anblick [›aspect‹] der Siedlung mit der Folge eines Absinkens des Niveaus von Bewohner und Wohnung ... Um die Ansicht von der Straße aus auf die Gärten und die Gärten selbst nicht zu verderben, sind die ... Waschplätze hinter Mauern angebracht, die sich 2 m hoch erheben. Es ist daher vollkommen gerechtfertigt, die Bewohner dieser Blöcke zu verpflichten, keine Wäsche auf den Balkonen zu trocknen usw.«[815].

Entsprechende Maßnahmen wurden auch für den Innenraum getroffen. In den Stuttgarter Reihenhäusern* sollte neben der Glasplatte an der Durchreiche eine hölzerne Schiebevorrichtung den Einblick in die Küche verhindern.[816] Die zwei Bilderleisten im Wohnzimmer gewährleisten eine gerade Hängung der Bilder (Abb. 316), ohne daß die Aufhängung dabei sichtbar wird. Darüber hinaus verhindern sie die Aufhängung zu vieler Bilder, die aus der Wohnung ein »Bildermagazin« machten. In diesen Kontext gehört auch Ouds Forderung nach einer möglichst unbemerkt zu nutzenden Toilette.[817] Entsprechend wurden die Toiletten in die Obergeschosse verlegt, obwohl dies tagsüber ein vermehrtes Treppensteigen mit sich bringt.

Selbst Gestaltungsweisen, die auf den ersten Blick rein ästhetisch begründet erscheinen, können bei Oud eine soziale Komponente beinhalten. So dienten die repräsentativen Gestaltungsformen und Motive wie symmetrische Kompositionen, große Fensterfronten und zwei en suite angeordnete Wohnräume zweifellos der Aufwertung des *Volkswoningbouw*. Diese Gleichsetzung der Wohnbauten mit anspruchsvolleren Bauaufgaben ist in dieser Konsequenz zumindest in den 1920er Jahren ohne Vergleich. Beispiele von konstruktiv oder funktional nicht zu begründenden, erkennbar aufwendigen Lösungen sind die elegant nach außen gebogenen Vordächer der Läden in Hoek van Holland*, die kleinen Balkone in Kiefhoek* und die Torbauten in den Innenhöfen der Tusschendijkener Blöcke* (Abb. 209). Laut Jan Albarda erhielten die großflächig verglasten Läden in Hoek van Holland mehr Rundstützen als konstruktiv notwendig gewesen wären (Abb. 249).[818] Die Rundpfeiler und die großen gebogenen Glasfronten sind jedoch nicht nur aufwendig gestaltet, sondern stehen auch für eine neue, progressive Formensprache, die hier erstmals in einem Arbeiterwohnbau sichtbar wird. Dasselbe gilt für die gerundeten Eckbauten in Kiefhoek* (Abb. 262), die vor diesem Hintergrund als Ausdruck großstädtischer Modernität gelesen werden können.

Die symmetrischen Kompositionen und die einfachen geometrischen Formen sind Kennzeichen einer klassisch-akademischen Architektursprache, die wiederum mit repräsentativen Bauaufgaben assoziiert werden kann. Hervorzuheben sind die durch Eck- und Mittelrisalite gegliederten Fassaden von Block I und V* in Spangen sowie die aufwendigen Treppenanlagen seiner Wohnbauten: Ein frühes Beispiel bildet der Centraalbouw* mit seinen auf der Mittelachse des Wohnblocks liegenden dreiläufigen Treppen (Abb. 166) und dem großzügig bemessenen Treppenhaus in der Mitte der Längsseite zur Erschließung der Gemeinschaftsräume (Abb. 167). Im Entwurf für ein Doppelhaus für Arbeiter in Beton* erscheinen die beiden zweiläufigen Treppen mit Blick auf den Gesamtgrundriß als Mittelpunkt des Hauses.[819] In die klassisch-akademische Tradition gehören auch die in der Mittelachse liegenden Tormotive der Tusschendijkener Höfe* (Abb. 209), die an Staffagebauten barocker Gartenanlagen erinnern, ebenso die geometrische Aufteilung der Privatgärten in Tusschendijken und Hoek van Holland* (Abb. 31, 198). Der in Hoek van Holand durch den U-förmigen Zwischenbau gebildete Hof läßt im Grundriß zudem an einen barocken Ehrenhof denken.

Auch die Integration unterschiedlicher Bewohnergruppen in den Häusern des *Woningdienst* ist als soziales Programm zu deuten. Eine besondere Lösung bieten die Tusschendijkener Wohnblöcke*, die an den Gebäudeflügeln der Wohnstraßen in regelmäßigen Abständen zusätzliche Bauabschnitte mit weiteren Schlafräumen erhielten.[820] Ziel war, die kinderreichen Familien durch eine gleichmäßige Verteilung in die soziale Gemeinschaft eines Wohnblocks einzubinden. Gerade die zusätzlichen Schlafzimmer der Großfamilien sollten einen Balkon zur Straße erhalten (Abb. 206) und dadurch nach außen hin ausgezeichnet werden. Die Kombination von drei verschiedenen Wohnungstypen in Hoek van Holland* zielte ebenfalls auf eine Vermischung der Bewohnergruppen. Oud ging dabei von der traditionellen geschoßweisen Trennung des Mietshauses ab, bei dem die soziale Hierarchie (Souterrain, Beletage etc.) bereits an der Fassade ablesbar war. Auch in den Siedlungen Oud-Mathenesse* und Kiefhoek* sowie im Entwurf der Häuserzeilen für Blijdorp* integrierte Oud Wohnungen für kinderreiche Familien. In Blijdorp finden sich zudem Wohnungen für Senioren, die somit nicht isoliert in einem Altersheim untergebracht werden mußten.

Die Verbindung der Bewohner eines Wohnblocks oder einer Wohnanlage zu einer sozialen Gemeinschaft war eines der wichtigsten Ziele von Oud. Die liebevolle Gestaltung der Tusschendijkener Innenhöfe* (Abb. 203) mit Bänken, Sandkästen, Blumenkästen und den Schuppen mit Tormotiven diente primär dazu, an Stelle der in dieser Zeit oftmals vernachläßigten Hinterhöfe einen zentralen, »erzieherisch wertvollen« Treffpunkt für die Bewohner zu schaffen. Diese »halböffentlichen Zonen« sollten über die einzelne Familie hinaus das Gefühl einer Gemeinschaft vermitteln. Hierfür steht auch, daß die privaten Balkone und Veranden vom Hof aus einsichtig waren und damit ebenfalls – im Rahmen des Wohnblocks – zum öffentlichen Ort wurden. Auch die gegenüber den Spangener Blöcken* verdoppelte Anzahl von Balkonen ist in diesem Kontext zu nennen. In der Siedlung Oud-Mathenesse* diente der Damloperplein – im Sinne eines Dorfplatzes – als Treffpunkt der Bewohner. Dort befinden sich die Läden und der Verwaltungsbau, während der Platz selbst als Marktplatz und Spielfläche diente (Abb. 239). In Kiefhoek* werden diese Funktionen auf mehrere Plätze verteilt (Abb. 260). Der Eemstein mit der Kirche, einer öffentlichen Grünanlage und einem Spielplatz bildet das Zentrum der Siedlung. Am Rande des Wohnkomplexes findet sich das Hendrik-Idoplein mit den beiden Läden und ebenfalls einem Spielplatz. Ein dritter halböffentlicher Raum entsteht durch die verbreiterte Neederhovenstraat (Abb. 264) mit der (nicht ausgeführten) Autovermietung und der *Waterstokerij*. Auch in Hoek van Holland* schuf Oud mit dem U-förmigen, von zwei Läden eingefaßten Hof einen halböffentlichen Platz. Der strenge Zeilenbau mit schmalen Grünstreifen zwischen parallel liegenden Häuserzeilen wird dagegen (mit Ausnahme der »prinzipiellen Situation« auf Basis der Stuttgarter Normhäuser*) vermieden. So sollten selbst bei den Häuserzeilen in Blijdorp* dreiseitig umschlossene Gemeinschaftsgärten angelegt werden, die durch Bepflanzung und Zäune als halböffentliche Räume gekennzeichnet sind (Abb. 41).

Neben Innenhöfen und Plätzen waren in nahezu allen Wohnanlagen oder Wohnblöcken Läden eingeplant. Hinzu kamen die *Waterstokerij*, eine Wäscherei und ein Trockenraum (Centraalbouw*, Kiefhoek*), ein Badehaus (erster Entwurf für Block V in Tusschendijken*), eine Bibliothek (Hoek van Holland*), Werkstätten (Kiefhoek) sowie Seniorenwohnungen und Dachgärten (Blijdorp*). Diese Bauten oder Einrichtungen gehen nur zum Teil auf die Vorgaben des *Woningdienst* zurück. Vor allem die größere Anzahl von Balkonen, die Schuppen mit Sitzbänken, die Sandkästen wie auch ein zweiter Spielplatz in Kiefhoek, die trotz des kleinen Budgets durchgesetzt wurden, sind sicherlich Ouds Initiative zuzuschreiben. Dem entspricht auch ihr Stellenwert für die Gesamtgestaltung der Siedlungen oder Wohnblöcke. So bilden die Sandkästen in Tusschendijken* zusammen mit den durchgehenden Balkonreihen das bestimmende Merkmal der Innenhöfe und sind die beiden Spielplätze in Kiefhoek* entscheidend für die städtebauliche Lösung der Siedlung.

Charakteristisch für Ouds Rotterdamer Wohnbauten ist die Farbfassung.[821] Bereits im Mai 1919 und damit gleichzeitig mit Van Doesburgs Arbeit an den Farbentwürfen für Spangen* hatte Oud die Verwendung von Farbe am Außenbau gefordert.[822] Das erste realisierte Beispiel bildet die Siedlung Oud-Mathenesse*, der die Häuserzeilen in Hoek van Holland* und die Siedlung Kiefhoek* folgten. Während das Erdgeschoß eine Verkleidung in gelben Backstein erhielten und die Wandflächen darüber weiß gestrichen waren, wurden einzelne Bauglieder (Türen, Fensterrahmen, Lampen und Zäune) in den Primärfarben gefaßt. Die Farbgebung war grundsätzlich bei allen Wohnungen eines Wohnkomplexes gleich. So wurden die Wohnungstüren in Oud-Mathenesse und Hoek van Holland einheitlich blau gestrichen, die Türen in Kiefhoek rot, die Fensterrahmen gelb und die Metallgitter in Hoek van Holland und Kiefhoek blau. Im Gegensatz zu den rein künstlerisch-formalen Konzepten seiner De Stijl-Kollegen kommt der Farbe bei Oud auch eine funktionale Bedeutung zu. So werden die Bauten durch die einheitliche Farbgebung zu einem Wohnkomplex verbunden und setzen sich wie im Fall der Häuserzeilen in Hoek van Holland und der Siedlung Kiefhoek auch von der umgebenden Bebauung in Sichtbackstein ab. Darüber hinaus dient die Farbe dazu, ein freundliches Erscheinungsbild und eine Identifikationsmöglichkeit für die Bewohner zu schaffen: »Die leuchtenden Farben des Anstrichs und der Materialien sowie Blumen und Grün bringen eine frohe Note welche besonders für Häuser dieser Art erwünscht ist.«[823] In Kiefhoek werden die Läden und die *Waterstokerij* durch grün gestrichene Wandflächen als öffentliche Bauten hervorzuheben. Auch im Innenraum verwendete Oud farbig gefaßte Wandbeschichtungen anstelle von Tapeten. Oud nennt hierfür funktionale und ästhetische Gründe, wie die unzureichende Qualität der (meist gemusterten) Tapeten und deren mangelnde Haltbarkeit.[824] Seine Argumentation zielt dabei wiederum auf eine »ordentliche« Gestaltung, die den Erhalt der Wohnungen durch eine größere Wertschätzung der Bewohner garantieren sollte.

Parallel zu Ouds Farbexperimenten wurden auch in Deutschland Wohnbauten vor allem im Rahmen von Arbeitersiedlungen farbig gefaßt. Die 1913–16 von Bruno Taut errichtete Siedlung Falkenberg bei Berlin bildet eines der frühesten Beispiele einer nach einheitlichem Farbschema errichteten Siedlung. Ziel war, die aus Kostengründen verwendeten Typenhäuser durch eine individuelle Farbfassung als Einzelbauten innerhalb der Siedlung zu charakterisieren.[825] Im Gegensatz dazu diente die Farbgebung bei Oud der Kennzeichnung des gesamten Wohnkomplexes, der sich so als Einheit gegen die angrenzende Bebauung abhebt. Die einzelnen Bauten sollten somit gerade nicht hervorgehoben werden.[826] Das in Falkenberg verfolgte Ziel, eine monotone Aneinanderreihung identischer Bauten zu vermeiden, erreichte Oud in Oud-Mathenesse* und Kiefhoek* allein durch die städtebauliche Gestaltung und architektonische Akzente. Deutlich wird hier Ouds Betonung der Siedlungseinheit und damit des Gemeinschaftsgedankens an Stelle der Individualität des einzelnen Bewohners. Entsprechend ist auch die geschlossene Form der Siedlung Oud-Mathenesse* als Mittel zur Identifikation der Bewohner zu deuten. Dasselbe gilt für die formale Einheitlichkeit seiner Siedlungen oder Wohnkomplexe, die Oud bis ins Detail verfolgte. So wurden grundsätzlich alle Bauten, so auch die Bauleitungshütte* und das Transformatorenhäuschen* (Abb. 239), in das ästhetische Grundschema der jeweiligen Wohnanlage eingebunden. Die von zeitgenössischen, vor allem sozialistisch eingestellten Architekten propagierten kollektiven Wohn- und Lebensformen fanden in Ouds Wohnkomplexen dagegen keinen Niederschlag. Der *Woningdienst* und die Mehrheit des Rotterdamer Gemeinderats gingen von einer traditionellen Familienstruktur aus und lehnten Gemeinschaftsküchen und flexible Wohnungseinteilungen ab.

Auch aus Oud Schriften geht jedoch hervor, daß er der Architektur eine wichtige gesellschaftlich-soziale Aufgabe beimaß. Neben Gemeinschaftseinrichtungen nennt er die Ästhetik der Bauten als wesentlichen Faktor für Wohlbefinden und Verhalten der Bewohner. Die Vorstellung, Oud habe sich über die gesellschaftliche Bedeutung der Architektur nicht geäußert, muß damit korrigiert werden. Vor allem die Analyse von Ouds Bauten zeigt jedoch, daß durch die anspruchsvolle Gestaltung die Wertschätzung der Bauaufgabe *Volkswoningbouw* verstärkt werden sollte. Entsprechend fiel auch die Reaktion der Zeitgenossen aus. So wurde in der »Neuen Preußischen Kreuzzeitung« unter der Überschrift »Villenviertel? – - Arbeitersiedlung!« gerade der gestalterische Wert bei gleichzeitig ökonomischem Bauen als bemerkenswert und mustergültig hervorgehoben: »Man könnte glauben, eine Villenkolonie begüterter Bürger vor sich zu haben, wenn man die schönen, hellen, großfenstrigen Häuserreihen an den breiten Straßenzeilen mit den freilich nicht allzu großen Hintergärten betrachtet! In Wahrheit ist es eine Siedlung für ärmste Proletarierfamilien …«[827]. Der von Oud angestrebte erzieherische Wert der formalen Lösung wurde dort positiv hervorgehoben: »In der äußeren Gestaltung ist auch hinsichtlich des Anstrichs weitestgehende Rücksicht auf den ästhetischen Eindruck der Anlage genommen, der ja für die Bewohner, gerade weil sie der ärmsten Klasse angehören, von großer Wichtigkeit ist.«[828]

Ouds Formgebung zielte in allen seinen Wohnanlagen auf die Verbindung der Häuser zu einem Wohnkomplex oder einer Siedlung, wodurch die Identifikation der Bewohner mit ihren Wohnungen gestärkt werden sollte. Die Anlage von Innenhöfen und (halb-)öffentlichen Plätzen zeigt die Bedeutung, die Oud dem Gemeinschaftsgedanken beimaß. Neben der Möglichkeit zur Kontaktaufnahme zielte Oud immer auf eine Verbindung der differierenden Bewohnergruppen, die sich in Alter, finanzieller Stellung und Kinderzahl unterschieden. Damit wird – im Gegensatz zu vielen anderen »modernen« Wohnanlagen dieser Zeit – den Sozialbedürfnissen ein sehr großer Stellenwert eingeräumt. Obwohl sich Oud in seinen Schriften nicht zu einer bestimmten politischen Einstellung bekannte, ist durch Konzeption und Gestaltung seiner Wohnbauten eine Affinität zu den Vorstellungen der Sozialdemokraten zu vermuten.[829] Ouds Ideal blieb jedoch das Bürgertum, dessen Lebensform dem Arbeiter möglichst nahe gebracht werden sollte.

6. Ouds Wohnbauten im zeitgenössischen Kontext

6.1. Die niederländische Tradition des *Volkswoningbouw*

Seit den 1890er Jahren wurden von den größeren Wohnungsbauvereinigungen, die ihre Arbeiterwohnungen üblicherweise von Ingenieuren nach Katalog entwerfen ließen, vermehrt Architekten für diese bislang wenig geschätzte Bauaufgabe herangezogen. Auf der Grundlage der erstarkenden Sozialdemokratie und des Einflusses philanthropischer Vereinigungen erklärten sich in den folgenden Jahren zunehmend auch renommierte Architekten als Anhänger oder Mitglieder dieser Bewegungen bereit, sich mit dem Wohnungsbau der ärmeren Bevölkerungsschichten auseinanderzusetzen. Parallel hierzu trat die Bedeutung der großen Wohnblöcke für das Bild der Städte und Vorortsiedlungen ins Bewußtsein. Zu den wichtigsten Vertretern dieser Architektengeneration zählen K. P. C. de Bazel, H. P. Berlage[830], J. C. van Epen, J. H. W. Leliman und J. E. van der Pek. Ihre Bauten, die sich durch einen rationalistischen Stil mit reduzierter Formensprache auszeichnen, waren Ausgangsbasis für den niederländischen Wohnungsbau der Zwischenkriegszeit.

Mit Inkrafttreten des *Woningwet* (Wohnungsbaugesetz) am 1. August 1902 konnten erstmals staatliche Kredite zum Bau einfacher Wohnungen in Anspruch genommen werden.[831] Mit der Vergabe dieser Kredite waren Bauauflagen verbunden, die sich im Lauf der Jahre den veränderten Anforderungen anpaßten. In bezug auf Raumprogramm und Bautechnik wurde somit ein Wohnstandard formuliert, dem alle über das *Woningwet* subventionierten Bauten gerecht werden mußten. Vor dem 1. Weltkrieg war in den Niederlanden allein in Amsterdam eine größere Anzahl subventionierter Wohnbauten entstanden. Dort kamen auch die wichtigsten architektonischen Neuerungen auf, die Oud, der von seinem dreizehnten bis zu seinem zwanzigsten Lebensjahr (1903–10) in Amsterdam tätig war und dessen Lehrer aus dieser Stadt stammten, als Vorbild dienten.[832] Als erstes vom *Woningwet* finanziertes Projekt errichtete die Wohnungsbaugesellschaft Rochdale zwischen 1907 und 1909 eine Reihe viergeschossiger Wohnhäuser nach Entwurf des Architekten Jan Ernst van der Pek. Die als Teil eines größeren Häuserblocks in der Amsterdamer Van Beuningenstraat/Fannius Scholtenstraat errichteten Bauten fanden in der Presse ein begeistertes Echo.[833] Entsprechend wurden einige der dort entwickelten Lösungen bei den staatlich subventionierten Bauten übernommen. Kennzeichnend für Van der Peks Bauten sind die schlichte, rationale Gestaltung bei weitgehendem Verzicht auf Dekor sowie die konsequente Beschränkung auf nur ein Fenster- und Türformat. Die zu Gruppen verbundenen Fenster und Türen und die hervortretenden Treppenhäuser rhythmisieren die Häuserfronten, die zudem durch eine gelbe und blaue Farbfassung der Fenster und Türen belebt wurden.[834] Bei den Fenstern handelt es sich um den im *Volkswoningbouw* neuartigen, von Eisenbahnwaggons übernommenen Typus der Schiebefenster. Die Erschließung der Erdgeschoßwohnungen erfolgt traditionell über separate Eingänge von der Straße, während sich die Obergeschoßwohnungen einen Zugang teilen. Alle Wohnungen verfügen über einen relativ großen Wohnraum, zwei Schlafzimmer, eine kleine Küche und einen Balkon.

Die vor dem 1. Weltkrieg errichteten Wohnbauten waren in weiten Teilen von der Entwicklung in deutschen Großstädten, allen voran Berlin, beeinflußt. Als Reaktion auf die sogenannte Mietskaserne entstanden dort seit der Jahrhundertwende ausgedehnte Mietblöcke, die große begrünte Innenhöfe an Stelle der früheren engen Lichtschächte aufwiesen. Ziel der Gestaltung war ein harmonisches Gesamtbild der Wohnblöcke wie auch der gesamten Straßenfront. Bereits im ersten Jahrzehnt des 20. Jahrhunderts erschien in Deutschland eine Reihe von Publikationen, die sich mit der aktuellen Diskussion um die Stadt als Kunstwerk und der einheitlichen Gestaltung von Wohnblöcken, Plätzen und Straßenzügen auseinandersetzten. Große Bekanntheit erlangte Walter Curt Behrendts »Die einheitliche Blockfront als Raumproblem im Stadtbau« (1911). Mit seinem Plädoyer für eine gestalterische Verbindung der einzelnen Häuser zu einer Blockwand folgte Behrendt – wie zahlreiche andere Autoren, darunter auch Berlage – dem Vorbild barocker Architektur und Stadtplanung.[835] Gefordert wurden einheitliche, durch Eckbauten eingefaßte Blockfronten, wobei Behrendt neben durchlaufenden Dachlinien und Fensterachsen erstmals auch die Wiederholung gleichartiger Bauelemente nannte. Starre Symmetrien sollten durch eine klare, rhythmische Gliederung der Baumassen ersetzt werden. Mit dem Begriff der »Blockeinheit« sprach sich Behrendt für eine (über die Blockfront hinausgehende) geschlossene Blockrandbebauung aus. Bereits 1903 hatte Theodor Fischer dafür plädiert, das Mietshaus nicht länger als Einzelobjekt, sondern seiner Funktion entsprechend als Massenprodukt zu gestalten.[836] Auch Albert Geßner forderte in »Das deutsche Mietshaus« (1909) eine »einheitliche Blockbearbeitung«, wobei jeweils ein Wohnblock bzw. die ganze Straßenfront von einem Architekten ausgeführt werden sollte.[837] Parallel zu diesen Richtlinien wurden die ersten Mietshäuser als einheitliche Großbauten ausgeführt. 1907/08 entstand Paul Mebes' Wohnhausgruppe am Horstweg in Berlin mit sich wiederholenden rhythmisierten Fassadeneinheiten. 1909/10 folgte Bruno Tauts Wohnblock am Cottbusser Damm, der ebenfalls mehrere Häuser zu einem einheitlichen Baublock zusammenfaßte. Auch im Rahmen des Wettbewerbs um Groß-Berlin (1910) und der sich anschließenden internationalen Städtebauausstellung (1911) wurden entsprechende Lösungen gefordert.[838]

Das wachsende Interesse am Städtebau und die Forderung nach einheitlich gestalteten Wohnblöcken fanden sowohl Eingang in die architekturtheoretischen Schriften niederländischer Architekten als auch in den dortigen Wohnungsbau.[839] Bereits die beiden 1911/12 nach Entwurf von Van der Pek errichteten Häuserzeilen zwischen der Molukken-, Bali- und Eerste Atjehstraat in Amsterdam weisen mit Eck- und Mittelrisaliten symmetrische Fassadenkompositionen auf (Abb. 81). Eine entsprechende Gliederung mit Eckrisaliten und einer durch die Dachform betonten Mittelpartie findet sich auch an den zumeist von einer anspruchsvolleren Gestaltung ausgenommenen Hofseiten. Zur selben Zeit entstand Michel de Klerks »Hillehuis«, Prototyp des Wohnungs-

77. Wohnbauten für die Algemene Woningbouw Vereniging, Amsterdam, Transvaalplein, H. P. Berlage, 1911, Aufriß Straßenfront

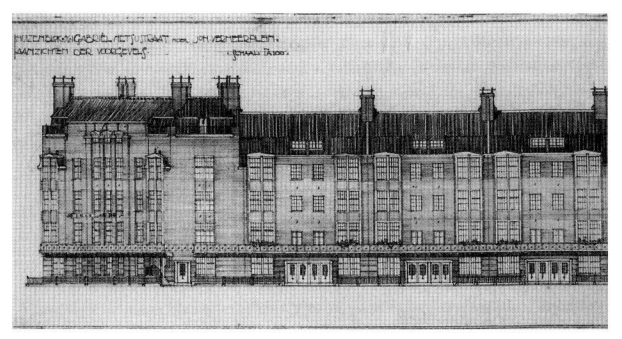

78. Hillehuis, Amsterdam, Michiel de Klerk, 1911/12, Aufriß der Fassade zum Vermeerplein und zur G. Metsustraat

baus im Stil der Amsterdamer Schule und frühes Beispiel für die einheitliche Blockfront in den Niederlanden.⁸⁴⁰ Abgesehen von der traditionell symmetrischen Schmalseite zum Johannes Vermeerplein (Abb. 78, links) findet sich an der Gabriel Metsustraat eine Reihe von drei identischen, jeweils symmetrischen Wohnhausfassaden (Abb. 78, rechts). Allerdings handelt es sich beim »Hillehuis« um ein Wohngebäude mit mittelständischen Wohnungen, wofür im In- und Ausland bereits entsprechende Lösungen vorlagen.⁸⁴¹

Bei Berlages Wohnbauten ist dagegen eine eindeutige Entwicklung im Sinne der in Deutschland diskutierten Ideen festzustellen. Sein auf Juni 1911 datierter Entwurf für Wohnhäuser in der Amsterdamer Tolstraat zeigt eine Reihe viergeschossiger, flachgedeckter Gebäude mit vollkommen geschlossenem Umriß. Entsprechend der Forderung von Behrendt beschränkte sich Berlage auf wenige Fenster- und Türformate, wobei die zu Gruppen verbundenen Fenster und Türen zusammen mit einigen schmalen Risaliten die einzigen Gliederungselemente der Gebäudefront bilden.⁸⁴² Eine weniger strenge Lösung findet sich bei dem ebenfalls auf Juni 1911 datierten Entwurf für einen Wohnblock am Transvaalplein (Abb. 77). Berlage gestaltete hier eine ganze Platzfront, die gemäß den Vorstellungen von Behrendt durch Eckbauten als Einheit zusammengefaßt wird. Die gleichförmige Folge der Fenstergruppen ist dort jedoch durch eine stärkere Variation und lebendigere Gesamtkomposition ersetzt, wobei neben einem Wechsel von Flachdach und Satteldach auch unterschiedliche Fensterformen treten.

Neben den Wohnungsbauvereinigungen, die erstmals anspruchsvollere Arbeiterwohnungen in großem Umfang realisierten, waren die Gemeinden ein weiterer großer Auftraggeber im *Volkswoningbouw*. Im größeren Rahmen wurde die Kommune vor dem 1. Weltkrieg jedoch nur in Amsterdam aktiv, wo bereits 1911 die Gemeinde den Bau von Arbeiterwohnungen gefordert hatte. 1914 gelang mit F. M. Wibaut die Ernennung eines Sozialdemokraten zum *Wethouder* für den *Volkswoningbouw*. Als zentraler Aufgabenbereich der an Einfluß gewinnenden Sozialdemokratischen Arbeiterpartei (SDAP) erhielt der Wohnungsbau für die Arbeiterklasse nun eine entscheidende Förderung.⁸⁴³ Noch 1914 beschlossen B & W insgesamt 3.500 Arbeiterwohnungen zu errichteten, von denen bis 1923 2.381 fertiggestellt waren. 1915 wurde aus der Abteilung *Bouw- en Woningtoezicht* ein selbständiges Wohnungsbauamt mit dem Sozialdemokraten Arie Keppler als Direktor. Keppler sprach sich entschieden für einen Städtebau nach den in Deutschland diskutierten Richtlinien aus.⁸⁴⁴ Die Aktivitäten des kommunalen Wohnungsbaus wie auch die Größe des Wohnungsbauamtes selbst nahmen in den folgenden Jahren trotz der Einschränkungen durch den 1. Weltkrieg schnell zu.⁸⁴⁵

Sowohl die Wohnbauten der Gemeinde als auch die auf städtischen Grundstücken errichteten Gebäude der Wohnungsbauvereinigungen wurden in der Nachfolge von De Klerks Wohnblöcken am Spaarndammerplantsoen (ab 1914) zunehmend in Formen der Amsterdamer Schule errichtet. Die erste große Manifestation der Amsterdamer Schule fand 1915 im Rahmen der Jubiläumsausstellung zum 60-jährigen Bestehen der renommierten Künstlergenossenschaft Amicitia & Architectura (A & A) statt. Eine eigene Abteilung für *Volkswoningbouw* innerhalb der Ausstellung zeigt die bereits zu diesem Zeitpunkt bestehende Verbindung zwischen A & A und Gemeinde sowie der neuen Architekturrichtung. Vor allem die 1898 eingerichtete *Schoonheidscommissie*, die ihre Machtbefugnisse zunehmend ausweiten konnte, war nach kürzester Zeit ausschließlich von Vertretern der Amsterdamer Schule besetzt. Ab 1915 konnte die *Schoonheidscommissie* alle Fassaden auf städtischen Grundstücken mit dem Ziel eines harmonischen Straßenbildes prüfen und gegebenenfalls ablehnen. Noch im selben Jahr trat Jos. Th. J. Cuypers, in dessen Büro Oud einige Jahre zuvor gearbeitet hatte, als Vorsitzender der *Schoonheidscommissie* zurück. Seine Vorstellung einer von konstruktiven Gesichtspunkten bestimmten Bauform stand im Gegensatz zur Haltung der übrigen Mitglieder, die De Klerks expressive Fassadenarchitektur am Spaarndammerplantsoen zur Ausführung bestimmten.⁸⁴⁶

Auch Berlages Wohnbauten gerieten in Folge dieser Entwicklungen in die Kritik. Allerdings wurde sein 1915 vorgelegter Plan für Amsterdam-Süd mit seinen großen einheitlich gestalteten Blockfronten 1917 vom Stadtrat angenommen (Abb. 79).⁸⁴⁷ Keppler, der sich den Vorstellungen Berlages und damit den deutschen Vertretern verbunden sah, setzte sich für die Realisierung des städtischen Wohnungsprogramms im einheitlichen Stil durch die Architekten der Amsterdamer Schule ein. Neben dem formal-künstlerischen Argument eines geschlossenen Stadtbildes sah die SDAP hier auch ein politisches Mittel, um über die städtische Identität die kollektive Stärke der Arbeiterschaft zum Ausdruck zu bringen.⁸⁴⁸

De Klerk als zentrale Figur der Amsterdamer Schule führte bereits mit seinem ersten, von der Wohnungsbauvereinigung Eigen Haard ausgeführten Wohnblock am Spaarndammerplantsoen (1913/14) eine neue Form der Blockfassade ein (Abb. 82). Zum Platz zeigt der fünfstöckige Bau (einschließlich Dachgeschoß) eine symmetrische Fassade mit Betonung der Mittelpartie. Zugunsten eines geschlossenen Umrisses wurde auf die Eckbetonung verzichtet, so daß allein die flachen Treppenhausvorsprünge die Dachlinie durchbrechen. Die traditionelle Dreiteilung in Sockel, Mittelpartie und Dach bleibt in abstrakter Form durch die Verwendung unterschiedlicher Materialien bestehen. Die einheitliche Blockfront vermittelt einen monumentalen Eindruck, der Zusammenhalt und Stärke der Arbeiter zum Ausdruck bringen sollte. Gleichzeitig realisierte De Klerk variationsreiche Detailformen, die ein eintöniges Bild verhindern und auf die Individualität der Wohnungen und ihrer Bewohner verweisen. Die einzelnen Wohnungen bleiben jedoch dem Gesamtbild untergeordnet und treten am Außenbau nicht in Erscheinung. Die noch für Berlage und Van der Pek wichtige Übereinstimmung zwischen Struktur und Fassadengestaltung wird bei De Klerk zu Gunsten der Gesamtform und der damit verbundenen Aussage aufgegeben.

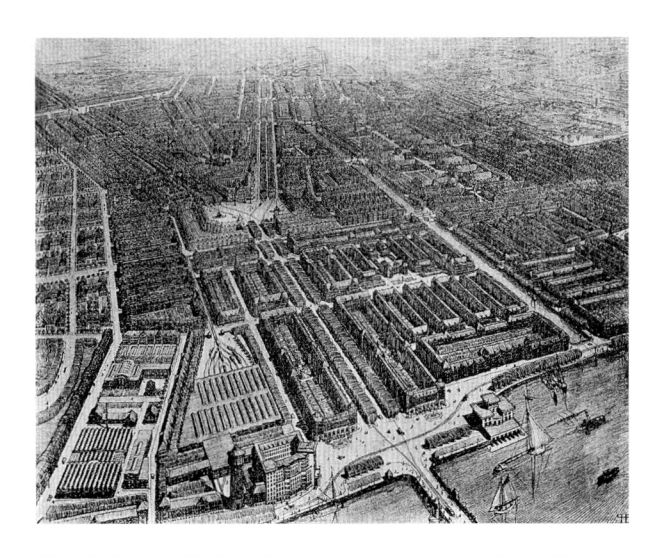

79. H. P. Berlage, Stadterweiterungsgebiet Amsterdam-Süd, 1915, Vogelperspektive mit Amstellaan (heute Vrijheidslaan)

Auch sein zweiter Block am Spaarndammerplantsoen (1914–18) zeigt die Verbindung von einheitlicher Blockwand und individualisierten Detailformen (Abb. 80). Die Treppenhausvorsprünge sind nun jedoch unregelmäßig über die Fassade verteilt, und der Sockelbereich wird durch einen wellenförmig verlaufenden Wandstreifen ersetzt. Mit dem Verzicht auf eine symmetrische Fassadenkomposition und die horizontale Dreiteilung ist die letzte Bindung an die traditionelle Fassadengliederung aufgegeben.

Der für die Amsterdamer Schule charakteristische gestalterische Aufwand in Form einer außergewöhnlichen Ornament- und Materialvielfalt steht nicht zuletzt für den hohen Stellenwert des *Volkswoningbouw*. Der Wohnblock wird dort als »Arbeiterpalast« definiert, der vor allem in den monumentalen Gebäuden von De Klerk seinen Ausdruck fand. Im Gegensatz zu den Bauten der Amsterdamer Schule blieben Berlages Wohnbauten dem von Behrendt geforderten Fassadenaufbau (einheitlich gestaltete, meist symmetrische und von Eckbauten eingefaßte Gebäudefronten) verhaftet. Dies zeigen auch die 1915 präsentierten Perspektivzeichnungen seines Erweiterungsplans für Amsterdam-Süd (Abb. 79), der den städtebaulichen Rahmen für die anschließend im Stil der Amsterdamer Schule errichteten Bauten lieferte. Die von der Generation Berlages und Van der Peks vertretene Architektur stand (wie Berlages Plädoyer für eine aus künstlerischen Überlegungen notwendige Normierung im Wohnungsbau zeigt[849]) den Bauten der jüngeren Architekten der Amsterdamer Schule diametral entgegen.

Anfang der 1920er Jahre zwang die eingeschränkte finanzielle Förderung durch den Staat zu einer möglichst kostengünstigen Bauweise mit dem Verzicht auf aufwendige Detailformen. Die zunehmend aktiver werdenden privaten Bauunternehmer gaben meist nur noch die Fassaden bei den Architekten der Amsterdamer Schule in Auftrag, wofür sich die Bezeichnung der »Schoortjesarchitectuur« (»Schürzenarchitektur«) durchsetzte. Mehrkosten durch expressive Detailformen wurden nicht mehr akzeptiert und den Fassaden statt dessen zur Vermeidung eines monotonen Erscheinungsbildes einzelne preiswert zu erstellende Dekorationsformen aufgesetzt.

6.1.1. Der einheitlich gestaltete Wohnblock

Bereits vor seinem Amtsantritt beim *Woningdienst* hatte Oud den einheitlich gestalteten Wohnblock als Grundlage eines harmonischen Stadtbildes gefordert. Um dies durchzusetzen, sollten private Bauinteressen durch die öffentliche Hand zurückgedrängt werden.[850] Anzunehmen ist, daß Oud hier mit Blick auf die in Aussicht gestellte, zumindest aber erhoffte Tätigkeit bei der Rotterdamer Gemeinde Position bezog. Dafür spricht neben der Hervorhebung der öffentlichen Institutionen auch seine Orientierung an Berlage, der als Vermittler beim *Woningdienst* auftrat.[851] So hatte Berlage bereits 1913/14 ein einheitliches Stadtbild durch Eingreifen der staatlichen Instanzen gefordert.[852] Als Voraussetzung für den modernen Wohnblock nannte Oud zudem die Verwendung »moderner« Materialien, eine Forderung, die auch Berlage vertrat, der Baupraxis und -theorie der Amsterdamer Schule jedoch entgegenstand.[853] Unabhängig von dem geforderten Profil eines Gemeindearchitekten war der einheitlich gestaltete Wohnblock jedoch ein zentrales Anliegen von Oud. Entsprechend hatte er bereits 1913 im Hinblick auf die von Berlage entworfene Stadterweiterung von Purmerend die Einrichtung einer *Schoonheidscommissie* angeregt.[854]

In Ouds Wohnblöcken ist eine Entwicklung ausgehend von der durch Berlages Generation vertretenen rationalistischen Architektur mit symmetrischen Fassaden bis hin zu den Blockeinheiten nach dem Vorbild De Klerks abzulesen. Die Fassaden von Block I und V* in Spangen greifen an den beiden geraden Fronten von Potgieter- und Roemer Visscherstraat (Abb. 153) auf die bereits 1911 von Van der Pek realisierte Gliederung mit Eck- und Mittelrisaliten (Abb. 81) zurück. Parallelen zu Van der Pek und Berlage zeigen sich neben der reduzierten Formensprache unter Verzicht auf Erker, Giebel und Dekor in der Beschränkung der Fenster- und Türformate, der rhythmisierten Folge von Fenster- und Türgruppen und in der farbigen Fassung der Fensterrahmen, die in Ouds Auftrag von Van Doesburg entworfen wurden. Auch die modernen Schiebefenster zeugen von der Anlehnung an diese Bautradition.[855]

Die Längsseite von Block VIII* an der Pieter Langendijkstraat wird ebenfalls von erhöhten Eckbauten eingefaßt. Als bestimmendes Gestaltungsprinzip erweist sich dort jedoch die serielle Reihung standardisierter Fenster, die allein von den in regelmäßigen Abständen folgenden Wandvorlagen mit den Treppenhausfenstern unterbrochen wird (Abb. 187). Der Verzicht auf eine symmetrische Gliederung der langgestreckten Front steht in deutlichem Gegensatz zu den Fassadenkompositionen von Ouds Lehrergeneration. Allerdings folgte Oud auch nicht den Wohnblöcken von De Klerk mit ihren individualisierten Wohneinheiten, sondern fand mit der seriellen Reihung standardisierter Elemente zu einer in dieser Konsequenz vorbildlosen Gestaltung im Wohnungs-

80. Wohnzeile der Wohnungsbaugenossenschaft Rochdale, Amsterdam, J. E. van der Pek, 1911/12

81. Erster Wohnblock für die Wohnungsbauvereinigung Eigenhaard, Amsterdam, Spaarndammerplantsoen, Michiel de Klerk, 1913/14, hist. Ansicht

bau. Während sowohl Berlages symmetrische Blockfronten im Plan für Amsterdam-Süd (1915) als auch De Klerks monumentale Wohnblöcke am Spaarndammerplantsoen (1914–18) durch ihre repräsentative geschlossene Gestaltung eine eigenständige Position im Stadtbild behaupten, blieb die als fortsetzbar gekennzeichnete Fassade von Block VIII* dem Straßenbild untergeordnet. Eine Entsprechung bildet Ouds Entwurf einer Häuserzeile mit Arbeiterwohnungen*, die (ebenfalls als fortsetzbar gedacht) eine rhythmisierte Folge standardisierter Bauelemente aufweist (Abb. 172).

Vergleichbare Straßenfassaden wurden wenige Jahre später auch von den Architekten der Amsterdamer Schule geschaffen, die somit Ouds Definition des städtischen Wohnblocks aufgriffen und in Amsterdam-Süd im großen Maßstab umsetzten. Wichtigstes Beispiel ist die 1922 begonnene Bebauung der Amstellaan (heute Vrijheidslaan), der zentralen städtebaulichen Achse von Amsterdam-Süd mit ihren bis zu 200 m langen Fassaden (Abb. 83). Angesichts der Längenerstreckung konnte die klassische dreigeteilte Fassade keine überzeugende Lösung bieten: »Es ist direkt deutlich, daß bei diesen Längen durch eine Unterteilung in Mittel-, Eck- und Zwischenpartien nichts zu erreichen ist. Solch eine Unterteilung ist typisch für die Renaissance und den Barock und hat sich sehr gut für den Bau von Palästen geeignet, aber sie paßt nicht in die moderne Zeit mit den modernen Problemen des Wohnungsbaus. Sprünge in den Fluchten [›contouren‹] von einem Meter verfehlen in dieser Größenordnung ihren Effekt.«[856] Auch die mäanderartige Profilierung in Ouds Häuserzeile mit Arbeiterwohnungen*, die als durchlaufendes Motiv die Fassade zu einer gestalterischen Einheit verbinden, wird zwei Jahre später in De Klerks Block für die Amstel's Bouwvereeniging aufgegriffen. Als Entsprechung zu Ouds Mäander treten dort die von oben nach unten versetzt liegenden Balkone, die den Verkehrsfluß an der Amstellaan architektonisch umsetzen.

In Block IX* in Spangen ist bei Weiterführung der seriellen Fensterreihen eine deutlich geringere Akzentuierung der Gebäudeecken festzustellen, wodurch der Wohnblock als einfacher Quader in Erscheinung tritt (Abb. 194). Dieses an die ersten beiden Wohnblöcke am Spaarndammerplantsoen (Abb. 80, 82) erinnernde Prinzip wurde bei den Blöcken in Tusschendijken* (Abb. 200) noch konsequenter umgesetzt.[857] An Stelle der Schornsteine und der zurückgesetzten Ecken von Block IX sind dort nur noch die Gebäudeecken abgeschrägt, der Gesamtumriß der Wohnblöcke bleibt jedoch geschlossen.[858] Auch das abgesetzte Gesimsband entfällt zugunsten einer vollkommen ebenen Wandfläche. De Klerks Wohnblock für die Amstel's Bouwvereeniging an der Amstellaan (1921–23) verzichtet schließlich ebenfalls auf eine Eckbetonung und zeigt eine mit Ausnahme der Balkone flächige Fassade (Abb. 83).[859]

Der als Einheit gestaltete Wohnblock, mit dem sich Oud seit dem Centralbouw* auseinandersetzte, entspricht der Forderung Berlages wie auch der Schoonheidscommissie, nach der ein Architekt jeweils einen ganzen Block gestalten solle.[860] In Block IX* in Spangen und in Tusschendijken* konnte er seine Vorstellungen erstmals umsetzen: »Nach Frank Lloyd Wright hat es Oud als erster unternommen, einen Miethausblock als geschlossene Einheit zu gestalten.«[861] Allerdings findet der in mehrfacher Ausführung realisierte Blocktypus einen Vorläufer in Berlages Wohnbauten für »De Arbeiderswoning« in der Java-, Molukken- und Balistraat im Indische Buurt (1912–15) in Amsterdam.[862] Es handelt sich um zwei vollständige und einen halben Wohnblock, die jeweils identisch ausgebildet sind. Im Vergleich zu den Tusschendijkener Wohnblöcken fallen diese Bauten allerdings deutlich kleiner aus und vermitteln somit nicht den von Oud gewünschten großstädtischen Eindruck (vgl. Abb. 200). Berlages Plan für Amsterdam-Süd (1915) zeigt in der Perspektivzeichnung ebenfalls identische Wohnblöcke (Abb. 79), die von den Architekten der Amsterdamer Schule jedoch nicht in dieser Form ausgeführt wurden. Allerdings ging Oud noch einen Schritt weiter als Berlage, indem er mit seinem Blocktypus die Vervielfältigung und Wiederholung zum Prinzip erklärte. Sein unabhängig von dem späteren Standort entworfener Wohnblock kam dann auch an unterschiedlichen Stellen der Stadt – in Spangen und Tusschendijken – zur Ausführung.

Der neutrale Blocktypus stand dann auch im Widerspruch zu De Klerks Wohnblöcken und den übrigen individuellen Bauten der Amsterdamer Schule. Diese Wohnbauten wurden durch ihren dezidierten Variationsreichtum zum Ausdruck einer pluralistischen, städtischen Gemeinschaft, während die aufwendige Gestaltung gleichzeitig auf die neue gesellschaftliche Stellung der Arbeiterschaft verwies. Das liberale Rotterdam, das erst Ende der 1920er Jahre eine Schoonheidscommissie erhielt, strebte dagegen weder in seinen öffentlichen Bauten noch im Wohnungsbau eine vergleichbare städtische Identität mittels eines einheitlichen Baustils an. Entsprechende Lösungen beschränkten sich auf einzelne Stadtteile wie das Neubaugebiet Spangen, wo eine einheitliche, jedoch nicht lokal geprägte Bauweise gefordert war.[863]

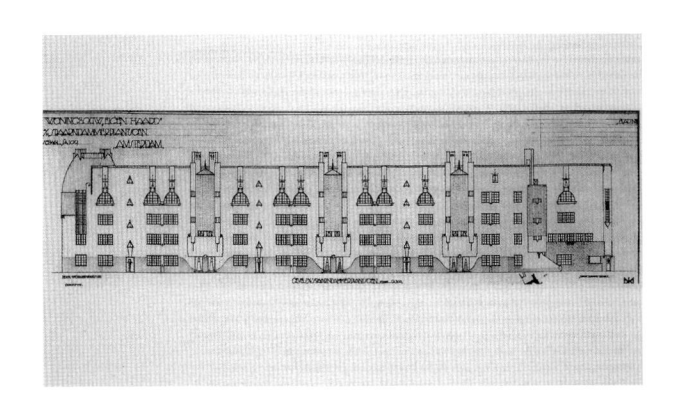

82. Zweiter Wohnblock für Eigenhaard, Amsterdam, Spaarndammerplantsoen, Michiel de Klerk, 1914–18, Aufriß

83. Wohnblock Amstels's Bouwvereniging, Amsterdam, Vrijheidslaan, Michiel de Klerk, 1921–23, Straßenfront, hist. Ansicht

6.1.2. Grundrisse und Erschließung
Für die generell auf die Fassadengestaltung konzentrierte Amsterdamer Schule war die Grundrißlösung im *Volkswoningbouw* von untergeordnetem Interesse. Diese Schwerpunktsetzung spiegelt sich auch in der Arbeit des Amsterdamer *Woningdienst*, der sich – wie alle städtischen Institutionen – aus Vertretern dieser Architekturrichtung zusammensetzte. Arie Keppler, seit 1915 Direktor des *Woningdienst*, plädierte im November 1917 für einen Wohnungsbau auf Grundlage standardisierter Grundrißtypen.[864] Erst durch den Wohnungsbaukongreß von Februar 1918, der eine Reform der Bauwirtschaft mit Typenwohnungen forderte, wurde die Diskussion um Grundrißtypen forciert.[865] Allerdings stießen die hier erörterten nationalen Standards angesichts einer befürchteten Nivellierung der lokalen Tradition auf erbitterte Ablehnung. Auch in den folgenden Jahren blieb die Typenbildung im Amsterdamer Wohnungsbau gegenüber Fragen der Fassadengestaltung und der Förderung von Gemeinschaftseinrichtungen zweitrangig. Oud bemängelte noch 1922, daß von einer Typenbildung in Amsterdam wenig zu spüren sei, und lobte allein De Bazels 1914 begonnene Wohnungen am Van Beuningenplein.[866]

Weitaus erfolgreicher in seinem Einsatz für typisierte Grundrisse war Auguste Plate, Direktor des erst 1917 gegründeten Rotterdamer *Woningdienst*.[867] Unterstützt wurde er dabei von seinem Mitarbeiter Oud, der in seinem Artikel »Bouwkunst en normalisatie bij den massabouw« (Baukunst und Normierung im »Massenbau«) die Ziele des Wohnungsbaukongresses gegen die ablehnenden Stimmen der Architekten und Arbeiter unterstützte.[868] Im Auftrag Plates, aber auch aus eigenem (vor allem formal begründetem) Interesse setzte er sich im Fall von Block I und V* in Spangen mit den Grundrißtypen von C. N. van Goor auseinander, der bereits 1914 zwölf Grundrißlösungen für das Rotterdamer Wohngebiet Bloemhof entwickelt hatte.[869] Für Block VIII* entwarf Oud einen Typus, der in Block IX* sowie in Tusschendijken* aufgegriffen wurde.[870] Brinkman übernahm das Grundkonzept dieser Normwohnungen mit den darüber liegenden zweigeschossigen Maisonnettes in seinen Superblock.

Parallelen zwischen den Wohnbauten des Amsterdamer und Rotterdamer *Woningdienst* finden sich vor allem im Raumprogramm. Hierbei war unerheblich, daß die Institutionen von einem Sozialdemokraten (Arie Keppler) und einem Liberalen (Auguste Plate) geleitet wurden. Trotz der geforderten kollektiven Einrichtungen im *Volkswoningbouw* zeigte sich die SDAP in bezug auf die zukünftige Gesellschaftsstruktur gemäßigt. Da die traditionelle Familienstruktur beibehalten bleiben sollte, stand eine grundlegende Veränderung der Wohnformen nicht zur Diskussion.[871] Abweichungen vom bisherigen Arbeiterwohnungsbau betreffen allein die abgeschlossenen Küchen im Gegensatz zur Wohnküche. Das von der SDAP bevorzugte Raumprogramm umfaßte einen Wohnraum, eine kleine Küche und drei Schlafzimmer, womit die gewünschte Trennung der Kinder nach Geschlecht möglich war. Dieses Raumprogramm setzte sich bis 1920 als allgemeiner Standard im Amsterdamer *Volkswoningbouw* durch.[872] Ausgenommen hiervon waren die konservativen Wohnungsbaugenossenschaften, die weiterhin einen »Salon« und eine große Wohnküche realisierten.[873] Das »sozialistische Raumprogramm« lag bereits in einer Reihe früherer Wohnbauten vor, die als Vorbilder herangezogen werden konnten, so in Berlages Wohnungen in der Tolstraat (1910-13) und im Transvaalbuurt (1916-20), De Klerks Wohnungen im zweiten Block am Spaarndammerplantsoen (1914-18) und den in Zusammenarbeit mit P. L. Kramer errichteten Wohnungen in der Takstraat (1920).[874]

Die Wohnbauten des Rotterdamer *Woningdienst* durchliefen bezüglich des Raumprogramms eine entsprechende, allerdings zeitlich versetzte Entwicklung. Im Gegensatz zu Amsterdam, wo man nach dem Krieg keine Schlafnischen mehr errichtete, förderte Rotterdam in dem 1918 begonnenen Neubaugebiet Spangen noch Wohnungen mit Alkoven. Der Bau von fensterlosen Nebenräumen wurde hier – als letzte Stadt der Niederlande – erst 1937 verboten. Ouds Blöcke I und V* zeigen mit nur zwei Schlafzimmern pro Wohnung noch das reduzierte Raumprogramm.[875] Die Normwohnungen von Block VIII* und IX* sowie die Wohnblöcke in Tusschendijken* erhielten einen Raum, der – entsprechend dem von der SDAP propagierten Raumprogramm – als drittes Schlafzimmer oder aber dem konservativen Wohnprogramm gemäß als »Salon« genutzt werden konnte. Durch die variable Nutzung nahmen Ouds Wohnungen eine Zwischenposition zwischen dem fortschrittlich-sozialistischen (drei Schlafzimmer) und dem konventionell-bürgerlichen Programm (Salon) ein. Allerdings greifen die beiden en suite angeordneten und durch eine Tür verbundenen Räume eindeutig auf das bürgerliche Modell von Wohnraum und Salon zurück. Neben einer Aufwertung der Arbeiterwohnung entsprachen diese Räume auch der heterogenen Mieterklientel. So konnten die Wohnungen wahlweise von kleineren, besser gestellten Familien bewohnt werden, die in den Genuß eines gehobenen, bürgerlichen Raumprogramms mit Salon kamen, oder aber von einer größeren Familie, die ein drittes Schlafzimmer benötigte.

Während die flexible Nutzung des Grundrißtypus wenige Vergleichsbeispiele findet, waren unterschiedlich große Wohnungen innerhalb eines Wohnblocks keine Besonderheit. Auch in den großen Wohnblöcken in Amsterdam-Süd wurden Wohnungen mit unterschiedlichem Raumprogramm für Groß- und Kleinfamilien bzw. für Bewohner verschiedener Einkommensschichten kombiniert. Die zusätzlichen Schlafräume über den Hofdurchgängen von Block I, V* und IX* sowie – in systematischer Form – in den eingefügten Bauabschnitten der Tusschendijkener Wohnblöcke* sind dagegen selten im Wohnungsbau dieser Zeit. Zu nennen sind wiederum Berlages Wohnblöcke in der Amsterdamer Tolstraat[876], wo – wie bei Oud – die zwischengeschobenen Bauabschnitte von den beiden angrenzenden Wohnungen genutzt werden. Durch dieses »Ineinandergreifen der Wohnungen« wurde die Vorstellung eines auf rechteckigem Grund errichteten Hauses mit durchlaufenden Trennmauern aufgegeben.[877] Kein Vorbild findet die von Oud gewählte Lage der zusätzlichen Räume an den Wohnstraßen, die für die Konsequenz der Gesamtanlage steht.

Das Motiv der »en suite« angeordneten Räume steht in der Tradition des bürgerlichen Appartments. Ein Beispiel hierfür sind die Wohnungen des »Hillehuis« von De Klerk (1911/12).[878] Entsprechend Ouds Häuserzeile für einen Strandboulevard* sind die beiden Räume dort vollkommen identisch und öffnen sich über eine Fenstergruppe bzw. Fenstertüren zur Straße und zur Rückseite des Gebäudes. Aber auch im Arbeiterwohnungsbau wurde dieses Motiv verwendet.[879] Vergleichbar mit Ouds Typenwohnungen sind De Bazels Wohnblöcke am Van Beuningenplein in Amsterdam (1914–18).[880] Wie im Prototyp von Block VIII* ist dem Wohnraum dort ein kleinerer Raum angefügt, der als Salon oder als weiterer Schlafraum genutzt werden kann.

Charakteristisch für Ouds Wohnbauten ist die Systematik der Grundrisse mit einer Unterteilung in einzelne (unterschiedlich breite) Abschnitte. Diese Lösung, die eine kostengünstige Ausführung durch ökonomisch plazierte Wände garantiert, findet Vorläufer in den Bauten von Ouds Lehrergeneration, unter anderem bei Berlage und De Bazel.[881] Auch die Grundrißlösung des *Centraalbouw** mit seinem längsrechteckigen Wohnraum, dem sich in gleicher Breite zwei spiegelsymmetrische Schlafräume anschließen, ist im niederländischen Wohnungsbau vorgebildet.[882] Allerdings handelt es sich dort jeweils um Einzellösungen, während Oud mit seiner Grundrißsystematik einem für sein Gesamtwerk gültigen ästhetischen Ideal folgte. Auch die für Oud typischen symmetrischen Raumwände sind im *Volkswoningbouw* ungewöhnlich. Als Vorbilder könnten allein Berlages Arbeiterwohnungen im Transvaalbuurt (1912) und im Wohnblock »De Arbeiderswoning« im Staatsliedenbuurt (1911–15) genannt werden[883], wo die Symmetrie jedoch kein durchgängiges Gestaltungsprinzip bildet.

In den Niederlanden wurde traditionell jede Wohnung über eine separate Haustür von der Straße aus erschlossen. Ausschlaggebend hierfür waren hygienische Gründe sowie der Wunsch nach Abgrenzung gegenüber den Nachbarn. Aus Kostengründen entstanden jedoch bereits im 19. Jahrhundert Gemeinschaftstreppenhäuser mit Zugang zu acht oder mehr Wohneinheiten. Dieser sogenannte »Portiek-Typus« erfuhr von Seiten der Bewohner jedoch wenig Akzeptanz. Die Wohnungsbaugesellschaften entwickelten daher verschiedene Erschließungsformen mit möglichst vielen privaten Eingängen. Bei den drei- und viergeschossigen Bauten etablierte sich eine Mischform mit privaten Haustüren für die Erdgeschoßwohnungen und einer gemeinsamen Haustür für alle Obergeschoßwohnungen.[884] Dagegen unterstützte die SDAP aus Kostengründen sowie als Ausdruck der Solidarität Gemeinschaftstreppenhäuser in den mehrgeschossigen Wohnblöcken. Erst in den 1920er Jahren setzten sich diese jedoch nach und nach durch.

Oud folgte bei seinen ersten beiden Bauten für den *Woningdienst*, Block I und V* in Spangen, dem gängigen Schema mit einer Haustür für jede Erdgeschoßwohnung und einer gemeinsamen Haustür für die Obergeschoßwohnungen. Bereits mit Block VIII* wählte er die moderne Variante mit einem gemeinsamen Treppenhaus für jeweils sechs Wohnungen, die er bei den folgenden Wohnblöcken beibehielt. Eine entsprechende Erschließung zeigt das 1910 von J. C. van Epen errichtete Wohnhaus in der 2e Berhaavenstraat in Amsterdam. Das von acht Familien genutzte Treppenhaus verfügte dort bereits über einen kleinen Warenlift, wie ihn Oud im Centraalbouw* und in seinen Häuserzeilen in Bljdorp* vorsah.[885] Ein bekannteres Beispiel bilden Berlages 1912 entworfene Wohnblöcke für »De Arbeiderswoning« im Indische Buurt, die Oud eventuell als Vorbild für den Blocktypus herangezogen hat.[886]

Als Laubenganghaus bildet der Centraalbouw* eine vollkommen neuartige Erscheinung im niederländischen *Volkswoningbouw*.[887] Allein für Mittelstandswohnungen existierte ein Vorläufer in Rotterdam, das 1889 errichtete »galerijflat« am Diergaardesingel, das auf Henry Roberts Musterwohnungen auf der Ersten Weltausstellung (1851) in London zurückgeht.[888] Als Anregung für Oud bzw. Plate könnte zudem der 1855 von Stadtarchitekt W. N. Rose publizierte Galeriebau gedient haben, der ebenfalls für Arbeiter gedacht war.[889] Vorformen bestehen bei Mietshäusern des 19. Jahrhunderts in Wien, Hamburg und London, die ebenfalls innenliegende Treppen in Verbindung mit Außengängen an den Hofseiten aufwiesen. In Großbritannien bildete das als »balcony house« oder »balcony tenement building« bezeichnete Laubenganghaus eine gängige Form des Mietshauses.[890] Ziel des Laubenganghauses war generell ein kostengünstiger Zugang über eine gemeinsame Treppe. Die Besonderheit des Centraalbouw und Brinkmans Superblock (Abb. 52) liegt im Gegensatz zum klassischen Laubenganghaus in der Einrichtung einer Kommunikationszone durch die breiten Galerien, wobei der Centraalbouw sogar einen Rundweg um den Hof bot. Bislang wurde der Centraalbouw als ein dem Superblock vorausgehender Galeriebau übersehen.[891]

6.1.3. Innenhöfe

Bei Mietshäusern orientierten sich die repräsentativen Wohnräume traditionell zur Straße. Dagegen hatte Berlage 1905 in seinem (publizierten) Vortrag »Über die wahrscheinliche Entwicklung der Architektur«[892] eine Ausrichtung der Wohnräume zum Hof prophezeit, die ein vollkommen neues Straßenbild ergeben werde. Als Parallele verwies Berlage auf die klassische Antike und die orientalische Architektur: »Denn auch dann wird vielleicht das Aussehen [›anzicht‹] unserer Straßen vollkommen verändert sein, in dem Sinne, daß das, was wir heute an der Straße wünschen, wieder an die Rückseite, zum großen Hof gerichtet werden soll und umgekehrt; weil die Wohnräume allmählich nicht mehr an den belebten Straßenseiten geduldet werden können; und die Treppen, die Dienst- und Toilettenräume, welche nun an der Rückseite liegen – was an sich bereits unangenehm ist, auch weil alle Abflußleitungen zur Straßenseite führen müssen – besser an der Straßenseite Platz finden. Eine Veränderung, welche auch in diesem Sinn die klassische Welt ins Gedächtnis ruft [›voor den geest roept‹], als sich das Hauptmoment der Architektur nicht zur Straße richtet, sondern in die Umschlossenheit der Mauern – das ursprüngliche orientalische Prinzip. Denn Architektur ist vor allem Raumumschließung, keine Manifestation nach außen.«[893]

Berlages Vision wurde bereits wenig später im Nachbarland Deutschland aufgegriffen. 1907 erwähnte Karl Scheffler Entwürfe für große Gemeinschaftshöfe, wobei die Wohnräume dort – wie von Berlage beschrieben – zum Hof gerichtet seien: »Es sind schon Pläne aufgetaucht, wonach der als Einheit gedachte Häuserblock einen grossen Gartenhof umschliessen soll. Die bewohnten Zimmer sollen von der Strassenfront entfernt und an diesen Garten gelegt werden, während die Wirtschaftsräume ihre Fenster nach der Strasse bekommen.«[894] Als Grund für die Neuorientierung der Wohnräume nannte Scheffler die bessere Belichtung. Die Realisierung dieser Vorstellung schien jedoch Zukunftsmusik zu sein: »Heute klingt dieser Vorschlag noch utopisch.«[895] Allerdings verwies Behrendt bereits 1911 auf Paul Mebes' Wohnblock des Beamten-Wohnungs-Vereins in Berlin, bei dem die Balkone zu den Wohnhöfen gerichtet waren.[896] Ein noch früheres Beispiel ist Wrights Francisco Terrace in Chicago (1895), bei der sich die Küchen an den Langseiten des Blocks zur Straße und die Wohnräume zum Hof orientieren (Abb. 75). Möglicherweise war Oud über Berlage auf dieses Gebäude aufmerksam geworden.

Oud verwendete die zum Hof orientierten Wohnräume erstmals bei Block VIII* und IX* in Spangen: »Bei dieser zweiten Gruppe [Block VIII und IX: EvE] ist der Prototyp des Wohnarrangements zu finden, ebenso der Situierung der Wohnungen, wie diese bei den späteren kommunalen Blöcken in ›Tusschendijken‹ zum System erhoben sind.«[897] Dabei lagen der große Wohnraum mit Balkon zum Garten, der kleinere, variabel als Wohn- oder Schlafzimmer zu nutzende Raum an der Straße. Laut Oud garantiere die Öffnung zum Innenhof die gewünschte Ruhe und Abgeschlossenheit vom städtischen Betrieb sowie eine bessere Belichtung und Luftzufuhr über die großen Höfe.[898] Oud griff damit auf die Argumentation von Berlage wie auch der deutschen Kollegen zurück.[899] Eine Ausrichtung der Wohnräume zum Innenhof wurde kurz nach den Spangener Wohnblöcken und gleichzeitig mit den Blöcken in Tusschendijken* in J. B. van Loghems Haarlemer Siedlungen Rosenhage (1919–22) und dem Tuinwijk-Zuid (1920/22) verwirklicht.[900] Dort finden sich wiederum zwei Wohnräume, wobei einer zum Hof, der andere zur Straße gerichtet ist, und als Variante ein sich über die gesamte Tiefe des Hauses erstreckender Wohnraum. Eine konsequente Orientierung des Hauptwohnraumes zum Innenhof wurde im niederländischen Wohnungsbau somit erstmals von Oud realisiert.[901]

Ein gemeinschaftlich zu nutzender Innenhof lag als Entwurf bereits im September 1918 mit dem Centraalbouw* vor. Auf Privatgärten für die Bewohner der Erdgeschoßwohnungen wurde dort konsequent verzichtet. Im Innenhof von Block IX* in Spangen konnte Oud erstmals (neben den Privatgärten der

Erdgeschoßwohnungen) eine gemeinschaftliche Grünanlage realisieren. Erst bei seinen Wohnblöcken in Tusschendijken* erhielten die Anlagen jedoch eine aufwendigere Gestaltung mit Kiesweg, umzäunter Rasenfläche und Sandkasten. Um den Hof möglichst weiträumig erscheinen zu lassen, wurden dort keine privaten Schuppen mehr errichtet. Die Gemeinschaftsgärten besaßen zu dieser Zeit bereits eine Tradition im niederländischen Wohnungsbau, auf die Oud bei seinen Blöcken zurückgreifen konnte.

Den Prototyp des Gemeinschaftsgartens bildet das niederländische »hofje«, ein großer Hof innerhalb eines geschlossenen Wohnkomplexes. Oud wird in seiner Zeit in Leiden einige dieser für die Stadt typischen Hofanlagen kennengelernt haben. Die zum Teil auf das 17. Jahrhundert zurückgehenden Höfe waren ausschließlich für Bedürftige, oftmals für alte Menschen bestimmt. Die Häuser gruppieren sich um einen meist symmetrisch angelegten Innenhof mit Garten, der von allen Bewohnern gemeinsam genutzt wird.[902] Sowohl die Idee eines in der Stadt liegenden Rückzugsortes als auch die symmetrische Grundform finden sich in Ouds Rotterdamer Blöcken wieder, dort jedoch übersetzt in eine moderne großstädtische Sprache.

1913 entstand auf Anregung von Arie Keppler, der seinerseits von Wohnanlagen in Arnhem und Leipzig beeinflußt war, der Entwurf für den Zaanhof in Amsterdam. Der nach Kepplers Skizze von J. M. van der Mey ausgeführte Wohnkomplex besteht aus einem zweigeschossigen Häusergeviert um einen großen Innenhof, der von einem äußeren Ring von drei- oder viergeschossigen Wohnbauten umschlossen ist.[903] Mit einer aufwendig gestalteten Grünfläche und einem Sandkasten nach Entwurf von Piet Kramer bildet er einen Vorläufer von Ouds Höfen. Der Zaanhof wurde Vorbild für eine Reihe vergleichbarer Anlagen in Amsterdam-Süd, die Oud als Inspiration gedient haben mögen.

Auch innerhalb eines mehrgeschossigen Wohnblocks existierten bereits vor Ouds Rotterdamer Bauten entsprechende Gemeinschaftsanlagen.[904] Eingeführt wurde der als Gemeinschaftsgarten dienende Innenhof bei Gebäuden der Wohnungsbauvereinigungen. Zu den frühen Beispielen zählt die auf Basis des Woningwet finanzierte Hofanlage der Wohnungsbauvereinigung Rochdale nach Entwurf von Van der Pek (1911/12).[905] 1909 hatte der Amsterdamer Woningraad vorgeschlagen, die Schmalseiten der Wohnblöcke generell offen zu lassen, um so einen öffentlichen Garten zwischen den beiden Zeilen zu schaffen.[906] Entsprechend verzichtete Van der Pek auf die Verbindung der beiden Wohnzeilen zu einem geschlossenen Wohnblock (vgl. Abb. 81). Der Gemeinschaftsgarten war öffentlich zugänglich und wurde für Konzerte und Versammlungen genutzt. Wie in Ouds Innenhöfen grenzt die gemeinschaftliche Grünfläche an die Privatgärten der Erdgeschoßwohnungen. Auch die aufwendige, symmetrische Gestaltung der Innenhöfe findet hier ein Vorbild.[907]

Entsprechend dem Programm der SDAP, die sich für kollektive Einrichtungen einsetzte, wurden in Amsterdam zunehmend Gemeinschaftsgärten an Stelle der Privatgärten angelegt. Die Innenhöfe in Spangen und Tusschendijken sind damit Teil einer allgemeinen Entwicklung. Dennoch zeigen die symmetrischen und aufwendig gestalteten Höfe von Oud eine künstlerische Qualität, die sie von den übrigen Beispielen absetzt (Abb. 203). Hierzu trägt auch die einheitliche Gestaltung der Hofwände mit durchlaufenden Balkonen und großen Fenstern bei. Ähnlich anspruchsvolle Hoffronten zeigten nur die Bauten von Van der Pek und Berlage sowie De Klerks zweiter Block am Spaarndammerplantsoen mit ebenfalls durchlaufenden Balkonen.[908] Ein Gebäude in Rotterdam, das gleichzeitig mit den Entwürfen für Tusschendijken* entstand, ist Brinkmans Superblock in Spangen. Die Grünflächen umfassen hier jedoch allein den vor und hinter dem Bade- und Waschhaus liegenden Bereich, der zu beiden Seiten von der sich gabelnden Justus van Effenstraat umgeben ist. Die übrige Hoffläche wird von den Privatgärten der Erdgeschoßwohnungen eingenommen (Abb. 8). Vor allem der Vergleich mit Brinkmans Wohnblock zeigt den Unterschied zu den anspruchsvollen, symmetrischen Höfen von Oud, die somit nicht auf den Auftraggeber, sondern auf den Architekten selbst zurückzuführen sind.

6.1.4. Material und Farbigkeit
Alle für den Woningdienst errichteten Wohnbauten von Oud sind in Backstein ausgeführt, allein für einzelne Bauelemente wie Treppen und Fußböden wurde Beton verwendet.[909] Abweichend von den Sichtbacksteinbauten in Spangen* und Tusschendijken* entstanden 1923/24 die verputzten und weiß gefaßten Wohnhäuser der Siedlung Oud-Mathenesse*. Vorbilder im zeitgenössischen Wohnungsbau sind allein unter den verputzten oder farbig gefaßten Betonbauten zu finden, wie den Wohnungen am Castorplein in Amsterdam (1920/21) und den gleichzeitig zum »Witte Dorp« ausgeführten Betonbauten des Rotterdamer Woningdienst, der Gemeinde Scheveningen und im Betondorp Watergraafsmeer in Amsterdam.[910] Ausgehend von der Bauaufgabe dürften der Beginenhof in Brügge mit Bauten des 17. Jahrhunderts[911], die teilweise verputzten Hofjes in Leiden und die Sozialsiedlung Fuggerei in Augsburg (ab 1516) Anregungen geboten haben. Mit den symmetrischen Hausfassaden (Doppelhäuser), der Ausbildung eines Sockels und den gesimsartigen Regenrinnen orientiert sich das »Witte Dorp« jedoch auch an der klassischen Architektursprache, die wiederum verputzte Backsteinfronten verlangte.[912] Damit wurden die Wohnhäuser zum Wegbereiter der »weißen Moderne« in den Niederlanden, denen sich die Bauten von Johannes Duiker, J. B. van Loghem, J. A. Brinkman und L. C. van der Vlugt anschlossen.

Die für Oud charakteristische Absetzung der verputzten Wand von dem mit Backstein verkleideten Sockel findet unterschiedliche Parallelen in der niederländischen Architektur, wie auch in Bauten Großbritanniens und Deutschlands. Ein 1907 entworfenes Wohnhaus von De Klerk zeigt verschiedene Backsteinsorten für Sockel und Wandfläche[913], jedoch keine verputzten Wände, die in der Amsterdamer Schule generell kaum anzutreffen sind. In den späteren Wohnblöcken der Amsterdamer Schule wurden die Sockel zum Teil mit farbigen Fliesen verkleidet, die sich auf diese Weise von den in Sichtbackstein belassenen Wandflächen abheben. Die Kombination von Verputz und Backsteinsockel findet sich gleichzeitig zum »Witte Dorp« in Van Loghems Arbeiterhäusern Patria in Haarlem (1922). In seinen Bauten im Amsterdamer Betondorp Watergraafsmeer (1922/23) wird dieses Gestaltungsprinzip in Form eines weißen Verputzes und einer mit schwarzem Teer abgesetzten Erdgeschoßzone fortgesetzt. Im Gegensatz zu diesen Beispielen bildet der Backsteinsockel im »Witte Dorp« jedoch ein zentrales Gestaltungsmittel. Hierzu trägt bei, daß der Sockel an mehreren Stellen (entsprechend der Einfassung des Damloperplein) als Gartenmauer fortgesetzt wird und so einzelne Häusergruppen zusammenfaßt.

Wie in anderen europäischen Ländern waren auch in den Niederlanden bereits Gebäude verschiedenster Art, vornehmlich Nutzbauten, in Beton ausgeführt worden. Ouds Experimente im Wohnungsbau, wie die Realisierung einzelner Bauteile in Beton und seine unausgeführten Entwürfe für Betonhäuser, bilden frühe, wenn auch nicht die ersten Beispiele dieser Art. Bereits 1911 entstand Berlages Haus in Sandpoort, dem 1916 zehn Versuchswohnungen in Spijkenisse sowie 1920–21 Versuchswohnungen in der Amsterdamer Gartenstadt Oostzaan folgten.[914] 1918 stellte Wils in einem Beitrag über Notwohnungen in armiertem Beton ein neues Bauverfahren mit hohlen Betonbalken vor.[915] Entwürfe für Wohnbauten in Beton sind in dieser Zeit häufig[916], während eine Umsetzung im größeren Maßstab erst mit den Betonbauten einzelner Wohnungsbauvereinigungen und der größeren niederländischen Gemeinden einsetzte. Die frühen Experimente des *Rotterdamer Woningdienst* (ab 1921) gehen zumindest teilweise auf Ouds Engagement zurück.[917] Das international bekannte Betondorf Watergraafsmeer (1922–28) entstand erst nach den Rotterdamer Bauten.

Die in Ouds Häuserzeilen in Hoek van Holland* verwendeten Fensterrahmen in Metall sind im *Volkswoningbouw* ein Novum, das in der zweiten Hälfte der 1920er Jahre große Nachfolge fand. Allerdings wurden in den Niederlande neben Beispielen im Industriebau bereits für W. N. Roses Ministerie van Kolonien in Den Haag (1859–61) die Fensterrahmen aus Eisen gefertigt.[918] Ab 1910 stellte die Firma De Vries Robbé Metallfenster her.

Die Verwendung von Farbe in der niederländischen Architektur wie auch speziell im *Volkswoningbouw* war durchaus üblich. So wurden traditionell Türen und Fensterrahmen wie auch andere Holzteile farbig gefaßt. Die Fensterrahmen von Van der Peks Wohnblöcken (1907-09) waren gelb und blau gestrichen, ebenso die Fenster von Berlages Wohnbauten im Transvaalbuurt (1916–20). Über Berlages Bauten berichtete Oud 1919: »Nebst den unaufdringlichen Farben des natürlichen Steinmaterials (welches bisweilen von farbigen, glasierten Steinen belebt ist) wendet er zur Bemalung des Holzes, des Eisens usw. ziemlich helle, oft primäre Farben an.«[919] Allerdings waren die Balkone in Ocker und die Türen in Hell- und Dunkelgrün gefaßt. Möglicherweise wollte Oud mit seiner Bemerkung allein die offizielle Farbskala von *De Stijl* mit Berlages Architektur in Verbindung bringen und so in eine vermeintlich bestehende Tradition einbinden. Auch Van Epen verwendete in seinen Wohnbauten in der Amsterdamer Cornelis Krusemanstraat (1918) orange und grüne Holzelemente und damit keine Primärfarben. Die Innenräume von Arbeiterhäusern wurden oft in mehreren Farben gefaßt. Van Loghem wählte für die Wohnungen seines Tuinwijk-Zuid in Haarlem (1920–22) die Farben Ockergelb und Grün, eine Farbkombination, die auch Oud einige Jahre später in seinen Wohnhäusern in Kiefhoek* verwenden sollte.[920]

Zahlreiche Beispiele farbiger Architektur gehen auf die Mitarbeiter von *De Stijl* zurück, darunter auch Arbeiterwohnungen und größere Wohnkomplexe. Zu nennen sind unter anderem Wils' Wohnkomplex Daal en Berg in Den Haag (1919–22) mit Fensterrahmen in Gelb und Blau[921], Van Doesburgs Farbfassung der Reihenhäuser in Drachten (1922/23) mit Türen und Fensterrahmen in den Primärfarben[922] und Rietvelds Reihenhäuser in der Erasmuslaan in Utrecht (1931) mit roten und blauen Bauelementen. Auch die Architekten der Amsterdamer Schule arbeiteten generell mit Farbe, wobei sie jedoch in erster Linie verschiedenfarbigen Backstein verwendeten. Die Farbskala umfaßt daher Rot-, Gelb- und Brauntöne. Vereinzelt treten auch farbige Fliesen im Eingangsbereich auf. Vor allem die Türen waren dort farbig gefaßt.

Oud stand mit seinen farbigen Türen, Fensterrahmen und Regenrinnen somit ganz in der niederländischen Bautradition. Weniger gebräuchlich waren ungebrochene Farben (Primärfarben) und die Quantität der farbig gestrichenen Bauteile. Dies betraf vor allem die Bauleitungshütte* sowie die *Waterstokerij* und die Läden in Kiefhoek*, wo nicht mehr die Holzelemente, sondern – entgegen der vorherrschenden Backsteinästhetik – die Wandflächen selbst farbig gefaßt waren.[923]

6.1.5. Städtebau

In seinem 1917 erschienenen und vielzitierten Aufsatz »Het monumentale stadsbeeld« (Das monumentale Stadtbild) forderte Oud eine einheitliche Straßengestaltung als Ausgangspunkt der modernen Stadt. Die stadtbildprägenden, »willkürlich« errichteten Einzelhäuser sollten hierfür durch Wohnblöcke ersetzt werden, deren Gestaltung von der öffentlichen Hand zu kontrollieren sei.[924] Ausgangspunkt seiner Darstellung war die in Deutschland geführte Diskussion um die »einheitliche Blockfront«, wobei der gleichnamigen Publikation von W. C. Behrendt (1911) bereits Schriften vorausgegangen waren.[925] Auch diese Autoren wurden in den Niederlanden und nachweislich von Oud gelesen, in dessen Bibliothek sich unter anderem Schefflers »Moderne Baukunst« (1907) und »Die Architektur der Grossstadt« (1913) befanden.[926]

Behrendt verwies vor allem auf die Bedeutung der einheitlichen Blockfront für das moderne Stadtbild: »Nicht das Einzelhaus, sondern die Gruppe von Einzelhäusern, die Blockwand muß im Straßenbild zu einer architektonischen Einheit ausgebildet werden, um so mehr, als die Reckung des optischen Maßstabes im modernen Städtebau, des Flächen- wie des Raummaßes, das Einzelhaus immer mehr in dem Einheitselement der Blockwand aufgehen läßt.«[927] Gustav Wolf schloß sich 1913 dieser Sichtweise an: »Wenigstens aber sollte man sich entweder durch örtliche Bauvorschriften oder freiwillig entschließen, gewisse Grenzen innezuhalten, Gesims- und Dachhöhen gleichmäßig durchzuführen, das Haus als Glied des Baublockes, die Blockfront als Wand der Straße, Straße und Platz als Teile der städtischen Raumfolge, den Block als Baustein des Gesamtstadtbildes zu behandeln.«[928] Der Massenwohnungsbau wurde nun als städtebaukünstlerische Aufgabe angesehen, die zu den Pflichten der öffentlichen Hand gehörte: »… die Stadtverwaltung hat in ihrer selbstherrlichen Stellung Bürgertum und Fürstentum der Vergangenheit abgelöst, und es kann kein Zweifel sein, daß ihr die besten Möglichkeiten eines energischen Einflusses auf die baukünstlerische Gestaltung des Stadtbildes zu Gebote stehen. Das Gemeinwesen ist heute die Stelle, an der jener großzügige und zielbewußte Einzelwille zur Entfaltung kommen muß, der die Stadt in ihrer Gesamtheit erst zu einem Kunstwerk, zu dem Produkt einer einheitlichen Willensäußerung machen kann.«[929] »Diese freiwillige Unterordnung unter eine überpersönliche, bewußt geförderte Stilidee wird unsere Städte erst wieder zu einheitlichen Organismen bilden und sie zum geschlossenen Ausdruck eines künstlerischen Willens formen.«[930]

Dieses Ziel wurde jedoch nicht in Deutschland, sondern zuerst in Amsterdam durch die von der *Schoonheidscommissie* geförderte Architektur der Amsterdamer Schule konsequent umgesetzt. In Anlehnung an die in Deutschland formulierten Ideen hatte sich Berlage als einer der engagiertesten Verfechter des einheitlichen Stadtbildes hervorgetan: Bereits 1909 verwies er auf einen »sehr lesenswerten Artikel« von Fritz Schumacher, der dort die Verantwortung der Stadtverwaltungen für die Stadtgestaltung hervorhob.[931] In seinen Delfter Vorträgen (1913) sprach sich Berlage für ein einheitliches Straßenbild als Grundlage der monumentalen Stadt aus[932] und plädierte im folgenden Jahr für ein Eingreifen der Regierung, um die gewünschte Einheitlichkeit im Städtebau zu garantieren.[933] Dabei berief er sich auf den Theoretiker Abbé Laugier, der gefordert hatte, die Gestaltung der Stadt nicht individuellen Einzelpersonen zu überlassen. Als Ideal standen Berlage die regulären Anlagen des absolutistischen Frankreich vor Augen, in denen ein hohes städtebauliches Niveau erreicht worden sei.

Zweifellos standen Oud neben den deutschen Beispielen daher auch die in einheitlichem Stil errichtete Amsterdamer Architektur und hier vor allem der Arbeiterwohnungsbau vor Augen. Da er im Herbst 1917 möglicherweise schon auf eine Stelle beim *Woningdienst* spekulierte, wird er an eine vergleichbare Stileinheit für Rotterdam gedacht haben. In jedem Fall zeigt Ouds Plädoyer für eine Stärkung der öffentlichen Hand und eine einheitliche Stadtgestaltung, daß er das aktuelle Amsterdamer Bauwesen – wenn auch nicht in der konkreten formalen Ausbildung – als Vorbild für eine entsprechende Entwicklung in Rotterdam ansah.

Ouds Artikel, der oftmals als progressiver Beitrag des jungen, radikalen De Stijl-Künstlers gewertet wird[934], greift in Wirklichkeit auf die bereits von deutschen Autoren und – in Abhängigkeit davon – von seinem Mentor Berlage propagierte Stadtbaukunst zurück.[935] Allerdings versuchte Oud, die dort formulierten Forderungen konsequent in seiner Architektur umzusetzen. Hierfür steht in erster Linie die als fortsetzbar gekennzeichnete Straßenbebauung im Entwurf für eine Häuserzeile mit Arbeiterwohnungen*. Charakteristisch für die Häuserzeile ist – ebenso wie für die Häuserzeile an einem Strandboulevard*, die allerdings außerhalb des städtischen Kontextes bleibt – das Motiv der Serialität in Form sich wiederholender Fensterformate und Gestaltungsmotive. Auch De Klerk war bei seinen Wohnbauten einige Jahre zuvor zu progressiven Lösungen gekommen, die jedoch ein vollkommen anderes Verständnis der Stadt vermitteln: De Klerk entwarf individuell gestaltete Wohnblöcke, die in der Einmaligkeit ihrer Formgebung die Blockgemeinschaft stärken sollten und gleichzeitig als Bauten der Amsterdamer Schule an der Entstehung einer städtische Identität mitwirkten (Abb. 80, 82).

Ouds Entwurf einer Häuserzeile* kam nicht zur Ausführung. Da seine frühen Bauten für den *Woningdienst* in bezug auf Bauflucht und Gebäudehöhe bereits festgelegt waren, blieb sein Handlungsspielraum beschränkt. Mit Blick auf das einheitliche Straßenbild wurden die Bauten jedoch bewußt an die benachbarten Gebäude angepaßt. Dies zeigt sich vor allem bei den Blöcken I, V* und VIII* in Spangen, wo jeweils eine Blockfront von anderer Hand errichtet wurde. Oud übernahm Geschoßzahl, Dachform und Fensterformate und stimmte die Fassadengliederung mit den Architekten ab. Aber auch der vollständig von Oud ausgeführte Block IX* nimmt in Dachform und Fensterformaten auf die Nachbarbauten Bezug.[936] Dieses Bestreben steht im genauen Gegensatz zu den individualisierten, oftmals spektakulären Blöcken der Amsterdamer Schule, die primär aufgrund des Lokalstils zu einer städtebaulichen Einheit verbunden wurden.

Eine neuartige Lösung findet sich bei den Wohnblöcken in Tusschendijken*. Die identischen, in einer Reihe angeordneten Blöcke zeigen wiederum den Wunsch nach einer einheitlichen Straßenbebauung, die zumindest in Teilen (fünf statt der geplanten acht Blöcke) ausgeführt wurde. Entsprechend den als fortsetzbar gekennzeichneten Entwürfen seiner Häuserzeilen könnte auch die Reihe von Wohnblöcken weitergeführt werden (Abb. 200). Wieder sind die Typisierung sowie die Vervielfältigung und serielle Reihung das bestimmende Gestaltungsmittel, wobei an die Stelle einzelner Bauteile nun ganze Wohnblöcke treten. Die Wiederholung eines Wohnblocks in größerer Anzahl war in den Niederlanden ohne Vorbild. Eine Anregung könnten allein Berlages Wohnbauten für »De Arbeiderswoning« im Indische Buurt (1912–15) geliefert haben.[937] Allerdings vermitteln die zweieinhalb Wohnblöcke noch nicht das von Oud mit der Serialität der Wohnblöcke intendierte großstädtische Bild.[938]

Auch mit seiner streng symmetrischen Siedlung Oud-Mathenesse* schuf Oud eine neuartige Lösung (Abb. 227). Er wich dort vom Typus der malerischen, unregelmäßigen und scheinbar natürlich gewachsenen Gartenvorstadt ab, der beispielsweise in der Rotterdamer Siedlung Vreewijk (1913–20) als einer der größten und bedeutendsten »Gartenstädte« der Niederlande realisiert worden war. Durch die Anlehnung an städtebauliche Entwürfe, die – entsprechend den Idealstädten der Renaissance und des Barock – auf geometrischen Formen und symmetrischen Kompositionen basieren, wird die Siedlung in die klassisch-akademische Architekturtradition eingebunden (vgl. Abb. 71). Gleichzeitig zeigt die Ableitung von De Bazels Entwurf einer »Welthauptstadt« (1905; Abb. 72)[939] ihre Herkunft aus dem aktuellen niederländischen Baugeschehen. Ähnlich Berlages Erweiterungsplan für Den Haag (1908; Abb. 73), der De Bazels »Welthauptstadt« als eigenständige städtebauliche Einheit integriert, ist auch Ouds Siedlung Teil des Stadterweiterungsgebiets Oud-Mathenesse* (Abb. 42, 226). Das Neubaugebiet lehnt sich mit seinen axialsymmetrischen Kompositionseinheiten an Berlages städtebauliche Arbeiten an, wie sie in seinem 1915 vorgelegten Erweiterungsplan für Amsterdam-Süd (Abb. 79) einen Höhepunkt fanden.

Auch die Häuserzeilen in Hoek van Holland* sind der klassisch-akademischen Architektursprache verpflichtet. Entscheidend hierfür ist wiederum die streng symmetrische Gesamtform mit ihrem zentralen U-förmigen Hof und nicht die Stilform der Baudetails. Wieder zeigen sich Parallelen zu Berlage, wie seinem Wohnblockentwurf am Amsterdamer Museumsplein (1895/96) mit zwei einheitlichen, in sich symmetrischen Fassaden und einem zentralen Durchgang mit hervorgehobenem Mittelbau.[940] Entsprechend betonte Berlage die Bedeutung der barocken Architektur für den modernen Städtebau: »Gerade was die Kunstfrage betrifft, wird sicher die barocke Anlage alle Vorgaben erfüllen, da die Forderung nach Geschlossenheit, die gerade abgeschlossene Straße, die große axiale Perspektive den Kern davon ausmacht.«[941]

Die eng stehenden, extrem langgestreckten Häuserzeilen der Siedlung Kiefhoek*, die auf einen gestalterischen Abschluß in Form vorspringender Einzelbauten verzichten, verweisen in formaler Hinsicht bereits auf den Zeilenbau (Abb. 261, 263). Einen entsprechenden Typus (parallel angelegte, nach der Himmelrichtung orientierte Häuserzeilen) entwarf Oud erstmals mit seiner »prinzipiellen Lösung« auf Basis des Stuttgarter Wohnhaustypus* (Abb. 311) und lehnte sich damit an die deutschen Beispiele eines Ludwig Hilberseimer, Gustav Oelsner und Otto Haesler an.[942] Ouds Entwurf entstand gleichzeitig mit Mart Stams Zeilenbau, der ebenfalls im Rahmen der Stuttgarter Weißenhofsiedlung entwickelt wurde. Oud und Stam schufen damit als erste niederländische Architekten Beispiele für dieses neue städtebauliche Konzept. Ouds Zeilenbauten für Blijdorp*, bei denen sich niedrige Flügel rechtwinklig an die Enden der Bauten anfügen, haben einen Vorläufer in Stams Siedlung Hellerhof in Frankfurt am Main (1929/30). Weitere Beispiele für diese Lösung finden sich unter den Mitgliedern von De Opbouw wie Van Tijens Gegenentwurf für den Indische Buurt von 1930 (Abb. 63b).

6.1.6. Zusammenfassung

Oud, der seine gesamte Ausbildung in Amsterdam absolviert hatte, konnte die dortige Bautradition in seinen Wohnblöcken für den Rotterdamer *Woningdienst* in zentralen Punkten weiterführen. Sowohl die (von der Entwicklung in Deutschland beeinflußten) einheitlichen Block- und Straßenfronten als auch die großen, als Gemeinschaftsgärten angelegten Innenhöfe wurden relativ früh und vor allem konsequent von Oud umgesetzt. Die Kombination von privaten Hauszugängen und gemeinschaftlichem Treppenhaus in Block I und V* in Spangen bildete ein gängiges Schema der Amsterdamer Wohnbauten. Die frühen Wohnblöcke suchen zudem mit ihren symmetrischen, von Eckbauten eingefaßten Fassadenkompositionen bewusst den Anschluß an Wohnbauten der Architektengeneration um Berlage, De Bazel und Van der Pek. Später entwickelte Oud – eventuell unter Einfluß von De Klerk – flächige Gebäudefronten zur Betonung des quaderförmigen Baukörpers. Auch die sozialen Einrichtungen in Ouds Wohnbauten, wie die Grünanlagen und Spielplätze, aber auch die Integration von Wohnungen für Großfamilien, finden ein Vorbild im Bauprogramm der Stadt Amsterdam.

Die Situation des Wohnungsbaus in Amsterdam und Rotterdam war dennoch grundsätzlich verschieden. Die Dominanz der Amsterdamer Schule bei kommunalen Bauten und die dadurch vermittelte Identifikation dieses Architekturstils mit der Stadt

Amsterdam fand in Rotterdam keine Entsprechung. Prinzipiell standen die einheitlich gestalteten Wohnkomplexe Amsterdams, die Solidarität und Selbstbewußtsein der Arbeiter demonstrieren sollten, den Vorstellungen des liberalen Reformers Plate entgegen. Ein Eingreifen der Gemeinde war für ihn nur in Ausnahmefällen gerechtfertigt, wodurch sich in Rotterdam automatisch ein heterogenes Stadtbild mit oftmals weniger aufwendigen und detailreichen Wohnbauten ergeben mußte. Entsprechend lehnte die Stadt ein ästhetisches Kontrollorgan im Sinne der Amsterdamer *Schoonheidscommissie* lange Zeit ab. Die Vielfalt der in Rotterdam anzutreffenden Bauformen und Architekturstile erstreckte sich von einer internationalen modernen Architektursprache, darunter Vertreter wie Oud und seine Kollegen in De Opbouw, bis hin zu einer Anlehnung an die Amsterdamer Schule, so etwa durch den Stadtarchitekten Van der Steur. Die gängige Unterscheidung der Bautradition beider Städte – aufwendig expressiv gestaltete Wohnblöcke in Amsterdam und eine reduzierte, rein funktionale Bauweise in Rotterdam – ist daher nicht haltbar.

Für den Rotterdamer *Woningdienst* standen vor allem technisch-funktionale Probleme im Zentrum des Interesses. So experimentierte die Stadt früher als das größere Amsterdam mit Betonbauten, neuen Erschließungsformen (wie der Laubengang) sowie mit Grundriß- und Gebäudetypen. In bezug auf typologische und technische Neuerungen nahm Rotterdam damit eine führende Rolle ein, wobei ein großer Teil dieser Lösungen auf Oud zurückgeht. Der Rotterdamer *Woningdienst* mit seinem relativ kleinen Bauprogramm hatte keine vergleichbare Position wie das von der SDAP gestützte Wohnungsbauamt in Amsterdam. Die in Zusammenarbeit von Plate und einer Reihe moderner Architekten, vor allem Oud und Brinkman, entwickelten neuen Auffassungen kamen daher allein in einzelnen Projekten zur Ausführung.[943]

6.2. Der *Volkswoningbouw* im europäischen Vergleich
6.2.1. Typenbildung

Im Arbeiterwohnungsbau wurden zu allen Zeiten Wohnungstypen verwendet. Im 20. Jahrhundert kam der Entwicklung von Typengrundrissen aufgrund des wachsenden Bedarfs an Wohnungen und den neuen zur Verfügung stehenden Techniken und Baumaterialien jedoch eine zentrale Rolle zu. Der auf dem Nationalen Wohnungsbaukongreß in Amsterdam (1918) geforderte schnellere und kostengünstigere Bau von Wohnungen forcierte die Diskussion um die Normierung im Wohnungsbau.[944] Vor allem der Rotterdamer *Woningdienst* gab in der Folge die Ausarbeitung von Typen in Auftrag, während die Grundrißlösung in den Bauten der Amsterdamer Schule keine vergleichbare Bedeutung einnahm. Nach Beendigung des 1. Weltkriegs ergriff auch die deutsche Bauwirtschaft die Initiative zur Typisierung von Kleinwohnungen, um der wachsenden Wohnungsnot Herr zu werden. Insgesamt hatten die Niederlande aufgrund ihrer Neutralität jedoch einen zeitlichen Vorsprung vor den kriegführenden Ländern. So konnte der Wohnungsbaukongreß bereits im Februar 1918 stattfinden, und wurden auch der Amsterdamer wie der Rotterdamer *Woningdienst* während der Kriegszeit gegründet.[945]

Der Rotterdamer *Woningdienst* hatte sich bereits bei seinen ersten Bauprojekten, den Wohnbauten des Neubaugebietes Spangen, mit der Entwicklung von Grundrißtypen auseinandergesetzt.[946] Mit der Wiederverwendung und Optimierung des für Block VIII* entwickelten Grundrißtyps kommt Ouds Wohnbauten eine besondere Rolle im Wohnungsbau dieser Zeit zu. Ähnlich progressiv ist die gleichzeitig eingeführte gleichförmige Fassadengestaltung, die durch die serielle Reihung von Fenstern und Türen auf die zugrundeliegende Typisierung verweist. Vorbilder für diese konsequente Umsetzung der Bauaufgabe existierten nur wenige. Allein in der Theorie wurde zu dieser Zeit die Typisierung als einzige angemessene Gestaltung für den Arbeiterwohnungsbau propagiert: »Das Bauen mit solchen Grundmaßen, mit ›Typen‹, erscheint bei der Ausgedehntheit der neuen Städte, bei der Massenhaftigkeit gleichgearteter Bedürfnisse, bei dem unnatürlich gesteigerten Konkurrenzkampf der Äußerlichkeiten geradezu als der gebotene und natürliche Weg. Die Mietshausreihen werden massenhaft gebaut, massenhaft bewohnt, sind also auch als Gesamtmasse zu formen. Der Begriff ›Mietshaus‹ schon schließt das Recht der ›individuellen Note‹ aus, das so anspruchsvoll gefordert wird. Wenn schon Zeit und Geld fehlen, für jedes dieser zahllosen Häuser von neuem einen guten Entwurf gründlich auszuarbeiten, ist es nicht das Rechte, jedesmal einen flüchtigen schlechten hinzuwerfen, zugunsten einer scheinbaren ›Mannigfaltigkeit‹. Vielmehr sollte eine Lösung von so einwandfreier Güte gesucht werden, daß sie, einmal gefunden, vielfach wiederholt werden kann, als Maßeinheit, aus deren Aneinanderreihung eine klar gegliederte große Baumasse entsteht.«[947] Behrendt beklagte, daß die Typenbildung bei der großstädtischen Mietwohnung nur in wenigen Fällen eine entsprechende künstlerische Umsetzung erfahren habe und forderte eine einheitliche Gestaltung der Blockfronten durch die rhythmisierte Wiederholung identischer Fassadentypen.[948]

Für den Entwurf eines ganzen Wohnblocks als Prototyp, wie er bereits 1920 in Block IX* in Spangen erprobt und kurz darauf in mehrfacher Ausführung in Tusschendijken* realisiert werden konnte, existierte in den Niederlanden (außer den zweieinhalb Wohnblöcken von Berlage im Indische Buurt) kein Vorbild.[949] Dasselbe gilt für das Ausland. Als Anregung könnte jedoch Wrights Entwurf der Lexington Terraces (1901) gedient haben, wo ebenfalls eine geschlossene Wohnanlage als ganzes wiederholt wird (Abb. 76). Da bereits Ouds *De Stijl*-Kollege Jan Wils die Lexington Terraces in seinem Wohnkomplex Daal en Berg in Den Haag (1919–22) aufgegriffen hatte, wird Oud die Entwürfe sicherlich gekannt haben. In der Wasmuth-Publikation (1910) waren die Bauten zudem als Lösung für preiswerte Wohnungen beschrieben[950] und werden somit bei Oud auf besonderes Interesse gestoßen sein. Größere Übereinstimmungen bestehen im Fall der 1918/19 von Fritz Schumacher entworfenen Wohnanlagen für Dulsberg (Hamburg-Barmbek) mit identischen, sich wiederholenden Wohnblöcken.[951] Die von Schumacher an Stelle eines bestehenden Plans neu entwickelte Bebauung zeigt – wie die Wohnblöcke in Tusschendijken – dreigeschossige und an den Verkehrsstraßen viergeschossige Blöcke mit großen begrünten Innenhöfen. Wenig später entstanden die zu Viererguppen verbundenen Wohnblockentwürfe von Bruno Möhring (1920–22)[952] mit identischen zehn- bis zwölfgeschossigen Bauten auf ovalem Grundriß. Geplant war, die Gebäudegruppen in einem Abstand von 600 m anzuordnen und durch ein rasterartiges Wegenetz zu verbinden. 1922 und damit nach den Tusschendijkener Blöcken entwarf Le Corbusier mit den »Villas immeubles«[953] ebenfalls einen Wohnblocktypus. Das Basiselement der »Villas immeubles« bildete die 1920 als Typus entwickelte »Maison Citrohan«[954], ein schmales freistehendes Einfamilienhaus für gehobene Wohnansprüche. 1922 wurde Le Corbusiers städtebaulicher Entwurf der »Ville contemporaine« auf dem Pariser Herbstsalon vorgestellt.[955] Die innerstädtischen Wohnbauten sind dort als identische Wohnblöcke ausgebildet, während die Gartenstädte aus mehrgeschossigen Zeilen der »Villas immeubles« bestehen. Im Gegensatz zu Oud, der sich mit seinem Grundrißtypus für das Existenzminimum allein auf den innerstädtischen Wohnblock beschränkte bzw. neue Typen für das Einfamilienhaus entwarf, verwendete Le Corbusier seinen Haustypus universell sowohl für das anspruchsvolle freistehende Einfamilienhaus, als mehrgeschossiges Reihenhaus und als Wohneinheit in einem großen Mietblock.

Bestimmend für die Fassaden von Block VIII* in Spangen und den Entwurf einer Häuserzeile mit Arbeiterwohnungen* ist die zum Ausdruck kommende Fortsetzbarkeit der Gebäude. Die scheinbar endlose Fassadenflucht sowie ihre Funktion als bloße Straßeneinfassung waren in dieser Form neu im Wohnungsbau. Wie Oud erläuterte, sollten mit Blick auf das Erscheinungsbild von Straße und Stadt einförmige Straßenfronten an Stelle der hervorgehobenen freistehenden Bauten oder Ecklösungen treten.[956] Diese Vorstellung tauchte in ähnlicher Form bereits in der deutschen Literatur der Vorkriegszeit auf. 1911 sprach Behrendt der »einheitlichen Blockfront« allein eine dienende Funktion bei der Bestimmung städtischer Räume zu.[957] Wenig später wurde der – vom Architekten zu formulierende – Gegensatz zwischen der untergeordneten Straßenfront und dem repräsentativen Bauwerk hervorgehoben: »Er allein kann und muß wissen, ob der Bau an dem gewählten Platze sich als individueller künstlerischer Organismus behaupten oder ob er, auf starke Eigenwirkung verzichtend, sich als dienendes Glied dem Ganzen des Stadt- und Straßenbildes anschließen soll.«[958] Während Berlage in seinem Plan für Amsterdam-Süd (1915; Abb. 79) noch symmetrisch gegliederte, repräsentative Blockfronten vorgab, wobei jede für sich eine eigenständige Position im Stadtbild behauptet, waren De Klerk und wenig später Oud den aktuellen städtebaulichen Vorstellungen gefolgt. Sowohl Block IX* als auch die Wohnblöcke in Tusschendijken* waren Teil des Straßenbildes, dem sie sich mit ihren schlichten und einheitlichen Fassaden unterordneten (Abb. 200).

Auch verschiedene Wohnungstypen, die Oud in seinen Wohnbauten verwendete, sind auf ausländische Vorbilder zurückzuführen. Die in Spangen* und Tusschendijken* realisierten zweigeschossigen Maisonnettes traten in Deutschland bereits vor dem 1. Weltkrieg im anspruchsvolleren Wohnungsbau auf. Dort sollte ganz bewußt der Eindruck eines eigenen Hauses vermittelt werden.[959] Unabhängig von Ouds funktional-technischen Beweggründen wie der Kosteneinsparung durch eine weniger aufwendige Dachisolierung (Schlafräume) und die reduzierten Treppenwege beim Aufenthalt in den Wohnräumen, ist auch bei ihm die Verwendung von Maisonnettewohnungen als Übertragung des zweigeschossigen Reihenhauses in den städtischen Wohnblock zu verstehen. Eine direkte Verbindung zu Le Corbusiers Maisonnettewohnungen, bei denen es sich um zweigeschossige Wohnräume mit Galerie handelte, besteht nicht.[960] Auch die von Heinrich de Fries 1919 in »Wohnstädte der Zukunft« propagierten zweigeschossigen Typenwohnungen zeigen im Gegensatz zu Ouds Maisonnettes den zweigeschossigen Raum mit Galerie.[961] Dieser Wohnungstyp war jedoch wie bei Oud als Minimaltypus für den Massenwohnungsbau gedacht. Interessanterweise kommt dort in einer Entwurfsvariante die Erschließung über einen «Wohngang» hinzu, wie er gleichzeitig in abgewandelter Form, aber ebenfalls in Verbindung mit den Maisonnette, bei Brinkmans Superblock in Spangen (Abb. 52) auftritt.

Die für den Rotterdamer Woningdienst entworfenen Wohnungen mußten auf ein Minimum an Grundfläche reduziert werden. Damit bieten sich Vergleichsmöglichkeiten mit den im Rahmen der kommunalen Wohnungsbauprogramme entstandenen Arbeiterwohnungen deutscher Großstädte wie Berlin, Frankfurt am Main und Magdeburg.[962] Entsprechend den generell kleiner bemessenen niederländischen Wohnungen fielen die deutschen Arbeiterwohnungen im Durchschnitt großzügiger aus. Die Wohnhäuser der 1926 von Walter Gropius entworfenen Siedlung Törten in Dessau umfassen 74,23 m^2, 70,56 m^2 und 57,05 m^2. Die kleinste unter Stadtbaurat Ernst May in Frankfurt am Main errichtete Wohnung weist eine Grundfläche von 37 m^2 auf. Die Entwicklung ging jedoch auch hier zu immer kleineren Wohnungen. 1930 lag der Durchschnitt in Deutschland bei 48 bis 78 m^2, wobei bereits Experimente mit Wohnungen von 36 m^2 durchgeführt wurden.[963] Anders verhält es sich beim Wohnungsbau der konservativ regierten Gemeinden wie München, die weniger, jedoch deutlich größere Wohnungen errichteten.[964] Im Vergleich hierzu seien exemplarisch die Obergeschoßwohnungen (mit zwei Schlafzimmern) in Hoek van Holland* mit 40 m^2 und die zweigeschossigen Häuser in Kiefhoek* mit 48,5 m^2 Nutzfläche genannt, letztere für eine achtköpfige Familie.

In Deutschland entstanden nach der Währungsreform und der Einführung der Hauszinssteuer vor allem Vorstadtsiedlungen größeren Ausmaßes, wo sich bald auch mehrgeschossige Wohnzeilen finden. Das Bauvolumen der dort errichteten Wohnungen überstieg nach kurzer Zeit die im Auftrag des Rotterdamer Woningdienst entstandenen Projekte. Während Ouds größtes kommunales Bauvorhaben, die 1920 entworfenen acht Wohnblöcke in Tusschendijken*, insgesamt 1.005 Wohnung umfassen sollte, nahm bereits der erste Bauabschnitt der von Bruno Taut entworfenen Siedlung Britz in Berlin (1925–27) 1.027 Wohneinheiten auf. In Berlin-Zehlendorf entstanden circa 2.000 Wohnungen, in der Siedlung in der Großen Diesdorfer Straße sowie in der Hermann-Beims-Siedlung, beide in Magdeburg, 1.980 bzw. 2.000 Wohneinheiten, in den Siedlungen am Bornheimer Hang und Römerstadt, beide in Frankfurt, 1.234 bzw. 1.220 Wohneinheiten.

Einige der Kennzeichen von Ouds Bauten sind Teil der niederländischen Bautradition. Hierzu zählen die extrem schmalen und steilen Treppen mit einem Steigungswinkel bis zu 50°. Bei Umzügen mußten die Möbel daher mittels Kragbalken an der Fassade nach oben gezogen und durch die Fenster in die Wohnungen befördert werden. Auch die Möglichkeit, die Toiletten im Innern des Hauses und damit ohne direkte Belüftung anzuordnen, wurde in den Niederlanden zu Gunsten einer deutlich vereinfachten Grundrißaufteilung häufig genutzt. Charakteristisch sind zudem die kleinen, bei Oud allerdings auf ein Minimum reduzierten Flure. Da Oud in einigen Fällen ganz auf einen Flur verzichtete, waren einzelne Zimmer allein über das Wohnzimmer zugänglich. Diese Lösung folgt dem Vorbild angelsächsischer und amerikanischer Grundrisse, die ebenfalls die Verkehrsflächen zugunsten der Wohnräume stark reduzierten.[965] In seinen Häuserzeilen für Blijdorp*, die bereits mit dem Zeilenbau auf die in Deutschland bestimmende Bauweise dieser Zeit zurückgriff, übernahm Oud auch die dort übliche Grundrißlösung mit großen Fluren. Ein weiteres Charakteristikum der niederländischen Bautradition sind die für Oud typischen platzsparenden Einbauschränke für Küche, Wohn- und Schlafräume. Die Bewohner wurden damit nicht vor das Problem gestellt, für ihre minimierten Wohnräume passende Möbelstücke zu erwerben. Eine besonders aufwendige Einrichtung erhielten die Reihenhäuser der Weißenhofsiedlung* einschließlich einem von außen belüfteten Speiseschrank, einem Toilettentisch und einem Wäscheschrank. Die feste Möblierung ist dort bereits Teil der in der Moderne beliebten funktionalen und seriell zu produzierenden Einrichtungen, die auch im anspruchsvolleren Wohnungsbau verwendet wurden.

Die Konzeption großer gemeinschaftlicher Innenhöfe, wie sie in Block IX* in Spangen und in noch aufwendiger Form bei den Tusschendijkener Wohnblöcken* auftraten, findet nicht nur Parallelen im Amsterdamer Wohnungsbau, sondern auch in zeitlich vorausgehenden Mietblöcken deutscher Großstädte. Die im 19. Jahrhundert üblichen schmalen Lichthöfe der Mietskasernen, deren Grundfläche nicht mehr als 10 m^2 umfassen mußte, wurden ab der Jahrhundertwende zunehmend größer und schließlich durch sogenannte »Nebenhöfe« von mindestens 25 m^2 ersetzt. Insgesamt entstanden in Berlin zwischen 1900 und 1914 circa 75 Wohnanlagen mit begrüntem Innenhof.[966] Als einer der Pioniere ist Albert Gessner zu nennen, der in seiner Publikation »Das deutsche Miethaus« (1909) entsprechende Entwürfe vorstellte.[967] Vor allem durch Zusammenlegung mehrerer Höfe kam Gessner zu großen Hofanlagen, die nun auch als Gemeinschaftsgärten mit Rasenfläche und Spielplätzen angelegt werden konnten. In einigen Fällen wurden die Höfe als öffentliche bzw. halböffentliche Gärten genutzt. Auch das Programm für Groß-Berlin (1910) umfaßte große, öffentlich zugängliche Gärten.[968] Die Idee einer Mietergemeinschaft mit Hilfe von Gemeinschaftseinrichtungen hatte Scheffler bereits 1907 geäußert: »… es herrscht innerhalb dieses kleinen Reiches eine Art Kommunismus.«[969]

Im Gegensatz zu zahlreichen deutschen Beispielen, bei denen durch Teiche, Brunnen und geschwungene Wege konservativ-heimelige Anlagen geschaffen wurden, sind Ouds Höfe als Teil der typisierten Wohnblöcke bewußt auf Vervielfältigung hin angelegt.[970] So konnten die in einer betont klaren Formensprache gehaltenen, auf geometrischen Formen und rechtwinkligen Kompositionsachsen basierenden Entwürfe ohne großen Aufwand in identischer Form wiederholt werden. Dies betraf auch die Hoffronten, die zudem eine einheitliche Hofeinfassung lieferten. In Deutschland sind hierfür nur wenige Beispiele zu finden, so der mittlere, quadratisch ausgebildete Hof des Boarding Palast von B. Leipnitz in Berlin (1913). Sicherlich gründet die Wertschätzung von Ouds Innenhöfen vor allem in dieser konsequent-sachlichen Gestaltung der Freiflächen in Kombination mit den einheitlichen Hoffronten.

6.2.2. Die »Farbenbewegung«
In Deutschland entstand um 1900 die sogenannte »Farbenbewegung«, die sich als Protest gegen die eintönigen grauen Mietskasernen des 19. Jahrhunderts für mehr Farbe in der Architektur einsetzte.[971] Auch im 1918 gegründeten »Arbeitsrat für Kunst« war Farbe ein zentrales Thema. Im September 1919 erschien Bruno Tauts »Aufruf zum farbigen Bauen«, dessen Kernpunkte er als Stadtbaurat von Magdeburg (Frühjahr 1921 bis Frühjahr 1924) umsetzen konnte. Es folgten seine farbigen Wohnsiedlungen in Berlin, die mit den Wohnbauten von Otto Haesler in Celle und den unter Ernst May entstandenen Siedlungen in Frankfurt am Main zu den wichtigsten Beispielen farbiger Wohnungsarchitektur zählen.[972]

Die ersten farbigen Wohnsiedlungen in Deutschland waren Bruno Tauts Siedlung Reform in Magdeburg (ab 1913) und die Siedlung Falkenberg (1913–16) bei Berlin[973]. Wie Adolf Behne erläuterte, sollten die Typenhäuser auf diese Weise eine individuelle Gestaltung erhalten: »Die Gründe, die Taut bestimmten, die Farbe als Hilfsmittel der Architektur heranzuziehen, dürften allgemein-künstlerische sein, zum Teil aber auch mit der besonderen Aufgabe einer Gartenstadtarchitektur zusammenhängen … Die Rücksicht auf die Billigkeit der Wohnungen führt in der Gartenstadt mit einer gewissen Notwendigkeit zur Schaffung bestimmter, in der Anzahl beschränkter Haustypen und zur Wahl des Reihenhauses. Dieser Entwicklung steht nun entgegen der verständliche Wunsch der Bewohner nach einem individuellen Wohnhause. Die Verwendung der Farbe, wie sie Bruno Taut begonnen hat, scheint da berufen, zwischen beiden Forderungen eine Brücke zu schlagen: die Typen- und Reihenhäuser, die aus ökonomischen Gründen beibehalten werden müssen, werden durch die wechselnde Färbung individualisiert. Die Gefahr der Uniformität wird durch das Hilfsmittel der Farbe sehr glücklich beseitigt.«[974] Im Gegensatz hierzu erhielten bei Oud die Normhäuser seiner Siedlungen oder Wohnanlagen jeweils dieselbe Farbfassung: die Haustüren waren blau (Oud-Mathenesse*, Hoek van Holland*) oder rot (Kiefhoek*), die Fensterrahmen gelb und die Balkongitter und Metallzäune blau. Die Farbgebung faßte die Häuser somit zu einer Einheit zusammen, der sich von der angrenzenden Bebauung absetzt. Entsprechend sollte durch die Farbe nicht die Individualität der Bewohner, sondern ihre Gleichstellung und Zugehörigkeit zu dieser Siedlung zum Ausdruck gebracht werden. Eine Parallele findet sich (trotz abweichender formaler Umsetzung) bei der 1919 von Hannes Meyer entworfenen Siedlung Freidorf in Muttenz: »Die Uniform des einfarbigen Hausanstrichs ist künstlerisch im innersten Wesen der Volksgenossenschaft begründet. Verschiedenfarbige Häuser hätten verschiedenartige Kleinbürgerverhältnisse und verschiedene Entstehungszeiten vorgetäuscht. So ist auch die Farbe nur Ausdrucksmittel der Einigkeit, und zur baulichen Einheit gesellt sich die farbige Einheitlichkeit. Ein Bauherr, ein Bauwille, eine Bauzeit.«[975]

Neben gesellschaftlich-sozialen Gesichtspunkten waren für Oud jedoch auch künstlerische Gründe ausschlaggebend. Wiederum orientierte er sich an dem städtebaulichen Ideal der »einheitlichen Blockfront«, die eine Unterordnung des einzelnen Hauses unter das Straßenbild forderte. Indem alle Normhäuser einen identischen Farbanstrich erhielten, wurde zudem das Prinzip der Typisierung sichtbar. Dieser konsequent moderne Ansatz steht im Gegensatz zu Tauts Wunsch, daß »Einförmigkeit vermieden und eine gewisse Lockerheit erreicht wird, deren Gesamtwirkung nicht auf irgendwelchen städtebaulichen Raumtheorien, sondern auf einer mehr kulissenartigen Verschiedung beruht …«[976]. In Verbindung mit der typisierten Architektur erschien Oud dieser »kulissenhafte«, »malerische« Ansatz wenig konsequent. Entsprechend kritisierte er die Farbfassung von Tauts Ledigenheim in Berlin (1920)[977]: »Wo nun das genannte Bauwerk von Taut an der Außenseite eine regelmäßige (zum Teil sogar normierte) Architektur zeigt und versucht wird, diese Regelmäßigkeit durch einen Farbwechsel der untereinander gleichen Teile zu brechen, da ist bereits von Anfang an zu klären, ob entweder die auf dieser Gleichförmigkeit basierende Architekturlösung nichts taugt, da sie im Widerspruch mit dem Farbwechsel des Anstrichs steht … oder der auf dem Farbwechsel basierende Anstrich, da er im Widerspruch mit der auf Gleichförmigkeit basierten Architekturlösung steht.«[978] Oud warnt gleichzeitig vor einer unbedachten Anwendung von Farbe ohne Berücksichtigung ihrer Wirkung auf den Betrachter: Gelb strahle mehr aus als Rot, Rot mehr als Blau, Farbe vergrößere oder verkleinere, rücke nach vorne oder nach hinten und beeinfluße so im hohen Maße die Plastizität der Architektur.[979] Gerade diese Fähigkeiten machte sich Taut zu eigen. Bei der Siedlung Onkel Toms Hütte in Berlin (1926–31) waren die Auswirkung auf das Temperaturempfinden und das scheinbare Zurückweichen oder Hervortreten zentrale Faktoren für die Bestimmung der Farbtöne. Die zahlreichen unterschiedlichen Farbtöne wurden somit individuell nach Lage (Bezug zur Umgebung) und Lichteinfall ausgewählt.[980] Ein ähnlich vielfältiges Farbspektrum zeigte Fritz Schumachers Siedlung Langenhorn in Hamburg (1919–21), die als erster Nachkriegswohnungsbau der Hansestadt Projektcharakter erhielt. Bestimmend waren die roten Dächer und der farbige Verputz der Häuser (Entwurf von Otto Fischer-Trachau). Ähnlich wie Taut zielte auch Schumacher auf ein heiteres, abwechslungsreiches Bild durch »verschiedenste lichte Farben«.[981]

Im Gegensatz zu diesen farblich stark differenzierten Lösungen reduzierte sich das Farbspektrum bei Oud auf eine Aufhellung der drei Primärfarben. Eine Besonderheit seiner Siedlungen oder Wohnanlagen ist die Kennzeichnung einzelner, vom Normhaus abweichender Gebäude durch eine Reduzierung der Farbpalette Gelb, Rot, Blau. Bei den acht Ladenbauten des »Witte Dorp« wurde auf die blauen Türen und die gelbe Plinthe verzichtet, während die roten Dächer hinter einer Attika zurücktreten. Je höher der Anspruch an ein Gebäude, desto weniger Farbe wurde eingesetzt, wobei der bestimmende weiße Anstrich eine Nobilitierung der Bauten bewirken sollte. Im Kontext der Siedlung erschien die Bauleitungshütte* mit ihren farbigen Wänden daher als untergeordneter temporärer Bau. Auch in Kiefhoek* erhielten alle vom Normhaus abweichenden Bauten eine andere Farbigkeit. Die öffentlichen Gebäude wie die *Waterstokerij*, die Kirche* und die beiden Läden wurden erstmals durch grüne Wandflächen hervorgehoben. Die Reduzierung der Farbpalette blieb dagegen, wie beim Wohnhaus des Küsters*, einer anspruchsvolleren privaten Nutzung vorbehalten. Die Farbgebung hatte bei Oud somit die Aufgabe, die Funktion der Bauten – Normhaus oder abweichender Gebäudetypus – kenntlich zu machen. Vergleichsbeispiele für diesen »funktionalen« Einsatz von Farbe existieren in dieser Konsequenz nicht. Ein ähnliches Konzept, allerdings beschränkt auf den Innenraum, wurde nur am Bauhaus verfolgt, wo Hinnerk Scheper anhand unterschiedlicher Farbfassungen eine Art Wegweiser durch das Dessauer Bauhausgebäude (1925/26) entwickelt hatte. Abweichend von den De Stijl-Künstlern und den Architekten des Bauhauses bestimmte Oud jedoch seit der Siedlung Oud-Mathenesse* die Farbgebung seiner Bauten selbst.

Während Ouds Wohnbauten für den *Woningdienst* eine Farbfassung in den Primärfarben erhielten, wurde bei den Reihenhäusern der Stuttgarter Weißenhofsiedlung* auf Farbe am Außenbau verzichtet. Trotz der Vorgabe des künstlerischen Leiters Ludwig Mies van der Rohe fanden sich in der Mustersiedlung mehrere Bauten mit farbigen Wandflächen, wobei es sich jedoch – von wenigen Ausnahmen abgesehen – um gedeckte Farben handelte: »Und dann die zarten Tönungen der Bauten, blassgrün, blassgelb, blassrosa – bis auf die Strassenbahnwagenfarben von Bruno Taut natürlich – stehen sehr fein auf dem Grün der Rasenflächen und Gartenstühle.«[982] Eventuell unter dem Einfluß von Ouds Rotterdamer Siedlungen wählte Gropius für die Türen seines in der Achse des Pankokwegs gelegenen Wohnhauses (Nr. 17) einen Anstrich in den Primärfarben[983]. Oud wich dagegen ganz bewußt von seinen farbigen Bauten des *Woningdienst* ab und folgte dem sich durchsetzenden Ideal der »Weißen Moderne«.

6.2.3. Städtebau
Ouds Entwurf einer Häuserzeile mit Arbeiterwohnungen* mit ihren abwechselnd zur Vorder- und Rückseite orientierten Wohnräumen war im niederländischen Wohnungsbau ohne Vorbild. Anregungen bot daher offenbar Theodor Fischers Siedlung Alte Heide in München (1918/19; Abb. 66), mit der kurz zuvor eine entsprechende Lösung vorlag.[984] Der entscheidende Unterschied zwischen beiden Entwürfen besteht in der Anordnung der Hauseingänge, die Fischer auf beide Gebäudeseiten verteilte, Oud jedoch einheitlich zur Straße legte. Fischer seinerseits könnte sich an Peter Behrens' Kleinhaussiedlung Henningsdorf bei Berlin (1910/11)[985] orientiert haben. Allerdings erscheint die Hausreihe dort aufgrund einzelner aus der Flucht zurückgesetzter Bauten noch nicht als einheitliche Zeile. Bei Schumachers Siedlung Langenhorn in Hamburg (1919–21) richten sich wiederum je zwei nebeneinanderliegende Häuser einer Zeile abwechselnd zur Vorder- bzw. Rückseite[986], wobei im Gegensatz zu Ouds Häuserzeile zwei identische Fassaden ausgebildet wurden. Da Oud erst 1920 nach Deutschland reiste, ist fraglich, ob er diese Wohnhäuser zum Zeitpunkt des Entwurfs (Anfang 1919) bereits kannte. Henk Engel weist in diesem Zusammenhang auf die Modelle für eine »Gruppenbauweise« von Peter Behrens und Heinrich de Fries hin, die 1918 in ihrem gemeinsamen Buch »Vom sparsamen Bauen« veröffentlicht wurden.[987] Oud selbst hatte in der Erläuterung seines Entwurfs auf diese Publikation aufmerksam gemacht.[988] Auch bei Behrens und De Fries liegen die Häuser jedoch nicht in einer Fluchtlinie und bilden damit keine Zeile im eigentlichen Sinne.

Ouds Entwurf der Tusschendijkener Blöcke* zeigt eine für den niederländischen Wohnungsbau ungewöhnliche Differenzierung von Wohn- und Verkehrsstraßen einschließlich einer entsprechenden Fassadengestaltung: Die dreigeschossigen Gebäudefronten erhielten an den Wohnstraßen ein Satteldach und Balkone sowie in einem frühen Entwurfsstadium Mittel- und Eckrisalite. Im Gegensatz dazu sind die viergeschossigen Fassaden der Verkehrsstraßen bewußt flächig gehalten und schließen in einem Flachdach. Wiederum wird sich Oud an Beispielen in Deutschland orientiert haben, wo die Unterscheidung in Wohn- und Verkehrsstraßen schon Jahre zuvor von verschiedenen Autoren formuliert und in einigen Fällen auch realisiert worden war. Theodor Goecke, Professor an der TH Charlottenburg und Mitgründer der Zeitschrift »Der Städtebau«, hatte bereits 1893 die Unterscheidung zwischen Wohn- und Verkehrsstraßen sowie eine differenzierte Gestaltung der Blockfronten gefordert.[989] Behrendt schloß sich Goecke in dem Wunsch nach abwechslungsreichen, rhythmisch gegliederten Straßenfronten an.[990] Auch der Wettbewerbsentwurf von Rudolf Eberstadt, Bruno Möhring und Richard Petersen für Groß-Berlin (1910) zeigt eine Differenzierung von Wohn- und Verkehrsstraßen innerhalb eines Baublocks.[991]

Der Entwurf der Siedlung Oud-Mathenesse* wurde hier aufgrund seiner vorbildlos strengen Symmetrie und der geometrischen Gesamtform als Ausschnitt einer Idealstadt gedeutet, der zu einer oktogonalen Siedlung vervollständigt werden könnte.[992] Parallelen in der zeitgenössischen Architektur zeigt die Siedlung Freidorf in Muttenz bei Basel (1919–22) von Hannes Meyer.[993] In beiden Fällen finden sich eine annähernd symmetrische Anlage auf dreieckiger Grundfläche, eine große, als Spielplatz zu nutzende Freifläche im Zentrum, die Plazierung der Gemeinschaftsbauten an der zentralen Spiegelachse und eine bogenförmige Häuserreihe an der Spitze der Siedlung.[994] Laut Meyer war mit Freidorf statt eines idyllischen Dorfes ein Gebilde »halb Kloster und Anstalt, halb Gartenstadt und Juranest entstanden«, wobei der Vielgestaltigkeit zeitgenössischer Stadtbilder »Einheitlichkeit, … puritanische Sachlichkeit … und Gleichfarbigkeit« entgegengesetzt wurde.[995] Für das streng symmetrische »Witte Dorp« gilt dies in noch stärkerem Maße. Da sich Oud Mitte der 1920er zu Meyers Siedlung äußerte, ist eine Beeinflussung des »Witte Dorp« durch Freidorf nicht auszuschließen.[996] Die für beide Anlagen charakteristische symmetrische Konzeption mit langen geraden Häuserzeilen bildet den Gegenpart zu den pittoresken, scheinbar historisch gewachsenen Straßenanlagen der gleichzeitig entstandenen Vororte oder Gartenstädte. Als Hauptvertreter der »klassizistischen Strömung« hatte sich Friedrich Ostendorf bereits in seinen »Sechs Büchern zum Bauen« (ab 1913) gegen das konstruiert Malerische und eine Zerstückelung der Häuserzeilen ausgesprochen.[997] Ostendorf konnte seinerseits auf Städteplaner wie Rudolf Eberstadt zurückgreifen, die der aus Prinzip angewandten »krummen Straße« kritisch gegenüberstanden.[998]

In den vorausgehenden Kapiteln wurde die Siedlung Oud-Mathenesse* mit Berlages Entwurf für Den Haag (1908) bzw. den dort integrierten Entwurf De Bazels für eine »Welthauptstadt« in Verbindung gebracht.[999] Die Vergleichspunkte, wie die symmetrisch-geometrische Komposition und die Anlehnung an die klassisch-akademische Architekturtradition, beschränken sich jedoch nicht auf Berlage und De Bazel. Gleichzeitig mit dem Entwurf der Siedlung Oud-Mathenesse* entstand Le Corbusiers Entwurf der »ville contemporaine« (1922)[1000] als Idealentwurf einer zukünftigen Stadt. Obwohl sich der Vergleich zwischen einer vorstädtischen Siedlung mit 343 Einfamilienhäusern und einer Idealstadtplanung für drei Millionen Menschen ausschließt, werden hier doch Gemeinsamkeiten in der Vorstellung beider Architekten deutlich. Le Corbusiers Vision des modernen städtischen Lebens zeigt ein für den großstädtischen Verkehr berechnetes, rechtwinkliges Straßennetz, Wolkenkratzer mit Büros für 10.000

bis 50.000 Angestellte und Gartenstädte mit 200.000 oder mehr Bewohnern. Dennoch basiert Le Corbusiers Plan auf einfachen geometrischen Strukturen, die ihre Beziehung zur klassischen Architekturtradition verraten. So wurden bei der ville contemporaine anstelle von zwei übereinandergelegten Quadraten (wie in Filaretes Sforzinda) ein Quadrat und ein Rechteck zu einer geometrischen Form verbunden. Auch das Witte Dorp« greift in seiner dreieckigen Grundform und der streng konzentrischen Gestaltung auf Vorbilder der Renaissance oder des Barock zurück. Darüber hinaus finden sich im Entwurf für das Erweiterungsgebiet Oud-Mathenesse neben den vereinheitlichten und rechtwinklig angeordneten Wohnblöcken Kompositionseinheiten auf der Basis von Kreis, Quadrat und Dreieck. Den Konzepten von Oud und Le Corbusier stehen die städtebaulichen Ideal-Entwürfe eines Ludwig Hilberseimer oder Richard Neutras Idealstadt »Rush City Reformed« (1927) als unbegrenzt erweiterungsfähige, nicht mehr hierarchisch aufgebaute Anlagen gegenüber, die primär für die Bewältigung der neuen verkehrs- und wohntechnischen Aufgaben entworfen wurden.[1001]

Mit seiner »prinzipiellen Lösung« auf Basis der Stuttgarter Reihenhäuser * zählte Oud zusammen mit Mart Stam, der ebenfalls einen städtebaulichen Plan für seine Stuttgarter Normhäuser publizierte, zu den ersten niederländischen Vertretern des Zeilenbaus. Die Entwürfe der beiden Architekten kamen jedoch nur in stark reduzierter Form – bei Oud in seinen fünf Reihenhäusern, bei Stam in drei Häusern – zur Ausführung. In anderen Ländern sind ausgehend von Raymond Unwins »Townplanning in practice« (1909) generell frühere Beispiele zu finden.[1002] In Berlin wurden bereits vor 1910 Experimente mit offenen Häuserzeilen zur Besonnung und Belüftung des begrünten Innenhofs durchgeführt.[1003] Der Zeilenbau im eigentlich Sinne, das heißt die Anordnung von Einfamilienhäusern in parallelen Zeilen mit einer einheitlichen Orientierung der Wohnräume nach Süden bzw. Westen findet eine frühe wenn auch nicht konsquente Ausprägung in Gustav Oelsners Zeilenbau in Altona (1926/27) sowie in Entwürfen von Otto Haesler und Ernst May.

Die 1924 bzw. 1925 entworfenen Häuserzeilen in Hoek van Holland* und Kiefhoek* zeigen eine erste formale Umsetzung dieses Prinzips mit langen gleichförmigen Zeilen, ohne jedoch die Ausrichtung der Wohnungen zu berücksichtigen. Dies gilt besonders für die parallelen Häuserzeilen in Kiefhoek, die sich als bloße Aneinanderreihung von Typenhäusern zu erkennen geben. Die Abfolge von Typenwohnungen bei weitgehendem Verzicht auf akzentuierende Zeilenabschlüsse setzte generell erst in der Mitte der 1920er Jahre ein. Vorläufer existierten nur wenige, wie Garniers Entwurf von Häuserzeilen in der Cité industrielle (1904-07) und die von Le Corbusier entworfenen Wohnzeilen in Troyes (1919).[1004] Frühe Beispiele sind die Entwürfe für Terrassenhäuser von Adolf Loos für die Gemeinde Wien (1923), Ludwig Hilberseimers Entwurf für eine Reihe von Einfamilienhäusern (1924/25) und Le Corbusiers Entwurf für die »cité universitaire pour étudiants« (1925).[1005] Die ausgeführten Bauten von Oud zeigen vorwiegend traditionell geschlossene Straßenräume, wie die Häuserzeilen in Hoek van Holland mit einem U-förmigen Hof auf der Mittelachse und das »Witte Dorp« mit hervortretenden Häusern an den Zeilenenden. Auch in Kiefhoek* kombinierte Oud geschlossene und oft symmetrische Straßenräume (Nederhovenstraat, Eemstein, Hendrik-Idoplein) mit den modernen einförmigen Häuserzeilen. Damit steht Ouds Lösung im Widerspruch zu Bruno Tauts Wohnsiedlungen, der immer auf eine Differenzierung der Häuserzeilen mit versetzten Baufluchten, akzentuierten Zeilenabschlüssen und verschobenen Blickachsen bedacht gewesen war.

Anmerkungen

[1] Die Bezeichnung *Volkswoningbouw*, das heißt der Wohnungsbau für untere und mittlere Einkommensschichten, hat im Deutschen kein passendes Äquivalent und wird daher unübersetzt übernommen. Der Begriff »sozialer Wohnungsbau« steht für öffentlich subventionierten Wohnungsbau und ist daher nicht gleichbedeutend. Auch die Bezeichnung *Volkshuisvesting*, in der Literatur oftmals als »staatlich geförderter Wohnungsbau« umschrieben, hat eine breitere Bedeutung und wird unübersetzt übernommen: vgl. Kellmann 1992, S. 99.
[2] Vgl. hierzu allein die entsprechenden Kapitel in Dettingmeijer 1988. Vgl. Taverne 2001, S. 191–197.
[3] Dettingmeijer 1988. Zum Wohnungsbau in den Niederlanden vgl. Nycolaas 1971; Casciato/Panzini/Polano 1979. Zum Rotterdamer Wohnungsbau: Dettingmeijer 1992; De Klerk/Moscoviter 1992; Van de Laar 2000, v. a. S. 265–273, 361–364.
[4] De Klerk 1998. Untersucht werden die Ideen und Initiativen der städtischen Elite bezüglich des Volkswoningbouw und des Städtebaus in Rotterdam von 1860 bis 1950.
[5] Die Protokolle des Gemeinderats liegen in gedruckter Fassung im GAR.
[6] Zur Stadtgeschichte vgl. Van de Laar 2000.
[7] Zur Entwicklung im 19. Jahrhundert vgl. die Monographie über den Rotterdamer Stadtarchitekten W. N. Rose: Berens 2001. Rose hatte sich u. a. mit dem »Waterproject« und dem modernen Krankenhausbau am Coolsingel für verbesserte hygienische Verhältnisse eingesetzt.
[8] Heykoop 1928, S. 57.
[9] Gesetzestext in deutscher Übers.: Rodriguez-Lores 1994, S. 92–110.
[10] Ein Bericht des Koninklijk Instituut van Ingenieurs, der Wohnungsentwürfe des Rotterdamer Stadtarchitekten W. N. Rose enthielt, hatte keine Veränderung im Wohnungsbau bewirkt: Koninklijk Instituut van Ingenieurs, verslag aan den Koning over de vereischten en inrichting van arbeiderswoningen, 1855. Einzelne Paragraphen des *Woningwet* existierten bereits auf Gemeindeebene, wurden nun jedoch für das gesamte Land verbindlich.
[11] Vgl. Rodriguez-Lores/Fehl 1987, S. 8.
[12] Nycolaas, S. 8, 18.
[13] Mit einer kurzen Unterbrechung in den Jahren 1904/05 nahm Spiekman dieses Amt bis 1917 wahr: De Vries 1986, S. 19–22.
[14] De Klerk 1998, S. 117f.
[15] Van de Laar 2000, Abb. S. 270f.
[16] Van Ravesteyn 1948, S. 153f.; De Klerk 1998, S. 113.
[17] Fooy 1978, 4, S. 4, 5. Zudem durften sich höchstens zwei Wohnungen eine Toilette teilen.
[18] Zur Gesundheitskommission vgl. De Klerk 1998, S. 99–120.
[19] Len de Klerk 1998, S. 110f.
[20] De Klerk 1998, »Werkmanswoningen en Volkswoningen«, S. 121–151; S. 269–293; S. 115–120. So entstand 1895 die Maatschappij voor werkmanswoningen Feijenoord und 1899 die Maatschappij voor Volkswoningen.
[21] De Klerk 1998, S. 277.
[22] Der *Wethouder* bekleidet nach dem Bürgermeister das ranghöchste Amt in der Kommunalverwaltung.
[23] Vgl. die Katalogtexte zum Café de Unie* und der Börse*.

[24] Abb. städtebaulicher Plan in: Van Ravesteyn 1948, S. 117.
[25] Vgl. Rodriguez-Lores/Fehl 1987, S. 25.
[26] Vgl. »IV. 1.7. Rotterdam und die Moderne – Ouds Einfluß auf das Bauwesen der Stadt«.
[27] A. C. Burgdorffer, Het rapport van den direktor der Gemeentewerken, Vraagstuk der volkshuisvesting, Rotterdam 1912: Dettingmeijer 1988, S. 249; De Klerk 1998, S. 111.
[28] Vgl. De Klerk 1998, S. 185. Vgl. »IV. 2.3. Die Wohnblöcke im Neubaugebiet Spangen«.
[29] De Ruijter 1987, S. 110.
[30] Boot/Van Hamersveld/Roding 1982, S. 343; Van Genabeek/Rietbergen 1991, S. 62.
[31] Vgl. »IV. 1.2.2. Der erste Direktor: Auguste Plate«.
[32] Van Genabeek/Rietbergen 1991, S. 60.
[33] De Vries 1986, S. 16.
[34] Vermeer/Rebel 1994, S. 315–321; De Klerk 1998, S. 144–147; Van de Laar 2000, S. 269.
[35] Vgl. »IV. 2.5. Oud-Mathenesse: Stadterweiterung und Idealstadtplanung«.
[36] Übers. EvE: Bericht vom 9.3.1916, HR, S. 89.
[37] De Klerk 1998, S. 110f.
[38] HR, v. a. 9.3.1916, 23.3.1916, 20.4.1916, GAR, S. 108ff.
[39] De Vries 1986, S. 72; De Klerk/Moscoviter 1992, S. 5. In der Literatur wird ansonsten meist irrtümlich 1916 als Gründungsdatum genannt.
[40] Übers. EvE: Bericht vom 10.5.1917, HR, S. 393.
[41] Bericht vom 10.5.1917, HR, S. 393.
[42] Übers. EvE: nach De Vries 1986, S. 73. Vgl. Bericht vom 9.3.1916, HR, 1916, S. 94, 97, 106.
[43] Vgl. »IV. 6.1. Die niederländische Tradition des *Volkswoningbouw*«.
[44] Mulder 1988. Bei der ersten allgemeinen Ratswahl 1919 erhielt die SDAP 19 von insgesamt 45 Sitzen: De Vries 1986, S. 22.
[45] Zur unterschiedlichen Wohnungsbaupolitik in Amsterdam und Rotterdam vgl. Van der Hoeven 1994, S. 33f.; De Klerk 1998, S. 119f.
[46] Neben dem Mangel an preiswerten Wohnungen war für das aktive Eintreten des *Woningdienst* auch die bedrohliche Situation der Bauarbeiter ausschlaggebend. In den Gemeinderatsitzungen kam dieser Aspekt mehrfach zur Sprache.
[47] Bericht vom 3.11.1916, HR: De Klerk 1992, S. 152. 1917 wurden in Bloemhof 343 Wohnungen errichtet: Engel 1990, S. 18.
[48] Bericht vom 6.3.1917, VGR, S. 257f. Verordnung vom 28. Juli 1917: De Klerk 1998, S. 112.
[49] Der Vater, Antoine Plate, hatte 1871 mit seiner Firma die Dampfschifffahrt nach Amerika, Grundstock der späteren Holland Amerika Linie, eröffnet und darüber hinaus zahlreiche politische Ämter bekleidet. Zu Auguste Plate: Fooy 1978, S. 7; Idsinga/Schilt 1988, S. 26; Kuipers 1989; De Klerk 1992, S. 179–205; De Klerk 1998, »Ir. Auguste Plate, volkswoningbouw als onderneming«, S. 168–184.
[50] Im Juni 1918 gründete Plate eine Stiftung zur Verwaltung der Gemeindewohnungen und übernahm im folgenden Jahr deren Vorsitz. 1920 wurde er Führungsmitglied des Nederlandsch Instituut voor Volkshuisvesting.
[51] De Klerk 1998, S. 171f.
[52] Brief von Plate an den *Wethouder* der *Plaatselijke Werken*: 28.9.1918, ASAV, 1918, Dos. Nr. 300.
[53] Plate bekräftigte diese Ansicht auch später wiederholt: »Die Wohnung ist, beurteilt nach ihrer Bedeutung für die Gesellschaft, beinahe in eine Reihe mit den obersten Grundbedürfnissen (Getreide, Kleidung etc.) zu stellen.« Übers. EvE: Plate 1921a, S. 302.
[54] Auch dieser Grundsatz wurde 1922 bestätigt: »Jetzt sind die Fakten allmählich so aufgedeckt, daß jeder davon … überzeugt wurde, daß die Errichtung der normalen Arbeiter- und Mittelstandswohnung selbst tragend *sein muß* und nicht anders sein *kann*. Selbsttragend auf der Basis von Mieten, welche bei den gegenwärtigen Löhnen sicher bezahlt werden können.« Übers. EvE: Plate 1922, S. 307. Entsprechend forderte Plate, den Zuschlag für Mietbeiträge so schnell wie möglich abzuschaffen und den Wohnungsbau der freien Wirtschaft zu überlassen.
[55] Auguste Plate, Factoren in de woningvraagstuk, overdruk uit de nummers 179, 180, 181 der Economisch-Statistische Berichten, Mai 1919, GAR: De Klerk 1998, S. 176. Interessant wäre eine Gegenüberstellung mit dem Berliner Stadtbaurat Martin Wagner, der sich in dieser Zeit mit ähnlichen Themen auseinandersetzte. Plate 1921a, S. 302–305; S. 346–349.
[56] Plate 1921a, S. 302.
[57] Übers. EvE: Plate 1921a, S. 302.
[58] Plate an den Wethouder Sociale Belangen vom 12.8.1921, ASAV.
[59] »Normierung von Einzelteilen beim Wohnungsbau«: Plate 1920, S. 91–94.
[60] De Klerk 1992, S. 188.
[61] Van der Waerden 1918. Vgl. Taverne 2001, »Straatcompositie«, S. 205–208.
[62] Berlage 1918.
[63] Normalisatie in de woningbouw, in: BW, 41, 14.2.1920, Nr. 7, S. 43f.
[64] Plate 1924.
[65] Dies nach Aussage von Plates Ehefrau: De Klerk 1998, S. 173.
[66] Auguste Plate, Het schoonheidsbegrip bij ingenieursbouwwerken, in: De Ingenieur, 1912, Nr. 28, S. 2: De Klerk 1998, S. 173.
[67] Auguste Plate, Factoren in het Woningvraagstuk. Overdruk uit no. 179, 180 en 181 van Economisch Statistische Berichten 1919, S. 20: De Klerk, 1992, S. 181f.
[68] De Klerk 1998, S. 115: Brief von Plate an den *Wethouder van Sociale Belangen*, 29.4.1922, ASAV. Der Beschluß sah vor, daß Burgdorffer und Plate gemeinsam operieren sollten, wozu es aufgrund Plates Ausscheiden aus dem *Woningdienst* jedoch nicht mehr kam.
[69] Hans Oud 1984, S. 28, 63; Taverne 2001, S. 166, 191f.
[70] De Klerk 1998, S. 172.
[71] Oud 1917a. Die Gestaltung einheitlicher Wohnblockfassaden entsprach der seit Jahren in Deutschland propagierten städtebaulichen Maxime, die unter anderem Berlage in die Niederlande eingeführt hatte. Vgl. »IV. 6.1. Die niederländische Tradition des *Volkswoningbouw*«. Die Autoren des Rotterdamer Katalogs sehen in diesem Text dagegen in Sprache und Inhalt große Unterschiede zu Berlage und verweisen auf den Einfluß Van Doesburgs: Taverne 2001, S. 148.
[72] Hans Oud, S. 41. Andere Autoren nennen als Arbeitsbeginn Januar 1918, so Van Straaten 1988, S. 60
[73] Stamm 1984, S. 16; Engel 1990, S. 16. Sein Entlassungsgesuch von Oktober 1932 unterschrieb Oud mit »afdeelingschef Volkshuisvesting en Bouwpolitie«: Durchschlag Oud an College B & W vom 15.10.1932, Oud-Archiv, B: Hans Oud 1984, Anm. 165, S. 113f.
[74] Bericht vom 22.12.1930, HR, S. 863.
[75] Bericht vom 14.11.1927, HR, S. 1246. Als Beamte bei der *Volkshuisvesting en Bouwpolitie* werden für 1921 70 Personen, 1926 72 Personen und 1929, 1930 und 1931 jeweils 79 Personen genannt: Centraal-Raport over de begroting der inkomsten en uitgaven van de Gemeente Rotterdam voor den dienst 1932, VGR, 1931, Nr. 327, S. 1561. Eine Fotografie mit Gruppenbild der Angestellten zählt 38 Personen: Cusveller 1990, S. 40.
[76] Molenaar nennt die Innenarchitektin Ida Liefrinck als Ouds rechte Hand innerhalb des *Woningdienst*: Joris Molenaar, Mart Stam »My name was not to be mentioned«: Mart Stam and the Firm of Brinkman and Van der Vlugt, in: Wiederhall, 1993, 14, S. 27. Liefrinck scheint jedoch auf privater Basis für Oud gearbeitet zu haben: vgl. »II. 9. Das Privatbüro in den 1920er Jahren«. Überliefert sind als Ingenieure des *Woningdienst* A. F. Bakhoven, A. H. Sweys und Meijers.
[77] Briefkonzept von Oud an Th. Fischer vom 16.11.1922, Oud-Archiv, B. Möglicherweise wollte Oud mit dieser Aussage jedoch seine Bedeutung innerhalb des Amtes hervorheben.
[78] So Hilberseimer 1923, S. 289; De Fries 1925, VII; Sörgel 1925a, S. 86, 98, 103; Fritz Block, Redaktionelle Vorbemerkung zu »Wohin führt das Neue Bauen?«, in: Der Kreis, 4, 1927, Heft 12, S. 705; Hitchcock 1928b,

S. 458; Lampmann 1928, S. 451; Josef Setnicka, Nová holandrká architektura, in: Stavitel, IX, 1928, Nr. 29, S. 42; Dexel 1928, S. 69; Reiter 1935, S. 42; Behrendt 1937, S. 153. Catherine Bauer nennt Oud »formerly City Architect of Rotterdam«, während sie gleichzeitig Keppler (Chef des Amsterdamer Wohnungsbauamtes) zutreffend als »chief of Amsterdam housing« bezeichnet: Bauer 1934, S. IV. Dagegen Stockmeyer 1922, S. 258.

[79] »Es muß Oud nicht immer unangenehm gewesen sein, und in einigen Fällen förderte er das Mißverständnis wohl.« Übers. EvE: Hans Oud 1984, S. 63.

[80] Vgl. Ouds Biographie in Stavitel, I, 1922, Nr. 4, S. 189: »… od r. 1918 jest mestkým architektem v Rotterdamu«.

[81] So in einem Briefkonzept an den Verlag Werkbund & Co in Stuttgart vom 2.9.1928, Oud-Archiv, B; vgl. »Architect of this City«: Durchschlag Brief von Oud an Carol Aronovici vom 21.3.1934, Oud-Archiv, B.

[82] Frühlicht, Heft 2, Winter 1921/22, Reprint, S. 127: »J. J. P. Oud, der das Bauamt der Stadt Rotterdam leitet«; Frühlicht, Heft 4, Sommer 1922, Reprint, S. 198 zu Haus Kallenbach*: »Ein Programm von J. J. P. Oud, Leiter des Städtischen Bauamts, Rotterdam«; vgl. Hans Oud 1984, Anm. 19, S. 63. Taut ging zudem davon aus, daß Oud einen Erweiterungsplan für Rotterdam erstelle: vgl. Brief von B. Taut an Oud vom 23.10.1923, Oud-Archiv, B.

[83] Liste III der WADW vom 8.10.1925: Kirsch 1987, S. 54. Vgl. »Stadtbaumeister J. J. P. Oud, Rotterdam« in: Bau und Wohnung 1927, S. 152; ebenso Graeff 1928, S. 164. Bezeichnend ist auch die Anrede von Herman Sörgel, der Oud in seinem ersten Schreiben als »Herr Kollege« bezeichnet, in seinem Antwortbrief jedoch als »Herr Stadtbaumeister«: Briefe von Sörgel an Oud vom 16.12.1924 und 10.1.1925, Oud-Archiv, B. Selbst sein Mitarbeiter Paul Meller bezeichnete Oud als »Stadtbaumeister«. Anzunehmen ist, daß Meller das Spiel durchschaute und aus Scherz diesen Titel verwendete. Karte von Meller an Oud vom 16.7.1927, Oud-Archiv, B. In den Niederlanden ist die Bezeichnung Ouds als »Stadtbaumeister von Rotterdam« sonst kaum zu finden. So nennt ihn Wethouder Heijkoop schlicht »erster Architekt des Woningdienst« oder »Gemeinde-Architekt«: Heijkoop 1928, S. 59.

[84] Vgl. Polano 1977, S. 42; Fanelli 1978, S. 96; Fooy 1978, S. 7; Stamm 1984, u. a. S. 16f., 57; Barbieri 1990 o. S.; Buch 1993, S. 114; Jan Molema 1996a, S. 80; Johnson/Langmead 1997, S. 237; Langmead 1999, S. 5, 12. Dagegen Overy 1990, S. 121; Tischer 1993, S. 22.

[85] Vgl. »IV. 1.3.2. Spangen: das erste große Wohnbauprojekt der Gemeinde«.

[86] Vgl. Engel 1990, S. 18. Laut Rotterdamer Katalog lag ein Aufgabenbereich von Oud in der Kontrolle und Korrektur eingereichter Entwürfe: Taverne 2001, S. 192.

[87] So Van der Hoeven 1994, S. 34, Übers. EvE: »In Rotterdam existierte allein die Figur von J. J. P. Oud, der als Chefarchitekt über die gesamte architektonische Produktion des Woningdienst wachte.«

[88] Vgl. »IV. 1.4.3. Der Einfluß des Gemeinderats auf die Wohnbauten in Hoek van Holland und Kiefhoek«.

[89] Vgl. »IV. 1.3.1. Die Entwicklung standardisierter Wohnungstypen«.

[90] Vgl. »IV. 1.3.4. Die Betonbauten des Woningdienst«.

[91] Vgl. »IV. 2.5. Oud-Mathenesse: Stadterweiterung und Idealstadtplanung«.

[92] Vgl. »IV. 1.3.5. Die Architektur des Woningdienst unter Heijkoop, Plate und Oud«.

[93] Brief von Oud an Van Doesburg, 5.10.1921, RKD: nach Hans Oud 1984, Anm. 24, S. 65.

[94] Vgl. Spangen Block I und V*.

[95] Vgl. Taverne 2001, Kat. Nr. 36, »Ontwerp voor normaalwoningtypen/straatcompositie«.

[96] Van der Waerden 1918.

[97] Van der Waerden 1918, S. 7.

[98] Berlage 1918. Berlage weist damit auf die deutsche Städtebautheorie hin.

[99] Oud 1918d; vgl. den von Oud in seinem deutschen Text verwendeten Begriff »Massenbau«: Oud 1919d, S. 223.

[100] Vgl. »IV. 6.1. Die niederländische Tradition des Volkswoningbouw«; »IV. 2.2. Die einheitlich gestaltete Häuserzeile«; »IV. 2.3. Die Wohnblöcke im Neubaugebiet Spangen«.

[101] Oud 1919a, Abb. S. 81f. (teilweise abg. in Taverne 2001, S. 209).

[102] Oud 1919a, S. 82. Auf die Übereinstimmungen beider Texte haben mehrere Autoren verwiesen, u. a. Grinberg 1977, S. 89; Anm. 7, S. 136; Bijhouwer 1986, S. 15. Vgl. Taverne 2001, S. 205.

[103] Oud 1920d (abg. in Taverne 2001, S. 226).

[104] Bericht vom 4.1.1918, VR, S. 77.

[105] Vgl. Fooy 1978, S. 8; Kuipers 1987, S. 110.

[106] Prak 1972, S. 34.

[107] Rundschreiben vom 30.7.1920: Casciato/Panzini/Polano 1980, S. 82.

[108] W. van Boven, Red., Album bevattende een 50-tal woningtypen voor met rijksvoorschot te bouwen woningen, Hrsg. Departement van Arbeid, Den Haag 1920.

[109] Arbeiderswoningen 1921; Abb. S. 100–102.

[110] Vgl. »IV. 3.1. Typenwohnungen«.

[111] Brief von Plate an den Wethouder van Plaatselijke Werken, 28.9.1918, S. 7f., ASAV, Dos. Nr. 300.

[112] »Nun da alle Detailzeichnungen für diesen Bau fertig geworden sind, drängt sich die Frage auf, ob die langwierige, mit der Vorbereitung verbundene Arbeit nicht ökonomischer genutzt werden kann, in dem man jetzt mehrere Wohnblöcke nach demselben Haupttypus errichtet. Diese Frage muß ich zustimmend beantworten; die beiliegenden Pläne für den Bau von 8 Blöcken mit Gemeindewohnungen in Tusschendijken sind das Ergebnis davon … Die Veränderungen in den Grundrissen sind, wie auch die Gruppierung der Wohnungen, jedoch derart gewählt, daß der Bau mit möglichst wenig zusätzlicher Vorbereitung durchgeführt werden kann.« Übers. EvE: Plate, 5.11.1920, VGR, 1920, S. 1553.

[113] Vgl. Hitchcock zu den Blöcken in Tusschendijken: »Il était destiné à être largement exploité dans d'autres constructions à Rotterdam.«: Hitchcock 1931, o. S. Ob er damit auf reale Baupläne des Woningdienst verweist, ist unklar. Vgl. die in Ouds Erweiterungsplan für Oud-Mathenesse* geplanten Wohnblöcke.

[114] Im November 1922 diskutierte der Gemeinderat die Ausführung eines Wohnbaus nach Plänen von P. G. Busken, der hierfür 1918 einen Auftrag vom Woningdienst erhalten hatte: Bericht vom 2.11.1922, HR, S. 796.

[115] Vgl. Dettingmeijer 1988, S. 276.

[116] Oud 1920d, S. 219 (abg. in Taverne 2001, S. 226).

[117] Die Reduzierung auf wenige, sich wiederholende Bauformen entsprach auch Ouds künstlerischem Ansatz: vgl. »V. 2. Klassische Entwurfsprinzipien«, »V. 3.3. Ouds Moderne Architektur im internationalen Kontext«.

[118] Zu Van Doesburgs Farbentwürfen vgl. »III. 4.2. Die Gemeinschaftsbauten«.

[119] Vgl. »IV. 2.3. Die Wohnblöcke im Neubaugebiet Spangen«.

[120] Am 3. April 1919 wurde im Gemeinderat beschlossen, eine unabhängige Untersuchung der Wohnungen auf ihre Verarbeitung hin durchzuführen: Bericht vom 3.4.1919, HR, S. 284f.

[121] Bericht vom 8.5.1919, HR, S. 370.

[122] Zur Waterstokerij vgl. Centraalbouw*.

[123] Vgl. »IV. 3.1. Typenwohnungen«; »IV. 6.1.2. Grundrisse und Erschließung«. Zur Bautätigkeit in Spangen vgl. Dettingmeijer 1988, S. 267.

[124] Brief von Plate an den Wethouder van Plaatselijke Werken, 28.9.1918, S. 7f. ASAV, Dos. Nr. 300.

[125] Vgl. »IV. 6.1.5. Städtebau«.

[126] De Klerk 1992, S. 185.

[127] Brief von Plate an den Wethouder van Plaatselijke Werken vom 29.1.1918, ASAV: De Klerk 1998, S. 176. In Amsterdam waren 1915 ebenfalls zwei Wohnblöcke zum Zaanhof zusammengefaßt worden, der ebenfalls Straßen und Grünanlagen einfaßt.

[128] Vgl. Kritik an der Dachterrasse: Alph. Siebers, De galerijbouw Spangen van architect M. Brinkman, in: Bouw, 1925, S. 193.

129 Die gesamte Korrespondenz und alle Bauzeichnungen der *Bouw- en Woningtoezicht* von 1903 bis 1940 wurden im 2. Weltkrieg zerstört. Die ersten Entwürfe Brinkmans stammen von 1918, die Ausführungsentwürfe datieren von November 1919 bis Juni 1920. Nach Karin Schomaker gingen diesen Entwürfen drei Jahre Vorbereitung voraus: Schomaker/Baeten, S. 23. Heijkoop spricht von einer einhalbjährigen Arbeit an dem Projekt: Bericht vom 15.4.1920, HR, S. 296. Laut Sweys wurde der Entwurf 1920 vorgelegt: A. H. Sweys, Wohnungsbau des Auslandes, II. Der »Balkonstraßen«-Bau in Rotterdam, in: Der Neubau, 7, 10.3.1925, Heft 5, S. 60–63. Engel datiert Ouds Entwurf zeitlich vor den Superblock von Brinkman: Engel 1990, S. 22.

130 Brief von Plate an den *Wethouder* van *Plaatselijke Werken* vom 29.1.1918, GAR, ASAV: De Klerk 1998, S. 176. Der Verfasserin lag dieses Schriftstück nicht vor.

131 Vgl. Schomaker 1994, S. 9, 55.

132 Bericht vom 15.4.1920, HR, 1920, S. 293; A. H. Sweys, De galerijbouw te Rotterdam, in: TvVS, 15.9.1924, S. 199.

133 Dettingmeijer 1982, S. 32. Hans Oud geht fälschlich davon aus, daß der Widerstand gegen Brinkmans Wohnblock den Bau des Centraalbouw verhindert habe: Hans Oud 1984, S. 72.

134 Vgl. die Erinnerungen von Aag Kriek: Marleen de Jong, Stadsverhal Rotterdam. Spangen, Rotterdam 2001, S. 9, 12; vgl. »IV. 1.5. *Volkswoningbouw* als erzieherisches Mittel«.

135 »Wethouder Sociale Belangen«. Heijkoop trat sein Amt am 9. Oktober 1919 an.

136 De Ruyter-De Zeeuw 1987. Heijkoop zeigte darüber hinaus großes Interesse an Kunst, der seiner Meinung nach besondere Bedeutung für die Arbeiterschaft zukomme.

137 Bericht vom 18.4.1918, HR, S. 293.

138 De Ruyter-De Zeeuw 1987, S. 92; De Klerk 1998, S. 112.

139 Heijkoop 1928, S. 59.

140 Heijkoop 1928, S. 59.

141 Übers. EvE: Bericht vom 14.11.1927, HR, S. 158.

142 Übers. EvE: Bericht vom 4.12.1919, HR, S. 1039.

143 Bericht vom 3.4.1919, HR, S. 283. Der Kritik seiner politischen Gegner, die Wohnungen der Gemeinde seien teurer als die der privaten Unternehmer, setzte Heijkoop die höhere Qualität dieser Wohnungen entgegen: Bericht vom 4.12.1919, HR, S. 1038.

144 »Ich fasse den Woningdienst etwas weiter als die technische Betreuung der angebotenen Wohnungen, so wie es im Moment ist. Der Woningdienst muß im weiteren Sinn, mehr als bis jetzt, mit der Stadtversorgung und der Versorgung von Wohnsiedlungen in idealistischerer Weise eins werden.« Übers. EvE: Bericht vom 16.5.1924, HR, S. 515.

145 Übers. EvE: Bericht vom 17.9.1925, HR, S. 777.

146 Übers. EvE: Bericht vom 17.9.1925, HR, S. 777.

147 Übers. EvE: Bericht vom 17.9.1925, HR, S. 777. Vgl. die sozialdemokratische Wählervereinigung »De Unie«.

148 De Ruijter 1987, S. 110.

149 Genabeek/Rietbergen 1991, S. 63f.

150 Vgl. die Wohnblöcke in Tusschendijken* und die Häuserzeilen in Blijdorp*.

151 Kromhout hatte sich vor allem durch das 1902 vollendete American Hotel am Amsterdamer Leidseplein einen Namen gemacht. Ab 1918 war er als freier Architekt für den Rotterdamer *Woningdienst* tätig.

152 Kromhout 1927, S. 106f.

153 Kromhout 1927, S. 107.

154 Vgl. »Betonwoningen in Rotterdam«: Kuipers 1987, S. 104–118. Vgl. »Dubbele arbeiderswoning in gewapend beton«: Taverne 2001, Kat. Nr. 37.

155 Kuipers 1987, S. 72.

156 Vgl. »III. 2. Zur Definition einer »De Stijl-Architektur«; »III. 4.9. Der Einfluß von Wright und Van't Hoff«.

157 Kuipers 1987, S. 74, 77.

158 Berlage: unausgeführter Entwurf (1912) für ein mehrstöckiges Wohnhaus: Kuipers 1987, Abb. 51, S. 85; Abb. 52, S. 86. P. J. C. Klaarhamer: Entwurf für eine Villa in Beton (1913): Nieuwe Bouwen 1982a, Abb. 64, S. 82; Entwurf für ein dreistöckiges Wohnhaus in Beton (Oktober 1919): Fanelli 1985, Abb. 31, S. 31; Entwurf für eine Doppelvilla von Klaarhamer und Van't Hoff (1918). Van't Hoff: Villa Nora für A. B. Henny in Huis ter Heide (1915) mit Betonelementen. Oud: Entwurf für ein Doppelhaus für Arbeiter in Beton* (vor Mai 1919). Wils: Wohnkomplex Daal en Berg in Den Haag (1920/21), teilweise in Beton ausgeführt; Entwurf für eine Villa mit Betonwänden, in: De Stijl, I, 8, 1918, S. 96.

159 Nach De Klerk fand die Reise bereits 1919 statt: De Klerk 1998, S. 176. Oud spricht jedoch von einem Februartag des Jahres 1920: Oud 1920b, S. 92.

160 Auch Mitarbeiter anderer niederländischer Wohnungsbauämter wie Jocker und Keppler aus Amsterdam und Bakker Schut aus Den Haag waren nach London gereist. Kuipers 1987, S. 95; Oud 1920c, S. 97f.

161 Oud 1920b, S. 89–94; S. 131–136.

162 Brief von Plate an den *Wethouder van Plaatselijke Werken* vom 28.9.1918, ASAV, Dos. Nr. 300.

163 Kuiper 1987, S. 104. Am 20.4.1920 hatte Plate im Gemeinderat hierfür einen Kredit gefordert: De Ruyter-De Zeeuw 1987, S. 93.

164 Kuipers 1987, S. 105.

165 Kuipers 1987, S. 105.

166 Bericht vom 23.4.1920, VGR, S. 437.

167 Hulsenbosch war bei der Gemeinde Den Haag angestellt und arbeitete parallel zu den Rotterdamer Bauten für Kossel im Amsterdamer »betondorp« Watergraafsmeer. Hardeveld hatte bereits verschiedene Bauten in Isola-Bauweise ausgeführt. Auch er baute gleichzeitig zu seiner Arbeit für den *Woningdienst* in anderen niederländischen Städten Betonwohnungen, so auch in Watergraafsmeer: Kuipers 1987, S. 174–176. Duursma 1989, S. 40–43.

168 Kuipers 1987, »Betonwoningen in Rotterdam«, S. 104–118; Van Vliet 1989, S. 27f., 33; Engel 1990, S. 18. Die Bezeichnung Kossel stammt von dem gleichnamigen Bauunternehmen, F. J. Stulemeijer war der Direktor der Internationale Gewapendbeton Bouw IGB in Breda. 1928/29 wurden den Kosselkomplexen weitere 30 Wohnungen nach Entwurf von W. van Tijen angefügt.

169 Cusveller 1990, S. 50; Plan im Gemeentelijk Woningbedrijf Rotterdam.

170 Ausschlaggebend hierfür waren jedoch auch die Wünsche der Bewohner, zumeist Arbeiter aus ländlichen Gebieten, die mehrgeschossige Wohnbauten ablehnten. Oftmals entstanden zwei eigenständige, übereinanderliegende Wohnungen. Bei den späteren Betonbauten finden sich aus Kostengründen auch dreigeschossige Häuser.

171 Übers. EvE: J. M. van Hardeveld, De Normaal-woningen, Artikel aus: Nieuwe Amsterdamer, in: Wendingen, I, 6, 1918, S. 25.

172 Übers. EvE: G. Versteeg, De Rotterdamsche betonwoningen, in: Klei, 13, 15.10.1921, Nr. 80, S. 244.

173 »Wenn man es so auf den ersten Blick sieht, würde man sagen, daß es eine Fabrik ist.« Übers. EvE: Gemeinderatsmitglied Warmenhoven, Bericht vom 13.3.1924, HR, S. 188.

174 Bericht vom 25.2.1921, VGR, S. 281; vgl. Sweys 1925; Kuipers 1987, S. 105.

175 Sweys, Betonbouw te Rotterdam, in: BW, 21.2.1925, S. 138.

176 Vgl. Hardeveld und Pauw: »Wenn der Betonbau für Arbeiterwohnungen in unserem Land jemals eine Chance auf Erfolg hatte, dann ist es wohl sicher hier, wo ein enthusiastischer wethouder mit aller Kraft für den Wohnungsbau eintretend diesen Versuch unterstützt.« Übers. EvE: G. Versteeg, De Rotterdamsche betonwoningen, in: Klei, Nr. 80, 15.10.1921, S. 243.

177 »Ich habe selbst gelesen, daß man in dem einen oder anderen Spottblatt meinen ehrbaren Familiennamen verändert hat …«. Übers. EvE: Heijkoop, Bericht vom 13.4.1924, HR, S. 211.

178 Oud 1917a.

179 Auffallend ist jedoch die Ähnlichkeit der Fassadengestaltung mit den ersten Probewohnungen in Scheveningen, die im Herbst 1920, also

ein halbes Jahr nach Annahme von Heijkoops Vorschlag zum Bau der Betonwohnungen, begonnen wurden.
[180] Vgl. Kuipers 1987, S. 104–118.
[181] Abb.: De Stijl, IV, 12, 1921; Besprechung der Bauten: De Stijl, V, 1, 1922, S. 11f.
[182] Oud 1924, LII.
[183] Aus der Tatsache, daß Oud am Bau der Betonwohnungen nicht beteiligt wurde, schließt Marieke Kuipers dagegen auf eine schwächere Position des Gemeindearchitekten als bisher angenommen. Kuipers 1989, Anm. 2, S. 25. Die Beauftragung anderer Architekten wird im Rotterdamer Katalog als »Ironie des Schicksals« bezeichnet: Taverne 2001, S. 213.
[184] Abb.: L'Architecture Vivante 1925, Pl. 15.
[185] Oud 1919a, S. 81f. Kuipers verweist auf Hardevelds Formgebung des zweiten Stulemeijer-Komplexes, die an Ouds Auffassungen über die Erneuerung der Architektur durch Beton anschliesse: Kuipers 1987, S. 112.
[186] Vgl. »IV. 3.7. Baumaterial und Konstruktion«.
[187] Eine große Anzahl der Wohnungen war nicht bzw. von nur ein oder zwei Personen aus höheren Einkomenschichten bewohnt. Vgl. De Meester in einer Ratsdebatte vom 22.12.1922: Kuipers 1987, S. 110.
[188] Vgl. »IV. 6.1.2. Grundrisse und Erschließung«.
[189] Vgl. »IV. 6.1.3. Innenhöfe«.
[190] Sweys 1925, S. 63; Vermeer/Rebel 1994, S. 194.
[191] Übers. EvE: nach Dettingmeijer 1982, S. 32.
[192] Vgl. Brief von Van Doesburg an Oud vom 12.9.1921, FC: »… da Du doch auch gerne aus Rotterdam (Normierung) weg willst.« Übers. EvE: nach Boekraad 1983c, S. 136. Vgl. Hans Oud 1984, Anm. 159, S. 111; Dočkal 2001, Anm. 28, S. 108f.
[193] Dies gilt auch für die folgenden Wohnbauten, vor allem die Siedlung Kiefhoek* und die Reihenhäuser der Weißenhofsiedlung*, wo eine Wohnung nach Ouds Vorstellungen ausgestattet wurde. Für die Bauten in Hoek van Holland* ist entsprechendes anzunehmen.
[194] Brief von Oud an Van Doesburg, 5.10.1921, RKD: Hans Oud 1984, Anm. 24, S. 65.
[195] Kuipers 1987, S. 108.
[196] Die Ausstellung des Zuider Volkshuis in der Gartenstadt Vreewijk öffnete am 25. September 1920. Vier Architekten, darunter Oud, waren aufgefordert, eine Wohnung für ein neu verheiratetes Paar aus der Arbeiterschicht einzurichten: NRC, 19.9.1920; NRC, 28.9.1920. Zu Ouds Entwurf für Vreewijk vgl. »IV. 2.5. Oud-Mathenesse: Stadterweiterung und Idealstadtplanung«.
[197] De Klerk 1998, S. 113.
[198] Van der Hoeven 1994, S. 35.
[199] Taut 1923, S. 293.
[200] Zum Alkovenstreit: Fooy 1978, S. 8; Kuipers 1987, S. 110.
[201] So an das Bauunternehmen der Gebrüder B. und G. Muijs für Alkovenwohnungen in der Bilderdijkstraat: Fooy 1978, S. 7.
[202] Bereits ab Juni 1919 wurden vom Staat keine Zuschüsse mehr für Wohnungen mit Schlafnischen vergeben: Dieten 1992, S. 65.
[203] De Klerk 1998, S. 191–196. Auch Oud war Mitglied der Stadscommissie: De Klerk 1998, S. 370.
[204] Der Entwurf war später Ausgangspunkt für Stadtarchitekt Witteveen. Abb. Entwurf Granpré Molière, Verhagen und Kok: De Klerk 1998, S. 223; Abb. Entwurf Witteveen (1926): De Klerk 1998, S. 224.
[205] Übers. EvE: Alph. Siebers, Het behoud van Rotterdam, 1923, S. 15.
[206] Den Posten erhielt M. Brinkman, der zusammen mit Plate den Superblock in Spangen errichtet hatte.
[207] Albrecht 1930, S. 45f.
[208] De Klerk 1998, S. 193.
[209] Minister Aalberse plädierte 1924 dafür, den Wohnungsbau den privaten Unternehmen zu überlassen: Manfred Bock, Woningbouw, in: Nederlandse architectuur, H. P. Berlage bouwmeester, 1856–1934, Den Haag 1975, S. 89.
[210] Übers. EvE: Bericht vom 16.5.1924, HR, S. 514.
[211] Vgl. Engel 1990, S. 19.
[212] Kuipers 1987, S. 112f.
[213] Ravesteyn 1948, S. 301.
[214] Nycolaas 1971; Nycolas 1980; Engel 1990, S. 19.
[215] Fooy 1978, S. 9; Nycolaas 1980, S. 10; De Klerk 1998, S. 113.
[216] Bericht vom 5.11.1920, VGR, S. 1554.
[217] Bericht vom 7.3.1924, VGR, S. 367–376; Bericht vom 13.3.1924, HR, S. 188–217.
[218] Übers. EvE: Klei 1925, S. 66.
[219] Kuipers 1987, S. 116.
[220] Louman/Van der Steen 1983, S. 13–19. Vgl. Erweiterungsplan für Oud-Mathenesse* und Siedlung »Witte Dorp«*.
[221] Van der Valk 1990. Beim Rijkswaterstaat hatte Van Lohuizen an der Verbesserung des Straßennetzes in Noord-Holland mitgewirkt.
[222] Eine von Van Lohuizen durchgeführte, großangelegte Studie untersuchte Verkehrsentwicklung und Bevölkerungswachstum in Rotterdam und Umgebung. Vgl.: Van Lohuizen in Zusammenarbeit mit Van Tijen, Grafieken voor het behandelen van verkavelingsvraagstukken, Amsterdam 1930.
[223] Van der Valk 1990, S. 26, 32. Nach einem Artikel des NRC war Lohuizen bereits seit 1920 beim Woningdienst angestellt: Stadsontwikkeling en stadsuitbreiding, in: NRC vom 27.5.1928.
[224] Vor allem Politiker und Beamte zeigten sich mißtrauisch gegenüber seinen Untersuchungen. Laut S. J. van Embden wurde seine Post geöffnet und kontrolliert: Van der Valk 1990, S. 26. Van Lohuizen mußte schließlich wichtige Karten und Diagramme vor den regelmäßig beim Woningdienst erscheinenden Grundstücksspekulanten verborgen halten.
[225] Angesichts der stagnierenden Entwicklung in Rotterdam entschloß er sich 1928 den Woningdienst zu verlassen. Er trat in die neu eingerichtete Abteilung Städtebau und Stadtentwicklung im Dienst der Publieke Werken in Amsterdam ein, wo ein Jahr später auch C. van Eesteren eine Stelle annahm. In Folge entstand dort der aufsehenerregende Generalplan für die großangelegte Stadterweiterung: Van der Valk 1990, S. 26f.
[226] De Jonge van Ellemeet 1925, S. 62. Bis dahin wurde das Terrain als Weideland verpachtet.
[227] Bericht vom 15.6.1922, HR, S. 520.
[228] De Jonge van Ellemeet 1925, S. 62.
[229] Fooy 1978, S. 9.
[230] G. A. M. de Bruijn, Huisvesting van daklozen en ontoelaatbare gezinnen te Rotterdam, in: TvVS, VII, 11, 1926, S. 206–211. In der Literatur wird oftmals der Eindruck erweckt, daß alle Wohnungen des »Witte Dorp« für »resozialisierte« Familien zur Verfügung standen, vgl. Beter Wonen 1938, S. 134; Reijndorp 1987, S. 56; Anm. 4, S. 69.
[231] Unpublizierte Skizze im Oud-Archiv.
[232] Commissie Sport- en Speelterreinen, Speel en Sportterreinen in Rotterdam, Rotterdam 1926: De Klerk 1998, S. 196.
[233] Bericht vom 16.5.1924, HR, S. 514f.; 27.11.1924, HR, S. 1024.
[234] Das Direktorenzimmer ist nicht erhalten. Vgl. Taverne 2001, Kat. Nr. 66.
[235] De Jonge van Ellemeet 1931, S. 102, 105. Laut »Het Bouwbedrijf« fehlte von Seiten des Direktors die notwendige Begeisterung über Ouds Werk: »… eine kommunale Institution, bei der die Führung ganz und gar nicht durchdrungen war von dem Geist, der Ouds Arbeiten und Streben beseelte.« Übers. EvE: Bouwbedrijf 1932.
[236] Zu Witteveen: Hoogenberk 1980, S. 129–144; De Klerk 1998, S. 196.
[237] Übers. EvE: Hoogenberk 1980, S. 129, 139. De Klerk weist darauf hin, daß diese Charakterisierung allein für Witteveen als Entwerfer Gültigkeit besaß, nicht jedoch für sein Amt als Direktor der Abteilung Stadsontwikkeling: De Klerk 1998, S. 196.
[238] Van der Hoeven 1994, S. 33f.
[239] Vgl. Mens 1997.
[240] Wagenaar 1992, S. 51.
[241] Mens 1997.

242 Stroink 1981, S. 51.
243 Ausgestellt war ein Modell der Rotterdamer Hafenanlage sowie Modelle und Fotos verschiedener Gemeindebauten, darunter auch Arbeiten von Oud.
244 Bericht vom 14.11.1927, HR, S. 1237.
245 Übers. EvE: Bericht vom 14.11.1927, HR, S. 1237.
246 Klei 1925, S. 68–70.
247 Periskopius 1925, S. 369. Zu den Forderungen der *Schoonheidscomissie*: Stieber 1998, S. 250.
248 Vgl. Van Gelderen 1936, S. 101.
249 Periskopius 1925.
250 Übers. EvE: Periskopius 1925, S. 370.
251 Übers. EvE: Bericht vom 17.9.1925, HR, S. 778, 781. Vgl. den Bericht der Gemeinderatssitzung anläßlich des Antrags zum Bau von Gemeindewohnungen in Hoek van Holland*: »Dieser Architekt mag einen europäischen Namen haben. Was er auf dem Calandplein mit der Fassade von dem ›Unie‹ präsentiert hat, geht entschieden zu weit. Es ist ein Skandal, daß durch die Mitarbeit der Gemeinde solch ein Produkt zu Stande gekommen ist, solch ein Witz auf dem Gebiet der Architektur.« Übers. EvE: Maasbode 1925.
252 Bericht der Gemeinderatssitzung anläßlich des Antrags zum Bau von Gemeindewohnungen in Hoek van Holland: Maasbode 1925. Die insgesamt 15 Monate, in denen die Entwürfe auf Eis lagen, waren Teil eines politischen Kalküls, mit dem weitere Bauprojekte der Gemeinde durchgesetzt werden sollten. Am 13.8.1924 wurde in der *Commissie voor Volkshuisvesting* beschlossen, »… daß dieser Plan erst in dem Moment bei Bürgermeister und wethouder eingereicht werden soll, wenn die Behandlung dieser Dinge nicht mehr aufgeschoben werden kann …«. Übers. EvE: Bericht vom 17.9.1925, HR, S. 774.
253 Bericht vom 17.9.1925, HR, S. 769–783.
254 B & W an Gemeenteraad vom 21.8.1925, VVGR, S. 983.
255 Übers. EvE: Bericht vom 17.9.1925, HR, S. 777.
256 Übers. EvE: Heijkoop in Bericht vom 17.9.1925, HR, S. 777.
257 Übers. EvE: Bericht vom 17.9.1925, HR, S. 769.
258 Übers. EvE: Bericht vom 17.9.1925, HR, S. 771.
259 Übers. EvE: Bericht vom 17.9.1925, HR, S. 773.
260 Bericht vom 17.9.1925, HR, S. 781.
261 »… ästhetische Bedenken gelten für mich auch … ich habe gesagt, daß dieser Wohnungsbau mir in einem verhältnismäßig kleinen ländlichen Gebiet etwas sehr streng und hypermodern vorkam … und daß ich es schöner gefunden hätte, wenn hier eine einfachere, ruhigere und vielleicht auch rustikalere Architektur hingekommen wäre.« Übers. EvE: Bericht vom 17.9.1925, HR, S. 777.
262 Vgl. Bericht vom 17.9.1925, HR. S. 777, Übers. EvE: »Ich unterstelle, daß auch der Direktor der Gemeetewerken, vielleicht auch der wethouder der Plaatselijke Werken in dieser Hinsicht einmal Bedenken gegen einige kubistische Äußerungen von dieser Stelle haben.«
263 Übers. EvE: Bericht vom 17.9.1925, HR, S. 777f.
264 Bericht vom 17.9.1925, HR, S. 777.
265 Bericht vom 17.9.1925, HR, S. 781.
266 De Jonge van Ellemeet 1931, S. 101.
267 Cusveller 1990c, S. 42.
268 Cusveller 1990c, S. 43.
269 Bericht vom 17. und 18.3.1927, HR, S. 154–183. Vgl. Cusveller 1990c, S. 41–44; Vermeer/Rebel 1994, S. 299.
270 »Nun, die Menschen verlangen nicht nach so großer Menge Wasser in ihren Wohnungen. Es handelt sich um eine Art von Bewohnern, die viel eher Wasserscheu als Wasserlust hat …«. Übers. EvE: Bericht vom 17. und 18.3.1927, HR, S. 165.
271 Diskussion der Ratsmitglieder: HR, 17. und 18.3.1927, S. 154ff. Vgl. Dettingmeijer 1988, S. 287, 289.
272 Fooy 1978, S. 10.
273 Van Hoeven 1990, S. 70f.
274 Dettingmeijer 1988, S. 253, 261.
275 Oud 1930b, S. 365; Oud 1930c, S. 429f. Nachdem die *Raadscommissie voor Financien* am 24. Februar 1926 noch positiv über die Duschen geurteilt hatte, wurden diese im März 1927 als unnötiger Luxus gestrichen: Cusveller 1990c, S. 42.
276 De Jonge van Ellemeet 1931, S. 105.
277 Vgl. Otten 1930, S. 369; Van der Steur 1930.
278 Bericht vom 22.12.1930, HR, S. 883.
279 So in einem städtebaulichen Plan von 1920: Gemeindearchiv Rotterdam, ASAV, Doos 7. Es folgte der von R. J. Hoogeveen erstellte Entwurf für den *Woningdienst* von April 1923 (Abb. 74).
280 Übers. EvE: Durchschlag von Oud an L. Slok von der Gemeindeverwaltung der Hersteld Apostolische Gemeente vom 8.10.1948, Oud-Archiv, Fa 15.
281 Durchschlag Oud an B & W vom 5.4.1950, Oud-Archiv, Fa 15. Vgl. Oud 1963, S. 19.
282 Zur Reaktion der Zeitgenossen vgl. Ouds Kirchenbau*.
283 Nördlich der Maas war dies aufgrund der schlechten Bodenbeschaffenheit allein im Polder Oud-Mathenesse möglich.
284 Dettingmeijer 1988, Anm. 283, S. 479.
285 Vgl. »IV. 2.5. Oud-Mathenesse: Stadterweiterung und Idealstadtplaung«. Zum Vorbildcharakter von Oud-Mathenesse und Kiefhoek vgl. Dettingmeijer 1988, S. 287.
286 Vgl. Dettingmeijer 1988, S. 342.
287 De Jonge van Ellemeet 1931, S. 103.
288 De Jonge van Ellemeet 1931, S. 106.
289 Übers. EvE: Undatierte Erläuterung von Oud »Gemeentelijk woningbouw »Kiefhoek« Rotterdam«, in: Oud-Archiv, C 36.
290 Übers. EvE: *Commissie voor Volkshuisvesting* vom 27.10.1926, VGR, 17.12.1926, GAR, S. 1386f.
291 Oud 1925a, S. 25–28. Vgl. »IV. 5. Die soziale Komponente in Ouds Wohnbauten«.
292 So auch *Wethouder* Heijkoop: »Wir müssen ihnen *das Schöne geben*, sie müssen sich daran gewöhnen und dann wird man sehen, wie nach kurzer Zeit alle mitwirken, unseren Park, die Grünanlagen und die eigenen Gärten in Ordnung halten!« Übers. EvE: nach Kromhout 1927, S. 106f, Hervorhebungen Heijkoop.
293 Undatierte Erläuterung von Oud »Gemeentelijk woningbouw »Kiefhoek« Rotterdam«, in: Oud-Archiv, C 36.
294 Maasbode 1928.
295 J. J. P. Oud, Toelichting op Blijdorp, Typoskript 1931, Oud-Archiv, vgl. Zitat in: Taverne 2001, S. 308, 310.
296 Übers. EvE: De Jonge van Ellemeet 1931, S. 105.
297 Übers. EvE: De Jonge van Ellemeet 1931, S. 105.
298 Übers. EvE: Spangen, 3. Jg., Nr. 21, 25.9.1924.
299 Übers. EvE: Spangen, 3. Jg., Nr. 20, 11.9.1924.
300 Übers. EvE: Otten 1920, S. 371.
301 So Stamm 1984, S. 69.
302 Undatierte Erläuterung von Oud »Gemeentelijk woningbouw »Kiefhoek« Rotterdam«, in: Oud-Archiv, C 36.
303 Vgl. Bericht vom 15.4.1920, HR, 1920. »Indem eine öffentliche Straße mitten durch das Terrain geht, bietet dies auch große Vorteile für die Polizeiaufsicht …«. Übers. EvE: Volkswoningbouw te Rotterdam in den Polder »Spangen«, Architect M. Brinkman, in: BW, 41, 21.2.1920, Nr. 8, S. 47. Im Fall der Stuttgarter Reihenhäuser* verwies Oud auf die geringe Breite der Verkehrswege, die nicht nur Kosten bei der Anlage von Straßen und Leitungen spare, sondern auch die polizeiliche Beaufsichtigung erleichtere: J. J. P. Oud, Rotterdam Ergäntzungsbericht, Oud-Archiv, Fa 35.
304 Hierbei handelte es sich in der Regel um Frauen mit einer Ausbildung im Bereich Soziales, Recht, Verwaltung und Buchhaltung. Sie sammelten Informationen über Beruf, Einkommen, Schulden sowie den physischen und psychischen Zustand der Bewohner: Vermeer/Rebel 1994, S. 299.
305 Vgl. Reihenhäusern in der Weißenhofsiedlung*.
306 Vgl. »V. 3.4. Oud und die Kanonisierung der Modernen Architektur«.

307 Frühe deutsche Publikationen von Haus Kallenbach*: Oud 1922g, S. 200f.; Hilberseimer 1923, S. 297.

308 Auf Liste III der ausgewählten Architekten wird Oud als Stadtbaumeister bezeichnet: Kirsch 1987, S. 54. Auch in den Begleitpublikationen zur Ausstellung erscheint Oud als »Stadtbaumeister J. J. P. Oud, Rotterdam«: Bau und Wohnung 1927, S. 152; ebenso: Graeff 1928, S. 164.

309 Für letztere hatte Oud auf Anfrage von Mies van der Rohe das Material der niederländischen Architekten zusammengestellt: vgl. »V. 3.4. Oud und die Kanonisierung der Modernen Architektur«.

310 Brief der Gemeinde Rotterdam vom 13./17.8.1926 an die Württembergische Arbeitsgemeinschaft des Deutschen Werkbundes Stuttgart. Schriftlicher Antrag der Geschäftsstelle des Deutschen Werkbundes Stuttgart an den Bürgermeister von Rotterdam, Fotos und Modelle der städtischen Bauten von Oud und Brinkman für die Internationale Plan- und Modellausstellung neuer Baukunst zur Verfügung zu stellen: Brief vom 8.4.1927, Oud-Archiv, B.

311 Oud schrieb, daß er vor einer Entscheidung um Rücksprache gebeten worden sei und dies schon aus Höflichkeit erfüllen wolle: Durchschlag an Direktor Käsbach vom 15.7.1927, Oud-Archiv, B.

312 »Beinah alle Fassadenflächen sind verputzt; und das gibt mir immer ein ekelhaftes Gefühl von Staub in meine Fingerspitzen und das Verlangen in meinem Herzen nach einer echten Mauer, die gemauert, die gebaut ist.« Übers. EvE: Van Rood 1927, S. 298.

313 Rood 1927, S. 298.

314 Vgl. Rotterdamer Börse*.

315 Penn 1940, S. 30; Voorwaarts vom 12.7.1926: nach Van Bergeijk 1993, S. 101.

316 Vgl. Tinbergen, in: Weekblad gewijd aan de belangen van Rotterdam vom 22.12.1928.

317 Vgl. »V. 3.1. Oud und die Moderne Architektur in den Niederlanden«.

318 Stellvertretend für die Haltung der Jury mag der Architekturgeschmack des Geschäftsmannes Goudriaan stehen, der sich 1927–29 eine Villa von dem traditionalistischen Architekten Willem Kromhout erbauen ließ. Auch Van der Mandele wählte 1929 mit dem Architekten J. M. Granpré Molière einen Traditionalisten für den Bau seines Wohnhauses.

319 Übers. EvE: Motto X, in: BW, 50, 1.6.1929, Nr. 22, S. 172.

320 Vgl. »II. 5. Der Wettbewerb um die Rotterdamer Börse«.

321 Vgl. Duursma/van der Hoeven/Vanstiphout 1991c.

322 Vgl. Penn 1940; Duursma/Van der Hoeven/Vanstiphout 1991c; Van Bergeijk 1993; Vermeer/Rebel 1994, S. 25–28.

323 Van der Vlugt 1925a.

324 Vgl. »V. 3.1. Oud und die Moderne Architektur in den Niederlanden«.

325 Witteveen 1927; vgl. Zweiter Entwurf für die Volkshochschule*.

326 Die Regierung hatte sich der Zustimmung enthalten.

327 Zur Geschichte der Volkshochschule vgl. die Katalogtexte zu den drei Entwürfen von Oud.

328 Das Grundstück wurde daher auch wenig später dem Erasmiaans Gymnasium zugesprochen: Dettingmeijer 1988, S. 214, 217; Anm. 147, S. 466.

329 Van der Vlugt hatte den von Oud 1925 abgelehnten Auftrag zum Bau der Rotterdamer Van Nelle Fabrik erhalten. Ein besonderes Interesse Ouds an Van der Vlugts Arbeit ist daher anzunehmen.

330 Vgl. »V. 3.1. Oud und die Moderne Architektur in den Niederlanden«.

331 Hierauf verweist indirekt J. B. van Loghem, der sich im Winter 1927 um eine Stelle als Berater bei der Gemeinde Rotterdam bewarb. Gegenüber Oud äußerte er den Wunsch, mit Oud, Meller, Van Eesteren und Stam, alle Vertreter einer progressiv-modernen Architektur, eine Gruppe zu bilden, die gemeinsam Einfluß ausüben könne: Briefe von Van Loghem an Oud vom 10.11.1927 und 9.12.1927, Oud-Archiv, B, Nr. 46, 47.

332 Vgl. auch Ouds Auftrag für einen architektonischen Entwurf des Hofplein von September 1942, den er in Überlegung mit Witteveen zu erstellen hatte. Taverne betont, daß Oud in seinem Entwurf gefährlich dicht an eine »städtebauliche Korrektur« von Witteveens Plan herangekommen sei, und verweist darauf, wie Witteveen im Gegenzug Ouds Entwurf beurteilte: Taverne 1981, S. 32.

333 Vgl. Oud 1922e. Abb.: Stam 1928c, Abb. 1 (1922) und 2 (1926), S. 168. Zur Hofplein-Debatte der 1920er Jahre: Möller 1997, S. 72–74.

334 Witteveen 1928.

335 Übers. EvE: Witteveen 1928, S. 77.

336 Übers. EvE: Plate 1927, S. 48.

337 Taut 1923, S. 293.

338 Vgl. Möller 1997, S. 73.

339 Stam 1928a; Stam 1928b; Stam 1927/28. Zu Oud und De Opbouw vgl. »V. 3.1. Oud und die Moderne Architektur in den Niederlanden«.

340 Abb.: Stam 1927/28, S. 5; Stam 1928c, 169.

341 Die niederländische Presse nennt zudem die De Opbouw-Mitglieder Van der Vlugt und Van Eesteren als Entwerfer: nach Möller 1997, Anm. 205, S. 141. Möller beruft sich auf Jos Bosman, Mart Stam's architecture Between Avantgarde and Functionalism, in: Rassegna 13, 1991, 47, S. 33.

342 Oud 1928b, S. 25, 29.

343 Oud 1927e, S. 349.

344 »... weil Rotterdam arbeitet, muß die Stadt die Funktionen des täglichen Lebens (wohnen, arbeiten, erholen) eingehend berücksichtigen und auch der Verkehrsfunktion voll Rechnung tragen.«: Mart Stam, Rotterdam – Hafenstadt, in: Stam 1928c, S. 168.

345 Vgl. »V. 3.1. Oud und die Moderne Architektur in den Niederlanden«.

346 Nachdem ein Wettbewerb erfolglos geblieben war, erhielt er 1942 den Auftrag zur Erstellung eines architektonischen Entwurfs. Ouds expressiv-monumentalen Entwürfe, die sich in ihrer Formensprache an klassizistische Architektur anlehnen, stießen bei Witteveen auf heftige Kritik: Hans Oud 1984, S. 143–148. Zur 1955 realisierten Fassung nach Entwurf von C. van Traa vgl. Broekhuizen 2000, S. 56–84.

347 Vgl. Dettingmeijer, für den Van Loghems Entwurf ohne Ouds Börsen-Entwurf und Van der Vlugts Werk nicht denkbar ist: Dettingmeijer 1988, S. 241.

348 Van Loghem, dessen Werk in Rotterdam kaum bekannt war, wurde dem von der Commissie voor Gemeentewerken vorgeschlagenen Architekten vorgezogen: Bericht vom 29.9.1932, HR, S. 1185.

349 Durch ein politisches Ränkespiel wurde die Bebauung der Meent jahrelang hinausgezögert und schließlich in veränderter Form realisiert.

350 Zum Wettbewerb um das Warenhaus Bijenkorf wurden neben Dudok die im Vergleich zu Oud deutlich konservativeren Architekten Staal, De Roos en Overeijnder, D. Roosenburg und D. Brouwer eingeladen. Dasselbe gilt für die Besetzung der Beratungskommission mit Granpré Molière, Kromhout und A. R. Hulshoff.

351 Übers. EvE: Plate 1927, S. 45.

352 Architectuur op de Nenijto, NRC, Juni 1928: Zeitungsausschnitt im Oud-Archiv, ohne Angaben.

353 1931 entstanden erste Entwürfe für vier Wohnblöcke von J. H. van den Broek, A. P. B. Otten und W. Th. ten Bosch: Stroink 1981, S. 65–67.

354 Vgl. die Korrespondenz im Oud-Archiv.

355 Oud an Guevrekian vom 24.4.1928, Oud-Archiv, B. Vgl. »II. 10. Oud und die CIAM«.

356 »Vgl. IV. 2.9. Zeilenbau nach deutschem Schema: Weißenhofsiedlung und Blijdorp«.

357 Merkelbach 1931; Merkelbach/Van Tijen 1931.

358 Merkelbach/Van Tijen 1931.

359 Van Loghem/Schuitema 1931. Vgl. Stroink 1981, S. 52 und »V. 3.1. Oud und die Moderne Architektur in den Niederlanden«.

360 Wattjes 1931; Dettingmeijer 1988, S. 304.

361 Stroink 1981, S. 65f.; Dettingmeijer 1988, S. 306f.

362 Stroink 1981, S. 65–67.

363 Wattjes 1931.

364 »Nun ist zu wünschen, daß sich dies derartig entwickelt, daß im wahrsten Sinne des Wortes in erster Linie der Volksgesundheit gedient wird, daß an zweiter Stelle die Architektur in dieser neuen Stadt voll-

ständig ins Auge gefaßt wird und weiter werde ich damit verbinden wollen, daß gleichzeitig auch die Ästhetik ihren Anteil haben muß.« Übers. EvE: Ter Laan, HR, 1929, S. 460.

365 Berichte vom 22.12.1930, HR, S. 870; 26.3.1930, HR, S. 156; 14.4.1932, HR, S. 568.

366 Zu Van Loghem: Van de Beek/Smienk 1971, S. 49; zu Van den Broek: Risselada 1997b, S. 108–111; zu Van Tijen und Van der Vlugt: Idsinga/Schilt 1988, S. 249f.

367 Das Interesse für die Wohnsituation alter Menschen könnte auch auf Stam zurückgehen, der die niedrigen Gebäudeflügel in Hellerhof teilweise für Senioren bestimmte und zudem 1929 zusammen mit Werner Moser und Ferdiand Kramer ein Altenheim in Frankfurt am Main erbaut hatte.

368 Stapelkamp 1995, S. 44f.

369 Bericht vom 2.11.1931, HR, S. 780; Bericht vom 14.3.1932, HR, S. 568.

370 Übers. EvE: Bericht vom, 2.11.1931, HR, S. 796. Van Bruik spricht hier von 2.600 Arbeiterwohnungen in Blijdorp und Bergpolder.

371 Bericht vom 2.11.1931, HR, S. 782, 790, 811.

372 Vgl. »IV. 1.8. Kritik und Entlassung aus dem *Woningdienst*«.

373 Van den Broek 1963, S. A. 283.

374 Die strengen Bauverordnungen sollten Alkovenwohnungen verhindern: Idsinga/Schilt 1988, S. 250.

375 Übers. EvE: Van Loghem 1936, S. 104.

376 Bericht vom 8.5.1919, HR, S. 370; Bericht vom 3.4.1919, HR, S. 284f.

377 Bericht vom 22.12.1930, HR, 1930, S. 864. Auch der Verputz und die metallenen Fensterrahmen in Hoek van Holland zeigten Schäden: Metz 1986a. Zu Kiefhoek: Klei 1931; Goor/Heederik 1931.

378 De Jonge van Ellemeet 1931, S. 105.

379 »Hat Oud richtig oder falsch gehandelt, als er dem Ziel einer äußerst preiswerten Wohnung folgte, welches allein dadurch erreicht werden konnte, daß er, was das Fundament betrifft, unter das nach allgemeiner Vorstellung zulässige Minimum ging?« Übers. EvE: Van der Steur 1930, S. 380.

380 Übers. EvE: Van der Steur 1930, S. 381.

381 Übers. EvE: Bericht vom 22.12.1930, HR, S. 863.

382 Übers. EvE: Bericht vom 22.12.1930, HR, S. 863, 883.

383 De Jonge van Ellemeet 1931, S. 105.

384 Übers. EvE: Brief von De Jonge van Ellemeet an Oud vom 25.3.1935, Oud-Archiv: nach Van der Hoeven 1990, S. 76.

385 Goor/Heederik 1931; Klei 1931.

386 De Jonge van Ellemeet 1925, S. 62.

387 Klei 1931, S. 125f., 128–130, 132–135, 137–139, 141, 146–148, 150f.

388 Übers. EvE: Klei 1931, S. 125.

389 Klei 1931, S. 125, 137.

390 Übers. EvE: Bericht vom 22.12.1930, HR, S. 863f.

391 Goor/Heederik 1931.

392 Goor/Heederik 1931, S. 13.

393 Goor/Heederik 1931, S. 14–16.

394 Goor/Heederik 1931, S. 17.

395 Übers. EvE: Voorwaarts 1936. Der Bericht entstand kurz nach Abschluß der ersten Restaurierung.

396 Nägele 1992, S. 89. Auch 1936 wurde der Zustand des Baus bemängelt: Maasbode 1936.

397 Kirsch 1987, S. 95.

398 Nägele 1992, S. 89. Oud entgegnete 1929, daß er vor der »Flüchtigkeit des Bauens« gewarnt habe, nun jedoch abgewartet werden müsse: »Das Haus braucht nun einmal Zeit, bevor es die Beschwerden der ›Neuheit‹ überwunden hat«: nach Kirsch 1987, S. 95.

399 Übers. EvE: Goor/Heederik 1931, S. 442.

400 Van der Steur, in: Goor/Heederik 1931, S. 442–444.

401 Übers. EvE: Van der Steur, in: Goor/Heederik 1931, S. 444.

402 Zu Kiefhoek vgl. Engel 1990, S. 17; Van der Hoeven 1994, S. 35.

403 Übers. EvE: Hans Oud 1984, S. 120.

404 »Hochwohlgeborene Herren, Mein Direktor überbrachte mir den Wunsch der Commissie voor de Volkshuisvesting, mit dem Inhalt, daß ich bei Ihrem Kollegium eine Abfindung [wachtgeld] beantragen soll. Da dieser Wunsch nicht wirklich begründet ist, und, wie mir mitgeteilt wurde, einstimmig in und durch eine vom wethouder meines Amtes geleiteten Versammlung zum Ausdruck kam, spricht hieraus ein derartiger Mangel an Vertrauen in meine Person, daß ich Ihr Kollegium hiermit ersuche, mich übereinstimmend entsprechend obengenanntem Rat ehrenvoll aus dem Gemeindedienst unter Gewährung einer Abfindung zu entlassen. Hochachtungsvoll, Architekt. Abteilungschef ›Volkshuisvesting en Bouwpolitie‹ Rotterdam.« Übers. EvE: Durchschlag Oud an *B & W* vom 15.10.1932, Oud-Archiv, B (publiziert in: Hans Oud 1984, Anm. 165, S. 113f.)

405 Hans Oud 1984, S. 113.

406 Durchschlag von Oud an Van Loghem vom 24.3.1933, Oud-Archiv, B: »… ich habe kein Material (das hat die Gemeinde) …«; vgl. Durchschlag von Oud an Carol Aronovici, Columbia University New York, vom 21.3.1934, Oud-Archiv, B: »I should like very much to send you the material you asked. The difficulty with it is that the houses you mentioned are build for the city of Rotterdam. As I am no more Architect of this City at present I have a lot of trouble in collecting the material and at all events I can not bring together so good a collection as should like to send you.«

407 Hans Oud 1984, S. 113; Anm. 166, S. 114: Zitat von Annie Oud-Dinaux.

408 Übers. EvE: Bouwbedrijf 1932.

409 Übers. EvE: Bouwbedrijf 1932.

410 Hans Oud bemerkt lakonisch, daß Witteveen der Entlassung Ouds wohl nicht im Wege gestanden sei: Hans Oud 1984, S. 113.

411 Vgl. »V. 3.1. Oud und die Moderne Architektur in den Niederlanden«.

412 Übers. EvE: Bericht vom 22.12.1930, HR, S. 863.

413 Übers. EvE: Bericht vom 22.12.1930, HR, S. 863. Auch Gemeinderatsmitglied Bos argumentierte mit der finanziellen Notlage der Gemeinde: Bericht vom 22.12.1930, HR, S. 866.

414 Übers. EvE: Bericht vom 22.12.1930, HR, S. 863.

415 Übers. EvE: Bericht vom 22.12.1930, HR, S. 864.

416 Centraal-raport over de begroting der inkomsten en uitgaven van de gemeente Rotterdam over de dienst 1932, VGR, 15.10 und 21.12.1931, Nr. 327, S. 1561f.

417 Übers. EvE: Van Loghem 1936, S. 104f.

418 Übers. Eve: Van Loghem 1936, S. 105.

419 Ausgehend von der Sicht auf die Siedlung wurden von der *Commissie voor Volkshuisvesting* für Oud-Mathenesse Schrägdächer gefordert: Bericht vom 2.5.1922, VGR, S. 610.

420 De Jonge van Ellemeet 1925; De Jonge van Ellemeet 1931.

421 Eine Ausnahme bildeten die Architekten der Amsterdamer Gemeinde wie P. L. Kramer, Michel de Klerk und J. M. van der Mey, denen neben Wohnbauten jedoch auch andere Bauaufgaben zugesprochen wurden. Die internationale Bekanntheit von Oud erreichten sie dennoch nicht.

422 Vgl. Fanelli 1978b, S. 26.

423 Arie Keppler, Woningbouwvereenigingen en de ontwikkeling van het woningtype (grote steden), in: Beter wonen 1938, S. 101, 107: nach De Klerk 1998, S. 292f.

424 Vgl. Die Entwurfs-Variante zu Ouds Doppelhaus für Arbeiter in Beton*.

425 Rebel 1983, S. 192.

426 Vgl. Dettingmeijer zu Kiefhoek: Dettingmeijer 1982, S. 35.

427 Camp/Provoost, S. 31; De Klerk 1998, S. 281.

428 Die kleine Ortschaft war bereits 1896 in das nahe gelegene Leiden eingemeindet worden. Zu den Arbeiterhäusern: Dudok/Oud 1915 (mit Grund- und Aufriß); W. C. Brouwer, Arbeiderswoningen, in: Leidsch Dagblad, 19.01.1916 (abg. in Taverne 2001, S. 102); Van Bergeijk 1995, S. 16f, Kat. Nr. 16, S. 133; Abb. auf S. 100, 132 (16.1–3); Taverne 2001, Kat. Nr. 21. Fotografien der Arbeiterhäuser und eine Fassadenvariante befinden sich im Oud-Archiv; Grundriß, Schnitt und Aufriß im CCA; Aquarellzeichnung und Pläne sowie Entwurf des Hauses mit Friseursalon im GRI; Baubeschreibung und Blaupausen im Gemeentearchief Leiden, Gem. Leiderdorp inv. nrs. 1199 und 1200.

DER VOLKSWONINGBOUW 251

429 Die Häuser befanden sich am Munnikeweg oder Munnikenweg (heute Hoogmadeseweg) und Lage Rijndijk (heute Hoofdstraat): Auskunft R. C. J. van Maanen, Gemeentearchief Leiden.
430 Dudok/Oud 1915, S. 85.
431 Zum »Leidsche Dagblad« vgl. »II. 2. Die Zeit in Leiden«.
432 Beide Architekten unterzeichneten gemeinsam den Erläuterungsbericht zu Leiderdorp (Juni 1915): Dudok/Oud 1915, S. 87. Eine ähnliche Fassadengestaltung findet sich bei Ouds etwa gleichzeitig entworfenem Pflegeheim bei Hilversum (Abb. 8). Vgl. die Nähe zu Berlages Bauernhof De Schipborg in Zuidlaren (1914), der Oud offenbar als Vorbild diente.
433 Abb. Taverne 2001, S. 96f.
434 Heute Van Leeuwenpark. Van Bergeijk 1995, S. 133; Auskunft von R. C. J. van Maanen, Gemeentearchief Leiden.
435 Da der städtebauliche Plan die Bezeichnung »Plan B« trägt, muß zumindest eine weitere Variante (Plan A) bestanden haben.
436 Wohnhausentwürfe: Dudok/Oud 1915. Der städtebauliche Plan wird im Rotterdamer Katalog dagegen als Vorentwurf der ausgeführten Anlage gedeutet: Taverne 2001, S. 96.
437 Ebenezer Howard, A peaceful path to social reform, London 1898; in zweiter Auflage 1902 als »Garden cities of tomorrow«. Zu Letchworth: De Klerk 1998, S. 48–50.
438 Dudok erhielt den Auftrag zur Revision des Erweiterungsplans als er im Juli 1915 seinen Dienst bei der Gemeinde Hilversum antrat: Van Bergeijk 1995, S. 135; Abb. auf S. 67, 134.
439 Zum niederländischen Städtebau zwischen 1900 und 1930: Hoogenberk 1980. Vgl. auch De Ruijter 1987; Kellmann 1992; Peterek 1996; Ibelings 1999.
440 De Klerk 1998, S. 59–62.
441 Zum Städtebau in Rotterdam zwischen den Weltkriegen: Dettingmeijer 1988; Dettingmeijer 1992.
442 Vermeer/Rebel 1994, S. 315–321; De Klerk 1998, S. 144–147.
443 Die letzten Wohnungen wurden während des 2. Weltkriegs ausgeführt. Neubauten aus jüngerer Zeit weichen durch Etagenbauten vom ursprünglichen Konzept ab. Zu Vreewijk: Brouwers/Reedijk 1978, S. 11f; Dettingmeijer 1992, S. 4–6; Vermeer/Rebel 1994, S. 307–314; De Klerk 1998, S. 161–168; Van de Laar 2000, S. 269.
444 Abb.: Polano 1987, S. 214.
445 Die Ausführung nach einem architektonischen Entwurf von Granpré Molière, Verhagen und Kok verzögerte sich bis 1917. Vgl. »IV. 2.5. Oud-Mathenesse: Stadterweiterung und Idealstadtplanung«.
446 Abb.: De Stijl, I, 1, 1917, S. 12, 16.
447 Vgl. die Ausführungen im Katalog.
448 Abb.: Rukschio/Schachel 1982, Abb. 966, S. 572.
449 Eine Vorstellung davon bietet das 1972 prämierte Kurhaus in Zichron Yakov des israelischen Architekten Yakov Rechter. Hier findet sich eine scheinbar endlose Reihe von Baukuben, die dem Landschaftsverlauf folgend jedoch geschwungen verläuft. Ein Gegenbeispiel bildet André Lurçats Hôtel Nord-Sud in Calvi auf Korsika (1929/30) mit nur sieben aneinandergereihten Wohnungen.
450 Oud 1919a, S. 81.
451 Oud 1919a, S. 80, 82.
452 Abb. Nerdinger 1988, S. 120, 287.
453 Vgl. »II. 1. Herkunft und Ausbildung«. Fischer verwendete denselben Zeilentypus mit wechselnder Ausrichtung der Wohnungen in Obersendling (1919–23): Stockmann 1996, S. 19.
454 Oud 1919a, S. 80.
455 Dagegen sieht Engel die Unterscheidung in Vorder- und Rückseite aufgegeben: Engel 1990, S. 22.
456 Oud 1919a, S. 79–82.
457 Im Rotterdamer Katalog wird der Fassadenentwurf dagegen als Ausschnitt eines Superblocks mit 200 m Fassadenlänge gedeutet: Taverne 2001, S. 207.
458 Der Entwurf stammt von P. Verhagen: Taverne 2001, S. 198, 219.
459 De Ruiter 1984, S. 223.

460 Architekt war der mit Oud befreundete Jos Klijnen: vgl. Schipper/Van Geest 1999, S. 19.
461 Hier wurde 1922 das Denkmal zu Ehren des ersten sozialdemokratischen Wethouder und Förderers des Volkswoningbouw Anton Spiekman errichtet. Der Platz zeigt heute ein vollkommen verändertes Bild. Da die Straßenbahnlinie mitten über den Platz führt, wurde das Denkmal an die Westseite des P. C. Hooftplein versetzt.
462 An Stelle des Spartastadions entstand in den letzten Jahren ein neues Stadion; Het Kasteel wurde renoviert.
463 Hans Oud schreibt den Spangener Entwurf Berlage zu: Hans Oud 1984, S. 63. Laut Rotterdamer Katalog entstand der Plan unter der Aufsicht von Berlage: Taverne 2001, S. 219, vgl. S. 198. Vgl. Peterek 2000, S. 232–236.
464 Übers. EvE: Oud 1920d, S. 221 (abg. in Taverne 2001, S. 226).
465 Zur Veränderung des Stadterweiterungsplans: De Ruiter 1984, S. 223.
466 Vgl. »IV. 6.1.1. Der einheitlich gestaltete Wohnblock«.
467 Vgl. Hans Oud 1984, S. 28, 55; Colenbrander 1994a, S. 48; Colenbrander 1994b, S. 98; dagegen Taverne 2001, S. 148.
468 Übers. EvE: Oud 1920d, S. 222 (abg. in Taverne 2001, S. 226).
469 Oud 1924f, L. Freistehende Schulbauten hatte bereits das sozialdemokratische Gemeinderatsmitglied H. Spiekman gefordert. Vgl. die spätere Kritik: Bericht vom 4.3.1920, HR, S. 238. Oud ging schon 1920 vom Bau der Schulen in den Innenhöfen aus: Oud 1920d, S. 222. Am 31. Mai 1923 wurde die Errichtung von drei Schulen an der Bilderdijkstraat, der Potgieterstraat und der Van Lennepstraat beschlossen: HR, 2.11.1922, GAR, S. 796 und 31.5.1923, S. 408.
470 Oud 1917a, S. 10.
471 Abb.: Esser 1986, Abb. 119, S. 133.
472 Die Fassaden der Schmalseiten samt Eckbauten zur Potgieterstraat und Van Harenstraat wurden von Oud entworfen. Vgl. das Schema mit Legende: Oud 1923a, S. 18. Dagegen Hans Oud 1984, S. 65; Taverne 2001, S. 228.
473 Oud 1923a, S. 17; Oud 1924f, LII.
474 Oud 1923a, S. 17 (abg. in Taverne 2001, S. 237, vgl. S. 229). Vgl. die negative Bewertung der architektonischen Lösung: Colenbrander 1994a, S. 52.
475 Oud 1919a, S. 82.
476 Oud 1920d, S. 222 (abg. in Taverne 2001, S. 226).
477 Oud 1919a, S. 82.
478 Vgl. »III. 4.2. Die Gemeinschaftsbauten«.
479 Vgl. »IV. 1.3.2. Spangen: das erste große Wohnbauprojekt der Gemeinde«.
480 Im Bebauungsplan von 1913 wird das Terrain noch von angrenzenden Baublöcken beansprucht (Abb. 67).
481 Vgl. Gemeentewerken Rotterdam, J. Treffers, Stadtplan von Rotterdam, 1920.
482 Hans Oud erwähnt zwar die verkehrsarmen Straßen und die Verwendung von Schrägdächern, erkennt hierin jedoch keine Systematik: Hans Oud 1984, S. 69. Bis heute werden nur die viergeschossigen Fassaden mit Schrägdach erwähnt; vgl. die Rekonstruktionszeichnung eines Blocks mit einheitlich viergeschossigen Fassaden: Bijhouwer 1987, Abb. 60, S. 74.
483 Vgl. »I. 4. Bekanntheit und Wertschätzung einzelner Arbeiten«.
484 Klei 1925, S. 66; Oud 1926a, Abb. 53. Danach De Gruyter 1931, Abb. XXV, nach S. 176; Hans Oud 1984, Abb. 46, S. 70.
485 Die Zeichnungen entstanden im Auftrag von Oud: Taverne 2001, S. 241.
486 Klei 1925, S. 70.
487 Vgl. »I. 4. Bekanntheit und Wertschätzung einzelner Arbeiten«.
488 Übers. EvE: De Gruyter 1931, S. 180.
489 Dagegen der Rotterdamer Katalog, der die Bedeutung der Blöcke vor allem in Konzept und Gestaltung der Innenhöfe sieht: Taverne 2001, S. 227, 239.
490 Hilberseimer 1923, S. 290.

[491] Übers. EvE: Oud 1924f, LII, LIII.
[492] Lampmann 1928, S. 451.
[493] Taverne 2001, Kat. Nr. 34, Abb. auf S. 198.
[494] Brouwers/Reedijk 1978, S. 11f.; Dettingmeijer 1992, S. 4–6; Vermeer/Rebel 1994, S. 307–314; De Klerk 1998, S. 161–168; Van de Laar 2000, S. 269.
[495] Unpublizierter Plan im Oud-Archiv. Die Siedlung wurde in den folgenden Jahren stark vergößert.
[496] Vgl. den 1917 von Burgdorffer vorgelegten Stadtentwicklungsplan für die linke Maasseite, der den Kernbereich der Siedlung Vreewijk in dem noch spärlich bebauten Südteil der Stadt zeigt: Abb. De Klerk 1998, S. 221.
[497] De Klerk 1998, S. 165; Taverne 2001, Kat. Nr. 34. Ouds Entwurf wird hier auf 1920 datiert. Vgl. Plates Stadtentwicklungsplan für Rotterdam-Süd; Abb.: De Klerk 1998, S. 222.
[498] Im Plan des Oud-Archivs sind rechtwinklig zum Schiedamse Weg fünf identische Blöcke parallel aneinandergereiht, in der Mitte des Geländes erscheinen weitere acht Blöcke in identischem Format.
[499] Bericht vom 5.11.1920, VGR, 1920, S. 1553.
[500] Abb.: Casciato 1987, Abb. 3, S. 121.
[501] Abb.: Casciato 1987, Abb. 2, S. 121.
[502] Ebenezer Howard, A peaceful path to social reform, London 1898. In zweiter Auflage 1902 als »Garden cities of tomorrow«.
[503] Van der Valk 1990, S. 51.
[504] Hannes Meyer übernahm in seiner Siedlung für Köln-Bickendorf (Entwurf 1912/13) die dreieckige Grundstücksform nicht in den städtebaulichen Plan, Abb.: Kieren 1990, Abb. 3, S. 41. Auch die Siedlung in Deventer von W. P. C. Knuttel (Entwurf 1919) folgt allein in den äußeren Häuserzeilen der dreieckigen Form des Grundstücks und zeigt ansonsten unregelmäßig verlaufende Straßenzüge, Abb.: De Ruijter 1987, S. 188. Karl Grubers »Kleinhaus-Siedlung Haslach« bei Freiburg i. Br., die auf einem annähernd gleichschenkligen Dreieck basiert und wie das »Witte Dorp« eine zentrale Spiegelachse aufweist, kommt ebenfalls nicht zu einer vergleichbar strengen geometrischen Ordnung: Arbeiten von Karl Gruber-Danzig und die Einheitlichkeit städtebaulicher Anlagen, in: WMB, 1926, S. 301.
[505] Vgl. »IV. 2.1. Die Arbeitersiedlung Leiderdorp«.
[506] Im Rotterdamer-Katalog wird der städtebauliche Entwurf des »Witte Dorp« dagegen auf Berlages Plan für Amsterdam-Süd zurückgeführt, einen großstädtischen Stadtteil mit mehrgeschossigen Wohnblöcken: Taverne 2001, S. 251.
[507] So beispielsweise der 1919 entworfene oktogonale Häuserring Hohe Lache in Dessau von Theodor Overhoff und Edith Schulze, Bruno Tauts Hufeisensiedlung in Berlin (1925–27) oder Hubert Ritters Siedlung »Rundling« in Leipzig (1929/30).
[508] Abb. Howard: Koch 1989, S. 35; Abb. Berlin: Van Rossem 1988, Abb. 2, S. 132.
[509] Hannes Meyer, Der Baugedanke, in: Siedlungsgenossenschaft Freidorf, Basel 1921, in: Meyer-Bergner 1980, S. 16; Hannes Meyer, Erfahrung im Städtebau, 1938, in: Meyer-Bergner 1980, S. 217; vgl. Koch 1989, S. 39. Mit Dank für diesen Hinweis an Ita Heinze-Greenberg. Klaus-Jürgen Winkler beschreibt die Siedlung als Keimzelle modernen Genossenschaftslebens, die sich vermehrt und vergrößert: Winkler 1989, S. 34. Obwohl weitere Freidörfer aus den Überschüssen der Siedlungsgenossenschaft finanziert werden sollten, weist nichts darauf hin, daß Meyer tatsächlich eine Vervielfältigung seiner Siedlung plante: vgl. Hannes Meyer, Erläuterungsbericht zum Baugesuch vom 6.9.1919, Staatsarchiv des Kantons Basel-Land, Liestal: nach Kieren 1990, S. 37.
[510] Antonio Averlino detto il Filarete, Trattato di architettura. Testo a cura di Anna Maria Finoli e Liliana Grassi, Milano 1972, S. 27; Kruft 1985, S. 58. Vgl. Eva-Maria Seng, Stadt – Idee und Planung. Neue Ansätze im Städtebau des 16. und 17. Jahrhunderts, Berlin/München 2003, S. 173f.
[511] Cesare Cesariano, 1452, Rekonstruktion der Idealstadt von Vitruv: nach Helen Rosenau, The ideal city: its architectural evolution in Europe, London/New York 1983, S. 23.
[512] Willemstad und Klundert, beide aus den 1580er Jahren, zeigen ein rechtwinkliges Straßennetz. Die 1567 begonnene Zitadelle von Antwerpen besteht aus zehn Kompartimenten mit einer Freifläche im Zentrum: vgl. Holzschnitt Pauwels van Overbeke, Antwerpia, 1566, Stadtarchiv Antwerpen, Abb.: Taverne/Visser 1993, Abb. 37, S. 100. Coevorden, das in Handbüchern zum Festungsbau als Idealbeispiel auftritt, wurde nach der Zerstörung von 1597 neu erbaut: Burke 1956, S. 119–123; Taverne 1978, S. 58–60.
[513] Daniel Speckle, »Architectura von Vestungen«, Straßburg 1589. Vgl. Eva-Maria Seng, Stadt – Idee und Planung. Neue Ansätze im Städtebau des 16. und 17. Jahrhunderts, Berlin/München 2003, S. 177f.
[514] Taverne 1978, S. 69f.
[515] Vgl. Reinink 1965a, S. 113, 115.
[516] Zum Vergleich zwischen De Bazels Entwurf der Welthauptstadt und Berlages Erweiterungsplan für Den Haag: Reinink 1965a, S. 124f. Bei Berlage ist insgesamt eine stärkere Klärung und Geometrisierung des Straßenverlaufs festzustellen.
[517] Abb.: Oud 1919d, S. 225.
[518] Ein weiterer Bezugspunkt besteht möglicherweise zu H. Th. Wijdevelds Erweiterungsplan für Amsterdam (1919). Hier ist wiederum eine Verbindungen zum Erweiterungsplan für Amsterdam von J. G. Niftrik (1867) zu ziehen, der einen in zwölf Abschnitte untergliederten Kreis zeigt.
[519] Entwurf für ein Denkmal in Den Haag (1943–45), bei dem Oud auf das Denkmal im Pantheon der Menscheit zurückgriff: Broekhuizen 1996, S. 25f.
[520] Abb.: Rassegna, VI, März 1984, Abb. 6, S. 7.
[521] Vgl. »V. 1.1. Oud und das ›Entwerfen nach System‹«; »V. 2. Klassische Entwurfsprinzipien«.
[522] Behrendt 1925, S. 13.
[523] Polano 1981, S. 87; »… a centripetal, traditional Dutch village pattern was used.«: Yashiro 1993, S. 113.
[524] Reijndorp 1987, S. 56, 63–65. Gemeint sind Familien, die aufgrund ihres »asozialen Verhaltens« nicht in »normalen Wohnverhältnissen« leben konnten. Das »Witte Dorp« wurde als eine derartige Siedlung dargestellt: T. Gerdes Oosterbeek, in: Beter Wonen 1938, S. 134; Rebel 1977, S. 154; Dettingmeijer 1982, S. 33f; Hans Oud 1984, S. 74.
[525] Vgl. den Zomerhof in Den Haag, den Asterhof und Zeeburgerdorp in Amsterdam und den Houtpleinkomplex in Utrecht: Reijndorp 1987, S. 56, 63, 65.
[526] Vgl. Reijndorp 1987, S. 65.
[527] Vgl. »IV. 6.1.5. Städtebau«.
[528] Eventuell ist diese Skizze Grundlage für die These eines größeren Siedlungsprojekts in Hoek van Holland: Barbieri/Van der Ploeg 1990, S. 8.
[529] Vgl. »IV. 6.2.3. Städtebau«.
[530] »Bei Hoek van Holland konnte man sich fragen, ob die Lyrik der Rundungen im Fall einer größeren Anzahl nicht des Guten zuviel geworden wäre.« Übers. EvE: Hans Oud 1984, S. 92; vgl. Taverne 2001, S. 203.
[531] Plan im GWR, Abb.: Cusveller 1990c, S. 51. Vgl. Beschreibung von Cusveller 1990c, S. 50.
[532] Gemeint ist die malerische, scheinbar natürlich gewachsene Vorstadtsiedlung.
[533] So Van der Hoeven 1990, S. 61. Im Rotterdamer Katalog werden die symmetrischen Kompositionen als Versuch gedeutet, den unregelmäßigen Plan von Hoogeveen zu korrigieren: Taverne 2001, S. 277.
[534] Oud 1930c, S. 426.
[535] De Jonge van Ellemeet 1931, S. 103.
[536] Oud 1930b.
[537] Vgl. »IV. 4. Funktion und Gestaltung in Ouds Architektur«.
[538] So am Eemstein, dem Groote-Lindt-Plein und der Ecke Nederhoven/Lindtstraat.
[539] Wolfgang Pehnt, Architektur, in: Giulio Carlo Argan, Propyläen Kunstgeschichte, Die Kunst des 20. Jahrhunderts 1880–1940, Berlin/Frankfurt am Main 1990, S. 372.

540 Oud 1930c, S. 426.
541 J. J. P. Oud, Gemeentelijk Woningbouw »Kiefhoek« Rotterdam, S. 2: Oud-Archiv, C 36.
542 Hitchcock 1932, S. 96.
543 Bijhouwer 1987, S. 75f.; Engel 1990, S. 39.
544 Übers. EvE: Engel 1990, S. 39.
545 Vgl. Cusveller 1990c, S. 52.
546 Vgl. Hans Oud 1984, S. 91, 112; Cusveller 1990c, S. 51.
547 Cusveller 1990c, S. 51; Van der Hoeven 1990, S. 55.
548 Mies van der Rohe arbeitete anfangs mit Hugo Häring zusammen, der sich im Oktober 1926 zurückzog: vgl. Kirsch 1987, S. 44–52; Schirren 2001, S. 46f.
549 Abb.: Kirsch 1987, S. 45.
550 Abb.: Kirsch 1987, S. 45.
551 Am 17. August 1926 bestätigte die Gemeinde Ouds Teilnahme. Im September erhielt er das Bauprogramm zugesandt. Vgl. Die Reihenhäuser der Weißenhofsiedlung*.
552 Auszug aus der Niederschrift der Bauabteilung des Gemeinderats vom 23.12.1926 § 3881: Kirsch 1987, S. 90.
553 Brief von Mies van der Rohe an Oud vom 3.1.1927, MOMA 7.1. B: Kirsch 1987, S. 90; Pommer/Otto 1991, Anm. 8, S. 243.
554 Postkarte von Oud an Mies van der Rohe vom 5.1.1927, MOMA 6.12. A: Kirsch 1987, S. 91; Pommer/Otto 1991, Anm. 9, S. 243.
555 Brief von Oud an Döcker vom 17.1.1926 [sic], MOMA 6.1. B: Kirsch 1987, S. 90, 91; Pommer/Otto 1991, Anm. 10, S. 244.
556 »Ich bringe meine Häuser ganz nach vorn, verzichte auf Nord-garten [sic] …«: Oud an Schneck vom 23.12.1926, MOMA 6.6.12: nach Pommer/Otto 1991, Anm. 7, S. 243.
557 »Mit dieser flüchtig skizzierten Situation wäre es vielleicht möglich eine Wohnung mehr (des gleichen Types: quer gestellt) zu machen.«: Brief von Oud an Döcker vom 17.1.1926 [sic], MOMA 6.1. B: nach Pommer/Otto 1991, Anm. 12, S. 244.
558 Plan im Oud-Archiv. Klein 1927, S. 298; Oud 1927f, S. 382.
559 Ähnlich war Oud bereits in seinen Rotterdamer Siedlungen verfahren: vgl. »IV. 4. Funktion und Gestaltung in Ouds Architektur«.
560 So etwa bei H. Tessenows Häuserzeile am Schänkenberg in Hellerau (1910).
561 Oud 1927f, S. 382; Zitat in: Oud 1927i, S. 270.
562 Bijhouwer/Van Egeraat/Gall 1983, S. 129; Anm. 59, S. 143. Abb. Stam: Möller 1997, S. 55.
563 Auch bei der Führung durch die Häuser sollte die zweiseitige Erschließung demonstriert werden: Vgl. Brief des Stadtschultheißenamtes Stuttgart an Oud vom 7.10.1927, Oud-Archiv, B.
564 Bau und Wohnung 1927, S. 87.
565 Zu Oelsner: Timm 1984, S. 37–41. Vgl. Mays Entwurf der Siedlung Goldstein in Frankfurt a. M. von 1925 und Haeslers Entwurf der Siedlung Georgsgarten in Celle von 1925 (Ausführung 1930/31): Schumacher 1982; Oelker 1997; Oelker 2002. Die in der Literatur oftmals genannten Bauten von Heinrich de Fries und Th. Fischer können aufgrund der noch nicht konsequenten Orientierung der Wohnungen nicht als Zeilenbauten im eigentlichen Sinn bezeichnet werden.
566 Oud 1927f, S. 383; Bau und Wohnung 1927, S. 87; Oud 1927h, S. 297.
567 Oud 1960a, S. 29. Vgl. Brief von Oud an Julius Posener, 20.8.1935, Oud-Archiv: Hans Oud 1984, S. 104.
568 Vgl. »V. 4. Anlehnung an internationale Vertreter am Beispiel Le Corbusiers«.
569 J. J. P. Oud, Toelichting op Blijdorp, Oud-Archiv, C 36.
570 Dagegen Taverne 2001, S. 310.
571 Vgl. »II. 10. Oud und die CIAM«; »V. 3.1. Oud und die Moderne Architektur in den Niederlanden«.
572 J. J. P. Oud, Toelichting op Blijdorp, Oud-Archiv, C 36. Im Februar 1931 wurde Haesler mit seiner Siedlung Rathenow in der niederländischen »Tijdschrift voor Volkshuisvesting en Stedebouw« als ein: »überzeugender Vertreter des Zeilenbaus« vorgestellt. Übers. EvE: Merkelbach 1931, S. 39.
573 Vgl. »II. 4. Internationale Kontakte«.
574 Vgl. »II. 6. Bauen im Ausland«.
575 Vgl. »II. 10. Oud und die CIAM«.
576 Vgl. »V. 3.1. Oud und die Moderne Architektur in den Niederlanden«.
577 Merkelbach 1931.
578 Merkelbach und Van Tijen plädierten bereits seit 1930 für den Zeilenbau. Der hier vorgestellte Artikel lag nach Rebel bereits im Januar 1930 vor: Rebel 1977, S. 150.
579 Merkelbach/Van Tijen 1931.
580 Abb. Rotterdam-Süd: Merkelbach/Van Tijen 1931, S. 86f.
581 Zum Gutachten »De organische woonwijk in open bebouwing«: Rebel 1983, S. 76–79.
582 Rebel 1983, S. 79.
583 An der Südseite sind rechtwinklig zu den viergeschossigen Nord-Süd-Zeilen zweigeschossige Flügel als Abschottung gegen die verkehrsreiche Straße angefügt. Vgl. Hans Oud 1984, S. 110. Zu verweisen ist auch auf H. de Fries' Entwurf einer Wohnstadt mit Häuserzeilen (1919), die an den Straßen durch zwei- oder dreigeschossige Flügel verbunden werden.
584 Abb. Hellerhof: Merkelbach 1931, S. 33f.
585 Abb.: Merkelbach/Van Tijen 1931, S. 84f. Rebel 1983, S. 107.
586 Abb.: Hilberseimer 1929, Abb. 25, S. 513.
587 Abb.: Merkelbach/Van Tijen 1931, S. 86f. Das erste ausgeführte Beispiel eines Zeilenbaus mit rechtwinklig anschließenden Flügeln in den Niederlanden, Van Tijens Wohnkomplex in Zutphen, stammt von 1931/32 und entstand damit nach Ouds Entwurf für Blijdorp.
588 So in Haeslers Siedlung Georgsgarten, Stams Siedlung Hellerhof, im Alternativplan für den Indische Buurt und Van Tijens Entwurf für Rotterdam-Süd.
589 Übers. EvE: Telegraaf 1934. Wie Oud betont, habe er die Wohnungen extra zur Rückseite ausgerichtet: »auch wiederum mit Blick auf die gewünschte Ruhe, liegen die Wohnräume zur Innenseite der Wohnstraßen …«.
590 Übers. EvE: Taverne/Broekhuizen 1995, S. 97; vgl. Taverne 2001, S. 307.
591 Übers. EvE: Ed Taverne, Randstad Holland. Métropole invisible, unpublizierter Vortrag, Paris am 28.11.1983, nach Van der Hoeven 1994, S. 42.
592 Van der Hoeven 1994, S. 42.
593 Vgl. »IV. 6.1.5. Städtebau«.
594 Vgl. »V. 2. Klassische Entwurfsprinzipien«; »V. 5.1. Ouds individuelle Formensprache«.
595 »Selbst Oud als früher Vertreter des Neuen Bauens entschied sich in seinen Rotterdamer Siedlungen von Spangen (1918–20) bis Kiefhoek (1925–29) gegen den rechtwinklig zur Straße laufenden Zeilenbau, der in anderen Ländern zur Doktrin des neuen Städtebaus erhoben wurde.«: Pehnt 1998, S. 216. Dagegen Taverne 2001, S. 301.
596 Vgl. Brief von Guevrekian an Oud vam 18.4.1928, Oud-Archiv, B. Vgl. »II. 10. Oud und die CIAM«.
597 BW 1927, S. 386; Oud 1927a, S. 39–41; De Stijl, VII, 79/84, 1927, S. 43; Hilberseimer 1927a, S. 44; Hilberseimer 1927b.
598 Neben Oud waren acht auswärtige Architekten geladen: Stein Holz Eisen 1928, S. 623, 849: nach Mehlau-Wiebling 1989, Anm. 60, S. 214.
599 Motto der CIAM II 1929 in Frankfurt am Main.
600 Oud 1918d. Vgl. den von Oud in seinem deutschen Text verwendeten Begriff »Massenbau«: Oud 1919d, S. 223, siehe das Zitat unten.
601 Oud 1919a.
602 Vgl. »V. 2. Klassische Entwurfsprinzipien«.
603 Oud 1919d, S. 223. Vgl. »V. 3.3. Ouds Moderne Architektur im internationalen Kontext«.
604 Das Versammlungshaus liegt in der Wilhelminalaan 10, die angrenzenden Arbeiterwohnungen in der Vooruitstraat. Abb. der Grundrisse im Oud-Archiv: Taverne 2001, S. 82. Sowohl das Versammlungshaus

als auch die Wohnungen sind im Innern verändert. 2004 zeigte allein eine Wohnung im Erdgeschoß noch den ursprünglichen Zustand einschließlich der Wandschränke und des Holzbodens. Die äußerste Wohnung bewahrte noch die originalen Fenstertüren zum Garten.

[605] Die großen Fenster und die in eine Fensterfläche eingebundenen Fenstertüren der Wohnräume garantieren unabhängig von der Ausrichtung eine ausreichende Belichtung der Räume.

[606] Vgl. »IV. 2.1. Die Arbeitersiedlung Leiderdorp«.

[607] Dudok/Oud 1915, S. 87.

[608] Vgl. den Verzicht auf einen Flur in den Wohnungen in Hoek van Holland*, Kiefhoek* und der Weißenhofsiedlung*.

[609] So bei Haus Gerrit Oud in Aalsmeer (1912), dem Dreifamilienhaus in Velp*, dem Entwurf für die Hausmeisterwohnung des Volksbadehauses (1915), Haus De Geus* und der Villa Allegonda*. Abb. Volksbadehaus mit Hausmeisterwohnung: De Gruyter 1931, XXXIII. Vgl. »V. 1.1. Oud und das ›Entwerfen nach System‹« und »V. 2. Klassische Entwurfsprinzipien«.

[610] Sowohl stilistische Aspekte als auch Einzellösungen sprechen für Oud als Urheber der im Oud-Archiv bewahrten Grundrisse.

[611] Oud 1920d, S. 219 (abg. in Taverne 2001, S. 226). Laut Bericht vom Juli 1918 entsprachen die Wohnungen von Spangen I und V hauptsächlich dem Typus, der dort bereits durch die Gemeinde verwendet wurde: 19.7.1918, VGR, Nr. 181, S. 859. Van Goor hatte 1914 zusammen mit J. van Gils zwölf Grundrißtypen für Wohnblöcke in Bloemhof, Rotterdam, entwickelt: Prak 1991, S. 217 mit Abb. von zwei Grundrißtypen. Laut Rotterdamer Katalog wurden die Normgrundrisse zuvor von J. E. van der Pek in Amsterdam verwendet: Taverne 2001, S. 219.

[612] »Die ersten Häuser waren klein, zu klein. Trotzdem war versucht worden, auch im kleinen eine Ordnung zu schaffen. Es gab früher Wohnungen des gleichen Typs, wo diese Ordnung fehlte. Auf die Stellung der Türen, Fenster usw. wurde nicht wesentlich Rücksicht genommen.«: Oud 1925a, S. 27.

[613] Oud 1920d, S. 221.

[614] Das Dachgeschoß verfügt laut Gebäudeschnitt über ein weiteres Schlafzimmer.

[615] Oud 1924f, LII.

[616] Vgl. »IV. 1.3.1. Die Entwicklung standardisierter Wohnungstypen«. Der in Zusammenarbeit mit Van Lohuizen erstellte Stadtplan für das Neubaugebiet Oud-Mathenesse* zeigt zweigeschossige Wohnblöcke im Format der Tusschendijkener Blöcke*. Möglicherweise sollten diese Typenwohnungen auch dort Verwendung finden.

[617] Platz 1930, S. 128.

[618] In der Literatur werden die Grundrisse allgemein als konservativ bezeichnet. Hans Oud vergleicht sie mit den Wohnungen der Siedlung Vreewijk (1916–19), Arnold Reijendorp mit denen der Gartenstadt Oostzaan in Amsterdam (1920): Hans Oud 1984, S. 75; Reijendorp 1987, S. 77 und Anm. 8, S. 79. In beiden Fällen finden sich jedoch deutlich schmalere und tiefere Wohnungen und erscheinen die Grundrisse weniger übersichtlich und klar untergliedert.

[619] Vgl. Dettingmeijer 1982, S. 34. Eine Ableitung von den Wohnungen in Oud-Mathenesse, wie im Rotterdamer Katalog vorgeschlagen wird, ist angesichts der abweichenden Bauaufgabe, des Haustypus und der Wohnungszuschnitte nicht nachvollziehbar: Taverne 2001, S. 262.

[620] Platz 1930, S. 129.

[621] »… in general it may be said that the plan of the houses is as compact as possible with no room wasted on corridors.«: Oud 1931d, S. 175 (abg. in Taverne 2001, S. 285).

[622] Oud 1931b, S. 149. Vgl. auch »Habitation-Ford«: Oud 1931a, S. 3. Die Bezeichnung »Wohn-Ford« verwendete Oud bereits 1930: Oud 1930c.

[623] Hilberseimer 1923, S. 290.

[624] Boesiger/Stonorov 1964, S. 45. Vgl. Fanelli 1985, S. 99. Auch die Stuttgarter Bauten* gehen auf die Maison Citrohan zurück.

[625] Oud 1930c, S. 430, Hervorhebung Oud.

[626] Grinberg 1977, S. 100, Abb. 114 a/b.

[627] Entwurf für Arbeiterwohnungen in Bussum: Rebel 1977, Abb. 37, S. 159.

[628] Vgl. C. Smits Wohnungen der Vereinigung Woensel in Eindhoven (1914–19), M. de Klerks 3. Block am Spaardammerplantsoen in Amsterdam von 1919–21 (Arbeiderswoningen 1921, S. 80), ein Wohnhaus von Ph. J. Hamers in Bussum (Arbeiderswoningen 1921, S. 71; TvV, 5, Dezember 1924, Nr. 12, Abb. 3, S. 271) und die Wohnungen für Philips von W. Hulstijn (TvV, 6, Mai 1925, Nr. 5, S. 137f., 142f.).

[629] Einen treffenderen Vergleich bietet daher ein 1925 publizierter Wohnungstyp der Gemeinde Woensel in Eindhoven mit einem auf der Mittelachse liegenden Treppenabsatz, zwei größeren Schlafräumen zur Straße und einem kleineren zum Garten. Abb. in: TvV, 6, 1925, Nr. 5, S. 137f.; Kampffmeyer 1926, S. 38.

[630] So Berlages Entwurf für Arbeiterwohnungen in Ede von 1911, Abb.: Polano 1988, S. 198; der Entwurf von Notwohnungen für Amsterdam von 1917, Abb.: Reijndorp 1987, S. 61, Abb. 56; und De Bazels Reihenhäuser für Bussum von 1917–19, Abb.: Rebel 1977, S. 159; Pommer/Otto 1991, Abb. 206.

[631] »Statt 4 aber habe ich 5 Häuser nach einem Typ entworfen. Erstens macht dieses den Bau billiger, weil ein besonderer Typ verhältnismässig teuer wird; zweitens erfordert das Entwerfen eines Typs sehr viele [sic] Zeit (mehr Zeit als ich mit der Verzögerung durch meine Krankheit heute aufbringen kann) und ist es doch besser *einen* guten Typ statt 2 schlechte zu bringen. Auch scheint es mir, soweit ich es übersehen kann, ein bischen [sic] des Guten zuviel um bei den vielen schon zu erwartenden Typen noch wieder einmal einen Neuen zu machen …«: Brief von Oud an Richard Döcker vom 17.1.1927, MOMA, 6.1. B: nach Pommer/Otto 1991, Anm. 10, S. 244, mit Hervorhebung.

[632] Oud 1927f, S. 382. Vgl. »IV. 2.7. Zeilenbau nach deutschem Schema: Weißenhofsiedlung und Blijdorp«.

[633] Richard Pommer und Christian Otto führen nur die Stuttgarter Bauten auf Le Corbusiers Maison Citrohan zurück: »The elongated box form of the houses came from the format of Le Corbusier's Citrohan houses in the early version of 1921 without pilotis …«: Pommer/Otto 1991, S. 121.

[634] Hegemann 1928, S. 8.

[635] Platz 1930, S. 78.

[636] Klijnen im März 1928 an die Gemeinde Heerlen: »type woning ›Oud‹ op de tentoonstelling van Stuttgart 1927«, Gemeentearchief Heerlen: Schipper/Van Geest 1999, S. 40, Abb. S 41. Das Bauprojekt blieb unausgeführt.

[637] Übers. EvE. Oud 1924f, LIII.

[638] Vgl. die Grundrisse von Block I und V in Spangen*, die auf Lösungen von Van Goor basieren, vor allem aber den in Block VIII* realisierten und für Block IX* und die Tusschendijkener Häuser* weiter entwickelten Grundriß. Das für Kiefhoek* konzipierte Normhaus wurde in den Stuttgarter Häusern* aufgegriffen.

[639] »Systematisch-konstruktiver Aufbau als Resultat ökonomisch-zielgerichteter Plazierung tragender Mauern« Übers. EvE: Oud 1919a, S. 80 (abg. in Taverne 2001, S. 209).

[640] Oud 1919a, S. 80.

[641] Vgl. »III. 2. Zur Definition einer ›De Stijl‹-Architektur« und »V. 1.1. Oud und das ›Entwerfen nach System‹«.

[642] Fritz Block in: BDA, Hrsg., Internationale Architektur-Ausstellung »Typen neuer Baukunst«. Wander-Ausstellung der Städtischen Kunsthalle Mannheim. Sonder-Ausstellung des B. D. A.: Neuzeitlicher Wohnungsbau im In- und Auslande, Hamburg 1926: nach Jaeger 1996, S. 41. Beim Bundestag des Studienausschusses zum zeitgemäßen Bauen des B. D. A. präsentierte Block die Siedlung Oud-Mathenesse* als Beispiel einer guten Typisierung: Brief von Block an Oud vom 22.1.1927, Oud-Archiv, B.

[643] Vgl. »V. 1.1. Oud und das ›Entwerfen nach System‹« und »V. 2. Klassische Entwurfsprinzipien«.

[644] Bereits bei den Arbeiterwohnungen in Purmerend (1911) entwarf Oud zwei spiegelsymmetrische Schlafzimmer. Die Behelfswohnungen un-

ter einem Viadukt* zeigen zwei Schlafzimmer, die in sich symmetrisch aufgebaut sind und gleichzeitig – allein getrennt durch den Wohnraum – spiegelsymmetrische Pendants bilden.
645 Eine Ausnahme bilden die zwei symmetrischen Schlafräume der Behelfswohnungen unter einem Viadukt*.
646 In den Stuttgarter Reihenhäusern* weist allein die Wand des Elternschlafzimmers eine symmetrische Unterteilung auf.
647 Vgl. »V. 1.1. Oud und das ›Entwerfen nach System‹«.
648 Bereits bei den Arbeiterwohnungen für Vooruit erhielten die zur Straße liegenden Wohnräume eine quadratische Grundfläche, bei den kleineren Wohnhäusern in Leiderdorp (Abb. 64) ergeben Wohnraum, Treppe und Windfang zusammen ein Quadrat. Bei der Häuserzeile an einem Strandboulevard* sind die Wohnräume der kleinsten Wohnung quadratisch, ebenso der Wohnraum beim Doppelhaus für Arbeiter in Beton*. Bei den Behelfswohnungen unter einem Viadukt* zeigen die kleinen Schlafzimmer eine quadratische Grundfläche, in Block I und V in Spangen* die Schlafzimmer im ersten und zweiten Obergeschoß, in der Weißenhofsiedlung* die Elternschlafzimmer. In Kiefhoek* nehmen die beiden Schlafzimmer zusammen die Grundfläche eines Quadrates ein. In den Stuttgarter Häusern wurden Wirtschaftshof und Balkon auf quadratischer Fläche errichtet.
649 Der Entwurf für Block V in Tusschendijken* zeigt in den Eckwohnungen Wendeltreppen auf achteckiger Grundfläche, während sich an der Gartenseite Anbauten mit halbrunder Apsis anschließen. Die Grünanlage des Eemstein in Kiefhoek* schließt entsprechend der Gartenfassung des Küsterhauses* in einem Halbrund. Auch die runden Fenster der Eckwohnungen in Oud-Mathenesse*, die kreisrunden Lampen in Hoek van Holland und Kiefhoek und die Sitze auf den Dachterrassen der Häuserzeilen in Blijdorp* wären hier zu nennen.
650 Vgl. »V. 1.1. Oud und das ›Entwerfen nach System‹«.
651 Ausnahmen bilden die Wohnungen in Hoek van Holland* und Stuttgart*, die in Teilen ein Grundrißraster aufweisen. Die für Oud charakteristische Hervorhebung des Moduls betrifft dort vor allem die auf (annähernd) quadratischer Fläche errichteten Toilettenräume. Zusätzlich wird das Modul in einer Reihe von begehbaren Schränken (Hoek van Holland) sowie in Besenraum und Balkon (Weißenhofsiedlung) deutlich gemacht.
652 So in Leiderdorp (1914–16), den Behelfswohnungen unter einem Viadukt*, der Häuserzeile mit Arbeiterwohnungen*, dem Doppelhaus für Arbeiter in Beton*, Block I und V in Spangen*, den Maisonnettes in Spangen und Tusschendijken*, dem Centralbouw*, den Häusern des »Witte Dorp«* und Kiefhoek* sowie den Häuserzeilen in Blijdop*.
653 Die Häuserzeile an einem Strandboulevard* zeigt eine Abfolge aus gegeneinander versetzten Kuben, die sich als identische Einzelwohnungen ausgeben. Obwohl dies nicht mit der Innenraumdisposition übereinstimmt, wird doch das Prinzip der seriellen Reihung vermittelt.
654 Vgl. Oud 1919a, S. 82.
655 Vgl. »V. 1.1. Oud und das ›Entwerfen nach System‹«.
656 Entwürfe im Oud-Archiv.
657 Prak 1991, S. 101: M. G. de Gelder, Korte beschrijving van het tuindorp Heijplaat, o. J. (1916), S. 46.
658 Prak 1991, S. 100. Die erste Bauphase erfolgte 1914–18 nach Entwürfen von H. A. J. Baanders (1913).
659 So bei den Wohnungen in Block I und V in Spangen* (2. OG), den Typenwohnungen von Block VIII* und IX* in Spangen und Tusschendijken* (EG und 1. OG), in einem Normtypus des Woningdienst und in der Ladenwohnung in Oud-Mathenesse*. Die zusätzlichen Schlafräume in den Zwischenbauten der Tusschendijkener Blöcke* nahmen zum Teil kleinere Betten für Kinder auf.
660 Allein zwei unausgeführte Entwürfe für den Woningdienst zeigen je zwei nebeneinanderstehende Betten. Die Grundrisse der Kiefhoeker Wohnungen sahen für das 5,2 m² große Elternschlafzimmer »Anderthalbschläfer« vor, die im Ausführungsentwurf wie auch in dem 1929 ausgestellten Grundriß jedoch nicht mehr auftauchen (Abb. 268). Für das Elternschlafzimmer in den Obergeschoßwohnungen in Hoek van Holland* wurde dagegen ein Anderthalbschläfer vorgeschlagen: CIAM 1930, S. 54. Dasselbe gilt für die Häuserzeilen in Blijdorp*.
661 Übers. EvE: Oud 1920d, S. 219.
662 Oud 1930c, S. 429.
663 Boot/Van Hamersveld/Roding 1982, S. 344, 345; Anm. 45, S. 396. 1924 wurde zudem das Nederlands Instituut voor Efficiency NIVE (Niederländisches Institut für Effizienz) gegründet.
664 »So eine ganze Küche treibt überdies, trotz der Nachteile, die ihr dann anheften mögen, dem Architekten das Blut in die Wangen, wenn er bedenkt, wie wenig seriös er sich in der Regel diesem Mittelpunkt, um den sich der gesamte Haushalt dreht, widmet.« Übers. EvE: Oud 1921b, S. 198.
665 Meyer Erna 1927a, S. 170–172.
666 Oud 1927f.
667 Brief von Erna Meyer an Oud vom 16.12.1925, Oud-Archiv, B: nach Boot 1982, Anm. 21, S. 395. Vgl. Hans Oud 1984, S. 102.
668 Sigfried Giedion, Mechanization Takes Command, New York 1948, S. 526.
669 Obwohl 1920 eine deutsche Übersetzung von »The New Housekeeping« erscheinen war, ist die Verbreitung dieser Ideen in Deutschland in erster Linie Meyers Publikationen zuzuschreiben.
670 Die »Frankfurter Küche« wurde zunächst in den Siedlungen Praunheim, Bruchfeldstraße und Ginnheim ausgeführt: Noever 1992, S. 22.
671 Erna Meyer, Richtlinie für die Gestaltung der Küche, 1927, Oud-Archiv, B, Nr. 48. Meyer war zudem mit der Leitung der Küchenausstellung im Rahmen der Stuttgarter Werkbundausstellung betraut. Die Hallenschau präsentierte die »Frankfurter Küche«, die »Haaresche und Eschebachsche Reform-Küche«, die »Stuttgarter Kleinküche«, die »Stuttgarter Küche« und die »Stuttgarter Lehrküche«, wobei Meyer an der Konzeption der Stuttgarter Beispiele beteiligt war: Meyer 1927b, S. 299.
672 Meyer Erna 1928, S. 143.
673 Vgl. Pommer/Otto 1991, S. 119.
674 Abweichend von der »Frankfurter Küche« stimmt hier auch die Lage des Herds mit Ouds Küche überein. Vgl. Kirsch 1987, S. 26; Beer 1994, S. 130f. Vgl. auch eine Skizze Meyers für die Küche im Einfamilienhaus, die in den Richtlinien aufgenommen wurde.
675 Vgl. Noever 1992; Beer 1994, S. 120–125.
676 Die Erläuterungen von Meyer werden fast wörtlich in Ouds Bericht übernommen: Oud 1927f. Casciato spricht die räumliche und funktionale Lösung der Küche insgesamt Meyer zu: Casciato 1994, Anm. 28, S. 106.
677 Graeff 1928, S. 162.
678 Vgl. Brief von Meyer an Oud vom 13.10.1927, Oud-Archiv, B: »Darf ich übrigens gelegentlich erwähnen, dass ich Sie bei den Stuttgarter Häusern hauswirtschaftlich beraten habe? ich habe es bisher nie getan, weil ich nicht wusste, ob es Ihnen recht ist und würde es auch weiter unterlassen, wenn Sie das geringste dagegen haben.«
679 »Ich sehe doch immer mehr ein, dass man nur vorwärts kommt, wenn man den Leuten konkrete Beispiele zeigt und das könnte ich nur, wenn sich ein Architekt fände, der seine Bauten von ersten Anfang an von mir durchberaten lässt und in ähnlicher Weise auf meine Vorschläge eingeht, wie Sie es getan haben.«: Brief von Meyer an Oud vom 13.10.1927, Oud-Archiv, B. Der Briefwechsel zwischen Dezember 1925 und Ende 1927 im Oud-Archiv. Eine Zusammenarbeit wird auch in einem Brief von Guido Harbers, Redakteur des »Baumeister«, bestätigt: »Frau Dr. Meyer hatte mir ihren schönen Beitrag über die Küche für heute zugesagt und teilt mir soeben mit, dass ihr dazu verschiedene Ihrer Zeichnungen, die sie Ihnen nochmals zur Einsicht vorgelegt habe, fehlten.«: Brief von Harbers an Oud vom 20.4.1927, Oud-Archiv, B.
680 Kirsch 1987, S. 91. Brief von Erna Meyer an Oud vom 24.1.1927, Oud-Archiv, B.
681 Brief von Erna Meyer an Oud vom 24.1.1927, Oud-Archiv, B.
682 Oud folgt dabei jedoch nicht Meyers Vorschlag, den Schmutzausguß in die Waschküche zu verlegen, sondern richtet hierfür eine eigene kleine Kammer ein.

683 Brief Erna Meyer an Oud vom 2.2.1927, Oud-Archiv, B.
684 Neben den Forderungen von Meyer hielt sich Oud eng an die anläßlich der Werkbundausstellung von der Berufsorganisation der Hausfrauen eingebrachten Vorschläge. Oud publizierte die hieraus resultierende Liste in »i 10« zusammen mit dem Entwurf seiner Bauten und der zugehörigen Erläuterung. Auch dort wurden einzelne Punkte der Liste genau übernommen: Berufsorganisation der Hausfrauen 1927.
685 Meyer Erna 1927b, S. 304.
686 Vgl. Brief von Harbers an Oud vom 26.3.1927, Oud-Archiv, B. Im Anschluß an ihre Tätigkeit in Stuttgart wurde Meyer von Robert Vorhoelzer für die Planung der im Frühjahr 1928 begonnenen Versuchssiedlung Arnulfstraße in München herangezogen. In Zusammenarbeit mit Hanna Löv und Walther Schmidt entstand dort die »Münchener Küche«, die einige Aspekte von Ouds Stuttgarter Küche übernahm, so die Trennung der Bereiche Kochen und Wohnen und die Möglichkeit, die Kinder während der Küchenarbeit zu beaufsichtigen,etzteres in Anlehnung an Ouds Durchreiche durch eine Verglasung des Kochbereichs: Aicher/Drepper 1990, S. 236, 247f.
687 Vgl. Mohr/Müller 1984, S. 126.
688 Brief von Oud an Döcker vom 17.1.1927 datiert auf 27.1.1927 (sic), MOMA 6.1. B: nach Kirsch 1987, S. 91.
689 Ouds Wirtschaftshöfe sind mit 3 x 3,1 m nicht größer als 3 x 4 m: Kirsch 1987, S. 91. Dagegen Pommer/Otto 1991, S. 119, die hier eine direktere Beeinflussung durch englische Wohnbauten des 19. Jahrhunderts sehen. Vgl. »IV. 4. Funktion und Gestaltung in Ouds Architektur«.
690 Dreifamilienhaus in Velp*, Häuserreihe an einem Strandboulevard*.
691 In der Entwurfsvariante (Abb. 166) orientieren sich die Wohnräume seitlich der Hofzugänge zum Innenhof. Grund hierfür war offenbar der Rhythmus der Fensteröffnungen. Keineswegs orientieren sich die Wohnräume unsystematisch einmal zur Vorder- einmal zur Rückseite: so Taverne 2001, S. 228.
692 Übers. EvE: Oud 1923a, S. 16f. (abg. in Taverne 2001, S. 237).
693 Übers. EvE: Oud 1923a, S. 16 (abg. in Taverne 2001, S. 237); Oud 1924f, L, LIV.
694 Oud 1925a, S. 28.
695 Stedelijke bebouwing in verband met toetreding van licht en lucht tot de woningen, in: Het Bouwbedrijf, 4. Jg., 25.11.1927, Nr. 24, S. 551. Fälschlich betitelt als »Bouwblok in den Spangenschen Polder, Rotterdam«.
696 »Was die thematischen Dinge im besonderen angeht, will ich noch darauf verweisen, daß die möglichst unbefangene Akzeptanz und die möglichst klare Ausbildung der gestellten Forderungen (Basis der modernen Baukunst im Allgemeinen) hier zu einer Kontrastwirkung geführt haben, die mir – als solche – als baukünstlerischer Charakter für die wahrhaft lebendige, großen Stadt erscheint. Ich meine den Kontrast zwischen den sachlich-organisatorischen Forderungen, die die Stadt als Betrieb [›bedrijf‹] einerseits stellt, und das Bedürfnis nach Ruhe und Geschlossenheit für das Wohnen, das daraus auf der anderen Seite wie von selbst entsteht. Diesen Gegensatz akzeptierend – und nur die Architektur ist ein wahrhafter Spiegel der Kultur ihrer Zeit, die auf Basis der Realität ihrer Zeit steht – kommt man allein dann zu einem charaktervollen Stadtbild, wenn die Zwei-Einheit auch architektonisch zum Ausdruck gebracht wird.« Übers. EvE: Oud 1924f, LIV; vgl. das Zitat in Taverne 2001, S. 231.
697 Übers. EvE: Oud 1924f, LV.
698 Berlage 1905b, S. 117; vgl. Bock 1983, S. 120. Vgl. »IV. 6.1. Die niederländische Tradition des Volkswoningbouw«.
699 Vgl. »IV. 6.1. Die niederländische Tradition des Volkswoningbouw«.
700 Oud 1924f, XLIX.
701 Oud 1924f, LI.
702 »Die Spazierwege sind dort besser versorgt, einige Pergolen mit Bänken bieten Sitzgelegenheit, während für Kinder in der Mitte ein erhöhter Sandkasten angebracht wurde.« Übers. EvE: Oud 1923a, S. 16f. (abg. in Taverne 2001, S. 237).
703 Platz 1930, S. 128.
704 Übers. EvE: Mieras 1923, nach Engel 1990, S. 30.
705 H. N. van Leeuwen, Sportterreinen en speeltuinen in Amsterdam, in: TvV, 6. Jg, November 1925, Nr. 11, S. 285–290.
706 De Jonge van Ellemeet 1931, S. 106.
707 Brief von Oud an Döcker vom 17.1.1927 datiert auf den 17.1.1926, MoMA 6.1. B: Kirsch 1987, S. 90f.; Pommer/Otto 1991, Anm. 10, S. 244.
708 Block VIII* und IX* in Spangen, die Tusschendijkener Wohnblöcke*, die Siedlung Oud-Mathenesse*, die Häuserzeilen in Hoek von Holland* und die Siedlung Kiefhoek*.
709 Vgl. Mailhammer/Schönberger 1975/76, S. 7.
710 Der Begriff Maisonnettes ist daher nicht korrekt, wird hier jedoch in Anlehnung an die gängige Bezeichnung weiter verwendet.
711 Oud 1923a, S. 15 (abg. in Taverne 2001, S. 237).
712 Entwurf von Merkelbach, Karsten und Van Tijen für den Indische Buurt in Amsterdam, in: TvV, 12, April 1931, Nr. 4, Abb. 9, S. 86.
713 Oud 1919a, S. 80.
714 Übers. EvE: Oud 1919a, S. 80 (abg. in Taverne 2001, S. 209).
715 Die Wohnbauten entstanden im Osten von Amsterdam, begrenzt durch Tugelaweg, Maritzstraat und Christiaan de Weststraat. In der Publikation werden die beiden gegenläufigen Treppen als »novum« bezeichnet: M. E. H. Tjaden, Een belangwekkend uiting van het particuliere initiatief in het woningbouwbedrijf, in: Bouwbedrijf, 7. Jg, 6.6.1930, S. 227–232. Als Neuheit gegenüber Ouds Entwurf verwendete Van Saane einen gläsernen Lichtschacht, der durch ein Oberlicht bzw. nachts durch eine Lampe erleuchtet wird.
716 W. N. Rose hatte 1854/55 ein Laubenganghaus für Rotterdam entworfen. Im »Handbuch des Wohnungswesens« werden für die Niederlande zwei realisierte Laubenganghäuser genannt, wobei es sich in einem Fall um Brinkmans 1922 fertiggestellten Superblock handelt: Albrecht 1930, S. 500. Mit den zweiten Laubenganghäusern waren möglicherweise die am Diergaardesingel errichteten Wohnungen mit Galerien gemeint: Bericht vom 15.4.1920, GAR, 1920, S. 294; Prak 1991, S. 103.
717 Vgl. »IV. 1.3.2. Spangen: das erste große Wohnbauprojekt der Gemeinde«.
718 Engel 1990, S. 22.
719 Möglicherweise stand Oud hier unter dem Einfluß Le Corbusiers. Vgl. »V. 4. Anlehnung an internationale Vertreter am Beispiel Le Corbusiers«.
720 »Oud ... was determined to produce an architecture that exploited new construction and materials.«: Langmead 1996, S. 12. Vgl. »V. 3.3. Ouds Moderne Architektur im internationalen Kontext«.
721 Prak 1991, S. 217.
722 Oud 1917a, S. 11.
723 Vgl. »V. 3.3. Ouds Moderne Architektur im internationalen Kontext«.
724 Vgl. das verputzte Obergeschoß des Versammlungssaals von Vooruit (1911) in Purmerend (Abb. 1). Vgl. »V. 1.2.3. Neugotik und die Verbindungen zur Amsterdamer Schule«.
725 Vgl. «IV. 1.3.4. Die Betonbauten des *Woningdienst*«.
726 Oud 1920b.
727 Oud 1920b, S. 89.
728 Vgl. Kuipers 1987, S. 90.
729 Kuipers 1987, S. 178, Abb. 26, S. 43.
730 Oud 1930c, S. 432.
731 Oud 1930c, S. 432.
732 Oud 1931b, S. 149. Vgl. Oud 1931a, S. 3; J. J. P. Oud, Ein Stadtviertel von »Wohn-Fords« in Rotterdam, Oud-Archiv, C 36.
733 Sweys 1925, S. 136. Vgl. Sweys 1924.
734 Sweys 1925, S. 136.
735 Übers. EvE: Bericht vom 17.9.1925, HR, S. 769.
736 Eine Ausnahme bildet der Rotterdamer Architekt A. Otten, demzufolge jeder Fachkundige den Backstein unter der Putzschicht erkennen könne: Otten 1930, S. 369.

737 Behne 1926b, S. 16.
738 Übers. EvE: De Gruyter 1931, S. 182, 184.
739 Hitchcock 1931, o. S. Klara Reiter betont den »besonders kühnen Schritt« Ouds, die traditionelle Backsteinarchitektur durch Beton zu ersetzen. An anderer Stelle erwähnt sie dagegen, daß die Bauten aus Backstein errichtet seien: Reiter 1935, S. 42, 45.
740 Oud 1928a, S. 39. Vgl. auch ein englischsprachiges Konzept von Oud für eine Veröffentlichung, Oud-Archiv, C 36. In Anspielung auf die dem Shell-Gebäude (1938–46) vorausgehenden Arbeiten schrieb er 1957 von »dem bis dahin allein seligmachenden Beton« und suggerierte damit eine konsequente Verwendung dieses Baustoffs in seinen früheren Bauten: Oud 1957b, S. 191.
741 Esser 1982, S. 138; Overy 1991, S. 131; Tischer 1993, S. 91; Langmead 1996, S. 12; Johnson/Langmead 1997, S. 238.
742 Oud 1931b, S. 149; Oud 1931d, S. 175f.; J. J. P. Oud, Ein Stadtviertel von »Wohn-Fords« in Rotterdam, Oud-Archiv, C 36. Vgl. Oud 1924b, S. 90.
743 »… die Fassade in der Tat als ›vorgesetzt‹ gemeint …«. Übers. EvE: J. J. P. Oud, Gemeentelijk Woningbouw »Kiefhoek« Rotterdam, Oud-Archiv, C 36.
744 »Das Industrielle und Serienmäßige kommt … allein in der Formgebung zum Ausdruck.« Übers. EvE: Dettingmeijer 1982, S. 34. »Kiefhoek und Hoek van Holland mit ihren weiß verputzten Backstein-Fassaden verweisen auf eine normierte und industrialisierte Architektur, ohne daß sie tatsächlich dazu gehören.«: Übers. EvE: Rebel 1983, S. 46. Laut Rotterdamer Katalog habe sich der Woningdienst auf die Suche nach der bestmöglichen Ausnutzung von Backsteinbauten und auf die Einteilung der Wohnungen beschränkt: Taverne 2001, S. 274.
745 Bau und Wohnung 1927, S. 94. Hierfür hatte Oud die Firma Bossert beauftragt.
746 Vgl. Niels Aschenbeck, Häuser, Türme und Schiffe gebaut aus Beton: Paul Kossel, Pionier des Betonbaus 1874–1950, Berlin 2003, S. 122.
747 Bau und Wohnung 1927, S. 94; Durchschlag Brief von Oud an P. Stephan vom 13.8.1927, Oud-Archiv, B.
748 Brief von Meller an Oud vom 25.7.1927, Oud-Archiv, B (abg. in Kirsch 197, S. 196). Die ungenaue Betonbauweise rächte sich beim Einbau der Möbel. Hinter allem stecke viel »geknoei« – »Es ist kein Hoek van Holland«: undatierter Brief von Meller an Oud, Oud-Archiv, B, Nr. 48. Vgl. Brief Meller an Oud vom 25.6.1927, Oud-Archiv, B.
749 Übers. EvE: J. J. P. Oud, Toelichting op Blijdorp, Typoskript 1931, Oud-Archiv, C 36.
750 Vgl. »II. 12. Versuch einer Charakterisierung«.
751 So bei Hitchcock 1928a; Hitchcock 1931; Hitchcock 1932; De Gruyter 1931; De Gruyter 1951a; Veronesi 1953; Wiekart 1963; vgl. Wiekart 1965.
752 Rebel 1977. Stamm, der den Volkswoningbouw selbst nicht dezidiert behandelt, weist auf die Untersuchungen von Prudon (1971) und Rentjes hin: Stamm 1984, S. 57f. Die Verfasserin konnte diese Arbeiten nicht ausfindig machen.
753 Rebel 1977, S. 137, 141, 160.
754 »Ouds Schritt von De Stijl zu De Opbouw und zur Position als Architekt von De Stijl zu De Opbouw und zur Position als Architekt des Rotterdamse Woningdienst war nicht mit einer verminderten Aufmerksamkeit für die ästhetische Seite des Bauens verbunden, im Gegenteil.« Übers. EvE: Rebel 1977, S. 137.
755 Übers. EvE: Rebel 1983, S. 14. Auch für Rob Dettingmeijer ist Ouds Beitrag zur Normierung nur aufgrund der ästhetischen Lösungen interessant: Dettingmeijer 1988, S. 269.
756 Rebel 1977, S. 135, 150. Der Verzicht auf Flure findet sich häufig im Volkswoningbouw dieser Zeit, so in zahlreiche Wohnungen des Amsterdamer Betondorp Watergraafsmeer: Kuipers 1987, S. 48.
757 Rebel 1977, S. 154.
758 Rebel 1977, S. 132–134.
759 Vgl. Hans Oud 1984, S. 45; Pommer/Otto 1991, S. 120.
760 Im Fall eines Entwurfs für Scheveningen hätte Rebel aufgrund des Küstenverlaufs jedoch Recht mit seiner Kritik.

761 Hans Oud 1984, S. 121–123.
762 Vgl. »IV. 1.8. Kritik und Entlassung aus dem Woningdienst.«
763 Vgl. etwa die wenig positive Bewertung von Tischer 1993, S. 88.
764 Übers. EvE: Hans Oud 1984, S. 124.
765 Vgl. «III. 4. Ouds Bauten als ›De Stijl-Architektur‹«.
766 Oud 1917a.
767 Oud 1918a. Der Beitrag ist auf 1917 datiert.
768 Übers. EvE: Oud 1918d, S. 78, Hervorhebung Oud.
769 Oud 1919a (teilweise abg. in Taverne 2001, S. 209).
770 Oud 1919a, S. 80, 82.
771 »Die äußere Erscheinung eines baukünstlerischen Werkes soll aber nicht lose vom Ganzen betrachtet werden, sondern nur im Zusammenhang mit der Gestaltung des ganzen Werkes und als deren Ergebnis. Diese Gestaltung ist nicht bloß abhängig von dem zufälligen Gemütszustande des Künstlers, sie soll in erster Linie praktischen Bedürfnissen dienen.«: Oud 1919d, S. 189 (abg. in: Taverne 2001, S. 171–181).
772 Oud 1919d, S. 189.
773 Übers. Oud 1926a, S. 64: Oud 1921a, S. 147.
774 Oud 1925d, S. 140, 145f.
775 Brief von Oud an Hegemann vom 12.10.1927, Oud-Archiv, B: nach Wagenaar 1997, S. 57; Stamm 1984, S. 121. Der Begriff findet sich bereits 1909 bei Joseph August Lux, der forderte »daß das Haus funktioniere, maschinenmäßig, wie ein tadellos funktionierender Apparat … also eine Synthese von Klinik, Wagon-Lits, und Maschine.«: Wolfgang Pehnt, Architektur, in: Giulio Carlo Argan, Propyläen Kunstgeschichte, Die Kunst des 20. Jahrhunderts 1880–1940, Berlin/Frankfurt am Main 1990, S. 335. Zur Verwendung des Begriffs am Bauhaus vgl. Mittmann 2002, S. 60–64.
776 »IV. 3.7. Baumaterial und Konstruktion«.
777 Vgl. »V. 3.3. Ouds Moderne Architektur im internationalen Kontext«.
778 Vgl. »IV. 3.1. Typenwohnungen«.
779 Allein an den Straßenfronten finden sich Abweichungen vom Typenhaus.
780 Vgl. dagegen die Reihenhäuser von H. Tessenow am Schänkenberg in Hellerau (1910), bei denen der Höhenunterschied durch einen gemeinsamen Sockel ausgeglichen wird, oder den Entwurf für Gemeindewohnungen in Rotterdam mit zwei spiegelbildlich verbundenen Häusern, die sich durch einen Höhensprung von den anschließenden Bauten absetzen: Berlage 1918, S. 48.
781 Übers. EvE: Van Doesburg 1917, S. 12.
782 Übers. EvE: Wiekart 1964, S. 8, 11. »Eine Übersichtlichkeit der Gliederung, die keine Rätsel mehr aufgibt: jedes Haus ist schon von außen als abgeschlossenes Ganzes zu erkennen.«: Wiekart 1965, S. 9.
783 Oud 1920d, S. 219.
784 Oud 1920d, S. 219, 222.
785 Rebel 1977, Abb. 37, S. 159. Vgl. Pommer/Otto 1991, Anm. 20, S. 245; Abb. 206. Vgl. "V. 3.1. Typenwohnungen".
786 Oud selbst nennt als Grund hierfür die optische Vergrößerung des Raumes: Oud 1930c, S. 430.
787 Vgl. »IV. 3.3. Raumtypen«.
788 Pommer/Otto 1991, S. 119. Beispiele Anm. 29, S. 245.
789 Abb. Boesiger/Stonorov 1964, S. 29.
790 Daß es sich bei Ouds Wirtschaftshöfen auch um ein formales Motiv handelt, zeigt die vergleichbare Springbrunneneinfassung von Haus Kallenbach* (Abb. 219). Oud entwarf hier wiederum eine türhohe Einfassung, die einen kleinen Hof umgrenzt.
791 »Et quand j'entends ces discours, je pense toujours aux dures conditions et à toutes ces luttes que vous menez pour réaliser vos idées – et à ces si profondément humaines colonies Oud-Mathenesse ou Hoek van Holland – qui sont si bien habitées.«: Brief von Helena und Szymon Syrkus an Oud vom 14.12.1929, Oud-Archiv, B.
792 Veronesi 1953, S. 88; vgl. Veronesi 1963, S. 85.
793 Wiekart 1963, S. 60; Wiekart 1964, S. 12. Vgl. Hitchcock zu den Wohnblöcken in Tusschendijken*: »Le coté social de l'architecture y est ad-

mirablement servi …«: Hitchcock 1931, o. S. Hier auch: »Dans l'avenir la rue de Hoek van Holland et l'église de ›Kiefhoek‹ doivent rester parmi les monuments les plus représentatifs de notre époque … pour la juiste application des nouveaux principes constructifs et sociaux que pour la haute qualité de leur ordonnance.«

794 Rebel 1977, S. 137, 141, 160.
795 Rebel 1977.
796 Übers. EvE: Rebel 1977, S. 159.
797 Übers. EvE: Rebel 1983, S. 334.
798 »Trotz der Tatsache, daß Van Loghem vielleicht Recht hat, wenn er Oud politisch rechts nennt, nimmt Oud selbst nie einen explizit politischen Standpunkt ein.« Übers. EvE: Rebel 1983, S. 15. Dagegen: »Van Loghem steht politisch gesehen links und Oud rechts.« Übers. EvE: Rebel 1983, S. 45. Broekhuizen weist auf das konservative, hierarchische Gesellschaftsbild von Oud: Broekhuizen 2000, S. 22.
799 Übers. EvE: Hans Oud 1984, S. 124. Vgl. Hans Oud 1984, S. 115–124.
800 Vgl. Kuipers 1987, S. 90; Pommer/Otto 1991, S. 120.
801 So Rebel 1977, S. 136, 159; vgl. Rebel 1983; Tischer 1993, S. 84, vgl. S. 102, 216.
802 Übers. EvE: Brief von J. J. P. Oud an Contact vom 13.7.1935, Oud-Archiv, nach Hans Oud 1984, Anm. 196, S. 118.
803 Übers. EvE: handschriftliches Konzept von Oud an Müller Lehning vom 7.10.1926, Oud-Archiv, B. Vgl. Ouds Erklärung für sein Fernbleiben auf den CIAM-Kongreß: »… Politik in der Kunst überlasse ich gerne der Reaktion.«: Brief von Oud an Giedion vom 18.8.1928, Oud-Archiv, B.
804 Oud 1925a, S. 25.
805 Oud 1925a, S. 27.
806 Oud 1925a, S. 27.
807 Vgl. »IV. 1.5. *Volkswoningbouw* als erzieherisches Mittel«.
808 Übers. EvE: Oud 1924f, LII.
809 Übers. EvE: undatierte Erläuterung von Oud »Gemeentelijk woningbouw ›Kiefhoek‹ Rotterdam«, Oud-Archiv, C 36.
810 Übers. EvE: undatierte Erläuterung von Oud »Gemeentelijk woningbouw ›Kiefhoek‹ Rotterdam«, Oud-Archiv, C 36.
811 J. J. P. Oud, Toelichting op Blijdorp, Typoskript 1931, Oud-Archiv, C 36.
812 Über. EvE: undatierte Erläuterung von Oud »Gemeentelijk woningbouw »Kiefhoek« Rotterdam«, in: Oud-Archiv, C 36.
813 Maasbode 1928.
814 J. J. P. Oud, Rotterdam Ergänzungsbericht, Oud-Archiv, Fa 35.
815 Übers. EvE: J. J. P. Oud, Toelichting op Blijdorp, Typoskript 1931, Oud-Archiv, C 36.
816 Oud 1927f, S. 383.
817 J. J. P. Oud, Rotterdam Ergänzungsbericht, Oud-Archiv, Fa 35.
818 Albarda 1963, S. 435.
819 Auch der städtebauliche Entwurf für das Neubaugebiet Oud-Mathenesse* sollte als Aufgabe auf den Damm eine symmetrische, mehrläufige Treppe auf rautenförmigem Grundriß (Abb. 42) erhalten. Aufwendige Treppenanlagen auf halbkreisförmigem Grundriß zeigen die erhöht liegenden Sandkästen in den Höfen der Tusschendijkener Blöcke* (Abb. 203) und das Transformatorenhäuschen* im »Witte Dorp« (Abb. 239).
820 Vgl. »IV. 6.1.2. Grundrisse und Erschließung«.
821 Vgl. »III. 4.3. Ouds farbige Architektur nach dem Bruch mit Van Doesburg«.
822 Oud 1919a, S. 82.
823 J. J. P. Oud, Ein Stadtviertel von »Wohn-Fords« in Rotterdam, Manuskript, Oud-Archiv, C 36.
824 »Als Folge der zur Zeit bestehenden Schwierigkeiten, gute Tapeten zu finden, als auch, weil mehrmals schien, daß der in Wohnräumen durch Waschen und Kochen entwickelte Wasserdampf oder die an den Wänden kondensierte Feuchtigkeit die Tapete stark angreifen, unansehnlich macht oder ablöst …«. Übers. EvE: Oud 1920d, S. 219.
825 Zuletzt Brenne 2005, S. 56–61. Vgl. »IV. 6.2.2. Die ›Farbenbewegung‹«.
826 Vgl. Ouds Kritik an Bruno Tauts Farbgebung: Oud 1922d, S. 432.
827 Preußische Kreuzzeitung 1931.
828 Preußische Kreuzzeitung 1931.
829 Vgl. Hans Oud in Berufung auf seinen Onkel G. K. Oud: »Oud, der Affinitäten zum Sozialismus zeigte, und, nach eigener Aussage, selbst eher zum Kommunismus neigen würde …«. Übers. EvE: Hans Oud 1984, S. 36f. Laut seiner Frau war Oud »eher rot als konservativ«: Brief von Annie Oud-Dinaux an Tischer vom 24.5.1988: Tischer 1993, S. 161.
830 Berlage interessierte sich später als allgemein angenommen für den sozialen Wohnungsbau. So nehmen die vor 1914 entstandenen Komplexe mit Arbeiterwohnungen nur einen geringen Teil seines Gesamtwerks ein: Bock 1975, S. 73–89.
831 Zum *Woningwet* »IV. 1.1. Der Wohnungsbau in Rotterdam bis 1918«.
832 Vgl. »V. 1. Die niederländische Bautradition«.
833 Casciato 1987, Abb. 3, S. 196; Stissi 1997, S. 59f.
834 Gratama, De cooperatieve bouwvereeniging: »Rochdale«, in: BW, 29, 1909, Nr. 42, S. 506: nach Stissi 1997, S. 59.
835 Behrendt 1911. Als Auswahl sind zu nennen: Scheffler 1907; Brinckmann 1908, Gessner 1909. Vgl. Berlages Erläuterung zu seinem Erweiterungsplan für Den Haag (1907): H. P. Berlage, Het uitbreidingsplan van 's-Gravenhage, in: Bouwkunst, 1, 1909, S. 3: nach Van Rossem 1988, S. 137; Van Bergeijk 2003, S. 36f.
836 Theodor Fischer, Stadterweiterungsfragen, Stuttgart 1903, S. 35: nach Behrendt 1911, S. 77.
837 Geßner 1909, S. 139. In seiner Orientierung am mittelalterlichen Straßenbild mit aufgelockerter Baufluchtt, bewußten Unregelmäßigkeiten in den Fassaden und künstlich vergrößerten Dächern kam Geßner im Vergleich zu seinen Zeitgenossen jedoch zu vollkommen anderen Lösungen.
838 Vgl. Eberstadt/Möhring/Petersen 1910.
839 Vgl. Van Rossem 1988; Kellmann 1992, S. 112–117. Kellmann führt in seinem Kapitel »Die einheitliche Blockfront als Raumelement im Städtebau« die Amsterdamer Wohnblöcke von De Klerk und Berlage auf deutsche Beispiele zurück. Laut Stissi folgte Behrendt dagegen der niederländischen Architektur. Seine Schlüsselidee sei jedoch weitergegangen als alle Beispiele in den Niederlanden: Stissi 1997, S. 61, 63.
840 Laut Manfred Bock die erste Realisierung der »einheitlichen Blockfront« in den Niederlanden: Bock 1988, S. 119; vgl. Bock/Johannisse/Stissi 1997, S.165f; dagegen Stissi 1997, S. 66.
841 Vgl. die unter Baron Haussmann entstanden Pariser Bauten. Für Wohnungen des gehobenen Mittelstands hatte Berlage unter Einfluß von Camillo Sitte bereits 1895/96 einen einheitlichen und weitgehend symmetrischen Wohnblock für den Amsterdamer Museumsplein entworfen: Polano 1987, Abb. 198.
842 Abb.: Bock/Johannisse/Stissi 1997, S. 62.
843 Zum kommunalen Wohnungsbau in Amsterdam vgl. Casciato 1987; Bock/Johannisse/Stissi 1997; Pehnt 1998 (1973); Stieber 1998.
844 Van Rossem 1988, S. 133f.
845 Zwischen 1915 und 1920 wuchs der Personalbestand entsprechend von 22 auf 222 Mitarbeiter.
846 Zum zweiten Block am Spaarndammerplantsoen vgl. Bock/Johannisse/Stissi 1997, S. 204.
847 Berlage orientierte sich dort an Brinckmanns »Platz und Monument« (1908) und dessen «Deutsche Stadtbaukunst in der Vergangenheit« (1911): Engel 1990, S. 21.
848 Vgl. Nancy Stieber, Controlling Style, in: Stieber 1998, S. 236–245.
849 Berlage 1918.
850 Oud 1917a.
851 Vgl. Hans Oud 1984, S. 28, 55.
852 Stieber 1998, S. 219f. Vgl. Berlages »Memorie van toelichting behorende bij het ontwerp van het uitbreidingsplan der gemeente Amsterdam, maart 1925«: nach Bock 1975, S. 88.
853 Oud 1917a, S. 10.

[854] J. J. P. Oud, Stadsschoon, Purmerender Courant, 8.6. und 3.9.1913: nach Hans Oud 1984, Anm. 16, S. 17.
[855] Vgl. auch die eingerückten Blockecken, die sich bereits bei Wohnblöcken von Berlage und De Bazel finden. Durch den Verzicht auf Eckwohnungen sollten problematische Grundrißlösungen vermieden werden.
[856] Übers. EvE: Albert Boeken, Woningcomplexen aan de Witte de Withstraat te Amsterdam (voormalig Sloten) van A. J. Westerman, in: BW, 43, 1922, Nr. 2, S. 15: nach Stissi 1997, S. 89.
[857] Vgl. Fanelli 1978, S. 141.
[858] Eine Ausnahme bilden die dreigeschossigen Fassaden an den Wohnstraßen, die von den flach schließenden, höheren Eckbauten eingefaßt werden.
[859] Das in Spangen und Tusschendijken auftretende Motiv der abgeschrägten Blockecke findet sich zudem bei De Klerks zweitem Block am Spaarndammerplantsoen (Abb. 82).
[860] Stieber 1998, S. 226, 245.
[861] Hilberseimer 1923, S. 290, Hervorhebung Hilberseimer.
[862] Abb. Bock 1975, Abb. 161, S. 79.
[863] Vgl. Barbieri 1985.
[864] Keppler an B & W vom 13.11.1917, Gemeindearchiv Amsterdam: nach Stieber 1998, S. 150.
[865] Zum Wohnungsbaukongreß vgl. »IV. 1.2.2. Der erste Direktor: Auguste Plate«.
[866] Oud 1922a, S. 19.
[867] Vgl. »IV. 1.3.1. Die Entwicklung standardisierter Wohnungstypen«.
[868] Oud 1918d, S. 78.
[869] Prak 1991, S. 217.
[870] Vgl. »IV. 3.1. Typenwohnungen«.
[871] Stieber 1998, S. 143, 145.
[872] Stieber 1998, S. 126–128, 261.
[873] Vgl. Stieber 1998, S. 137.
[874] Abb. Tolstraat: Bock 1975, Abb. 165, S. 81; Abb. Transvaalbuurt: Polano 1988, S. 82; Abb. Spaarndammerplantsoen: Bock/Johannisse/Stissi 1997, S. 197–203; Abb. Takstraat: Bock/Johannisse/Stissi 1997, S. 257.
[875] Ausgenommen sind die Wohnungen des ersten Obergeschosses mit drei Schlafzimmern.
[876] Abb. Bock 1975, Abb. 165, S. 81.
[877] Bock 1975, S. 81. So wird bei gleichbleibender Tiefe des Gebäudes die Wohnfläche vergrößert.
[878] Vladimir Stissi, Middenstandswoningen (»Hillehuis«) in Amsterdam, in: Bock/Johannisse/Stissi 1997, S. 165.
[879] Beispiele sind J. C. van Epens Wohnhaus in der Helmerstraat in Amsterdam (1909), Berlages Wohnungen in der Tolstraat (1912), die von Berlage und Van Epen gemeinsam errichteten Wohnungen im Spreeuwpark (1913), J. H. W. Lelimans Wohnungen für Eigenhaard benoorden het Ij (1915) und Meischke & Schmidts Wohnungen in der Bilderdijkstraat in Rotterdam (1918).
[880] Abb.: De Heer 1988, S. 78.
[881] So Berlages Entwürfe für die Wohnblöcke des Transvaalbuurt in Amsterdam (1911), der Wohnblock für »De Arbeiderswoning« im Staatsliedenbuurt (1911–15) und die 1912 entworfenen Wohnungen für die Tolstraat und den Indische Buurt. Abb. Transvaalbuurt: Polano 1988, S. 82; Abb. Staatsliedenbuurt: Polano 1988, S. 75; Abb. Tolstraat: Bock 1975, Abb. 165, S. 81; Abb. Indische Burrt: BW, 37, 18.11.1916, Nr. 29, S. 218. Vgl. auch die 1914–18 errichteten Wohnblöcke am Van Beuningenplein von De Bazel: Abb. Polano 1988, S. 78.
[882] So in Berlages Wohnbauten in der Tolstraat (1912), Abb.: Bock 1975, S. 81.
[883] Abb. Transvaalbuurt: Polano 1988, S. 82; Abb. Staatsliedenbuurt: Polano 1988, S. 75.
[884] Stieber 1998, S. 139f.
[885] Mels J. Meijers, Volkshuisvesting. De architecten en de woningbouw. X. De woning van binnen, in: BW, 38, 1917, S. 51.
[886] Abb.: Bock 1975, Abb. 162, 163, S. 79.
[887] »IV. 6.1.2. Grundrisse und Erschließung«.
[888] Prak 1991, S. 103.
[889] W. N. Rose, »Verslag aan den Koning over de vereischten en inrichting van arbeiderswoningen«: Bouwen in Nederland, S. 196. De Groot 1982, S. 38; Abb. 30, S. 69; Dieten 1992, S. 153; Berens 2001, v. a. S. 217–219.
[890] In Frankreich finden sich zwei »maison à galéries« aus den Jahren 1908 und 1910: Albrecht 1930, S. 500–503. Heinrich de Fries verweist auf entsprechende Bestrebungen in Amerika, Deutschland, Österreich und Ungarn: De Fries 1919, S. 22f.
[891] Im Rotterdamer Katalog wird auf die Verwandtschaft zu Brinkmans Block verwiesen: Taverne 2001, S. 227.
[892] Übers. EvE. Berlage 1905b, S. 117.
[893] Übers. EvE: Berlage 1905b, S. 117.
[894] Scheffler 1907, S. 35.
[895] Scheffler 1907, S. 36.
[896] Behrendt 1911, S. 80.
[897] Übers. EvE: Oud 1924f, L.
[898] Oud 1923a; Oud 1924f. Vgl. »IV. 3.4. Orientierung«.
[899] »Erst fünfzehn Jahre später sollten J. P. Oud und insbesondere Michiel Brinkman mit ihren Wohnblöcken in Rotterdam-Spangen das realisieren, was Berlage damals deutlich vor Augen stand.«: Bock 1983, S. 120. Allerdings erfüllte nur Oud mit seinen begrünten, vom Verkehr abgeschlossenen Innenhöfen Berlages Vision, während Brinkman mit den Verkehrsstraßen im Hof den Wohnblock als eigenen kleinen Stadtorganismus definierte.
[900] Abb.: Colenbrander 1982a, Abb. 9, S. 132.
[901] Dagegen Pommer und Otto, nach denen Van Loghem die Ausrichtung der Wohnräume zum Hof bei gleichzeitigem Zugang von der Straße in den Niederlanden eingeführt habe: Pommer/Otto 1991, S. 118.
[902] Zu den Leidener Hofjes vgl. Dröge/De Regt/Vlaardingerbroek 1996, S. 63–75.
[903] Stieber 1998, S. 221f. Bereits 1910 hatte Möhring im Rahmen des Wettbewerbs für Groß-Berlin zu einer ähnlichen Lösung mit höherer Randbebauung und niederigeren Häusern im Innern gefunden.
[904] Vgl. Taverne 2001, S. 40.
[905] Van der Pek hatte zuvor einen Gemeinschaftsgarten in Den Haag realisiert: Meijers 1917, S. 25.
[906] Fanelli 1978, S. 13.
[907] In der Mitte von Van der Peks Anlage wurden drei kreisförmige, gepflasterte Wege mit Steinvasen und Sitzbänken angelegt. Der von zwei Häuserzeilen eingefaßte Gemeinschaftsgarten findet sich auch bei späteren Bauprojekten von Rochdale: Meijers 1917, S. 26f.
[908] Laut Stissi war De Klerks anspruchsvoll gestaltete Hoffront eine Ausnahmeerscheinung im Amsterdamer Wohnungsbau: Bock/Johannisse/Stissi 1997, S. 185. Frühere Beispiele finden sich jedoch bei Van der Pek. Durchgehende Balkone zeigte auch ein Haus in der Kanaalstraat, dessen Hoffront 1917 publiziert wurde: BW, 38, 3.2.1917, Nr. 5, S. 27.
[909] Ein Vorbild hierfür bildeten die vor dem 1. Weltkrieg errichteten Wohnblöcke von De Bazel am Amsterdamer Van Beuningenplein mit ebenfalls Treppen und Fußböden aus Beton. Abb. De Heer 1988, S. 78.
[910] Zu den Betonbauten vgl. Kuipers 1987.
[911] Der Beginenhof Ten Wijngaarde wurde im 13. Jahrhundert gegründet.
[912] Vgl. »V. 2. Klassische Entwurfsprinzipien«.
[913] Abb. Wohnhausentwurf: Bock/Johannisse/Stissi 1997, S. 116.
[914] Kuipers 1987, S. 74, 77.
[915] Übers. EvE: Wils 1918b.
[916] So Berlages Entwurf für ein mehrgeschossiges Wohnhaus (1912), Klaarhamers Entwürfe für eine Villa in Beton (1913) und ein dreigeschossiges Wohnhaus (1919), der Entwurf für eine Doppelvilla von Klaarhamer und Van't Hoff (1918) und der Entwurf für eine Villa aus hohlen Betonwänden von Wils (1918). Vgl. Van't Hoffs Villa Nora in Huis ter Heide (Entwurf 1915) und der Wohnkomplex Daal en Berg in Den Haag von Wils (1920/21), die teilweise in Beton errichtet wurden.
[917] Vgl. »IV. 1.3.4. Die Betonbauten des Woningdienst«.

918 Van Goor 1982, S. 70.
919 Oud 1919d, S. 221 (abg. in: Taverne 2001, S. 171–181).
920 Van Loghem 1971, S. 28.
921 Zur Farbfassung des Papaverhof: Freijser 1989.
922 Zur Farbfassung der Bauten in Drachten von De Boer vgl. »III. 4.2. Die Gemeinschaftsbauten«.
923 Vgl. »III. 4.3. Farbige Architektur nach dem Bruch mit Van Doesburg«.
924 Oud 1917a (abg. in Taverne 2001, S. 144). Vgl. »IV. 6.1.1. Der einheitlich gestaltete Wohnblock«.
925 Behrendt 1911. Vgl. »IV. 6.1. Die niederländische Tradition des *Volkswoningbouw*«.
926 Zu Ouds Bibliothek vgl. Langmead 1999, S. 213–250. Henk Engel sieht vor allem in dem Buch von Behrendt einen wichtigen Einfluß auf Oud: Engel 1990, S. 21.
927 Behrendt 1911, S. 14.
928 Gustav Wolf, Norddeutschland (Die schöne deutsche Stadt, Bd. 3), München 1913, S. 228: nach Posener 1979, S. 330.
929 Behrendt 1911, S. 13f.
930 Behrendt 1911, 101.
931 H. P. Berlage, Het uitbreidingsplan van 's-Gravenhage, in: Bouwkunst, 1, 1909, S. 119: nach Van Rossem 1988, S. 137.
932 Stieber 1998, S. 219.
933 H. P. Berlage, Stedebouw, in: De Beweging, Nr. 3, März 1914, S. 245ff.: Stieber 1998, S. 220.
934 »His first essay, ›The monumental in townscape‹, dated Leiden, 9 July 1917 was a staccato polemical essay in the journal's inaugural edition, pleading for … (prophetically) the standardization of mass housing.« Langmead 1999, S. 6.
935 Vgl. Hans Oud 1984, S. 55; Colenbrander 1994a, S. 48. Laut Rotterdamer Katalog unterscheide sich Ouds Text durch die sprachliche und inhaltliche Anlehnung an Van Doesburg stark von Berlage: Taverne 2001, S. 148.
936 Vgl. »IV. 2.3. Die Wohnblöcke im Neubaugebiet Spangen«. Dagegen Colenbrander 1994a, S. 48.
937 Bock 1975, Abb. 161, S. 79.
938 Vgl. »V. 3.3. Ouds Moderne Architektur im internationalen Kontext«.
939 Vgl. »IV. 2.5. Oud-Mathenesse: Stadterweiterung und Idealstadtplanung«.
940 Abb.: Polano 1987, Abb. 198.
941 Übers. EvE: H. P. Berlage, Het uitbreidingsplan van 's-Gravenhage, in: Bouwkunst, 1, 1909, S. 3: nach Van Rossem 1988, S. 137. Vgl. Van Bergeijk 2003, S. 36f.
942 Vgl. »IV. 2.7. Zeilenbau nach deutschem Schema: Weißenhofsiedlung und Blijdorp«.
943 Bolte/Meijer 1981, S. 172f.
944 Zum Wohnungsbaukongreß vgl. »IV. 1.2.2. Der erste Direktor: Auguste Plate«.
945 Auch entsprechende Bestrebungen in der ebenfalls neutralen Schweiz sind zeitlich später anzusetzen: Im April 1920 bekam der Schweizerische Verband zur Förderung des Gemeinnützigen Wohnungsbaus vom Bundesrat die Aufgabe zugewiesen, die Normierung von Bauelementen, Bautypen und Konstruktionssystemen zu untersuchen. Die Studienkommission zur Normierung veranstaltete 1921 einen Wettbewerb zur Entwicklung von Haustypen: Kieren 1990, S. 54.
946 Vgl. »IV. 1.3.1. Die Entwicklung standardisierter Wohnungstypen« und »IV. 3.1. Typenwohnungen«.
947 Gustav Wolf, Norddeutschland (Die schöne deutsche Stadt, Bd. 3), München 1913, S. 228: nach Posener 1979, S. 330.
948 Behrendt 1911, S. 72, 74, 78.
949 Im Rotterdamer Katalog werden in den Tusschendijkener Blöcken dagegen keine typologischen Innovationen gesehen: Taverne 2001, S. 239.
950 Wright 1910.
951 Frank 1994, S. 160f., 256.
952 Zimmermann 1988, S. 254f.
953 Abb. Boesiger/Stonorov 1964, S. 40–43.
954 Abb.: Boesiger/Stonorov 1964, S. 31, 45–47.
955 Abb.: Boesiger/Storonov 1964, S. 36f.
956 Oud 1920d, S. 222. Vgl. auch Oud 1919a, S. 79, 82.
957 Behrendt 1911. Vgl. Engel 1990, S. 20f., der eine Beziehung zu Block I und V* in Spangen sieht.
958 Erich Haenel und Heinrich Tscharmann, Das Mietwohnhaus der Neuzeit, Leipzig 1913: nach Posener 1979, S. 319.
959 »In solchen Wohnungen lebte man also wie im eigenen Landhause …«: Posener 1979, Anm. 3, S. 358.
960 Zur Maisonette vgl. Mailhammer/Schönberger 1975/76.
961 Dort als Wohnküche. De Fries 1919, »Das Doppelstockhaus«, S. 27–49.
962 Zum Wohnungsbau der Weimarer Republik vgl. Mohr/Müller 1984; Kirschbaum 1991; Prinz 1997; Gisbertz 2000; Oelker 2002.
963 Albrecht 1930, S. 319.
964 Vgl. Aicher/Drepper 1990.
965 Kirsch 1994, S. 213. Auch in Deutschland wurden jedoch Arbeiterwohnungen ohne Flur ausgeführt. Vgl. die Arbeiterkolonie in Leipzig-Reudnitz und die Wohnungen des Essener Spar- und Bauvereins: Karl Weissbach und Walter Mackowsky, Hrsg., Das Arbeiterhaus, Berlin 1910, Abb. 320, S. 207; Abb. 326, 327, S. 215.
966 Posener 1979b, S. 341; Anm. 8, S. 360.
967 Gessner 1909.
968 So von Hermann Jansen; vgl. Eberstadt/Möhring/Petersen 1910.
969 Scheffler 1907, S. 35.
970 Vgl. Posener 1979b, S. 342.
971 Vgl. u. a. Rieger 1976; Wick 1983; Kloß 1991; Herrel 1994; Düchting 1996; Brülls 1997.
972 Zu Bruno Taut vgl. Prinz 1997; Gisbertz 2000; Brenne 2005. Zu Haesler vgl. Oelker 2002.
973 Vgl. Brenne 2005, S. 56–61.
974 Adolf Behne, Die Bedeutung der Farbe in Falkenberg, in: Gartenstadt, Mitteilungen der deutschen Gartenstadtgesellschaft, 11, 1913, S. 249f.: nach Düchting 1996, Anm. 11, S. 128.
975 Hannes Meyer, Die Siedlung Freidorf, Auszug aus: Siedlungsgenossenschaft Freidorf, Basel 1921: nach Meyer-Bergner 1980, S. 22.
976 Bruno Taut, Die Siedlungen, in: WMB, 4, 1919/20, S. 184: nach Brülls 1997, S. 75.
977 Vgl. zuletzt Brenne 2005, S. 62f. Das Gebäude wurde 1943 zerstört. Die Malereien im Innern stammen von Franz Mutzenbecher und Paul Gösch.
978 Übers. EvE: Oud 1922d, S. 423.
979 Oud 1922d, S. 421, 423.
980 Kloß 1991; Brenne 2005, S. 120–125.
981 Susanne Harth, Stadt und Region, Fritz Schumachers Konzepte zu Wohnungsbau und Stadtgestalt in Hamburg: Frank 1994, S. 157–181, hier S. 160–163; vgl. Kat. Nr. 215, S. 261.
982 Schmidt 1927, S. 261.
983 Winfried Nerdinger, Der Architekt Walter Gropius, Berlin 1996², Objekt 18: Aufriß mit Türen in rot und blau, sowie Fenstertüren in gelb: Abb. 18a, 18b, S. 91.
984 Abb.: Nerdinger 1988, S. 120, 287. Stockmann 1996, S. 16–19.
985 Abb.: Hans-Joachim Kadatz, Peter Behrens, Leipzig 1977, S. 72.
986 Manfred Fischer, Fritz Schumacher, Bauten und Planungen in Hamburg, Hamburg 1994, Abb. 87, S. 98; Susanne Harth, Stadt und Region, Fritz Schumachers Konzepte zu Wohnungsbau und Stadtgestalt in Hamburg: Frank 1994, S. 157–181, hier S. 160–163; vgl. Kat. Nr. 215, S. 261.
987 Engel 1990, S. 21, 22. Abb. Behrens/De Fries 1918, Abb. 11, 12, 16, S. 46, 47, 75.
988 Oud 1919a, S. 80 (abg. in Taverne 2001, S. 209).
989 Theodor Goecke, Verkehrsstraße und Wohnstraße, in: Preußische Jahrbücher, Bd. LXXXIII 1893, S. 85ff.
990 Behrendt 1911, S. 71f.

[991] Eberstadt/Möhring/Petersen 1910. Bereits 1906 waren in einem Runderlaß des Preußischen Ministers für Öffentliche Arbeiten, Paul von Breitenbach, diese Gedanken formuliert worden, in: Rudolf Eberstadt, Handbuch des Wohnungswesens und der Wohnungsfrage, Jena 1909, S. 371–375. Vgl. Robert René Kusczynki, Fragen der kommunalen Sozialpolitik in Groß-Berlin, Jena 1911, S. 11–15: nach Julius Posener, Vorlesungen zur Geschichte der Neuen Architektur III, Der Groß-Berlin-Wettbewerb von 1910, in: Arch+, Oktober 1981, Nr. 59, S. 73.

[992] Vgl. »IV. 2.5. Oud-Mathenesse: Stadterweiterung und Idealstadtplanung«.

[993] Abb.: Koch 1989, Abb. 5, S. 41; Kieren 1990, S. 55ff.

[994] Entsprechend Ouds Lösung bildete die Spitze auch bei den frühen Entwürfen für Freidorf den Ausgangspunkt der Spiegelachse.

[995] Hannes Meyer, Der Baugedanke, in: Siedlungsgenossenschaft Freidorf, Basel 1921, S. 57ff: nach Koch 1989, S. 40.

[996] WMB, 1926, S. 303. Ob Oud die Siedlung vor Entwurfsbeginn des »Witte Dorp« bereits kannte, ist nicht zu sagen. Die Einweihung der Siedlung Freidorf (1921) erfolgte anläßlich des 10. internationalen Genossenschaftskongresses vor 500 Genossenschaftsvertretern aus insgesamt 24 Ländern, was eine größere Bekanntheit der Siedlung vermuten läßt. Vor 1922 erscheinen jedoch nur zwei Publikationen der Siedlung, so in einer Zeitschrift aus dem Verlag des Verbandes Schweizerischer Konsumvereine und in der Broschüre aus Anlaß der Fertigstellung der Siedlung: Wie der Dorfplatz Gestalt annahm, in: Samenkörner, November 1919; Hannes Meyer, Der Baugedanke, Siedlungsgenossenschaft Freidorf, Basel 1921. Für eine Beeinflussung Ouds durch Freidorf spräche abgesehen von der städtebaulichen Lösung die ebenfalls weitgehende Normierung der Bauteile, der einheitliche Farbanstrich der Häuser und die Einbeziehung eines Transformatorenhäuschen: »Das Transformatorenhaus gehört nicht dem Freidorf, sondern der Elektra Birseck. Mit Mühe und Not brachte ich deren Direktoren dazu, mir mindestens die äußere Gestaltung desselben zu überlassen.«: Hannes Meyer, nach Kieren 1990, S. 60.

[997] Friedrich Ostendorf, Sechs Bücher vom Bauen, Friedrich Ostendorf, Bd. I, Hrsg. Sackur, Berlin 1922, S. 270, 272; Bd. 3, Berlin 1920, S. 180.

[998] »Die Krümmung ist bei manchen Stadterweiterungen zum Selbstzweck und zur Schablone geworden, die die Aufgabe der Technik des Bebauungsplanes aus den Augen verloren hat.«: Rudolf Eberstadt, Die Gartenstadt London Hampstead, in: Der Städtebau, 6, 1909, Heft 8, S. 101: nach Kieren 1990, S. 56.

[999] »IV. 2.5. Oud-Mathenesse: Stadterweiterung und Idealstadtplanung«.

[1000] Abb.: Boesiger/Stonorov 1964, S. 39.

[1001] Abb.: Hilberseimer 1929, Abb. 19, S. 512; Abb. 25–29, S. 513f. Abb. Neutra: Thomas S. Hines, Richard Neutra and the search for modern architecture, New York/Oxford 1982, Abb. 51, S. 62.

[1002] Van der Woud, 1983, S. 122.

[1003] So u. a. bei den Wohnbauten für den Beamten Wohnungs Verein GmbH von Paul Mebes (1907-09): Van der Woud, 1983, S. 122.

[1004] Abb.: Garnier 1917; Abb. Le Corbusier: Boesiger/Stonorov 1964, S. 29.

[1005] Abb. Loos: Rukschcio/Schachel 1982, S. 572; Worbs 1983, S. 74. Abb. Hilberseimer: Boekraad 1986, S. 77. Abb. Le Corbusier: Boesiger/Stonorov 1964, S. 73.

V. KAPITEL
Ouds Werk (1916–1931) im Kontext seiner Zeit

Ziel dieses Kapitels ist eine Charakterisierung von Ouds Werk anhand stilistischer Aspekte, wobei neben den bestimmenden Entwurfsprinzipien auch die Aufnahme fremder Formideen untersucht wird. Da die zwischen 1916 und 1931 entstandenen Arbeiten nicht isoliert von den vorangehenden Werken und deren Stilentwicklung stehen, wird an dieser Stelle auch Ouds Frühwerk berücksichtigt. Ein Überblick über die stilistische Entwicklung von Ouds Werk fehlt bislang. Auch seine Abhängigkeit von anderen Architekten wurde allein an einzelnen Bauten oder aber in Form pauschalisierter Vergleiche aufgezeigt. So verweisen zahlreiche Autoren auf Einflüsse von Berlage, Muthesius, Wright und Le Corbusier, oft jedoch, ohne dies konkret zu belegen. Daß auch die modernen Bauten der 1920er Jahre aus der niederländischen Bautradition hervorgingen, vertrat bislang allein Roland Günter. Mit Blick auf die regionalen Prägungen des »Internationalen« Stils stellt er Oud in eine spezifische holländische Tradition: »Nichts fällt vom Himmel«.[1]

Ausgehend von den Lehrinhalten an der Quellinus-Schule wird zunächst die Bedeutung des »Entwerfens nach System« für Ouds Entwurfsprinzipien untersucht. Die Frage nach dem Einfluß anderer Architekten umfaßt sowohl Vertreter der rationalistischen Richtung wie Berlage und De Bazel als auch der zeitlich folgenden Amsterdamer Schule. Beide Richtungen hatten ihr Zentrum in Amsterdam, das auch für Oud in den ersten 28 Lebensjahren den geographischen Mittelpunkt bildete. Abgesehen von zwei frühen, in Abhängigkeit von Berlage bzw. der Amsterdamer Schule stehenden Entwürfen werden erstmals auch die Bauten von 1916 bis 1931, der Zeit von De Stijl und dem »Internationalen Stil«, auf entsprechende Einflüsse untersucht. Ein Sonderfall bildet das Werk von J. L. M. Lauweriks, dessen dekorative Wandverkleidungen lange Zeit wichtige Anregungen für Oud lieferten. Entscheidend für das Verständnis von Ouds Werk ist seine Orientierung an »klassischer« oder »klassizistischer« Architektur, die um 1910 als internationales Stilphänomen auftrat. Damit erhalten auch die dem »klassischen Kanon« widersprechen Formen, wie die gotisierenden Fassadenstrukturen und die De Stijl-Elemente, besondere Bedeutung. Die Einordnung von Ouds Werk in die Internationale Moderne, die er nach Meinung der Forschung in der Frühphase entscheidend mitgeprägt hat, erfordert einen Überblick über die verwendeten Begrifflichkeiten, Ouds Theorie eines neuen Architekturstils und seine Sicht der modernen Architekturströmungen in den Niederlanden. Der ab Mitte der 1920er Jahre verstärkt einsetzenden Rezeption fremder Formideen wird beispielhaft anhand der Arbeiten Le Corbusiers nachgegangen.

1. Die niederländische Bautradition

1.1. Oud und das »Entwerfen nach System«

Seit den 1890er Jahren fanden in den Niederlanden verstärkt Diskussionen über das Entwerfen nach allgemeinen, für Baukunst wie Kunsthandwerk gleichermaßen verbindlichen Prinzipien statt. In der Folge entstand eine Vielzahl von Proportionssystemen, die an den Akademien und Kunstschulen gelehrt und in Entwürfen erprobt wurden. Prinzipiell ist dabei zwischen arithmetischen (numerischen) und geometrischen Proportionen zu unterscheiden, wobei die geometrische Konstruktion das aus der Antike und der Renaissance überlieferte Entwerfen nach Modulen (halber oder ganzer Säulendurchmesser) nach und nach ersetzte.[2] Vor allem die Verwendung von Dreieckrastern setzte sich auf breiter Basis durch und führte zu einer regelrechten »driehoekenmanie« (Dreieck-Manie).[3] Das starke Interesse an Entwurfssystemen stand in enger Verbindung mit der Suche nach einem neuen allgemeingültigen Stil. Ziel war, die Künste durch Festlegung der Maßverhältnisse vom Formenkanon historischer Stile und der als dekadent empfundenen Subjektivität des 19. Jahrhunderts zu befreien. Gleichzeitig sollte die Anwendung dieser Entwurfsgesetze »Ordnung« und »Einheit« und damit »Schönheit« garantieren: »Es war der Traum von idealtypisch übereinstimmend gestalteten Formen, angefangen vom Städtebau bis hin zu Haushaltsutensilien: der Traum vom Gesamtkunstwerk, dessen Realisierung einmal die lang ersehnte, mythisch verschollen geglaubte kulturelle Harmonie von Antike und Renaissance wiederherstellen sollte.«[4]

Zu den wichtigsten niederländischen Vertretern dieser Vorstellungen zählen die Architekten und Theoretiker De Bazel, Berlage, P. J. H. Cuypers, De Groot und Lauweriks, die um die Jahrhundertwende die Entwicklung von Kunsthandwerk, Architektur und Kunstlehre bestimmten.[5] Eine Beeinflussung Ouds, der ab 1903 die Amsterdamer Quellinus-Schule besuchte, liegt damit auf der Hand. Mit Berlage, seinem Mentor und künstlerischen Vorbild, stand Oud seit 1910 in persönlichem Kontakt, während De Bazel und De Groot zur Zeit von Ouds Ausbildung als Lehrer an der Quellinus-Schule tätig waren.[6] Ouds spätere Anstellung bei Jan Stuyt, einem Schüler von Cuypers, mag ebenfalls von Einfluß auf seine Formensprache gewesen sein. Die Entwicklung eines neuen Stils auf Grundlage allgemeingültiger Gesetze war schließlich auch das zentrale Anliegen der De Stijl-Gruppe, die sich in ihren Anfängen noch auf Berlage berief.[7]

Die Verbindung zwischen dem niederländischen »Entwerfen nach System«, den Zielen von De Stijl und Ouds Architektur wurde von der Forschung bislang kaum wahrgenommen. Erstmals gingen Ed Taverne und Dolf Broekhuizen in ihrer Besprechung des Shell-Gebäudes in Den Haag (1938–46) auf die dort angewandten Symmetrien, Dreiecksstrukturen, stereometrischen Formen und Maßsysteme einschließlich des Goldenen Schnitts ein.[8] Nach einem Hinweis von Donald Langmead[9] kam jüngst Broekhuizen auf das Thema »Entwerfen nach System« zurück.[10] Broekhuizen fordert, die Bedeutung einer traditionellen Entwurfsmethode – oder deren Elemente wie das »Entwerfen nach System« – für die einzelnen Phasen von Ouds Werk neu zu untersuchen. Obwohl seit den frühesten Werken implizit anwesend, spielten die klassischen Entwurfsprinzipien (und damit auch das »Entwerfen nach System«) in den 1920er Jahren eine geringere Rolle. In den 1930er Jahren habe Oud dagegen eine neue Phase erreicht, in der neben Symmetrie und Ornament auch »geometrical proportions« deutlich zum Vorschein gekommen seien.[11] Dem widerspricht der Rotterdamer Katalog, der im Katalogtext zur Bauleitungshütte* (1923) bei nahezu allen Gebäuden »dieser Zeit« das »Entwerfen nach System« voraussetzt. Die Proportionsgesetze und geometrischen Figuren werden dort jedoch nicht in erster Linie als »praktisches Hilfsmittel zur Entwicklung der neuen Kunst« gedeutet, sondern als »Symbole für die Dominanz der Technik in der modernen Kultur«.[12]

Auch für die anderen niederländischen Architekten von Ouds Generation liegt bislang keine Untersuchung über einen Einfluß dieser Entwurfsprinzipien vor.[13] Für P. L. Kramer (1881–1961), der eine Ausbildung an der Amsterdamer Industrieschule absolviert hatte, wurde eine entsprechende Entwurfsmethode vermutet: »Es ist sehr wahrscheinlich, daß auch auf der Industrieschule das Entwerfen nach System gelehrt wurde, da sowohl De Klerk als auch Kramer diese Methode gelegentlich anwendeten.«[14] Im Fall von C. J. Blaauw (1885–1947), wie Kramer ein Architekt der Amsterdamer Schule, wurden (unabhängig von der asymmetrischen äußeren Form) geometrische Rasterstrukturen erkannt[15], während jüngst für J. F. Staal (1879–1940) ein Entwerfen nach geometrischem System bestätigt werden konnte.[16]

Die genannten Theoretiker standen alle unter dem Einfluß des in der zweiten Jahrhunderthälfte führenden niederländischen Architekten, dem Neugotiker und Rationalisten Petrus Josephus Hubertus Cuypers (1827–1921).[17] De Bazel, De Groot und Lauweriks waren mehrere Jahre in Cuypers Amsterdamer Büro tätig. Der Katholik Cuypers galt als bedeutendster Kirchenbauer der Niederlande, seine Hauptwerke sind jedoch das Rijksmuseum (1876–85) und der Amsterdamer Hauptbahnhof (1882–89). Vor allem das Rijksmuseum bildete den Prototyp einer nationalen Baukunst, die sich an der Gotik, Sinbild einer gemeinschaftlichen Geisteshaltung, und der niederländischen Renaissance orientierte. Seine Architekturtheorie gründete auf den Vorstellungen von Eugène Emmanuel Viollet-le-Duc (1814–79), den Cuypers persönlich kennengelernt hatte. Anhand antiker und gotischer Bauten konnte Viollet-le-Duc verschiedene Dreieckssysteme mit einem Schwerpunkt auf dem gleichschenkligen und dem sogenannten »Ägyptischen Dreieck« als Entwurfsgrundlage festmachen.[18] Auf der Basis dieser Dreiecksstrukturen entwickelte er ein Verhältnissystem, das den Bauten »Harmonie« und »Ordnung« verleihen sollte. Wichtiger als die arithmetische Genauigkeit der Konstruktionen war ihm das ästhetische Erscheinungsbild auf der Grundlage geometrischer Formen. Abgesehen von den Proportionsvorgaben ließ er den Architekten jedoch freie Hand. Auch Cuypers verwendete als Orientierungshilfe ein geometrisches System aus gleichseitigen Dreiecken, das der jüngeren Architektengeneration wiederum als Vorbild diente.[19]

Der im Haus von Cuypers aufgewachsene Kunstgewerbler und Architekt Johannes Ludovicus Mathieu Lauweriks (1864–1932) entwickelte aus der Beschäftigung mit diesen Theorien seine eigenen Entwurfsprinzipien.[20] Als Mitglied der Theosophischen Gesellschaft, die sowohl in der Geometrie als auch den harmonischen Proportionsverhältnissen eine Spiegelung der kosmischen Ordnung sah, forderte Lauweriks die Anwendung beider Prinzipien. In der Zeitschrift »Architectura« (1899) stellte er als Entwurfsgrundlage ein hierarchisches Liniensystem und ein Raster aus Diagonalen vor. Angeregt durch eine Publikation von Pater Desiderius Lenz, der im Gegensatz zu den Neugotikern auf die klassische Kunst Griechenlands verwies, plädierte Lauweriks für einfache Grundformen durch Verwendung stereometrischer Körper und regelmäßiger Grundrisse. Die Symmetrie, die Viollet-le-Duc in seiner Liebe zum Mittelalter verbannt hatte, wurde zu einem zentralen Begriff seiner Theorie. Einem Artikel über Vitruv (1900) folgte der Aufsatz »Ein Beitrag zum Entwerfen auf systematischer Grundlage in der Architektur« (1909), in dem Lauweriks – unter Berufung auf Vitruv – ein von Kreis und Quadrat ausgehendes Rastersystem nach klassischen mathematischen Proportionen entwickelt.[21] Seinem Vorbild folgend, der je nach Aufgabe zwischen einem arithmetischen oder geometrischen System unterschied, forderte Lauweriks eine Proportionsbestimmung auf arithmetischer Grundlage, während die Geometrie für Formen und deren Charakter zuständig sei. Sowohl Lauweriks Kirchenentwurf (1909) als auch seine ab 1910 errichteten Wohnhäuser in Hagen basieren auf entsprechenden Grundrißrastern.[22] Als Lehrer an der Kunstgewerbeschule in Düsseldorf vermittelte er seinen Schülern, darunter auch Adolf Meyer, seine Entwurfsmethoden anhand von Quadratrastern.[23]

Lauweriks und Karel Petrus Cornelis de Bazel (1869–1923) waren 1894 gemeinsam in die Theosophische Gesellschaft eingetreten und hatten im folgenden Jahr ein auf Kunsthandwerk spezialisiertes Atelier in Amsterdam gegründet.[24] Auch De Bazel entwickelte eine eigene Entwurfslehre auf Grundlage des »Ägyptische Dreiecks« und des Rasters. Seine Entwürfe für eine Badeinrichtung und ein Bibliotheksgebäude (beide 1895) sowie einen Genossenschaftsbau für Architekten (1897) basieren entsprechend auf verschiedenen Dreiecksstrukturen.[25] Kurz nach 1900 ersetzte De Bazel die Dreieckskompositionen durch ein Rastersystem, das den Raum zusätzlich in Kuben unterteilt.[26] Wie Lauweriks sah auch De Bazel das »Entwerfen nach System« weniger als technisches Hilfsmittel denn als Symbol einer höheren mystischen Wirklichkeit.[27]

Das Zeichnen nach einer geometrischen Methode wurde in den Niederlanden bereits in den 1880er Jahren propagiert.[28] Jan Hessel De Groot (1864–1932), der sich mehr als 30 Jahre mit dem »Entwerfen nach System« auseinandersetzte, veröffentlichte insgesamt sieben Schriften zu diesem Thema. In seinem zusammen mit seiner Frau Jacoba herausgegebenen Buch »Dreiecke beim Entwerfen von Ornament« (1896)[29] faßte er die aktuellen Ergebnisse der damaligen Diskussion zusammen. 1900 publizierte er sein »Diagramm« als verlorenes und nun wiederentdecktes geometrisches Entwurfsprinzip und damit Grundlage aller Stile. Kern dieses »Diagramms« war die Quadratur, ein dem Quadrat eingeschriebener Kreis, der wiederum ein Quadrat enthält, aus dem das irrationale Verhältnis $1:\sqrt{2}$ als Grundlage für Grund- und Aufriß hervorgeht. Hiermit folgte er Palladio, der als einziges irrationales Verhältnis die $\sqrt{2}$ zu den bevorzugten Proportionen gezählt hatte.[30]

Hendrik Petrus Berlage (1856–1934), Ouds persönlicher Mentor und einer der einflußreichsten Architekten der Niederlande, stellte seine Proportionslehre in zwei Vorträgen aus den Jahren 1904 und 1907 vor.[31] Damit setzte er sich später als die oben genannten Vertreter auf theoretischer Ebene mit dem »Entwerfen nach System« auseinander. Allerdings hatte Berlage bereits 1886 einen Wettbewerbsentwurf für die Fassade des Mailänder Doms vorgelegt, der auf einem geometrischen Proportionssystem aus gleichseitigen Dreiecken basiert.[32] Auch andere Arbeiten dieser Zeit könnten durchaus auf der Basis bestimmter Entwurfssysteme entwickelt worden sein.³³ 1898 erläuterte er seine Entwurfsweise anhand von Kompositionslinien, die er nachträglich in den Entwurf der Amsterdamer Börse eingezeichnet hatte (Abb. 84). Demnach folgt der Entwurf im Grundriß einem Quadratraster, während der Fassadenaufriß von vertikalen Linien in Fortsetzung des Grundrißmoduls und einem Netz aus »Ägyptischen Dreiecken« bestimmt ist.³⁴ Als Besonderheit des Börsen-Entwurfs betont Manfred Bock die Beschränkung auf nur eine geometrische Figur, die systematisch angewandt die Einheitlichkeit des Entwurfs garantieren sollte. Auch dem 1898–1900 erbauten Gewerkschaftshaus des ANDB (Allgemeine Niederländische Diamantenschleifer-Gewerkschaft) in Amsterdam habe Berlage ein Quadratraster und vertikale Kompositionslinien für den Aufriß zu Grunde gelegt. Die Fassade lasse sich zudem in Dreiecke im Verhältnis 1:√2 aufteilen, während die Form des Gesamtbaus wieder auf das »Ägyptischen Dreieck« zurückgehe.³⁵

In seinen 1904 in Leipzig vorgetragenen »Gedanken über Stil in der Baukunst« plädierte Berlage für geometrische Grundstrukturen als Basis der neuen Architektur: »Unsere Architektur sollte daher auch wieder nach einer gewissen Ordnung bestimmt werden! Wäre demnach das Entwerfen nach einem gewissen geometrischen System nicht ein großer Schritt vorwärts?«³⁶ Berlage unterschied hier allein zwischen Modul- und Dreieckssystem. Entscheidend sei die durch ein System zu erreichende Ordnung als Grundlage für einen Stil, selbst wenn keine Symmetrie vorliege. Auch in seinem Züricher Vortrag »Grundlagen und Entwicklung der Architektur« von 1907 nannte Berlage die Geometrie wie Quadratur und Triangulation als Voraussetzung sowohl für die Komposition als auch für die »architektonischen Formen«.³⁷ Einen zentralen Aspekt bilde das Modul als Basiseinheit des Entwurfs: »Es kommt nur darauf an, die richtige Einheit, also das Grundquadrat zu wählen, wobei selbstverständlich, wenn nötig, auch eine Unterteilung stattfinden kann.«³⁸ Berlage beruft sich dabei auf Lauweriks, dessen Lehre anhand eines Schülerentwurfs (von Adolf Meyer) auf Basis des Qudratrasters illustriert wird. Berlage, der die gesamte Baugeschichte auf ihre geometrischen Entwurfsprinzipien hin analysierte, verwies vor allem auf mittelalterliche Architektur und deren Lehrbücher. Ausgehend vom Zeitalter des »Gesamtkunstwerks« und der großen Kathedralen orientierte er sich noch in der Amsterdamer Börse (1898–1903) an mittelalterlichen Bauformen, dort jedoch in erster Linie an der Romanik. In seinem Börsen-Vortrag (1898) bedankte er sich bei Viollet-le-Duc, De Bazel, De Groot und Lauweriks für ihre Untersuchungen zum Entwerfen auf geometrischer Grundlage und stellte sich damit bewußt in die Tradition dieser Theoretiker.³⁹

Auch zu den deutschen Theoretikern bestanden enge Verbindungen. Die »Stilkunst-Debatte« bewegte sich dort seit der Jahrhundertwende zwischen den Gegensätzen von Sempers materialistischem Ansatz⁴⁰ und Riegls »Kunstwollen«. Von konkretem Einfluß auf die Architektur- und Entwurfstheorie dieser Zeit war vor allem der Architekt August Thiersch (1843–1917), Bruder von Friedrich von Thiersch und wie dieser Professor an der TH in München. Thiersch orientierte sich in seiner Lehre von der »Analogie der Verhältnisse« (1883) ebenfalls an der klassischen Kunst und definierte Harmonie in Nachfolge von Vitruvs »partium et totius operis commodulatio« als »Analogie der Teile mit dem Ganzen«.⁴¹ Entsprechend forderte er eine stetige Wiederholung einfacher, geometrischer Grundformen und Proportionen innerhalb eines Gebäudes, wobei die einzelnen Bauteile jeweils eine ähnliche Figur bilden sollten. Thiersch ging dabei weder von exakten mathematischen Gesetzen noch von zuvor festgelegten geometrischen Strukturen aus: Da das menschliche Auge geringe Abweichungen nicht wahrnehmen könne, sei ein angenähertes Proportionsverhältnis vollkommen ausreichend. Wichtig war ihm die Einheitlichkeit in Grund- und Aufriß, die er mittels paralleler Diagonalen kontrollierte.

Zu den Schülern von August Thiersch zählte Theodor Fischer (1862–1938), den Oud 1912 kennengelernt hatte.⁴² Zeichnungen in Fischers Nachlaß weisen darauf hin, daß er bereits in den 1890er Jahren Entwurfssysteme anwendete, diese jedoch erst viel später (1934) als Theorie formulierte.⁴³ Auch Fischer plädierte dort für ein geometrisches System als Ausgangspunkt des Entwurfs: »Die mathematische Grundlage der Architektur [ist] in erster Linie geometrischer Art und erst in übertragenem Sinn und dann auch meist in Annäherungswerten ausgedrückt, arithmetischer Art.«⁴⁴ Wie Thiersch forderte Fischer damit kein mathema-

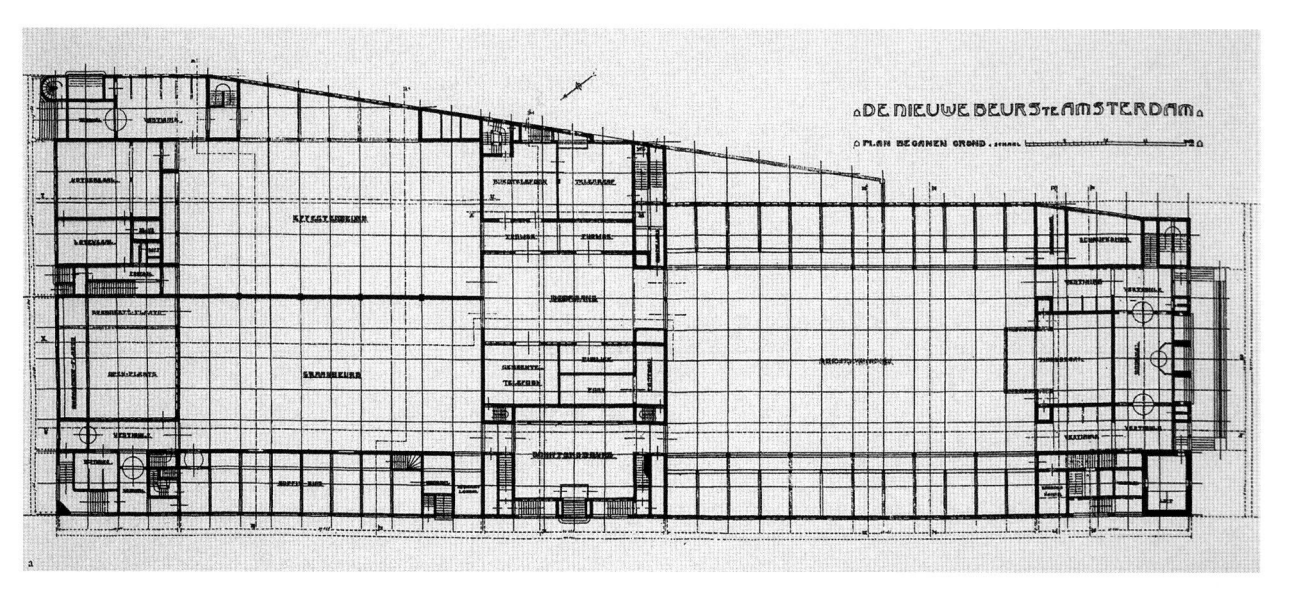

84. Amsterdamer Börse, dritter Entwurf von H. P. Berlage, 1897/98, Grundriß EG

tisch präzises Raster, sondern allein ein propotionales Verhältnis von Raumgröße und Bauteilen. Als Voraussetzung für Harmonie sah er (entprechend den konsonanten Intervallen in der Musik) einfache Ganzzahlverhältnisse, die auch in Näherungsverhältnissen auftreten könnten. Symmetrien, die sich nicht zwingend aus der Funktion ergeben, sollten nach Fischer allein in freier Variation zur Anwendung kommen.

Indem sich Thiersch und Fischer gegen strenge Raster und Symmetrien aussprechen, stehen sie für eine insgesamt freiere, weniger festgelegte Entwurfspraxis als ihre niederländischen Kollegen. Allen vorgestellten Theorien gemeinsam ist die Forderung nach einem Entwurfsprinzip auf geometrischer Grundlage. Allein die Theosophen wie Lauweriks und De Bazel setzten sich mit der Zahlensymbolik auseinander und entwickelten entsprechende, auf Zahlenreihen basierende Entwurfssysteme. Generell sollten die Entwurfsprinzipien als Hilfsmittel für eine harmonische und geordnete Komposition dienen, während der künstlerische Entwurf weiterhin seine Berechtigung behielt.

Die Theorien der jeweiligen Künstler waren einer fortwährenden Entwicklung und gegenseitigen Beeinflussung unterworfen und sind daher oftmals nur schwer voneinander zu trennen. Neben dem Grundrißraster, wie es unter anderem von Lauweriks und Berlage gefordert und verwendet wurde, war für die Fassadenkomposition das Dreieck bzw. das Diagonalraster nach Viollet-le-Duc von zentraler Bedeutung. Die Propagierung einfacher geometrischer Formen wie Kreis und Quadrat kam vor allem aus der kunstgewerblichen Richtung mit Lauweriks, De Bazel und De Groot als prominentesten Vertretern. Grundrisse auf geometrischer Grundlage vertraten Berlage und Lauweriks. Da sich allein Lauweriks explizit für symmetrische Entwürfe aussprach, bildete die Symmetrie kein spezifisches Kennzeichen des »Entwerfens nach System«. Bei den Forderungen nach bestimmten Proportionsverhältnissen wurden generell einfache Zahlenverhältnisse genannt. Eine Ausnahme bildet das von De Groot propagierte Verhältnis $1:\sqrt{2}$, das auf einer geometrischen Konstruktion der Quadratdiagonalen basiert und zudem durch die Architekturtheorie der Renaissance legitimiert war.

Mit Ausnahme seiner späten Schriften äußerte sich Oud nicht zu den von ihm verwendeten Entwurfsmethoden. Auch den Begriff der »Proportion« vermied er.[45] Dagegen betonte er die Freiheit des Architekten gegenüber möglichen Entwurfssystemen. Im Fall von Berlages Börsen-Entwurf von 1885 verwies Oud auf die Kompositionsachsen, die für ein Streben nach Regelmäßigkeit und Monumentalität stünden. Da jedoch eine strenge Symmetrie zur Erstarrung führe, habe sich Berlage für eine gleichgewichtige Komposition der Massen entschieden.[46] In »Architecturalia« (1963) äußerte er sich daher auch kritisch gegenüber dem »Entwerfen nach System«.[47] Entsprechend seinem Ideal des Künst-

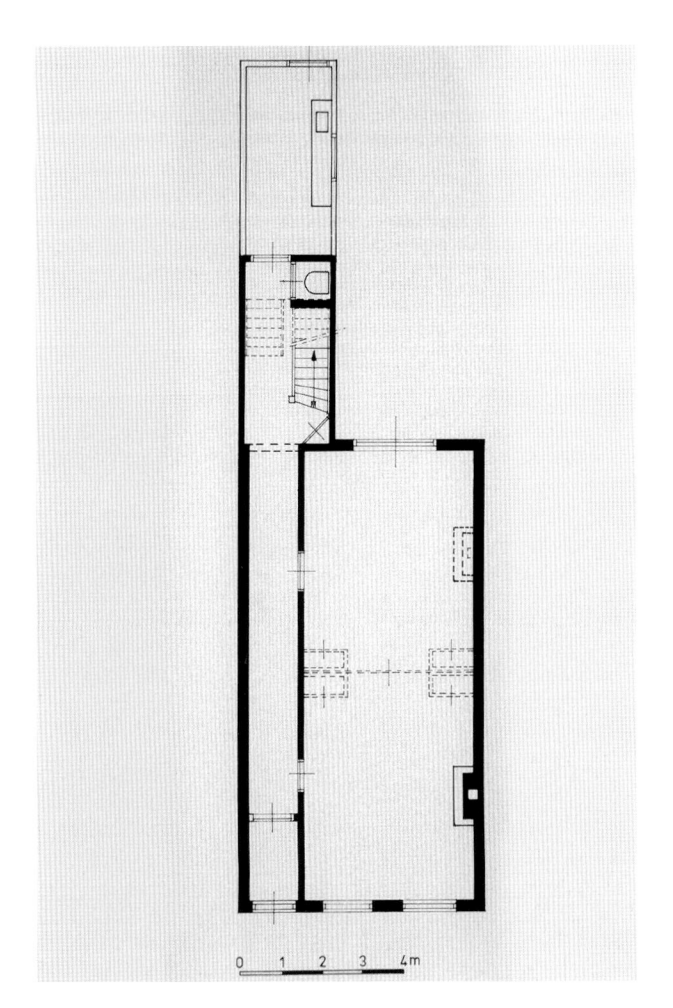

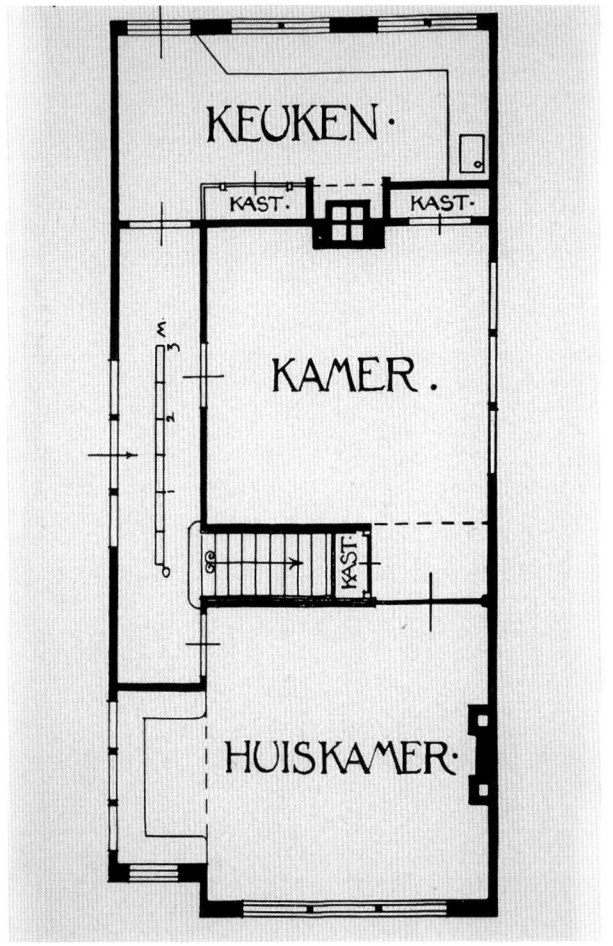

85. Haus Oud-Hartog, Purmerend, 1907, Grundriß EG

86. Haus Brand, Beemster, 1910–12, Grundriß EG

ler-Architekten beurteilte er die Resultate als »ziemlich trocken« und »eher gelehrt-feinsinnig« als künstlerisch und bezeichnete die Architekten, die von Anfang an nach diesem System arbeiteten, als »niet de fascinerendste figuren«. Berlage habe den Entwurfssystemen in »Grundlagen und Entwicklung der Architektur« daher zu viel Aufmerksamkeit geschenkt. Er glaube jedoch nicht, daß Berlage dieses System tatsächlich als Prinzip angewandt habe und empfinde die Einzeichnungen in seinen Arbeiten (Abb. 84) nicht als überzeugend. Trotz seines fehlenden Vertrauens in das »Entwerfen nach System« bestätigte er, mit Rechteckrastern zu arbeiten und das Dreieckraster zur Kontrolle seiner eigenen Entwürfe zu nutzen.

Die fehlenden Hinweise auf eine Entwurfsmethode bzw. Ouds späte Distanzierung von dem »Entwerfen nach System« suggerieren – sicherlich in bewußter Absicht – eine von Hilfsmitteln freie, der eigenen künstlerischen Intuition folgende Entwurfstätigkeit. Eine Analyse seiner Bauten zeigt jedoch, daß Oud durchaus unter dem Einfluß der seinerzeit bekannten Theorien stand und sich der dort propagierten Entwurfsprinzipien bediente. Auffallend ist bereits bei den frühen Arbeiten die Regelhaftigkeit und Systematik seiner Entwürfe. So sind Ouds Grundrisse oftmals spiegelsymmetrisch angelegt, und scheinen die einzelnen, als eigenständige Elemente behandelten Räume nach einem bestimmten System aneinandergereiht, nebeneinander plaziert, gedreht oder gespiegelt. Ouds erstes Gebäude, Haus Oud-Hartog in Purmerend (1907), basiert auf einer spiegelsymmetrischen Raumdisposition, annähernd zentriert liegenden Fenstern und – im Gesamtbild des Grundrisses – symmetrisch eingebauten Schränken (Abb. 85).[48] Auch wenn ein Entwurfsprinzip auf Basis geometrischer Grundformen, Raster und bestimmter Proportionsverhältnisse noch nicht erkennbar ist, handelt es sich doch keineswegs um eine für ihre Zeit übliche Grundrißdisposition.[49] Beispielhaft hierfür seien die Bauten des nur vier Jahre älteren und ebenfalls in Amsterdam ausgebildeten De Klerk genannt, die in ihrer asymmetrischen Raumbildung auf eine systematisierende Grundrißlösungen bewußt verzichten.[50] Bereits in den folgenden Jahren lassen sich in Ouds Arbeiten erste Kennzeichen eines »Entwerfens nach System« erkennen. Für sein Frühwerk sei auf das 1912 entworfene Kino Schinkel in Purmerend verwiesen, das nicht allein ein Grundrißraster und (im Annäherungswert) einfache Maßverhältnisse, sondern auch einen (mit Ausnahme der rückwärtigen Anbauten) symmetrischen Grundriß und symmetrisch gestaltete Raumwände zeigt (Abb. 86).[51]

Die Verwendung von Raster, geometrischen Formen und Symmetrien sowie die von Oud bevorzugten Maßverhältnisse werden im folgenden näher untersucht. Eine genaue Bestimmung der zugrundeliegenden Entwurfssysteme ist angesichts fehlender Konstruktionszeichnungen auf den Plänen, die das Procedere des Entwerfens darlegen könnten, allein durch systematisches Vermessen der Grund- und Aufrisse möglich. Eine entsprechende Arbeit steht für Ouds Bauten noch aus und kann auch hier nicht geleistet werden.[52] Generell sind Untersuchungen dieser Art jedoch problematisch: Abgesehen von der Vielzahl von Systemen, die in dieser Zeit – auch kombiniert und in Annäherungswerten – Verwendung fanden, können in der Regel mehrere Methoden aus einem Entwurf abgelesen werden. Wie Manfred Bock darlegt, sind über einen rhythmisch oder symmetrisch gegliederten Aufbau letztendlich alle Arten gleichschenkliger Dreiecke zu legen. Ob diese Systeme in der Tat entwurfsbestimmend waren, ist damit noch nicht bewiesen.[53] Entsprechend bemerkte Peter Behrens, der sich intensiv mit den geometrischen Entwurfsprinzipien seiner Zeit auseinandergesetzt hatte: »Es ist eine alte Erfahrung, daß bei Meisterwerken hoher Stufe nachträglich alle Systeme passen und anwendbar sind, sei es der goldene Schnitt, sei es die geometrische Ähnlichkeit der Formen, sei es die Parallelität der Diagonalen.«[54] Oud selbst äußerte 1963 Zweifel, ob die nachträglich festgestellten Entwurfssysteme von Kathedralen und Renaissance-Palästen auf die Entwurfspraxis des Architekten schließen lassen.[55]

Angesichts der Problematik einer derartigen Analyse wird nicht versucht, die im Einzelfall von Oud angewandten Entwurfsprinzipien zu bestimmen. Die folgende Übersicht beschränkt sich daher auf Einzelbeobachtungen, die jedoch die für Oud typische Entwurfspraxis aufzeigen. Die Verhältnisangaben basieren zum Teil auf den Abständen zwischen Außenwand und Außenwand, zum Teil auf Länge bzw. Breite der Innenräume. Oud selbst hat bei der Frage, welche Bauteile mit dem gewählten Entwurfssystem korrespondieren sollten, eine gewisse Beliebigkeit erkannt.[56] Eindeutige Aussagen liefern daher allein die auf Quadratrastern basierenden Grundrisse, bei denen die Proportionsverhältnisse aus der Zeichnung selbst hervorgehen.

Noch bevor Oud Grund- und Aufrißraster entsprechend den Vorstellungen von Lauweriks und Berlage verwendete, ist in seinen Arbeiten ein Wunsch nach Systematisierung festzustellen. Kennzeichnend hierfür sind einzelne, innerhalb eines Gebäudes mehrfach auftretende Längen- bzw. Flächenmaße und damit die Ausbildung (annähernd) gleich großer Räume. Oud arbeitete zudem früh mit quadratischen Formen, die als Grundeinheit eines Rasters verstanden werden können. Entsprechend tritt ein qua-

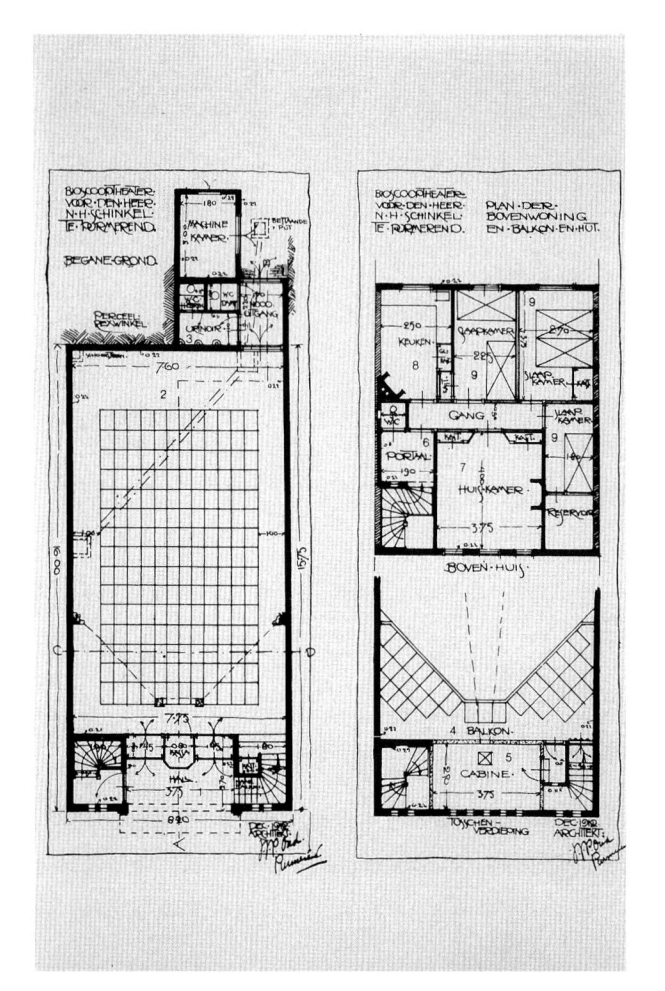

87. Kino Schinkel, Purmerend, 1912, Grundriß EG, OG

dratischer Raum, wie die Toilette von Haus Oud-Hartog (Abb. 85) in späteren Bauten als Modul des Grundrißrasters in Erscheinung. Auch die Fensterformate suggerieren ein Rastersystem (Abb. 2): So weist das T-förmige, aus mehreren Einzelteilen zusammengesetzte Fenster auf ein Setzkastenprinzip, mit dem jede beliebige Lösung zu realisieren wäre.[57] Eine »Vorform« des Grundrißrasters findet sich ab 1910 in der Unterteilung der Grundrisse in Abschnitte gleicher Breite, die sowohl Größe als auch Lage der Räume bestimmten. Beispiele sind das Wohnhaus Brand in Beemster (1910–12; Abb. 87) und der Vorentwurf wie die ausgeführte Fassung von Haus De Geus* (Abb. 122). Entscheidend dabei ist, daß es sich um singuläre Einfamilienhäuser und nicht um Reihenhäuser oder Etagenwohnungen handelt, die zu dieser Zeit bereits entsprechende Lösungen aufwiesen.[58] Offenbar wählte Oud diese Struktur daher aus ästhetischen Gründen und nicht aus konstruktiven oder wirtschaftlichen Überlegungen im Sinne einer Standardisierung von Baueinheiten. Die Folge identischer Grundrißabschnitte steht der traditionellen axialsymmetrischen Gliederung in einen breiten Mittelteil und zwei schmale Seitenteile gegenüber, wie sie in der Renaissance, vor allem in den Villen Palladios, aufkam. Oud selbst verwendete dieses Schema bei seinem Landhaus in Blaricum (1915; Abb. 88) und dem Ferienhaus De Vonk*. Mit der Reihung gleicher Abschnitte ersetzte Oud die repräsentative Mittelbetonung durch eine rationale Gliederung. Entsprechend nimmt der mittlere der insgesamt sieben Abschnitte im Vorentwurf von Haus De Geus nicht mehr die Wohnräume, sondern den Hausflur auf.

Beim ausgeführten Haus De Geus ging Oud bereits einen Schritt weiter in Richtung eines Grundrißrasters. So erfolgte rechtwinklig zur genannten Grundrißaufteilung eine weitere Unterteilung der Grundfläche, die ebenfalls Abschnitte gleicher Breite aufweist. Ab 1917 zeigen zahlreiche von Ouds Bauten ein Quadratraster. Als erstes, noch nicht konsequent durchgeführtes Beispiel ist der Entwurf für die Ambachtsschool Helder* zu nennen, dem der Vorentwurf und die ausgeführte Fassung von Haus De Vonk*, die Entwürfe für das Doppelhaus für Arbeiter in Beton*, das Lagerhaus*, Haus Kallenbach* und das Wohnhaus mit Büroräumen*, das Café de Unie*, der Börsen-Entwurf*, der zweite Entwurf für die Volkshochschule* und der Entwurf für die Villa Johnson* folgen. Bei letzterer setzt sich das Raster in den quadratischen Bodenplatten um das Schwimmbecken fort, wodurch das zugrundeliegende Entwurfsprinzip auch am ausgeführten Bau erfahrbar gewesen wäre. Der dritte Entwurf der Volkshochschule* und das Dreifamilienhaus in Brünn* zeigen wechselnde Achsenabstände und damit eine freiere Handhabung des Rasters. In Ouds gleichzeitigen Wohnbauten für den *Woningdienst* wurden für einzelne Grundrißabschnitte Quadratraster verwendet. Allgemein sind in Ouds Entwürfen geringfügige Abweichungen vom Grundrißraster sowie Verschiebungen in Breite eines halben Moduls anzutreffen, wodurch allzu akademische und starre Kompositionen vermieden wurden. Ausnahmen bilden allein Ouds Doppelhaus für Arbeiter in Beton* und das Wohnhaus mit Büroräumen*, die bis ins letzte Detail dem Liniennetz des Rasters folgen. Für letzteres wird damit die These eines Ideal- bzw. Musterhauses bestärkt, das im Fall eines konkreten Auftrags nach Bedarf variiert werden sollte.

Das Grundrißraster als ein für Oud charakteristisches Entwurfsprinzip wurde von der Forschung bisher kaum beachtet. Taverne und Broekhuizen betonen in ihrer Besprechung des Shell-Gebäudes in Den Haag (1938–46): »Oud arbeitete nicht mit einem vorgegebenen abstrakten Raster, sondern ausgehend von stereometrischen Figuren ...«[59]. Im Fall des Ferienhauses De Vonk* wurde der Grundriß als komplex und modular durchdacht beschrieben.[60] Langmead erkennt beim Lagerhaus und der Fabrik* »the geometrie of the square«, während er für die vor 1918 entstandenen Bauten nur einen vorsichtigen Umgang mit der Geometrie in Grund- und Aufriß feststellen kann.[61] Eine konkrete Aussage wurde bisher nur für Haus Kallenbach* getroffen: »Nicht nur Grund- und Aufriß, sondern auch dem Gartenplan des Oudschen Entwurfs unterliegt ein Raster, dessen Grundeinheit ein Quadrat mit der Seitenlänge von ca. einem Meter umfaßt.«[62]

Allgemein ist in Ouds Arbeiten eine Entwicklung vom Quadratraster als geometrisch-ästhetischer Entwurfsgrundlage, dem auch nur Teile des Grundrisses zugrunde liegen können, zum konstruktiven und damit den gesamten Bau bestimmenden Raster festzustellen. Zu letzteren zählen vor allem der Börsen-Entwurf* (1926) und der offenbar kurz danach entstandene zweite Entwurf für die Volkshochschule*. Während das Entwerfen auf geometrischer Grundlage um 1900 auf breiter Basis diskutiert und erprobt wurde, bekannte sich um 1926 nur eine Minderheit unter den modernen Architekten zu dem strengen, den Gesamtentwurf prägenden Stützenraster.[63] Als Vorbilder für diese neue, rationalistische Linie dienten dann auch nicht mehr die Arbeiten von Lauweriks, De Bazel und Berlage, sondern die Entwürfe von Jean-Nicolas-Louis Durand und Karl Friedrich Schinkel. Wolfgang Pehnt spricht angesichts der Entwicklung von komplizierten, metaphysisch begründeten Rastern zu einfachen Quadratmodulen von »säkularisierten Maßsystemen«.[64] Die Verbindung von Grundrißrastern mit metaphysischem Inhalt hatte bei Oud jedoch zu keiner Zeit eine Rolle gespielt.

Welche Bedeutung der Rasterstruktur bei Oud zukam, zeigt die bewußte Hervorhebung der Module in Form quadratischer Bauteile oder Räume. Dabei handelt es sich nicht immer um das mathematisch exakte Grundmaß des Rasters. Mit der Sichtbarmachung des Moduls zielte Oud in erster Linie auf eine erkennbare Systematik. Hierfür wählte er häufig die auf quadratischer Grundfläche basierenden Toilettenräume sowie die auf vierfacher Fläche (ein Quadrat mit doppelter Seitenlänge) errichteten Treppen. Bei den frühen Bauten sind entsprechende Lösungen bei Haus Van Bakel in Heemstede (1914), das nur partiell einem Raster folgt, und dem Entwurf für ein Altenpflegeheim (1914/15; Abb. 8) ausgebildet.[65] Für die Zeit von 1916 bis 1931 trifft dies bereits für eine Vielzahl von Arbeiten zu, so auf den Vorentwurf und die ausgeführte Fassung des Ferienhauses De Vonk*, die Häuserzeile an einem Strandboulevard*, den Centraalbouw*, das Doppelhaus für Arbeiter in Beton*, Haus Kallenbach* und das Wohnhaus mit Büroräumen*, das Café de Unie*, das Dreifamilienhaus in Brünn* sowie die Küsterwohnung* in Kiefhoek. Auch

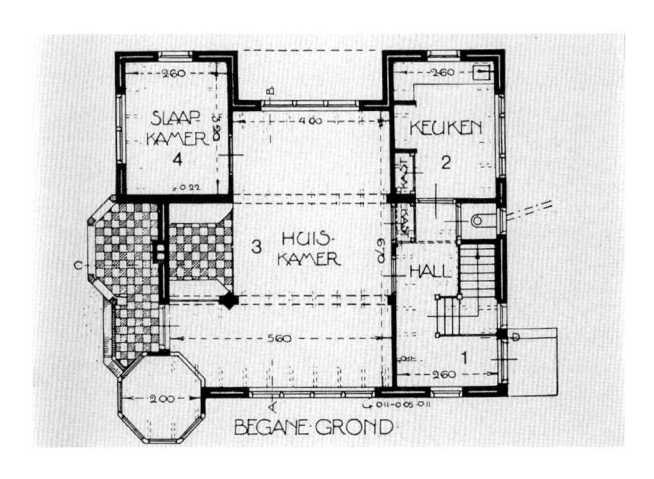

88. Landhaus, Blaricum, 1915/16, Grundriß EG

dieses Charakteristikum fand bislang allein für Haus Kallenbach Erwähnung.⁶⁶

Grundlage der Fassadenkomposition ist bei einigen frühen Bauten – gemäß den oben genannten Theorien – ein Netz von Diagonalen, wie bei Haus Gerrit Oud in Aalsmeer (1912; Abb. 4), den Arbeiterhäusern in Leiderdorp (1914; Abb. 64), den Entwürfen für ein Pflegeheim (Abb. 8), ein Soldatenheim (Abb. 319)⁶⁷ und ein Volksbadehaus (Abb. 93) und Haus De Geus*. Das Präsentationsblatt »Plan A« von Haus De Geus (Abb. 123) zeigt das mit Bleistift unterlegte Diagonalraster, dem neben Dachneigung und Anordnung der Fenster selbst die rautenförmigen Fenstersprossen unterworfen sind. Beim Ferienhaus De Vonk* findet bereits eine Überlagerung mit einem Orthogonalraster statt, der für die Fassadenkomposition der folgenden Bauten bestimmend sein sollte.

In Ouds gesamtem Werk ist entsprechend dem »Entwerfen nach System« eine Vorliebe für Räume auf einfachen geometrischen Grundflächen wie Quadrat, Achteck, Dreieck und Kreis bzw. Halbkreis zu beobachten. In der Forschung werden geometrische Formen dagegen nur in Ouds frühen Arbeiten gesehen.⁶⁸ Die geometrischen Formen bleiben Räumen vorbehalten, die aufgrund ihrer Funktion hervorgehoben werden sollten⁶⁹, nur das Quadrat tritt auch bei weniger wichtigen Räumen auf.⁷⁰ Auch Rundformen wie die Oculi des Versammlungssaals für Vooruit (1911; Abb. 1), der Eckwohnungen und des Verwaltungsbaus im »Witte Dorp«* (Abb. 234) sowie die Lampen der Häuserzeilen in Hoek van Holland* (Abb. 249) und der Siedlung Kiefhoek* sind hier nennen.

Einfache stereometrische Körper finden sich als quaderförmige Bauteile oder als Einzelbauten, die bewußt die quaderförmige Grundform betonen. Obwohl Günther Stamm schon für Ouds Frühwerk eine Entwicklung hin zu kubischen Kompositionen festgestellt⁷¹, treten ausgeprägte Beispiele erst 1916/17 auf. Zylinderförmige Bauteile oder -körper sind bei den Rundpfeilern der Villa Allegonda*, dem Kesselhaus der Volkshochschule* und dem »sun-room« der Villa Johnson* ausgebildet. Eine Besonderheit zeigen die Balkone des Wohnhauses mit Büroräumen*, die als Viertel-Kugel entworfen sind.

In Ouds Grundrissen zeigen Bauteile oder einzelne Räume auffallend oft einfache ganzzahlige Maßverhältnisse. In Verbindung mit den Orthogonalrastern finden sich zahlreiche quadratische Räume sowie Räume auf der Fläche eines doppelten Quadrats. Dies betrifft neben repräsentativen Räumen auch Küchen und Schlafräume einschließlich der Schlafzimmer im Arbeiterwohnungsbau.⁷² Quadratisch sind zudem das zentrale Rasenfeld im ersten Entwurf für das Groote Visscherijplein in Tusschendijken* (Abb. 197), die vier Rasenfelder beim Wohnhaus mit Büroräumen* sowie das Wasserbassin und der Hof von Haus Kallenbach. Selbst komplette Bauten wurden auf quadratischem Grundriß entwickelt, wie die Hausmeisterwohnung des Volksbadehauses (um 1915)⁷³, das Werkstattgebäude der Ambachtsschool Helder* (Abb. 133) und der Verwaltungsbau der Siedlung Oud-Mathenesse* (Abb. 234). Das Doppelhaus für Arbeiter in Beton* setzt sich aus zwei gespiegelten Quadraten zusammen. Ein Verhältnis von 1 : 2 zeigen auch die drei Höfe im Entwurf für ein Pflegeheim (Abb. 8) und das Schwimmbecken der Villa Johnson*. Weitere ganzzahlige Verhältnisse finden sich sowohl bei Bauten mit Grundrißraster als auch bei den übrigen Entwürfen.⁷⁴ Der Goldene Schnitt als ein geometrisch konstruiertes Maßverhältnis ist in Ouds Entwürfen dieser Zeit nicht durch entsprechende Zeichnungen belegt. Prinzipiell steht die Dominanz des Entwurfsrasters mit seiner Wiederholung gleicher Längeneinheiten im Gegensatz zu irrationalen Verhältnissen. Der Goldene Schnitt ist in Ouds Bauten damit höchstens als Annäherungswert wie dem Verhältnis 5:8 festzumachen. Für eine bewußte Verwendung dieser Proportion spricht jedoch ihr insgesamt häufiges Auftreten.⁷⁵

Die frühen Wohnbauten von Oud zeigen weder eine symmetrische Fassadenkomposition, noch eine durchgehende Vertikalgliederung. So sind die Fenster in den beiden Obergeschossen von Haus Oud-Hartog (1907) zwar symmetrisch angeordnet, liegen jedoch nicht in einer Achse mit den Fenstern und der Türe im Erdgeschoß (Abb. 2). Grund hierfür ist, daß sich die beiden Erdgeschoßfenster auf den Wohnraum orientieren, der seinerseits – wie für Oud charakteristisch – eine symmetrische Fensterfront erhält. Eine Fassadengliederung mit einer von der Symmetrieachse abweichenden Erdgeschoßzone war im niederländischen Wohnhausbau nicht ungewöhnlich. Oud folgte diesem Schema bis zu seinem Haus Van Bakel von 1914 (Abb. 6).⁷⁶

Bei repräsentativeren Bauaufgaben verwendete Oud der Tradition entsprechend durchweg symmetrische Fassaden, wie unter anderem beim Kino Schinkel (1912, Abb. 3), dem Entwurf für eine Volksbadehaus (um 1915, Abb. 93), dem Verwaltungsbau der Siedlung Oud-Mathenesse* und dem ersten und dritten Entwurf der Volkshochschule*. Eine Ausnahme bildet die (ebenfalls repräsentativ verstandene) asymmetrische Eingangsfront des Fabrik-Entwurfs*, der als »De Stijl-Bau« anderen Kriterien folgte. Allerdings zeigen auch Ouds Wohnbauten mit Vorliebe symmetrische Fassaden, so die drei Villen in Velp*, das Doppelhaus für Arbeiter in Beton* und das Wohnhaus mit Büroräumen*.⁷⁷ Dies gilt sogar für untergeordnete Bauaufgaben, wie das Lagerhaus* und die Bauleitungshütte*. Deutlich wird hier die besondere Vorliebe Ouds für symmetrische Fassaden, die auch sein späteres Werk bestimmt. Allein in den Jahren 1926–28 wurde die Symmetrie durch das modernere Prinzip der seriellen Reihung ersetzt bzw. dominiert. Deutlich wird dies vor allem bei dem 1926 entstandenen Börsen-Entwurf* und dem Dreifamilienhaus in Brünn*, ebenso beim zweiten Entwurf für die Volkshochschule* und dem

89. Haus G. K. Oud, Aalsmeer, 1912, Grundriß EG

Hotel Stiassny*, die jedoch beide die symmetrische Großform beibehalten. Daß sich Oud auch bei diesen Bauten nicht ganz von der Symmetrie abwandte, zeigen einzelne symmetrische Fassadenabschnitte.

Auch symmetrische Grundrißlösungen, die allein Variationen in der Binnenstruktur aufweisen, sind entsprechend der Fassadenkonzeption seit den frühen Wohnhäusern wie Haus Gerrit Oud (1912; Abb. 89) ausgebildet.[78] Vollkommen symmetrische Grundrisse finden sich bei den Entwürfen für ein Volksbadehaus[79] und ein Pflegeheim (Abb. 8), dem Ferienhaus De Vonk* und dem Lagerhaus*, den Läden in Oud-Mathenesse*, der Bauleitungshütte* sowie dem ersten und dritten Entwurf für die Volkshochschule*.[80] Im Fall der Bauleitungshütte kritisiert Hans Oud die unabhängig von der Funktion stehende und damit künstlich wirkende Symmetrie: »Gleichzeitig herrscht im Grundriß eine ziemlich reine – jedoch krampfhafte – Symmetrie. Eine Symmetrie, die nicht durch die Bestimmung und das Verhältnis auferlegt ist, die die verschiedenen Räume zueinander haben, sondern eine Symmetrie, bei der Schranktüren gleichwertig werden mit Eingangstüren. Die Symmetrie kann nichts anderes als ein zwanghaftes Bedürfnis des Entwerfers gewesen sein.«[81]

Ein Sonderfall der axialsymmetrischen Grundrißlösung ist die Anordnung von zwei Wohnräumen en suite. Bereits bei Haus Oud-Hartog in Purmerend (1907) wurden zwei Räume annähernd gleicher Größe (Eß- und Wohnzimmer) als spiegelsymmetrische Pendants angelegt und durch eine zentrale Schiebetür verbunden (Abb. 85). Die zwei Wohnräume en suite waren Teil des im 19. Jahrhundert gebräuchlichen Appartments der gehobenen Mittelschicht[82] und wurden von Oud entsprechend in den Einfamilienhausbau übernommen. Beispiele sind Haus Gerrit Oud in Aalsmeer (1912; Abb. 89), wo die Räume als Salon und »Kamer« ausgewiesen sind, das Dreifamilienhaus in Velp* (Salon und »Suite«) und Haus Blaauw in Alkmaar (Salon und »Kamer«)[83]. Bei Haus de Geus* und der ein Jahr später entworfenen Häuserzeile an einem Strandboulevard* waren beide Räume gleich groß angelegt. Eine freie Variante zeigt die Küsterwohnung* in Kiefhoek mit zwei identischen, jedoch neben- und nicht hintereinanderliegenden Wohnräumen, die wiederum durch eine breite Türe verbunden sind. Im *Volkswoningbouw* verwendete Oud dieses Motiv, um die Wohnungen aufzuwerten und die Bewohner – wenn auch nur partiell – an der bürgerlichen Wohnform teilhaben zu lassen.[84] Charakteristisch für Oud sind zudem die symmetrisch gestalteten Raumwände, die bereits bei seinen frühen Bauten auftraten.[85]

Zusammenfassung
Entsprechend den Schriften von Lauweriks, Berlage und anderen Theoretikern dieser Zeit entwarf Oud ab 1915 eine Vielzahl seiner Bauten auf Grundlage eines Quadratrasters. Berlage, der sich 1907 für eine Betonung des Grundmoduls ausgesprochen hatte, wurde dieser Forderung in seinen eigenen Bauten – wie der beispielhaft präsentierten Amsterdamer Börse (Abb. 84) – nur bedingt gerecht. Bei Oud tritt die Rasterstruktur dagegen selbst bei einer nur partiellen Anwendung deutlich hervor: Die Raumgrenzen verlaufen exakt auf dem Liniennetz, während das Modul als Grundfläche einzelner Räume oder Bauelemente betont wird. Das Orthogonalraster als entwurfsbestimmendes Kriterium fand in der Oud-Forschung bislang kaum Beachtung.[86]

Neben quadratischen Grundrissen und ganzzahligen Maßverhältnissen, beides Folge des Quadratrasters, zeigte Oud bereits früh eine Vorliebe für Bauteile auf kreis- bzw. halbkreisförmiger Grundfläche. Auch hierin zeigt er sich als ein Anhänger des »Entwerfens nach System«. Die für Oud charakteristischen einfachen, stereometrischen Körper entsprechen zudem Lauweriks' Forderung nach einem dreidimensionalen Modulsystem. Entgegen der jüngst vertretenen These[87] sind die geometrischen (bzw. stereometrischen) Formen für das gesamte Schaffen von Oud und damit auch die 1920er Jahre charakteristisch. Das »Ägyptische Dreieck«, das für alle Anhänger dieser Entwurfsprinzipien eine zentrale Rolle spielte, war offenbar Ausgangspunkt für die Gesamtform von Haus de Geus*. Ein Netz von Diagonalen, wie es Lauweriks und Berlage in der Nachfolge Viollet-le-Ducs propagierten, diente bei einigen der zwischen 1912 und 1917 entworfenen Bauten als Grundlage der Fassadenkomposition. Auch die für Oud typischen symmetrischen Grund- und Aufrisse sind Teil eines systematischen Entwurfsprozesses, bilden jedoch kein spezifisches Kennzeichen des »Entwerfens nach System«. Anzunehmen ist hier eine Bindung an die Beaux-Arts-Tradition, die angeregt durch Henri Evers an der Technischen Hochschule in Delft verstärkt gelehrt wurde.[88] Offenbar kam Oud über das »Entwerfen nach System« zu einem systematischen Entwurfsprinzip, das – unterstützt durch seine Erfahrungen in Delft – den Schritt zur strengen Symmetrie erleichterte.[89]

Wichtig war für Oud die Kenntlichmachung der strukturellen Ordnung, wie sie aus der Betonung der Grundriß-Module, einem symmetrischen Gesamtaufbau und der Verwendung einfacher, klarer Bauformen hervorging. Ein erstes konsequentes Beispiel bildet das 1917 entworfene Haus De Vonk*, das im Grund- und Aufriß streng symmetrisch ist, identische Raumformen aufweist und das Grundrißmodul hervorhebt. Deutlich wird hier, daß die genannten Gestaltungskriterien bei Oud mit deutlicher Zeitverzögerung auftraten: So vollzog er den Wechsel von asymmetrischen Fassaden zu symmetrischen Gesamtanlagen circa fünf bis zehn Jahre später als sein Mentor Berlage.[90] Dasselbe gilt für das Quadratraster, das Oud erst 1917 und nicht etwa 1910, als er in persönlichen Kontakt zu Berlage kam, anwandte. Als These kann daher formuliert werden, daß neben dem »Entwerfen nach System« noch andere Faktoren auf die Entwicklung seiner Entwurfspraxis einwirkten. Neben der in Delft vermittelten Beaux-Arts-Tradition ist hier vor allem an einen Einfluß durch Van't Hoff zu denken, der Ende 1917 zu *De Stijl* gestoßen war und dessen Villa Henny (Abb. 19) bereits alle genannten Kriterien (vor allem Quadratraster und Symmetrie) aufweist.

Oud stand mit seinen Entwurfsprinzipien auch unter seinen Altersgenossen nicht allein. Dies gilt vor allem für die Schüler von Peter Behrens (1868–1940), der sich bereits früh mit dem »Entwerfen nach System« auseinandergesetzt hat.[91] 1903 bei einer Reise in die Niederlande war Behrens erstmals mit den verschiedenen Strömungen in Kunstgewerbe und Architektur in Berührung gekommen. Wenig später gelang es ihm, Lauweriks als Lehrer an die Düsseldorfer Kunstgewerbeschule (Architekturfachklasse) zu verpflichten.[92] Ihm kommt damit das Verdienst zu, die Entwurfsprinzipien auch im Ausland verbreitet zu haben: »Behrens war der erste deutsche Baukünstler der Moderne, der bei seinen Entwürfen von einer geometrischen Gesetzmäßigkeit ausging. Von seinem variablen Proportionssystem lernten seine Berliner Mitarbeiter Walter Gropius (1883–1969), Ludwig Mies van der Rohe (1886–1969) und Le Corbusier (1887–1965).«[93]

1.2. Der Einfluß niederländischer Architekten auf Oud
Im folgenden wird untersucht, inwieweit Oud neben dem »Entwerfen nach System« auch stilistisch an die niederländische Bautradition anknüpfte und wo Verbindungen zur zeitgenössischen niederländischen Architektur bestehen. Eine Beeinflussung durch Berlage wurde bereits früh gesehen und ist unstrittig.[94] Daß Oud unter dem Einfluß eines der Gründerväter der Moderne stand, tat seinem Bild als Pionier der Modernen Architektur keinen Abbruch. Die Anlehnung an Berlage wurde – nicht zuletzt von Oud selbst – als Kennzeichen seines Frühwerks gesehen und der Suche des jungen Architekten nach einem eigenen Stil zuge-

schrieben.⁹⁵ Unberücksichtigt blieb dabei, daß gerade die frühen Bauten (1907–10) nicht auf Berlage zurückgehen. Die allgemein als Berlage-Rezeption gedeuteten Werke, wie der vermeintlich 1915 entstandene Entwurf für ein Volksbadehaus (Abb. 93), das Ferienhaus De Vonk* (1917) und der Fabrik-Entwurf* (1919), können dagegen kaum noch zum Frühwerk gerechnet werden.

Einflüsse durch andere, weniger prominente niederländische Architekten wurden bis heute weitgehend ignoriert.⁹⁶ Ausnahmen bilden der um 1915 entstandene Entwurf eines Soldatenheims (Abb. 101), der sich offensichtlich an Bauten J. M. van der Meys und P. L. Kramers (Abb. 102) anlehnt.⁹⁷ Dasselbe gilt für die Ambachtsschool Helder* und das Ferienhaus De Vonk, bei denen Hans Oud auf die Parallelen zu De Bazel hinweist.⁹⁸ Die frühen Bauten in Purmerend werden im Rotterdamer Katalog dem Einfluß von Stuyt und Cuypers zugeschrieben⁹⁹, die Entwürfe für ein Pflegeheim und das Soldatenheim (Abb. 8) auf Dudok und die Architektengemeinschaft Architectura & Amicitia (Kromhout und De Bazel).¹⁰⁰

Unbeachtet blieb generell die Existenz historisierender Lösungen in Ouds Œuvre, wie sie auch bei anderen Architekten dieser Generation zu beobachten sind. Offenbar erscheint eine Einbindung Ouds in die lokale Tradition als unvereinbar mit dem Bild des radikalen Erneuerers, der sich bereits früh für eine sachliche Architektur einsetzte.¹⁰¹ Eine Ausnahme bildet Roland Günter, der generell eine Bezugnahme auf die niederländische Tradition in Ouds Werk hervorhebt.¹⁰² Ebenfalls nicht untersucht wurden (trotz der Beeinflussung durch Van der Mey und Kramer) die formalen Verbindungen zur zeitgleichen Amsterdamer Schule. Bis heute gilt Oud als Antipode dieser Architekturströmung¹⁰³, obwohl bereits durch seine Biographie eine enge Verbindung zu Amsterdam und den Vertretern dieser Architekturströmung bestand. So verbrachte er Teile seiner Schul- und Lehrzeit in Amsterdam (Quellinus-Schule, Architekturbüro von Stuyt und Cuypers, Rijksnormaalschool voor Teekenonderwijzers) und lebte als junger Architekt in seinem nur 30 km von Amsterdam entfernt liegenden Geburtsort Purmerend bzw. seit 1913 im nahegelegenen Leiden. Abgesehen von Ouds persönlicher Biographie war die Amsterdamer Schule lange Zeit die unbestrittene Architektur-Avantgarde der Niederlande, die das Interesse der jungen Architekten auf sich zog.

1.2.1. H.P. Berlage

Oud hat sich sicherlich schon vor seinem ersten Zusammentreffen mit Berlage (1910) mit den Arbeiten des international anerkannten Architekten auseinandergesetzt. Abgesehen von Berlages berühmter Amsterdamer Börse (Abb. 90), die den angehenden Architekten zweifellos stark beeindruckte, war Oud auch mit Berlages Tochter Corrie befreundet.

Berlages Architektur zeichnet sich durch ihre reduzierte Formensprache und große, ungegliederte Wandflächen aus. Seit den 1890er Jahren zeigen die Bauten eine assoziative Anlehnung an romanische Architektur mit asymmetrischen Fassadenkompositionen, massiven Wänden, kleinen Fensteröffnungen und den hierfür charakteristischen Baugliedern wie Bögen, Türmen, Zinnen und Radfenstern. Aus der gotischen Tradition übernahm er vor allem die großen, durch ein steinernes Gitter geteilten Fensterfronten und die vertikalen, zu Gruppen verbundenen Fenster. Zu den bestimmenden dekorativen Elementen zählen einzelne in Haustein gearbeitete Bauteile, die sich von dem Sichtbackstein der Mauern absetzen, sowie ornamentale Mauerbrüstungen und Wandabschlüsse. Oud selbst verwies 1919 auf die einfache Grundform von Berlages Gebäuden und die geschlossenen, allein von Fenstergruppen durchbrochenen Mauern.¹⁰⁴

Ouds Frühwerk gilt allgemein als wenig eigenständig oder gar innovativ: »Ouds frühe Bauten ... lassen seine spätere, minimalistische Handschrift in keiner Form erkennen. Die Grundrißführung ist konservativ, die Backsteinfassade lokal inspiriert.«¹⁰⁵ Die Purmerender Bauten werden entsprechend in die gängige Tradition einer anonymen städtischen Architektur eingeordnet.¹⁰⁶ Die Mehrzahl der Autoren deutet die – vermeintlich konventionellen – frühen Arbeiten dabei als Fortsetzung von Berlages Baustil¹⁰⁷: Blotkamp spricht hier von einem »gemäßigten Berlagianischen Stil« (»gematigd Berlagiaanse stijl«)¹⁰⁸, während Bock allein eine spannungslose Nachfolge Berlages sehen kann: »Die frühen Entwürfe sind unauffällig. Es ist das Werk eines Dorfzimmermanns, der mit Interesse das Bouwkundig Weekblad liest und offenbar für sich selbst zu dem Schluß gekommen ist, daß die Richtung, die von Berlage eingeschlagen wurde, die einzige richtige ist.«¹⁰⁹ Ingeborg Flagge bemerkt zum Volksbadehaus (Abb. 93) und dem Landhaus in Blaricum (Abb. 9): »alles sind monumental-repräsentative Entwürfe ohne jeden persönlichen Stil. Vielmehr lugt überall Berlage durch oder – wie bei der Ambachtschule – der späte Jugendstil von Behrens.«¹¹⁰

Entgegen dieser bis heute vorherrschenden Meinung¹¹¹ sind Ouds frühe Wohnhäuser keineswegs in ihrer Gesamtheit auf Berlage zurückzuführen. Bereits seine ersten Bauten, vor allem Haus Oud-Hartog in Purmerend (1907; Abb. 2), Haus Brand in Beemster (1910–12; Abb. 91) und das Kino Schinkel in Purmerend (1912; Abb. 3), zeigen die für Oud charakteristischen glatten Wandflächen, die im Gegensatz zu Berlages Bauten den Eindruck von Schwere und Massivität bewußt vermeiden. Dort finden sich weder die von Berlage mit Vorliebe verwendeten, in Haustein abgesetzten Keilsteine noch historisierende Baudetails. Vor allem das stützenlos vorkragende, betont schmale Betondach über dem Eingang des Kinos steht in deutlichem Widerspruch zu Berlages romanisierenden Formen. Auch das zuvor entstandene Haus in der Herengracht 23¹¹² weicht mit seinem Stahlträger und dem großflächig durchfensterten Erdgeschosses von Berlages Bauweise ab.

Zweifellos zeigen Ouds frühe Bauten bereits eigenständige Lösungen. Als Beispiele seien die eigenwilligen T-förmigen Fenster von Haus Oud-Hartog und dem (verändert ausgeführten) Entwurf für die vier Arbeiterwohnungen für Vooruit¹¹³ zu nennen. Auch das einseitig heruntergezogene Dach von Haus Brand und Haus Houtmann in Beemster (ersteres mit erkerartigen, direkt unter der Dachkante liegenden Obergeschoßfenstern, Abb. 91)

90. Amsterdamer Börse, H. P. Berlage, 1989–1903, Haupteingang am Beursplein, hist. Ansicht

bilden ein originelles Motiv, das die beiden Bauten von den übrigen Wohnhäusern am Zuiderweg absetzte.[114] Den Fassadenversprung konnte Oud bei Stuyts Wohnhaus in der Herengracht 14 sehen, nicht jedoch das asymmetrische Dach. Bei Oud wird so die Innendisposition der Bauten (die Abfolge der Wohnräume im vorspringenden Bereich und der Flur im zurückliegenden Abschnitt) am Außenbau sichtbar gemacht. Ein weiteres originelles Motiv bildet die (eventuell von Stuyts Villa in der Herengracht 18 inspirierte) große Arkade von Haus Gerrit Oud in Aalsmeer (1912; Abb. 4), der hier jedoch ein gerundeter Balkon eingestellt ist. Generell erhalten die frühen Bauten durch die flächigen Wände und die reduzierte Formensprache ein betont modernes Aussehen, das sie von zeitgenössischen Beispielen abhebt. Am augenfälligsten wird dies im Vergleich mit den jeweils anschließenden Nachbarhäusern.

Ein Einfluß Berlages kommt bei Oud erstmals 1911 zum Tragen. In diesem Jahr verwendet er in seinem Versammlungsgebäude der Arbeitervereinigung Vooruit in Purmerend die für Berlage charakteristischen, in Haustein abgesetzten Fensterstürze, Schlußsteine (Türbogen) und Auflager der scheitrechten Bogen (Abb. 1). Auch die an einen Zinnenkranz erinnernden Schornsteine an der Rückseite der anschließenden Arbeiterwohnungen[115] entstammen diesem Formenrepertoire. Schließlich betonen die Blendbögen über den Eingangstüren ähnlich Berlages tiefen Fensterlaibungen die Stärke der Mauern. Daß sich Oud gerade in diesem Jahr unter den Einfluß von Berlage begab, mag durch den persönlichen Kontakt, aber auch dessen Arbeit an einem Erweiterungsplan für Purmerend begründet sein: Die Anstellung Berlages ging auf Ouds Vater zurück, der in dieser Zeit *Wethouder* in Purmerend war. Beim 1912 errichteten Haus Beerens sind wiederum einzelne, in Haustein gearbeitete Bauteile, wie der Türbogen und die seitlichen Fenstereinfassungen und eine konsolartige Auskragung unter dem Obergeschoßfenster zu finden (Abb. 92). Im Vergleich zu den angrenzenden Häusern fällt auf, daß die in Haustein ausgeführten (und heute durch eine Farbfassung extra hervorgehobenen) Steine im Sinne Berlages besonders breit und markant ausgeführt sind. Hinzu kommen eine tiefe Türlaibung sowie die aus der Wandfläche zurückgesetzten Oberlichter, die wiederum die Mauerstärke betonen. Der ursprünglich ornamental durchbrochene Wandabschluß erinnert an entsprechende Lösungen der Amsterdamer Börse.

Ein Entwurf, der sich besonders eng an Berlage anlehnt, ist das Volksbadehaus (Abb. 93).[116] Abgesehen von der allgemein historisierenden Formensprache finden sich dort auch Zitate der Amsterdamer Börse (Abb. 90). So besteht die Eingangsfront jeweils aus einem von zwei Türmen flankierten Mittelteil mit drei rund-

91. Haus Brand, Beemster, 1910–12, Straßenfront, Fotografie 2004

92. Haus Beerens, Purmerend, 1912, hist. Ansicht

bogigen Portalen, über denen die Schmalseite des Hauptraums (Börsensaal bzw. Schwimmhalle) sichtbar wird. Zwischen den Eingängen und der großen Glasfront verläuft in beiden Fällen ein Ornamentband, während der zentrale Giebel ein rundes Reliefbild auf einem in Haustein abgesetzten Untergrund aufnimmt. Sowohl Oud als auch Berlage verwenden – wenn auch an andere Stelle der Bauten – figurale Bauplastik. Schließlich entspricht auch das Eingangsmotiv der Hausmeisterwohnung mit einer schmalen Treppe unter großem Bogen der Eingangslösung von Berlages Börse an der Ecke Damrak/Beursplein.[117] In formal-stilistischer Hinsicht sind jedoch deutliche Unterschiede festzustellen, die Ouds Entwurf im Vergleich zu Berlages Börse als konservativer und rückschrittlich ausweisen: Während Berlage seine Fenster- und Bogenöffnungen ohne Rahmung oder Archivolten in eine weite ebene Wandfläche einsetzt, folgt Oud mit Gesimsen und Lisenen der traditionellen Wandgliederung in vertikale Bauabschnitte und horizontale Geschoßeinheiten. Dasselbe gilt für die Bogenkonstruktion der Eingangsfassade, die bei Oud noch die traditionell gemauerten Archivolten zeigt. Angesichts dieser konventionellen Grundhaltung erstaunt die von De Gruyter 1931 eingeführte und von der Forschung seitdem übernommene Datierung des Entwurfs in das Jahr 1915. Da die flächige, weitgehend ungegliederte Wand ein seit Haus Oud-Hartog (1907) durchgehendes Motiv in Ouds Œuvre bildet, ist hier entweder an eine frühere Arbeit oder aber eine bewußt rückwärtsgewandte, konservative Gestaltung zu denken.[118]

Bereits in den frühen Wohnblöcken für den *Woningdienst* (ab 1918) sind keine konkreten Einflüsse von Berlage mehr auszumachen. Die Reduzierung des Bauornaments und die einheitliche Blockfront konnte Oud auch bei anderen Architekten der rationalistischen Richtung beobachten. In der Literatur wird in einigen Fällen ein länger anhaltender Einfluß auf Oud, so bis zum Entwurf einer Häuserzeile an einem Strandboulevard* (1917) und selbst der Siedlung Oud-Mathenesse* (1922/23) konstatiert.[119] Hans Oud verweist sogar bei der Fenstergliederung im Personalflügel der Villa Johnson* (1931) auf Berlage.[120] Für keine dieser Arbeiten kann ein Einfluß Berlages bestätigt werden. Dasselbe gilt für den mehrfach genannten Fabrik-Entwurf*, dessen linke Fassadenhälfte und das ungewöhnliche Eingangstor auf Berlage zurückgeführt werden.[121] Der asymmetrische Bau, der erstmals Mondrians Theorie umzusetzen versuchte, zeigt – im Gegensatz zu der jüngst geäußerten Meinung[122] – jedoch keine Parallelen zu Berlages Kompositionsprinzipien. Selbst beim Ferienhaus De Vonk*, das ursprünglich von Berlage entworfen werden sollte, ist kein expliziter Einfluß festzustellen.[123] Die beim Vooruitgebäude (1911, Abb. 1) erstmals verwendeten, seit 1919 generell befürworteten Putzflächen stehen im deutlichen Widerspruch zu Berlages Forderung nach Materialsichtigkeit, aufgrund der er sogar im Innenraum von Privatvillen auf Verputz verzichtete.[124]

Festzuhalten bleibt, daß sich Ouds Rückgriff auf Berlage im wesentlichen auf die Arbeiten zwischen 1911 und 1915 beschränkt.[125] Das von Oud selbst genannte Kino Schinkel (Abb. 3) und einige der frühen Wohnbauten zeigen keinen stilistischen Einfluß von Berlage. Eine typologische Übernahme findet sich jedoch bei der Ambachtsschool Helder*, die sich in ihrer ungewöhnlichen schmalrechteckigen Form offenbar an Berlages Amsterdamer Börse (Abb. 84) und dem Gebäude der Arbeitergewerkschaft Voorwaarts in Rotterdam (1906/07, Abb. 94) orientiert. Letzteres zeigt ebenfalls zwei in einer Achse hintereinanderliegende Bauten, die einen Garten (bei Oud den Schulhof) umschließen. Ein späteres Beispiel bilden die langgestreckten Innenhöfe in Tusschendijken*, deren umlaufende Balkonreihen bzw. Erdgeschoßloggien ähnlich dem Innenhof der Ambachtsschool Helder* auf den Hof der Amsterdamer Börse zurückzugehen scheinen. Der von Berlage durch das Glasdach vermittelte Eindruck eines offenen, von Außengalerien umgebenden Platzes wurde dort jedoch in die Realität umgesetzt.

Oud, der sich bereits früh zu einem international führenden Künstlerarchitekten stilisierte, hat auch im Fall seiner Berlage-Rezeption eine bestimmte Sichtweise propagiert. Die Vorstellung, er sei als junger Architekt vom Gründungsvater der modernen niederländischen Architektur beeinflußt worden, paßte offenbar gut in dieses Bild. Die Tatsache, daß seine frühen Bauten bereits ausgesprochen eigenständig und modern, aus seiner Sicht möglicherweise jedoch zu wenig spektakulär waren, ließ er dafür in Vergessenheit geraten. In bezug auf sein Kunstverständnis und die gesellschaftliche Aufgabe des Architekten war Oud jedoch tatsächlich ein Schüler und Nachfolger Berlages.[126] Auch in späteren Jahren vertrat er die Ansicht, daß er den von Berlage eingeschlagenen Weg weitergeführt habe. Als Berlage in seiner Funktion als Jury-Mitglied Ouds Börsen-Entwurf* ablehnte, bekräftigte dieser gegenüber seinem nach wie vor verehrten »Lehrer«: »Ich erzählte Ihnen schon einmal, daß ich das schmerzhafte Gefühl habe, daß Sie stets weniger für mein Werk fühlen, während ich der festen Überzeugung bin, Ihrer Lehre zu folgen und mehr als andere in der Richtung zu arbeiten, die Sie angegeben haben.«[127]

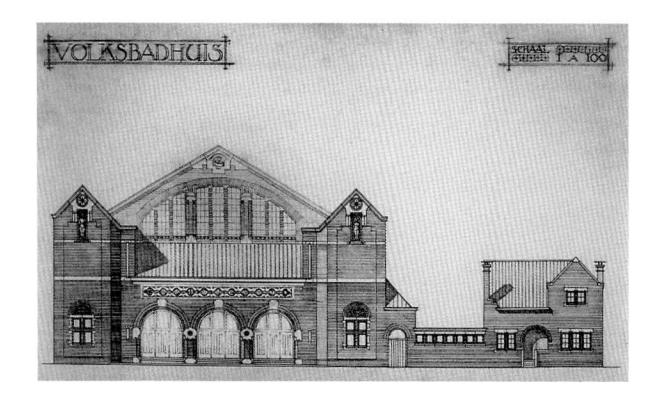

93. Volksbadehaus, Aufriß Eingangsfront

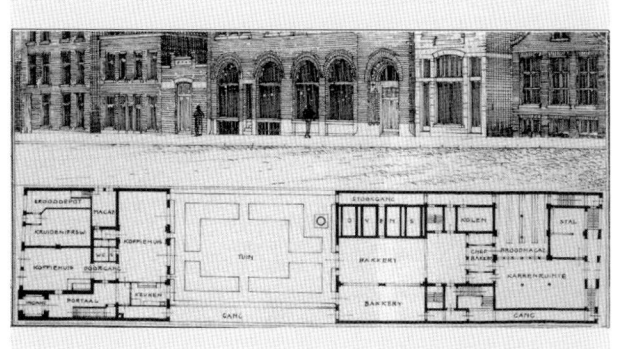

94. Gebäude der Arbeitergewerkschaft Voorwaarts, Rotterdam, H. P. Berlage, 1906/07, Grundriß EG

1.2.2. Aufnahme von Einzelmotiven von Lauweriks und De Bazel

Neben Berlages Architektursprache übernahm Oud auch stilistische Eigenheiten sowie Formmotive anderer Architekten, die er in seinem Sinne umgestaltete. Wiederholt wurden die Arbeiten von J. L. M. Lauweriks (1864–1932) und C. P. C. de Bazel (1869–1923) genannt, ohne jedoch näher auf Ouds Formadaption einzugehen. Ausgangspunkt für den Verweis auf Lauweriks sind die in Ouds Werk isoliert stehenden, dekorativen Wandverkleidungen der Bauleitungshütte* und des Café de Unie*. Die Arbeiten von Lauweriks, der für seine Möbel und Innenräume rechtwinklig verlaufende Linienmuster entwickelt und beim Thorn-Prikker-Haus in Hagen (1909/10; Abb. 95) eine Fassadenverkleidung aus rechtwinklig angeordneten Holzlatten realisiert hatte, waren Oud zweifellos bekannt.[128] Unbesprochen blieb jedoch, weshalb Oud erst in den 1920er Jahren auf diese Gestaltungsformen zurückgriff.

Die Verbindung zwischen Oud und Lauweriks wurde erstmals von Nicolas Tummers näher beleuchtet. In seiner Monographie zu Lauweriks nennt er das (inzwischen als Arbeit von Van Doesburg identifizierte[129]) Monogramm von Oud, die Inneneinrichtung der Bauleitungshütte, die schwarzen Sockelbänder sowie die Gärten der Tusschendijkener Blöcke* und der Häuserzeilen in Hoek van Holland*.[130] Im Fall der Gärten spielt Tummers wohl auf die im Arbeiterwohnungsbau ungewöhnliche geometrische Gestaltung der Wege und Beete an, die ihn offenbar an Lauweriks »Künstlerhäuser« am Stirnband in Hagen (1909–14)[131] erinnerte. Abgesehen von den Sockelbändern, die eher auf Bauten De Bazels (Abb. 96, 98) oder die Villen von Wright (Gesimsbänder) zurückgehen[132], muß Lauweriks Einfluß auch bei den Gärten relativiert werden: So entstand die T-Form der rückwärtigen Gärten in Hoek van Holland (Abb. 31) durch die Spiegelung der (annähernd) T-förmigen Erdgeschoßwohnungen und zeigt damit ein typisches Formprinzip von De Stijl.[133] Generell versuchte Oud mit seinen geometrischen Gartengestaltungen, auch im Volkswoningbouw repräsentative Lösungen zu realisieren. Bei den zeitgenössischen Reformgärten wurden die an das Haus anschließenden Bereiche als Fortsetzung des Innenraumes architektonisch gestaltet und die übrigen Partien als natürliche (Wald-)Zonen belassen. Im Gegensatz hierzu erhielten bei Lauweriks die gesamten Gärten seiner Künstlerhäuser ein komplexes geometrisches Wegenetz. Sowohl der Reformgarten, von Oud bereits in seinem Entwurf für Haus Kallenbach* (Abb. 218) umgesetzt, als auch die abstraktkünstlerischen Gärten von Lauweriks könnten Oud inspiriert haben. Realisiert wurden nach seinem Entwurf eine relativ einfache geometrische Gartenanlage in Block VIII* in Spangen (Abb. 186) sowie eine komplexere und damit stärker an Lauweriks erinnernde Form in Block IX* (Abb. 193). Bei den Tussendijkener Blöcken (Abb. 198) und den Häuserzeilen in Hoek van Holland (Abb. 31) wählte Oud wiederum eine einfachere Lösung.

Interessant für Ouds Umgang mit fremden Formideen sind die auf Lauweriks zurückgeführten Verkleidungen der Bauleitungshütte* und des Café de Unie*, ebenso die Entwürfe für die Schuppen in Tusschendijken*, die an den Schmalseiten ein entsprechendes Motiv aufweisen (Abb. 209).[134] Ein Vergleich zwischen den Arbeiten von Lauweriks und Oud zeigt jedoch deutliche formale Unterschiede: Lauweriks' Mäander-Systeme sind als fortlaufende Bänder gedacht, die sich im Innenraum zickzack- oder spiral-förmig über mehrere Wandflächen ziehen und diese damit zu einer Einheit verbinden.[135] Auch der Giebel des Thorn-Prikker-Hauses (Abb. 95) weist lineare, fortsetzbare Linienmuster auf. Ähnlich verhält es sich bei einem 1914 von Lauweriks publizierten Landhaus-Entwurf des belgischen Architekten Van Anrooy (Abb. 112).[136] Im Gegensatz dazu schuf Oud jeweils rechteckige bzw. L-förmige konzentrische Flächenmuster, die eher auf eine Isolierung der einzelnen Fassadenflächen zielen.[137] Die Arbeiten von Lauweriks bilden damit keine direkten Vorbilder für Ouds konzentrische Wandverkleidungen.[138] Möglich erscheint dagegen ein Einfluß der Wiener Moderne, vor allem der Architektur Josef Hoffmanns mit konzentrischen Rechteckmotiven.[139] Wohl ebenfalls von Wiener Beispielen beeinflußt ist Peter Behrens' Tonhaus auf der Deutschen Kunstausstellung in Köln (1905/06) und dessen Kirchenentwurf für Hagen-Wehringhausen (1906), die bei den Türen bzw. im Giebelfeld entsprechende Motive aufweisen.[140] Schließlich zeigen De Bazels Hauptverwaltung der Koninklijke Nederlandse Heidemaatschapij in Arnheim (1912, Abb. 96) sowie die Wohnbauten am Van Beuningenplein (1916; Abb. 98) und das Gebäude der Nederlandsche Handelsmaatschappij (1917–26; Abb. 99), beide in Amsterdam, ähnliche Lösungen.

Insgesamt ist Ouds Ornamentik weitaus klarer und reduzierter als bei Lauweriks und entspricht damit eher dem Formideal der Moderne.[141] Hans Oud weist in diesem Zusammenhang auf die sich überlappenden und damit Schatten werfenden Holzlatten bei Lauweriks, während Oud weitgehend homogene Flächen gestaltete.[142] Größere Gemeinsamkeiten bestehen allein bei der Ziegel-Dekoration am Kamin der Bauleitungshütte (Abb. 238), wo die gestalterische Verbindung von zwei Wandflächen (Boden und aufgehende Wand) und damit ein Charakteristikum von Lauweriks aufgegriffen wurde. Der Innenraum zeigt dabei eine deutlich komplexere Lösung als das konzentrische Muster der Außenwände.[143] Die (angedeutete) Verbindung einzelner Wandflächen war neben den Arbeiten von Lauweriks auch für die De Stijl-Künstler, vor allem Vilmos Huszár, charakteristisch.[144] Ob die farbig gestalteten Innenräume von De Stijl tatsächlich durch Lauweriks beeinflußt sind, bleibt noch zu prüfen.

Neben der dekorativen Wandverkleidung finden sich in Ouds Werk auch die für Lauweriks charakteristischen Linienmuster. Dies gilt vor allem für den Entwurf einer Häuserzeile für Arbeiter* (Abb. 174) und die beiden Skizzen für ein Wohnhaus mit Zierstreifen* im Oud-Archiv.[145] Die Häuserzeile zeigt ein mäanderartig die Fassade überziehendes Profilband, das in seinem geomet-

95. Haus Thorn Prikker, Hagen, J. L. M. Lauweriks, 1909
(nach Stenchlak 198(3)

risch-rechtwinkligen Muster an Lauweriks denken läßt, mit Blick auf die serielle Wiederholung des Motivs jedoch ein modernes Element einführt. Im Fall des Wohnhausentwurfs werden mit Hilfe der Zierstreifen die einzelnen Gebäudefronten entsprechend Lauweriks Lösungen miteinander verbunden.

Oud, der sicherlich früh mit Lauweriks Arbeiten in Kontakt kam, hat erstmals bei der Häuserzeile für Arbeiter* (1919) dessen Formensprache aufgegriffen.[146] Mit der Häuserzeile und dem Wohnhaus mit Zierstreifen* folgte er der für Lauweriks typischen linear-geometrischen Struktur, während er mit den Schuppen in Tusschendijken*, der Bauleitungshütte* und dem Café de Unie* dieses Formprinzip zugunsten einer konzentrischen, moderneren Lösung aufgab. Ouds Interesse an geometrischen Formen basiert – ausgehend vom ersten Auftreten dieses Motivs im Jahr 1919 – sicherlich auf dem Einfluß von De Stijl. Bereits zu diesem Zeitpunkt entwickelte Oud aus der vom Jugendstil entlehnten Ästhetik Lauweriks' eigene Lösungen, die den Vorstellungen einer geometrisch-abstrakten Gestaltung im Sinne von De Stijl entgegenkamen.

Ein Einfluß auf Oud hatte auch Lauweriks Büropartner De Bazel, der als einer der führenden niederländischen Architekten des frühen 20. Jahrhunderts an der Quellinus-Schule lehrte. Zudem hatte De Bazel zusammen mit Ouds späterem Arbeitgeber Jan Stuyt bei P. J. H. Cuypers gearbeitet. Neben den Grund- und Aufrißrastern übernahm Oud von De Bazel vor allem einzelne Formmotive. Ein frühes Beispiel bildet Haus De Geus*, das mit dem Typus des englischen Landhauses, der unterhalb der Traufe verlaufenden Geschoßmarkierung und den ornamentalen Backsteinmuster auf De Bazels Landhäuser, vor allem Haus De Maerle (1906), zurückgreift. Das bis in die 1930er Jahre hinein als vorbildlich geltende Gebäude wurde 1916, im Jahr des Entwurfs von Haus De Geus, publiziert.[147] Weitere Verbindungen bestehen zwischen De Bazels Verwaltungsgebäude der Koninklijke Nederlandse Heidemaatschappij in Arnheim (1912, Abb. 96) und Haus de Vonk*.[148] In beiden Fällen liegen die extrem schmalen Fenster wie auch die Wandabschnitte zwischen den Fenstern der einzelnen Geschosse in einer tieferen Wandschicht, wodurch die verbleibenden Wandstreifen als aufgesetzte Lisenen erscheinen. Auch die Verbindung der Fenster zu Dreiergruppen ist bei De Bazel vorgebildet. Dasselbe Motiv tauchte bereits in Ouds Entwurf eines Pflegeheims (Abb. 8) und der Ambachtsschool Helder* auf und wird im Anschluß an Haus De Vonk in Block I und V* in Spangen weitergeführt. Obwohl als Vorbild auch andere Bauten möglich wären, liegt eine Beeinflussung durch De Bazel nahe.[149] Hierfür spricht, daß der Arnheimer Verwaltungsbau auch die für Oud charakteristische Verbindung einer symmetrischen Gesamtstruktur mit rhythmisiert-gotisierenden Formen[150] zeigt. Entsprechend wurde die Ambachtsschool Helder jüngst als »Architekturstudie nach dem Werk De Bazels« bezeichnet.[151]

Auch die dunkel abgesetzten Sockelbänder der Ambachtsschool Helder*, die anschließend bei Haus de Vonk* und den Wohnblöcken in Spangen* und Tusschendijken* aufgenommen wurden, finden sich bereits bei De Bazels Verwaltungsgebäude in Arnheim sowie in Form farblich abgesetzter Backsteinreihen bei seinen 1916 errichteten Wohnbauten am Amsterdamer Van Beuningen Plein (Abb. 98). Dort tritt auch ein schmales Sockelgesims auf, das Oud in Haus De Vonk übernahm. Dieses Gesims wird – ähnlich den abknickenden Sockelbänder in Spangen (vgl. Abb. 187) und Tusschendijken (Abb. 202) – oberhalb der Eingangstüren um ein Ornamentfeld herumgeführt. Anders als bei Ouds Bauten, wo das schwarze Band ein bestimmendes Gestaltungselement bildet, nimmt es bei De Bazel eine untergeordnete Rolle eine. Auch hier hatte Oud ein Gestaltungsmotiv aufgegriffen und in seinem Sinne umgeformt: Während das Sockelband bei De Bazel noch Teil einer historisierenden Architektursprache war, die sich allein in ihrem ornamentalen Charakter von anderen Bauten entfernte, steht Ouds spielerisch-ornamentales Sockelband bereits im Kontext der abstrakt-geometrischen Formensprache von De Stijl.

Im Fall der abgeschrägten und kannelurartig verzierten Gebäudeecken von Block IX* (Abb. 194) könnte Oud von De Bazels Entwurf für das Rotterdamer Rathaus (1913, Abb. 97) beeinflußt gewesen sein.[152] Dort findet sich an den seitlichen Wandschrägen des Mittelrisalits eine vom Pilaster abgeleitete Verzierung in Form vertikaler Rillen. Anders als De Bazel kommt Oud zu einer deutlich abstrahierteren Form, die auf einen kapitellartigen oberen Abschluß verzichtet: Während De Bazel sein Pilastermotiv in die traditionelle Fassadengliederung mit Kolossalpilaster und Kranzgesims einbindet und damit die Herkunft aus dem klassischen Formenrepertoire unterstreicht, sind bei Block IX Eckgestaltung wie Sockelbänder und Gesimsband nur noch abstrahierte Reminiszenzen der ehemals konstruktiv verstandenen Elemente.

96. Hauptverwaltung Koninklijke Nederlandse Heidemaatschapij, Arnhem, K. P. C. de Bazel, 1912, hist. Ansicht

97. K. P. C. de Bazel, Rathaus Rotterdam, 1913, Modell

Stütze, Sockel und Gebälk wurden damit zu rein gestalterischen Applikationen des schlichten Backsteinkubus. Eine Parallele zu Ouds dekorativer Ecklösung bietet Hoffmanns Österreichischer Pavillon auf der Werkbund-Ausstellung in Köln (1914), der eine klassizistisch-abstrahierte Fassung dieses Motivs zeigt.[153]

1.2.3. Neugotik und die Verbindungen zur Amsterdamer Schule
Die Suche nach einem nationalen Stil hatte die niederländischen Architekten in der zweiten Hälfte des 19. Jahrhunderts in zwei Lager gespalten. Bestimmend war die neugotische Richtung, die ausgehend von P. J. H. Cuypers auch von staatlicher Seite gefördert wurde.[154] Seine zahlreichen Kirchen sowie das Rijksmuseum und der Amsterdamer Hauptbahnhof zählen zu den bedeutendsten Repräsentationsbauten dieser Zeit. Als bewußte Absetzung von der mit dem Katholizismus verbundenen Neugotik plädierten andere Architekten, unterstützt von der Maatschappij tot Bevordering der Bouwkunst (Gesellschaft zur Förderung der Baukunst), für die Neurenaissance und damit den Stil Hendrik de Keysers als neuen nationalen Baustil.[155] Oud, der seine Ausbildung in Amsterdam absolviert hatte, kam an der von Cuypers gegründeten Quellinus-Schule sowie über dessen Bauwerke mit der Neugotik und ihrer Idee des »Gesamtkunstwerks« in Kontakt. Vor allem das Rijksmuseum (1876–85) galt als Inbegriff des aus einem Geiste gestalteten Monumentalbaus.[156]

P. J. H. Cuypers vertrat im Sinne von Viollet-Le-Duc eine auf rationalistischen Konstruktionsprinzipien basierende, reduzierte Gotik, die sich deutlich von dem willkürlichen Stilpluralismus der früheren Jahrzehnte absetzte. Seine Architektursprache, die von vielen als die ersehnte nationale Baustil gefeiert wurde, vermischte die aus dem 16. Jahrhundert übernommene symmetrische Großform mit einer gotischen Fassadengliederung (Betonung der konstruktiven Strukturen und der Vertikalität) und gotischen Detailformen. Die Gotik galt allgemein als letzte Epoche, in der eine Einheit von Weltbild und künstlerischem Ausdruck bestanden hatte und an die folglich anzuknüpfen wäre. Um das »Gesamtkunstwerk« des Rijksmuseums realisieren zu können, hatte Cuypers als Ausbildungstätte für die benötigten »Handwerker« die – im Sinne mittelalterlicher Bauhütten – an die Baustelle angeschlossene Quellinus-Schule ins Leben gerufen. Der neugotische Formenkanon war zur Zeit von Ouds Ausbildung (1903–06) jedoch nicht mehr Teil des Lehrplans. Vor allem De Bazel und De Groot, zwei ehemalige Mitarbeiter von P. J. H. Cuypers und zu dieser Zeit Lehrer an der Quellinus-Schule, hatten als Ersatz für den historistischen Formenkanon ihre (allein auf gotischen Proportionssystemen basierende) Entwurfsmethodik entwickelt. Das »Gesamtkunstwerk« als Ziel dieser Entwurfsysteme blieb dagegen weiterhin ein zentrales Thema.[157] Entscheidend hierfür war nicht zuletzt die wachsende Begeisterung für John Ruskin und dessen Mittelalterbild, das die verlorene Einheit zwischen Kunst und Gesellschaft beschwor.[158]

Die ersten Bauten von Oud mit eindeutig gotisierenden Formen waren der undatierte Entwurf eines Pflegeheims für Hilversum (1914/15, Abb. 8) und der Entwurf für ein Soldatenheim von Dezember 1915 (Abb. 101). Zu dieser Zeit hatte er bereits eine Reihe von Bauten in der für ihn typischen, reduziert flächigen Art oder aber in Nachfolge von Berlages Formensprache realisiert. Abgesehen von der zeitlichen Differenz zwischen seinem Abschluß an der Quellinus-Schule (1906) und den ersten gotisierenden Entwürfen (1915) zeigt Ouds Formensprache keine Übereinstimmung mit der historischen Neugotik im Sinne von Cuypers. Die Verarbeitung gotischer Formprinzipien, die als betonte Vertikalität und Rhythmisierung von Baugliedern an Stelle einer klassisch gleichförmigen Abfolge in Erscheinung tritt, stellt Ouds Entwürfe vielmehr in die Nähe der zeitgleichen Amsterdamer Schule. Dem entspricht, daß sich Oud zwar (ebenso wie Berlage und andere Architekten dieser Zeit) positiv zu Cuypers äußerte, damit jedoch allein auf dessen Konstruktionsprinzipien und nicht auf dessen als eklektizistisch verstandene Formensprache zielte.[159]

Im Jahr 1915 waren die Architekten der im nachhinein als »Amsterdamer Schule« bezeichneten Stilrichtung bereits mit einer Reihe von Bauten hervorgetreten, die sich – wie auch die Vertreter des deutschen Expressionismus – an gotische Architektur anlehnten. Der Entwurf für ein Pflegeheim in Hilversum (Abb. 8) zeigt mit seinen gotisierenden Formen eine Verbindungen zur zeitgleichen Amsterdamer Schule.[160] Entscheidend ist die Gestaltung des zentralen Eingangsbaus: Während der Erker von schmalen vertikalen Fenstern belichtet wird, weist der Dachreiter expressiv gekrümmte Stützen und ein Zickzack-Ornament auf. Allerdings bleiben Dachreiter und Erker neben den im Sinne von Berlage gestalteten Tür- und Fenstereinfassungen isolierte Einzelmotive und bestimmen nicht den Gesamtcharakter des Baus. Beim Entwurf für ein Soldatenheim (Abb. 101) scheint sich Oud

98. Wohnbau, Amsterdam, Van Beuningenplein, K. P. C. de Bazel, hist. Ansicht

99. Verwaltungsgebäude der Nederlandse Handelsmaatschappij, Amsterdam, K. P. C. de Bazel, 1919–26, hist. Ansicht

vor allem an Van der Meys nach gotischen Formprinzipien und unter Aufnahme gotisierender Baudetails errichtetem Scheepvaarthuis in Amsterdam (1912) orientiert zu haben.[161] Neben dem wuchtigen Turm mit flacher Spitze zeigen beide Bauten eine betonte Vertikalität, eine Reduzierung der Wandflächen auf das konstruktive Gerüst, hohe, schmale, durch Sprossen unterteilte Fenster, vertikale Bänder, die ähnlich Diensten oder Strebewerk der Wand vorgelegte sind, und Bauskulptur. Die am stärksten der Gotik entlehnten Bauformen bilden die beiden hohen »Lanzettfenster« in Ouds Turm, die den Schallöffnungen gotischer Kirchtürme nachgebildet scheinen. Bei dem auf Juni 1916 datierten Gebäude des Leidsche Dagblad finden sich mit einer vertikalen Wandgliederung in Form von Lanzettfenstern und Lisenen, dem hohen, an ein Kirchendach erinnernden Satteldach und den kleinteilig versproßten Fenstern ebenfalls gotisierende Formen. Parallelen zur Amsterdamer Schule ziegen der expressive Bauschmuck und das heruntergezogene Dach. Der Entwurf geht im wesentlichen jedoch auf Dudok zurück, dessen Formensprache sich generell an die Bauten der Amsterdamer Schule anlehnte.[162]

Dem Stil der Amsterdamer Schule zuzuordnen sind schließlich auch die im Oud-Archiv bewahrten Entwürfe für Haus Van Essen in Blaricum (Abb. 100), die das Datum 11. November bzw. Dezember 1916 tragen. An Stelle einer gotisierenden Sprache tritt dort ein betont malerisches, von der Backsteinornamentik und einem Strohdach bestimmtes Bild. Als Vergleich können De Klerks Villa für Mrs. Veerhoff-Kothe in Hilversum (1914) und die ab 1916 entworfenen und bis 1918 von Architekten der Amsterdamer Schule ausgeführten Bauten des Park Meerwijk in Bergen angeführt werden.

Daß Oud sich auch ganz konkret mit den Bauten der Amsterdamer Schule auseinandersetzte, zeigt ein Vergleich des Soldatenheims mit P. L. Kramers Heim für Marinepersonal in Den Helder (1911–14; Abb. 102).[163] Interessant ist, daß dort eine fast identische Bauaufgabe vorlag, die auch in ähnlicher Weise, nämlich als seitenverkehrtes Pendant, gelöst wurde.[164] Im Gegensatz zu Kramer fand Oud jedoch zu einer stärker systematisierten Grundrißlösung, und seine Bauformen lehnen sich enger an gotische Vorbilder an. Auch zu Dudoks Soldatenheim (tehuis voor militairen) in Den Helder (1909–12) bestehen Verbindungen in Form des turmartigen Seitenrisalits und eines dreiachsigen Gebäudekörpers.[165] Möglich erscheint vor diesem Hintergrund, daß Oud mit seinem Entwurf – wie auch bei anderen Arbeiten – eine »verbesserte« Lösung der Bauaufgabe »Soldatenheim« vorlegte, die unabhängig von einem konkreten Auftrag oder Wettbewerb entstand.[166]

Zu einer dem Historismus entlehnten Gattung zählen die farbigen Bleiglasfenster, die Oud unverändert in seine Bauten übernahm. Gerade für die Vorstellungen von De Stijl waren die Farbfenster als Teil des künstlerischen »Gesamtkunstwerks« von großer Bedeutung.[167] Neben der Integration farbiger Bleiglasfenster folgt auch Ouds Architektursprache dieser Zeit dem Vorbild mittelalterlicher Baukunst. Haus de Vonk* und das vorausgehende Haus De Geus* zeigen jeweils die dem Fachwerkbau entlehnten, aus der Flucht hervortretenden Giebel sowie die Geschoßmarkierung direkt oberhalb der Fenster. Das bei Block I und V* in Spangen entwickelte und in den späteren Wohnblöcken weitergeführte Motiv der abknickenden Sockelbänder ist ebenfalls auf gotische Vorbilder bzw. die historisierende Architektur von Ouds Lehrergeneration wie Cuypers und Berlage zurückzuführen. Auch Th. Fischer, bei dem sich Oud 1912 um eine Stelle bemüht hatte, verwendet das Band bei seiner Ulmer Garnisionskirche (1910). Schließlich orientiert sich die Fassadengliederung von Block VIII* mit den in der Höhe versetzt angeordneten und damit die Vertikale betonenden Treppenhausfenstern entfernt an gotischer Architektur. Dasselbe gilt für das Motiv der zu Dreiergruppen zusammengefaßten schmalen Fenster mit den plastisch abgesetzten, vertikalen Wandstreifen, das bei der Ambachtsschool Helder*, Haus De Vonk* und den Wohnblöcken I und V* in Spangen auftritt. Die Fenstergruppen erscheinen dort als von »Lisenen« oder »Maßwerk« unterteilte Fensterfronten, die – ähnlich der niederländischen oder norddeutschen Backsteingotik – die Wandflächen aufbrechen. Neben einzelnen Bauten von Ouds Lehrergeneration, vor allem de Bazels Verwaltungsbau in Arnheim von 1912 (Abb. 96), in romanisierender Formensprache auch Berlages Amsterdamer Börse (1898–1903, Abb. 90), findet sich dieses »Gitterwerk« von Vertikalen und Horizontalen in der zeitgenössischen englischen Architektur. Dort sind auch andere für Ouds Werk charakteristische Gestaltungsmotive vorgebildet. In der Nachfolge des Gothic Revival, von William Morris und der Arts and Crafts-Bewegung waren vor allem die Bauten von W. R. Lethaby (1857–1931) und Ch. F. A. Voysey (1857–1941) von großem Einfluß auf die jungen niederländischen Architekten. Als erster hatte Jan Toorop nach seinen Englandreisen von 1884 und 1886 die englische Kunst in den Niederlanden bekannt gemacht.[168] Entscheidend für ihre Verbreitung waren jedoch die Schriften von Hermann Muthesius, vor allem dessen 1904 erschienene Publikation »Das Englische Haus«, die Oud 1913 rezensierte.[169] Ouds »Landhäuser«, besonders das Wohnhaus in Blaricum (Abb. 9) und Haus De Geus*, gehen zweifellos auf diese Anregungen zurück.[170]

Kennzeichnend für die Bauten von Lethaby wie auch Voyseys ist die freie Handhabung des historischen Formenrepertoires, vor allem der Tudor- und Stuart-Zeit, aus der eine eigenständige Architektursprache mit modernen Gestaltungsprinzipien wie auch für Oud charakteristischen glatten Wandflächen entstand. Bei einigen der von Muthesius vorgestellten Landhäuser, besonders den Bauten Lethabys, findet sich zudem der ebenfalls von Oud verwendete weiße Außenverputz, eine Fassadenbehandlung, die in den Niederlanden zwischen Cuypers, der den Sichtbackstein wieder eingeführt hatte, und der »weißen Moderne« in der zweiten Hälfte der 1920er Jahre kaum auftrat. Gerade die auf das Obergeschoß beschränkten Putzflächen von Ouds Vooruit-Gebäude (1911; Abb. 1) gehen – offenbar angeregt durch englische Bauten – auf mittelalterliche Vorbilder mit Steinsockel und verputzem Fachwerkaufsatz zurück. Zu verweisen ist schließlich auch auf den schottischen Individualisten Ch. R. Mackintosh

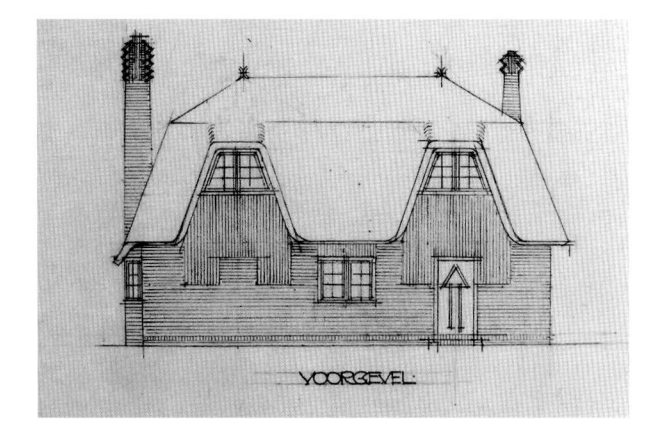

100. Landhaus, Blaricum, 1916, Aufriß

OUDS WERK (1916–1931) IM KONTEXT SEINER ZEIT   277

(1868–1928), der mit seiner 1907 entworfenen Kunstschule in Glasgow – ähnlich den späteren Bauten der Amsterdamer Schule – einen modernen, vom Jugendstil beeinflußten Bau mit deutlich gotisierenden Zügen schuf. Sowohl der West-Flügel der Kunstschule als auch die ältere St. Mathews Church (1897) könnten mit ihren kurzen, massigen Türmen und der moderngotisierenden Formensprache ein Vorbild für Ouds Soldatenheim geliefert haben.

Oud hat keineswegs, wie zu vermuten wäre, sein architektonisches Werk beeinflußt von Cuypers Repräsentationsbauten und seiner Ausbildung an der Quellinus-Schule in gotisierendem Stil begonnen, um sich dann Berlages moderner Architektursprache zuzuwenden.[171] Vielmehr experimentierte er erst im Alter von 25 Jahren mit einer den gotischen Formprinzipien nahestehenden Architektursprache, wie sie in ähnlicher Form von den nur wenig älteren Architekten der Amsterdamer Schule praktiziert wurde.[172] Ouds gotisierender Stil war damit durchaus auf der Höhe der Zeit und ist nicht als Orientierungsphase im Frühwerk des jungen Oud zu werten. Ouds Hinwendung zur gotischen Architektur hat im wesentlichen zwei Wurzeln: Neben dem Einfluß der englischen Architektur war hierfür vor allem das ersehnte »Gesamtkunstwerk« entscheidend, dem (in Nachfolge der *Gemeenschapskunst*, des Jugendstils und der Arts und Crafts-Bewegung) sowohl für die Amsterdamer Schule als auch für *De Stijl* zentrale Bedeutung zukam. Als Vorbild diente ihnen – wie bereits für Cuypers – die gotische Architektur. So plädierte Oud im Frühjahr 1916, als er mit Van Doesburg über den Charakter des neuen Stils diskutierte, für eine Vereinigung der Künste entsprechend der Hochzeit der Gotik.[173]

Vor diesem Hintergrund erstaunt es nicht, daß sich Ouds »gotisierende Phase« mit Haus De Vonk* und den Spangener Wohnblöcken bis in die *De Stijl*-Zeit hinein fortsetzte. Allerdings erscheinen die gotischen Stilmittel dieser Bauten in Verbindung mit der parallel entwickelten Typisierung und Serialität als wenig konsequent. Hinzu kommt die Diskrepanz zwischen dem für Oud charakteristischen, dem »Entwerfen nach System« entlehnten Grundrißraster, der Symmetrie und der rhythmisierten, aus der mittelalterlichen Tradition hervorgehenden Folge von Baugliedern. Am augenfälligsten wird der Widerspruch zwischen dem gotisierenden und dem »klassischen Entwurfsprinzip« in der Verbindung der kleinteilig geknickten Sockelbänder und den auf Ordnung, Strenge und Gleichmaß gerichteten Gebäudefronten von Block I und V* in Spangen.[174] Auch die integrierten Bleiglasfenster Theo van Doesburgs stehen als historisierende Kunstgattung der ansonsten reduziert-modernen Formgebung der Wohnblöcke gegenüber.

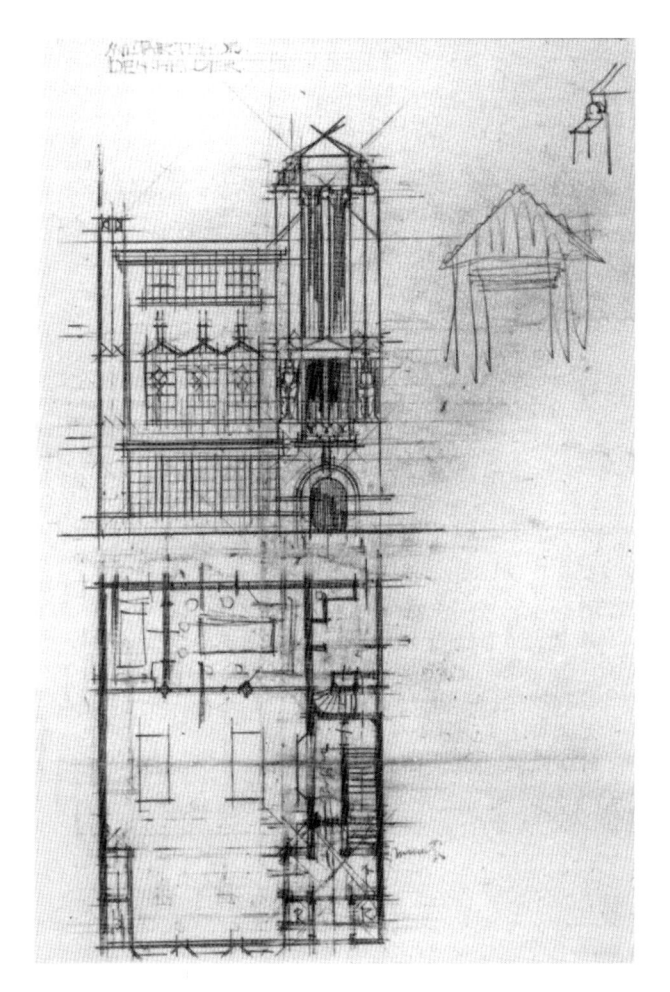

101. Soldatenheim, Den Helder, 1915, Aufriß Eingangsfront, Grundriß

102. Heim für Marinepersonal, Den Helder, 1911–14, P. L. Kramer, hist. Ansicht der Seitenfront

Parallelen zur Amsterdamer Schule finden sich auch weiterhin in Ouds Werk. So folgte Oud den innerhalb der Niederlande erstmals von Vertretern der Amsterdamer Schule umgesetzten Ideal des einheitlich gestalteten Wohnblocks.[175] Auch die Beschäftigung mit dem sogenannten »straatmeubilair« (das aufwendig gestaltete Transformatorenhäuschen*, die Bauleitungshütte* und der Entwurf einer Straßenlaterne für das »Witte Dorp«) steht in Verbindung mit zeitgleichen Entwicklungen in Amsterdam, wo im Auftrag der Gemeinde Entwürfe für »Straßenmobiliar« von den Architekten der Amsterdamer Schule gefertigt wurden.[176]

Oud, der in einigen Entwürfen zu vergleichbaren Lösungen wie die Vertreter der Amsterdamer Schule kam und sich auch konkret mit einzelnen Arbeiten auseinandersetzte, sprach sich – als Nachfolger von Berlage[177] – gleichzeitig entschieden gegen die individualisierten, regelfreien Lösungen dieser Stilrichtung aus. Ouds Polemiken gegen die Amsterdamer Schule bzw. gegen ihren führenden Vertreter, Michel de Klerk, begannen im Frühjahr 1916 und sind konstant durch die folgenden Jahre hindurch zu verfolgen. Nach seinem Artikel »De moderne en modernste bouwkunst« (März 1916), in dem Oud erstmals konkret auf De Klerk einging, sprach er im Oktober 1917 bereits von der »Dekadenz« der Amsterdamer Schule.[178] 1922 urteilte er: »Die Amsterdamer Schule hierzulande, die auch mehr destruktive als konstruktive Neigungen zeigt, brachte es nicht weiter als zu einem Angriff auf die Fassadenarchitektur: ihre höher reichenden Wünsche zerbarsten [›sneuvelden‹] in ›Meerwijk‹ bei Bergen.«[179] Unabhängig davon, daß die Parallelen zwischen den Arbeiten der Amsterdamer Schule und Ouds Entwürfen auf gemeinsame Wurzeln (die Prägung durch Cuypers und das Streben nach dem »Gesamtkunstwerk«) zurückzuführen sind, können die gotisierenden Formen in Ouds Werk vor dem Hintergrund dieser verbalen Angriffe auch als Gegenreaktion auf diese Architektursprache gewertet werden. Gerade das Grundrißraster von Haus De Vonk* und die symmetrischen, durch Risalite gegliederten Fassaden der Blöcke I und V* in Spangen zeigen, daß Oud eine Architektur auf der Basis der klassischen Entwurfsprinzipien anstrebte. Obwohl auch er an die gotische Architektur anknüpfen wollte, schienen ihm weder die (der Vergangenheit angehörenden) historischen Lösungen von Cuypers, noch die expressiven, willkürlichen Formen der Amsterdamer Schule als geeigneter Weg.[180] Er selbst versuchte daher – ähnlich wie vor ihm Cuypers –, eine Verbindung von Symmetrie und Raster auf der einen und gotischen Gestaltungsprinzipien sowie (modern abgewandelten) gotisierenden Formen auf der anderen Seite herzustellen. Gezeigt werden sollte, daß eine gotisierende Formensprache nicht zwangsweise zu einer beliebigen, regelfreien und damit »dekadenten« Architektur führen müsse. Entsprechend erhielten alle gotisierenden Bauten von Oud einen weitgehend symmetrischen Grund- und Aufriß. Daß Oud in den (gotisierenden) Bauten der Amsterdamer Schule ein starkes Potential erkannte, zeigt auch die Aufnahme dieser Bauten in sein 1926 erschienenes »Bauhausbuch«. Unter den insgesamt zehn Fotografien der Amsterdamer Schule finden sich das Scheepvaarthuis und das Gebäude für Marinepersonal von Kramer.[181]

Die Widersprüche zwischen gotischen Bauformen oder mittelalterlichen Formmotiven und der klassisch-symmetrischen Struktur von Grundriß und Großform bilden eines der Kennzeichen der hier behandelten Bauten.[182] Denselben Bruch zwischen Struktur und Form zeigt bereits der Entwurf für ein Volksbadehaus (Abb. 93), der auf Symmetrie und Raster basierend ein mittelalterliches Formrepertoire in Anlehnung an Berlage aufweist. Ähnlich verhält es sich bei späteren Arbeiten wie dem Fabrik-Entwurf* und dem Doppelhaus für Arbeiter in Beton*, denen Oud zwar keine gotisierenden Formen, jedoch das Formenrepertoire von De Stijl »überstülpte«.

2. Klassische Entwurfsprinzipien

Die 1924 für den *Woningdienst* entworfenen und 1927 fertiggestellten Wohnzeilen in Hoek van Holland* gelten als einer der Initialbauten des »International Style«. Die am häufigsten publizierten Fotografien der Häuserzeile (Abb. 249)[183], die auch auf der berühmten Ausstellung im Museum of Modern Art (1932)[184] zu sehen waren, zeigen eine Straßenflucht mit einer sich scheinbar endlos fortsetzenden Häuserzeile. Bestimmend sind die makellos weißen Wandflächen und der filigrane Laden im vorderen Bereich des Bildes mit seinen charakteristischen gerundeten Glasfronten, den schlanken Rundstützen und dem dynamisch vorkragenden Balkon. Die Wohnbauten wurden von Henry-Russell Hitchchcok und Philip Johnson als Musterbeispiel der von ihnen formulierten Stilkriterien herangezogen, die neben der Schönheit der Materialien eine »modulare Regelmäßigkeit« an Stelle von Symmetrien forderten: »... moderne Architekten [benötigen] nicht die Disziplin der Spiegelgleichheit oder Axialsymmetrie, um ästhetische Ordung zu erzielen. Heute sind asymmetrische Entwurfsordnungen sowohl aus ästhetischen als auch technischen Gründen zu bevorzugen. Denn Asymmetrie steigert mit Sicherheit die allgemeine Attraktivität der baulichen Komposition.«[185]

Ähnlich der bis heute verbreiteten Annahme, die Häuserzeilen seien aus Beton gefertigt[186], ist auch der Grundriß der Wohnanlage – abweichend von dem durch Fotografien vermittelten Bild – streng symmetrisch. Hinzu kommen andere, mit der Vorstellung der Moderne zunächst nicht zu vereinbarende Merkmale: Die Wohnanlage besteht aus zwei identischen, zu Seiten eines U-förmigen Zwischenbaus axialsymmetrisch angeordneten Häuserzeilen, die jeweils in einem Halbrund enden (Abb. 32, 243). Die Straßenfront wird durch einen exakt in halber Fassadenhöhe verlaufenden Balkon horizontal gegliedert. Die verputzten und weiß gefaßten Wandflächen erstrecken sich oberhalb eines in Backstein abgesetzten Sockels und werden im Bereich der gerundeten Zeilenenden durch ein schmales Gesims abgeschlossen. Kennzeichnend ist die reduziert-elegante Formensprache mit großen, halbkreisförmig gebogenen Glasflächen, filigranen Fensterrahmen und schlanken Stützen. Die strenge Symmetrie, die gleichmäßige Abfolge von Fenstern und Türen und die ausgewogene Gesamtkomposition verleihen den Bauten eine zeitlose, von Stilen und individuellen Formlösungen scheinbar unberührte Erscheinung.

Bereits anhand der Beschreibung wird die Diskrepanz zwischen den Gebäuden und der von Oud geforderten, von funktionalen und konstruktiven Kriterien bestimmten Architektur deutlich.[187] Die repräsentativen, zur Straße hin orientierten Balkone und die streng symmetrische Gesamtanlage gehen weder aus den funktionalen Forderungen des Arbeiterwohnungsbaus hervor noch sind sie von Überlegungen zur Wirtschaftlichkeit bestimmt. Die durch schlanke Stützen, große Glasflächen und vorkragende Balkone suggerierte Betonkonstruktion stimmt nicht mit den tatsächlich gewählten Materialien überein und widerspricht damit der Forderung nach »Materialechtheit«. Die bis ins Detail verfolgte Symmetrie und der zentral angeordnete, einen »Ehrenhof« umfassende Zwischenbau blieben in der Forschung bisher unerwähnt.[188] Entsprechend wurde auch der 1925 von Oud geprägte Begriff des »unhistorischen Klassizismus«[189] nur von wenigen Autoren mit den nahezu gleichzeitig entstandenen Häuserzeilen in Verbindung gebracht[190]: Während der »unhistorische Klassizismus« gemeinhin als Charakteristikum für die Arbeiten ab 1938 gilt, erscheinen die 1920er Jahre als »Zwischenphase«, in der die klassische Tradition weniger deutlich zum Vorschein komme.[191]

Der Widerspruch zwischen der Formensprache der Häuserzeilen und ihrer Deutung als Initialbauten des »International Style« findet sich auch in anderen Arbeiten dieser Zeit. Vor allem die Symmetrie erscheint als ein allgemeines Charakteristikum von Ouds Architektur. Zur Klärung muß zunächst zwischen dem »Klassizismus« und einer unter dem Begriff des »unhistorischen Klassizismus« geforderten »klassischen Bauweise« unterschieden werden[192]: Im deutschen Sprachgebrauch stehen Symmetrie, Axialität, Geometrie, Regelmäßigkeit, Harmonie und Klarheit für eine »klassische Bauweise«, die – im Sinne einer Grundhaltung – nicht auf eine bestimmte Epoche oder Stilstufe festgelegt ist. Kernpunkt des klassischen Entwerfens bildet die Vorstellung einer idealen, von Bautypen ausgehenden Architektur, die bestimmten Entwurfsprinzipien und weniger konkret-funktionalen Forderungen folgt.[193] Dem gegenüber steht der Klassizismus als Epochenbegriff (die Zeit zwischen 1770 und 1830) und als Stilbezeichnung im Sinn einer wiederkehrenden Kunstströmung, die jeweils durch ein klassisch-antikes Formenrepertoire gekennzeichnet ist.[194] Die Verwendung von Säule, Giebel und Gebälk erscheint dabei nicht zwingend: Oftmals wird bereits durch den Gesamtaufbau des Gebäudes mit Sockel, regelmäßiger Fenster- oder Stützenfolge, Attikazone und Mittelbetonung die Zugehörigkeit zum Klassizismus deutlich. Wichtiger als die Verwendung von Einzelformen, die auch in der Renaissance und dem Barock auftraten, ist ein der »klassischen Antike« entsprechender Gesamtcharakter des Gebäudes.

Die Frage nach Entwurfsprinzipien und Stilformen ist bei Oud generell mit der Suche nach einer neuen Architektur verbunden, die in der Nachfolge der Stildiskussion des 19. Jahrhunderts von Ouds Lehrergeneration wie auch den Mitgliedern von De Stijl zum obersten Ziel erklärt worden ist. Oud nannte wiederholt die klassische Bautradition als Ausgangspunkt und Maßstab seiner eigenen wie der gesamten zukünftigen Architektur. Nachdem er bereits 1919 die »klassische Reinheit« von Automobilen und Lokomotiven beschworen hatte, prophezeite er in seinem Architekturprogramm (1921), daß diese von der kommenden Baukunst noch übertroffen werde.[195] In einem Brief an Peter Behrens spricht er 1922 von der »klassischen Kunstauffassung« gegenüber der »romantischen«, wobei er der ersteren weitaus größere Bedeutung für seine Zeit beimißt.[196] Allerdings verwendete Oud auch den Begriff »Klassizismus«. So betonte er 1923 die Notwendigkeit eines »neuen Klassizismus«[197] und fand zwei Jahre später zu seiner Bezeichnung des »unhistorischen Klassizismus«.[198] Offenbar ging Oud hier jedoch nicht von einem Stilbegriff im oben beschriebenen Sinne aus, sondern verwendete den Begriff als Synonym für eine klassische Haltung in der Architektur.[199]

Im Gegensatz zu seinen Arbeiten der 1930er und 1940er Jahre wird die Frage nach klassizistischen Formlösungen bzw. klassischen Entwurfsprinzipien in Ouds Frühwerk und den Arbeiten der 1920er Jahre bis heute stiefmütterlich behandelt. Einzelne Autoren verwiesen bereits in den 1920er Jahren auf symmetrische Lösungen in Ouds Werk, die den Vorstellungen der Moderne und den Forderungen von De Stijl widersprachen: »Die Scheu vor der Symmetrie kennt der ... tüchtige Rotterdamer Baumeister, J. J. P. Oud, nicht. Im Gegenteil, seine streng symmetrischen Kompositionen in ›Oud-Mathenesse‹ ... beweisen mir, daß ihm Symmetrie ebenso herzliche Freude macht wie mir. Gibt es ein großes Zeitalter der Baukunst, das sich nicht an der Symmetrie gefreut hätte?«[200] Eine Verbindung mit dem Begriff des »Klassischen« erfolgte erstmals Anfang der 1920er Jahre im Rahmen des von Adolf Behne sowie in der Folge von Bartning, Ostendorf, Bruno Taut und Mendelsohn formulierten Gegensatzes zwischen der Amsterdamer Schule und der – vermeintlich von Ouds Bauten bestimmten – Rotterdamer Bautradition[201]: »Rotterdam und Amsterdam – die beiden grossen Gegensätze architektonischen modernen Schaffens in Holland, und doch innerlich sehr verwandt, wenn auch der Kampf hin und her tobt. In Rotterdam nennt man die Amsterdamer: Romantiker, und in Amsterdam die Rotterdamer: Klassiker ...«[202]. Seitdem gilt Oud nicht nur als wichtigster Vertreter der Rotterdamer Schule, sondern auch als »Führer der ›Klassizisten‹«[203].

Die Frage nach einer klassischen Haltung bzw. nach klassizistischen Formen in Ouds Werk wurde wiederholt aufgeworfen. 1982 deutet Bernard Colenbrander Ouds »Classicisme« als »Beherrschung des Gefühls«, das heißt nicht als formales System, sondern als Mentalität«.[204] Eine entsprechende Haltung sieht Colenbrander jedoch erst in den Bauten der 1920er Jahre, wie den Wohnbauten in Hoek van Holland* und Kiefhoek*.[205] Auch Ed Taverne verweist auf den zentralen Stellenwert der »klassischen Tradition« in Ouds Werk[206], das als Versuch verstanden werden könne, die klassischen Regeln (wie Komposition, Symmetrie und Rhythmus) in der industriellen Zeit zurückzuerobern und zu verteidigen. Neben Ouds Orientierung an Albertis Schönheitsideal nennt Taverne die Nähe zum Deutschen Werkbund, illustriert durch das neo-klassizistische Haus Wiegand von Peter Behrens (1911/12). 1990 formuliert Jean Leering die These eines »heimlichen Neo-Klassizismus« in Ouds Werk.[207] Ausgangspunkt ist die Verbindung der für Oud typischen Symmetrie und »Selbständigkeit der Körper und Formen« mit dem Klassizismus, wobei beispielhaft das Werk Schinkels genannt wird. Leering möchte jedoch keinen direkten Einfluß von Schinkel auf Oud nachweisen, sondern allein ein bestimmtes »Formbewußtsein«, das er unter anderem bei Schinkel finde.[208] Als Fazit der Analyse, die sich vor allem auf die symmetrische Bauleitungshütte* stützt, spricht er den Bauten der 1920er Jahre eine klassische Haltung zu. Bestimmend für die Forschung ist seine Gegenüberstellung von De Stijl und der klassischen Tradition, die dort als unüberbrückbare Gegensätze erscheinen: »Bei aller Modernität seiner Formensprache legte Oud von Anfang an der gestalterischen Arbeit des Architekten – ähnlich wie Schinkel – eine klassische Haltung zugrunde, weshalb er sich bald schon im revolutionären ›De Stijl‹ fremd fühlte ...«[209].

Taverne widmet sich in seinem Aufsatz »Neo-De Stijl of Neo-Monumentalisme?« (1993) dem in der internationalen Fachwelt als Bruch mit der Moderne und den De Stijl-Auffassungen kritisierten Shell-Gebäude in Den Haag (1938–46; Abb. 103).[210] Laut Taverne war Oud für die Fehldeutung seines in den 1930er Jahren entworfenen Baus selbst verantwortlich, da er die Entwürfe der Öffentlichkeit acht Jahre lang vorenthalten habe: 1945 als der fertige Bau endlich diskutiert wurde, stand der Klassizismus des Gebäudes für einen Rückgriff auf Machtdemonstration und

103. Shell-Gebäude, Den Haag, 1938–46, hist. Ansicht der Straßenfront

Bürokratie und schien das repräsentative, historische Formenrepertoire als unpassend für ein Bürohaus. Tavernes zentrale Frage ist, ob das Shell-Gebäude tatsächlich einen Bruch innerhalb der Moderne darstelle oder vielmehr Teil einer »anderen Tradition« sei, wozu beispielsweise das Werk Gunnar Asplunds zähle. Ein weiteres Thema ist die Deutung des Shell-Gebäudes als Abschied von *De Stijl* oder als Umsetzung dieser Kunstrichtung. Zur Beantwortung dieser Fragen greift Taverne auf Ouds Gesellschaftsbild zurück: Oud habe sich in den 1940er Jahren zu einem hierarchischen Demokratieverständnis bekannt, wonach die höhere Rangordnung eines anspruchsvollen repräsentativen Gebäudes in der Symmetrie zum Ausdruck kommen dürfe. Entsprechend versuchte er beim Shell-Gebäude »Architektur« zu schaffen, die er als Ausdruck von »bezieling« (Beseelung) verstand. Hierfür habe Oud auf altbewährte Mittel wie Verhältnis, Rhythmus und Ornament zurückgegriffen. Klassizistisch sei das Gebäude jedoch nicht aufgrund seiner Formgebung (symmetrischer Grundriß, Dreiteilung der Fassade), sondern durch sein Wesen (›essentie‹).[211]

In einer monographischen Untersuchung des Shell-Gebäudes von Ed Taverne und Dolf Broekhuizen (1995) werden diese Thesen bekräftigt.[212] Entsprechend seinem hierarchischen Gesellschaftsbild, das durch eine Unterscheidung in »hohe« und »niedrige« Architektur zum Ausdruck kommen solle, habe Oud versucht, repräsentative Bauten wie das Shell-Gebäude durch Symmetrie, Geometrie und Ornament im Stadtbild sichtbar zu machen.[213] Kernthese der Autoren ist, daß das Shell-Gebäude weder einen markanten Bruch in Ouds Œuvre noch in der niederländischen Architektur der 1930er Jahre bilde. Verwiesen wird dabei auf die bereits in den 1950er und 1960er Jahren vertretene Sichtweise, wonach die klassischen Formen des Shell-Gebäudes eine Wiederaufnahme und »Freilegung« entsprechender Tendenzen aus dem Frühwerk bildeten.[214]

Die Dissertation von Dolf Broekhuizen (2000) ist als ausführliche Analyse dieser Thesen zu verstehen, die nun jedoch über das Shell-Gebäude hinaus das gesamte, bis dahin kaum behandelte »Spätwerk« von Oud (1938–63) einschließt.[215] Untersucht wird wiederum die Entwurfsmethode von Oud. Da die Suche nach einem neuen Stil, dem »unhistorischen Klassizismus«, für Oud zeitlebens zentral gewesen sei, habe das klassische Entwurfsprinzip nicht erst mit dem Shell-Gebäude Einzug in seine Entwurfspraxis gefunden: Bereits seit dem ersten Jahrzehnt des 20. Jahrhunderts habe sich seine Entwurfspraxis in fortwährendem Dialog mit der »klassischen Tradition« entwickelt.[216] Anders als bei Gropius, der sich bewußt von historischen Gestaltungsprinzipien bzw. Formen abwandte, und mehr als Oud selbst habe zugeben wollen, sei daher von einer durchgehenden traditionellen Entwurfspraxis in Ouds Werk auszugehen.[217]

Diese Beobachtung stellt Broekhuizen jedoch vor das Problem, das Auftreten des (abstrakt) klassizistischen Formenrepertoires beim Shell-Gebäude wie die Stützenfolge, die attikaähnliche Fensterzone, den Mittelrisalit mit pilasterartigen Dekorationen (vgl. Abb. 106) und den giebelähnlichen Dachaufsatz zu erklären.[218] Entscheidend ist für Broekhuizen eine veränderte Schwerpunktsetzung in Ouds Entwurfspraxis der 1930er Jahre. Als bestimmende Gestaltungselemente des Shell-Gebäudes nennt er die Symmetrie und geometrische Formen, das heißt allgemeine Entwurfsprinzipien und keine klassizistischen Stilmittel.[219] Auch die klassizistischen Ornamente wie die palmettenartig stilisierten Shell-Muscheln in der »Attika« (Abb. 104) und die Kassettendecken im Innenraum deutet Broekhuizen nicht als Stilaspekt, sondern als Zeichen dieser neuen Schwerpunktsetzung. Demnach sollte mit der Ornamentik – ebenso wie mit Symmetrie, Geometrie und harmonischen Maßverhältnissen – im Sinne einer Differenzierung der Bauaufgaben die Symbolkraft der Architektur erhöht werden. Um den stilistischen Unterschied zwischen dem Shell-Gebäude und den vorausgehenden Werken zu rechtfertigen, schlägt Broekhuizen eine (auf Oud selbst zurückgehende) Neubewertung der klassischen Entwurfsmethode in den 1930er Jahren vor: »The academic design method, the *Beaux-Arts* tradition in architecture ... were the solid basis for his designs during his whole career, albeit in varied intensity. Geometric principles of design, for instance, are recognizable in several of his projects done during the first years of his practice (1906–1916), but in his architecture of the 1920s it is less significant. From the 1930s onwards he reached a new phase in his work in which the classical aspects – such as symmetrical and axial planning, geometrical proportions and the application of ornament – were very clearly expressed.«[220] Obwohl seit seinen frühesten Arbeiten »implizit anwesend«, habe sich Oud erst anläßlich der Verteidigung seines Shell-Gebäudes, das heißt ab 1945, auf systematische Weise mit der Durcharbeitung der klassischen Regeln beschäftigt.[221]

Auch der Rotterdamer Katalog (2001) folgt der Vorstellung einer in den 1930er Jahren veränderten Entwurfsmethode, die sich in der repräsentativen Gestaltung von öffentlichen Bauten manifestiert habe. Abweichend von der Entwurfspraxis der vorangegangenen Jahrzehnte werde der repräsentative Charakter einer Bauaufgabe nun nicht mehr eliminert. Der »fundamentale Kurswechsel«, Zufügung statt Reduktion und Bereicherung an Stelle von Abstraktion, zeige sich in der Fassadengestaltung und der Verwendung von Backstein und reicher Ornamentik. Die öffentlichen Gebäude der 1930er Jahre seien der Versuch, eine zeitgenössische repräsentative Architektur zu schaffen, ohne in eine historische Stilarchitektur zurückzufallen.[222]

Die als Beispiel vorangestellte Charakterisierung der Häuserzeilen in Hoek van Holland* spricht eindeutig gegen eine von den Vertretern der Moderne propagierte rein funktionale Entwurfsmethode. Wie die Untersuchung zum »Entwerfen nach System« zeigt, waren sowohl Ouds Entwürfe vor 1921 (seiner Zeit bei *De Stijl*) als auch die Arbeiten aus den 1920er Jahren nach Möglichkeit symmetrisch und zeigten die für sein Werk charakteristischen Grundrißraster und geometrische bzw. stereometrische Formen.[223] Allerdings wurde in den gängigen Publikationen seiner Bauten ein anderes Bild erzeugt. Vor allem die vielfach veröffentlichten Fotografien der Siedlung Kiefhoek* und der Häuserzeilen in Hoek van Holland* betonen durch die extreme Schrägsicht auf die Gebäude ein dynamisches Bild. Die tatsächlich existierende Symmetrie wird allein vor den Gebäude bzw. beim Blick auf die Grundrisse deutlich, die in Ausstellungen und Publikationen

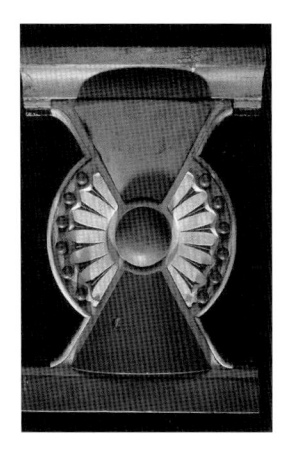

104. Shell-Gebäude, Den Haag, 1938–46, Ornament

jedoch meist nicht gezeigt wurden. Ein einflußreiches Beispiel für die irreführende fotografische Präsentation von Ouds Bauten ist das erste »Bauhausbuch« von Walter Gropius[224], das unter dem Titel »Internationale Architektur« ein »Bilderbuch moderner Baukunst« lieferte. Um »einem breiteren Laienpublikum zu dienen«, wurde dort auf Grundrisse generell verzichtet. Zu den hier vorgestellten Arbeiten von Oud zählen auch die Häuserzeilen in Hoek van Holland.

Symmetrien, Grundrißraster und geometrische Formen finden sich auch in den späteren Arbeiten von Oud. Bereits Karel Wiekart wies auf das Modul- und Proportionssystem beim Rotterdamer Verwaltungsgebäude »De Utrecht« (1954–61) hin.[225] Wie Broekhuizen in seiner Untersuchung feststellt, basiert neben dem Shell-Gebäude auch die Spaarbank in Rotterdam (1942–57, Abb. 105) auf einem strengen Modul- und Proportionssystem, und sind die Fassaden der Wohnblöcke Presikhaaf in Arnheim (1951–53) auf ein Dreiecksraster von 60° und 30° zurückzuführen. Darüber hinaus bevorzugte Oud dort die symmetrische Lage der Türen in der Wandfläche wie auch der Türen zueinander.[226] Es kann also keine Rede davon sein, daß Oud repräsentative Bauten durch Symmetrie und geometrische Formen gegenüber dem Wohnungsbau besonders hervorgehoben habe.[227] Da für die Zeitspanne von 1916–31 prinzipiell eine gleichwertige Behandlung von Repräsentationsbauten und Wohnbau festzustellen ist[228], bliebe eine entsprechende Vorgehensweise für das Spätwerk zu prüfen. Ähnlich verhält es sich bei der Ornamentik. Obwohl die bewußte Hervorhebung repräsentativer Bauten durch Ornament überzeugend erscheint, darf nicht Ouds generelle Offenheit für Baudekor vergessen werden. Abgesehen vom Frühwerk[229] finden sich auch bei der Bauleitungshütte* und dem Café de Unie* ornamentale Wandverkleidungen.[230] Erst danach verzichtete Oud entsprechend dem Mainstream der Moderne konsequent, das heißt auch in seinen Repräsentationsbauten, auf Ornamente und dekorative Baudetails. Zu fragen bleibt daher, ob Oud beim Shell-Gebäude tatsächlich nur aufgrund der anspruchsvollen Bauaufgabe Ornamente verwendete oder ob er sich hier ein neues Stilrepertoire (Klassizismus) aneignete. Hervorzuheben ist vor diesem Hintergrund der wiederum konsequente Verzicht auf Ornamentik in den zeitlich folgenden Bauten der 1940er bis 1960er Jahre.[231]

Zur Bewertung der in den 1920er Jahren entstandenen Bauten ist ein Blick auf Ouds Verhältnis zum Klassizismus notwendig. Als Oud seine Laufbahn als Architekt begann, war der internationale Neo-Klassizismus gerade im Entstehen. Vor allem in Deutschland bildete sich in den Bauten von Behrens, Gropius, Mies van der Rohe, Paul und Tessenow ein klassizistischer Stil heraus, der eine modern-reduzierte Formensprache mit dem klassischen Formenrepertoire verband. Aber auch in anderen Ländern wie Italien oder Frankreich mit Auguste Perret und Tony Garnier finden sich klassizistische Strömungen. Wolfgang Pehnt bezeichnet den »Neuklassizismus« daher als den »internationalen Stil von 1910«: »Säule und Gebälk, Achse und Spiegelsymmetrie standen vor dem Ersten Weltkrieg in den konkurrierenden Nationalstaaten in gleich hohem Ansehen.«[232]

Gerade für die Niederlande galt dies jedoch nur eingeschränkt. Ausschlaggebend war dabei, daß der in der ersten Hälfte des 19. Jahrhunderts vorherrschende Klassizismus für eine allgemeine Krisenzeit, den »Tiefpunkt« des Königreiches, stand. Mit dem wirtschaftlichen Aufstieg zu Anfang des 20. Jahrhunderts fand daher eine Rückbesinnung auf die »gouden eeuw«, also das 17. Jahrhundert, und damit auf die Bauten von Pieter Post und Jacob van Campen statt. Diese beschränkte sich jedoch vorwiegend auf Kopien dieser Gebäude bei repräsentativen Bauaufgaben, während die architektonische Praxis von traditionalistischen Strömungen bestimmt wurde.[233] Auch Cuypers und Berlage waren entschiedene Gegner des Neo-Klassizismus bzw. der Neo-Renaissance mit ihrem importierten italienischen Formenrepertoire und dem »unholländischen« Verputz der Fassaden. Dagegen galt die gotische Kathedrale als Grundpfeiler einer neuen, durch die Konstruktion bestimmten Architektur.[234] Von Einfluß waren dabei nicht zuletzt die in den niederländischen Kunstschulen gelehrten Entwurfsprinzipien eines Lauweriks, De Groot und De Bazel mit ihren aus der gotischen Architektur entwickelten Dreiecksstrukturen und Diagonalrastern. Die Symmetrie als Charakteristikum des Neo-Klassizismus war für diese Theoretiker nicht bindend. Anders als in den Nachbarländern setzte sich in den Niederlanden im zweiten Jahrzehnt des 20. Jahrhunderts die expressionistische, wiederum mit gotisierenden Formen arbeitende Amsterdamer Schule durch.

Prägend für Oud waren die engen Beziehungen zwischen der niederländischen und deutschen Architekturszene. Ein bedeutender Vertreter des deutschen Neo-Klassizismus, der früh unter den Einfluß des niederländischen «Entwerfens nach System« kam, war Peter Behrens (1868–1940)[235], seit 1903 Direktor der Kunstgewerbeschule Düsseldorf. 1904 besuchte er die Quellinus-Schule in Amsterdam und beriet sich mit dem Direktor des Rijksmuseum, Adriaan Pit, über die Besetzung einer vakanten Stelle an seiner Lehranstalt. Behrens führte Unterredungen mit Berlage und Lauweriks, der die Stelle schließlich erhielt.[236] Eine Auseinandersetzung mit Lauweriks Entwurfsystem wie auch der antiken Architektur zeigt sich bei Behrens erstmals in der Kunsthalle der Nordwestdeutschen Kunstausstellung in Oldenburg (1905), die auf einem Proportionsschema aus Rechteck- und Quadratmodulen sowie einem Diagonalraster basiert. In der Architektur, wie dem normierten Wohnungs- und Fabrikbau, sowie im Produktdesign der AEG fand Behrens durch eine Verbindung von industrieller Herstellung und klassizistischer Form zu seinem »modernen Industrieklassizismus«.[237]

In Verbindung mit der Entwicklung des deutschen Neo-Klassizismus stand auch die »Wiederentdeckung« von K. F. Schinkel. Behrens, der mit den Mitarbeitern seines Büros »Pilgerfahrten« zu dessen Bauten unternahm, zählte zu den großen Verehrern des klassizistischen Baumeisters.[238] Vor allem seine Schüler, das heißt Architekten aus Ouds Generation, zeigten sich von Schinkel beeinflußt.[239] Oud, der die (von Lauweriks rezensierte) Schinkel-Monographie von Hermann Ziller (1897) besaß, sah in Schinkel die ideale Verkörperung des »klassischen« Architekten: »Schinkel bringt immer Gleichgewicht. Er ist doch durch und durch klassisch.«[240] Diese Äußerung aus dem Jahr 1925

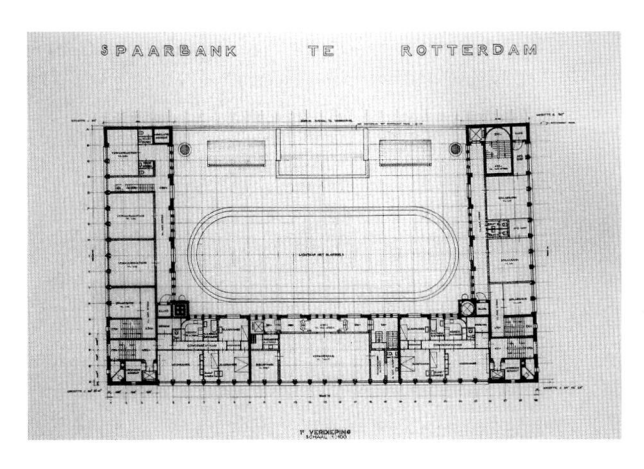

105. Spaarbank Rotterdam, 1942–57, Grundriß 1. OG

fällt zusammen mit der gleichzeitig in Deutschland aufkommenden »Klassizismus-Debatte«. Zentrale Figur war der Herausgeber von »Wasmuths Monatsheften für Baukunst«, Werner Hegemann, der in seinen Artikeln gezielt »klassizistische Positionen« verbreitete.[241] 1925 verunglimpfte er unter dem Titel »Aus der Amsterdamer Schreckenskammer« nicht nur die Bauten der Amsterdamer Schule, sondern hob zugleich auch Ouds symmetrische Architektur lobend hervor.[242] Oud, der seit 1924 mit Hegemann korrespondierte, publizierte ebenfalls 1925 in »Wasmuths Monatsheften« seine »Bekenntnisse eines Architekten«.[243] Daß er im selben Jahr auch zu seinem Begriff des »unhistorischen Klassizismus« fand, scheint somit in direkter Abhängigkeit zu den in Deutschland geführten Diskussionen zu stehen. Das von ihm vermittelte Bild eines modernen Klassizisten hat Oud offenbar ebenso gern angenommen wie das eines »Pioniers« der Moderne, das sich letztendlich durchsetzen sollte.[244]

Die als klassische Entwurfsprinzipien benannten Kriterien wie Symmetrien, geometrische bzw. stereometrische Grundformen und harmonische Maßverhältnisse sind charakteristisch für Ouds Werk der Jahre 1916 bis 1931. Dies betrifft auch die Arbeiten aus dem Bereich des *Volkswoningbouw*, so daß eine Differenzierung von »hoher« und »niedriger« Architektur für diese Zeit nicht nachweisbar ist.[245] Hierfür stehen die nach Möglichkeit symmetrischen Raumwände und Hausfassaden, die symmetrischen Wohnungsgrundrisse und Blockfronten sowie die axialsymmetrischen Gesamtanlagen (Siedlung Oud-Mathenesse, Häuserzeilen in Hoek van Holland* und Teilbereiche der Siedlung Kiefhoek*). Ebenso verhält es sich mit den übrigen genannten Kriterien, wobei im *Volkswoningbouw* erzwungenermaßen Abstriche gemacht werden mußten. Gerade die frei von einem Auftrag entstandenen Entwürfe, wie das Doppelhaus für Arbeiter in Beton* und das Wohnhaus mit Büroräumen*, zeigen mit ihren strengen Rastern, ihrer Symmetrie und der Vorliebe für quadratische Räume ein klassisches Entwurfsprinzip.

Allerdings finden sich auch Abweichungen hiervon. Dies gilt vor allem für den Fabrik-Entwurf*, der zwar symmetrische Bauteile aufweist (Lagerraum und Warenanlieferung), jedoch als asymmetrische Gesamtanlage konzipiert ist (Abb. 180). Abgesehen von den verschiedenen Stilformen, die den Baukörpern hier »aufgesetzt« wurden und unharmonisch nebeneinanderstehen, weicht die von Arbeiten der *De Stijl*-Künstler inspirierte Eingangsfront mit ihren kleinteiligen, sich asymmetrisch durchdringenden Formen von den klassischen Prinzipien ab. Auch andere Bauten, wie die Behelfswohnungen unter einem Viadukt* sowie die Fenster und der Portalbau am Doppelhaus für Arbeiter in Beton*, zeigen das komplexe, asymmetrische *De Stijl*-Vokabular.[246] Im Widerspruch zur klassischen Entwurfstradition stehen auch die aus der mittelalterlichen Architektur entlehnten Formmotive, wie die aus dem Fachwerkbau übernommene Verbindung des Giebelfeldes mit der darunterliegenden Wandfläche bei Haus De Vonk* an Stelle eines klassischen Dreiecksgiebels. Die bei der Ambachtsschool Helder*, Haus De Vonk und den Wohnblöcken I und V* in Spangen verwendeten lisenenartigen Wandstreifen zwischen den schmalen hohen Fenstern betonten – ähnlich gotischen Diensten – die Vertikale. Bei Block I und V entsteht durch die Abfolge dieser »Lisenen« eine rhythmische Fassadengliederung, die der klassischen gleichförmigen Folge von Baugliedern entgegensteht. Auch der Landhausstil von dem Wohnhaus in Blaricum (Abb. 9) und Haus De Geus* weicht mit seinen bewußt gesetzten Asymmetrien von der klassisch-symmetrischen Gestaltung ab.

Die Verwendung nicht-klassizistischer Stilformen bedeutet jedoch nicht automatisch ein Abgehen von klassischen Prinzipien. Ein Beispiel hierfür ist das in den Detailformen historisierende, aber streng symmetrische Volksbadehaus (Abb. 93). Bei Haus De Vonk* und den Blöcke I und V in Spangen* wurden eine symmetrische Grundform mit gotisierenden Fassadenelementen kombiniert. Parallelen hierzu finden sich bereits im Werk von Schinkel, der von klassischen Prinzipien ausgehend zwei Varianten der Friedrichwerderschen Kirche in Berlin, einmal in klassizistischen (1821/22) und einmal in neugotischen Formen (1824), lieferte. Auch die Geistesgeschichte der 1920er Jahre verband mit der »Klassik« weniger klassizistische Formen wie Säulen und Giebel als ein Gestaltungsprinzip: »Klassisch im weitesten Sinne ist jene Geisteshaltung, die in der Dichtung und allen bildenden Künsten Klarheit und Vollendung – die Form – als das primäre Element betrachtet und fordert.«[247] Dies war auch der Tenor von Giedions Dissertation »Spätbarocker und romantischer Klassizismus« (1922), die Oud vom Autor selbst erworben hatte.[248]

Die auf eine klassische Entwurfpraxis zurückgehenden Lösungen von Oud finden Parallelen in der – auf eben diesen Prinzipien basierenden – klassizistischen Architektur. Dies gilt vor allem für die verputzten kubischen Flachdachbauten aus den 1920er Jahren. Aufgrund dieser Gemeinsamkeiten wurden wiederholt Bezüge sowohl zu Schinkel als auch zu zeitgenössischen Klassizisten gesehen, ohne für Ouds Werk jedoch eindeutig klassizistische Stilformen nachweisen zu können.

Thomas Kellmann geht bei der Besprechung von Haus Kallenbach* auf die Parallelen zu Schinkels Umbau von Schloß Charlottenhof ein.[249] Da keines der Motive ein explizit klassizistisches Formelement zeigt, erscheint zwar eine Beeinflussung durch diesen Bau möglich, über eine eventuelle klassizistische Phase in Ouds Werk ist damit jedoch noch nichts gesagt. Ähnlich verhält es sich beim Doppelhaus für Arbeiter in Beton* und dem Wohnhaus des Schinkel-Schülers Ludwig Persius bei Potsdam (1839)[250]: Übereinstimmend sind der geschlossene kubische Baukörper, das vorkragende Flachdach und die axialsymmetrischen Fassaden. Gerade die eindeutig klassizistischen Elemente, wie die in Nischen eingestellten Skulpturen und die Dachverzierung in Form von Palmetten, wurden von Oud jedoch nicht übernommen.

Entsprechend den Parallelen zu klassizistischen Bauten finden sich auch Gemeinsamkeiten mit den neo-klassizistischen Arbeiten von Ouds Zeitgenossen, wie etwa dem von Peter Behrens errichten Haus Wiegand in Berlin (1911/12).[251] Abgesehen von den klassischen Prinzipien (symmetrische Fassaden, Grundrißraster) erinnert beim Haus Kallenbach* das versenkte Karree mit Springbrunnen an den quadratischen Gartensaal von Haus Wiegand, wobei jeweils eine quadratische Fläche im Zentrum das Modul des Gesamtentwurfs hervorhebt. Gemeinsamkeiten bestehen auch beim Doppelhaus für Arbeiter* und Paul Thierschs (1879–1928) klassizistischem Landhaus Syla bei Niepoelzig (1913), das bereits den zentrierten, durch einen überproportionierten Rahmen hervorgehobenen Eingang zeigt. An der Gartenseite findet sich dort zudem eine niedrige Fensterreihe direkt oberhalb der Portikus, die Oud in seinen Treppenhausfenstern aufgriffen haben könnte.

Ein eindeutig klassizistisches Repertoire in Form von Säulen, Pilastern und Giebeln taucht in Oud Werk dieser Zeit – im Gegensatz zu den Arbeiten von Behrens, Paul Thiersch, Gropius und Mies van der Rohe – nicht auf. Allein stark abstrahierte Formen wie die mehrfach abgestuften Gesimse des Fabrik-Entwurfs* (Abb. 182) und des Lagerhauses* (Abb. 184) sowie die pilasterähnliche Eckgestaltung von Block IX* in Spangen (Abb. 194) wären hier zu nennen. Die beim Lagerhaus unterhalb der Gesimse verlaufenden Fensterbänder könnten zudem als abstrahierter Metopen-Triglyphen-Fries gedeutet werden. Anders als die zeitgenössischen Neo-Klassizisten bediente sich Oud in der hier behandelten Zeitphase vielerlei Stilformen (wie der romanisierende Stil in Nachfolge von Berlage, gotisierende Elemente, der englische Landhausstil und die Formensprache von Wright), jedoch keinesfalls primär der klassizistischen Formensprache, die in den Niederlanden zu dieser Zeit kaum verbreitet war.[252]

Im Gegensatz hierzu beruhen Ouds Bauten, von wenigen Ausnahmen abgesehen, auf klassischen Entwurfsprinzipien. Damit folgte er einer Entwurfstradition, die unter anderem an der TH in Delft (Beaux-Arts-Tradition) gelehrt wurde. Ziel war nicht primär eine bestimmte Stilform, sondern die zugrundeliegenden Prinzipien, der »Geist von Jacob van Campen«.[253] Das an der Quellinus-Schule vermittelte »Entwerfen nach System« zeigt verschiedene Parallelen zur klassischen Entwurfstradition (wie Grundrißraster, geometrische Formen, einfache Maßverhältnisse), allein die Symmetrie nahm keine zentrale Stellung ein. Direkte Vorbilder für Ouds Entwurfsprinzipien lieferten unter anderem seine Lehrer und sein Mentor: »Die Vereinfachung der Architekturformen und die Suche nach einer durch Proportionen bestimmten Ordnung brachten Berlage zu einem neuen ›Klassizismus‹, der aber nicht von einem Säulensystem dominiert war. Er wollte Ordnung nicht durch die Verwendung von Säulen erreichen, sondern durch ein ›Streben nach Organisation, nach Regelmäßigkeit, nach einem geometrischen Charakter …‹«[254].

Charakteristisch für Oud ist, daß die klassische Grundstruktur seiner Bauten (wie Symmetrie, geometrische Formen, kubische Körper) mit verschiedenen Stilformen kombiniert wurde. Die Wahl der Stile erscheint dem heutigen Betrachter zunächst beliebig: Im Gegensatz zum Historismus finden sich bei Oud kaum konkrete Bezüge zwischen Bauaufgabe und gewählten Stilform. Ausnahmen hiervon sind allein Ouds freistehende Wohnbauten im englischen Landhausstil und die gotisierenden Elemente von Haus De Vonk*, die eventuell auf eine Verbindung mit der neugotischen Toynbee Hall in London (1884) zurückgehen. Eindeutig handelt es sich daher nicht um einen Gattungsstil, das heißt eine Unterscheidung nach Baugattung (bzw. »hoher« oder »niedriger« Architektur). Oud griff vielmehr unabhängig von der Funktion der Bauten auf die Stilvorbilder zurück, mit denen er sich im Moment der Entwurfsphase gerade auseinandersetzte. Im Gegensatz zum Eklektizismus des 19. Jahrhunderts bediente er sich dabei nur bedingt historischer Stile und verwendete statt dessen die Stilprägungen zeitgenössischer Architekten wie seines Mentors Berlage, der Amsterdamer Schule, Wrights, seiner De Stijl-Kollegen und schließlich des »International Style«. Dabei entstanden auch Bauten, die regelrechte Stilkonglomerate bilden. Als frühes Beispiel sei der Entwurf einer Dorfschule (1913)[255] genannt, die mit der Verbindung aus englischem Landhaus, Reminiszenzen an Heinrich Tessenows Bildungsanstalt für rhythmische Gymnastik in Hellerau (1910/11) und einer neobarocken Gartenanlage Ouds Suche nach einem geeigneten Stil verrät. Parallelen zu Ouds Entwurfspraxis zeigte die in Delft vermittelte Lehrmeinung. Ausgangspunkt der Entwürfe waren die streng symmetrischen Grundrisse auf Basis der Beaux-Arts-Tradition, während die Wahl der Stilformen vom »Charakter« der Bauaufgabe abhängig gemacht wurde. Tatsächlich hatten die Studenten bei der Aufrißgestaltung jedoch weitgehend freie Hand: Sie »kombinierten akademische Grundrisse dann auch mit vielen Stilen, von F. L. Wright bis zur Amsterdamer Schule und dem deutschen Klassizismus.«[256] Allerdings blieb die Beaux-Arts-Tradition – ganz im Gegensatz zu Ouds Entwürfen – ausschließlich Repräsentationsbauten vorbehalten, wobei generell die hierarchische Unterscheidung zwischen »Baukunde« und »Baukunst« eine zentrale Rolle spielte.[257]

Anders als das Gros der modernen Architekten, die im Laufe der 1920er Jahre zu einer von der Funktion bestimmten, asymmetrischen und seriellen Architektur fanden, blieb Oud den klassischen Entwurfsprinzipien treu.[258] Dies betrifft nicht allein die repräsentativen Bauten, sondern (wie am Beispiel der Häuserzeile in Hoek van Holland* gezeigt wurde) auch den *Volkswoningbouw*. Die akademisch-konservative Haltung von Oud war auch einigen Zeitgenossen nicht verborgen geblieben. So fragte Giedion in einem Brief an Oud: »Warum wollen Sie eigentlich mit Ihren Vorlieben (Thomas Mann, Klassizität etc.) zu einer Generation gerechnet werden, die viel älter ist als Sie?«[259] Auch wenn Oud einer Minderheit innerhalb der modernen Bewegung der Zwischenkriegszeit angehörte, stand er mit seiner Entwurfspraxis keineswegs allein. Ähnliche Prinzipien sind für Arbeiten von Le Corbusier und Loos bekannt, finden sich jedoch auch bei zahlreichen anderen Architekten dieser Zeit wie Dudok, Tyl und Haesler.

Entgegen der aktuellen Forschungsmeinung zeigt das ab 1938 entworfene Shell-Gebäude (Abb. 103) klassizistische Formen: Neben der dreigeteilten Fassade mit Sockel und Attikazone, dem Mittelrisalit und dem giebelähnlichen Dachaufsatz erhielt das Gebäude eine pilasterartige Wanddekoration, Kassettendecken und einen »Palmettenfries« aus stilisierten Shell-Muscheln (Abb. 104). Der Klassizismus ist dabei nicht (wie in den jüngsten Publikationen) als ein Wiederaufleben der klassischen Entwurfsprinzipien zu deuten – diese bildeten wie gezeigt eine Konstante in Ouds Werk – sondern als ein Rückgriff auf historische Stilformen.[260] Anders als in den Jahren zuvor, als der Neo-Klassizismus zwar in den Nachbarländern, nicht jedoch in den Niederlanden selbst präsent war, entstand das Shell-Gebäude zur Zeit eines allgemein vorherrschenden Klassizismus.[261] Mit der Verwendung klassizistischer Formen zeigte sich Oud – wie bereits beim Vokabular der Amsterdamer Schule, Wrights oder De Stijl – auf der Höhe seiner Zeit.[262] Der Klassizismus des Shell-Gebäudes beschreibt somit tatsächlich eine neue Stilphase in Ouds Gesamtwerk, steht jedoch nicht für eine prinzipiell neue Auffassung von Architektur. Die klassizistische Stilprägung deutet sich bereits beim 1937 eingereichten Entwurf für das Amsterdamer Rathaus[263] einschließlich des vorgelagerten Platzes an: Die axialsymmetrische Anlage erscheint hier als Rückgriff auf das Trajansforum, wobei der zentrale Turm die Trajanssäule zitiert, während die charakteristischen halbrunden Exedren des antiken Vorbilds zum bestimmenden Motiv des in der Mittelachse liegenden Hauptgebäudes wurden.

Wenige Jahre zuvor hatte der niederländische Architekt Arthur Staal anläßlich der Verleihung des Prix de Rome die von Oud als Erklärungshilfe herangezogene Hierarchisierung der Architektur formuliert: »Banken, Rathäuser und öffentliche Gebäude sind nicht Häuser, Gärten oder Kirchen, sie sind Architektur, mit großem A geschrieben, bei der ein Faktor hinzukommt, der keiner Beschränkung unterworfen werden darf: die Monumentalität und das Ornament.«[264] Die gestalterische Hervorhebung repräsentativer Bauten war Ende der 1930er Jahre verbunden mit einer Wiederbelebung klassizistischer Formen ein internationales Phänomen, das auch die niederländische Architektur beeinflußte.

Ouds Klassizismus der 1930/40er Jahre entspricht der bei ihm durchgehend zu beobachtenden Orientierung an aktuellen Zeitströmungen: Das englische Landhaus, von Oud zwischen 1912–16 rezipiert, die um 1915 aufgegriffenen Formen der Amsterdamer Schule, die Formen von De Stijl (ab 1917), Wright (um 1919) und der »International Style« (1920er Jahre). Nach dem Klassizismus folgten die asymmetrisch filigrane Architektur der 1950er und die sachlich-rationalistischen Bauten der 1960er Jahre.[265] Auch der »International Style« war für Oud damit nicht Ausdruck einer bestimmten Haltung[266], sondern ein weiterer, zu dieser Zeit aktueller Architekturstil. Bei den wenigsten Bauten bediente er sich, wie im Fall von Haus De Vonk*, den Wohnblöcken I und V* in Spangen, dem Doppelhaus für Arbeiter in Beton* und dem Fabrik-Entwurf* gezeigt wurde, nur einer Stilform.

Dies gilt auch für das Shell-Gebäude: Neben klassizistischen Formen und den *De Stijl*-Applikationen am Kantineneingang zeigen das ornamentierte Treppenhaus an der Rückseite des Gebäudes und die Ornamente über dem Haupteingang (Abb. 106) Verbindungen zur japanischen Architektur, die seinerzeit durch Peter Meyer in die Niederlande eingeführt wurde.[267] Zu denken ist jedoch auch an Wrights Imperial Hotel in Tokio (1915–22) und seine Maya-Kultur entliehenen Dekorationen, wie beispielsweise am John Storer House in Los Angeles (1924). Interessant wäre an dieser Stelle – wie hier in Bezug auf die Amsterdamer Schule, *De Stijl*, Wright und den »International Style« versucht wurde – ein Vergleich zwischen Ouds Arbeiten der 1930/40er Jahre und der zeitgleichen klassizistischen Architektur. Zweifellos macht Ouds abstrakt-reduzierte Form des Klassizismus, die sich beim Shell-Gebäude in den verglasten Treppenhäusern, hellen glatten Wandflächen und schmalen Fensterbändern zeigt, seine Herkunft aus der Moderne sehr viel deutlicher als viele andere Bauten dieser Zeit.

Die Gründe dafür, daß Oud im Gegensatz zu den meisten modernen Architekten seiner Generation auch in den 1920er Jahren an klassischen Entwurfsprinzipen festhielt, sind vielfältig. Ein entscheidender Faktor war sein Selbstbild als Künstler-Architekt und die hiermit verbundene Suche nach einer zeitlos-idealen Kunst, die auch für die kommenden Generationen Gültigkeit haben sollte.[268] Als Grundprinzip wählte Oud (entsprechend seinem Ideal des »uomo universale«) die klassische Tradition und nicht die konstruktiv bestimmte, von der Gotik abgeleitete Architekturrichtung, die sowohl P. J. H Cuypers als auch Berlage zum Ausgangspunkt einer neuen rationalistischen Architektur genommen hatten. Der mittelalterlichen Bauhütte, wie sie Cuypers im Rijksmuseum wiederbeleben wollte, stellte Oud den individuellen Künstler gegenüber, der die in der Antike hervorgebrachten Entwurfsprinzipien als höchste entwickelte Kunstform weiterführt.

Hier besteht ein entscheidender Unterschied zu zahlreichen seiner deutschen Kollegen, die ausgehend von der politisch-kulturellen Situation des wilhelminischen Kaiserreichs nach einem Nationalstil als Ausdruck der wirtschaftlichen Kraft und des technischen Fortschritts gesucht hatten. Nichts lag näher, als hier auf den großen preußischen Architekten Karl Friedrich Schinkel und dessen Schule zurückzugreifen. Mit dem verlorenen 1. Weltkrieg hatte der Neo-Klassizismus dagegen nicht allein seine Grundlage, sondern auch seine moralische Berechtigung verloren. Viele Künstler orientierten sich zunächst am Expressionismus, bevor sich in den 1920er Jahren unterstützt durch die Förderung eines preiswerten Massenwohnungsbaus das »Neue Bauen« entwickelte. Die Abwendung vom Stil der Kaiserzeit war maßgeblich aus den Erfahrungen des Krieges und dem in der Weimarer Republik verwurzelten Wunsch nach einem Neuanfang geprägt, eine Situation, die in den neutralen Niederlanden keine Entsprechung hatte.

Während die deutschen Architekten in den 1920er Jahren eine gänzlich neue, von Baumaterial und Konstruktion bestimmte Bauweise anstrebten, blieb Oud bei seiner klassischen Entwurfsweise und befreite sich allein von den früheren Stilapplikationen. Die Vertreter der Moderne kamen somit auf unterschiedliche Weise zu einer reduziert-sachlichen Formensprache, die allgemein als »Neues Bauen« oder »Internationaler Stil« bezeichnet wird. Gemeinsam war allen der Verzicht auf historische Stilformen und Dekorationen, der bereits vor dem 1. Weltkrieg in zahlreichen Publikationen gefordert und in einzelnen Bauten auch realisiert worden war.[269] Neben Adolf Loos' »Ornament und Verbrechen« (1908) fand vor allem Paul Mebes' Bildband »Um 1800« (1908) große Beachtung unter den Architekten: »Es wird künftig keine Möglichkeit mehr geben, hinter verführerisch glänzenden Ornamenten die Schwäche der Gestaltungskraft und die ungelösten Punkte einer Bauaufgabe zu verstecken oder mit einem reichen Gewand von Schmuckformen den kranken Organismus des Bauwerks zu verhüllen.«[270] In diese Richtung zielte Ouds Architekturprogramm (1921), nach dem das Ornament allein zur Verdeckung schlechter Architektur diene: »Ornament ist das universelle Heilmittel für architektonische Impotenz!«[271] Bereits 1919 beschrieb Oud die »klassische Reinheit« des 20. Jahrhunderts in den dekorlosen Erzeugnissen der Technik: Eine »... universelle Lebenshaltung, welche sich ... in unserem täglichen Leben in beinah klassischer Reinheit in Auto und Lokomotive, in elektrischen und sanitären Artikeln, in Maschinerien, in Sport- und Herrenkleidung, usw., verwirklicht.«[272] Anders als viele seiner deutschen Kollegen verstand Oud die klassische Bautradition weiterhin als ideale, objektive Kunst: »So weist die Tendenz der architektonischen Entwicklung auf eine Baukunst, welche im Wesen mehr als früher an das Stoffliche gebunden, in der Erscheinung darüber mehr hinaus sein wird [sic]; welche sich, frei von aller impressionistischen Stimmungsgestaltung, in der Fülle des Lichtes entwickelt zu einer Reinheit des Verhältnisses, einer Blankheit [sic] der Farbe und einer organischen Klarheit der Form, welche durch das Fehlen jedes Nebensächlichen die klassische Reinheit wird übertreffen können.«[273] G. A. Platz hatte diese Grundhaltung von Oud bereits früh erkannt: »Andererseits muß man die Mahnung führender Künstler, wie J. J. P. Oud, sehr ernst nehmen, die eine neue Klassik fordern, also eine Vollendung ohne den Zwang historischer Regeln.«[274]

Ausgehend von Ouds klassischer Entwurfsmethode und seinem Ideal des »uomo universale« sind Parallelen zur Baukunst der Renaissance bzw. die Bezüge zur antiken Architekturtheorie naheliegend.[275] Ouds Interesse an der Renaissance-Architektur und den Schriften Vitruvs bezeugen bereits die in seiner umfangreichen Bibliothek vorhandenen Publikationen.[276] Vor allem Vitruv und Alberti waren in den 1910er Jahren als Architekturtheoretiker »wiederentdeckt« worden. Entsprechend folgte zwei Jahre nach Max Theuers Alberti-Übersetzung von 1912 eine moderne niederländische Fassung von Vitruvs Schriften.[277] Oud erwarb auch mehrere Monographien zu Andrea Palladio sowie die 1921 in dritter Auflage erschienene »Theorie der Baukunst« von Hermann Sörgel, in der Vitruv und Alberti besonders hervorgehoben werden.[278] Ein direkter Einfluß dieser Theoretiker findet sich in Ouds

106. Shell-Gebäude, Den Haag, 1938–46, Haupteingang, hist. Ansicht

Vortrag über die Entwicklung der zukünftigen Architektur (1921). Dort wird unter anderem Albertis Feststellung aufgegriffen, daß an einem gelungenen Entwurf aufgrund des Verhältnisses jedes Teils zum Ganzen nichts beigefügt oder weggenommen werden könne, ohne das Gleichgewicht zu stören.[279]

Oud berichtete in den 1950er Jahren über eine angeblich 1914 unternommene Italienreise, überliefert jedoch weder die Stationen noch seine Eindrücke von der italienischen Architektur.[280] Mögliches Reiseziel könnten neben den Bauten Albertis in Florenz und Mantua auch die Villen von Palladio gewesen sein, die zu dieser Zeit ein beliebtes Ziel für junge Architekten darstellten. Gerade Oud, der mit dem niederländischen Palladianismus vertraut war, wird an den Bauten des italienischen Baumeister besonderes Interesse gezeigt haben. Für das Jahr 1920 ist eine Reise nach London verbürgt, wo er sich – über den Umweg des englischen Palladianismus – ebenfalls mit Palladios Architektur auseinandersetzen konnte. In Verbindung mit der Wiederentdeckung Palladios steht auch die allgemeine Goethe-Verehrung dieser Zeit, die sowohl Berlage als auch Oud teilten.[281] Goethes Italienreise stand stellvertretend für die Suche nach der großen, einzig wahren Kunst, die bereits jener in den Bauten Palladios gefunden zu haben glaubte.

Einzelne Lösungen der klassischen Architekturtradition waren bei Palladio besonders konsequent ausgebildet. Als mögliche Vorbilder für Oud könnten daher die auf quadratischem Grundriß errichteten Zentralbauten Palladios gedient haben.[282] Abgesehen vom Hausmeistergebäude im Entwurf für ein Volksbadehaus[283] und dem Verwaltungsbau in der Siedlung Oud-Mathenesse* (Abb. 234) mit jeweils quadratischen Grundrissen setzt sich das Doppelhaus für Arbeiter* aus zwei Wohnbauten auf quadratischem Grundriß zusammen. Auch die Unterteilung in zwei schmalere und einen breiteren zentralen Grundrißabschnitt könnte Oud, wie beim Landhaus in Blaricum (Abb. 88) und dem Ferienhaus De Vonk*, von Palladio übernommen haben.[284] Die für Oud typischen, axial aneinandergereihten Räume finden sich ebenfalls bei Palladio, wobei in der Villa Godi in Vicenza die beiden Zimmer entsprechend der Häuserzeile an einem Strandboulevard* exakt gleich groß ausfallen.[285]

Auch einzelne Motive scheint Oud aus der Renaissance-Architektur übernommen zu haben. Das Doppelhaus für Arbeiter in Beton* zeigt einen Rücksprung mit auskragender Dachplatte in Anlehnung an das Kranzgesims des italienischen Renaissance-Palazzo, während Ouds Gartenabschluß der Küsterwohnung* (Abb. 39, 342) auf Palladios halbkreisförmige Gartenabschlüsse und Apsiden zurückgehen könnte. Auch die mehrfach auftretende Fenstergruppe mit einem großen, von zwei extrem schmalen Fenstern flankierten Fenster (Abb. 146)[286] mag auf die von Palladio bevorzugt verwendete »Serliana« (wie etwa an der Basilica Palladiana in Vicenza) zurückgehen. Weitere Einzelmotive wie die großen, halbrunden Treppen der Sandkästen in Tusschendijken* (Abb. 203) und die Treppe am Transformatorenhäuschen der Siedlung Oud-Mathenesse* (Abb. 239) finden ebenfalls Vorbilder in der Renaissance-Architektur, unter anderem in Palladios Villa Chiericati in Vicenza.[287] Bei seinem Entwurf für das Hotel Stiassny* (Abb. 284) griff Oud auf Bramantes Treppe im Belvedere-Hof des Vatikan (Abb. 107) zurück: Die auf einer kreisförmigen Grundfläche entworfene Treppenanlage teilt sich in zwei Halbkreise, wobei die von der Exedra umfaßte Hälfte vom zentralen Kreismittelpunkt aus ansteigt und die andere Hälfte nach unten zum Garten führt. Eine entsprechende Treppe hatte auch Palladio in seiner Villa Pisani in Vicenza realisiert. Bramantes Entwurf wird in Serlios »Il terzo libro« abgebildet und zählte damit zum klassischen »Architektur-Kanon«.[288]

Ein Merkmal der klassischen Entwurfsweise ist ausgehend von der Suche nach dem Ideal-Entwurf das Phänomen der Typenbildung. Neben dem von Vitruv eingeführten Modulbegriff ist hier wiederum Palladio zu nennen, dessen Villen jeweils Varianten eines Grundtypus zeigen.[289] In Ouds Werk liegt ein ebensolcher Typus mit dem Wohnhaus mit Büroräumen* vor, der vier identische und damit beliebig zu nutzende quadratische Räume aufweist. Oud ging dort jedoch von Palladios geschlossenem Baublock ab und wählte einen für das moderne Einfamilienhaus praktischeren L-förmigen Grundriß. Ähnlich Palladios Villen erscheint Haus Kallenbach* als Variation dieses Haustypus', bei der die individuellen Wünsche der Bauherren zu berücksichtigen waren. Ebenfalls Typen bilden der »Ideal-Entwurf« des Doppelhauses für Arbeiter in Beton* und die für den Woningdienst entstandenen Bauten. Hervorzuheben ist dabei der in Block IX* in Spangen eingeführte (Abb. 193) und in Tusschendijken* (Abb. 198, 203) aufgegriffene Wohnblocktypus mit umlaufenden Balkonen und aufwendig gestalteter Grünanlage. Wie bei Palladio, dessen Typenbildung auf eine Vielzahl gleichartiger Aufträge (Villen) zurückgeht, kamen bei Oud die Arbeit für den Woningdienst (Typisierung im Wohnungsbau) und sein Interesse an der Entwicklung idealer Bautypen zusammen.[290] Ein weiterer Vorläufer sind Schinkels Kirchentypen für die nördlichen Vorstädte von Berlin, die im Rahmen seiner Tätigkeit bei der Oberbaudeputation in Berlin entstanden.

Unabhängig vom Vorbild der klassischen Architekturtradition war die Typisierung bereits zur Zeit von Ouds Ausbildung eines

107. Bramante, Entwurf der Belvedere-Treppe, Vatikan, Stich S. Serlio

der zentralen Themen der Geistesgeschichte. Seit Jahren von Hermann Muthesius propagiert, wurde sie 1914 vom Deutschen Werkbund zum Programm erhoben.[291] Interessant ist vor allem Muthesius' Verweis auf die Weiterführung und Optimierung von Typen durch die Jahrhunderte: »In allen großen Kulturperioden, vor allen in den Blütezeiten der Baukunst, sehen wir diesen gleichmäßigen Strom völlig einheitlicher Leistungen dahinfließen. Es haben gewissermaßen ganze Generationen an ein und derselben Aufgabe gearbeitet, jeder Künstler hat seinen Teil zur Hebung des Gesamtresultates beigetragen ...«[292]. Ouds Interesse an Muthesius und der Architekturentwicklung in Deutschland generell werden ihn frühzeitig mit diesem Verständnis von Typisierung konfrontiert haben. Durchaus könnte Oud bei seiner Typenbildung daher an eine »Weiterarbeit« an den von Palladio entwickelten Lösungen gedacht haben.

In den Kontext der Typisierung gehört auch die Ausbildung individueller Motive, die trotz unterschiedlicher Funktion der jeweiligen Gebäude immer wieder aufgegriffen werden. Berlage weist in diesem Zusammenhang auf Sempers Analogie zwischen der Wiederholung einzelner »sparsamer« Motive in der Natur und den »wenigen Normalformen und Typen« in der Kunst hin.[293] In Ouds Werk finden sich Beispiele vor allem bei den Fenstern: Bereits Haus Oud-Hartog zeigt das für Ouds Bauten charakteristische T-förmige Fenster (Abb. 2), das auch im Dreifamilienhaus in Velp* (Abb. 125) auftritt.[294] Das im *Volkswoningbouw* ungewöhnliche Motiv einer an drei Seiten von Fenstern eingefaßten Türe findet sich bei den Arbeiterwohnungen für Vooruit[295] und an der Rückseite von Haus Van Bakel (Abb. 6) sowie in Block VIII* und IX* in Spangen und den Tusschendijkener Blöcken* (Abb. 203). Auch die Schaufenster der Eckläden in Block IX in Spangen, in Tusschendijken und der Siedlung Oud-Mathenesse* gehen auf dieses Motiv zurück.[296] Die als Reminiszenz an das »Palladio-Motiv« beschriebene Fenstergruppe der Häuserzeile für einen Strandboulevard* (Doppeltüre zwischen zwei flankierenden schmalen Fenstern) wird im Doppelhaus für Arbeiter in Beton* sowie in den Wohnzimmerfenstern der Siedlung Oud-Mathenesse und der Siedlung Kiefhoek* aufgegriffen. Die zu Dreiergruppen verbundenen, extrem schmalen Fenster von Haus De Vonk* tauchen in den Blöcken I und V* in Spangen wieder auf. Auch die schwarzen Sockelbänder der Ambachtsschool Helder*, Haus De Vonk und den Wohnblöcken in Spangen und Tusschendijken sind hier zu nennen. Das rahmende Sockelband in Block I und V wird dabei als durchgängiges Motiv bei den Blöcken VIII und IX in Spangen und den Tusschendijkener Blöcken (Schaufenster und Hofdurchgänge) weitergeführt.

Das Aufgreifen einmal gefundener Motive ist bis in Ouds Spätwerk hinein zu verfolgen. So findet sich der zylinderförmige Heizungsraum im zweiten Entwurf der Volkshochschule* im Kesselhaus des Arnheimer Bio-Herstellingsoord (1952–60)[297] wieder, wo auch das heruntergezogene Dach über den Hauseingängen entsprechend den Wohnhäusern des »Witte Dorp«* (Abb. 69) ausgebildet ist. Die abstrahierten Pilaster von Block IX* (Abb. 194) wurden (in stärker abstrahierter Form) am Shell-Gebäude (Abb. 106) übernommen, ebenso die Rundstützen der Villa Johnson* (Abb. 353) beim Shell-Gebäude (Abb. 103) wie auch dem Esveha-Haus (1947–50) in Rotterdam[298]. Auch bei den Grundrißlösungen ist ein derartiges Vorgehen zu beobachten. Ein für Block V* in Tusschendijken entwickelter dreieckiger Grundrißabschnitt mit gerundeter Ecke und geknickter Standfläche im Oud-Archiv findet sich in vollkommen anderem Zusammenhang bei den Läden der Siedlung Kiefhoek* (Abb. 271) und den Mädchenzimmern des Hotel Stiassny* (Abb. 285) wieder. Den prinzipiell ähnlichen Grundriß des Kiefhoeker Lagerhauses (Abb. 279), ein Dreieck mit gerundeter Spitze und abgerundeter Standfläche, wiederholt Oud in dem angefügten Flügel seines Hotel-Entwurfs.

Auf Verbindungen zwischen der Moderne und der Beaux-Arts-Tradition wurde bereits mehrfach verwiesen.[299] Als Kennzeichen der an der École des Beaux-Arts vermittelten Architektur gelten neben Grundrißsymmetrie und Proportionsschemata auch die Rationalisierung und serielle Reihung von Baueinheiten. Im Hinblick auf Ouds Typenbildung könnte vor allem Jean-Nicolas-Louis Durand (1760–1834) ein Vorbild geliefert haben.[300] Durand lehrte zwar an der Pariser École Polytechnique, ging in seinem Entwurfsprinzip jedoch vom System der École des Beaux-Arts aus. Charakteristisch für Durand ist die Ausbildung einzelner, auf Basis eines Grund- und Aufrißrasters entwickelter Basiseinheiten, die zur endgültigen Form eines Gebäudes addiert wurden. Bestimmend sind neben der strengen Symmetrie vor allem die geometrischen Grundformen Kreis und Quadrat (bzw. deren stereometrische Pendants). Neben einzelnen Bauten entwickelte Durand eine Mustersammlung von Gebäudetypologien, die Oud bei seinen Grundriß- und Haustypen inspiriert haben könnte. Die Schlichtheit von Durands Gebäuden zielte nicht zuletzt auf die Rationalisierung und Effizienz (économie) des Planungsprozesses. Während das Grundrißraster im niederländischen »Entwerfen nach System« Harmonie und Schönheit garantieren sollte, steht es bei Durand für den modernen rationalisierten Entwurfsprozeß. Bereits die Ambachtsschool Helder* (Abb. 134) zeigt mit ihrem systematisierten Grundriß einschließlich der regelmäßgen Abfolge einzelner Funktionsabschnitte (Raum, Flur etc.) einen Einfluß von Durand (Abb. 108).[301]

Kennzeichnend für Durand ist das Wiederaufgreifen und Variieren einzelner Arbeiten, wie bei seinem in mehreren Fassungen vorliegenden Museums-Entwurf (1779).[302] Als Variation oder »Verbesserung« eines eigenen Entwurfs kann auch Ouds Wohnhaus mit Büroräumen* gelten, das eine idealisierte Fassung von Haus Kallenbach* zeigt.[303] In ähnlicher Absicht hatte bereits Palladio in seinen »I quattro libri dell'architettura« (1570) Ideal-Entwürfe seiner Bauten, das heißt in einer gewünschten, nicht in der ausgeführten Form, publiziert. Bei Durand finden sich dagegen »Korrekturen« fremder Entwürfe, so unter anderem bei dem 1802 entstandenen Gegenprojekt zu Jacques-Germain Soufflots Panthéon (1764–89) in Paris.[304] Ouds Entwurf für ein Volksbadehaus (Abb. 93), der offensichtlich als eine »korrigierende Neubearbeitung« von Berlages Amsterdamer Börse (Abb. 90) gedacht war, zeigt im Gegensatz zur malerischen Asymmetrie des Vorbildes einen streng symmetrischen Bau, der sich weitaus

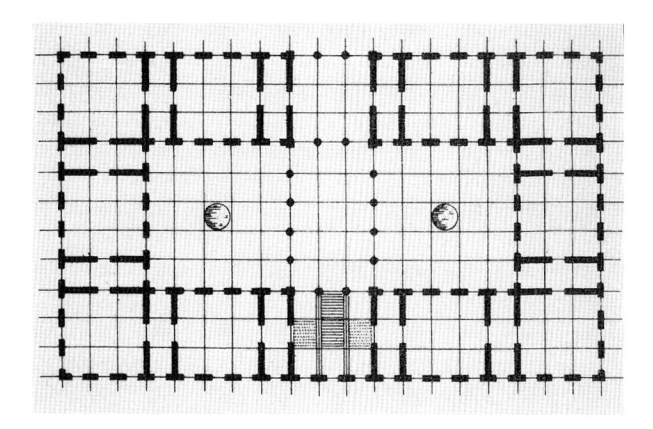

108. J.-N.-L. Durand, Gebäudeentwurf mit Innenhof, Grundriß, publiziert 1819

enger an die Grundsätze des »Entwerfens nach System« hält.³⁰⁵ Auch Ouds Entwurf für ein Soldatenheim von 1915 (Abb. 101) ist als »Korrektur« einer vorliegenden Arbeit oder aber eines bereits ausgeführten Gebäudes zu deuten. Im Vergleich zu Kramers Marinehaus in Den Helder von 1913/14 (Seitenansicht: Abb. 102) erscheint Ouds Entwurf seitenverkehrt, wobei der Turm wiederum das Treppenhaus aufnimmt. Wie Bernhard Kohlenbach darlegt, könnte hier von einer »kritischen Reproduktion« von Kramers Fassade gesprochen werden, wobei Oud auf das »Entwerfen nach System« zurückgriff.³⁰⁶ In der Tat zeigt Ouds Entwurf einen deutlich vereinfachten Grundriß mit den für ihn typischen Symmetrien und geometrischen Formen (kreuzförmiger Flur). Ouds Soldatenheim, das ein Geschoß niedriger ausfällt, orientiert sich in den Fensterformaten und dem Bauschmuck enger an mittelalterlichen Vorbildern als Kramers Bau und gibt sich so auch als Reaktion auf die Amsterdamer Schule, vor allem die Bauten De Klerks, zu erkennen.³⁰⁷ Möglicherweise lag ein ähnlicher Fall beim Landhaus in Blaricum (1915/16; Abb. 9) und den zeitlich folgenden Entwürfen für ein Landhaus für Herr und Frau van Essen, ebenfalls für Blaricum (Abb. 100), vor, die sich wiederum an der Amsterdamer Schule orientieren.³⁰⁸ Auch bei den drei Villen in Velp* (Abb. 123) handelt es sich eventuell um die »Korrektur« eines bestehenden, traditionellen Dreifamilienhauses in Velp (Abb. 125). Die Ambachtsschool Helder* (Abb. 133) geht sowohl in der Grundkonzeption wie auch in einigen Detaillösungen auf die Amsterdamer Börse (Abb. 84) zurück und demonstriert dabei wiederum eine konsequentere Anwendung des »Entwerfens nach System«. Erstaunlich ist zudem die Ähnlichkeit zwischen Ouds zweitem Entwurf der Volkshochschule* und De Klerks drittem Block am Spaarndammerplantsoen (1917–21). Auch dort könnte es sich um eine Korrektur des individualistischen, ebenfalls mehrere Gebäudefunktionen aufnehmenden Baublocks handeln, wobei De Klerks vor allem symbolisch gedachter Turm in der Mittelachse durch den Schornstein der Heizanlage ersetzt wird.³⁰⁹ Das Prinzip des Korrigierens richtete sich bei Oud schließlich nicht nur auf bestimmte Bauten, sondern auch auf Baustile. So bilden offenbar das Soldatenheim, die Entwürfe für Haus van Essen und der zweite Entwurf der Volkshochschule eine Antwort auf die Architektur der Amsterdamer Schule, und zeigen die Ambachtsschool Helder und das Volksbadehaus eine konsequentere Durchführung des Grundrißrasters als Berlages Amsterdamer Börse. Auch die Bauleitungshütte* ist schließlich als Demonstration der »wahren« De Stijl-Architektur im Gegensatz zu den gleichzeitigen Architekturmodellen von Van Doesburg und Van Eesteren (Abb. 16, 45) zu deuten.³¹⁰

Diese Art von »Korrekturen« wandte Oud offenbar auch in seinen späteren Arbeiten an. Wie Broekhuizen darlegt, bildet Ouds Entwurf für ein Denkmal in Den Haag (1943–45) – im programmatischen Sinn – eine »radikale Modernisierung« von Berlages Denkmal im Entwurf für ein Pantheon der Menschheit (1915).³¹¹ Im Fall des Bio-Herstellingsoord bei Arnheim (1952–60) orientierte sich Oud am Sanatorium Zonnestraal bei Hilversum (1926–28), wobei er der sachlichen Ingenieursästhetik von Johannes Duiker und Bernard Bijvoet das Werk eines Künstler-Architekten gegenüberstellte.³¹² Zu den zahlreichen Parallelen der beiden Anlagen³¹³ zählt auch das als 13-Eck errichtete Dienstbotenhaus »De Koepel« (1931), das ein Pendant in Ouds Wohnung oberhalb des Kesselhauses findet.³¹⁴ Interessant sind in diesem Zusammenhang die Übereinstimmungen zwischen dem rechteckigen Gesamtgrundriß der Rotterdamer Spaarbank (1942–57, Abb. 105) einschließlich der beiden ringförmigen Raumeinheiten und den Chorumgängen des Klosterplans von St. Gallen³¹⁵, wobei sogar die zylindrischen Fahrstühle ein Pendant im Grundriß der karolingischen Rundtürme finden. Ein inhaltlicher Bezug könnte darin liegen, daß der St. Gallener Klosterplan – entsprechend Ouds Entwurf für das kriegszerstörte Bankgebäude – einen idealisierten Entwurf zum Wiederaufbau des Klosters darstellt.

Oud folgte einem klassischen Entwurfsprinzip, das in enger Verbindung zu seinem Selbstbild als Künstlerarchitekt stand. Ziel war sowohl ein neuer Baustil, der »unhistorische Klassizismus«, als auch eine Architektur, die verbindliche Typen für die »zukünftige Baukunst« schaffen sollte. Dieses – von wenigen Ausnahmen abgesehen – sein Gesamtwerk bestimmende Entwurfsprinzip wurde mit wechselnden Stilformen verbunden, die der klassischen Grundstruktur des Gebäudes quasi aufgelegt sind. In der Wahl seiner Stile zeigte sich Oud immer auf der Höhe seiner Zeit. Trotz ihrer modernen, dem »International Style« zuzuordnenden Formensprache stehen daher auch Ouds Häuserzeilen in Hoek van Holland* in der klassischen Entwurfstradition eines Palladio, Durand und Schinkel.

3. Ouds Beitrag zur Modernen Architektur

Der Begriff »Moderne Architektur« steht im folgenden für die progressiven Architekturströmungen vom Anfang des 20. Jahrhunderts bis zu den klassizistischen Umbrüchen der 1930er Jahre. Entgegen der von den Architekten selbst formulierten und lange Zeit beibehaltenen These, die Formgebung der Modernen Architektur habe sich allein aus der Konstruktion und dem Material ergeben, werden die stilistischen Gemeinsamkeiten dieser Bauten im Sinne eines »Stils« verstanden. Der Begriff der »Modernen Architektur« umfaßt die gesamte Internationale Moderne einschließlich der als »International Style« und »Neue Sachlichkeit« bezeichneten Strömungen, des zunehmend als Stilbegriff verstandenen »Neuen Bauens« sowie deren niederländischen Varianten. Eine Neudefinition der enggefaßten und von Anfang an widersprüchlichen Begrifflichkeiten, die auf Basis ihrer Entstehungs- und Rezeptionsgeschichte erfolgen müßte, ist im Rahmen dieser Arbeit nicht zu leisten.³¹⁶ Allein der Konstruktivismus wird als eigene Strömung innerhalb der Moderne gesehen und an entsprechender Stelle beschrieben.

3.1. Oud und die Moderne Architektur in den Niederlanden

Oud, der sich von Anfang an über die nationalen Grenzen der Niederlande hinaus orientierte und von dort sowohl Anregungen empfangen als auch weitergegeben hat, gilt als einer der frühesten und konsequentesten Vertreter der Internationalen Moderne. Dennoch war und blieb er Teil einer spezifisch niederländischen Architekturbewegung: Die von seinen niederländischen Lehrern vermittelte Entwurfspraxis und die in De Stijl entwickelten Formelemente prägten seine Bauten auch in den 1920er Jahren, als Oud längst über weitreichende internationale Kontakte verfügte. Oud empfand sich als ein mit seinem Land tief verwurzelter Künstler und konnte sich Zeit seines Lebens nicht entschließen, eine Stellung außerhalb der Niederlande anzutreten.³¹⁷

Gemessen an der geringen Größe des Landes finden sich erstaunlich viele niederländische Architekten unter den Pionieren der Internationalen Moderne. Neben der individuellen Leistung einzelner Vertreter läßt sich auch der niederländischen Architektur an sich eine zentrale Rolle bei der Entwicklung der Internationalen Moderne zusprechen.³¹⁸ Gründe für diese führende Stellung sind zum einen die Bautradition der Niederlande mit schlichten, oft unverzierten Wandflächen, einer Vorliebe für reduziert-abstrahierte Bauformen sowie großen Fensterflächen, zum anderen die Neutralität des Landes im 1. Weltkrieg: Während in den kriegführenden Ländern das Bauwesen weitgehend zum Erliegen kam, konnte die Entwicklung in den Niederlanden – wenn auch unter Einschränkungen – weitergeführt werden.[319]

Während über die entwicklungsgeschichtliche Bedeutung der niederländischen Architektur Einstimmigkeit herrscht, wurde die Frage nach einer eigenständigen niederländischen Moderne bisher ausgeklammert.[320] Auch die Existenz anderer nationaler Formen innerhalb der Modernen Architektur ist – trotz anerkannter Unterschiede[321] – bis heute nicht eingehend untersucht. So werden die Bauten zwar meist den Herkunftsländern der Architekten zugeordnet, eine Charakterisierung der nationalen Ausprägung fehlt jedoch. In seiner Publikation zum Neuen Bauen in der Weimarer Republik lehnt Norbert Huse die Vorstellung eines nationalen Stils ab – »Von einem Lokalstil läßt sich schon wegen der vielen Übereinstimmungen mit ausländischen Architekten nicht sprechen ...«[322] – und tritt stattdessen für einen internationalen »Gruppenstil« ein. Die Existenz nationaler Sonderentwicklungen war ihm dennoch bewußt. Um diese verstehen zu können, müsse, laut Huse, die historische Situation der einzelnen Länder berücksichtigt werden.[323] Er selbst hat dies am Beispiel der Weimarer Republik demonstriert. Bereits bei Architekten der 1920er Jahre, wie Erich Mendelsohn, sind ähnliche Vorstellungen zu finden: »... wie jede für die Entwicklung der Menschengeschichte entscheidende Epoche unter ihrem geistigen Willen den *ganzen* bekannten Erdkreis einte, so wird auch, was wir ersehen, über das *eigene* Land, über Europa hinaus *alle* Völker beglücken müssen. Dabei rede ich durchaus nicht dem Internationalismus das Wort. Denn *Internationalismus* bedeutet das volkslose Ästhetentum einer zerfallenden Welt. *Überstaatlichkeit* aber umfaßt *nationale* Abgrenzung als Voraussetzung ...«[324].

Erst in den letzten Jahren wird im Zuge des wachsenden Interesses an nationalen Kunstentwicklungen dem Bild einer Internationalen Moderne die Frage nach eigenen Nationalstilen gegenübergestellt: »Dabei sind die kulturgeographischen Unterschiede – vom Dogma des ›Internationalismus‹ zugedeckt – genauso bedeutend wie die unterschiedlichen Voraussetzungen materiell-technischer Natur respektive deren gewollte oder ungewollte ästhetische Verarbeitung.«[325] Eine Untersuchung der Frage, worin die niederländische Variante des Neuen Bauens besteht und wie diese zu definieren sei, kann im Rahmen dieser Arbeit nicht geleistet werden. Die folgende Darstellung beschränkt sich daher auf einen knappen Überblick zur modernen Architekturszene der Niederlande zwischen dem 1. Weltkrieg und dem Anfang der 1930er Jahre. Ziel ist es dabei, Ouds Position innerhalb der einzelnen Organisationen und Strömungen deutlich zu machen und anhand von Beispielen die Verbindungen mit den niederländischen Vertretern der Moderne aufzuzeigen.

Der erste Zusammenschluß moderner Architekten in den Niederlanden erfolgte im Rahmen von De Stijl. Oud, Gründungsmitglied und Initiator von Gemeinschaftsarbeiten, war in den ersten Jahren zweifellos der wichtigste Architekt der Gruppe. Neben der Suche nach einem Stil vertraten die De Stijl-Architekten gemeinsame Vorstellungen über Wesen und Gestalt der zukünftigen Architektur, die sie jedoch – abgesehen von dem zentralen Stellenwert der Farbe in der Baukunst – mit anderen Avantgarde-Architekten der Zeit teilten. Ouds Distanzierung von De Stijl erfolgte bereits vor dem endgültigen Bruch im Winter 1921. Statt der Entwicklung von Van Doesburg und Van Eesteren zu folgen, engagierte sich Oud von nun an in der örtlichen Kunstvereinigung De Opbouw.

In den 1920er Jahren existierten in den Niederlanden zwei Gruppierungen, in denen sich Architekten der modernen Richtung zusammenschlossen: die Rotterdamer Vereinigung De Opbouw (Der Aufbau) und die Amsterdamer Gruppe De 8 (»Die 8«, aber auch »Acht« im Sinne von Aufmerksamkeit, Achtsamkeit). Oud wurde 1920 und damit kurz nach der Gründung Mitglied von De Opbouw, wo er für mehrere Jahre den Vorsitz innehatte.[326] Im Februar 1921 hielt er vor den Mitgliedern der Vereinigung seine programmatische Rede »Über die zukünftige Baukunst und ihre architektonischen Möglichkeiten«[327]. Seit 1927 publizierte er als Architekturredakteur von »i 10« Artikel von De Opbouw bzw. einzelner Mitglieder.[328] Unabhängig davon, daß Oud Anfang der 1930er Jahre De Opbouw verlassen hatte und mit der radikalen Gruppe De 8 nur wenig Berührungspunkte fand, veröffentlichte er im folgenden zahlreiche Artikel in dem gemeinschaftlichen Organ »De 8 en Opbouw«. Noch 1936 erschien dort sein Nachruf auf das De Opbouw-Mitglied Van der Vlugt.[329]

De Opbouw wurde am 31. Januar 1920 als Vereinigung bildender Künstler und Architekten gegründet.[330] Ausgangspunkt war die Absetzung von dem dominanten Amsterdamer Künstlerkreis, der sich in der Gruppe Architectura & Amicitia versammelte und in »Wendingen« ein einflußreiches Publikationsorgan besaß. Die einzige Bedingung für eine Mitgliedschaft in De Opbouw war ein Wohnsitz in Rotterdam oder Umgebung. Als Ziel nannten die Statuten eine allgemeine Förderung des Kunstverständnisses und

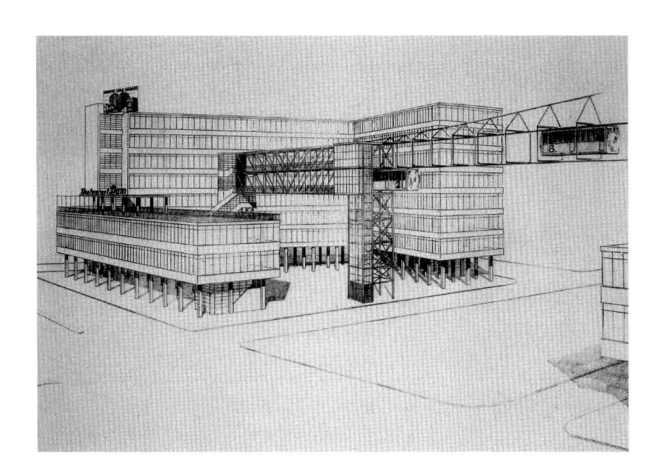

109. Mart Stam, Bebauung des Dam, Amsterdam, 1926, Perspektivzeichnung

110. Fabrik Van Nelle, Rotterdam, J. A. Brinkman und L. C. van der Vlugt, 1926–30, hist. Ansicht

die gegenseitige Unterstützung der Mitglieder.³³¹ Da De Opbouw weder für eine bestimmte künstlerische noch für eine politische Richtung stand, trafen dort zunächst Künstler unterschiedlichster Haltungen zusammen.³³² Dies änderte sich im Laufe der 1920er Jahre grundlegend: Aus der lokalen, heterogenen Gruppierung wurde eine Verbindung avantgardistischer, links gerichteter Architekten, die zunehmend auch aus anderen Teilen der Niederlande kamen. Die Akzentverschiebung wurde spätestens 1927 mit der Ernennung von Mart Stam zum Vorsitzenden und dem Austritt traditioneller Architekten wie M. J. Granpré-Molière und A. J. Kropholler deutlich. In den Statuten vom 25. Juni 1929 trat an Stelle eines Wohnsitzes in Rotterdam die Unterstützung der künstlerisch progressiven Richtungen entsprechend der Nieuwe Zakelijkheid (Neue Sachlichkeit).³³³ Das Selbstverständnis von De Opbouw gründete sich nun in erster Linie auf der Opposition zu konservativen Architekturströmungen.

Zwar setzte sich De Opbouw Ende der 1920er Jahre weitgehend aus politisch links orientierten Architekten zusammen, die Bauten dieser Zeit zeigen aber keine einheitliche Formensprache. Bestimmend sind jedoch die dem «Konstruktivismus» zuzuordnenden Bauten mit einer Betonung des konstruktiven Gerüstes, der Erschließungssysteme (Treppen, Lifte, Rampen) und technischen Bauteile (Schornsteine, Antennen, Lampen und Lautsprecher).³³⁴ Hierzu zählen Stams Wettbewerbsbeitrag für ein Bürohaus in Königsberg (1923), sein Gegenentwurf für den Genfer Bahnhof (1925) und der Entwurf für die Bebauung des Amsterdamer Rokin (1926, Abb. 109)³³⁵, Van der Vlugts Entwurf für die Bebauung des Land van Hoboken (1925; Abb. 55) in Rotterdam, Van der Vlugts und J. A. Brinkmans Rotterdamer Van Nelle Fabrik (1926–30; Abb. 110), Ouds Börsen-Entwurf*, sein zweiter und dritter Entwurf der Volkshochschule* sowie Van der Vlugts Entwurf für die Bank R. Mees en Zonen (1929–31).³³⁶ Parallelen hierzu finden sich in dieser Zeit vor allem in der Sowjetunion, dem Ausgangspunkt des Konstruktivismus, den übrigen osteuropäischen Ländern, aber auch in Deutschland und der Schweiz. In Deutschland bildeten die Bauten von Max Taut die radikalsten und frühesten Beispiele, wobei die Betonskelette dort bevorzugt als Raster sichtbar bleiben. Stam, der zwischen 1922 und 1923 bei Max Taut in Berlin tätig war und von dessen Bauweise stark beeinflußt wurde, trug den Konstruktivismus in die Niederlande und dort vor allem in De Opbouw.³³⁷ Als eine charakteristische Formensprache von De Opbouw kann daher am ehesten der Konstruktivismus, der in dieser konsequenten Form innerhalb der niederländischen Architektur noch ungewöhnlich war, bezeichnet werden. Als frühester Vertreter trat Stam auf, gefolgt von Oud und Van der Vlugt.³³⁸

Sowohl Ouds Börsen-Entwurf* als auch der ein Jahr später folgende zweite Entwurf für die Rotterdamer Volkshochschule* sind auf Basis eines Stahlskeletts entworfen, das die rasterartige Struktur der Gebäudefassaden bestimmt. Dabei wird die Mauermasse auf ein Minimum reduziert, wobei zwischen den horizontalen Wandstreifen (Geschoßdecken) und den schmalen Stützen große Fensterflächen zurückbleiben. Eine bewußte Hervorhebung des konstruktiven Gerüstes zeigt auch der mehrgeschossige Verbindungsgang der Volkshochschule, dessen Stützen das Dach durchbrechen und als T-förmige Bügel hevortreten (Abb. 300). Dasselbe gilt für die auskragenden Dachaufbauten, die von aufgelagerten Strebewänden bzw. in Ouds Skizzen (Abb. 306) von diagonalen Verstrebungen gestützt werden.³³⁹ Hans Oud weist mit Blick auf die der »Schwerkraft trotzenden« Konstruktionen auf El Lissitzkys Wolkenbügel (1925), von dem Oud eine Zeichnung mit Widmung erhalten hatte³⁴⁰; aber auch ein Einfluß von Stams Alternativentwurf (Abb. 111) ist anzunehmen.

Neben der konstruktivistischen Formensprache ist bei einzelnen Arbeiten von Oud auch eine direkte Beeinflussung durch De Opbouw-Kollegen auszumachen. So scheint Ouds Entwurf für die Rotterdamer Innenstadt (Abb. 288, 289) hinsichtlich der Straßenführung wie auch der Ausbildung der Straßenwände auf den 1923 von Stam publizierten städtebaulichen Kriterien zu basieren. Stam spricht sich dort entschieden gegen das geschlossene Stadtbild aus: »Nun fragen wir: verlangt der Platz als Knotenpunkt der Bewegungsrichtungen, als Träger des Kommens und Gehens, des Eintretens und Verlassens, des Empfangens und Wiederaussendens nach allen Richtungen, verlangt dieser Platz – der Verkehrsplatz des 20. Jahrhunderts! – einen allseitigen Abschluss? Und die Strasse, die Rinne, durch die sich der Verkehr wälzt, besitzt sie den Charakter des an den Enden geschlossenen Raumes? ... Das strömende Leben verlangt *Weite* und keine Geschlossenheit. Und darum müssen wir ... einsehen, dass der so beliebte monumentale *Abschluss*, dass *die Kopf-Wand, an der die ganze Bewegungsrichtung des Verkehrs totläuft, verfehlt ist*. Nicht blos [sic] technische Gründe verlangen diese Konsequenz, sondern noch mehr die Anerkennung der grossen gestaltenden Verkehrsfaktoren, die Achtung, die wir dem Leben und der Energie unserer Weltstädte schuldig sind.«³⁴¹ In Übereinstimmung mit diesen Forderungen entwarf Oud bis zu 80 m breite Straßen, die sich durch die zu diesem Zeitpunkt noch eng bebaute Innenstadt ziehen. Die Börse* selbst ist in ihrer langgestreckten Form sowie aufgrund der durchlaufenden Wandstreifen stark horizontal ausgerichtet und bringt damit den Verkehrsfluß am Coolsingel zum Ausdruck. In Anlehnung an Stam, der für die Innenstadt eine Konzentration der Bebauung wünschte – »Im Herzen der Stadt schliessen sich die Häuser am dichtesten zusammen, die Ausnutzung des Raumes nötigt uns, Bureau- und Geschäftshäuser höher hinaufzuführen«³⁴² – schlägt Oud sowohl für die Börse als auch die anschließende Straßenbebauung siebengeschossige Gebäude (Abb. 289) vor. Stam wendet sich zudem gegen eine traditionell symmetrische Gestaltung der Bauten: »Denken wir ferner daran, wie man die ideale Strassenwand aufteilte in einzelne Komplexe, jeden für sich selbst symmetrisch in Bezug auf eine Axe [sic] senkrecht zur Verkehrsrichtung ... Jedes Ding, jeder Bau kennt nur sich selbst, steht in seiner eigenen Mitte und kümmert sich in seinem

111. Mart Stam, Variante des »Wolkenbügels«, 1925

Eigenwahn nicht, oder doch nicht viel um seine Nachbarn. So ist die Strasse zu einem Museum, zu einer Aufreihung dürrer, unzusammenhängender Einheiten geworden, zu einer Folge von einander völlig fremden Bauklötzen.«[343] Oud, dessen Bauten sich (von wenigen Ausnahmen abgesehen) durch eine symmetrische Gestaltung auszeichnen, setzt hier mit dem erhöhten Bürotrakt an der Südseite seines Baus einen deutlichen asymmetrischen Akzent. Dieser dient gleichzeitig dazu, das Ensemble Rathaus, Post und Börse als rahmendes Element und hier als Pendant zum Rathausturm abzuschließen (Abb. 290). Auch die an Rathaus und Post orientierte Höhenerstreckung zeigt, daß Oud die Börse bewußt als Teil dieses Ensembles verstand. Oud vermied darüber hinaus das traditionelle, zentral liegende Treppenhaus und betonte stattdessen – nach konstruktivistischer Manier – die parallel zum Verkehrsfluß am Coolsingel plazierte Außentreppe und die drei Rolltreppen (Abb. 297).

Die für den Börsen-Entwurf* genannten Merkmale gelten fast ausnahmslos auch für Ouds zweiten Entwurf der Volkshochschule*. Dort findet sich eine Umsetzung der großstädtischen Dynamik in Form des spitzwinkligen Baukörpers, der horizontalen Fassadengliederung und der Konzentration der Bebauung in Form des siebengeschossigen, integrierten Wohnhauses (Abb. 300). Wiederum umfaßt der Entwurf einen ganzen Straßenblock, der – trotz unterschiedlicher Bauten (Volkshochschule, Wohnbau, Heizanlage) bzw. Funktionsbereiche (Unterrichtsräume, Aula, Büros, Garagen) – eine gestalterische Einheit bildet. Der grundsätzlich symmetrische Gesamtentwurf wurde dabei durch asymmetrische Akzente wie das nur an einer Längsseite plazierte Wohnhaus und die aus der Achse verschobene Höföffnung ersetzt. Hinzu kommt die Betonung der Erschließungssysteme durch freistehende Aufzugschächte und aus der Fassade hervortretende Treppenhäuser sowie der technischen Einrichtungen in Form eines Schornsteins in der Mittelachse des Gebäudes. Den Schornstein in Verbindung mit dem gerundeten Gebäudeflügel zeigt – ebenfalls in einer die Konstruktion betonenden Formensprache – der Entwurf einer Werkzeugfabrik (1923) von den Gebrüdern Luckhardt und Max Taut. Der Entwurf erschien 1926 in der Zeitschrift »L'Architecture Vivante«[344], in der auch Oud mehrfach seine Arbeiten veröffentlichte. Eine weitere Anregung könnte die Technische Fachoberschule von Van der Vlugt und J. G. Wiebenga in Groningen (1922) geboten haben, die in ihrer Formgebung maßgeblich durch die Stahlkonstruktion bestimmt wird.

Bezeichend ist, daß die konstruktivistische Formensprache allein in diesen beiden für Rotterdam bestimmten Bauten zum Tragen kam, dann jedoch wieder aus Ouds Schaffen verschwand. Nur solange Oud in engem Kontakt zu De Opbouw stand, griff er auf die dort propagierten Formen zurück. Die gleichzeitig entstandenen Arbeiten wie der Entwurf für das Hotel Stiassny* in Brünn und die Reihenhäuser der Stuttgarter Weißenhofsiedlung* weisen (mit Ausnahme des rasterartigen Fassadenabschnittes des Hotels) keine konstruktivistischen Gestaltungsmerkmale auf. Auf der anderen Seite scheinen auch die Architekten von De Opbouw von Oud beeinflußt gewesen zu sein. 1928 veröffentlichte Stam eine Protestschrift von De Opbouw gegen den von W. G. Witteveen, Chef der Abteilung Städtebau und Bauwesen, vorgelegten Entwurf des Rotterdamer Hofplein (vgl. Abb. 58).[345] Stam fordert neben dem Durchbruch breiter Straßen den Abriß des alten Stadtzentrums, um dort ein neues Geschäftszentrum errichten zu können.[346] Dem manifestartigen Text ist ein Gegenentwurf beigefügt (Abb. 59), der abweichend zu Witteveens Lösung eine große Freifläche mit einheitlich konvex gebogenen Straßenwänden und breiten Straßenzügen zeigt.[347] Offensichtlich wird mit dieser Lösung Ouds städtebaulicher Plan für die Rotterdamer Innenstadt (Abb. 288) fortgesetzt bzw. ausgearbeitet. Auch die von Oud geforderte gleich hohe und nach Möglichkeit gleichartige Gestaltung der »Boulevardwände« (vgl. Abb. 289)[348] findet im Gegenentwurf eine konsequente Umsetzung.

Stam übernahm in seiner Publikation des Hofplein-Entwurfs zudem zahlreiche Formulierungen von Oud. Wie Oud im Rahmen seines Erläuterungsberichtes betont, werde das Grundkonzept des Börsen-Entwurfs* von der Notwendigkeit zweier großer Verkehrswege beherrscht. Eine Verlängerung des Coolsingel, der in nördlicher Richtung in das Hofplein mündet, findet dort bereits Erwähnung.[349] Stams siebter Punkt seiner Erläuterung, nach dem die Fluchtlinien der Gebäude so geführt werden sollten, »dass dem Verkehr ein müheloses Ablesen der Hauptrichtungen möglich wird«, entspricht genau Ouds Formulierung: »Der Coolsingel verlangt optisch, daß seine Bebauung das Drängen des Verkehrs zwingend einschließt.« Für das Auge entstehe so ein »fließender Verlauf des Gebäudekomplexes«.[350] Weitere Übereinstimmungen zwischen Stam und Oud zeigt ihre Haltung gegenüber dem ehemaligen Stadttor Delftsche Poort (vgl. Abb. 58), das bereits in Berlages erstem Hofplein-Entwurf (1922) im Zentrum des Platzes stand. Nachdem Oud schon damals eine Entfernung der Delftsche Poort in die Diskussion eingebracht hatte, forderte er 1927, sie vom Hofplein zu entfernen und an anderer Stelle aufzustellen.[351] Entsprechend kritisierte Stam sowohl Berlages Entwürfe, bei dem das Stadttor »als kostbare Reliquie inmitten des Arrangements« throne, als auch Witteveens Vorschlag, der das Tor an Ort und Stelle belassen wollte.

Die Verbindung zwischen Ouds städtebaulichem Plan und De Opbouw wird auch an Van Loghems Entwurf für die Meent, einem breiten Straßendurchbruch in der Rotterdamer Innenstadt (Abb. 51), deutlich. Im Juni 1930 erhielt Van Loghem, von Oud bei der Gemeinde eingeführt und inzwischen Vorsitzender von De Opbouw, den Auftrag für die Fassadengestaltung und Gebäudeeinteilung der neu anzulegenden Straße. Mit seinem Stützenraster und den großen Glasfronten zeigt der im Mai 1932 publizierte Entwurf (Abb. 60) deutliche Parallelen zu Ouds Börsen-Entwurf*.[352] Auch die einheitlichen Straßenfronten kommen Ouds Forderung bezüglich der einheitlichen »Boulevardwände« nach (Abb. 289).

Ähnlich dem Hofplein geriet auch die Bebauung des Neubaugebietes Blijdorp* zum Streitobjekt zwischen De Opbouw und der Gemeinde. 1931 erschien eine Bittschrift, die sich gegen den von Witteveen eingereichten Plan (vgl. Abb. 355) richtete.[353] Kritisiert wird, daß die Gemeinde weder Rat noch Hilfe der fortschrittlichen und mit dem Wohnungsbau vertrauten Architekten angenommen habe. Obwohl ein ganzes Stadtgebiet errichtet werde, bestünde nur unzureichend die Möglichkeit, den im Ausland erprobten Zeilenbau, offene Wohnblöcke und Hochhäuser zu realisieren. Aufgerufen werde daher, diese neuen Strömungen zu fördern und Rotterdam seine Bedeutung als Wohnstadt wiederzugeben. Verschiedene Architekten wie Van den Broek, vor allem aber die De Opbouw-Mitglieder Oud, Van der Vlugt und Van Tijen erstellten Alternativpläne zu Witteveens Vorlagen. Die Entwürfe umfassen jeweils nur einzelne Abschnitte, so daß die Gesamtstruktur von Witteveens Plan bestehen blieb. Eine Ausnahme bildet der Entwurf des späteren De Opbouw-Vorsitzenden Van Loghem, der als Alternative ein 13-geschossiges Hochhaus vorlegte.[354] Aber auch Oud hatte im Winter 1930/31 einen Entwurf für Blijdorp* erstellt, der sich mit acht bzw. neun von Ost nach West verlaufenden Häuserzeilen von Witteveens traditionell geschlossenem Blocktypus absetzt. Damit bildete Ouds Plan für Blijdorp, ebenso wie der Genfer Bahnhof von Stam[355], der Hofplein-Entwurf von De Opbouw (Abb. 59) und Van Loghems Hochhausentwurf, ein Alternativprojekt zu bereits vorliegenden Plänen der Gemeinde. Diese Tradition von De Opbouw hatte Stam erstmals 1925 formuliert: »KEINE KRITIK mit blossen Worten über die Resultate des Wettbewerbs. ABER GEGENVORSCHLÄGE (das Verfahren wird Kunstkritikern zur Nachahmung empfohlen.)«[356]. Vor allem zeigt jedoch der Zeilenbau, zu dieser Zeit ein brandaktuelles Thema in De Opbouw, die Verbindung Ouds mit der Gruppe: Zwischen November 1930 und Sommer 1932 erstellten De Opbouw und De 8 ein Gutachten, das den Zeilenbau im Gegensatz zum geschlossenen Wohnblock propagiert. Während seiner Arbeit an den Häuserzeilen in Blijdorp stand Oud mit den De Opbouw-Mitgliedern Rietveld, Van Loghem und wahrscheinlich Van Lohuizen in Kontakt und nahm zudem an den Versammlungen der Gruppe teil.[357] Oud muß daher mit den im Gutachten behandelten Fragen vertraut gewesen sein. Für einen entsprechenden Austausch spricht auch der Wunsch von De Opbouw, den Zeilenbau im Rahmen des kommunalen Wohnungsbaus durch Wohnungsbauvereinigungen oder die Gemeinde – Oud war noch immer Architekt der *Bouwpolitie en Woningdienst* – zu realisieren. Zur Demonstration der offenen Bebauung nennt das Gutachten daher neben den Arbeiten von Merkelbach und Karsten für Landlust (1931/32) in Amsterdam auch die Entwürfe für Blijdorp.[358]

Die Gruppe De 8 wurde 1927 von sechs bis dahin weitgehend unbekannten jungen Architekten gegründet, die ihre Ausbildung in Haarlem an der »School voor Bouwkunde, Versierende Kunsten en Ambachten« absolviert hatten.[359] Der Unterricht basierte dort auf einem hierarchischen Schema aus Konstruktionslehre auf der untersten Ebene, gefolgt von Funktion und Formgebung. Da die baukünstlerische Form als nicht vermittelbar galt, konzentrierte sich die Ausbildung auf die Aspekte Konstruktion und Funktion. Obwohl sich das Wirkungsfeld von De 8 auf Amsterdam beschränkte, zielte die Gruppe von Anfang an auf die Entwicklung einer internationalen Kultur. Im Gegensatz zu De Opbouw blieb De 8 immer unpolitisch: Ausgangspunkt war die bestehende gesellschaftliche Situation, ihr Ziel die Verbesserung der architektonischen Praxis. An die Stelle von Baukunst trat somit »Bauwissenschaft«: Das Bauen sollte »a-aesthetisch« sein und wurde in erster Linie als Organisationsproblem aufgefaßt. Das Interesse der Gruppe konzentrierte sich entsprechend auf den Wohnungsbau, der durch Rationalisierung zu einer Qualitätssteigerung geführt werden sollte.[360] Oud, der immer das Künstlerische in der Architektur betonte, muß dem Konzept von De 8 ablehnend gegenübergestanden haben. Abgesehen von Publikationen in »De 8 en Opbouw« sind daher auch keine Kontakte zwischen Oud und De 8 bekannt.

Entsprechend der herausgehobenen Stellung der Niederlande innerhalb der Internationalen Moderne beteiligten sich überdurchschnittlich viele Niederländer – und hier vor allem Mitglieder von De Opbouw und De 8 – an den internationalen Architektur-Kongressen, die als CIAM (Congrès Internationaux d'Architecture Moderne) in die Architekturgeschichte eingingen. Oud stand den Kongressen zwiespältig gegenüber. An dem ersten Treffen, das im Juni 1928 in La Sarraz stattfand, nahmen von den niederländischen Architekten allein Berlage, Rietveld und Stam teil. Oud hatte kurzfristig abgesagt.[361] Das zweite Treffen (CIAM II) fand im Oktober 1929 in Frankfurt am Main statt. Thema war »Die Wohnung für das Existenzminimum«, wofür Vertreter aus 16 Ländern Fragebögen über den Arbeiterwohnungsbau zusammengestellt hatten. Unter den 130 Teilnehmern fanden sich neben den Niederländern Sybold van Ravesteyn und Rietveld wiederum Mitglieder von De Opbouw und von De 8.[362] Die Leitung übernahm der CIRPAC (Comité International pour la Résolution des Problèmes de l'Architecture Contemporaine) mit den niederländischen Vertretern Rietveld und Stam. Wiederum lehnte Oud eine Beteiligung ab. Jedoch nahm die parallel zu Kongreß und Ausstellung erschienene Publikation fünf Grundrisse von niederländischen Architekten, darunter zwei Arbeiten von Oud, auf.[363] Im November 1930 wurden in Brüssel die CIAM III unter dem Motto »Rationelle Bebauungsweisen« abgehalten. Die aus den Niederländern Van Eesteren, Duiker und Merkelbach bestehende Vorbereitungskommission organisierte auch die gleichnamige Ausstellung, die unter anderem vom 25. Juni bis 6. Juli 1932 in Amsterdam präsentiert wurde. Unter den gezeigten 56 Wohnkomplexen befanden sich elf niederländische Arbeiten einschließlich Ouds Siedlung Kiefhoek*. Zur Ausstellung »De rationale woonwijk« (Die rationelle Wohnsiedlung) konnte schließlich im Sommer 1932 das von De Opbouw und De 8 erstellte Gutachten mit dem Titel »De organische woonwijk in open bebouwing« (Die organische Wohnsiedlung in offener Bebauung) vorgelegt werden.[364] Den Vorsitz der CIAM hatte bereits 1930 das De Opbouw-Mitglied Van Eesteren übernommen.

Oud war – trotz seiner andauernden Weigerung, selbst an den Kongressen teilzunehmen – mit seinen im Rahmen der CIAM ausgestellten und publizierten Arbeiten involviert. Als Architekturredakteur von »i 10« veröffentlichte er die offizielle Erklärung von La Sarraz sowie Artikel der De Opbouw-Mitglieder. Nach der letzten Ausgabe von »i 10« (1928) wurden noch im Frühjahr 1930, vor allem durch Schuitema, Versuche zur Wiederaufnahme der Zeitschrift vorgenommen. Oud und Van Eesteren erklärten sich zur Mitarbeit an einem gemeinsamen Organ von De 8 und De Opbouw bereit.[365] Gleichzeitig bemühten sich Van Tijen und der De 8-Architekt Merkelbach um Zugang zu bestehenden Architekturzeitschriften. Mit J. van Crevelt, Herausgeber der Zeitschrift »Bouw en Techniek«, wurde 1931 eine Redaktion bestehend aus dem Vorsitzenden von De 8 (Duiker), dem Vorsitzenden der CIAM (Van Eesteren), dem Vorsitzenden von De Opbouw (Van Loghem), und dem Sekretär von De 8 (Merkelbach) zusammengestellt. Im Januar 1932 erschien die erste Nummer der Zeitschrift »De 8 en Opbouw«.[366] Von einer aktiven Beteiligung Ouds an der Redaktion war nun nicht mehr die Rede.

Im Januar 1932 forderte der Vorsitzende von De Opbouw, Van Loghem, den Ausschluß »rechter« Architekten, darunter auch Ouds: Van Loghem unterschied eine deutlich links eingestellte Gruppe, die von den CIAM verkörpert werde, von dem konservativ-rechten Lager mit Oud und Jos Klijnen. Mitglieder, die eine gesellschaftliche Veränderung nicht anstrebten – gemeint waren Oud und Klijnen –, sollten die Gruppe verlassen.[367] Wichtiger als die Arbeiten der Mitglieder – noch im April 1930 hatte Van Loghem die Siedlung Kiefhoek* als ausgesprochen modern gelobt – war nun deren politische Einstellung.[368] Im Mai 1933 trat Oud aus De Opbouw aus. Als Begründung gab er an, daß die politische Ausrichtung eine Beschränkung der weitgefächerten ästhetisch-geistigen Auffassungen zur Folge habe.[369]

3.2. Ouds Vorstellung einer »Internationalen Architektur«

Für die Moderne Architektur der Zwischenkriegszeit existierte von Anfang an eine Vielzahl von Bezeichnungen. Obwohl sich in den Niederlanden vergleichsweise früh eine qualitätvolle Moderne Architektur entwickelt hatte, wurden die beiden zentralen Begriffe »Nieuwe Bouwen« (Neues Bauen) und »Nieuwe Zakelijkheid« (Neue Sachlichkeit) aus dem Nachbarland Deutschland übernommen. Hiervon wich Oud mit dem Begriff der »Internationalen Architektur« ab. Sein Vorschlag blieb jedoch – im Gegensatz zu dem von Hitchcock und Johnson propagierten »International Style« – ohne Resonanz.[370]

Das ab den 1930er Jahren gebräuchliche »Nieuwe Bouwen« bildet das Pendant zu der bereits 1920 verwendeten, wörtlich übersetzten deutschen Bezeichnung.[371] In Abgrenzung zu anderen Stilbegriffen betont der substantivische Infinitiv den Bauvorgang an Stelle des Formergebnisses. Entsprechend stand das »Neue Bauen« (zunächst) auch nicht für einen Baustil, sondern für eine sozial-kulturelle Haltung: Auf Grundlage einer sowohl wirtschaftlicheren als auch qualitätvolleren Bauweise sollte eine verbesserte Lebenssituation für die Menschen geschaffen und damit die neue Kultur der Moderne mitgestaltet werden. Obwohl das »Neue Bauen« alle Baugattungen umfaßte, wurden Wohnsiedlungen und soziale Einrichtungen als die zentralen, »eigentlichen« Bauaufgaben betrachtet. Die in Abhängigkeit von modernen Konstruktionen und Baumaterialien zu entwickelnden neuen Bauformen waren als Ausdruck der neuen Kultur ausdrücklich erwünscht. Dennoch galt der künstlerische Aspekt als nebensächlich und wurde die Existenz eines Stils vielfach geleugnet. Wie Norbert Huse feststellt, kam das, was die modernen Architekten forderten und beschrieben, einem Stil jedoch sehr nahe.[372] Dies hatten bereits in den 1920er Jahren einzelne Künstler wie Kritiker erkannt, waren hiermit jedoch in der Minderheit geblieben. Am deutlichsten formulierte es wohl W. C. Behrendt im Titel seiner zur Werkbund-Ausstellung erschienenen Publikation »Der Sieg des Neuen Baustils« (1927).[373]

In den Niederlanden taucht der Begriff »Neues Bauen« erstmals 1931 in Verbindung mit den CIAM III in Brüssel auf, wo er bereits Teil des deutschen Titels – »Internationale Kongresse für Neues Bauen« – war. Die niederländische Version, 1932 von Van Eesteren eingeführt, verdrängte in kürzester Zeit den bis dahin gebräuchlichen Begriff der »Nieuwe Zakelijkheid«.[374] Auch hier handelt es sich um eine wörtliche Übersetzung der älteren deutschen Bezeichnung: Schon 1923 hatte Gustav Hartlaub seine 1925 in Mannheim präsentierte Schau zeitgenössischer Malerei und Grafik mit »Neue Sachlichkeit« betitelt. In den Niederlanden trat der Begriff 1929 in Verbindung mit der Rotterdamer Van Nelle-Fabrik auf.[375] Bereits ein Jahr später entstand die niederländische Version.[376] Nicht zu verifizieren ist die Vermutung von Hans Oud, wonach sein Vater den Begriff »Nieuwe Zakelijkheid« von Hartlaub übernommen und in die Niederlande eingeführt habe.[377]

Gerade die Betonung des Sachlichen in der Architektur hatte vielfach Kritik zur Folge. Auch Oud sprach sich in seinem Aufsatz »De ›Nieuwe Zakelijkheid‹ (1932) in de bouwkunst« gegen diese Bezeichnung aus.[378] Demnach sei der Begriff mitschuldig an den unter anderem von Berlage erhobenen Vorwürfen, die Bauten dieser Stilrichtung würden auf »Gefühlselemente« vollkommen verzichten. Der Begriff der »Nieuwe Zakelijkheid« bringe nicht einmal im Ansatz das zum Audruck, wofür er eigentlich stehe: »Es ist eine häßliche und unsinnige Bezeichnung«.[379] Statt dessen plädierte Oud mit Blick auf die Bauhaus-Ausstellung »Internationale Architektur« (1923) und das gleichnamige Buch von Walter Gropius (1925)[380] für den dort geprägten Begriff: »Will man einen Namen, so ist mir – ich beschränke mich auf die Baukunst – der Titel ›Internationale Architektur‹, der in den nicht-germanischen Ländern verwendet wird, doch lieber.«[381] Daß Oud mit seinen Arbeiten auf dieser ersten Demonstration der Modernen Architektur eine zentrale Rolle einnahm und Gropius' Publikation als Auftakt der »Bauhausbücher« seinem eigenen »Bauhausbuch« vorausging, war für die Wahl dieses Namens sicherlich ausschlaggebend.[382] Wie Oud hervorhob, stamme die »Nieuwe Zakelijkheid« oder besser »Internationale Architektur« von der Malerei ab und habe ihren Ausgangspunkt daher – im Gegensatz zur Meinung Berlages – in der Ästhetik. Nach der Konzentration auf die ästhetische Formgebung (horizontale und vertikale Überschneidungen, Eckfenster usw.) dominiere im Sinne einer Gegenreaktion nun jedoch die sachliche Richtung. Eine der Errungenschaften der »Nieuwe Zakelijkheid« sah Oud dann auch im Zeilenbau, der durch »Offenheit, Luft und Licht« die Bedürfnisse der Menschen befriedigen wolle.[383]

Oud verwendete den Begriff »Internationale Architektur« erstmals 1929 in einem Nachruf auf den amerikanischen Architekten Peter van der Meulen Smith, dessen «reine" Architektur kaum noch etwas mit der frühen Moderne von Frank Loyd Wright gemein gehabt habe.[384] Der Begriff »Internationale Architektur« weist in erster Linie auf die Gemeinsamkeiten innerhalb der Modernen Architektur, wie sie sich in den 1920er und frühen 1930er Jahren in Europa und den USA präsentierte. Mit seiner Betonung der Internationalität folgte Oud zu dieser Zeit bereits einem Allgemeinplatz der Kunsttheorie.[385] Im Gegensatz zu dem seit 1928 von Hitchcock verwendeten Begriff »International Style«, bei dem es sich um einen kunsthistorischen Stilbegriff handelt[386], distanziert sich die »Internationale Architektur« von der Vorstellung eines feststehenden und einheitlichen Architekturstils.[387]

Zehn Jahre zuvor hatte Oud den Begriff des »internationalen Stils« selbst verwendet: »Man könnte daraus die Schlußfolgerung ziehen ... daß vorläufig von einer internationalen Kunst oder einem internationalen Stil nicht die Rede sein wird; doch ist es auffallend, daß zum Beispiel gerade in den Nützlichkeitsbauten [sic] dieser verschiedenen Architekten [der Jahre 1890 bis 1910: EvE] auch wieder gewisse Ähnlichkeiten zu bemerken sind.«[388] In dieser Zeit stand der Gedanke an einen »Stil« im Widerspruch zu den Vorstellungen der Avantgarde. Unbeachtet blieb, daß vor allem in Deutschland bereits seit Jahren ein internationaler Baustil (wenn auch nicht unter diesem Namen) gefordert wurde.[389] Auch die von Oud mitbegründete Künstlergruppe *De Stijl*, als deren rechtmäßiger Architekt sich Oud Zeit seines Lebens verstand, hatte die Suche nach einem neuen Stil, *dem* Stijl, zum Programm erhoben. *De Stijl* wie auch Oud setzten damit die Bestrebungen der 1890er Jahre fort, die als Reaktion auf die künstlerische Freiheit und Individualisierung neue Anhaltspunkte für eine kollektive, allgemein verbindliche Kunst suchten.[390] Im Gegensatz zum Gros der progressiven Architekten sprach sich Oud auch gegen einen Bruch mit der vorherrschenden Bautradition aus und stellte sein eigenes Werk in eine Reihe mit den Bauten von P. J. H. Cuypers und Berlage.[391]

Ouds Vorstellung von »Stil« muß jedoch differenziert gesehen werden. So verstand er unter den Begriffen »modern«, »sachlich« und »rationell«, die in Verbindung mit der neuen Architektur genannt werden, »... jene Auffassung in der Baukunst, welche von den sozialen und praktischen Bedürfnissen und den technischen Fortschritten des modernen Lebens ausgeht und diese auf organische Weise (das heißt von innen nach außen, ohne Hineininterpretation [sic] überlieferter Schmuckformen) ästhetisch zu lösen versucht ...«[392]. Einen Stil auf Basis eines festen Formenrepertoires lehnte er ab: »Es ist das große Verdienst Berlages, in dieser Zeit die Richtungslinie [sic] gezeigt zu haben zu einer Baukunst, welche nicht mehr eine Zusammenstellung alter und neuer Stilformen, sondern eine ästhetische Gestaltungsform von sozialen Notwendigkeiten seiner Zeit war.«[393] Für die zukünftige Baukunst forderte Oud daher eine aus der Konstruktion hervorgehende Architektur unter Verzicht auf das Dekorative: »Die Baukunst wird sich nach dem Kriege in der Richtung der Sachlichkeit zu entwickeln haben, das heißt, die ökonomischen Bedingungen werden ausschlaggebend sein, und in der neuen Baukunst muß deswegen mehr das rein Tektonische als das Dekorative in den Vordergrund treten.«[394] Die notwendige Revision der traditionellen Baukunst werde sich nach seiner Ansicht zum einen durch industrielle Fertigung von Bauelementen, zum anderen durch die Typisierung ergeben, die jeweils eine bestimmte Formgebung forderten. Ähnlich seinen früheren Artikeln in »De Stijl« stellt er Proportion und Rhythmus der »Schmuckkunst« vorangegangener Stile gegenüber.[395]

Ebenfalls 1919 verweist Oud in »Gewapend beton en bouwkunst« (Armierter Beton und Baukunst) auf die gewünschte »Flächenwirkung« und die klarere Begrenzung von Betonwänden sowie die neuen konstruktiven Möglichkeiten dieses Materials.[396] Wenig später erschien sein Artikel »Orientatie« (Orientierung), in dem er die Überwindung des »Formalismus« oder der »Stil-Architektur« fordert. Notwendig sei, »*daß die Konstruktion selbst über ihre materielle Notwendigkeit hinaus zu ästhetischer Form kommen muß.*« Gepriesen werden technische Präzision, »*das Wunder der technischen Vollkommenheit (›die Gnade der Maschine‹)*«, sowie klare Formen und reine Farben.[397] Im Alltäglichen – »*Auto und Lokomotive, in elektrischen und sanitären Artikeln, in Maschinerien, in Sport- und Herrenkleidung, usw.*« – sei diese neue Ästhetik bereits ausgebildet.[398] Der künstlerische Wert eines Gebäudes zeige sich entsprechend in »*der Reinheit seiner Verhältnisse, der Klarheit des Raum-Ausdruckes durch Massen, Flächen und Linien, schließlich durch die Spannung seiner konstruktiven Plastizität …*«[399].

Ouds Forderung nach einer ästhetischen Form auf der Basis von Konstruktion und Material, die aus der Formgebung letztendlich eine ethische Frage im Sinne von Materialechtheit und ökonomischer Bauweise machte, stand in dieser Zeit nicht isoliert.[400] Die entscheidenden Anregungen erhielt er durch Berlage, was bisher zu wenig Beachtung fand. So wird der Verzicht auf das baukünstlerische Detail zu Gunsten wirtschaftlicher Aspekte wie auch einer klaren Gesamtkomposition bereits in Berlages »Bouwkunst en impressionisme« (1894) gefordert.[401] Eines der wichtigsten Dokumente dürfte auch dessen 1905 erschienene Artikelfolge »Über die wahrscheinliche Entwicklung der Architektur«[402] gewesen sein, in welcher ausnahmslos alle zentralen Forderungen Ouds auftreten. Bereits Berlage konstatiert, daß sich der neue Stil der Zukunft, den er mit Edward Bellamy als Vision in das Jahr 2000 verlegt, aus den sozialen Bedürfnissen der Zeit und den hieraus sich ergebenden Forderungen an das Baumaterial entwickle. Als Material der Zukunft sieht Berlage Beton, der (wie Oud später ausführen wird) sowohl den technischen Anforderungen als auch den künstlerischen Bestrebungen gerecht werde. Als Kennzeichen der neuen Architektur nennt Berlage (übereinstimmend mit Ouds späterer Beschreibung) die Rückkehr zu einfachen Grundformen, den Verzicht auf Verzierung, die mit Exaktheit bestimmte Anordnung der Fenster, Materialästhetik und homogene gespannte Wand- und Glasflächen in möglichst großen Ausmaßen. Selbst auf die Maschine mit ihrer neuen Ästhetik, die zum Sinnbild des technischen Fortschritts und einer progressiven Formensprache wurde, verwies Berlage 1905: »… daß wir … so weit gekommen sind, Schönheit in dem polierten Geschütz, der mit tausend Lichtpunkten glitzernden Maschine, der Lokomotive, dem Fahrrad, dem elektrischen Straßenbahnwagen, ja selbst dem Automobil zu finden …*«[403]. Oud selbst erinnert in seiner Rezension zu Le Corbusiers »Vers une architecture« daran, daß die dort formulierten Leitsätze Moderner Architektur bereits in den Schriften von Berlage, Behrens, De Groot, Muthesius und Van de Velde gefordert worden seien.[404]

Im Februar 1921 hielt Oud vor De Opbouw seinen Vortrag »Über die zukünftige Architektur und ihre architektonischen Möglichkeiten«, der anschließend im »Bouwkundig Weekblad«, dem Organ des BNA (Bond Nederlandse Architecten), sowie in mehreren internationalen Zeitschriften publiziert wurde.[405] Entsprechend dem Titel des Vortrags, der sich eng an Berlages Artikel anlehnt, faßt er die von Berlage aufgeworfenen Thesen und Forderungen zusammen. Neu ist die Integration der typischen *De Stijl*-Themen wie Farbgebung, Harmonie zwischen Vertikale und Horizontale, Rhythmus und Energie, vor allem aber eine konkretere Beschreibung der zukünftigen Formensprache. Diese entspricht (mit Ausnahme der Farbigkeit) exakt der Ästhetik der später als »Internationaler Stil« bezeichneten Architektur. Oud stellt einleitend fest, daß die Baukunst im Vergleich zu den Fortschritten im geistigen, technischen und gesellschaftlichen Bereich nicht auf der Höhe ihrer Zeit sei. Das Ziel bestehe darin, die jeweils funktionalste Lösung durch technisch fortschrittliche Produkte zu realisieren, wobei aufgrund des natürlichen Schönheitsdrangs der Menschen von selbst eine ästhetische Form entstehe. Erneut fordert Oud die Verwendung maschinell gefertigter Bauelemente und moderner Baustoffe wie Eisen, Glas und Beton, da allein in diesen Materialien straffe Linien und homogene Flächen sowie weite horizontale Überspannungen möglich seien. Neben klaren Glasflächen und glitzerndem Stahl nennt er eine glänzende, reine Farbigkeit als bestimmendes Charakteristikum der neuen Architektur. Ornamente, deren Funktion allein in der Kompensation baukünstlerischer Mängel liege, würden überflüssig.[406] Schließlich seien allein Material und Konstruktion in der Lage, eine neue Plastizität zu schaffen, die wiederum der Ausgangspunkt einer immateriellen, schwebenden Architektur sein könne. Das Kräftespiel von Stütze und Last, Zug und Druck zeige sich in Rhythmus und Gleichgewicht der Teile, aber auch in der neuen ästhetischen Energie und Dynamik. Zusammenfassend nennt Oud als Kennzeichen der zukünftigen Architektur klare Proportionen, abstrakte, elementare Formen, reine Farben und eine Ästhetik der Materialien.

In der Literatur wurde bereits früh auf die Bedeutung dieses Textes im Hinblick auf die Kanonisierung der Modernen Architektur verwiesen.[407] Oud selbst betrachtete seinen Vortrag als Programm der neuen Architektur und Formulierung der «Nieuwe Zakelijkheid».[408] In der Tat hatte Oud als erster die Ästhetik der Modernen Architektur in dieser Deutlichkeit formuliert und gleichzeitig für die internationale Verbreitung seines Architekturprogramms gesorgt. Damit lieferte er nicht nur eine theoretische Reflexion über das Bauwesen seiner Zeit, sondern beeinflußte gleichzeitig auch die Entwicklung der Modernen Architektur. Auch die Architekturtheorie dieser Zeit wurde von Ouds Text geprägt.[409] Insgesamt darf jedoch der Einfluß Berlages respektive der anderen genannten Architekten nicht unterschätzt werden. Grund dafür, daß die rund 20 Jahre älteren Ausführungen von Berlage in der Forschung wenig Beachtung fanden, wird an Ouds gezielter Propaganda für seinen eigenen Text und letztendlich auch an der Sprache liegen: im Gegensatz zu Berlage, dessen Artikel allein auf Niederländisch erschienen, hat Oud seinen Text auch in Deutsch, Tschechisch, Französisch und Englisch veröffentlicht.[410]

In seinen 1924 erstmals publizierten Aphorismen »Ja und Nein« schien sich Oud von seiner bisherigen Linie abzuwenden.[411] So richtete er sich gegen das von der Avantgarde und auch von ihm selbst propagierte Primat der Maschine und die Unterordnung der Kunst unter die Funktion wie auch gegen die Ablehnung von Symmetrie und Rundformen. Entsprechend kritisierte er die moderne Architekturtheorie seiner Kollegen, vor allem Le Corbusiers »Vers une architecture«, das er bereits in seiner Rezension in einzelnen Aspekten (Le Corbusiers »Effekthascherei« und »blinde Rhetorik«) negativ bewertet hatte.[412] Allerdings bedeutet dies keineswegs eine allgemeine Abkehr vom »Internationalen Stil«[413], sondern Oud wandte sich allein gegen die Dogmatisierung bestimmter Formlösungen, die seiner Auffassung nach aus der »Internationalen Architektur« eine reine Stil-Architektur machten. Die Konzentration auf Le Corbusier, dem man unter den modernen Architekten wohl am allerwenigsten den Vorwurf machen kann, nach festen Schemata gearbeitet zu haben, lag wohl allein in Ouds Konkurrenzdenken begründet. Die dargelegten funktionalen wie formalen Aspekte blieben für Ouds Sichtweise der neuen Architektur auch nach 1924 bestimmend. Gerade der Ästhetik kam nach wie vor ein hoher Stellenwert zu: »*Für mich ist das Rationelle nur Ausgangspunkt … warum sollte ich es leugnen, daß ich dieses Fenster in diesem Raum schön finde? Ich pfeife auf die reine Funktion ohne Form: auch auf die Wohnmaschine.*«[414] Im Zusammenhang mit seinen ebenfalls 1924 entworfenen Häuserzeilen in Hoek van Holland* fand Oud rückblickend zum Begriff des »Poetischen Funktionalismus«, der den künstlerischemotionalen Faktor gegenüber den technischen und funktionalen Forderungen hervorheben sollte: »Es war, glaube ich, in diesem Moment, daß mein *sachlicher Funktionalismus in meinen poetischen Funktionalismus überging.*«[415]

Offenbar ging es Oud mit seinen Aphorismen um eine Gewichtung der einzelnen Aspekte (Kunst gegen Funktion und Konstruktion) sowie um eine Positionierung seiner eigenen Person als Pionier der Internationalen Architektur. Anfang 1926 wies er im Hinblick auf die Stuttgarter Werkbundausstellung – an der auch er beteiligt sein wollte – auf die »Formeinheit« der Modernen Architektur hin: »Die neue Auffassung des Bauens hat heute in der ganzen Welt zu einer Formensprache geführt, welche in klarer Weise grösste Übereinstimmungen aufweist.«[416] In einer Vorschau der Ausstellung ergänzte er, daß sich mit dem in Stuttgart präsentierten einheitlichen »Geist« der internationalen Architektenschaft eine bedeutende Phase in der Entwicklung der Modernen Architektur andeute.[417] Allerdings sollte ihm die Entwicklung der nächsten Jahre, die eine zunehmende Konzentration auf wirtschaftlich-technische Faktoren zeigte, nicht recht geben. Das wachsende Deinteresse großer Teile der modernen Architektenschaft am Künstlerischen mag sowohl Ouds ablehnende Haltung gegenüber den CIAM begründet haben[418] als auch seinen Verzicht auf eine Beteiligung am Wettbewerb für die Siedlung Dammerstock (1928) in Karlsruhe, die als strenger Zeilenbau entstehen sollte. Der von Gropius übernommene Begriff der »Internationalen Architektur«, der zwar die zentralen Vorstellungen des »International Style« bejaht, sich jedoch gegen ein Formdogma wendet, konnte sich weder auf internationaler Ebene noch in den Niederlanden durchsetzen.

3.3. Ouds Moderne Architektur im internationalen Kontext

Im folgenden soll Ouds stilistische Entwicklung zur Moderne dargestellt und in den internationalen Kontext eingeordnet werden. Als Ausgangspunkt dient eine Auswahl an Kriterien, die das Bild der Modernen Architektur in ihren verschiedenen Spielarten beschreibt: die Akzentuierung des Kubus, die formale Umsetzung von Typisierung und Serialität, die Charakterisierung der Bauten durch Material und Konstruktion sowie die Forderung nach »Licht, Luft und Sonne«, die sich in Fensterbändern und großen Glasfronten ausdrückt. Die Großstadt als zentrales Thema der Moderne wird anhand der Bauaufgaben Hochhaus und multifunktionaler Geschoßbau in die Untersuchung einbezogen.

Ein Charakteristikum der Modernen Architektur, das nur wenige Strömungen wie das organische Bauen oder *De Stijl* ablehnten, besteht in der Vorliebe für quaderförmige und kubische Baukörper.[419] Voraussetzung hierfür sind die Verwendung des Flachdachs und ebener Wandflächen sowie der Verzicht auf bauplastische Dekoration. Damit die Kuben nicht als massive Steinquader, sondern als abstrakt-geometrische Körper in Erscheinung treten, werden tragende Mauern durch eine das konstruktive Gerüst umspannende »Haut« mit bündig liegenden Fenstern ersetzt. Die Bauten können als geschlossene Gebäudeblöcke auftreten[420] oder aus einzelnen Kuben zusammengesetzt sein, die, je nach Funktion, unterschiedlich ausgebildet und frei komponiert sind. Der Umbau der Villa Allegonda* von Oud und Menso Kamerlingh Onnes (1916/17) ist eines der frühesten Beispiele des »asymmetrical play of cubistic masses« im 20. Jahrhundert und gleichzeitig Ouds »erster radikal moderner Bau«.[421]

Den hellen Verputz und das Flachdach hatte Oud bereits in früheren Arbeiten eingeführt: Zunächst wurden bei einigen Wohnhäusern die flach geneigten Dächer durch eine Attika verdeckt und somit Flachdächer suggeriert (vgl. Abb. 6, 92)[422], erst die Perspektive der Villen in Velp* (Abb. 123) zeigt ein wirkliches Flachdach.[423] Im Fall der Villa Allegonda* waren das Flachdach und der helle Verputz bereits durch den bestehenden Bau der Villa Sigrid (Abb. 128) vorgegeben. Auch die in Sichtweite gelegene Villa de Schuur von Berlage (1899) und die ebenfalls in Katwijk aan Zee errichtete Villa Blommers von H. J. Jesse (1899) zeigen ein Flachdach und hellen Verputz.[424] Eine Besonderheit der Villa Allegonda ist jedoch die Ausbildung mehrerer, in Format und Gliederung deutlich unterschiedener Kuben, die hier erstmals asymmetrisch aneinandergefügt werden. Entgegen dem Postulat der Moderne wird deren Funktion jedoch nur bedingt sichtbar: Durch die vergleichsweise großen Fenster und die Eingangsveranda gibt sich der Hauptblock zwar als Wohngebäude zu erkennen, eine Differenzierung in Wohn-, Schlaf- und Personalbereich erfolgt jedoch nicht. Insgesamt wirkt der Bau durch die tief liegenden Fenster und die vereinfachten Bauformen massiv und schwer, wobei der Turm mit seinen kleinen Fensteröffnungen geradezu wehrhaften Charakter erhält. Hinzu kommt der offenbar rauhe Putz, der durch seine Textur die kubische Form verunklärt und die Massivität der Bauteile betont. Trotz der asymmetrisch komponierten, unverzierten Baukuben bleibt damit die traditionell-massive Gesamterscheinung vorherrschend.

Als Erklärung für die in ihrer Zeit ungewöhnliche Gestaltung bietet die Forschung mehrere Lösungen. Hitchcock schlug eine Verbindung mit Kamerlingh Onnes' Afrikareise vor[425], und auch Blotkamp sieht das Äußere inspiriert »durch die Stapelung weißer Blöcke in marrokanischen Städten«[426]. Radikaler formuliert es der Rotterdamer Katalog, der in dem Gebäude nichts außer dem »klischeehaften Echo« der nordafrikanischen Architektur erkennen kann.[427] Unabhängig davon, ob Kamerlingh Onnes das äußere Erscheinungsbild der Villa selbst bestimmte oder ob Oud die Vorstellungen des Malers umsetzte, erscheint diese Ableitung plausibel. So kamen zahlreiche moderne Architekten über das Vorbild mediterraner Architektur zu einer Reduktion der Bauformen und einem hell gefaßten Verputz. Stellvertretend sei hier Le Corbusier genannt, dessen Formensprache sich nach seinen Reisen durch die Mittelmeerländer (1907 und 1911) stark veränderte. Unterstützt wird diese Lesart durch eine Bemerkung von Mensos Sohn, der im November 1927 mahnte, sich beim Umbau der Villa – entsprechend der Absicht seines (inzwischen verstorbenen) Vaters – an »maurischen« Bauten zu orientieren.[428]

Nach einer anderen Theorie steht die Villa Allegonda in Abhängigkeit zur Wiener Moderne: »The Villa Allegonda at Katwijk ... is a heavy-handed version of the stripped down ›Cubism‹ of Loos and Josef Hoffmann ...«[429]. Ein wesentlicher Unterschied zu den Wiener Bauten besteht jedoch in der »ungeschickten« und gröberen Formulierung des niederländischen Beispiels. Zudem handelt es sich bei den Bauten von Loos und Hoffmann gerade nicht um Kompositionen einzelner, von der Funktion vorgegebener Kuben, sondern um kompakte, alle Räumlichkeiten vereinigende Baukörper. Ein mögliches Vorbild für die Villa Allegonda könnte daher der unausgeführte Entwurf eines kleinen Landhauses (Abb. 112) geliefert haben, auf das Manfred Bock verweist.[430] Die Villa des belgischen Architekten Henri Anton van Anrooy wurde im März 1914 im »Bouwkundig Weekblad« publiziert und war Oud daher sicherlich bekannt.[431] Übereinstimmungen zwischen beiden Bauten zeigen sich im Grundriß wie auch in der äußeren Erscheinung: So setzen sich beide Villen aus unterschiedlich geformten Kuben zusammen, die von einem mehrstöckigen, turmartigen Baukörper überragt werden. Allerdings bietet Van Anrooys Entwurf kein Vorbild für die massive Erscheinung der Villa Allegonda und lehnt sich mit seinen glatten Wandflächen und schlanken Stützen weitaus stärker als diese an die Wiener Moderne an. In der Tat war Van Anrooy um die Jahreswende 1913/14 nach Wien gereist, um dort bei Hoffmann zu arbeiten.[432] Falls der auf Winter 1913 datierte Entwurf tatsächlich als Reaktion auf diese Eindrücke entstand, könnte Van Anrooy als Vermittler zwischen der Wiener Moderne und Oud gedient haben.

Die Fortschrittlichkeit der Villa Allegonda in bezug auf die unterschiedlichen, asymmetrisch komponierten Kuben wurde früh erkannt.[433] Oud selbst äußerte sich nicht zum Stellenwert seines Baus innerhalb der Modernen Architektur. Da die neue Bewegung seiner Meinung nach jedoch 1916 begonnen habe, stellte er die Villa Allegonda zumindest indirekt an den Anfang dieser Bewegung.[434] Nur das 1914–16 von Irving John Gill errichtete Haus Walter Dodge in Los Angeles geht sowohl über die Villa Allegonda als auch die Wiener Bauten hinaus.[435] Dort zeigt sich bereits der ausgeprägte Stil der Moderne mit seinen dekorlosen, entmaterialisierten weißen Kuben, die entsprechend ihrer Funktion asymmetrisch zusammengesetzt sind.[436]

Der kurz nach der Villa Allegonda entstandene Entwurf für eine Häuserzeile an einem Strandboulevard* gilt allgemein als Ouds Durchbruch zur Moderne: »Eine Zeichnung im ersten De Stijl-Heft 1917 für eine Häuserreihe am Meer ... katapultiert den damals 27-jährigen in die internationale Moderne«[437]. Die Verwendung des Flachdachs beschreibt Oud gleichzeitig als prinzipielle Lösung für den modernen Wohnblock.[438] Die versetzt in vier Reihen hintereinander gestaffelten Kuben stehen – beim flüchtigen Blick auf die Fassade – für die einzelnen autonomen Wohneinheiten der Häuserzeile. In Wirklichkeit sind die Wohnungen jedoch schmaler als die Kuben, die somit nur scheinbar aus ihrer Funktion hervorgingen. Im Gegensatz zu den groben, stark vereinfachten Bauformen der Villa Allegonda weist die Häuserzeile eine deutlich elegantere Sprache auf: An Stelle der geschlossenen, massiven Wände treten große, dreiteilige Fenstergruppen, die eben in der Wandfläche liegen. Die serielle Reihung augenscheinlich identischer Wohneinheiten steht nicht mehr in Verbindung mit der mediterranen Architektur, die sich gerade durch Irregularität und malerische Kompositionen auszeichnet. Mit den großen Fensteröffnungen erweist sich Ouds Entwurf im Gegensatz zu den kleinteilig versprossten Fenstern der Wiener Bauten als fortschrittlicher. Auch in anderen Ländern finden sich in dieser Zeit kaum vergleichbare Lösungen: »Il annonçait une nouvelle esthétique d'architecture mieux que Le Corbusier ne l'avait fait jusqu'alors.«[439]

Einen Schritt weiter in Richtung auf die Moderne ging Oud bei seinem Entwurf für Haus Kallenbach* (1921/22), das nun jedoch einen geschlossenen Baukörper aufweist (Abb. 219). Aufgrund der relativ kleinen Fenster wird die dekorlose Wandfläche zum bestimmenden Gestaltungsmittel. Die Reduzierung der Bauformen ist dort bis ins Extrem getrieben und verleiht dem Bau ein strenges, fast sprödes Erscheinungsbild. Dies wird vor allem im Vergleich mit dem Konkurrenz-Entwurf von Gropius und Meyer (Abb. 215) mit seinen kleinen Anbauten und plastischen Gliederungselementen deutlich. Wie bei der Häuserzeile an einem Strandboulevard* existieren keine Angaben zur Oberfläche. Anzunehmen ist jedoch, daß Oud einen hell gefaßten Verputz vorgesehen hatte. Der Entwurf von Haus Kallenbach wurde im Sommer 1922 als Illustration von Ouds Architekturprogramm in der Zeitschrift »Frühlicht« publiziert.[440] Offenbar sah Oud gerade diese Arbeit als Verkörperung der dort beschriebenen »zukünftigen Baukunst«. Bei einer Realisierung des Baus wäre ein für Berlin beispielloses Gebäude entstanden. Das erste in Eisenbeton ausgeführte Wohnhaus der Stadt, die zudem ein Flachdach und verputzte Wandflächen aufwies, war Erich Mendelsohns Villa Dr. Sternfeld (1923/24). Bezeichnenderweise hatte Mendelsohn im Vorfeld der Planung bei Oud um Rat bei der Konstruktion des Flachdaches nachgefragt.[441] Auf internationaler Ebene sind als Vergleich vor allem Le Corbusiers »weiße Villen« der 1920er Jahre, darunter die Villa in Vaucresson (1922), zu nennen. Trotz der Symmetrien und der geometrischen Komposition erscheint Le Corbusiers Villa deutlich eleganter als der strenge, reduzierte Entwurf von Oud.

Das erste von Oud realisierte Beispiel einer kubischen Architektur mit weiß verputzten Wänden ist die Siedlung Oud-Mathenesse* (1923/24). Die vorgegebenen Schrägdächer versuchte Oud beim Verwaltungsgebäude (Abb. 232) und bei den acht Ladenbauten am Damloperplein (Abb. 231) zu kaschieren: Ähnlich seinen frühen Häusern in Purmerend und Heemstede führte er die Fassaden über den Dachansatz nach oben fort, so daß die Schrägdächer (zumindest aus der Nahsicht) verdeckt wurden.[442] Gleichzeitig vergrößerte sich damit die Hauswand, die als eine homogene weiße Fläche in Erscheinung tritt. Eine andere Lösung zeigt die Bauleitungshütte* der Siedlung, die als temporärer Bau keinen formalen Vorgaben unterlag. Oud entwarf hier drei sich durchdringende Kuben unterschiedlichen Formats, die jedoch keine asymmetrische Komposition formen wie bei der Villa Allegonda*, sondern – wie für Oud charakteristisch – symmetrisch angeordnet sind. Neu ist die Verkleidung aus farbigen Holzlatten, wodurch die drei Kuben in Form eines gelben, roten und blauen Kubus betont werden.

Bei seinen Stuttgarter Reihenhäusern* bilden die vorgelagerten kubischen Anbauten das bestimmende Motiv der Straßenfront (Abb. 313). Ähnlich dem Entwurf der Häuserzeile an einem Strandboulevard* ist das vermittelte Bild von einzelnen, durch ihre Funktion bestimmten Raumteilen jedoch irreführend. Vor allem die Zweigeschossigkeit der Kuben tritt am Außenbau nicht in Erscheinung. Wiederum stehen die Kuben daher nur äußerlich für eine rein nach funktionalen Gesichtspunkten konzipierte (kubische) Architektur.

Mit der Verwendung des Flachdachs war Oud einer der Vorreiter dieses später so zentralen Motivs der Modernen Architektur. 1928 wurde er um eine Stellungnahme in der als »Zehlendorfer Dächerkrieg« bekannt gewordenen Diskussion um die Verwendung von Flach- oder Satteldach gebeten.[443] Hintergrund war die konservative Berliner »Versuchssiedlung Am Fischtal«, die ab 1928 neben der Siedlung »Onkel Toms Hütte« (1926–32) errichtet wurde. Im Gegensatz zu den flachgedeckten Häusern der älteren Siedlung war dort ein um 45° geneigtes Dach vorgeschrieben. Im »Berliner Börsen Kurier«, in dem die Kunstkritiker und Architekten ihre Vorstellungen darlegten, prophezeite Oud,

112. H. A. van Anrooy, Landhaus, 1913, Perspektive

daß sich das praktischere Flachdach allgemein durchsetzen und das Satteldach verdrängen werde.⁴⁴⁴ Anders als die meisten Vertreter der Modernen Architektur widersetzte sich Oud einer kategorischen Ablehnung des Schrägdachs. In der Tat hatte er sich selbst ohne größere Probleme den Vorgaben bezüglich der Schrägdächer im »Witte Dorp«* gefügt. Oud sah das Flachdach nicht als (entscheidendes) Kriterium für die Qualität eines Baus an.⁴⁴⁵ Ausschlaggebend für den architektonischen Wert sei vielmehr die Gesamtgestaltung, die immer eine Vielzahl von Aspekten umfasse, einschließlich der Integration der Bauten in ihre Umgebung. Gerade die fehlende Einfügung war für Oud der zentrale Kritikpunkt an der »Versuchssiedlung am Fischtal«, die sich als Gegenprojekt zu »Onkel Toms Hütte« bewußt von dieser absetzt. Entsprechend wandte er sich im November 1928 an Heinrich Tessenow als Leiter des Projekts: »Nun – nach diesen letzten Arbeiten – verstehe ich ihre Arbeit am Fischtalgrund nicht mehr. Wenn Sie das flache Dach nicht prinzipiell ablehnen, so wäre doch die größere Einheit wichtiger gewesen als ein Selbständigkeitsbetrieb [sic], dessen Begründung ich jetzt nicht nachforschen kann.«⁴⁴⁶

Die Technik- und Maschinenbegeisterung der Moderne zielte neben einem effizienteren Bauprozeß vor allem auf eine neue Architektursprache. Die typisierten und maschinell gefertigten Bauelemente sollten daher auch optisch als gleichförmige Abfolge identischer Bauteile zum Ausdruck kommen. Im Gegensatz hierzu stand die traditionelle axialsymmetrische Gestaltung auf Basis einer hierarchischen Gebäudestruktur. Die Symmetrie galt entsprechend als Element der akademischen repräsentativen Architektur, die dem Prinzip der Moderne entgegensteht.

Bezeichnend für Oud ist, daß er sich neben seinen symmetrischen Grundrissen und Fassaden auch der seriellen Reihung als gestalterischem Mittel bediente. Die der Serialität zugrunde liegende Normierung geht einerseits auf seine Tätigkeit beim *Woningdienst* zurück, kam andererseits jedoch den Vorstellungen eines modernen Bauens entgegen. Entsprechend ging Oud in der Beschränkung auf wenige Fenster- und Türformen und eine begrenzte Anzahl von Wohnungsgrundrissen über das im *Woningdienst* und dem zeitgenössischen *Volkswoningbouw* Übliche hinaus. Die Abfolge identischer Bauglieder wurde zum gestalterischen Mittel, das – wie bei andern Vertretern der Modernen Architektur – das Erscheinungsbild seiner Bauten bestimmte. Ein frühes Beispiel bildet Block VIII* in Spangen, bei dem Oud aufgrund der extrem langen Straßenfront auf eine Mittelbetonung verzichtete (Abb. 187). Die Fassade zeigt sich damit als ununterbrochene Folge identischer Fensterformate und Türen und wurde so zum Beispiel einer konsequent angewandten Normierung im Wohnungsbau.

Bei Block IX* (Abb. 193) wie den Wohnblöcken in Tusschendijken* kombinierte Oud die grundsätzlich symmetrischen Bauten (mittig plazierte Hofzugängen und symmetrische Hofgestaltung) mit den seriell aneinandergereihten Fenstern. In Tusschendijken kam zur Unterstützung des seriellen Motivs die gleichförmige Abfolge der identischen Wohnblöcke hinzu (Abb. 200). Dasselbe Prinzip findet sich bei Ouds Siedlungen und Häuserzeilen. Bestimmend ist die weitgehende Normierung von Bauteilen, während gleichzeitig sowohl in einzelnen Baugliedern (Hausfassade, Wohnungsgrundriß, Raumwände) als auch in der Großform (Siedlungsgrundriß) die Symmetrie bestehen bleibt. Der 1917 entstandene Entwurf für eine Häuserzeile an einem Strandboulevard* zeigt eine serielle Folge gegeneinander versetzter Kuben, die jeweils streng symmetrisch gestaltet sind. Im Gegensatz hierzu besteht die Siedlung Oud-Mathenesse* aus einem asymmetrischen Typenhaus in 343-facher Wiederholung. Dort sind nicht die Kleinformen, sondern die dreieckige Gesamtanlage der Siedlung wie auch die einzelnen, durch vorspringende Zeilenenden akzentuierten Straßenräume symmetrisch angelegt (Abb. 227). Gleichzeitig werden jeweils zwei Wohnbauten spiegelsymmetrisch zusammengefaßt, so daß symmetrische Doppelhausfassaden mit zentral liegenden Haustüren entstehen (Abb. 240). Auch die Häuserzeilen in Hoek van Holland* zeigen eine symmetrische Gesamtanlage, die angesichts der langen Häuserzeilen mit ihrer Abfolge von typisierten Fenstern und Türen vor allem im Grundriß deutlich wird (Abb. 243). Bei der Siedlung Kiefhoek* ging Oud einen Schritt weiter in Richtung einer seriellen Gestaltung. Zwar wurden auch dort zwei asymmetrische Typenhäuser zu spiegelbildlichen Pendants verbunden, diese treten jedoch nicht mehr als symmetrische Doppelhäuser in Erscheinung. Bestimmend sind die langgestreckten Häuserzeilen mit ihrer scheinbar endlosen Folge von Fensterbändern und Türen, die weder Abschlüsse noch Mittelbetonungen zeigen (Abb. 263, 264).

Im Fall der Reihenhäuser der Stuttgarter Weißenhofsiedlung* handelt es sich – den Prinzipien des Zeilenbaus entsprechend – um eine gleichförmige Aneinanderreihung von Häusern mit asymmetrischen Fassaden. Kurz zuvor war der Entwurf für die Rotterdamer Börse* entstanden, der für den gesamten Bau ein konstruktives Fassadenraster auf Basis einer gleichförmigen Stützenfolge zeigt. Deutlich wird hier die wachsende Bedeutung der seriellen Reihung in Ouds Werk, womit Oud der allgemeinen Architekturentwicklung folgte. Bereits der gleichzeitig mit dem Börsen-Entwurf entstandene Entwurf für das Hotel Stiassny* sowie der zweite und dritte Entwurf für die Volkshochschule* sind jedoch wieder symmetrisch konzipiert. In den 1930er Jahren kam Oud schließlich ganz auf die für ihn typische Symmetrie zurück. Ausgehend von dieser Entwicklung werden die Arbeiten der Jahre 1926 und 1927 als Beispiele einer – von der Zeitströmung bestimmten – Zwischenphase in Ouds Œuvre deutlich.

Oud stand mit seinen meist symmetrischen Wohnblöcken und Siedlungen im Widerspruch zur vorherrschenden Auffassung seiner Kollegen. Im November 1923 hatte sich Mart Stam, wie Oud Mitglied in De Opbouw, entschieden gegen geschlossene Stadt- oder Straßenräume sowie symmetrisch gestaltete Fassadenwände ausgesprochen.⁴⁴⁷ Seine Kritik richtete sich gegen jene Architekten der früheren Generationen, die in der Symmetrie das bestimmende Gestaltungsmittel gesehen hatten: »Jedes Haus, jede Türe, jedes Zimmer bis zum Badezimmer des vornehmen Hauses muss symmetrisch sein. Und nicht nur das Zimmer mit Decke und Wänden, auch der Spiegel mit den Leuchtern zu beiden Seiten, der Kasten mit seinem Aufsatz, der Ofen mit seiner Dekoration – alle, alle betonen ihre Mittelachse.«⁴⁴⁸ Aus diesem Blickwinkel betrachtet nahmen Ouds Bauten eine zwiespältige Haltung zwischen traditionell-symmetrischen Kompositionen und einer gleichförmiger Reihung identischer Bauglieder ein. Obwohl im Einzelfall (wie beim Siedlungsgrundriß des »Witte Dorp«*) die strengen Symmetrien durchaus bemerkt wurden, fand die akademisch-traditionelle Seite seiner Architektur bis heute kaum Beachtung. Allein Hans Oud weist auf die isolierte Stellung seines Vaters innerhalb der (Rotterdamer) Moderne hin: «Die strenge Symmetrie paßte weder zu den Lehrsätzen von De Stijl noch zu den Auffassungen der Nieuwe Zakelijkheid, aber in Wirklichkeit hatte Oud ihr nie abgeschworen.«⁴⁴⁹

Kennzeichnend für die Moderne Architektur war neben der Verwendung moderner Konstruktionen und Baumaterialien vor allem deren Sichtbarmachung. Die allgemein geforderte »Materialechtheit« zielte daher häufig allein auf eine Charakterisierung der Bauten durch Beton und Glas.

Bei seinen frühen Bauten, die traditionell aus Backstein gearbeitet waren, ließ Oud lediglich einzelne exponierte Bauteile in Beton fertigen. Ein frühes Beispiel bildet das in Gußbeton erstellte Vordach des Purmerender Kinos (1912/13; Abb. 3), das sich als schmale Betonplatte in den Baukörper schiebt.⁴⁵⁰ Wie Manfred

Bock bemerkt wurde mit dem schwebenden Charakter des Vordachs bereits ein Motiv der Modernen Architektur formuliert.[451] Noch 1919 griff Oud das im Kino Schinkel realisierte Betondach bei Block VIII* und IX* in Form einer verdoppelten »Betonplatte« auf. Vor allem bei den Eckbauten von Block VIII bilden die scheinbar in den Bau eingeschobenen, mehrere Meter langen »Platten« ein prägnantes Motiv (Abb. 192).

Während seiner aktiven Zeit bei De Stijl zeigte Oud großes Interesse am Betonbau. In seiner Besprechung des Robie House (1907-09) setzte er die baukünstlerische Leistung von Wright in Verbindung mit dem Beton und kritisierte entsprechend die Backsteinverkleidung einzelner Teile als Verletzung der »Materialechtheit«.[452] Bereits in der ersten Ausgabe von »De Stijl« (Oktober 1917) hatte Oud die Verwendung moderner Baumaterialien für den Wohnungsbau gefordert.[453] Sein an gleicher Stelle publizierter Entwurf für eine Häuserreihe an einem Strandboulevard* wird in der Literatur entsprechend als Betonbau bezeichnet, obwohl Angaben zum Material fehlen. Zweifellos sollte die Abfolge der Baukuben mit ihrer offenbar glatten, hellen Oberfläche jedoch einen Betonbau suggerieren. Ouds erstes mit Sicherheit als Betonbau geplantes Gebäude war das im Mai 1919 publizierte Doppelhaus für Arbeiter*. Sein Versuch, mit diesem Bau eine dem neuen Baumaterial entsprechende Formgebung zu präsentieren, gelang jedoch nicht. Gerade die für Betonbauten charakteristischen weiten Überspannungen und großen Fensteröffnungen treten dort nicht auf.

Die gleichzeitig publizierte Häuserzeile mit Arbeiterwohnungen*, die als traditioneller Backsteinbau gedacht war, sollte weißes Mauerwerk erhalten.[454] Vorgreifend auf seine spätere »weiße Architektur« ging Oud damit erstmals vom vorherrschenden Sichtbackstein ab.[455] In seinem Artikel »Warum ich von der Anwendung von Backstein abkam und weshalb ich wieder hierzu zurückkehrte« (1960) gab Oud vor, daß der Backstein zu Beginn seiner Laufbahn gerade erst wiederentdeckt worden sei.[456] In Wirklichkeit waren in den Niederlanden bereits seit den 1880er Jahren kaum noch verputzte Fassaden aufgetreten. Bereits der Neugotiker P. J. H. Cuypers hatte in Anlehnung an Viollet-le-Duc die Sichtbarkeit der Konstruktion und des Materials gefordert.[457] Auch die Architekten der Amsterdamer Schule beschränkten sich auf den Sichtbackstein, der allerdings in farblichen Differenzierungen angewendet wurde. Entgegen seiner vermeintlichen Pionierrolle folgte Oud mit dem Sichtbackstein daher der gängigen Bauweise. Anders verhielt es sich beim »weißen Mauerwerk« der Häuserzeile mit Arbeiterwohnungen. Als Grund für die in dieser Zeit unübliche Fassung der Außenwände nennt Oud eine reinere Flächenbegrenzung und einen günstigeren Untergrund für die Verwendung von Farbe.[458] Zu den verputzten Bauten in Hoek van Holland* bemerkte er rückblickend: »Meine Vorliebe für gespannte straffe Linien und reine Flächen in den Bauen hat mich seinerzeit dazu gebracht, es zuerst mit verputzten Mauern zu versuchen: verputzte Mauern mit einer Farbe.«[459] Eine verputzte und weiß gefaßte Wandfläche dieser Größe, die zudem Farbakzente in den Primärfarben erhalten sollte, war für die Niederlanden der späten 1910er Jahre ohne Vorbild. Auch die Farbenbewegung in Deutschland hatte mit ihren farbig gefaßten Wandflächen, so auch bei Bruno Tauts Siedlungen Reform in Magdeburg (ab 1913) und Falkenberg bei Berlin (1913–16), andere Lösungen hervorgebracht.[460] Daß Oud diese Bauten bereits Anfang 1919 kannte, ist aufgrund des fehlenden Kontaktes während des 1. Weltkrieges zudem unwahrscheinlich. Erst ein Jahr später reiste Oud nach Deutschland und Großbritannien, um die dortigen Betonbauten zu besichtigen und sich über die verschiedenen Techniken zu informieren.[461] Beim Entwurf von Haus Kallenbach* (1921/22) konnte er daher bereits auf diese Eindrücke zurückgreifen. Durch die von Oud gewünschte helle Fassung und die schlichten unverzierten Baukuben (Abb. 219) suggeriert er dort zweifellos einen Betonbau. Da auch Gropius und Meyer für ihren Konkurrenzentwurf einen Betonbau vorgesehen hatten (Abb. 215) scheint eine geplante Ausführung in Beton plausibel.

Sowohl die Siedlung Oud-Mathenesse* als auch die Häuserzeilen in Hoek van Holland* und die Siedlung Kiefhoek* wurden in traditionellen Materialien errichtet, aber dennoch verputzt und hell gefaßt. Vor allem die beiden letztgenannten Siedlungen erscheinen aufgrund der Kombination von weißen Wandflächen mit breiten Fensterfronten bzw. durchlaufenden Fensterbändern als Betonbauten (Abb. 249, 264).[462] Entsprechend betonte De Gruyter, daß in Hoek van Holland mit Blick auf die großen, stützenlosen Balkone, die horizontalen Fensterpartien und die Läden mit ihren schlanken Stützen und gerundeten Glaswänden alle Möglichkeiten des Betons genutzt worden seien.[463] Die Präsentation moderner Bautechniken in Hoek van Holland wurde von den Zeitgenossen – unabhängig von der tatsächlich verwendeten Baukonstruktion – begeistert aufgenommen: »Die Errungenschaften moderner Bautechnik: Eisenbeton, eiserne Fenster, Spiegelglas sind vollkommen ausgewertet, die Resultate einer strengen Kunstbewegung auf einen Gipfel geführt.«[464]

Bei seinen Reihenhäusern in der Weißenhofsiedlung* konnte Oud erstmals tatsächlich in Beton bauen. Erst 1927, auf dem Höhepunkt der Modernen Architektur, kam damit die Formgebung seiner Bauten mit den real verwendeten Baumaterialien bzw. -konstruktionen überein. Die Wechselwirkung von technischen und formalen Lösungen erscheint für Ouds Werk der 1920er Jahre somit als Topos: Zentral war für die neue Formensprache, die sich keineswegs zwangsläufig aus den verwendeten Materialien und Konstruktionen ergab, sondern einen Ausdruck des »Zeitgeistes der Moderne«, des »levensgevoel van een tijd«[465] bildete. Dies war Oud mit seinen Bauten zweifellos gelungen, die bald als »radikale Beton-Architekturen«[466] gefeiert wurden. Mit der Vortäuschung eines modernen Baumaterials stand Oud in dieser Zeit keineswegs allein. Das prominenteste Beispiel dürfte Erich Mendelsohns 1921 fertiggestellter und in seinem oberen Teil aus Backstein ausgeführter Einsteinturm in Potsdam gewesen sein, der mit seiner dynamisch geschwungenen Formgebung ebenfalls als Betonbau gesehen werden sollte und wurde.[467]

Neben Beton waren vor allem der Baustoff Glas bestimmend für das Bild der Moderne. Charakteristische Motive bilden das Fensterband und große, oftmals gebogene Glasfronten. Die Reduzierung der Fensterrahmen zu extrem schmalen, meist aus Metall gefertigten Fassungen sollten gleichzeitig größtmögliche Leichtigkeit und Transparenz garantieren. Das Neue gegenüber den großen Glasfronten des 19. Jahrhunderts (wie bei Warenhäusern und Ausstellungsgebäuden) war die Übertragung dieser Elemente in den Wohnbau einschließlich des sozialen Wohnungsbaus: Fenster waren nicht nur teuer, sondern reduzierten in den bereits minimierten Wohnungen die vorhandenen Wandflächen, die zur Aufstellung der Möbel genutzt werden konnten. Schließlich verursachten sie höhere Heizkosten, die von den Mietern getragen werden mußten. Die Öffnung der Wände basierte auf der schlagwortartig verbreiteten Forderung nach »Licht, Luft und Sonne«, womit verbesserte hygienische Verhältnisse erzielt und ein neues, offeneres Lebensgefühl demonstriert werden sollte. Führend zeigten sich am Anfang des 20. Jahrhunderts die Niederlande, wo der soziale Wohnungsbau (im Vergleich zu den kriegführenden Ländern) früh eine zentrale Rolle einnahm. Große Fenster wurden aufgrund der klimatischen Bedingungen zudem traditionell verwendet. Entsprechend früh fand dort auch das Fensterband Einzug, wobei neben Beispielen der modernen »sachlichen« Richtung, wie Van Loghems Häuserzeile im Amsterdamer Betondorp (1922–24), auch Bauten der Amsterdamer Schule zu nennen sind. So zeigt H. Th. Wijdevelds Wohnblock im Amsterdamer Hoofdweg (1923–26) ein die gesamte Länge der Gebäude einnehmendes Fensterband.[468] In beiden Fällen sind die Fenster jedoch in breiten Holzrahmen gefaßt und durch Sprossen unterteilt.

Auch Ouds frühe Bauten erhielten große Fenster, die jedoch noch ganz traditionell durch ein enges Sprossenwerk kleinteilig gegliedert sind.[469] In seiner Erläuterung der Tusschendijkener Blöcke übertrug er die formalen Forderungen seines Architekturprogramms (1921) auf den Wohnungsbau: »Eine übereinstimmende Auffassung wird bei der Konzipierung der Wohnungen vertreten: Die Forderungen, die unsere Zeit stellt, was Komprimierung [›beknoptheid‹], Staubfreiheit, Licht, Luft, etc. betrifft, werden soweit als möglich zu erfüllen versucht. Die Architektur … basiert auf der Klarheit der Form, Reinheit der Verhältnisse und Spannung [›strakheid‹] der Linie …«[470]. Für Haus Kallenbach forderte Oud erstmals metallene und damit schmale Fensterrahmen, wodurch die Fenster als bloße Wandöffnungen in Erscheinung getreten wären. Ein Fensterband ist in Ouds Werk erstmals bei den 1924 entworfenen Häuserzeilen in Hoek van Holland* zu finden. Im Ober- wie Untergeschoß werden dort jeweils fünf hochformatige Fenster aneinandergereiht, die von schmalen Metallrahmen eingefaßt sind. In der Siedlung Kiefhoek* kam Oud zu einer anderen Lösung: Dort treten die Fenster nicht mehr als Wandöffnungen in Erscheinung, sondern ziehen sich in einer Reihe über die gesamte Länge der Häuserzeile (Abb. 263). Bestimmend sind die breiten Holzrahmen, wobei die obere Einfassung das Dachgesims ersetzt. In allen folgenden Bauten und Entwürfen wird Oud das Fensterband weiter verwenden. Ein zwar kleinformatiges, jedoch bis ins Extrem getriebenes Beispiel zeigen die Reihenhäuser der Weißenhofsiedlung*, bei denen der Kubus mit Trockenraum an drei Seiten vollständig durch ein schmales Fensterband belichtet wird (Abb. 313).

Das Motiv der großen Glasfront taucht bei Oud – bestimmt durch die Bauaufgabe – bei den Schaufenstern der Siedlung Oud-Mathenesse* (Abb. 231) und den Häuserzeilen in Hoek van Holland* (Abb. 249) auf. Während Oud 1923 noch eine kleinteilig versproßte Glasfläche gewählt hatte, kam er ein Jahr später zu seinen eleganten, halbrund gebogenen Schaufenstern, die eine größtmögliche Öffnung anstreben. So erstrecken sich die Glasflächen nicht nur von dem niedrigen Sockel bis direkt unter das Vordach, sondern auch über die gesamte Breite der Läden. Die großen Glasscheiben werden von extrem schmalen Metallrahmen eingefaßt, die nur noch als schmale Stege in Erscheinung treten. Auch die verglaste Ladentüre ist in diese Glasfront integriert. Neben der vermeintlichen Betonkonstruktion erscheinen auch die maximierten Glasflächen und Fensterbänder als beispielhafte Umsetzung der in Ouds Architekturprogramm (1921) beschriebenen Merkmale der »zukünftigen Baukunst«.

Den Stellenwert, den gerade Ouds Häuserzeilen in Hoek van Holland für die Moderne Architektur einnahmen, wird nicht zuletzt an den zahlreichen begeisterten Äußerungen seiner Zeitgenossen deutlich. Im September 1930 verglich Philip Johnson die Wohnbauten mit Mies van der Rohes Haus Tugendhat in Brünn (1929/30) und stellte sie damit auf eine Stufe mit einem Meilenstein Moderner Architektur und der Verkörperung eines anspruchsvollen Wohnhauses der intellektuellen Oberschicht.[471] Entsprechend stießen Ouds Häuserzeilen auch auf der New Yorker Ausstellung »Modern Architecture – international exhibition« (1932) auf große Resonanz: »Es ist sehr interessant, daß Du und Mies van der Rohe die beiden europäischen Architekten sind, die den meisten Beifall in unserer Ausstellung erhielten. Du weitgehend auf Grund Deiner Arbeit als Wohnungsbauarchitekt in Hoek van Holland und Mies van der Rohe weitgehend wegen der luxuriösen Ausführung des Tugendhat-Hauses.«[472] 1937 schmückte eine vereinfachte Umzeichnung der beiden Ladenbauten in Hoek van Holland das Cover von W. C. Behrendts »Modern Building. Its nature, problems and forms« (Abb. 113).[473] Grundlage bzw. Vorbild war eine der bekannten Fotografien von E. M. van Ojen gewesen.[474] Wie sehr gerade dieser Bau als Beispiel für die stilformende Qualität der modernen Materialien galt, zeigt exemplarisch die Aussage von Hitchcock: »Here at last all the world could see that a new style existed in which modern methods of construction made possible various things which a new aesthetic demanded: flat roofs, long horizontal windows flush with the surfaces and with light metal frames, projecting balconies, wall areas entirely of glass revealing the interior skeleton supports.«[475]

Bereits im 19. Jahrhundert war das Phänomen Großstadt ein zentrales Thema der künstlerischen Avantgarde. Vor allem nach dem 1. Weltkrieg bestimmten die mit der Großstadt verbundenen Probleme, wie der ständig anwachsende Verkehr und die Konfrontation mit neuen Bauaufgaben, den Alltag von Architekten und Städteplanern. Auch Oud setzte sich mit diesen Fragen auseinander und entwarf neben dem Stadterweiterungsgebiet Oud-Mathenesse* für 30.000 Einwohner und dem Verkehrsplan für die Rotterdamer Innenstadt (Abb. 287) ein Hotel, ein Café, multifunktionale Gebäudekomplexe (Rotterdamer Börse*, zweiter Entwurf für eine Volkshochschule*) und große Wohnanlagen.

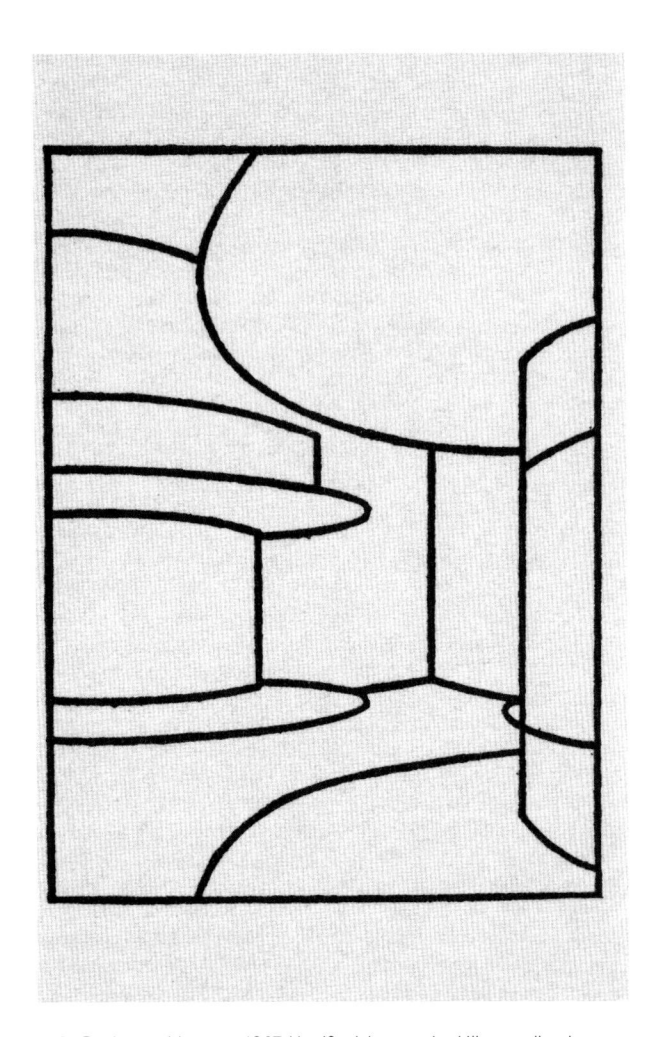

113. Buchumschlag von 1937, Umrißzeichnung der Häuserzeilen in Hoek van Holland, Zwischenbau

Aber auch als rein geistig-kulturelles Phänomen interessierte ihn die Großstadt: Oud besaß nicht nur Karl Schefflers »Die Architektur der Großstadt« (1913), sondern setzte sich auch in De Stijl mit diesem Thema auseinander. Den konkreten Hintergrund bildeten sein Umzug nach Rotterdam, zu dieser Zeit eine stark expandierende Großstadt von über einer halben Million Einwohner, und seine Tätigkeit für den Woningdienst. Dort beschäftigte er sich neben städtebaulichen Fragen vor allem mit der Entwicklung von Wohnungstypen, die zur Behebung der Wohnungsnot in großer Zahl ausgeführt werden sollten.

Eine erste Umsetzung seiner Wohnungstypen in großem Maßstab erfolgte 1920 mit dem Entwurf von acht Wohnblöcken und insgesamt 1.000 Wohnungen im zentrumnahen Tusschendijken*. In seiner Erläuterung beschreibt Oud den Gegensatz zwischen der Stadt und dem Wunsch der Bewohner nach Ruhe und Abgeschlossenheit, der in den Bauten zum Ausdruck kommen solle.[476] Die fünf realisierten Wohnblöcke zeigen entsprechend reduzierte, geschlossene Straßenfronten, die sich gegen den städtischen Verkehr abschirmen, sowie Hoffassaden mit großen Fensterfronten, Balkonen und Veranden (Abb. 203). Durch die Anordnung der viergeschossigen Wohnblöcke entlang der leicht gekrümmten Roesener Manzstraat werden alle Bauten und damit die Gesamtausdehnung der Anlage sichtbar (Abb. 200). Ausschlaggebend für dieses städtebauliche Konzept war offenbar die Optik des Autofahrers: So erhält die Abfolge der identischen Wohnblöcke vor allem aus der Bewegung heraus ihren ästhetischen Reiz. Auch der städtebauliche Entwurf für das Erweiterungsgebiet Oud-Mathenesse* (Abb. 42) zeigt diese großstädtische Allüre mit einer zentralen, das gesamte Gebiet durchziehenden Verkehrsachse, symmetrisch bebauten Straßenzügen und monumentalen Wohnblöcken. Einzelne Bauten weisen bereits in ihrer Größenausdehnung auf die damalige Vorstellung einer wachsenden Metropole. Auch bei diesem Entwurf werden Wohnblocktypen vervielfältigt und damit als Baustein der Großstadt eingesetzt.

Ene weitere großstädtische Bauaufgabe war das Café de Unie* mit seiner Fassade zum platzartigen Abschluß des Coolsingel, dem Prachtboulevard des modernen Rotterdam (Abb. 62). Die Forderung des Bauherrn konzentrierte sich auf eine auffällige, als Blickfang für Passanten und Autofahrer dienende Fassade, die das schmale Gebäude von den angrenzenden historischen Bauten abheben sollte. Oud entwickelte eine architektonisch neuartige Lösung, die sich in Aufbau und Farbgebung an den Bildgestaltungen der De Stijl-Malerei orientiert: Die von Mondrian übernommenen Primärfarben sowie die großformatigen Schriftzüge und Lichtreklamen dienten hier – entsprechend einer Reklametafel – dazu, die Aufmerksamkeit der Passanten auf sich zu ziehen.[477] Ouds Orientierung an der Werbegraphik findet in der zeitgenössischen, großstädtischen Architektur verschiedene Parallelen. Zu denken ist etwa an die farbigen, mit Schriftzügen versehenen Hausfassaden in Magdeburg, die Oud über seine Freundschaft zu dem dortigen Stadtbaurat Bruno Taut kannte. Mögliche Vorbilder boten die 1924 entstandenen Entwürfe für ein Café an der Laan van Meedervoort in Den Haag von Cor van Eesteren und Theo van Doesburg (Abb. 46) und einen Zeitungskiosk von Herbert Bayer (Abb. 43). Auch in der osteuropäischen Baukunst wurden in dieser Zeit vereinzelt große Schriftzüge verwendet, dort allerdings ohne die für das Café de Unie charakteristischen farbigen Wandflächen. Schriftzüge bildeten auch bei anderen Bauten Ouds einen wichtigen Bestandteil des Entwurfs. Bereits die Bauleitungshütte* und in der Folge das Hotel Stiassny* und die Kirche* in Kiefhoek (Abb. 335) zeigen Schriftzüge an exponierter Stelle. Ouds »Reklamewand« lenkte die Aufmerksamkeit des Auslandes wiederholt auf das Café de Unie, das damit zum Vorbild moderner, großstädtischer Fassadengestaltung wurde. So berichtete die Zeitschrift »Das Neue Frankfurt«: »Das erste gute Beispiel einer einheitlichen Durchformung von Architektur und Werbung ist das Café de Unie des holländischen Architekten I. I. P. Oud in Rotterdam.«[478] 1927 ergänzte W. C. Behrendt: »Das kleine Gebäude bietet übrigens auch ein ausgezeichnetes Beispiel dafür, wie die verschiedenen Dinge, die an einer Geschäftshausfassade notwendig sind, um die Aufmerksamkeit anzuziehen, Firmenschilder, Lichtreklamen usw. in eine geordnete Form gebracht werden können.«[479]

Auch bei anderen Bauten verwendete Oud eine Form der »Lichtreklame« und damit ein modernes, großstädtisches Element. So erhielten die Ladenbauten der Siedlung Oud-Mathenesse* (Abb. 231) und der Häuserzeilen in Hoek van Holland* (Abb. 249) sowie die Waterstokerij in Kiefhoek* Lampen zur Markierung und zur Beleuchtung der Eingänge. Oud selbst prägte für die farbig gefaßten Lampen in Hoek van Holland die Bezeichnung »Lichtreklame«.[480] Sein Entwurf für das Hotel Stiassny* im Zentrum von Brünn sollte dagegen eine tatsächliche Lichtreklame in Form von Leuchtröhren mit der Aufschrift des Hotelnamens erhalten. Hinzu kam ein Lichtband im Entwurf des Börsensaals der Rotterdamer Börse*, die als Informationstafel dienen sollte. Bewundernd äußerte der Architekt Günther Hirschel-Protsch, daß »… der Holländer über ausgedehnte neue und eindrucksvolle Lichtreklamen in tausend Variationen verfügt …«[481].

Ebenfalls in diesen Kontext gehören die Rolltreppen als zentrales Motiv des Börsen-Entwurfs*. Drei parallel geführten Rolltreppen sollten den Haupteingang am Börsenplatz mit dem großen Entree im Obergeschoß verbinden und damit die zügige Beförderung einer größeren Anzahl von Menschen innerhalb des Gebäudes garantieren (Abb. 295). Zu den technischen Errungenschaften dieser Zeit zählt auch die Elektrifizierung von Arbeitersiedlungen. Besondere Bedeutung erhält daher die exponierte Lage und repräsentative Gestaltung von Ouds Tranformatorenhäuschen* in Oud-Mathenesse. Ein früheres Beispiel bildet Hannes Meyers Siedlung Friedorf in Muttenz bei Basel (1919–21) mit einem etwas außerhalb liegenden Transformatorenhäuschen. Oud plazierte das aufwendig gestaltete Gebäude mit Sockel und repräsentativer halbrunder Treppenanlage auf das Damloperplein und damit sowohl im Zentrum als auch auf der Symmetrieachse der Siedlung (Abb. 239).

Eines der zentralen Themen der Metropolen war das Hochhaus: Während in Deutschland bereits Anfang der 1920er Jahre eine Reihe von Wettbewerben durchgeführt wurde und kurz darauf die ersten Hochhäuser entstanden, reagierten die Niederlande etwas später.[482] Abgesehen vom Rotterdamer »Witte huis« (1898), das mit 45 m lange Zeit das höchste Haus Europas war, stammen erste Bauten aus der zweiten Hälfte der 1920er Jahre. Zu den frühesten Planungen zählen De Klerks Phantasie-Turmhäuser (1915) und Wijdevelds Hochhausentwürfe für einen Park (1919 und 1922).[483] Auch Berlage entwarf für das Hofplein ein elfgeschossiges Hochhaus als optischen Abschluß des Coolsingel.[484] Ausgeführt wurden ab 1926 das achtgeschossige Gebäude der Van Nelle-Fabrik von Van der Vlugt und J. A. Brinkman (Abb. 110), das ebenfalls achtgeschossige Nirvana-Wohnhaus von Duiker in Den Haag (Entwurf 1927) sowie J. F. Staals zwölfgeschossiges Hochhaus »De Wolkenkrabber« in Amsterdam-Süd (1927–30). Von Oud sind aus den 1920er Jahren drei »Hochhaus-Projekte« überliefert: Der 1926 entstandene Börsen-Entwurf* am Coolsingel mit einem siebengeschossigen Bürotrakt, das ebenfalls 1926 entworfene Hotel Stiassny* in Brünn mit neun Geschossen und der zweite Entwurf für die Rotterdamer Volkshochschule* von 1926/27 mit einem integrierten siebengeschossigen Wohnhaus. Mehrere Skizzen der Volkshochschule zeigen zudem eine deutlich höhere Hochhausscheibe (Abb. 306). Allen drei Entwürfen gemeinsam ist, daß die Hochhäuser in einen größeren, niedrigeren Gebäudekomplex integriert sind und damit nicht – wie zu dieser Zeit üblich – als Solitäre erscheinen. Auf diese Weise wird ein ganzer Baublock gestaltet und als Gebäude-Ensemble in den städtischen Kontext integriert.

Als Vorbild für Ouds Versuch, mehrere Bauten unterschiedlicher Funktion in einem Baukomplex zusammenzufassen bzw. Einzelbauten in einen größeren städtebaulichen Kontext einzubinden, mag Hans Scharouns Entwurf für die Gestaltung des Ulmer Münsterplatzes (1924)[485] gedient haben. Scharouns Arbeit bildet eines der ersten Beispiele einer Großstadtarchitektur, die sich um die Eingliederung eines größeren Gebäudekomplexes in die innerstädtische Bebauung bemüht. Im Gegensatz zu Scharouns vorausgegangenen Hochhaus-Entwürfen für das Büro- und Geschäftshaus »Börsenhof« in Königsberg/Preußen (1922)[486] zeigt der Münsterplatz bereits eine explizit moderne Formensprache, die auch Ouds Börse* und den zweiten Entwurf der Volkshochschule* kennzeichnen. Dasselbe gilt für Otto Firles Wettbewerbsentwurf für ein Hochhaus auf dem Gelände der Prinz-Albrecht-Gärten in Berlin (1924)[487]. Von Scharoun folgen Entwürfe für den Brückenkopf in Köln und der Wettbewerbsentwurf für das Rathaus in Bochum, beide von 1925.[488] Aus dem Jahr 1926 sind bereits zahlreiche Beispiele entsprechender Gebäudekomplexe in allen europäischen Ländern zu finden. Diese entstanden zeitgleich bzw. nach Ouds Börsen-Entwurf und sind daher nicht als Vorbilder, sondern als parallele Erscheinungen zu werten.[489]

Im europäischen Kontext erlebte in den 1920er Jahren neben dem Hochhaus als neuer großstädtischer Bauaufgabe auch das multifunktionale Gebäude einen Aufschwung. Bei Oud findet sich ein entsprechender Entwurf erstmals mit der Rotterdamer Börse*.[490] Dort werden die eigentlichen Börsenräume zusammen mit Läden, Cafés, Restaurants und Garagenplätzen in einem Gebäude zusammengefaßt. Das Hotel in Brünn* nimmt neben den üblichen Räumlichkeiten – Restaurant, Café, Bar und Garagen – auch einen großen, öffentlich zugänglichen Kinosaal sowie Läden auf. Hinzu kommen Wohnungen für das Personal und die Direktorenwohnung. Der zweite Entwurf der Rotterdamer Volkshochschule* schließt neben den eigentlichen Schulräumen mit Aula, Ausstellungssaal, Lesesaal, Bibliothek und Chemiesaal samt Laboratorium auch ein Café bzw. Läden, Wohnungen, Garagen und eine Heizanlage ein.

Im Rahmen seines Börsen-Entwurfs* lieferte Oud auch Vorschläge zur Gestaltung der angrenzenden Bebauung, die sich an dem siebengeschossigen Bürotrakt der Börse orientieren sollte (Abb. 289). Zentral war für Oud die Sichtbarmachung des Verkehrsflusses (Coolsingel) durch eine gleichförmige Gestaltung der Straßenfronten.[491] In seinem städtebaulichen Plan für die Rotterdamer Innenstadt propagierte er bis zu 80 m breite Straßen zur Bewältigung des großstädtischen Verkehrs. Sowohl der Börsen-Entwurf als auch die verkehrstechnische Lösung stehen in engem Zusammenhang mit den Diskussionen innerhalb von De Opbouw, die sich zunehmend auf die architektonischen und städtebaulichen Probleme der Großstadt konzentrierten.[492] Demnach sollte sich die moderne Stadt dem großstädtischen Verkehr öffnen und der Bewegung und Dynamik der Stadt Ausdruck verleihen. Abgesehen von der Rezeption des Autofahrers (vgl. Wohnblöcke in Tusschendijken*) spielte für Oud auch das Auto selbst eine Rolle bei der Konzeption seiner Bauten. Bereits Van Eesteren und Stam planten für das Amsterdamer Rokin sogenannte »Auto-parks«, und Van Eesteren sprach 1927 von einer »Serie von Auto-parks« in der Innenstadt.[493] Auch Oud teilte die vor allem in Künstlerkreisen dieser Zeit – zu denken wäre an die Futuristen, Wright und Le Corbusier – typische Autobegeisterung. So beschloß er 1930, einen eigenen Wagen zu kaufen[494], ein zu dieser Zeit, zumal für einen städtischen Angestellten, luxuriöses Vorhaben. Seiner eigenen Vorliebe entsprechend reservierte er in seinen Entwürfen der Börse*, des Hotel Stiassny* und der Volkshochschule* jeweils Platz für Garagen. Dasselbe gilt für die von ihm entworfenen Wohnhäuser wie dem Dreifamilienhaus in Brünn*, wo insgesamt vier Wagen im überdachten Erdgeschoß Platz finden sollten. Vor allem bei der Villa Johnson* zeigte Oud Erfindungsreichtum: Mittels einer Drehscheibe sollte das Auto um 90° gedreht werden können, um so auf der rechtwinklig anschließenden Ausfahrt weiterzufahren (Abb. 349). Der Chauffeur wohnt über der Garage und kann über eine Wendeltreppe direkt zum Wagen gelangen.[495]

Oud zeigt jedoch nicht nur Begeisterung für das Automobil, sondern auch – wie zahlreiche seiner Kollegen – für Flugzeuge. So existieren zwei Perspektiv-Zeichnungen seiner Kirche in Kiefhoek* mit jeweils einem Flugzeug am Himmel.[496] Das Aquarell der Häuserzeilen in Blijdorp* gibt den Blick aus einem Flugzeug auf den darunterliegenden Wohnkomplex (Abb. 358) wieder, wobei auf der linken Seite des Bildes einer der Tragflügel zu sehen ist. Wiederum war es Le Corbusier, der eine vergleichbare Begeisterung für Flugzeuge zeigte. Abgesehen von seinem Artikel »Les Avions«, der 1921 in »L'Esprit Nouveau« erschien, wählte er für seinen Haustypus nach der französischen Flugzeugfabrik den Namen »Maison Voisin«.[497] Flugzeuge spielten vor allem für die Futuristen und die Mitglieder von De Stijl eine große Rolle. Nachdem E. F. T. Marinetti schon 1902 von Flugzeugen geschwärmt hatte, wird im »Technischen Manifest« (1912) der Blick aus einem Flugzeug auf die Gebäude beschrieben. In De Stijl wurde vor allem der Betrachterblick von oben rezipiert. Als Pendant zum Technischen Manifest – »Als ich die Gegenstände von diesem neuen Gesichtspunkt aus betrachtete, nicht mehr von vorn oder von hinten, sondern senkrecht von oben ...« – schrieb Van't Hoff im März 1919: »Die Ausbreitung der Luftkraft wird sich als einflußreich auf den ästhetischen Anblick dieser Bedachung erweisen, indem sie diese als fünfte *Fassade* organisch sprechen läßt, wofür bis heute kein Grund besteht.«[498]

3.4. Oud und die Kanonisierung der Modernen Architektur

Von den zahlreichen Stilrichtungen in der ersten Hälfte des 20. Jahrhunderts wurde die als »Neues Bauen«, »International Style« oder »Neue Sachlichkeit« bezeichnete Strömung von einschlägigen Kritikern, Architekturhistorikern und Ausstellungsmachern mit Nachdruck als der einzig wahre Architekturstil propagiert. Ausgangspunkt war eine kleine Anzahl von Bauten oder Entwürfen, die als »Ikonen« der Moderne in immer neuen Reproduktionen das Bild der Modernen Architektur bestimmten.[499] Einige Architekten waren in ihrer Funktion als Autoren und Ausstellungsmacher selbst an der Erzeugung dieses Stils (und damit ihrer eigenen Stellung innerhalb der Architekturgeschichte) beteiligt. Große Bedeutung kam dabei Walter Gropius zu, der als Bauhaus-Direktor bereits 1923 die Ausstellung »Internationale Architektur« initiierte und die zugehörige Publikation als erstes »Bauhausbuch« verfaßte.[500] Auch Oud, der zu eben jenen »Pionieren« der Moderne gezählt wurde[501], war selbst maßgeblich an der Kanonisierung des neuen Stils beteiligt. Während seine Bauten in nahezu allen wichtigen Ausstellungen dieser Zeit präsentiert wurden, konnte er mit seinen zahlreichen Schriften ein breites internationales Publikum erreichen.

Die wichtigsten Ausstellungen zu diesem Thema waren die Bauhaus-Ausstellung in Weimar (1923), die Mustersiedlung des Deutschen Werkbundes auf dem Stuttgarter Weißenhof (1927) und die von Henry-Russell Hitchcock und Philip Johnson organisierte Präsentation im Museum of Modern Art in New York (1932).[502] Die Zielsetzungen der drei Ausstellungen waren unterschiedlich: Während das Bauhaus die Gemeinsamkeiten der vorgestellten Bauten vor allem als Resultat ähnlicher Bauprobleme vorstellte, betonte der künstlerische Leiter der Stuttgarter

Ausstellung, Ludwig Mies van der Rohe, die einheitliche geistige Basis der modernen Bewegung. Hitchcock und Johnson konzentrierten sich als außenstehende Beobachter auf die formal-gestalterischen Ergebnisse, die als internationaler Architekturstil propagiert wurden.

Auf der vom 15. August bis 30. September 1923 präsentierten Bauhaus-Ausstellung »Internationale Architektur« wurden erstmals Beispiele der Modernen Architektur aus verschiedenen Ländern zusammengetragen und damit die Gemeinsamkeiten dieser Bauten vor Augen geführt. In Verbindung mit den Aktivitäten der Bauhauswoche und den Vorträgen von Walter Gropius, Wassily Kandinsky und Oud fand die Ausstellung im In- und Ausland großen Zuspruch.[503] Obwohl in den Ausstellungsbesprechungen auf die beschränkte Anzahl der vertretenen Länder und Architekten verwiesen wurde, galt die Internationalität der Modernen Architektur zu diesem Zeitpunkt bereits als Faktum.[504] Oud, der das Bauhaus erstmals 1921 besucht hatte und dessen Arbeiten in Van Doesburgs De Stijl-Kurs (März bis Juli 1922) vorgestellt worden waren, präsentierte nicht nur seine Bauten, sondern erhielt auch die Möglichkeit, seine Theorie über die »zukünftige Baukunst« zu erläutern. Die Auszeichnung, als Außenstehender neben dem Bauhaus-Direktor und einem der anerkanntesten Bauhaus-Meister einen Vortrag halten zu dürfen, spricht für Ouds besondere Stellung. In der Tat wurden sowohl sein Vortrag – 1926 erschien dieser zusammen mit anderen Schriften in der Reihe der »Bauhausbücher«[505] – als auch die Präsentation seiner Arbeiten ein großer Erfolg. Gleichzeitig war es ihm gelungen, Kontakte zu knüpfen und die Anwesenden für sich zu gewinnen. Kurz nach Schließung der Ausstellung schrieb ihm Gropius: »Im übrigen muß ich Ihnen gestehen, daß Sie hier bei all unseren Leuten auf der ganzen Linie gesiegt haben. Alle sprachen von Ihnen mit besonderer Liebe und Achtung.«[506]

Die im Sommer 1927 eröffnete Mustersiedlung des Deutschen Werkbundes galt bereits für die Zeitgenossen als gebautes Manifest eines einheitlichen internationalen Stils.[507] Schon bei den Vorbereitungen im Herbst 1925 wurde der internationale Charakter hervorgehoben: »Diese Bauweise bricht mit jeder Tradition und muß durch ihre abstrakte Form als internationale Kunst bezeichnet werden. Es ist deshalb auch verständlich, daß diese Bauweise rasche Verbreitung auf der ganzen Welt gefunden hat.«[508] Oud wurde als einer der ersten Architekten ausgewählt, und seine Teilnahme gegen den Widerstand der Stadt durchgesetzt. Zudem erhielt er für seine Reihenhäuser einen der prominentesten Bauplätze der Siedlung. Da Oud (entgegen seiner Tätigkeit beim Woningdienst) zunächst ein Appartmenthaus und ein freistehendes Einfamilienhaus errichten sollte, geht seine Beteiligung sicherlich auf seine Formensprache und nicht auf die Bauaufgabe zurück. Ausschlaggebend könnte der bereits 1922 im »Frühlicht« publizierte Entwurf für Haus Kallenbach*[509], eines der frühesten Beispiele der Modernen Architektur, gewesen sein. Wiederum fanden Ouds Bauten in der internationalen Fachwelt größte Beachtung und Anerkennung, und wurden einzelne formale Lösungen, vor allem die originellen Trockenräume, rezipiert.[510]

Geplant war zunächst, parallel zur Mustersiedlung auf dem Weißenhof, Pläne und Modelle ausgewählter Architekten vorzustellen. Aufgrund organisatorischer Schwierigkeiten wurden auf der »Internationalen Plan- und Modellausstellung Neuer Baukunst« jedoch nur Fotografien aus bereits erschienenen Publikationen gezeigt. Unter den etwa 100 Exponaten, die vom 23. Juli bis 31. Oktober 1927 auf dem Interimsplatz in Stuttgart zu sehen waren, befanden sich Fotos von Ouds Tusschendijkener Wohnblöcken*, der Siedlung Oud-Mathenesse* und den Häuserzeilen in Hoek van Holland*. Die Ausstellung hatte vor allem zum Ziel, die Bauten auf dem Weißenhof als beispielhaft für eine neue Architektur und nicht als temporäre Erscheinung zu präsentieren. In der Presse wurde die Schau entsprechend als »Bild moderner Weltarchitektur« interpretiert.[511] Die Stuttgarter Ausstellung zählte mehr als eine halbe Million Besucher und ging anschließend als Wanderausstellung in insgesamt 17 Städte des In- und Auslandes.[512] Sicherlich aufgrund seines Erfolgs in Stuttgart wurde Oud gebeten, in den Ausstellungsorten Zürich und Basel Vorträge zu halten.[513]

Die Vorbereitungen zur New Yorker Ausstellung von 1932 erfolgten parallel zu Hitchcocks Arbeit an seiner Oud-Monographie, die nach einiger Verzögerung 1931 erschien.[514] Bereits in dessen »The architectural work of J. J. P. Oud« und »Modern architecture: The new pioneers«, beide von 1928, wurde Oud als einer der Pioniere der Modernen Architektur neben Le Corbusier und Gropius gefeiert.[515] Wie Hitchcock und Johnson betonten, stand für sie – im Gegensatz zu den deutschen Kritikern – nicht die soziale Komponente, sondern die Ästhetik des neuen Stils im Vordergrund: »Of course the criticism will be purely esthetic much to the distress of our German sachlich friends who think of nothing but sociology ... The German critics are too apt to claim that the style has other than esthetic foundations, whereas the point of the book will be to show just what this esthetic foundation is and how it came about.«[516] Schwerpunkt der am 9. Februar eröffneten Ausstellung waren die Arbeiten von Wright und der »four founders of the International Style«, nämlich »Gropius, Le Corbusier, Oud and Mies van der Rohe«[517]. Die Charakteristika der Modernen Architektur wurden auf das Werk von nur drei Europäern zurückgeführt: »Die entscheidenden Schritte in Richtung auf den neuen Stil müssen besonders im Frühwerk dreier Männer, Walter Gropius in Deutschland, J. J. P. Oud in Holland und Le Corbusier in Frankreich, gesucht werden. Diese drei und Mies van der Rohe in Deutschland sind die bedeutenden Vorkämpfer der modernen Architektur.«[518] Ouds Häuserzeilen in Hoek van Holland* nahmen eine zentrale Stellung in der Ausstellung ein, ebenso Haus Johnson*, das als Modell präsentiert wurde (Abb. 13).[519] Deutlich wird, daß Oud auch dort aufgrund seiner Formensprache und nicht mit Blick auf seinen Rotterdamer Wohnungsbau ausgewählt wurde: Das Hauptexponat der Sektion Wohnungsbau war Otto Haeslers Rothenberg-Siedlung in Kassel und keine von Ouds Rotterdamer Siedlungen.

Die Ausstellung wurde in insgesamt elf Städten gezeigt und war von großem Einfluß vor allem auf die amerikanische Architektur. Die begleitende Publikation »The international Style – Architecture since 1922«[520] diente nicht nur der Stilbezeichnung der Modernen Architektur als »International Style«, sondern wurde von den jungen Architekten auch als Gestaltungsanleitung herangezogen. Oud galt fortan als einer der herausragendsten Vertreter des »International Style«. Nachdem er sich in Europa bereits einen Namen gemacht hatte, war dies der Durchbruch in Amerika. Es folgten mehrere Berufungen in die USA, die er jedoch alle ausschlug.[521]

Da Ouds Arbeiten neben den drei genannten Ausstellungen in zahlreichen weiteren Präsentationen der Modernen Architektur vertreten waren, wurden sie zunehmend als beispielhaft für den neuen Architekturstil verstanden. Das Bild der internationalen Modernen Architektur gründet damit in entscheidendem Maße auf Ouds Beiträgen. Aber auch die Auswahl der an diesen Ausstellungen beteiligten Architekten unterlag mehrfach Ouds Einfluß: Walter Gropius, Bauhausdirektor und Schirmherr der Weimarer Ausstellung, bat ihn, die niederländischen Vertreter auszuwählen und – nach Prüfung der vorgeschlagenen Architekten – die Einladungen in seinem Namen zu versenden.[522] Mies van der Rohe forderte ihn auf, für die Stuttgarter Werkbund-Ausstellung das Material der niederländischen Architekten zusammenzustellen[523], so daß Oud neben den Architekten auch die zu präsentierenden Werke bestimmen konnte. Auch bei seinen eigenen Bauten hatte er freie Hand. Aufgrund fehlender Kataloge sind die ausgestellten Arbeiten jedoch nur lückenhaft zu bestimmen: Für die Architekturausstellung im Bauhaus (1923) ist allein die Präsentation von mindestens sieben Fotografien von Oud bekannt.[524] Auf der Internationalen Plan- und Modellausstellung in Stuttgart wurden die großstädtisch wirkenden Wohnblöcke in Tusschendijken*, die Siedlung Oud-Mathenesse* und die Häuserzeilen in Hoek van Holland* vorgestellt.[525]

Ein weiterer wichtiger Aspekt für die Propagierung der Modernen Architektur betrifft die zeitgenössischen Publikationen zu diesem Thema. Auch dort nehmen Ouds Bauten einen zentralen Platz ein. Einflußreiche Veröffentlichungen zur Modernen Architektur sind Gropius' »Internationale Architektur« (1925), die ausgehend von der Weimarer Austellung als erstes »Bauhausbuch« erschien, Walter Curt Behrendts »Der Sieg des neuen Baustils« (1927) und Ludwig Hilberseimers »Internationale neue Baukunst« (1927), herausgegeben zur Stuttgarter Werkbund-Ausstellung.[526] Ebenfalls 1927 wurde in der Reihe der »Propyläen Kunstgeschichte« Gustav Adolf Platz' »Die Baukunst der neuesten Zeit« veröffentlicht, der 1930 eine zweite, überarbeitete Auflage folgte.[527] Hervorzuheben ist Adolf Behnes »Der moderne Zweckbau«, der erst 1926 in München erschien, jedoch bereits 1923 und damit vor Gropius' »Bauhausbuch« im Manuskript vorlag.[528] Da Behne keinen Verleger fand, kam Gropius ihm mit seiner Publikation zuvor. Gropius' Bildteil war dabei fast identisch mit dem von Behne. Obwohl es sich bei Behnes Buch um die erste umfassende Analyse des neuen Stils handelte, fand es durch die zeitlich verzögerte Publikation kein seiner Bedeutung entsprechendes Interesse.[529] Oud hatte Behne seinerseits mit Material über niederländische »Zweckbauten« beliefert, und auch seine Ansichten zur Modernen Architektur scheinen in Behnes Publikation eingegangen zu sein.[530]

In allen fünf Publikationen werden Ouds Arbeiten eingehend gewürdigt. Erstaunlich ist die Vielfalt der abgebildeten Beispiele. So tauchen neben den modernen »Klassikern« wie der Siedlung Oud-Mathenesse*, den Häuserzeilen in Hoek van Holland* und der Villa Allegonda* als frühem Beispiel des neuen Stils auch der Fabrik-Entwurf* und das Lagerhaus*, die Wohnblöcke in Tusschendijken* und die Fassade des Café de Unie* auf.[531]

Von Bedeutung für die Geschichtsschreibung der Modernen Architektur ist, daß gerade die früheren Schriften zu großen Teilen von den Protagonisten der Bewegung selbst verfaßt wurden. Neben oftmals eigennützigen Darstellungen, die den Verfasser selbst als Vorreiter der neuen Architektur präsentieren, handelt es sich generell um subjektive Äußerungen und »Manifeste« der Moderne.[532] In die Reihe dieser Autoren wie Le Corbusier, Gropius, Hilberseimer, Bruno Taut und Alberto Sartoris ist auch Oud einzureihen. Ouds »Bauhausbuch« (1926) erschien nur ein Jahr nach Gropius' »Internationaler Architektur«.[533] Obwohl der Titel »Holländische Architektur« eine Beschränkung auf das Bauschaffen der Niederlande suggeriert, geht Oud in ausführlicher Form auf die internationale Architektur ein. Unter anderem findet sich dort der 1921 in den Niederlanden publizierte Vortrag »Über die zukünftige Baukunst und ihre architektonischen Möglichkeiten«, bei dem es sich um eine der frühesten und am prägnantesten formulierten Schriften zur Ästhetik der Modernen Architektur handelt.[534] Die Bedeutung dieses Textes liegt jedoch nicht allein in der Darstellung der zeitgenössischen Architekturentwicklung, sondern trug letztendlich auch zur Kanonisierung dieses Stils bei: Als noch kaum Beispiele einer »immateriell-schwebenden« Architektur mit großen Glasflächen, homogenen Wandflächen und spannungsvoller Dynamik existierten, faßte Oud diese Aspekte zu seiner Sicht der »zukünftigen Baukunst« zusammen. Er selbst bezeichnete seinen Vortrag dann auch als Programm der neuen Architektur, das – aufgrund der noch fehlenden Illustrationsbeispiele aus diesem Bereich – mit Fotografien von Lokomotiven und Automobilen bebildert wurde.[535]

Donald Langmead warf in seiner 1999 erschienenen Bibliographie die Frage auf: »Was Oud really in the vanguard of International modernism? And that begs a further question: Was there ever such a style as predicated by Barr, Hitchcock and Johnson? That is a highly complex issue and (thankfully) beyond our present scope.«[536] Wie hier versucht wurde darzustellen, stand Oud sicherlich zusammen mit Architekten wie Adolf Loos, Le Corbusier und Mies van der Rohe an der Spitze der Modernen Bewegung, die allerdings allein einen kleinen Teil der zeitgenössischen Architektur umfaßte und als der Architekturstil nicht zuletzt von Oud und seinen schreibenden Kollegen selbst kanonisiert wurde.

4. Anlehnung an internationale Vertreter am Beispiel Le Corbusiers

Entsprechend den Arbeiten der 1910er und frühen 1920er Jahre griff Oud auch in der folgenden Zeit auf aktuelle Stilformen und Zeitströmungen zurück. Wie zuvor verwendete er Formelemente, mit denen er sich zum Zeitpunkt des Entwerfens konfrontiert sah. Die klassische Grundstruktur der Bauten (Symmetrie, geometrische Formen, einfache Maßverhältnisse) wurde dabei beibehalten. Während er sich Anfang der 1920er Jahre außer an Wright nur an der niederländischen Bautradition orientierte (Berlage, De Bazel, Lauweriks, die Amsterdamer Schule), waren es nun internationale Strömungen oder Stile ausländischer Architekten: der in De Opbouw vorherrschende »Konstruktivismus«[537] und die Bauten eines Gropius, Mies van der Rohe und Le Corbusier. Im Fall von Gropius betrifft dies vor allem den dritten Entwurf der Volkshochschule*, der Einflüsse des Totaltheaters (1927) und des umgebauten Jenaer Stadttheaters (1922/23; Abb. 328) zeigt, sowie das Dreifamilienhaus in Brünn* als Rezeption des Dessauer Bauhausgebäudes (1925/26). Ein Einfluß Mies van der Rohes wird in der Anlehnung der Villa Johnson* an Haus Tugendhat in Brünn (1929–30) sichtbar. Hinzu kommt die Fassadengliederung des Dreifamilienhauses in Brünn nach Mies van der Rohes Wohnblock in der Stuttgarter Weißenhofsiedlung (Abb. 114).[538]

Auf Einflüsse Le Corbusiers wurde in der Forschung mehrfach verwiesen, vor allem bei den Stuttgarter Reihenhäusern, dem Dreifamilienhaus in Brünn und der Villa Johnson.[539] Eine besondere Bedeutung für Ouds Werk sehen jedoch nur Johnson und Langmead: »Le Corbusier did not turn Oud's head completely, but there are clues indicating strong response.«[540] Allerdings werden dort allein die weißen Kuben genannt, die Oud in seinen Häuserzeilen in Hoek van Holland* und der Siedlung Kiefhoek* aufgegriffen habe.[541] Diese Untersuchung widmet sich ganz gezielt den Formübernahmen von Le Corbusier, da dieser ein – von Oud deutlich als solches erkanntes – Gegenkonzept vertrat. Ouds Auseinandersetzung mit Le Corbusier gibt somit Aufschluß über seine Entwurfspraxis in der zweiten Hälfte der 1920er Jahre und skizziert gleichzeitig zwei gegensätzliche künstlerische Grundhaltungen innerhalb der Modernen Architektur.

Le Corbusier (1887–1965) galt zusammen mit Wright als Inbegriff des Künstler-Architekten im 20. Jahrhundert und besaß daher für den nur drei Jahre jüngeren Oud eine besondere Anziehungskraft.[542] Zweifellos hat Oud die Arbeiten des Schweizers in höchstem Maße bewundert, ihn gleichzeitig jedoch als Konkurrenten und nicht zuletzt – laut eigener Aussage – als »verderblich« für die Entwicklung der zukünftigen Baukunst betrachtet.[543] Ähnlich seiner Reaktion auf Wright[544] fühlte sich Oud auch bei Le Corbusier gezwungen, seine Leistung nach außen hin über die des Kollegen zu stellen und damit seine eigene Position zu behaupten. Dies war für ihn jedoch kein Hinderungsgrund, einzelne Lösungen und Stilaspekte zu übernehmen.

Ouds Interesse an Le Corbusier reichte weiter zurück als zu den in der Literatur genannten, 1927 und 1928 entstandenen Bauten. Auch in diesem Fall zeigte Oud ein ausgesprochen feines Gespür für neue Strömungen und das Talent eines Kollegen. Bereits im Juni 1922 wandte er sich mit der Bitte an Le Corbusier, ihm die von seiner Hand stammenden, in »L'Esprit Nouveau« erschienenen Artikel zuzusenden.[545] Durch diese direkte Ansprache erhoffte sich Oud offenbar einen persönlichen Kontakt zu dem in Paris lebenden Kollegen. Le Corbuiser als weltmännischer, viel beschäftigter Architekt, Maler und Publizist reichte den Brief jedoch lediglich an die Redaktion der seit 1920 von ihm zusammen mit Amédée Ozenfant herausgegebenen Zeitschrift weiter. Als Antwort erhielt Oud eine Zusage über die Entsendung der ersten 12 Nummern, mußte diese jedoch zum normalen Abonnentenpreis erwerben.[546] Der Grund für Le Corbusiers distanziertes Verhalten ist unklar. Möglich wäre, daß er mit Ouds Namen nichts oder allein dessen Wohnblöcke für den *Woningdienst* verband, die mit ihren Backsteinfassaden und ihrer reduzierten Formensprache kaum seinem ästhetischen Ideal entsprochen haben werden. Der Entwurf von Haus Kallenbach* wurde erst im September 1922 publiziert[547] und wird ihm daher erst nicht bekannt gewesen sein. Eine weitere mögliche Erklärung bietet die Auseinandersetzung zwischen Van Doesburg, das heißt *De Stijl*, und »L'Esprit Nouveau«. Während »L'Esprit Nouveau« in seiner ersten Nummer die französische Fassung des ersten *De Stijl*-Manifestes publiziert hatte, erschienen in der niederländischen Zeitschrift ab Sommer 1921 wiederholt kritische Anmerkungen zu dem französischen Organ. Le Corbusier weigerte sich schließlich, weitere Artikel von Van Doesburg zu veröffentlichen.[548] Möglicherweise ist dieser Konflikt auf den vormaligen *De Stijl*-Architekten Oud zurückgefallen.[549]

Spätestens im Sommer 1923 kam Oud (erneut) mit Le Corbusiers Werken in Kontakt. Während der Bauhaus-Woche hielt Oud einen Vortrag in Weimar und sah dort die in der Architektur-Ausstellung präsentierten Arbeiten seines Kollegen. Im März 1924 rezensierte er nach Aufforderung der Redaktion des »Bouwkundig Weekblad« Le Corbusiers »Vers une architecture« (1923).[550] Durch Ouds Artikel, der sowohl lobende wie kritische Worte enthielt, wurde erstmals das niederländische Publikum auf Le Corbusiers Text aufmerksam gemacht. Kritisch wertete Oud vor allem den, seiner Meinung nach, auf »Effekthascherei« ausgerichteten Stil, während die Beiträge selbst durchaus »geistige Anregungen« böten. Die beigefügten Skizzen bezeichnete er als »ausgezeichnet«. Generell sei jedoch nicht alles so neu, wie Le Corbusier es darstelle, wobei Oud auf die großen Architekten der vorausgehenden Generation verwies.[551] Le Corbusiers berühmtes Diktum – »une maison est une machine à habiter« – tat Oud als journalistische Floskel ab.

Gleichzeitig mit der Rezension von »Vers une architecture« findet sich in Ouds Werk eine erste mögliche Beeinflussung durch Le Corbusier. So zeigt die in der ersten Jahreshälfte 1924 entworfene Häuserzeile in Hoek van Holland* mit ihrem symmetrischen »Ehrenhof«, der zentralen Durchfahrt und den beiden seitlich in den Hof hineinragenden Ladenbauten Parallelen zu einer von Le Corbusier entworfenen Wohnanlage auf Basis der Maison »Domino«, die Oud in der genannten Rezension abgebildet hatte.[552] Auch die halbierten Rundstützen zwischen den Eingangstüren der Häuserzeilen konnte Oud bei Le Corbusiers Wohnhaus La Roche-Jeanneret in Auteuil (1923) sehen.[553]

Ein sicherer Einfluß Le Corbusiers liegt bei den 1925 entworfenen Wohnungsgrundrissen der Siedlung Kiefhoek* vor. Vorbild für die extrem schmalrechteckige Grundform, die geschlossenen Seitenwände und die durchfensterten Schmalseiten der Reihenhäuser sind Le Corbusiers Typenhaus, das erstmals im Entwurf der Maison Citrohan (1920; Abb. 115) präsentiert wurde. In seinem Plan der »Ville contemporaine« (1922) griff Le Corbusier bei den zweigeschossigen Häuserzeilen der Gartenstädte auf diesen Typus zurück. Daß Oud sein Typenhaus als Basiselement einer Siedlung einsetzt, steht in direkter Abhängigkeit zu diesem Entwurf. Auch der im Begriff »Maison Citrohan« implizierte Verweis auf die Automarke Citroën wird in Ouds »Wohn-Ford«, der von ihm selbst verwendeten Bezeichnung seines Kiefhoeker Typenhauses[554], aufgegriffen. Da der amerikanische Ford als erstes serienmäßig hergestelltes Auto auch für den mittelständischen Käufer erschwinglich war, weist Oud damit – im Unterschied zu Le Corbusier – auf die Minimierung seines Grundrisses hin. Neben dem Grundschema von Ouds »Wohn-Ford« gehen die mit der Wand verbundenen Rundpfeiler am Windfang auf Le Corbusiers Wohnhaus La Roche-Jeanneret in Auteuil (1923) zurück. Dasselbe gilt für den gerundeten Schornstein der *Waterstokerij*, der ein Pendant im Schornstein von Le Corbusiers Villa findet. Auch die Wendeltreppe der Kiefhoeker Häuser, eine für die Niederlande untypische Lösung, könnte von Le Corbusier inspiriert sein.

Eine weitere Beeinflussung durch Le Corbusier scheint beim Entwurf für die Rotterdamer Börse* vorzuliegen. So stimmt die

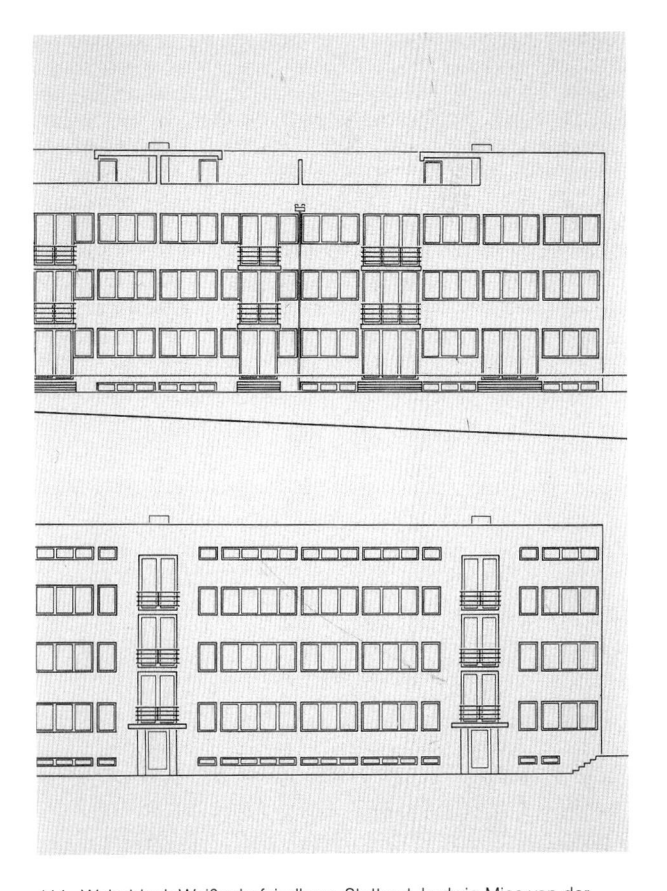

114. Wohnblock Weißenhofsiedlung, Stuttgart, Ludwig Mies van der Rohe, Aufriß von Ost- und Westfassade (Ausschnitt)

gleichförmige Rasterstruktur sowohl in den Proportionen der rechteckigen Fassadenabschnitte als auch dem verwendeten Modul mit Le Corbusiers Konstruktionsschema überein, das 1925 – ein Jahr vor Ouds Entwurf – im »Almanach d'architecture moderne« erschienen war.[555] Noch deutlicher werden die Gemeinsamkeiten beim Vergleich des siebengeschossigen Baukörpers der Börse (Abb. 297) mit dem von Le Corbusier gezeigten Ausschnitt (Abb. 116): In beiden Fällen handelt es sich um 6 x 8 Kompartimente, wobei Ouds Entwurf als einzige »Abweichung« eine Ladenzone im Erdgeschoß zeigt.

Auch bei den 1927 ausgeführten Reihenhäusern der Weißenhofsiedlung* orientierte sich Oud, wie bereits bei seinem »Wohn-Ford«, an Le Corbusiers Typenhaus.[556] Dies betrifft vor allem die betont langgestreckte Form und die großen Fensteröffnungen an den Schmalseiten der zweigeschossigen Häuser. Eventuell geht auch die Konzeption der Straßenfront, bestehend aus dem Wechsel von Hofwand und kubischen Anbauten, auf Le Corbusier zurück: Bereits dessen Entwurf für Betonbauten in Troyes (1919)[557] zeigt hohe Gartenmauern als Abgrenzung der schmalen Gärten gegen die Straße, wobei durch die spiegelbildliche Anordnung der Wohnungen je zwei der in die Gartenmauer eingelassenen Türen sowie ein Schuppen verbunden werden. Der sich daraus ergebende Wechsel von Mauer und Kubus ist auch für Ouds Bauten charakteristisch.

Mit den zeitlich folgenden Beispielen steht Oud in der Tradition einer verstärkten Le Corbusier-Rezeption, die hauptsächlich durch dessen revolutionäre Bauten in der Weißenhofsiedlung ausgelöst wurde. Auch Oud griff mit seinem 1928 entstandenen Entwurf des Dreifamilienhauses in Brünn* (Abb. 330) auf diese Vorbilder zurück. Dies betrifft vor allem die gerundeten Treppenhausanbauten, den durch Rundstützen (»pilotis«) erhobenen zentralen Bauteil und die kleinen Balkone der Dienerwohnungen. Als Inspiration für die Treppenhäuser diente offenbar der Kellergrundriß von Le Corbusiers Einfamilienhaus mit seinen zwei unterschiedlich großen, halbrunden Anbauten.[558] Auch die in Quadrate aufgeteilten Fenster von Ouds Veranda erinnern an die rechtwinklig unterteilte Fensterfront des Stuttgarter Hauses.[559] Das gerundete Vordach ist dagegen wiederum in Le Corbusiers Villa in Auteuil vorgebildet.[560]

Der wohl 1928 entstandene Vorentwurf des Kirchengebäudes* nimmt mit der rechteckigen Wandöffnung im rückwärtigen Verbindungsgang Le Corbusiers Motiv des Panoramafensters auf, das seit Mitte der 1920er Jahre in den Brüstungen seiner Dachterrassen, wie unter anderen bei den beiden Stuttgarter Bauten, auftrat.[561] Der 1931 entstandene Entwurf für die Villa Allegonda* mag in der Gestaltung des Treppenhausfensters (Abb. 344) auf Le Corbusier Villa in Vaucresson (1922), die auch in Ouds »Bauhausbuch« publiziert wurde[562], oder auch das Haus Ozenfant in Paris (1923) zurückgehen. So zeigt die Villa in Vaucresson ebenfalls einen von der Hauptfront zurückgesetzten Baukörper mit einem hohen Fenster im Rücksprung der Fassade, das wie bei Oud in hochrechteckige Scheiben unterteilt wird. Schließlich ist auch der gleichzeitig entstandene Entwurf der Villa Johnson* Le Corbusiers Bauten verpflichtet. Während die dekorativ gerahmte Tür mit ihrem weit vorkragenden, von einer Rundstütze getragenen Vordach (Abb. 353) auf die Villa in Vaucresson zurückgeht[563], folgen die gerundeten Treppenläufe im Innenraum einem typischen Motiv von Le Corbusier.

Die hier genannten, sicherlich noch zu ergänzenden Beispiele gehen nirgends über ein zitathaftes Aufgreifen von Einzellösungen hinaus. Neben Rundstützen, Dachformen und rechteckiger Wandöffnung gilt dies auch für die Grundrißlösung der Maison Citrohan (Abb. 115), die den Reihenhäusern von Kiefkoek* und Stuttgart* zugrunde liegt. Oud übernahm die Grundidee (schmales, zweigeschossiges Haus mit geschlossenen Längsseiten und geöffneten Schmalseiten), formte diese jedoch nach seinen Vorstellungen um. Gerade die für Le Corbusier typischen diagonalen Raumabtrennungen, die gebogenen Wände und das angestrebte Raumkontinuum spielten für Oud keine Rolle. Die Unterschiedlichkeit der beiden Künstler liegt neben ihrem persönlichen Stil, der sich im Fall Le Corbusiers originell-extravagant und deutlich eleganter präsentiert als bei Oud, auch in der jeweiligen Entwurfspraxis begründet. Während für Oud weiterhin das klassische Entwurfsprinzip mit seiner Symmetrie und Typenbildung bestimmend blieb, zeichnet sich Le Corbusiers Architektur durch ihre phantasiereichen und aufwendigen Einzellösungen aus. Hinzu kamen die unterschiedlichen Betätigungsfelder und damit die individuellen Prägungen der beiden Architekten: Oud war durch seine Stellung beim *Woningdienst* bereits früh zur Minimierung seiner Bauten gezwungen, während Le Corbusier 1917 eine Beschäftigung beim städtischen Bauamt in Frankfurt am Main zugunsten der freien künstlerischen Arbeit in Paris abgelehnt hatte. Auch die außerhalb des *Woningdienst* entstandenen Entwürfe Ouds wirken (möglicherweise bestärkt durch diese Prägung) weniger künstlerisch-virtuos und zeigen oftmals eine bis zur Sprödigkeit gehende Sachlichkeit. Gemäß seinen klassischen Entwurfsprinzipien richtete sich Ouds Vorwurf vor allem auf Le Corbusiers Individualismus und den Mangel an klarer Form, wobei er dessen Vorliebe für Pilotis als »maniertjes« (Maniertheiten) bezeichnete: »Hat diese Bauweise – auch im übertragenen Sinn – nicht etwas wenig Fundament? Ist diese Art zu bauen nicht dann und wann etwas zu kokett und weiblich in ihrer Unbekümmertheit und Gefallsucht? Denken wir bei dem Wort ›Baukunst‹ nicht an ... weniger Kompliziertheit und größere Deutlichkeit? Oder glaubt man, daß diese virtuosen, aber fragilen Raum-Anordnungen nun wahrlich die Baukunst von morgen repräsentieren?«[564] Trotz aller Kritik erkannte er Le Corbusiers außergewöhnliches künstlerisches Talent, die »unreal and fascinating plasticity of Le Corbusier«[565], die seinem eigenen Stil doch so wenig ähnlich war.

Ausgehend von der Prominenz der beiden Architekten wurde die ohnehin schon bestehende Konkurrenz zusätzlich von außen verstärkt. So bemerkte Hitchcock gegenüber Ouds Entwurf einer Häuserzeile an einem Strandboulevard*: »Il annonçait une nouvelle esthétique d'architecture mieux que Le Corbusier ne l'avait fait jusqu'alors.«[566] Auch innerhalb von De Opbouw spielte die Orientierung an Oud oder Le Corbusier eine Rolle. So berichtete Jos Klijnen nach einer Sitzung der Gruppe: »Gestern abend habe ich Dich im Zug noch heftig verteidigt gegen Le

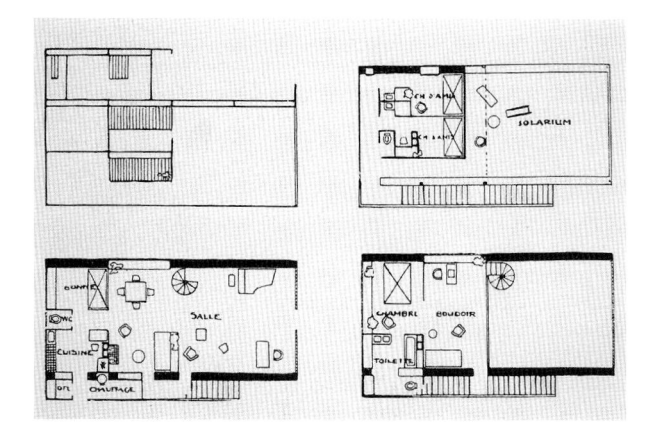

115. Le Corbusier, Maison Citrohan, 1920, drei Grundrisse, Aufriß

Corbusier, den der Feigling [Van Loghem: EvE] noch immer beweihräuchert.«[567] Trotz dieser Konkurrenz setzte sich Oud kurz nach dem Bau der Stuttgarter Häuser* für Le Corbusiers Beitrag beim Wettbewerb um den Völkerbundpalast in Genf ein, dem ein vergleichbares Schicksal wie seinem Börsen-Entwurf* drohte.[568] Sigfried Giedion, glühender Verehrer von Le Corbusier, schrieb daraufhin an Oud: »Ich finde es wirklich freundlich von Ihnen, dass Sie eine Aktion für Ihren ›Feind‹ Corbusier noch persönlich unterzeichnen ...«[569].

In seinem Antwortschreiben vom 24. Oktober 1927 erläuterte Oud erstmals seine Haltung gegenüber Le Corbusier: »Mein ›Feind‹ Corbusier ist mir immerhin sehr sympathisch durch die vielen Anregungen die er bringt, durch die Feinheit seiner Auffassung, durch die Klarheit seiner Anschauung (diese Art Klarheit findet man nur bei den romanischen Völkern; man kommt ohne sie heute nicht aus und ihr nachzustreben scheint mir für uns höchstes Ziel). Unsympathisch ist Le Corbusier mir weil er sich mit jedem Tage mehr zur Virtuosität hinaufschwingt, weil er mit einer seltenen Klarheit der Anschauuung eine heute sehr wenig seltene [sic] Unklarheit der Form verbindet (trotz allen ›Formvollendung-lobpreisungen‹ Hildebrandt's behaupte ich dieses); schliesslich weil er für mich die grösste Enttäuschung der letzten Jahre ist! Es fehlt ihm zu seinem grossen Talent die Weisheit dieses Talent auszunutzen sowie es auszunutzen wäre: er sieht nicht mehr als früher die Probleme, und wenn ich es so nennen darf die ›Abstufungen‹ in der Architektur ... Er hat nicht den Standard in der Architektur geschaffen, sondern eine Standard-architektur (auf dem Niveau des reichen Mannes!) was was anderes ist. Hoffentlich baut er den Völkerbund und trotzdem – unter uns – ich habe Angst für [sic] seinen Völkerbund. Das Wachsen einer Architektur ist wie das Wachsen eines Waldes: tausendfache Nährungsströme gibt es da, woraus sich tausendfache Bäume, Pflanzen, Blumen entwickeln (unwichtige und niedliche wie die Häuser, wichtige und sehr schöne wie Völkerbundsgebäude [sic]!) Ein Orchideengewächshaus aber steht genau so weit weg vom Leben als eine ›Standard Architektur‹. Weshalb Corbusier mir eine schlimme Enttäuschung ist! Trotzdem aber lese ich Oscar Wilde dann und wann auch gern!«[570]

Kernpunkte von Ouds ablehnender Haltung sind Le Corbusiers »Virtuosität« auf Kosten einfacher, klarer Lösungen sowie die Verweigerung, einen »Standard«, das heißt für die serielle Produktion geeignete Gebäudetypen oder Grundrisse zu entwickeln.[571] Im Gegensatz zu seinen eigenen Arbeiten könne Le Corbusier mit seinen kunstvollen, exotischen Einzelbauten für die Oberschicht daher keinen Beitrag zur Entwicklung der zukünftigen Architektur liefern.[572] Das große künstlerische Spektrum von Le Corbusiers Bauten sowie dessen Leichtigkeit und Eleganz der Formensprache stehen tatsächlich in einem gewissen Gegensatz zu Ouds strengen Gebäudetypen und normierten Baudetails. Oud, der allein seine eigene Methode als wertvoll für die Gesellschaft und die zukünftige Architektur sah, zeigte sich entsprechend enttäuscht von Giedions offensichtlicher Parteinahme für Le Corbusier, vor allem in der Publikation »Bauen in Frankreich« (1928).[573] Auf Ouds Kritik an dieser »subjektiven« Darstellung entgegnete Giedion: »Was mein Buch anbelangt, so nehmen Sie mich hart an den Haaren [sic]... Da Sie – wie ich in anderen Fällen auch gemerkt habe – ein künstlerisch stark gefärbtes Urteil haben, haben müssen, so kann ich Ihre Einstellung gegen gewisse Akzentsetzungen meinerseits (Corbusier) durchaus verstehen.«[574] Oud war jedoch der Ansicht, den Kunsthistoriker vor Le Corbusier warnen zu müssen: »Als Kritiker hegte ich Erwartungen von Ihnen. Und nun sehen Sie nur --- Corbusier, der Architekt der sehr bald unser (und der Gesellschaft) schlimmster Feind sein wird! ... Corbusier ist für mich antisozial – andere sind sozial.«[575]

Ouds Verhalten zeigt, daß er offenbar nicht über das nötige Selbstbewußtsein verfügte, um auf seine Methodik und die Qualitäten seiner Arbeiten zu vertrauen. Der enorme Erfolg des selbstsicheren und weltmännischen Le Corbusier wird Oud empört und sicherlich mit einem gewissen Neid erfüllt haben. Auch er selbst war – wie gezeigt – von Le Corbusiers Arbeiten beeindruckt und übernahm einzelne Motive aus dessen Architektur in seine Entwürfe. Durch diese »Beigaben« erhielten Ouds Bauten vielfach eine poetisch-elegantere Note, die allerdings nicht immer zum strengen Gesamtcharakter der Arbeiten paßte. Berechtigt war seine Unsicherheit dennoch nicht. Vor allem im Wohnungsbau und den städtebaulichen Entwürfen kam Oud – trotz seines akademischen und oftmals traditionelleren Vokabulars – zu ebenso qualitätvollen, wenn auch ganz anders gearteten Lösungen. Deutlich werden diese Unterschiede im Vergleich zwischen Le Corbusiers städtebaulicher Vision der »Ville contemporaine« (1922)[576] und dem gleichzeitig entstandenen Stadterweiterungsplan für Oud-Mathenesse* mit seinen geometrischen Einzelformen und geschlossenen Plätzen. Dasselbe gilt für die Siedlung Pessac in Bordeaux (1925) und die ebenfalls 1925 entworfene Siedlung Kiefhoek*: Die in Pessac locker über das Terrain verstreuten Häuser mit ihrer rein formal-ästhetisch bestimmten Farbgebung bilden quasi ein Gegenkonzept zu den eng in die städtebauliche Situation eingebundenen, streng parallelen Häuserzeilen von Oud in ihrer uniformen Farbfassung.[577] Ouds künstlerisches Talent zeigt sich in erster Linie in der Bewerkstelligung konkreter Aufgaben. Hierfür steht der zuweilen deutliche qualitative Unterschied zwischen den zur Ausführung bestimmten Entwürfen und seinen prinzipiellen Lösungen. Gerade Kiefhoek ist ein Beispiel für eine unter schwierigen Ausgangsbedingungen (hohe Bebauungsdichte, bestehende Randbebauung mit Zuwegung) entworfene städtebauliche Lösung. Dagegen erscheinen die auf den Zeilenbau zurückgehenden Arbeiten, wie die »prinzipielle Situation« auf Basis der Stuttgarter Reihenhäuser* und die parallel angeordneten Wohnzeilen in Blijdorp* trocken und akademisch.

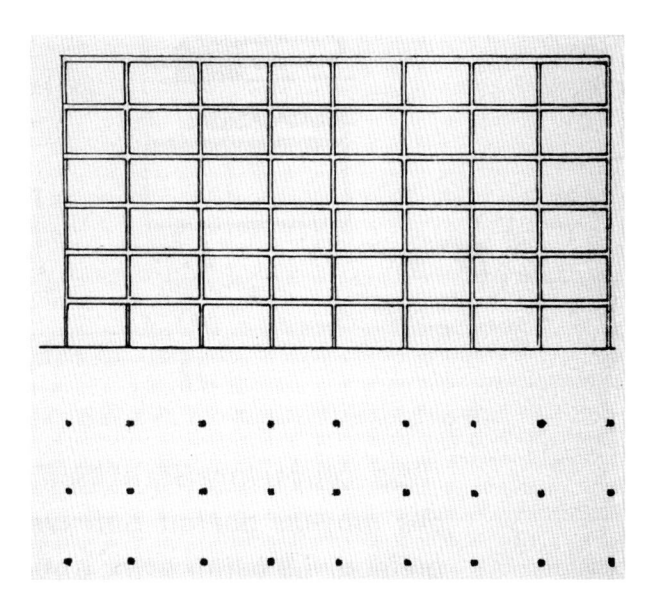

116. Le Corbusier, Fassadenausschnitt, 1925, Beispiel für »Les Temps modernes (le ciment armé)«, Aufriß und Stützenraster

5. Zusammenfassung

5.1. Ouds individuelle Formensprache

Die wichtigsten Vorarbeiten zu einer Stilanalyse lieferte Günther Stamm, der unter Hervorhebung der bis dahin unbekannten »expressiven« Lösungen die Vielseitigkeit von Ouds Œuvre – auch für die lange als bekannt erachteten 1920er Jahre – herausstellt.[578] Der Titel des jüngst erschienenen Rotterdamer Katalogs »J. J. P. Oud poëtisch functionalist« weist auf eine künstlerisch-poetische Variante der Moderne, eine Deutung, die Oud selbst für seine Häuserzeilen in Hoek van Holland* propagiert hat.[579] Entsprechend dem Untertitel seiner Autobiographie »Rund um einen poetischen Funktionalismus« erscheinen diese, bereits von seinen Zeitgenossen gelobten Bauten dort als Höhepunkt seines Werkes. Inwieweit dieser »poetische« Zug jedoch für Ouds Gesamtwerk charakteristisch ist, blieb bislang offen.

Die hier erfolgte stilkritische Untersuchung ergab als Entwurfsgrundlage der zwischen 1916 und 1931 entstandenen Arbeiten das an der Quellinus-Schule gelehrte »Entwerfen nach System«, das auch für die Bauten der 1920er Jahre bestimmend war. Zumindest im Kontext der Internationalen Moderne, die formal-gestalterische Entwurfssysteme zugunsten eines rein funktionalen Bauens ablehnte, kann dies als eine Besonderheit von Ouds Architektur gewertet werden. Dies gilt vor allem für den *Volkswoningbouw*, bei dem geometrische Entwurfsmethoden angesichts der minimierten Grundrisse nur unter Schwierigkeiten zu realisieren waren. Ein verwandtes Phänomen bildet die »klassische Entwurfstradition« mit ihrer Vorliebe für Symmetrie, die, was bislang zu wenig Beachtung fand, Ouds Bauten in der Gesamtanlage oder aber in einzelnen Bauteilen bestimmte.

Während das »Entwerfen nach System« und die klassische Entwurfstradition durchgehend in Ouds Werk zu beobachten sind, folgen die Stilformen der einzelnen Bauten anderen Vorgaben. Abgesehen von dem (bereits von Stamm beschriebenen) breiten formalen Spektrum zeigt Ouds Werk auch einen großen Anteil an fremden, in sein Werk integrierten Stilformen. Damit wird nicht nur Ouds dauerhafte Suche nach einer neuen Baukunst deutlich, sondern auch seine Sensibilität für aktuelle Strömungen. Oud orientierte sich an so unterschiedlichen Stilen wie dem englischen Landhausstil, der Amsterdamer Schule, *De Stijl*, dem »International Style« und dem Konstruktivismus sowie Stilelementen von Berlage, De Bazel, Lauweriks, Wright und Le Corbusier. Ein Stilwechsel ist bei Oud daher nicht als »Bruch« zu deuten, sondern zeigt allein die für ihn charakteristische Kombination der klassisch-akademischen Grundstruktur mit aktuellen Stilvarianten. Bei den meisten Bauten bediente er sich mehrerer Stilformen, die einmal aufgegriffen immer wieder in seinem Werk auftauchen konnten. Hier besteht eine Parallele zu seiner Vorliebe für Typenbildung, die sich sowohl auf ganze Wohnblöcke wie auch auf einzelne Motive bezog.[580]

Der Charakter von Ouds Bauten wechselte sehr stark, wofür nur zum Teil die gewählte Stilform verantwortlich ist. So bestehen beispielsweise große Unterschiede zwischen dem reduzierten, sachlichen Entwurf für Haus Kallenbach* und den drei Jahre später entworfenen »poetischen« Häuserzeilen in Hoek van Holland* mit ihren elegant gerundeten Schaufenstern und schlanken Rundstützen. Die Strenge von Haus Kallenbach entspricht weitgehend den gleichzeitig (aber noch als Sichtbacksteinbauten) ausgeführten Wohnblöcken in Tusschendijken*. Der poetisch-elegante Charakter der Häuserzeilen in Hoek van Holland findet dagegen weder in Ouds Werk noch bei seinen niederländischen oder deutschen Kollegen eine Entsprechung und steht damit weitgehend isoliert. Typisch für Ouds Wohnbauten dieser Zeit sind vielmehr das kurz zuvor entstandene »Witte Dorp«* sowie die wenig später entworfene Siedlung Kiefhoek*, beide mit vielfältigen, liebevoll gestalteten Details und den für Oud charakteristischen Farbakzenten in den Primärfarben. Dieser Unterschied zeigt sich auch in den Einzelformen, wie den breiten gelb gefaßten Fensterrahmen in Kiefhoek und den grauen schmalen Metallfenstern in Hoek van Holland.

Am wenigsten überzeugend sind Ouds Bauten dort, wo sein klassisch-akademisches Entwurfsprinzip den Stilformen entgegensteht. Dies gilt vor allem für das asymmetrische experimentelle De Stijl-Vokabular des Fabrik-Entwurfs* und die im Schema des deutschen Zeilenbaus entwickelten Häuserzeilen in Blijdorp*. Hier fehlte Oud offenbar das Selbstbewußtsein, um einer aktuellen Stilströmung im Zweifelsfall einmal nicht zu folgen. In diesem Kontext stehen auch die zum Teil wenig überzeugend wirkenden Erklärungen, mit denen er seine Arbeiten in die gerade aktuellen Strömungen einzuordnen versuchte. Im Fall der Siedlung Kiefhoek*, die (noch) nicht als Zeilenbau konzipiert war, begründete Oud die uneinheitliche und teilweise ungünstige Orientierung der Wohnungen als Angebot an die Mieter, eine ihren individuellen Wünschen entsprechende Wohnung zu wählen.[581] Bei der Publikation des Typengrundrisses anläßlich der CIAM II präsentierte Oud schließlich eine fingierte Situation, bei der die Wohnräume entsprechend dem Zeilenbau annähernd nach Westen, die Küche und das Elternschlafzimmer nach Osten orientiert sind (Abb. 268).[582]

Wie bei den Stilformen orientierte sich Oud auch bei der Verwendung von Ornamenten am vorherrschenden Zeitgeschmack. So verzichtete er seit Mitte der 1920er Jahre entsprechend dem Ideal der Moderne konsequent auf jede Ornamentik, obwohl er lange Zeit dafür aufgeschlossen gewesen war. Zu denken ist nicht allein an die Entwürfe für ein Volksbadehaus (Abb. 93) und ein Pflegeheim (Abb. 8), sondern auch an den Vorentwurf und die ausgeführte Fassung von Haus De Geus* (1916) sowie der Entwurf von Haus De Vonk* (1917) mit plastischem Backsteindekor seitlich des Eingangs.[583] Auch die von Van Doesburg entworfenen Bleiglasfenster für Ouds Bauten können in diesem Kontext genannt werden.[584] Hinzu kommen Motive wie das geknickte Sockelband und die rein dekorative Verkleidung der Bauleitungshütte* (1923) und des Café de Unie* (1925). Bereits in den 1930er Jahren kam Oud – parallel zum klassizistischen Zeitstil – zur Ornamentik zurück.

Nach einer typisch niederländischen Prägung von Ouds Bauten wurde bislang nicht gefragt. Einzige Ausnahme ist Roland Günter[585], der die niederländischen Elemente in Ouds Bauten als Ausgangspunkt der Modernen Architektur deutet. Günter nennt vor allem die großen, in den frühen Arbeiten noch »vergitterten« Fensteröffnungen, die Oud in niederländischer (oder nordeuropäischer) Tradition stehend sogar im *Volkswoningbouw* anwandte, sowie die Kleinteiligkeit der Gliederung und die Charakterisierung der Wand als Fläche. Mit letzterem liegt ein für Länder wie Großbritannien und die Niederlande typisches, seit Jahrhunderten verfolgtes Stilelement vor, das um 1900 neue Bedeutung gewonnen hatte.[586] An anderer Stelle verweist Günter auf die Realitätsliebe, das Detail und die Genauigkeit, die als typisch niederländische Gestaltungsprinzipien in *De Stijl* fortleben.[587] Dem entspricht nicht nur die Exaktheit und Detailliebe von Ouds Entwürfen, sondern auch der Präzision der Ausführung. Wie Hans Oud überliefert, habe sein Vater fertige Wände abreißen lassen, wenn das Fugenbild nicht seinen Wünschen entsprach.[588] Aber auch der Sinn für Abstraktion, wie die Flächigkeit ein zentraler Aspekt der *De Stijl*-Kunst, steht für die niederländische Prägung in Ouds Werk. Diese wird neben der Reduzierung und Konzentration der Formen auch in der freien Anordnung der Fensteröffnungen erkennbar.[589] Die Übereinstimmungen zwischen niederländischen Gestaltungsformen und Elementen der Moderne erklären auch die frühe Ausprägung der Modernen Architektur in den Niederlanden sowie die große Beteiligung von *De Stijl*-Künstlern bei den einschlägigen Ausstellungen und Kongressen.[590]

Andere Aspekte, wie der für die Moderne typische weiße Verputz, sind der niederländischen Architektur (aufgrund der vorherrschenden Witterungsverhältnisse) dagegen fremd. Für Ouds Bauten ergaben sich damit fortwährende bautechnische Probleme in Form von Rissen und Putzflecken, die bei seinen Landsleuten für entsprechende Kritik sorgte.[591] Auch die große Geste, das »Pathos« der Moderne, findet in der holländischen Bautradition mit ihrer Vorliebe für das Einfache, Schlichte, Kleine und Kleinteilige keine Entsprechung. Dieser Gegensatz führte zu der für Oud charakteristischen Verbindung von Bauten kleinen Maßstabs mit großstädtisch anmutenden Motiven. Beispielhaft hierfür stehen die dynamisch gerundeten Eckläden der Siedlung Kiefhoek* (Abb. 263), vor allem jedoch die Häuserzeilen in Hoek van Holland* mit ihren großen gerundeten Schaufensterflächen (Abb. 249), die ohne direkten Kontakt zum Stadtzentrum bzw. größeren Verkehrsstraßen stehen.[592] Ein ähnlicher Effekt ergibt sich bei repräsentativen Bauformen in kleinem Maßstab. So ist der »Ehrenhof« zwischen den beiden symmetrisch flankierenden Häuserzeilen in Hoek van Holland nur wenige Meter breit (Abb. 32), dasselbe gilt für die aufwendigen dreiläufigen Treppen in Haus De Vonk* (Abb. 139) und dem Centraalbouw*. Die Verbindung der betont großstädtisch-repräsentativen Gesten mit dem kleinen Maßstab verleiht den Bauten zuweilen – vor allem bei einer entsprechenden, durch Fotografien verstärkten Erwartungshaltung – etwas Unwirkliches, »Spielzeughaftes«.

5.2. Ouds Position zwischen »Künstler-Architekt« und »gesellschafts-politischem Reformer«

Der Begriff der Modernen Architektur wird bis heute meist mit einer politisch links gerichteten Einstellung und sozialem Engagement verbunden. Die Gestaltung gilt dabei als Mittel, die in der Moderne implizierte neue Weltanschauung zum Ausdruck zu bringen.[593] In diese Richtung weist auch Lawrence Wodehouse in »The roots of international style architecture« (1991), wonach Johnson, neben Hitchcock Initiator des Stilbegriffs »International Style«, die sozialen Aspekte der neuen Richtung unterschlagen und fälschlich die Existenz eines rein ästhetisch bestimmten Stil vermittelt habe: »Johnson felt the need to divorce Modern architecture from social influences. His background and extensive association with the wealthy elite who financed the MoMA made it awkward for him to emphasize the social concerns which so obviously lay behind the Modern movement in Europe. He therefore established a visual formula defining the International Style to counter the functionalism of Gropius and others, moving the modern movement in the United States away from those European traditions of socialism which were unacceptable to him.«[594]

Zweifellos gingen die Vertreter der Modernen Architektur mehrheitlich von der Veränderbarkeit der Welt durch Architektur aus. Mit den Merkmalen des neuen Stils wie Reinheit, Technizität, Klarheit, Offenheit, Sachlichkeit und Modernität lagen daher, wie Norbert Huse hervorhebt, immer auch soziale Kategorien vor.[595] Daß die Verbindung von Moderner Architektur und einem sozial-politischen Engagement jedoch nicht für alle Vertreter der Moderne gleichermaßen Gültigkeit besaß, zeigt die gleichzeitige Betonung künstlerisch-gestalterischer Aspekte: So erläuterte Mies van der Rohe anläßlich der Stuttgarter Werkbund-Ausstellung, daß »das Problem der neuen Wohnung ein baukünstlerisches Problem ist, trotz seiner technischen und wirtschaftlichen Seite. Es ist ein komplexes Problem und deshalb nur durch schöpferische Kräfte, nicht aber mit rechnerischen oder organisatorischen Mitteln zu lösen.«[596]

Um den ästhetisch bestimmten Werken der traditionellen »Künstler-Architekten« wie auch den Arbeiten links orientierter Architekten gerecht zu werden, schlug Werner Möller zwei unterschiedliche Wertmaßstäbe vor: Während die Arbeiten der Erstgenannten nach ästhetischen Maßstäben zu beurteilen seien, stünden bei den Vertretern der zweiten Gruppe Fragen nach dem utopischen Gehalt und der Umsetzung politischer Ideen im Mittelpunkt.[597] Möller geht dabei von einer starken Polarisierung innerhalb der Moderne aus: »Auf der einen Seite stand die Gruppe, die das Neue Bauen als praktischen Beitrag einer tiefgreifenden sozialen Umgestaltung der Gesellschaft verfocht und als vorrangiges Ziel die Frage nach qualitativ akzeptablen und bezahlbaren Wohnungen für untere Bevölkerungsschichten betrachtete. Auf der anderen Seite stand die Gruppe, die zwar – durchaus mit revolutionärem Schwung versehen – nach einer Erneuerung der Architektur und Gestaltung strebte, deren Denken jedoch bürgerlichen Werten unumwunden verpflichtet war und sie auch verteidigte.«[598] Wie Möller darlegt, zeichnet sich die bürgerliche Richtung durch eine hierarchische Bewertung der Bauaufgaben aus, wie es beispielsweise bei Gropius zu beobachten ist: An oberster Stelle in der architektonischen Rangfolge steht dort das repräsentative Bauhausgebäude, dem folgen die villenartigen Meisterhäuser und an letzter Stelle die Arbeiterwohnungen in Törten.[599]

Im Fall von Oud scheint die Zuordnung jedoch komplizierter. Eigentlich müßte Oud, der sich selbst als Künstler-Architekt verstand und aus den aktuellen politischen Fragen heraushielt, der bürgerlichen Gruppe zugeordnet werden. Dagegen spricht jedoch, daß er in seinen Bauten keine Unterscheidung zwischen repräsentativen und weniger angesehenen Bauaufgaben vornahm: Fabrik und Kirche, Villa und Wohnungsbau werden bei Oud (zumindest in der hier behandelten Zeitspanne) gleich behandelt. Daß er auch den *Volkswoningbouw* als wichtige und – aufgrund des Bauumfangs – zentrale Aufgabe seiner Zeit verstand, zeigt die Verwendung repräsentativer Formen und klassischer Entwurfsprinzipien.[600] Im Gegensatz zu seinen »Künstler-Kollegen« Le Corbusier und Adolf Loos war Oud über Jahre hinweg mit dem Gemeindewohnungsbau beschäftigt[601], obwohl ihm andere Aufgaben angeboten wurden.

Wie Sokratis Georgiadis betont, seien in den CIAM keineswegs nur funktionale Forderungen vertreten worden, sondern dominierte vielmehr – trotz eines oftmals anti-ästhetischen Verbalismus – eine ästhetische Grundeinstellung der Architekten.[602] Auch Hannes Meyer, der generell als beispielhafter Vertreter einer links-revolutionären Architektur gilt, werden künstlerische Ambitionen zugesprochen. Martin Kieren weist auf ein bis heute bestehendes Mißverständnis hin, wonach Meyer weder Komposition, Proportion und Harmonie noch einen ästhetischen Anspruch vertreten habe: »Meyer ist nur an einem anderen Kunstbegriff gelegen ...«[603]. Auch Möller erkennt in den Arbeiten von Mart Stam formal-ästhetische Aspekte: »Trotz der provokanten These, daß allein die Funktion die Form diktiert, sind Stams Ergebnisse ... nicht frei von künstlerischen Entscheidungen.«[604] In der Tat werden die meisten Architekten zwischen den beiden theoretisch formulierten Polen »Künstler-Architekt« und »sozial-politischer Reformer« anzusiedeln sein. Entscheidend ist daher ein nach Künstlerpersönlichkeit und Zielsetzung individuell festgelegter Bewertungsmaßstab.

Oud zeigte trotz seiner formal-ästhetischen Herangehensweise ein ausgeprägtes Verantwortungsbewußtsein gegenüber den Bewohnern seiner Häuser, das auch die Funktionalität und Wirtschaftlichkeit der Bauten einschloß. Unter Betonung der künstlerischen Seite – »Oud gehört zu dem Typ des Künstler-Architekten, für den der künstlerische Schaffensprozeß das Wichtigste ist« – sieht Rebel hierin einen Widerspruch zur modernen Bewegung:

»Diese explizite Haltung plazierte Oud irgendwie außerhalb der Sphäre des ›Neuen Bauens‹.«[605] Dieses einseitige Bild von Oud ist jedoch zu korrigieren: Eine Differenzierung in rangniedrige funktionale und künstlerisch-repräsentative Gebäude hat Oud nicht vorgenommen. Die formale Lösung war vielmehr ein entscheidendes Kriterium für die funktionale Bestimmung und die soziale Qualität der Bauten. Dabei ist Oud keiner links-politischen Strömung zuzuordnen. Obwohl seine kommunalen Wohnbauten zu den frühesten und qualitätvollsten Beispielen der Modernen Architektur zählen, ist weder der Architekt noch der Auftraggeber einer linken Fraktion zuzurechnen. Während sich Oud aktuellen politischen Fragen gegenüber zurückhaltend verhielt und sich keiner Partei zugehörig fühlte, stand der *Woningdienst* in der hier behandelten Zeit unter der Führung der Liberalen. Damit bestehen Parallelen zu den städtischen Wohnkomplexen deutscher Großstädte wie Frankfurt und Berlin, die zwar auf bedeutende Bauten der Modernen Architektur verweisen können, jedoch ebenfalls nicht »links« regiert waren.

Die Frage nach Ouds Position zwischen Künstlerarchitekt und gesellschafts-politischem Reformer stellt sich auch angesichts der für ihn charakteristischen Typenbildung.[606] Ein frühes Beispiel für eine nicht primär funktional-wirtschaftlich bestimmte Typisierung bildet die noch vor seiner Anstellung beim *Woningdienst* entworfene Häuserzeile an einem Strandboulvard*. Die Typisierung wurde hier (entgegen der tatsächlichen Struktur des Gebäudes) zum bestimmenden Gestaltungsmittel erhoben. Auch im Rahmen des *Volkswoningbouw* verstand Oud die Typisierung vor allem als formales Prinzip, das bereits in der strikten Beschränkung auf nur ein Fenster- und Türformat erkennbar wird. Dasselbe gilt für die Siedlungen Oud-Mathenesse* und Kiefhoek*, bei denen abweichend von zeitgenössischen Wohnanlagen dieser Größe nur ein Haustypus Verwendung fand. Dieses Basiselement wird jeweils in Form eines isoliert stehenden Einzelbaus sichtbar gemacht (Abb. 37, 230).

Das als Typus eines mittelständischen Einfamilienhauses gedeutete Wohnhaus mit Büroräumen* zeigt, daß Oud die Typisierung als Prinzip auch auf repräsentativere Bauaufgaben ausdehnte. Wie im *Volkswoningbouw* nahm er die einmal gefundenen Lösungen, die von der Grundkonzeption eines Gebäudes bis zu Raumformen und Baudetails reichen, immer wieder auf. Zur Verdeutlichung der Typenbildung wurden die Raumtypen oftmals seriell aneinandergereiht. Ein Grund für sein ausgeprägtes Interesse an der Typisierung war sicherlich die allgegenwärtige Diskussion um die Industrialisierung des Bauwesens und die maschinelle Herstellung von Bauteilen. Bereits vor dem 1. Weltkrieg wurden entsprechende Forderungen von fortschrittlichen Architekten erhoben, wobei neben wirtschaftlichen Interessen auch geistig-künstlerische Vorstellungen eine Rolle spielten: Die Typisierung galt als Ausdruck des Zeitgeistes und sollte sich daher nicht auf den Industrie- oder Wohnungsbau beschränken. Für den Wohnungsbau ist die von Gropius verfaßte Denkschrift »Programm zur Gründung einer allgemeinen Hausbaugesellschaft auf künstlerisch einheitlicher Grundlage« hervorzuheben, die er im April 1910 dem AEG-Vorsitzenden Emil Rathenau überreichte.[607] Gropius geht dort neben den wirtschaftlichen Vorteilen einer Typisierung und industriellen Fertigung explizit auf künstlerische Gesichtspunkte ein und kam entsprechend zu der Bezeichnung »idealisierender Typus«[608].

Oud selbst propagierte die Typisierung bereits in seinem Artikel »Baukunst und Normierung beim Massenbau« von Mai 1918, wobei er die Möglichkeiten einer qualitätvollen Gestaltungen hervorhob.[609] Während die Typisierung dort als Notwendigkeit dargestellt wird, die in ästhetischer Hinsicht zumindest keine Nachteile bringen müsse, forderte er ein Jahr später die maschinelle Fertigung und Typenbildung für alle Bauaufgaben: »Es hat … die moderne Baukunst die Aufgabe, sofort die technischen Verbesserungen heranzuziehen und sie auf ästhetische Weise zu nutzen.«[610] 1924 verwies Oud schließlich auf die von der Typisierung erhoffte stilbildende Funktion: »Ich erwarte stil-bildende Formkristallisierung von der Typisierung untergeordneter Bauteile …«[611]. Demnach sei die Typisierung vor allem Ausdruck der ökonomisch-technisch geprägten Zeit und der für sie bedeutenden Fragen. Gleichzeitig stellte sich Oud mit seiner Typenbildung in die Tradition der Renaissance, vor allem Palladios. Damit wird der Typus in die Nähe des Ideal-Entwurfes gerückt und erscheint als Grundlage oder Orientierung für weitere Arbeiten. Bereits Friedrich Ostendorf hatte 1913 die Erstellung von Typen durch die wenigen begabten Architekten gefordert, die anschließend von den ausschließlich technisch Befähigten gehandhabt werden könnten. »… jeder Architekt bildet sich ein, ein Künstler zu sein (es sind aber heute deren ebensowenig wie in alter Zeit) und will es beweisen dadurch, daß er sich anders gebärdet als sein Fachgenosse, will bei jeder Gelegenheit, bei dem winzigsten Bauwerk sich persönlich zur Geltung bringen.«[612] Wie Ostendorf schätzte auch Oud das Künstlertum hoch ein, lehnte die »Originalitätssucht« und den übertriebenen Individualismus jedoch entschieden ab.

Anmerkungen

1. Günter 1990, S. 26.
2. Vgl. Naredi-Rainer 1982, S. 150.
3. Vgl. Ernst Branding 1896: Van der Woud 1997, S. 351.
4. Wang 1994, S. 37.
5. Frank 1984b, S. 61. Laut Jaeggi waren sowohl Oud als auch Le Corbusier, Gropius und Mies van der Rohe von Lauweriks beeinflußt: Jaeggi 1994, S. 29.
6. Oud selbst wies am Ende seines Lebens darauf hin, daß die Schriften seines Lehrers über das »Entwerfen nach System« für ihn interessant gewesen seien: »Ein großer Mann auf diesem Gebiet war ein ehemaliger Lehrer von mir, J. H. de Groot …«. Übers. EvE: Oud 1963, S. 48. Vgl. »II. 1. Herkunft und Ausbildung«.
7. Vgl. «III. 1.3. Erster Jahrgang von ›De Stijl‹«.
8. Taverne/Broekhuizen 1995, S. 105, 109–113. Demnach habe Oud Entwurfsprinzipien angewandt, die zu Anfang des 20. Jahrhunderts von Behrens, Fischer, Sullivan und Berlage entwickelt worden waren. Eine Analyse dieser These bleibt jedoch aus.
9. Angesichts der Geometrie des Rechtecks/Quadrats, das er in Ouds Entwurf von Lagerhaus* und Fabrik* angewendet sieht, verweist Langmead auf das Werk der De Stijl-Architekten, Wright und die niederländische Tradition des geometrischen Entwerfens. Diese Tradition habe seit der Renaissance bestanden und Anfang des 20. Jahrhunderts in Form mathematisch-formaler Systeme eine weite Verbreitung in den Schriften der »Architectura«-Architekten gefunden: Langmead 1999, S. 9. Vgl. dagegen Langmead/Johnson 2000, S. 62, die das geometrische Entwerfen der De Stijl-Achitekten auf die Auseinandersetzung mit Wright zurückführen.
10. »Durch seine Ausbildung sowohl an der Amsterdamer Rijksschool voor Kunstnijverheid Quellinus (wo J. H. de Groot lehrte), an der Technischen Hochschule in Delft (wo er am Unterricht von Henri Evers teilnahm) wie bei Theodor Fischer in München war er in dem akademischen System mit seinen Regeln auf dem Gebiet von Komposition, Proportion und Stil und den dazu gehörenden Denksystemen ausreichend trainiert.« Übers. EvE: Broekhuizen 2000, S. 29. Broekhuizen hat bereits für die Dekoration von Ouds Denkmalentwurf für Den Haag (1943–45) eine »geometrische proportionering« erkannt; Entwurfsskizzen zeigen die Verwendung von Zirkel, Zeichendreieck und Reißschiene: Broekhuizen 1996a, S. 29.
11. Broekhuizen 2000, S. 20–22; 28–31. Konkret werden die harmonischen Maßverhältnisse nur im Fall der Rotterdamer Spaarbank (1942–57) untersucht, für die Broekhuizen bestimmte Zahlenverhältnisse und ein Diagonalnetz (»Kontrollinien«) im Winkel von 30 bzw. 45° feststellt: Broekhuizen 2000, »Maat en getal« (Maß und Zahl), S. 96–99. Dreieckraster und harmonische Maßverhältnisse werden auch bei anderen Bauten genannt, so die Grundrißmaße im Verhältnis 7:4 beim Shell-Gebäude, der Spaarbank (1942–57) und dem Esveha-Gebäude (1947–50), beide in Rotterdam: Broekhuizen 2000, S. 116, 264.
12. Taverne 2001, S. 256: »symbolen van de dominante rol van de techniek in de moderne cultuur«; vgl. Van der Woud 1997, S. 352.
13. Zum »Entwerfen nach System« im Kontext der niederländischen Architekturtheorie des 19. Jahrhunderts: Van der Woud 1997, v. a. »Ontwerpmethode I: wetten en regels«, S. 348–355. Die Publikationen zum »Entwerfen nach System« beschränken sich auf Aufsätze und einzelne Kapitel in Künstlermonographien: Reinink 1965a, »Eenheid een veelheid‹. Systemen«, S. 69–94; Fanelli 1968, Sistemi proporzionali, geometria e teoria della forma nella cultura architettonica olandese del Novecento, S. 27–33; Tummers 1968; Pieter Singelenberg, The system of proportions of the exchange, in: Singelenberg 1972, S. 101–111; Trappeniers 1979; Bock 1983, Geometrische Systeme, S. 60–70; Tummers 1984; Frank 1984b; Zoon 1987; Nerdinger 1988, Der entwerfende Architekt – Charakter, Proportion, Raum, S. 96–102; Wang 1994. Zur Beeinflussung von Behrens durch Lauweriks vgl. Moeller 1991, S. 40–42, 103–108, 214–226.
14. Kohlenbach 1994, S. 14.
15. »Systematic bases of design flourished within this Theosophical tradition, with startlingly different results. For example, an analysis of the plans of C. J. Blaauw's Villa Meerhoek at Park Meerwijk, Bergen (1917–18) reveals a meticulous application of square geometry …«: Langmead 1996, S. 7.
16. Bergerfurth 2004, S. 15f. In Staals Nachlaß sind jedoch keine entsprechenden Zeichnungen erhalten.
17. »Durch verschiedene Schüler des Meisters [P. J. H. Cuypers: EvE] ist die Anwendung eines geometrischen Proportionssystems im Allgemeinen und das der gleichseitigen Dreiecke seit Jahren an vielerlei Orten weiter erläutert und weiter durchgeführt worden.« Übers. EvE: Het werk van Dr. P. J. H. Cuypers, 1827–1917, Amsterdam 1917, S. 22, nach Reinink 1965a, S. 93. Reinink verweist auf die Bedeutung englischer Theoretiker (wie Walter Crane) für die Entwicklung in den Niederlanden: Reinink 1965a, S. 88–91.
18. Das »Ägyptische Dreieck« bezeichnet ein gleichschenkliges Dreieck, das einem Rechteck im Verhältnis von 8:5 als Annäherungswert des Goldenen Schnitts eingeschrieben ist. Dieses Dreieck wird aus einem Dreieck mit dem Seitenverhältnis 3:4:5 abgeleitet, das verschiedenen Theoretikern als das eigentliche »Ägyptische Dreieck« gilt. H. A. Naber hatte bereits 1915 dargelegt, daß das »Ägyptische Dreieck« auf einem Meßfehler Viollet-le-Ducs basiere und damit eine Erfindung des 19. Jahrhunderts sei: H. A. Naber, Meetkunde en mystiek, Amsterdam 1915: Reinink 1965a, S. 74, Anm. 25; S. 83f.
19. Vgl. Reinink 1965a, S. 83–85; Zoon 1987, S. 33–35; Van der Woud 1997, S. 352.
20. Von Juli 1896 bis Juni 1897 erschienen in »Architectura« Lauweriks Übersetzung von Viollet-le-Ducs »Entretiens sur l'architecture«: Müller 1987, S. 69.
21. Vortrag von Lauweriks, Een toepassing van de beginselen van Vitruvius, Versammlung von Architectura & Amicitia, 1900, in: Architectura, 7, 1900, Nr. 34, S. 269–271: Johannisse 1997, S. 34; J. L. M. Lauweriks, Ein Beitrag zum Entwerfen auf systematischer Grundlage in der Architektur, in: Ring, I, Heft 4, 1909, S. 25–34.
22. Kirchenentwurf: Frank 1984b, Abb. 10, S. 65; »Künstlerhäuser« am Stirnband in Hagen: Tummers 1984, Abb. 4, S. 157.
23. Vgl. Trappeniers 1979.
24. Das gemeinsame Atelier von Lauweriks und De Bazel orientierte sich – wie auch die gesamte Reformbewegung einschließlich der Gründung von Kunstgewerbeschulen ab 1879 – an dem Vorbild der Arts and Carfts. Die Verbindungen und Unterschiede zur englischen Vorbildern muß hier ausgespart bleiben.
25. Abb. Badeeinrichtung, Abb. 47, S. 75; Abb. Bibliothek: Reinink 1965a, Abb. 38, 39, S. 58f.; Abb. Genossenschaftsbau: Reinink 1965a, Abb. 40–43, S. 60–63.
26. Reinink 1965a, v. a. S. 74–80.
27. Van der Woud 1997, S. 352.
28. Vgl. W. B. G. Molkenboer, Oefening in lijn en kleur, Groningen 1886: Van Bergeijk 2003, S. 40.
29. Übers. EvE: J. H. und J. M. de Groot, Driehoeken bij ontwerpen van ornament, Amsterdam 1896.
30. Reinink 1965a, v. a. S. 69–73; Bock 1983, S. 64; Zoon 1987, S. 35.
31. Berlage 1905; Berlage 1908.
32. Buch 1997, S. 32. Abb. Fassadenentwurf: Oud 1919d, S. 191.
33. Vgl. Van Bergeijk 2003, S. 40.
34. H. P. Berlage, De nieuwe Beurs te Amsterdam, in: BW, 18, 1898, S. 111, nach Reinink 1965a, S. 80.
35. Bock 1983, S. 64, 68.

36 Berlage 1908, S. 33: nach Kohlenbach 1991, S. 111.
37 Dies gelte auch für die Bauformen: »Die architektonischen Formen sollen ebenfalls geometrischer Natur sein.«: Berlage 1908, S. 1.
38 Berlage 1908, S. 59.
39 H. P. Berlage, De Beurs te Amsterdam, in: BW, 18, 1898, S. 111; Berlage 1908, S. 56. Vgl. Reinink 1965a, S. 80; Bock 1983, S. 63. Noch 1908 betonte Berlage die Ähnlichkeit seines Entwurfssystems mit dem von Lauweriks. Wie Bock darlegt ist ein formbestimmender Einfluß von Lauweriks und De Bazel auf Berlages Bauten jedoch nicht bewiesen: Bock 1983, S. 69.
40 Gottfried Semper, Der Stil in den technischen und tektonischen Künsten, 1878, 1879. Auch in *De Stijl* stieß Sempers Theorie auf großes Interesse. Berlage, ehemaliger Student am Polytechnikum in Zürich, wo Semper bis 1871 gelehrt hatte, wird Oud jedoch schon früher auf dessen Schriften aufmerksam gemacht haben. Im November 1921 erwarb Oud die beiden Bände antiquarisch bei Wasmuth in Berlin: vgl. die Rechnung von Ernst Wasmuth: Colenbrander 1994b, S. 99.
41 August von Thiersch, Handbuch der Architektur, darin: »Die Proportion in der Architektur«, 1883: Nerdinger 1988, S. 97; Jaeggi 1994, S. 32.
42 Vgl. »Der entwerfende Architekt – Charakter, Proportion, Raum«: Nerdinger 1988, S. 96–102.
43 Van Bergeijk 2003, S. 40.
44 Theodor Fischer, Zwei Vorträge über Proportion, München 1934, S. 12: Nerdinger 1988, S. 96.
45 Eine Ausnahme bildet seine Abhandlung über Berlage: »In der zukünftigen Baukunst sollen die Proportionen und der Rhythmus vorherrschen gegenüber dem Schmuck.«: Oud 1919d, S. 189 (abg. in Taverne 2001, S. 171–181). Auf das »Entwerfen nach System« geht Oud erst 1963 ein: J. J. P. Oud, Over »systeem« bij het ontwerpen, in: Oud 1963, S. 47–52. Zu Ouds Darlegung seiner Entwurfspraxis ab 1945 vgl. Broekhuizen 2000. Broekhuizen betont dort, daß Oud seine Vorstellungen über die Grundregeln der Architektur nie systematisch dargelegt habe: Broekhuizen 2000, S. 21.
46 Oud 1919d, S. 198f (abg. in Taverne 2001, S. 171–181).
47 J. J. P. Oud, Over »systeem« bij het ontwerpen, in: Oud 1963, S. 47–52.
48 Vgl. die zwei aneinandergereihten, annähernd gleich großen Räumen, die als spiegelbildliche Pendants angelegt sind.
49 Vielmehr folgte Oud der »klassischen Entwurfstradition«, die Symmetrien sowie einfache Grundrißlösungen und Raumproportionen forderte; vgl. »V. 2. Klassische Entwurfsprinzipien«.
50 Als Vergleich zu Ouds Haus Oud-Hartog ist De Klerks gleichzeitig entstandener Wohnhaus-Entwurf Motto »Grasmaand« (Dezember 1906 – April 1907) zu nennen, der weder Zentrierungen noch Symmetrien aufweist. Abb.: Bock/Johannisse/Stissi 1997, S. 116.
51 Der Grundriß basiert auf rechteckigen Modulen, während die Breite zur Länge des Gebäudes im Verhältnis 1:2 steht.
52 Vgl. die Dissertation von Broekhuizen, der mit Blick auf die klassische Entwurfstradition (und nicht dem hier isoliert behandelten »Entwerfen nach System«) diese Faktoren für die ab 1938 entstandenen Arbeiten untersuchte: Broekhuizen 2000.
53 Auch im Fall der »Ägyptischen Dreiecke« von Berlages Börsen-Entwurf ist nicht bewiesen, daß dieses System auch formbestimmend war: Bock 1983, S. 61f., 68.
54 Peter Behrens, Sachlichkeit und Gesetz, in: BW, 49, 1928, S. 164f.: Bock 1983, S. 60f.
55 J. J. P. Oud, Over »systeem« bij het ontwerpen, in: Oud 1963, S. 48.
56 Oud 1963, S. 49.
57 Vgl. die Fensterunterteilungen bei Adolf Loos. »Les fenêtres se subdivisent souvent en petits carrés ou rectangles qui obéissent apparemment à un système modulaire. Cette subdivision tend à s'harmoniser avec la trame géométrique qui contrôle l'ensemble de la façade …«: Panayotis Tournikiotis, Adolf Loos, Paris 1991, S. 77.
58 Vergleichbar mit Haus Brand ist Berlages Wohnhaus Pijzel in Amsterdam (1891/92), das zwei gleich tiefe Wohnräume und eine Unterteilung des Grundrisses in drei gleichbreite Abschnitte zeigt: Bock 1983, Abb. 160, S. 140.
59 Übers. EvE: Taverne/Broekhuizen 1995, S. 111. Dies trotz des in Skizzen sichtbaren Rasters und obwohl die Konzeption des Interieurs auf das Grundmodul zurückgeführt wird: Taverne/Broekhuizen 1995, S. 60.
60 Polano 1981, S. 17; Fanelli 1983, S. 14; Barbieri 1990, o. S.: »la casa *De Vonk* si rivela nella pianta simmetrica costruita modularmente.«
61 Langmead 1999, S. 9.
62 Jaeggi 1994, S. 152.
63 Zum Raster im 20. Jahrhundert vgl. die Untersuchung zu Ernst Neufert: Prigge 1999.
64 Pehnt 1998, S. 301.
65 Abb. Haus Van Bakel: Barbieri 1986, S. 17; Abb. Pflegeheim: Barbieri 1986, S. 30.
66 »Ähnlich wie im Entwurf von Gropius/Meyer gibt auch Oud einen Hinweis auf seine Grundform: das 1 x 1 m umfassende Quadrat bildet im labyrinthischen von Betonmauern eingefaßten ›versenkten Garten‹ die Grundfläche eines Springbrunnens die Quelle des Entwurfs.«: Jaeggi 1994, S. 152.
67 Im Rotterdamer Katalog wird das Diagonalraster des Soldatenheims auf De Groot zurückgeführt: Taverne 2001, S. 107.
68 »Geometric principles of design … are recognizable in several of his projects done during the first years of his practice (1906–1916), but in his architecture of the 1920s it is less significant: Broekhuizen 2000, S. 369.
69 In Ouds Wohnhaus in Blaricum (1915, Abb. 88) wurde ein achteckiger, erkerartiger Raum zwischen Wohnzimmer und Terrasse eingefügt. Der Entwurf für das Pflegeheim (Abb. 8) zeigt eine halbkreisförmige Apsis am zentralen Erholungsraum. Die Läden in Hoek van Holland* schließen in einem Halbkreis, der durch die Form der Balkone zusätzlich betont wird. Auch die zentrale Grünanlage des Eemstein in Kiefhoek* endet entsprechend der Garteneinfassung des Küsterhauses* in einem Halbrund. Die Balkone des Wohnhauses mit Büroräumen* und der Siedlung Kiefhoek beschreiben ebenfalls einen Halbkreis. Der repräsentative »sun-room« der Villa Johnson* wurde auf kreisrundem Grundriß entwickelt.
70 Bei den »quadratischen« Grundrißformen handelt es sich nicht immer um exakte Quadrate. Zu den hervorgehobenen Räumen auf quadratischem Grundriß zählen der Salon in Haus Gerrit Oud (1912, Abb. 312) und die Hausmeisterwohnung des Volksbadehauses (Abb.: De Gruyter 1931, XXXIII; Barbieri 1986, S. 28), der turmartige Anbau der Villa Allegonda*, die Eckläden in Block IX* in Spangen und in den Wohnblöcken in Tusschendijken*, zwei Säle im Börsen-Entwurf* und ein Saal im dritten Entwurf der Volkshochschule*.
71 Stamm nennt die Arbeiterwohnungen für Vooruit (1911, Abb. 310), das Dreifamilienhaus in Velp* und den Entwurf für eine Häuserzeile an einem Strandboulevard*: Stamm 1984, S. 19, 31. Quaderförmige Bauteile zeigen die Villa Allegonda*, die Häuserzeile für einen Strandboulevard, die Lagerräume in Hoek van Holland*, die straßenseitigen Anbauten der Weißenhofsiedlung* und die Garage der Villa Johnson*. Als betont quaderförmige Gebäude entwarf Oud das Doppelhaus für Arbeiter in Beton* sowie Küsterhaus* und Kirche* der Siedlung Kiefhoek.
72 Bereits bei Haus Brand in Beemster (1910, Abb. 306) entwarf Oud beide Wohnräume auf quadratischem Grundriß. Im Vorentwurf von Haus de Vonk* handelt es sich um die Küche, in der ausgeführten Fassung um Küche, Direktorenzimmer und die vier Schlafzimmer im Obergeschoß. Hinzu kommen die Wohnräume in beiden Fassungen des Doppelhauses für Arbeiter in Beton*, der Wohnraum der Hausmeisterwohnung in Haus Kallenbach*, Schlafzimmer und Büro des Wohnhauses mit Büroräumen*, die zentrale Küche des Börsen-Entwurfs*, der Wohnraum des Chauffeurs im Dreifamilienhaus in Brünn*, der Wohnraum der Chauffeurwohnung sowie Küche und Gästezimmer der Villa Johnson*.
73 Abb.: De Gruyter 1931, XXXIII; Barbieri 1986, S. 28.

74 Das Verhältnis 2:3 zeigen die Schlafzimmer im Vorentwurf von Haus de Vonk* sowie Wohn- und Eßraum in der ausgeführten Fassung, ebenso Küche und Schlafzimmer im Erdgeschoß des Doppelhauses für Arbeiter in Beton*. Das Arbeitszimmer der Dame in Haus Kallenbach* weist ein Verhältnis von 5:4, Fremden- und Mädchenzimmer 4:3 und der Innenhof des zweiten Entwurfs der Volkshochschule* 6:5 auf. Auch bei den Grundrissen ohne Raster sind einfache Maßverhältnisse festzustellen, so bei Haus Brand in Beemster mit einem Verhältnis von Flur zur Breite der Wohnräume von 1:3.

75 Entsprechende Annäherungswerte zeigen u. a. die Schlafzimmer im Centraalbouw*, der schmalere Grundrißabschnitt im Verhältnis zum breiteren in den Wohnungen in Block I und V* in Spangen, die Schlafzimmer im Erdgeschoß und ersten Obergeschoß von Block VIII*, der große Lagerraum der Fabrik*, der Musikraum in Haus Kallenbach*, der Grundriß des Verwaltungsbaus in Oud-Mathenesse*, die Schlafzimmer im Obergeschoß der Häuserzeilen in Hoek van Holland*, das Obergeschoß des Café de Unie*, das Elternschlafzimmer in Kiefhoek* (abzüglich der Breite des Fensterbrettes), Restaurant und Schwemme im Entwurf für Hotel Stiassny*, der große Saal im dritten Entwurf der Volkshochschule* und das Eßzimmer im Dreifamilienhaus in Brünn*.

76 So das Haus an der Heerengracht in Purmerend (1910), Haus Brand in Beemster (1910–12; Abb. 305), die Arbeiterwohnungen von Vooruit (1911, Abb. 310) und Haus Beerens (1912; Abb. 307) sowie Haus Van Lent (1913) und Haus Van Bakel (1914; Abb. 313), jeweils in Heemstede.

77 Von der Grundstruktur her auch Haus Gerrit Oud in Alsmeer (1912, Abb. 311).

78 Abb. Haus Gerrit Oud: Barbieri 1986, S. 18.

79 Abb.: De Gruyter 1931, XXXIII; Barbieri 1986, S. 28.

80 Vgl. auch den nahezu symmetrischen Entwurf für das Wohnhaus Blaauw in Alkmaar, Abb.: Taverne 2001, S. 79.

81 Übers. EvE: Hans Oud 1984, S. 78.

82 Vgl. Vladimir Stissi, Middenstandswoningen (»Hillehuis«) in Amsterdam, in: Bock/Johannisse/Stissi 1997, S. 165. Zu Haus Oud-Hartog vgl. Hans Oud 1984, S. 20.

83 Abb.: Taverne 2001, S. 79.

84 Vgl. »IV. 3.1. Typenwohnungen«.

85 Vgl. »IV. 3.2. Entwurfsprinzipien«. Neben den Beispielen im *Volkswoningbouw* finden sich entsprechende Lösungen im Wohn- und Eßzimmer in Haus Oud-Hartog (Abb. 85), dem Salon von Haus Gerrit Oud in Aalsmeer (Abb. 89), dem Salon von Haus de Geus*, bei verschiedenen Räume der Ambachtsschool Helder*, dem Entree der Villa Allegonda* (1917), dem Wohnraum der Villa Allegonda* (1927) und bei Schlafzimmer, Salon und Büro des Wohnhauses mit Büroräumen*.

86 Vgl. Taverne/Broekhuizen 1996, S. 111, Übers. EvE: »Oud arbeitete nicht mit komplexen Rastersystemen – ebensowenig wie sein Lehrmeister Th. Fischer aus München –, sondern vielmehr mit einfachen Formen von Symmetrie.«

87 Broekhuizen 2000, S. 369.

88 Vgl. Broekhuizen 2000, S. 20f, 29, 369.

89 Vgl. »V. 2. Klassische Entwurfsprinzipien«.

90 Vgl. Berlages Entwurf für einen Friedenspalast von 1907: Abb. Oud 1919d, S. 210. In den 1890er Jahren hatte Berlage symmetrische Kompositionen vermieden.

91 Moeller 1991, v. a. S. 40–42, 103–108; 217–224.

92 Ein erster Einfluß auf seine eigene Architekturpraxis zeigt sich in der Oldenburger Kunsthalle (1905). Vgl. das quadratische Grundrißmodul sowie das Diagonalraster bzw. das rechteckiges Aufrißmodul: Moeller 1991, S. 219f.

93 Moeller 1991, S. 222. Gropius berichtete über seine Zusammenarbeit mit Behrens (1907–10): »Drei Jahre lang war ich in enger Arbeitsgemeinschaft mit ihm beim Entwurf vieler seiner Projekte tätig und lernte von seiner systematischen Entwurfsmethode und von seiner Beherrschung der Technik, der räumlichen Beziehungen und der Proportionslehre. Er führte mich in die Systemlehre der mittelalterlichen Bauhütten und in die geometrischen Regeln der griechischen Architektur ein.«: Walter Gropius, Apollo in der Demokratie, Mainz/Berlin 1967, S. 125, nach Moeller 1991, Anm. 218, S. 221.

94 Der erste Verweis auf Berlage findet sich 1929: »The Spangen-blocks, particularly, continued to compromise with the manner of Berlage …«: Hitchcock 1929, S. 178.

95 Vgl. Oud/Leertijd, S. 7. Oud verweist hier auf sein Kino Schinkel (1912, Abb. 308), die Arbeiterwohnungen und den Versammlungssaal von Vooruit (1911, Abb. 310) sowie seine frühen Wohnhäuser in Purmerend.

96 Dies entspricht Ouds eigener Darstellung seines Werdegangs; vgl. Broekhuizen 2000, S. 280.

97 Stamm 1977, S. 262; Colenbrander 1982b, S. 155; Hans Oud 1984, S. 21f.; Stamm 1984, S. 29.

98 Hans Oud 1984, S. 39. Ansonsten wurden allein bei typologischen und funktionellen Fragen Vergleiche zu De Bazel gezogen: Rebel 1977, S. 159; Pommer/Otto 1991, S. 118.

99 Dies jedoch ohne die stilistischen Merkmale zu benennen: Taverne 2001, S. 60. Oud selbst verwies in seinem autobiografischen Manuskript auf den Einfluß von Stuyt: Oud/Leertijd; Engel 1981b, S. 6; Taverne 2001, S. 62. In der Tat treten beim Versammlungshaus von Vooruit (1911, Abb. 310) das für Stuyt zum Markenzeichen gewordene Rundfenster und ein mit Putz abgesetztes rautenförmiges Ornament auf: vgl. Stuyts Wohnhaus Herengracht 14 in Purmerend.

100 So auch das Volksbadehaus: Taverne 2001, S. 105; vgl. Taverne 2001, S. 59.

101 Oud 1916a, S. 343.

102 »Wüßten wir nicht, daß sie von Oud stammen, wären die frühen Bauten von 1906–1916 auch vielen anderen holländischen Architekten zuschreibbar. Daran ist sichtbar, daß Oud im normalen Kontext seiner Herkunft aufwächst.«: Günter 1990, S. 26. Vgl. Barbieri: »Dopo alcune opere giovanile che si inseriscono nella tradizione architettonica locale …«: Barbieri 1990, o. S.

103 Allein im Rotterdamer Katalog wird betont, dass Oud keinen »intellektuellen Widerwillen« gegen die Amsterdamer Schule im Allgemeinen hegte: Taverne 2001, S. 94.

104 Oud 1919d, S. 219, 221 (abg. in Taverne 2001, S. 171–181).

105 Flagge 1992, S. 54.

106 Auffallend seien allein einige Zitate aus englisch- oder deutschsprachigen Architekturpublikationen: Taverne 2001, S. 59f.

107 »In den Jahren 1906 bis 1916 hatte Oud allerdings vornehmlich in der ›Tradition‹ von Berlage gebaut (und sicher unter dessen Einfluß).« Übers. EvE: Wiekart 1963, S. 59.

108 So mit Blick auf Haus de Geus*: Blotkamp 1982c, S. 30.

109 Übers. EvE: Bock 1988, S. 120.

110 Flagge 1992, S. 54.

111 Für die frühen Wettbewerbsentwürfe von Oud (Pflegeheim und Soldatenheim) wurde die zentrale Rolle von Berlage jüngst relativiert, allerdings ohne konkrete Vergleichsbauten heranzuziehen: Taverne 2001, S. 105.

112 Barbieri 1986, Abb. 1, S. 13; Otsen 2001, S. 24.

113 GRI. Abb.: Taverne 2001, S. 84.

114 Vgl. Stamm 1984, S. 20f.

115 Abb.: Taverne 2001, S. 86.

116 De Gruyter sprach 1931 von einer »›Berlagiaansche‹ periode«: »…Oud ging so weit … sich selbst zur Nachfolge Berlages in wörtlichem Sinn zu zwingen. Man kann dies nachvollziehen in dem hier abgebildeten Entwurf von 1915 für ein Volksbadehaus, das bis ins kleinste Detail auf die Börse zurückzugehen scheint.« Übers. EvE: De Gruyter 1931, S. 171; vgl. De Gruyter 1951, S. 5.

117 Dagegen: »Drei aneinandergereihte Rundbogenportale reichen nicht aus, um ein Gebäude zur Familie der Börse zu rechnen.« Übers. EvE. Taverne 2001, S. 109, vgl. S. 105.

118 Ein Schriftvergleich mit dem Entwurf für ein Pflegeheim (Abb. 8) zeigt eine weitgehend übereinstimmende Schriftform. Allerdings ist auch dieser Entwurf undatiert.

119 Wiekart sieht Ouds Werk bis 1916/1917 im Fahrwasser von Berlage: Wiekart 1963, S. 59; Wiekart 1965, S. 6; Fischer meint in den Wohnblöcken in Tusschendijken* und in der Siedlung Oud-Mathenesse* einen Rückgriff auf Berlage zu erkennen: Fischer 1965, o. S. Nach Meinung von Stamm blieb Oud bis ca. 1920 in seinen Schriften und Bauten Berlage verpflichtet: Stamm 1984, S. 19.
120 »Die Fensterglierung des geschlossenen Flügels gibt diesem Teil wieder ein ›Berlagiaans‹ Aussehen …«. Übers. EvE: Hans Oud 1984, S. 111.
121 Hans Oud 1984, S. 48; Stamm 1984, S. 50. Vgl. Leering 1990, S. 32.
122 Laut Rotterdamer Katalog ist der Fabrik-Entwurf aufgrund der gleichgewichtigen asymmetrischen Komposition der einzige Moment in der niederländischen Architektur, in dem sich Berlage und De Stijl treffen: Taverne 2001, S. 164. In Ouds Artikel, auf den sich diese Feststellung bezieht, werden Berlages malerische Kompoitionen jedoch kritisiert, da er die gewünschten Gestaltungsprinzipien (Asymmetrie, Gleichgewichtigkeit) nicht auf die »Hauptmassen« anwende: Oud 1919d, S. 199 (abg. in Taverne 2001, S. 171–181).
123 In der Literatur wurde wiederholt ein (möglicher) Einfluß Berlages auf Haus De Vonk* genannt: vgl. De Gruyter 1931, S. 176; Hitchcock 1932, S. 92; Banham 1964, S. 132; Polano 1977, S. 42; Polano 1981, S. 17; Barbieri 1983, S. 129; Troy 1983, S. 17; Hans Oud 1984, S. 51; Stamm 1984, S. 43; De Jongh-Vermeulen 1999, S. 241; Taverne 2001, S. 142.
124 Auf Berlages konsequente Verwendung des Sichtbacksteins hat Oud selbst verwiesen: Oud 1919a, S. 84.
125 Bock betont den nur kurzzeitigen Einfluß Berlages auf die jüngeren Architekten einschließlich Oud: »Entwürfe von Oud, Dudok oder Van Loghem zeigen sogar, daß diese jungen Architekten Berlages Architektur analysierten und anfänglich nachahmten, daß sie sich aber so schnell wie möglich und mit gutem Erfolg seinem direkten formalen Einfluß zu entziehen suchten.«: Bock 1983, S. 37.
126 Vgl. »J. J. P. Oud in gesprek met Berlage«: Taverne 2001, S. 159–168.
127 Übers. EvE: Durchschlag von Oud an Berlage vom 11.10.1927, Oud-Archiv, B.
128 Lauweriks, dessen Schriften und Werke in niederländischen Zeitschriften publiziert wurden, war seit 1916 Direktor der Amsterdamer Quellinus-Schule. Abb. Einrichtungsentwürfe: Tummers 1984, Abb. 2, S. 154; Abb. 16, S. 168. Abb. Thorn-Prikker-Haus: Tummers 1984, Abb. 9, 10, 11, S. 161f.
129 Hans Oud 1984, S. 88; Hoek 2000, Nr. 634, S. 258.
130 Tummers 1972, S. 49; Tummers 1984, S. 165f. Dort jeweils auch Verweise auf Reinink.
131 Tummers 1984, Abb. 4, S. 157; Abb. 8, S. 160; vgl. Stenchlak 1983, S. 171.
132 Vgl. die Ambachtsschool Helder*, wo die Sockelbänder erstmals in Ouds Œuvre auftreten.
133 Vgl. »III. 4.6. Abstraktion un Geometrie«.
134 Pläne der Schuppen im Oud-Archiv. Die ausgeführten Schuppen zeigten eine vereinfachte Lösung mit horizontalen Brettern.
135 Vgl. das Hagener Bankgebäude, wo sich das Ornament über alle Wände erstreckt: H. Th. Wijdeveld, Van een oude stad, in: Architectura, 23, 1915, Nr. 37, S. 229f.: nach Sigrid Johannisse, Eenheid, beweging en ruimte, in: Bock/Johannisse/Stissi 1997, S. 35.
136 BW, 34, 7.3.1914, Nr. 10, S. 116f.
137 Die Entwürfe der Schuppen zeigen im Sockelbereich jeweils ein halbiertes konzentrisches Muster.
138 Eine Ausnahme bildet ein Schrank-Entwurf (1910), der an der Vorderseite konzentrische Rechteckfelder zeigt: J. L. M. Lauweriks, Aus der Praxis der Knaben- und Mädchenarbeit, Bd. 1, 1910: Alofsin 1993, Abb. 169, S. 185.
139 Vgl. Haus Beer-Hofmann in Wien (1906) und das Projekt für ein Monument (1908): Fanelli/Godoli 1981, Abb. o. S. Für den Bereich Möbel wäre die Aufsatzkommode von Eduard Josef Wimmer-Wisgrill (1908) zu nennen: Wien, Museum für Angewandte Kunst.
140 Abb.: Moeller 1991, Tafel 61, S. 443; Tafel 139, S. 485. Behrens hatte sich 1903 in Wien aufgehalten.
141 Vgl. Müller 1987, S. 72. Vgl. auch den von Lauweriks für die Zeitschrift »Wendingen« gestalteten Frontispiz mit dem Cover von »De Stijl« (Entwurf Huszár). Die dem Jugendstil entlehnten, linearen Strukturen des ersteren werden dort von einer einfachen geometrischen Flächenkomposition ersetzt.
142 Die Verkleidung von Oud ziele zudem auf eine richtungslose, homogene Fläche, die entsprechend Mondrians Forderungen theoretisch in den Raum fortsetzbar sei: Hans Oud 1984, S. 88.
143 So wird ein konzentrisch gestaltetes Wandfeld an der Stirnfront von vertikalen Brettern flankiert. Die seitlich des Kamins abknickenden Streifen, die den ganzen Raum umziehen, werden nicht (wie bei Lauweriks) weitergeführt.
144 Vgl. Huszárs Ausstellungsraum für Berlin (1923) und den Musikraum für Til Brugman (1924), Abb.: Overy 1991, Abb. 76–78, 80, S. 95, 97.
145 Stamm 1984, Abb. 65, S. 90.
146 Tummers verweist auf die Präsenz von Lauweriks an der Quellinus-Schule, der Rijksnormaalschool voor Tekenonderwijzers und im Büro von Cuypers und Stuyt: Tummers 1984, S. 166.
147 Reinink 1965a, S. 131.
148 Vgl. Hans Oud 1984, S. 39.
149 Frühere Beispiele bilden u. a. Karl Mosers Universitätsgebäude in Zürich (1911–14) und Eliel Saarinens Rathaus in Lathis, Finnland (1914).
150 Auf jede Dreiergruppe folgt eine Lisene. Jeweils das mittlere Fenster der obersten Fenstergruppen wird zudem tiefer nach unten gezogen.
151 Übers. EvE: Taverne 2001, S. 110.
152 Abb.: Reinink 1965a, Abb. 69, S. 148. De Bazels Entwurf wurde allgemein (obwohl sich die Jury für Henry Evers aussprach) als die beste Arbeit gesehen.
153 Abb.: Sembach 1992, S. 219.
154 Vgl. Victor de Stuers, von 1875–1901 Leiter der Abteilung »Kunst und Wissenschaft« des Innenministeriums: Jos Perry, Ons fatsoen als natie, Victor de Steurs 1843–1916, Amsterdam 2004, v. a. S. 193ff.
155 Zu den Vertretern der Neo-Renaissance zählte bis in die Mitte der 1890er Jahre auch Berlage. Vgl. seinen ersten Entwurf für die Amsterdamer Börse von 1885: Oud 1919d, S. 190.
156 Möglicherweise machte Oud im Rahmen seiner Ausbildung ein Aufmaß vom Rijksmuseum: vgl. Martis 1979, S. 129. An der TH Delft, an der Oud zwei Jahre lang als Gasthörer eingeschrieben war, unterrichtete mit J. F. Klinkhamer ebenfalls ein Befürworter der Gotik.
157 Vgl. »V. 1.1. Oud und das ›Entwerfen nach System‹«.
158 Auf die Verbindungen zwischen der niederländischen Architektur und Architekturtheorie mit J. Ruskin, W. Morris und W. Crane kann im Rahmen dieser Arbeit nicht eingegangen werden. Vgl. hierzu Van der Woud 1997, S. 401–405.
159 Laut Oud habe Cuypers »zur Klärung der Begriffe bezüglich einer rationellen Baukunst« bedeutend beigetragen: Oud 1919d, S. 197 (abg. in Taverne 2001, S. 171–181). In seinem »Bauhausbuch« publizierte Oud das Rijksmuseum und den Amsterdamer Hauptbahnhof: Oud 1926a, Abb. 1, 2, S. 10f. Oud 1926b, S. 12: »… im Interesse einer klaren Darstellung jedoch, dann aber auch wegen der hervorragenden Persönlichkeit des Künstlers, kann man sagen, daß mit dem Auftreten von Cuijpers die Veränderung, die Anlaß zu der modernen Baukunst Hollands gab, angefangen hat.« Oud 1926b, S. 12f.: »Neben dieser Vorliebe für die gotische Formensprache legte er auch Nachdruck auf die gotischen Prinzipien rationell-konstruktiver Art. Hierdurch hat er sich – abgesehen von seiner Bedeutung für die Wiedergeburt architektonischer Lebendigkeit – auch das Verdienst erworben, den Anstoß gegeben zu haben zu einem Rationalismus, dessen Wert für die niederländische Architektur sich später, besonders durch Berlage, herausgestellt hat.«. Zur Einstellung Berlages und seiner Zeitgenossen vgl. Van Bergeijk 1997, S. 21.
160 Vgl. Van Bergeijk 1995, S. 17.

161 Vgl. Hans Oud 1984, S. 21f.; vgl. Taverne 2001, S. 107, mit Verweis auf die lebenslange Bewunderung Ouds für Van der Mey: Taverne 2001, S. 94, 105.
162 Vgl. »II. 2. Die Zeit in Leiden«.
163 Vgl. Hans Oud 1984, S. 21f. Kohlenbach 1994, S. 34.
164 Kohlenbach 1994, S. 34.
165 Abb.: Van Bergeijk 1995, S. 128. Kohlenbach 1994, S. 34. Im Rotterdamer Katalog werden Ouds Grundrißskizze auf Dudoks Entwurf zurückgeführt: Taverne 2001, S. 107.
166 Vgl. »V. 2. Klassische Entwurfsprinzipien«.
167 Vgl. »III. 4.2. Die Gemeinschaftsbauten.
168 Singelenberg 1972, S. 166.
169 Muthesius 1904. Oud 1913c.
170 Auf den Einfluß von Muthesius wurde mehrfach verwiesen. Auch Beispiele für das hervortretende Giebelfeld von Haus De Vonk* konnte Oud der Publikation von Muthesius entnehmen, vgl. Snitterton Hall (Abb. 143).
171 So Hitchcock 1929, S. 176.
172 De Klerk wurde 1884 geboren, Kramer 1881 und Van der Mey 1878. Beziehungen zwischen Oud und der Amsterdamer Schule wurden bisher lediglich von Hitchcock und Buch gesehen: Hitchcock 1928b, S. 453; Joseph Buch, Een eeuw Nederlandse architectuur 1880–1990, Rotterdam 1994, S. 203. In der 1997 erschienenen Ausgabe wurde dieser Passus gestrichen. Banham sieht auch die Häuserzeilen in Hoek van Holland* unter dem Einfluß der Amsterdamer Schule: Banham 1964, S. 133.
173 Brief von Oud an Van Doesburg vom 30.5.1916, FC: Blotkamp 1982b, S. 23.
174 Vgl. »V. 2. Klassische Entwurfsprinzipien«.
175 Vgl. »IV. 6.1.1. Der einheitlich gestaltete Wohnblock«.
176 1923 faßte die Stadt Amsterdam den Entschluß zu einer Ausweitung der Straßenbeleuchtung, wofür neue Laternen entworfen werden sollten: vgl. Van Ommen 1992, S. 80f.
177 In Bezug auf Sempers Typenlehre betonte Berlage die Notwendigkeit eines Gesetzes und die Abkehr vom willkürlichen Gestalten: Berlage 1908, nach Kohlenbach 1994, S. 106.
178 Oud 1916a; Oud 1917a, S. 10. Vgl. Frank 1984a, S. 84; Taverne 2001, S. 161, jeweils mit Zitat aus Oud 1916a.
179 Übers. EvE: Oud 1922d, S. 421.
180 Vgl. die Haltung von Friedrich Ostendorf, der sich gegen die »Mißbräuchlichkeit im Umgang mit künstlerischer Phantasie«, dem Ausdruck von Stimmungen in der Architektur, Originalitätssucht und Individualismus aussprach: Oechslin 1992, S. 41.
181 Oud 1926a, Abb. 11, 12, S. 29f. Vgl. Hans Oud 1984, S. 22.
182 Dasselbe Prinzip zeigt beispielsweise auch De Bazels Verwaltungsgebäude in Arnheim (1912).
183 Vor allem die phantastischen Fotografien von E. van Ojen, u. a. in: Oud 1927a, S. 39; Hitchcock 1928a, S. 97, 102; Oud 1928a, S. 41; Architectural Record, Bd. 68, Nr. 4, 1930, S. 344; Architectural Record, Bd. 69, Nr. 6, 1931, S. 496. Vgl. Taverne 2001, S. 266–269. Fotografie des New Yorker Ausstellungsraums mit den Arbeiten von Oud (Abb. 13).
184 Vgl. »V. 3.4. Oud und die Kanonisierung der Modernen Architektur«.
185 Hitchcock/Johnson 1932: nach Conrads 1985, S. 54.
186 Vgl. »IV. 3.7. Baumaterial und Konstruktion«.
187 Vgl. Oud 1919c, S.13; Oud 1921a.
188 Zu den wenigen Autoren, die die Symmetrie der Anlage bemerkten, zählt Van den Broek, der auf die »klassisch anmutende symmetrisch-ästhetische Komposition« von Hoek van Holland* und Kiefhoek* verweist: Übers. EvE: Van den Broek 1963, S. 286. Hans Magdelijns spricht von der »ziemlich klassisch« anmutenden Symmetrie in Hoek van Holland und der Siedlung Oud-Mathenesse*: Magdelijns 1983, S. 28.
189 »a new – an unhistorical! – classicism«: Oud 1925e, S. 89. Auf deutsch erstmals in Oud 1926c, S. 82. Banham hat den Begriff übernommen und auf andere Architekten übertragen: vgl. Broekhuizen 2000, S. 299.

190 So Colenbrander 1982b, S. 161f.; Stamm 1984, S. 77. Im Rotterdamer Katalog werden die Häuserzeilen aufgrund der geschlossenen Komposition als »klassisches« Gebäude bezeichnet: Taverne 2001, S. 262.
191 Eine Verbindung von Ouds Werk mit dem Begriff des »Klassizismus« bzw. des »Klassischen« erfolgte erstmals durch Bernard Colenbrander: Colenbrander 1982b, S. 161f. Vgl. Taverne 1983; Taverne 1993; Taverne/Broekhuizen 1995; Broekhuizen 2000.
192 Die Bezeichnungen haben in den einzelnen Ländern jeweils unterschiedliche Bedeutungen. Zu den klassischen Prinzipien in der Moderne vgl.: Rowe 1947; Pehnt 1983, »Akademie und Neuklassizismus«, S. 37–45; Werner 1985; Stern 1988, »The styles to end all styles. The struggle between stripped classicism and international functionalist modernism«, S. 48–51, mit Literaturangaben: »Bibliographical essay«, S. 284–286. Oechslin unterscheidet zwischen dem »zeitlos Klassischen« und der »klassischen Formensprache« bzw. einer »klassischen Überzeugung« und »Klassizismen der Form«: Oechslin 1992, S. 32, 50.
193 »Klassisch« ist damit als Gegensatz zu »romantisch« zu verstehen: vgl. Van der Woud 1997, »Klassiek en romantiek«, S. 75–78; 349. Nach Van der Woud steht die klassische Richtung für die Suche nach einem neuen, auf Gesetzen und objektiven Regeln basierenden Stil, die romantische Haltung für die subjektiven Äußerungen eines individuellen Künstlers.
194 Unter »Neo-Klassizismus« wird sowohl der Klassizismus in der zweiten Hälfte des 19. Jahrhunderts als auch der Klassizismus um 1910 verstanden.
195 Oud 1919c, S. 13; Oud 1921a, S. 160 (abg. in Oud 1926a, S. 63–76; Taverne 2001, S. 182–187).
196 Briefkonzept von Oud an Behrens vom 6.11.1922, Oud-Archiv (abg. in Colenbrander 1994b, S. 105). Ähnlich äußert sich Oud 1925 gegenüber Hegemann, Oud-Archiv (abg. in Taverne 2001, S. 30f.).
197 Brief von Oud an Mendelsohn vom 31.8.1923, Archiv Mendelsohn, Kunstbibliothek Berlin: nach Colenbrander 1982b, Anm. 33, S. 164.
198 Oud 1925e, S. 89. 1957 formulierte Oud rückblickend: »Im Bauen selber kam mein Drang, Geistiges zu gestalten, nur als Strenge und Einfachheit zum Ausdruck – anfangs mit einem Hauch von Klassizismus (Wohnbauten »Spangen« und »Tusschendijken«, Rotterdam 1918–1920).«: Oud 1957b, S. 188f.
199 So auch Adler/Hegemann 1927, S. 6, mit Hervorhebung: »Uns ist Klassizismus nicht eine geschichtliche Stilbezeichnung, sondern *die* Erscheinungsform der Baukunst, die in aller Vergangenheit, Gegenwart und Zukunft Ruhe, Klarheit und Maßhalten am vollendetsten zur Anschauung bringt.« Vgl. Colenbrander 1994b, S. 103, 105. »Classicism« wird dort irrtümlich mit »Klassizismus« übersetzt. Allerdings ist ausrücklich von einer »Mentalität« die Rede und nicht von Stilformen. Vgl. »Classicisme en romantiek«: Taverne 2001, S. 30f.
200 Hegemann 1925a, S. 150; Vgl. »III. 4.5. Rundformen, Symmetrie und Serialität – Oud im Widerspruch zur ›Nieuwe Beelding‹«. Oud bemerkte rückblickend: »Vielleicht bin ich schon immer nicht so sehr gegen geschlossene Form gewesen und gegen Symmetrie – selbst am Anfang nicht …«. Übers. EvE: Brief von Oud an J. J. Vriend vom 22.2.1949: nach Hans Oud 1984, S. 139. Bereits in seinen Aphorismen (1924) lehnte Oud jede Dogmatik ab: »Ich begreife das Drängen nach einer unsymmetrischen Gestaltung in einer auflösenden (destruktiven) Epoche der Kunst, doch ist mir nicht deutlich, weshalb eine aufbauende (konstruktive) Kunstperiode sich nicht auch in symmetrischer Form ausdrücken sollte.«: Oud 1925d, S. 145.
201 So Behne 1920 gegenüber Oud: Gruhn-Zimmermann 2000, S. 126. Vgl. Behne 1921/22b, S. 7. Bartning bedauerte, daß sich die beiden Bewegungen »zu getrennten Richtungen verhärtet hätten«: Die Form, 1. Jg., 1922, S. 13f.: nach Nicolaisen 1996, S. 25f. Vgl. Mendelsohns Brief an seine Frau Luise vom 19.8.1923: nach Oskar Beyer, Hrsg., Erich Mendelsohn. Briefe eines Architekten, München 1961, S. 57. Ostendorf sah den Gegensatz zwischen romantischer und klassischer

Kunst in der Amsterdamer Schule und der Rotterdamer Architektur verkörpert: »Bei der einen wird auch in der fertigen Form der Kampf rhythmischer Gegensätze noch fühlbar; die andere tritt uns geklärt und im Ruhezustand einer einheitlich-rhythmischen Gliederung entgegen: In unserem Zusammenhang und im ganzen Umfang ihrer geistigen Strömungen sind die bezeichnenden Namen: Die ›romantische‹ und die ›klassische‹ Kunst.«: Friedrich Ostendorf, Sechs Bücher vom Bauen, Bd. I, Hrsg. Walther Sackur, Berlin 1922, S. 149.

[202] Taut 1923, S. 294.
[203] Sörgel 1925a, S. 86.
[204] Übers. EvE. Colenbrander 1982b, S. 161f.
[205] Vgl. Colenbrander 1994b, S. 106. Nach Colenbrander habe Oud zwischen 1920 und 1923 eine Kehrtwende zum Klassischen vollzogen.
[206] Taverne 1983, S. 3 (nachträglich publizierte Inauguralrede an der Rijksuniversiteit Groningen). Vgl. Taverne 2001, S. 167, 258. Auch Stamm wählt für die 1920–27 entstandenen Werke die Bezeichnung »klassisch«, wollte damit aber offenbar nur die bekannten Werke von den unbekannteren unterscheiden: Stamm 1984, S. 90.
[207] Leering 1990.
[208] Leering vergleicht die Bauleitungshütte* mit Schinkels Gesellschaftshaus im Friedrich-Wilhelmgarten bei Magdeburg, dem Schloß Charlottenhof in Potsdam und dem Entwurf für ein Lusthaus. Als Beispiel für das Spätwerk wird das Kongreßgebäude in Den Haag (1956–63) einer rekonstruierten Zeichnung Schinkels für ein Lustschloß gegenübergestellt: Leering 1990.
[209] Leering 1990, S. 33.
[210] Taverne 1993.
[211] »Klassizistisch ist das Shell-Gebäude nicht wegen der ikonographischen Schemata von Grundriß und Fassadeneinteilung … Es ist klassizistisch, da durch diese Schemata das Wesen des Gebäudes [›essentie‹] … zu einem elementaren Form- und Raumverhältnis zurückgeführt wird.« Übers. EvE. Taverne 1993, S. 522. Vgl. Taverne 2001, S. 217; Kat. Nr. 81.
[212] Taverne/Broekhuizen 1995.
[213] Taverne/Broekhuizen 1995, S. 147.
[214] Van den Broek 1963, S. 286f. Ähnlich argumentiert Jean-Louis Cohen, der für die 1930er Jahre die Hinwendung einiger moderner Architekten zur Tradition und die Integration »klassischer Elemente« sieht: »Ein anderer Vertreter dieser Rückkehr zum manifest Monumentalen, das aus seinen Werken der zwanziger Jahre vollkommen verbannt war, ist J. J. P. Oud mit seinem Firmensitz für Shell in Den Haag«: Jean Louis Cohen, Das Monumentale: latent oder offenkundig, in: Schneider/Wang 1998, S. 71–85, Zitat S. 76.
[215] Broekhuizen 2000.
[216] Broekhuizen 2000, S. 21.
[217] Broekhuizen 2000, S. 22.
[218] Die großen Shell-Muscheln, die das Dach tragen (Abb. 104), werden entsprechend als »eine Reihe von Karyatiden« beschrieben: Taverne/Broekhuizen 1995, S. 113. Laut Broekhuizen erinnerten die Wanddekorationen seitlich des Mittelrisalits zudem an »Kanneluren klassischer Säulen«: Broekhuizen 2000, S. 265.
[219] Ähnlich Barbieri und Van der Ploeg, die auf die klassische Formgebung des Shell-Gebäudes verweisen, jedoch nur bei der Dachterrasse eine klassizistische Formsprache erkennen können: Barbieri/Van der Ploeg 1990, S. 9.
[220] Broekhuizen 2000, S. 369, mit Hervorhebung.
[221] Broekhuizen 2000, S. 21.
[222] Taverne 2001, v. a. S. 405.
[223] »V. 1.1. Oud und das ›Entwerfen nach System‹«.
[224] Gropius 1925.
[225] »Was indes dort bei der Innenausstattung schon bei flüchtiger Betrachtung auffällt, ist das durchdachte und bis ins letzte folgerichtige Modulsystem, durch das nicht bloß die größeren Einheiten festen Proportionen unterworfen, sondern auch solche Einzelheiten wie die Dimensionen von Ziegeln in einem bestimmten Bruchteil des größeren Einheitsmaßes gewählt und verwendet werden.«: Wiekart 1965, S. 7.
[226] Broekhuizen 2000, S. 96–99, 208f. Vgl. auch das dem Hofplein-Entwurf (1942–44) zugrundeliegende Dreieckraster: Broekhuizen 2000, S. 68.
[227] Dagegen werden die Dreiecksraster und Symmetrien bei Broekhuizen ausgehend von der untergeordneten Bauaufgabe Wohnungsbau allein als Streben nach Ruhe, Ordnung und Regelmäßigkeit gedeutet: Broekhuizen 2000, S. 209.
[228] Vgl. »IV. 3.2. Entwurfsprinzipien«.
[229] Vgl. das Kino in Purmerend (1912, Abb. 3) und die Entwürfe für ein Volksbadehaus (Abb. 93) und ein Pflegeheim (Abb. 8).
[230] Vgl. Vorentwurf und ausgeführte Fassung von Haus De Geus* und Haus De Vonk*. In diesen Kontext gehören auch Van Doesburgs Mosaike für Haus De Vonk sowie die Bleiglasfenster von Haus De Geus, der Villa Allegonda*, den Wohnblöcken I und V* in Spangen und der Bauleitungshütte*.
[231] Als Beispiele seien das Esveha-Gebäude (1947–50) in Rotterdam, der Entwurf für den Verwaltungsbau der Koninklijke Hoogovens en Staalfabrieken in Ijmuiden (1947/48), der Entwurf für das Landtagsgebäude der Provinz Zuid Holland in Den Haag (1950–52) und das Kongreßzentrum in Den Haag (1956–63) genannt: Barbieri 1986, Abb.1, S. 152; Abb. 2, S. 157.
[232] Pehnt 1983, S. 43f.
[233] Reinink 1972, S. 455; Van Bergeijk 1997, S. 23. Vor allem in Den Haag wurde laut Berlage »gemauritshaust«.
[234] Berlage hatte sich Mitte der 1890er Jahre von der Neo-Renaissance abgewandt und Cuypers Rationalismus angeschlossen: Van der Woud 1997, S. 376. Vgl. »Grundlagen der Entwicklung der Architektur«: Berlage 1908. Auch De Groot hegte Aversionen gegen die Renaissance. Erst 1900 »entdeckte« er, daß auch die Renaissance ein Proportionssystem kannte: Van der Woud 1997, S. 351.
[235] Hoepfner/Neumeyer 1979, S. 13–24; Zoon 1987, S. 41; Moeller 1991, v. a. S. 40–42, 103–108, 214–226, 308.
[236] Moeller 1991, S. 40–42, 48f. Auch De Bazel war hierfür im Gespräch gewesen.
[237] Vgl. den Entwurf des Warenhaus Tietz in Düsseldorf (1906), die A. E. G.-Kleinmotorenfabrik (1910), das Hochspannungswerk der AEG (1911/12), beide in Berlin, und die Deutsche Botschaft in St. Petersburg (1911/12).
[238] Schulze 1986, S. 49.
[239] Vgl. Paul Westheim, Mies van der Rohe: Entwicklung eines Architekten, in: Das Kunstblatt, II, 1927, Heft 2, S. 55–62: nach Neumeyer 1986, S. 107, 110.
[240] Brief von Oud an Platz vom 25.11.1925, Oud-Archiv: nach Kellmann 1992, S. 163. Hermann Ziller, Schinkel, Leipzig 1897. Zu Ouds Bibliothek vgl. Langmead 1999, S. 213–250.
[241] Vgl. Oechslin 1992, S. 48. Vgl. Hegemanns Beitrag zum Dänischen Klassizismus: WMB 1925, S. 173ff.
[242] Hegemann 1925a.
[243] Vgl. Korrespondenz im Oud-Archiv; Oud 1925d.
[244] Vgl. »V. 3.4. Oud und die Kanonisierung der Modernen Architektur«.
[245] Vgl. »IV. 3.2. Entwurfsprinzipien«; »V.1.1. Oud und das ›Entwerfen anch System‹«. Dagegen Taverne und Wagenaar in »Arbeiderswoning en monument«, in: Taverne 2001, S. 40f.
[246] Eine Ablehnung symmetrischer Kompositionen findet sich in »De Stijl« erstmals Anfang 1918: Mondrian 1918a.
[247] Platz 1930, S. 170.
[248] Der Klassizismus als Stil wird dort zugunsten einer Haltung – der klassischen – abgelehnt: Sigfried Giedion, Spätbarocker und romatischer Klassizismus, München 1922; Colenbrander 1994b, S. 103.
[249] Kellmann 1992, S. 162. An formalen Übereinstimmungen nennt er die quadratischen Raumzuschnitte, die Einfassung von Außenräumen und deren Anbindung an die Baukörper durch Pergolen, die sich im Außenraum fortsetzende Innenraumdisposition, Lichtgräben sowie Terrassen in unterschiedlichen Höhenlagen.

250 Abb.: Brönner 1994, Abb. 242, 243.
251 Kellmann 1992; Taverne 1993.
252 Zu erinnern sei hier an Mies van der Rohes klassizistischen Entwurf für Haus Kröller-Müller (1912). Die Entscheidung fiel gegen den klassizistischen Entwurf und für Berlage, der in den folgenden Jahren als Hausarchitekt der Kröller-Müllers tätig war, Abb.: Neymeyer 1986, S. 109.
253 Vgl. »Auf der Suche nach dem ›Geist von Jacob van Campen‹. Monumentalismus und Traditionalismus in der Niederländischen Architektur um 1910«: Van Bergeijk 1997; A. Verwey, »De Geest van Jacob van Campen«, in: De Beweging, Juli 1913.
254 Van Bergeijk 1997, S. 30, Zitat: H. P. Berlage, Über moderne Baukunst, in: Zeitschrift des österreichischen Ingenieur- und Architekten-Vereines, 1911, S. 325.
255 Taverne 2001, Kat. Nr. 18.
256 Übers. EvE: Baeten 1992, S. 7.
257 Eine ähnliche Beobachtung machte Jean-Paul Baeten im Fall des niederländischen Architekten Gijsbert Friedhoff (1892–1970), der nach seiner Studienzeit in Delft auch bei Bauten kleineren Maßstabs Symmetrien verwendete: Baeten 1992, S. 12. Wie Oud verband Friedhoff moderne Entwicklungen mit den akademisch-formalen Prinzipien des 19. Jahrhunderts: Baeten 1992, S. 4, 19.
258 Dagegen Taverne 2001, S. 405.
259 Brief von Giedion an Oud vom 3.12.1928, Oud-Archiv, B.
260 Dagegen der Rotterdamer Katalog, wonach es sich bei den Bauten der 1930er Jahre gerade nicht um historische Stilarchitektur handelt: Taverne 2001, S. 405. Vgl. Oud Anfang der 1960er Jahre: »… wie ich 1938 beim ›Shell-Gebäude‹ schon ›klassiceerde‹ …«: Übers. EvE: Brief von Oud an Wiekart, Oud-Archiv, nach Taverne 2001, S. 50 (mit falschem Datum).
261 Vgl. Lars Olaf Larsson, Klassizismus in der Architektur des 20. Jahrhunderts, in: Albert Sper, Architektur, Arbeiten 1933–1942, Frankfurt am Main, Berlin, Wien, 1978, S. 151–179, v. a. S. 161; Borsi 1987; »Neo-Klassizismus als internationaler Stil«: Nicolai 1998, S. 162–165..
262 Vgl.: »Das historisierende Element bedeutete eine Wende im Werk von Oud, der vielleicht mehr als er sich selbst bewußt machte, mit seiner Zeit mitging.« Übers. EvE: Pollmann 1997, S. 459.
263 Abb. Rathaus-Entwurf: Stamm 1984, Abb. 101, S. 130; Barbieri 1986, Abb. 1, 2, S. 135; Taverne 2001, Kat. Nr. 80.
264 Fanelli 1978b, S. 534, Übers.: Borsi 1987, S. 125. Ebenda: »Es wäre falsch, aus allen Gebäuden Monumente zu machen und es wäre falsch, alle in einer falsch verstandenen Normalität zu bauen.«
265 Zu prüfen wäre hier, ob der asymmetrisch plazierte Eingang des Esveha-Gebäudes tatsächlich (allein) durch die untergeordnete Position des Standortes begründet oder nicht vielmehr als Stilelement zu verstehen ist.
266 So Taverne 2001, S. 405.
267 Taverne/Broekhuizen 1995, S. 121.
268 Vgl. »II. 12. Versuch einer Charakterisierung«.
269 So u. a. in Arbeiten von T. Garnier und der Wiener Moderne.
270 Mebes 1908: Zitat nach der dritten Auflage, München 1920, S. 7. Mebes' Publikation wurde 1908 in zwei Ausgaben des »Bouwkundig Weekblad« besprochen, jedoch nicht mit der gleichen Begeisterung aufgenommen wie in Deutschland: Van Bergeijk 1997, Anm. 16, S. 24.
271 Übers. EvE: Oud 1921a, S. 154 (Oud 1926a, S. 63–76; Taverne 2001, S. 182–187).
272 Übers. EvE: Oud 1919c, S. 13.
273 Oud 1921a, S. 160, Übers.: Oud 1926a, S. 76. Banham weist auf den Einfluß von Plotin auf Ouds Vortrag sowie die zitierte Textstelle von Alberti hin: Banham 1964, S. 137.
274 Platz 1930, S. 170.
275 Dieser Aspekt von Ouds Werk blieb in der Forschung bislang unberücksichtigt. Einzige Ausnahme sind Bemerkungen zur Rotterdamer Spaarbank (1942–57, Abb. 363) von Barbieri und Broekhuizen, wobei letzterer im Gesamtbau das italienische Bankhaus des Quattrocento mit Innenhof und Loggia zu erkennen meint: Barbieri 1986, S. 146; Broekhuizen 2000, S. 90, 96.
276 Zu Ouds Bibliothek: Langmead 1999, S. 213–250; Colenbrander 1994b, S. 99; Bernard Colenbrander, De orde van de bibliotheek, in: Taverne 2001, S. 540f.
277 Max Theuer, Leon Battista Alberti, Zehn Bücher über die Baukunst, Wien/Leipzig 1912; J. A. Mialeret, Vitruvius' tien boeken over bouwkunst, Maastricht 1914.
278 Herman Sörgel, Theorie der Baukunst, München 1921 (1. Auflage 1918).
279 Oud 1921a, S. 154.
280 Oud an F. A. Brockhausen im April 1954: Oud-Archiv, C 22. Vgl. Hans Oud 1984, S. 237.
281 Vgl. »II. 12. Versuch einer Charakterisierung«.
282 Villen Palladios auf quadratischem Grundriß sind die Villa Pisani, die Villa Rotonda und der Palazzo Thiene in Vicenza sowie die Villa Emo in Fanzolo.
283 Abb.: De Gruyter 1931, XXXIII; Barbieri 1986, S. 28.
284 In beiden Fällen tritt der Mittelteil – entsprechend Baldassare Peruzzis Villa Farnesina in Rom – hinter die Flucht der Seitenpartien zurück.
285 Villen Palladios mit zwei axial angeordneten Räumen: Villa Forni-Cerato, Villa Saraceno und Villa Poiana in Vicenza. Ouds Einfamilienhaus in Blaricum, Haus De Vonk* und die Bauleitungshütte* zeigen mit ihrem Eingangsflur auf kreuzförmigem Grundriß eine weitere Parallele zu Palladio, vgl. Villa Gazotti, Villa Pisani und Villa Saraceno in Vicenza; Villa Barbaro in Maser; Villa Foscari in Venedig.
286 Vgl. die Häuserzeile an einem Strandboulevard*, das Doppelhaus für Arbeiter in Beton* und die Wohnhäuser der Siedlung Oud-Mathenesse*.
287 Vgl. auch Behrens' Krematorium in Hagen-Delstern (1905-08).
288 Sebastiano Serlio, Il terzo libro, Venedig 1540, S. 143: Abb.: Bracker 1997, S. 82. 1921 erschien eine Rezension von Erwin Panofsky über Dagobert Freys »Michelangelostudien«, die eine Ansicht der Treppe zeigt: WMB, V, 1920/21, S. 37.
289 Vgl. Oud: »Wenn ich sage, dasz für mich der Charakter unserer Zeit klassische Tendenzen in jeder Hinsicht hat (Organisation, Typisieren, im allgemeinen ordnungsmässig ist) …«: Brief von Oud an Behne vom 6.11.1922, Oud-Archiv, B. Vgl. Colenbrander 1982b, Anm. 33, S. 164.
290 Zu Palladios Typenbildung: Wittkower 1969; Burns 1997, S. 43.
291 Vgl. u. a. Roth 2001, S. 227–238.
292 Hermann Muthesius, Wo stehen wir?: nach Roth 2001, S. 235.
293 Berlage 1908: Kohlenbach 1991, S. 105f.
294 Zu den Villen in Velp vgl. Stamm 1984, S. 21, 31. Zu nennen wäre auch das Motiv der mehrfach gestuften, konsolenartigen Auskragung unterhalb der Fenster: So in Haus Brand in Beemster (1910/11, S. 305), dem Wohnhaus Herengracht 23 und Haus Beerens (1912, Abb. 307), beide in Purmerend. Vgl. Hans Oud 1984, S. 21.
295 Abb.: Taverne 2001, S. 86.
296 Vgl. die Ähnlichkeit der Türen in Haus van Bakel und den Schaufenstern in Tusschendijken*: Hans Oud 1984, S. 23; ebenso die Parallele zwischen den Fenstern des Vooruit-Gebäudes und den Schaufenstern in Oud-Mathenesse*: Günter 1990, S. 27.
297 Abb.: Hans Oud 1984, S. 174; Barbieri 1986, S. 179; Taverne 2001, Kat. Nr. 106.
298 Abb.: Barbieri 1986, S. 156; Taverne 2001, Kat. Nr. 99.
299 »Daß die sich konstituierende Moderne Proportionsstudien und modularer Planung eine große Bedeutung zumaß – bei Le Corbusier wurde die Beschäftigung mit den *tracés régulateurs* bis hin zum Maßsystem des Modulor ein Leitmotiv seiner Arbeit –, geht nicht nur über Peter Behrens, J. L. M. Lauweriks und Hendrik Petrus Berlage auf holländische Quellen zurück, sondern ebenso auf die rationalen Entwurfsgrundsätze der Akademie.«: Pehnt 1983, S. 38, mit Hervorhebung. Vgl. Broekhuizen 2000, S. 20f.
300 Vgl. »Précis des leçons d'architecture données à l'Ecole Royale Polytechnique«, 2 Bde, Paris 1802-05. Vgl. Szambien 1982; Van Zeyl 1990.

³⁰¹ Auch das bereits in der Renaissance ausgebildete Schema der vier identischen Eckräume auf quadratischem Grundriß findet sich bei Oud, so im Obergeschoß von Haus De Vonk* (Abb. 139) und dem Wohnhaus mit Büroräumen*.
³⁰² Abb.: Szambien 1982, Abb. 7, S. 18; Abb. 10, 13, S. 20.
³⁰³ Auch Mart Stam erstellte Varianten zu einzelnen Entwürfen: Bosman 1991, S. 122.
³⁰⁴ Vgl. auch Durands »Marche à suivre dans la composition d'un projet quelconque« (1813) nach C. Perciers »Monument destiné à rassembler les différentes académies« (1786) sowie »Ensemble formé par la combinaison de plusieurs édifices« (1821) nach M.-J. Peyres Bâtiment qui contiendroit les académies (1753).
³⁰⁵ Vgl. »V. 1.2.1. H. P. Berlage«.
³⁰⁶ Kohlenbach 1994, S. 34; Grundriß Abb. 20. Ouds Entwurf zeigt zudem Parallelen zu De Bazels Wettbewerbsentwurf für ein Genossenschaftsgebäude für Architekten (1897). Dort befindet sich der Turm ebenfalls auf der rechten Seite des dreigeschossigen Gebäudes, das zudem drei axialsymmetrische Fensteröffnungen im ersten Obergeschoß aufweist: Reinink 1965a, Abb. 40–43, S. 60–63.
³⁰⁷ Vgl. »V. 1.2.3. Neugotik und die Verbindungen zur Amsterdamer Schule«.
³⁰⁸ Während sich das ausgeführte Gebäude an Muthesius orientiert, zeigen die späteren Arbeiten eine enge Anlehnung an die gleichzeitig von Architekten der Amsterdamer Schule entworfenen und bis 1918 ausgeführten Villen im Park Meerwijk in Bergen.
³⁰⁹ Vgl. zweiter Entwurf für die Volkshochschule Rotterdam*.
³¹⁰ Vgl. »III. 4.8. Bauleitungshütte und Café de Unie: zwei Sonderbauten der ›De Stijl-Architektur‹«.
³¹¹ Während Oud das Denkmal direkt von seinem Vorbild ableitete, verzichtete er auf das rahmende Gebäude, das bei dort durch die Stadt selbst ersetzt wurde: Broekhuizen 1996a, S. 25f., Abb. 1, 2. Berlages Entwurf für das Pantheon der Menschheit: Oud 1919d, Abb. 35, 36, 37, S. 224–226.
³¹² Broekhuizen 2000, S. 236, 241.
³¹³ Vgl. Barbieri/Van der Ploeg 1990, S. 9f. So die durch einen Weg markierte Mittelachse, an der sich schräg dazu die Pavillons reihen, die zentrale kreisförmige Platzanlage des Sanatoriums und das an gleicher Stelle auf kreisförmigem Grundriß errichtete Kesselhaus sowie jeweils ein Bau auf L-förmigem Grundriß (Hauptgebäude Sanatorium bzw. Sportgebäude) mit vertikalem Bauelement (Schornstein bzw. Aussichtsturm).
³¹⁴ Mit Dank für die Informationen und die Führung durch Zonnestraal an Jan Schriefer. Vgl. den Grundriß eines Ledigenhauses von Wchutemas: El Lissitzky 1929. Rußland: Architektur für eine Weltrevolution, in: Ulrich Conrads, Bauwelt Fundamente 14, Braunschweig/Wiesbaden 1989, Abb. 18, S. 18. Für Oud mag auch Duikers Entwurf für ein Hotel an der Elbe als Vorbild gedient haben, das ebenfalls einen kreisförmigen Grundriß aufweist, Abb.: Van Loghem 1932, S. 77.
³¹⁵ Abb. Broekhuizen 2000, S. 97.
³¹⁶ Zur Entstehung der niederländischen Begriffe »Nieuwe Bouwen« und »Nieuwe Zakelijkheid« vgl. »V. 3.2. Ouds Vorstellung einer ›Internationalen Architektur‹«.
³¹⁷ Sicherlich war hierfür auch seine depressive Veranlagung mit entscheidend; vgl. »II. 8. Internationaler Ruhm«.
³¹⁸ Günter 1990, S. 27. Vgl. »For the origins of the International Style, one must look to Holland for the Amsterdam and Rotterdam schools and the de Stijl movement.«: Wodehouse 1991, xiii.
³¹⁹ Damit soll jedoch keine kontinuierliche Entwicklungslinie der Modernen Architektur vom Anfang des 20. Jahrhunderts bis in die 1920er Jahre suggeriert werden. Vgl. Huse 1985, S. 9f.
³²⁰ Die Frage nach dem »Konzept« der »niederländischen Moderne« stellte jüngst Jos Bosman. Grundlage seiner These sind die Bauten von Mart Stam und Johannes Duiker, die als Musterbeispiele der modernen niederländischen Architektur gelten. Ausgehend von Stam definiert er dieses »Konzept« als Spannungsverhältnis zum Außenraum, das durch die Suggestion eines nur temporären Abschlusses entstehe. Stams Bauten seien in den Niederlanden derart einflußreich gewesen, daß sein »Konzept« in einigen Büros verinnerlicht worden sei. Anfang der 1930er Jahre galten die Arbeiten von Stam und Duiker schließlich als typisch niederländisch: Bosman 1997. Das beschriebene »Konzept« umfaßt jedoch allein die sachlich-konstruktive Richtung der De Opbouw-Architekten. Bis heute wurde keine Charakterisierung der gesamten niederländischen Moderne in Abgrenzung zu den anderen europäischen Ländern vorgenommen.
³²¹ Dies galt bereits für die 1930er Jahre: »Dieser neue Stil ist weder international in dem Sinne, daß die Errungenschaften eines Landes genau denen eines anderen gleichen, noch ist er so rigide, daß die Werke verschiedener führender Köpfe sich nicht klar unterscheiden ließen.« Hitchcock/Johnson 1932: nach Conrads 1985, S. 26f.
³²² Huse 1985 (1975), S. 44.
³²³ Huse 1985 (1975), S. 120.
³²⁴ Erich Mendelsohn, Das Problem einer neuen Baukunst, Vortrag von 1919, in: Klotz 1989, S. 8, 21, mit Hervorhebung. Auch für Behrendt trug die Bewegung einen internationalen Charakter mit nationalen Nuancen: Behrendt 1927, S. 15.
³²⁵ Oechslin 1991, S. 9f.
³²⁶ Vgl. »II. 3. Etablierung in Rotterdam«.
³²⁷ Oud 1921a (abg. in Oud 1926a, S. 63–76; Taverne 2001, S. 182–187).
³²⁸ Vgl. »II. 7. Redakteur von ›i 10‹.«
³²⁹ Publikationen in »De 8 en Opbouw«: Oud 1932c; Oud 1932b; Oud 1933; Oud 1934a; Oud 1934b; Oud 1934c; Oud 1935; Oud 1936a; Oud 1936b; Oud 1938.
³³⁰ Die Initiative ging vom Direktor der Architekturabteilung der Rotterdamer Akademie, Willem Kromhout, aus. Das Archiv von De Opbouw wurde 1940 zerstört. Zu De Opbouw: Rebel 1983, S. 10–46.
³³¹ Vereinigung »Opbouw« Rotterdam, Statuten und Satzung 31.1.1920 und 18.2.1920, unterzeichnet durch den Vorstand, W. Kromhout Cnz., Vorsitzender, M. J. Granpré Molière, stellvertretender Vorsitzender, L. C. van der Vlugt, Sekretär, N. P. de Koo, Schatzmeister, W. H. Gispen, lokaler Aufsichtsrat: Archief P. Schuitema, Haags Gemeentemuseum: Dettingmeijer 1988, S. 368; Anm. 45, S. 492. Vgl. Statuten en Huishoudelijk Reglement van »Opbouw«, 25.6.1929: Rebel 1983, S. 12; Anm. 14, S. 358. Die Statuten befinden sich im NAi, Archiv Piet Zwart, Inv. Nr. 150.
³³² Gründer von De Opbouw waren u. a. M. Brinkman, M. J. Granpré Molière, L. C. van der Vlugt, W. H. Gispen und J. Jongert: Koch 1988, S. 26f. Weitere Mitglieder waren C. van Eesteren, J. Gidding, Th. K. van Lohuizen, J. B. van Loghem, J. Klijnen, P. H. Schuitema, A. Siebers, M. Stam, W. van Tijen, P. Verhagen, P. Zwart.
³³³ Dettingmeijer 1988, S. 368; Anm. 46, S. 492. Vorstand: Van Eesteren, Vorsitzender, Van Loghem, 2. Vorsitzender, Schuitema, Sekretär, Kiljan, 2. Sekretär, I. Liefrinck, Schatzmeisterin.
³³⁴ Die Bezeichnung »Konstruktivismus« ist so unklar wie die anderen Stilbegriffe der Moderne und dient hier allein als Hilfskonstruktion.
³³⁵ Möller 1997, Abb. 32–35, S. 30f.; Abb. 54, S. 37; Abb. 94, 97, S. 68, 71. Vgl. Oechslin 1991.
³³⁶ Zu Van der Vlugt vgl. »IV. 1.7. Rotterdam und die Moderne – Ouds Einfluß auf das Bauwesen der Stadt«.
³³⁷ Bosman 1997, S. 36f.
³³⁸ Allerdings zeigen auch Bauten von Duiker diese Charakteristika. Entsprechend faßte Giedion bereits 1931 in der »Bauwelt« Stams Entwurf der Rokin-Bebauung (1926) in Amsterdam, Duikers Sanatorium Zonnestraal (1926–28) bei Hilversum sowie dessen Openluchtschool (1929/30) in Amsterdam zusammen. Laut Giedion war Stams Entwurf richtungsweisend für die niederländische Moderne: Bosman 1997, S. 33f.
³³⁹ Bezeichnend ist, daß sich Van der Leeuw, Bauherr der Van Nelle-Fabrik, für Ouds Börsen-Entwurf stark machte: vgl. Broekhuizen 2003, S. 227.

340 Hans Oud 1984, S. 82. Zeichnung des Wolkenbügels von El Lissitzky mit Aufschrift »für Oud«, DAM, Abb.: Cohen 1998, S. 70.
341 Stam 1923, S. 270f., Hervorhebungen Stam. Zu Stams städtebaulichen Theorien vgl. Bosman 1991.
342 Stam 1923, S. 270.
343 Stam 1923, S. 271.
344 Abb.: L'Architecture Vivante, Winter 1926, S. 43.
345 Abb. Entwurf Witteveen: Witteveen 1928, S. 76f.
346 Stam 1928a, S. 57. Die Schrift erschien neben dem »Bouwkundig Weekblad Architectura« auch in »ABC« und dem »Neuen Frankfurt«.
347 Stam 1928b. Abb.: Stam 1927/28, S. 5; Stam 1928c, S. 169. Laut Stam wurde der Entwurf von ihm selbst ausgearbeitet. Da die niederländische Presse neben Stam jedoch auch Van Eesteren und Van der Vlugt nennt, ist der Entwurf als Gemeinschaftsarbeit von De Opbouw zu verstehen: vgl. Möller 1997, Anm. 205, S. 141. So bemerkt Stam, daß in der Versammlung vom 16. Februar 1928 der Entwurf abgeändert wurde: »Er bildete in der Versammlung einen Punkt des Gedankenaustauschs, wurde dort abgewogen und kritisiert und unterlief verschiedenen Veränderungen.« Übers. EvE: Stam 1928b, S. 58.
348 Oud 1928b, S. 25.
349 J. J. P. Oud, »Motto X«, Oud-Archiv C 36; Oud 1928b, S. 25, 29. Obwohl Ouds Entwurf samt Erläuterung erstmals im September 1928 veröffentlicht wurde, kann er unter den Mitgliedern von De Opbouw als bekannt vorausgesetzt werden.
350 Übers. EvE: Oud 1928b, S. 25. 1928 verlangte Stam nochmals, auf Repräsentation zugunsten der Verkehrsfrage zu verzichten: »… weil Rotterdam arbeitet, muß die Stadt die Funktionen des täglichen Lebens (wohnen, arbeiten, erholen) eingehend berücksichtigen und auch der Verkehrsfunktion voll Rechnung tragen. *Es kann und darf niemals die Absicht ihrer Städtebauer sein, der Stadt irgend eine Repräsentation aufzudrängen, weil diese die Leistungsfähigkeit gefährden würde.*«: Stam 1928c, S. 168, mit Hervorhebung.
351 Oud 1922e, S. 3; Oud 1927e, S. 349. Berlages zweiter Hofplein-Entwurf wurde im Oktober 1926 der Gemeinde vorgelegt.
352 Publiziert in: Van Loghem 1932, S. 92; Van Loghem 1936, S. 105. Vgl. Dettingmeijer, für den Van Loghems Entwurf ohne Ouds Börsen-Entwurf und Van der Vlugts Werk nicht denkbar ist: Dettingmeijer 1988, S. 241. Zur Meent vgl. »IV. 1.1. Der Wohnungsbau in Rotterdam bis 1918«; »IV. 1.7. Rotterdam und die Moderne – Ouds Einfluß auf das Bauwesen der Stadt«.
353 Van Loghem/Schuitema 1931; vgl. »IV. 1.7 Rotterdam und die Moderne – Ouds Einfluß auf das Bauwesen der Stadt«.
354 Abb.: Van de Beek/Smienk 1971, S. 49. Van den Broek legte 1929/30 acht Varianten zu einem Terrain in Bergpolder vor.
355 Möller 1997, Abb. 54, S. 37.
356 Stam 1925, ABC – Beiträge zum Bauen, 1925, Heft 6, S. 2, mit Hervorhebung.
357 Oud war mit Van Lohuizen seit dessen Tätigkeit beim *Woningdienst* im Jahr 1921 bekannt. Während seiner Amtszeit als Vorsitzender von De Opbouw brachte er Van Lohuizen in die Vereinigung: Nycolaas 1971, S. 42.
358 Zum Gutachten »De organische woonwijk in open bebouwing«: Rebel 1983, S. 76–79.
359 So Ben Merkelbach, Ch. J. F Karsten, H. van den Bosch, Johan H. Groenewegen, H. van de Pauwert, P. Verschuyl. Vgl. »De Amsterdamse architectenvereiging ›De 8‹ tot 1932«: Rebel 1983, S. 47–64.
360 1928 traten als prominenteste Mitglieder Albert Boeken, Johannes Duiker und J. G. Wiebenga zu De 8. Vor allem letztere, die durch das Sanatorium Zonnestraal und die MTS Groningen international bekannt waren, förderten das Prestige der Gruppe.
361 Vgl. »II. 10. Oud und die CIAM«.
362 So Boeken, Duiker, Van Eesteren, Van Loghem, Merkelbach und Van der Vlugt.
363 CIAM 1930, S. 6, 54.
364 Das am Tag der Ausstellungeröffnung in Amsterdam besprochene Gutachten fand positive Aufnahme. Es wurde unterzeichnet von Boeken, Duiker, Van Eesteren, Groenwegen, Karsten, Van Loghem, Van Lohuizen, Merkelbach, Rietveld, Van Tijen, Van der Vlugt und Wiebenga: Rebel 1983, S. 76, 79.
365 Vgl. »II. 7. Redakteur von ›i 10‹«.
366 Vollständiger Titel: »De 8 en Opbouw, veertien-Daagsch tijdschrift van de ver. architectenkern ›De 8‹ Amsterdam en ›Opbouw‹ Rotterdam, opgenomen in ›Bouw en Techniek.‹«. Rebel 1983, S. 74, 132.
367 Rebel 1983. S. 10f. Zu Van Klijnen vgl. Schipper/Van Geest 1999, hier S. 37f.
368 Laut Van Gelderen, Sekretär von De Opbouw, wichen Oud und Van der Vlugt von der allgemeinen Richtung ab: Rebel 1983, S. 14. Van Loghem 1930.
369 Oud an De Opbouw vom 25.5.1933, Oud-Archiv, B. Zu De Opbouw vgl. Prak 1971, S. 37f.; Rebel 1983, »Het politieke karakter van ›Opbouw‹«, S. 10–12.
370 Vgl. »V. 3.4. Oud und die Kanonisierung der Modernen Architektur«.
371 »Neues Bauen«: Ausstellungstitel des Arbeitsrates für Kunst, Berlin, Mai 1920.
372 Huse 1985 (1975), S. 44.
373 Behrendt 1927.
374 Cor van Eesteren, Woonwijk Neubuehl te Zürich, in: De 8 en Opbouw, 1932, S. 23: Rebel 1983, Anm. 2, S. 356. Vgl. die Verwendung des deutschen Begriffs in: en Merkelbach, Buitenland-Internationaal Derde Internationale Congres voor »Neues Bauen« te Brussel, in: TvVS, 1931, S. 18f.
375 A. J. van der Steur, Bij het fabrieksgebouw van Van Nelle, in: BW, Jg. 50, 1929, S. 139.
376 Brief von Van Tijen an das Nederlands Institut voor Volkshuisvesting en Stedebouw, 1930, Archiv Merkelbach, NAi: Rebel 1983, Anm. 2, S. 356. Vgl. Zur Verwendung und Bedeutung der Begriffe »Funktionalismus«, »Nieuwe Bouwen« und »Nieuwe Zakelijkheid«: Rebel 1983, Anm. 2, S. 356f.; Buch 1997, S. 185. Zum Funktionalismus jüngst: Winfried Nerdinger, Zwischen Kunst und Klassenkampf – Positionen des Funktionalismus der Zwanziger Jahre, in: Velena/Winko 2006, S. 119–132. Van der Woud verweist auf die innerhalb der CIAM verwendeten Begriffe »Neues Bauen« und die französische Bezeichnung »L'Architecture Moderne«, die für zwei unterschiedliche Auffassungen stehen: Van der Woud 1983, S. 55f.
377 Hans Oud, Anm. 1, S. 59.
378 Oud 1932b: geschrieben für »Vooruit« als Reaktion auf Äußerungen von Henri Polak und Berlage, die in diesem Blatt erschienen waren.
379 Übers. EvE: Oud 1932b, S. 224.
380 Bauhaus-Ausstellung in Weimar vom 15. August bis 30. September 1923; Gropius 1925.
381 Übers. EvE: Oud 1932b, S. 224.
382 Vgl. »V. 3.4. Oud und die Kanonisierung der Modernen Architektur«. »Bauhausbücher«: Gropius 1925; Oud 1926a.
383 Übers. EvE: Oud 1932b, S. 226f.
384 Oud 1929a.
385 Von verschiedener Seite wurde Europa nach dem 1. Weltkrieg als neue politische und kulturelle Einheit definiert, die durch eine gemeinsame Kunst zum Ausdruck gebracht werden sollte. Die Internationalität bildete einerseits den Gegenpol zum Nationalismus, stand andererseits jedoch auch in Bezug zur internationalen Arbeiterbewegung. »Es gibt heute nur einen internationalen Gedanken der vielleicht so groß ist, wirklich das grösste pazifistische Werk zu verwirklichen – die Vereinigten Staaten von Europa.«: Brief von Meller an Oud vom 3.5.1925, Oud-Archiv, B.
386 Anfangs trat der Begriff noch als »an international style« sowie »the New International Style« auf. Im Gegensatz zum heutigen Verständnis wurden 1932 noch ausgesprochen heterogene Bauten unter diesen Begriff gefaßt: vgl. Pommer/Otto 1991, S. 163; Riley 1992, S. 89–91, 94–97.

387 Da Oud seit 1927 mit Hitchcock bekannt war, ist seine »Internationale Architektur« als bewußte Reaktion auf dessen Stilbegriff zu verstehen.
388 Oud 1919d, S. 191 (abg. in Taverne 2001, S. 171–181).
389 So u. a. Henry Van de Velde, der neue Stil, Weimar 1906; ders., Vom neuen Stil, Leipzig 1907; vgl. Karl Schefflers »Weltbaustil« (1913). Vgl. u. a. Pommer/Otto 1991, S. 159f.
390 Vgl. Van der Woud 1997, v. a. »Moderne stijl«, S. 396–407.
391 Zum Beispiel Oud 1926b.
392 Oud 1919d, S. 194 (abg. in Taverne 2001, S. 171–181).
393 Oud 1919d, S. 197.
394 Oud 1919d, S. 189.
395 »Aus den Möglichkeiten der Herstellung großer, nahtloser Flächen auf jedem Gebiet der Bautechnik, sowie der Notwendigkeit des massenhaften Produzierens einförmiger Bauteile ergibt sich die Forderung einer baukünstlerischen Formgebung, welche sich weniger der ausführlichen Detaillierung als der Gesamtkomposition zuwendet, das heißt, die künstlerische Individualität wird dazu mehr im Organismus als in den Organen zutage treten. Plastische Massen- und Flächenwirkung, Proportion und Rhythmus werden die Mittel der neuen Baukunst sein.«: Oud 1919d, S. 223f. (abg. in Taverne 2001, S. 171–181).
396 Vor allem weite horizontale Überspannungen, die durch Verwendung von Glas notwendig seien: Oud 1919a (abg. in Taverne 2001, S. 214).
397 Übers. EvE: Oud 1919c, S. 13f., Hervorhebungen Oud.
398 Übers. EvE: Oud 1919c, S. 13.
399 Übers. EvE: Oud 1919c, S. 15.
400 Als ein Beispiel sei die Schrift »Wie baue ich mein Haus?« von Muthesius genannt, die sich in Ouds Besitz befand. Vor allem der Hinweis auf Goethe mag seine Aufmerksamkeit geweckt haben: »›Vom Nützlichen durchs Wahre zum Schönen‹; dieser Leitsatz, den in Wilhelm Meisters Lehrjahren der sonderbare Schloßherr über seine Eingangspforte geschrieben hatte, er bildet auch die Richtschnur für die Arbeit des Hausbauarchitekten.«: Muthesius 1917, S. 121f.
401 H. P. Berlage, Bouwkunst en impressionisme, in: Architectura, 1894, Nr. 22–25.
402 Übers. EvE: Berlage 1905b.
403 Berlage 1905b, S. 100. Vgl. außerdem Berlage 1913, S. 43.
404 Oud 1924b. Van de Velde, auf den Oud in seinem Artikel dreimal verweist, hatte bereits 1901 die für Berlage relevanten Ideen formuliert: »In der Tat wird … jeder andere Gedanke als der an die Nützlichkeit und den Zweck gefährlich … Diese strenge Theorie ist die einzige … welche uns die moderne Schönheit dort genießen lassen kann, wo sie sich wahrhaftig befindet: in der Reihe von Gegenständen, welche in dem Zeitalter des Maschinenwesens, der Elektrizität und der Metallbearbeitung geboren worden sind. Ich habe schon mehrfach die Lokomotiven, die Dampfboote, die Maschinen und Brücken angeführt …«: nach Stamm 1969, S. 180.
405 Oud 1921a. Anfang 1922 wandte sich Oud zwecks einer Übersetzung an Adolf Meyer. Schließlich übersetzte er den Text jedoch selbst und ließ ihn von Meyer korrigieren: vgl. Briefe von A. Meyer an Oud vom 9.1.1922 und 17.5.1922, Oud-Archiv, B; dagegen Taverne 2001, S. 317. Die Übersetzung erschien 1922 in »Frühlicht«: Oud 1922g; Oud 1926a, S. 63–76 (abg. in Taverne 2001, S. 182–187). Der deutschen Fassung folgten Übersetzungen ins Tschechische, Französische und Englische: vgl. Langmead 1999, S. 37.
406 Entsprechend relativiert Oud in der gedruckten Fassung seiner Rede die Bedeutung des Fabrik-Entwurfs*: »Versuch zur architektonischen Darstellung durch rein baukünstlerische Mittel, wobei das dekorative Element noch nicht vollständig überwunden ist (siehe z. B. die linke Eingangstür).« Übers. EvE: Oud 1921a, Bildunterschrift Abb. 6, S. 151.
407 Vgl. »V. 3.4. Oud und die Kanonisierung der Modernen Architektur«. Bereits Banham sprach von Ouds »Architekturphilosophie« und deutete den Vortrag als erste wichtige theoretische Aussprache eines führenden Architekten in den 1920er Jahren: Banham 1964 (1960), S. 135. Vgl. Bois 1981, S. 44; Bois/Troy, 1985, Anm. 66, S. 83. Laut Annemarie Jaeggi seien Ouds Vorstellungen über A. Meyer in die Programmdiskussion am Bauhaus eingegangen: Jaeggi 1994, S. 153f. Dagegen sehen die Autoren des Rotterdamer Katalogs angesichts der früheren Texte von Oud hier wenig Neues: Taverne 2001, S. 166.
408 Oud 1932b, S. 224.
409 Engel weist auf die Übernahmen von Hilberseimer in der »Grossstadtarchitektur« (1927): Engel 1990, S. 37; Hilberseimer 1927a.
410 Oud 1922g; Oud 1922f; J. J. P. Oud, L'architecture de demain et ses possibilités architectoniques, in: La Cité, Bd. 4, 1923, Nr. 5, S. 73–85. In veränderter aktualisierter Form: Oud 1928d.
411 Oud 1924e; Oud 1925d.
412 Oud 1924b.
413 So Stamm 1984, S. 84.
414 Kirsch 1987, S. 99. Über Mies van der Rohe schrieb Oud 1933: «Some radicals who reproach him for being too ›aesthetic‹ forget the fact that the spiritual features of new architecture (and many a practical one too!) nearly all have their origin in aesthetic effort.": Oud 1933b, S. 254.
415 Übers. EvE: Oud 1963, S. 54, Hervorhebung Oud.
416 Abschrift eines Briefes von Oud an die WADW, Januar 1926: Kirsch 1997, S. 49.
417 »Es ist jetzt frappierend, daß in dieser internationalen Architektenarbeit bereits eine so starke Einheit der Auffassungen besteht, daß im ganzen betrachtet von einem Entwurf aus einem Geist geprochen werden könnte. Und dies, während der leitende Architekt seine Kollegen nicht weiter festlegen wollte, als durch die Aufteilung der Parzellen und durch Angabe der Bauhöhen!« Übers. EvE: Oud 1927d, S. 204.
418 »Diese Sphäre, diese geistige Synthese, bleibt für mich oberste Voraussetzung, und ich finde es schade, daß die ›Kongresse für Neues Bauen‹, in denen die sogenannte ›neusachliche Architektur‹ vereinigt ist, seinerzeit diesen Standpunkt verlassen haben, um sich mehr mit speziellen Fragen zu beschäftigen.« Übers. EvE: NRC 1934.
419 Der Fachliteratur folgend wird im weiteren für Quader der Begriff Kubus verwendet.
420 So bei Garniers Entwürfen der Cité Industrielle (1901-04) und den Bauten der Wiener Moderne, wie J. Hoffmanns Sanatorium (1903) in Purkersdorf und A. Loos' Haus Steiner (1910) in Wien.
421 Langmead 1999, S. 5; Flagge 1992, S. 54. Die Oldenburger Kunsthalle von Peter Behrens (1905) besteht aus mehreren Kuben, die jedoch symmetrisch aneinandergefügt sind.
422 So bei Haus Beerens (1912; Abb. 307) in Purmerend sowie Haus Van Lent (1913) und Haus Van Bakel (1914; Abb. 313) in Heemstede.
423 Stamm weist hier auf die kubischen Formen hin: Stamm 1977, S. 261, 265; Stamm 1984, S. 32.
424 Verputzte Bauten waren in den Strandbädern keine Seltenheit. Eine Fotografie im Gemeentemuseum Katwijk zeigt die Villa Allegonda neben den ebenfalls verputzten Nachbarbauten von Jesse, Abb.: Hoogeveen-Brink 1997, S. 39; vgl. Abb. 254.
425 »Cependant dans la maison bâtie à Katwijk la ›sentimentalité impressionniste‹ que suggère l'Afrique est due à Kamerlingh-Onnes.«: Hitchcock 1931, o. S.; Hitchcock 1929, S. 177.
426 Übers. EvE: Blotkamp 1982c, S. 32.
427 Taverne 2001, S. 129.
428 Brief von Harm Kamerlingh Onnes an Oud vom 10.11.1927, Oud-Archiv, B (abg. in de Jongh-Vermeulen 1999, S. 241).
429 Naylor 1975, S. 101.
430 Bock 1988, S. 120.
431 BW, 34, 7.3.1914, Nr. 10, S. 116f.
432 Übereinstimmungen bestehen zwischen Van Anrooys Villa und Bauten des in Paris tätigen Architekten Rob Mallet-Stevens, der wiederum von Hoffmann beeinflußt war. In der Tat war Van Anrooy vor dem Entwurf des Landhauses in Paris gewesen: Hitchcock 1928, S. 100; Bock 1988, S. 120.
433 Bereits Johnson wollte ein Foto der Villa auf der 1932 präsentierten Ausstellung »The international Style« zeigen. Es war das einzige vor

1925 entstandene Gebäude, das aufgenommen werden sollte: Philip Johnson an Oud vom 17.9.1930: Stamm 1984, S. 41.

434 »… the development of the new movement in Holland since about 1916 …«: Oud 1933b, S. 251, 253.

435 William H. Jordy, American Buildings and their architects, Bd. 3, New York 1972, S. 260f., 268f.

436 Auch bei Gills Bau wird ein Rückgriff auf mediterrane Architektur angenommen: Wolfgang Pehnt, Architektur, in: Giulio Carlo Argan, Propyläen Kunstgeschichte, Die Kunst des 20. Jahrhunderts 1880–1940, Berlin/Frankfurt am Main 1990, S. 357. Erstaunlich ist die Ähnlichkeit zwischen der Villa Allegonda und dem 1923 entstandenen Entwurf für Haus Moissi von Loos. Das für den Lido von Venedig entworfene Gebäude zeigt sowohl die geschlossenen, durch die Verwendung von grobem Mörtelbewurf massiv wirkenden Mauern als auch die wie ein Zitat der Villa Allegonda erscheinenden drei Turmfenster, Abb.: Rukschcio/Schachel 1982, Abb. 712, 713, S. 580.

437 Flagge 1992, S. 54.

438 »Die radikale Abrechnung mit dem Scheindach steht im Vordergrund mit als Folge davon die Anwendung des Flachdaches …«. Übers. EvE: Oud 1917a, S. 11.

439 Hitchcock 1931, o. S.

440 Oud 1922g. Auch Behne wählte eine Skizze von Haus Kallenbach zur Illustration seiner 1925 erschienen Publikation: Behne 1925.

441 Vgl. Brief von Mendelsohn an Oud vom 9.1.1923: Stephan 1998, S. 191, 193.

442 Bei allen ausgeführten Bauten mit Schrägdach, die nach dem Entwurf für eine Häuserzeile an einem Strandboulevard* entstanden, geht die Dachform auf Anweisungen des Gemeinderates bzw. des *Woningdienst* zurück.

443 Vgl. »II. 8. Internationaler Ruhm«.

444 Oud 1928e. Vgl. Brief von Tessenow an Oud vom 30.5.1928, Oud-Archiv, B: »Aehnlich so, wie Sie meine Arbeiten zu studieren scheinen, verfolge ich Ihre Arbeiten immer mit besonderem Interesse und mit grösster Freude; wir beide sind ja so ein wenig aus verschiedenen Generationen, und so ist es wohl natürlich, dass auch unsere Arbeitsarten sich voneinander unterscheiden«.

445 Schon Schinkel bemerkte 1818, daß: »… mit dem flachen Dache allein die Schönheit nicht an dem Gebäude erreicht wird, wie man hier häufig wohl zu glauben geneigt ist und darin den Hauptfehler des alten Gebäudes sucht, der doch vielmehr in der Anordnung seiner Mauern und des Plans überhaupt liegt.«: nach Pommer 1983, Anm. 11, S. 167.

446 Brief von Oud an Tessenow vom 21.11.1928, Tessenow-Archiv, Kunstbibliothek Berlin: nach Gerda Wangerin und Gerhard Weiss, Heinrich Tessenow. Ein Baumeister 1876–1950, Leben Lehre Werk, Essen 1976.

447 »Jene Generation, die den Raum nicht anders als geschlossen, als begrenzt sehen konnte, musste notwendigerweise auch die Verkehrsstrassen als Innenräume, als tote Luftvolumina auffassen. So wurde es ihr Hauptziel, jede Strasse, jeden Platz auf eine regelmässige Form zurückzubringen, diese Raumabschnitte gegeneinander abzusetzen und zu schliessen, ihre Wände als Fassaden architektonisch zu gestalten … Denken wir ferner daran, wie man die ideale Strassenwand aufteilte in einzelne Komplexe, jeden für sich selbst symmetrisch in Bezug auf eine Axe [sic] senkrecht zur Verkehrsrichtung …«: Stam 1923, S. 271.

448 Stam 1923, S. 271.

449 Übers. EvE: Hans Oud 1984, S. 138.

450 Aus Ouds Beschreibung ist zu schließen, daß er mit der Oberflächenstruktur des Betons experimentierte: »Das Vordach ist eine Fortsetzung des Kabinen-Bodens und aus armiertem Beton konstruiert, welcher teilweise aufgerauht, teilweise ausgebrannt ist, so daß Kies und Zement sichtbar sind.« Übers. EvE: Oud 1914. Neben dem Vordach ließ Oud auch die Vorführkabine und eine Treppe in Beton ausführen.

451 Bock 1988, S. 120. Möglicherweise liegt hier ein erster Einfluß durch Wright vor: Vgl. »III. 4.9. Der Einfluß von Wright und Van't Hoff«. In Verbindung mit den beiden Terrakotta-Lisenen erinnert die Lösung jedoch auch an Otto Wagners Kirche am Steinhof (1905-07) in Wien. Dort durchstoßen vier der Fassade vorgestellte Säulen ein eisernes Vordach, während ein horizonataler Steinbalken scheinbar die Säulen durchbricht. Bei Oud werden als Verbindung beider Motive die feinen Terrakotta-Lisenen von der Betonplatte durchstoßen. Für das Vorbild der Steinhof-Kirche sprechen auch die ornamentierten Lisenenabschlüsse, die ein Pendant zu Wagners Engelfiguren bilden, sowie die zwischen den Lisenen liegenden Fenster als Pendant zu Wagners Thermenfenster.

452 »Ganz rein ist diese Anwendung [des armierten Betons: EvE] nicht, da eine Backsteinverkleidung verwendet wurde und das Material zwar in seinem Wesen, doch nicht in seiner Erscheinungsform charakteristisch zum Ausdruck gebracht wurde.« Übers. EvE: Oud 1918c, S. 41.

453 Oud 1917a, S. 11.

454 Vgl. »IV. 3.7. Baumaterial und Konstruktion«.

455 Allein mit seinem Versammlungssaal von Vooruit in Purmerend (1911), der zur Absetzung von den anschließenden Arbeiterwohnungen im Obergeschoß verputzt und hell gefaßt ist, hatte Oud einen ersten Versuch in dieser Richtung unternommen.

456 Oud 1960b. Vgl.: »Die Wände hat der Künstler hergestellt aus holländischem Backstein, welchen er damit wieder zu Ehren gebracht hat.«: Oud 1919d, S. 216 (abg. in Taverne 2001, S. 171–181).

457 Berlage, der sich 1890 gegen den Verputz von Backstein aussprach, kritisierte damit eine Praxis, die ohnehin kaum noch gängig war: Bock 1983, S. 139.

458 Oud 1919a, S. 84 (abg. in Taverne 2001, S. 214).

459 Übers. EvE: Oud 1960b, S. 3.

460 Vgl. »IV. 6.2.2. Die ›Farbenbewegung‹«.

461 Vgl. »IV. 1.3.4. Die Betonbauten des *Woningdienst*«.

462 Vgl. »IV. 1.3.4. Die Betonbauten des *Woningdienst*«; »IV. 3.7. Baumaterial und Konstruktion«. Auch die Villa Allegonda* suggerierte den Eindruck eines Betonbaus.

463 De Gruyter 1931, S. 182.

464 Platz 1930, S. 130.

465 Oud 1921a, S. 148.

466 Behne 1921, S. 290.

467 Vgl. Langmead 1999, S. 9.

468 Abb.: Casciato 1987, S. 185–187.

469 Dies gilt auch für den *Volkswoningbouw*, so bei den Wohnungen der Arbeitervereinigung Vooruit in Purmerend (1911; Abb. 310) auch die Blöcke VIII* und IX* in Spangen sowie die Tusschendijkener Blöcke* mit großen Fenstern zur Hoffront.

470 Übers. EvE: Oud 1924f, LIV. Vgl. Oud 1921a.

471 »I wish I could communicate the feeling of seeing the Bruenn house of Mies. I have only had similar architectural experiences before the Hoek and in old things the Parthenon«: Brief von Ph. Johnson an Oud vom 2.9.1930, Oud-Archiv, B.

472 Brief von Ph. Johnson an Oud vom 16.4.1932: nach Stamm 1984, S. 77.

473 Behrendt 1937. »The serenity of the smooth facades … were unequalled by anything Le Corbusier or Gropius or Mies had yet built.«: Hitchcock 1958, S. 378.

474 Abb.: Oud 1928a, S. 41; AR, Bd. 86, 1930, Nr. 4, S. 344; Taverne 2001, S. 269.

475 Hitchcock 1932, S. 95.

476 Oud 1924f, LIV.

477 Vgl. »III. 4.9. Bauleitungshütte und Café de Unie: zwei Sonderbauten der De Stijl-Architektur.«

478 Dexel 1926/27, S. 47.

479 Behrendt 1927, S. 45.

480 Oud 1928a, S. 38.

481 Hischel-Protsch 1927, S. 301.

482 Zum Hochhausbau in der Weimarer Republik vgl. Zimmermann 1988, Stommer 1990. Die Bezeichnung »Hochhaus« basiert auf einer relativen Bewertung, die vom Kontext der Bauten abhängt. So erscheinen

483 sechs- oder siebengeschossige Bauten in Amsterdam kaum als Hochhäuser, während sie in Rotterdam aufgrund der insgesamt niedrigeren Bebauung Solitäre bilden: vgl.: Pevsner 1976, S. 218; Stommer 1990, S. 14; Bruno Flierl, Hundert Jahre Hochhäuser, Berlin 2000, S. 10f.
484 Abb. De Klerk: Bock/Johannisse/Stissi 1997, Kat. Nr. 37; Abb. Wijdeveld: Buch 1997, S. 84f. Vgl. auch die Wolkenkratzerentwürfe von Wils (1917): De Michelis 1992, S. 78. Es folgen die Hochhaus-Entwürfe für das Amsterdamer Rokin von Van Eesteren (1924) und Stam (1926). Abb. Van Eesteren: Buch 1997, S. 206; Abb. Stam: Möller 1997, Abb. 94, S. 68; Abb. 96, S. 70.
485 Abb.: Oud 1922e, S. 3, 8, 12.
486 Pfankuch 1974, Abb. S. 41–43.
487 Pfankuch 1974, Abb. S. 34–36.
488 Stommer 1990, Abb. S. 40.
489 Abb. Köln: Pfankuch 19874, S. 44f. Abb. Bochum: Pfankuch 1974, S. 46.
490 So Scharouns Entwürfe für den Bahnhofsvorplatz in Duisburg (1926) und den Ministergarten in Berlin (1927), Mendelsohns Woga-Komplex in Berlin (1926) und Stams Entwurf für den Rokin in Amsterdam (1926). Abb. Scharoun/Duisburg: Pfankuch 1974, S. 54. Abb.: Scharoun/Berlin: Pfankuch 1974, S. 65. Abb. Stam: Möller 1997, Abb. 94, S. 68; Abb. 96, S. 70.
491 Vgl. Engel 1997.
492 Oud 1928b, S. 25.
493 Vgl. »V. 3.1. Oud und die Moderne Architektur in den Niederlanden.«
494 Cor van Eesteren, Over het Rokin-vraagstuk, in: i 10, 1927, S. 83–85.
495 Vgl. Brief von Oud an Rietveld vom April 1930, Oud-Archiv, B, Nr. 61.
496 Vgl. Le Corbusier, der seine Villa Savoy in Poissy (1929–31) auf den Wendekreis des Autos hin berechnet hatte. Alexander Klein sah auch bei Ouds Architektur Parallelen zu Formgebung von Autos, so die sich neben der Ladeneingängen nach unten gebogenen Vordächer der Häuserzeilen in Hoek van Holland* (Abb. 250), die an Kotflügel eines Automobils erinnern: Klein 1927, S. 294.
497 Oud-Archiv: Hans Oud 1984, Abb. 78, S. 94; Taverne 2001, S. 286. Vgl. Zwei Perspektivzeichnungen von Le Corbusiers Ville Contemporaine mit ebensolchen Flugzeugen: Boesiger/Storonov 1964, Abb. S. 36f.
498 Le Corbusier, Les Avions, in: L'Esprit Nouveau, 1921. 1935 erschien Le Corbusiers Publikation «Aircraft».
499 Übers. EvE: Technisches Manifest 1912, nach Wierschowski 1996, S. 84f.; Übers. EvE: Van't Hoff 1918/19, S. 55, Hervorhebung Van't Hoff. Von Einfluß war hier sicherlich auch die Luftbildfotografie, die im 1. Weltkrieg für Aufklärungszwecke entwickelt wurde.
500 Vgl. Oechslin 1999, S. 293.
501 Gropius 1925.
502 Hitchcock bezieht sich in seinem bekannten Ausspruch, »Oud, one of the greatest of the New Pioneers« auf eine junge Architekturbewegung, die »New Pioneers«, die sich von den »New Traditionalists« wie Wright, Hoffmann und Perret abhob und einen Neuanfang gesetzt hat: Hitchcock 1928b, S. 453.
503 Zur Bauhaus-Ausstellung vgl. »II. 4. Internationale Kontakte«; zur New Yorker Ausstellung vgl. »II. 11. Prominenz in den USA.«
504 So zeigten etwa Berlin, Düsseldorf, Hamburg und Hannover Interesse an einer Übernahme der Ausstellung: vgl. Brief von Gropius an Oud vom 18.9.1923, Oud-Archiv, B.
505 »Unter dieser Einschränkung darf gesagt werden, daß hier wenn auch nicht Überblick, so doch Einblick in heutiges Bauen gewährt wird. Und die Erkenntnis, daß das ›neue Bauen‹ wirklich international, d. h. geographisch kaum differenziert ist.«: Schürer 1923, S. 315. Behne vermißte Behrens, Berlage, Häring, Loos, Rading, Scharoun und Van der Velde: Behne 1923. Vgl. Tegethoff 1987, S. 197.
506 Oud 1926a.
507 Brief von Gropius an Oud vom 15.10.1923, Oud-Archiv, B.
508 Vgl. Tegethoff 1987.
509 Tagebuch des Suttgarter Stadterweiterungsamtes vom 25.10.1925: nach Kirsch 1987, S. 46. Entsprechend rechnete man damit, daß sich der neue Stil etablieren würde wie in früheren Jahrhunderten die Gotik und die Renaissance: Oberbaurat Dr. Otto nach der Niederschrift der Bauabteilung des Gemeinderates vom 16.10.1925: Kirsch 1987, S. 46.
510 Oud 1922g.
511 So z. B. die Siedlung Magdeburg-Süd-Ost des Städtischen Hochbauamtes in Magdeburg (1927), Ludwig Hilberseimers Entwürfe für Reihenhäuser (1924/25 und 1927), André Lurçats Hotel Nord-Süd in Calvi (1929) und Otto Haeslers Siedlung Blumlägerfeld in Celle (1930/31). Abb. Hilberseimer: Boekraad 1986, S. 77; Hilberseimer 1927a, Abb. 90, S. 44. Zur Magdeburger Siedlung vgl. Gisbertz 2000, S. 203.
512 Kirsch 1987, Anm. 41, S. 27.
513 Kirsch 1987, S. 31.
514 Vgl. die Korrespondenz zwischen Oud und Friedrich Gubler im Oud-Archiv. Als Thema schlug Gubler »Bauen und Architektur« vor: Brief von Gubler an Oud vom 30.7.1927, Oud-Archiv, B. Oud, der Anfang März vortragen sollte, forderte offenbar ein Honorar, daß den Etat des Werkbundes weit überstieg: vgl. Telegramm von Gubler an Oud vom 19.1.1928. Gubler bot schließlich 500 Franken für Vorträge in Zürich und Basel: Brief von Gubler an Oud vom 20.1.1928, Oud-Archiv, B.
515 Wie Paolo Scrivano darlegt, bildet das Jahr 1931 einen Wendepunkt in Hitchcocks Denken über zeitgenössische Architektur. Die Veränderungen zeigen sich im Vergleich zwischen »Modern Architecture, Romanticism and Reintegration« (1929) und dem mit Johnson erarbeiteten Band »The International Style. Architecture since 1922«. Während Hitchcock in der früheren Schrift eine streng wissenschaftliche Untersuchung lieferte, bildet »The International Style« eine vereinfachte, plakative Darstellung zugunsten des hervorzuhebenden neuen Stils. Die zeitlich zwischen diesen beiden Publikationen liegende Oud-Monographie zeigt mit der Aufnahme von Vorbildern und Traditionen sowie einer Bewertung der Bauten nach den Kategorien des neuen Stils Aspekte beider Auffassungen: Scrivano 1997/98.
516 Hitchcock 1928a; Hitchcock 1928b.
517 Brief von Johnson an Oud, Oud-Archiv, ohne Datum: nach Langmead 1999, S. 16, mit Hervorhebung.
518 Hitchcock 1932, S. 16, vgl. S. 20.
519 Hitchcock/Johnson 1932: nach Conrads 1985, S. 32.
520 Gezeigt wurden zudem die Reihenhäuser in der Weißenhofsiedlung* und die Siedlung Kiefhoek* (Luftbild und Häuserzeile mit Laden) einschließlich der Kirche*. Im Cleveland Museum of Art, wo die Ausstellung vom 25.10. bis 5.12.1932 zu sehen war, wurden die Fotografien von Ouds Arbeiten zusammen mit dem Modell des Bauhausgebäudes präsentiert: Abb. Riley 1992, S. 75.
521 Hitchcock/Johnson 1932.
522 Vgl. »II. 11. Prominenz in den USA«.
523 Brief von Gropius an Oud vom 31.5.1923, Oud-Archiv, B: »Soweit ich orientiert bin stimme ich mit Ihnen über die Namen, die Sie vorschlagen überein«. im Juni bat Gropius um Arbeiten weiterer niederländischer Architekten: Brief von Gropius an Oud vom 9.6.1923, Oud-Archiv, B. Ouds Aufforderung an die Architekten: Brief vom 12.6.1923, Oud-Archiv, B.
524 Briefe von Mies van der Rohe an Oud vom 9.4.1927 und 4.5.1927, Oud-Archiv, B. Vgl. ein Schreiben der Stuttgarter Geschäftsstelle des Werkbundes an das Bürgermeisteramt in Rotterdam mit der Bitte um Materialzusendung vom 8.4.1927: Durchschlag im Oud-Archiv, B.
525 Gropius zeigte im Vorfeld Interesse an der Präsentation der Villa Allegonda*: vgl. Karte von Gropius an Oud vom 23.6.1923, Oud-Archiv, B.
526 Der Katalog der Internationalen Plan- und Modellausstellung nennt als Arbeiten von Oud die Nummern 457–474: Die Wohnung 1927. Insgesamt sind dort 531 Werke verzeichnet. Vgl. »I. 4. Bekanntheit und Wertschätzung einzelner Arbeiten«.
527 Gropius 1925; Behrendt 1927; Hilberseimer 1927b.
528 Platz 1930. Die zweite Auflage schenkt Oud weitaus mehr Aufmerksamkeit und betont gleichzeitig die internationalen Gemeinsamkeiten: vgl. Pommer/Otto 1991, S. 162; Lampugnani 1994, S. 281.

528 Behne 1926a. Wolf Tegethoff vermutet in Behnes »Zweckbau« eine Gegendarstellung zur Bauhaus-Ausstellung von 1923: Tegethoff 1987, S. 197.
529 Conrads 1964, S. 6.
530 Gruhner-Zimmermann 2000, S. 134.
531 Auf die Wohnblöcke in Tusschendijken verweist in diesem Zusammenhang auch der Rotterdamer Katalog. Mitverantwortlich für ihren schnellen Ruhm als »Ikonen« der Modernen Architektur seien die im Auftrag von Oud von H. J. Jansen und L. F. Duquet angefertigten suggestiven Zeichnungen der Blöcke, die seitdem in keiner einzigen Ausstellung und keiner Publikation zu *De Stijl* mehr gefehlt hätten: Taverne 2001, S. 241. Leider werden weder das Entstehungsdatum noch entsprechende Ausstellungen bzw. Publikationen der Zeichnungen genannt. Die früheste der Verfasserin bekannte Publikation ist: Barbieri 1986, Abb. 11, 13, S. 84f.
532 Wie Lampugnani hervorhebt, waren die Architekturhistoriker der Moderne in höchstem Maße befangen, opferten Objektivität und pluralistische Information und verstanden ihre Arbeit als »Kampfschriften für die Avantgarde«: Lampugnani 1994, S. 273.
533 Oud 1926a; Gropius 1925.
534 Vgl. »V. 3.2. Ouds Vorstellung einer ›Internationalen Architektur‹«.
535 Werner Oechslin betont, wie kurz die Zeit vom Moment der Kodifizierung der Modernen Architektur bis zur »Vollzugsmeldung« in der Literatur war, nennt als Beispiel jedoch Behrendts »Der Sieg des Neuen Baustils«, eine Publikation, bei der bereits auf zahlreiche Bauten zurückgegriffen werden konnte: Oechslin 1991, S. 10. Wolf Tegethoff weist in allgemeiner Form auf die Eigendynamik des zunächst noch fiktiven Stils hin, der auf die Praxis zurückgewirkt habe.«: Tegethoff 1987, S. 198.
536 Langmead 1999, S. 22
537 Zum Einfluß des Konstruktivismus auf Oud vgl. »V. 3.1. Oud und die Moderne Architektur in den Niederlanden«.
538 Vgl. jeweils die zugehörigen Katalogtexte.
539 Stamm 1984, S. 109, 111; Pommer/Otto 1991, S. 121.
540 Johnson/Langmead 1997, S. 239.
541 Diese tauchen jedoch bereits früher in der Modernen Architektur auf: vgl. »V. 3.3. Ouds Moderne Architektur im internationalen Kontext«.
542 Zu Ouds Selbstbild als Künstler-Architekt: Vgl. »II. 12. Versuch einer Charakterisierung«.
543 »After he moved away from De Stijl, Oud clearly saw Le Corbusier as his chief rival in the mid-twenties in the formulation of the new *sachlich* architecture.": Pommer/Otto 1991, S. 121.
544 Zu seinem Verhalten gegenüber Wright vgl. »III. 4.9. Der Einfluß von Wright und Van't Hoff«.
545 Vgl. Brief von »L'Esprit Nouveau« an Oud vom 30.6.1922, Oud-Archiv, B.
546 Brief von »L'Esprit Nouveau« an Oud vom 30.6.1922, Oud-Archiv, B.
547 Oud 1922c.
548 Boekraad 1983, S. 14.
549 »L'Esprit Nouveau« äußerte sich entsprechend kritisch und zurückhaltend zur Pariser De Stijl-Ausstellung: L'Esprit Nouveau, Nr. 19, Dezember 1923.
550 Oud 1924b.
551 Vgl. »V. 3.2. Ouds Vorstellung einer »Internationalen Architektur«.
552 Oud 1924b, S. 90.
553 Abb.: Sbiglio 1997, S. 22f.
554 Laut Ouds stammt dieser Ausdruck von Sigfried Giedion: Oud 1957b, S. 190. Oud selbst verwendete ihn in seiner Besprechung der Siedlung Kiefhoek*: Oud 1931b, S. 149; Oud 1931d, S. 175. In der deutschen Presse wurde der Ausdruck aufgegriffen: vgl. Preußische Kreuzzeitung 1931.
555 Le Corbusier 1925, S. 13.
556 Vgl. Pommer/Otto 1991, S. 121. Bereits 1925 hatte Oud vorgeschlagen, ihn selbst zusammen mit Le Corbusier an der geplanten Werkbund-Ausstellung in Stuttgart zu beteiligen: Tegethoff 1987, S. 200.
557 Boesiger/Storonov 1964, Abb. S. 29.
558 Abb.: Kirsch 1987, S. 106. Stamm verweist zudem bei der »skulpturale Feuertreppe« (Abb. 332) auf den Einfluß von Le Corbusier: Stamm 1984, S. 109.
559 Mit Dank für diesen Hinweis an Julia Berger.
560 Boesiger/Stonorov 1964, S. 58.
561 So auch bei den Entwürfen der Maison Citrohan (1920 und 1922), dem Projet d'une villa à Auteuil (1922), dem Modell eines Wochenendhauses (1924) und den Wohnhäusern der Siedlung Pessac (1925). Abb. der Entwürfe: Boesiger/Stonorov 1964, S. 31, 47, 58f.
562 Oud 1926a, Abb. 37, S. 59.
563 Auch die Gartenfassade (Abb. 352, oben) zeigt mit der großen Fensterfläche im Erdgeschoß (Schlafzimmer) und dem darüberliegenden Fensterband Parallelen zur Villa in Vaucresson.
564 Übers. EvE: Oud 1928, S. 218.
565 Oud 1929a, S. 122.
566 Hitchcock 1931, o. S.
567 Übers. EvE: nach Rebel 1983, S. 11.
568 Im Oktober 1927 wurden von verschiedenen Architektenverbänden Stellungnahmen zum Wettbewerb um den Völkerbundpalast verfaßt und der Fünferkommission übersandt. Ziel war vor allem, vor der Realisierung eines reaktionären historisierenden Entwurfes zu warnen. Der Schweizerische Werkbund setzte sich mit Oud in Verbindung, um eine Aktion von niederländischer Seite aus ins Leben zu rufen. Wils war bereit, sich beim BNA für Le Corbusier einzusetzen, und auch Oud scheint sich an diese Adresse gewandt zu haben: vgl. Brief von Gubler an Oud vom 4.10.1927, Oud-Archiv, B. Als unabhängige Vereinigung wollte sich der BNA jedoch nicht für Le Corbusiers Entwurf aussprechen, der zudem von vielen als »exklusiv« bewertet wurde: vgl. Brief des Direktors des BNA an Oud vom 7.10.1927, Oud-Archiv, B.
569 Brief von Giedion an Oud vom 19.10.1927, Oud-Archiv, B.
570 Durchschlag Oud an Giedion vom 24.10.1927, Oud-Archiv, B, Hervorhebung Oud.
571 Vgl. dagegen Le Corbusiers Forderung nach Ordnung, Proportion, Geometrie und Typenbildung: Le Corbusier, Vers une architecture, Paris 1923.
572 Vgl.: »Was habe ich mit einem unbegabten Mitläufer wie Hoste zu tun? Was mit Häring? ... Was mit der Gewächshauspflanze Corbusier?«: undatiertes Briefkonzept von Oud an Giedion, Oud-Archiv, B, Nr. 55; vgl. Taverne 2001, S. 37.
573 »Ihr Buch las ich jetzt. Mein Urteil änderte sich nicht: interessant ist die Entwicklung der Eisenkonstruktion gezeigt. Alles andere läßt sich, wie mir scheint, erklären aus *einem* Satze Ihres Buches, und zwar Seite 73 unten: ›ähnlich wie Corbusier später beim Entwurf des grossen Saales für das Völkerbundgebäude, arbeitet Perret mit doppelten Glaswänden.‹ Ein objektiver Mensch würde das sagen: ›Perret arbeitet hier zum ersten Male mit doppelten Glaswänden, später hat auch Corbusier dieses u. s. w. u. s. w.‹ Ihr Buch ist nicht Geschichte *voraus*, sondern Geschichte *zurück* bestimmen, sei es dann [sic] übertriebener als die Kunstgeschichte es sonst macht.«: undatiertes Briefkonzept von Oud an Giedion, Oud-Archiv, B, Nr. 53, Hervorhebung Oud.
574 Brief von Giedion an Oud vom 22.6.1928, Oud-Archiv, B.
575 Undatiertes Briefkonzept von Oud an Giedion, Oud-Archiv, B, Nr. 55. Entsprechend äußerte sich Oud 1938: »Ich würde es für die Entwicklung unserer neuen Baukunst außergewöhnlich bedauern, wenn Le Corbusier zu lange als Vorbild angenommen wird.« Übers. EvE: Oud 1938, S. 218. Giedions zunehmende Konzentration auf Gropius und Le Corbusier veranlaßte auch Stam zu einer ironischen Bemerkung. 1938, und damit kurz bevor Giedion Europa verließ, fragte er ihn: »Wie machen Sie das jetzt? Geht Le Corbusier mit nach Chicago?«: Stam an Giedion vom 14.3.1928, Archiv Siegfrid Giedion, Zürich: nach Sokratis Georgiadis, Dokumente zu Mart Stam aus dem Archiv Sigfried Giedion, in: Oechslin 1991, S. 135.
576 Abb.: Boesiger/Stonorov 1964, S. 39.

577 Zum Vergleich zwischen Kiefhoek* und Pessac bereits Hitchcock 1931, o. S. Vgl. Pommer/Otto 1991, S. 121: »But though Oud admired Le Corbusier's advocacy of massproduced housing, he scorned Le Corbusier's ›propagandistic‹ image of the house as a machine for living, without a connection to its particular site …«.
578 Stamm 1977, Stamm 1978, Stamm 1979; Stamm 1984.
579 Taverne 2001; Oud 1963, S. 54.
580 Vgl. »V. 2. Klassische Entwurfsprinzipien«.
581 Vgl. »IV. 2.7. Zeilenbau nach deutschem Schema: Weißenhofsiedlung und Blijdorp«.
582 Die Ausrichtung paßt auf keine der realisierten Wohnungen in Kiefhoek.
583 Der Entwurf im Oud-Archiv zeigt an Stelle der späteren Mosaike Van Doesburgs zwei Backsteinreliefe: Barbieri 1986, Abb. 2, S. 37.
584 Vgl. Haus De Geus*, Villa Allegonda*, Haus De Vonk*, Wohnblöcke I und V* in Spangen. Vgl. auch das Bleiglasfenster der Bauleitungshütte*.
585 »An Oud läßt sich … der Blick dafür schärfen, daß die Avantgarde nicht so einfach eine internationale Ausdrucksspache ist, wie häufig behauptet wird, sondern daß sie wichtige regionalspezifische Prägungen besitzt. Ihre Wurzeln sind regionale Traditionen und Mentalitäten. An Oud werden wir den Holländer erkennen.«: Günter 1990, S. 26. Vgl. Behnes Verweise auf die nationale Tradition der holländischen Architektur: Behne 1921; Behne 1921/22b; vgl. Gruhn-Zimmermann 2000, S. 138f.
586 Vgl. Van der Woud 1997, S. 350.
587 Günter 1985a, S. 87.
588 Nägele 1992, S. 95: Hans Oud im Gespräch mit Nägele.
589 Vgl. für den hier behandelten Zeitraum die Schmalseiten des Doppelhauses für Arbeiter in Beton* und die Fassaden im »Ehrenhof« der Häuserzeilen in Hoek van Holland*.
590 Auf der Internationalen Plan- und Modellausstellung neuer Baukunst (1927) waren von den ehemaligen Mitarbeitern von *De Stijl* neben Oud auch Hoste, Rietveld und Wils vertreten, Van Eesteren war angemeldet: Die Wohnung 1927, S. 101f. Neben Oud stand zudem lange Zeit auch Van Doesburg auf der Teilnehmerliste der Weißenhofsiedlung (Liste 1, 2 und 4): nach Kirsch 1987, S. 53f. Entsprechendes gilt für die Mitarbeiter von »i 10« und den Teilnehmern der CIAM.
591 Abb.: Klei 1931.
592 Auf die außerhalb der Stadt liegenden Siedlungen Oud-Mathenesse* und Kiefhoek* verweist Henk Engel, S. 35.
593 Vgl. »Most modern architects were involved in left-wing politics … and many others participated in the activities of democratic, socialist, and communist forces. Functionalism and constructivism served as powerful international architectonic symbols of such sociopolitical beliefs.«: Lésnikowski 1996b, S. 17.
594 Wodehouse 1991, XV; vgl. Pommer/Otto 1991, S. 163f.
595 Huse 1985, S. 91.
596 Mies van der Rohe, in Werkbund Ausstellung die Wohnung, Stuttgart 1927, S. 5.
597 So äußert Werner Möller zu dem politisch links stehenden Mart Stam: »Stam in die erste Reihe der Architekten der klassischen Moderne einzuordnen, verführt dazu, sein Œuvre nach gängigen – kunsthistorisch geprägten – ästhetischen Maßstäben zu beurteilen. Dieser Blick bietet zweifelsohne eine Handhabe, um sich der herausragenden gestalterischen Kraft in dem Werk eines Le Corbusier oder eines Mies van der Rohe zu nähern. Er versagt aber bei der Betrachtung der Leistungen des Gros' der Architekten des linken Flügels der Avantgarde, zu deren Spitze Mart Stam gehörte. Diesen Architekten ging es um viel mehr als um die Etablierung einer neuen Formensprache. Sie strebten nach einer neuen kollektiven Gesellschaftsordnung und betrachteten das Neue Bauen in erster Linie als eine soziale Aufgabe. Von daher sind ihre Fähigkeiten weniger in der künstlerischen Genealogie der Formfindung als in dem Ausdruck einer sozialethischen Haltung zu suchen.«: Möller 1997, S. 9.
598 Möller 1997, S. 53.
599 Möller 1997, S. 54. Bauhaus in Dessau (1925/26), Meisterhäuser (1926) und Siedlung Törten (1926–28), ebenfalls in Dessau.
600 Vgl. »IV. 3.2. Entwurfsprinzipien«. Dagegen: »Durch die Unterscheidung zwischen sogenannter ›niedriger‹ und ›höherer‹ Architektur untergrub Oud einen der Grundsätze der Modernen Architektur: das Primat des (sozialen) Wohnungsbaus.« Übers. EvE: Taverne/Broekhuizen 1995, S. 147. »Daß Arbeiterwohnungen dasselbe architektonische Niveau erreichen könnten wie öffentliche Bauten, war für Oud undenkbar«. Übers. EvE: Taverne 2001, S. 40.
601 Le Corbusier hatte 1917 ein Angebot der Stadt Frankfurt am Main abgelehnt: Huse 1994, S. 16. Loos war von April 1921 bis Juni 1924 im Siedlungsamt, einem eigenständigen Amt in der Gemeindeverwaltung Wiens, tätig: Worbs 1979, S. 120.
602 Georgiadis 1986, S. 43–48.
603 Mit Meyers Kunstdefinition, »alle kunst ist ordnung« (1929), steht er laut Kieren in Tradition der Architekturtheorie, die sich mit dem Entwerfen nach Proportionssystemen auseinandersetzte: Kieren 1990, S. 51f.
604 Möller 1997, S. 64.
605 Übers. EvE: Rebel 1983, S. 14; Anm. 24, S. 358.
606 Vgl. »IV. 3.1. Typenwohnungen«; »V. 3.3. Ouds Moderne Architektur im internationalen Kontext«.
607 Gropius 1910.
608 »Während die Selbstunkosten bei der Erfindung und dem Entwurf des zu idealisierenden Typus im Verhältnis zur Umsatzsumme, die der vielfache Absatz bringt, nur eine unwesentliche Rolle spielen, lohnen sie sich keineswegs mehr bei dem Unikat.«: Gropius 1910.
609 »Und wie weit man dann die Normierung durchsetzen will, sei es allein durch Festlegung von Normaltypen (als Handels-Standardtypen) für Türen, Fenster etc. oder in äußerster Konsequenz durch Festlegung von ganzen Haustypen, es wird immer möglich sein, durch die Gruppierung von Massen, Türen, Fenstern etc. oder ganzer Häuser, gegensätzliche Verhältnisse zu schaffen, die zur Schönheit führen können.« Übers. EvE: Oud 1918d, S. 79. In den Niederlanden hatte zuvor Berlage gefordert, für Bauaufgaben aller Art standardisierte Bauelemente und moderne Materialien als Ausdruck der modernen Stadt zu verwenden: Stieber 1998, S. 254.
610 Oud 1919d, S. 223 (abg. in Taverne 2001, S. 171–181).
611 Oud 1925d, S. 144.
612 Friedrich Ostendorf, Sechs Bücher vom Bauen, Einführung, Berlin 1913, S. 23f.: nach Oechslin 1992, S. 34, 29.
613 Dagegen Van de Ven 1977; Dettingmeijer 1988, »Rotterdamse school?«, S. 364–380. Die Rotterdamer Schule wird dort als niederländische Variante des Neuen Bauens gesehen, die im Umkreis von De Opbouw entstand. Als Höhepunkt gilt die Van Nelle-Fabrik (1926–29).
614 Allein Colenbrander sieht in den Wohnblöcken ein »avantgardistisches Statement«: Colenbrander 1994b, S. 98.
615 Übers. EvE: Oud 1963, S. 70.

VI. KAPITEL
Resümee

Ouds Werk ist – stärker als bei anderen Architekten dieser Zeit – von einem Wechsel unterschiedlicher Stilrichtungen geprägt. Bisher wurde der Stilwandel bei Oud als lineare Abfolge scharf abgegrenzter Tendenzen gedeutet. So entstand eine bis heute unangefochtene Chronologie ausgehend von dem konventionellen, der niederländischen Bautradition verpflichteten Frühwerk über die avantgardistische »De Stijl-Architektur«, die konservativen Wohnblöcke für den *Woningdienst*, die progressive »Weiße Moderne« und die klassizistische Phase der 1930er Jahre bis zu den wieder der Moderne verpflichteten Bauten der 1950er und 1960er Jahre. Auch neuere Untersuchungen bleiben diesem Schema, trotz des Versuchs, die 1930er Jahre als Fortsetzung früherer Werkphasen und damit als »Neo-De Stijl« zu deuten, verhaftet. Gemeinhin gelten sowohl die Moderne Architektur der 1920er Jahre als auch die monumentalen Bauten der 1930er als Zeugnisse einer jeweils neuen Stilstufe und veränderten Zielsetzung. In dieser Arbeit wurde im Gegensatz dazu das verbindende Grundprinzip von Ouds Architektur einschließlich der Bauten der 1920er Jahre herausgearbeitet und dabei Ouds individuelle Formensprache der Jahre 1916 bis 1931 skizziert. Hier präsentiert sich eine andere Sicht auf Ouds Werk, wobei neben Fragen von Stil und Entwurfsmethode auch sein Beitrag für *De Stijl* und den *Volkswoningbouw* neu interpretiert werden.

Ausgangspunkt der Untersuchung waren Widersprüche zwischen der Datierung einzelner Bauten und ihrer Einbindung in die oben genannte Stilabfolge. So wurden die vermeintlich konservativen Wohnblöcke im Stadterweiterungsgebiet Spangen* (1918–20) während Ouds aktiver *De Stijl*-Zeit errichtet, während die als Musterbeispiel der »De Stijl-Architektur« geltende Fassade des Café de Unie* erst 1925 und damit Jahre nach Ouds Distanzierung von der Gruppe entstand. Die Häuserzeilen in Hoek van Holland*, ein Hauptwerk des »International Style«, sind entgegen dem gängigen Bild der Moderne streng symmetrisch konzipiert. Durch den zentralen »ehrenhofartigen« Zwischenbau und die geometrisch gestalteten Gärten werden zudem – zumindest im Grundriß – Assoziationen zur Barockarchitektur geweckt.

Zunächst wurde festgestellt, daß die übliche Trennung der experimentellen »De Stijl-Architektur« von Ouds Wohnblöcken nicht der tatsächlichen Chronologie entspricht. Da seine Mitgliedschaft in *De Stijl* und seine Tätigkeit für die Rotterdamer Gemeinde nahezu parallel verliefen, sind im Gegenteil gerade in den frühen kommunalen Wohnbauten *De Stijl*-Elemente zu finden: Die Wohnblöcke waren sowohl »Experimentierfeld« für die ersten Gemeinschaftsarbeiten von *De Stijl* (Bleiglasfenster, Farbentwürfe, Möblierung) als auch für die von Mondrian geforderte Übertragung der »Flächenplastik« in die Architektur. Die Analyse der Bauten ergab, daß Oud letzteres allein in Form dekorativ vorgeblendeter Kompositionen aus vertikalen und horizontalen Flächen und Kuben gelang. So erscheinen die ungewöhnlichen Vordächer von Block VIII* in Spangen als waagerecht in den Bau hineingeschobene Betonplatten, während die Grundstruktur des traditionell als Massivbau errichteten Gebäudes unangetastet bleibt. Dasselbe gilt für den gleichzeitig entstandenen Fabrik-Entwurf*, der allein an der Eingangsfront eine avantgardistische skulpturale Fassadenkomposition zeigt.

Diese »aufgesetzten« Stilformen sind auch über die *De Stijl*-Zeit hinaus in Ouds Arbeiten zu beobachten: Die Bauten zeigen durchgehend eine auf »klassischen Entwurfsregeln« wie Symmetrie, geometrischen Formen und einfachen Maßverhältnissen basierende Struktur und wurden – quasi in einem zweiten Schritt – mit unterschiedlichsten Stilformen kombiniert. Neben Elementen von *De Stijl* schloß dies auch Anleihen bei H. P. Berlage, Frank Lloyd Wright oder Le Corbusier ein. Daneben finden sich der englische Landhausstil, gotisierende Formen, die Formensprache der Amsterdamer Schule, der »International Style«, der Neoklassizismus sowie – in der Nachkriegszeit – die asymmetrischen filigranen Formen der 1950er Jahre und die betont rationalistische Struktur der 1960er. Auf diese Weise entstanden auch Kombinationen gegensätzlicher Formprinzipien wie etwa bei der Verbindung des asymmetrisch-malerischen Landhausstils von Haus De Geus* mit einem symmetrischen Grundriß. Ein weiteres Beispiel bilden die in einem bestimmten Rhythmus auftretenden Fenstergruppen und die gotisierenden, lisenartigen Wandstreifen von Block I und V* in Spangen, die im Gegensatz zur klassischen Struktur mit Eckrisaliten und zentralem Portalbau stehen. Die Verbindung der klassisch-symmetrischen Grundstruktur mit unterschiedlichen Stilformen wurde hier als Grundprinzip von Ouds Entwurfsmethode und damit als zentraler Aspekt seiner persönlichen Architektursprache definiert. Hieraus erklärt sich auch die für Oud und teilweise für die »De Stijl-Architektur« typische Form der Wright-Rezeption, die (oftmals abweichend vom Vorbild) zu streng symmetrischen Bauten führte.

Die scheinbar beliebige Auswahl der Stilformen gibt sich bei genauerer Betrachtung als Reaktion auf die jeweils aktuelle Stilentwicklung oder ein Formphänomen zu verstehen, mit dem sich Oud zum Zeitpunkt des Entwurfs intensiv auseinandersetzte. Deutlich wird dabei, daß Oud eine besondere Sensibilität für neue Kunstströmungen besaß und extrem früh auf entsprechende Entwicklungen reagierte. So verwendete er bereits kurz nach den ersten Bauten der Amsterdamer Schule ebenfalls ein der Gotik entlehntes Vokabular einschließlich Bauschmuck. Ouds Arbeiten waren zudem der früheste Versuch einer Umsetzung von Mondrians »Flächenplastik« in die Architektur. Schließlich gehörte Oud zu den ersten Architekten, die theoretisch wie praktisch die später als »International Style« bezeichnete Formensprache formulierten. Die 1924 entworfenen Häuserzeilen in Hoek van Holland* zeigen mit ihren verputzten homogenen Wandflächen, den großen gerundeten Glasfronten und der seriellen Reihung der Fenster bereits das ganze Formenrepertoire der Modernen Architektur, obwohl die Grundstruktur wiederum streng symmetrisch bleibt.

Für dieses durchgehend angewandte Entwurfssystem können zwei Quellen benannt werden: das in den Niederlanden, vor allem an der von Oud besuchten Kunstgewerbeschule Quellinus gelehrte »Entwerfen nach System«, das Rasterstrukturen, geometrische Formen und feste Proportionssysteme forderte, und die klassisch-akademische Entwurfstradition mit ihren charakteristischen symmetrischen Strukturen. Diese Beaux-Arts-Tradition, die unter anderem an der TH in Delft gelehrt wurde, folgte der »klassischen Architektur« eines Vitruv, Alberti und Palladio, der sich Oud im Zuge einer allgemeinen Zeitströmung, aber auch mit Blick auf sein Selbstverständnis als Künstlerarchitekt verschrieben hatte. Mit dem »Entwerfen nach System« werden Ouds Ausbildung sowie die zeitgenössische Architekturtheorie als zentrale Faktoren seiner Entwurfsmethode einbezogen, die ihn schließlich als niederländischen Vertreter der Moderne zu erkennen geben. Das aus der Suche nach einem neuen Stil hervorgegangene »Entwerfen nach System« galt auch Oud als Grundlage der neuen Architektur, deren »Vokabular« jedoch noch nicht vorlag. Entsprechend wurden alle neu aufkommenden Stilformen auf ihre Verwendungsmöglichkeit, das heißt ihre Kombinationsfähigkeit mit diesen Grundregeln geprüft. Auch der »International Style«, mit dem Oud seit jeher seine größten Erfolge hatte, erwies sich nicht als *der* endgültige Stil und wurde in den 1930er Jahren – unter Beibehaltung der klassischen Grundstruktur – durch einen abstrahierten Klassizismus ersetzt.

Der klassisch-akademischen Tradition verdankte Oud neben der Symmetrie, dem Orthogonalraster und einfachen geometrischen Formen auch Einzelmotive wie ein der »Serliana« entlehntes, mehrfach wieder verwendetes Fenstermotiv oder die Adaption der »Bramante-Treppe« im Entwurf für das Hotel Stiassny in Brünn*. Eines der sprechendsten Beispiele ist das streng symmetrische »Witte Dorp« in Oud-Mathenesse*, das sich in Anlehnung an Stadtplanungen von De Bazel und Berlage, aber auch Filaretes Sforzinda als Fragment einer Idealstadt zu erkennen gibt. Auch die Typisierung als künstlerisches Gestaltungsprinzip geht auf diese Tradition zurück. Hier überschneidet sich die klassische Vorstellung mit den Forderungen der Moderne und den Anforderungen des *Woningdienst*. Ouds Wohnbauten bilden entsprechend eine Kombination aus klassischem Idealhaus und funktionalem Wohnungstypus, der nach modernen Baumethoden in unbegrenzter Anzahl schnell und preiswert vervielfältigt werden konnte.

Das »Entwerfen nach System« wie auch seine Orientierung an der Architektur eines De Bazel, Berlage und Lauweriks zeigt Oud als einen – sowohl was die Ausbildung als auch die Formensprache betrifft – Amsterdamer Architekten. Hierzu zählt auch das von Oud in Übereinstimmung mit dem Direktor des *Woningdienst* theoretisch geforderte und in seinen Wohnbauten umgesetzte »harmonische Stadtbild«, das die Stadt Amsterdam mit ihren einheitlich gestalteten Wohnblöcken und Straßenfronten bereits seit den 1910er Jahren realisierte. Der in den 1920er Jahren definierte Gegensatz von Amsterdamer Schule und »Rotterdamer Schule«, wobei Oud als Hauptvertreter der letzteren erscheint, gibt sich damit als theoretisches Konstrukt zu erkennen. Dies vor allem, da in Rotterdam – anders als in Amsterdam – von seiten der Kommune kein Einheitsstil verordnet wurde und somit eine Vielfalt an Stilformen herrschte. Wie in anderen niederländischen Städten etablierte sich die »Weiße Moderne« in Rotterdam erst Ende der 1920er Jahre.[613]

Die mehrere Jahre nach Ouds aktiver *De Stijl*-Zeit entstandenen, sicherlich prominentesten »*De Stijl*-Bauten«, die Bauleitungshütte* (1923) und die Fassade des Café de Unie* (1925), erschließen sich nicht allein aus dem oben beschriebenen Entwurfsprinzip. Die ungewöhnlich aufwendig gestaltete Bauhütte (dekorative Wandverkleidung, Bleiglasfenster und Farbfassung) wird ausgehend von ihrer Entstehungszeit als »Idealhaus« von *De Stijl* interpretiert, das nach Ouds Distanzierung von der Gruppe einen Gegenentwurf zu den Ausstellungsmodellen von Van Doesburg und Van Eesteren (1922/23, Abb. 16, 45) bildet. Mit diesem Bau versuchte Oud nicht nur seine Vorstellungen von »De Stijl-Architektur« zum Ausdruck zu bringen, sondern auch seine Position als »rechtmäßiger« *De Stijl*-Architekt zu sichern. Hierfür benutzte er erstmals den von Mondrian geforderten und seit 1921 als verbindlich propagierten Kanon der Primärfarben, während die Farbentwürfe für seine Spangener Wohnblöcke (1919–21) noch das damals in *De Stijl* übliche Grün zeigten. Auch mit der Café-Fassade stilisierte sich Oud in Anlehnung an Mondrian, dem zu dieser Zeit bekanntesten und erfolgreichsten *De Stijl*-Künstler, zum führenden *De Stijl*-Architekten. Anders als bei der Bauleitungshütte wurde dort ein Pendant zu Mondrians Malerei geschaffen: Anstelle einer direkten Übertragung des »Neoplastizismus« in die Architektur, ein Experiment, das Oud zu diesem Zeitpunkt bereits aufgegeben hatte, realisierte er ein überdimensionales, ähnlich einer Reklamewand erscheinendes *De Stijl*-Gemälde.

Ouds zielstrebige Versuche, sich als *De Stijl*-Architekt und seine Arbeiten als »*De Stijl*-Architektur« zu präsentieren, sind Teil seiner durchgängig zu verfolgenden Selbststilisierung als Künstler und Pionier des neuen Baustils. Ouds Ziel war von Anfang an, neben den Großen seines Faches, wenn möglich als Begründer des ersehnten Stils, in die abendländische Kunstgeschichte einzugehen, ein Vorhaben, das er durch seine zahllosen Schriften, ein Netzwerk aus ihm ergebenen Kollegen und Kritikern sowie seiner fälschlichen Bezeichnung als »Stadtbaumeister von Rotterdam« durchzusetzen versuchte. Auf internationaler Ebene hatte Ouds Selbstpropagierung Erfolg, was nicht zuletzt die zahlreichen, aus dem umfangreichen Briefverkehr hervorgehenden Berufungen, Aufträge und Vortragsreisen zeigen. In Rotterdam selbst war Oud dagegen nicht mehr als ein Angestellter der örtlichen Wohnungsbaubehörde. Sein anspruchsvoller Wettbewerbsentwurf für die Rotterdamer Börse* – ein zu Unrecht lange vernachläßigtes Hauptwerk – schied bereits in erster Runde aus, und die Formensprache seiner Wohnbauten wie auch der Café-Fassade* wurde von den Gemeindevertretern massiv kritisiert. Unbeachtet blieb bislang, daß seine Rotterdamer Wohnbauten, darunter die auf einem ehemaligen Deich errichteten Tusschendijkener Blöcke und die prominente Wohnsiedlung Kiefhoek*, schon nach kurzer Zeit durch massive Bauschäden in die Negativschlagzeilen gerieten. Ouds »Kündigung« war daher de facto eine mit durch diese Vorfälle bedingte Entlassung, die zu einer mehrere Jahre andauernden Phase mit schweren Depressionen führte.

Die Forschung ist bis heute weitgehend von Ouds subjektiver »Geschichtsschreibung« geprägt, die auch sein nach außen vertretenes Selbstbild als »uomo universale« und weltmännischen Intellektuellen einschließt. Der biographische Abriß wie auch die Überblicke zu *De Stijl* und seiner Tätigkeit im *Woningdienst* relativieren dieses Bild und zeigen Oud als eher ängstlichen und kränkelnden Mann, der sich jedoch zum Künstler berufen sah und alles daran setzte, diesem Anspruch gerecht zu werden. Gefärbt von Ouds suggestiger Selbststilisierung ist nicht zuletzt die Frage nach seinem Verhältnis zu Van Doesburg, das hier ausgehend von den Gemeinschaftsprojekten in ein neues Licht gesetzt wird. Keineswegs war Van Doesburg (nur) der cholerische Despot, wie ihn Oud und die Literatur gerne darstellten. Van Doesburg zeigte sich an einer Zusammenarbeit mit Oud ernsthaft interessiert, akzeptierte die von Oud bzw. dem *Woningdienst* vorgegebene

Farbpalette und ging mehrfach auf Änderungswünsche ein. Aber auch er betrieb Selbstpropaganda, wobei sich vielfach seine Version durchsetzte. So beschränkt sich die Vorstellung von »*De Stijl*-Architekur« bis heute weitgehend auf die von Van Doesburg und Van Eesteren erstellten Modelle (1922/23, Abb. 45) und Rietvelds Schröder-Haus in Utrecht (1924/25, Abb. 18), während die frühen Jahre mit Oud als wichtigstem Architekt der Gruppe in den Hintergrund treten. Oud war als Gründungsmitglied nicht allein mitbestimmend für das Konzept der Gruppe, sondern, was die Anzahl von Publikationen und sein Engagement für die Gemeinschaftswerke angeht, auch der einflußreichste *De Stijl*-Architekt. Nur durch seinen Einsatz wurden überhaupt Architekten in *De Stijl* aufgenommen und kam der Architektur schließlich eine zentrale Rolle für die Realiserung einer *De Stijl*-Kunst zu. *De Stijl* war, entgegen der aktuellen Forschungsmeinung, mehr als nur eine heterogene Verbindung von individualistischen Künstlern. Abgesehen von den Gemeinschaftswerken, die ein bestimmtes Maß an Anpassung erforderten, wurden von den *De Stijl*-Künstlern auch gemeinsame Stilformen entwickelt. Im Bereich der Architektur war dies eine besondere Form der Wright-Rezeption, farbig gefaßte Außenwände oder Bauglieder, der Versuch einer »Auflösung« der Bauten in horizontale und vertikale Flächen und die Vorliebe für geometrische Formen, Spiegelungen und untektonisch-spielerische Elemente. Damit wird erstmals eine Definition von »*De Stijl*-Architektur« versucht, die nicht vom »Höhepunkt« des Schröder-Hauses ausgeht, sondern sich an der Chronologie der Gruppe und die zu einem bestimmten Zeitpunkt vorliegenden formalen Lösungen hält.

Die Anstellung beim *Woningdienst* war für Oud ein Glücksfall. So konnte er nicht nur – trotz nachlassender Baukonjunktur – weiterhin bauen, sondern zeigte sich der Direktor Auguste Plate auch ausgesprochen offen gegenüber Ouds Architektursprache und den *De Stijl*-Experimenten. Entsprechend setzte Oud ungeachtet des knappen Budgets die Verwendung farbiger Bleiglasfenster, Farbfassungen und die Präsentation einer Musterwohnung* durch, wobei letzere den Charakter einer *De Stijl*-Ausstellung erhielt. In seiner Arbeit verband sich seine Neigung zur Typenbildung (klassisch-akademische Bautradition) mit der Forderung nach preiswerten Wohnungs- und Gebäudetypen. Im Gegensatz zu Amsterdam, wo die Wohnungsnot durch öffentlich finanzierte Wohnbauten gemildert werden sollte, zielte der Rotterdamer *Woningdienst* auf die Präsentation vorbildlicher Lösungen, die von privater Hand zu realisieren waren. Um einzelne Entscheidungen des *Woningdienst* wie auch bestimmte Formlösungen von Oud (beispielsweise die Schrägdächer der Siedlung Oud-Mathenesse*) verständlich zu machen, werden die politische Entwicklung in Rotterdam sowie Struktur und Zielsetzung des *Woningdienst* dargelegt. Gerade die Gemeinderatsprotokolle zeigen, wie vor allem nach dem Rücktritt von Plate auf die als zu extravagant empfundene Formgebung von Oud eingewirkt wurde. Eine als Ausdruck der Typisierung und Standardisierung entwickelte Formensprache Ouds lag bereits bei dem unabhängig vom *Woningdienst* entstandenen Entwurf für eine Häuserzeile an einem Strandboulevard* vor, wurde jedoch erstmals in den kommunalen Wohnblöcken realisiert. Keineswegs sind daher die frühen Wohnbauten für den *Woningdienst*, die im Fall von Block I und V* bereits eine Reduzierung auf nur ein Fenster- und Türformat zeigen, als konservativ zu bezeichnen.[614] Vor allem die 187 m lange Fassade von Block VIII*, die eine über die gesamte Front verlaufende Folge standardisierter Fenster aufweist, bildet ein frühes und konsequentes Beispiel einer in Anpassung an die neuen Baumethoden von der traditionellen Fassadengliederung in Eck- und Mittelrisaliten abgehenden Lösung. Mit Block IX* in Spangen und den Wohnbauten in Tusschendijken* wurden erstmals ganze Wohnblöcke als Typen entwickelt und seriell aneinandergereiht. Durch die detaillierte Analyse einzelner Bauten, wie der gemeinhin wenig geschätzten Wohnblöcke in Tusschendijken, konnten die differenzierte Fassadenlösung und die konsequent umgesetzten modernen Elemente neu gewürdigt werden.

Die Gesamtschau auf die zwischen 1916 und 1931 entstandenen Arbeiten, die im wesentlichen auf dem chronologisch angelegten Werkkatalog basiert, zeigt eine sowohl in stilistischer Hinsicht wie auch der gestalterischen Qualität gleichwertige Behandlung aller Bauaufgaben und damit eine – im Gegensatz zu Le Corbusier, Walter Gropius und Ludwig Mies van der Rohe – außergewöhnliche Wertschätzung der »Arbeiterwohnungen«. Dennoch war der Wohnungsbau auch für Oud nur eine von vielen Bauaufgaben, wofür seine Entwürfe für eine Fabrik*, mehrere Villen, das Dreifamilienhaus* und das Hotel Stiassny * in Brünn, die Börse* und die Volkshochschule* in Rotterdam, die Kirche* in Kiefhoek und die städtebauliche Planung für das Stadterweiterungsgebiet Oud-Mathenesse* stehen. Da gerade die (bis auf den Kirchenbau) unausgeführten öffentlichen Bauten von der Forschung vernachläßigt wurden, entstand ein dem Universalisten Oud widersprechendes, einseitiges Bild als Wohnungsbauer.

Ouds Wohnungsbauten zeigen ihn als sozial engagierten Architekten, der vor allem der formal-ästhetischen Qualität eine zentrale Bedeutung im Hinblick auf die »erzieherische Aufgabe« der Architektur beimaß. Seiner Meinung nach werde eine gute, ordentliche Architektur in Stand gehalten und unterstütze zugleich die Identifikationsbereitschaft der Bewohner. Hierfür war nicht zuletzt die Farbigkeit ein entscheidender Faktor, die – abweichend von den kunsttheoretischen Forderungen von *De Stijl* – den Wohnbauten ein freundliches Erscheinungsbild verleihen sollte und durch ihre Uniformität die einzelnen Häuser als Teil der Siedlung zu erkennen gibt. Zudem wurden durch eine Variation der Farbpalette (eine Reduzierung auf zwei Farben oder die Hinzufügung von Grün) die vom Normhaus abweichenden Gebäude wie Läden, Verwaltungsbau und *Waterstokerij* hervorgehoben. Ouds Ideal war generell das bürgerliche Wohnkonzept. Entsprechend findet sich in seinen Wohnungen oftmals der Raumtypus des »Salons« mit großen Fenstertüren, repräsentativen symmetrischen Raumwänden und Verbindungstüren zum anschließenden Wohnraum. Eine Neuorganisation des Wohnens mit den in dieser Zeit diskutierten Wohnhochhäusern, variablen Wohnungseinteilungen oder Großküchen spielte für Oud keine Rolle. Als typologische Neuerungen zeigen sich dagegen seine Experimente mit verschiedenen Erschließungsformen wie dem Laubengang und einer zweifach ineinander gedrehten Treppe sowie die Orientierung der Wohnräume auf die aufwendig mit Rasenflächen, Sandkasten und Bänken ausgestatteten Innenhöfe, die umgeben von den Balkonen und Galerien ein soziales Zentrum bildeten.

Die Untersuchung der zwischen 1916 und 1931 entstandenen Arbeiten wirft ein neues Licht auch auf das Gesamtwerk von Oud. Dasselbe gilt für Oud als Person, dessen auf Eigenpropaganda gerichtete Selbstaussagen von der Forschung bisher (gerade was die Bauten der 1920er Jahre betrifft) zu unkritisch rezipiert wurden. Ouds unermüdlicher Kampf für eine neue Architektur sowie sein idealistischer Impetus waren jedoch keine Allüre. Im Jahr seines Todes bekräftigte er: »Das Leben ist nur lebenswert dank der Idealisten! Mögen darum die Architekten ruhig ›närrische Idealisten‹ bleiben, die mit Scheuklappen versuchen, eine, auch dem Geiste nach, bewohnbare Welt zu schaffen. Ich glaube noch immer an die ›Erziehung durch Architektur‹, und es liegt schließlich zu einem nicht geringen Teil auch an uns Architekten, der Menschheit den Weg zu einer Kulturhöhe [›een peil van beschaving‹] zu weisen, für die sich ganz einzusetzen die Mühe lohnt.«[615]

VII. ABKÜRZUNGSVERZEICHNIS

abg.	abgedruckt	NLM	Nederlands Letterkundig Museum, Den Haag
AR	Architectural Record		
ASAV	Archief Secretarie Afdeling Volkshuisvesting (GAR) (Abteilung Gemeindeverwaltung Wohnungswesen im Gemeindearchiv Rotterdam)	NPW	Notulen vergadering van de Commissie Plaatselijke Werken (Sitzungsprotokolle der Kommission für öffentliche Aufgaben der Stadt Rotterdam)
BDA	Bund Deutscher Architekten	NRC	Nieuwe Rotterdamsche Courant
BNA	Bond van Nederlandse Architecten	Oud-Archiv	Nachlaß von J. J. P. Oud im NAi
BW	Bouwkundig Weekblad	RDMZ	Rijksdienst voor de Monumentenzorg (Staatliches Amt für Denkmalpflege)
BWA	Bouwkundig Weekblad Architectura		
B & W	Burgemeester en Wethouders (Bürgermeister und Beigeordnete)	RIBA	Royal Institute of British Architects, London
CCA	Centre Canadien d'Architecture, Montréal	RKD	Rijksbureau voor Kunsthistorische Documentatie, Den Haag
DAM	Deutsches Architekturmuseum, Frankfurt am Main	RN	Rotterdams Nieuwsblad
		SZ	Stuttgarter Zeitung
FAZ	Frankfurter Allgemeine Zeitung	TvV	Tijdschrift voor Volkshuisvesting
FC	Collectie F. Lugt, Fondation Custodia, Institut Néerlandais, Paris	TvVS	Tijdschrift voor Volkshuisvesting en Stedebouw
GAR	Gemeentearchief Rotterdam Het archief van de Gemeenteraad en het College van B & W, de Secretarieafdeling Algemene Zaken en het Kabinet van de Burgemeester, 1813–1941	Übers. EvE	Übersetzung Eva v. Engelberg-Dočkal
		Van Doesburg-Archiv	Schenkung van Moorsel, Instituut Nederlandsche Collectie, Amsterdam (Bestand auf Microfiche im NAi)
		Van Lohuizen-Archiv	Nachlaß von Th. K. van Lohuizen im NAi
GAK	Gemeentearchief Katwijk aan Zee	VGR	Verzameling Gemeente Rotterdam, gedrukte stukken (1917–23) (Sammlung Gemeinde Rotterdam, gedruckte Dokumente) Verzameling gedrukte stukken behoorende bij de Handelingen van den Gemeenteraad Rotterdam (ab 1924)
GWR	Gemeentelijke Woningbedrijf Rotterdam		
GRI	Getty Research Institute, Los Angeles		
HR	Handelingen van de Gemeenteraad van Rotterdam (GAR) (Sitzungsprotokolle des Gemeinderates im Gemeindearchiv Rotterdam)		
MoMA	Museum of Modern Art, New York	WADW	Württembergische Arbeitsgemeinschaft des Deutschen Werkbundes
NAi	Nederlands Architectuurinstituut, Rotterdam	WMB	Wasmuths Monatshefte für Baukunst

VIII. LITERATURVERZEICHNIS

Abitare 1985 Rotterdam, Kiefhoek (1925–30), in: Abitare, 1985, Nr. 89, S. 48–51
Adelaar 1990 Dick Adelaar, Het zoeken naar nieuwe ruimtelijke mogelijkheden. Van Leusdens bijdrage aan De Stijl, in: Adelaar/Van Asperen/Roding 1990, S. 75–98
Adelaar/Van Asperen/Roding 1990 Dick Adelaar, Jos van Asperen, Michiel Roding, Willem van Leusden. Essays over een verhard romaticus, Utrecht 1990
Adler 1927a Leo Adler, Neue Arbeiten von J. J. P. Oud, Rotterdam, in: WMB, XI, 1927, Heft 1, S. 32–37
Adler 1927b Leo Adler, Vergleich zwischen Grundrissen von J. J. P. Oud und Le Corbusier, in: WMB, XI, 1927, Heft 1, S. 38
Adler 1927c Leo Adler, Neue Arbeiten von Oud – Rotterdam, in: WMB, XI, 1927, Heft 7, S. 294f. (Abb. S. 296)
Adler/Hegemann 1927 Leo Adler, Werner Hegemann, Warnung vor »Akademismus« und »Klassizismus«, in: WMB, XI, 1927, S. 1–10
Van Agt 1953 J. J. F. W. van Agt, Nederlandse monumenten van geschiedenis en kunst. De provincie Noordholland. Eerste stuk: Waterland en omgeving, 's-Gravenhage 1953, S. 14–21
Aicher/Drepper 1990 Florian Aicher, Uwe Drepper, Hrsg., Robert Vorhoelzer – Ein Architektenleben. Die klassische Moderne der Post, München 1990
Albarda 1963 Jan Albarda, In memoriam Dr. J. J. P. Oud, in: BW, Jg. 81, 15.11.1963, 23, S. 431–440
Albarda 1987 Jan Albarda, Herinneringen aan Oud, in: Jong Holland, 1987, Nr. 4, S. 21f.
Albrecht 1930 Gerhard Albrecht u. a., Hrsg., Handbuch des Wohnungswesens, Jena 1930
Alofsin 1993 Anthony Alofsin, Frank Lloyd Wright the lost years, 1910–1922. A study of influence, Chicago/London 1993
Alofsin 1994 Anthony Alofsin, Frank Lloyd Wright and Modernism, in: Riley 1994, S. 32–57
Americana 1975 Americana. Nederlandse Architectuur 1880–1930, Ausstellungskatalog Otterlo 1975
Andela 1990 Gerrie Andela, Zuid, ontwikkeling tot de Tweede Wereldoorlog, in: Cusveller 1989, S. 13–17
Appel 1925 Appel de protestation contre le refus de la participation du groupe »De Stijl« à L'Exposition des Arts Décoratifs (Section des Pays-Bas), in: De Stijl, VI, 10/11, 1925, S. 149f.
Arbeiderswoningen 1921 Jan Wils, Red., Arbeiderswoningen in Nederland, Vijftig met rijkssteun, o. l. v. architecten uitgevoerde plannen, Rotterdam 1921
Architectura 1975 Architectura. Nederlandse Achitectuur 1893–1975, Ausstellungskatalog Amsterdam 1975
Argan 1964 Giulio Carlo Argan, Walter Gropius und das Bauhaus, Reinbek 1964 (1. Auflage 1951)

L'Art Hollandais 1925 L'Art Hollandais à Exposition Internationale des Arts Decoratifs et Industriels Modernes, Paris 1925
Ashbee 1911 C. R. Ashbee, Ausgeführte Bauten, Berlin 1911
Baai/Oudenaarden 1992 Hans Baai, Jan Oudenaarden, Monumenten uit Rotterdam, Rotterdam 1992
Bach Kolling-Dandrieú/Sprenkels-ten Horn 1983 Francis Bach Kolling-Dandrieú, Jat Sprenkels-ten Horn, Index op De Stijl. Inhoud en register op namen en trefwoorden. Index of De Stijl. Table of contents and index of names and references, Amsterdam 1983
Badovici 1924 Jean Badovici, Entretiens sur l'architecture vivante, in: L'Architecture Vivante, Frühjahr/Sommer 1924, S. 28–32
Badovici 1925 Jean Badovici, L'Urbanisme en Hollande, in: L'Architecture Vivante, Frühjahr/Sommer 1925, S. 10–14, Pl. 1–15
Badovici 1928 Jean Badovici, A propos de Stuttgart, in: L'Architecture Vivante, Frühjahr/Sommer 1928, S. 26–30, Abb. 18–22
Bächler/Letsch 1984 Hagen Bächler, Herbert Letsch, De Stijl. Schriften und Manifeste zu einem theoretischen Konzept ästhetischer Umweltgestaltung, Leipzig/Weimar 1984
Baeten 1992 Jean-Paul Baeten, Hollandse Beaux-Arts, in: De Sluitsteen, 8, 1992, S. 4–20
Baeten 1995 Architectuuragenda 1996, J. J. P. Oud, Architecturtekeningen uit de collectie van het Nederlands Architectuurinstituut, Rotterdam 1995, zusammengestellt von Jean-Paul Baeten
Baeten o. J. Jean-Paul Baeten, Een telefooncel op de Lijnbaan. De traditie van een architectenbureau, Rotterdam o. J.
Bakker 1985 Henk Bakker, »Het Paleis op de Dam sloop je toch ook niet!«, in: Elseviers Weekblad, 22.6.1985, S. 19
Baljeu 1960/61 Joost Baljeu, ›De Stijl‹ toen en J. J. P. Oud nu, in: Forum, 15, 1960/61, S. 285–288
Banham 1964 Reyner Banham, Die Revolution der Architektur. Theorie und Gestaltung im Ersten Maschinenzeitalter, Reinbek 1964 (Original: Reyner Banham, Theorie and design in the first machine age, London 1960)
Barbieri 1981 Umberto Barbieri, Poetisch functionalisme, in: Engel 1981b, S. 30–33
Barbieri 1983a Umberto Barbieri, De stad heeft stijl, in: Nieuwe Bouwen 1983a, S. 128–145
Barbieri 1983b Umberto Barbieri, J. J. P. Oud. Hollandse architectuur tussen De Stijl en Bauhaus, in: J. J. P. Oud, Hollandse architectuur, Nijmegen 1983, S. 119–140 (niederländische Fassung von Oud 1926a)
Barbieri 1983c Umberto Barbieri, Red., Architectuur en planning 1940–1980, Rotterdam 1983
Barbieri 1984 Umberto Barbieri, Architectural Models 6: Café de Unie 1924/25 by Oud, Rotterdam 1984
Barbieri 1985 Umberto Barbieri, Spangen: un frammento di Rotterdam, in: Casabella, Jg. 49, Juli 1985, S. 42–53

Barbieri 1986 Umberto Barbieri, J. J. P. Oud, Bologna 1986 (deutsche Fassung: Zürich/München 1989)
Barbieri 1987 Umberto Barbieri, A Rotterdam. Oud-Oud. Il café de Unie ricostruito, in: Casabella, Jg. 51, 1987, o. S.
Barbieri 1989 Umberto Barbieri, La demolizione di un luogo del moderno: il »Witte Dorp« di Oud a Rotterdam, in: Domus, 1989, Nr. 707, S. 16–19
Barbieri 1990a Umberto Barbieri, Oud e l'Olanda, in: Domus, 72, Januar 1990, Itinario Nr. 53, o. S.
Barbieri 1990b Umberto Barbieri, Oud als internationaal bouwmeester, in: Cusveller 1990a, S. 85–91
Barbieri/Boekraad 1982 Umberto Barbieri, Cees Boekraad, Kritiek en ontwerp. Proeven van architectuurkritiek, Nijmegen 1982
Barbieri/Van Duin 2000 Umberto Barbieri, Leen van Duin, Red., Honderd jaar Nederlandse architectuur, 1901–2000, Rotterdam 2000
Barbieri/Van der Ploeg 1990 Umberto Barbieri, Hella van der Ploeg, Avantgarde und Monumentalität. J. J. P. Oud: ein aktueller Architekt, in: Baukultur, 3, 1990, S. 6–10
Barr 1952/53 Alfred Barr, Ed., De Stijl 1917–1928, mit einem Vorwort von Philip Johnson, Museum of Modern Art Bulletin, Bd. 20, Winter 1952/53, Nr. 2, S. 1–13
Bau und Wohnung 1927 Der Deutsche Werkbund, Hrsg., Bau und Wohnung. Die Bauten der Weißenhof-Siedlung in Stuttgart. Errichtet nach Vorschlägen des Deutschen Werkbundes im Auftrag der Stadt Stuttgart und im Rahmen der Werkbundausstellung ›Die Wohnung‹, mit einer Einführung von Werner Gräf und einem Vorwort von Ludwig Mies van der Rohe (Faksimile, Stuttgart 1992)
Bauen '20-'40 1971 Bauen '20-'40. Der niederländische Beitrag zum Neuen Bauen, Ausstellungskatalog Eindhoven 1971 (niederländische Fassung: Bouwen '20-'40, Eindhoven 1971)
Bauer 1934 Catherine Bauer, Modern Housing, New York 1934
Baumann/Sachsse 2004 Kirsten Baumann, Rolf Sachsse, Hrsg., Modern greetings, Photographed architecture on picture postcards 1919–1939, Stuttgart 2004
Beckett 1978 Jane Beckett, The original drawings of J. J. P. Oud 1890–1963, Ausstellungskatalog London 1978
Beckett 1980 Jane Beckett, »De Vonk«, Noordwijkerhout. An exemple of early De-Stijl co-operation, in: Art History, III, 2.6.1980, S. 202–217
Van de Beek/Smienk 1971 J. van de Beek, Gerrit Smienk, Jr. j. b. van loghem b. i. architect, in: Plan, 12, 1971, S. 2–64
Beer 1994 Ingeborg Beer, Architektur für den Alltag. Vom sozialen und frauenorientierten Anspruch der Siedlungsarchitektur der zwanziger Jahre, Berlin 1994
Behne 1921 Von holländischer Baukunst, in: Feuer, II, 1920/21, S. 279-292
Behne 1921/22a Adolf Behne, Architekten, in: Frühlicht, Winter 1921/22, Nr. 2, S. 55–60
Behne 1921/22b Adolf Behne, Holländische Baukunst in der Gegenwart, in: WMB, VI, 1921/22, 1/2, S. 1–38
Behne 1923 Adolf Behne, Die Internationale Architektur-Ausstellung im Bauhaus zu Weimar, in: Bauwelt, 1923, Heft 37, S. 533
Behne 1925 Adolf Behne, Blick über die Grenze, in: Bausteine, Nr. 2/3, 1925, S. 1–60
Behne 1926a Adolf Behne, Der moderne Zweckbau, München 1926
Behne 1926b Adolf Behne, Zwei holländische Arbeiten. Auf der Großen Berliner Kunstausstellung, in: Bauwelt, 20.5.1926, Heft 20, S. 13–16
Behrendt 1911 Walter Curt Behrendt, Die einheitliche Blockfront, Berlin 1911
Behrendt 1924 Walter Curt Behrendt, Die internationale Städtebautagung Amsterdam 1924, in: Der Neubau, Jg. 6, 1924, Heft 15, S. 177–179
Behrendt 1925 Walter Curt Behrendt, Der Wohnungsbau des Auslandes, I. Die Siedlung Oud-Mathenesse bei Rotterdam, in: Der Neubau, 7, 10.1.1925, S. 10–14
Behrendt 1927 Walter Curt Behrendt, Der Sieg des neuen Baustils, Stuttgart 1927
Behrendt 1928 Walter Curt Behrendt, Die holländische Stadt, Berlin 1928
Behrendt 1937 Walter Curt Behrendt, Modern Building. Ist nature, problems and forms, New York 1937
Behrens 1922 Prof. Behrens over moderne Nederlandse bouwkunst, in: BW, Jg. 43, 21.10.1922, Nr. 42, S. 424
Behrens/De Fries 1918 Peter Behrens, Heinrich de Fries, Vom sparsamen Bauen, Berlin 1918
Benešová 1958 Marie Benešová, Josef Gočár, o. O. 1958
Berens 2001 Hetty E. M. Berens, W. N. Rose 1801–1877. Stedenbouw, civiele techniek en architectuur, Rotterdam 2001
Van Bergeijk 1993 Herman van Bergeijk, Geen sensatie, niet ultramodern, maar één organisch geheel. De Rotterdamsche nieuwe beurs, in: Forum, 36, 1993, 3/4, S. 99–121
Van Bergeijk 1994 Herman van Bergeijk, Oud en Taut met elkaar vertrouwd?, in: Architectuur/Bouwen, 10, 1994, Nr. 2, S. 12f.
Van Bergeijk 1995 Herman van Bergeijk, Willem Marinus Dudok. Architect stedebouwkundige 1884–1974, Dissertation Groningen, Naarden 1995
Van Bergeijk 1997 Herman van Bergeijk, Auf der Suche nach dem »Geist von Jacob van Campen«. Monumentalismus und Traditionalismus in der Niederländischen Architektur um 1910, in: Architectura, Bd. 27, 1997, 1, S. 21–39
Van Bergeijk 2003 Herman van Bergeijk, De steen van Berlage. Theorie en praktijk van de architectuur rond 1895, Rotterdam 2003
Van Bergeijk/Mácel 1999 Herman van Bergeijk, Otakar Mácel, Red., We vragen de kunstenaars kind te zijn van zijn eigen tijd. Teksten van Mart Stam, Nijmegen 1999
Berger 1999 Julia Berger, Die Pädagogische Akademie. Eine Bauaufgabe der Weimarer Republik, Dissertation Bonn, Aachen 1999
Bergerfurth 2004 Monika Bergerfurth, Das Wirken des Architekten J. F. Staal (1879–1940) und die beginnende Moderne in der niederländischen Architektur, Dissertation Köln, Köln 2004
Berkelbach 1995 Coosje Berkelbach, Witte Dorp. Districtkantoor GWR-West, Rotterdam 1995
Berlage 1905a Hendrik Petrus Berlage, Gedanken über Stil in der Baukunst, Leipzig 1905
Berlage 1905b Hendrik Petrus Berlage, Over de waarschijnlijke ontwikkeling der architectuur, in: Berlage 1922, S. 93–119 (Original: Architectura, 1905, Nr. 29–42)
Berlage 1908 Hendrik Petrus Berlage, Grundlagen und Entwicklung der Architektur, Berlin 1908 (abg. in Kohlenbach 1991, S. 104–157)
Berlage 1913 Hendrik Petrus Berlage, Amerikaansche Reisherinneringen, Rotterdam 1913
Berlage 1918 H. P. Berlage, Over de normalisatie in de uitvoering van den woningbouw. Voordracht gehouden door H. P. Berlage, in: Normalisatie en woningbouw, Rotterdam 1918, S. 21–50
Berlage 1922 Hendrik Petrus Berlage, Studies over bouwkunst stijl en samenleving, Rotterdam 1922
Berlage 1932–35 Hendrik Petrus Berlage, W. M. Dudok, J. Gratema, A. R. Hulshoff, H. van der Kloot, J. F. Staal, J. Luthmann, Red., Moderne bouwkunst in Nederland, Rotterdam 1932–1935
Berlage/Keppler/Kromhout/Wils 1921 Hendrik Petrus Berlage, Arie Keppler, Willem Kromhout, Jan Wils, Arbeiderswoningen in Nederland, Rotterdam 1921
Bernini/De Rijk 1990 Beatrice Bernini, Timo de Rijk, Het nieuwe wonen in Nederland 1924–1936, Rotterdam 1990
Berufsorganisation der Hausfrauen 1927 Berufsorganisation der Hausfrauen Stuttgarts, Vorschläge der Berufsorganisation der

Hausfrauen Stuttgarts zu der geplanten Siedlung am Weissenhof, in: i 10, I, 1927, 2, S. 46–48

Beter wonen 1938 T. Gerdes van Oosterbeek u. a., Beter wonen. Gedenkboek, gewijd aan het werk der woningbouwverenigingen in Nederland, uitgegeven ter gelegenheid van het 25-jarig bestaan van den Nationalen woningraad, algemeenen bond van woningbouwverenigingen, 1913–1938, Amsterdam 1938

Beyer 1961 Oskar Beyer, Hrsg., Erich Mendelsohn, Briefe eines Architekten, München 1961

De Bie Leuveling Tjeenk 1926 J. de Bie Leuveling Tjeenk, Verslag betreffende de werkzaamheden van de tentoonstellingscommissie voor de Nederlandse afdeeling op de tentoonstelling te Parijs 1925, in: BW, Jg. 47, 29.5.1926, Nr. 22, S. 222–225; 5.6.1926, S. 230–234

Bijhouwer 1986 Roy Bijhouwer, Oud-Mathenesse, tussen straatbeeld en woning, in: OASE, 14, 1986, S. 14–18

Bijhouwer 1987 Roy Bijhouwer, Het Witte Dorp: aan de vooravond van een keerpunt, in: Colenbrander 1987a, S. 71–79

Bijhouwer/Van Egeraat/Gall 1983 Roy Bijhouwer, Erick van Egeraat, Stefan Gall, De vorm van de herhaling. Amsterdam, Rotterdam, 1930–1960, De woning en haar verkavelingsvorm, in: Barbieri 1983c, S. 92–145

Birnie Danzker 2000 Jo-Anne Birnie Danzker, Hrsg., Theo van Doesburg. Maler – Architekt, Ausstellungskatalog München, München/London/Stuttgart 2000

Blau/Troy 1997 Eva Blau, Nancy Troy, Ed., Architecture and cubism, Cambridge, Massachusetts u. a. 1997

Bliek 1991 Nicole Bliek, Terug naar Allegonda, in: Algemeen Dagblad, 21.8.1991, S. 13

Blijstra 1957 Reinder Blijstra, Nederlandse bouwkunst na 1900, Amsterdam 1957

Blijstra 1965 Reinder Blijstra, Rotterdam. Stad in beweging, Amsterdam u. a. 1965

Block 1929 Fritz Block, Die Weiterentwicklung der holländischen Architektur, in: Bauwelt, Bd. 20, 1929, Nr. 9, S. 9–16

Blotkamp 1982a Carel Blotkamp u. a., De beginjaren van De Stijl 1917–1922, Utrecht 1982 (englische Fassung: The formative years De Stijl 1917–1922, Cambridge, Massachusetts/London 1986)

Blotkamp 1982b Carel Blotkamp, Theo van Doesburg, in: Blotkamp 1982a, S. 15–46

Blotkamp 1982c Carel Blotkamp, Mondriaan ↔ architectuur, in: Wonen TA/BK, 1982, 4/5, S. 12–51 (Neudruck: Mondrian in detail, Utrecht 1987)

Blotkamp 1984 Carel Blotkamp, Rietveld en De Stijl, in: Bertus Mulder und Gerrit Jan de Rook, zusammengestellt, Rietveld Schröder Huis 1925–1975, Utrecht 1984, S. 5–14 (1. Auflage 1975)

Blotkamp 1986 Carel Blotkamp The formative years. De Stijl 1917–1922, Cambridge, Massachusetts/London 1986 (englische Fassung von Blotkamp 1982a)

Blotkamp 1990a Carel Blotkamp, Mondrian e l'architettura, in: Celant/Govan 1990, S. 95–110

Blotkamp 1990b Carel Blotkamp, Reconsidérations sur l'œuvre de Theo van Doesburg, in: Lemoine 1990, S. 12–53

Blotkamp 1994 Carel Blotkamp, Mondriaan: destructie als kunst, Zwolle 1994

Blotkamp 1996 Carel Blotkamp, Red., De vervolgjaren van De Stijl 1922 1932, Amsterdam/Antwerpen 1996

Blotkamp 1999 Carel Blotkamp, In de periferie van De Stijl, H. H. Kamerlingh Onnes, in: Jong Holland, 15, 1999, 1, S. 23–31

Blotkamp/Hilhorst 1996 Carel Blotkamp, Cees Hilhorst, De dissidente kunstenaars: Bart van der Leck, Vilmos Huszár, Georges Vantongerloo, in: Blotkamp 1996, S. 311–362

Bock 1975 Manfred Bock, Woningbouw, in: Nederlandse architectuur, H. P. Berlage bouwmeester 1856–1934, Den Haag 1975

Bock 1976 Manfred Bock, Five Architectura architects, in: Museumjournaal, Bd. 5, 1976, S. 200–208, 216–219

Bock 1982 Manfred Bock, De Stijl and the city, in: Friedman 1982, S. 197–205

Bock 1983 Manfred Bock, Anfänge einer neuen Architektur. Berlages Beitrag zur architektonischen Kultur der Niederlande im ausgehenden 19. Jahrhundert, Dissertation Berlin, Den Haag/Wiesbaden 1983

Bock 1985/86 Manfred Bock, Cuypers – Berlage – De Stijl, in: Forum, 30, 1985/86, 3, S. 98–109

Bock 1988 Manfred Bock, Architectuur: tussen Berlage en Amsterdamse school, in: De Vries 1988, S. 117–131

Bock 1996 Manfred Bock, Cornelis van Eesteren, in: Blotkamp 1996, S. 242–294

Bock/Fluks/Van Rossem/Vink 1983 Manfred Bock, Menno Fluks, Vincent van Rossem, Maud Vink, Van het Nieuwe Bouwen naar een Nieuwe Architectuur. Groep 32. Ontwerpen, gebouwen, stedebouwkundige plannen 1925–1945, 's-Gravenhage 1983

Bock/Johannisse/Stissi 1997 Manfred Boch, Sigrid Johannisse, Vladimir Stissi, Michel de Klerk. Bouwmeester en tekenaar van de Amsterdamse School 1884–1923, Rotterdam 1997

Boddaert 1992 Joris Boddaert, Roterodanum: architectuur van vroeger in het Rotterdam van nu, Rotterdam 1992

Boeken 1927 Albert Boeken, La nouvelle architecture dans les Pays-Bas, in: L'Architecture, XL, 1927, Nr. 7, S. 193–217

Boekraad 1983a Cees Boekraad, Stijl en anti-stijl. Theo van Doesburg en de architectuur, in: Nieuwe Bouwen 1983a, S. 50–100

Boekraad 1983b Cees Boekraad, Nachwort in: Theo van Doesburg, Grondbegrippen van de nieuwe beeldende kunst, Nijmegen 1983

Boekraad 1983c Cees Boekraad, Vorwort in: Theo van Doesburg. Naar een beeldende architectuur, Nijmegen 1983

Boekraad 1986 Cees Boekraad, De Stijl en de europese architectuur. De architectuuropstellen in het bouwbedrijf 1924–1931, Nijmegen 1986, mit einem Vorwort von Cees Boekraad

Boekraad 1988 Cees Boekraad, Bouwen aan een Nieuwe Beelding. Drie publicaties over De Stijl en de architectuur, in: Archis, 4, 1988, S. 44–51

Boesiger/Stonorov 1964 W. Boesiger, O. Stonorov, Hrsg., Le Corbusier et Pierre Jeanneret. Œuvre complète 1910–1929, Zürich 1964

Bois 1981 Yve-Alain Bois, Mondrian et la théorie de l'architecture, in: Revue de l'Art, 53, 1981, S. 39–52

Bois 1983a Yve-Alain Bois, Zur Definition des »De Stijl«, in: Werk, Bauen und Wohnen, 1983, Nr. 7/8, S. 44–51

Bois 1983b Yve-Alain Bois, De Stijl in Parijs, in: Nieuwe Bouwen 1983a, S. 101–127

Bois 1984 Yve-Alain Bois, Arthur Müller Lehning en Mondrian. Hun vriendschap en correspondentie, Amsterdam 1984

Bois 1987 Yve-Alain Bois, Mondrian and the theory of architecture, in: Assemblage, 1987, Nr. 4/5, S. 102–130 (vgl. Bois 1981)

Bois 1989 Yve-Alain Bois, Le leçon de i 10, in: Strasser 1989, S. 7–13

Bois 1990 Yve-Alain Bois, The Style Idea, in: ders., Painting as model, Cambridge/London 1990, S. 101–121

Bois 1994 Yve-Alain Bois, De les van i 10, in: Van Helmond 1994a, S. 197–204

Bois 1995 Yve-Alain Bois, Der Bilderstürmer, in: Mondrian 1995, S. 313–380

Bois/Reichlin 1985 Yve-Alain Bois, Bruno Reichlin, Hrsg., De Stijl et l'architecture en France, Ausstellungskatalog Brussel 1985

Bois/Troy 1985 Nancy Troy, Yve-Alain Bois, De Stijl e l'architecture a Paris, in: Bois/Reichlin 1985, S. 24–90; 139ff.

Bol 1991 Jan Bol, Reconstructie tot in de finesses, in: Bouwwereld, Jg. 87, 25.1.1991, S. 38–41

Bollerey 1990 Franziska Bollerey, Bruno Taut in e sull'Olanda, in: Gian Domenico Salotti, a cura di, Bruno Taut le fugura e l'opera, Milano 1990, S. 94–119

Bollerey/Hartmann 1987 Franziska Bollerey, Kristiana Hartmann, Das kleine Land und die großen Monumente. Holland im Umgang mit Bausubstanz der 20er Jahre, in: Baumeister, Bd. 84, 1987, Nr. 4, S. 24–31

Bolte/Meijer 1981 Wouter Bolte, Johan Meijer, Van Berlage tot Bijlmer, Architectuur en stedelijke politiek, Nijmegen 1981

Boot/Van Hamersveld/Roding 1982 Marjan Boot, Ineke van Hamersveld, Juliette Roding, De »rationele« keuken in Nederland en Duitsland, in: Dittrich/Blom/Bol 1982, S. 339–347

Boot/Van der Heijden 1978 Caroline Boot, Marijke van der Heijden, Kunstenaren de idee. Symbolistische tendenzen in Nederland, ca. 1880–1930, Austellungskatalog Den Haag 1978

Borsi 1987 Franco Borsi, Die monumentale Ordnung, Architektur in Europa 1929–39, Stuttgat 1987 (1. Auflage 1986)

Bosma 1993 Kees Bosma, Ruimte voor een nieuwe tijd: vormgeving van de Nederlandse regio 1900–1945, Dissertation Groningen 1993

Bosma/Hellinga 1997 Koos Bosma, Helma Hellinga, Red., De regie van de stad, Rotterdam 1997

Bosman 1991 Jos Bosman, Mart Stams Stadtbild, in: Oechslin 1991, S. 116–133

Bosman 1997 Jos Bosman, Het concept van de moderne architectuur in Nederland, in: Risselada 1997a, S. 30–45

Bosshard 1995 Hans Rudolf Bosshard, Aussenbeschriftungen. Wahrnehmung und Lesbarkeit von Schrift im Stadtbild, in: Archithese, 1, 1995, S. 8–13

Botman 1983 Afra Botman, De Stijl, van levensstijl in de architectuur naar een nieuwe levensstijl, in: Voorwaarts, 3, 25.4.1983, Nr. 13/14, S. 22–27

Bouwbedrijf 1932 Architect J. J. P. Oud, in: Het Bouwbedrijf, Bd. 9, 2.12.1932, Nr. 25, S. 316

Bouwen '20–'40 Bouwen ,20-›40. De Nederlandse bijdrag aan het Nieuwe Bouwen, Austellungskatalog Eindhoven 1971

Bouwen in Nederland 1985 Bouwen in Nederland, Leids Kunsthistorisch Jaarboek 1985, Leiden 1985

Bracker 1997 Jörgen Bracker, Hrsg., Museum für Hamburgische Geschichte. Bauen nach der Natur – Palladio. Die Erben Palladios in Nordeuropa, Ostfildern-Ruit 1997

Brandes 1925 G. Brandes, Neue holländische Baukunst, Bremen 1925

Brinckmann 1908 A. E. Brinckmann, Platz und Monument, Berlin 1908

Brenne 2005 Winfried Brenne, Bruno Taut. Meister des farbigen Bauens, Hrsg., Deutscher Werkbung Berlin e. V., Berlin 2005

Van den Broek 1963 Johannes Hendrik van den Broek, Ter Herdenking. Dr. h. c. J. J. P. Oud, in: De Ingenieur, 21, 24.5.1963, S. 283–289

Broekhuizen 1996a Dolf Broekhuizen, Herdenkingsplaats in parkaanleg. Ontwerp voor een monument in Den Haag van J. J. P. Oud (1943–1945), in: Jan L. de Jong. Hrsg., Onverwacht bijeengebracht. Opstellen voor Ed Taverne en Lyckle de Vries ter gelegenheid van hun 25-jarig jubileum in dienst van de Rijksuniversiteit Groningen, Groningen 1996, S. 25–32

Broekhuizen 1996b Dolf Broekhuizen, Abolition (1926). Robert van't Hoffs visioen van een revolutie, in: Jong Holland, 1996, Nr. 3, S. 38–41

Broekhuizen 1999 Dolf Broekhuizen, Mr. Oud loses Ornament. Correspondence between Philip Johnson and J. J. P. Oud 1931–1955, in: Mart Stam's trousers: stories from behind the scenes of dutch moral modernism, Rotterdam 1999, S. 54–77

Broekhuizen 2000 Dolf Broekhuizen, De Stijl toen/J. J. P. Oud nu. De bijdrage van architect J. J. P. Oud aan herdenken, herstellen en bouwen in Nederland (1938–1963), Dissertation Groningen, Rotterdam 2000

Broekhuizen 2003 Dolf Broekhuizen, Aangepast bij de omgeving. J. J. P. Ouds stedenbouwkundig ontwerp voor de beurs in Rotterdam (1926), in: Rotterdams Jaarboekje, Rotterdam 2003, S. 215–232

Brönner 1994 Wolfgang Brönner, Die bürgerliche Villa in Deutschland 1830–1890, Worms 1994

Brouwer 1986 Jan Brouwer, Het Park in stadsuitbreiding Blijdorp. Een documentatie, analyse en interpretatie van verschillende uitbreidingsplannen voor Blijdorp in Rotterdam, in: OASE, 12, 1986, S. 7–18

Brouwers 1984 Ruud Brouwers, Weissenhofsiedlung weer als nieuw, in: Wonen TA/BK, 18, 1984, S. 7

Brouwers 1986 Ruud Brouwers, Dorp in Rotterdam, Meervoudige opdracht voor Oud-Mathenesse, in: Archis, 8, 1986, S. 48–52

Brouwers/Reedijk 1978 Ruud Brouwers, Hein Reedijk, Ed., De volkswoningsbouw van toen en de betekenis daarvan nu, in: Wonen TA/BK, Nr. 4, 1978, S. 2–18

Brown 1958 Theodore Brown, The work of G. T. Rietveld, Utrecht 1958

Brown 1967 Theodore Brown, Dutch architecture 1907–1917, in: Nederlands Kunsthistorisch Jaarboek, 18, 1967, S. 227–236

Brülls 1997 Holger Brülls, Farbiges Bauen oder Der Versuch der Moderne, volkstümlich zu sein. Zur architektonischen, städtebaulichen und sozialen Funktion der Farbe in Großsiedlungen der 1920er und 1930er Jahre, in: Massenwohnungsbau und Denkmalpflege, Arbeitshefte 2, Landesamt für Denkmalpflege Sachsen-Anhalt, Berlin 1997, S. 70–86

De Bruyn 1990 Gerd de Bruyn, Warum Oud?, in: Baukultur, 3, 1990, S. 3

Buch 1997 Joseph Buch, Ein Jahrhundert niederländischer Architektur 1880–1990, München 1997 (Original: En eeuw Nederlandse architetuur 1880/1990, Rotterdam 1993)

Bürgi 1988 Bernhard Bürgi, Hrsg., Rot Gelb Blau, Die Primärfarben in der Kunst des 20. Jahrhunderts, Ausstellungskatalog Stuttgart/St. Gallen 1988

Buffinga 1963 A. Buffinga, Het werk van dr. J. J. P. Oud, in: Bouw, Nr. 16, 20.4.1963, S. 488f.

Bullhorst 1981 Rainer Bullhorst, Cultuur-historisch bezit in steigers, waar ligt de grens?, in: NRC-Handelsblad, 5.12.1981, S. 13

Burke 1956 Gerald L. Burke, The making of dutch towns. A study in urban development from the Tenth to the Seventeenth centuries, London 1956

Burns 1997 Howard Burns, Andrea Palladio (1508–1580): die Entwicklung einer systematischen, vermittelbaren Architektur, in: Bracker 1997, S. 40–48

BW 1927 Huizen te Hoek van Holland, in: BW, Jg. 48, 1927, Nr. 43, S. 384–388

BW 1929 Bespreking plannen Rotterdamse Beurs, in: BW, Jg. 50, 1929, Nr. 2, S. 4f.

Camp 1987 D'Laine Camp, Het Witte Dorp, in: Colenbrander 1987a, S. 19–49

Camp/Provoost D'Laine Camp, Michelle Provoost, Red., Stadstimmeren. 650 jaar Rotterdam stad, o. J.

Casciato 1987 Maristella Casciato, La scuola di Amsterdam, Bologna 1987

Casciato 1994 Maristella Casciato, Avant-garde en architectuur, in: Van Helmond 1994a, S. 101–110. Vgl. dies., Traces de l'avant-garde: i 10 et l'architecture, in: Strasser 1989, S. 48–57

Casciato 1997 Maristella Casciato, The dutch reception of Frank Lloyd Wright: an overview, in: Martha Pollak, Hrsg., The education of the architect. Histiography, urbanism and the growth of architectural knowledge, Cambridge/Massachusetts 1997, S. 139–162

Casciato/Panzini/Polano 1979 Maristella Casciato, Franco Panzini, Sergio Polano, Red., Funzione e senso. Architettura-casa-città. Olanda 1870–1940, Milano 1979
Casciato/Panzini/Polano 1980 Maristella Casciato, Franco Panzini, Sergio Polano, Red., Architectuur en volkshuisvesting. Nederland 1870–1940, Nijmegen 1980 (niederländische Fassung von Casciato/Panzini/Polano 1979)
Casteels 1930 Maurice Casteels, Die Sachlichkeit in der modernen Kunst, Leipzig 1930, mit einem Vorwort von Henry van de Velde
Ten Cate 1991 Gerda ten Cate, In Rotterdam rammelt het, in: Bouw, Nr. 5, 15.3.1991, S. 8f.
Celant/Govan 1990 Germano Celant, Michael Govan, a cura di, Mondrian e De Stijl. L'ideale moderno, Milano 1990
CIAM 1930 C. I. A. M., Die Wohnung für das Existenzminimum, Frankfurt am Main 1930
CIAM 1931 Rationelle Bebauungsweisen. Ergebnisse des 3. Internationalen Kongresses für Neues Bauen, Stuttgart 1931
Ciré/Ochs 1991 Annette Ciré, Haila Ochs, Hrsg., Die Zeitschrift als Manifest, Basel/Berlin/Boston 1991
Cohen 1995 Jean-Louis Cohen, André Lurçat 1894–1970, Liège 1995
Cohen 1998 Jean-Louis Cohen, Das Monumentale: latent oder offenkundig, in: Schneider/Wang 1998, S. 70–85
Colenbrander 1981a Bernard Colenbrander, De expressieve waarde van architectuur, in: Engel 1981b, S. 24–27
Colenbrander 1981b Bernard Colenbrander, Nawoord, in: Polano 1981, S. 31–35
Colenbrander 1982a Bernard Colenbrander, J. B. van Loghem. Een strijdbaar architect, in: Nieuwe Bouwen 1982a, S. 120–134
Colenbrander 1982b Bernard Colenbrander, J. J. P. Oud, beheerst en voorzichtig, in: Nieuwe Bouwen 1982a, S. 154–169
Colenbrander 1987a Bernard Colenbrander, Red., Oud-Mathenesse, Het Witte Dorp 1923–1987, Rotterdam 1987
Colenbrander 1987b Bernard Colenbrander, De teloorgang van een dorp, in: Colenbrander 1987a, S. 9–17
Colenbrander 1987c Bernard Colenbrander, De kleuren, in: Colenbrander 1987a, S. 51f.
Colenbrander 1993 Bernard Colenbrander, Style; standard and signature in Durch architecture, Rotterdam 1993
Colenbrander 1994a Bernard Colenbrander, Met het ene been in de negentiende eeuw: Oud en Taut en de nieuwe stedebouw, in: Archis, 1994, Nr. 3, S. 46–52
Colenbrander 1994b Bernard Colenbrander, Anti-akademische Begriffe: J. J. P. Ouds Scheingefecht gegen die ewigen Werte, in: Daidalos, 15.6.1994, Nr. 52, S. 98–107
Conrads 1964 Ulrich Conrads, Hrsg., Adolf Behne, Der moderne Zweckbau, Bauwelt Fundamente 10, Berlin/Frankfurt am Main/Wien 1964, mit einer Einleitung von Ulrich Conrads
Conrads 1982 Ulrich Conrads, Hrsg., Le Corbusier 1922. Ausblick auf eine Architektur, Bauwelt Fundamente 2, Braunschweig/Wiesbaden 1982
Conrads 1985 Ulrich Conrads, Hrsg., Henry-Russell Hitchcock, Philip Johnson, The international Style, Braunschweig/Wiesbaden 1985
Cremers 1928 Paul Joseph Cremers, Peter Behrens. Sein Werk von 1909 bis zur Gegenwart, Essen 1928
Cusveller 1989 Sjoerd Cusveller, Tuindorpen in beton; bouwexperimenten op Zuid 1921–1929, Ausstellungskatalog Rotterdam 1989
Cusveller 1990a Sjoerd Cusveller, Hrsg., J. J. P. Oud. De Kiefhoek, een woonwijk in Rotterdam, Laren 1990
Cusveller 1990b Sjoerd Cusveller, Inleiding, in: Cusveller 1990a, S. 9–13
Cusveller 1990c Sjoerd Cusveller, Niet zonder slag of stoot; wat er aan de bouw van De Kiefhoek vooraf ging, in: Cusveller 1990a, S. 41–53
Cusveller 1990d Sjoerd Cusveller, Renovieren eines Stadtbildes. »Siedlungs-Denkmal« De Kiefhoek wird saniert, in: Baukultur, 3, 1990, S. 18–21
Dagblad Rotterdam 1924 Oud-Mathenesse, in: Dagblad van Rotterdam, 28.6.1924, Nr. 148
Dahle 1988 Terje Niels Dahle, Red., De Stijl – Neue Literatur, Informationszentrum Raum und Bau der Fraunhofer-Gesellschaft, Stuttgart 1988
Dauer 1992 Horst Dauer, Bauhaus-Ausstellung und Bauhaus-Woche 1923 in Weimar, in: Konstruktivistische Internationale 1992, S. 182–186
Dearstyn 1986 Howard Dearstyne, Architectural Education at the Bauhaus, in: Howard Dearstyne, Inside the Bauhaus, New York 1986, S. 197–236
Dettingmeijer 1982 Rob Dettingmeijer, De strijd om een goed gebouwde stad, in: Nieuwe Bouwen 1982b, S. 19–76
Dettingmeijer 1988 Rob Dettingmeijer, Open stad. Planontwikkeling, stedebouw, volkshuisvesting en architectuur in Rotterdam tussen de twee wereldoorlogen, Dissertation Utrecht 1988
Dettingmeijer 1992 Rob Dettingmeijer, Van Tuindorp tot strokenbouw. Volkshuisvesting in Rotterdam tussen de wereldoorlogen, architectuurwandelingen 4, Rotterdam 1992
Dettingmeijer 2001 Rob Dettingmeijer, A big exhibition, a waferthin sculpture and a thick book. The enigma of J. J. P. Oud, in: Archis, 4, 2001, S. 88f.
Dexel 1926/27 Walter Dexel, Reklame im Stadtbild, in: Das Neue Frankfurt 1926/27, S. 45–49
Dexel 1928 Grete und Walter Dexel, Das Wohnhaus von heute, Leipzig 1928
Dieten 1992 Jos Dieten, Wij zullen jullie mores leren, in: De Klerk 1992, S. 33–54
Van Dijk 1980 Hans van Dijk, Architectuurgids voor Rotterdam, in: Wonen TA/BK, Amsterdam 1980
Dittrich/Blom/Bol 1982 K. Dittrich, P. Blom, F. Bol, Amsterdam – Berlijn 1920–1940. Wisselwirkingen, Ausstellungskatalog Amsterdam 1982
Dočkal 1998 Eva Dočkal, Kurvenschwung ins Aus. Pflegefälle: J. J. P. Ouds Wohnzeilen in Hoek van Holland, in: FAZ, Nr. 75, 30.3.1998, S. 44
Dočkal 2001 Eva Dočkal, J. J. P. Oud als Architekt des »neuen München«? Eine verpaßte Chance, in: Zeitschrift für Kunstgeschichte, Band 64, 2001, Heft 1, S. 103–115
Van Doesburg 1917a Theo van Doesburg, Ter inleiding, in: De Stijl, I, 1, 1917, S. 1f.
Van Doesburg 1917b Theo van Doesburg, Bij de bijlagen. II. J. J. P. Oud. Ontwerp voor een complex van huizen voor een strandboulevard, in: De Stijl, I, 1, 1917, S. 11f.; Bijlage II, S. 16
Van Doesburg 1917c Theo van Doesburg, Schilderkunst, in: Eenheid, Nr. 348, 3.2.1917
Van Doesburg 1918a Theo van Doesburg, Bij bijlage XI. Ruimteplastische binnenarchitectuur, in: De Stijl, I, 6, 1918, S. 72f.
Van Doesburg 1918b Theo van Doesburg, Open brief aan den architect Huib Hoste, in: De Stijl, I, 9, 1918, S. 111f.
Van Doesburg 1918c Redactie (Van Doesburg), in: De Stijl, I, 11, 1918, S. 136
Van Doesburg 1918d Theo van Doesburg, Inleiding bij den tweeden jaargang, in: De Stijl, II, 1, 1918, S. 1f.
Van Doesburg 1918e Theo van Doesburg, Aanteekeningen over monumentale kunst. Naar aanleiding van twee bouwfragmenten (Hall Vacantiehuis te Noordwijkerhout Bijlage 1), in: De Stijl, II, 1, 1918, S. 10–12
Van Doesburg 1919a Theo van Doesburg, Eenige losse gedachten over moderne architectuur in verband met het zomerhuis te Huis ter Heide, architect Rob. van't Hoff (bijlagen 5 en 6), in: De Stijl, II, 3, 1919, S. 31f.

Van Doesburg 1919b Redactie (Van Doesburg), Overzichtelijke beschouwing bij de intrede van den derden jaargang, in: De Stijl, III, 1, 1919, S. 1–5

Van Doesburg 1920 Theo van Doesburg, Aanteekeningen bij de bijlagen VI en VII, in: De Stijl, III, 5, 1920, S. 44–46

Van Doesburg 1920/21 Theo van Doesburg, De taak der nieuwe architectuur, in: BW, Jg. 41, 11.12.1920, Nr. 50, S. 278–280; 18.12.1920, Nr. 51, S. 281–285; Jg. 42, 8.1.1921, Nr. 1, S. 8–10

Van Doesburg 1921 Theo van Doesburg, De beteekenis der mechanische estethiek voor de architectuur en de andere vakken, in: BW, Jg. 42, 18.6.1921, Nr. 25, S. 164–166; 9.7.1921, Nr. 28, S. 179–183; 13.8.1921, Nr. 33, S. 219–221

Van Doesburg 1922a Theo van Doesburg, »Der Wille zum Stil« (Neugestaltung von Leben, Kunst und Technik), in: De Stijl, V, 2, 1922, S. 23–32; V, 3, 1922, S. 33–41

Van Doesburg 1922b Theo van Doesburg, Terechtwijzingen, in: De Stijl, V, 9, 1922, S. 141f.

Van Doesburg 1922c Theo van Doesburg, De Stijl 1917–1922, in: De Stijl, V, 12, 1922, S. 177f.

Van Doesburg 1922d Theo van Doesburg, De architect Oud »voorganger« der »kubisten« in de bouwkunst?, in: De Bouwwereld, 26.7.1922, Nr. 30, S. 229

Van Doesburg 1922e Theo van Doesburg, Het kubisme voor het laatst, in: De Bouwwereld, Jg. 21, 1922, S. 270

Van Doesburg 1923 Theo van Doesburg, De invloed van de stijlbeweging in Duitsland, in: BW, Jg. 44, 17.2.1923, Heft 7, S. 80–83

Van Doesburg 1924a Theo van Doesburg, Tot een beeldende architectuur, in: De Stijl, VI, 6/7, 1924, S. 78–83

Van Doesburg 1924b Theo van Doesburg, -▢+=R4, in: De Stijl, VI, 6/7, 1924, S. 91f.

Van Doesburg 1925a Theo van Doesburg, L'evolution de l'architecture moderne en Hollande, in: Architecture Vivante, Sommer/Herbst 1925, S. 14–20

Van Doesburg 1925b Theo van Doesburg, Het fiasko van Holland op de expositie te Parijs in 1925, in: De Stijl, VI, 10/11, 1925, S. 156–159

Van Doesburg 1925c Theo van Doesburg, Die neue Architektur und ihre Folgen, in: WMB, 9, 1925, S. 505–518

Van Doesburg 1927a Theo van Doesburg, 10 jaren Stijl. Algemeene inleiding, in: De Stijl, VII, 79/84, 1927, S. 2–9

Van Doesburg 1927b Theo van Doesburg, Data en feiten (betreffende de invloedsontwikkeling van ›De Stijl' in 't buitenland) die voor zich spreken, in: De Stijl, VII, 79/84, 1927, S. 53–71

Van Doesburg 1927c Theo van Doesburg, Architectuurvernieuwingen in het buitenland. De architectuurtentoonstelling ›Die Wohnung' te Stuttgart, in: Het Bouwbedrijf, 4, 1927, S. 556–559

Van Doesburg/Van Eesteren 1924 Theo van Doesburg, Cor van Eesteren, Vers une construction collective, in: De Stijl, VI, 6/7, 1924, S. 89–91

Doig 1982 Allan Doig, De architectuur van De Stijl en de westerse filosofische traditie, in: Wonen TA/BK, 15/16, 1982, S. 44–57

Doig 1986 Allan Doig, Theo van Doesburg. Painting into architecture, theory into practice, Cambridge 1986

Dröge/De Regt/Vlaardingerbroek 1996 Jan Dröge, Evelyn de Regt, Pieter Vlaardingerbroek, Architectuur & Monumentengids Leiden, Leiden 1996

Dudok/Oud 1915 Willem Marinus Dudok, J. J. P. Oud, Arbeiderswoningen te Leiderdorp, in: BW, Jg. 36, 10.7.1915, Nr. 11, S. 87, Abb. auf S. 85f.

Düchting 1996 Hajo Düchting, Farbe am Bauhaus. Synthese und Synästhesie, Ausstellungskatalog Berlin 1996

Duursma 1989 Jan Duursma, Kossel en Isola, Twee bouwsystemen, in: Cusveller 1989, S. 37–43

Duursma/Van der Hoeven/Vanstiphout 1991a Jan Duursma, Ernst van der Hoeven, W. Vanstiphout, Woningbouw Spangen, Rotterdam 1991

Duursma/Van der Hoeven/Vanstiphout 1991b Jan Duursma, Ernst van der Hoeven, W. Vanstiphout, Woningbouw De Kiefhoek, Rotterdam 1991

Duursma/Van der Hoeven/Vanstiphout 1991c Jan Duursma, Ernst van der Hoeven, W. Vanstiphout, Koopmansbeurs, Rotterdam 1991

Eberstadt/Möhring/Petersen 1910 Rudolf Eberstadt, Bruno Möhring, Richard Petersen, Gross-Berlin, Berlin 1910

Van Eesteren 1932 Cor van Eesteren, Tentoonstelling de rationeele woonwijk, in: De 8 en Opbouw, Jg. 3, 1932, S. 131f.

Ehrmann 1972 Walter Eugen Ehrmann, Moderne Architektur und konstruktivistisches Bild, unter besonderer Berücksichtigung der De Stijl-Bewegung, Dissertation Karlsruhe, Tübingen 1972

Eliëns/Groot/Leidelmeijer 1997 Titus Eliëns, Marjan Groot, Frans Leidelmeijer, Red., Kunstnijverheid in Nederland 1880–1940, Bussum 1997

Engel 1981a Henk Engel, Van huis tot woning. Een typologische analyse van enkele woningbouwontwerpen van J. J. P. Oud, in: Plan, 9, 1981, S. 34–39

Engel 1981b Henk Engel u. a., Architectuur van Oud, Ausstellungskatalog Rotterdam 1981

Engel 1981c Henk Engel, Het strenge onderzoek naar de woning, in: Engel 1981b, S. 15–21

Engel 1986 Henk Engel, Stijl en expressie, in: De Heer 1986, S. 63–74

Engel 1990 Henk Engel, De Kiefhoek, een monument voor gemiste kansen?, in: Cusveller 1990a, S. 15–39

Engel 1997 Henk Engel, Architecture without characteristics. On sustainability in architecture, in: The Architectural Annual 1995–1996, Delft University of Technology, Rotterdam 1997, S. 66–72

Van Es 1995 Rob van Es, 't Heb wel wet: de Kiefhoek: de reconstructie van een rijksmonument, Rotterdam 1995

Esser 1982 Hans Esser, J. J. P. Oud, in: Blotkamp 1982a, S. 125–154

Esser 1986 Hans Esser, J. J. P. Oud, in: Carel Blotkamp, Hrsg., The formative years. De Stijl 1917–1922, Cambridge, Massachusetts/London 1986, S. 123–151 (englische Fassung von Blotkamp 1982a)

Ex 1982 Sjarel Ex, Vilmos Huszár, in: Blotkamp 1982a, S. 83–124

Ex 1992 Sjarel Ex, »De Stijl« und Deutschland 1918–1922: die ersten Kontakte, in: Konstruktivistische Internationale 1992, S. 73–80

Ex 1996 Sjarel Ex, De blijk naar het oosten: De Stijl in Duitsland en Oost-Europa, in: Blotkamp 1996, S. 67–112

Ex 2000a Sjarel Ex, Theo van Doesburg und das Weimarer Bauhaus, in: Birnie Danzker 2000, S. 29–41

Ex 2000b Sjarel Ex, Theo van Doesburg en het Bauhaus. De invloed van De Stijl in Duitsland en Midden-Europa, Utrecht 2000

Ex/Hoek 1982 Sjarel Ex, Els Hoek, Jan Wils, in: Blotkamp 1982a, S. 187–205

Ex/Hoek 1985 Sjarel Ex, Els Hoek, Vilmos Huszár. Schilder en ontwerper 1884–1960, Utrecht 1985

Fanelli 1968 Giovanni Fanelli, Architettura moderna in Olanda 1900–1940, Firenze 1968 (niederländische Fassung: 's-Gravenhage 1978)

Fanelli 1978a Giovanni Fanelli, Architettura contemporanea 1932: Olanda cruciale, in: Prospettiva 12, Jan. 1978, S. 25–40

Fanelli 1978b Giovanni Fanelli, Architettura, edilizia, urbanistica, Olanda 1917/1940, Firenze 1978

Fanelli 1985 Giovanni Fanelli, Stijl-Architektur. Der niederländische Beitrag zur frühen Moderne, Stuttgart 1985 (italienische Fassung: De Stijl, Roma/Bari 1983)

Fanelli/Godoli 1981 Giovanni Fanelli, Ezio Godoli, La Vienna di Hoffmann. Architetto dell qualità, Rom/Bari 1981
Fiedler/Feierabend 1999 Jeannine Fiedler, Peter Feierabend, Hrsg., Bauhaus, Köln 1999
Fischer 1965 Wend Fischer, J. J. P. Oud. Bauten 1906–1963, Ausstellungskatalog München 1965, Berlin 1966
Flagge 1992 Ingeborg Flagge, J. J. P. Oud, Die großen Architekten, in: Häuser 6, 23.11.1992, S. 51–62
Fooy 1978 Bob Fooy, Volkswoningbouw in Rotterdam 1918–1940, in: Wonen TA/BK, Nr. 4, Februar 1978, S. 4–10
Form 1926 Architektur des Auslandes, Café-Restaurant »De Unie«, in: Die Form, Jg. 1, 1926, 4, S. 79–81. Vgl. Architektur des Auslandes, Gross Deutsche Hotel-Rundschau, Nr. 23, 1926, S. 243f.
Forum 1951 Themanummer »J. J. P. Oud zestig jaar«, in: Forum, 6, 1951, 5/6
Frampton 1982 Kenneth Frampton, Neoplasticisme en architectuur: formatie en transformatie, in: Friedman 1982, S. 99–135
Frampton 1992 Kenneth Frampton, Der Schatten der Aufklärung, in: Arch +, 112, Juni 1992, S. 12–17
Frank 1976 Suzanne Frank, i 10. Commentary, bibliography and translation, in: Opposition, Cambridge/Massachusetts, Nr. 7, 1976, S. 65–83
Frank 1984a Suzanne Frank, Michel de Klerk 1884–1923, Ann Arbor 1984, vor allem »Oud's and De Klerks designs«, S. 85f.
Frank 1984b Suzanne Frank, J. L. M. Lauweriks and the Dutch School of Proportion, in: AA files, 7, 1984, S. 61–67
Frank 1987 Kurt Frank, Tradition und Traditionsverständnis. Untersuchungen zur Architekturtheorie um 1900, Dissertation Stuttgart, Schwabach 1987
Frank 1994 Hartmut Frank, Hrsg., Fritz Schumacher, Reformkultur und Moderne, Stuttgart 1994.
Franzen 1997 Brigitte Franzen, Red., Neues Bauen der 20er Jahre. Gropius, Haesler, Schwitters und die Dammerstocksiedlung in Karlsruhe, Ausstellungskatalog Karlsruhe 1997
Freijser 1989 Victor Freijser, Endred., De Stijl van Jan Wils, Restauratie van de Papaverhof, Den Haag 1989
Friedhoff 1925 Jr. G. Friedhoff, Holland en Denemarken te Parijs, in: Bouwen 1925, S. 97–104
Friedhoff 1927 Jr. G. Friedhoff, Nieuwe Boekwerken, in: BW, Jg. 48, 5.3.1927, Nr. 10, S. 94–96
Friedman 1982 Mildred Friedman, Hrsg., De Stijl 1917–1931, visions of utopia, Ausstellungskatalog Oxford 1982
De Fries 1919 Heinrich de Fries, Wohnstädte der Zukunft, Berlin 1919
De Fries 1920/21 Heinrich de Fries, Zu den Arbeiten des Architekten Jan Wils, Holland, in: WMB, V, 1920/21, S. 274, Abb. 275–280
De Fries 1924a Heinrich de Fries, Von niederländischer Baukunst, in: Die Baugilde, 6, 1924, Heft 13, S. 204–210
De Fries 1924b Heinrich de Fries, Reisebilder aus Holland, in: Die Baugilde, 6, 1924, Heft 15, S. 269–276
De Fries 1924c Heinrich de Fries, Moderne Villen und Landhäuser, Berlin 1924
De Fries 1925 Heinrich de Fries, Moderne Villen und Landhäuser, Berlin 1925 (1. Auflage: De Fries 1924c)
Fritz-Haendeler 1982 Renate Fritz-Haendeler, Sozialer Wohnungsbau in den Niederlanden, Dissertation Aachen, Dortmund 1982
Gage 1994 John Gage, Kulturgeschichte der Farbe. Von der Antike bis zur Gegenwart, Ravensburg 1994
Garnier 1917 Tony Garnier, Une Cité industrielle. Étude pour la construction des villes, Paris 1917
Gaßner/Kopanski/Stengel 1992 Hubertus Gaßner, Karlheinz Kopanski, Karin Stengel, Hrsg., Die Konstruktion der Utopie. Ästhetische Avantgarde und politische Utopie in den 20er Jahren, Marburg 1992

Gast 1982 Nicolette Gast, Georges Vantongleroo, in: Blotkamp 1982a, S. 233–261
Gast 1996 Nicolette Gast, De blik naar het zuiden: De Stijl in Belgie en Frankrijk, in: Blotkamp 1996, S. 153–194
Van Gelderen 1936 W. van Gelderen, Rotterdams Boulevard de Coolsingel, in: De 8 en Opbouw, Jg. 7, 1936, S. 100–102
Genabeek/Rietbergen 1991 Joost van Genabeck, Louise Rietbergen, De S. D. A. P. en de volkshuisvesting. Inhoud en resultaten van het sociaaldemocratische volkshuisvestingsbeleid in Nederland (1894–1940), Utrecht 1991
Georgiadis 1986 Sokratis Georgiadis, Sigfried Giedion – Biographie einer Idee, Dissertation Stuttgart 1986
Georgiadis 1991 Sokratis Georgiadis, »Wie machen sie das jetzt? Geht Corbusier mit nach Chicago?« Dokumente zu Mart Stam aus dem Archiv Sigfried Giedion, in: Oechslin 1991, S. 135–144
Gessner 1909 Albert Gessner, Das deutsche Mietshaus, München 1909
Geurst 1984 Jeroen Geurst, Van der Vlugt: architect 1894–1936, Delft 1984 (1. Auflage 1983)
Geuskens 1986 Jan Geuskens, Meervoudige studieopdracht Witte Dorp, in: OASE, 14, 1986, S. 19f.
Giedion 1928 Sigfried Giedion, Bauen in Frankreich. Bauen in Eisen. Bauen in Eisenbeton, Leipzig/Berlin 1928
Giedion 1929 Sigfried Giedion, Befreites Wohnen, Zürich 1929
Giedion 1931 Sigfried Giedion, Die heutige holländische Architektur, in: Die Bauwelt, 22, 1931, Heft 11, S. 365–380
Giedion 1951 Sigfried Giedion, Aan de alleenstaande J. J. P. Oud bij zijn zestigste verjaardag, in: Forum, 6, 1951, 5/6, S. 116–122
Giedion 1989 Sigfried Giedion 1888–1968, Der Entwurf einer modernen Tradition, Zürich 1989
Gisbertz 2000 Olaf Gisbertz, Bruno Taut und Johannes Göderitz in Magdeburg. Architektur und Städtebau in der Weimarer Republik, Dissertation Bonn, Berlin 2000
Gispen 1925 W. H. Gispen, Het sierend metaal in de bouwkunst, De toegepaste kunsten in Nederland, 12, Rotterdam 1925
Gläser/Metzger 1993 Helga Gläser, Karl-Heinz Metzger u. a., 100 Jahre Villenkolonie Grunewald 1889–1989, Hrsg. Bezirksamt Wilmersdorf von Berlin, Berlin 1993
Godoli 1980 Ezio Godoli, Jan Wils, Frank Lloyd Wright e De Stijl, Firenze 1980
Gool/Hertelt/Raith/Schenk 2000 Rob van Gool, Lars Hertelt, Frank-Berthold Raith, Leenhard Schenk, Das niederländische Reihenhaus. Serie und Vielfalt, Stuttgart/München 2000
Goor/Heederik 1931 Onderzoek der fundeeringen aan 3 woningcomplexen van de Gemeentelijke Woningdienst te Rotterdam, Untersuchung durch C. N. Goor und A. D. Heederik, mit einem Nachtrag von A. J. van der Steur, in: BW, Jg. 52, 5.12.1931, Nr. 49, S. 439–444
Gouwe 1932 W. F. Gouwe, Glas in lood, Rotterdam 1932
De Graaf 1992 Jan de Graaf, Architectuur en stedebouw in Rotterdam 1850–1940, Zwolle 1992
Graeff 1928 Werner Graeff, Innenräume, Stuttgart 1928
Gratama 1920 Jan Gratama, Vacantiehuis te Noordwijkerhout, in: Klei, 12, 15.1.1920, Nr. 2, S. 13–19
Gratama 1922 Jan Gratama, Een oordeeel over de hedendaagsche bouwkunst in Nederland, in: De Bouwwereld, XXI, 12.7.1922, S. 217–219
Gribling 1982 Frank Gribling, Tussen De Stijl en het constructivisme, Duitsland – Nederland, een schakel in de internationale avantgarde betrekkingen, in: Dittrich/Blom/Bool 1982, S. 269–279
Grinberg 1977 Donald I. Grinberg, Housing in the Netherlands 1900–1940, Delft 1977
Groen 1977 H. C. Groen, A. Staal in relatie met J. J. P. Oud – J. J. P. Oud in relatie met A. Staal, Dissertation Groningen 1977

Groen-Wit-Groen 1927 Het Groen-Wit-Groene Boek. Uitgegeven ter gelegenheid van het 10-jarig bestaan van de Volks-Universiteit te Rotterdam, onder Redaktie van Meiuffrouw I. M. van Dugteren en Henri Dekking, Rotterdam 1927

Groenendijk/Vollaard 1987 Paul Groenendijk, Piet Vollaard, Gids voor moderne architectuur in Nederland, Rotterdam 1987

De Groot 1982 A. de Groot, Rationeel en functioneel bouwen 1840–1920, in: Nieuwe Bouwen 1982a, S. 23–83

Gropius 1910 Walter Gropius, Programm zur Gründung einer allgemeinen Hausbaugesellschaft auf künstlerisch einheitlicher Grundlage, auszugsweise publiziert in: Wingler 1962, S. 26f.

Gropius 1925 Walter Gropius, Internationale Architektur, München 1925

Gruhn-Zimmermann 2000 Antonia Gruhn-Zimmermann, »Das Bezwingen der Wirklichkeit«. Adolf Behne und die moderne holländische Architektur, in: Magdalena Bushart, Hrsg., Adolf Behne. Essays zu seiner Kunst- und Architektur-Kritik, Berlin 2000, S. 117–145

Grunewald 1993 Denkmaltopographie Bundesrepublik Deutschland, Baudenkmale in Berlin, Bezirk Wilmersdorf, Ortsteil Grunewald, Senatsverwaltung für Stadtentwicklung und Umweltschutz, Hrsg., Berlin 1993

De Gruyter 1930 Jos W. de Gruyter, Kantteekeningen over techniek en kunst, in: Elseviers geïllustreerd Maandschrift, 80, 1930, Nr. 9, S. 145–157

De Gruyter 1931 Jos W. de Gruyter, Moderne Nederlandsche Bouwkunst en J. J. P. Oud, in: Elseviers geïllustreerd Maandschrift, I, 1931, S. 10–27; III, 1931, S. 169–186; Abb. XXXIII – XL

De Gruyter 1951a Jos W. de Gruyter, Architect J. J. P. Oud 1890–1950, in: Bouw 1951, S. 181–186

De Gruyter 1951b Jos W. de Gruyter, J. J. P. Oud. Stijl en traditie, Vorwort zum Ausstellungskatalog, Rotterdam 1951

De Gruyter 1964 Jos W. de Gruyter, J. J. P. Oud – één van de grootsten, in: Bouw, 1964, S. 394

Günter 1985a Roland Günter, Balance. De Stijl und die Tradition niederländischer Stadt-Kultur, in: Daidalos, 15, 1985, S. 82–93

Günter 1985b Roland Günter, Das »Weiße Dorf« von J. J. P. Oud in Rotterdam soll abgerissen werden, in: Arch +, 1985, Nr. 81, S. 13

Günter 1985c Roland Günter, Gefahr fürs »Weiße Dorf«, in: Die Zeit, 7.6.1985, Nr. 24

Günter 1985d Roland Günter, Pflegefälle: Das »Weiße Dorf« in Rotterdam, in: Frankfurter Allgemeine Zeitung, 11.7.1985

Günter 1985e Roland Günter, Rotterdam ruiniert's? Das »Weisse Dorf« von J. J. P. Oud soll abgerissen werden, in: Basler Zeitung, 24.8.1985, S. 15

Günter 1985f Roland Günter, Im Blickpunkt. Das weiße Dorf, in: Der Architekt, 10, 1985, S. 421

Günter 1990 Roland Günter, Die holländische Tradition von J. J. P. Oud, in: Baukultur, 3, 1990, S. 26–29

Günter 1992 Roland Günter, Die holländische De Stijl-Gruppe und die Konstruktion der Utopie, in: Gaßner/Kopanski/Stengel 1992, S. 163–173

Hamburger Correspondent 1926 Holland und die Baukunst, in: Hamburger Correspondent vom 5.6.1926

Hamburger Fremdenblatt 1926 Hamburger Vortragsabende. Die Entwicklung der modernen Architektur in Holland, in: Hamburger Fremdenblatt vom 9.6.1926

Hamann 1930 J. E. Hamann, Weiss, alles weiss. Von der Wertstellung der Farbe »Weiss« in unserer Zeit, in: Die Form, Heft 5, 1930, S. 121–123

Hammerbacher/Keuerleber 2002 Valerie Hammerbacher, Dorothee Keuerleber, Weißenhofsiedlung Stuttgart – Wohnprogramm der Moderne, Norderstedt 2002

Hans Oud 1984 Hans Oud, J. J. P. Oud. Architect 1890–1963. Feiten en herinneringen gerangschikt, 's-Gravenhage 1984

Hans Oud 1987 Hans Oud, J. J. P. Oud. 1890–1963. Auszug der Rede bei der Ausstellungseröffnung der Architektur-Galerie am Weißenhof in Stuttgart 1.7.–23.8.1987, Hrsg.: Architektur-Galerie am Weißenhof Stuttgart 1987

Harmsen 1982 Ger Harmsen, Die Stijl and the Russian Revolution, in: Friedman 1982, S. 45–49

Hartmann 1990 Kristiana Hartmann, Jacobus Johannes Pieter Oud. Biographische Notizen, in: Baukultur, 3, 1990, S. 24f.

De Heer 1986 Jan de Heer, Red., Kleur en architectuur, Ausstellungskatalog Rotterdam 1986

De Heer 1988 Jan de Heer, Stijl en woningtype: Berlages woningbouw, in: Polano 1988, S. 67–91

Hefting 1975a Paul Hefting, Correspondentie met America, in: Americana 1975, S. 91–112

Hefting 1975b Paul Hefting, Americana. Beschreven door K. Lonberg-Holm aan P. J. J. Oud, febr. 1924, in: Museumjournaal, 20/4, August 1975, S. 155–160

Hegemann 1925a Werner Hegemann, »Aus der Amsterdamer Schreckenskammer«, in: WMB, Jg. 9, 1925, S. 147–151

Hegemann 1925b Werner Hegemann, zu: Die neue Architektur und ihre Folgen von Theo van Doesburg-Paris, in: WMB, Jg. 9, 1925, S. 503f.

Hegemann 1928 Werner Hegemann, Stuttgarter Schildbürgerstreiche und Berliner Bauausstellung 1930, in: WMB, Jg. 12, 1928, S. 8–12

Heijbroek 1980 J. F. Heijbroek, Het kortstondig bestaan van de Leidse kunstclub »De Sphinx«, in: Leids Jaarboekje, 1980, S. 155–162

Heijkoop 1928 A. W. Heijkoop, Zes eeuwen volkshuisvesting in Rotterdam, in: Ruempol 1928, S. 51–63

Heizer 1926 Wilhelm Heizer, Die Baukunst-Ausstellung. Ein Beitrag zum Kapitel »München als Kunststadt«, in: Die Baukunst, Jg. 2, Juli 1926, Heft 7, S. 205–215

Heizer 1927 Wilhelm Heizer, Kommt Oud nach Deutschland?, in: Die Baukunst, Jg. 3, Juni 1927, Heft 6, S. 160

Van Helmond 1994a Toke van Helmond, Red., i 10 sporen van de avantgarde, Heerlen 1994

Van Helmond 1994b Toke van Helmond, »Un journal est un monsieur«. Arthur Müller Lehning en zijn Internationale Revue i 10, in: Van Helmond 1994a, S. 13–38

Hemken/Stommer 1992 Kai-Uwe Hemken, Rainer Stommer, Der »De Stijl«-Kurs von Theo van Doesburg in Weimar (1922), in: Konstruktivistische Internationale 1992, S. 169–177

Henkels 1983 Herbert Henkels, Moet de architectuur minderwaardig zijn aan de schilderkunst? Mondriaans uitdaging aan de architectuur, in: Nieuwe Bouwen 1983a, S. 162–177

Henning 1996 Michael Henning, Niederländische Architektur von 1900–1940, Ausstellungskatalog Herne 1996

Herrel 1994 Eckhard Herrel, Farbe in der Architektur der Moderne, in: Lampugnani/Schneider 1994, S. 98–115

Herzogenrath 1988 Wulf Herzogenrath, Ein unterschiedlich bewerteter Einfluß: Theo van Doesburg in Weimar 1920–1922, in: Wulf Herzogenrath, Hrsg., Bauhaus-Utopien. Arbeiten auf Papier, Stuttgart 1988, S. 61–63

Herzogenrath 1994 Wulf Herzogenrath, Theo van Doesburg und das Bauhaus, in: Das frühe Bauhaus und Johannes Itten, Ausstellungskatalog Stuttgart 1994, S. 107–116

Van Heuvel 1986a Wim J. van Heuvel, Het Nieuwe Bouwen gereconstrueerd. Ervaringen met jonge monumenten in Rotterdam, in: Archtitectuur/Bouwen, 2, 1986, 9, S. 11–16

Van Heuvel 1986b Wim J. van Heuvel, Nederlandse invloed op Mies van der Rohe. Berlage en De Stijl als mogelijke inspiratiebronnen, In: Architectuur/Bouwen, 2, 1986, 9, S. 23–26

Van Heuvel 1989 Wim J. van Heuvel, Jonge monumenten in Stuttgart en Wenen. Restauratie woningen Oud, Stam en Rietveld, in: Architectuur/Bouwen, 5, 1989, 1, S. 9–14
Hezel 1995 Dieter Hezel, Hrsg., Architekten. J. J. P. Oud, Literaturauswahl, Stuttgart 1995
Hilberseimer 1923a Ludwig Hilberseimer, J. J. P. Ouds Wohnungsbauten, in: Das Kunstblatt, 7, 1923, Heft 10, S. 289–293
Hilberseimer 1923b Ludwig Hilberseimer, Große Berliner Kunstausstellung 1923, in: Sozialistische Monatshefte, Jg. 29, 1923, 7, S. 451, 453
Hilberseimer 1924 Ludwig Hilberseimer, J. J. P. Oud, in: Stavba, Jg. 3, 1924, Nr. 10, S. 95f.
Hilberseimer 1926 Ludwig Hilberseimer, Architektur-Ausstellung der Novembergruppe Große Berliner Kunstausstellung, in: Die Form, Jg. 1, 1926, Heft 10, S. 225
Hilberseimer 1927a Ludwig Hilberseimer, Grossstadtarchitektur, Stuttgart 1927
Hilberseimer 1927b Ludwig Hilberseimer, Internationale neue Baukunst, Stuttgart 1927
Hilberseimer 1929 Ludwig Hilberseimer, Großstädtische Kleinwohnungen, in: Zentralblatt der Bauverwaltung, Jg. 49, 7.8.1929, Nr. 32, S. 509–514
Hilhorst 1982 Cees Hilhorst, Bart van der Leck, in: Blotkamp 1982a, S. 153–186
Hillen 1994 Marieke Hillen, Een beeld van baksteen. Leidse bouwkunst 1918–1939, Leiden 1994
Hirschel-Protsch 1927 Günter Hirschel-Protsch, Noch einmal Holland und Belgien, in: WMB, Jg. 11, 1927, Heft 7, S. 299–303
Hitchcock 1928a Henry-Russell Hitchcock, The architectural work of J. J. P. Oud, in: The Arts, Bd. 13, Februar 1928, S. 97–103
Hitchcock 1928b Henry-Russell Hitchcock, Modern architecture. II. The new pioneers, in: The Architectural Rcord, Bd. 63, Mai 1928, Nr. 5, S. 452–460
Hitchcock 1929 Henry-Russell Hitchcock, Modern architecture. Romanticism and reintegration, New York 1929 (Reprint 1970)
Hitchcock 1931 Henry-Russell Hitchcock, J. J. P. Oud, Cahiers d'Art, 14, Paris 1931
Hitchcock 1932 Henry-Russell Hitchcock, J. J. P. Oud, in: Modern architecture. International exhibition, New York 1932, S. 91–99 (Reprint 1969)
Hitchcock 1948 Henry-Russell Hitchcock, Painting toward architecture, New York 1948
Hitchcock 1951 Henry-Russell Hitchcock, The International Style twenty years after, in: AR, August 1951, S. 89–97
Hitchcock 1958 Henry-Russel Hitchcock, Architecture of the 19th and 20th century, Harmondsworth 1958
Hitchcock/Johnson 1932 Henry-Russell Hitchcock, Philip Johnson, The international style: Architecture since 1922, New York 1932 (vgl. Conrads 1985)
Hoek 1982 Els Hoek, Piet Mondriaan, in: Blotkamp 1982a, S. 47–82
Hoek 2000 Els Hoek u. a., Red., Theo van Doesburg, Œuvre catalogus, Centraal Museum Utrecht, Kröller-Müller Museum Otterlo, Bussum 2000
Hoepfner/Neumeyer 1979 Wolfram Hoepfner, Fritz Neumeyer, Das Haus Wiegang von Peter Behrens in Berlin-Dahlem. Baugeschichte und Kunstgegenstände eines herrschaftlichen Wohnhauses, Mainz 1979
Van der Hoeven 1990 Ernst van der Hoeven, De Kiefhoek 1930, in: Cusveller 1990a, S. 55–84
Van der Hoeven 1991 Ernst van der Hoeven, De Kiefhoek Rotterdam. Experiment Modellhaus – Museumswohnung, in: Bauwelt, 82, 1991, Heft 44, S. 2324–2329

Van der Hoeven 1994 Ernst van der Hoeven, J. J. P. Oud en Bruno Taut. Ontwerpen voor een nieuwe stad. Rotterdam – Berlijn, Ausstellungskatalog Rotterdam 1994
Van't Hoff 1918/19 Rob van't Hoff, Architectuur en haar ontwikkeling, in: De Stijl, I, 5, 1918, S. 57–59; II, 4, 1919, S. 40–42; II, 5, 1919, S. 54f.
Van't Hoff 1919a Rob Van't Hoff, Het Hotel Café-Restaurant »De Dubbele Sleutel« (Eerste gedeeltelijke verbouwing) te Woerden. Bijlage 10. Architect Jan Wils, in: De Stijl, II, 5, 1919, S. 58–60
Van't Hoff 1919b Rob Van't Hoff, Aanteekeningen bij bijlage XX, in: De Stijl, II, 10, 1919, S. 114–116
Holsappel 2000 Eveline Holsappel, Ida Falkenberg-Liefrinck (1901), De rotan stoel als opmaat voor een betere woninginrichting, Rotterdam 2000
Holtzman/James 1986 Harry Holtzman, Martin S. James, The new art – the new life. The collected writings of Piet Mondrian, Boston 1986
Hoogenberk 1980 Egbert J. Hoogenberk, Het idee van de Hollandse stad. Stedebouw in Nederland 1900–1930 met de internationale voorgeschiedenis, Delft 1980
Hoogeveen-Brink 1997 Joyce Hoogeveen-Brink, H. J. Jesse 1860–1943, Rotterdam 1997
Hoogewoud/Jaapkuyt/Oxenaar 1985 Guido Hoogewoud, Jan Jaapkuyt, Aart Oxenaar, P. J. H. Cuypers en Amsterdam. Gebouwen en ontwerpen 1860–1898, 's-Gravenhage 1985
Hoogveld 1989 Carine Hoogveld, Hauptred., Glas in lood in Nederland 1817–1968, 's-Gravenhage 1989
Hoste 1918a Huib Hoste, Twee villa's aan zee, in: De Telegraaf, 27.4.1918, avondblad, S. 9
Hoste 1918b Huib Hoste, De roeping der moderne architectuur, in: De Stijl, I, 8, 1918, S. 85–87
Hoste 1918c Huib Hoste, Antwoord op een open brief, in: De Stijl, I, 11, 1918, S. 135f.
Hoste 1919 Huib Hoste, Het vacantiehuis te Noord-Wijkerhout, in: De Telegraaf, 1.3.1919, Nr. 10400, avondblad, S. 7
Huebner 1921 Friedrich Markus Huebner, Die holländische »Styl« Gruppe, in: Feuer, II, 1921, Heft 5, S. 267–278
Huse 1985 Norbert Huse, Neues Bauen 1918 bis 1933. Moderne Architektur in der Weimarer Republik, Berlin 1985 (1. Auflage 1975)
Huse 1994 Norbert Huse, Le Corbusier, Reinbek bei Hamburg 1994 (1. Auflage 1976)
Huszár 1918a Vilmos Huszár, Aesthetische Beschouwingen IV. Bij de bijlage, in: De Stijl, I, 7, 1918, S. 79–84
Huszár 1918b Vilmos Huszár, Iets over Die Farbenfibel van W. Ostwald, in: De Stijl, I, 10, 1918, S. 113–118
Huszár 1919 Vilmos Huszár, Aesthetische beschouwing bij bijlage 3 en 4, in: De Stijl, II, 3, 1919, S. 27–30
Ibelings 1999 Hans Ibelings, Nederlandse stedebouw van de twintigste eeuw, Rotterdam 1999
Idsinga/Schilt 1988 Ton Idsinga, Jeroen Schilt, Architect W. van Tijen 1894–1974, 's-Gravenhage 1988
Jacobs 1990/91 Steven Jacobs, Utopie en avantgarde: theorie en praktijk bij De Stijl, in: Gentse bijdrage tot de kunstgeschiedenis, 1990-91, 29, S. 117–130 (Zusammenfassung der gleichnamigen Dissertation Gent 1989)
Jaeger 1996 Roland Jaeger, Block & Hochfeld: die Architekten des Deutschlandhauses; Bauten und Projekte in Hamburg 1921–1938, Berlin 1996
Jaeggi 1994 Annemarie Jaeggi, Adolf Meyer: Der zweite Mann. Ein Architekt im Schatten von Walter Gropius, Berlin 1994
Jaeggi 1998 Annemarie Jaeggi, Industriekultur zwischen Werkbund und Bauhaus, Bauhaus-Archiv Berlin 1998
Jaffé 1956 Hans Ludwig C. Jaffé, De Stijl 1917–1931, Amsterdam 1956 (deutsche Fassung: Jaffé 1965b)

Jaffé 1965a Hans Ludwig C. Jaffé, Die niederländische Stijl-Gruppe und ihre soziale Utopie, in: Jahrbuch für Ästhetik und Allgemeine Kunstwissenschaft, 10, 1965, S. 25–35

Jaffé 1965b Hans Ludwig C. Jaffé, De Stijl 1917–1931. Der niederländische Beitrag zur modernen Kunst, Frankfurt am Main/Berlin 1965, Bauwelt Fundamente 7

Jaffé 1967a Hans Ludwig C. Jaffé, Mondrian und De Stijl, Köln 1967

Jaffé 1967b Hans Ludwig C. Jaffé, Nachwort in: Wingler 1967, S. 86–90

Jaffé 1982 Hans Ludwig C. Jaffé, Ed., De Stijl: 1917–1931, Amsterdam/Otterloo 1982

Jobst 1922 Gerhard Jobst, Der Kleinwohnungsbau in Holland, Berlin 1922

Joedicke 1989 Weissenhofsiedlung Stuttgart, Stuttgart 1989

Joedicke/Plath 1977 Jürgen Joedicke, Christian Plath, Die Weißenhofsiedlung, Stuttgart 1977 (1. Auflage 1968)

Johannisse 1997 Sigrid Johannisse, Eenheid, beweging en ruimte, De plaats van Michel de Klerk binnen de Amsterdamse School, in: Bock/Johannisse/Stissi 1997, S. 27–48

Johnson/Langmead 1997 Donald Leslie Johnson, Donald Langmead, Makers of 20th century modern architecture. A Bio-critical sourcebook, Chicago 1997

De Jong 1985 F. de Jong, Red., Stedebouw in Nederland: 50 jaar Bond van Nederlandse Stedebouwkundigen, Zutphen 1985

De Jonge van Ellemeet 1925 De Jonge van Ellemeet, Woningbouw in Oud-Mathenesse, in: TvVS, Jg. 6, März 1925, Nr. 3, S. 62–64

De Jonge van Ellemeet 1931 De Jonge van Ellemeet, De gemeentelijke woningbouw »Kiefhoek« te Rotterdam, in: TvVS, Jg. 12, Mai 1931, Nr. 5, S. 101–106

De Jongh 1972 Ankie de Jongh, De Stijl, Museumjournaal, Serie 17, 1972, Nr. 6, S. 262–282

De Jongh-Vermeulen 1999 Ankie de Jongh-Vermeulen, Theo van Doesburg. Een avantgardist in Leiden, 1916–1921, in: Wintgens Hötte/De Jongh-Vermeulen 1999, S. 209–256

De Jongh-Vermeulen/Van de Velde 1999 Ankie de Jongh-Vermeulen, Paola van de Velde, De Leidsche kunstclub »De Sphinx«. »Een vereeniging die mee kan tellen«, in: Wintgens Hötte/De Jongh-Vermeulen 1999, S. 172–202

Jonker 1979a Gert Jonker, Robert van't Hoff maker van het kleinst denkbare œuvre, in: Bouw, 12, 1979, S. 6–8

Jonker 1979b Gert Jonker, Een poging tot reconstructie: De werken van Robert van't Hoff, in: Bouw, 13, 1979, S. 17–23

Joosten/Welsh 1996 Joop M. Joosten, Robert Welsh, Piet Mondrian: catalogue raisonné, Baricum/Paris 1996

Jury 1929a De Jury, De projecten voor de beurs te Rotterdam, in: BW, Jg. 50, 5.1.1929, Nr. 1, S. 1–7

Jury 1929b De Jury, De ontwerpen voor een nieuwe beurs te Rotterdam, in: BW, Jg. 50, 1.6.1929, Nr. 22, S. 170–173

Kamerlingh Onnes 1924 Menso Kamerlingh Onnes, J. J. P. Oud, Maison dans les dunes, in: L'Architecture Vivante, Winter 1924, S. 43f.

Kampffmeyer 1926 Hans Kampffmeyer, Wohnungen, Siedlungen und Gartenstädte in Holland und England, Berlin 1926

Karstkarel 1985 Peter Karstkarel, Reconstructie twee bouwwerken van Oud in Rotterdam, in: Heemschut, 62, 1985, Nr. 1, S. 10

Kellmann 1992 Thomas Kellmann, Architektur und Anschauung. Der Raumbegriff in Architektur und Städtebau der deutschen und niederländischen Moderne von 1890–1930 im Vergleich, Münster 1992

Kentgens-Craig 1998 Margret Kentgens-Craig, Hrsg., Das Bauhausgebäude in Dessau 1926–1998, Basel/Berlin/Boston 1998

Kief-Niederwöhrmeier 1978 Heidi Kief-Niederwöhrmeier, Der Einfluß Frank Lloyd Wrights auf die mitteleuropäische Einzelhausarchitektur: Ein Beitrag zum Verhältnis von Architektur und Natur im 20. Jahr-hundert, Dissertation Darmstadt, Stuttgart 1978

Kief-Niederwöhrmeier 1983 Heidi Kief-Niederwöhrmeier, Frank Lloyd Wright und Europa: Architekturelemente, Naturverhältnis, Publikationen, Einflüsse, Stuttgart 1983

Kieren 1990 Martin Kieren, Hannes Meyer. Dokumente zur Frühzeit. Architektur- und Gestaltungsversuche 1919–1927, Heiden 1990

Kieren 1999 Martin Kieren, Vom Bauhaus zum Hausbau – der Architekturunterricht und die Architektur am Bauhaus, in: Jeannine Fiedler und Peter Feierabend, Hrsg., Bauhaus, Köln 1999, S. 552–577

Kiers 1978 Olf Kiers, Jan Wils, Amsterdam 1978

Kirsch 1987 Karin Kirsch, Die Weißenhofsiedlung, Werkbundausstellung »Die Wohnung«, Stuttgart 1987 (englische Fassung: The Weißenhofsiedlung, Experimental housing built for the Deutscher Werkbund, Stuttgart 1927, New York 1989)

Kirsch 1989 Karin Kirsch, Kleiner Führer durch die Weißenhofsiedlung, Stuttgart 1989 (5. Auflage 2003)

Kirsch 1994 Karin Kirsch, Die Weißenhofsiedlung: ein internationales Manifest, in: Lampugnani/Schneider 1994, S. 204–223

Kirsch 1997 Karin Kisch, ausgew. und hrsg., Briefe zur Weißenhofsiedlung, Stuttgart 1997

Kirschbaum 1991 Juliane Kirschbaum, Red., Siedlungen der zwanziger Jahre, Schriftenreihe des Deutschen Nationalkomitees für Denkmalschutz, Bd. 28, Bühl 1991 (Nachdruck, 1. Auflage 1985)

Klei 1925 Gemeentelijke Volkswoningbouw te Rotterdam, in: Klei, Jg. 17, 1.3.1925, Nr. 5, S. 65–70

Klei 1931 Kiefhoek – Witte Dorp, in: Klei, Jg. 23, Juni 1931, S. 125–148

Kleijwegt/Brouwers 1984 Riek Kleijwegt, Ruud Brouwers, Mooie geschiedenis – bange verwachtingen. Stadsvernieuwingsbeleid in Rotterdam, in: Wonen TA/BK, 19, 1984, S. 19–22

Klein 1927 Alexander Klein, Versuch eines graphischen Verfahrens zur Bewertung von Kleinwohnngsgrundrissen, in: WMB, XI, 1927, Heft 7, S. 296–298

De Klerk 1992 Len de Klerk, Volkshuisvesting als onderneming, Ir. Auguste Plate 1881–1953, in: De Klerk/Moscoviter 1992, S. 179–205

De Klerk 1998 Len de Klerk, Particuliere plannen. Denkbeelden en initiatieven van de stedelijke elite inzake de volkswoningbouw en de stedebouw in Rotterdam 1860–1950, Rotterdam 1998

De Klerk/Moscoviter 1992 Len de Klerk, Herman Moscoviter, En dat al voor de arbeidende klasse. 75 jaar volkshuisvesting Rotterdam, Rotterdam 1992

Kloß 1991 Klaus-Peter Kloß, Siedlungen der zwanziger Jahre in Berlin, in: Kirschbaum 1991, S. 39–47

Klotz 1989 Heinrich Klotz, Hrsg., Erich Mendelsohn. Das Gesamtschaffen des Architekten. Skizzen, Entwürfe, Bauten, Braunschweig/Wiesbaden 1989 (1. Ausgabe 1930)

Knappen 1985 Ben Knappen, De lange weg naar Moskou. De Nederlandse relaties tot de Sovjet-Unie, 1917–42, Amsterdam 1985

Knuttel 1930 G. Knuttel, Moderne Bouwkunst. De Kiefhoek te Rotterdam van J. J. P. Oud, in: De Kunst der Nederlanden, I, Juli 1930, S. 36f.

Koch 1988 André Koch, Industrieel ontwerper W. H. Gispen (1890–1981): Een modern eclecticus, Rotterdam 1988

Koch 1989 Michael Koch, Vom Siedlungsbau zum Lebensbau: Hannes Meyers städtebauliche Arbeiten im Kontext der Diskussion in den zwanziger Jahren, in: hannes meyer 1889–1954 architekt urbanist lehrer, Berlin 1989, S. 34–77

Kohlenbach 1991 Bernhard Kohlenbach, Hrsg., Hendrik Petrus Berlage. Über Architektur und Stil: Aufsätze und Vorträge 1894–1928, Basel/Berlin/Boston 1997

Kohlenbach 1994 Bernhard Kohlenbach, Pieter Lodewijk Kramer 1881–1961. Architekt der Amsterdamer Schule, Dissertation Bonn, Basel 1994

Konstruktivistische Internationale 1992 Konstruktivistische Internationale 1922–1927. Utopien für eine europäische Kultur, Stuttgart 1992

Kramer 1985 Ferdinand und Lore Kramer, Zur Werkbund-Ausstellung »Die Wohnung« – Stuttgart 1927 – Betrachtungen eines Beteiligten, in: Wissenschaftliche Zeitschrift der Hochschule für Architektur und Bauwesen Weimar, Heft 3A, 31, 1985, S. 105–109

Krischanitz/Kapfinger 1985 Adolf Krischanitz, Otto Kapfinger, Die Wiener Werkbundsiedlung. Dokumentation einer Erneuerung, Wien 1985

Kromhout 1927 Willem Kromhout, Het Plan »Blijdorp« te Rotterdam, in: TvVS, Jg. 8, 1927, Nr. 5, S. 106–115

Kruft 1985 Hanno-Walter Kruft, Geschichte der Architekturtheorie. Von der Antike bis zur Gegenwart, München 1985

Kühne 1960 Günther Kühne, Oud und die Klassik, in: Bauwelt, Jg. 51, 1960, Heft 40, S. 1163–1167

Küper 1982 Marijke Küper, Gerrit Rietveld, in: Blotkamp 1982a, S. 263–284

Küper/Van Zijl 1992 Marijke Küper, Ida van Zijl, Gerrit Thomas Rietveld 1888–1964, The complete works, Utrecht 1992

Kuipers 1987 Marieke Kuipers, Bouwen in beton. Experimenten in de volkshuisvesting, Dissertation Groningen, 's-Gravenhage 1987

Kuipers 1989 Marieke Kuipers, De Gemeente en de woningbouw, Heijkoop, Plate en Oud, in: Cusveller 1989, S. 23–25

Kuper 1996 Marijke Kuper, Ruimte opgelost in kleur. De Stijl destructie in een nieuwe harmonie, in: Ellinoor Bergvelt, Frans van Burkom, Karin Gaillard, Hrsg., Van Neorenaissance tot Postmoderne. Hondertvijfentwintig jaar Nederlandse interieurs 1870–1995, Rotterdam 1996, S. 160–183

Laan/Koch 1996 Barbara Laan, André Koch, Red., Collectie Gispen. Meubels, lampen en archivalia in het NAi 1916–1980, Rotterdam 1996

Van de Laar 2000 Paul van de Laar, Stad van formaat. Geschiedenis van Rotterdam in de negentiende en twintigste eeuw, Zwolle 2000

Labes 1929 Karl Labes, Über den Wohnungsbau in Holland, in: Der Neubau, Jg. 11, 10.3.1929, Heft 5, S- 92–99

Lademacher 1993 Horst Lademacher, Die Niederlande: politische Kultur zwischen Individualität und Anpassung, Berlin 1993

Lampmann 1927 Gustav Lampmann, Stuttgart 1927 »Die Wohnung«, in: Zentralblatt der Bauverwaltung, Jg. 43, 26.10.1927, Nr. 43, S. 549–552

Lampmann 1928 Gustav Lampmann, Reiseeindrücke aus Holland und England, in: Zentralblatt der Bauverwaltung, Jg. 48, 11.7.1928, Nr. 28, S. 448–453

Lampugnani 1992 Vittorio Magnano Lampugnani, Hrsg., Antonio Sant'Elia. Gezeichnete Architektur, München 1992

Lampugnani 1994 Vittorio Magnano Lampugnani, Die Geschichte der Geschichte der »Modernen Bewegung« in der Architektur 1925–1941: eine kritische Übersicht, in: Lampugnani/Schneider 1994, S. 272–295

Lampugnani 2001 Vittorio Magnago Lampugnani, Die Moderne und die Architektur der Großstadt, in: Riley/Bergdoll 2001, S. 35–65

Lampugnani/Schneider 1992 Vittorio Magnago Lampugnani, Romana Schneider, Hrsg., Moderne Architektur in Deutschland 1900 bis 1950. Reform und Tradition, Stuttgart 1992

Lampugnani/Schneider 1994 Vittorio Magnago Lampugnani, Romana Schneider, Hrsg., Moderne Architektur in Deutschland 1900–1950. Expressionismus und Neue Sachlichkeit, Stuttgart 1994

Langmead 1996 Donald Langmead, More than cheese and Windmills, in: ders., Dutch Modernism: Architectural Resources in the English Language, Westport/London 1996, S. 1–25

Langmead 1999 Donald Langmead, J. J. P. Oud and the International Style, A Bio-Bibliography, Westport, Connecticut/London 1999

Langmead 2000 Donald Langmead, The artists of De Stijl, a guide to the literature, Westport, Connecticut/London 1999

Langmead/Johnson Donald Langmead, Donald Leslie Johnson, Architectural Excursions, Frank Lloyd Wright, Holland and Europe, Westport, Connecticut/London 2000

Lauweriks 1914 J. L. M. Lauweriks, Ontwerp voor een villa, in: BW, Jg. 34, 7.3.1914, Nr. 10, S. 115f.

Lauweriks 1987 J. L. M. Lauweriks. Maßsystem und Raumkunst. Das Werk des Architekten, Pädagogen und Raumgestalters, Ausstellungskatalog Rotterdam 1987

Le Corbusier 1925 Le Corbusier, L'Almanach d'architecture moderne. Collection de l'Esprit Nouveau, Paris 1925

Van der Leck 1917 Bart van der Leck, De plaats van het moderne schilderen in de architectuur, in: De Stijl, I, 1, 1917, S. 6f.

Van der Leck 1918 Bart van der Leck, Over schilderen en bouwen, in: De Stijl, I, 4, 1918, S. 37f.

Van der Leck 1994 Bart van der Leck. Maler der Moderne, Ausstellungskatalog Kunstmuseum Wolfsburg 1994, Konzept Gijs van Tuyl in Zusammenarbeit mit dem Kröller-Müller Museum Otterloo

Leering 1968 Jan Leering u. a., Theo van Doesburg 1883–1931, Ausstellungskatalog Eindhoven 1968

Leering 1979 Jean Leering, Rob Van't Hoff de ex-architect, in: Wonen TA/BK, 11, Juni 1979, S. 2f.

Leering 1990 Jean Leering, J. J. P. Oud: Gestaltung zwischen Neoplastizismus, Neue Sachlichkeit und Neoklassizismus, in: Baukultur, 3, 1990, S. 30–33

Lehning 1927 Arthur (Müller) Lehning, i 10, in: i 10, I, 1, 1927, S. 1

Lehning 1928 Arthur (Müller) Lehning, Bij het dertiende nummer, in: i 10, VII, 13, 1928, S. 1f.

Lehning 1992 Arthur Lehning, Anfang und Ende von i 10, in: Gaßner/Kopanski/Stengel 1992, S. 86–88

Lehning/Schrofer 1974 Arthur Lehning, Jurriaan Schrofer, i 10, de internationale avant-garde tussen de twee wereldorlogen, een keuze uit de Internationale Revue i 10, Den Haag 1974 (1. Auflage 1963)

Lemoine 1990 Serge Lemoine, Theo van Doesburg, Peintre, architecture, theorie, Paris 1990

Lésnikowski 1996a Wojciech Lésnikowski, Ed., East european modernism, London 1996

Lésnikowski 1996b Wojciech Lésnikowski, Functionalism in czechoslovakian, hungarian, and polish architecture from the european perspective, in: Lèsnikowsk 1996a, S. 15–33

Liefrinck 1927a Ida Liefrinck, J. J. P. Oud – né en 1890 à Purmerend – Pays-Bas: un architecte Hollandais, in: 7 Arts, Jg. 6, Brussel 13.11.1927, o. S.

Liefrinck 1927b Ida Liefrinck, Complexe d'habitations Hoek van Holland architecte J. J. P. Oud, in: 7 Arts, Jg. 6, Bruxelles 4.12.1927, o. S.

Liefrinck 1932 Ida Liefrinck, Notitie naar aanleiding van het artikel van Dr. H. P. Berlage en J. J. P. Oud in n. 23 van dit blad, in: De 8 en Opbouw, Jg. 3, 1932, Nr. 26, S. 261

Van Loghem 1930 Johannes Bernardus van Loghem, De Kiefhoek in Rotterdam, in: De Groene Amsterdammer, 5.4.1930, S. 8f.

Van Loghem 1932 Johannes Bernardus van Loghem, Bouwen, bauen, bâtir, building, Amsterdam 1932

Van Loghem 1936 Johannes Bernardus van Loghem, De stad zonder kunst, in: De 8 en Opbouw, Jg. 7, 1936, Nr. 8, S. 103–105

Van Loghem/Schuitema 1931 Johannes Bernardus van Loghem, Paul Schuitema, Adres tegen plan Blijdorp van den heer Witteveen, Rotterdam 1931

Louman/van der Steen 1983 Janny Louman, Erik van der Steen, zusammengestellt, Oud-Mathenesse. Van Polder tot woonwijk, 1983: Untersuchung einer Studentengruppe der Universität Delft

Van der Lugt 1987 Reyn van der Lugt, La ricostruzione del café de Unie, in: Domus, 682, April 1987, S. 74–80

Van der Lugt 1990 Reyn van der Lugt, Die Wiedergeburt eines Denkmals der Moderne. Das Café de Unie in Rotterdam, in: Baukultur, 3, 1990, S. 22f.

Lutz 1988 Dagmar Lutz, De Stijl und die neue Gestaltung in der Architektur. Konzepte zum Wohnungs-und Siedlungsbau der frühen Moderne in den Niederlanden, unpublizierte Magisterarbeit Marburg 1988

Maasbode 1925 Woningbouw te Hoek van Holland, in: De Maasbode, 19.9.1925

Maasbode 1928 Onpractische Gemeentewoningen te Hoek van Holland, in: De Maasbode vom 26.9.1928

Maasbode 1936 Architect Oud. De tentoonstelling van zijn werk in den Rotterdamschen Kunstkring, in: De Maasbode, 3.3.1936, 2. Blatt, S. 6

Mácel 1991 Otakar Mácel, Die Sanierung der Oud-Siedlung Kiefhoek in Rotterdam, in: Bauwelt, 11, 1991, S. 474f.

Magdelijns 1983 Hans Magdelijns, Architect Oud en de melodie in de bouwkunst, in: Bouw, 15.10.1983, Nr. 21, S. 28–30; 29.10.1983, Nr. 22, S. 26–28

Mailhammer/Schönberger 1975/76 Gisela Mailhammer, Mechthild Schönberger, Maisonette. Studie über die Entwicklung unter besonderer Berücksichtigung der Beiträge von Le Corbusier, Seminararbeit an der Technischen Universität München 1975/76

Manifest I Manifest I, in: De Stijl, II, 1, 1918, S. 1f.

Manifest III Manifest III, Tot een nieuwe wereldbeelding, in: De Stijl, IV, 8, 1921, S. 125f.

Mariani 1956 Leonardo Mariani, Recenti opere di Jacobus Johannes Pieter Oud, in: L'Architettura cronache e storia, II, September 1956, Nr. 11, S. 342–351

Martis 1979 Adi Martis, Het ontstaan van de kunstnijverheidsonderwijs in Nederland en de geschiedenis van de Quellinusschool te Amsterdam (1879–1924), in: Nederlands Kunsthistorisch Jaarboek 1979, Haarlem 1980, S. 79–171

Masák/Svácha/Vybíral 1995 Miroslav Masák, Rostislav Svácha, Jindrich Vybíral, The Trade Fair Palace in Prague, Prag 1995

Mattie 1995 Erik Mattie, Functionalism in the Netherlands, Amsterdam 1995

Mebes 1908 Paul Mebes, Um 1800, München 1908

Mees 1928 Mr. W. C. Mees, De Rotterdamsche Volksuniversiteit, in: Ruempol 1928, S. 515–518

Mehlau-Wiebling 1989 Friederike Mehlau-Wiebling, Richard Döcker. Ein Architekt im Aufbruch zur Moderne, Braunschweig/Wiesbaden 1989

Meijers 1916 Mels J. Meijers, Volkshuisvesting: de architecten en de woningbouw, in: BW, Jg. 37, 1916, S. 201ff.; Jg. 38, 1917, S. 3ff.

Meijers 1917 Mels J. Meijers, Volkshuisvesting, IX. De binnenruimte van het woningblok als gemeenschappelijke tuin, in: BW, Jg. 38, 3.2.1917, Nr. 5, S. 25–29

Melis 1994 Liesbeth Melis, Relatie tussen Oud en Taut (Rezension zu Van der Hoeven 1994), in: De Architect, 25, 1994, Nr. 4, S. 103

Mellegers 1995 Ernie Mellegers, Reconstructies. Café de Unie, Museumwoning De Kiefhoek, Directiekeet Oud-Mathenesse, Rotterdam 1995

Menrad 1986 Andreas Menrad, Die Weißenhofsiedlung, farbig: Quellen, Befunde und die Revision eines Klischees, in: Deutsche Kunst und Denkmalpflege, 43/44, 1986, Heft 1, S. 95–108

Mens 1997 Noor Mens, Rotterdam 1928, Algemeen Uitbreidingsplan, in: Bosma/Hellinga 1997, S. 200–207

Mens/Loosma/Bosma 1985 Robert Mens, Bart Loosma, Jos Bosma, Le Corbusier en Nederland, Utrecht 1985

Merkelbach 1931 Ben Merkelbach, Verkaveling van woonwijken, in: TvVS, Jg. 12, 1931, Nr. 2, S. 31–40

Merkelbach 1934 Ben Merkelbach, Berlage en de jongeren, in: De 8 en Opbouw, Jg. 5, 1934, Nr. 18, S. 158

Merkelbach/Van Tijen 1931 Ben Merkelbach, Willem van Tijen, Verkaveling van Woonwijken II, in: TvVS, Jg. 12, 1931, Nr. 4, S. 80–85

Mesnil 1932 J. Mesnil, L'architecture moderne en hollande. Maisons ouvrières, in: Le Monde, 5, 11.6.1932, Nr. 210, S. 5

Metron 1952 Oud riesamina se stesso, in: Metron, 1952, Nr. 45, S. 7–15

Metz 1986a Tracy Metz, De zeven duivelen. Reconstructie van Café de Unie van J. J. P. Oud, in: NRC Handelsblad, 29.8.1986

Metz 1986b Tracy Metz, De Stijl destilled: a new look at the work of J. J. P. Oud, in: AR, Bd. 174, November 1986, S. 75–77

Meurs 1995 Paul Meurs, Neo-Oud of Neo-modern? De Kiefhoek reconstrueerd, in: Archis, 1, 1995, S. 4f.

Meyer Erna 1926 Erna Meyer, Der neue Haushalt, Stuttgart 1926

Meyer Erna 1927a Erna Meyer, Wohnungsbau und Hausführung, in: i 10, I, 5, 1927, S. 166–174; auch in: Der Baumeister, 25, 1927, Heft 6, S. 89–95

Meyer Erna 1927b Erna Meyer, Das Küchenproblem auf der Werkbundausstellung, in: Die Form, II, 1927, Heft 10, S. 299–307

Meyer Erna 1928a Erna Meyer, Die Küche, in: Graeff 1928, S. 142–146

Meyer Erna 1928b Erna Meyer, Der neue Haushalt, München 1928 (2. überarbeitete Auflage von Meyer Erna 1926)

Meyer Hannes 1926 Hannes Meyer, Die neue Welt, in: Das Werk, Jg. 13, Juli 1926, S. 205–225

Meyer-Bergner 1980 Lena Meyer-Bergner, Hrsg., Hannes Meyer, Bauen und Gesellschaft. Schriften, Briefe, Projekte, Dresden 1980

De Michelis 1992 Marco de Michelis, Das Europa des Sant'Elia, in: Lampugnani 1992, S. 69–80

Middleton 1982 Robin Middleton, The Beaux Arts and nintenth-century french architecture, London 1982

Mieras 1923 J. P. Mieras, Een uithoekje van een wereldstad, in: BW, Jg. 44, 1923, Nr. 33, S. 361–364; Nr. 34, S. 368–372, Nr. 35, S. 375–378; Nr. 36, S. 381–386

Mieras 1925 J. P. Mieras, De tentoonstelling te Parijs, in: BW, Jg. 6, 2.5.1925, Nr. 18, S. 256–259; 9.5.1929, Nr. 19, S. 271–280; 16.5.1925, Nr. 20, S. 291–296

Mieras 1950 J. P. Mieras, Rustig in de golven van de tijd, in: BW, Jg. 68, 1950, Nr. 45, S. 699

Minnucci 1926 Gaetano Minnucci, L'Abitazione moderna popolare nell'architettura contemporanea olandese, Roma 1926

Mittmann 2002 Elke Mittmann, Beziehungsgeflechte in der Diskussion um internationale Architektur: Assimilation, Integration und Negation, in: Isabelle Ewig, Th. W. Gaehtgens, M. Noell, Hrsg., Das Bauhaus und Frankreich, Berlin 2002, S. 59–80

Moeller 1991 Gisela Moeller, Peter Behrens in Düsseldorf. Die Jahre 1903 bis 1907, Dissertation Bonn, Weinheim 1991

Möller 1997 Werner Möller, Mart Stam (1899–1986) Architekt – Visionär – Gestalter, Sein Weg zum Erfolg 1919–1930, Tübingen/Berlin 1997

Mohr/Müller 1984 Christoph Mohr, Michael Müller, Funktionalität und Moderne. Das Neue Frankfurt und seine Bauten 1925–1933, Köln 1984

Molema 1996a Jan Molema, Hrsg., The new movement in the Netherlands 1924–36, Rotterdam 1996

Molema 1996b Jan Molema, The rational, the functional, the poetic, in: Molema 1996a, S. 13–28

Mondrian 1917a Piet Mondrian, De nieuwe beelding in de schilderkunst. 1. Inleiding, in: De Stijl, I, 1, 1917, S. 2–8
Mondrian 1917b Piet Mondrian, De nieuwe beelding in de schilderkunst. 2. De nieuwe beelding als stijl, in: De Stijl, I, 2, 1917, S. 13–18
Mondrian 1918a Piet Mondrian, De nieuwe beelding in de schilderkunst. 3. De nieuwe beelding als abstract-reëele schilderkunst. Beeldingsmiddel en compositie, in: De Stijl, I, 3, 1918, S. 29–31; I, 4, 1918, S. 41–45
Mondrian 1918b Piet Mondrian, De nieuwe beelding in de schilderkunst. 4. De redelijkheid der nieuwe beelding, in: De Stijl, I, 5, 1918, S. 49–54; I, 7, 1918, S. 73–76
Mondrian 1918c Piet Mondrian, De nieuwe beelding in de schilderkunst. 7. Van het natuurlijke tot het abstracte d. i. van het onbepaalde tot het bepaalde, in: De Stijl, I, 8, S. 88–91; I, 9, 1918, S. 102–111; I, 10, 1918, S. 121–124; I, 11, 1918, S. 125–134; I, 12, 1918, S. 140–147; II, 2, 1918, S. 14–19
Mondrian 1919/20 Piet Mondrian, Natuurlijke en abstracte realiteit, in: De Stijl, II, 8, 1919, S. 85–89; II, 9, S. 97–99; II, 10, S. 109–113; II, 11, S. 121–125; II, 12, S. 133–137; III, 2, S. 15–19; III, 3, 1920, S. 27–31; III, 5, S. 41–44; III, 6, S. 54–56; III, 7, S. 58–60; III, 8, S. 65–69; III, 9, 73–76; III, 10, S. 81–84
Mondrian 1921 Piet Mondrian, Le Neo-Plasticisme. Over de kleurbeelding in de architectuur, in: De Stijl, IV, 2, 1921, S. 19
Mondrian 1922 Piet Mondrian, De realiseering van het Neo-plasticisme in verre toekomst en in de huidige architectuur, in: De Stijl, V, 3, 1922, S. 41–47; V, 5, 1922, S. 65–71
Mondrian 1923 Piet Mondrian, Moet de schilderkunst minderwaardig zijn aan de architectuur?, in: De Stijl, VI, 5, 1923, S. 62–64
Mondrian 1995 Piet Mondrian 1872–1944, Ausstellungskatalog Bern 1995 (1. Ausgabe: Milano 1994)
Van Moorsel 2000 Wies van Moorsel, Nelly van Doesburg 1899–1975. »De doorsnee is mij niet genoeg«, Nijmegen 2000
Moscoviter 1985a Herman Moscoviter, De eerste Steen. Witte Dorp, o wee, in: Het Vrije Volk, 19.6.1985
Moscoviter 1985b Herman Moscoviter, Witte Dorp toch forever, in: Het Vrije Volk, 17.8.1985
Müller 1987 Sebastian Müller, Die Moderne in der Architektur und J. L. M. Lauweriks, in: Lauweriks 1987, S. 69–76
Münch 2003 Andreas Münch, De Stijl, das geometrische Ornament und die monumentale Gestaltung, Dissertation Bern, Bern u. a. 2003
Mulder 1978 Johannes Willem Hans Mulder, Kunst in crisis en bezetting. Een onderzoek naar de houding van Nederlandse kunstenaars in de periode 1930–1945, Dissertation Utrecht 1978
Mulder 1988 André Mulder, Groei tegen de verdrukking in begin van de gemeentelijke woningbouw in Rotterdam, Rotterdam 1988
Mulhern 1943 Elvira Mulhern, Netherlands Architects set the Pace. Oud followed neoplasticists in functional design, in: Knickerbocker Weekly, Bd. 3, 30.8.1943, Nr. 27, S. 34–37
Mumford 2000 Eric Mumford, The CIAM discourse on urbanism 1928–1960, Cambridge Mass./London 2000 (1. Auflage 1958)
Muthesius 1904 Hermann Muthesius, Das englische Haus, Berlin 1904
Muthesius 1917 Hermann Muthesius, Wie baue ich mein Haus?, München 1917
Nägele 1992 Hermann Nägele, Die Restaurierung der Weißenhofsiedlung 1981–1987, Stuttgart 1992
Naredi-Rainer 1982 Paul Naredi-Rainer, Architektur und Harmonie. Zahl, Maß und Proportion in der abendländischen Baukunst, Köln 1982
Naylor 1975 Gillian Naylor, De Stijl, abstraction or architecture? in: Studio International, 190, 1975, S. 98–102
Nerdinger 1988a Winfried Nerdinger, Theodor Fischer. Architekt und Städtebauer 1862–1938, München 1988
Nerdinger 1988b Winfried Nerdinger, Theodor Fischer – der Lehrer und seine Schüler, in: Baumeister, November 1988, S. 15–21
Nerdinger 1996 Winfried Nerdinger, Der Architekt Walter Gropius, Berlin 1996 (1. Auflage 1985)
Nerdinger 2001 Winfried Nerdinger, Kristiana Hartmann, Matthias Schirren, Manfred Speidel, Hrsg., Bruno Taut 1880–1938. Architekt zwischen Tradition und Avantgarde, Stuttgart/München 2001
Neumeyer 1986 Fritz Neumeyer, Mies van der Rohe. Das kunstlose Wort. Gedanken zur Baukunst, Berlin 1986
Nicolai 1998 Bernd Nicolai, Moderne und Exil. Deutschsprachige Architekten in der Türkei, 1925–55, Berlin 1998
Nicolaisen 1996 Dörte Nicolaisen, Hrsg., Das andere Bauhaus. Otto Bartning und die Staatliche Bauhochschule in Weimar 1926–30, Ausstellungskatalog Berlin 1996, v. a., S. 11–44
Nicolaisen/Van Rossem 1991 Dörte Nicolaisen, Vincent van Rossem, Cornelis van Eesteren en de Bauhochschule in Weimar, in: Jong Holland, Jg. 7, 1991, Nr. 1, S. 17–29
Nieuwe Bouwen 1982a Het Nieuwe Bouwen, Voorgeschiedenis, Ausstellungskatalog Amsterdam, Delft 1982
Nieuwe Bouwen 1982b Het Nieuwe Bouwen, Rotterdam 1920–1960, Ausstellungskatalog Rotteram, Delft 1982
Nieuwe Bouwen 1983a Het Nieuwe Bouwen, De Stijl, Ausstellungskatalog Den Haag, Delft 1983
Nieuwe Bouwen 1983b Het Nieuwe Bouwen, CIAM, volkshuisvesting, stedebouw, Ausstellungskatalog Otterlo, Delft 1983
Nieuwenhuis 1955 Jan Nieuwenhuis, Mensen maaken een stad 1855–1955 (Dienst Gemeentewerken), Rotterdam 1955
Noever 1992 Peter Noever, Hrsg., Die Frankfurter Küche von Margarete Schütte-Lihotzky. Die Frankfurter Küche aus der Sammlung des MAK – Österreichisches Museum für Angewandte Kunst, Wien/Berlin 1992
Nooteboom 1985 Cees Nooteboom, Unbuilt Netherlands, 1985 (1. Auflage 1980)
NRC 1925 Typen van nieuwe bouwkunst, in: NRC, 6.11.1925, avondblad, B
NRC 1928 De nieuwe beurs te Rotterdam, in: NRC, 22.9.1928
NRC 1929 Brieven over bouwkunst, in: NRC, 19.7.1929, S. 2
NRC 1934 Nieuwe Rotterdamsche Courant, Onder de menschen. Bij ons in Hillegersberg, 13.1.1934, 20.1.1934, 24.1.1934, 27.1.1934
NRC 1936 Brieven over bouwkunst. Werken van J. J. P. Oud in den Rotterdamschen Kunstkring, in: NRC, 29.2.1936, avondblad
Nycolaas 1971 Jacques Nycolaas, Das Wohnungsproblem der arbeitenden Klasse: Träger gesellschaftlicher Gegensätze, in: Leering 1971, S. 7–49
Nycolaas 1980 Jacques Nycolaas, Woningbouw in Nederland. Een historisch benadering, in: Casciato/Panzini/Polano 1980, S. 6–11
OASE 1986 Themanummer Oud-Mathenesse: OASE, 1986, 14
Oechslin 1991 Werner Oechslin, Mart Stam. Eine Reise in die Schweiz 1923–1925, Zürich 1991
Oechslin 1992 Werner Oechslin, »Entwerfen heißt, die einfachste Erscheinungsform zu finden«. Mißverständnisse zum Zeitlosen, Historischen, Modernen und Klassischen bei Friedrich Ostendorf, in: Lampugnani/Schneider 1992, S. 28–53
Oechslin 1994 Werner Oechslin, Das »Neue« und die moderne Architektur, in: Daidalos 1994, 52, S. 114–126
Oechslin 1999 Werner Oechslin, Die Erfindung der Form, in: ders., Moderne entwerfen. Architektur und Kulturgeschichte, Köln 1999, S. 293–298
Oelker 1997 Simone Oelker, »kein raum ohne sonne«. Dammerstock und die Siedlungsbauten von Otto Haesler, in: Franzen 1997, S. 107–121
Oelker 2002 Simone Oelker, Otto Haesler: Eine Architektenkarriere in der Weimarer Republik, Hamburg 2002

Van Ommen 1992 Kasper van Ommen, Straatmeubilair. Amsterdamse School 1911–1940, Amsterdam 1992

De 8 en Opbouw 1932 Interieurs van Allegonda, in: De 8 en Opbouw, Jg. 3, 1932, Nr. 24, S. 235

De 8 en Opbouw 1936 Café de Unie, later Café »Den Ouden«, in: De 8 en Opbouw, Jg. 7, 1936, Nr. 9, S. 102

Osborn 1927 Max Osborn, Die Wohnung der Zukunft, in: Vossische Zeitung, 26.8.1927

Osten/Jacobs 1996 Jack Osten, Stef Jacobs, Bearb., Purmerend in de jaren twintig, Purmerends Museum 1996

Otsen 2001 J. J. P. Oud: Purmerender. Wereldberoemd eigenzinnig architect, Konzeption: Afdeling Communicatie Gemeente Purmerend, Text: Jack Otsen, Purmerend 2001

Ott 1967 Leo Ott, Naar wijder horizon. Vijftig jaar Volks-Universiteit te Rotterdam, Rotterdam/'s-Gravenhage 1967

Otten 1928 Albert Otten, Rotterdam en de moderne Bouwkunst, in: Ruempol 1928, S. 447–452

Otten 1929 Albert Otten, Rotterdamsche problemen, in: BWA, Jg. 50, 25.5.1929, Nr. 21, S. 161–168

Otten 1930 Albert Otten, De Kiefhoek te Rotterdam, in: BWA, Jg. 51, 8.11.1930, Nr. 45, S. 369–372

Otto 2001 Christian Otto, Weißenhofsiedlung, Gesamtplan, Ausstellung »Die Wohnung«, in: Riley/Bergdoll 2001, S. 210–213

Oud 1913a J. J. P. Oud, Onze eigen bouwstijl, in: BW, Jg. 33, 10.5.1913, Nr. 19, S. 223f.

Oud 1913b J. J. P. Oud, Naar aanleiding van »Van de Scheepvaarttentoonstelling«, in: De Wereld, 18.7.1913, S. 6

Oud 1913c J. J. P. Oud, Landhäuser von Hermann Muthesius, in: BW, Jg. 33, 29.11.1913, Nr. 48, S. 589

Oud 1914 J. J. P. Oud, Bioscooptheater te Purmerend, in: BW, Jg. 4, 7.2.1914, S. 66

Oud 1915a J. J. P. Oud, Architecten met de pen, in: BW, Jg. 35, 6.2.1915, Nr. 6, S. 44f.

Oud 1915b J. J. P. Oud, Arbeiderswoningen te Leiderdorp, in: BW, Jg. 36, 10.7.1915, Nr. 11, S. 87

Oud 1916a J. J. P. Oud, De moderne en modernste bouwkunst, in: BW, Jg. 36, 11.3.1916, Nr. 46, S. 341–343

Oud 1916b J. J. P. Oud, Landhuisje te Blaricum, in: BW, Jg. 37, 13.5.1916, Nr. 2, S. 24

Oud 1916c J. J. P. Oud, Over cubisme, futurisme, moderne bouwkunst enz., in: BW, Jg. 37, 16.9.1916, Nr. 20, S. 156f.

Oud 1917a J. J. P. Oud, Het monumentale stadsbeeld, in: De Stijl, I, 1, 1917, S. 10f.

Oud 1917b J. J. P. Oud, in: Holland Express, Bd. 10, 1917, S. 479

Oud 1918a J. J. P. Oud, Kunst en machine, in: De Stijl, I, 3, 1918, S. 25–27

Oud 1918b J. J. P. Oud, Verbouwing huize »Allegonda« Katwijk aan Zee, in: BW, Jg. 39, 2.2.1918, Nr. 5, S. 29f.

Oud 1918c J. J. P. Oud, Architectonische beschouwing bij bijlage VIII. Woonhuis van Fred C. Robie door Frank Lloyd Wright, in: De Stijl, I, 4, 1918, S. 39–41

Oud 1918d J. J. P. Oud, Bouwkunst en normalisatie bij den massabouw, in: De Stijl, I, 7, 1918, S. 77–79

Oud 1918e J. J. P. Oud, Glas in lood van Theo van Doesburg, in: BW, Jg. 39, 31.8.1918, Nr. 35, S. 199–202

Oud 1919a J. J. P. Oud, Architectonische beschouwing. A. Massabouw en straatarchitectuur; B. Gewapend beton en bouwkunst, in: De Stijl II, 7, 1919, S. 79–84

Oud 1919b J. J. P. Oud, Boekbespreking »Dr. Otto Grautoff, Formzertrümmerung und Formaufbau in der bildenden Kunst«, in: De Stijl, II, 10, 1919, S. 113f.

Oud 1919c J. J. P. Oud, Orientatie, in: De Stijl, III, 2, 1919, S. 13–15

Oud 1919d J. J. P. Oud, Dr. H. P. Berlage und sein Werk, in: Kunst und Kunsthandwerk, Jg. 22, Wien 1919, S. 189–228

Oud 1920a J. J. P. Oud, Architectonische beschouwing bij bijlage III, in: De Stijl, III, 3, 1920, S. 25–27

Oud 1920b J. J. P. Oud, Het bouwen van woningen in gewapend beton, in: BW, Jg. 41, 10.4.1920, Nr. 15, S. 89–94; 5.6.1920, Nr. 23, S. 131–136

Oud 1920c J. J. P. Oud, De building exposition te London, in: TvV, Jg. 1, 15.5.1920, Nr. 4, S. 97f.

Oud 1920d J. J. P. Oud, Gemeentelijke volkswoningen, polder »Spangen«, Rotterdam, in: BW, Jg. 41, 11.9.1920, Nr. 37, S. 219–222

Oud 1921a J. J. P. Oud, Over de toekomstige bouwkunst en hare architectonische mogelijkheden, in: BW, Jg. 42, 11.6.1921, Nr. 24, S. 147–160

Oud 1921b J. J. P. Oud, Naar aanleiding van den Amsterdamsche tentoonstelling voor woninginrichting, in: TvV, Jg. 2, 15.7.1921, Nr. 7/8, S. 196–199

Oud 1922a J. J. P. Oud, Boekankondiging, Naar aanleiding van »Arbeiderswoningen in Nederland«, in: TvV, Jg. 3, 15.1.1922, Nr. 1, S. 18f.

Oud 1922b J. J. P. Oud, Bouwkunst en kubisme, in: De Bouwereld, Jg. 21, 9.8.1922, Nr. 32, S. 245

Oud 1922c J. J. P. Oud, Ontwerp voor een woonhuis in Berlijn, in: BW, Jg. 43, 2.9.1922, Nr. 35, S. 341–344

Oud 1922d J. J. P. Oud, Uitweiding bij eenige afbeeldingen, in: BW, Jg. 43, 21.10.1922, Nr. 42, S. 418–424

Oud 1922e J. J. P. Oud, Het Hofplein-plan van Dr. Berlage, Zwolle 1922

Oud 1922f J. J. P. Oud, O budoucim stavitelstvi a jeho architektonick ch moznostech, in: Stavba, Bd. 1, 1922, Nr. 4, S. 177–187 (tschechische Fassung von Oud 1921a)

Oud 1922g J. J. P. Oud, Über die zukünftige Architektur und ihre architektonischen Möglichkeiten, in: Frühlicht, Sommer 1922, Heft 4, S. 113–118 (deutsche Fassung von Oud 1921a)

Oud 1922h J. J. P. Oud, Nekolik dat o J. J. P. Oudovi, in: Stavba, 1922, S. 189f.

Oud 1923a J. J. P. Oud, Gemeentelijke woningbouw in »Spangen« te Rotterdam, in: BW, Jg. 44, 13.1.1923, Nr. 2, S. 15–20

Oud 1923b J. J. P. Oud, Bij een Deensch ontwerp voor de Chicago Tribune, in: BW, Jg. 44, 10.11.1923, Nr. 45, S. 456–458

Oud 1923c J. J. P. Oud, In memoriam K. P. C. de Bazel, in: BW, Jg. 44, 15.12.1923, Nr. 50, S. 513f.

Oud 1924a J. J. P. Oud, Antwoord van J. J. P. Oud, in: BW, Jg. 45, 26.1.1924, Nr. 4, S. 50f.

Oud 1924b J. J. P. Oud, »Vers une architecture« van Le Corbusier-Saugnier, in: BW, Jg. 45, 1.3.1924, Nr. 9, S. 90–94

Oud 1924c J. J. P. Oud, Kunst, Handwerk und Maschine, in: Thüringer Allgemeine Zeitung, Bd. 75, 13.7.1924, Nr. 190, S. 6

Oud 1924d J. J. P. Oud, Semi-permanente woningbouw »Oud-Mathenesse« Rotterdam, in: BW, Jg. 45, 25.10.1924, Nr. 43, S. 418–421

Oud 1924e J. J. P. Oud, Aus J. J. P. Oud: Ja und Nein; Bekenntnisse eines Architekten, in: Das Kunstblatt, 8, S. 344 (vollständiger Abdruck: Oud 1925d)

Oud 1924f J. J. P. Oud, Gemeentelijke woningbouw in »Spangen« en »Tussendijken« door J. J. P. Oud, in: Rotterdamsch Jaarboekje, 1924, XLIX-LV

Oud 1925a J. J. P. Oud, Erziehung zur Architektur, in: Soziale Bauwirtschaft, Jg. 5, 15.2.1925, Nr. 4, S. 25–28

Oud 1925b J. J. P. Oud, Een Café, in: BW, Jg. 46, 1.8.1925, Nr. 31, S. 397–400

Oud 1925c J. J. P. Oud, De »Bauhaus-Bücher«, in: BW, Jg. 46, 19.12.1925, Nr. 51, S. 587f.

Oud 1925d J. J. P. Oud, Ja und Nein; Bekenntnisse eines Architekten, in: WMB, Jg. 9, 1925, S. 140–146 (vgl. Oud 1924e)

Oud 1925e J. J. P. Oud, The influence of Frank Lloyd Wright on the architecture of Europe, in: Wendingen, Jg. 7, 1925, Nr. 6, S. 85–91

Oud 1926a J. J. P. Oud, Holländische Architektur, München 1926 (»Bauhausbuch« Nr. 10; 2. erweiterte Auflage: München 1929)

Oud 1926b J. J. P. Oud, Die Entwicklung der modernen Baukunst in Holland: Vergangenheit, Gegenwart, Zukunft, in: Oud 1926a, S. 8–62

Oud 1926c J. J. P. Oud, Der Einfluß von Frank Lloyd Wright auf die Architektur Europas, in: Oud 1926a, S. 77–83 (englische Fassung: Oud 1925e)

Oud 1927a J. J. P. Oud, Woningbouw te Hoek van Holland. in: Groen-Wit-Groen 1927, S. 38–42

Oud 1927b J. J. P. Oud, Richtlijn, in: i 10, I, 1, 1927, S. 2f.

Oud 1927c J. J. P. Oud, Huisvrouwen en architecten, in: i 10, I, 2, 1927, S. 44–46

Oud 1927d J. J. P. Oud, Internationale architectuur. Werkbund-tentoonstelling ›Die Wohnung‹ Juli-September 1927, Stuttgart, in: i 10, I, 6, 1927, S. 204f.

Oud 1927e J. J. P. Oud, Aangepast bij de omgeving, in: i 10, I, 10, 1927, S. 349f.

Oud 1927f J. J. P. Oud, Toelichting op een woningtype van de Werkbund-Ausstellung Die Wohnung, Stuttgart 1927, in: i 10, I, 11, 1927, S. 381–384

Oud 1927g J. J. P. Oud, Wohin führt das Neue Bauen: Kunst und Standard, in: i 10, I, 11, 1927, S. 385f.

Oud 1927h J. J. P. Oud, Ein neuer Wohnungsbau, in: Der Baumeister, Bd. 25, 1927, Nr. 11, S. 297–301

Oud 1927i J. J. P. Oud, Die Häuser von Oud, in: Die Form, Jg. 2, 1927, Heft 9, S. 270f.

Oud 1927j J. J. P. Oud, in: De Stijl, VII, 79/84, 1927, S. 39f.

Oud 1928a J. J. P. Oud, Wohngruppe in Hoek van Holland, in: Die Form, Jg. 3, 1928, S. 38f.

Oud 1928b J. J. P. Oud, Beursproject J. J. P. Oud. Rotterdarn 1926, in: i 10, II, 14, 1928, S. 25–29 (vgl. NRC 1928)

Oud 1928c J. J. P. Oud, A. G. Schneck, »Der Stuhl«, in: i 10, II, 15, 1928, S. 64f.

Oud 1928d J. J. P. Oud, Architecture and the future, in: The Studio, Bd. 96, Dezember 1928, Nr. 429, S. 401–406

Oud 1928e J. J. P. Oud, Ein tägliches Problem des Städtebaus, in: Bauen und Wohnen in der Wagschale. Internationale Kritik der Zehlendorfer Siedlungen am Fischtalgrund, in: Berliner Börsen-Kurier vom 4.11.1928, Nr. 519, S. 9f.

Oud 1929a J. J. P. Oud, In memory of Peter van der Meulen Smith 1902–1928, in: i 10, II, 19, 1929, S. 122

Oud 1929b J. J. P. Oud, E. Mendelsohn, »Russland, Europa, Amerika – Ein architektonischer Querschnitt«, Boekbespreking, in: i 10, II, 19, 1929, S. 135

Oud 1929c J. J. P. Oud, J. Vischer/L. Hilberseimer, »Beton als Gestalter«, Boekbespreking, in: i 10, II, 19, 1929, S. 135f.

Oud 1929d J. J. P. Oud, Toelichting bij het ontwerp motto x: voor een beurs te Rotterdam. Architect J. J. P. Oud, in: BW, Jg. 50, 9.2.1929, Nr. 6, S. 41f.

Oud 1930a J. J. P. Oud, Mysli, in: Praesens, Mai 1930, Nr. 2, S. 87–91

Oud 1930b J. J. P. Oud, Die städtische Siedlung »De Kiefhoek« in Rotterdam, in: Die Form, 5, 15.7.1930, Heft 14, S. 357–369

Oud 1930c J. J. P. Oud, Eine städtische Siedlung in Rotterdam, in: Der Baumeister, Jg. 28, 1930, Nr. 11, S. 425–432

Oud 1931a J. J. P. Oud, Kiefhoek, in: Tér és forma, Januar 1931, 4, S. 11–17

Oud 1931b J. J. P. Oud, Die Kiefhoek, in: Zentralblatt der Bauverwaltung, Jg. 51, 11.3.1931, Nr. 10, S. 149–153

Oud 1931c J. J. P. Oud, Le quartier d'»habitations-Ford« a Rotterdam, in: L'Architecture d'aujourd'hui, März 1931, S. 2–8

Oud 1931d J. J. P. Oud, The £ 213 house. A solution to the re-housing problem for rock-bottom incomes in Rotterdam, in: The Studio, März 1931, S. 175–179

Oud 1931e J. J. P. Oud, »£ 213; a solution to the re-housing problem in Rotterdam, in: Creative Art, Bd. 8, 9.3.1931, S. 174–179

Oud 1932a J. J. P. Oud, Bij de dood van Theo van Doesburg, in: De Stijl, 1932, letzte Nummer, S. 46f.

Oud 1932b J. J. P. Oud, De »Nieuwe Zakelijkheid« in de bouwkunst, in: De 8 en Opbouw, Jg. 3, 1932, Nr. 23, S. 223–228

Oud 1932c J. J. P. Oud, Ontwerp voor een huis in Pinehurst (U. S. A.), in: De 8 en Opbouw, Jg. 3, 1932, Nr. 23, S. 229

Oud 1933a J. J. P. Oud, Waarom Schonheidscommissies?, in: De 8 en Opbouw, Jg. 4, 1933, Nr. 9, S. 73

Oud 1933b J. J. P. Oud, The european movement. Towards a new architecture, in: The Studio, 105, 1933, Nr. 481, S. 249–256

Oud 1934a J. J. P. Oud, Tentoonstelling Liberty, in: De 8 en Opbouw, Jg. 5, 1934, Nr. 2, S. 9

Oud 1934b J. J. P. Oud, Ik dacht zoo: over Jan Jans oordeel, in: De 8 en Opbouw, Jg. 5, 1934, Nr. 16, S. 140

Oud 1934c J. J. P. Oud, Dr. H. P. Berlage, 1856–1934, in: De 8 en Opbouw, Jg. 5, 1934, Nr. 18, S. 149–152

Oud 1935a J. J. P. Oud, Nieuwe Bouwkunst in Holland en Europa, Amsterdam/Den Dolder 1935

Oud 1935b J. J. P. Oud, Raymond Mc Grath, Twentieth century houses, London 1934, Buchbesprechung, in: De 8 en Opbouw, Jg. 6, 1935, Nr. 1, S. 11f.

Oud 1936a J. J. P. Oud, Mies van der Rohe, in: De 8 en Opbouw, Jg. 7, 1936, Nr. 6, S. 71f.

Oud 1936b J. J. P. Oud, Bij de dood van Leen van der Vlugt, in: De 8 en Opbouw, Jg. 7, 1936, Nr. 10, S. 111f.

Oud 1938 J. J. P. Oud, Saenredam en Le Corbusier, in: De 8 en Opbouw, Jg. 9, 1938, Nr. 22, S. 217f.

Oud 1951a J. J. P. Oud, Vorwort zu Frank Lloyd Wright, Ausstellungskatalog Philadelphia 1951, Rotterdam 1952

Oud 1951b J. J. P. Oud, Clarity in town planning, in: The Journal of the Royal Institute of British Architecs, 58, März 1951, Nr. 5, S. 193–195

Oud 1952a J. J. P. Oud, Die Weißenhof-Siedlung. Ein Brief J. J. P. Ouds an die Stuttgarter, in: Stuttgarter Zeitung, Nr. 80, 4.4.1952, S. 2

Oud 1952b J. J. P. Oud, Wright's betekenis voor het nieuwe bouwen, in: De Groene Amsterdammer, 1.7.1952

Oud 1952c J. J. P. Oud, J. J. P. Oud riesamina se stesso, in: Metron Juni 1952, 45, Jg. VII., S. 6–15. Italienische Übers. von drei Artikeln: Architettura e lavoro in collaborazione (1952); L'Architettura moderna in Inghilterra (1949); L'edificio della Shell Olandese (1951)

Oud 1955 J. J. P. Oud, Mondriaan, in: De Groene Amsterdammer 12.2.1955, S. 9

Oud 1957a J. J. P. Oud, Is architectuur vogelvrij?, in: De Groene Amsterdammer, 20.7.1957

Oud 1957b J. J. P. Oud, J. J. P. Oud. Von ihm selber, in: Das Einhorn. Jahrbuch Freie Akademie der Künste Hamburg, Hamburg 1957, S. 188–192

Oud 1958 J. J. P. Oud, Le Corbusier, in: De Groene Amsterdammer, 12.4.1958, S. 9

Oud 1959 J. J. P. Oud, Frank Lloyd Wright, in: De Groene Amsterdammer, 18.4.1959, S. 14

Oud 1960a J. J. P. Oud, Mein Weg in De Stijl, 's-Gravenhage/Rotterdam o. J. (1960)

Oud 1960b J. J. P. Oud, Waarom ik van het toepassen van baksteen afstapte en op grond waarvan ik er weer toe terugkeerde, in: Baksteen, 3, Mai 1960, S. 1–5

Oud 1963 J. J. P. Oud, Architecturalia, voor bouwheren en architecten, Den Haag 1963

Oud en Taut 1994 Oud en Taut bij het NAi, in: De Architect, 2, 1994, S. 17

Oud-Dinaux 1986 Annie Oud-Dinaux, Pak Oud niet uit, in: NRC-Handelsblad, September 1986

Oud/Leertijd J. J. P. Oud, Autobiographisches Konzept in englischer Sprache, Oud-Archiv, C 1; Auszugsweise in Niederländisch publiziert als: Leertijd, in: Engel 1981b, S. 6–14

Overmeire/Patijn 1990 Katrien Overmeire, Wytze Patijn, Het begin van een restauratie; verslag van de reconstructie van een woonblok, in: Cusveller 1990a, S. 93–111

Overtoom 1996 A. M. J. Overtoom, J. J. P. Oud als ontwerper van meubelen: een onderzoek naar 327, niet eerder geïnventariseerde schetsbladen, unpublizierte Examensarbeit Universität Groningen 1996

Overtoom 1999 Ton Overtoom, De geeigende vorm, J. J. P. Oud als ontwerper van stalen meubelen, in: Jong Holland, 1999, 15, S. 28–44

Overy 1991 Paul Overy, De Stijl, London 1991

Oxenaar 1976 Rudolf Willem Daan Oxenaar, Een primitief van de nieuwe tijd, Dissertation Utrecht/Den Haag, Amsterdam 1976

Oxenaar 1982 Rudolf Willem Daan Oxenaar, Van der Leck and De Stijl 1916–1920, in: Friedman 1982, S. 69–79

Ozinga 1932 M. D. Ozinga, J. J. P. Oud, in: Thieme-Becker, Bd. 26, Leipzig 1932, S. 95

Padovan 1981 Richard Padovan, The pavilon and the court. Cultural and spatial problems of De Stijl Architecture, in: Architectural Review, 1981, 1018, S. 359–368 (niederländische Ausgabe: Het paviljoen en de hof. Culturele en ruimtelijke problemen in de architectuur van De Stijl, in: Wonen TA/BK, 15/16, 1982, S. 12–27)

Panorama 1917 Iets over bouwkunst, in: Panorama, 30.5.1917, S. 4f.

Patijn 1986 Wytze Patijn, De nieuwe plannen, in: OASE, 14, 1986, S. 21–31

Peet/Steenmeijer Corjan van der Peet, Guido Steenmeijer, Red., De Rijksbouwmeesters. Twee eeuwen architectuur van de Rijksgebouwendienst en zijn voorlopers, Rotterdam 1995

Pehnt 1971 Wolfgang Pehnt, Gropius the romantic, in: Art Bulletin, Bd. 53, 1971, Nr. 3, S. 379–392

Pehnt 1973 Wolfgang Pehnt, Die Architektur des Expressionismus, Stuttgart 1973

Pehnt 1983 Wolfgang Pehnt, Das Ende der Zuversicht, Berlin 1983

Pehnt 1998 Wolfgang Pehnt, Die Architektur des Expressionismus, Ostfildern 1998

Penn 1940 Beursbouw Rotterdam 1940, Eenige Gedenk-uitgaven omtrent de bouw van de Nieuwe Beurs, Rotterdam 1940, mit einem Vorwort von P. Penn

Periskopius 1925 Periskopius, Rotterdamsche Post VI., in: BW, Jg. 46, 11.7.1925, Nr. 28, S. 369f.

Van der Perren 1980 Architectuur en meubels van Huib Hoste (1881–1957), Ausstellungskatalog Gent, Texte und Zusammenstellung Jos Van der Perren, Gent 1980

Persoonlijkheden 1938 Persoonlijkheden in het Koninkrijk der Nederlande in woord en beeld, Amsterdam 1938

Peterek 2000 Michael Peterek, Wohnung Siedlung Stadt. Paradigmen der Moderne 1910–1950, Berlin 2000 (Dissertation Karlsruhe: Hierarchisches Formmodell und serielle Siedlungsstruktur. Eine vergleichende Strukturanalyse von vier Paradigmen der Wohnquartiersplanung 1910–1950)

Peters 1957 P. H. Peters, Piet Mondrian und die neuen Architektur, in: Baumeister, 1957, Heft 1, S. 38ff.

Petersen 1968 Ad Petersen, De Stijl, kompletter Nachdruck, Amsterdam/Den Haag 1968

Pétrasch Ch. Pétrasch, L'effort des constructeurs hollandais, in: Bâtir, 15.10.1933, Nr. 11, S. 401–403

Pevsner 1939 Nikolaus Pevsner, Frank Lloyd Wright's peaceful penetration of Europe, in: Architect's Journal, Bd. 89, 1939, S. 731–734; auch in: Dennis Sharp, The Rationalists. Theory and design in the modern movement, London 1978, S. 35–41

Pevsner 1976 Nikolaus Pevsner, History of building types, London 1976

Pfankuch 1974 Peter Pfankuch, Hrsg., Hans Scharoun. Bauten, Entwürfe, Texte, Berlin 1974

Pfeiffer 1986 Bruce Brooks Pfeiffer, Frank Lloyd Wright Monograph 1887–1901, Tokyo 1986

Pfeiffer 1987 Bruce Brooks Pfeiffer, Frank Lloyd Wrights ungebaute Architektur, Stuttgart 1987

Philipp/Stemshorn 2003 Klaus Jan Philipp Max Stemshorn, Hrsg., Die Farbe Weiß. Farbenrausch und Farbverzicht in der Architektur, Berlin 2003, darin u. a.: Klaus Jan Philipp, Farbe, Raum, Fläche. Architektonische Farbkonzepte von der Antike bis ins 20. Jahrhundert, S. 18–47

Pica 1935 Agnoldomenica Pica, Nascita e fortune dell'architettura olandese moderne, in: Emporium 82, 1935, Nr. 491, S. 249–258

Piper 1989 Reinhard Piper, Auf ein Wiedersehen!, in: Bauwelt, 1989, Heft 14, S. 649

Plan 1981 Bilddokumentation zu Oud, in: Plan, 6, 1981, S. 32–35

Plate 1920 Auguste Plate, Normalisatie van onderdeelen bij den woningbouw, in: TvV, Jg. 1, 1920, S. 90–94

Plate 1921a Auguste Plate, Over de beteekenis van den betonbouw in het ontwikkelingsproces van het bouwbedrijf, in: TvV, Jg. 2, 1921, Nr. 11, S. 302–305; TvV, Jg. 2, 1921, Nr. 12, S. 345–349

Plate 1921b Auguste Plate, Het rapport van de commissie van onderzoek naar de toestanden in het bouwbedrijf, in: TvV, Jg. 2, 15.7.1921, Nr. 7/8, S. 199–201

Plate 1922 Auguste Plate, Nu of nooit, in: TvV, Jg. 3, 15.11.1922, Nr. 11, S. 306–309

Plate 1924 Auguste Plate, Indistrialiseering van den woningbouw, in: TvV, Jg. 5, 15.12.1924, Nr. 12, S. 271–274

Plate 1927 Auguste Plate, Het Hofplein te Rotterdam, in: TvVS, Jg. 8, 1927, Nr. 2, S. 45–48

Platz 1930 Gustav Adolf Platz, Die Baukunst der neusten Zeit, Berlin 1930 (1. Auflage 1927)

Polano 1977 Sergio Polano, Note su Oud – rilettura dei documenti, in: Lotus International, 16, September 1977, S. 42–54

Polano 1979 Sergio Polano, Theo van Doesburg. Scritti di arte e di architettura, Roma 1979

Polano 1981 Sergio Polano, a cura di, J. J. P. Oud. Architettura olandese, Milano 1981 (Einleitung und Anhang zu Oud 1926a)

Polano 1982 Sergio Polano, De Stijl/Architectuur = Nieuwe Beelding, in: Friedman 1982, S. 87–98

Polano 1986 Sergio Polano, De nieuwe kleurbeelding in de architectuur. Beschouwingen over De Stijl, in: De Heer 1986, S. 75–91

Polano 1987 Sergio Polano, H. P. Berlage. Opera completa, Milano 1987

Polano 1988 Sergio Polano, H. P. Berlage. Het complete werk, Aalphen aan Rijn 1988

Polano 1990 Sergio Polano, Il colore dello stile. Note sulla neocromoplastica architettonica di De Stijl, in: Celant/Govan 1990, S. 111–134

Polášek 1928 Josef Polášek, Neimensí Dum (Kiefhoek), in: Stavitel, IX, 1928, 30, S. 106–108

Pollmann 1997 Tessel Pollmann, Rezension zu Taverne/Broekhuizen 1995, in: Nederlands Historisch Genootschap, Bijdragen en mededelingen betreffende de geschiedenis der Nederlanden, 1997, 112, S. 458–460

Pommer 1983 Richard Pommer, The flat roof: a modernist controversy in Germany, in: Art Journal, Sommer 1983, Heft 43, S. 158–169

Pommer/Otto 1991 Richard Pommer, Christian F. Otto, Weißenhof 1927 and the modern movement in architecture, Chicago/London 1991

Posener 1979a Julius Posener, Vorlesungen zur Geschichte der neuen Architektur, in: Arch +, 48, Aachen 1979

Posener 1979b Julius Posener, Das Mietshaus wandelt sich, in: Ders., Berlin auf dem Weg zu einer neuen Architektur. Das Zeitalter Wilhelms II., München 1979, S. 319–361

Posener 1982 Julius Posener, Weißenhof und danach, in: Jürgen Joedicke und Egon Schirmbeck, Hrsg., Architektur der Zukunft. Zukunft der Architektur, Stuttgart 1982, S. 14–23

Postma 1998 Caspar Postma, Oud, in: Haagsche Courant, B, 16.3.1998, S. 7

Postma/Boekraad 1995 Frans Postma, Cees Boekraad, Ed., 26, Rue du Départ. Mondrian's studio in Paris, 1921–1936, Berlin 1995

Van der Pot 1962 J. E. van der Pot, De Rotterdamsche Kring 1913–1942, in: Rotterdamsch Jaarboekje 1962, S. 147ff.

Prak 1971 Niels Luning Prak, De ontwikkeling van het Nieuwe Bouwen, in: Bouwen '20-'40, Ausstellungskatalog Eindhoven 1971, S. 29–49 (deutsche Fassung: Bauen '20-'40 1971, S. 29–49)

Prak 1972 Niels Luning Prak, Zeventig jaar woningwet: huizen, plannen, voorschriften, in: Plan, 11, 1972, S. 29–44

Prak 1991 Niel Luning Prak, Het Nederlandse woonhuis van 1800 tot 1940, Delft 1991

Preußische Kreuzzeitung 1931 Villenviertel? – Arbeitersiedlung!, in: Neue Preußische Kreuzzeitung, Nr. 296, 23.10.1931

Prigge 1999 Walter Prigge, zusammengestellt, Ernst Neufert, Normierte Baukultur im 20. Jahrhundert, Hrsg., Stiftung Bauhaus Dessau, Frankfurt am Main 1999

Prinz 1997 Regina Prinz, Neues Bauen in Magdeburg. Das Stadtbauamt unter Bruno Taut und Johannes Göderitz (1921–1933), Dissertation München 1997

Probst/Schädlich 1985 Hartmut Probst, Christian Schädlich, Walter Gropius, Bd. 1: Der Architekt und Theoretiker, Berlin 1985

Purmerend 2000 Gemeente Purmerend, Hrsg., Rondwandeling langs de monumenten van Purmerend, Open Monumentendag, 9.9.2000

Van Ravesteyn 1948 Louis Jacob Cornelis Johan van Ravesteyn, Rotterdam in de twintigste eeuw. De ontwikkeling van de stad vóór 1940, Rotterdam 1948

Rebel 1977 Ben Rebel, De volkswoningbouw van J. J. P. Oud, in: Nederlands kunsthistorisch Jaarboek 28, 1977, S. 127–168

Rebel 1983 Ben Rebel, Het Nieuwe Bouwen. Het functionalisme in Nederland 1918–1945, Assen 1983

Red 1928 Hoek van Holland, Oktober 1928, Nr. 28, S. 56

Redeker 1974 Hans Redeker, Willem van Leusden, Utrecht/Antwerpen 1974

Reedijk 1971 Hein Reedijk, Einfluß von Form und Theorie auf das Neue Bauen '20-'40, in: Bauen '20-'40 1971, S. 51–67

Rehorst/Jansen 1982 Chris Rehorst, Ellen Jansen, Nederlandse en Duitse Architectuur: contacten en parallelen, in: Dittrich/Blom/Bol 1982, S. 348–363

Reichlin 1995 Bruno Reichlin, Schrift – Raum – Architektur, in: Archithese, 1, 1995, S. 38–43

Reinhartz-Tergau 1987 Elisabeth Reinhartz-Tergau, Een ›Gispenlamp‹ van J. J. P. Oud, in: Jong Holland, 1987, Nr. 1, S. 34–47

Reinhartz-Tergau 1990 Elisabeth Reinhartz-Tergau, J. J. P. Oud. Architect. Architekt. Meubelontwerpen en interieurs. Möbelentwürfe und Inneneinrichtungen, Rotterdam 1990

Reinink 1965a Adriaan Wessel Reinink, K. P. C. de Bazel – Architect, Leiden 1965

Renink 1965b Adriaan Wessel Reinink, K. P. C. de Bazel – Architect, Amsterdam 1965

Reinink 1972 A. W. Reinink, »Nieuwe kunst« en neoklassicisme: Enkele arcitectuurtheoretische parallellen, in: Kunsthistorisch Jaarboek, 1972, 32, S. 455–472

Reijndorp 1987 Arnold Reijndorp, Het Witte Dorp en de Rotterdamse Volkshuisvesting, in: Colenbrander 1987a, S. 55–70

Reiter 1935 Klara Reiter, Der Volkswohnungsbau in Holland nach dem Weltkriege, Dissertation Dresden 1935

Rieger 1976 Hans Jörg Rieger, Die farbige Stadt. Beiträge zur Geschichte der farbigen Architektur in Deutschland und der Schweiz 1910–39, Zürich 1976

Rietveld 1939 Gerrit Rietveld, Interieurs van J. J. P. Oud, in: De 8 en Opbouw, Jg. 10, 1939, Nr. 3, S. 23

Rietveld 1951 Gerrit Rietveld, Over architect Oud, in: Forum, 6, 1951, 5/6, S. 132–134

Rietveld 1955 Gerrit Rietveld, Mondriaan en het Nieuwe Bouwen, in: BW, Jg. 73, 15.3.1955, Nr. 11, S. 127f.

Riezler 1927 Walter Riezler, Die Wohnung, in: Die Form, II, 1927, Heft 9, S. 258–266

Riley 1992 Terence Riley, The International Style: Exhibition 15 and the Museum of Modern Art, New York 1992

Riley 1994 Terence Riley, Ed., Frank Lloyd Wright. Architect, Museum of Modern Art, New York 1994

Riley 1998 Terence Riley, Portrait of the curator as a young man, in: Philip Johnson and the Museum of Modern Art, Studies in Modern Art 6, New York 1998, S. 35–69

Riley/Bergdoll 2001 Mies in Berlin, Ludwig Mies van der Rohe. Die Berliner Jahre 1907–1938, Terence Riley, Barry Bergdoll, Hrsg., München/London/New York 2001

Risselada 1997a Max Risselada, Red., Functionalisme 1927–1961, Hans Scharoun versus de Opbouw, Delft 1997

Risselada 1997b Max Risselada, De optimalisering van de portiekflat, in: Risselada 1997, S. 104–119

RN 1985 Rotterdam wil Witte Dorp op monumentenlijst, in: Rotterdams Nieuwsblad, 15.6.1985

Rodriguez-Lores/Fehl 1987 Juan Rodriguez-Lores, Gerhard Fehl, Hrsg., Die Kleinwohnungsfrage. Zu den Ursprüngen des sozialen Wohnungsbaus in Europa, Hamburg 1987

Rodriguez-Lores 1994 Sozialer Wohnungsbau in Europa: die Ursprünge bis 1918: Ideen, Programme, Gesetze, Basel/Boston/Berlin 1994

Rogkerus 1928 Rogkerus, J. P. Oud: Arbeiterwohnungen mit Läden in Hoek van Holland, in: Die Bauschau, Bd. 3, 1.3.1928, Nr. 5, S. 4–9

Romer 1984 Herman Romer, Rotterdam in de jaren twintig, Zaltbommel 1984

Romme Erich Romme, Historische schets van het gebouw »De Vonk«: Informationsblatt der Direktion, o. J./o. O.

Van Rood 1927 A. H. van Rood, De Werkbund-tentoonstelling in Stuttgart, in: BW, Jg. 48, 13.8.1927, Nr. 33, S. 297f.; 20.8.1927, Nr. 34, S. 305–307

De Roode 1926 H. S. de Roode, Uitbreidingsplan-Zuid der Gemeente Rotterdam, in: TvVS, Jg. 7, September 1926, Nr. 9, S. 165–169

Van Rooy 1981 M. van Rooy, Met rood moet je voorzichtig zijn. Alleen een toefje, in: NRC Handelsblad, 31.12.1981

Van Rooy 2001 Max van Rooy, Kraakhelder bouwen. Tentoonstelling rond het œuvre van architect J. J. P. Oud, in: NRC Handelsblad, 18.5.2001

Van Rossem 1988 Vincent van Rossem, Architectuur en stad in 1913: De overstap van bouwkunst naar stedebouw, in: De Vries 1988, S. 132–154

Roth 1973 Alfred Roth, Begegnung mit Pionieren: Le Corbusier, Piet Mondrian, Adolf Loos, Josef Hoffmann, Auguste Perret, Henry van de Velde, Basel/Stuttgart 1973

Roth 2001 Fedor Roth, Hermann Muthesius und die Idee der hamonischen Kultur, Berlin 2001

Rotterdamsch Nieuwsblad 1936 Rotterdamsche Kunstkring. Tentoonstelling van het werk van J. J. P. Oud, in: Rotterdamsch Nieuwsbald, 26.2.1936, 2. Blatt, S. 3

Rotzler 1984 Willy Rotzler, Theo van Doesburg, »Komposition V«, 1918, Züricher Gesellschaft, Jahresbericht 1984, S. 106–109

Rowe 1947 Colin Rowe, The mathematics of the ideal villa, in: Architectural Review, CI, März 1947, Nr. 603, S. 101–104

Rüegg 1994 Arthur Rüegg, Farbkonzepte und Farbskala in der Moderne, in: Daidalos, 52, 1994, S. 66–77

Rümmele 1991 Simone Rümmele, Mart Stam, Zürich/München 1991

Rümmele 1999 Simone Rümmele, Peter Meyer: Architekt und Theoretiker. Peter Meyers Beitrag zur Architekturdiskussion der Zwischenkriegszeit, Zürich 1999

Ruempol 1928 E. O. H. M. Ruempol, Hrsg., Gedenkboek ter gelegenheid van het 600-bestaan van de stad Rotterdam 1328–1928, Rotterdam 1928

De Ruijter 1987 Pieter de Ruijter, Voor volkshuisvesting en stedebouw. Voorgeschiedenis, oprichting en programma van het Nederlands Instituut voor Volkshuisvesting en Stedebouw 1850–1940, Utrecht 1987

De Ruiter 1984 Fred de Ruiter, Marijke Meijr, Ad Habets, Stadvernieuwing Rotterdam 1974–1984, I, Rotterdam 1984

Rukschcio/Schachel 1982 Burckhardt Rukschcio, Roland Schachel, Adolf Loos. Leben und Werk, Salzburg/ Wien 1982

Rusitschka 1995 Sonja Rusitschka, Rietvelds Nachkriegsvillen im Kontext der »De Stijl«-Bewegung, Dissertation Bochum 1995

De Ruyter-De Zeeuw 1987 Chr. A. De Ruyter-De Zeeuw, De eerste rode wethouders van Rotterdam, Rotterdam 1987

Sarraz 1928 Vorbereitender internationaler Kongress fuer Neues Bauen im Château da la Sarraz, 25/29. Juni 1928, in: i 10, II, 14, 1928, S. 30f.

Sbiglio 1997 Jacques Sbiglio, Le Corbusier: Les villas La Roche-Jeanneret, Basel/Boston/Berlin 1997

Schädlich 1991 Christian Schädlich, Hannes Meyers Beitrag zur Architekturlehre, in: Hannes-Meyer-Geburtstagskomitee, Jörg Janssen u. a., Hrsg., Hannes Meyer. Beiträge zum 100. Geburtstag, Dortmund 1991, S. 53–58

Scheffler 1907 Karl Scheffler, Moderne Baukunst, Berlin 1907

Scheffler 1924 L. S. P. Scheffler, Het internationaal stedebouwcongres, in: TvVS, Jg. 5, 15.10.1924, Nr. 10, S. 221–228; 246–253

Scheltema 1919 P. H. Scheltema, Les réactionnaires d'Arras, in: De Stijl, II, 7, 1919, S. 73f.

Schickel 1992 Gabriele Schickel, Theodor Fischer als Lehrer der Avantgarde, in: Lampugnani/Schneider 1992, S. 55–62

Schipper/Van Geest 1999 Kirsten Schipper, Joosje van Geest, Jos Klijnen, Rotterdam 1999

Schippers 1974 K. Schippers, Holland Dada, Amsterdam 1974

Schirren 2001 Matthias Schirren, Hugo Häring. Architekt des Neuen Bauens 1882–1958, Ostfildern-Ruit 2001

Schmidt 1927 Hans Schmidt, Die Wohnungsausstellung Stuttgart 1927, in: Das Werk, 9, 1927, S. 259–278

Schmuck/Kalthegener 1990 Friedrich Schmuck, Hildegrad Kalthegener, Rekonstruktion des Café de Unie, J. J. P. Oud, in: Deutsche Bauzeitschrift, 1, 1990, S. 101–104

Schneider 2000 Uwe Schneider, Hermann Muthesius und die Reformdiskussion in der Gartenarchitektur des frühen 20. Jahrhunderts, Worms 2000

Schneider/Wang 1998 Romana Schneider, Wilfried Wang, Hrsg., Moderne Architektur in Deutschland 1900 bis 2000. Macht und Monument, Ostfildern-Ruit 1998

Schomaker 1994 Karin Schomaker, Michiel Brinkman 1873–1925. Rol en betekenis van de opdrachtgevers uit de industrie voor zijn werk, Dissertation Utecht 1994

Schomaker/Baeten Karin Schomaker, Michiel Brinkman 1873–1925, mit einer Einleitung von Jean-Paul Baeten

Schouten 1985 Martin Schouten, Einde van een stenen Strijkkwartet, in: De Volkskrant, 25.5.1985

Schürer 1923 Oskar Schürer, Die internationale Architekturausstellung des Weimarer Bauhauses, in: Das Kunstblatt, VII, 1923, S. 315

Schulze 1986 Franz Schulze, Mies van der Rohe. Leben und Werk, Berlin 1986

Schulze 1996 Franz Schulze, Philip Johnson. Leben und Werk, Wien/New York 1996 (Original: Philip Johnson. Life and Work, New York 1994)

Schumacher 1936 Fritz Schumacher, Rundblicke. Ein Buch von Reisen und Erfahrungen, Stuttgart, Berlin 1936, vor allem »Studienreise in Holland«, S. 162–179

Schumacher 1979 Michael Schumacher, Avantgarde und Öffentlichkeit. Zur Soziologie der Künstlerzeitschrift am Beispiel von »De Stijl«, Dissertation Aachen 1979

Schumacher 1982 Angela Schumacher, Otto Haesler und der Wohnungsbau in der Weimarer Republik, Dissertation Marburg 1982

Schwitters 1927 Kurt Schwitters, Stuttgart – Die Wohnung – Werkbundausstellung, in: i 10, I, 10, 1927, S. 345–348

Scrivano 1997/98 Paolo Scrivano, J. J. P. Oud e l'architettura olandese negli scritti di Henry-Russell Hitchcock, in: Zodiac, 1997/98, Nr. 18, S. 90–103

Searing 1982a Helen Searing, J. J. P. Oud, in: Macmillan Encyclopedia of Architects, New York 1982, S. 333–335

Searing 1982b Helen Searing, Berlage of Cuypers? The father of them all, in: Helen Searing, In search of modern architecture: a tribute to Henry-Russell Hitchcock, Cambridge, Massachusetts 1982, S. 226–243

Searing 1983 Helen Searing, The Dutch scene: black and white and red all over, in: Art Journal, Bd. 43, 1983, Nr. 2, S. 170–177

Sembach 1992 Klaus-Jürgen Sembach, Konzept und Idee, 1910. Halbzeit der Moderne. Van de Velde, Behrens, Hoffmann und die anderen, Stuttgart 1992

Setnicka 1928 Josef Setnicka, Nová holandská architektura, in: Stavitel, IX, 1928, Nr. 29, S. 33–45

Shand 1935 Morton P. Shand, Scenario for a human drama: vi. La machine-à-habiter to the house of character, in: Architectural Review, Bd. 78, 1935, Nr. 459, S. 61–64

Singelenberg 1972 Pieter Singelenberg, H. P. Berlage, Idea and style, Utrecht 1972

Šlapeta 1980 Vladimir Šlapeta, Die tschechische Architektur der Zwischenkriegszeit aus dem Gesichtswinkel der Beziehungen zum Ausland, in: Archithese, Jg. 10, 1980, Nr. 6, S. 5–19

Šlapeta 1981 Vladimir Šlapeta, Arnošt Wiesner 1890–1971, architektoniché dílo, Ausstellungskatalog Prag, Olomouc 1981

Šlapeta 1982 Vladimir Šlapeta, Arnošt Wiesner 1890–1971, in: Projekt, Jg. 24, 1982, Nr. 8, Bratislava 1982, S. 66–69

Šlapeta 1984 Vladimir Šlapeta, Der Funktionalismus in Brünn, in: Bauwelt, Jg. 75, 1984, Nr. 39, S. 1668–1674

Šlapeta 1985 Vladimir Šlapeta, in: Die Brünner Funktionalisten. Moderne Architektur in Brünn (Brno), Ausstellungskatalog Prag 1985 (Original: Helsinki 1983)

Šlapeta 1987 Vladimir Šlapeta, Einführung, Czech Functionalism 1918–1938, The Architectural Association, London 1987

Slings-van Zanden 1997 Joke Slings-van Zanden, Badleven. 100 jaar VVV Katwijk, Katwijk 1997

Smets 1972 Marcel Smets, Huib Hoste. Propagateur d'une architecture renouvelée, o. O. 1972

Snepvangers 1993 Marijke Snepvangers, Onze Woning ... meer dan een dak boven uw hoofd. 75 jaar woningstichting »Onze Woning«, Amsterdam 1993

Sörgel 1925a Herman Sörgel, Reisebericht über neue holländische Baukunst, in: Baukunst, I, Mai 1925, S. 82–97

Sörgel 1925b Herman Sörgel, Holländische Architekten – Charakterköpfe, in: Bauwelt, I, Mai, 1925, S. 102, 103

Somer 1994 Kees Somer, Een vaktijdschrift voor leken. Van Eesterens bijdrage aan i 10, in: Van Helmond 1994a, S. 111–134

Stam 1923 Mart Stam, Holland und die Baukunst unserer Zeit, in: Schweizerische Bauzeitung, Bd. 82, 1923: I., 13.10.1923, Nr. 15, S. 185–188; II., 3.11.1923, Nr. 18, S. 225f.; III., 10.11.1923, Nr. 19, S. 241–243; VI., 24.11.1923, Nr. 21, S. 268–272

Stam 1927 Mart Stam, M-Kunst, in: i 10, I, 2, 1927, S. 41–43

Stam 1927/28 Mart Stam, Der Zusammenbruch der Monumentalität in Rotterdam 1922 Rotterdam 1926 Rotterdam 1928, in: ABC, 2. Serie, 1927/28, Nr. 4, S. 4f.

Stam 1928a Mart Stam, Kritiek vereeniging »Opbouw« op het hofpleinplan Witteveen, in: BWA, Jg. 49, 25.2.1928, Nr. 8, S. 57

Stam 1928b Mart Stam, Toelichting op het plan gepubliceerd door de vereeniging »Opbouw« uitgewerkt door M. Stam, in: BWA, Jg. 49, 25.2.1928, Nr. 8, S. 58f.

Stam 1928c Mart Stam, Das Verkehrszentrum von Rotterdam, in: Das Neue Frankfurt, 1928, Heft 9, S. 166–170

Stam 1935 Mart Stam, Op donderdag 20 juni hield architect J. J. P. Oud voor ons een lezing in het Stedelijk Museum te Amsterdam, in: De 8 en Opbouw, Jg. 6, 1935, Nr. 16, S. 170f.

Stamm 1969 Günther Stamm, Studien zur Architektur und Architekturtheorie Henry van de Veldes, Dissertation Göttingen 1969

Stamm 1977 Günther Stamm, Het jeugdwerk van de architect J. J. P. Oud. 1906–1917, in: Museumjournaal, Jg. 22, 1977, 6, S. 260–265

Stamm 1978 Günther Stamm, The architecture of J. J. P. Oud. An exhibition of drawings, plans and photographs from the archives of Mrs. J. M. A. Oud-Dinaux, Wassenaar, Holland, Ausstellungskatalog Tallahassee 1978

Stamm 1979a Günther Stamm, De doorbrak (1916–1919) bij J. J. P. Oud, in: Bouw, Bd. 34, 1979, S. 71–74; 76–79

Stamm 1979b Günther Stamm, Over de lijnen van geleidelijkheid tussen Velp en Purmerend, in: Bouw, 3.3.1979, Nr. 5, S. 71–74

Stamm 1984 Günther Stamm, J. J. P. Oud, Bauten und Projekte 1906 bis 1963, Mainz/Berlin 1984

Stapelkamp 1995 M. C. P. Stapelkamp, Woningbouwvereniging »Eendracht«, Vijfentwintig jaar sociale woningbouw, 3 augustus 1920 – 3 augustus 1995, o. O. 1995

Stark 1992 Ulrike Stark, Architekten J. J. P. Oud, Informationszentrum Raum und Bau der Fraunhofer-Gesellschaft, Stuttgart 1992 (1. Auflage 1989)

Steenhuis 1999 Marinke Steenhuis, Mariët Kamphuis, D'Laine Camp, Arbeiderswoningen Hoek van Holland, J. J. P. Oud, Ontwerp, bouw, beheer en renovaties 1923–1999, unpublizierter Untersuchungsbericht, Mai 1999

Steinmann 1979 Martin Steinmann, Hrsg., Internationale Kongresse für Neues Bauen, Dokumente 1928–1939, Basel/Stuttgart 1979

Stenchlak 1983 Marion Stenchlak, Architectuurgids van Nederland. Een overzicht de meest markante bouwwerken, hun ontstaansgeschiedenis, bouwperiode en stijlen, Meppel 1983

Stenvert/Kolman/Broekhoven/Meierink 2000 Ronald Stenvert, Chris Kolman, Sabine Broekhoven, Ben Olde Meierink, Monumenten in Nederland, Gelderland, Hrsg., Rijksdienst voor de Monumentenzorg Zeist, Zwolle 2000

Stephan 1998 Regina Stephan, Hrsg., Erich Mendelsohn. Architekt 1887–1953. Gebaute Welten, Ostfildern-Ruit 1998

Stern 1928 Walter Stern, Das Wohnhaus der Großstadt, in: Die Werag, Bd. 3, 1928, Nr. 43, S. 2–7

Stern 1988 Robert A. Stern, Modern Classicism, New York 1988 (Moderner Klassizismus, Stuttgart 1990)

Van der Steur 1930 J. A. van der Steur, Over den architect en het experiment. Een overdenking naar aanleiding van de Kiefhoek, in: BW, Jg. 51, 15.11.1930, Nr. 46, S. 379–381

Stieber 1998 Nancy Stieber, Housing design and society in Amsterdam. Reconfiguring urban order and identity 1900–1920, Chicago/London 1998

De Stijl 1951 De Stijl, Ausstellungskatalog Amsterdam 1951 (1952 in Venedig und New York)

De Stijl 1960/61 De Stijl, Ausstellungskatalog Rom 1960/61

Sting 1965 Hellmuth Sting, Der Kubismus und seine Wirkung auf die Wegbereiter der modernen Architektur, Aachen 1965

Stissi 1997 Vladimir Stissi, De woningblokken van De Klerk, in: Bock/Johannisse/Stissi 1997, S. 56–93

Stock 1990a Wolfgang Jean Stock, Poetischer Funktionalismus. Die Reihenhäuser von J. J. P. Oud in der Stuttgarter Weißenhofsiedlung, in: Baukultur, 3, 1990, S. 14–17

Stock 1990b Wolfgang Jean Stock, Qualität im Alltag. J. J. P. Oud (1890–1963), in: Werk und Zeit, 3, 1990, S. 20–22

Stockmann 1996 Georg Stockmann, Öffentlich geförderter Siedlungsbau der zwanziger Jahre in München, unpublizierte Magisterarbeit München 27.3.1996

Stockmeyer 1922 Ernst Stockmeyer, Monumentale Mietshausarchitektur in Holland, in: Schweizerische Bauzeitung, Bd. 80, 2.12.1922, Nr. 23, S. 257–259

Stoffels 1926 Andreas Stoffels, Das Kaffeehaus »De Unie« von Arch. J. J. P. Oud, in: Österreichs Baukunst und Werkform, 2, 1926, Heft 10, S. 329–331

Stommer 1990 Rainer Stommer, Hochhaus. Der Beginn in Deutschland, Marburg 1990

Stoop 1999 Nancy Stoop, Onder één dak. Ars Aemula Naturae en De Kunst om de Kunst, 1890–1940, in: Wintgens Hötte/De Jongh-Vermeulen 1999, S. 71–78

Van Straaten 1983 Evert van Straaten, Theo van Doesburg 1883–1931, 's-Gravenhage 1983

Van Straaten 1988 Evert van Straaten, Theo van Doesburg, Schilder en architect, 's-Gravenhage 1988

Van Straaten 1989 Evert van Straaten, De Stijl, in: Hoogveld 1989, S. 94–106

Van Straaten 1990 Evert van Straaten, De Stijl e le vetrate colorate, in: Celant/Govan 1990, S. 37–54

Van Straaten 1996 Van Straaten, Theo van Doesburg, in: Blotkamp 1996, S. 15–66

Van Straaten 2000 Evert van Straaten, Theo van Doesburg – Konstrukteur eines neuen Lebens, in: Birnie Danzker 2000, S. 43–120

Strasser 1989 George Strasser, Ed., i 10 et son epoque, Paris 1989

Stroink 1981 Rudy Stroink, Red., Ir. J. H. van den Broek. Projekten uit de periode 1928–1948, Delft 1981

Stübben 1924 Dr.-Ing. Stübben, Vom internationalen Strädtebau-Kongreß in Amsterdam 1924, in: Die Deutsche Bauzeitung, 80, 4.10.1924, Supplement, S. 6–8

Stuttgarter Zeitung 1936 Die Weißenhofsiedlung. Ein Brief J. J. P. Ouds an die Stuttgarter, in: Stuttgarter Zeitung, 4.4.1936, Nr. 80, S. 2

Sweys 1924 A. H. Sweys, Betonwoningbouw te Rotterdam, in: De Ingenieur, 1924, S. 243–248

Sweys 1925 A. H. Sweys, Wohnungsbau des Auslandes III. Betonwohnungsbau in Rotterdam, in: Der Neubau, 24.5.1925, S. 133–136

Szambien 1982 Werner Szambien, Durand and the continuity of tradition, in: Middleton 1982, S. 18–33

Tafuri/Ciucci/Muratore 1981 Manfreda Tafuri, Giorgio Ciucci, Giorgio Muratore, Nederlandse architectuur in internationaal perspectief

1900–1940, Amsterdam 1981 (Original: Architettura sozialdemocrazia olanda 1900–1940, Venezia 1979)

Tafuri/Dal Co 1986 Manfredo Tafuri, Francesco Dal Co, Modern Architecture, London 1986

Taut 1923 Bruno Taut, Architektonische Vortragsreise (Februar 1923) im besetzten Gebiet Deutschlands und in Holland, in: BW, Jg. 44, 23.6.1923, Nr. 25, S. 292–295

Taut 1929 Bruno Taut, Die neue Baukunst in Europa und Amerika, Stuttgart 1929

Taverne 1978 E. R. M. Taverne, In't land van belofte: in de nieuwe stadt. Ideaal en werkelijkheid van de stadsuitleg in de Republiek 1580–1680, Maarssen 1978

Taverne 1981 E. R. M. Taverne, Ouds ontwerp voor het hofplein, in: Plan, 9, 1981, S. 30–34

Taverne 1983 E. R. M. Taverne, Bouwen zonder make-up. Acties van Oud tot behond van de architectuur, in: Wonen TA/BK, 3, 1983, S. 3–16

Taverne 1987 E. R. M. Taverne, Zum holländischen Wohnungsgesetz vom 22. Juni 1901. Kleinwohnungsbau und Städtebau in Amsterdam 1890–1910, in: Rodriguez-Lores/Fehl 1987, S. 373–390

Taverne 1993 E. R. M. Taverne, Neo-De Stijl of Neo-Monumentalisme? Het Shell-Gebouw van J. J. P. Oud te 's-Gravenhage, in: Bouwkunst. Studies in vriendschap voor Kees Peters, Amsterdam 1993, S. 515–527

Taverne 1999 E. R. M. Taverne, The only truly canonical building in Northern Europe, in: Mart Stam's trousers: stories from behind the scenes of dutch moral modernism, Rotterdam 1999, S. 93–107

Taverne 2001 Ed Taverne, Cor Wagenaar, Martien de Vletter, J. J. P. Oud poëtisch functionalist 1890–1963 compleet werk, mit Beiträgen von Dolf Broekhuizen, Bernard Colenbrander, Maartje Taverne, Sander van Wees, Rotterdam 2001

Taverne/Broekhuizen 1993 E. R. M. Taverne, Dolf Broekhuizen, In de schaduw van Mondriaan. Brieven van R. van't Hoff aan J. J. P. Oud (1945–1947), in: Jong Holland, 1993, Nr. 1, S. 38–53

Taverne/Broekhuizen 1995 E. R. M. Taverne, Dolf Broekhuizen, Het Shell-gebouw van J. J. P. Oud, Rotterdam 1995

Taverne/Broekhuizen 1996 E. R. M. Taverne, Dolf Broekhuizen, De dissidente architecten: J. J. P. Oud, Jan Wils en Robert van't Hoff, in: Blotkamp 1996, S. 363–396

Taverne/Visser 1993 E. R. M. Taverne, Irmin Visser, Red., Stedebouw. De geschiedenis van de stad in de Nederlanden van 1500 tot heden, Nijmegen 1993

Taverne/Wagenaar 1992 E. R. M. Taverne, Cor Wagenaar, Die Farbigkeit der Stadt. Alte und neue Farbmuster in europäischen Städten, Basel 1992

Tegethoff 1981 Wolf Tegethoff, Mies van der Rohe. Die Villen und Landhausprojekte, Essen 1981

Tegethoff 1987 Wolf Tegethoff, Weißenhof, 1927. Der Sieg des neuen Baustils?, in: Jahrbuch des Zentralinstituts für Kunstgeschichte, Band III, 1987, S. 195–228

Tegethoff 1998 Wolf Tegethoff, Im Brennpunkt der Moderne: Mies van der Rohe und das Haus Tugendhat in Brünn, München 1998

Telegraaf 1934 Enerveerend geluid moet worden geweerd, in: De Telegraaf, 29.8.1934, avondblad, S. 3

Thomas 1987 Angela Thomas, Denkbilder. Materialien zur Entwicklung von Georges Vantongerloo bis 1921, Dissertation Zürich, Düsseldorf 1987

Van Thoor 1997 Marie-Thérèse van Thoor, Amsterdamse School in Parijs. Het Nederlands paviljoen op de Exposition Internationale des Arts Décoratifs et Industriels Modernes (1925), in: Bulletin, 6, 1997, S. 204–217

Van Tijen 1936 Willem van Tijen, Rotterdam en het bouwen, in: De 8 en Opbouw, Jg. 7, 1936, Nr. 9, S. 97–99

Van Tijen 1951 Willem van Tijen, Over de artistieke zijde van Oud's werk, in: Forum, 6, 1951, 5/6, S. 123

Timm 1984 Christoph Timm, Gustav Oelsner und das Neue Bauen in Altona, Dissertation Hamburg, Hamburg 1984

Tischer 1993 Sylvia Tischer, Architektur ist auch ein Stück Zusammenleben: Gesellschafts- und Menschenbilder in den Architekturkonzeptionen von J. J. P. Oud (1890–1963), G. Th. Rietveld (1888–1964) und M. A. Stam (1899–1986), Dissertation Hannover 1993

Tönnesmann 1998 Andreas Tönnesmann, Individualität, Natur und Wohnen: Die Villa im zwanzigsten Jahrhundert, in: Christoph Hölzl, Red., Freiräume. Häuser, die Geschichte machten 1920–1940, München 1998, S. 12–39

Trappeniers 1979 Maureen Trappeniers, Mathieu Lauweriks als leraar in het kunstnijverheidsonderwijs, in: Nederlands Kunsthistorisch Jaarboek, 1979, Bd. 30, Haarlem 1980, S. 173–196

Troy 1982 Nancy Joslin Troy, De abstracte leefomgeving van De Stijl, in: Friedman 1982, S. 165–189

Troy 1983 Nancy Joslin Troy, The Stijl Environment, Cambridge, Massachusetts 1983

Tummers 1972 Nicolas H. M Tummers, Das Werk von J. L. M. Lauweriks und sein Einfluß auf Architektur und Formgebung um 1910, Hagen 1972 (Original: J. L. Matthien Lauweriks. Zijn werk en zijn invloed op de architectuur en vormgeving rond 1910, Hilversum 1968)

Tummers 1984 Nicolas H. M. Tummers, J. L. Mathieu Lauweriks, Arte Creator des Hagener Impulses, in: Der westdeutsche Impuls 1900 – 1914. Kunst und Umweltgestaltung im Industriegebiet. Die Folkwangidee des Karl Ernst Osthaus, Ausstellungskatalog Düsseldorf u. a., Hagen 1984, S. 149–179

Ungers 1983 Liselotte Ungers, Die Suche nach einer neuen Wohnform. Siedlungen der zwanziger Jahre damals und heute, Stuttgart 1983

Vaderland 1929 »De projecten voor Rotterdamsch beurs« 1928. De victorie der pathetische architectuur, in: Het Vaderland, 3.2.1929, ochtenblad, S. 1

Valena/Winko 2006 Tomáš Valena, Ulrich Winko, Hrsg., Prager Architektur und die Moderne, Berlin 2006

Van der Valk 1990 Arnold van der Valk, Het levenswerk van Th. K. van Lohuizen 1890–1956. De eenheid van het stedebouwkundige werk, Delft 1990

Valstar 1985 Arta Valstar, Een glas-in-lood ontwerp van Theo van Doesburg, in: Jong Holland, 1985, Nr. 2, S. 2–12

Vantongerloo 1918 George Vantongerloo, Réflexions, in: De Stijl, I, 9, 1918, S. 97–102

Van de Ven 1977 Cornelis J. M. van de Ven, De Rotterdamse bijdrage aan het nieuwe bouwen, in: Plan 1977, 2, S. 12–24

Vermeer/Rebel 1994 Gerrit Vermeer, Ben Rebel, Historische gids van Rotterdam. 14 wandelingen door de oude en nieuwe stad, Den Haag 1994

Vermeulen 1982 Eveline Vermeulen, Robert van't Hoff, in: Blotkamp 1982a, S. 209–231

Vernon 1996 Christopher Vernon, Berlage in America: The Prairie School as ›The new American Architecture', in: Molema 1996, S. 131–151

Veronesi 1953 Giulia Veronesi, J. J. P. Oud, Milano 1953 (Il balcone, architetti del movimento moderno, 9)

Veronesi 1963 Giulia Veronesi, J. J. P. Oud. 1890–1963, in: Profili. Disegni, architetti, strutture, esposizioni, in: Zodiac, 12, 1963, S. 82–105

Versteeg 1921 G. Versteeg, Rotterdamsche Betonwoningen, in: Klei, 13, 15.10.1921, Nr. 80, S. 241–245

Veth 1936 Cornelis Veth, Ontwerpen van den architect J. J. P. Oud, in: De Telegraaf, 8.4.1936, avondblad, 4. Blatt, S. 7

Vetter 2000 Andreas K. Vetter, Die Befreiung des Wohnens. Ein Architekturphänomen der 20er und 30er Jahre, Tübingen/Berlin 2000

Vink 1996 H. J. Vink, De kleurentheorieen van Vantongerloo en reacties van andere de Stijl kunstenaars, Cahier 10 Internationaal centrum voor structuuranalyse en constructivisme, Antwerpen 1996

Van Vliet 1989 Karen van Vliet, De Kossel, tuindorpen in beton, in: Cusveller 1989, S. 27–31

Van der Vlugt 1925a Leendert Cornelis Van der Vlugt, Een plan voor het land van Hoboken, in: Bouw, 1925, S. 1–4

Van der Vlugt 1925b Leendert Cornelis Van der Vlugt, De semipermanente woningen in Oud-Mathenesse, in: Bouwen, 1925, 19, S. 161–164

Voet/Klaassen 1992 H. A. Voet, H. J. S. Klaassen, Groeten uit Rotterdam. Rotterdam-West, Rotterdam 1992, S. 92

Vollard/Groenendijk 1982 Piet Vollard, Paul Groenendijk, Directiekeet Oud-Mathenesse van J. J. P. Oud, Rotterdam 1982 (englische Fassung: dies., Superintendent's office 1922–23 by J. J. P. Oud, Rotterdam 1984)

Voorwaarts 1936 P. A. B., Werke van J. J. P. Oud, in: Voorwaarts, 10.3.1936

Vorrink 1925 Koos Vorrink, Ed., Op de kentering der tijden. Vijv opstellen, Amsterdam 1925

Vriend 1955 Jacobus Johannes Vriend, Architect J. J. P. Oud. Eredoctor, in: De Groene Amsterdammer, 4.6.1955, S. 11

De Vries 1986 Gijs Wallis de Vries, Red., Krachtens de Bouwverordening: Bouw- en woningtoezicht Rotterdam 1861–1986, Rotterdam 1986

De Vries 1988 J. de Vries, Red., Nederland 1913. Een reconstructie van het culturele leven, Amsterdam 1988

De Vries 1997 Jan de Vries, Allen in alles aan één probleem. De idealen en de besognes in de briefwisselingen van de avant-garde, in: Jong Holland, 1997, Nr. 2, S. 48–53

Van der Waerden 1918 Jr. Jan van der Waerden, Praeadvies van Jr. J. van der Waerden voor het woning-congres gehouden op 11 en 12 februari 1918 te Amsterdam, in: Berlage 1918, S. 1–20

Wagenaar 1992 Cor Wagenaar, Welvaartsstad in wording. De wederopbouw van Rotterdam 1940–1952, Rotterdam 1992

Wagenaar 1993 Cor Wagenaar, Die neue Stadt. Rotterdam im 20. Jahrhundert. Utopie und Realität, Ausstellungskatalog Münster 1993

Wagenaar 1997 Cor Wagenaar, J. J. P. Oud »Ich pfeife auf die Wohnmaschine!«, in: Jong Holland, 1997, Nr. 2, S. 54–58

Wagenaar 1998 Cor Wagenaar, »Gewoon echt, van binnen uit«, Het Bio-vacantieoord van J. J. P. Oud«, in: Archis, Bd. 12, 1998, S. 67–74

De Wagt 1995 Wim de Wagt, J. B. Van Loghem 1881–1940, Haarlem 1995

Wang 1994 Wilfried Wang, Geometrie und Raster. Der mechanisierte Mensch, in: Lampugnani/Schneider 1994, S. 33–49

Warncke 1990 Carsten-Peter Warncke, Das Ideal als Kunst: De Stijl 1917–1931, Köln 1990

WMB 1928 Aufruf. Zur fruchtbaren Kritik am Wettbewerb für die Bau-Ausstellung Berlin 1930, in: WMB, 12, 1928, S. 141–143

Wattjes 1924 Johannes Gerhardus Wattjes, Nieuwe Nederlandse Bouwkunst, Amsterdam 1924

Wattjes 1929 Johannes Gerhardus Wattjes, Nieuw-Nederlandsche Bouwkunst, Amsterdam 1929 (3. Auflage von Wattjes 1924)

Wattjes 1931 Johannes Gerhardus Wattjes, De kwestie Blijdorp, in: Het Bouwbedrijf, 8, 25.12.1931, Nr. 46, S. 589–593

Wick 1983 Rainer Wick, De Stijl, Bauhaus, Taut: Zur Rolle der Farbe im Neuen Bauen, in: Kunstforum International, Bd. 57, 1983, Heft 1, S. 60–74

Wedepohl 1927 Edgar Wedepohl, Die Weißenhof-Siedlung der Werkbundausstellung »Die Wohnung«, in: WMB, 11, 1927, S. 391–402

Weekblad Rotterdam 1930 Het leven in het Witte Dorp, in: Weekblad Rotterdam, 1930, abg. in: Louman/Van der Steen 1983, S. 33–36

Welsh 1982 Robert P. Welsh, De Stijl: A reintroduction, in: Friedman 1982, S. 17–43

Wendingen 1992 Wendingen 1918–1931. Amsterdamer Expressionismus. Ein Architekturmagazin der zwanziger Jahre. Vom Städtebau zur Schriftgestaltung, Darmstadt 1992

Werner 1985 Frank Werner, Klassizismen und Klassiker, Stuttgart 1985

Werner 1990 Frank R. Werner, Oud und die Gnade der Maschine, in: Baukultur, 3, 1990, S. 11–13

Westheim 1927 Paul Westheim, Die Wohnung, in: Das Kunstblatt, II, 1927, Heft 9, S. 333–341

White 2003 Michael White, De Stijl and Dutch modernism, Manchester/New York 2003

Wiekart 1962 Karel Wiekart, Gesammelt und eingeleitet, Ter wille van een levende bouwkunst, Den Haag 1962

Wiekart 1963 Karel Wiekart, De drie-eenheid van Ouds architectuur, in: Museumsjournaal, Serie 9, 1963, 3, S. 59–64

Wiekart 1964 Karel Wiekart, Ed., Herdenkingstentoonstelling J. J. P. Oud, Ausstellungskatalog Den Haag 1964

Wiekart 1965 Karel Wiekart, J. J. P. Oud (Bildende Kunst und Baukunst in den Niederlanden), Amsterdam 1965

Wierschowski 1996 Myriam Wierschowski, Italienischer Futurismus und Aeropittura, in: Bodo-Michael Baumunk, Hrsg., Die Kunst des Fliegens, Ausstellungskatalog Friedrichshafen 1996, S. 84–94

Wiessing 1938 H. P. L. Wiessing, J. J. P. Oud, in: Building, Bd. 13, 1938, S. 274–278

Wijdeveld 1918 Hendrikus Theodorus Wijdeveld, Kunstnijverheidsschool Quellinus. Tentoonstelling van werk der leerlingen, in: Wendingen, 1918, Nr. 7, S. 12f.

Van Wijk 1977 Kees van Wijk, Internationale Revue i 10, in: Kunsthistorisch Jaarboek, 28, 1977, S. 1–54

Van Wijk 1980 Kees van Wijk, Internationale Revue i 10, Utrecht 1980

Van Wijk 1982 Kees van Wijk, i 10 en Weimar, in: Dittrich/Blom/Bool 1982, S. 300–303

Van Wijk 1992 Kees van Wijk, Avantgarde in der Zwischenkriegszeit – Betrachtungen über die Internationale Revue i 10, in: Gaßner/Kopanski/Stengel 1992, S. 105–123. Vgl. Kees van Wijk, Avantgarde in het interbellum. Beschouwingen over de Internationale Revue i 10, in: Van Helmond 1994a, S. 39–65

Wilhelm 1983 Karin Wilhelm, Das Märchen vom Silberprinzen. Walter Gropius – Autopsie eines Mythos, in: Jahrbuch für Architektur, Frankfurt am Main 1983, S. 10–25

Wilhelm 1998 Karin Wilhelm, Sehen – Gehen – Denken. Der Entwurf des Bauhausgebäudes, in: Kentgens-Craig 1998, S. 11–26

Wils 1918a Jan Wils, De nieuwe bouwkunst, in: De Stijl, I, 3, 1918, S. 31–33

Wils 1918b Jan Wils, Moderne bouwkunst bij noodwoningen in gewapend beton, in: De Stijl, I, 8, 1918, S. 96

Wils 1918c Jan Wils, Symmetrie en kultuur, in: De Stijl, I, 12, 1918, S. 137–140

Wils 1918d Jan Wils, De nieuwe bouwkunst. Bij het werk van Frank Lloyd Wright, in: Levende kunst, 1918, S. 208–219

Wingler 1962 Hans M. Wingler, Das Bauhaus 1919–1933, Weimar Dessau Berlin, Wiesbaden 1962

Wingler 1967 Hans M. Wingler, Hrsg., J. J. P. Oud. Holländische Architektur, »Neue Bauhausbücher«, Mainz 1967 mit einem Nachwort von H. L. C. Jaffé

Winkler 1989 Klaus-Jürgen Winkler, Der Architekt hannes meyer. Anschauung und Werk, Berlin 1989

Winkler 1994 Klaus-Jürgen Winkler, In der Wiege lag noch kein weißer Würfel. Zur Architektur am frühen Bauhaus, in: Das frühe

Bauhaus und Johannes Itten, Ausstellungskatalog Stuttgart 1994, S. 282–319

Wintgens Hötte/De Jongh-Vermeulen 1999 Doris Wintgens Hötte, Ankie de Jongh-Vermeulen, Dageraad van de Moderne Kunst. Leiden en omgeving 1890–1940, Zwolle 1999, Ausstellungskatalog Leiden 1999

Wismer 1985 Beat Wismer, Mondrians ästhetische Utopie, Baden 1985

De Wit 1986 Wim de Wit, Die Amsterdamer Schule: Definition und Skizzierung, in: Wim de Wit, Expressionismus in Holland, Stuttgart 1986, S. 30–67

Witte Dorp 1986 Het Witte Dorp wordt vernieuwd, in: Architectuur/Bouwen, 2, 1986, 9, S. 10

Witteveen 1926 Willem Gerrit Witteveen, Rotterdam-Zuid, Inleiding, in: TvVS, Jg. 7, September 1926, Nr. 9, S. 169–176

Witteveen 1927 Willem Gerrit Witteveen, Het Uitbreidingsplan voor het Land van Hoboken, Haarlem 1927

Witteveen 1928 Willem Gerrit Witteveen, Het Hofplein te Rotterdam, in: TvV, Jg. 9, April 1928, Nr. 4, S. 74–80

Witteveen 1929 Willem Gerrit Witteveen, Uitbreidingsplan voor het noordelijk en noord-westelijk stadsgedeelte (Blijdorp) te Rotterdam, in: TvVS, Jg. 10, 1929, Nr. 9, S. 169–179

Wittkower 1969 Rudolf Wittkower, Palladios Geometrie, in: ders., Grundlagen der Architektur im Zeitalter des Humanismus, München 1969, S. 60–64 (Original: Architectural principles in the age of humanism, London 1949)

Wodehouse 1991 Lawrence Wodehouse, The roots of international style architecture, West Cornwall 1991

Die Wohnung 1927 Amtlicher Katalog, Werkbund-Ausstellung »Die Wohnung«, 23.7.–9.10.1927, Stuttgart 1927

Wohnungsbau des Auslandes 1925 Wohnungsbau des Auslandes, III. Betonwohnungsbau in Rotterdam, in: Der Neubau, Jg. 7, 24.5.1925, Heft 10, S. 133–136

Wolff 1927 Lina Wolff, Die Wohnung, in: Die Frau und ihr Haus, Jg. 8, 1927, Heft 10, S. 290–292

Wolsdorff 1988 Christian Wolsdorff, Die Architektur am Bauhaus, in: Bauhaus-Archiv Berlin, Hrsg., Experiment Bauhaus, Ausstellungskatalog Bauhaus Dessau 1988

Worbs 1979 Dietrich Worbs, Die Terrassenhäuser von Adolf Loos 1923, in: Architektur, Stadt und Politik – Julius Posener zum 75. Geburtstag, Hrsg. Burckhardt Bergius u. a., Gießen 1979, S. 118–134

Worbs 1983 Dietrich Worbs, Adolf Loos 1870–1938, Ausstellungskatalog Berlin 1983

Van der Woud 1975 Auke van der Woud, Variaties op een thema. 20 jaar belangstelling voor Frank Lloyd Wright, in: Americana 1975, S. 29–40

Van der Woud 1983a Auke van der Woud, Volkshuisvesting, in: Nieuwe Bouwen 1983b, S. 15–53

Van der Woud 1983b Auke van der Woud, CIAM, in: Nieuwe Bouwen 1983b, S. 54–109

Van der Woud 1997 Auke van der Woud, Waarheid en karakter, Het debat over de bouwkunst 1840–1900, Rotterdam 1997 (englische überarbeitete Ausgabe: The art of building from classicism to modernity: the duth architectural debate 1840–1900, Rotterdam 1997)

Wright 1910 Frank Lloyd Wright, Ausgeführte Bauten und Entwürfe von Frank Lloyd Wright, Berlin 1910

Yashiro 1993 Maraki Yashiro, J. J. P. Oud and his work, in: Process architecture, September 1993, 112, S. 112–119

Yerbury 1931 Frank R. Yerbury, Modern dutch building, London 1931

Zaaier 1985 Inge de Zaaier, Woningarchitectuur in Nederland in de 20e eeuw, Dissertation Wageningen 1985

Zeilich-Jensen 1986 Signe Zeilich-Jensen, Färg och arkitektur. J. J. P. Oud färg – och materialbehandling, unpubliziertes Skript, Universität Stockholm 1986

Zevi 1950 Bruno Zevi, Storia dell'architettura moderna, Torino 1950

Zevi 1953 Bruno Zevi, Poetica dell'architettura neoplastica. Il linguaggio della scomposizione quadridimensionale, Milano 1953

Zevi 1963 Bruno Zevi, Jakobus Johannes Pieter Oud è morto, in: L'architettura, cronache e storia, 93, 1963, S. 146f.

Zevi 1974 Bruno Zevi, Poetica dell'architettura neoplastica. Il linguaggio della scomposizione quadridimensionale, Milano 1974 (1. Auflage 1953)

Van Zeyl 1990 Gerard van Zeyl, De tractaten van Jean Nicolas Louis Durand, Dissertation Eindhoven 1990

Zimmermann 1988 Florian Zimmermann, Hrsg., Der Schrei nach dem Turmhaus, Berlin 1988

Zoon 1987 Cees Zoon, Auf dem Wege zu einer monumentalen »Nieuwe Kunst« – Die Proportionslehre und Entwurfstheorie von J. L. Mathieu Lauweriks, in: Lauweriks 1987, S. 33–53

Zwiers 1929 H. J. T Zwiers, Monumentale bouwkunst. De Beursprijsvraag te Rotterdam, in: Algemeen Handelsblad, 19.1.1929

IX. KATALOG

Projekte und ausgeführte Bauten 1916 bis 1931

Verzeichnis der Katalognummern

1	Wohnhaus W. de Geus, Broek in Waterland	352
1a	Variante »Wohnhaus Broek in Waterland Plan A«.	355
2	»Villen in Velp«	356
3	Erster Umbau der Villa Allegonda, Katwijk aan Zee.	359
4	Ambachtsschool Helder	364
5	Ferienhaus De Vonk, Noordwijkerhout	366
5a	Vorentwurf Ferienhaus De Vonk	372
6	Häuserzeile an einem Strandboulevard	374
6a	Entwurfsvariante zur Häuserzeile an einem Strandboulevard	378
7	Block I und V in Spangen, Rotterdam.	379
7a	Vorentwurf Block V in Spangen	385
7b	Entwurfsvariante Block V in Spangen	386
8	Centraalbouw in Spangen, Rotterdam.	387
9	Behelfswohnungen unter einem Viadukt, Rotterdam.	391
10	Häuserzeile mit Arbeiterwohnungen.	393
11	Doppelhaus für Arbeiter in Beton	397
11a	Variante zum Doppelhaus für Arbeiter in Beton.	400
12	Fabrikgebäude und Lagerhaus der Firma Wed. G. Oud Pzn & Co, Purmerend	402
13	Block VIII in Spangen, Rotterdam	408
14	Block IX in Spangen, Rotterdam	413
15	Wohnblöcke in Tusschendijken, Rotterdam.	416
16	Wohnhaus Kallenbach, Berlin	424
17	Wohnhaus mit Büroräumen	433
18	Erweiterungsplan für Oud-Mathenesse, Rotterdam.	437
19	Siedlung »Witte Dorp« in Oud-Mathenesse, Rotterdam.	439
20	Bauleitungshütte des »Witte Dorp«, Rotterdam.	445
21	Transformatorenhäuschen des »Witte Dorp«, Rotterdam.	448
22	Erster Entwurf für die Volkshochschule Rotterdam.	450
23	Häuserzeilen in Hoek van Holland.	452
24	Café De Unie (Die Union), Rotterdam.	459
25	Siedlung Kiefhoek, Rotterdam	463
26	Hotel Stiassny, Brünn.	472
27	Rotterdamer Börse und Neustrukturierung der Innenstadt	480
28	Zweiter Entwurf für die Volkshochschule Rotterdam	490
29	Reihenhäuser in der Weißenhofsiedlung, Stuttgart	495
30	Zweiter Umbau der Villa Allegonda, Katwijk aan Zee.	505
31	Dritter Entwurf für die Volkshochschule Rotterdam.	507
32	Dreifamilienhaus in Brünn	510
33	Versammlungshaus (Kirche) der Hersteld Apostolische Zendingsgemeente, Rotterdam	514
34	Küsterhaus der Hersteld Apostolische Zendingsgemeente, Rotterdam	520
35	Dritter Umbau der Villa Allegonda, Katwijk aan Zee.	522
36	Villa Johnson, Pinehurst (USA).	525
37	Häuserzeilen in Blijdorp, Rotterdam.	531
37a	Variante zu den Häuserzeilen in Blijdorp	536
	Anmerkungen	538

Systematik

Der Katalog bietet eine vom Entwurfsdatum ausgehende chronologische Übersicht der zwischen 1916 und 1931 entstandenen architektonischen und städtebaulichen Arbeiten. Die Dokumentation der Siedlungen umfaßt die städtebauliche Anlage wie auch die zugehörigen Einzelbauten. Unausgeführte Entwürfe werden grundsätzlich gleich behandelt wie realisierte Projekte. Vorentwürfe und Skizzen folgen jeweils in chronologischer Reihenfolge auf den ausgeführten Entwurf. Existieren in Grund- und Aufriß überlieferte Varianten, erscheinen diese als eigenes Objekt unter derselben Katalognummer (Zählung in Kleinbuchstaben).

Die Auflistung der Archivbestände (unter der Rubrik »Planmaterial«) erhebt keinen Anspruch auf Vollständigkeit. Von einigen Entwürfen oder Skizzen ist der Aufbewahrungsort weiterhin unbekannt. Die in den Gemeindearchiven bewahrten Unterlagen sind bislang nicht vollständig ausgewertet. In diese Darstellung gingen die Plandokumente der Gemeindearchive Katwijk aan Zee, Purmerend, Rheden und Rotterdam ein. Weitere Informationen wurden aus zahlreichen niederländischen und deutschen Archiven, Museen und anderen Institutionen eingeholt.[1] Die Angaben zu den Planmaterialien im Centre Canadien d'Architecture in Montréal (CCA) und dem Getty Research Institute in Los Angeles (GRI) basieren auf den Inventarlisten, die mir beide Institutionen freundlicherweise zur Verfügung stellten.[2] Die umfangreichen Bestände des Oud-Archivs im Nederlands Architectuurinstituut in Rotterdam (NAi) wurden von der Verfasserin während eines mehrmonatigen Forschungsaufenthaltes an dieser Institution eingesehen.[3]

Die Verweise auf frühe Publikationen eines Entwurfs oder Gebäudes sind in der Regel in niederländische Veröffentlichungen (oft in den nationalen Bauzeitschriften oder lokalen Organen) und »ausländische« Publikationen unterteilt. Anhand dieser Publikationen soll deutlich werden, zu welchem Zeitpunkt die jeweilige Arbeit international wahrgenommen wurde. Die Aufzählung erfolgt chronologisch nach dem Erscheinungsdatum der Publikation.[4]

Die Literaturangaben stellen eine Auswahl von Titeln dar, wobei der Schwerpunkt auf zentralen monographischen Arbeiten und neueren Untersuchungen liegt. Die beiden 1984 erschienenen Monographien zu Ouds Gesamtwerk[5], die für fast alle behandelten Arbeiten relevant sind, bleiben in der Regel unerwähnt. Auf den Rotterdamer Ausstellungskatalog von 2001[6], der gleichzeitig mit der Fertigstellung dieser Untersuchung erschienen ist, wird im Fall abweichender Thesen oder wichtiger zusätzlicher Informationen verwiesen. Schriftquellen, Pläne und Skizzen, die dort erstmals publiziert sind, finden in den Quellenangaben bzw. Literaturverweisen Erwähnung. Um dem Leser angesichts unterschiedlicher Benennungen, Datierungen und Zuschreibungen die Identifikation der einzelnen Objekte zu erleichtern, folgt jeweils am Ende der Literaturangaben die entsprechende Katalognummer der Rotterdamer Publikation. Die dort erneut abgedruckten Textbeispiele aus den 1920er Jahren, die (für den deutschsprachigen Leser) meist schwer zugänglich sind und in der englischen Ausgabe zum Teil erstmals in einer Übersetzung vorliegen, werden bei dem entsprechenden Quellenverweis mit angegeben.

Ein im Katalog wie im Textteil hinter dem Objektnamen stehender * zeigt an, daß dieser Entwurf bzw. dieses Gebäude in einer eigenen Katalognummer behandelt wird. Im Text wird daher auf weitere Angaben verzichtet.

1 Wohnhaus W. de Geus, Broek in Waterland

Gegenstand Wohnhaus des Bürgermeisters von Broek in Waterland, W. de Geus, mit Sprechzimmer für den Besucherverkehr. Aufgrund des in die Gartentür eingelassenen Buntglasfensters (Abb. 20), das einen Schwan, das Wappen der Gemeinde Broek in Waterland, zeigt, erhielt das Haus den Beinamen »Villa Swanenburgh« (Villa Schwanenburg).
Ort De Erven 3, Broek in Waterland (Provinz Noord-Holland). Das Grundstück grenzt direkt an das Havenrak, eine Verbreiterung des Wasserlaufes Ae und natürlicher Hafen von Broek in Waterland (Abb. 117). Der seit dem 13. Jahrhundert nachweisbare Ort liegt ca. 10 km nordöstlich von Amsterdam. Mit der Trockenlegung des Broekermeer, bei der nur das Havenrak als Wasserfläche bestehen blieb, wurde die Viehzucht zur Haupterwerbsquelle des Ortes. Obwohl Broek in Waterland nach der Rinderseuche von 1716 an Bedeutung verlor, konnte sich hier eine kleine Oberschicht aus reichen Bauern und Kaufleuten halten. Charakteristisch für das Ortsbild sind das im Zentrum liegende Havenrak und die Vielzahl von alten, überwiegend in Holz ausgeführten Gebäude: Bis zum 19. Jahrhundert wurden allein repräsentative Bauten wie die Kirche, das Rathaus und die Schule in Backstein (oder mit Backsteingiebel) ausgeführt. Zu den ältesten und gleichzeitig prachtvollsten Privathäusern in Stein zählt das klassizistische Wohnhaus des Jan Hillebrandsz und seiner Frau von 1740 (Leeteinde 12), das eine streng symmetrische Fassade mit hervorgehobenem Mittelportal zeigt.[7]
Entwurf Juli 1916.
Ausführung 1916/17. Die Grundsteinlegung erfolgte laut Tafel am Eingang des Hauses am 25. November 1916.
Auftrag Auftraggeber war W. de Geus, Bürgermeister von Broek in Waterland. Auf welche Weise Oud an diesen Auftrag kam, ist nicht bekannt. Möglicherweise hatte Ouds Vater, *Wethouder* (Beigeordneter im Gemeinderat) in Purmerend, Beziehungen zum Bürgermeister des kleinen, zwischen Purmerend und Amsterdam liegenden Ortes.
Konstruktion/Material Massivbau, Backstein.
Bauprogramm Erdgeschoß (Abb. 119): Salon, Wohnzimmer, Sprechzimmer, Küche, Arbeitsküche, Windfang, Toilettenraum. Obergeschoß: Schlafzimmer mit Balkon, Gästezimmer, Kabinett, Garderobe, Dachboden. Keller. Für die meisten Zimmer waren Einbauschränke vorgesehen.
Planmaterial NAi: zwei Präsentationsblätter »Plan A« (vgl. Kat. 1a Variante, Abb. 122) und »Plan B«; Lageplan (Abb. 118), Grundrisse (Abb. 119), Schnitt, Aufrisse des ausgeführten Gebäudes. CCA: Lagepläne, Grundrisse von Erd- und Obergeschoß, Aufrisse, Schnitte. GRI: »drei Blaupausen«.
Beiträge anderer Künstler Fünf Bleiglasfenster in bzw. oberhalb der Gartentür von Theo van Doesburg (Abb. 20); Entwurf ab August 1916 (zentrales Türfenster) bzw. April 1917 (vier Oberlichter), ausgeführt bis Mai 1917. Vier Bleiglasfenster über der Straßentür, Künstler und Entstehung unbekannt.

Städtebauliche Situation (Abb. 117, 118, 120)
Das unregelmäßig geformte Grundstück erstreckt sich zwischen der schmalen Dorfstraße De Erven (Westseite) und dem Havenrak (Nordostseite). Ein bereits auf dem Grundstück stehendes hölzernes Teehaus von 1792, die sogenannte »Napoleonskoepel«, sollte erhalten bleiben. Der auf quadratischer Grundfläche direkt am Ufer errichtete Pavillon zeigt einen umlaufenden Balkon über einem hohen Sockel und ein weit auskragendes Zeltdach mit Laterne. Der Zugang erfolgt heute (anders als in Ouds Lageplan) über eine steile, parallel zum Ufer verlaufende Treppe. Mit Laterne, Balkon und Freitreppe setzt sich das Teehaus von den meist einfachen Holzhäusern der Umgebung ab. Hinzu kommt der hohe, einen Steinbau imitierende Sockel, die ornamentierten Dach- und Balkonbrüstungen und der (im Gegensatz zu den ortstypischen gebrochenen Farbtönen) weiße Anstrich. Teepavillons dieser Art finden sich oftmals bei repräsentativen niederländischen Landhäusern des 18. Jahrhunderts, wo sie, an der Straße oder einem Wasserlauf liegend, auch als Statussymbol dienten. Beispiele hierfür bieten die bekannten »theekoepels« am Schepenmakersdijk im nahegelegenen Edam.

Oud gibt in seinem Lageplan (Abb. 118) den Pavillon als zu zwei Drittel im Wasser stehend an, eine Lösung, die den malerischen Charakter des Ensembles hervorhebt. Heute liegt der

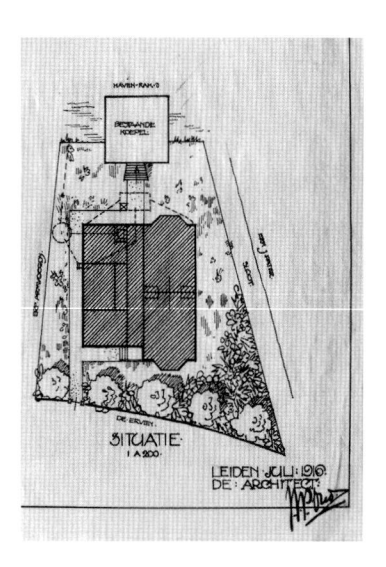

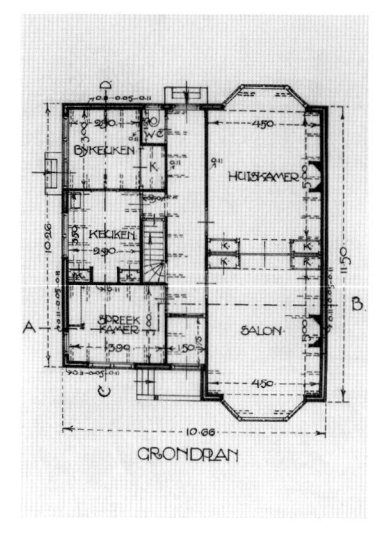

117. Broek in Waterland, Lageplan (1953)

118. Haus De Geus, Broek in Waterland, Grundstück mit Pavillon

119. Haus De Geus, Broek in Waterland, Grundriß EG

PROJEKTE UND AUSGEFÜHRTE BAUTEN 1916 BIS 1931   353

Pavillon nicht, wie von Oud dargestellt, in der Mittelachse des Hauses, sondern einige Meter nördlich davon. In Ouds Lageplan wird die Freitreppe in der Achse des Wohnhauses plaziert und damit als Verlängerung des Flurs gedeutet. Die axialsymmetrische Darstellung von Wohnhaus und Pavillon findet ein Pendant in dem streng symmetrischen »Plan A«* mit seiner entwurfsbestimmenden Mittelachse (Flur). Ob Oud tatsächlich vorhatte, den Pavillon um mehrere Meter zu verschieben oder ob dieser nachträglich versetzt wurde, ist unklar.

Gebäude
Haus de Geus ist ein eingeschossiger Backsteinbau mit ausgebautem Mansarddach. Der Grundriß (Abb. 119) basiert auf einer annähernd quadratischen Fläche, die im Erdgeschoß in drei Abschnitte unterteilt ist: den Flur, der vom Eingang an der Straße bis zur Gartentür durch das gesamte Gebäude läuft, die beiden Wohnräume (Salon und Wohnzimmer) sowie die Raumfolge aus Sprechzimmer, Küche und Arbeitsküche. Der nur wenig aus der geometrischen Mittelachse gerückte Flur trennt die privaten Wohnräume von dem öffentlichen Sprechzimmer und den Diensträumen. In Ouds Lageplan liegen der Flur mit den beiden Haustüren, der Verbindungsweg zwischen Wohnhaus und Pavillon (quasi die Verlängerung des Flurs im Außenraum) sowie der Teepavillon in einer Achse, so daß Wohnhaus und Pavillon durch eine gemeinsame »Verkehrsachse« (Türen, Flur, Gartenweg) verbunden werden.

Die Räume links des Eingangs sind spiegelsymmetrisch angelegt mit der Küche in der Mitte, flankiert von Sprechzimmer (Straßenfront) und Arbeitsküche (Gartenseite). Die beiden identisch gestalteten, »Rücken an Rücken« liegenden Wohnräume erhalten jeweils einen polygonalen Anbau (an der Gartenseite gleichzeitig der Austritt des darüberliegenden Schlafzimmers). Die Einheit aus Salon und Wohnzimmer, deren Längenerstreckung die Grundrißfläche überschreitet, ist aus der Querachse des Gebäudes in Richtung Straße »verschoben«: Während der Wohnraum in Flucht der Gartenfront liegt, tritt der Salon aus der Straßenfassade hervor. Entsprechend dem Erdgeschoß gliedert sich auch das Obergeschoß in drei Abschnitte: die beiden als Pendant zu den Wohnräumen spiegelsymmetrischen Schlafzimmer (Schlafzimmer und Gästezimmer), den Dachboden sowie den mittleren Bereich mit Treppe, Garderobe und Kabinett.

Neben der Systematik des Grundrisses weisen auch die einzelnen Räume eine klare, annähernd symmetrische Gestaltung auf. Durch die Anordnung von Fenstern, Kaminen, Balkon und Schränken werden (besonders bei den vier Wohn- und Schlafräumen) symmetrische Raumwände ausgebildet. Der Flur als zentrale Kompositionsachse ist vom Typus des herrschaftlichen Landhauses des 17. Jahrhunderts übernommen, ebenso die beiden gegenüberliegenden Haustüren und die Verteilung der Räume (Salon und Wohnraum auf der einen, Vorzimmer und Treppe auf der anderen Seite). Hiervon weichen bei Haus De Geus nur die einseitig »verschobenen« Wohnräume und die parallel zur Hauswand verlaufende Eingangstreppe ab.

Der Außenbau (Abb. 121) läßt nichts von der Grundrißsystematik erkennen. Abgesehen von den polygonalen Anbauten werden die wenigen Asymmetrien durch die Fassadengestaltung noch verstärkt. Neben einem die Dachlinie unterbrechenden Giebel (Schlafräume) zeigt vor allem der Eingangsbereich mit Treppenlauf eine kleinteilig-malerische Lösung. Das Vordach ruht einseitig auf einer Holzstütze, die auf der Treppenbrüstung aufliegt. Ebenfalls asymmetrisch ist die Anordnung der drei unterschiedlichen und im Vergleich zu den umgebenden Häusern aufwendig gestalteten Schornsteine. Zusammen mit den Dachgauben, den variierenden Fenstergrößen und den schmückenden Ornamenten an Balkonbrüstung und Straßenfront (farbig abgesetzte, rau-

tenförmige Steine im Mauerverband) entsteht ein malerisches Gesamtbild, das sich bewußt von den ortstypischen symmetrischen Fassaden absetzt. Dem entspricht auch ein flacher Mauervorsprung unterhalb der Trauflinie, der dem mittelalterlichen Fachwerkbau entlehnt ist. Das aus dem Skelettbau entwickelte Motiv (Vorkragen der Obergeschosse) hat hier allein dekorative Funktion.[8]

Charakterisierung
Der systematisch entwickelte und weitgehend symmetrische Grundriß hat einen direkten Vorläufer in Ouds Entwurf für Haus Blaauw in Alkmaar, der ein halbes Jahr zuvor entstanden war.[9] Dort finden sich auch die spiegelbildlich angelegten Räume und ein polygonaler, als Balkon zu nutzender Anbau. Anders als bei Haus de Geus zeigt der Außenbau jedoch Reminiszenzen an mittelalterliche Architektur und folgt damit dem Vorbild Berlages und De Bazels.

Die Diskrepanz zwischen dem malerisch-asymmetrischen Außenbau und dem weitgehend symmetrischen Innenraum von Haus de Geus ist architektonisch nicht überzeugend. Im Vergleich hierzu erscheint das Präsentationsblatt »Plan A«* (Abb. 122) mit seinem axialsymmetrischen Grundriß und den symmetrischen Fassaden weitaus stimmiger. Während sich die äußere Gestaltung von »Plan A« an die lokale Bauweise mit einfachen symmetrischen Hausfronten anlehnt, orientiert sich der Außenbau des realisierten Gebäudes am Typus des »englischen Landhauses«. Entscheidend für die Ausbildung dieses Typus war das gleichnamige, 1904 erschienene Buch von Hermann Muthesius[10], das in Anlehnung an die englische Landhausarchitektur eine malerische Bauweise propagierte. Diesem Ideal entsprechen auch die auffällig gestalteten Schornsteine und der horizontale Mauervorsprung von Haus de Geus, die bereits im englischen Landhausbau des 16. Jahrhunderts zu finden sind. Die zeitlich vorausgehenden »Landhäuser« von Oud, Haus Gerrit Oud in Aalsmeer von 1912 (Abb. 4, 89) und das Wohnhaus in Blaricum von 1915 (Abb. 9, 88), zeigen ebenfalls eine im Detail asymmetrische Lösung, allerdings nicht die für Haus De Geus bestimmende Diskrepanz zwischen Grundriß und Fassade.

Die beiden Präsentationsblätter »Plan A«* (Abb. 122) und »Plan B«[11] wie auch der ausgeführte Entwurf sind auf Juli 1916 datiert. Das Präsentationsblatt »Plan B« entspricht im wesentlichen der ausgeführten Fassung, zeigt jedoch wie »Plan A« die asymmetrisch an eine Gebäudeecke angefügte Loggia und die an

120. Broek in Waterland, hist. Ansicht mit Haus De Geus und Pavillon am Havenrak

der Innenwand liegenden Kamine der beiden Wohnräume.[12] Die Unstimmigkeiten im ausgeführten Entwurf sprechen dafür, daß der Außenbau weitgehend unabhängig von der gewählten Grundrißlösung entwickelt wurde. Ob Oud von Anfang an zwei Varianten zur Auswahl vorgelegt hat oder aber den ausgeführten Entwurf nachträglich auf Wunsch des Auftraggebers erstellte, muß offen bleiben. Ein Grund für die Ablehnung von »Plan A« könnte die zu enge Anlehnung an die lokale Bauweise (symmetrische Front und steiles Satteldach) gewesen sein, die das Wohnhaus des Bürgermeisters trotz der hervorgehobenen Lage am Havenrak und des (allein repräsentativen Bauten vorbehaltenen) Backsteins nicht stark genug von den übrigen Häusern abgesetzt hätte. So besitzt auch das Wohnhaus Leeteinde 12 eine symmetrische Fassade, einen annähernd symmetrischen Grundriß und den zentralen Mittelgang zwischen Eingang und Gartentür. Das realisierte Haus des Bürgermeisters weicht durch den »modischeren« Typus des englischen Landhauses dagegen deutlich von der lokalen Bautradition ab. Daß Oud im Gegensatz zum Bauherrn »Plan A« den Vorzug gab, zeigt nicht zuletzt die Präsentation dieses Entwurfs auf der ersten Ausstellung von De Sphinx im Januar 1917.[13]

Während das Haus gegen die Straße durch eine dichte Bepflanzung abgeschirmt wird, öffnet sich der Garten als schlichte Rasenfläche zum Wasser. Das Gebäude samt Teepavillon ist somit vom gegenüberliegenden Ufer aus gut sichtbar (Abb. 120). Ähnlich den zur Gracht orientierten herrschaftlichen Bauten in Edam antwortete Oud damit auf die besondere geographische Situation des Grundstücks am zentralen Havenrak.

Glasfenster von Theo van Doesburg (Abb. 20)
»Komposition I« (100 × 66,5 cm): Farbige Bleiglasarbeit, die in der Gartentür am Ende des Flurs eingelassen war. Van Doesburg erhielt den Auftrag vor dem 4. August 1916. An diesem Tag schrieb er an Antony Kok, daß er seinen ersten Auftrag »von diesem Architekten« erhalten habe, sich die Technik jedoch noch zu eigen mache müsse.[14] Nach Aussage von Lena Milius, der Frau Theo van Doesburgs, stand der Entwurf Anfang Januar 1917 kurz vor der Vollendung.[15] Das Fenster zeigt im Zentrum einen Schwan mit Pfeilbündel, das Gemeindewappen von Broek in Waterland, ist ansonsten jedoch abstrakt gehalten. Das Wappen und die zentralen Glasflächen werden von Gelb-, Rot- und Grüntönen bestimmt, während eine Rahmung in Blautönen die Komposition einfaßt.

Nach Fertigstellung der Türverglasung wurden nach einem Entwurf Van Doesburgs vier weitere, kleinere Fenster (30 × 22 cm) über der Tür angebracht. De Geus war mit dem Schwanenfenster offenbar so zufrieden gewesen, daß er im April 1917 auch die vier Oberlichter in Auftrag gab.[16] Am 5. Mai 1917 befanden sich die Fenster beim Glasmacher.[17] Sie basieren auf zwei jeweils aneinander gespiegelten, geometrischen Kompositionen. Die Farbwahl entspricht dem großen Fenster, zeigt im Rahmen jedoch zusätzlich Violettöne.

Die fünf Fenster befinden sich seit 2003 im Stedelijk Museum De Lakenhal in Leiden.[18]

Erhaltungszustand (Abb. 121)
Haus De Geus liegt im sehr gut erhaltenen historischen Dorfkern von Broek in Waterland, der 1971 als »beschermd dorpsgezicht« (geschütztes Dorfbild) ausgewiesen wurde. Das Gebäude ist in seiner Grundsubstanz erhalten. Leider erfolgten in den letzten Jahren einige größere Eingriffe, die das Gesamterscheinungsbild beeinträchtigen: Das Dach erhielt an der Gartenseite sowie seit 2004 auch an der Straßenfront und der Südostseite eine weitere Dachgaube. Zwei der insgesamt drei Schornsteine wurden entfernt. Ein bedauerlicher Verlust sind die originalen Fenster, die 2004 durch neue Fenster mit der historischen Einteilung, jedoch als Isolierverglasung ersetzt wurden. Eine bereits zuvor an Stelle des Wohnzimmerfensters angebrachte ungeteilte Glasfront erhielt die historische Sprossenteilung zurück, wurde allerdings zu einer Fenstertür vergrößert. In die ehemals geschlossene Hauswand der Anrichte (Gartenfront) wurde eine zweiteilige Fenstertür mit historisierender Sprossenteilung eingebrochen. Die Fensterrahmen des gesamten Hauses sind einheitlich weiß gefaßt und weichen damit von der ursprünglichen Fassung mit dunklen Fensterstöcken und hellen Streben ab. Die »Napoleonskoepel« wurde 2004 restauriert.

Die fünf Glasarbeiten von Theo van Doesburg befanden sich bis 2003 in situ.[19] Heute sind sie durch einfaches Fensterglas ersetzt.

Publikationen Beckett 1980, Fig. 3, S. 211; Barbieri 1986, S. 23; Reinhartz-Tergau 1990, S. 9, 26, 28f.
Vgl. Taverne 2001, Kat. Nr. 28.
Literatur zu Van Doesburgs Fenster Van Straaten 1988, S. 24–27; Evert van Straaten, in: Glas-in-lood in Nederland 1917–1968, 's-Gravenhage 1989, S. 99, Abb. 95 A, B; Reinhartz-Tergau 1990, S. 26f.; Hoek 2000, Nr. 500 und Nr. 523, S. 172f., 182.

121. Haus De Geus, Broek in Waterland, Straßenseite, Fotografie 1998

1a Variante »Wohnhaus Broek in Waterland Plan A«

Gegenstand Unausgeführter Entwurf für das Haus De Geus. Daß es sich bei dem als »Woonhuis Broek in Waterland« bezeichneten Gebäude um das Haus des Bürgermeisters De Geus handelt, zeigen das mit dem ausgeführten Bau übereinstimmende Bauprogramm (Sprechzimmer etc.) wie auch die ähnliche Grundrißlösung.
Ort und Auftrag siehe Haus de Geus*.
Entwurf 14.7.1916.
Planmaterial NAi: Präsentationsblatt »Plan A« (Abb. 122) mit Aufriß der Eingangsfassade und Grundriß des Erdgeschosses (Aquarell).

Gebäude
Der Grundriß des Präsentationsblattes zeigt im wesentlichen die Gliederung samt Mittelgang des ausgeführten Entwurfs, ist hier jedoch konsequenter durchgeführt. Anstelle der polygonalen Anbauten und der verspringenden Fassadenflucht erhält nur das zum Havenrak gerichtete Wohnzimmer eine asymmetrisch angefügte Loggia. Da die beiden Wohnräume in die rechteckige Grundrißfläche eingebunden sind, die hier größer ausfällt als beim ausgeführten Gebäude, besteht neben der Mittelachse auch eine durchgehende querverlaufende Symmetrieachse. Der Erdgeschoßgrundriß weist nur wenige Abweichungen vom realisierten Entwurf auf. Entsprechend der größeren Grundfläche fallen Sprechzimmer, Arbeitsküche und Küche etwas größer aus. Verändert ist auch die Lage und Anzahl der Fenster sowie der Zugang von der Küche in den Garten. Durch Verzicht auf einen Windfang wird der Flur hier noch stärker als durchgehende Mittelachse des Baus hervorgehoben.

Am Außenbau bestehen die wichtigsten Abweichungen vom realisierten Gebäude in dem einfachen, hohen Satteldach und der (in Übereinstimmung zum Grundriß) streng symmetrischen Eingangsfront. Der ebenfalls erhöhte, hier jedoch in der Mittelachse liegende Eingang ist über eine repräsentative zweiarmige Freitreppe zu erreichen. Parallelen hierzu finden sich in niederländichen Rathäusern des 17. Jahrhunderts, womit auch ein inhaltlicher Bezug zum Haus des Bürgermeisters hergestellt wird.[20] Die rundbogige Eingangstür ist durch einen radial verlaufenden Backsteinverband hervorgehoben. Zu beiden Seiten sowie oberhalb des Eingangs befinden sich je drei zu einer Gruppe verbundene schmale Fenster. Das aus einem diagonalen Kompositionsraster entwickelte Rautenmotiv der Oberlichter wird im Türfenster aufgegriffen.[21] Ähnlich dem ausgeführten Bau zeigt die Straßenfront ein Gesims oberhalb der Erdgeschoßfenster, das die Giebelfläche optisch vergrößert.[22] In Breite der Eingangszone und der mittleren Fenstergruppe verspringt das Gesimsband (nach Vorbild mittelalterlicher Bauten) und betont so die Eingangstür und damit die Symmetrieachse der Fassade. Dasselbe gilt für zwei vertikale Zierbänder, die ein extrem schmales Fenster im oberen Giebelabschnitt flankieren.

Die vollkommen symmetrische Fassade wird vom Umriß des Dreieckgiebels bestimmt, der sich in der Anordnung der einzelnen Bauglieder wiederholt. Vertikale (Türfeld, Zierstreifen, schmales Giebelfenster) und Horizontale (Gesimsband und Fensterreihe) sind gleichwertig ausgebildet und ergeben so ein harmonisches Gesamtbild. Kennzeichnend für das Präsentationsblatt ist die betont reduzierte Formensprache mit großen ungegliederten Wandflächen. Damit zeigt »Plan A« deutlich stärker als der ausgeführte Entwurf Ouds charakteristische Architektursprache. Die strenge Symmetrie, der Mittelgang mit den beiden gegenüberliegenden Türen und die Raumaufteilung stehen noch deutlicher als der realisierte Entwurf in der Tradition des herrschaftlichen Landhauses.[23] Anders verhält es sich mit dem Aufriß, der sich an den ortstypischen Wohnbauten mit symmetrisch giebelständigen Fassaden und dreieckigem Umriß orientiert. Dennoch gelang es Oud durch die Verwendung des Sichtbacksteins, durch die repräsentativen Fenstergruppen, die Treppe sowie die Schmuck- bzw. Gesimsbänder das Haus des Bürgermeisters gegenüber den übrigen Wohnbauten hervorzuheben.

Frühe Publikationen Stamm 1984, Abb. 12, S. 13; Barbieri 1986, Abb. 1, S. 22.

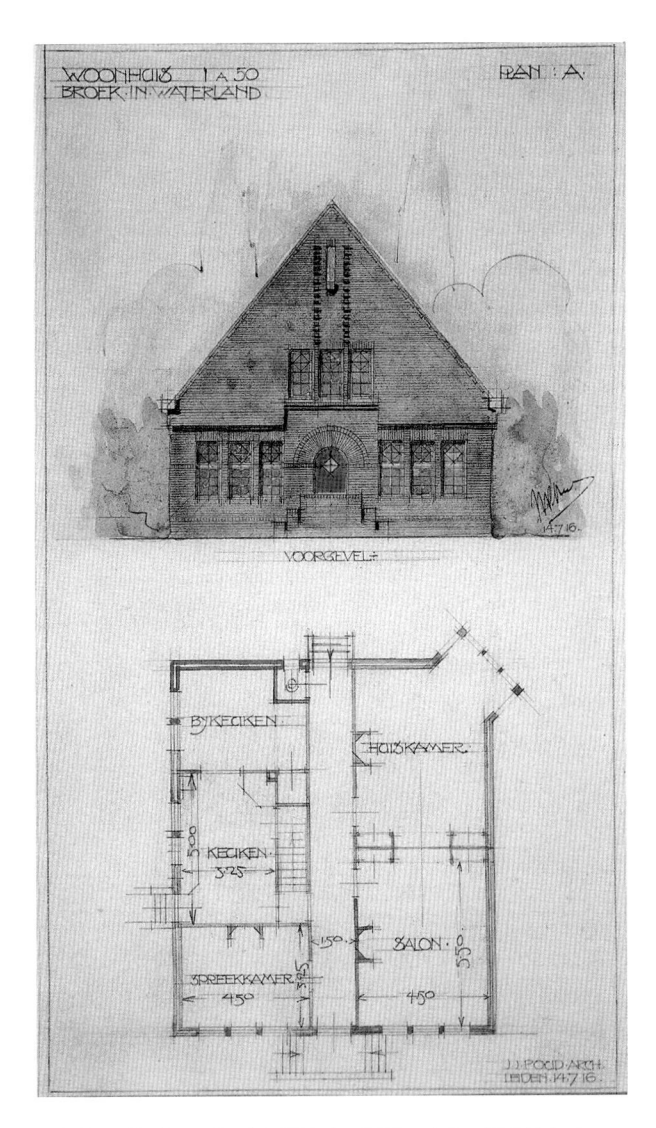

122. Haus De Geus, Broek in Waterland, Präsentationsblatt Variante »Plan A«, Eingangsfassade und Grundriß EG

2 »Villen in Velp«

Gegenstand Unausgeführter Entwurf (Perspektivzeichnung) für drei zu einem Gebäude zusammengefaßte Wohnhäuser, der mit »Villa's in Velp« bezeichnet ist (Abb. 123). Die Perspektive steht in engem Zusammenhang mit einem auf 1912 datierten Entwurf für ein Dreifamilienhaus (Abb. 127), betitelt mit »drei Villen«, der in leicht veränderter Form in Velp ausgeführt wurde (Abb. 125, 126).

Ort Die Perspektivzeichnung macht außer der Bezeichnung »Villa's in Velp« keine Angaben zur Entstehungszeit und zur Lage des Gebäudes. Unabhängig von ihrer Datierung und Deutung wurde mit der Nennung des Ortes Velp und der Bezeichnung als »Villen« jedoch eine Beziehung zum bestehenden Dreifamilienhaus (»drei Villen«) hergestellt.

Das ausgeführte Dreifamilienhaus, das sich aus drei eigenständigen Wohnhäusern zusammensetzt, befindet sich in der Zutphensche Straat 11, 13, 15 in Velp, Gemeinde Rheden. Velp grenzt unmittelbar an Arnheim (Arnhem), die Hauptstadt der Provinz Gelderland. Das Gebäude liegt auf einem Eckgrundstück zwischen dem Nieuwe Weg (heute A. G. Hofkeslaan) und der Zutphensche Straat am Rande der Ortschaft. Mit seiner Hauptfassade weist es zur Zutphensche Straat, der Verbindungsstraße zwischen Arnheim und dem 30 km entfernten Zutphen. An dieser Straße waren seit dem 19. Jahrhundert Villen und Herrenhäuser begüterter Arnheimer Bürger entstanden.[24] Gegenüber dem Dreifamilienhaus befand sich ein repräsentatives klassizistisches Gebäude, an dessen Stelle in den 1980er Jahren ein Wohnblock errichtet wurde.

Entwurf Die Datierung der Perspektivzeichnung erfolgte bislang in Abhängigkeit von dem ausgeführten Dreifamilienhaus. Dieses wurde aus stilistischen Gründen und ungeachtet einer im Haus Zutphensche Straat 13 bewahrten Blaupause sowie der erhaltenen Bauunterlagen im Gemeindearchiv Rheden auf 1916 bzw. 1917 datiert.[25] Der Entwurf des Dreifamilienhauses (Blaupause) trägt den Namen des Architekten Jacobs und das Datum 22. April 1912. Die Bauanfrage erfolgte vier Tage später.[26] Ausgehend von Entwurf und Bauanfrage ist die bisherige Datierung damit zu korrigieren. Auch stilistische Kriterien sprechen für eine Entstehung vor 1916/17.

In Abhängigkeit von der vermeintlichen Entstehungszeit des realisierten Gebäudes wird die Perspektivzeichnung (Abb. 123) bis heute einstimmig auf 1916 oder 1917 datiert.[27] Letztere gilt als die stilistisch fortschrittlichere Lösung, die Hans Oud entsprechend als »kubistische Variante« des Dreifamilienhauses bezeichnet.[28] Eine eindeutige Datierung der Perspektivzeichnung ist auf Basis der bisher bekannten Quellen nicht möglich. Da Grundrisse fehlen und auch die Umgebung bewußt ausgespart bleibt, wird es sich jedoch kaum um einen frühen, vom Auftraggeber abgelehnten Entwurf für das realisierte Gebäude handeln. Auch stilistische Vergleiche lassen auf eine Entstehung nach 1912 schließen. Für eine Datierung um 1916/17 sprechen das Flachdach und die schlanken ungegliederten Fenster, die unter anderem Parallelen in der Häuserzeile an einem Strandboulevard* und einem Landhausentwurf von Huib Hoste, beide von 1917, finden.[29] Im Vergleich mit der Häuserzeile an einem Strandboulevard ist die Perspektive mit ihren rundbogigen Loggien und dem Rundbogenportal jedoch noch deutlich traditioneller und scheint damit einer früheren Stilstufe zugehörig.

Auftrag Über einen Auftrag an Oud liegen weder im Fall des ausgeführten Wohnhauses noch der Perspektivzeichnung Informationen vor. Im Oud-Archiv befindet sich neben der Perspektive nur eine Fotografie des gerade fertiggestellten Gebäudes (Abb. 125). Der Ausführungsplan nennt Auftraggeber (Geerlings) und Architekt (Jacobs), Ouds Name taucht nicht auf. Dennoch muß eine Beziehung zwischen Oud und dem Wohnhaus in Velp bestanden haben. Entscheidende Argumente liefern die für ein Dreifamilienhaus ungewöhnliche Bezeichnung »Villen« auf der Perspektivzeichnung und dem Ausführungsplan sowie die Tatsache, daß sich die Fotografie des wenig spektakulären Wohnhauses in Ouds Nachlaß befindet. Es ist zudem kaum anzunehmen, daß Oud für ein beliebiges Wohnhaus in Velp, ein von Purmerend bzw. Leiden rund 100 km entfernt liegender Ort, eine Variante entworfen hat. Für eine Beteiligung Ouds am ausgeführten Entwurf sprechen schließlich auch die Formensprache des Gebäudes und einzelne Architekturmotive: Die T-förmigen Fenster[30], die geometrischen Formen wie die annähernd quadratischen und in weitere vier Quadrate unterteilten oberen Fensterpartien, die von Fenstern flankierten Fenstertüren der Gartenfront (so auch bei den Arbeiterwohnungen für Vooruit in Purmerend von 1911/12), die scheinbar frei auf der Wandfläche verteilten Fensteröffnungen

123. »Villas in Velp«, Perspektive

124. Tony Garnier, Entwurf der Cité Industrielle, 1917, Ausschnitt Hôpital

PROJEKTE UND AUSGEFÜHRTE BAUTEN 1916 BIS 1931   357

der Schmalseiten (vgl. das Haus van Bakel in Heemstede von 1914, Abb. 6), die in die Wandfläche integrierten Fensterstürze, das von einer Archivolte umfangene Portal (vgl. Haus Gerrit Oud in Aalsmeer von 1912) und die ornamental durchbrochenen Brüstungen (vgl. den in Putz absetzten Ornamentstreifen am Wohnhaus Beerens in Purmerend von 1912, Abb. 92; das Haus Van Lent in Heemstede von 1913 und das Haus Van Bakel). Auch der Grundriß, der in Längsrichtung eine Folge von Salon und »Suite« in der einen sowie Küche und Kammer in der anderen Haushälfte aufweist, ist typisch für Oud. Wie bereits bei seinem ersten Gebäude, Haus Oud-Hartog in Purmerend von 1907 (Abb. 85), wurden die beiden Wohnräume als spiegelsymmetrische Pendants ausgebildet.[31] Auch die symmetrischen Raumwände samt Einbauschränke sind charakteristisch für Oud.

Eine Erklärung, weshalb Oud auf dem Entwurf nicht genannt wird, könnte in der persönlichen Situation des noch unbekannten Architekten liegen. Mit Ausnahme des Wohnhauses für seine Tante Oud-Hartog, des Gebäudes Herengracht 23 und des Vereinsgebäudes mit Arbeiterwohnungen für Vooruit, alle in Purmerend[32], hatte er zum Zeitpunkt der Bauanfrage noch keine eigenen Bauten errichtet. Möglicherweise war Oud daher aufgrund fehlender Aufträge als (ungenannter) Mitarbeiter im Büro Jacobs tätig gewesen. Jacobs, der offenbar ein florierendes Büro in Velp unterhielt[33], könnte Oud als Entwurfszeichner eingestellt haben. Denkbar ist zudem, daß Oud nach seiner Rückkehr aus München (Sommer 1912) die Bauleitung für das Gebäude übernommen hat und dabei einige Veränderungen gegenüber dem Entwurf, wie den steiler ausgeführten Giebel des Mittelbaus und das Giebelfenster, durchsetzte.

Die Perspektivzeichnung entstand offenbar erst mehrere Jahre später. Wahrscheinlich ist, daß Oud sie im Sinne einer »Verbesserung« oder »Korrektur« des bereits ausgeführten Gebäudes verstand. Damit ergibt sich eine Parallele zu einer Reihe weiterer Entwürfe, die Oud ohne Auftrag und bestimmten Standort wohl zur Demonstration seines Könnens und seiner Architekturauffassung erstellte.[34]

Pläne/Fotomaterial NAi: Perspektivskizze (Bleistift, Wasserfarbe, 7 x 19 cm, Abb. 123); historische Fotografie des ausgeführten Gebäudes (Abb. 125).
Blaupause des realisierten Gebäudes im Gemeindearchiv Rheden und im Haus Zutphensche Straat 13: Lageplan, Grundrisse Erd- und Obergeschoß, Aufrisse Straßenfront Zutphensche Straat (Abb. 127) und Seitenfront Nieuwe Weg (mit Unterschrift des Architekten und Auftraggebers).

Bauprogramm der ausgeführten Wohnhäuser Erdgeschoß: Vestibül, Zimmer, Salon, »Suite«, Küche, Arbeitsküche, Toilettenraum. Obergeschoß: vier Zimmer, Badezimmer, zwei Balkone (bzw. Balkon und Altan im mittleren Haus). Das mittlere Haus fällt breiter und tiefer aus als die beiden seitlichen Bauten. Die Raumgrößen (»Suite« und Schlafräume mit circa 23 m^2), die großzügig bemessenen Treppenhäuser und die zwei Balkone pro Wohnung sind Ausdruck eines anspruchsvollen Bauprogramms. Dies gilt vor allem für das mittlere Haus, das Marmorböden, Stuckdecken, eine verglaste zweiteilige Schiebetür zwischen Salon und »Suite« sowie einen repräsentativen Kamin im Salon aufweist. Die Innenausstattung einschließlich Wandschränke und Treppengeländer ist hier vollständig erhalten. Der Klingelmechanismus, mit der die Dienstmädchen vom Salon im Erdgeschoß aus gerufen werden konnten, besteht bis heute.

Städtebauliche Situation
Auf der Perspektive fehlen Angaben zur städtebaulichen Situation. Allein ein schmaler Grünstreifen vor der Eingangsfront und an den Seiten sowie eine Fenstergruppe an einer der Seitenfronten deuten an, daß es sich um ein freistehendes Gebäude handelt.

Das ausgeführte freistehende Dreifamilienhaus liegt am Rande der Ortschaft an der Ausfallstraße nach Zutphen. Die kurz nach Vollendung entstandene Fotografie im Oud-Archiv (Abb. 125) zeigt den noch unbepflanzten tiefen Vorgarten zur Zutphensche Straat. Ein Wegenetz verbindet den Zugang an der Straße mit den drei Hauseingängen. Vor dem mittleren, durch einen Rundbogen betonten Zugang findet sich ein Rondeel oder Blumenbeet. Der auf dem Foto sichtbare metallene Gartenzaun ist bis heute erhalten.

Die Perspektivzeichnung (Abb. 123)
Die Perspektive zeigt drei zu einem Gebäude zusammengefaßte zweigeschossige Wohnhäuser mit Flachdach. Bestimmend für das Gesamtbild ist die Vielzahl unterschiedlich gestalteter Bauglieder (Kuben, Loggien, Terrassen), die sich zu einer plastisch bewegten Komposition verbinden.

Das mittlere Haus, das höher und breiter ausfällt als die beiden seitlichen, springt im Obergeschoß zurück und bildet so

125. Dreifamilienhaus, Velp, hist. Ansicht der Straßenfront

126. Dreifamilienhaus, Velp, Straßenfront, Fotografie 1998

einen die ganze Hausbreite einnehmenden Altan aus. Dieser ist, wie auch der obere Fassadenabschluß, mit einer ornamentalen Brüstung versehen, die eine bzw. zwei Reihen rechteckiger Maueröffnungen (oder farbig abgesetzter Steine) aufweist. In der Mitte liegt ein rundbogiges, von einer Archivolte umfangenes Portal, zu dem mehrere Stufen hinaufführen. Die gegenüber dem Mittelbau zurücktretenden seitlichen Häuser zeigen eine deutlich einfachere Formensprache. Beide Bauten erhielten zur Straßenfront einen schmalen eingeschossigen Anbau, der den seitlichen Abschluß des Gebäudes bildet. Eine Mauerbrüstung in Flucht dieser Anbauten begrenzt jeweils eine erhöht liegende Terrasse mit Zugang zu den Wohnungen. In Breite der Terrassen ist den äußeren Häusern eine zweigeschossige Loggia vorgelegt, deren Brüstungen die Ornamentierung des Altans aufgreifen. Auf diese Weise werden, unterstützt durch eine Rankbepflanzung, die drei Bauten optisch verklammert. Die Fenster und die verglasten Doppeltüren (Loggien) der seitlichen Häuser verzichten auf das teilende Fensterkreuz und wirken damit nicht nur schlichter, sondern aufgrund ihrer Proportionen (hoch und schmal) auch moderner als die Fenster im repräsentativen Mittelbau. Als »modische« Variante zum klassischen Rundbogenportal des Mittelbaus erhielten die Loggien im Erdgeschoß breite, gedrückte Bögen.

Die mit Wasserfarben kolorierte Zeichnung zeigt für die Außenwände eine hellbraune/ockergelbe Farbgebung. Ob Oud hier Verputz oder Sichtbackstein andeuten wollte, bleibt unklar.

Die drei Wohnhäuser verbinden sich trotz des malerisch-bewegten Fassadenbildes zu einer streng axialsymmetrischen Gebäudekomposition. Ausgehend vom Mittelbau als höchstem Gebäudeteil ergibt sich eine Höhenstaffelung über die seitlichen Häuser bis zu den Flachbauten an den Außenseiten. Durch die seitlichen Anbauten entsteht gleichzeitig eine U-Form, die – ähnlich einem barocken Dreiflügelbau mit Mittelrisalit – das mittlere Wohnhaus akzentuiert. Dem entspricht auch die repräsentative Gestaltung des Mittelbaus (Altan, Rundbogenportal und Fensterkreuze), der sich deutlich von den schmucklosen seitlichen Baugliedern abhebt.

Die Bezeichnung »Villa« verweist neben dem großbürgerlichen Raumprogramm auf die freistehende Lage des Hauses und die Vielzahl von Terrassen und Loggien. Als Bautypus lehnt sich das Gebäude an repräsentative historische Stadtvillen an, die mehrere Mietparteien in den einzelnen Geschossen aufnahmen. Während sich die vornehmste Wohnung dort im 1. Obergeschoß (Beletage) befand, wurde in Velp eine vertikale Trennung mit einer Hervorhebung des mittleren Hauses gewählt.

127. Dreifamilienhaus, Velp, Aufriß der Straßenfront

Der ausgeführte Bau (Abb. 125, 126)
Die auffälligsten Unterschiede zur Perspektivzeichnung sind der hohe steile Giebel und ein an die Serliana erinnerndes Fenstermotiv des mittleren Hauses sowie die an der Straßenfront mit dem Traufgesims nach unten gezogenen Walmdächer der seitlichen Häuser. Die seitlichen Bauten erscheinen hier als geschlossene Kuben, die als einzige Wandöffnung die mit der Vorderfront fluchtenden Loggien aufweisen. Das Gebäude präsentiert sich damit weniger als eine bewegte, aus einzelnen Bauteilen zusammengesetzte Komposition, denn als ein einheitlicher geschlossener Baukörper.[35] Die kleinteilig versproßten Fenster mit dunklen Rahmen und hellen Fensterflügeln (heute hellgelbe Rahmen und schwarze Flügel) sowie die steilen Dächer mit Dachgauben wirken zudem konventioneller als das Flachdach und die in der Perspektive dargestellten ungeteilten Fensteröffnungen. Auch Raumprogramm und Grundriß weisen Unterschiede auf. So wurden bei der Perspektive die Eingänge der beiden äußeren Wohnungen von den Schmalseiten an die Straßenfront verlegt und zwei seitliche Anbauten zugefügt.

Vorbilder
Mögliche Vorbilder für die Perspektivzeichnung sind Tony Garniers Wohnbauten der Cité industrielle (1901–04), die sowohl das Flachdach, die reduzierte Formensprache mit großen, einfach unterteilten Fenstern als auch die Öffnung der Baukörper durch Terrassen und Altane aufweisen.[36] Auch Detailformen wie die ornamental durchbrochenen Brüstungen und die großen Rundbogen sind dort ausgebildet. Ähnlich ist zudem der Zeichenstil mit Parallelschraffuren zur Andeutung von Schatten und die mit lockeren Strichen dargestellte Bepflanzung. Das Krankenhaus der Cité industrielle zeigt schließlich ein der Perspektivzeichnung entsprechendes U-förmiges Gebäude mit hervorgehobenem Mittelbau (Abb. 124). Die Verbindung einer konsequent modernen Formensprache mit barocken Kompositionsprinzipien (symmetrische U-förmige Anlage mit hervorgehobenem Mittelbau) findet sich auch bei dem 1917 entstandenen Landhausentwurf des belgischen Architekten Huib Hoste[37], der seit der ersten Ausgabe von »De Stijl« mit den Mitarbeitern in Kontakt stand. Auch für ihn ist eine Beeinflussung durch Garnier anzunehmen. Ob Oud die Entwürfe der Cité industrielle bereits vor ihrer Publikation (1917) kannte, ist nicht klar. Parallelen zwischen seiner Perspektivzeichnung und älteren Arbeiten bestehen allein bei Bauten der Wiener Moderne, wie Adolf Loos' Haus Scheu in Wien (1912/13), das neben dem Flachdach und einer reduzierten Formensprache auch mehrere Terrassen aufweist.

Der mehrfach in der Literatur zu findende Vergleich mit Ouds Häuserzeile an einem Strandboulevard* ist hinsichtlich der kubischen vor- und zurückspringenden Baukörper naheliegend. Hinzu kommen die Terrassen und großen Fensterfronten, die wie bei Ouds Villen-Entwurf aus schmalen hohen Fenstern bestehen. Allerdings verzichtete Oud bei seiner Häuserzeile zugunsten einer klaren, reduzierten Gestaltung auf jegliche Ornamentik und malerische Bepflanzung. Ein wesentlicher Unterschied liegt zudem in der Idee eines beliebig erweiterbaren Gebäudes (serielles Bauen), während die drei Villen eine axialsymmetrische geschlossene Komposition zeigen.[38] Abgesehen von der Formensprache ist die Häuserzeile an einem Strandboulevard damit auch in ihrem konzeptionellen Verständnis fortschrittlicher.

Frühe Publikationen Fischer 1965 o. S. (Perspektive); Stamm 1977, S. 265 (Perspektive); Stamm 1978, Fig. 16, S. 20 (Perspektive); Stamm 1979, S. 72 (ausgeführter Bau, Perspektive).
Vgl. Taverne 2001, Kat. Nr. 14 (Farbabb. Perspektive)

3 Erster Umbau der Villa Allegonda, Katwijk aan Zee

Gegenstand Umbau der um 1900 errichteten Villa Sigrid in Katwijk aan Zee (Abb. 128) zum ständigen Wohnsitz der Familie Trousselot.
Ort Noord-Boulevard 1, Katwijk aan Zee (Provinz Zuid-Holland). Das wenige Kilometer von Leiden entfernte Strandbad Katwijk aan Zee (erstes Badehotel 1845) zog seit Ende des 19. Jahrhunderts eine Vielzahl von Künstlern an, die hier ihre Villen errichteten.[39] In unmittelbarer Nähe zur Villa Sigrid, eine der zahlreichen Künstlervillen der Jahrhundertwende, befand sich die nach Entwurf von H. P. Berlage 1899 erbaute Villa De Schuur des renommierten Malers Jan Toorop. 1903 ließ der aus Leiden stammende Kunstmaler Menso Kamerlingh Onnes (1860–1925) gegenüber der Villa Sigrid die beiden Villen 't Waerle (für seine Schwägerin) und Haus Hoogcat (für sich selbst) durch den Leidener Architekten H. J. Jesse erbauen (Abb. 323, links).[40]
Entwurf Ein Entwurf im Gemeindearchiv Katwijk trägt die Unterschrift des Bauunternehmers Johan Adam de Best und das Datum November 1916. Abweichungen zum ausgeführten Bau lassen auf eine nachträgliche Veränderung des Entwurfs schließen. Das im Mai 1917 fertiggestellte Bleiglasfenster Theo van Doesburgs zeigt bereits die Maße der realisierten Fassung. Der endgültige Entwurf muß somit zwischen November 1916 und Mai 1917 entstanden sein.
Ouds Anteil an der Entwurfsarbeit ist nicht eindeutig zu bestimmen. Den Auftrag zum Umbau soll zunächst Menso Kamerlingh Onnes erhalten haben.[41] Oud selbst bemerkt in der ersten Publikation der Villa von Februar 1918: »Der Umbau ... wurde von mir nach dem Entwurf des Kunstmalers M. Kamerlingh Onnes technisch ausgearbeitet.«[42] Gemeint ist hier offenbar die Erstellung der konkreten Baupläne. In einem Briefkonzept an Adolf Behne vom 14. November 1920 bestätigt Oud, daß er die Villa nach Anweisungen von Kamerlingh Onnes architektonisch ausgearbeitet habe. Es erscheine ihm daher nicht richtig, sie zu seinen eigenen Werken zu zählen. Darüber hinaus stimme das Haus nur teilweise mit seinen Vorstellungen überein.[43] Bei der Publikation des Gebäudes im Jahr 1922 wählte Behne entsprechend als Bildunterschrift: »Entwurf: M. Kamerlingh Onnes Architekt: J. J. P. Oud«.[44] Dagegen nennt er zwei Jahre später beide Namen – »M. Kamerlingh Onnes et J. J. P. Oud« – und betont damit die gleichberechtigte Zusammenarbeit zwischen Maler und Architekt.[45]

In der Oud-Forschung finden sich verschiedene Meinungen zur Autorschaft. Carel Blotkamp betont den Einfluß nordafrikanischer Architektur und damit den Entwurfsanteil von Kamerlingh Onnes, der unter anderem Tunesien besucht hatte.[46] Nach Hans Oud und Günther Stamm geht der ausgearbeitete Entwurf auf Oud zurück, während Kamerlingh Onnes allein mündliche Anregungen sowie einige »Ideen-Skizzen« geliefert habe.[47] Im Rotterdamer Katalog wird Ouds Anteil hingegen auf die technische Ausführung und die Hinzuziehung befreundeter Künstler beschränkt.[48]
Die von Ouds sonstigen Arbeiten abweichende Formgebung, vor allem der Außenbau mit seinen Reminiszenzen an mediterrane Architektur und mittelalterliche Burgen sowie der Asymmetrie der Fassaden, läßt tatsächlich auf Kamerlingh Onnes als Urheber schließen. Ob sich sein Entwurfsanteil auf mündliche Vorgaben und Skizzen beschränkt oder auch Pläne umfaßt, muß offen bleiben.[49] Die Publikation des Gebäudes unter dem Namen von Kamerlingh Onnes und Oud ist im Fall einer allein technischen Bearbeitung des letzteren nicht denkbar.[50] Offenbar hat Oud daher nach den Vorgaben von Menso, aber unter Einbringung seiner eignen künstlerischen Vorstellungen die Pläne erstellt. So weist der Grundriß mit seiner quadratischen Grundfläche von Schlafzimmer und Turm eindeutig auf Oud als entwerfenden Architekten. Daß Oud seinen Entwurfsanteil in niederländischen Publikationen eher herunterspielte, entspricht seinem – im eigenen Land – betont bescheidenen Auftreten. Bei ausländischen Veröffentlichungen, so auch der deutschen und französischen Publikation der Villa Allegonda[51], gab sich Oud dagegen selbstbewußter.
Ausführung Die am 9. November 1916 beantragte Baugenehmigung wurde zwei Tage später bewilligt.[52] An der Südfassade wird deutlich, daß dieser Entwurf in veränderter Form zur Ausführung kam: Der Turm ist insgesamt niedriger, das Treppenhausfenster wurde gegenüber dem Entwurf verkleinert und der Schornstein erhielt eine andere Formgebung. Da im Februar 1918 eine Fotografie des vollendeten Baus in »Bouwkundig Weekblad« erschien (Abb. 130, Mitte), müssen die Arbeiten zum Jahresbeginn 1918 weitgehend abgeschlossen gewesen sein.[53] Bauunternehmer waren J. A. de Best und dessen Sohn Gerrit.[54]
Auftrag Auftraggeber des Umbaus war Josse E. R. Trousselot, Kaffee- und Teehändler aus Rotterdam. Der Kontakt zu Oud ergab sich durch Menso Kamerlingh Onnes, Vater von Ouds langjähri-

128. Villa Sigrid, Katwijk aan Zee, hist. Ansicht

129. Erster Umbau der Villa Allegonda, Katwijk aan Zee, hist. Ansicht der Eingangsfront

gem Freund Harm Kamerlingh Onnes (1893–1985). Der Bauauftrag bestand laut Oud in der Anbringung von »Loggien« (gemeint sind überdachte Terrassen), der Errichtung eines Turmes, eines großen Schlafzimmers und mehrerer Dienstzimmer.[55]

Beteiligung anderer Künstler Neben Menso und Harm Kamerlingh Onnes war, sicherlich auf Initiative von Oud, auch Theo van Doesburg beteiligt. Van Doesburg schuf ein farbiges Glasfenster, »Kompositie II« (Abb. 130, links), das in den Verbindungsteil zwischen Turm und Hauptbau (vgl. Abb. 129) eingefügt wurde. Von Harm Kamerlingh Onnes stammen ein Namensschild und die Ausstattung des »Maurischen Zimmers«. Auf Menso Kamerlingh Onnes gehen die Einrichtung eines Wohnzimmers und eventuell eine auf der Südterrasse unterhalb des Namensschildes plazierte Sitzbank (Abb. 132) zurück.

Geschichte

1899 erhielt der Bauunternehmer J. A. de Best aus Katwijk die Genehmigung zum Bau einer Villa, die 1901 fertiggestellt war.[56] Das mit einem Atelier ausgestattete Haus wurde an den Maler Gerhard A. L. »Morgenstjerne« Munthe (1875–1927), Sohn von Ludvig Munthe, vermietet. Munthe nannte die Villa 1901 nach seiner dort geborenen Tochter Villa Sigrid. 1909 verkaufte Best das Gebäude an den Geschäftsmann Josse E. R. Trousselot. Die Villa diente zunächst nur als Sommeraufenthalt für ihn und seine Familie, seine Ehefrau Allegonda C. I. Martens, einer Tochter und einem Sohn. Aus der Villa Sigrid wurde durch Übermalung des alten Namenszuges die Villa Allegonda (Abb. 128).[57] 1916 plante die Familie, das Haus als permanenten Wohnsitz zu nutzen und hierfür einen Umbau vorzunehmen. Wie Hans Oud überliefert, bat Trousselot seinen Nachbarn Menso Kamerlingh Onnes, den Umbau durchzuführen. Die Erstellung der Baupläne übertrug dieser dem mit seinem Sohn befreundeten Architekten Oud.[58]

Konstruktion/Material Es handelt sich um einen Backsteinbau, der ebenso wie der ursprüngliche Bau verputzt und gestrichen wurde. Die Bedachung der Loggien und die Stützen bestehen aus Beton.

Pläne/Fotomaterial GAK: Blaudruck (datiert auf November 1916) mit Unterschrift von J. A. De Best: Grundrisse, Aufriß Südfassade. NAi: Grundrisse von Keller, Erdgeschoß und Obergeschoß, Aufriß der Eingangsfront, historische Fotografien. CCA: Präsentationszeichnung der Südfassade (Bleistift, Wasserfarbe). GRI: »Zeichnung«, drei Fotografien.

Bauprogramm Erdgeschoß: Drei Wohnräume (Wohn- und Eßzimmer), Küche, Nebenraum, Eingangsbereich, Toilettenraum und vier überdachte Veranden. Erstes Obergeschoß: Bad und fünf Schlafzimmer. Zweites Obergeschoß: Dienstbotenzimmer, darüber Aussichtsplattform. Keller: Aufenthaltsraum für das Personal, Abstellraum für Fahrräder, Flur mit Diensteingang, Abstellraum, zwei Kellerräume, Toilettenraum.

Neu hinzugefügt wurden beim Umbau: ein Wohnraum, ein Schlafraum, die Küche, vier Veranden und das gesamte Kellergeschoß.

Städtebauliche Situation
(vgl. Abb. 128, 129; Abb. 130, Mitte)

Die freistehende Villa befindet sich am nördlichen Ende der Strandpromenade, die hier eine Biegung macht und unter dem Namen Rijnmond parallel zum Entwässerungskanal (der alte Rheinarm, vgl. Abb. 323) ins Landesinnere führt. Das Grundstück liegt in den Dünen und bietet einen weiten Blick auf den Strand und das Meer (vgl. Abb. 324). Indem das Terrain zum Land hin abfällt, wird das Kellergeschoß an der Ostseite in ganzer Höhe sichtbar. Das Dach der Kellerräume dient als Terrasse, die durch Treppen mit einer weiteren Terrasse vor der Südfront des Hauses verbunden ist. Vermutlich aufgrund der freien Lage und der Nähe zum Badestrand

130. Karton mit Fotografie der Villa Allegonda (erster Umbau), Bleiglasfenster Komposition II (links) und Komposition V (rechts) von Theo van Doesburg

wurde das Grundstück durch einen Stacheldrahtzaun bzw. eine Mauer geschützt. Die beiden Veranden und die große Terrasse an der Nordseite waren innerhalb des Grundstückes von einer weiteren Mauer eingefaßt. Mit Ausnahme einiger Blumen vor der Terrasse blieb der sandige Boden unbepflanzt. Von der Straße (Rijnmond) führte ein Kiesweg zur nördlichen Terrasse hinauf; ein weiterer Weg verlief an der Mauer entlang zur Südseite des Hauses (Abb. 129), wo sich der Haupteingang befand.

Gebäude

Durch den Umbau wurden das Bauvolumen und die Außenansicht des Gebäudes grundlegend verändert. Aus dem einfachen, zweigeschossigen Baukörper der Villa Sigrid (Abb. 128) entstand ein asymmetrisches, aus mehreren Baugliedern zusammengesetztes, deutliches größeres Gebäude (Abb. 129). Bestimmend sind der kubische Kernbau (die ursprüngliche Villa Sigrid) und ein angefügter, dreigeschossiger Turm, die von weiteren Anbauten und Terrassen umgeben werden. Die neu hinzugefügten Bauteile umfassen vier Veranden an Nord-, Ost- und Südseite, den Turm an der Ostseite (vgl. Abb. 323, links), einen Aufbau über dem Atelier an der Nordseite und das Kellergeschoß mit dem Diensteingang. Neben der (nachträglich angebrachten) Holzveranda der Villa Sigrid, die zwei überdachten Terrassen mit Betonstützen weichen mußte, wurden auch Form und Lage der ursprünglichen Fenster verändert sowie die Fensterläden entfernt. Im Gegensatz zur Villa Sigrid, die von dem Kontrast aus weiß gefaßten Außenwänden und dunklen Fensterläden, Dachgesims und Veranda bestimmt war, zeigte die umgebaute Villa Allegonda eine vereinheitlichende helle Wandbehandlung.

Der Blick vom Rijnmond auf Ost- und Südfront (Abb. 130, Mitte), die mit Abstand am häufigsten publizierte Ansicht der Villa[59], vermittelt mit dem hohen Kellergeschoß und dem dreigeschossigen Turm einen betont wehrhaften Eindruck, wobei der Turm an einen Bergfried, der Keller (vor allem die gerundete Wand des Aufenthaltsraumes) an eine Wehrmauer erinnert. Ausschlaggebend hierfür sind die geschlossenen, massiv erscheinenden Wände mit kleinen, vertieft in der Wandfläche liegenden und zum Teil vergitterten Fenstern. Der Turm zeigt an Ost- und Südseite je drei kleine annähernd quadratische Fenster zur Belichtung des Dienstbotenzimmers im zweiten Obergeschoß, die den Anschein von Schießscharten erwecken. Zwei kleine, in der Höhe versetzte Fenster an der Südseite (Gästezimmer und Treppenabsatz) unterstützen das Bild eines mittelalterlichen Treppenturms. Die unterschiedlich gestalteten Baukörper lassen schließlich an eine historisch gewachsene Anlage denken, die wiederum die Assoziation einer Burg bestärkt.

Die Südseite des Kerngebäudes (Abb. 129) bildet als optischer Abschluß des Strandboulevards die repräsentative Hauptansicht des Hauses. Durch die Veranden und die größeren zweiflügeligen Fenster gibt sich der Kernbau hier als Wohngebäude zu erkennen. Während das Obergeschoß seine symmetrische Aufteilung mit drei Fensterachsen behielt (zwei Schlafzimmer, Toilettenraum), wurde die Eingangstür auf die rechte Seite der Fassade verlegt. Anstelle der breiten Holzveranda trat eine Loggia in Breite von zwei Gebäudeachsen, deren massive Dachplatte von drei kräftigen Rundpfeilern getragen wird, ein Motiv, das mehrfach am Gebäude auftritt und zum Erkennungszeichen der Villa Allegonda wurde. Eine zweiflügelige Fenstertür mit Oberlicht bietet von den Wohnräumen aus Zugang auf die Veranda sowie über zwei Stufen auf die vorgelagerte Terrasse. Wenig überzeugend ist das in der Mittelachse liegende Oberlicht der Toilette mit dem direkt darunter plazierten großen, aus farbigen Emailplatten zusammengesetzten Namensschild »ALLEGONDA«. Gerade die städtebaulich hervorgehobene Südfassade zeigt damit einen deutlichen gestalterischen Mangel.

Zwischen dem Kernbau und dem vom Strandboulevard zurückgesetzten Turm befindet sich ein niedriger Anbau (Arbeitsküche und Brennstofflager), dem wiederum eine schmale überdach-

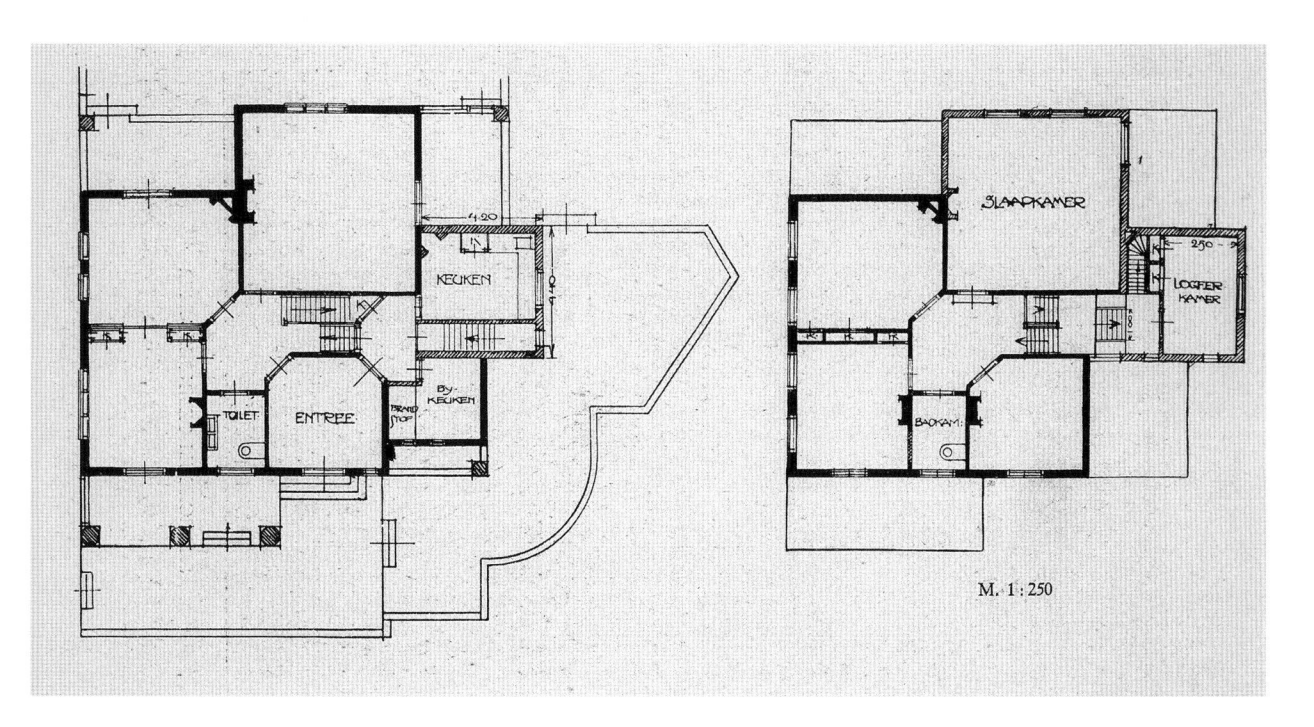

131. Erster Umbau der Villa Allegonda, Katwijk aan Zee, Grundriß EG und OG

te Veranda mit Rundstütze vorgelagert ist. In Höhe des ersten Obergeschosses wurde zur Belichtung von Treppe und Flur das Bleiglasfenster Theo van Doesburgs angebracht. Das an der Nordseite aus der Gebäudeflucht hervortretende, auf quadratischem Grundriß errichtete Eßzimmer (das vormalige Atelier) wird wie bei der Villa Sigrid über drei Fenstertüren belichtet. Ein beim Umbau aufgesetztes zweites Geschoß nimmt ein weiteres großes Schlafzimmer auf. Das Eßzimmer wird an beiden Seiten von einer Veranda flankiert, die wiederum die massiven Dachplatten und kräftigen Rundstützen zeigen. Von der zum Meer gewandten Westseite existieren keine Fotografien des ausgeführten Zustands. Dem Grundriß zufolge fanden hier keine weiteren Veränderungen statt.

Die schmalen hochrechteckigen Fenster der Villa Sigrid wurden an der Ost- und Südseite durch annähernd quadratische Fenster bzw. Fenster in liegenden Formaten ersetzt. Die Formate variieren nach Lage und Funktion der Räume: Während die großen Wohn- und Schlafzimmerfenster an Süd- und Westfassade einen freien Blick auf das Meer gewähren, erhielten die Personalräume und Schlafzimmer an der Landseite bewußt kleine Fenster. Wie der ursprüngliche Bau, aber auch die gegenüberliegenden Villen von Kamerlingh Onnes und Berlage, wurde die Villa Allegonda vollständig verputzt und gestrichen. Laut Oud entschied man sich hier für Violettgrau, »die Farbe der Schatten«, um die großen Flächen nicht »aufzubrechen«.[60] Insgesamt wirkt der Bau massiv und schwer, was neben den geschlossenen Wandflächen mit den tiefliegenden Fenstern auf die stark vereinfachten, »primitiv« anmutenden Bauformen, vor allem den gedrungenen Pfeiler, zurückgeht. Entscheidend für den Gesamteindruck ist auch der – entgegen Ouds Vorstellung – gewählte rauhe Putz, der aufgrund seiner Textur die exakte Begrenzung der Kuben verwischt und damit die Massivität der Bauteile unterstreicht.[61]

Generell wurden nur die Eingangsseite und die Ostseite der Villa Allegonda fotografiert. Daraus schließt Hans Oud, daß beim Umbau die Fenster von West- und Nordseite erhalten blieben.[62] Neben dem Aufbau an der Nordfront sind hier in der Tat keine Veränderungen nachweisbar.

Innendisposition
Neben dem Bauvolumen wurde auch die Innengliederung (Abb. 131) grundlegend verändert.[63] Entscheidend war die Verlegung des Eingangs aus der Mittelachse an die rechte Seite der Südfassade. Der ursprüngliche Eingangsbereich nimmt nun den Toilettenraum auf, während das ehemalige »Sprechzimmer« als Entree dient. Das Atelier wurde zum Eßzimmer umgewandelt, allein die Wohnräume blieben in ihrem ursprünglichen Zustand erhalten.[64]

Der Haupteingang an der Südseite führt in das Entree, das Zugang zu zwei schräg liegenden Fluren bietet. Der rechte Flur erschließt den Dienstbereich mit Küche, Arbeitsküche und den Zugang zum Keller. Links des Entrees führt der größere Flur in die drei Wohnräume (ein Eß- und zwei Wohnzimmer), zur Toilette und über die zentrale Treppe in die Obergeschosse. Hier sind vom Flur aus die vier Schlafzimmer zugänglich. Über eine weitere Treppe gelangt man in den Turm mit Gästezimmer (erstes Obergeschoß), Dienstbotenraum (zweites Obergeschoß) und auf die Aussichtsplattform.

Die Inneneinrichtung war sehr aufwendig. Die Böden in Entree und Flur wurden mit Marmor verkleidet, zusätzlich erhielt das Entree eine weiße Marmorvertäfelung mit einem hellgrauen Marmorband. Die Marmortreppe besitzt bis heute ein verchromtes Geländer, das eventuell jedoch aus einer späteren Umbauphase stammt. Eß- und Schlafzimmer wurden mit Einbauschränken versehen.[65] Für die Gestaltung einzelner Einrichtungsgegenstände zog Trousselot Menso und Harm Kamerlingh Onnes hinzu.

Charakterisierung
Die reduzierte Formensprache und die verputzten, flachgedeckten Baukörper stellen die Villa Allegonda neben die Bauten der frühen Moderne, wie die Arbeiten der Wiener Architekten Josef Hoffmann und Adolf Loos[66], vor allem Hoffmanns Sanatorium in Purkersdorf (1903) sowie Loos' Haus Steiner (1910) und Haus Scheu (1912/13) in Wien. Während diese Bauten jedoch noch mehr oder weniger geschlossene Baukörper aufweisen, zeichnet sich die Villa Allegonda durch eine asymmetrische Komposition unterschiedlich großer Baukörper aus. Damit kommt ihr in der Entwicklung der Modernen Architektur eine führende Rolle zu.[67] Von den Bauten der 1920er Jahre, die ebenfalls durch kubische Asymmetrien gekennzeichnet sind, unterscheidet sich die Villa Allegonda jedoch durch ihre Massivität und die groben Bauformen. Eine Erklärung für den wehrhaften Charakter könnte die Orientierung an mediterraner Architektur bieten, auf die wiederholt, vor allem mit Blick auf Kamerlingh Onnes Nordafrika-Reise, verwiesen wurde.[68]

Einen entscheidenden Hinweis lieferte Manfred Bock, der auf die Ähnlichkeit zu einem 1914 im »Bouwkundig Weekblad« publizierten Landhausentwurf des belgischen Architekten H. A. van Anrooy (Abb. 112) aufmerksam machte.[69] Übereinstimmungen zwischen beiden Bauten bestehen in der Komposition unterschiedlich großer, flachgedeckter Baukörper mit jeweils einem mehrstöckigen turmartigen Bauteil, den unterschiedlichen Fensterformaten, den offenen Loggias und dem auch für das Landhaus geplanten Verputz mit Anstrich. Oud, nicht nur Leser, sondern selbst Autor des »Bouwkundig Weekblad«, war Van Anrooys Landhaus sicherlich bekannt. Während Bock den Entwurf als Vorläufer der Villa Allegonda bezeichnet, könnte er auch als konkretes Vorbild gedient haben.[70] Hierfür spricht auch, daß der Verfasser des Artikels, J. L. M. Lauweriks, die holländischen Architekten aufruft, dem Vorbild Anrooys zu folgen und die Gebäudemasse in ihre einzelnen Elemente zu zerlegen.[71]

Der Umbau der Villa Allegonda dürfte in Katwijk für Aufsehen gesorgt haben. So stand die burgartige Komposition mit ihren flach gedeckten Baukörpern und massiven Rundpfeilern in starkem Kontrast zur traditionellen Bauweise des Fischer- und Badeortes. Da sich die Villa zudem an exponierter Stelle des Strandboulevards befand, wird sie mit ihrem extravaganten Erscheinungsbild eine lokale Attraktion geboten haben. Ouds Ausführungen von Februar 1918, in denen er die Anpassung des Gebäudes an seine Umgebung betont, müssen daher als

132. Sitzbank, Villa Allegonda, Katwijk aan Zee, Fotografie 1998

vorauseilende Rechtfertigung auf die zu erwartende Kritik verstanden werden.[72] In der Tat wurde der Villa noch 1967 die Anmut einer »military pillbox« nachgesagt.[73] Für Aufsehen sorgte schließlich auch der für seinen exzentrischen Lebensstil bekannte Hausherr Trousselot. Die Überlieferung weiß, daß Trousselot vom Balkon seines Hauses Geld für die Armen verstreute, mit einem Rolls Royce durch den Ort fuhr und regelmäßig nach Frankreich reiste, um dort zu speisen. Verwiesen sei hier auch auf den Kauf der gegenüberliegenden Villen von Jesse, die er sogleich abreißen ließ (1938), um die Aussicht auf Meer und Dünen besser genießen zu können.[74]

Namensschild

Harm Kamerlingh Onnes schuf ein Namensschild aus Keramik-Fliesen, das von Willem Coenraad Brouwer, der zuvor bereits für Oud tätig gewesen war, angefertigt wurde. Den Plänen zufolge sollte das Schild mit dem Namen »ALLEGONDA« oberhalb des Eingangs angebracht werden. Ein im Februar 1918 publiziertes Foto der Eingangsfassade zeigt das Schild jedoch an der Veranda unterhalb des Toilettenfensters (Abb. 129), wo es auch nach dem zweiten Umbau der Villa Allegonda* noch hing (Abb. 322). Offenbar befand es sich somit nie an seinem ursprünglich vorgesehenen Platz.[75] Das Schild ist heute verloren.

Sitzbank (Abb. 132)

Eine Holzbank aus grob bearbeiteten Latten, die seit den 1920er Jahren auf der Veranda an der Eingangsfront stand, wurde eventuell von Menso Kamerlingh Onnes gefertigt.[76] Bis vor kurzem befand sich die (zuletzt) grün gestrichene Bank an der Westseite des Hauses. Aufgrund ihres schlechten Erhaltungszustandes wurde sie inzwischen entfernt.

»Maurisches Zimmer«

Eine Anlehnung an nordafrikanische Architektur wird durch die Einrichtung der sogenannten »Moorse kamer« unterstützt. Hierbei handelt es sich um eine Zimmereinrichtung mit gefliestem Buffet und einer Türverzierung aus Fliesen, die Harm einige Jahre nach dem Umbau für das Erdgeschoß schuf. Die Fliesen wurden wiederum von W. C. Brouwer gebrannt.[77] In einem Brief an Oud vom 22. April 1921 berichtet Harm, daß sein Vater ein Buffet für Trousselot mache, während er selbst die Fliesen hierfür aussuche.[78] Das Buffet, ein Wasserspiel und die Türverkleidung befinden sich noch in situ.[79]

Treppenhausfenster (Abb. 130, links)

Das von Theo van Doesburgs entworfene Bleiglasfenster »Komposition II« (225 x 75 cm) wurde von Crabeth in Den Haag ausgeführt und in die Südfassade zwischen Kernbau und Turm (Abb. 129) eingesetzt.[80] Das Glasfenster war im Mai 1917 fertig. Am 9. Mai berichtete Van Doesburg seinem Freund Antony Kok: »Ich habe das große Fenster 2.25 x 75 vollendet ... Nun ist es beim Glasmacher im Haag und soll in ungefähr 10 Tagen in Bleiglas gesetzt sein.«[81] Die Maße der »Komposition II« stimmen nicht mit den Vorgaben des Ausführungsplans (November 1916) überein. Die Arbeiten an dem Fenster konnten damit erst nach Festlegung des endgültigen Entwurfs begonnen haben.

Das hochrechteckige Fenster, bestehend aus insgesamt 18 (6 x 3) Feldern, zeigt eine Komposition von unterschiedlich großen, rechteckigen Glasstücken. Die farbig hervorgehobenen, horizontal und vertikalliegenden Flächen ergeben im Gesamtbild eine mehrfach geschwungene Linie. Das streng durchkomponierte Fenster gliedert sich horizontal in drei Abschnitte aus jeweils 2 x 3 Feldern. Der obere Abschnitt war identisch mit dem unteren, während der mittlere ein Spiegelbild des oberen darstellte. Die Gesamtkomposition wird von mehreren Reihen schmaler Glasstücke gerahmt. Nach Oud, der das Fenster 1918 besprach, bestand die ästhetische Idee aus der »rhythmischen Bewegung der Meeresbrandung«.[82] Um möglichst viel Licht durch das Fenster in den Innenraum zu lassen, verwendete Van Doesburg ausschließlich transparentes Glas. Eine farbige Reproduktion des heute verlorenen Fensters existiert nicht. Alfred Roth, der sich 1928 in Katwijk aufgehalten hatte, nennt die Farben Rot, Blau und Gelb.[83] Nach einer Notiz auf einem Foto im Nachlaß von Van Doesburg waren die Ränder dagegen grün, lila, schwarz und rot.[84] Laut Literatur wurde das Fenster in den 1950er Jahren, als die Villa in ein Hotel umgebaut wurde, entfernt.[85]

Auch die 1917/18 entstandene, heute verlorene »Komposition V« (vermutlich 197 x 104 cm) wird oftmals der Villa Allegonda zugeschrieben.[86] Das Gerücht eines zweiten, von Van Doesburg entworfenen Fensters für die Villa kursiert bereits seit 1932.[87] Auf einer Pappe aus dem Nachlaß Van Doesburgs (Abb. 130) sind eine Fotografie der ausgeführten »Komposition II«, ein Foto der »Komposition V« (Entwurf) sowie ein Foto der Villa aufgeklebt.[88] Allerdings kann die Pappe auch später aus den drei Fotos zusammengesetzt worden sein. Für die tatsächliche Anbringung eines zweiten Farbfensters in der Villa Allegonda existieren keinerlei Hinweise. Auch von den bestehenden Fensteröffnungen erscheint keines für die Einsetzung des Fensters geeignet. Da Oud in seiner Besprechung nur ein von Van Doesburg entworfenes Fenster nennt, ist die Existenz eines zweiten Bleiglasfensters auszuschließen.[89]

Auch »Komposition VI«, der Farbentwurf für ein Kamingemälde, wurde verschiedentlich als Arbeit für die Villa Allegonda identifiziert.[90] Carel Blotkamp konnte jedoch schon 1982 zeigen, daß »Komposition VI« im Rahmen seiner Zusammenarbeit mit Jan Wils für Haus Lange in Alkmar entstanden ist.[91] Bei dem sich in der Villa Allegonda befindenden Farbfenster »Bruggen over de Rijn« handelt es sich um eine spätere Arbeit.

Erhaltungszustand

Der Bau, die einzige noch bestehende Künstlervilla in Katwijk, wurde durch die von Oud selbst in den Jahren 1927 und 1931 durchgeführten Umbauten verändert (vgl. Kat. Nr. 30 und 35). Heute zeigt sich das Gebäude nach zahlreichen Um- und Anbauten zum Hotel Savoy in vollkommen verändertem Zustand.[92]

Frühe Publikationen Niederlande: Oud 1918b, nach S. 28, S. 30, nach S. 30; Wattjes 1924, S. 52. Ausland: Behne 1921/22b, S. 22f.; De Fries 1924c, S. 60f.; Kamerlingh Onnes 1924, Pl. 43, 44; Shand 1935, S. 62.
Literaturauswahl Hoste 1918a; Oud 1918b; Oud 1918e; Van Straaten 1988, S. 28–31 (mit Literaturangaben); Reinhartz-Tergau 1990, S. 30f.; Bliek 1991, S. 13; De Jongh-Vermeulen 1999, S. 238–241.
Vgl. Taverne 2001, Kat. Nr. 29.

4 Ambachtsschool Helder

Gegenstand Entwurf für eine Gewerbe-/Berufsschule.
Entwurf Das Präsentationsblatt im CCA (Abb. 133) ist auf den 12.3.1917 datiert.[93]
Auftrag Nach Hans Oud handelt es sich um einen Wettbewerbsentwurf für die Ambachtsschool (Gewerbe-/Berufsschule) in Den Helder (Provinz Noord-Holland).[94] Die Gewerbeschule in Den Helder, eine Einrichtung der 1905 gegründeten Vereinigung »Ambachtsschool voor Den Helder en omstreken« (Gewerbeschule für Den Helder und Umgebung), hatte jedoch bereits am 30. April 1908 ein neues Gebäude an der Laan bezogen. Da auch die im Lageplan wiedergegebene Situation mit dem tatsächlichen Straßenverlauf an der Schule nicht übereinstimmt, sind eine Ausschreibung bzw. Auftragsvergabe für dieses Grundstück auszuschließen.[95] Das Schulgebäude bestand bis 1944, als es mit dem gesamten, zum »Sperrgebiet« erklärten Bezirk abgebrochen wurde.[96] Die Übereinstimungen von Ouds Schulentwurf mit zwei Bauten von Berlage sprechen darüber hinaus gegen ein von Oud ausgewähltes, real existierendes Grundstück. Dasselbe gilt für die formalistische Sprache mit Symmetrien und Grundrißraster, die keine individuell auf ein konkretes Grundstück zugeschnittene Lösung liefert. Offenbar handelt es sich bei der Ambachtsschool Helder daher um eine Arbeit, die Oud zur Demonstration seines Könnens bzw. seiner Architekturauffassung aus eigener Initiative erstellte.[97] Oud, dessen Anstellung bei J. A. G. van der Steur im April 1917 auslief, hatte keine weiteren Aufträge in Aussicht und mußte sich selbst bei möglichen Bauherren bekannt machen. Da sich die Gemeinden während des Krieges zu den wichtigsten Auftraggebern im Bauwesen entwickelten, war ein Präsentationsblatt für ein öffentliches Gebäude hierfür von großem Nutzen. Der an der Hauptfassade angebrachte Schriftzug »Ambachtsschool Helder«, der in der Forschung bisher als »Gewerbeschule der Stadt Den Helder« gelesen wurde, ist vor diesem Hintergrund eher als programmatischer Name, denn als Ortsbezeichnung zu verstehen. So erscheint das Wort »helder« (»hell«, »klar« oder »rein«) nicht zuletzt mit Blick auf die theosophisch orientierten Maler von De Stijl als Motto dieses Entwurfs, der sich als vorbildlich und musterhaft präsentiert.

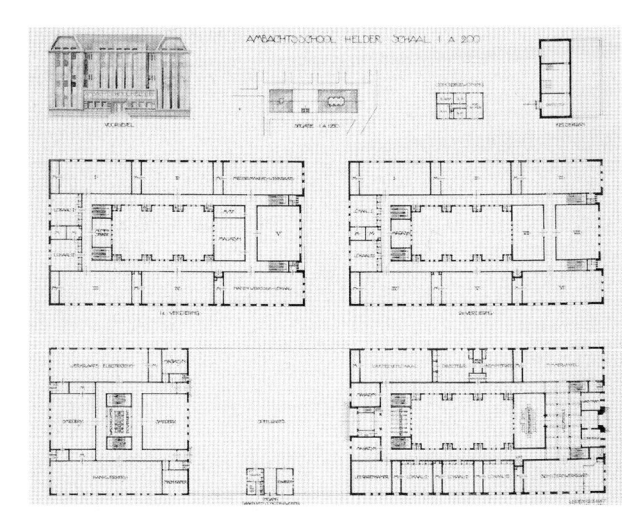

133. Ambachtsschool Helder, Präsentationsblatt mit Fassadenaufriß, Lageplan, Grundrissen

Planmaterial CCA: Präsentationsblatt (Abb. 133, Detailausschnitt: Abb. 134) mit Lageplan, Grundrissen des Schulgebäudes (Erdgeschoß, erstes und zweites Obergeschoß), des »Spielplatzes«, des Eingangsgebäudes Hausmeisterwohnung (Erdgeschoß und Obergeschoß) und des Werkstattgebäudes (Erdgeschoß) sowie Fassadenaufriß des Schulgebäudes. Die Fassadenansicht ist mit Wasserfarben in Blau, Orange und Grün laviert.
Bauprogramm Schulgebäude Erdgeschoß: Fachzeichenraum, Direktorenzimmer, Verwaltung, Werkstatt, Magazine, Lehrerzimmer, drei Klassenzimmer (»Lokaal«), Malerwerkstatt, Sitzungsraum der Schulleitung, Vestibül, Wartezimmer, Garderoben, Hausmeisterzimmer. Erstes Obergeschoß: Tischlerwerkstatt, Werkzeugraum, fünf Unterrichtsräume, zwei Klassenzimmer (»Lokaal«), Magazine, Verwaltungszimmer. Zweites Obergeschoß: acht Unterrichtsräume, zwei Klassenzimmer (»Lokaal«), Magazine. Lift, vier Treppenhäuser, Toilettenräume. Werkstattgebäude Erdgeschoß: Arbeitsplatz der Elektriker, zwei Magazine, zwei Schmieden, Schlosserei, Waschraum, »machkamer« (wohl »machinekamer« = Maschinenraum), Toilettenräume. Eingangsgebäude mit Hausmeisterwohnung, Erdgeschoß: Fahrradabstellplatz, Küche, Anrichte. Obergeschoß: vier Schlafzimmer, Wohnraum. »Spielplatz« (Schulhof).

Gesamtanlage

Auf dem längsrechteckigen Grundstück sind hintereinander das dreigeschossige Schulgebäude, der Schulhof mit Eingangsgebäude und das Werkstattgebäude angeordnet. Schul- und Werkstattgebäude nehmen jeweils die gesamte Breite des Grundstücks ein. Die als Hauptfassade ausgewiesene Schmalseite des Schulbaus richtet sich auf einen kleinen Vorplatz, während der Bau an den drei anderen Seiten von engen Straßen umfaßt wird. Abgesehen von geringfügig variierten Raumgrößen sind beide Gebäude vollkommen symmetrisch aufgebaut. Die in den Lageplan eingezeichnete Spiegelachse (Längsachse) ist mit Ausnahme des Eingangsgebäudes bestimmend für die Gesamtanlage.

Die Unterrichts- und Verwaltungsräume des Schulgebäudes (Abb. 134) gruppieren sich um einen großen zentralen Innenhof, der die zum Hof liegenden Flure belichtet. Direktes Vorbild war vermutlich Berlages Amsterdamer Börse (1898–1903), die ebenfalls einen (dort überdachten) Lichthof mit umlaufenden Fluren in drei Stockwerken aufweist (Abb. 84).[98] Offenbar übernahm Oud auch die Gesamtanlage der Börse (vgl. das Verhältnis von Langseite zu Schmalseite), wobei das Schulgebäude dem großen Börsensaal mit den angrenzenden Räumen entspricht. Auch bei Oud liegt der repräsentative Haupteingang mit Vestibül an der zur Platzfront weisenden Schmalseite des Baukomplexes, während ein zweiter Zugang an der Langseite befindet. Aus Berlages Mittelrisalit mit zentralem Treppenhaus am Damrak wurde bei Oud das freistehende Eingangsgebäude.[99] Abweichungen von der Amsterdamer Börse zeigt die Situierung des Baus: Während die Langseite der Börse eine zweite Schauseite zum Damrak ausgebildet, ist die Gewerbeschule an drei Seiten von der angrenzenden Bebauung umgeben. Allein der Platz an der Stirnfront stimmt mit der städtebaulichen Situation der Börse überein. Der langgestreckte Baukomplex mit der Schmalseite als Hauptfassade findet jedoch einen Vorläufer in Berlages Gebäude der Arbeitergewerkschaft Voorwaarts in Rotterdam von 1906/07 (Abb. 94), wo zudem die zwei unterschiedlich großen (dort einen Garten flankierende) Bauten vorgebildet sind.

Auch im Fassadenaufbau (Abb. 133, links oben) bestehen Parallelen zur Amsterdamer Börse (Abb. 90). Die Eingangsfront des Schulgebäudes wird durch Eckrisalite und einen breiten, jedoch nur wenig hervortretenden Mittelrisalit gegliedert und bringt dabei, wie bei Berlages Börse, die Innenraumgliederung zum Vorschein: Während die Eckrisalite den Abschluß der äußeren Raumfluchten bilden, gibt der Mittelrisalit Lage und Breite des Innenhofes an. Selbst die um den Hof verlaufenden Flure spiegeln sich in den beiden schmalen, zwischen Mittelrisalit und Eckrisaliten verbleibenden Wandabschnitten. Auf den Innenhof weist zudem der sich als Attika oberhalb des Dachansatzes fortsetzende Mittelrisalit.

Die breit gelagerte Hauptfront erhält durch eine ungewöhnliche (wenn auch nicht neuartige) Wandgliederung die für ein harmonisches Gesamtbild notwendige vertikale Akzentuierung. Durch Zurücknahme der schmalen, hohen Fenster und der in der Fensterachse liegenden Wandflächen entsteht über die ganze Breite der Fassade ein Wechsel von vor- und zurücktretenden vertikalen Wandabschnitten, ein Motiv, das sich bereits bei H. P. C. de Bazels Hauptgebäude der Koninklijke Nederlandse Heidemaatschappij in Arnheim von 1912 (Abb. 96) findet.[100] Die zwischen den Fenstern verbleibenden, extrem schmalen Wandstreifen erscheinen im Gesamtbild als vorgesetzte Lisenen, die vom Sockel bis zum Dachansatz durchlaufen. Die Abschnitte zwischen Mittel- und Eckrisaliten besitzen je drei äußerst schmale Fenster, wodurch entsprechend dünne »Lisenen« zurückbleiben. Auch die dunkel abgesetzten, horizontalen Sockelbänder sind bei De Bazel vorgebildet.[101] Ungewöhnlich erscheint der in Flucht der Risalite um ein Geschoß nach oben fortgesetzte Sockel (ebenfalls mit horizontalen Bändern), der von einem oberhalb der Sockelbänder verlaufenden Gesims rechtwinklig eingefaßt wird. In diesem Bereich befinden sich der erhöht liegende Haupteingang sowie seitlich davon je drei quadratische Fenster, die jedoch, entgegen ihrer einheitlichen Gestaltung, unterschiedliche Räume belichten. Den oberen Abschluß bildet der Schriftzug »AMBACHTSCHOOL HELDER«.

An den übrigen Fassaden des Schulgebäudes wechseln sich jeweils drei zu Gruppen verbundene Fenster mit einem einzelnen Fenster ab. Die Räume werden je nach Größe durch eine Dreiergruppe oder aber durch zwei Dreiergruppen und ein Einzelfenster belichtet. Die übrigen Einzelfenster dienen der Belichtung von schmalen, zwischen den Räumen eingeschobenen Magazinen. Auch der Innenhof zeigt eine regelmäßige Fensterfolge von je drei Fenstern an den Langseiten und fünf Fenstern an den Schmalseiten und verweist damit wiederum auf die Hauptfassade (Eckrisalite und Mittelrisalit). An den Langseiten ragen zwischen den Fenstergruppen kleine Toilettenanbauten in den Hof hinein, eine Lösung, die bereits Vorläufer im niederländischen Schulbau hatte. Um die Kinder besser kontrollieren zu können, sollten die Toiletten (laut einer Vorgabe von 1879) gegenüber den Klassenzimmern plaziert werden. In zwei Amsterdamer Schulen verlegte man sie entsprechend auf die gegenüberliegende Flurseite und damit in den Hofbereich.[102] Im Vergleich hierzu zeigt die Ambachtsschool mit ihrer regelmäßigen Abfolge von Toilettenanbauten jedoch eine weitaus systematischere Lösung.

An der Langseite des ummauerten Komplexes liegt das offenbar zweigeschossig gedachte Eingangsgebäude mit Fahrradabstellraum und Hausmeisterwohnung. Das auf annähernd quadratischem Grundriß entworfene Werkstattgebäude nimmt an Stelle eines Innenhofs die über ein Glasdach belichteten Waschanlagen und Treppen auf. Unklar bleibt, wieviel Geschosse für diesen Bau vorgesehen waren. Der Zugang zum Werkstattgebäude erfolgt nur über zwei schmale Türen vom Schulhof und nicht von der Straße aus. Die Fassadengliederung des Werkstattgebäudes lehnt sich an die des Schulbaus an, verzichtet jedoch als untergeordneter Bauteil auf eine Risalitbildung.

Der Gesamtentwurf basiert auf einem Orthogonalraster, das als bestimmendes Kompositionssystem die einzelnen Bauten verbindet. Am augenscheinlichsten ist dies bei den Fluren, die sich trotz der Eigenständigkeit von Schul- und Werkstattgebäude über den Schulhof hinweg im gegenüberliegenden Gebäude »fortsetzen«. Auch hier handelt es sich um eine Übernahme von Berlages Börse, die zwei über die gesamte Länge des Baus verlaufende Flure zeigt. Das streng durchgehaltene Raster und die Symmetrien verleihen Ouds Entwurf einen stark formalistischen Charakter, der auch die Arbeiten der folgenden Jahre bestimmen wird. Mit dem »Entwerfen nach System« stand Oud in der Tradition seiner Lehrer, darunter auch Berlage, der seine Entwurfsprinzipien vornehmlich am Beispiel der Amsterdamer Börse (Abb. 84) demonstrierte.[103] Im Gegensatz zum Börsen-Entwurf, der sich nur in den Hauptlinien an das Kompositionsraster hält und durch Asymmetrien aufgelockert wird, folgt die Gewerbeschule exakt dem zugrundeliegenden Raster. Damit zeigt der Entwurf auch Ähnlichkeit mit Jean-Nicolas-Louis Durands systematisierten Grundrißtypen (Abb. 108), die sich jeweils aus einer Abfolge identischer Funktionsabschnitte (wie Raum und Flur) zusammensetzen.[104] Die nach Norden weisende, asymmetrische Börsenfassade wird bei Oud dann auch durch den strengen, geschlossenen Werkstattbau ersetzt. Auch die einzelnen Räume erhielten durch Anordnung von Wandschränken und Türen eine axialsymmetrische Gestaltung. Der Einfluß der Amsterdamer Börse und des Voorwaarts-Gebäudes auf Ouds Entwurf blieb in der Forschung bisher unbeachtet. Damit kam auch eine Interpretation als Ideal-Entwurf eines Schulgebäudes, ausgehend von den Bauten seines Mentors, nicht in Betracht. Die hier vorgeschlagene Deutung entspricht nicht zuletzt Ouds Selbstverständnis als Künstlerarchitekt und Nachfolger Berlages und erscheint damit auch im Kontext seines Gesamtwerkes schlüssig.

Abgesehen von Verweisen auf De Bazel[105] wird bei der Gewerbeschule ein Einfluß von Peter Behrens angenommen, wobei neben der symmetrischen Komposition die »kühle Fassadengliederung« und eine »etwas trockene Monumentalität«[106] genannt werden. Beispiele hierfür können die Verwaltungsgebäude für Mannesmann in Düsseldorf (1911/12) und Continental in Hannover (1913–20) liefen, die jedoch durch ihr Bauvolumen und das strenge klassizistische Formenrepertoire weitaus monumentaler erscheinen. Die vom Sockel bis zum Dach durchlaufenden »Lisenen« könnten dagegen von Berlages Bürogebäude für die Reederei Müller & Co (Holland House) in London (1914/15) inspiriert sein, das im Gegensatz zu Ouds Gewerbeschule bereits auf die klassische Dreiteilung der Fassade verzichtet.[107]

Frühe Publikationen Niederlande: Stamm 1977, S. 263. Ausland: Stamm 1978, Fig. 15, S. 18f., Polano 1981, Abb. 17; Stamm 1984, Abb. 12, S. 29.
Vgl. Taverne 2001, Kat. Nr. 27.

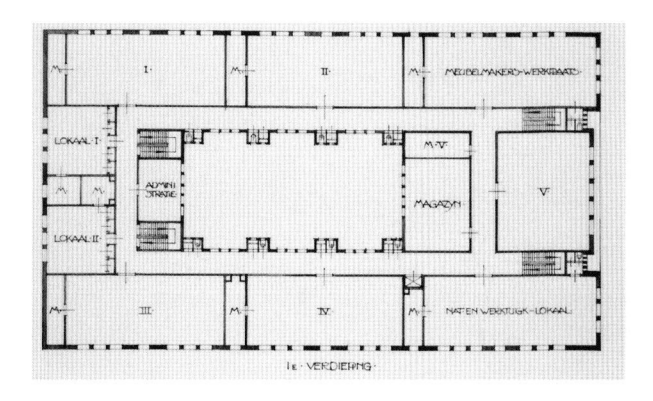

134. Ambachtsschool Helder, Grundriß 1. OG

5 Ferienhaus De Vonk, Noordwijkerhout

Gegenstand Wochenend- und Ferienhaus für Töchter lokaler Arbeiterfamilien.[108]
Ort Westeinde 94, Noordwijkerhout (Provinz Zuid-Holland). Noordwijkerhout liegt in einem Dünen- und Waldgebiet nordöstlich von Noordwijk aan Zee, einem beliebten Badeort nur wenige Kilometer entfernt von Leiden.
Entwurf September 1917.
Ausführung Anfang 1918 bis Anfang 1919.[109] Bereits im August 1918 berichtete Van Doesburg, daß er das Haus besichtigt habe; im November des Jahres erschienen erste Fotografien des Gebäudes in »De Stijl« (Abb. 135).[110] Genau ein Jahr nach der Grundsteinlegung am 8. Februar 1918 wurde das Haus eröffnet (8. Februar 1919).
Auftrag Der Auftrag zum Bau des Ferienhauses ging auf die Initiative des Leidsche Volkshuis (Leidener Volkshaus) zurück, das ein Gebäude zur Erholung und Bildung von Arbeiterkindern aus der Region forderte. Zur Finanzierung eines entsprechenden Hauses wurde 1911 die Stiftung Vereeniging Buitenverblijf (Vereinigung Landhaus) gegründet, die nach dem 1. Weltkrieg das in der Nähe des Strandes liegende Grundstück erwarb. Auf Wunsch der Direktorin des Leidsche Volkshuis, der sozialengagierten Feministin Emilie Knappert (1860–1952), sollte ursprünglich H. P. Berlage den Auftrag erhalten. Da Berlage jedoch durch seine Arbeit für die Familie Kröller-Müller gebunden war, vermittelte er den Auftrag weiter an Oud.[111]

Das Ferienhaus De Vonk ist ein Beispiel des in dieser Zeit verbreiteten Typus des »Volkshauses«. Unter dem Einfluß Großbritanniens entstand Ende des 19. Jahrhunderts ein verstärktes Interesse an sozialen Fragen. Als Folge dieser Bewegung wurden vielerorts Gemeinschaftseinrichtungen nach dem Vorbild der Londoner Toynbee Hall (1884)[112] gegründet. Emilie Knappert, die vor allem unter dem Einfluß des frühen Sozialreformers John Ruskin (1819–1900) stand, rief bereits 1894 das Zentrum »Geloof, Hoop, Liefde« (Glaube, Hoffnung, Liebe) ins Leben, das Arbeiterkindern aus Leiden Ferienaufenthalte am Meer ermöglichen sollte. 1899 wurde diese Aufgabe vom Leidsche Volkshuis übernommen.[113]

Auch der Bau des Ferienhauses De Vonk ging maßgeblich auf das Engagement Knapperts zurück. Mit dem Datum der Grundsteinlegung am 8. Februar 1918, dem Geburtstag von John Ruskin wie auch Samuel Barnett (Gründer der Toynbee Hall), wurde auf den Kerngedanken dieser Einrichtung verwiesen.[114]

Für die Wahl des Namens »De Vonk« (der Funke) existieren zwei Erklärungen: Nach Jane Beckett stammt der Begriff von dem britischen Historiker und Schriftsteller Thomas Carlyle, ein Freund Ruskins, und weist auf den »Funken des Lernens«. Hans Esser berichtet, daß der Name von einem der Arbeitermädchen initiiert wurde und auf die »Entflammbarkeit« der Bewohner deute.[115]
Konstruktion/Material Massivbau, Backstein.
Pläne/Fotomaterial NAi: Präsentationsblatt mit Aquarell der Eingangsfassade, Grundriß Erd- und Obergeschoß; Aufriß Vorderseite und Rückseite; Grundriß Erdgeschoß und erstes Obergeschoß (Abb. 138, 139); zwei Schnitte (Abb. 140); historische Fotografien (Abb. 136, 142); Modell. CCA.[116] GRI: 26 Details, 4 Abzüge; drei Fotografien. Emilie Knappert-archief, Internationaal Informatiecentrum en Instituut voor de Vrouwenbeweging, Amsterdam: Postkarte mit Ansicht des Gebäudes (1918/19).[117]
Bauprogramm Erdgeschoß: Wohnzimmer (Aufenthaltsraum), Wohnraum der Direktorin, Speisezimmer, Küche, Arbeitsküche, Vorratskammer, Fahrradabstellraum, Entree, Flur, Garderobe, Garderobenraum mit Schränken, zwei Toilettenräume, Raum für Spielsachen, zwei Terrassen. Erstes Obergeschoß: Schlafzimmer der Direktorin, sechs Schlafräume (davon zwei Einzelzimmer) mit insgesamt 16 Betten, Bad, Toilettenraum, Balkon. Zweites Obergeschoß: Schlafräume. Keller unter der Arbeitsküche: Zentraler Heizungskeller für zukünftige Nutzung, Vorratsraum.
Beiträge anderer Künstler Theo van Doesburg: drei Kompositionen aus glasiertem Backstein an der Eingangsfassade (Abb. 22); Bemalung der Fensterläden und Fensterrahmen; Gestaltung des Fußbodens im Eingangsbereich (Abb. 21), in den Fluren (Erd- und Obergeschoß, Abb. 142), den Garderobenräumen, den kleinen, seitlich der Treppe liegenden Räumen und

135. Haus De Vonk, Noordwijkerhout, hist. Ansicht, Eingangs- und Seitenfront

136. Haus De Vonk, Noordwijkerhout, hist. Ansicht, Rückseite mit Treppenhausfenster

dem Badezimmer. Farbgestaltung der Garderobenräume mit Schränken und insgesamt 20 Türen im Innenraum (Erd- und Obergeschoß, Abb. 142); Farbgebung des Zauns. Harm Kamerlingh Onnes: fünfteiliges Glasfenster im Treppenhaus; Farbgebung der Raumwände.

Städtebauliche Situation (vgl. Abb. 135, 136)
Das Gebäude liegt außerhalb der Ortschaft an der Landstraße zwischen Noordwijkerhout und Noordwijk. Das Haus ist von einem großen Garten umgeben. Von der Straße aus führt eine Zufahrt auf die nach Südosten orientierte Eingangsfront.

Gebäude
Der zweigeschossige Bau mit ausgebautem Dachstuhl ist in Grund- und Aufriß axialsymmetrisch angelegt. Entsprechend dem in der Renaissance verbreiteten Villen-Schema verband Oud einen breiten Mittelteil mit zwei identischen, schmaleren Abschnitten an den Seiten.[118] Der Mittelteil tritt hier hinter die Flucht der seitlichen Partien zurück, so daß ein breitgelagerter, H-förmiger Grundriß entsteht. Diesem Kernbau werden einzelne Bauglieder unterschiedlicher Größe angefügt: An der zur Straße gerichteten »voorgevel« (Vorderseite) schiebt sich ein eingeschossiger Bauriegel in den mittleren Rücksprung, der, aufgrund der nun durchlaufenden Fluchtlinie, die Grundstruktur des Baus verdeckt (Abb. 135). Anders an der »achtergevel« (Rückseite), wo ein in den Rücksprung eingeschobener Flachbau so weit aus der Flucht der Seitenpartien hervorragt, daß er als eigenständiger, scheinbar nachträglich angefügter Baukörper sichtbar bleibt (Abb. 136). Entsprechend orientiert sich der Anbau nicht an der Höhe der Seitenpartien, sondern fällt deutlich niedriger aus. Ebenfalls eigenständige Bauteile bilden die an beiden Schmalseiten angefügten, von einer niedrigen Backsteinmauer eingefaßten Terrassen, die ebenso breit sind wie der rückwärtige Anbau. Terrassen und Anbau erscheinen damit als Varianten eines normierten Bauteils, das für unterschiedliche Nutzungen und an beliebiger Stelle des Gebäudes Verwendung finden konnte.

Die streng symmetrische Grundkonzeption spiegelt sich in der Fassadengestaltung wieder. Die als Seitenrisalite in Erscheinung tretenden äußeren Fassadenabschnitte sind jeweils identisch ausgebildet. Erd- und Obergeschoß zeigen drei hohe, schmale, zu einer Gruppe verbundene Fenster, wobei der Fensterstock hell, die Fensterrahmen samt Sprossen dunkel gefaßt sind. Die Wände werden durch einen dreistufigen Aufbau gegliedert: Die Fenster und die in den Fensterachsen liegenden Wandflächen bilden die tiefste Ebene, gefolgt von den jeweils flankierenden Wandbereichen. Seitlich der Fenstergruppe erscheinen diese als abstrahierte Eckpilaster, während die schmalen, zwischen den Fenstern verbleibenden Wandstreifen den Eindruck aufgesetzter Lisenen erwecken, ein Motiv, das Oud bereits bei der Ambachtsschool Helder* verwendet hatte.[119] Die Giebelfelder mit den unterhalb der Giebel liegenden Wandabschnitten ragen schließlich am weitesten aus der Flucht hervor. Die Verbindung von Giebel und aufgehender Wand, ein dem Fachwerkbau entlehntes Motiv, findet sich bereits bei Haus De Geus*. Die Fassadengliederung steht hier im Widerspruch zum klassischen Wandaufbau mit einer deutlich sichtbaren Trennung zwischen Gebäudekubus und Dach.

Die unterhalb der Risalitgiebel hervortretenden Wandabschnitte werden an den Mittelpartien und den Schmalseiten des Gebäudes als horizontales Band weitergeführt, das dort als ein abstrahiertes Gebälk in Erscheinung tritt. Die dem Massivbau eigentlich widersprechende Verbindung von Giebel und aufgehender Wand weist hier auf die tatsächliche Struktur des Gebäudes hin. So setzt das Dachgeschoß nicht in Höhe der Traufe an, sondern, durch Ausbildung eines Drempels, etwas tiefer in Höhe des »Gebälks« (Abb. 140). Die Ablesbarkeit der wahren Baustruktur entspricht den Forderungen John Ruskins, der in den »Seven Lamps of Architecture« (1849) vor »architektonischen Lügen« warnte: »... that building will generally be the noblest, which to an intelligent eye discovers the great secrets of its structure ...«[120] Auch die Dachlösung von Haus De Vonk verdeutlicht die zugrundeliegende Baustruktur: Indem zwei niedrige Satteldächer das doppelt so hohe Walmdach durchdringen, wird die Zusammensetzung des Gebäudes aus Mittel- und Seitenteilen sichtbar. Neben »Gebälk« und Giebel liegt auch die Balkonbrüstung in der obersten Wandebene. Da sie seitlich in die Risalite hineinragt, erscheint sie als eine nur vorgesetzte Fläche, die damit auf ihre Funktion als Brüstung verweist. Den Zugang zum Balkon bildet eine zweiflügelige Fenstertür, der sich seitlich je ein Fenster vom Typ der Risalitfenster anschließt. Auch das an der Rückseite liegende fünfteilige Treppenhausfenster folgt in seinen Proportionen diesem Fenstertypus. Wieder wird hier auf ein bereits eingeführtes Bauteil zurückgegriffen, das somit die Funktion eines normierten Bauglieds erhält.

Die Seitenfronten des Gebäudes treten als weitgehend geschlossene Wandflächen in Erscheinung. Allein hier geht Oud von seinem streng symmetrischen Konzept ab. So finden sich auf der Nordostseite zwei kleine Fenster und eine Fenstertür, auf der Südwestseite ein Fenster und zwei Fenstertüren. Das Obergeschoß erhält wiederum ein Fenster vom Typus der Risalitfenster. Das Dach wird an den Schmalseiten von je einer Gaube, an Vorder- und Rückseite durch drei miteinander verbundene Gauben belichtet. Die vorkragende Dachkante der Gauben wie auch die Regenrinnen sind mittels einer hölzernen Ummantelung als abstrahiertes Gesims hervorgehoben.

Neben dem umlaufenden »Gebälk« und den gesimsähnlichen (nur im Bereich der Giebel unterbrochenen) Regenrinnen werden Risalite und Mittelteil durch drei dunkel abgesetzte Sockelbänder und ein Sockelgesims verbunden. Die bereits von der Ambachtsschool Helder* bekannten Bänder verlaufen um den gesamten Bau einschließlich der Terrassen.[121] Als Verklammerung von Mittelteil und Seitenpartien dient zudem die seitlich in die Risalite hineinragende Balkonbrüstung, ebenso zwei vom Mauerverband als Rollschicht abgesetzte horizontale Streifen, die sich in Verlängerung des oberen und unteren Randes der Balkonbrüstung um das Gebäude herumziehen. Zusammen ergeben sie ein breites

137. Haus De Vonk, Noordwijkerhout, Straßenfront, Fotografie 2004

Band, das – ähnlich einer Webarbeit – in der oberen Wandebene und hinter den »Lisenen« um den Baukörper herumläuft.

Durch die Verbindung von horizontalen (Sockel, Rollschicht, »Gebälk«) und vertikalen Gliederungselementen (hohe Fenster, »Lisenen«) entsteht eine rechtwinklig-geometrische Fassadenstruktur, die dem Gebäude zusammen mit der strengen Symmetrie und der Beschränkung auf wenige Fensterformate einen formalistischen Charakter verleiht. Die differenzierte Gestaltung und die Farbigkeit des Außenbaus (roter Backstein, schwarze Sockelbänder, farbige Holzelemente) verhindern jedoch, daß die Fassaden starr und nüchtern wirken. Wie eine aquarellierte Zeichnung im Oud-Archiv zeigt, plante Oud für die zweiflügelige Eingangstür – von den Zeitgenossen als »ziemlich unbedeutend«[122] kritisiert – einen Anstrich in Grün und Rot. Hinzu kommen die farbigen Mosaikarbeiten Van Doesburgs an der Eingangsfront. Auch die »unklassischen« Gestaltungselemente, wie das hervortretende Giebelfeld, die Verbindung von Giebel und aufgehender Wand sowie die seitlich verlängerte Balkonbrüstung, lockern die Komposition auf.

Der Fassadenentwurf im Oud-Archiv zeigt, daß bei der Ausführung einige Veränderungen vorgenommen wurden. So sollten die Dachgauben Schrägdächer erhalten, und war oberhalb und seitlich des Eingangs eine Verzierung in Form plastisch abgesetzter Backsteine geplant. Die Idee zur Beteiligung Van Doesburgs kam daher wohl erst nach Fertigstellung des Entwurfes im September 1917.

Innendisposition (Abb. 138–140)
Der Grundriß zeigt die beschriebene Dreiteilung des Gebäudes mit einer streng symmetrischen Binnengliederung und einfachen geometrischen Raumzuschnitten. Die Symmetrie des Grundrisses wird durch Akzentuierung der beiden Spiegelachsen betont, die als eine Folge von jeweils 2,22 m breiten Baugliedern in Erscheinung treten: in der Mittelachse bestehend aus dem zurückgesetzten Eingang mit Windfang, Flur und Treppe, in der Querachse aus Flur und den kleinen Schlafräumen im Obergeschoß. Durch die zwei Anbauten (Treppenzugang) an den Terrassen werden diese Achsen quasi in den Außenraum fortgesetzt. Der mittlere Grundrißabschnitt nimmt den Eingang, die Treppe und die Funktionsräume (Bad, Toiletten, Garderoben) auf, der in der Mittelachse liegende Anbau an der Rückseite Arbeitsküche, Fahrradabstellraum und Vorratskammer. Einzige Ausnahme bilden die Räume der Direktorin, die – hervorgehoben durch den Balkon – in die Mittelachse der Beletage plaziert sind. In den seitlichen Gebäudepartien befinden sich die Wohn- und Aufenthaltsräume. Als Pendants zu den beiden großen Räumen im Südwesten, dem Wohnraum der Direktorin und dem allgemeinen Aufenthaltsraum, liegen im Nordosten der Speiseraum und die Küche. Die vier identischen Eckräume des Obergeschosses (Abb. 139) dienen als Schlafräume.

Neben der Symmetrie und Axialität folgte Oud noch einem weiteren, entwurfsbestimmenden Prinzip. Wie bei der Ambachtsschool Helder* basieren der Vorentwurf wie auch der ausgeführte Entwurf für Haus De Vonk auf einem Quadratraster, dessen Modul in den quadratischen Toilettenräumen sichtbar wird. Auffallend sind die ausgewogenen Raumproportionen, die Vorliebe für quadratische Grundrisse und der Versuch, durch Lage von Fenstern, Kaminen und Schränken symmetrische Raumwände auszubilden. Einzelne Maße werden dabei mehrfach wiederholt. So entspricht die Breite der Terrasse sowohl der Breite von Flur und Anbau als auch der Länge von Wohnzimmer und Speisezimmer. Die Seitenlänge der sechs identischen Zimmer auf quadratischem Grundriß (Schlafräume, Wohnraum der Direktorin und Küche) wird in der Breite des Treppenlaufes sowie des Treppenhausfensters aufgegriffen.[123]

Das geometrische Zentrum des Hauses bildet ein kreuzförmiger Flur. In Achse des Eingangs ist dem Flur eine Treppe eingestellt, die nach einem Wendepodest auf halber Höhe zweiarmig ins Obergeschoß führt. Ein Flur erschließt die Schlafräume und die Zimmer der Direktorin, eine kleine Wendeltreppe das Dachgeschoß. Die Bereiche seitlich der Treppe und unterhalb des Treppenpodestes erscheinen aufgrund ihrer niedrigen Deckenhöhe als schmaler umlaufender Gang, der Zugang zu den rückwärtigen Räumen bietet. Da die (bis zum Boden reichenden) Treppenwangen nicht mit den Wänden des Ganges zusammenfallen, verbleibt hier ein schmaler Lichtschacht, durch den das Licht des großen Treppenhausfensters über die durchbrochenen Flurwände bis ins Erdgeschoß gelangt. Entscheidend für diese komplexe Lösung war der Eindruck eines frei in den Raum eingestellten Treppenkubus (Abb. 141), der trotz der beschränkten Raumgröße weit und hell wirken sollte. Die Treppe selbst wird durch markante rechtwinklig gestufte Treppenwangen hervorgehoben.[124]

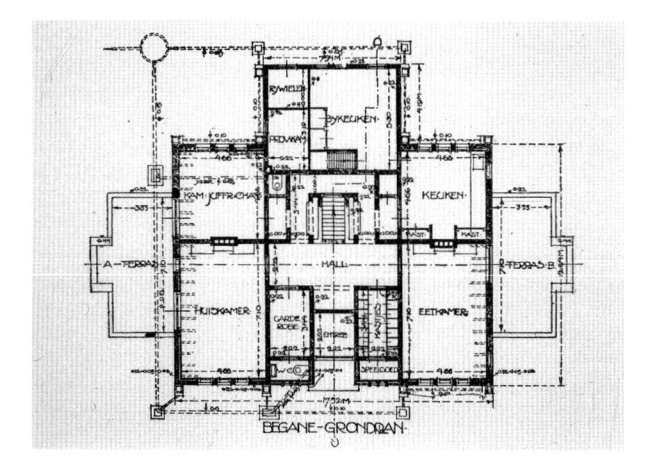

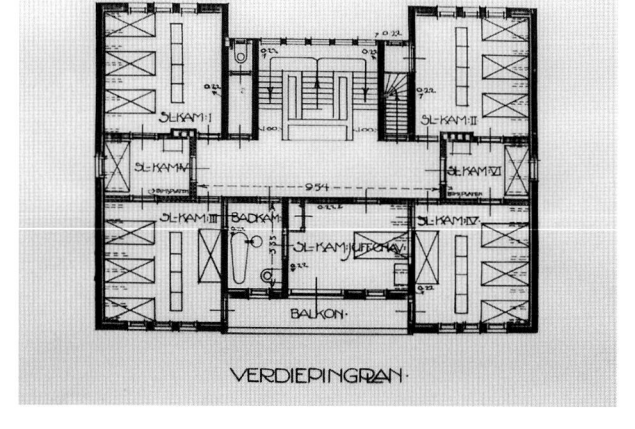

138. Haus De Vonk, Noordwijkerhout, Grundriß EG

139. Haus De Vonk, Noordwijkerhout, Grundriß OG

Im Vergleich zu dem repräsentativen Typus (dreiläufige, zweiarmige Treppe) und der aufwendigen Gestaltung mit hellen Marmorstufen und gestuften Wangen fällt die Treppe, den Größenverhältnissen im niederländischen Wohnungsbau folgend, extrem schmal und steil aus und verleiht der Gesamtkomposition damit einen widersprüchlichen Charakter.[125] Offenbar hat der Wunsch nach Symmetrie Oud zu dieser Lösung gezwungen: Während die zur Verfügung stehende Grundfläche eine (auf der Mittelachse liegende) einläufige und damit längere Treppe ausschloß, hätte eine zweiläufige Treppe die Gesamtsymmetrie des Innenraumes gestört. Daß Oud die reduzierten Ausmaße der Treppe ebenfalls negativ empfand, zeigt sein Versuch, dem Innenraum durch Lichtschacht und frei eingestellten Treppenlauf einen Anschein von Großzügigkeit zu verleihen. In seiner Besprechung weist Oud auf die im Verhältnis zum Gesamtbau große »Treppenhalle«, die den Bewohnern als Treffpunkt und Aufenthaltsort dienen solle.[126] Zu diesem Zweck seien die drei Sitzbänke in die Treppenwangen (Abb. 141) bzw. den oberen Treppenabsatz (Abb. 142) integriert worden. Allerdings wirken die größtenteils im Dunkeln liegenden Bänke des Erdgeschosses, die zudem auf die gegenüberliegenden Türen und nicht etwa auf den Flur orientiert sind, wenig einladend. Neben der beschränkten Raumausdehnung ist hierfür auch das große, jedoch relativ dunkle Treppenhausfenster an der Nordwestseite verantwortlich mit seinen lichtundurchlässigen, von Kamerlingh Onnes nachträglich mit Ölfarbe übermalten Scheiben. Für den Erdgeschoßflur, der als weitere Lichtquelle allein die durchfensterten Türen von Windfang und Eingang erhält, ist die Belichtung damit nicht ausreichend.

Oud entwarf auch Teile der Inneneinrichtung, so unter anderem die im Aufenthaltsraum und im Eßzimmer eingebauten Kamine (Abb. 140). Beide waren von zwei niedrigen Schränken flankiert und in eine Holzrahmung integriert. Der Kamin im Aufenthaltsraum ist in situ erhalten. Das Ensemble wird hier von zwei niedrigen, verputzten Pfeilern eingefaßt, die offenbar als Sockel für Kunstobjekte oder Pflanzen dienen sollten. Im Wohnzimmer der Direktorin befindet sich bis heute ein gemauerter Kamin aus gelben und schwarzen Backsteinen.[127]

Charakterisierung
Die charakteristischen Kompositionsprinzipien von Haus De Vonk, wie die additive Aneinanderfügung einzelner, sich wiederholender Bauformen und Raummaße, zeigen Parallelen zur Villen-Architektur der Renaissance. Am deutlichsten sind die Übereinstimmungen bei den Entwurfprinzipien von Andrea Palladio, vor allem die strenge Symmetrie, das dreiteilige Grundrißschema (breiter Mittelteil, schmalere Seitenpartien), die quadratischen Räume und der kreuzförmige Flur. Die beiden Terrassen und der rückwärtige Anbau von Haus De Vonk erinnern an die Villa Rotonda mit ihrer Wiederholung des Eingangsportikus an allen vier Seiten.[128] Die Aufteilung der seitlichen Abschnitte in je zwei quadratische und zwei längsrechteckige Räume ist dagegen in der Villa Forni-Cerato in Vicenza vorgebildet. Die vier identisch ausgebildeten, quadratischen Eckräume zählen zu den gängigen Motiven der Renaissancearchitektur.[129]

Als Kennzeichen einer klassisch-akademischen Architekturauffassung sind diese Kompositionsprinzipien bzw. Motive auch in zeitgenössischen Bauten anzutreffen, wie beispielsweise in Bruno Pauls Haus Schuppmann in Berlin von 1908/09 (Abb. 144). Auch dort setzt sich der Grundriß aus einer breiten Mittelpartie (Eingang und Treppe) sowie zwei schmaleren seitlichen Abschnitten zusammen, die eine grundsätzlich spiegelsymmetrische Raumanordnung zeigen.[130] Wiederum tritt der Mittelteil an Vorder- und Rückseite hinter die seitlichen Partien zurück, und gliedert sich der Außenbau in Seitenrisalite und ein hohes Walmdach (mit drei Gauben). Gerade die Unterschiede zwischen beiden Bauten verdeutlichen jedoch die Besonderheit von Haus De Vonk: Während Haus Schuppmann durch einzelne Asymmetrien (wie ein einseitig angebauter Erker und eine zweiläufige asymmetrische Treppe) aufgelockert wird, folgt der Grundriß von Haus De Vonk bis ins Detail dem zugrundegelegten Quadratraster und der symmetrischen Gesamtkonzeption.[131] Als Vorbild für die strenge, formbestimmende Symmetrie konnte die 1916 fertiggestellte Villa Henny des späteren De Stijl-Mitarbeiters Rob van't Hoff (Abb. 15, 19) gedient haben. Neben der Unterteilung in einen breiten Mittelteil und schmalere Seitenpartien (Obergeschoß) zeigt die Villa an allen vier Seiten zentrale, wiederum an die Villa Rotonda erinnernde Vorbauten.[132] Schließlich sind auch Wohn- und Speisezimmer sowie Elternschlafzimmer axialsymmetrisch angelegt. Allein bei der Treppe wählte Van't Hoff eine funktionalere asymmetrische Lösung.

Mit den (eventuell von De Bazel übernommenen) hohen schmalen Fenstern und den »Lisenen« steht Haus De Vonk jedoch auch in der niederländischen Bautradition mit ihrer Anlehnung an mittelalterliche, vor allem gotische Architektur. Die Assoziation von Maßwerkfenstern wird durch das fünfteilige buntfarbige Bleiglasfenster des Treppenhauses bestärkt. Vorbilder für das rechtwinklige »Gitterwerk« der Fenstergruppen finden sich in der englischen Architektur, die seit Anfang des 20. Jahrhunderts von großem Einfluß auf die junge niederländische Architektengeneration war. Dies gilt auch für das dem Fachwerkbau entlehnte Motiv der hervortretenden Giebelflächen. Nicht untersucht wurde bislang, inwieweit die Ideen John Ruskins, vor allem die Propagierung der mittelalterlichen Bauweise, aber auch die im elisabethanischen Stil errichtete Toynbee Hall von Elijah Hoole, die Gestaltung von Haus De Vonk bestimmt haben.[133] Ein Vergleich zeigt in der Tat einige Parallelen, wie den Bautypus des »Herrschaftshauses«, der im Fall der Toynbee Hall auf den Wunsch des Gründers Samuel Barnett zurückging. Abgesehen vom Bauprogramm (einschließlich der exakt 16 Betten) wird auch die Fassade der Toynbee Hall durch zwei Giebel und die großen, durch ein steinernes Fenstergitter unterteilten Fenster bestimmt.[134] Die strenge Fassadengliederung von Haus De Vonk läßt zudem an Bauten der elisabethanischen Zeit denken, die durch Hermann Muthesius' Publikation bekannt waren, wie beispielsweise die im 16. Jahrhundert errichtete Snitterton Hall

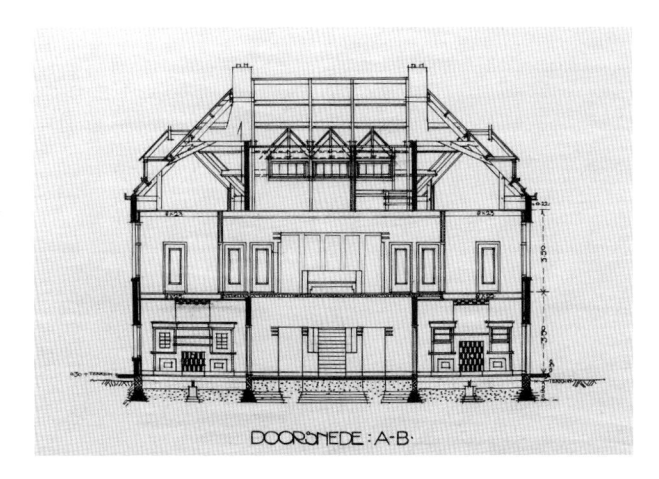

140. Haus De Vonk, Noordwijkerhout, Schnitt

in Yorkshire mit Seitenrisaliten, »Gitterwerk« und einer Verbindung von Giebelfeld und aufgehender Wand (Abb. 34).[135]

Als Backsteinbau mit Satteldach wird die Architektur von Haus De Vonk gemeinhin als konventionell abgewertet.[136] Die Autoren des Rotterdamer Katalogs erkennen weder einen rückständigen konservativen Bau noch ein frühes Beispiel der »kubistischen« Architektur: »›De Vonk‹ ist nicht mehr und nicht weniger als ein massives, geschlossenes, außergewöhnlich ›körperliches‹ Backsteingebäude, entworfen auf einem strikt symmetrischen Grundriß. Es steht für alles, was in diesem Moment in der niederländischen Architektur für ein ›modernes Gebäude‹ gehalten wird …«[137]. Dieser Deutung widerspricht jedoch die Verbindung der zum Prinzip erhobenen Symmetrie mit Betonung der Spiegelachsen und die Verwendung normierter Bauglieder mit den aus dem Fachwerkbau übernommenen Motiven, die in dieser Zeit keineswegs üblich war. Vor allem die rechtwinklig-geometrische Fassadengliederung ist ohne Vorbild in der Architekturgeschichte.

Treppenhausfenster
Im Frühjahr 1918 fanden Absprachen zwischen Knappert und Harm Kamerlingh Onnes bezüglich der Darstellungen auf den Treppenhausfenstern statt. Am 19. März 1918 lag noch keine Entscheidung über die Auftragsvergabe vor.[138] Im August befand sich das fertige Fenster in situ.[139]

Die fünf Glasfenster zeigen in insgesamt 15 Darstellungen stilisierte Tierkreiszeichen und spielende Kinder. Aufgrund des (kriegsbedingten) Mangels an Glas war Kamerlingh Onnes offenbar gezwungen, auf weniger qualitätvolles Material zuzugreifen. Die Fenster sind von dunkler Farbigkeit, die weißen und grünen Scheiben größtenteils undurchsichtig. Hinzu kommt, daß Kamerlingh Onnes die Fenster kurz nach ihrer Anbringung ergänzte und, um den gewünschten Farbton zu erzielen, mit Ölfarben übermalte.[140] Das Treppenhausfenster ist in situ erhalten. Allerdings wurden die einzelnen Darstellungen 1980 im Zuge einer Renovierung vertauscht, so daß die ursprüngliche Ikonographie nicht mehr ablesbar ist.[141]

Backsteinmosaike (Abb. 22)
Nach Entwurf von Theo van Doesburg wurden drei Kompositionen aus glasiertem Backstein an Stelle der ursprünglich von Oud geplanten Backsteinreliefs angebracht. Der Entwurf für die drei Mosaike entstand noch vor der Grundsteinlegung, die Ausführung erfolgte im Sommer 1918.[142] Die Backsteinmosaike sind in den Farben Grün, Gelb, Blau sowie in Schwarz und Weiß gehalten. Das größte der drei Mosaike (55 x 175 cm) befindet sich oberhalb des Eingangs. Es zeigt einzelne abstrakte Motive, die gedreht und gespiegelt mehrfach wiederholt werden. Bei den beiden spiegelsymmetrischen Mosaiken (35 x 80 cm), die sich seitlich des Eingangs unterhalb von zwei kleinen Fenstern (Toilette, Raum für Spielgerät) befinden, sind die einzelnen Motive in variierenden Farben gehalten.

Farbfassung der Fensterläden (Abb. 135, 136)
Die Farbgebung der Fensterläden und eventuell der übrigen Holzteile am Außenbau stammt ebenfalls von Van Doesburg. Die Fensterläden wurden im Sommer 1918 farbig gestrichen[143], wofür Van Doesburg offenbar die Farben Blau, Grün und Orange wählte.[144] Wie die Backsteinmosaike waren auch die Fensterläden asymmetrisch gestaltet. Auf frühen Fotografien sind die beiden äußeren Läden einer Fenstergruppe jeweils in einer dunklen und in einer hellen Farbe gehalten. Hinzu kommen je zwei weiß gestrichene Balken an jedem Fensterladen, die auf der linken Gebäudehälfte horizontal, auf der rechten vertikal verlaufen. Bei den zwei Fenstern des rückwärtigen Anbaus zeigt der linke Fensterladen einen vertikalen Balken, der rechte einen horizontalen. Alle Fensterläden wurden (zumindest in Teilen) bereits im Sommer 1919 wieder entfernt. Entwürfe sind nicht überliefert.[145]

Farbfassung der Innenräume
Kamerlingh Onnes bestimmte die Farbgebung einiger Zimmer, die spätestens im Juli 1918 umgesetzt wurde. Es handelte sich dabei offenbar um die Türinnenseiten, die Wandleiste (»plint«) und die Fensterrahmen, eventuell auch um die Wandflächen selbst.[146] Laut Van Doesburg waren die Zimmer in einem eintönigen, ungebrochenen Grün gestrichen.[147] Die Wandgestaltung der Räume ist nicht erhalten.

Nach Entwurf Van Doesburgs wurden die Flure im Sommer 1918 mit farbigen Fliesen ausgelegt (Abb. 21, 142).[148] Die Fliesen (10 x 10 cm) sind in Gelb sowie in Schwarz, Weiß und Grau gehalten. Wieder besteht die Komposition aus einzelnen gespie-

141. Haus De Vonk, Noordwijkerhout, hist. Ansicht, Flur EG mit Treppe und Sitzbänken

142. Haus De Vonk, Noordwijkerhout, hist. Ansicht, Flur OG mit Fliesenboden und Farbanstrich der Türen von Theo van Doesburg

gelten und gedrehten Motiven. Die Böden der übrigen Räume (Garderobenräume, Vorzimmer seitlich der Treppe, Toilette links des Eingangs, Badezimmer) folgen in Kompositionsprinzip und Farbgebung den Fluren. Von wenigen Ausnahmen abgesehen ist der Fliesenboden in situ erhalten.[149]

Offenbar bestimmte Van Doesburg auch die Farbgebung der den Eingang flankierenden Räume, die im Grundriß als Garderobe und Raum mit »kastjes« (Schränkchen) ausgewiesen sind.[150] In einem Brief an Oud schlägt er vor, nach Entfernung der von Kamerlingh Onnes ausgeführten Farbfassung die Gestaltung des Garderobenraumes einschließlich der Schränke zu übernehmen.[151] Von einer entsprechenden Farbgebung sowie den Schränken selbst ist nichts erhalten. Auch Entwürfe hierzu existieren nicht.

Nach Entwurf Van Doesburgs wurde auch die Farbfassung der Türen im Innenraum (Flurseite) im Sommer 1918 fertiggestellt (Abb. 142). Jede Tür erhielt eine andere Farbgebung, wobei das mittlere Türfeld, der Türrand und der hölzerne Türrahmen unterschiedlich gefaßt waren. Entsprechend dem Fliesenboden wählte Van Doesburg hierfür Gelb sowie Schwarz, Weiß und Grau. Laut Hans Oud wurde das von Van Doesburg stammende Farbschema der Türen bis in die 1980er Jahre beibehalten.[152] Die Türen wurden bei einem Umbau 1994 entfernt und sind bis auf eine Ausnahme verloren. Für die Erdgeschoßtüren liegt eine Dokumentation der Farbfassung aus den frühen 1980er Jahre vor.[153]

Farbfassung des Zauns
Im Sommer 1920, das heißt zwei Jahre nach Fertigstellung des Hauses, wurde der Zaun nach einem heute verlorenen Entwurf Van Doesburgs (Juli 1920) in den Farben Blau, Grün, Orange gestrichen.[154]

Geschichte und Erhaltungszustand (Abb. 137)
Das Ferienhaus De Vonk wurde bereits 1938 ohne Hinzuziehung von Oud erweitert. Nach der Besatzung im 2. Weltkrieg, die das Gebäude offenbar unbeschädigt überstand, folgten 1952 weitere Anbauten, wiederum ohne Oud davon in Kenntnis zu setzen. In den 1950er Jahren entstand das Vormingcentrum De Vonk (Bildungszentrum De Vonk), das mehr als 40 Jahre in den Räumen verblieb. 1980 errichtete der Leidener Architekt M. Barkema unter Einbeziehung zweier Bunker aus dem 2. Weltkrieg einen neuen Gebäudekomplex. Anfang der 1990er Jahre wurde das Haus verkauft und von dem neuen Besitzer an die Stiftung Centrum '45 vermietet. 1994 folgte eine Erweiterung sowie der Umbau des Innenraumes durch das Architekturbüro Greiner und Van Goor. Seit August 1994 befindet sich hier ein Institut zur Behandlung von kriegsverletzten und traumatisierten Flüchtlingen und Asylanten.

Die Rückseite des ursprünglich freistehenden Gebäudes ist durch die späteren Anbauten weitgehend verdeckt. In die Giebelfelder wurden je zwei kleine Fenster eingesetzt, die seitlich des Eingangs liegenden Fenster ersetzt, die Dachgauben der Seitenfronten vergrößert und die Fensterläden entfernt. Beide Terrassen sind durch einen gläsernen Aufbau geschlossen. Am Eingang wurde eine Rampe für Rollstuhlfahrer angebracht. Im Obergeschoß erhielt das ursprünglich zum Flur offene Treppenhaus eine Glaswand.

Frühe Publikationen Niederlande: De Stijl, II, 1, 1918, vor S. 1 (Innenraum); De Stijl, II, 2, 1918, ab S. 20 (Straßenfront); Oud 1921a, S. 150 (Flur OG). Ausland: Feuer, II, 1920/21, S. 238; MA, 1922, S. 23; Oud 1922f., S. 178; Stam 1923, S. 187; L'Architecture Vivante, Herbst/Winter 1925, Pl. 10, 20; J. J. P. Oud, Über die zukünftige Baukunst und ihre architektonischen Möglichkeiten, in: Die Baukunst, 1. Jg, 1925, S. 98–100, Abb. S. 99; Meyer Erna 1928b, Tafel 1; Hitchcock 1932, S. 103.
Literaturauswahl Van Doesburg 1918; Hoste 1919; Gratama 1920; Beckett 1980; Van Straaten 1988, S. 48f.; Romme; Reinhartz-Tergau 1990, S. 32–37; De Jongh-Vermeulen 1999, S. 241–247.
Vgl. Taverne 2001, Kat. Nr. 30.

143. Snitterton Hall, Yorkshire, 16. Jahrhundert, hist. Ansicht der Eingangsfront

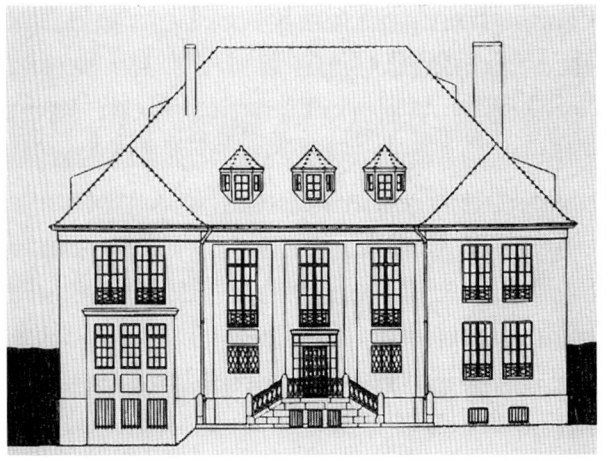

144. Haus Schuppmann, Berlin, Bruno Paul, 1908/09, Aufriß Eingangsfront

5a Vorentwurf Ferienhaus De Vonk

Gegenstand Unausgeführter Vorentwurf für das Ferienhaus De Vonk in Noordwijkerhout. Das Blatt ist mit »Vacantiehuis voor Volksmeisjes« betitelt.
Entwurf Wohl vor September 1917 (ausgeführter Entwurf). Eine Beteiligung Van Doesburgs war hier offenbar noch nicht vorgesehen.
Planmaterial NAi: Präsentationszeichnung (Bleistift und Wasserfarbe auf Papier) mit Aufriß der Vorderseite, Grundriß von Erd- und Obergeschoß sowie Angabe der Himmelsrichtung (Abb. 145).

Gebäude

Der Vorentwurf von Haus De Vonk zeigt die axialsymmetrische Anlage des ausgeführten Baus wie auch ein dem Grundriß zugrundeliegendes Quadratraster. Das Grundrißschema, bestehend aus einem breiten Mittelteil und schmaleren Seitenpartien, ist hier jedoch durch die Trennung in einen vorderen und einen hinteren Bereich weniger konsequent umgesetzt: Im Gegensatz zu dem betont breiten Mittelteil der Straßenfront nimmt der mittlere Abschnitt an der Rückseite nur die Breite des Treppenhauses ein. Das ebenfalls in der Mittelachse liegende Schlafzimmer der Direktorin ist allerdings genauso breit wie das Treppenhaus, wodurch die beiden Haushälften wieder verbunden werden. Die vier Schlafzimmer, die zwar alle gleich groß, jedoch nicht quadratisch sind, orientieren sich im vorderen Bereich mit der Schmalseite zur Straßenfassade, im hinteren Bereich dagegen mit der Langseite zum Garten. Das Erdgeschoß zeigt eine weniger durchstrukturierte Gliederung mit unterschiedlich großen Räumen; Zimmer mit quadratischem Grundriß sind mit Ausnahme der Küche nicht zu finden.

Ein entscheidender Unterschied zum ausgeführten Gebäude besteht in der Situierung des Eingangs, der hier nicht an der Hauptfassade, sondern an der südlichen Schmalseite liegt. Da die Mittelpartie der Rückfront nicht zurückspringt und die Treppe somit in die rückwärtige Flucht des Gebäudes rückt, liegt auch der Flur nicht exakt im geometrischen Mittelpunkt des Hauses. Im Gegensatz zur begehbaren Querachse (Flur) des ausgeführten Baus fällt die Achse hier mit der Trennwand zwischen Flur und Wohnraum zusammen. Das Zentrum bildet somit an Stelle von Flur und Treppe der gemeinschaftliche Wohnraum, der als größter Raum des Hauses über die gesamte Breite des Mittelteils erstreckt und zusätzlich durch die vorgelagerte Terrasse akzentuiert wird. Die Treppe fällt dagegen deutlich kleiner und dunkler aus, da neben der Belichtung des Flurs durch drei (statt der ausgeführten fünf) Fensterelemente hier auch Ouds Kunstgriff der frei stehenden Treppe fehlt. Dagegen erhält der Wohnraum durch die breite Glasfront zur Terrasse eine optimale Belichtung und wird so neben seiner zentralen Lage auch zum repräsentativsten Raum des Hauses.

Vom Außenbau ist allein der Aufriß der Vorderfront überliefert, die entsprechend dem ausgeführten Bau Seitenrisalite und einen zurückgesetzten Mittelteil aufweist. Trotz des übereinstimmenden Grundkonzeptes zeigt die Vorderseite eine vergleichsweise einfache Lösung. So erhielten die Risalite an Stelle der drei hohen schmalen Fenster nur je eine breite Fensteröffnung. Im Mittelteil verwendete Oud drei identische zweiflügelige Fenstertüren in Breite der Risalitfenster, wodurch die Anzahl der Fensterformen auf ein Minimum reduziert ist. Auch die Differenzierung der Wandfläche in drei Tiefenschichten erscheint hier (aufgrund der fehlenden »Lisenen«) weniger komplex und kleinteilig. Eine weitere Abweichung zeigen die Obergeschoßfenster der Risalite, die bis zur Traufe hinaufreichen und damit in die hervortretende Wandschicht einbrechen. Da das Dachgeschoß jedoch (ganz traditionell) in Höhe der Traufe ansetzt, ist das »Gebälk« hier ein rein dekoratives Element, ohne Bezug zur tatsächlichen Baustruktur.[155]

Ein weiterer Unterschied zum ausgeführten Gebäude ist die stärkere Öffnung zur Landschaft. Im Gegensatz zu den additiv angefügten, nur durch schmale Fenstertüren zugänglichen Terrassen zeigt der Vorentwurf die breite Fensterfront des Wohnraumes und einen großen, über die Flucht der Straßenfront hervortretenden Balkon. Auch die Bepflanzung der Terrasse spricht dafür, daß der Natur hier eine größere Rolle zugewiesen wurde.

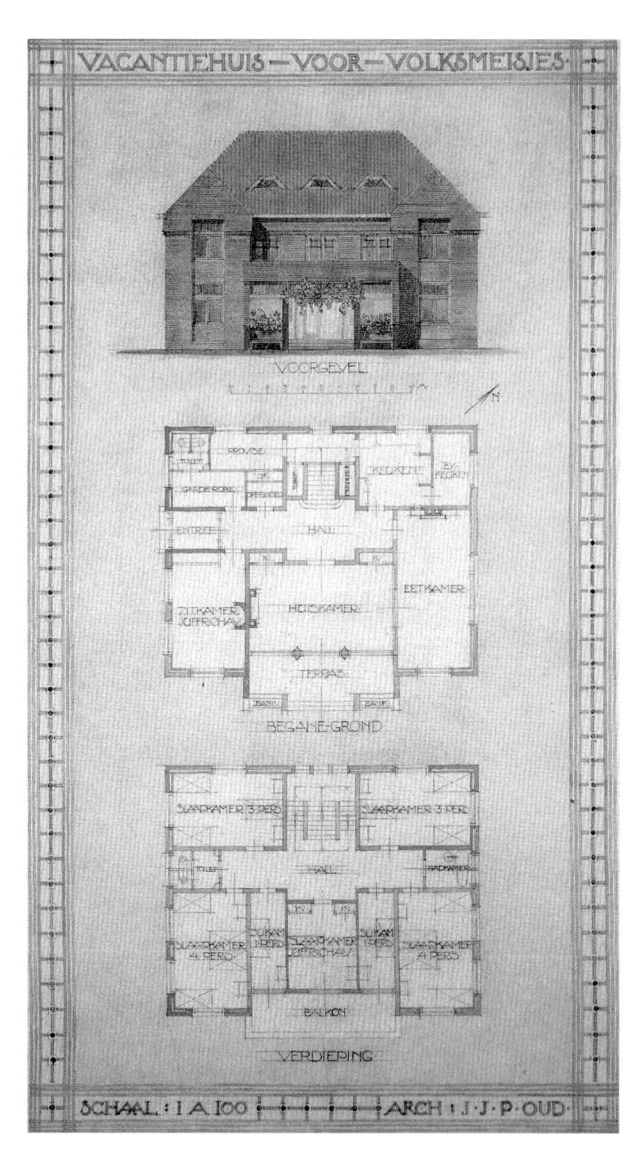

145. Haus De Vonk, Noordwijkerhout, Präsentationsblatt Vorentwurf mit Aufriß und Grundrissen

Charakterisierung
Vorentwurf und ausgeführter Bau zeigen einen grundsätzlich unterschiedlichen Charakter. So fehlen beim Vorentwurf vor allem die betonte Geometrisierung und Normierung von Bauelementen. Mit den einfachen, großen Fenstern, der schlichten Wandgliederung und einem betont geschlossen Umriß (anstelle der Dachgauben mit Schrägdächern einfache Fledermausgauben) lehnt sich der Bau eng an den zeitgenössischen Villenbau an. Als Beispiele sind Wohnhäuser von Bruno Paul wie Haus Herxheimer in der Rosselstraße in Wiesbaden (1911/2) oder Paul Ludwig Troosts Villa in der Liebigstraße/Prinzregentenufer in Nürnberg (1911) zu nennen, die beide einen zweigeschossigen Baukörper, ein hohes Dach (Mansarddach), risalitähnliche einachsige Fassadenabschnitte, drei zentrale Fensterachsen sowie Pilaster und Gebälke aufweisen. Insgesamt zeigt Ouds Entwurf eine schlichtere Lösung als die beiden älteren Villen. Statt eines halbrunden bzw. polygonalen Altans gibt es bei Oud eine Terrasse auf rechteckigem Grundriß; auf Schornsteine, Fensterläden, die kleinteiligen Fenstersprossen, Säulen und Schmuckformen wird ganz verzichtet. Pilaster und Gebälk sind in Ouds Entwurf zudem weitgehend abstrahiert. Im Gegensatz zu dem ausgeführten Bau präsentiert sich der Vorentwurf damit weniger als öffentliche Einrichtung denn als privater Wohnbau. Auch der Grundriß zeigt noch nicht die bis ins Extrem geführten Symmetrien, wodurch er weniger klar, jedoch auch weniger formalistisch wirkt. Die Fassade bietet keinen Platz für die Backsteinkompositionen Van Doesburgs. Offenbar war an die Beteiligung anderer Künstler zu diesem Zeitpunkt noch nicht gedacht.

Die Umstände, die zur Änderung dieses Entwurfs führten, sind nicht überliefert. Die gotisierenden Motive des ausgeführten Baus, vor allem die von der elisabethanischen Architektur übernommenen Giebel, antworten möglicherweise auf eine von Emilie Knappert geäußerte Kritik an dem Vorentwurf. Dagegen sind die streng symmetrisch-formalistischen Lösungen ohne die Schriften und Werke der *De Stijl*-Künstler nicht denkbar, ein Einfluß, der zum Zeitpunkt des Vorentwurfs offenbar (noch) nicht zum Tragen gekommen war.

Publikation Baeten 1995, o. S.; Taverne 2001, Abb. S. 140 (ohne Erläuterung).

6 Häuserzeile an einem Strandboulevard

Gegenstand Unausgeführter Entwurf einer dreigeschossigen Häuserzeile an einem Strandboulevard.[156] Der Entwurf bezieht sich auf kein konkretes Grundstück, sondern bildet den Prototyp einer an jeder beliebigen Strandpromenade und dort in gewünschter Längenausdehnung zu errichtenden Häuserreihe. Dafür spricht der an beiden Seiten abrupte und offenbar rein zufällige Abschluß der Zeile (Aufriß, Abb. 148), vor allem aber ihre schemenhaft angedeutete Fortsetzung in der Perspektivzeichnung (Abb. 146). Der beliebig gewählte obere Abschluß läßt sowohl eine niedrigere Höhenerstreckung als auch eine Aufstockung möglich erscheinen.

Ort Entsprechend seiner Funktion als Prototyp einer Häuserreihe fehlen eine Ortsbezeichnung sowie Hinweise zur Umgebung (Lageplan). Ausgenommen hiervon ist die Angabe »an einem Strandboulevard« und eine im Schnitt sichtbare Geländeerhöhung, die durch Treppen in Tiefe der Vorgärten überwunden wird (Abb. 147). Entgegen früheren Publikationen nennt Oud in seiner 1957/58 verfaßten autobiographischen Schrift den Strandboulevard von Scheveningen bei Den Haag, das größte und mondänste Seebad der Niederlande, als Standort der Häuserzeile.[157] Diese Angabe taucht auch in der Oud-Forschung – hier erstmals 1931 – auf.[158] Ob sich der Entwurf tatsächlich auf ein Grundstück in Scheveningen bezieht, ist fraglich. Möglicherweise verwies Oud nur deshalb auf das bekannte Seebad, um seinen Entwurf im nachhinein aufzuwerten.

Entwurf Der Entwurf ist nicht datiert. Den terminus ante quem bildet die erste Publikation im Oktober 1917 (Abb. 148).[159] Laut Günther Stamm entstand die Arbeit im Juli 1917, da der auf diesen Monat datierte, zusammen mit der Häuserzeile publizierte Artikel »Het monumentale stadsbeeld« mit Blick auf diesen Entwurf formuliert worden sei.[160] In der Tat findet ein Teil der dort geforderten Stilprinzipien (einheitliches Straßenbild, Flachdach, Plastizität, das »rhythmische Spiel von Flächen und Massen«) eine Entsprechung im Entwurf der Häuserzeile, auch wenn in Ouds Artikel eine andere Bauaufgabe (nämlich ein städtischer Wohnblock) propagiert wird. Für eine exakte Datierung liefern die formalen Übereinstimmungen keine ausreichende Grundlage.

Auftrag Gesicherte Angaben über einen Auftrag fehlen. In der Literatur kursieren jedoch Hinweise auf eine geplante Ausführung der Häuserzeile, die aus wirtschaftlichen Gründen nicht realisiert wurde.[161] Paul Overy deutet den Entwurf als »a speculative middleclass development for his cousin«.[162] Oud selbst machte erstmals Ende der 1950er Jahre Angaben zu einem möglichen Auftrag. Demnach seien die Häuserzeile und sein Fabrik-Entwurf* nur aus Zufall unausgeführt geblieben.[163] Gegenüber Jürgen Joedicke erwähnte er den Auftrag eines Bauspekulanten, der nicht realisiert worden sei.[164] Diese Äußerungen Ouds mehr als 40 Jahre nach Entstehen des Entwurfs müssen keineswegs die tatsächlichen Entstehungsumstände wiedergeben. Da es sich um einen Prototyp (eventuell Ferien- und Wochenendwohnungen) handelt, scheint ein eigenmächtiges Vorgehen von Oud wahrscheinlicher. Denkbar ist, daß er auf eigene Initiative Vorschläge für die Bebauung eines Strandboulevards lieferte oder aber seinen Entwurf – wie bereits bei anderen Arbeiten – als Antwort auf ein bestehendes Gebäude konzipierte.[165]

Im Rotterdamer Katalog wird erstmals ein undatierter Lageplan aus dem Getty Research Institute in Los Angeles publiziert, der eine Grundstücksparzellierung mit zwei Häuserreihen der Maatschappij Oostduinen in Scheveningen zwischen Hooge Strandweg und Gevers Deynootweg zeigt.[166] Das unausgeführte Projekt sah an der Landseite (Gevers Deynootweg) elf sowie an der zur See gewandten Seite (Strandweg) neun Häuser und damit ebenso viele Gebäude wie auf Ouds Grundriß (Abb. 148) vor. Dies führte zu der Vermutung, Oud habe von der Scheveninger Baugesellschaft einen Bauauftrag, zumindest einen (Studien-)Auftrag für die kürzere der beiden Häuserzeile, erhalten.[167] Allerdings findet der im Lageplan dargestellte breitere Mittelbau, eventuell ein Portalgebäude mit Zugang zu einer zwischen den

146. Häuserzeile an einem Strandboulevard, Perspektivzeichnung

Zeilen verlaufenden Erschließungsstraße, in Ouds Entwurf keine Entsprechung. Auch Größe und Proportion der Bauparzellen stimmen nicht überein. Die spezifische Situation der geplanten Häuserreihe (Parzellengröße sowie Eckhaus und Mittelgebäude) fand somit keinen Eingang in den Entwurf.[168] Der Lageplan könnte zwar als Inspirationsquelle für Oud gedient haben, war jedoch, wofür auch die uneindeutige Grundrißlösung spricht, nicht Grundlage seines Entwurfs.[169]

Konstruktion/Material Angaben zu Material und Farbigkeit existieren nicht. Dennoch wird die Häuserzeile in der Literatur immer wieder als Betonbau bezeichnet.[170] Der Rotterdamer Katalog verweist auf eine Vorstudie mit gemauerten Ornamenten über den Fenstern, Holzverkleidungen und farbigen Terrassengeländern.[171]

Planmaterial NAi: Aufriß von Eingangsfront und Rückseite, Grundrisse aller drei Geschosse, drei Schnitte (Abb. 147); Modell (1951). CCA: Grundrisse, Schnitte, Aufrisse der Eingangsfront, Perspektive. GRI: Lageplan (Scheveningen) mit Grundstücksparzellierung, Zeichnung, sechs Abzüge, eine Fotografie, ein Dia.

Bauprogramm Aus Grundrissen und Schnitten (Abb. 148, 147) geht nicht eindeutig hervor, ob es sich bei der Häuserzeile um eine Aneinanderreihung von dreigeschossigen Wohnungen oder um eine Folge von jeweils drei übereinanderliegenden eingeschossigen Wohneinheiten handelt. Im Fall von drei eigenständigen Wohnungen bestände jede Wohneinheit aus zwei größeren, identisch angelegten Zimmern, einem weiteren kleinen Zimmer, einer Veranda und einem Toilettenraum auf dem Flur. Die Wohnungen des ersten und zweiten Obergeschosses verfügten über je ein weiteres kleines Zimmer. Angaben zur Nutzung der Räume fehlen. Zwei Drittel der Wohnungen ist an der Seeseite eine Terrasse vorgelagert.

Gebäude

Die zur See gerichtete Eingangsfront der Häuserzeile (Abb. 146, 148) zeigt eine Komposition aus flachgedeckten Baukörpern, die in geringem Abstand nebeneinander sowie – jeweils versetzt – in vier Schichten hintereinander angeordnet sind. Die in der Perspektive unvollständig dargestellten Baukörper an den äußeren Enden der Häuserreihe machen deutlich, daß dem Entwurf weder ein in seiner Größe festgelegter Bau noch eine bestimmte Anzahl von Wohnungen zu Grunde liegt. Entscheidend sind allein Gestaltung und Grundrißlösung der Basiseinheiten (Baukörper bzw. Wohnung) sowie deren Anordnung.

Die auf den ersten Blick einfach erscheinende Struktur der versetzt hintereinander gestaffelten Baukörper erweist sich bei genauerer Betrachtung als komplex und mehrdeutig. Zwischen tiefen Vorgärten bzw. Höfen, die von einer hohen Mauer umschlossen sind, führen Treppen zu den jeweils zwei Eingangstüren in den vorderen eingeschossigen Baukörpern. Einem Baukörper der vorderen Ebene sind damit ein Hof (Mitte) sowie zwei Zugänge (Seiten) zugeordnet. Zwischen zwei dieser Höfe liegt jeweils ein weiterer Hof, der bereits zu der in zweiter Ebene verlaufenden Häuserfront gehört. Diese Höfe werden in Flucht der vorderen Baukörper durch eine niedrige Mauer begrenzt, an die sich eine Terrasse anschließt. Die Baukörper der zweiten Ebene sind doppelt so hoch wie die vorderen Bauten und überragen diese damit um ein volles Geschoß. In Höhe des zweiten Geschosses wiederholt sich das beschriebene Schema: Im Zwischenraum zwischen zwei Baukörpern wird wiederum die dahinterliegende, zweigeschossige Hausreihe mit vorgelagerten Terrassen sichtbar, die ihrerseits die Bauten der zweiten Ebene überragt. Auch die Bauten der vierten Ebene sind in den Zwischenräumen der davorliegenden Häuser sichtbar, schließen jedoch in Höhe der vor ihnen liegenden Häuser ab.

Die Fassadengliederung ist bei allen Baukörpern identisch: Fenster bzw. Fenstergruppen teilen die Fronten in einen breiten mittleren und zwei schmale seitliche Abschnitte. Auf diese Weise entsteht eine rhythmische Travée, die als bestimmendes Gestaltungsmotiv in der zentralen, dreiteiligen Fenstergruppe aufgegriffen wird. In den Obergeschossen findet sich in der Mittelachse jeweils ein annähernd quadratisches Fenster, flankiert von zwei schmalen Fensterschlitzen. In den unteren Geschossen tritt an Stelle des zentralen Fensters eine zweiflügelige Tür oder Fenstertür. Die seitlichen Abschnitte zeigen in den Obergeschossen einfache hochrechteckige Fenster, in den unteren Geschossen Türen derselben Breite, die mit Oberlichtern versehen sind. Die Gestaltung der zweigeschossigen Fassadenabschnitte ergibt ein für Oud charakteristisches Motiv. So ist die Wandfläche zwischen zwei übereinanderliegenden Fenstern bzw. einem Fenster und einer Tür wie bei der Ambachtsschool Helder*, dem Ferienhaus De Vonk* und den Wohnblöcken I und V* in Spangen zurückgesetzt. Die schmalen vertikalen Wandstreifen zwischen zwei Fenstern bzw. Fenster und Tür erscheinen dabei als Lisenen, die beide Geschosse optisch verbinden.

Der Aufriß der Rückfront wurde erstmals im Rotterdamer Katalog publiziert.[172] Wie bereits der Grundriß zeigt, war hier dieselbe Fensteranordnung wie an der Eingangsseite vorgesehen. Einzige Ausnahme sind die an Stelle der einfachen Eingangstüren tretenden Doppeltüren, die ebenfalls verglast sind. Obwohl die Schnitte

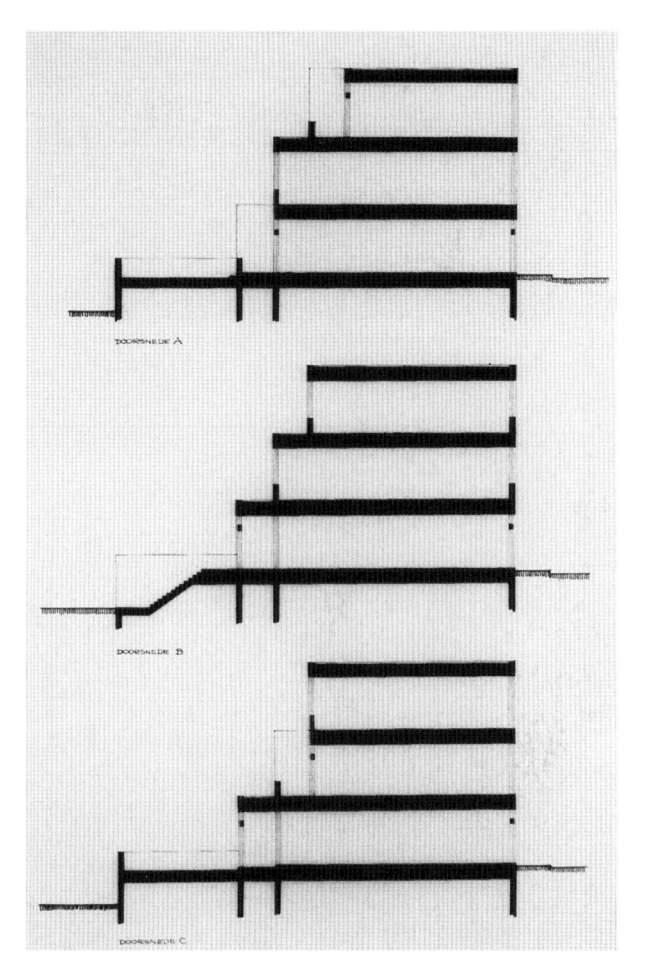

147. Häuserzeile an einem Strandboulevard, Schnitte

für die Rückfront eine gerade Wandflucht ohne Terrassen und Rücksprünge zeigen (Abb. 147), gibt der Grundriß hier wiederum Türen bzw. Fenstertüren in allen Geschossen an. Offenbar dachte Oud an Balkone bzw. einen Fußweg zur Erschließung der Erdgeschoßwohnungen von der Rückfront. Gegen einen Laubengang spricht der Aufriß der Rückfront, der in den Obergeschossen allein Fensteröffnungen aufweist. Auch Treppenanlagen sind in den Entwürfen nicht angegeben.

Wie bei einer Ausführung der Häuserzeile die seitlichen Abschlüsse gedacht waren, bleibt offen. Sicherlich hatte Oud keinen abrupten Schnitt (entsprechend einem in den 1950er Jahren erstellten Modell) vorgesehen. Wahrscheinlich sollte eine dem Geländeverlauf und der städtebaulichen Situation individuell angepaßte Lösung konzipiert werden.[173]

Innendisposition (Abb. 148)
Bereits die zwei Eingänge der vorderen Bauten lassen vermuten, daß die durch das Fassadenbild suggerierte Identität von Baukörper und Wohnung nicht der tatsächlichen Struktur des Gebäudes entspricht. Die Trennwände der nebeneinanderliegenden Wohnungen verlaufen – außen unsichtbar – längs durch einen Baukörper, das heißt zwischen der mittleren Fenstergruppe und einem der äußeren Fenster (im Erdgeschoß zwischen der zentralen Doppeltür und einer der seitlichen Türen). Eine Wohnung umfaßt damit jeweils einen breiten Abschnitt (mittlere Fenster- oder Türgruppe) und einen schmalen Abschnitt (seitliche Fenster oder Türe).

Unklar ist, ob es sich um dreigeschossige, vom Erdboden bis ins oberste Geschoß reichende Wohnungen handelt oder um drei eigenständige, übereinanderliegende Wohneinheiten. Die Beantwortung dieser Frage hängt maßgeblich von der Funktion des Gebäudes und der Nutzung der Räume ab. Mit den Raumfunktionen setzte sich erstmals Ben Rebel auseinander, der die Häuserzeile als *Volkswoningbouw* deutete. Entsprechend interpretierte er den Grundriß im Sinne von kleinen, übereinanderliegenden Wohnungen. Die obersten Wohnungen erhielten dabei jedoch (aufgrund der zurückspringenden Geschosse) nur ca. 30 m^2 Wohnfläche, andere Wohnungen weisen weder einen Hof noch eine Terrasse auf.[174] Im Gegensatz zu Rebel gehen die Autoren des Rotterdamer Katalogs von dreigeschossigen »Luxuswohnungen« aus.[175] In diesem Fall verfügte jede Wohnung über einen Hof und eine Terrasse, sechs größere und fünf kleinere Räume sowie drei Toiletten und damit über das Raumprogramm einer großbürgerlichen Villa.

Entscheidend für die Interpretation des Entwurfs ist die (trotz unterschiedlicher Zimmergrößen) identische Einteilung der Geschosse. Zwei große hintereinander angeordnete Räume (mittlerer Abschnitt) sind durch eine Türe verbunden, die beiderseits der Tür von Einbauschränken flankiert wird. Zusammen mit der axialsymmetrischen Anordnung der drei Fenster ergibt sich hier der für Oud typische symmetrische Grundriß. Der schmale seitliche Abschnitt nimmt das Treppenhaus mit der Toilette und zwei kleinen Zimmern auf. Im Erdgeschoß tritt an Stelle des an der Eingangsfassade liegenden Zimmers ein Windfang. Über die Nutzung der einzelnen Räume kann nur spekuliert werden. Der Typus der en suite angeordneten Räume spricht zunächst für einen Wohnraum und einen Salon und damit für eine großbürgerliche Wohnung. Mit Blick auf Ouds Arbeiterwohnungen, die

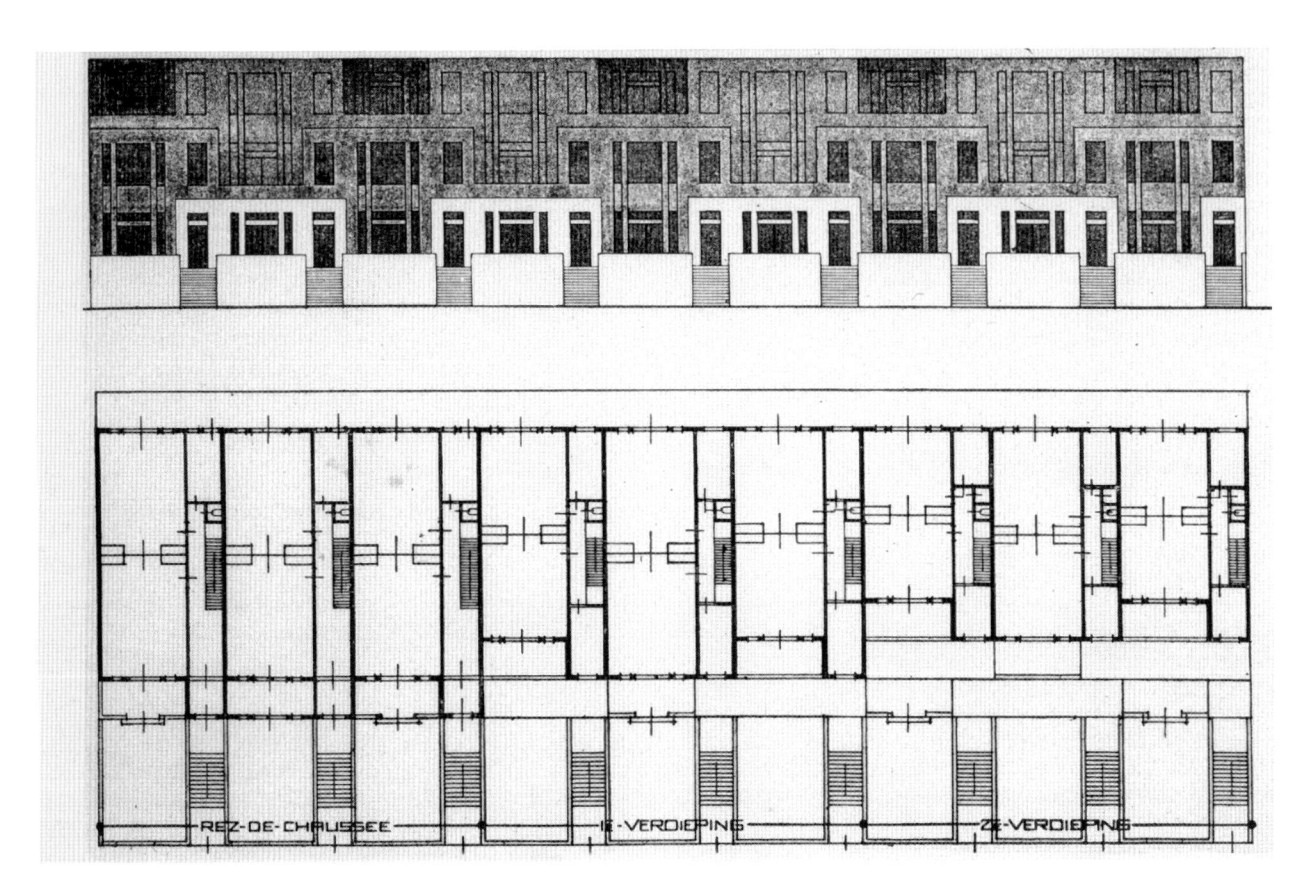

148. Häuserzeile an einem Strandboulevard, Aufriß Eingangsfront und Grundrisse EG, 1. OG, 2. OG

ebenfalls diese Raumfolge aufweisen, ist diese Deutung jedoch nicht zwingend.[176] Möglich wären auch (wie beispielsweise bei den Wohnungen in Spangen*) ein Wohn- und ein Schlafraum, wobei der Wohnraum tagsüber durch Öffnen der Verbindungstür vergrößert werden kann. Die kleinen Zimmer sind (sogar bei der größeren Variante im Erdgeschoß) kaum als Schlafräume nutzbar.[177] Wahrscheinlich sollten hier daher Küche oder Bad untergebracht werden.[178]

Die Funktion des Gebäudes ist nicht eindeutig zu klären. Ausgehend von der prominenten Lage der Häuserreihe (Strandboulevard) wären prinzipiell dreigeschossige Wohnungen im Sinne großbürgerlicher Villen denkbar, wobei Oud auf das Konzept der drei »Villen in Velp«* aufbauen konnte. Eingeschossige Arbeiterwohnungen sind aufgrund der zu erwartenden Grundstückspreise unwahrscheinlich.[179] Möglich wären dagegen Wochenend- oder Ferienwohnungen, die mit den kleinen Zimmern Abstellräume, beispielsweise für Koffer und Strandmöbel, böten. Die Existenz eines einzigen Schlafraumes wäre hier durch die temporäre Nutzung oder aber die Bewohnerstruktur (kinderloses Ehepaar, Junggeselle) zu rechtfertigen. Denkbar sind auch flexibel einzusetzende »Wohneinheiten«. So könnten – je nach Größe der Familie bzw. Anspruch der Bewohner – eine Erdgeschoß-Wohnung oder aber zwei bzw. drei der übereinanderliegenden Wohneinheiten zusammen gemietet werden. Für eine großbürgerliche dreigeschossige Villa ist die Raumverteilung dagegen wenig geeignet. Vor allem die extrem schmalen und damit unkomfortablen Treppen sowie das Fehlen einer für den großbürgerlichen Haushalt erforderlichen großen Küche sprechen gegen eine derartige Nutzung.

Charakterisierung
Falls die Häuserzeile tatsächlich Ferien- oder Wochenendwohnungen aufnehmen sollte, hätte Oud eine beispielhafte Lösung für die bis dahin noch nicht formulierte Bauaufgabe des modernen Ferienkomplexes geschaffen. Das Neuartige besteht dabei sowohl in dem Entwurf von Wochenendhäusern in einem Etagenbau als auch im Verständnis der Bauaufgabe als eines flexibel einsetzbaren Gebäudetypus. Dies betrifft die Bewohnergruppe (sozialer Status, Familienstand), die Dauer des Aufenthaltes (Wochenende oder Feriensaison) und den Ort (jedes beliebige Grundstück an einem »Strandboulevard«).

Der Typus des Terrassenhauses besitzt bei Hotels und Heilanstalten bereits eine lange Tradition. Als mögliches Vorbild ist Tony Garniers Entwurf einer Anstalt für Heliotherapie zu nennen, der 1901–04 im Rahmen seiner Cité industrielle (Abb. 149) entstand. Das langgestreckte Gebäude zeigt ebenfalls vorgelegte Terrassen, wobei sich der Sockel in den hohen geschlossenen Gartenmauern von Ouds Häuserzeile wiederfindet.[180] Ein gleichzeitig entstandener Entwurf ist Hans Poelzigs Haus der Freundschaft in Istanbul (1917), bei dem die Obergeschosse zurückspringen und tiefe Terrassen ausbilden.[181] Stamm verweist auf Haus Scheu von Adolf Loos (1912) und Antonio Sant'Elias' Entwürfe für Terrassenhäuser (1914)[182], die jedoch nur bedingt als Vorbilder gelten können. Obwohl auch Haus Scheu zurückspringende Obergeschosse zeigt, erweist es sich mit den kleinteilig versproßten Fenstern noch stärker der Tradition verhaftet als Ouds Häuserzeile. Bei den Terrassenhäusern finden sich schmale Balkone an Stelle der plastisch hervortretenden Terrassen.[183] Ohne Vorbild sind vor allem die versetzt angeordneten Baukörper und Terrassen, die Ouds Häuserzeile ihr charakteristisches Aussehen verleihen.

Das rhythmische Spiel der plastisch vor- und zurücktretenden Baukörper, ihre serielle Reihung und die radikal moderne Formensprache wurden von Zeitgenossen bewundert. Einflüsse sind entsprechend im Entwurf der terrassierten Wohnblöcke für die Stadt Wien von Adolf Loos (1923), in Ludwig Hilberseimers Entwurf für Reihenhäuser (1924) und im Hotel Nord-Sud in Cali, Korsika, von André Lurçat (1929/30) sichtbar.[184] Bis heute wird in Ouds Entwurf ein stilprägender Bau der Modernen Architektur wie auch (fälschlich) ein Initialbau der »De Stijl-Architektur« gesehen.[185] Lange Zeit beschränkte sich das Interesse auf die Gestaltung des Außenbaus, während Funktion und Grundrißlösung unbeachtet blieben. In Nachfolge Van Doesburgs, der schon 1917 die Entsprechung von Innen- und Außenbau lobte – »Das Äußere ist Ausdruck des Inneren ...«[186] – wurde bis in die 1970er Jahre hinein der Bau als Beispiel einer streng funktionalistischen Architektur gepriesen, ohne dies zu hinterfragen.[187] Erst Ben Rebel bemerkte, daß die einzelnen Wohnungen nicht am Außenbau ablesbar sind. Dieser Erkenntnis schlossen sich weitere Kritikpunkte an der Funktionalität des Gebäudes an: So sind die Wohnungen der Obergeschosse nur über die des Erdgeschosses zugänglich, und gibt es Zimmer von nur circa 3,5 m². Nur ein Drittel der Wohnungen besitzt eine Terrasse oder einen ummauerten Hof. Die zurückliegenden Wohnungen erhalten zudem wenig Sonnenlicht, vor allem da sich (in Anbetracht des Küstenverlaufes in den Niederlanden) die Terrassenseite wahrscheinlich nach Westen richtet.[188] Die Vorspiegelung einer auf funktionalen Aspekten basierenden Typenbildung wurde angesichts dieser wohntechnischen Mängel als rein ästhetische Intension entlarvt. Allerdings zeigen die Grundrisse weitaus weniger Schwachpunkte, wenn man von einer Nutzung als Ferien- oder Wochenendwohnungen statt von Arbeiterwohnungen ausgeht.

Bei der zusammen mit der Perspektive publizierten Skizze der Häuserzeile in »De Stijl« handelt es sich nicht – wie Stamm vermutet – um eine Vorstudie, sondern lediglich um eine vereinfachte Darstellung des Entwurfs.[189] Der einzige Unterschied zwischen beiden Arbeiten besteht in der fehlenden Binnenstrukturierung der mittleren Fenstergruppen, die so ein zwei Stockwerke umfassendes Fenster, eine vollkommen unrealistische Lösung, suggeriert.

Frühe Publikationen Niederlande: Van Doesburg 1917b, S. 12, 16. Ausland: Behne 1921/22b, S. 20; MA, 1922, S. 16; Stavba, 1922, I, Nr. 4, S. 180; Stam 1923, S. 228; L'Architecture Vivante, Herbst/Winter 1925, S. 25; Minnucci 1926, S. 30; Hitchcock 1932, S. 104.
Literaturauswahl Van Doesburg 1917b, S. 11f. (abg. in Taverne 2001, S. 149); L'Architettura cronache e storia, 1963, S. 146; Rebel 1977, S. 132–134.
Vgl. Taverne 2001, Kat. Nr. 31.

149. Tony Garnier, Entwurf der Cité industrielle, Einrichtung für Heliotherapie

6a Entwurfsvariante zur Häuserzeile an einem Strandboulevard

Gegenstand Skizze mit einer Vorstufe oder einem Alternativentwurf zur Häuserzeile an einem Strandboulevard*.[190]
Entwurf Die Skizze ist nicht datiert. Die Nähe zur Häuserzeile an einem Strandboulevard spricht jedoch für eine Entstehung um 1917. Stamm vermutet als Entstehungszeit um 1918.[191]
Planmaterial NAi: Tusche-Skizze (Abb. 150).[192]
Bauprogramm Siehe Entwurf für eine Häuserzeile an einem Strandboulevard*.

Gebäude
Die Skizze zeigt die perspektivische Darstellung einer zweigeschossigen Häuserreihe mit zurückspringendem Obergeschoß. Beiden Geschossen sind tiefe Terrassen vorgelagert. Die Abgrenzung der einzelnen Wohnungen erfolgt durch eingeschobene vertikale Wandflächen, die entsprechend der Abstufung schräg verlaufen. Während an der rechten Seite mittels auslaufender Linien eine Fortsetzung des Baus suggeriert wird, findet sich auf der linken Seite ein monumentaler Abschluß der Zeile in Form eines geschlossenen Baublockes mit schräger Außenkante. Der in Flucht der Erdgeschoß-Terrassen liegende Baukörper wirkt – unterstützt durch die schräge Gebäudekante – wie ein massiver Stützpfeiler.

Die Terrassen und die auf der rechten Seite fortsetzbare Reihe der Wohnungen lassen annehmen, daß es sich um eine Vorstufe oder – wie Stamm vermutet – einen Alternativvorschlag zu Ouds Entwurf einer Häuserzeile am Strandboulevard handelt. Allerdings zeigt die Skizze nicht das für den Entwurf charakteristische Vor- und Zurückspringen der versetzt angeordneten Baukörper. Die modern wirkenden Schrägen lassen bereits an Terrassenhäuser der 1970er Jahre denken.

Erste Publikation Stamm 1984, Abb. 15, S. 36.
Literatur Stamm 1984, S. 36f.

150. Häuserzeile, Skizze

7 Block I und V in Spangen, Rotterdam

Gegenstand Nach Ouds Entwurf entstanden je drei Blockfronten der als städtebauliche Einheit konzipierten Wohnblöcke I und V im Stadterweiterungsgebiet Spangen (Abb. 68, 151). Die im Rahmen des kommunalen Wohnungsbauprogramms durch den 1917 gegründeten *Gemeentelijke Woningdienst* errichteten Bauten waren für Bewohner niedrigen Einkommens, vor allem für Arbeiter der nahegelegenen Hafenanlagen, bestimmt. Die jeweils verbleibende vierte Blockfront wurde von der privaten Wohnungsbauvereinigung Onze Woning (Unsere Wohnung) nach Entwurf der Architekten M. C. A. Meischke und P. Schmidt ausgeführt.

Ort Stadterweiterungsgebiet Spangen, Rotterdam. Block I: Spaanse Bocht, Roemer-Visscherstraat, Van Lennepstraat; Block V: Spaanse Bocht, Potgierterstraat, Van Lennepstraat. Das 1913 als Teil der Stadterweiterung entworfene (Abb. 67) und ab 1918 in veränderter Form ausgeführte Neubaugebiet lag circa einen Kilometer außerhalb des bebauten Stadtgebietes nahe der neuen Hafenanlagen im Westen von Rotterdam (Abb. 199, Hafen links oben). Der Anschluß zur Innenstadt erfolgte über den Schiedamseweg, der den benachbarten Ort Schiedam mit Rotterdam verband, oder mittels einer Fähre über die Delfshavense Schie. Das weitgehend axialsymmetrisch angelegte Wohngebiet wird von mehrgeschossigen, allseitig geschlossenen Wohnblöcken bestimmt, die sich an den großen Wohnblöcken der Amsterdamer Stadterweiterungsgebiete orientieren.[193]

Entwurf Laut Oud entstand der Entwurf für die insgesamt sechs Blockfronten Anfang 1918.[194] Abgesehen von Fluchtlinien und Baumaterial war eventuell auch ein bestimmtes Grundrißschema vorgegeben.[195] Hierfür spricht, daß Oud Wohnungstypen heranzog, die bereits bei anderen Projekten der Gemeinde realisiert worden waren, und nach seinen Vorstellungen veränderte.[196]

Ausführung Die Ausschreibung erfolgte im August 1918, im September des Jahres wurde der Grundstein gelegt. Nach Oud waren die Arbeiten an seinen Blockfronten im April 1920 abgeschlossen.[197]

Auftrag Der Entwurf entstand im *Gemeentelijke Woningdienst*, wo Oud Anfang 1918 eine Stelle als Architekt angetreten hatte. Das Stadterweiterungsgebiet Spangen, erstes Großprojekt des *Woningdienst*, wurde von der Gemeinde und von privaten Bauunternehmen ausgeführt.[198] Für die einzelnen Wohnblöcke war eine Einbindung in die vorherrschende Bauweise des Wohngebietes gefordert. Für die Wohnungen von Block I und V (*Woningdienst*) wurde ein niedriges Mietniveau mit Mieten zwischen 4,5 und 5,5 Gulden pro Woche festgelegt. Aus hygienischen und moralischen Gründen erhielten sie an Stelle von Alkoven und Wohnküchen eine Koch- und Spülküche sowie abgeschlossene Schlafzimmer.

Konstruktion/Material Massivbauweise, Backstein. Die 5 cm dicken Trennwände in den Wohnungen bestehen aus Holzgewebe mit Zement.[199] Die Böden, Treppengeländer und die kleinen Treppen zum Dachgeschoß wurden aus Holz gefertigt.

Pläne/Fotomaterial NAi: Lageplan (Abb. 151), Grundrisse (Abb. 154), Ansicht (Abb. 152), Schnitte, historische Fotografien (Abb. 153). CCA: Lageplan, Fundamentierungspläne, Grundrisse, Schnitte, Aufrisse und Perspektiven. GRI: Abzüge, Fotografien. Im NAi befindet sich ein Schnitt durch zwei Blockfronten samt Innenhof zur Analyse des Lichteinfalls[200], zudem Farbentwürfe für den Außenbau und die Innenräume von Theo van Doesburg (Abb. 23, 24).

Bauprogramm Das Bauprogramm umfaßt 71 Normhäuser (A), die in zwei spiegelbildlichen Pendants vorkommen, sechs zu Seiten eines Portals liegende Häuser (B), vier individuell gestaltete Eckhäuser (C, D, E, F), das Portalgebäude an der Roemer-Visscherstraat sowie die an das Eckhaus Spaanse Bocht/Potgieterstraat angrenzenden Wohnungen. Insgesamt wurden 242 Wohnungen errichtet. Jedes Normhaus (A) umfaßt drei übereinanderliegende Wohnungen, die jeweils aus einem Wohnraum, einer Küche, einem Toiletteraum, einer Veranda bzw. einem Balkon und einer unterschiedlichen Anzahl von Schlafräumen bestehen: Die Erdgeschoßwohnungen verfügen über zwei Schlafzimmer (insgesamt zwei Betten), die Wohnungen des ersten Obergeschosses über drei Schlafzimmer (drei Betten) und die des zweiten Obergeschosses einschließlich des über eine Innentreppe erreichbaren Dachgeschosses ebenfalls über drei Schlafzimmer (drei Betten und ein Kinderbett). Im Dachgeschoß waren zudem Wasch- und Abstellräume untergebracht. Die unterschiedlich gestalteten Eckwohnungen (C, D, E, F) und die Wohnungen seitlich und oberhalb der Durchfahrten umfassen ein bis drei Schlafzimmer. Die Wohnräume und ein Teil der Schlafräume wurden mit Einbauschränken ausgestattet. Den Erdgeschoßwohnungen sind kleine Gärten in den Innenhöfen zugeordnet.

Beiträge anderer Künstler Bleiglasfenster über den Eingangstüren (Abb. 155) sowie die teilweise ausgeführte Farbfassung am Außenbau (Abb. 23) nach Entwurf von Theo van Doesburg. Musterwohnung mit Möblierung von Gerrit Rietveld und Farbfassung von Van Doesburg (Abb. 158–160).

Städtebauliche Situation (Abb. 67, 151, 161, 199)

Die beiden ungleich großen, in ihrer Grunddisposition jedoch spiegelsymmetrischen Blöcke erstrecken sich beiderseits der Bilderdijkstraat, die diagonal von der zentralen Achse des Neubaugebietes (Huygenstraat) abzweigt. Beim Zusammentreffen mit der Spaanse Bocht, die der Eisenbahnlinie folgend das Gebiet in einem Bogen umfaßt, weitet sich die Bilderdijkstraat zu einem kleinen Platz. Mit der späteren Fortsetzung der Bilderdijkstraat nach Westen (unter der Bahnstrecke hindurch) beschreibt der Platz eine Art Torsituation.

Die Fassadenfluchten der unregelmäßig geformten Wohnblöcke (Abb. 151) waren durch den städtebaulichen Plan vorgegeben. Während die Blockseiten an der Spaanse Bocht der Straßenbiegung folgen, erhielten die Fronten an der gerade

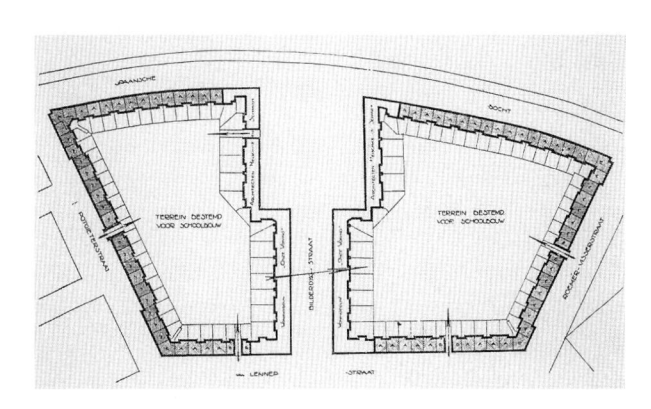

151. Block I und V in Spangen, Rotterdam, Lageplan mit Hofzugängen

verlaufenden Potgieter- und Roemer-Visscherstraat symmetrische Fassaden mit Eckrisaliten und zentralen Portalbauten (Abb. 152). Die Breite der Risalite (zwei bzw. vier Normhäuser) steht in Abhängigkeit von der jeweiligen Länge der Fassade. Dachform und Fassadengestaltung orientieren sich an der benachbarten Bebauung und an der städtebaulichen Bedeutung der Gebäudefront.[201]

Nach Fertigstellung der Blockfronten wurden in den Innenhöfen drei Schulbauten errichtet (Abb. 68). Die Entscheidung hierzu, eine Folge der notwendigen Komprimierung des Bauprogramms, stammte bereits von 1918.[202] Die zur Erschließung benötigten (und von Anfang an geplanten) Durchgänge zum Hof befinden sich in den Blockseiten der Potgierter-, Roemer-Visscher- und Van Lennepstraat sowie an der Bilderdijkstraat.

Außenbau (Abb. 152, 153)
Die Anpassung an die umgebende Bebauung forderte dreigeschossige Backsteinfassaden mit Schrägdach. Die Wohnblöcke gliedern sich neben traditionellen Eck- und Mittelrisaliten (Portalbauten) durch eine gleichmäßig rhythmische Folge von Fenster- und Türgruppen. An den Straßenecken Potgieterstraat/Spaanse Bocht und Roemer-Visscherstraat/Spaanse Bocht springen die Gebäudeecken zurück, wodurch seitlich der Risalite die angrenzende Blockfront sichtbar wird.

Oud beschränkte sich an den Straßenfronten auf nur ein Tür- und Fensterformat mit Schiebefenstern, die bereits im Amsterdamer Arbeiterwohnungsbau erprobt worden waren.[203] Der Verzicht auf unterschiedliche Fensterformen wird durch ein komplexes Kompositionsschema ausgeglichen: Die hochrechteckigen Fenster sind zu Zweier- (a) bzw. Dreiergruppen (b) zusammengefaßt, die in einem bestimmten Rhythmus (a b b a b b a) aufeinander folgen. Während die Doppelfenster zwei nebeneinanderliegende Schlafzimmer belichten, verbirgt sich hinter einer Dreiergruppe jeweils ein Wohnraum. Das Ende einer Blockfront bzw. die Außenseiten eines Risalits werden (aufgrund der fehlenden Pendants) durch ein isoliert stehendes Fenster markiert. Wie bereits bei der Ambachtsschool Helder* und Haus De Vonk* liegen bei den Dreiergruppen die Fensterachsen in einer vertieften Wandschicht. Die schmalen, zwischen den Fenstern verbleibenden Wandstreifen erscheinen als plastisch abgesetzte Lisenen und bilden damit das bestimmende vertikale Gliederungselement der Fassaden. In den Wandabschnitten mit Zweiergruppen befinden sich die Hauseingänge, wobei je vier identische Türen mit Oberlicht zu einer Türgruppe mit gemeinsamem Treppenabsatz zusammengefaßt werden. Drei dunkel abgesetzte Bänder markieren den Sockelbereich. Im Vergleich zur Ambachtsschool Helder und Haus De Vonk wird das Motiv hier jedoch variiert: So verzichtet Oud auf das Sockelgesims und führt das oberste Band ohne abzubrechen seitlich der Türen um die Türgruppe herum.[204] Auch in den Risaliten bzw. an den äußeren Abschnitten einer Blockfront finden sich eine, zwei oder drei Türen, die wiederum vom obersten Sockelband »eingerahmt« werden. Einzelne Türen liegen rechtwinklig zu den Blockfronten in den Seitenflächen eines Risalits und sind durch die Rahmung des Sockelbandes mit den angrenzenden Türen verbunden. Allein im Fall der Portalbauten, die eine halbrunde Bogenöffnung mit dreifacher Profilierung aufweisen, laufen die Bänder waagerecht weiter in den Durchgang, wo das Rahmenmotiv bei den dort plazierten Eingangstüren wieder auftritt. Die Bänder erhalten so die Funktion einer Wegmarkierung, die anzeigt, daß sich der öffentliche Straßenraum durch den Durchgang hindurch bis in den Innenhof (mit den dort befindlichen Schulen) fortsetzt. Ein weiteres horizontales Gliederungselement sind die Regenrinnen, die, ähnlich Haus De Vonk*, mit ihrem rechteckigen Querschnitt an ein Gesims erinnern. Darüber erstreckt sich das mit schwarzen Ziegeln gedeckte, im oberen Bereich abgeflachte Schrägdach. In Achse der Dreiergruppen befinden sich niedrige Dachgauben mit einer entsprechend gestalteten Regenrinne als oberer Abschluß.

Die horizontale Ausrichtung der langgestreckten Gebäudefronten erhält ein Gegengewicht in den extrem schmalen, vertikalen Fensterformaten und den lisenenartigen Wandstreifen. Die symmetrischen Blockfronten und die rhythmisierte Wiederholung gleicher Bauelemente verleihen den Fassaden einen ernsten, würdevollen Charakter. Unterstützt wird dieser Eindruck durch die schmalen und hohen Fenster, die nicht primär mit einem Wohnbau in Verbindung gebracht werden. Mit der Dreiteilung der Fassade (Sockelzone, Wandfläche, Dach) und den »Gesimsen« erinnern Block I und V an klassizistische Bauten wie Peter Behrens' Verwaltungsgebäude der Mannesmann Werke in Düsseldorf (1911/12), das zudem die vertikalen Wandstreifen zwischen den Fenstern und ein abgeflachtes Schrägdach zeigt. Ebenso bestimmend ist jedoch die Orientierung an gotischer Ar-

152. Block I und V in Spangen, Rotterdam, Fassadenansicht mit Hofdurchgang und Eckrisalit

153. Block I und V in Spangen, Rotterdam, hist. Ansicht, Van Lennep-/ Roemer-Visscherstraat

chitektur. Dies gilt vor allem für die Vertikalität der Fenster und die maßwerkartigen Lisenen sowie für die rhythmisierte Folge von Fenster- und Türgruppen, die einen Gegensatz zu der klassizistischen, gleichförmigen Stützenfolgen bilden. Die Verbindung der – ihrem Prinzip nach widersprüchlichen – symmetrischen Fassaden (Eckrisalite und Portalbauten) mit einer rhythmisierten, gotisierenden Gliederung begründet den individuellen, jedoch auch zwiespältigen Charakter von Ouds Blockfronten. Im Bereich des Wohnungsbaus wäre als mögliches Vorbild das 1911/12 von Michel de Klerk errichtete Hillehuis in Amsterdam (Abb. 78) zu nennen, das ebenfalls eine Verbindung symmetrischer Fassadeneinheiten mit einer rhythmisierten Gliederung aufweist.

Wie Fotografien der Bauten kurz nach Fertigstellung zeigen, waren die Fensterstöcke weiß gefaßt und die Fensterrahmen dunkel. Laut Van Doesburg kam sein Farbkonzept für die Fenster und Türen in veränderter Form zur Ausführung.[205] Eventuell ist damit die nach seinem Bruch mit Oud realisierte Fassung gemeint. Angaben über die Farbgebung überliefert möglicherweise ein Brief von Lena Milius. Demnach habe Oud auf die Farbskala Van Doesburgs zurückgegriffen, dessen Entwurf jedoch so verändert, daß jeweils ein Stockwerk einheitlich in einer Farbe gefaßt war: die Fenster des Erdgeschosses und ersten Obergeschosses gelb, die des zweiten Obergeschosses blau und die des Dachgeschosses grün.[206] Oud zeigte sich jedoch auch mit dieser Lösung nicht zufrieden, so daß letztendlich alle Fenster dieselbe helle Farbe erhielten.[207] Die Türen waren, wie aus zeitgenössischen Fotografien hervorgeht, zweifarbig mit einem hellen inneren Türfeld.

Ouds Blockfronten grenzen direkt an die Häuserzeilen von Onze Woning, die neben den beiden Blockseiten an der Bilderdijkstraat auch die vier Eckbauten zur Spaanse Bocht und Van Lennepstraat umfassen. Die im Mai 1918 gegründete Vereinigung, die hier im Gegensatz zum *Woningdienst* Wohnungen für den Mittelstand vorsah, beauftragte die beiden Architekten M. C. A. Meischke (1889–1966) und P. Schmidt.[208] Durch das anspruchsvollere Wohnungsprogramm einschließlich der Eckbauten mit Erdgeschoßläden sowie durch die Lage der Gebäudefronten zur städtebaulich bedeutenderen Bilderdijkstraat wurden Meischke und Schmidt eindeutig die repräsentativeren Bauabschnitte zugesprochen. Allerdings lehnt sich ihr Entwurf in den wesentlichen Punkten an die Blockfronten von Oud an – offenbar ein Ergebnis von Ouds Überzeugungskraft: »Die Architekten, die Herren Meischke und Schmidt, erklärten sich nach Rücksprache bereit, die Geschoßhöhen, die drei schwarzen Sockelbänder, das Dach mit Regenrinne usw. derart in ihrem Entwurf zu verarbeiten, daß die Baukörper vervollständigt werden, ohne eine Unterbrechung der Fassadenwände.«[209] Die Fassaden der Eckbauten, die als Teil von Ouds Blockfronten erscheinen, übernehmen exakt deren Gliederung. Der Anfang Januar 1919 beschlossene Bau der 118 Wohnungen an der Bilderdijkstraat wurde im Dezember 1919, kurz vor Abschluß von Ouds Blockseiten, begonnen.[210] Erste Pläne, die das Bemühen der Architekten um einen Anschluß ihrer Blockfassaden an die des *Woningdienst* zeigen, lagen im Oktober 1918 vor.[211]

Die Hoffronten der beiden Blöcke geben ein lebendigeres, weniger formalistisches Bild als die Straßenfassaden. Auf zwei Fenstergruppen mit je zwei Fenstern folgen zwei zurückgesetzte Balkone bzw. Veranden mit einfachen Holzgeländern. An Stelle der Risalite der Straßenfront treten an der Hofseite die Fassadenabschnitte hinter die Gebäudeflucht zurück. Oud hat daher nicht, wie ausgehend von der Straßenansicht zu vermuten wäre, die Fassaden dieser Häuser nach vorne gezogen und deren Wohnfläche damit vergrößert, sondern allein die normierten Häuser versetzt. Die Portalbauten in der Mitte der Hoffassaden treten als breiter Wandabschnitt mit vier Fensterachsen in Erscheinung, wobei der rundbogige Durchgang wie an der Straßenseite durch eine dreifache Profilierung betont wird. Von den Sockelbändern führt allein das oberste bis in den Hof hinein.

Innendisposition (Abb. 154)
Die einzelnen Wohnungen sind an der Fassade nicht ablesbar. Bei den zu Zweiergruppen verbundenen Fenstern handelt es sich nicht um Treppenhausfenster, wie aufgrund ihrer Lage oberhalb der Eingangstüren anzunehmen wäre, sondern um die Schlafzimmerfenster von zwei aneinandergrenzenden Wohnungen. Von den zu Vierergruppen verbundenen Türen erschließen zwei die beiden seitlich liegenden Erdgeschoßwohnungen, während die beiden anderen zu den Obergeschoßwohnungen führen.

Bei den Wohnungen griff Oud auf die in Rotterdam bereits mehrfach verwendeten Grundrisse des Architekten C. N. van Goor zurück, die er jedoch durch Versetzen der Fenster und Einbauschränke zu einer »größeren Regelmäßigkeit« brachte.[212] Entsprechend zeigen Ouds Grundrisse eine streng systematische Aufteilung in

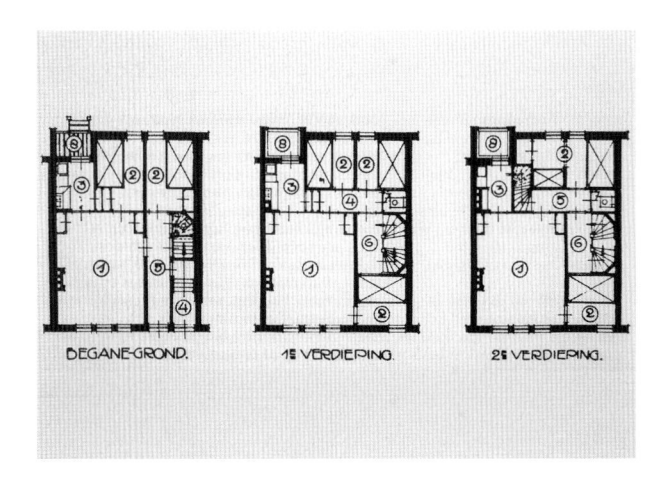

154. Block I und V in Spangen, Rotterdam, Grundrisse EG, 1. OG, 2. OG

155. Theo van Doesburg, Block I und V in Spangen, Rotterdam, Entwurf Bleiglasfenster, Kompositie VIII

einen breiten Abschnitt, der von der Größe des Wohnraumes bestimmt wird, und einen schmalen Abschnitt in Breite von Treppenhaus und Flur. Insgesamt wurden nur zwei Schlafzimmertypen verwendet, die als spiegelsymmetrische Pendants oder um 90° gedreht auftreten. Charakteristisch für Oud sind die nach Möglichkeit symmetrisch angelegten Raumwände, hier die Fensterfront und die gegenüberliegende Wand des zentralen Wohnraumes. Die Eckwohnungen und die Wohnungen über den Durchfahrten weichen aufgrund der unregelmäßigen und ungünstig geschnittenen Grundrißformen von diesem Schema ab.

Die Wohnzimmer sind traditionell zur Straße, die Küche und die Schlafräume auf den Hof gerichtet. An die Küche schließt sich der kleine Balkon bzw. die Veranda mit Zugang zum Garten an. Die Toiletten liegen, wie im niederländischen Wohnungsbau üblich, im Innern des Gebäudes und werden über das Dach belüftet. Auffallend ist die Größenverteilung der Räume: Während Küche und Schlafzimmer auf ein Minimum reduziert sind, fällt der Wohnraum mit 15,7 m² Nutzfläche relativ groß aus. Die zum Koch- bzw. Spülplatz reduzierte Küche sollte eine »zweckentfremdende« Nutzung als zweiten Wohnraum verhindern.

Nach Oud wurden die Wände der Wohnräume zunächst probeweise bis in Türhöhe mit einem speziellen farbigen Putz versehen.[213] Für Wohn- und Schlafzimmer waren Einbauschränke in drei Varianten geplant. Die Zimmertüren zeigen zwei plastisch abgesetzte vertikale Streifen im unteren und zwei horizontale Fensterstreifen im oberen Teil – wiederum normierte Elemente, die auch in den folgenden Wohnbauten verwendet wurden. Im Wohnraum befindet sich der Kamin mit einer ebenfalls von Oud entworfenen Verkleidung.

Glasfenster über den Haustüren (Abb. 155)
Wohl auf Initiative von Oud erhielt Van Doesburg den Auftrag zur Gestaltung von Bleiglasfenstern für die Oberlichter der Haustüren. Van Doesburg entwarf zwei verschiedene Fensterkompositionen, »Komposition VIII« und »Komposition IX«, die in einer nicht mehr zu ermittelnden Anzahl von Farbvarianten zur Ausführung kamen. Heute existieren jeweils drei Fenster im Nationaal Museum in Leerdam und im Stedelijk Museum de Lakenhal in Leiden; weitere Fenster befinden sich in Privatbesitz.[214] Die Entwürfe entstanden ab Oktober 1918, die Ausführung erfolgte im Frühjahr 1919 durch J. W. Gips in Den Haag.[215] Die Fenster wurden jedoch erst im Herbst 1919 eingesetzt.[216]

Ausgangsbasis beider Kompositionen waren zwei Ansichten aus Van Doesburgs Atelier in Leiden, die schrittweise abstrahiert wurden.[217] Im Gegensatz zu seinen früheren Arbeiten verwendete Van Doesburg hier keine Spiegelung oder Rotation. Allerdings wurden die einzelnen Fenster jeweils gespiegelt zueinander plaziert.[218] Van Doesburg beschränkte sich bei der Farbgebung nicht auf die Primärfarben, sondern verwendete auch Violett- und Grüntöne.

Van Doesburgs Farbentwürfe für den Außenbau (Abb. 23)
Van Doesburg hatte sich bereits im Sommer 1918 mit der Farbgebung der beiden Wohnblöcke auseinandergesetzt.[219] Anfang August 1919 bat Oud seinen Freund, ihm bei der Bestimmung der Farben von Dachfenstern und Regenrinnen zu helfen. Aus seiner Formulierung ist jedoch zu schließen, daß schon zuvor Absprachen über die Farbfassung erfolgt waren. Außerdem lagen zu diesem Zeitpunkt bereits Van Doesburgs Entwürfe für die Farbgebung der Türen vor.[220] Gleichzeitig mit der Aufforderung an Van Doesburg erläuterte Oud seine eigenen Vorstellungen einer Farbfassung. So bat er seinen Freund, keine teuren grellen oder hellen Farben zu wählen und plädierte für eine möglichst neutrale Farbgebung, von der sich allein die Türen als »Farbflecken« abheben sollten.[221]

Bei einem im Oud-Archiv bewahrten Fassadenausschnitt (Abb. 23) handelt es sich wahrscheinlich um den am 14. August 1919 an Oud gesandten Farbentwurf. Farbig hervorgehoben sind die Fensterrahmen, Türen, Sockelbänder und Regenrinnen, die in Grün und Gelb sowie Grau, Schwarz und Weiß gehalten sind. Der Entwurf sah für die Türen eine stets variierende Kombination aus gelben, grünen und grauen Partien vor. Die Fenster zeigen je zwei farbig gefaßte vertikale und horizontale Rahmenelemente, während die übrigen Teile weiß gestrichen sind. Für die Rahmen der über den Eingängen liegenden Fenster war ebenso wie für die Sockelbänder und die Regenrinnen der Gauben eine schwarze Fassung geplant. Die zu Dreiergruppen verbundenen Fenster der Wohnräume sollten gelb, grün und grau gefaßt werden, wobei die drei übereinanderliegenden Fenstergruppen jeweils eine andere Farbe zeigen. Die Farben wurden so gewählt, daß zwei diagonal liegende Fenstergruppen optisch verbunden sind. Da Van Doesburg seinen Farbentwurf zunächst auf ein rotes Dach abgestimmt hatte, wurde der Entwurf ausgehend von den dunklen Dachziegeln noch einmal verändert.[222]

156. Block I und V in Spangen, Rotterdam, Fassade an der Spaanse Bocht, Fotografie 1998

157. Block I und V in Spangen, Rotterdam, Türgruppe, Fotografie 2004

Abweichend hiervon plante Van Doesburg Anfang 1920 offenbar, die gesamten Häuserfronten zu verputzen und weiß zu streichen.[223] Dieses Vorhaben wurde nicht umgesetzt. Auch sonst wurden Van Doesburgs Entwürfe nur teilweise bzw. in veränderter Form ausgeführt, wobei die Backsteinwände unangetastet blieben.[224]

Van Doesburgs Farbgestaltung der Innenräume (Abb. 24)
Wie dem Briefverkehr zu entnehmen ist, übertrug Oud seinem Freund auch die Farbgebung der Innenräume. Ein erster Entwurf wurde, wie Van Doesburg im September 1919 erwähnte, von Oud abgelehnt.[225] Van Doesburg, der sich zur Erstellung eines zweiten Entwurfs bereit erklärte, legte diesen vier Tage später zusammen mit einer Beschreibung vor.[226] Bei der als »nazomerpastorale« (Spätsommerpastorale) bezeichneten Arbeit handelt es sich um einen Farbentwurf für den Wohnraum der Erdgeschoßwohnungen. Im Gegensatz zur früheren Planungsstufe war nun die Farbe der Wände vorgegeben. Abgesehen von den ockergelben Wänden sind die Türen in Van Doesburgs Entwurf in ebendiesem Gelb sowie Blau oder Grau gehalten, weisen jedoch nie mehr als zwei verschiedene Farben auf. Auch die blau und grau gefaßten Fenster passen sich der zurückhaltenden, gedämpften Farbskala an. Einzige Ausnahme sind die roten Steine oder Kacheln des Kamins. Aus einer Bemerkung Van Doesburgs ist zu schließen, daß er auch die Farbgebung der übrigen Räume und der Außentüren, womit wohl die Wohnungstüren gemeint waren, plante.[227]

Im September 1920 äußerte sich Oud zu der inzwischen realisierten Farbgebung des Innenraums, die mit Van Doesburgs Entwurf übereinstimmt.[228] Unklar bleibt, ob in der Tat alle Wohnungen mit farbigem Putz versehen wurden und einen entsprechenden Farbanstrich erhielten, da sich Oud in seiner Darstellung allein auf die Musterwohnung bezieht.[229]

Musterwohnung Spangen (Abb. 158–160)
Im Sommer 1920 wurde eine der Wohnungen von Block I und V als Musterwohnung mit einer Bemalung nach Entwurf Theo van Doesburgs und einer Möblierung von Gerrit Rietveld der Öffentlichkeit präsentiert.[230] Rietveld hatte die Möbelstücke, ein Buffet, einen Tisch und drei Stühle, aus seinem Repertoire zusammengestellt und nicht (wie Günther Stamm annimmt) eigens für die Spangener Wohnung entworfen.[231] Der als »Rot-Blau-Stuhl« berühmt gewordene, zu dieser Zeit jedoch noch unbemalte Lehnstuhl entstand bereits im Sommer 1918.[232] Eine Fotografie war im September 1919 in »De Stijl« erschienen (Abb. 160), im März 1920 folgten das Buffet (Abb. 159) und der ebenfalls 1918 entworfene Armstuhl.[233] Für das 1919 entstandene Buffet wurde eigens eine Variante für die Musterwohnung entwickelt.[234] Offenbar spielte Rietveld mit dem Gedanken, noch einen Kinderstuhl und ein Bett zu fertigen und, falls notwendig, Bettgestelle und einen Wäscheschrank.[235] Die Holzmöbel waren sämtlich gebeizt. Allein beim Buffet wurden die Schnittflächen der Holzleisten weiß und die Kanten rot gefaßt. Möglicherweise war auch der Armstuhl an den Schnittstellen farbig bemalt.[236]

Die Planung für die Einrichtung einer Musterwohnung geht auf Sommer 1919 zurück. Oud fand Rietvelds Angebot zunächst zu teuer.[237] Parallel zu Ouds Überlegung, Möbel von dem Utrechter Architekten und Möbelentwerfer Pieter Jan Christophel Klaarhamer (1874–1954) zu verwenden, begann Rietveld im Februar 1920 mit der Arbeit an den Möbelstücken, die im Juli fertiggestellt waren.[238] Da Rietveld seine Möbel am 20. August zurückforderte, wird die Präsentation zu diesem Zeitpunkt beendet gewesen sein.[239] Die erhaltenen Fotografien des Wohnraumes zeigen eine unterschiedliche Plazierung der Möbel. Während das Buffet gegenüber dem Kamin und der Tisch in der Mitte des Raumes steht, befindet sich der Lehnstuhl entweder zwischen Kamin und Fenster (Abb. 158) oder im hinteren Teil des Zimmers zwischen Kamin und Küchentür[240], eine Anordnung, die kaum für die alltägliche Nutzung gedacht gewesen sein kann. Die beiden anderen Stühle stehen auf unterschiedlichen Plätzen neben dem Fenster oder vor dem Kamin.

Die Einrichtung von Musterwohnungen im Bereich des Arbeiterwohnungsbaus war in dieser Zeit üblich. Vor allem Wohnungsbauvereinigungen und entsprechende kommunale Einrichtungen machten auf diese Weise Vorschläge für eine sinnvolle Einrichtung der meist sehr klein bemessenen Wohnungen.[241] Daß Rietvelds Möbel als Empfehlung für die Bewohner verstanden werden oder gar für alle Wohnungen verbindlich übernommen werden sollten, ist sowohl aus Kostengründen als auch mit Blick auf die avantgardistische Formensprache auszuschließen. Rietveld selbst hatte Zweifel, ob seine Möblierung als Standardeinrichtung verwendbar sei.[242] Gegenüber Oud gab er zu, seine Möbel nicht nach den Vorstellungen und Bedürfnissen des »Volkes« zu entwerfen. Anzunehmen ist daher, daß Auguste Plate, Direktor des *Woningdienst*, seinem Architekten und der mit ihm verbun-

158. Block I und V in Spangen, Rotterdam, Musterwohnung

159. Buffet, Gerrit Rietveld, Ansicht 1920

denen *De Stijl*-Gruppe die Realisierung einer Gemeinschaftsarbeit und deren Präsentation hatte ermöglichen wollen. Wie Rietveld berichtete, wollte Plate die Möbel für sich selbst kaufen.[243] Ihr tatsächlicher Verbleib ist unbekannt. Das Buffet wurde von dem Architekten Piet Elling gekauft und bei einem Brand (mit Ausnahme einer einzigen Schublade) zerstört.[244]

Geschichte
1966 wurde die Modernisierung aller 242 Wohnungen bekanntgegeben.[245] Die Realisierung erfolgte peu à peu bis in die 1970er Jahre. Neben der Anbringung von Duschen, neuen Küchen, Warmwasserboilern, neuen Türen und Schränken wurde beschlossen, bei einigen Wohnungen Zwischenwände zu entfernen und Räume zusammenzufassen. Dies betraf vor allem die Erdgeschoßwohnungen, bei denen die Schlafräume zu klein waren, um Betten normaler Größe unterzubringen.[246]

Ein zwischen 1974 und 1984 durchgeführtes Stadtsanierungsprogramm schloß eine Instandsetzung der Gemeindewohnungen ein. 1988 wurde durch die Zusammenlegung von Wohnungen bei Block I und V die Anzahl auf 175 reduziert.[247]

Heutiger Zustand (Abb. 156, 157)
Bis Mitte der 1980er Jahre blieb das ursprüngliche Erscheinungsbild der Außenfassaden weitgehend gewahrt.[248] Heute ist ein Endruck der ehemaligen Blockfronten nur noch bei den von Onze Woning (unter Übernahme der nach Ouds Entwurf) errichteten Eckbauten Bilderdijkstraat/Spaanse Bocht und Bilderdijkstraat/Van Lennepstraat (Abb. 156, rechts) möglich. Erneuert wurden hier die Fenster und das Dach, wobei die Gauben durch einfache Dachfenster und die hölzernen Fensterrahmen durch breitere Aluminiumrahmen ersetzt sind. Die vom *Woningdienst* nach Ouds Entwurf errichteten Fassaden zeigen nach den Umbauten ein vollkommen verändertes Erscheinungsbild (Abb. 156 links). Entscheidend ist die Aufstockung der Blockseiten um ein weiteres, nun flachgedecktes Geschoß und die an die Stelle der Fenstergruppen getretenen breiten Fensterfronten, die weder die differenzierte Staffelung der Wandschichten noch das Motiv der vertikalen, kleinteiligen Fenster übernehmen. Einigen Fensterachsen sind Balkone mit Metallgeländern angefügt. Die zu Zweiergruppen verbundenen Fenster wurden gegenüber den ursprünglichen Fensteröffnungen vergrößert. Da sich durch die Zusammenfassung von Wohnungen die Anzahl der Haustüren verringert hat, bleiben statt der vier Türen nur noch zwei Türen neben zwei nun geschlossenen Wandflächen zurück. Entgegen der ursprünglichen Farbgebung sind heute alle Türen blau, und wurden die Bleiglasarbeiten Van Doesburgs durch Oberlichter mit einfachem Fensterglas ersetzt.[249] Das zentrale Motiv der Türgruppe ist damit verloren. Allein die Sockelbänder wurden, weniger markant als zuvor, in Form von hellgrauen Streifen aufgegriffen (Abb. 157).

Frühe Publikationen Niederlande: Oud 1920d, S. 220f. Berlage/Keppler/Kromhout/Wils 1921, S. 100–102; Oud 1924f, XLIX. Ausland: Behne 1921/22b, S. 19; Stavba, I, 1922, Nr. 4, S. 183; Hitchcock 1932, S. 104; Badovici 1925, Pl. 7, 9.
Literatur Oud 1920d; Oud 1924f; De Ruiter/Meijr/Habets 1984, S. 222–227; Barbieri 1985; Reinhartz-Tergau 1990, S. 38f.; Duursma/Van der Hoeven/Vanstiphout 1991a; Peterek 2000, v. a. S. 219–224, 232–236.
Vgl. Taverne 2001, Kat. Nr. 39.

160. Lehnstuhl, Gerrit Rietveld, 1918, Ansicht 1919

161. Spangen, Rotterdam, Luftbild um 1977 mit Block I, V (unten), VIII und IX (oben)

7a Vorentwurf Block V in Spangen

Gegenstand Unausgeführter Entwurf einer Häuserreihe. Die Gesamtkonzeption (langgestreckte dreigeschossige Häuserfront) sowie einzelne Motive (Türgruppen, rundbogiges Portal, gesimsähnlich gestaltete Regenrinne) und stilistische Merkmale weisen darauf hin, daß es sich hier um einen Alternativentwurf oder Vorentwurf für die Blöcke I und V in Spangen* handelt.
Ort Vgl. Block I und V in Spangen*. Das Portal und die Ecklösung (zurückspringende Ecke) identifizieren den Entwurf als Fassadenaufriß an der Potgieterstraat (Block V).
Entwurf Erste Hälfte 1918. Der Entwurf ist in die Zeit zwischen Ouds Amtsantritt Anfang 1918 und der Genehmigung der Baupläne von Block I und V im Sommer 1918 zu datieren.
Planmaterial NAi: Aquarell (Abb. 162); Entwurf auf Transparentpapier (schwarze Tinte, Bleistift, Wasserfarbe auf Transparent, 12 x 57 cm)[250].

Gebäude
Das Aquarell (Abb. 162) und die Tuschezeichnung zeigen einen Fassadenabschnitt an der Potgieterstraat mit der Gebäudeecke zur Spaanse Bocht und dem Portalbau in der Mittelachse der Blockfront. Die auffälligsten Unterschiede zur ausgeführten Fassung bestehen in einer Folge von Dreiecksgiebeln, den Fensterformaten und einem rot gedeckten Dach. Durch das anspruchsvollere Bauprogramm mit Altanen, Erkern und Balkonen entsteht ein im Vergleich zu den ausgeführten Blockfronten weitaus plastischeres, lebendigeres Fassadenbild.

Die Blockfront wird von einer Folge von Wandabschnitten mit Dreiecksgiebeln bestimmt, die seitlich von durchfensterten, polygonalen Erkern (im ersten und zweiten Obergeschoß) flankiert sind. Dem Erdgeschoß ist jeweils ein Altan mit den vier Eingangstüren vorgesetzt. Die Wandaschnitte darüber werden durch eine vertikale Sichtblende geteilt. Ungewöhnlich sind die seitlich der Blende liegenden winkelförmigen Fensteröffnungen, die an die T-förmigen Fenster von Ouds frühen Bauten erinnern. Zwischen den übergiebelten Wandabschnitten findet sich jeweils eine Fassadenachse mit einfachen hohen Fenstern. Bei der Tuschezeichnung experimentierte Oud noch mit horizontalen und diagonalen Sprossen (Erkerfenster), während das Aquarell eine Unterteilung der Fenster in querrechteckige Module zeigt, die als Basiselement für alle Fensterformate dienen.

Die aus der Gebäudeflucht hervortretenden Altane sind durch Mauerbrüstungen verbunden, die kleine Vorgärten umschließen. Die Mauerbrüstungen und die Brüstungen der Altane besitzen am oberen und unteren Abschluß ein farbig abgesetztes Gesims. Oud griff hier auf ein Motiv von Rob van't Hoffs Villa Henny in Huis ter Heide (1914–16, Abb. 15) zurück, die ihrerseits von Bauten Frank Lloyd Wrights beeinflußt ist. Da sich Gartenmauern und Altane in Gestaltung und Größe entsprechen, zeigt das Gesamtbild einen Wechsel auf- und abspringender Brüstungen, der entfernt an einen Mäander erinnert und die einzelnen Wandabschnitte zu einer gleichförmige Folge sich wiederholender Elemente verbindet. Ein vergleichbares Motiv findet sich beim Entwurf einer Häuserzeile für Arbeiter*, bei der ein mäanderartiges Profilband die Fassade in ganzer Höhe überzieht. Im Gegensatz hierzu wird die Fassade von Block V noch durch eine traditionelle Dreiteilung mit Mittelakzent (Portal) und Eckbauten gegliedert.

Der Durchgang zum Hof erscheint in der Tuschezeichnung als Rundbogenportal mit Okuli in den Zwickeln, im Aquarell als ein schmaler rechteckiger Durchgang. Hier verengt sich der Durchgang oberhalb der Mauerbrüstung, ein Motiv, daß Oud bei Block IX* in Spangen sowie den Wohnblöcken in Tusschendijken* wiederholte. Der nach vorne gerückte Fassadenabschnitt am äußeren Ende der Blockfront (Eckhaus zur Spaanse Bocht) zeigt eine abweichende asymmetrische Gliederung mit drei bzw. vier Fensterachsen seitlich der Eingänge. Zudem setzen sich die Fassaden über die Dachkante hinaus fort, wodurch die Bauten höher erscheinen. Die einfachen Fensterformen, die ansonsten eine untergeordnete Position einnehmen, bestimmen hier das Fassadenbild. Anstelle eines Altans finden sich oberhalb der Türen ein bzw. zwei Balkone.

Interessant ist die auf dem Aquarell wiedergegebene Farbfassung, die ein vollkommen anderes Bild zeigt als die für den ausgeführten Bau bestimmten Entwürfe Van Doesburgs. Die Türen sind hier grün gefaßt mit einem roten Mittelfeld, die Türschwelle gelb, die Gesimse an den Brüstungen weiß, die Regenrinne und die Gesimse der Dachgauben grün. Bestimmend ist der Rot-Grün-Kontrast durch Dach und Regenrinne sowie die unterschiedlichen Bestandteile der Türen. Im Gegensatz zu den diagonalen Kompositionslinien Van Doesburgs bleibt die Farbgebung noch ganz traditionell.

162. Vorentwurf Block V in Spangen, Rotterdam, Fassadenaufriß Potgieterstraat

Mit dem Portal, dessen Rundung (in Anlehnung an Jugendstilformen) über den Halbkreis hinweg weitergeführt wird, und den Erkern mit ihren kleinteilig versproßten Fenstern zeigt der Entwurf deutlich konservative Formen. Die langgestreckten Balkone, die glatten Wandflächen mit den winkelförmigen Fenstern, das gleichförmige Fensterraster des Eckbaus und die über den Dachansatz weitergeführte Fassadenwand setzen sich hiervon als explizit moderne Elemente ab. Mit der reichen Fassadengliederung und den begrünten Balkonen und Vorgärten zeigt die Fassade einen vollkommen anderes Bild als der ausgeführte Bau, aber auch die angrenzenden Wohnblöcke, bei denen abgesehen von einer Baumreihe an der Spaanse Bocht nur die Innenhöfe begrünt sind.

7b Entwurfsvariante zu Block V in Spangen

Gegenstand Bleistiftskizze eines dreistöckigen Wohngebäudes. Der Gebäudetyp, die Ecklösung und der gewählte Fassadenausschnitt zeigen, daß es sich wiederum um einen Entwurf für Block V in Spangen handelt.[251]
Ort Block V in Spangen, Potgieterstraat, Rotterdam.
Entwurf Erste Hälfte 1918. Siehe Block I und V* in Spangen.
Auftrag *Gemeentelijke Woningdienst*. Siehe Block I und V* in Spangen.
Planmaterial Skizzenblock von Oud.[252]

Gebäude
Die Skizze zeigt ein dreistöckiges Wohngebäude mit Satteldach, das auf der linken Seite durch einen Risalit abgeschlossen wird. Auf der rechten Seite setzt sich die Gebäudefront über das Blatt hinaus fort. Der Risalit ist abweichend von der übrigen Gebäudefront viergeschossig und flach gedeckt. Seitlich des Risalits wird ein rechtwinklig anschließender Gebäudeteil sichtbar. Diese Grundkonzeption identifiziert die Fassade als die zur Potgieterstraat weisende Front von Block V in Spangen.

Die Straßenfront gliedert sich entsprechend dem ausgeführten Entwurf in eine Folge von Fenstergruppen mit je drei schmalen, vertikalen Fenstern, über denen die Dachgauben liegen. Auf drei bzw. fünf Travéen folgt ein risalitartiger Vorbau mit den Eingängen, der allerdings nicht bis zum Dachansatz reicht. In der Mitte des fünfachsigen Abschnitts wird eine Türgruppe von einem Balkon im ersten Obergeschoß überspannt. Dasselbe Motiv wiederholt sich am Risalit, der im Gegensatz zu den Vorentwürfen symmetrisch angelegt ist.

Offenbar liegt mit dieser Skizze das Bindeglied zwischen der betont plastischen, lebendigen Fassadengliederung des Vorentwurfs und der schlichteren ausgeführten Fassung vor. So wurde die Größe und Anzahl der Altane bzw. Balkone gegenüber dem Vorentwurf deutlich reduziert, während der ausgeführte Bau mit Ausnahme der Portalbauten ganz auf plastische Bauglieder verzichtet. Auch die Vorgärten des Vorentwurfs fehlen in der Skizze. Anzunehmen ist daher, daß Oud seinen Vorentwurf – wohl mit Blick auf das begrenzte Budget des *Woningdienst* – schrittweise reduzieren mußte.

Allein die Skizze zeigt den um ein Geschoß erhöhten und in einem Flachdach schließenden Eckbau. Offenbar versuchte Oud auf diese Weise, einen Bezug zu dem gegenüberliegenden Wohnblock von Michiel Brinkman herzustellen, der ebenfalls viergeschossig und flachgedeckt ist.

8 Centraalbouw in Spangen, Rotterdam

Gegenstand Entwurf für einen dreigeschossigen Wohnblock in Spangen mit Wohnungen für Arbeiter und Geringverdienende.
Ort Stadterweiterungsgebiet Spangen, Rotterdam. Pieter Langendijkstraat, Van Lennepstraat, Potgieterstraat und Van Harenstraat. Der Entwurf des Centraalbouw entstand für das Grundstück des ab 1920 errichteten Block VIII*. Das langgestreckte, schmale Terrain grenzt an den im September 1918 nach Entwurf von Oud begonnen Block V*. Auf der gegenüberliegenden Seite der Pieter Langendijkstraat liegt das Grundstück des ab November 1919 ausgeführten Wohnblocks von Michiel Brinkman (Abb. 68, 52).[253]
Entwurf Die Pläne sind nicht datiert. Terminus ante quem ist der 28. September 1918. An diesem Tag wurde der Entwurf des Centraalbouw zusammen mit einer Erläuterung von Auguste Plate, Direktor des *Gemeentelijke Woningdienst*, dem *Wethouder van Plaatselijke Werken* vorgelegt.[254] Für Oud als Entwerfer sprechen die an Block I und V* angelehnte Grundrißlösung (Abb. 164) und Fassadengliederung. Hinzu kommt, daß sich die Pläne in Ouds Nachlaß befinden und Oud im Jahr 1918 der einzige festangestellte Architekt des *Woningdienst* war.

Im Rotterdamer Katalog wird die Häuserzeile mit Arbeiterwohnungen* als Variante des Centraalbouw gedeutet.[255] Hierfür liegen jedoch keine Informationen vor, zumal die Ausrichtung der Wohnräume in beiden Entwürfen unterschiedlich ist (beim Centraalbouw zur Straße, bei der Häuserzeile abwechselnd zur Straße und zur Rückfront). Die Frage nach einer geeigneten Gestaltung der extrem langen Blockfront könnte Oud jedoch zum Entwurf der Häuserzeile inspiriert haben.

Auftrag Der Entwurf entstand im *Gemeentelijke Woningdienst* Rotterdam. Mit dem Centraalbouw wurde eine prinzipielle Lösung des Etagenwohnblocks für Arbeiter und Vertreter der unteren Mittelschicht gesucht. Für die Mieten wurden 3,4 Gulden, 3,7 Gulden und 4 Gulden pro Woche veranschlagt. Die Realisierung des Entwurfs sollte nicht auf diesen Baublock beschränkt bleiben: »Dadurch wird die Gefahr zu groß, daß die zukünftigen Bewohner sich zu sehr einem Experiment unterworfen fühlen. Aus diesem Grunde dachte ich, einige der privaten Architekten, die Blöcke für nahegelegene Grundstücke entwerfen, einzuladen, um weitere Entwürfe dieser Art [›in dezelfde richting‹] zu erstellen.«[256] Plate sah vor, nach der Besprechung des Entwurfs in der *Commissie voor Volkshuisvesting* einen definitiven Plan für den Centraalbouw zu erstellen. Die Bezeichnung Centraalbouw ist mit Blick auf den gemeinsam zu nutzenden Innenhof vielleicht im Sinne von »Gemeinschaftshaus« zu übersetzen.

Konstruktion/Material Massivbau, Backstein. Für die Decken war eine Holzkonstruktion vorgesehen, für die schmalen Zwi-

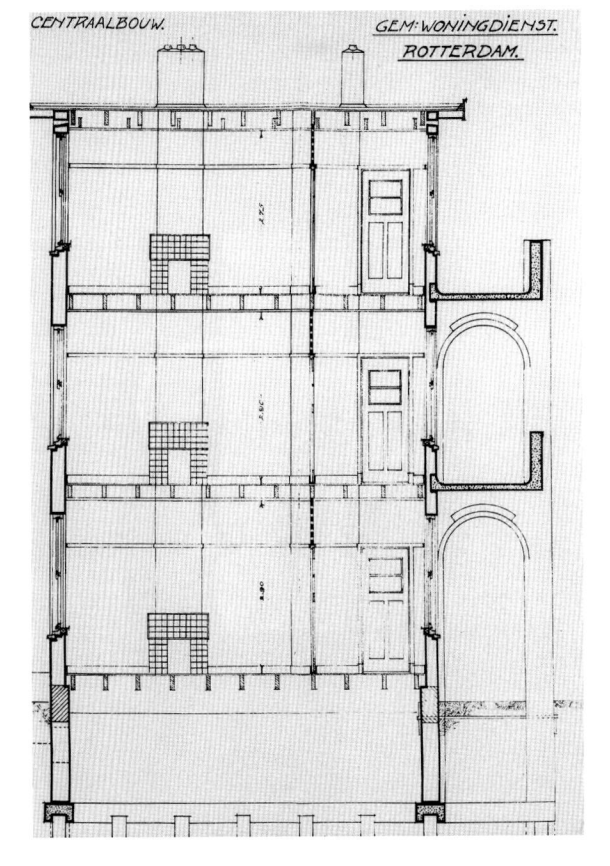

163. Centraalbouw in Spangen, Rotterdam, Schnitt mit Laubengang

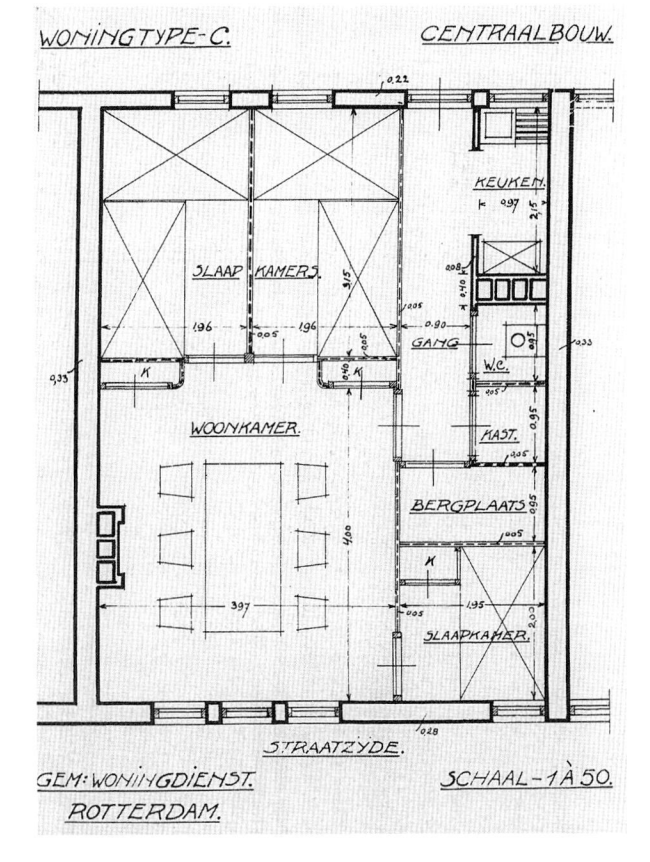

164. Centraalbouw in Spangen, Rotterdam, Grundriß Normwohnung

schenwände innerhalb der Wohnungen eventuell (wie bei Block I und V*) ein Holzgerüst mit Zement. Die Laubengänge sollten in Beton gegossen werden.

Planmaterial ASAV: Ein Entwurf mit Schnitt (Abb. 163) und Grundrissen (Abb. 164) des Erdgeschosses sowie des ersten und zweiten Geschosses.[257] NAi: Entwurf und Variante in Grundrissen des Erdgeschosses und des ersten und zweiten Obergeschosses (Abb. 165–167). Schnitt durch zwei Blockfronten samt Innenhof zur Analyse des Lichteinfalls beim Centraalbouw.[258] Fassadenaufrisse sind nicht überliefert.

Bauprogramm Der Wohnblock umfaßt 185 eingeschossige Wohnungen unterschiedlicher Größe, die jeweils als spiegelsymmetrische Pendants auftreten. Die Normalwohnung »B« mit circa 40 m² Nutzfläche besitzt drei Schlafzimmer (insgesamt drei Betten), ebenso die größere Wohnung »C« (Abb. 164) im Mitteltrakt der Langseiten, die für große Familien konzipiert war (fünf Betten). Eine mit der *Waterstokerij* verbundene Wohnung »E« erhält ein Büro und insgesamt sechs Betten. Die Wohnungen seitlich der Hofdurchgänge sind mit nur einem Schlafzimmer (ein Bett) ausgestattet. Die Eckwohnungen weisen drei Schlafzimmer (vier Betten) auf, die angrenzenden Wohnungen zwei Schlafzimmer (zwei Betten). Eine der Wohnungen war für einen Beamten, der sich um den Betrieb der Gemeindewohnungen kümmern sollte, vorgesehen.

Die Wohnräume des größten Wohnungstypus haben eine Nutzfläche von 17,2 m², die Schlafzimmer circa 6,2 m² bzw. 4 m², die Küche etwas über 2 m². Alle Wohnungen verfügen neben Wohnzimmer und Schlafräumen über eine Küche, einen begehbaren Schrank (Abstellkammer), einen Toilettenraum und einen Wandschrank. Ein Müllschlucker sollte den Abfall direkt in einen Behälter im Hof leiten.[259]

In den Wohnblock sind als Gemeinschaftseinrichtungen eine *Waterstokerij* sowie pro Stockwerk ein Wasch- und ein Trockenraum integriert (vgl. die Variante, Abb. 167). In der *Waterstokerij*, eine für Rotterdam typische Einrichtung, konnten die Bewohner der Umgebung (in kleineren Mengen) heißes Wasser und Brennstoff kaufen. Im Fall des Centraalbouw sollte von dort aus auch heißes Wasser in die Waschräume geleitet werden. Laut Plate sei die *Waterstokerij* zudem bei der Einrichtung einer Zentralheizung einsetzbar.

Städtebauliche Situation
Das für den Centraalbouw vorgesehene Grundstück liegt allseitig von Wohnblöcken umgeben im westlichen Teil des Neubaugebietes (vgl. Abb. 161, 186, 199). Der als Typus konzipierte und damit für eine wiederholte Ausführung vorgesehene Centraalbouw zeigt keine direkte Bezugnahme auf die angrenzende Bebauung: Durch den Verzicht auf eine markante Fassadengestaltung, Eckbetonungen oder eine individuelle Dachform konnte der Wohnblock prinzipiell an jedem Ort errichtet werden. Auf den vorgesehenen Standort in Spangen weist allein der rhythmisierte Wechsel der Fenstergruppen, der das Fassadenmotiv des angrenzenden Block V* aufgreift. Die Lage der Gemeinschaftseinrichtungen in der Mitte der Langseite zur Pieter Langendijkstraat bezieht sich möglicherweise auf den ursprünglichen städtebaulichen Plan von 1913 (Abb. 67), bei dem sich durch einen Rücksprung der gegenüberliegenden Blockfront eine Straßenerweiterung ergab.

Außenbau
Der Entwurf zeigt einen dreigeschossigen, langgestreckten Wohnblock mit vorkragendem Flachdach. Den vier Hoffronten sind in allen drei Geschossen Laubengänge vorgelegt (Abb. 163), die über zwei freistehende Treppenanlagen im Innenhof (vgl. die Variante, Abb. 165, 166) erschlossen werden. Durchgänge zum Hof finden sich an den beiden Schmalseiten (Potgieter- und Van Harenstraat) sowie an der Langseite zur Pieter Langendijkstraat. Zwei aus der Flucht der Langseiten zurücktretende Treppenaufgänge gliedern die Blockfronten in drei Abschnitte. Da sich im mittleren Abschnitt größere Wohnungen befinden, springt an der Hoffront die Fassade in diesem Bereich aus der Flucht nach vorne. An der Blockseite zur Pieter Langendijkstraat liegen dort die Gemeinschaftseinrichtungen mit Trocken- und Waschräumen sowie die *Waterstokerij* mit Büro.

Die Fenster der Langseiten sind – entsprechend Block I und V* – zu Zweier- und Dreiergruppen zusammengefaßt, die in rhythmischem Wechsel aufeinanderfolgen. Die Schmalseiten zeigen einzelne Fenster sowie Dreiergruppen. An den Hofseiten wechseln sich jeweils zwei Zweier- und eine Vierergruppe ab, wobei in der Mitte der Fassade verschiedene Variationen auftreten. Auch hier gibt die Gruppierung der Fenster nicht die Aufteilung der Innenräume wieder. So belichten die Zweiergruppen die Schlafräume von zwei nebeneinanderliegenden Wohnungen.

Die Durchgänge an den Schmalseiten und an der Pieter Langendijkstraat führen auf einen flachgedeckten, 2 m breiten Laubengang, der die Erdgeschoßwohnungen erschließt. Im Abstand

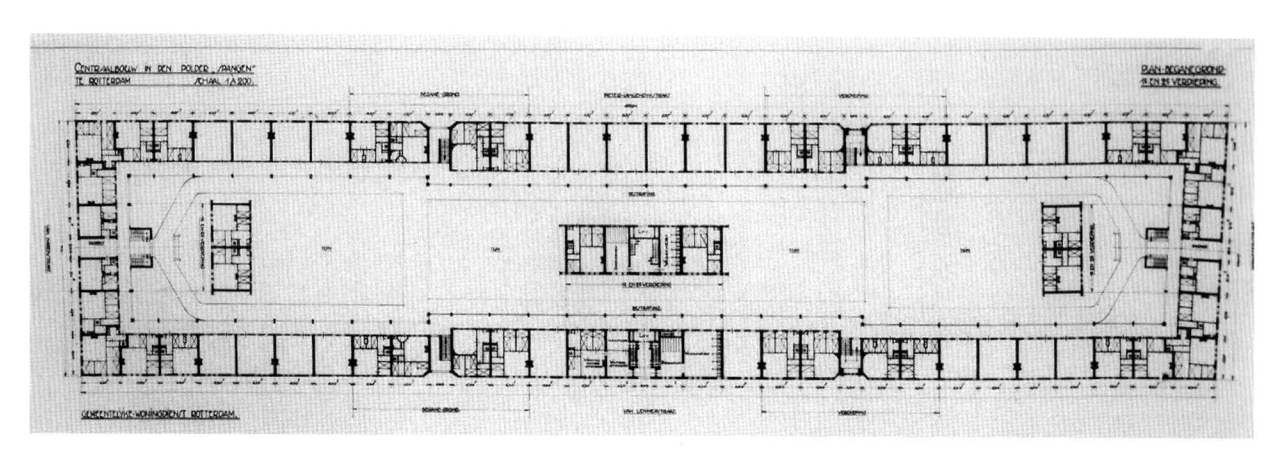

165. Centraalbouw in Spangen, Rotterdam, Variante

von im Normalfall 6,3 m (Breite der Normwohnung) befinden sich Stützen, auf denen die Laubengänge des ersten und zweiten Obergeschosses lasten und die durch gemauerte Rundbogen mit der Außenwand des Gebäudes verbunden sind. Die Laubengänge im ersten und zweiten Obergeschoß zeigen eine niedrige Brüstung zum Innenhof. Der oberste Gang bleibt (entgegen den unteren Geschossen) ohne Bedachung.

Die Erschließung der Geschosse erfolgt nur vom Innenhof aus über die insgesamt vier Treppenhäuser in den Langseiten und die frei vor den Schmalseiten stehenden Treppenanlagen. Letztere zeigen je zwei symmetrische Treppenläufe zu Seiten eines Fußweges. Auffallend ist der von barocken Anlagen übernommene repräsentative Treppentypus, der in ähnlicher Form bereits in Haus De Vonk* aufgetreten war. Dem entspricht die geplante Ausführung mit Steinstufen in einer für niederländische Verhältnisse ungewöhnlichen Breite von mindestens 1,40 m sowie die von Plate geforderte zweiseitige Belichtung der Treppen.[260]

Der Hof gliedert sich in drei aneinandergereihte Rasenflächen, wobei die mittlere aufgrund der aus der Hoffront vortretenden Fassadenabschnitte schmaler ausfällt. Die von den Durchgängen in den Hof führenden Fußwege gabeln sich hinter den freistehenden Treppenanlagen und verlaufen um die einzelnen Rasenflächen herum.

Innendisposition (Abb. 164)
Die Wohnungen sind jeweils spiegelbildlich zueinander angeordnet. An den Schmalseiten des Blockes liegen die kleinsten, im Mittelteil der Langseiten die größten Wohnungen. Die Wohnungen in den äußeren Abschnitten der Langseiten, die hier als Normwohnungen bezeichnet werden, weisen eine quadratische Grundfläche auf. Die Wohnräume orientieren sich traditionell zur Straße, die Küche und zwei der Schlafzimmer zum Hof. Für die Erdgeschoßwohnungen und die Wohnungen des ersten Obergeschosses war aufgrund der schlechteren Lichtverhältnisse durch die vorgelagerten Laubengänge eine Höhe von 2,9 m vorgesehen, für das zweite Obergeschoß nur 2,75 m.

Die Wohnungen gliedern sich entsprechend Block I und V* in einen breiten Abschnitt mit Wohnraum und zwei Schlafräumen sowie einen schmalen Abschnitt mit einem weiteren Schlafraum, Küche, Flur, begehbarem Schrank und Toilettenraum. Alle Schlafzimmer sind ausschließlich über den Wohnraum zugänglich. Mit Ausnahme von Wohnungstyp »C« besitzen die Wohnräume einen (annähernd) quadratischen Grundriß und – wie für Ouds Bauten charakteristisch – vier in sich symmetrisch gestaltete Wohnzimmerwände. Auch der kleinere Schlafraum, der Toilettenraum und der Wandschrank zeigen einen annähernd quadratischen Grundriß.[261] Wie bei Block I und V fallen die Wohnräume relativ groß aus, während Schlafzimmer und Küchen auf ein Minimum reduziert sind. Eine ungewöhnliche Lösung bilden die zum Flur offenen Küchen, wodurch die kleinen Räume optisch größer wirken. Die Gestaltung der Türen (vertiefte Türfelder bzw. Fenster), die Verkleidung des Kamins mit quadratischen Kacheln und die Bilderleiste in Höhe der Türen entspricht der Ausstattung von Block I und V.

Variante (Abb. 165–167)
Der Unterschied zum eingereichten Entwurf besteht in Konzeption und Gestaltung der innenliegenden Treppenhäuser. An Stelle von zwei Treppenläufen, die vom Innenhof über ein Wendepodest bis zum Laubengang des ersten Obergeschosses führen, ist bei der Variante allein ein Treppenlauf eingezeichnet (Abb. 166). Auch die Gestaltung der Treppenhäuser weicht vom eingereichten Entwurf ab. So sind die Außenwände im Erdgeschoß ähnlich einem profilierten Türrahmen mehrfach abgestuft, während in den oberen Geschossen abgeschrägte, durchfensterte Wandflächen zum Treppenhaus überleiten.

Ein weiterer Unterschied besteht in einer zentralen Treppenanlage, die in der Mitte der Blockfront zur Pieter Langendijkstraat eingefügt ist (Abb. 167). Der von der Straße aus zugängliche Treppenlauf führt an den vier Innenwänden einer zweigeschossigen Eingangshalle in die Obergeschosse. Vom Vorraum an der Pieter Langendijkstraat sind die *Waterstokerij* und der Trockenraum zugänglich. Als Pendant zum Vorraum befindet sich an der Hofseite ein Lift. Weitere Abweichungen vom eingereichten Entwurf zeigen die Erdgeschoßwohnungen seitlich der Treppenhäuser, bei denen die Wohnzimmer zum Hof gerichtet sind.

Bei der Variante handelt es sich möglicherweise um den von Plate angekündigten definitiven Plan des Centraalbouw. So sprach Plate in seiner Erläuterung davon, die Haupttreppe eventuell in den Bereich der Wascheinrichtungen verlegen zu wollen[262], was hier bereits umgesetzt wurde. Insgesamt ist die Variante mit einer aufwendigeren Fassadengestaltung und der großzügigen zentralen Treppenanlage (mit Lift) deutlich attraktiver, aber sicherlich auch teurer als der eingereichte Entwurf.

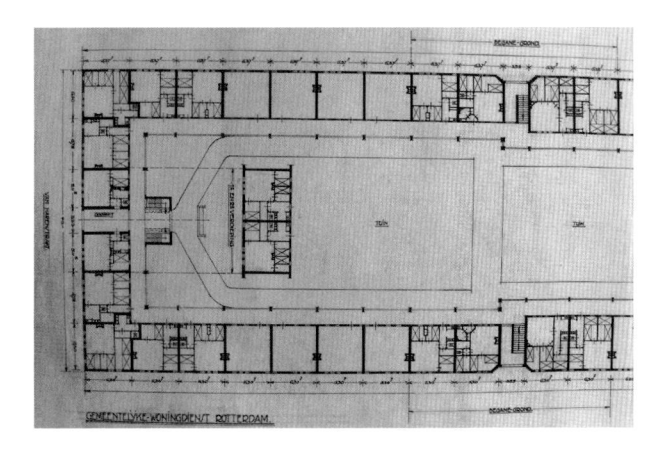

166. Centraalbouw in Spangen, Rotterdam, Variante, Detail mit Wohnungsgrundrissen und Treppen

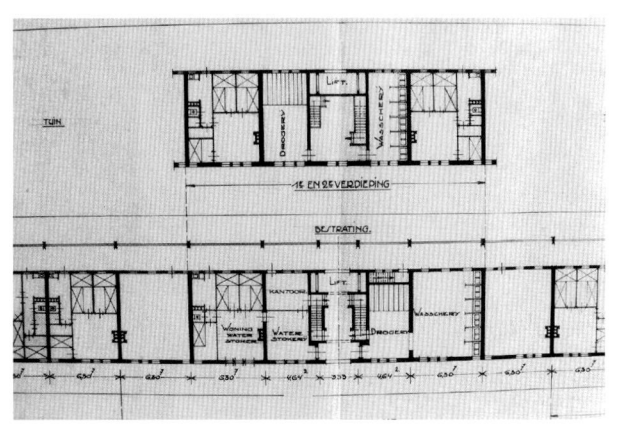

167. Centraalbouw in Spangen, Rotterdam, Variante, Detail mit *Waterstokerij* und Waschraum

Charakterisierung

Die streng symmetrische Gesamtkonzeption mit geometrischen Rasenflächen weist auf den besonderen Anspruch dieses Gebäudes hin. Dem entspricht auch die Fassadenkomposition mit einem breiten, hervortretenden Mittelteil, die sich an die barocke Bautradition anlehnt. Bestärkt wird dieser Eindruck durch die ebenfalls barock anmutenden freistehenden Treppenanlagen in der Längsachse des Innenhofes. Die um einen Innenhof verlaufenden Flure, die über ein zentrales, in den Hof hineinragendes Treppenhaus erschlossen werden, finden sich vor allem bei Schloßbauten und Klosteranlagen. Oud mußte nur auf die den Flur begrenzenden Außenwände verzichten und erhielt so den überdachten Weg im Erdgeschoß und die Laubengänge in den Obergeschossen. Da dieses Erschließungsmuster im Repräsentationsbau des 19. Jahrhunderts weitergeführt wurde, griff Oud auf ein aus der Architekturgeschichte gut bekanntes Prinzip zurück. Als Vorbilder kommen daher zahlreiche Bauten in Frage wie unter anderem Gottfried Sempers Hauptgebäude des Eidgenössischen Polytechnikum in Zürich (1858–64)[263], das Oud sicherlich bekannt war: Einerseits hatte Berlage an der Technischen Universität in Zürich studiert und sich intensiv mit Semper auseinandergesetzt, andererseits bildeten Sempers Schriften einen der Grundpfeiler für die frühen Ideen von *De Stijl*.

Der Innenhof mit seinen an Galerien oder Balkone erinnernden Laubengängen zeigt ein betont repräsentatives Bild, während die Außenfronten schlichter und zurückhaltender bleiben. In diesem Zusammenhang ist auch der Verzicht auf Privatgärten zugunsten der einheitlich gestalteten Rasenfläche zu deuten. Vorbilder für einen derart repräsentativen Wohnblock mit gemeinschaftlichem Innenhof existierten – zumindest im Bereich des Arbeiterwohnungsbaus – nur wenige. Ein frühes Beispiel ist die Francisco Terrace (1895) von F. L. Wright[264], die im Vergleich zu dem sehr viel größeren Centraalbouw jedoch weniger durchkomponiert wirkt und eher als ein singuläres Kunstwerk erscheint, denn als ein Gebäudetypus für eine große Anzahl von Arbeiterfamilien.

Der wohl auf Plate zurückzuführende Gedanke, einen Wohnblock als Typus in größerer Anzahl auszuführen, ist in dieser Konsequenz ohne Vorbild.[265] Das Prinzip der Typisierung zeigt sich (im Gegensatz zu den drei Wohnungstypen von Block I und V*) auch in der Ausbildung einer Normwohnung, die je nach Bedarf variiert wird. Daß hierfür ein quadratischer Grundriß gewählt wurde, entspricht Ouds Vorstellungen eines Ideal-Entwurfs.[266]

Eine Erschließung der Wohnungen über Laubengänge sowie die gestalterische Konzentration auf den Innenhof finden sich wenig später bei dem im Auftrag des *Woningdienst* errichteten, dem Centraalbouw gegenüberliegenden Wohnblock von Michiel Brinkman (Abb. 52). Von wem der Anstoß zur Errichtung eines in den Niederlanden weitgehend unbekannten Laubenganghauses kam, ist nicht mit Sicherheit festzustellen. Möglicherweise handelt es sich um ein gemeinsam von Plate, Brinkman und Oud erarbeitetes Konzept. Mit Blick auf die aus dem Barockbau übernommenen Gestaltungsmerkmale und einer bei Brinkman veränderten Erschließungsform (innenliegende Treppenhäuser und nur ein Laubengang) scheint Oud jedoch als Urheber wahrscheinlich.[267]

Geschichte

Der am 29. September 1918 vorgelegte Plan wurde in erster Instanz zurückgestellt, im November des Jahres jedoch wieder aufgenommen. Im Januar 1919 sprach sich eine Mehrheit für den Entwurf aus.[268] Dennoch kam der Centraalbouw nicht zur Ausführung. An seiner Stelle entstand ab 1920 der in Zusammenarbeit von *Woningdienst* und einer privaten Wohnungsbaugesellschaft unter veränderten Prämissen konzipierte Block VIII*. Plates Anliegen, die Idee des Centraalbouw auch den Bauten der Privatarchitekten zugrunde zu legen, wurde möglicherweise mit Brinkmans Wohnblock realisiert. Ein vergleichbares Konzept konnte bei Block IX* durchgesetzt werden, der als Blocktypus in Tusschendijken* aufgegriffen wurde.

Publiziert Eingereichter Entwurf: De Klerk 1992, S. 185. Variante: Colenbrander 1987a, Abb. 3, S. 80; Taverne 2001, S. 230.
Literatur: Engel 1990, S. 22; De Klerk 1992, S. 184f.
Vgl. Taverne 2001, S. 227f.

9 Behelfswohnungen unter einem Viadukt, Rotterdam

Gegenstand Bei der mit »Plan voor noodwoningen onder de bogen v: d: viaduct van den Z-H-E-S« betitelten Blaupause handelt es sich um den unausgeführten Entwurf für Behelfswohnungen unter den Bogen des Rotterdamer Eisenbahnviaduktes. Die insgesamt 49 geplanten Wohnungen unterschiedlicher Größe waren Teil des kommunalen Wohnungsbauprogramms. Gedacht war zunächst an eine Nutzungsdauer von 30 oder 35 Jahren, die aus Finanzierungsgründen (Notwohnungsgesetze) jedoch auf fünf Jahre beschränkt wurde. Die Miete sollte drei Gulden pro Wohnung und Woche betragen.[269]
Ort Eisenbahnviadukt in Rotterdam (vgl. Abb. 168). Die Angabe »in der Nähe des Bergsingel« [nabij Bergsingel][270] läßt auf die Voorburgstraat oder die Vijverhofstraat im Norden der Rotterdamer Innenstadt schließen.
Entwurf Der auf 1918 datierte Entwurf entstand zwischen Oktober 1918 und Januar 1919 und damit im Anschluß an den Entwurf des Centraalbouw*.[271]
Auftrag Wie die Planbezeichnung »Gemeentelijke Woningdienst Rotterdam« bestätigt, entstand der Entwurf für den *Woningdienst*. Die Formensprache wie auch die Tatsache, daß sich die Blaupausen in Ouds Nachlaß befinden, sprechen eindeutig für Ouds Autorschaft.
Konstruktion/Material Aufgrund des geringen Preisunterschieds zwischen Steinmauern und Holzwänden wurde die Verwendung von Stein bevorzugt.[272] Die schmalen Zwischenwände waren eventuell als Holzgerüste mit Zement geplant.
Planmaterial GAR[273] und NAi: Blaupausen mit zwei Grundrissen von unterschiedlich großen Wohnungen (Abb. 171), Vorder- und Rückansicht einer Wohnung, Anschluß der angrenzenden Wohnung an der Eingangsfront (Abb. 170), Quer- und Längsschnitt (Abb. 169) einer Wohnung.
Bauprogramm Jede der 49 Wohnungen sollte einen Wohnraum, drei Schlafzimmer (insgesamt fünf Betten), Küche, Abstellkammer, Windfang, Toilettenraum und Einbauschränke erhalten. Je nach Breite der Bogen ergaben sich Wohnungen von 39 m^2 bis 49 m^2. Wie auf der Blaupause angegeben, handelt es sich um eine Wohnung von 8,4 m Breite, zwei Wohnungen von 9,4 m, zwölf von 7,7 m, acht von 7,5 m, achtzehn von 8,2 m und acht von 8,5 m Breite.
Vorgeschichte Zur Verbindung der beiden seit 1847 und 1855 bestehenden Eisenbahnlinien, die erste endete an der Delftsche Poort im Norden der Stadt (Strecke Rotterdam – Den Haag – Amsterdam), die zweite am Moerdijk (Linie aus Antwerpen) im südlichen Stadtgebiet, wurde 1874 ein Viadukt quer durch die Rotterdamer Innenstadt gelegt. Hierfür mußten Abschnitte der Rotte zugeschüttet und die Nieuwe Maas mittels Eisenbahnbrücken überquert werden.[274]

Im Juni 1918 schlug Auguste Plate, Direktor des *Woningdienst*, den Bau von 49 Behelfswohnungen unter dem Eisenbahnviadukt in der Nähe des Bergsingel vor.[275] Die *Commissie voor Volkshuisvesting* (Ausschuß für Wohnungswesen) beauftragte den *Woningdienst* am 17. Oktober 1918, den Bau von Behelfswohnungen unter dem Viadukt näher zu untersuchen.[276] Der Entwurf stand in Verbindung mit den am 17. Juni 1918 in Kraft getretenen Notwohnungsgesetzen, die den Bau temporärer Wohnungen als kurzfristige Linderung der akuten Wohnungsnot durch Übernahme von 90% der Kosten subventionierten. Allerdings sahen die Gesetze allein die Unterstützung von Bauten mit einer Lebensdauer von fünf Jahren vor.

Aufgrund der Erfahrung mit den bereits bestehenden Läden unter dem Viadukt wurde keine zu große Beeinträchtigung der Bewohner durch den Bahnverkehr erwartet.[277] Gedacht war an die Unterbringung von Familien aus dem innerstädtischen Zaandstraatquartier, das im Zuge der Innenstadtsanierung abgerissen wurde. Allerdings fürchtete man in diesem Fall negative Auswirkungen für die Sozialstruktur des nördlichen Stadtteils.[278]

Gebäude (Abb. 169–171)

Der Entwurf zeigt zwei eingeschossige Wohnungen unter den Bogen des Rotterdamer Eisenbahnviaduktes. Die mehrere Meter über das Straßenniveau erhobenen Schienen werden in unregelmäßigen Abständen von Stützen getragen, die durch flache Stichbogen verbunden sind (Abb. 168). Oud wählte für seinen Entwurf Bogen mit einer Spannweite von 7,5 m und 8,5 m. Die weitgehend spiegelsymmetrischen Grundrisse (Abb. 171) gliedern sich in zwei schmale seitliche Abschnitte, die drei Schlafzimmer und den Windfang mit Toilettenraum aufnehmen, sowie einen breiten zentralen Abschnitt mit dem großen Wohnraum von 14 m^2 bzw. 18 m^2 Nutzfläche und der Küche. Jede Wohnung besitzt einen Eingang an der Vorderseite und einen Nebeneingang über die Küche an der Rückseite. Während der Haupteingang in einem der schmalen Abschnitte liegt, markiert der Eingang an der Rückseite die Mittelachse der Wohnung. Die Wohnungen

168. Viadukt Rotterdam, Fotografie 1998

169. Behelfswohnungen unter einem Viadukt, Rotterdam, Schnitt

sind jeweils spiegelsymmetrisch zueinander angeordnet, so daß an der Vorderseite abwechselnd zwei Eingänge (Abb. 170) und zwei Schlafzimmerfenster nebeneinander liegen.

Die beiden Fassaden, bestehend aus einem Sockel und der mit dem Bogen abschließenden Wandfläche, unterscheiden sich durch eine betonte asymmetrische (Vorderseite, Abb. 170) und eine streng symmetrische (Rückfront) Gestaltung. Die leicht erhöht liegende Eingangstür der Vorderseite schneidet in den hohen Sockel ein. Der Treppenabsatz wird an einer Seite der Tür bis in Höhe des Sockels nach oben weitergeführt, auf der anderen Seite befindet sich das schmale, mit dem Vordach verbundene Toilettenfenster. Vordach und Toilettenfenster ergeben zusammen ein Pendant zum rechtwinklig abknickenden Treppenabsatz, wobei die beiden Bauglieder als gespiegelte abstrakte Formen erscheinen (zweifache Spiegelung an horizontaler und vertikaler Spiegelachse bzw. einer diagonalen Achse). Die Eingangstüre ist in plastisch abgesetzte oder farbige Rechteckfelder untergliedert. Türe, Toilettenfenster und Vordach ergeben eine kleinteilige Komposition rechteckiger Flächen, die das bestimmende Motiv der Eingangsfassade bildet. In der Mitte der Fassade befindet sich ein großes hochrechteckiges Fenster zur Belichtung des zentralen Wohnraums. Es besteht aus insgesamt fünf Fensterflügeln mit im unteren Bereich zwei breiteren und im oberen Bereich drei schmaleren Flügel. Das Schlafzimmer an der Vorderseite wird über ein querrechteckiges, in vier Abschnitte unterteiltes Fenster belichtet. Die Komposition mit jeweils einem kleinen Rechteck in der rechten oberen und der linken unteren Ecke gibt sich wiederum als Spiegelung an einer diagonalen Achse zu erkennen. Die aus den beiden Fenstern und der Eingangstüre bestehende Fassadenkomposition zeigt drei verschiedene, in sich komplexe, kleinteilige Motive, die alle in unterschiedlicher Höhe in der Fassade liegen. Die Abfolge der Eingangsfassaden hätte somit kein einheitliches Gesamtbild ergeben, zumal die unterschiedliche Bogenbreite die Straßenfront noch unübersichtlicher gemacht hätte.

Im Gegensatz hierzu zeigt die Rückseite[279] eine symmetrische Fassadengestaltung mit der Küchentür in der Mittelachse, flankiert von zwei identischen Fenstern (Schlafzimmer). Die schmale Tür mit einer vertikalen Verbretterung erhält ein kleines Guckfenster sowie ein Oberlicht, das durch eine diagonale und eine horizontale Strebe unterteilt wird. Fünf kleine Lüftungsschlitze oberhalb der Tür dienen einer verbesserten Luftzufuhr in der Küche. Die symmetrisch gestalteten Fenster sind identisch mit dem Schlafzimmerfenster der Vorderfront. Bestimmendes Motiv der Rückseite ist die diagonale Teilung des Oberlichts in der ansonsten von vertikalen und horizontalen Formen geprägten Fassade.

Mit Blick auf die gleichzeitig realisierten Wohnblöcke I und V* in Spangen wird auch hier eine Farbfassung (eventuell nach Entwurf Van Doesburgs) geplant gewesen sein. Da die zwischen Sommer 1918 und Sommer 1919 erarbeiteten Farbentwürfe die Farben Gelb und Grün sowie Schwarz, Weiß und Grau aufweisen, wäre auch für die Behelfswohnungen an eine vergleichbare Farbskala zu denken.

Innenraum (Abb. 169, 171)
Wie die Schnitte erkennen lassen, sollten die Decken in Höhe der Bogenansätze eingezogen werden. Der Eingang an der Vorderseite führt in den Windfang, von dem aus der Toilettenraum, ein (eventuell begehbarer) Schrank von knapp 1 m Tiefe und der Wohnraum zugänglich sind. Der Wohnraum zeigt weitgehend symmetrische Wände: Dem zentral angeordneten großen Fenster liegt der Kamin an der Rückwand des Raumes (Abb. 169) gegenüber, seitlich des Kamins schließen sich der Zugang zur Küche und einer der Wandschränke an. Beide Türen sind (entsprechend Block I und V* und dem Centraalbouw*) mit zwei horizontalen Streifen im oberen und zwei vertikalen Streifen im unteren Bereich gestaltet.

Charakterisierung
Bestimmendes Gestaltungsprinzip ist die Symmetrie der Grundrisse und der einzelnen Bauglieder (Rückfront, Raumwände und Einzelformen) sowie die Anwendung der in *De Stijl* entwickelten abstrakt-dekorativen Formensprache. Während die Symmetrie ein für Oud typisches Gestaltungskriterium darstellt, ist die Orientierung an dem Formenkanon von *De Stijl* neu in Ouds Œuvre. Als Vorbild für die Unterteilung von Fenster und Eingangstür in unterschiedlich große, aneinander gespiegelte Rechtecke dienten die Gemälde und Bleiglasfenster der *De Stijl*-Maler (vgl. Abb. 47, 155).[280] Auffallend ist die von den kleinteiligen Rechteckkompositionen abweichende Diagonale des Oberlichtes an der Rückfront, ein Element, das vor allem in Gemälden Van Doesburgs, Van der Lecks und Mondrians zu finden ist.

Geschichte
B & W sprachen sich im Januar 1919 gegen die Ausführung der Behelfswohnungen unter dem Eisenbahnviadukt aus.[281] Aufgrund der weiter anhaltenden Wohnungsnot wurde Anfang 1922 jedoch auf die Pläne zurückgegriffen. Am 28. März 1922 akzeptierte der Gemeinderat die veränderten Entwürfe für eine Ausführung in Holzrahmen mit Asbestzement.[282] Über eine Ausführung der Bauten liegen keine Informationen vor.

Publikation: Esser 1982, S. 142.
Vgl. Taverne 2001, Kat. Nr. 38.

170. Behelfswohnungen unter einem Viadukt, Rotterdam, Aufriß Straßenfront

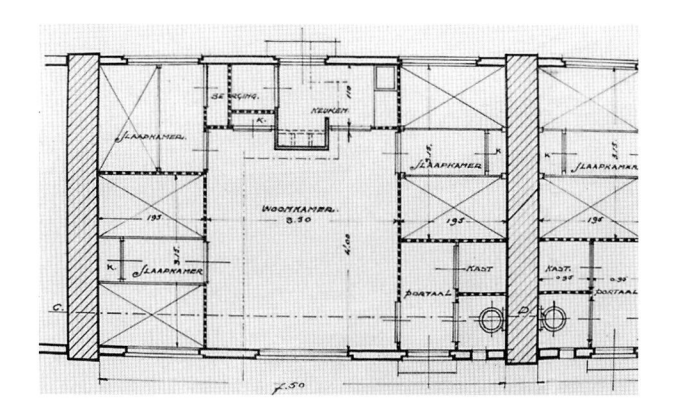

171. Behelfswohnungen unter einem Viadukt, Rotterdam, Grundriß

10 Häuserzeile mit Arbeiterwohnungen

Gegenstand Der mit »Aaneengesloten bebouwing van normaal-woningtypen« (geschlossene Bebauung mit normierten Wohnungstypen) beschriebene Entwurf zeigt eine viergeschossige Häuserzeile mit Arbeiterwohnungen. Ähnlich der Häuserzeile an einem Strandboulevard* ist die Zeile fortsetzbar gedacht, was durch die gestrichelten Begrenzungslinien der Fassadenaufrisse (Abb. 173, 174) bzw. durch den willkürlich gesetzten Ausschnitt der Perspektive (Abb. 172) zum Ausdruck kommt. Für eine prinzipielle und damit nicht an einen bestimmten Ort gebundene Lösung sprechen zudem die vier nach Wunsch zu wählenden Fassadenvarianten sowie der experimentelle Charakter des Entwurfs in Bezug auf Erschließung und Grundrißlösung.

Ort Einem Prototyp entsprechend fehlen Angaben zur Grundstückssituation. In der Literatur wurde wiederholt ein Bezug zu den gleichzeitig in Spangen errichteten Bauten hergestellt.[283] Ausgehend von der Länge der Häuserzeile ist hier allein Block VIII* mit seiner 187 m langen Fassade denkbar. In diesem Fall wäre allerdings ein Entwurf der Eckbauten zu erwarten gewesen, deren städtebauliche Bedeutung Oud in seinem an gleicher Stelle publizierten Textbeitrag hervorhob.[284]

Entwurf Der Entwurf trägt die Jahreszahl 1918. Erstmals publiziert wurde die Arbeit im Mai 1919 (Abb. 172, 173)[285], allerdings ohne Datierung. Ausgehend vom Zeitpunkt der Veröffentlichung scheint eine Entstehung bereits Anfang oder Mitte des Jahres 1918 unwahrscheinlich, dies vor allem, da Oud seine Arbeit jederzeit in »De Stijl« hätte publizieren können. Die von *De Stijl* beeinflußte Fenstergliederung findet sich in ähnlicher Form erstmals im Entwurf der Behelfswohnungen unter einem Viadukt*, der frühestens im Oktober 1918 entstanden ist. Das zwei Türen verbindende Vordach und die schmalen Fensterformate traten 1919 im Vorentwurf von Block VIII* auf. Oud, der sich beim Centraalbouw* und dem später an dieser Stelle errichteten Block VIII mit einem extrem langen Fassadenabschnitt auseinandersetzen mußte, könnte aus dieser Beschäftigung heraus die Häuserzeile für Arbeiter konzipiert haben. Anzunehmen ist somit eine Datierung zwischen Ende 1918 und Mai 1919.

Auftrag Angaben über einen Auftrag liegen nicht vor. Ouds Interesse an der Entwicklung eines Wohnungstyps für Arbeiter und an der Gestaltung einer einheitlichen Straßenfront stellen den Entwurf jedoch in den Kontext des *Gemeentelijke Woningdienst*.[286] Wahrscheinlich ist, daß Oud für den *Woningdienst* einen prinzipiellen, das heißt an beliebiger Stelle realisierbaren Entwurf konzipiert hat.[287]

Konstruktion/Material Da sich Oud in dem an gleicher Stelle publizierten Textbeitrag für weißes Mauerwerk ausspricht[288], ist hier von einem traditionellen Mauerwerksbau auszugehen. Die Fassaden und die im Abstand von 4 m senkrecht zur Fassade eingestellten Wände sind als tragende Mauern ausgebildet. Bei den übrigen Wänden handelt es sich um (nichttragende) Zwischenwände.

Planmaterial NAi: Perspektive (Abb. 172); Grundrisse von Erdgeschoß, erstem und zweitem Obergeschoß, Fassadenansicht in vier Varianten (Abb. 173, 174). CCA.[289] MoMA[290]. Ein Aufriß der Rückfront und ein Grundriß des vierten Geschosses sind nicht überliefert.

Bauprogramm Die viergeschossige Häuserzeile nimmt in drei Geschossen Wohnungen sowie im obersten Geschoß offenbar Trockenräume auf. Abgesehen von Abweichungen bei den Erdgeschoßwohnungen verwendete Oud nur einen Wohnungstyp, der in zwei spiegelsymmetrischen Pendants auftritt und der drei Schlafzimmer (insgesamt vier Betten), einen Wohnraum, eine Küche mit Balkon und einen Eingangsflur mit Toilettenraum umfaßt. Im Erdgeschoß entfällt aufgrund der Treppenhauszugänge mit je zwei Fahrradabstellräumen ein Schlafzimmer. Alle Räume mit Ausnahme des kleinsten Schlafzimmers sind mit Einbauschränken ausgestattet.

Fassadengestaltung
Oud entwarf vier verschiedene Ansichten der Vorderfront (Abb. 173, 174), wobei eine der Varianten auch als Perspektive

172. Häuserzeile mit Arbeiterwohnungen, Perspektive Straßenfront

(Abb. 172) vorliegt. Bestimmend ist eine Abfolge von geometrisch gestalteten Fenster- und Türgruppen, die der Straßenfront einen betont dekorativen Charakter verleiht. Eine mäanderartig über die Fassade verlaufende Profilierung weist als Endlosband auf die Fortsetzbarkeit der Häuserfront hin.

Die Straßenfront gliedert sich in einen niedrigen Sockel, die drei Wohngeschosse und das Geschoß mit den Trockenräumen. Je zwei Türen werden durch einen gemeinsamen Treppenabsatz und ein Vordach, das an den Seiten rechtwinklig nach unten abknickt, zusammengefaßt. Die Fenster eines Geschosses sind nun nicht mehr zu Dreiergruppen, sondern dem Quadratraster des Grundrisses folgend zu Zweier- (Schlafzimmer) oder Vierergruppen (Wohn- oder Schlafzimmer) verbunden. Durch eine wechselnde Orientierung der Wohnungen entstehen unterschiedlich gestaltete Fassadenabschnitte: Die Vierergruppen der Schlafzimmerfenster (je zwei Schlafzimmer von zwei angrenzenden Wohnungen) zeigen breite, durch Sprossen asymmetrisch unterteilte, bündig in der Fassade liegende Fenster. Je zwei nebeneinanderliegende Fenster sind als spiegelbildliche Pendants gestaltet, wobei jedoch die Abfolge der beiden Fenstermotive in jedem Geschoß variiert. Auf diese Weise liegen die Fenster eines Motivs nicht vertikal übereinander, sondern auf einer diagonalen Kompositionslinie. Im Gegensatz hierzu handelt es sich bei den vertieft in die Wand gesetzten Vierergruppen der Wohnzimmerfenster um einfache hochrechteckige Fensteröffnungen, ebenso bei den in Achse der Eingangstüren liegenden Zweiergruppen. Die flachen Fensterschlitze des Trockenbodens sind ebenfalls zu Vierergruppen geordnet, wobei die in Achse der Wohnzimmerfenster liegenden durch einen plastisch hervortretenden Rahmen zusammengefaßt werden. Die schmalen Fenster der Fahrradräume sind zwischen den beiden Türen einer Eingangsgruppe plaziert. Das Vordach der flankierenden Türen zieht sich durch das obere Drittel der Fenster, so daß schmale Oberlichter abgetrennt werden. Die Gruppen der drei mal vier Schlafzimmerfenster liegen jeweils in einer vertieften Wandschicht. Eine rechtwinklig geführte, dreifach gestufte Profilierung im Rücksprung der Fassade umfaßt die Fenstergruppen wie ein Rahmen. Die einzelnen Wohnungen sind am Außenbau nicht ablesbar: Die Profilierung verbindet jeweils die Schlafzimmerfenster von zwei nebeneinanderliegenden Wohnungen und trennt gleichzeitig das Fenster des kleinen Schlafzimmers ab.

Die Varianten entstehen durch einen abweichenden Verlauf der Profilierung. In der Perspektive knickt die Profilierung neben den Erdgeschoßfenstern rechtwinklig um und trifft horizontal auf die Eingangstüren, während sie sich bei den anderen Ansichten über bzw. »hinter« den Türen fortgesetzt. Eine der Lösungen (mittlere Ansicht) zeigt eine Profilierung, die oberhalb der Tür weiterläuft, sich scheinbar hinter der Fassade der Fahrradräume fortsetzt und über der zweiten Tür wieder hervortritt. Vor den Wohnzimmerfenstern knickt sie rechtwinklig nach unten ab, wobei die Enden auf eine weitere zweifach gestufte, horizontale Profilierung zwischen Gebäudesockel und Erdgeschoßfenstern stoßen. Bei einer weiteren Fassadenvariante endet die Profilierung zunächst wie bei der Perspektive seitlich der Eingangstüren. Von der nebenliegenden Türe geht eine weitere Profilierung aus, die rechtwinklig die vier Erdgeschoßfenster der angrenzenden Wohnräume einrahmt. Wiederum entsteht der Eindruck einer im Bereich der Eingangstüren hinter der Fassade weitergeführten Profilierung. Die oberste Ansicht zeigt mit einer Kombination aus der zuletzt beschriebenen Variante und der Perspektive in wechselnder Abfolge die komplexeste Lösung. So verläuft die Profilierung im Bereich der Wohnzimmerfenster einmal über und einmal unter den Fenstern des Erdgeschosses, während sie bei den folgenden Wohnzimmerfenstern fehlt.

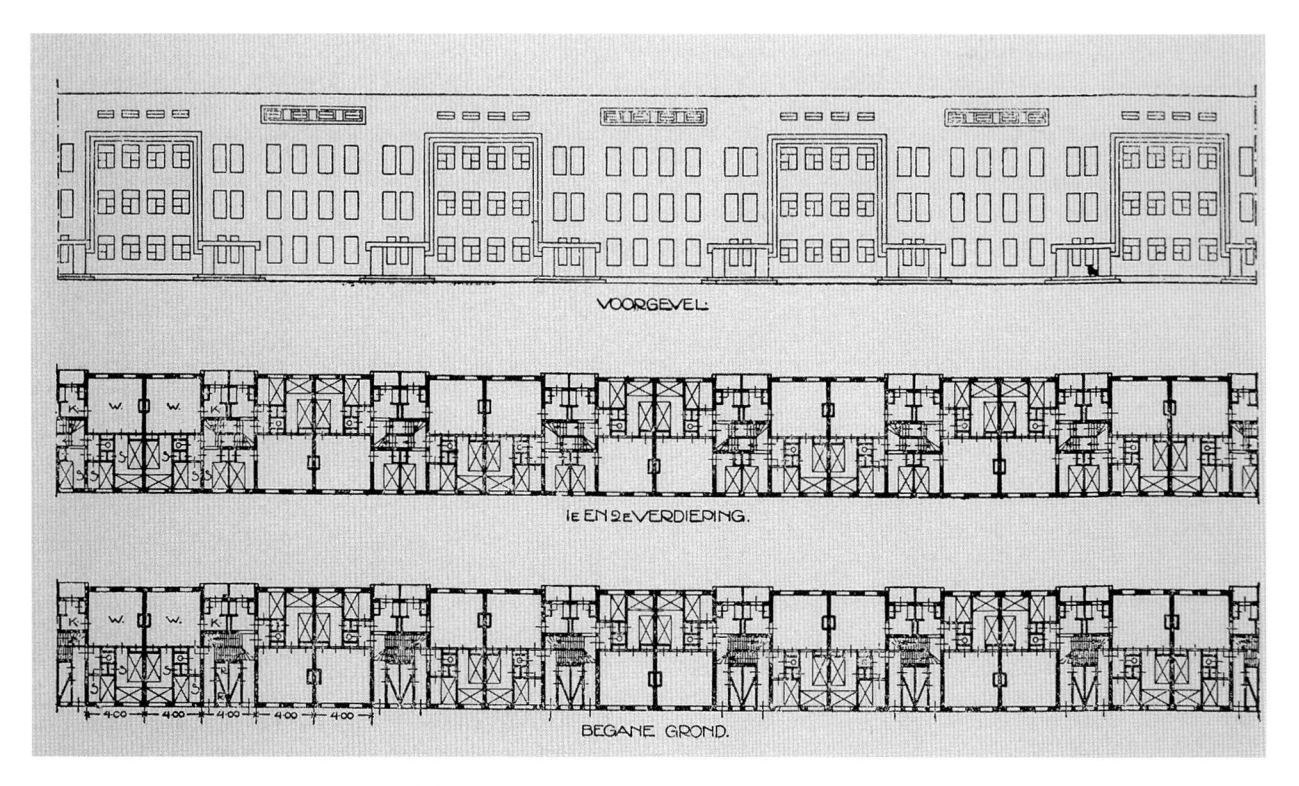

173. Häuserzeile mit Arbeiterwohnungen, Aufriß Straßenfront, Grundriß EG, OG

Ein Aufriß der Rückseite existiert nicht, kann jedoch anhand des Grundrisses rekonstruiert werden. Da die Wohnungen identisch angelegt sind, wird auch die Fassadengliederung (Lage der Fensteröffnungen) von Vorder- und Rückseite gleich sein. Eine Abweichung bilden die zweiachsigen Zwischenbauten mit den auf der Rückseite paarweise übereinanderliegenden Balkonen, die über die Flucht der Front hinausragen und ein plastisches vertikales Gliederungselement bilden. Ob hier ebenfalls eine Profilierung entsprechend der Vorderseite geplant war, ist unklar: Auch an der Vorderseite sind die vertieften Wandabschnitte nicht im Grundriß aufgenommen, der offenbar für alle Varianten (mit Rücksprüngen an verschiedenen Stellen) gültig sein sollte.[291]

Die Straßenfront wird durch die rhythmisierte Abfolge unterschiedlich gestalteter Fassadenabschnitte und die sich mäanderartig über die gesamte Front erstreckende Profilierung bestimmt, die (ähnlich den Mauerbrüstungen im Vorentwurf von Spangen*) die einzelnen Abschnitte und Geschosse verbindet. Einen Ausgleich bildet die horizontale Folge der Trockenraumfenster, die Sockelstreifen und die Dachkante des langgestreckten Baus. Ungewöhnlich ist die Existenz einer – durch Rücksprünge und die Profilierung sichtbar gemachten – zweiten Fassadenschicht. Die beiden Wandebenen, die Kombination von vier unterschiedlichen Fensterformaten, die asymmetrische Gliederung der Schlafzimmerfenster und die diagonalen Kompositionslinien ergeben ein komplexes, aus Flächen und geometrischen Formen konstruiertes Fassadenbild. Erst aus größerer Entfernung kommen das Mäandermotiv, die durchgehenden Fensterreihen und die regelmäßige Abfolge der Fassadenabschnitte zum Tragen. Das unabhängig von der Umgebung konstruierte Schema erinnert mit seinen Spiegelungen und der strengen Abfolge von Motiven an die Prinzipien der Zwölftonmusik, während die ausschließliche Verwendung rechtwinklig-geometrischer Formen sowie die asymmetrisch unterteilten Schlafzimmerfenster den Einfluß von De Stijl verraten.

In seiner Erläuterung nennt Oud weiß gefaßte Gebäudewände und eine Akzentuierung der Einzelteile in den Primärfarben[292], eine in Ouds Werk zu diesem Zeitpunkt vollkommen neue Gestaltungsweise. Bisher hatten allein die Fensterläden von Haus De Vonk* einen farbigen Anstrich erhalten. Seit Sommer 1918 beschäftigte sich Van Doesburg mit der Farbgebung der Wohnblöcke I und V* in Spangen, sah hierfür jedoch noch keine weißen Außenwände und auch keine Primärfarben vor. Die von Oud bestimmte Farbgebung ist daher mit großer Wahrscheinlichkeit auf den Einfluß seiner De Stijl-Kollegen Piet Mondrian und Bart van der Leck zurückzuführen.

Innendisposition (Abb. 173)
Wie die Fassadengestaltung zeigt auch der Grundriß eine streng systematisierte Lösung mit einzelnen, immer wiederkehrenden Maßeinheiten. Der Grundriß der Häuserzeile setzt sich aus Quadraten von 8x8 m Seitenlänge zusammen, die jeweils im Wechsel mit einem Zwischenglied der halben Breite auftreten. Die Quadrate sind in vier wiederum quadratische Basiseinheiten (4x4 m) unterteilt. Je zwei Basiseinheiten nehmen das Wohnzimmer, zwei Schlafzimmer sowie Toilettenraum und Flur einer Wohnung auf. Während der Wohnraum eine ganze Basiseinheit beansprucht, wird die zweite Einheit auf die übrigen Räume verteilt. Auch hier findet eine Halbierung bzw. Viertelung statt. So beansprucht das große Schlafzimmer eine halbe Einheit (bzw. zwei Quadrate von 2x2 m), die andere Hälfte ein Schlafzimmer (2x2 m) sowie Flur, Toilettenraum und drei Wandschränke (gemeinsam 2x2 m). In den Zwischengliedern sind für zwei nebeneinanderliegende Wohnungen jeweils eine Küche mit Balkon, ein weiteres Schlafzimmer und das gemeinsame Treppenhaus untergebracht. Trotz des Schemas aus Flächenquadraten zeigt der Entwurf aufgrund der Zwischenglieder kein durchgehendes Raster[293], sondern eine additive Aneinanderreihung einzelner, spiegelsymmetrischer Einheiten.

Einem Treppenhaus sind jeweils sechs Wohnungen zugeordnet, die jedoch durch die unterschiedliche Gestaltung der Fassadenabschnitte nicht als »Hauseinheit« in Erscheinung treten. Die mit Oberlichtern versehenen Treppenhäuser liegen im Innern der Häuserzeile. Jedes Treppenhaus besteht aus zwei durch eine Wand getrennte und in entgegengesetzter Richtung verlaufende Treppen, eine Lösung, die (zumindest im modernen Arbeiterwohnungsbau) ohne Vorbild ist. Jede Treppe erschließt drei Wohnungen: Von den paarweise verbundenen Eingängen an der Vorderseite führt die linke Tür zu der links liegenden Erdgeschoßwohnung, der rechts liegenden Wohnung im ersten und der links liegenden Wohnung im zweiten Obergeschoß. Die rechte Türe erschließt die drei übrigen Wohneinheiten.

Die Wohnungen sind jeweils spiegelbildlich angeordnet, wobei die Spiegelachse jedoch nicht durch das Treppenhaus verläuft, sondern mit der Brandwand der Wohnungen zusammenfällt. Entsprechend orientieren sich je zwei nebeneinanderliegende Wohnräume abwechselnd zur Vorder- und zur Rückseite des Gebäudes, eine Lösung, die zur selben Zeit auch Theodor Fischer in seiner Siedlung »Alte Heide« in München realisierte (Abb. 66).[294] Im Gegensatz dazu sind bei Oud die Zwischenbauten alle gleich angeordnet, so daß die Eingänge immer zur Vorderseite, die Küchen mit Balkonen immer zur Rückseite des Baus weisen. Die Schlafräume fallen wiederum extrem klein aus (die kleinsten 2x2 m), der Wohnraum bildet mit 4x4 m Seitenlänge das größte Zimmer. Bei den Wohnräumen mit drei bzw. alle vier Raumwände symmetrisch angelegt, wobei die den Fenstern gegenüberliegende Wand in ganzer Breite von vier – offenbar identisch gedachten – Zimmertüren eingenommen wird. Mit Ausnahme der Erdgeschoßwohnungen, die ein Schlafzimmer weniger aufweisen, sind alle Wohnungen identisch. Allein die Orientierung der Wohn- und Schlafzimmer variiert.

Frühe Publikationen Niederlande: Oud 1919a, S. 81. Ausland: Stavba, I, 1922, Nr. 4, S. 181; Behne 1921/22b, S. 21; Stam 1923, S. 228.
Literatur Oud 1919a, S. 81, 82 (teilweise abg. in Taverne 2001, S. 209).
Vgl. Taverne 2001, Kat. Nr. 36.

174. Häuserzeile mit Arbeiterwohnungen, drei Fassadenvarianten

Vorentwurf mit Schrägdächern

Die erstmals von Hans Esser publizierte Zeichnung, die sich heute im CCA befindet, läßt aufgrund der Verbindung von Flach- und Schrägdach sowie der gekoppelten Türen zunächst an einen Vorentwurf von Block VIII* denken.[295] Allerdings handelt es sich bei dem Bauabschnitt mit Schrägdach nicht (wie bei Block VIII) um das Eckgebäude, sondern um ein eingeschobenes Bauglied, das – wie am äußeren rechten Rand der Zeichnung sichtbar – wiederholt werden sollte.[296] Die fehlenden seitlichen Abschlüsse, die Fenstergruppen von jeweils drei mal vier bzw. drei mal zwei Fenstern, die Trockenräume im obersten Geschoß und die gekoppelten Türen identifizieren die Zeichnung schließlich als Vorentwurf der Häuserzeile mit Arbeiterwohnungen.

Die Zeichnung zeigt ein viergeschossiges flachgedecktes Gebäude, dessen oberstes Geschoß durch flache Fensterschlitze als Trockenraum gekennzeichnet ist. Die eingeschobenen dreigeschossigen Bauteile mit Satteldach werden von zwei fensterlosen Abschnitten flankiert, die in der Höhe zwischen dem flachgedeckten Bau und dem hohem Satteldach vermitteln. Die Andeutung von Schatten läßt darauf schließen, daß diese Abschnitte gegenüber der übrigen Fassade zurückspringen. Mit den gesimsartig gestalteten Regenrinnen und den schmalen Treppenhausfenstern übernahm Oud hier Elemente des Vorentwurfs von Block V*.

Bestimmend ist die regelmäßige Abfolge variierter Fassadenabschnitte, die durch verbindende Elemente wie das Flachdach und die in kurzen Abständen sich wiederholenden Türgruppen zu einer gestalterischen Einheit zusammengefaßt werden. Die Rücksprünge und die Höhenstaffelung der einzelnen Abschnitte ergeben ein lebendiges, plastisches Bild. Im Vergleich zur Häuserzeile mit Arbeiterwohnungen wirkt dieser Entwurf abwechslungsreicher und durch die fehlenden geometrisierenden Profilierungen weniger schematisch.

Fassadenausschnitt (Abb. 175)

Die von Günther Stamm publizierte Skizze[297] gibt den Fassadenausschnitt einer mehrgeschossigen, aus einzelnen unterschiedlich großen Baukuben zusammengesetzten Wohnzeile wieder. Wiederum fehlen die seitlichen Abschlüsse, wodurch die Front als beliebig fortsetzbar gekennzeichnet wird. Während die kubisch gestaffelten Baukörper an die Häuserzeile an einem Strandboulevard* erinnern, spricht die mindestens viergeschossige Bebauung für eine weitere Variante der Häuserzeile mit Arbeiterwohnungen. Stamm datiert die Skizze auf Anfang 1918.[298] Der zwischen Ende 1918 und Mai 1919 entstandene Entwurf der Häuserzeile und die zur selben Zeit von Oud skizzierten Straßenfassaden lassen jedoch auf eine spätere Datierung schließen.

Die Skizze zeigt eine Reihe flachgedeckter, mindestens viergeschossiger Wohnbauten, denen in der Mitte jeweils ein hohes schmales Bauglied, eventuell die fensterlosen Treppenhäuser, vorgesetzt ist. Zwischen die Wohnbauten wurden niedrigere, schmale Baukörper eingeschoben, die ebenfalls aus der Flucht hervortreten. Axial hierzu, jedoch hinter den Wohnbauten, sollten weitere Baukörper angeordnet werden. Als Verbindung der einzelnen Baukörper dienen Balkone, die zwischen die Treppenhäuser und die vorderen Baukörper eingespannt sind. Durch die Verbindung von horizontalen Balkonen und vertikalen Baugliedern entsteht ein rechtwinkliges Kompositionsraster aus vor- und zurücktretenden Bauteilen. Die Fassade wirkt insgesamt sehr plastisch und bewegt, erhält durch die schmalen turmartigen Treppenhäuser jedoch auch eine gewisse Monumentalität.

175. Häuserzeile, Skizze

11 Doppelhaus für Arbeiter in Beton

Gegenstand Unausgeführter Entwurf eines Doppelhauses für Arbeiter in Stahlbeton. Der Entwurf diente als Illustration zu Ouds Artikel »Gewapend beton en bouwkunst« (Stahlbeton und Baukunst) und steht daher beispielhaft für seine Vorstellungen von Betonbau.[299] Gleichzeitig ist der Entwurf als Typus bzw. Ideallösung eines freistehenden Hauses mit zwei Arbeiterwohnungen zu verstehen.
Ort Eine konkrete Ortsangabe fehlt. Oud nennt als Standort den Abschluß einer Wohnstraße.[300] Hierbei scheint es sich jedoch um eine fiktive Ortsbestimmung zu handeln. Offenbar zeigt der Entwurf einen Typus bzw. eine Ideallösung dieser Bauaufgabe und sollte damit an beliebiger Stelle realisiert werden können.[301]
Entwurf Der Entwurf ist auf 1918 datiert. Die erste Publikation erfolgte im Mai 1919, auch der zugehörige Erläuterungstext datiert auf diesen Monat.[302] Stilistisch steht der Entwurf mit seinen für De Stijl charakteristischen geometrisierenden Formen in einer Reihe mit den frühestens im Oktober 1918 entworfenen Behelfswohnungen unter einem Viadukt* und der Häuserzeile mit Arbeiterwohnungen*, die zwischen Ende 1918 und Mai 1919 entstanden sein dürfte.
Auftrag Über einen Auftrag liegen keine Angaben vor.[303] Der Entwurf entstand mindestens ein Jahr vor dem von Arie Heijkoop (*Wethouder*) eingereichten Antrag zum Bau von Betonwohnungen durch den *Woningdienst* (April 1920) und war damit unabhängig von einem konkreten Bauvorhaben der Gemeinde. Die Tatsache, daß sich Oud mit den Arbeiterwohnungen in Beton auseinandersetzte, kann dennoch auf seine Tätigkeit beim *Woningdienst* zurückgeführt werden. Eventuell hatte ihm Auguste Plate (Direktor des *Woningdienst*), der sich zusammen mit Heijkoop um die Erprobung kostengünstiger Baumaterialien einsetzte, die Entwicklung prinzipieller Lösungen für Arbeiterwohnungen in Beton übertragen. Ebenso möglich ist jedoch, daß Oud aus eigener Initiative einen entsprechenden Entwurf konzipierte. Einerseits konnte er so seine Chancen auf einen Auftrag vergrößern, andererseits war das Bauen in Beton und die Suche nach einer hierfür geeigneten Formensprache eines der zentralen Themen in *De Stijl*.[304]
Konstruktion/Material Bereits der Titel (»Dubbele arbeiderswoningen in gewapend beton«) nennt als Baumaterial Stahlbeton. Oud plante eine Ausführung mit doppelten Wänden, bestehend aus einer tragenden Wand (»constructiewand«), auf der das Dach lastet, und – durch einen Zwischenraum getrennt – einer Isolationswand. Zwischen der Decke des Obergeschosses und dem Dach sollte ein belüfteter Isolationsraum in Höhe des »Frieses« bestehen bleiben.[305]
Planmaterial NAi: zwei Aufrisse der Eingangsfassade, Perspektive mit Eingangsfassade und Seitenfront, Grundriß von Erd- und Obergeschoß (Abb. 176). CCA: Ansichten, Perspektive, Grundrisse, Schnitte.
Bauprogramm Die spiegelsymmetrisch angelegten Haushälften umfassen jeweils einen Wohnraum, Küche, drei Schlafzimmer (insgesamt fünf Betten), Treppenhaus, Toilettenraum, Dachboden; Schlafzimmer und Küche enthalten Einbauschränke.

Städtebauliche Situation
Nach Oud wurde das Doppelhaus als Abschluß einer kleinen Wohnstraße entworfen und weist an zwei Seiten einen Garten auf.[306] Die Perspektive zeigt jedoch eine andere Situation: Das Gebäude liegt hier auf einer weiten Rasenfläche, die im Hintergrund eine Baumbepflanzung erkennen läßt. Ein schmaler Fußpfad führt zum Eingang des Hauses. Gärten, wobei im Arbeiterwohnungsbau vor allem an Nutzgärten mit Schuppen zu denken wäre, sind nicht wiedergegeben.

Außenbau
Die tatsächliche Struktur des Gebäudes, das sich aus zwei spiegelsymmetrisch angelegten, zweigeschossigen Wohnhäusern zusammensetzt, wird am Außenbau nicht sichtbar. Die auf eine Mittelachse zentrierte Hauptfassade suggeriert vielmehr eine repräsentative, in einen Park eingebettete großbürgerliche Villa.

Perspektive und Aufriß der Eingangsfront zeigen einen breitgelagerten geschlossenen Baukörper, der auf einem plastisch hervortretenden Sockel mit schmalem Gesimsband ruht. Das Dach besteht aus einer weit vorkragenden Dachplatte oberhalb eines schmalen friesartigen Rücksprungs. Während die Erdgeschoßfenster direkt auf dem Gesims aufliegen, sind die Fenster des Obergeschosses frei in die ansonsten ungegliederten Wandflächen plaziert. Das Gebäude weist sechs verschiedene Fensterformate auf, wobei die größeren durch Streben unterteilt sind. Zwei Fensterformen finden unabhängig von der jeweiligen Raumfunktion (Wohnraum und Schlafzimmer bzw. Schlafzimmer und Dachboden) sowohl im Ober- als auch im Untergeschoß Verwendung.

Die Eingangsfassade wird durch einen überproportional großen, monumentalen Vorbau akzentuiert, der die zu einem zweiflügeligen Portal verbundenen Eingangstüren sowie an den Schmalseiten die Toilettenfenster aufnimmt. Der in der Mittelachse liegende Baukörper greift die Gliederung des Gesamtbaus in Form einer weit vorkragende Dachplatte (hier als Vordach) über einem schmalen Rücksprung auf. Der Sockel wird um den Portalbau herum weitergeführt, knickt seitlich der Türen ab und verläuft – ähnlich dem Sockelband von Block I und V* – als dekorativer Rahmen um den Eingang herum. Zwei Treppenstufen, ein vertieftes Wandfeld über den Türen und zwei flankierende schmale Vertiefungen heben den Eingang zusätzlich hervor. Oberhalb des Portalbaus zeigt die Eingangsfassade vier zu einem Fensterband verbundene, tief in der Wand liegende Treppenhausfenster. Die tiefen Fensterlaibungen und die ansonsten geschlossenen Wandflächen unterstützen den Eindruck eines massiven, kubischen Baus.

Laut Grundriß sollte die Rückseite im Erdgeschoß vier Fenster und zwei Eingänge sowie zwei Fenster im Obergeschoß erhalten, die entsprechend der Eingangsfront axialsymmetrisch angelegt sind. Im Gegensatz hierzu zeigen die Seitenfronten in beiden Geschossen je ein schmales und ein breites Fenster, die weder axial übereinanderliegen noch spiegelsymmetrisch angeordnet sind. Das breitere Fenster im Erdgeschoß wird an beiden Seiten von zwei sehr schmalen, hochrechteckigen Fenstern flankiert, ein Motiv, das Oud bereits bei seiner Häuserzeile an einem Strandboulevard* entwickelt hatte.

Wie Oud in dem zusammen mit seinem Entwurf publizierten Artikel schrieb, erwarte er für die Zukunft starke Farbakzente, die allein beim Betonbau befriedigend zu realisieren seien.[307] Für die an gleicher Stelle publizierte Häuserzeile mit Arbeiterwohnungen* nannte Oud weißes Mauerwerk und eine Farbfassung der Einzelbauteile in den Primärfarben.[308] Entsprechend wäre auch beim Doppelhaus in Beton an eine Farbfassung in stark kontrastierenden Farben, eventuell auch an eine Beschränkung auf Rot, Gelb und Blau zu denken.

Innendisposition

Die spiegelsymmetrisch angelegten Grundrisse der beiden Wohnhäuser basieren auf einem Quadratraster. Jedes Haus nimmt eine Grundfläche von 3 x 3 Quadraten ein, die wiederum in je vier Quadrat-Module unterteilt sind. Während die Dreiteilung den Verlauf der Wände bestimmt, wird das Modul als kleinste gemeinsame Einheit im Grundriß der Toilettenräume sichtbar. Den Grundrißquadraten der beiden Häuser ist an der Vorderseite der Portalbau mit einer Fläche von 2 x 3 Modulen angefügt.

Jede Wohnung verfügt über einen separaten Eingang. In Verlängerung der Eingänge liegen die zweiläufigen Treppen (je drei Module pro Treppenlauf), die von je zwei der insgesamt vier über dem Portalbau angeordneten Fenster belichtet werden. Betrachtet man den Gesamtgrundriß des Gebäudes mit den im Zentrum liegenden Treppen, ergibt sich das Bild einer zweiarmigen, dreiläufigen Treppenanlage.

Seitlich von Flur und Treppe schließt sich jeweils ein großer quadratischer Wohnraum (4 x 4 Module) an. Alle vier Wände sind vollkommen symmetrisch angelegt, wobei die aufwendig gestaltete Fenstergruppe mit einem breiten und zwei seitlichen, schmalen Fenstern besonders hervortritt. Zwei Türen zu Seiten des Kamins führen zum Elternschlafzimmer und zur Küche an der Rückseite des Hauses (jeweils 2 x 3 Module), die einen eigenen Zugang nach draußen erhält. Die Toilettenräume (ein Modul), die – in den Niederlanden nicht zwingend – über eigene Fenster verfügen, sind in den Portalbau integriert. Im Obergeschoß befinden sich jeweils zwei Schlafzimmer (4 x 2 Module) mit je einem Bett sowie der Dachboden.

Charakterisierung

Die strenge Symmetrie und die sich im Portalbau wiederholende Gestaltung des Gesamtbaus verleihen dem Gebäude einen konstruierten, formalistischen Charakter. Der Grundriß wird bis ins Detail von dem Quadratraster bestimmt, der neben der Gesamtform auch den Verlauf der Raumwände und zum Teil sogar Größe und Lage der Betten bestimmt. Auch der Aufriß steht in Abhängigkeit von dem Raster. So wird die Grundrißfläche in den Fassaden (Abschnitt zwischen Sockel und Dachplatte) aufgegriffen, und zeigen die Türen und Treppenhausfenster jeweils die Breite eines Moduls. Prägend sind zudem die geometrischen Formen wie die Vorliebe für das Quadrat (Gesamtgrundriß der Häuser und Grundrißraster, Grundfläche des Wohnraums), die Spiegelsymmetrie und der ornamentale Charakter des Portalbaus (geknickter Sockel, Gesimsband, vertiefte Wandfelder), kennzeichnen, die unter dem Einfluß von *De Stijl* auch das Ferienhaus De Vonk* zeigt.[309]

Der kubisch geschlossene Baukörper mit Sockel, Gesims, vorkragendem Dach und friesartigem Rücksprung erinnert an italienische Paläste des Quattrocento (beispielsweise der Palazzo Strozzi in Florenz).[310] Auch die direkt auf dem Sockelgesims aufliegenden Erdgeschoßfenster stehen in der Tradition italienischer Renaissancepaläste. Das sich im Gesamtgrundriß ergebende Bild einer dreiläufigen Treppenanlage greift dagegen ein Motiv des Barockenbaus auf.[311] Die Anlehnung an Renaissancepaläste und Barockbauten zeigt einerseits den Anspruch, den Oud den Arbeiterhäusern entgegenbrachte und dem auch der betont repräsentative Eindruck des monumentalen Portalbaus mit dem

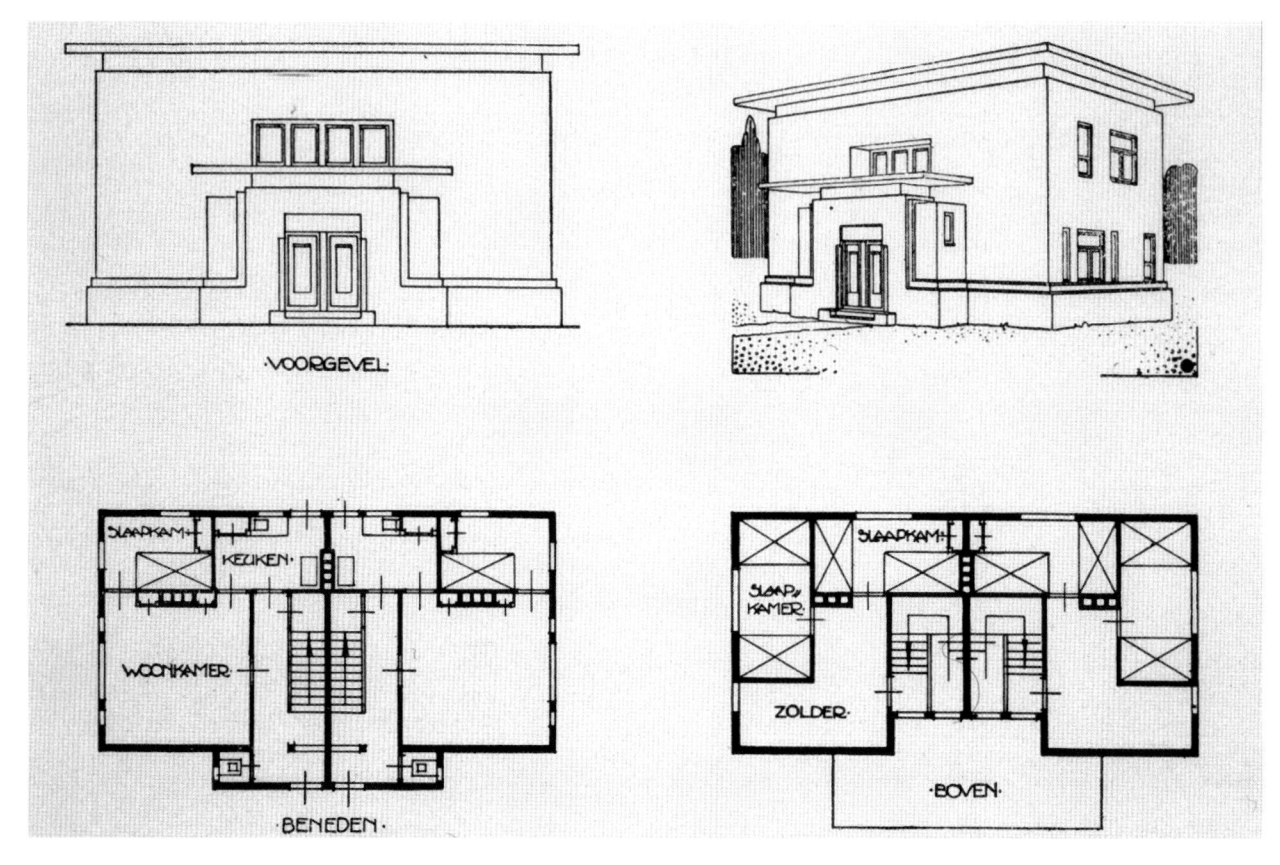

176. Doppelhaus für Arbeiter in Beton, Aufriß Eingangsfront, Perspektive, Grundrisse EG und OG

zweiflügeligen Eingang entspricht. Andererseits steht der quadratische Grundriß der beiden Häuser auch für die akademische, im weitesten Sinne »klassische Entwurfstradition«, also für die in der Renaissance wiederbelebten Entwurfsprinzipien auf Grundlage von geometrischen Formen, Symmetrien und Proportionssystemen, die sich mit der Idee eines Idealhauses verbinden. Parallelen bestehen dabei zu Ludwig Persius' Wohnhaus in Potsdam (1839), dem als Künstlerhaus programmatische Bedeutung zukam.[312]

Die 3 x 3 Grundrißquadrate finden sich vorwiegend in Entwürfen des 18. Jahrhunderts (Nicolai Goldmann und Leonard Christoph Sturm)[313] sowie im beginnenden 19. Jahrhundert bei J.-N.-L. Durand (vgl. Abb. 108), dessen Publikationen für Oud von besonderer Bedeutung waren[314]. Die akademische Entwurfspraxis führt schließlich auch zu Ähnlichkeiten mit klassizistischen Bauten unter anderem K. F. Schinkels Neuem Pavillon im Schloßpark von Charlottenburg (1824/25). Wie Paul Thierschs Landhaus Syla bei Niepoelzig in der Neumark (1913) scheint auch Ouds Doppelhaus von F. L. Wrights Winslow House (1893, River Forest, Illinois, Abb. 48) beeinflußt, das in der Wasmuth-Ausgabe von 1910 abgebildet war.[315] Oud wählte entsprechend den hervorgehobenen Eingangsbereich, die unterhalb des Daches zurückspringende Fassade, ein weit vorkragendes Dach und den gestuften Sockel. Die schmale Dachplatte war in Wrights »feuerfestem Haus« vorgebildet.[316] Allerdings präsentierte Oud mit seinem Doppelhaus eine stark formalistische Abwandlung von Wrights Architektur. Donald Langmeads Deutung des Doppelhauses als eine Parodie auf Wrights Architektur[317] wird jedoch kaum Ouds Anliegen gewesen.

Unter den zeitgenössischen Bauten sind weiterhin Parallelen zur Wiener Moderne auszumachen. Die kubische Bauform mit großen geschlossenen Wandflächen, Fenstergruppen und einem vorkragenden Dach findet sich beispielsweise in Josef Hoffmanns Sanatorium in Purkersdorf (1903) und der zweiten Villa von Otto Wagner in Wien (1912). Auch die graphische Darstellung von Bäumen und Rasen läßt an eine Beeinflussung Ouds durch Wiener Beispiele denken. Das äußerlich einer Villa gleichende Doppelhaus zeigt Parallelen zu Bauten von Walter Gropius und Adolf Meyer wie den Wohnhäusern für Landarbeiter auf Gut Janikow (1909) und dem Arbeiterhaus auf Golzengut (1910), alle in Pommern.[318] Da direkte Bezüge fehlen, scheint hier vor allem ein Parallelphänomen in dem Wunsch nach einer Aufwertung des Arbeiterhauses vorzuliegen.

Oud hat sich bei seinem Entwurf für ein Doppelhaus stark an repräsentativen Gebäudetypen (Renaissancepalast und Barockbau) orientiert. Dem auf klassisch-akademischen Kompositionsprinzipien basierenden Entwurf (Symmetrie, Raster, Kubus) wurden einzelne »klassizistische« Motive (Sockel, friesartiger Rücksprung, vorkragende Dachplatte, Portalbau), aber auch Stilformen von *De Stijl* (Geometrisierung, geplante Farbgebung) »aufgesetzt«. Ouds Suche nach einer neuen Formensprache ist hier im Kontext des geforderten neuen Baustils und einer dem neuen Material (Beton) entsprechenden Bauweise zu sehen. Allerdings nutzte Oud das Potential des Betons, etwa in Form weiter Überspannungen, nicht und hätte das Doppelhaus daher ebenso als massiven Backsteinbau entwerfen können.[319]

Ouds Konzentration auf die Formgebung führte zu einem ökonomisch kaum realisierbaren Entwurf. Aufgrund der relativ großzügig bemessenen Räume (Flur und Wohnraum) und der aufwendigen Gestaltung des Außenbaus (ausladende Dächer, viele Fensteröffnungen) war eine Ausführung durch den *Woningdienst* unwahrscheinlich. Selbst wenn man als Vergleich nicht die in dieser Zeit entstandenen Wohnblöcke in Spangen mit ihrer extrem hohen Wohndichte heranziehen möchte, zeigen auch Arbeiterwohnungen südlich der Nieuwe Maas deutlich komprimiertere Grundrisse und eine schlichtere Gestaltung. Dagegen scheint die außergewöhnliche und kostenintensive Formgebung des Doppelhauses den Entwurf eines Direktorenhauses von Auguste und Gustave Perret (1922) inspiriert zu haben.[320]

Frühe Publikationen Niederlande: Oud 1919a, S. 83. Ausland: Stavba, I, 1922, Nr. 4, S. 182; Badovici 1924, Pl. 45.
Literaturauswahl Oud 1919a, S. 84 (abg. in Taverne 2001, S. 214).
Vgl. Taverne 2001, Kat. Nr. 37.

11a Variante zum Doppelhaus für Arbeiter in Beton

Gegenstand Unausgeführter Entwurf für ein Doppelhaus für Arbeiter in Beton.
Ort Angaben zum Standort des Hauses fehlen. Als Entwurf des *Woningdienst* handelt es sich sicherlich um ein Normhaus, das in größerer Anzahl an verschiedenen Stellen ausgeführt werden sollte.
Entwurf Der Entwurf ist nicht datiert, die Autorschaft ist unklar. Allerdings steht die Arbeit in engem Zusammenhang mit Ouds Entwurf für ein Doppelhaus für Arbeiter in Beton*.
Auftrag Wie auf der Blaupause vermerkt, entstand der Entwurf im Rotterdamer *Woningdienst*.
Konstruktion/Material Laut Entwurfsbezeichnung handelt es sich um einen Betonbau.
Planmaterial NAi: Blaupause mit Aufriß von Vorder- und Rückseite, Seitenansicht und Grundriß der beiden Geschosse (Abb. 177), jeweils mit Maßangaben.
Bauprogramm Wohnraum (16 m² Nutzfläche), Küche (6 m²), drei Schlafzimmer (je 6 m² mit insgesamt fünf Betten), Zimmer, Dachboden, Treppe, Flur, Toilettenraum.

Außenbau
Der Entwurf zeigt eine vereinfachte, konventionelle Fassung von Ouds Entwurf für ein Doppelhaus für Arbeiter in Beton*. Der Außenbau tritt wiederum als schlichter Kubus mit plastischem Sockel – hier jedoch nur leicht aus der Wand hervortretend und ohne Gesims – sowie auskragender Dachplatte in Erscheinung. An Stelle des aufwendigen Portalbaus finden sich zwei schlichte Türen über einem zweistufigen Treppenabsatz. Zusammen mit zwei kleinen quadratischen Toilettenfenstern (hier zwischen den Türen liegend) werden sie in einem Wandfeld zusammengefaßt, das sich wiederum als Erweiterung des Sockels zu erkennen gibt. Seitlich der Türen sowie im Obergeschoß befinden sich große Fenster, über dem Eingang zudem zwei einfache Fenster zur Belichtung des Treppenhauses. Bei allen Fenstern handelt es sich um Sprossenfenster, die ein betont traditionelles Motiv in den Entwurf einführen.

Die Rückseite zeigt schmalere hochrechteckige Fenster, die jeweils axial übereinanderliegen. Die Küchentüren und die anschließenden Fenster sind durch ein Vordach und einen gemeinsamen Absatz verbunden. Die Schmalseiten erhielten im Gegensatz zu Ouds Entwurf, bei dem verschiedene Fensterformen kombiniert wurden, nur ein einzelnes kleines Fenster (Obergeschoß). Entsprechend anderen Betonbauten in den Niederlanden ist auch bei diesem Entwurf von einer Farbfassung auszugehen.

Innendisposition
Der Innenbau zeigt prinzipiell mit Grundrißraster und Modul (Toilettenräume) die Einteilung von Ouds Entwurf. Eine Abweichung besteht in der um 180° gedrehten Treppe, wodurch der Treppenansatz ins Innere des Hauses verlegt wurde. Zwischen den Eingangstüren befinden sich hier die Toilettenräume, wodurch das Motiv des zweiflügeligen Portals entfällt. Im Obergeschoß kommt durch die Verkleinerung der beiden Schlafräume und einer günstigeren Lage des Treppenabsatzes je ein weiteres Zimmer hinzu. Unterschiede zeigen sich zudem in der Belichtung der einzelnen Räume. So wird das Wohnzimmer nicht von der Seite, sondern von der Eingangsfront belichtet, während der Elternschlafraum und das Treppenhaus nur noch jeweils ein Fenster besitzen.

Charakterisierung
Auffallend im Vergleich zu Ouds Doppelhaus-Entwurf ist die deutlich konventionellere Gestaltung. Statt des Versuchs, eine dem neuen Baumaterial entsprechende Formensprache zu finden, wird durch traditionelle Elemente wie axial angeordnete Sprossenfenster bewußt an den herkömmlichen Wohnbau angeknüpft. Der Verzicht auf den aufwendigen Portalbau, die geometrische Ornamentik, die Plastizität des Sockels und den friesartigen Rücksprung in der Dachzone führt zu einem betont schlichten und unscheinbaren Gesamtbild. Die Fassadengliederung mit symmetrisch über der Hausfront verteilten Fenstern ist wenig einfallsreich und ohne Spannung. Ziel war offenbar, durch Reduzierung des gestalterischen Aufwandes einen realisierbaren, das heißt kostengünstigen Bau für den *Woningdienst* zu entwickeln. Die konventionelle Gestaltung sprich dafür, daß hier eine Orientierung an überlieferten Fassadenbildern vorgegeben war. Damit sollte offenbar auf die oft ablehnende Haltung der Arbeiter gegenüber den als unpersönlich und steril empfundenen Betonbauten reagiert und die Akzeptanz der Bewohner gesteigert werden.

Die kleinteilig versproßten Fenster und die Fassadengliederung sind in dieser Zeit untypisch für Oud. Auch die Beschriftung auf der Blaupause stammt offenbar nicht von ihm. Schließlich spricht auch der deutliche Qualitätsunterschied zwischen beiden Arbeiten gegen Oud als Entwerfer. Da eine Datierung fehlt, ist sowohl eine spätere Umarbeitung von Ouds Entwurf durch Mitarbeiter des *Woningdienst* als auch eine nachträgliche Verbesserung des von der Gemeinde konzipierten Entwurfs durch Oud selbst möglich. Falls Oud die Blaupause als Vorlage für seinen Entwurf verwendet hat, läge hier ein Beispiel der (bereits von der Ambachtsschool Helder* bekannten) nachträglichen Korrektur vor.[321] In diesem Sinne wird der Entwurf im Rotterdamer Katalog als Vorstudie bzw. technische Bauzeichnung des Doppelhauses für Arbeiter in Beton gedeutet, die entsprechend den Vorstellungen von *De Stijl* umgearbeitet wurde.[322] Allerdings erscheint eine Entstehung des Gemeinde-Entwurfs vor April 1920, als Heijkoop den Vorschlag zum Bau von Betonwohnungen unterbreitete, unwahrscheinlich. Plausibler ist daher eine ausgehend von Ouds Entwurf erstellte, realisierbare Fassung durch den *Woningdienst*. In diesem Fall

177. Variante Doppelhaus für Arbeiter in Beton, Aufriß Eingangsfront, Seitenansicht, Grundrisse EG und OG

mag Oud einen Blaudruck aus persönlichem Interesse für sich behalten haben, der so in seinen Nachlaß kam.

Der Entwurf des *Woningdienst* zeigt hinsichtlich der Fassadengestaltung deutliche Parallelen zu anderen Betonbauten der frühen 1920er Jahre. Als Beispiel ist vor allem der Typus einer Doppelwohnung (Gußbeton) in Scheveningen von 1921 zu nennen. Dieser zeigt ebenfalls einen einfachen Kubus mit vorkragendem Dach und abgesetztem Sockel, eine ähnliche Türgruppe und axial übereinanderliegende versproßte Fenster, die spannungslos in die Wandfläche gesetzt sind. Auch die Abweichungen gegenüber Ouds Grundriß – die veränderte Lage von Eingangstüren und Toiletten sowie ein weiterer Raum im Obergeschoß – sind in den Scheveninger Häusern zu finden.[323] Die Rotterdamer Gemeinde hatte Ende 1920 Aufträge für Betonwohnungen an zwei niederländische Firmen vergeben, die ab Herbst des Jahres an den Betonwohnungen in Scheveningen beteiligt waren.[324] Der Entwurf des *Woningdienst* könnte daher im Rahmen der vorbereitenden Arbeit für Betonbauten in Rotterdam-Süd auf Grundlage der Scheveninger Bauten und Ouds Doppelhaus-Entwurf entstanden sein. Diese These wird durch den Umstand gestützt, daß es sich hier um den einzigen Entwurf des *Woningdienst* für Betonbauten handelt. Die übrigen Bauten stammen – wie auch in anderen Gemeinden – von frei schaffenden Architekten, die von den zuständigen Betonbaufirmen ausgewählt wurden.

Publikation Hans Oud 1984, S. 47.

12 Fabrikgebäude und Lagerhaus der Firma Wed. G. Oud Pzn & Co, Purmerend

Gegenstand Unausgeführter Entwurf eines Fabrikgebäudes mit Lagerhaus für die Purmerender Spirituosenfabrik Wed. G. Oud Pzn & Co.

Ort Jaagweg, Purmerend. Die in der Peperstraat in Purmerend (Provinz Noord-Holland) ansässige Firma plante einen Neubau außerhalb der Innenstadt. Die Bauanfrage nennt als Bauplatz den Jaagweg, eine parallel zum Noordhollandsch Kanaal stadtauswärts (als N 235 in Richtung Amsterdam) führende Straße.[325]

Entwurf Ein von D. Saal, »ausführender Architekt«, unterzeichneter Grundriß der Fabrik im Oud-Archiv trägt das Datum August 1919, ein Grundriß des Lagerhauses im Streekarchief Waterland (Regionales Archiv Waterland) ist auf Dezember 1919 datiert.[326] Die Arbeiten scheinen daher gleichzeitig oder aber kurz hintereinander entstanden zu sein. Die Bauanfrage (Lagerhaus) stammt vom 23. Dezember 1919, die Baugenehmigung wurde am 31. Dezember 1919 bzw. 2. Januar 1920 erteilt.[327]

Auftrag Auftraggeber für den Entwurf von Fabrik und Lagerhaus war die Firma Wed. G. Oud Pzn & Co in Purmerend. Wie bereits bei Haus Oud-Hartog in Purmerend (1907) und Haus Gerrit Oud in Aalsmeer (1912) kam der Auftrag damit aus dem Kreis der Familie.[328] Die Purmerender Spirituosenhandlung (»handel in wijnen, liqueuren, en gedisteleerd«) war am 1. Mai 1877 von Gerrit Oud, Onkel von J. J. P. Oud, gegründet worden. Kurz darauf folgte eine eigene Likörbrennerei, die unter anderem den populären Eierlikör Advocaat und den »fiebersenkenden und appetitanregenden« Kina-Wijn produzierte, zwei vor allem in den 1920er Jahren in den Niederlanden und den Kolonien beliebte Getränke. Nach dem Tod von Gerrit Oud im Jahr 1890 wurde die Firma von seiner Frau, Weduwe (Witwe) Gerrit Oud (daher Wed. G. Oud Pzn. & Co), und seinem Bruder H. C. Oud, Vater von J. J. P. Oud, weitergeführt. 1896 übernahmen die Söhne des Gründers Piet und Kassen Oud die Direktion. H. C. Oud blieb noch mehrere Jahre im Betrieb tätig.[329]

Ouds erster Entwurf für die Firma (Oud-Archiv), betitelt als »pakhuiz met spoelplaats« (Lagerhaus mit Spülplatz), ist undatiert.[330] Das zweigeschossige, mit einem Mansarddach gedeckte Gebäude zeigt in beiden Geschossen je eine langgestreckte Halle (25 x 7 m), der im Erdgeschoß ein »Spülplatz« (8,5 x 6,75 m) angegliedert ist. Die schräge Eingangsfront folgt offenbar der Form des Grundstücks zwischen Peperstraat und Singelgracht. Aufgrund der beengten Platzverhältnisse wurde dieses Bauvorhaben jedoch verworfen und ein Neubau am Rande der Stadt beschlossen. Die Fassade ist ähnlich dem Kino Schinkel von 1912 (Abb. 3) und dem 1916 entstandenen Vorentwurf von Haus De Geus* (Abb. 122) symmetrisch angelegt, weicht jedoch mit dem Mansarddach und einem hölzernen Sprenggiebel über den Ladetüren von der reduzierten Formensprache dieser Bauten ab. Möglicherweise geht das für Oud ungewöhnliche, traditionelle Erscheinungsbild des Lagerhauses auf den Auftraggeber zurück. Eine Datierung anhand stilistischer Kriterien erweist sich damit als schwierig. Der dekorative Wechsel der Steinlagen findet sich bei Oud noch Ende 1916, so bei seinem Landhaus in Blaricum (Abb. 100) von November bzw. Dezember 1916.[331]

Nach Aussagen von Familienmitgliedern kam das Grundstück am Jaagweg zwischen 1916 und 1919 in den Besitz der Firma.[332] Den Auftrag zur Errichtung des neuen Fabrikgebäudes erhielt nach Aussage von Hans Oud der in Alkmaar ansässige Architekt D. Saal, der seinerseits seinen Jugendfreund J. J. P. Oud für das Projekt heranzog.[333] Van Doesburg erläutert anläßlich der ersten Publikation des Fabrik-Entwurfs, daß Ouds Plan auf einen – in Einzelteilen veränderten – Grundriß von Saal zurückgehe und auch der Aufriß damit mehr oder weniger vorgegeben gewesen sei.[334] Erstaunlich ist nicht allein, daß Saal einen anderen Architekten an seinem Auftrag beteiligte, sondern auch, daß der Firmenvorstand Oud, der bereits mehrfach für die Familie und auch für die Firma tätig gewesen war, überging. Ouds Position als Architekt der Gemeinde Rotterdam hätte eigentlich alle Zweifel an seiner Eignung beseitigen müssen. Fraglich ist daher, ob Saals Anteil an den Entwürfen wirklich so groß war, wie Van Doesburg behauptet. So bemerkte Saal im Mai 1922, daß die Firma beide Architekten zur Ausführung der Bauten aufgefordert habe.[335] Wahrscheinlicher als die nachträgliche Hinzuziehung Ouds ist daher, daß dieser nach Absprache mit Saal die Entwürfe lieferte, während Saal (aufgrund von Ouds Bindung an Rotterdam) für die

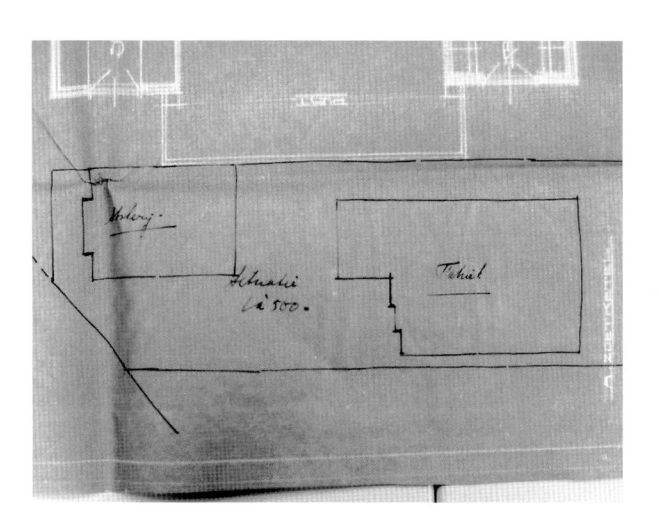

178. Skizze des Grundstücks mit Fabrik und Lagerhaus

179. Lastwagen von Oud Wijnkopers, hist. Fotografie aus den 1920er Jahren (© Bols Distilleries)

Ausführung vor Ort zuständig sein sollte. Dem entspricht auch Saals eigene Bezeichnung als »ausführender Architekt« auf dem Grundriß der Fabrik im Oud-Archiv. Zudem taucht weder in Ouds Werkverzeichnissen noch in den zahlreichen Veröffentlichungen der beiden Bauten (mit Ausnahme der genannten Publikation von Van Doesburg) Saals Name auf.

In der Forschung steht der Fabrik-Entwurf beispielhaft für Ouds Beitrag zu einer neuen, progressiven Architektursprache, während Auftrag und Entwurfsgeschichte bisher kaum Beachtung fanden. Hierfür ist nicht zuletzt die von Oud bevorzugte Präsentation des Gebäudes in Schrägansicht und unter Ausklammerung der angrenzenden Bebauung verantwortlich. Die durch Schattierungen hervorgehobene, plastisch-bewegte Eingangsfassade erscheint dort primär als Beispiel einer avantgardistischen Architektur und weniger als konkretes, für ein bestimmtes Grundstück konzipiertes Bauvorhaben (Abb. 180).

Konstruktion/Material Oud macht keine Angaben zum Material. Aufgrund der Stützenweite ist bei beiden Bauten von einer Konstruktion mit Stahlträgern auszugehen. Für einen Betonbau existieren keine Hinweise.

Planmaterial Streekarchief Waterland in Purmerend, Archief Gemeente Purmerend: Grundriß Lagerhaus mit Skizze eines Lageplans (Abb. 178). NAi: Fabrik-Entwurf in Grundrissen (Abb. 181), Aufrissen aller Fassaden (Abb. 182), Perspektive (Abb. 180), Tusche- und Bleistiftskizzen (Abb. 183, 185), Modell (1951); Lagerhaus mit Grundrissen (Erd- und Obergeschoß), Aufrissen, Schnitt (vgl. Abb. 184). CCA: Grundrisse, Aufriß. GRI: eine Zeichnung, ein Abzug, Fotografien.

Städtebauliche Situation

Die Situierung der beiden unterschiedlich großen Bauten ist als Skizze im Maßstab 1 : 500 auf dem von Saal unterzeichneten Grundriß des Lagerhauses (Dezember 1919) überliefert (Abb. 178).[336] An der Schmalseite des langgestreckten ostwestgerichteten Terrains wird durch den schrägen Verlauf des Jaagweg (NW – SO) eine Ecke des Grundstücks abgetrennt. Das Lagerhaus mit Brennerei befindet sich im vorderen Bereich, wobei die Langseite des Gebäudes auf der nördlichen Grundstücksgrenze liegt. Der südliche Abschnitt mit der abgeschrägten Grundstücksgrenze sollte offenbar als Zufahrt für die im hinteren Teil plazierte Fabrik dienen. Die südliche Fluchtlinie des Lagerhauses wird in der Mittelachse des Fabrikgebäudes weitergeführt. Diesem ist im nördlichen Fassadenabschnitt ein Anbau (Warenumschlag) vorgelegt. Während Anbau und Lagerhaus symmetrisch gestaltet sind, zeigt der südliche Fassadenabschnitt der Fabrik eine komplexe, kleinteilige Komposition. Von der Einfahrt aus fällt der Blick genau auf diesen Fassadenbereich, der auch den zentralen Eingang aufnimmt. Zur Straße präsentiert sich der Firmenkomplex dagegen durch die streng symmetrische Fassade des Lagerhauses. Die rückwärtige Schmalseite des Grundstückes ist auf der Skizze nicht dargestellt.

Fabrik (Abb. 180–183)

Bauprogramm Erdgeschoß: Brennerei, Lagerhaus, überdachter Innenhof, Verkork- und Etikettenstelle, Abfüllstelle, Weinlager, Raum für Weinfässer, Packstelle für den Export, Spülplatz, Warenumschlag mit Ausladestelle, Lager für Flaschenkorken und Stellplatz für Heuwagen, Büroraum, Garderobe Männer, Garderobe Frauen, Teeküche, Privatzimmer, Fahrradabstellplatz, Archiv mit Tresor, Toilettenräume. Obergeschoß: Privatwohnung mit zwei Schlafzimmern (je ein Bett), Wohnzimmer und Küche, drei Lagerräume, Einbauschränke. Keller: Wasserlager.[337]

Gebäude
Die Fabrik setzt sich aus mehreren unterschiedlich gestalteten und in der Größe variierenden Baukörpern zusammen. Der hintere, auf rechteckiger Grundfläche errichtete Gebäudeabschnitt nimmt die zur Produktion und Abfertigung der Spirituosen notwendigen Räumlichkeiten auf, so im Norden Brennerei, Spülplatz, Packstelle (Export) und Lagerplatz für Fässer, in der Mitte den überdachten Innenhof und das durch 3×5 Stützen gegliederte Lagerhaus und an der Südseite den Büroflügel. An der Straßenseite ist dem Produktionsbereich der Anbau für den Warenumschlag und ein schmaler Gebäudeflügel mit dem zentralen Eingang, der Privatwohnung und einer Reihe kleinerer Funktionsräume (Garderoben, Teeküche, Tresor und Fahrradabstellplatz) angefügt. Die Eingangsfront am Ende der Sichtachse tritt durch ihre aufwendige Gestaltung mit vorgesetzten Kuben und Flächen als »Hauptfassade« in Erscheinung. Das plastische Fassadenbild kommt jedoch allein aus der Schrägsicht zur Geltung (Abb. 180), eine Perspektive, die von dem schmalen Grundstück aus nicht möglich war. Dennoch

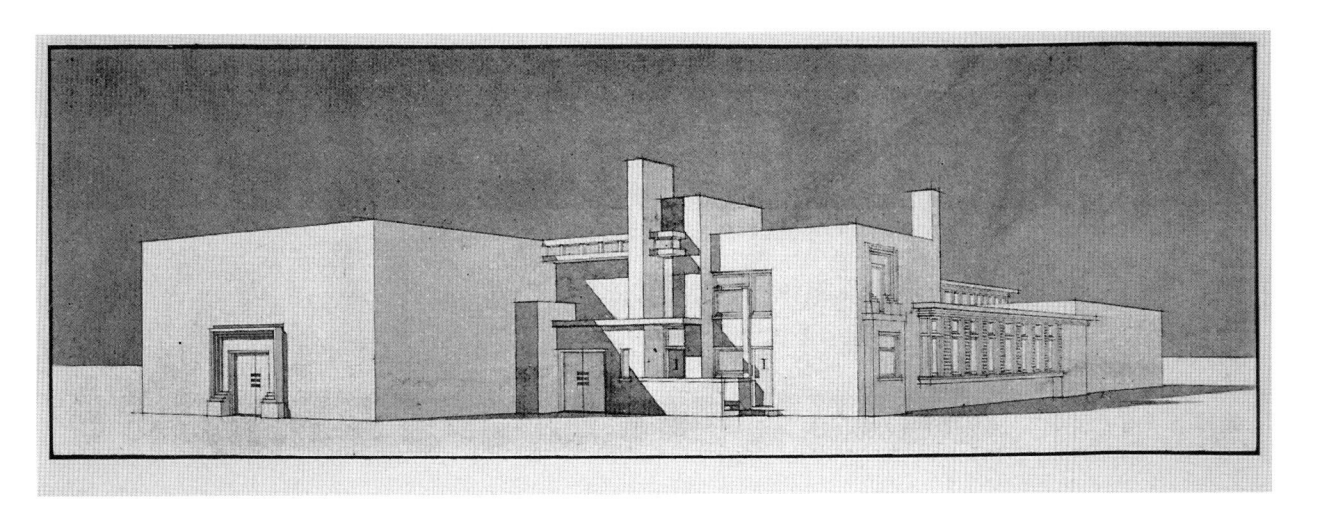

180. Fabrik, Purmerend, Perspektive

präsentierte Oud gerade die Schrägsicht durch seine häufig publizierte Perspektivzeichnung als Hauptansicht des Gebäudes.

Der zweigeschossige Bau für den Warenumschlag bildet mit Ausnahme des Eingangs in der Mittelachse einen vollkommen geschlossenen Kubus. Die zweiflügelige Türe durchbricht einen kurzen, der Wand vorgesetzten Sockelstreifen, auf dem ein mehrfach profilierter, plastisch abgesetzter Rahmen aufliegt. Dieser die Tür in einigem Abstand umfassende Rahmen beschreibt ein Quadrat, das allein an der Unterseite von den Türflügeln abrupt durchbrochen wird. Das dem orientalischen Tempelbau entlehnte Motiv der mehrfach profilierten Rahmung erscheint als isoliertes Zitat, das dem ansonsten schmucklosen Baublock einen seiner Funktion (Abstellplatz der Heuwagen und Korklager) widersprechenden monumental-sakralen Charakter verleiht.[338]

Ein vollkommen konträres Bild liefert der Gebäudeflügel mit dem zentralen Eingang. Die Eingangsfront (Abb. 180) zeigt eine komplexe Plastik sich durchdringender vertikaler Quader und horizontaler Platten (Vordach und Gesimse). Der ebenfalls zweiflügelige Haupteingang, der hier jedoch als Teil der Fassadenkomposition kaum hervortritt, führt über einen Flur in den überdachten Innenhof und den Produktionsbereich. Der Eingang und die Toilette der Mädchengarderobe sind in einem flachen Vorbau zusammengefaßt, über dem sich einer der beiden Schornsteine erhebt. Der Schornsteinquader wird von der Dachplatte des Vorbaus und einem schmalen, von Gesimsen eingefaßten Fensterband durchdrungen. Dieses belichtet den Lagerraum im Obergeschoß und das Treppenhaus, das neben dem Schornstein als hochrechteckiger Quader in den Gebäudeflügel eingeschoben ist. Ein schmales Treppenhausfenster neben dem Schornstein sollte offenbar, entsprechend anderen Arbeiten der De Stijl-Künstler, als buntfarbiges Bleiglasfenster (eventuell nach Entwurf Van Doesburgs) gearbeitet werden. Im Winkel zwischen Warenumschlag und Eingangsflügel ist die Herrentoilette in Form eines weiteren Quaders eingeschoben. In Flucht des Vorbaus (Eingang und Mädchentoilette) verläuft eine niedrige Brüstung, die den Zugang zu einem zweiten Eingang, einer schmalen Tür mit Lichtschlitz, abgrenzt. Diese führt ins Treppenhaus, das die Wohnung (Privatwohnung des Fabrikdirektors oder Hausmeisterwohnung) und zwei Lagerräume im Obergeschoß erschließt. Der angrenzende Fassadenabschnitt nimmt die dritte Eingangstür auf, die über einen Flur in die Teeküche, in das Privatzimmer und zum Bürotrakt führt, von wo aus das Archiv bzw. der Tresor[339] zugänglich ist. Als Pendant zu der Dachplatte des Vorbaus führt zwischen der Tür und dem Fenster der Teeküche ein plastisch abgesetztes Profil senkrecht nach oben und endet abrupt zwischen den beiden Wohnzimmerfenstern.

Wie für Ouds Bauten charakteristisch werden einzelne Elemente im Sinne normierter Bauteile mehrfach am Gebäude wiederholt. Neben den Türflügeln, die einzeln oder zu Doppeltüren verbunden auftreten, sind auch das Fenster der Teeküche und zwei der Wohnzimmerfenster identisch. Die Fenster wurden einmal hochkant und zweimal liegend angeordnet, was die beliebige Verwendbarkeit der Normteile noch betont. Die Fenster des Fensterbandes sind zudem gleich breit wie die Wohnzimmerfenster. Die Fassade zeigt sich damit als ein Spiel aus einzelnen, immer wieder auftretenden Formen und Maßen.

Die Eingangsfront gibt sich mit ihrer kleinteiligen und komplexen Gliederung als eine bewußt mit jeder Bautradition brechende und auf Effekte zielende, dekorative Lösung zu erkennen. In seiner Autobiographie bestätigte Oud, daß er bei dem Fabrik-Entwurf genötigt gewesen sei, »mit den praktischen Anforderungen etwas zu ›jonglieren‹«.[340] In der Tat spiegelt die Gliederung des Außenbaus nicht, wie aufgrund der asymmetrischen, komplexen Anlage zu vermuten wäre, die Innendisposition wieder. So belichtet das äußerste rechte Fenster der Fensterreihe einen anderen Raum als die übrigen fünf und ist die Teeküche entgegen der Fassadengestaltung nicht Teil der sie umgebenden Wohnung.

Die Südseite des Eingangsflügels (Abb. 182) zeigt im Erdgeschoß einen flachen Wandvorsprung, in dem sich das Fenster des Privatraumes befindet. Der Vorsprung dient als Unterbau für einen Sockelstreifen, der wiederum eine Mehrfachrahmung (hier für eines der Schlafzimmerfenster) trägt. Das Fenster zeigt dasselbe Format wie im Erdgeschoß (unterer Abschnitt des zweigeteilten Fensters), nur daß dieses um 90° in die Horizontale gedreht ist. Als Entsprechung zur Tür des Warenumschlags, die sowohl Rahmen als auch Sockel durchschneidet, wird das Schlafzimmerfenster bis zum Fußboden hinuntergezogen, ohne hierfür jedoch eine funktionale Begründung (zum Beispiel als Zugang zu einem Balkon) zu liefern. Den seitlichen Abschluß des Flügels markiert der zweite Schornstein, der rechtwinklig zum Schornstein der Eingangsseite ausgerichtet ist.

An der Langseite des Gebäudes folgt der niedrigere Bürotrakt, der eine aus der Flucht hervortretende Reihe von Fenstern mit dazwischenliegenden, plastisch abgesetzten Wandflächen zeigt. Die Fensterfront setzt sich seitlich über die Breite des Büroraums hinaus fort, so daß die acht Fenster nicht – wie die Fassadengestaltung suggeriert – allein den großen Büroraum, sondern auch die angrenzenden Räume (die Toiletten im Eingangsflügel und ein Teil des Weinlagers) belichten. Ähnlich den normierten Bauteilen erweist sich auch die optische Verklammerung der Bauabschnitte als wiederkehrendes Gestaltungsprinzip. So faßt ein mehrfach profiliertes Gesims den Bürotrakt mit dem anschließenden, unge-

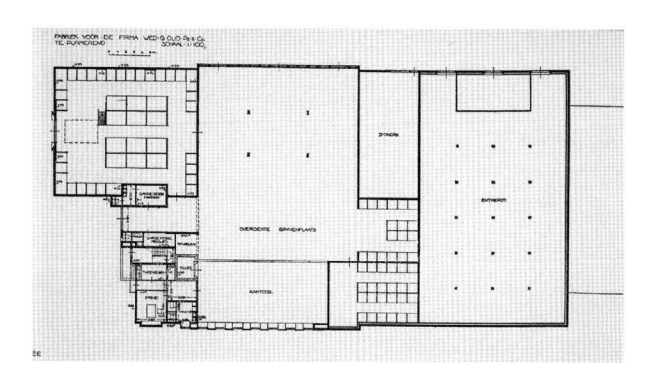

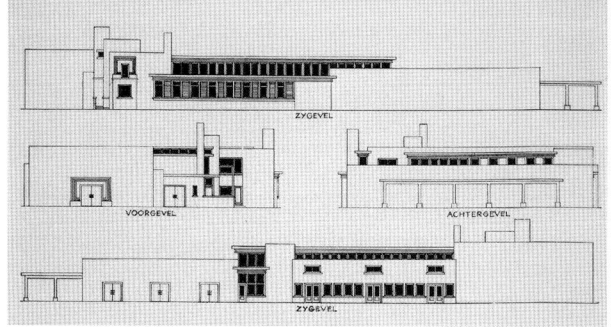

181. Fabrik, Purmerend, Grundriß EG

182. Fabrik, Purmerend, vier Aufrisse

gliederten Fassadenabschnitt (Teil des Weinlagers) zusammen. Indem auch das über dem Bürotrakt sichtbare Oberlicht (Innenhof) ein Gesims erhält, wird zudem über die Geschosse hinweg eine Verbindung zwischen den Baugliedern hergestellt.

Die Schmalseite im Osten und die nördliche Langseite des Gebäudes geben sich weniger repräsentativ. An die Ostseite (gleichzeitig die Langseite des Lagerraumes) ist eine von 2 x 6 Stützen getragene Überdachung angefügt, die offenbar als Unterstand bei der Warenanlieferung dienen sollte. An der Langseite befindet sich die symmetrische Eingangsfront des Lagerraumes mit drei Doppeltüren des bereits bekannten Typus. Die Fassade der Brennerei zeigt eine mit profiliertem Gesims abschließende Fensterfront, über der sich (in der Realität kaum sichtbar) die zurückliegende, ebenfalls mit Gesims schließende Oberlichtreihe des Innenhofes erstreckt. Der leicht aus der Flucht hervortretende Spülplatz und die Packstelle erhalten eine zweigeschossige, wiederum symmetrische Front. Die Türen, über denen jeweils ein Doppelfenster liegt, sind in die Fensterreihe des Erdgeschosses integriert. Aufgrund der plastisch abgesetzten Fensterbänke entsteht hier eine Art »Zickzack«-Muster aus abwechselnd hoch und tief liegenden Fenstern.

Der Fabrik-Entwurf zeigt sich trotz der Verklammerung einzelner Fassadenmotive und der Wiederholung von Fenster- und Türformaten als eine heterogene Zusammensetzung unterschiedlich gestalteter Bauteile. Einzelne Funktionsbereiche erhalten eine individuelle, meist symmetrische Gestaltung (Lager, Innenhof, Warenumschlag). Auffallend ist die Kombination unterschiedlicher Stilformen, wobei moderne Elemente wie geschlossene, glatte Wandflächen, Fensterbänder und Flachdach neben den mehrfach profilierten neoklassizistischen Gesimsen und der orientalisch anmutenden Mehrfachrahmung von Tür und Fenster stehen. Die auf kleinstem Raum komponierte Eingangsfront zeigt mit ihrer komplexen Gestaltung eine in der Architekturgeschichte bis dahin beispiellose Verbindung von skulpturalen und architektonischen Elementen. Entsprechend deutete Oud seinen Entwurf als dreidimensionale Umsetzung der von Mondrian entwickelten Malweise.[341] Insgesamt zeichnet sich der Entwurf weniger durch seine künstlerische Qualität als durch die Einführung dieser im Kontext von De Stijl entwickelten Formensprache aus. Allein hierauf bezieht sich auch seine allgemeine Wertschätzung als »Meisterwerk der De Stijl-Architektur«.[342]

Zu den unterschiedlichen Stilformen kommt auch das zitathafte Aufgreifen fremder Motive, die entsprechend als isolierte Versatzstücke in Erscheinung treten. Als zentrales Vorbild dienten die Bauten Frank Lloyd Wrights, so bei der Fensterreihe des Bürotraktes mit ihren plastisch vortretenden Zwischenstützen und dem vertikal eingeschobenen Quader der Eingangsfront, der – wie bei Wright – nicht bis zum Boden hinunter reicht und so Horizontalität des Gebäudes bestehen läßt.[343] Entgegen der wiederholt geäußerten Behauptung, das Motiv der profilierten Türrahmung gehe auf Berlage zurück[344], orientierte sich Oud auch hier an Wright bzw. am Wiener Jugendstil (von dem Wright dieses Motiv übernommen hat). Möglich erscheint eine Beeinflussung Ouds durch die Darmstädter Bauten von Alfred Messel (Landesmuseum von 1905) und Joseph Maria Olbrich (Hochzeitsturm von 1907/08), die er auf der Reise nach bzw. von München gesehen haben wird.[345]

Frühe Publikationen Niederlande: Van Doesburg 1920, nach S. 45; Wattjes 1924, S. 92; Wiekart 1964, S. 10f. Ausland: Behne 1921/22a, S. 56; Oud 1922f, S. 184; Badovici 1924, Pl. 18, 19; Veronesi 1953, S. 69.
Literaturauswahl Van Doesburg 1920, S. 46; Fanelli 1985, S. 37–39.
Vgl. Taverne 2001, Kat. Nr. 32.

Skizzen (Abb. 183)

Drei Skizzen im Oud-Archiv[346] zeigen das Fabrikgebäude in leicht veränderter Gestaltung. Auffallend sind zwei, die Gebäudekanten des Anbaus (Warenumschlag) betonende Bauteile, bei denen es sich entweder um überproportional groß gezeichnete Regenrinnen oder um dekorativ hervorgehobene Eckstützen handelt. Auch die Schornsteine sind in einem Fall durch plastische Gesimse akzentuiert. Eine der Skizzen weist eine veränderte Fassadengestaltung der Privatwohnung auf, während bei den beiden anderen Blättern dieser Bereich noch ausgespart bleibt. Damit scheinen die auf 1919 datierten Skizzen ein im Vergleich zu dem detailliert ausgearbeiteten Fabrik-Entwurf früheres Entwurfsstadium wiederzugeben, wobei die prinzipielle Anlage des Gebäudes sowie einzelne Motive bereits feststehen. Ein späteres Entstehungsdatum (beispielsweise als nachträglich angefertigte Varianten) ist aufgrund der hervorgehobenen Gesimse, die in dieser Form auch bei den Wohnblöcken in Spangen* (1919) auftreten, unwahrscheinlich.

Tuschezeichnung

Eine Tuschezeichnung im Oud-Archiv[347] zeigt eine Perspektive des Fabrikgebäudes. Im Unterschied zu den übrigen Darstellungen, bei denen Oud mit einer Vielzahl von Grauwerten arbeitete, beschränkt er sich hier auf schwarze und weiße Flächen sowie feine Umrißlinien. Letztere deuten die Form oftmals nur an, ohne

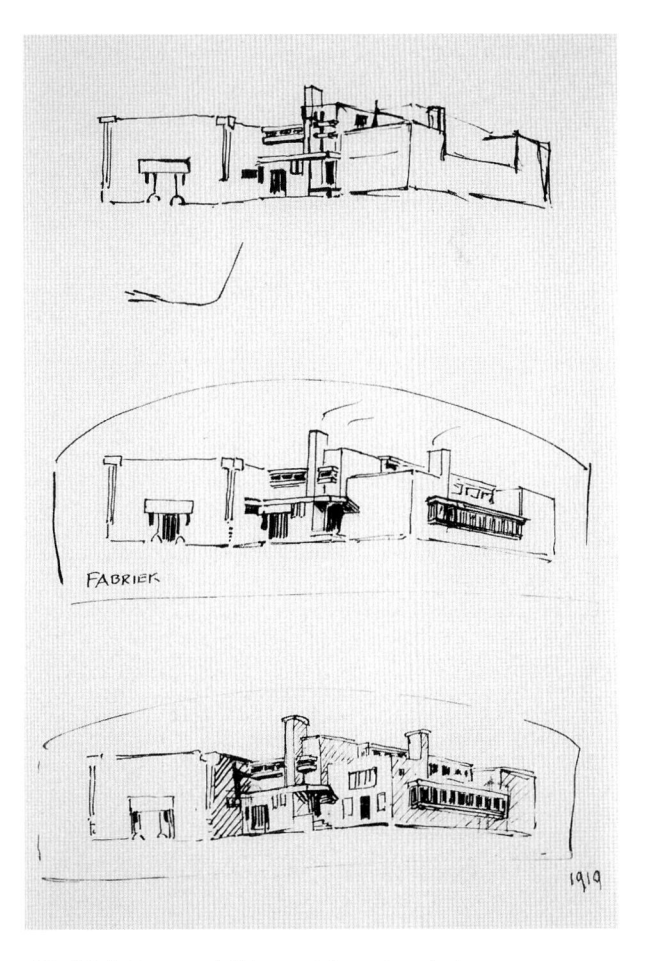

183. Fabrik, Purmerend, Skizzen mit Fassadenvarianten

die Umrisse vollständig nachzuzeichnen. Vor allem mit Blick auf die Binnenzeichnung gibt das Blatt eine vereinfachte Darstellung des Gebäudes wieder. So tritt beim Bürotrakt an Stelle des Wechsels von Fenster und Wandfeld ein durchgehendes Fensterband, bei dem die einzelnen Fenster nur durch schmale Streben voneinander getrennt sind. Auch auf die plastisch hervortretenden, profilierten Gesimse und Rahmen wird verzichtet, so daß der Bau insgesamt schlichter, durch die stärkere Flächigkeit eleganter und moderner erscheint. Mit dem vermeintlichen Fensterband und den schmalen Fensterrahmen weist die Tuschezeichnung bereits auf den »Internationalen Stil« der 1920er Jahre.

Die hier gewählte Darstellungsweise lehnt sich (mit Ausnahme der von Oud gewählten Vogelperspektive) eng an Wrights Zeichnungen wie die Tuschezeichnungen des Frederick C. Robie House in Chicago von 1906[348] und des Bootshauses Yaharn in Madison/Wisconsin von 1902 (Abb. 49) an. Auch in diesen perspektivischen Ansichten sind alle verschatteten Stellen als schwarze Flächen, die Umrisse als feine Linien wiedergegeben. Im Unterschied zu Oud zeigt Wright jedoch auch die plastisch abgesetzten Gesimse und die hervortretenden Wandstreifen zwischen den Fenstern. Mit der vereinfachten Binnenzeichnung und den teilweise fehlenden Umrißlinien erweist sich Ouds Zeichnung somit als weitaus abstrakter.

Deutlich wird, daß Oud mit der Tuschezeichnung keine Variante seines Entwurfes vorstellt, sondern allein eine andere Darstellungsart wählte. Da die Zeichnung nicht datiert ist, könnte es sich auch um eine später entstandene, vom Stil der 1920er Jahre beeinflußte Darstellung des Fabrik-Entwurfs handeln. In Kenntnis der späteren Architekturentwicklung hätte Oud in diesem Fall die charakteristischen Merkmale der Modernen Architektur wie reduzierte Formensprache und Flächigkeit, die Horizontalität und das Motiv des Fensterbandes hervorgehoben, die im Original so noch nicht vorhanden waren. Dem entspricht, daß die Zeichnung erstmals 1960 als Cover von Ouds Autobiographie »Mein Weg in ›De Stijl‹« publiziert wurde.[349] Offenbar schien ihm die auf 1919 datierte Fabrik gerade in dieser Darstellung zur Demonstration seiner Pionierrolle als Architekt von De Stijl und der internationalen Moderne der 1920er Jahre geeignet.

Lagerhaus (Abb. 184)

Bauprogramm Erdgeschoß: Lagerraum, Brennerei. Obergeschoß: Lagerraum für Zucker, Lagerraum für Kräuter.

Gebäude
Im Gegensatz zu dem kleinteiligen, heterogenen Bild der Fabrik erhielt der Lagerraum mit Brennerei eine einfache, streng symmetrische Struktur. Der zentrale, als Lager dienende Baukörper zeigt einen flachen Quader auf annähernd quadratischer Grundfläche, dem an der Straßenfront zwei seitliche Flügel derselben Höhe angefügt sind. Die durch eine Zwischendecke unterteilten Flügel öffnen sich im Erdgeschoß zum zentralen Lagerraum, während die Obergeschosse je einen abgeschlossenen niedrigen Lagerraum (Zucker, Kräuter) aufnehmen. Der Zugang erfolgt von der Straßenseite über eine Doppeltür entsprechend den Eingängen des Fabrikgebäudes, über denen sich hier zusätzlich zwei Ladeluken für die Obergeschoßräume befinden. Der große eingeschossige Lagerraum basiert auf einem strengen Grundrißraster, das in den 4 x 4 Stützen des Innenraumes sichtbar wird.

Zwischen den beiden Flügeln, in der Mitte der Straßenfront, liegt der Baukörper mit der Brennerei, der im rückwärtigen Teil eine Galerie zur Erschließung der beiden kleinen Lagerräume in den Flügeln aufnimmt. Der Außenbau zeigt einen rückwärtigen, den Lagerraum überragenden Bereich (Galerie) und die niedrige, über die Flucht der seitlichen Flügel hervortretende Brennerei. Für den mittig liegenden Eingang wählte Oud wiederum die bekannte Doppeltür der Fabrik. Brennerei und Galerie weisen an der Vorderfront und an den Seiten ein Fensterband auf, während die Lagerräume (Obergeschosse der Flügel und der große Lagerraum) ohne Fenster und damit ohne natürliches Licht bleiben. Oberhalb der Fensterbänder findet sich entsprechend dem Fabrik-Entwurf ein mehrfach profiliertes Gesims. Auf dem Dach sind seitlich der Galerie niedrige, quaderförmige Schornsteine angebracht, die den mittleren Gebäudeteil akzentuieren.

Bestimmend für das Lagerhaus mit Brennerei sind die Symmetrie und die in der Höhe gestaffelten Baukuben, die in Verbindung mit den profilierten Gesimsen dem Gebäude ein repräsentatives Erscheinungsbild verleihen. Die vom Fabrikgebäude übernommenen »Norm«-Elemente wie die Doppeltüren und die Fensterbänder mit Gesimsen weisen gleichzeitig auf die Zusammengehörigkeit beider Bauten. Mit Blick auf die Gesamtanlage von Fabrik und Lagerhaus gibt sich letzteres als isolierte, um 90° gedrehte Variante des in den Fabrikbau integrierten, ebenfalls fensterlosen Lagerraumes zu erkennen, der allein schmaler ausfällt.

184. Lagerhaus, Purmerend, Perspektive, Grundriß EG, zwei Aufrisse

Auch das Lagerhaus steht unter dem Einfluß von Wright. Ein mögliches Vorbild ist wiederum der 1902 entstandene Entwurf für das Bootshaus Yaharn (Abb. 49), der ebenfalls eine symmetrische Fassade mit seitlich vorgezogenen Bauteilen, ein Fensterband unter vorkragender Dachplatte und zwei seitliche Schornsteine zeigt.[350] Allerdings hat Oud die Proportionen gegenüber diesem Bau verändert und kommt der Dachplatte, die bei Wright das gesamte Gebäude überdeckt, geringere Bedeutung zu. Die Mauerflächen sind in beiden Fällen geschlossen und verzichten (mit Ausnahme eines Sockels bei Wright) auf jede Dekoration. Parallelen bestehen auch zu der – ebenfalls von Wright beeinflußten – Villa Henny (Abb. 15, 19) des De Stijl-Architekten Van't Hoff, so vor allem die Symmetrie und die direkt unterhalb einer vorkragenden Dachplatte (bei Oud einem profilierten Gesims) liegenden Fensterbänder.[351] Im Bereich des Fabrikbaus könnte sich Oud an Walter Gropius' »Musterfabrik« der Kölner Werkbund-Ausstellung (1914) orientiert haben, die im Gegensatz zu dem nur wenig älteren Faguswerk in Aalfeld an der Leine (1911) ebenfalls eine symmetrische, betont repräsentative Gestaltung aufweist.[352]

Hans Oud und Günther Stamm war nicht bewußt, daß es sich bei Fabrik und Lagerhaus um zwei annähernd gleichzeitig entstandene, zusammengehörige Gebäude handelt. Letzterer deutet den Lagerraum als einen späteren Entwurf des Fabrikbaus.[353] Die Lageplanskizze (Abb. 178) und Ouds Bezeichnung der Bauten: »ontwerp fabriek met ingebouwde kantoren« (Entwurf Fabrik mit integrierten Büros) und »ontwerp voor een entrepôt met stokerij« (Entwurf für ein Lagerhaus mit Brennerei) bescheinigen jedoch eindeutig die Existenz von zwei Gebäuden.[354] Eine Zusammengehörigkeit beider Bauten erwähnen nur Polano und Langmead, die jedoch von einem frühen (Fabrik) und späteren Entwurf (Lagerhaus) ausgehen.[355] Dagegen sieht Fanelli im Lagerraum den ersten, auf 1918 datierten Entwurf, dem der Fabrik-Entwurf von 1919 folgte.[356]

Frühe Publikationen Niederlande: De Stijl, III, 11, 1920, nach S. 96. Ausland: Behne 1921/22, S. 59; Oud 1922f, S. 185; L'Architecture Vivante, Herbst/Winter 1925, Pl. 17; Veronesi 1953, S. 67.
Nicht publiziert: Grundriß Obergeschoß.

Vorentwurf Fabrik/Lagerhaus (Abb. 185)
Sechs kleinformatige, flüchtige Skizzen im Oud-Archiv[357] zeigen die Fabrik und das Lagerhaus in der (nach Lageplanskizze, Abb. 187) vorgesehenen Anordnung auf dem Grundstück, jedoch verbunden durch einen schmalen, langen Gebäudetrakt. Dieser als Verlängerung des Lagerhauses zu deutende, ebenfalls fensterlose Trakt trifft auf den Baublock für den Warenumschlag (Fabrikgebäude), der hier dieselbe Breite einnimmt wie das Lagerhaus. Am Fabrikgebäude sind weitere Abweichungen von dem endgültigen Entwurf zu erkennen. So erscheinen seitlich des Bürotraktes zwei hohe, wohl als Schornsteine zu deutende Aufbauten, und zeigt der Baublock für den Warenumschlag eine betont monumentale Gestaltung. In drei der Skizzen wird auch dieser, den übrigen Bau deutlich überragende Baublock von zwei Schornsteinen flankiert.

Die Skizzen sind von Oud auf 1919 datiert. Mit Blick auf die noch fehlende »Fassaden-Plastik« der Eingangsfront, die auf Arbeiten seiner De Stijl-Kollegen wie auch Mondrians Forderung nach einer Flächenplastik (Dezember 1918) basiert, ist – bei gleichzeitiger Nähe zu den Ausführungsentwürfen – an dieser Datierung nicht zu zweifeln. Damit liegen hier sechs frühe Ideenskizzen für die Fabrik und das Lagerhaus vor (erste Hälfte 1919), die erst in einer späteren Planungsstufe zu zwei eigenständigen Gebäuden wurden. Die Anordnung der Bauten zeigt, daß sowohl das Grundstück als auch die Lage der Gebäude zu diesem Zeitpunkt bereits feststanden. Mit Blick auf die Größe und Monumentalität des Gebäudes erwies sich die ursprüngliche Idee möglicherweise als zu kostspielig, woraufhin sich Oud zu einem reduzierten Bauvolumen mit der Trennung in zwei einzelne Bauten (eventuell mit Blick auf zwei Ausführungsphasen) entschloß.[358]

Geschichte
An Stelle des Purmerender Malers Jacob Jongert (1883–1942), der seit 1915 als Designer und Graphiker für die Firma tätig war und für diese bereits ein »corporate identity« entwickelt hatte, sollte hier Ouds Freund und De Stijl-Kollege Theo van Doesburg die künstlerischen Arbeiten übernehmen.[359] Auch der De Stijl-Mitarbeiter Gerrit Rietveld erhielt einen Auftrag zur Anfertigung eines Modells. Zwischen Januar und März 1920 wandte sich Rietveld wiederholt an Oud und erkundigte sich nach dem Fortgang der Arbeiten.[360]

Daß die Pläne nicht zur Ausführung kamen, lag offenbar an finanziellen Schwierigkeiten der Firma, nicht jedoch (wie durchaus zu erwarten wäre) an der avantgardistischen Formensprache des Fabrik-Entwurfs. So beschloß die Firma nach mehr als zwei Jahren, den Fabrik-Entwurf auszuführen. Am 5. Mai 1922 schrieb Saal an Oud, daß er nun doch einen Auftrag erhalten habe: »Von der Firma der Wed. C. Oud Pzn & Co wurde ich gebeten, die Konditionen anzugeben, um mit Dir den Bau der Fabrik auszuführen. Diese Aufforderung hatte ich nach Ablauf von gut zwei Jahren nicht mehr erwartet. Ich suchte heute Morgen die Pläne noch einmal heraus und ich kann sagen, daß ich gerne bereit bin, sie mit Dir auszuführen. Konditionen werde ich dann angeben, wenn ich genauere Antwort von Dir erhalten habe und Du mitbestimmt hast, was hier zu fordern ist.«[361] Wenig später wurde auch dieses Vorhaben aufgegeben.[362]

1924 wurde die Firma in eine Kommanditgesellschaft umgewandelt. In der Folge eröffneten Piet und Kassen Oud Filialen in Amsterdam, Rotterdam, Den Haag und Utrecht und gründeten zwei Betriebe in Niederländisch-Ostindien (Surabaya und Semarang). 1927 wurde Kassens Sohn, D. G. Oud, in die Betriebsleitung aufgenommen. Aufgrund der hohen Gewerbesteuern in Purmerend zog das zu jener Zeit 70 Mitarbeiter zählende Unternehmen 1928 als Oud Wijnkoper & Hustinx BV in den Spaarndamseweg 414 in Haarlem. Architekt der hierfür umgenutzten Gebäude war der aus Purmerend stammende Corn. Koning, der offenbar bereits zuvor Umbauten an den Firmengebäuden vorgenommen hatte.[363] 1968 wurde der Betrieb in den Bols-Konzern übernommen und trägt seit 1972 den Namen Oud Wijnkoopers B. V. 1974 folgte der Umzug in den Spaarndamseweg Nr. 120 in Haarlem.[364]

Zur Firmengeschichte Broschüre, Oud 1877, Oud Wijnkoopers b. v., Haarlem, Spaarndamseweg 120; Osten/Jacobs 1996.

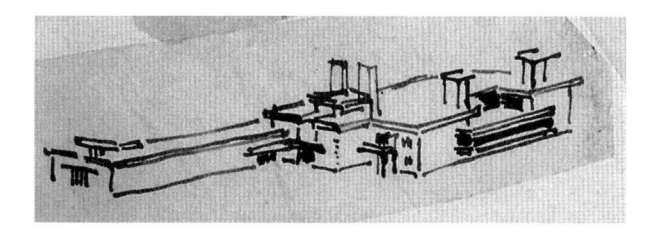

185. Fabrik und Lagerhaus, Purmerend, Skizze mit Verbindungsflügel zwischen beiden Bauten

13 Block VIII in Spangen, Rotterdam

Gegenstand Der schmale, viergeschossige Wohnblock wurde vom *Gemeenteliike Woningdienst* (drei Blockfronten) und einem privaten Bauunternehmer (eine Blockfront) errichtet. Die Gemeinde übernahm die 187 m lange Blockfront an der Pieter Langendijkstraat, die beiden anschließenden Eckbauten sowie die Schmalseiten des Blockes. Um ein harmonisches Gesamtbild zu erzielen, folgen die Eckbauten an der Van Lennepstraat der von Oud vorgegebenen Fassadenlösung. Im Gegenzug übernahm der *Woningdienst* bei seinen Eckbauten an der Pieter Langendijkstraat die Grundrisse des Bauunternehmens (Abb. 186).[365] Auf Ouds Entwurf gehen somit die Langseite an der Pieter Langendijkstraat, die Schmalseiten (jeweils zwei Wohnhäuser) und die Fassaden der vier Eckbauten zurück. Die von der Gemeinde errichteten Wohnungen waren für Arbeiter und Geringverdienende vorgesehen.

Ort Stadterweiterungsgebiet Spangen, Rotterdam. Der Wohnblock wurde auf dem vormals für den Centraalbouw* vorgesehenen Terrain zwischen Potgieterstraat, Pieter Langendijkstraat, Van Harenstraat und Van Lennepstraat im Westteil des Neubaugebietes errichtet (Abb. 161, 186).

Entwurf Der Entwurf entstand zwischen 1919 und Februar 1920 (Genehmigung durch den Gemeinderat). Eine Bauzeichnung im Oud-Archiv trägt das Datum 1920, das jedoch nachträglich durchgestrichen und auf 1919 korrigiert wurde. Wie Oud in seiner Erläuterung schreibt, waren die Blockfronten des privaten Bauunternehmers zur Zeit seiner Entwurfsphase bereits im Bau.[366]

Ausführung Der Entwurf wurde am 13. Februar 1920 beim Gemeinderat eingereicht und am 19. Februar 1920 genehmigt.[367] Die Ausführung erfolgte laut Oud zwischen 1920 und 1923.[368] Ausgehend von der ersten Publikation des Baus im Januar 1923 muß der Bau jedoch 1922 weitgehend abgeschlossen gewesen sein.[369]

Auftrag Im Gegensatz zu dem ursprünglich geplanten, vollständig von der Gemeinde zu errichtenden Centraalbouw* wurden Teile des Wohnblocks einem privaten Bauunternehmer übertragen. Offenbar hatte Auguste Plate (Direktor des *Woningdienst*) erkannt, daß der angrenzende Block IX* als Blocktypus und damit als Experiment mit Blick auf eine spätere Vervielfältigung geeigneter war als der extrem langgestreckte und schmale Block VIII.[370]

Konstruktion/Material Massivbau, Backstein. Die Trennwände bestehen aus einem Holzgewebe mit Zement (90 cm), die durch Rundeisen verstärkt wurden. Vordächer, Treppen und Treppenabsätze in den gemeinschaftlichen Treppenhäusern sind aus Beton gefertigt. Die Böden und Stufen wurden mit Steinholz (houtgraniet) abgedeckt.[371]

Pläne/Fotomaterial NAi: Lageplan (Abb. 186), Grundrisse, Schnitte, Ansichten; Fassadenaufriß und Perspektive eines Vorentwurfs (Abb. 190); Skizze eines Fassadenausschnittes, historische Fotografien (Abb. 187, 188). CCA.[372] GRI: Abzüge, Fotografien. FC: Vier Farbentwürfe Theo van Doesburgs für den Außenbau (Straßen- und Hoffronten) (Abb. 25, 26); Farbschema für die Schmalseite an der Potgieterstraat; Grundriß mit eingetragenen Farbangaben.

Bauprogramm Die viergeschossige, mit Ausnahme der Eckbauten flachgedeckte Längsfront nimmt im Erdgeschoß und ersten Obergeschoß einstöckige Wohnungen (8×8,3 m) sowie im zweiten und dritten Obergeschoß zweistöckige Wohnungen (Maisonettes) der halben Grundfläche auf. Ein Haus besteht damit aus zwei eingeschossigen und zwei zweigeschossigen Wohnungen. Insgesamt umfaßt die von Oud errichtete Blockfront samt Eckbauten 19 Normhäuser (B), ein Eckhaus (A) an der Gebäudeecke Pieter Langendijk-/Potgieterstraat und ein Eckhaus (A') an der Ecke Pieter Langendijk-/Van Harenstraat. In den Eckbauten wurde jeweils ein Laden eingerichtet.

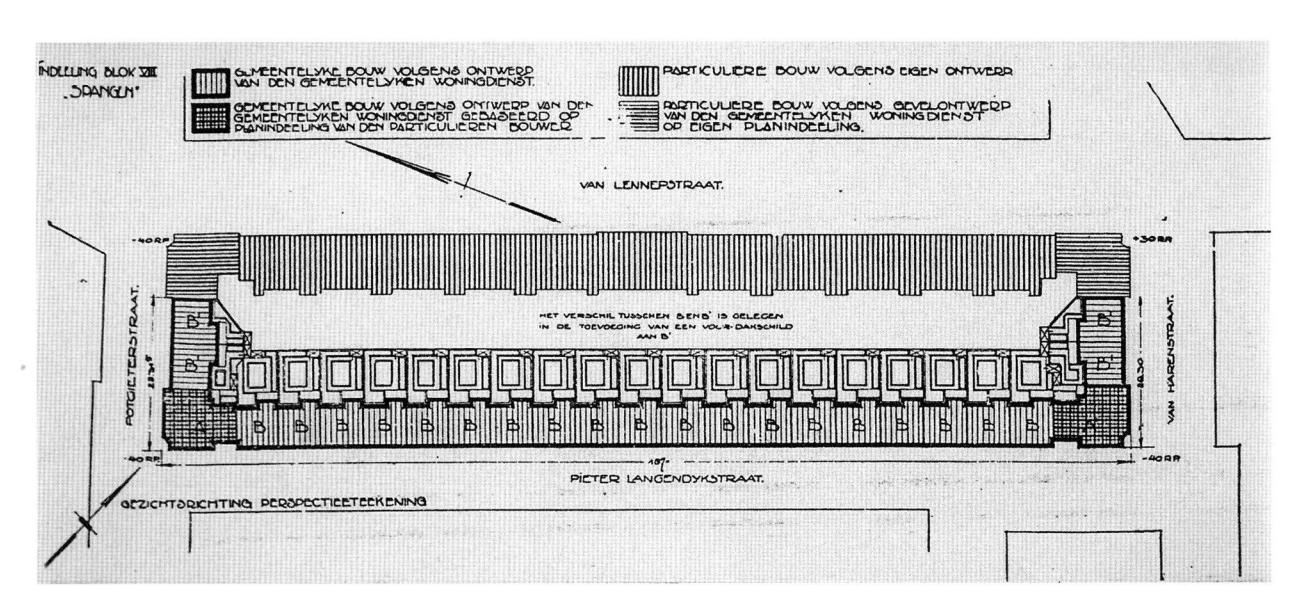

186. Block VIII in Spangen, Rotterdam, Lageplan

Die Wohnungen von Erdgeschoß und erstem Obergeschoß umfassen einen Wohnraum (17,8 m^2 Nutzfläche), zwei Schlafzimmer (8 m^2 bzw. 8,4 m^2; insgesamt zwei Betten und ein Kinderbett), einen wahlweise als Eß- oder Schlafzimmer zu nutzenden Raum (8 m^2) sowie Küche (3,5 m^2), Flur, Toilettenraum und Balkon mit Kohlenplatz. Im Erdgeschoß findet sich an Stelle der Balkone eine Veranda mit Zugang zum Garten. Die Maisonettes verfügen über einen Wohnraum (15,75 m^2), drei Schlafzimmer (vier bzw. drei Betten), Küche (3,2 m^2), Flur, Toilettenraum, Balkon und einen Dachboden. Die beiden Maisonettes eines Hauses sind jeweils unterschiedlich groß, wobei eine der Wohnungen den oberhalb des Treppenhauses liegenden Raum als zusätzliches Schlafzimmer nutzt. Bei der kleineren Maisonette wird der größere Schlafraum durch eine Trennwand in zwei kleine Schlafzimmer unterteilt.

Die Grundrisse der Eckhäuser übernahm Oud von dem privaten Bauunternehmer. Sie weisen neben einem Wohnraum, Küche, Flur und Toilettenraum im Erdgeschoß einen Laden und drei Schlafzimmer (insgesamt fünf Betten), im ersten Obergeschoß auf derselben Grundfläche zwei Wohnungen mit jeweils drei Schlafzimmern (fünf Betten) und im zweiten und dritten Obergeschoß mit je drei Schlafzimmern (vier Betten) auf. Die Obergeschoßwohnungen erhalten einen Balkon zur Straßenseite.

Städtebau

Das Grundstück ist allseitig von Wohnblöcken umgeben (Abb. 68, 161). Anders als der zunächst für diese Stelle entworfene Centraalbouw* nimmt Block VIII Bezug auf die angrenzende Bebauung. Die 187 m lange Front an der Pieter Langendijkstaat erhält wie der gegenüberliegende, ebenfalls viergeschossige Bau von Michiel Brinkman ein Flachdach, während die Schmalseiten einschließlich der Eckbauten ein Schrägdach mit Dachgauben aufweisen. Die Schmalseite an der Potgieterstraat bildet damit ein Pendant zu dem gegenüberliegenden Block V*. Wie Oud selbst beschreibt, orientierte er sich bei der Gestaltung seiner Fassaden an der Van Lennepstraat. Die als »overgang« (Übergang) verstandenen Schmalseiten bezeichnet Oud als unbefriedigenden Kompromiß.[373]

Außenbau

Die Blockfront zur Pieter Langendijkstraat (Abb. 187) gliedert sich in einen Sockelbereich, die vier Wohngeschosse und ein plastisch abgesetztes horizontales Band, das als abstrahiertes Gebälk in Erscheinung tritt. Als Pendant zum Sockel, der wie bei Block I und V* durch drei dunkel abgesetzte Bänder markiert wird, bildet es den oberen horizontalen Abschluß der Fassade. Die Straßenfront zeigt eine regelmäßige Folge standardisierter Fenster. Für die drei unteren Geschosse wählte Oud entsprechend Block I und V hochrechteckige Schiebefenster mit horizontaler Unterteilung, die hier jedoch breiter ausfallen. Die niedrigeren Fenster des obersten Geschosses (Kippfenster) reichen bis an den Gebälkstreifen heran. Auf zwei Fensterachsen folgt jeweils eine Achse mit Eingangstür und zwei darüberliegenden Treppenhausfenstern (in zwei unterschiedlichen Formaten). Anders als bei Block I und V unterbrechen die Türen die beiden oberen Sockelbänder, während das unterste Band als Treppenabsatz durchläuft. Die Türblätter zeigen im unteren Bereich zwei vertiefte Felder und eine schmiedeeiserne Haltestange sowie im oberen Bereich drei horizontale Fensterstreifen, wodurch (als Ersatz für Oberlichter) der Eingangsbereich belichtet wird. An Stelle der Bleiglasfenster von Block I und V tritt hier eine waagerechte Betonplatte als Vordach. Plastisch abgesetzte Wandstreifen oberhalb der Vordächer fassen die Treppenhausfenster und die Tür als vertikale Gliederungseinheit zusammen. Da die Treppenhausfenster versetzt zu den Fenstern der Wohnungen liegen, bilden sie einen weiteren vertikalen Akzent und damit ein Gegengewicht zu den langen horizontalen Fensterreihen.

Die beiden Eckbauten an der Pieter Langendijkstraat verbinden die unterschiedlich gestalteten Fassaden der Langseite und der beiden Schmalseiten. Den seitlichen Abschluß der Langseite bildet jeweils ein Fassadenrücksprung, der die langgezogene Gebäudeflucht wie eine Zäsur unterbricht. In den Rücksprung sind Loggien (Obergeschosse) bzw. der Eingang zu den Eckwohnungen eingestellt. An diese Wandabschnitte grenzen zwei erhöhte, von Oud als »toren« (Turm) bezeichnete Bauglieder, die das Gebälkmotiv der Langseite aufnehmen. Die Fassaden der Schmalseiten sind weniger breit als der Wohnblock und treten somit an der Pieter Langendijkstraat hinter die Gebäudeflucht zurück. Die Türme erscheinen folglich als isoliert stehende seitliche Abschlüsse der Längsfront. Allein im Erdgeschoß führen die Läden, die in den Winkel der beiden Blockfronten eingeschoben sind, die Flucht der Langseite weiter.

Die Differenziertheit dieser Komposition zeigt beispielhaft der Fassadenrücksprung, der vor allem mit den weiten Fassadenöffnungen der Obergeschosse eine wichtige gestalterische Funktion übernimmt. Im obersten Geschoß, wo der Rücksprung nicht

187. Block VIII in Spangen, Rotterdam, hist. Ansicht, Pieter Langendijk-/ Van Harenstraat

188. Block VIII in Spangen, Rotterdam, hist. Ansicht, Innenhof, Blick auf die von Oud errichtete Blockfront

(in Form einer Loggia) nach oben abgeschlossen wird, kommt die Unterbrechung der Fassadenflucht und damit das Bild eines isoliert stehenden Turmes am stärksten zum Tragen. Während sich im Erdgeschoß (Perspektive des Fußgängers) eine durchlaufende Fassade ergibt, ist aus der Distanz (städtebauliche Komponente) die gegliederte und plastisch gestaltete Gesamtform des Wohnblocks bestimmend. In den unteren Geschossen ergeben die unterschiedlichen Fensterformate und die wechselnde Höhe von Wohnungs- und Treppenhausfenstern ein kleinteiliges, belebtes Bild, während die durchlaufende Fensterreihe und das Gebälk im obersten Geschoß eine kontinuierliche Folge gleicher Bauglieder zeigt. Die Längenerstreckung wird dabei durch den Wandstreifen zwischen den Fenstern des dritten und vierten Stocks, der sich als Balkonbrüstung fortsetzt, noch hervorgehoben.

Zur Markierung der Erdgeschoßläden und einer weiteren Akzentuierung der Blockecken entwickelte Oud das Motiv zweier scheinbar in das Gebäude einschneidender Betonplatten. Die untere Platte dient jeweils als Bedachung für die Ladentür, das Schaufenster und die Eingangstüren im Turm. Im Fassadenrücksprung an der Pieter Langendijkstraat kragt sie als Pendant zum Sockel, der in den Rücksprung hinein weitergeführt wird, frei aus (Abb. 192). Die obere, rein dekorative Platte erstreckt sich nur oberhalb der beiden Schaufenster. Indem zwischen den Platten schmale Oberlichter eingefügt sind, entsteht der Eindruck, als ob Tür und Fenster durch die untere Platte durchtrennt worden seien. Die Laibung der Schaufenster an der Pieter Langendijkstraat setzt sich oberhalb der Platten fort und diese scheinbar durchstoßend im ersten Obergeschoß fort, wo sie als Balkonbegrenzung frei in den Raum hineinragt.

Die beiden dreigeschossigen Schmalseiten (vgl. Abb. 190) vermitteln zwischen der Fassade an der Van Lennepstraat, die mit einem Satteldach abschließt, und der flachgedeckten Front an der Pieter Langendijkstraat. Sie erhalten ein in Höhe der Türme (Pieter Langendijkstraat) bzw. dem Dachfirst (Van Lennepstraat) verlaufendes Satteldach, wobei der Dachansatz wie bei Haus De Vonk* und Block I und V* von einer gesimsartig gestalteten Regenrinne akzentuiert wird. Die symmetrischen Fassaden gliedern sich in zwei Seitenrisalite und einen Mittelteil, der die Gliederung der Langseite aufgreift. Mit der (gegenüber dem Gesamtbau) verringerten Fassadenbreite sowie der abweichenden Geschoßzahl und Dachform wird der Eindruck einer eigenständigen Fassade verstärkt. Der Wandstreifen zwischen den Fenstern des dritten und vierten Stockwerks der Langseite wird hier in Form eines wiederum plastisch abgesetzten Bandes weitergeführt. Ähnlich den Rollschichtbändern und dem Gebälk von Haus de Vonk scheint auch hier der Wandstreifen ein Gebäudeteil (Turm) zu durchbrechen, um – in anderer Funktion (Gebälk) – wieder zum Vorschein zu kommen. Ungewöhnlich ist die Anordnung der Dachgauben in den Risaliten, die symmetrisch in der Dachfläche, jedoch nicht in Achse der Fenster liegen. Wie bei seinen frühen Wohnhäusern behandelt Oud die einzelnen Stockwerke des Gebäudes isoliert, wobei jeder eine streng axialsymmetrische Gliederung erhält. Allerdings verzichtet Oud an den Außenseiten der Risalite auf die Ausführung von jeweils drei Fenstern, wodurch geschlossene (von Van Doesburg als Werbeflächen interpretierte) Wandflächen zurückbleiben.

An der Van Harenstraat wird das unebene und nach Osten leicht ansteigende Bodenniveau durch einen Absatz ausgeglichen (Abb. 187, rechts). Damit der Sockel hier nicht im Boden verschwindet, knicken die Sockelbänder an zwei Stellen der Fassade um und laufen in der höheren Ebene horizontal weiter. Der konstruktiv verstandene Sockel wird so – ähnlich den Türrahmungen von Block I und V* – zu einem dekorativen Schmuckband umgedeutet.

An der Hofseite (Abb. 188) wechseln in den beiden unteren Geschossen je zwei Standardfenster mit einer zweiflügligen Fenstertür, die an drei Seiten von Fenstern gerahmt wird. Die Türen bilden den Zugang zu einer Veranda bzw. zu den Balkonen, die aus einer schmalen Betonplatte mit gemauerter Brüstung und Seitenwänden bestehen. Von den Veranden, die an der Vorderseite durch hölzerne Geländer abgeschlossen sind, führen kleine Holztreppen in den Garten hinunter. Die beiden oberen Geschosse mit Maisonettes zeigen eine Folge identischer Wandabschnitte. Unten finden sich Balkone mit jeweils einer Fenstertür, darüber zwei niedrigere, dreiteilige Fenster. Da hier (im Gegensatz zu den unteren Geschossen) jeder Wandabschnitt einen Balkon aufweist, entsteht der Eindruck einer sich über die gesamte Hoffront erstreckenden Galerie. Die Abtrennung der Balkone erfolgt durch Zwischenwände, die als Verlängerung der seitlichen Veranda- bzw. Balkoneinfassungen der unteren Geschosse die Galerie zu durchstoßen scheinen.

Die den Erdgeschoßwohnungen zugeteilten Privatgärten wurden einheitlich und – für den damaligen Arbeiterwohnungsbau – aufwendig angelegt. Jeder Garten erhielt ein rechteckiges, von einem Kiesweg eingefaßtes Beet und einen kleinen Holzschuppen. Während die nebeneinanderliegenden Gärten durch einfache Holzgatter getrennt werden, bildet ein längs durch den Hof verlaufender Bretterzaun die Grenze zu den Gärten der gegenüberliegenden Blockseite. Durch die Teilung des ohnehin schmalen Innenhofes war die Einrichtung einer gemeinschaftlich zu nutzenden Hofanlage nicht möglich.[374]

Innendisposition (Abb. 189)
Die jeweils vier Wohnungen und das gemeinschaftliche Treppenhaus umfassenden Normhäuser basieren auf einer annähernd quadratischen Grundfläche. Die beiden identischen Wohnungen von Erdgeschoß und erstem Obergeschoß werden durch eine tragende Zwischenwand in zwei Abschnitte unterteilt. Ein Abschnitt nimmt die Schlafzimmer, die Küche und den Toilettenraum auf, der zweite den Wohnraum sowie einen weiteren, wahlweise als

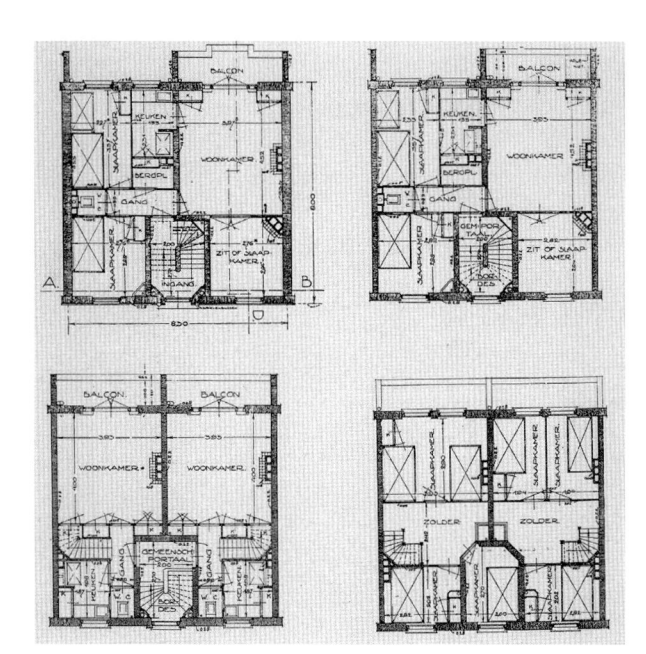

189. Block VIII in Spangen, Rotterdam, Grundrisse EG, 1. 2. und 3. OG

Eß- oder Schlafzimmer zu nutzenden Raum. Der Wohnraum mit Balkon bzw. Zugang zur Veranda liegt (mit Ausnahme der Eckgebäude) zum Innenhof. Oud begründet die seinerzeit ungewöhnliche Orientierung mit der (im Vergleich zur Straße) größeren Breite des Hofes.[375] In der Tat garantieren die großen Fenstertüren zum Innenhof eine optimale Belichtung der Räume. Küche und Eß- bzw. Schlafzimmer sind nur über den Wohnraum zugänglich. Die innenliegenden Toilettenräume werden (wie in den Niederlanden üblich) über das Dach entlüftet. Das bis in das zweite Obergeschoß führende Treppenhaus erschließt die beiden spiegelsymmetrisch angelegten Maisonettes. Die Wohnräume orientieren sich wiederum zum Hof. Obwohl die Toiletten an der Straße liegen, erhielten sie (aufgrund der Dachentlüftung) keine Fenster. Eine kleine Treppe führt vom Flur zu den Schlafräumen auf dem Dachboden. Die oberhalb des Treppenhauses verbleibende Fläche (circa 5 m^2) dient einer der beiden Wohnungen als weiteres Schlafzimmer. Bei der kleineren Wohnung wurde jeweils mit Blick auf die gewünschte Anzahl von drei Schlafzimmern (Elternschlafzimmer sowie jeweils ein Zimmer für Mädchen und Jungen) eine Trennwand eingezogen.

Wie bei Block I und V* und dem Centraalbouw* fallen die Schlafräume und Küchen extrem klein aus, die Wohnräume dagegen vergleichsweise geräumig. Die einzelnen Raumwände sind nach Möglichkeit symmetrisch gestaltet. In den beiden unteren Geschossen befindet sich in einer Achse mit den Balkontüren eine Doppeltüre derselben Breite, die zum quadratischen Eß- bzw. Schlafzimmer führt. Die Eckbauten an der Pieter Langendijkstraat basieren im Grundriß auf den Eckhäusern der gegenüberliegenden Blockfront, die von einem privaten Bauunternehmer konzipiert wurden. Da die Schmalseiten nicht exakt senkrecht auf die Blockfront der Pieter Langendijkstraat stoßen, entstehen zusätzlich zu der kleinteilig komplexen Grundrißgliederung schiefe Winkel. Auffallend sind hier die großen, die Räume in ganzer Breite öffnenden Fensterfronten.

Eine 1923 publizierte Fotografie zeigt für die schräg in die Ecke eingestellten Kamine des Eß- oder Schlafzimmers eine plastisch abgesetzte Rahmung. Die Kamine im Wohnraum sind (abweichend von Ouds Plänen) deutlich schmaler und erhalten an den beiden unteren Ecken zwei kegelförmige Poller sowie zwei Zylinder zur Abstützung des Ablagebrettes.[376] Die Zimmertüren sind nun etwas aufwendiger statt mit zwei (Block I und V*; Centraalbouw*) mit drei horizontal und vertikal abgesetzten Feldern bzw. Fensterstreifen gegliedert. Der Fotografie ist zu entnehmen, daß die Wände zu diesem Zeitpunkt mit gemusterten Tapeten bis in Höhe der Bilderleiste verkleidet waren. Die Erdgeschoßläden sind mit zwei Ablageplätzen vor den Schaufenstern, einem Ladentisch und Wandregalen ausgestattet.

Vorentwurf
Ein Vorentwurf zu Block VIII liegt in einer im Oud-Archiv bewahrten Ansicht der Langseite (Bleistiftzeichnung)[377] und einer Perspektive (Bleistift mit Wasserfarbe; Abb. 190) mit den Fassaden zur Potgieter- und Pieter Langendijkstraat vor. Die Langseite zeigt eine Reihe von Abweichungen gegenüber der ausgeführten Fassung. So sind die Treppenhäuser im Vorentwurf mit einem durchgehenden achtteiligen Fensterband belichtet, außerdem treten an Stelle der einzelnen Eingangstüren zwei gekoppelte Türen. Ähnlich der Häuserzeile mit Arbeiterwohnungen* liegen über der gemeinsamen Dachplatte zwei kleine Oberlichter. Die Wandfläche zwischen zwei Türen weist oberhalb der Sockelbänder ein plastisch abgesetztes Wandfeld auf. Dieses Motiv findet sich auch zwischen jeweils zwei Fenstern im ersten und zweiten Obergeschoß. Eine weitere Abweichung zeigt der Sockelbereich, wo quadratische, von einem schwarzen Band gerahmte Kellerfenster eingefügt wurden.

Entwürfe für die Farbfassung des Außenbaus von Van Doesburg und Oud (Abb. 25, 26)
In Ouds Auftrag entwarf Theo van Doesburg zwischen Mai und Oktober 1921 eine Farbfassung für die Blöcke VIII und IX*[378], mit der er sich laut Korrespondenz jedoch bereits im Herbst 1920 auseinandergesetzt hatte[379]. Nach Ouds Besuch in Weimar (Juli 1921) veränderte Van Doesburg die vorliegenden Entwürfe.[380] Weitere Umarbeitungen folgten im September 1921: Van Doesburg, der davon ausgegangen war, kein Gelb verwenden zu dürfen, erstellte nach Aufklärung des Mißverständnisses einen neuen Entwurf in Gelb, Grün und Blau.[381] Für die früheren Arbeiten ist damit eine Farbgebung in Grün und Blau sowie den drei Nichtfarben anzunehmen. Ein weiterer Entwurf sah für die in einer Achse liegenden Fenster eine unterschiedliche Farbgebung vor. Oud, der die Horizontalität der Fassaden durch eine Betonung von Vertikalen ausgleichen wollte, bat auch hier um eine Korrektur.[382]

Überliefert sind allein die endgültigen Entwürfe, die sich weitgehend an Ouds Vorgaben halten.[383] Die Farbfassung beschränkt sich auf Türen, Fensterrahmen, Regenrinnen und die Bedachung der Gauben. Eine Ausnahme bilden zwei große schwarze Farbfelder zur Anbringung von Reklame an der Schmalseite (Potgieterstraat). Weitere schwarze Farbflächen sollten neben den Eingängen der Fassadenrücksprünge (Pieter Langendijkstraat) angebracht werden. Der Entwurf der Schmalseite zeigt eine axialsymmetrische Farbkomposition, wobei jedoch die Farben Grün und Blau vertauscht sind (Abb. 25). Die auf einem Schema aus Kreissegmenten basierende Farbgebung negiert die von der Architektur vorgegebenen vertikalen und horizontalen Kompositionselemente. An der Langseite sind dagegen die übereinanderliegenden Fenster jeweils in einer Farbe gehalten, so daß die vertikalen Fensterachsen hervortreten. Die Treppenhausfenster sollten blau gestrichen werden, die beiden Fensterachsen dazwischen gelb und grün; für die Schlafzimmerfenster oberhalb der Treppenhäuser war ein schwarzer Anstrich vorgegeben, ebenso für die Treppenhausfenster des Eckbaus. Die Eckgebäude sowie die Hoffronten weisen ein komplexes Kompositionsmuster auf. Im Fall der Hoffassaden (Abb. 26) erhalten weder die nebeneinander noch die übereinanderliegenden Fenster dieselbe Farbe. Wie der Entwurf zeigt, entwickelte Van Doesburg für die einzelnen Wandabschnitte zwei verschiedene Kompositionen in Gelb, Grün und Blau, die in regelmäßiger Abfolge (a-b-a-b) auftreten sollten.

190. Block VIII in Spangen, Rotterdam, Vorentwurf, Perspektive Potgieter-/ Pieter Langendijkstraat

Wie Van Doesburg in einem Brief andeutet, wurden seine Entwürfe teilweise ausgeführt.[384] Dem entspricht eine Beschreibung des Baus durch Lena Milius, wonach ebenfalls Teile des Farbentwurfs realisiert waren.[385] Zeitgenössische Fotografien zeigen allerdings eine einheitliche Farbgebung des Blocks mit hellen Fensterstöcken und dunklen Rahmen bzw. Fensterstreben. Offenbar war die nach Van Doesburgs Entwurf ausgeführte Fassung daher nur von kurzer Dauer.[386] Nicht überliefert ist die Farbgebung der Eingangstüren.

Neben Van Doesburgs Entwürfen existiert auch eine Skizze von Oud, die Angaben zur Farbgebung von Block VIII macht.[387] Die Beschriftung bezeichnet die von Oud gewünschte Farbigkeit einzelner hervorgehobener Wandfelder, die in den Primärfarben gestrichen werden sollten. Da die Skizze die ausgeführte Fassung des Gebäudes zeigt, muß sie zwischen 1920 und 1921 entstanden sein. Einem Brief von Milius zufolge habe Oud zudem mit einer Farbfassung von Fensterrahmen und Türen in Gelb, Blau und Grün experimentiert. Die Fenster eines Stockwerkes sollen dabei jeweils in einer einheitlichen Farbe gefaßt gewesen sein.[388] Dieser Zustand ist auf keiner der erhaltenen Fotografien wiedergegeben und kann daher nicht als gesichert gelten.

Entwürfe für den Innenraum von Van Doesburg

Im Oktober 1920 kündigte Van Doesburg an, Entwürfe für sowohl den Außenbau wie auch den Innenraum der beiden Blöcke zu erstellen.[389] Im September des folgenden Jahres berichtete er von seiner neuen Arbeitsweise, bei der er die Farbe des Innenraumes über die Fensterrahmen nach außen weiterführe und so die Farbfassung des Außenbaus in Übereinstimung mit dem Inneren bestimme.[390] Erst am 3. Oktober 1921 erkundigte er sich jedoch bei Oud, ob er bei den Wänden im Innenraum die Farbgebung bestimmen dürfe.[391] Ein Auftrag für die Farbfassung des Innenraumes lag daher zu diesem Zeitpunkt noch nicht vor.

Ob die Entwürfe ausgeführt wurden, ist unklar. Die Fotografie eines Wohnraumes im Oud-Archiv, die Oud 1923 publizierte, zeigt eine tapezierte Wand.[392] Möglicherweise handelt es sich hierbei jedoch um eine spätere Veränderung durch die Bewohner.

Heutiger Zustand (Abb. 191, 192)

In den 1970er Jahren wurde mit dem Umbau des Blockes begonnen, der zunächst nur die Vergrößerung einzelner Wohnungen und den Einbau von Bädern vorsah. Heute zeigt sich das ursprüngliche Erscheinungsbild des Gebäudes stark verändert. Indem das oberste Geschoß der Langseite abgetragen wurde, erhielt der Bau vollkommen andere Proportionen. Auch das Gebälk fällt (selbst unter Berücksichtigung der jetzigen Gebäudehöhe) deutlich schmaler aus. Ein entscheidender Eingriff ist die ab Höhe der Türsturze hellgelb verputzte Fassade mit hellgrau abgesetzten Treppenhäuser. Die von Oud angestrebte Einbindung des Baus in seine Umgebung, die einheitlich in Sichtbackstein gearbeitet ist, wurde damit zerstört. Bei drei Achsen entfernte man im Zuge einer Wohnungsvergrößerung die ursprünglichen Türen und Treppenhäuser, wodurch die gleichmäßige Rhythmisierung der langgestreckten Fassade unterbrochen wurde. Die neuen Eingänge in diesen drei Achsen sind breiter und höher als die übrigen Türen. Indem das oberste Sockelband die Türen umfängt, wird ein an diesem Bau ursprünglich nicht vorhandenes Motiv von Block I und V* aufgegriffen. Alle Fenster erhielten breite Aluminiumrahmen mit veränderter Gliederung. Die Balkonbrüstungen wurden durch einfache Metallgeländer ersetzt.

Frühe Publikationen Niederlande: Oud 1923a, S. 15, 17–19. Ausland: Oud 1922f, S. 186; Schweizerische Bauzeitung, LXXX, 2.12.1922, Nr. 23, S. 259; Badovici 1925, Pl. 3, 6, 8; Behne 1925, S. 37; Minnucci 1926, S. 22, 101; Boeken 1927, S. 214.
Literaturauswahl Oud 1920d; Oud 1923a (abg. in Taverne 2001, S. 237); Oud 1924f.
Vgl. Taverne 2001, Kat. Nr. 40.

191. Block VIII in Spangen, Rotterdam, Fassade Pieter Langendijkstraat, Fotografie 2001

192. Block VIII in Spangen, Rotterdam, auskragende Betonplatte, Fotografie 2001

14 Block IX in Spangen, Rotterdam

Gegenstand Viergeschossiger Wohnblock des *Gemeentelijke Woningdienst* mit Wohnungen für Arbeiter und Geringverdienende. Der Block nimmt im Innenhof Privatgärten und eine gemeinschaftliche Grünanlage auf.
Ort Stadterweiterungsgebiet Spangen, Rotterdam. Block IX liegt zwischen Jan Luykenstraat, Spaanse Bocht, Van Harenstraat und Pieter Langendijkstraat im Südwesten des Neubaugebietes (Abb. 193). Mit seiner Langseite an der Jan Luykenstraat grenzt er an den Wohnblock von Michiel Brinkman, mit der Schmalseite an der Pieter Langendijkstraat an Block VIII* (Abb. 161, oben; Abb. 68).
Entwurf Die Planung erfolgte parallel zu Block VIII* zwischen 1919 und Anfang 1920. Die Entwürfe von Block VIII und IX wurden gemeinsam eingereicht und am 19. Februar 1920 vom Gemeinderat genehmigt.[393]
Ausführung Zwischen 1920 und 1923.[394]
Auftrag Der Entwurf entstand im *Gemeentelijke Woningdienst*. Nachdem das ursprüngliche Vorhaben, mit dem Centraalbouw* einen typisierten Wohnblock zu realisieren, aufgegeben worden war, wurde mit dem günstiger geschnittenen Block IX ein entsprechender Typus errichtet.
Konstruktion/Material Wie bei Block VIII handelt es sich um einen Massivbau in Backstein mit Trennwänden aus Holz mit Zement (90 cm). Vordächer, Treppen und Treppenabsätze in den gemeinschaftlichen Treppenhäusern sind aus Beton gefertigt, Böden und Stufen wurden mit Steinholz abgedeckt.[395]
Pläne/Fotomaterial NAi: Lageplan (Abb. 193), Grundrisse, Aufrisse von Straßen- und Hoffronten, zwei Schnitte, historische Fotografien (Abb. 194). CCA: Erdgeschoßgrundriß.[396] GRI: Abzüge, Fotografien.
Bauprogramm Oud übernahm von Block VIII* die Normhäuser (B) mit zwei eingeschossigen Wohnungen und zwei zweigeschossigen Maisonettes. Der Wohnblock besteht aus 14 Normhäusern (B), vier Eckbauten (C, CI, CII, CIII) und vier zu Seiten der Hofdurchgänge liegenden Wohnungen (BII). Die Eckbauten umfassen im Erdgeschoß einen Laden sowie neben dem bekannten Programm (Wohnraum, Küche, Flur, Abstellkammer, Toilettenraum) zwei Schlafzimmer (insgesamt zwei Betten), im ersten Obergeschoß zwei Wohnungen mit jeweils zwei Schlafzimmern (zwei Betten) bzw. einem Schlafzimmer (ein Bett) und einem zusätzlichen Eß- oder Schlafzimmer. Über den Durchgängen zum Innenhof befinden sich je zwei Rücken an Rücken liegende Schlafzimmer, die von den beiden angrenzenden Wohnungen zu nutzen sind. Zwischen den Eckbauten und den angrenzenden Häusern der Langseiten ist jeweils ein Lagerraum eingefügt. Zusätzlich zu den Privatgärten der Erdgeschoßwohnungen nimmt der Hof eine über zwei (circa 2,5 m breite) Durchgänge erschlossene Grünanlage auf (Abb. 193).

Städtebau
Block IX liegt annähernd in der Flucht von Michiel Brinkmans »Superblock« an der Außengrenze des Neubaugebietes Spangen (Abb. 68, 161). Durch die Nähe zum Marconiplein, ein Verkehrsknotenpunkt an der Grenze zwischen Spangen, den (zum Teil noch unbebauten) Poldern Tusschendijken, Bospolder und Oud-Mathenesse sowie den Hafenanlagen, kommt ihm besondere städtebauliche Bedeutung zu (Abb. 199). Die Blockfront an der Spaanse Bocht ist anders als die Fassaden von Block I und V* sowie Brinkmans Wohnblock nicht gebogen, sondern entsprechend dem Straßenverlauf in diesem weiter südlich gelegenen Abschnitt gerade. Dies war Voraussetzung für die Gestaltung eines Blocktypus, der auch an anderer Stelle – in diesem Fall in Tusschendijken – Verwendung finden konnte.

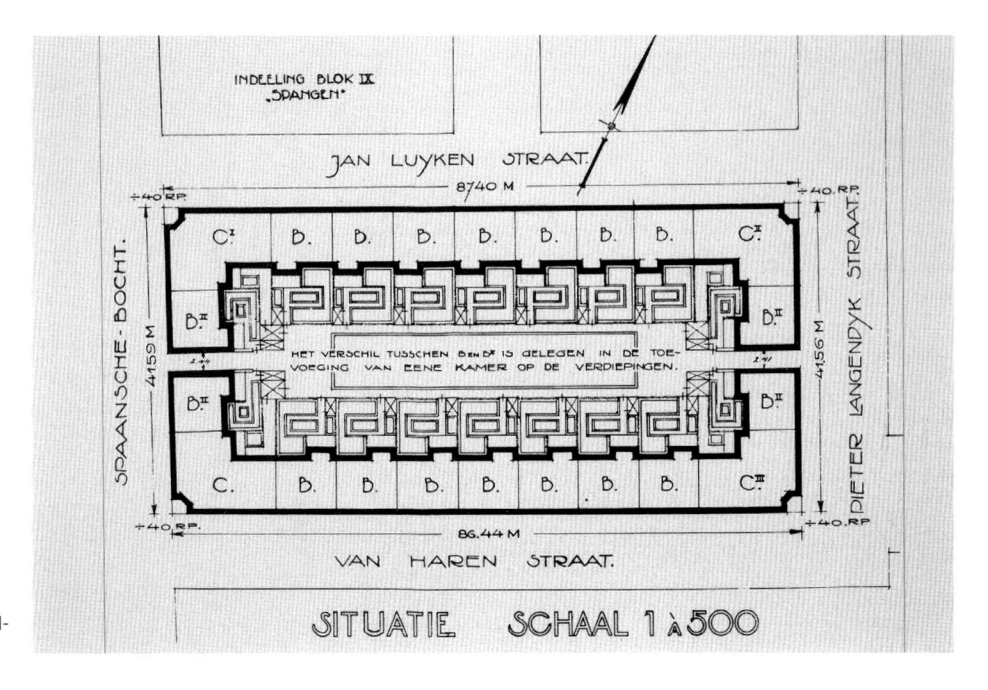

193. Block IX in Spangen, Rotterdam, Lageplan mit Hofgestaltung

Außenbau (Abb. 194)
Im Gegensatz zu Block I, V* und VIII* hatte Oud hier erstmals die Möglichkeit, einen ganzen Wohnblock nach seinen Vorstellungen zu gestalten. Die Fassadengliederung entspricht im wesentlichen der Langseite von Block VIII mit Ausnahme einiger neu hingekommener Einzelmotive: Die gegenüber Block VIII vergrößerten Schaufenster liegen nicht mehr auf dem obersten, sondern auf dem mittleren Sockelband auf, wobei das obere Band rechtwinklig umknickt und seitlich der Schaufenster bis zum mittleren Sockelband hinuntergeführt. Seitlich und oberhalb der Schaufenster werden schmale Fensterstreifen angefügt, wobei die Fensterstreben zusammen mit den Sockelbändern eine geometrische Komposition rechtwinklig verlaufender Linien bilden. Die Zugänge zu den Lagerräumen[397], die sich an den Langseiten zwischen den beiden äußeren Treppenhäusern befinden, übernehmen von Block I und V* das Motiv des rahmenden Sockelbandes. Die Doppeltür mit Oberlicht wird zusammen mit einem (leicht aus der Achse gerückten) Fenster und dem dazwischenliegenden Wandfeld von einem Sockelband rechtwinklig umfaßt. Das oberste Sockelband führt zusätzlich unterhalb von Fenster und Wandfeld weiter bis zur Tür. Das hochrechteckige Wandfeld zeigt – quasi als Umkehrung zu der dunklen Tür mit hellen Türfeldern – zwei vertikale, dunkel abgesetzte Streifen. Auch die rechteckigen Hofzugänge an den Schmalseiten des Blockes werden vom oberen Sockelband gerahmt. Das Band setzt sich dabei (ähnlich der frei auskragenden Betonplatte und dem in den Rücksprung weitergeführten Sockel von Block VIII*) auf beiden Seiten in den Durchgang hinein fort, so daß die seitlichen Einfassungen einschließlich des obersten Sockelbandes frei in der Luft hängen (vgl. Abb. 27). Zwei übereinanderliegende horizontale Betonplatten – ein Motiv der Eckbauten von Block VIII* – dienen als Vordach der Hofzugänge. Einen Unterschied zu Block VIII bilden die mit den Fassaden fluchtenden Schornsteine an den Enden jeder Blockseite. Da sie mit der Schmalseite zur Blockfront stehen, treten vor allem die Schornsteine der angrenzenden Blockseiten (hier mit der Breitseite zum Betrachter) als rahmende Elemente in Erscheinung. Die Gebälkstreifen brechen kurz vor den Schornstein ab und geben sich dadurch als aufgesetzte, rein dekorativ verstandene Wandflächen zu erkennen.

Die Eckbauten, die nun nicht mehr zwischen unterschiedlich gestalteten Blockfronten vermitteln müssen, zeigen eine neue, jedoch ebenfalls komplexe Lösung. Die abgeschrägte Gebäudeecke, die im Erdgeschoß jeweils die Ladentür aufnimmt, erinnert mit acht aus der Wand hervortretenden dreieckigen Profilen an einen kannelierten Pilaster. Dieses Motiv mag neben De Bazels Entwurf für das Rotterdamer Rathaus von 1913 (Abb. 97) auf Josef Hoffmanns österreichischen Pavillon auf der Werkbund-Ausstellung in Köln (1914) zurückgehen, der eine Reihe von kannelierten Wandpfeilern ohne Basis und Kapitell zeigt.[398] Die Rücksprünge an den äußeren Enden der Fassaden nehmen im ersten und zweiten Obergeschoß Balkone mit einfachen Metallgeländern auf. Zwei schmale Mauerstreifen, die beiderseits der Ladentüren bis in das zweite Obergeschoß verlaufen, dienen als seitliche Begrenzung der Balkone. Die in die Rücksprünge eingefügten Schornsteine markieren und rahmen die zwischen ihnen liegenden Eckbauten. Hier wird das (im Vergleich zu den Blockfronten etwas tiefer liegende) Gebälk von plastischen Gesimsen eingefaßt. Dieselbe Gestaltung zeigen auch die Schornsteine, die Balkonplatten, die Vordächer (Eingangstüren und Durchgänge) sowie die seitlichen Balkoneinfassungen. Wie bei Block VIII findet sich auch hier neben den komplexen Eckgebäuden eine Differenzierung zwischen Erdgeschoß (Sichtfeld der Passanten) und dem auf Fernwirkung berechneten Gesamtbild des Wohnblockes. So erscheint das Erdgeschoß als geschlossener Baublock mit abgeschrägten Ecken, während die Obergeschosse eine zweite zurückliegende Wandschicht sichtbar machen. Die seitlichen Balkoneinfassungen sind dabei einmal Teil der Fassadenflucht (Erdgeschoß), das andere Mal mit den Schornsteinen korrespondierende freistehende Wandflächen (Obergeschosse).

Die Hoffassade (vgl. Abb. 195) übernimmt die Gestaltung wie Block VIII*, allein die hölzernen Geländer der Veranden sind hier durch gemauerte Brüstungen ersetzt. Das Motiv der drei Sockelbänder wird innerhalb der Durchgänge fortgesetzt, wobei das oberste Band wie an der Straßenseite den Zugang rahmt. Im ersten Obergeschoß werden die seitlich liegenden Balkone über die Durchgänge hinweg fortgesetzt.

Die Durchgänge führen auf einen schmalen Weg, der die zentrale Grünfläche umläuft. Die Privatgärten der Erdgeschoßwohnungen fallen zu Gunsten der Gemeinschaftsanlage kleiner aus als bei Block VIII*. In Verlängerung der Durchgänge finden sich seitlich des Weges schmale Blumenkästen. Die wiederum einheitlich angelegten Gärten (mit Schuppen) sind asymmetrisch in mehrere rechteckige Bereiche aufgeteilt.

Innendisposition
Die Wohnungen von Block IX sind identisch mit Block VIII* (Abb. 189). Die Eckbauten zeigen abweichend hiervon im ersten Obergeschoß gebogene Trennwände zwischen der Küche und einem Schlafraum, da nur so – bei Fortsetzung der Fassadengliederung – eine ausreichende Belichtung der Räume gewährleistet werden konnte. Im Gegensatz zu Block VIII ist die Grundfläche der Läden quadratisch, und der Ladentisch liegt diagonal in der Mitte des Raumes.

Das 1923 publizierte Foto einer der Wohnungen zeigt eine Tapete, die möglicherweise jedoch von den Bewohnern eigenmächtig angebracht wurde.[399] Der Kamin stimmt nicht mit der

194. Block IX in Spangen, Rotterdam, hist. Ansicht

Darstellung in den Schnitten (Oud-Archiv) überein. Dort zeigen die Kamine eine Formgebung entsprechend Block I und V* (vgl. Abb. 24).

Entwürfe für die Farbfassung des Außenbaus von Van Doesburg (Abb. 27)

In Ouds Auftrag entwarf Van Doesburg ab Mai 1921 auch die Farbfassung für Block IX. Erhalten sind die im Oktober 1921 an Oud gesandten Entwürfe.[400] Die Farbfassung in Grün, Gelb, Blau sowie Schwarz und Weiß beschränkt sich wiederum auf Türen, Fensterrahmen und Gesimse. An den Straßenfronten erhalten die übereinanderliegenden Fenster jeweils dieselbe Farbe, so daß – entsprechend der Langseite von Block VIII – die vertikalen Achsen betont werden. Die Treppenhausfenster der Langseite sollten laut Entwurf gelb gestrichen werden, die beiden Fensterachsen dazwischen blau und grün. Van Doesburg, der die Farbgebung variieren wollte, plante für die andere Langseite eine »Vertauschung« von Grün und Blau.[401] Der Entwurf für die Schmalseite (Abb. 27) sieht Grün für die Treppenhausfenster und Gelb für die dazwischenliegenden Fenster vor. Wiederum werden die Farben variiert, so daß die Treppenhausfenster der gegenüberliegenden Schmalseite einen gelben Anstrich erhalten.[402] Die Farbgebung der beiden äußeren Gebäudeabschnitte mit Balkonen, Fenstertüren und Schaufenstern folgt nicht dem symmetrischen Fassadenaufbau: Auch hier sind bei den Fenstertüren die Farben Blau und Grün vertauscht. Für die Sockelbänder, die Gesimse am Dachrand und die Fenster der über den Treppenhäusern liegenden Schlafräume war ein schwarzer Anstrich vorgesehen. Die Ladentüren zeigen unterschiedliche Farben, wobei zumindest eine von ihnen gelb gefaßt werden sollte, eine Lösung, die Oud ablehnte. Im Gegensatz zu den Ladentüren sind die Haustüren zweifarbig angelegt. Die von einem Sockelband eingefaßten Fassadenkompositionen der Lagerräume sollten offenbar alle drei Farben aufweisen. Die Entwürfe der Hoffronten bieten – entsprechend Block VIII* – ein komplexeres Bild als die Straßenfronten. In der Regel zeigt jeder Wandabschnitt eine Komposition aus allen drei Farben, wobei pro Gebäudeseite zwei mögliche Kombinationen in regelmäßiger Abfolge auftreten.

Ob auch die Farbfassung für Block IX (zumindest in Teilen) ausgeführt wurde, ist zu bezweifeln.[403] Lena Milius erwähnt in ihrer Beschreibung nur einen Bau, der durch die Dachgauben eindeutig als Block VIII zu identifizieren ist.[404] Zeitgenössische Fotografien zeigen auch bei Block IX eine einheitliche Farbgebung mit hellem Fensterstock und dunklen Rahmen bzw. Fensterstreben.[405]

Entwürfe für die Farbfassung des Innenraumes von Van Doesburg

Für die Farbentwürfe des Innenraumes gelten dieselben Entstehungsbedingungen wie bei Block VIII*. Bereits am 1. Oktober 1920 hatte Van Doesburg angekündigt, Innenraumentwürfe für beide Blöcke zu erstellen. Im September 1921 lagen erste Entwürfe vor. Offenbar arbeitete Van Doesburg dabei auf eigene Initiative.

Im Centraal Museum Utrecht befinden sich zwei Farbentwürfe für die Wohnungen von Block IX, die den Wohnraum und eines der Schlafzimmer zeigen (Abb. 28).[406] Die Farbgebung in Gelb, Orange, Rot/Lila und Grün weicht von Van Doesburgs sonstiger Farbpalette ab.[407] Möglich erscheint, daß es sich bei den Entwürfen um Schülerarbeiten aus Van Doesburgs De Stijl-Kurs in Weimar handelt, die damit erst 1922, unabhängig von einer möglichen Realisierung, entstanden wären.[408]

Heutiger Zustand

Nach mehreren Wohnungsumbauten in den 1970er Jahren sowie 1985 und 1990/91 wurde der gesamte Block 1993 auf Beschluß des Gemeinderates abgerissen (Abb. 195). Die Bewohner selbst hatten sich trotz des guten Bauzustandes für einen Neubau ausgesprochen.[409] Der Platz des ursprünglichen Gebäudes wird heute zum Teil von Wohnbauten des Rotterdamer Architekturbüros Villa Nova (Entwurfspräsentation 1990) eingenommen (Abb. 196).[410]

Frühe Publikationen Niederlande: Oud 1923a, S. 16f., 20. Ausland: Oud 1922f, S. 187; Badovici 1925, Pl. 3; WMB, 9. Jg, 1925, S. 142; Minnucci 1926, S. 101, 184; Oud 1928d, S. 401.
Literaturauswahl Oud 1923a (abg. in Taverne 2001, S. 237); Oud 1924f; Ten Cate 1991.
Vgl. Taverne 2001, Kat. Nr. 40; Abb. des Innenhofes von Block IX irrtümlich unter Kat. Nr. 41 (Tusschendijken): Taverne 2001, S. 242.

195. Block IX in Spangen, Rotterdam, Fotografie vom Abriß, September 1993

196. Vormaliger Standort von Block IX in Spangen, Rotterdam, Fotografie 2004

15 Wohnblöcke in Tusschendijken, Rotterdam

Gegenstand Entwurf für acht Wohnblöcke im Neubaugebiet Tusschendijken, von denen fünf nach Ouds Plänen ausgeführt wurden. Als Entwurfsgrundlage für insgesamt sieben Wohnblöcke (I, II, III, IV, VI, VII, VIII) diente der mit Block IX* in Spangen realisierte Blocktypus. Bei Block V handelt es sich um einen größeren Wohnblock, der zusammen mit einer ebenfalls von Oud entworfenen Platzanlage (Groote Visscherijplein) den Mittelpunkt der Blockreihe bildete (Abb. 197). Die bei allen Tusschendijkener Blöcken verwendeten Wohnungstypen waren bereits in Block VIII* und Block IX* in Spangen erprobt worden. Block V, VII und VIII wurden nach einem veränderten Entwurf von privater Hand ausgeführt.

Ort Tusschendijken, Rotterdam. Der sich zwischen der Delfthavense Schie im Nordosten, dem Mathenesserdijk im Nordwesten und dem Schiedamse Weg im Südwesten erstreckende, dreieckige Polder Tusschendijken (»Zwischen den Deichen«) verbindet das ältere Stadterweiterungsgebiet Spangen im Nordwesten mit der Innenstadt im Osten (Abb. 199). Als die Gemeinde 1920 erste Grundstücke in Tusschendijken erwarb, war der Baugrund (vor allem durch die Bebauung von Spangen) bereits zu einem Spekulationsobjekt geworden. Neben der Nähe zur Innenstadt und den westlichen Hafenanlagen profitierte Tusschendijken von der bestehenden bzw. im Fall der Mathenesserbrug (Verbindung zwischen Spangen und der Innenstadt) geplanten Infrastruktur. Die Bodenpreise forderten eine dichte Bebauung, die durch ein rationell aufgeteiltes Terrain und große geschlossene Baublöcke erreicht werden sollte. Die in einer Reihe nebeneinanderliegenden acht Wohnblöcke (Abb. 197) nehmen den zentralen Teil des Neubaugebietes zwischen der Roesener Manzstraat und der 1e und 2e Gysingstraat ein, die jeweils parallel zum Schiedamseweg (Verbindung zwischen Mathenesserbrug und Marconiplein) verlaufen. Die Langseiten der Blöcke liegen an den Querstraßen Korfmakerstraat, Netteborterstraat, Taanderstraat, Haringpakkerstraat, Groote Visscherystraat, Jan Kobellstraat, Van Duylstraat, Bussinghstraat und Bruynstraat.

Entwurf Die ersten Entwürfe entstanden im Laufe des Jahres 1920. Am 5. November 1920 lagen die Pläne dem Gemeinderat vor.[411] Die ausgeführten Bauten zeigen im Gegensatz zum überlieferten Lageplan (Abb. 197) keine Risalite. Oud mußte daher bis spätestens zum Baubeginn im folgenden Jahr die endgültigen Baupläne erstellt haben. Im Herbst 1923 wurde ein Teilbereich von Block V privaten Bauunternehmern zum Kauf angeboten. Da sich keine Interessenten fanden, reichte Oud am 26. Februar 1924 einen veränderten Plan für Block V ein (Abb. 210).[412]

Ausführung Die Ausführung von Block I, II, III, IV, VI erfolgte zwischen 1921 und 1923. Bereits im Herbst 1922 publizierte die Zeitschrift »Stavba« einen der Blöcke im Rohbau.[413] Für die insgesamt 588 Wohnungen wurden 4.255.000 Gulden bzw. 7.200 Gulden pro Wohnung aufgebracht.[414] Laut Auguste Plate, der als Befürworter eines rationalisierten Bauprozesses die Entwicklung des Blocktypus vorangetrieben hatte, sollten die Bauten je nach Bedarf in der einmal festgelegten Art ausgeführt werden: »Am vorteilhaftesten wäre, erst einen oder höchstens zwei Blöcke zu verwenden und danach von Zeit zu Zeit sukzessive die folgenden Blöcke zu realisieren.«[415] Tatsächlich wurden zunächst die Blöcke I, II, III und IV, etwas später Block VI errichtet.[416] Die politische Entwicklung verhinderte die Ausführung der noch fehlenden Blöcke nach Ouds Entwurf.[417] Das Grundstück von Block V blieb mehrere Jahre unbebaut. Nachdem am 18. Februar 1926 der Beschluß zum Verkauf der Parzellen gefallen war, wurde der Wohnblock bis 1928 von mehreren Bauunternehmen gemeinsam nach einem veränderten Entwurf ausgeführt. Gleiches gilt für die Blöcke VII und VIII.[418]

Auftrag Die Wohnblöcke I, II, III, IV und VI wurden durch den *Gemeentelijke Woningdienst* errichtet, der hier nach Spangen sein zweites Großbauprojekt realisierte. Hinsichtlich der Rentabilität setzte sich Plate für die Wiederverwendung des in Block IX* in Spangen erprobten Blocktypus ein.[419] Abweichungen von dem in Block IX realisierten Bauprogramm ergaben sich durch die Forderung der *Commissie voor Volkshuisvesting*, die sich

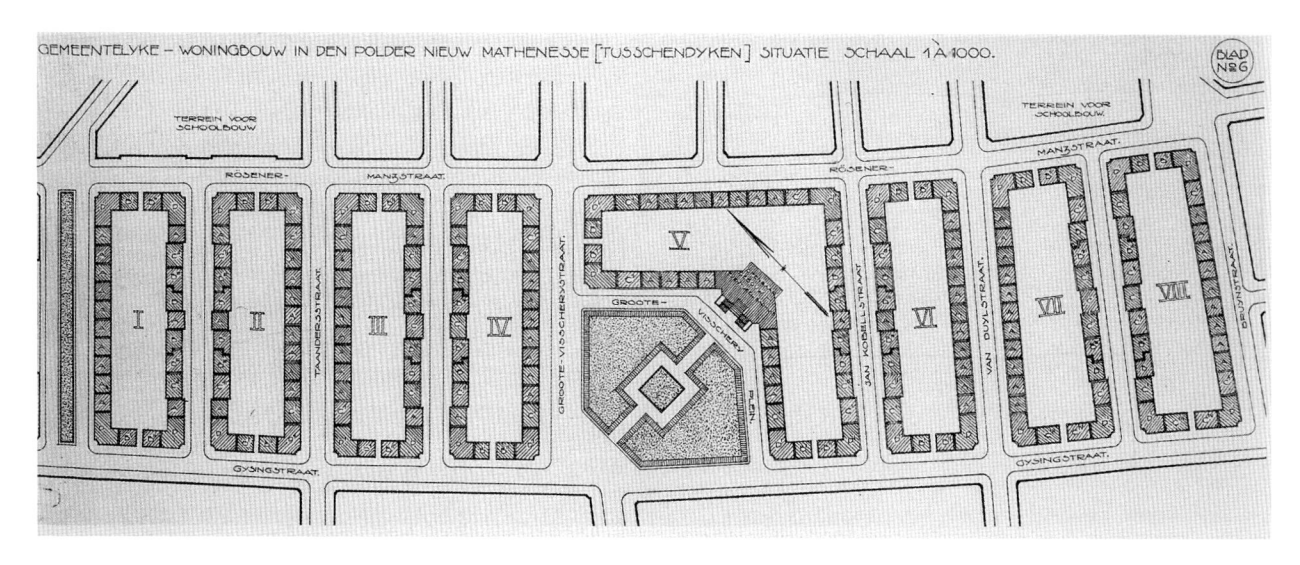

197. Wohnblöcke in Tusschendijken, Rotterdam, Lageplan mit Platzgestaltung, 1920

für die Bereitstellung zusätzlicher Schlafzimmer für Großfamilien aussprach. Der Umfang des Bauauftrages und die städtebauliche Situation mit Verkehrs- und Wohnstraßen veranlaßten Oud zu Veränderungen in der Fassadengestaltung.
Baumaterial/Konstruktion Entsprechend Block IX* handelt es sich um Massivbauten in Backstein mit nichttragenden Trennwänden, offenbar wiederum Holz mit Zement. Vordächer, Treppen und Treppenabsätze in den gemeinschaftlichen Treppenhäusern sind aus Beton gefertigt.
Pläne/Fotomaterial NAi: Lageplan (Abb. 197), Grundrisse (Abb. 198, 209), Aufrisse (Abb. 206), Schnitte, historische Fotografien (Abb. 200). Undatierte Perspektivzeichnung von H. J. Jansen (Abb. 205); undatierte Zeichnung des Innenhofes von L. F. Duquet. Farbschema für die Fassade (Türen und Fensterrahmen). CCA.[420] GRI: Lageplan, acht Grundrisse, Details, sechs Fotografien.
Bauprogramm Die Planung umfaßt acht Wohnblöcke mit insgesamt 1.005 Wohnungen auf Grundlage der für Block VIII* in Spangen entwickelten (Abb. 189) und in Block IX* wiederverwendeten Wohnungstypen. Die Häuser erhielten damit jeweils eingeschossige Wohnungen (A) in Erdgeschoß und erstem Obergeschoß sowie zweigeschossige Maisonettes in den beiden obersten Geschossen. Die Blöcke I, II, III, IV, VI übernehmen das Grundmuster von Block IX* in Spangen (viergeschossig mit Flachdach), zeigen abweichend hiervon jedoch an den Wohnstraßen nur eine dreigeschossige Blockfront mit Schrägdach und ausgebautem Dachgeschoß (Abb. 206). Pro Wohnblock wurden zwei Lagerräume und an den Wohnstraßen zwei weitere Bauabschnitte mit je zwei zusätzlichen Schlafzimmern (pro Geschoß 6,3 m² und 10,8 m² Nutzfläche) integriert (Abb. 207), wobei die zur Straße zu liegenden Schlafräume einen Balkon erhalten sollten. Entsprechend den Bauabschnitten über den Hofzugängen in Block IX* konnten die Schlafzimmer den angrenzenden Wohnungen, die für Großfamilien vorgesehen waren, zugeordnet werden. Wahlweise entstanden so Wohnungen mit drei (A), vier (B bzw. BIII) und fünf (C) Schlafzimmern. Die gleichmäßige Verteilung der Zwischenbauten auf alle Wohnblöcke garantierte, daß die Kinderzahl bei jedem Block annähernd gleich war.[421] Eine generelle Verbesserung gegenüber Block VIII und IX in Spangen boten verbreiterte Veranden und ein zweiter Balkon im ersten Stock. Damit waren auch von der Küche und einem Schlafzimmer aus jeweils der Garten bzw. ein Balkon zugänglich. Die Innenhöfe umfassen wiederum Privatgärten der Erdgeschoßwohnungen sowie eine gemeinschaftliche Grünanlage, die hier durch einen Sandkasten, Sitzbänke und »Pergolen« ergänzt wurde.
Beteiligung anderer Künstler Die Gitter zur Absperrung der Hofdurchgänge wurden nach Entwurf von W. H. Gispen gefertigt.[422]

Städtebaulicher Entwurf (Abb. 197)
Das auf einem Stadtplan (1920) wiedergegebene, weitgehend symmetrische Bebauungsschema zwischen Roesener Manzstraat und Gysingstraat wurde von Oud im Sinne einer gleichförmigen Abfolge identischer Wohnblöcke verändert.[423] Der Lageplan (Abb. 197) zeigt sieben parallel nebeneinanderliegende Wohnblöcke auf längsrechteckigem Grundriß sowie den größeren Block V, der an drei Seiten das sechseckige Groote Visscherijplein umschließt. Entsprechend der früheren Planung befindet sich der als Grünfläche angelegte Platz in der Mitte der Blockreihe und damit im Zentrum des Polders Tusschendijken. Der L-förmige Block V beansprucht zusammen mit der Grünanlage die Fläche von zwei Wohnblöcken. Durch die Lage des Platzes in der westlichen Ecke des Terrains entsteht eine diagonale Orientierung auf die Kreuzung Gijsingstraat/Groote Visscherijstraat, mit letzterer als einer der zentralen Verkehrsachsen des Polders. Die Verbindung von Grünanlage und Straßenkreuzung bewirkt nicht nur eine optische Vergrößerung des Platzes, sondern kaschiert auch die Verschiebung der Straßenachse zwischen Groote Visscherijstraat und Schippersstraat als ihre südliche Verlängerung.

Die sich zwischen Roesener Manzstraat und Gysingstraat erstreckende Blockreihe ist in das Nordost-Südwest orientierte Straßenraster des Polders Tusschendijken eingebunden (Abb. 199). Beide Schmalseiten eines Blocks (zur Roesener Manzstraat und Gysingstraat) sowie eine Langseite liegen jeweils an einer breiten Verkehrsstraße (Taandersstraat, Groote Visserijstraat und Van Duylstraat), die gegenüberliegende Langseite an einer Wohnstraße. Jeweils zwei eine Wohnstraße flankierende Blöcke werden somit zu einer städtebaulichen Einheit zusammengefaßt. Wohn- und Verkehrsstraßen unterscheiden sich neben der Straßenbreite durch eine abweichende Gestaltung der Hausfassaden:

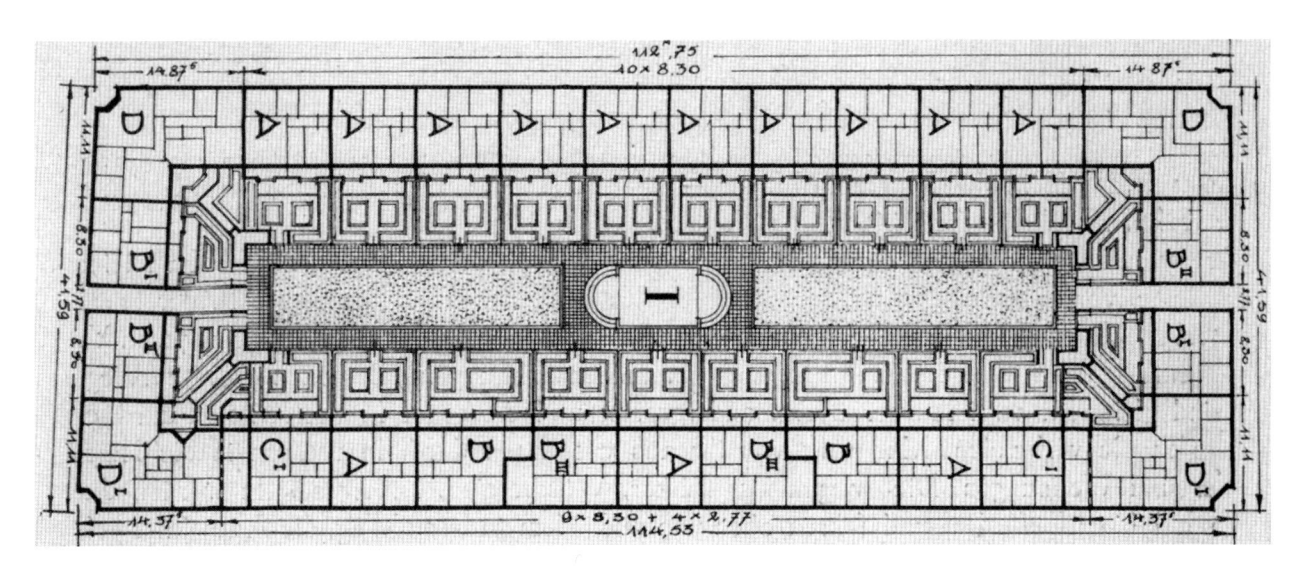

198. Wohnblock I in Tusschendijken, Rotterdam, Grundriß mit Hofgestaltung

Die dreigeschossigen Blockseiten an den Wohnstraßen erhielten ein Schrägdach, Dachgauben, Schornsteine und offenbar kleine Balkone (Abb. 206), während die viergeschossigen Hausfronten der Verkehrsstraßen flachgedeckt sind und eine durchgehend flächige Fassadengestaltung aufweisen (Abb. 200).

Die entlang der Schmalseiten verlaufenden Verkehrsstraßen Roesener Manzstraat und Gysingstraat beschreiben einen leichten Bogen, wobei von der Roesener Manzstraat aus die gesamte Blockreihe sichtbar wird (Abb. 200). Da die Schmalseiten und Blockecken die Fassadenlösung an den Verkehrsstraßen weiterführen, zeigte sich beim Blick von der Roesener Manzstraat und Gysingstraat aus allein diese Fassadenvariante. Entsprechend ist nur auf einer einzigen Fotografie eine Blockfront mit Schrägdach zu erkennen[424], und auch die für Ouds Entwurf entscheidende Differenzierung in Wohn- und Verkehrsstraßen blieb in der Literatur unerwähnt. Dank der Straßenbiegung konnten die Wohnbauten daher nach sozialen Gesichtspunkten konzipiert werden (schmale, für Kinder weniger gefährliche Wohnstraßen, zusätzliche Balkone), wirkten im Gesamtbild jedoch ausgesprochen modern und großstädtisch (viergeschossige Fassaden mit Flachdach). Gleichzeitig ergaben sich hieraus jedoch Nachteile für die Entwurfsarbeit, da die Querstraßen nicht parallel verlaufen und die Blöcke somit nicht exakt rechtwinklig ausgebildet werden konnten.

Wie der städtebauliche Entwurf im Oud-Archiv (Abb. 197) zeigt, waren bereits zu diesem Zeitpunkt nördlich der beiden äußeren Blockeinheiten (Block I und II sowie Block VII und VIII) Schulen geplant. Auch in Fortsetzung der Blockreihe an der Westseite sollte ein Schulgebäude entstehen. Entsprechend findet sich zwischen der Schule und Block I eine »verkehrsberuhigte« Straße mit einem Grünstreifen in der Mitte der Fahrbahn. Das zunächst geplante Badehaus in Block V, das als zentrale Einrichtung allen Bewohnern des Viertels offen stehen sollte, wurde im zweiten Entwurf zu Gunsten von zwölf weiteren Läden gestrichen.

Das sechseckige, an drei Seiten von Block V eingefaßte Groote Visscherijplein zeigt in Ouds Entwurf eine symmetrische Gestaltung. Der Platz wird von einem Fußweg (Symmetrieachse) diagonal in zwei Rasenflächen unterteilt, die ein quadratisches Beet umschließen. Zusammen mit Block V wurde 1924 auch die Platzanlage neu konzipiert und nach diesem Entwurf ausgeführt.[425] An Stelle der geometrischen Gartenanlage trat eine einfache Rasenfläche mit einem Transformatorenhäuschen an der Westseite des Platzes. Dieser (einem gängigen Typus folgende) Bau wurde wohl in den späten 1920er Jahren ausgeführt und steht noch heute an seinem Platz.

Außenbau (Abb. 200–206)
Neu gegenüber den Wohnblöcken in Spangen und vor allem dem in Block IX* realisierten Blocktypus ist die Unterscheidung zwischen Wohn- und Verkehrsstraßen, wobei die jeweiligen Blockseiten neben anderen Wohnungstypen auch eine veränderte Fassadengestaltung aufweisen. Bestimmend für die dreigeschossigen Blockfronten an den Wohnstraßen (Abb. 206) sind die eingeschobenen Abschnitte mit zusätzlichen Schlafräumen, die durch eine weitere Fensterachse mit kleinen Balkonen und dem dadurch veränderten Rhythmus von Tür- und Fensterfolge hervortraten. Das Schrägdach erhält (ähnlich Block I und V* in Spangen) eine gesimsartig gestaltete Regenrinne und Dachgauben in Achse der Treppenhäuser. Pro Haus werden zwei Schornsteine (für zwei nebeneinanderliegende Maisonettes) über dem Dach sichtbar. Da die Dachkante etwas unterhalb der flachgedeckten, viergeschossigen Eckbauten verläuft, bilden diese, ähnlich den turmartigen Bauabschnitten von Block VIII* in Spangen, den rahmenden Abschluß der Blockfront (vgl. Abb. 205)

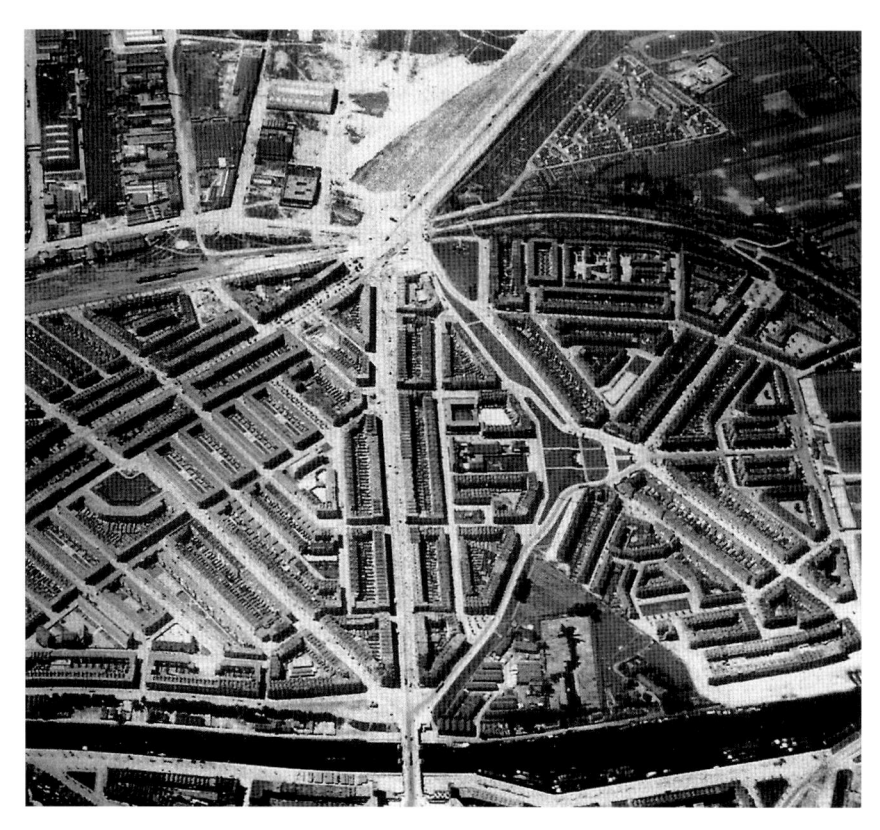

199. Rotterdam, Luftbild um 1930, Wohnblöcke in Tusschendijken (links), Spangen (rechts), Hafenanlagen und Siedlung »Witte Dorp« (oben)

Auch die Blockfronten an den Verkehrsstraßen (vgl. Abb. 200, 201) zeigen geringfügige Abweichungen vom Prototyp Block IX* in Spangen. An Stelle des Gebälks tritt hier ein schmales, plastisch abgesetztes Gesims als oberer Abschluß der Fassade, und waren die Haustüren, wie zeitgenössische Fotografien überliefern, hell gefaßt mit zwei dunkel abgesetzten Feldern. Die an den Verkehrsstraßen liegenden Lagerräume (Abb. 210, zweite Ansicht von oben)[426] zeigen im Gegensatz zu den abstrakten Kompositionen von Block IX* einfache zweiflügelige Türen, die entsprechend den Hofzugängen (Abb. 202) durch zwei Betonplatten und das rahmende obere Sockelband hervorgehoben werden.

Die Eckbauten (Abb. 200, 201) weichen durch eine geschlossenere, deutlich reduziertere Formensprache von den früheren Wohnblöcken ab. Entsprechend Block IX* in Spangen sind die Gebäudeecken in ganzer Höhe abgeschrägt, verzichten jedoch auf die kannelurartigen Profile, das durch Gesimse akzentuierte Gebälk, die hohen Schornsteine und die Vordächer über den Ladentüren. Da allein die Gebäudeecken aus der Flucht zurücktreten, bleibt die blockhafte Grundform der Bauten erhalten. Sogar in den Obergeschossen liegen die Balkone hier, ergänzt durch einen dritten Balkon im obersten Geschoß, in der Fassadenflucht. Zwei schmale Metallstreben in Achse der Schaufensterprofile binden die Balkone vertikal zusammen. Indem das Wandstück über dem obersten Balkon an den Seiten abgeschrägt ist, entstehen breite Schattenfugen, die das vertikale Motiv weiterführen. Auch bei diesen Wohnblöcken findet sich (wenn auch deutlich reduziert) eine unterschiedliche Behandlung für Erd- und Obergeschoß. So tritt der seitliche Fassadenabschluß in den Obergeschossen aufgrund der Schattenfugen bzw. des angrenzenden Schrägdaches als Mauerstreifen und damit als eigenständiges Bauelement in Erscheinung, während er im Erdgeschoß Teil der Fassadenwand bleibt. Eine weitere Abweichung gegenüber Block IX zeigt der unterste Balkon, der eine gemauerte Brüstung besitzt und aus der Flucht der Wand hervortritt. Damit entsteht ein plastischer Akzent an den äußeren Enden der Fassaden, wobei die Balkone gleichzeitig die Funktion einer Schaufensterbedachung übernehmen. Die zurückhaltende Gestaltung der Eckbauten war aufgrund der Wiederholung der Blöcke sowohl aus wirtschaftlichen als auch ästhetischen Gründen notwendig. So markieren die sensibel eingesetzten Gestaltungsmotive den Abschluß der einzelnen Bauten, ohne dabei den Eindruck einer gleichförmigen Blockreihe zu stören.

Insgesamt zeigen die Fassaden der Wohnstraßen mit ihrer geringeren Geschoßzahl, dem Schrägdach und den geplanten kleinen Balkonen ein traditionelleres Erscheinungsbild als die flächig reduzierten, strengen Blockfronten an den Verkehrsstraßen (vgl. Abb. 205). Dort wird durch die serielle Abfolge der viergeschossigen Bauten auch Größe und Umfang des Baukomplexes deutlich. Vor allem an der Roesener Manzstraat und der Gysingstraat ergibt sich mit Blick auf die hintereinander gestaffelten Schmalseiten der Blöcke ein betont großstädtisches Bild (Abb. 200). Dieser Eindruck wird durch die Anlage des Groote Visscherijplein mit dem deutlich größeren Block V samt Ladeneinbauten noch verstärkt.

Deutlicher als bei Block IX* zeigt sich bei den Tusschendijkener Blöcken der Gegensatz zwischen den Hofseiten und den strengen, reduzierten Außenfronten, vor allem den Blockfassaden an den Verkehrsstraßen. Die Innenhöfe (Abb. 198, 203) erhielten im Unterschied zu den Spangener Wohnblöcken zwei durchlaufende Balkonreihen in den Obergeschossen, wodurch der Eindruck von umlaufenden Galerien noch verstärkt wird. Da auch die Veranden gemauerte Brüstungen aufweisen, treten sie als dritte Galeriereihe in Erscheinung. Die unterschiedliche Konzeption der beiden Langseiten mit gleichförmig aneinandergereihten Normwohnungen und dem Wechsel von Normwohnungen und eingeschobenem Schlafräumen ist in der Fassadengestaltung zwar ablesbar, bleibt dem symmetrischen Gesamtbild jedoch untergeordnet.

Der entlang den Privatgärten verlaufende Weg fällt mit 2 m nicht nur breiter aus als bei Block IX*, sondern ist nun auch mit Basaltfliesen gepflastert. Die Gärten werden abweichend von der komplexen Gestaltung des Spangener Baus in je zwei annähernd quadratische Flächen unterteilt, die wiederum von Kieswegen gesäumt sind. Bei den Zwischenbauten konnten die Gärten entsprechend vergrößert werden. Einfache Holzzäune mit Drahtgittern grenzen die Privatgärten vom halböffentlichen Hofbereich ab, wobei die hölzernen Gartentürchen hell gefaßt sind. Der zentrale Hofbereich gliedert sich in zwei rechteckige Rasenflächen, die von einem einfachen Metallzaun eingefaßt sind. Zwischen ihnen, in der Mitte des Hofes, befindet sich ein großer gemauerter Sandkasten, der an beiden Schmalseiten über eine halbrunde dreistufige Treppenanlage zu betreten ist.

200. Wohnblöcke in Tusschendijken, Rotterdam, Blick in die Roesener Manzstraat, hist. Ansicht

201. Wohnblock VI in Tusschendijken, Rotterdam, Fotografie 2004

Wie die Rasenflächen wird auch der Sandkasten von einem Metallgeländer eingefaßt.

Die privaten Holzschuppen der Spangener Wohnblöcke wurden hier durch insgesamt vier, jeweils in den Hofecken liegende Schuppen auf L-förmigen Grundriß ersetzt (Abb. 209). Weiteren Stauraum boten zusätzliche Abstellräume im Kellergeschoß. Die Schuppen sind aus dunklen Steinen mit hellen horizontalen Fugen gemauert, die ein horizontales Streifenmuster ergeben. An den Schmalseiten befindet sich ein niedriger Vorbau zur Anpflanzung von Blumen, dessen Frontseite im Entwurf ein konzentrisches Streifenmuster zeigt. Wie zeitgenössische Fotografien belegen, wurde er jedoch mit einfachen horizontalen Streifen ausgeführt. Die Bedachung der Schuppen besteht aus einer hell gefaßten Dachplatte, die weit über die Seitenwände hinausragt. Im Winkel der L-förmigen Bauten sind für die Bewohner des Wohnblocks Sitzbänke angebracht. Der Hofdurchgang und die seitlichen Gartentüren sind Teil eines gemauerten Tores, ebenfalls mit Blumenkästen und Dachplatte, das mit den Schuppen verbunden ist. Das Streifenmuster knickt im Entwurf (ähnlich den Sockelbändern der Außenfassade) rechtwinklig um, wurde jedoch wiederum nicht in dieser Form realisiert.

Die außergewöhnlich großen Innenhöfe vermitteln mit den langen Balkonreihen und der symmetrischen Gartengestaltung ein repräsentatives Gesamtbild. Um Gebäude und Garten möglichst lange zu erhalten, wurden die erhöhten, durch Mauern eingefaßten Sandkästen, die Metallzäune zur Schonung der Rasenflächen sowie eiserne Gittertore an den Hofzugängen angebracht. Die Wertschätzung der Bauten zeigt sich auch in der liebevoll-detaillierten Gestaltung der Schuppen mit Blumenkästen und Sitzbänken. Mit ihren horizontalen hellen Fugen zwischen dunklen Steinen erinnern sie an die Bauten von Peter Behrens auf der Großen Gartenbau-Ausstellung in Düsseldorf (1904)[427], während das symmetrische Ensemble aus Schuppen, Tor und Gartentürchen an Staffagebauten barocker Gärten denken läßt.

Aus einer Farbskizze im Oud-Archiv ist zu schließen, daß auch die Tusschendijkener Blöcke farbig gefaßt werden sollten. Offenbar stammt der Farbentwurf, der keinerlei Ähnlichkeit mit Van Doesburgs Farbentwürfen aufweist, von Oud selbst. Der Entwurf zeigt graue Eingangstüren mit roten vertikalen Feldern, für den Lagerraum graue Türen mit blauen Feldern. Die Fensterrahmen sind generell grau. Nach zeitgenössischen Fotografien zu urteilen, waren die Fensterrahmen und Fensterstöcke jedoch in unterschiedlichen Farben gestrichen.[428] 1923 verwies J. P. Mieras in seiner Erläuterung der Blöcke auf die »mit großem Geschick gewählten Farben« und auf »helle [›lichte‹] Farben«[429].

Innenräume (vgl. Abb. 189; Abb. 207)
Die Lösung des Innenraumes ist weitgehend identisch mit Block IX* in Spangen. Allein die Öfen fallen kleiner aus und besitzen eine einfachere Verkleidung aus einfarbigen Kacheln.[430]

Vorentwurf
Das erhaltene Planmaterial zeigt, daß im ersten Entwurf eine andere Gestaltung der Wohnblöcke vorgesehen war. Dies betrifft in erster Linie die Wohnstraßen, die sich durch Ausbildung von Eck- und Mittelrisaliten noch stärker von den Verkehrsstraßen absetzen (vgl. Abb. 197). Die symmetrische Fassadengliederung durch Risalite entspricht dem konventionelleren Bild der Wohnstraßen mit nur drei Geschossen, Schrägdach und kleinen Balkonen (Abb. 205, 206). Die schmalen Wohnstraßen sollten durch die Risalite zusätzlich verschmälert und damit von Verkehr freigehalten werden. Daß diese Entwurfsvariante nicht realisiert wurde, ist aus der Ausführungskonzeption für Block V von 1924 zu schließen, die keine Risalite aufweist.[431] Mit Blick auf ein ein-

heitliches städtebauliches Konzept hätte Oud die Fassaden von Block V sicherlich der bestehenden Bebauung angepaßt.

Block V
Für Block V und das Groote Visscherijplein war ein doppelt so großes Terrain vorgesehen wie für die übrigen Blöcke. Es existiert eine auf 1920 zu datierende Fassung (Abb. 197)[432] und ein im Februar 1924 vorgelegter Plan (Fassaden: Abb. 210)[433]. Der frühe Entwurf zeigt einen L-förmigen Bau, der sich als eine Verbindung aus zwei rechtwinklig zusammengesetzten Wohnblöcken zu erkennen gibt. Im abgeschrägten Winkel zwischen den beiden Gebäudeflügeln ist ein Badehaus integriert, das über eine zweiläufige Treppe erschlossen wird. Wie Plate im November 1920 erklärte, sollte der Entwurf des Badehauses zu einem späteren Zeitpunkt geliefert werden.[434] Entsprechend den übrigen Wohnblöcken waren in den Gebäudeecken Läden geplant.

Der spätere Entwurf zeigt drei annähernd gleich lange Gebäudeseiten, die den sechseckigen Platz an drei Seiten umfassen.[435] Die veränderte Grundform läßt Block V als einen massiven Kubus erscheinen, aus dem das Groote Visscherijplein quasi »ausgeschnitten« wurde. Generell folgt die Fassadengliederung (wie auch für den früheren Entwurf anzunehmen ist) den normierten Wohnblöcken. Abweichungen zeigt die Platzansicht mit den drei stumpfwinklig aneinandergefügten Blockfronten (Abb. 210, unten). Die Schnittstellen werden hier durch zwei aus der Gebäudeflucht hervortretende, gerundete Treppenhäuser akzentuiert, die in flachen kuppelartigen Dachaufbauten enden. Die drei Blockseiten sollten zwölf Läden mit Schaufenstern in jeweils vier aufeinanderfolgenden Rundbögen pro Fassade aufnehmen. Die Bögen haben eine Breite von zwei Fensterachsen, so daß sich eine Abfolge von Bogenöffnung und Eingangstür ergibt. In die Mitte der vollständig verglasten Schaufensterfläche sollten – für die damalige Zeit ungewöhnlich – die Ladentüren eingelassen werden. Entsprechend den Hofdurchgängen rahmt das oberste Sockelband die einzelnen Schaufenster, die so zusätzlich betont werden. Außergewöhnlich war mit Blick auf den Charakter des Wohngebietes auch die Anzahl von insgesamt 17 Läden (zwölf Läden am Groote Visscherijplein und fünf Läden in den Eckbauten) im Vergleich zu nur fünf Läden des früheren Entwurfs. Diese großstädtisch anmutende Konzentration von Geschäften wurde in der Gemeinderatssitzung von März 1924 durchaus positiv gewertet: »Die angrenzende Groote Visscherijstraat wird mit der

202. Wohnblock VI in Tusschendijken, Rotterdam, Hofdurchgang, Fotografie 2004

Zeit sicher ein guter Ladenstandort werden, da sie ein belebter Hauptverkehrsweg ist, der an beiden Seiten bebaut wird.«[436] Die Anzahl der Wohnungen verringerte sich bei diesem Entwurf von 188 auf 172.[437]

Die Erdgeschoßwohnungen der Blockfronten am Groote Visscherijplein besitzen zur Hofseite einen Anbau (mit einem Schlafzimmer und einem Abstellraum), der in einem Halbkreis schließt. Die Größe des Innenhofes erlaubte hier die Einrichtung von zwei Sandkästen, die den Hof in zwei längsrechteckige Rasenflächen an den Enden der Blockflügel und eine große zentrale Grünfläche in der Mitte unterteilen. Abweichend von den übrigen Wohnblöcken sind die Sandkästen nicht rechteckig, sondern entsprechend der Hofform in der Achse geknickt. Zur zentralen Grünfläche hin werden sie breiter, wodurch (um den Achsenknick auszugleichen) der Halbkreis der Stufenanlage zu einem Dreiviertelkreis erweitert ist.

An den Schnittstellen der drei Platzfronten treten die gerundeten Treppenhäuser hervor. Zwei Türen bilden den Zugang zum Treppenhaus und einem Gang mit innenliegender Wendeltreppe. Im ersten Obergeschoß sind in den Treppenhausrundungen jeweils zwei Schränke eingebaut, im zweiten Obergeschoß befinden sich hier die Toilettenräume der im Gebäudewinkel liegenden Wohnung.[438]

Baugeschichte

Am 14. September 1923 forderten B & W die Lücke zwischen den bereits ausgeführten Blöcken IV und VI zu schließen.[439] Die erfolglosen Bemühungen, für einen Teil von Block V private Interessenten zu finden, führten zur Kritik an dem vorgesehenen Mietpreis von 6,5 Gulden pro Woche und Wohnung. Am 26. Februar 1924 stellte Plate den neuen Entwurf mit 17 Läden und einem Mietpreis von 5,55 Gulden vor (Abb. 210).[440] Der Entwurf für Block V wurde am 13. März 1924 im Gemeinderat angenommen, scheiterte jedoch bei den Gedeputeerde Staten (Provinzialausschuß).[441] Im März 1925 erschien in der Zeitschrift »Klei« ein Plädoyer für die Realisierung von Ouds Entwurf.[442] Die Regierung stimmte schließlich zu, den Block unter Absprache mit der Gemeinde von einem Privatarchitekten ausführen zu lassen. Am 18. Februar 1926 beschloß der Gemeinderat, Parzellen am Groote Visscherijplein zu verkaufen.[443]

Block V wurde wie auch Block VIII und IX in der zweiten Hälfte der 1920er Jahre von mehreren Bauunternehmen gemeinsam nach einem wiederum veränderten Entwurf ausgeführt (Abb. 200, Block V: zweiter von links).[444] In Anlehnung an Ouds Wohnblöcke übernahm der neue Entwurf die Eckgebäude und die Sockelbänder, die sich hier allerdings hell von den Backsteinwänden absetzen. Als Zitat trat zudem das bei Block I und V* in Spangen eingeführte Motiv der von einem Sockelband gerahmten Türgruppe hinzu. Die Fassadengliederung mit gleichförmig aneinandergereihten Fenstern sowie die Balkone an der Platzfront weichen deutlich von Ouds Lösung ab.

Ende der 1920er Jahre traten bei den Blöcken Versackungen auf, die zu Rissen und horizontalen Verschiebungen der Mauern führten. Besonders stark betroffen war Block II zwischen Taandersstraat und Nettenbortersstraat. 1930 wurde auf Veranlassung der Bouwpolitie en Woningdienst eine Untersuchung der vom Woningdienst errichteten Bauten in Tusschendijken sowie den Siedlungen Oud-Mathenesse* und Kiefhoek* bei den Privatarchitekten C. N. van Goor und Jr. A. D. Heederik in Auftrag gegeben.[445] Die Versackungen dauerten zum Zeitpunkt der Berichterstattung (bis Juni 1931) noch an. Als Ursache nennt die Untersuchung die heterogene Struktur des Bodens verstärkt durch einen ehemals an dieser Stelle verlaufenden Deich mit ungleichmäßiger Absenkung (Abb. 208).[446] An der Fundierung der Blöcke waren keine Versäumnisse festzustellen. Die beigefügten Untersuchungsergebnisse aus dem Jahre 1937 zeigen, daß auch zu diesem Zeitpunkt noch keine endgültige Lösung zur Behebung der Schäden gefunden war.[447]

Am 31. März 1943 wurden die Blöcke durch die Bombenangriffe der amerikanischen Luftwaffe größtenteils zerstört (Abb. 211). Im November 1949 erging der Beschluß, die Wohnblöcke mit Ausnahme von Block VI zwischen Jan Kobellstraat und Van Duylstraat nicht wieder aufzubauen. Ausschlaggebend war unter anderem, daß in den westlichen Stadtteilen zu wenig Rekreationsmöglichkeiten und Platz für Gemeinschaftsbauten bestand.[448]

Heutiger Zustand (Abb. 201, 202, 204)

Mit Ausnahme von Block VI und dem bis heute erhaltenen Transformatorenhäuschen wurden alle Bauten abgerissen und der Grund enteignet. Am Standort von Block I bis IV befindet sich heute eine Grünanlage, die Spiel- und Sportmöglichkeiten bietet. 1948–50 wurde Block VI als einziger Wohnblock in veränderter Form durch die Gemeinde Rotterdam (Architekt J. van Bokkum) wiederhergestellt und die zerstörten Abschnitte modern ergänzt

203. Wohnblock in Tusschendijken, Rotterdam, Innenhof, hist. Ansicht

204. Wohnblock VI in Tusschendijken, Rotterdam, Innenhof, Blick auf die unzerstörte Blockseite, Fotografie 2004

422 IX. KATALOG

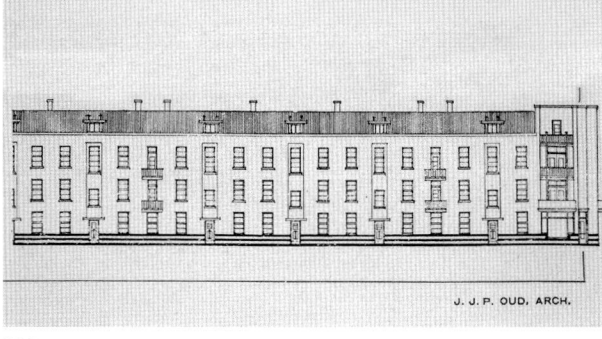

205

206

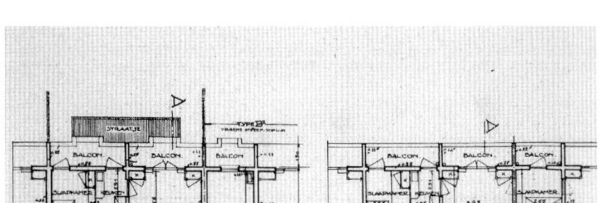

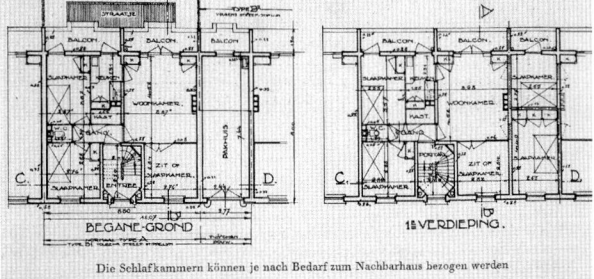

207

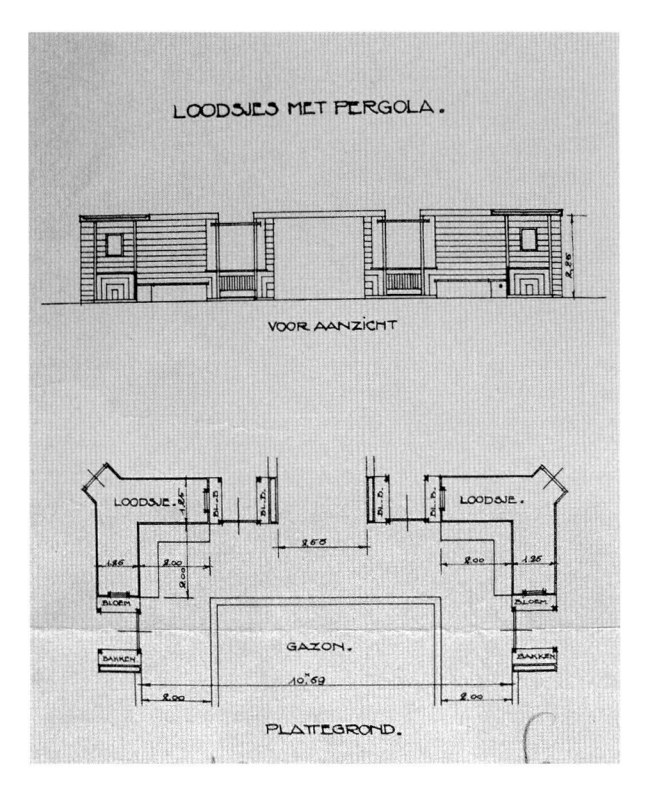

208

209. Wohnblöcke in Tusschendijken, Rotterdam, Aufriß und Grundriß der »Schuppen mit Pergola« im Innenhof

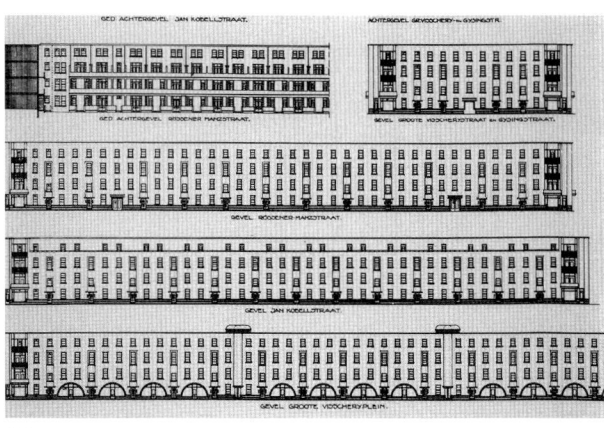

210

205. Wohnblöcke in Tusschendijken, Rotterdam, Zeichnung von M. J. Jansen mit Blick in eine Wohnstraße

206. Wohnblöcke in Tusschendijken, Rotterdam, Aufriß Wohnstraße

207. Wohnblöcke in Tusschendijken, Rotterdam, Grundriß EG, 1. OG

208. Wohnblöcke in Tusschendijken, Rotterdam, Lageplan mit Block I–IV, Verlauf des Groene Dijkje

210. Wohnblock V in Tusschendijken, Rotterdam, zweiter Entwurf, 1924, mit 12 Läden zum Groote Visscherijplein

(Abb. 201, 204). Oud selbst lehnte den Auftrag zur Errichtung der zwei zerstörten Blockseiten ab.[449] Die Unterscheidung in Wohn- und Verkehrsstraßen wurde beim Neuaufbau nicht übernommen: Alle Gebäudeseiten folgen mit ihren vier Geschossen und dem Flachdach dem Erscheinungsbild der Verkehrstraßen. Auch die Maisonettes wurden aufgegeben und eine dritte Balkonreihe für die obersten Wohnungen angefügt. Die Schuppen im Innenhof und die Metallzäune (vgl. Abb. 204) sowie das Tor am Hofdurchgang (vgl. Abb. 202) sind nicht erhalten. Die hölzernen Fensterrahmen wurden durch Kunststoffrahmen ersetzt. Die ersten Mieter konnten ihre Wohnungen im Oktober 1950 beziehen. In den 1980er Jahren erfolgte eine weitere Instandsetzung des Gebäudes.[450]

Frühe Publikationen Niederlande: Oud 1924f, LIII, LV; Klei 1925, S. 70 (Block V); Rebel 1977, S. 145 (frühe Fassung der städtebaulichen Situation). Ausland: Stockmeyer 1922, S. 259 (Rohbau); Oud 1922f, S. 188f. (Grundrisse, Rohbau); Hilberseimer 1924, S. 95 (Innenhof); Oud 1925a, Abb. 1, 2, 3, S. 25–27; Oud 1925d, S. 141–143; Badovici 1925, S. 13f.; Pl. 1–6, 9 (mit Schuppen; Grundriß Vorentwurf); Sörgel 1925a, S. 92f.; Minnucci 1926, S. 23, 133f., 183; Oud 1926a, Cover; Boeken 1927, S. 214; Oud 1928d, S. 404, 406. Eisernes Hofgitter: Gispen 1925, Abb. 25.

Literaturauswahl J. J. P. Oud, Toelichting woningbouw »Tusschendijken«, Oud-Archiv (abg. in Taverne 2001, S. 246); Oud 1924f; VGR, 7.3.1924, GAR, S. 367–376; Klei 1925; Boeken 1927; Rapport in zake de gebreken van de woningcomplexen in Tusschendijken aan den Kiefhoek en in Oud Mathenesse te Rotterdam, 26.6.1931, 17 Seiten: Akten des GWR, zu Tusschendijken S. 3–14; Goor/Heederik 1931; De Ruiter/Meijr/Habets 1984, S. 128–131.

Vgl. Taverne 2001, Kat. Nr. 41; die dort irrtümlich abgebildete Fotografie auf S. 242 zeigt den Innenhof von Block IX* in Spangen; der auf S. 243 abgebildete Block V in Tusschendijken wurde nicht nach Ouds Entwurf errichtet.

211. Wohnblöcke in Tusschendijken, Rotterdam, hist. Ansicht mit Block IV (links) und Groote Visscherijplein nach der Zerstörung 1943

16 Wohnhaus Kallenbach, Berlin

Gegenstand Unausgeführter Wettbewerbsentwurf für das Wohnhaus Kallenbach.
Ort Hagenstraße, Berlin-Wilmersdorf, Ortsteil Grunewald. Mit der Bildung Großberlins im Jahr 1920 wurde die vormals selbständige Landgemeinde Grunewald Teil des Innenstadtbezirks Berlin-Wilmersdorf.

Die 1889 gegründete Villenkolonie Grunewald liegt im Südwesten von Berlin in einer von Seen und Wäldern geprägten Landschaft. Das Villen- und Landhausgebiet war dem wohlhabenden Bürgertum (vor allem Industriellen, Bankiers, Vertretern von Kultur und Wissenschaft sowie hohen Staatsbeamten) vorbehalten, die der Enge der Großstadt entfliehen wollten. Eine wichtige Rolle spielte daher die Verkehrsanbindung an das Zentrum: Bereits 1884 war eine Personenbahn zwischen der Innenstadt und dem Grunewald eröffnet worden, 1887 folgte die Verlängerung der Dampfstraßenbahn vom Kurfürstendamm bis zur geplanten Villenkolonie (Haltestelle im Bereich der heutigen Hagenstraße).[451] Kennzeichnend für Grunewald sind die repräsentativen historischen Villen in großen, z. T. parkartigen Grundstücken (zwischen 1.200 m² und 80.000 m²).[452] Bereits Anfang des 20. Jahrhunderts galt Grunewald als beste Adresse von Berlin: »In der Villenkolonie Grunewald ist eine Luxusstadt entstanden, die in Europa wohl ihresgleichen sucht, und die – allerdings nur den oberen Klassen – die denkbar vollkommenste Befriedigung des Wohnbedürfnisses ermöglicht. Sie ist aber gleichzeitig eine der größten Sehenswürdigkeiten der Reichshauptstadt geworden, deren landschaftliche und architektonische Schönheiten sich zu einem Bilde von höchstem malerischen Reize vereinigen ...«[453]. Die konservative Grundhaltung der Bauherren blieb auch in den 1910er und 1920er Jahren bestimmend für die Villenarchitektur.[454] Fortschrittliche Architekten erhielten in Grunewald daher nur vereinzelt Bauaufträge.[455]

Das Grundstück des Ehepaars Kallenbach (Abb. 212, 213) liegt im äußersten Süden der Villenkolonie und wird im Nordosten von der Hagenstraße, im Südwesten von der Neuen Straße (seit 1938 Griegstraße) begrenzt.[456] Da die Neue Straße bis 1937 zu Dahlem gehörte, verlief die Gemeindegrenze (das frühere Wildgatter) quer über das Grundstück. Der südliche Teil der Villenkolonie wurde im Vergleich zum stadtnahen nördlichen Bereich später und weniger zügig bebaut, so daß dort Anfang der 1920er Jahre noch genügend Bauplätze zur Verfügung standen. Wie bei den Großvillen in Grunewald üblich, wurden auch für Haus Kal-

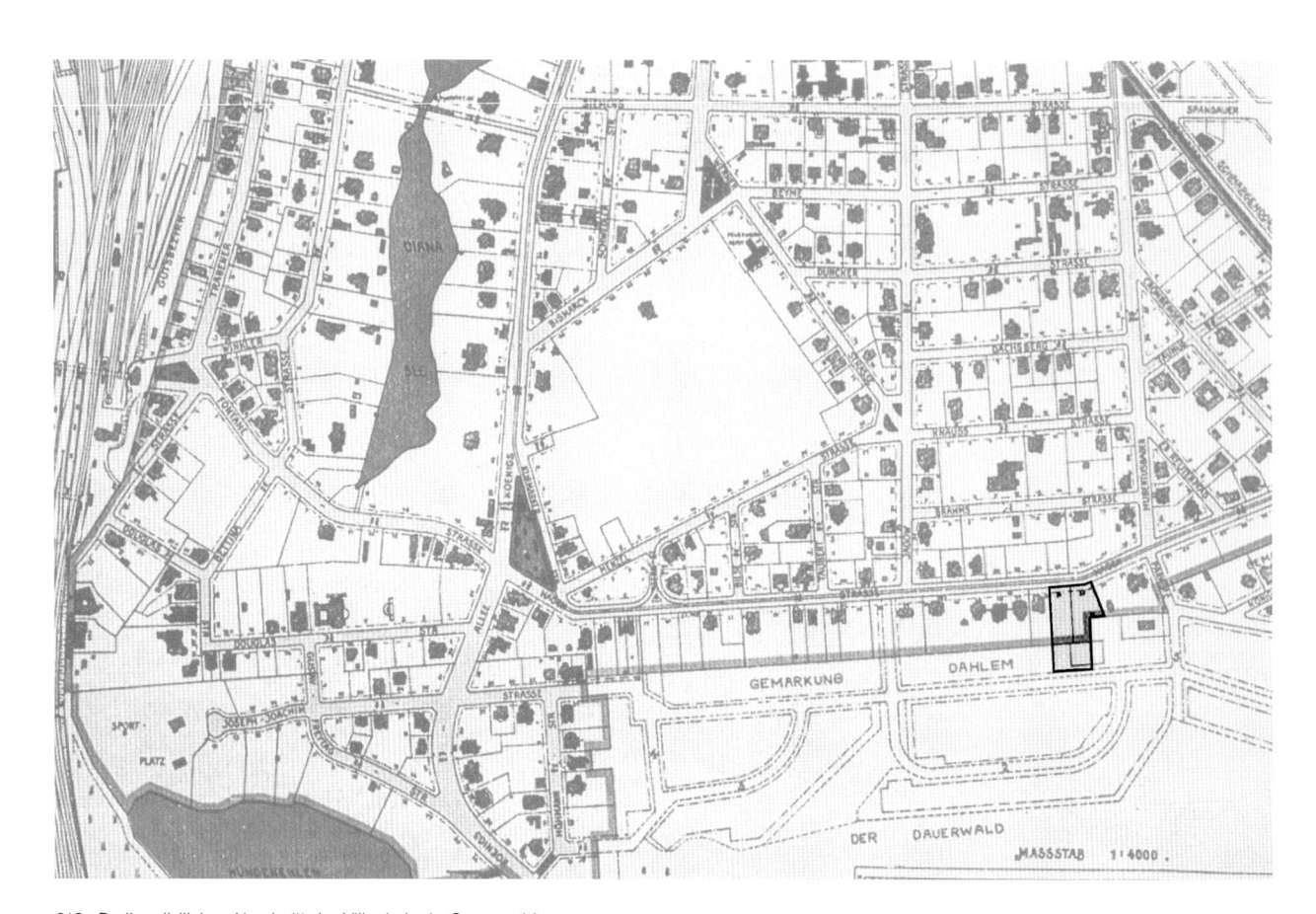

212. Berlin, südlicher Abschnitt der Villenkolonie Grunewald, Lageplan von 1913

lenbach mehrere Parzellen (eine Parzelle zur Hagenstraße sowie der Bereich südlich des ehemaligen Wildgatters) durch Ankauf verbunden. Das im Osten angrenzende Grundstück an der Hagenstraße sollte mit Blick auf eine geplante Erweiterung zusätzlich erworben werden[457], das westliche Nachbargrundstück war zu dieser Zeit bereits mit einer zweigeschossigen Villa in Jugendstilformen (Hagenstr. 48) bebaut.[458] Die Hagenstraße, die auch den Straßenbahnverkehr aufnahm, zählte mit 18 m Breite zu den zentralen Verkehrsachsen des Villenviertels. In Verlängerung der Fontanestraße verband sie als wichtigste Ostwest-Achse den Bahnhof Grunewald mit dem Hohenzollerndamm.

Entwurf In einem auf 21. September 1921 datierten Rundschreiben von Heinrich Kallenbach wurden die Architekten zur Teilnahme am Wettbewerb aufgefordert. Am 12. Oktober trat der Berliner Kunstkritiker Adolf Behne (1885–1948) diesbezüglich mit Oud in Kontakt.[459] Bereits drei Tage später bekundete Oud seine Freude darüber, nach den Wohnblöcken des Woningdienst wieder an einem eigenständigen Objekt arbeiten zu können.[460] Bis Februar 1922 erstellt er einen ersten sowie zwischen Februar und März 1922 einen zweiten Entwurf, wovon jeweils mehrere Varianten existierten. Erhalten hat sich nur die letzte Planphase.

Wettbewerb Initiator des Wettbewerbs war Heinrich Kallenbach, promovierter Ingenieur und Industrieller, der für sich und seine Frau den Bau eines Wohnhauses auf dem Grundstück in Grunewald plante. Als künstlerischer Berater der Kallenbachs fungierte der in Berlin lebende ungarische Künstler László Moholy-Nagy (1895–1946). Moholy-Nagy, der durch einen Artikel von Adolf Behne auf den holländischen Architekten aufmerksam geworden war, bat Behne, bei Oud um Ideenskizzen nachzufragen.[461] Behne hatte Oud bereits im September 1920 in Rotterdam besucht und neben den Wohnbauten des Woningdienst auch dessen Villa Allegonda* in Katwijk aan Zee und das Ferienhaus De Vonk* in Noordwijkerhout besichtigt.[462] In seinen folgenden Artikeln präsentierte er Ouds Arbeiten als Vorbild für die künftige deutsche Architektur.[463] Auch mit der Frage nach weiteren möglichen Kandidaten wandte sich Moholy-Nagy an Behne, der daraufhin Adolf Meyer, Richard Döcker und Ludwig Hilberseimer empfahl.[464]

Die Funktion von Behne und damit die Rollenverteilung zwischen ihm und Moholy-Nagy ist nicht vollständig geklärt. Gegenüber Oud äußerte Moholy-Nagy, daß er während Behnes Abwesenheit die Korrespondenz führen solle.[465] Einer vorübergehenden und nur organisatorischen Arbeit widersprechen jedoch Dauer und Art seiner Tätigkeit. So war Moholy-Nagy von Anfang Dezember 1921 bis zur Annullierung des Vorhabens im März 1922 der alleinige Ansprechpartner Ouds in Berlin und wurde (nach eigener Aussage) von Kallenbach bei künstlerischen Angelegenheiten zu Rate gezogen. Nach dem Scheitern des Projektes bekannte Moholy-Nagy, daß er Oud zu diesem »Mißerfolg aufgefordert« habe.[466] Behne wird daher vor allem als Mittelsmann zwischen Moholy-Nagy und Oud aufgetreten sein.

Eine Einladung zur Teilnahme an dem beschränkten Wettbewerb erhielten neben Oud die Berliner Architekten Adolf Meyer und Ludwig Hilberseimer.[467] Entwürfe von Hilberseimer und dem (von Behne empfohlenen) Stuttgarter Architekten Richard Döcker liegen nicht vor.[468] Neben Ouds Entwurf ist damit allein die Arbeit von Adolf Meyer und Walter Gropius bekannt (Abb. 215–217).[469]

Das Rundschreiben von September 1921 beinhaltet einen Kostenrahmen und das Raumprogramm. Gefordert waren ein langgestrecktes, eingeschossiges Gebäude mit ausgebautem Mansarddach und einer Garage. Der Außenbau sollte in Sichtmauerwerk ausgeführt werden und weiße Fensterrahmen erhalten. Das Raumprogramm umfaßte eine repräsentative Halle und insgesamt acht Zimmer, darunter ein großes Musikzimmer für Frau Kallenbach und einen Arbeitsraum mit einem weiteren Flügel. Gefordert waren zudem je ein Schlafzimmer für die Dame und den Herren und ein Gästezimmer. Küche und Hausmeisterwohnung sollten von den übrigen Räumlichkeiten getrennt sein. Eine Verbindung der Wohnräume zum Garten war ausdrücklich gewünscht. Der Innenausstattung, die ein Fresko in der Halle und Einbauschränke in den großen Wohnräumen einschloß, kam insgesamt eine wichtige Rolle zu.[470]

Die Gestaltungsvorgaben wurden durch eine Randbemerkung relativiert, wonach das beschriebene äußere Erscheinungsbild des Hauses nicht bindend sei. Nur so ist auch die – für Grunewald ungewöhnliche – Wahl der »jungen, wirklich modernen und unbekannten Architekten«[471] zu erklären. Ausschlaggebend hierfür war Frau Kallenbach, die im Gegensatz zu ihrem konservativ eingestellten Ehemann ein modernes Haus wünschte.[472] Die von Heinrich Kallenbach vorgeschlagene Gestaltung entspricht den gleichzeitig in Grunewald errichteten Bauten. Beispielhaft hierfür sei das in unmittelbarer Nähe liegende Haus Löwenstein genannt, das 1921/22 nach Entwurf von Paul Zucker errichtet wurde (Abb. 214).[473] Das breitgelagerte eingeschossige Haus in

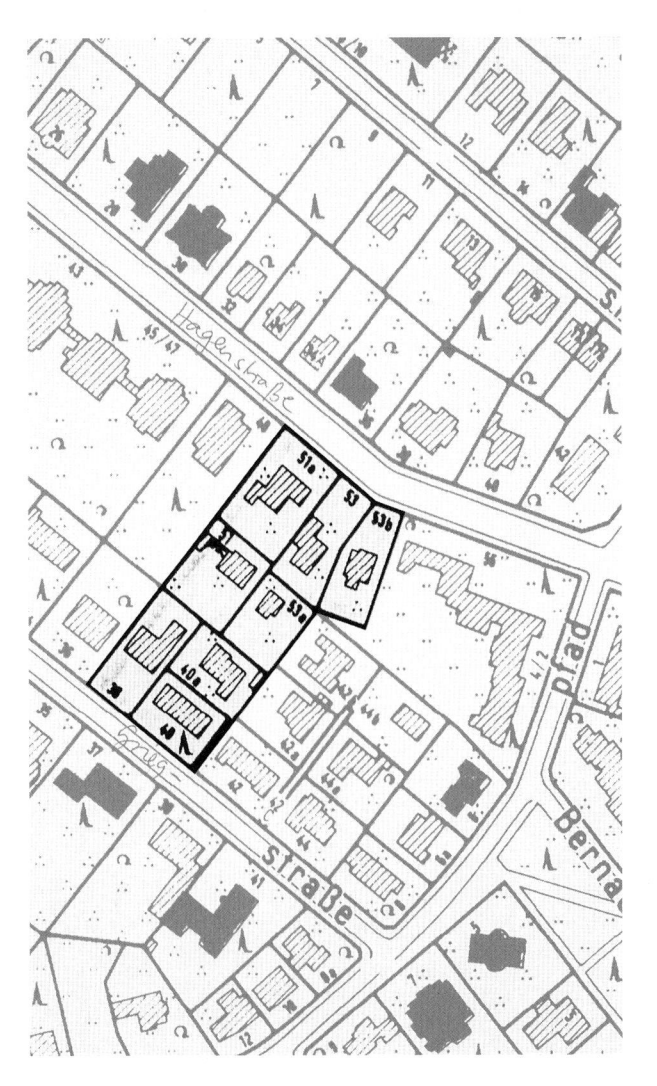

213. Berlin, Kartenausschnitt Grunewald, ehem. Grundstück Kallenbach, Situation 1993

reduziert historisierenden Formen erhielt ein ausgebautes Mansarddach samt Dreiecksgiebel und Hausteinsockel.

Weitere Vorgaben machte das Ortsstatut der Villenkolonie, das unter anderem einen Abstand von 8 m zum Nachbarhaus und einen mindestens 4 m tiefen Vorgarten zur Straße forderte.[474] Die meisten Bauten blieben nur wenig hinter dieser Baufluchtlinie zurück und lagen damit – unabhängig von Himmelsrichtung und Besonnung des Terrains – im vorderen, zur Straße orientierten Teil des Grundstücks.[475] Trotz der individuellen Gestaltung der Villen und Landhäuser entstand so ein einheitliches Siedlungsbild.

Auftrag/Planungsgeschichte
Oud reichte insgesamt zwei Entwürfe ein. Der erste muß spätestens im November 1921 in einer ersten Fassung vorgelegen haben. Anfang Dezember bedauerte Moholy-Nagy, daß Oud seinen Entwurf entsprechend den neuen Vorgaben umarbeiten mußte.[476] Weder die erste Variante noch die veränderte Fassung sind überliefert.[477] Kallenbach, der sich mit dem Entwurf grundsätzlich einverstanden erklärte, ließ am 10. Januar 1922 Informationen über Ouds Honorar einholen.[478] Oud äußerte seinerseits den Wunsch, nach Berlin zu kommen, um die Baustelle und das Mobiliar der Kallenbachs zu sehen.[479] Am 13. Februar 1922 war noch keine Entscheidung über die endgültige Form des Hauses getroffen: Kallenbach wünschte eine Vergrößerung der Erdgeschoßräume und ließ weiterhin offen, ob er eine Hausveranda bauen werde.[480] Zur Klärung der vermeintlich letzten Fragen fuhr Oud Ende Februar nach Berlin, wo er im Hotel Kurfürstendamm unterkam.[481]

Nach Ouds eigener Aussage entstand als Folge dieses Berlin-Aufenthaltes ein zweiter Entwurf, bei dem es sich offenbar um die erhaltene und von Oud später publizierte Arbeit (Abb. 220–222) handelt. Aus der Korrespondenz ist auf umfangreiche Änderungen gegenüber dem ersten Entwurf zu schließen. Am 12. März 1922 schrieb Oud an das Ehepaar Kallenbach, daß er anfangs nur den Grundriß entsprechend den neuen Vorgaben habe vergrößern wollen. Während die Grundfläche deutlich größer geworden sei, habe die Höhe des Gebäudes jedoch nur wenig modifiziert werden können. Das Haus wirke nun entsprechend breit und grob. Während der erste Entwurf auf einem Modul von 1,10 m basierte, wurde der neue Entwurf in zwei Varianten mit Modulen von 1,20 m und 1,30 m vorgelegt.[482] Oud bevorzugte den Entwurf mit einem Modul von 1,20 m, bei dem die Proportionen am besten seien. Von den Auftraggebern wünschte er genauere Informationen, unter anderem zur Stellung der Möbel in allen Zimmern.[483] Am 8. April 1922 kündigte er letzte Veränderungen und eine detaillierte Blaupause an.[484] Offenbar experimentierte Oud zu diesem Zeitpunkt noch mit einzelnen Detaillösungen. So erwähnte Moholy-Nagy rückblickend einen Säulenbalkon, den Oud gegen seinen Willen zugefügt habe.[485] Die Perspektive des endgültigen Baus lag Ende April noch nicht vor, wurde jedoch zusammen mit den Grundrissen und Ansichten im September 1922 publiziert (Abb. 219).[486]

Konstruktion/Material
Die erhaltenen Plandokumente machen keine Angaben über das von Oud vorgesehene Baumaterial. In der Literatur wird allgemein Beton angenommen[487], möglicherweise, da Meyer und Gropius für ihren Entwurf eine Ausführung in Beton vorgesehen hatten.[488] Hans Oud vermutet Korrelbeton, der in Deutschland von der Firma Kossel (Bremen) verwendet wurde.[489] Oud selbst geht nicht auf Fragen von Konstruktion und Material ein und erwähnt allein die metallenen Fensterrahmen.[490] Wie bei seinen späteren Bauten, unter anderem den Häuserzeilen in Hoek van Holland* und der Siedlung Kiefhoek*, war Oud vor allem am Erscheinungsbild eines modernen Betonbaus gelegen. Die Innenräume von Haus Kallenbach sollten dagegen eine Ausstattung in traditionellen Materialien, darunter eine Holzvertäfelung, eine Marmorverkleidung und farbige Mosaikeinlagen, erhalten. Für die Wände waren farbige Anstriche vorgesehen.[491]

Planmaterial NAi: perspektivische Zeichnung (Abb. 219); Entwurf mit »Lage- und Gartenplan«, Grundrissen von Kellergeschoß und Erdgeschoß und fünf Aufrissen (Abb. 218, 222); Blaupause mit Skizze einer perspektivischen Ansicht (Entwurfsvariante mit Rundfenster am Treppenhaus). CCA.[492] GRI: Zeichnung. NLM: Skizzen.[493] RIBA: Drei Perspektiven.[494] Plansammlung der Technischen Universität Berlin: Skizze mit perspektivischer Ansicht (Rundfenster), Original zur Blaupause im NAi.[495] Eine Variante dieser Skizze wurde 1925 publiziert.[496] Ebenfalls 1925 wurden zwei Skizzen der Halle und des versenkten Gartens veröffentlicht.[497]

Bauprogramm Erdgeschoß: Musikzimmer, Herrenzimmer, Speisezimmer, Küche mit Eßecke, Anrichte, »Ablage«, Flur, Windfang, Toilettenraum, Terrasse.[498] Obergeschoß: Arbeitszimmer der Dame, Schlafzimmer der Dame mit Balkon, Ba-

214. Haus Löwenstein, Berlin, Paul Zucker, 1921/22, Fotografie 2004

215. Adolf Meyer und Walter Gropius, Haus Kallenbach, Berlin-Grunewald, 1921, Perspektive

dezimmer, Toilettenraum, Schlafzimmer des Herren, Flur, Nähzimmer, Gästezimmer, zwei Mädchenzimmer, Bad für das Personal, Besenkammer, Toilettenraum für das Personal. Kellergeschoß: Raum für Gartengeräte, Heizungsraum, Kohlenraum, Plättstube, Waschküche, Speisekammer, Toilettenraum, Hausmeisterwohnung (drei Zimmer). Garten: Ummauerte Terrasse, ein versenktes Karree mit Springbrunnen, Teich, Küchengarten, Zufahrtsweg, Garage.

»Lage- und Gartenplan« (Abb. 218)
Das L-förmige, etwa 120 m tiefe Grundstück erstreckt sich zwischen der Hagenstraße im Nordosten und der schmalen von Wald gesäumten Neuen Straße (heute Griegstraße) im Südwesten. Das angrenzende, als »Grundstück der Stadt Berlin« bezeichnete Terrain an der Hagenstraße war für eine spätere Erweiterung vorgesehen, wird in Ouds Entwurf jedoch (im Gegensatz zu der Arbeit von Meyer/Gropius, Abb. 216) nicht berücksichtigt.

Das Grundstück gliedert sich in einen breiten mit Kiefern bewachsenen Abschnitt zur Neuen Straße, der das Wohnhaus mit den angrenzenden Blumenbeeten aufnimmt, und einen schmaleren langen Geländestreifen mit Rasenfläche und Küchengarten zur Hagenstraße. An der Grenze zwischen beiden Bereichen liegen zwei große Rosenbeete, die vermutlich durch eine Reihe von Hochstammrosen getrennt werden sollten, sowie eine (nicht näher bestimmte) U-förmige Anpflanzung, eventuell mit einer Sitzbank. An das Haus anschließend, jedoch im Bereich der rechteckigen Rasenfläche, befindet sich ein vertieft liegendes, gemauertes Karree mit Springbrunnen. Die Lage des Hauses im hinteren Teil des Grundstücks garantierte den gewünschten Schutz vor der verkehrsreichen Hagenstraße. Der von einer niedrigen Mauer eingefaßte Zufahrtsweg an der westlichen Langseite des Grundstücks führt zum Haupteingang und von dort bis zur Garage an der Neuen Straße.

Der Garten zeigt ein natürlich belassenes Waldstück wie auch streng geometrische Einheiten. Das zweigeschossige Haus auf L-förmigem Grundriß greift mit einem kurzen und einem langen Flügel die Form des Grundstücks auf. An der Innenseite der beiden Gebäudeflügel sind zwei Veranden angefügt (vgl. Abb. 220), die sich an den Gebäudeenden zu quadratischen Terrassen erweitern. Beide Terrassen, die größere mit Tisch und Sonnenschirm, sind von einer niedrigen Mauerbrüstung umgeben. Von den Veranden führen Stufen zu einem quadratischen Teich im Winkel der beiden Gebäudeflügel hinunter, der circa 80 cm unter dem Gartenniveau liegt. An den längeren Flügel schließt das ummauerte und an drei Seiten von Blumenbeeten eingefaßte Karree mit Springbrunnen an (vgl. Abb. 220). Das vertiefte Karree dient der Belichtung der Hausmeisterwohnung im Kellergeschoß (vgl. Abb. 222) und ist über zwei symmetrische, ebenfalls von Mauern flankierte Außentreppen zugänglich. Die von einer Pergola begrenzte Rasenfläche wurde um das Karree herum in halber Höhe ausgehoben. Der ebenfalls vertiefte Küchengarten ist vom Rasen aus über eine kleine Treppe zu erreichen. Der schmale Streifen zwischen Gartenmauer und Zufahrtsweg sollte zur Abgrenzung gegen das Nachbargrundstück mit Bäumen bepflanzt werden.

Kennzeichnend für den Garten ist die Komposition aus verschiedenen geometrischen Bereichen, die Grundrisse einzelner Räume oder Bauteile aufgreifen. So gibt der längere Gebäudeflügel die Breite der Rosenbeete vor, während das Karree mit den seitlichen Treppenläufen die Breite des Gebäudeflügels samt Terrasse aufnimmt. Die größere Terrasse ist genauso groß wie der Teich, die kleinere Terrasse und der Terrassentisch so groß wie der Toilettenraum. Durch die unterschiedlichen Höhenlagen der einzelnen Bereiche wird die geometrische Struktur noch zusätzlich betont. Ein ungewöhnliches Motiv bilden die langen, rechtwinklig aufeinanderstoßenden Mauern (vgl. Abb. 219), die einzelne Bauglieder (Terrassen, Karree) und zwei Seiten der Rasenfläche begrenzen. Anregungen dürften die langgezogenen, hell gefaßten Mauern in den Entwürfen von Meyer und Gropius geliefert haben, die jedoch, wie bei Haus Otte (1921)[499], dem diagonalen Grundrißraster entsprechend schräg auf das Haus zulaufen (vgl. Abb. 215). Möglicherweise hatte Oud diese Entwürfe bei seinem Aufenthalt in Weimar (Sommer 1921) gesehen. Dennoch sind die rechtwinklig aufeinanderstoßenden Mauern, wie sie später auch in Entwürfen Mies van der Rohes auftreten, als individuelle Lösung von Oud zu werten.

216. Adolf Meyer und Walter Gropius, Entwurf Haus Kallenbach, Berlin-Grunewald, 1921, Grundstück mit Gartengestaltung

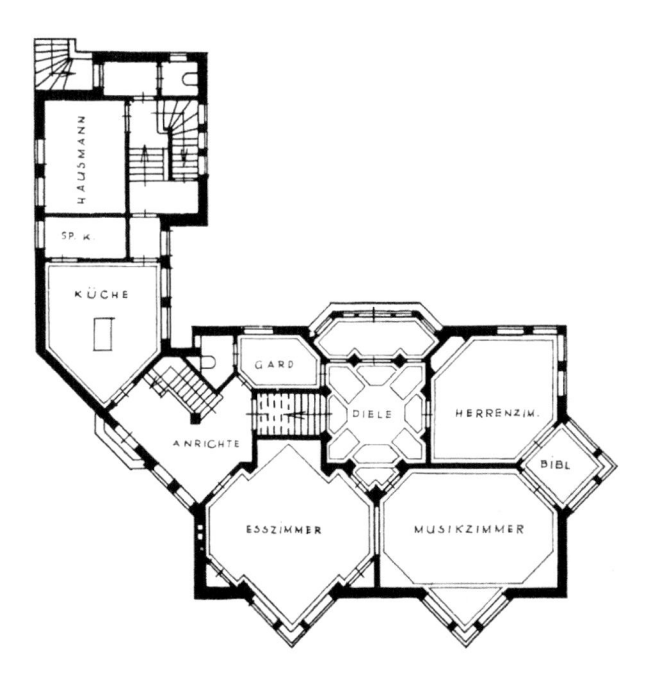

217. Adolf Meyer und Walter Gropius, Haus Kallenbach, Berlin-Grunewald, 1921, Grundriß EG

Außenbau (Abb. 219, 220)

Der Entwurf zeigt ein konsequent modernes Gebäude mit Flachdach und schmucklosen hell gefaßten Wandflächen. Die zweigeschossige Villa setzt sich aus zwei unterschiedlich langen, rechtwinklig angeordneten Gebäudeflügeln zusammen, in deren Winkel die Treppe als geschlossener Kubus eingestellt ist. Plastische Gliederungselemente finden sich allein in den von Wandstützen getragenen, circa 2 m auskragenden Vordächern beiderseits des Treppenkubus, den schmalen Fensterbrettern und einem kleinen Balkon an der »Außenfassade« zur Neuen Straße. Neben dem Schrägdach verzichtete Oud auch auf einen Sockel, der optisch jedoch durch die Brüstungsmauern der Terrassen bzw. des Lichtschachtes angedeutet wird. Die in zwei Formaten auftretenden Fenster mit schmalen Metallrahmen erscheinen als einfache Wandöffnungen in der Fassade.

Als Hauptansicht präsentierte Oud – ähnlich dem Fabrik-Entwurf* – eine Schrägsicht der Villa (Abb. 219), die von einem erhöhten Betrachterstandpunkt aus die »Innenfassaden« der beiden Gebäudeflügel, die Schmalseiten und Teile des Gartens zeigt. An jeder Innenfassade finden sich vier schmale Doppeltüren (Musikzimmer und Speisezimmer) zwischen drei Wandstützen. Die Vordächer scheinen die Wandöffnungen horizontal zu durchschneiden, wobei (entsprechend der Häuserzeile mit Arbeiterwohnungen*) niedrige Oberlichter zurückbleiben. Die Schmalseiten erhielten je zwei aus der Mitte heraus verschobene Fenster, die in einen oberen horizontalen Teil und zwei hochrechteckige Flügel unterteilt sind. Mit dieser bereits im 19. Jahrhundert üblichen Gliederung griff Oud (zusammen mit den Fensterbrettern) auf ein traditionelles Motiv zurück. Gleichzeitig geben sich die Fenster jedoch als Komposition einzelner normierter Bauteile zu erkennen. So entsprechen sie in der Gesamtgröße dem durchfensterten Teil der Doppeltüren, während für das obere Teil das Format der Oberlichter bzw. der Flurfenster (Obergeschoß) gewählt wurde.[500] Für die Hausmeisterwohnung im Souterrain wählte Oud fünf zu einem Fensterband aneinandergereihte Fenster vom Typ der Seitenfronten.

Auch an den Außenfassaden des L-förmigen Baus wurden diese Fenstertypen aufgegriffen. Erstaunlicherweise zeigt gerade die schmalere Gebäudefront zur Neuen Straße eine repräsentative symmetrische Fassade. Neben je einer Fensterachse an den Seiten finden sich drei Fenster im Obergeschoß, die – entgegen der tatsächlichen Raumaufteilung – zu einer Gruppe verbunden sind und so, unterstützt durch einen Balkon, die Mittelachse akzentuieren. Die parallel zur Zufahrt liegende Front mit dem Haupteingang erhielt dagegen zwei gleichförmige Fensterreihen, wobei im Erdgeschoß zwei Fenster durch den Haupteingang und den Personaleingang ersetzt sind. Die Brüstung des Lichtgrabens wird im Bereich der Türen unterbrochen. Als Zugang zum Haupteingang, der durch ein Vordach mit Oberlicht und zwei Wandleuchten markiert ist, dient eine kleine Brücke.

Kennzeichnend für den Entwurf ist die reduzierte, nüchterne Formensprache unter weitgehendem Verzicht auf plastische Bauelemente, die zu einer Betonung des kubischen Baukörpers führt. Entsprechend seinen früheren Bauten beschränkte sich Oud auf wenige Fenster- und Türformate, was dem Gebäude ein einheitliches Gesamtbild verleiht und gleichzeitig auf die industrielle Fertigung der Bauteile verweist. Um das strenge Fassadenbild nicht zu stören, werden die Terrassentüren im geöffneten Zustand rechtwinklig zur Fassade gegen die Wandstützen gelehnt.[501] Die beiden äußeren Türflügel können so weit geöffnet werden, daß sie parallel zur Gebäudefront stehen. Im Gegensatz zu den Innenfassaden mit ihren großen Fenstertüren treten die Seitenfronten und Außenseiten (obwohl sie von außen kaum einsehbar waren) als »offizielle«, geschlossene Ansichten auf. Hervorzuheben ist die Lage des Nutzgartens an der Hagenstraße (Abb. 218), die ansonsten von den Wohnhäusern mit ihren repräsentativen Vorgärten gesäumt wird. Oud folgte hier sowohl dem Wunsch des Bauherren nach Ruhe und Abgeschiedenheit, als auch dem zeitgenössischen Trend zum Reformgarten. An Stelle der repräsentativen, zur Straße orientierten Schmuckareale treten dort klar umrissene, funktionale Gartenflächen, während sich an der Rückfront des Hauses der Blumengarten und die Rasenfläche anschließen. Beispiele hierfür sind die Landhausgärten von Hermann Muthesius sowie Max Liebermanns 1910 fertiggestellter Villengarten am Wannsee.[502]

Innendisposition (Abb. 220–222)

Die Grundrißlösung basiert auf der Trennung von Personal- und Wohnbereich sowie der Ausrichtung der zentralen Wohnräume (Musik- und Speisezimmer) auf den intimen Gartenbereich im Winkel des Gebäudes. Als Ausgangspunkt des Entwurfs diente das Erdgeschoß (Abb. 220) mit zwei gleich langen Wohnflügeln, wobei sich an den Flügel zur Hagenstraße die Personalräume anschließen. Entsprechend der quadratischen Grundfläche des Personalbereichs sind auch die beiden Wohnflügel zusammen mit Teich und Rasenfeld einem Quadrat eingeschrieben.

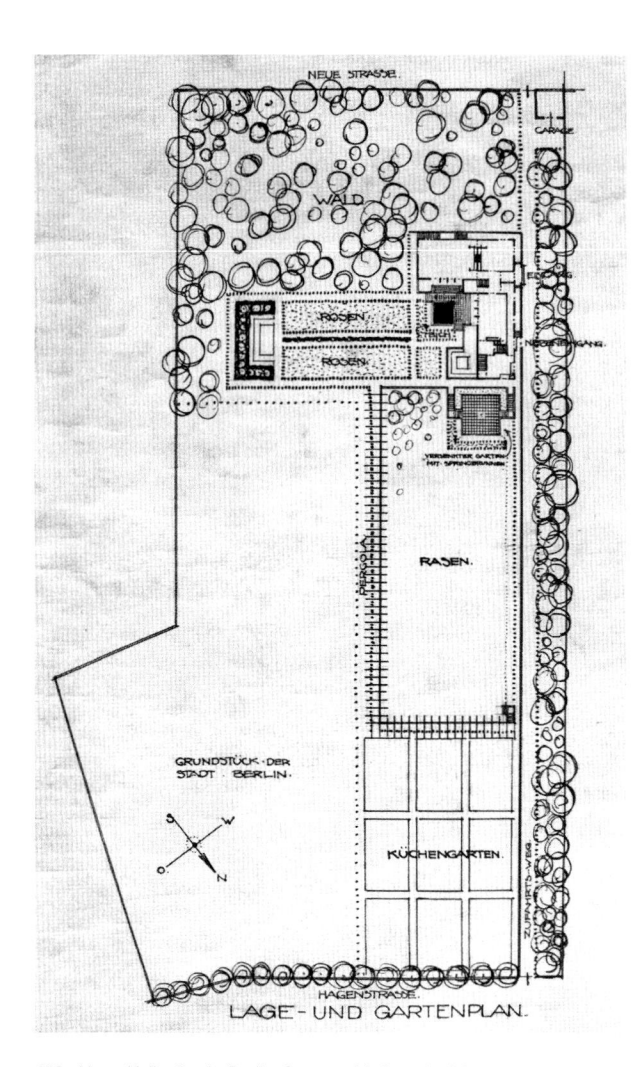

218. Haus Kallenbach, Berlin-Grunewald, Grundstück mit Gartengestaltung

Der Grundriß beruht – wie beim Ferienhaus De Vonk* und dem Doppelhaus für Arbeiter in Beton* – auf einem orthogonalen Raster, das Größe und Lage der Bauglieder festlegt: Die quadratische Grundfläche von Treppenhaus, kleiner Terrasse und Terrassentisch besteht aus jeweils 2x2 Modulen, das Karree und der Personaltrakt im Erdgeschoß aus 5x5 Modulen, der Balkon, die Betten und die Badewannen aus 1x2 Modulen. Das Raster wird zum bestimmenden Entwurfsschema, dessen Grundmodul im Springbrunnen und (wie bei den beiden vorausgehenden Arbeiten) in den Toilettenräumen des Obergeschosses (Abb. 221) sichtbar wird.[503]

Der Haupteingang führt über einen Windfang in den Flur (»hal«), der die drei repräsentativen Räume des Erdgeschosses und über eine zweiläufige Treppe die Obergeschosse erschließt.[504] Der untere, freistehende Treppenlauf wird von Seitenwangen eingefaßt, die bis zur Höhe des Türsturzes reichen. Der repräsentative Flur mit vier symmetrischen Raumwänden sollte, wie auch der Treppenabsatz und der Flur im Obergeschoß (»bovenhal«), mit Marmor verkleidet werden. Unterhalb der Treppe befindet sich die (offenbar fensterlose) Toilette. Der Personaleingang führt in den Personaltrakt mit Küche, Anrichte und Personaltreppe. Das Musikzimmer mit Flügel, das offenbar auch für kleinere Konzerte im Freundeskreis gedacht war, bildet den größten Raum des Hauses. Eine Türe verbindet es mit dem angrenzenden Herrenzimmer, das ebenfalls einen großen Kamin erhalten sollte. Das Pendant zum Musikzimmer bildet das (deutlich kleinere) Speisezimmer im längeren Gebäudeflügel. An der Rückfront des Speisezimmers verläuft ein schmaler Flur, der den Wohnbereich mit dem Personalbereich verbindet. Von Musik- und Speisezimmer aus besteht Zugang zu den vorgelagerten Veranden sowie über fünf Stufen in den Garten.

Im Obergeschoß befindet sich oberhalb des Musikzimmers das Arbeitszimmer mit Flügel von Frau Kallenbach sowie, durch eine Türe verbunden, ihr Schlafzimmer. Zwischen den beiden Schlafzimmern der Eheleute, die (mit Ausnahme der Fenster) spiegelsymmetrisch konzipiert sind, liegt das von beiden Räumen aus zugängliche Badezimmer. Treppenabsatz und Flur erhalten neben den Flurfenstern, die hier als »Blumenfenster« bezeichnet sind, ein Oberlicht als weitere Lichtquelle. Im längeren Gebäudeflügel sind die einzelnen Räume entlang eines schmalen Flures angeordnet. Der Personaltrakt mit den Mädchenzimmern und dem Besenraum wird durch eine Türe vom privaten Bereich abgetrennt. Mit den beiderseits der Treppe liegenden Flurabschnitten entsteht ein symmetrischer Raum (diagonale Spiegelachse), dem sich auch die Plazierung der Türen unterordnet.

Auch im Untergeschoß reihen sich die Zimmer entlang eines schmalen Ganges. Zur Belichtung der Räume dient ein Lichtschacht an den Außenseiten des Hauses, der am längeren Gebäudeflügel jedoch nur bis zum Personaleingang, also bis zur Schnittstelle zwischen Wohnbereich und Personaltrakt, reicht. Die sich anschließende Hausmeisterwohnung erstreckt sich unterhalb des Personaltraktes und der größeren Terrasse.

Neben der im Großbürgertum üblichen Trennung von Wohn- und Personalbereich wurde hier auch bei der Orientierung der Zimmer zwischen den Bewohnergruppen unterschieden: Die repräsentativen Räume im Erdgeschoß sind auf den Garten (Nordosten) bzw. die Außenseiten des Baus gerichtet. Die Zimmer des Personals orientieren sich zur Eingangsfront (Nordwesten) bzw. bei der Hausmeisterwohnung zum vertieften Karree (Nordosten). Abgesehen von der ungünstigen Besonnung ist somit weder von der Hausmeisterwohnung noch von den Mädchenzimmern und der Küche aus ein Einblick in den Garten möglich. Die bewußte Trennung beider Bewohnergruppen wird von Oud bestätigt, der mit Blick auf das Springbrunnenkarree die Ungestörtheit beider Parteien hervorhebt.[505]

Geplant waren eine Marmorverkleidung der Flure im Erd- und Obergeschoß sowie eine feste Möblierung für alle Zimmer. Aus einem Briefkonzept mit Angaben für den ausführenden Architekten in Berlin werden zudem ein Holzparkett, eine Holzvertäfelung, eine Stoffverkleidung, farbige Mosaikeinlagen und farbige Anstriche genannt. Wie bei den Spangener Wohnungen* war auch hier an eine Bilder- oder Zierleiste gedacht, wobei Wand und Decke oberhalb dieser Leiste weiß getüncht werden sollten.[506]

Charakterisierung

Das Raumprogramm (mit Musikzimmer, Gästezimmer, Hausmeisterwohnung, Mädchenzimmer) und der große Garten zeigen Haus Kallenbach als typisch großbürgerliches Wohnhaus, das dem Trend der Zeit folgend in einem exklusiven Villengebiet am

219. Haus Kallenbach, Berlin-Grunewald, Perspektive mit Teil des Gartens

Stadtrand entstehen sollte. Das Musikzimmer als größter Raum des Hauses und die Öffnung der repräsentativen Zimmer zum Garten stehen für ein vom städtischen Leben abgewandtes Wohnambiente, das dem künstlerischen Schaffen und der Muße gewidmet sein sollte. Dem entsprechen die Lage des Grundstücks im südlichen Randbereich der Villenkolonie und die Plazierung des Hauses im hinteren, von der Straße abgewandten Teil des Gartens. Den Mittelpunkt der Gesamtkomposition bildet der architektonisch gestaltete Gartenbereich mit Teich, Treppenanlagen und Blumenbeeten: Die großen Fenstertüren von Musik- und Speisezimmer öffnen sich auf den geometrischen Garten im Winkel der beiden Gebäudeflügel, während allein die kleineren Fenster von Musik-, Arbeits- und Schlafzimmer zum Kiefernwald gerichtet sind. Der geometrische Gartens war sowohl ein zeittypisches Phänomen als auch charakteristisch für Ouds Entwurfsweise. So wurde das Grundrißraster bei Oud – ähnlich den auf einem Diagonalraster basierenden Bauten von Gropius und Meyer (Abb. 216)[507] – in den Außenraum fortgesetzt und so eine enge Verzahnung von Innen- und Außenraum geschaffen.

Von entscheidendem Einfluß für Haus Kallenbach waren die unter dem Eindruck englischer Landhäuser entworfenen Villen von Hermann Muthesius, die vor allem in den 1910er und 1920er Jahren eine hohe Wertschätzung erfuhren.[508] Ein direktes Vorbild lieferten vermutlich zwei Wohnhäuser, die Muthesius 1905/06 und 1909–11 in Grunewald errichtet hatte.[509] Als ein erklärter Bewunderer von Muthesius wird Oud, der bereits 1913 einen Artikel über dessen Landhäuser publiziert hatte, bei der Besichtigung des Kallenbachschen Grundstücks diese beiden Villen gesehen haben. Auffallend sind vor allem die Übereinstimmungen in der Gartengestaltung, ein Aufgabenbereich (Villengarten), mit dem Oud noch keine eigenen Erfahrungen gesammelt hatte. Der nahe dem Grunewalder Bahnhof gelegene Garten von Haus Bernhard gilt als Musterbeispiel des von Muthesius propagierten »architektonischen Gartens«[510], der nicht mehr vom »Gartenkünstler«, sondern vom Architekten selbst entworfen wurde. Im Gegensatz zu den malerischen Landschaftsgärten der früheren Grunewalder Villen sind die symmetrischen Gartenbereiche dort als Fortsetzung des Hauses im Außenraum zu verstehen, eine auch für Haus Kallenbach charakteristische Lösung. Das jüngere Haus Breul[511] im südlichen Teil der Villenkolonie zeigte einige der für Muthesius typischen Elemente, wie die langgestreckten Rasenflächen, die Blumenterrasse am Haus und den natürlich belassenen Kiefernbestand[512], die Oud offenbar in seinen Entwurf übernommen hat.

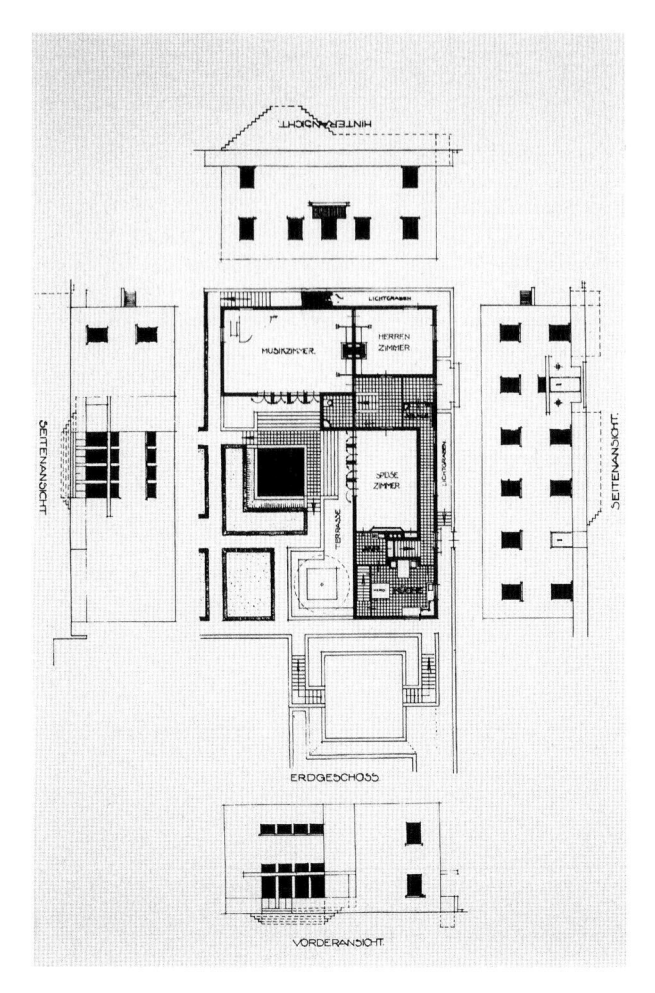

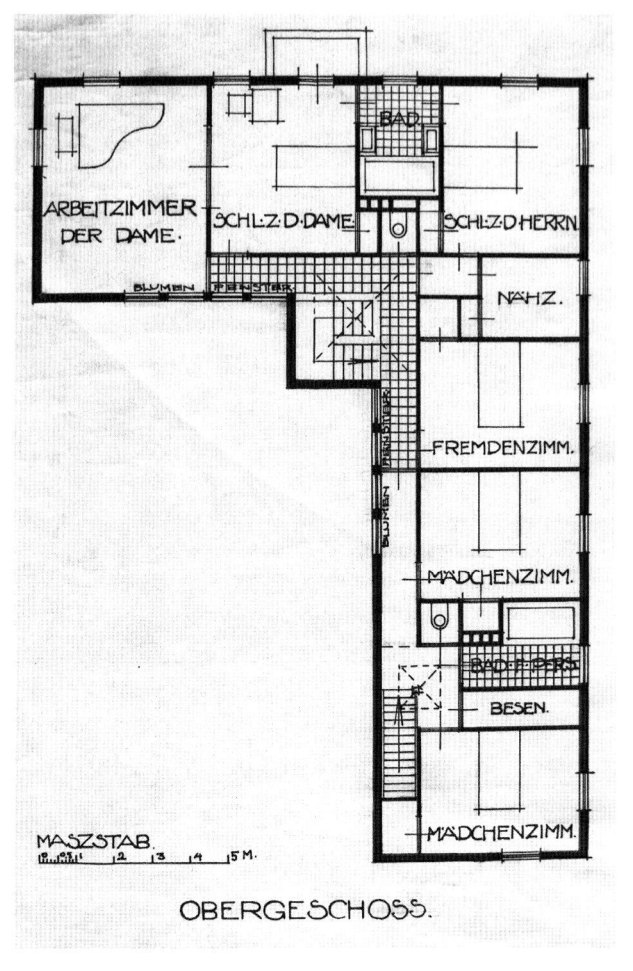

220. Haus Kallenbach, Berlin-Grunewald, vier Aufrisse, Grundriß EG

221. Haus Kallenbach, Berlin-Grunewald, Grundriß OG

Parallelen zu Muthesius' Villenarchitektur bestehen vor allem beim Haus Wegmann in Rhede (1910), Westfalen.[513] Das herrschaftliche, auf einem weitläufigen Grundstück errichtete Wohnhaus zeigt einen symmetrischen Winkelbau, dem an einem Gebäudeflügel ein Hof angegliedert ist. Dieses Prinzip übernahm Oud in Form seines an den Winkelbau angefügten Personaltraktes. Auch die Erschließung über ein Treppenhaus im Winkel der Gebäudeflügel ist bei Haus Wegmann vorgebildet. Im Vergleich zu der formreduzierten Fassung des malerischen englischen Landhauses ging Oud jedoch noch einen Schritt weiter in Richtung auf eine konsequent durchstrukturierte, schmucklose Architektur.

Einzelne Motive wie das versenkte Karree mit Springbrunnen finden sich unter anderem bei Peter Behrens, der ebenfalls von Muthesius beeinflußt war.[514] Als Anregung für Oud können das sog. Aquarium der Großen Gartenbau-Ausstellung in Düsseldorf (1904) und das 1911/12 errichtete Haus Wiegand in Berlin-Dahlem gedient haben. Während das Aquarium ein vertieftes Karree mit seitlichen Zugängen und quadratischem Bassin im Zentrum aufweist, zeigt Haus Wiegand einen viereckigen Gartensaal, der das Modul des Gesamtentwurfs in einem Quadrat sichtbar macht.[515] Keines der Beispiele bietet jedoch ein Vorbild für Ouds engen, von Mauern eingefaßten Hof, der als abgeschlossener Raum im Freien erscheint. Möglicherweise ließ sich Oud hier von Muthesius' Mittelhof in Berlin-Nikolassee (1914/15)[516] inspirieren, der einen Innenhof mit Brunnen aufwies. Weitere Übereinstimmungen bestehen zu Haus Rosenberg, das ursprünglich von Oud in Zusammenarbeit mit seinen De Stijl-Kollegen errichtet werden sollte. Für sein Wohnhaus in der Umgebung von Paris hatte der Kunsthändler einen großen, von einer Mauer umgebenen Garten in modernen geometrischen Formen, einen Springbrunnen und eine Terrasse gefordert. Erst im Herbst 1921 und damit zeitgleich zur Ausschreibung von Kallenbach zog sich Oud von diesem Projekt zurück. Anzunehmen ist daher, daß die für Haus Rosenberg entwickelten Lösungen in den Entwurf von Haus Kallenbach einflossen.[517]

Bei einer Realisierung von Haus Kallenbach wäre ein für diese Zeit beispielloses Wohnhaus entstanden. Neben der konsequent modernen Formensprache gilt dies im Fall eines Betonbaus auch für das Baumaterial: Die erste in Eisenbeton ausgeführte Villa in Berlin, die ebenfalls ein Flachdach und vollständig verputzte Wandflächen aufwies, war Erich Mendelsohns Haus Sternefeld in Charlottenburg (1923/24).[518]

Variante

1925 erschien in der Zeitschrift »Bausteine« eine Skizze mit perspektivischer Ansicht von Haus Kallenbach, die im Obergeschoß des Treppenhauses ein sich über die Ecke hinweg erstreckendes Rundfenster zeigt.[519] Damit erinnert es zwar prinzipiell an die sich über die Gebäudeecke ziehenden Fenster des Neuen Bauens, setzt sich jedoch durch die Rundform von diesen ab. In der Plansammlung der Technischen Universität Berlin befindet sich eine (bislang unpublizierte) Variante dieser Skizze mit ebenfalls einem Rundfenster am Treppenhaus, eine zugehörige Blaupause wird im Oud-Archiv bewahrt.

Geschichte

Wohl Anfang Mai 1922 hatte sich Oud gegen eine Ausführung seines Entwurfes entschieden. Wie Moholy-Nagy am 9. Mai schrieb, begrüße er Ouds Entschluß, da es seiner Meinung nach keinen Sinn mache, sich weiter für das Haus zu engagieren.[520] In einem undatierten Briefkonzept erläutert Oud, daß er der Vergrößerung des Hauses nur mit Blick auf die bereits investierte Arbeitszeit zugestimmt habe. Allerdings hätten sich nicht allein die Ansichten von Heinrich Kallenbach geändert, sondern das Ehepaar habe sich auch gleichgültig gegenüber seiner Arbeit gezeigt. So seien die Unterlagen für die Inneneinrichtung trotz mehrfacher Bitte nicht an ihn gesandt worden.[521]

Nachdem sich Oud von dem Projekt zurückgezogen hatte, beschloß Kallenbach – eventuell aufgrund der schwierigen wirtschaftlichen Lage – gar nicht mehr zu bauen. Moholy-Nagy erklärte rückblickend, daß Frau Kallenbach ihren Mann zu einer »modernen Ideologie« habe zwingen wollen, die dieser nicht habe teilen können. Kallenbach sei Ouds Absage daher wohl sehr gelegen gekommen.[522] In den 1930er Jahren setzte eine verstärkte Parzellierung und Verdichtung der Grundstücke in Grunewald ein. Auch das noch unbebaute Grundstück der Kallenbachs wurde in fünf Parzellen unterteilt und nach und nach bebaut.[523]

Obwohl Ouds Entwurf nicht realisiert wurde, blieb er nicht ohne Einfluß auf seine Kollegen, an erster Stelle Walter Gropius und Adolf Meyer. Neben dem Entwurf für Haus Rauth (1922/23)[524] und dem Wohnhaus Benscheidt in Alfeld an der Leine (1925)[525] könnte auch das von Gropius und Meyer umgebaute Stadttheater in Jena (1922/23; Abb. 328) von Haus Kallenbach inspiriert sein.[526]

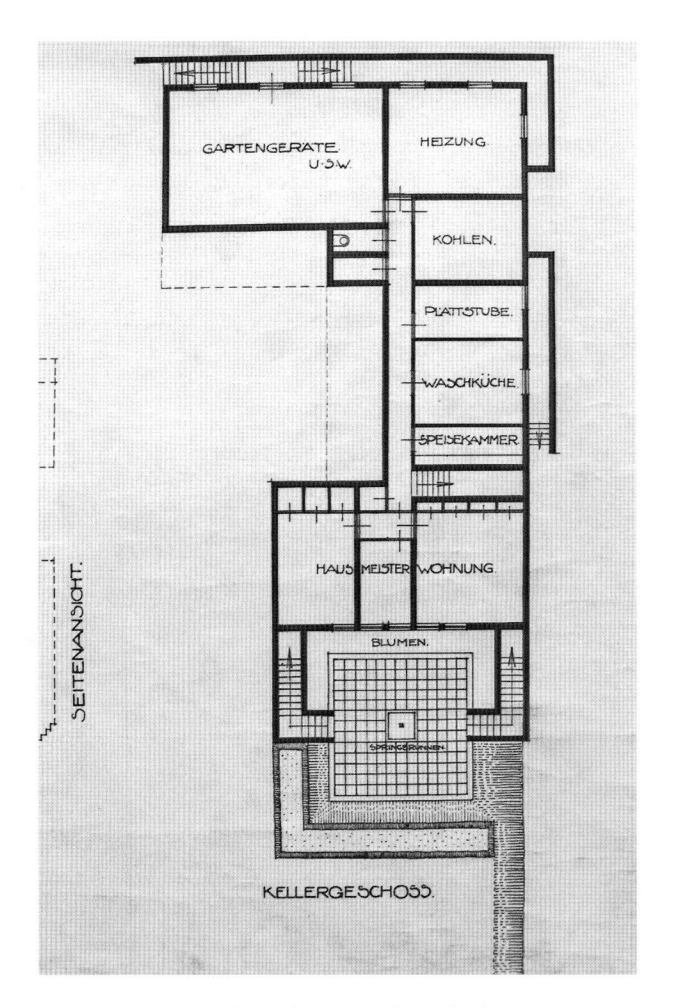

222. Haus Kallenbach, Berlin-Grunewald, Grundriß UG

Frühe Publikationen Niederlande: Oud 1922c, S. 342f.; Wattjes 1924, Abb. 93, 134; Vorrink 1925 S. 25, 27; De Gruyter 1931, S. 172. Ausland: Oud 1922g, S. 200f.; Stavba, I, 1922, Nr. 4, S. 191; Hilberseimer 1923a, S. 297; Werner Jakstein, in: Weltbaukunst, 12.8.1923, S. 5; Badovici 1924, Pl. 43, 44.
Literaturauswahl: Oud 1922c (abg. in Taverne 2001, S. 318); Pehnt 1971, S. 387; Pehnt 1973, S. 115; Kellmann 1992, S. 162–164; Jaeggi 1994, v. a. S. 151f., 310f.
Vgl. Taverne 2001, Kat. Nr. 49.

17 Wohnhaus mit Büroräumen

Gegenstand Entwurf eines Wohnhaustypus' mit zwei Büroräumen, der als Grundlage für den Entwurf von Einfamilienhäusern mit ähnlichem Raumprogramm dienen sollte. Gegen einen konkreten Auftrag sprechen das exakt quadratische Grundstück, die fehlenden Angaben zur städtebaulichen Situation bzw. Orientierung des Gebäudes und die – von einem individuellen Raumprogramm unabhängige – spiegelsymmetrische und auf einem Quadratraster basierende Grundrißdisposition. Die vom Grundrißraster ausgehenden idealisierten Maßverhältnisse (4 x 4 Flächenquadrate und 16 x 16 Moduleinheiten) wären bei einem konkreten Bauprojekt kaum realisierbar. Daher ist der Haustypus als Ideal-Entwurf zu deuten, wobei Oud die moderne Bauaufgabe des Einfamilienhauses wählte.
Ort Einem Haustypus entsprechend fehlt eine Ortsangabe. Umberto Barbieri identifiziert den Entwurf als »Villa in Ulm«, ohne dies jedoch zu belegen.[527]
Entwurf Der Entwurf ist undatiert. Aufgrund der konzeptuellen Ähnlichkeit zu Haus Kallenbach* (1921/22) und der stilistischen Übereinstimmungen mit der Siedlung Oud-Mathenesse* (1922/23) erscheint eine Entstehung um 1922/23 wahrscheinlich.[528]
Auftrag Hinweise über einen Auftrag existieren nicht. Günther Stamm vermutet als Auftraggeber einen »unbekannten holländischen Klienten«, bei dem es sich mit Blick auf das Bauprogramm um einen wohlhabenden Geschäftsmann handeln müsse.[529] Die Deutung als Wohnhaustypus spricht jedoch gegen einen Auftrag. Wahrscheinlich entstand der Entwurf in Eigeninitiative von Oud, der hoffte, bei späteren Aufträgen auf diese Arbeit zurückgreifen zu können. Offenbar wollte Oud – im Sinne eines Idealentwurfs – eine beispielhafte Lösung dieser Bauaufgabe unter Berücksichtigung der klassischen Entwurfsprinzipien wie Symmetrie, Raster und ideale Raumformen vorlegen. Gleichzeitig würde der Entwurf damit der Demonstration seiner Architekturauffassung dienen.[530]
Konstruktion/Material Über Konstruktion und Material liegen keine Angaben vor.
Planmaterial NAi: Blaupause mit Grundstücksplan, Grundrissen von Erd- und Obergeschoß, vier Ansichten (Abb. 223).
Bauprogramm Salon, Wohnraum, Kundenbüro, Privatbüro, vier Schlafzimmer (insgesamt sieben Betten), Bad, Küche, Toilettenraum, drei Balkone, Schuppen, Fahrradschuppen.

Grundstücksplan
Dargestellt ist ein quadratisches Grundstück, das in 4 x 4 Flächenquadrate und diese wiederum in jeweils 4 x 4 Module unterteilt werden können. Ein Haus auf L-förmigem Grundriß, das insgesamt fünf der Flächenquadrate beansprucht, reicht mit den beiden Schmalseiten bis an die Grundstücksgrenzen heran. Entlang der Gebäudeflügel verlaufen auf beiden Seiten Fußwege in Breite von einem Modul, die offenbar auf Straßen münden. Die beiden Flügel umschließen einen quadratischen Vorplatz von 2 x 2 Flächenquadraten, der im Winkel des Gebäudes einen Vorbau mit dem Haupteingang und einen Balkon aufnimmt. Eine nicht näher bestimmte quadratische Fläche wird an vier Seiten von einer niedrigen Mauer eingefaßt, wobei jeweils zwei Mauerzüge das Grundstück gegen die Straße und gegen die Fußwege abgrenzen. Möglicherweise war der leicht vertiefte Bereiche als Rasenfläche oder als Teich geplant.[531] Der verbleibende Teil des Grundstücks zeigt einen L-förmigen Garten von sieben Flächenquadraten, der sich in vier quadratische (2 x 2 Module) und ein L-förmiges Rasenstück gliedert. Zwei kleine rechteckige Gebäude (1 x 2 Module) dienen als (Fahrrad-)Schuppen. Zwischen den Schuppen und den Rasenflächen verbleiben Fußwege in Breite von einem Modul. Während die Schmalseiten des Gartens (Straßenseiten) eine Mauer erhalten, fehlt an den Langseiten eine entsprechende Begrenzung. Eventuell sollten sich dort weitere Grundstücke anschließen.

Außenbau
Das als Haustypus bzw. als Idealentwurf zu verstehende Gebäude wurde ausgehend von einem Quadratraster als spiegelsymmetrische Komposition mit streng geometrischen bzw. stereometrischen Formen entwickelt. Die Aufrisse zeigen ein zweigeschossiges Haus mit Flachdach, das aus zwei rechtwinklig aneinandergefügten, spiegelsymmetrischen Flügeln besteht. Als Spiegelachse dient (ähnlich Haus Kallenbach*) eine Diagonale durch die Gebäudeecken am Schnittpunkt der beiden Flügel. Der Vorbau im Winkel der Gebäudeflügel basiert auf einem Viertelkreis mit einem Radius von zwei Modulen, springt im Obergeschoß jedoch zurück (Radius von einem Modul). Der im Rücksprung liegende Balkon wird von einer Dachplatte (Radius von zwei Modulen) überfangen. Der Haupteingang ist von beiden Wegen aus über einen dreistufigen Treppenabsatz zu erreichen, der dem Vorbau folgend ebenfalls einen Viertelkreis (Radius von drei Modulen) beschreibt. Zwei Rundstützen seitlich des Eingangs tragen den darüberliegenden Balkon. Während die Innenfassaden des L-förmigen Baus vollkommen geschlossen bleiben, besitzen die Schmalseiten (Straßenfronten) in beiden Geschossen ein in der Mittelachse liegendes, dreiteiliges Fenster. Mit der Verbindung aus breitem Mittelteil und schmaleren Seitenfenstern greift Oud hier auf ein klassisches Architekturmotiv zurück. Im Obergeschoß ist der mittlere Abschnitt als Fenstertür ausgebildet, die sich zu einem kleinen Balkon mit halbkreisförmiger Grundfläche (Durchmesser ein Modul) öffnet. Als Standfläche wählte Oud jedoch keine halbkreisförmige Platte, sondern – als stereometrisches Pendant zum Grundriß – eine Viertel-Kugel.

Die beiden als »Achtergevel« (Rückseite) bezeichneten Gartenfronten bilden durch große Fenster bzw. Fenstertüren einen Gegenpart zur geschlossenen Vorderseite des Gebäudes. Die beiden dreiachsigen Fassaden zeigen eine freiere, im Detail asymmetrische Gliederung. Die bekannten Fenster- und Türformate werden dabei durch Rundfenster und kleine quadratische Fenster ergänzt. Im Erdgeschoß sind jeweils zwei Fenstertüren zu Doppeltüren verbunden, während sich an der Gebäudeecke eine einfache Fenstertür mit zwei zugeordneten Fenstern befindet. Dadurch wird neben der betonten Mittelachse auch die Gebäudeecke akzentuiert. Entsprechend findet sich im Obergeschoß ein Balkon, der sich über die Gebäudeecke hinweg erstreckt. Abweichungen von der spiegelsymmetrischen Gesamtkomposition bilden die nur an einer Fassade auftretenden Rundfenster sowie die vier kleinen Fensteröffnungen. Durch die ungewöhnlichen Fensterformate, die eigentlich nur untergeordnete Funktionsräume belichten (Küche, Badezimmer, Toilette, Wandschrank), entsteht an dieser Gebäudefront eine unbefriedigende Mischung aus dreiachsiger Mittelbetonung und einer Hervorhebung der Gebäudeecke (Diagonalachse).

Bestimmend sind das Flachdach und die auf wenige plastische Bauelemente (Balkone und Portalvorbau) reduzierten Fassaden. Anders als bei Ouds Häuserzeile an einem Strandboulevard* und Haus Kallenbach*, die schlichte kubische Baukörper aufweisen, verwendete Oud hier schmale Sockelstreifen, die ähnlich den Mittelachsen und den Dreierfenstern ein traditionelles Architekturmotiv aufgreifen. Auch die Regenrinnen an den Gebäudeecken, die als seitliche Rahmung der Fassaden in Erscheinung treten, weichen von den betont reduzierten Baukuben der beiden älteren Entwürfe ab.

Innendisposition
Wie bei früheren Bauten von Oud basiert der Grundriß auf einem orthogonalen Raster, der hier jedoch zusätzlich ideale Maßverhältnisse aufweist (4 x 4 Flächenquadrate bzw. 16 x 16 Module). Das Modul erscheint entsprechend dem Ferienhaus De Vonk*, dem Doppelhaus für Arbeiter in Beton* und Haus Kallenbach* in der quadratischen Grundfläche des Toilettenraumes. Das Flächenquadrat tritt im Grundriß von Salon, Privatbüro und zwei Schlafzimmern auf und wird darüber hinaus im Umriß des Balkons angedeutet. Von den im Schnittpunkt der beiden Flügel liegenden Räumen (Wohnraum und Schlafzimmer) wurde jeweils ein Modul des Flächenquadrats dem Flur zugeschlagen. Zu dem Quadratraster treten Kreisformen (Vorbau und Balkone), die wiederum mit dem Modul korrespondieren.

Die Eingangssituation zeigt eine Folge von repräsentativen Motiven und Raumfolgen. Der erhöht zwischen den Rundstützen liegende Haupteingang ist von beiden Fußwegen aus über einen zentralen Treppenabsatz zu erreichen, der mit seiner Krümmung dem Viertelkreis des Vorbaus folgt. Das mit einer gegenläufig gekrümmten Rückwand schließende Entree zeigt – ähnlich ei-

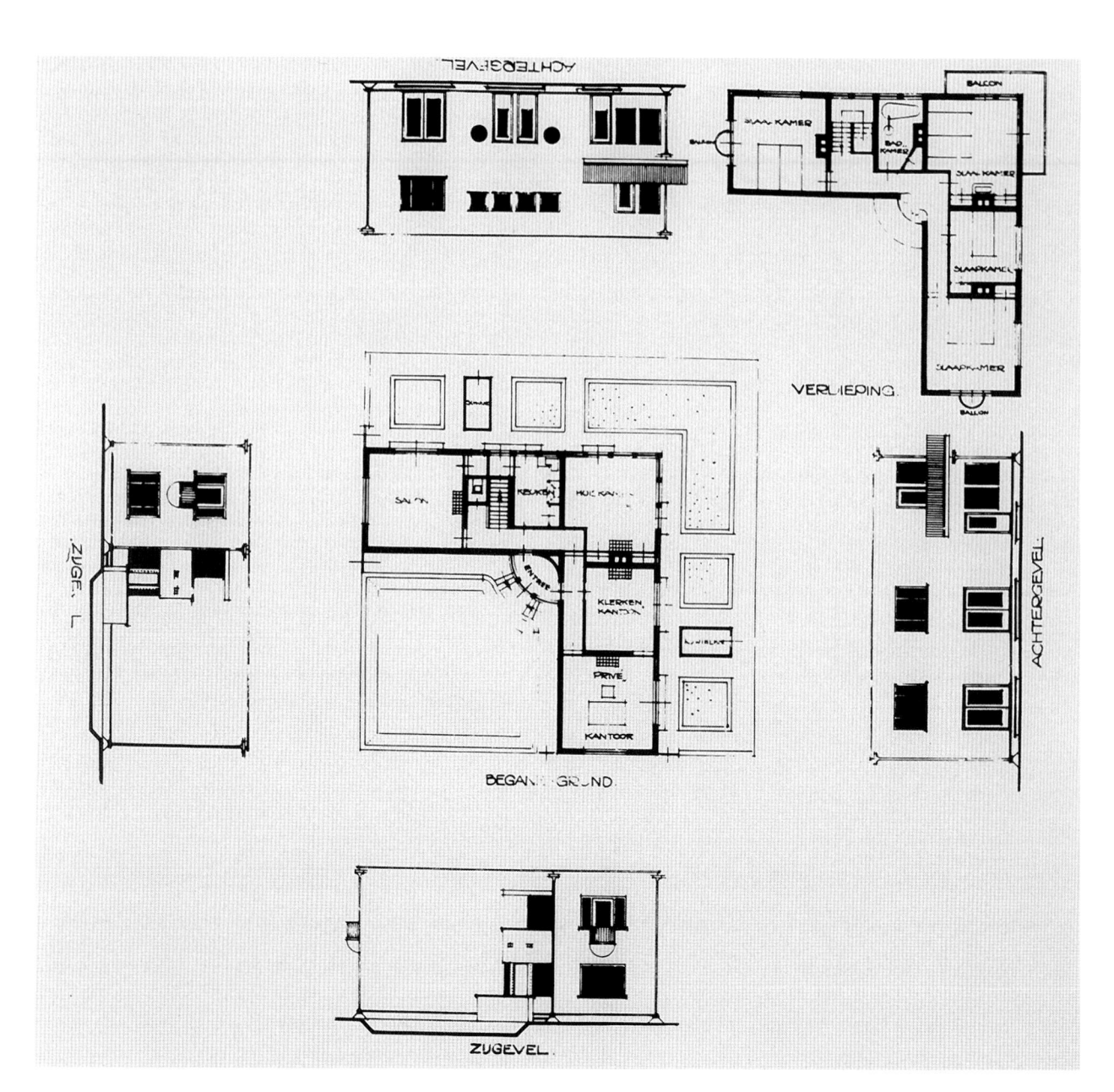

223. Wohnhaus mit Büroräumen, Grundriß EG, OG, vier Aufrisse

nem barocken Vestibül – einen annähernd ovalen Grundriß. Zwei seitliche Türen führen von dort auf einen schmalen, an den Innenseiten der Gebäudeflügel verlaufenden Flur, der jeweils in der Mitte der Flügel endet. Im Gebäudeflügel rechts des Entrees grenzt eine Tür den Flur zu den beiden Büroräumen vom privaten Bereich ab. Vom Privatbereich aus führt eine zweiläufige Treppe ins Obergeschoß mit einem zum Erdgeschoß analogen Flur. Im Winkel der beiden Gebäudeflügel zeigt sich hier eine konvex gebogene Glasfront (Obergeschoß des Vorbaus) mit einer integrierten Sitzbank.

Am Ende eines Flügels liegt jeweils ein Raum mit quadratischem Grundriß (Salon und Privatbüro im Erdgeschoß, zwei Schlafräume im Obergeschoß), wobei neben der Raumform auch die symmetrisch gestalteten Raumwände in allen vier Zimmern identisch sind.

Einordnung
Der L-förmige Grundriß sowie die Innenraumdisposition mit den schmalen Fluren an den Innenseiten der Gebäudeflügel sind bereits im Entwurf von Haus Kallenbach* vorgebildet.[532] Auch der Garten zeigt eine entsprechende Aufteilung in verschiedene rechteckige, zu einem geometrischen Muster verbundene Bereiche, wobei der Vorplatz (Rasenfläche oder Teich) ein Pendant zum ebenfalls quadratischen Teich des Berliner Wohnhauses bildet. Schließlich ist auch die Formensprache der beiden Bauten verwandt. In beiden Fällen dominieren die schlichten, glatten Wandflächen, und sind die Fassaden nach dem Prinzip der Symmetrie angelegt. Die Gebäudeseiten (Innen- und Außenseiten der L-förmigen Bauten) werden wiederum als Gegensätze charakterisiert, auch wenn deren Funktion jeweils vertauscht ist: Während sich bei Haus Kallenbach die Innenseiten zum Garten öffnen, zeigen sich diese beim Wohnhaus mit Büroräumen als geschlossene Eingangsfront.

Aufgrund der Ähnlichkeiten beider Bauten läge der Schluß nahe, das Wohnhaus mit Büroräumen mit dem nicht erhaltenen ersten Entwurf des Berliner Wohnhauses zu identifizieren. Form und Größe des Grundstücks, die Ausmaße des Hauses und vor allem das Raumprogramm stimmen jedoch nicht überein. Während Oud bei Haus Kallenbach ein großbürgerliches Haus für ein kinderloses Ehepaar entworfen hat, handelt es sich beim Wohnhaus mit Büroräumen (wofür vor allem die Anzahl der Betten und der Fahrradabstellplatz sprechen) um das Wohnhaus einer mehrköpfigen mittelständischen Familie. Das kleinere Grundstück wie auch das Kundenbüro im Erdgeschoß weisen zudem auf eine engere Anbindung an die Stadt. Zudem sollte das Personal offenbar nicht im Haus wohnen, so daß auf ein Mädchenzimmer verzichtet werden konnte.

Stärker als bei Haus Kallenbach wurden hier das Grundrißraster und die Symmetrie zum bestimmenden Gestaltungskriterium, während die Funktion der einzelnen Räume an zweiter Stelle stand. Nur so konnten die vier am Ende der Flügel liegenden Zimmer – unabhängig von ihrer unterschiedlichen Nutzung – identisch angelegt werden, ein Motiv, das der Renaissance-Architektur bzw. dem Frühbarock entlehnt ist.[533] Auch die symmetrische Gestaltung von Fassaden und Raumwänden folgt nicht der Binnenstruktur des Hauses. So dienten die zentralen Doppeltüren an den Rückfronten als Küchentür und Hauseingang, während sich hinter den vier identischen Fenstern im Obergeschoß Badezimmer und Treppenhaus verbergen. Charakteristisch für das Wohnhaus mit Büroräumen sind die geometrischen bzw. stereometrischen Formen der Rundfenster und Balkone, die bei Haus Kallenbach nicht auftreten. Die Bedeutung von Quadratraster, Symmetrie und geometrischen/stereometrischen Formen stellt den Entwurf in den Kontext von Idealentwürfen, wobei die Maßverhältnisse (4 x 4 bzw. 16 x 16) sowie Quadrat, Kreis und Kugel auf die Ideal-Planungen der Renaissance verweisen. Der Entwurf ist daher als Wohnhaustypus für eine mittelständische Familie zu identifizieren, der dem jeweiligen Auftrag in bezug auf Grundstück und Bauprogramm angepaßt werden sollte.[534] Bereits Andrea Palladio hatte ein derartiges Grundschema einer herrschaftlichen Villa entwickelt und immer wieder für konkrete Bauvorhaben herangezogen.[535] Anzunehmen ist daher, daß Oud unter dem Eindruck der für den *Woningdienst* entwickelten typisierten Wohnungen sowie in bewußter Nachfolge Palladios[536] diesen Typus entwickelt hat. Stilistisch ist eine Datierung nach Haus Kallenbach wahrscheinlich.[537] Entscheidend hierfür sind die Rundformen, die auch als Rundfenster in den Eckwohnungen und dem Verwaltungsbau (Abb. 234) von Ouds Siedlung Oud-Mathenesse* zu finden sind.

Publikationen Stamm 1984, S. 91; Barbieri 1986, S. 52.

Variante A: Zwei Skizzen des Wohnhauses mit Altan
Bei zwei Skizzen im Oud-Archiv[538] handelt es sich um Varianten zu Ouds Entwurf eines Wohnhauses mit Büroräumen. Die perspektivische Ansicht zeigt eine der Gartenfronten und eine Schmalseite des Gebäudes. Stamm sieht in der Skizze eine Vorstudie für Haus Kallenbach*[539], eine Deutung, die mit Blick auf die Grundstückssituation (ein schmaler, in rechteckige Bereiche unterteilter Gartenstreifen an den Außenseiten des L-förmigen Gebäudes) jedoch auszuschließen ist. Da bei Haus Kallenbach in unmittelbarer Nähe zu der entsprechenden Gebäudefront ein Zufahrtsweg verläuft, hätten weder der Gartenstreifen noch die hier dargestellte Anbauten Platz gefunden. Neben dem Zuschnitt des Grundstückes spricht auch der sich (entsprechend dem Balkon des Wohnhauses mit Büroräumen) über die Gebäudeecke ziehende Altan sowie die Regenrinnen und die dreigeteilten Fenster für eine Varianten dieses Entwurfs.

Abweichungen von Ouds Wohnhaustypus zeigen vor allem mehrere Anbauten an der Gartenfront. Der an Stelle des Balkons tretende Altan öffnet sich im Erdgeschoß in einer breiten Fensterfront, wobei über dem Zugang zum Altan sowie über dem auf den Altan zuführenden Weg weit auskragende Vordächer sichtbar werden. Einen weiteren Unterschied zum Wohnhaus mit Büroräumen bildet ein zweigeschossiger, in einer Kalotte endender Anbau auf halbkreisförmigem Grundriß. Im Erdgeschoß schließt sich hier ein schmaler Flügel (eventuell der Fahrradschuppen) an, der einen kleinen gepflasterten Hof einfaßt. Eine Tür innerhalb dieses Flügels wird durch einen halbkreisförmigen Stufenabsatz und ein Vordach hervorgehoben. Abgesehen von den Anbauten weichen auch Gestaltung und Lage der Fenster von dem Entwurf des Wohnhauses mit Büro ab. Anstelle der Fenstertüren finden sich allein Fenster eines Formates, die in gleichmäßiger Folge über die Fassade verteilt sind.

Variante B: Zwei Skizzen des Wohnhauses mit Zierstreifen
Eine bei Stamm publizierte Skizze[540] und eine weitere unpublizierte Skizze im Oud-Archiv, beide durch eine dekorative Wandgestaltung hervorgehoben, sind ebenfalls als Varianten des Wohnhauses mit Büroräumen zu identifizieren. Stamm sieht hier enge Verbindungen sowohl zu Haus Kallenbach* als auch zum Wohnhaus mit Büroräumen.[541] Der quadratische Vorhof und der gerundete Portalvorbau im Winkel der beiden Gebäudeflügel sprechen jedoch eindeutig für eine Variante des letzteren.

Die auffälligste Veränderung gegenüber dem Entwurf für ein Wohnhaus mit Büroräumen bilden breite Zierbänder, die das Erscheinungsbild des Außenbaus maßgeblich bestimmen. Die im Oud-Archiv verwahrte Skizze zeigt in beiden Geschossen ein horizontal untergliedertes Schmuckband, das sich jeweils von den Fenstern des Vorbaus horizontal bis zu den Fenstern der Seitenfronten erstreckt. Im Gegensatz zu den Putzstreifen im Backsteinbau der 1920er Jahre, die einzelne horizontale, seitlich der Fenster abbrechende Bänder zeigen, handelt es sich hier um ein Muster aus konzentrisch angeordneten Streifen. Dieses Motiv wird in Ouds Bauleitungshütte* (1922/23) und später im Café de Unie* aufgegriffen. Im Gegensatz dazu ziehen sich die Zierbänder des Wohnhauses jedoch – ähnlich den linearen Ornamentstreifen in Arbeiten von J. L. M. Lauweriks – um die Gebäudeecke herum, wodurch ihre rein dekorative Funktion betont wird.[542] Abweichend hiervon werden die Zierbänder in der von Stamm publizierten Skizze seitlich der Fenster nach oben bzw. unten weitergeführt, wo sie mit dem zweiten Schmuckband zusammenlaufen.

Variante C: Skizzen des Wohnhauses mit Kuppeldach
Erhalten sind einzelne Skizzen auf Zeitungsschnipseln bzw. Pergamentpapier. Mehrere Skizzen (darunter Darstellungen des Ateliers in den Dünen, der Fabrik mit Lagerhaus* und des Transformatorenhäuschens*) wurden von Oud zu einem Blatt zusammengefügt und sollten offenbar auf Ausstellungen gezeigt werden (Abb. 224, Oud-Archiv). Die erstmals von Stamm publizierten Skizzen zeigen drei perspektivische Ansichten des Wohnhauses, den Grundriß des Obergeschosses und den Lageplan mit dem Grundriß des Erdgeschosses.[543] Von Oud stammt die zugehörige Bezeichnung »ontwerp voor hoekwoning« (Entwurf einer Eckwohnung) und die Jahreszahl 1923. Auf den Skizzen im Oud-Archiv sowie einer bei Stamm publizierten Skizze sind weitere Ansichten des Hauses wiedergegeben.[544]

Die Verbindung zum Wohnhaus mit Büroräumen ist durch das quadratische Grundstück, das L-förmige Gebäude und den quadratischen Vorplatz gesichert. An Stelle des Vorbaus wurde hier ein zylinderförmiges Bauglied an der Schnittstelle der beiden Gebäudeflügel eingefügt. Eine Kuppel bildet den Abschluß des offenbar aus Glas zu denkenden und durch Metallstreben unterteilten Baukörpers. Zwei Skizzen im Oud-Archiv zeigen abweichend davon eine kegelförmige Bedachung. Da es sich bei dem Glaszylinder nicht um das Treppenhaus handelt, scheint Oud hier eine Art Lichtschacht – wohl zur Belichtung der Flure und der angrenzenden Räume – geplant zu haben. An Stelle des um die Ecke gezogenen Balkons (bzw. des Altans von Variante A) findet sich ein Anbau auf der Grundfläche eines Viertelkreises, der im Obergeschoß ein Schlafzimmer aufnimmt. Der Gesamtgrundriß weist eine dem Wohnhaus mit Büroräumen entsprechende Raumdisposition auf mit quadratischen Zimmern am Ende der Flügel. Die Grundstückssituation zeigt die von Variante A bekannten Anbauten an einer der Gartenfronten.

Eine weitere Abweichung gegenüber dem Wohnhaus mit Büroräumen betrifft die zurückspringenden Obergeschosse an den Enden der Gebäudeflügel, wodurch der Gesamtbau einen gestuften Umriß erhält.[545] Eine der Perspektiven zeigt einen dreigeschossigen Bau, der das Motiv der Abstufung noch deutlicher zum Vorschein bringt. An Stelle der Kuppel bildet hier eine Kugel den oberen Abschluß des Lichtschachtes. Bei dem zweigeschossigen und bei dem dreigeschossigen Gebäude erhalten die Fenster an den Schmalseiten (ähnlich dem Altan von Variante A) weit auskragende Vordächer.

Stamm weist hinsichtlich des turmartigen Motivs und der Kuppel auf eine Verbindung zu Bruno Taut.[546] In der Tat sind in den Abstufungen der Geschosse wie auch im Lichtschacht mit Kuppel und Kugel expressionistische Einflüsse auszumachen. Den stufenförmigen Aufbau samt Kugel zeigt beispielsweise Tauts Monument des Eisens, das 1913 für die Internationale Baufachausstellung in Leipzig errichtet wurde.

Publikation: Stamm 1984, Abb. 68, S. 93; Barbieri 1986, S. 53.

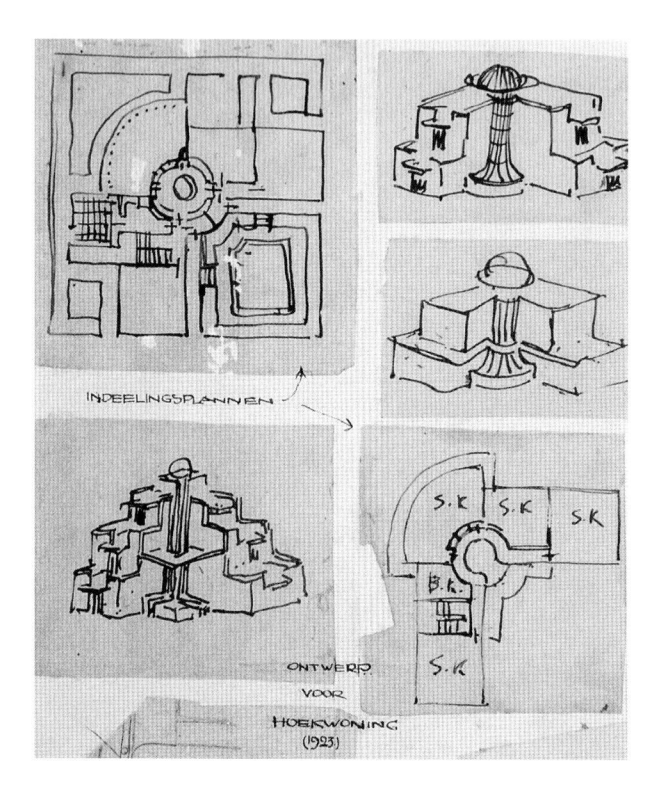

224. Skizzen Haus mit Kuppeldach

18 Erweiterungsplan für Oud-Mathenesse, Rotterdam

Gegenstand Unausgeführter Entwurf für das Stadterweiterungsgebiet Oud-Mathenesse. Der nicht signierte Entwurf (Abb. 42) ist aus stilistischen Gründen Oud zuzuschreiben. Er bildet ein Pendant zu einer entsprechenden Arbeit des ebenfalls für den *Woningdienst* tätigen Th. K. van Lohuizen (Abb. 225).

Ort Der städtebauliche Plan umfaßt einen Teil des Polders Oud-Mathenesse, Rotterdam, der sich zwischen der Innenstadt im Osten und der Gemeinde Schiedam im Westen erstreckt. Die Bebauung von Oud-Mathenesse zielte neben der Neuschaffung von Wohnraum nahe den westlichen Hafenanlagen auf eine Verbindung der nur 1 km entfernt liegenden Ortsränder von Schiedam und Rotterdam.[547] Der sich von West nach Ost erstreckende Geländestreifen wird vom Schiedamse Weg und den angrenzenden Hafenbecken im Süden, von der Eisenbahnlinie Rotterdam – Den Haag (mit dem heutigen, parallelliegenden Horvath Weg) im Norden und der Tjalk Laan im Osten eingefaßt. Zum Marconiplein im Osten (Verkehrsknotenpunkt zwischen den Poldern Oud-Mathenesse, Nieuw-Mathenesse, Spangen, Tusschendijken und Bospolder, Abb. 199) läuft das Terrain spitz zu, während es im Westen direkt an die ältere Bebauung von Schiedam anschließt. Die Eisenbahnlinie Rotterdam – Den Haag besitzt (parallel zur Tjalk Laan) eine eigene Verbindung zum Hafen. Zusammen mit einer der Spaanse Bocht (Spangen) folgenden Bahnlinie umschließen sie eine Freifläche, die im nördlichen Bereich einen Friedhof aufnehmen sollte. Eine in Verlängerung der Bilderdijkstraat quer durch dieses Terrain verlaufende Straße sollte die Stadtteile Spangen und Oud-Mathenesse verbinden.

Entwurf Die beiden erhaltenen, geringfügig voneinander abweichenden Pläne von Oud und Van Lohuizen sind undatiert. Da beide Entwürfe Ouds Wohnblöcke in Tusschendijken* im Umriß wiedergeben, müssen die Erweiterungspläne für Oud-Mathenesse nach Vorlage dieser Arbeiten und damit nach November 1920 entstanden sein. Einen weiteren Hinweis liefert Van Lohuizens Anstellung beim *Woningdienst* im März 1921. Oud selbst datiert in einem 1924 verfaßten Werkverzeichnis die Stadterweiterungspläne auf 1923.[548] Für eine frühere Datierung spricht, daß bereits im Juni 1922 die Entwürfe für Ouds Siedlung Oud-Mathenesse vorlagen, die in beiden Plänen unberücksichtigt bleiben. So ist an Stelle der späteren Siedlung jeweils eine Nutzung als Kasernengelände angegeben, ein Vorhaben, das die Gemeinde schon im Mai 1922 fallengelassen hat.[549] Der Entwurf muß entsprechend zwischen 1921 und 1922 entstanden sein.

Das Grundkonzept der beiden Entwürfe ging offenbar aus einer Zusammenarbeit von Oud und Van Lohuizen hervor.[550] Van Lohuizen, in seiner früheren Stellung Ingenieur beim *Rijkswaterstaat* (oberste Straßen- und Wasserbaubehörde), war beim *Woningdienst* für Erhebungen im Bereich Verkehr und Wohnungswesen zuständig, die ihrerseits als Grundlage für Stadterweiterungspläne dienten. Anzunehmen ist, daß sich Van Lohuizen beim Erweiterungsplan für Oud-Mathenesse um die Verkehrsplanung, d. h. um den Verlauf der Eisenbahnlinien und die Straßenführung, kümmerte.[551] Die unterschiedliche Handschrift der beiden Entwürfe spricht jedoch für eine individuelle Ausarbeitung dieses Grundkonzeptes durch Oud und Van Lohuizen.

Auftrag Der Entwurf entstand im Auftrag des *Woningdienst*, der zu diesem Zeitpunkt mit der Errichtung von Wohnbauten und den hierfür benötigten städtebaulichen Entwürfen betraut war. Das Stadterweiterungsgebiet Oud-Mathenesse bildete dabei ein Gegenprojekt zu den von privater Seite initiierten Entwürfen für Rotterdam-Süd.[552] Der *Woningdienst* plante die Errichtung eines neuen Wohngebietes in der Nähe der Hafenanlagen und Industriegebiete im Westen der Stadt, das zur Milderung der Wohnungsnot beitragen sollte.

Planmaterial NAi: zwei geringfügig abweichende Pläne im Oud-Archiv (Abb. 42) bzw. im Van Lohuizen-Archiv (Abb. 225). Der Entwurf im Oud-Archiv beinhaltet eine Legende, die sowohl die Funktion als auch die Anzahl der Geschosse und Wohnungen bezeichnet: gelb = Bauten mit drei Geschossen und vier Wohnungen; rot = zwei Geschosse und drei Wohnungen; orange = drei Geschosse und zwei Wohnungen; lila = öffentliche Bauten; grün = Grünanlage; dunkelgrün = Blumen.

Bauprogramm Nach Van Ravesteyn umfaßte das Projekt insgesamt 7.000 Wohnungen für 30.000 Einwohner.[553] Die Bebauung sah zwei- und dreigeschossige, zu geschlossenen Blöcken zusammengefaßte Häuser vor. Laut Legende waren dreigeschossige Bauten mit vier Wohnungen und zweigeschossige Häuser mit drei Wohnungen vorgesehen, darüber hinaus öffentliche Bauten, Läden und Grünanlagen. Laut Rotterdamer Katalog umfaßten diese unter anderem 15 Schulen, drei Kirchen, eine öffentliche Bibliothek und ein Badehaus, die allerdings in den Plänen nicht wiederzufinden sind.[554]

Städtebaulicher Entwurf
Charakteristisch für beide Arbeiten ist die Zusammensetzung aus einzelnen, symmetrischen Einheiten, die jeweils einen kleinen Platz umfassen. Der spitz zulaufende Ostteil nimmt eine dreieckige Anlage auf, an deren Stelle der Stadtpark des Neubaugebietes entstehen sollte. Spiegelsymmetrisch hierzu leitet eine weitere dreieckige Anlage in das rechtwinklige Straßennetz des anschließenden Abschnittes über. Bestimmend sind die in Ost-West-Richtung verlaufenden Straßen, die (als Verbindung von Rotterdam und Schiedam) das Terrain in ganzer Länge durchziehen. Ein breiter Straßenzug im nördlichen Bereich, bei Van Lohuizen von einer weiteren parallel verlaufenden Straße begleitet, wird beiderseits von langgestreckten Wohnblöcken flankiert. An den Plätzen wie auch an den Straßenabschlüssen sollten öffentliche Bauten entstehen, denen als Abschluß zentraler Blickachsen besondere Bedeutung zukommt.

Ausgehend von Van Lohuizens Berechnungen zeigen die beiden städtebaulichen Planungen weitgehende Übereinstimmung im Straßenverlauf, in der Plazierung der öffentlichen Bauten und der Form der Häuserblöcke. Im Fall abweichender Lösungen weist Ouds Variante größere und einfacher strukturierte Blöcke auf. Kennzeichen seines Entwurfs sind eine strenge Symmetrie und geometrische Grundformen. Entsprechend findet sich nördlich der zentralen Straßenachse ein auf halbkreisförmigem Grundriß errichteter Wohnblock mit halbrundem Innenhof, der an ein ähnliches Motiv in Berlages Plan für Amsterdam-Süd, 1915–1917[555] denken läßt. Grundbaustein seines Entwurfs ist der Wohnblock auf rechteckiger Grundfläche, wobei eine Beschränkung auf wenige Formate auffällt. Rechtwinklig zum Schiedamse Weg reihen sich fünf identische Blöcke, in der Mitte des Geländes acht Blöcke etwas kleineren Formats zusammen mit drei in der Form variierten Blöcken. Die fünf Blöcke am Schiedamse Weg, die auch an anderer Stelle wieder auftreten, zeigen das Format von Ouds Wohnbauten in Tusschendijken*, die hier möglicherweise als zweigeschossige Gebäude realisiert werden sollten.

Die große Ost-West-Straße erstreckt sich als zweispurige, durch einen Grünstreifen getrennte Verkehrsachse ausgehend von der Spitze im Osten durch die gesamte Länge des Neubaugebietes. Im Westen macht sie einen Knick und führt schräg über die Schiedamse Schie in Richtung Vlaardingen und Hoek van Holland. Im mittleren Bereich wird die Straße von dreigeschossigen Bauten mit Läden flankiert, während ansonsten fast durchgängig zweigeschossige Häuser vorgesehen waren. Ähnlich Berlages Plan für Amsterdam-Süd wurde durch die langen, breiten Straßen und die parallel zum Verkehrsfluß liegenden Wohnblöcke der Blick des Autofahrers (bzw. der Fahrgäste in den Straßenbahnen) zum bestimmenden Entwurfskriterium. Neben den monumentalen Straßenwänden folgen auch die symmetrisch-geometrischen Einheiten Berlages Plan. Van Lohuizens Entwurf scheint insgesamt weniger von künstlerischen Kriterien (wie Symmetrien und geometrischen Formen) bestimmt als durch die serielle Reihung der Wohnblöcke, die weitaus stärker als bei Oud eine von funktional-praktischen Erwägungen geleitete Gleichförmigkeit bewirkt.

Baugeschichte
Ab März 1923 wurde auf dem ursprünglich für eine Kaserne vorgesehenen dreieckigen Terrain die zeitlich begrenzte Siedlung Oud-Mathenesse* (Abb. 226, 227) nach Plänen von Oud errichtet. Zu diesem Zeitpunkt war bereits entschieden, daß an dieser Stelle ein Park als Erholungsgebiet der Stadterweiterung Oud-Mathenesse entstehen solle. Da dieser jedoch erst ab einer gewissen Bevölkerungsdichte notwendig schien, konnte der freie Platz zunächst noch anders genutzt werden.[556] Offenbar ging Oud zu dieser Zeit davon aus, auch die Entwürfe für die Bebauung des neuen Stadtteils liefern zu können. Im Oktober 1923 erkundigte sich Bruno Taut: »Und wie steht es mit Ihrer Stadterweiterung in Rotterdam? Wenn Sie erst damit anfangen, so ergeben sich erst die notwendigen Arbeiten.«[557]

Im März 1925 mußte die Gemeinde eingestehen, daß die Ausführung des Stadterweiterungsgebietes Oud-Mathenesse in absehbarer Zeit nicht finanzierbar sein würde.[558] Mit der Neuorganisation der Gemeindestrukturen übernahm der *Dienst voor Stadsontwikkeling* (Amt für Stadtentwicklung) die städtebauliche Planung für Oud-Mathenesse. Oud und Van Lohuizen, die beide beim *Woningdienst* verblieben waren, hatten ab diesem Zeitpunkt keinen Einfluß mehr auf die Gestaltung des Stadterweiterungsgebietes.[559] Ein 1931 erstellter Plan sah schließlich den Bau von Wohnungen für den Mittelstand vor. Die Entwürfe wurden am 20. Dezember 1934 genehmigt und ab 1936 von privaten Bauunternehmen ausgeführt.[560] Übereinstimmungen mit der ursprünglichen Planung zeigen allein zwei spiegelsymmetrisch angeordnete dreieckige Komplexe, ein Wasserlauf mit anschließendem Grünzug und Platzanlage und der in Van Lohuizens Plan wiedergegebene Platz des heutigen Boerhave Plein. Bereits 1930 war ein wissenschaftliches Zentrum, die *Rijksseruminrichting* zur Erforschung von Impfstoffen, im Anschluß an die dreieckige Anlage im Osten des Terrains errichtet worden.

Publikationen Van der Valk 1990, Abb. 14, S. 32 (Plan im Van Lohuizen-Archiv). Taverne 2001, S. 200.
Literatur Van Ravesteyn 1948, S. 192–194; Van der Valk 1990, S. 26.
Vgl. Taverne 2001, Kat. Nr. 35.

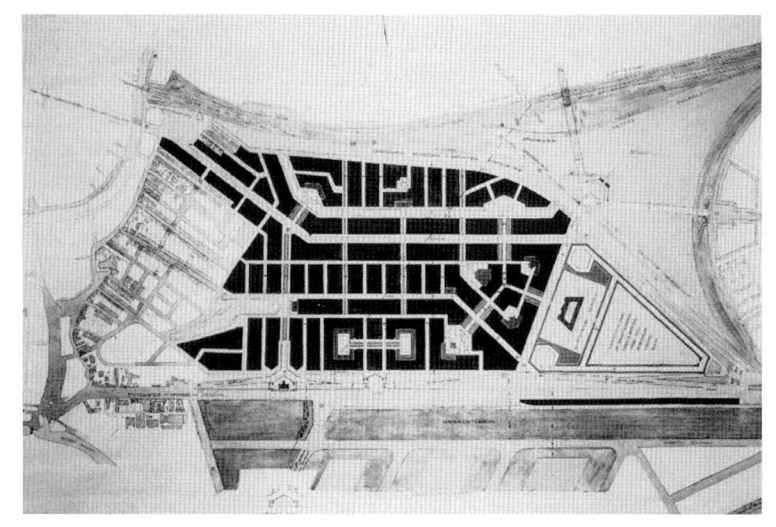

225. Stadterweiterungsplan Oud-Mathenesse, Rotterdam, im Van Lohuizen-Archiv

19 Siedlung »Witte Dorp« in Oud-Mathenesse, Rotterdam

Gegenstand Temporäre Siedlung mit diversen Versorgungseinrichtungen für Bewohner der unteren Einkommensschicht im Polder Oud-Mathenesse. Die Reihenhäuser bilden einen Kompromiß aus teureren, massiven Wohnbauten und Notunterkünften aus Holz. Unter anderem dienten sie der Unterbringung von Familien, die zuvor in kontrollierten Wohnanlagen gelebt hatten. Der Name »Witte Dorp« (Weißes Dorf) entstand kurz nach Fertigstellung der Siedlung als Anspielung auf die weiß verputzten Hauswände.

Ort Polder Oud-Mathenesse, Rotterdam. Die auf dreieckiger Grundfläche errichtete Siedlung (Abb. 226, 227) erstreckt sich zwischen Aakstraat im Südwesten, Barkasstraat im Nordwesten und Baardsestraat im Nordosten. Innerhalb der Anlage verlaufen die Straßen Bomstraat, Botterstraat, Damloperstraat, Brikstraat, Dremmelaarstraat, Emerstraat, Fregatstraat, Galjoenstraat, Kanostraat und Karvelstraat. Die Siedlung liegt im Südost-Teil von Oud-Mathenesse zwischen der Rotterdamer Innenstadt im Osten und Schiedam im Westen. Der Polder war zum Zeitpunkt der Planung im wesentlichen unbebaut. Ein an der Südseite des Geländes verlaufender, mehrere Meter hoher Deich (Schiedamse Weg) trennt die Siedlung vom Industriegebiet Hafen-Nord. Mit der Spitze weist die dreieckige Anlage zum Marconiplein, der sich in dieser Zeit zum Verkehrsknoten zwischen Spangen, Tusschendijken, Oud-Mathenesse, Nieuw-Mathenesse und Bospolder entwickelte (Abb. 199).

Entwurf Oud reichte im Mai 1922 einen Entwurf für 259 Wohnbauten ein.[561] Da in einer Gemeinderatssitzung die Dachform der Häuser angesprochen wurde, lagen zu diesem Zeitpunkt möglicherweise nur der städtebauliche Entwurf und die Grundrisse vor. Bei Ouds Entwurf handelte es sich um eine veränderte Fassung, die bereits in einem Bericht vom 29. Dezember 1921 zur Sprache gekommen war.[562] Schon im Oktober 1917 hatten *Bouwpolitie* und *Gemeentewerken* zwei Wohnungstypen für temporäre Bauten entworfen, die in Oud-Mathenesse zur Ausführung kommen sollten.[563] Im Juni 1922 erteilte der Gemeinderat seine Zustimmung zum Bau der Siedlung.[564]

Ausführung Die Siedlung wurde am 6. Februar 1923 für eine Baukostensumme von 736.640 Gulden ausgeschrieben.[565] Die Ausführung erfolgte zwischen dem 19. März 1923 und dem 20. August 1924.[566] In den 1920er Jahren entstand eine hölzerne Hilfsschule im »Witte Dorp«, die in den 1930er Jahren nach Errichtung zweier neuer Schulen in der Umgebung zum »Westerse Volkshuis« umfunktioniert wurde.[567]

Auftrag Der von Oud und Th. K. van Lohuizen erstellte städtebauliche Entwurf des Erweiterungsgebietes Oud-Mathenesse sah für den Bauplatz der Siedlung langfristig einen Park vor (Abb. 42, 225). Um für die Zwischenzeit eine rentablere Nutzung als eine Verpachtung als Weideland zu erzielen, sollte das Gelände mit temporären Wohnhäusern bebaut werden.[568] Für die Siedlung wurde eine Bestandsdauer von 25 Jahren veranschlagt. Ein auf 1922 datierter städtebaulicher Entwurf zeigt an der Ostspitze des Geländes ein mit Bleistift schematisch angegebenes Schulgebäude, das jedoch an anderer Stelle errichtet wurde.[569]

Die Siedlung wurde vom *Gemeentelijke Woningdienst* für sozial Schwache errichtet. Die Miete betrug 4 Gulden pro Woche. Offenbar kam ein Teil der Bewohner aus den von der Gemeinde abgerissenen Bauten in der Innenstadt.[570] 74 Wohnungen wurden der *Maatschappij voor Volkswoningen* (Gesellschaft für Wohnungsbau) zugewiesen, die ein »Reklassifizierungsprogramm« zur Rückführung sozial auffällig gewordener Familien in die Gesellschaft durchführte.[571] Nachdem sie kontrollierte Wohnanlagen und Übergangswohnungen passiert hatten, sollten die Familien als letzte Stufe in regulären Arbeiterwohnungen untergebracht werden. Da hierfür kein preisgünstiger Wohnraum zur Verfügung stand, beanspruchte die Gesellschaft einen Teil der Häuser im »Witte Dorp«. Das Programm konnte nur fünf Jahre aufrechterhalten werden.[572] Unabhängig davon blieb die Verwaltung der Wohnungen bis 1935 in den Händen der Gesellschaft.

Konstruktion/Material 1917 hatte man für die temporäre Siedlung ein Holzfachwerk mit Steinausfachung vorgeschlagen.[573] In der späteren Planungsstufe (erste Jahreshälfte 1922) ging der *Woningdienst* von dauerhaftem Material wie Backstein oder Beton aus, wodurch größere Gebäude errichtet werden könnten.[574] Dies entsprach der herkömmlichen Baupraxis am rechten Maasufer, wo aufgrund der hohen Bodenpreise und der notwendigen teuren Pfahlfundamente in der Regel mehrstöckige

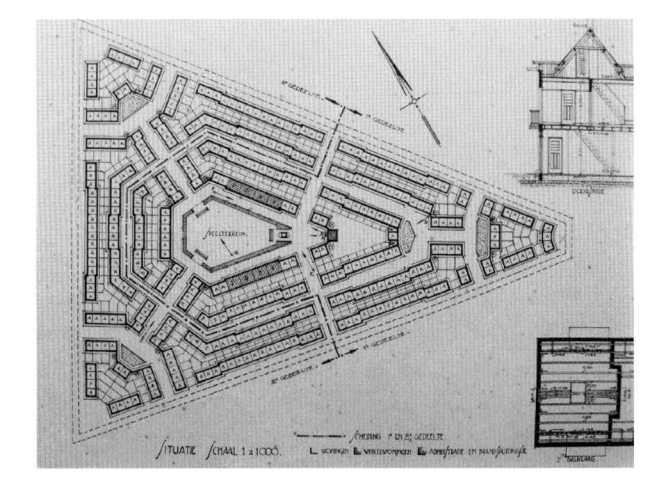

226. Siedlung »Witte Dorp«, Rotterdam, Grundriß mit Blickpfeilen

227. Siedlung »Witte Dorp«, Rotterdam, Luftbild um 1924

Bauten entstanden. Bei dem als Bauplatz vorgesehenen Terrain schien die Lehmlage mit 1 m jedoch dick genug, um ohne Pfahlfundierung leichte Einfamilienhäuser zu tragen. Die Wohnhäuser erhielten schließlich ein Plattenfundament aus Beton (15 cm Dicke), das seitlich der Häuser 1 m vorstand und dort mit Backstein abdeckt wurde. Dach und Böden waren aus Holz gefertigt, die Wände (bei den Fassaden Hohlwände) bestanden aus Ijsselstein mit Kalksandstein. Oberhalb einer Backsteinplinthe wurden die Wände über einem Drahtnetz verputzt und im Innenraum zum Teil mit Holz verkleidet. Die Straßen waren in einer Breite von 3 m mit Klinker gepflastert, die seitlichen Bereiche wurden mit Kohlasche gehärtet. Die übrigen Straßen sollten im Sommer mit Teer und Muscheln belegt werden. Das Damloperplein war mit Kohlenschlacke und Kies gehärtet.

Pläne/Fotomaterial NAi: Siedlungsgrundriß (Abb. 226), Grundrisse der verschiedenen Haustypen, Aufrisse, Schnitte, historische Fotografien (Abb. 227, 230, 231, 239, 240), Farbschema, Modell der Siedlung (1988). CCA; MoMA.[575] GRI: drei Abzüge, sechs Fotografien.

Bauprogramm 343 Wohnhäuser, acht Läden, ein Verwaltungsbau mit Raum für die Feuerspritze. Haustypen: 331 Normhäuser (A), acht Eckwohnungen (B), vier Eckhäuser (C), acht Läden mit darüber liegenden Wohnungen (D). Normhaus (58 m^2 Nutzfläche), Erdgeschoß: Wohnraum mit Schrank (15,3 m^2), Schlafraum (4,6 m^2), Küche mit Anrichteschrank (3 m^2), Toilettenraum; Obergeschoß: zwei Schlafzimmer (14 m^2; 9 m^2), Dachboden. Ladenbauten »D« (65,6 m^2 Nutzfläche), Erdgeschoß: Laden (15,5 m^2), zwei Lager (je 5,2 m^2), Wohnraum, Schlafzimmer, Küche, Toilettenraum, Einbauschränke im Wohnzimmer und Schlafzimmer; Obergeschoß: zwei Schlafräume, Dachboden, Abstellraum mit Schrank. Verwaltungsbau (42,3 m^2 Nutzfläche), Erdgeschoß: Raum für die Feuerspritze, Abstellraum; erstes Obergeschoß: ein Sprechzimmer und ein Büro; zweites Obergeschoß: ein Lagerraum.

Städtebauliche Lösung (Abb. 226, 227)
Die Grundfläche der Siedlung besteht aus einem gleichschenkligen Dreieck, das mit seiner konkav abgerundeten Spitze nach Südosten in Richtung Innenstadt weist (Abb. 199). Der Siedlungsgrundriß ist streng symmetrisch mit einer durch die Dreiecksspitze verlaufenden Symmetrieachse. Bestimmend sind die symmetrischen Plätze und die zu geschlossenen Straßenräumen komponierten Häuserzeilen.

Das Zentrum der Anlage bildet das sechseckige (als Spielplatz und für den Wochenmarkt genutzte) Damloperplein (Abb. 231, 239), das von zwei Straßenzügen konzentrisch umfaßt wird. Vier weitere kleinere Plätze liegen auf den drei, von den Ekken des Dreiecks ausgehenden Achsen, davon zwei auf der zentralen Spiegelachse. Die als Rasen- bzw. (im Fall des Damloperplein) als Sandfläche angelegten Plätze werden von niedrigen Backsteinmauern und schlichten Holzzäunen eingefaßt. Das Damloperplein erhielt drei Zugänge, jeweils in den Achsen der Siedlung, die durch zurückgesetzte lange Bänke (mit Sitzflächen zum Platz und zur Straße) optisch geschlossen sind. Die verbleibenden schmalen Zugänge seitlich der Bänke sollten verhindern, daß Kinder direkt vom Platz auf die Straße laufen. Die Ecken des Dreiecks werden durch die drei Zufahrtsstraßen (Brikstraat, Galjoenstraat, Fregatstraat) als eigene Wohneinheiten von der Gesamtanlage abgegrenzt. Die Spitzen selbst bleiben unbebaut.

Die zu Häuserzeilen verbundenen Normhäuser treten in Reihen von 2 bis 16 Häusern auf; allein auf der zentralen Spiegelachse der Siedlung befindet sich ein isoliertes Normhaus (Abb. 29, 230), mit dem Oud das Basiselement der Siedlung vorstellt.[576] Je zwei Wohnhäuser sind (ähnlich dem Doppelhaus für Arbeiter in Beton*) zu einem symmetrischen Doppelhaus mit gemeinsamem Vordach und Treppenabsatz zusammengefaßt (vgl. Abb. 232). Ein gemeinsames Satteldach und durchlaufende Plinthen bzw. Gartenmauern verbinden die Häuser einer Zeile. Die Wahl der Dächer geht auf eine Forderung der *Commissie voor Volkshuisvesting* zurück: »Bei der Besprechung in unserer Kommission schien ... daß bei diesem durch hohe Deiche eingeschlossenen Terrain in jedem Fall an einem Bau mit schrägen Dächern festgehalten werden muß.«[577] Indem ein bzw. zwei Häuser an den Zeilenenden hervortreten, entstehen die charakteristischen geschlossenen Straßenräume. Zur Unterstützung dieses Effekts werden die Dächer dieser Häuser samt ihren spiegelsymmetrischen Pendants oberhalb der Türen bis auf Höhe des Sturzes heruntergezogen, wodurch sie niedriger erscheinen als die übrigen Normhäuser (Abb. 69). Hinzu kommen kurze Mauerstreifen, die senkrecht in die Straße hineinragen.

Eine abweichende Gestaltung zeigen die Häuser an den Zufahrtsstraßen in den drei Ecken der Siedlung. In Fregat- und Galjoenstraat sind die jeweils fünf Häuser im Gegensatz zur paarweise spiegelsymmetrischen Anordnung bei einer geraden Häuserzahl nur aneinandergereiht, und die (einzeln auftreten-

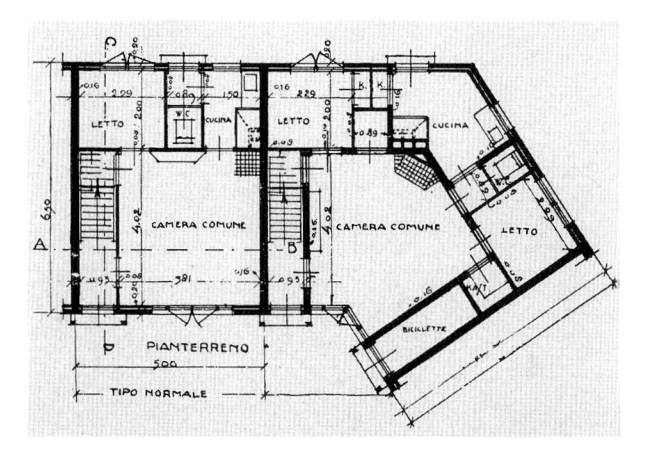

228. Siedlung »Witte Dorp«, Rotterdam, Grundrisse Normhaus und Eckwohnung »C« EG

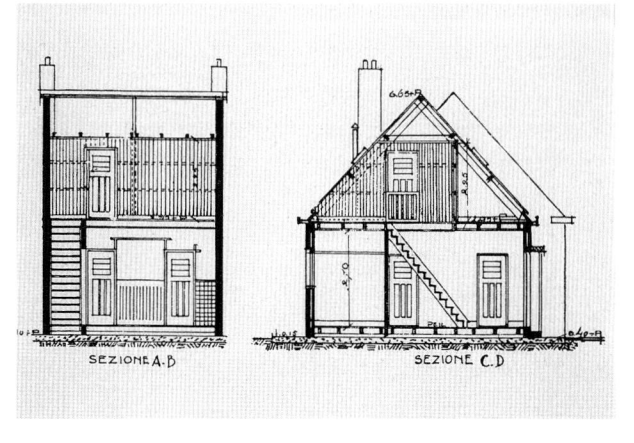

229. Siedlung »Witte Dorp«, Rotterdam, Schnitte Normhaus

den) Vordächer werden dort von zwei Stützen getragen. In der Brikstraat, an der Spitze der Siedlung (Abb. 227), sind die Dächer zudem bis zum oberen Ansatz der Fenster heruntergezogen, wodurch der Eindruck entsteht, als ob sich die Siedlung gegen ihre Umgebung abschotten wolle. Anders als bei den übrigen Wohnhäusern treten die Fenster hier (wie auch bei dem isolierten Wohnhaus) plastisch hervor. Das isolierte Normhaus wird mit den angrenzenden Häusern durch eine hohe, weiß verputzte Mauer verbunden (Abb. 230).

Die Ladenbauten (Abb. 231, 233) und der Verwaltungsbau (Abb. 232, 234) sowie die Bauleitungshütte* und das Transformatorenhäuschen* zeigen einen andern Haustypus. Die zwei Mal vier Ladenbauten bilden zusammen mit je zwei Normhäusern die beiden Langseiten des Damloperplein. Da die Läden tiefer sind als die Wohnhäuser, treten sie aus der Flucht der Häuserzeile hervor (Abb. 239). Abgesehen von den Ladenbauten liegen die »öffentlichen«, vom Normhaus abweichenden Bauten alle auf der zentralen Spiegelachse der Siedlung. Durch die Wahl der dreieckigen Grundform und den sich hierdurch ergebenden schiefen Winkeln wird trotz der streng symmetrischen Anlage ein monotones Straßenraster vermieden. An Stelle einer zentralen Blickachse bieten sich viele verschiedene Blickwinkel, die meist schräg auf Einzelbauten oder Ensembles treffen. Die bebaute Spiegelachse ist dagegen nur im Luftbild (Abb. 227) bzw. im Grundriß erfahrbar. Im Fall von Transformatorenhäuschen (Abb. 239) und Verwaltungsbau verhindert eine Laterne den unverstellten frontalen Blick auf die Fassaden. Die Bedeutung, die Oud den einzelnen Blickachsen beimaß, wird durch entsprechende Eintragungen auf einem städtebaulichen Plan deutlich (Abb. 226): Die insgesamt sieben mit »A« bis »F« gekennzeichneten Blickrichtungen geben an, von wo aus die Fotografien der Siedlung aufgenommen werden sollten. Für eine Frontalaufnahme waren allein das Platzensemble an der Galjoenstraat und das Transformatorenhäuschen vorgesehen.

Entsprechend zeitgenössischen Gartenstädten kam der Bepflanzung eine wichtige Rolle zu. Rund um das Damloperplein waren Akazien geplant, und an der Platzeinfassung blieben kleine Ausbuchtungen zur Anpflanzung von Weiden ausgespart. Neben dem Transformatorenhäuschen und an den Straßenkreuzungen der Ringwege wurden Pappeln gesetzt, während die Straßenräume Linden als Spalierbäume erhielten. Die Privatgärten wurden durch Ligusterhecken begrenzt.[578] Bei den 7 bis 9 m breiten Straßen sind allein die mittleren 3 m mit Klinker gedeckt.

Die vorstehenden Fundamentplatten wurden durch ein Ziegelband mit Eisengeländer geschützt, die um die Häuser schmale Vorplätze ausbilden.

Außenbau Normhaus »A« (vgl. Abb. 29, 69, 240)

Die eingeschossigen Häuser gliedern sich in eine 1 m hohe Plinthe aus gelbem Backstein, die weiß verputzte Wandfläche und ein rot gedecktes Satteldach mit Dachluken. Da die Häuser spiegelbildlich zueinander angeordnet sind, ergibt sich ein Wechsel aus jeweils zwei gekoppelten Türen und zwei Fenstern. Die Eingangstüren erhielten einfache, mit vertikalen Holzlatten verkleidete, blau gefaßte Türblätter. Zwei nebeneinanderliegende Türen werden durch ein schmales, gelb gestrichenes Vordach und einen gemeinsamen Treppenabsatz verbunden. Das vierteilige Wohnzimmerfenster liegt direkt auf der Plinthe auf. Zwei zentrale Fensterflügel werden (ähnlich der Häuserreihe an einem Strandboulevard*) oben und an den Seiten von schmalen Fenstern gerahmt, die hier aus der Wandebene zurücktreten. Zusammen mit einer schmalen Überdachung des zweiflügeligen Fensters ergibt sich damit eine plastische, in gelb (Fensterrahmen) und weiß (Fensterstock) gehaltene Komposition.[579] Die beiden zentralen Flügel werden als Standardformat an der Rückseite der Häuser wieder aufgegriffen, und auch einzelne Baumaße wiederholen sich an verschiedenen Baugliedern.[580] Wie bei einigen früheren Bauten (Haus De Vonk*, Wohnblöcke in Spangen*) wird die Regenrinne ähnlich einem Gebälk plastisch hervorgehoben und ebenfalls gelb gefaßt. Die weniger repräsentative Rückseite verzichtet auf Symmetrien: Die mittig angeordnete schmale Tür wird vom Schlafzimmerfenster (zwei Fensterflügel im Standardformat) und dem Küchenfenster (ein Flügel) flankiert, die jedoch nicht mehr auf der Plinthe aufliegen und damit die betonte Horizontalität der Straßenfront aufgeben.

Die Zeilenabschlüsse (Giebelfronten des jeweils letzten Hauses einer Zeile) gestaltete Oud als abstrakt-geometrische Komposition. Bestimmend sind die im Dachbereich plastisch aus der Wand hervortretenden, ebenfalls verputzten Schornsteine (Abb. 230). Die gesimsartigen Regenrinnen werden um die Gebäudeecken herumgeführt, wo sie als kurzes »Gesimsstück« den Dachansatz markieren. Ein wiederum gelb gefaßtes Gesimsstück am Verbindungspunkt von Schornstein und Dach nimmt diese Form auf. In der Gesamtansicht verbinden sich die drei farbig hervortretenden horizontalen Elemente, abweichend vom dreieckigen Dachumriß, zu einem ungleichschenkligen Dreieck.

230. Siedlung »Witte Dorp«, Rotterdam, hist. Ansicht, einzeln stehendes Normhaus, Ecke Boom-/Karveelstraat

231. Siedlung »Witte Dorp«, Rotterdam, hist. Aufnahme mit Ladenzeile (links)

Das Äußere der Häuser ist stark durch die Farbgebung der einzelnen Bauteile bestimmt, wobei mit rot (Dachziegel), gelb (Plinthe, Fensterrahmen, Vordach, Regenrinne) und blau (Türen) die Primärfarben verwendet wurden. Die Zäune waren nach einem im Oud-Archiv bewahrten, kolorierten Foto ebenfalls gelb gestrichen.

Innenraum Normhaus »A« (Abb. 228 links, 229)
Raumaufteilung und Ausstattung der Normhäuser sind betont einfach und bescheiden. Ein kleiner Vorraum erschließt den zur Straße gerichteten Wohnraum sowie über eine schlichte einläufige Treppe das Dachgeschoß mit den beiden Schlafzimmern der Kinder. Zwei Türen führen vom Wohnraum in das Elternschlafzimmer und die Küche mit einem angrenzenden quadratischen Flur, der Zugang zum Garten und zur (innenliegenden) Toilette bietet.

Im Wohn- und Schlafraum des Erdgeschosses sind die Wände bis zur 2,15 m hohen Bilderleiste tapeziert, die Wandflächen darüber weiß verputzt. Eine Zimmerecke wurde als Ofenplatz bis in eine Höhe von 1,25 m mit roten Fliesen verkleidet. Zwischen Schlafzimmer- und Küchentür ist ein Ablagebrett mit einem Rahmen für einen Spiegel oder »Portraits« angebracht.[581] Die Türen zeigen die bereits von Ouds früheren Wohnblöcken bekannte Form mit drei Fenstern und drei vertikal abgesetzten Türfeldern.

Wohnhaus »B«
Haustypus »B«[582] steht für die zwei einen Zeilenknick flankierenden Wohnhäuser gegenüber einem Eckhaus »C«. Durch den zusätzlichen Wohnraum in der Spitze des Zeilenknicks erhalten beide Häuser im Erd- und Obergeschoß je einen weiteren Schlafraum und waren daher mit insgesamt fünf Schlafräumen für Großfamilien geeignet.

Eckhaus »C« (Abb. 228 rechts)
Die Häuser des Typus »C« nehmen die Ecke eines Zeilenknicks ein, wobei der Wohnraum genau auf der Schnittstelle liegt. Im Erdgeschoß finden sich zusätzlich zum Raumprogramm des Normhauses ein Schlafzimmer, ein Fahrradabstellraum, zwei begehbare Schränke und zwei Einbauschränke. Anstelle des vierteiligen Wohnzimmerfensters treten zwei halbrunde Fenster beiderseits des Fassadenknicks, zwischen denen nur ein schmaler Wandstreifen zurückbleibt. In der Gesamtansicht ergibt sich daraus ein Rundfenster, das die beiden Fassaden optisch zusammenfaßt.[583] Die Tür zum Fahrradabstellraum bildet das spiegelsymmetrische Pendant zur Wohnungstür und führt damit die Fassadengestaltung der Häuserzeile mit jeweils zwei gekoppelten Türen weiter.

Ladenbau »D« (Abb. 233)
Die insgesamt acht Ladenbauten mit integrierter Wohnung sind einen halben Meter höher und 1 m tiefer als die Normhäuser. Die um 1,1 m nach oben weitergeführten Fassaden an der Platzseite verdecken den unteren Teil des Daches bis in Höhe der Gauben. Die axialsymmetrischen Fassaden zeigen eine mittig angeordnete Doppelglastür mit Vordach und Oberlicht, die sich zusammen mit zwei flankierenden Schaufenstern zu einer 4,6 m breiten Glasfront verbindet. Die Fensterstreben ergeben ein Quadratraster, dessen insgesamt sechs Achsen auch die Lage und Größe des Schornsteins und der flachen Dachgauben bestimmen. Diese überproportionierte Dachleiste greift das Motiv der gesimsartigen Regenrinnen von Haus De Vonk* und den Spangener Blöcken* auf. Die grau gefliese Plinthe fällt mit 0,4 m niedriger aus als bei den Normhäusern. Entsprechend den Wohnzimmerfenstern der Normhäuser liegen die Schaufenster direkt auf der Plinthe auf, die in diesem Bereich abgeschrägt und mit grauem Terrazzo verblendet ist. Im Gegensatz zu den blauen Türen der Normhäuser sind die Fenster und Türrahmen einheitlich gelb gestrichen. Zwei horizontale Schilder, die mittels einer Stange auf der Plinthe der angrenzenden Normhäuser befestigt sind (Abb. 134), markieren Anfang und Ende einer Ladenzeile. Die symmetrischen Rückseiten zeigen jeweils eine von zwei Fenstern flankierte Doppelglastür, die wiederum aus zwei Standardelementen besteht.

Die Doppeltüren an der Platzseite führen auf den frontal stehenden Ladentisch. Seitlich des Verkaufsraumes schließt sich je ein Lagerraum an, dahinter liegt der von Schlafzimmer und Küche flankierte Wohnraum mit Zugang zum Garten. Im Gegensatz zu den minimierten Normhäusern sind der Verkaufsraum und der Wohnraum symmetrisch angelegt und zeigen einzelne symmetrische Raumwände. Eine Wendeltreppe führt ins Obergeschoß mit zwei weiteren Schlafzimmern, einem Dachboden und einem Abstellraum. Die Treppe auf der Grundfläche eines Quadrats läßt im Erdgeschoß Platz für den Toilettenraum, der – ähnlich dem Entwurf für Haus Kallenbach* – genau ein Viertel der Fläche beansprucht.

Verwaltungsbau (Abb. 232, 234)
Der zweigeschossige Verwaltungsbau auf der Symmetrieachse der Siedlung ist 2,1 m höher als die Wohnbauten und überragt die Ladenbauten um 1 m. An der symmetrischen Platzfront wird eine zentrale (von Pollern geschützte) Doppeltür von je einer weiteren einflügeligen Tür flankiert, die zusammen das Motiv einer rhythmischen Travée bilden. Die Doppeltür und die linke Tür führen in den großen Raum mit der Feuerspritze, die rechte Tür zu einer Treppe, die das zum Damloperplein gerichtete Büro und das rückwärtige Sprechzimmer im Obergeschoß erschließen. Die Fenstertür des Büros wird, das Türmotiv des Erdgeschosses aufgreifend, von zwei schmalen Fenstern flankiert. Ein Balkon in Breite der drei Fenster dient gleichzeitig als Vordach der Doppeltür im Erdgeschoß. Die mittig liegende Dachgaube wird wiederum von einer überproportionierten Dachleiste abgeschlossen. Auch an der ebenfalls symmetrischen Rückseite finden sich eine Doppeltür, eine Fenstertür mit Balkon (Sprechzimmer) und eine Dachgaube. Es fehlen jedoch die Einzeltüren im Erdgeschoß sowie die schmalen Fenster im Obergeschoß, so daß hier auf das repräsentative Motiv der rhythmischen Travée verzichtet wird. Im Obergeschoß dienen Rundfenster zur Belichtung von Sprechzimmer und Toilette.

232. Siedlung »Witte Dorp«, Rotterdam, Verwaltungsbau und Normhäuser, Fotografie 1985

Der Verwaltungsbau setzt sich durch das zweite Geschoß, die Balkone und die rhythmische Travée von den übrigen Wohnbauten ab, greift gleichzeitig jedoch auf einzelne Motive des Normhauses zurück und gibt sich damit als Teil der Siedlung zu erkennen. So übernimmt die Doppeltür das Motiv der gekoppelten Haustüren, während die Rundfenster an die zwei halben Okuli der Eckhäuser erinnern. Entsprechend den Wohnhäusern erhielt der Verwaltungsbau eine Plinthe, die als Gartenmauer weitergeführt wurde und so eine Verbindung zu den angrenzenden Häusern herstellt. Mit den Ladenbauten hat der Verwaltungsbau die symmetrischen Fassaden, die Attika, die zentrierten Dachgauben und den Schornstein gemein. Über die Farbigkeit des Verwaltungsbaus existieren keine Informationen.[584]

Laterne für Oud-Mathenesse

Ein Entwurf im Oud-Archiv mit der Aufschrift »Ontwerp voor een Lantaarnpaal« (Entwurf für einen Laternenpfahl) zeigt eine Laterne mit sich nach oben verjüngendem Schaft.[585] Der Laternenkopf besteht aus einem Bügel, dessen sichtbarer Teil einen Halbkreis beschreibt und der die kegelförmige Bekrönung mit einem halbkugelförmigen Aufsatz hält. Auffallend sind die für Oud charakteristischen einfachen stereometrischen Formen wie Kugel und Kegel.

Auf historischen Fotografien der Siedlung sind zwei verschiedene Laternenformen zu sehen. Bei beiden handelt es sich jedoch nicht um die von Oud entworfene Fassung. Die bauzeitlichen Laternen (vgl. Abb. 239) wurden offenbar bereits nach kurzer Zeit ersetzt. Anfang 1925 berichtete Oud: »... die Einheitlichkeit des Ganzen wäre vollständig gewesen, wenn nicht auch hier die Laternen gestört hätten. Man sagte mit Recht, ›die Laternen taugen nicht‹, was zur Folge hatte, daß zwar noch lange nicht gute, aber doch bessere Laternen aufgestellt wurden.«[586] Möglicherweise hatte Oud mit seinem Entwurf einen Vorschlag für passendere Laternen eingereicht, der jedoch nicht ausgeführt wurde.

Spielplatz Damloperplein

Ein unausgeführter Entwurf im Oud-Archiv zeigt das Damloperplein als Spielplatz samt der detailliert wiedergegebenen Bepflanzung.[587] An der Ostseite vor dem Transformatorenhäuschen befinden sich drei Bänke mit Bäumen und ein rechteckiger Sandkasten. Südlich davon sind Springpfähle, nördlich »stapstene« angebracht, dahinter »buitelrekken« (Reckstangen). Die Westseite des Platzes wird von einem ornamental verzierten Feld bestimmt, das rings von Pflanzen umgeben ist. Nach Beschreibung Ouds waren hierfür Akazien geplant. An Stelle des Spielplatzes wurde eine einfache Rasenfläche realisiert.

Charakterisierung

Neben dem symmetrischen Siedlungsgrundriß werden die einzelnen Wohnhäuser durch die Beschränkung auf nur einen Haustypus und die einheitliche Farbfassung zu einer Siedlungseinheit verbunden. Trotz der strengen Symmetrie und der weitreichenden Normierung führen der dreieckige Grundriß sowie die Straßenräume und Platzensembles zu einer großen Vielfalt unterschiedlicher Straßenbilder. Die Bepflanzung und die Verbindung der weißen Wandflächen mit einzelnen, farblich akzentuierten Bauteilen verleihen der Anlage ein freundliches und lebendiges Erscheinungsbild. Die Straßenräume und Plätze sind, ebenso wie einzelne Architekturmotive (die Mauerbrüstungen mit Holzzäunen, die »Spaliere« und die heruntergezogenen Dächer) vom Typus der Gartenstadt übernommen und betonen den dorfartigen Charakter der Siedlung. Zudem erwecken die spiegelsymmetrisch im Sinne eines Doppelhauses verbundenen Wohneinheiten den Eindruck mittelständischer Einfamilienhäuser mit zentraler Haustür (verbindendes Vordach und Sockel), wobei das Wohnzimmerfenster mit den zwei seitlichen schmalen Fensterstreifen an traditionelle Fensterläden erinnert. Die Mitglieder der Deutschen Gartenstadtgesellschaft bescheinigten der Siedlung entsprechend »eine gewisse Behaglichkeit«.[588] Dem Bild der Gartenstadt stehen jedoch einige explizit moderne Elemente gegenüber wie die Wiederholung eines Normhauses, die reduzier-

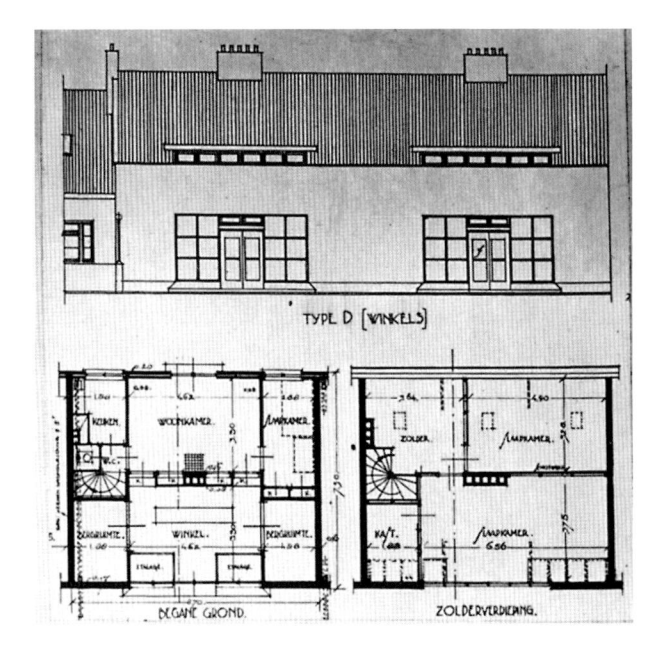

233. Siedlung »Witte Dorp«, Rotterdam, Läden, Aufriß und Grundrisse

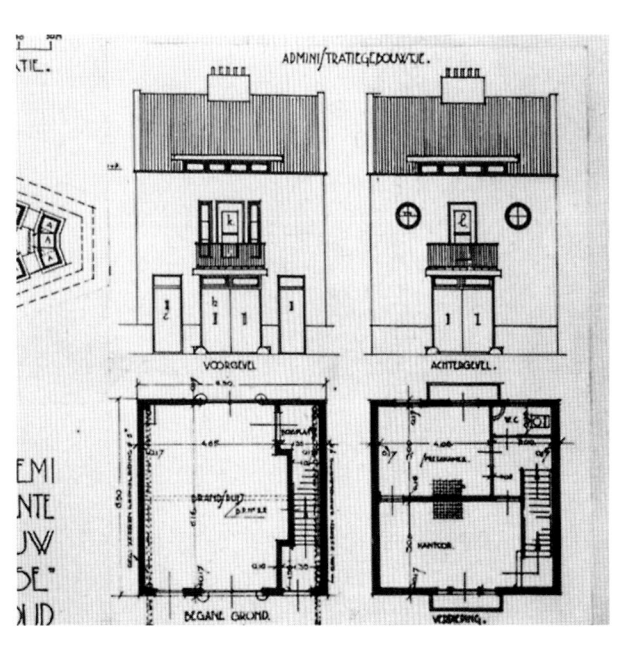

234. Siedlung »Witte Dorp«, Rotterdam, Verwaltungsbau, Aufrisse und Grundrisse

te, abstrakte Formensprache, die weißen Putzflächen sowie die großen Fensterfronten und die Reklameschilder der Ladenzeile. Vor allem die geometrischen Formen und die strenge Symmetrie von Siedlungsgrundriß und Häuserzeilen finden jedoch einen Ausgleich in der farbigen, auf traditionelle Motive zurückgreifenden Architektur. Ohne Farbfassung und die charakteristischen roten Schrägdächer (Abb. 29), für viele Kunsthistoriker bis heute der »Beleg« für eine konservative Architektur, hätte der detailliert durchkomponierte Siedlungsgrundriß wohl ein steriles Gesamtbild ergeben. Die Verbindung von Symmetrie, Normierung und Farbgebung macht die Siedlung Oud-Mathenesse zu einer der gelungensten Arbeiten in Ouds Gesamtwerk und kann als ein Höhepunkt seines Werkes gelten.

Geschichte
Bereits in den 1920er Jahren versackten die Bauten um 0,4 m, wodurch sich Risse und Schäden an den Fundamentplatten ergaben. 1931 schienen die Versackungen zum Stillstand gekommen zu sein, und die Fassadenrisse wurden als unbedenklich eingestuft.[589] Mit der Baugenehmigung für das Stadterweiterungsgebiet Oud-Mathenesse am 20. Dezember 1934 wurde der ehemals geplante Stadtpark an Stelle des »Witte Dorp« aufgegeben.

In den 1960er Jahren wurden die Fenster ersetzt und neue (unverputzte) Schornsteine angebracht, in den 1970er Jahren folgte der Bau von Schuppen in den Privatgärten. Nachdem die Fundamentplatten um 30–40 cm eingesunken waren, mußten zahlreiche Wohnungen im Rahmen einer 6,5 Mill. Gulden teuren Renovierung instand gesetzt werden.[590] Die Wohnhäuser erhielten unter anderem Duschen mit Betonböden, große Dachfenster und neue Küchen. Die Leitungen wurden erneuert und die Straßen – trotz eines negativen technischen Gutachtens – aufgeschüttet (Abb. 29, 69, 232). Durch die Zusammenlegung der Wohnungen reduzierte sich ihre Zahl auf 293. In den 1980er Jahren wurde eine Kampagne zur Verschönerung von Straßen, Grünanlagen und Plätzen für insgesamt 850.000 Gulden durchgeführt.[591] Als Folge der Gewichtszunahme der Bauten traten weitere Versackungen, Risse und Feuchtigkeitsschäden auf.

Zur Untersuchung des Fundaments und des bautechnischen Zustands wurde schließlich 1984 die Arbeitsgruppe »Planteam Witte Dorp« aus Angestellten der Gemeinde und Bewohnern gegründet.[592] Der im Juni 1985 unternommene Versuch, die Siedlung unter Denkmalschutz zu stellen, scheiterte. Es folgte der Beschluß von B & W zum Abriß und Neubau der Siedlung. Als Reaktion hierauf entstanden die von den Bewohnern getragene Kampagne »Het Witte Dorp Forever« und das Deutsche Aktionskomitee zur Rettung des »Weißen Dorfes«. Während sich erstere für den Neubau eines »Dorfes« einsetzte, kämpfte letztere für den Erhalt der bestehenden Siedlung.[593] Trotz der internationalen Proteste ging die Gemeinde nicht von ihren Abrißplänen ab. Auch dem Wunsch einiger Bewohner, zwei Häuser als Dokumentationsobjekte zu erhalten, wurde nicht entsprochen.[594]

Das »Planteam Witte Dorp« und der *Gemeentelijke Woningbedrijf* bestimmten drei aus insgesamt acht Architekturbüros – De Nijl (Delft); Dobbelaar/De Kovel/De Vroom (Rotterdam) und De Ley (Amsterdam) –, die Entwürfe für eine neue Siedlung einreichen sollten.[595] Am 31. Mai 1986 wählten die Bewohner De Ley (Amsterdam) als Architekten der neuen Siedlung. 1987 fand eine Ausstellung im Museum Boymans van Beuningen zum »Witte Dorp« statt. Nach Abschluß der Dokumentation wurde eine Monographie der Siedlung unter Redaktion von Bernard Colenbrander veröffentlicht.[596] Pläne von Roland Günter und der Universität Dortmund, das »Witte Dorp« im Raum Dortmund wieder aufzubauen, kamen nicht zur Ausführung.[597] 1986–92 erfolgte parallel zum Abriß der Bauten der 3,5 Mill. Gulden teure Neubau der Siedlung nach Plänen von Paul de Ley (Abb. 235). Weitere Rekonstruktionspläne, so am Olgapark in Oberhausen, wurden bislang nicht umgesetzt.

Frühe Publikationen Niederlande: Oud 1924d; De Jonge van Ellemeet 1925; Van der Vlugt 1925b. Ausland: Badovici 1925, Pl. 10–13; Behrendt 1925, S. 11–14; Oud 1925a, Abb. 4–7, S. 26–29; Oud 1925d, S. 144–146; Die Baukunst, 1. Jg, 1925, S. 50; Sörgel 1925a, S. 95–97; Minnucci 1926, S. 21, 144f., 153, 197f.; Das Neue Frankfurt 1926/27, Heft 1, S. 19; Oud 1928d, S. 406; Hitchcock 1929, Abb. 32; Klei, Jg. 23, Juni 1931, S. 138f., 141, 146–148, 150f.; Hitchcock 1932, S. 105; Bauer 1934, S. 10, Abb. C.

Literaturauswahl Dagblad Rotterdam 1924; Oud 1924d (abg. in Taverne 2001, S. 255); De Jonge van Ellemeet 1925; Behrendt 1925; Rapport in zake de gebreken van de woningcomplexen in Tusschendijken aan den Kiefhoek en in Oud Mathenesse te Rotterdam vom 26.6.1931, 17 Seiten: Akten des GWR; Goor/Heederik 1931; Bullhorst 1981; Günter 1985b-f; Metz 1986a; OASE 1986; Colenbrander 1987a; Camp 1987; Reijndorp 1987; Reinhartz-Tergau 1990, S. 46; Berkelbach 1995.
Vgl. Taverne 2001, Kat. Nr. 42.

235. Siedlung von Paul de Ley an der Stelle des »Witte Dorp« von Oud, Rotterdam, 1986–92

20 Bauleitungshütte des »Witte Dorp«, Rotterdam

Gegenstand Bauleitungshütte der ebenfalls von Oud entworfenen Siedlung Oud-Mathenesse*. Die Hütte wurde vor Baubeginn der Siedlung für den Bauleiter errichtet. Sie diente als Aufenthaltsraum und zur Aufbewahrung der vor Ort benötigten Baupläne.

Ort Die Bauleitungshütte lag innerhalb der Siedlung Oud-Mathenesse* in Rotterdam. Wie Luftaufnahmen zeigen (Abb. 227), hatte Oud als Standort die Symmetrieachse der auf dreieckiger Grundfläche konzipierten Siedlung gewählt. Auf dieser Achse wurden zudem zwei »öffentliche« Bauten, das Transformatorenhäuschen* und das Verwaltungs- und Feuerwehrgebäude (Abb. 232), sowie das einzige freistehende Wohnhaus (Ecke Karvelstraat/Bomstraat, Abb. 29, 230) errichtet. Nach Fertigstellung der Siedlung stand die Bauleitungshütte auf einer kleinen Freifläche zwischen dem Verwaltungsbau und dem isolierten Wohnhaus. Dieser Bereich war kaum zugänglich und fast nur von den umgebenden Wohnhäusern und dem Verwaltungsbau aus einsehbar.[598]

Entwurf Auf den Plänen findet sich die Jahreszahl 1923. Ihrer Funktion gemäß mußte die Hütte vor Baubeginn der Siedlung (19. März 1923) gestanden haben. Dies belegen zeitgenössische Fotografien, die den Bau samt Farbfassung und Bleiglasfenster auf dem noch unbebauten Terrain zeigen (Abb. 236).[599]

Auftrag Wie die Siedlung Oud-Mathenesse* wurde die Bauleitungshütte nach Ouds Entwurf durch den *Woningdienst* errichtet. Formgebung, Farbfassung (vgl. Abb. 30) und Ausstattung des Gebäudes waren weitaus aufwendiger und damit kostspieliger als zur Erfüllung der Aufgabe nötig gewesen wäre. Unklar ist deshalb, weshalb sich der *Woningdienst* mit der von Oud vorgeschlagenen Form einverstanden erklärte. Der Entwurf entstand in einer Zeit heftiger Auseinandersetzungen zwischen dem Gemeinderat und dem Direktor des *Woningdienst*, Auguste Plate, der schließlich im Frühjahr 1923 von seinem Amt zurücktrat.[600] Ob Plate oder sein Nachfolger De Jonge van Ellemeet, bis dahin Stellvertreter Plates, die Pläne genehmigte, ist nicht bekannt. Möglicherweise wird Plate, der sich bereits zuvor interessiert und offen gegenüber den Arbeiten von *De Stijl* gezeigt hatte, auch hier unterstützend eingewirkt haben.[601] In jedem Fall scheint Oud – trotz der untergeordneten Bauaufgabe und der temporären Bestimmung des Baus – alle künstlerischen Freiheiten genossen zu haben. Auch Kritik an den hohen Kosten (2.500 f)[602] ist nicht überliefert.

Die aufwendige Gestaltung der Bauleitungshütte erklärt sich vor dem Hintergrund des gleichzeitig von Cor van Eesteren und Theo van Doesburg entworfenen Haus Rosenberg. Beide Arbeiten waren als Manifest der *De Stijl*-Architektur intendiert und traten damit in Konkurrenz zueinander. Im Herbst 1923 wurden Haus Rosenberg und die Bauleitungshütte auf der ersten *De Stijl*-Ausstellung »Les architectes du groupe De Stijl« in Paris gezeigt.[603] Die Entstehungsbedingungen der Bauleitungshütte (Funktion, Auftraggeber, Umfeld) erschienen in diesem Kontext immer nebensächlich. Ebenso wird die Bauleitungshütte in Ouds Erläuterung der Siedlung im »Bouwkundig Weekblad« weder erwähnt noch abgebildet[604]; auch in den Bauplänen der Siedlung taucht sie nicht auf.[605]

Beteiligung anderer Künstler Angaben zum Urheber des Glasfensters (Abb. 238) und der Aufschrift »DIRECTIE« (Abb. 236) fehlen. Hans Oud schließt nicht aus, daß sein Vater hier den ehemaligen *De Stijl*-Kollegen Vilmos Huszár herangezogen hat.[606] Allerdings verwendete dieser gewöhnlich keine Rundformen (so bei den Buchstaben »D« und »C« der Bauleitungshütte). Mit Blick auf die wenig später entstandenen typographischen Arbeiten von Oud und die Fassade des Café de Unie*, für die er selbst die Schriftzüge entworfen hat, ist daher Oud als Entwerfer anzunehmen.[607] Dasselbe gilt für das Bleiglasfenster, das ebenfalls Rundformen aufweist.

Material/Konstruktion Die Wände der Hütte bestanden aus einem Holzskelett, das auf beiden Seiten mit Brettern geschlossen wurde. Sockel und Vordach waren aus Drahtgeflecht mit Zement, das Dach aus mehren Schichten Asphaltpapier mit Kieslage gefertigt. Für das Fundament wählte Oud entsprechend den Wohnhäusern der Siedlung Bodenplatten aus Beton.

Pläne/Fotomaterial NAi: Grundriß, z. T. kolorierte Aufrisse (Außen- und Innenraum, Abb. 238), historische Fotografien (Abb. 236), Modell (1951). CCA.[608] GRI: Abzug, sieben Fotografien.

Bauprogramm Großes Zimmer mit Kamin, Tisch mit drei Stühlen und Waschbecken, kleines Zimmer, Küche, Telefonkabine, Toilettenraum, drei Einbauschränke.

Städtebauliche Situation (Abb. 227)

Die Bauleitungshütte stand zunächst auf dem noch unbebauten, außerhalb der Stadt liegenden Bauplatz der Siedlung Oud-Mathenesse (Abb. 236). Mit Blick auf die Erreichbarkeit der einzelnen Bauten und die Kontrolle der Baustelle wäre der zentrale Platz (Damloperplein) sicherlich der geeignetste Standort gewesen. Die Bauleitungshütte lag jedoch zusammen mit dem Verwaltungsbau*, dem Transformatorenhäuschen* und dem isoliert stehenden, das Basiselement der Siedlung sichtbar machenden Wohnhaus auf der durch die Spitze der Dreieckssiedlung verlaufenden Symmetrieachse. Damit ist sie Teil der durch Lage, Funktion und Gestaltung hervorgehobenen Einzelbauten der Siedlung. Da die Bauleitungshütte jedoch von Wohnhäusern und Privatgärten umgeben und somit aus dem allgemeinen Blickfeld gerückt war, wurde dies allein auf dem städtebaulichen Plan (im Fall einer Publikation) oder im Luftbild deutlich. Nur von der Kanostraat aus wird der Bau über die Gärten hinweg sichtbar gewesen sein.

236. Bauleitungshütte der Siedlung »Witte Dorp«, Rotterdam, hist. Aufnahme März 1923

Gebäude (Abb. 236–238)

Das ca. 9 m lange und 4 m hohe Gebäude auf kreuzförmigem Grundriß setzt sich aus drei ineinandergeschobenen Kuben unterschiedlicher Größe und Gestaltung zusammen. Alle drei Kuben sind mit einer Holzverschalung verkleidet, wobei die einzelnen Bretter ein konzentrisches Muster bilden. Durch die unterschiedlich großen Kuben und die (auch innerhalb eines Kubus) wechselnden Sockelhöhen ergeben sich unterschiedliche Wandformate, zu denen an der Schnittstelle eines angrenzenden Kubus L-förmige Flächen hinzukommen. Bei der Farbgebung wählte Oud erstmals die von Piet Mondrian propagierten Primärfarben: ein Kubus ist rot, ein anderer gelb, der dritte blau gefaßt. Der Sockel und der Schornstein an der Rückfront der Hütte wurden weiß verputzt (vgl. Abb. 30).

Der rote Kubus (Kreuzfuß) mit jeweils drei zu einer Gruppe verbundenen Fenstern an den Schmalseiten nimmt das große Zimmer mit Kamin auf. Der Schornstein und ein schmales Bleiglasfenster teilen die Rückfront in zwei L-förmige Abschnitte, deren Form in der Holzverkleidung aufgegriffen wird. Ein niedrigerer blauer Kubus (Kreuzarme) mit jeweils drei Fenstern pro Schmalseite bietet Raum für das zweite Zimmer, die Küche, Toilette, Telefonkabine und Schränke. Ein gelb gefaßter, hochkant stehender Kubus mit dem Eingang und dem zentralen Flur schiebt sich senkrecht in die beiden breit gelagerten Kuben. Die Schmalseite zeigt eine rote Eingangstür mit vorkragender Betonplatte als Vordach, die zugleich den oberen Abschluß des hohen Sockels markiert. Ein hell gefaßter Wandabschnitt über der Tür trägt die Aufschrift »DIRECTIE«. An den Seiten, oberhalb des blauen Kubus, finden sich sieben, zu einem Fensterband verbundene, hochrechteckige Fenster.

Von jedem Betrachterstandpunkt aus sind alle drei Kuben (bzw. Teile davon) und damit die gesamte Farbpalette der drei Primärfarben sichtbar. Allein bei frontaler Sicht auf die Eingangsfront wird der hintere rote Kubus verdeckt. Indem Oud das Türblatt rot faßte, ergibt sich jedoch auch dort ein Zusammenspiel der drei Farben.

Innendisposition (Abb. 237, 238)

Der Eingang im gelben Kubus führt in einen kreuzförmigen Flur, der die Grundrißfigur des Gebäudes aufgreift. Wie in allen Räumen wurden auch die Wände des Flurs mit vertikalen Holzbrettern verkleidet. In den hohen und schmalen Kubus ist eine zweite Decke mit sieben Oberlichtern eingezogen, durch die das Licht von den hochliegenden Außenfenstern einfällt. An den Enden der Querarme befinden sich Toilette und Küche sowie die Telefonkabine und das kleinere Zimmer.

Der große, gegenüber den Funktionsräumen deutlich höhere Raum mit Kamin zeigt eine bewußt repräsentative Gestaltung. Der Platz vor dem Kamin und ein Teil der aufgehenden Wand wurden in Form eines abgestuften Dreieckes mit gelbem Ijsselstein verkleidet (Abb. 238). Wie für Oud typisch sind die Raumwände nach Möglichkeit symmetrisch. Die Eingangswand wird durch drei mittig angeordnete identische Türen (eine davon eine Schranktür) gegliedert, denen die drei Fenster an den Schmalseiten antworten. Die Wand ist bis in Fensterhöhe mit horizontalen Holzleisten verkleidet, die entsprechend den Türen blaßblau gefaßt sind. Die Fensterrahmen setzen sich hiervon durch einen weißen Anstrich ab. Das Glasfenster über dem Kaminplatz zeigt ein geometrisches Muster aus roten, gelben, blauen und weißen Glasstücken und greift damit die Primärfarben des Außenbaus auf. Die Fenstereinfassung ist in gelb und schwarz gehalten.[609]

Charakterisierung

Bestimmend ist der streng symmetrische Grundriß und die (so weit möglich) symmetrische Raumgestaltung. Wie der Grundriß zeigt, stimmen die drei Kuben nicht mit der Aufteilung des Innenraumes überein.[610] So befinden sich hinter den drei zu einer Gruppe verbundenen Fenstern des blauen Kubus jeweils zwei getrennte Räume (Telefonkabine und kleineres Zimmer bzw. Toilette und Küche) und tritt der querliegende Flurabschnitt am Außenbau nicht in Erscheinung. Der durch den gelben Kubus markierte Flur endet bereits bei der Tür zum großen Kaminraum und schiebt sich nicht, wie der Außenbau suggeriert, in den roten Kubus hinein.

Ungewöhnlich ist die großflächige konzentrische Musterung der Wände, die (wie später auch die Fassade des Café de Unie*) an die geometrisierenden Dekorationen des Wiener Jugendstils, vor allem aber die Bauten J. L. M. Lauweriks (Abb. 95) erinnert.[611] Allerdings sind die Wandflächen bei Oud in stark kontrastierenden Primärfarben gehalten. Trotz ihrer extravaganten Formgebung nimmt die Bauleitungshütte durch die Farbfassung in den Primärfarben, den plastisch hervortretenden Schornstein und den von der Wand abgesetzten Sockel Bezug auf die Wohnbauten.[612] Die Bauleitungshütte zeigt damit sowohl ihre Zugehörigkeit zur

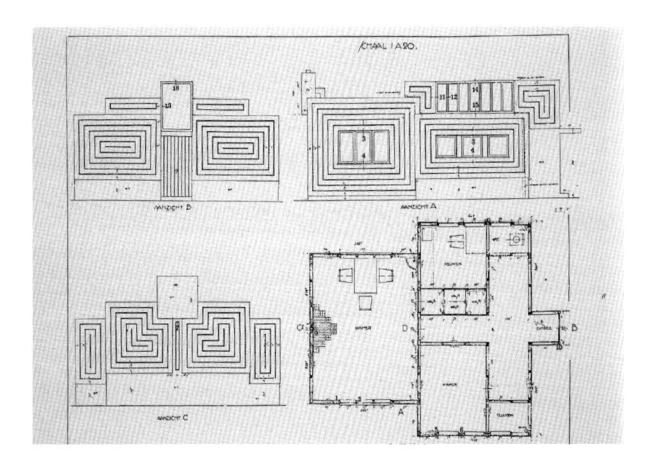

237. Bauleitungshütte der Siedlung »Witte Dorp«, Rotterdam, Aufrisse, Grundriß

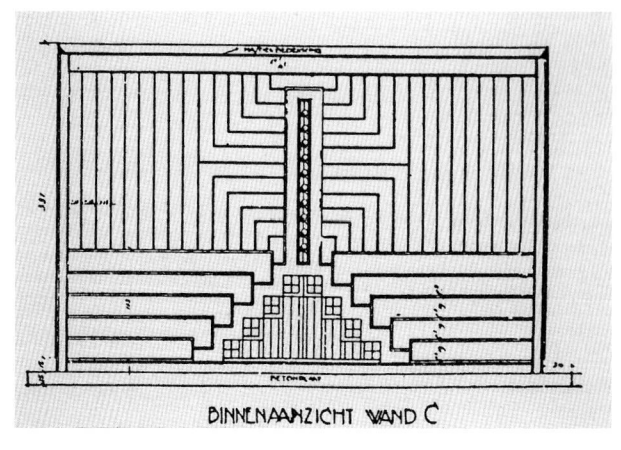

238. Bauleitungshütte der Siedlung »Witte Dorp«, Rotterdam, Aufriß Innenwand mit Kaminplatz und Bleiglasfenster

Siedlung als auch ihre im Vergleich zu den Wohnhäusern abweichende Funktion.

Geschichte
Nach Fertigstellung der Siedlung im Jahr 1924 wurden erste Überlegungen zum Erhalt der Bauleitungshütte angestellt.[613] Im Laufe der Zeit erfuhr das Gebäude unterschiedliche Nutzungen, unter anderem als Friseurladen. Im Zuge des Brennstoffmangels wurde es 1938 abgerissen und zu Brennmaterial verarbeitet.[614] Mitte der 1980er Jahre fanden Überlegungen statt, die Bauleitungshütte als Imbißbude auf der Rotterdamer Westblaak wieder zu errichten.[615] 1992 und 1993 wurden schließlich zwei Rekonstruktionen der Bauleitungshütte ausgeführt, die sich in der Farbgebung an einem wohl in den 1950er Jahren angefertigten Farbschema Ouds orientieren. Die Farbigkeit der Paneele wurde einem Nachtschränkchen von Oud im Museum Boymans van Beuningen aus den 1920er Jahren angepaßt.[616] Die erste Rekonstruktion, die vom Bauunternehmen Dijkstra BV (Sassenheim) nach Plänen von Wytze Patijn durchgeführt wurde, entstand anläßlich des 200-jährigen Bestehens der Sikkens-Foundation. Der Bau befindet sich am Rijksstraatweg in Sassenheim, dem Gelände der AKZO, Documentatiecentrum voor kleur en architectuur.[617] Die zweite Rekonstruktion, ein Geschenk von AKZO-Coating, entstand 1993 in der Rotterdamer Aakstraat neben dem 1991 fertiggestellten Neubau der Siedlung (Abb. 30). Im Gegensatz zum ursprünglichen Bau steht die rekonstruierte Bauleitungshütte jedoch nicht innerhalb, sondern außerhalb der Siedlung (Abb. 235, unten), wo sie von der Straße aus sichtbar ist.[618]

Frühe Publikationen Niederlande: Berlage, De ontwikkeling der moderne bouwkunst in Holland, in: Wil en Weg, 2. Jg, 15.6.1924, Nr. 18, S. 634. Ausland: Merz, 8–9, April/Juni 1924, S. 81; Badovici 1924, S. 31, Pl. 34–37; De Fries 1925, S. 220; Karel Teige, De Stijl a Hollandsá moderna, in: Stavba, III, 1924/25, Nr. 9, S. 40; Meyer 1926, S. 209, 225; Minnucci 1926, S. 24, 109.
Literaturauswahl Briefdurchschlag von Oud an Jean Badovici von Juni 1924, Oud-Archiv, B, Nr. 17; Badovici 1924; Camp 1987, S. 46; Mellegers 1995.
Vgl. Taverne 2001, Kat. Nr. 45 (Siedlung Oud-Mathenesse)

21 Transformatorenhäuschen des »Witte Dorp«, Rotterdam

Gegenstand Transformatorenhäuschen in der Siedlung Oud-Mathenesse*. Die aufwendige Gestaltung und die exponierte städtebauliche Lage weisen dem Gebäude eine besondere, von der technischen Funktion unabhängige Bedeutung zu.
Ort Das Transformatorenhäuschen ist Teil der nach Ouds Entwurf errichteten Siedlung Oud-Mathenesse* in Rotterdam. Das Gebäude stand an der Spitze des zentralen Damloperplein und gleichzeitig auf der Symmetrieachse der auf dreieckiger Grundfläche errichteten Siedlung (Abb. 227). Hier lagen mit dem Verwaltungsbau, der Bauleitungshütte* und dem einzigen isoliert stehenden Wohnhaus die durch Funktion und Gestaltung hervorgehobenen Einzelbauten.
Entwurf/Ausführung Der Entwurf entstand parallel zur Errichtung der Siedlung Oud-Mathenesse* zwischen 1923 und 1924. Zeitgenössische Abbildungen zeigen das im Bau befindliche Transformatorenhäuschen mit den umgebenden Wohnhäusern.[619] Auf der Skizze des unausgeführt gebliebenen Spielplatzes (Damloperplein) ist ein abweichender Grundriß des Gebäudes, offenbar der mehrfach in Rotterdam anzutreffende Typus eines Transformatorenhäuschens mit kubischem Anbau, wiedergegeben.[620]
Auftrag Das Transformatorenhäuschen entstand dank der Bereitschaft des Elektrizitätswerkes auf Ouds Initiative hin, der die Errichtung eines von fremder Hand entworfenen Baus in seiner Siedlung verhindern wollte.
Baumaterial/Konstruktion Massivbau, Backstein mit teilweise verputzen Außenwänden und Betonsockel.
Planmaterial Der Verfasserin sind keine Pläne bekannt.

Lage
Das Transformatorenhäuschen befindet sich in exponierter Lage an der Spitze des Damloperplein und damit sowohl im Zentrum des »Witte Dorp« als auch auf der Spiegelachse der dreieckigen Gesamtanlage (Abb. 227, 239). Die den Platz umlaufende Damloperstraat bildet am Schnittpunkt mit der Kanostraat die wichtigste Straßenkreuzung in der Siedlung (Abb. 240). Das Transformatorenhäuschen liegt innerhalb des sechseckigen Damloperplein, wird durch eine Einbuchtung der platzbegrenzenden Mauer jedoch von diesem isoliert und der Kreuzung zugeordnet. Die durch einem hölzernen Zaun erhöhte Backsteinmauer verläuft seitlich des Transformatorenhäuschens bis zu dessen Rückfront, wo sich der Zugang zum Platz befindet. Entsprechend den beiden anderen Platzzugängen wurde hier eine Sitzbank in Breite des Durchgangs aufgestellt. Optisch tritt die Einbuchtung als Rahmung in Erscheinung, die das Gebäude zusätzlich hervorhebt. Die selbe Wirkung haben der Sockel (in Höhe der Mauer) und die vierstufige Treppe auf halbkreisförmigem Grundriß.

Gegenüber dem Transformatorenhäuschen und ebenfalls auf der Spiegelachse befindet sich der Verwaltungsbau als einziges zweigeschossiges Gebäude der Siedlung (Abb. 231, 232). Oud gibt auf einem städtebaulichen Plan (Abb. 226) insgesamt sieben durch einen Pfeil gekennzeichnete Blickachsen (»A« bis »F«) an, die sich auf besonders hervorgehobene Bauten oder Ensembles richten und nach denen die zur Publikation vorgesehenen Fotografien aufgenommen wurden (so Abb. 231, 240). Einer der Pfeile weist vom Verwaltungsbau auf das Transformatorenhäuschen (Abb. 239), eine von insgesamt zwei frontal auf einen Bau oder eine Häusergruppe gerichtete Blickachsen.

Außenbau (Abb. 239, 240)
Das kleine Gebäude liegt, wie auch die Wohnbauten seitlich der in den Platz mündenden Zufahrtstraßen, mit dem Giebel zum Damloperplein. Der exponierten städtebaulichen Lage entspricht die Gestaltung des Außenbaus mit einem hohen Sockel und einer großen, halbkreisförmigen Treppe. Die Fassaden sind wie auch bei den Ladenbauten, dem Verwaltungsbau und der Bauleitungshütte* symmetrisch angelegt. Ein auffallendes Merkmal

239. Siedlung »Witte Dorp«, Rotterdam, Damloperplein mit Transformatorenhäuschen, hist. Ansicht

240. Siedlung »Witte Dorp«, Rotterdam, Transformatorenhäuschen, hist. Ansicht

bildet ein dem Satteldach aufgesetztes zweites kleines Dach, das offenbar der Belüftung diente.

Der Bau gliedert sich in einen hohen Betonsockel, die in Türhöhe verlaufende Hauptzone in Sichtbackstein sowie die darüberliegenden, verputzten und weiß gefaßten Wand- und Giebelflächen. Der zwischen Türe und Dachzone verbleibende Wandabschnitt wird durch den Verputz (ähnlich den Risaliten von Haus De Vonk*) mit den Giebelfeldern verbunden. Entsprechend den Wohnhäusern des »Witte Dorp« findet sich auch hier eine gesimsähnlich hervorgehobene Regenrinne, die das Giebelfeld markiert. Die dem Verwaltungsbau gegenüberliegende Eingangsseite zeigt oberhalb des Sockels eine schmale Tür, die über eine vierstufige Treppe zu erreichen ist. Diese liegt auf einer flachen, ebenfalls halbrunden Platte in Breite der Eingangsfront auf, während die oberste Stufe genauso breit ist wie die Tür. Die Langseite im Südwesten erhielt eine zweiteilige Tür mit einer von Wangen eingefaßten einfachen Treppe. Die übrigen Gebäudefronten blieben geschlossen.

Die für ein Transformatorenhäuschen aufwendige Gestaltung mit symmetrischer Fassadengliederung, Sockel und repräsentativer halbrunder Treppe übertraf entsprechende, zeitgleich entstandene Beispiele in der Amsterdamer Innenstadt. Wie die übrigen isoliert stehenden Gebäude wird auch das Transformatorenhäuschen durch seine Gestaltung (Plinthe, weiße Wandflächen, Satteldach und »Gesims«) in den Siedlungskomplex eingebunden. Gleichzeitig weist der Sichtbeton auf den technischen Charakter des Gebäudes. Über die Farbigkeit des Transformatorenhäuschens existieren keine Angaben. Entsprechend Ouds Absicht, das Gebäude als Teil der Siedlung zu präsentieren, ist von einer einheitlichen Farbgebung mit roten Ziegeln, gelber »Plinthe« und Dachleiste und blauer Tür auszugehen.[621]

Vier Skizzen
Im Oud-Archiv befinden sich vier Skizzen eines Transformatorenhäuschens mit unterschiedlichen Dachlösungen. Eine Skizze trägt die Bezeichnung »Transformator-huisje (1923)« (Abb. 241), während die drei anderen aufgrund einiger wiederkehrender Motive als solches identifiziert werden können.[622] Alle vier Skizzen zeigen ein kleines Gebäude mit Sockel und Türen (an Schmal- und Langseite), das als Grundlage für Ouds Dachvarianten diente. Auf einer der Skizzen ist ein Dach mit ca. 45° Neigung zu sehen, das jedoch nur einen kleinen Abschnitt des Gebäudes bedeckt. Deutlich klingt hier die ausgeführte Lösung mit dem zweiten kleinen, dem eigentlichen Dach aufgesetzten Satteldach an. Auf einer anderen Skizze wird der Bau in zwei schmale Scheiben geteilt, zwischen denen die Tür liegt. Ein geschwungenes Dach in Breite der Tür erstreckt sich über das ganze Gebäude. Die dritte Skizze führt diese Idee weiter, indem oberhalb der Tür ein Kubus zwischen die Scheiben eingestellt wird. Hier besteht Ähnlichkeit zum »eingeschobenen« gelben Kubus der Bauleitungshütte*, die ebenfalls in der zentralen Achse der Siedlung plaziert war und (trotz untergeordneter Funktion) eine repräsentative Gestaltung erhielt. Mit der realisierten Fassung wählte Oud dagegen eine spielerische Lösung, die durch das kleine Schrägdach bewußt von der Bauleitungshütte abweicht. Die vierte Skizze mit der Bezeichnung »Transformator-huisje« zeigt den von der Mauer des Damloperplein umgebenen Baukörper mit einem kubischen Dachaufbau über der Eingangsfront.

Frühe Publikationen Niederlande: Oud 1924d, S. 419f.; De Jonge van Ellemeet 1925, S. 65f. Ausland: Badovici 1925, Pl. 10; Behrendt 1925, S. 14.
Literatur Camp 1987, S. 46.

241. Siedlung »Witte Dorp«, Rotterdam, Transformatorenhäuschen, Skizze

22 Erster Entwurf für die Volkshochschule Rotterdam

Gegenstand Unausgeführter Entwurf eines Volkshochschulgebäudes. Aufgrund eines späteren, mit Sicherheit für Rotterdam konzipierten Entwurfs (zweiter Entwurf für die Volkshochschule Rotterdam*) sowie Ouds enger Verbindung zu dieser Institution ist auch hier von einem Gebäude für die Rotterdamer Volkshochschule auszugehen.
Ort Unbekannter Ort in Rotterdam. Das spitz zulaufende Gebäude läßt auf einen Bauplatz an einer Straßenkreuzung schließen. Dagegen sprechen die strenge Symmetrie und die fehlenden Hinweise auf die Umgebung für ein fiktives Grundstück.
Entwurf Die Skizze ist nicht datiert, wird aus stilistischen Gründen jedoch um 1923/24 entstanden sein. Günther Stamm verweist auf die Notizen eines Planungskomitees, wonach Ouds Entwurf 1924 erstellt wurde.[623] Der Rotterdamer Katalog nennt als Entstehungsdatum Ende 1924/Anfang 1925.[624]
Auftrag Die Rotterdamer Volkshochschule wurde 1917 auf Initiative von K. P. van der Mandele, Direktor der Rotterdamer Bankvereinigung und Präsident der Handelskammer, sowie dem Sekretär der Niederländischen Handelshochschule W. C. Mees gegründet. Die feierliche Eröffnung war am 12. Januar 1918. Die vorläufige Verwaltung umfaßte zwölf Personen, darunter A. Plate (bis Anfang 1923 Direktor des *Woningdienst*) und C. H. van der Leeuw, einer der Direktoren der Rotterdamer Van Nelle-Fabrik. Die Verwaltung einschließlich Sekretariat war zunächst in einem alten Grachtenhaus (Leuvehaven 74) untergebracht, während die Kurse in verschiedenen, über der Stadt verstreuten Räumen stattfanden. Das erklärte Ziel der Volkshochschule bestand in der Förderung einer »harmonischen Bildung und Entwicklung von Männern und Frauen aller gesellschaftlichen Kreise«, das sich unter anderem in einem Kursprogramm für Arbeiter niederschlug.[625] Zusammen mit den umfassenden Konzert- und Theateraktivitäten, zu denen im Lauf der 1920er Jahre verstärkt Filmvorführungen hinzukamen, nahm die Volkshochschule im gesellschaftlich-kulturellen Leben Rotterdams einen wichtigen Platz ein.[626] 1924/25 waren mehr als 10.000 Mitglieder eingeschrieben und 5.267 Kursteilnehmer gemeldet.

Durch den Mangel an geeigneten Räumlichkeiten entstand der Wunsch nach einem eigenen Gebäude. Über einen konkreten Auftrag an Oud liegen keine Informationen vor.[627] Offenbar hat Oud, der in Kontakt zu Plate stand und als Architekt des *Woningdienst* das Baugeschehen in Rotterdam genau verfolgte, aus eigener Initiative einen Entwurf erstellt. Laut Stamm wurde Oud durch das Komitee ermutigt, seinen Vorschlag zu präsentierten – »without obligation, of course«.[628] Weitere Anregungen zum Entwurf der Volkshochschule sind im persönlichen Umfeld Ouds zu suchen: Nach Aussage seines Sohnes war Oud Mitglied der Rotterdamer Volkshochschule und darüber hinaus mit der Sekretärin Ida M. van Dugteren befreundet. Aus Ouds Briefverkehr geht hervor, daß er selbst Kurse an der Volkshochschule gab.[629] Als mögliche Kontaktperson ist neben Plate auch sein ehemaliger Freund Jacques Jongert zu nennen, der als Graphiker für die Volkshochschule tätig war.[630]
Planmaterial Skizze mit Aufriß und Erdgeschoßgrundriß (Abb. 242), eventuell in Privatbesitz. CCA: Bleistiftskizze mit Erdgeschoßgrundriß. GRI.[631]
Bauprogramm Vortragssaal mit Bühne, zwei Foyers mit Garderoben, Ankleideraum, Requisite, Aula, Buffet, zwei Eingänge mit Vorraum, zwei Auditorien, Raum für den Sekretär, Hausmeisterraum. Über die Zimmer des Obergeschosses existieren keine Informationen.

Gebäude (Abb. 242)

Das Gebäude setzt sich aus zwei eigenständigen Baukörpern, einem Vortragssaal und dem eigentlichen Schulbau mit Unterrichtsräumen und Aula, zusammen. Bestimmendes Kennzeichen ist das von einer Figurengruppe mit Weltkugel bekrönte Zeltdach über dem Vortragssaal, das an Theaterbauten des 19. Jahrhunderts denken läßt.

Das Schulgebäude greift mit seinem zentralen Innenhof und dem umlaufenden Flur auf den in der Ambachtsschool Helder* entwickelten Bautypus zurück. Der streng symmetrischen Fassade ist ein flachgedeckter Eingangsbau mit Sekretariat und Hausmeisterzimmer vorgelegt. Eine Treppe führt zu der erhöht liegenden Tür in der Mittelachse. Der Eingangsbau wird von zwei zurückgesetzten Treppenhäusern mit pfeilerartigen Aufbauten flankiert, hinter denen die beiden Auditorien sichtbar sind. Hinter dem Eingangsbau erscheint eine den Innenhof begrenzende Fensterfront mit Schriftzug zur Abschirmung des Hofes gegen den Lärm der Stadt.[632]

Der zweite Baukörper mit dem Vortragssaal basiert auf einem gleichschenkligen Dreieck mit abgerundeter Spitze und gebogener Standfläche, die – dem Theaterbau des 19. Jahrhunderts entsprechend – der Krümmung des Zuschauerraumes folgt. An der Verbindungsstelle zwischen Schulgebäude und »Theaterbau« liegen die beiden Eingänge mit Zugang zu den Foyers, dem Vortragssaal und den Unterrichtsräumen, die durch weit auskragende Vordächer markiert werden. Ähnlich Theaterbauten des 19. Jahrhunderts, so Gottfried Sempers Entwurf für das Kaiserliche Theater in Rio de Janeiro (1858), vor allem aber die Pariser Oper von Charles Garnier (1861–75), wollte Oud den Zuschauerraum »überkuppeln«, während für das »Bühnenhaus« mit Schnürboden ein separates Dach vorgesehen war. Anstelle von Garniers Kuppel wählte Oud jedoch ein steiles Zeltdach, dessen Spitze eine Figurengruppe mit Weltkugel (bei Garnier eine Krone) bildet. In der Frontalansicht wird hinter diesem Dach (entsprechend den historischen Vorbildern) die Front des Bühnenhauses bzw. die Brandmauer zwischen Zuschauerraum und Bühnenhaus sichtbar, die bei Oud als Stufengiebel ausgebildet ist. Allerdings stimmt Ouds Frontalansicht nicht mit dem Grundriß überein: Da sich das »Bühnenhaus« gegenüber dem Zuschauerraum verjüngt, kann der Stufengiebel nicht – wie von Oud wiedergegeben – seitlich des Zeltdaches sichtbar sein.

Vorbilder

Die zwei eigenständigen Dächer für Zuschauerraum und »Bühnenhaus« gehen auf die Theaterarchitektur des 19. Jahrhunderts zurück. Als Vorbild könnte die Pariser Oper gedient haben, die seit ihrer Erbauung als Inbegriff eines repräsentativen bürgerlichen Opernhauses galt. Auch die ungewöhnliche Form des Zeltdachs findet Vorläufer in Bauten des 19. Jahrhunderts.[633] Die steile Dachform erinnert sowohl an Claude-Nicolas Ledoux' drittes Projekt für das Theater in Besançon (1779) als auch an den Theaterentwurf von J. N. L. Durand. Einen Stufengiebel verwendete Berlage in seinem Entwurf für ein Wagner-Theater in Den Haag (1910), den Oud 1919 publiziert hatte.[634] Die deutlich größeren Stufen stellen Ouds Entwurf jedoch auch in den Kontext expressionistischer Architektur, wobei, aufgrund der 1923 intensivierten Kontakte, an Erich Mendelsohn und Bruno Taut zu denken wäre.[635] Auch die Figurengruppe und die Weltkugel orientieren sich an historisierenden Bauten oder Jugendstilgebäuden, wie dem 1898 von J. M. Olbrich errichteten Wiener Sezessionsgebäude mit seiner aus Lorbeerblättern geformten Kugel über dem Eingang. Ein direktes Vorbild könnte F. L. Wrights Larkin Building in Buffalo (1904) mit seinen zwei von Figuren getragenen Weltkugeln geliefert haben. Schließlich zeigt auch Durands Entwurf der Bibliothèque Royale (1788) eine von zwei Atlanten getragene Weltkugel über dem Eingang.

Datierung
Stilistische Parallelen zum Entwurf der Volkshochschule finden sich vor allem bei den von Oud selbst auf 1923 datierten Skizzen seiner »Eckwohnhäuser« (Abb. 224). Neben dem Zeichenduktus sind hier auch vergleichbare Motive ausgebildet. Dies gilt vor allem für die stufenförmige Silhouette des Giebels und das Zeltdach, das in den Kuppeln bzw. kegelförmigen Dachaufbauten der Wohnhäuser vorgebildet ist. Eine spätere Datierung scheint – vor allem mit Blick auf die bekrönende Figurengruppe mit Weltkugel – unwahrscheinlich.

Bei einer Entstehungszeit um 1923/24 wäre der Entwurf noch vor der Übernahme des Clubhauses am Westzeedijk entstanden. Im Mai 1926 berichtete Berlage, daß Ouds Vorschlag für die Volkshochschule abgelehnt worden sei.[636] Ob hier auf den vorliegenden Entwurf angespielt wird oder ob es sich um eine weitere unbekannte oder eine der späteren Arbeiten Ouds für diese Einrichtung handelt, muß offen bleiben.

Publikationen Stamm 1978, Fig. 35, S. 39, 41, 75; Hans Oud 1984, S. 83; Grundriß CCA: Taverne 2001, S. 338.
Literatur Ott 1967, v. a. S. 60f.; Groen-Wit-Groen 1927; Mees 1928, S. 515–518, v. a. S. 517.
Vgl. Taverne 2001, Kat. Nr. 54, S. 336.

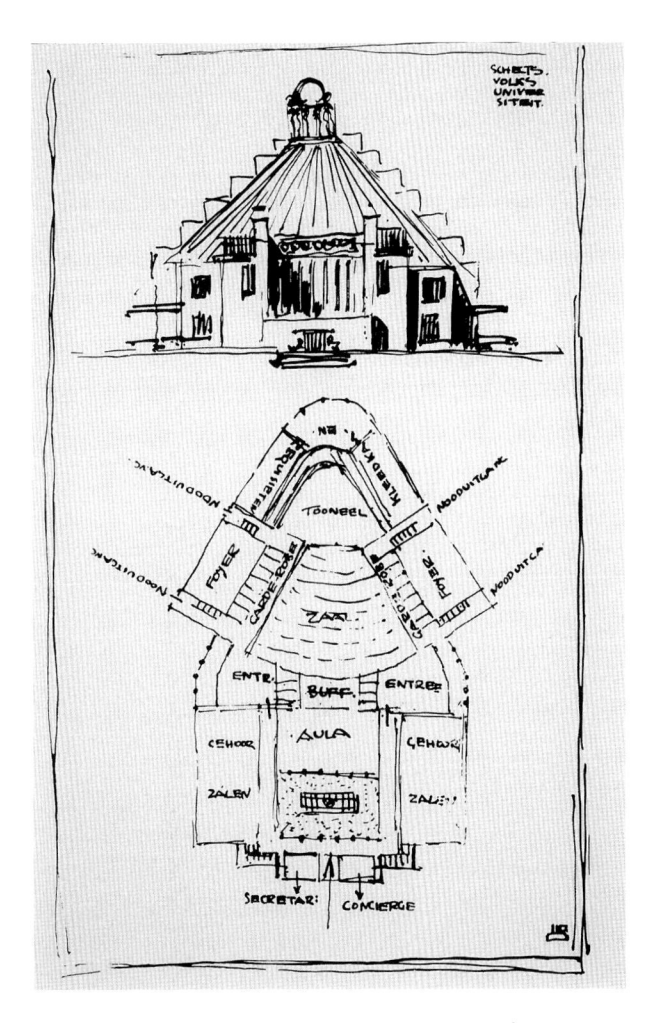

242. Erster Entwurf für eine Volkshochschule, Rotterdam, Skizze mit Aufriß und Grundriß EG

23 Häuserzeilen in Hoek van Holland

Gegenstand Zwei durch einen Zwischenbau verbundene Häuserzeilen mit Arbeiterwohnungen, vier Läden und einer Bibliothek.

Ort 2e Scheepvaartstraat, Hoek van Holland (Provinz Zuid-Holland). Die beiden Wohnzeilen erstrecken sich nordöstlich der 2e Scheepvaartstraat und werden seitlich vom Scheepvaart Plein und der Nyverheidstraat (heute Huydecoper Straat) eingefaßt (Abb. 243). Als Bauplatz hatte die Gemeinde ein langgestrecktes Grundstück nahe dem damaligen Ortskern und den Hafenanlagen gewählt. In einem (in dieser Form nicht realisierten) Erweiterungsplan von 1919 erscheint der Bauplatz im Zentrum eines neuen Ortsteils mit dem Scheepvaart Plein als Mittelpunkt.[637]

Hoek van Holland liegt circa 30 km von der Rotterdamer Innenstadt entfernt an der Mündung des Nieuwe Waterweg in die Nordsee. Vor Gründung des Ortes bezeichnete der Name eine mit der Versandung des Maasdeltas entstandene Sandbank am äußersten südwestlichen Ende des holländischen Festlandes. Erst mit dem Bau des Nieuwe Waterweg (1866–68), eines etwa 20 km langen Kanals zur Verbindung des Rotterdamer Hafens mit der Nordsee, ließen sich die ersten Bewohner in Hoek van Holland, dem zukünftigen Vorhafen der Mutterstadt, nieder. Die Arbeiter und Angestellten des *Rijkswaterstaat*, später auch Zollbeamte, Lotsen und Hafenarbeiter, lebten zunächst in Holzbaracken am nördlichen Ufer des Kanals. 1893 erhielt der Ort, Teil der Gemeinde `s-Gravensande, Anschluß an das Rotterdamer Eisenbahnnetz. Am 1. Januar 1914 kam Hoek van Holland zur Gemeinde Rotterdam und entwickelte sich als »Rotterdam aan Zee« zu einem beliebten Badeort. Die gleichzeitig wachsende Hafentätigkeit bedingte den Zuzug von Arbeitern, die vor allem günstige Wohnungen benötigten. Während des 2. Weltkrieges wurde Hoek van Holland evakuiert und ein großer Teil der Bebauung abgebrochen; Kirche und Pastorat fielen einer V2-Rakete zum Opfer.

Entwurf Der Entschluß zum Bau von Gemeindewohnungen in Hoek van Holland entstand Ende 1923 nach mehrjährigen Bemühungen lokaler Institutionen.[638] Im Sommer 1924 lag ein Entwurf von Oud vor, für den die *Commissie voor Volkshuisvesting* (Kommission für Wohnungswesen) ein Gutachten erstellte.[639] Da einige Mitglieder des Gemeinderates Bedenken in architektonischer Hinsicht äußerten, sollte ein neuer Fassadenentwurf erarbeitet werden.[640] Gefordert war laut Arie Heykoop eine weniger strenge und »hypermoderne« Architektur mit einer einfacheren und eventuell »rustikaleren«, ländlichen Formensprache.[641] Am 15. November 1924 präsentierte Auguste Plate den veränderten Entwurf. Da dieser jedoch weniger Zuspruch fand, entschied sich die Kommission nach einer Besprechung vom 5. Dezember 1924 für die ursprüngliche Variante.[642]

Ausführung Im September 1925 wurde der Bau der Wohnungen nach eingehender Diskussion im Gemeinderat zugestimmt.[643] Im April 1926 fiel der Beschluß, eine Filiale der Gemeindebibliothek in den Baukomplex zu integrieren.[644] Die endgültigen Entwürfe waren im Juni fertiggestellt.[645] Die Ausführung erfolgte unter geringfügigen Veränderungen (so unter anderem ohne Balkon am Zwischenbau) zwischen September 1926 und Mai 1927 durch den Bauunternehmer Gebr. A. und W. Uijterlinde.[646] Der Baupreis einer Obergeschoßwohnung betrug 2.650 Gulden. 1928 erwähnte Oud die bestehende Gemeindebibliothek im Mittelbau.[647] Offenbar war die Bibliothek daher wie geplant nach Bauabschluß eingerichtet worden.

Auftrag Die Wohnzeilen wurden vom *Woningdienst* für Bewohner der unteren Einkommensschichten errichtet. Die Miete betrug zwischen 4 und 6,25 Gulden für die Wohnungen, 11 Gulden für die Läden.[648]

Baumaterial/Konstruktion Die in Backstein errichteten Bauten sind mit Ausnahme der Plinthe verputzt. Die Balkone an der Straßenseite sowie die Vordächer und Innenstützen der Läden erhielten eine Eisenbetonkonstruktion. Möglicherweise hatte Oud die Häuserzeilen zunächst als Betonbauten geplant, ein Vorhaben, das angesichts der Diskussion um die Rotterdamer Betonsiedlungen[649] nur schwer durchsetzbar gewesen wäre. Entsprechend kritisierte Gemeinderatsmitglied Verheul die »umständliche und teure Betonkonstruktion« von Ouds Entwurf, die er in Hoek van Holland angesichts der schlechten Zeiten nicht erproben wolle.[650] Die schmalen Fensterrahmen sind aus Stahl, eine für ihre Zeit fortschrittliche Lösung. Die Wohnräume erhielten Fensterglas »doppelter Stärke«, die gebogenen Schaufenster einfaches Spiegelglas. Im Innenraum sollte Kathedralglas verwendet werden. Für die Fußböden der Wohnräume wurden Holzdielen gewählt, für die Eckläden Beton.[651]

Pläne/Fotomaterial GAR: Bauakte mit Zeichnungen.[652] NAi: Lageplan (Abb. 31), Grundrisse (Abb. 31, 244, 245), Schnitte (Abb. 31, 247, 248), Ansichten, Farbentwurf Außenbau (Abb. 31), historische Fotografien (Abb. 249). CCA.[653] GRI: Zeichnung, drei Abzüge, elf Fotografien.

Bauprogramm Die beiden zweigeschossigen Wohnzeilen nehmen 32 Normwohnungen, das heißt acht Wohnungen pro Etage und Hauszeile auf. Mit jeweils zwei Gärten bzw. zwei Balkonen sind die Wohnungen vergleichsweise großzügig angelegt. Im Erdgeschoß finden sich abwechselnd Wohnungen von circa 49 m² Grundfläche (A) mit einem Wohnraum, drei Schlafzimmern, Küche, Toilettenraum und Veranda sowie Wohnungen von circa 30,5 m² (B) mit nur einem Wohnraum und zwei zusätzlichen begehbaren Schränken. Die Obergeschoßwohnungen von jeweils 40 m² Wohnfläche[654] umfassen einen Wohnraum, zwei Schlafzimmer, Küche, zwei Balkone, Toilettenraum, Flur und einen begehbaren Schrank. Jede Wohnung besitzt eine eigene Eingangstür an der Straße, die Erdgeschoßwohnungen zudem eine

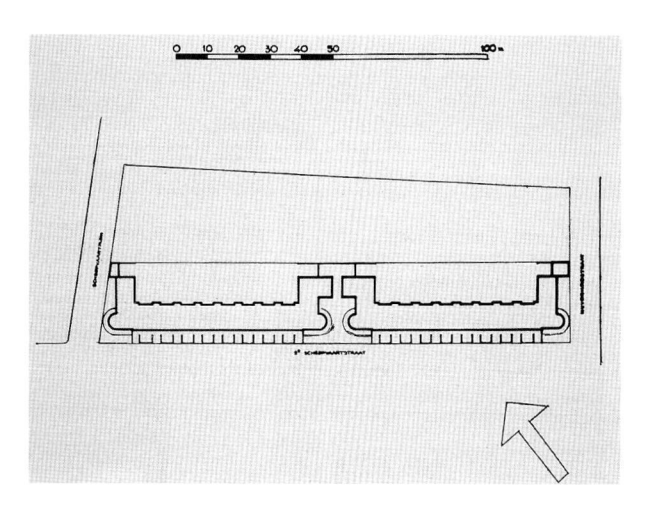

243. Häuserzeilen in Hoek van Holland, Lageplan

zweite Tür zum Vorgarten oder zum Garten an der rückwärtigen Seite der Häuser.

Den vier Läden an den Zeilenabschlüssen sind jeweils Wohnungen (Wohnraum, zwei Schlafzimmer, Küche, Lagerraum) angegliedert. Die vier Wohnungen oberhalb der Läden waren für Großfamilien bestimmt (vier Schlafzimmer, Abstellraum). Der Zwischenbau nahm im Obergeschoß eine Bibliothek (Abb. 247) sowie eine weitere Wohnung auf, die im Präsentationsblatt (Abb. 31) durch einen Zugang zur Bibliothek als Wohnung des Bibliothekars ausgewiesen ist.[655]

Städtebauliche Lage (Abb. 243)
Das schmale Grundstück von rund 150 m Länge und 25 m Breite nimmt die Hälfte eines im Erweiterungsplan (1919) ausgewiesenen Straßenblocks zwischen der 2e Scheepvaartstraat im Südwesten, dem Scheepvaart Plein im Nordwesten, der Cordesstraat im Nordosten und der Nyverheidstraat im Südosten ein. Die Blockhälfte zur Cordesstraat blieb unbebaut. Die zweigeschossigen Häuserzeilen erstrecken sich parallel zur 2e Scheepvaartstraat über die gesamte Länge des Grundstücks. Im schmalen Streifen zwischen Häuserzeile und Straße befinden sich die Vorgärten mit Zugang zu den Wohnungen, an der Rückseite der Häuser die Gärten der Erdgeschoßwohnungen. Die beiden identischen Zeilen enden jeweils in einem Halbrund, das im Erdgeschoß einen Laden aufnimmt. Als Verbindung der Häuserzeilen dient ein U-förmiger Zwischenbau mit einem mittig liegenden Durchgang. Der kleine, dreiseitig umschlossene Hof bildet das Zentrum der symmetrischen Anlage. An den Grundstücksenden schließen sich kurze Flügel rechtwinklig zu den Zeilen an, die (als Pendant zum Zwischenbau) die Gärten seitlich einfassen. Hier liegen die Wohnungen der beiden äußeren Läden, denen jeweils ein freistehender Lagerraum angefügt ist.

Die Straßenfront zeigt einen streng symmetrischen Gebäudekomplex, der – ähnlich barocken Schloßanlagen – über den zentralen »Ehrenhof« die rückwärtigen Gärten erschließt. Oberhalb des Durchgangs, im Barockbau der Ort des repräsentativen Saals, befindet sich die öffentliche Bibliothek. An der Gartenfront hatte Oud hier einen großen repräsentativen Balkon vorgesehen. Die Gärten sind in Anlehnung an die barocke Tradition geometrisch aufgeteilt. Den strengen Kompositionsprinzipien (Symmetrie, Axialität) entsprechend basiert der Gesamtgrundriß auf annähernd quadratischen Einheiten: Der Mittelbau samt Läden ist einem Quadrat eingeschrieben, das in den Zeilen je zweimal wiederkehrt. Hier nimmt jedes Quadrat vier Gärten und vier Wohnungen pro Geschoß auf.

Außenbau (Abb. 31, 32. 249, 250)
Die Straßenfront zeigt zwei flachgedeckte Häuserzeilen, die in der Schrägsicht aufgrund des zurücktretenden Mittelbaus als ein langgestrecktes Häuserband erscheinen (Abb. 249). Die Fassade gliedert sich in einen gelben Backsteinsockel und die verputzte, hell gefaßte Wandzone[656]. Die auf halber Fassadenhöhe auskragenden Balkone mit geschlossener Brüstung erstrecken sich über die gesamte Länge der Bauten sowie um die Zeilenenden herum. Die einzelnen Wohnungen sind allein durch die Fenster- und Türengruppen ablesbar, die eine rhythmische Abfolge von Baugliedern bilden: Im Erdgeschoß wechseln jeweils zwei Türen (Zugang für eine Erdgeschoß- und eine Obergeschoßwohnung) mit einem fünfteiligen, auf der Plinthe aufliegenden Fensterband. Zwischen den gekoppelten Türen befindet sich eine dunkel abgesetzte, halbierte Rundstütze. Die aus Standardformaten zusammengesetzten Fensterbänder in schmalen Metallrahmen zeigen einen Wechsel aus fest installierten Glasscheiben und beweglichen Flügeln.

Die Fensterbänder und Balkone betonen die Horizontalität der Zeilen, wodurch – vor allem in den bevorzugt publizierten Schrägaufnahmen (Abb. 249) – ein stark dynamischer Charakter entsteht.[657] Die langgestreckte Häuserfront wird neben der rhythmisierten Abfolge der Bauteile durch farbige Akzente belebt. Bestimmend ist der Kontrast zwischen der hellen Wandfläche und den in Rot, Gelb und Blau gehaltenen Baugliedern:[658] Der gelbe Backsteinsockel, der sich entsprechend der Siedlung Oud-Mathenesse* in den Gartenmauern (Vorgärten) fortsetzt, wird mit den blau gefaßten Wohnungstüren kombiniert, die wiederum durch einen Treppenabsatz aus roten Fliesen verbunden sind.[659] Die durchlaufenden Balkone werden durch blaue Metallgitter unterteilt, die auch bei den beiden äußeren Gartenmauern zur Abgrenzung gegen die Läden Verwendung finden. An den Enden dieser Mauerbrüstungen steht eine in Rot und Gelb gefaßte Laterne auf einer wiederum dunklen Rundstütze, die im Sinne einer »Lichtreklame« die Läden markiert.[660]

Das markanteste Motiv der Straßenfront sind die gerundeten Zeilenabschlüsse mit den dynamisch um die Rundung herum geführten Balkone (Abb. 249, 250). Die Rundung selbst wird durch ein aufgesetztes, an den Seiten abrupt abbrechendes Gesims hervorgehoben. Eine weit vorkragende schmale Betonplatte

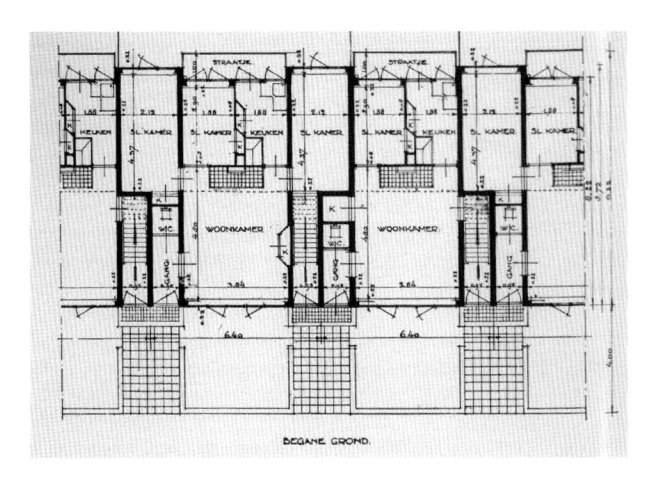

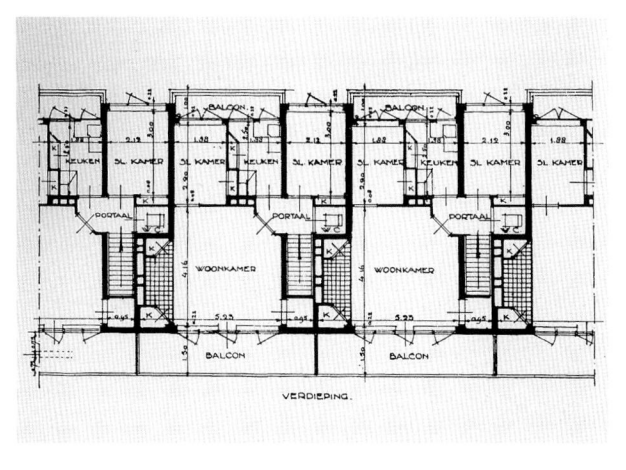

244. Häuserzeilen in Hoek van Holland, Ausschnitt, Grundriß EG

245. Häuserzeilen in Hoek van Holland, Ausschnitt, Grundriß OG

dient dem Schaufenster als Vordach. Indem sich die Platte am äußeren Ende (entsprechend der gerundeten Schaufensterecke) nach unten »biegt«, bildet sie eine Abgrenzung gegen die Wohnungen. Ungewöhnlich im Kontext eines Arbeiterwohnbaus sind die großen Schaufensterflächen, die durch filigrane Streben in einzelne Fenster unterteilt sind. Ein Geländer in Form eines schmalen, von Streben gehaltenen Metallstabes umfaßt die gebogene Glasfläche im Abstand von einigen Zentimetern. Das Fenster reicht fast bis auf den Boden hinunter, wo die Wand in einer flachen eleganten Biegung in die Waagerechte überleitet. Entsprechend gestaltet sich auch der Dachansatz in Form einer gebogenen Kehle. Das (symmetrisch gegliederte) Schaufenster wird oben und unten von der gerundeten Betonplatte und dem ebenfalls gerundeten Trottoir eingefaßt. Durch die große Glasfront ist der Laden mit sieben schlanken, hell gefaßten Rundstützen, die vor der Glasfront auf einem niedrigen Sockel stehen, sichtbar. Indem Sockel und Fußboden in einem dunklen Farbton gehalten sind, treten die eleganten Rundstützen optisch hervor (Abb. 249).[661]

Charakteristisch für die Ladenbauten ist ihre Verbindung von Dynamik und Transparenz. Die Grundidee der halbkreisförmigen Ladenanbauten könnte von Michel de Klerks drittem Block am Spaarndammerplantsoen in Amsterdam (1917–21) und den Bauten an der Ecke Meerhuizenplein/Kromme Mijdrechtstraat (1921–23) inspiriert sein[662], die jedoch weitaus weniger elegant und filigran erscheinen. Eine Beeinflussung durch die dynamisch gerundeten Gebäudeecken Erich Mendelsohns ist aufgrund ihrer Entstehungszeit in der zweiten Hälfte der 1920er Jahren nicht möglich.[663]

Die Gartenfassade (Abb. 31) zeigt eine regelmäßige Abfolge unterschiedlich breiter Wandabschnitte: Ein schmaler Wandabschnitt mit drei Schlafzimmerfenstern im Standardformat wechselt mit einem breiteren, aus der Flucht zurückgesetzten Abschnitt, der das Küchenfenster, die blaue Küchentür und zwei schmale Schlafzimmerfenster aufnimmt. Der Backsteinsockel tritt hier auch im Obergeschoß auf, wo er bis zu den hoch liegenden Schlafzimmerfenstern hinaufreicht.[664] Der Wechsel von Putzfläche und Backstein ergibt zusammen mit den kleinen Balkonen und den unterschiedlichen Fensterformaten ein lebendiges und kleinteiliges Fassadenbild, das deutlich weniger repräsentativ ausfällt als bei der Straßenfront.

Die Gärten (Abb. 31) folgen in Größe und Form den jeweils zugehörigen Wohnungen. Entsprechend der alternierenden Abfolge der Erdgeschoßwohnungen (Typ A und B) schließen die unterschiedlich großen, T-förmigen Gärten einmal mit dem breiten und einmal mit dem schmalen Abschnitt an das Haus an: Eine große Wohnung setzt sich in einem breiten Garten fort, dem ein schmaler Abschnitt im hinteren Teil folgt, die Gärten der kleinen Wohnungen beginnen schmal und verbreitern sich dann. Ungewöhnlich ist die aufwendige Gestaltung der Gärten mit schmalen, die T-förmigen Beete umlaufenden Kieswegen, die in den Wohnblöcken in Spangen* und Tusschendijken* einen Vorläufer findet. Vor den zurücktretenden Wandabschnitten wurden kleine Terrassen (»straatjes«, Abb. 244) angelegt. Die Gärten waren von Zäunen aus Fichtenholz umgeben. Die bis heute existierenden Schuppen von 1939 gehen nicht auf Ouds Entwurf zurück.[665]

Charakteristisch für den U-förmigen Mittelbau (Abb. 31, 32) ist das Motiv der zwei gekoppelten Fenster. Abweichend von den blauen Wohnungstüren sind die Türen seitlich der Hofdurchfahrt (Bibliothek, Wohnung des Bibliothekars, Lagerräume) rot gefaßt.[666] Die siebenachsige Gartenfront zeigt eine repräsentative, axialsymmetrische Komposition mit zwei roten Doppeltüren (Lagerräume). Die Symmetrieachse wird durch die zur Mitte hin verschobenen Türen, den geplanten zentralen Balkon sowie die flankierenden Einzelfenster betont. Ouds Vorliebe für stereometrische Formen wird an den vier pyramidenförmigen Pollern der Durchfahrt deutlich.

Bestimmend für das bis heute bestehende Bild der Häuserzeilen ist die aus der Schrägsicht aufgenommene langgestreckte Straßenfront mit den dynamisch gerundeten Zeilenabschlüssen. Die symmetrische Gesamtkonzeption sowie die kleinteilige farbenreiche Gartenfront werden dagegen kaum wahrgenommen. Die eleganten Eckläden, die homogenen, hell gefaßten Wandflächen und die Wiederholung standardisierter Bauteile stehen bis heute stellvertretend für die Moderne der 1920er Jahre.

Innendisposition (Abb. 244–248)

Oud griff bei den Wohnungsgrundrissen auf das beim Centraalbouw* eingeführte Schema zweier unterschiedlich breiter Abschnitte zurück, die sich an der Breite von Schlafzimmer und Wohnraum orientieren. Der eine Abschnitt ist dabei genau halb so breit wie der andere und wird nochmals in zwei identische Abschnitte (in Breite des Toilettenraumes) unterteilt. Neu ist hier die Verbindung unterschiedlicher Wohnungsgrößen, die im Erdgeschoß in wechselnder Folge auftreten (Abb. 244). Die Obergeschoßwohnungen sind zudem erstmals bei Oud nicht mehr traditionell spiegelsymmetrisch angelegt, sondern werden in gleichförmiger Abfolge aneinandergereiht (Abb. 245).

246. Häuserzeilen in Hoek van Holland, Wohnungsgrundriß OG, Publikation CIAM II

Die Wohnräume öffnen sich in einer die gesamte Raumbreite einnehmenden Fensterfront zur Straße. Im Erdgeschoß zeigen sie eine symmetrische Rückwand mit Kamin in dunkler Natursteinrahmung[667], der von zwei Türen (Zugang zu Schlafzimmer und Küche) flankiert wird (Abb. 247, Schnitt). Alle Türen einschließlich der Wandschränke sind entsprechend Ouds früheren Wohnblöcken in drei horizontale Fenster oben und drei vertikale Streifen im unteren Bereich gegliedert. Für zusätzlichen Stauraum wurde in ganzer Breite der Rückwand eine Ablage unterhalb der Decke eingezogen, die ursprünglich vier Schränke aufnehmen sollte.[668] Der Küchenschrank besitzt als Besonderheit eine schräge Seitenwand, um dem Durchgang zwischen Spüle und Schrank möglichst viel Platz zu lassen. Die Küchen erhielten oberhalb von Ausguß und Anrichte glasierte Fliesen in einem kräftigen Ockergelb.[669] Den großen Erdgeschoßwohnungen wurde an beiden Seiten je ein weiteres großes Schlafzimmer angefügt, deren Türen rechtwinklig an die Türen von Küche und kleinem Schlafzimmer stoßen. In der Mitte der Wohnzimmerwand war ein Schrank mit schrägen Seitenflächen vorgesehen. Alle Wohn- und Schlafzimmer sollten bis zur Wandleiste auf Türhöhe tapeziert werden.[670]

Die über schmale Holztreppen erschlossenen Wohnungen im Obergeschoß weichen in der Anzahl von Schlafzimmern sowie in der Raumgröße und -gestaltung von den Erdgeschoßwohnungen ab. Ein Flur am oberen Treppenabsatz schneidet in den Wohnraum ein, wobei (ähnlich den Küchenschränken) die Trennwand zwischen Flur und Wohnzimmer schräg verläuft. Das Wohnzimmer, das kleiner ausfällt als im Erdgeschoß, erhielt eine breite Wandnische, ursprünglich auch hier mit einem Stauraum unterhalb der Decke geplant (Abb. 248, Schnitt). In der Nische selbst befindet sich der Kamin, der beiderseits von zwei Eckschränken flankiert wird. Der Schrank an der Außenwand bildet dabei das optische Gegenstück zu der gegenüberliegenden, ebenfalls schräg stehenden Flurtür. In der 1929 anläßlich der CIAM II in Frankfurt am Main gezeigten Ausstellung »Die Wohnung für das Existenzminimum« war auch der Grundriß der Obergeschoßwohnungen in Hoek van Holland zu sehen (Abb. 246).[671] Anders als bei den übrigen Grundrissen sind hier weitere Möbel angegeben: In dem kleineren Schlafzimmer ein Einzelbett, in dem größeren ein »Anderthalbschläfer«, im Wohnzimmer ein Tisch mit vier Stühlen, zwei breite Schränke und ein weiterer Stuhl in der Kaminnische. Möglicherweise zeigt der in Frankfurt präsentierte Grundriß eine nur für die Ausstellung ergänzte Einrichtungsvariante des realisierten Entwurfs.

Über der zentralen Durchfahrt wurden ein Wohnzimmer der angrenzenden Wohnung und zwei Bibliotheksräume untergebracht (Abb. 247). Der Zugang zur Bibliothek erfolgt über eine zweiläufige Holztreppe neben der Durchfahrt. Die Treppenbrüstung besteht aus einem hölzernen Gerüst mit rechteckigen Glasscheiben.[672] Der Besucher tritt von hier in eine kleine Halle mit einer Theke für die Bücherausgabe (Tischplatte Mahagoni), von wo aus ein Zugang zum Büchermagazin in der Ostecke des Mittelbaus besteht. Auf der gegenüberliegenden Seite der Halle liegt der Lesesaal.[673] Der nicht ausgeführte Balkon an der Gartenseite sollte von der Buchausgabe, dem Lesesaal und dem angrenzenden Wohnraum zugänglich sein.

Grundrißvariante (Abb. 255)
Ein 1926 und 1927 publizierter Grundriß zeigt eine Variante der Erdgeschoßwohnungen mit einer abweichenden Plazierung des Kamins.[674] Indem der Kamin aus dem Wohnzimmer in den Bereich von Küche und kleinem Schlafraum verschoben wird, steht diesen beiden Räume weniger Fläche zur Verfügung. An Stelle eines Wandschrankes ist im Schlafraum nur Platz für einen kleinen Eckschrank, eine Lösung, die Oud auch im Obergeschoß übernahm. Im Gegensatz zum ausgeführten Entwurf waren auch im Erdgeschoß »Balkone« vorgesehen, die an die Veranden von Ouds früheren Wohnblöcken denken lassen. Die Balkone, die auch vom Schlafzimmer aus zugänglich sein sollten, nehmen in beiden Geschossen Lagerräume für Kohlen auf.

Die Aufteilung und damit auch die Fassadengestaltung der Ladenwohnungen weicht in beiden Geschossen von den ausgeführten Plänen ab. Dasselbe gilt für den Mittelbau, der an Stelle der Bibliothek einfache Wohnungen ohne Balkon zeigt. Die zentrale Durchfahrt konnte hier mittels einer zweiflügeligen Tür geschlossen werden.

Die wohl kurz vor Baubeginn vorgenommenen Entwurfsänderungen sind kaum ökonomisch begründet. So zeigt die ausgeführte Form durch Verzicht auf den zweiten Balkonzugang und die eingesparten Balkonbrüstungen im Erdgeschoß eine preiswertere Lösung als die Variante, während die Bibliothek eher für höhere Kosten spricht.

Varianten der Zeilenabschlüsse
Im Oud-Archiv und im Gemeindearchiv Rotterdam sind mehrere Skizzen erhalten, die das mühsame Ringen um die endgültige Gestaltung der Zeilenabschlüsse deutlich machen. Einige Skizzen

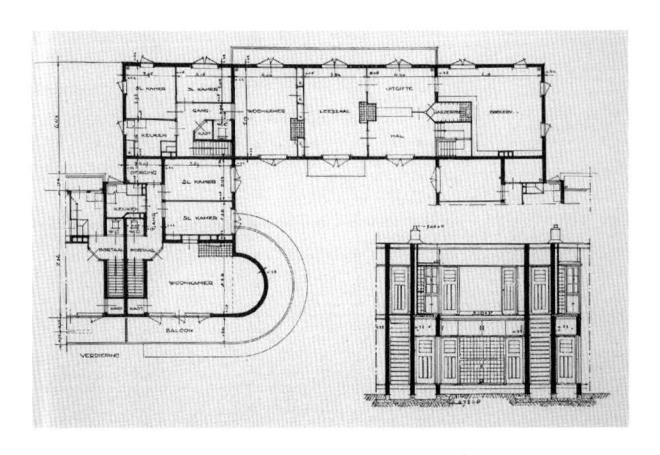

247. Häuserzeilen in Hoek van Holland, Grundriß der Bibliothek, Schnitt durch zwei Wohnungen

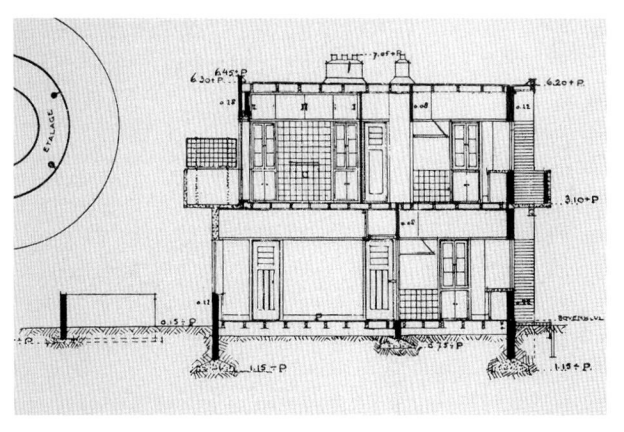

248. Häuserzeilen in Hoek van Holland, Schnitt

zeigen abweichende Dachabschlüsse und eine veränderte Gliederung der Schaufenster. Auffallend ist eine zusätzliche niedrige Fensterreihe unterhalb des Daches, die entweder in einer Kuppel schließt oder aber von einer weiteren Betonplatte bedeckt wird.[675] Bei mehreren Skizzen tritt an Stelle der gerundeten Läden ein rechtwinkliger Zeilenabschluß. Interessant ist vor allem eine von Günther Stamm publizierte Bleistiftzeichnung, die einen heterogenen, aus verschiedenen Versatzstücken komponierten Eckbau zeigt.[676] Das traditionell kleinteilig versproßte Schaufenster wird hier über das Zeilenende hinaus fortgesetzt. An der Schmalseite des Baus führt eine Treppe auf einen Balkon mit gerundetem Abschluß, der über die Flucht der Straßenfront hinausragt. Die Balkonbrüstung wird (ähnlich Ouds früheren Bauten) durch plastisch abgesetzte Gesimse am oberen und unteren Rand hervorgehoben. Der Raum unterhalb des Treppenlaufes erhält ein großes Rundfenster, ein Motiv, das Oud bereits in der Siedlung Oud-Mathenesse* verwendet hatte. Auffallend ist vor allem die an den Laden anschließende Straßenfassade, die unverkennbar die Eingangfront von Ouds Fabrik-Entwurf* kopiert: Über dem Vordach der Eingangstüren findet sich ein flacher, in den Baukörper eingeschobener Schornstein, der weit über die Dachkante hinausragt. Links davon verläuft das bekannte Fensterband mit plastisch abgesetzten Gesimsen, das wiederum von einem weiteren vertikalen Gliederungselement durchstoßen wird.

Variante mit drei Häuserzeilen (Abb. 253)
Die im Oud-Archiv und im GAR[677] bewahrten Skizzen zeigen an Stelle von zwei Häuserzeilen (mit je 16 Normwohnungen) drei kürzere Zeilen von je acht Wohnungen, die entsprechend durch zwei U-förmige Bauteile verbunden sind. Durch die Wiederholung erscheinen die Höfe weniger als »barocker Ehrenhof« denn als funktionale Bindeglieder. Entsprechend dem ausgeführten Entwurf bilden die drei Zeilen eine in sich geschlossene, symmetrische Komposition. Dennoch weist die Präsentation von zwei verschiedenen, aus zwei bzw. drei Zeilen bestehenden Wohnanlagen auf die prinzipielle Fortsetzbarkeit des Entwurfs durch Hinzufügung weiterer Zeilen hin. Besonders die kürzere Zeile der Variante erscheint als vielseitig einsetzbares Basiselement, das – entsprechend den Zielen des Woningdienst – in größerer Anzahl an beliebigen Orten ausgeführt werden konnte.[678]

Möglicherweise handelt es sich bei den hier vorliegenden Skizzen um die im Juni 1924 von De Jonge van Ellemeet erwähnte Variante mit sechs Läden.[679]

Variante als prinzipielle Lösung (Abb. 254)
Eine von Stamm publizierte perspektivische Ansicht zeigt eine Häuserzeile mit langgestrecktem Seitenflügel, der auf einen großen Wohnblock oder eine L-förmige Anlage mit unterschiedlich langen Flügeln schließen läßt. Die Zeile fällt mit zwei Mal zwölf Normwohnungen länger aus als die realisierten Häuserzeilen (zwei mal acht Normwohnungen) und beansprucht den gesamten Straßenblock zwischen der 2e Scheepvaartstraat, dem Scheepvaart Plein, der Cordesstraat und der Nyverheidstraat. Möglicherweise handelt es sich daher um einen frühen Entwurf, dessen Bauvolumen später reduziert werden mußte.[680] Eine Umrißzeichnung im Hintergrund deutet die sich anschließende Bebauung an, könnte jedoch auch als Wiederholung des Gebäudes verstanden werden. Anzunehmen ist, daß Oud auch hier eine prinzipielle Lösung entwarf, die – unabhängig vom Bauauftrag – eine Variante der beiden Häuserzeilen einschließlich der Möglichkeit zur Vervielfältigung vorstellt.

Das Gebäude zeigt in Typus (Wohnblock) und Gestaltung eine deutlich konventionellere Form als die ausgeführten Häuserzeilen. Indem die Zeilenenden als Seitenrisalite bis in Flucht des großen Balkons hervortreten, entsteht eine traditionelle geschlossene Fassadenkomposition. Die Schmalseite mit fünf Wohnungen pro Geschoß übernimmt die Gestaltung der Straßenfront, jedoch unter Verzicht des Balkons. Die Eckgestaltung mit kleinteilig gegliedertem Schaufenster, Treppenlauf und Rundfenster entspricht der oben vorgestellten Bleistiftskizze.[681] Allerdings folgt die Glasfront hier der Rundung des kleinen aufgesetzten Balkons, wodurch sich Ähnlichkeiten zu Bauten der Amsterdamer Schule ergeben.

Geschichte
Die Häuserzeilen wurden noch vor ihrer Fertigstellung (in Grundrissen und Baustellenfotos) publiziert[682] und zählten innerhalb kürzester Zeit zu den prominentesten Bauten der Internationalen Moderne (vgl. Abb. 133). Vor allem die Fotografien der Häuserzeilen (wie Abb. 249) waren von entscheidendem Einfluß auf die weitere Entwicklung der Modernen Architektur. Neben formalen Prinzipien fanden auch einzelne Motive Aufnahme in zeitgenössische Bauprojekte. Ein frühes Beispiel bilden Karl Schneiders Wohnblöcke am Habichtsplatz in Hamburg (1927), die mit ihrem U-förmigen Vorplatz, der zentralen Durchfahrt und den seitlich in den Hof hineinragenden Ladenbauten Ähnlichkeiten zu Ouds Bauten zeigen.[683] Anzunehmen ist, daß Oud den Entwurf der

249. Häuserzeilen in Hoek van Holland, hist. Ansicht

250. Häuserzeilen in Hoek van Holland, Laden, Fotografie 1997

Häuserzeilen in seinem Hamburger Vortrag vom 3. Juni 1926 vorgestellt hat und dieser auf entsprechendes Interesse stieß.[684]

In Hoek van Holland bestand aufgrund der seit langem herrschenden Wohnungsnot große Nachfrage nach den neuen Wohnungen.[685] Allein die vier Läden erwiesen sich aufgrund ihrer »bizarren vorm« als schwer vermietbar.[686] Im Frühjahr 1928 wurde daher der Umbau der Läden in Wohnräume (mit Holzboden und Kaminplatz) beschlossen und ein entsprechender Kredit festgelegt.[687] Die Arbeiten waren im Herbst 1928 abgeschlossen. Ein schwerwiegendes Problem bildeten die bereits kurz nach Fertigstellung auftretenden Bauschäden an Fenstern und Außenwänden.[688] Dies betraf vor allem die Erdgeschoßwohnungen, in die über die Balkone der Obergeschoßwohnungen Wasser eindrang.[689] Abweichend hiervon vermitteln die zeitgenössischen Fotografien der Häuserzeilen, die bis heute in den Architekturbüchern publiziert werden, das Bild einer zeitlos perfekten Architektur.

Nach Beschädigungen im 2. Weltkrieg erfolgte 1950 eine erste Reparatur des Außenbaus.[690] 1956 trat an Stelle der zunächst nur provisorisch wiederhergestellten Schaufenster eine neue Verglasung in Anlehnung an die ursprüngliche.[691] Oud selbst bemühte sich Zeit seines Lebens um den Erhalt seines »liefste werk«. Von anstehenden baulichen Veränderung wurde er rechtzeitig informiert. Nach Ouds Tod übernahm seine Frau Annie Oud-Dinaux diese Aufgabe.[692] 1967 ging die Verwaltung der Wohnung von der *Woningstichting Rotterdam* an die Wohnungsbauvereinigung Rotterdam an Zee über. Ein Jahr später wurden die Wohnungen mit Duschen ausgestattet.[693] 1983 erfolgte die erste größere Renovierung durch das Büro des *Dienst Volkshuisvesting*, die neue Fenster mit Aluminiumrahmen und Doppelverglasung, neue Türen (einheitlich blau), die Rekonstruktion der verlorenen Lampen und eine Erneuerung des Außenputzes einschloß (vgl. Abb. 250)[694] Ouds Witwe und sein Sohn waren bei den Feierlichkeiten zum Abschluß der Renovierungsarbeiten anwesend.[695] Bereits seit dem 11. November 1982 besaßen die Häuserzeilen den Status eines »vorläufigen« Denkmals[696]; am 18. November 1984 folgte die Aufnahme der frisch renovierten Bauten als »beschermde monumenten« (geschützte Denkmale) in das Denkmalregister.[697]

Materialschäden, vor allem Fassadenrisse und Schimmelbildung, waren Auslöser für erneute, weitreichendere Umbaupläne. Die 1988 beschlossene Überschreibung der Bauten an die Wohnungsbauvereinigung Hoek van Holland führte zu schwierigen und langwierigen Verhandlungen über den Umfang der Renovierung.[698] Obwohl eine Sanierung der Wohnungen zweifellos möglich gewesen wäre und die Grundrisse so hätten erhalten werden können[699], forderte die Wohnungsbauvereinigung eine Zusammenlegung zu größeren, vermeintlich besser vermietbaren Wohneinheiten. Im November 1997 erklärte sich die Denkmalbehörde einverstanden, die Wohnungen vertikal zusammenzufassen und die Obergeschoßfassaden durch Betonplatten zu ersetzen (Abb. 251). Uneinigkeiten über die Dämmung des Mittelbaus führten zu weiteren Verzögerungen. Ausführender Architekt war (wie bereits bei der Rekonstruktion von Kiefhoek*) *Rijksbouwmeester* Wytze Patijn in Zusammenarbeit mit dem Delfter Architekturbüro Jaap van Kampen (Projektleitung). Aufgrund einer Planänderung verweigerte die Denkmalpflege im Sommer 1998 die Genehmigung und forderte eine stärker bauerhaltende (»restauratieve«) Herangehensweise.[700] Über die ursprüngliche Inneneinrichtung und die Farbigkeit der Räume lagen zu diesem Zeitpunkt keine Angaben vor[701], dies obwohl die originalen Einbauschränke sowie Holzböden und Türen noch in vielen Wohnungen vorhanden waren (Abb. 252). Erst nach Beginn der Abbrucharbeiten wurde eine Untersuchung der Bauten in Auftrag gegeben (Dezember 1998).[702] Weitere Informationen lieferte das verloren geglaubte Baudossier einschließlich der Baupläne,

251. Häuserzeilen in Hoek van Holland, Fotografie Umbau 1999 mit Fassadenplatten

252. Häuserzeilen in Hoek van Holland, Innenraum mit Wohnungstüren und Holzboden, Fotografie 1998

458 IX. KATALOG

253. Häuserzeilen in Hoek van Holland, Variante mit drei Häuserzeilen

254. Häuserzeilen in Hoek van Holland, Variante mit Eckrisaliten

das im Januar 1999 im Rotterdamer Gemeindearchiv aufgefunden wurde.[703] Diese Informationen hatten jedoch keinen Einfluß mehr auf die Bauausführung, sondern dienten allein der architekturhistorischen Dokumentation. Im März 1999 wurden die Häuserzeilen der Wohnungsbauvereinigung Hoek van Holland übertragen.[704]

Mit dem Umbau ging die in ihrer Zeit herausragende Verbindung verschiedener Wohnungstypen, die ein Nebeneinander der unterschiedlichen Mietertypen unterstützen sollte, verloren. Auch die für das Gesamtbild entscheidende homogene Fassadenstruktur ist durch die Verwendung einzelner Betonplatten mit Dehnungsfugen zerstört. Als Zugeständnis an den originalen Bauzustand wurden die (bei einem früheren Umbau) geschlossene »Sockelzone« der Schaufenster bei einem der Läden rückgängig gemacht. Auch die Farbgebung der Türen entspricht nun wieder der ursprünglichen Fassung mit roten Türen im Mittelbau und blauen Balkontüren an der Gartenseite (vgl. Abb. 31). Der Anstrich der verputzten Wandflächen erfolgte entsprechend Ouds Angaben in einem hellen Gelbton.[705]

Leider wurden vor den zwei ehemaligen Läden zu Seiten des Durchgangs kleine Gärten mit einem Rasenstück, Hecke und Zaun angelegt (Abb. 32), die den vormals gepflasterten und öffentlich zugänglichen Hof zerteilen. Es wäre zu wünschen, daß die beiden Hof und Durchgang flankierenden Läden mit ihren großen Schaufensterzonen wieder als zentrales Motiv der Häuserzeilen erkennbar sind.[706]

Frühe Publikationen: Niederlande: BW 1927, S. 386; Oud 1927a, S. 39–41; Oud 1927c, S. 45; De 8 en Opbouw, I, 8–9, 1927, S. 281–284; De Stijl, VII, 79/84, 1927, S. 43; De Gruyter 1930, Abb. XXXVII. Ausland: Behne 1926, S. 15f. (nicht ausgeführte Variante); Minnucci 1926, S. 25, 151, 153; Hilberseimer 1927a, S. 44; Hilberseimer 1927b, S. 16; Adler 1927b, S. 35–38; Stavba, VI, 1927/28, Nr. 24, S. 183–185; Stavitel, IX, 1928, Nr. 29, S. 38f.; Stern 1928, S. 2; Dexel 1928, Abb. 46, S. 69; Oud 1928d, S. 402f.; Giedion 1929, S. 34–36; Hitchcock 1929, Abb. 47, 48; Architectural Record, Bd. 68, Oktober 1930, Nr. 4, S. 344; Knud Lønberg-Holm, Technical news and research. Planing the retail store, in: Architectural Record, Bd. 69, 1931, Nr. 6, S. 495f.; Hitchcock 1932, S. 106; Bauer 1934, Abb. C, S. 1; Behrendt 1937, nach S. 194.

Literaturauswahl/Quellen: HR, 17.9.1925, S. 769–782; Artikel in »De Maasbode« vom 18.9.1925: Oud-Archiv; Erläuterung von Oud: Oud-Archiv, C 36; Behne 1926, S. 16; GAR: Bauakte Juni 1926 (Ausschreibung); Oud 1927a; Adler 1927b; BW 1927; Oud 1927h; Oud 1928a; Dočkal 1998; Steenhuis 1999.
Vgl. Taverne 2001, Kat. Nr. 44.

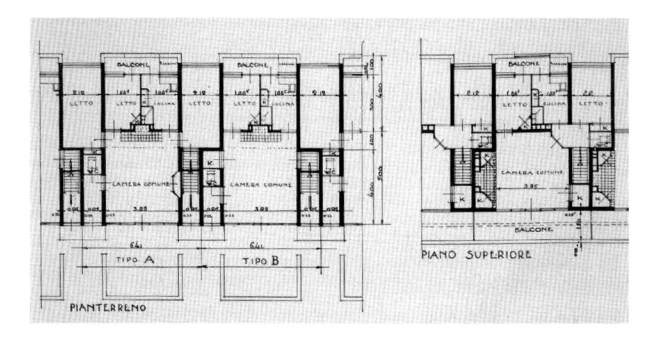

255. Häuserzeilen in Hoek van Holland, Grundrißvariante EG und OG

24 Café De Unie (Die Union), Rotterdam

Gegenstand Gebäude des Café-Restaurants »De Unie«. Das Café war für eine Dauer von 10 Jahren bestimmt.
Ort Calandplein, Rotterdam. Das Café de Unie befand sich an der Ostseite des Calandplein, das den südlichen Abschluß des Coolsingel bildete (Abb. 54, 62). Mit der Zuschüttung des Coolsingel (1913) und dem Bau von Rathaus (1914–20) und Postgebäude (1915–23) war der repräsentative Boulevard des modernen Rotterdam und eine der zentralen Verkehrsachsen der Stadt entstanden. Das nur 10 m breite Grundstück des Café-Restaurants wurde von den beiden historischen Gebäuden des Erasmiaansch Gymnasium und der Maria Catharina Van Doorn's Liefdegesticht »Weldadigheid« (gemeinnützige Einrichtung »Wohltätigkeit«) flankiert (Abb. 256).[707] Südlich folgte der Kopfbau der 1879 nach Plänen von J. C. van Wijk errichteten Passage, die als 100 m lange Eisen-Glas-Konstruktion das Calandplein mit der Korte Hoogstraat verband (Abb. 61).[708] Die gegenüberliegende Seite des Calandplein wurde von dem ab 1850 nach Entwurf von W. N. Rose erbauten Krankenhaus eingenommen.
Entwurf/Ausführung Zwischen Februar und Juli 1925. Am 18. Februar 1925 riet die *Commissie voor Plaatselijke Werken* (Ausschuß für lokale Dienste) dem Bauherrn J. Storm, ein Betreiber von Lunchrooms in Rotterdam, sich wegen des Entwurfs seines Café-Restaurants an die Gemeinde zu wenden.[709] Weder der exakte Baubeginn noch die Fertigstellung des Gebäudes sind überliefert. Publiziert wurde der vollendete Bau erstmals am 1. August 1925.
Auftrag Oud entwarf das Café de Unie in seiner Funktion als Architekt von *Bouwpolitie en Woningdienst*. Dieser hatte bereits drei Entwürfe des Bauherrn aus ästhetischen Gründen zurückgewiesen, unter anderem wegen der dort vorgeschlagenen Reklame.[710] Auf Anraten der *Commissie voor Plaatselijke Werken* ging der Auftrag schließlich an die Gemeinde, die im Rahmen der unentgeltlichen Bauberatung die Erarbeitung eines qualitativen Entwurfs zusicherte. Als einzigem Architekten von *Bouwpolitie en Woningdienst* fiel Oud diese Aufgabe zu. Da die Inneneinrichtung nicht im Zuständigkeitsbereich der Bauberatung lag, hätte sich sein Entwurfsanteil auf die Fassade einschließlich Reklame und die Geschoßeinteilung beschränken sollen.
Konstruktion/Material Entgegen Ouds Vorgabe (Zementputz auf Eisenfachwerk im Fischgrätmuster, Holzbretter und Lackfarbe) verwendete der Bauunternehmer J. van Hennik Bauteile aus Beton und brachte einen Verputz auf Bimsstein (»drijfsteen«) an.[711] Die Lichtreklamen bestanden aus Glasplatten mit Buchstaben in Messingfassung.[712]
Pläne/Fotomaterial NAi: Grundrisse von Erd- (Abb. 257) und Obergeschoß, Aufriß der Fassade, Fassadenzeichnung mit Kolorierung in Wasserfarbe, farbiger Fassadenentwurf, historische Fotografien (Abb. 256). CCA.[713] GRI: Fotografien.
Bauprogramm Café, Windfang, Buffet, Spülraum, Toilettenanlagen, zwei Telefonkabinen, Büro, zwei Zimmer.

Fassade (Abb. 33, 256)

Das auf einer Grundfläche von 25 x 10 m errichtete dreigeschossige Gebäude füllt die bestehende Baulücke in ganzer Breite aus. Die Fassade bildet in Größe, Material und Gestaltung den größtmöglichen Kontrast zur angrenzenden Bebauung. Neben dem Höhenunterschied zu den benachbarten drei- bzw. viergeschossigen Gebäuden, die das Café um mehrere Meter überragen, setzt sich die Fassade mit einem komplexen, in den Primärfarben gehaltenen Flächenmuster von den historischen Steinbauten mit traditionell horizontaler Geschoßeinteilung ab. Durch die großen Farbflächen, die Verbindung unterschiedlicher Materialien und die großen Schriftzüge gleicht das Café eher einem überdimensionalen Werbeplakat als einem solide errichteten Gebäude. Dieser Eindruck wird bestärkt durch das Fehlen eines von der Straße aus sichtbaren Daches (Satteldach oder Flachdach) und den sich als Blendfassade zu erkennen gebenden Wandabschnitt oberhalb der Fenster im zweiten Obergeschoß. Die großen Glasfronten im Erdgeschoß, Gegenstück zu den rustizierten Werksteinsockeln der angrenzenden Bauten, kehren das herkömmliche Schema eines massiven Unterbaus mit »leichteren« Obergeschossen um. Für den problematischen Anschluß an die Nachbarhäuser fand Oud eine originelle Lösung: In den Obergeschossen suggerieren zwei zurückgesetzte, dunkle Wandstreifen einen (real nicht existierenden) Zwischenraum zwischen dem Café und der angrenzenden Bebauung, in den die plastisch hervortretenden Gesimse der historischen Bauten scheinbar hineinragen. Im Erdgeschoß finden sich an dieser Stelle zwei etwas breitere, schwarze Wandabschnitte. Im Gegensatz zum Grau der Obergeschosse (hier gelangt theoretisch etwas Licht in den »Spalt«) erscheinen die schwarzen »Zwischenräu-

256. Café de Unie, Rotterdam, hist. Ansicht

me« des leicht zurücktretenden Erdgeschosses als vollkommen unbelichtet.

Daß es sich beim Café de Unie nicht um einen Massivbau handelt, macht bereits die Fassadengestaltung deutlich: Indem die Zwischenräume zwischen den Stützen (mit Ausnahme des Eingangs) vollständig verglast sind, wird im Erdgeschoß das zugrundeliegende Konstruktionsgerüst sichtbar. Neben der optimalen Belichtung des Cafés und der ungehinderten Sicht auf das belebte Calandplein ermöglichen die großen Fenster auch einen werbewirksamen Einblick in das Innere des Cafés. Die Fassade der Obergeschosse wirkt aufgrund des schmaleren »Zwischenraumes« zu den Nachbarbauten nicht nur breiter als das Erdgeschoß, sondern ragt auch über die Flucht des Erdgeschosses vor und erscheint damit als vorgeblendete, von der dahinterliegenden Konstruktion unabhängige Wandverkleidung.

Bestimmend für die Obergeschosse ist eine weiß verputzte, L-förmige Fläche, die sich über die gesamte Breite der Fassade erstreckt und an der linken Seite bis zum oberen Abschluß der Front hinaufreicht. Axial über den Erdgeschoßöffnungen befinden sich dort drei rechteckige, mehrfach unterteilte Fenster, die als Oberlichter den zweigeschossigen Caféraum zusätzlich belichten. Eine zweite, mit roten Holzbrettern verkleidete kleinere L-Form nimmt die rechte obere Ecke der Fassade ein. Die beiden L-förmigen Flächen treten als gestalterische Pendants auf, die scheinbar an einer diagonalen Achse gespiegelt wurden. Ungewöhnlich ist die Anordnung der plastisch hervortretenden Bretter, die wie bei der Bauleitungshütte* die L-Form konzentrisch nachzeichnen. Zwischen der weißen und roten Wandfläche befinden sich die fünf Fenster des Büros, die nun jedoch nicht mehr axial über den Erdgeschoßöffnungen liegen. Entsprechend wird die Mittelachse der Fassade, die mit einer Stütze des Konstruktionsrasters zusammenfällt, von dem mittleren Fenster überschritten. Die Fensterreihe ist gleichzeitig das einzige mittig liegende Element der Fassade, um das sich – ähnlich den Flügeln einer Windmühle – in einer scheinbar rotierenden Bewegung die weiße und rote Wandfläche, die drei Oberlichter und die Schriftzüge gruppieren. Dementsprechend beschreibt auch der Dachabschluß keine durchgehende horizontale Linie.

Neben den großen Farbflächen bilden die Schriftzüge eines der charakteristischen Merkmale der Café-Fassade. Oberhalb der roten Fläche befindet sich ein von schmalen Stangen getragenes Schild mit dem Namen »DE UNIE«, das auf beiden Seiten von dem vertikal zu lesenden Wort »CAFE« flankiert wird. Die einzelnen Buchstaben (Majuskelschrift) sind Quadraten eingeschrieben, wodurch sich ein ungewöhnliches Schriftbild ergibt.[714] Weitere Schriftzüge, nun in Form von Lichtreklamen, finden sich auf zwei – wiederum als Pendants angelegten – farblich abgesetzten Quadern: an der linken Fassadenseite die vertikale Aufschrift »CAFE RESTAURANT« und oberhalb des Eingangs der Namenszug »DE UNIE«. Hier weisen jeweils zwei Seiten die gleiche Beschriftung auf, während die dritte Seite unbeschriftet bleibt. Liest man die beiden Beschriftungen zusammen als »CAFE RESTAURANT DE UNIE«, zieht sich der Schriftzug von der oberen linken bis zur unteren rechten Ecke der Fassade, wo sich der Eingang zum Café befindet. Auf den beiden Türflügeln wurde zusätzlich der Name »CAFE RESTAURANT DE UNIE« angebracht. Den Anfang eines Schriftzuges markieren jeweils plastische Gestaltungselemente, die gleichzeitig die »Leserichtung« – vertikal oder horizontal – vorgeben. So deutet ein Zylinder oberhalb des vertikalen Quaders, der in Frontalansicht als Halbkreis erscheint, auf die von oben nach unten zu lesende Schrift, während plastische Gesimsbänder oberhalb des horizontalen Schriftzugs die Leserichtung von links nach rechts angeben.

Die Fassade ist in den Primärfarben sowie schwarz und weiß gehalten. Die große »L-Form« auf der linken Seite ist weiß, das gespiegelte »L« auf der rechten Seite zinnoberrot. Das aufgesetzte Schriftfeld erhielt graue Buchstaben auf schwarzem Grund (»DE UNIE«), an den Seiten gelbe Buchstaben auf blauem Grund (»CAFE«). Das über dem Schriftzug liegende Gesims ist »kanariengelb«, das kurze zweite Gesims darüber grau. Für die Stützen im Erdgeschoß wählte Oud Ultramarinblau. Die ebenfalls blauen Schriftquader (Lichtreklamen) besitzen gelbe Seitenflächen und weiße (transparente) Buchstaben. Die Fensterbank des Büroraums, die auf der linken Seite der Fensterreihe nach oben weitergeführt wird, ist wiederum kanariengelb, die der drei Café-Fenster im ersten Obergeschoß schwarz. Für die Fensterrahmen war Weiß und Gelb vorgesehen, wobei zwischen Fensterstock und Rahmen unterschieden wird. Die Doppeltür ist grau mit einem roten Türsturz.

Die Farbgebung und die plastisch abgesetzten Lichtreklamen und Vordächer ergeben trotz der betonten Asymmetrien eine gleichgewichtige, in sich geschlossene Komposition. Die »Zwischenräume« und die kontrastierende Gestaltung betonen die Eigenständigkeit des Gebäudes, wobei die Fassade aufgrund

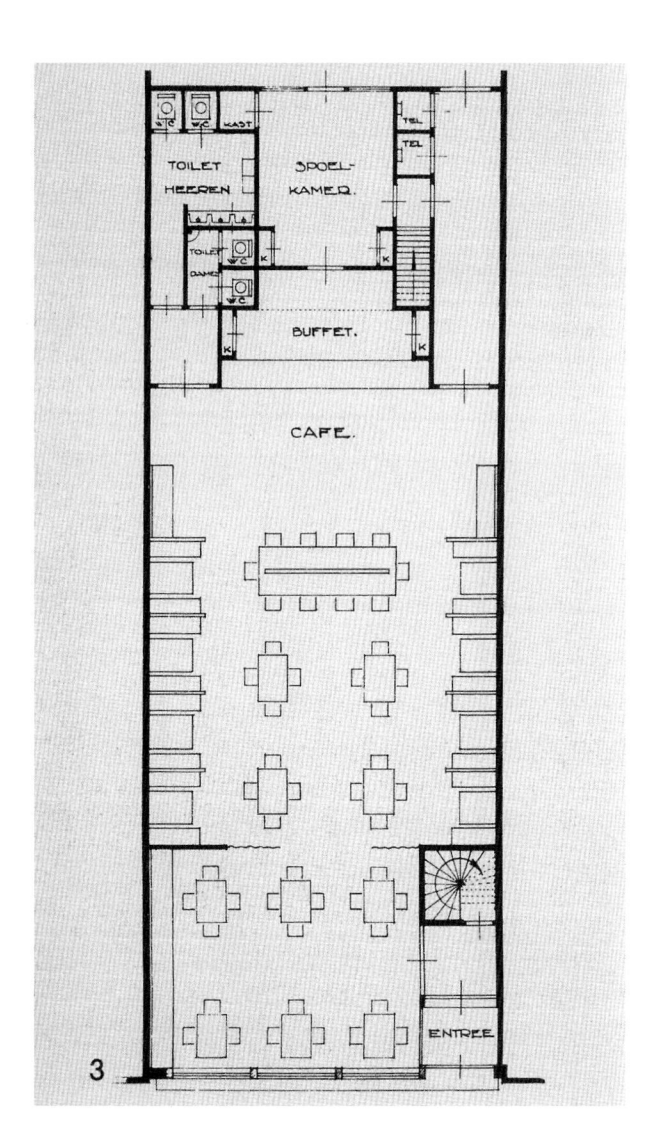

257. Café de Unie, Rotterdam, Grundriß EG

des in Glas aufgelösten Erdgeschosses als isolierte, »freischwebende« Reklamewand erscheint. Wie Oud hervorhob, richten sich die Lichtreklamen, um die Nachbarbauten nicht zu beeinträchtigen, nur nach vorne bzw. zur Mitte des Baus. Dennoch muß die Fassade besonders für den damaligen Betrachter schockierend gewirkt haben: »Man erschrickt fast. Die Fassade sticht grell hervor wie ein Fluch zwischen zwei Gebetsformeln, wie ein weißer Totenkopf an einer gefährlichen Straßenkrümmung, wie die Warnung eines Spiegels mit ›inspice et cautus eris‹«[715]. Neben dem a-tektonischen Fassadenaufbau, der in der Spiegelung und Drehung einzelner Elemente sowie der das Konstruktionsraster negierenden Fensterreihe zum Ausdruck kommt, weisen auch der betont kommerzielle Charakter (Schriftzüge, Lichtreklame und plakative Farbgebung) und die Holzimitation (Verkleidung) auf die zeitliche Begrenzung des Baus.

Innendisposition (Abb. 257)
Der Besucher gelangt über Windfang und Flur in das ebenerdig liegende Café, das durch (flexible) Trennwände in zwei Raumabschnitte unterteilt wird. Der vordere Bereich an der Straße nimmt sechs Tische und ein breites Wandregal auf. Der 5 m hohe Raum wird durch drei bis zum Boden hinunter reichende Fenster sowie die drei Oberlichter belichtet. Der hintere Bereich mit fünf freistehenden Tischen und acht Wandtischen besitzt ein weiteres großes Oberlicht. In dem anschließenden Gebäudeteil befinden sich das Buffet, der Spülraum, die Toiletten und Telefonkabinen. Die zwei seitlichen Türen an der Rückwand des Cafés und das mittig liegende Buffet sind axialsymmetrisch angeordnet. Auch die Möblierung im vorderen und hinteren Abschnitt des Cafés ist jeweils axialsymmetrisch, wobei jedoch die Achse aufgrund des seitlich liegenden Flurs verspringt.

Das über die Wendeltreppe zugängliche Obergeschoß erstreckt sich allein über den vorderen Cafébereich. Hier befinden sich ein Büroraum, zwei kleinere Zimmer, eine Toilette und zwei Schränke. Im Fall des Büros realisierte Oud die für ihn typischen symmetrischen Raumwände, wobei sich die Außenwand in ganzer Breite zum Calandplein öffnet. Das aus fünf (hochrechteckigen) Standardfenstern bestehende Fensterband hatte Oud – in leicht veränderten Proportionen – bereits im Jahr zuvor für die Häuserzeilen in Hoek van Holland* entwickelt.

Über die (nicht von Oud entworfene) Einrichtung existieren keine gesicherten Informationen. Auf zeitgenössischen Fotografien sind im Café helle Vorhänge zu erkennen, die von den Fenstern im ersten Obergeschoß bis ins Erdgeschoß reichen. Die Bestuhlung bestand unter anderem aus Sesseln und Korbstühlen.[716]

Charakterisierung
Die Café-Fassade gilt aufgrund der Primärfarben, der rechtwinkligen Flächen und der Nähe zu den Gemälden Piet Mondrians als ein Musterbeispiel der »*De Stijl*-Architektur«. Damit wird die Fassade jedoch auf eine Lesart, die des abstrahierten Flächenbildes, reduziert.[717] Ein weiteres Charakteristikum sind die für ihre Entstehungszeit ungewöhnlich starke Farbigkeit, die Schriftzüge, die Lichtreklamen und der a-tektonische, an Werbeplakate erinnernde Aufbau. Ein 1924 von Cor van Eesteren (Ouds »Nachfolger« in *De Stijl*) und Theo van Doesburg entworfenes Café für die Laan van Meedervoort in Den Haag zeigt ebenfalls einen Schriftzug, die großflächige Farbfassung in den Primärfarben, das in Glasflächen geöffnete Erdgeschoß, drei große Fenster im ersten Obergeschoß und eine geschlossene Wandfläche darüber (vgl. Abb. 46).[718] Im selben Jahr – und sicherlich unter Einfluß Van Doesburgs – entstanden Herbert Bayers Entwürfe für einen Multimedia-Messestand und einen Zeitungskiosk (Abb. 43)[719], die sowohl in der Collagetechnik (man vergleiche das aufgeklebte Bild eines Passanten) als auch in der Verbindung von Primärfarben und Schriftzügen Parallelen zeigen. Als gemeinsames Vorbild für den plakativen Einsatz von Schrift sind osteuropäische Bauten anzunehmen. Oud selbst war durch Publikationen, seine internationalen Kontakte zu Architektenkollegen und seinen Aufenthalt in Prag und Brünn (Ende 1924) mit der Architekturszene der Tschechischen Republik vertraut.[720]

Als Anregung für die Café-Fassade wird auch Ouds Aufenthalt in Magdeburg (März 1923) gedient haben, wo Bruno Taut ihm die unter seiner Leitung entstandenen farbigen Hausfassaden zeigte. An zwölf Zeitungskiosken und Tauts Entwurf einer Reklamewand mit Unterstand für den Magdeburger Bahnhof (Juni 1921) konnte Oud zudem Beispiele einer Verbindung von Architektur und Reklame kennenlernen.[721] Der enge Kontakt zwischen den beiden Architekten hat Ouds Interesse an der Reklame sicherlich bestärkt, rein formal ging er jedoch andere Wege. So fand Oud im Gegensatz zu Tauts »expressionistischen« Arbeiten mit ihren charakteristischen Diagonalen zu einer weitaus abstrakteren, geometrischen Formensprache.

Ein direkter Einfluß von Ouds Café-Fassade wird in Johannes Duikers Cineac Kino (1933/34) in Amsterdam deutlich. Der fast zehn Jahre später, ebenfalls auf kleiner Grundfläche im Stadtzentrum errichtete Bau übernimmt das in Glas aufgelöste Erdgeschoß, das geschlossene Obergeschoß, den aufgesetzten Schriftzug sowie vertikale und horizontale Leuchtschriften, wobei die Schriftzüge – der Zeit folgend – dominanter ausfallen als bei Oud: So wird die Höhe des Gebäudes hier durch den Aufsatz »CINEAC« fast verdoppelt.

258. Café de Unie, Rotterdam, hist. Ansicht, 1930er Jahre

Variante
Ein Aquarell im Oud-Archiv[722] zeigt eine im Vergleich zur ausgeführten Fassung veränderte Gestaltung und Farbgebung. Insgesamt sind hier weniger Elemente farbig gefaßt, wobei auf die Farbe Blau vollkommen verzichtet wird, dafür jedoch Grün dazukommt. Die Fensterrahmen des Erdgeschosses sind in Gelb, Grün und Rot gehalten, die drei Fenster darüber Gelb, Rot, Grau und Schwarz. Für die Schriftzüge wählte Oud eine Verbindung von Schwarz-Grau bzw. Weiß-Grau. Der aufgesetzte Schriftzug fällt hier breiter aus als beim realisierten Entwurf. Interessant ist, daß die Fenster des Obergeschosses gegenüber dem ausgeführten Bau verschoben sind, wodurch die im Erdgeschoß sichtbare Mittelachse (Stütze des Konstruktionsrasters) im Rahmenelement zweier Fenster fortgesetzt wird. Einige Motive wie die umknickenden Fensterbretter und der Zylinder über dem linken Schriftzug fehlen; dafür wird auf der rechten Seite eine gelbe Stange angedeutet, die offenbar als Fahnenstange dienen sollte. Insgesamt erscheint die Schrift weniger dominant als bei der ausgeführten Fassung, und wirkt die Gesamtkomposition geklärter. Das Aquarell ist nicht datiert und könnte auch nachträglich, etwa für eine Ausstellung, entstanden sein.

Geschichte
Das Café de Unie rief in Rotterdam heftige Proteste hervor.[723] Im Juli 1925 erschien im »Bouwkundig Weekblad« ein Artikel unter dem Pseudonym »Periskopius«, in dem die Fassade als Mißgriff und Schädigung des Stadtbildes bezeichnet wird.[724] Auch im Gemeinderat wurde Kritik an der Fassade laut: »Dieser Architekt mag einen europäischen Namen haben. Was er auf dem Calandplein mit der Fassade des de ›Unie‹ präsentiert hat, geht entschieden zu weit [›loopt de spuigaten uit‹].«[725] Die Café-Fassade behielt dann auch nur für kurze Zeit ihr ursprüngliches Erscheinungsbild. Noch in den 1920er Jahren wurde sie zu einem Ausstellungsraum der Haagsche Automobielmaatschappij umfunktioniert, wofür neue Schriftzüge angebracht wurden. 1932 übernahm das Café-Restaurant »Modern« das Gebäude und gestaltete es für seine Zwecke um (Abb. 258). Zu neuen Schriftzügen bzw. Plakaten kamen große Markisen und eine veränderte Farbfassung. 1936 zeigte der Bau schließlich einen grauen Farbanstrich.[726] Auf die Zerstörung durch deutsche Bombenangriffe im Jahr 1940 folgte der Abbruch des Gebäudes.

1978 hatte Hans van Zwienen vom *Dienst Stadsontwikkeling* (Amt für Stadtentwicklung) die Rekonstruktion der Fassade zur Diskussion gestellt. Die Rotterdamer *Kunststichting* (Rotterdamer Kunststiftung), die über eine eigene Architekturabteilung verfügt, wurde als späterer Mieter des Gebäudes in die Planung einbezogen. Da am ursprünglichen Standort bereits in den 1950er Jahren ein Warenhaus errichtet worden war, mußte ein neuer Bauplatz gefunden werden. Nachdem sich der Oude Binnenweg als Standort zerschlagen hatte, erfolgte 1985/86 die Rekonstruktion der Fassade mit einem in den Größenverhältnissen abweichenden Gebäude am Mauritsweg 34 (Abb. 34). Architekt war Carel J. M. Weeber, Vorsitzender der Abteilung Architektur der *Kunststichting*, die Innenraumgestaltung geht auf das Büro Interieur Opera zurück. Die Untersuchung und Bestimmung der Farben übernahm die Firma Sikkens, die wenig später auch die Bauleitungshütte* rekonstruieren sollte.[727] Annie Oud-Dinaux, die Witwe J. J. P. Ouds, hatte sich eindeutig gegen die Ausführung ausgesprochen.[728] Das Kulturzentrum wurde am 29. August 1986 eröffnet.

Frühe Publikationen Niederlande: Oud 1925b, 397–400 (abg. in Taverne 2001, S. 345f.). Ausland: L'Architecture Vivante, Herbst/Winter 1925, Pl. 24 (Farbabb.); Van Doesburg 1925, Pl. 24 (Farbabb.); Meyer 1926, S. 206, 225; Form 1926, S. 79f.; Architektur des Auslandes, Gross Deutsche Hotel-Rundschau, Nr. 23, 1926, S. 243; Stoffels 1926, S. 329f.; Das Neue Frankfurt, I, 1926/27, Heft 3, (Januar 1927) S. 48; Behrendt 1927, Abb. 61, S. 46; Stavitel, IX, 1928, Nr. 29, S. 40; Oud 1928d, S. 405.
Literaturauswahl Oud 1925b; »Bauberatung« aan den Coolsingel, in: RN 23/24.5.1925; Periskopius 1925; Form 1926; Stoffels 1926, S. 329–331; De 8 en Opbouw 1936; Fanelli 1985, v. a. Objektbeschreibung 8, S. 170–173; Barbieri 1984; Günter 1985a, S. 83f.; Metz 1986a; Oud-Dinaux 1986; Barbieri 1987; Van der Lugt 1990; Mellegers 1995. Im Auftrag der Kunststichting wurde ein Film von Peter Verzendaal zur Geschichte des Café de Unie erstellt.
Vgl. Taverne 2001, Kat. Nr. 55.

25 Siedlung Kiefhoek, Rotterdam

Gegenstand Wohnsiedlung für Einkommensschwache und kinderreiche Familien im Stadterweiterungsgebiet Rotterdam-Süd. Der Name »Kiefhoek« entstand in Anlehnung an »Kijfhoek«, ein Dorf in der südöstlich von Rotterdam liegenden Zwijndrechtse Waard.[729] Der Direktor von *Bouwpolitie en Woningdienst* versuchte nach eigener Aussage, die Bezeichnung »woningbouw voor minder-draag-krachtige« (Wohnbau für weniger Finanzstarke) durch den Namen Kiefhoek zu ersetzen.[730]

Ort Hillepolder, Rotterdam. Die Siedlung liegt innerhalb einer älteren Blockrandbebauung an Hillevliet, Groene Hilledijk, Meerdervoortstraat und Lange Hilleweg (Abb. 259, 260). Die Siedlung umfaßt 1e und 2e Kiefhoekstraat, Nederhovenstraat, Lindtstraat, Groote und Kleine Lindtstraat, Heer Arnoldstraat und Hendrik Idostraat sowie die Plätze Eemstein, Groote Lindt-Plein und Hendrik Idoplein.

Der Hillepolder liegt auf der linken Seite der Nieuwe Maas im Süden Rotterdams. Die Entfernung zum Stadtzentrum auf der rechten Maasseite beträgt mehrere Kilometer. Die einzige feste Verbindung zur Innenstadt bestand über die 1929 erneuerte Koninginnebrug (über den Koningshaven) auf das Noordereiland und von dort über die (1981 ersetzte) Willemsbrug. Rotterdam-Süd, wo Anfang des 19. Jahrhunderts erste Fabriken entstanden, wird von Hafenanlagen, Industriegebieten und Arbeitervierteln geprägt. Obwohl sich die Arbeitsplätze auf der linken Maasseite konzentrierten, war Rotterdam-Süd als Wohnort lange Zeit unbeliebt. Erst mit den großen, durch die Gemeinde und Wohnungsbauvereinigungen errichteten Arbeitervierteln der 1910er und 1920er Jahre wuchs die Akzeptanz in der Bevölkerung.

Entwurf Die Entwürfe entstanden zwischen August 1925 und April 1929. 1925 beauftragte die *Raadscommissie voor Volkshuisvesting* (Gemeinderatsausschuß für Wohnungswesen) den Direktor des *Woningdienst*, De Jonge van Ellemeet, den Bau von circa 300 Wohnungen am linken Maasufer vorzubereiten.[731] Erste Pläne wurden von Oud noch im selben Jahr erarbeitet. Auf Beschluß von *B & W* erhielt der *Woningdienst* am 4. Mai 1926 die Anweisung zur Erstellung des definitiven Entwurfs, der im Oktober des Jahres bei der *Raadscommissie voor Financien* vorlag.[732] Da die Baukosten und damit der spätere Mietpreis zu hoch erschienen, fiel das Gutachten jedoch negativ aus. Auf Antrag kam der Fall im März 1927 vor den Gemeinderat, wo der Bau der Siedlung mit 30 zu 7 Stimmen beschlossen wurde. Voraussetzung war, daß die Wohnungen in erster Linie an Großfamilien, die entweder über ein geringes Einkommen verfügten oder keinen passenden Wohnraum finden konnten, vergeben würden.[733] 1928 lagen die

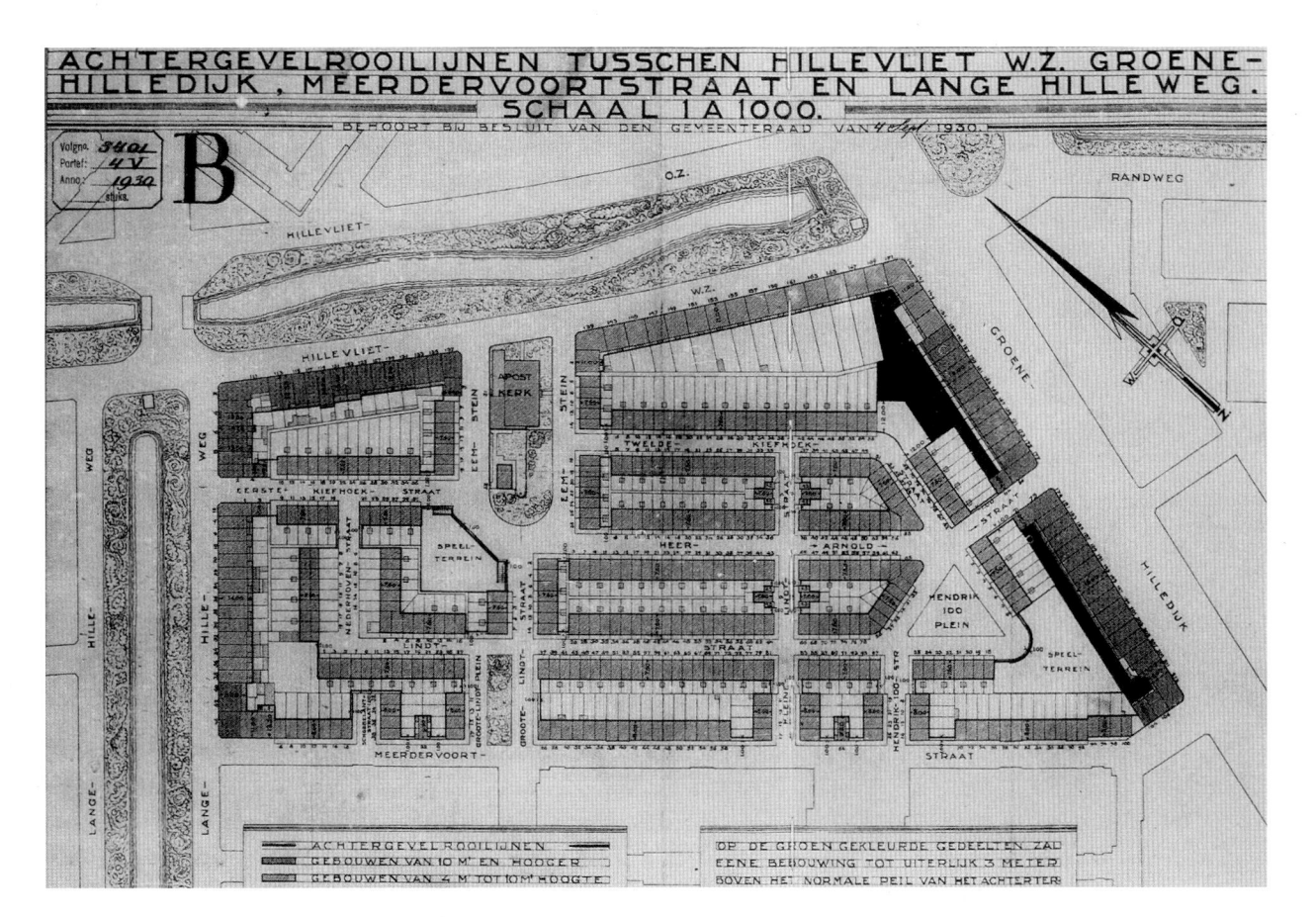

259. Siedlung Kiefhoek, Rotterdam, Lageplan, 1930

Ausführungsentwürfe mit reduziertem Ausstattungsprogramm vor.[734] Für die Ausarbeitung der Entwürfe hatte Oud offenbar seinen privaten Mitarbeiter Paul Meller herangezogen.[735]

Ausführung Die Siedlung wurde zwischen Sommer 1928 und Frühjahr 1930 errichtet. Um den Jahreswechsel 1928/29 mußten die Arbeiten wegen des strengen Winters für vier Monate unterbrochen werden, weitere Verzögerungen ergaben sich durch den Konkurs des Bauunternehmers.[736] Die Schuppen in den Privatgärten wurden nachträglich (frühestens ab März 1931) ausgeführt.[737] Die zentrale Grünanlage am Eemstein entstand erst in Verbindung mit dem Garten des Küsterhauses*. Die Baukosten betrugen 2.720 Gulden pro Wohnung, die Gesamtkosten beliefen sich auf 821.000 Gulden.[738]

Auftrag Die Siedlung wurde im Auftrag der *Raadscommissie voor Volkshuisvesting* durch den *Woningdienst* errichtet. Die circa 300 Einfamilienhäuser für große Familien mit niedrigem Einkommen sollten unter anderem als Ersatz für eine größere Anzahl von Wohnungen im Stadtzentrum dienen, die als »unbewohnbar« erklärt und abgerissen worden waren.[739] Die zu zahlende Miete betrug 4,5 Gulden pro Woche und Wohnung.

Konstruktion/Material Trotz einer unterschiedlich hohen Kleilage wurde aus Kostengründen auf ein Pfahlfundament verzichtet. Die Fundierung besteht aus 1 m breiten Betonplatten mit einer Stärke von 8 – 13 cm und den hierauf montierten Fundamentbalken. Die massiven Wände sind aus Backstein, die Fassaden bestehen aus gemauerten Hohlwänden. Für die Außenwände wurde im Erdgeschoß gelber friesischer Stein oder grauer »Duratex« (Betonhärter), im Obergeschoß Kalksandstein mit weißem Zementverputz (Atlaszement) verwendet. Die Innenwände bestehen aus Ijssel-Stein. Über den Erdgeschoßfenstern liegt ein Betonsturz, der die Fassade der Obergeschosse trägt. Die Zwischendecken, Dächer und Treppen wurden traditionell aus Holz gefertigt, allein die Schornsteinschächte bestehen aus Betonformsteinen.[740]

Pläne/Fotomaterial NAi: Lageplan, Grundrisse (Abb. 267, 270, 271), Schnitte (Abb. 269), Aufrisse, historische Fotografien (Abb. 260, 262, 264), Skizze (Abb. 265). CCA.[741] GRI: elf Zeichnungen, elf Abzüge, zehn Fotografien. Die originalen Bauzeichnungen wurden während der Rekonstruktion aufgefunden.[742]

Bauprogramm 291 Wohnungen, zwei Läden, eine *Waterstokerij*[743], zwei Lagerräume bzw. Werkstätten und zwei Kinderspielplätze. Vier Wohnungen erhielten zusätzliche Schlafräume im Erdgeschoß für Großfamilien. Nachdem die Kohlenlager zusammen mit anderen Einrichtungen gestrichen wurden, beschloß der Gemeinderat die Errichtung von Schuppen.[744] Geplant war zudem eine zentrale Werkstatt, die zugleich als Büro und Werkstatt der Wohnungsvermietung (*Woningstichting*) dienen sollte.[745] Eine ursprünglich vorgesehene Autovermietung findet sich noch auf einem Plan von 1929 (Oud-Archiv). Nach dem 2. Weltkrieg entwarf Oud ein Bibliotheksgebäude für die Siedlung, das jedoch unausgeführt blieb.[746] Der Kirchenbau der Hersteld Apostolische Zendingsgemeente* entstand unabhängig vom Bauvorhaben des *Woningdienst*.

Die Häuserzeilen bestehen aus zweigeschossigen, spiegelbildlich angeordneten Einfamilienhäusern von 62 m² Bruttogeschoßfläche (48, 5 m² Nutzfläche[747]). Die für acht Personen (Eltern und sechs Kinder) konzipierten Bauten nehmen einen Wohnraum, eine Küche, drei Schlafzimmer (insgesamt fünf Betten), einen Windfang und einen Toilettenraum auf. Ein kleines Podest oberhalb der Treppe dient zum Aufhängen der Wäsche. Jedes Haus verfügt über einen Vorgarten und einen größeren Garten mit Schuppen an der Rückseite. Die *Waterstokerij* umfaßt den Verkaufsraum, ein Lager, einen Raum mit Heizkessel und eine zugehörige Wohnung mit vier Schlafzimmern. Die seitlich der Läden anschließenden Wohnungen haben drei Schlafzimmer (fünf Betten), die Läden selbst einen Verkaufsraum und einen Lagerraum im Obergeschoß. Die zweigeschossigen Lagerräume bzw. Werkstätten sind mit eigener Toilette ausgestattet.

Vorgeschichte
Die niedrigeren Grundstückspreise südlich der Maas ermöglichten eine – im Gegensatz zu den Stadterweiterungsgebieten im Westen – weniger kompakte, ein- oder zweigeschossige

260. Siedlung Kiefhoek, Rotterdam, Luftbild 1930

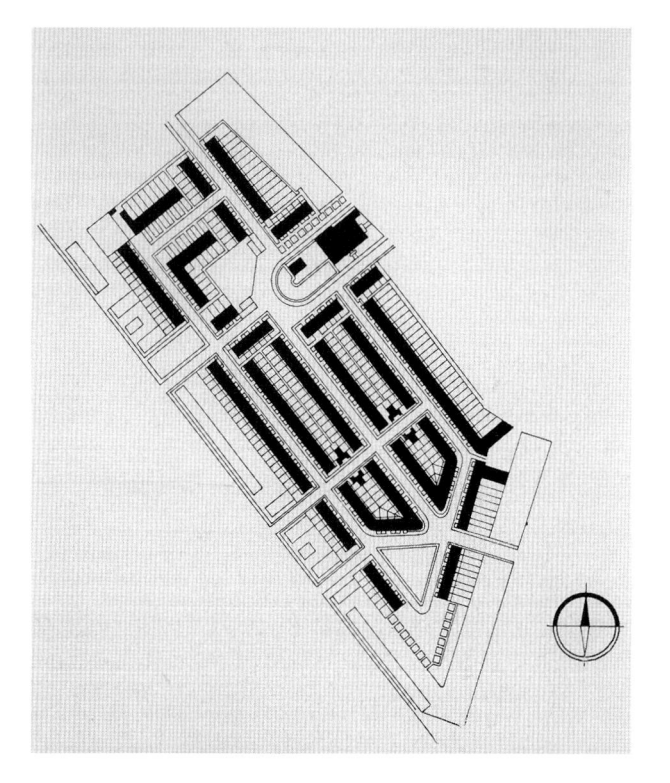

261. Siedlung Kiefhoek, Rotterdam, Lageplan Schemazeichnung

Wohnbebauung in Nähe der Hafenanlagen und Industrieviertel.[748] Mit der 1878 errichteten Willemsbrug wurde erstmals eine feste Verbindung zwischen der Innenstadt und Rotterdam-Süd geschaffen. 1895 erstellte G. J. de Jongh (Direktor der *Gemeentewerken*) einen Straßenplan für die südlich der Maas liegenden Gebiete, der im Zuge des *Woningwet* 1903 überarbeitet wurde. Das primäre Interesse galt hier jedoch der Hafenerweiterung und nicht den Arbeiterwohnungen, die auf den verbleibenden Terrains entstehen sollten. Charakteristisch für die südlichen Stadtgebiete sind die langen geraden Straßen mit kurzen Verbindungswegen, die dem Parzellierungssystem der Deiche und Entwässerungskanäle folgen.[749] Ein 1917 entstandener Plan von A. C. Burgdorffer, Nachfolger De Jonghs, zeigt bereits das von Lange Hilleweg, Groene Hilledijk und Hillevliet eingefaßte Terrain der Siedlung Kiefhoek.[750] 1921 erstellte das Architekturbüro Granpré Molière, Verhagen und Kok im Auftrag des N. V. Eerste Rotterdamsch Tuindorp einen Stadterweiterungsplan für das linke Maasufer. Der dort detailliert wiedergegebene Straßenplan für das inzwischen allseitig umbaute Terrain geht offenbar jedoch auf eine frühere Planung der Gemeinde zurück.[751]

Bereits 1920 war die Firma Bourdrez aus Den Haag von der Gemeinde aufgefordert worden, einen Entwurf für Betonwohnungen auf dem Gebiet der späteren Siedlung Kiefhoek zu erstellen.[752] Bei der Auftragsvergabe für Wohnbauten in Rotterdam-Süd blieb das Projekt jedoch (aus unbekannten Gründen) unberücksichtigt, ebenso bei einer erneut angeregten Diskussion im Jahr 1923.[753] Im April 1923 entwarf R. J. Hoogeveen für den *Woningdienst* eine Siedlung mit Betonbauten für das spätere Terrain der Siedlung Kiefhoek (Abb. 74). Entsprechend dem Erweiterungsplan von 1921 zeigt der Entwurf einen traditionellen städtebaulichen Plan mit unregelmäßig angelegten, malerischen Straßen- und Platzräumen.[754] Aufgrund gestrichener Fördergelder der Provinz Zuid-Holland wurde weder dieses Projekt noch ein an die Backsteinfirma Waalstein vergebener Auftrag realisiert.[755] 1924 erhielt W. G. Witteveen als Chef der Abteilung Städtebau und Bauwesen den Auftrag zur Erarbeitung eines weiteren Planes, der 1926 vollendet war und 1927 vom Gemeinderat angenommen wurde.

Städtebaulicher Entwurf (Abb. 259–261)
Das etwa 4 ha große, unregelmäßig geformte Terrain wies bereits eine Blockrandbebauung mit Gemeindewohnungen zur Meerdervoortstraat im Südwesten sowie mit privaten Spekulationsbauten an den drei großen Verkehrsstraßen im Nordosten, Osten und Nordwesten auf. Die Häuserzeilen werden allein durch die Zufahrtstraßen zur Siedlung und Ouds Kirchenbau der Hersteld Apostolische Zendingsgemeente* unterbrochen. Im Vergleich zum Straßenniveau des im Osten verlaufenden Groene Hilledijk liegt die Siedlung deutlich tiefer (vgl. Abb. 35). Eine ursprünglich geplante Aufstockung um 1½ m wurde nicht umgesetzt.[756]

Ouds städtebaulicher Plan weicht entscheidend von allen früheren Entwürfen ab. Die Anlage wird durch lange, von Nordwesten nach Südosten verlaufende Häuserzeilen und kurze, rechtwinklig angeordnete Hausreihen bestimmt, die jeweils zwei der Zeilen verbinden. Schmale Zwischenräume zwischen den Häuserzeilen verhindern die Ausbildung vierseitig geschlossener Wohnblöcke. An Stelle von Hoogeveens symmetrischen Blockfronten mit seitlichen Eckrisaliten (Abb. 74) treten gleichförmige, scheinbar beliebig fortsetzbare Zeilen. Da die Häuserzeilen sehr dicht nebeneinander liegen, blieb allein Platz für schmale Straße von 10 m Breite. Mit den langen, parallel verlaufenden Straßen griff Oud auf das Gliederungsschema der Bewässerungsgräben zurück, eine Lösung, die bereits bei den Stadterweiterungen des 19. Jahrhunderts angewandt wurde. Dem entspricht der konventionelle Bebauungstypus mit langen, zur Straße orientierten Häuserreihen und Rücken an Rücken liegenden Gärten.[757] Abweichend vom Spekulationsbau des 19. Jahrhunderts wurden die einheitlichen Häuserfluchten bei Oud jedoch zum bestimmenden Gestaltungsmittel der Siedlung.

Kiefhoek erhielt mit Eemstein, Hendrik Idoplein und Groote Lindtplein drei Plätze. Der Eemstein als Zentrum der Siedlung entstand aus der Verbindung eines Spielplatzes, der Grünanlage um Kirche und Küsterhaus (Abb. 342) und dem Kreuzungspunkt der beiden wichtigsten Straßenachsen: Die Achse aus 1e Kiefhoekstraat und Heer Arnoldstraat durchquert – nur unterbrochen durch eine Achsenverschiebung am Eemstein – die Siedlung in gesamter Länge. Die senkrecht hierzu stehende Groote Lindtstraat, die Querverbindung von Hillevliet und Meerdervoortstraat, fällt genau mit der Mittelachse der in einem Halbrund schließenden Grünanlage zusammen. Der Spielplatz ist nur über zwei schmale seitliche Treppen zugänglich, die (wie am Damloperplein in Oud-Mathenesse*) verhindern sollten, daß Kinder ungehindert auf die Straße laufen. Beim abseits gelegenen, verkehrsarmen Spielplatz des Hendrik Idoplein wurde die Treppe dagegen so breit wie möglich angelegt, um eine Verbindung zum Platz herzustellen.

Der Kreuzungspunkt von insgesamt fünf Straßen bildet zusammen mit dem Hendrik Idoplein das zweite Zentrum der Siedlung

262. Siedlung Kiefhoek, Rotterdam, hist. Ansicht eines Ladens

263. Siedlung Kiefhoek, Rotterdam, zwei Läden und Blick in die Heer Arnoldstraat, Fotografie 2004

(Abb. 260, vorne). Die dreieckige, von einer Mauerbrüstung eingefaßte Grünanlage stößt hier auf zwei ebenfalls spitzwinklige »Blockecken«, die aus der Verbindung von je zwei Häuserzeilen mit einer schräg verlaufenden Häuserreihe entstanden. In den spitzwinkligen Ecken der dreiseitig geschlossenen Blöcke finden sich die beiden Läden der Siedlung, in den stumpfen Winkeln die Lagerräume bzw. Werkstätten. Über die Kreuzung, die gleichzeitig den Anfangspunkt der zentralen Längsachse (Heer Arnoldstraat) markiert, wird die Siedlung vom verkehrsreichen Groene Hilledijk aus erschlossen. Von der Zufahrtsstraße fällt der Blick genau auf einen der beiden Läden (Abb. 35, 262). Erst von der Kreuzung selbst, das heißt von einem innerhalb der Siedlung liegenden Punkt, ergibt sich ein symmetrisches Gesamtbild mit den beiden spiegelsymmetrischen Eckbauten beiderseits der Längsachse (Abb. 263).

Das Groote Lindt-Plein, das nur zum Teil von Ouds Siedlungshäusern eingefaßt wird, bildet den dritten Platz der Siedlung. Daneben entstand an der Nederhovenstraat ein symmetrischer, beiderseits von Vorgärten flankierter Straßenraum, den De Jonge van Ellemeet im Vergleich zu den übrigen schmalen Straßen als »luxe-straat« bezeichnete (Abb. 264).[758] In Achse der Lindtstraat liegt hier die bis zum fernen Hendrik Idoplein hin sichtbare *Waterstokerij*. Den Abschluß der Nederhovenstraat im Nordosten bilden zwei senkrecht stehende Häuserreihen mit hohen Gartenmauern, zwischen denen nur ein schmaler Zwischenraum in Straßenbreite verbleibt.

Die langen Häuserzeilen parallel zur Längsachse (2e Kiefhoekstraat, Heer Arnoldstraat, Lindtstraat) werden rechtwinklig von einer schmalen, verkehrarmen Straße, der Kleine Lindtstraat, durchschnitten. Dort liegen die vier Wohnungen für Großfamilien (Abb. 37), die spiegelsymmetrisch beiderseits der Kleine Lindtstraat die Gartenreihen bzw. »Innenhöfe« einfassen. Auf diese Weise verhindern sie (entsprechend den kurzen Häuserreihen) den unerwünschten Einblick in die Privatgärten.[759]

Kennzeichnend für Kiefhoek ist die strenge Rechtwinkligkeit der Anlage mit ihren extrem langen Häuserzeilen, die in der 2e Kiefhoekstraat mit einer Straßenfront aus 26 Normhäusern ihren Höhepunkt erreicht. Im Widerspruch zu der betont modernen Serialität (Abfolge der Normhäuser) stehen die Orientierung der Wohnungen nach verschiedenen Himmelsrichtungen und die Zusammensetzung der Gesamtanlage aus einzelnen symmetrischen Einheiten: Neben den Eckläden der Heer Arnoldstraat und den Wohnhäusern für Großfamilien an der Kleine Lindtstraat gilt dies auch für die Nederhovenstraat, die Platzbebauung des Groote Lindt-Plein, die beiden identischen Häuserzeilen seitlich der Zufahrt vom Groene Hilledijk (2e Kiefhoekstraat und Hendrik Idoplein), die Randbebauung des Hendrik Idoplein und die beiden Spielplätze. Allein der Eemstein zeigt eine asymmetrische Gestalt, wobei drei identische Wohnzeilen aus jeweils sieben Häusern eine lockere Begrenzung parallel zur Hauptachse des Platzes bilden. Da die Siedlung niedriger liegt als ihre Umgebung (vgl. Abb. 260), ist die Bebauung der umlaufenden Straßen (Groene Hilledijk, Hillevliet und Lange Hilleweg) fast von jeder Stelle aus sichtbar, ein Bild, das in Fotografien der Siedlung meist vermieden wird (vgl. Abb. 262, 264). Der Kontrast zwischen den flachgedeckten, weißen Häuserzeilen und den hohen Backsteinhäusern läßt die Siedlung (ähnlich der Ansicht in Luftbildern) als gestalterische Einheit erkennen.

Häuserzeilen/Außenbau (Abb. 262–264)

Die zweigeschossigen Häuserzeilen gliedern sich an der Straßenfront in eine untere Zone aus Sockel und Erdgeschoßfenster, einen verputzten, weiß gefaßten Wandstreifen und die Fensterzone des Obergeschosses. Im Gegensatz zur üblichen Fassadengliederung mit Sockel, Mittelzone (Fensteröffnungen) und abschließendem Dach bleibt der Mittelteil hier geschlossen, während die Fensterreihe direkt unter der Dachkante liegt. Bestimmend für das Fassadenbild sind entsprechend der geschlossene Wandstreifen mit kleinen Lüftungsschlitzen und die durchlaufende Fensterreihe der Obergeschosse, die sich ohne Unterbrechung in die Tiefe der Straßenfluchten fortsetzen.

Die Gestaltung der unteren Wandzone basiert auf dem in Hoek van Holland* entwickelten Fassadenschema, wenn auch in einer abweichenden Farbigkeit: Aufgrund der spiegelbildlich angeordneten Häuser liegen jeweils zwei Wohnungstüren nebeneinander. Die roten Türen (hier mit Briefschlitz) sind durch einen Treppenabsatz verbunden, die Fenster mit hellgrauem Holzrahmen liegen auf einem gelben Backsteinsockel auf. Abweichend von den Fensterbändern in Hoek van Holland* bestehen die Wohnzimmerfenster aus einem zentralen, annähernd quadratischen Fenster und zwei flankierenden Öffnungsflügeln der halben Breite, wodurch sich ein dreiteiliges axialsymmetrisches Fenster (rhythmische Travée) ergibt. Unabhängig von dem klassischen Motiv finden sich diese Standardelemente jedoch auch in anderen Kombinationen wieder. Im Gegensatz zu den leicht zurückgesetzten Erdgeschoßfenstern treten die Obergeschoßfenster aus der Fassadenflucht hervor und werden zusätzlich durch die gelb gefaßten Rahmen betont. Die beiden zur Straße orientierten Schlafzimmer erhielten jeweils ein breites Fenster und einen schmalen Fensterflügel in den Formaten der Erdgeschoßfenster, die symmetrisch zur imaginären Mittelachse des Hauses (vgl. die Trennwand zwischen den beiden Räumen) angeordnet sind.

Ein typisches Kennzeichen von Ouds Bauten sind die symmetrischen Fassadenabschnitte, während die Fenster von Erd- und

264. Siedlung Kiefhoek, Rotterdam, hist. Ansicht Nederhovenstraat mit *Waterstokerij*

265. Siedlung Kiefhoek, Rotterdam, Vorentwurf Läden

Obergeschoß nicht in einer Achse übereinanderliegen. Bei Häuserzeilen, die eine ungerade Anzahl von Wohnungen aufweisen, wird die äußere, nun einzeln auftretende Wohnungstür durch einen darüberliegenden halbrunden Balkon mit Fenstertür markiert. Um als städtebauliches Element in Erscheinung zu treten, fallen diese jedoch zu klein aus und bilden damit eine merkwürdig unentschlossene Lösung zwischen einem traditionell hervorgehobenen Zeilenabschluß und einer modernen, seriellen Häuserreihe.

Die Vorgärten grenzen sich mit einem einfachen Metallgeländer gegen die Straße ab, während sie an den Längsseiten durch eine Mauerbrüstung in Fortsetzung der Plinthe eingefaßt werden. Wie bereits die Metallgitter in Hoek van Holland* sind die Geländer blau gestrichen. Als Stütze dienen kurze gerundete Betonmauern zwischen Trottoir und Plattenweg.

Die Gartenseite übernimmt die Gliederung in Backsteinsockel, verputzten Wandstreifen und durchlaufendes Fensterband im Obergeschoß. Neben der durchfensterten, grau gefaßten Küchentür befindet sich ein kleines Küchenfenster in gelbem Rahmen.

Das Normhaus (Abb. 266, 269)

Alle Wohnhäuser der Siedlung, ausgenommen die den Läden und der *Waterstokerij* zugeordneten Wohnungen, wurden im Normtypus errichtet.[760] Die 4,10 m breiten und 7,5 m tiefen Häuser nehmen im Erdgeschoß Wohnraum, Küche und Toilette, im Obergeschoß die drei Schlafzimmer auf. Während das Erdgeschoß Normalhöhe (2,75 m) erreicht, beschränkt sich das Obergeschoß auf 2,40 m. Der Ofen steht nicht in der Küche, sondern im Wohnzimmer, wo er beim Kochen zugleich den Wohnraum beheizt. Ein Gasanschluß in der Küche ermöglichte den besserverdienenden Bewohnern, mit Gas zu kochen. Auch die Lage des Schornsteins in der Hausmitte war bewußt gewählt. So sollte durch die Verbindung mit dem Entlüftungsschacht von Küche und Toilette sowie mit den Falleitungen ein Einfrieren verhindert werden.

Dem Wohnzimmer, mit 17,8 m² Nutzfläche der größte Raum im Haus, ist ein niedriger Windfang mit Meßkasten, Kleiderhaken und Hutablage eingestellt. Die Tür zum Wohnzimmer erhielt ein quadratisches Fenster mit Mattglas, durch das der kleine Raum indirekt belichtet wird. Das Wohnzimmer wurde neben den üblichen Einbauschränken mit einer Reihe von Möbeln ausgestattet. Am Windfang, dessen Seitenwand (ähnlich dem Türmotiv in Hoek van Holland*) in einer halbierten Rundstütze endet, befindet sich ein niedriger Schrank für Haushaltsartikel. Der Platz für den Kohlenofen an der Rückwand des Wohnraumes wurde am Boden und der aufgehenden Wand bis auf circa 90 cm Höhe mit gelben Fliesen verkleidet; zwischen Ofen und Küchentür steht ein zweiteiliger Geschirrschrank (vgl. Abb. 36). Der 1929 anläßlich der CIAM II in Frankfurt am Main präsentierte Grundriß (Abb. 268) zeigt zusätzlich einen Tisch mit drei Stühlen und einen Schrank bzw. eine Kommode neben dem Fenster sowie einen weiteren Schrank an der gegenüberliegenden Langseite.[761] Da keines der im Oud-Archiv bewahrten Blätter eine entsprechende Möblierung aufweist, wird es sich hier um eine spätere Ergänzung im Sinne einer idealen Möblierung handeln. Die Musterwohnung in Kiefhoek wurde von Oud mit Möbeln aus dem Handel ausgestattet.[762]

Die Küche ist mit 1,94 m x 1,78 m äußerst klein und mit ihrer spärlichen Ausstattung eher als Spülraum zu verstehen. Neben einer auf Eisenstützen aufliegenden Spüle aus Granit und zwei Ablageflächen finden sich ein Küchenschrank und einige Regalbretter. Die Wandfläche oberhalb der Spüle ist wiederum mit gelben Fliesen verkleidet. Die Küche erhielt ein eigenes Entlüftungsrohr und wird zudem über das kleine Fenster und die Gartentüre belüftet.

Ein winziger Flur gegenüber dem Windfang bietet Zugang zur Toilette und führt über eine Wendeltreppe mit einfachem Metallhandlauf ins Obergeschoß. Ein der Treppenrundung angepaßtes Fensterbrett dient der Aufstellung von Blumen (Abb. 272), ein oberhalb des Treppenlaufes verbleibendes, ca. 80 cm breites Podest als Abstellraum oder zum Trocknen von Wäsche. Ein rautenförmiger Treppenabsatz im Obergeschoß erschließt das Elternschlafzimmer an der Rückseite sowie die Kinderschlafzimmer an der Straßenfront. Kennzeichnend für die drei Zimmer ist eine die gesamte Raumbreite einnehmende Fensterfront, die direkt unterhalb des Daches ansetzt. Um den Raum optisch zu vergrößern, erhielt das nur 5,2 m² umfassende Elternschlafzimmer zudem ein Fenster mit Mattglasscheibe zum Treppenhaus (Abb. 272). Der Entwurf von 1925 zeigt für das Elternschlafzimmer einen »Anderthalbschläfer« (1,20 x 2,00 m), während die Kinderschlaf-

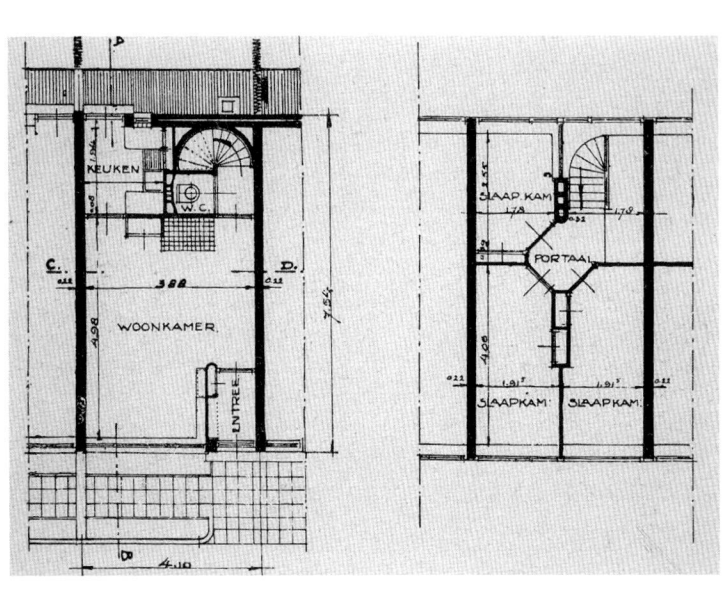

266. Siedlung Kiefhoek, Rotterdam, Normhaus, Grundriß EG, OG

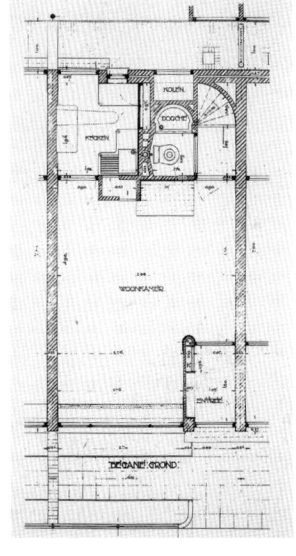

267. Siedlung Kiefhoek, Rotterdam, Normhaus, Grundriß EG mit ursprünglich geplanter Ausstattung

468 IX. KATALOG

zimmer mit 7,4 m² Grundfläche jeweils zwei Betten aufnehmen sollten. Alle drei Zimmer wurden mit einem schmalen Kleiderschrank ausgestattet, Wohn- und Schlafräume erhielten Bilderleisten in Höhe der Türen. Unterhalb der Leisten fanden sich einfarbige Tapeten, darüber waren die Wände weiß verputzt.⁷⁶³

Die Fliesen und alle Holzteile im Innenraum waren senfgelb gefaßt, so die Fensterrahmen, die Türen, der Meßkasten, die Hutablage, die Bilder- und Fußleisten sowie die Schränke.⁷⁶⁴ Der Boden von Windfang und Küche war dunkelbraun, die Wände der Küche blattgrün gestrichen.⁷⁶⁵ Der Windfang erhielt eine gelbe Wandbeschichtung.⁷⁶⁶ Die Wände der Schlafräume waren nach zeitgenössischen Fotografien zu urteilen dunkel tapeziert. Im Oud-Archiv findet sich die Farbskizze eines blauen Wohnzimmerschrankes mit roter Durchreiche neben dem gelb gefliesten Ofenplatz. Aufgrund der runden Gucklöcher in den Türen, die Oud auf Anregung der »Berufsorganisation der Hausfrauen Stuttgarts« bei seinen Reihenhäusern in der Weißenhofsiedlung* umsetzte, kann der Entwurf frühestens 1927 entstanden sein.⁷⁶⁷ Die Verwendung der Primärfarben weist schließlich auf eine nachträgliche Farbwahl, die dem tatsächlich ausgeführten Farbenkanon mit Gelb und Grün entgegenstand. Vermutlich versuchte Oud hier seine Bauten nachträglich als De Stijl-Arbeiten zu propagieren.

Waterstokerij

Das Gebäude der Waterstokerij bildet den Abschluß der Häuserzeile an der Nederhovenstraat (Abb. 264).⁷⁶⁸ Neben dem Kesselraum zum Erhitzen von Wasser nimmt die Waterstokerij einen Verkaufsraum mit Lager auf, in dem Heizmaterial und Drogeriewaren angeboten wurden. An der Rückseite schließt sich die Wohnung der Ladenbetreiber an. Der in Verlängerung der Lindstraat liegende Durchgang neben der Waterstokerij sollte als Zufahrt zur geplanten Autovermietung dienen. Um auf die Waterstokerij bzw. die Autovermietung aufmerksam zu machen, findet sich hier – ähnlich den Läden in Hoek van Holland* – eine große Laterne; zwei weitere Laternen dieser Art waren an anderer Stelle der Siedlung geplant.⁷⁶⁹

Die Waterstokerij tritt durch eine abweichende Fassadengestaltung und einen hohen, aus der Häuserflucht hervortretenden Rauchabzug hervor, der sowohl die Häuserzeile optisch abschließt als auch die Blickachse der Lindtstraat bestimmt. Der Schornstein ist an den Ecken abgerundet und war zur Abgrenzung von den Wohnhäusern dunkel, offenbar grün, gestrichen.

Die Straßenfront gliedert sich in ein vollständig verglastes Erdgeschoß und die geschlossene Wandfläche des Obergeschosses. Ähnlich den Läden der Siedlung Oud-Mathenesse* wählte Oud hier einen niedrigen grauen Sockel an Stelle der gelben Plinthen. Ein großes Schaufenster gewährt Einblick in den Laden mit Verkaufstheke. Da die angrenzende Ladentüre 1 m hinter die Fassade zurücktritt, erscheint das Schaufenster als frei vorgesetzter Glaskasten, eine Lösung, die eventuell von Gerrit Rietvelds Ladenbauten beeinflußt war. Der Kesselraum liegt hinter dem Verkaufsraum, von wo eine Treppe zum Lager im Obergeschoß führt. Der Boden wurde abweichend von den Wohnhäusern aus Beton gefertigt und mit Terrazzo belegt.

Der Eingang zur rückwärtigen Wohnung liegt an der Langseite des Gebäudes. Die Tür wird hier von zwei flachen dreiteiligen Fensterbändern (Verkaufsraum und Flur) flankiert, die zusammen ein axialsymmetrisches Motiv bilden. Da diese Wohnung über die Langseiten belichtet wird, mußte der Grundriß entsprechend verändert werden. Im Obergeschoß erschließt ein schmaler, an der Außenwand verlaufender Flur von 80 cm Breite die vier Schlafzimmer.

Eckläden (Abb. 35, 262, 263, 271)

Die Ladenbauten liegen in den beiden Blockecken beiderseits der Heer Arnoldstraat (Abb. 263). Während die Obergeschosse gerundet sind, wurden die Spitzen im Erdgeschoß abgeflacht und dort die zweiflügeligen verglasten Ladentüren integriert. Wiederum ist der Sockel unterhalb der Schaufenster abgeschrägt. Zudem wiederholt sich hier das aus Hoek van Holland* bekannte Schema einer verglasten Ladenzone mit einem geschlossenen Obergeschoß (Lagerräume), wobei durch die Scheiben die freistehenden Rundstützen im Innenraum sichtbar sind. Seitlich der Schaufenster befindet sich je ein kleines Auslagefenster, davor ein Fahrradabstellplatz mit Metallhalterung. Der Bereich mit Schaufenster und Türen wird durch eine weit vorkragende Betonplatte mit einem flach geneigten Schrägdach zusammengefaßt. Entsprechend dem Balkon in Hoek van Holland verläuft das Dach genau in halber Höhe der Fassade. Da bei den Ladenbauten die Vorgärten wegfallen, bleibt vor den Schaufenstern Platz für ein breites Trottoir, dem als Pendant zur Dachplatte eine gerundete Bodenplatte aufgelegt ist. Entsprechend der Waterstokerij waren wohl auch die beiden Läden im Erdgeschoß mit einem grünen Anstrich versehen. Die grüne Wandfläche und die dunkle Abdeckung der Vordächer bilden einen starken Kontrast zu den weißen

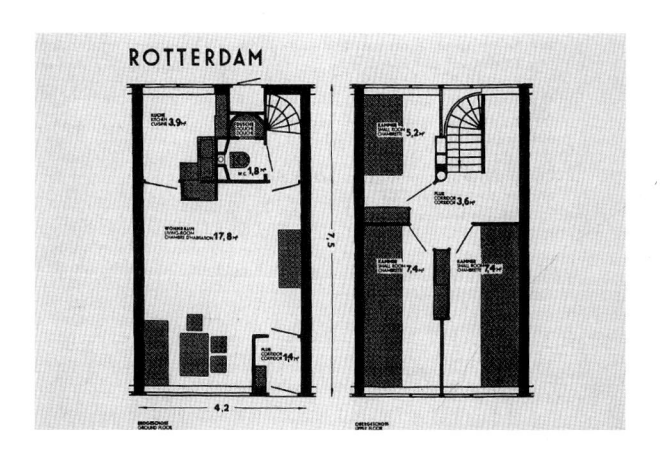

268. Siedlung Kiefhoek, Rotterdam, Normhaus, Grundrisse mit Möblierungsvorschlag

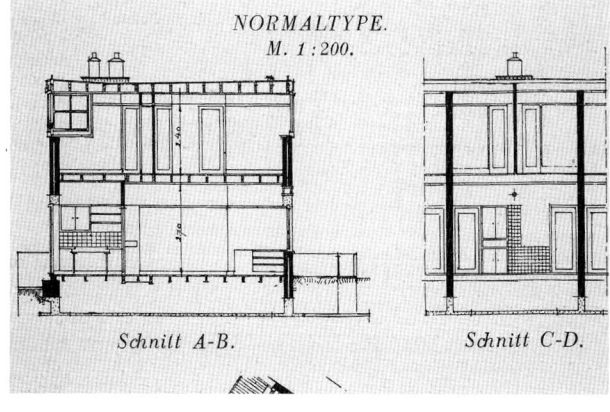

269. Siedlung Kiefhoek, Normhaus, Schnitte

Wänden der Obergeschosse, wodurch die geometrische Halbierung der Fassade noch betont wird.
Die Eingangstür führt direkt auf die in einer eleganten Rundung frei im Raum plazierte Ladentheke (Abb. 271). Sie bildet das Gegenstück zum Treppenlauf in der Tiefe des Raumes, wobei Theke und Treppe eine Kreisform um die zentrale Mittelstütze des Raumes beschreiben. In den Schaufenstern stehen jeweils zwei Stützenpaare, die im Kontrast zu den dunklen Außenwänden hell gefaßt sind. Der Boden wurde entsprechend der *Waterstokerij* aus Beton gefertigt. Das Lager im Obergeschoß und die Treppe erhielten Oberlichter.
Für die beiden Rücken an Rücken liegenden Wohnungen seitlich der Läden mußte aufgrund der abweichenden Grundfläche und der problematischen Belichtung eine andere Aufteilung gefunden werden. Um Tageslicht und einen Zugang zum Garten zu erhalten, wurde die Küche verlängert. Im Obergeschoß erhielten die zum Garten orientierten Schlafzimmer schmale Fenster, die in einer Entwurfsvariante spitzwinklig zusammenstoßen. Oberhalb des Ladens blieb Platz für ein drittes Schlafzimmer. Der Flur wird wiederum durch ein Dachfenster belichtet.

»Eckwohnungen« Lindtstraat/Nederhovenstraat

Gegenüber der *Waterstokerij* finden sich die einzigen »Eckwohnungen« der Siedlung.[770] Indem die Häuserzeilen der Nederhovenstraat und Lindstraat rechtwinklig zusammenstoßen, schließen die Rückseiten der beiden ersten Häuser an der Lindtstraat (Nr. 2, 4) direkt an die Langseite des letzten Hauses an der Nederhovenstraat (Nr. 16) an. Für die beiden Wohnungen an der Lindtstraat, die entsprechend nicht über die rückwärtige Schmalseite belichtet werden können, mußte ein individueller Entwurf erstellt werden.[771] Diese aufwendige Lösung hatte vor allem städtebauliche Gründe: Ziel war ein optischer Abschluß des Straßenraumes (Nederhovenstraat) sowie eine Akzentuierung der gegenüberliegenden *Waterstokerij*.

Die mit der Langseite zur Nederhovenstraat gerichtete Wohnung übernimmt vom Normhaus die einzelnen Raumeinheiten, die jedoch im Sinne eines Baukastens neu zusammengesetzt sind: Der Eingang verblieb an der Schmalseite (Lindtstraat), wo neben der Tür eine Treppe ins Obergeschoß führt. Hier fügte Oud einen schmalen Flur mit Oberlicht zur Erschließung der Schlafzimmer ein. Die Schmalseite zeigt im Erdgeschoß das von der *Waterstokerij* bekannte hochliegende Fensterband. Die geschlossene Wand darunter setzt sich als freistehende Mauer fort, die als Ersatz für den fehlenden Garten einen gepflasterten Vorhof an der Nederhovenstraat umfaßt. Längs zur Straße steht ein großer Schuppen, der den Hof vor fremden Blicken schützen sollte. Als dritte Hofeinfassung zeigt der Grundriß einen schmalen Blumenkasten. Das von den Tusschendijkener Innenhöfen* bekannte Motiv wurde bei der Ausführung durch eine Gartenmauer mit Metallgeländer ersetzt. Im Obergeschoß findet sich zur weiteren Akzentuierung des Zeilenabschlusses ein halbrunder Balkon.

Bei der angrenzenden Wohnung an der Lindtstraat wurden Küche und Elternschlafraum verlängert, wobei beide Räume zur Gartenseite hin Fenster erhielten. Diese liegen jeweils im Winkel der Häuserzeilen, wo sie – getrennt durch eine Stütze – rechtwinklig aneinanderstoßen. Da weder Platz für einen Garten noch für einen Vorgarten vorhanden war, sollte dieser Wohnung wohl der Vorgarten neben dem gepflasterten Hof an der Nederhovenstraat zugeordnet werden. Hierfür spricht, daß ein gepflasterter Weg vom Eingang um den Hof herum bis zum Vorgarten führt.

Wohnungen für Großfamilien (Abb. 37)

Die vier identischen Wohnhäuser für Großfamilien liegen, ihrer Funktion entsprechend, an der verkehrsarmen Kleine Lindstraat. Durch die Plazierung der Häuser vor den offenen »Innenhöfen« konnte die unerwünschte Einsicht in die Privatgärten verhindert werden. Die gesamte Straße wird zudem beidseitig von einer Mauerbrüstung mit aufgesetztem Gitter eingefaßt.

Ein Grundriß der Wohnungen ist nicht überliefert. Die äußere Gestaltung läßt jedoch darauf schließen, daß einer Normwohnung jeweils zwei einzelne Schlafräume symmetrisch angefügt wurden. Mit Ausnahme der seitlich liegenden Eingangstür ergeben sich so streng symmetrische Gebäude. Indem die eingeschossigen Schlafräume aus der Gebäudeflucht hervortreten, wird die Eigenständigkeit dieser beiden Baukörper betont. Die

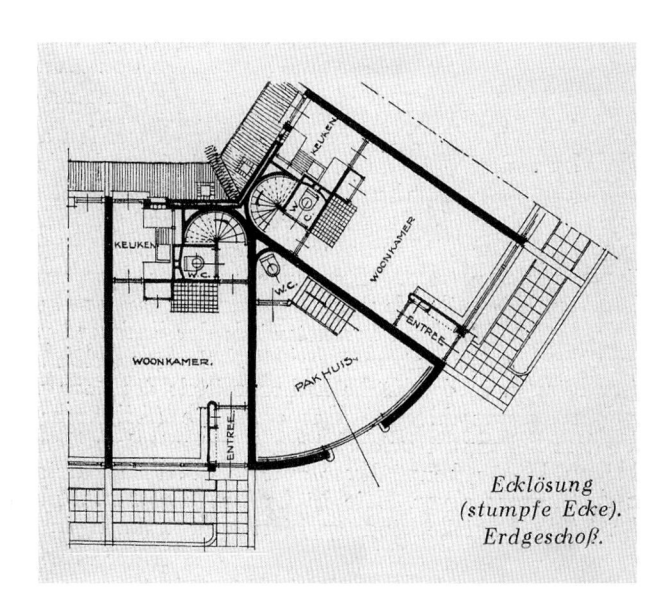

270. Siedlung Kiefhoek, Rotterdam, Lagerraum zwischen zwei Normhäusern, Grundriß EG

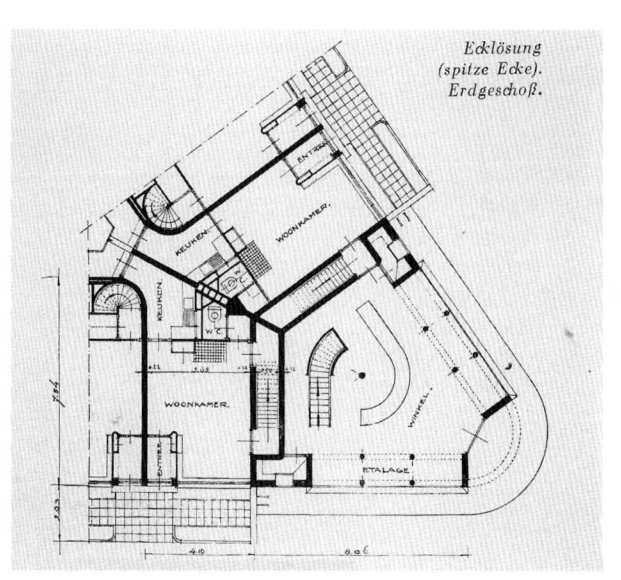

271. Siedlung Kiefhoek, Rotterdam, Laden, Grundriß EG

Normwohnung, die nur an dieser Stelle isoliert auftritt, wird – entsprechend den Einzelhäusern in Oud-Mathenesse* – als Basiselement der Siedlung erfahrbar.

Lagerhäuser

In dem stumpfen Winkel der beiden Häuserzeilen an Lindtstraat/Hendrik Idoplein und der 2e Kiefhoekstraat ist je ein Lagerhaus als verbindendes Element eingefügt (vgl. Abb. 260). Obwohl sich die Häuserzeilen auf diese Weise über die Straßenbiegung hinweg fortsetzen, wird durch eine veränderte Fassadengestaltung die abweichende Funktion dieser Bauten sichtbar. In der Mitte befindet sich eine von Pollern geschützte Doppeltür aus Stahl, über der sich ein großes Fenster zur Belichtung von Erd- und Obergeschoß erstreckt. Abweichend von den Schaufenstern der Läden handelt es sich hier um ein kleinteilig versproßtes Mattglasfenster. Metallrahmen und Tür waren (wie die Eisengeländer der Siedlung) blau gefaßt und setzten sich so von den roten Wohnungstüren und den gelben Fensterrahmen der Normwohnung ab.[772] An Stelle eines gelben Backsteinsockels wählte Oud einen schmalen dunklen Sockelstreifen.

Der Grundriß (Abb. 270) zeigt ein Kreissegment mit abgerundeter Spitze, das in den Zwischenraum der beiden Häuserzeilen eingeschoben ist. Ähnlich den Ladenbauten, die ebenfalls ein Kreissegment bilden, wird hier die streng geometrische Struktur des Entwurfs deutlich. Die kleine Rundung nimmt im Erdgeschoß die Toilette auf, darüber liegt die zweiläufige Treppe ins Obergeschoß. Um die Belichtung des Innenraumes zu verbessern, wurde im Bereich des Fensters ein Teil der Zwischendecke entfernt. Wie Oud in seiner Erläuterung anmerkt, waren die Lagerräume auch als Werkstätten zu nutzen.[773]

Farbentwürfe

Während der Rekonstruktion der Siedlung wurden, unterstützt von Fachleuten der Farbenfabrik Sikkens, Untersuchungen zur ursprünglichen Farbfassung der Bauten vorgenommen. Eindeutige Ergebnisse konnten jedoch nicht erzielt werden.[774]

Eine Farbskizze der Wohnbauten für Großfamilien zeigt (neben einer veränderten Gestaltung des Außenbaus) eine von der realisierten Form abweichende Farbgebung.[775] Im Gegensatz zu den übrigen Wohnhäusern sind hier sowohl die Holzelemente als auch große Teile der Wandflächen farbig gehalten. Während einige Wände monochrom gefaßt sind, weisen andere unterschiedlich große farbige Rechtecke und Kreise auf. Unklar ist, ob es sich dabei um Rundfenster entsprechend den Eckwohnungen der Siedlung Oud-Mathenesse* oder um gemalte Kreise handelt. Die geometrischen Formen, die keinerlei Bezug zur architektonischen Lösung zeigen, erinnern im Fall der Rechtecke an die (von Oud abgelehnten) Arbeiten der De Stijl-Maler. Zu den Primärfarben kommt hier Schwarz hinzu, eine Farbe, die Oud in keiner seiner Siedlungen verwendete. Schließlich widersprechen die blauen Fensterrahmen den einheitlich gelb (Obergeschoß) oder grau (Erdgeschoß) gefaßten Rahmen der ausgeführten Wohnhäuser. Die Abweichungen von dem ansonsten strikt verfolgten Farbkonzept der Siedlung lassen hier auf eine nachträglich gefertigte, als De Stijl-Kunst inszenierte Farbfassung schließen. Möglicherweise entstand die Skizze erst in Verbindung mit den De Stijl-Ausstellungen der 1950er Jahre.[776]

In mehreren Entwürfen, die im Detail von der ausgeführten Fassung abweichen, wurden an den Schmalseiten zweier Häuserzeilen große Kreise eingezeichnet.[777] Aufgrund ihrer Größe sind sie nicht als Rundfenster, sondern als farblich abgesetzte Kreise zu deuten. Damit erinnern sie an die Wandgestaltung von Gerrit Rietvelds Sprechzimmer von A. M. Hartog in Maarssen (1922), das einen großen orangeroten Kreis auf weißer Wandfläche aufweist.[778] Diesem möglichen Vorbild entspricht auch die Farbskizze eines Wohnbaus mit einem (nachträglich ausradierten) roten Kreis auf weißer Hauswand.[779] Das Gebäude zeigt zwar große Ähnlichkeit mit den Reihenhäusern in Kiefhoek, weicht jedoch in der Detaillösung und der Farbgebung vom ausgeführten Farbschema ab: So sind die Erdgeschoßwände und ein Gesimsband rot gefaßt, die Unterseite von Vordach und Balkon gelb.

In einer weiteren Skizze werden die Dachkanten der Häuserzeilen und der Wohnbauten für Großfamilien gelb abgesetzt.[780] Eine senkrecht auf die Wohnung für Großfamilien zuführende Straße sowie eine veränderte Formgebung des Eckbaus machen deutlich, daß es sich nicht um Farbentwürfe der ausgeführten Entwurfsfassung handelt. Aufgrund der divergierenden Farbwahl ist auch hier von einer nachträglich entstandenen Skizze auszugehen.

Vorentwürfe

Eine Blaupause im Oud-Archiv zeigt gegenüber dem ausgeführten Entwurf eine veränderte Gestaltung von Eemstein und Hendrik Idoplein. Die dreieckige Grünanlage des Hendrik Idoplein erhält hier die Form eines Kreissegments mit gerundeter Spitze, eine im Grundriß der Lagerräume realisierte Form. Auf diese Weise ergibt sich für die Verbindungsstraße zwischen Hendrik Idostraat und der Zufahrt vom Groene Hilledijk ein gebogener Straßenverlauf, der dem (in Wirklichkeit geringen) Verkehrsfluß Rechnung zu tragen scheint. Der Bepflanzung kommt besondere Bedeutung zu, wobei vor allem die städtebaulich hervorgehobenen Plätze (wie Nederhovenstraat und Groote Lindtplein) bedacht werden. Entsprechend weist auch der Spielplatz am Hendrik Idoplein eine rundum laufende Baumreihe auf. Um eine symmetrische Fläche zu erhalten, sollte am Groene Hilledijk eine zweifache Baumreihe gesetzt werden.

Als Pendant zum Hendrik Idoplein zeigt auch der Eemstein eine gerundete Begrenzung des Spielplatzes. Das Trottoir erhält als Fortsetzung der Vorgärten eine Reihe von Mauerbrüstungen, die nur drei schmale Durchgänge zur Straße freilassen. Auf mehreren Bleistiftskizzen im Oud-Archiv[781] sind für die Spielfläche Sandkästen und Bänke vorgesehen. Offensichtlich hatte Oud (ähnlich seinem Spielplatzentwurf der Siedlung Oud-Mathenesse*) an verschiedene Spielbereiche und Geräte gedacht, die jedoch, wie auch die Bepflanzung, unausgeführt blieben.

Ouds ursprünglicher Entwurf des Normhauses von 1925 (Abb. 267) sah verschiedene Einrichtungen vor, die aus Kostengründen gestrichen wurden: eine Dusche unterhalb der Treppe, fließend Wasser im Obergeschoß, ein von außen zugänglicher Kohlenplatz sowie ein aufklappbares Bügelbrett in der Küche. Zudem wurde die Küchenausstattung reduziert und die Durchreiche zugunsten des Geschirrschrankes im Wohnraum aufgegeben. Die Küche sollte sich entsprechend dem Schlafzimmern in ganzer Breite zum Garten öffnen. Der Windfang war ursprünglich aus Holz geplant und insgesamt kleiner.[782] Oud hatte zudem einen Briefeinwurf entwickelt, der die Briefe direkt ins Wohnzimmer befördern sollte.[783]

Die Gestaltung der Gartenseite mit Kohlenluke und einem breiten Küchenfenster ist nicht überliefert. Eine Blaupause im Oud-Archiv zeigt eine Variante, die jedoch nicht mit diesem Grundriß übereinstimmt. Die Küchentür liegt dort in der Fassadenmitte, so daß neben der Tür ein größeres Fenster eingeschoben werden konnte.

Eine Perspektivzeichnung im Oud-Archiv zeigt einen frühen Entwurf der beiden Läden (Abb. 265) zu Seiten der Heer Arnoldstraat.[784] Im Gegensatz zu den ausgeführten Entwürfen sind die Läden an den Fassaden zum Hendrik Idoplein und 2e Kiefhoekstraat als Risalite ausgebildet, während sie an der Heer Arnoldstraat in einer Flucht mit den Wohnhäusern liegen. Die beiden weit aus der Häuserflucht hervortretenden Risalite werden von jeweils drei mittig angeordneten, gekoppelten Türen bestimmt. Wie die Wohnbauten besitzen auch die Läden einen Sockel, so daß dort allein die Erdgeschoßfenster als Schaufenster dienen. Ähnlich den Zeilenabschlüssen in Hoek van Holland* ist dem Dachrand ein profiliertes Dachgesims aufgesetzt. Mit Risalit und Dachgesims erscheint der Entwurf insgesamt konventioneller als die ausgeführten Bauten mit ihren durchlaufenden, ungegliederten Hausfronten und schlichter Dachkante.

Baugeschichte
Bereits bei Fertigstellung der Bauten zeigten sich erste Bauschäden durch Absenkungen. Im Sommer 1930 wurden die Fassadenrisse abgedichtet und im Winter 1930/31 mit Putz ausgebessert.[785] In diesem Jahr veranlaßte die *Bouwpolitie en Woningdienst* eine Untersuchung der von Oud errichteten Gemeindebauten in Tusschendijken*, Oud-Mathenesse* und Kiefhoek.[786] Als Ursache für die Schäden in Kiefhoek wurden dort die Betonsturze genannt, die sich bei Temperaturveränderungen ausdehnen bzw. zusammenziehen. Ein Ersatz der Balken schien jedoch nicht notwendig. In den 1950er Jahren wurde Oud aufgefordert, eine Bibliothek für das als Spielplatz genutzte Terrain am Hendrik Idoplein zu entwerfen. Der auf Februar 1957 datierte Entwurf kam aus Kostengründen nicht zur Ausführung.[787]

Im Gegensatz zum Witte Dorp* erhielt die wenig später entstandene Siedlung Kiefhoek, seit Ende der 1920er Jahre eines der prominentesten Beispiele der Modernen Architektur, den Status eines *Rijksmonument*. Mit Zustimmung der Denkmalpflege wurden 1985 die maroden Holzfenster durch Kunststoffenster ersetzt, die in Farbe, Größe und Detailbildung jedoch deutlich vom ursprünglichen Erscheinungsbild abwichen.[788] Die weiterhin bestehenden bautechnischen Mängel und der geringe Wohnkomfort der Häuser zwangen zu einer umfassenden Sanierung. Nach Untersuchung der Bausubstanz fiel die Entscheidung zu Gunsten eines Abrisses und Neubaus der Siedlung, wobei das Straßenbild als spezifisches Kennzeichen erhalten werden sollte. Während die neu errichteten Straßenfassaden somit dem ursprünglichen Entwurf folgen, wurden die schmalen Normhäuser durch größere Wohnungen, darunter 5-Zimmerwohnungen für Familien mit Kindern, ersetzt.[789] Acht Wohnhäuser am Hendrik Idoplein (Nr. 1–8), die aufgrund ihres schlechten Zustandes 1985 nicht mehr saniert worden waren, konnten vor dem Abriß auf ihre ursprüngliche Farbgebung und Materialverwendung hin untersucht werden.[790] Die im Oktober 1989 begonnenen Baumaßnahmen durch Wytze Patijn (Rotterdam), Katrin Overmeire und Jaap van Kampen (Delft)[791] waren 1995 abgeschlossen. Veränderungen gegenüber dem ursprünglichen Straßenbild zeigen die erhöhten Dächer, die größeren Lüftungsschlitze, die an Stelle der Wohnungstüren eingesetzten Fenstertüren und die Küchenanbauten an der Gartenfront. Die Baulücke in der 2e Kiefhoekstraat, die ursprünglich das Büro aufnehmen sollte, wurde durch Wohnungen mit Garagen geschlossen.

Im September 1990 konnte die Museumswohnung am Hendrik Idoplein Nr. 2 (Abb. 36, 272), ein weitgehend originalgetreu rekonstruiertes Normhaus, eröffnet werden. Ausstattung und Instandhaltung der Wohnung liegen in Verantwortung der »Stiftung Museumwoning De Kiefhoek«.

Frühe Publikationen Niederlande: Van Loghem 1930; Otten 1930; Knuttel 1930; Rebel 1977, S. 157 (Skizze mit vorgezogenen Läden). Ausland: Stavitel, IX, 1928, Nr. 30, S. 37 (ursprünglich geplante Grundrisse); Polášek 1928, S. 107–109; CIAM 1930, S. 6; Oud 1930b; Oud 1930c; Oud 1931a; 1931c; Oud 1931d; AR, Bd. 69, Juni 1931, Nr. 6, S. 506f.; CIAM 1931, Nr. 7; Hitchcock 1932, S. 196; Bauer 1934, S. 13, Abb. A, B, C, S. 196.

Literaturauswahl J. J. P. Oud, undatierte Konzepte für Zeitschriftenartikel: »Ein Stadtviertel von ›Wohn-Fords‹ in Rotterdam«; Gemeentelijke Woningbouw ›Kiefhoek‹ Rotterdam«: Oud-Archiv, C 36. Otten 1930; Oud 1930b; Oud 1930c; Oud 1931a; Oud 1931b; Oud 1931c; Oud 1931d (abg. in Taverne 2001, S. 285); Oud 1931e; L'Architettura e arti decorativi, Januar/Februar 1931, S. 198f.; Rapport in zake de gebreken van de woningcomplexen in Tusschendijken aan de Kiefhoek en in Oud Mathenesse te Rotterdam vom 26.6.1931, 17 Seiten: Akten des GWR, zu Kiefhoek S. 14–16; Goor/Heederik 1931; De Jonge van Ellemeet 1931; Preußische Kreuzzeitung 1931; Dettingmeijer 1982; Andela 1989; Cusveller 1990a; Cusveller 1990d; Duursma/Van der Hoeven/Vanstiphout 1991b; Mácel 1991; Overmeire/Patijn 1990; Bol 1991; Van der Hoeven 1991; Vermeer/Rebel 1994, S. 298–303; Mellegers 1995; Meurs 1995.
Vgl. Taverne 2001, Kat. Nr. 45.

272. Siedlung Kiefhoek, Rotterdam, Museumswohnung, Fenster vom Treppenhaus aus gesehen, Fotografie 1998

26 Hotel Stiassny, Brünn

Gegenstand Unausgeführter Wettbewerbsentwurf für das Hotel Stiassny unter Einschluß gastronomischer Betriebe, Läden und eines Kinos.

Ort Ecke Theatergasse (heute: Divadelnístraße) und Palackystraße in Brünn, Tschechische Republik. Die Theatergasse ist Teil einer nach Wiener Vorbild angelegten repräsentativen Ringstraße (Abb. 273, 274) mit Bahnhof, Grandhotel, Justizpalast und Theater. Das Grundstück liegt am Ostrand der Altstadt zwischen dem Hauptbahnhof und der Glacisanlage und in unmittelbarer Nähe zu dem 1881/82 von F. Fellner und H. Helmer errichteten Theater (Abb. 275). Vor dem 1. Weltkrieg hatte sich auf dem Baugrundstück ein Varieté-Theater befunden.[792]

Als zweitgrößte Stadt der Tschechoslowakischen Republik und Hauptstadt von Mähren erlebte Groß-Brünn in den 1920er Jahren einen starken Aufschwung.[793] Mit Einrichtung des Fachs Architektur an der Technischen Hochschule Brünn (1919/20) und dem städtischen Bauamt unter Leitung von Jindřich Kumpošt zeigte sich die Stadt zunehmend aufgeschlossen für die Moderne, eine Entwicklung, die nicht zuletzt in dem bekannten Vortragszyklus zur Modernen Architektur (1924/25) und der Gründung einer Zweigstelle des Klub Architektů (Herausgeber der Architekturzeitschrift »Stavba«) zum Ausdruck kam.

Entwurf Die Einladung zum Wettbewerb erfolgte zwischen Ende 1925 und Anfang 1926. Am 10. April 1926 wurde Ouds Entwurf in einer Ausstellung in Brünn präsentiert.[794] Entsprechend dem auf 26. Februar 1926 datierten Konkurrenzentwurf von Peter Behrens wird auch Ouds Arbeit Anfang 1926 entstanden sein.

Auftrag Auslober war der bedeutende Brünner Textilfabrikant Alfred Stiassny.[795] Die Ausführung des Baus sollte offenbar das Brünner Bauunternehmen von Artur Eisler übernehmen, das auch das Bauprogramm ausarbeitete.[796] Einladungen zum Wettbewerb erhielten Peter Behrens, Inno A. Campbell und Oud. Nachträglich kam der Brünner Architekt Arnošt Wiesner hinzu, der bereits 1924 mit dem Bau einer Textilfabrik für Stiassny begonnen hatte.[797] Ouds Kontakte zu tschechischen Künstlern hatten sich infolge seiner beiden Vorträge in Prag und Brünn von November 1924 intensiviert. Die Verbindung zu Stiassny bzw. dem Büro Eisler erfolgte eventuell über Otto Eisler (Bruder von Artur Eisler), der bei Gropius in Weimar tätig gewesen war. Eingereicht wurden Entwürfe von Behrens, Oud und Wiesner. Der im Bauunternehmen beschäftigte Architekt Heinrich Blum, einer der Verantwortlichen des Ausschreibungsprogramms, erstellte ein Vorprojekt und einen Wettbewerbsentwurf.[798] Nach Aussage des Architekten Günther Hirschel-Protsch, der Oud in Rotterdam

273. Stadtplan von Brünn, 1920er Jahre, Altstadt (links), Glacisanlage, Theater und Grundstück Hotel Stiassny

besucht hatte, war der Hotel-Entwurf in Zusammenarbeit mit Ouds Assistenten Paul Meller entstanden.[799] Allerdings spricht die Handschrift gegen einen wesentlichen Entwurfs-Beitrag von Meller. Neben Ouds Entwürfen sind von Behrens zwei Perspektiven (Abb. 279) und der Grundriß des »Normalgeschosses« (Abb. 278) überliefert.[800] Die unpublizierte Arbeit von Wiesner, die den Zuschlag erhalten hatte, ist nicht erhalten.[801]

Konstruktion/Material Stahlkonstruktion oder Stahlbetonbau.
Planmaterial NAi: Lageplan mit umliegenden Straßenzügen (Abb. 280), zwei (geringfügig differierende) Perspektiven (Abb. 281), Bleistiftskizze mit Aufriß zur Palackystraße. CCA: Perspektive. MoMA.[802] GRI: neun Zeichnungen, ein Abzug (mit Bleistifteintragungen). Ein Aufriß (Abb. 282), ein Schnitt (Abb. 283) sowie die Grundrisse von Erdgeschoß (Abb. 284), Mezzanin, Kellergeschoß, Souterrain (Abb. 286) und eines »typischen Geschosses« (Abb. 285) wurden 1927 in »Wasmuths Monatsheften zur Baukunst« publiziert.[803]

Gefordertes Bauprogramm
Die Ausschreibung forderte rund 180 Zimmer, davon in der Mehrzahl Einzelzimmer, sowie eine entsprechende Anzahl von Bädern und Toiletten. Die Zimmer sollten mit einem Einbauschrank, einem Sofa, einem Schreibtisch mit Stuhl, einem Waschtisch mit Warm- und Kaltwasseranschluß, einem Bett mit Nachtkästchen und einem Koffergestell ausgestattet sein. Neben dem Hotel sah die Ausschreibung ein Restaurant (250 m²), einen Ausschank/»Schwemme« (250 m²) und ein Café (200 m²) mit den erforderlichen Wirtschaftsräumen und Aufzügen vor. Die übrige Fläche von Parterre und Mezzanin war für Läden vorgesehen. Da die schlechten Bodenverhältnisse eine tiefe Ausschachtung des Baugrundes forderten, wurde als bestmögliche Nutzung der zwei Untergeschosse ein größeres Kino und eine Bar vorgeschlagen. Außerdem sollten dort die technischen Einrichtungen wie Heizung, Lüftung, Staubsaugeranlage, Küchen, Kühlanlage etc. untergebracht werden. Für die Bier- und Weinvorräte standen die Keller des angrenzenden Wohnhauses in der Theatergasse zur Verfügung. Ferner sollte das Gebäude die Wäscherei des Hotels, Zimmer für das Personal und die Wohnung des Hoteldirektors beherbergen.

Bauprogramm von Ouds Entwurf
Das Gebäude besteht aus Keller, Souterrain, Erdgeschoß, Mezzanin (über dem Erdgeschoß) und sechs identischen Obergeschossen. Der angefügte Bauteil in der Palackystraße erhielt zwei Obergeschosse weniger.

Ein Obergeschoß (Abb. 285) nimmt jeweils 28 Schlafzimmer auf, davon 23 Zimmer mit je einem Bett und fünf Zimmer mit je zwei Betten. Die Zimmer verfügen gemäß der Ausschreibung über Nachttisch, Koffergestell, Kanapee, Schrank, Schreibtisch mit Stuhl und Waschtisch, die zur Straße liegenden Zimmer haben zudem einen Balkon. Pro Geschoß sind sechs Badezimmer vorgesehen, wobei drei Badezimmer mit dem jeweils seitlich anschließenden Zimmer verbunden werden können. Weiterhin finden sich in jedem Obergeschoß eine Teeküche, ein Raum für den Kellner, ein Wäschezimmer, ein Tagesraum für das Etagenmädchen (Bad und Schlafraum) und ein Schlafraum für das Personal (sechs Betten).

Erdgeschoß (Abb. 284): Eingangshalle des Hotels mit Kasse, Portiersloge und zentraler Anrichte, Podest für Musiker, Galerie. Flügel an der Theatergasse: Restaurant; Flügel an der Palackystraße: Schwemme, Café und Garagen. Hof und Dach sind als Gärten angelegt.

Mezzanin: Gesellschaftsräume für die Hotelgäste mit Billardraum oder Musikzimmer, zwei Schreibzimmern, Gesellschaftsraum, Frühstückszimmer und Tearoom; an der Theaterstraße: Direktorenwohnung mit Raum der Hotelverwaltung, Wohnzimmer, Büro, Bad, Toiletten, zwei Schlafzimmern im darüberliegenden Geschoß; an der Palackystraße: zwei vermietbare Büroräume mit feuersicherem Schrank, Speiseraum für das Personal.

Souterrain (Abb. 286): Galerie des Kinos mit 280 Plätzen, Kassenhalle, Zugänge zum Kinosaal, Friseur, Blumenladen, Garderoben, Toiletten, Galerie der Tanzbar, Wäscherei, Anrichte und zentrale Küche bestehend aus Haupt- und drei Nebenküchen.

Kellergeschoß: Parterre des Kinosaals mit 535 Plätzen, Foyer des Kinosaals, Tanzboden der Bar mit Buffet und Raum für die Musiker, Foyer mit Garderobe für den Tanzsaal, Weinkeller, Heizung, Lüftung, Kohlenlager, Raum für Küchenvorräte.

Insgesamt umfaßt der Entwurf in den ersten vier Geschossen 112 Zimmer sowie 44 Zimmer im 5. und 6. Obergeschoß. Die Gesamtzahl von 156 liegt damit unter den in der Ausschreibung geforderten 180 Zimmern. Entgegen der Ausschreibung finden

274. Altstadtring Brünn, Blick nach Norden, am Ende der Straßenachse der Bauplatz des Hotel Stiassny, hist. Ansicht, 1920er Jahre

275. Theatergasse in Brünn mit Theater, hist. Ansicht, 1920er Jahre

sich die Läden (Friseur, Blumenladen) zudem nicht in Parterre und Mezzanin, sondern im Souterrain.

Städtebauliche Situation (Abb. 280)
Das Grundstück befindet sich in exponierter Lage an einer nach Wiener Vorbild angelegten Ringstraße im Osten der Altstadt. Vom Bahnhof im Süden kommend (Benešovastraße) knickt der Straßenzug, der historischen Stadtgrenze folgend, nach Norden ab (Theatergasse), wodurch der Bauplatz genau in Achse der südlichen Ringstraße zu liegen kommt (vgl. Abb. 277). Das Grundstück markiert den Beginn der sich in nördlicher Richtung um die Altstadt ziehenden Glacisanlage mit einer Reihe repräsentativer Bauten. In unmittelbarer Nachbarschaft befanden sich das vormals Deutsche Stadttheater (1881/82), heute Mahen Theater, und das »sezessionistische« Künstlerhaus. Als Verbindung zwischen der Theatergasse und dem zentralen Freiheitsplatz (Náměstí Svobody) diente die in Höhe des Grundstücks abzweigende Krapfengasse (heute Kobližnástraße) als eine der wichtigsten Geschäftsstraßen Brünns.

Der Bauplatz ist Teil eines Straßenblockes, der sich aus einem rechteckigen nördlichen und einem dreieckigen südlichen Terrain zusammensetzt (Abb. 280). Im Norden, ebenfalls an der Ringstraße, schließt sich das Theater mit Rondell und repräsentativer Auffahrt an (Abb. 275), östlich davon die Glacisanlage mit dem Künstlerhaus. Auf dem rechteckigen Terrain stand bereits ein dreistöckiges Wohnhaus, das aufgrund des Mieterschutzgesetzes zunächst erhalten bleiben mußte. Für den Hotelneubau war daher das durch Abriß frei werdende, dreieckige Grundstück vorgesehen. Das rechteckige Terrain sollte für eine spätere Erweiterung in die Planung einbezogen werden, wobei eine organische Verbindung der sukzessiv auszuführenden Bauten gefordert war.

Das dreieckige Grundstück wird von der Theatergasse im Westen (Abb. 276, 277) und der Palackystraße im Südosten eingefaßt. Die Gebäudespitze liegt genau in der Achse der vom Hauptbahnhof kommenden südlichen Ringstraße (Benešovastraße). Die schräg abzweigende Palackystraße knickt dem historischen Stadtumriß folgend stumpfwinklig ab und verläuft als verbreiteter Straßenzug parallel zur Theatergasse weiter. Im vorderen Teil der Palackystrasse befand sich zu dieser Zeit der Güterbahnhof, an dessen Stelle ein Neubau für die Staatsbahndirektion entstehen sollte. Hierauf folgt, gegenüber dem rechteckigen Terrain, das klassizistische Zollhaus. Durch die relativ schmale Theatergasse, die als Teil der Ringstraße den Bahnhof mit dem Stadttheater verbindet, verliefen bereits zwei Straßenbahntrassen. Gemäß den Erweiterungsplänen der Stadt sollte sie in Kürze auch den innerstädtischen Verkehr, der in dieser Zeit noch durch die Masarykstrasse geleitet wurde, aufnehmen. Die Bebauung der Theatergasse besteht vorwiegend aus vier- bis fünfgeschossigen Wohnhäusern des 19. Jahrhunderts (vgl. Abb. 274).

Das Eckgrundstück war aufgrund der exponierten Lage im Stadtbild von der allgemeinen Höhenbegrenzung ausgenommen: Während die Wohnhäuser an Theatergasse und Palackystraße eine Traufhöhe von 18,3 m aufwiesen, wurde dem Hotel eine sechs- bis siebengeschossige Bebauung zugestanden. Der geplante Erweiterungsbau auf dem rechteckigen Terrain durfte aufgrund der Nachbarschaft zum Theater jedoch nicht mehr als sechs Geschosse einnehmen.

Gebäude (Abb. 281, 282)
Das Hotel besteht aus zwei identischen, spitzwinklig verbundenen Gebäudeflügeln von acht Geschossen und einem sechsgeschossigen Anbau in der Palackystraße. Der Flügel an der Theatergasse und der angefügte Bauteil grenzen direkt an das bestehende Wohnhaus, wodurch sich eine geschlossene Randbebauung für den gesamten Straßenblock ergibt. Der sechsgeschossige Anbau trifft, dem Straßenknick folgend, in einer flachen Rundung auf das ältere Gebäude. Hier entsteht ein stufenweiser Übergang vom achtgeschossigen Hotelbau über den sechsgeschossigen Anbau zum dreigeschossigen Wohnhaus, während in der Theatergasse der Hotelbau unvermittelt auf das niedrige Wohnhaus stößt. Erst mit dem späteren Erweiterungsbau hätte sich hier der (von Oud beschriebene) stufenförmige Anschluß an den hinteren, niedrigeren Bauabschnitt ergeben. Da die Flügel des Hotels schmaler sind als die des Wohnhauses, treten diese am Innenhof weit vor die Fassadenflucht des Hotels. Um diese gestalterisch wenig befriedigende Lösung zu korrigieren, übernimmt der im Umriß angedeutete Erweiterungsbau die Breite des Hotelbaus.

Bestimmendes Element ist die in Achse der Ringstraße liegende achtgeschossige Gebäudespitze mit dem repräsentativen Haupteingang des Hotels. Einen zweiten städtebaulichen Akzent bildet die gerundete Gebäudefront an der Palackystraße, die in der Straßenführung und im Verlauf des gegenüberliegenden Trottoirs aufgegriffen wird. Eine Baumreihe verdeckt die Sicht auf die dahinterliegende Gebäudefront und akzentuiert gleichzeitig den Straßenverlauf (Abb. 280). Durch den breiten Gehweg und die

276. Theatergasse in Brünn mit Blick nach Süden, Theater (links), Fotografie 1999

277. Palast Morava, Brünn, mit Blick in die Theatergasse, Fotografie 1999

PROJEKTE UND AUSGEFÜHRTE BAUTEN 1916 BIS 1931   475

Bäume erhält die Palackystraße den Charakter eines repräsentativen Boulevards. Dem entspricht, daß sowohl in den beiden Perspektiven[804] als auch im Aufriß (Abb. 281, 282) diese Fassade wiedergegeben ist und so – neben der Gebäudespitze – als Hauptansicht definiert wird.

Der Grundriß zeigt eine Verbindung einzelner, einfach strukturierter Funktionsabschnitte. Das zweiflügelige Hauptgebäude ist axialsymmetrisch mit einer durch die Gebäudespitze laufenden Spiegelachse angelegt. Ausgangspunkt des Entwurfs war der Grundriß des Erdgeschosses (Abb. 284), der sich aus den beiden großen Sälen (Schwemme und Restaurant) und einem zentralen »Gelenk« in der Gebäudespitze mit Hotelhalle, Treppen, Fahrstühlen und Anrichte zusammensetzt. Die abgeschrägte Spitze zeigt in Breite dieses Gelenks zwei stumpfwinklig aufeinandertreffende Fassaden seitlich der Mittelachse. Auf die beiden Säle folgen zwei wiederum identische Bauabschnitte mit den Treppenhäusern und Badezimmern. Der Anbau an der Palackystraße setzt sich aus dem Café und einem die Lücke zwischen Wohnhaus und Hotel schließenden Bauglied mit gerundeter Front zusammen. Dieses auf einem Kreissegment basierende Element findet ein Pendant in den Lagerräumen der Siedlung Kiefhoek*, die als Bindeglied zwischen zwei Häuserzeilen fungieren. Mittels einer den gesamten Bau durchziehenden »Verkehrsachse«, die exakt in der Mitte der Flügel verläuft, sind alle Funktionsbereiche miteinander verbunden. Innerhalb eines Raumes wird diese Achse durch die Anordnung der Stützen als Verkehrsweg sichtbar gemacht. Auch für die Grunddisposition der übrigen Geschosse ist diese Achse bestimmend.

Die beiden Gebäudeflügel werden von einem weit auskragenden Dach zusammengefaßt, das, von schlanken Stützen getragen, einen Dachgarten (vgl. Abb. 282, 283) bedeckt. Entsprechend der Grundrißkonzeption (Erdgeschoß) zeigen die beiden Flügel eine bis ins Detail axialsymmetrische Fassadengestaltung. In der Spitze des Gebäudes befindet sich der Haupteingang des Hotels (Abb. 281), zu dem eine breite, mehrstufige Treppe hinaufführt. Aufgang und Treppenabsatz liegen unter einem auskragenden Vordach, das ähnlich den Eckläden der Siedlung Kiefhoek* eine schräge Dachfläche zeigt. Unter dem Vordach verlaufen zylinderförmige Leuchtröhren mit dem Namen des Hotels. Ein flaches Fensterband oberhalb des Daches belichtet den Eingangsbereich, während der Gesellschaftsraum darüber eine große Fensterfront erhält. Die Gebäudespitze wird dort von einer schmalen, der Fensterfront vorgesetzten Rundstütze akzentuiert.

In den darüberliegenden Geschossen befinden sich die Zimmer der Bediensteten, flankiert von den Doppelzimmern des Hotels. Während die Mädchenzimmer allein schmale, hochliegende Fenster erhalten, zeigen die Doppelzimmer kleine, an drei Seiten durchfensterte Erker, die in einem eleganten Bogen aus der Wand herauswachsen. Unter dem Dach ist in einer der beiden Perspektiven ein großer Schriftzug mit dem Namen des Hotels angebracht: an der zur Palackystraße gerichteten Seite der Gebäudespitze das Wort »STIASSNI« sowie über dem anschließenden Fassadenabschnitt das Wort »HOTEL«. Mit Blick auf die Symmetrie des Gebäudes sollte an der Fassade zur Theatergasse wohl der Schriftzug »HOTEL STIASSNI« erscheinen. Weitere Schriftzüge waren zwischen dem Fensterband des Eingangs und der Fensterfront des Gesellschaftsraumes geplant.[805]

Die anschließenden sechsachsigen Fassadenabschnitte zeigen in den beiden unteren Geschossen ein Stützenraster mit insgesamt drei Reihen großer Fenster: Die beiden unteren Fensterreihen belichten das Erdgeschoß, die Fenster darüber das Mezzanin. Ein Rahmen faßt die beiden oberen Fensterreihen zusammen. Ober- und unterhalb der drei Fensterreihen verlaufen schmale Fensterbänder, wobei das untere das Souterrain belichtet. Die sechs Obergeschosse mit den Hotelzimmern erhalten schmale durchlaufende Balkone mit einfachen Metallgeländern. Zwei Fenstertüren pro Zimmer bilden den Zugang zu den Balkonen, die durch Trennwände unterteilt sind. Beiderseits dieses durch Balkone und Fensterreihen horizontal gegliederten Bereichs befinden sich schmale vertikale Wandabschnitte, die im Erdgeschoß jeweils einen weiteren Eingang aufnehmen. Die zu den Läden und der Tanzbar hinunterführenden Eingänge neben

278. Peter Behrens, Hotel Stiassny, Brünn, 1926, Grundriß typisches Geschoß

279. Peter Behrens, Hotel Stiassny, Brünn, 1926, Perspektive

der Gebäudespitze werden von einer weiteren zylinderförmigen Leuchtröhre mit Schriftzug[806] akzentuiert. Oberhalb der Eingänge reihen sich einfache rechteckige Fenster zur Belichtung der Badezimmer. Die im hinteren Bereich liegenden Treppenhaustüren sind deutlich aufwendiger gestaltet. Der von einem durchlaufenden Fensterband belichtete Treppenaufgang erschließt die öffentlich zugänglichen Räume im Erdgeschoß sowie die vermietbaren Büros und die Direktorenwohnung im Mezzanin. An der Theatergasse bietet dieser Eingang auch Zugang zum Kinosaal, der sich unterhalb des Innenhofes erstreckt. Seitlich dieser Eingänge finden sich weitere, zurückliegende Eingänge, die – nach Passieren einer Drehtüre – in die Schwemme, das Café und ins Restaurant führen.

Der flachgedeckte Bauteil an der Palackystraße übernimmt in den ersten drei Achsen die Gliederung der vorderen Gebäudeflügel. Der sich anschließende gerundete Bauabschnitt ist (ähnlich der Gebäudespitze) als eigenständige, symmetrische Einheit gestaltet. Durch den konsequenten Verzicht auf plastische Bauelemente erscheint dieser als betont moderner und gleichzeitig weniger repräsentativer Teil des Gesamtbaus. Im Erdgeschoß befindet sich die Einfahrt zur Garage, während eine große Fensterfront den erhöhten Teil des Cafés belichtet. Die fünf Obergeschosse erhielten schmale Fensterbänder, die diesem Bauabschnitt zusammen mit der gerundeten Fassade einen dynamischen Akzent verleihen.

Die Hoffassaden entsprechen den Straßenfronten mit Ausnahme der fehlenden Balkone. Der begrünte Hof ist in einzelne, in der Höhe gestaffelte Bereiche unterteilt und mit einem Teich, Springbrunnen und einer Bühne für Musiker versehen.

Innendisposition (Abb. 283–286)

Der Weg des Hotelgastes führt über die in der Gebäudespitze liegende Treppe und eine Drehtüre in die Halle, die als zentraler Verteiler dient (Abb. 284). Hier finden sich die Zugänge zur Schwemme und zum Restaurant, zwei Personenaufzüge und zwei Nebentreppen, die auf eine kleine Galerie und in die Untergeschosse führen. Auf der oberhalb des Eingangs eingezogenen Galerie sind Telefonzellen, Stadt- und Fahrpläne sowie Sitzgelegenheiten untergebracht. Dem Eingang gegenüber liegt die repräsentative Haupttreppe, die im unteren Bereich Bramantes Treppenentwurf für den Cortile della Pigna des Vatikan (Abb. 107) folgt und sich ab dem Wendepodest als dreiläufige Treppe fortsetzt. Die am Podest untergebrachte Anrichte ist mit den beiden Buffets von Restaurant und Schwemme sowie über Speiseaufzüge mit der Hauptküche im Souterrain und den Teeküchen in den einzelnen Geschossen verbunden. Deutlich wird hier, daß Oud neben den horizontalen Verkehrswegen auch der vertikalen Vernetzung der Funktionsbereiche große Bedeutung beimaß. Entsprechend verbindet ein Gepäckaufzug im Anbau an der Palackystraße die Untergeschosse mit den Büroräumen und den darüberliegenden Hotelzimmern, während ein Speiseaufzug die in der Küche (Souterrain) zubereiteten Gerichte in das Café befördert.

Über der zentralen Anrichte liegt der Platz für die Musiker, der sich zum Restaurant wie auch zur Schwemme öffnet. Zwei Reihen freistehender Rundstützen unterteilen die circa 250 m² großen Räume und markieren einen Laufgang, Teil einer sich durch den gesamten Bau ziehenden »Verkehrsachse«. Restaurant und Schwemme werden durch die zwei übereinanderliegenden

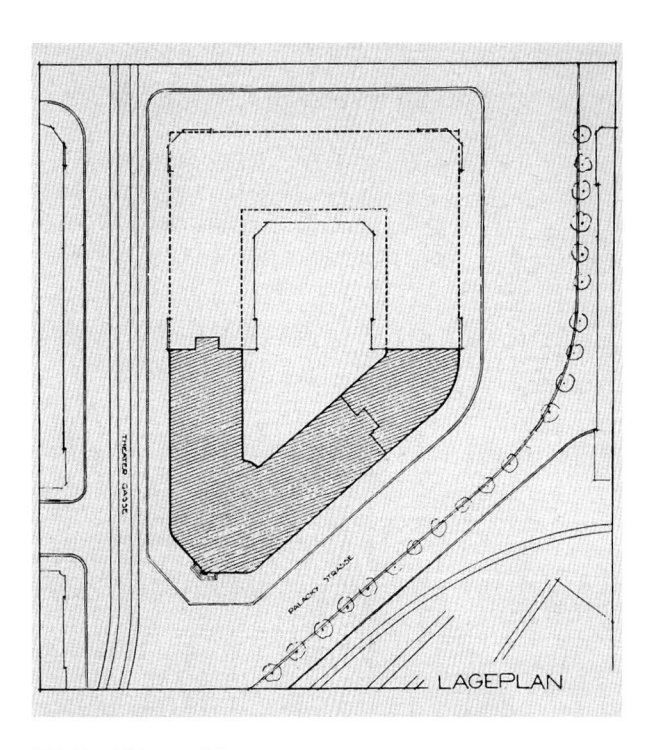

280. Hotel Stiassny, Brünn, Lageplan

281. Hotel Stiassny, Brünn, Perspektive mit Blick in die Palackystraße (rechts)

Fensterreihen belichtet, wobei an den Hofseiten die untere, mit Schiebeelementen versehene Fensterreihe in ganzer Breite zu öffnen ist. Der Dachgarten fand ein Vorbild in P. C. Kramers Warenhaus De Bijenkorf in Den Haag, das am 25. März 1926 eröffnet worden war.

Das Souterrain (Abb. 286) mit Kino, Bar, Friseur und Blumenladen ist von der Eingangshalle sowie über die seitlichen Eingänge an Theatergasse und Palackystraße erreichbar. Hier verlaufen zwei schmale über Leuchtröhren belichtete Erschließungsgänge mit einer Verkleidung aus Glasfliesen. Zur Hofseite sind zwischen den Stützen vermietbare Auslagekästen angebracht. Gegenüber dem Eingang zur Bar war, zur Einstimmung in das luxuriöse Ambiente, ein halbkreisförmiges Wasserbecken mit Springbrunnen geplant. Der Besucher gelangt zunächst in den oberen Bereich des elliptischen Barraums, dem eine umlaufende Galerie mit Buffet und Musikempore eingezogen ist. Von hier aus ist der Tanzboden im Kellergeschoß sichtbar, zu dem zwei Treppenläufe hinunterführen. Folge der bis ins Detail durchdachten Verkehrsabläufe ist ein parallel zum öffentlich zugänglichen Gang verlaufender schmaler Flur, der die Wäscherei und die Treppe zum Weinkeller mit den Speise- und Wäscheaufzügen sowie der Anrichte verbindet. Für die Kinobesucher befindet sich der Eingang zur Kassenhalle an der Theatergasse, der Ausgang führt in die ruhigere Palackystraße. Zwischen den Stützen der Kassenhalle konnten vermietbare Schaufenster und Lichtreklamen eingepaßt werden.

In den Obergeschossen (Abb. 285) reihen sich die Hotelzimmer beiderseits eines schmalen Ganges, wobei je zwei nebeneinanderliegende Zimmer durch Türen verbunden sind. Am Ende der Flügel gibt es je zwei Bäder sowie insgesamt vier Toiletten nahe der Haupttreppe. Die in der Gebäudespitze liegenden Tagesräume der Mädchen zeigen einen dreieckigen Wohnraum, dessen gerundete Spitze in den Flur hineinragt, ein Motiv, das Oud von den Treppenhäusern seines zweiten Entwurfs für Block V in Tusschendijken* übernahm. Die Beleuchtung der Gänge erfolgt mittels schmaler Fensterbänder (Mattglas) oberhalb der Türen, die von den Zimmern aus durch Gardinen geschlossen werden können. Nach Ouds Aussage sollten zur Beförderung des Gepäcks »Laufkatzen« an den Decken der Gänge befestigt werden.

Charakterisierung

Die beiden achtgeschossigen Gebäudeflügel zeigen ein repräsentatives Erscheinungsbild, das sowohl der Lage (Ringstraße) als auch der Funktion des Baus (gehobener Hotelbau) gerecht wird. Der aufwendig gestaltete Haupteingang und die langgezogenen Balkonreihen greifen Motive des historischen Wohnhauses auf, während das großflächig verglaste Erdgeschoß an großstädtische Geschäftshäuser des 19. und 20. Jahrhunderts erinnert. Der in der »Beletage« über dem Eingang plazierte Gesellschaftsraum mit Fensterfront entspricht den (meist durch Balkone) hervorgehobenen repräsentativen Eckzimmern historischer Bauten. Die Gebäudespitze zielt mit ihren geschlossenen Wandflächen und kleinen Fenstern vor allem auf eine – städtebaulich geforderte – monumentale Lösung. Hieraus erklärt sich auch die betonte Vertikalgliederung, die gerade den Doppelzimmern keinen Balkon, sondern nur einen schmalen Erker zubilligt.

Im Gegensatz hierzu steht die konsequent reduzierte Gestaltung des niedrigeren Anbaus mit schlichtem Flachdach und schmucklosen Wandflächen. Er findet eine Nachfolge in Ernst Mays »Hadriansblock« (um 1928) in der Frankfurter Römerstadt, der ebenfalls den gerundeten Blockabschluß mit Fensterbändern und ein auf Stützen erhöhtes Dach aufweist. Die stufenweise Abnahme repräsentativer Bauformen von der Gebäudespitze bis zu dem sechsgeschossigen Bau an der Palackystraße entspricht ganz der Funktion der einzelnen Bereiche: Im Erdgeschoß folgen auf die zentrale Eingangshalle mit Haupttreppe die Schwemme und schließlich das Café mit der darunterliegenden Garage. Im Mezzanin besteht die Raumfolge aus Frühstücksraum, Büroflächen und dem Speiseraum des Personals. Entsprechend wird der gerundete Bauabschnitt, der in den Obergeschossen die Schlafräume des Personals aufnimmt, von Oud als »Personaltrakt« bezeichnet. Der Gebäudeflügel an der Theatergasse ist dagegen ausschließlich repräsentativen Räumen vorbehalten: An die Eingangshalle schließt sich das große Restaurant sowie im Mezzaningeschoß Billard- oder Musikzimmer und Direktorenwohnung an.

Die Grundrißlösung des vorderen Gebäudeteils folgt mit der Eingangshalle und der repräsentativen Treppe dem im 19. Jahr-

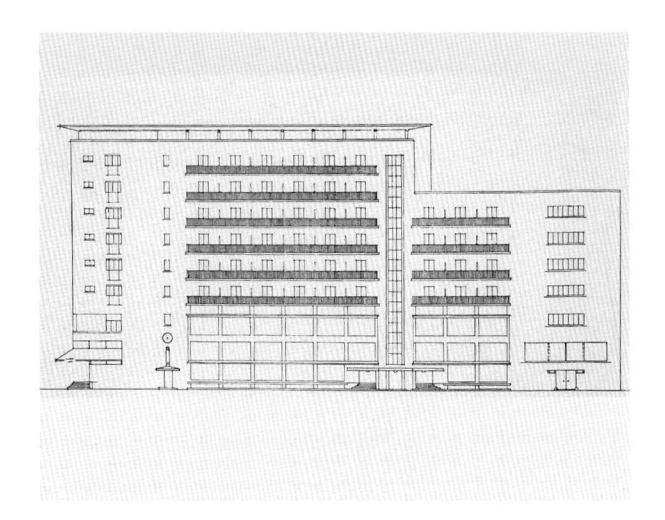

282. Hotel Stiassny, Brünn, Fassadenaufriß Palackystraße

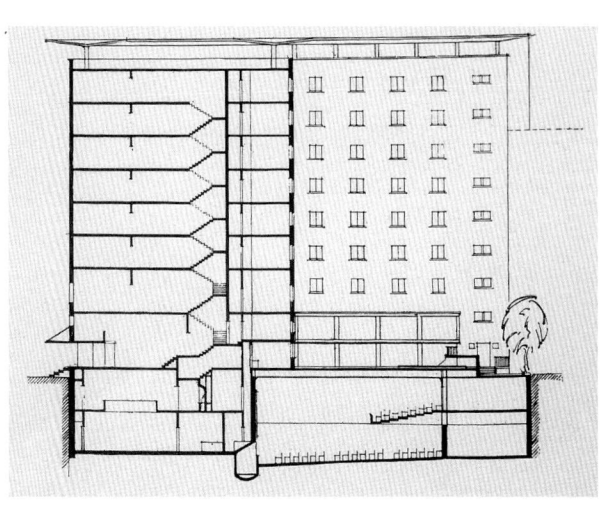

283. Hotel Stiassny, Brünn, Schnitt

hundert ausgebildeten Typus des gehobenen Wohn- und Geschäftshauses. Ungewöhnlich ist allein die Lage der Geschäfte und des Kinosaals im Souterrain statt im Erdgeschoß. Ob diese Lösung erfolgreich gewesen wäre, ist angesichts des wenig einladenden kleinen Zugangs von der Straße und der fehlenden Schaufenster auf Straßenniveau zu bezweifeln. Bruno Taut hatte in seinem Entwurf für das Hotel und Geschäftshaus »Stadt Köln« in Magdeburg (1922) das Kino ebenerdig zum Innenhof plaziert und durch einen repräsentativen Zugang erschlossen.[807] Ein Vergleich mit zeitgenössischen Hotelbauten zeigt, daß dort die zentrale Haupttreppe bereits zugunsten einer größeren Anzahl kleinerer Treppen aufgegeben war. Vergleichsbeispiele für Ouds Lösung finden sich daher vor allem im Hotelbau der Vorkriegszeit, wobei in erster Linie die »Palast-Hotels«, große auf eine aristokratische Klientel ausgerichtete Hotelanlagen, zu nennen sind.[808] Im Bereich des Hotelbaus orientierte sich Oud damit an einem bereits überholten Typus. Eine moderne Lösung bildet dagegen sein Entwurfssystem, das sich – wie auch bei seinen Siedlungen – durch eine additive Zusammensetzung einzelner Funktionseinheiten auszeichnet. Einzelne Motive wurden zudem (wie für Oud charakteristisch) aus anderen Zusammenhängen übernommen, so der asymmetrisch angefügte Bauteil in der Palackystraße, der Grundriß der Mädchenzimmer und die Form des Vordaches.

Die traditionelle Fassadengliederung wie auch das für Oud charakteristische Entwurfsprinzip (Addition normierter Bauglieder, Bedeutung der Verkehrsabläufe) werden vor allem im Vergleich mit dem Konkurrenzentwurf von Peter Behrens (Abb. 278, 279) deutlich. Auch dieser Entwurf zeigt ein achtgeschossiges Gebäude, das jedoch durch die spitze Gebäudeecke, einen Turm und ein nach oben schwingendes Vordach eine deutlich markantere Ecklösung aufweist. Die auf plastische Bauformen verzichtenden Seitenfassaden wirken dagegen (trotz der kleinteilig versproßten Fenster) betont modern. Allerdings basiert die Unterscheidung zwischen expressivem Eckbau und modernen Seitenfassaden nicht – wie bei Ouds Entwurf – auf einer funktionalen Differenzierung der Bauteile. Auch die Grundrißkonzeption des Entwurfs, der auch das zweite, für den Erweiterungsbau vorgesehene Grundstück beansprucht, zeigt eine grundsätzlich andere Lösung als bei Oud: Statt einer Verbindung einzelner Funktionsbereiche (Zimmer – Bäder und Toiletten – Treppe etc.) werden die Hotelzimmer repetitiv zu beiden Seiten eines Mittelganges aneinandergereiht. Zudem verzichtet Behrens zugunsten mehrerer kleiner Treppen auf die traditionelle zentrierte Treppenanlage.

Variante
Eine Bleistiftskizze im Oud-Archiv zeigt im Vergleich zum eingereichten Entwurf ein traditionelleres Gesamtbild, das verstärkt repräsentative Motive aufnimmt. Auffallend ist vor allem die häufige Verwendung von Rundfenstern: Neben runden Badezimmerfenstern und einem zusätzlichen Rundfenster unterhalb des Vordaches waren auch seitlich der Garageneinfahrt entsprechende Fenster vorgesehen. An Stelle der modernen Fensterbänder erhält der angefügte Bauteil vier konventionelle Doppelfenster pro Geschoß. Auch das Café weist statt der großen modernen Schiebefenster drei Fenster mit runden Zwischenstützen auf. Die Zufahrt zur Garage übernimmt die gerundete Laibung der beiden Eingänge (Schwemme und Café), die später zugunsten der schlichten Doppeltür aufgegeben wurde. Schließlich ist das Vordach abweichend als Dachplatte ausgebildet, die gleichzeitig als Balkon des darüberliegenden Gesellschaftsraumes dient.

Geschichte
Am 10. April 1926 wurde eine vom Künstlerbund Aleš organisierte Ausstellung der Hotelentwürfe in Brünn eröffnet. Arnošt Wiesner präsentierte hier zusätzlich zu seinen eingereichten Wettbewerbsentwürfen ein Modell, eine Perspektive und Ansichten der Innenräume. Heinrich Blum zog sein Projekt in letzter Minute zurück.[809] Laut Aussage der Vertreter von Aleš wurde Ouds Entwurf generell als beste Lösung bewertet.[810] Entsprechend sollte er im Rahmen einer Gesundheits-Ausstellung (Abteilung Wohnungshygiene) präsentiert werden, die von August bis September 1926 an der Medizinischen Fakultät der Masaryk-Universität in Brünn stattfand.[811] Die beiden großen tschechischen Architekturzeitschriften »Stavba« und »Stavitel« planten eine Publikation der eingereichten Hotelentwürfe.[812]

Auf Ouds Nachfrage nach dem weiteren Vorgehen berichtete Sigfried Giedion im September 1926, daß im Juni noch nichts beschlossen worden sei, vor allem da man die Mieter nicht aus dem jetzigen Wohnblock herausbekomme.[813] Im Herbst 1926

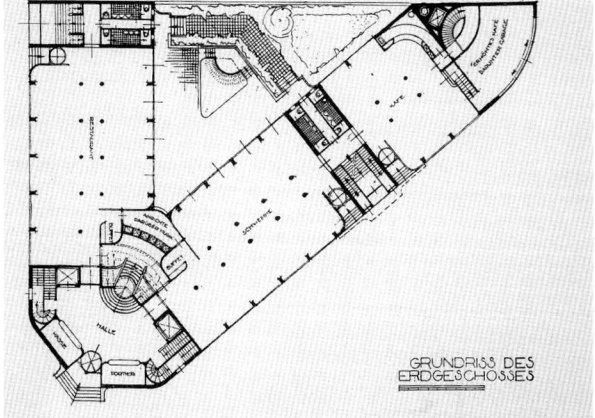

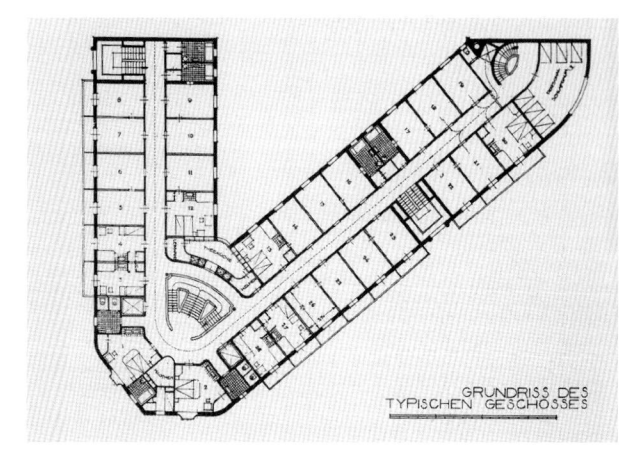

284. Hotel Stiassny, Brünn, Grundriß EG

285. Hotel Stiassny, Brünn, Grundriß »typisches Geschoß«

plante Oud, eine separate Erläuterung des Entwurfs in sein »Bauhausbuch« aufzunehmen, was er jedoch nicht umsetzte.[814] Eventuell hatte er zu diesem Zeitpunkt bereits erfahren, daß Wiesner den Zuschlag erhalten sollte.[815]

Parallel zu dem Hotelwettbewerb war 1926 ein Ideenwettbewerb zur Gestaltung von Groß-Brünn ausgeschrieben wurden, der eine organische Verbindung der eingemeindeten Vororte mit dem historischen Stadtzentrum forderte. Gewinner war der Entwurf »Tangente« der Projektgruppe von Bohuslav Fuchs (1895–1972), der im Südosten der Altstadt einen neuen Hauptbahnhof mit einem repräsentativen Stadtviertel vorsah.[816] Die neue Verkehrsachse, die als Tangente aus dem östlichen Teil der Ringstraße hervorging, fiel in Höhe des geplanten Hotelbaus mit der Palackystraße zusammen. Dem Hotel wäre daher mit Blick auf die zukünftige Entwicklung der Stadt eine zentrale Rolle zugekommen. Weder die Stadterweiterung von Fuchs' noch Ouds Hotelentwurf kamen zur Ausführung.

1927 wurde Ouds Entwurf in »Wasmuth's Monatsheften für Baukunst« publiziert. Der beigefügte Text erwähnt weder den Wettbewerb noch die Entscheidung des Bauherren. Entsprechend mußte der Leser davon ausgehen, daß Ouds Arbeit realisiert werde. Ausgeführt wurde ab 1927 dagegen der veränderte Entwurf von Wiesner, der als Palast Morava das Kino Kapitol im Souterrain der Divadelnístraße (ehemals Theatergasse) sowie in einem Anbau die Mährische Versicherungsanstalt aufnahm (Abb. 277). Der Abschluß der Arbeiten erfolgte 1936. Wiesner war inzwischen zum »Hausarchitekten« von Stiassny avanciert: Nach der 1924 begonnenen Textilfabrik entstand (gleichzeitig zu den Plänen für den Palast Morava) Wiesners erster Entwurf für die Villa Stiassny, die zwischen 1929 und 1930 in der Hroznová Straße 14 in Brünn ausgeführt wurde.[817]

Frühe Publikationen Adler 1927b, S. 32–34; Beckett 1978, S. 23; Barbieri 1986, S. 62f. Skizzen: Stamm 1978, Fig. 45, S. 48; Stamm 1984, Abb. 78, S. 102; Hans Oud 1984, S. 98.
Literaturauswahl Programm für das Projekt eines Stadthotels, Durchschlag, Oud-Archiv, Fa 32; Entwürfe zum Erläuterungsbericht von Ouds »Stadthotel in Brünn«: Durchschlag, Oud-Archiv, Fa 32; Adler 1927b, S. 32–34; Šlapeta 1985, S. 49.
Vgl. Taverne 2001, Kat. Nr. 56.

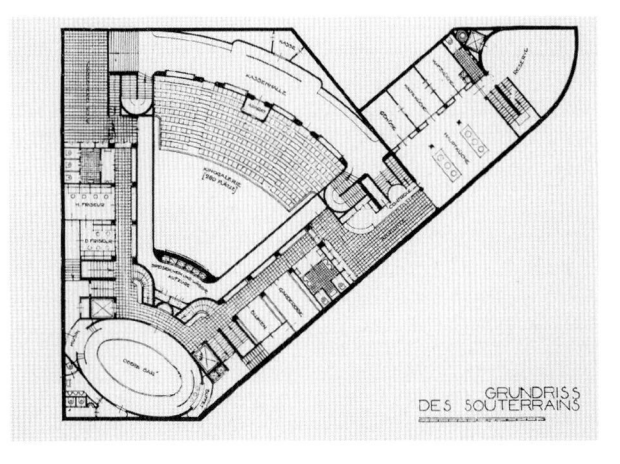

286. Hotel Stiassny, Brünn, Grundriß Souterrain

27 Rotterdamer Börse und Neustrukturierung der Innenstadt

Gegenstand Wettbewerbsentwurf für die Rotterdamer Börse einschließlich der städtebaulichen Lösung von Coolsingel und Van Hogendorpplein sowie der Fassadengestaltung der umliegenden Straßenzüge. Der Börsen-Entwurf ist Teil eines von Oud vorgeschlagenen neuen Straßensystems mit breiten, durch die Innenstadt geführten Verkehrs-Trassen. Das Börsengebäude, das Büros sowie Läden, Café und Restaurant einschließt, war eines der bedeutendsten und größten Bauvorhaben der Stadt Rotterdam in den 1920er Jahren.
Ort Coolsingel, Rotterdam. Für die Börse war das innerstädtische Terrain zwischen Coolsingel, Hofstraat bzw. Meent-Durchbruch (Verlängerung und Verbreiterung der Meent bis zum Coolsingel), Zandstraat und Sint Laurensstraat vorgesehen. Der eingereichte Lageplan umfaßt das umliegende Straßengebiet mit einem Ausschnitt von Coolsingel und Meent sowie Van Hogendorpplein und Blaak (Abb. 289). Der Innenstadtplan erstreckt sich zwischen Overschie im Norden bis Feijenoord im Süden sowie über Kralingen im Osten bis Schiedam im Westen (Abb. 287).
Entwurf Zwischen Juni und Oktober 1926: Die Einladung zur Teilnahme am Wettbewerb erfolgte am 2. Juni 1926, Abgabetermin war der 1. November 1926.

Vorgeschichte

1597 erhielt Rotterdam als erste Stadt der nördlichen Niederlande eine offizielle Börse, die 1635 vom Haringvliet (Südost-Ecke des Altstadtdreiecks) an die Noordblaak (Abb. 51) verlegt wurde. 1721–36 erfolgte ein Neubau nach Entwurf von Adriaan van der Werf, der sich trotz mehrfacher Umbauten bald als zu klein erwies. Eine wiederum nur kurzzeitige Entlastung brachte 1867 die Schließung des Innenhofes durch eine Eisen-Glas-Konstruktion nach Entwurf von Stadtarchitekt C. B. van der Tak. Der erstmals 1895 im Gemeinderat diskutierte Neubau der Börse wurde zugunsten einer Erweiterung des bestehenden Gebäudes aufgeschoben.[818] Noch während der bis 1907 andauernden Umbauten gingen Vorschläge für einen Neubau am Wijnhaven, auf dem Grundstück der alten Börse und am Coolsingel (damals noch Coolvest) ein.

Entschieden wurde die Börsenfrage schließlich in Verbindung mit der geplanten Sanierung der Rotterdamer Innenstadt. Am 19. Juni 1913 beschloß der Gemeinderat die Verlängerung der Meent bis zum Coolsingel, um neben der entstehenden Nord-Süd-Verbindung (Coolsingel) auch die seit langem geforderte Ost-West-Achse durch die Altstadt zu legen (Abb. 51). Als Standort der neuen Börse wurde am 9. April 1914 die Schnittstelle von Meent und Coolsingel, dem zukünftigen Boulevard der expandierenden Hafenstadt, bestimmt. Abgesehen von der Lage an zwei zentralen Verkehrsstraßen sollte die Börse damit die mit Rathaus und Post begonnene Reihe repräsentativer Bauten fortsetzen. Nach der Fertigstellung von Rathaus (1914–20, H. Evers) und Postgebäude (1915–23, Reichsbaumeister C. G. Bremer) standen für die Börse jedoch keine Mittel mehr zur Verfügung und der Neubau wurde erneut aufgeschoben.

Im Laufe der 1920er Jahre entwickelte sich der Coolsingel zum Zentrum des modernen Rotterdam (Abb. 53). Für eine Neugestaltung des im Norden gelegenen, verkehrsreichen Hofplein (vgl. Abb. 58) existierten bereits zahlreiche Entwürfe, darunter zwei Arbeiten von H. P. Berlage (1922 und 1926). Als Ausgangspunkt der sich nördlich fortsetzenden Schiekade (in ihrer Verlängerung die Verbindung nach Den Haag) war das Hofplein eine zentrale Schnittstelle des Nord-Süd-Verkehrs. Zudem befanden sich hier wichtige Haltestellen der beiden Eisenbahnlinien, die Station Delftsche Poort und der Endpunkt der Zuid-Hollandsche Electrische Spoorweg. Den südlichen Abschluß des Coolsingel bildeten die platzartige Straßenerweiterung mit dem Caland-Monument (Abb. 61, 62) und das östlich anschließende Van Hogendorpplein mit dem Schielandhuis (1662–65). Auch dieser Bereich war dem wachsenden Verkehrsaufkommen nicht mehr gewachsen. Bereits 1912 hatten B & W unter dem Stichwort »groote doorbrak« (großer Durchbruch) vorgeschlagen, die Schnittstelle von Van Hogendorpplein und Blaak zu verbreitern. Hierzu sollten der Vischmarkt und mehrere Häuserblöcke um das Schielandhuis, in dem derzeit die Sammlung Boyman untergebracht war, weichen. Wie mit dem erst vor kurzem errichteten Bürohaus Gerzon zu verfahren sei, blieb offen. In der Folge wurden Pläne vom Büro der *Gemeentewerken* (Städtisches Bauamt), von Ratsmitgliedern und privaten Architekten ausgearbeitet (Abb. 51). Ein im Mai 1914 eingereichter Entwurf von Burgdorffer stellte mit dem Abriß des Schielandhuis, des alten Postgebäudes und der Börse eine radikale Lösung zur Diskussion.[819]

Da für den Börsenneubau von Seiten der Stadt kein Engagement zu erwarten war, wurde Ende 1925 auf Initiative des Getreidehändlers P. Penn ein Komitee (Comité ter bevordering van de totstandkoming van een nieuwe Beurs van Koophandel) aus Vertretern der Rotterdamer Geschäftswelt mit J. C. Veder als Vorsitzenden, A. E. P. M. Driebeek als Schatzmeister und Penn als Sekretär ins Leben gerufen. Das Komitee setzte durch, daß in Zusammenarbeit von Gemeinde und Handel Pläne für die Börse erarbeitet wurden. Da sich der Anteil der Gemeinde auf das Grundstück und die Zinsen beschränkte, sollte eine Genossenschaft die nötigen Mittel zur Errichtung des Neubaus aufbringen. Ein kleines Arbeitskomitee mit A. J. M. Goudriaan, K. P. van der Mandele, R. Mees, W. C. Mees, A. Plate, H. M. A. Schade und Penn stellte das Bauprogramm zusammen und bestimmte das weitere Vorgehen. Hierbei ergab sich, daß die Börse ein weitaus kleineres Grundstück benötigte, als am Cool-

287. Neustrukturierung der Rotterdamer Innenstadt mit Straßendurchbrüchen

singel zur Verfügung stand. Als sich B & W im Januar 1926 gegen eine partielle Bebauung des städtebaulich bedeutenden Terrains aussprachen, mußten andere Räumlichkeiten (gedacht war unter anderem an die Akademie der Künste) in die Planung einbezogen werden.[820]

Am 22. Mai 1926 wandte sich das Börsenkomitee mit ersten Plänen an den Gemeinderat.[821] Mit Blick auf eine rentable Nutzung des Grundstückes wurde dort die Einbeziehung einer Ladengalerie und der Handelskammer beschlossen.[822] Als Berater traten Berlage und Stadtarchitekt Witteveen auf, die auch den Großteil des Bauprogramms bestimmten. Berlage plädierte für einen beschränkten Wettbewerb mit einer Jury, bestehend aus seiner eigenen Person sowie dem amtierenden und dem stellvertretenden Stadtarchitekten (J. A. G. van der Steur). Großes Gewicht lag auf den städtebaulichen Fragen, vor allem der noch ungelösten Verbindung von Van Hogendorpplein und Blaak. Vorgesehen war zunächst die Ausschreibung von zwei Wettbewerben (Börsengebäude und städtebauliche Situation). Da sich das Komitee jedoch auf die Börse beschränken wollte, wurde die Einbeziehung des benachbarten Terrains schließlich der freien Entscheidung der Teilnehmer überlassen.

Am 2. Juni 1926 gingen Einladungen für den Wettbewerb an die Architekten W. M. Dudok, M. J. Granpré Molière, W. Kromhout, H. F. Mertens, J. J. P. Oud und J. F. Staal. Nach einem Bericht des »Weekblad voor Rotterdam« protestierte der Rotterdamer Kreis des BNA (Bund Niederländischer Architekten) am 18. August 1926 gegen die, seiner Meinung nach, zu geringe Beteiligung von Rotterdamer Privatarchitekten (Oud zählte für den BNA zu den Vertretern der Gemeinde): »Der Regionalkreis Rotterdam des Bund Niederländischer Architekten ... sieht hierin eine kränkende und unverdiente Zurücksetzung des Werkes der Rotterdamer Architekten ...«[823]. Im »Bouwkundig Weekblad« war sogar von Intrigen der Architekten die Rede, die weitere Konkurrenten hätten ausschließen wollen.[824] Als Folge der Proteste erhielten die Rotterdamer Architekten Roos & Overeijnder und M. C. A. Meischke & P. Schmidt nachträglich eine Einladung.

Die Jury bestand aus H. P. Berlage als Vorsitzenden, W. G. Witteveen als Vertreter der *Gemeentewerken*, Prof. J. A. G. Van der Steur (Delft), A. J. M. G. Goudriaan und K. P. van der Mandele als Vertreter der Geschäftsleute. Vorsitzender und stellvertretender Sekretär waren J. C. Veder und Van der Mandele, Witteveen übernahm den Posten des Sekretärs.

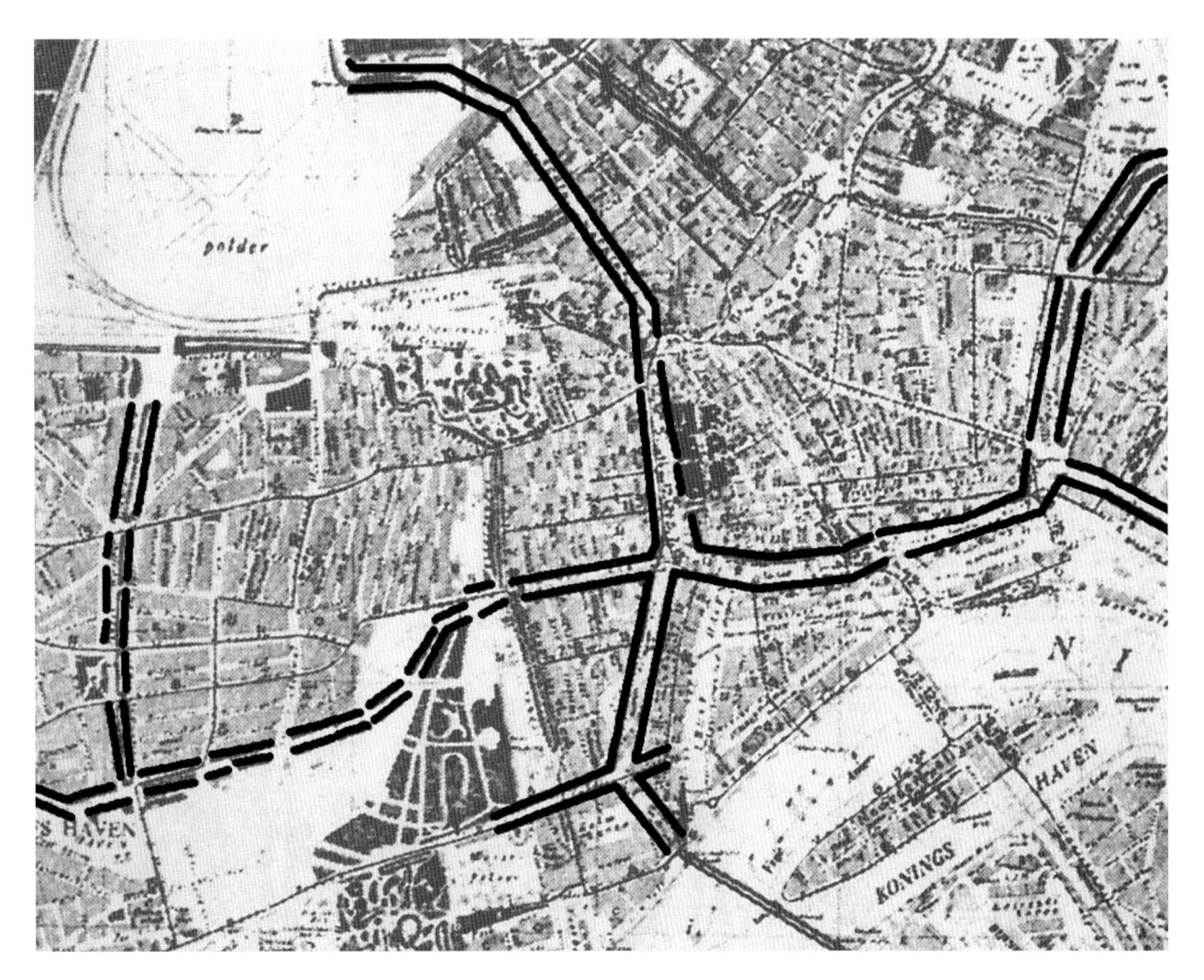

288. Neustrukturierung der Rotterdamer Innenstadt mit Straßendurchbrüchen, Ausschnitt

Gefordertes Bauprogramm Der Kontrakt »Zur Anfertigung eines vorläufigen Entwurfs für ein Börsengebäude in Rotterdam« legte das Bauprogramm (Beilage III) und die einzureichenden Unterlagen fest. Beigefügt war ein Lageplan im Maßstab 1:2500 (Beilage II).[825] Durch Veränderung der Fluchten im Süden (zwischen Sint-Laurens- und Boymansstraat) und ein in Einzelpartien mögliches Vorziehen der Fassaden konnte das Gebäude nach Wunsch auf »harmonisch« und »städtebaulich zu verantwortende« Weise in das Stadtbild eingepaßt werden. Der Coolsingel durfte jedoch eine Breite von 45 m nicht unterschreiten.

Das maximale Bauvolumen von 250.000 m^3 schloß für das erste Obergeschoß eine Halle mit 4.500 m^2 für die große Börse, die Getreide-, Wertpapier-, Wechsel- und Schifferbörse ein. Letztere sollte neben der Getreidebörse liegen. Im Anschluß an die Halle, die nach Wunsch zu unterteilen war, folgen die Terminbörse Getreide (250 m^2), die Terminbörse Öle und Fette (200 m^2), das staatliche Telefonamt (250 m^2), das Telefonamt der Gemeinde (150 m^2), das Postamt (50 m^2), das staatliche Telegrafenamt (150 m^2), ein Schreibzimmer (150 m^2), die Garderobe (150 m^2), das Börsenbüro (100 m^2), der Auktionssaal (250 m^2) und der Versammlungssaal (300 m^2). Gefordert war eine gute Belichtung der Getreidebörse von Norden. Telefon- und Posträume mußten zentral, der annähernd quadratische Auktionssaal nahe der Getreideabteilung liegen. Alle Räume waren so zu entwerfen, daß sie – wenn nötig – der großen Halle angeschlossen werden konnten, ohne deren Ästhetik zu beeinträchtigen. Das Hauptgeschoß durfte höchstens 5 m über dem Straßenniveau liegen.

Das Erdgeschoß oder Souterrain sollte neben den notwendigen Einrichtungen wie Heizung, Ventilation, Diensträume, Toiletten, Auktionssäle, Garagen- und Fahrradabstellplätze auch Möglichkeiten zur Unterbringung von Läden und einem Restaurant (»Ratskeller«) bieten. Für die Schiffer war im Souterrain ein weiteres Restaurant zu entwerfen, dessen Eingang jedoch nicht am Coolsingel liegen durfte. Ein zusätzlicher Zugang mußte von der Schifferbörse aus gewährleistet sein. Im Souterrain sollte für die Handelskammer ein Archivraum (350 m^2) eingerichtet werden.

Im zweiten Obergeschoß war die Handelskammer (1.550 m^2) unterzubringen, bestehend aus dem Handelsregister (450 m^2), zwei Sprechzimmern (30 m^2), der Administration (25 m^2), einem Fotoatelier (25 m^2), einem Trockenraum für Fotos (20 m^2), einem Versammlungssaal (200 m^2), der Pressestelle und der Bibliothek (150 m^2), dem Register der Aktiengesellschaften (200 m^2), 17 Zimmern, darunter Waschgelegenheiten (insgesamt 450 m^2).

Für das dritte Obergeschoß waren Büroräume (150 m^2) vorgesehen, die über eine Treppe mit der Pressestelle in Verbindung stehen mußten. Die Einbeziehung von weiteren Büroräumen und kleinen Versammlungssälen, die von anderen Körperschaften zu nutzen seien, sollten so liegen, daß sie einzeln oder in verschiedenen Kombinationen vermietet werden konnten.

Wettbewerbsbestimmungen Einzureichen waren ein Lageplan (1:1.250), falls nötig zur näheren Bestimmung ein weiterer Lageplan (1:2.500), Grundrisse vom Souterrain und zwei Hauptgeschossen, Längs- und Querschnitte (1:200), Aufrisse, nach Wunsch die Straßenfronten am Coolsingel (1:500), eine Erläuterung des Entwurfs und Angaben zum Gesamtvolumen. Die Bewertung der Jury sollte als Empfehlung an das Komitee weitergereicht werden, wobei der erstplazierte Entwurf für die Realisierung vorzuschlagen sei. Abgabetermin war der 1. November 1926, für die nachträglich eingeladenen Architekten der 1. März 1927. Die Jury verpflichtete sich, binnen sechs Wochen nach dem Abgabetermin ihre Entscheidung auszusprechen.

Städtebaulicher Entwurf Rotterdam
Oud bezog als einziger der eingeladenen Architekten das Straßensystem der Rotterdamer Innenstadt in seine Planung ein (Abb. 287, 288). Ziel seines Entwurfs war eine verbesserte Erschließung des Zentrums durch breite Verkehrs-Trassen. Der Börsen-Entwurf fügt sich in dieses Straßensystem ein und bestimmt gleichzeitig die Gestaltung der anschließenden innerstädtischen Straßenzüge (Abb. 289). Da eine Neuerschließung der Innenstadt weder in der Ausschreibung gefordert war noch ernsthaft zur Diskussion stand, wird Oud seinen städtebaulichen Entwurf kaum zusammen mit den anderen Unterlagen eingereicht haben.[826] Allerdings ist auch eine spätere Entstehung aufgrund der in seinem Erläuterungsbericht aufgenommenen Ideen auszuschließen.[827] Oud publizierte seinen städtebaulichen Plan im September 1928 zusammen mit dem Börsen-Entwurf in der Zeitschrift »i 10«. Die Börse wird dort als Teil der großangelegten Neustrukturierung des Stadtzentrums präsentiert.[828]

Oud ging bei seinem Entwurf von einer Verbindung mehrerer, bisher als Einzelprobleme behandelter Fragen aus, wie die Hofplein-Bebauung, die Gestaltung des Meent-Durchbruchs und die Verbreiterung der Schnittstelle Van Hogendorpplein und Blaak. Da bis 1926 (trotz eingegangener Entwürfe) noch keine Entscheidung getroffen war, wurde versucht, den »groote doorbrak« auf freiwilliger Basis an den Börsen-Wettbewerb zu koppeln. Da dieser Bereich jedoch nicht direkt an den Bauplatz der Börse grenzte, war dieses Vorhaben nur bedingt erfolgreich.[829]

Oud schlug eine radikale Lösung vor, die Straßendurchbrüche durch bebautes Gebiet und die Zuschüttung von Grachten einschloß (Abb. 288). In seiner Erläuterung weist er auf die Notwendigkeit zweier großer Verkehrswege als Nord-Süd- sowie Ost-West-Verbindung mit einer Breite von jeweils 80 m und mehr. Erstere sollte durch eine Verlängerung des Coolsingel in beide Richtungen erreicht werden: nach Süden über den zugeschütteten Schiedamsche Singel zum Parallelweg auf der linken Maasseite, nach Norden als Anschluß an den Haagweg. Für den Ost-West-Verkehr plante Oud eine beidseitige Weiterführung der Blaak, wobei das Bürohaus Gerzon, das alte Postgebäude und der Bahnhof an der alten Börse abgerissen und das Schielandhuis (Museum Boymans) versetzt werden sollten. Für die Blaak forderte er eine Aufschüttung der noch offenen Wasserflächen.

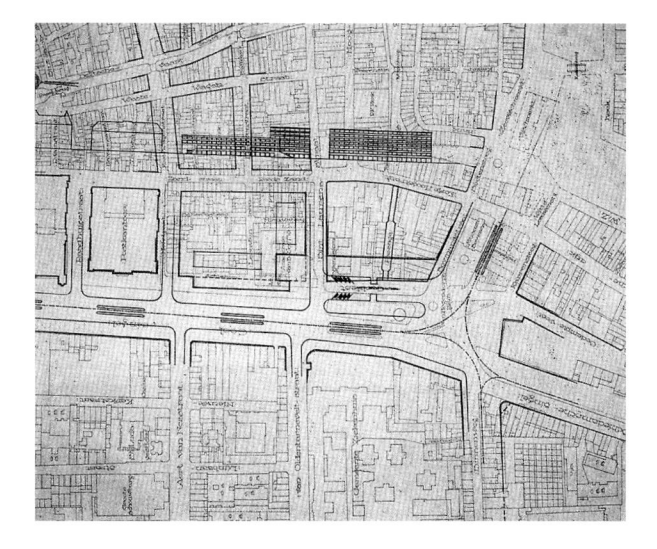

289. Rotterdamer Börse, Lageplan mit Rathaus und Post; Fassadenentwurf der Börse und des benachbarten Gebäudes

Nach Westen sollte sich diese Verkehrsachse mit dem verbreiterten Oude Binnenweg, der Rochussenstraat und dem Schiedamsche Weg fortsetzen, nach Osten plante er, die Achse über den aufgeschütteten Nieuwe Haven zu verlängern. Das circa 150 m vom Bauplatz der Börse entfernt liegende Van Hogendorpplein (Abb. 289) sollte als Schnittpunkt der beiden zentralen Achsen einen großen, auf die Anforderungen des Verkehrs zugeschnittenen Platz bilden.

In einer Konzeptschrift bezieht Oud ein für das Van Hogendorpplein geplantes Hotel als optischen Abschluß des Coolsingel ein. Die Idee für ein Hotel an der Südseite des Platzes war bereits seit Jahren im Gespräch. Schon 1916 hatten sich Vertreter aus Handel und Schiffahrt zusammengeschlossen, um hier gemeinsam ein Luxushotel zu errichten. Im selben Jahr erstellte der Rotterdamer Architekt Albert Otten mehrere Entwürfe, die jedoch unausgeführt blieben.[830] Während einige der am Wettbewerb beteiligten Architekten das Hotel in ihren Entwurf aufnahmen, verwarf Oud diesen Gedanken zugunsten seiner breiten Verkehrsadern. Seine Pläne wurden bereits durch den am 15. Juni 1928 gefällten Beschluß, an dieser Stelle das Warenhaus Bijenkorf nach Entwurf von W. M. Dudok zu errichten (Abb. 61, 62), zunichte gemacht.[831] Der stark befahrene Schiedamse Singel erhielt schließlich eine Breite von nicht mehr als 42 m. Ouds Vorschlag, eine Brücke vom Schiedamse Weg zum Parallelweg auf der Südseite der Nieuwe Maas zu errichten, wurde erst 1997 durch die Erasmusbrug von Ben van Berkel in die Tat umgesetzt.

Bei der Gestaltung der neu anzulegenden Straßenfronten orientierte sich Oud an seinem Börsen-Entwurf, der mit Stützenraster und Fensterbändern ein modernes, großstädtisches Erscheinungsbild bot. Bestimmend war der Bürotrakt, der mit seinen sieben Geschossen eines der höchsten Gebäude der Innenstadt (Abb. 289) geworden wäre: »Gedacht ist, in Zukunft eine großzügige Wirkung zu erhalten, indem man den Boulevard-Fassaden dieselbe Höhe und soweit als möglich die gleiche Bauweise wie dem Bürogebäude gibt.«[832] In seinem Konzept beschreibt Oud die Fortsetzung dieser Fassadenlösung an der östlich an das Van Hogendorpplein anschließenden Boymansstraat, deren östlicher Verlängerung (Blaak) und dem von Westen auf den Platz treffenden Oude Binnenweg.[833] Die breiten Straßenzüge und die einheitliche siebengeschossige Bebauung sollten sowohl dem zukünftigen Verkehr gerecht werden, als auch den großstädtischen Charakter des Stadtzentrums hervorheben. Damit stand Ouds städtebaulicher Entwurf in vielerlei Hinsicht im Gegensatz zu den Vorschlägen seiner Mitbewerber. Diese beschränkten sich auf die unmittelbare Umgebung der Börse und plädierten – vor allem im Hinblick auf die Rentabilität – für eine konzentrierte Bebauung mit deutlich schmaleren Straßen. Das Schielandhuis blieb in allen Entwürfen unangetastet, während nach Meinung einiger Architekten das Bürohaus Gerzon entfernt werden konnte.[834]

Die Radikalität im Umgang mit historischer Bausubstanz stellt Oud in die Tradition seines »Konkurrenten« Le Corbusier mit dessen Plan Voisin (1925).[835] Vor allem die 80 m breiten Verkehrsstraßen finden Parallelen in den geplanten 50, 80 oder 120 m breiten Boulevards der französischen Hauptstadt. Während Le Corbusier jedoch den Abriß der gesamten Pariser Innenstadt propagierte, orientierte sich Oud an der bestehenden Stadtstruktur. Im Gegensatz zu monumentalen Hochhäusern und weiten Grünzonen beschränkte er sich weitaus pragmatischer auf die verkehrstechnisch notwendige Verbreiterung einzelner Straßen und eine der modernen Stadt entsprechende Fassadengestaltung. Oud zeigt sich damit weniger als Visionär denn als praktischer Architekt, der den Anforderungen seiner von Verkehr und Technik bestimmten Zeit durch eine konsequent moderne Bauweise gerecht werden wollte.

Börsen-Entwurf
Material/Konstruktion Skelettbauweise in Stahlbeton. Die Farbe des Betons sollte der Steinfarbe von Rathaus und Postgebäude entsprechen. Im Erdgeschoß widerstandsfähiges, härteres Material; Fensterrahmen aus Eisen, eloxiert mit Aluminium.[836] Für die Fensteröffnungen war eine Fassung in glasiertem Steinzeug (weiß, grau und schwarz) vorgesehen.[837] Das gesamte Gebäude basiert auf einem Stützenraster im Abstand von 5 m. Für den großen Börsensaal war ein Sheddach vorgesehen.

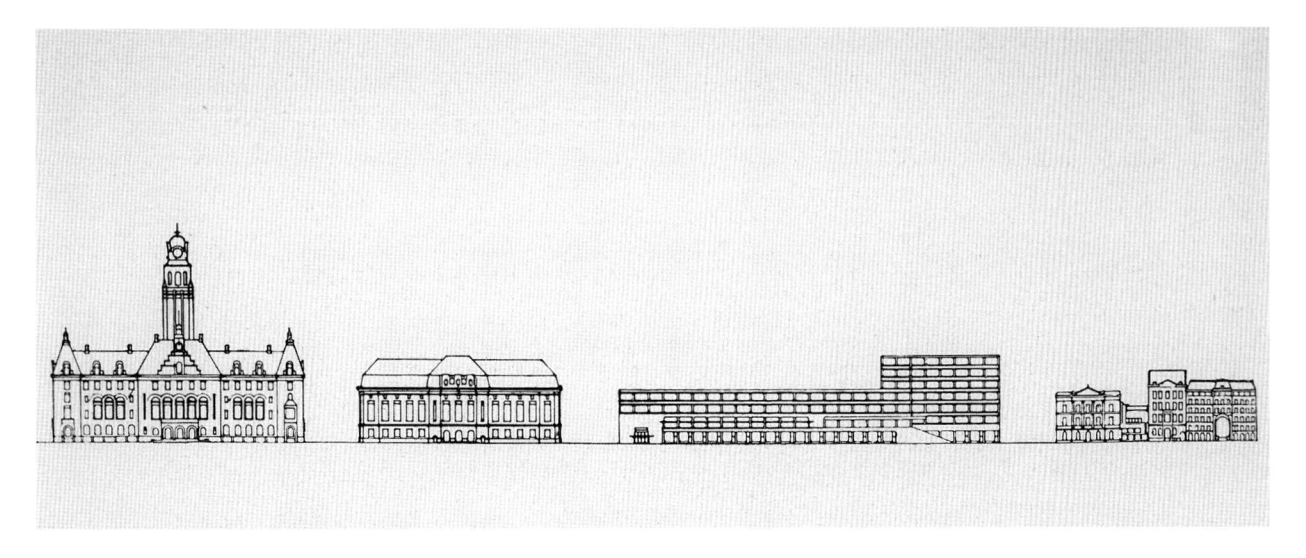

290. Rotterdamer Börse, Coolsingel, Aufriß von Rathaus, Post, Börsen-Entwurf, Häuserblock mit Café de Unie und Passage

Planmaterial NAi: Lageplan (Abb. 289), Grundrisse von Erdgeschoß (Abb. 295), erstem (Abb. 296) und zweitem Obergeschoß, Aufrisse aller Fassaden (Abb. 290, 292), Schnitte (Abb. 294), Axonometrie (Abb. 291), Skizzen (Abb. 298). CCA: Perspektivzeichnung (Abb. 297). The Art Institute Chicago, MoMA.[838] GRI: fünf Zeichnungen, eine Fotografie. Städtebaulicher Entwurf für die Rotterdamer Innenstadt, publiziert in »i 10« (Abb. 287) und »BWA«.[839]

Bauprogramm
Erdgeschoß: Läden oder Café, Bar, Schifferrestaurant, zentrale Küche (für das Café im Erd- und Obergeschoß, die Bar, das Schifferrestaurant, den Versammlungssaal, evtl. die Handelskammer und die Kantine auf dem Dach), Archiv des Handelsregisters, Garderobe für das Personal, Kohlenlager, Kessel zur Wassererhitzung, Telefone, Reservetelefon und Telegraph, Ventilation, Portiersloge, 13 vermietbare Garagen sowie eine Garage für Angestellte mit 42 Stellplätzen, Fahrradabstellplatz. Eingeschossiger Anbau am Coolsingel: flexibel zu nutzende Bereiche, z. B. für Läden, Warenhaus oder Café mit Terrasse. Erstes Obergeschoß: Hauptfoyer, Börsensaal, Börsencafé, Büros, Schreibzimmer, Archiv, Läden, Telefon, Post, Versammlungssaal, Auktionssaal, Getreidebörse, Garderobe, Portiersloge. Zweites Obergeschoß: unter anderem Versammlungssaal, Handelsregister, Saal der Pressestelle des Handels (Handelsvoorlichtingsdienst), Sekretariat, Platz der Telefonistin. Bürobau: unter anderem Büros, drei Versteigerungssäle, Läden, Dachgarten.

Für die Zukunft war die Einrichtung einer gemeinsamen Heizung für Rathaus, Post und Börse vorgesehen. Da der somit überflüssige Schornstein bald ersetzt werden sollte, findet er keine architektonische Umsetzung.

Städtebauliche Situation (Abb. 289)
In der Ausschreibung war die Einbindung der Börse in die bestehende Bebauung gefordert. Das Grundstück grenzt im Norden an die Hofstraat bzw. den noch nicht bebauten Meent-Durchbruch, im Osten an die Zandstraat, im Süden an die Sint Laurensstraat und im Westen an den Coolsingel. Hier setzt die Börse die durch Rathaus und Post begonnene Reihe öffentlicher Monumentalbauten fort (Abb. 290). Die Straßenfronten des Coolsingel zeigten, abgesehen von den Trottoirs und einer beidseitigen Baumbepflanzung, kein einheitliches Bild: Das Rathaus hebt sich durch sein Bauvolumen und den hohen Turm von der übrigen Bebauung ab. Das Postgebäude ist, entsprechend seiner untergeordneten Stellung, niedriger und tritt aus der Flucht zurück (Abb. 53). Allerdings wird mit der Fassadengliederung (hohes Sockelgeschoß und Mittelrisalit mit drei Eingangsportalen) ein Bezug zwischen beiden Bauten hergestellt. Auch der Straßenabschnitt südlich des Bauplatzes zeigt keine einheitliche Bebauung (Abb. 62). Hier findet sich die platzartige Straßenverbreiterung mit dem Caland-Monument (1907), die mit dem Vorplatz des an der Westseite liegenden Krankenhauses von W. N. Rose (ab 1850) korrespondiert. Aus den mehrgeschossigen historischen Bauten sticht die farbige Fassade des Café de Unie* hervor. Ein weiterer Blickfang war das ebenfalls an der Ostseite liegende Eingangsgebäude der von J. C. van Wijk errichteten Passage (1879). Insgesamt bildete die Westseite des Coolsingel mit Läden und Cafés die »flaneerkant« (Flanierseite), während sich an der Ostseite vor allem öffentliche Gebäude befanden.

Oud ging bei Lage und Gestaltung der Börse von der zukünftigen Entwicklung des Coolsingel zur wichtigsten Nord-Süd-Verbindung der Stadt aus. Als zentralen Aspekt nennt er die Beziehung zwischen den drei repräsentativen Bauten am Coolsingel (Abb. 290): Neben dem Rathaus als »Höhepunkt« bilde das Postgebäude eine neutrale Wand, die Börse allein ein »aanzet« (Anhängsel). Da Rathaus und Post in ihrer symmetrischen Anlage als isolierte Bauten erscheinen, sollten – mit Unterstützung der Börse – alle drei Bauten optisch zusammengefaßt und dabei der Verkehrsfluß am Coolsingel zum Ausdruck gebracht werden. Um zu verhindern, daß die zurückliegende Post durch einen »Vorplatz« hervorgehoben wird, führt Oud deren Fluchtlinie bei der Börse weiter. Das Kranzgesims des Postgebäudes übernimmt er als abschließende Dachlinie, während der vom Coolsingel zurückgesetzte, um drei Geschosse erhöhte Bürotrakt die Höhe des Dachfirstes (Mittelrisalit) aufgreift. Entsprechend seiner hervorgehobenen Funktion ist das Rathaus damit weiterhin das höchste Gebäude am Coolsingel (Dachfirst und Turm), auch wenn es im Gesamtvolumen weit unter der Börse bleibt. Um die geforderte Verbindung zwischen den drei Bauten herzustellen, wurde der Börse ein schmaler, eingeschossiger Trakt vorgelegt, der die Fluchtlinie des Rathauses weiterführt. Der siebengeschossige Bürotrakt bildet als Pendant zum Rathausturm den rahmenden Abschluß des Ensembles.

Mit ihrer exponierten Lage und dem maßstabssprengenden Bauvolumen kommt der Börse eine wichtige städtebauliche Funktion zu. Während der breitgelagerte Hauptbau den Abschluß der Monumentalbauten am Coolsingel bildet, ist der zurückgesetzte Bürotrakt Ausgangspunkt der zukünftigen – »großzügigen« – Straßenbebauung.[840] Für den im Süden an die Börse

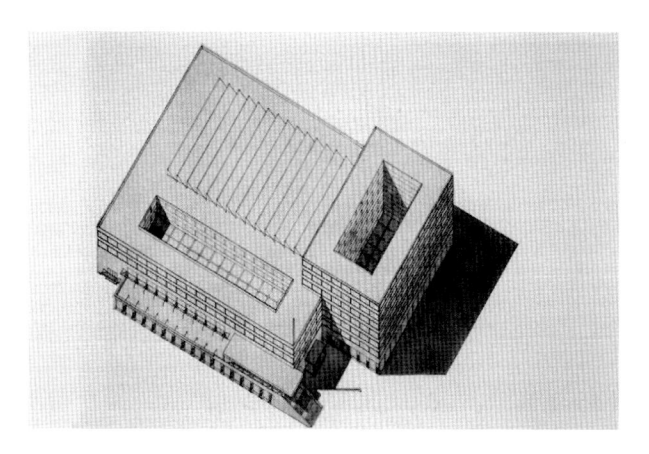

291. Rotterdamer Börse, Axonometrie

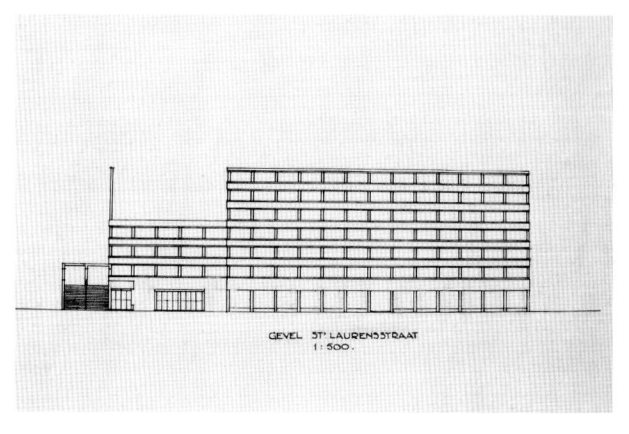

292. Rotterdamer Börse, Aufriß zur Sint Laurensstraat mit Eingang am Beursplein

anschließenden Gebäudeblock, wo im Jahr zuvor sein Café de Unie* errichtet worden war, legte Oud einen entsprechenden Fassadenentwurf vor (Abb. 289). Das Gebäude übernimmt sowohl Höhe als auch Fassadengestaltung des Bürotrakts und bildet so eine gleichförmige, siebengeschossige Platzwand aus. Um die östliche Straßenseite des Coolsingel zu beleben, sah Oud für das Börsengebäude die Aufnahme von Läden, eines Cafés (mit großer Café-Terrasse) oder Warenhauses vor, die entsprechend mit Lichtreklame auszustatten seien.

Außenbau (Abb. 291–293, 297)

Das vielfältige Bauprogramm, das kommunale wie privatwirtschaftliche Einrichtungen verband, wurde von Oud in einem einheitlich gestalteten Bau zusammengefaßt. Das Gebäude besteht aus einem breitgelagerten, viergeschossigen Baukörper und einem vom Coolsingel zurückgesetzten siebenstöckigen Bürotrakt. Bestimmend für Grundriß und Fassadengestaltung ist das dem gesamten Bau zugrundeliegende Stützenraster im Abstand von 5 m, wobei ein Basisquadrat aus 5 x 5 m in 3 x 3 Module unterteilt wird. Da die Außenflächen mit Ausnahme der geschoßtrennenden Betonstreifen vollständig verglast sind, erscheint das Raster als prägendes Gestaltungselement. Wie Oud für die Fassade am Coolsingel zeigt, sollten die einzelnen Fenster in 2 x 6 Felder unterteilt werden (Abb. 293). Allein für die beiden unteren Geschosse waren große, ungegliederte Glasfronten vorgesehen.

Die Börse erhält mit der Fassade am Coolsingel (Abb. 297) und der südlichen Front zum Beursplein bzw. zur Sint Laurensstraat (Abb. 292) zwei »Hauptfassaden«. Der eingeschossige Anbau am Coolsingel, der sich fast über die gesamte Länge der Fassade erstreckt, nimmt eine Reihe gewerblich zu nutzender Räume auf. Die jeweils ein Modul (1,67 m) breiten Läden sind zur Straße hin verglast. Die flachen Treppenabsätze werden seitlich der Türen nach oben weitergeführt, über den Türen befinden sich Ladenschilder. Die zwei Modul tiefe Ladenzeile dient gleichzeitig als Terrasse des Börsen-Cafés sowie als Zugang zur zentralen Eingangshalle. Dieser erfolgt über eine große Freitreppe, die – um den fließenden Verkehr am Coolsingel nicht zu beeinträchtigen – parallel zur Straße liegt.[841] Der vordere Teil der Terrasse (Zugang zum Entree) wird über eine Länge von sechs Modulen mit einem Vordach bedeckt, das sich als schmale Betonplatte über dem Treppenlauf fortsetzt. Laut Ouds Konzeptschrift sollte im Winter auch die Café-Terrasse überdacht werden. Die Fenster des Cafés sind (wie der Eingang an der Nordecke der Fassade) in halber Höhe durch gläserne Vordächer geschützt.

An der Südseite, im Winkel zwischen Hauptbau und Bürotrakt (Abb. 291, 297), liegt das Beursplein, das die Achse der Oldenbarneveltstraat abschließt (Abb. 289). Durch die Freitreppe vom Coolsingel abgeschirmt, sollte es den Börsianern außerhalb der Börsenzeiten als Aufenthaltsraum dienen. Hier finden sich die ebenerdigen Haupteingänge zur Börse, die durch einen Fahnenmast an der Gebäudeecke markiert werden (Abb. 292). Ein Eingang mit gläsernem Vordach führt zu den Rolltreppen, ein flachgedeckter Portalvorbau zum zentralen Treppenhaus. Der hohe Bürotrakt, der den Platz im Osten einfaßt, nimmt im Erdgeschoß wiederum Läden auf.

Die Südfront zum Beursplein bzw. der Sint Laurensstraat wird vom siebengeschossigen Bürotrakt bestimmt. An der Zandstraat, wo Bürotrakt und Hauptgebäude in einer Flucht liegen, entsteht eine gleichförmige langgestreckte Front von 26 Modulen. An Stelle von Läden treten dort die Ein- und Ausfahrt der Börsengarage mit den dazwischenliegenden Einzelgaragen. Die Fassade an der Hofstraat, in Länge und Höhenerstreckung ein Pendant zur gegenüberliegenden Front des Postgebäudes, bietet ein ähnliches Bild, wobei die großen Fenster im Erdgeschoß das Archiv, das Schifferrestaurant und die Bar belichten.

Ausgangspunkt des Entwurfs war die exponierte städtebauliche Lage, die entscheidend von der Abfolge der Monumentalbauten (Abb. 290) bestimmt wurde: »Das ›stoppende‹ der axialen Ausrichtung von Rathaus und Postamt ist durch die Gestaltung der Börse als verbindendes Element aufgehoben, wodurch sich dem Auge ein ›fließender‹ Verlauf des Gebäudekomplexes ergibt.«[842] Mit der betonten, den Verkehrsstrom aufnehmenden Horizontalität des Hauptbaus (Fensterbänder, Betonstreifen) folgt auch die Fassadengestaltung der städtebaulichen Situation. Gleichzeitig stehen die konsequent moderne Formensprache, die sich von Rathaus und Post mit ihrem historisierenden Formenrepertoire absetzt, sowie die Baumaterialien Beton und Glas für die von Technik, Verkehr und Konsum (Reklame) bestimmte Großstadt. Da die Börse als Ausgangspunkt für die angrenzenden Straßenfronten dienen sollte, führte Oud hier einen vollkommen neuen Maßstab ein, der dem neuen Stadtzentrum einen modernen, großstädtischen Charakter verliehen hätte.

Innendisposition (Abb. 294–296)

Das Gebäude gliedert sich in den Hauptbau mit dem Börsensaal und das Bürogebäude, die jeweils einen Innenhof umfassen. Der Grundriß basiert auf dem genannten Raster von 5 x 5 m, wobei einzelne Raumeinheiten als normierte Elemente immer wieder

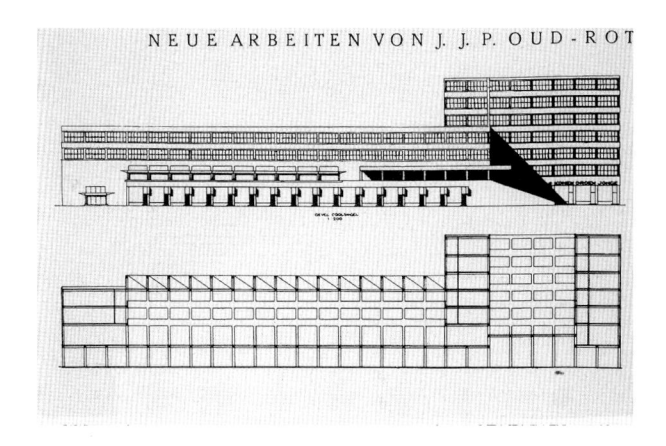

293. Rotterdamer Börse, Aufriß zum Coolsingel, Schnitt

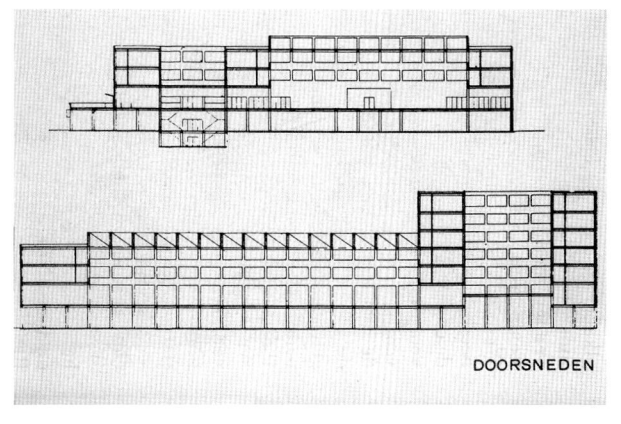

294. Rotterdamer Börse, Schnitte

auftauchen: das in 3×3 Module unterteilte Grundrißquadrat, ein aus 3×4 oder 2×4 Modulen bestehendes Rechteck sowie die Nebenräume (Toiletten, Lifte, Portierslogen) und Treppen aus jeweils zwei Modulen. Ähnlich Hotel Stiassny* setzt sich auch hier der Grundriß aus einzelnen, oftmals symmetrisch gruppierten »Versatzstücken« zusammen, wobei zwischen einem Saal immer eine Treppe bzw. eine »Funktionsgruppe« aus Treppe und Nebenräumen tritt.

Die Erschließung des Gebäudes erfolgt über sechs Treppen nebst Paternoster, die an den Ecken des großen Börsensaals und des Bürogebäudes liegen. Am Schnittpunkt von Börsensaal und Bürogebäude, die beide genau gleich breit sind, erschließen zwei der Treppen beide Bereiche. Darüber hinaus finden sich Nebentreppen sowie die Treppen bzw. Rolltreppen und Aufzüge am Beursplein und Coolsingel. Wie Oud betont, habe er zugunsten vieler kleiner Treppen auf »ein unpraktisches ›monumentales‹ Treppenhaus« verzichtet.[843] Neben dem vertikalen Erschließungssystem folgt auch der horizontale Verkehr (vergleichbar dem Hotel Stiassny) einer strengen Systematik. So finden sich im ersten Obergeschoß zwei den gesamten Bau von der Hofstraat zur Sint Laurensstraat durchziehende »Verkehrsachsen« sowie im Erdgeschoß einen die Garagen, Fahrradplätze und Arbeitsräume erschließenden Gang.

Als Hauptzugänge dienen die breite repräsentative Freitreppe und die beiden ebenerdigen Eingänge am Beursplein, von wo drei Rolltreppen bzw. eine zweiläufige Treppe ins Entree im ersten Obergeschoß führen. Von dort aus ist die zentrale Halle mit Garderoben und über fünf Drehtüren der große, drei Geschosse einnehmende Börsensaal zu erreichen. Stützen im Abstand von einem Modul bilden im Erdgeschoß zwei schmale eingeschossige »Seitenschiffe« aus, während die Decke des zentralen Bereichs von nur acht Rundstützen im Abstand von 5 m getragen wird. Weitere Zugänge bilden die vier Drehtüren im Bereich der »Seitenschiffe«, hier mit direkter Verbindung zu den Garagen, sowie eine in den Raum hineinragende Drehtür in der Mittelachse des Saals. Ein Sheddach garantiert die gleichmäßige Belichtung des Raumes. Die Innenwände greifen die rasterartige Gliederung der Außenfassaden und Innenhöfe auf (Abb. 294), wobei hinter der Fensterfront des zweiten und dritten Obergeschosses die Erschließungsgänge verlaufen. Dasselbe System verwendete Oud auch beim Bürotrakt. Dort befinden sich die drei Auktionssäle, die zusammen die unteren eineinhalb Geschosse des Innenhofes einnehmen. Auch der zweite Innenhof wird einschließlich des ersten Obergeschosses von der Börse beansprucht. Die Belichtung erfolgt über ein Glasdach: Während die Axonometrie (Abb. 291) ein einfaches Raster aus Glasflächen zeigt, wird im Grundriß ein Dachgarten mit Oberlichtern wiedergegeben.

Der Bürotrakt ist aufgrund der Skelettbauweise und dem günstigen Achsenabstand, laut Oud die Länge von zwei nebeneinanderliegenden Schreibtischen, weitgehend flexibel zu nutzen:

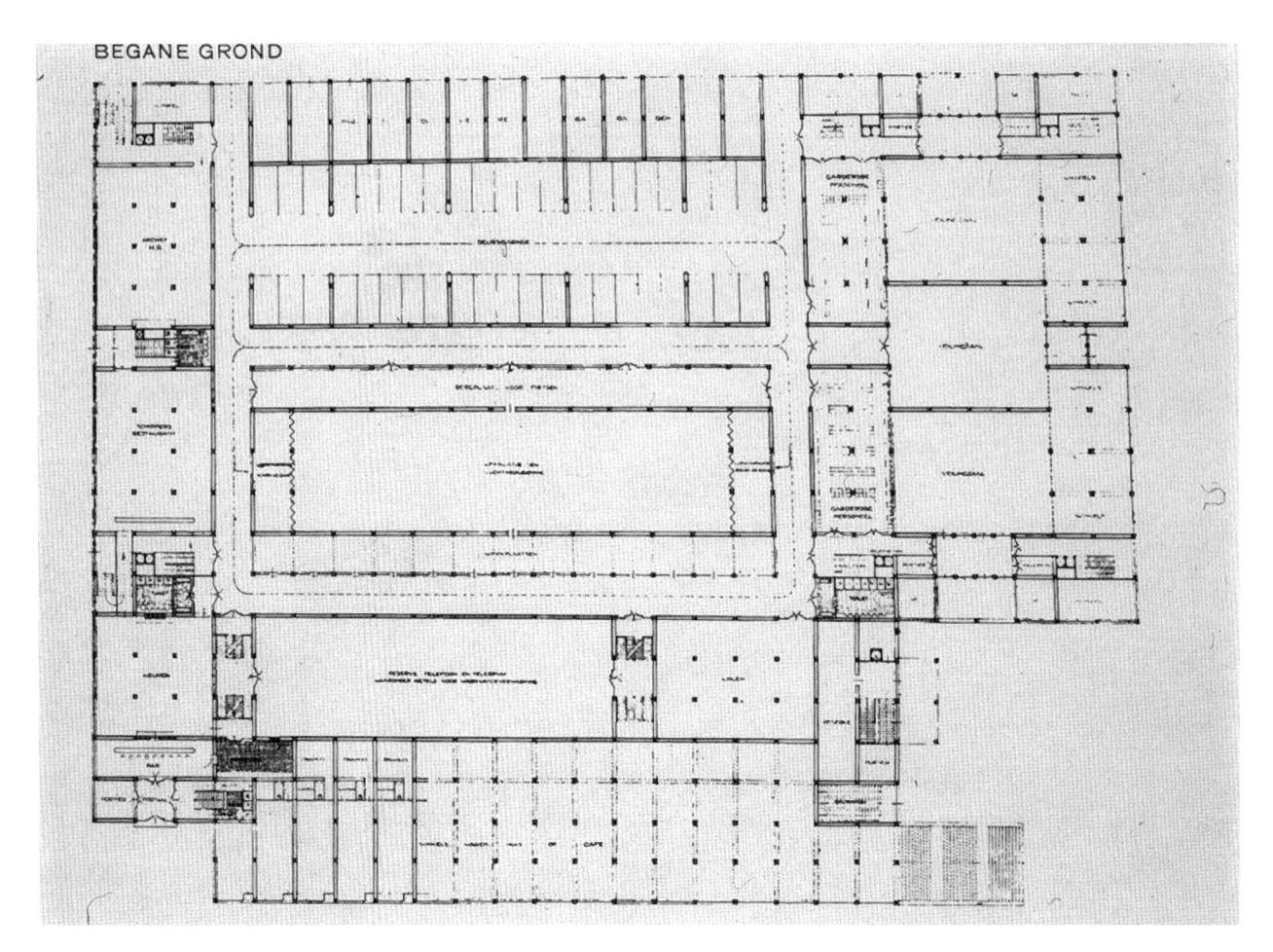

295. Rotterdamer Börse; Grundriß EG

»Zwischen diesen Pfeilern ist die Inneneinrichtung fortwährend zu variieren, auch Treppen, Lifte usw., ohne daß dies Veränderungen des Äußeren notwendig macht.«[844] Dasselbe gilt für die Räume des Börsenblocks einschließlich des großen Börsensaals. Oud betonte zudem die flexible Erschließung mittels Treppen, Paternoster und Rolltreppen. Sein Wunsch, neueste technische Errungenschaften anzuwenden, wird auch in den Leuchtreklamen sowie einer rundlaufenden Lichtanzeige im Börsensaal, die als Informationstafel für die Kurse dienen sollte, deutlich. Die Garagen stehen schließlich für das angebrochene »mobile Zeitalter«. Fragen der Ökonomie waren entscheidend für die an Stelle von Aufzügen gewählten Rolltreppen, die eine größere Kapazität erreichen. Auch die Einrichtung einer zentralen Küche und die Nutzung des Dachs als Dachgarten ist hier zu nennen. Für die Zukunft plante Oud zudem eine gemeinsame Heizung für Rathaus, Post und Börse.

Skizzen/Vorentwürfe

Mehrere im Oud-Archiv bewahrte Bleistiftskizzen zeigen Abweichungen gegenüber dem eingereichten Entwurf. Auf einer der Skizzen (Abb. 298) wurden für Treppe und Café-Terrasse an Stelle des gemeinsam genutzten Anbaus zwei eigenständige Bauteile ausgebildet. Die Terrasse, die hier nur eine Länge von neun Modulen einnimmt, ist allein vom Café im ersten Obergeschoß zugänglich. Die Eingangshalle wird am Coolsingel durch einen symmetrischen Fassadenabschnitt akzentuiert, dem eine steile zweiarmige Treppe vorgelegt ist. Die Nachteile gegenüber dem eingereichten Entwurf sind offensichtlich: Neben der fehlenden, die Ansicht zum Coolsingel bestimmenden Großform aus Freitreppe und Terrasse unterbrechen die schrägen Treppenarme den horizontalen Zug der Fassade. Deutlich wird hier die Bedeutung der Reklame für Ouds Börsen-Entwurf. So sind in die unvollständig ausgearbeitete Skizze bereits Schriftzüge (über dem Seiteneingang am Coolsingel und den Läden am Beursplein) aufgenommen.

Eine weitere Skizze zeigt eine veränderte Gestaltung der Gebäudeecke Coolsingel/Beursplein.[845] Indem die Straßenfront an der Ecke zum Beursplein in Breite von zwei Modulen geschlossen bleibt, erhält die Fassade einen gestalterischen Abschluß. Der Horizontalzug der Fassade wird dabei durch eine Betonung der Gebäudeecke ersetzt. Hierzu trägt auch ein hoher, den Bürotrakt deutlich überragender Schornstein an Stelle des späteren Fahnenmastes bei.

Eine entscheidende Abweichung vom eingereichten Entwurf zeigt eine Fassadenvariante zum Beursplein.[846] Im Bereich der Haupteingänge findet sich dort eine bis zum Dach durchlaufende Glasfront zur Belichtung der Treppen und Rolltreppen. Indem zwischen Hauptgebäude und Bürotrakt ein dreigeschossiges Bauglied eingeschoben wurde, tritt der Hauptbau als schmaler Gebäudeflügel von vier Modulen in Erscheinung.

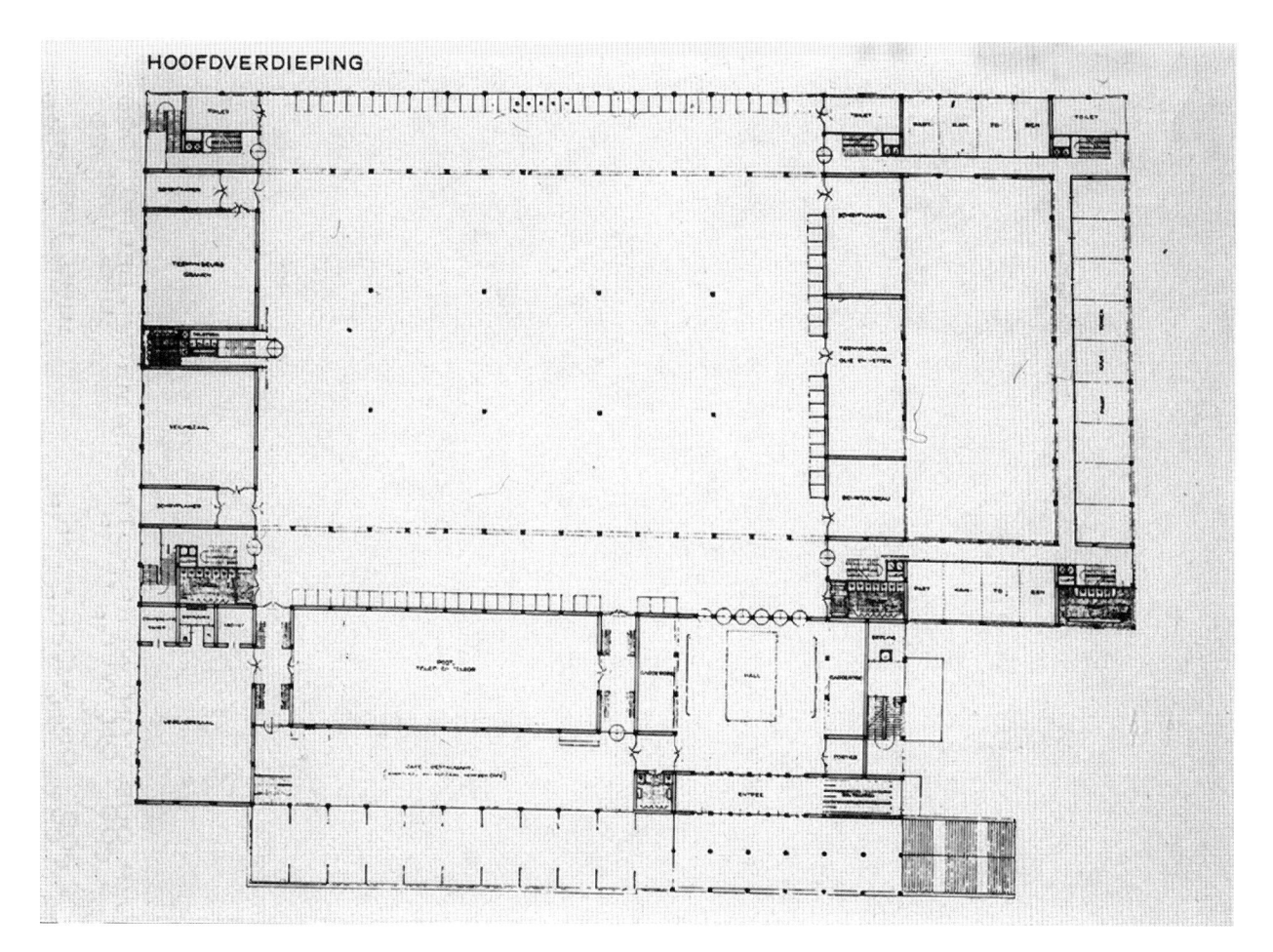

296. Rotterdamer Börse, Grundriß 1. OG

Vorbilder

Die Verbindung unterschiedlicher Funktionen in einem Großbau war in den Niederlanden noch wenig erprobt. Oud wurde mit dieser Thematik erstmals bei seinem Hotel Stiassny* (Hotel mit Kino, Läden und Garagen) konfrontiert. Hier umging er jedoch das Problem, indem er das über 800 Plätze aufnehmende Kino in die Untergeschosse verlegte. Im Fall der Börse orientierte er sich an internationalen Beispielen, die auch für die Formensprache des Entwurfs bestimmend waren.

Die charakteristische Fassadengestaltung mit Fensterbändern und sichtbarem Konstruktionsraster steht maßgeblich unter dem Einfluß der zeitgleichen »konstruktivistischen« Architektur.[847] Ein mögliches Vorbild bietet der 1922 entstandene Entwurf für den Börsenhof in Königsberg von Mart Stam und Werner von Walthausen.[848] Neben der konsequent modernen Formensprache mit Stützenraster und Fensterbändern finden sich auch Parallelen in der Bauaufgabe des multifunktionalen innerstädtischen Gebäudes (Büros, Ladenzeile, Restaurant und Hotel) sowie der Zusammensetzung des Baus aus verschieden hohen Baukörpern (zehn- bzw. siebengeschossig). Mit den terrassenartig zurückspringenden Obergeschossen und dem frei aufragenden Aufzugsschacht steht Stam jedoch noch unter dem Einfluß der expressiven Terrassenhäuser von Antonio Sant'Elia (1914).[849] Möglich ist, daß Oud, der seit Anfang der 1920er Jahre mit Stam befreundet war, den Entwurf des Börsenhofes aus eigener Anschauung kannte.[850] Im Jahr des Börsenwettbewerbs war zudem Adolf Behnes »Der moderne Zweckbau« erschienen, der nicht nur Stams Börsenhof abbildet, sondern mit Entwürfen wie der Werkzeugfabrik »Norma« von den Gebrüdern Luckhardt und Max Taut auch eine entsprechende Formensprache propagierte.[851]

In ihrer »konstruktivistischen« Formensprache zeigt die Börse schließlich Parallelen zur tschechischen Architektur, über die Oud durch seinen Aufenthalt in Prag und Brünn (November 1924) informiert war.[852] Als Vorbild könnte der nach zwei Wettbewerben (Sommer/Herbst 1924; Winter 1924) von Oldřich Tyl und Josef Fuchs errichtete Messepalast in Prag (1926–28) gedient haben. Neben Lage (Hauptverkehrsstraße) und Bauaufgabe (Büros, Läden, Restaurants, Messehallen) ist hier auch die Verbindung einer großen zentralen Halle mit einer an der Schmalseite anschließenden kleinen Halle bzw. den Auktionssälen vergleichbar.[853] Hinzu kommen die auf einem Einheitsmodul basierende Skelettkonstruktion und der betont rationale Grundriß, der durch Addition einzelner Funktionsbereiche erzielt wurde.[854] Das von Tyl 1924 eingereichte erste Projekt (Abb. 11), das im Vergleich zum Ausführungsentwurf noch eine streng symmetrische Anlage aufweist, könnte Oud bereits während seines Aufenthaltes in Prag gesehen haben. Der Entwurf wurde 1924/25 unter anderem in »Stavba«, wo auch Ouds Arbeiten erschienen, sowie im Oktober 1926 in den Niederlanden publiziert.[855] Die Ergebnisse der zweiten Runde und der endgültige Entwurf von Sommer 1925 wurden im Laufe des Jahres veröffentlicht.[856] Beim Messepalast handelt es sich um das erste große »konstruktivistische« Gebäude der Tschechoslowakei, das entsprechend auf internationales Interesse stieß.

Für Rotterdam war eine derart radikale Formensprache – von einer Ausnahme abgesehen – neu: Ab 1926 arbeitete Stam im Rotterdamer Architekturbüro Brinkman & Van der Vlugt, das seit Gründung der Bürogemeinschaft im Mai 1925 mit dem Entwurf der Van Nelle-Fabrik beschäftigt war.[857] Die ab 1926 ausgeführten Entwürfe, von Oud bereits Anfang 1927 in »i 10« publiziert[858], zeigen deutliche Parallelen zu seinem Börsen-Entwurf. Eine Beeinflussung durch Stam erkannte offenbar auch der Kritiker, der 1928 anläßlich der Ausstellung der Börsen-Entwürfe erklärte: »… das ist doch etwas arg, uns in der Van Nelle-Fabrik unterbringen zu wollen.«[859] Die Provokation lag somit nicht allein in der radikal modernen Gestaltung, sondern auch in der Verwendung dieser bisher nur von einem Fabrikbau bekannten Formensprache für einen Repräsentationsbau. Dem Fabrikbau entstammt auch der hohe, das Börsengebäude weit überragende Schornstein auf einer der eingereichten Skizzen, der in dem endgültigen Entwurf jedoch zu einem niedrigeren Fahnenmast reduziert wurde. Der Schornstein ist hier als Antwort auf die (mit Ausnahme von Meischke & Schmidt) verwendeten repräsentativen Türme der anderen Börsen-Entwürfe zu verstehen.

Geschichte

Im April 1927 gab die Jury ihr Urteil bekannt. Keiner der eingereichten Entwürfe wurde preisgekrönt. Als beste Arbeiten wählte man die unter dem Motto »Civitas«, »Das Lied von der Erde« und »R. B.« eingereichten Arbeiten von Staal, Dudok und Mertens.[860] Das Urteil der Jury zu Ouds Entwurf »Motto X« fiel in vielen Aspekten positiv aus. Gelobt wurde die städtebauliche Lösung mit der Höhensteigerung nach Süden, der eigenständige Bürotrakt und

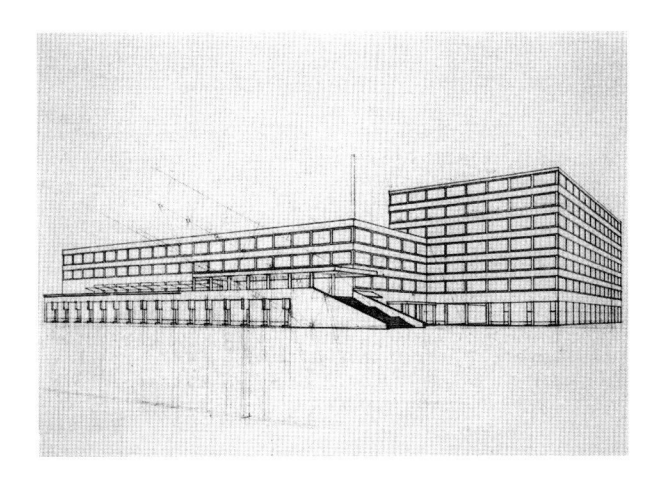

297. Rotterdamer Börse, Perspektive mit Fassade zum Coolsingel und Beursplein

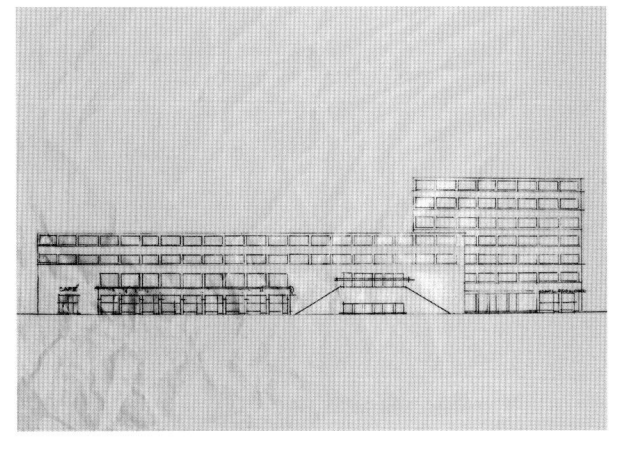

298. Rotterdamer Börse, Skizze, Variante der Fassade zum Coolsingel

die Plazierung von Eingang, Terrasse und Restaurant. Die Konzeption des Erdgeschosses und ersten Obergeschosses fand man grundsätzlich gelungen, bemängelte jedoch einzelne funktionale Details. Neben der insgesamt zu kostspieligen Lösung stieß vor allem die Formensprache auf Kritik: »Die Jury kann sich des Eindrucks nicht erwehren, daß der Entwerfer sich etwas allzu sehr von dem System hat leiten lassen. So auch was den Charakter der Architektur betrifft.«[861] Als ungeeignet erschien offenbar die sachliche Formensprache, die vor allem die Konstruktion des Baus zum Ausdruck bringt und den Wunsch nach Monumentalität unbeachtet läßt. Im Dezember 1928 wurden die Arbeiten im Saal des Rotterdamsche Kunstkring ausgestellt. Ein weiterer für die Jury problematischer Punkt könnte die (für niederländische Verhältnisse) unübliche Höhenerstreckung des Bürotraktes gewesen sein. So sprach sich Albert Otten im Frühjahr 1929 entschieden gegen »Sky-scrapers« an dieser Stelle aus.[862]

Die Entscheidung der Jury stieß in der internationalen Architekturszene auf Unverständnis. Vor allem vom Jury-Mitglied H. P. Berlage, der vor kurzem noch die Erklärung von La Sarraz unterschrieben hatte, zeigte man sich enttäuscht. Möglicherweise hat sich Oud nach Bekanntgabe der Ergebnisse an seine Kollegen gewandt und um Unterstützung gebeten. Walter Gropius, der Oud im April 1927 in Rotterdam besuchte, wird die Entwürfe dort gesehen haben. Im Mai 1927 verfaßten Gropius und Bruno Taut ein Plädoyer für Ouds Entwurf, das sie an Berlage sandten. In seinem Antwortschreiben (Juni 1927) betont Berlage, daß Ouds Entwurf »*nicht nur* aus formalen Gründen« abgelehnt worden sei.[863] Die Jury-Entscheidung wurde in der Presse mit dem Wettbewerb zum Bau der Amsterdamer Börse, bei dem Berlage selbst mit seinem progressiven Entwurf in die Kritik geraten war, und Le Corbusiers umstrittener Einsendung für den Völkerbundpalast in Genf verglichen.[864]

Im Juli 1928 wurden Dudok, Mertens und Staal zur Überarbeitung ihrer Projekte auf Basis des erneuerten Bauprogramms aufgefordert. Neben einem durchgehenden Börsensaal war nun – entsprechend den als positiv bewerteten Lösungen der ersten Runde – die Plazierung des Eingangs an der Südseite gefordert, eine Idee, die Oud eingebracht hatte.[865] Der Bauauftrag ging schließlich an Staal (1879–1940)[866], einen Vertreter der Amsterdamer Schule. Der Baubeginn verzögerte sich aufgrund von Abweichungen im Bauprogramm bis 1935. Das nach einem veränderten Entwurf in einer reduziert modernen Formensprache errichtete Gebäude war erst kurz vor der Bombardierung der Stadt vollendet (Abb. 54).[867]

Den großen Einfluß von Ouds Börsen-Entwurf zeigt unter anderem Bruno Tauts Entwurf eines Geschäfts- und Bürohauses in Magdeburg (1931). Die geforderte Schließung des Breiten Weges am Domplatz war eine mit dem Rotterdamer Coolsingel vergleichbare Situation. Entsprechend dem Börsen-Entwurf einschließlich der angrenzenden Straßenbebauung wählte Taut ein strenges Fassadenraster mit ähnlichen Fensterproportionen und einer Ladenzeile im Erdgeschoß. Wiederum wurde die Traufhöhe der Nachbarhäuser (bzw. des zurückliegenden Domes) zum Maßstab für die Gebäudehöhe genommen.

Frühe Publikationen Niederlande: Oud 1928b, S. 26–28; Otten 1929, S. 161, 166; De Gruyter, 1931, XXXVII, nach S. 180; Van Loghem 1932, S. 49. Ausland: Adler 1927b, S. 294; Platz 1930, S. 564; Wiessing 1938, S. 276; Mariani 1956, S. 343; Engel 1997 (Grundriß EG; Fassade Sint Laurenstraat, Hofstraat).
Literaturauswahl Kontrakt »Tot het vervaardingen van een voorlopig scheetsplan voor een beursgebouw te Rotterdam«, 5 Seiten (mit Beilage III), Oud-Archiv, Fa 32; J. J. P. Oud, Motto »X«. Toelichting tot het voorlopig schetsontwerp voor een beursgebouw te Rotterdam, in: Oud-Archiv, C 36, 6 Seiten; Adler 1927b, S. 294; Oud 1928b; Jury 1929a; Jury 1929b (zu »Motto X« S. 172); Otten 1929, S. 161ff.; Oud 1929d; Vaderland 1929; Penn 1940; Ravesteyn 1948, S. 116ff.; Nooteboom 1985, S. 58; Duursma/Van der Hoeven/Vanstiphout 1991c; Van Bergeijk 1993, S. 99–121; Engel 1997; De Klerk 1998, S. 199–201.
Vgl. Taverne 2001, Kat. Nr. 57; Broekhuizen 2003.

28 Zweiter Entwurf für die Volkshochschule Rotterdam

Gegenstand Unausgeführter Entwurf für die Volkshochschule Rotterdam. Das Gebäude verbindet unterschiedliche Bauten wie die Schule, einen Wohnbau, Läden bzw. ein Café.
Ort Stadterweiterungsgebiet Land van Hoboken, Rotterdam. Das weitgehend unbebaute Land van Hoboken im Südwesten der Innenstadt befand sich seit 1924 im Besitz der Gemeinde. Ein 1926 von Stadtarchitekt W. G. Witteveen vorgelegter Bebauungsplan (Abb. 56) zeigt, abweichend von früheren Planungen[868], einen von Wohnhäusern eingefaßten, fächerförmigen Grünzug zwischen der Nieuwe Maas und dem Stadtzentrum. Das von Oud als Bauplatz gewählte dreieckige Terrain (Abb. 57) liegt in exponierter Lage zwischen der Rochussenstraat, der zusammen mit Westblaak und Blaak zentralen Ost-West-Verbindung der Stadt, und dem (heute zum Teil als Museumspark erhaltenen) Grünzug.[869]
Entwurf Der Entwurf ist frühestens 1926 entstanden, da erst in diesem Jahr das von Oud gewählte Baugrundstück im Rahmen des Bebauungsplanes ausgewiesen wurde. Günther Stamm datiert die vorbereitenden Skizzen auf 1926, den fertigen Entwurf auf 1927.[870]
Auftrag Bis Mitte der 1920er Jahre waren alle Bemühungen der Volkshochschule, geeignete Räumlichkeiten für den wachsenden Schulbetrieb zu finden, gescheitert.[871] Die Gemeinde stellte schließlich ein Clubhaus am Westzeedijk zur Verfügung, das am 26. September 1925 eröffnet wurde. Wegen der anstehenden Verbreiterung des Westzeedijk mußte das Gebäude jedoch bis März 1928 wieder geräumt werden. Die Unsicherheit über den weiteren Verbleib der Schule verstärkte den Wunsch nach einem Neubau. Die Volkshochschule mit rund 13.000 Mitgliedern und 9.600 Kursteilnehmern hatte inzwischen durch eine Lotterie und den symbolischen Verkauf von Bausteinen 68.000 Gulden zusammengetragen. Gedacht war an ein großzügiges Gebäude mit einem Konzertsaal für mehrere Tausend Zuhörer. Einen Höhepunkt der Bemühungen stellten die Feierlichkeiten zum zehnjährigen Bestehen der Volkshochschule am 20. Dezember 1927 dar. Oud, dessen erster Entwurf für eine Volkshochschule* unausgeführt geblieben war, versuchte weiterhin, auf sich und seine Arbeit aufmerksam zu machen. Im »Groen-Wit-Groene Boek« (1927), der Jubiläumsschrift der Volkshochschule, publizierte er seine soeben fertiggestellten Häuserzeilen in Hoek van Holland* und stellte sich dabei selbst als »Künstler« dar.[872] Auch bei seinem zweiten Entwurf für die Volkshochschule handelte Oud offenbar auf eigene Initiative. Allein die spätere Bezeichnung als »vorläufiger Entwurf« läßt an eine – sicherlich inoffizielle – Absprache mit den Vertretern der Volkshochschule denken.[873] Gegen einen offiziellen Auftrag sprechen der unverbindliche Titel »Skizze für eine Volkshochschule« sowie die Tatsache, daß wenig später der Rotterdamer Architekt L. C. van der Vlugt mit dem Neubau beauftragt wurde.[874] Die von der Gemeinde an dieser Stelle geplante Wohnbebauung wie auch die späteren Neubaupläne der Volkshochschule für andere Grundstücke zeigen, daß Oud den Bauplatz selbst ausgewählt und damit als Vorschlag eingebracht hat. Möglicherweise hoffte Oud, der als Architekt von *Bouwpolitie en Woningdienst* frühzeitig mit den Plänen Witteveens bekannt war, als erster mit einem konkreten und damit realisierbaren Entwurf aufwarten zu können.
Konstruktion Skelettbau.
Planmaterial NAi: Lageplan (Abb. 299); Grundrisse von Erdgeschoß (Abb. 301), erstem (Abb. 302) und zweitem Obergeschoß (Abb. 303); Axonometrie (Abb. 300); mehrere Tuscheskizzen (Abb. 306). CCA.[875] GRI.[876]
Bauprogramm Erdgeschoß: Garderobe, Kassen, Aula für 1.000 Personen, Toiletten, 17 Garagen, Heizanlage, Wohnungen, Café oder Läden. Erstes Obergeschoß: »boerij« (offenbar »boekerij« = Bibliothek), Lesesaal, Bibliothekszimmer, Chemiesaal, Laboratorium, zwei Arbeitsräume, Wohnungen, zehn Zimmer für Professoren, der Raum des Pedells (Hausmeister der Schule), Galerie der Aula, acht Unterrichtsräume, Zimmer des Rektors, Direktorenzimmer. Zweites Obergeschoß: Ausstellungssaal, vier Säle (200, 150 und zwei mal 100 Sitzplätze); Raum des Pedells, Saal (400 Sitzplätze), Kaffeezimmer, Schreibzimmer, Sekretariat, Verwaltung, »Reserve«. Für das dritte Obergeschoß liegt kein Grundriß vor. Siebengeschossiges Wohnhaus mit mehreren Wohneinheiten.

Städtebauliche Situation (Abb. 299)
Die für unterschiedliche Bauplätze konzipierten Entwürfe von Oud und Van der Vlugt zeigen, daß die Grundstücksfrage noch

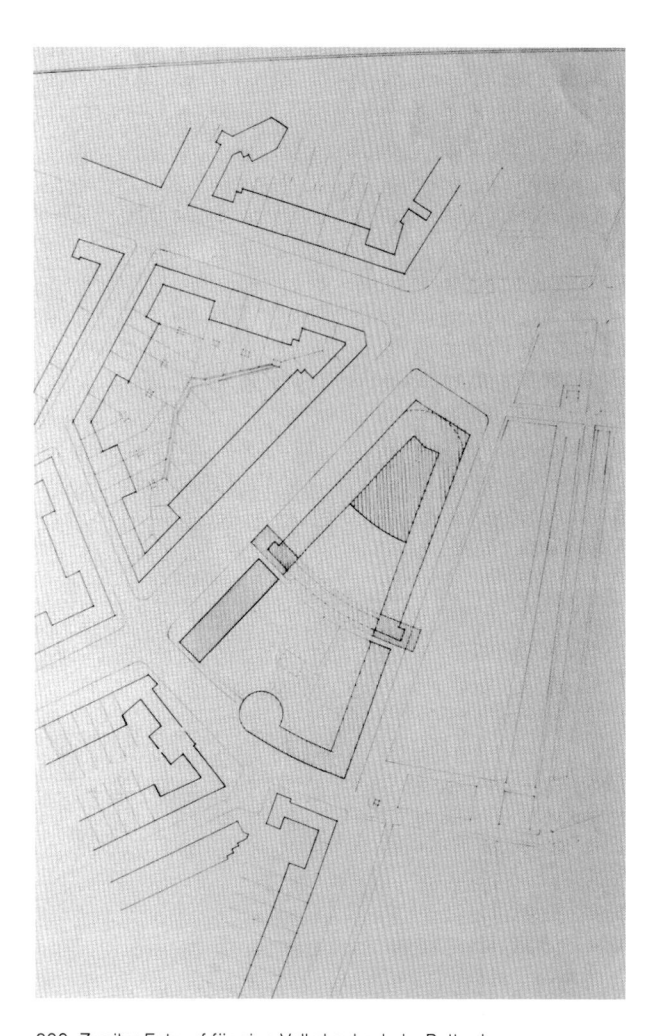

299. Zweiter Entwurf für eine Volkshochschule, Rotterdam, Lageplan, Land van Hoboken

offen war.⁸⁷⁷ Beide Architekten wählten jedoch das zentrumsnahe Land van Hoboken (Dijkzicht), für das Witteveen gerade einen Bebauungsplan vorgelegt hatte. Am Rand des zentralen Grünzugs waren mehrgeschossige, zu großen Wohnblöcken verbundene Häuser mit steilen Satteldächern geplant, während die städtebaulich markanten Punkte von öffentlichen Gebäuden (Kirche, Museum, Schulen, Kindergarten) besetzt sind. Die den Park flankierenden Bauten sollten durch ihre betonte Längenerstreckung den Blick in Richtung Stadtzentrum lenken.

Das von Oud gewählte Grundstück befindet sich westlich des Grünzuges an der platzartig erweiterten Kreuzung Rochussenstraat/Mathenesserlaan. Während die Mathenesserlaan die westlichen Stadtgebiete erschließt, bildet die Rochussenstraat eine wichtige Ost-West-Verbindung: Bereits in Ouds Vorschlag für eine neue Verkehrserschließung der Innenstadt (Abb. 288) erscheint sie als breite Verkehrs-Trasse, die südlich des Van Hogendorpplein auf den Coolsingel trifft. Das Grundstück in Form eines gleichmäßig spitzwinkligen Dreiecks ist an allen Seiten von Straßen umgeben, wobei es mit einer Langseite an die Rochussenstraat grenzt, mit der anderen an eine schmale, den Grünzug flankierende Straße. Witteveen hatte für dieses Grundstück eine Bebauung mit Wohnhäusern vorgesehen, die in Form einer Blockrandbebauung private Gärten einfaßt (Abb. 57). In einer Perspektivzeichnung wird die Spitze der Blockbebauung durch einen Turm markiert.⁸⁷⁸

Oud wählte mit diesem Grundstück den prominentesten Bauplatz des Neubaugebietes: Von der Innenstadt kommend liegt die Gebäudespitze genau in Achse der Rochussenstraat und hätte somit die Platzfront der Kreuzung besetzt. Als erster Bau an der Ostseite der Rochussenstraat war die Fassadengestaltung zudem entscheidend für das Straßenbild wie auch für die Randbebauung des Grünzugs.

Außenbau (Abb. 300)
Die Grundfläche des Gebäudes besteht aus einem spitzwinkligen Kreisausschnitt mit abgeflachter Spitze, wobei zwei Gebäudeflügel an den Längsseiten zusammen mit dem dritten, gerundeten Flügel einen Innenhof umschließen. Der Kreisausschnitt ist eine für Oud typische Grundrißform, die bisher jedoch nur in kleinem Maßstab, so bei den Lagerhäusern der Siedlung Kiefhoek* und den Mädchenzimmern des Hotel Stiassny*, auftrat. Die Kreisform wird durch die konzentrische Außenwand der Aula, die als zentraler Versammlungssaal die Gebäudespitze einnimmt, und den ebenfalls konzentrisch verlaufenden Verbindungsgang im Innenhof betont. Der nur zur Hälfte ausgeführte dritte Flügel endet in einem zylinderförmigen Bau (Heizanlage), der genau auf der durch die Spitze verlaufenden Symmetrieachse liegt. Durch einen Schornstein im Zentrum der Heizanlage wird die Achse zusätzlich akzentuiert. Die einzige Abweichung von der streng symmetrischen Grundform bildet die einseitige Öffnung des Baublocks im dritten Flügel. Im Gegensatz zu Witteveens Entwurf, bei dem sich der Innenhof zum Park öffnet, verlegte Oud die Öffnung zur verkehrsreichen Rochussenstraat. Erschlossen wird das Gebäude über eine Durchfahrt neben dem Verbindungsgang, die den Bau in einen vorderen, zum Platz gelegenen Bereich mit den Räumen der Volkshochschule und in einen hinteren Bereich mit Garagen, Räumen für die Lehrerschaft, Wohnungen und einem eigenständigen Wohnhaus unterteilt. Im Gegensatz zum symmetrischen Grundriß zeigt sich der Aufriß deutlich freier: Der vordere öffentlich zugängliche Teil ist einheitlich viergeschossig, der hintere setzt sich aus zwei- und siebengeschossigen Abschnitten zusammen; auch die Fassadengestaltung von Schulbau und Wohnhaus ist unterschiedlich. Trotz des als Einheit konzipierten Gesamtbaus bleiben somit – anders als beim Börsen-Entwurf* – die einzelnen Funktionsbereiche am Außenbau ablesbar.

Die Gebäudespitze ist in den drei unteren Geschossen gerundet, während das oberste Geschoß stumpf abschließt und dabei über die unteren Geschosse vorkragt. Die frei auskragenden Teile werden von Stahlstützen getragen. Mit Ausnahme des Wohnhauses ist der gesamte Bau einem Stützenraster im Abstand von 2,5 m unterworfen. Wo die Stützen freistehen (wie in der Eingangszone zur Aula, im Saal und beim Verbindungsgang) sind sie als Rundpfeiler ausgebildet (Abb. 301). Wie beim Börsen-Entwurf* wird an den weitest möglich durchfensterten Fassaden das konstruktive Raster sichtbar. Wiederum sollten die großen Fensterflächen durch Streben unterteilt werden. Im vorderen Bereich an der Rochussenstraat sind Läden oder ein Café untergebracht, die als Regenschutz für die Flanierenden schräge Vordächer erhalten. Die in Verlängerung des Verbindungsgangs vor die Fassade tretenden Treppenhäuser mit vertikal gegliederter Fensterfront schließen die Ladenzeile bzw. die Raumfolge des gegenüberliegenden Flügels ab. Der siebengeschossige Wohnblock übernimmt dieses Gestaltungsmotiv in Form von zwei flankierenden Treppenhäusern. Abweichend von den großen Fensteröffnungen des Schulbaus zeigt der Wohnblock eine Abfolge von einfachen rechteckigen Fenstern. Die Fassade ist hier bis in

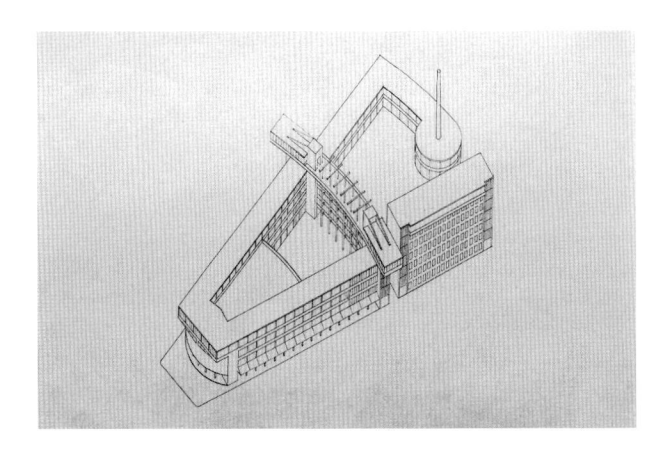

300. Zweiter Entwurf für eine Volkshochschule, Rotterdam, Axonometrie mit Fassade zur Rochussenstraat

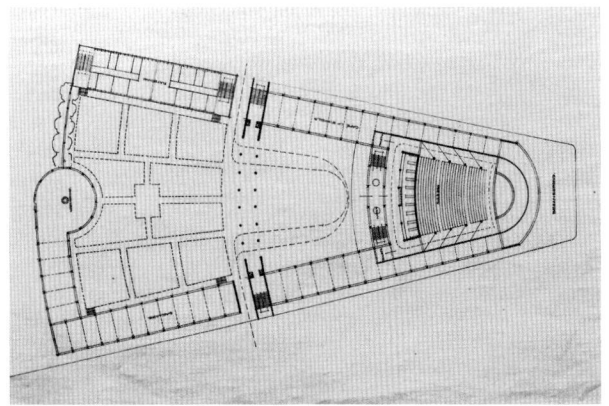

301. Zweiter Entwurf für eine Volkshochschule, Rotterdam, Grundriß EG

Flucht der Treppenhäuser nach vorne gezogen, wobei das oberste Geschoß zusätzlich aus der Flucht hervortritt.

Der dreigeschossige, auf zwei Stützenreihen aufliegende Verbindungsgang erstreckt sich zwischen den beiden in den Hof hineinragenden Treppenhäusern des Schulbaus. Sein Dach, das weit über die Gebäudeflucht auskragt, dient als Auflage für zwei eingeschossige Aufbauten. Für diese entwickelte Oud eine Zugkonstruktion, die an den beiden Dach durchstoßenden Treppenhäusern befestigt ist. Auch die Stützen des Laufganges durchbrechen das Dach, wo sie durch Querträger verbunden das konstruktive Gerüst zum Vorschein bringen. Die Fassaden des Innenhofes und des Verbindungsganges entsprechen den Straßenfronten. Der Hof ist im hinteren Bereich als Grünanlage mit geometrischem Wegenetz gestaltet, die Blocköffnung wird durch eine konzentrische Baumreihe optisch geschlossen.

Innendisposition (Abb. 301–303)
Die Erdgeschoßräume an der Rochussenstraat waren für Läden bzw. ein Café vorgesehen, die Nutzung der Räume im gegenüberliegenden Flügel ist nicht angegeben; der hintere Bauteil sollte 17 Garagen im Erdgeschoß sowie die Professorenzimmer im Obergeschoß aufnehmen. Der Zugang zu den Unterrichts- und Vortragsräumen in den Obergeschossen erfolgt über die beiden Treppenhäuser an den Langseiten. Dort erschließt ein über den Innenhof belichteter Gang die zur Straße liegenden Räume, ein Konzept, das Oud seit der Ambachtsschool Helder* immer wieder aufgegriffen hat. Von den Treppenhäusern aus ist über den Verbindungsgang ein direkter Weg zum jeweils gegenüberliegenden Flügel gegeben.

In der Gebäudespitze und damit im Zentrum des Baus liegt die dreigeschossige Aula mit insgesamt 1.000 Plätzen. Der Zugang erfolgt über die Durchfahrt vom Innenhof. Seitlich des Eingangs befinden sich zwei Kassenhäuschen und der Treppenaufgang zu den Galerien. Die Decke des großen Saals wird von vier Stützen beiderseits der Sitzreihen getragen. Über der Aula liegt ein weiterer Saal mit 400 Sitzplätzen, bei dem die Sitzreihen – in Anlehnung an die antike Arena – die Bühne seitlich umfassen (Abb. 303). Zwischen den seitlichen Treppen im ersten und zweiten Obergeschoß und damit auf der zentralen Symmetrieachse des Gebäudes befinden sich die Zimmer des Hausmeisters, der von hier aus den Hof überblicken kann.

Die Innenaufteilung ist nicht bis ins Detail durchgeplant. Die Wohnungsgrundrisse im zweigeschossigen Flügel fehlen ganz, im Wohnhaus sind sie vereinfacht dargestellt: Abgesehen von den Türen und der Bezeichnung von Küche und Bad wurde dort auf die (von Oud ansonsten stets mitentworfene) Möblierung verzichtet. Neben den zum Park orientierten Erdgeschoßräumen bleibt auch die Nutzung der Räume über der Heizanlage unklar. Der Grundriß des vierten Geschosses ist nicht überliefert. Auch die Funktion der beiden seitlich vorkragenden Aufbauten bleibt unklar.

Einordnung und Vorbilder
Der zweite Entwurf einer Volkshochschule zeigt einen betont modernen Baukomplex, der in Bauaufgabe und Formensprache Parallelen zum vorausgehenden Börsen-Entwurf* aufweist. Bestimmend sind die markante viergeschossige Gebäudespitze, das siebengeschossige Wohnhaus sowie die Läden und integrierten Garagen, die dem Gebäude einen großstädtischen Charakter verleihen.[879] Bestärkt wird dieser Eindruck durch die Tuscheskizzen (Abb. 306), die ein deutlich höheres Gebäude mit bis zu drei Hochhäusern zeigen. Mit der Verbindung unterschiedlicher Funktionen (Schulbau, Wohnhaus, Läden/Café) in einem modernen Großbau hatte sich Oud erstmals bei seinem Börsen-Entwurf beschäftigt. Im Fall der Volkshochschule wurde er zudem mit einer Bauaufgabe konfrontiert, die durch die erstarkende Arbeiterkultur und den Einfluß sozialistischer Länder (Arbeiterclubs, Volkshäuser) zu dieser Zeit einen Höhepunkt erlebte. Der Bauaufgabe entsprechend wurden Material (Beton und Glas) und Formensprache, vor allem die Sichtbarmachung des konstruktiven Gerüsts und die serielle Reihung gleicher Fassadenelemente, bewußt modern gewählt. Die Betonung der konstruktiven Möglichkeiten, wie die weit vorkragenden Aufbauten und der Saal an der Gebäudespitze sowie die hervorgehobenen technischen Einrichtungen (Heizanlage mit Schornstein), bindet diesen Entwurf noch stärker als die Börse* in die »konstruktivistische« Richtung dieser Zeit ein. Als Vorbild ist auf die osteuropäische Architektur und die Arbeiten des unter diesem Einfluß stehenden (und mit Oud befreundeten) Architekten Mart Stam zu verweisen.[880]

Verschiedene Einzelmotive konnte Oud der zeitgenössischen Architektur entnehmen. Die seitlichen Aufbauten über dem vertikal akzentuierten Treppenhaus gehen eindeutig auf den »Wolkenbügel« von El Lissitzky (1925) zurück, von dem Oud ein Entwurfsexemplar geschenkt bekommen hatte[881], während die markanten mit schrägen Zugkonstruktionen befestigten Aufbauten und die das Dach durchstoßenden Stützen in Stams Gegen-

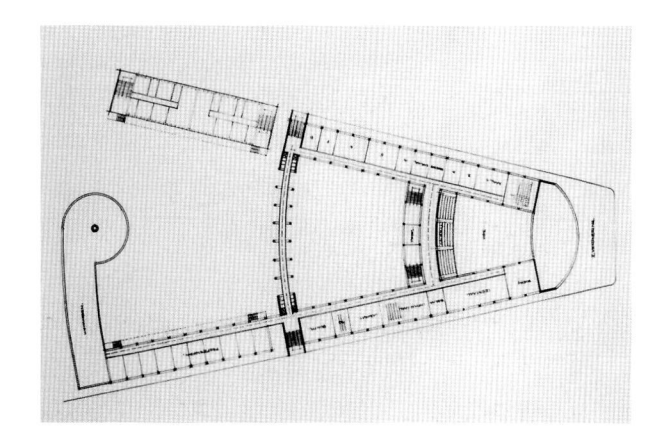

302. Zweiter Entwurf für eine Volkshochschule, Rotterdam, Grundriß 1. OG

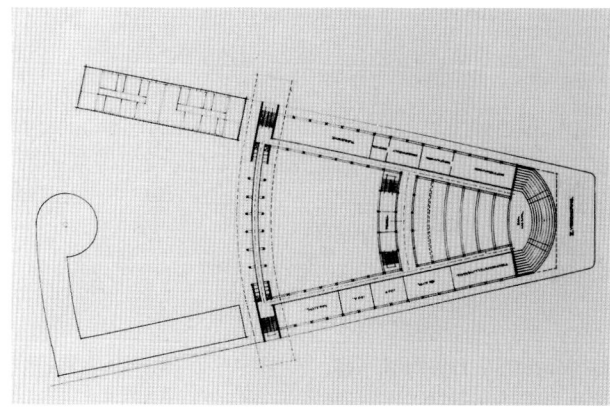

303. Zweiter Entwurf für eine Volkshochschule, Rotterdam, Grundriß 2. OG

entwurf (Abb. 111) vorgebildet sind. Auffallend ist die Ähnlichkeit zum Grundriß des Klosters Ambrozuv in Hradec Kralové/Königgrätz (1926/27) des tschechischen Architekten Josef Gocár.[882] Übereinstimmungen zeigen die symmetrische Gesamtanlage, die dreieckige Grundform mit abgerundeter Spitze, die Hoföffnung und der gebogene Verbindungsgang zwischen den beiden Gebäudeflügeln; als Pendant zur Aula tritt dort der Kirchenraum. Ein Austausch zwischen den beiden Architekten ist durchaus möglich: Neben Ouds Kontakten zu tschechischen Architekten könnten sich Oud und Gocár auch im Zuge ihrer Autorentätigkeit für die Brünner Zeitschrift »Wohnungskultur« begegnet sein. Weitere Vorbilder für die Volkshochschule lieferte die deutsche Architektur. Der Schornstein in Verbindung mit dem gerundeten Flügel in betont konstruktivistischer Formensprache findet sich im Entwurf einer Werkzeugfabrik von Max Taut (1923)[883], das soeben vollendete Bauhaus in Dessau konnte als Vorbild des mehrgeschossigen, auf Stützen stehenden Verbindungsgangs dienen. Weitere Parallelen zu Walter Gropius bestehen beim Entwurf des »Totaltheaters« (1927), dessen Formensprache und Bauaufgabe für Oud interessant gewesen sein mögen. Parallelen zeigen sich entsprechend im zeitgenössischen Schulbau, worauf vor allem die zentrale Lage der Aula verweist.[884]

Im Vergleich zum wenig früher entstandenen Börsen-Entwurf* erscheint der zweite Entwurf für die Volkshochschule kleinteiliger und komplexer: Während das mulifunktionale Börsengebäude allein aus zwei Baublöcken mit identischer Fassadengestaltung besteht, zeigt sich die Volkshochschule mit Schultrakt, Wohnhochhaus und Heizanlage als eine Addition eigenständiger und unterschiedlich gestalteter Funktionsbereiche. Vergleichbar ist daher Michel de Klerks dritter Wohnblock am Spaarndammerplantsoen in Amsterdam (1917–21), eine Verbindung von Wohnungen, einer Poststelle und einer bereits bestehenden Schule. Auch dieser Bau zeigt einen dreieckigen Grundriß mit gekappter Spitze und, zur Akzentuierung der Mittelachse, einen Turm. Oud fand De Klerks Lösung nach eigener Aussage nicht überzeugend und kritisierte, daß die in den Komplex eingebundene und teilweise überbaute Schule »totgedrückt« werde.[885] Wie die deutliche Absetzung seines Wohnhauses zeigt, versuchte Oud diesen »Fehler« bei der Volkshochschule zu vermeiden. Damit hätte er mit seinem Entwurf eine Art »Korrektur« des älteren Amsterdamer Gebäudes vorgelegt.

Eine Verbindung der Volkshochschule mit den von Witteveen geplanten traditionellen Wohnblöcken mit Satteldach wird kaum in Ouds Sinn gewesen sein. Anzunehmen ist vielmehr, daß Oud – entsprechend dem städtebaulichen Entwurf Van der Vlugts (Abb. 55) – an eine mehrgeschossige Bebauung in modernen Formen dachte. Ein vergleichbarer Fall liegt beim Börsen-Entwurf vor, der den Auftakt für eine an das Hochhaus anschließende siebengeschossige Bebauung bilden sollte. Das ebenfalls siebengeschossige Wohnhaus der Volkshochschule verstand Oud wohl in erster Linie als eine großstädtische Geste. Dem entsprechen seine Skizzen, die ein noch deutlich höheres Gebäude, in einem Fall sogar drei Hochhäuser, zeigen.

Geschichte
Eine Reaktion der Volkshochschulvertreter auf Ouds Entwurf ist nicht bekannt. Im Frühjahr 1928 erhielt jedoch nicht Oud, sondern L. C. van der Vlugt, Architekt der Rotterdamer Van Nelle-Fabrik, den Auftrag für den Neubau. Zwischen 1. Dezember 1928 und 5. Oktober 1932 entstanden als Auftragsarbeiten oder in Eigeninitiative verschiedene Entwürfe, wobei die vorgesehenen Bauplätze in unmittelbarer Nachbarschaft zu dem von Oud gewählten Grundstück im Land van Hoboken lagen.[886]

Weder Ouds Entwurf noch eines von Van der Vlugts Projekten wurde realisiert. Auf dem Grundstück im Land van Hoboken, das zunächst für einen Wohnbau, dann für das Gymnasium Erasmianum reserviert war[887], entstand 1930/31 das Hauptgebäude von Unilever N. V. nach Plänen von H. F. Mertens (Abb. 304, 305). Der Sichtbacksteinbau zeigt trotz seiner langgestreckten Fensterbänder eine konservativere und monumentalere Gestaltung, wozu nicht zuletzt ein massiver Turm auf der Gebäudespitze beiträgt.[888] Auch die von Van der Vlugt gewählten Grundstücke wurden anderweitig bebaut. Die Volkshochschule erhielt ihrerseits von der Gemeinde das Huis van Hoboken als Unterkunft. Da der Verbleib in diesem Gebäude wiederum auf drei Jahre beschränkt war, blieb der Wunsch nach einem Neubau weiterhin bestehen.[889]

Frühe Publikationen Engel 1981b, S. 11; Stamm 1984, S. 99f.; Hans Oud bildet allein eine Skizze des Entwurfs ab.
Literatur Siehe Erster Entwurf der Volkshochschule*.
Literatur zum städtebaulichen Entwurf für das Land van Hoboken Van der Vlugt 1925a; Erläuterung Witteveens (23 Seiten), Haarlem 1927, unter Leitung des Nederlands Instituut voor Volkshuisvesting en Stedebouw und der Vereeniging Nieuw Rotterdam; Hoogenberk 1980, S. 130–135; Dettingmeijer 1988; Vermeer/Rebel 1994, S. 109f.; Van de Laar 2000, S. 355–357.

304. Unilever-Gebäude, Rotterdam, H. F. Mertens, Luftbild 1931

305. Unilever-Gebäude, Rotterdam, H. F. Mertens, Hauptfassade zur Rochussenstraat, hist. Ansicht

Vorstudien für die Rotterdamer Volkshochschule
(Abb. 306)

Mehrere kleinformatige Tuscheskizzen im Oud-Archiv zeigen verschiedene Abweichungen gegenüber dem eingereichten Entwurf. Am auffallendsten ist ein aufgesetzter flacher Kubus an der Spitze des Baus, der weit über die Gebäudeflucht hinausragt. Verkehrswege wie Rampen und Treppen werden bewußt hervorgehoben. In einigen Skizzen verbindet eine Rampe den aufgesetzten Kubus mit dem Dach der Aula, während der Verbindungsgang über zwei steil nach oben führende Treppen von der Dachterrasse aus zugänglich ist.

Insgesamt ist der Bau weniger stark horizontal gegliedert und erhält im vorderen Teil mindestens ein weiteres Geschoß. Das angefügte Wohnhaus, das hier als schmales Scheibenhochhaus erscheint, erreicht annähernd die doppelte Höhe. In zwei der Skizzen weist der gegenüberliegende Gebäudeflügel ein zweites Wohnhaus gleicher Höhe auf, während in einer Variante sogar ein drittes Hochhaus angefügt wurde. Zwei detaillierte Bleistiftskizzen im Oud-Archiv zeigen weitere Änderungen gegenüber dem eingereichten Entwurf, darunter eine mehrfach variierte Stützkonstruktion der Aufbauten und des vorkragenden Saals in Form von »Zickzack-Stützen« bzw. schräg verlaufenden Stützen.

Bei den Tusche-Skizzen handelt es sich nicht zwingend um frühere Entwurfsskizzen. Wahrscheinlicher ist, daß Oud nachträglich – wohl mit Blick auf eine Publikation oder Ausstellung seiner Arbeiten – progressivere und gewagtere Entwürfe vorlegte, die in dieser Form nie für eine Ausführung gedacht waren. Weder die aufsehenerregenden Aufbauten, noch das gesteigerte Bauprogramm mit zwei Hochhäusern wären um 1926 in Rotterdam realisierbar gewesen.

Publikationen Stamm 1978, Fig. 41, S. 45; Stamm 1984, Abb. 74, S. 99; Hans Oud 1984, Abb. 65, S. 83.
Vgl. Taverne 2001, Kat. Nr. 54.

Eine weitere, undatierte Skizze[890], offenbar in Privatbesitz, wird von Hans Oud und Günther Stamm als zweite Variante der Volkshochschule identifiziert. Demnach habe Oud zwischen dem ersten, wohl auf 1924/25 zu datierenden Entwurf* und dem hier besprochenen Entwurf von 1926/27 eine weitere Variante geschaffen, die allein in dieser Skizze überliefert ist. Beide datieren die Arbeit auf 1925.[891]

Obwohl der L-förmige Grundriß keine Übereinstimmung zu einem der beiden Entwürfe zeigt, sind doch Parallelen auszumachen. So übernam Oud vom ersten Volkshochschul-Entwurf die symmetrische Fassade mit einem niedrigem Eingangsriegel, den zurückgesetzten, von höheren Bauteilen flankierten Mittelteil und die zweigeschossigen Seitenpartien. Dagegen weist der aufgesetzte, flache Baukörper auf die beiden vom »Wolkenbügel« beeinflußten Aufbauten des späteren Entwurfs. Mit dem 1924/25 entstandenen Entwurf von El Lissitzky liegt somit ein terminus post quem für diese Skizze vor.

Ob es sich tatsächlich um eine Variante der Volkshochschule handelt, bleibt offen. Wenn ja, erscheint das Jahr 1925 als Entstehungsdatum möglich: Oud war der »Wolkenbügel« bereits bekannt, die städtebauliche Planung für das Land van Hoboken (1926) und damit das dreieckige Grundstück lagen jedoch noch nicht vor. Allerdings ist auch eine Entstehung nach dem Entwurf von 1926/27 denkbar, als von Seiten der Volkshochschule eine Reduzierung des Bauprogramms gefordert wurde.

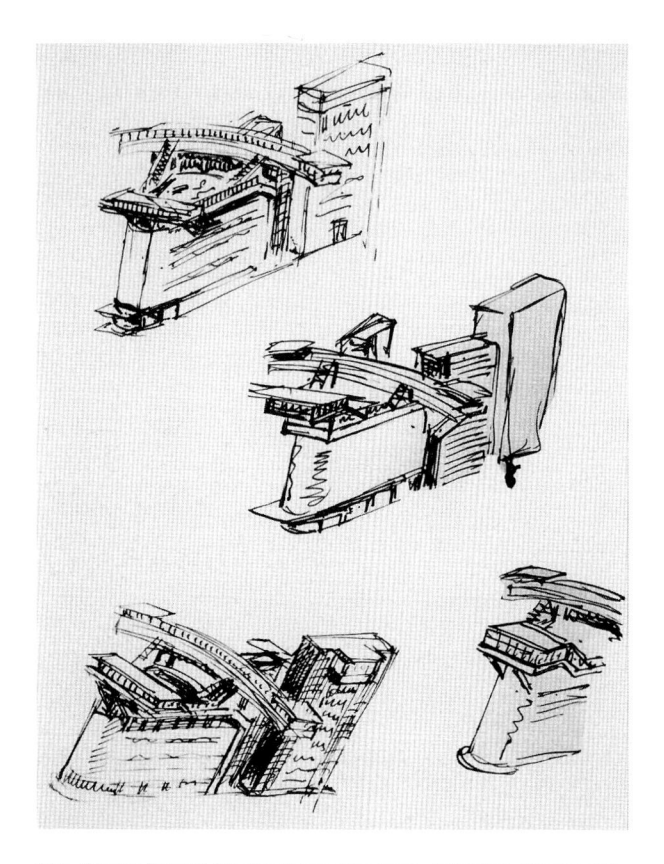

306. Zweiter Entwurf für eine Volkshochschule, Rotterdam, Skizzen mit Hochhäusern

29 Reihenhäuser in der Weißenhofsiedlung, Stuttgart

Gegenstand Fünf Reihenhäuser (Haus Nr. 5–9) als Teil der 61 Wohneinheiten umfassenden Mustersiedlung des Deutschen Werkbundes auf dem Weißenhof in Stuttgart. Die Weißenhofsiedlung stand im Zentrum der Werkbund-Ausstellung »Die Wohnung 1927«, die zwei weitere Ausstellungen in der Innenstadt und das »Experimentiergelände« umfaßte. Ziel war die Präsentation der Modernen Architektur und die Erprobung neuer Baumaterialien. Die Musterhäuser sollten auch an anderen Orten zur Ausführung kommen und gegebenenfalls in die Serienproduktion gehen. Die Wohnungen entstanden im Rahmen des Wohnungsbauprogramms der Stadt Stuttgart und wurden nach Ausstellungsende vermietet.

Ort Pankokweg 1, 3, 5, 7, 9, Stuttgart. Die zweigeschossigen Reihenhäuser befinden sich an der Kreuzung Pankokweg/Bruckmannweg im südlichen Bereich der Werkbund-Siedlung (Abb. 308, 311). Der Weißenhof liegt in Hanglage im Norden der Innenstadt nahe dem heutigen Höhenpark Killesberg.[892] Die Siedlung erstreckt sich in nord-südlicher Richtung zwischen dem Hölzelweg im Nordosten, der Rathenaustraße im Osten, der Friedrich-Ebert-Straße im Süden und Am Weißenhof im Nordwesten. Ouds Häuserreihe steht rechtwinklig zum dreigeschossigen Wohnblock von Ludwig Mies van der Rohe, der den westlichen Abschluß das Geländes bildet.

Entwurf Der Entwurf entstand um den Jahreswechsel 1926/27.[893] Die endgültigen Pläne schickte Oud am 17. Januar 1927 an Regierungsbaumeister Richard Döcker, der die Bauausführung betreute.[894] Details wurden noch bis Sommer 1927 verändert bzw. neu entworfen.[895]

Ausführung Die Ausführung erfolgte zwischen Mai/Juni und August 1927. Der Bauauftrag ging am 14. April 1927 an die Firma Kossel in Bremen (13.500 RM pro Haus), die den Auftrag an die Firma Stephan in Stuttgart-Bad Cannstatt weitergab.[896] Bei der offiziellen Besichtigung der Baustelle am 2. Mai 1927 war mit Ouds Häuser noch nicht begonnen worden.[897] Dennoch konnte bei der Ausstellungseröffnung am 23. Juli 1927 eines der Reihenhäuser (mit Möbeln von F. Kramer) besichtigt werden, allerdings noch ohne Linoleumboden und Kücheneinrichtung.[898] Das von Oud eingerichtete Haus sollte laut Bauleitung am 10. August fertig sein.[899] Erst am 6. September 1927, als die Siedlung offiziell für vollendet erklärt wurde, waren auch die Arbeiten an Ouds Häusern abgeschlossen.[900]

Auftrag Oud erhielt den Auftrag zur Teilnahme an der Werkbund-Ausstellung als freier Architekt. Mit Blick auf die geplante Ausstellung war Gustaf Stotz (1884–1940), Geschäftsführer der Württembergischen Arbeitsgemeinschaft des Deutschen Werkbundes, bereits im Sommer 1925 in die Niederlande gereist, wo er auch Oud aufsuchte: »Bei Oud wurde ich reizend aufgenommen.«[901] Dieser äußerte sich begeistert von dem Vorhaben wie auch der Vorstellung, selbst an der Architekturschau mitzuwirken. Gegenüber Hugo Häring bemerkte Stotz: »Von Oud habe ich einen Brief erhalten, in dem er wieder vorschlägt, doch auch ihm u. Le Corbusier eine wenn auch kleine Aufgabe zu übertragen. Ich selbst würde eine Mitarbeit der beiden Herren aufrichtig begrüßen u. bitte um möglichste Berücksichtigung des Oud'schen Wunsches.«[902] Entsprechend erscheint Oud bereits auf der ersten Teilnehmerliste von September 1925.[903] Da sich jedoch die deutschnationalen Vertreter des Gemeinderates wie auch die Ortsgruppe des BDA gegen ausländische Teilnehmer aussprachen, war die Auftragsvergabe lange Zeit unsicher. Wiederholt bekundete Oud daher im Januar 1926 seine Begeisterung für das Vorhaben und plädierte zugleich für eine Zusammenarbeit »internationaler Art«.[904]

Am 17. August 1926 erteilte die Gemeinde Rotterdam Oud die Genehmigung zur Teilnahme.[905] Angaben zum Bauprogramm erhielt er im September 1926. In diesem Monat kündigte Stotz den Besuch Mies van der Rohes in Rotterdam an, der mit Oud zusammen die Grundrisse besprechen wollte.[906] Der Auftrag umfaßte den Bau eines Apartmenthauses mit vier Wohneinheiten und ein Einfamilienhaus. Oud, der zu dieser Zeit mit einer Reihe von Bauprojekten betraut war (Ausführung der Häuserzeilen in Hoek van Holland*, Umarbeitung der Entwürfe für Kiefhoek*, Entwurf der Rotterdamer Börse*), konnte die Entwürfe nicht fristgerecht einreichen.[907] Mies van der Rohe nutzte den Zeitverzug, um Oud am 3. Januar 1927 ein verändertes Bauprogramm vorzugeben: An Stelle der Etagenwohnungen sollten nun vier Reihenhäuser mit einfacher Ausstattung entstehen.[908] Abweichend hierzu hatte

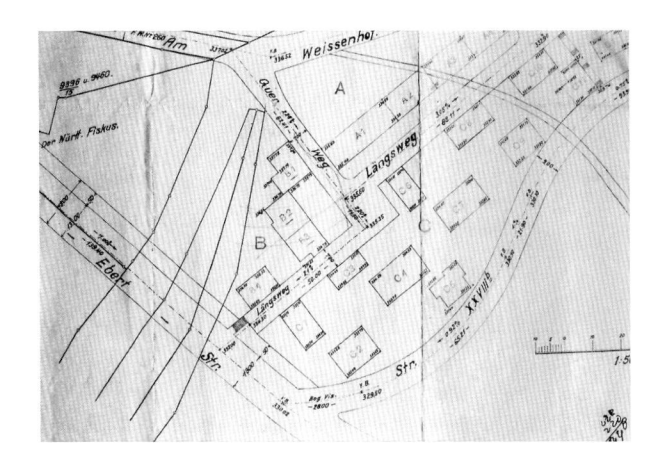

307. Weißenhofsiedlung, Stuttgart, Siedlungsplan, November 1926, mit den für Oud reservierten Bauplätzen B1, B2, B3

308. Weißenhofsiedlung, Stuttgart, Luftbild 1927, Ouds Reihenhäuser vorne links

Oud eigenmächtig entschieden, das Einfamilienhaus durch ein weiteres Reihenhaus zu ersetzen.[909] Die Miete der Häuser war mit 150 RM pro Monat die günstigste der Siedlung, lag aber dennoch deutlich über dem Satz für städtische Wohnungen.[910]

Konstruktion/Material Oud wollte seine Häuser ursprünglich in porösem Stein (Schwemmstein) errichten. Ein entsprechender Auftrag wurde am 25. März 1927 an die Firma Bossert vergeben. Da sich der Schwemmstein jedoch als unerwartet teuer erwies, griff Oud auf (in Rotterdam bereits erprobten) Gußbeton zurückgriff.[911] Problematisch war dabei – vor allem mit Blick auf Anstriche und die Inneneinrichtung – die lange Trockenzeit der Betonteile. Das gewählte Kossel-System verwendet Wände aus Leichtbeton (Kies, Sand, Bims, Hochofenschlacke) mit Stahlrahmen; Hohlräume garantieren eine gute Isolierung. Als Zwischenwände dienen Drahtziegelmauern, die Decken und Böden bestehen aus Eisenbeton. Die Außenwände besitzen eine Stärke von 24 cm, die Brandmauern 15 cm und die Zwischenwände 4,5 cm.[912] Die Fassaden wurden mit einer Spritzlage aus Bimssand mit Kalk und Zement versehen und mit Keimscher Mineralfarbe gestrichen. Alle Umfassungs- und Zwischenwände sind aus einem Betonguß (ohne Trennfuge) hergestellt. Auch die Treppen, die Gartenmauer, die Balkonplatten, die Sitzbank, die Platten der Fußwege, der Windfang und das oberste Brett im Wohnzimmerregal wurden aus Beton gefertigt. Wie Oud hervorhob, kamen an dem gesamten Bau sechs verschiedene Betonsorten zur Anwendung.[913] Die Fenster der Fenestra GmbH Düsseldorf mit Einfachverglasung erhielten Fensterrahmen und Türzargen aus Eisen.[914] Die Außentüren wurden aus blechbeschlagenen Eisenprofilen und ohne Oberverglasung gefertigt, im Inneren finden sich Sperrholztüren. Der Linoleumboden in Wohn- und Schlafzimmern auf Steinholz-Estrich kam von den Deutschen Linoleum-Werken Bietigheim; Küche und Bad wurden gefliest. Im Küchenhof, dem Fahrradabstellraum, der Waschküche, dem Trockenraum und der Terrasse findet sich ein Zement-Estrich.

Pläne/Fotomaterial NAi: Lageplan (Abb. 309, 311), Grundrisse und Schnitt (Abb. 314), Aufrisse (Abb. 318, 319), Perspektive, historische Fotografien (Abb. 312, 313). Modell Außenbau (1981) und Innenraum (1982). CCA, MoMA.[915] GRI: Abzug, neun Fotografien.

Bauprogramm Erdgeschoß: Wohnraum, Küche, Besenraum mit Ausguß, Waschküche, Fahrradabstellraum und Wirtschaftshof; Obergeschoß: drei Schlafzimmer (eines mit Balkon), Toilettenraum, Trockenraum mit Bügelbrett, Bad. Die Wohnungen mit einer Grundfläche von rund 70 m² waren die kleinsten der Siedlung.[916] Die Geschoßhöhe beträgt im Erdgeschoß 3 m und im Obergeschoß 2,70 m, Keller, Waschküche und Trockenraum sind jeweils 2,20 m hoch (Fußboden bis einschließlich Deckenquerschnitt). Da sich die Zentralheizung als zu teuer erwies, entwickelte Oud eine Warmluftheizung mit verstellbaren Wandöffnungen für alle Zimmer. Das Bad wurde über einen Gasofen mit warmem Wasser versorgt. Küche, Wohnraum, Schlafzimmer und Flur erhielten Einbauschränke. Die Küche wurde zudem mit einem Speiseschrank, einem Arbeitstisch, einer Spüle, einer Anrichte, dem Herd, Regalen, einem Klapptisch und Klappstuhl sowie einer Durchreiche ausgestattet. An beiden Hauseingängen befanden sich Klingeln, an der Tür zum Wirtschaftshof mit einem elektrischen Öffner.[917]

Beiträge anderer Architekten/Entwerfer Die Konzeption der Küche (Abb. 315) entstand in Zusammenarbeit mit Erna Meyer (1890–1970), die sich für praktische, zeit- und arbeitssparende Wohnungseinrichtungen einsetzte. Oud war der einzige Architekt der Siedlung, der Meyers Forderungen aufgriff.[918] Die Innenraumgestaltung von Haus Nr. 6, 7 und 9 übernahmen Rudolf Lutz, Sybold van Ravesteyn (Abb. 321) und Ferdinand Kramer (Abb. 320). Haus Nr. 8 wurde von Oud selbst eingerichtet (Abb. 316, 317), Haus Nr. 5 blieb leer[919].

Rudolf Lutz (1895–1966), ehemaliger Student des Bauhauses und zu dieser Zeit selbständiger Architekt in Stuttgart, hatte den Auftrag zur Einrichtung eines der Häuser über Mies van der Rohe erhalten.[920] Initiator war Gustav Stotz, der Lutz gegenüber dem ursprünglich vorgesehenen Innenarchitekten Julius Metzke-Rovira bevorzugte.[921] Oud war mit Lutz dagegen nicht zufrieden.[922] Er selbst hatte die beiden Niederländer Sybold van Ravesteyn (1889–1983) und Gerrit Rietveld, beide aus Utrecht, eingeladen, zwei der Wohnungen einzurichten.[923] Rietveld lehnte einen Auftrag ab, da er fürchtete, zu sehr auf Interieurs und Möbel festgelegt zu werden.[924] Kramer (1898–1985), erklärter Bewunderer von Oud und seit 1925 Mitarbeiter von Ernst May im Städtischen Hochbauamt Frankfurt am Main, wurde vom Deutschen Werkbund aufgefordert, eines der Häuser einzurichten.[925] Eine für ihn offenbar besonders reizvolle Aufgabe, waren ihm doch bereits 1923 angesichts der Rotterdamer Siedlungen »die Augen übergegangen«.[926]

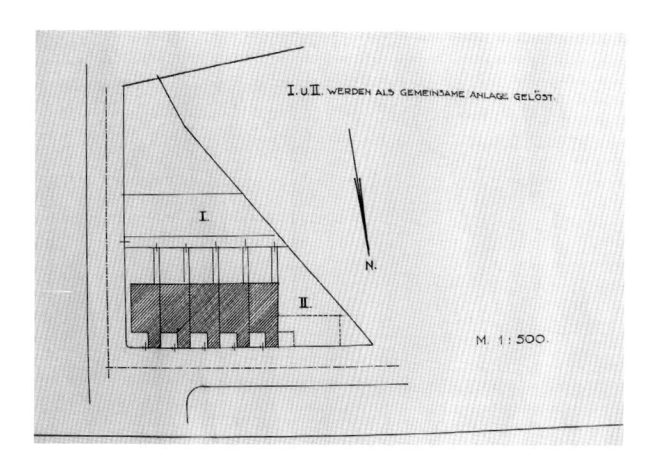

309. Reihenhäuser in der Weißenhofsiedlung, Stuttgart, Lageplan, Vorentwurf mit querliegendem sechsten Haus

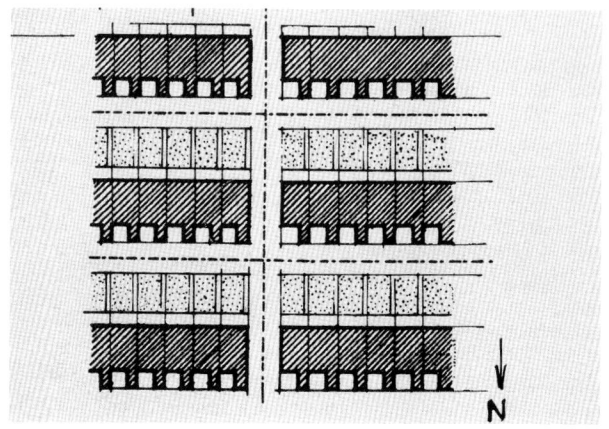

310. Entwurf Zeilenbau mit Nordpfeil

Vorgeschichte der Ausstellung

Die ursprünglich für 1926 geplante Ausstellung »Die Wohnung« galt als Vorübung für eine international ausgerichtete Schau des Deutschen Werkbundes, die 1930 im Rahmen der »Weltbau-Ausstellung« in Berlin präsentiert werden sollte.[927] Ziel des Werkbundes war eine Führungsrolle im neuzeitlichen Wohnungsbau des In- und Auslandes, ein Anspruch, der sich auch in der Wahl der Architekten niederschlug. Da die Genehmigung der Teilnehmerliste jedoch bei der Stadt lag, fürchtete Stotz einen Ausschluß nicht-deutscher Vertreter.[928] Unter Verweis auf den internationalen Charakter der Modernen Architektur setzte sich der Werkbund daher vehement für die Beteiligung ausländischer Architekten ein: »Es ist ... verständlich, daß der Werkbund Wert darauf legt, daß bei der vorgesehenen Siedlung Architekten von internationalem Ruf zum Zuge kommen, Künstler, die in diesem Baustil auf eine größere Erfahrung zurückblicken können«[929]. Dessenungeachtet mußte Stotz wenig später feststellen: »Deutschnationale Vertreter haben sich gegen den Plan ›die Internationale‹ zu den Bauaufgaben heranzuziehen, überhaupt ablehnend verhalten.«[930] Auch ein Vortrag von Oud, den er am 30. Oktober 1925 auf Einladung der Württembergischen Arbeitsgemeinschaft in Stuttgart gehalten hatte, änderte daran nichts. Im März 1926 sprachen sich Vertreter des Gemeinderates gegen die Beteiligung ausländischer Architekten aus, wobei das heftig diskutierte Flachdach als Argument diente. Unverständlich erschien, »daß man nun Architekten beiziehen will, die in der Hauptsache nicht im deutschen, sondern außerhalb des deutschen Reiches wohnen und damit eine Bauweise hier einbürgern wollen, die bei uns bisher nicht üblich ist ...«[931].

Im Januar 1926 berichteten Erna und Gustav Stotz, daß die Ausstellung zwar stattfinden solle, die Mittel jedoch noch nicht bewilligt seien. Oud wurde daher gebeten, in einer geplanten Publikation auf die Bedeutung des Vorhabens aufmerksam zu machen.[932] Im März erschien schließlich eine Rede von Peter Bruckmann, Vorsitzender des Württembergischen Arbeitskreises des Deutschen Werkbundes, mit einer Stellungnahme von Oud und anderen Architekten.[933] Unabhängig von der Genehmigung der Ausstellung wurde im April der Anteil der ortsansässigen Architekten – ausnahmslos Schüler von Paul Bonatz – erhöht und die Zahl der ausländischen Teilnehmer halbiert. Stotz versuchte nun, zumindest die Teilnahme von Oud und Le Corbusier durchzusetzen.[934] Als im April 1926 die Mittel für die Vorprojekte bewilligt wurden, waren als ausländische Vertreter Oud, Le Corbusier und Josef Frank vorgesehen.[935] Nach Kritik von Bonatz und Paul Schmitthenner erstellte Mies van der Rohe, seit März 1925 Berater und seit Oktober künstlerischer Leiter der Ausstellung, bis Juli 1926 einen ersten gültigen Bebauungsplan. Auf die Genehmigung der Architektenliste folgte im September die Vergabe der Bauplätze, wobei Oud ein exponiertes Grundstück im Zentrum der Siedlung erhielt. Die zum Teil widersprüchlichen Aussagen gegenüber den Architekten und den Vertretern der Stadt führten – wie im Fall von Oud – zu nachträglichen Änderungen des Bauprogramms.

Offizieller Baubeginn war der 1. März 1927. Als zwei Monate später die Arbeiten an Ouds Häusern noch immer nicht begonnen hatten, wurde kurzzeitig erwogen, auf seinen Beitrag zu verzichten.[936] Zur Eröffnung der Ausstellung am 23. Juli 1927 standen schließlich zwei Drittel der insgesamt 21 Häuser. Neben 17 Architekten waren 55 Entwerfer an den Inneneinrichtungen beteiligt.[937] Auf einem Experimentiergelände neben der Mustersiedlung wurden neue Baumaterialien und Konstruktionsmethoden sowie Fertighäuser gezeigt. In der Halle am Gewerbehallenplatz waren neben ausgesuchten Produkten für die Hauswirtschaft eine Rekonstruktion der Mitropa-Speisewagenküche sowie die Spiegelglashalle von Mies van der Rohe und Lilly Reich zu sehen. In den Ausstellungshallen am Interimsplatz (nahe des Schlosses) wurde die Internationale Plan- und Modellausstellung mit über 500 Exponaten präsentiert, für die Oud das Material der niederländischen Architektur zusammengestellt hatte.[938]

Planungsgeschichte der Oudschen Häuser

Am 9. September 1926 gab Mies van der Rohe das Bauprogramm für Ouds Häuser bekannt: Für Block 5 des Lageplans war ein Apartmenthaus mit vier Wohneinheiten gefordert, für Block 6 ein Einfamilienhaus.[939] Das zweigeschossige Apartmenthaus sollte jeweils drei Zimmer, Küche, Bad und eine Mädchenkammer erhalten, das Einfamilienhaus vier Zimmer, Küche, Bad und Mädchenzimmer. Für alle Siedlungsbauten waren Flachdächer gefordert. Ein von Regierungsbaumeister Richard Döcker (Städtisches Vermessungsamt Abteilung II) erstellter Lageplan vom 27. Oktober 1926 sah für Oud abweichend drei Häuser vor, wobei zwei zu einem Doppelhaus (B2 und B3) verbunden werden sollten (Abb. 307).[940] Während Haus B1 direkt an den »Querweg« (Pankokweg) grenzt, ist das Doppelhaus von der Straße zurückgesetzt. Die hierdurch entstehende Freifläche hätte sich mit der Straßenkreuzung zu einem größeren Platz verbunden.

Im November 1926 schickte Mies van der Rohe die von Erna Meyer verfaßten »Richtlinien für die Gestaltung der Küche« und

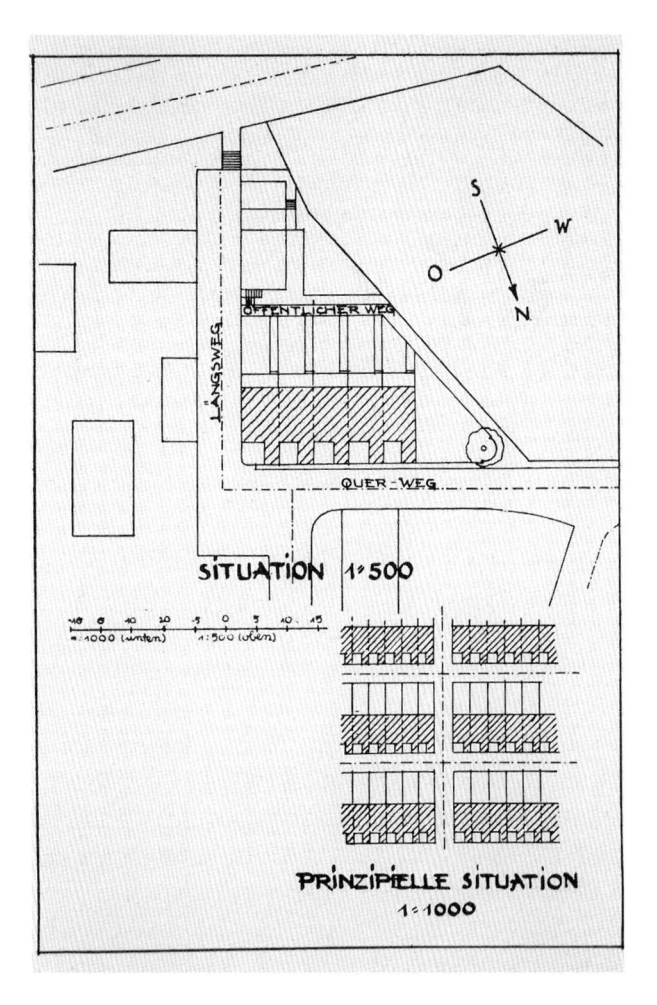

311. Reihenhäuser in der Weißenhofsiedlung, Stuttgart, Lageplan und »prinzipielle Situation« (Zeilenbau)

eine Liste mit Forderungen der Stuttgarter Hausfrauen an die beteiligten Architekten.[941] Wie Mies van der Rohe betonte, sollten Wohnfunktion und Wirtschaftlichkeit im Mittelpunkt stehen; Umrißlinien sowie Größe der Bauten seien daher nicht bindend.[942] Bereits im Dezember 1926 sprach Oud davon, die vom Pankokweg abgerückten Apartmentwohnungen nach Norden zu versetzen und – beeinflußt von Meyers Forderungen – an Stelle eines Vorgartens einen kleinen Küchenhof anzulegen.[943]

Oud hatte seinen Entwurf zum offiziellen Abgabetermin am 20. Dezember 1926 nicht fertig.[944] Inzwischen bemängelte die Bauabteilung des Stuttgarter Gemeinderates, daß Häuser für Arbeiter und kleine Angestellte fehlten.[945] Zusammen mit einem veränderten städtebaulichen Entwurf der Siedlung wurde nun eine Verkleinerung der Bauten um 15 % gefordert. Am 3. Januar 1927 berichtete Mies van der Rohe von dem Wunsch nach kleinen aber qualitätvollen Bauten für 12.000 bis 15.000 RM pro Wohneinheit. Da Ouds Pläne noch nicht vorlagen, sollte er den Apartmentblock durch vier Reihenhäuser ersetzten: »Die Stadtverwaltung Stuttgart wünscht noch im Rahmen unserer Siedlung die Herstellung von Kleinhäusern, mit einer guten, einfachen Ausstattung … Da ich annehme, dass Sie mit Ihren Plänen noch nicht zu Ende sind, würde ich bitten, dass Sie die Bearbeitung dieser Häuser neben dem kleinen Einfamilienhaus vornehmen.«[946] Wie Oud antwortete, war er – entsprechend seinen bisherigen Wohnbauten für die Stadt Rotterdam – bereits in diesem Sinne vorgegangen: »Es scheint dass der Geist der Prophezeiung in mir gefahren war (ist dieses deutsch?) denn meine Pläne (welche im Vorentwurf jetzt schon bald fertig sein [sic]) sind bereits *genau* nach Ihren – erst jetzt eingetroffenen – Unterlagen gemacht. Ich wollte vorschlagen *Einfamilienreihenhäuser* zu machen!«[947]

Die endgültigen Pläne schickte Oud am 17. Januar 1927 an Döcker.[948] Entgegen den Vorgaben hatte er eigenmächtig das Einfamilienhaus durch ein weiteres Haus im Typus des Reihenhauses ersetzt: Laut Oud sei es angesichts der knappen Zeit besser, einen guten Typus als zwei schlechte zu entwerfen, zumal der Bautypus »Bungalow« aus Kostengründen kaum zur Ausführung kommen werde. Er stellte dabei zur Disposition, eine weitere Wohnung dieses Typus' quer zu der Häuserzeile zu stellen (Abb. 309).[949] Das südlich liegende (später an Schneck gefallene) Terrain sollte als Grünanlage für Kinder dienen.

Städtebauliche Situation

Das auf einer Anhöhe liegende Terrain fällt nach Osten (Richtung Innenstadt) steil ab. Die Siedlungshäuser werden abgesehen von den umlaufenden Straßen von einem »Querweg« (später Pankokweg) und einem »Längsweg« (später Bruckmannweg) erschlossen (vgl. Abb. 307). Der Pankokweg bildet die zentrale Zufahrt von der Friedrich-Ebert-Straße, während der Bruckmannweg in Nord-Süd-Richtung längs durch die Siedlung verläuft. Am Kreuzungspunkt der Straßen im südlichen Abschnitt der Siedlung entsteht ein kleiner Platz. Von hier aus führt der Bruckmannweg in einem leichten Versprung bis zum südlichen Abschluß des Geländes, wo eine Treppe die Siedlung mit der tiefer gelegenen Friedrich-Ebert-Straße verbindet (Abb. 311).

Das Oud zugewiesene Grundstück grenzt mit der Langseite im Norden an den Pankokweg, mit der Schmalseite im Osten an den Bruckmannweg. Die fünf Reihenhäuser liegen somit sowohl an der Erschließungsstraße der Siedlung (Pankokweg) als auch an der zentralen Platzanlage. Da die Bauten in die äußerste Nordost-Ecke des Grundstücks gerückt sind, orientieren sich die Gärten nach Süden. Vom nördlichen Bruckmannweg aus ergibt sich ein frontaler Blick auf die Straßenfront der Häuserreihe. Gleichzeitig bildet die Abfolge der fünf Häuser die seitliche Einfassung der Erschließungsstraße (Pankokweg), die das Wohnhaus von Walter Gropius als Endpunkt hatte.[950]

Im Südwesten wird das Grundstück durch einen dort verlaufenden schmalen Fußpfad abgeschrägt (Abb. 311). Die so entstehende Grundstücksspitze sollte einen Gemeinschaftsgarten für die Bewohner der Häuser Oud und Schneck (mit Sandplatz und Bänken) aufnehmen.[951] Entsprechend dem äußeren Garten am Bruckmannweg wurden in der Spitze des Terrains gepflanzt sowie an der Gebäudewand und entlang des Zaunes Sträucher gesetzt. Im Rahmen der Sanierung der Häuser in den 1980er Jahren fiel die Grundstücksspitze an Haus 9.

Außenbau (Abb. 40, 312, 313)

Die verputzten Außenwände der zweigeschossigen, flachgedeckten Häuser sind einheitlich in einem gebrochenen Weiß gefaßt.[952] Aufgrund des nach Osten abfallenden Geländes zeigen die einzelnen Bauten einen Höhensprung von jeweils 15 cm, der durch dunkel abgesetzte Dachkanten (Blechabdeckung) optisch betont wird.[953] Die fünf Häuser treten so weniger als Häu-

312. Reihenhäuser in der Weißenhofsiedlung, Stuttgart Gartenfront, Fotografie 1927

313. Reihenhäuser in der Weißenhofsiedlung, Stuttgart, Straßenfront, Fotografie 1927

serzeile denn als eigenständige, aneinandergereihte Bauten in Erscheinung. Den schmalen, langgestreckten Bauten sind an der Schmalseite zum Pankokweg niedrigere kubische Baukörper vorgelegt, die den Fahrradabstellraum und die Waschküche (Erdgeschoß) sowie den Trockenraum (Obergeschoß) aufnehmen (Abb. 313). Die Kuben werden durch ein schmales Fensterband mit Kippfenstern belichtet, das die drei freiliegenden Seiten umläuft. Alle Fenster des Hauses sind einheitlich in schmalen anthrazitfarbenen Metallrahmen gefaßt und liegen bündig in der Wandfläche. Das vierteilige Küchenfenster und das zweiteilige Schlafzimmerfenster im Obergeschoß bestehen – entsprechend Ouds früheren Bauten – aus standardisierten (außendrehenden) Fensterflügeln. Die in Höhe dieses Standardelements durchfensterte Waschküchentür zeigt die für Oud typische Dreiteilung in einen breiten Mittel- und schmale Seitenteile (vgl. die Häuserzeilen an einem Strandboulevard*).

In Tiefe der Kuben entstehen an der Straßenseite kleine Vorhöfe, die durch eine verputzte Metallplatte in Höhe der Erdgeschoßfenster abgeschlossen werden. Indem die Hofwände gegenüber den Kuben zurücktreten, erscheinen Kuben und Wand (unterstützt durch die dunkle Dachkante und das am Rand sichtbare Metall der Hofwand) als eigenständige Bauglieder. Zwischen Hofwand und Kubus liegen die Eingänge in Form schmaler anthrazitfarbener Stahltüren. Seitlich der Tür plazierte Oud eine (in Hoek van Holland* vorgebildete) Rundstütze, die hier jedoch einen hellen Anstrich erhielt. Die Einfuhrluken für die Kohlen sind in waagerechten (vom abfallenden Trottoir abgesetzten) Podesten eingelassen. Zur Sicherung der Stufen (Podeste) finden sich neben den Eingängen einfache und – entsprechend den übrigen Metallteilen – dunkel gefaßte Eisengeländer. Die Hausnummern wurden zunächst in roter Farbe auf den Mauern angebracht.[954]

Bestimmendes Kennzeichen der Straßenfront sind die vorgestellten Kuben, die mit ihren eineinhalb Geschossen als eigenständige Baukörper in Erscheinung treten. Während die vorzugsweise wiedergegebene Schrägsicht auf die Häuser (Sichtachse Pankokweg) die Plastizität der Komposition betont, zeigen die Bauten in der Frontalsicht (Bruckmannweg) eine abstrakte Komposition von Flächenelementen.

Die Gartenfront wird von den bündig in der Wand liegenden Fensterbändern aus sechs (Wohnzimmer) bzw. drei Standardelementen (Schlafzimmer) bestimmt (Abb. 312). Die Eingangstüren auf der linken Fassadenseite sind entsprechen den Türen zur Waschküche gestaltet. Axial darüber befinden sich Balkontüren desselben Typus, die nun jedoch spiegelbildlich angelegt

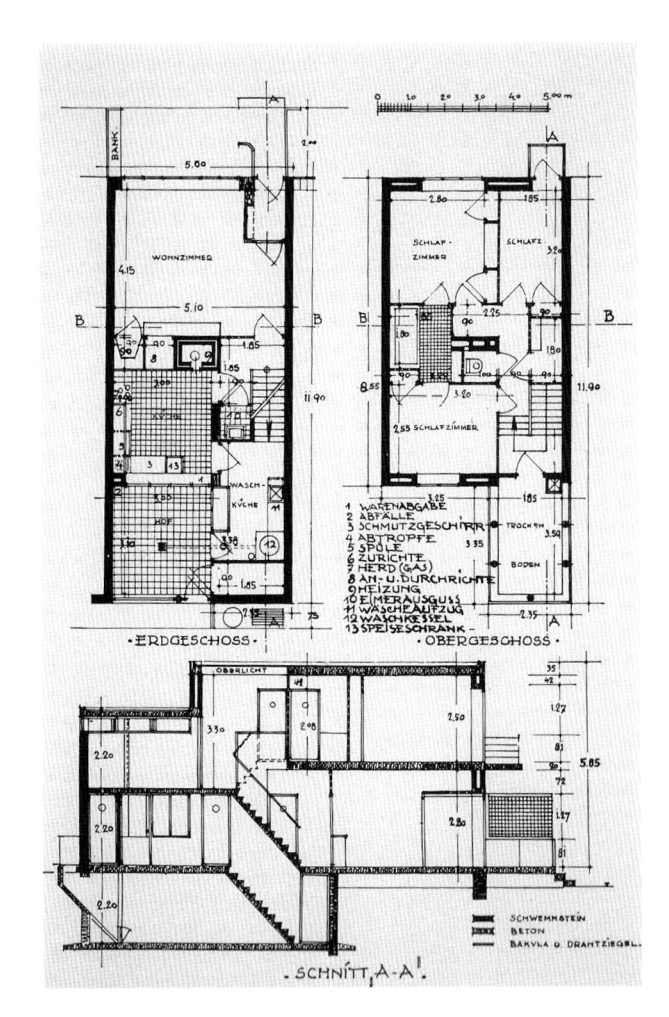

314. Reihenhäuser in der Weißenhofsiedlung, Stuttgart, Grundriß EG, OG, Schnitt

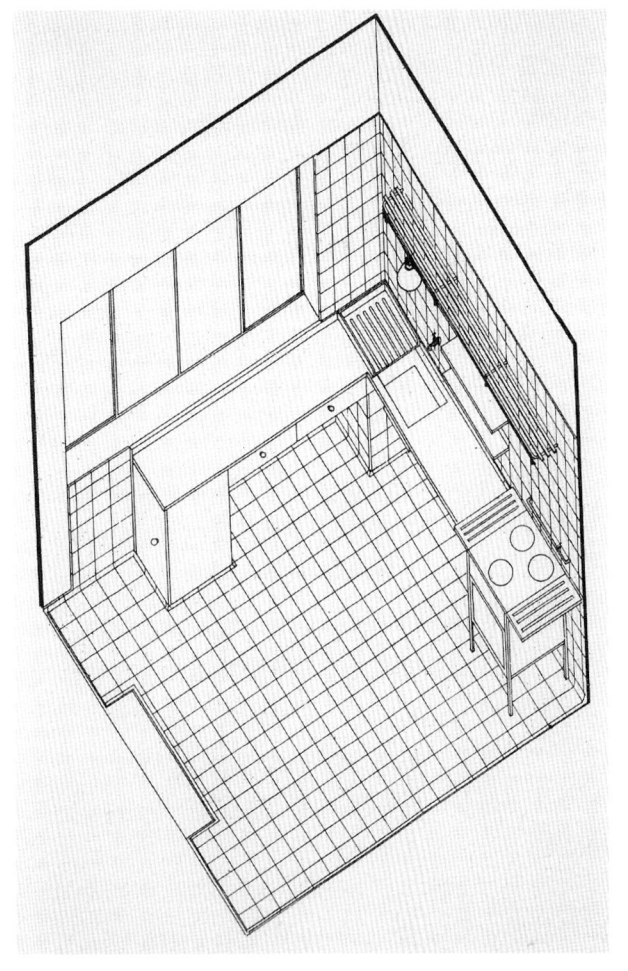

315. Reihenhäuser in der Weißenhofsiedlung, Stuttgart, Axonometrie Küche

sind. Die als Vordach dienenden Balkone bestehen aus einer schmalen Betonplatte mit dunklem Metallgeländer. Daß Oud hier von seinen geschlossenen Balkonbrüstungen (vgl. Kiefhoek*) abgeht, ist möglicherweise auf den Einfluß des Schröder-Hauses in Utrecht (1924/25; Abb. 18) zurückzuführen.[955] Nach Fertigstellung der Reihenhäuser mußte aufgrund der Bauvorschriften zusätzlich zu den waagerechten Balkonstreben ein Drahtnetz angebracht werden.

Die Gärten im Süden, die entgegen den ursprünglich zugesagten 10,75 m² nur 8,3 m² umfaßten, waren von Oud als reine Blumengärten gedacht (Abb. 40).[956] Jeder Garten besitzt im Anschluß an das Haus eine Terrasse, bestehend aus einer 2 m breiten Betonplatte samt einer Betonbank mit hölzerner Sitzfläche. Schmale, mit Betonplatten gepflasterte Stichwege an der Langseite der Gärten führen zu einem an der Süd- und Westseite um das Grundstück verlaufenden Fußweg. Die Terrassen werden seitlich von dunklen Metallgittern mit abschließenden runden Betonpfosten begrenzt, für die eine Berankung vorgesehen war. Die Gärten sind nur durch niedrige Zäune (drei waagerechte Metallstreben zwischen Rundstützen) oberhalb eines Mauerstreifens getrennt. Allein bei Haus 9 wurde der Zaun zum Bruckmannweg durch eine geschlossene Gartenmauer ersetzt, wobei eine Treppe auf dem Grundriß eines Viertelkreises den Höhenunterschied zwischen Garten und Straße überwindet. Auch der spitzwinklige Geländeabschnitt erhielt zum Pankokweg eine Mauerbrüstung.

Im Gegensatz zur Nordfront, die durch die Hofwände und eine geringere Zahl von Fenstern geschlossen wirkt, öffnet sich die Gartenseite durch breite Fensterbänder zum Garten. Dennoch werden – anders als in der kurz zuvor entworfenen Siedlung Kiefhoek* – die Wandflächen nicht in ganzer Breite aufgebrochen, so daß die Fenster in traditioneller Form als Wandöffnungen in Erscheinung treten. Im Gegensatz zu den Fassaden der Rotterdamer Bauten sind hier verschiedene plastische Gliederungselemente wie die Balkone, die Sitzbänke und die Gitter mit Rundstützen in das Fassadenbild integriert.

Innenraum (Abb. 314–319)

Der Grundtypus der langen schmalen Häuser (Abb. 314) greift mit dem großen Wohnraum in Breite des Hauses und dem eingestellten Windfang auf das für die Siedlung Kiefhoek* entwickelte Normhaus zurück. Zusätzlich zur größeren Grundfläche fallen die Stuttgarter Häuser mit Wirtschaftshof, Waschküche, Bad und Terrasse jedoch deutlich aufwendiger aus. Die Toiletten liegen nach niederländischer Bautradition innen (hier im Obergeschoß) und werden über das Dach belüftet. Kennzeichnend für die Stuttgarter Lösung ist die zweiseitige Erschließung der Wohnungen über den Hof an der Nordseite (Lieferanten) und den Garten im Süden (Bewohner). Vom Wirtschaftshof an der Straße sind der Fahrradabstellraum und die Waschküche zugänglich. Der Hof dient zur Anlieferung von Waren (durch das Küchenfenster) und zum Aufhängen der Wäsche.[957] Durch eine Öffnung im oberen Bereich der Hoftür sind Besucher von der Küche aus, wo sich ein elektrischer Türöffner befindet, sichtbar.

Angeregt durch die Forderungen der Stuttgarter Hausfrauen, möglicherweise auch durch die seit 1926 erprobte »Frankfurter Küche«[958], entwarf Oud erstmals eine komplette Kücheneinrichtung (Abb. 315): Die Wände sind bis in Höhe der Türen mit weißen, der Fußboden sowie der untere Wandbereich mit schwarzen Fliesen (15 x 15 cm) verkleidet. Um das Putzen zu erleichtern, wurden die Fliesen am Übergang vom Boden zur Wand bzw. der festen Möblierung gekehlt. Unter dem Küchenfenster befindet sich ein Arbeitstisch (für sitzende Tätigkeiten) mit einer Platte aus Hartholz. An der linken Seite des Tisches wurde ein nach außen zu entlüftender Speiseschrank aufgestellt, an der rechten Seite der Abfallbehälter, der den Abfall mittels einer Luke direkt in einen Behälter im Wirtschaftshof leitet. An der geschlossenen Raumseite befinden sich die Spüle, die Anrichte und der Gasherd. Die Spüle erhielt eine Abtropfeinrichtung, die beim Spülen über den Abfallbehälter geschoben wird. Das Spülen kann im Sitzen erledigt werden, wobei – worauf besonders geachtet wurde – kein Handwechsel oder Übergreifen notwendig ist. An der

316. Reihenhaus Weißenhofsiedlung, Stuttgart, Wohnraum mit Möblierung von Oud, Fotografie 1927

317. Reihenhaus Weißenhofsiedlung, Stuttgart, Wohnraum mit Windfang, Fotografie 1927

Wand sind zwei Regalbretter aus Beton (für Salz- und Mehlbehälter) und eine offene Topfablage angebracht, eine Halterung über dem Herd war für die Deckel bestimmt. Die an einer Schiene befestigte Lampe kann beliebig über die gesamte Breite der Arbeitsfläche verschoben werden. In der Trennwand zum Wohnzimmer befindet sich eine Durchreiche, die mit einer Schiebevorrichtung aus Spiegelglas bzw. Holz versehen ist: Die Glasplatte ermöglicht die Aufsicht der Kinder von der Küche aus, ohne dabei Essensgeruch ins Wohnzimmer zu lassen, während der hölzerne Verschluß den Einblick vom Wohnzimmer in die Küche verhindert. Das Geschirr wird in drei Hängeschränken über der Durchreiche aufbewahrt. Die »Heiznische« der Warmluftheizung liegt (wie in Kiefhoek*) in der Mitte des Hauses, wobei durch eine Öffnung die Warmluft ins Wohnzimmer geleitet wird. Zwischen den beiden Raumtüren befinden sich ein Tisch und ein Stuhl, die nach Gebrauch platzsparend wieder an die Wand zurückgeklappt werden können (Abb. 318).[959]

Die Waschküche nimmt den Gaswaschkessel und einen weiteren Klapptisch auf. Als Abzug dient ein Betonrohr, das die Warmluft durch den darüberliegenden Trockenraum nach draußen leitet und diesen dabei beheizt. Ein geplanter Wäscheaufzug mit Handbetrieb, der in den Trockenraum führen sollte, wurde nicht realisiert.[960] Eine Öffnung mit Luxfer-Prismen (prismatische Glasbausteine) belichtet den angrenzenden Besenraum. Von der Waschküche führt eine Treppe in den Keller mit Kohlenlager, der durch eine Luke von der Straße aus befüllt wird. Der Flur, der gleichzeitig als Garderobe dient, erschließt den Wohnraum, den Besenraum mit Abwasserausguß und das Obergeschoß.

Im Wohnzimmer befindet sich ein etwa 2,20 m hoher betonierter Windfang (Abb. 317), der – entsprechend den Wohnungen in Kiefhoek* – als eigenständiger Kubus in den Raum eingestellt ist. Hier sind der Briefeinwurf, ein Spiegel, sechs Kleiderhaken und eine Ablage für Gäste sowie die Meßgeräte für Strom und Gas untergebracht. An der Außenseite zum Wohnraum wurde wiederum ein Regal eingebaut. Vor der hinteren Wohnzimmerwand, unterhalb der Durchreiche, befindet sich ein Buffet, bestehend aus vier Schränken, drei Schubladen (Besteck) und einem Klappschrank (Nähgerät), jeweils mit schwarzen Holzkugeln als Griffen (Abb. 316). Rechts des Buffets, als gestalterisches Pendant zur Türe, wurde ein großer begehbarer Wandschrank eingebaut. Die Langseite des Wohnraumes erhielt zwei Bilderleisten aus Nickel, die vermeiden sollten, daß Bilder ohne Ordnung an den Wänden befestigt und die Wände durch Nägel beschädigt würden.[961]

Der Korrespondenz ist zu entnehmen, daß die Wohnzimmer blaue Linoleumböden erhielten.[962] Ein Aquarell im Oud-Archiv zeigt einen Farbentwurf für die Möbel des Wohnzimmers. Demnach sollten die Zimmertür zum Flur, die Schranktüren und die Tür des Windfangs gelb, die Abdeckplatte der Schränke und die Regalbretter an der Außenseite des Windfangs rot gestrichen werden. Abweichend hierzu schrieb Meller im Juli 1927: »Die Farbmuster habe ich erhalten und wenn ich recht verstanden habe kommt ausser dem farbigen Wohnzimmer und dem farbigen Geländer alles weiss. Anrichtetisch, Tischplatte, Büffet & Durchrichte [sic] Naturholz.«[963] Anhand von Farbbefundanalysen konnte die ursprüngliche Farbfassung der Innenräume nicht bestimmt werden.[964] Auch Oud überliefert nur: »Die Wände sind farbig gestrichen«[965].

Der Trockenraum im Zwischengeschoß zeigt eine in dieser Form neue Raumlösung, die auf Ouds Abscheu gegen sichtbar aufgehängte Wäsche zurückzuführen ist.[966] Eine frei im Raum stehende Rundstütze nimmt das Abzugsrohr auf, das den Dampf von der Waschküche durch den Trockenraum nach draußen leitet. Ein aufklappbares Bügelbrett, das in Kiefhoek* den Sparmaßnahmen zum Opfer gefallen war, konnte hier realisiert werden. Der zentrale Rundpfeiler sowie kurze, vor den Fenstern angebrachte Rundstützen stehen in einem deutlichen Mißverhältnis zur Größe und Funktion des Raumes. Werner Hegemann bemerkte hierzu spöttisch: »Statt des im Dache fehlenden Trockenraumes gestaltet Oud einen besonderen, aber viel zu kleinen Trockenraum über der Waschküche ›architektonisch‹, dessen Fenster der Fassadenwirkung zuliebe hinter dicken Säulenstümpfen mit großen Schmutzwinkeln verlaufen. Um diese Säulenstümpfe sollen wohl die Wäscheleinen geschlungen werden, für welche die Haken fehlen. Dieser kostspielig geschaffene Trockenraum ist nur sehr mäßig heizbar, aber trotzdem so klein, daß bei seinem Anblick in meiner Gegenwart drei dicke Stuttgarterinnen, ohne die geringste spöttische Absicht, sich gegenseitig beruhigt zuriefen: ›Speisekammer!‹«[967]

Die mit einem Oberlicht versehene Treppe führt vom Zwischengeschoß weiter ins Obergeschoß. Der einfache metallene Handlauf war hellblau gestrichen, die Stufen mit weißem Terrazzo belegt.[968] Das zum Garten gerichtete Schlafzimmer mit Balkon wird allein über die Fenstertür belichtet. Für das angrenzende Eltern-

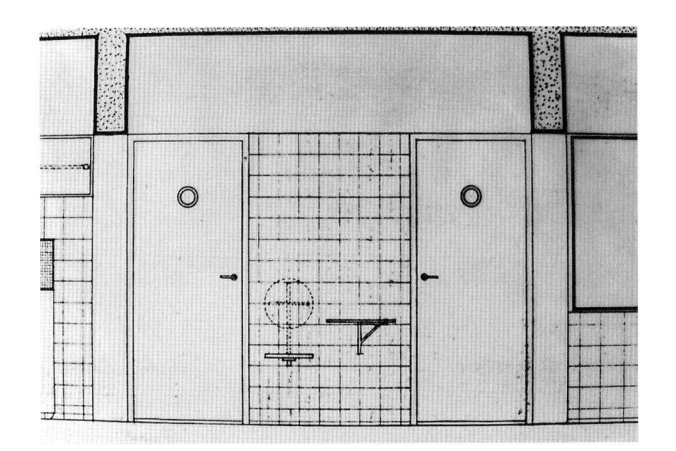

318. Reihenhäuser in der Weißenhofsiedlung, Stuttgart, Aufriß Küchenwand mit Klapptisch und Klappstuhl

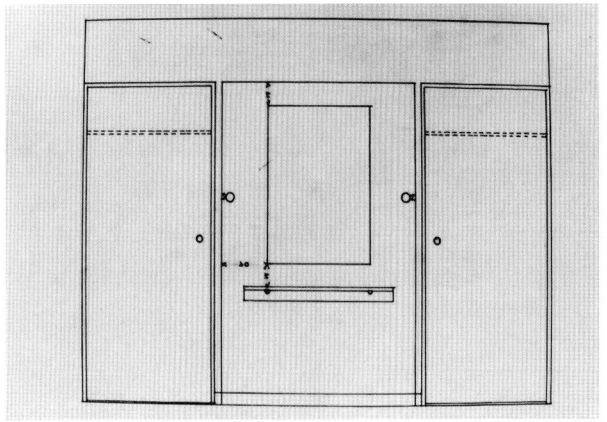

319. Reihenhäuser in der Weißenhofsiedlung, Stuttgart, Aufriß Elternschlafzimmer mit Toilettentisch

schlafzimmer entwarf Oud trotz der beengten Platzverhältnisse einen (aus dem großbürgerlichen Raumprogramm übernommenen) Toilettentisch mit Spiegel und zwei Schränken (Abb. 319).[969] Das Schlafzimmer zur Straße ist gerade so groß, daß ein zusätzlicher Tisch für ein lernendes Kind Platz findet. Das Badezimmer mit Badewanne wird über ein großes Oberlicht (2,25 x 0,90 m) belichtet. Wie im Entwurf von Haus Kallenbach* ist das Bad vom Flur und von den beiden angrenzenden Schlafzimmern aus zugänglich. Ein begehbarer Schrank im Obergeschoß dient der getrennten Aufbewahrung schmutziger und sauberer Wäsche.

Die insgesamt 14 Sperrholztüren, die unabhängig von der Nutzung des Raumes identisch gestaltet sind, erhielten kleine Rundöffnungen aus Mattglas (vgl. Abb. 318). Mit Hilfe dieser Gucklöcher sollte laut »Berufsorganisation der Hausfrauen Stuttgarts« einer »fahrlässigen Lichtvergeudung« vorgebeugt werden.[970] Auch bei anderen Einrichtungen kam Oud den Forderungen der Hausfrauen entgegen, so unter anderem in der Anlage des Trockenraumes, der Durchreiche und der vom Bad isolierten Toilette.

Der Innenraum zeigt eine klare Aufteilung, die streng nach funktionalen Gesichtspunkten erfolgte. Mit Ausnahme des kleinen Flures am Treppenansatz verzichtete Oud auf reine »Bewegungsflächen«, eine Lösung, die durch die originelle Erschließung über zwei Eingänge ermöglicht wurde. Eine besondere Raumqualität erreichte er im oberen Flurbereich, der durch das große Oberlicht hell und (im Vergleich zu den tatsächlichen Ausmaßen) groß erscheint. Von hier aus fällt der Blick in den »auf halber Treppe« liegenden, dreiseitig verglasten Trockenraum mit seiner – aus dieser Perspektive gerechtfertigten – aufwendigen Gestaltung (Rundstützen, Fensterbänder). Mit einer lichten Höhe von 3,30 m ist die Treppe nicht nur Erschließungsort, sondern auch Zentrum des Hauses.[971]

Auch bei den Stuttgarter Häusern zeigt sich Ouds Vorliebe für symmetrische Wandgestaltungen. Im Wohnzimmer wird mit dem Buffet, flankiert von einer Zimmertür und dem Wandschrank (evtl. gelb gefaßt), eine symmetrische Komposition angedeutet, während das Elternschlafzimmer eine symmetrische Raumwand mit dem Toilettentisch zwischen zwei Schränken (Abb. 319) erhielt. In der Küche flankieren zwei spiegelsymmetrisch angeordnete Türen den Klapptisch und Klappstuhl. Die für Oud charakteristische Lösung mit zur Wandmitte weisenden Türgriffen hätte bei der Flurtür (aufgrund der rechtwinklig angrenzenden Tür zum Besenraum) zu keiner befriedigenden Lösung geführt. Um die Symmetrie zu wahren, öffnen sich nun beide Küchentüren zur Außenseite. Wie wichtig Oud eine axialsymmetrische Raumwand mit innenliegenden Türgriffen war, zeigt der 1927 in »i 10« publizierte Aufriß der Küchenwand in der »idealen« Variante (Abb. 318).[972] Die »Frankfurter Küche« (1926), die primär auf eine rationalisierte Lösung zielte, weist dagegen keine Symmetrien auf.[973] Wie bei Ouds früheren Projekten schließen die Türen oftmals direkt aneinander, so im Wirtschaftshof, bei allen drei Schlafzimmern und im Flur, wo die Türen spiegelbildlich angelegt sind. Schließlich erhielten die Schlafzimmerfenster einen festen Fensterflügel in der Mitte und zwei spiegelsymmetrische äußere Öffnungsflügel, die zusammen wiederum eine Dreierkomposition ergeben.

Charakterisierung

Oud verstand seine Reihenhäuser als Prototypen, die in größerer Anzahl zur Ausführung kommen sollten. Zusammen mit Grundriß und Lageplan publizierte er eine Skizze mit dem Titel »Prinzipelle Situation« (Maßstab 1:1000), die in Anlehnung an den in Deutschland erprobten Zeilenbau drei parallel verlaufende Häuserreihen dieses Haustyps zeigt (Abb. 310, 311). Zwischen zwei Zeilen verläuft jeweils ein schmaler Zufahrtsweg, während eine breitere, die Zeilen »durchschneidende« Stichstraße als Querverbindung dient. Die Zufahrtswege werden von einer Gartenfront (Südfassade) und der Gebäudefront mit Wirtschaftstrakt (Nordfassade) flankiert. Wie Oud hervorhob, könne keine der beiden Straßenfronten als schöner oder repräsentativer gelten als die andere; allein der Charakter der Fassaden unterscheide sich gemäß ihrer Funktion.

Obwohl Oud den Prototyp eines Reihenhauses (bzw. einer Häuserzeile) schuf, war der Bauplatz von entscheidendem Einfluß für die Gestaltung der Bauten. Der Höhenversprung der Häuser ist eine bewußte Umsetzung der Grundstückssituation am Weißenhof, wobei gleichzeitig ein städtebauliches Pendant zum gestuften Terrassenhaus von Peter Behrens entstand. Auch die weiße Farbfassung ist als Reaktion auf die Umgebung zu deuten: Abweichend von den farbig akzentuierten Rotterdamer Siedlungen entschied sich Oud hier für eine neutrale und elegantere Farbgebung, die mit den farbigen Nachbarbauten nicht in Konkurrenz tritt. Die Farbe als gemeinsames und identitätsstiftendes Element spielte bei den fünf Musterhäusern keine Rolle. Schließlich werden die Reihenhäuser durch Hof- und Gartenmauern zu einer erkennbaren Gebäudegruppe zusammengefaßt, eine Lösung, die dem neutralen, beliebig wiederholbaren Prototyp widerspricht.

320. Reihenhaus Weißenhofsiedlung, Stuttgart, Wohnraum Haus 9 mit Möbeln von Ferdinand Kramer

321. Reihenhaus Weißenhofsiedlung, Stuttgart, Wohnraum Haus 7 mit Tisch und Stühlen von Sybold van Ravesteyn

Die Grundkonzeption der Häuser zeigt eine Weiterentwicklung von Ouds früheren Wohnbauten, vor allem den Reihenhäusern der Siedlung Kiefhoek*. Grundsätzlich gehen die schmalen zweigeschossigen Häuser mit den weitgehend geöffneten Schmalseiten jedoch auf Le Corbusiers Maison Citrohan von 1920 (Abb. 115) zurück.[974] Neu sind bei Oud der Wirtschaftstrakt und der (von Erna Meyer angeregte) Wirtschaftshof mit Abschluß zur Straße, Elemente, die letztendlich schon im französischen Hôtel vorgebildet waren. Als konkretes Vorbild für die Gestaltung der Kuben diente möglicherweise ein Entwurf Ludwig Hilberseimers von 1924, der in Adolf Behnes »Zweckbau« (1926) erschienen war. Anders als Ouds Wirtschaftstrakte ragen die kubischen Elemente dort jedoch über die Dachlinie der Bauten hinaus.[975]

Ouds Bauten zählen zu den meist publizierten der Weißenhofsiedlung. Die Bewertung fiel – abgesehen von den konservativen Hetzschriften[976] – sehr positiv aus und förderte Ouds Bekanntheit im Ausland. Nur Werner Hegemann beschrieb die Reihenhäuser als »eines der traurigsten Kapitel der Ausstellung«[977], da er einzelne Detaillösungen, wie die fehlenden Gesimse über den Fenstern, für unbrauchbar hielt: »Diese Liebhaberei Oud's entspricht nicht etwa dem Zwange des Ausstellungsprogramms ... Bei Oud aber ist keines der immer bündig mit der Außenwand liegenden Fenster vor Schlagregen geschützt. Nur über der Eingangstür ragt die ›moderne‹ kleine Kommandobrücke mit ihrer für Matrosen, nicht aber für Kinder geeigneten Leitervergitterung.«[978] Ein Hinweis von Edgar Wedepohl auf die (für deutsche Verhältnisse) ungewöhnlich großen Fenster mit entsprechenden thermischen Problemen ließ Oud unberührt: »Auch sind Sie in Deutschland in dieser Hinsicht ein bischen [sic] zu empfindlich«[979].

Ausstattung
Die in seiner Musterwohnung, Haus 8, heute Pankokweg 3 (Abb. 316, 317), verwendeten Möbel, ein Eßtisch sowie Stühle und Hocker, hat Oud extra für die Stuttgarter Wohnhäuser entworfen. Es handelt sich hier um die ersten Metallmöbel von Oud. Die vernickelten Stahlfüße waren hellblau gefaßt, eine Farbe, die bereits bei den Häuserzeilen in Hoek van Holland* und Kiefhoek* auftrat, die Holzelemente schwarz gebeizt. Hergestellt wurden die Möbel von der Firma L & C Arnold in Schorndorf.[980] Der blaue Linoleumboden, die blauen Metallstühle und die gelb und rot gefaßten Schränke bzw. Regale im Wohnraum zeigen zusammen wiederum die Farbpalette der Primärfarben.

Die Betten, Nachttische, ein Ruhebett und »Kleinmöbel« wurden von der Eisenmöbelfirma Lämmle A.-G. aus Zuffenhausen gefertigt; das Schlafzimmer erhielt neben einem Spiegel weiße undurchsichtige Rollgardinen von Eugen Gebhardt aus Stuttgart, die nach Vorbild der Eisen- und Straßenbahnen gefertigt wurden.[981] Die Vorhänge im Wohnzimmer hatte die Firma Tiefenthal & Halle aus Stuttgart in den von Oud gewünschten Mustern und Farben zur Verfügung gestellt.[982] Aus Frankfurt am Main wurden Lampen für die Küche besorgt, weitere Lampen stammten aus der Rotterdamer Fabriek voor Metaalbewerking von W. H. Gispen (1890–1981), so die »lichtstreuende opalüberfangene Glaskugel« über dem Eßtisch im Wohnzimmer.[983] An technischen Einrichtungen wählte Oud einen Imperial Familienherd der Städtischen Gaswerke Stuttgart und einen Junker-Gasbadeofen. Das während der Ausstellung im Wohnraum aufgehängte Gemälde stammte von dem ungarischen Maler Lajos d'Ebneth (1902–82).[984]

Die Innenraumgestaltung von Haus 6 im Pankokweg 7 wurde von Rudolf Lutz entworfen.[985] Mies bat Lutz sich wegen der farbigen Raumgestaltung mit Oud in Verbindung zu setzen und alles »salonhafte« zu vermeiden.[986] Tisch und Stühle fertigte die Firma Hussendörfer & Weckerle aus Stuttgart-Ostheim. Die Innenraumgestaltung von Haus 7 im Pankokweg 5 (Abb. 321) stammt von Sybold van Ravesteyn.[987] Die Ausführung der elegant-schlichten Stahlrohrmöbel übernahm wiederum die Eisenmöbelfabrik L & C Arnold; die Betten die Eisenmöbelfabrik Lämmle.[988] Für die Einrichtung von Haus 9, Pankokweg 1 (Abb. 320), war Ferdinand Kramer verantwortlich[989], der die 1925 entworfenen Typenmöbel der stadteigenen Firma »Hausrat GmbH« wählte; Herstellungsort war die Erwerbslosenzentrale in Frankfurt am Main.[990] Das unmöblierte Haus 5 im Pankokweg 9 erhielt blaue Zuggardinen.[991]

Vorentwürfe
Eine »Vorläufige Fassadenskizze« im Oud-Archiv zeigt einen Lageplan (Abb. 309) und den Aufriß der Straßenfront.[992] Der Lageplan sieht abweichend von der ausgeführten Fassung ein sechstes Haus in dem dreieckigen Grundstücksteil vor. Das rechtwinklig zu der Häuserzeile liegende Haus ist spiegelsymmetrisch zum Normhaus konzipiert und grenzt mit der Langseite an den Pankokweg. Offenbar hatte Oud dieses Blatt am 17. Januar 1927 an Döcker gesandt.[993] Auch der Aufriß der Häuserzeile weicht in Form von drei niedrigen Fenstern in der Hofwand von den ausgeführten Bauten ab. Die Hofwand geht zudem ohne Unterbrechung in den Kubus über und zeigt damit nicht die für die Straßenfront charakteristische Autonomie der einzelnen Bauteile. Unterschiede bestehen auch in der zweiflügeligen Tür und dem zweistufigen Sockel an der Straßenfront, der (ähnlich den Behelfswohnungen unter einem Viadukt*) auf der rechten Seite nach oben umknickt. Die einzelnen Häuser werden zudem durch Regenrinnen voneinander abgesetzt.

Mehrere Blätter im Oud-Archiv zeigen bei Haus 9 eine L-förmige Terrasse. Die Gartenecke zum Fußweg ist dort entsprechend den Grundstücksecken am Pankokweg gerundet.

Geschichte der Häuser
Die Ausstellung, die rund 500.000 Besucher verzeichnete, wurde am 31. Oktober 1927 geschlossen. Zu Neujahr 1928 erschien eine Anzeige in allen Stuttgarter Zeitungen, die Haus 5 für eine Jahresmiete von 2.000 RM anbot. Die übrigen vier Wohnungen von Oud waren zu diesem Zeitpunkt bereits vermietet (Mietpreis: 1.800 – 2.000 RM). Aufgrund der relativ hohen Mieten wurden die Häuser zunächst von Akademikern bewohnt.[994] Die unterschiedliche Ausdehnung von Putzfassade und Eisen (Fenster und Türen) führte bereits im ersten Jahr zu starken Rissen an den Fassaden. Die Folge waren feuchte Innenwände und Schimmel an den Metallfenstern.[995]

1938 wurde beschlossen, an Stelle des »Araberdorfes«, wie die Siedlung diffamierend bezeichnet wurde, das Generalkommando V des Heeres zu errichten. Nach Ausschreibung eines Wettbewerbes verkaufte die Stadt die Siedlung an das Deutsche Reich. Mit der Verlegung des Generalkommandos nach Straßburg wurde das Bauvorhaben 1941 eingestellt.[996] Den Mietern war bereits zum April 1939 gekündigt worden. Neben Umbauten der Häuser zu Soldatenunterkünften und Büros entstand im Garten des Wohnhauses von Max Taut ein Bunker mit Flakgeschütz. 1944 wurden bei Bombenangriffen der Amerikaner acht Siedlungshäuser vollständig zerstört. Ouds Bauten erlitten Beschädigungen durch Druckwellen der Luftminen und Brandbomben. Die nur 4,5 cm starken Innenwände aus Putz und Ziegeldraht sowie die Fensterscheiben wurden vollkommen zerstört.[997]

Nach dem 2. Weltkrieg ging die Siedlung in den Besitz der BRD als Rechtsnachfolger des Deutschen Reiches über (Bundesminister der Finanzen); die Bauunterhaltung lag bei der staatlichen Bauverwaltung. Ab 1949 entstanden an Stelle der zerstörten Häuser mehrere zum Teil dreigeschossige Wohnhäuser, die – wie auch der erhaltene Bau von Peter Behrens – ein Satteldach erhielten. 1955/56 wurden die beiden Einfamilienhäuser von

Max Taut (Bruckmannweg 12) und Adolf Rading abgerissen und durch Neubauten ersetzt; das Einfamilienhaus von Le Corbusier entging nur knapp diesem Schicksal. Bereits im Januar 1952 war im »Journal of the American Institute of Architects« ein Bericht erschienen, in dem für die Bauten der Weißenhofsiedlung der »Ziegeldach- und Dachfensterstil« konstatiert wurde.[998] Drei Monate später versuchte Oud durch einen offenen Brief in der Stuttgarter Zeitung auf diesen Mißstand aufmerksam zu machen. Die Wiederherstellung der Siedlung sei laut Oud »nicht nur für uns Architekten wichtig, sondern auch für sie, die Stuttgarter Bevölkerung, selbst: ich denke dabei an den Namen Stuttgarts als den einer für kulturwichtige Taten aufgeschlossenen Stadt. Es schadet Stuttgarts Namen, in was für einem Zustand heute eine so bedeutende Tat, wie es die Weißenhof-Siedlung ist, sich vor der Öffentlichkeit präsentiert. Ich bitte Sie herzlich, einzugreifen«[999].

1958 erfolgte die Eintragung der Bauten ins Landesverzeichnis der Baudenkmale.[1000] Unabhängig hiervon wurden in den 1960er Jahren verschiedene Umbauten an den erhaltenen Häusern vorgenommen. Ouds Reihenhäuser büßten die Fensterbänder der Trockenräume ein, die Stahlfenster und -türen wurden durch hölzerne Rahmen ersetzt.[1001] Auf Initiative von Bodo Rasch, Frei Otto und Berthold Burckhardt wurde 1977 der Verein der Freunde der Weißenhofsiedlung gegründet, der durch einen Aufruf zur Erhaltung und Wiederherstellung der Siedlung die Restaurierung erwirkte. Im Frühjahr 1981 erteilte der Bundesminister für Raumordnung, Bauwesen und Städtebau den Auftrag zur Renovierung der Bauten, wozu innerhalb des Staatlichen Hochbauamtes eine eigene Projektgruppe eingerichtet wurde.[1002] Problematisch waren neben der Finanzierung des großangelegten Sanierungsvorhabens die fehlenden Kenntnisse über das originale Erscheinungsbild der Häuser. Ouds Reihenhäuser befanden sich in sehr schlechtem baulichen Zustand mit feuchten Wänden und rissigem Fassadenputz; die Salzausblühungen im Außenputz reichten bis ins Obergeschoß. 1982 veranlaßte das Hochbauamt Farbbefundanalysen, die für den Außenbau einen weißen Verputz ergaben. Aufgrund zeitlicher Engpässe konnte im Innenraum allein das Haus 8, Pankokweg 7 (Einrichtung von Lutz), untersucht wurden. Die Restauratoren ermittelten eine helle Raumschale mit einzelnen in Ocker abgesetzten Flächen. Die vermutete variierende kräftige Farbgebung für das Einbauregal konnte damit (für dieses Haus) nicht bestätigt werden.[1003]

Die erste denkmalgerechte Sanierung der Weißenhofsiedlung (Gesamtkosten 9,474 Mill. DM) erfolgte in drei Bauabschnitten von 1983 bis 1986. Zwischen Juli 1983 und Juni 1984 wurden Ouds Reihenhäuser unter »maßvollem Einsatz technischer Mittel wie Isolierverglasung und Wärmedämmputz« in Stand gesetzt (vgl. Abb. 40).[1004] Ziel war die Rückführung der Fassaden sowie der Innenraumaufteilung in den Zustand von 1927. Originale Einrichtungsgegenstände wurden erhalten, verlorene Baudetails (wie Innentüren und die Sitzbänke auf den Terrassen) rekonstruiert. Im Fall der schlecht funktionierenden Warmluftheizung entschied sich das Hochbauamt für den Einbau einer – bereits von Oud gewünschten – Zentralheizung. Das mittlere Haus im Pankokweg 5, das eine Reihe von Baudetails wie den begehbaren Leinwandschrank, den betonierten Windfang und die Rundstütze des Trockenraumes bewahrt hat, erhielt im Sinne eines »Musterhauses« seinen ursprünglichen Grundriß zurück.[1005]

Die Restaurierung war im Juli 1987 zum 60-jährigen Jubiläum der Weißenhofsiedlung abgeschlossen. Seit Frühjahr 2000 steht sie als »Sachgesamtheit«, das heißt einschließlich der Freiflächen sowie der historischen Wege und Straßen, unter Denkmalschutz. Im März 2004 bot das Bundesvermögensamt im Auftrag der Bundesfinanzdirektion Freiburg 16 Mietern ihre Wohnungen zum Kauf an.[1006] Oberbürgermeister Wolfgang Schuster schlug daraufhin die Gründung einer Stiftung durch Bund und Stadt vor: Die Stadt Stuttgart »werde es nicht akzeptieren, wenn der Bund seine Ankündigung wahr macht und einzelne Häuser der Siedlung verkauft«[1007]. Die Wende brachte, neben vielfachen Protesten aus Architektenkreisen[1008], eine vom Architekturforum Baden-Württemberg initiierte Protestveranstaltung vom 20. April 2004. Ziel ist seitdem die Gründung einer Stiftung, die auch der damalige Bundesfinanzminister Hans Eichel bei einem Ortstermin am Killesberg befürwortete: »Diese Siedlung muss in einer Hand bleiben – alles andere wäre eine Gefahr für ihren Fortbestand«.[1009]

Frühe Publikationen Niederlande: Meyer Erna 1927a, S. 170–172; Oud 1927d, S. 205; Oud 1927f, S. 381–386; De Stijl, VII, 1927, 79/84, S. 44. Ausland: Bau und Wohnung 1927, Abb. 59, S. 30; Abb. 62, S. 32; Abb. 67, S. 36; Abb. 94, 95, S. 56; Abb. 137, S. 87; Abb. 173, S. 113; Klein 1927, S. 297f.; Meyer Erna 1927b, S. 303; Oud 1927f, S. 382–384; Oud 1927g, S. 385f.; Oud 1927i; Rietzler 1927, S. 259, 265; Stavitel 1927, S. 123; Wedepohl 1927, S. 394f.; Architettura e arti decorative, 7, 1927/1928, S. 190; Stavba 1927/28, S. 51f.; L'Architecte, März 1928, Nr. 23; Badovici 1928, Abb. 18–22; Oud 1928d, S. 404f.; Meyer Erna 1928b, Abb. 85–87, S. 101–103, Tafel IX; Albert Sigrist, Das Buch vom Bauen, Berlin 1920: Cover.

Literaturauswahl Bau und Wohnung 1927, S. 87–94; Die Wohnung 1927; J. J. P. Oud, Rotterdam Ergänzungsbericht, Oud-Archiv, Fa 35; Oud 1927f; Klein 1927, S. 294–298; Riezler 1927; Joedicke/Plath 1977; Kramer 1985; Menrad 1986; Kirsch 1987, v. a. S. 90–99; Tegethoff 1987; Reinhartz-Tergau 1990, S. 54–58, 62–69; Stock 1990; Pommer/Otto 1991, v. a. Kapitel 12, S. 116–122; Nägele 1992; Kirsch 1994; Overtoom 1996, S. 21f.; Overtoom 1999, S. 29f.; Lampugnani 2001; Otto 2001; Hammerbacher/Keuerleber 2002.

Vgl. Taverne 2001, Kat. Nr. 47.

30 Zweiter Umbau der Villa Allegonda, Katwijk aan Zee

Gegenstand Zweiter Umbau der Villa Allegonda.[1010]
Ort Noord-Boulevard 1, Katwijk aan Zee (Provinz Zuid-Holland).
Entwurf Der Entwurf ist auf November 1927 datiert.
Ausführung Die Baugenehmigung (Ausbau des Wintergartens) wurde am 14. November 1927 erteilt.[1011] Die Ausführung dürfte im Sommer 1928 abgeschlossen gewesen sein. So berichtete Harm Kamerlingh Onnes am 17. Juli 1928, daß die neuen Fenster eine prächtige Aussicht böten.[1012] Oud zog zur Bauausführung seinen Mitarbeiter Paul Meller heran. Bauunternehmer war (wie beim ersten Umbau) Gerrit de Best.[1013] Die Verglasung übernahm die Koninklijke fabriek F. W. Braat N. V. aus Delft.
Auftrag Der Auftrag umfaßte den Anbau eines Wintergartens, die Neugestaltung der Nord- und Westfront, den Einbau neuer Fenster mit Metallrahmen und die Neugestaltung der Innenräume. Laut Hans Oud gehen die Umbaupläne auf C. J. M. Trousselot-Martens, die verwitwete Mutter von Josse E. R. Trousselot, zurück, die zusammen mit ihrem Sohn dauerhaft in der Villa Allegonda leben wollte.[1014] Der gehobene Ansprüche an die Architektur der Villa mag auch mit der neuen prominenten Nachbarschaft in Verbindung stehen. So wurden die beiden gegenüberliegenden Villen des 1925 verstorbenen Menso Kamerlingh Onnes zwischen 1927 und 1929 von der niederländischen Prinzessin Juliana bewohnt, die zu dieser Zeit in Leiden studierte.

Bereits im April 1927 hatte Harm Kamerlingh Onnes angekündigt, bei seinem nächsten Besuch bei Oud über Haus Trousselot sprechen zu wollen.[1015] Wie die Korrespondenz zeigt, war die Planung erst im November 1927 mit Erteilung der Baugenehmigung abgeschlossen. Harm, der in beratender Funktion auftrat, versuchte den Umbau im Sinne seines Vaters zu beeinflussen. In Anlehnung an die zehn Jahre zurückliegenden Baumaßnahmen forderte er daher eine Orientierung an maurischer Architektur, während der Eindruck einer Betonkonstruktion vermieden werden sollte.[1016]
Konstruktion/Material Alle Um- und Anbauten wurden als verputzte Backsteinbauten ausgeführt. Das ganze Gebäude erhielt an Stelle der bestehenden Holzrahmen neue Fenster mit Metallrahmen.

Pläne/Fotomaterial GAK: Aufrisse; Teilgrundriß (Anbau). NAi: undatierter Plan mit Perspektive, Aufriß von West- und Nordseite, zwei Schnitten und Teilgrundrissen von Erd- und Obergeschoß (Westseite); Grundrisse von Erd- und Obergeschoß; historische Fotografien (Abb. 322, 323, 325). CCA: Aufriß, Ausschnitt von Aufrissen und Schnitt; GRI: drei Fotografien.
Bauprogramm Wintergarten mit Dachterrasse, Einbau größerer Fenster an der Nord- und Westfront, Veränderungen von Halle und Toilette im Erdgeschoß.

Gebäude
Zentrales Anliegen des Umbaus war die Errichtung eines großen Wintergartens (»serre«), der als weiterer Wohnraum genutzt werden sollte. Als Standort wurde die Nordseite des Baus und hier die Stelle der 1917 angebauten Veranda gewählt (Abb. 323), die – geschützt vor Einblicken von der Straße – eine freie Sicht auf Meer und Dünen bot. Der Wintergarten nimmt die Breite der vormaligen Veranda auf, tritt jedoch weit über die Flucht des Baus hervor. Das Dach wird von zwei Rundstützen getragen, die deutlich schlanker ausfallen als die Rundpfeiler der ersten Umbauphase. Mit Blick auf das gewünschte Panorama sind die drei Außenwände großflächig verglast. Über eine Glastür besteht Zugang zu der neu angelegten Terrasse an der Nordseite des Hauses. Auch das Dach des Wintergartens dient als Terrasse, die wiederum (in Tiefe der früheren Loggia) überdacht ist.

Ein weiteres Anliegen war der Einbau größerer Fenster an der Nord- und Westfront, die noch weitgehend im Zustand von 1901 erhalten waren. Die Fenster mit schmalen Metallrahmen wurden – abweichend vom ersten Umbau – bündig in die Fassade gesetzt. Die Nordfassade erhielt an Stelle der drei schmalen Fensteröffnungen (Eßzimmer) ein großes quadratisches Fenster, flankiert von zwei schmaleren Fenstern. Um eine bessere Aussicht zu erhalten, wurden die Wandabschnitte zwischen den Fenstern gerundet. Damit hatte Trousselot die von ihm bevorzugte »runde Lösung« gegenüber den von Harm vorgeschlagenen schrägen Seitenwänden durchgesetzt.[1017] Im Obergeschoß

322. Zweiter Umbau der Villa Allegonda, Katwijk aan Zee, hist. Ansicht der West- und Südfront mit Sitzbank

323. Zweiter Umbau der Villa Allegonda, Katwijk aan Zee, hist. Ansicht der Nordfront; Wohnhaus von Menso Kamerlingh Onnes (links), Rijnmond (unten)

(Schlafzimmer) trat an Stelle von zwei kleinen Fenstern ein großes Fenster mit zwei flankierenden, halb so breiten Flügeln, wodurch sich wie bei der darunterliegenden Fensterfront eine symmetrische Dreiergruppe ergab. Auch an der Westfassade (Abb. 322) wurden die kleinen Fenster durch größere Fenster oder Fenstergruppen ersetzt: Das Erdgeschoß zeigt zwei große langgestreckte Fenster und eine kleine Fensteröffnung im Bereich der früheren Veranda. Das Obergeschoß erhielt zwei Fenstergruppen bestehend aus einem quadratischen Fenster und einem etwa halb so breiten Flügel an der Seite. Wiederum griff Oud damit auf standardisierte Elemente zurück, wobei die schmalen Flügel als Modul, das heißt als kleinste gemeinsame Einheit aller Fenster, erscheinen. Die Westfassade setzt sich mit ihren asymmetrischen Fenstergruppen deutlich von der Nordfront ab. Die traditionelle Fassadengliederung mit axial übereinanderliegenden Fenstern wurde hier zudem durch eine »moderne« Lösung mit leicht gegeneinander verschobenen Fensterachsen ersetzt.

Sowohl der Wintergarten als auch die Nord- und Westfassade sind mit den großen breitgelagerten Fenstern in schmalen Metallrahmen, dem hellen Verputz und den schlanken Rundstützen dem »Internationalen Stil« der späten 1920er Jahre verpflichtet. Philip Johnson plante entsprechend, die Villa als besten Umbau und Beispiel für die Entstehung der »modernen Ästhetik« im Museum of Modern Art zu präsentieren, ein Vorhaben, das jedoch fallengelassen wurde.[1018]

Innenräume
Die Veränderungen im Innenraum betreffen vor allem die beiden Wohnräume an der Westseite. Durch die Entfernung der Trennwand entstand ein großer Wohnraum (Abb. 325), der sich von der Veranda an der Eingangsfront bis zum Wintergarten erstreckt. Die Einbauschränke wurden hierfür an die Südfront (zu Seiten der Verandatüre) versetzt, und an Stelle der kleinen Kamine trat ein großer Ofen zwischen Wintergarten und Wohnraum. Die Wandfläche um den Kamin wurde (laut Plan) bis knapp unterhalb der Zimmerdecke gefliest. Der Wintergarten selbst erhielt eine indirekte Deckenbeleuchtung (vgl. Abb. 345).

Die erhaltenen Fotografien zeigen im Wintergarten den für die Reihenhäuser der Weißenhofsiedlung* entworfenen Tisch mit Holzplatte und Metallbeinen sowie schlichte Metallstühle und Sessel (Abb. 324). Der Situation entsprechend fielen die Stühle hier durch eine Polsterung der Sitzfläche und Lehne sowie eine Federung (Sattelfedern eines Fahrradherstellers) komfortabler aus als in Stuttgart. Auch die Formgebung wirkt durch die nach hinten gebogene Lehne eleganter. Anders als die Stühle der Weißenhofsiedlung (hellblau) waren diese Stühle und der Tisch rot gefaßt.[1019] An der Wand neben dem Eingang hing ein Gemälde von Piet Mondrian, das Trousselot auf Drängen Ouds erworben hatte.[1020] Eines der Wohnzimmer wurde von Ouds Mitarbeiter Paul Meller eingerichtet.[1021]

Geschichte
Kurz nach Fertigstellung des Umbaus zeigten sich bautechnische Mängel. Im Juni 1928 berichtete der Bauunternehmer von ersten Rissen in der Decke des Wintergartens (Betonbalken). Gleichzeitig klagte Trousselot über die mangelhafte Verglasung der Fenster, die zu einer Kondensierung der Scheiben führe. Auch der Versuch mit Doppelscheiben erwies sich nicht als zufriedenstellend.[1022] Die Lieferung der Bauteile scheint sich zudem extrem verzögert zu haben. Im August desselben Jahres beklagte Trousselot, daß er noch immer sein Schlafzimmerfenster sowie die Eßzimmertür vermisse.[1023] Hinzu kamen Probleme mit der Lackierung der Stühle.[1024] Auch persönliche Differenzen – vor allem zwischen Paul Meller und Trousselot – blieben nicht aus.[1025] Trotz allem bekundete Bauunternehmer De Best am 29. Juni 1929, daß der Bau als Gesamtes sehr gerühmt werde und Linien und Farben prächtig seien.[1026]

Frühe Publikationen Niederlande: Rebel 1983, Abb. 49, S. 50; Hans Oud 1984, Abb. 90, S. 107. Ausland: Stamm 1984, Abb. 17, 18, S. 38; Barbieri 1986, S. 42f. Interieur Wintergarten: De Gruyter 1931, Abb. XXXIV; Van Loghem 1932, S. 108; vgl. De 8 en Opbouw, Nr. 24, 1932, S. 235; Berlage 1932–35, S. 31.
Literatur Reinhartz-Tergau 1990, S. 70–72; Overtoom 1996, S. 22, 49; Overtoom 1999, S. 30–32.

324. Zweiter Umbau der Villa Allegonda, Katwijk aan Zee, hist. Ansicht des Wintergartens

325. Zweiter Umbau der Villa Allegonda, Katwijk aan Zee, hist. Ansicht des Wohnraums mit Blick in den Wintergarten

31 Dritter Entwurf für die Volkshochschule Rotterdam

Gegenstand Unausgeführter Entwurf für das Gebäude der Rotterdamer Volkshochschule.[1027]
Ort Rotterdam. Die symmetrische, betont einfache Grundstückform zeigt, daß der Entwurf nicht für eine konkrete Situation geschaffen wurde.[1028]
Entwurf Formale Kriterien lassen auf eine Datierung um 1928 schließen.
Auftrag Im März 1928 mußte die Rotterdamer Volkshochschule die von der Gemeinde zur Verfügung gestellten Räumlichkeiten am Westzeedijk wieder aufgeben. Als Ersatz wurde ihr für die Dauer von drei Jahren das Huis van Hoboken überlassen. Im Frühjahr 1928 erhielt L. C. van der Vlugt (1894–1936), Architekt der Rotterdamer Van Nelle-Fabrik und des Versammlungsraumes der Amsterdamer Meulemanstichting (1926/27), den Auftrag zum Entwurf eines Neubaus. Zwischen 1. Dezember 1928 und 5. Oktober 1932 erstellte er teils als Auftragsarbeit, teils in Eigeninitiative mehrere Entwürfe, die sich auf Bauplätze in unmittelbarer Nähe zu dem von Oud (zweiter Entwurf für eine Volkshochschule*) gewählten Grundstück im Land van Hoboken beziehen.[1029] Im Vergleich zu Ouds zweitem Entwurf (1926/27) zeigt Van der Vlugts Volkshochschule ein deutlich kleineres Bauvolumen, offenbar eine Reaktion auf den neuen Kurs der Schulleitung: 1928 hatte der Vorsitzende der Vereinigung der Rotterdamer Volksuniversität, W. C. Mees, ein reduziertes Bauprogramm zur schnelleren Realisierung des dringend benötigten Neubaus gefordert. Mit Hilfe der bei den Jubiläumsfeiern (10 Jahre Rotterdamer Volkshochschule) erwirtschafteten Gelder hoffte man, den Bau nun innerhalb weniger Jahre errichten zu können.[1030]

Mit Festlegung des neuen reduzierten Bauprogramms hatte nicht Oud, sondern Van der Vlugt einen Auftrag zum Entwurf der Schule erhalten. Hinweise auf einen zweiten, an Oud vergebenen Auftrag oder einen Wettbewerb existieren nicht. Wenn Ouds Entwurf tatsächlich um 1928 entstanden ist, muß er in direkter Konkurrenz zu Van der Vlugt gearbeitet haben. Weder Ouds Entwurf noch die Arbeiten Van der Vlugts wurde ausgeführt.
Planmaterial: NAi: Plakat mit Axonometrie und Erdgeschoßgrundriß (vgl. Abb. 326); die Aufschrift »Wanneer?« (Wann?) fragt nach dem Zeitpunkt des Neubaus. Bleistiftskizzen der beiden Schmalseiten (Abb. 327) und einer Langseite. CCA.[1031] GRI.[1032].
Bauprogramm Von dem zweigeschossigen Bau existiert allein der Erdgeschoßgrundriß: Großer Saal (»Aula«) für 1.000 Personen über zwei Geschosse, Bühne, Buffet, drei kleinere Säle (Physik- und Chemiesaal mit Möglichkeit zur Filmvorführung), Büro, Besprechungszimmer, Vestibül mit Kassen, Foyer, Garderobe, vier Toilettenanlagen, Innenhof mit Garten. Laut Oud sollte das Obergeschoß kleinere Clubräume, Dozenten- und Verwaltungsräume, einen Ausstellungssaal und die Hausmeisterwohnung aufnehmen. Das Dach konnte im Sommer als Terrasse genutzt werden.[1033]

Außenbau (Abb. 326)

Der Entwurf für die Rotterdamer Volkshochschule zeigt ein zweigeschossiges, flachgedecktes Gebäude auf einem einfachen rechteckigen Grundriß. Der Umriß des kubischen Baus wird nur durch die Anfügung einer Portikus an der einen Schmalseite sowie einen Eingangsbau mit flankierenden Treppenhäusern an der anderen Schmalseite aufgebrochen. Das vollkommen symmetrische Gebäude teilt sich in zwei annähernd gleich große Funktionsbereiche: Ein Abschnitt umfaßt die drei Vortragssäle, zwei Büros und einen großen begrünten Innenhof, das heißt die für den Schulbetrieb notwendigen Einrichtungen, der andere den »Großen Saal« mit zugehörigen Räumlichkeiten wie Foyer, Kassen und Garderoben. Jeder Bereich verfügt über einen eigenen Zugang. So dient die Portikus als Eingang zum Großen Saal, der Eingangsbau an der gegenüberliegenden Gebäudefront führt zu den Unterrichtsräumen. Die Belichtung der Vortragssäle erfolgt über den Innenhof, um den sie sich an drei Seiten gruppieren. Der Große Saal für 1.000 Personen liegt quer im Gebäude, wobei er mit Bühne und Buffet die ganze Breite des Baus einnimmt.

Die Gebäudefront mit Zugang zum Großen Saal ist nur in einer Bleistiftskizze wiedergegeben (Abb. 327, oben). Die Portikus nimmt fünf breite, zweiflügelige Eingangstüren auf, die von einer weit auskragenden Platte überdacht werden. Diese dient gleichzeitig als Balkon, der wiederum über fünf Fenstertüren zu begehen ist. Abgesehen von Portikus, Balkon und Türen bleibt die Eingangsfassade vollkommen ungegliedert, wobei sie durch die geschlossenen Wandflächen und die in der Mitte zentrierten Bauglieder ein repräsentatives Erscheinungsbild bietet. Dagegen wirkt die gegenüberliegende Schmalseite (Abb. 326; 327, unten) mit einer Staffelung unterschiedlich großer Baukörper deutlich komplexer und erhält durch große Glasflächen und diagonale Baukanten ein betont modernes Aussehen. Auch diese

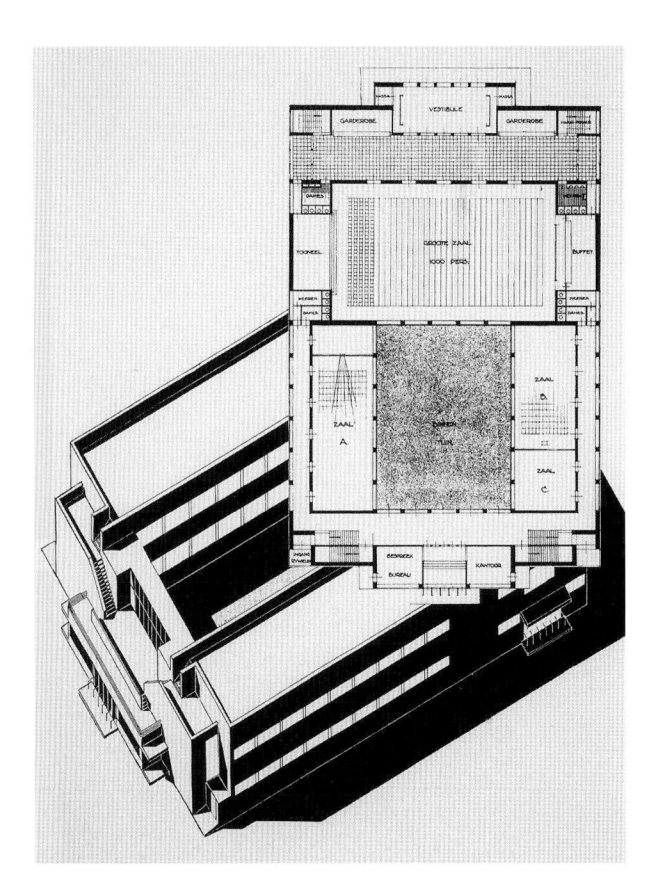

326. Dritter Entwurf für eine Volkshochschule, Rotterdam, Axonometrie und Grundriß EG

Eingangsfront ist symmetrisch angelegt: Fünf Türen in der Mitte des Vorbaus bilden den Eingang, während sich seitlich je eine große Fensterfront (in der Bleistiftskizze eine Reihe von Fenstern im Format der Türen) anschließt. Diese Glasflächen sind nicht funktional begründet, da sich dort kein Foyer, sondern lediglich zwei einfache Büroräume befinden. Oberhalb der Fensterzone erscheint in der Bleistiftskizze der Schriftzug »VOLKSUNIVERSITEIT«, der sich über die gesamte Breite des Vorbaus zieht. Auch hier dient der Vorbau als Balkon, der von einem einfachen Geländer bzw. einer Mauerbrüstung (Bleistiftskizze) eingefaßt ist. Seitlich des Vorbaus liegen die beiden Treppenhäuser, die als eigenständige Baukörper erkennbar bleiben. Von der Terrasse aus führen zwei spiegelsymmetrische Treppen auf die winzigen Wendepodeste oberhalb der Treppenhäuser; über zwei weitere Treppen ist die Dachterrasse zu erreichen. Zwischen den beiden Treppenhäusern befindet sich eine große Glasfront, die einen schmalen Laufgang belichtet und gleichzeitig den Innenhof vom Verkehrslärm abriegelt. In der Skizze wird die Glasfläche in einzelne Fensterscheiben im Format der Erdgeschoßfenster unterteilt.

Im Gegensatz zur weitgehend konventionellen Fassadengliederung zum Großen Saal zeigt die Eingangsfront des Schulbereichs eine dezidiert moderne Formensprache. Auffallend ist, daß Oud in der Axonometrie den Schulbereich und nicht die Fassaden des repräsentativen Großen Saals darstellt und damit zur »Hauptfassade« bestimmt. Eine Erklärung mag in der Funktion des Großen Saals liegen, der auch außerhalb des Schulbetriebs als öffentlicher Vortragssaal genutzt werden sollte. Entsprechend wird sich der Auftraggeber Volkshochschule primär mit dem – dringend benötigten – Schulbereich identifiziert haben, auf das auch das »Wanneer?« der Axonometrie[1034] zielt. Wie bereits bei Ouds zweitem Entwurf präsentiert sich die Volkshochschule damit durch eine betont moderne Formensprache.

Die Längsseiten (Abb. 326) gliedern sich in zwei Abschnitte, die im Gegensatz zum Grundriß weder gleich groß noch symmetrisch sind. Von der Hauptfassade bis über die Mitte der Front hinaus ziehen sich als bestimmendes Fassadenmotiv zwei flache Fensterbänder mit schmalen Zwischenstützen. Der anschließende Abschnitt zeigt einen Seiteneingang zum Großen Saal, wobei die Anordnung der Fenster und Türen wieder symmetrisch ist. Die jeweils sechs Türen, offenbar im Format der Eingangstüren, werden von einem Vordach bedeckt. Über den Türen findet sich eine große Fensterfront, die sich an den Türformaten orientiert. Auch hier erscheint die Charakterisierung der beiden Fassadenabschnitte schlüssig: Der Große Saal erhält eine repräsentative symmetrische Seitenfassade, während der Schulbereich mit den Fensterbändern eine serielle Reihung identischer Fenster zeigt.

Innendisposition (Abb. 326)
Der zentrale Eingang zum Großen Saal führt in das Vestibül mit den beiden Kassen. Fünf Türen bilden den Zugang zum Foyer, in das auch die beiden Seiteneingänge münden. Hier liegen die Garderoben und die Treppenaufgänge. Wiederum fünf Türen erschließen den Großen Saal, der zusammen mit den seitlichen Räumen, der Bühne und dem Buffet, symmetrisch angelegt ist. Der Saal öffnet sich in fünf großen Fenstern zum Innenhof. In den vier kleinen Räumen seitlich von Bühne und Buffet liegen die Toiletten, wobei zwei der Anlagen vom Foyer, die beiden anderen von den Unterrichtsräumen aus zugänglich sind. In der für Oud charakteristischen Konsequenz werden letztere am Außenbau als Teil des Schulkomplexes behandelt und entsprechend über Fensterbänder belichtet. Damit erklärt sich, weshalb die Fensterbänder als Motiv des Schulbaus über die Mitte des Baus hinaus in den Bereich des Großen Saals weitergeführt werden.

Die Räumlichkeiten der Volkshochschule sind vom »Haupteingang« an der gegenüberliegenden Schmalseite zugänglich. Im Erdgeschoß besteht keinerlei Verbindung zwischen den beiden Bereichen. Vom Eingang gelangt der Besucher in einen Gang, der über fünf Fenstertüren Zugang zum Innenhof bietet. Im Obergeschoß wird der Hof an dieser Seite durch einen schmalen, in ganzer Höhe verglasten Laufgang abgeschlossen. Seitlich des Eingangs liegen die Besprechungszimmer und ein Büro sowie die beiden Treppenhäuser, in den Gebäudeecken führen zwei Rampen zu den Fahrradplätzen.[1035] Der an den Längsseiten verlaufende Gang dient als Puffer gegen den Straßenlärm. Er wird über die hochliegenden Fensterbänder belichtet, die den ablenkenden Blick nach draußen verhindern. Dem entspricht die Ausrichtung der Säle, die sich in ihrer ganzen Länge zum Hof öffnen.

Ein Grundriß des Obergeschosses existiert nicht. Die in beiden Geschossen identische Fassadengliederung spricht jedoch für eine dem Erdgeschoß entsprechende Aufteilung. Der Große Saal sollte sich offenbar über beide Geschosse erstrecken, wobei im Obergeschoß eine Zuschauergalerie denkbar wäre. Eine genauere Betrachtung zeigt, daß Grundriß und Axonometrie nicht übereinstimmen.[1036] Offenbar wollte Oud zunächst nur die Grundidee seines Entwurfs vorstellen, hatte jedoch noch keinen detaillierten Plan erarbeitet.

Charakterisierung
Kennzeichnend für den Entwurf sind die – für Oud charakteristische – Symmetrie und die betonte Schlichtheit des Baus. Neben der Konsequenz, mit der Oud sein Entwurfssystem umsetzte, führt der Verzicht auf plastische Dekorationselemente und die Beschränkung auf wenige Fenster- und Türformate jedoch zu einer gewissen Sprödigkeit des Entwurfs. Ausgenommen hiervon ist die kleinteilige und durch Glasflächen aufgelockerte Gestaltung der Hauptfassade mit den vorgesetzten Baukuben.

Ein Vergleich von Axonometrie und Bleistiftskizze zeigt neben abweichenden Einzelmotiven auch stilistische Unterschiede. So liegen die Fensterbänder in der Axonometrie in einer Ebene mit der Wand, während sie in der Bleistiftskizze am oberen wie unteren Rand von plastisch abgesetzten Gesimsen gerahmt werden. Letztere erinnern sowohl an die frühe *De Stijl*-Architektur als auch an expressionistische Bauten, wie Erich Mendelsohns Arbeiten aus der ersten Hälfte der 1920er Jahre. Dagegen läßt

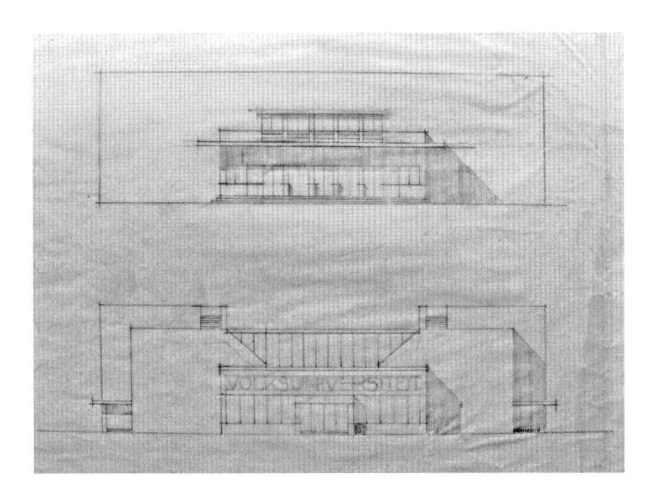

327. Dritter Entwurf für eine Volkshochschule, Rotterdam, Skizzen der Eingangsfassaden

die rechteckige Fensterfront oberhalb der Seiteneingänge an Le Corbusiers Villen der frühen 1920er Jahre denken. Wie bei anderen Arbeiten dieser Zeit (so unter anderen beim Dreifamilienhaus in Brünn*) wird auch hier Ouds Orientierung an Bauten anderer Architekten deutlich.

Die Grundkonzeption zeigt eine Reihe von Übereinstimmungen mit dem wohl 1924/25 entstandenen ersten Entwurf für eine Volkshochschule*, so die funktionale Trennung in Vortragssaal und Unterrichtstrakt und die Ausrichtung der Unterrichtsräume auf einen Innenhof. Aber auch Einzellösungen wie der flache Vorbau des Haupteingangs, die seitlichen Treppenhäuser und der durch eine Glasfront abgeschirmte Hof wurden übernommen. Dagegen weicht der Außenbau grundlegend von dem früheren Entwurf ab. So tritt an Stelle des früheren, aus Elementen von Theater- und Schulbau zusammengesetzten Gebäudes ein einziger Baukörper, der alle Räumlichkeiten aufnimmt. Entsprechend wurde auch die Orientierung an Theaterbauten des 19. Jahrhunderts (gerundeter Zuschauerraum und erhöhtes Bühnenhaus) aufgegeben. Durch die neutrale Gebäudehülle ist der quer zur Hauptachse liegende rechteckige Vortragssaal am Außenbau nicht sichtbar. Nicht der Vortragssaal war damit der bestimmende Entwurfsfaktor, sondern die Selbstdarstellung der Volkshochschule in Form einer betont modernen Eingangsfront.

Vorbilder
Ouds Interpretation der Bauaufgabe Volkshochschule als Schulbau spricht gegen Vorbilder aus dem Theaterbau. Eine Ausnahme bildet das 1921/22 nach Entwurf von Walter Gropius und Adolf Meyer umgebaute Jenaer Stadttheater (Abb. 328), das in der strengen Symmetrie von Grund- und Aufriß sowie einzelnen Detaillösungen Parallelen zu Ouds Entwurf aufweist. So zeigt das Theater eine allein von den (ebenfalls fünf) Eingängen aufgebrochene Eingangsfassade (vgl. Abb. 327, oben) und schmale, vorkragende Dächer an den seitlichen Eingängen (vgl. Abb. 327, unten). Gemeinsam ist beiden die Reduzierung des Außenbaus auf einen einfachen undekorierten Baukubus, ein Stilmerkmal, das bereits der Entwurf für Haus Kallenbach* zeigte. Allerdings zählt der Theaterumbau von Gropius und Meyer zu den ersten Bauten in Deutschland, in denen der neue Stil auch umgesetzt wurde. Oud, der sich bereits 1921 im nahegelegenen Weimar aufgehalten hatte und auch in den folgenden Jahren in engem Kontakt zu Gropius und Meyer stand, wird das Jenaer Stadttheater spätestens bei der Bauhaus-Ausstellung 1923 gesehen haben. Auch Van Doesburgs Versuche, den Auftrag zur Ausmalung des Theaters zu erhalten und die anschließende Kritik an Oskar Schlemmers Arbeit muß Oud auf den Bau aufmerksam gemacht haben. 1926 und 1927 erschienen Abbildungen des Außenbaus in Ouds »Bauhausbuch« und in »De Stijl«.[1037]

Weitere Vorbilder wird der zeitgenössische Kinobau geboten haben. Als Beispiel ist Emil Králiks Kino auf dem Messegelände in Brünn mit ebenfalls einem schlichten kubischen Baukörper und symmetrischer Eingangsfassade zu nennen, das Oud eventuell über seinen Auftrag für ein Dreifamilienhaus in Brünn* kannte. Auch ein Einfluß durch Sta Jasinskis Entwurf einer Badeanstalt, der 1926 in Adolf Behnes »Der moderne Zweckbau« erschienen war, ist denkbar.[1038] Ähnlich sind dort die symmetrisch beiderseits der Eingangsfront verlaufenden Treppen und die darüber sichtbare Glaswand. Vom zeitgenössischen Schulbau hat Oud neben den langen Fensterbändern (Flure) wahrscheinlich auch die Eingangsfront zu den Unterrichtsräumen mit großem Schriftzug und Glasflächen übernommen. Ein Beispiel ist Otto Haeslers Volksschule in Celle (1926–28), die eine streng symmetrische Anlage mit zwei den Innenhof bzw. die Turnhalle einfassenden Flügeln und eine Eingangsfront mit zurückgesetztem, von Treppenhäusern flankierten Mittelteil zeigt.[1039]

Datierung
Ein Vergleich mit dem wohl 1926/27 entstandenen zweiten Entwurf der Rotterdamer Volkshochschule* zeigt grundlegende stilistische Unterschiede: Während der frühere Entwurf vor allem das konstruktive Gerüst an den Fassaden zum Ausdruck bringt, ist der dritte Entwurf (mit Ausnahme der Eingangsfront zum Schulbereich) durch eine Betonung der Wandflächen gekennzeichnet. An Stelle einer dynamischen, die Konstruktion hervorhebenden Lösung tritt hier ein ruhiger, geschlossener Entwurf, der auf konstruktive Extremlösungen verzichtet. Aufgrund der unterschiedlichen Formensprache ist von einem gewissen zeitlichen Abstand zwischen beiden Werken auszugehen. Auch die extrem langen, schmalen Fensterbänder mit schlanken Zwischenstützen sprechen für eine Entstehung nach 1927.[1040] Weder die Häuserzeilen in Hoek van Holland* noch die 1927 entstandenen Reihenhäuser der Weißenhofsiedlung* mit ihren hochrechteckigen, zu Gruppen verbundenen Fenstern zeigen Parallelen zum Entwurf der Volkshochschule. Die liegenden Fensterformate sind bis zu dieser Zeit fremd in Ouds Werk und weisen damit auf eine Beeinflussung von außen. Zu denken ist vor allem an die ab 1927 entstandenen Bauten Le Corbusiers, wie das Doppelhaus in der Stuttgarter Weißenhofsiedlung und die Villa Stein in Garches. Die Gestaltung der Hauptfassade erscheint dagegen als Fortsetzung der mit dem Börsen-Entwurf* und dem zweiten Entwurf der Volkshochschule* eingeführten Formensprache: Auch diese Fassade steht mit ihren großen Glasfronten, dem Schriftzug und den Diagonalen in der Tradition »konstruktivistischer« Arbeiten, die Oud, eventuell mit Blick auf sozialistische Arbeiterclubs, für eine von der Arbeiterschaft zu nutzende Volkshochschule in der Hafenstadt Rotterdam geeignet erschien. Für eine spätere Datierung sprechen schließlich auch die gegenüber dem Entwurf von 1926/27 deutlich kleineren Ausmaße, wie sie 1928 vom Vorsitzende der »Vereinigung der Rotterdamer Volksuniversität« W. C. Mees gefordert wurden.

Frühe Publikationen Stamm 1984, Abb. 76, S. 101; Barbieri 1985, S. 59.
Literatur vgl. Erster Entwurf für eine Volkshochschule*

328. Adolf Meyer und Walter Gropius, Stadttheater Jena, 1921/22, Perspektivzeichnung mit Eingangsfront

32 Dreifamilienhaus in Brünn

Gegenstand Unausgeführter Entwurf für ein Dreifamilienhaus einschließlich Dienstbotenwohnungen, einer Hausmeister- und einer Chauffeurwohnung. Der Entwurf ist mit »Vorentwurf für ein Dreifamilienhaus in Brünn« überschrieben.
Ort Brünn/Brno (Tschechische Republik). Die genaue Lage des Grundstücks (Abb. 329, 330) ist unbekannt.
Entwurf Der Entwurf ist auf 1928 datiert.
Auftrag Die Entstehungsbedingungen des Entwurfs sind unklar. Laut Vladimir Šlapeta wurde das Haus höchstwahrscheinlich für die Firma der Gebrüder Eisler in Brünn entworfen.[1041] Das Unternehmen Eisler, das ab Juni 1929 auch das Haus Tugendhat von Ludwig Mies van der Rohe ausführte, war in den 1920er Jahren eine der führenden Baufirmen in Brünn. Kontakte zu Oud bestanden möglicherweise über Otto Eisler, der bei Gropius in Weimar tätig gewesen war, mit Sicherheit aber seit 1926 über die Konkurrenz um den Bau des Hotel Stiassny*: Das Bauunternehmen Eisler hatte hierfür nicht nur das Programm ausgearbeitet, sondern offenbar auch die Architekten und damit Oud ausgewählt. Zudem korrespondierte Oud mit dem im Bauunternehmen Eisler beschäftigten Heinrich Blum[1042], der selbst an dem Hotel-Wettbewerb beteiligt gewesen war. In der Tat berichtete Philip Johnson am 2. September 1930, daß er Ouds Haus für Brünn, gemeint ist der Entwurf für das Dreifamilienhaus, in Eislers Büro vorgefunden habe: »... I saw the house you did for Bruenn the other day in Eisler's office. He still has a tremendous respect for you. It must be nice to feel you have secret admirers that you don't even know personally in remote corners of the earth. Eisler certainly worships you.«[1043] Die Bezeichnung »secret admirer« spricht eigentlich nicht für eine Zusammenarbeit Ouds mit dem Unternehmen Eisler: Wenn dieses den Bau bei Oud in Auftrag gegeben hätte bzw. wenn das Haus, wie Šlapeta vermutet, für ein Grundstück der Gebrüder Eisler geplant gewesen wäre[1044], müßte eigentlich ein persönlicher Kontakt bestanden haben.

Unabhängig davon deuten die exakte Lagebestimmung von Ouds Entwurf (Abb. 329) und die Berücksichtigung der Geländebeschaffenheit auf einen konkreten Auftrag oder Wettbewerb hin. Dem entspricht auch die Aussage Johnsons, wonach auf dem vorgesehenen Grundstück inzwischen ein anderes Haus errichtet worden sei: »I found the Bruennhouse very beautiful. You really ought to see what was built in its place.«[1045] Der Umstand, daß Oud trotz der exakten Situationsbestimmung keine Straßennamen angibt, könnte für ein Neubaugebiet sprechen, für das zu diesem Zeitpunkt noch keine Straßenbezeichnungen vorlagen. Ausgehend von dem experimentellen Charakter des Bauprogramms wäre auch eine Verbindung zur Brünner Wohnungsbau-Ausstellung Novy Dum (Das neue Haus) von 1928 denkbar. Da die von Oud skizzierte Situation jedoch nicht mit dem Straßenverlauf des Ausstellungsgeländes übereinstimmt, ist ein konkreter Auftrag für eines der Musterhäuser auszuschließen.
Konstruktion/Material Den Plänen nach zu urteilen handelt es sich um einen Skelettbau. Für die Balkone war Luxfer Glasbeton, Glasprismen in einem Gitter aus Eisenbeton, vorgesehen,

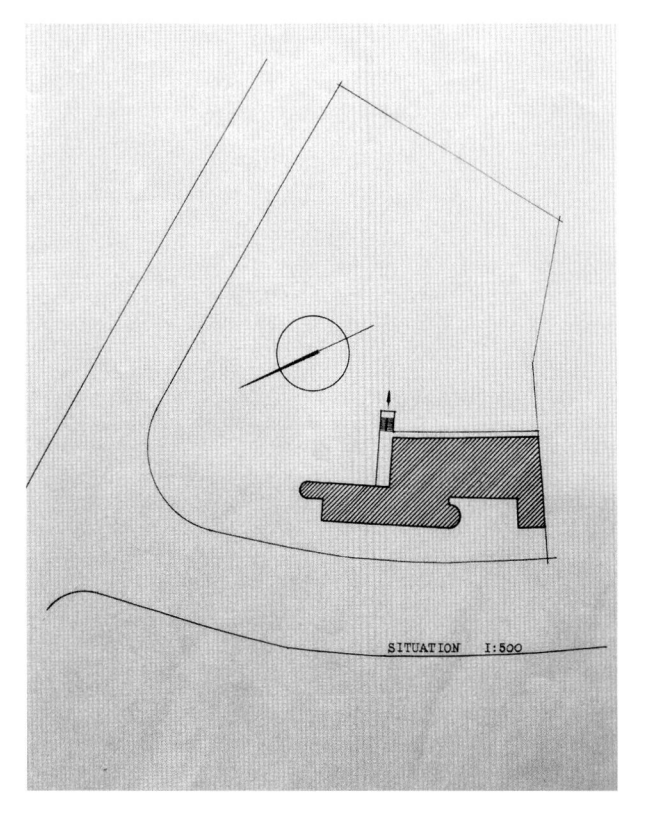

329. Dreifamilienhaus in Brünn, Lageplan

330. Dreifamilienhaus in Brünn, Perspektive mit Garten

für die seitlichen Balkonabtrennungen Luxfer-Prismen und für die Balkonbrüstungen offenbar Glasplatten.
Planmaterial NAi: Lageplan mit Himmelsrichtungen (Abb. 329), Aufrisse von Straßenfront, Gartenfassade (Abb. 331) und einer Schmalseite (Abb. 332); zwei Schnitte; Grundrisse von Souterrain (Abb. 333) und dem »typischen Geschoß« (Abb. 334); Vogelperspektive von Haus und Grundstück (Abb. 330); Variante der Vogelperspektive als Bleistiftskizze. GRI: drei Zeichnungen und drei Abzüge. CCA.[1046]
Bauprogramm Drei übereinanderliegende Wohnungen für eine gehobene Klientel sowie verschiedene Diensträume im Souterrain. Obergeschosse: jeweils ein »Dienerzimmer« (Dienstbotenwohnung mit einem Zimmer, Bad mit Toilette), Eßzimmer, Wohnzimmer, drei Schlafzimmer, Küche, Anrichte, Büro, Vorraum, Halle, Veranda, Bad, Toilette. Souterrain: Waschküche, Bügelraum, Bad, Hausmeisterwohnung (ein Zimmer mit Küche), drei Kellerräume, zwei Garagen mit insgesamt vier Stellplätzen, Raum für Gartengeräte, Chauffeurwohnung (ein Zimmer, Küche, Toilettenraum). Die Heizung befindet sich unterhalb des Treppenhauses am Haupteingang, die Kohlenluke auf dem Vorplatz. Garten für das Personal und ein Park zur gemeinsamen Nutzung.

Städtebauliche Situation (Abb. 329, 330)
Lageplan und Perspektive zeigen ein weitläufiges, unregelmäßig geformtes Eckgrundstück an einer Straßenkreuzung. Die nördliche Spitze schließt, dem Straßenverlauf folgend, in einer Rundung. Im Nordosten und im Westen wird das Grundstück von Straßen flankiert, während es an der Südost- und Südwestseite an ein Nachbargrundstück grenzt. Das Gebäude liegt nahe der im Westen verlaufenden Straße. Die Schmalseite des Gebäudes fällt mit der Grundstücksgrenze im Südwesten zusammen, wobei die geschlossene Gebäudefront und eine Sichtblende mit Glasbausteinen auf ein direkt angrenzendes Nachbarhaus schließen lassen. Nach Norden und Osten steigt das Gelände stark an (vgl. Abb. 332).

Wie auf einer unpublizierten Skizze im Oud-Archiv angedeutet, sollte das Grundstück durch einen Zaun, laut Aufriß durch eine Mauer, von der Straße abgegrenzt werden. In dem verbleibenden Geländestreifen zwischen Straße und Haus befindet sich der Garten für das Personal sowie ein gepflasterter Vorplatz, der als Zufahrt zu den Garagen dient. Von der Gartenfront aus sollte ein geschwungener Pfad in den hinteren Teil des Grundstückes führen. An der Grenze zum benachbarten Grundstück sowie an der Nordecke des Terrains war eine dichte Bepflanzung mit Bäumen und Sträuchern vorgesehen.

Außenbau (Abb. 330)
Über dem Souterrain erheben sich drei identische Obergeschosse, die jeweils eine abgeschlossene Wohnung aufnehmen. Das Gebäude setzt sich aus zwei parallelliegenden Bauteilen, einem Personalflügel (Norden) und einem Trakt mit den Wohnräumen (Süden), zusammen, die jeweils über eigene Eingänge und Treppenhäuser verfügen. Die Fassadengestaltung des nördlichen Flügels (durchlaufende Fensterbänder und zwei flankierende Treppenhäuser) bindet einen Teil des Wohnbereiches an den Personaltrakt. In dieser »Schnittfläche« zwischen beiden Bereichen liegen die Anrichte, das Bindeglied zwischen Küche (Personaltrakt) und Eßzimmer (Bereich der Herrschaft), ein Büro, das als Arbeitszimmer aus dem Raumprogramm der herrschaftlichen Wohnräume herausfällt, und die Treppe.

Der langgestreckte Flügel mit dem Personalbereich und der »Schnittfläche« liegt parallel zur Straße. Der Personalbereich nimmt die Wohnung der Dienstboten und die Küche auf, das heißt den Arbeits- und Wohnbereich der Hausangestellten. Die Küche ist größer als die gesamte Dienstbotenwohnung, die (dem Doppelbett nach zu urteilen) für ein Ehepaar konzipiert war. Die an beiden Schmalseiten anschließenden, halbrunden Treppenhäuser erscheinen auf den ersten Blick als spiegelsymmetrische Pendants. In Wirklichkeit liegen sie nicht nur versetzt zur vermeintlichen Spiegelachse, sondern sind – entsprechend ihrer Funktion – auch unterschiedlich groß: Das schmalere, weit vortretende Treppenhaus des Personals liegt von der Straße zurückgesetzt in der Flucht der Gartenfront, während das breitere Treppenhaus in Flucht der Straßenfassade als repräsentativer Hauptzugang dient. Der von Mauerbrüstungen eingefaßte Weg von der Straße zum Haupteingang sollte eine tonnengewölbte transparente Bedachung (laut »Querschnitt« im Oud-Archiv ein horizontales Vordach auf schlanken Stützen) erhalten. Ein Fensterband, das sich von der Haustür bis zum obersten Geschoß erstreckt, belichtet den Treppenlauf. Der Eingang wird neben dem Treppenhausfenster durch die Treppenspindel, die gleichzeitig als Schornstein dient, markiert. Das Treppenhaus des Personals zeigt im Gegensatz hierzu eine einfache Tür und schmale horizontale Fensterbänder.

Die Straßenfassade des Personalflügels gliedert sich in drei lange Fensterbänder, die seitlich von den Fenstertüren und Balkonen der Dienstbotenwohnungen sowie dem großen Treppenhausfenster flankiert werden. Die Fensterbänder sind zu vier Gruppen à drei Fenstern sowie Einzelfenstern an den Außenseiten zusammengefaßt, die eine in sich geschlossene symmetrische Komposition ergeben. Für die Fenster wurde ein Standardformat gewählt, daß, wie für Oud charakteristisch, auch an anderen Stel-

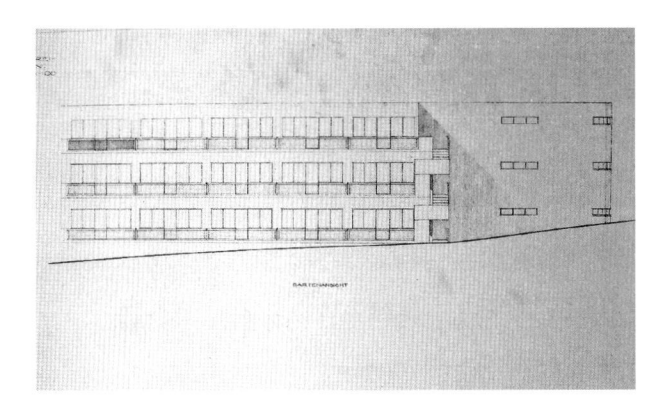

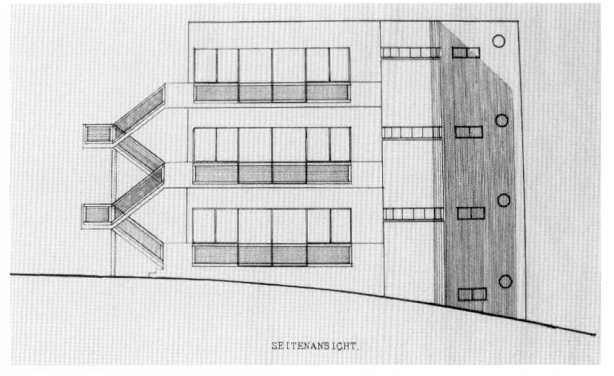

331. Dreifamilienhaus in Brünn, Aufriß Gartenfront

332. Dreifamilienhaus in Brünn, Aufriß Schmalseite

len des Baus wieder auftritt. Das Souterrain zeigt ein niedriges Fensterband, das die Gliederung der Obergeschoßfenster aufgreift. Die »Schnittfläche« zwischen dem Personaltrakt und dem Wohnbereich der Herrschaft wird durch die Fensterbänder, die ohne Unterscheidung Dienstbotenwohnung, Küche, Anrichte, Büro und Vorraum belichten, bewußt verdeckt.

An den Personalflügel schließt sich, um einige Meter nach hinten versetzt, der deutlich breitere Wohntrakt an, der (dem gebogenen Lauf der Straße folgend) leicht aus der Achse gerückt ist. An der Grenze zum Nachbargrundstück wurde ein kurzer Flügel mit den Sanitäreinrichtungen und der Chauffeurwohnung angefügt, der zusammen mit dem Personaltrakt und dem Wohnbereich einen kleinen Vorplatz umfaßt. Während der Sanitärflügel mit Ausnahme von schmalen Fensterbändern geschlossen bleibt, öffnet sich der Wohnbereich in großen Fensterflächen. Die Glasflächen, zwischen denen allein das Konstruktionsgerüst zurückbleibt, sind in kleine quadratische Felder unterteilt. Da das Souterrain hier um einige Meter zurückweicht, werden die Obergeschosse von vier schlanken Rundstützen, zwischen denen die Zufahrt zu den Garagen erfolgt, getragen. Der durch die Glasfront und die Rundstützen suggerierte Anspruch entspricht dem repräsentativen Raumprogramm mit einer breiten, in voller Höhe verglasten »Veranda«.

Die Gartenfront (Südosten) zeigt in den drei Obergeschossen jeweils fünf Fenstergruppen, bestehend aus einer zentralen Fenstertür und zwei flankierenden Fenstern im Standardformat (Abb. 331). Kennzeichen dieser Fassade ist die serielle Abfolge der in sich symmetrischen Fenstergruppen, die eine Unterscheidung zwischen Schlaf-, Wohn- und Eßzimmer bewußt vermeidet. Ein Balkon zieht sich über die gesamte Länge der Front und setzt sich an der Schmalseite (Abb. 332) in doppelter Breite fort. Laut Grundrißbeschriftung handelt es sich bei den Balkonböden um »Luxfer Glasbeton«, Glasprismen, die von einem Gitter aus Eisenbeton gehalten werden. Entsprechend den lichtdurchlässigen Böden waren auch die Balkonbrüstungen durchsichtig geplant, offenbar in Form von Glasplatten.[1047] Die südliche Balkonbegrenzung bildet eine haushohe Wand, die von Glasbausteinen durchbrochen ist, wohl um ungewünschte Einblicke in die Privatsphäre der Bewohner zu vermeiden. Entsprechend bleibt auch die Gartenfront des Personalflügels bis auf drei hoch liegende Fensterbänder geschlossen. In Verlängerung des Balkons befindet sich eine freistehende zweiläufige Treppe mit gläserner Brüstung, die in den Garten führt.[1048]

Auch die Schmalseite des Wohntraktes (Abb. 332) zeigt eine größtmögliche Öffnung mit jeweils zwei breiten Fenstertüren und vier Fenstern im Standardformat. Bad und Toilette der Dienstbotenwohnungen (Schmalseite Personaltrakt) werden über zwei kleine Fenster und ein Rundfenster belichtet.

Innenräume (Abb. 333, 334)

Vom Haupteingang führt eine Wendeltreppe in alle drei Obergeschosse (Abb. 334), wo jeweils ein kleiner Vorraum in die Halle überleitet. Von dort sind der Flur des Personaltraktes und die Veranda im Mittelbau sowie Eß- und Wohnzimmer zugänglich. Im Winkel der beiden Gebäudeteile sollte eine Sitzbank mit Tisch stehen, wodurch die Halle nicht nur als zentrale Erschließungszone, sondern auch als Aufenthaltsbereich dient. Dem entspricht die breite Veranda, von der aus die Eingangszone samt Vorfahrt einsehbar ist.

Die von der Veranda aus zugänglichen Schlafräume nehmen je ein Doppelbett, zwei kleine Nachtschränke, zwei Waschbecken und vier Einbauschränke auf. Mit Ausnahme der Eingangswände sind alle Raumseiten, wie für Oud typisch, symmetrisch angelegt. Das luxuriöse Bad im Sanitärflügel wird durch einen Vorhang oder eine Trennwand in einen vorderen Bereich mit zwei Waschbecken und einen hinteren mit großer Badewanne unterteilt. Das Eßzimmer im Schnittpunkt der beiden Gebäudetrakte bildet den größten Raum des Hauses. Durch die breiten Fensterfronten des an zwei Seiten frei liegenden Zimmers öffnet es sich zum Garten, wobei zwischen den Fenstergruppen nur eine schmale Stütze zurückbleibt. Die Speisen werden von der Küche zur Anrichte gereicht und von dort in das gegenüberliegende Eßzimmer. Die Halle als weiterer Aufenthaltsort der Bewohner bleibt davon ungestört. Vom Eßzimmer besteht über eine Doppeltür eine direkte Verbindung zum Wohnzimmer, das sich wiederum in einer Doppeltür zur Halle öffnet. Bei entsprechenden Anlässen konnte so eine Raumfolge aus Eßzimmer, Wohnzimmer und Halle geschaffen werden. Von allen Räumen des Wohntraktes aus besteht ein Zugang zum Balkon und von dort zum Garten.

Die Personaltreppe führt über einen schmalen Flur direkt in die Küche (mit Eßtisch und zwei Stühlen). Zur Straßenseite liegt die Dienstbotenwohnung mit Balkon, Bad mit Toilette, einem Doppelbett und zwei Einbauschränken. Die Räume im Souterrain (Abb. 333) sind über den Personaleingang oder vom Vorplatz aus zu erreichen, wo sich der Eingang zu den allgemeinen Kellerräumen und der Hausmeisterwohnung befindet. Der Flur besitzt dort eine Breite von nur 90 cm; der lange Gang zwischen den beidseitig angeordneten Diensträumen ist 1 m breit. Für die Hausmeisterwohnung war zwar eine eigene Küche vorgesehen, das Bad (Teil der Waschküche) befindet sich jedoch am anderen Ende des Ganges. Die Chauffeurwohnung im Sanitärflügel ist von einem eigenen Eingang unterhalb der Veranda sowie über eine der beiden Garagen zugänglich. Die Belichtung erfolgt allein durch die schmalen Fensterbänder, die unterhalb der Decke verlaufen; der kleine Raum neben der Toilette besitzt gar kein Fenster.

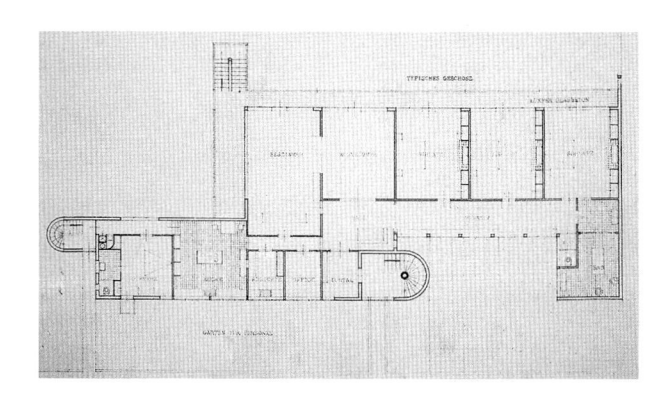

333. Dreifamilienhaus in Brünn, Grundriß Souterrain

334. Dreifamilienhaus in Brünn, Grundriß typisches Geschoß

Charakterisierung

Ouds Entwurf lehnt sich eng an die kurz zuvor entstandenen Wohnhäuser auf dem Stuttgarter Weißenhof an, die er selbst im Sommer 1927 besichtigt hatte: Die »pilotis« des Wohntrakts und die kleinen Balkone der Dienerwohnungen zeigen deutliche Parallelen zu Le Corbusiers Einfamilienhaus, das im Grundriß zudem die zwei unterschiedlich großen, halbrunden Treppen vorbildet.[1049] Die Fenstergliederung der beiden Langseiten geht dagegen auf den Wohnblock Ludwig Mies van der Rohes zurück. Von der Westfassade (Abb. 114) übernahm Oud die Fenstergruppen mit flankierenden Einzelfenstern einschließlich der niedrigen Souterrainfenster, verwendete statt Dreier- und Vierergruppen jedoch durchgängig Dreiergruppen. Die Gartenfront mit den von Fenstern flankierten Fenstertüren orientiert sich vor allem an Mies van der Rohes Ostfront. Daneben greift Oud auf das Bauhausgebäude in Dessau (1925/26) zurück, so in den rechtwinklig verbundenen Baukörpern, dem auf Stützen aufliegenden Mittelbau und den großen Fensterflächen mit kleiner Rasterung. Mit der Weißenhofsiedlung und dem Bauhausgebäude berief sich Oud auf die seiner Zeit viel diskutierten und hochgelobten Beispiele der Moderne. Anders als bei seinem eigenen Haus in der Stuttgarter Siedlung* zeigt der ein Jahr später entstandene Entwurf des Dreifamilienhauses eine starke Abhängigkeit von fremden Entwürfen.

Dies gilt jedoch allein für den Außenbau mit seiner Verbindung unterschiedlicher, fremder Motive (wie pilotis und Fensterraster), während der Innenraum eine für Oud typische Lösung mit Grundrißraster und symmetrischen Raumwänden zeigt. Die Grundkonzeption folgt dabei älteren Schemata, die auch in Ouds früheren Arbeiten auftreten. So ist die zentrale Erschließungszone mit Aufenthaltsbereich bereits im Entwurf eines Wohnhauses mit Büroräumen* zu finden, und zeigt Haus Kallenbach* die traditionelle Trennung von Personaltrakt und Wohnbereich einschließlich der getrennten Zugänge (Nordtreppe für das Personal, Südtreppe für die Wohnparteien). Entsprechend liegen die Wohnräume des Dreifamilienhauses alle – unabhängig von ihrer Nutzung – nach Südosten zum Garten. Die Wohnungen der Dienstboten und des Hausmeisters orientieren sich dagegen ausnahmslos zur Straße im Nordwesten. Wendeltreppe und Flur der Dienstbotenwohnung werden dabei nur von einem schmalen, unterhalb der Decke verlaufenden Fensterband belichtet, das einen Einblick in den Garten (Bereich der Herrschaft) unmöglich macht. Auch die Chauffeurwohnung erhielt nur ein hochliegendes Fensterband zum Vorplatz (Norden). Selbst in der Gestaltung einzelner Bauglieder wird die Hierarchie der beiden Bereiche deutlich. So steht der kleinen zurückgesetzten Personaltreppe die große und helle Treppe der drei Wohnparteien gegenüber und sollte allein die Zuwegung zum Haupteingang ein Dach erhalten. Für die Überschneidung von Personalbereich und Wohnräumen konnte Oud wiederum ältere Vorbilder finden. Das im Schnittpunkt liegende Eßzimmer, das so zum sozialen Mittelpunkt des Hauses wird, zeigt beispielsweise das 1910/11 von Peter Behrens errichtete Haus Wiegand in Berlin.[1050]

Der Entwurf für ein Dreifamilienhaus spricht aufgrund des Bauprogramms (Dienstbotenwohnungen, Chauffeur- und Hausmeisterwohnung, vier Garagenstellplätze) für eine gehobene Klientel als Zielgruppe. Dem entspricht das weitläufige Grundstück, das größtenteils als Park angelegt werden sollte. Offenbar handelt es sich hier um eine geschoßweise zu vermietende Villa, eine Wohnform, die bereits im 19. Jahrhundert beliebt war. Ungewöhnlich an Ouds Entwurf ist die radikal moderne Formensprache in Verbindung mit einem traditionellen Bautypus, der – wie die konsequente Trennung der Bewohnerschichten zeigt – in seiner Daseinsberechtigung nicht hinterfragt wird. Eine Abweichung vom Typus der »Mietvilla« bildet allein der augenscheinlich für alle Parteien zuständige Chauffeur sowie die gemeinschaftliche Waschküche und der Bügelraum. Offenbar sollte zumindest in diesem Rahmen eine Alternative zur herkömmlichen Mietvilla entwickelt werden. Oud geht dabei jedoch nicht so weit wie das von zeitgenössischen, vor allem sozialistisch eingestellten, Architekten propagierte kollektive Wohnen, etwa das 1931 von Robert Vorhoelzer und Walther Schmidt auf der Internationalen Bauausstellung in Berlin vorgestellte Boardinghouse mit fünf unterschiedlichen Wohnungstypen.[1051] So sind die Wohnetagen bei Oud nicht auf die unterschiedlichen Lebensumstände der einzelnen Mieter abgestimmt, sondern bieten eine Standardlösung der bürgerlichen Wohnung. Möglicherweise war daher an eine zeitlich begrenzte Nutzung mit wechselnder Klientel gedacht.[1052] Vor allem die identischen, aneinandergereihten Schlafzimmer könnten bei entsprechender Einrichtung als Kinderzimmer, Gästezimmer oder Arbeitszimmer dienen.

Der (bedingt) experimentelle Charakter des Hauses wie auch die Anlehnung an die Mustersiedlung auf dem Weißenhof lassen an eine Verbindung zur Architekturausstellung Novy Dum denken, die in Anlehnung an die Stuttgarter Werkbundausstellung ins Leben gerufen wurde.[1053] Ausgangspunkt war die Präsentation »Zeitgenössische Kultur« von Herbst 1928, die – wie vom Tschechischen Werkbund vorgeschlagen – durch eine experimentelle Siedlung ergänzt werden sollte. Auf Initiative zweier Bauunternehmer, die das Grundstück zur Verfügung stellten und die Finanzierung übernahmen, wurden unter der Schirmherrschaft des Tschechischen Werkbundes 16 Wohnungen von insgesamt neun (tschechischen) Architekten erstellt. Unter ihnen befanden sich Ouds Freund Jan Višek sowie Arnošt Wiesner, der beim Wettbewerb für das Hotel Stiassny* den Zuschlag erhalten hatte. Baubeginn war Februar 1928, das Ende der Arbeiten erfolgte erst nach Beendigung der Ausstellung. Entsprechend Ouds Entwurf, der ein Souterrain als Wirtschaftsetage mit drei darüberliegenden Wohnungen zeigt, sind auch die ausgeführten Bauten von Novy Dum dreigeschossig mit einem (aufgrund des hohen Grundwasserspiegels) angehobenem Kellergeschoß. Das Programm war, wie die unterschiedlich großen Wohnhäuser zeigen, nicht exakt festgelegt. Insgesamt wurden zwei Dreifamilienhäuser errichtet. Bei den Bauten von Bohuslav Fuchs und Jaroslav Grunt sind jedoch, abweichend von Ouds Lösung, drei dreigeschossige Bauten nebeneinander angeordnet. Wie Ouds Entwurf stehen die Wohnhäuser der Novy Dum stark unter dem Einfluß von Le Corbusiers Stuttgarter Wohnhäusern, ein Phänomen für das Karel Teige den Begriff »Le Corbusierismus« prägte.

Eine offizielle Einladung Ouds zur Teilnahme an der Ausstellung ist ausgehend vom Lageplan und der auf tschechische Architekten beschränkten Schau auszuschließen. Möglich erscheint jedoch, daß sich Oud bereits zu Beginn der Planung, als die Vorgaben noch nicht formuliert waren und die Bauparzellen nicht endgültig feststanden, um eine Teilnahme bemüht und hierfür seinen Entwurf erstellt hat. Für diese These spricht auch die von Johnson überlieferte Entwurfszeit von nur wenigen Tagen. Zum Bedauern von Johnson verschwand der Entwurf nach dem Scheitern des Unternehmens in Ouds Unterlagen: »Why do you never show this design. I remember you did it in five days or something remarkable but it is very good too. I think I like it better than the hotel for Bruenn, but I have not studied them, and your projects are always deceptive.«[1054]

Frühe Publikationen Veronesi 1953, S. 117; Stamm 1978, Fig. 48, S. 50.
Unpubliziert Aufrisse von Straßen- und Gartenfront, Schnitt, Bleistiftskizze.
Literatur Šlapeta 1985, S. 49.
Vgl. Taverne 2001, Kat. Nr. 50.

33 Versammlungshaus (Kirche) der Hersteld Apostolische Zendingsgemeente, Rotterdam

Gegenstand Versammlungshaus der Hersteld Apostolische Zendingsgemeente. Die Pläne im Oud-Archiv sind mit »vereenigingsgebouw«, wörtlich Vereinsgebäude, überschrieben.

Ort Eemstein 23, Rotterdam. Das Versammlungshaus liegt innerhalb der von Oud 1925 entworfenen und zwischen Sommer 1928 und Frühjahr 1930 ausgeführten Siedlung Kiefhoek* (Abb. 259, 260). Der Platz Eemstein bildet das Zentrum der Siedlung und dient gleichzeitig als Bindeglied zwischen der abgeschlossenen, innerhalb einer älteren Blockrandbebauung liegenden Wohnanlage und dem Hillevliet.

Entwurf/Ausführung Bereits ein auf den 15. Januar 1920 datierter städtebaulicher Plan für Rotterdam-Süd zeigt im Bereich der späteren Siedlung Kiefhoek eine Kirche. Diese liegt jedoch nicht wie das ausgeführte Gebäude am Hillevliet, sondern ist von der Straße zurückgesetzt und wird ringsum von Wohnbauten umgeben.[1055] In einem 1921 von M. J. Granpré-Molière, P. Verhagen und A. J. Kok vorgelegten Erweiterungsplan für die südlichen Stadtgebiete war an dieser Stelle ebenfalls ein frei stehendes Gebäude, möglicherweise ein Kirchenbau, vorgesehen.[1056] Auch R. J. Hoogeveen gibt in seinem 1923 erstellten Bebauungsplan für 358 Betonwohnungen den Grundriß einer Kirche wieder (Abb. 74).[1057] Die Bezeichnung »Terrein voor kerkbouw« läßt jedoch darauf schließen, daß zu diesem Zeitpunkt weder ein Auftrag noch ein Entwurf für die Kirche vorlagen. Das von Hoogeveen vorgeschlagene Gebäude zeigt einen Zentralbau mit Einturmfassade, der fast den ganzen zur Verfügung stehenden Platz einnimmt. Die Kirche ist nicht geostet, sondern folgt der städtebaulichen Situation: Die Einturmfassade weist zur Siedlung, während der Chor nach Nordosten zum Hillevliet gerichtet ist. In den zeitlich folgenden Planungen scheint der Kirchenbau wieder aus dem Blickfeld verschwunden zu sein. So bleibt das Grundstück in einem vom Stedebouwkundige Dienst unter H. S. de Roode, Direktor der *Gemeentewerken* (Städtisches Bauamt), ausgearbeiteten Bebauungsplan (1923/24) wie auch in dem 1926 entstandenen Plan von Stadtarchitekt G. W. Witteveen frei.[1058]

Wann und durch wen der Gedanke eines Kirchenbaus für Kiefhoek wieder aufgegriffen wurde, ist unklar, ebenso die Datierung des Entwurfs. Sowohl die Ausführungsentwürfe wie auch die Vorentwürfe sind undatiert. Oud selbst nennt rückblickend das Jahr 1925, in dem auch die Wohnhäuser der Siedlung entworfen wurden: »1925 schuf ich den Entwurf für die Kirche der ›Hersteld Apostolische Gemeente‹ in Rotterdam-Süd am Hillevliet (Eemstein). Von 1928 bis 1930 wurde diese Kirche gebaut.«[1059] Auch in einem wohl 1930 verfaßten Manuskript betont er, daß die Hersteld Apostolische Zendingsgemeente die Kirche gleichzeitig mit den Wohnbauten habe entwerfen lassen.[1060] Abweichend hiervon werden in der Literatur (jeweils ohne Begründung) die Jahre 1927, 1928 und 1929 genannt.[1061] Laut Ernst van der Hoeven wurde das Grundstück erst 1928 von der Hersteld Apostolischen Zendingsgemeente erworben.[1062] Sowohl im frühesten erhaltenen Plan der Siedlung (1925), der abgesehen von einigen Details bereits die ausgeführte Lösung der Wohnanlage zeigt, als auch in einem 1928 publizierten Entwurf bleibt der Platz für die Kirche frei.[1063] Bis zu diesem Zeitpunkt weist damit nichts auf einen bereits existierenden Kirchenentwurf. Auch in Ouds Korrespondenz ist die Kirche erst ab Herbst 1928 verbürgt: Wohl im November 1928 hatten Henry-Russell Hitchcock und der amerikanische Architekt Peter van der Meulen-Smith Oud in Rotterdam besucht, wo sie den Entwurf sahen. Van der Meulen-Smith starb noch während der mit Hitchcock unternommenen Europareise im November 1928. Im Dezember bat Hitchcock Oud um Skizzen der Kirche: »I hope that … you will be able to send me at least some sketches of that very fine church you were working on when Peter and I visited you.«[1064] Im Januar 1929, so ist Hitchcocks Wunsch nicht nachgekommen, bat er erneut um den Entwurf der Kirche, den er in der »Architectural Record« (New York) publizieren wolle.[1065]

Mit Blick auf die Bauausführung ist anzunehmen, daß Oud seinen Besuchern bereits die endgültige Fassung des Baus gezeigt hat: Für den Abschluß der Bauarbeiten ist Dezember 1929 als terminus ante quem gesichert, die Glasfenster wurden zwischen Juli und Oktober dieses Jahres gefertigt.[1066] Dem entspricht die Jahreszahl 1929 auf der Fassade des Gebäudes (Abb. 335). Der Baubeginn wird daher kurz nach dem Besuch von Hitchcock und Van der Meulen-Smith im Winter 1928/29 erfolgt sein. Möglich wäre somit, daß Oud nach dem Verkauf des Grundstücks an die Hersteld Apostolische Zendingsgemeente (1928) die Arbeit an dem Kirchenentwurf begann und noch im selben Jahr fertigstellte.

Zu fragen bleibt jedoch, ob Oud nicht schon vor der Grundstücksvergabe einen Entwurf gefertigt haben könnte. Die betont einfache Form des Gebäudes unter Verzicht auf einen Altar wäre auch als Kirchenraum einer reformierten Gemeinde geeignet gewesen. Das für die neuapostolischen Kirchen typische Rednerpodest taucht zudem – zumindest in einem Vorentwurf (Oud-Archiv) – nicht auf. Interessant ist vor diesem Hintergrund ein Brief von Josef Chochol, der sich im April 1925 nach Ouds »Projekt der Saalbauten« erkundigte.[1067] Ob Chochol hier in der Tat auf die Kirche in Kiefhoek anspielt, muß offen bleiben. Allerdings bezeichnete Oud den Kirchenbau selbst als »zaalgebouw«.[1068] 1932 wies Hitchcock zudem auf die mehrjährige Arbeit an der Kirche, was einer Entwurfs- und Ausführungszeit von 1928 bis 1929 kaum entsprochen hätte: »Working over this church project during several years with a thoroughness and a critical conscientiousness such as few contemporary buildings have received …«[1069]. Hitchcock, der seine Informationen von Oud erhielt, ist jedoch kaum als verlässliche Quelle für die Datierung des Kirchenentwurfs zu werten; auch ein »Projekt der Saalbauten« sagt noch nichts darüber aus, ob tatsächlich Pläne erstellt wurden.

Anzunehmen ist, daß sich Oud bereits 1925 parallel zu den Siedlungshäusern mit dem Kirchenentwurf beschäftigt hat. Wie weit er damit bis 1928 gekommen war, muß jedoch offen bleiben. Interessant ist hier ein undatierter Lageplan der Siedlung, der eine frühere, nicht realisierte Fassung von Spielplatz, Küsterhaus und Grünanlage einschließlich des Kirchenumrisses zeigt.[1070] Zumindest die Grundform des Kirchenbaus, der auch für eine andere Gemeinde zu nutzen gewesen wäre, muß daher vor der endgültigen Fassung des Eemstein festgestanden haben. Als gesichert kann jedoch allein gelten, daß die Ausführungspläne 1928 vorlagen.

Auftrag Auftraggeber war die Hersteld Apostolische Zendingsgemeente. Die Kirchenvereinigung ist eine Abspaltung der 1863 als »Allgemeine christlich apostolische Mission« gegründeten neuapostolischen Kirche. Von dieser spaltete sich 1897 aufgrund abweichender Glaubensinhalte die »Hersteld Apostolische Zendingsgemeente in de eenheid der apostelen« ab.[1071] Die streng hierarchisch gegliederte neuapostolische Kirche sah sich als Nachfolger der Urapostel. Bereits im 19. Jahrhundert wurden schlichte Kirchengewänder gefordert und alle charismatische Elemente der Zeremonie zurückgedrängt.[1072] Zur gewünschten Nüchternheit trat das Verbot der Altar-Aufstellung, während gleichzeitig das Rednerpult an Bedeutung gewann. Eine schlichte Architektur des Kirchengebäudes wird daher, wenn auch nicht ausdrücklich gefordert, so doch im Sinne der Gemeinde gewesen sein. Als typischer neuapostolischer Kirchenbau galt entsprechend ein ungeschmückter, »weiß getünchter Gebetssaal«.[1073] Auch der Verzicht auf einen Turm ist in diesem Sinne zu deuten. Festzuhalten bleibt, daß es sich bei dem Gebäude der Hersteld Apostolische Zendingsgemeente nicht (wie in der Literatur oftmals dargestellt) um einen protestantischen Kirchenbau handelt[1074], auch wenn die Schlichtheit der Architektur Parallelen hierzu zeigen mag.

Oud erhielt den Auftrag als Architekt der *Bouwpolitie en Woningdienst*. Wie Oud nach dem 2. Weltkrieg im Streit um die Wiederherstellung des ursprünglichen Bauzustandes betonte, hatte sich die Gemeinde gegenüber der Stadt Rotterdam zu einer formalen Anpassung der Kirche an die Siedlungshäuser verpflichtet. Formgebung und Farbigkeit des Gebäudes waren somit von Oud zu bestimmen.[1075] In einem Brief an *B & W* (Gemeindevorstand) erklärte Oud, daß er aufgrund dieser Vereinbarung als Architekt der Gemeinde auftrete und neben seinem Gehalt als Angestellter des *Woningdienst* für den Entwurf der Kirche »selbstverständlich« keine Bezahlung erhalten habe.[1076] Wie Oud rückblickend beschreibt, war er die treibende Kraft hinter der Vorgabe, die Kirche nach seinem Entwurf auszuführen.[1077] Der Leiter der Kirchenvereinigung wollte sich laut Oud zunächst nicht mit dem ornamentlosen Entwurf zufrieden geben. Erst als Oud vermitteln konnte, daß sein Entwurf für das Ergebnis seiner Überzeugung, seines »Glaubens«, stehe – »für diesen Entwurf lasse *ich* mich an die Wand stellen« -, habe der Kirchenmann eingewilligt.[1078]

Wie bei der Siedlung Kiefhoek war auch bei dem Kirchengebäude Ouds Mitarbeiter Paul Meller als Zeichner tätig.[1079] Die Ausstattung der Kirche stammt nicht von Oud. Teile der Innengestaltung, darunter die Bleiglasfenster (vgl. Abb. 335), realisiert sein ehemaliger *De Stijl*-Mitarbeiter Vilmos Huszár, der sich nach Ouds Wunsch mit dem Bauunternehmer Tiemstra abgesprochen hatte. Oud war mit dem Ergebnis jedoch wenig zufrieden.[1080] Die Tatsache, daß Oud keine Entwürfe für das Interieur lieferte, ist mit Blick auf die Bedeutung, die er der Innenraumgestaltung seiner Bauten sonst beimaß, verwunderlich. Er selbst erklärt sein Versäumnis durch den bestehenden Zeitdruck: »Durch die große Eile bei der Errichtung des Saal-Gebäudes mußte davon abgesehen werden, auch das Interieur zu entwerfen, wie man gebeten hatte.«[1081] Wahrscheinlich konnte Oud das Interieur jedoch aus gesundheitlichen Gründen nicht ausarbeiten.[1082]

Material/Konstruktion Es handelt sich um einen Massivbau aus doppelten Backsteinwänden mit Füllmaterial. Zwischen den Mauern sind Stahlstützen eingezogen, die das auf Stahlträgern liegende Dach tragen. Die Plinthen bestehen aus gelbem Backstein, die Mauerflächen darüber wurden weiß verputzt. Allein das Vordach ist aus Beton gefertigt. Abweichend von den Fenstern der Wohnhäuser wählte Oud Stahlrahmen, die Türen wurden in Holz gearbeitet.

Pläne/Fotomaterial NAi: Lageplan, Grundriß von Erd- (Abb. 336) und Obergeschoß, zwei Schnitte (Abb. 337), alle Ansichten, Axonometrie, Perspektivzeichnung, historische Fotografien (Abb. 335). MoMA.[1083] GRI: 30 Zeichnungen, ein Abzug, fünf Fotografien. Eine weitere Perspektivzeichnung befand sich im Archiv von Hans Oud.[1084]

Bauprogramm Zweigeschossiger Versammlungssaal: Empore, erhöhtes Rednerpodest, Windfang, Toiletten. Nebenräume: Fahrradabstellraum, Abstellkammer, Konsistorialzimmer, Vorraum, Toiletten. Keller: Heizung.

Städtebauliche Lage und Gestaltung des Eemstein (Abb. 259, 260)

Das Versammlungshaus ist von entscheidender städtebaulicher Bedeutung sowohl für die Siedlung als auch den Hillevliet. Als eine der großen Verkehrsachen verbindet der Hillevliet, ein zur Entwässerung angelegter Wasserlauf mit zwei flankierenden Fahrbahnen, die Wohngebiete der linken Maasseite mit dem Hafen. Das am Rand der Siedlung liegende Gebäude grenzt mit seiner Eingangsfront im Nordosten direkt an den repräsentativen Straßenzug (Abb. 335). Auf der anderen Seite des Hillevliet und Ouds Kirchenbau schräg gegenüber befindet sich die 1927–30 von R. J. Hoogeveen und B. T. Boeyinga errichtete Nederlands hervormde Maranathankirche (vgl. Abb. 260). Der unverputzte, hoch aufragende Backsteinbau mit Turm steht in größtmöglichem Kontrast zu Ouds Versammlungshaus, das – entsprechend den Wohnbauten der Siedlung – einen weißen Flachbau mit farbigen Akzenten in den Primärfarben zeigt (vgl. Abb. 38). Dennoch scheint Oud seinen Bau auch als städtebauliches und architektonisches Pendant zu der etwa gleichzeitig errichteten Kirche verstanden zu haben: Der Haupteingang ist dem Hillevliet und damit der Maranathankirche zugewandt, der Schornstein greift das Motiv des Kirchturms auf. Vom Eemstein, dem Zentrum der Siedlung aus, erscheint links der Turm der Maranathankirche, rechts der Schornstein von Ouds Versammlungshaus.[1085]

Trotz seiner Orientierung zum Hillevliet versteht sich das Versammlungshaus durch Lage und Formgebung (Flachbau, Farbgebung) als Teil der Siedlung Kiefhoek. Als Bindeglied zwischen den von hohen Gebäuden umschlossenen Wohnhäusern und der Grünzone des Hillevliet schiebt sich der Bau rechtwinklig zu den langgestreckten Häuserzeilen in die Siedlung hinein (Abb. 260, 261). Die Ausrichtung des Gebäudes wird durch die flankierenden kurzen Zeilen aufgegriffen und vom Eemstein über Groote Lindtstraat und Groote Lindtplein als zweite Hauptachse der Siedlung weitergeführt. Durch seine Bezugnahme auf die Siedlung verläuft die Hauptfassade schräg zum Hillevliet und der hier unterbrochenen Blockrandbebauung. Indem das Versammlungshaus am äußersten nördlichen Rand der Siedlung (Hillevliet) liegt, bleibt im Südwesten eine große Freifläche (Eemstein) zurück. Der von einer Straße umgebene zentrale Bereich setzt sich aus dem Grundstück der Kirche, einer öffentlichen Grünanlage und dem Garten des Küsterhauses* zusammen. Letzterer wird von einer niedrigen Backsteinmauer eingefaßt, die den halbkreisförmigen Abschluß der Grünanlage in einem kleineren konzentrischen Halbrund wiederholt (Abb. 39, 342).[1086] Der durch eine Fahnenstange akzentuierte Kreismittelpunkt markiert den Schnittpunkt der beiden zentralen Straßenachsen (Eerste Kiefhoekstraat, Groote Lindtstraat).

Da die seitlich der Kirche liegenden Häuserzeilen gegenüber der Eckbebauung am Hillevliet zurückspringen (Abb. 259), erweitert sich der Eemstein zur Siedlungsmitte hin. Während die Straße an der Südostseite durch einen Grünstreifen optisch erweitert wird, zeigt der gegenüberliegende Straßenzug die größte Straßenbreite innerhalb der Siedlung. Biegt man hier vom Hillevliet in den Eemstein ein, führt die Straße im Bogen um das Halbrund der Grünanlage und mündet in die längs die Siedlung durchlaufende Heer Arnoldstraat. In einem früheren Entwurfsstadium ist der Abschluß des gegenüberliegenden Spielplatzes ebenfalls gerundet, wodurch die Form der Grünanlage noch betont wird. Eine Blaupause im Oud-Archiv zeigt innerhalb der Rundung eine breite Treppe, die zu dem (derzeit noch an der Ostseite der Anlage geplanten) Küsterhaus führt. In weiteren Varianten ist die tiefergelegte Grünfläche durch eine breite, von der Straße nach unten führende Treppenanlage zu erreichen. Vier radial verlaufende Wege bieten Zugang zur Straße, wobei kleine Treppen den Höhenunterschied überbrücken.[1087]

Außenbau (Abb. 38, 335)

Das Versammlungshaus besteht aus dem blockförmigen Saalbau und zwei niedrigeren Anbauten an der Langseite im Nordwesten. Der Saal erhielt an allen vier Seiten einen mittig liegenden Eingang: Neben dem Haupteingang am Hillevliet findet sich an der Südostseite ein zweiter, vor allem für die Bewohner der Siedlung bestimmter Zugang. Von den Nebenräumen aus, die über einen eigenen Eingang erschlossen werden, besteht ein weiterer Zugang zum Kirchensaal, an der zum Platz weisenden Schmalseite verbindet ein geschlossener Gang das Konsistorialzimmer und den Garten des Küsterhauses mit der Kirche. Während der Hauptbau und der vordere Anbau zum Hillevliet einheitlich weiß verputzt sind, übernimmt der hintere Anbau die Gestaltung der Wohnhäuser mit gelbem Backsteinsockel. Auch die Gartenmauer mit einem blauen Metallzaun orientiert sich am Vokabular der Wohnbauten.

An der symmetrischen Fassade zum Hillevliet befindet sich der Haupteingang mit zwei blauen Stahltüren in gelbem Rahmen (Abb. 38). Ein weit auskragendes Vordach wird von zwei roten Rundstützen auf grau gefaßten Postamenten getragen. Oberhalb des Vordachs reihen sich in Breite des Eingangs sechs längsrechteckige Fenster, während zwei schmale, vertikale Toilettenfenster die Türen flankieren. Die große ungegliederte Wandfläche über dem Eingang wird (abgesehen von einer trapezförmigen Lüftungsöffnung) nur von einem Schriftzug in der linken oberen Fassadenecke unterbrochen. Hier ist in drei als Block gesetzten Zeilen der Name »HERSTELD / APOSTOLISCHE / GEMEENTE« mit schwarzen, aus Stahl gearbeiteten Großbuchstaben angebracht. Aufgrund der unterschiedlich großen Abstände zwischen den Buchstaben erscheinen die beiden Wörter »HERSTELD« und »GEMEENTE« gesperrt und treten gegenüber dem mittigen Wort »APOSTOLISCHE« stärker hervor. An der rechten oberen Fassadenecke findet sich als Datum der Fertigstellung die Jahreszahl 1929. Die Hauptfassade wird maßgeblich von der asymmetrischen Beschriftung bestimmt. Erstaunlich ist daher, daß Oud die Schriftzüge nicht in seine Perspektivskizze aufnimmt.[1088]

Die Langseiten zeigen im oberen Bereich sieben große Bleiglasfenster, die sich über die gesamte Länge erstrecken (Abb. 335). Die farbigen Gläser und die Rundstützen zwischen den Fensteröffnungen stehen für den Anspruch, der trotz der Nüchternheit an diesen Bau gestellt wurde. Die Langseite im Südosten ist abgesehen von den Fenstern allein durch den mittig liegenden Nebeneingang gegliedert, dem ein schmaler Windfang (ähnlich dem eingestellten Windfang in den Häusern der Weißenhofsiedlung*) vorgesetzt ist. Die zwei Türen wurden in Anlehnung an die umgebenden Wohnbauten rot gefaßt. An der Langseite im Nordwesten sind im vorderen Anbau (Abb. 38, rechts) der Fahrradabstellraum, eine in dieser Ausprägung typisch niederländische Einrichtung, die Abstellkammer und der Flur (Zugang zum Heizungskeller) untergebracht. Der flache Baukörper ragt aus der Flucht des Saalbaus bis fast an die Grundstücksgrenze am Hillevliet vor, wo er sich in einer breiten Fensterfront öffnet. Der rechtwinklig zum Haupteingang liegende Eingang zum Fahrradraum erhält wiederum zwei blaue Türen in gelbem Rahmen, ein Vordach und eine rote Rundstütze.[1089] Der hierarchische Unterschied zwischen den Türen zum Kirchensaal und dem Fahrradraum wird durch die schlanken, frei stehenden Stützen am Haupteingang im Gegensatz zu der gedrungenen, in die Wand integrierten Stütze des Anbaus deutlich. Allerdings zeigt sich die Fassade zum Hillevliet durch die großflächige Fensteröffnung – entgegen der Funktion des Raumes – betont repräsentativ.

An der Langseite folgt der höhere und breitere Anbau mit dem Konsistorialzimmer, dessen Schmalseite zum Hillevliet sich wiederum in einer breiten Fensterfront öffnet. Indem der Bau bis an die Grundstücksgrenze heranreicht, fällt die Außenwand mit der in Türhöhe verlaufenden Gartenmauer des Küsterhauses (vgl. Abb. 39) zusammen. Der deutlich überproportionierte Schornstein neben dem Eingang überragt die gesamte Baugruppe. Mit abgerundeten Ecken nimmt er auf den Schornstein der *Waterstokerij* Bezug, der ebenfalls einen öffentlich zugänglichen Bau markiert. Der Verbindungsgang an der Rückseite des Saalbaus zeigt schließlich eine einfache blaue Tür in gelber Rahmung, über der (ähnlich dem Haupteingang) drei längsrechteckige Fenster liegen.

Grundsätzlich lehnt sich die Farbgebung mit weißem Verputz, gelbem Backsteinsockel und blauen Metallzäunen an die Fassung der Wohnbauten an. Die Türen am Hillevliet und die rückwärtige Türe zum Garten des Küsterhauses sind kobaltblau, die Eingangstüre an der Südostseite und der Eingang zu den Nebenräumen (orange)rot, die Rahmung jeweils gelb. Damit wird bereits durch die Farbgebung der Türen eine Längsachse mit blauen Türen und eine Querachse mit roten Türen ausgewiesen. Zur Vervollständigung der Primärfarben sind die Rundstützen neben den Türen am Hillevliet rot gefaßt. Alle Fensterrahmen waren grau gestrichen. In einer von Oud nachträglich kolorierten Fotografie im Oud-Archiv ist der Schornstein im unteren Bereich (gleichzeitig die Treppenwange des Eingangs) in einer grünen Farbfassung wiedergegeben. Wie bei den Läden und der *Waterstokerij* wäre damit ein öffentlich zugänglicher Bau durch einen großflächigen grünen Anstrich hervorgehoben worden. Die Kolorierung ist zeitlich jedoch nicht zu fixieren und könnte daher auch erst nach dem Bau der Kirche erfolgt sein. Informationen über die ausgeführte Fassung existieren nicht.

Innendisposition (Abb. 336–338)

In den großen Kirchensaal ist ein Windfang in Breite des Haupteingangs eingestellt. Zwei seitliche Türen führen von dort in den Saal, der bereits beim Eintreten durch ein breites Fenster in der Rückwand des Windfangs sichtbar wird. An der Schmalseite befindet sich eine Empore mit einem sich stufenweise absenkenden Boden. Den Zugang zur Empore bildeten zwei Treppen mit schräger Brüstung beiderseits des Windfangs, unter denen die Toiletten liegen. Das erhöhte Rednerpodest mit seitlich angebrachten Stufen befindet sich in der Mitte der gegenüberliegenden Saalwand. Dahinter öffnet sich die Tür zum Verbindungsgang, der zum Küsterhaus oder in das Konsistorialzimmer führt.

Die Bodenpflasterung des Saales gliedert den Bau in drei imaginäre »Kirchenschiffe«. Der Saal ist streng symmetrisch angelegt und basiert zudem auf einem rechtwinkligen Achsenkreuz: Während die Pflasterung in Breite von Windfang und Rednerpodest die Längsachse markiert, wird in Verbindung der beiden Nebeneingänge, in deren Bereich die seitliche Pflasterung unterbrochen ist, eine Querachse ausgebildet. Der hohe Saal wird durch die großen, unterhalb des Daches liegenden Fenster belichtet.

335. Kirchengebäude in Kiefhoek, Rotterdam, hist. Ansicht mit Eingangsfront zum Hillevliet und Seiteneingang

Beteiligung anderer Künstler

Im Sommer 1929 hatte sich Oud mit einem Auftrag zur Gestaltung der Kirchenfenster an Vilmos Huszár gewandt.[1090] Zwischen Juli und Oktober 1929 wurden die Bleiglasfenster des Versammlungshauses ausgeführt. Die heute verlorenen Fenster sind nur in Schwarzweiß-Abbildungen des Außenbaus bekannt (Abb. 335), die weder über die Farbigkeit noch die Komposition Informationen liefern. Zu erkennen ist dort einzig die diagonale Struktur der einzelnen Glasstücke. Von einer Beschränkung auf die Primärfarben ist mit Blick auf Huszárs Werk nicht auszugehen. Als Anhaltspunkt für Komposition und Farbgebung kann ein zwei Jahre später entstandenes, abstrakt gestaltetes Fenster mit diagonaler Struktur und reicher Farbpalette dienen, das Huszár für das Bürogebäude der Firma Braat in Delft gefertigt hat.[1091]

Neben den Saalfenstern hat Huszár im Auftrag des Bauunternehmers Tiemstra offenbar noch weitere Arbeiten übernommen: »Die Fenster und das bewußte Zimmer (und noch mehr!) bestellte T [Tiemstra: EvE]. Und den Auftrag habe ich also ausgeführt nach meinem besten Wissen und mit ernsthaften Absichten!«[1092] Ed Taverne und Dolf Broekhuizen vermuten hier die farbige Gestaltung eines Nebenraumes.[1093] Informationen über die ursprüngliche Farbgebung des Innenraumes existieren nicht.

Charakterisierung

Ouds Kirche erhielt sowohl höchstes Lob als auch massive Kritik. Hauptangriffspunkt war die reduzierte, nüchterne Formgebung, die vom herkömmlichen Charakter eines Sakralbaus abwich. In der Reaktion von Henri Polak, die 1932 im sozialistischen Blatt »Vooruit« erschien, wird die fehlende Absetzung der Kirche von einem Nutzbau kritisiert: »Eine längliche-rechteckige Pillenschachtel mit einer Reihe nüchternster Fenster oben in den Seitenwänden und an der Vorderfront und, als wäre es die Reklame eines Krämerladens, die Worte ›Hersteld Apostolische Gemeente‹, alles so sachlich wie möglich. Sentimentale alte Trottel wie ich machen sich von einem Kirchengebäude eine andere Vorstellung. Aber moderne Geister kennen keinen Unterschied mehr zwischen einem Gotteshaus und einem mißglückten Blumenzwiebelschuppen ...«[1094]. Auch Philip Johnson verwies auf die extrem reduzierte Lösung des Kirchenbaus – »J. J. P. Oud's church in Rotterdam, which was a box with a window in it« -, wertete diese jedoch mit Blick auf den »International Style« positiv.[1095] Dagegen kam Hitchcock, der den Kirchenentwurf bereits 1929 als Frontispitz hatte verwenden wollen, zu einem weitgehend differenzierten Urteil. So schien ihm die Schrift an der Hauptfassade schlecht gelöst (»awkward« und »constricted«) und der Eingang weniger logisch und anmutig als die Fensterzone, während er die Langseite mit Anbauten als eine der subtilsten Kompositionen der Modernen Architektur lobt. Auch Hitchcock sprach dem Bau jedoch jeden sakralen Charakter ab: »The church doubtless fails to symbolize religious aspiration as well as certain German churches of the last few years ...«[1096].

Die architektonische Qualität des Kirchenbaus liegt sicherlich zwischen den beiden Extremen eines Schuppens und »one of the most subtle and masterly three dimensional compositions in all modern architecture.«[1097] Der Charakter des Versammlungshauses entspricht dabei keineswegs dem eines einfachen Nutzbaus. Zunächst deuten der (im Vergleich zu den umgebenden Wohnbauten) hohe, weiß gestrichene Saalbau, die dunkel abgesetzte Schrift, die hoch liegenden Buntglasfenster und die Rundstützen auf ein repräsentatives Gebäude. In einer Besprechung der Siedlung wurde daher auch »ein gewisser ernster und zugleich freundlicher Charakter« der Kirche hervorgehoben, der sie von der angrenzenden Bebauung abhebt.[1098] Dasselbe gilt für den Innenraum, wo die Buntglasfenster, vor allem aber der hohe, helle Raum auf die besondere Bestimmung des Gebäudes verweisen.

Entscheidend für eine Bewertung des Gebäudes ist seine Funktion als Gebetsraum einer Kirchengemeinschaft, die Einfachheit und Schlichtheit zum Programm erhoben hat. Oud verstand seinen Bau entsprechend als Versammlungshaus (»Vereenigingsgebouw«) für die Gemeindemitglieder und weniger als sakralen Kultraum. Diese Vorstellung war auch für die protestantisch-reformierten Kirchen der Niederlande bestimmend; entsprechend hatte Berlage gefordert: »... daß eine protestantische Kirche ein idealer Versammlungssaal sein muß«[1099]. Offenbar vertrat auch Oud eine den Vorstellungen der niederländisch-reformierten Kirchen nahestehende Haltung. Im Rahmen einer Umfrage des »Kultdienstes Dresden« betonte er im September 1930, daß er eine Trennung irdischer und überirdischer Kräfte, das heißt Profanbau und Kultbau, ablehne. Das Mystische solle weder im voraus geplant, noch nachträglich – vermutlich spielt er hier auf die bewußt dunkel gehaltenen Innenräume einiger katholischer Kirchen an – erzielt werden: »Der Zusammenhang von Glauben und Dunkelheit sowie wohl traditionelle Kirchenarchitektur zu suggerieren scheint war mir nie deutlich. Ich empfinde eben das Licht als das Wunder der Welt.«[1100] Inwieweit die von Huszár farbig gefaßten Fenster diesen Eindruck tatsächlich vermitteln konnten, ist nicht überliefert. Die architektonische Lösung mit den großen, die gesamte Länge des Baus durchziehenden Fensterbändern kommt dieser Vorstellung jedoch entgegen.

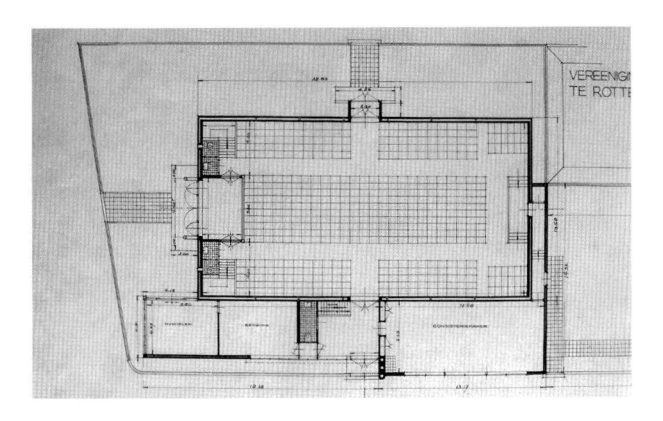

336. Kirchengebäude in Kiefhoek, Rotterdam, Grundriß EG

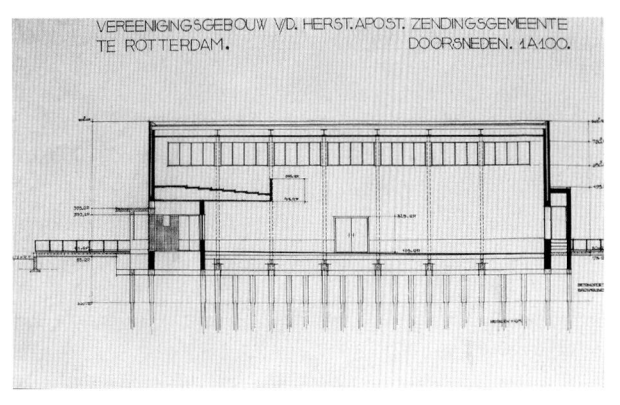

337. Kirchengebäude in Kiefhoek, Rotterdam, Schnitt mit Empore

Im zeitgenössischen Sakralbau finden sich nur wenige Vergleichsbeispiele zu Ouds Kirchenbau. Parallelen in Bezug auf die moderne, dem »Internationalen Stil« verpflichtete Formensprache zeigen Jan Višeks Kirche der Jan-Hus-Gemeinde in Brünn (1926–29), Rudolf Schwarz' St. Fronleichnam in Aachen (1929/30), Dominikus Böhms katholische Kirche auf Norderney (1930) und Fritz Landauers Israelisches Gemeindehaus mit Synagoge in Plauen (1928–30).[1101] Einen ähnlichen Raumeindruck mit hoch liegenden, farbigen Fenstern liefern der Beetsaal von Višeks Kirche sowie Josef Schütz' zweiter Entwurf für St. Karl in Luzern (1931).[1102] Von den genannten Beispielen bietet aufgrund der Entstehungszeit jedoch nur Višeks Bau ein mögliches Vorbild. Ausgangspunkt seines Entwurfs war die Suche der jungen tschechoslowakischen Kirche nach einem neuen, zeitgemäßen Verständnis des Sakralbaus, das sich auch in Ouds reduzierter, konsequent moderner Formgebung wiederfinden läßt. Neben Ouds Verbindung zur tschechischen Architekturszene durch seine Vorträge in Prag und Brünn (November 1924), die Teilnahme am Wettbewerb um das Hotel Stiassny* und den Entwurf für ein Dreifamilienhaus*, beide für Brünn, stand er mit Višek selbst seit November 1926 in schriftlichem Kontakt.[1103]

Ein Vergleich mit den übrigen genannten Kirchengebäuden demonstriert – trotz gemeinsamer Formensprache – jedoch vor allem die Unterschiede: Während dort die sakrale Nutzung sowohl im Außenbau (Turm, monumentale Eingangsnische etc.) als auch im Raumeindruck (Dunkelheit, Lichtführung) deutlich wird, gibt sich Ouds schlichter, heller Versammlungssaal nicht zwangsläufig als Sakralbau zu erkennen. Hierfür fehlen schließlich eindeutige Merkmale wie ein Turm oder ein Kreuz. Die von Oud gewählten hoch liegenden Fenster, die eine optimale Belichtung und gleichzeitig einen optischen wie akustischen Abschluß von der Außenwelt gewähren, tauchen sowohl im Sakralbau[1104] als auch im profanen Bereich auf, so bei Gemeindehäusern, Bibliotheken, Festsälen und Turnhallen. Interessant ist hier der 1924 entstandene und 1926 in den Niederlanden publizierte Entwurf für das Gymnasium in St. Wendel (Saarland) von Arnold Itten und (dem mit Oud befreundeten) Mart Stam.[1105] Der die Turnhalle (Untergeschoß) und die Aula (Obergeschoß) aufnehmende Baukörper zeigt einen schlichten weißen Kubus mit symmetrischer Eingangsfront, die (abgesehen von den Türen) vollkommen geschlossen bleibt; die Langseite erhält ein Fensterband unterhalb des Daches. Weitere vergleichbare Turnhallen scheiden aufgrund ihrer späteren Datierung als Vorbilder aus.[1106] Dasselbe gilt für das von Karl Wach und Heinrich Rosskotten errichtete Evangelische Gemeindehaus in Düsseldorf (1930/31), das nicht allein in dem weiß verputzen Kubus, sondern auch in der Beschriftung – schwarze Buchstaben auf weißer Wand – Parallelen zu Ouds Versammlungshaus zeigt.

Betrachtet man die Längsseite im Nordwesten[1107], erstaunt die Ähnlichkeit mit Ouds Fabrik-Entwurf* von 1919. Als Hauptansichtsseite wählte Oud in beiden Fällen den Blick von einem rechts der Eingangsfassade liegenden Standpunkt, von dem aus die Eingangsfront und eine Langseite sichtbar werden. Die Bauten geben sich dabei als Kompositionen unterschiedlich großer Kuben zu erkennen und zeigen einen die Hauptansicht bestimmenden Schornstein. Interessant ist ein Vergleich mit dem Volksbad Sudenburg in Magdeburg von Johannes Göderitz und Fritz Kellner (1929)[1108], der ebenfalls einen weiß verputzten Baukubus, einen dominierenden Schornstein und eine hoch liegende Fensterreihe aufweist. Deutlich wird hier, daß Ouds Versammlungshaus sowohl in einer Reihe mit fortschrittlichen Sakralbauten der Zeit, aber auch Beispielen des Profanbaus steht: Eine hierarchische Unterscheidung zwischen sakraler und profaner Architektur findet bei Oud nicht (mehr) statt.

Geschichte

1931 publizierte die Zeitschrift »Klei«, Fürsprecherin der Backstein-Industrie, Fotografien von Putz-Schäden an Ouds Bauten, darunter auch am Versammlungshaus in Kiefhoek.[1109] Noch vor 1936 wurden die Schäden in einer ersten Restaurierung ausgebessert. Im Frühjahr 1948 erhielt der Außenbau ungeachtet Ouds Protest eine von dem ursprünglichen Zustand abweichende Farbgebung.[1110] Oud versuchte in den folgenden Monaten über Einschaltung der Abteilung Welstand der *Bouwpolitie* und des Gemeinderats die Wiederherstellung der ursprünglichen Farbigkeit zu erreichen. Da die Kirchenverwaltung Ouds Hinweis auf die Erhaltungspflicht des Erscheinungsbildes ignorierte und keine Neufassung vornahm, ging Oud vor Gericht.[1111] Nach einem Gespräch zwischen Oud und den beauftragten Architekten H. B. O. van Asperen, Ir. W. C. Van Asperen und H. W. M. Hupkes vom 27. August 1951 sollte schließlich die Farbigkeit am Außenbau erneuert werden. Durch das Protokoll ist Ouds detaillierte Farbbestimmung der einzelnen Bauglieder überliefert.[1112] In den drei Jahre später folgenden Gesprächen zwischen Oud und dem genannten Architekturbüro wurden auch Umbaupläne wie der Einbau neuer Fenster und Maßnahmen bezüglich der maroden Gartenmauer besprochen. Die Entwürfe scheinen Oud jeweils zur Beurteilung vorgelegen zu haben.[1113] Die Veränderungen der nächsten Jahre erfolgten damit zumindest teilweise mit Ouds Einverständnis. Hierzu zählen möglicherweise auch die Umbauten im Innenraum, bei denen der Kirchensaal einen Linoleumboden und ein flaches Podium an der Stirnseite erhielt. Nach Ouds Tod stießen weitere Umbauten des Gebäudes nicht mehr auf Widerspruch. Allein Karel Wiekart bekannte sich anläßlich der Oud-Ausstellung in Den Haag (1964) zur architektonischen Qualität des Kirchenbaus: »... ich denke, daß im gesamten protestantischen Kirchenbau niemals etwas besseres geleistet wurde.«[1114]

In den 1970er Jahren wurden die beiden Treppenläufe verändert und unterhalb der Empore eine Mauer eingezogen. Ein Foto von 1982 zeigt den Außenbau in ruinösem Zustand kurz vor der Restaurierung. Die von Huszár gefertigten Fenster waren zu diesem Zeitpunkt bereits entfernt worden.[1115] Hans Oud nennt als Resultat der Umbauten von 1982 ein kreuzförmiges Fenster an der Rückwand des Saals und einen zusätzlichen Seiteneingang für Rollstuhlfahrer.[1116] Laut Register der schützenswerten Denkmale wurde der Innenraum 1983 im ganzen verändert.[1117] Um das Jahr 1990 kam die Kirche in den Besitz der Heilsarmee, die eine grundlegende Restaurierung durch das Rotterdamer Architekturbüro Van Duivenbode & De Jong in Auftrag gab. Am gesamten Gebäude wurden neue Stahlfenster eingesetzt und

338. Ehem. Kirchengebäude in Kiefhoek, Rotterdam, Innenraum, Fotografie 1998

die Wärmeisolierung erneuert. Die Farbgebung orientierte sich an den Befunduntersuchungen, die im Rahmen der Rekonstruktion der Siedlung durchgeführt worden waren. Da die weißen Wandflächen einen idealen Untergrund für Graffities abgaben, erhielten die Außenmauern im unteren Bereich eine (optisch leider störende) Beschichtung. Die Gartenmauern wurden unter Verwendung einer vereinfachten Fugentechnik rekonstruiert. Der Kirchensaal bekam neue Fenster in gedämpften Farben, die sich in der Komposition an Arbeiten Van Doesburgs und damit an die frühe De Stijl-Zeit anlehnen (Abb. 338).[1118] Der Boden im Windfang wurde nach Van Doesburgs Fliesenboden im Ferienhaus De Vonk* gearbeitet, die gestuften Treppenwangen nach Ouds Treppe in diesem Bau. Für eine bessere Akustik erhielt der Kirchensaal eine Verkleidung aus absorbierendem Material.[1119]

Erhaltungszustand
Das Gebäude steht als »Rijksmonument« unter Denkmalschutz. Die Restaurierung hat den Baubestand weitgehend gesichert, gleichzeitig wurden, wie im Fall der Gartenmauern, einzelne Bauteile rekonstruiert. Allerdings entsprechen die hell gefaßten Fensterrahmen nicht der originalen grauen Fassung, auch wurde für den neuen Schriftzug »LEGER DES HEILS« (Heilsarmee) eine abweichende Schriftform gewählt. Frühere Veränderungen, wie die eingezogene Wand unterhalb der Empore und das eingebaute Podest (Abb. 338), blieben nicht zuletzt aufgrund fehlender Informationen über den ursprünglichen Zustand bestehen. Im Fall der Fenster, der Treppenwangen und des Fußbodens im Windfang wurden jedoch Elemente aufgenommen, die dem ursprünglichen Bestand nicht entsprechen: Während die Treppenwangen in Ouds Entwurf schräg verliefen, sind sie nun in Anlehnung an das 1917 – und damit mehr als zehn Jahre zuvor – entworfene Treppenhaus von Haus De Vonk* gestuft ausgeführt. Auch die Fußboden- und Fenstergestaltung orientiert sich nicht an Ouds Formensprache aus der Entstehungszeit der Kirche. Am Außenbau ist der Nebeneingang an der Südostseite zu nennen, der im Original in einem größeren Abstand vor die Fassade gesetzt war als in der heutigen Rekonstruktion.

Auswahl früher Publikationen Niederlande: Otten 1930, S. 370; Klei 1931, S. 133; Berlage 1932–35, S. 36, 51; Van Loghem 1932, S. 109; Oud 1932b, S. 226.
Literaturauswahl Vgl. Siedlung Kiefhoek*. Van der Hoeven 1990, S. 80–83; Reinhartz-Tergau 1990, S. 50; Duursma/Van der Hoeven/Vanstiphout 1991b; Blotkamp/Hilhorst 1996, S. 343. Vgl. Taverne 2001, Kat. Nr. 46.

Vorentwurf (Abb. 339, 340)
Der bisher unpublizierte Vorentwurf, von dem Grund- und Aufrisse im Oud-Archiv bewahrt werden, zeigt im Vergleich zum ausgeführten Gebäude ein größeres Bauprogramm und eine aufwendigere Gestaltung. Der entscheidende Unterschied besteht in einem großen, nicht näher bestimmten Baukörper, der zwischen den Anbauten und dem Haus des Küsters eingeschoben ist. Damit sind Kirche und Küsterhaus, die später in Form von zwei isolierten Bauten ausgeführt wurden, Teil eines zusammenhängenden Gebäudekomplexes. Der eingefügte Baukörper ist genauso hoch, aber doppelt so lang wie das Konsistorialzimmer. Abweichend vom ausgeführten Entwurf weist das Konsistorialzimmer eine Fensterfront (acht Einzelfenster) aus Standardelementen auf, die sich beim eingefügten Baukörper fortsetzt. Dieser nimmt einen großen Raum auf, der von 2 x 3 Rundstützen unterteilt wird. Ähnlich dem Erdgeschoß des Hotels Stiassny* entsteht durch die beiden nah beieinander stehenden Stützenreihen ein schmales »Mittelschiff«, das – entsprechend der »Verkehrsachse« des Hotels – in der Achse zum Eingang des Küsterhauses liegt. Die Größe des Raumes, die sechs Rundstützen und die vier Doppelglastüren (Zugang zum Garten) lassen an eine repräsentative Nutzung denken. Der Zugang erfolgt über einen schmalen Flur im Anschluß an das Küsterhaus sowie über den Verbindungsgang an der Rückseite der Kirche. Im Gegensatz zum ausgeführten Bau nimmt der Gang kaum mehr als Türhöhe ein und wird zudem durch ein schmales Fensterband belichtet. Parallel zum Weg verläuft eine Wand mit einer großen rechteckigen Öffnung. Deutlich wird hier der Einfluß Le Corbusiers, der entsprechende Wandöffnungen in den Brüstungen seiner Dachterrassen seit Anfang der 1920er Jahre verwendete.[1120]

Auch Einteilung und Lage der Nebenräume zeigen Abweichungen zum ausgeführten Entwurf. So wird hier ein weiterer Vorraum einschließlich der Toiletten vom Flur abgegrenzt. Das deutlich kleinere Konsistorialzimmer ist mit einem großen T-förmigen Tisch und 17 Stühlen ausgestattet. Auch die Kirche selbst weist ohne Rednerpodest und Oberlichter über dem Eingang sowie mit einem größeren Windfang einige Veränderungen auf. Daß Oud erst nach mehreren Vorstufen zur endgültigen Formgebung fand, zeigt eine weitere Fassung mit einem Windfang auf quadratischem Grundriß, Treppen, die aus den Ecken des Saals herausgerückt sind, und einer abweichenden Gestaltung des Podestes. Auch Verbindungsgang und Nebeneingang liegen in verschiedenen Varianten vor.

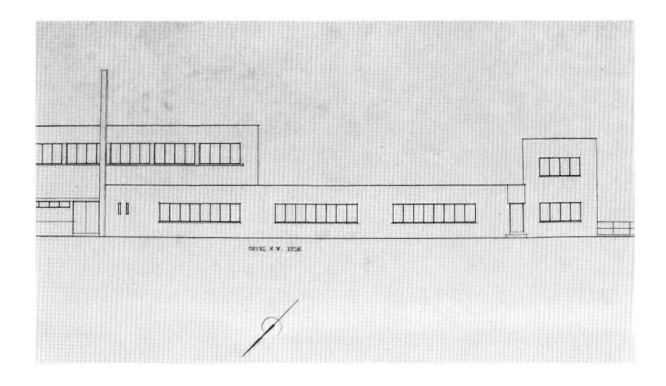

339. Kirchengebäude in Kiefhoek, Rotterdam, Vorentwurf, Aufriß

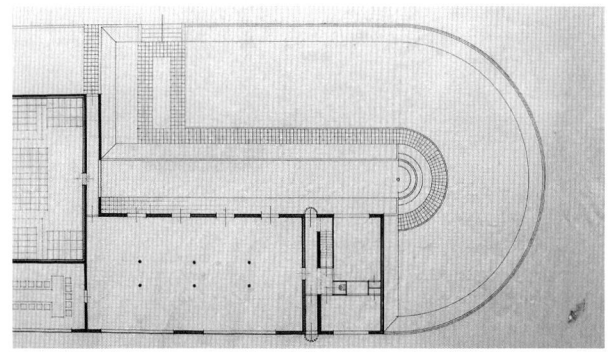

340. Kirchengebäude in Kiefhoek, Rotterdam, Vorentwurf mit Lageplan und Grundriß

34 Küsterhaus der Hersteld Apostolische Zendingsgemeente, Rotterdam

Gegenstand Freistehendes Einfamilienhaus für den Küster der Hersteld Apostolische Zendingsgemeente*, Rotterdam.
Ort Eemstein, Rotterdam. Das Haus mit Küsterwohnung sowie das Versammlungshaus sind Teil der von Oud zwischen 1928 und 1930 ausgeführten Siedlung Kiefhoek* (Abb. 259, 260).
Entwurf Das Haus des Küsters wurde zusammen mit dem Versammlungshaus der Hersteld Apostolische Zendingsgemeente entworfen und vermutlich gleichzeitig ausgeführt. Die Pläne lagen spätestens 1928 vor, die Bauausführung war an Weihnachten 1929 abgeschlossen.[1121]
Auftrag Die Küsterwohnung und das Versammlungshaus der Hersteld Apostolische Zendingsgemeente wurden gemeinsam in Auftrag gegeben. Die Kirchengemeinde hatte sich verpflichtet, den Entwurf der Gebäude dem Architekten von *Bouwpolitie en Woningdienst* zu überlassen.[1122] Ein Vorentwurf im Oud-Archiv zeigt die Küsterwohnung als Teil eines Gebäudes mit Kirche, Nebenräumen, repräsentativem Saal und Wohnung des Küsters. Ob die Idee eines isolierten, freistehenden Hauses auf den Auftraggeber oder auf Oud zurückgeht, ist nicht bekannt.
Planmaterial Vgl. Versammlungshaus der Hersteld Apostolische Zendingsgemeente*.
Bauprogramm Erdgeschoß: zwei durch eine Doppeltür verbundene Wohnräume, Küche und Toilettenraum. Obergeschoß: zwei Schlafräume, ein kleineres Zimmer (eventuell als Büro zu nutzen), Abstellraum und Toilettenraum.

Städtebauliche Lage (Abb. 259, 260)
Das Haus des Küsters ist Teil des für die Hersteld Apostolische Zendingsgemeente* errichteten Gebäudekomplexes in Kiefhoek. Die Konzeption des Baus muß daher im Zusammenhang mit der Kirche und der Gestaltung des Eemstein, dem zentralen Platz der Siedlung, gesehen werden. Das zweigeschossige Haus liegt innerhalb einer Grünzone, die sich aus dem Garten des Küsterhauses, einer öffentlichen Grünanlage und dem Grundstück der Kirche zusammensetzt (Abb. 342). Die sich vom Hillevliet bis in die Mitte der Siedlung erstreckende Grünzone schließt in einem Halbkreis. Das Grundstück des Küsterhauses im westlichen Abschnitt wird von einer Mauer eingefaßt, die in Längsrichtung durch die Grünanlage verläuft. Der Mittelpunkt des Halbkreises, gleichzeitig Schnittpunkt der beiden Zufahrtsstraßen Groote Lindtstraat und Eerste Kiefhoekstraat, wird durch eine Fahnenstange und eine konzentrisch um die Stange herumgeführte halbrunde Gartenmauer mit Sitzbank akzentuiert (Abb. 39). Das Küsterhaus tritt im Gegensatz zum Kirchenbau, der die Häuserflucht der Tweede Kiefhoekstraat fortsetzt, aus der Flucht der in den Platz einmündenden Straßen hervor (Abb. 261). Als freistehendes, aus dem Straßenraster herausgelöstes Gebäude sowie durch seine individuelle Formgebung und Farbfassung setzt es sich von den übrigen Siedlungshäusern ab. Dem entspricht auch die – im Gegensatz zu den schmalen Gärten der Reihenhäuser – villenartige Einbettung in den großen Garten.[1123]

Außenbau (Abb. 39, 342)
Das zweigeschossige Haus zeigt einen schlichten, weiß gefaßten Quader, der wie das Versammlungshaus mit seiner Schmalseite (Südwesten) zum Platz weist (Abb. 39). Die Wohn- und Schlafräume orientieren sich nach Südosten und damit nicht zum Platz, obwohl dies zu einer günstigeren Besonnung der Wohnräume (Südwesten) geführt hätte. Während sich die Längsseite somit in zwei großen Fensterfronten pro Geschoß öffnet (Abb. 342), bleibt die Platzfront geschlossen. Die Fenster, die höher ausgebildet sind als in Ouds Plänen, erhielten abweichend von den Fensterbändern der Siedlungshäuser schmale, hell gefaßte Stahlrahmen. Die Straßenseite weist im Erdgeschoß die rote Eingangstür und vier kleine Fenster (Küche, Toilette und Flur) auf, bleibt jedoch im Obergeschoß und damit in dem oberhalb der Gartenmauer sichtbaren Bereich geschlossen.[1124] Ähnlich verhält es sich an der zur Kirche liegenden Schmalseite mit nur einem kleinen Bürofenster. Im Erdgeschoß bieten zwei gelb gefaßte Türen Zugang von der Küche und einem der Wohnräume nach draußen. Die extrem schmalen, aber dennoch durchfensterten Türflügel wurden im Sinne eines Standardelements als Einzeltür (Küche) und als Doppeltür (Wohnraum) eingesetzt.[1125] Aufgrund der hohen Gartenmauer entsteht der Eindruck eines (mit Ausnahme des Bürofensters) an drei Seiten geschlossenen Kubus, der so im starken Kontrast zu der durchfensterten Gartenfront steht.

Innerhalb des Gartens verläuft ein gepflasterter Weg, der sich vor der Küche zu einer kleinen Terrasse weitet und von dort wei-

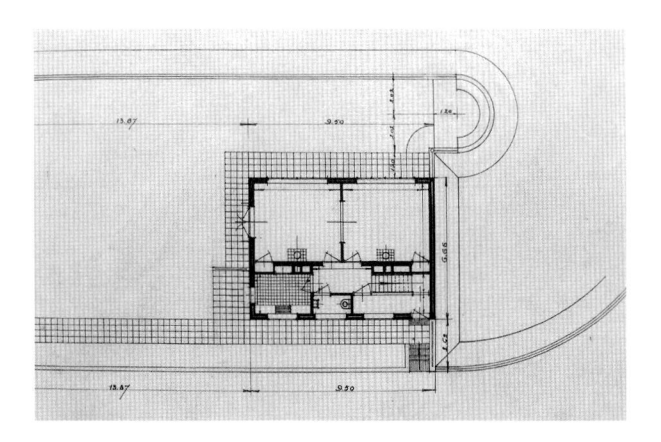

341. Küsterhaus in Kiefhoek, Rotterdam, Grundriß EG

342. Küsterhaus in Kiefhoek, Rotterdam, Platzfront, Fotografie 2001

ter zum Verbindungsgang an der Rückfront der Kirche führt (vgl. Abb. 341). Die Gartenmauer, eine Fortsetzung des Backsteinsockels vom Konsistorialraum, stellt eine direkte Verbindung zwischen Küsterhaus und Kirche her. In Höhe der Eingangstür zum Küsterhaus bricht die Mauer rechtwinklig ab und nimmt eine zweite, ebenfalls rote Gartentür auf (Abb. 39). Wie von Ouds Innenräumen bekannt, stoßen damit zwei Türen im rechten Winkel aufeinander.[1126] Zum Platz setzt sich die Mauer als Brüstung mit einem blauen Geländer bzw. als niedriger Backsteinsockel fort, der im Bereich des Halbrundes einen verputzten Maueraufsatz erhält.

Mit der geschlossenen Seitenfront zum Platz greift das Küsterhaus ein Gestaltungselement der Siedlungsbauten wie auch des Versammlungshauses auf, die mit ihren weißen Außenwänden das Erscheinungsbild des Eemstein bestimmen. Auch der gelbe Backsteinsockel, die roten Türen und das blaue Geländer sind dem Vokabular der Reihenhäuser entnommen. Die gelben Fenstertüren können dabei als ein Pendant zu den gelben Fensterrahmen verstanden werden. Abweichend von den mit Wohn- und Schlafräumen zur Straße orientierten Reihenhäusern öffnet sich das Haus des Küsters zur Gartenseite. Die konsequente Abwendung vom Platz und die großen Fensteröffnungen zum privaten Garten unterstreichen den villenartigen Charakter des frei stehenden Hauses, der von den schmalen hell gefaßten Fensterrahmen unterstützt wird.

Innenraum

Der Eingang führt in einen Flur mit hohem Wandschrank, der die Erdgeschoßräume (Abb. 341) und über eine Holztreppe mit Oberlicht das Obergeschoß erschließt. Das einfach verzierte Geländer ist entsprechend den Wendeltreppen der Reihenhäuser gelb gestrichen und steht damit in einem merkwürdigen Gegensatz zu der ansonsten eleganteren Gestaltung des Küsterhauses. Die beiden mit Kamin ausgestatteten Wohnräume sind (mit Ausnahme der Terrassentür) identisch und können durch eine breite Doppeltür verbunden werden. Wie für Oud charakteristisch wurden alle vier Raumwände symmetrisch angelegt. Die beiden Schlafzimmer im Obergeschoß entsprechen den Wohnräumen in Größe und Anlage. Die kleine fensterlose Kammer neben der Treppe wird wiederum durch ein Oberlicht belichtet.[1127]

Erhaltungszustand (39, 342)

Die Stahlfenster sind generell erhalten; die Fenster an der Straßenseite erhielten ein Gitter, die Wohnzimmerfenster Sonnenmarkisen. An Stelle des einfachen Oberlichtes am Treppenhaus wurde Anfang der 1990er Jahre durch das Architekturbüro Van Duivenbode & De Jong eine flache Glaskuppel aufgesetzt und das Gebäude neu gedeckt.[1128] Im Innenraum sind die ursprüngliche Aufteilung und die Treppe samt Geländer erhalten. Die Schlafräume wurden mit Waschnischen ausgestattet.

Frühe Publikationen Vgl. Versammlungshaus der Hersteld Apostolische Zendingsgemeente*. Oud 1930b, S. 367; Oud 1931c, S. 6f.
Literatur Van der Hoeven 1990, S. 83.

Vorentwurf

Der im Oud-Archiv aufbewahrte, bislang unpublizierte Vorentwurf der Küsterwohnung mit Erdgeschoßgrundriß (Abb. 340), Vorder- (Abb. 339) und Rückansicht entstand im Zusammenhang mit einem nicht ausgeführten großen Saal im Anschluß an das Konsistorialzimmer. Die zweigeschossige Küsterwohnung liegt in der Verlängerung dieses Raumes, wobei sie im Vergleich zum ausgeführten Gebäude um 90° gedreht ist. Ein zwischen Saal und Küsterwohnung eingeschobener Flur mit Zugängen zur Straße und zum Garten erscheint als Teil der Saalfassade. Vorder- und Rückseite der Küsterwohnung zeigen zwei übereinanderliegende Fenstergruppen aus Standardfenstern entsprechend der ausgeführten Gartenfront des Küsterhauses. Die Fensterelemente sind identisch mit denen des Saales, nur daß dort jeweils doppelt so viele Fenster (acht statt vier) zu einer Gruppe zusammengefaßt werden. Stärker als beim ausgeführten Bau ist der Entwurf hier von der Verwendung der Standardformate bestimmt.

Der Eingang führt über einen schmalen Gang zu einem quadratischen Flur, der Zugang zu dem angrenzenden repräsentativen Saal und den beiden Zimmern des Küsters im Erdgeschoß bietet. Eine Treppe erschließt einen oberhalb des Flures liegenden Balkon oder eine Dachterrasse über dem repräsentativen Saal. Über den Eingängen finden sich entsprechend einigen Reihenhäusern am Eemstein kleine, halbrunde Balkone.

Weitere bisher unpublizierte Vorentwürfe im Oud-Archiv zeigen ein zweigeschossiges Gebäude auf T- bzw. L-förmigem Grundriß. Vier identische Räume sind hier Rücken an Rücken in zwei Geschossen angeordnet. Die vielfältigen Lösungen hinsichtlich Anordnung und Gestaltung der Fenstergruppen weisen auf einen längeren Entwurfsprozeß, der wiederum für einen Beginn der Entwurfsarbeit vor 1928 spricht.

35   Dritter Umbau der Villa Allegonda, Katwijk aan Zee

Gegenstand Dritter Umbau der Villa Allegonda*.
Ort Noord-Boulevard 1, Katwijk aan Zee (Provinz Zuid-Holland).[1129]
Entwurf Der im Gemeindearchiv Katwijk verwahrte Ausführungsentwurf (zweigeschossige Variante, Abb. 343) ist auf Februar 1931 datiert. Die undatierte dreigeschossige Variante im NAi (Abb. 344) entstand offenbar parallel dazu. So wurde Oud im Februar 1931 auf die geplante Aufstockung (drittes Geschoß) der Villa angesprochen.[1130]
Ausführung Der Bauunternehmer war (wie bereits beim ersten und zweiten Umbau) Gerrit de Best.[1131] Die Baugenehmigung wurde am 23. März 1931 erteilt.[1132]
Auftrag Der Auftrag bestand in einer Vergrößerung des bestehenden Gebäudes, die ein Billardzimmer, einen weiteren Wohnraum mit Balkon und ein großes Badezimmer einschloß. Oud lieferte zwei Varianten: Während die zur Ausführung bestimmte Lösung eine Verschiebung der Eingangsfront um ca. 6 m nach Süden vorsah (Abb. 343), sollte dem Bau in einem zweiten Entwurf ein weiteres Geschoß (Abb. 344) aufgesetzt werden. Offenbar hatte man zunächst die Variante mit drittem Geschoß bevorzugt. Entsprechend schrieb der mit Oud befreundete niederländische Kunstkritiker Jos de Gruyter nach einem Besuch der Villa: »Man ließ uns alles sehen, das ganze Haus, und sagte, daß Du nun wieder ein Geschoß aufsetzen willst … was mir keine einfache Aufgabe zu sein scheint!«[1133] Wie aus der Korrespondenz hervorgeht, wurde die Eingangsfassade schließlich – entgegen Ouds Rat – um 6 m verschoben.[1134]
Pläne/Fotomaterial GAK: Ausführungsentwurf mit Aufrissen von Süd-, West- und Ostfassade, Grundrisse von Erd- und Obergeschoß. NAi: dreigeschossige Variante mit Aufrissen aller vier Fassaden (Abb. 344), Grundrisse von Keller, Erdgeschoß, erstem und zweitem Obergeschoß, Schnitt; Skizze mit Grundriß des zweiten Obergeschosses. Fassaden des ausgeführten Entwurfs (Abb. 343); historische Fotografie der Sitzbank (Erdgeschoßflur). CCA: Teilaufriß von Ost- und Westfassade; Entwurf der Sitzbank. GRI: Zeichnung und Fotografie der Sitzbank. Hotel Savoy: Fotografien (Nachkriegszeit, Abb. 347).

Bauprogramm Billardzimmer, Bügelzimmer, Entree, vergrößerte Halle, Wohnraum mit Balkon, Badezimmer.

Ausgeführte Variante (Abb. 343)
Die Grundidee des Entwurfs bestand darin, das Gebäude durch Vorziehen der Eingangsfront zu vergrößern, die Fassade jedoch zu erhalten.[1135] Eine Ausnahme bildet das ehemalige Toilettenfenster, jetzt Fenster des Billardzimmers, das zwar im Grundriß angegeben ist, im Aufriß jedoch nicht auftaucht. Das unterhalb des (vormaligen) Fensters abgesetzte Feld meint offenbar das Namensschild »ALLEGONDA«, das Harm Kamerlingh Onnes für den ersten Umbau (1917) gefertigt hatte.

Im Erdgeschoß konnte durch die Erweiterung ein Billardzimmer mit Panoramafenster zum Meer und ein Entree geschaffen werden. Der ehemalige Vorraum bietet Platz für ein Bügelzimmer mit zwei Fensterbändern zum Flur und zum Außenraum. Zur Vergrößerung des Flurs, der infolge des Umbaus drei Mal seine Richtung wechselte, wurde die Toilette an die äußere Gebäudeseite (Osten) verlegt. Um den Richtungswechsel optisch zu kaschieren, erhielt der Flur zum Bügelzimmer eine gerundete Rückwand. Unterhalb des in die Rundung eingesetzten Fensterbandes befand sich eine ebenfalls gerundete Sitzbank mit Kopfstütze, die nach Ouds Entwurf mit Stahlrohr und einem hellen Polster ausgeführt wurde.[1136] Im Obergeschoß wird die neu gewonnene Fläche von einem großen Wohnraum mit breiter Fensterfront und einem Badezimmer (Badewanne, Toilette, Waschbecken) eingenommen. In der Mitte des Wohnzimmerfensters ist eine Türe eingelassen, die auf einen kleinen Balkon führt (Abb. 343).

Die verlängerte Ostfront bleibt im Erdgeschoß geschlossen, erhält zur Belichtung von Toilette und Bügelraum jedoch zwei schmale hoch liegende Fensterbänder. Im Obergeschoß wurden für das bestehende Schlafzimmer und das neue große Bad zweiflügelige Fenster eingefügt, die sich erstaunlicherweise der Fensterform der Südfassade und des Turmes aus dem ersten Umbau (1917) anpassen.[1137] Kennzeichnend für den Umbau von 1931 ist generell eine Beschränkung auf wenige Fensterformate, wobei die Formate der früheren Umbauten, meist jedoch des Um-

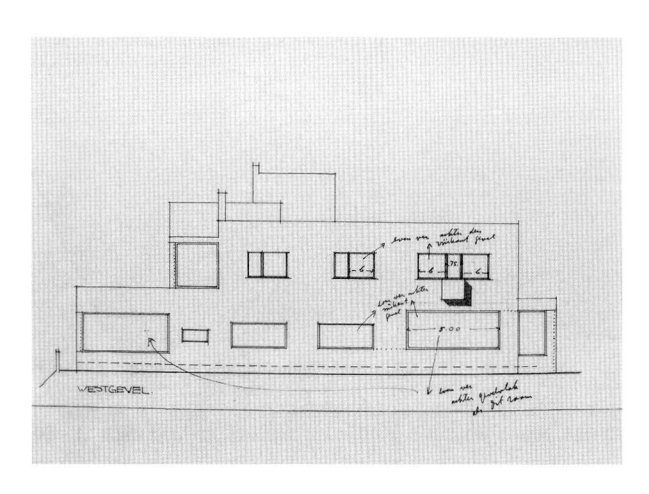

343. Dritter Umbau der Villa Allegonda, Katwijk aan Zee, Aufriß der ausgeführten Variante mit vorgezogener Fassade

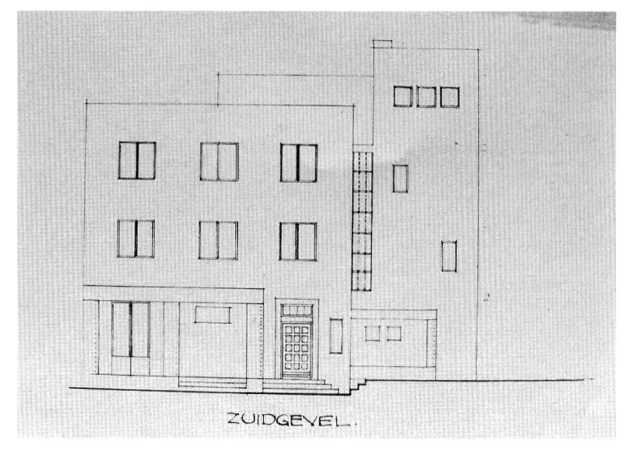

344. Dritter Umbau der Villa Allegonda, Katwijk aan Zee, Aufriß der Variante mit drittem Geschoß

baus von 1927, übernommen wurden. Ausgehend vom Schlafzimmerfenster an der Nordseite und den Fenstern der Westfront (Abb. 322), die jeweils eine Kombination aus einem annähernd quadratischen und ein oder zwei halb so breiten Fensterflügeln zeigen, erhielt das Fenster des neuen Wohnraumes an der Westfassade zwei breite quadratische Seitenteile und einen schmalen Mittelteil (Fenstertüre) (Abb. 343). Die für Oud typische Verwendung normierter Fensterformate zielte nicht zuletzt auf eine vereinheitlichende Gestaltung des mehrfach umgebauten Hauses. Entsprechend orientiert sich auch die Fensterfront des Billardzimmers an der Verglasung des Wintergartens.[1138]

Unausgeführte Variante (Abb. 344)
Der unausgeführte Entwurf zeigt den um ein Geschoß aufgestockten Bau, wobei das oberste Geschoß an allen vier Fassaden die Gliederung des ersten Obergeschosses übernimmt. Im Fall des bereits dreigeschossigen Turmes werden die drei kleinen Fenster (Dienstbotenraum) ins oberste Geschoß versetzt, während das zweite Obergeschoß die Gestaltung der beiden unteren Geschosse aufgreift. Da die Fenster den veränderten Proportionen des Turmes angepaßt sind, fallen sie nun etwas größer aus als zuvor. Insgesamt sollten durch das aufgestockte Geschoß vier neue Räume entstehen. Während die Nord- und Westseite bereits seit dem Umbau von 1927 den Eindruck eines modernen, einheitlich konzipierten Baus vermittelten, stehen sich an Süd- und Ostseite moderne Elemente (große Fenster) und massive, an mittelalterliche Architektur erinnernde Bauteile (Turm und wuchtige Verandastützen) kontrastierend gegenüber. Dem Aufriß nach zu schließen, sollte an der Eingangsfront (im Gegensatz zum zweigeschossigen Entwurf) das Namensschild entfernt werden (Abb. 344). Auch das Bleiglasfenster von Theo van Doesburg ist in diesem Entwurf durch ein neues, höheres Fenster ersetzt.

Vorbilder
Entsprechend anderen Bauten dieser Jahre wird auch hier das Vorbild Le Corbusiers deutlich: Die für den dritten Umbau charakteristische Kombination aus einem schmalen und einem breiten Fensterformat findet sich bereits in dem 1922 präsentierten Modell der Maison Citrohan und der Villa in Vaucresson (1922).[1139] Die Villa in Vaucresson zeigt zudem einen gegenüber dem Hauptbau zurückgesetzten Baukörper (Treppenhaus) mit einem schmalen, hohen Fenster an der Verbindungsstelle der beiden Bauteile. Das Fenster besteht – wie das an Stelle des Bleiglasfensters tretende Treppenhausfenster im dreigeschossigen Entwurf – aus hochrechteckigen Scheiben, wird dort jedoch durch einen schmalen Mauerstreifen in zwei übereinanderliegende Bereiche untergliedert. Auch der kleine Balkon am Wohnzimmer der Villa Allegonda (Abb. 343) ist ein für Le Corbusier typisches Element.

Ausstattung
Das Interieur von 1927 wurde zum Teil verändert. Oud beklagte 1934, daß er aufgrund seiner Krankheit nicht selbst letzte Hand an den Umbau legen konnte.[1140] Dennoch wurde nach seinem Entwurf zumindest die gerundete Sitzbank im Flur ausgeführt.[1141] Wie eine Fotografie aus den 1930er Jahren zeigt (Abb. 345), befand sich im Wintergarten ein Teppich nach Entwurf von Ouds ehemaligem *De Stijl*-Kollegen Bart van der Leck, den dieser für die Firma Metz & Co geschaffen hatte (vgl. Abb. 346). Für die Böden verwendete Oud Linoleum, im Fall des Billardzimmers Korklinoleum.[1142]

Geschichte
Ein auf Januar 1935 datierter Plan im Gemeindearchiv Katwijk zeigt den 1936 ausgeführten Anbau einer Garage und eines Kellers an der Ostseite der Villa.[1143] 1938 kaufte Trousselot die gegenüberliegenden Bauten des Architekten Jesse (ehemals im Besitz von Menso Kamerlingh Onnes) und ließ sie – für eine bessere Aussicht – abreißen.[1144] Beim Bau des Atlantikwalls (1943) wurde der Strandboulevard von Katwijk in einer Länge von 300 m abgebrochen. Dem Abriß fielen insgesamt 600 Häuser zum Opfer. Die Villa Allegonda, in die deutsche Offiziere untergebracht waren, blieb neben wenigen anderen Bauten erhalten (Abb. 347).[1145]

Als Trousselot 1956 starb, ging die Villa in den Besitz der Jesuiten über. Die Möbel gelangten in verschiedene Häuser des Ordens, die Stahlrohrmöbel sind seit dieser Zeit verschwunden.[1146] Noch 1950 hatte J. P. Mieras die herausragende Qualität der Villa gelobt.[1147] Sieben Jahre später wurde das Gebäude an B. L. Schalks verkauft, der sogleich den Umbau in ein Hotel-Restaurant in Angriff nahm. Die Gemeinde sprach sich für die Ausführung der Pläne aus: »Das derzeit weniger schöne Gebäude wird durch diese Veränderungen meines Erachtens eine große

345. Dritter Umbau der Villa Allegonda, Katwijk aan Zee, Wintergarten mit Teppich von Bart van der Leck, hist. Ansicht der 1930er Jahre

346. Bart van der Leck, Teppich und Wandteppich für Metz & Co, 1930

Verbesserung erfahren ...«[1148]. Erst als der *adviseur van het gemeentebestuur* (Berater der Gemeindeverwaltung) S. J. van Embden den Entwurf des Rotterdamer Architekten A. F. Albers als »Rückschritt« gegenüber dem bestehenden Bau bezeichnete und auf die rechtlichen Schwierigkeiten verwies, änderte dieser seine Pläne und setzte sich mit Oud in Kontakt.[1149] Dennoch wurde der im Mai begonnene Umbau – trotz vorheriger Zusage von Albers – nicht mit Oud abgesprochen. Dieser setzte sich mit der Gemeindeverwaltung in Verbindung und verwies auf die noch immer bestehende internationale Wertschätzung des Gebäudes. Ouds Versuche blieben erfolglos. Um Schlimmeres zu verhindern, bot er schließlich seine unentgeltliche Mitarbeit an.[1150] Doch auch dieses Engagement blieb, ebenso wie der Einsatz von Van Embden und H. L. C. Jaffé, zu diesem Zeitpunkt stellvertretender Direktor der städtischen Museen Amsterdam, ohne Erfolg.[1151] Die Umbauten der folgenden Jahre umfaßten den Aufsatz eines weiteren Geschosses, die Schließung der Veranda, die Versetzung des Eingangs und Veränderungen der Fenster.[1152] Von den 1970er Jahren bis 1991 führte das Leidener Architekturbüro Guur Westgeest weitere Umbauten durch. In den 1990er Jahren entstand der Wintergarten an der Westseite (Abb. 348).

Erhaltungszustand (Abb. 348)
Von der nach Ouds Plänen entstandenen Villa ist aufgrund der wiederholten Umbauten seit den 1950er Jahren kaum noch etwas zu erkennen. Vor allem das aufgestockte Geschoß hat das Erscheinungsbild von 1931 zerstört. Da der Turm annähernd die Höhe der übrigen Bauteile einnimmt, tritt er als solcher nicht mehr in Erscheinung. Neben der in Gestalt von 1917 bewahrten Veranda an der Südseite ist allein die Fensteranordnung des ersten Obergeschosses weitgehend erhalten (vgl. Abb. 129). Im vollkommen umgebauten Inneren findet sich noch die Marmortreppe mit Metallgeländer. Die bis vor wenigen Jahren an der Westfassade stehende Bank (Abb. 132), die eventuell noch von Kamerlingh Onnes stammte, wurde inzwischen beseitigt.

Frühe Publikationen (ausgeführter Entwurf) De 8 en Opbouw, 3. Jg., 5.8.1932, Nr. 16, S. 162; 3. Jg., 25.11.1932, Nr. 24 (Wohnraum); Mieras 1950, S. 699; Hans Oud 1984, S. 107 (Grundriß EG); Berlage 1932–25, S. 31 (Bank im Flur); Reinhartz-Tergau 1990, Abb. 50, 51, S. 77 (Innenraum Wintergarten); Reinhartz-Tergau 1990, Abb. 54, S. 79 (Wandaufrisse Innenraum mit Eintragungen von Oud).
Bisher unpubliziert Obergeschoß-Grundriß des ausgeführten Entwurfs; Ansichten der Südseite.
Literatur Oud 1957a; Reinhartz-Tergau 1990, S. 76–79.

347. Katwijk aan Zee, Abbruch des Atlantikwalls mit Villa Allegonda, Fotografie Nachkriegszeit

348. Villa Allegonda, Katwijk aan Zee, Fotografie 1998

PROJEKTE UND AUSGEFÜHRTE BAUTEN 1916 BIS 1931   525

36 Villa Johnson, Pinehurst (USA)

Gegenstand Unausgeführter Entwurf des »Landhuis te Pinehurst N. C.«, eine Villa für die Eltern des Architekten Philip Johnson, Homer Hosea Johnson (geb. 1862) und Louise Pope Johnson (geb. 1869), in Pinehurst (North Carolina).
Ort Pinehurst (North Carolina), USA. Das weitläufige Grundstück Nr. 211 (Abb. 349) ist an drei Seiten von der McKenzie Road, der Beulah Hill Road und der McCaskill Road umgeben. Die McCaskill Road und die McKenzie Road führen in einem Halbkreis um den Ortskern. Laut Philip Johnson existierte die McKenzie Road (als äußerer Straßenzug) bis dato nur auf dem Papier.[1153] Das Grundstück befindet sich in einem Villengebiet, knapp 1 km nordwestlich vom Ortszentrum entfernt.

Pinehurst liegt 60 Meilen südwestlich von Raleigh, der Hauptstadt des Staates North Carolina. Der 1895 gegründete Ort wurde erst 1980 zum Stadtbezirk (municipality) erhoben. Prägend für das Landschaftsbild sind die durch großflächige Abholzungen entstandenen »sandhills«, die sich als ideale Voraussetzung für die Anlage von Golfplätzen erwiesen (1898 erster Golfplatz in Pinehurst). Für die Stadtanlage und Bepflanzung des Sandbodens wurde die Firma von Frederik Law Olmsted, Gestalter des Central Park in New York, verpflichtet.

Entwurf Sommer 1930 bis Mitte/Ende 1931.
Auftrag Da sich das Grundstück im Besitz von Louise Johnson befand[1154] und der Entwurf als »House for Mrs. H. H. Johnson« bezeichnet wird, ist Louise Johnson als eigentliche Auftraggeberin anzusehen. Entsprechend fanden die entscheidenden Gespräche bezüglich des neuen Hauses zwischen Philip Johnson (1906–2005) und seiner Mutter statt; gegenüber Oud sprach Johnson wiederholt von »Mothers house«.[1155] Auch wenn Louise Johnson die treibende Kraft hinter dem Projekt war, wurden Entscheidungen im Familienkreis bzw. zwischen den Eheleuten Johnson getroffen.[1156]

Homer und Louise Johnson, beide aus wohlhabenden Familien stammend, erwarben 1901 ein im Tudorstil errichtetes Haus in Cleveland (Ohio), wo Homer als Anwalt tätig war.[1157] Louise, die ein College besucht sowie eine kunsthistorische Ausbildung mit Studienaufenthalt in Italien absolviert hatte, zeigte von Anfang an Interesse an einem ästhetisch anspruchsvollen Wohnambiente. Kurz nachdem das Haus in Cleveland bezogen war, plante sie ebendort den Bau eines modernen Wohnhauses. Als Architekt sollte kein geringerer als Frank Lloyd Wright beauftragt werden. Aufgrund ihrer ersten Schwangerschaft mußte Louise von diesem

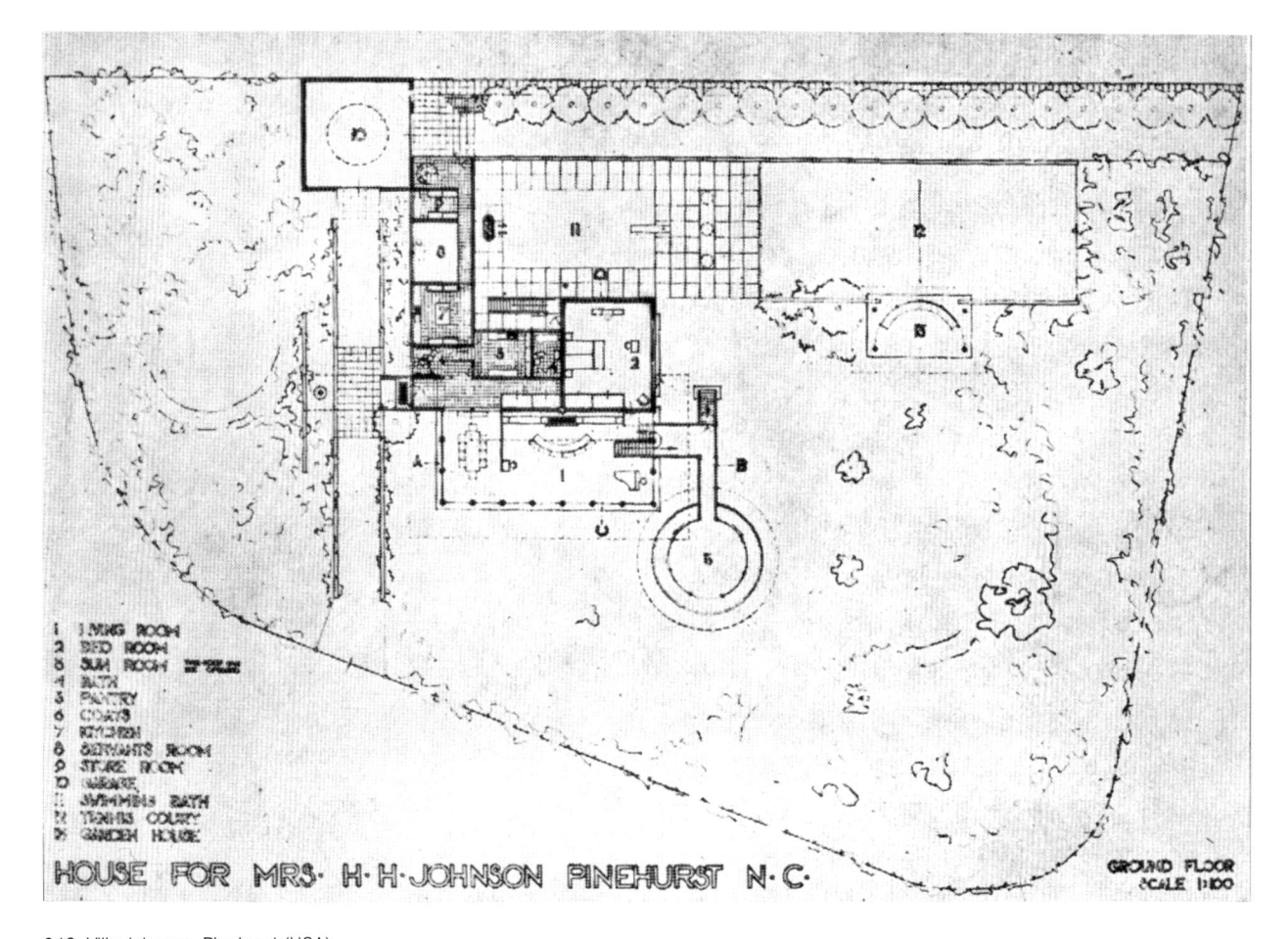

349. Villa Johnson, Pinehurst (USA),
    Lageplan mit Erdgeschoß

Vorhaben absehen. Statt dessen wurde für die schnell wachsende Familie das bestehende Haus durch einen lokalen Architekten umgebaut und erweitert. Schließlich erwarb Homer ein zweites Wohnhaus in Pinehurst, wo die inzwischen sechsköpfige Familie ab 1915 die Wintermonate verbrachte. 1916 gründete Louise hier eine »cottage-school«, die ihr neben der Familie zum Lebensmittelpunkt wurde.[1158]

Louise Johnson hielt auch weiterhin an ihrem Wunsch nach einem anspruchsvollen Wohnhaus fest. Ihr Sohn Philip, Student der Philosophie und Altphilologie und beteiligt an den Vorbereitungen zur Architekturausstellung im Museum of Modern Art, hatte Oud im Juni 1930 während einer gemeinsam mit Henry-Russell Hitchcock unternommenen Europareise kennengelernt.[1159] Unter dem Eindruck der Rotterdamer Bauten sprach er sich für Oud als Architekt des geplanten Hauses aus: »If we ever, ever build, I would have perfect confidence in him even on the other side of the ocean, something which I can not say of Corbusier.«[1160] Louise Johnson folgte offenbar der Empfehlung ihres Sohnes, der Oud daraufhin eine Ausführung des Hauses in Aussicht stellte. Bereits Anfang September 1930 erkundigte er sich nach dem Fortgang der Arbeiten.[1161] Oud zeigte sich seinerseits zuversichtlich, den Entwurf realisieren zu können: »I think I could do now a big thing after so many experiences with other things and it must be ›herrlich‹ to make important buildings in good material.«[1162]

Gleichzeitig zu Oud erstellte auch das neu gegründete Architekturbüro Clauss & Daub, Alfred Clauß (1906–98) und George Daub (1901–66), einen Entwurf für die Villa Johnson (Abb. 354). Unklar ist, ob das Architektenduo im Auftrag von Homer und Louise Johnson arbeitete oder ob Philip Johnson die beiden jungen Architekten eigenmächtig dazu aufgefordert hatte.[1163] Das Modell von Clauss & Daub wurde von April bis Mai 1931 in der New Yorker Ausstellung der »Rejected Architects« präsentiert, die – in Tradition des Pariser Salon de Refusées – die von der Architectural League abgelehnten Arbeiten junger Architekten zeigte. In dem von Philip Johnson gestalteten Flugblatt, das den Entwurf von Clauss & Daub abbildet, berufen sich die Architekten auf die vier Pioniere des »International Style«, Le Corbusier, Gropius, Mies van der Rohe und Oud.[1164] Im November 1931 erschien der Entwurf von Clauss & Daub als »House for Mrs. Johnson« im »Architectural Record«.[1165] Aufgrund von Johnsons Engagement für Oud scheint eine beabsichtigte Konkurrenz zum jungen Architektenduo Clauss & Daub wenig wahrscheinlich. Dem entspricht, daß sich Oud mit Johnson über die Arbeit der beiden Architekten austauschte.[1166] Zweifellos hoffte Johnson mit Ouds Entwurf die neueste (und bis zur Ausstellungseröffnung unbekannte) Arbeit eines der international führenden Architekten als Kernstück der Schau präsentieren zu können. Das ehrgeizige Vorhaben, den vielversprechenden Villen-Entwurf mit dem Namen seiner eigenen Familie zu verbinden, war offenbar unter dem Eindruck von Haus Tugendhat in Brünn (1929/30) entstanden, das Johnson im Sommer 1930 besichtigt hatte.[1167] Eine Realisierung der Villa wurde von Johnson, seit Januar 1931 Ausstellungsdirektor, jedoch zugunsten des Modells in den Hintergrund gedrängt. Am 14. Juli 1931 schrieb Philip Johnson an Oud: »I have at least heard from my mother. She is going to send the exact size and pictures of the lot as soon as they come from the south. She was most enthusiastic about it.«[1168] Wenige Tage später bestätigte dieser: »The plans and elevations are drawn 1:100 now.«[1169] Bis zu diesem Zeitpunkt hatte Oud noch keine exakten Informationen über das Grundstück erhalten. Erst am 22. Juli sandte Johnson eine Skizze und erste Angaben zur Beschaffenheit des Geländes: »Ich schicke Ihnen hiermit den Grundriss von dem Grundstück meiner Mutter in Amerika. Leider habe ich keine Bilder mitgeschickt erhalten. Das eine, was ich weiss, ist, dass das Gelände von dem Beulah Hill Rd nicht ganz einen Meter abfällt. Aber eigentlich ist das nicht so wichtig ...«[1170]. Vor allem die letzte Bemerkung zeigt Johnsons Konzentration auf die rechtzeitige Einsendung des Modells: »Of course my big worry is the model ... The thought stabs me that we might have a show without you. My director telegraphed yesterday WE MUST HAVE OUDS MODEL AT ALL COSTS. So you see how important it is for my head and position to get the model.«[1171]

Planmaterial NAi: Skizze der Grundstückssituation mit Angabe der Himmelsrichtungen (Oud-Archiv, B)[1172], Grundrisse von Erd- (Abb. 349), Ober- (Abb. 350) und Kellergeschoß, zwei Schnitte (Abb. 350, 351), vier Ansichten (Abb. 352), Skizzen des Grundrisses und des »sun-room«; Modell (1951). CCA: Grundrisse, Aufrisse, Skizzen, Details, »roof plan«. GRI: vier Zeichnungen, ein Abdruck, Fotografien (eventuell des Modells). RIBA: Perspektivzeichnung des Wohnraums.[1173]

Bauprogramm Erdgeschoß: Wohnraum mit Eßbereich, Schlafzimmer, Badezimmer, Küche, Anrichte, Aufenthaltsraum des Personals, Vorratskammer, Garderobe. Obergeschoß: drei Gästezimmer, Gästebad, zwei Schlafzimmer und Bad des Personals, Waschbecken (in Flurnische), Chauffeurwohnung (ein Zimmer, Küche, Toilette), »sun-room«. Kellergeschoß: mehrere Zimmer, Toilettenraum. »Garden-house« (überdachte Sitzbank mit Tisch), Schwimmbecken, Tennisanlage, Garage, Autowaschplatz.

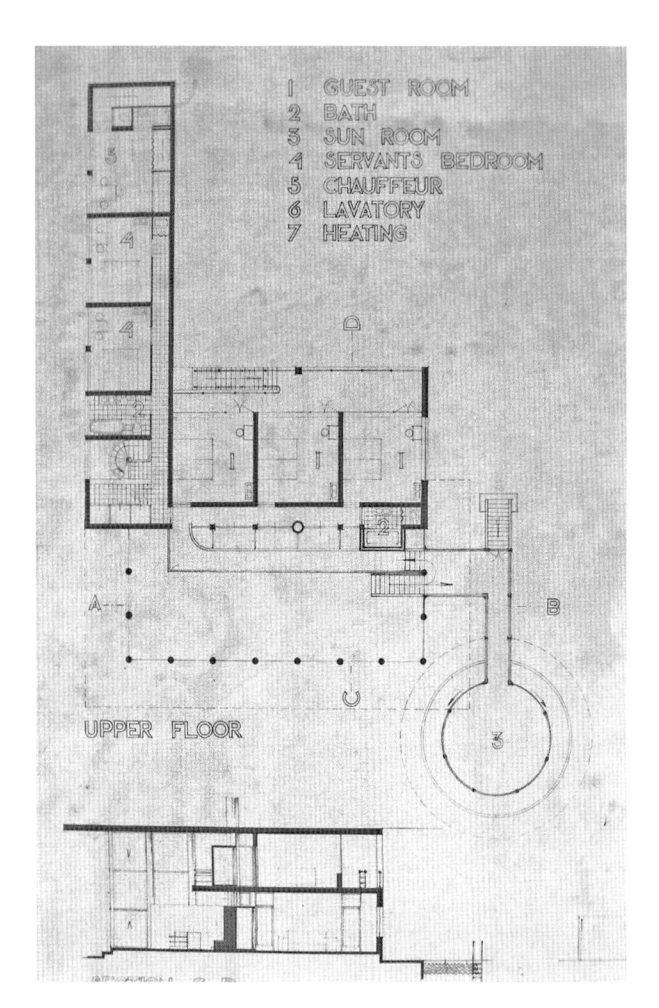

350. Villa Johnson, Pinehurst (USA), Grundriß OG, Schnitt

Städtebauliche Lage (Abb. 349)

Das Grundstück liegt westlich des knapp 1 km entfernten Ortskerns von Pinehurst. Im Nordosten grenzt das Gelände an zwei Grundstücke, von denen eines (Grundstück 212 A) bereits bebaut war. Auf dem anderen (Grundstück 218) sollte laut Johnson »wahrscheinlich auch eine hässliche Villa« entstehen.[1174] Das unregelmäßig geformte, einen Bogen beschreibende Terrain fällt im Südwesten zur Beulah Hill Road knapp einen Meter ab. Indem das Haus in den nördlichen Teil des Grundstücks gerückt wird, bleibt im Süden Platz für den weitläufigen, natürlich angelegten Garten. Das Gebäude setzt sich von den Nachbargrundstücken im Nordosten durch einen Mauerzug und eine Baumreihe ab. Zufahrten legte Oud von der McCaskill Road (Richtung Ortsmitte) entlang der Grundstücksgrenze im Nordosten sowie von der Beulah Hill Road im Südwesten quer über das Grundstück.

Außenbau (Abb. 352, 353)

Die Villa Johnson setzt sich aus einem zweigeschossigen, langgestreckten Personaltrakt und einem ebenfalls zweigeschossigen, breitgelagerten Baukörper mit den Wohnräumen zusammen. Beide Bauteile greifen ineinander und bilden damit (ähnlich dem Dreifamilienhaus für Brünn*) eine »Schnittfläche« aus beiden Funktionsbereichen. Dort befinden sich mit dem Haupteingang, dem Flur und der Garderobe die von beiden Bewohnergruppen genutzten Räumlichkeiten. Der Haupteingang liegt in der Fassade des Personalflügels (Abb. 352, unten), der sich parallel zur Zufahrt von der Beulah Hill Road erstreckt. Der Hauptbau auf annähernd quadratischem Grundriß nimmt die Wohn- und Schlafzimmer des Ehepaars Johnson sowie die Gästezimmer auf. Über einen geschlossenen Gang ist er mit dem frei stehenden »sun-room«, einem auf einer Rundstütze aufliegendem Rundbau, verbunden. Im Winkel der beiden Gebäudetrakte finden sich das Schwimmbecken und ein Tennisplatz (Abb. 349). Eine als »garden-house« bezeichnete überdachte Sitzecke bietet von dort einen Ausblick in den nach Südwesten abfallenden Garten. Der Garagenkubus (quadratischer Grundriß), der sich in Achse des Zufahrtsweges an den Personalflügel anschließt, bildet das Gegenstück zu dem an der gegenüberliegenden Gebäudeecke liegenden »sun-room« (runder Grundriß).

Die Eingangsfassade (Abb. 352, unten) setzt sich aus dem Personaltrakt und der zurückliegenden Seitenfront des Wohnraumes zusammen. Der Personaltrakt zeigt im Obergeschoß acht identische Fenster, die vertikal in drei Fensterflügel unterteilt sind. Die einzelnen Flügel treten im Sinne eines Moduls an verschiedenen Stellen des Gebäudes wieder auf. Mit den annähernd quadratischen Fenstern des Erdgeschosses (drei plus drei halbe Module) wird ein weiteres, mehrfach wiederholtes Fenstermotiv eingeführt. Der Haupteingang ist (wie bei Haus Kallenbach*) über einen kleinen Steg zur Überbrückung eines Lichtgrabens zu erreichen. Die von schmalen Fensterstreifen flankierte Tür wird von einem langgestreckten Vordach bedeckt, das über den Steg und die Zufahrt hinausragt (Abb. 353). Als Stütze dient ein schlanker Rundpfeiler, der von einer runden Sitzbank umgeben ist.

Der Wohnraum nimmt mehr als die Hälfte des Hauptbaus ein. Der sich über zwei Geschosse erstreckende Raum (Abb. 353) öffnet sich an drei Seiten in einer vom Boden bis zum Dach reichenden Glasfront zum Garten. Die Glasfläche wird von schmalen Rundstützen und horizontalen Streben in einzelne quadratische Fenster im beschriebenen Format unterteilt. Eine weit vorkragende Dachplatte in Flucht des Personaltraktes verbindet beide Bauteile und sorgt gleichzeitig für den geforderten Sonnenschutz.[1175] An der Südseite des Gebäudes, vor der Ecke des Wohnraumes, liegt der rundum verglaste »sun-room«, der (um die freie Aussicht vom Wohnraum aus nicht zu stören) vom Erdboden angehoben wurde.[1176]

Das Schlafzimmer des Ehepaars Johnson erhält zum Garten und zum Schwimmbecken je eine große Fensterfront mit Außentür (Abb. 352, oben). Das darüberliegende Gästezimmer zeigt an der Südostfront, abweichend von den Fenstern des Personaltraktes, vier Fenstermodule. An der Nordostfassade, die zusammen mit dem Personaltrakt das Schwimmbecken einfaßt, öffnen sich die insgesamt drei Gästezimmer (Obergeschoß) in Fenstern des bekannten Motivs. Über zweiflügelige Fenstertüren besteht Zugang zu einem überdachten Laubengang, der über eine Freitreppe in den Garten führt. Gang und Treppe greifen mit ihren einfachen Metallgeländern auf die in dieser Zeit beliebten Motive des Schiffbaus zurück.

Das Schwimmbecken (mit Sprungbrett) liegt in der Flucht des Hauptbaus, wobei der umgebende Bereich mit Platten belegt ist (Abb. 349). Deren Größe entspricht dem Grundrißmodul des Gesamtbaus, das so – wie beim Springbrunnen von Haus Kallenbach* – sichtbar wird. Eine niedrige Mauer, die in der Mitte das »garden-house« aufnimmt, schließt die angrenzende Tennisanlage zum Garten ab. Die zum Garten gerichtete halbrunde Bank gibt sich als Zitat von K. F. Schinkels Parkbank in Schloß Charlottenhof in Potsdam (1826–29) zu erkennen[1177], wird hier jedoch von einer schmalen Dachplatte auf vier Rundstützen bedeckt. Eine gerundete Glasfront bildet einen Abschluß gegen

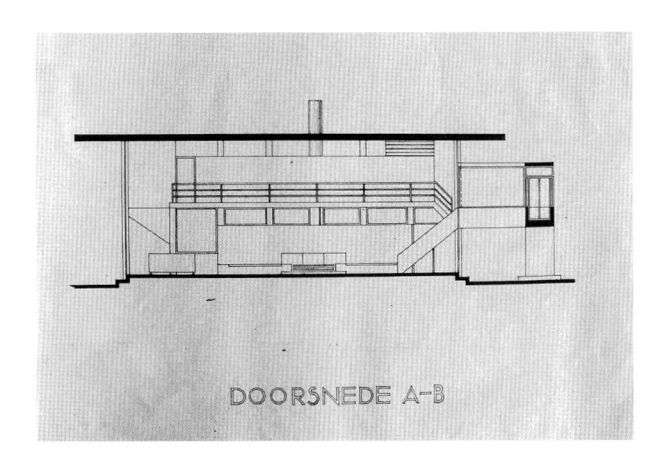

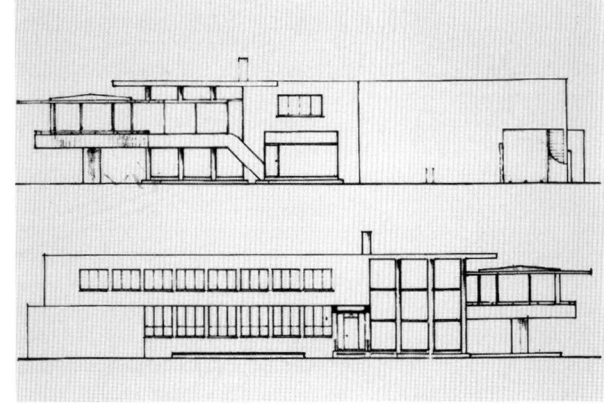

351. Villa Johnson, Pinehurst (USA), Schnitt

352. Villa Johnson, Pinehurst (USA), Aufrisse

den Tennisplatz. Parallel zur Gartenmauer im Nordosten verläuft ein Weg entlang der Grundstücksgrenze, der bis zum Ortskern führt und als zweite Zufahrt zur Garage dient. Diese ist mit einer Drehscheibe versehen, die den Wagen um 90° drehen und damit die Weiterfahrt auf der rechtwinklig anschließenden Zufahrt ermöglicht. Eine Wendeltreppe mit geschlossener Brüstung führt zur Chauffeurwohnung im ersten Stock des Personalflügels (Abb. 352, oben).[1178]

Ein bestimmendes Motiv sind die drei unterschiedlich langen und hohen Gartenmauern, die eine Verbindung zwischen dem Gebäude und dem weitläufigen Gelände herstellen. Zusammen mit den horizontalen Elementen wie Dachplatten und Vordächern entsteht hier eine Komposition aus (sich überschneidenden) vertikalen und horizontalen Flächen.[1179] Dieses Gestaltungsprinzip zeigt Parallelen zu Mies van der Rohes Landhausentwurf (1924) und dem berühmten Barcelona Pavillon (1929)[1180], tauchte im Ansatz allerdings schon bei den Gartenmauern von Haus Kallenbach* auf.

Entsprechend den früheren bzw. zeitgleichen Wohnbauten Ouds wäre auch hier eine farbige Akzentuierung des Außenbaus denkbar. Wie die Reihenhäuser der Weißenhofsiedlung* zeigen, orientierte sich Oud bei der Farbgebung jedoch stark am architektonischen Umfeld und der Funktion der Bauten. Während im Siedlungsbau Farbakzente zur Belebung der gleichförmigen Blöcke und Zeilen dienten und einzelne Bautypen herausheben sollten, spricht die Bauaufgabe der repräsentativen Villa für eine neutrale helle Fassung.

Innenraum (Abb. 349–351)
Wie bei Ouds früheren Arbeiten basiert auch der Grundriß der Villa Johnson auf einem Quadratraster. Als Modul dienen der Toilettenraum der Chauffeurwohnung und die Bodenplatten um den Swimmingpool. Das Raster wirkt ähnlich den standardisierten Fensterformaten als ordnender Faktor, wobei die asymmetrische Gesamtanlage mit einer Vielzahl von Einzelmotiven eine starre Grundrißlösung verhindert.

Der Haupteingang (Abb. 349) führt in den zentralen Flur mit Zugang zur Anrichte, der Garderobe und dem Wohnraum. Über einen schmalen Gang ist das Schlafzimmer zu erreichen, das entgegen der Tradition nicht im Obergeschoß, sondern ebenerdig liegt. Eine von der Anrichte ausgehende Treppe zum Personaltrakt verläuft schräg durch die Garderobe, wobei (aufgrund der nur 1 m hohen Brüstung) die Hinauf- oder Hinabsteigenden vom Flur aus sichtbar sind (Abb. 351).[1181] Ebenso ermöglicht ein großes quadratisches Fenster einen Blick vom Flur in den Eßbereich. Offenbar kam Oud hier dem Wunsch der Auftraggeber nach möglichst vielen Kontaktmöglichkeiten unter den Bewohnern entgegen[1182], wobei im Gegensatz zu Haus Kallenbach* und dem Dreifamilienhaus in Brünn* mit jeweils eigenen Personaleingängen und -treppen der Flur als zentraler Verteiler für alle Bewohner dient. Für das Personal besteht von der Anrichte aus eine Verbindung in die Küche mit einem anschließenden Aufenthaltsraum und der Vorratskammer. Die Personaltreppe führt zu einem schmalen, fensterlosen Flur mit Bad (Badewanne, Waschbecken, Toilette) und zwei Schlafzimmern (Abb. 350, oben). Die kleinen Schlafräume mit Doppelbett, Tisch und zwei Waschbecken öffnen sich in ganzer Breite (zwei Fensterachsen) nach Nordwesten. Eine Wendeltreppe am Ende des Personaltraktes erschließt die neben der Garage liegende Chauffeurwohnung, bestehend aus einem Zimmer, Bad (mit Dusche) und Toilette. Das Klappbett kann tagsüber hinter einer Schiebewand verborgen werden.

Das große Schlafzimmer ist mit einem Doppelbett, zwei Nachttischen, Kommode (Schminktisch), zwei Schränken, Tisch und Sessel ausgestattet. Zwei große Fensterfronten öffnen den Raum zum Schwimmbecken und nach Südosten zum Garten, wo das

Fenster in ganzer Breite nach oben geschoben werden kann.[1183] Der zentrale Wohnraum (Abb. 350, unten; Abb. 351) wird durch eine etwa türhohe Trennwand in einen Eßbereich mit Tisch und zehn Stühlen sowie einen Wohnbereich mit Sitzbank und Flügel unterteilt. Die gerundete Bank gruppiert die Sitzenden um den offenen Kamin an der Rückwand des Raumes oder bietet (bei entgegengesetzter Blickrichtung) einen Ausblick in den Garten.[1184] Zur Öffnung der Fensterfront kann die untere der insgesamt drei Fensterreihen nach oben sowie die obere Reihe nach unten geschoben werden (Abb. 350, unten), eine Idee, die in ähnlicher Form bereits beim Entwurf des Hotel Stiassny* Anwendung gefunden hatte. Auch die Glaswände des »sun-room« sind als Schiebefenster angelegt, während das Dach für ein Sonnenbad abgenommen werden kann.[1185] Vom Wohnraum führt eine Treppe nach draußen bzw. zum »sun-room« oder auf eine breite Galerie mit Metallgeländer an der Rückwand des Raumes. Von dort besteht Zugang zu einem schmalen Flur mit einer 2 m hohen Schrankwand, die eine akustische Abgrenzung zur Galerie bilden sollte.[1186] Die über diesen Flur erschlossenen Gästezimmer (mit Doppelbett, Waschbecken, Tisch und Stuhl) öffnen sich in ganzer Breite auf den Laubengang.

Mit der Orientierung nach Südwesten erhält der Wohnraum die größtmögliche Sonneneinstrahlung und bietet – wie von den Auftraggebern gefordert – einen freien Ausblick auf das Grundstück. Wie auch beim Schlafzimmer weitet sich der Raum mit Hilfe der großen aufschiebbaren Fenster zum Garten. Im Gegensatz zum Flur bleibt der Wohnbereich allein der Familie Johnson und ihren Gästen vorbehalten. Dem entspricht der von den Personalräumen bewußt verhinderte Einblick in den Garten bzw. auf das Schwimmbecken. Selbst schlechte Lichtverhältnisse wurden hierfür in Kauf genommen, so bei der Anrichte, die allein durch Lüftungsschlitze unterhalb der Galerie Tageslicht erhält, und dem unbelichteten Flur im Personalflügel. Im Gegensatz zu den großzügigen Wohn- und Schlafräumen sind die rein funktionalen Erschließungsflure (wie auch bei frühen Bauten Ouds) extrem schmal. Der Flur entlang der Gästezimmer besitzt eine Breite von 1 m, im Personalflügel nur 90 cm. Das Klappbett des Chauffeurs, das in heruntergeklapptem Zustand den Zugang zum Bad behindert, folgt vor allem den flexiblen Raumteilern von Le Corbusier. Bei einer anderen Anordnung der Möbel wäre ein fest installiertes Bett ebenso möglich gewesen.

Die Zimmer zeichnen sich durch eine weitgehend symmetrische Gestaltung aus. Beim Schlafzimmer liegt das große Fenster zum Garten in einer Achse mit dem Bett, das seinerseits die Mittelachse zwischen den beiden Türen bildet. Selbst bei den nicht repräsentativen Räumen wie Küche, Anrichte und Vorratskammer sind Spüle und Schränke symmetrisch angeordnet. Räume mit gleicher Funktion werden (ähnlich den Gästezimmern im Dreifamilienhaus in Brünn*) identisch gestaltet und wie im Fall der beiden Schlafzimmer des Personals und der drei Gästezimmer (Abb. 350, oben) zur Sichtbarmachung des seriellen Prinzips aneinandergereiht. Die Vervielfältigung der einmal gefundenen Lösung betont, wie auch die Verwendung der einheitlichen Fensterformate, den rationellen Entwurfsprozeß.

Charakterisierung
Die Bauaufgabe eines großbürgerlich-luxuriösen Landhauses spiegelt sich in der Trennung von Personaltrakt und repräsentativem Wohnbereich sowie im umfangreichen Bauprogramm mit Gästezimmer, Schwimmbecken, Tennisanlage, »gardenhouse« und »sun-room«. In der Architektursprache wird dieser Anspruch in den großflächigen Verglasungen und der häufigen Verwendung von Rundstützen zum Ausdruck gebracht. Während Oud auch in früheren Bauten einzelne Rundstützen integrierte, treten sie hier als durchgängiges und prägendes Motiv auf, so

vor allem bei den 6 m hohen Fensterstreben, aber auch beim Schornstein und bei den Stützen des Vordachs und des »sun-room«. Dasselbe gilt für die zahlreichen Rundformen, wie beim »sun-room«, den Sitzbänken und der gerundeten Glasfront des »garden-house«.

Das bestimmende Merkmal der Villa Johnson ist ihre additive Zusammensetzung aus heterogenen Bauteilen und Fassaden, die das Gebäude konstruiert erscheinen lassen. Vor allem die beiden isoliert stehenden Bauglieder, der »sun-rom« und das »garden-house«, wirken als nachträglich angefügte, fremde Elemente. Deutlich wird bei diesem Entwurf die starke Beeinflussung durch zeitgenössische Architektur. Daneben griff Oud auch auf eigene, ältere Stilformen zurück, so bei den von De Stijl inspirierten Kompositionen aus horizontalen und vertikalen Flächen (Gartenmauern und »garden-house«). Ein wichtiges Vorbild war, wie bereits bei früheren Projekten, die Architektur Le Corbusiers. Vor allem die plastischen Rundformen, wie die Diensttreppe und die Außentreppe zur Chauffeurwohnung, greifen auf ein charakteristisches Motiv seiner Bauten zurück.[1187] Den offenen Autostellplatz übernahm Oud offenbar von der Maison d'Artiste (1922), während die von der Galerie in den Garten führende Treppe mit der geschlossenen Brüstung und dem Verzicht auf einen Unterbau an die Außentreppe der Villa Stein in Garches (1927) erinnert. Das schmale, weit vorkragende Vordach des Haupteingangs scheint auf die Villa in Vaucresson (1922) zurückzugehen, taucht allerdings auch in Van Doesburgs und Van Eesterens Modell der Maison Rosenberg (1923; Abb. 16) auf, wo sich zudem ein angegliederter, geschlossener Kubus (Galerie) entsprechend Ouds Garage findet.[1188]

Auch von Mies van der Rohes Haus Tugendhat in Brünn (1929/30) wurden verschiedene Motive übernommen, wie der nach vorne und zu den Seiten großflächig geöffnete Wohnraum mit breiten, versenkbaren Fensterscheiben und die halbrunde Sitzbank des »garden-house«, die an die Onyxwand wie auch die Terrassenbank des Brünner Hauses erinnert.[1189] Der Zugang vom Wohnraum in den Garten, der über die außenliegende Galerie und eine schmale Treppe erfolgt, zeigt Parallelen zum Vorentwurf der Villa Tugendhat, der noch nicht die breite Freitreppe zum Garten aufweist. Auch die für diese Zeit neuartige natürliche Gartengestaltung findet einen Vorläufer in der Villa Tugendhat. Ein weiteres Vorbild könnte Erich Mendelsohns Haus am Rupenhorn in Berlin (1929/30) geliefert haben, das sowohl die versenkbare Glasfront zwischen Wohnbereich und Terrasse als auch den durch einen Richtungswechsel unterbrochenen Zugang zum Garten zeigt.[1190] Allen drei Wohnhäusern (Villa Johnson, Haus Tugendhat und Haus am Rupenhorn) gemeinsam ist die Verbindung des Wohnraumes mit der umgebenden Landschaft, ein Motiv, das aus der klassischen Villenarchitektur stammt und das Mies van der Rohe mit seinen Landhausentwürfen von 1923/24 »wiederentdeckt« hat.[1191] In der Literatur wurde die Villa Johnson neben Haus Tugendhat wiederholt mit Le Corbusiers Villa Savoye in Poissy (1929–31) verglichen.[1192] Bereits 1932 waren die drei Bauten zusammen mit einer Arbeit von Frank Lloyd Wright im Hauptsaal der »Modern Architecture – international exhibition« zu sehen.

Die Villa Johnson erscheint aufgrund der zahlreichen Stil- und Formzitate weniger einheitlich und vor allem weniger eigenständig als die genannten (älteren) Bauten seiner Kollegen.[1193] Zudem liegt mit Ouds Entwurf eine spätere Stilstufe vor. Vor allem die Fensterfront des Wohnraumes zeigt, daß sich Oud bereits zum repräsentativ-monumentalen Stil der 1930er Jahre hin entwickelte.[1194] Beim »Konkurrenz«-Entwurf mit Clauss & Daub (Abb. 354), der eine Reihe von Parallelen zu Ouds Entwurf aufweist (einen »sun-room«, einen auf Aluminiumstützen aufliegenden Flügel mit Schlaf- und Gästezimmern und ein großes Schwimmbecken), treten an Stelle von Ouds Fensterfronten schlichte, extrem schmale Fensterbänder bzw. große geöffnete Wandzonen, bei denen die Scheiben nur von schmalen Streben

353. Villa Johnson, Pinehurst (USA), Originalmodell

gehalten werden. Die betont reduzierten, im Sinn des »International Style« entwickelten Formen stehen hier für eine frühere Stilstufe, während Ouds kräftigere und monumentale Sprache bereits auf die 1930er Jahre verweist.

Geschichte
Das ab Frühjahr 1932 in mehreren amerikanischen Städten präsentierte Modell der Villa Johnson (Abb. 13, 353) stieß in der Fachwelt auf großes Interesse und bestimmte die weitere Verbreitung und Rezeption von Ouds Bauten in den USA. Kritisiert wurden vor allem Detaillösungen, wie die Orientierung der Räume nach Norden und die zu geringe Zahl von Badezimmern für die Gäste: »… the fault unanimously found with it is the lack of bathrooms for the guestrooms. I had thought I told you that in America one needs a bathroom for each guestroom, but perhaps it slipped my mind. In any case American architects have found this fault with the house. Mother on the other hand is delighted with it with the exception of having the guestrooms facing north and having only one exposure. As I told you at the time I was afraid Mother would make this objection …«[1195]. Frank Lloyd Wright bemängelte vor allem den »sun-room«: »He has a high opinion of your work but dislikes the sunroom on Mothers house because it is not organically part of the house.«[1196] Insgesamt fand das Modell von Haus Tugendhat größere Aufmerksamkeit als das der Villa Johnson: »Wenn Dein Modell nur so anschaulich wie Mies van der Rohes gewesen wäre mit Möbel [sic], Farbe und Glas, so glaube ich, hätte man es genau so [sic] bewundert wie seines, aber bei dieser Sachlage zog das Tugendhat-Haus die meisten reichen Leute an, wie man nicht anders erwarten konnte.«[1197]

Ein konkreter Bauauftrag lag offenbar nicht vor; ob die Familie Johnson tatsächlich Ouds Entwurf bauen wollte, bleibt damit unklar.[1198] Daß dieser auf eine Ausführung seines Entwurfs hoffte, zeigen die neben dem Modell erstellten Baupläne mit Detailausführungen für die Dachkonstruktion, Türen und Fenster sowie die Teilansichten für Garage, Gartenhaus und »sun-room«.[1199] Im Juli 1931 bekräftigte Johnson: »Naturally father is having one of his poor moods, with this depression, but they are practically sure to build I think, and what my opinion is makes a lot of difference to them. I know there are a lot of ›ifs‹ in the way, but if you find yourself willing sometime, I think I can arrange the family to build.«[1200] Auch Anfang Januar 1932 äußert sich Johnson zuversichtlich und bekräftigt, daß nun ernsthaft gebaut werden solle: »Not the least excited as you may imagine is my family who are thinking seriously of building in Pinehurst now that we have given up our house in Cleveland. You may be assured that I shall work for it as much as I can.«[1201] Im März fand eine erste konkrete Auseinandersetzung mit dem Raumprogramm statt, gleichzeitig wies Johnson jedoch auf die finanziellen Probleme der Familie: »… if the house is ever built I am afraid it will have to be cheaper as this year we have lost even more money than we did last year.«[1202]

Wann die Ausführung des Projektes endgültig aufgegeben wurde, ist nicht bekannt. Allerdings blieben die Entwürfe von Oud sowie Clauss & Daub nicht die letzten. 1934 wandte sich Louise Johnson an den amerikanischen Architekten William Priesterly, einen ehemaligen Schüler von Mies van der Rohe, der einen weiteren Entwurf für das Wohnhaus in Pinehurst erstellen sollte.[1203]

Frühe Publikationen Niederlande: Oud 1932b, S. 228; Oud 1932c; De 8 en Opbouw, 3. Jg., 10.11.1932, Nr. 23, Titelblatt (Modell); De Gruyter 1951, S. 18. Ausland: Hitchcock 1932, S. 108f.; NRC 1934; Wiessing 1938, S. 276; Veronesi 1953, S. 119; Wiekart 1965, S. 7.
Unpubliziert Grundstückssituation mit Angabe der Himmelsrichtungen, Skizzen.
Literatur Oud 1932c (abg. in Taverne 2001, S. 331); Mariani 1956, S. 343; Hefting 1975a, S. 102–105.
Vgl. Taverne 2001, Kat. Nr. 51

354. Alfred Clauß und George Daub, Villa Johnson, Pinehurst (USA), 1931, Modell

37 Häuserzeilen in Blijdorp, Rotterdam

Gegenstand Unausgeführter Entwurf für neun viergeschossige Häuserzeilen mit insgesamt 306 Wohnungen im Stadterweiterungsgebiet Blijdorp. Den Zeilen sind jeweils zweigeschossige Seitenflügel mit Seniorenwohnungen (»woningen voor oude menschen«) angefügt. In Perspektivzeichnungen (Abb. 358) entwarf Oud zudem die umgebende Bebauung in Form großer geschlossener Wohnblöcke.
Ort Neubaugebiet Blijdorp[1204] im Nordwesten von Rotterdam (Abb. 355, 356). Die Wohnzeilen werden von der Groen van Prinstererstraat, der Heemskerkstraat, der Geertsemastraat und der Talmastraat umschlossen. Die Abraham Kuyperlaan teilt die Wohnanlage in zwei Gruppen von sieben und zwei Zeilen. Nordwestlich der Wohnzeilen, nur durch einen weiteren Wohnblock getrennt, verläuft der Noorderkanaal (Abb. 358), nordöstlich ein breiter Straßenzug, der eine Verbindung vom Stadtzentrum (Coolsingel) nach Den Haag herstellen sollte. Im Südwesten der Wohnanlage liegt der Noorder Haven.
Entwurf Ein erster Nachweis über Ouds Arbeit an den Häuserzeilen stammt von November 1930.[1205] Der endgültige Entwurf ist auf 22. Mai 1931 datiert.[1206]
Auftrag Lange Zeit war unklar, ob die Gemeinde überhaupt als Bauherr in Blijdorp auftreten oder nur die Bauaufsicht über die von privater Hand zu errichtenden Bauten führen sollte.[1207] Obwohl der Plan mit »Gemeentelijke volkswoningbouw« betitelt ist, entstand Ouds Entwurf offenbar ohne Auftrag von *Bouwpolitie en Woningdienst*.[1208] Hierfür spricht, daß sein Vorschlag bei der zeitgleichen Diskussion um die Bebauung von Blijdorp keine Beachtung fand. Im Juni 1931 unternahm Wethouder Ter Laan mit Vertretern verschiedener Wohnungsbauvereinigungen und Beamten von *Bouwpolitie en Woningdienst* eine Studienreise nach Deutschland, bei der Oud nicht beteiligt war. Da bei den deutschen Bauten die Öffnung der Wohnblöcke an den Schmalseiten und der Einbau von Bädern als Neuheiten gepriesen und für Blijdorp gefordert wurden, kann Ouds Entwurf mit eben diesen Merkmalen nicht bekannt gewesen sein.[1209]
Nach Protesten der Gruppe De Opbouw und einiger Wohnungsbauvereinigungen wurde die Ausschreibung der Grundstücke im Dezember 1931 unter veränderten Voraussetzungen wiederholt.[1210] Die Gemeinde zog nun offenbar in Betracht, selbst einige Wohnbauten zu errichten. Ausgehend hiervon scheint Oud seinen Entwurf einschließlich einer mehrseitigen Erläuterung vorgelegt zu haben. Ein auf den 18. Dezember 1931 datierter Kostenvoranschlag für die neun Häuserzeilen nennt als Adressat »J. J. P. Oud. Bouw- en Woningdienst. Raadhuis.«[1211] Anzunehmen ist daher, daß Oud den Entwurf seiner Wohnzeilen um den Jahreswechsel 1930/31 auf eigene Initiative erstellt, jedoch erst knapp ein Jahr später, als die Gemeinde die Möglichkeit eines eigenen Bauprojektes prüfte, vorgelegt hat.
Konstruktion/Material Wie Oud in seinem Erläuterungsbericht angibt, sollten die Häuserzeilen in Stahlskelett-Bauweise errichtet werden.[1212] Nach dem Kostenvoranschlag der Firma De Vries Robbé & Co waren als Fundament pro Block 274 Pfähle von 15 m Länge vorgesehen.[1213] Die Außenwände sollten bis auf 2 m Höhe als Klinkermauerwerk (Ijsselstein) errichtet werden, ansonsten in »drijvsteen« (Schwemmstein). Die Wandstärke differiert zwischen 20 cm und 5 cm. Für den Wandverputz werden die Farben Blau und Weiß genannt.[1214] Die Treppen und Absätze waren in Beton geplant, ebenso die freitragenden Böden der Gänge und Abstellräume im Erdgeschoß. In den Obergeschossen sah Oud hölzerne Balkenlagen mit Holzdielen vor. Die Balkone sollten mit Eisenblech abgedeckt werden, für die Geländer war Eisen mit Draht vorgesehen. Die Fenster sollten Stahlrahmen erhalten, die Türen waren aus Metall oder Holz. Für die Küchen sah Oud Holzverkleidungen mit einer Anrichte aus Terrazzo vor; allein über der Spüle sollte die Wand gefliest werden.
Planmaterial NAi: Lageplan (Abb. 356), Grundrisse (Abb. 359), Aufrisse (Abb. 357), Schnitte und vier Perspektiven (Bleistift, Wasserfarbe, Tinte; Abb. 41, 358). Blaupause mit geringfügigen Abweichungen. CCA: Lageplan, Perspektive, Axonometrie, Fundamentplan, Grundrisse, Aufrisse, Schnitte, Details. GRI: elf Abdrücke, fünf Fotografien. RIBA: Lageplan.[1215]
Bauprogramm Die 306 Wohnungen wurden auf neun Häuserreihen mit jeweils 34 Wohnungen verteilt. Jede Zeile besteht aus fünf Häusern mit zwei mal drei Wohnungen zu Seiten des Treppenhauses. Die 8,55 m tiefe Normwohnung umfaßt einen Wohnraum mit Balkon, drei Schlafzimmer (insgesamt fünf Betten, davon ein breiteres Bett im Elternschlafzimmer), eine Küche, ein Bad mit Dusche, einen Toilettenraum, einen Flur und mehrere Einbauschränke. Das nur 2 m hohe Erdgeschoß nimmt pro Wohnung einen Wasch- und Abstellraum auf sowie einen für jeweils drei Wohnparteien gemeinsam zu nutzenden Raum für Fahrräder und Kinderwagen. Jede Wohnung besitzt im Erdgeschoß einen Hof zum Wäschetrocknen. Alle Wohnungen sollten Gasanschluß und elektrisches Licht erhalten, für die Treppenhäuser waren zwei Warenlifte vorgesehen. Bei der Normwohnung handelt es sich ausgehend von Größe und Ausstattungsprogramm um einfache Wohnungen für den Mittelstand.[1216]

In den eingeschossigen Seitenflügeln befinden sich insgesamt 36 Seniorenwohnungen (zwei pro Flügel) mit je einem Wohnraum, einem Schlafzimmer, einer Küche, einem Abstellraum, einem Toilettenraum und einem Flur. Insgesamt 18 Wohnungen für Großfamilien (zwei pro Wohnzeile) sind in den Winkeln zwischen einer Zeile und den anschließenden Flügeln untergebracht. Die beiden an der Außenseite der Zeilen liegenden Normwohnungen im ersten Obergeschoß erhielten zusätzliche Schlafzimmer in den Seitenflügeln.

Die Gemeinschaftsgärten sind mit Sandkästen ausgestattet. Die Dächer der Seitenflügel sollten als Dachterrassen angelegt werden.

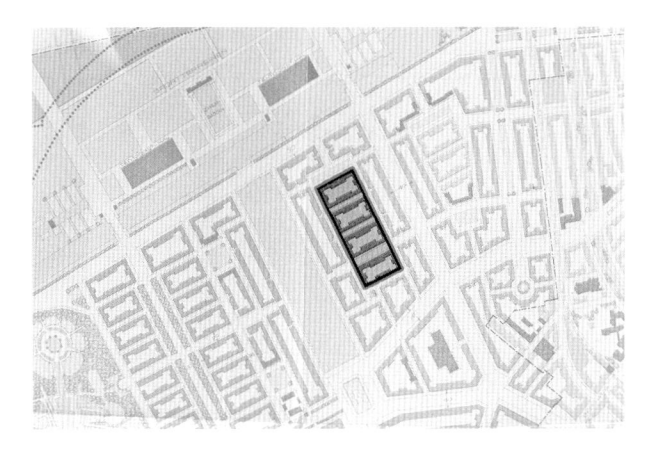

355. W. G. Witteveen, Stadterweiterungsplan Blijdorp, Rotterdam, 1929, Ausschnitt mit geschlossenen Wohnblöcken

Vorgeschichte

Bereits 1899–1901 legten private Baugesellschaften erste Bebauungspläne für Blijdorp vor.[1217] Nach der Eingemeindung von Overschie und Hillegersberg folgte 1903 ein im Rahmen des Stadterweiterungsplanes von G. J. de Jongh (Direktor der *Gemeentewerken*) erstellter Plan, der im März 1906 genehmigt wurde.[1218] 1920 kaufte die Gemeinde Grundstücke in Blijdorp und beauftragte den Rotterdamer Architekten Willem Kromhout, einen Bebauungsplan für 2.500 Wohnungen zu erstellen.[1219] Vorgesehen war ein ausschließlich für Arbeiter bestimmtes Wohngebiet von etwa 80 ha samt Park (12 ha), Sportterrain (3 ha) und zwei Weihern. Da sich Kromhouts Plan als zu teuer erwies, wurden die Bauaufträge 1921 annulliert.[1220]

1929 legte W. G. Witteveen, Chef der Abteilung Architectuur en Stedebouw, einen Entwurf für Blijdorp und das benachbarte Bergpolder vor (Abb. 355), der mit seinem allgemeinen Erweiterungsplan für Rotterdam (4. Juni 1928) korrespondierte.[1221] Das Wohngebiet zeichnet sich durch breite Verkehrswege aus, die nördlich des Stadhoudersweg in einem Raster angelegt sind. Die drei- bis fünfgeschossige Bebauung in geschlossenen Wohnblöcken sollte nun aufgrund der hohen Bodenpreise vorwiegend Mittelstandsfamilien aufnehmen. Der geplante Park wurde 1934 mit dem Vroesenpark an anderer Stelle angelegt.

Witteveens Entwurf wurde von Seiten De Opbouws und mehrerer Wohnungsbauvereinigungen kritisiert.[1222] Einige Architekten legten Varianten zu den kommunalen Plänen vor, die sich jedoch auf einzelne begrenzte Terrains beschränkten. J. H. van den Broek entwarf 1929–30 für die Vereinigungen »De Eendracht« insgesamt acht Alternativpläne für einen Straßenblock in Bergpolder, bei denen die von Witteveen geplanten Wohnblöcke an den Außenseiten des Terrains aufgebrochen sind, um eine bessere Belichtung und Belüftung zu gewährleisten. In der Mitte des Straßenblocks wurden die Wohnblöcke durch Zeilenbauten ersetzt.[1223] Auch Oud, seit vielen Jahren Mitglied von De Opbouw, arbeitete spätestens seit November 1930 an einem Alternativentwurf für das nahe gelegene Terrain in Blijdorp, das im Zentrum ebenfalls Zeilenbauten an Stelle der geplanten Wohnblöcke vorsah.

Lageplan (Abb. 356, 358)

Für das von Oud gewählte Terrain hatte Witteveen vier parallelliegende, viergeschossige Wohnblöcke vorgesehen (Abb. 355), die an allen Seiten von weiteren Blöcken umgeben sind. Der gesamte Bereich wird von drei Verkehrsstraßen im Nordwesten, Nordosten und Südosten (heute Gordelweg, Schieweg und Bergselaan) sowie vom Noorder Haven im Südwesten eingefaßt. Der bereits unter De Jongh geplante, parallel zum Gordelweg verlaufende Noorder Kanaal (Verbindung von Schie und Rotte) wurde in den 1930er Jahren ausgeführt. Oud ersetzt in seinem Entwurf die vier zentralen Wohnblöcke durch neun parallel von Südwest nach Nordost verlaufende, ebenfalls viergeschossige Hauszeilen, denen an den Schmalseiten eingeschossige Flügel rechtwinklig angefügt sind.[1224] Die umgebenden Blöcke (Abb. 358) folgen im wesentlichen den Vorgaben von Witteveen, schließen sich in der Fassadengestaltung jedoch Ouds Wohnzeilen an.

Die neun Häuserzeilen sind jeweils im gleichen Abstand zueinander angeordnet. Zur Erschließung dienen schmale Einbahnstraßen in einer Breite von 4,5 m. Zwischen den im Südwesten angefügten Flügeln (Seniorenwohnungen) liegen die für alle Hausbewohner zu nutzenden Grünanlagen, die sich gegen die Stichstraßen durch einen Zaun und eine Baumreihe abgrenzen (Abb. 41). Die seitlichen Flügel schützen die Gärten vor Durchzug und Straßenlärm der seitlich anschließenden Verkehrsstraßen (Heemskerkstraat und Groen van Prinstererstraat). Zwischen der von Nordosten aus sechsten und siebten Zeile verläuft die breitere Abraham Kuiperlaan, die sich über die beiden kreuzenden Verkehrsstraßen hinweg fortsetzt.

Die umgebende Bebauung gibt Oud nur in summarischer Form wieder (Abb. 358). Die neun Häuserzeilen überragen die einheitlich dreigeschossige Blockbebauung. Seitlich der Häuserzeilen liegt jeweils ein großer geschlossener Wohnblock, der sich über die Länge von sechs Zeilen erstreckt. Im Westen werden der schiffbare Noorder Haven sowie weitere Wohnblöcke auf der gegenüberliegenden Seite des Binnenhafens sichtbar. Nördlich von Ouds Zeilen und einem anschließenden Grünstreifen findet sich ein Wohnblock auf L-förmigem Grundriß, der abweichend von Witteveens Entwurf (Abb. 355) eine offene Blockseite aufweist. Die zwischen Ouds Häuserzeilen und dem Noorder Haven liegenden Blöcke fallen zudem breiter aus als bei Witteveen. Deutlich wird hier, daß Oud auch die übrige Bebauung des Terrains gemäß seinen Vorstellungen »korrigieren« wollte. Die Blöcke sind hier extrem weitläufig mit großen parkartigen Innenhöfen. Die ungewöhnlich langen Fensterbänder zwischen schmalen, weiß gefaßten Wandstreifen werden selbst an den Gebäudeecken nicht unterbrochen. In zwei der Perspektivzeichnungen sind die Blöcke in Anlehnung an Ouds Häuserzeilen mit verglasten

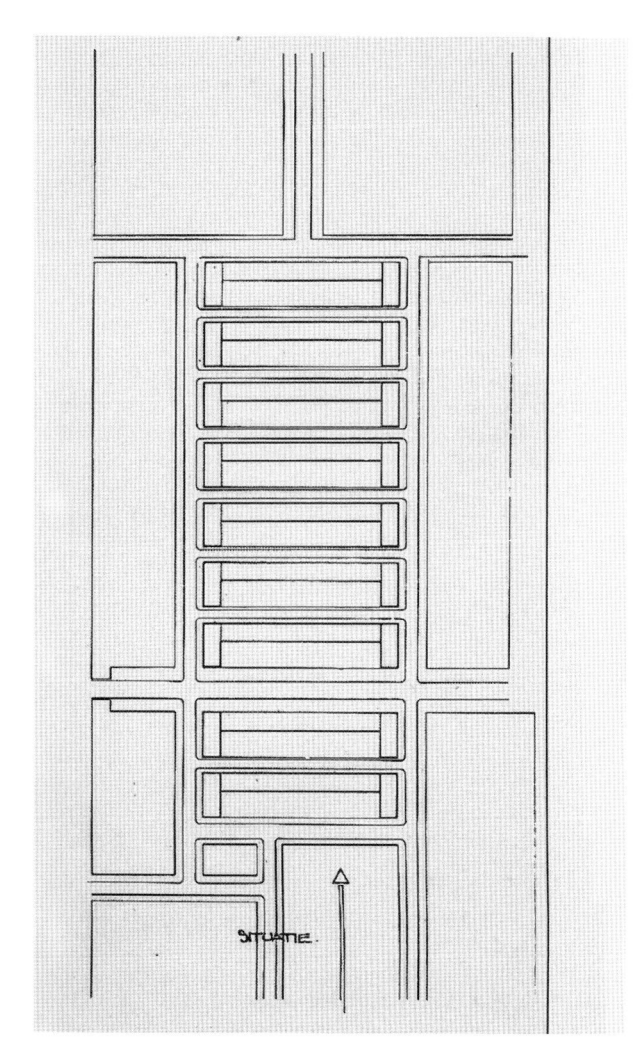

356. Häuserzeilen in Blijdorp, Rotterdam, Lageplan

Treppenhäusern und roten Eingangstüren wiedergegeben. Diese äußerst moderne Formensprache stand kaum in Einklang mit Witteveens traditioneller Architekturvorstellung. Die Gärten und zum Teil die Trottoirs sind großzügig bepflanzt, die Höfe in der Regel mit hohen Bäumen.

Außenbau (Abb. 41, 357, 358)
Die Eingangsfassaden (Abb. 357, oben) der jeweils identisch gestalteten Zeilen gliedern sich in ein schmales Fensterband im Erdgeschoß (Fahrradräume) und drei breite Fensterbänder in den Obergeschossen (Schlafräume), die von den Treppenhäusern als vertikales Element unterbrochen werden. Die Treppenhäuser öffnen sich in ganzer Breite in einer vom Eingang bis zum Dach durchlaufenden, nur von schmalen Streben unterteilten Fensterfläche. Die dunklen Fensterrahmen stehen in Kontrast zu den weiß gefaßten Wandflächen. Einen farbigen Akzent setzen die roten Eingangstüren, die jeweils ein filigranes gläsernes Vordach erhalten.

Seitlich der Eingänge finden sich pro Haus drei Fensterbänder zur Belichtung des Fahrradraumes, die in kleine quadratische Scheiben unterteilt sind. Diese bilden ein Fenstermodul, das bei allen anderen Fenstern des Hauses wieder auftritt. Die jeweils drei Schlafzimmerfenster pro Wohnung bestehen aus zwei mal drei Modulen und sind damit genau doppelt so groß wie die Fenster der Fahrradräume. Da die Wohnungen spiegelbildlich zueinander liegen, zeigt die Fassade einen Wechsel von jeweils sechs Fenstern und einem Treppenhaus. Die fünf Treppenhäuser pro Wohnzeile ergeben zusammen ein symmetrisches Gesamtbild mit dem mittleren Treppenhaus als Spiegelachse. Als äußerer Fassadenabschluß dienen die eingeschossigen Flügel, mit geschlossenen Schmalseiten. Bestimmend für die Eingangsfront ist die Gliederung in horizontale Fensterbänder und vertikale Treppenhäuser. Da die Wohnungen nur durch einen schmalen Mauerstreifen getrennt sind, werden die horizontalen Fensterbänder optisch nicht unterbrochen. Die Wandfläche ist auf ein Minimum reduziert, wobei die großen Fensteröffnungen vollkommen flächig in der Wandebene liegen. Mit Ausnahme der transparenten Vordächer zeigt die Nordwest-Seite damit keinerlei plastische Gliederungselemente.

Zur Gartenfront (Abb. 357, Mitte) erhält jede Wohnung ein Küchenfenster bestehend aus sechs Fenstermodulen entsprechend den Schlafzimmerfenstern der Eingangsfassade sowie eine große Fensterfront zur Belichtung des Wohnraumes. Hier sind abweichend jeweils zwei der quadratischen Scheiben zu hochrechteckigen Fenstern verbunden, ein Fensterformat, das in ähnlicher Form auch bei den Gästezimmern der Villa Johnson* auftrat. In der Mitte dieser Fensterfront befindet sich ein kleiner Balkon mit einer blau gefaßten Metallbrüstung, in denen Oud das Motiv der blauen Balkongitter aus Hoek van Holland* mit den Balkongeländern der Stuttgarter Reihenhäuser* verbindet. Das Erdgeschoß wird wie bei den früheren Siedlungen mit gelbem Backstein verkleidet, der hier jedoch bis in Türhöhe reicht. Entsprechend den Gartenmauern setzt sich die Plinthe hier als Ummauerung der vorgelagerten Wirtschaftshöfe fort (Abb. 41). Der Typus des Wirtschaftshofes (hier mit 2 m hohen Umfassungsmauern) wurde bereits bei den Stuttgarter Bauten erprobt. Pro Haus findet sich eine Tür in der Hofmauer, die über einen kurzen bedeckten Gang zum Erdgeschoß führt. Die rot gefaßte Tür wird (wie die Haustüre de Villa Johnson*) von zwei schmalen vertikalen Fensterstreifen zur Belichtung des Ganges flankiert. Größe und Funktion der Gänge entsprechen den Windfängen der Wohnräume in Kiefhoek und der Weißenhofsiedlung, die hier quasi in den Außenraum verlegt wurden. Die Höfe, die durch blau gefaßte Metallgitter in drei 4,4 m^2 große Abschnitte unterteilt werden, sind von den Wirtschaftsräumen des Erdgeschosses aus zu erreichen.

Im Gegensatz zur Eingangsfront, die allein rote Haustüren erhielt, zeichnet sich die Gartenseite durch ihre starke Farbigkeit mit roten Türen, gelben Hofmauern und blauen Balkongittern aus (Abb. 41). Die Bedeutung, die Oud der Farbgebung seiner Wohnzeilen beimaß, zeigen die vier großformatigen farbigen Perspektivzeichnungen, die möglicherweise als Demonstrationsblätter dienen sollten.[1225] Ein weiterer Unterschied zur Eingangsfront besteht in der plastischen Gliederung mit den vorgelegten Höfen und hervortretenden Balkonen. An Stelle der durchlaufenden Fensterbänder tritt hier ein Wechsel von zwei Küchenfenstern mit zwei höheren Wohnzimmerfenstern, der – in Verbindung mit den gekoppelten vertikalen Balkonreihen – eine Rhythmisierung der Fassade bewirkt.

Die an drei Seiten geschlossenen Gärten an der Südost-Seite der Zeilen (Abb. 41) werden zur Straße durch einen wiederum blauen Metallzaun eingefaßt. An den Höfen entlang führt ein mit

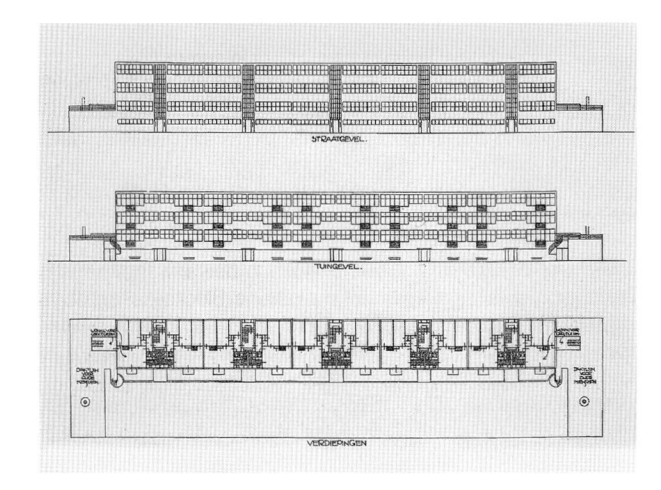

357. Häuserzeilen in Blijdorp, Rotterdam, Aufrisse von Eingangsfront (oben) und Gartenseite (Mitte), Grundriß

358. Häuserzeilen in Blijdorp, Rotterdam, Perspektive aus dem Flugzeug

Platten belegter Weg um die Anlage. Im Winkel von Häuserzeile und Seitenflügeln befindet sich jeweils eine Wendeltreppe als Zugang zu den Dachterrassen, die ebenfalls blaue Geländer erhielten. Neben einem kleinen durchfensterten Aufbau (Treppenbelichtung) wurden die Terrassen mit einer runden Sitzbank ähnlich der Rundbank gegenüber dem Eingang der Villa Johnson* ausgestattet. Weitere Sitzbänke sollten innerhalb des Gartens an der Ummauerung der Höfe angebracht werden.

Die eingeschossigen Flügel mit jeweils zwei Seniorenwohnungen übernehmen die Backsteinplinthen bzw. Hofmauern der Häuserzeilen. Während die Schmalseiten im Südosten geschlossen bleiben und die Klinkerverkleidung dort bis fast zum Dachansatz hinaufreicht, öffnen sich die Längsseiten in großen Fensterfronten. An der Straßenseite finden sich neun Fenster (Schlafräume, Küchen) entsprechend den Schlafzimmer- und Küchenfenstern der Zeilen; dasselbe gilt für die zum Garten gerichteten Wohnzimmerfenster mit den hohen Fensterformaten. Den Zugang zu den Seniorenwohnungen bilden zwei blaue Türen mit Oberlicht an der Gartenseite.

Wie bereits bei seinen früheren Wohnanlagen verwendete Oud neben dem standardisierten Fensterformat auch eine einheitliche Farbgebung, die von der Funktion der einzelnen Bauglieder bestimmt wird: Mauerflächen und Sitzbänke sind generell weiß, die Backsteinplinthen und Hofmauern gelb. Balkongeländer, Gartenzaun, Hofgitter und Geländer der Dachgärten sollten blau gefaßt werden, die Türen mit Ausnahme der blau abgesetzten Seniorenwohnungen rot.

Innendisposition (Abb. 357, 359)
Die beiden Eingänge (Straßenfront und Gartenseite) führen in einen Flur mit Zugang zu den Wirtschaftsräumen und der Treppe (Abb. 359, unten). Flur und Treppenhaus sollten bis in Höhe von 1,25 m mit Fliesen verkleidet werden. Die Treppe erschließt zwei Wohnungen pro Geschoß (Abb. 359, oben). Über den Wohnungsflur (mit den Meßgeräten und zwei Wandschränken) sind die Toilette, das Elternschlafzimmer und der Wohnraum zugänglich. Die Südost-Front des großen Wohnraumes (18,75 m² Nutzfläche) ist in ganzer Breite durchfenstert und bietet über zwei Fenstertüren Zugang zum Balkon. An der Rückwand mit dem Zugang zu zwei Schlafräumen befinden sich ein Schrank und der Ofen. Auch die drei Schlafräume sind in ganzer Breite durchfenstert. Über die ebenfalls nach Südosten gerichtete Küche ist das Bad mit Dusche zu erreichen.[1226] In der Dusche, der Küche, der Toilette und am Ofenplatz sollten die Wände bis auf Höhe von 1,5 m gefliest werden. Anders als bei Ouds sonstigen Wohnungen sind die Räume und die Raumwände hier – mit Ausnahme der Fensterfronten – nicht symmetrisch angelegt, sondern folgen rein funktionalen Kriterien.

Den Wohnungen für Großfamilien, die an den Außenseiten der Zeilen im ersten Obergeschoß untergebracht sind, werden zusätzlich zwei Zimmer und ein Abstellraum in den Seitenflügeln zugewiesen. Eine Treppe, die über ein Oberlicht (Aufbau der Dachterrassen) Tageslicht erhält, überbrückt den Höhenunterschied zwischen beiden Bauten. Die zwei spiegelbildlich angeordneten Wohnungen für Senioren sind über den Garten zugänglich. Ein kleiner Flur mit angeschlossener Toilette führt in den Wohnraum (Gartenseite), der wiederum das Schlafzimmer und die Küche (Straßenseite) erschließt. Eine zweiflügelige Tür in Verlängerung des Gartenweges führt zu einem Flur mit den Abstellräumen.

Einordnung
Ouds städtebaulicher Entwurf mit parallelliegenden Zeilen und niedrigen Seitenflügeln bildet eine Variante zu einem in dieser Zeit bereits geläufigen Typus. Die Häuserzeilen werden dabei an einer Seite – als Abschottung von einer stark befahrenen Straße – mit einem niedrigeren Flügel oder mehreren kürzeren Zeilen versehen. Ein frühes Beispiel bildet Otto Haeslers Siedlung am Georgsgarten in Celle von 1926.[1227] Da Oud in seiner Entwurfserläuterung neben Berlin und Karlsruhe auch Celle nennt, waren ihm diese Bauten sicherlich bekannt.[1228] Zu erwähnen ist auch Mart Stams Siedlung Hellerhof in Frankfurt am Main, die 1928 entworfen und im März 1929 begonnen wurde. Wohl über Stam wurde dieser Typus in De Opbouw bekannt gemacht und entsprechend rezipiert.[1229]

Die Einrichtung von Seniorenwohnungen innerhalb eines Wohnkomplexes war zu diesem Zeitpunkt neu.[1230] Oud zielte hier auf eine Vermischung unterschiedlicher Bewohnergruppen ähnlich seinen früheren Wohnbauten für den *Woningdienst*, so den Wohnblöcken in Tusschendijken* und den Häuserzeilen in Hoek van Holland*. Die Formensprache der Häuserzeilen folgt mit den Fensterbändern und großen Glasflächen den damals aktuellen Beispielen des modernen Zeilenbaus, so unter anderem Haeslers Siedlung Rothenberg in Kassel (1929–31), bleibt mit den starken Farbakzenten jedoch der charakteristischen Gestaltungsweise seiner kommunalen Wohnbauten treu. Die für Ouds

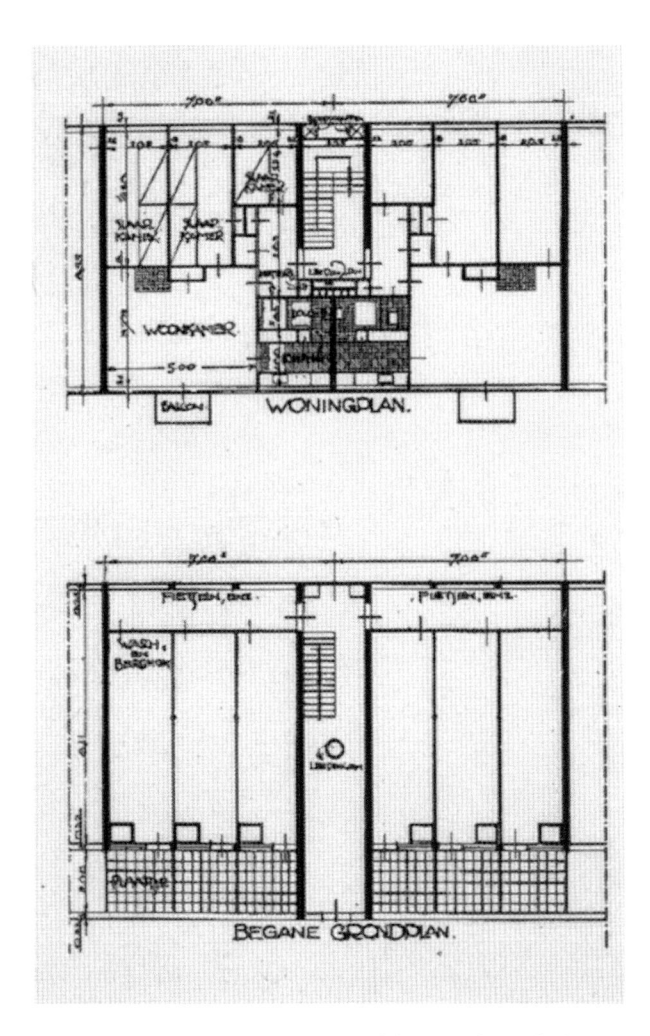

359. Häuserzeilen in Blijdorp, Rotterdam, OG (oben), Grundriß EG (unten)

typischen Symmetrien (Eingangsfassade) bzw. rhythmisierten Gliederungen (Gartenfront) verleihen den Häuserzeilen in Blijdorp ein individuelles Erscheinungsbild, das sie eindeutig vom deutschen Zeilenbau mit seiner betonten Serialität absetzt.

Baugeschichte
Für die neun Häuserzeilen legte die Baugesellschaft De Vries Robbé & Co am 18. Dezember 1931 ein Angebot vor.[1231] Die Anzahl der Zeilen sowie die Angaben zu Wohnungen, Seitenflügeln und Gemeinschaftsräumen bestätigen, daß es sich dabei nicht um die Entwurfsvariante mit acht Häuserzeilen (Abb. 360) handelt. Die Einteilung der Wohnungen sollte nach einem nicht überlieferten Entwurf vom 14. Dezember 1931 erfolgen, der jedoch höchstens im Detail von dem auf Mai 1931 datierten und nun in die engere Wahl genommenen Entwurf abweichen kann. Der Preis für Bau und Montage wurde auf 1.116.900 Gulden bei einer Bauzeit von einem Jahr festgelegt.[1232]

Hans Oud kam zu einer anderen Deutung der beiden Entwürfe, der sich mehrere Autoren anschlossen. Demnach habe Oud im Anschluß an den großzügigeren Entwurf (mit neun Zeilen) eine reduzierte Fassung eingereicht, die jedoch noch immer zu teuer erschien.[1233] Die Variante mit acht Zeilen wäre damit später entstanden als der zur Ausführung ausgewählte und geprüfte Entwurf. Da sich auf der Variante Schnitte einer Zeilen- und einer Blockbebauung gegenüberstehen (Abb. 360 oben), wird zum Zeitpunkt des Entwurfs die städtebauliche Planung Witteveens noch im Gespräch gewesen sein. Das Angebot des Bauunternehmens basiert zudem auf einem Entwurf mit neun Wohnzeilen, der somit als die zweite, endgültige Fassung zu deuten ist. Dafür spricht auch die modernere Konzeption (einheitliche Wohnungsgrößen) und Formensprache (durchlaufende Fensterbänder), die sich an dem derzeit in den CIAM propagierten deutschen Zeilenbau orientiert. Angesichts der geringeren Anzahl von Wohnungen war der spätere Entwurf für die Gemeinde weniger lukrativ. Hinzu kommen die kostenintensiven Gemeinschaftsräume, Dachterrassen, Wirtschaftshöfe und die Bäder mit Duschen.

Die von Oud konzipierten Zeilenbauten an Stelle der geplanten Wohnblöcke müssen vor dem Hintergrund der Kontroverse zwischen der Gemeinde (Witteveen) und den fortschrittlichen Architekten im Umkreis von De Opbouw gesehen werden. Ouds Entwürfe sind damit primär als Gegenvorschlag eines De Opbouw-Mitglieds und erst an zweiter Stelle als Entwurf des Gemeindearchitekten zu deuten. Daß der Entwurf nicht zur Ausführung kam, wird allgemein auf die problematische Finanzlage zurückgeführt.[1234] Aber auch die laufenden Untersuchungen zu den Schäden an Ouds Siedlungen könnten hierfür verantwortlich sein.[1235] Eventuell mußte sich die Gemeinde auch zwischen Ouds Entwurf und dem »Centraalplan«, der vier Wohnblöcke an der Kreuzung Stadhouderslaan und Statenweg vorsah, entscheiden, wobei sie letzteren wählte. Als Architekt des »Centraalplan« wurden J. H. van den Broek, A. P. B. Otten und W. Th. ten Bosch beauftragt.[1236] Obwohl Oud seinen Entwurf geschätzt haben muß – nach Van den Broek hing ein Aquarell der Häuserzeilen in seinem Arbeitszimmer im Rotterdamer Rathaus – wurde er zu seinen Lebzeiten selten publiziert.[1237]

Frühe Publikationen De Telegraaf, 29.8.1934, S. 3; Mariani 1956, S. 343; Albarda 1963, S. 430f.; Wiekart 1965, S. 13; Rebel 1977, S. 149; Stamm 1978, Fig. 49, 50, S. 52f.
Literaturauswahl Kromhout 1927; Witteveen 1929; J. J. P. Oud, Toelichting op Blijdorp, Typoskript 1931 (9 Seiten, davon erste Seite verloren), Oud-Archiv (teilweise abg. in Taverne 2001, S. 308, 310); Wattjes 1931; Van Ravesteyn 1948, S. 198–200; Hoogenberk 1980, S. 141–144; Brouwer 1986, S. 9; Dettingmeijer 1988, S. 75–81, 303–309; Vermeer/Rebel 1994, S. 200f., 205.
Vgl. Taverne 2001, Kat. Nr. 48.

37a Variante zu den Häuserzeilen in Blijdorp

Gegenstand Unausgeführter Entwurf für acht Wohnzeilen im Stadterweiterungsgebiet Blijdorp. Die Variante entstand wahrscheinlich früher als Ouds Entwurf der Häuserzeilen in Blijdorp*.
Planmaterial NAi: Lageplan (Abb. 360), Grundrisse (Abb. 362), Aufrisse (Abb. 361) und Perspektive.

Beschreibung
Die Variante zeigt acht Zeilen (Abb. 360) mit Wohnungen in allen vier Geschossen. Die 48 Wohnungen pro Zeile zuzüglich der 16 Wohnungen in den Flügeln ergeben mit insgesamt 512 Wohneinheiten ein deutlich umfangreicheres Bauprogramm als der spätere Entwurf. Im Erdgeschoß wechseln sich Wohnungen mit drei Schlafzimmern (insgesamt fünf Betten, darunter zwei breitere Betten) und nur einem Schlafzimmer ab. Alle Erdgeschoßwohnungen verfügen über einen kleinen Garten, wobei die Gärten der größeren Wohnungen breiter ausfallen. Vom Hausflur führt ein Weg um die Gärten von zwei nebeneinanderliegenden Wohnungen. In den Obergeschossen (Abb. 362) finden sich abwechselnd Wohnungen mit zwei und drei Schlafzimmern. Wie für Oud kennzeichnend, sind die Raumwände jeweils symmetrisch angelegt, wobei Schrank- und Wohnungstüren dieselbe Gestaltung erhielten. In den Seitenflügeln wurden zwei Wohnungen mit vier Schlafzimmern (sechs bzw. neun Betten) untergebracht. Der Zugang erfolgt im Gegensatz zum späteren Entwurf von der Straße aus. Bäder, Gemeinschaftsräume, Dachterrassen und Wirtschaftshöfe waren nicht geplant.

Abweichend von dem endgültigen Entwurf fallen die Fenster an der Straßenfront (Abb. 361, oben) trotz der sechs Fenstermodule kleiner aus. Zwischen den Fenstern bleiben jeweils schmale Wandstreifen zurück, so daß sich keine durchlaufenden Fensterbänder ergeben. Auch die einzelnen Wohnungen sind an der Fassade nicht ablesbar. Die Südseite (Abb. 361, unten) zeigt entsprechend dem späteren Entwurf einen Wechsel von zwei kleinen Küchen- und zwei größeren Wohnzimmerfenstern. Die

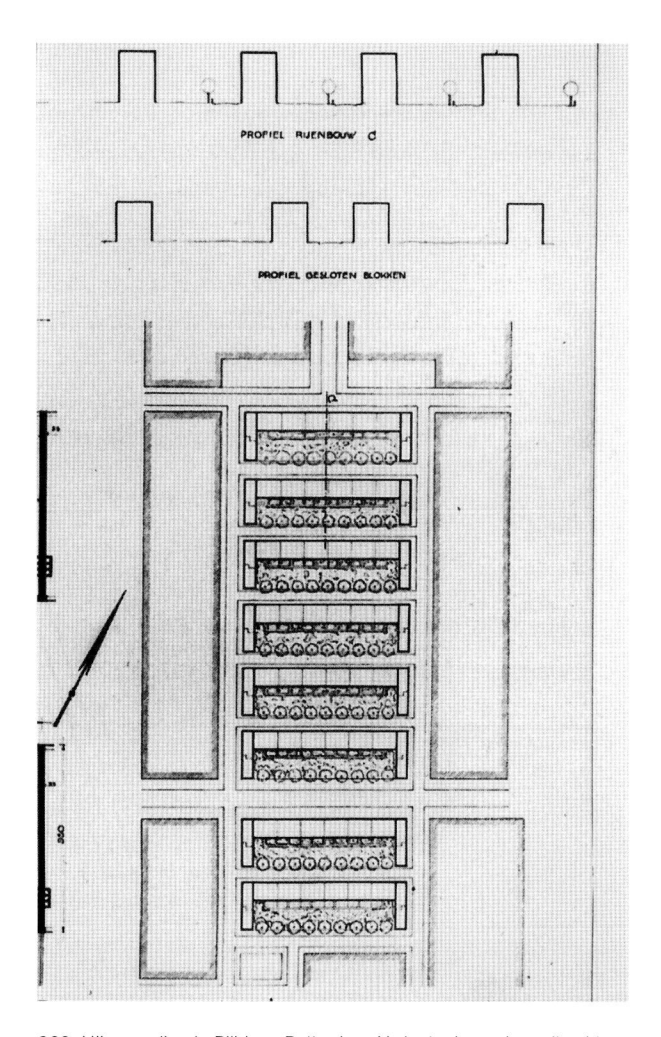

360. Häuserzeilen in Blijdorp, Rotterdam, Variante, Lageplan mit acht Zeilen und Schnitt (oben)

schmaleren Abschnitte sind dabei aus der Flucht zurückgesetzt und bieten Platz für schmale Balkone, die von der Seite aus zu betreten sind. Da sie (aufgrund fehlender Wirtschaftshöfe) zum Aufhängen der Wäsche vorgesehen waren, bleiben die Brüstungen hier geschlossen.[1238] Die hinter den Balkonen liegenden Küchen werden durch die aus der Gebäudeflucht zurückgesetzten Fenster kaum ausreichend belichtet.

Die Variante zeigt generell tiefere und schmalere Wohnungen, die somit dunkler ausfallen. Neben einer minimierten Ausstattung wurde auf plastische und farbige Akzente, wie die gelbe Backsteinverkleidung und die blauen Balkongitter, verzichtet. Insgesamt erscheint sowohl die Fassadengestaltung als auch die Konzeption der Wohnungen weniger klar und übersichtlich als beim endgültigen Entwurf. Neben der Gestaltung veränderte Oud jedoch auch sein Konzept: Anders als der spätere Entwurf, der sich mit identischen Wohnungszuschnitten an Beispiele des deutschen Zeilenbaus anlehnt, versuchte Oud hier (ähnlich den Häuserzeilen in Hoek van Holland*) eine Verbindung unterschiedlicher Wohnungstypen zu realisieren. Mit dem strengen Zeilenbau verzichtete Oud daher – mit Ausnahme der integrierten Seniorenwohnungen – auf die gewünschte Vermischung unterschiedlicher Bewohnergruppen.

Publikationen Barbieri 1986, S. 114; Van der Hoeven 1994, S. 60f.; Taverne 2001, S. 309 (Farbabb.).

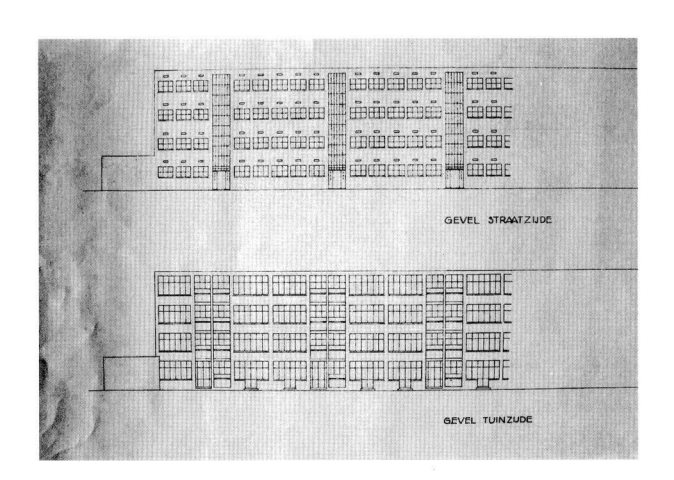

361. Häuserzeilen in Blijdorp, Rotterdam, Variante, Aufriß Straßenfront (oben), Gartenfassade

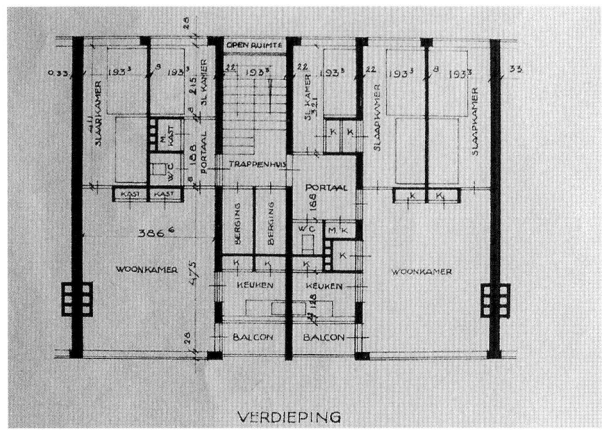

362. Häuserzeilen in Blijdorp, Rotterdam, Variante, Grundriß Obergeschoß

Anmerkungen

[1] U. a.: Archiv Roland Günter, Oberhausen; Dienst Gemeentewerken Rotterdam; ENECO Energiebedrijven Rotterdam-Noord; Firma Bols, Zoetermeer; Gemeentlijke Woningbedrijf Rotterdam; Gemeinde und Historische Vereniging Den Helder; Gemeindearchiv Leiden; Legers des Heils, Corps Rotterdam-Zuid; Museum der Gemeinde Purmerend; Rijksdienst voor de Monumentenzorg, Zeist; Stadtarchiv Brünn; Stadtarchiv München; Stadtarchiv Oberursel; Stedelijkmuseum de Lakenhal, Leiden; Volksuniversiteit Rotterdam; Wohnungsbauvereinigung Hoek van Holland; Woningstichting Onze Woning, Rotterdam.

[2] CCA: Ausdruck der Inventarliste vom 31.8.1998; GRI: Zusendung an die Verfasserin vom 16.12.1998.

[3] Zu den aktuellen Inventarnummern der Dokumente vgl. Taverne 2001.

[4] Im Gegensatz hierzu ordnet Donald Langmead in seiner Bibliographie die vereinzelt aufgenommenen Abbildungshinweise nicht nach Objekten, sondern bindet sie in die chronologische Übersicht der Publikationen ein: Langmead 1999.

[5] Hans Oud 1984; Stamm 1984.

[6] Taverne 2001.

[7] Van Agt 1953; Peter Don, zusammengestellt, Kunstreisboek Noord-Nederland, Amsterdam 1987, S. 216–219; R. Meischke, H. J. Zantkuijl, W. Raue, P. T. E. E. Rosenberg, Huizen in Nederland, Friesland en Noord-Holland, Zwolle 1993, S. 316–319.

[8] Vgl. Haus De Vonk*.

[9] Der Entwurf ist als Blaupause überliefert, datiert auf Januar 1916. CCA: Taverne 2001, Kat. Nr. 13.

[10] Muthesius 1904.

[11] Beide Pläne befinden sich im Oud-Archiv. Abb. »Plan B«: Taverne 2001, S. 125.

[12] Weitere Abweichungen vom realisierten Entwurf betreffen die Gartenseite mit einem Gebäuderücksprung und einem in den Rücksprung plazierten Zugang. An der Straßenfront, die noch nicht die ausgeführte ornamentale Musterung aufweist, befinden sich zwei Schornsteine. Die Haustür ist über zwei Treppen (frontal und seitlich) zu erreichen. Der Entwurf wird im Rotterdamer Katalog irrtümlich als ausgeführte Variante bezeichnet: Taverne 2001, S. 124.

[13] Vgl. »III. 1.2. Die Zeit vor Gründung von De Stijl«.

[14] Brief von Van Doesburg an Kok vom 4.8.1916, RKD: Van Straaten 1988, S. 26.

[15] Vgl. Brief von Milius an Oud vom 1.1.1917, RKD: Van Straaten 1988, S. 27. Die Ausführung übernahm die Firma Bogtman in Haarlem: Brief von Van Doesburg an Oud vom 16.11.1916, FC: Van Straaten 1988, S. 27.

[16] Brief von Van Doesburg an Kok vom 22.4.1917, RKD: Van Straaten 1988, S. 27.

[17] Brief von Van Doesburg an Kok vom 3.5.1917, RKD: Van Straaten 1988, S. 27 (als Brief vom 9.5.1917: Hoek 2000, S. 182).

[18] Inv. Nr. 9617 und 9618.

[19] Mit Dank an die Bewohnerin für die Besichtigung ihres Hauses.

[20] Als ein beliebiges Beispiel sei das Rathaus von De Rijp (1630) genannt.

[21] Vgl. »V. 1.1. Oud und das ›Entwerfen nach System‹«.

[22] Anhand der Fassadenansicht ist nicht mit Sicherheit zu sagen, ob es sich – wie beim ausgeführten Bau – tatsächlich um einen Mauervorsprung oder um ein plastisch abgesetztes Gesims handelt.

[23] A. I. J. M. Schellart, Historische Landhuizen, Deventer 1975, S. 19, 29, hier der schematische Grundriß eines Landhauses aus dem 17. Jahrhundert.

[24] Zum Dorf Velp und seiner Architektur: Stenvert/Kolman/Broekhoven/Meierink 2000, S. 310–313.

[25] De Gruyter 1951, S. 22; Polano 1977, Anm. 1, S. 49; Hans Oud 1984, S. 23; Stamm 1977, S. 261, 265; Stamm 1979, S. 72f.; Stamm 1984, S. 32; Pommer/Otto 1991, S. 245f.

[26] Blaupause (22.4.1912) im Gemeindearchiv Rheden und im Besitz der Bewohner Zutphensche Straat 13. Bauanfrage vom 26.4.1912 durch Geerlings im Gemeindearchiv Rheden. Der Stempel von B & W (Gemeindevorstand) verzeichnet den 1. Mai 1912. Der Entwurf wurde mit geringen Abweichungen in Velp errichtet.

[27] So bereits 1951, das heißt noch zu Lebzeiten von Oud: De Gruyter 1951, S. 22. Die Autoren des Rotterdamer Katalogs lehnen eine Verbindung zwischen der Perspektive und dem ausgeführten Bau mit Verweis auf die Architektensignatur ab. Die Perspektive datieren sie weiterhin auf 1916: Taverne 2001, Kat. Nr. 14, S. 80.

[28] Hans Oud 1984, S. 23. Laut Stamm geht die Perspektive stilistisch deutlich über das ausgeführte Gebäude hinaus: Stamm 1977, S. 261, 265; Stamm 1979, S. 72f.; Stamm 1984, S. 32.

[29] Vgl. »Vorbilder«.

[30] Vgl. Stamm 1984, S. 31.

[31] Zu Ouds Grundrißlösungen vgl. »V. 1.1. Oud und das ›Entwerfen nach System‹«.

[32] Haus A. Oud-Hartog, Venediën 7, 1906; Haus Herengracht 23, um 1910; Vereinsgebäude und Arbeiterwohnungen für Vooruit, Wilhelminalaan 10, 1911.

[33] Jacobs hat mehrere Häuser in der Zutphenschestraat in Velp errichtet, so Nummer 22–24 und wahrscheinlich 26, 42, 44: Mit Dank für die Auskunft an W. J. Meijerink, Geldersarchief, Arnhem.

[34] Vgl. »V. 2. Klassische Entwurfsprinzipien«.

[35] Dies im Gegensatz zu Stamm, der hier bereits eine kubische Formgebung mit gegeneinander verschobenen Baublöcken zu sehen meint: Stamm 1977, S. 265; Stamm 1979, S. 72; Stamm 1984, S. 32.

[36] Garnier 1917.

[37] Abb.: Smets 1972, S. 44; Van der Perren 1980, S. 11.

[38] Dagegen Stamm 1979, S. 73; Stamm 1984, S. 32.

[39] Slings-van Zanden 1997.

[40] Polano 1987, Abb. 233, S. 157; Hoogeveen-Brink 1997, S. 36–40, mit Abb.; De Jongh-Vermeulen 1999, S. 89; Abb. 366, S. 241. 1902 gab Toorop zudem das Haus Ons Prinsesje bei Jesse in Auftrag.

[41] Esser erwähnt einen Blaudruck im Gemeindearchiv Katwijk mit Signatur von Kamerlingh Onnes: Esser 1982, S. 131. Der Blaudruck befindet sich heute nicht (mehr) im GAK: Auskunft der Gemeindeverwaltung Katwijk vom 23.10.1997.

[42] Übers. EvE: J. J. P. Oud 1918b, S. 29. Entsprechend Hoste 1918a, S. 9.

[43] Blotkamp 1982c, S. 32.

[44] Behne 1921/22b, S. 22f. So auch Wattjes 1924, Abb. 52: »Arch. M. Kamerlingh Onnes: Landhuis ›Allegonda‹«. Noch deutlicher Hitchcock 1928, S. 100: »… was done by Kamerlingh Onnes' designs and cannot be considered to represent Oud's own ideas …«.

[45] Kamerlingh Onnes 1924, Pl. 43, 44.

[46] Blotkamp 1982c, S. 32. Zur Afrikareise vgl. Brief von Harm Kamerlingh Onnes an Hans Oud vom 21.9.1980: Hans Oud 1984, Anm. 127, S. 39.

[47] Hans Oud 1984, S. 38; Stamm 1984, S. 40.

[48] Taverne 2001, S. 127, 129.

[49] Unklar ist, inwieweit der Maler über das technische Know-how verfügte. Laut Hans Oud hatte Kamerlingh Onnes, kurzzeitig Student der Polytechnischen Schule in Delft, seine beiden Villen (De Hoogcarte und ›t Waerle) selbst entworfen: Hans Oud 1984, S. 38; Anm. 125, S. 39.

[50] Vgl. Behne 1921/22b, S. 22f.; De Fries 1924c, S. 60, 61 (und spätere Auflagen). Laut Rotterdamer Katalog habe Oud die Publikation der Villa Allegonda, an der er als entwerfender Architekt kaum beteiligt gewesen sei, verhindert: Taverne 2001, S. 127.

[51] Behne 1921/22b, S. 22f; De Fries 1924c, S. 60f.

[52] GAK, Akte zu Haus Boulevard 1. Vgl. Hans Oud 1984, S. 38.

53 Oud 1918b, S. 30.
54 Vgl. Entwurf im GAK, Akte zum Haus Boulevard 1, mit Namen von J. A. de Best. J. P. de Brakel nennt allein Gerrit de Best: Brief von Van Brakel an Hans Esser vom 2.4.1982: Durchschlag GAK, Akte zum Haus Boulevard 1.
55 Oud 1918b, S. 29.
56 Abb. des Entwurfs mit Datierung auf März 1901: Taverne 2001, S. 128. Laut Rotterdamer Katalog wurde die Villa Sigrid von H. J. Jesse erbaut: Taverne 2001, S. 127. Der Verfasserin liegen hierzu keine Informationen vor. Vgl. auch das Werkverzeichnis von Jesse, in dem die Villa nicht erwähnt wird: Hoogeveen-Brink 1996, S. 73f.
57 Brief von Van Brakel an Hans Esser vom 2.4.1982: Durchschlag GAK, Akte Haus Boulevard 1. Nach Reinhartz-Tergau handelt es sich dagegen um die Mutter von J. E. R. Trousselot: Reinhartz-Tergau 1990, S. 31.
58 Mit Dank für die hilfreichen Informationen zur Geschichte des Hauses an J. P. van Brakel, Alters-Vorsitzender der Genootschap »Oud Katwijk« in einem Brief an die Verfasserin vom 12.11.1997.
59 Auch Oud wählte diese Ansicht in der ersten Publikation des Gebäudes: Oud 1918b, vor S. 29.
60 Oud 1918b, S. 30. Laut Hans Esser wurden nur die Holzteile grau-violett gestrichen, die Wandflächen jedoch hell-grau verputzt: Esser 1982, S. 131f; vgl. De Jongh-Vermeulen 1999, S. 239; Taverne 2001, S. 129.
61 Nach Oud sollte der Putz so flach wie möglich aufgetragen werden: Oud 1918b, S. 30.
62 Hans Oud, S. 39. Allerdings ist auf einer Fotografie der Ostseite auch die Nordseite des Gebäudes zu erkennen: Stamm 1978, Fig. 20, S. 24.
63 Dagegen Hans Oud 1984, S. 38.
64 Oud 1918b, S. 29f.
65 Oud 1918b, S. 30.
66 Naylor 1975, S. 101.
67 Stamm 1984, S. 41. Dagegen bezeichnet der Rotterdamer Katalog die Deutung der Villa als frühes Beispiel einer »kubistischen« Architektur als »Mythos«: Taverne 2001, S. 132, vgl. S. 129. Vgl. »V. 3.3. Ouds Moderne Architektur im internationalen Kontext«.
68 Hitchcock 1929, S. 177; Hitchcock 1931 o. S.; Blotkamp 1982c, S. 32.
69 Bock 1988, S. 120; Abb. Entwurf Van Anrooy: Lauweriks 1914, S. 116f. Van Anrooy war selbst in Wien gewesen, wo er entsprechende Anregungen aufgenommen haben könnte.
70 Daß Oud den Entwurf kannte, zeigt auch die Rezeption der geometrischen Verkleidung des Kernbaus mit dem exakt in der Mitte der Fassade liegenden Fenster in der Bauleitungshütte*; ebenso der dunkel von der Wand abgesetzte Kreis in Ouds Entwürfen der Siedlung Kiefhoek*.
71 Lauweriks 1914, S. 116.
72 »Das ganze paßt überaus gut in die Umgebung, und vor allem die Abdeckung mit Flachdächern erweist sich am Meer als glücklich. Um so mehr da hier die Verteilung der Massen … einen gelungenen Abschluß des Noord-Boulevards formt. Die besonders schlichte Farbe des Gebäudes harmoniert ausgezeichnet mit der hellen Dünenlandschaft.« Übers. EvE: Oud 1918b, S. 30.
73 Brown 1967, S. 232.
74 Bliek 1991, S. 13; Hoogeveen-Brink 1997, S. 39. Vgl. De Jongh-Vermeulen 1999, S. 241.
75 Dagegen Ankie de Jongh-Vermeulen, nach der das Schild erst 1927 nach dem zweiten Umbau vom Eingang in die Veranda versetzt wurde: De Jongh-Vermeulen 1999, S. 239.
76 Wintgens-Hötte/De Jongh-Vermeulen 1999, S. 238, Beschreibung zu Abb. 360.
77 Die Initiative zur »Moorse kamer« ging von Menso Kamerlingh Onnes aus: Reinhartz-Tergau 1990, S. 31. Nicole Bliek nennt die »Moorse kamer« auch »Byzantijnse kamer«: Bliek 1991, S. 13. Auch das Eßzimmer wurde von Menso Kamerlingh Onnes eingerichtet: Reinhartz-Tergau 1990, S. 72.
78 Brief von Harm Kamerlingh Onnes an Oud mit Poststempel vom 22.4.1921, Oud-Archiv, B.

79 De Jongh-Vermeulen 1999, Anm. 84, S. 255.
80 Abb.: Oud 1918e, S. 201; Fotografie im RKD, Archiv Van Doesburg; vgl. Hoek 2000, Nr. 530, S. 187.
81 Übers. EvE: Brief von Van Doesburg an Kok vom 9.5.1917, nach Van Staaten, 1988, S. 28f.
82 Übers. EvE: Oud 1918e, S. 201f.
83 Roth, 1973, S. 128; vgl. Reinhartz-Tergau 1990, S. 31: Primärfarben.
84 Hoek 2000, S. 187.
85 Hoek 2000, S. 187. Vermutet wird zudem, daß die Deutschen während des 2. Weltkrieges das Fenster entfernt haben: Herr Van Brakel in einem Schreiben an die Verfasserin vom 12.11.1997.
86 Willy Rotzler, Theo van Doesburgs »Komposition V«, 1918, in: Kunsthaus Zürich, Züricher Gesellschaft, Jahresbericht 1984, Zürich, S. 106–109; Doig 1986, S. 76; Lutz 1987, S. 111; Reinhartz-Tergau 1990, S. 31; Warncke 1990, S. 96; Hoek 2000, S. 187; Nr. 557, S. 206; Taverne 2001, S. 129; White 2003, S. 30. Van Straaten bemerkt, daß die Dokumente nicht mit Sicherheit auf eine Anbringung in der Villa Allegonda schließen lassen: Van Straaten 1988, S. 29f.; vgl. De Jongh-Vermeulen 1999, S. 239. Erhalten sind ein Entwurf (ohne Farbgebung), der Farbentwurf sowie ein in den 1950er Jahren ausgeführtes Glasfenster nach dem Original: Hoek 2000, 557a, b, c, S. 206f.
87 Gouwe 1932, S. 57. Van Doesburg hat mehrfach erwähnt, daß »Komposition V« für die Villa Allegonda bestimmt gewesen sei: Van Straaten 1988, S. 30. Vgl. Brief von Van Doesburg an Karel Wasch vom 27.12.1923: Timo te Duits, Geachte Heer Wasch… De correspondentie voor Glas en Kristal, in: Jong Holland, 3, 1992, S. 43.
88 NAi, Schenking Van Moorsel, Inv. Nr. AB 5055. Abb.: Valstar 1985, Abb. 5, S. 6.
89 »zwischen dem Anschluß des Turms mit dem bestehenden Teil ein Bleiglasfenster … von Theo van Doesburg«. Übers. EvE: Oud 1918b, S. 30. Vgl. 1918e. Oud sprach in den 1960er Jahren von »einer Anzahl Bleiglasfenster«, die Van Doesburg für die Villa Allegonda entworfen habe: J. J. P. Oud, Konzept zu Architcturalia, S. 25. NAi C 20. Da Oud hier jedoch seine enge Zusammenarbeit mit Van Doesburg hervorheben wollte, ist die Aussage als Beleg nicht zuverlässig. Alfred Roth, der die Villa Allegonda 1928 besuchte, erwähnt kein zweites Fenster: Roth 1973, S. 128. Die Autoren des Rotterdamer Katalogs schließen aus der Korrespondenz, daß auch Harm Kamerlingh Onnes ein Fenster für die Villa fertigte: Brief von Harm Kamerlingh Onnes an Oud vom 25.4.1919, Oud-Archiv, B; Taverne 2001, S. 129. Offenbar geht sich hier jedoch um die Treppenhausfenster von Haus De Vonk*, die später ergänzt wurden.
90 Vgl. Angaben in Hoek 2000, Nr. 554. IVa, S. 201.
91 Blotkamp 1982b, S. 30; Blotkamp 1986, Anm. 28, S. 36.
92 Vgl. »I. 5. Erhaltungszustand und denkmalpflegerische Fragen«.
93 Anders als die in den 1970er Jahren veröffentlichte Ansicht wurden die Grundrisse und der Lageplan erstmals im Rotterdamer Katalog publiziert: Taverne 2001, Kat. Nr. 27. Zuvor wurde der Fassadenentwurf zwischen 1915 und 1917 datiert: Stamm 1978, Fig. 15, S. 18, 19; Stamm 1984, S. 32; Hans Oud 1984, S. 22. Das datierte Präsentationsblatt war offenbar nicht bekannt.
94 Hans Oud 1984, S. 18.
95 Vgl. Fragment eines Stadtplans, der den Zustand des alten Den Helder vor den Zerstörungen des 2. Weltkrieges zeigt: K. Jellema, De Ambachtsschool, voor het echte handwerk …, in: Levend verleden, 10. Jg., Juni 1998, Nr. 4 (Hrsg. Heldersche Historische Vereniging), S. 110. Angesichts des erst neun Jahre zuvor errichteten Schulgebäudes erscheint auch ein Neubau an anderer Stelle wenig plausibel.
96 In den Archiven der Gemeinde Den Helder und der Helderse Historische Vereniging existieren keine Angaben zu dem Gebäude. Mit Dank für den freundlichen Hinweis an A. Boon, Vorsitzender der Helderse Historisch Vereniging, im August 1998. Zur Geschichte der Gewerbeschule in Den Helder: K. Jellema, De Ambachtsschool, voor het echte handwerk …, in: Levend verleden, 10. Jg., Juni 1998, Nr. 4 (Hrsg. Helderse Historische Vereniging), S. 110f.

⁹⁷ Im Rotterdamer Katalog wird die Arbeit als Übungsblatt oder Studie gedeutet: Taverne 2001, S. 110.
⁹⁸ Das traditionelle Motiv der um einen Hof verlaufenden Flure mit anschließenden Räumen wurde von Oud bereits beim Entwurf eines Pflegeheims (1915) angewandt. Im Bereich des Schulbaus könnte er sich an einem Entwurf Michel de Klerks (1904) orientiert haben. Abb.: Bock/Johanisse/Stissi 1997, S. 103.
⁹⁹ Weitere Übereinstimmungen finden sich bei Berlages unausgeführtem Entwurf eines Börsengebäudes für den Buchhandel (1903). Der ebenfalls für den Damrak (Platz des heutigen Bijenkorf) vorgesehene Bau zeigt übereinstimmend mit der Börse ein längsrechteckiges Gebäude mit einem Börsensaal auf der einen Seite und einem zentralen Treppenhaus in der Mitte der Anlage; Abb.: Manfred Bock, Jet Collee, Hester Coucke, H. P. Berlage en Amsterdam, Amsterdam 1987, Nr. 27.
¹⁰⁰ Hans Oud, der erstmals auf die Parallelen zwischen beiden Bauten aufmerksam machte, ließ gerade dieses Motiv unerwähnt: Hans Oud 1984, S. 22. Zu Haus De Vonk*, das ebenfalls dieses Motiv zeigt vgl. Hans Oud 1984, S. 39. Da es sich bei dem beschriebenen Motiv nicht um eine Neuerfindung De Bazels handelt, sind auch andere Vorbilder denkbar, so u. a. Karl Mosers Universitätsgebäude in Zürich (1911–14) und Eliel Saarinens Rathaus in Lathis, Finnland (1914).
¹⁰¹ Vgl. Hans Oud 1984, S. 70; »V. 1.2.2. Aufnahme von Einzelmotiven von Lauweriks und De Bazel«.
¹⁰² Zwei Amsterdamer Grundschulen am vormaligen Karthuizerskerkhof, 1899: Tjeed Boersma, Ton Verstegen, Red., Nederlands naar school. Twee eeuwen bouwen voor een veranderend onderwijs, Kat. Rotterdam 1996, S. 97 mit Grundrissen. Vgl. Michel de Klerks Schulgebäude: Bock/Johanisse/Stissi 1997, S. 103.
¹⁰³ Vgl. »V. 1.1. Oud und das ›Entwerfen nach System‹«.
¹⁰⁴ Vgl. »V. 2. Klassische Entwurfsprinzipien«.
¹⁰⁵ Hans Oud 1984, S. 22.
¹⁰⁶ Stamm 1977, S. 263; Stamm 1984, S. 29. Vgl. Flagge 1992, S. 54f.
¹⁰⁷ Vgl. die Publikation dieses Gebäudes in Oud 1926a, Abb. 9, S. 24.
¹⁰⁸ In der Literatur wird Haus De Vonk meist als Ferienhaus für Arbeiterinnen bezeichnet. Offenbar war jedoch an junge Mädchen aus Arbeiterfamilien (»bleekneusjes«) gedacht. Vgl. Oud, der von »kinderen en geleidsters« (Kinder und Begleiter) spricht: Gratama 1920, S. 14. Vgl. Blotkamp 1999, S. 28; De Jongh-Vermeulen 1999, S. 241. Dem entspricht auch die Darstellung spielender Kinder auf dem Treppenhausfenster.
¹⁰⁹ Bauunternehmer war W. P. de Vreede, die Bauaufsicht führte J. J. Frank: Gratama 1920, S. 14.
¹¹⁰ Brief von Van Doesburg an Oud vom 19.8.1918, RKD: Hoek 2000, S. 221. Abb. Innenraum: De Stijl, II, 1, 1918, vor S. 1; Abb. Außenbau: De Stijl, II, 2, 1918, nach S. 20.
¹¹¹ Beckett 1980, S. 208; Blotkamp 1999, S. 28.
¹¹² Zur Toynbee Hall vgl. Deborah E. B. Weiner, Architecture and social reform in late-victorian London, Manchester (Mass.)/New York 1994, S. 160–164.
¹¹³ Esser 1982, S. 134f.; Ankie de Jongh-Vermeulen, De presentatie van eigentijdse kunst in Leiden tussen 1890 en 1940, in: Wintgens Hötte/De Jongh-Vermeulen 1999, S. 109. Zur Verbindung Knapperts mit den Ideen Ruskins: Beckett 1980, S. 208.
¹¹⁴ Beckett 1980, S. 208. Dasselbe gilt für die Eröffnung am 8. Februar 1919: vgl. Esser 1982, S. 135. Auf den 8. Februar fiel zudem der »Dies« der Leidener Universität, mit der das Leidsche Volkshuis in engem Kontakt stand: De Jongh-Vermeulen 1999, S. 241.
¹¹⁵ Beckett 1980, S. 208; Esser 1982, S. 135.
¹¹⁶ Taverne 2001, S. 142.
¹¹⁷ De Jongh-Vermeulen 1999, Abb. 367, S. 242.
¹¹⁸ Vgl. »V. 2. Klassische Entwurfsprinzipien«.
¹¹⁹ Die schmalen Fenster und die zwei Geschosse verbindenden »Lisenen« gehen wie auch der gestreifte Sockel eventuell auf K. P. C. de Bazel (Abb. 96) zurück. Vgl. Hans Oud 1984, S. 39; vgl. »V. 1.2.2. Aufnahme von Einzelmotiven von Lauweriks und De Bazel«.

¹²⁰ John Ruskin, The seven Lamps of Architecture, London 1949, Kap. II, §6: nach Kruft 1985, S. 381.
¹²¹ Vgl. »V. 1.2.2. Aufnahme von Einzelmotiven von Lauweriks und De Bazel«.
¹²² Gratama 1920, S. 14.
¹²³ Vgl. »V. 1.1. Oud und das ›Entwerfen nach System‹«.
¹²⁴ Mögliche Vorbilder für Ouds gestufte Treppenwangen sind F. L. Wrights Treppe in Haus Martin (1904) in Buffalo, die Außentreppen in Tony Garniers Entwurf der Cité industrielle (1901–04) und Adolf Loos' Treppenwangen in der Halle von Haus Willibald Duschnitz in Wien (1915/16). W. M. Dudok verwendete das Motiv in der Rembrandtschool in Hilversum (1917–20).
¹²⁵ Eine Ableitung von der englischen Wohnhausarchitektur, wie im Rotterdamer Katalog vorgeschlagen wird, ist angesichts der strengen Symmetrie sowie der schmalen und steilen Treppe nicht plausibel: Taverne 2001, S. 142f.
¹²⁶ J. J. P. Oud, in: Gratama 1920, S. 14. Die niederländische »hal« kann jedoch auch als Flur oder Diele übersetzt werden.
¹²⁷ Zur Inneneinrichtung: Reinhartz-Tergau 1990, S. 37. Der Kamin im Aufenthaltsraum entspricht nicht der Fassung, die im Querschnitt des Gebäudes wiedergegeben ist. Mit Dank für die Möglichkeit einer Besichtigung an die Stichting Centrum '45.
¹²⁸ Vgl. »V. 2. Klassische Entwurfsprinzipien«.
¹²⁹ Hier wären vor allem Genueser Beispiele und Villen in Frascati zu nennen. Vgl. Wolfgang Brönners Ableitung dieses Motivs bei Gottfried Sempers Villa Rosa in Dresden (1839): Brönner 1994, S. 200.
¹³⁰ Grundriß von Haus Schuppmann, Berlin-Charlottenburg, Ebereschenallee 16: Sonja Günther, Bruno Paul, 1874–1968, Berlin 1992, S. 84; Alfred Ziffer, Hrsg., Bruno Paul, Deutsche Raumkunst und Architektur zwischen Jugendstil und Moderne, München 1992, Nr. 620, S. 290.
¹³¹ Ähnlich verhält es sich bei repräsentativen öffentlichen Bauten, wie Josef Hoffmans Sanatorium in Purkersdorf (1903). Neben zahlreichen Parallelen wie einem (als Balkon genutzten) Rücksprung im mittleren Gebäudeteil, einem kreuzförmigen Flur und quadratischen Räumen in den Gebäudeecken finden sich auch dort Abweichungen von der insgesamt symmetrischen Grundrißlösung, darunter eine dreiläufige asymmetrische Treppe.
¹³² Vgl. Overy 1990, S. 104.
¹³³ So orientierte sich bereits das 1899 von C. Mulder errichtete Leidsche Volkshuis an den Prinzipien Ruskins und der Toynbee Hall: Beckett 1980, S. 207.
¹³⁴ Möglicherweise besteht auch eine Verbindung zwischen den blaßgrün gestrichenen Wänden der Toynbee Hall und der Farbfassung der Raumwände von Kamerlingh Onnes in Haus De Vonk.
¹³⁵ Muthesius 1904, Snitterton Hall, Abb. 25, S. 48.
¹³⁶ Vgl. »III. 4.4. Destruktion und Flächenkomposition«.
¹³⁷ Übers. EvE: Taverne 2001, S. 141.
¹³⁸ Brief von Knappert an Harm Kamerlingh Onnes vom 19.3.1918, Privatbesitz: De Jongh-Vermeulen 1999, S. 244. Daß die Beteiligung Kamerlingh Onnes auf Knappert zurückgeht, erscheint angesichts der zeitgleichen Zusammenarbeit zwischen Oud, Van Doesburg und Kamerlingh Onnes bei der Villa Allegonda nicht zwingend.
¹³⁹ Brief von Van Doesburg an Oud vom 19.8.1918, RKD: Hoek 2000, S. 220.
¹⁴⁰ S. van Dijk, in: Hoogveld 1989, S. 262; De Jongh-Vermeulen 1999, S. 244, 247.
¹⁴¹ Die Scheiben wurden dabei zum Teil auf den Kopf gestellt oder seitenverkehrt angebracht: Blotkamp 1999, S. 31, vgl. Abb. 10 und 11, S. 28f.
¹⁴² Brief von Van Doesburg an Kok vom 1.1.1918, RKD: Van Straaten 1988, S. 48; Brief von Van Doesburg an Oud vom 19.8.1918, RKD: Hoek 2000, S. 221.
¹⁴³ Vgl. Brief von Van Doesburg an Oud vom 19.8.1918, RKD: Hoek 2000, S. 221. Die Autoren des Rotterdamer Katalogs datieren den ausgeführten Farbentwurf auf 1920: Taverne 2001, S. 30. Die Fotografie der

Straßenfront, die im Dezember 1918 in »De Stijl« publiziert wurde, zeigt jedoch bereits die farbigen Fensterläden (Abb. 135).

144 Van Straaten 1988, S. 49. Ein Brief Van Doesburgs bestätigt, daß die mittleren Fensterläden der Risalitfenster grün waren: Brief von Van Doesburg an Oud vom 16.8.1919, RKD: Hoek 2000, S. 224.
145 Laut Els Hoek waren die Fensterläden ein halbes Jahr nach der Eröffnung bereits übermalt. Grundlage dieser Schlußfolgerung ist ein Brief, in dem Van Doesburg jedoch nur von den mittleren Fensterläden der Risalitfenster spricht: Brief von Van Doesburg an Oud vom 16.8.1919, RKD: Hoek 2000, S. 224.
146 Blotkamp 1999, S. 29. Vgl. Van Doesburg: »deuren en plint enz in de badkamer«: Brief von Van Doesburg an Oud vom 6.7.1918, RKD: Hoek 2000, S. 222.
147 Brief von Van Doesburg an Oud vom 6.7.1918, RKD (NAi, Microfiche 42).
148 Vgl. Karte von Van Doesburg an J. J. Hoogewerf vom 14.5.1918, GAR; Brief von Van Doesburg an Kok vom 22.6.1918, RKD: Hoek 2000, S. 222.
149 Angaben zu den Garderobenräumen, den Vorzimmern seitlich der Treppe sowie dem Badezimmer: De Jongh-Vermeulen 1999, Anm. 94, S. 256; Hoek 2000, Nr. 569. II, S. 222. Nicht erhalten ist demnach der Toilettenboden links des Eingangs.
150 Blotkamp 1999, S. 29; De Jongh-Vermeulen 1999, Anm. 94, S. 256.
151 Brief von Van Doesburg an Oud vom 6.7.1918, RKD: Hoek 2000, S. 222.
152 Hans Oud 1984, Anm. 139, S. 41.
153 Der Plan befindet sich in Privatbesitz: De Jongh-Vermeulen 1999, S. 243; Abb. 371, 373; Hoek 2000, Nr. 569. III, S. 224.
154 Van Straaten 1988, S. 49; Hoek 2000, Nr. 569. V, S. 224.
155 Hierauf weist auch ein Muster im Mauerverband der Giebel hin. Vgl. Ouds Entwurf für ein Lagerhaus mit Spülplatz der Firma W. G. Oud Pzn & Co (Purmerend): Stamm 1984, Abb. 25, S. 46; Entwürfe für ein Wohnhaus in Blaricum von November und Dezember 1916, Abb.: Barbieri 1986, S. 20.
156 Titel »Huizenrij aan een Strandboulevard« auf dem Entwurf im Oud-Archiv.
157 Oud 1960, S. 17.
158 So u. a. De Gruyter 1931, S. 176; Veronesi 1953, S. 28, 62; Mariani 1956, S. 342; Stamm 1977, S. 261; Engel 1981b, S. 10, 14; Barbieri 1986, S. 34f.; Stamm 1984, S. 36, 39f.; Van der Hoeven 1994, S. 38; Buch 1997, S. 174f.
159 Van Doesburg 1917b, S. 12, 16.
160 Stamm 1984, S. 36; Oud 1917a, S. 10f.
161 Wiekart 1965, S. 8.
162 Overy 1991, S. 111. Dies offenbar in Bezug auf einen Brief von Oud an Joedicke vom 19.2.1962, Oud-Archiv, B; Zitat des Briefes: Taverne 2001, S. 145.
163 Oud 1957b, S. 188.
164 Vgl. Brief von Oud an Joedicke vom 19.2.1962, Oud-Archiv, B: Hans Oud, S. 44.
165 Zum Prinzip der »Korrektur« bei Oud vgl. »V. 2. Klassische Entwurfsprinzipien«.
166 Taverne 2001, Kat. Nr. 31, Abb. S. 146.
167 Taverne 2001, S. 145.
168 Die Perspektive (Abb. 146) zeigt zehn Gebäude, wobei die Häuserzeile beiderseits weitergeführt werden könnte.
169 Vgl. Taverne 2001, S. 145.
170 Erstmals Hitchcock 1931, o. S. Vgl.: Stamm 1978, S. 23; Fanelli 1985, S. 15.
171 Taverne 2001, S. 146: CCA.
172 Taverne 2001, S. 147.
173 Vgl. die Vorstudie oder den Alternativentwurf.
174 Rebel 1977, S. 132–134.
175 Taverne 2001, Kat. Nr. 31; vgl. S. 319.
176 Vgl. »IV. 3.2. Entwurfsprinzipien«. Entsprechende Lösungen zeigen auch Haus Gerrit Oud (1912, Abb. 312), das Dreifamilienhaus in Velp*, die Hausmeisterwohnung des Badehauses (wohl 1915), Haus De Geus* und die Villa Allegonda*.
177 Rebel sah in dem kleinen Zimmer an der Rückseite die Küche, in dem hinteren der beiden großen Räume das Schlafzimmer: Rebel 1977, S. 134.
178 Laut Rebel umfaßten die Zimmer der oberen Geschosse nur ca. 3,5 m^2: Rebel 1977, S. 134.
179 Dasselbe gilt – trotz der Parallelen zu einem kommunalen Wohnkomplex in Scheveningen – für eine Nutzung als Wohnanlage für Fischer. Die 1915 errichteten Wohnbauten könnten jedoch Anregungen für Ouds Bauprogramm geliefert haben. Übereinstimmend sind der Verzicht auf Gärten (männliche Arbeitskräfte zur Bewirtschaftung fehlten) und die Einrichtung eines direkten Zugangs zur Straße, um Nahrungs- und Heizmaterial von Lieferanten entgegennehmen zu können; vgl. Werner Schürmann, Das Fischerdorf Scheveningen, in: WMB, VI, 1922, S. 311–319. Eine Verbesserung böte Ouds Ummauerung der Höfe, die vor Wind und Sand schützen.
180 Garnier 1917. Die Lösung der langen Zugangstreppen findet zudem einen Vorläufer in Garniers Gemeinschaftshaus der Cité industrielle. Hier führen die Treppen zwischen zwei Wohnhäusern zu den zurückliegenden Eingangstüren.
181 Theodor Heuss, Hans Poelzig. Lebensbild eines Baumeisters, Tübingen 1939, Abb. nach S. 112.
182 Stamm 1984, S. 40.
183 V. M. Lampugnani, Hrsg., Antonio Sant'Elia. Gezeichnete Architektur, München 1992, v. a. Abb. S. 33, 43, 52, 182–185 (Kat. 295–304); Oud 1921a, Abb. 15, Sonderdruck, S. 10. Dasselbe gilt für Henri Sauvages Terrassenhäuser in Paris (1909/12): De Michelis 1992, Abb. S. 76f. Eventuell war Oud auch mit dem Entwurf von Gustav Bähr für ein fünfstöckiges Arbeiterwohnhaus bekannt, bei dem es sich um ein nach dem »Freiluftsystem« konzipiertes Haus mit stufenweise zurücktretenden Geschossen handelt: D. Sarason, Das Freiluftshaus, München 1915: Pommer/Otto 1991, Abb. 198.
184 Abb. zu Loos: Rukschcio/Schachel 1982, Abb. 699, S. 572. Abb. zu Hilberseimer: Hilberseimer 1927a, S. 44; Boekraad 1986, S. 77. Abb. zu Lurçat: Cohen 1995, S. 115.
185 Vgl. »V. 3.3. Ouds Moderne Architektur im internationalen Kontext«.
186 Übers. EvE: Van Doesburg 1917b, S. 12.
187 Vgl. »Die Fassade ist … eine getreue Wiederspiegelung von dem, was dahinter an Räumen beabsichtigt ist.« Übers. EvE: Wiekart 1964, S. 8, 11.
188 Rebel 1977, S. 134; vgl. Hans Oud 1984, S. 45; Pommer/Otto 1991, S. 120.
189 Abb.: Van Doesburg 1917b, S. 12; Stamm 1984, S. 37.
190 Deutung als Alternativvorschlag zu Ouds Häuserzeile: Stamm 1984, S. 36f.
191 Stamm 1984, S. 36.
192 Bei einer von Stamm publizierten Bleistiftskizze handelt es sich entgegen seiner Vermutung nicht um eine Studie zur Häuserzeile an einem Strandboulevard, sondern um eine Vorstudie zu den Spangener Wohnblöcken*: Stamm 1979, Abb. 5, S. 73; Stamm 1984, S. 36.
193 Vgl. »IV. 2.3. Die Wohnblöcke im Neubaugebiet Spangen«.
194 Oud 1920d, S. 219.
195 So Hans Oud, S. 41. Vgl. »IV. 1.2.3. Oud als Architekt des *Woningdienst*«.
196 Oud 1920d, S. 219; Bericht vom 19.7.1918, VGR, S. 859.
197 Oud 1920d, S. 219.
198 Vgl. »IV. 1.3.2. Spangen: das erste große Wohnungsbauprojekt der Gemeinde«.
199 Oud 1920d, S. 221.
200 Abb.: Taverne 2001, S. 228, untere Darstellung.
201 Vgl. »IV. 2.3. Die Wohnblöcke im Neubaugebiet Spangen«.
202 Vgl. eine entsprechende Bezeichnung in Ouds Bauplänen. Im März 1920 wurde der Bau der Schulen erneut im Gemeinderat diskutiert: Bericht vom 4.3.1920, HR, S. 239. Oud selbst kritisierte die Plazierung der Schulen: Oud 1924f, XLIX.

203 Vgl. J. E. van der Peks 1907–09 errichtete Wohnbauten für Rochdale in Amsterdam. Vgl. »IV. 6.1. Die niederländische Tradition des *Volkswoningbouw*«.
204 Zur Verwendung des Sockelbandes siehe Ambachtschool Helder* und »V. 1.2. Der Einfluß niederländischer Architekten auf Oud«. Das Motiv des rechtwinklig geknickten Bandes wurde in den historisierenden Bauten von Ouds Lehrergeneration, unter anderem von P. J. H. Cuypers und H. P. Berlage, aber auch F. L. Wright, verwendet.
205 Brief von Van Doesburg an Oud vom 3.11.1921, FC: Boekraad 1983c, S. 139, 142. Vgl. »III. 4.2. Die Gemeinschaftsbauten«.
206 Undatierter Brief von Milius an Van Doesburg, laut Ed Taverne und Dolf Broekhuizen zwischen 3. November und 4. Dezember 1921: Taverne/Broekhuizen 1996, Anm. 8, S. 367.
207 Dagegen erwähnt Badovici eine farbige Gestaltung der Fenster, Türen und Gauben: Badovici 1925, S. 11.
208 Zu Onze Woning vgl. Snepvangers 1993.
209 Übers. EvE: Oud 1920d, S. 222. Vgl. Oud 1924f, L. Ouds Darstellung wird von J. P. Mieras bestätigt: »Meischke und Schmidt haben sich nun, ich glaube daß dies auf Wunsch von Herrn Oud geschah, mit ihrer Bebauung für ›Onze Woning‹ an die Bebauung von Oud angeschlossen, in dem Sinn, daß sie die geteerten Sockelbänder und die Höhe der Regenrinne auch in ihrem Werk übernommen haben. Außerdem ist ein rhythmischer Vertikalismus auch in ihrem Werk erkennbar.« Übers. EvE: Mieras 1923, S. 375. Die Verwendung der dunkel abgesetzten Sockelbänder an der Bilderdijkstraat sind ein weiteres Indiz dafür, daß Ouds Entwurf als Grundlage genommen wurde.
210 Snepvangers 1993, S. 3, 37f. Vgl. die Inschrift an einem der Häuser, die auf die Grundsteinlegung am 3.12.1919 verweist. Fotografien der Baustelle im Oud-Archiv zeigen Ouds Blockfronten im Rohbau, während die Blockseiten an der Bilderdijkstraat noch nicht begonnen sind: Abb. Taverne 2001, S. 221.
211 Das im Oud-Archiv verwahrte Aquarell, das die Blockfronten an der Bilderdijkstraat mit den angrenzenden Fassaden von Oud (in der ausgeführten Form) zeigt, trägt die Namen von Meischke und Schmidt und ist auf Oktober 1918 datiert. Die Architekten müssen daher Ouds Pläne gekannt haben. Dies bezeugt auch eine auf November 1918 datierte Blaupause im Besitz von Onze Woning, auf der die Verbindung von Ouds Fassadenentwurf mit den Bauteilen von Meischke und Schmidt zu sehen ist. Abb.: Snepvanger 1993, S. 43.
212 Oud 1922d, S. 219. Vgl. »IV. 3.1. Typenwohnungen«.
213 Oud 1920d, S. 219.
214 Hoek 2000, Nr. 612, S. 242f. 1989 wurden insgesamt 18 Fenster restauriert.
215 Vgl. einen Brief von Van Doesburg an Oud vom 12.10.1918, RKD: Van Straaten 1988, S. 60. Vgl. Brief von Van Doesburg an Oud vom 8.11.1918, RKD, Jaffé-Archiv: Hoek 2000, S. 242. Zur Ausführung: Briefe von Van Doesburg an Oud vom 22.2.1919, 27.2.1919, 13.3.1919, RKD: Hoek 2000, S. 242. Die Fenster sind unterschiedlich groß. Die Höhe beträgt jeweils 34,5 cm, die Breite etwas mehr als 80 cm. Im Juni 1921 wurde Van Doesburgs »Komposition VIII« fälschlich als »Compositie VII« in »De Stijl« publiziert: De Stijl, IV, 5, 1921, S. 78.
216 Brief von Van Doesburg an Oud vom 21.10.1919, RKD: Hoek 2000, S. 243.
217 Vgl. die Präsentation im Museum De Lakenhal in Leiden. Abb. »De Blauwpoortsbrug« mit Komposition VII und VIII: De Jongh-Vermeulen 1999, Abb. 376–378, S. 246.
218 Hoek 2000, S. 242, nach einem Foto, das drei der Fenster in situ zeigt.
219 Vgl. Briefkarte von Van Doesburg an Oud, 31.7.1918, RKD, Jaffé-Archiv: Hoek 2000, S. 254.
220 Brief von Oud an Van Doesburg vom 4.8.1919, RKD: Hoek 2000, S. 255.
221 Brief von Oud an Van Doesburg vom 4.8.1919, RKD: Hoek 2000, S. 255.
222 Brief von Van Doesburg an Oud vom 16.8.1919, RKD: Hoek 2000, S. 255. Diese veränderte Fassung ist nicht erhalten.

223 Brief von Chris Beekman an Oud vom 15.1.1920, Oud-Archiv, B.
224 »Bei den vorigen Blöcken [Block I und V: EvE] habe ich Veränderungen zugelassen«, »Darum so oder nichts. Aber auch nicht teilweise, wie bei dem vorigen Block«. Übers. EvE: Brief von Van Doesburg an Oud vom 3.11.1921, FC: nach Boekraad 1983b, S. 139, 142.
225 Brief von Van Doesburg an Oud vom 8.9.1919, RKD: Hoek 2000, S. 256.
226 Abb.: Troy 1983, S. 74; Hoek 2000, Nr. 631. II, S. 256. Brief von Van Doesburg an Oud vom 12.9.1919, RKD: Hoek 2000, S. 256.
227 Briefe von Van Doesburg an Oud vom 8.9.1919 und 12.9.1919, RKD: Hoek 2000, S. 256.
228 Oud 1920d, S. 219, 221.
229 Für eine Realisierung der Farbfassung sprechen die Meinungsverschiedenheiten, die sich 1921 zwischen Oud und dem *Woningdienst* über die Wandgestaltung ergaben. Offenbar als Reaktion auf die Wünsche der Bewohner waren Tapeten für die Wohnungen gekauft worden, die Oud jedoch ablehnte und daher mit der Rückseite nach oben anbringen lassen wollte: Brief von Oud an Van Doesburg vom 5.10.1921, RKD: Hans Oud 1984, S. 64.
230 Vgl. »III. 4.2. Die Gemeinschaftsbauten«.
231 Stamm 1984, S. 59.
232 Küper 1982, S. 263–267; Küper/Van Zijl 1992, S. 74–76. Offenbar wurde der Lehnstuhl erstmals im Herbst 1919 auf einer Ausstellung im Kunstgewerbemuseum in Haarlem gezeigt: Küper 1982, S. 267.
233 De Stijl, II, 11, 1919, nach S. 132; De Stijl, III, 5, 1920, nach S. 44.
234 Küper/Van Zijl 1992, S. 78. Eine Abbildung des Buffets nahm Oud später in die Publikation seines berühmten Vortrags vor De Opbouw auf: Oud 1921a, S. 154.
235 Brief von Rietveld an Oud vom 16.2.1920, Oud-Archiv, B (abg. in Küper 1982, S. 273).
236 Bei den frühen Varianten des Armstuhls waren die Schnittstellen farbig akzentuiert: Küper/Van Zijl 1992, S. 77f.
237 Brief von Rietveld an Oud vom 19.8.1919, Oud-Archiv B. Das Buffet sollte 250 f, der Tisch 70 f, der Stuhl 20 f, der Lehnstuhl 27 f und der Kinderstuhl 50 f kosten: Brief von Rietveld an Oud vom 13.8.1919: Hans Oud, Anm. 33, S. 65; De Klerk/Moscoviter 1992, S. 85.
238 Vgl. v. a. Briefe von Rietveld an Oud vom 23.1.1920, 26.2.1920, 12.3.1920, 16.3.1920, 24.6.1920, Oud-Archiv, B.
239 Brief von Rietveld an Oud vom 20.8.1920, Oud-Archiv, B.
240 Abb.: Küper 1982, Abb. 254, S. 268.
241 Oud selbst nahm im September 1920 an einer Ausstellung von Arbeitermöbeln in der Rotterdamer Siedlung Vreewijk teil: vgl. Artikel in der NRC vom 19.9.1920: Esser 1982, S. 140.
242 Brief von Rietveld an Oud vom 4.5.1920, Oud-Archiv, B (abg. in Küper 1982, S. 273). Zu dem primär künstlerischen Aspekt von Rietvelds Möbeln vgl. »III. 4.2. Die Gemeinschaftsbauten«.
243 Brief von Rietveld an Oud vom 20.8.1920, Oud-Archiv, B. Daß Plate die Möbel für die Gemeinde erworben hat, erscheint nicht glaubhaft: So Hans Oud 1984, S. 64; vgl. Küper/Van Zijl 1992, Anm. 1, S. 78.
244 Küper/Van Zijl 1992, S. 78.
245 Brief von *B & W* an *Minist. voor Volkshuisvesting en Ruimtelijke Ordening* d. t. v. de *Dir. van de Volkshuisvesting en Bouwnijverheid Zuid-Holland* vom 16.8.1966, *Gemeentelijke Woningstichting Rotterdam*.
246 Vgl. Briefverkehr dieser Jahre: *Gemeentelijke Woningstichting Rotterdam*.
247 Kleijwegt/Brouwers 1984; De Ruiter/Meijr/Habets 1984, S. 222–227.
248 Nieuwe Bouwen 1983a, Abb. 5, S. 67; Barbieri 1986, Abb. 7, S. 70; Abb. 9, 10, S. 71. o.s.
249 1986 befanden sich einige von Van Doesburgs Glasarbeiten noch in situ: Van Straaten 1988, S. 60.
250 Abb. Baeten 1995.
251 Dagegen vermutet Stamm einen Vorentwurf für die Häuserzeile an einem Strandboulevard: Stamm 1979, S. 73.
252 Möglicherweise eines der im GRI verwarten Skizzenbücher von Oud. Abb.: Stamm 1979, Abb. 5, S. 73; Esser 1986, Abb. 119, S. 133.

PROJEKTE UND AUSGEFÜHRTE BAUTEN 1916 BIS 1931   543

253 Vgl. »IV. 2.3. Die Wohnblöcke im Neubaugebiet Spangen«.
254 Brief von Plate an den *Wethouder van Plaatselijke Werken* vom 28.9.1928 [sic], ASAV. Eingangsdatum ist der 29.9.1918. Vgl. De Klerk 1992, S. 185.
255 Taverne 2001, S. 227.
256 Übers. EvE: Brief Plates an den *Wethouder van Plaatselijke Werken* vom 28.9.1928 [sic], ASAV.
257 ASAV: 1918, Dos. Nr. 300.
258 Abb.: Taverne 2001, S. 228, obere Darstellung.
259 Brief von Plate an den *Wethouder van Plaatselijke Werken* vom 28.9.1928, ASAV. Die Müllschlucker sind in den Entwürfen nicht wiedergegeben.
260 Brief von Plate an den *Wethouder van Plaatselijke Werken* vom 28.9.1928, ASAV.
261 Wie die Maßangaben zeigen, beschränken sich die Abweichungen nur auf wenige Zentimeter.
262 Brief von Plate an den *Wethouder van Plaatselijke Werken* vom 28.9.1928, ASAV.
263 Abb. Grundriß (1858): Martin Fröhlich, Gottfried Semper, München/Zürich 1991, S. 76; Winfried Nerdinger, Werner Oechslin, Hrsg., Gottfried Semper 1803–1879, Zürich/München/Berlin/London/New York 2003, S. 344, Abb. 81.6.
264 Vgl. »IV. 3.6. Haustypen und Erschließung«.
265 Zu möglichen Vorbildern vgl. »IV. 6.2.1. Typenbildung«.
266 Vgl. »V. 2. Klassische Entwurfsprinzipien«.
267 Vgl. »IV. 1.3.2. Spangen: das erste große Wohnbauprojekt der Gemeinde« und »IV. 6.1.2. Grundrisse und Erschließung«.
268 Vgl. Brief Plates an den *Wethouder van Plaatselijke Werken* vom 29.9.1928, ASAV.
269 Berichte vom 1.10.1918, 8.10.1918 und 21.11.1918, GAR, Dossier 306, »Noodwoningen«.
270 Brief von Plate an den *Wethouder van Plaatselijke Werken* zum Bericht Plates vom 22.6.1918, GAR, Dossier 306, »Noodwoningen«.
271 Hans Oud bezeichnete den Entwurf irrtümlich als Ouds ersten Auftrag für den *Woningdienst*: Hans Oud 1984, Anm. 21, S. 63.
272 Brief von Plate an den *Wethouder van Plaatselijke Werken*, GAR, Dossier 306, »Noodwoningen«.
273 Dossier Nr. 306 »Noodwoningen«.
274 Wagenaar 1992, S. 37; Vermeer/Rebel 1994, S. 18, 259f.
275 Brief von Plate an den *Wethouder van Plaatselijke Werken* zum Bericht Plates vom 22.6.1918, GAR, Dossier 306, »Noodwoningen«.
276 Brief der *Commissie voor Volkshuisvesting* an den obersten Beamten des *Woningdienst* vom 17.10.1918, GAR, Dossier 306, »Noodwoningen«.
277 Vgl. Brief von Plate an den *Wethouder van Plaatselijke Werken*, GAR, Dossier 306, »Noodwoningen«.
278 Brief von *B & W* an die Gesundheitskommission vom 29.10.1918, GAR, Dossier 306, »Noodwoningen«.
279 Abb. Esser 1986, Abb. 122, S. 137, rechts oben; Taverne 2001, S. 215.
280 Vgl. Esser 1982, S. 142. Vgl. »III. 4.6. Abstraktion und Geometrie«.
281 Brief von *B & W* an die *Commissie voor Volkshuisvesting* vom 14./24.1.1919, GAR, Dossier 306, »Noodwoningen«. Laut Rotterdamer Katalog bereits 1918: Taverne 2001, S. 215.
282 Bericht vom 28.3.1922 VGR, S. 429.
283 Fanelli 1985, S. 35; vgl. Engel 1990, S. 21. Im Rotterdamer Katalog wird der Entwurf als Variante des Centraalbouw* gesehen: Taverne 2001, S. 227.
284 Oud 1919a, S. 82.
285 Oud 1919a, S. 81, 82.
286 Dagegen meint Hans Oud, daß sein Vater den Entwurf aus eigenem Interesse nach Feierabend erstellt habe: Hans Oud 1984, S. 47.
287 Dagegen vermuten die Autoren des Rotterdamer Katalogs, der Entwurf sei Teil eines im Auftrag des *Woningdienst* entwickelten Projekts, das Oud speziell für die Publikation in »De Stijl« ästhetisch bearbeitet habe: Taverne 2001, S. 205, vgl. S. 227.
288 Oud 1919a, S. 82.

289 Bei dem Aufriß einer Straßenfassade im CCA handelt es sich möglicherweise um die Häuserzeile mit Arbeiterwohnungen: Inventarliste CCA.
290 Taverne 2001, S. 208.
291 Laut Hans Oud wurden die Fassadenrücksprünge später hinzugefügt, da sie in den Grundrissen nicht angegeben sind: Hans Oud 1984, S. 45.
292 Oud 1919a, S. 82.
293 Während die Schlafzimmer mit einer Grundfläche von 2x3 m und die Treppenhäuser mit 2x4 m noch Teil des Grundrißschemas sind, erhielten Küchen und Balkone andere Maße.
294 Vgl. »IV. 2.2. Die einheitlich gestaltete Häuserzeile«.
295 Hans Esser 1982, Abb. 123, S. 137. CCA: DR 1984:446:1. Abb.: Taverne 2001, S. 218, dort als Variante von Block I und V* in Spangen.
296 Bei dem von Esser gewählten Ausschnitt ist gerade die rechte Seite nicht sichtbar.
297 Stamm 1978, Deckblätter innen, Fig. 27, S. 30f.; Stamm 1979, Abb. 7, S. 74; Stamm 1984, Abb. 20, S. 40. Der Aufbewahrungsort ist der Verfasserin nicht bekannt.
298 Stamm 1984, S. 40.
299 Oud 1919a, S. 82, 84; Abb. auf S. 83.
300 Oud 1919a, S. 84.
301 Vgl. »V. 2. Klassische Entwurfsprinzipien«.
302 Oud 1919a, S. 83. Ouds Datierung wird in der Literatur generell übernommen. Eine frühere Datierung (1917) findet sich in: L'Architecture Vivante, Sommer 1924, Pl. 45; Stamm 1978, S. 25.
303 Dagegen Hans Oud, der von einem konkreten Projekt ausgeht: Hans Oud 1984, S. 47. Laut Stamm wurde die Arbeit von der Gemeinde als zu luxuriös abgelehnt: Stamm 1984, S. 44, ohne weitere Angaben.
304 Vgl. »IV. 1.3.4. Die Betonbauten des *Woningdienst*«. Im Rotterdamer Katalog wird vermutet, der Entwurf sei Teil einer im Auftrag des *Woningdienst* entstandenen Arbeit gewesen, die Oud speziell für die Publikation in »De Stijl« ästhetisch umgeformt habe: Taverne 2001, S. 205, 212.
305 Oud 1919a, S. 84.
306 Oud 1919a, S. 84.
307 Oud 1919a, S. 84.
308 Oud 1919a, S. 82.
309 Vgl. »III. 4.6. Abstraktion und Geometrie«.
310 Oud selbst verwendet hier den Ausdruck »Fries«: Oud 1919a, S. 84. Vgl. »V. 2. Klassische Entwurfsprinzipien«.
311 Hans Oud bezeichnete die Treppe als »royal«: Hans Oud 1984, S. 47.
312 Brönner 1994, Abb. 409, 243.
313 Brönner 1994, S. 201 und Abb. 44, 129.
314 Vgl. »V. 2. Klassische Entwurfsprinzipien«.
315 F. L. Wright, Ausgeführte Bauten und Entwürfe, Berlin 1910, Taf. 1: Gropius 1971, Abb. 6, S. 384.
316 »A fireproof house for $ 5000«, publiziert 1907 in »Ladies's Home Journal«. Darüber hinaus bleibt der in der Literatur genannte Einfluß von Wright jedoch beschränkt. Vgl. »III. 4.9. Der Einfluß von Wright und Van't Hoff«.
317 Donald Langmead, Willem Marinus Dudok, Westport/London 1996, S. 9; Langmead 1996, S. 12; Langmead 1999, S. 9; Johnson/Langmead 1997, S. 237.
318 Jaeggi 1994, Obj. Nr. 4, 5, 7; S. 74–77.
319 Vgl. Hans Oud 1984, S. 47.
320 Auch dort setzt sich der Grundriß aus zwei Quadraten zusammen, und das Äußere zeigt einen kubisch geschlossenen Baukörper mit vorkragender Dachplatte. Abb.: L'Architecture Vivante, Sommer 1925, Pl. 33.
321 Vgl. »V. 2. Klassische Entwurfsprinzipien«.
322 Taverne 2001, S. 212.
323 Abb. der Doppelhäuser in Beton von W. Greve in Scheveningen: Jobst 1922, S. 70 und Tafel XV. Als Parallelbeispiele sind auch Betonbauten in Belgien zu nennen, wie Huib Hostes Doppelhäuser in Selzaete

(1921–23), Victor Bourgeois' Cité Moderne in Brüssel (1922–25) und R. Rubbers Gartenstadt Kappeleveld in Brüssel (1922–26).

324 Kuipers 1987, S. 105.
325 Streekarchief Waterland in Purmerend, Archief Gemeente Purmerend.
326 Der Grundriß der Fabrik (Erdgeschoß) im Oud-Archiv trägt die Aufschrift »ALKMAAR, AUG.1919 D. SAAL. GZN. UITV. ARCHITECT«. Der datierte Grundriß des Lagerhauses (Obergeschoß) befindet sich im Streekarchief Waterland, Archief Gemeente Purmerend, Baudokumente mit Beilagen 1920, Mappe 1. Das Lagerhaus wurde bislang auf 1920, das Jahr der ersten Publikation, datiert. Laut Fanelli entstand der Entwurf bereits 1918: Fanelli 1985, S. 37. Der Rotterdamer Katalog weist auf die Ausschreibung des Lagerhauses im Januar 1919 hin: Taverne 2001, S. 150.
327 Streekarchief Waterland, Archief Gemeente Purmerend, Baudokumente mit Beilagen 1920, Mappe 1. Hans Oud geht irrtümlich davon aus, das Projekt sei im November 1919 eingestellt worden: Hans Oud 1984, S. 49.
328 Vgl. Ouds Bauten der Arbeitervereinigung Vooruit (1911) in Purmerend, deren Vorsitz Ouds Vater innehatte.
329 Broschüre, Oud 1877, Oud Wijnkoopers b. V., Haarlem, Spaarndamseweg 120. Mit Dank an Ton Vermeulen, Bols Royal Distilleries, Zoetermeer, für seine freundlichen Hinweise. Das Purmerender Museum bewahrt zahlreiche Zeugnisse der Firma Wed. G. Oud Pzn & Co.
330 Otsen 2001, S. 6; Taverne 2001, S. 91, 150. Der Entwurf wird allgemein auf 1915/16 datiert: Stamm 1979, S. 76; Stamm 1984, S. 47, 168; Abb. 25, S. 46; Hans Oud 1984, S. 233. Vgl. Taverne 2001, Kat. Nr. 19. Jack Otsen geht offenbar von einer Entstehung im Jahr 1911 aus: Otsen 2001, S. 3, 6.
331 Vgl. »Landhuisje in Blaricum voor den heer en vrouw Van Essen«, Entwurf im Oud-Archiv, Abb.: Barbieri 1986, S. 20.
332 Stamm 1979, S. 76; Stamm 1984, S. 47.
333 Hans Oud 1984, S. 48.
334 Van Doesburg, Aanteekeningen bij de bijlagen VI en VII, in: De Stijl, III, 5, 1920, S. 46. Vgl. Fanelli 1985, S. 39.
335 Briefkarte von D. Saal an Oud vom 9.5.1922, Oud-Archiv, B (teilweise abg. in Stamm 1979, S. 76).
336 Archief Gemeente Purmerend Bouwbescheiden, 1920, Mappe 1.
337 Die detaillierten Angaben entstammen einer Blaupause im Oud-Archiv.
338 Das Motiv wurde unter anderem von Wright und den Vertretern der Wiener Sezession verwendet. Vgl. »III. 2. Zur Definition einer ›De Stijl‹-Architektur« und »III. 4.9. Der Einfluß von Wright und Van't Hoff«.
339 Beschriftung eines der Grundrisse.
340 Oud 1960a, S. 19.
341 Vgl. »III. 4.4. Destruktion und Flächenkomposition«.
342 Hans Oud zweifelt an der herausragenden Bedeutung dieser Arbeit, da die Großteil des Gebäudes keine Flächenkomposition zeige: Hans Oud 1984, S. 49.
343 Vgl. »III. 2. Zur Definition einer ›De Stijl‹-Architektur« und »III. 4.9. Der Einfluß von Wright und Van't Hoff«.
344 Stamm 1979, S. 77; Stamm 1984, S. 50; Hans Oud, S. 48.
345 Vgl. »II. 1. Herkunft und Ausbildung«. Auf seiner Reise mag Oud auch das Mannheimer Kunstgebäude von Hermann Billing gesehen haben (1905–07), das ebenfalls eine Mehrfachrahmung am Haupteingang aufweist.
346 Stamm 1979, S. 77f.
347 Abb.: Oud 1960a; vgl. Abb. des Buchcovers in Taverne 2001, S. 48.
348 Vgl. Ouds Artikel zum Robie House: Oud 1918c, S. 39–41.
349 Oud 1960a.
350 Abb.: Pfeiffer 1987, S. 2.
351 Hans Oud 1984, S. 48. Vgl. »III. 2. zur Definition einer ›De Stijl‹-Architektur«; »III. 4.9. Der Einfluß von Wright und Van't Hoff«.
352 Vgl. Langmead 1999, Bildunterschrift nach S. 28; Langmead/Johnson 2000, S. 60.
353 Stamm 1979, S. 76f; Stamm 1984, S. 47, 51; Hans Oud 1984, S. 48. Laut Stamm wurde das Projekt 1920 für den neuen Firmenstandort in Haarlem entworfen und für die veränderte Situation zu einer »etwas anspruchsvolleren Lagerhalle« herabgestuft.
354 Vgl. Behne 1926a, Abb. S. 111; Polano 1977, Anm. 1, S. 49.
355 Polano 1981, S. 20; Langmead 1999, Bildunterschriften nach S. 28.
356 Fanelli 1985, S. 37. Auch im Rotterdamer Katalog wird das Lagerhaus als frühere Bau gedeutet, dem »einige Monate später« der Fabrik-Entwurf folgte: Taverne 2001, S. 150.
357 Stamm 1979, S. 74, 76; Barbieri 1986, S. 47.
358 Stamm, der in Fabrik und Lagerhaus zwei zeitlich aufeinanderfolgende Entwurfsstufen der Fabrik sieht, deutet die Skizzen als frühe Stufe des Fabrik-Entwurfs: Stamm 1979, S. 76f. So auch Taverne 2001, S. 154.
359 Esser 1982, S. 145; Van Straaten 1988, S. 71; Taverne 2001, S. 150.
360 Nach Hans Oud wurde in der Korrespondenz zwischen Oud und Van Doesburg bereits im Sommer 1919 die Beteiligung Rietvelds besprochen: Hans Oud 1984, S. 49. Rietveld an Oud vom 23.1.1920 und 26.2.1920: Stamm 1979, S. 78; Stamm 1984, S. 48. Rietveld an Oud vom 16.3.1920, Oud-Archiv, B. Im August dieses Jahres, Rietveld hatte den Entwurf bereits in »De Stijl« gesehen, bezeichnete er die Fabrik als »schöne reine Zeichnung«. Übers. EvE: Rietveld an Oud vom 20.8.1920, Oud-Archiv, B.
361 Übers. EvE: Briefkarte von Saal an Oud vom 9.5.1922, Oud-Archiv, B (teilweise abg. in Stamm 1979, S. 76).
362 Hans Oud 1984, S. 49.
363 Vgl. die am 29.9.1922 genehmigte Anfrage Konings zur Überbauung des Innenhofes.
364 Broschüre, Oud 1877, Oud Wijnkoopers b. v., Haarlem, Spaarndamseweg 120.
365 Vgl. Oud 1923a, S. 17; dagegen Taverne 2001, S. 228.
366 Oud 1923a, S. 17.
367 Berichte vom 13.2.1920 und 5.11.1920: VGR, S. 227; Nr. 318, S. 1553.
368 Oud 1924f, L.
369 Abb.: Oud 1923a, S. 15.
370 Vgl. »IV. 1.3.2. Spangen: das erste große Wohnbauprojekt der Gemeinde«.
371 Oud 1923a, S. 16.
372 Möglicherweise Grundrisse, vgl. Taverne 2001, S. 235.
373 Oud 1923a, S. 17.
374 Vgl. die Kritik an der einfallslosen und schematischen Lösung des Innenhofes: Stamm 1984, S. 59.
375 Oud 1923a, S. 16.
376 Oud 1923a, S. 17. Im Gegensatz hierzu die Darstellung im Gebäudeschnitt (Oud-Archiv).
377 Taverne/Broekhuizen 1996, Abb. 292, S. 368.
378 Brief von Van Doesburg an Oud vom 25.5.1921, FC: Hoek 2000, S. 291.
379 Brief von Van Doesburg an Oud vom 1.10.1920, Poststempel vom 19.10.1920, FC: Troy 1983, S. 75.
380 Brief von Van Doesburg an Oud vom 12.9.1921, FC: Boekraad 1983b, S. 134.
381 Brief von Van Doesburg an Oud vom 12.9.1921, FC: Boekraad 1983b, S. 134.
382 Undatierter Brief von Oud an Van Doesburg, RKD, Jaffé-Archiv: Hoek 2000, S. 291.
383 Insgesamt sind fünf Fassadenentwürfe und ein Grundriß mit Angaben zur Farbigkeit in der Sammlung F. Lugt, Institut Néerlandais, Paris (FC), erhalten: Friedman 1982, S. 179; Hoek 2000, Nr. 671a1–671a3; 671f., 671g; 671i, S. 292–296.
384 »Bin davon überzeugt, daß Du selbst auch dieser Meinung sein wirst, wenn das *Ganze* ausgeführt ist. Du hast nun vielleicht allein die Dachfenster in Farbe ausführen lassen und *dann* ist die Wirkung natürlich überwiegend anders. Habe jedoch *Vertrauen*, daß dies immer mehr in ein Ganzes übergeht, wenn alle Farben angebracht werden«. Übers. EvE: Brief von Van Doesburg an Oud vom 3.11.1921, FC: Boekraad 1983b, S. 140 mit Hervorhebungen. Aus diesem Brief ist zu schließen, daß Oud mit der Wirkung der teilweise ausgeführten Entwürfe nicht zufrieden gewesen war.

385 »Ich habe es gesehen soweit es in der Grundfarbe fertig ist, nämlich die Dachfenster mit Rahmen und 1/3 der gefaßten gelben Läden an der Ecke und die Fenster darüber \gelb\blau\grün. Es war *prächtig*.« Übers. EvE: undatierter Brief von Milius an Van Doesburg, RKD: Hoek 2000, S. 292 mit Hervorhebung.
386 Laut Rotterdamer Katalog ließ Oud die Fenster des gesamten Blocks grau streichen: Taverne 2001, S. 236.
387 Skizze im Oud-Archiv; Taverne/Broekhuizen 1996, Abb. 290, S. 366; Taverne 2001, S. 227.
388 Taverne/Broekhuizen 1996, S. 367 nach einem undatierten Brief von Milius an Van Doesburg ohne weitere Angabe.
389 Brief von Van Doesburg an Oud vom 1.10.1920, Poststempel vom 19.10.1920, FC: Troy 1983, S. 75.
390 Brief von Van Doesburg an Oud vom 12.9.1921, FC: Boekraad 1983b, S. 134.
391 Briefkarte von Van Doesburg an Oud vom 3.10.1921, FC: Hoek 2000, S. 291.
392 Oud 1923a, S. 17.
393 Berichte vom 13.2.1920 und 5.11.1920: VGR, S. 227; Nr. 318, S. 1553.
394 Oud 1924f, L.
395 Oud 1923a, S. 16.
396 Möglicherweise auch Grundriß des ersten Obergeschosses; vgl. Taverne 2001, S. 235.
397 Abb.: Stamm 1984, Abb. 38, S. 62; Taverne 2001, S. 232f.
398 Abb.: Sembach 1992, S. 219. Ouds Lösung steht den reduziert-abstrahierten Formen von Hoffmann näher als De Bazels Motiv. Vgl. »V. 1.2.2. Aufnahme von Einzelmotiven von Lauweriks und De Bazel«.
399 Wohnraum von Block VIII und IX: Oud 1923a, S. 17.
400 Insgesamt sind vier Fassadenentwürfe und ein Grundriß mit Angaben zur Farbigkeit in der FC erhalten: Friedman 1982; Jaffé 1982, Nr. 62–65; Boekraad 1983a, S. 69; Hoek 2000, Nr. 671b–671e; 671h, S. 294–296.
401 »Die Fassaden Jan Luyckenstraat sind was die Anordnung von Grün und Blau betrifft anders als die der Van Harenstraat. Was bei diesen blau ist, ist bei den ersten grün.« Übers. EvE: Brief von Van Doesburg an Oud vom 25.10.1921, FC: Hoek 2000, S. 296.
402 Brief von Van Doesburg an Oud vom 25.10.1921, FC: Hoek 2000, S. 296.
403 Van Doesburg spricht in seinem Brief vom 3. November 1921, in dem er auf die partielle Ausführung seiner Entwürfe eingeht, von den Fassaden an Potgieter- und Langendijkstraat sowie von »Dachfenstern«, womit allein Block VIII gemeint sein konnte: Brief von Van Doesburg an Oud vom 3.11.1921, FC: Boekraad 1983b, S. 140.
404 Undatierter Brief von Milius an Van Doesburg, RKD: Hoek 2000, S. 292.
405 Laut Rotterdamer Katalog ließ Oud die Fenster des gesamten Blocks grau streichen: Taverne 2001, S. 236.
406 Entgegen der bisherigen Annahme handelt es sich hier nicht um Wohnungen von Block I und V: So Van Straaten 1988, S. 61; Hoek 2000, S. 256. Hierauf weisen die Raumaufteilung und -einrichtung wie auch die Form des Kamins hin.
407 Centraal Museum, Utrecht, AB5616; AB5617. Der Kamin zeigt eine Komposition aus blauen und grauen Steinen.
408 So Van Straaten 1988, S. 61; Hoek 2000, S. 256. Auf der Rückseite beider Blätter steht in Nelly van Doesburgs Handschrift »Schüler von Does Weimar«.
409 Vgl. Farbabb. im Zustand von 1993: Yashiro 1993, S. 114.
410 Zur Kritik an diesem Vorgehen und dem Entwurf von Villa Nova: Ten Cate 1991.
411 Bericht vom 5.11.1920, VGR, S. 1553. Laut Rotterdamer Katalog wurden die Pläne am 8.10.1920 von der Gemeinde genehmigt: Taverne 2001, S. 239.
412 Bericht von *B & W* an den Gemeinderat vom 7.3.1924, HR, S. 367f.
413 Oud 1922f., S. 189.
414 Bericht vom 13.4.1924, HR, S. 191.
415 Übers. EvE: Plate, 5.11.1920, VGR, 1920, S. 1554.

416 Vgl. Plan im Oud-Archiv mit entsprechenden Angaben: Block I bis IV waren demnach bereits im Bau, Block VI sollte errichtet werden.
417 Vgl. »IV. 1.3.6. Auswirkungen der politischen Entwicklung«.
418 Bericht vom 18.2.1926, HR, S. 98. Ravesteyn 1948, S. 313. Laut Henk Engel wurden auch die beiden Blöcke (VII und VIII) bis 1928 von privaten Bauunternehmen realisiert: Engel 1990, S. 19.
419 Übers. EvE: Plate, 5.11.1920, VGR, 1920, S. 1553. Vgl. »IV. 1.3.1. Die Entwicklung standardisierter Wohnungstypen«.
420 Taverne 2001, S. 242.
421 Die Zwischenbauten wurden nicht, wie im Rotterdamer Katalog dargestellt, beliebig eingefügt, sondern folgen konsequent dem beschriebenen Schema: Taverne 2001, Kat. Nr. 41, hier S. 241.
422 Gispen 1925, Abb. 25.
423 Gemeentewerken Rotterdam, J. Treffers, Stadtplan von Rotterdam, 1920. Vgl. »IV. 2.4. Tusschendijken: Der normierte Wohnblock als städtebauliches Element«.
424 Oud 1926b, Abb. 32, S. 53; De Gruyter 1931, XXXV, nach S. 175.
425 Voet/Klaassen 1992, Abb. 92. Entsprechend einer Gemeinderatssitzung von März 1924 wurden nur noch sechs Blöcke, das heißt die nach Ouds Entwurf realisierten Wohnblöcke I, II, III, IV und VI sowie der abweichende Block V in die Planung einbezogen: Bericht vom 13.3.1924, HR, S. 191.
426 Abb.: Stamm 1984, Abb. 41, S. 70; Barbieri 1986, Abb. 12, S. 84.
427 Vgl. die mit weißen und roten Ziegeln gestreiften Backsteinpfeiler des sog. Aquariums. Moeller 1991, Abb. 185–187, S. 327, 329.
428 Dagegen nimmt Hans Oud an, daß die Rahmen entsprechend diesem Farbentwurf gefaßt wurden: Hans Oud 1984, S. 69.
429 Übers. EvE: Mieras 1923, S. 384.
430 Vgl. Planmaterial im Oud-Archiv.
431 Der im März 1925 publizierte Entwurf von Block V zeigt zur Jan Kobellstraat (Wohnstraße) eine durchlaufende Fassadenfront ohne Risalite: Klei 1925, S. 70. Vgl. »IV. 2.4. Tusschendijken: der normierte Wohnblock als städtebauliches Element«.
432 Pläne im Oud-Archiv.
433 Der Aufbewahrungsort der Pläne ist nicht bekannt. Abb.: Klei 1925, S. 70; Barbieri 1986, Abb. 3, S. 81.
434 Plate, 5.11.1920, VGR. 1920, S. 1554.
435 Grundriß und Lageplan im Oud-Archiv. Abb.: Klei 1925, S. 70; Barbieri 1986, Abb. 3, S. 81; Taverne 2001, S. 240.
436 Übers. EvE: Bericht vom 13.3.1924, HR, S. 191.
437 Grundrisse der Läden und Treppenhäuser: Badovici 1925, Pl. 9.
438 In Block V finden sich allein in der Roesener Manzstraat Lagerräume, während auf die Zwischenglieder mit zusätzlichen Schlafzimmern (mit Ausnahme der Wohnungen über den Hofdurchgängen) verzichtet wurde. Die Wohnungen mit Läden an der Platzfront besitzen zwei Schlafzimmer im Erdgeschoß sowie zwei Schlafzimmer mit wahlweise einem weiteren Schlaf- oder Wohnzimmer im Obergeschoß. Die eingeschossigen Anbauten im Garten nehmen ein Schlafzimmer und in der Rundung einen Abstellraum auf. Durch eine Tür im Scheitelpunkt besitzt der Anbau einen eigenen Zugang zum Garten.
439 Vgl. Bericht vom 7.3.1924, HR, S. 367f.
440 Vgl. Bericht vom 13.3.1924, HR, S. 191.
441 Bericht vom 13.3.1924, HR, S. 191. Klei 1925.
442 Klei 1925.
443 Bericht vom 18.2.1926, HR, S. 98; Bericht vom 22.11.1926, HR, S. 1181, 1184.
444 Bericht vom 22.11.1926, HR, S. 1193. Vgl. Engel 1990, S. 19. Abb. Block V: Barbieri 1986, S. 81; Voet/Klaassen 1992, Abb. 93. Im Rotterdamer Katalog irrtümlich als Werk von Oud abgebildet: Taverne 2001, S. 243. Der Innenhof von Block V war in Privatgärten unterteilt: vgl. Barbieri 1986, Abb. 1, S. 67; Abb. 2, S. 80.
445 Goor/Heederik 1931.
446 Vgl. einen beigefügten Plan mit dem eingezeichneten Verlauf des Deiches: GWR, Rapport. Inzakede gebreken aan de woningcomplexen in Tusschendijken, aan de Kiefhoek en in Oud-Mathenesse; Bijlage V.

447 GWR, Rapport. Inzakede gebreken aan de woningcomplexen in Tusschendijken, aan de Kiefhoek en in Oud-Mathenesse, Beilage Januar 1937. Die befürchtete Neufundierung erschien jedoch unnötig.
448 GWR: Tusschendijken, Bericht vom 11.11.1949.
449 Hans Oud 1984, Anm. 186, S. 117. Oud erklärte sich allein mit einer originalgetreuen Rekonstruktion des Blockes einverstanden: Blijstra 1965, S. 29.
450 GWR: Tusschendijken. De Ruiter/Meijr/Habets 1985, S. 128–131.
451 Grunewald 1993, S. 17; Gläser/Metzger 1993, S. 43.
452 Grunewald 1993, S. 47.
453 Paul Voigt, Grundrente und Wohnungsfrage in Berlin und seinen Vororten, Jena 1901, S. 228f.: nach Gläser/Metzger 1993, S. 10f.
454 So wählte der Großindustrielle Walther Rathenau als Architekt seines Landhauses (Königsallee 65) nicht Peter Behrens, den Architekten der gleichzeitig errichteten modernen AEG-Werkbauten, sondern dessen konservativeren Vorgänger Johannes Kraaz: Grunewald 1993, S. 31.
455 Walter Gropius hat ein bis heute nicht identifiziertes Haus in der Nähe der Hagenstraße errichtet: Grunewald 1993, Anm. 50, S. 201. In der Griegstraße 37, gegenüber dem Grundstück der Kallenbachs, entstand 1926/27 das Haus Tänzer nach Entwurf von Otto Rudolf Salvisberg.
456 Das Grundstück ist heute in fünf Parzellen unterteilt: Hagenstraße 51, 51a und Griegstraße 38, 40 und 40a. Mit Dank für Informationen an Matthias Donath, Berlin.
457 Die Kaufverhandlungen scheiterten jedoch: Jaeggi 1994, S. 148. Dieses Grundstück ist heute in drei Parzellen unterteilt: Hagenstraße 53, 53a, 53b. Vgl. Ortsteilkarte: Grunewald 1993, S. 85.
458 Vgl. Lageplan Berlin-Grunewald, 1913 (Abb. 212).
459 Jaeggi 1994, S. 310, 311.
460 Brief von Oud an Behne vom 15.10.1921, Bauhaus-Archiv, Berlin, BAB 44: Gruhn-Zimmermann 2000, S. 127 (teilweise abg. in Taverne 2001, S. 314).
461 Gruhn-Zimmermann 2000, S. 127. Behne 1921, S. 272–292 mit Abb. der Treppe von Haus De Vonk. Laut Behne sollte Haus Kallenbach in demselben Geiste erbaut werden wie die übrigen Bauten von Oud: Brief von Behne an Oud vom 12.10.1921, NLM, 2714 Sammlung Oud: Gruhn-Zimmermann 2000, S. 127.
462 Fanelli 1978b, S. 147. Zu Behnes Hollandreise von 1920 und der Beziehung zu Oud: Gruhn-Zimmermann 2000.
463 Behne 1920; Behne 1921/22a; Behne 1921/22b; vgl. Behne 1925.
464 Jaeggi 1994, S. 310; Gruhn-Zimmermann 2000, S. 127.
465 Brief von Moholy-Nagy an Oud vom 4.12.1921, Oud-Archiv, B.
466 Briefe von Moholy-Nagy an Oud vom 4.12.1921 und 9.5.1922, Oud-Archiv, B. Die Funktion des künstlerischen Beraters wird in der Literatur meist Moholy-Nagy zugesprochen. Dagegen: Rehorst/Jansen 1982, S. 354; Anm. 34, S. 398.
467 Oud 1922c, S. 341. Auch Fred Forbat erinnerte sich an die Beteiligung von Hilberseimer: Erinnerungen eines Architekten aus vier Ländern, Ms BHA-Berlin, S. 57: Nerdinger 1996, S. 48. Behne hatte sich direkt an Meyer gewandt, der daraufhin den Entwurf zusammen mit Gropius erarbeitete: Jaeggi 1994, S. 310.
468 Hans Oud 1984, S. 72; Jaeggi 1994, S. 310. Döckers Entwurf für ein Landhaus datiert zwar auf Dezember 1921 und fällt damit zeitlich genau in die Phase des Wettbewerbs, entstand offenbar jedoch unabhängig von einem konkreten Auftrag. Zu Döcker vgl. Mehlau-Wiebling 1989, S. 54, 55, Projekt Nr. 32 A, DAM, Inv. Nr. 82/2 – 662. Oud erwähnt Döcker nicht unter den eingeladenen Architekten: Oud 1922c, S. 341.
469 Vgl. Jaeggi 1994, Obj. Nr. 49, S. 310f; Nerdinger 1996, Obj. Nr. 6, S. 48–51.
470 Brief von Heinrich Kallenbach an die Architekten vom 21.9.1921, Nachlaß Fred Forbat, Schwedisches Architekturmuseum Stockholm: Jaeggi 1994, S. 147, 148, 310.
471 Vgl. Brief von Behne an Oud vom 12.10.1921: RKD, nach Gruhn-Zimmermann 2000, S. 127.
472 Vgl. Brief von Moholy-Nagy an Oud vom 21.7.1922, Oud-Archiv, B.
473 Wildpfad 5; vgl. Grunewald 1993, S. 180. Das Gebäude nimmt heute die niederländische Residenz auf.
474 Grunewald 1993, S. 23f., 46.
475 Gläser/Metzger 1993, S. 48.
476 Brief von Moholy-Nagy an Oud vom 4.12.1921, Oud-Archiv, B.
477 Auf die Existenz von zwei Entwürfen verwies erstmals Stamm, der die veränderte Fassung des ersten Entwurfs jedoch mit dem endgültigen Entwurf identifiziert: Stamm 1984, S. 55. Laut Rotterdamer Katalog sind zwei Entwürfe erhalten: Taverne 2001, Kat. Nr. 49.
478 Brief von Moholy-Nagy an Oud vom 10.1.1922, Oud-Archiv, B.
479 Briefkonzept von Oud an Moholy-Nagy vom 2.2.1922, Oud-Archiv, B.
480 Die Errichtung einer Veranda machte Kallenbach von den Kosten abhängig: Brief von Heinrich Kallenbach an Oud vom 13.2.1922, Oud-Archiv, B.
481 Vgl. Brief von Frau Kallenbach an Oud vom 20.2.1922, Oud-Archiv, B.
482 Briefkonzept von Oud an das Ehepaar Kallenbach vom 12.3.1922, Oud-Archiv, B.
483 Briefkonzept von Oud an Kallenbach vom 12.3.1922, Oud-Archiv, B. Stamm erwähnt ein Modell, das Oud am 13.3.1922 nach Berlin geschickt haben soll: Stamm 1984, S. 55.
484 Brief von Oud vom 8.4.1922, Oud-Archiv: Stamm 1984, S. 55.
485 Brief von Moholy-Nagy an Oud vom 21.7.1922, Oud-Archiv, B.
486 Bruno Taut schrieb im April an Oud, daß er an dessen Projekt für Berlin interessiert sei, auch wenn Oud noch keine Perspektive zeigen könne: Brief von Bruno Taut an Oud vom 21.4.1922, Oud-Archiv, B. Oud 1922c, S. 344.
487 Hitchcock 1929, S. 179; Jaeggi 1994, S. 152; Gruhn-Zimmermann 2000, S. 129.
488 Gropius bezeichnet seinen Entwurf als »Projekt für ein Wohnhaus in Beton«: WMB, VII, 1922/23, S. 342. Vgl. Jaeggi 1994, S. 149, 310.
489 Hans Oud 1984, S. 72.
490 Oud 1922c, S. 344.
491 Konzept von Oud vom 8.2.1922, Oud-Archiv: Kellmann 1992, S. 163.
492 Taverne 2001, S. 317.
493 Vier Grundrißskizzen mit halbrunder Terrasse, Abb.: Taverne 2001, S. 316.
494 Langmead 1999, S. 201.
495 Unpublizierte Skizze, Feder auf Transparent, 8,5 x 17 cm, Ankauf 1988 aus dem Kunsthandel.
496 Behne 1925, S. 3.
497 Vorrink 1925, S. 25, 27; Esser 1982, Abb. 136, S. 148. Hans Esser gibt als Provenienz Frau Oud-Dinaux an, die verstorbene Witwe von Oud. Der heutige Aufbewahrungsort ist der Verfasserin nicht bekannt.
498 Abweichend hierzu enthält der Entwurf von Gropius und Meyer eine Bibliothek.
499 Jaeggi 1994, Obj. Nr. 48, Abb. S. 146.
500 Aufgrund der Fensterbretter sind die Fensteröffnungen selbst etwas kleiner als die Doppeltüren, die bis zum Fußboden hinunter reichen.
501 Vgl. Kellmann 1992, S. 163.
502 Jenns Eric Howoldt und Uwe M. Schneede, Hrg., Im Garten von Max Liebermann, Kat. Hamburg 2004 mit Gartenplan auf dem Umschlag.
503 Auch der Entwurf von Meyer/Gropius basiert auf einem Raster (dort ein Diagonalraster), das in einem Grundrißquadrat des Vorhofes (Abb. 216) sowie dreidimensional als Würfel (»Maßblock«) auftritt: Jaeggi 1994, S. 150.
504 »Halle mit Haupttreppe«: Skizze unter Entfernung der Beschriftung: Vorrink 1925, S. 25; Skizze mit Beschriftung: Esser 1982, S. 153. Die niederländische »hal« kann auch mit Flur oder Diele übersetzt werden.
505 Oud 1922c, S. 344.
506 Konzept von Oud vom 8.2.1922, Oud-Archiv: Kellmann 1992, S. 163.
507 Vgl. auch Haus Otte (1921/22): Jaeggi 1994, Obj. Nr. 48. Vgl. Dorothea Fischer-Leonhardt, Die Gärten des Bauhauses. Gestaltungsprinzipien der Moderne, Berlin 2005, v. a. S. 11–14.
508 Vgl. Kellmann 1992, S. 162.
509 Landhaus Bernhard, Winklerstr. 11, 1906; Wohnhaus Breul, Oberhaar-

ter Weg 25/27 und Gustav-Freytag-Str. 10/12, 1909/11: Hermann Muthesius 1861–1927, Konzept Sonja Günther und Julius Posener, Kat. Berlin 1978, Nr. 3, S. 60f.; Nr. 27, S. 86; Grunewald 1993, S. 61, 152. Haus Breul wurde 1971 abgerissen.

510 Grunewald 1993, S. 58f., 152; erster Gartenentwurf 1905: Abb. 66, S. 58. Vom Garten ist allein der Vorgarten erhalten.

511 Grunewald 1993, S. 60f.; Gartenplan Abb. 70, S. 61.

512 Zu den Gärten von Muthesius vgl. Schneider 2000.

513 Zum Haus Wegmann vgl. Frank 1987, S. 91ff.

514 Moeller 1991, S. 333–335.

515 Zur Großen Gartenbau-Ausstellung vgl. Moeller 1991, S. 322–337. Zum Haus Wiegand vgl. Hoepfner/Neumeyer 1979. Auch Behrens Entwurf für die Villa Kröller-Müller in Wassenaar (1911) erhielt einen Hof mit Springbrunnen: Wolf Tegethoff, Wege und Umwege zur Moderne: Mies van der Rohes Frühwerk und der »Preußische Stil«, in: Riley/Bergdoll 2001, Abb. 9, S. 142. Unter dem Einfluß von Behrens steht auch das 1912/13 von Ludwig Mies van der Rohe entworfene Haus Werner in Berlin-Zehlendorf mit einem abgesenkten quadratischen Blumenbeet in der Mittelachse des Hauses: Christian Wolsdorf, Haus Werner, in: Riley/Bergdoll 2001, S. 170–173. Vgl. Schinkels Gärtnerhaus in Charlottenhof mit einem vertieften Garten und Wasserbecken samt Springbrunnen.

516 Zum Mittelhof vgl. die geplante Publikation von Mathias Hopp und Heinrich Kaak.

517 Vgl. »III. 1.5. Oud und die Architektur von *De Stijl*«.

518 Heerstraße 107, Berlin-Charlottenburg.

519 Behne 1925, S. 3.

520 Brief von Moholy-Nagy an Oud vom 9.5.1922, Oud-Archiv, B.

521 Undatiertes Konzept von Oud an Moholy-Nagy, Oud-Archiv, B, Nr. 20.

522 Karte von Lucia Moholy-Nagy an Oud vom 16.6.1922, Oud-Archiv, B; Brief von Moholy-Nagy an Oud vom 21.7.1922, Oud-Archiv, B.

523 Ein Plan aus dem Jahr 1928 zeigt die noch unbebauten Parzellen: Übersichtsplan der Stadt Berlin, Verwaltungsbezirk Wilmersdorf, 1928: Grunewald 1993, S. 28.

524 Vgl. den winkelförmigen Grundriß, das quadratische Wasserbassin im Winkel der beiden Gebäudeflügel, die hohen Fenstertüren mit den darüberliegenden kleinen Wandöffnungen und die auskragende Betonplatte über dem Eingang. Auch der Entwurf von Haus Rauth basiert auf einem Quadratraster: Jaeggi 1994, S. 154–156. Vgl. den »versenkten Garten« des annähernd gleichzeitig entworfenen Haus Otte: Jaeggi 1994, S. 308.

525 Bei Haus Benscheidt wurden auffallend viele Elemente von Ouds Entwurf integriert: Kellmann 1992, S. 163; vgl. Jaeggi 1998, S. 129. In der Tat finden sich auch hier ein winkelförmiges Gebäude mit Garten, ein quadratisches Pflanzbeet mit Statuensockel, das im Grundriß an Ouds Karree mit Springbrunnen erinnert, schmale Fenstertüren und auskragende Vordächer mit Oberlichtern und kleine Fenster im Obergeschoß.

526 Gruhn-Zimmermann 2000, S. 129.

527 Barbieri 1986, S. 52. Möglicherweise besteht hier eine Verbindung zu Erich Mendelsohns Ferienhaus in Herrlingen bei Ulm, wo Oud auf Einladung Mendelsohns im Sommer 1924 seine Ferien verbringen sollte: Stephan 1998, S. 76.

528 Stamm und Barbieri verweisen auf die Ähnlichkeit zu Haus Kallenbach und datieren den Entwurf um 1922: Barbieri 1986, S. 52; Stamm 1984, S. 94.

529 Stamm 1984, S. 94. Offenbar geht Stamm von der niederländischen Beschriftung des Entwurfs aus.

530 Vgl. »V. 2. Klassische Entwurfsprinzipien«.

531 Entgegen den gepunktet wiedergegebenen Rasenflächen auf der anderen Seite des Hauses ist dieser Bereich nicht weiter charakterisiert.

532 Vgl. Barbieri 1986, S. 52.

533 Vorbilder bieten Bauten des 16. und 17. Jahrhunderts in Genua und Frascati: Brönner 1994, S. 200, Abb. 409. Im 18. Jahrhundert entwickelte sich dieses Grundrißmotiv zum Allgemeingut.

534 Haus Kallenbach ist vor diesem Hintergrund als Idealhaus (L-Form) mit einseitig angefügtem Personaltrakt zu deuten.

535 Rudolf Wittkower, Palladios Geometrie: Die Villen, in: Grundlagen der Architektur im Zeitalter des Humanismus, München 1983 (1952 als Architectural Principles in the Age of Humanism), S. 60–64.

536 Zur Selbststilisierung Ouds als »Künstlerarchitekt« und der Bedeutung Palladios vgl. »II. 12. Versuch einer Charakterisierung« und »V. 2. Klassische Entwurfsprinzipien«.

537 Vgl. Barbieri 1986, S. 52.

538 Stamm 1984, Abb. 30, S. 55. Die zweite Skizze (Tinte auf Pergament) ist bisher unpubliziert.

539 Stamm 1984, S. 57. So auch Flagge 1992, S. 57.

540 Stamm 1984, Abb. 65, S. 90. Der heutige Aufenthaltsort ist der Verfasserin nicht bekannt.

541 Stamm 1984, S. 94.

542 Zum Einfluß von Lauweriks auf Oud vgl. »V. 1.2.2. Aufnahme von Einzelmotiven von Lauweriks und De Bazel«.

543 Ausschnitt des Blattes: Stamm 1984, Abb. 68, S. 93; Barbieri 1986, S. 53. Mit weiteren Skizzen: Baeten 1995.

544 Stamm 1984, Abb. 69, S. 95.

545 Im Grundriß bleibt dieser Umstand jedoch unberücksichtigt.

546 Stamm 1984, S. 95.

547 Zur den Auseinandersetzungen zwischen den Gemeinden Schiedam und Rotterdam bezüglich Oud-Mathenesse: Louman/Van der Steen 1983, S. 13–19.

548 Maschinengeschriebenes und handschriftliches Konzept von Oud als Antwort auf ein Schreiben von Jan Vaněk vom 3.12.1924, Oud-Archiv, B. Laut Van Ravesteyn war der Erweiterungsplan Anfang 1923 vollendet: Van Ravesteyn 1948, S. 193f. Van der Valk datiert den Plan im Van Lohuizen-Archiv in die Zeit zwischen 1920 und 1924: Van der Valk 1990, S. 26, 32. Laut Rotterdamer Katalog arbeitete Oud zwischen 1919 und 1921 an dem Entwurf: Taverne 2001, S. 249.

549 Im Jahr 1920 hatte die Gemeinde beschlossen, ein 4,5 ha großes Gelände an den Staat zu verpachten, der hier eine Marinekaserne errichten wollte. Im Mai 1922 wurde für das dreieckige Terrain an der Ostspitze von Oud-Mathenesse jedoch der Bau einer temporären Siedlung festgelegt: Bericht vom 15.6.1922, HR, 1922, S. 520.

550 Vgl. Van der Valk 1990, S. 26.

551 Vgl. »IV. 1.3.7. Ouds ›Witte Dorp‹ als Teil des kommunalen Bauprojektes Oud-Mathenesse«.

552 Vgl. De Klerk 1998, S. 185–190; Abb. Stadterweiterungsplan Rotterdam-Süd (1921) von Granpré Molière, Verhagen und Kok, S. 223.

553 Ravesteyn 1948, S. 193f. Im Rotterdamer Katalog werden 35.000 Einwohner genannt: Taverne 2001, S. 210.

554 Taverne 2001, S. 249. Neben der Kaserne finden sich dort sieben öffentliche Gebäude sowie drei Baukomplexe mit öffentlicher Nutzung bestehend aus zwei bis vier Bauten.

555 Casciato 1987, Abb. 3, S. 121; Buch 1997, S. 48.

556 De Jonge van Ellemeet 1925, S. 62. Das Witte Dorp galt daher zu dieser Zeit noch als Übergangslösung bis zur Realisierung des Stadterweiterungsgebietes; vgl. Oud 1924d, S. 421. Dagegen Taverne 2001, S. 249.

557 Brief von Bruno Taut an Oud vom 23.10.1923, Oud-Archiv, B.

558 De Jonge van Ellemeet 1925, S. 62.

559 Vgl. »IV. 1.3.7. Ouds ›Witte Dorp‹ als Teil des kommunalen Bauprojektes Oud-Mathenesse«.

560 Van Ravesteyn 1948, S. 192–194, Louman/Van der Steen 1983, S. 43–46.

561 Bericht vom 2.5.1922, VGR, S. 609ff. Bericht vom 15.6.1922, HR, S. 520f.

562 Bericht vom 2.5.1922, VGR, S. 610, 612.

563 Bericht vom 4.1.1918, VGR, S. 77.

564 Bericht vom 15.6.1922, HR, S. 520f. Laut Rotterdamer Katalog im Mai 1922: Taverne 2001, S. 247.

565 De Jonge van Ellemeet 1925, S. 64.

566 Oud 1924d, S. 418.
567 Weekblad Rotterdam 1930. Im Frühjahr 1926 hatte die Mietervereinigung »Ons Belang« einen Kindergarten für die 130 Kinder des »Witte Dorp« gefordert: Bericht vom 18.3.1926, HR, S. 267f.
568 De Jonge van Ellemeet 1925, S. 62.
569 Abb.: Camp 1987, Abb. 10, S. 21.
570 Reijndorp 1987, S. 63.
571 Reijndorp 1987, S. 65–68.
572 Zwei der Zwischenstationen, die Einrichtung »Arbeid Adelt« und das Obdachlosenheim Baan, mußten 1927 bzw. 1928 aufgegeben werden.
573 Bericht vom 4.1.1918, VGR, S. 77.
574 Bericht vom 2.5.1922, VGR, S. 611.
575 Taverne 2001, S. 250.
576 Vgl. entsprechende Lösungen in der Siedlung Kiefhoek* (dort die Wohnhäuser für Großfamilien) und in der Weißenhofsiedlung* (Vorentwurf mit einem sechsten querliegenden Normhaus).
577 Übers. EvE: Bericht vom 2.5.1922, VGR, 1922, S. 610.
578 Abb.: Kampffmeyer 1926, S. 32
579 Zur ursprünglichen Farbgebung: Colenbrander 1987c.
580 So ist der Abstand zwischen zwei Fenstern doppelt so groß wie der Wandabschnitt zwischen Fenster und Tür.
581 Abb.: Barbieri 1986, Abb. 5, S. 89; TvV, VII, 11.11.1926, Abb. 11, S. 211.
582 Abb.: Badovici 1925, Pl. 11.
583 Colenbrander 1987a, Abb. 26, 27, S. 31.
584 Fotografien aus den 1980er Jahren zeigen blaue Türen, die jedoch nicht den originalen Anstrich wiedergeben müssen: Fotografien im Archiv Roland Günter, Bibliothek Janne und Roland Günter, Oberhausen.
585 Abb.: Barbieri 1986, S. 92. Auf dem Entwurf findet sich die nachträgliche Aufschrift »Oud-Mathenesse«.
586 Oud 1925a, S. 28.
587 Oud-Archiv, F a 31.
588 Lampmann 1928, S. 451.
589 Van Goor/Heederik 1931, S. 442.
590 Colenbrander 1987b, S. 11f.
591 Geuskens 1986, S. 19.
592 Colenbrander 1987b, S. 13, 15.
593 Vgl. »I. 5. Erhaltungszustand und denkmalpflegerische Fragen«.
594 Ich danke Herrn Plomp für seine Informationen.
595 Colenbrander 1987b, S. 13f.; Berkelbach 1995.
596 Colenbrander 1987a.
597 Vgl. »I. 5. Erhaltungszustand und denkmalpflegerische Fragen«.
598 Die Beschreibung im Rotterdamer Katalog, »Das hölzerne Gebäude stand genau in der Mitte des dreieckigen Platzes« (Übers. EvE), ist irreführend, da so der Eindruck entsteht, die Bauleitungshütte sei auf dem zentralen Damloperplein errichtet worden: Taverne 2001, S. 256, vgl. S. 286. Der tatsächliche Standort kann (als kaum zugängliche und schwer einsehbare Rasenfläche) nicht als »Platz« bezeichnet werden.
599 So vier Fotografien der Bauleitungshütte im Oud-Archiv. Vgl. Postkarte von Rietveld an Oud vom 6.6.1923, Oud-Archiv, B, in der er sich nach dem Ergebnis der Farbfassung erkundigt: »wirkt die Farbe gut draußen?«.
600 Vgl. »IV. 1.3.6. Auswirkungen der politischen Entwicklung«.
601 So wurden Ouds Wohnblöcke in Spangen zumindest teilweise nach den (veränderten) Entwürfen Van Doesburgs farbig gefaßt und eine Musterwohnung für die Blöcke I und V* durch die De Stijl-Künstler ausgeführt. Schließlich erwarb Plate auch die von Rietveld für die Musterwohnung in Spangen gefertigten Möbel.
602 Jean Badovici, Les possibilités architectonique de demain, in: L'Architecture Vivante, Frühjahr/Sommer 1924, S. 31.
603 Vgl. »III. 1.5. Oud und die Architektur von De Stijl« und »III. 4.2. Die Gemeinschaftsbauten«.
604 Oud 1924d.
605 Pläne der Gesamtanlage im Oud-Archiv. Der bei Colenbrander 1987a, S. 1, 3, publizierte Plan der Siedlung, der die Hütte in gestrichelter Umrißlinie wiedergibt, wurde offenbar für diese Publikation angefertigt.
606 Hans Oud 1984, S. 36.
607 Vgl. »III. 4.8. Bauleitungshütte und Café de Unie: zwei Sonderbauten der ›De Stijl‹-Architektur«.
608 Taverne 2001, S. 259.
609 Die Farbangaben entstammen der technischen Erläuterung der Bauleitungshütte in »L'Architecture Vivante«, die auf Ouds Angaben zurückgehen dürfte: Badovici 1924, S. 31. Die von Oud in den 1950er Jahren angefertigten Farbskizzen im Oud-Archiv entsprechen diesen Angaben.
610 Dagegen u. a. Reedijk 1971, S. 57.
611 Vgl »V. 1.2.2. Aufnahme von Einzelmotiven von Lauweriks und De Bazel«.
612 Dagegen Camp 1987, S. 46.
613 Dagblad Rotterdam 1924.
614 J. H. van den Broek meinte sich dagegen erinnern zu können, die Bauleitungshütte als Gartenhäuschen in Tilburg gesehen zu haben: Van den Broek 1963, S. 287.
615 Karstkarel 1985.
616 Bei der Rekonstruktion in Rotterdam fiel das Gelb greller aus als in Sassenheim: Mellegers 1995.
617 Die Rekonstruktion kostete mehr als 250.000 Gulden. Nach Langmead 1999: 100.000 Gulden.
618 Mellegers 1995. Vgl. »I. 4. Bekanntheit und Wertschätzung einzelner Arbeiten«.
619 Bois/Reichlin 1985, S. 159; Barbieri 1986, S. 87.
620 Skizze im Oud-Archiv, vgl. Siedlung Oud-Mathenesse*.
621 So auch Camp 1987, S. 46.
622 Abb.: Stamm 1984, Abb. 71, S. 96.
623 Stamm 1978, S. 39; Stamm 1984, S. 97; Hans Oud 1984, S. 82f. Die genannten Notizen sind der Verfasserin nicht bekannt.
624 Taverne 2001, S. 336.
625 Übers. EvE: A. J. Teychiné Stakenburg, Beeld en beeldenaar, Rotterdam en mr. K. P. van der Mandele, Rotterdam 1979, S. 66.
626 Van de Laar 2000, S. 385.
627 Dagegen Taverne 2001, S. 336. Die genannten Archivdokumente sind der Verfasserin nicht bekannt.
628 Stamm 1978, S. 39.
629 Brief der Volksuniversiteit Rotterdam an Oud vom 6.4.1926, Oud-Archiv, B.
630 Mit dem Vorsitzenden Van der Leeuw stand Oud im Frühjahr 1925 bezüglich des Neubaus der Van Nelle-Fabrik in Verbindung.
631 Alle drei Entwürfe für eine Volkshochschule: neun Zeichnungen, ein Abzug.
632 Die punktierte Fläche wird hier – mit Blick auf den dritten Entwurf der Volkshochschule Rotterdam* – als begrünter Innenhof gedeutet. Möglich wäre jedoch auch eine Säulenhalle, wobei das in der Mitte angegebene Bauglied eine Treppe darstellen könnte.
633 So in F.-L. Boulangers Entwurf des Théâtre forain (1833): Abb. Middleton 1982, S. 62.
634 Oud 1919d, Abb. 28, S. 216. Ein frühes Beispiel für einen Stufengiebel ist François Debrets Opern-Entwurf in der Rue Le Petier in Paris (1821): Werner Szambien, Karl Friedrich Schinkel, Basel/Boston/Berlin 1990, S. 130. Vgl. auch Heinrich Hübschs Theater in Karlsruhe (1852–55).
635 Auf Mendelsohn weist bereits Günther Stamm: Stamm 1984, S. 99. Die stufenförmige Silhouette des Gebäudes und die bekrönende Kugel finden sich beispielsweise in Tauts »Monument des Eisens« (1913) auf der Internationalen Baufachausstellung in Leipzig. 1924 hatte Taut einen Kinoentwurf »Kinosaal für Liegendkranke« (1921) veröffentlicht, der ebenfalls auf einem gleichschenkligen Dreieck mit abgeflachter Spitze basiert: Ute Maasberg, Regina Prinz, Kat. Nr. 82, in: Nerdinger 2001, S. 345f.
636 Briefkarte von Berlage an Oud vom 21.5.1926, Oud-Archiv, B.

637 Oud-Archiv.
638 Steenhuis 1999, S. 11, 13; Taverne 2001, S. 260.
639 Versammlung vom 13.08.1924: vgl. Bericht vom 21.8.1925, VGR, S. 983; Bericht vom 17.9.1925, HR, S. 769–82.
640 Vgl. Bericht vom 21. 8.1925, VGR, S. 983. Brief von De Jonge van Ellemeet an Heijkoop vom 13.11.1924, GAR, Nieuw Stadsarchief, Algemene Zaken, Inv. Nr. 4939/29, Dossier Hoek van Holland: Steenhuis 1999, S. 16.
641 Bericht vom 17.9.1925, HR, S. 777.
642 Vgl. Bericht vom 21. 8.1925, VGR, S. 983. Steenhuis, Kamphuis und Camp identifizieren den zweiten Entwurf als die Variante mit drei Häuserzeilen: Steenhuis 1999, S. 18.
643 Bericht vom 17.9.1925, HR, S. 782.
644 Steenhuis 1999, S. 19.
645 Ausschreibungsunterlagen: Steenhuis 1999.
646 GAR, Inv. Nr. 4939/29, Dossier Hoek van Holland; Brief von De Jonge van Ellemeet an Heijkoop vom 19.5.1927: Steenhuis 1999, S. 21, 35. Die Planänderungen wurden aus Kostengründen vorgenommen: vgl. Steenhuis 1999, S. 21.
647 Oud 1928a, S. 39. Vgl. Rogkerus 1928, S. 9. Am 22. September 1927 war im Gemeinderat ein Kredit zur Einrichtung einer Bibliothek in Hoek van Holland bewilligt worden: Bericht vom 22.9.1927, HR, S. 844.
648 Oud 1928a, S. 39. Zu den Mietpreisen finden sich unterschiedliche Angaben: Laut *Bouwpolitie en Woningdienst* betrug die Miete der EG-Wohnungen 5,75 bzw. 4,25 Gulden, die der OG-Wohnungen 5,25 Gulden; so auch Giedion 1929, S. 34. Dagegen Steenhuis 1999, S. 35: 3,75 bis 6 Gulden für die Wohnungen, 16 Gulden für die Bibliothek, 4–5 Gulden für die Lagerräume und 11 Gulden für die Ladenwohnungen.
649 Vgl. »IV. 1.3.4. Die Betonbauten des *Woningdienst*«
650 Übers. EvE: Bericht vom 17.9.1925, HR, S. 769.
651 Vgl. Bestek en Voorwaarden, Aanbesteding. Het bouwen van een groep woningen aan de 2e Scheepvaartstraat te Hoek van Holland, Gemeente Rotterdam, Bestek No. 24, Juni 1926: Steenhuis 1999.
652 Steenhuis 1999.
653 Taverne 2001, S. 266.
654 CIAM 1930, S. 54.
655 In einer Grundrißvariante sind Bibliothek und Wohnung getrennt, haben jedoch jeweils einen Zugang zum gemeinsamen Balkon: Adler 1927b, S. 37.
656 »Die helle goldgelbe Farbe richtete sich nach der Dünenlandschaft«: Übers. EvE: Oud 1927a, S. 42. Eine entsprechende Fassung wurde durch Farbuntersuchungen des RDMZ bestätigt: Steenhuis 1999, S. 85.
657 So die Aufnahmen von E. van Ojen (z. B. Abb. 158), die kurz nach der Fertigstellung entstanden und vielfach publiziert wurden.
658 Oud selbst beschreibt den Farbton der Wände als ein »leichtes Hellgrau«: Oud 1928a, S. 39. Ein Präsentationsentwurf im Oud-Archiv gibt die verputzten Wände dagegen in Weiß wieder (Abb. 31).
659 Oud 1928a, S. 39.
660 Vgl. Oud 1927a, S. 43; Oud 1928a, S. 39. Auf einer Zeichnung (1924) im Oud-Archiv sind die Laternen mit traditionellen Lampenköpfen ausgestattet. Die ausgeführten moderneren Laternen stammen daher wohl aus einer späteren Entwurfsphase. Abb.: i 10, I, 2, 1927, S. 45; Adler 1927a, S. 38.
661 Laut Grundriß sollten die Läden im Halbrund und an der Langseite eine Ablage zur Ausstellung von Waren erhalten, die jedoch an den ausgeführten Bauten nicht zu belegen sind.
662 Vgl. Kellmann 1992, Abb. 143f.
663 Im Rotterdamer Katalog wird dagegen ein Einfluß durch Mendelsohns »dynamischen Funktionalismus« auf die gerundeten Eckläden und den horizontalen Charakter der Wohnzeilen in Hoek van Holland angenommen: Taverne 2001, S. 162.
664 Dies im Gegensatz zum Bauzustand bis 1998, der in beiden Geschossen die Backsteinzone auf den Bereich unterhalb der Schlafzimmerfenster beschränkte. Während der ursprüngliche Zustand der Straßenfront in unzähligen Fotografien überliefert ist, fehlen Aufnahmen für die weniger spektakuläre Gartenfront.
665 Steenhuis 1999, S. 29, 37.
666 Oud 1928a, S. 39.
667 Aus Kostengründen wurde auf gefliese Wandbereiche im Wohnzimmer verzichtet: Steenhuis 1999, Anlage »lijst van verminderingen plan Hoek van Holland«.
668 Die Schränke fielen den Einsparungen zum Opfer: Steenhuis 1999, Anlage »lijst van verminderingen plan Hoek van Holland«.
669 Steenhuis 1999, S. 28. Ockergelbe Farbe fand sich bei der jüngst erfolgten Untersuchung der Wohnungen auch an den Wänden. Mit Dank an Mariël Polman (RDMZ) für ihre Informationen zur Farbfassung der Wohnungen.
670 Bestek en Voorwaarden, Aanbesteding. Het bouwen van een groep woningen aan de 2e Scheepvaartstraat te Hoek van Holland, Gemeente Rotterdam, Bestek No. 24, Juni 1926, S. 28, 31: Steenhuis 1999.
671 CIAM 1930, S. 54.
672 Bestek en Voorwaarden, Aanbesteding. Het bouwen van een groep woningen aan de 2e Scheepvaartstraat te Hoek van Holland, Gemeente Rotterdam, Bestek No. 24, Juni 1926, S. 21: Steenhuis 1999. Die Verglasung der Bibliothekstreppe bestand bis zum Umbau im November 1998.
673 Auch der Lesesaal und eine kleine Garderobe neben dem Eingang erhielten eine Verkleidung mit gelben Fliesen: Steenhuis 1999, S. 28.
674 Publiziert in: Behne 1926b, S. 15f; Minnucci 1926, Fig. 143 und 144, S. 151; Hilberseimer 1927a, S. 44. Die Blaupause der Variante befindet sich im Oud-Archiv.
675 Colenbrander 1982b, Abb. 10, S. 167.
676 Stamm 1978, Fig. 32, S. 37; Stamm 1984, Abb. 49, S. 76.
677 GAR, Nieuw Stadsarchief, Algemene Zaken, Inv. Nr. 4939/29, Bauakte Hoek van Holland, Abb.: Steenhuis 1999, S. 15.
678 Vgl. »IV. 2.7. Zeilenbau nach deutschem Schema: Weißenhofsiedlung und Blijdorp«.
679 De Jonge van Ellemeet an Wethouder Heijkoop vom 26.7.1924: GAR, Nieuw Stadsarchief, Algemene Zaken, Inv. Nr. 4939/29, Bauakte Hoek van Holland: Steenhuis 1999, S. 16. Eventuell stehen die Skizzen für den von der *Commissie voor Volkshuisvesting* abgelehnten zweiten Entwurf: vgl. Steenhuis 1999, S. 18. Laut Rotterdamer Katalog handelt es sich dagegen um eine frühe Variante: Taverne 2001, S. 261.
680 Dagegen wird diese Skizze im Rotterdamer Katalog offenbar mit dem vom Gemeinderat geforderten zweiten Entwurf identifiziert: Taverne 2001, S. 260.
681 Skizze: Stamm 1978, S. 37; Stamm 1984, Abb. 49, S. 76.
682 Adler 1927c.
683 Vgl. die Bildzusammenstellung aus Ouds Laden in Hoek van Holland und Schneiders Hamburger Wohnblöcken: Kellmann 1992, Abb. 143, 145.
684 Ouds Vortrag anläßlich der Ausstellung »Typen neuer Baukunst«: »Die Entwicklung der modernen Architektur in Holland«. Vgl. Artikel im »Hamburger Fremdenblatt« und dem »Hamburger Correspondent«: Oud-Archiv. Fritz Block bat Oud darüber hinaus, bei ihm zu Hause in kleinem Kreise von etwa 20 ausgewählten Leuten zu sprechen: Brief von Block an Oud vom 12.5.1926, Oud-Archiv, B.
685 Steenhuis 1999, S. 35.
686 So Gemeinderatsmitglied Verheul: Bericht vom 11.11.1927, HR, S. 1071; Bericht vom 22.12.1930, HR, S. 864. Tatsächlich hatte sich nur eine Firma für die Anmietung eines Ladens interessiert: Steenhuis 1999, S. 35.
687 Bericht vom 10.5.1928, HR, S. 359; GAR, Inv. Nr. 4939/29, Bauakte Hoek van Holland, Brief von De Jonge van Ellemeet an Heijkoop vom 16.3.1928: Steenhuis 1999, S. 35. Grundriß eines Ladens mit Wohnungseinbauten: Steenhuis 1999, S. 34.
688 Metz 1986a.

[689] Bericht vom 22.12.1930, HR, 1930, S. 864.
[690] Steenhuis 1999, S. 7, 37. Die umliegende Bebauung wurde abgebrochen und auf der gegenüberliegenden Straßenseite eine neue Wohnzeile errichtet.
[691] Steenhuis 1999, S. 38, Abb. auf S. 36.
[692] Steenhuis 1999, S. 7, 37; Brief von Oud an De Groot, Direktor der *Gemeentelijke Woningstichting*, 1950: Steenhuis 1999, S. 38f.
[693] Steenhuis 1999, S. 7, 39.
[694] Metz 1986a; Steenhuis 1999, S. 28, 41–47; mit Bericht von Martin Bulthuis und Frank Altenburg, *Dienst Stedebouw en Volkshuisvesting* an Wethouder Meijer vom 2.10.1997. Annie Oud-Dinaux hatte sich mit den Aluminiumfenstern einverstanden erklärt.
[695] Steenhuis 1999, S. 47.
[696] Steenhuis 1999, S. 44.
[697] Steenhuis 1999, S. 42, 47.
[698] Steenhuis 1999, S. 8.
[699] Vgl. Bericht von Martin Bulthuis und Frank Altenburg, *Dienst Stedebouw en Volkshuisvesting* an Wethouder Meijer vom 2.10.1997: Steenhuis 1999, Beilage.
[700] Steenhuis 1999, S. 78.
[701] Reinhartz-Tergau 1990, S. 47; Dočkal 1998. Zu vermuten wäre für die Küchen und Treppenaufgänge die Verwendung von Gelb- und Grüntönen, eine Farbkombination, die Oud später bei den Küchen in Kiefhoek* anwandte.
[702] Steenhuis 1999; S. 78, 80; Farbuntersuchung durch Mariël Polman (RDMZ).
[703] Bestek en Voorwaarden, Aanbesteding. Het bouwen van een groep woningen aan de 2e Scheepvaartstraat te Hoek van Holland, Gemeente Rotterdam, Bestek No. 24, Juni 1926: Steenhuis 1999.
[704] Steenhuis 1999, S. 85.
[705] Vgl. »I. 5. Erhaltungszustand und denkmalpflegerische Fragen«.
[706] Vgl. die Forderung von Steenhuis, Kamphuis, Camp: Steenhuis 1999, S. 87.
[707] Laut Hans Oud befand sich an der Stelle von Ouds Café de Unie bis 1917 das Schiffercafé De Unie: Hans Oud, Anm. 82, S. 85. Allerdings zeigt eine (angeblich 1914 entstandene) Fotografie bereits die Baulücke: Abb. bei Barbieri 1984, S. 4.
[708] Abb.: De Groot 1982, Abb. 14, S. 63. Die Passage wurde 1940 bei der Bombardierung zerstört.
[709] Vgl. Gemeindearchiv Rotterdam, NPW, 18.2.1925: Hans Oud 1984, S. 84.
[710] Oud 1925b, S. 398; Dettingmeijer 1988, S. 357f. Die von der *Bouwpolitie en Woningdienst* abgelehnten Arbeiten sind nicht überliefert. Vgl. »IV. 1.4.2. Kritik an Ouds Café de Unie und Diskussion um die Bauberatung«.
[711] Barbieri/Groenendijk/Vollard 1984, S. 4.
[712] Metz 1986a.
[713] Taverne 2001, S. 344.
[714] Van der Lugt 1987, S. 78. Im Gegensatz zu Bestrebungen am Bauhaus sind die Diagonalen hier nicht eliminiert. Parallelen für diese Schriftform finden sich am ehesten bei den Futuristen: Bosshard 1995, S. 10.
[715] Stoffels 1926, S. 331.
[716] Fotografien im Oud-Archiv. Laut Nancy Metz fand sich hier eine traditionelle Einrichtung mit Korbstühlen: Metz 1986a.
[717] Vgl. »III. 4.8. Bauleitungshütte und Café de Unie: zwei Sonderbauten der ›De Stijl‹-Architektur«.
[718] Blotkamp 1996, Abb. 220, X.
[719] Farbabb: Ute Brüning, Herbert Bayer, in: Jeannine Fiedler und Peter Feierabend, Hrsg., Bauhaus, Köln 1999, S. 334; vgl. Bayers Kinoentwurf, circa 1925, Farbabb.: Norbert M. Schmitz, Moholys Filmkunst oder Warum das Bauhaus dem Kino fernblieb: ebd., S. 307.
[720] Vgl. Jaromir Krejcars Wolkenkratzer-Projekt mit Reklame (1922) und das Olympic Building in Prag (1923) sowie Enzen Linharts Entwurf für das Bürohaus von Pneu Pirelli (1923); Abb.: Valena/Winko 2006, S. 74; Rotislav Svácha, The architecture of new Prague 1895–1945, Cambridge, Mass./London 1995, S. 247, 225.
[721] Prinz 1997, Kat. Nr. 11, S. 309; Anm. 172, S. 86. Tauts Interesse an der Reklame manifestiert sich in seinen »Richtlinien für Reklame« und dem von ihm initiierten Wettbewerb für Hausanstriche und Reklame. 1923 berief Taut den Graphiker Johannes Molzahn nach Magdeburg.
[722] Farbabb.: Warncke 1990, S. 108; Taverne 2001, S. 340.
[723] Vgl. »IV. 1.4.2. Kritik an Ouds Café de Unie und Diskussion um die Bauberatung«.
[724] Periskopius 1925, S. 370.
[725] Übers. EvE: Bericht der Gemeinderatssitzung anläßlich des Antrages zum Bau von Gemeindewohnungen in Hoek van Holland nach Entwurf von Oud: Maasbode 18.9.1925, Oud-Archiv.
[726] »Daß es aber niemanden mehr stört, seit es mit besser zur Umgebung passenden, grauen Farben übermalt wurde.« Übers. EvE: Rotterdamsch Nieuwsblad 1936.
[727] Mellegers 1995. Die Baukosten betrugen zwei Millionen Gulden.
[728] Oud-Dinaux 1986.
[729] Cusveller 1990b, Anm. 1, S. 9. Vgl. auch die hierauf bezugnehmenden Straßennamen der Siedlung.
[730] De Jonge van Ellemeet 1931, S. 166.
[731] Cusveller 1990c, S. 42.
[732] Cusveller 1990c, S. 42.
[733] Bericht vom 17.3.1927, HR, S. 160.
[734] Vgl. »IV. 1.4.3. Der Einfluß des Gemeinderats auf die Wohnbauten in Hoek van Holland und Kiefhoek«.
[735] Im Frühjahr 1928 wandte sich Meller im Auftrag von De Jonge van Ellemeet an Fritz Block und bat um Material für die »Normalisation«: vgl. Brief von Block an Oud vom 19.4.1928, Oud-Archiv, B.
[736] De Jonge van Ellemeet 1931, S. 101.
[737] Im Februar 1931 wurde die Verleihung eines Kredits zum Bau der Schuppen besprochen: Bericht vom 12.2.1931, HR, S. 39.
[738] De Jonge van Ellemeet 1931, S. 105.
[739] Cusveller 1990c, S. 42.
[740] Oud 1930b, S. 358; Oud 1930c, S. 342; Van der Hoeven 1990, S. 69–72.
[741] Taverne 2001, S. 279.
[742] Overmeire/Patijn 1990, S. 102.
[743] Die Einrichtung einer *Waterstokerij*, bei der heißes Wasser zum Kochen oder Waschen sowie Heizmaterial und Drogerieartikel angeboten wurde, ist typisch für Rotterdam. Sie mußte jeweils einen größeren Wohnbezirk bedienen, so daß auch Bewohner aus der Umgebung die Einrichtung nutzten: Van der Hoeven 1990, S. 67f.
[744] Bericht vom 12.2.1931, HR, S. 39 mit Verweis auf einen Ratsbeschluß von Juli 1929; De Jonge van Ellemeet 1931, S. 104.
[745] Oud 1930b, S. 358; »Kommunaler Wohnungsbau ›Kiefhoek‹ Rotterdam«, in: Oud-Archiv, C 36; De Jonge van Ellemeet 1931, S. 102.
[746] Hans Oud 1984, S. 240.
[747] CIAM 1930, S. 6.
[748] Zu den städtebaulichen Planungen für Rotterdam-Zuid: De Roode 1926; Witteveen 1926; Cusveller 1990c, S. 46–51; Vermeer/Rebel 1994, »De sprong naar zuid«, S. 259–262, 289f.
[749] Andela 1989; Van Vliet 1989; Cusveller 1990c: »Het lange leven van de poldersloot«, S. 44–51.
[750] Cusveller 1990c, S. 49.
[751] Cusveller 1990c, S. 49; Abb. Stadterweiterungsplan (1921) auf S. 50.
[752] Kuipers 1987, Anm. 205, S. 157. Duursma 1989, S. 37.
[753] Kuipers 1987, S. 110.
[754] Cusveller 1990c, S. 50.
[755] Kuipers 1987, S. 116.
[756] Knuttel 1930, S. 36.
[757] Vgl. Van der Hoeven 1990, S. 55. Eine tatsächliche Übereinstimmung mit den Entwässerungsgräben liegt allein bei der Heer Arnoldstraat vor.
[758] De Jonge van Ellemeet 1931, S. 103.

759 Undatierte Erläuterung von Oud »Gemeentelijk woningbouw ›Kiefhoek‹ Rotterdam«, in: Oud-Archiv, C 36. Vgl. die hohen Verbindungsmauern zwischen den Zeilen. Vgl. »IV. 1.5. *Volkswoningbouw* als erzieherisches Mittel«.
760 Vgl. »IV. 3.1. Typenwohnungen«.
761 Gezeigt wurde eine Kombination aus dem ursprünglichen Entwurf mit Dusche, Durchreiche, Kohlenkasten sowie einem kleineren Windfang und der ausgeführten Fassung, das heißt ohne Waschbecken im Obergeschoß und ohne Bügelbrett.
762 Reinhartz-Tergau 1990, S. 47.
763 Van der Hoeven 1990, S. 65.
764 Van der Hoeven 1990, S. 65; Overmeire/Patijn 1990, S. 111.
765 Overmeire/Patijn 1990, S. 111.
766 Van der Hoeven 1990, S. 65.
767 Mittels der Gucklöcher sollte festgestellt werden, ob in den Zimmern Licht brennt. Vgl. »Schutz gegen fahrlässige Lichtvergeudung«: Berufsorganisation der Hausfrauen 1927, S. 47.
768 Grundrisse: Oud-Archiv. Abb.: Oud 1930c, S. 431; Oud 1931c, S. 5; Cusveller 1990a, S. 63; Van der Hoeven 1990, S. 63.
769 Fassadenentwürfe im Oud-Archiv zeigen noch an zwei weiteren Stellen der Siedlung entsprechende Lampen. Diese sind jeweils am Abschluß einer Verbindungsmauer mit einem schmalen Durchgang befestigt. Die Angabe »Gevel K Tweede Kiefhoekstraat« gibt an, daß es sich um den Zugang zur geplanten Werkstätte mit Büro der Wohnungsgesellschaft handelt. Im zweiten Fall ist der geplante Aufstellungsort nicht mit Sicherheit zu bestimmen. Da die Fassade mit »K'« bezeichnet ist, wird es sich jedoch um eine Variante von Entwurf »K« handeln.
770 Abb.: Cusveller 1990a, S. 63 (Grundriß); S. 73 (hist. Ansicht).
771 Beide Wohnungen fallen gegenüber der Normwohnung etwas größer aus. Grundrisse: Oud-Archiv. Abb.: Oud 1930c, S. 429; Oud 1931c, S. 8; Van der Hoeven 1990, S. 63.
772 Van der Hoeven 1990, S. 69. Dagegen wurden Tür- und Fensterrahmen bei der Rekonstruktion gelb gestrichen und für das Fenster Klarglasscheiben verwendet.
773 J. J. P. Oud, Gemeentelijk Woningbouw »Kiefhoek« Rotterdam, Oud-Archiv, C 36. Hier ist an Arbeitsräume für Hausarbeiten, Reparaturen, Schneiderarbeiten usw. zu denken. Im Fall des Amsterdamer Betondorp Watergraafsmeer wurden Werkstätten eingerichtet, da sonst die (von Gemeinde und Wohnungsbauvereinigungen) untersagte Ausübung eines Berufs in den Wohnräumen nicht durchzusetzen war: Kuipers 1987, S. 49.
774 Overmeire/Patijn 1990, S. 102.
775 Oud-Archiv. Rebel 1977, Abb. 33, S. 157. Farbabb.: Cusveller 1990a, Umschlagseite; Baeten 1995.
776 Zu den De Stijl-Ausstellungen der 1950er Jahre und Ouds Beitrag hierzu vgl. Broekhuizen 2000, v. a. S. 279–291.
777 Die Blaupause und eine Zeichnung im Oud-Archiv und im GWR zeigen andere Fensterformen, aber auch abweichende Bauteile.
778 Abb.: Overy 1991, Abb. 75, S. 94. Rietveld nahm hier die Atelierwand von Emil Buchholz in Berlin auf, die im selben Jahr entstand: Adelaar 1990, Anm. 20, S. 193.
779 Oud-Archiv, publiziert (schwarz-weiß) in: Cusveller 1990a, S. 4.
780 Abb.: Dettingmeijer 1988, S. 288, B; Farbabb.: Baeten 1995; Taverne 2001, S. 276.
781 Abb.: Cusveller 1990a, S. 77.
782 Oud 1931b, S. 150. Auf dem Dach des Windfangs war ein kleines Schränkchen vorgesehen.
783 Oud 1930b, S. 360.
784 Abb.: Rebel 1983, Abb. 26, S. 33; Dettingmeijer 1988, S. 288, A.
785 Vgl. Abb.: Klei, 1931, Nr. 18, S. 129, 132, 134.
786 Rapport in zake de gebreken van de woningcomplexen in Tusschendijken aan de Kiefhoek en in Oud Mathenesse te Rotterdam vom 26.6.1931, 17 Seiten: Akten des GWR, zu Kiefhoek S. 14–16; Goor/Heederik 1931.
787 Hans Oud 1984, S. 240; Taverne 2001, Kat. Nr. 110.

788 Cusveller 1990b, S. 9. Van der Hoeven 1991.
789 Overmeire/Patijn 1990.
790 Dokumenation der Ergebnisse: Cusveller 1990a.
791 Ausführung: Baugesellschaft Vermeulen, Breda.
792 Vgl. Stadtplan der Landeshauptstadt Brünn, 1912.
793 Die Einwohnerzahl Brünns wuchs von 210.000 im Jahr 1921 auf 265.000 im Jahr 1930.
794 Brief von Heinrich Blum an Oud vom 10.4.1926, Oud-Archiv, B.
795 Mit Dank für den freundlichen Hinweis: Brief von Jan Sapák an die Verfasserin vom 16.6.1998.
796 Brief von Heinrich Blum an Oud vom 10.4.1926; Brief von Jan Višek an Oud vom 25.4.1926, Oud-Archiv, B.
797 Šlapeta 1981, S. 6; zur Textilfabrik: Verzeichnis der Arbeiten, S. 51, Nr. 14.
798 Brief von Blum an Oud vom 10.4.1926; Brief von Višek an Oud vom 25.4.1926, Oud-Archiv, B.
799 »In Rotterdam begrüßt man die Bauten Ouds und seines jungen Mitarbeiters Meller, die gemeinsam ein Wettbewerbsprojekt für einen Hotelneubau in Brünn bearbeiten.«: Hirschel-Protsch 1927, S. 300.
800 Cremers 1928, Abb. S. 63f.; Hans-Joachim Kadatz, Peter Behrens, Leipzig 1927, Abb. 100, 101, S. 102f. Pfalzgalerie Kaiserslautern (dort als Hotel Ritz): Stanford Anderson, Peter Behrens and a new architecture for the twentieth century, Cambridge (Mass.)/London 2000, Nr. 173, S. 361.
801 Mitteilung von Vladimir Šlapeta im Gespräch mit der Verfasserin vom 7.7.1999.
802 Taverne 2001, S. 349.
803 Adler 1927a.
804 Abb. Perspektive im CCA: Taverne 2001, S. 349.
805 J. J. P. Oud, Durchschlag des Entwurfs zum Erläuterungsbericht, Oud-Archiv, Fa 32.
806 J. J. P. Oud, Durchschlag des Entwurfs zum Erläuterungsbericht, Oud-Archiv, Fa 32.
807 Ute Maasberg, Regina Prinz, Verzeichnis der Werke, Kat. Nr. 93, in: Nerdinger 2001, S. 352f. (mit Abb. des Grundrisses).
808 Als (beliebig gewählte) Beispiele sind das Grand Hotel in Paris (1862), das Regina Palast Hotel in München (1908) und das Hotel Imperial in Karlsbad (1912) zu nennen. Vgl. Michael Schmitt, Palast-Hotels. Architektur und Anspruch eines Bautyps 1870–1920, Berlin 1982.
809 Brief von Višek an Oud vom 25.4.1926, Oud-Archiv, B; Brief von Blum an Oud vom 10.4.1926, Oud-Archiv, B.
810 Brief der Vertreter von Aleš an Oud vom 22.4.1926, Oud-Archiv, B.
811 Brief der Vertreter von Aleš an Oud vom 22.4.1926; Brief von Blum an Oud vom 3.5.1926; Briefe von Višek an Oud vom 29.5.1926 und 2.6.1926: Oud-Archiv, B.
812 Brief der Vertreter von Aleš an Oud vom 22.4.1926, Oud-Archiv, B; Brief eines Mitarbeiters von Stavitel an Oud vom 2.4.1927, Oud-Archiv, B.
813 Brief von Giedion an Oud vom 16.9.1926 mit Informationen von Josef Popp: Oud-Archiv, B.
814 Vgl. Brief vom 20.9.1926, Oud-Archiv, B.
815 Vgl. Šlapeta 1981, S. 52, Nr. 24.
816 Alena Janatková, Großstadtplanung und Expertenöffentlichkeit: Architektur und Städtebau in Prag und Brünn im Zwischenkriegszeitraum. Ansätze zu einer vergleichenden Analyse, in: Andreas R. Hofmann und Anna Veronika Wendland, Stadt und Öffentlichkeit in Ostmitteleuropa 1900–1939, Stuttgart 2002, S. 27–56, hier S. 36; Abb. S. 49.
817 Vgl. Šlapeta 1981, Nr. 28, S. 52; Nr. 38, S. 53. 1928 baute Wiesner zudem ein Textillager für die Gebrüder Stiassny in Brünn: vgl. Šlapeta 1981, Nr. 34, S. 53.
818 Zu Vorgeschichte und Börsenwettbewerb v. a. Penn 1940, Van Bergeijk 1993; vgl. »Literaturauswahl«.
819 Van de Laar 2000, S. 296.
820 Versammlungsprotokoll Kleines Komitee 22.12.1925: Van Bergeijk 1993, S. 102.
821 GAR, NSA/AZ, Inv. Nr. 4200/266.

822 Morgenblatt des »Telegraaf« vom 19.5.1926.
823 Übers. EvE: GAR, Inv. Nr. 4200/266.
824 Artikel von »Periscopius«: Penn 1940, S. 29.
825 Tot het vervaardingen van een voorlopig schetsplan voor een beursgebouw te Rotterdam, Oud-Archiv, Fa 32; vgl. Jury 1929a.
826 So unterscheidet Albert Otten zwischen dem städtebaulichen Entwurf (Stadt Rotterdam) und einem zum Wettbewerb gehörenden Lageplan: Otten 1929, S. 166.
827 J. J. P. Oud, Motto X. Toelichting voor het voorlopig schetsontwerp voor een beursgebouw te Rotterdam, Oud-Archiv, C 36.
828 Oud 1928b, S. 26. Zweite Publikation: Otten 1929, S. 161, Besprechung S. 166.
829 Otten 1929, S. 164f.
830 Ravesteyn 1948, S. 136f. mit Abb. von zwei Entwürfen.
831 Ravesteyn 1948, S. 138.
832 Übers. EvE: Oud 1928b, S. 25.
833 J. J. P. Oud, Motto X. Toelichting voor het voorlopig schetsontwerp voor een beursgebouw te Rotterdam, Oud-Archiv, C 36.
834 Granpré Molière, Kromhout, Mertens und Staal planten an diese Stelle neue Gebäude.
835 Boesiger/Stonorov 1964, S. 108–121.
836 Vgl. Hans Oud 1984, Anm. 114, S. 97.
837 J. J. P. Oud, Toelichting tot het voorlopig schetsontwerp voor een beursgebouw te Rotterdam: Oud-Archiv, C 36.
838 Taverne 2001, S. 361.
839 Oud 1928b, S. 26; Otten 1929, S. 161. Der Verbleib des Entwurfs ist der Verfasserin nicht bekannt.
840 J. J. P. Oud, Motto X. Toelichting voor het voorlopig schetsontwerp voor een beursgebouw te Rotterdam, Oud-Archiv, C 36.
841 Vgl. Giuseppe Terragnis Novocomum, Como (Entwürfe 1927–29) mit ebenfalls einer parallel zur Straße liegenden Treppe.
842 Übers. EvE: Oud 1928b, S. 25.
843 Übers. EvE: Oud 1928b, S. 29.
844 Übers. EvE: Oud 1928b, S. 25, 29.
845 Stamm 1978, Fig. 42, S. 7, 44 (unten); Taverne 2001, S. 351.
846 Stamm 1978, Fig. 42, S. 44 (oben); Taverne 2001, S. 352.
847 Vgl. »V. 3.1. Oud und die Moderne Architektur in den Niederlanden«.
848 Möller 1997, Abb. 32–35, S. 30f.
849 Lampugnani 1992, v. a. Abb. S. 33, 43, 52, 182–185 (Kat. 295–304).
850 Beide stammten aus Purmerend, absolvierten die Rijksnormaalschool voor Teekenonderwijzers und zählten zu den ersten Mitgliedern der Künstlervereinigung De Opbouw.
851 Behne 1926a, S. 32f., 43; vgl. Stamm 1984, S. 85.
852 V. a. Karel Chochola, Mitglied des Stavba-Kreises, mit dem Oud seit August 1924 korrespondierte: vgl. die Briefe im Oud-Archiv, B. Chochola, der sich unter anderem positiv zu Ouds Spangener Bauten geäußert hatte, organisierte dessen Vorträge in Prag und Brünn.
853 Vgl. Masák/Svácha/Vybíral 1995, S. 38. Interessant ist, daß der Prager Wettbewerb insgesamt vier Bauten und damit – entsprechend Ouds Vorstellung – kein isoliertes Gebäude zeigt.
854 Ouds Entwurf folgt jedoch noch deutlich stärker einem übergeordneten System. So sind die einzelnen Baukörper (trotz der asymmetrischen Gesamtanlage) symmetrisch, wobei die »Funktionsgruppen« jeweils in den Gebäudeecken liegen und die Gebäudeflügel einen regelmäßigen Wechsel von Räumen und Funktionsgruppen (A-B-A-B-A) zeigen.
855 A. Spalek, K soutezi na veletrzní budovy, in: Stavba, 1924/25, III, Nr. 10, S. 73–75; Behne 1926a, S. 62. Vgl. einen Kommentar zum Wettbewerb von Josef Štěpánek, Poznámky k soutezi, in: Stavitel, 6, 1925, S. 1. Die drei Sieger-Entwürfe, darunter Tyls Beitrag, erschienen zudem im Oktober 1924 in der internationalen Messe- und Industriezeitschrift »Meziná-rodní obchod a prumysl«: nach Masák/Svácha/Vybíral 1995, S. 11.
856 Výstavba veletrzních paláců, Nová Praha, 6, Nr. 10, 1925, S. 7: Masák/Svácha/Vybíral 1995.
857 Die Frage nach der Autorschaft, die 1928 den Streit zwischen Stam und Brinkman & Van der Vlugt auslöste, ist bis heute ungeklärt: Möller 1997, S. 50–53; Anm. 150, 157, S. 138f.
858 Mart Stam, M-Kunst, in: i 10, I, 1927, S. 42.
859 Übers. EvE: Brief von Van Loghem an Oud vom 19.12.1928, Oud-Archiv, B. Ausstellung im Saal des Rotterdamsche Kunstkring.
860 Zu Beginn hatte die Jury einen Entwurf von Mertens als beste Arbeit ausgewählt. Da er jedoch zwei Arbeiten eingereicht hatte, mußte er eine von ihnen zurückziehen. Unglücklicherweise entschied er sich für den zu prämierenden Entwurf: Van Bergeijk 1993, S. 103.
861 Übers. EvE: Motto X, in: BW, 50, 1.6.1929, Nr. 22, S. 172.
862 Otten 1929, S. 163.
863 Abschrift des Briefes von Berlage an Gropius vom 13.6.1927, Oud-Archiv, B, mit Hervorhebung.
864 Vgl. »II. 5. Der Wettbewerb um die Rotterdamer Börse«.
865 Vgl. Otten 1929, S. 163.
866 Zum Frühwerk von Staal und seinen Schriften vgl. Bergerfurth 2004.
867 Die Börse wurde als wichtiges repräsentatives Gebäude der Innenstadt erhalten. Neben vielfachen Umbauten bestimmt vor allem das 1986 errichtete World Trade Center über dem Börsensaal das heutige Erscheinungsbild.
868 Vgl. die axialsymmetrische Planung von Granpré Molière (1917), die bis 1925 als Bauvorhaben im Stadtplan erscheint. Abb.: Van de Laar 2000, S. 290 (unten); Stadtplan Gemeinde Rotterdam, 1925. Im Gegensatz hierzu die moderne Planung von L. C. van der Vlugt (Abb. 55).
869 Vgl. »IV. 1.7. Rotterdam und die Moderne – Ouds Einfluß auf das Bauwesen der Stadt«.
870 Stamm 1984, S. 99f. Auch Hans Oud nennt für die Skizzen das Jahr 1926: Hans Oud 1984, S. 83. Im Rotterdamer Katalog wird der Entwurf ohne Begründung auf 1927 datiert: Taverne 2001, S. 336f.
871 Zur Vorgeschichte vgl. erster Entwurf für die Volkshochschule Rotterdam*.
872 Groen-Wit-Groen 1927; Oud 1927a.
873 »Das Vorhaben war großartig genug. Der bekannte Architekt (und Volkshochschul-Freund) J. J. P. Oud erstellte einen vorläufigen Entwurf.« Übers. EvE: Ott 1967, S. 61.
874 Geurst 1984, S. 111; vgl. Dritter Entwurf für die Volkshochschule Rotterdam*.
875 Vgl. Taverne 2001, S. 339.
876 Alle drei Entwürfe für eine Volkshochschule: neun Zeichnungen, ein Abzug.
877 Zu Van der Vlugts Entwürfen: Geurst 1984, S. 111.
878 Hoogenbek 1980, S. 133; vgl. die Literaturangaben zum Entwurf für das Land van Hoboken.
879 Die Dynamik der Gebäudespitze läßt an die Ecklösungen Erich Mendelsohns denken: vgl. Stamm 1978, S. 44, Stamm 1984, S. 99. Die bekannten Berliner Beispiele, wie der Entwurf für die Alte Jakoberstraße (1928), das Hochhaus am Bahnhof Friedrichstraße (1929) und das Metallarbeiterhaus (1928–30), sind jedoch erst nach dem Entwurf der Volkshochschule entstanden.
880 Vgl. »V. 3.1. Oud und die Moderne Architektur in den Niederlanden«.
881 DAM: Wolkenbügel, El Lissitzky mit Aufschrift »für Oud«. Abb.: Hans Oud 1984, Abb. 66, S. 83; Cohen 1998, S. 70.
882 Abb.: Benešová 1958, S. 24f.; dies., Ceská Architektura V promenách. Dvou Století 1780–1980, o. O. 1984, S. 330.
883 Der Entwurf wurde in »L'Architecture Vivante« publiziert, wo auch Oud seine Arbeiten veröffentlichte: L'Architecture Vivante, Winter 1926, S. 43; vgl. Stamm 1984, S. 85. Außerhalb des Industriebaus findet sich ein exponierter Schornstein, der zudem aus einem Rundbau hervorgeht, bei Johannes Duikers Sanatorium Zonnestraal in Hilversum (1926–28).
884 Parallelen finden sich in Bruno Tauts Entwurf der Schule am Dammweg in Berlin-Neukölln und Hans Poelzigs Wettbewerbsentwurf für drei Berufs- und Fachschulen, beide 1927. Eine trapezförmige Aula im Zentrum einer aus zwei Bögen gebildeten Hofanlage zeigt der von

Max Taut ab 1929 ausgeführte Schulkomplex an der Schlichtallee in Berlin-Lichtenberg. Abb.: Berger 1999, Abb. III.159, III.161 und III.162, S. 622f. Mit Dank für den Hinweis an Julia Berger.
885 Oud 1922a, S. 19.
886 Geurst 1984 (1983), S. 111. Genannt werden die Ecken Mathenesserlaan/Jongkindstraat, Jongkindstraat/Rochussenstraat, Rochussenstraat/Breitnerstraat.
887 Dettingmeijer 1988, S. 214, 217.
888 Im Vergleich zu Ouds Entwurf fehlen der hintere Abschnitt mit dem Wohnhaus und der rückwärtige, den Innenhof abschließende Flügel. Die Grundrißlösung erinnert an das Hotel Stiassny*, das ebenfalls zwei engliegende Stützenreihen mit »Verkehrsachse« aufweist. Abb. Grundriß: Red. H. P. Berlage u. a., Moderne Bouwkunst in Nederland, Nr. 6, Rotterdam 1933, S. 58f.
889 Vgl. Dritter Entwurf für eine Volkshochschule*.
890 Stamm 1978, Fig. 37, S. 41; Stamm 1984, Abb. 73, S. 98; Hans Oud 1984, Abb. 65, S. 83.
891 Hans Oud 1984, S. 82; Stamm 1984, S. 99; so auch Taverne 2001, S. 336. Hans Oud 1984, Abb. 65, S. 83; Stamm 1984, Abb. 73, S. 98.
892 Zum Weißenhof vgl. Kirsch 1987, S. 43f.
893 Vgl. Postkarte von Oud an Mies van der Rohe vom 5.1.1927: Kirsch 1987, S. 91.
894 Brief von Oud an Döcker vom 17.1.1927, MoMA, 6.1. B: Pommer/Otto 1991, Anm. 10, S. 244.
895 Vgl. den Briefverkehr mit Meller im Oud-Archiv, B: »II. 8. Internationaler Ruhm«.
896 Vgl. Brief von Kossel an Oud vom 23.5.1927: Kirsch 1987, S. 94. Laut Endabrechung betrugen die Ausführungskosten 74.518,67 RM: Reichsforschungsgesellschaft, April 1929, S. 144: Kirsch 1987, S. 92.
897 Kirsch 1987, S. 92.
898 Brief von Meller an Oud vom 25.7.1927, Oud-Archiv, B (abg. in Kirsch 1997, S. 196). Am 25. Juli 1927 wurden die Häuser gestrichen.
899 Brief von Meller an Oud vom 22.8.1927, Oud-Archiv, B.
900 Brief von Stotz an das Stadtschultheißenamt vom 6.9.1927, Stadtarchiv Stuttgart: Kirsch 1987, S. 95.
901 Brief von Stotz an Mies van der Rohe vom 13.7.1925, MoMA: Kirsch 1997, S. 22. Vgl. Pommer/Otto 1991, S. 45.
902 Brief von Stotz an Häring vom 14.8.1925, MoMA: Tegethoff 1987, S. 200 (abg. in Kirsch 1997, S. 23).
903 Zu den insgesamt zehn Teilnehmerlisten vgl. Kirsch 1987, S. 53–58.
904 Abschrift eines Briefes von Oud an die WADW, Januar 1926, MoMA: Kirsch 1997, S. 48.
905 Brief der Gemeinde Rotterdam an die WADW vom 17.8.1926, Oud-Archiv, B.
906 Brief von Mies van der Rohe an Oud vom 9.9.1926, Oud-Archiv, B: Kirsch 1987, S. 52; Brief von Stotz an Oud vom 20.9.1926: Oud-Archiv, B. Mies van der Rohe stand spätestens seit Sommer 1924 in Kontakt mit Oud: vgl. Korrespondenz im Oud-Archiv, B.
907 Wohl aufgrund seiner wiederkehrenden Depressionen hielt er sich zudem um den Jahreswechsel 1926/27 in Italien auf.
908 Brief von Mies van der Rohe an Oud vom 3.1.1927, MoMA, 7.1. B: Pommer/Otto 1991, Anm. 8, S. 243.
909 Brief von Oud an Döcker vom 17.1.1927, MoMA, 6.1. B: Kirsch 1987, S. 90f.; Pommer/Otto 1991, Anm. 10, S. 244.
910 Joedicke/Platz 1977, S. 59, 68.
911 Bau und Wohnung 1927, S. 94.
912 Oud 1927i, S. 271.
913 Bau und Wohnung 1927, S. 94.
914 Die meisten Architekten der Weißenhofsiedlung entschieden sich dagegen für hölzerne Fensterrahmen: vgl. Pommer/Otto 1991, S. 78.
915 Taverne 2001, S. 302; mit Hinweis auf das Museum Boymans van Beuningen.
916 Vgl. Tabelle der Grundstücks- und Hausgrößen: Kirsch 1989, S. 7; S. 32. Joedicke/Plath 1977, S. 58: 73,8 m².
917 Zur Klingel an der Südseite: Nägele 1992, S. 96.
918 Vgl. Brief von Erna Meyer an Oud vom 24.1.1927, Oud-Archiv, B (abg. in Kirsch 1997, S. 145–147); Brief von Erna Meyer an Oud vom 2.2.1927, Oud-Archiv, B (abg. in Kirsch 1997, S. 147–150). Eine Beteiligung Ida Liefrincks am Entwurf ist unwahrscheinlich: dagegen Holsappel 2000, S. 7, offenbar nach einem Interview mit der Künstlerin vom 29.02.2000.
919 Laut Rotterdamer Katalog sollte diese Wohnung ursprünglich von Mart Stam eingerichtet werden: Taverne 2001, S. 302.
920 Brief von Stotz an Mies van der Rohe vom 31.3.1927; Brief von Mies van der Rohe an Lutz vom 12.4.1927, MoMA: Kirsch 1987, S. 96.
921 Kirsch 1987, S. 96.
922 Mia Seeger (Geschäftsstelle des Deutschen Werkbundes) an Oud: »Von dem Haus Kramer schicke ich Dir nur einen Abzug, mit Lutz, den Du ja wohl nicht so sehr schätztest verschone ich Dich lieber ganz«: Brief von Mia Seeger an Oud vom 17.9.1927, Oud-Archiv, B.
923 Kirsch 1987, S. 96.
924 »Auf so einer Ausstellung will ich lieber nicht mit Möbeln aufwarten, da ich, indem ich viele Interieurs und Möbel mache, Gefahr laufe, daß sie mich darauf festlegen.« Übers. EvE: Karte von Rietveld an Oud mit Poststempel vom 25.4.1927, Oud-Archiv, B.
925 Kramer 1985, S. 106.
926 Kramer 1978: Christoph Mohr und Michael Müller, Funktionalität und Moderne. Das Neue Frankfurt und seine Bauten 1925–1933, Frankfurt am Main 1984, S. 59.
927 Aufgrund der Wirtschaftskrise fand diese Ausstellung erst 1931 im kleineren Rahmen statt.
928 »Was Ihre Beteiligung an der Bautengruppe anbelangt, so würden wir uns freuen, wenn auch Sie sich daran beteiligen könnten. Leider haben wir nicht das ausschliessliche Bestimmungsrecht, sondern müssen, da die Stadt Stuttgart uns die Mittel usw. zur Verfügung stellt, ihr die Entscheidung über die von uns vorgeschlagenen Architekten überlassen. Dabei werden im Gemeinderat Stimmen laut werden, die verlangen, dass kein Ausländer zu der Durchführung der eigentlichen Bauarbeiten herangezogen wird, und es ist mehr als wahrscheinlich, dass diese Stimmen die Majorität haben. Trotzdem wollen wir die Sache versuchen …«: Brief von Stotz an Oud vom 30.7.1925, Oud-Archiv, B.
929 Tagebuch des Stadterweiterungsamtes vom 15.10.1925: nach Kirsch 1987, S. 46.
930 Brief von Stotz an Mies van der Rohe vom 20.10.1925, MoMA: nach Kirsch 1994, S. 205.
931 Amtsblatt der Stadt Stuttgart vom 29.3.1926: nach Kirsch 1987, S. 47. Vgl. die abschätzige Bemerkung von Paul Bonatz: »Franzosen und Holländer und Berliner«: Tegethoff 1987, S. 220.
932 Brief des Ehepaars Stotz an Oud vom 20.1.1926, Oud-Archiv, B.
933 Kirsch 1987, S. 47.
934 Brief von Stotz an Oud vom 31.3.1926, Oud-Archiv, B.
935 Brief von Stotz an Oud vom 27.4.1926, Oud-Archiv, B; Kirsch 1987, S. 48. Später kam noch der Belgier Victor Bourgeois hinzu, der jedoch für einen privaten Bauherren auf dem angrenzenden Gelände baute. Vgl. Pommer/Otto 1991, S. 47f.
936 Kirsch 1987, S. 92.
937 Jeder bauende Architekt erhielt 3.000 RM Honorar: Kirsch 1997, S. 7.
938 Im April 1927 wandte sich Mies van der Rohe mit der Bitte an Oud, das Material für die Internationale Plan- und Modellausstellung zu sammeln: Brief von Mies van der Rohe an Oud vom 9.4.1927, Oud-Archiv, B. Dies war zuvor bereits mit Stotz besprochen worden: vgl. Pommer/Otto 1991, S. 45.
939 Brief von Mies van der Rohe an Oud vom 9.9.1926, MoMA, 6,5 H: Kirsch 1987, S. 90, vgl. Abb. 50, 51; Pommer/Otto 1991, Anm. 2, S. 242, vgl. Abb. 45, 46.
940 Vgl. Kirsch 1987, Abb. S. 52; Pommer/Otto 1991, Abb. 92. Zu den vorausgehenden Planungen des Städtischen Bauamtes ab Sommer 1925 vgl. Kirsch 1987, S. 44–52.
941 Erna Meyer, »Richtlinien für die Gestaltung der Küche« und »Vorschläge der Berufsorganisation der Hausfrauen«, Oud-Archiv, B, Nr. 48. Die

Forderungen der Stuttgarter Hausfrauen wurden im Anschluß an Ouds »Huisvrouwen en architecten« publiziert: Berufsorganisation der Hausfrauen 1927.

[942] Brief von Mies an Oud vom 15.11.1926, MoMA, 6.9. A: Kirsch 1987, S. 90; Pommer/Otto 1991, Anm. 5, S. 242f.

[943] Brief von Oud an Schneck vom 23.12.1926, MoMA, 6.6.12: Pommer/Otto 1991, Anm. 7, S. 243. Wie Oud gegenüber Döcker bemerkte, ging die Konzeption der Küchengärten auf Meyer zurück: Oud an Döcker vom 17.1.1927, MoMA, 6.1. B: Kirsch 1987, S. 90f; Pommer/Otto 1991, Anm. 10, S. 244. Oud stand bereits seit 1925 mit Erna Meyer in Kontakt; im Februar 1926 verwies er sie an Schneck: vgl. Brief von Schneck an Oud vom 12.2.1926, Oud-Archiv, B.

[944] Brief von Oud an Döcker vom 17.1.1926, MoMA, 6.1. B: Auszüge in Kirsch 1987, S. 90, 91; Pommer/Otto 1991, Anm. 10, S. 244.

[945] Auszug aus der Niederschrift der Bauabteilung des Gemeinderates vom 23.12.1926, § 3881, Stadtarchiv Stuttgart: Kirsch 1987, Anm. 8, S. 90; Anm. 12, S. 91.

[946] Mies van der Rohe an Oud vom 3.1.1927, MoMA, 7.1. B: Pommer/Otto 1991, Anm. 8, S. 243; vgl. Pommer/Otto 1991, S. 73.

[947] Postkarte von Oud an Mies van der Rohe vom 5.1.1926 (1927), MoMA, 6.12. A: Kirsch 1987, S. 91, mit Hervorhebungen; Pommer/Otto 1991, Anm. 9, S. 243.

[948] Brief von Oud an Döcker vom 17.1.1927, MoMA, 6.1. B: Pommer/Otto 1991, Anm. 10, S. 244.

[949] Brief von Oud an Döcker vom 17.1.1927, MoMA, 6.1. B: Joedicke 1987, S. 100; Kirsch 1987, S. 90f.; Pommer/Otto 1991, Anm. 10, S. 244.

[950] Abb.: Tegethoff 1987, S. 221.

[951] Zwei Entwürfe im Oud-Archiv: Nägele 1992, S. 88; Pommer/Otto 1991, Abb. 7; vgl. Brief von Oud an Döcker, MoMA: Kirsch 1987, S. 91.

[952] Zur Farbgebung des Außenbaus: Nägele 1992, S. 26, 85.

[953] Ein Vorentwurf im Oud-Archiv zeigt eine Lösung (sechs Reihenhäuser) mit durchlaufender Dachkante.

[954] Undatierter Brief von Meller an Oud, Oud-Archiv, B, Nr. 48 (abg. in Kirsch 1997, S. 201f.).

[955] Brown 1958, S. 74.

[956] Brief von Oud an Döcker vom 17.1.1927, MoMA, 6.1. B: Kirsch 1987, S. 91; undatierter Brief von Meller an Oud (Sommer 1927), B, Nr. 42. Vgl. Pläne im Oud-Archiv.

[957] Brief von Oud an Döcker vom 17.1.1927, MoMA, 6.1. B: Kirsch 1987, S. 91; Pommer/Otto 1991, Anm. 10, S. 244.

[958] Die ebenfalls komplett eingerichtete »Frankfurter Küche« von Margarete Schütte-Lihotzky wurde ab Mai 1926 in verschiedenen Siedlungen in Frankfurt am Main realisiert: Noever 1992, S. 22.

[959] Laut Erna Meyer waren diese für die Mahlzeiten eines etwaigen Hausangestellten gedacht: Meyer Erna 1927a, S. 93. Allerdings sollte Ouds Küche ganz bewußt auch ohne Dienstboten auskommen: Oud 1927f, S. 383.

[960] »Nur bitte ich einen Entschluß zu fassen bezüglich des Liftes. Ich sprach mit verschiedenen Menschen – und glaube er kann weg!«: undatierter Brief von Meller an Oud, Oud-Archiv, B: Kirsch 1997, S. 183.

[961] Oud 1925a, S. 27.

[962] Meller beklagte, daß nicht genug blaues Linoleum für den Boden zur Verfügung stand: Karte von Meller an Oud vom 6.8.1927, Oud-Archiv, B.

[963] Postkarte von Meller an Oud vom 21.7.1927: Oud-Archiv, B (abg. in Kirsch 1997, S. 194).

[964] Nägele 1992, S. 85. Farbangaben zu den Innenräumen sind nicht erhalten. Die in Haus Nr. 5 durchgeführte Untersuchung brachte keine exakten Ergebnisse.

[965] Bau und Wohnung 1927, S. 93.

[966] Abb. Oud 1927f, S. 386. Vgl. »IV. 1.5. *Volkswoningbouw* als erzieherisches Mittel«.

[967] Hegemann 1930, S. 8f.

[968] Nägele 1992, S. 86. Brief von Meller an Oud vom 19.7.1927, Oud-Archiv, B (abg. in Kirsch 1997, S. 192f.).

[969] Axonometrie im Oud-Archiv.

[970] Berufsorganisation der Hausfrauen 1927, S. 47.

[971] Mit Dank an die Familie Brommer für die Besichtigung ihres Hauses.

[972] Meyer Erna 1927a, S. 171.

[973] Noever 1992.

[974] Vgl. Pommer/Otto 1991, S. 121.

[975] Behne 1926a, S. 20.

[976] 1932 urteilte ein anonymer Autor in der »Deutschen Bauhütte«: »Oud übersetzt bauliche Tierzüchtungsüberlegungen; also die architekturale Pferdebox mit spärlichem Oberlicht als Behälter für Menschen. Seine Sowjet-Begeisterung erstrebte kleine enge Häuschen, die man fabrikmässig aneinanderkleben kann ... Architekt Oud ist jetzt auch in Moskau, wo er sich härmt.«: Anonym, Neues vom Werkbund-Häuserbau in Stuttgart. Eine zeitgenössische Aufdeckung«, in: Deutsche Bauhütte, 9, 1932, S. 111: nach Rümmele 1999, S. 132.

[977] Hegemann 1928, S. 8.

[978] Hegemann 1928, S. 8f.

[979] Undatierter Brief von Oud an Wedepohl, Oud-Archiv, B (abg. in Kirsch 1997, S. 212–215).

[980] Sie fertigten auch Möbel für Le Corbusier, Lilly Reich, Mies van der Rohe, die Brüder Rasch und Stam: Kirsch 1987, S. 95. Meller bestellte sechs Stühle, fünf »Sitze« und einen Tisch: Postkarte von Meller an Oud vom 21.7.1927: Oud-Archiv, B (abg. in Kirsch 1997, S. 194). Im Ausstellungskatalog wird zudem ein Sessel erwähnt.

[981] Vgl. Karte von Meller an Oud vom 19.7.1927, Oud-Archiv, B (abg. in Kirsch 1997, S. 193); Brief von Meller an Oud vom 10.8.1927, Oud-Archiv, B.

[982] Stoffproben wurden zuvor nach Rotterdam geschickt: Brief von Meller an Oud vom 19.7.1027, Oud-Archiv, B (abg. in Kirsch 1997, S. 192f.).

[983] Brief von Meller an Oud vom 10.8.1927, Oud-Archiv, B. Deckenlampe Nr. 112 von Gispen: Innenräume Stuttgart 1928, S. 15, Anm. zu Abb. 5; Laan/Koch 1996, S. 158. Die Wahl der Lampen erfolgte eventuell auf Vorschlag von Meller: vgl. Briefkarte von Meller an Oud vom 16.7.1927, Oud-Archiv, B.

[984] Ein Gemälde von Mondrian stand offenbar nicht zur Verfügung: vgl. Karte Meller an Oud 16.7.1927, Oud-Archiv, B.

[985] Abb. EG: Graeff 1928, Abb. 62, S. 32; Kirsch 1987, S. 96.

[986] Brief von Mies van der Rohe an Lutz vom 12.4.1927, MoMA: Kirsch 1987, S. 92.

[987] Abb. EG: Graeff 1928, Abb. 59, S. 30; Kirsch 1987, S. 96.

[988] Meller beschrieb Van Ravesteyns Möbel als: »Nickelmöbel mit schwarzem Samt und roten ›baai‹: Karte von Meller an Oud vom 31.8.1927, Oud-Archiv, B: nach Hans Oud 1984, S. 105.

[989] Abb. EG: Graeff 1928, Abb. 67, S. 36; Riezler 1927, S. 265 mit irrtümlicher Beschriftung als »Zimmer im Haus Behrens«.

[990] Kramer 1985, S. 107.

[991] Karte von Meller an Oud vom 19.7.1927, Oud-Archiv, B.

[992] Abb. Aufriß: Nägele 1992, Abb. 4.0808, S. 171.

[993] Brief Oud an Döcker vom 17.1.1927, MoMA, 6.1. B: Pommer/Otto 1991, Anm. 12, S. 244.

[994] So sind als erste Bewohner von Ouds Häusern ein Arzt und eine Opernsängerin überliefert: Joedicke/Platz 1977, S. 58.

[995] Nägele 1992, S. 89. Auch 1936 wurde der Zustand des Baus bemängelt: Maasbode 1936.

[996] Joedicke/Plath 1977, S. 69f; Hammerbacher/Keuerleber 2002, S. 109. Bei dem hierfür ausgeschriebenen Wettbewerb beteiligte sich Adolf Schneck, Architekt eines der Wohnhäuser in der Weißenhofsiedlung und Professor der Stuttgarter Kunstgewerbeschule: Kirsch 1989, S. 8.

[997] Nägele 1992, S. 14.

[998] Im Januarheft 1952 wurden für Ouds Häuser entsprechende Umbauten beschrieben, wobei von Seiten des Autors jedoch eine Verwechslung vorlag.

[999] Oud 1952a.

[1000] 1959 wurde das im Krieg beschädigte Einfamilienhaus von Bruno Taut abgerissen.

PROJEKTE UND AUSGEFÜHRTE BAUTEN 1916 BIS 1931 555

1001 Nägele 1992, S. 79.
1002 Zur Renovierung der Weißenhofsiedlung: Nägele 1992; Hammerbacher/Keuerleber 2002, S. 106–109. Zur Renovierung von Ouds Bauten: Nägele 1992, S. 79–97, 168ff. 1987 wurde in der Akademie der Bildenden Künste in Stuttgart eine Ausstellung zur Renovierung der Weißenhofsiedlung gezeigt.
1003 Nägele 1992, S. 85f. Aufgrund der unzureichenden Ergebnisse wurden die Innenräume einheitlich weiß gestrichen.
1004 Zum denkmalpflegerischen Maßnahmenkatalog vgl. Nägele 1992, S. 79f. Gegenüberstellung von Material und Farbwerten 1927 und 1987: Nägele 1992, S. 87. In Abstimmung mit dem Landesdenkmalamt wurde ein 6 cm dicker Wärmeputz gewählt; die Fenster erhielten Serienprofile, die durch eine dauerelastische Fuge vom Außenputz getrennt sind. Die Kosten für die Sanierung von Ouds Häuser betrugen 1.233.000 DM: Nägele 1992, S. 30. Zur 75-Jahrfeier der Weißenhofsiedlung wurde der Außenputz erneuert.
1005 Nägele 1992, S. 80, 95. Verzichtet wurde u. a. auf die Mülleimeröffnung und die Holzschrankeinbauten in Windfang und Schlafzimmer.
1006 »Wie jeder weiß, braucht der Bund Geld. Deshalb wäre auch ein Verkauf an Dritte möglich.«: Michael Scharf, Bundesvermögensamt: nach Thomas Borgmann, Verkaufspläne am Weißenhof, in: SZ, 16.03.2004. Ebd. Zitat aus dem Brief des Bundesvermögensamtes (Außenstelle Stuttgart) an 16 Mieter vom 5.03.2004.
1007 Oberbürgermeister Schuster: nach Thomas Borgmann, OB schlägt Stiftung für Weißenhof vor, in: SZ, 3.04.2004; vgl. ders., Widerstand gegen den Verkauf der Weißenhofsiedlung, in: SZ, 17.03.2004, S. 20.
1008 Vgl. das Schreiben von Hans Güdemann, erster Vorsitzender des Deutschen Werkbundes e. V., an das Bundesfinanzministerium: http://www. deutscher-werkbund. de/htm/aktu/nachricht/aktu_nach_ m. htm.
1009 Hans Eichel: nach Thomas Borgmann, Hans Eichel will Weißenhofsiedlung nicht verschenken, in: SZ, 11.05.2004; vgl. Thomas Borgmann, Die Weißenhofsiedlung wird nicht verkauft, in: SZ, 22.04.2004, S. 23.
1010 Vgl. Erster Umbau der Villa Allegonda*.
1011 Baugenehmigung 14, GAK, Akte zum Haus Boulevard 1.
1012 Karte von Harm Kamerlingh Onnes an Oud mit Poststempel vom 17.7.1928, Oud-Archiv, B.
1013 Brief von J. P. van Brakel an Hans Esser vom 2.4.1982: Durchschlag GAK, Akte zum Haus Boulevard 1.
1014 Hans Oud 1984, S. 106.
1015 Brief von Harm Kamerlingh Onnes an Oud vom 8.4.1927, Oud-Archiv, B.
1016 Brief von Harm Kamerlingh Onnes an Oud vom 10.11.1927, Oud-Archiv, B; vgl. Wintgens-Hötte/De Jongh-Vermeulen 1999, S. 241.
1017 Vgl. den oben genannten Brief von Harm Kamerlingh Onnes an Oud vom 10.11.1927, Oud-Archiv, B. Für die Eßzimmerfront existieren zwei Grundrißvarianten. Variante mit zwei geraden Wandabschnitten: GAK, NAi: Rebel 1983, Abb. 49, S. 50.
1018 Brief von Johnson an Oud vom 17.9.1930: Stamm 1984, S. 41. Möglicherweise hat Johnson zusammen mit Hitchcock die Villa besichtigt: Taverne 2001, S. 132. Vgl. »II. 11. Prominenz in den USA«.
1019 Farbangabe nach Linoleum Nieuws 1934, Nr. 7: Reinhartz-Tergau 1990, S. 71; Overtoom 1999, S. 30f.
1020 Aus einem Brief von Trousselot geht hervor, daß er allein auf Ouds Bitte hin ein Gemälde gekauft hat: »Es geht nun um das Kunstprodukt, aber ... ich kann Oud nichts abschlagen.« Übers EvE: Karte von Trousselot an Oud vom 8.8.1928, Oud-Archiv, B. Nach Reinhartz-Tergau mußte das Gemälde später entfernt werden, da der Pfarrer es für Teufelswerk hielt: Reinhartz-Tergau 1990, S. 74.
1021 Einige Fotos wurden von Oud mit »meubelen Meller« beschriftet: Reinhartz-Tergau 1990, S. 70; Anm. 108, S. 71.
1022 Brief von De Best an Oud vom 29.6.1928: Oud-Archiv, C 38; vgl. den Briefverkehr zwischen Juni und Juli 1928, Oud-Archiv, C 38.
1023 Brief von De Best an Oud vom 29.6.1928, Oud-Archiv, C 38; Brief von Trousselot an Oud vom 23.8.1928, Oud-Archiv, B.

1024 Brief von Trousselot an Oud vom 29.11.1928, Oud-Archiv, B. Im November beklagte sich Trousselot über undichte Fenster: Brief von Trousselot an Oud vom 27.11.1928, Oud-Archiv, B.
1025 Vgl. Briefkarten von Trousselot an Oud vom 21. und 28.6.1928; 23.8.1928; 27.10.1928; 27.11.1928: Oud-Archiv, B; Briefkarte von René Trousselot an Oud vom 20.8.1928, Oud-Archiv, B.
1026 »Übrigens ist einiges *sehr gut*, was Sie bei einer Untersuchung feststellen werden. Das ganze wird sehr gerühmt. Linien und Farben sind prächtig.« Übers.: EvE: Brief von De Best an Oud vom 29.6.1929, Oud-Archiv, C 38, Hervorhebung De Best.
1027 Vgl. Erster und zweiter Entwurf für die Volkshochschule Rotterdam*; Ouds Erläuterung, Oud-Archiv (abg. in Taverne 2001, S. 337f).
1028 Vgl. Ouds Erläuterung: Taverne 2001, S. 337.
1029 Geurst 1984 (1983), S. 16, 111.
1030 Mees 1928, S. 517.
1031 Taverne 2001, S. 339.
1032 Alle drei Entwürfe für eine Volkshochschule: neun Zeichnungen, ein Abzug.
1033 Taverne 2001, S. 337f.
1034 Abb. Axonometrie mit Aufschrift: Taverne 2001, S. 339.
1035 Der Fahrradabstellplatz war unter der Treppe oder in einem Kellerraum vorgesehen.
1036 So zeigt die Axonometrie sieben, der Grundriß jedoch neun Fenster an der Langseite.
1037 Laut Van Doesburg habe Gropius erwogen, ihn das Theater ausmalen zu lassen: undatierter Brief von Van Doesburg an Milius, wohl September 1922: Ex 2000, S. 35. Eventuell führte Van Doesburgs Kritik an Schlemmers Deckenbemalung im Theatersaal dazu, daß Gropius diese entfernen ließ. Abb. Außenbau: Oud 1926b, Abb. 38, S. 60; De Stijl, VII, 79/84, 1927, o. S.
1038 Stamm 1984, S. 100. Abb.: Behne 1926a, S. 7.
1039 Abb.: Julius Vischer, Der neue Schulbau im In- und Ausland, Stuttgart 1931, S. 71; vgl. Oelker 2002, Abb. S. 108f.
1040 Günther Stamm datiert den Entwurf dagegen auf April 1927: Stamm 1984, S. 100.
1041 Šlapeta 1985, S. 49.
1042 Vgl. Korrespondenz im Oud-Archiv.
1043 Brief von Johnson an Oud vom 2.9.1930, Oud-Archiv, B. Da von Oud nur zwei Arbeiten für Brünn überliefert sind (die Entwürfe für das Dreifamilienhaus und das Hotel Stiassny*), und Johnson in demselben Brief auch Ouds Entwurf für das Hotel Stiassny erwähnt, handelt es sich bei dem erwähnten »Haus« mit größter Wahrscheinlichkeit um das Dreifamilienhaus.
1044 Vladimir Šlapeta im Gespräch mit der Verfasserin am 7.7.1999.
1045 Brief von Johnson an Oud vom 2.9.1930, Oud-Archiv, B.
1046 Zudem: Carnegie Museum of Art (Pittsburgh, Pennsylvania), The Heinz Architectural Center: Taverne 2001, S. 319.
1047 Die Stützen zwischen den Brüstungsfeldern werden durch runde Knaufe akzentuiert; vgl. die Knaufe bei den Möbeln der Stuttgarter Reihenhäuser*.
1048 Die Perspektivzeichnung zeigt eine Variante der Treppe.
1049 Vgl. »V. 4. Anlehnung an internationale Vertreter am Beispiel Le Corbusiers«. Das gerundete Dach vor dem Haupteingang wurde beispielsweise von der Villa Stein in Auteuil (1922) übernommen.
1050 Vgl. Basil Champneys Manor Farm in Hampstead (1881), die eine entsprechende Überlagerung der beiden Bereiche mit einem Eßzimmer in der Schnittfläche aufwies. Zur Verbindung von Haus Wiegand und der Manor Farm: Wang 1994, S. 38.
1051 Im Gegensatz zu Ouds Entwurf waren die Apartments dort nur für eine zeitlich begrenzte Nutzung vorgesehen und verfügten daher nicht über Küchen. Zum Boardinghouse vgl. Aicher/Drepper 1990, S. 234f.
1052 Eventuell im Sinn eines Hotels: Mit Dank für den Hinweis an Julia Berger.
1053 Zur Novy Dum vgl. Theo van Doesburg, Eenige nieuwe architectuur-

[1054] Brief von Johnson an Oud vom 2.9.1930, Oud-Archiv, B.
[1055] GAR, ASAV, Doos 7.
[1056] Abb.: Cusveller 1990c, S. 50.
[1057] Vgl. Siedlung Kiefhoek*.
[1058] Abb.: Hoogenberk 1980, S. 137f.
[1059] Übers. EvE: Durchschlag Oud an *B & W* vom 5.4.1950, Oud-Archiv, Fa 15. Vgl.: Oud 1960a, S. 18: »»Kiefhoek‹-Kirche (1925/29)«.
[1060] J. J. P. Oud, Gemeentelijk Woningbouw »Kiefhoek« Rotterdam, Oud-Archiv, C, S. 3. Vgl. Oud im Jahr 1931: »Une salle de la secte religieuse ›Hersteld Apostolische Zendingsgemeente‹ projetée en connection avec le complexe d'habitation …«: Oud 1931c, S. 3. In den 1950er Jahren nannte Oud das Jahr 1928, gab jedoch nicht an, ob es sich hier um das Datum des Entwurfs oder der Bauausführung handelt: Oud 1957b, S. 190.
[1061] 1927: Taverne 2001, S. 286; 1928: Stamm 1984, S. 83; 1929: Hans Oud, S. 93.
[1062] Van der Hoeven 1990, S. 80 ohne weitere Angaben.
[1063] Abb.: Cusveller 1990c, S. 52; städtebaulicher Plan der Siedlung: Stavitel, 1928, IX, Nr. 30, S. 107.
[1064] Brief von Hitchcock an Oud vom Dezember 1928, Oud-Archiv, B, Nr. 55.
[1065] Brief von Hitchcock an Oud vom 26.1.1929, Oud-Archiv, B, Nr. 49. Der Brief ist fälschlich auf 26. Januar 1928 datiert. Hitchcock erwähnt hier den in »i 10« publizierten Nachruf auf Van der Meulen-Smith (Oud 1929a, S. 122f.), der im November 1928 starb.
[1066] Laut Brief der Hersteld Apostolische Zendingsgemeente von Dezember 1929, in dem sie ihre Zufriedenheit über die Kirche zum Ausdruck bringt, muß das Gebäude zu diesem Zeitpunkt in Gebrauch gewesen sein: Brief der Hersteld Apostolische Zendingsgemeente in Nederland an Oud vom 24.12.1929, Oud-Archiv, B. Zu den Glasfenstern vgl. Postkarte von Huszár an Oud vom 20.7.1929; Brief von Huszár an Oud vom 15.10.1929, Oud-Archiv, B.
[1067] »Freue mich schon wenn Sie mir die Abbildungen von dem Projekte der Saalbauten von dem Sie in Ihrem Brief gesprochen haben schikken«: Brief von Chochol an Oud vom 22.4.1925, Oud-Aciv, B.
[1068] J. J. P. Oud, in: Gemeentelijk woningbouw »Kiefhoek« te Rotterdam, Oud-Archiv, C.
[1069] Hitchcock 1932, S. 96.
[1070] Abb.: Van der Hoeven 1990, S. 82.
[1071] A. J. Korff, Beknopte geschiedenis der Apostolische Kerk, Amsterdam 1963², S. 48.
[1072] Auch der am Sonntag und an einem Wochentag gefeierte Gottesdienst mit Abendmahl sollte in einfacher Form erfolgen. Vgl.: »Neuapostolische Kirche«, in: Gerhard Müller, Hrsg., Theologische Realenzyklopädie, Bd. XXIV, Berlin/New York 1994, S. 286–288. Mit Dank für die freundlichen Hinweise und das Gespräch an Apostel meener Van den Bosch der Hersteld Apostolische Zendingskerk, Amsterdam.
[1073] »*Der Gottesdienst* der Neu-Apostolischen Gemeinde unterscheidet sich von dem der Irvingianer vor allem durch seine Nüchternheit. Kein Altar, kein Kreuz oder Bild schmückt den weißgetünchten Gebetssaal … Für den Prediger, der *ohne Kultusgewänder*, lediglich im gewöhnlichen Sonntagsrock seines Amtes waltet, ist eine Art Katheder aufgestellt.«: Max Heimbucher, Methodisten, Adventisten und Neu-Apostolische Gemeinde, Regensburg 1916, S. 113f., mit Hervorhebungen.
[1074] So De Gruyter 1931, S. 185; De Gruyter 1951, S. 10; Wiekart 1964, S. 18; Van der Hoeven 1990, S. 82. Vgl. Evangelischer Kirchenbau, in: Der Baumeister, 29. Jg., 1931, Heft 1 mit Abb. von Ouds Kirche auf S. 16.
[1075] Durchschlag von Oud an L. Slok von der Gemeindeverwaltung der Hersteld Apostolische Gemeente vom 8.10.1948, Oud-Archiv, Fa 15.
[1076] Durchschlag von Oud an *B & W* von Rotterdam vom 5.4.1950, Oud-Archiv, Fa 15; vgl. Oud 1963, S. 19.
[1077] »… es war mir gelungen, Burgemeester en Wethouders zu überzeugen, dieses Terrain an eine Kirchengemeinschaft zu vergeben, die sich bereit erklären würde, die Kirche nach meinem Entwurf zu bauen.« Übers. EvE: Oud 1963, S. 10.
[1078] Übers. EvE: nach Oud 1963, S. 11, Hervorhebung Oud.
[1079] Oud bat Meller, Bauzeichnungen für den Unternehmer Tiemstra zu schicken, der die weiteren Arbeiten an der Kirche ausführen sollte: undatierte Briefkonzepte von Oud (1929), Oud-Archiv, B, Nr. 60.
[1080] Karte von Huszár an Oud vom 20.7.1929, Oud-Archiv, B; vgl. Brief von Huszár an Oud am 15.10.1929, Oud-Archiv, B.
[1081] Über. EvE: J. J. P. Oud, in: Gemeentelijk woningbouw »Kiefhoek« te Rotterdam, Oud-Archiv, C. Vermutet wurde zudem, daß Oud nach der Kritik an seinem Kirchenbau keine Entwürfe mehr für den Innenraum lieferte: Vermeer/Rebel 1994, S. 301. Da Oud die Entwürfe jedoch kaum noch vor Ausführung des Baus begonnen hat, erscheint diese Thesen wenig überzeugend.
[1082] Hans Oud, S. 94.
[1083] Taverne 2001, S. 289.
[1084] Hans Oud 1984, Abb. 78, S. 94.
[1085] Bereits Hitchcock wies auf die Assoziation Schornstein – Turmspitze: Hitchcock 1932, S. 96f.
[1086] Die Anlage wird im Rotterdamer Katalog auf das antike Hippodrom zurückgeführt: Taverne 2001, S. 287.
[1087] Skizzen und Pläne im Oud-Archiv, darunter eine Bleistiftskizze im Oud-Archiv, E 11.1. Vgl. Taverne 2001, Abb. auf S. 287.
[1088] Oud-Archiv: Hans Oud, Abb. 78, S. 94
[1089] Die Stütze ist auf Fotografien, die kurz nach der Fertigstellung des Baus entstanden, deutlich heller als die Stützen seitlich des Haupteingangs. Eine spätestens 1932 entstandene Fotografie zeigt eine weiße Fassung: Berlage 1932–35, S. 36. Oud gibt auf einer nachträglich kolorierten Fotografie im Oud-Archiv alle drei Stützen in Rot an.
[1090] Vgl. Postkarte von Huszár an Oud vom 20.7.1929, Oud-Archiv, B. Zu Huszárs frühen Bleiglasarbeiten vgl. Huszár, Twee kerkraam-ontwerpen 1923, in: BW, 44, 5.5.1923, Nr. 18, S. 197f.
[1091] Abb.: Ex 1985, S. 176.
[1092] Übers. EvE: Karte von Huszár an Oud vom 20.7.1929, Oud-Archiv, B, Hervorhebung Huszár. »Als Du mit Tiemstra, dem Bauunternehmer … bei mir warst, haben wir abgesprochen, daß ich weiter *alles* mit ihm (Tiemstra) behandeln sollte. Die Fenster in dem bewußten Zimmer (und noch mehr!) bestellte T. … Meine Zusammenarbeit erfolgte daher eigentlich nicht mit dem Architekten, sondern mit dem Bauunternehmer, was ich noch niemals getan habe, aber ich dachte, nach den Äußerungen von T., daß er alles weiter erörtert, ich dachte, daß Du das alles wußtest!«
[1093] Taverne/Broekhuizen 1996, S. 343; vgl. Reinhartz-Tergau 1990, S. 50.
[1094] Übers. EvE: Henry Polak, Kroniek, in: Vooruit, 23.1.1932, nach Van der Hoeven 1990, S. 83.
[1095] Rede von Johnson, 5.2.1959, Yale University, in: Philip Johnson, Writings, Oxford 1979, S. 237.
[1096] Brief von Hitchcock an Oud vom 17.3.1929, Oud-Archiv, B. Hitchcock 1932, S. 96f.
[1097] Hitchcock 1932, S. 96.
[1098] Knuttel 1930, S. 37. Übers. EvE: »Durch den strengen, halbwegs markierten Eingang, durch die hohe weiße Mauer, durch das sehr gelungene Ornament der schwarzen Buchstaben hat dieses Bauwerk doch einen gewissen ernsten und zugleich freundlichen Charakter erhalten, der es auf ein anderes Niveau hebt als der anschließende Wohnungsbau.«
[1099] Übers. EvE: Berlage 1913, S. 35.
[1100] Oud an den Kultdienst Dresden als Antwort auf eine Umfrage zum Kirchenbau vom 16.9.1930, Oud-Archiv, C/2.
[1101] Böhms Kirche auf Norderney und die Plauener Synagoge besitzen, wie auch Ouds Versammlungshaus, keinen Turm. Zur Plauener Syn-

agoge vgl. Sabine Klotz, Fritz Landauer (1883–1968): Leben und Werk eines jüdischen Architekten, Berlin 2001, S. 137–144, 293.

1102 Entwurf von Schütz: Karl Fabrizio Brentini, Bauen für die Kirche. Katholischer Kirchenbau des 20. Jahrhunderts in der Schweiz, Luzern 1994, Abb. S. 70, linke Spalte.

1103 Vgl. die Korrespondenz zwischen Oud und Višek, Oud-Archiv, B.

1104 Ein prominentes Beispiel im Kirchenbau, auf das Berlage ausdrücklich verweist, ist F. L. Wrights Unity Church, Chicago (1905–07): Berlage 1913, S. 44.

1105 Mart Stam, Op zoek naar en ABC van het Bouwen, in: Het Bouwbedrijf, 24.9.1926, S. 523; Abb.: Oechslin 1991, S. 56.

1106 Vgl. den Festsaal im Wettbewerbsentwurf der Pädagogischen Akademie in Essen (1930) von Otto Bartning, die Turnhalle der Pädagogischen Akademie in Bonn (1930/31) von Martin Witte und Otto Hodler und die Turnhalle im Ausführungsentwurf der Pädagogischen Akademie in Kassel (1930–32) von H. F. W. Kramer und Gottlob Schaupp. Abb.: Berger 1999, III.13; III 59; III 124. Auch die von Karl Egender und Adolf Steger errichtete Gewerbeschule mit Kunstgewerbemuseum in Zürich (1930–33) zeigt einen geschlossenen, weiß verputzten Kubus (Auditorium und Zugang zum Foyer) mit einer unterhalb des Daches verlaufenden Fensterreihe. Abb.: Julius Vischer, Der neue Schulbau im In- und Ausland, Stuttgart 1931, S. 97–99. Giedion hatte seinerzeit versucht, Oud den Auftrag für den Bau der Gewerbeschule zu verschaffen; vgl.: Sigfried Giedion, Gesichtspunkte zum Neubau der Züricher Kunstgewerbeschule, Manuskript für die »Neue Züricher Zeitung«: Archiv Sigfried Giedion, Zürich: Georgiadis 1991, S. 136.

1107 Vielfach publiziert, u. a.: Hans Oud 1984, S. 94; Stamm 1984, Abb. 58, S. 83; Barbieri 1986, Abb. 5, S. 112; Taverne 2001, S. 288.

1108 Vgl. Gisbertz 2000, Kat. Nr. 69, S. 214f.

1109 Kiefhoek – Witte Dorp, in: Klei, Bd. 23, 1.6.1931, Nr. 11, S. 133.

1110 Brief der Kirchenverwaltung an Oud vom 31.1.1948; Durchschlag von Oud vom 1.11.1948, Oud-Archiv, Fa 15.

1111 Der Hoge Rad wies die Sache an den Hoog Gerechtshof in Amsterdam: vgl. Brief von A. van Asperen an Oud vom 3.10.1949, Oud-Archiv, Fa 15.

1112 Protokoll vom 17.9.1951 zum Gespräch vom 27.8.1951, Oud-Archiv, Fa 15.

1113 Vgl. Brief des Architekturbüros an Oud vom 7.1.1954, Oud-Archiv, Fa 15, Übers. EvE: »Anbei empfangen Sie eine Zeichnung der zu erneuernden Fenster des Kirchengebäudes der Hersteld Apostolische Gemeente am Hillevliet.«

1114 Übers. EvE: Wiekart 1964, S. 18.

1115 Vgl. Rebel 1983, Abb. 27, S. 33.

1116 Hans Oud, Anm. 109, S. 95.

1117 GAR: Register der »beschermende monumenten« nach Artikel 6 des monumentenwet (Denkmalschutzgesetz) von 1988: Nr. 46864 (Kirche in Kiefhoek), 23.2.1992.

1118 Laut Denkmalpflege-Inventar im Gemeindearchiv stammen die Bleiglasarbeiten von 1983.

1119 Die Angaben zur Restaurierung Anfang der 1990er Jahre verdanke ich Ronald van Duivenbode: Gespräch mit der Verfasserin vom 22.1.1998.

1120 Vgl. »V. 4. Anlehnung an internationale Vertreter am Beispiel Le Corbusiers«.

1121 Zur Datierung vgl. Hersteld Apostolische Zendingsgemeente*.

1122 Vgl. Hersteld Apostolische Zendingsgemeente*.

1123 Vgl. Van der Hoeven 1990, S. 83.

1124 Vgl. den Grundriß und Luftaufnahmen des Hauses, auf denen die ansonsten von der Gartenmauer verdeckten Fenster zu erkennen sind: z. B. De Gruyter 1931, XL (nach S. 184).

1125 Abweichend hiervon zeigt die Axonometrie der Siedlung allein die zwei Türen, jedoch nicht das ausgeführte und auf dem Grundriß wiedergegebene Fenster im Obergeschoß. Anstelle der Einzeltür ist hier auch bei der Küche eine Doppeltür angegeben.

1126 Häuserzeilen in Hoek van Holland*, Reihenhäuser der Weißenhofsiedlung*. Die Entwürfe zeigen hierfür eine andere Lösung. Möglicherweise handelt es sich bei dem heutigen Bauzustand daher um eine spätere Veränderung.

1127 Mit Dank an den Bewohner für die Möglichkeit der Besichtigung (Februar 1998).

1128 Diese Angaben verdanke ich Ronald van Duivenbode: Gespräch mit der Verfasserin vom 22.1.1998.

1129 Vgl. Erster Umbau der Villa Allegonda*.

1130 Brief von De Gruyter an Oud vom 21.2.1931, Oud-Archiv, B.

1131 Brief von J. P. van Brakel an Hans Esser vom 2.4.1982: Durchschlag GAK.

1132 Brief von Van Brakel an Hans Esser vom 2.4.1982: Durchschlag GAK.

1133 Übers. EvE: Brief von De Gruyter an Oud vom 21.2.1931, Oud-Archiv, B.

1134 Durchschlag eines Briefes von Oud an die Commissie voor Architectuur vom 6.1.1934, Oud-Archiv, C 22.

1135 Bliek 1991.

1136 Reinhartz-Tergau 1990, Abb. 53, S. 79.

1137 Die neu eingesetzten, ebenfalls zweiteiligen Fenster fallen nur geringfügig größer aus als die Vorbilder von 1917.

1138 Vgl. die nachträglich eingefügten Maßangaben von Oud auf den Plänen.

1139 Vgl. »V. 4. Anlehnung an internationale Vertreter am Beispiel le Corbusiers«. Abb. der Villa in Vaucresson: L'Architecture Vivante, Winter 1923, Pl. 48, 49.

1140 Durchschlag von Oud an die Kommission »Gids voor Architectuur enz.«, F. Feith vom 6.1.1934, Oud-Archiv, C 22.

1141 Die Sitzbank wurde 1981 vom damaligen Besitzer zerstört: Reinhartz-Tergau 1990, S. 76.

1142 Linoleum Nieuws, 1934, S. 13f.; Reinhartz-Tergau 1990, S. 76.

1143 Blaupause GAK, Akte zum Haus Boulevard 1.

1144 Bliek 1991.

1145 Hans Oud 1984, S. 108; Joke Slings-van Zanden, Badleven. 100 jaar VVV Katwijk, Katwijk 1997, S. 64f.

1146 Hans Oud 1984, S. 108, Reinhartz-Tergau 1990, S. 78.

1147 Mieras 1950, S. 699.

1148 Übers. EvE: Brief von P. C. Priester, Direktor der Gemeentewerken Katwijk, an S. J. van Embden vom 28.3.1957: GAK.

1149 Brief von Van Embden an Priester vom 2.4.1957 und Brief von Priester an Van Embden vom 4.5.1957, GAK, Akte zum Haus Boulevard 1. Van Embden hob im folgenden die Bedeutung der Fassadenbehandlung und die Wahl der Farben für den Anschluß an den bestehenden Bau hervor: Brief von Van Embden an Priester vom 14.5.1957, GAK, Akte zum Haus Boulevard 1.

1150 Briefe von Oud an B & W von Katwijk aan Zee vom 19.5.1957 und 8.6.1957, GAK, Akte zum Haus Boulevard 1

1151 Brief von H. L. C. Jaffé an den Direktor der Gemeentewerken Katwijk aan Zee vom 7.8.1957, GAK, Akte zum Haus Boulevard 1. Jaffé hatte über De Stijl promoviert: Jaffé 1956.

1152 1961 kam das Hotel in den Besitz von B. M. P. Kornet. Den Zustand um 1970 zeigt eine Fotografie in Joke Slings-van Zanden, Badleven. 100 jaar VVV Katwijk, Katwijk 1997, S. 65.

1153 Brief von Philip Johnson an Oud vom 22.7.1931, Oud-Archiv, B.

1154 »Ich schicke Ihnen hiermit den Grundriss von dem Grundstück meiner Mutter in Amerika.«: Brief von Philip Johnson an Oud vom 22.7.1931, Oud-Archiv, B. Vgl. Hans Oud 1984, S. 111; Stamm 1984, S. 111.

1155 Briefe von Philip Johnson an Oud vom 7.8.1931 und 14.7.1931, Oud-Archiv, B.

1156 Vgl. Brief von Philip Johnson an Oud vom 14.7.1931, Oud-Archiv, B: »I think I can arrange the family to build.« Vgl. Brief von Philip Johnson an Oud vom 4.1.1932, Oud-Archiv, B; Riley 1992, S. 35; Riley 1998, S. 37.

1157 Zu Homer und Louise Johnson vgl. Schulze 1996.

1158 Schulze 1996, v. a. S. 10–23.
1159 Vgl. »II. 11. Prominenz in den USA«.
1160 Brief von Philip Johnson an seine Mutter vom 20.6.1930, Architecture and Design Archive, 1932 Project: Riley 1992, Anm. 19, S. 204; Riley 1998, Anm. 14, S. 66.
1161 Brief von Philip Johnson an Oud vom 2.9.1930, Oud-Archiv, B.
1162 Brief von Oud an Philip Johnson vom 12.11.1930, Registrar's Archiv, MoMA: Riley 1992, Anm. 19, S. 204.
1163 Riley 1992, Anm. 21, S. 204; Riley 1998, Anm. 15, S. 66. Laut Franz Schulze wurden Clauss & Daub auf Anraten von Philip Johnson beauftragt. Um ihren Entwurf zu ersetzen, sei später Oud herangezogen worden: Schulze 1996, S. 76f., 81.
1164 Abb.: Riley 1992, S. 215.
1165 AR, Bd. 70, November 1931, S. 362, 372.
1166 »What you said about Clauss becomes clearer and clearer as he builds things here and there.«: Brief von Philip Johnson an Oud vom 11.11.1931, Oud-Archiv, B (abg. in Broekhuizen 1999, S. 60).
1167 Brief von Philip Johnson an Oud vom 2.9.1930, Oud-Archiv, B: »... I have just come back from Bruenn. It was a really great experience. Pictures do not do the house in the least justice ... I wish I could communicate the feeling of seeing the Bruenn house of Mies. I have only had similar architectural experiences before the Hoek and in old things the Parthenon ...«. Vgl. Brief von Philip Johnson an Oud vom 30.8.1931, MoMA: Riley 1998, S. 36. 1932 wurden Modelle beider Bauten im Hauptsaal der New Yorker Ausstellung präsentiert.
1168 Brief von Philip Johnson an Oud vom 14.7.1931, Oud-Archiv, B.
1169 Durchschlag Brief von Oud an Philip Johnson vom 17.7.1931, Oud-Archiv, B.
1170 Brief von Philip Johnson an Oud vom 22.7.1931, Oud-Archiv, B.
1171 Brief von Philip Johnson an Oud vom 8.7.1931, Oud-Archiv, B, Hervorhebung Johnson. Vgl. »II. 11. Prominenz in den USA«.
1172 Die Skizze des Grundstücks liegt einem Brief bei: Brief von Philip Johnson an Oud vom 22.7.1931, Oud-Archiv, B.
1173 Langmead 1999, S. 201; Abb.: Taverne 2001, S. 320.
1174 Brief von Philip Johnson an Oud vom 22.7 1931, Oud-Archiv, B.
1175 Oud 1932c.
1176 Oud 1932c.
1177 Vgl. »V. 2. Klassische Entwurfsprinzipien«.
1178 Laut Oud sollte die Schräge unterhalb des Personaltraktes die Lichtverhältnisse beim Waschen des Wagens verbessern: Oud 1932c.
1179 Räumliche Überschneidungen finden sich beim Haupteingang, wo das schmale Vordach bis zu dem Mauerstreifen vorgezogen ist, und bei der Dachplatte des »garden-house« über den seitlichen Mauern.
1180 Vgl. Hans Oud 1984, S. 111.
1181 Oud 1932c.
1182 Oud 1932c.
1183 Oud 1932c.
1184 Aus Grundriß und Schnitt geht die Nutzung der Bank nicht eindeutig hervor. Im Fall einer zur Fensterfront gerichteten Sitzmöglichkeit, würde sie auf Hans Scharouns Sitzbank in Haus Baensch in Berlin (1935) vorausweisen, wo die Bank vor der zur Havel gerichteten Fensterfront plaziert wurde.
1185 Oud 1932c. Zum »sun-room« vgl. das Pilzhaus der Gebrüder Rasch von 1928 (Vetter 2000, Abb. 68, S. 121) und die 1929/30 errichtete Gaststätte Kornhaus in Dessau von Carl Fieger; ebenso den 1914 entstandenen Entwurf eines drehbaren Hauses von Max Taut (Abb.: Angelika Thiekötter und Detlef Saalfeld, Zur farblichen Rekonstruktion von Bruno Tauts Glashaus Köln 1914, in: Manfred Speidel, Bruno Taut, Natur und Fantasie 1880–1938, Berlin 1995, Abb. IV–30, S. 141).
1186 Oud 1932c.
1187 U. a. das Atelier-Haus für Ozenfant in Paris (1922).
1188 Abb.: Hoek 2000, S. 348.
1189 Nach seinem Besuch in Brünn von Sommer 1930 beschreibt Johnson die Villa in einem Brief an Oud: »The main room which serves as dining room, living room, and library is twenty-seven meters long and the wall is entirely of glass as is one of the side walls at least ten meters long.«: Brief von Philip Johnson an Oud vom 17.9.1930, Johnson Papers, nach Riley 1992, S. 53. Etwa gleichzeitig trat dieses Motiv in Mies van der Rohes Häusern Esters und Lange in Krefeld auf (1928–30).
1190 Ebenfalls zu nennen wäre die Maison Hefferlin in Villa d'Avray (1931/32) von André Lurçat.
1191 Vgl. Tönnesmann 1998.
1192 Stamm spricht von einer bewußten Auseinandersetzung Ouds mit diesen beiden »Meisterwerken«, mit denen seine Villa in einem Atemzug genannt werden könne: Stamm 1984, S. 111, 115; vgl. Flagge 1992, S. 62.
1193 Im Rotterdamer Katalog werden die von Oud übernommenen Lösungen und Motive als »assoziative Verweise« gedeutet: Taverne 2001, Kat. Nr. 51, S. 327.
1194 Zu denken wäre an Ouds Shell-Gebäude in Den Haag (1938–46): vgl. Barbieri 1986, S. 126.
1195 Brief von Philip Johnson an Oud vom 17.3.1932, Oud-Archiv, B.
1196 Brief von Philip Johnson an Oud vom 14.7.1932, Oud-Archiv, B.
1197 Philip Johnson: nach Stamm 1984, S. 115.
1198 Vgl. Riley 1992, S. 50.
1199 Pläne im CCA.
1200 Brief von Philip Johnson an Oud vom 14.7.1931, Oud-Archiv, B.
1201 Brief von Philip Johnson an Oud vom 4.1.1932, Oud-Archiv, B (abg. in Broekhuizen 1999, S. 61).
1202 Brief von Philip Johnson an Oud vom 17.3.1932, Oud-Archiv, B.
1203 Schulze 1996, S. 109.
1204 Der Name »Blijdorp« setzt sich aus »blij« (froh) und »dorp« (Dorf) zusammen.
1205 »Arbeite mal gut an den neuen Häusern«. Übers. EvE: Brief von De Gruyter an Oud vom 19.11.1930. Szymon Syrkus schrieb im Dezember 1930, daß er von Ouds neuem Siedlungsprojekt gehört habe: Brief von Syrkus an Oud vom 9.12.1930, Oud-Archiv, B.
1206 Datierte Blaupause im Oud-Archiv. Die Blaupause weicht nur im Detail von der publizierten Fassung ab.
1207 Vgl. »IV. 1.7. Rotterdam und die Moderne – Ouds Einfluß auf das Bauwesen der Stadt«.
1208 Laut Hans Oud entstand der Entwurf dagegen für den Woningdienst: Hans Oud 1984, S. 108. Dieser Meinung hat sich die Forschung bisher angeschlossen.
1209 Berichte vom 2.11.1931 und 14.3.1932: HR, 1931, S. 780; 1932, S. 568.
1210 Wattjes 1931.
1211 J. J. P. Oud, Toelichting op Blijdorp, Oud-Archiv, C 36; Brief von De Vries Robbé & Co, Gorinchem, an Oud vom 18.12.1931: Oud-Archiv Mappe 21, Fa 15.
1212 J. J. P. Oud, Toelichting op Blijdorp, Oud-Archiv, C 36. »De complexen zijn geconstrueerd in een staalskelet, hetgeen groote voordeelen bij het aanbrengen van geluidwerend materiaal oplevert.«: Telegraaf 1934.
1213 Brief von De Vries Robbé & Co, Gorinchem, an Oud vom 18.12.1931: Oud-Archiv Mappe 21, Fa 15.
1214 Laut einer Blaupause im Oud-Archiv sollten im EG weiße Verblendsteine angebracht werden, im Obergeschoß wallonische Klinker.
1215 Langmead 1999, S. 201.
1216 Im Rotterdamer Katalog werden die Wohnungen dagegen als Arbeiterwohnungen gedeutet: Taverne 2001, S. 307. Vgl. die elegant gekleideten Bewohner mit Pelzmantel (Abb. 41).
1217 Dettingmeijer 1988, S. 75.
1218 Vgl. »IV. 1.1. Der Wohnungsbau in Rotterdam bis 1918«. 1914 erstellte De Jonghs Nachfolger A. C. Burgdorffer einen weiteren Plan, nun mit Park und Sportplatz, der am 6. Mai 1915 angenommen wurde: Witteveen 1929, S. 172.
1219 Kromhout 1927, S. 107; Van Ravesteyn 1948, S. 198, 200; Hoogenberk 1980, S. 141. Vgl. »IV. 1.3.3. Der Sozialdemokrat Arie Heijkoop als Wethouder für Soziales«.

1220 Van Ravesteyn 1948, S. 200.
1221 Van Ravesteyn 1948, S. 200; Hoogenberk 1980, S. 144.
1222 Van Loghem/Schuitema 1931; Wattjes 1931; Stroink 1981, S. 52. Vgl. »V. 3.1. Oud und die Moderne Architektur in den Niederlanden.«
1223 Stroink 1981, S. 51–58.
1224 Vgl. »IV. 2.7. Zeilenbau nach deutschem Schema: Weißenhofsiedlung und Blijdorp«. Zur Orientierung der Zeilen vgl. den bestehenden Straßenplan und die Entwurfsvariante mit Nordung (Abb. 360). Im Rotterdamer Katalog wird die Orientierung vereinfachend als Ost-West angegeben: Taverne 2001, S. 307; vgl. J. J. P. Oud, Toelichting op Blijdorp, Typoskript 1931, Oud-Archiv.
1225 Die Perspektiven sind nicht datiert. Möglich ist daher auch eine nachträgliche Anfertigung für eine Ausstellung.
1226 Die Blaupause zeigt abweichend ein Badezimmer, das auch die Toilette einschließt.
1227 Vgl. Oelker 2002, S. 69–86, 291f.
1228 J. J. P. Oud, Toelichting op Blijdorp, Oud-Archiv, C 36.
1229 Vgl. »IV. 1.7. Rotterdam und die Moderne – Ouds Einfluß auf das Bauwesen der Stadt«.
1230 Vgl. Hans Oud 1984, S. 110.
1231 Brief von De Vries Robbé & Co, Gorinchem, an Oud vom 18.12.1931: Oud-Archiv Mappe 21, Fa 15.
1232 Brief von De Vries Robbé & Co, Gorinchem, an Oud vom 18.12.1931: Oud-Archiv Mappe 21, Fa 15.
1233 Hans Oud 1984, S. 109; Van der Hoeven 1994, S. 60. Laut Taverne/Broekhuizen wurde am 18.12.1932 ein Angebot für die vereinfachten Bauentwürfe bei De Vries Robbé & Co eingereicht: Taverne/Broekhuizen 1996, Anm. 73, S. 379; vgl. Taverne 2001, S. 310. Das bereits Ende 1931 vorgelegte Angebot bezieht sich jedoch auf den großzügiger bemessenen Entwurf mit neun Zeilen. Hans Oud behauptet irrtümlich, daß die Variante mit acht Zeilen auf die Balkone verzichte: Hans Oud 1984, S. 109; vgl. Taverne 2001, S. 310.
1234 Hans Oud 1984, S. 108; Dettingmeijer 1988, S. 309; Taverne 2001, S. 307, 310.
1235 Vgl. »II. 11. Prominenz in den USA« und »IV. 1.8. Kritik und Entlassung aus dem *Woningdienst*«.
1236 Stroink 1981, S. 65–67.
1237 Van den Broek 1963, S. A. 283.
1238 Die Perspektive zeigt dagegen eine offene Brüstung in Form eines Metallgeländers: Van der Hoeven 1994, S. 61.

Abbildungsnachweis

1 Fotografie EvE (2004); Purmerend, Vooruitstraat/Wilhelminalaan – **2** Fotografie EvE (2004); Purmerend, Venediën 7 – **3** Taverne 2001, S. 89 – **4** Barbieri 1986, Abb. 5, S. 19 – **5** Van Bergeijk 1995, S. 100 – **6** Stamm 1984, Abb. 6, S. 24 – **7** Hans Oud 1984, Abb. 17, S. 24 – **8** Barbieri 1986, Abb. 1, 2, S. 30 – **9** Stamm 1984, Abb. 9, S. 27 – **10** Sörgel 1925b, S. 103 – **11** Behne 1926a, S. 62 – **12** Reinhartz-Tergau 1990, Abb. 34, S. 58 – **13** Riley1992, S. 69 – **14** Hans Oud 1984, Abb. 18, S. 32; Tinte auf Pergamentpapier, mit Passpartout 23,5 x 17,5 cm, Signatur Theo van Doesburg (Bleistift); Stedelijk Museum de Lakenhal, Leiden – **15** Warncke 1990, S. 93 – **16** De Stijl, VI, 6/7, 1924, o. S – **17** L'Architecture Vivante, Herbst 1925, Pl. 19 – **18** Friedman 1982, Abb. 104, S. 141 – **19** De Stijl, II, 3, 1919, o. S. – **20** Hoek 2000, Nr. 523-1, S. 182 – **21** Warncke 1998, S. 98; Gouache und Collage auf Karton, 98 x 73,5 cm; Stedelijk Museum de Lakenhal – **22** Fotografie EvE (2004) – **23** Taverne 2001, S. 220; Bleistift und Gouache auf Lichtpause, 93 x 142 cm; NAi – **24** Hoek 2000, Nr. 631.II, S. 256; Bleistift und Gouache auf Papier, 26,5 x 100 cm; NAi – **25** Warncke 1990, S. 103; Gouache auf Lichtpause, 15,5 x 25, 5 cm; FC – **26** Hoek 2000, Nr. 671g, S. 295; Bleistift, Tinte und Gouache auf Papier, 12 x 26 cm; FC – **27** Hoek 2000, Nr. 671e, S. 295; Bleistift, Tinte und Gouache auf Papier; 11 x 35,5 cm; FC – **28** Hoek 2000, Nr. 632.II-1, S. 256; Bleistift, Tinte und Aquarell auf Papier; 18,5 x 26,5 cm; Centraal Museum Utrecht – **29** Fotografie Roland Günter (1985) – **30** Fotografie EvE (2001) – **31** Oud-Archiv – **32** Fotografie EvE (2004) – **33** L'Architecture Vivante 1925, Pl. 24 – **34** Fotografie EvE (2004) – **35** Fotografie EvE (2001) – **36** Cusveller 1990a, S. 108 – **37** Fotografie EvE (2004) – **38** Fotografie EvE (1998) – **39** Fotografie EvE (2001) – **40** Fotografie EvE (2004) – **41** Taverne 2001, S. 309 – **42** Oud-Archiv – **43** Fiedler/Feierabend 1999, S. 577 – **44** Warncke 1998, S. 82; Holz, 16,5 x 6,5 x 6,5 cm; Privatsammlung – **45** Warncke 1990, S. 165; Tinte, Gouache, Collage, 57 x 57 cm; NAi – **46** Warncke 1990, S. 149; Bleistift, Tinte, Tempera, Collage auf Karton, 52,7 x 51,3 cm; NAi – **47** De Stijl, II, 10, 1919, o. S. – **48** Jaeggi 1994, S. 143 – **49** Henry-Russell Hitchcock, In the nature of materials: 1887-1942, The buildings of

Frank Lloyd Wright, New York 1942, Abb. 79 – **50** Badovici 1925, S. 12 – **51** Van de Laar 2000, S. 295 – **52** Fotografie EvE (2004) – **53** Behrendt 1928, S. 55 – **54** Van de Laar 2000, S. 366 – **55** Van der Vlugt 1925a, S. 2 – **56** Van de Laar 2000, S. 358 – **57** Wagenaar 1992, Abb. 29, S. 74 – **58** Van de Laar 2000, S. 304 – **59** Möller 1997, Abb. 99, S. 74 – **60** Dettingmeijer 1988, Abb. 69, S. 238 – **61** Van de Laar 2000, S. 303 – **62** Wagenaar 1992, Abb. 12, S. 52 – **63 a, b** Van Loghem 1932, S. 20 – **64** Stamm 1984, Abb. 8, S. 26 – **65** Taverne 2001, S. 96 – **66** Nerdinger 1988, Abb. 236, S. 287 – **67** Duursma/Van der Hoeven/Vanstiphout 1991a, o. S. – **68** Hans Oud 1984, Abb. 39, S. 64 – **69** Fotografie Roland Günter (1985) – **70** Rebel 1983, Abb. 52, S. 52 – **71** Seng 2003, Nr. 78, S. 178 – **72** Reinink 1965b, S. 14a – **73** Reinink 1965b, S. 14b – **74** Cusveller 1990c, S. 51 – **75** Henry-Russell Hitchcock, In the nature of materials: 1887-1942, The buildings of Frank Lloyd Wright, New York 1942, Abb. 34 – **76** Henry-Russell Hitchcock, In the nature of materials: 1887-1942, The buildings of Frank Lloyd Wright, New York 1942, Abb. 172 – **77** Stissi 1997, S. 63 – **78** Stissi 1997, S. 66 – **79** Oud 1919d, Abb. 38, S. 227 – **80** Casciato 1996, S. 198 – **81** Oud 1926b, Abb. 14, S. 32 – **82** Stissi 1997, S. 73 – **83** Oud 1926b, Abb. 18, S. 37 – **84** Singelenberg 1972, S. 136 – **85** Hans Oud 1984, Abb. 5, S. 19 – **86** Stamm 1984, Abb. 2, S. 21 – **87** Barbieri 1986, Abb. 1, 2, S. 26 – **88** Barbieri 1986, Abb. 3, S. 21 – **89** Taverne 2001, S. 73 – **90** Oud 1919d, Abb. 11, S. 200 – **91** Fotografie EvE (2004); Beemster, Zuiderweg – **92** Stamm 1984, Abb. 7, S. 25; Purmerend, Julianastraat 54 – **93** Baeten 1995, o. S. – **94** Polano 1987, S. 184 – **95** Stenchlak 1983, S. 172 – **96** Reinink 1965b, S. 20 – **97** Reinink 1965b, A. 19 – **98** Reinink 1965b, S. 22 – **99** Buch 1997, S. 102 – **100** Oud-Archiv – **101** Barbieri 1986, S. 29 – **102** Oud 1926b, Abb. 12, S. 30 – **103** Stamm 1984, Abb. 90, S. 122 – **104** Taverne/Broekhuizen 1995, S. 90 – **105** Taverne 2001, S. 440 – **106** Taverne/Broekhuizen 1995, S. 53 – **107** Bracker 1997, S. 82 – **108** J.-N.-L. Durand, Précis des leçon d'Architecure, 1819, Nördlingen 1985, Planche 15, Fig. 1 – **109** Möller 1997, Abb. 42, S. 33 – **110** Buch 1997, S. 192 – **111** Möller 1997, Abb. 59, S. 40 – **112** Lauweriks 1914, S. 117 – **113** Behrendt 1937, Cover – **114** Kirsch 1989, S. 53 – **115** Behne 1926a, S. 60 – **116** Le Corbusier 1925, S. 13 – **117** Van Agt 1953, Abb. 6, S. 14 – **118** Oud-Archiv – **119** Beckett 1980, S. 211 – **120** Postkarte EvE – **121** Fotografie EvE (1998) – **122** Taverne 2001, S. 124 – **123** Taverne 2001, S. 80 – **124** Garnier 1917, pl. 62 (Ausschnitt) – **125** Oud-Archiv – **126** Fotografie EvE (1998) – **127** Archiv Rheden – **128** Barbieri 1986, Abb. 1, 2, S. 40 – **129** De Fries 1925, S. 60 – **130** De Jongh-Vermeulen 1999, Abb. 361, S. 238 – **131** De Fries 1925, S. 60 – **132** Fotografie EvE (1998) – **133** Taverne 2001, S. 110 – **134** Taverne 2001, S. 110 (Ausschnitt) – **135** De Stijl, II, 2, 1918, o. S. – **136** Esser 1982, Abb. 115, S. 130 – **137** Fotografie EvE (2004) – **138** De Stijl, II, 2, 1918, Sp. 20 – **139** Beckett 1980, S. 206 – **140** Oud-Archiv – **141** 30b: Behne 1921/22b, S. 18 – **142** Meyer Erna 1928b, Tafel 1 – **143** Muthesius 1904, S. 48, Abb. 25 – **144** Jaeggi 1994, S. 49 – **145** Taverne 2001, S. 140 – **146** De Stijl, VII, 79/84, 1927, Sp. 41, 42 – **147** Overy 1991, S. 111 – **148** De Stijl, I, 1917, o. S. – **149** Behne 1926a, S. 38 – **150** Stamm 1984, Abb. 15, S. 36 – **151** Oud 1920d, S. 220 – **152** Oud-Archiv – **153** Behne 1921/22b, S. 19 – **154** Hans Oud, Abb. 4, S. 66 – **155** De Stijl, IV, 5, 1921, Sp. 78 – **156** Fotografie EvE (1998) – **157** Fotografie EvE (2004) – **158** Stamm 1984, Abb. 40, S. 64 – **159** De Stijl, III, 5, 1920, o. S. – **160** De Stijl, II, 11, 1919, o. S. – **161** Hans Oud, Abb. 40, S. 65 – **162** Oud-Archiv – **163** GAR – **164** GAR – **165** Taverne 2001, S. 230 – **166** Ausschnitt von Nr. 165 – **167** Ausschnitt von Nr. 165 – **168** Fotografie EvE (1998) – **169** Taverne 2001, S. 215 (Ausschnitt) – **170** Esser 1982, S. 142 – **171** Esser 1982, S. 142 – **172** De Stijl, II, 7, 1919, Sp. 82 – **173** De Stijl, II, 7, 1919, Sp. 81 – **174** Taverne 2001, S. 204 – **175** Stamm 1978, Deckblatt innen – **176** De Stijl, II, 7, 1919, Sp. 83 – **177** Hans Oud 1984, Abb. 32, S. 47 – **178** Archiv Purmerend – **179** Archiv der Firma Bols Distilleries, Zoetermeer – **180** De Stijl, III, 5, 1920, o. S. – **181** Badovici 1924, Pl. 18 – **182** Wiekart 1965, Abb. 4 – **183** Stamm 1984, Abb. 26, S. 49 – **184** De Stijl, III, 11, 1920, o. S. – **185** Baeten 1995, o. S. – **186** Oud 1923a, S. 18 – **187** Oud-Archiv – **188** Van der Hoeven 1994, S. 55 – **189** Oud 1923a, S. 18 – **190** Blotkamp 1996, Abb. 291, XV – **191** Fotografie EvE (2001) – **192** Fotografie EvE (2001) – **193** Van der Hoeven 1994, S. 55 – **194** Buch 1997, S. 178 – **195** Van der Hoeven 1994, S. 43 – **196** Fotografie EvE (2004) – **197** Buch 1997, S. 178 – **198** Sörgel 1925a, S. 93 – **199** Cusveller 1990a, S. 20 – **200** Ovrey 1991, S. 124 – **201** Fotografie EvE (2004) – **202** Fotografie EvE (2004) – **203** Sörgel 1925a, S. 92 – **204** Fotografie EvE (2004) – **205** Baeten 1995, o. S. – **206** Badovici 1925, Pl. 6 – **207** Sörgel 1925, S. 93 – **208** Woningbedrijf Rotterdam – **209** Oud-Archiv – **210** Barbieri 1986, Abb. 3, S. 81 – **211** Voet/Klaassen 1992, Abb. 95 – **212** Grunewald 1993, S. 26 – **213** Grunewald 1993, Kartenbeilage – **214** Fotografie Meinrad von Engelberg (2004) – **215** Nerdinger 1996, S. 214 – **216** Jaeggi 1994, S. 148 – **217** Jaeggi 1994, S. 149 – **218** Oud-Archiv – **219** Overy 1991, Abb. 102, S. 125 – **220** Stamm 1984, Abb. 31, S. 57 – **221** Oud-Archiv – **222** Oud-Archiv – **223** Stamm 1984, Abb. 66, S. 91 – **224** Baeten 1995. o. S. – **225** Van der Valk 1990, Abb. 14, S. 32 – **226** Oud-Archiv – **227** Engel 1990, S. 33 – **228** Minnucci 1926, Fig. 128, S. 144 – **229** Minnucci 1926, Fig. 130, S. 145 – **230** Colenbrander 1987a, Abb. 13, S. 23 – **231** Minnucci 1926, Fig. 202, S. 198 – **232** Fotografie Roland Günter (1985) – **233** Stamm 1984, Abb. 45, S. 73 – **234** Stamm 1984, Abb. 45, S. 73 – **235** Berkelbach 1995, o. S. – **236** Buch 1997, S. 179 – **237** Fanelli 1985, Abb. 2, S. 136 – **238** Fanelli 1985, Abb. 3, S. 137 – **239** Colenbrander 1987a, Abb. 33, S. 35 – **240** Colenbrander 1987a, Abb. 46, S. 45 – **241** Stamm 1984, Abb. 70, S. 95 – **242** Stamm 1984, Abb. 72, S. 97 – **243** Wiekart 1965, Abb. 6 – **244** Adler 1927b, S. 36 – **245** Adler 1927b, S. 36 – **246** CIAM 1930, S. 54 – **247** Adler 1927b, S. 37 – **248** Adler 1927b, S. 37 – **249** Yerbury 1931, LXVIII – **250** Fotografie EvE (1997) – **251** Fotografie EvE (1999) – **252** Fotografie EvE (1998) – **253** Taverne 2001, S. 260 – **254** Stamm 1984, Abb. 50, S. 76 – **255** Minnuccci 1926, Fig. 143, 144, S. 151 – **256** Warncke 1998, S. 109 – **257** Barbieri 1986, Abb. 3, S. 55 – **258** Barbieri 1984, S. 7 – **259** Cusveller 1990a, S. 56f. – **260** Blotkamp 1996, Abb. 302, S. 378 – **261** Hans Oud 1984, Abb. 72, S. 89 – **262** Cusveller 1990a, S. 58 – **263** Fotografie EvE (2004) – **264** Cusveller 1990c, S. 67 – **265** Rebel 1983, Abb. 26, S. 33 – **266** Oud 1931b, S. 150 – **267** Cusveller 1990c, S. 42 – **268** CIAM 1930, S. 6 – **269** Oud 1931b, S. 150 – **271** Oud 1931b, S. 150 – **272** Fotografie EvE (1998) – **273** Stadtplan Brünn – **274** Oud-Archiv – **275** Oud-Archiv – **276** Fotografie EvE (1999) – **277** Fotografie EvE (1999) – **278** Cremers 1928, S. 63 – **279** Oud 1931b, S. 150 – **279** Cremers 1928, S. 64 – **280** Adler 1927a, S. 32 – **281** Adler 1927a, S. 33 – **282** Adler 1927a, S. 32 – **283** Adler 1927a, S. 32 – **284** Adler 1927a, S. 34 – **285** Adler 1927a, 32 – **286** Adler 1927a, S. 34 – **287** Oud 1928b, S. 26 – **288** Oud 1928b, S. 26 – **289** Blotkamp 1996, Abb. 299, XV – **290** Klein 1927, S. 294 – **291** Wiekart 1965, Abb. 1, S. 7 – **292** Oud-Archiv – **293** Klein 1927, S. 294 – **294** Oud 1928b, S. 26 – **295** Oud 1928b, S. 27 – **296** Klein 1927, S. 294 – **297** Taverne 2001, S. 358 – **298** Oud-Archiv – **299** Oud-Archiv – **300** Oud-Archiv – **301** Oud-Archiv – **302** Oud-Archiv – **303** Oud-Archiv – **304** De 8 en Opbouw, 3. Jg, 1932, Nr. 17, nach S. 176 – **305** Berlage 1932-35, Nr. 6, S. 33 – **306** Stamm 1984, Abb. 74, S. 99 – **307** Pommer/Otto 1991, Abb. 91 – **308** Riley/Bergdoll 2001, Abb. 95, S. 213 – **309** Oud-Archiv – **310** Barbieri 1986, Abb. 3, S. 119 – **311** Hans Oud 1984, Abb. 85, S. 103 – **312** Klein 1927, S. 395 – **313** De Stijl, VII, 1927, Sp. 43, 44 – **314** Hans Oud 1984, Abb. 82, S. 100 – **315** Hans Oud 1984, Abb. 83, S. 101 – **316** Overy 1991, Abb. 112, S. 135 – **317** Graeff 1928, Abb. 94, S. 56 – **318** Oud-Archiv – **319** Oud-Archiv – **320** Graeff 1928, Abb. 67, S. 36 – **321** Graeff 1928, Abb. 59, S. 30 – **322** Wintgens Hötte/De Jongh-Vermeulen 1999, Abb. 360, S. 238 – **323** Barbieri 1986, Abb. 5, S. 42 – **324** Reinhartz-Tergau 1990, Abb. 46, S. 72 – **325** Reinhartz-Tergau 1990, Abb. 52, S. 78 – **326** Stamm 1984, Abb. 76, S. 101 – **327** Oud-Archiv – **328** Nerdinger 1996, S. 229 – **329** Oud-Archiv – **330** Stamm 1984, Abb. 79, S. 110 – **331** Oud-Archiv – **332** Oud-Archiv – **333** Oud-Archiv – **334** Oud-Archiv – **335** Hitchcock 1932, S. 107 – **336** Oud-Archiv – **337** Oud-Archiv – **338** Fotografie EvE (1998) – **339** Oud-Archiv – **340** Oud-Archiv – **341** Ausschnitt von Nr. 336 – **342** Fotografie EvE (2001) – **343** Oud-Archiv – **344** Oud-Archiv – **345** Reinhartz-Tergau 1990, Abb. 50, S. 77 – **346** Overy 1991, Abb. 71, S. 93 – **347** Privatbesitz – **348** Fotografie EvE (1998) – **349** Oud 1932c, S. 228 – **350** Oud 1932c, S. 228 – **351** Oud-Archiv – **352** Barbieri 1986, Abb. 2, S. 126 – **353** Hitchcock 1932, S. 109 – **354** Riley 1992, S. 35 – **355** Beilage Witteveen 1929 – **356** Blotkamp 1996, Abb. 306, S. 380 – **357** Blotkamp 1996, Abb. 306, S. 380 – **358** Van der Hoeven 1994, S. 61 – **359** Blotkamp 1996, Abb. 306, S. 380 – **360** Van der Hoeven 1994, S. 60 (unten) – **361** Oud-Archiv – **362** Van der Hoeven 1994, S. 60